广东经济普查年鉴

2018

第三产业卷

GUANGDONG ECONOMIC CENSUS YEARBOOK

广东省第四次全国经济普查领导小组办公室
广　　东　　省　　统　　计　　局　编

中国统计出版社
China Statistics Press

图书在版编目（CIP）数据

广东经济普查年鉴. 2018. 第三产业卷 / 广东省第四次全国经济普查领导小组办公室, 广东省统计局编著. -- 北京 : 中国统计出版社, 2020.6
ISBN 978-7-5037- 9148-2

Ⅰ. ①广… Ⅱ. ①广… ②广… Ⅲ. ①经济－普查－广东－2018－年鉴②第三产业－普查－广东－2018－年鉴 Ⅳ. ①F127.65-54②F719-54

中国版本图书馆 CIP 数据核字(2020)第 070707 号

广东经济普查年鉴—2018/第三产业卷

作　　者/广东省第四次全国经济普查领导小组办公室　广东省统计局
责任编辑/冯燕玲
封面设计/何文婷
出版发行/中国统计出版社
通信地址/北京市丰台区西三环南路甲 6 号　邮政编码/100073
电　　话/邮购（010）63376909　书店（010）68783171
网　　址/http://www.zgtjcbs.com/
印　　刷/广州市恒远彩印有限公司
经　　销/新华书店
开　　本/880mm×1230mm　1/16
字　　数/986 千字
印　　张/31.75
版　　别/2020 年 6 月第 1 版
版　　次/2020 年 6 月第 1 次印刷
定　　价/880.00 元（全三册附光盘）

本书附同版本 CD-ROM 一张，光盘内容以书面文字为准。
如有印装差错，由本社发行部调换。

《广东省经济普查年鉴—2018》

编辑委员会和编辑出版人员

编 者 说 明

为便于社会各界共享广东省第四次全国经济普查的成果，方便开发利用普查资料，我们将经济普查资料编辑整理，汇编成《广东省经济普查年鉴-2018》。全省共分三卷，即综合卷、第二产业卷和第三产业卷。《综合卷》由四部分组成，分别是：综合篇、新经济篇、小微企业篇、个体经营户。第二产业卷由两部分组成，分别是：工业企业主要经济指标、建筑业企业生产经营及财务状况。第三产业卷由七部分组成，分别是：批发和零售业企业基本情况及财务状况、住宿和餐饮业企业基本情况及财务情况、金融业、房地产开发生产经营及财务状况、服务业企业财务状况、行政事业及非企业财务状况、其他。为使读者更好地使用本资料，现对有关问题做如下说明：

一、第四次全国经济普查的标准时点为2018年12月31日，时期资料为2018年度；

二、每卷后附有该卷详细的指标解释，使用时请仔细阅读；

三、本资料有资质的建筑业企业按照法人单位注册地，其他行业按法人单位经营地进行汇总；

四、本资料对部分数据由于单位取舍不同或四舍五入而产生的差数均未作调整；

五、表中空格表示该项统计指标数值为零、数据不详或无该项数据，“#”表示其中的主要项。

我们希望此书的面世，能使社会各界对我省第四次全国经济普查有一个全面概括的了解，更愿本书的内容，能为社会经济研究工作者提供有价值的参考。

广东省第四次全国经济普查资料是全省普查工作者共同辛勤工作的成果，也是广大普查对象积极支持配合的结果。在此，我们向全省所有普查工作者、普查对象和所有参与和支持普查工作的人员致以崇高的敬意和衷心的感谢！

第三产业卷

第 1 篇 批发和零售业企业基本情况及财务状况

第 3 篇 金融业

第 4 篇 房地产开发经营及财务状况

第 5 篇 服务业企业状况

第 6 篇 行政事业及非企业财务状况

第 7 篇 其他

附录

第1篇

批发和零售业企业基本情况及财务状况

编表能手

批发零售：汤良　邢珍（2–135页）

批发零售：杨骁婷　李良胜（136–167页）

1-1 按行业小类分组的批发业法人企业基本情况

项 目	单位数（个）	从业人员期末人数（人）	
			其中：女性
批发业	549264	2997821	1236412
按行业小类分			
谷物、豆及薯类批发	1064	8767	3574
种子批发	370	2654	1070
畜牧渔业饲料批发	1441	9689	3479
棉、麻批发	145	438	156
林业产品批发	1371	8560	2841
牲畜批发	818	9752	3109
渔业产品批发	312	1756	578
其他农牧产品批发	4791	29664	12027
米、面制品及食用油批发	2695	23755	10087
糕点、糖果及糖批发	1196	12991	5697
果品、蔬菜批发	6146	50741	22249
肉、禽、蛋、奶及水产品批发	5031	57486	21881
盐及调味品批发	718	11622	4106
营养和保健品批发	1891	12674	6304
酒、饮料及茶叶批发	13380	92322	33557
烟草制品批发	221	16214	4577
其他食品批发	13473	73952	32616
纺织品、针织品及原料批发	15212	78747	33736
服装批发	53276	182636	92397
鞋帽批发	5318	30060	15781
化妆品及卫生用品批发	15108	73389	40524
厨具卫具及日用杂品批发	9852	85596	47303
灯具、装饰物品批发	6579	26625	10467
家用视听设备批发	3341	30235	14613
日用家电批发	6758	45385	17935
其他家庭用品批发	19737	92796	42516
文具用品批发	9238	41104	16761
体育用品及器材批发	2927	13976	6431
图书批发	757	7903	3963
报刊批发	40	5220	967
音像制品、电子和数字出版物批发	325	1349	584
首饰、工艺品及收藏品批发	11432	68897	40998

1-1 续表 1

项　目	单位数（个）	从业人员期末人数（人）	其中：女性
乐器批发	406	1594	728
其他文化用品批发	3300	17502	7800
西药批发	1397	52542	26270
中药批发	1146	36293	17130
动物用药品批发	467	3023	1231
医疗用品及器材批发	7582	60167	27028
煤炭及制品批发	1007	7899	2440
石油及制品批发	4535	62131	22033
非金属矿及制品批发	1849	11023	3871
金属及金属矿批发	17007	110692	36812
建材批发	38932	205357	67702
化肥批发	2950	17335	5758
农药批发	723	6888	2098
农用薄膜批发	111	566	202
其他化工产品批发	28302	161042	61534
农业机械批发	691	4309	1291
汽车及零配件批发	13674	64269	22096
摩托车及零配件批发	854	4391	1514
五金产品批发	23641	108058	39098
电气设备批发	6344	39099	13860
计算机、软件及辅助设备批发	10133	57016	22115
通讯设备批发	6249	41931	17915
广播影视设备批发	506	8643	3746
其他机械设备及电子产品批发	79526	395334	155121
贸易代理	29116	100553	41312
一般物品拍卖	320	1755	758
艺术品、收藏品拍卖	95	481	217
艺术品代理	24	99	31
其他贸易经纪与代理	1927	6234	2325
再生物资回收与批发	7341	30399	8901
宠物食品用品批发	499	1980	883
互联网批发	3490	25336	12370
其他未列明批发业	40157	146925	57338

1-2 按登记注册类型、单位规模、控股情况和经营形式分组的批发业法人企业基本情况

项 目	单位数（个）	从业人员期末人数（人）	其中：女性
批发业	549264	2997821	1236412
按登记注册类型分			
国有企业	1058	15800	5241
集体企业	1550	11358	3588
股份合作企业	533	2804	1132
国有联营企业	13	551	241
集体联营企业	49	467	153
国有与集体联营企业	16	62	34
其他联营企业	40	363	120
国有独资公司	340	18592	5979
其他有限责任公司	54680	463316	186348
股份有限公司	2462	94214	40479
私营独资企业	10063	40282	15311
私营合伙企业	816	3483	1198
私营有限责任公司	457158	2089855	841731
私营股份有限公司	2498	21659	8687
其他企业	2825	18797	8197
与港澳台商合资经营企业	526	12671	6001
与港澳台商合作经营企业	49	662	260
港澳台商独资经营企业	10462	128799	76353
港澳台商投资股份有限公司	93	2961	1654
其他港澳台投资企业	135	918	437

1-2 续表 1

项 目	单位数（个）	从业人员期末人数（人）	其中：女性
中外合资经营企业	373	20665	9042
中外合作经营企业	17	357	169
外资企业	3153	43773	21195
外商投资股份有限公司	105	1290	627
其他外商投资企业	250	4122	2235
按单位规模分			
大型	378	314997	151046
中型	6432	434839	201347
小型	38765	632055	265415
微型	503689	1615930	618604
按控股情况分			
国有控股	2331	133851	45474
集体控股	2316	20824	7261
私人控股	510754	2467422	996968
港澳台商控股	10758	142573	83545
外商控股	3303	52519	25006
其他	17001	162699	70368
经营形式			
独立门店	223203	1277177	504917
连锁总店(总部)	616	39531	20836
连锁直营店	407	12449	8590
连锁加盟店	391	5077	2638
其他	319625	1660013	698288

1-3　按行业小类分组的限额以上批发业法人企业基本情况

项　目	法人企业数（个）	从业人员期末人数（人）	年末零售营业面积（万平方米）
批发业	22639	947696	1166.4
按行业小类分			
谷物、豆及薯类批发	89	2777	7.0
种子批发	11	498	0.8
畜牧渔业饲料批发	156	3582	1.9
棉、麻批发	6	62	0.1
林业产品批发	49	1842	1.0
牲畜批发	44	4421	8.8
渔业产品批发	15	316	6.0
其他农牧产品批发	64	4860	2.0
米、面制品及食用油批发	301	12083	8.4
糕点、糖果及糖批发	150	7122	2.4
果品、蔬菜批发	257	18064	19.6
肉、禽、蛋、奶及水产品批发	437	32479	19.4
盐及调味品批发	83	8623	2.4
营养和保健品批发	60	4878	2.4
酒、饮料及茶叶批发	375	44648	16.5
烟草制品批发	43	15462	6.2
其他食品批发	331	19770	9.6
纺织品、针织品及原料批发	713	15239	10.5
服装批发	633	42349	42.5
鞋帽批发	237	10359	5.9
化妆品及卫生用品批发	213	22141	4.2
厨具卫具及日用杂品批发	253	45470	12.7
灯具、装饰物品批发	135	4663	21.9
家用视听设备批发	185	16882	22.8
日用家电批发	417	16624	12.6
其他家庭用品批发	484	29435	38.3
文具用品批发	314	9343	18.4
体育用品及器材批发	44	4228	1.3
图书批发	43	3085	3.4
报刊批发	6	4745	1.0
音像制品、电子和数字出版物批发	4	65	0.0
首饰、工艺品及收藏品批发	341	31313	16.3

1-3 续表 1

项　目	法人企业数（个）	从业人员期末人数（人）	年末零售营业面积（万平方米）
乐器批发	16	378	0.3
其他文化用品批发	171	4751	3.1
西药批发	584	44853	32.4
中药批发	385	31014	27.7
动物用药品批发	32	905	0.5
医疗用品及器材批发	574	17691	10.6
煤炭及制品批发	269	4402	8.2
石油及制品批发	919	44115	348.4
非金属矿及制品批发	77	1636	6.2
金属及金属矿批发	2303	39234	54.6
建材批发	1403	34444	42.3
化肥批发	107	2773	8.5
农药批发	39	2494	1.3
农用薄膜批发	5	56	0.1
其他化工产品批发	3054	48164	40.4
农业机械批发	21	727	3.3
汽车及零配件批发	550	20419	39.8
摩托车及零配件批发	35	1191	0.8
五金产品批发	576	12718	16.0
电气设备批发	298	9400	8.3
计算机、软件及辅助设备批发	437	17795	10.5
通讯设备批发	234	17787	10.4
广播影视设备批发	103	6777	5.7
其他机械设备及电子产品批发	2759	102068	67.9
贸易代理	449	12521	8.3
一般物品拍卖	2	19	0.2
艺术品、收藏品拍卖	3	111	0.0
艺术品代理			
其他贸易经纪与代理	24	345	0.3
再生物资回收与批发	169	4468	56.4
宠物食品用品批发	6	235	0.1
互联网批发	24	13801	0.9
其他未列明批发业	518	12976	26.3

1-4 按登记注册类型、单位规模和控股情况分组的限额以上批发业法人企业基本情况

项 目	法人企业数（个）	从业人员期末人数（人）	年末零售营业面积（万平方米）
批发业	22639	947696	1166.4
按登记注册类型分			
国有企业	171	8412	9.6
集体企业	48	1763	6.7
股份合作企业	26	594	0.4
国有联营企业	2	446	2.3
集体联营企业	2	65	0.5
国有与集体联营企业	1	5	0.0
其他联营企业	1	11	0.0
国有独资公司	185	16695	15.9
其他有限责任公司	5660	247558	307.3
股份有限公司	349	80583	274.0
私营独资企业	52	865	0.8
私营合伙企业	8	91	0.0
私营有限责任公司	14310	417378	420.8
私营股份有限公司	214	10720	7.1
其他企业	24	967	2.0
与港澳台商合资经营企业	117	9634	6.5
与港澳台商合作经营企业	6	439	3.1
港澳台商独资经营企业	835	93384	61.7
港澳台商投资股份有限公司	21	2604	2.4
其他港澳台投资企业	7	249	0.2
中外合资经营企业	92	18194	3.5
中外合作经营企业	4	286	3.5
外资企业	457	32748	36.6
外商投资股份有限公司	18	879	0.2
其他外商投资企业	29	3126	1.3
按单位规模分			
大型	372	312693	359.3
中型	5777	391753	444.3
小型	13160	227556	309.1
微型	3330	15694	53.7
按控股情况分			
国有控股	879	121797	345.8
集体控股	166	7769	16.9
私人控股	18245	570707	562.7
港澳台商控股	981	105627	66.8
外商控股	536	40408	43.8
其他	1829	101274	130.3

1-5 按行业小类分组的限额以下批发业法人企业基本情况

项 目	法人企业数（个）	从业人员期末人数（人）	年末零售营业面积（万平方米）
批发业	526625	2050125	2930.5
按行业小类分			
谷物、豆及薯类批发	975	5990	8.4
种子批发	359	2156	5.4
畜牧渔业饲料批发	1285	6107	7.5
棉、麻批发	139	376	0.7
林业产品批发	1322	6718	58.1
牲畜批发	774	5331	38.6
渔业产品批发	297	1440	32.7
其他农牧产品批发	4727	24804	47.0
米、面制品及食用油批发	2394	11672	20.2
糕点、糖果及糖批发	1046	5869	5.2
果品、蔬菜批发	5889	32677	73.7
肉、禽、蛋、奶及水产品批发	4594	25007	51.1
盐及调味品批发	635	2999	4.1
营养和保健品批发	1831	7796	7.5
酒、饮料及茶叶批发	13005	47674	71.0
烟草制品批发	178	752	1.4
其他食品批发	13142	54182	79.7
纺织品、针织品及原料批发	14499	63508	89.0
服装批发	52643	140287	170.9
鞋帽批发	5081	19701	22.0
化妆品及卫生用品批发	14895	51248	55.9
厨具卫具及日用杂品批发	9599	40126	47.8
灯具、装饰物品批发	6444	21962	27.0
家用视听设备批发	3156	13353	12.0
日用家电批发	6341	28761	36.8
其他家庭用品批发	19253	63361	98.0
文具用品批发	8924	31761	34.0
体育用品及器材批发	2883	9748	11.5
图书批发	714	4818	6.2
报刊批发	34	475	0.2
音像制品、电子和数字出版物批发	321	1284	1.4
首饰、工艺品及收藏品批发	11091	37584	26.3

1-5　续表 1

项　目	法人企业数（个）	从业人员期末人数（人）	年末零售营业面积（万平方米）
乐器批发	390	1216	2.0
其他文化用品批发	3129	12751	16.9
西药批发	813	7689	8.9
中药批发	761	5279	8.1
动物用药品批发	435	2118	2.9
医疗用品及器材批发	7008	42476	34.2
煤炭及制品批发	738	3497	6.7
石油及制品批发	3616	18016	56.2
非金属矿及制品批发	1772	9387	12.1
金属及金属矿批发	14704	71458	128.0
建材批发	37529	170913	304.0
化肥批发	2843	14562	34.4
农药批发	684	4394	8.1
农用薄膜批发	106	510	0.7
其他化工产品批发	25248	112878	130.8
农业机械批发	670	3582	6.2
汽车及零配件批发	13124	43850	69.6
摩托车及零配件批发	819	3200	4.4
五金产品批发	23065	95340	136.3
电气设备批发	6046	29699	29.8
计算机、软件及辅助设备批发	9696	39221	34.5
通讯设备批发	6015	24144	17.1
广播影视设备批发	403	1866	1.4
其他机械设备及电子产品批发	76767	293266	283.7
贸易代理	28667	88032	96.0
一般物品拍卖	318	1736	1.1
艺术品、收藏品拍卖	92	370	0.4
艺术品代理	24	99	0.1
其他贸易经纪与代理	1903	5889	12.9
再生物资回收与批发	7172	25931	120.4
宠物食品用品批发	493	1745	2.3
互联网批发	3466	11535	6.6
其他未列明批发业	39639	133949	202.4

1-6 按登记注册类型、单位规模、控股情况和经营形式分组的限额以下批发业法人企业基本情况

项 目	法人企业数（个）	从业人员期末人数（人）	年末零售营业面积(万平方米)
批发业	526625	2050125	2930.5
按登记注册类型分			
国有企业	887	7388	21.3
集体企业	1502	9595	20.1
股份合作企业	507	2210	2.5
国有联营企业	11	105	0.1
集体联营企业	47	402	0.2
国有与集体联营企业	15	57	0.0
其他联营企业	39	352	0.5
国有独资公司	155	1897	4.0
其他有限责任公司	49020	215758	334.3
股份有限公司	2113	13631	18.3
私营独资企业	10011	39417	111.8
私营合伙企业	808	3392	8.4
私营有限责任公司	442848	1672477	2250.6
私营股份有限公司	2284	10939	18.3
其他企业	2801	17830	75.2
与港澳台商合资经营企业	409	3037	3.8
与港澳台商合作经营企业	43	223	0.2
港澳台商独资经营企业	9627	35415	42.2
港澳台商投资股份有限公司	72	357	1.2
其他港澳台投资企业	128	669	0.5
中外合资经营企业	281	2471	2.2
中外合作经营企业	13	71	0.1
外资企业	2696	11025	12.5
外商投资股份有限公司	87	411	0.7
其他外商投资企业	221	996	1.5
按单位规模分			
大型	6	2304	19.6
中型	655	43086	17.0
小型	25605	404499	357.0
微型	500359	1600236	2537.1
按控股情况分			
国有控股	1452	12054	38.5
集体控股	2150	13055	23.1
私人控股	492509	1896715	2627.4
港澳台商控股	9777	36946	43.5
外商控股	2767	12111	15.0
其他	15172	61425	108.0
经营形式			
独立门店	212719	934009	1714.3
连锁总店(总部)	532	8369	16.1
连锁直营店	378	3875	16.5
连锁加盟店	378	2933	6.0
其他	307596	1097365	1173.7

1-7　按行业小类分组的批发业法人企业经营情况

单位：万元

项　目	商品购进额	商品销售额	通过公共网络实现的商品销售额	零售额	期末商品库存额	服务营业额
批发业	840209220	937001984	65125861	16969919	59387704	3682684
按行业小类分						
谷物、豆及薯类批发	3337584	3332130	231986	42651	756239	12540
种子批发	367504	405516	1331	6344	80873	188
畜牧渔业饲料批发	4128570	4603559	67262	42273	305173	34863
棉、麻批发	608710	570470	129	718	137873	28
林业产品批发	809190	955840	19833	18179	132307	1818
牲畜批发	849857	1139032	8800	37768	100546	2078
渔业产品批发	405834	271404	50589	4720	18535	30
其他农牧产品批发	2598769	2864428	43732	101309	304190	5587
米、面制品及食用油批发	7239873	7670313	217076	103093	1737911	22826
糕点、糖果及糖批发	4244707	4929945	815750	33273	866847	3568
果品、蔬菜批发	3598160	4336072	198621	124455	210462	48034
肉、禽、蛋、奶及水产品批发	7821904	8469089	197936	189071	926613	17959
盐及调味品批发	3274067	3986055	49003	16231	175154	6900
营养和保健品批发	1145580	1587307	58972	68714	134202	11880
酒、饮料及茶叶批发	8637400	11149390	184397	278158	1742823	53438
烟草制品批发	11014634	16223794	9606293	31062	396615	304
其他食品批发	13396651	16324733	1251975	239381	1018328	84259
纺织品、针织品及原料批发	9759781	11846518	804993	142821	810999	32851
服装批发	9612979	12737925	921749	947809	1568560	81107
鞋帽批发	2804295	3379856	139951	125857	268586	9228
化妆品及卫生用品批发	4643535	6271874	1394486	697481	649165	71274
厨具卫具及日用杂品批发	5428307	7328678	397071	362372	640405	52783
灯具、装饰物品批发	2244364	2678215	119943	87003	233173	8889
家用视听设备批发	7041796	7776183	1425385	201963	595787	13612
日用家电批发	10267842	11575343	349599	335331	1330169	75473
其他家庭用品批发	10454492	12339477	811441	384659	1303902	258474
文具用品批发	6157205	6964726	173852	175510	641916	23288
体育用品及器材批发	5333807	6427800	63955	48708	283850	416395
图书批发	844391	984870	30768	40102	160163	25811
报刊批发	93132	152294	5880	8596	9644	1885
音像制品、电子和数字出版物批发	60940	77029	3068	3142	62469	679
首饰、工艺品及收藏品批发	13100872	14626142	921447	501437	3688369	21523

1-7 续表 1

单位：万元

项 目	商品购进额	商品销售额	通过公共网络实现的商品销售额	零售额	期末商品库存额	服务营业额
乐器批发	127502	162762	32777	7979	25492	1698
其他文化用品批发	1836019	2197255	186503	49987	183902	19539
西药批发	20856138	23449806	3274954	251421	2316255	83512
中药批发	7460436	8805414	365950	63533	849642	48068
动物用药品批发	247376	302848	3404	13189	49839	2433
医疗用品及器材批发	6329708	8388253	382617	196239	959792	47548
煤炭及制品批发	15050997	16039401	1547784	26448	601986	40967
石油及制品批发	123666345	117756432	4946480	3254536	5355006	292295
非金属矿及制品批发	1844549	2112756	72310	33289	83598	925
金属及金属矿批发	174915173	182410111	10323538	359596	5267245	219710
建材批发	37515791	42732676	1909777	776399	2834583	64029
化肥批发	2006094	2276041	11374	90813	271280	5482
农药批发	500867	676175	86946	34407	59709	2097
农用薄膜批发	61764	74121	9496	1432	4099	5
其他化工产品批发	64106297	70228199	3857231	708189	4107483	96762
农业机械批发	210045	292170	8659	32639	54147	4856
汽车及零配件批发	57093625	67704717	409679	779946	1164135	64289
摩托车及零配件批发	1079496	1282224	22748	21712	42761	448
五金产品批发	9878178	16704799	258764	341443	891150	66415
电气设备批发	4597505	5563073	117986	122496	466661	29175
计算机、软件及辅助设备批发	12546203	13787045	695905	333594	1285786	133038
通讯设备批发	20083006	21871034	2346926	1131910	1398156	243334
广播影视设备批发	7810545	8976772	3476176	111378	413495	26839
其他机械设备及电子产品批发	63070040	73648921	5007264	1626798	5872646	424274
贸易代理	26177646	31209119	1084391	362610	1244970	280584
一般物品拍卖	22243	41734	12	3882	1762	3970
艺术品、收藏品拍卖	8400	10791		1356	571	17265
艺术品代理	3771	4322		210	280	15
其他贸易经纪与代理	541385	661391	3762	20240	36574	5234
再生物资回收与批发	4542510	5086532	32475	157342	379000	4903
宠物食品用品批发	102761	131980	16551	9173	15901	360
互联网批发	3145370	4430274	3649698	168430	648431	3849
其他未列明批发业	11444706	13996831	416451	477118	1209520	49194

1-8 按登记注册类型、单位规模、控股情况和经营形式分组的批发业法人企业经营情况

单位：万元

项目	商品购进额	商品销售额	通过公共网络实现的商品销售额	零售额	期末商品库存额	服务营业额
批发业	840209220	937001984	65125861	16969919	59387704	3682684
按登记注册类型分						
国有企业	4255122	5075707	1517600	193158	1197119	23511
集体企业	700306	816753	539	81317	82743	8144
股份合作企业	230523	273275	5482	4924	23917	3296
国有联营企业	25264	40756		2042	4958	1
集体联营企业	162909	168780	155207	3165	6394	37
国有与集体联营企业	8905	9009		29	1498	
其他联营企业	14736	19303	15	788	1689	
国有独资公司	39170743	42604074	5343832	134705	1682086	33503
其他有限责任公司	273065703	300845485	24066695	3249246	15601926	914187
股份有限公司	77633597	71016284	5969388	2774534	3647099	111124
私营独资企业	1416567	1881928	23058	140290	174178	15302
私营合伙企业	182142	232836	1697	17081	15602	717
私营有限责任公司	351342478	405201075	20205705	8686753	28654616	1352942
私营股份有限公司	7943119	8678807	754480	90538	642388	25704
其他企业	586800	818412	6618	44495	46968	888
与港澳台商合资经营企业	8357447	9225805	848953	135077	905032	19066
与港澳台商合作经营企业	1081786	1098137	956885	31158	6077	95
港澳台商独资经营企业	25942631	30887425	2202577	1030227	3590172	545570
港澳台商投资股份有限公司	241537	337945	9278	19033	64254	
其他港澳台投资企业	87663	113037	4064	4102	11114	373

1-8 续表 1

单位：万元

项 目	商品购进额	商品销售额	通过公共网络实现的商品销售额	零售额	期末商品库存额	服务营业额
中外合资经营企业	21131943	25805092	1522296	72324	959573	20197
中外合作经营企业	96700	157897	91993	12058	4303	2877
外资企业	24745847	29765034	1372324	198446	1945915	593625
外商投资股份有限公司	1488458	1575029	7163	2500	82886	2687
其他外商投资企业	296295	354100	60010	41933	35198	8841
按单位规模分						
大型	199692390	216918001	20692787	5668882	11657113	752636
中型	284346960	316764979	31897815	3798529	20241330	1654201
小型	222281352	248426324	7654538	3583193	16459941	779222
微型	133888519	154892680	4880721	3919315	11029320	496626
按控股情况分						
国有控股	217265222	220917904	23544697	3336558	9229084	293009
集体控股	4350983	5167326	216341	171478	441993	19431
私人控股	473852647	545336109	30382279	10346751	38346699	1795181
港澳台商控股	31335079	36770115	2522873	1147170	4211984	567755
外商控股	29978692	35667382	1618279	258276	2163146	606038
其他	82913513	92418664	6835726	1665853	4932251	400383
经营形式						
独立门店	294384730	335005109	17231348	8151486	20950917	1090757
连锁总店(总部)	24568315	15911210	699712	570460	1355655	39047
连锁直营店	1324796	1695484	36749	187089	291321	7823
连锁加盟店	344787	383549	106553	18137	69995	880
其他	519515129	583900489	47050152	8038634	36712947	2544066

1-9 按行业小类分组的限额

项 目	商品购进额	进口	商品销售额	通过公共网络实现的商品销售额	通过非自营平台实现的商品销售额
批发业	710999476	54950904	776528772	60755254	12172396
按行业小类分					
农、林、牧、渔产品批发	9564004	1116022	9979207	368443	6602
谷物、豆及薯类批发	3021309	225125	2943040	204552	
种子批发	329327	98276	337872	21	21
畜牧渔业饲料批发	3403878	551096	3719858	61746	
棉、麻批发	567524	38728	523494		
林业产品批发	415073	49284	456629	16012	
牲畜批发	583055		798469	7412	
渔业产品批发	309513	44871	147745	49785	5369
其他农牧产品批发	934325	108642	1052100	28916	1213
食品、饮料及烟草制品批发	51641832	2498458	63978346	12350293	2700423
米、面制品及食用油批发	6233632	556222	6497596	203332	50632
糕点、糖果及糖批发	3974683	196062	4594094	802603	1860
果品、蔬菜批发	2148658	230590	2528824	181006	45039
肉、禽、蛋、奶及水产品批发	6264215	356296	6641254	178662	24003
盐及调味品批发	3085182	38792	3765719	41981	10
营养和保健品批发	943333	126650	1323747	47545	33221
酒、饮料及茶叶批发	6906073	415586	8953419	135958	49590
烟草制品批发	10979228	33178	16179857	9605793	2406722
其他食品批发	11106828	545082	13493837	1153413	89346
纺织、服装及家庭用品批发	46277718	2138950	55722294	5576808	928123
纺织品、针织品及原料批发	6040558	305387	7212393	748004	87608
服装批发	6492809	346996	8570790	685232	96526
鞋帽批发	2082289	62204	2474983	107000	18183
化妆品及卫生用品批发	3592832	237237	4850306	1294801	338042
厨具卫具及日用杂品批发	3859380	215325	5348090	319224	57536
灯具、装饰物品批发	1410035	80136	1625737	78467	52811
家用视听设备批发	6100892	215164	6707126	1374828	21921
日用家电批发	8293590	191012	9256657	292872	90382
其他家庭用品批发	8405334	485487	9676213	676380	165113
文化、体育用品及器材批发	22579918	1151363	25908253	1204282	186931
文具用品批发	4600821	755314	5042621	132884	8950
体育用品及器材批发	5094642	35563	6094694	49845	21697
图书批发	615216	27772	690573	18320	17125
报刊批发	83129		137700	5624	5624
音像制品、电子和数字出版物批发	22287	5717	25598	1440	
首饰、工艺品及收藏品批发	10683682	193769	12183726	842020	67847

以上批发业法人企业经营情况

单位：万元

批发额	出口	零售额	通过公共网络实现的零售额	通过非自营平台实现的零售额	期末商品库存额	服务营业额
765540521	44159425	10988251	2806438	938268	43149467	2932594
9917007	243071	62200	10359	105	1203385	44306
2925358	7188	17682	3		609475	11956
336632	1324	1240	21	21	65326	22
3708736	39148	11122			245300	32250
523494	5413				124236	
455768	59135	861			14558	25
781151	75414	17318	2876		52701	
147650	9920	95			10874	
1038219	45529	13881	7459	84	80917	53
63361407	1339378	616939	125462	40470	5408649	189951
6440932	124759	56665	1752	1	1491561	17703
4569922	102261	24171	1814		812586	1594
2472670	123683	56154	2206	1713	109680	43099
6523990	663279	117264	2870	262	777422	13612
3758341	39331	7377	10	10	140043	6283
1277902	8807	45846	36268	28945	79799	9744
8784472	92901	168947	16797	3190	1050868	35790
16150591	78592	29266	906		393357	209
13382587	105765	111249	62839	6350	553334	61917
53249093	12546125	2473201	1001878	347100	4963003	505707
7184528	2264047	27865	4815	4165	392223	20107
7837534	2904370	733256	101349	23753	990263	62525
2375955	1273049	99028	22992	3914	182125	5885
4213533	83647	636773	472392	200155	433534	60247
5070047	1342774	278044	102124	17994	417678	39812
1594028	439616	31708	15781	13431	132644	5495
6539590	960083	167536	120956	2315	455788	5751
9016046	642103	240611	81118	55889	1038237	62469
9417832	2636436	258381	80352	25483	920512	243418
25281864	819193	626389	166818	49638	3785454	480183
4963130	150300	79491	6839	6482	436930	15880
6060999	148538	33695	10067	6825	242441	413544
664175	31681	26398	15279	13812	102957	16272
129901		7800	5591	5591	9174	1871
24616		982	982		53767	14
11729383	106289	454343	122966	15439	2805545	13316

1-9

项　目	商品购进额	进口	商品销售额	通过公共网络实现的商品销售额	通过非自营平台实现的商品销售额
乐器批发	101222	13098	128933	30627	2013
其他文化用品批发	1378919	120130	1604407	123522	63676
医药及医疗器材批发	31853242	1527607	36871095	3975838	2452415
西药批发	20333250	843794	22837711	3267057	2296654
中药批发	7173973	251555	8441883	362813	65696
动物用药品批发	174192	12063	206010	2612	2612
医疗用品及器材批发	4171827	420195	5385491	343356	87453
矿产品、建材及化工产品批发	372938856	22097221	380580836	21495332	3114698
煤炭及制品批发	14453628	1183040	15353715	1542764	1772
石油及制品批发	119017972	12566326	112676965	4926942	325716
非金属矿及制品批发	1225261	100970	1325338	64366	
金属及金属矿批发	157297396	2340031	163048008	10060042	1187058
建材批发	26875238	838924	29668082	1690178	798188
化肥批发	1492266	177459	1596296	3859	
农药批发	368240	9345	477496	53590	342
农用薄膜批发	18488	910	22452	9100	
其他化工产品批发	52190367	4880218	56412484	3144492	801621
机械设备、五金产品及电子产品批发	144054568	17043038	165211791	11278622	1839774
农业机械批发	85673	5504	119691	5833	
汽车及零配件批发	54759127	947495	64861085	352572	53284
摩托车及零配件批发	943599	3924	1088989	20224	3263
五金产品批发	4606735	239858	5182493	127269	54275
电气设备批发	3085206	243453	3636116	81690	31738
计算机、软件及辅助设备批发	10427817	912335	11167437	583425	109615
通讯设备批发	18212190	2181975	19648708	2290302	552447
广播影视设备批发	7305256	883598	8456177	3474279	152960
其他机械设备及电子产品批发	44628965	11624897	51051096	4343028	882194
贸易经纪与代理	20537003	6457917	24271136	915616	272418
贸易代理	20208894	6431416	23912452	915616	272418
一般物品拍卖	184		947		
艺术品、收藏品拍卖	2260		3130		
艺术品代理					
其他贸易经纪与代理	325665	26501	354607		
其他批发业	11552336	920329	14005814	3590021	671012
再生物资回收与批发	3657209	468242	3915020	25451	20047
宠物食品用品批发	26871	6886	37326	8062	7864
互联网批发	2823332	55700	3965897	3446424	629142
其他未列明批发业	5044923	389501	6087572	110084	13960

续表 1

单位：万元

批发额	出口	零售额	通过公共网络实现的零售额	通过非自营平台实现的零售额	期末商品库存额	服务营业额
126758	38696	2175	600		15635	1419
1582902	343689	21505	4493	1490	119004	17868
36532519	541762	338576	10143	730	3667042	150291
22621267	350582	216445	2493	92	2226270	79696
8389798	82166	52085	1254	555	795758	46108
200853	8147	5157			37248	356
5320602	100867	64889	6396	83	607766	24133
376730657	7473930	3850180	146538	6766	14453795	628615
15336988	13531	16727			555692	39986
109505575	2272344	3171391	65102	293	4634421	280265
1324025	118106	1313	299		32119	
162933902	1709286	114106	1521	213	4267183	205735
29448110	2019113	219972	17680	4878	1853415	30483
1577311	12236	18985			198152	668
458969	119255	18528			32859	1593
22452					554	
56123327	1210061	289158	61936	1382	2879401	69884
162600191	13421431	2611600	1189309	479668	7680610	771987
109935	398	9756	2000		30945	4483
64312230	541956	548855	21458	13	882076	48870
1076623	62979	12366	39		28493	67
5128999	1232109	53494	6739	5292	292561	38184
3605282	362019	30834	3663	749	265298	19563
10998892	1180697	168545	29405	10784	999894	112982
18566695	4175625	1082013	884705	378074	1175235	236889
8351206	110827	104971	41000	39397	390620	25055
50450330	5754820	600766	200299	45359	3615488	285894
24183390	5806287	87746	1632	866	726052	147340
23827093	5583832	85359	1632	866	719393	134624
947						
3120		10			118	12019
352230	222455	2377			6541	697
13684393	1968248	321421	154300	12925	1261478	14215
3812138	2209	102882	8610	6521	231675	1318
30592	11597	6734	6148	5949	8048	11
3810890	861691	155007	129443		606167	2924
6030773	1092751	56799	10100	456	415588	9963

1-10 按登记注册类型、单位规模和控股情况

项　目	商品购进额	进口	商品销售额	通过公共网络实现的商品销售额	通过非自营平台实现的商品销售额
批发业	710999476	54950904	776528772	60755254	12172396
按登记注册类型分					
内资企业	631886875	44112363	682627809	53790361	10043801
国有企业	3981637	205722	4781692	1515874	402454
集体企业	444410		486222		
股份合作企业	139102	2791	155673	5218	
联营企业	196916		213417	155207	
国有联营企业	22931		38080		
集体联营企业	156704		158158	155207	
国有与集体联营企业	6770		6337		
其他联营企业	10511		10843		
有限责任公司	295834551	19775577	324027405	28781381	5370056
国有独资公司	39024770	873985	42426774	5343110	2102095
其他有限责任公司	256809781	18901592	281600632	23438272	3267961
股份有限公司	76364454	2590046	69529868	5951354	743232
私营企业	254830655	21538227	283323208	17380478	3528059
私营独资企业	225906	1122	254967		
私营合伙企业	58687		66174		
私营有限责任公司	247093564	21052816	274970679	16651830	3504414
私营股份有限公司	7452498	484289	8031388	728648	23645
其他企业	95151		110324	847	
港、澳、台商投资企业	32472601	5603479	37673941	3934834	495290

分组的限额以上批发业法人企业经营情况

单位：万元

批发额	出口	零售额	通过公共网络实现的零售额	通过非自营平台实现的零售额	期末商品库存额	服务营业额
765540521	44159425	10988251	2806438	938268	43149467	2932594
673009380	41125341	9618429	2260103	782543	36157365	1803495
4607204	216523	174488	16974	15975	985605	19203
442073	12918	44148			32265	2345
155092		581			9748	3124
210260		3157			11748	
36106		1974			4133	
156974		1184			5542	
6337					1185	
10843					888	
321452780	15691306	2574625	746062	176431	15157352	795236
42300454	1186018	126319	1659	278	1639451	33444
279152326	14505288	2448306	744403	176153	13517902	761791
66796314	4471069	2733555	126980	12981	3129657	105331
279235994	20733525	4087214	1370087	577156	16830382	878257
249244	7821	5724			24335	3930
66174					1509	
270943959	20312529	4026720	1367606	575616	16243333	854098
7976618	413175	54770	2481	1540	561205	20229
109662		662			609	
36605545	756159	1068397	380685	149231	4091957	522312

1-10

项　目	商品购进额	进口	商品销售额	通过公共网络实现的商品销售额	通过非自营平台实现的商品销售额
与港澳台商合资经营企业	8126392	1107166	8936953	824154	9434
与港澳台商合作经营企业	1075269	4393	1088867	956885	13722
港澳台商独资经营企业	22983886	4451244	27255757	2144961	470624
港澳台商投资股份有限公司	225502	23072	316896	8682	1511
其他港澳台投资企业	61552	17604	75469	153	
外商投资企业	46639999	5235062	56227022	3030059	1633305
中外合资经营企业	20788994	1108626	25438912	1521692	1096769
中外合作经营企业	95630	91480	156628	91980	
外资企业	24042112	3998866	28797167	1349512	531707
外商投资股份有限公司	1456231	21240	1535565	7151	
其他外商投资企业	257032	14850	298750	59725	4829
按单位规模分					
大型	199019909	14380088	216166107	20692787	5818786
中型	273211149	30305222	304083979	31553677	5103103
小型	168250872	8444646	183970377	6156159	1138878
微型	70517546	1820948	72308310	2352632	111630
按控股情况分					
国有控股	216375125	13702550	219942184	23408267	5896546
集体控股	3838782	138036	4509887	213930	
私人控股	354842988	26440598	397203795	26423128	4245015
港澳台商控股	28136931	5554030	32968357	2436988	481722
外商控股	28977425	4144720	34394766	1598891	547310
其他	78806470	4970970	87492979	6674052	1001803

续表 1

单位：万元

批发额	出口	零售额	通过公共网络实现的零售额	通过非自营平台实现的零售额	期末商品库存额	服务营业额
8838186	61024	98767	10618	7107	841649	15588
1057783	314	31084			4953	
26336124	685734	919633	368367	140614	3182516	506724
297983	9088	18913	1700	1511	59498	
75469					3341	
55925596	2277925	301425	165651	6494	2900144	606788
25371809	550145	67103	23307		932913	19660
144635	45	11994			4280	2877
28614398	1697601	182769	133948	6410	1855745	573070
1534089	10719	1475	937		80747	2509
260665	19415	38084	7459	84	26460	8672
210497225	8039135	5668882	1413871	651344	11603184	752636
300506285	18957893	3577693	1155235	242769	18522433	1622877
182472507	15011225	1497870	201145	43049	11354640	495364
72064504	2151172	243806	36186	1106	1669210	61717
216641934	5799264	3300250	82579	20648	8919777	285995
4398327	543527	111560	6033		361967	13311
392298264	28666332	4905532	1540684	657737	23664556	1144375
31944059	731798	1024298	391908	144799	3659573	525307
34156053	1834582	238713	157456	6410	2057847	584291
86085081	6583921	1407898	627778	108674	4469466	379316

1-11 按行业小类分组的限额以下批发业法人企业经营情况

单位：万元

项目	商品购进额	商品销售额	通过公共网络实现的商品销售额	零售额	期末商品库存额	服务营业额
批发业	129209745	160473212	4370607	5981668	16238237	750091
按行业小类分						
谷物、豆及薯类批发	316275	389091	27434	24969	146764	585
种子批发	38177	67644	1310	5104	15548	166
畜牧渔业饲料批发	724692	883700	5517	31151	59874	2613
棉、麻批发	41187	46977	129	718	13638	28
林业产品批发	394117	499212	3821	17318	117749	1793
牲畜批发	266801	340563	1388	20450	47845	2078
渔业产品批发	96320	123660	804	4624	7661	30
其他农牧产品批发	1664444	1812328	14817	87428	223274	5534
米、面制品及食用油批发	1006241	1172717	13743	46429	246351	5123
糕点、糖果及糖批发	270024	335852	13147	9101	54262	1974
果品、蔬菜批发	1449502	1807248	17614	68301	100782	4935
肉、禽、蛋、奶及水产品批发	1557689	1827835	19274	71807	149191	4347
盐及调味品批发	188885	220336	7022	8854	35112	617
营养和保健品批发	202246	263560	11427	22868	54403	2136
酒、饮料及茶叶批发	1731327	2195971	48440	109210	691955	17648
烟草制品批发	35406	43937	500	1796	3258	95
其他食品批发	2289823	2830897	98562	128131	464994	22341
纺织品、针织品及原料批发	3719223	4634125	56989	114956	418776	12744
服装批发	3120170	4167134	236518	214553	578298	18583
鞋帽批发	722007	904873	32951	26830	86462	3343
化妆品及卫生用品批发	1050702	1421569	99685	60708	215631	11027
厨具卫具及日用杂品批发	1568927	1980587	77847	84329	222727	12971
灯具、装饰物品批发	834328	1052478	41477	55294	100530	3394
家用视听设备批发	940904	1069057	50557	34427	140000	7861
日用家电批发	1974252	2318686	56727	94720	291933	13004
其他家庭用品批发	2049158	2663264	135061	126278	383390	15056
文具用品批发	1556384	1922105	40969	96019	204985	7408
体育用品及器材批发	239166	333106	14109	15013	41409	2851
图书批发	229175	294297	12448	13704	57205	9539
报刊批发	10003	14594	256	797	470	14
音像制品、电子和数字出版物批发	38653	51431	1628	2160	8702	666
首饰、工艺品及收藏品批发	2417189	2442416	79427	47094	882824	8207

1-11 续表 1

单位：万元

项 目	商品购进额	商品销售额	通过公共网络实现的商品销售额	零售额	期末商品库存额	服务营业额
乐器批发	26280	33829	2151	5804	9856	280
其他文化用品批发	457100	592848	62981	28482	64899	1671
西药批发	522889	612095	7897	34976	89985	3817
中药批发	286462	363531	3137	11448	53884	1960
动物用药品批发	73184	96838	792	8032	12592	2077
医疗用品及器材批发	2157881	3002762	39261	131350	352026	23416
煤炭及制品批发	597369	685686	5021	9720	46294	981
石油及制品批发	4648373	5079466	19538	83145	720585	12030
非金属矿及制品批发	619288	787418	7944	31975	51480	925
金属及金属矿批发	17617777	19362103	263496	245491	1000062	13974
建材批发	10640553	13064594	219599	556427	981168	33546
化肥批发	513829	679745	7515	71828	73128	4814
农药批发	132627	198679	33356	15879	26851	504
农用薄膜批发	43276	51669	397	1432	3545	5
其他化工产品批发	11915929	13815715	712739	419031	1228082	26878
农业机械批发	124372	172479	2827	22882	23202	373
汽车及零配件批发	2334498	2843631	57107	231091	282059	15419
摩托车及零配件批发	135897	193235	2524	9346	14268	381
五金产品批发	5271443	11522307	131495	287950	598589	28232
电气设备批发	1512299	1926957	36297	91662	201364	9612
计算机、软件及辅助设备批发	2118386	2619608	112480	165050	285892	20056
通讯设备批发	1870816	2222326	56624	49897	222921	6445
广播影视设备批发	505289	520595	1897	6407	22876	1783
其他机械设备及电子产品批发	18441075	22597826	664236	1026032	2257158	138380
贸易代理	5968752	7296667	168775	277251	525577	145960
一般物品拍卖	22059	40787	12	3882	1762	3970
艺术品、收藏品拍卖	6141	7661		1346	453	5246
艺术品代理	3771	4322		210	280	15
其他贸易经纪与代理	215720	306784	3762	17863	30033	4537
再生物资回收与批发	885301	1171512	7025	54460	147325	3586
宠物食品用品批发	75889	94654	8489	2439	7854	349
互联网批发	322037	464377	203274	13423	42263	926
其他未列明批发业	6399783	7909260	306366	420319	793931	39231

1-12 按登记注册类型、单位规模、控股情况和经营形式分组的限额以下批发业法人企业经营情况

单位：万元

项 目	商品购进额	商品销售额	通过公共网络实现的商品销售额	零售额	期末商品库存额	服务营业额
批发业	129209745	160473212	4370607	5981668	16238237	750091
按登记注册类型分						
国有企业	273485	294015	1726	18670	211514	4307
集体企业	255896	330532	539	37169	50478	5799
股份合作企业	91421	117602	264	4343	14169	172
国有联营企业	2333	2676		68	825	1
集体联营企业	6205	10623		1981	852	37
国有与集体联营企业	2135	2673		29	313	
其他联营企业	4225	8460	15	788	802	0
国有独资公司	145973	177300	723	8385	42636	59
其他有限责任公司	16255922	19244853	628423	800940	2084024	152396
股份有限公司	1269143	1486416	18034	40980	517442	5793
私营独资企业	1190660	1626961	23058	134566	149843	11373
私营合伙企业	123456	166662	1697	17081	14093	717
私营有限责任公司	104248914	130230397	3553875	4660033	12411283	498844
私营股份有限公司	490621	647419	25832	35768	81184	5475
其他企业	491650	708088	5770	43834	46358	888
与港澳台商合资经营企业	231056	288852	24800	36310	63383	3478
与港澳台商合作经营企业	6517	9270	1	75	1123	95
港澳台商独资经营企业	2958745	3631668	57616	110594	407657	38846
港澳台商投资股份有限公司	16035	21049	596	120	4756	
其他港澳台投资企业	26111	37568	3911	4102	7773	373

1-12 续表 1

单位：万元

项目	商品购进额	商品销售额	通过公共网络实现的商品销售额	零售额	期末商品库存额	服务营业额
中外合资经营企业	342949	366179	604	5221	26660	538
中外合作经营企业	1070	1268	13	65	23	
外资企业	703734	967867	22812	15676	90170	20555
外商投资股份有限公司	32227	39465	13	1025	2139	178
其他外商投资企业	39263	55350	285	3849	8739	169
按单位规模分						
大型	672481	751895			53929	
中型	11135810	12681000	344139	220836	1718897	31324
小型	54030480	64455947	1498379	2085323	5105301	283857
微型	63370973	82584370	2528090	3675509	9360110	434909
按控股情况分						
国有控股	890097	975721	136430	36309	309307	7014
集体控股	512201	657439	2411	59918	80025	6120
私人控股	119009659	148132314	3959152	5441219	14682143	650806
港澳台商控股	3198149	3801758	85885	122872	552411	42448
外商控股	1001267	1272616	19388	19563	105299	21747
其他	4107043	4925685	161675	257954	462786	21068
经营形式						
独立门店	52488575	64302742	889874	2706591	6459899	244719
连锁总店(总部)	343524	449245	22638	33572	96471	7319
连锁直营店	116643	160456	25863	14394	47431	2601
连锁加盟店	88501	108647	6597	7354	37826	783
其他	76101039	95345979	3424287	3215643	9589742	494558

1-13 按行业小类分组的批

项　目	期末资产负债						
	本年折旧	固定资产净值	在建工程	资产总计	负债合计	年初存货	期末存货
批发业	2571476	18291352	2725184	501052941	373990809	52287335	58693799
按行业小类分							
谷物、豆及薯类批发	14823	196114	91183	2057893	1431687	610092	820057
种子批发	2826	28414	6319	255629	110815	64845	81448
畜牧渔业饲料批发	16709	159700	57017	3184188	1925916	281733	312856
棉、麻批发	1210	11711	1	716404	675967	75749	123756
林业产品批发	11389	68192	4210	2193692	530525	149528	217863
牲畜批发	26651	235205	33035	970324	493140	104332	116184
渔业产品批发	3450	22288	22731	306741	221366	18833	25986
其他农牧产品批发	19600	221998	23947	3868981	2127192	136787	178373
米、面制品及食用油批发	21150	344370	123133	6684948	5440974	1832830	1857202
糕点、糖果及糖批发	8332	184524	6729	5753077	5054666	258984	254054
果品、蔬菜批发	38290	327631	22301	2704175	1314738	176981	192701
肉、禽、蛋、奶及水产品批发	75014	492772	80416	5351284	3679812	519657	1107663
盐及调味品批发	9316	59036	18055	2725094	1341769	143421	169404
营养和保健品批发	8222	63281	16702	1226550	770517	149733	163228
酒、饮料及茶叶批发	44002	346755	50783	8522727	5880676	1256579	1654940
烟草制品批发	22061	226696	56786	3901384	959145	413007	360786
其他食品批发	56017	371169	27470	7030578	5244444	822031	1273977
纺织品、针织品及原料批发	50656	268176	13674	6147466	4791451	666325	799259
服装批发	69444	406767	24713	9713656	6723539	1277937	1549964
鞋帽批发	14059	104796	1931	1512424	1023024	242997	260802
化妆品及卫生用品批发	25439	169645	28358	3391285	2590713	488683	641457
厨具卫具及日用杂品批发	37311	197278	21020	4626983	3293647	473344	642639
灯具、装饰物品批发	16297	83219	1650	1840368	1345299	168897	227041
家用视听设备批发	12518	49182	14225	4307798	3440511	468547	587907
日用家电批发	32683	213054	19243	13917989	6629088	900671	1294227
其他家庭用品批发	44229	269243	49604	9595816	7790301	945570	1288100
文具用品批发	31180	142447	1844	3642326	2838234	540971	615230
体育用品及器材批发	15437	86044	933	2098125	1676679	381647	261297
图书批发	8002	36001	3329	1235070	744740	187743	219089
报刊批发	1741	5948		147092	95689	58883	13060
音像制品、电子和数字出版物批发	870	2951	1	144612	68211	51908	56477
首饰、工艺品及收藏品批发	38395	280348	9407	10857042	7969130	3261488	3520716

发业法人企业财务状况

单位：万元

损益及分配					营业成本	
营业收入	营业成本	税金及附加	投资收益（损失以“-”号记）	营业利润	应付职工薪酬（本年贷方累计发生额）	应交增值税
843555817	779026708	3116311	3707602	16614557	20611934	8349152
3153304	3019346	3073	160	30597	54832	7166
395730	358602	410	2089	15508	16460	1289
4408228	4178766	4803	174789	180682	91308	12995
504854	496018	173	1979	-5770	3339	590
928247	820981	2186	474	42170	46727	12661
1126163	989622	1857	84268	151574	53962	3536
254842	237532	371	42	6519	8834	1363
2723902	2451404	6030	-4814	28654	147932	16882
7352234	6841149	11870	41346	120549	181418	52145
4468481	4041740	6934	16006	50016	98809	59927
4099948	3591613	8982	98039	200973	254393	36973
8216740	7371645	12485	37959	307615	343543	36901
3461166	2879715	11608	38956	138783	145033	52306
1421859	1074146	6684	14468	39823	116313	45011
9761012	7981620	42855	11950	240962	664817	216377
14022020	10451087	1635060	27971	1384028	499916	569998
12804132	11559517	21006	62725	151153	512104	98312
10864507	9832279	26834	57404	233136	464556	132369
11769007	9771177	44947	15573	227250	1009706	229688
3201573	2837708	5727	836	45295	163267	46517
5576531	4204796	22671	11703	203815	450527	174954
6734762	5399282	26550	9933	145227	536583	150791
2439805	2122685	6605	3663	42283	171014	46149
7010020	6361110	14979	176443	159343	244478	54419
10400405	9568482	16602	13829	190159	291061	88268
11232627	9735893	26364	8972	241718	589479	138537
6198395	5640858	12553	10506	101826	245441	85655
5987088	5316298	10039	1738	20865	207911	65793
986719	807377	1853	6891	49467	69478	7555
157716	112267	347	164	6771	40601	3260
72020	58447	272	163	-4138	7937	2967
12972997	11858331	40999	24546	110023	475703	139632

1-13

项 目	期末资产负债						
	本年折旧	固定资产净值	在建工程	资产总计	负债合计	年初存货	期末存货
乐器批发	496	2339	35	72631	47590	16209	22921
其他文化用品批发	10420	61340	5547	1265585	925331	171766	172743
西药批发	35250	200668	56620	15037956	10208100	1802486	2036015
中药批发	21443	162206	15268	4662341	3511850	780680	788294
动物用药品批发	2987	19576	78	189289	130076	34488	46262
医疗用品及器材批发	55070	258615	19497	6595849	4366552	799627	1001621
煤炭及制品批发	36013	448405	1610	5895496	4719173	582973	589458
石油及制品批发	273076	3280779	892724	38900595	25131417	3845916	5273550
非金属矿及制品批发	9516	59643	13749	1202387	654204	77150	88464
金属及金属矿批发	107047	1207724	152622	69656126	60684763	4386469	5039967
建材批发	188335	1218539	62431	43870280	34294548	2124294	2873193
化肥批发	22154	235786	11394	1375021	887206	203142	248578
农药批发	5725	51286	450	545009	370053	43149	55197
农用薄膜批发	1147	2997	137	43646	30159	5741	5350
其他化工产品批发	152774	863134	112658	25344484	18831260	3266713	3921327
农业机械批发	4543	41284	3909	294811	233609	39135	55025
汽车及零配件批发	55949	252826	28865	21811815	19340871	1818716	1994972
摩托车及零配件批发	7611	17585	27755	585972	418724	47905	51516
五金产品批发	73384	388775	34625	10114157	7824033	811135	877589
电气设备批发	32039	150125	11633	3335271	2269214	495657	493379
计算机、软件及辅助设备批发	46621	202498	23941	6879512	5278144	997553	1065907
通讯设备批发	33521	215136	32989	9986923	8620153	1724219	1253771
广播影视设备批发	5084	21385		2198169	1504003	393797	328601
其他机械设备及电子产品批发	368124	1676603	166573	50347142	38449234	4927621	5774628
贸易代理	101497	767292	144044	29090096	23876150	1387148	1334912
一般物品拍卖	3251	13910	74	414317	141237	1856	2161
艺术品、收藏品拍卖	238	1868	156	120322	40985	1765	1091
艺术品代理	20	75	4	3379	2279	1051	1075
其他贸易经纪与代理	10465	27549	2863	531554	285981	34864	35764
再生物资回收与批发	25619	199278	14423	2234591	1615712	308071	375041
宠物食品用品批发	575	3112		57212	46816	11146	17768
互联网批发	9021	48790	11317	1804524	924049	110742	696421
其他未列明批发业	95142	515271	46447	15954764	10103734	3903421	1283499

续表 1

单位：万元

损益及分配					营业成本	
营业收入	营业成本	税金及附加	投资收益（损失以“-”号记）	营业利润	应付职工薪酬（本年贷方累计发生额）	应交增值税
150009	123389	325	486	8672	15066	1926
2026271	1774299	5453	3665	50593	101883	26505
20683615	18382631	46124	218109	635170	484521	299264
7886282	6774969	25458	17524	108275	295560	159493
275291	218984	1522	439	6253	21173	8752
7542388	5873225	39286	32663	347244	487568	236235
14020415	13424122	18993	69891	162883	72137	118275
116511533	112234691	131524	125361	1435311	780446	631778
1865297	1695354	4618	6299	57312	66401	20402
159889118	157056214	103283	266490	969289	781390	492620
38322499	34747581	97591	1066491	1941412	1224409	413219
2137806	1897571	6456	6035	102541	82267	13363
677351	546001	1221	4839	37291	51161	3087
67645	61192	117	10	820	3309	684
62127793	58596727	97676	142445	816214	1117748	587545
276929	222513	2530	103	15409	25646	3896
59432053	54440265	111827	89930	2077734	467983	618330
1133554	1027637	3745	3409	11833	26270	8361
10761704	9459773	31927	11943	246809	599990	167155
5059589	4399079	15239	4928	114903	255150	96912
12868402	11874460	26589	23665	142294	438467	124384
19977206	19061324	21376	81848	-116934	321994	133082
7277857	6983996	7272	8938	-9515	105481	45910
66665614	59900581	160187	119766	1340841	2770348	1016362
28817200	27063366	57667	98240	453991	607810	244542
46203	23118	308	811	180	9079	923
26923	13692	76	98	5458	3951	383
4484	3398	20		-1	725	48
630053	549693	2050	362	17501	33061	12449
4570981	4260430	15813	4046	46602	144976	51718
120571	96350	229	3	556	11532	1974
4137393	2935668	3492	2355	159356	205212	28210
12858756	11332923	42590	345640	571387	791744	190381

1-14 按登记注册类型、单位规模、控股情况

项 目	期末资产负债						
	本年折旧	固定资产净值	在建工程	资产总计	负债合计	年初存货	期末存货
批发业	2571476	18291352	2725184	501052941	373990809	52287335	58693799
按登记注册类型分							
国有企业	27103	375818	102688	4023540	3458085	1122396	1139646
集体企业	21074	162451	27105	1223610	942120	79530	69785
股份合作企业	3296	13770	394	197219	113490	22171	23556
国有联营企业	240	1338		26499	7027	6432	6051
集体联营企业	619	6340		42456	27518	9635	6319
国有与集体联营企业	328	2265		15064	20529	557	1374
其他联营企业	326	3467	724	69777	63627	4757	1851
国有独资公司	39232	403362	155801	15176068	9769252	1841053	1750227
其他有限责任公司	463549	3534789	868560	140178724	113037045	14794521	15331061
股份有限公司	217567	3061112	571211	45232768	24769714	3519764	3703375
私营独资企业	35601	314752	5639	1172774	550901	140502	140212
私营合伙企业	2337	21136	583	561805	213461	30027	27266
私营有限责任公司	1483098	8475267	780362	228203853	177150824	23850296	28954998
私营股份有限公司	18665	189982	9438	5517540	4045372	601212	698510
其他企业	20479	236186	6112	441973	77495	36169	36467
与港澳台商合资经营企业	15828	142966	19895	6241363	4208998	661259	772656
与港澳台商合作经营企业	4330	17810	5	690637	520228	11409	9229
港澳台商独资经营企业	92575	628064	72945	27885458	16930882	2984899	3429649
港澳台商投资股份有限公司	1905	13769	8217	362281	245842	53881	68803
其他港澳台投资企业	737	2226	6368	92143	61640	11381	13384

和经营形式分组的批发业法人企业财务状况

单位：万元

损益及分配					营业成本	
营业收入	营业成本	税金及附加	投资收益（损失以“-”号记）	营业利润	应付职工薪酬（本年贷方累计发生额）	应交增值税
843555817	779026708	3116311	3707602	16614557	20611934	8349152
4584841	4083486	223436	8432	27526	143772	73486
729549	641340	3842	1835	38338	41706	7469
247558	218835	1069	711	4989	15462	3205
35270	29754	203	176	2435	4112	1400
146535	141509	246		2917	1667	484
8023	7322	4	-146	236	370	12
21977	19282	149	1	-609	2154	249
37322277	34897747	491295	223600	1179890	422843	357237
267840634	251424527	1230435	515341	4555471	3827441	2197541
76029565	71256532	212546	750978	1764237	1095612	618412
1821411	1440058	12882	31927	212776	181084	28521
213060	184088	1312	1369	11027	15159	3500
359158070	329654527	703909	617742	5049455	12012275	3896085
7686396	7166176	10093	27244	120333	180437	71018
824308	650184	6049	979	98651	72639	6969
8106331	7481435	13668	269378	285014	136513	75291
978506	962178	433	12038	3003	7142	1690
27641059	23710369	109955	922359	1788099	1240639	477150
298999	193457	1519	853	1157	26329	10624
105185	84091	684	311	2181	7115	1380

1-14

项　目	期末资产负债						
	本年折旧	固定资产净值	在建工程	资产总计	负债合计	年初存货	期末存货
中外合资经营企业	56791	356037	44237	10031026	8111575	788125	884478
中外合作经营企业	188	936		116966	59769	7257	5498
外资企业	63179	309598	44154	12909537	9115163	1603016	1499709
外商投资股份有限公司	830	3597	429	444342	322426	79747	83747
其他外商投资企业	1600	14313	319	195522	167829	27338	35950
按单位规模分							
大型	387683	4498532	1070900	111113215	74175085	9609780	11251087
中型	509927	4012096	544019	134585442	101115500	16721823	20332292
小型	618653	3483265	337348	110467950	88156146	13362273	15364698
微型	1055213	6297460	772918	144886335	110544079	12593460	11745723
按控股情况分							
国有控股	316467	4559198	1096589	76527292	50513405	8720362	10169071
集体控股	32873	232949	25681	4846357	3323309	447075	499821
私人控股	1839636	10902735	1153770	324956825	252512319	30927875	37526157
港澳台商控股	106700	758893	97872	33202615	20904335	3397532	3944291
外商控股	81532	395817	48575	14600071	10224156	1833699	1714728
其他	174196	1202053	296140	46467749	36421917	6908742	4787919
经营形式							
独立门店	1017104	7018971	820149	151047981	112860634	18067550	21902978
连锁总店(总部)	55936	972561	145584	10453097	6869639	1380217	1536350
连锁直营店	4672	28928	8651	911917	755369	134461	251873
连锁加盟店	5504	17398	6272	297951	238312	63554	78464
其他	1480126	10213278	1731805	335838180	250782213	32630638	34915439

续表 1

单位：万元

损益及分配					营业成本	
营业收入	营业成本	税金及附加	投资收益（损失以"-"号记）	营业利润	应付职工薪酬（本年贷方累计发生额）	应交增值税
22448190	20254009	48543	225491	1076585	318929	271133
137542	122637	250	747	3885	4383	1825
25304918	22732907	40632	95190	366270	790627	235684
1539802	1404567	1162	-7	66278	20911	3128
325812	265691	1996	1052	-45581	42617	5662
203087886	182206915	1743604	2077964	7743234	4096073	2323518
282536608	266192068	608190	921785	3650047	4349458	2315912
223092222	208718182	392698	128318	2810958	4289687	2083529
134839102	121909543	371819	579534	2410318	7876716	1626193
207301386	194588301	1897940	726494	5131330	2105346	1852795
4706817	4318026	9893	90770	171255	118996	41862
484274041	446259938	904621	1326704	7178197	14710060	4997536
32916274	28553349	118878	1111176	1955085	1397108	527785
30654300	27519428	51970	97157	523268	926569	281085
82970567	77203693	128332	354322	1566599	1284188	641731
298829738	274348687	1239222	933037	7273114	7951639	3026346
27898605	25902323	50532	151443	274079	338355	265991
1518485	1272616	4524	1674	4600	73010	26906
347833	285975	1050	345	-5097	31585	4858
514862855	477137456	1820142	2620968	9063371	12205622	5023690

1-15 按行业小类分组的限额

项 目	年初存货	期末资产负债			
		流动资产合计	应收账款	存货	固定资产原价
批发业	35590750	285279891	72204397	42005297	17388922
按行业小类分					
农、林、牧、渔产品批发	966126	4867253	649402	1275019	559678
谷物、豆及薯类批发	467560	1175694	69287	672384	177483
种子批发	45038	125011	13972	60332	9529
畜牧渔业饲料批发	228497	1800847	160504	247378	149727
棉、麻批发	70264	224000	8428	109785	4302
林业产品批发	44422	266725	40648	42225	26442
牲畜批发	57034	287859	20500	71678	165804
渔业产品批发	10189	74044	16198	17476	5552
其他农牧产品批发	43122	913073	319865	53762	20839
食品、饮料及烟草制品批发	4033736	25504320	3906119	4922218	2408546
米、面制品及食用油批发	1597446	3363667	463369	1603842	369366
糕点、糖果及糖批发	207230	3869434	527742	197694	141230
果品、蔬菜批发	101360	1257265	293780	104050	185695
肉、禽、蛋、奶及水产品批发	391950	3370598	611950	938246	624044
盐及调味品批发	110766	1971691	88421	132489	118515
营养和保健品批发	87003	505728	70731	89847	47769
酒、饮料及茶叶批发	719002	4415674	445612	994318	253724
烟草制品批发	408943	3379906	54461	357439	453951
其他食品批发	410035	3370358	1350053	504294	214251
纺织、服装及家庭用品批发	3450658	26216774	7981841	4746009	1144533
纺织品、针织品及原料批发	291515	2773180	913796	356639	118302
服装批发	710113	4094202	1154579	935460	224178
鞋帽批发	156940	816611	300698	175117	87874
化妆品及卫生用品批发	312577	1674256	498593	424781	99878
厨具卫具及日用杂品批发	275821	2357346	823963	415780	151162
灯具、装饰物品批发	72264	890470	228548	117484	47103
家用视听设备批发	357997	2678575	852118	451313	42179
日用家电批发	648934	5133746	821408	999371	167488
其他家庭用品批发	624498	5798388	2388140	870066	206369
文化、体育用品及器材批发	3671193	11249357	3149791	3721748	498420
文具用品批发	342038	1956541	530215	397976	92794
体育用品及器材批发	315205	1184390	907239	214778	82217
图书批发	137700	592972	80691	160707	40251
报刊批发	58617	116411	17767	12614	10765
音像制品、电子和数字出版物批发	40614	72666	11442	44581	2308
首饰、工艺品及收藏品批发	2657619	6620444	1399173	2771399	235555

以上批发业法人企业财务状况

单位：万元

固定资产净值	累计折旧	本年折旧	在建工程	资产总计	流动负债合计	非流动负债合计
10050041	7292902	1149414	1934056	350180012	251993529	11822741
396019	163535	37141	181584	8558085	3732555	488559
142289	35194	9222	89134	1558417	1047997	97705
5419	4110	643	4795	168959	71861	4600
107346	42382	9882	51918	2727916	1388662	216268
3663	639	26		227674	191244	21
14038	12404	1171	2640	1522943	151902	53146
104779	60902	13968	18535	519863	268261	60218
4150	1402	352	14168	100171	85668	1666
14337	6502	1877	395	1732143	526961	54937
1402148	1011370	155879	297436	31816445	19570174	878308
263884	105337	10820	107658	4275167	2901234	340332
117312	23907	4067	810	4806876	4121355	70847
116283	69429	14681	6603	1597786	653998	43405
344920	278817	55715	70065	4208951	2825026	85266
49009	69506	7693	18012	2586459	1140771	99790
31566	16095	4167	15415	698752	457241	18485
141222	112499	17070	13221	5552572	3457070	167730
223325	230515	21169	56786	3868193	938326	115
114629	105268	20499	8867	4221690	3075153	52339
645518	496791	100497	112987	31650203	23409278	719309
61857	54544	9849	1075	3095880	2384679	84117
121339	102825	19276	8861	5081844	3365621	161206
53743	33915	6027	392	940490	620261	25579
56770	43103	7181	13311	1922835	1239942	34960
88606	62558	16427	16380	2977166	1918768	105076
30859	16196	4687	41	974174	730168	4983
22966	19207	4460	13125	3578221	2813905	23667
101452	66003	16301	15809	6438751	5017459	105564
107928	98440	16290	43993	6640842	5318475	174157
298957	199439	51385	7743	13105174	9108562	406521
49754	43036	9584	620	2161148	1757315	30176
68932	13286	10632	82	1809078	1484664	1711
17144	23107	4575	1869	851220	487277	29555
5678	5087	1696		137064	80479	3002
477	1831	169		74964	14425	37
136043	99494	21626	2433	7277842	4721991	321677

1-15

项　目	年初存货	期末资产负债			
		流动资产合计	应收账款	存货	固定资产原价
乐器批发	6460	44610	7915	13227	857
其他文化用品批发	112941	661322	195349	106466	33673
医药及医疗器材批发	2912071	18821961	7736056	3287929	740629
西药批发	1714485	11815328	4536613	1937873	342886
中药批发	722648	3791016	1624967	727462	209309
动物用药品批发	23419	113795	45499	33232	4667
医疗用品及器材批发	451520	3101822	1528977	589362	183767
矿产品、建材及化工产品批发	11439710	117626390	22594387	14288538	9248211
煤炭及制品批发	524586	3989543	1205282	526360	592111
石油及制品批发	3558927	25892925	4537313	4914564	5849054
非金属矿及制品批发	34098	580757	76149	41807	14716
金属及金属矿批发	3611725	49135901	7151734	4093294	1519315
建材批发	1355965	22485379	4425746	1904414	478819
化肥批发	135662	703073	80337	183124	40038
农药批发	24556	265006	42905	28611	5508
农用薄膜批发	1368	5906	4277	529	680
其他化工产品批发	2192824	14567900	5070644	2595835	747971
机械设备、五金产品及电子产品批发	7810423	60902043	19766867	7755996	2220687
农业机械批发	20122	109304	29153	30972	27493
汽车及零配件批发	1551614	17576148	3968668	1696587	246389
摩托车及零配件批发	25497	278526	88153	27076	10123
五金产品批发	267911	2723721	770600	279745	107551
电气设备批发	294934	1644453	641674	281382	93924
计算机、软件及辅助设备批发	718829	4182817	1589978	756905	146481
通讯设备批发	1572439	6423540	2322863	1042548	238279
广播影视设备批发	376828	1616360	415873	302053	38518
其他机械设备及电子产品批发	2982248	26347175	9939905	3338727	1311929
贸易经纪与代理	633834	14527763	4688838	710964	322347
贸易代理	627611	14355270	4643192	706369	314224
一般物品拍卖		2472			
艺术品、收藏品拍卖	804	48386	669	102	439
艺术品代理					
其他贸易经纪与代理	5419	121636	44978	4493	7683
其他批发业	672998	5564031	1731097	1296876	245872
再生物资回收与批发	197532	1093853	232493	230597	62578
宠物食品用品批发	2550	12747	2495	4274	613
互联网批发	82463	1362377	232431	654788	32668
其他未列明批发业	390453	3095054	1263678	407218	150013

续表 1

单位：万元

固定资产净值	累计折旧	本年折旧	在建工程	资产总计	流动负债合计	非流动负债合计
369	489	132		45726	26625	
20561	13111	2972	2739	748132	535787	20363
404778	335686	70408	78806	22515280	15207530	344998
172722	170134	29491	55849	14335807	9377498	240870
123134	86169	16993	13214	4269164	3191798	68113
2655	2012	521		120984	95692	1525
106268	77371	23403	9743	3789325	2542543	34489
5164685	4058711	425254	983836	145374242	107968227	5254814
389558	202481	23050	954	4841906	3515209	285866
3137327	2693131	249357	753829	35346058	21151126	1390989
7520	7213	941	624	721472	327771	18798
877753	636950	57140	135751	58177126	49275117	2068399
299977	178422	31462	21522	27720150	20981860	598850
23221	14753	2269	5644	823075	633046	26185
2211	3297	512	176	392100	285501	3099
582	99	41		10410	4083	698
426537	322367	60482	65336	17341946	11794513	861929
1370432	826656	259497	219351	71301961	54855376	2947297
19931	7563	1484	102	130881	87440	34382
129198	94303	36069	22074	19258092	16793332	583676
6123	4000	658	21722	455227	326352	6380
52919	54526	5579	5560	2934614	2035651	77411
57810	36181	8205	6083	1886280	1256528	37642
85100	61349	21371	22897	4672031	3626372	150525
148828	89420	18100	31958	8162284	6806597	397395
17690	20828	3960		1891956	1161706	67229
852834	458487	164070	108956	31910597	22761399	1592657
225114	97232	24997	35849	16707783	13593426	659611
223965	90259	21430	35849	16501170	13481361	659553
				2472	-829	
98	341	23		49819	15656	
1051	6632	3544		154323	97239	58
142390	103481	24357	16463	9150839	4548401	123325
35235	27343	7974	3176	1262609	993584	72120
181	432	61		14529	12483	
19073	13595	4578	10600	1454190	640363	13356
87900	62112	11744	2688	6419511	2901972	37848

1-15

项　目	负债合计	所有者权益	实收资本	国家资本	集体资本
批发业	263852847	86444106	57229757	8494333	841993
按行业小类分					
农、林、牧、渔产品批发	4224340	4333745	3150930	1377751	5228
谷物、豆及薯类批发	1148905	409512	225876	40565	
种子批发	76474	92486	46903	11008	1992
畜牧渔业饲料批发	1606371	1121546	390985	4618	50
棉、麻批发	191265	36409	32690	30224	276
林业产品批发	203615	1319328	1306298	1278622	
牲畜批发	328479	191384	65856	12708	2910
渔业产品批发	87333	12837	5326		
其他农牧产品批发	581898	1150245	1076995	6	
食品、饮料及烟草制品批发	20451174	11365272	3789395	476684	20024
米、面制品及食用油批发	3241336	1033831	565337	184151	2512
糕点、糖果及糖批发	4202577	604299	390904	72174	3821
果品、蔬菜批发	697927	899859	265402	13000	623
肉、禽、蛋、奶及水产品批发	2908713	1300238	454444	16889	2810
盐及调味品批发	1240561	1345898	399169	57087	100
营养和保健品批发	467315	231437	155981	3000	5
酒、饮料及茶叶批发	3626827	1925745	914022	94740	5869
烟草制品批发	938441	2929752	64677	28357	
其他食品批发	3127477	1094213	579460	7286	4285
纺织、服装及家庭用品批发	24261707	7388662	5551279	87191	37958
纺织品、针织品及原料批发	2478850	617030	393397	22847	5914
服装批发	3523445	1558400	791905	17923	
鞋帽批发	645690	294966	178498	1800	
化妆品及卫生用品批发	1390406	532429	307527	271	20
厨具卫具及日用杂品批发	2023680	953486	312589	6616	6
灯具、装饰物品批发	735514	238660	257315		999
家用视听设备批发	2837951	740270	464620	14886	21693
日用家电批发	5123023	1315728	2214503	750	4963
其他家庭用品批发	5503149	1137693	630924	22099	4363
文化、体育用品及器材批发	9503709	3601393	2191392	86520	6422
文具用品批发	1787568	373507	190252	4852	500
体育用品及器材批发	1486375	322703	145345	50	3560
图书批发	516832	334388	96539	70920	
报刊批发	88928	48136	13758	2000	
音像制品、电子和数字出版物批发	14259	60705	191500		
首饰、工艺品及收藏品批发	5027329	2250513	1432469	8498	2358

续表 2

单位：万元

				损益及分配		
法人资本	个人资本	港澳台资本	外商资本	营业收入	主营业务收入	营业成本
26067749	14132824	5544680	2148179	699890866	695480918	655220514
1416986	327403	18851	4712	9471017	9408164	9030016
169496	15453		363	2779088	2773121	2701422
7601	26302			328313	328086	308778
144250	236245	4516	1307	3548272	3534914	3396663
2129	61			461142	461026	455286
7978	19524	175		437738	419315	414484
26073	17829	6336		786634	786028	712092
2715	2611			133601	133601	125894
1056746	9378	7824	3042	996229	972074	915398
1822646	836665	205385	427991	55461100	55065355	47373439
234778	116688	10063	17146	6229278	6191489	5864726
124026	113580	65226	12078	4149515	4082962	3775456
117246	127308	4238	2987	2379670	2344658	2128518
313091	115772	2740	3143	6462430	6438783	5868311
198050	105435	1000	37497	3256368	3250350	2694329
115047	37791	100	38	1170302	1152831	886821
522388	137203	77067	76756	7702631	7661280	6348354
34980	1340			13978924	13965628	10415401
163041	81549	44952	278348	10131983	9977374	9391523
3076126	1510481	600176	239346	50488454	50008882	44364371
213005	115831	32533	3266	6582499	6566623	6146630
470511	193296	108369	1806	7854710	7788643	6686748
80239	88018	7885	556	2338485	2331488	2121650
96086	110146	71942	29063	4262046	4079329	3206523
92788	173068	24376	15735	4883129	4843594	3885117
43548	147461	57398	7909	1474362	1465310	1329306
148025	48451	184080	47486	6041982	5994224	5504820
1729854	454791	12088	12058	8256659	8172212	7702117
202070	179420	101505	121467	8794582	8767458	7781461
1231083	451303	273243	142821	23283221	22784620	21194859
109069	57557	14093	4181	4419806	4415445	4141192
10359	7661	8553	115162	5675063	5278621	5080912
13448	12171			707985	693924	593907
5508	6250			143884	129730	102415
191200	300			22980	22736	22037
863526	320362	219546	18180	10728871	10666065	9832327

1-15

项 目	负债合计	所有者权益			
			实收资本		
				国家资本	集体资本
乐器批发	26625	19101	8723		
其他文化用品批发	555794	192339	112806	200	4
医药及医疗器材批发	15534351	6980929	4091884	371632	129113
西药批发	9602974	4732834	1855058	244043	18169
中药批发	3257159	1012005	1647263	57027	103224
动物用药品批发	97217	23767	17032	1500	
医疗用品及器材批发	2577001	1212323	572531	69063	7721
矿产品、建材及化工产品批发	113271296	32220186	22894948	4968737	555100
煤炭及制品批发	3780072	1060145	1034147	392136	10665
石油及制品批发	22558976	12902940	7752747	3088644	377383
非金属矿及制品批发	345271	376201	166723	82500	1200
金属及金属矿批发	51350820	6830823	6823623	980456	30770
建材批发	21605591	6113053	3263143	318310	4015
化肥批发	659432	163643	102793	2307	16655
农药批发	288600	103500	104483	540	1069
农用薄膜批发	4781	5629	4148		
其他化工产品批发	12677753	4664253	3643142	103844	113343
机械设备、五金产品及电子产品批发	57796316	13505252	11396408	905978	54835
农业机械批发	121823	9059	5640	1623	
汽车及零配件批发	17373234	1884858	1465774	411778	223
摩托车及零配件批发	332732	122495	67876		5940
五金产品批发	2106685	827929	1451441	13490	3566
电气设备批发	1308072	577538	232801	3331	2400
计算机、软件及辅助设备批发	3777178	894853	712948	4409	15008
通讯设备批发	7199584	962700	815632	113068	3431
广播影视设备批发	1228935	663021	264273	3623	300
其他机械设备及电子产品批发	24348076	7562799	6380022	354656	23967
贸易经纪与代理	14151644	2556139	1196000	195426	27612
贸易代理	14039258	2461912	1130420	192456	27612
一般物品拍卖	-617	3089	3068	1000	
艺术品、收藏品拍卖	15656	34163	14983		
艺术品代理					
其他贸易经纪与代理	97347	56976	47528	1970	
其他批发业	4658311	4492529	2967522	24414	5702
再生物资回收与批发	1053070	209539	261372	5902	1815
宠物食品用品批发	12483	2046	1701		
互联网批发	653719	800472	233082		
其他未列明批发业	2939039	3480472	2471368	18512	3887

续表 3

单位：万元

				损益及分配		
法人资本	个人资本	港澳台资本	外商资本	营业收入	主营业务收入	营业成本
950	7529		244	117894	116169	98181
37023	39472	31052	5055	1466739	1461930	1323889
1570577	1784327	162661	73574	32548669	32259699	28320016
1022410	418906	85513	66017	20105991	19892492	17897371
253893	1176721	53699	2700	7548954	7486473	6500356
9688	5209	636		180964	180551	149969
284587	183491	22812	4857	4712759	4700183	3772319
9827270	5845824	1351294	346723	346606710	344940042	335984041
448565	125407	28138	29236	13369463	13251501	12830861
2283222	1587674	221147	194677	111831851	110933059	107825118
19204	16629	46167	1024	1154145	1150631	1105885
3339014	2371286	64475	37622	142529019	142056877	140689413
1415892	672282	843158	9486	26246869	26172885	24532205
64713	14517		4600	1474757	1469283	1385202
92182	7294		3399	481850	472499	401549
2548	1600			20975	20975	19173
2161930	1049136	148210	66679	49497781	49412333	47194636
5944958	2890242	754490	845906	147039079	146121380	136351036
1163	2598	120	137	111749	110495	92709
863739	115393	49367	25275	56786567	56555869	52155046
33012	9324		19600	949438	947853	873250
277981	1119400	18058	18947	4700787	4680176	4363298
97899	111893	9455	7823	3277583	3250376	2952341
425286	170235	11717	86293	10421218	10363932	9846326
262332	140876	254609	41316	17986917	17672402	17276287
127056	86439	45640	1215	6812819	6800250	6541373
3856491	1134084	365523	645301	45992002	45740028	42250406
737080	179092	50560	6228	22314452	22269879	21490112
681770	172522	49832	6228	21958986	21917003	21156410
2068				219	219	230
13235	1749			14511	12475	6056
40008	4822	729		340736	340182	327416
441022	307487	2128020	60877	12678164	12622899	11112624
74807	168724	9398	725	3461425	3440601	3360815
1401	300			34881	34871	27597
183307	47314		2461	3714368	3703854	2626179
181507	91149	2118622	57691	5467489	5443574	5098033

1-15

项　目	税金及附加	其他业务利润	销售费用	管理费用	财务费用
批发业	2544405	1502110	19975854	10270730	2445768
按行业小类分					
农、林、牧、渔产品批发	6047	4274	187225	186429	64185
谷物、豆及薯类批发	1959	-305	58817	38807	19924
种子批发	169	125	6185	6584	-42
畜牧渔业饲料批发	2145	2576	46177	85542	26478
棉、麻批发	103	63	1594	1161	3589
林业产品批发	351	58	6996	10653	6688
牲畜批发	366	-13	11496	21138	2142
渔业产品批发	91	222	3133	2554	560
其他农牧产品批发	863	1549	52826	19989	4847
食品、饮料及烟草制品批发	1713930	198765	2732464	1638746	87206
米、面制品及食用油批发	8405	8797	217593	107916	59032
糕点、糖果及糖批发	5653	2686	175451	115388	49301
果品、蔬菜批发	3436	5399	111960	90947	8494
肉、禽、蛋、奶及水产品批发	6579	7312	179833	180085	21992
盐及调味品批发	10990	5751	390451	92253	-4431
营养和保健品批发	5326	2185	174319	63439	1104
酒、饮料及茶叶批发	29891	12290	910781	214010	-3893
烟草制品批发	1634818	2447	224637	415128	-63594
其他食品批发	8833	151898	347438	359581	19201
纺织、服装及家庭用品批发	111929	122301	3362126	1730984	120381
纺织品、针织品及原料批发	8367	9615	186632	131617	19724
服装批发	26826	30014	591193	381384	22799
鞋帽批发	3337	3441	101630	82533	2668
化妆品及卫生用品批发	17024	16631	660814	184031	5860
厨具卫具及日用杂品批发	16376	18385	624633	256953	7457
灯具、装饰物品批发	2510	5531	62484	55346	3531
家用视听设备批发	12131	6397	393618	116029	25148
日用家电批发	10411	12449	227489	237791	10517
其他家庭用品批发	14949	19839	513633	285302	22677
文化、体育用品及器材批发	53551	413599	1126169	521425	104573
文具用品批发	6285	725	116552	92371	7796
体育用品及器材批发	8569	390027	419610	139202	10648
图书批发	1075	6665	48023	32814	-216
报刊批发	329	1249	28254	8293	189
音像制品、电子和数字出版物批发	47	123	680	2249	309
首饰、工艺品及收藏品批发	34585	10188	440449	193233	82642

续表 4

单位：万元

				人工成本及增值税	
营业利润	营业外收入	利润总额	所得税费用	应付职工薪酬（本年贷方累计发生额）	应交增值税
12639906	1232153	12996177	4396014	9795551	6093449
236198	43749	270853	16269	170041	21767
9835	29819	39116	2415	26251	3918
9042	317	8776	1355	8055	139
159930	3196	157850	6428	58748	8765
1503	276	1731	434	1402	145
6022	242	5925	2552	11455	4952
50927	3266	52177	241	29164	189
1363	296	1542	172	2046	271
-2423	6337	3736	2672	32920	3388
2276850	94463	2338275	532725	1881005	1026844
65168	30891	87251	12840	110901	42031
44193	3093	43763	16704	67513	54420
110297	4544	113016	8109	106717	19205
242200	16464	254041	10021	226004	19938
132869	1917	134009	82623	128848	49205
51239	4315	53993	9171	74830	38765
207752	11030	214788	71999	426269	178525
1383137	1988	1381385	310474	495812	569502
39996	20222	56031	10786	244112	55253
1113872	79187	1142919	231325	1714432	745074
91267	4669	91892	19375	122502	66958
174797	20938	184901	42808	366273	157530
24285	7254	26487	4796	69270	35768
200469	7025	195325	55698	212708	139356
102821	3871	102480	22096	308508	118325
24274	3847	26355	5925	58548	27638
162557	7970	168939	7537	169438	42615
147775	7458	154782	25380	134393	62874
185627	16156	191758	47710	272792	94009
307008	20160	320751	84797	650236	257991
60703	2466	61916	15205	84477	54672
17287	7717	22779	8953	158482	59831
38967	2466	41171	5378	39769	3239
5539	273	5781	169	38470	3161
-5581	475	-5539	0	689	1998
156174	5250	159540	48325	278964	117285

1-15

项 目	税金及附加	其他业务利润	销售费用	管理费用	财务费用
乐器批发	232	896	6170	4350	75
其他文化用品批发	2429	3726	66430	48913	3130
医药及医疗器材批发	86928	141735	2305251	954822	139746
西药批发	43359	109265	1255641	420959	82308
中药批发	22116	27634	674506	218555	34411
动物用药品批发	616	81	17126	13273	357
医疗用品及器材批发	20838	4755	357978	302036	22671
矿产品、建材及化工产品批发	303350	267742	4462511	2241243	1113556
煤炭及制品批发	17161	11836	305142	66373	83121
石油及制品批发	106363	97436	1795432	483725	224114
非金属矿及制品批发	1367	2368	20290	12299	6905
金属及金属矿批发	75507	98433	578701	500809	488624
建材批发	42230	18178	669901	460349	142088
化肥批发	1483	3440	36444	27851	7194
农药批发	215	399	48200	16848	2183
农用薄膜批发	15		918	592	91
其他化工产品批发	59009	35652	1007482	672398	159236
机械设备、五金产品及电子产品批发	234672	323325	4613486	2500617	466170
农业机械批发	509	6	9133	5537	1306
汽车及零配件批发	102900	27844	2332720	223164	23354
摩托车及零配件批发	2962	859	53705	11404	327
五金产品批发	6513	10472	130700	131301	16270
电气设备批发	6600	4998	111189	121757	9980
计算机、软件及辅助设备批发	15295	25228	220782	221147	30338
通讯设备批发	16169	107909	425472	318309	105924
广播影视设备批发	6653	9888	169537	87806	17637
其他机械设备及电子产品批发	77072	136119	1160248	1380194	261034
贸易经纪与代理	15275	22531	209483	207919	304397
贸易代理	15020	21949	203989	201599	303001
一般物品拍卖	11		39	34	0
艺术品、收藏品拍卖	32	2	2141	1195	277
艺术品代理					
其他贸易经纪与代理	212	581	3315	5091	1119
其他批发业	18723	7840	977141	288546	45556
再生物资回收与批发	7851	1782	52816	40999	14017
宠物食品用品批发	55		4402	2378	137
互联网批发	1317	1788	777817	105523	12254
其他未列明批发业	9500	4270	142105	139645	19148

续表 5

单位：万元

				人工成本及增值税	
营业利润	营业外收入	利润总额	所得税费用	应付职工薪酬（本年贷方累计发生额）	应交增值税
9359	138	9484	1455	9710	1472
24560	1375	25618	5312	39675	16334
999974	561377	1014636	325370	922195	586401
632530	540420	634350	109716	446565	287550
98077	11768	104927	154312	268668	152482
-308	89	-336	881	9592	5709
269676	9100	275694	60461	197371	140659
3859802	268824	3980672	934889	1895985	1681318
137714	72081	195447	26027	52912	111496
1377700	99671	1423635	435349	579780	566061
27572	671	28069	2256	14019	8234
479885	35931	499842	247746	390468	376528
1297556	28560	1274918	117088	326422	206400
20975	1080	21957	3925	22863	4282
17085	392	17467	848	32962	579
185	8	193	14	292	73
501131	30430	519145	101637	476268	407665
3068084	135094	3130907	2156826	2119940	1503552
2067	97	2098	389	9113	904
2044930	12989	2050804	530452	254691	580208
10906	90	10331	1033	11964	6089
58617	8755	61470	11423	97097	54369
54065	11619	62643	17868	94390	53251
101162	10475	96243	21727	224011	78876
-111100	27517	-85622	29957	187868	103036
-7276	2765	-12112	-7861	95590	42370
914711	60787	945052	1551838	1145216	584449
262228	15878	272477	62607	149784	167750
254482	15712	264708	60727	144395	159348
-95	0	-95		60	1
4618	1	4614	1134	1818	222
3222	166	3251	746	3511	8180
515890	13422	524688	51207	291934	102752
-16661	1827	-15714	3141	31341	29849
255	69	316	272	2562	769
149263	5600	153360	27785	147298	17646
383033	5926	386724	20009	110732	54489

1-16 按登记注册类型、单位规模和控股情

项目	年初存货	期末资产负债			
		流动资产合计	应收账款	存货	固定资产原价
批发业	35590750	285279891	72204397	42005297	17388922
按登记注册类型分					
内资企业	30234587	247644130	59557409	35851009	15283421
国有企业	923520	2197479	419928	913590	283789
集体企业	23598	113167	17803	21285	22696
股份合作企业	8676	58033	16688	9399	9824
联营企业	17242	44666	10716	12647	3885
国有联营企业	5521	21153	7200	5318	3101
集体联营企业	8212	17410	1905	5542	654
国有与集体联营企业	300	37	-1183	1022	2
其他联营企业	3209	6067	2794	765	127
有限责任公司	11951414	107343232	22921397	14818484	4745914
国有独资公司	1785037	11155583	2107399	1701874	697112
其他有限责任公司	10166377	96187649	20813998	13116610	4048802
股份有限公司	3348776	28257540	4372092	3517506	5482913
私营企业	13960877	109617260	31793459	16557286	4726049
私营独资企业	10548	76592	36467	11066	4576
私营合伙企业	2948	31236	7144	7328	426
私营有限责任公司	13431705	106897439	31017162	15930384	4551626
私营股份有限公司	515678	2611993	732686	608509	169421
其他企业	484	12755	5328	813	8351
港、澳、台商投资企业	2986354	21592573	6624868	3782943	937373

况分组的限额以上批发业法人企业财务状况

单位：万元

固定资产净值	累计折旧		在建工程	资产总计	流动负债合计	非流动负债合计
		本年折旧				
10050041	7292902	1149414	1934056	350180012	251993529	11822741
8901677	6370135	961898	1782037	297697046	218071327	10478422
164863	118814	14475	72075	2666312	1889146	189328
13368	9021	727	1486	147014	66575	18477
4578	5247	309		65278	44398	1554
1411	2474	236		46714	16787	
1196	1905	215		22697	4173	
178	477	9		17876	9231	
0	2	2		37	-130	
37	91	11		6104	3512	
2802516	1940210	305759	731489	127418813	96418396	4645738
371903	325181	35645	139015	13981603	8431775	634893
2430612	1615029	270114	592474	113437210	87986621	4010845
2963272	2519209	200300	567819	43794919	21871802	1989677
2945810	1772669	439629	409107	123538383	97758694	3632615
2730	1846	391	1086	85162	64935	1361
159	267	68		31569	25965	200
2830028	1714612	430296	406139	120224209	95692245	3581311
112893	55945	8874	1882	3197443	1975548	49744
5860	2492	462	60	19614	5529	1033
513328	407072	75923	69026	30333445	17902179	594211

1-16

项　目	年初存货	期末资产负债			
		流动资产合计	应收账款	存货	固定资产原价
与港澳台商合资经营企业	590342	4327573	940461	705540	190278
与港澳台商合作经营企业	7463	559982	13338	5302	17115
港澳台商独资经营企业	2336586	16349254	5610226	3003797	711683
港澳台商投资股份有限公司	48862	318124	46386	64363	17188
其他港澳台投资企业	3101	37640	14458	3941	1109
外商投资企业	2369810	16043188	6022120	2371345	1168129
中外合资经营企业	764962	6457746	1618566	855766	655909
中外合作经营企业	6090	84332	13788	4280	1612
外资企业	1501699	9020375	4191472	1402451	497820
外商投资股份有限公司	76642	358150	155149	81274	2541
其他外商投资企业	20417	122584	43145	27575	10248
按单位规模分					
大型	9534546	79922936	16187970	11183551	8093501
中型	15920237	102678568	29281519	19185042	6314076
小型	8677233	68305517	18336236	9979012	2511434
微型	1458734	34372869	8398671	1657693	469911
按控股情况分					
国有控股	8385030	53617042	9101189	9780231	7594408
集体控股	364415	2951098	810378	415921	120671
私人控股	18722073	163304094	42870023	22463963	6559099
港澳台商控股	2689956	19442468	6141031	3470864	879529
外商控股	1713206	10257381	4545522	1595090	651553
其他	3699616	35688883	8736037	4262977	1572123

续表 1

单位：万元

固定资产净值	累计折旧	本年折旧	在建工程	资产总计	流动负债合计	非流动负债合计
112899	77253	11666	15309	5732339	3799351	73485
7729	9386	3638		623890	487067	7468
381253	313584	58980	46100	23591978	13354319	510147
11259	5930	1564	7617	346869	233735	3111
188	921	76		38368	27707	
635037	515695	111593	82993	22149521	16020023	750108
348858	284166	54491	44099	9684225	7279996	541733
443	1170	94		114272	57850	
276038	227271	56270	38687	11841383	8293589	207869
1220	1321	272		371339	263650	489
8479	1768	466	207	138302	124938	18
4496690	3599817	387274	1012445	110663284	70535855	3272423
3764823	2504297	469525	519066	125570128	89242855	5202973
1496032	1012170	261891	174047	76526932	61012274	2123397
292496	176617	30724	228498	37419668	31202545	1223948
4233648	3359770	290721	1048678	72965893	44165562	3472670
59836	60556	8048	1509	3399924	2185530	164883
4039542	2509137	592848	629437	191485276	148925472	5996832
493694	368866	70970	68553	27836986	16475050	561777
358617	298425	72861	42528	13464060	9205649	234580
855170	694142	113893	142846	40997792	31016812	1390636

1-16

项 目	负债合计	所有者权益	实收资本	国家资本	集体资本
批发业	263852847	86444106	57229757	8494333	841993
按登记注册类型分					
内资企业	228474802	69339063	47462264	8153288	837478
国有企业	2079633	702072	504363	436955	608
集体企业	84947	62067	19683	302	16817
股份合作企业	45952	19326	5673		588
联营企业	16787	29928	5819	112	330
国有联营企业	4173	18525	1960	112	
集体联营企业	9231	8645	709		180
国有与集体联营企业	-130	167	150		150
其他联营企业	3512	2591	3000		
有限责任公司	100954359	26469010	16294272	3634224	712104
国有独资公司	9077123	4904480	1558819	1282491	
其他有限责任公司	91877236	21564530	14735453	2351733	712104
股份有限公司	23855401	19939518	7922068	4071004	61004
私营企业	101430965	22104288	22704998	10592	45830
私营独资企业	65801	19360	8591		804
私营合伙企业	26165	5404	3798		
私营有限责任公司	99313729	20907350	22106063	10592	44320
私营股份有限公司	2025270	1172173	586546		706
其他企业	6758	12855	5388	99	197
港、澳、台商投资企业	18610007	11723437	6073242	48752	315

续表 2

单位：万元

				损益及分配		
				营业收入		营业成本
					主营业务收入	
法人资本	个人资本	港澳台资本	外商资本			
26067749	14132824	5544680	2148179	699890866	695480918	655220514
24262549	14057638	53401	97910	618083205	614753771	582170058
66800				4287176	4247905	3848016
2196	368			443521	440301	420848
2624	2461			139848	137762	129122
2377	3000			183537	183301	176626
1848				32697	32560	27455
529				136054	135955	134718
				5463	5463	5428
	3000			9324	9324	9026
8717681	3160139	41255	28870	287187571	285779887	270652740
276028	300			37146333	37058571	34741797
8441653	3159839	41255	28870	250041239	248721316	235910942
2035690	1681039	6679	66651	74651542	73886701	70026548
13435100	9205619	5467	2390	251081734	249969698	236833643
3824	3964			237016	236922	214348
2430	1368			58282	58282	55210
13196195	8847150	5417	2390	243709395	242847434	229881023
232651	353139	50		7077042	6827061	6683062
80	5013			108275	108216	82516
499688	53403	5432209	38874	33392666	33134000	29325236

1-16

项　目	负债合计	所有者权益	实收资本	国家资本	集体资本
与港澳台商合资经营企业	3872835	1859504	727569	42987	315
与港澳台商合作经营企业	494535	129355	68185		
港澳台商独资经营企业	13978083	9613895	5214488	5765	
港澳台商投资股份有限公司	236847	110023	58733		
其他港澳台投资企业	27707	10661	4267		
外商投资企业	16768037	5381606	3694252	292293	4200
中外合资经营企业	7821729	1862496	1440842	214568	4200
中外合作经营企业	57850	56422	24480		
外资企业	8500000	3341340	2156616	77725	
外商投资股份有限公司	263503	108002	17868		
其他外商投资企业	124955	13346	54446		
按单位规模分					
大型	73923183	36855494	14579699	5308960	77512
中型	94428047	31140465	21280176	2356347	197610
小型	63049979	13476863	16806578	650005	540423
微型	32451637	4971285	4563305	179022	26449
按控股情况分					
国有控股	47649845	25431441	11684305	8259218	44912
集体控股	2242057	1157867	772213	3457	455546
私人控股	154960176	36526525	31633754	33387	196224
港澳台商控股	17150443	10686542	5853590	6075	
外商控股	9438136	4026046	2530041	77725	
其他	32391371	8606421	4755239	114356	145311

续表 3

单位：万元

				损益及分配		
				营业收入	主营业务收入	营业成本
法人资本	个人资本	港澳台资本	外商资本			
215209	52903	379824	36331	7834132	7797271	7249744
60300	110	7775		969772	966147	955786
222880	291	4984010	1543	24241368	24024378	20885110
1050		57684		278623	277478	176850
250	100	2917	1000	68772	68727	57745
1305512	21782	59070	2011394	48414995	47593147	43725220
990538	17963	43829	169744	22122876	22011053	19951075
2418	500		21562	136372	136372	121616
281276	367	1773	1795476	24377790	23673754	22052056
4100	700		13068	1504010	1503347	1373040
27181	2252	13469	11544	273947	268620	227434
3636051	1524275	3430382	602518	202357418	200102633	181555872
12714032	4112617	1225971	673600	270796352	269331637	255492653
6566601	7668075	599844	781631	163639826	163139532	156807373
3151064	827857	288483	90430	63097270	62907115	61364616
2832598	345645	2776	199156	206333340	204994959	193738089
295399	13016	4795		4113220	4083383	3850635
18488025	12855235	44726	16157	352090580	350521553	332087225
383641	6464	5454117	3294	29346075	29110020	25575608
558265	1596	21552	1870904	29459204	28684033	26580324
3509822	910368	16716	58667	78531645	78070230	73372007

1-16

项 目	税金及附加	其他业务利润	销售费用	管理费用	财务费用
批发业	2544405	1502110	19975854	10270730	2445768
按登记注册类型分					
内资企业	2370745	833294	15548883	8221250	2202345
国有企业	220724	12695	109883	97929	36055
集体企业	654	1761	10214	8112	1033
股份合作企业	425	845	4008	4633	285
联营企业	226	21	2157	2140	56
国有联营企业	176	21	1070	1845	-39
集体联营企业	45		969	204	9
国有与集体联营企业	2		29	3	0
其他联营企业	4		89	88	87
有限责任公司	1662052	269349	6636575	2704091	893002
国有独资公司	489859	15419	656006	301677	29989
其他有限责任公司	1172193	253930	5980569	2402414	863013
股份有限公司	193821	84792	2313478	812050	290437
私营企业	291471	463832	6467305	4583361	981043
私营独资企业	1188	5	11156	6089	618
私营合伙企业	100		769	744	14
私营有限责任公司	282790	454690	6286035	4456626	954794
私营股份有限公司	7393	9137	169346	119902	25617
其他企业	1371		5262	8935	435
港、澳、台商投资企业	87523	73151	2175497	974585	108742

续表 4

单位：万元

				人工成本及增值税	
营业利润	营业外收入	利润总额	所得税费用	应付职工薪酬（本年贷方累计发生额）	应交增值税
12639906	1232153	12996177	4396014	9795551	6093449
9392555	1022557	9595597	2459493	7608161	5112331
26938	34460	59703	12156	108352	69312
3043	755	3792	535	6481	2686
1461	764	1771	296	5167	1228
2484	11	2486	801	4011	1560
2343	10	2343	784	3670	1268
111	2	112	9	251	258
1		1	0	31	
30		30	7	59	34
5260864	700641	5330970	1356716	3050942	2288091
1124963	36335	1152573	237590	407645	355462
4135901	664306	4178397	1119126	2643297	1932630
1755111	51404	1738800	401410	1006831	603933
2332904	234455	2448258	687257	3422479	2144911
3634	38	3617	647	5815	1641
1442	1	1443	58	816	677
2235574	227755	2346210	669702	3294763	2086064
92253	6662	96987	16849	121086	56529
9751	67	9818	322	3899	610
1950016	153532	2074504	261942	1142370	493252

1-16

项　目	税金及附加	其他业务利润	销售费用	管理费用	财务费用
与港澳台商合资经营企业	12715	10839	353510	159287	43381
与港澳台商合作经营企业	300	4541	6487	7478	9482
港澳台商独资经营企业	72956	57508	1748181	777628	44610
港澳台商投资股份有限公司	1347	217	60647	28170	10963
其他港澳台投资企业	205	46	6673	2023	306
外商投资企业	86138	595665	2251474	1074895	134681
中外合资经营企业	48057	11097	997039	199215	55519
中外合作经营企业	241	-2	7856	3161	169
外资企业	36108	583782	1167374	818715	72663
外商投资股份有限公司	1085	24	6503	33968	5706
其他外商投资企业	647	763	72703	19836	624
按单位规模分					
大型	1736656	872030	9996809	2929649	529924
中型	570457	434115	6524668	4555743	1145269
小型	185127	168770	2760202	2503765	568774
微型	52165	27196	694175	281573	201801
按控股情况分					
国有控股	1892361	228131	4511523	1402621	421101
集体控股	5438	5222	133642	69495	17310
私人控股	407744	539055	9177793	6137104	1497069
港澳台商控股	80743	63209	1970880	919661	110002
外商控股	46099	584986	1470255	889312	81424
其他	112019	81508	2710202	851804	318222

续表 5

单位：万元

				人工成本及增值税	
营业利润	营业外收入	利润总额	所得税费用	应付职工薪酬（本年贷方累计发生额）	应交增值税
287017	24743	309279	25392	117941	68320
2536	6623	8834	557	5656	1187
1657985	120924	1752885	233153	991487	413067
1033	1234	2124	2621	24413	10057
1445	8	1382	219	2874	622
1297335	56064	1326076	1674580	1045019	487866
935361	9955	939052	246537	299145	268492
4076	54	4093	433	3931	1762
337550	45698	362802	93495	688667	211007
66086	129	65750	10751	17915	2735
-45738	228	-45620	1323364	35362	3870
7708748	192377	7780739	1661926	4074745	2313624
3428276	882776	3684974	923824	3898833	2161067
869561	133030	896373	1637392	1670961	1265890
633321	23970	634091	172873	151013	352868
5066903	137270	5104332	1253403	2029878	1842395
121234	13720	131399	23756	64145	32872
3650000	316748	3803533	898710	4767237	2933027
1824451	132925	1928044	249160	1145333	457891
492009	57719	524182	1589235	816965	255245
1485356	573513	1504491	381751	971026	572019

1-17　按行业小类分组的限额

项　目	本年折旧	固定资产净值	在建工程	资产总计	负债合计	年初存货
批发业	1422062	8241311	791128	150872929	110137962	16696585
按行业小类分						
谷物、豆及薯类批发	5601	53825	2049	499476	282782	142532
种子批发	2184	22995	1524	86669	34341	19807
畜牧渔业饲料批发	6827	52355	5100	456271	319545	53235
棉、麻批发	1184	8048	1	488730	484701	5485
林业产品批发	10218	54154	1570	670750	326910	105107
牲畜批发	12683	130426	14500	450462	164661	47298
渔业产品批发	3098	18139	8563	206570	134033	8644
其他农牧产品批发	17723	207662	23552	2136838	1545295	93665
米、面制品及食用油批发	10330	80486	15476	2409781	2199638	235384
糕点、糖果及糖批发	4265	67213	5920	946201	852090	51754
果品、蔬菜批发	23609	211348	15698	1106389	616811	75620
肉、禽、蛋、奶及水产品批发	19299	147852	10351	1142333	771099	127707
盐及调味品批发	1623	10028	43	138635	101208	32655
营养和保健品批发	4055	31715	1287	527799	303202	62730
酒、饮料及茶叶批发	26932	205533	37562	2970155	2253849	537577
烟草制品批发	892	3372		33191	20704	4064
其他食品批发	35518	256540	18603	2808888	2116967	411996
纺织品、针织品及原料批发	40807	206319	12599	3051586	2312602	374810
服装批发	50168	285428	15851	4631812	3200095	567824
鞋帽批发	8032	51054	1538	571933	377335	86057
化妆品及卫生用品批发	18258	112875	15047	1468450	1200307	176106
厨具卫具及日用杂品批发	20885	108672	4640	1649817	1269966	197523
灯具、装饰物品批发	11610	52361	1609	866194	609785	96633
家用视听设备批发	8059	26217	1100	729577	602560	110550
日用家电批发	16382	111603	3434	7479238	1506064	251737
其他家庭用品批发	27940	161316	5611	2954974	2287152	321072
文具用品批发	21596	92693	1223	1481178	1050665	198934
体育用品及器材批发	4805	17112	851	289047	190304	66443
图书批发	3427	18857	1459	383850	227909	50043
报刊批发	45	270		10027	6761	266
音像制品、电子和数字出版物批发	701	2475	1	69648	53952	11294
首饰、工艺品及收藏品批发	16769	144305	6974	3579199	2941801	603868

以下批发业法人企业财务状况

单位：万元

期末存货	营业收入	营业成本	税金及附加	投资收益	营业利润	应付职工薪酬	应交增值税
16688502	143664951	123806194	571906	374229	3974651	10816383	2255703
147673	374216	317924	1114	103	20762	28581	3248
21115	67418	49824	241	315	6466	8405	1150
65478	859956	782103	2658	2565	20752	32560	4230
13971	43712	40732	70	-1	-7273	1937	444
175638	490509	406497	1835	686	36148	35272	7708
44506	339529	277530	1491	72921	100647	24798	3347
8510	121242	111638	280	42	5156	6787	1093
124612	1727673	1536005	5167	-4768	31077	115012	13494
253360	1122957	976423	3465	33333	55381	70517	10114
56360	318966	266285	1282	3126	5824	31296	5508
88651	1720278	1463095	5546	1063	90677	147676	17768
169416	1754310	1503334	5906	2095	65415	117539	16963
36915	204798	185386	618	289	5915	16186	3101
73380	251557	187325	1358	738	-11416	41483	6246
660622	2058381	1633266	12964	2648	33209	238548	37852
3347	43096	35686	242	1461	890	4104	495
769683	2672149	2167995	12173	31187	111157	267992	43059
442620	4282008	3685650	18468	53221	141869	342054	65411
614505	3914297	3084429	18122	10699	52452	643433	72158
85685	863089	716058	2390	264	21010	93997	10749
216676	1314485	998273	5648	2011	3346	237819	35598
226859	1851633	1514165	10175	1483	42407	228075	32466
109558	965444	793379	4095	1125	18009	112466	18511
136594	968037	856290	2848	478	-3215	75039	11804
294857	2143747	1866365	6191	651	42384	156668	25394
418034	2438045	1954433	11415	5123	56092	316687	44528
217254	1778589	1499667	6269	683	41122	160964	30984
46519	312025	235387	1470	463	3578	49429	5961
58382	278734	213469	778	815	10500	29710	4316
446	13832	9851	18		1231	2131	99
11897	49040	36410	225	146	1443	7248	969
749317	2244127	2026005	6414	2511	-46150	196739	22347

1-17

项　目	本年折旧	固定资产净值	在建工程	资产总计	负债合计	年初存货
乐器批发	365	1970	35	26905	20965	9749
其他文化用品批发	7449	40778	2809	517452	369537	58825
西药批发	5759	27946	770	702148	605126	88001
中药批发	4450	39071	2054	393177	254690	58033
动物用药品批发	2466	16921	78	68305	32859	11069
医疗用品及器材批发	31667	152347	9754	2806525	1789551	348108
煤炭及制品批发	12963	58848	656	1053589	939102	58387
石油及制品批发	23719	143452	138895	3554537	2572441	286990
非金属矿及制品批发	8575	52124	13125	480915	308933	43052
金属及金属矿批发	49906	329971	16871	11479000	9333943	774744
建材批发	156873	918562	40909	16150130	12688957	768329
化肥批发	19885	212565	5750	551946	227774	67480
农药批发	5213	49075	274	152909	81452	18593
农用薄膜批发	1106	2415	137	33237	25377	4373
其他化工产品批发	92292	436596	47322	8002538	6153507	1073889
农业机械批发	3058	21353	3807	163930	111787	19013
汽车及零配件批发	19880	123628	6791	2553723	1967638	267102
摩托车及零配件批发	6953	11462	6033	130745	85993	22408
五金产品批发	67804	335856	29065	7179543	5717348	543223
电气设备批发	23833	92315	5551	1448992	961142	200723
计算机、软件及辅助设备批发	25250	117398	1044	2207481	1500966	278723
通讯设备批发	15421	66308	1031	1824639	1420569	151781
广播影视设备批发	1124	3695		306213	275068	16969
其他机械设备及电子产品批发	204053	823769	57618	18436545	14101158	1945372
贸易代理	80067	543327	108195	12588926	9836892	759537
一般物品拍卖	3251	13910	74	411845	141854	1856
艺术品、收藏品拍卖	215	1770	156	70503	25329	961
艺术品代理	20	75	4	3379	2279	1051
其他贸易经纪与代理	6921	26498	2863	377231	188635	29445
再生物资回收与批发	17645	164043	11247	971981	562641	110539
宠物食品用品批发	513	2931		42683	34334	8596
互联网批发	4443	29717	717	350334	270330	28279
其他未列明批发业	83398	427371	43760	9535253	7164695	3512967

续表 1

单位：万元

期末存货	营业收入	营业成本	税金及附加	投资收益	营业利润	应付职工薪酬	应交增值税
9694	32116	25208	93	50	-687	5356	454
66277	559532	450410	3024	503	26034	62208	10171
98142	577624	485260	2765	1960	2640	37956	11714
60832	337327	274613	3342	4218	10198	26892	7011
13030	94326	69015	907	427	6561	11581	3043
412259	2829629	2100907	18449	-2758	77568	290197	95576
63099	650951	593260	1831	2239	25169	19225	6780
358986	4679681	4409573	25161	6424	57611	200667	65717
46656	711152	589470	3251	1516	29740	52382	12168
946674	17360099	16366801	27776	-11530	489404	390923	116092
968780	12075630	10215376	55361	156921	643856	897988	206818
65454	663049	512369	4973	616	81567	59403	9081
26586	195501	144452	1006	1083	20206	18199	2507
4821	46671	42019	102	10	636	3017	611
1325491	12630012	11402092	38667	8016	315083	641480	179880
24053	165180	129804	2021	102	13342	16533	2992
298385	2645486	2285219	8927	4561	32804	213291	38122
24440	184117	154387	783	133	927	14307	2272
597843	6060917	5096475	25415	4374	188192	502892	112786
211996	1782006	1446738	8639	1742	60837	160760	43662
309002	2447184	2028135	11294	1196	41132	214456	45508
211223	1990289	1785037	5207	4763	-5834	134126	30045
26549	465038	442623	619	-771	-2239	9891	3540
2435902	20673613	17650175	83115	-65900	426129	1625132	431914
628543	6858214	5906957	42647	14715	199509	463415	85195
2161	45985	22888	297	811	275	9019	923
989	12412	7637	44	99	840	2133	162
1075	4484	3398	20		-1	725	48
31271	289317	222277	1838	542	14279	29550	4268
144444	1109556	899615	7962	2525	63263	113635	21869
13493	85689	68753	174	-2	301	8969	1206
41633	423025	309489	2175	212	10094	57914	10564
876282	7391266	6234890	33090	7956	188354	681012	135893

1-18 按登记注册类型、单位规模、控股情况和

项 目	本年折旧	固定资产净值	在建工程	资产总计	负债合计	年初存货
批发业	1422062	8241311	791128	150872929	110137962	16696585
按登记注册类型分						
国有企业	12627	210955	30613	1357227	1378451	198876
集体企业	20346	149084	25619	1076596	857173	55932
股份合作企业	2987	9192	394	131942	67538	13495
国有联营企业	25	142		3802	2854	911
集体联营企业	610	6163		24579	18287	1423
国有与集体联营企业	327	2265		15026	20658	257
其他联营企业	315	3430	724	63673	60114	1549
国有独资公司	3588	31459	16786	1194465	692129	56016
其他有限责任公司	193435	1104177	276086	26741514	21159809	4628144
股份有限公司	17267	97840	3392	1437850	914314	170988
私营独资企业	35210	312021	4553	1087612	485100	129955
私营合伙企业	2269	20978	583	530236	187295	27080
私营有限责任公司	1052802	5645239	374223	107979644	77837095	10418592
私营股份有限公司	9791	77089	7556	2320097	2020102	85535
其他企业	20017	230326	6052	422359	70737	35685
与港澳台商合资经营企业	4162	30067	4586	509024	336163	70918
与港澳台商合作经营企业	692	10081	5	66746	25692	3946
港澳台商独资经营企业	33595	246812	26844	4293479	2952799	648313
港澳台商投资股份有限公司	341	2510	600	15411	8996	5018
其他港澳台投资企业	661	2037	6368	53775	33933	8280

经营形式分限额以下批发业法人企业财务状况

单位：万元

期末存货	营业收入	营业成本	税金及附加	投资收益	营业利润	应付职工薪酬	应交增值税
16688502	143664951	123806194	571906	374229	3974651	10816383	2255703
226056	297665	235470	2712	3754	587	35420	4174
48500	286027	220492	3188	1231	35295	35225	4783
14157	107710	89714	644	587	3528	10295	1977
733	2574	2300	28	17	92	442	132
777	10481	6791	201		2807	1416	226
352	2560	1894	2	-146	235	339	12
1086	12654	10256	145	1	-639	2095	214
48353	175945	155950	1436	72581	54927	15198	1775
2214451	17799395	15513585	58242	2685	419570	1184144	264911
185869	1378023	1229984	18725	-3522	9126	88781	14479
129147	1584395	1225710	11694	31877	209142	175269	26880
19938	154778	128878	1211	1365	9584	14343	2823
13024614	115448676	99773504	421119	89968	2813881	8717512	1810021
90002	609354	483114	2700	1902	28080	59351	14489
35654	716033	567668	4678	979	88900	68740	6359
67116	272199	231691	954	1587	-2003	18572	6971
3926	8734	6392	133	155	467	1486	503
425851	3399691	2825258	36999	18007	130114	249152	64083
4441	20376	16607	172	5	124	1916	567
9443	36414	26346	479	307	735	4241	758

1-18

项　目	本年折旧	固定资产净值	在建工程	资产总计	负债合计	年初存货
中外合资经营企业	2300	7179	139	346801	289846	23163
中外合作经营企业	94	494		2694	1919	1167
外资企业	6909	33560	5467	1068154	615163	101318
外商投资股份有限公司	558	2378	429	73003	58923	3106
其他外商投资企业	1134	5834	112	57220	42874	6921
按单位规模分						
大型	409	1842	58455	449931	251902	75234
中型	40402	247272	24952	9015314	6687453	801586
小型	356762	1987234	163302	33941018	25106167	4685039
微型	1024489	6004964	544420	107466667	78092441	11134726
按控股情况分						
国有控股	25746	325550	47911	3561398	2863559	335332
集体控股	24825	173113	24173	1446434	1081253	82660
私人控股	1246788	6863193	524333	133471549	97552142	12205801
港澳台商控股	35730	265199	29319	5365629	3753892	707576
外商控股	8670	37201	6047	1136011	786020	120493
其他	60304	346883	153295	5469956	4030546	3209127
经营形式						
独立门店	637034	4182804	212994	44190932	29960281	5318589
连锁总店(总部)	5882	22284	5096	466742	392818	111883
连锁直营店	2313	11685	1437	205534	130439	36479
连锁加盟店	3595	16315	6272	148640	124023	32949
其他	765105	3968006	552606	103357265	77045760	11185768

续表 1

单位：万元

期末存货	营业收入	营业成本	税金及附加	投资收益	营业利润	应付职工薪酬	应交增值税
28712	325314	302934	487	147028	141224	19784	2641
1218	1170	1022	8	0	-191	452	62
97258	927128	680851	4524	3903	28719	101960	24677
2474	35792	31527	78	-7	192	2996	393
8375	51865	38257	1349	-35	157	7255	1792
67537	730468	651044	6947	14	34486	21328	9893
1147251	11740256	10699415	37734	-8455	221771	450626	154845
5385686	59452395	51910809	207571	-4687	1941398	2618727	817639
10088030	71741832	60544927	319655	387357	1776996	7725703	1273325
388839	968046	850212	5579	87195	64426	75468	10400
83900	593597	467391	4455	1932	50021	54851	8990
15062194	132183461	114172713	496877	256133	3528196	9942823	2064509
473427	3570199	2977742	38135	19384	130634	251775	69894
119638	1195096	939104	5871	3851	31258	109603	25840
524942	4438923	3831686	16313	4755	81243	313162	69712
6352577	59706549	50675498	263370	201664	2692243	4742302	939359
107573	416439	317583	2299	195	4904	39452	9941
48129	152046	109859	1454	95	-1403	20858	6207
41644	101009	80124	487	73	-4963	13199	1888
10129884	83190607	72543480	303456	172070	1279378	5988849	1296948

1-19 按行业小类分组的零售业法人企业基本情况

项　目	单位数（个）	从业人员期末人数（人）	其中：女性
零售业	416817	2027119	908588
按行业小类分			
百货零售	10096	109239	60485
超级市场零售	765	90596	59163
便利店零售	365	9306	5894
其他综合零售	3847	22389	10542
粮油零售	930	4594	1831
糕点、面包零售	1194	11367	6235
果品、蔬菜零售	2911	13232	5934
肉、禽、蛋、奶及水产品零售	2943	20609	7658
营养和保健品零售	2474	19572	6662
酒、饮料及茶叶零售	7842	26455	12259
烟草制品零售	1291	6903	3303
其他食品零售	10204	37425	17113
纺织品及针织品零售	3852	15703	7203
服装零售	28605	129766	77865
鞋帽零售	2431	26840	13255
化妆品及卫生用品零售	8103	28241	15440
厨具卫具及日用杂品零售	2871	9851	4171
钟表、眼镜零售	3691	20461	12192
箱包零售	2250	6972	3355
自行车等代步设备零售	1041	3112	1215
其他日用品零售	11849	37214	16685
文具用品零售	5648	18275	7319
体育用品及器材零售	3290	10918	4493
图书、报刊零售	829	12657	6807
音像制品、电子和数字出版物零售	219	885	396
珠宝首饰零售	6760	29993	18520
工艺美术品及收藏品零售	3725	11664	5066
乐器零售	814	2899	1347
照相器材零售	874	3084	1285
其他文化用品零售	2902	9500	3919

1-19 续表 1

项　目	单位数（个）	从业人员期末人数（人）	其中：女性
西药零售	10979	101832	69723
中药零售	1775	12274	7665
动物用药品零售	3115	9081	3537
医疗用品及器材零售	4281	19597	8601
保健辅助治疗器材零售	221	1303	532
汽车新车零售	12252	207048	72071
汽车旧车零售	4338	14568	4167
汽车零配件零售	11691	38807	12805
摩托车及零配件零售	1182	6218	2006
机动车燃油零售	4185	53672	22989
机动车燃气零售	87	1762	384
机动车充电销售	76	426	113
家用视听设备零售	2319	10383	4220
日用家电零售	11212	61647	24418
计算机、软件及辅助设备零售	14016	56490	20408
通信设备零售	11184	42307	17325
其他电子产品零售	49038	150671	56287
五金零售	22526	76699	26419
灯具零售	5479	15827	6098
家具零售	13251	54036	20591
涂料零售	1896	7836	2755
卫生洁具零售	1392	6464	2685
木质装饰材料零售	1558	5718	1928
陶瓷、石材装饰材料零售	4066	18181	6620
其他室内装饰材料零售	14131	52281	17582
流动货摊零售	56	138	40
互联网零售	47883	138610	59935
邮购及电视、电话零售	36	646	309
自动售货机零售	210	1344	613
旧货零售	97	313	93
生活用燃料零售	1046	15606	4582
宠物食品用品零售	676	1765	689
其他未列明零售业	25947	93847	32786

1-20 按登记注册类型、单位规模、零售业态、控股情况和经营形式分组的零售业法人企业基本情况

项　目	单位数（个）	从业人员期末人数（人）	
			其中：女性
零售业	416817	2027119	908588
按登记注册类型分			
国有企业	591	6656	2958
集体企业	1652	11300	4485
股份合作企业	473	1630	761
国有联营企业	13	135	69
集体联营企业	60	351	142
国有与集体联营企业	15	149	60
其他联营企业	35	185	89
国有独资公司	144	6354	2525
其他有限责任公司	45331	396235	190529
股份有限公司	1909	48913	26533
私营独资企业	23401	89607	43633
私营合伙企业	951	3809	1744
私营有限责任公司	334979	1275096	527328
私营股份有限公司	1828	12601	5623
其他企业	1061	4412	1826
与港澳台商合资经营企业	251	24223	13885
与港澳台商合作经营企业	35	1274	601
港澳台商独资经营企业	3251	55937	33306
港澳台商投资股份有限公司	34	996	617
其他港澳台投资企业	51	528	304
中外合资经营企业	158	28447	17937
中外合作经营企业	5	3337	1477
外资企业	485	43786	25277
外商投资股份有限公司	25	2069	958
其他外商投资企业	79	9089	5921
按单位规模分			
大型	240	285076	169809
中型	3050	348526	179556
小型	22911	422795	180189
微型	390616	970722	379034
按零售业态分			

1-20 续表 1

项　目	单位数（个）	从业人员期末人数（人）	其中：女性
合计有店铺零售	198907	1378925	652016
食杂店	9460	40695	18794
便利店	10063	80770	41049
折扣店	3167	21681	11177
超市	4274	58948	30816
大型超市	261	120595	75472
仓储会员店	2659	39912	17294
百货店	13117	127845	70198
专业店	79403	465257	211656
专卖店	62495	471325	217750
家居建材商店	12023	55274	21531
购物中心	2420	72548	42421
厂家直销中心	16889	93520	35464
合计无店铺零售	228854	709713	284671
电视购物	325	2003	844
邮购	2648	8575	3706
网上商店	59580	195142	86997
自动售货亭购物中心	456	2459	1043
电话购物	2067	8845	3620
其他	187795	564561	217911
按控股情况分			
国有控股	1281	92211	49698
集体控股	2220	19248	8681
私人控股	396219	1647155	705352
港澳台商控股	3504	73373	43754
外商控股	607	59207	33227
其他	11938	131577	66079
按经营形式			
独立门店	186214	1002019	432488
连锁总店(总部)	1493	193446	123661
连锁直营店	1436	62635	36764
连锁加盟店	1357	8501	5111
其他	224764	759316	310195

1-21 按行业小类分组的限额以上零售业法人企业基本情况

项　目	法人企业数（个）	从业人员期末人数（人）	年末零售营业面积（万平方米）
零售业	8224	674536	2858.5
按行业小类分			
百货零售	334	69323	639.4
超级市场零售	308	86982	374.4
便利店零售	22	4143	5.9
其他综合零售	66	8096	21.9
粮油零售	36	1130	9.8
糕点、面包零售	33	5601	4.8
果品、蔬菜零售	57	2695	4.5
肉、禽、蛋、奶及水产品零售	57	9657	7.2
营养和保健品零售	27	10071	1.9
酒、饮料及茶叶零售	110	3537	5.6
烟草制品零售	41	2156	1.8
其他食品零售	65	2388	2.9
纺织品及针织品零售	45	2142	2.4
服装零售	288	52307	88.4
鞋帽零售	51	17446	35.3
化妆品及卫生用品零售	46	3947	2.3
厨具卫具及日用杂品零售	21	883	1.4
钟表、眼镜零售	39	8835	8.4
箱包零售	12	935	0.1
自行车等代步设备零售	6	96	0.2
其他日用品零售	69	2603	4.9
文具用品零售	61	1153	1.9
体育用品及器材零售	19	1044	3.5
图书、报刊零售	141	8973	39.7
音像制品、电子和数字出版物零售	3	70	0.1
珠宝首饰零售	87	8165	5.4
工艺美术品及收藏品零售	13	579	0.5
乐器零售	13	411	0.7
照相器材零售	9	179	0.1
其他文化用品零售	21	598	1.1

1-21 续表 1

项　目	法人企业数（个）	从业人员期末人数（人）	年末零售营业面积（万平方米）
西药零售	262	57067	101.5
中药零售	57	5390	24.2
动物用药品零售	3	66	0.0
医疗用品及器材零售	32	824	0.8
保健辅助治疗器材零售	6	598	0.1
汽车新车零售	2677	162451	739.8
汽车旧车零售	33	1045	6.2
汽车零配件零售	85	2573	8.8
摩托车及零配件零售	152	2568	17.2
机动车燃油零售	885	37858	333.5
机动车燃气零售	12	1343	4.0
机动车充电销售	1	32	0.0
家用视听设备零售	54	3288	25.1
日用家电零售	360	19444	127.9
计算机、软件及辅助设备零售	272	8536	5.7
通信设备零售	124	7212	7.2
其他电子产品零售	89	1874	2.4
五金零售	178	2380	4.3
灯具零售	30	731	5.1
家具零售	134	7693	55.9
涂料零售	21	268	0.3
卫生洁具零售	19	1091	7.6
木质装饰材料零售	12	272	1.2
陶瓷、石材装饰材料零售	42	1089	4.7
其他室内装饰材料零售	68	1470	11.1
流动货摊零售	1	24	0.0
互联网零售	206	17793	9.1
邮购及电视、电话零售	4	553	0.0
自动售货机零售	5	128	0.2
旧货零售	2	43	0.1
生活用燃料零售	217	9988	67.9
宠物食品用品零售			
其他未列明零售业	81	2699	10.1

1-22 按登记注册类型、单位规模、零售业态和控股情况分组的限额以上零售业法人企业基本情况

项 目	法人企业数（个）	从业人员期末人数（人）	年末零售营业面积（万平方米）
零售业	8224	674536	2858.5
按登记注册类型分			
国有企业	55	3178	22.1
集体企业	136	3775	16.7
股份合作企业	22	262	1.1
国有联营企业	4	87	1.1
集体联营企业	5	95	0.8
国有与集体联营企业	4	77	0.5
其他联营企业	5	89	1.6
国有独资公司	65	5634	16.9
其他有限责任公司			
股份有限公司	155	40499	245.7
私营独资企业	338	5337	37
私营合伙企业	33	495	5.2
私营有限责任公司	4068	228696	809.1
私营股份有限公司	69	4504	19
其他企业	7	48	0.2
与港澳台商合资经营企业	41	22886	157.5
与港澳台商合作经营企业	16	1182	4.4
港澳台商独资经营企业	172	45367	167.8
港澳台商投资股份有限公司	6	861	2.5
其他港澳台投资企业	2	415	1.8
中外合资经营企业	39	27582	82.1
中外合作经营企业	2	3321	9.8
外资企业	90	41360	161.8
外商投资股份有限公司	9	1996	6.3
其他外商投资企业	12	8680	34.8
按单位规模分			
大型	235	278064	1105.8

1-22 续表 1

项 目	法人企业数（个）	从业人员期末人数（人）	年末零售营业面积（万平方米）
中型	2462	293152	1086.9
小型	3914	93946	563.5
微型	1613	9374	102.3
按零售业态分			
食杂店	90	4007	5
便利店	370	41995	179.7
折扣店	52	9703	18.6
超市	423	35431	71.9
大型超市	175	118432	600.3
仓储会员店	63	29328	11.4
百货店	432	75059	342.7
专业店	2435	170644	615.1
专卖店	3128	233770	756.4
家居建材商店	177	7573	49.5
购物中心	205	60841	71.4
厂家直销中心	501	24233	49.3
电视购物	11	728	0.3
邮购	31	942	0.4
网上商店	386	39197	13.4
自动售货亭购物中心	16	555	1.1
电话购物	41	2341	0.5
其他	891	37902	70.5
按控股情况分			
国有控股	420	86482	491.5
集体控股	205	9541	48.4
私人控股	6280	369812	1423.8
港澳台商控股	232	61670	261.5
外商控股	137	54632	209.2
其他	950	92399	424.1

1-23 按行业小类分组的限额以下零售业法人企业基本情况

项　目	法人企业数（个）	从业人员期末人数（人）	年末零售营业面积（万平方米）
零售业	408593	1352583	4456.0
按行业小类分			
百货零售	9762	39916	158.3
超级市场零售	457	3614	22.7
便利店零售	343	5163	8.6
其他综合零售	3781	14293	38.2
粮油零售	894	3464	10.4
糕点、面包零售	1161	5766	10.0
果品、蔬菜零售	2854	10537	37.4
肉、禽、蛋、奶及水产品零售	2886	10952	23.0
营养和保健品零售	2447	9501	16.5
酒、饮料及茶叶零售	7732	22918	1307.8
烟草制品零售	1250	4747	9.4
其他食品零售	10139	35037	86.1
纺织品及针织品零售	3807	13561	28.2
服装零售	28317	77459	118.2
鞋帽零售	2380	9394	16.1
化妆品及卫生用品零售	8057	24294	46.4
厨具卫具及日用杂品零售	2850	8968	20.3
钟表、眼镜零售	3652	11626	19.4
箱包零售	2238	6037	10.3
自行车等代步设备零售	1035	3016	5.8
其他日用品零售	11780	34611	74.5
文具用品零售	5587	17122	29.0
体育用品及器材零售	3271	9874	17.4
图书、报刊零售	688	3684	15.3
音像制品、电子和数字出版物零售	216	815	0.9
珠宝首饰零售	6673	21828	31.3
工艺美术品及收藏品零售	3712	11085	22.4
乐器零售	801	2488	6.2
照相器材零售	865	2905	3.4
其他文化用品零售	2881	8902	15.0

1-23 续表 1

项　目	法人企业数（个）	从业人员期末人数（人）	年末零售营业面积（万平方米）
西药零售	10717	44765	89.8
中药零售	1718	6884	14.3
动物用药品零售	3112	9015	22.0
医疗用品及器材零售	4249	18773	29.6
保健辅助治疗器材零售	215	705	1.0
汽车新车零售	9575	44597	400.4
汽车旧车零售	4305	13523	55.7
汽车零配件零售	11606	36234	83.3
摩托车及零配件零售	1030	3650	11.2
机动车燃油零售	3300	15814	108.3
机动车燃气零售	75	419	1.8
机动车充电销售	75	394	0.8
家用视听设备零售	2265	7095	12.4
日用家电零售	10852	42203	85.8
计算机、软件及辅助设备零售	13744	47954	62.4
通信设备零售	11060	35095	40.3
其他电子产品零售	48949	148797	179.2
五金零售	22348	74319	189.2
灯具零售	5449	15096	34.4
家具零售	13117	46343	210.9
涂料零售	1875	7568	14.5
卫生洁具零售	1373	5373	11.8
木质装饰材料零售	1546	5446	15.7
陶瓷、石材装饰材料零售	4024	17092	81.5
其他室内装饰材料零售	14063	50811	124.0
流动货摊零售	55	114	0.2
互联网零售	47677	120817	113.1
邮购及电视、电话零售	32	93	0.1
自动售货机零售	205	1216	0.7
旧货零售	95	270	1.6
生活用燃料零售	829	5618	43.8
宠物食品用品零售	676	1765	2.9
其他未列明零售业	25866	91148	204.8

1-24 按登记注册类型、单位规模、零售业态、控股情况和经营形式分组的限额以下零售业法人企业基本情况

项　目	法人企业数（个）	从业人员期末人数（人）	年末零售营业面积（万平方米）
零售业	408593	1352583	4456.0
按登记注册类型分			
国有企业	536	3478	1259.5
集体企业	1516	7525	21.1
股份合作企业	451	1368	3.7
国有联营企业	9	48	0.1
集体联营企业	55	256	0.6
国有与集体联营企业	11	72	0.7
其他联营企业	30	96	0.6
国有独资公司	79	720	2.6
其他有限责任公司	42462	168125	382.5
股份有限公司	1754	8414	33.9
私营独资企业	23063	84270	273.1
私营合伙企业	918	3314	15.9
私营有限责任公司	330911	1046400	2393.1
私营股份有限公司	1759	8097	19.3
其他企业	1054	4364	12.7
与港澳台商合资经营企业	210	1337	10.0
与港澳台商合作经营企业	19	92	0.1
港澳台商独资经营企业	3079	10570	19.4
港澳台商投资股份有限公司	28	135	0.2
其他港澳台投资企业	49	113	0.2
中外合资经营企业	119	865	2.2
中外合作经营企业	3	16	0.6
外资企业	395	2426	3.4
外商投资股份有限公司	16	73	0.1
其他外商投资企业	67	409	0.5
按单位规模分			
大型	5	7012	0.1
中型	588	55374	55.2
小型	18997	328849	1760.4
微型	389003	961348	2640.5
按零售业态分			

1-24 续表 1

项 目	法人企业数（个）	从业人员期末人数（人）	年末零售营业面积（万平方米）
合计有店铺零售	191708	753849	3884.1
食杂店	9370	36688	1335.1
便利店	9693	38775	115.9
折扣店	3115	11978	35.9
超市	3851	23517	125.6
大型超市	86	2163	80.2
仓储会员店	2596	10584	51.9
百货店	12685	52786	168.1
专业店	76968	294613	803.8
专卖店	59367	237555	892.5
家居建材商店	11846	47701	253.0
购物中心	2215	11707	59.1
厂家直销中心	16388	69287	306.7
合计无店铺零售	227642	637591	703.5
电视购物	314	1275	2.3
邮购	2617	7633	9.1
网上商店	59194	155945	166.1
自动售货亭购物中心	440	1904	3.5
电话购物	2026	6504	8.3
其他	186904	526659	588.5
按控股情况分			
国有控股	861	5729	19.2
集体控股	2015	9707	28.1
私人控股	389939	1277343	3007.6
港澳台商控股	3272	11703	28.5
外商控股	470	4575	4.9
其他	10988	39178	1355.4
按经营形式			
独立门店	179879	672098	3498.9
连锁总店(总部)	1093	19468	47.8
连锁直营店	1281	12937	41.4
连锁加盟店	1341	7837	25.3
其他	223446	639041	840.1

1-25　按行业小类分组的零售业法人企业经营情况

单位：万元

项　目	商品购进额	商品销售额	通过公共网络实现的商品销售额	零售额	期末商品库存额	服务营业额
零售业	141202367	179281401	30074264	158674924	18233516	3573579
按行业小类分						
百货零售	8259876	10613910	584532	10312602	651064	122250
超级市场零售	7472452	8234676	123788	6991559	701887	132261
便利店零售	483440	465119	58327	450891	65821	707
其他综合零售	828790	987272	46225	903349	125952	14938
粮油零售	221732	264031	9724	203242	68435	3887
糕点、面包零售	276373	405226	11042	347908	21719	11319
果品、蔬菜零售	346916	455826	21137	385458	38014	2526
肉、禽、蛋、奶及水产品零售	655651	940639	20079	714192	74960	3649
营养和保健品零售	659200	1943363	23845	1881440	111655	1855
酒、饮料及茶叶零售	651205	885616	45191	721267	274934	6826
烟草制品零售	358196	464635	2071	439406	127732	1733
其他食品零售	895550	1179272	89963	977943	193890	9366
纺织品及针织品零售	581135	763230	120782	638357	118600	2670
服装零售	3375976	5553979	1365199	4869855	1149893	65722
鞋帽零售	1097586	1509992	93254	1124159	366139	34502
化妆品及卫生用品零售	761204	1125738	575802	1007257	134027	5755
厨具卫具及日用杂品零售	217530	295259	28457	233684	48951	1419
钟表、眼镜零售	617818	919028	171422	854387	289584	5622
箱包零售	150014	219349	58873	167124	36356	1569
自行车等代步设备零售	84223	109259	12508	84514	13889	799
其他日用品零售	841523	1143906	114506	923401	178649	7202
文具用品零售	549680	711319	54257	556910	86830	5715
体育用品及器材零售	272273	387614	27223	336863	94216	1671
图书、报刊零售	526571	661071	49567	539646	159886	26248
音像制品、电子和数字出版物零售	18654	25742	1470	16684	7368	854
珠宝首饰零售	1197023	1655179	107414	1242203	647265	10173
工艺美术品及收藏品零售	191382	267084	13549	223055	64607	2791
乐器零售	118782	145574	12631	67844	36810	663
照相器材零售	100226	138358	25554	105676	18408	595
其他文化用品零售	247539	335096	40277	270986	44302	3537

1-25 续表 1

单位：万元

项　目	商品购进额	商品销售额	通过公共网络实现的商品销售额	零售额	期末商品库存额	服务营业额
西药零售	3832348	4911142	898734	4191666	821080	88887
中药零售	284188	393775	10068	342283	65571	3793
动物用药品零售	128048	183846	1197	146436	25919	2253
医疗用品及器材零售	622699	884656	73552	701371	109918	6037
保健辅助治疗器材零售	17447	32712	1545	28678	4912	37
汽车新车零售	48238715	52023732	1739360	49249252	5522079	2354618
汽车旧车零售	460793	587047	9199	528084	163560	16233
汽车零配件零售	1376938	1736653	116400	1445220	232781	16430
摩托车及零配件零售	389324	478188	3134	422162	81180	1243
机动车燃油零售	10460350	20736187	1653736	17442588	522661	54203
机动车燃气零售	159267	208519	1988	132049	3858	20
机动车充电销售	7933	15247	487	14602	1640	1281
家用视听设备零售	1851633	2044779	872177	1903863	82335	15809
日用家电零售	5025642	5849136	986198	5223326	702605	71165
计算机、软件及辅助设备零售	2062913	2766127	315485	2294508	481275	165412
通信设备零售	2194726	2877198	634236	1740350	276463	39509
其他电子产品零售	5033832	6329060	820350	4771649	764213	41739
五金零售	2789407	3559444	146220	2991671	433175	16993
灯具零售	416946	534207	50161	444233	76473	8301
家具零售	1420957	2392810	242962	2177655	300922	22998
涂料零售	297952	373305	7335	301036	43102	778
卫生洁具零售	261631	331231	12521	249186	42054	18254
木质装饰材料零售	198445	250479	11853	186534	27600	1298
陶瓷、石材装饰材料零售	631461	822481	26930	698549	80462	1860
其他室内装饰材料零售	1815065	2373397	89165	1944188	248305	13096
流动货摊零售	4036	4708		1452	85	3
互联网零售	14929853	18322328	17153609	16980838	612969	80345
邮购及电视、电话零售	33693	40602	35984	36934	3711	6830
自动售货机零售	33279	43436	8057	40457	7812	487
旧货零售	6599	7818	88	5163	872	52
生活用燃料零售	1000986	1249603	25007	1016267	39284	3455
宠物食品用品零售	26249	34114	3571	27370	5282	307
其他未列明零售业	3130496	4077073	214288	3403446	497517	31033

1-26 按登记注册类型、单位规模、零售业态、控股情况和经营形式分组的零售业法人企业经营情况

单位：万元

项 目	商品购进额	商品销售额	通过公共网络实现的商品销售额	零售额	期末商品库存额	服务营业额
零售业	141202367	179281401	30074264	158674924	18233516	3573579
按登记注册类型分						
国有企业	252777	729739	101973	631159	57468	57779
集体企业	648130	791018	16738	724071	53247	3287
股份合作企业	66788	83084	2187	72838	7059	151
国有联营企业	31041	39781		39174	1177	74
集体联营企业	28736	37691	1337	35351	2076	41
国有与集体联营企业	26610	31063		30898	533	49
其他联营企业	13254	43093		39397	754	19
国有独资公司	1008101	1214389	48710	1041666	223419	27523
其他有限责任公司	47949399	60017499	14661512	54320358	5215496	1215327
股份有限公司	7598763	13339811	2094298	10891706	559503	103699
私营独资企业	2146667	2897431	35844	2509067	306462	20307
私营合伙企业	127919	167672	811	150019	15895	1276
私营有限责任公司	59629176	73308992	9677017	64039067	9535902	1530276
私营股份有限公司	906616	1047592	32265	933088	126253	30168
其他企业	66741	93302	2932	67557	8946	182
与港澳台商合资经营企业	3408767	3859735	438349	3787596	309196	106440
与港澳台商合作经营企业	182100	237986	92	236287	11857	3188
港澳台商独资经营企业	6041072	7528739	1213537	6595223	815258	232047
港澳台商投资股份有限公司	132848	138840	9420	137481	37021	3458
其他港澳台投资企业	35368	50587	242	49640	925	1
中外合资经营企业	4025584	5642929	32757	4872384	321624	100920
中外合作经营企业	708116	708765	1023	297148	34996	54914
外资企业	5179569	6002954	1663549	5915870	523007	63619
外商投资股份有限公司	196122	263164	34112	263095	8632	2996
其他外商投资企业	792104	1005547	5560	994784	56810	15838
按单位规模分						
大型	37575772	54543730	15159216	47522934	3212529	542122
中型	49451949	57110894	5157288	53100656	6632706	2331965
小型	27043161	32971957	5252277	29317288	4113797	468489
微型	27131484	34654821	4505483	28734046	4274484	231003
按零售业态分						

1-26 续表 1

单位：万元

项 目	商品购进额	商品销售额	通过公共网络实现的商品销售额	零售额	期末商品库存额	服务营业额
合计有店铺零售	108724550	138164819	9829756	123417099	14318350	3160807
食杂店	938355	1222881	49468	921238	135887	11558
便利店	7291750	15566426	1175320	12780115	454295	79656
折扣店	1665785	2173218	1336648	2078162	171008	3136
超市	1950658	2458336	119959	2240546	450890	25274
大型超市	10298949	11801815	463040	10573739	953699	144936
仓储会员店	2540709	2885009	112433	2789245	273779	11134
百货店	8608137	11446226	1150353	10146091	1042099	189049
专业店	32012796	43181774	3663930	37799096	4052736	787778
专卖店	52075406	59743652	4963108	54261607	7067490	1949351
家居建材商店	1903647	2937623	140712	2481392	353242	39945
购物中心	3354453	4774548	206627	4013332	1099341	100697
厂家直销中心	6790532	9105076	484302	8321342	939965	221472
合计无店铺零售	36724213	47071026	22680297	40649535	4386998	500016
电视购物	71193	97245	42819	76468	28974	7412
邮购	244928	339774	171135	264554	33082	3838
网上商店	17959738	23123153	19475762	21173400	1161329	154152
自动售货亭购物中心	129317	167440	68868	149186	16326	511
电话购物	308340	406607	75117	327360	71131	10133
其他	20148860	25900458	4476004	21042621	3491659	364089
按控股情况分						
国有控股	15851442	24252960	1712630	20141605	1181861	273827
集体控股	1509693	1737514	25079	1585541	131677	11608
私人控股	87766786	106594303	15303171	93985585	13347725	2238995
港澳台商控股	8523549	10504116	1528051	9501096	1080460	353775
外商控股	7558475	9768997	1805440	9228236	763782	191825
其他	19931885	26337292	9696978	24171780	1719355	503368
按经营形式						
独立门店	76843864	94308118	5140445	85773647	10118994	2708609
连锁总店(总部)	19992229	28391843	3552893	23525503	1939790	263238
连锁直营店	4226957	5298567	409883	4972298	785354	15232
连锁加盟店	376142	431795	19097	322858	118099	4091
其他	39750066	50831364	20948784	44066552	5269914	582076

1-27 按行业小类分组的限额

项　目	商品购进额	进口	商品销售额	通过公共网络实现的商品销售额	通过非自营平台实现的商品销售额
零售业	106409854	4873925	134031087	25320541	4409016
按行业小类分					
综合零售	15758720	167842	18731140	758714	330861
百货零售	7355779	158818	9523826	545636	324295
超级市场零售	7417457	5149	8164988	122939	5540
便利店零售	419377	54	410130	55536	
其他综合零售	566107	3821	632196	34604	1026
食品、饮料及烟草制品专门零售	2083311	123438	3941268	124947	26000
粮油零售	131876		146274	2760	1617
糕点、面包零售	206156		303294	4772	1306
果品、蔬菜零售	147008	1391	197149	11796	1809
肉、禽、蛋、奶及水产品零售	405078		609950	11707	6562
营养和保健品零售	534222	4715	1766302	15156	407
酒、饮料及茶叶零售	227728	1915	348488	20458	248
烟草制品零售	266228	113770	349851		
其他食品零售	165016	1647	219960	58300	14051
纺织、服装及日用品专门零售	4474745	167347	7209595	2166947	762069
纺织品及针织品零售	165549		248641	103969	
服装零售	2234143	42064	3971423	1222046	223211
鞋帽零售	921366	79622	1259615	69695	5959
化妆品及卫生用品零售	423593	6898	649337	523776	441569
厨具卫具及日用杂品零售	35237	3840	53367	4109	731
钟表、眼镜零售	468928	30643	694212	159763	79928
箱包零售	44584	338	78090	30720	406
自行车等代步设备零售	13706	3812	15742	24	
其他日用品零售	167640	131	239168	52846	10266
文化、体育用品及器材专门零售	1642596	16246	2181489	160323	58990
文具用品零售	120459		136028	10138	878
体育用品及器材零售	105150		158659	8556	6248
图书、报刊零售	455703	13989	563962	46352	25859
音像制品、电子和数字出版物零售	4658		5682		
珠宝首饰零售	777645		1086483	78004	22820
工艺美术品及收藏品零售	24971	2257	30374	394	311
乐器零售	74093		84591		
照相器材零售	17344		30734	9822	827
其他文化用品零售	62574		84978	7056	2048
医药及医疗器材专门零售	3390621	14203	4314754	885767	242716

以上零售业法人企业经营情况

单位：万元

批发额	出口	零售额	通过公共网络实现的零售额	通过非自营平台实现的零售额	期末商品库存额	服务营业额
13030448	268751	121000640	22578382	3484723	12145567	3120582
1381950	393	17349190	683943	330043	1290599	247109
132984	181	9390843	539417	323477	494854	106785
1232535	213	6932453	54436	5540	688359	132063
5766		404363	55536		41597	261
10665		621531	34554	1026	65789	8000
401483	730	3539785	109750	19396	425516	19600
37390		108884	1639	1617	49807	2931
38820		264474	4568	1279	12850	10158
26188		170961	11796	1809	18345	1305
166946		443004	2893	11	38463	1229
22652	5	1743651	10150	382	83236	146
66844		281643	20452	248	93886	1243
4916		344935			102547	559
37727	725	182233	58252	14051	26382	2030
949820	37134	6259775	2094969	720841	1666447	93210
32560	1280	216081	103142		51026	345
380871	17484	3590552	1168944	198778	912778	56264
353147	3228	906468	60925	828	324418	31406
37706		611632	518462	441303	51435	1335
22943	7448	30423	3770	561	9953	
27445	163	666767	158707	68951	248953	3671
27458	1212	50632	28159	155	12950	
10602	6181	5140	24		885	
57088	138	182080	52838	10266	54050	189
611773	492	1569716	138879	50642	758017	32936
48812		87215	10131	878	13775	1253
5555		153104	7094	6248	52996	60
105284		458678	46257	25575	143335	22660
2444		3239			1459	472
347397	2	739086	67486	15548	485728	5576
6252		24122	394	9	23717	931
67605		16986			16361	187
11620		19114	952	827	3318	531
16805	490	68173	6566	1558	17329	1267
662613		3652141	781183	181937	749988	84230

1-27

项 目	商品购进额	进口	商品销售额	通过公共网络实现的商品销售额	通过非自营平台实现的商品销售额
西药零售	3107888	6223	3933924	863349	239181
中药零售	176715	1308	240537	8737	3313
动物用药品零售	2767		3163		
医疗用品及器材零售	98363	6672	121089	13681	223
保健辅助治疗器材零售	4888		16041		
汽车、摩托车、零配件和燃料及其他动力销售	56195350	4071167	69814784	3289480	702454
汽车新车零售	45546411	3995755	48898494	1567914	134663
汽车旧车零售	176340	37738	207753	6901	
汽车零配件零售	523252	8852	625002	72104	3
摩托车及零配件零售	254371	611	306904	276	
机动车燃油零售	9552174	3758	19590883	1640791	566294
机动车燃气零售	140102	24454	183053	1494	1494
机动车充电销售	2701		2696		
家用电器及电子产品专门零售	7556928	90440	8781154	2479901	336776
家用视听设备零售	1643344	2153	1777656	843882	47008
日用家电零售	3638931	852	4099500	855664	106740
计算机、软件及辅助设备零售	662615	74760	833040	161394	49878
通信设备零售	1319634	2457	1729254	484355	18478
其他电子产品零售	292406	10218	341705	134605	114671
五金、家具及室内装饰材料专门零售	1388189	25612	2258744	175223	25063
五金零售	328379	1163	415293	6348	114
灯具零售	45817		56403	6614	2571
家具零售	469069	17223	1087936	144604	20789
涂料零售	28461	1160	33299		
卫生洁具零售	119242		140560	3770	
木质装饰材料零售	35968	346	42785		
陶瓷、石材装饰材料零售	122957	5488	151555	2477	
其他室内装饰材料零售	238297	233	330913	11410	1590
货摊、无店铺及其他零售业	13919393	197630	16798159	15279239	1924087
流动货摊零售	3675		4085		
互联网零售	12846814	134132	15423003	15206402	1921114
邮购及电视、电话零售	29641		35539	34685	455
自动售货机零售	10823	467	15987	7183	102
旧货零售	3040		3009		
生活用燃料零售	829447	14218	1028299	23387	
宠物食品用品零售					
其他未列明零售业	195951	48813	288237	7582	2416

续表 1

单位：万元

批发额	出口	零售额	通过公共网络实现的零售额	通过非自营平台实现的零售额	期末商品库存额	服务营业额
584137		3349788	759560	179473	680532	81076
25297		215240	7942	2242	47364	2816
111		3053			1814	
52020		69069	13681	223	17534	338
1049		14992			2744	
5840957	9975	63973827	2048280	289978	5789132	2395043
2476954	9190	46421540	1498485	128896	5121072	2330660
1250		206503	6895		121811	13244
69440	784	555562	71157	1	69977	3666
31072		275832	246		56040	241
3189430		16401453	470002	159586	418783	46132
72812		110241	1494	1494	1443	7
		2696			6	1094
1647049	182337	7134105	2161342	282821	858809	134347
100783		1676873	843540	46294	44793	13959
377430		3722070	820564	103200	408797	38260
119709	1344	713330	117746	45852	241917	55892
931896	178540	797358	300436	18478	128238	22364
117230	2454	224475	79057	68996	35064	3871
302664	3994	1956081	167585	22652	274049	38674
103163		312130	1133	114	55310	226
2282		54121	5313	1271	9897	5191
28913		1059023	144030	20094	145984	14878
16640		16660			3910	6
56062	708	84498	3770		16629	17601
28377		14408			2495	253
25912	3286	125644	2477		8762	7
41315		289598	10863	1174	31062	512
1232140	33697	15566019	14392452	1586413	333010	75434
3234		851			7	
973281	32870	14449722	14335392	1585958	267691	65746
2649		32890	32036	455	2220	6822
161		15826	6705		4603	116
2077		932			264	
193419		834879	17820		20515	1627
57319	827	230919	499		37711	1123

1-28 按登记注册类型、单位规模、零售业态和

项　目	商品购进额	进口	商品销售额	通过公共网络实现的商品销售额	通过非自营平台实现的商品销售额
零售业	106409854	4873925	134031087	25320541	4409016
按登记注册类型分					
内资企业	86376533	3776089	109465823	22121039	3849557
国有企业	193303	7	645993	101569	
集体企业	499297	54	594972	14963	5318
股份合作企业	39090		45275	2141	2141
联营企业	74137		119231		
国有联营企业	29844		38199		
集体联营企业	19080		23862		
国有与集体联营企业	13848		16619		
其他联营企业	11364		40551		
有限责任公司	44146537	2185715	55131159	14292351	1614416
国有独资公司	986655	321021	1184289	48628	22121
其他有限责任公司	43159883	1864695	53946870	14243722	1592295
股份有限公司	7393297	125873	13061077	2081468	210946
私营企业	34025212	1464439	39861627	5628549	2016736
私营独资企业	663160	24	803259	3804	211
私营合伙企业	63168		76255		
私营有限责任公司	32620602	1403468	38229009	5604813	2011661
私营股份有限公司	678282	60947	753105	19932	4865
其他企业	5661		6490		
港、澳、台商投资企业	9432935	766399	11334122	1618553	537640
与港澳台商合资经营企业	3376870	327927	3821695	437384	286707
与港澳台商合作经营企业	181200		236800	20	20
港澳台商独资经营企业	5711067	438185	7094603	1173175	250913
港澳台商投资股份有限公司	130197	286	132944	7779	
其他港澳台投资企业	33601		48081	196	
外商投资企业	10600385	331437	13231142	1580948	21819
中外合资经营企业	3978126	181168	5582523	31273	8380
中外合作经营企业	707658		708256	1023	
外资企业	4978766	123367	5731139	1510135	13439
外商投资股份有限公司	188966	212	255126	34112	

控股情况分限额以上零售业法人企业经营情况

单位：万元

批发额		零售额			期末商品库存额	服务营业额
	出口		通过公共网络实现的零售额	通过非自营平台实现的零售额		
13030448	268751	121000640	22578382	3484723	12145567	3120582
10890920	266990	98574903	19490379	3036584	10176936	2553669
84189		561804	73742		51198	56495
33401		561571	14963	5318	33454	1002
5841		39435	2141	2141	4407	
4681		114550			2380	136
400		37799			956	74
1335		22527			557	40
		16619			382	7
2946		37605			485	15
4826298	194443	50304860	12869023	1060424	4619774	1189525
165655		1018634	45972	22121	221504	27393
4660644	194443	49286226	12823051	1038303	4398270	1162133
2397660	2307	10663417	1312374	156222	509631	102187
3538292	70241	36323335	5218136	1812479	4955887	1204324
45258		758000	2731	206	40268	1054
3020		73234			5496	124
3423797	60922	34805212	5197452	1807409	4822272	1176948
66217	9320	686888	17954	4865	87851	26198
559		5932			204	
894530	667	10439592	1520208	434811	1058652	338019
65376		3756319	437001	286626	292618	106365
1446		235355	20	20	11689	3152
827271	667	6267332	1075213	148166	717353	225043
438		132506	7779		36456	3458
		48081	196		536	
1244998	1093	11986144	1567796	13328	909980	228895
763926	5	4818597	28997	8380	315098	100520
411617		296639	1023		34790	54914
64839	1088	5666301	1499258	4948	498696	62166
		255126	34112		7345	2879

1-28

项　目	商品购进额	进口	商品销售额	通过公共网络实现的商品销售额	通过非自营平台实现的商品销售额
其他外商投资企业	746870	26690	954099	4404	
按单位规模分					
大型	37228095	1006947	54247446	15156986	2510833
中型	47762707	3186477	54856449	4706228	1145467
小型	16974436	525773	19725892	3920700	720027
微型	4444615	154728	5201301	1536626	32690
按零售业态分					
食杂店	286244	1831	368698	22092	275
便利店	4211914	1282	11374334	598453	440012
折扣店	255689	26660	466539	2874	2129
超市	1390965	127336	1723811	95096	2362
大型超市	9448245	39252	10897526	456201	283103
仓储会员店	163167	4381	196058	1079	100
百货店	5168237	160121	7308565	808325	35213
专业店	21337131	1218503	26525229	2217767	418106
专卖店	41035647	2647718	45191277	2894384	260840
家居建材商店	528381	5772	1160438	104491	
购物中心	1023649	68	1459054	77168	27858
厂家直销中心	3176631	227972	4665830	146143	58671
电视购物	26584	37	32155	23222	464
邮购	90868	228	105544	68756	54819
网上商店	13596082	150230	16583665	16263137	2442464
自动售货亭购物中心	32052		39033	478	
电话购物	59370	1629	53425	16401	647
其他	4518785	260904	5802635	1522363	381818
按控股情况分					
国有控股	15667066	535389	24022777	1707056	544094
集体控股	1316118	8006	1476612	20932	6378
私人控股	55396611	2587831	64387753	10811320	2430603
港澳台商控股	8172955	707695	10046372	1485222	526733
外商控股	7065099	297486	9236915	1651960	14239
其他	18792005	737519	24860658	9644050	886969

续表 1

单位：万元

批发额	出口	零售额	通过公共网络实现的零售额	通过非自营平台实现的零售额	期末商品库存额	服务营业额
4617		949482	4404		54050	8417
7012473	1285	47234973	13141417	1801226	3162315	542122
3775025	238097	51081424	4230868	1043728	6336753	2291960
1687563	19989	18038330	3690701	611180	2315054	265350
555388	9380	4645913	1515396	28590	331446	21150
140127		228571	20882	168	11607	1080
1513855		9860479	69903	32763	273703	59379
25857		440682	1476	1472	88341	102
83079	285	1640733	91555	2362	294836	15737
1170916		9726610	388173	283103	866052	144028
17964		178095	1079	100	16233	4125
363460	505	6945105	798964	30473	665222	90603
3117995	11323	23407234	2024271	351774	2507144	643013
3677997	14196	41513280	2237470	158808	5195550	1786384
171457	708	988980	104389		133427	20384
170141	7188	1288913	67869	18072	442433	21406
309718	790	4356112	132226	56313	431887	127215
673	9	31482	23222	455	15847	4319
36882	956	68663	51562	36135	5857	213
1044968	36746	15538697	15343960	2149513	366636	73069
5755		33278			2382	64
14764		38661	11893	647	36235	3219
1159331	196047	4643304	1209490	362566	781113	126243
4086508	490	19936269	641974	179305	1163532	271909
108869		1367743	20932	6378	102737	8884
5555000	263263	58832753	10136518	2204020	7667876	1812172
894897	667	9151475	1386959	423986	972393	347183
509824	1093	8727091	1640657	5748	712970	188563
1875350	3238	22985309	8751343	665287	1526059	491871

1-29 按行业小类分组的限额以下零售业法人企业经营情况

单位：万元

项　目	商品购进额	商品销售额	通过公共网络实现的商品销售额	零售额	期末商品库存额	服务营业额
零售业	34792513	45250314	4753723	37674284	6087948	452996
按行业小类分						
百货零售	904098	1090083	38897	921759	156210	15465
超级市场零售	54995	69688	849	59106	13528	198
便利店零售	64063	54990	2791	46528	24224	446
其他综合零售	262682	355076	11621	281819	60163	6939
粮油零售	89856	117757	6964	94358	18628	957
糕点、面包零售	70216	101932	6270	83434	8869	1161
果品、蔬菜零售	199908	258677	9341	214497	19669	1221
肉、禽、蛋、奶及水产品零售	250573	330689	8372	271188	36497	2420
营养和保健品零售	124978	177061	8690	137789	28418	1709
酒、饮料及茶叶零售	423477	537128	24733	439623	181048	5583
烟草制品零售	91968	114784	2071	94471	25186	1174
其他食品零售	730534	959312	31663	795710	167508	7336
纺织品及针织品零售	415587	514589	16813	422277	67573	2325
服装零售	1141833	1582555	143153	1279302	237115	9458
鞋帽零售	176220	250378	23559	217691	41722	3095
化妆品及卫生用品零售	337611	476401	52027	395625	82592	4420
厨具卫具及日用杂品零售	182293	241892	24348	203261	38998	1419
钟表、眼镜零售	148890	224816	11659	187620	40632	1951
箱包零售	105430	141258	28153	116492	23405	1569
自行车等代步设备零售	70517	93517	12484	79374	13004	799
其他日用品零售	673884	904738	61660	741321	124599	7013
文具用品零售	429221	575292	44119	469695	73055	4462
体育用品及器材零售	167123	228956	18667	183760	41220	1610
图书、报刊零售	70868	97109	3215	80967	16551	3588
音像制品、电子和数字出版物零售	13997	20060	1470	13446	5909	383
珠宝首饰零售	419378	568697	29410	503117	161537	4597
工艺美术品及收藏品零售	166412	236711	13155	198933	40891	1860
乐器零售	44689	60983	12631	50858	20449	476
照相器材零售	82882	107624	15732	86562	15090	64
其他文化用品零售	184965	250119	33221	202813	26972	2270

1-29 续表 1

单位：万元

项目	商品购进额	商品销售额	通过公共网络实现的商品销售额	零售额	期末商品库存额	服务营业额
西药零售	724460	977218	35385	841878	140548	7811
中药零售	107473	153238	1331	127042	18207	976
动物用药品零售	125282	180683	1197	143383	24105	2253
医疗用品及器材零售	524336	763567	59871	632302	92384	5699
保健辅助治疗器材零售	12559	16671	1545	13686	2169	37
汽车新车零售	2692304	3125239	171446	2827712	401007	23958
汽车旧车零售	284453	379294	2299	321582	41750	2989
汽车零配件零售	853686	1111651	44296	889658	162804	12764
摩托车及零配件零售	134953	171284	2858	146331	25140	1001
机动车燃油零售	908176	1145304	12945	1041135	103878	8071
机动车燃气零售	19165	25467	494	21808	2414	13
机动车充电销售	5232	12551	487	11906	1633	187
家用视听设备零售	208290	267123	28295	226990	37542	1850
日用家电零售	1386712	1749636	130534	1501256	293808	32905
计算机、软件及辅助设备零售	1400298	1933088	154091	1581178	239358	109520
通信设备零售	875092	1147944	149881	942992	148226	17144
其他电子产品零售	4741427	5987355	685744	4547174	729149	37868
五金零售	2461028	3144151	139871	2679540	377865	16768
灯具零售	371129	477804	43547	390111	66576	3110
家具零售	951888	1304874	98358	1118632	154938	8120
涂料零售	269490	340006	7335	284377	39192	772
卫生洁具零售	142390	190672	8750	164688	25425	653
木质装饰材料零售	162477	207694	11853	172126	25105	1045
陶瓷、石材装饰材料零售	508504	670925	24454	572905	71701	1852
其他室内装饰材料零售	1576768	2042485	77755	1654590	217243	12584
流动货摊零售	361	622		601	78	3
互联网零售	2083039	2899325	1947207	2531116	345279	14599
邮购及电视、电话零售	4051	5063	1299	4044	1491	9
自动售货机零售	22455	27449	874	24631	3209	371
旧货零售	3559	4809	88	4231	608	52
生活用燃料零售	171538	221305	1621	181388	18769	1828
宠物食品用品零售	26249	34114	3571	27370	5282	307
其他未列明零售业	2934545	3788836	206706	3172528	459806	29910

1-30 按登记注册类型、单位规模、零售业态、控股情况和经营形式分组的限额以下零售业法人企业经营情况

单位：万元

项　目	商品购进额	商品销售额	通过公共网络实现的商品销售额	零售额	期末商品库存额	服务营业额
零售业	34792513	45250314	4753723	37674284	6087948	452996
按登记注册类型分						
国有企业	59474	83746	404	69355	6270	1285
集体企业	148833	196046	1775	162501	19793	2284
股份合作企业	27698	37809	46	33404	2651	151
国有联营企业	1197	1582		1375	222	1
集体联营企业	9656	13830	1337	12824	1519	1
国有与集体联营企业	12761	14444		14279	150	42
其他联营企业	1890	2543		1792	269	4
国有独资公司	21446	30101	82	23032	1916	131
其他有限责任公司	4789516	6070629	417790	5034132	817226	53195
股份有限公司	205467	278734	12830	228289	49872	1512
私营独资企业	1483508	2094172	32040	1751066	266194	19253
私营合伙企业	64750	91417	811	76784	10399	1151
私营有限责任公司	27008574	35079983	4072204	29233856	4713630	353328
私营股份有限公司	228334	294487	12333	246200	38402	3970
其他企业	61080	86812	2932	61626	8742	182
与港澳台商合资经营企业	31897	38041	965	31277	16579	74
与港澳台商合作经营企业	900	1186	72	932	168	36
港澳台商独资经营企业	330004	434136	40363	327891	97905	7004
港澳台商投资股份有限公司	2651	5896	1641	4975	565	
其他港澳台投资企业	1767	2507	46	1560	389	1
中外合资经营企业	47458	60405	1483	53786	6525	401
中外合作经营企业	458	509		509	206	
外资企业	200804	271815	153414	249569	24311	1454
外商投资股份有限公司	7156	8038		7969	1287	117
其他外商投资企业	45234	51448	1155	45302	2759	7421
按单位规模分						
大型	347677	296284	2230	287961	50214	
中型	1689242	2254445	451060	2019232	295953	40005
小型	10068726	13246064	1331577	11278959	1798744	203139
微型	22686869	29453521	2968857	24088133	3943038	209853
按零售业态分						

1-30 续表 1

单位：万元

项 目	商品购进额	商品销售额	通过公共网络实现的商品销售额	零售额	期末商品库存额	服务营业额
合计有店铺零售	19179868	25058595	859892	21115671	3346705	241005
食杂店	639079	830287	27376	669463	122141	9254
便利店	836284	1082385	21154	890578	140828	15714
折扣店	199962	283819	20287	217615	31771	3034
超市	441307	572468	13384	473503	110622	9189
大型超市	39458	52425	2383	45888	12219	848
仓储会员店	251834	344344	11611	269198	49761	5065
百货店	1013582	1392888	50887	1147664	212118	20048
专业店	7292078	9497994	253547	7970136	1226047	84003
专卖店	6785999	8862063	367907	7593595	1195220	69820
家居建材商店	1245835	1624870	33907	1385449	200797	18663
购物中心	252555	333838	12472	279700	82905	2506
厂家直销中心	2075221	2703547	239136	2279922	334308	38834
合计无店铺零售	16518715	21406899	4089285	17531737	2884729	221351
电视购物	29391	44130	5670	32505	7847	338
邮购	131423	173442	53507	141707	24880	1579
网上商店	2871188	3902763	2308739	3289849	481158	21168
自动售货亭购物中心	44590	55772	4073	43434	8093	331
电话购物	155348	226730	26355	174343	23650	1473
其他	14554147	18664696	2383787	15122377	2561713	205331
按控股情况分						
国有控股	184376	230183	5574	205336	18330	1918
集体控股	193575	260901	4147	217798	28939	2724
私人控股	32370176	42206550	4491851	35152832	5679849	426822
港澳台商控股	350594	457744	42829	349621	108067	6592
外商控股	493376	532082	153480	501144	50812	3263
其他	1139880	1476634	52928	1186472	193296	11497
按经营形式						
独立门店	16823220	22034620	776998	18594631	2848503	190590
连锁总店(总部)	366635	435674	26066	386796	100340	6051
连锁直营店	418859	559767	166432	515244	86307	4082
连锁加盟店	200371	249388	5647	216414	71148	3147
其他	16970318	21951150	3775418	17947133	2980286	248793

1-31 按行业小类分组的零

项　目	期末资产负债						
	本年折旧	固定资产净值	在建工程	资产总计	负债合计	年初存货	期末存货
零售业	1488752	8918316	746276	122805260	82377052	14224508	16723755
按行业小类分							
百货零售	111458	829374	36739	8449613	5441271	563899	630661
超级市场零售	60337	440072	39904	6449385	5018010	683341	628655
便利店零售	3698	26496	1248	323425	298897	27152	62222
其他综合零售	21397	128264	2670	634764	444225	85661	98853
粮油零售	9391	52262	8468	299545	194129	68175	95364
糕点、面包零售	4970	33785	609	242207	174886	19370	20901
果品、蔬菜零售	9628	83576	5589	388187	220741	18524	41147
肉、禽、蛋、奶及水产品零售	14599	113668	7386	761426	342806	58037	73913
营养和保健品零售	7899	54385	3575	1297220	692928	112353	101869
酒、饮料及茶叶零售	16590	117042	4694	1200674	807888	204180	273002
烟草制品零售	7395	62842	1396	963759	317879	108163	125137
其他食品零售	25484	131193	15593	1210542	857556	157521	201038
纺织品及针织品零售	8285	46892	1353	529428	333001	109057	121783
服装零售	44632	238517	103267	5089389	3179983	1002437	1181900
鞋帽零售	18074	57222	2583	770543	635273	312385	332758
化妆品及卫生用品零售	11431	51698	196	1323686	1142179	102124	140302
厨具卫具及日用杂品零售	4745	28381	253	320633	223599	44748	47187
钟表、眼镜零售	6867	35894	92	674097	385127	281952	284571
箱包零售	2189	9025	9639	204723	153760	26362	37732
自行车等代步设备零售	1235	6857	13	110422	90808	18984	17789
其他日用品零售	20790	144425	10248	1302608	982580	154423	186767
文具用品零售	9385	46421	606	663878	499064	76087	90201
体育用品及器材零售	7225	43788	37418	398845	299992	55621	72989
图书、报刊零售	8421	163928	40087	1006061	584845	104857	125120
音像制品、电子和数字出版物零售	817	2129		46914	32319	5977	7143
珠宝首饰零售	21067	119237	4095	1375882	952690	336845	389509
工艺美术品及收藏品零售	4975	29550	822	363443	263996	66228	63658
乐器零售	1248	5371	2	121641	91119	21719	35909
照相器材零售	1623	4942	64	88906	76258	20742	19650
其他文化用品零售	5220	31286	160	248719	179724	43028	42818

售业法人企业财务状况

单位：万元

损益及分配					营业成本	
营业收入	营业成本	税金及附加	投资收益（损失以“-”号记）	营业利润	应付职工薪酬（本年贷方累计发生额）	应交增值税
162864423	136051665	693149	442479	4794150	11567940	3059894
9654618	7357178	59165	106311	625390	719268	212538
7779092	6412644	18034	-10439	54685	500636	90331
418964	306462	1441	29	-31477	70497	9396
924983	715193	4415	1175	40528	102849	18914
265858	226596	1860	124	6098	21513	3333
387649	283801	1862	1065	-1192	55471	7861
437718	342242	1372	1041	21778	56683	6888
898687	716275	2556	290	39341	101924	14482
1663271	606910	21312	62262	307216	109778	152550
823308	622610	5054	3051	75801	176361	23704
466474	331118	2861	38741	86103	57288	4312
1108909	813427	6335	3342	49135	169016	28516
710209	553426	3171	4092	36463	86501	23810
4945823	3112704	33044	30275	165445	792182	169406
1363579	1042464	5830	2642	41691	146941	37160
1038894	732467	4971	243	6041	145319	30602
283130	205804	1609	112	6903	45841	5098
824544	523071	5577	2386	26369	132085	29026
202575	143651	981	37	8062	31130	6483
101546	80733	478	631	2471	15326	2267
1135892	830514	12527	2106	66331	173394	21630
651118	511617	3878	350	26615	84942	13109
362663	257870	3168	96	5036	54918	10612
676084	480872	4174	10646	31742	96766	7579
25206	17199	127	11	-632	4687	1044
1483094	1074065	40353	3866	71163	193503	36880
258599	182474	2111	255	4916	57211	8354
137066	107513	516	180	3029	13843	1576
123654	98829	368	46	1579	15619	3787
308776	243928	1641	347	8177	44355	6221

1-31

项 目	期末资产负债						
	本年折旧	固定资产净值	在建工程	资产总计	负债合计	年初存货	期末存货
西药零售	40626	256004	3343	2888171	1670280	549583	771828
中药零售	6328	45960	885	260667	154383	54335	60147
动物用药品零售	6537	56304	553	136740	33980	20867	20953
医疗用品及器材零售	12018	54651	1124	801581	561220	126067	118916
保健辅助治疗器材零售	347	2079		29128	23801	3549	4887
汽车新车零售	293086	1552333	104807	20347004	15750906	3570897	4728664
汽车旧车零售	12461	104507	6174	721441	567771	169617	154022
汽车零配件零售	19544	139683	6671	1490212	1196953	189730	227677
摩托车及零配件零售	4879	37229	358	394038	212720	76693	77854
机动车燃油零售	97611	916336	81057	18458148	8766264	525344	490735
机动车燃气零售	3683	18574	2358	120806	53663	6614	4608
机动车充电销售	885	8458	5761	47218	31240	760	1382
家用视听设备零售	4992	19108	59	1230110	1003929	81605	85927
日用家电零售	31868	224818	17065	3955819	3290109	587233	608496
计算机、软件及辅助设备零售	30476	123018	5095	2166436	1519532	266001	322639
通信设备零售	19412	84670	23261	4808917	1829449	234396	268236
其他电子产品零售	94073	354376	12241	6465369	4883393	713323	833339
五金零售	52641	252785	14958	3342152	2411460	437625	424231
灯具零售	6857	29975	860	427853	300991	58872	69991
家具零售	52085	311001	11171	2268262	1533831	204990	234655
涂料零售	4809	21561	2481	264629	197423	42394	45811
卫生洁具零售	2480	11550	285	196253	147912	38239	42080
木质装饰材料零售	3735	16583	788	193944	149242	27931	32105
陶瓷、石材装饰材料零售	11176	76504	8451	651879	474650	76538	86466
其他室内装饰材料零售	40134	262636	11511	3202890	2438295	207574	238897
流动货摊零售	20	489		5687	411	19	78
互联网零售	66110	286364	56171	6434591	5240730	545327	623221
邮购及电视、电话零售	468	1564	8	41167	20487	2644	3426
自动售货机零售	580	5049	191	49941	37468	2750	4291
旧货零售	115	1268		7119	4426	567	920
生活用燃料零售	23888	161125	16292	611199	297640	37789	42730
宠物食品用品零售	507	1944	8	26372	20990	3372	4342
其他未列明零售业	73247	341291	13521	3898957	2633978	471317	539657

续表 1

单位：万元

损益及分配					营业成本	
营业收入	营业成本	税金及附加	投资收益（损失以“-”号记）	营业利润	应付职工薪酬（本年贷方累计发生额）	应交增值税
4512523	3475109	20201	27473	181012	507995	102832
370513	257558	2070	148	20829	66283	9473
184662	128764	1925	922	30385	33080	4109
822917	599264	5809	1688	32749	116203	27672
30035	21911	163	-8	-413	6099	1072
47565886	43556899	129167	38922	564844	1583196	707228
559664	449942	3000	1206	32615	65673	10155
1583316	1318117	7178	10137	34916	180847	28606
436202	373791	2615	116	19574	27618	7345
17963011	15724270	56863	45185	1057756	388481	245501
192976	153799	713	310	11458	16390	4010
14767	10565	33		-1710	3445	512
1793224	1627050	3060	255	25630	63817	22746
5123835	4581847	19347	6852	47298	328919	76021
2585792	1993530	11385	2572	121494	320631	60370
2633927	2252789	8320	933	7817	249376	33398
5811638	4723969	31044	1110	88175	752026	157273
3300567	2687526	22830	5053	136900	378474	76882
497677	383357	2049	345	11599	72884	12706
2215507	1687811	17072	1937	68933	274613	45533
341275	286593	1773	13580	25183	41980	7716
317379	254981	827	4965	14231	34022	4870
231583	186982	1002	1499	10764	26679	4926
771737	591268	5849	5787	49849	92570	17034
2215298	1777692	13738	3468	130298	250234	50349
4786	3372	32	1	630	478	117
16192183	13956006	47354	320	84760	816079	234181
42361	28527	218	3	-978	6950	865
41069	34486	159	-4891	-22655	10548	550
7200	4782	96	7	-49	1305	422
1192206	944800	6196	1875	71579	91619	17671
31848	24037	134	-17	9	7798	481
3814878	3016617	20142	5417	153864	475785	99803

1-32 按登记注册类型、单位规模、零售业态、控股

项　目	期末资产负债						
	本年折旧	固定资产净值	在建工程	资产总计	负债合计	年初存货	期末存货
零售业	1488752	8918316	746276	122805260	82377052	14224508	16723755
按登记注册类型分							
国有企业	12377	169023	46372	1554837	736215	48857	57268
集体企业	13891	121598	6203	604340	379220	125532	50423
股份合作企业	938	5176		35455	17911	7232	6871
国有联营企业	187	1295		6321	1182	1360	1093
集体联营企业	870	4507	16	14643	10418	2893	2537
国有与集体联营企业	425	1616	143	9721	4763	629	753
其他联营企业	296	2847		9512	8285	922	704
国有独资公司	9664	105430	6629	1492426	550078	167803	233178
其他有限责任公司	331839	2038474	173367	33168174	24367712	3954942	4729848
股份有限公司	48520	584786	87059	11724034	4802730	478644	553266
私营独资企业	65985	590315	7139	1636788	570483	267730	264486
私营合伙企业	3014	29247	292	122322	75188	14978	14224
私营有限责任公司	779057	4004466	294675	56587721	40066430	7174720	8755970
私营股份有限公司	11754	85345	3431	709696	467974	78471	117621
其他企业	9208	53403	1790	99163	16012	6785	6535
与港澳台商合资经营企业	32012	127578	12327	2609777	1356494	294556	342210
与港澳台商合作经营企业	645	4647		89228	41723	24435	11477
港澳台商独资经营企业	61418	342586	59302	3819479	2521739	711837	753910
港澳台商投资股份有限公司	1216	7616	38	148405	84639	31470	37945
其他港澳台投资企业	2292	30805	16	65439	67505	1009	998
中外合资经营企业	25548	215709	7209	4823544	3386846	405101	299682
中外合作经营企业	2582	21900	851	335665	293791	30279	34948
外资企业	67809	325866	7019	2513035	2053807	336595	377545
外商投资股份有限公司	1619	9501	1299	141483	95558	6876	8561
其他外商投资企业	5589	34580	31102	484055	400352	50853	61703
按单位规模分							
大型	240397	1646349	92603	36898232	22438063	2684170	2930089
中型	329081	2047047	304565	25670924	18964213	4534786	5813407
小型	322990	1884311	111665	19030426	13656885	3296188	3711963
微型	596284	3340609	237443	41205679	27317891	3709364	4268296
按零售业态分							

情况和经营形式分组的零售业法人企业财务状况

单位：万元

损益及分配					营业成本	
营业收入	营业成本	税金及附加	投资收益（损失以“-”号记）	营业利润	应付职工薪酬（本年贷方累计发生额）	应交增值税
162864423	136051665	693149	442479	4794150	11567940	3059894
672143	557821	4148	35207	72231	51403	9915
734997	600343	5066	947	57500	48875	15031
75386	61180	358	3	3653	8246	1660
34995	27620	186		5244	1094	1146
34012	26932	176	77	2803	1771	889
27597	23327	87	10	2764	1030	652
40044	35171	108	5	3167	1334	816
1210698	931572	4741	16515	154389	82768	11986
53922518	46598929	195037	54363	1254674	2545574	888980
11504094	10159615	31760	99641	440743	402013	129043
2832473	2112616	35837	7878	357797	358150	61105
159890	126129	955	302	11344	16354	3274
67401886	56063734	297829	70090	1394902	6559618	1346018
982715	828302	3896	2432	24197	101643	17739
93471	71712	855	777	14048	13483	1445
3445224	2560845	13777	54613	182934	295246	84544
210624	164528	825	1174	22166	10412	17896
6840411	5389746	44821	16211	185610	470844	166633
134708	113228	643		4577	6870	1762
48124	33067	789	4	813	2426	1271
5124985	3628410	28944	73737	414862	228343	175730
701050	607052	1338		12207	24446	5631
5433350	4323248	18320	5655	147808	270251	104058
249676	222565	568		-859	19960	3459
949352	783974	2086	2839	24575	45786	9212
48292566	39405869	169172	240389	1998414	2344826	827957
52290038	45668841	155057	84738	686483	2513536	939072
30254281	25241521	170940	45271	1069675	2305663	615032
32027537	25735433	197981	72082	1039577	4403916	677833

1-32

项　目	期末资产负债						
	本年折旧	固定资产净值	在建工程	资产总计	负债合计	年初存货	期末存货
合计有店铺零售	1100187	7334766	584233	89264801	56459082	10924720	12762295
食杂店	22087	159322	7962	892333	543750	93630	126731
便利店	87195	657076	86503	13555008	7180608	423902	408046
折扣店	9786	80783	1124	914819	590774	165364	159804
超市	29520	238583	35847	2743741	1359527	354366	440542
大型超市	92778	717931	16931	7796552	6520928	891522	865529
仓储会员店	25725	132714	7001	1535177	1389356	221922	238576
百货店	97253	656148	110576	8409049	5078353	872042	1024671
专业店	319427	2367978	198423	31269575	18080281	3310434	3728264
专卖店	430969	2531829	199929	29527840	20353390	5072699	6273578
家居建材商店	50184	246379	10603	2159767	1480422	243502	282359
购物中心	42220	384846	6585	3449450	2429387	733174	855214
厂家直销中心	73329	390174	18288	5168247	3588450	753948	899699
合计无店铺零售	429152	1849731	176986	36580263	27816300	3735944	4447651
电视购物	1300	4875	258	179055	106657	24850	28583
邮购	2985	23775	734	261590	186214	23741	33401
网上商店	92486	467685	61557	9772445	7700938	1000286	1154714
自动售货亭购物中心	2308	16691	961	108106	74585	8570	11661
电话购物	4914	33492	495	332363	214208	51663	69758
其他	355383	1461432	115471	28732691	21795616	2925338	3547477
按控股情况分							
国有控股	110084	1144799	131124	24100928	13343764	1053128	1196626
集体控股	21735	171773	15820	886167	532661	193959	119915
私人控股	1051989	5922879	448657	75934003	53407948	10111613	12153892
港澳台商控股	82540	425761	71301	5289917	3507940	984387	1017486
外商控股	90628	419615	43336	4545744	3316266	557495	599426
其他	122624	780467	34253	11952223	8253384	1317406	1630159
按经营形式							
独立门店	840951	5568636	443574	56198458	34092102	7708149	9153827
连锁总店(总部)	135555	1028915	110875	23941570	15492922	1652318	1789000
连锁直营店	36766	244411	6504	3273366	2389935	634796	705416
连锁加盟店	3165	21191	981	313787	231381	84110	116441
其他	471596	2050139	182563	38965132	30154038	4143841	4956941

续表 1

单位：万元

损益及分配					营业成本	
营业收入	营业成本	税金及附加	投资收益（损失以“-”号记）	营业利润	应付职工薪酬（本年贷方累计发生额）	应交增值税
125649852	105073391	544799	400605	4438712	8112717	2301083
1172723	916897	9180	13121	73855	192530	25758
13662011	11812966	33083	53732	692837	491826	178859
1972924	1533191	7690	944	33433	128126	35334
2297218	1732370	10366	2227	63762	283098	40480
10950637	8928473	26925	-11763	150206	716361	148410
2586184	2040734	8671	1230	110181	203566	55662
10327822	7740129	75590	111755	659433	901439	255683
39013958	32741763	169154	98577	1722877	2613816	628536
54123665	46863518	213499	138007	1210056	3040835	976964
2808769	2232820	23657	3265	150788	269300	55455
4313400	3013142	36826	22247	161382	481448	120634
8344395	6546891	44991	66991	487126	537746	261025
42395036	35231103	168692	41302	443753	3801628	847950
97216	70208	711	6	-193	13547	2279
316389	252664	1645	258	-2662	44911	7269
20338755	17224111	64383	1471	113712	1155683	326014
155319	126618	1365	244	-6771	13734	3598
363327	277390	2179	3001	10066	51037	9277
23803688	19342753	111840	43246	328933	2921169	567227
21524806	18547897	64302	186310	1161542	865930	246481
1492162	1251128	7807	849	74868	93468	27884
97686324	81699181	443616	143824	2265457	8614409	1872166
9609936	7495599	57961	27778	266703	674528	245992
8898844	6536298	43943	69398	524404	406816	276684
23565243	20455458	74679	13546	487410	899565	389322
86629894	72927393	414393	226299	3338422	5517442	1671234
25158481	20977132	71668	168096	749725	1410783	361416
4664667	3626698	17958	-4887	42508	402464	93844
392240	336699	2099	234	2640	37578	4107
45999291	38170511	186793	52265	657817	4194697	928822

1-33 按行业小类分组的限额

项 目	年初存货	期末资产负债			
		流动资产合计	应收账款	存货	固定资产原价
零售业	8952987	59311079	5021933	10494411	7915680
按行业小类分					
综合零售	1173397	9919945	419304	1192908	2287134
百货零售	433130	4922498	161620	484499	1217520
超级市场零售	672756	4578646	187287	615896	972026
便利店零售	23673	231288	63977	38131	37354
其他综合零售	43838	187514	6421	54382	60234
食品、饮料及烟草制品专门零售	346509	2451954	370143	441627	361735
粮油零售	51493	115162	8207	77590	20962
糕点、面包零售	13011	141286	10301	13461	28473
果品、蔬菜零售	4315	80010	26060	22108	26718
肉、禽、蛋、奶及水产品零售	26288	225461	59654	39653	62689
营养和保健品零售	84165	998758	212854	74836	63270
酒、饮料及茶叶零售	60067	275437	33479	91548	40263
烟草制品零售	86737	490718	5330	98994	102437
其他食品零售	20433	125122	14259	23438	16924
纺织、服装及日用品专门零售	1454921	4018949	794968	1670633	346632
纺织品及针织品零售	42866	103142	21826	51882	5693
服装零售	779816	2443392	454337	938786	173511
鞋帽零售	276389	520942	113310	295740	71243
化妆品及卫生用品零售	39809	223643	29671	56963	11318
厨具卫具及日用杂品零售	10572	54767	12715	9869	3770
钟表、眼镜零售	245334	404975	57272	242101	23780
箱包零售	5224	58902	14914	12772	1940
自行车等代步设备零售	5496	13223	3423	4266	60
其他日用品零售	49416	195964	87501	58254	55317
文化、体育用品及器材专门零售	377561	1382446	174236	428864	327006
文具用品零售	10015	151462	19645	12903	9472
体育用品及器材零售	12449	85617	18667	13871	37317
图书、报刊零售	89596	477828	51235	104976	250060
音像制品、电子和数字出版物零售	1083	3278	257	1453	216
珠宝首饰零售	207606	521517	59032	239458	20848
工艺美术品及收藏品零售	25386	32595	-2131	22699	5798
乐器零售	10532	50691	472	14850	960
照相器材零售	3885	8585	2293	2892	779
其他文化用品零售	17009	50875	24766	15763	1557
医药及医疗器材专门零售	506754	1863321	291303	709456	160206

以上零售业法人企业财务状况

单位：万元

固定资产净值	累计折旧	本年折旧	在建工程	资产总计	流动负债合计	非流动负债合计
4266233	3640413	645934	467066	72363888	46140487	2489885
1093633	1192230	147356	64708	13282497	8881147	918138
612413	603972	78112	23147	7012210	3800514	563328
428835	543098	58746	39654	5736836	4616010	328228
16535	20820	2609	1216	276042	239454	19160
35851	24341	7889	691	257409	225169	7423
195728	166007	27436	24074	3275516	1452846	141097
14381	6582	895	8158	143236	107956	12184
18242	10230	2719	514	172447	116792	6068
20317	6401	2108	538	123928	63457	3034
38400	24289	5111	4780	423280	145562	8407
23580	39690	4617	3437	1117762	580945	2617
29218	11045	2164	1915	365412	188125	7093
43560	58878	4572	1125	780769	124317	95242
8031	8892	5250	3607	148683	125693	6454
201340	141907	41408	108026	5116445	3000024	155082
3498	2191	356		116832	50101	1895
99672	70458	18840	101021	3299372	1791690	111129
34459	36784	14159	44	573060	498795	7019
5791	5528	2429	115	244966	200294	264
2066	1705	204	95	87825	62061	803
10949	12830	1836	-91	449319	229459	5520
625	1315	277		62878	34938	12855
27	33	12		13280	15132	103
44253	11064	3296	6843	268913	117555	15495
184112	142907	12411	39333	1909163	1143157	83814
4744	4728	750		164842	140185	514
16647	20670	2702	163	108420	76838	406
150825	99235	6533	39170	890583	435412	73738
92	124	27		3631	1881	
6966	13881	1746		589297	379625	7321
3007	2792	164		36337	19712	142
351	608	321		53470	43408	1054
641	152	72		9348	6470	95
840	717	96		53236	39625	543
95696	64718	15572	3685	2403900	1507126	31582

1-33

项　目	年初存货	期末资产负债			
		流动资产合计			固定资产原价
			应收账款	存货	
西药零售	437316	1674392	249575	643255	134070
中药零售	39545	120667	20582	43231	22558
动物用药品零售	1866	2977	768	1814	197
医疗用品及器材零售	26172	52037	20202	18459	2623
保健辅助治疗器材零售	1856	13249	176	2697	757
汽车、摩托车、零配件和燃料及其他动力销售	4007675	30380837	1556664	4985105	3622282
汽车新车零售	3331597	14633532	1326389	4355975	2150047
汽车旧车零售	137355	339180	9148	121060	15804
汽车零配件零售	43625	231335	35628	59806	23710
摩托车及零配件零售	48099	106899	6931	51499	28540
机动车燃油零售	444304	15016291	164123	394589	1369377
机动车燃气零售	2694	49803	12448	2171	30838
机动车充电销售		3798	1998	6	3967
家用电器及电子产品专门零售	554328	4229823	766060	544419	268400
家用视听设备零售	41280	837032	108112	44662	14649
日用家电零售	328695	1729186	271733	286057	149926
计算机、软件及辅助设备零售	56963	431307	116937	71482	24552
通信设备零售	97701	974831	214365	109046	37434
其他电子产品零售	29690	257467	54914	33172	41839
五金、家具及室内装饰材料专门零售	221990	1201401	188996	185792	246356
五金零售	107124	193107	66649	54074	13437
灯具零售	6056	27121	6003	8711	5645
家具零售	61648	632575	53444	73652	195896
涂料零售	2737	12684	4483	3450	1088
卫生洁具零售	14474	65413	15138	14974	2706
木质装饰材料零售	2504	24849	13321	2286	702
陶瓷、石材装饰材料零售	6821	39313	2012	9003	7836
其他室内装饰材料零售	20626	206340	27948	19643	19045
货摊、无店铺及其他零售业	309852	3862403	460257	335607	295930
流动货摊零售		164			377
互联网零售	265560	3444204	396580	270542	90898
邮购及电视、电话零售	2204	30271	2978	2092	4932
自动售货机零售	252	2297	540	839	278
旧货零售	72	941	371	410	454
生活用燃料零售	21202	241205	43177	25348	172792
宠物食品用品零售					
其他未列明零售业	20563	143322	16611	36376	26199

续表 1

单位：万元

固定资产净值	累计折旧		在建工程	资产总计	流动负债合计	非流动负债合计
		本年折旧				
79057	55223	13426	2982	2170851	1343827	25576
14801	7755	1540	703	150360	107108	3663
35	162	6		3012	2089	59
1534	1090	490		64052	41246	2065
269	489	109		15625	12856	219
1986451	1633455	325769	146282	35751826	21852699	888677
1253711	894242	246820	77547	17684205	13544333	396180
8421	7380	2385	746	359725	338807	555
12161	11550	1816	1617	255137	217060	2962
12878	15661	1869		133714	87996	15448
681747	687352	69509	64815	17230263	7629388	471517
14134	16704	3032	1242	81268	29404	2015
3401	566	340	315	7514	5712	
170734	96446	14232	15951	4713363	3912920	41930
6682	7996	884	2	944923	812105	596
96384	53407	7099	1930	1918325	1630182	16845
12036	11749	2541	122	463951	278505	5310
19859	17228	2372	13814	1088746	967769	9020
35773	6066	1335	84	297419	224359	10159
182714	63208	31678	4601	1539762	942937	136006
7374	6064	1111	602	208429	149687	8089
4526	1120	352	50	36195	29544	175
156894	38885	28077	683	902607	467947	119421
413	646	209		14012	9638	402
1048	1497	445	89	71221	59138	22
259	443	72		25344	22280	
2778	5058	551	3138	50204	32517	1993
9423	9496	863	40	231750	172185	5905
155824	139535	30073	60407	4371416	3447632	93558
331	46	6		4756	40	
55199	35540	13233	50764	3748983	3163161	68475
1392	3540	381	8	34451	17270	149
232	46	23		2579	3579	
306	148	11		1358	556	164
84015	88777	13981	9582	388239	186326	23108
14349	11438	2438	54	191051	76701	1662

1-33

项　目	负债合计	所有者权益	实收资本	国家资本	集体资本
零售业	48632902	23732360	20551713	1287883	245863
按行业小类分					
综合零售	9801324	3481173	1997213	524636	49239
百货零售	4370896	2641314	982692	159858	1321
超级市场零售	4938884	797952	896094	361469	43132
便利店零售	258614	17428	86525	2124	378
其他综合零售	232930	24479	31903	1185	4408
食品、饮料及烟草制品专门零售	1599014	1676502	870220	211923	10490
粮油零售	120140	23097	8352	1348	108
糕点、面包零售	127961	44486	26060	373	385
果品、蔬菜零售	66490	57438	46622	650	8621
肉、禽、蛋、奶及水产品零售	153968	269311	75022	129	1055
营养和保健品零售	583562	534200	80565		
酒、饮料及茶叶零售	195686	169726	113920	25085	142
烟草制品零售	219558	561210	196478	184339	10
其他食品零售	131649	17034	323202		168
纺织、服装及日用品专门零售	3156123	1960323	1209251	324	87975
纺织品及针织品零售	51995	64837	30032		
服装零售	1903468	1395904	761787	124	14799
鞋帽零售	505949	67112	62984		
化妆品及卫生用品零售	200557	44409	43629	200	
厨具卫具及日用杂品零售	62864	24962	14430		
钟表、眼镜零售	234979	214340	171757		2489
箱包零售	47793	15085	13316		
自行车等代步设备零售	15410	-2131	300		
其他日用品零售	133108	135805	111017		70687
文化、体育用品及器材专门零售	1226869	682294	359899	74537	1328
文具用品零售	140699	24142	19317	20	
体育用品及器材零售	77245	31175	48570		
图书、报刊零售	508949	381635	158982	73229	1287
音像制品、电子和数字出版物零售	1881	1751	950		
珠宝首饰零售	387046	202251	108158		
工艺美术品及收藏品零售	19854	16482	8941	1088	
乐器零售	44463	9008	6347		41
照相器材零售	6565	2783	877		
其他文化用品零售	40168	13067	7758	200	
医药及医疗器材专门零售	1539492	864409	292957	11855	2919

续表 2

单位：万元

				损益及分配		
法人资本	个人资本	港澳台资本	外商资本	营业收入	主营业务收入	营业成本
14737428	2589697	1055047	635795	120656845	117850776	102980342
573426	176396	297045	376472	17235306	16420863	13600868
369364	115370	168026	168753	8572380	8091028	6512664
170020	49273	95536	176664	7714301	7423754	6363632
22667	6719	33384	21253	368214	349627	266647
11375	5033	100	9802	580411	556454	457925
157063	397214	62793	30738	3581410	3525720	2094682
4040	2856			153795	141939	136978
10732	4373	10197		290705	290400	213747
28176	9075	100		188515	185306	152351
29364	44455	20		582891	576719	464660
40122	913	9786	29743	1492037	1489056	497466
21932	26321	39446	995	313647	310250	239071
9687	2442			355777	330288	244513
13011	306779	3244		204042	201764	145896
528081	267813	318859	6200	6449038	6348331	4154844
27385	2561	86		219301	219297	153535
311227	205594	224978	5065	3468052	3405332	2058327
11945	18788	32251		1122619	1122523	858456
27867	10412	5150		599102	582979	418418
9735	4695			59567	49505	39803
116054	9097	44017	100	615885	605947	379362
381	1000	11935		69523	69374	43801
150	150			15309	14370	13562
23338	15515	442	1035	279680	279004	189582
128654	86680	54442	14259	2029778	1982298	1465473
13391	5906			127442	122316	105044
2343	14444	19074	12709	144320	141851	99425
66548	14419	3000	500	582739	553106	415780
	950			5894	5873	4010
40533	39206	27369	1050	953242	945211	668853
2600	5253			32066	31169	20187
851	455	5000		81612	81555	68663
588	289			26285	26208	21916
1800	5758			76177	75010	61596
168518	109666			3907242	3821765	3020589

1-33

项　目	负债合计	所有者权益	实收资本	国家资本	集体资本
西药零售	1369546	801304	257239	11691	2458
中药零售	111407	38953	26516	164	460
动物用药品零售	2148	865	818		
医疗用品及器材零售	43316	20737	7283		
保健辅助治疗器材零售	13075	2550	1101		
汽车、摩托车、零配件和燃料及其他动力销售	22726250	13027166	14352533	419445	75987
汽车新车零售	13924215	3761581	8051011	118929	56755
汽车旧车零售	339254	20471	5022223	510	
汽车零配件零售	220022	35115	29725	10	2520
摩托车及零配件零售	103467	30247	16507	756	166
机动车燃油零售	8102163	9128100	1206217	285984	16546
机动车燃气零售	31419	49849	23589	13257	
机动车充电销售	5712	1802	3260		
家用电器及电子产品专门零售	3963901	749247	587778		6692
家用视听设备零售	815999	128840	63403		5353
日用家电零售	1646514	271811	258322		981
计算机、软件及辅助设备零售	291783	172038	117930		
通信设备零售	974948	113797	90870		
其他电子产品零售	234658	62761	57252		358
五金、家具及室内装饰材料专门零售	1078859	460902	322557	50	6992
五金零售	159457	48970	25678	50	
灯具零售	29806	6389	11060		2250
家具零售	587070	315536	212375		1188
涂料零售	10040	3972	2535		
卫生洁具零售	59160	12061	11776		
木质装饰材料零售	22280	3065	2332		
陶瓷、石材装饰材料零售	34510	15694	17181		
其他室内装饰材料零售	176535	55215	39620		3553
货摊、无店铺及其他零售业	3541070	830346	559305	45113	4244
流动货摊零售	40	4716	850		
互联网零售	3231661	517322	360894	1300	1200
邮购及电视、电话零售	17419	17032	12500	10000	
自动售货机零售	3579	-1000	556		
旧货零售	719	639	414		
生活用燃料零售	211101	177138	125939	5033	1953
宠物食品用品零售					
其他未列明零售业	76552	114499	58152	28780	1091

续表 3

单位：万元

				损益及分配		
法人资本	个人资本	港澳台资本	外商资本	营业收入	主营业务收入	营业成本
149369	93721			3557590	3476262	2778149
16376	9517			220239	217511	149427
308	510			3032	2956	2623
2416	4867			111551	110252	82554
50	1051			14831	14783	7836
12363222	1130187	240345	123346	62734575	61335088	56961912
6717051	889236	220214	48827	44667531	43628836	41060108
5015640	5584		490	201628	197584	183213
9773	17411	5	5	542623	535650	498905
7775	7809			271404	271224	238563
599690	209848	20126	74024	16878381	16532413	14843628
10032	299			169656	166108	134963
3260				3352	3275	2531
372241	202621	4580	1644	7739303	7620293	6902188
48248	9802			1549449	1532578	1434429
193548	60020	3773		3503498	3445354	3097722
50993	66262		676	797888	779659	665171
48351	42519			1582480	1557257	1435961
31100	24019	808	968	305988	305444	268905
121737	103441	30905	59433	2126714	2085486	1710663
6535	18943		150	373630	372807	329699
5296	3515			54073	50732	40612
78707	42610	30905	58967	1038958	1032853	793593
1807	412		316	28943	28916	25338
8968	2808			142868	122196	122978
335	1997			37130	36899	30711
6473	10708			138478	136427	111003
13617	22450			312635	304657	256730
324487	115679	46078	23704	14853480	14710932	13069122
850				4075	4075	3073
229891	82735	43547	2220	13543824	13412713	12071773
2000	500			37400	33563	25877
214	342			15730	15657	12835
200	214			2727	2711	1444
69505	27140	825	21484	975643	970050	774477
21828	4748	1706		274080	272162	179644

1-33

项 目	税金及附加	其他业务利润	销售费用	管理费用	财务费用
零售业	444768	1143652	10354643	3531944	441695
按行业小类分					
综合零售	72468	520607	2438450	591390	62211
百货零售	52094	252305	1232999	285322	23111
超级市场零售	17672	224520	1024358	240986	36287
便利店零售	1103	21321	92540	41868	1400
其他综合零售	1601	22461	88552	23215	1413
食品、饮料及烟草制品专门零售	28684	7709	955508	162599	-7928
粮油零售	1112	87	12402	5012	2310
糕点、面包零售	1200	85	45911	23189	1815
果品、蔬菜零售	193	704	18811	9945	985
肉、禽、蛋、奶及水产品零售	477	3102	83311	14330	784
营养和保健品零售	20370	956	661799	56102	-6133
酒、饮料及茶叶零售	2066	1192	40724	18258	1239
烟草制品零售	2108	1303	46391	23602	-9601
其他食品零售	1159	280	46158	12162	672
纺织、服装及日用品专门零售	40287	48090	1537169	479684	32481
纺织品及针织品零售	1264		44963	5815	314
服装零售	24346	13856	938928	299124	18037
鞋帽零售	4372	29504	181849	77680	4324
化妆品及卫生用品零售	2988	1198	145068	33414	2820
厨具卫具及日用杂品零售	123	41	6784	2437	176
钟表、眼镜零售	4089	2039	172557	39212	4478
箱包零售	543	79	14040	4182	364
自行车等代步设备零售	11	-62	820	359	511
其他日用品零售	2552	1435	32157	17462	1457
文化、体育用品及器材专门零售	38823	20978	264850	170575	4770
文具用品零售	1094	4153	4862	8770	1210
体育用品及器材零售	876	1352	29205	11532	631
图书、报刊零售	3787	8628	78107	68459	106
音像制品、电子和数字出版物零售	31		1038	454	49
珠宝首饰零售	32201	5832	128917	64103	2196
工艺美术品及收藏品零售	253	731	6119	4220	187
乐器零售	213		3762	7371	54
照相器材零售	112	77	606	2948	-95
其他文化用品零售	257	204	12235	2718	433
医药及医疗器材专门零售	15359	46959	613255	172524	13482

续表 4

单位：万元

				人工成本及增值税	
营业利润	营业外收入	利润总额	所得税费用	应付职工薪酬（本年贷方累计发生额）	应交增值税
3194768	223177	3311523	708443	5128278	2100823
604891	50165	628743	174901	1114222	300089
572712	20832	578109	140448	552350	191727
54385	25688	70494	29340	486909	89056
-29616	1889	-28553	170	32342	8952
7410	1756	8693	4944	42622	10354
399562	20175	407287	60151	248930	190325
823	2075	2896	516	6939	1444
-4998	861	-4559	861	32531	5994
5208	1748	6912	371	14144	3317
20606	1645	21190	454	56396	9772
289267	9215	289299	40360	67737	147786
14511	379	14301	2512	23632	12374
75977	173	75608	14456	35071	2027
-1831	4080	1640	621	12481	7611
241167	28561	261749	69533	707109	228011
13413	98	13475	3125	16738	7266
127090	19841	145783	46026	438813	135586
27145	1781	26016	6782	104177	31910
7492	875	7223	4055	37837	20500
58	220	101	167	4829	664
22485	4777	25273	6630	80959	23713
6594	235	6788	1809	5577	3636
-15	10	-42	3	693	199
36904	725	37133	936	17485	4537
100392	6730	103973	21444	196889	43003
5369	121	5471	845	6148	2090
1787	201	1916	809	9928	4786
30856	3826	32591	1750	79146	6042
308	56	364	81	623	119
59583	2162	61345	17563	88807	24983
1100	44	1141	48	3831	1168
1560	9	1297	263	2781	528
879	238	850	21	1765	1769
-1050	72	-1004	64	3860	1519
97061	11919	105221	31036	385209	93287

1-33

项 目	税金及附加	其他业务利润	销售费用	管理费用	财务费用
西药零售	13858	44980	554372	141444	12287
中药零售	890	1288	46144	18383	919
动物用药品零售	6		137	234	6
医疗用品及器材零售	494	690	7338	10394	256
保健辅助治疗器材零售	111		5264	2069	15
汽车、摩托车、零配件和燃料及其他动力销售	170047	410694	2542571	1310276	280124
汽车新车零售	118113	376269	1675332	1054088	242060
汽车旧车零售	824	2001	9999	7349	6307
汽车零配件零售	996	1971	21704	15777	2468
摩托车及零配件零售	1640	379	12271	9547	1042
机动车燃油零售	47930	30074	800881	221369	28262
机动车燃气零售	544	1	22112	1641	-15
机动车充电销售	1		271	505	0
家用电器及电子产品专门零售	20133	43213	521464	229824	27790
家用视听设备零售	2100	1387	63110	18214	2950
日用家电零售	12396	28623	295208	92901	12674
计算机、软件及辅助设备零售	2519	2160	63836	54400	2655
通信设备零售	2232	10556	84277	46875	8913
其他电子产品零售	887	488	15033	17435	598
五金、家具及室内装饰材料专门零售	19285	6898	191310	128649	12956
五金零售	4370	171	12755	16053	1735
灯具零售	161		8911	5512	47
家具零售	10966	722	113070	82165	10230
涂料零售	87	170	991	1864	115
卫生洁具零售	216	4682	8753	8071	514
木质装饰材料零售	123		4895	1148	13
陶瓷、石材装饰材料零售	1216	1153	17758	5679	332
其他室内装饰材料零售	2147		24177	8157	-30
货摊、无店铺及其他零售业	39682	38505	1290067	286423	15810
流动货摊零售	30		98	156	126
互联网零售	31583	30702	1129483	218984	12209
邮购及电视、电话零售	209		8920	4314	-492
自动售货机零售	89		779	631	60
旧货零售	69		535	567	7
生活用燃料零售	4751	7039	95550	42497	3274
宠物食品用品零售					
其他未列明零售业	2953	763	54703	19276	627

续表 5

单位：万元

				人工成本及增值税	
营业利润	营业外收入	利润总额	所得税费用	应付职工薪酬（本年贷方累计发生额）	应交增值税
83249	11139	91570	28579	335684	82733
4162	676	4518	1742	38733	6382
26	6	29	8	248	65
10091	35	9514	656	7664	3327
-467	63	-410	50	2880	781
1501270	75102	1533388	277541	1734939	905342
504137	56213	530041	181873	1369971	665933
-5567	890	-5179	106	8185	3434
11738	611	11946	347	16976	6060
7560	1502	8579	1225	11735	4886
973498	15846	979178	91839	312727	221487
9805	37	8728	2151	14659	3494
100	4	95		686	50
41224	10258	45325	20575	313827	97968
26390	861	26635	10665	25879	17928
-5099	4516	-4973	4051	121564	44737
9564	2581	11885	2264	74994	15798
7293	1675	8130	2743	77642	12714
3075	625	3648	853	13748	6792
63445	3711	65797	17036	104240	44171
8898	335	8921	1434	12469	5251
-1142	409	-847	577	4283	1992
28800	2416	31038	11190	59243	20531
517	22	532	103	1731	1084
2313	220	2294	425	7716	1678
275	1	273	196	1472	1083
2510	128	2441	569	8413	3359
21275	180	21144	2544	8912	9195
145756	16556	160043	36226	322914	198625
593		593	30	65	108
72566	14006	85650	26257	229804	178877
-920	273	-665	0	6519	825
1332	13	1341	63	585	165
106	1	107	186	228	282
55598	1937	56314	5878	65988	13453
16480	326	16704	3814	19726	4916

1-34 按登记注册类型、单位规模、零售业态和控股

项 目	年初存货	期末资产负债			
		流动资产合计	应收账款	存货	固定资产原价
零售业	8952987	59311079	5021933	10494411	7915680
按登记注册类型分					
内资企业	7204332	48581304	4074354	8747200	5878324
国有企业	42627	943277	14745	52350	211309
集体企业	104762	189467	18547	31461	44431
股份合作企业	3601	14327	1773	3991	2874
联营企业	3018	19694	516	2694	7344
国有联营企业	1176	4196	-6	919	2895
集体联营企业	810	3961	166	684	1794
国有与集体联营企业	379	6773	69	632	1577
其他联营企业	654	4764	288	461	1078
有限责任公司	3381620	23014067	1560476	4060810	2860440
国有独资公司	166377	891208	30161	231187	181541
其他有限责任公司	3215243	22122859	1530316	3829624	2678899
股份有限公司	431711	8936132	237544	502940	986632
私营企业	3236800	15462591	2240318	4092754	1764600
私营独资企业	42711	148273	24967	36286	59733
私营合伙企业	3999	17402	1487	5032	4264
私营有限责任公司	3143490	14971344	2187784	3974262	1645984
私营股份有限公司	46599	325572	26080	77174	54619
其他企业	192	1749	434	199	693
港、澳、台商投资企业	953492	4417046	522295	1006141	849048
与港澳台商合资经营企业	274059	1785614	147530	298851	240116
与港澳台商合作经营企业	24265	78453	2384	11347	16251
港澳台商独资经营企业	623327	2413733	345236	657784	524323
港澳台商投资股份有限公司	31144	127521	26890	37623	11974
其他港澳台投资企业	698	11726	256	536	56384
外商投资企业	795164	6312729	425284	741070	1188308
中外合资经营企业	400709	3952289	303639	292688	420539
中外合作经营企业	29340	286677	30215	34742	64076
外资企业	310995	1785245	59891	348376	598597
外商投资股份有限公司	4999	101043	4639	6889	29813

情况分组的限额以上零售业法人企业财务状况

单位：万元

固定资产净值	累计折旧		在建工程	资产总计	流动负债合计	非流动负债合计
		本年折旧				
4266233	3640413	645934	467066	72363888	46140487	2489885
3256964	2612486	457982	358512	58507645	37082434	2050826
116776	94533	6371	40565	1284128	374659	163411
24295	20135	3100	1289	230479	120146	5052
1402	1472	237		16041	6940	275
2053	5292	709	139	22527	8548	1
776	2120	118		4971	973	1
365	1429	339		4327	1656	
390	1187	224	139	7815	4444	0
522	556	27		5414	1475	0
1597158	1260813	221481	133770	27262869	18449724	910902
90059	91482	8546	6295	1391355	442696	53123
1507099	1169331	212935	127476	25871514	18007028	857779
525780	460852	41939	80347	11346598	4235416	356281
989157	769039	184093	102399	18342659	13886303	614876
32438	26266	3351	362	198415	108160	10304
2483	1780	199	48	24922	13110	126
924674	715936	175736	101667	17715005	13487710	596558
29562	25057	4807	323	404316	277324	7888
342	351	54	3	2345	698	30
418938	430110	89249	62236	5879954	3354388	121647
120001	120116	31285	5537	2461248	1235276	14056
4209	12043	604		87961	32385	8440
258499	265824	53946	56688	3129927	1980608	61542
6659	5315	1176	2	142855	80793	
29570	26814	2238	8	57963	25327	37608
590331	597817	98703	46319	7976289	5703666	317412
211564	208815	24993	7209	4748829	3191797	176079
21896	42180	2566	39	333948	283052	8632
314827	283770	64932	6672	2322585	1809933	104984
8866	20948	984	1299	127839	72558	17865

1-34

项　目	年初存货	期末资产负债			
		流动资产合计	应收账款	存货	固定资产原价
其他外商投资企业	49120	187477	26900	58375	75282
按单位规模分					
大型	2657719	30381655	1609105	2879658	3325304
中型	4316501	19232735	1928249	5487096	3403750
小型	1687821	7441660	1182889	1839836	1030289
微型	290947	2255029	301690	287821	156337
按零售业态分					
食杂店	7971	65573	17330	12886	11531
便利店	306144	10298321	91449	250896	768565
折扣店	82113	238739	36780	73598	13173
超市	235756	981991	116977	292957	233889
大型超市	850242	5817531	193729	778650	1362424
仓储会员店	21217	67266	19131	15823	9149
百货店	532768	3711618	212102	666962	646457
专业店	2021847	11657044	1173216	2235156	1583916
专卖店	3467145	15695353	1627807	4494710	2139952
家居建材商店	57948	585226	47114	62523	76356
购物中心	180064	975557	143932	197072	369874
厂家直销中心	311782	1842796	341033	369287	202383
电视购物	12799	104255	10589	14783	5287
邮购	4665	28152	4895	5439	963
网上商店	354863	3886300	459695	374789	112581
自动售货亭购物中心	2460	16290	3790	2382	7161
电话购物	23411	40513	-8129	36225	1512
其他	467693	3231268	525221	597873	364260
按控股情况分					
国有控股	1038488	19137030	179916	1178748	2032412
集体控股	162061	382685	37986	90156	126086
私人控股	5217280	24102646	3308788	6354311	3092596
港澳台商控股	878875	3585577	503014	903675	708270
外商控股	508664	3324752	345354	542116	845291
其他	1147619	8778389	646875	1425405	1111024

续表 1

单位：万元

固定资产净值	累计折旧		在建工程	资产总计	流动负债合计	非流动负债合计
		本年折旧				
33178	42104	5228	31101	443089	346326	9853
1632066	1692692	228546	92603	36731331	21367595	910928
1930911	1468193	307479	292267	24151622	16719045	1069390
607356	419503	94983	68077	8904088	6237645	467441
95901	60025	14928	14120	2576847	1816202	42126
7796	3735	1154	26	92658	52696	1659
400229	368331	42274	77332	11839554	5873615	294806
6549	6584	933	354	267862	124893	12736
117077	114769	15534	2631	1368443	783476	44722
627249	734793	85208	16162	7258443	5786287	299932
4612	4537	1961	568	76066	56061	2713
318328	325901	54072	72621	5479835	2539622	349457
865414	716065	112214	80916	13993636	8664597	364521
1204782	934142	221514	130308	19324958	13486940	554844
41608	34749	19206	3169	683651	369083	110084
254497	115377	16009	1964	1482825	778958	248276
106035	96318	21486	5939	2112125	1242357	25763
1436	3851	424	8	109832	49716	203
467	496	139		29213	23289	191
66841	45575	16013	51518	4200016	3554323	91032
5162	1999	734		22564	13450	2357
695	809	241		45476	43993	154
233860	129730	36475	23549	3902300	2628403	86422
1064008	968404	100816	123511	23599489	12204933	787875
67443	58643	9342	10972	512272	282859	9867
1784707	1300430	294577	212882	29226110	21258485	1026406
334240	374030	74954	62262	4505711	2887140	83537
405047	440084	76531	43127	4192644	2864773	133355
610788	498822	89714	14312	10327662	6642298	448845

1-34

项　目	负债合计	所有者权益	实收资本	国家资本	集体资本
零售业	48632902	23732360	20551713	1287883	245863
按登记注册类型分					
内资企业	39135526	19373494	17946057	795426	200888
国有企业	543404	740724	48435	42215	43
集体企业	127072	103407	23302	874	13670
股份合作企业	7294	8746	1773		50
联营企业	8549	13978	2984	127	969
国有联营企业	974	3998	919	50	
集体联营企业	1656	2671	914		804
国有与集体联营企业	4444	3371	363	77	85
其他联营企业	1475	3939	788		80
有限责任公司	19363448	7899878	10389018	589299	165343
国有独资公司	495820	895536	334647	301919	
其他有限责任公司	18867628	7004342	10054371	287380	165343
股份有限公司	4591359	6755239	1085979	161844	3691
私营企业	14493673	3849905	6394216	1068	17122
私营独资企业	119627	78788	44261	20	
私营合伙企业	13236	11686	6794		
私营有限责任公司	14075598	3640326	6274807	1048	14977
私营股份有限公司	285211	119105	68354		2145
其他企业	728	1617	352		
港、澳、台商投资企业	3474884	2405070	1298302	52089	464
与港澳台商合资经营企业	1249332	1211916	291354	52089	307
与港澳台商合作经营企业	40825	47136	41268		157
港澳台商独资经营企业	2041000	1088927	908354		
港澳台商投资股份有限公司	80793	62063	50971		
其他港澳台投资企业	62935	-4972	6355		
外商投资企业	6022492	1953797	1307355	440368	44512
中外合资经营企业	3367876	1380953	641211	416991	44512
中外合作经营企业	291683	42264	43329		
外资企业	1909564	413021	505015		
外商投资股份有限公司	90422	37417	30502		

续表 2

单位：万元

				损益及分配		
法人资本	个人资本	港澳台资本	外商资本	营业收入	主营业务收入	营业成本
14737428	2589697	1055047	635795	120656845	117850776	102980342
14321116	2536472	72152	20003	98318835	96183382	85782275
5773	404			588019	563066	495033
7899	859			533160	531979	448578
289	1434			39366	39352	33777
1887				105747	105399	88587
869				32889	32868	26061
110				20699	20659	17224
200				14827	14806	12097
708				37333	37066	33205
8962808	588224	64433	18911	49414182	48363345	42986366
30935	1793			1179832	1124789	911673
8931873	586432	64433	18911	48234349	47238556	42074693
648962	267810	3673		11235577	10941432	9951021
4693498	1677389	4047	1092	36397140	35633165	31773851
12113	32128			749893	748316	609842
3889	2906			69308	69307	59958
4651913	1601730	4047	1092	34872824	34132971	30494833
25583	40627			705116	682571	609218
	352			5644	5644	5063
215319	47800	982054	576	10236617	9866437	7930102
51394	47300	139704	560	3409501	3271390	2535399
17192		23920		209408	205423	163500
145970		762367	16	6442863	6225437	5090978
763		50209		129076	121683	108872
	500	5855		45770	42504	31353
200994	5425	840	615216	12101393	11800957	9267965
48329	2325	840	128215	5069538	5014916	3583936
5225			38104	700539	658866	606592
99128	100		405787	5188343	5024502	4117915
29155			1346	241627	227674	215591

1-34

项　目	负债合计	所有者权益	实收资本	国家资本	集体资本
其他外商投资企业	362947	80142	87298	23378	
按单位规模分					
大型	22279982	14451349	3496571	827949	54923
中型	17777098	6374524	12335183	278783	80816
小型	6706992	2198049	4217159	127203	106094
微型	1868831	708438	502800	53948	4031
按零售业态分					
食杂店	54359	38299	33630	1382	474
便利店	6174482	5665072	840657	188506	3844
折扣店	137933	129929	61625	392	
超市	828268	540175	334683	160794	9553
大型超市	6087603	1170841	1282869	358023	41182
仓储会员店	58186	17880	10674	100	60
百货店	2891522	2588312	721205	125589	5422
专业店	9036275	4957570	4680234	146923	34188
专卖店	14020480	5305645	10724951	252437	63079
家居建材商店	477577	206074	108139	80	3553
购物中心	1027113	455712	284585	19203	990
厂家直销中心	1270207	841917	253393	9171	3435
电视购物	49919	59912	55012	10000	
邮购	23425	5788	5975	1000	
网上商店	3645380	554636	404207	300	2388
自动售货亭购物中心	15807	6757	3946		
电话购物	44147	1329	4631		
其他	2721484	1180817	640359	13984	77696
按控股情况分					
国有控股	12998634	10600855	2226076	1231292	4069
集体控股	297828	214442	103542	2457	69340
私人控股	22283892	6942875	13225822	9411	92840
港澳台商控股	2969526	1536185	1184229		1652
外商控股	2992755	1199889	712283	344	
其他	7090267	3238115	3099762	44378	77962

续表 3

单位：万元

				损益及分配		
法人资本	个人资本	港澳台资本	外商资本	营业收入	主营业务收入	营业成本
19157	3000		41764	901346	875000	743931
1432693	324897	357126	498983	47968127	46748325	39102731
10249412	1034337	590594	101241	50240208	48891911	44094238
2804302	1093575	63119	22866	17856180	17645235	15673374
251022	136888	44207	12705	4592331	4565305	4109999
24075	6715		984	347740	341180	299328
384687	125317	17762	120542	9997696	9756787	8571745
12466	8342	36121	4304	423009	409050	300118
101587	47761	5770	9218	1597665	1545153	1205067
298683	64212	200837	319932	10113360	9699409	8245717
7414	2168		931	172196	167549	151585
248342	132911	208441	500	6557562	6299337	4797251
3787268	523870	148508	39477	23718972	23196690	20508754
8901162	1201902	274349	32022	40718970	39855874	36312773
43860	43729		16917	1131955	1103705	929475
153431	43597	26259	41106	1313423	1219118	888589
105384	76196	14065	45141	4262125	4200523	3053011
3531	2549	38932		32557	28525	23961
2026	2949			93479	92162	82422
262539	93816	43827	1337	14616578	14463387	12874896
2844	1102			35937	35864	28529
3501	980		150	52702	52074	44848
293727	211543	40175	3235	5402324	5317201	4606783
834614	52601	28986	74514	21302825	20772964	18377063
15799	5756	500	9690	1231944	1216733	1055016
10712527	2391276	18676	1092	58377403	57188932	50940991
228243	320	953439	576	9190262	8840622	7178825
177818	810		533311	8381791	8120829	6074233
2768428	138935	53446	16612	22172619	21710696	19354214

1-34

项　目	税金及附加	其他业务利润	销售费用	管理费用	财务费用
零售业	444768	1143652	10354643	3531944	441695
按登记注册类型分					
内资企业	338621	676017	7031244	2649700	391805
国有企业	2952	-22	35914	26992	432
集体企业	3141	167	27814	17872	1321
股份合作企业	113	1	2612	1352	84
联营企业	367	86	4331	1390	278
国有联营企业	159		1461	50	119
集体联营企业	68	86	1060	698	-6
国有与集体联营企业	62		673	266	8
其他联营企业	78		1137	376	156
有限责任公司	167877	358186	3664811	1149497	167395
国有独资公司	4524	6111	92063	45253	-6349
其他有限责任公司	163353	352075	3572748	1104244	173744
股份有限公司	29506	58709	734873	170125	15726
私营企业	134655	258892	2560827	1282137	206565
私营独资企业	15029	441	37567	31052	5446
私营合伙企业	301	0	3537	2088	161
私营有限责任公司	117145	248736	2466908	1216840	197671
私营股份有限公司	2180	9716	52815	32157	3287
其他企业	10		63	335	6
港、澳、台商投资企业	57182	231850	1451826	466507	22166
与港澳台商合资经营企业	13602	80960	549699	159511	688
与港澳台商合作经营企业	820	11899	16964	6846	-236
港澳台商独资经营企业	41387	134499	867750	292902	18373
港澳台商投资股份有限公司	601	4492	12246	2967	-58
其他港澳台投资企业	772		5167	4282	3400
外商投资企业	48966	235785	1871572	415737	27724
中外合资经营企业	28679	73325	970584	160957	13680
中外合作经营企业	1329	41673	62388	16427	1633
外资企业	16547	101365	689204	220267	11496
外商投资股份有限公司	432	2958	26820	6918	978

续表 4

单位：万元

营业利润	营业外收入	利润总额	所得税费用	人工成本及增值税	
				应付职工薪酬（本年贷方累计发生额）	应交增值税
3194768	223177	3311523	708443	5128278	2100823
2223399	156912	2307078	497638	3848851	1553718
55830	2019	56474	2525	36873	7480
32393	899	32768	7660	21210	11425
1424	3	1382	334	1988	825
10881	54	10930	2692	2784	2745
5039	1	5039	1260	857	1117
1740	30	1770	388	652	457
1721	8	1725	458	652	461
2382	15	2397	586	622	710
1292168	80856	1340880	288491	1791889	774069
147851	4193	149691	36402	78142	11527
1144317	76663	1191188	252090	1713747	762542
433430	13211	438407	36923	362524	123458
397100	59868	426063	158990	1631377	633640
50578	312	50851	3798	21746	15355
3212	18	3201	141	2070	1110
336902	57778	364080	151938	1542787	604478
6408	1761	7932	3113	64774	12698
173	2	175	23	206	75
381490	35423	404163	91420	720204	256613
187713	8995	193451	35926	286988	83661
22398	177	22488	5837	10003	17876
166136	26165	182931	48065	414926	152258
4447	66	4495	1360	6347	1647
797	20	798	232	1941	1170
589880	30842	600283	119386	559222	290492
411435	18923	418201	64029	223005	174832
12169	808	12649	147	24388	5632
143317	9661	145889	48663	249781	98423
-1217	363	-1415	2192	19571	3331

1-34

项　目	税金及附加	其他业务利润	销售费用	管理费用	财务费用
其他外商投资企业	1978	16464	122576	11168	-63
按单位规模分					
大型	168590	608776	5691879	1242028	72865
中型	145439	451777	3490137	1575613	274809
小型	96417	71964	953417	601114	79734
微型	34322	11135	219210	113189	14287
按零售业态分					
食杂店	2065	3017	30625	14703	714
便利店	21939	72606	697250	137341	12017
折扣店	1953	1830	88014	16615	546
超市	6091	15551	256311	89513	-1340
大型超市	23595	303469	1421501	281883	35906
仓储会员店	1094	291	9489	6714	1150
百货店	46531	138133	993355	291177	10938
专业店	97727	191392	1659770	756247	104881
专卖店	127819	327294	2383810	1162064	204652
家居建材商店	12785	1834	78992	48605	5262
购物中心	22038	21097	236569	89315	18662
厂家直销中心	28307	21391	713737	138070	8173
电视购物	229	54	6690	2935	-492
邮购	171		7218	3448	109
网上商店	37751	31365	1342941	262127	16774
自动售货亭购物中心	109	12	4869	2038	266
电话购物	105	138	5727	6406	94
其他	14203	13983	411455	217473	22189
按控股情况分					
国有控股	62340	114002	1517142	411284	22890
集体控股	5475	4387	76893	45505	2604
私人控股	214775	446895	4202356	1893664	321347
港澳台商控股	54283	230313	1262495	416793	20901
外商控股	41526	172187	1500652	320816	10792
其他	66369	175868	1795105	443883	63161

续表 5

单位：万元

				人工成本及增值税	
营业利润	营业外收入	利润总额	所得税费用	应付职工薪酬（本年贷方累计发生额）	应交增值税
24176	1087	24959	4354	42478	8273
1986150	87530	2017580	317066	2294393	824921
698848	98085	766978	281812	2198934	896080
402301	28515	414588	89113	562881	316533
107469	9046	112377	20452	72070	63290
-944	502	-658	660	16229	9187
568652	7735	571211	48601	264019	132012
1883	3315	4414	2730	33728	8644
41070	5748	45324	22802	171278	26929
137242	30713	148180	54851	666281	140806
2000	270	2090	1407	6956	2934
520736	13530	531279	115418	472225	183919
631737	46599	658428	125568	1028772	342632
588863	71714	624768	181183	1591388	698817
56511	882	54608	12686	44719	19636
64630	2694	67000	12259	119240	30603
382878	11138	384640	48685	129604	177580
-795	286	-535	13	4826	649
-63	326	219	230	3225	1156
86379	15572	100210	33071	270283	213555
-115	163	29	72	1970	2490
-1708	61	-1750	32	5504	594
115745	11799	121887	48008	294802	107518
1128436	28439	1139651	135719	838136	241814
48506	5246	52350	14521	56911	22658
804097	101439	855157	261133	2533410	979438
248152	31465	268316	77528	613020	231037
514575	24036	521354	100739	371887	267080
451003	32551	474697	118804	714914	358797

1-35 按行业小类分组的限额

项　目	本年折旧	固定资产净值	在建工程	资产总计	负债合计	年初存货
零售业	842818	4652083	279209	50441372	33744151	5271521
按行业小类分						
百货零售	33346	216962	13592	1437403	1070375	130769
超级市场零售	1590	11237	249	712549	79126	10585
便利店零售	1089	9961	32	47383	40283	3479
其他综合零售	13508	92414	1979	377356	211295	41823
粮油零售	8496	37881	310	156309	73990	16682
糕点、面包零售	2251	15543	96	69760	46925	6359
果品、蔬菜零售	7520	63259	5051	264258	154251	14209
肉、禽、蛋、奶及水产品零售	9488	75268	2606	338146	188838	31749
营养和保健品零售	3282	30805	139	179458	109366	28188
酒、饮料及茶叶零售	14426	87825	2778	835262	612202	144113
烟草制品零售	2823	19283	271	182990	98321	21426
其他食品零售	20233	123161	11986	1061860	725907	137088
纺织品及针织品零售	7929	43395	1353	412596	281005	66191
服装零售	25792	138845	2247	1790016	1276515	222620
鞋帽零售	3915	22763	2539	197482	129324	35996
化妆品及卫生用品零售	9003	45907	80	1078720	941622	62315
厨具卫具及日用杂品零售	4542	26315	158	232807	160735	34176
钟表、眼镜零售	5030	24945	183	224778	150148	36618
箱包零售	1912	8399	9639	141846	105967	21138
自行车等代步设备零售	1223	6830	13	97142	75398	13488
其他日用品零售	17495	100172	3406	1033694	849472	105008
文具用品零售	8635	41677	606	499037	358365	66073
体育用品及器材零售	4523	27141	37255	290425	222747	43171
图书、报刊零售	1888	13103	917	115478	75896	15261
音像制品、电子和数字出版物零售	790	2037		43283	30438	4893
珠宝首饰零售	19321	112271	4095	786586	565644	129239
工艺美术品及收藏品零售	4812	26543	822	327106	244141	40842
乐器零售	927	5020	2	68170	46657	11187
照相器材零售	1551	4302	64	79557	69693	16856
其他文化用品零售	5124	30446	160	195484	139556	26019

以下零售业法人企业财务状况

单位：万元

期末存货	营业收入	营业成本	税金及附加	投资收益	营业利润	应付职工薪酬	应交增值税
6229344	42207578	33071323	248381	104282	1599382	6439662	959071
146162	1082238	844514	7071	11436	52678	166918	20811
12759	64792	49011	362	345	300	13728	1275
24091	50750	39816	338	59	-1860	38155	444
44472	344572	257268	2814	1508	33118	60227	8560
17775	112063	89618	748	124	5275	14574	1889
7440	96944	70054	662	899	3806	22940	1867
19039	249203	189891	1179	1001	16570	42539	3571
34260	315796	251615	2079	191	18735	45528	4710
27034	171234	109444	942	56	17949	42042	4764
181454	509661	383540	2989	1080	61290	152729	11330
26143	110696	86606	753	11926	10127	22217	2285
177600	904867	667531	5176	2608	50966	156535	20905
69901	490908	399891	1908	4092	23050	69762	16544
243114	1477771	1054377	8698	1280	38356	353369	33819
37018	240960	184008	1458	847	14545	42764	5250
83339	439792	314049	1983	229	-1451	107481	10102
37318	223563	166001	1486	112	6844	41012	4434
42470	208659	143710	1488	617	3884	51125	5313
24961	133052	99850	438	34	1468	25553	2847
13523	86237	67172	467	631	2485	14632	2068
128513	856212	640932	9975	2085	29427	155909	17093
77298	523675	406573	2783	350	21246	78794	11020
59118	218343	158445	2293	68	3249	44990	5826
20144	93345	65092	387	504	887	17621	1536
5690	19312	13189	96	11	-940	4064	925
150051	529851	405212	8152	946	11580	104696	11897
40959	226532	162287	1859	255	3815	53380	7186
21059	55455	38851	303	170	1469	11063	1048
16758	97369	76913	256	-8	700	13854	2017
27054	232599	182332	1384	333	9227	40495	4702

1-35

项　目	本年折旧	固定资产净值	在建工程	资产总计	负债合计	年初存货
西药零售	27200	176947	361	717320	300733	112267
中药零售	4788	31159	182	110307	42977	14790
动物用药品零售	6531	56269	553	133727	31833	19001
医疗用品及器材零售	11528	53117	1124	737529	517904	99895
保健辅助治疗器材零售	237	1810		13503	10726	1694
汽车新车零售	46266	298622	27260	2662799	1826691	239300
汽车旧车零售	10076	96086	5428	361717	228516	32262
汽车零配件零售	17728	127522	5055	1235075	976931	146105
摩托车及零配件零售	3010	24351	358	260324	109253	28593
机动车燃油零售	28102	234589	16242	1227885	664101	81039
机动车燃气零售	652	4440	1115	39539	22245	3920
机动车充电销售	545	5057	5446	39704	25528	760
家用视听设备零售	4108	12427	57	285187	187931	40325
日用家电零售	24769	128434	15135	2037495	1643595	258538
计算机、软件及辅助设备零售	27935	110982	4973	1702485	1227749	209038
通信设备零售	17040	64811	9447	3720172	854500	136695
其他电子产品零售	92738	318603	12157	6167951	4648735	683634
五金零售	51531	245411	14356	3133723	2252002	330501
灯具零售	6506	25450	809	391658	271184	52816
家具零售	24009	154107	10489	1365656	946761	143341
涂料零售	4600	21147	2481	250617	187383	39657
卫生洁具零售	2035	10502	196	125032	88752	23765
木质装饰材料零售	3663	16323	788	168599	126962	25428
陶瓷、石材装饰材料零售	10625	73726	5314	601675	440140	69717
其他室内装饰材料零售	39272	253213	11472	2971140	2261760	186948
流动货摊零售	15	159		931	371	19
互联网零售	52877	231165	5407	2685608	2009069	279767
邮购及电视、电话零售	87	172		6716	3068	441
自动售货机零售	557	4817	191	47361	33888	2498
旧货零售	104	963		5761	3707	496
生活用燃料零售	9907	77110	6711	222960	86539	16587
宠物食品用品零售	507	1944	8	26372	20990	3372
其他未列明零售业	70809	326942	13467	3707906	2557426	450754

续表 1

单位：万元

期末存货	营业收入	营业成本	税金及附加	投资收益	营业利润	应付职工薪酬	应交增值税
128573	954934	696960	6343	1605	97763	172311	20099
16916	150274	108132	1181	148	16666	27550	3091
19139	181630	126141	1919	922	30359	32832	4044
100457	711366	516709	5315	1688	22658	108539	24345
2190	15205	14075	51	-8	54	3219	291
372689	2898356	2496791	11054	3602	60707	213225	41295
32961	358036	266729	2177	656	38183	57488	6722
167871	1040693	819211	6182	1294	23179	163871	22546
26355	164798	135227	976	86	12014	15883	2459
96146	1084629	880642	8933	3891	84258	75754	24015
2438	23320	18836	169	74	1653	1730	516
1376	11415	8034	32		-1810	2759	462
41265	243775	192621	961	200	-761	37938	4819
322438	1620337	1484125	6951	4174	52397	207355	31284
251158	1787904	1328359	8867	1981	111930	245636	44572
159190	1051447	816827	6088	1130	524	171733	20684
800167	5505651	4455064	30157	1102	85100	738278	150481
370157	2926937	2357827	18460	5053	128002	366005	71631
61280	443605	342745	1889	317	12741	68600	10714
161003	1176550	894218	6106	1748	40133	215370	25002
42361	312332	261255	1686	13580	24665	40249	6632
27107	174511	132003	611	4935	11918	26306	3192
29819	194453	156271	879	1477	10489	25207	3843
77463	633259	480265	4633	5786	47338	84157	13675
219254	1902662	1520963	11591	3419	109024	241322	41155
78	711	299	2	1	37	414	10
352679	2648359	1884233	15772	1373	12194	586275	55304
1334	4961	2650	10		-58	431	40
3452	25339	21652	70	-4891	-23988	9963	385
510	4473	3338	27	7	-155	1077	139
17382	216563	170323	1445	825	15981	25631	4218
4342	31848	24037	134	-17	9	7798	481
503281	3540798	2836973	17189	4337	137384	456059	94888

1-36 按登记注册类型、单位规模、零售业态、控股情况

项 目	本年折旧	固定资产净值	在建工程	资产总计	负债合计	年初存货
零售业	842818	4652083	279209	50441372	33744151	5271521
按登记注册类型分						
国有企业	6006	52246	5807	270709	192811	6229
集体企业	10791	97303	4914	373861	252148	20770
股份合作企业	701	3774		19413	10617	3631
国有联营企业	70	519		1349	208	184
集体联营企业	531	4142	16	10316	8762	2083
国有与集体联营企业	201	1226	4	1906	319	251
其他联营企业	269	2325		4099	6810	268
国有独资公司	1117	15372	334	101070	54258	1426
其他有限责任公司	118904	531375	45891	7296660	5500084	739699
股份有限公司	6581	59005	6712	377436	211371	46932
私营独资企业	62634	557877	6777	1438372	450856	225019
私营合伙企业	2815	26764	244	97401	61951	10979
私营有限责任公司	603320	3079792	193009	38872715	25990831	4031230
私营股份有限公司	6948	55783	3109	305380	182762	31872
其他企业	9155	53061	1787	96818	15284	6592
与港澳台商合资经营企业	728	7578	6790	148529	107162	20498
与港澳台商合作经营企业	40	438		1267	898	170
港澳台商独资经营企业	7471	84087	2614	689553	480740	88510
港澳台商投资股份有限公司	40	957	35	5550	3847	326
其他港澳台投资企业	54	1235	9	7476	4570	312
中外合资经营企业	555	4145		74715	18970	4392
中外合作经营企业	16	4	812	1717	2108	939
外资企业	2877	11039	347	190451	144244	25600
外商投资股份有限公司	635	636		13644	5136	1877
其他外商投资企业	361	1402	1	40966	37405	1733
按单位规模分						
大型	11851	14283		166901	158081	26452
中型	21603	116136	12298	1519301	1187115	218285
小型	228007	1276956	43588	10126338	6949894	1608366
微型	581357	3244709	223324	38628832	25449061	3418417
按零售业态分						

和经营形式分组的限额以下零售业法人企业财务状况

单位：万元

期末存货	营业收入	营业成本	税金及附加	投资收益	营业利润	应付职工薪酬	应交增值税
6229344	42207578	33071323	248381	104282	1599382	6439662	959071
4919	84123	62788	1196	9049	16401	14530	2435
18962	201837	151765	1926	966	25107	27666	3607
2880	36020	27403	245	3	2230	6258	835
174	2107	1559	27		205	237	29
1854	13313	9707	108	77	1063	1119	432
122	12770	11230	25	10	1043	377	191
243	2712	1966	29	4	784	712	105
1992	30866	19899	217	6754	6538	4625	460
900224	5688169	4524236	31684	8611	110357	831827	126437
50326	268518	208594	2254	2706	7313	39489	5584
228200	2082580	1502774	20808	7834	307219	336405	45750
9192	90582	66170	654	302	8132	14284	2164
4781708	32529062	25568901	180685	48283	1058000	5016832	741540
40447	277600	219085	1716	1432	17789	36868	5041
6336	87827	66650	845	775	13875	13277	1370
43358	35723	25446	175	6	-4779	8258	883
130	1216	1028	5	1	-232	409	20
96126	397548	298768	3434	13663	19474	55918	14375
323	5633	4355	43		130	524	115
462	2354	1714	17	4	17	485	101
6994	55446	44474	265	3440	3427	5338	898
206	511	460	8		39	58	-1
29169	245007	205333	1772	364	4491	20471	5635
1672	8049	6975	136		358	389	128
3328	48006	40043	108		399	3308	939
50432	324439	303138	582		12264	50433	3036
326311	2049831	1574604	9618	3778	-12365	314602	42992
1872127	12398101	9568147	74522	28264	667374	1742782	298499
3980475	27435207	21625434	163659	72240	932108	4331846	614544

1-36

项　目	本年折旧	固定资产净值	在建工程	资产总计	负债合计	年初存货
合计有店铺零售	502818	3347197	190652	24851230	14026757	2810192
食杂店	20542	148969	7849	774947	472371	82567
便利店	37359	191414	7920	1004904	540854	97411
折扣店	6169	60233	695	269527	164806	32387
超市	12441	111015	3235	1175994	387265	101784
大型超市	1009	13469	647	51757	37928	12158
仓储会员店	8473	61887	6219	344950	247152	39499
百货店	31136	229940	6697	1406515	977636	195322
专业店	181832	1317605	90011	10447471	4975667	994360
专卖店	179430	1124274	66670	7510261	4707062	1032815
家居建材商店	28057	192636	7386	1390056	941363	174052
购物中心	5196	40541	1398	339376	281303	61627
厂家直销中心	44845	244138	9180	2422571	1784151	306100
合计无店铺零售	363917	1443456	93653	26609715	20421196	2598747
电视购物	590	2771	249	50697	40372	7198
邮购	2635	22199	734	212969	146350	17864
网上商店	65934	302517	5991	3983003	3213265	382936
自动售货亭购物中心	1332	10299	961	55016	42805	5050
电话购物	3913	27746	397	211432	135030	17972
其他	313661	1199450	87146	24210947	18647659	2342132
按控股情况分						
国有控股	9269	80791	7613	501439	345130	14640
集体控股	12393	104330	4848	373896	234833	31898
私人控股	757411	4138172	235775	46707893	31124056	4894333
港澳台商控股	7586	91521	9038	784206	538414	105512
外商控股	14097	14568	209	353100	323511	48831
其他	32911	169679	19941	1624561	1163118	169787
按经营形式						
独立门店	442673	3029494	160217	22300254	12011810	2404256
连锁总店(总部)	7748	45840	1256	390916	312086	60283
连锁直营店	5790	40566	1759	428466	364851	77994
连锁加盟店	2784	18508	901	215978	157458	43784
其他	383104	1512650	113299	26992811	20881273	2683910

续表 1

单位：万元

期末存货	营业收入	营业成本	税金及附加	投资收益	营业利润	应付职工薪酬	应交增值税
3258457	23704077	18464278	147022	75271	1439302	3531070	503869
110624	801523	597450	7045	12979	78512	173502	16393
123585	1054413	786807	7228	12063	78569	183166	20738
25259	280913	196342	1923	915	31218	54996	6369
109583	546928	411450	3881	1817	22010	95070	10799
12197	51415	39059	244	510	-122	7312	1334
44315	328733	250082	2300	1227	24163	47941	7310
202690	1338288	986571	9902	10908	104939	280707	31815
1176878	9020885	6957937	56218	28671	644597	1385170	200755
1183374	8332383	6572766	50942	27010	465600	1120448	170597
201248	1536547	1195196	10129	3173	86452	217345	33589
73578	315241	230479	1827	871	5227	55336	7014
362711	2516956	2076413	12436	3202	93810	353571	56091
3117777	19645429	15486258	108407	30778	211702	3097061	479914
8521	43995	33191	379	3	2031	5915	1015
25794	165150	120707	1329	247	880	35150	5005
473483	3566234	2603959	19847	2894	12661	748422	74809
7214	52368	41888	687	244	-13357	10713	1147
21431	196313	147818	1582	754	10348	31960	5526
2790238	17139402	13681798	94097	28913	194494	2558869	427014
17878	221981	170834	1961	16989	33107	27794	4666
29759	260217	196113	2332	1005	26362	36557	5227
5799581	39308921	30758190	228841	64000	1461360	6080999	892728
113811	419674	316774	3677	16798	18550	61508	14956
57310	517053	462065	2418	651	9829	34929	9604
204754	1392624	1101244	8309	4066	36408	184652	30525
2761078	20911454	16230965	131057	68167	1360578	3060963	441438
103374	410122	315845	2006	2664	-7159	97592	10482
94398	519837	399732	3375	1766	-10101	63107	11807
69200	232128	187213	1693	234	5430	33085	3243
3199165	20114188	15924336	110013	30978	247596	3179939	491630

1-37 按地区分组的批发业法人企业基本情况

地　区	法人企业数（个）	从业人员期末人数（人）	年末零售营业面积（万平方米）
全　省	549264	2997821	4097.1
广州市	199088	907850	1285.3
深圳市	165380	912558	759.6
珠海市	15548	75479	133.3
汕头市	6598	56026	82.5
佛山市	51218	387303	527.7
韶关市	2833	16736	72.6
河源市	1159	6051	31.0
梅州市	2764	15208	43.7
惠州市	9103	63501	181.8
汕尾市	1082	8564	24.3
东莞市	45755	218081	328.4
中山市	9048	52264	93.2
江门市	7457	40245	54.6
阳江市	2499	17075	26.9
湛江市	8362	58320	161.3
茂名市	8083	70326	116.7
肇庆市	3819	26270	44.0
清远市	3063	14656	46.8
潮州市	1273	11484	17.3
揭阳市	3573	22134	40.0
云浮市	1559	17690	26.1
按经济区域分			
珠三角核心区	506416	2683551	3407.9
沿海经济带	31470	243929	469.0
北部生态发展区	11378	70341	220.3

1-38 按地区分组的限额以上批发业法人企业基本情况

地 区	法人企业数（个）	从业人员期末人数（人）	年末零售营业面积（万平方米）
全 省	22639	947696	1166.5
广州市	5979	315454	495.2
深圳市	6134	309405	234.1
珠海市	690	24752	44.8
汕头市	572	17739	22.5
佛山市	3060	75414	84.9
韶关市	187	7458	30.2
河源市	52	1800	3.7
梅州市	69	4208	5.1
惠州市	371	14193	61.3
汕尾市	40	1718	10.9
东莞市	2497	71747	38.4
中山市	646	24395	5.0
江门市	530	17862	20.8
阳江市	140	6513	9.7
湛江市	393	12538	35.8
茂名市	662	13113	4.7
肇庆市	130	4389	18.7
清远市	123	5834	15.2
潮州市	34	1573	6.3
揭阳市	269	6056	14.0
云浮市	61	11535	5.1
按经济区域分			
珠三角核心区	20037	857611	1003.2
沿海经济带	2110	59250	103.9
北部生态发展区	492	30835	59.4

1-39 按地区分组的限额以下批发业法人企业基本情况

地　区	法人企业数（个）	从业人员期末人数（人）	年末零售营业面积（万平方米）
全　省	526625	2050125	2930.6
广州市	193109	592396	790.1
深圳市	159246	603153	525.5
珠海市	14858	50727	88.5
汕头市	6026	38287	60.0
佛山市	48158	311889	442.8
韶关市	2646	9278	42.4
河源市	1107	4251	27.3
梅州市	2695	11000	38.6
惠州市	8732	49308	120.5
汕尾市	1042	6846	13.4
东莞市	43258	146334	290.0
中山市	8402	27869	88.2
江门市	6927	22383	33.8
阳江市	2359	10562	17.2
湛江市	7969	45782	125.5
茂名市	7421	57213	112.0
肇庆市	3689	21881	25.3
清远市	2940	8822	31.6
潮州市	1239	9911	11.0
揭阳市	3304	16078	26.0
云浮市	1498	6155	21.0
按经济区域分			
珠三角核心区	486379	1825940	2404.7
沿海经济带	29360	184679	365.1
北部生态发展区	10886	39506	160.9

1-40 按地区分组的批发业法人企业经营情况

单位：万元

地 区	商品购进额	商品销售额	通过公共网络实现的商品销售额	零售额	期末商品库存额	服务营业额
全 省	840209220	937001984	65125861	16969919	59387704	3682684
广州市	310189183	331419486	17973122	4332054	18249652	1671951
深圳市	258583161	296182627	30744684	4294728	22599739	1130774
珠海市	33733359	35879308	1526524	581119	2105660	79899
汕头市	12046068	14684127	977144	439861	882891	16183
佛山市	97289049	113232563	1709880	2565333	5634710	220957
韶关市	5211665	5980690	8237	314916	258744	40220
河源市	747122	966018	394468	29490	64366	3278
梅州市	2197257	2625154	1049082	87573	117243	4100
惠州市	6667212	7901559	998365	225306	452891	49874
汕尾市	631447	851773	1947	33860	55509	1409
东莞市	48085845	54137627	4725098	1589431	4133969	219108
中山市	11290781	12154835	749184	146609	1009634	75208
江门市	9480772	10840067	1104957	469215	779260	21149
阳江市	1746969	2267977	275398	71371	123154	2759
湛江市	9354475	10683369	334817	311066	652140	95697
茂名市	18209583	19527468	515062	407155	903113	15797
肇庆市	3099440	3823282	1033353	102612	343087	10955
清远市	3514548	4020469	471242	652185	299121	8862
潮州市	1261816	1575259	369068	117432	105697	2939
揭阳市	5119920	6070364	91911	167076	405704	8635
云浮市	1749551	2177962	72319	31526	211421	2933
按经济区域分						
珠三角核心区	778418801	865571354	60565167	14306408	55308601	3479875
沿海经济带	48370278	55660337	2565347	1547821	3128208	143417
北部生态发展区	13420142	15770293	1995348	1115690	950895	59392

1-41 按地区分组的限额以上

项　目	商品购进额	进口	商品销售额	通过公共网络实现的商品销售额	通过非自营平台实现的商品销售额
全　省	710999476	54950904	776528772	60755254	12172396
广州市	280593720	11555993	290867541	17196888	6167244
深圳市	211745930	27827140	241769902	28674021	3880309
珠海市	30778439	8549728	32442118	1499433	47908
汕头市	10788962	663880	13078708	876114	37385
佛山市	70870433	1362473	80716214	1341774	115407
韶关市	4570761	3487	5269931	2909	
河源市	637910	13139	812602	393836	96
梅州市	1251444	10243	1498568	523611	1962
惠州市	4522887	55734	5197863	952650	5626
汕尾市	489645	2237	639100		
东莞市	39934755	2949153	44097895	4522037	622111
中山市	10166405	484896	10815172	716798	200623
江门市	7953701	614639	8942504	1065212	148668
阳江市	1217283	10029	1589877	266018	1945
湛江市	8059281	337046	8674913	316303	96694
茂名市	16238529	103712	16794947	469921	1428
肇庆市	2065492	344231	2474965	989529	489764
清远市	3132419	8869	3556246	459940	
潮州市	887077	8882	1032991	358847	355227
揭阳市	3509628	2489	4294073	58295	
云浮市	1584775	42905	1962645	71118	
按经济区域分					
珠三角核心区	658631762	53743987	717324172	56958341	11677660
沿海经济带	41190404	1128274	46104608	2345498	492679
北部生态发展区	11177310	78643	13099992	1451415	2057

批发业法人企业经营情况

单位：万元

批发额	出口	零售额	通过公共网络实现的零售额	通过非自营平台实现的零售额	期末商品库存额	服务营业额
765540521	44159425	10988251	2806438	938268	43149467	2932594
287959031	8337790	2908510	737130	223648	14429311	1395580
239409929	13371699	2359973	660085	180655	15473807	951134
31967169	3571718	474948	378170	1613	1750183	60406
12759910	455716	318799	7419	5604	695152	4250
78833698	6772649	1882516	157217	14264	3608196	173348
4984462	3868	285470			165931	33320
807715	31572	4887			41721	2525
1479413	42350	19155	1659	1659	53686	56
5107130	206966	90733	5040	225	253607	31608
634699		4400			31467	14
42971204	5384522	1126691	695541	381140	3164839	185824
10726106	3126115	89066	11929	9816	812714	55906
8558681	2013261	383823	147329	118052	490558	14983
1548148	334872	41729	1830	1362	76871	
8557325	187906	117588	481		466683	11750
16722144	115310	72803			656643	4557
2453006	146662	21959	437	230	226598	3514
2989341	37966	566905	2137		227100	3145
940473	10404	92519			79210	
4171785	8080	122288	34		282427	675
1959155		3491			162763	
707985953	42931381	9338219	2792878	929644	40209813	2872302
45334483	1112287	770125	9763	6965	2288453	21245
12220085	115756	879907	3796	1659	651201	39047

1-42 按地区分组的批发业

地　区	期末资产负债						
	本年折旧	固定资产净值	在建工程	资产总计	负债合计	年初存货	期末存货
全　省	2571476	18291352	2725185	501052941	373990809	52287335	58693799
广州市	608913	4944607	806850	133249232	100839280	15950852	17966659
深圳市	833489	4546519	804868	220777395	169541061	21284416	21872622
珠海市	65597	472050	215814	25589205	19042472	1653091	3238734
汕头市	73582	788624	99798	6312577	3951233	790622	1019543
佛山市	325340	1944319	102509	38238272	28157128	4735302	5227854
韶关市	13966	149116	32466	1948852	1234690	296863	267198
河源市	8064	46870	6036	570583	379977	59020	71890
梅州市	14774	125661	13539	1329900	780238	121233	142592
惠州市	75020	564049	172627	5480492	3413831	387630	473362
汕尾市	8488	83493	8938	373312	191736	57453	62912
东莞市	174108	1406213	167670	27089796	18574106	2963144	3585037
中山市	23683	183396	27853	5941085	4873525	798689	932097
江门市	36509	216612	43201	5567268	4338112	607829	781985
阳江市	21032	140018	18930	946848	591713	110066	106047
湛江市	64490	797727	53233	11757765	8183003	547145	623568
茂名市	100401	955030	27740	6137292	3598620	703212	851066
肇庆市	30479	175026	19467	1969683	1499593	254288	319353
清远市	15760	140319	42537	2832939	1745798	246535	290972
潮州市	14155	167948	18061	639543	403836	71396	62297
揭阳市	26704	211585	7973	3085151	2164697	398391	510246
云浮市	36924	232173	35075	1215754	486161	250160	287768
按经济区域分							
珠三角核心区	2173138	14452790	2360860	463902427	350279108	48635241	54397701
沿海经济带	308851	3144424	234673	29252486	19084838	2678283	3235679
北部生态发展区	89487	694138	129652	7898028	4626863	973812	1060419

法人企业财务状况

单位：万元

损益及分配					营业成本	
营业收入	营业成本	税金及附加	投资收益（损失以"-"号记）	营业利润	应付职工薪酬（本年贷方累计发生额）	应交增值税
843555818	779026708	3116311	3707602	16614557	20611934	8349152
301900331	279750514	743607	998662	5509576	6626935	2988765
263631371	244874504	630000	1746396	3372406	6992321	2346803
31785252	29548597	87921	169390	696464	557540	250979
13183855	12029317	131801	15103	397859	297558	159578
100555850	92987587	295090	267301	2329129	2423301	698127
5281018	4792640	57585	320	176088	110880	118634
876912	714223	50731	488	45455	40268	26354
2420975	2120053	65932	951	82762	89681	54053
7362677	6405390	87580	34355	294518	339600	109144
779528	593552	50271	1854	85775	52524	23308
49110029	44938643	210794	285579	1294521	1321618	686928
11125645	10256221	68358	13707	140440	295520	197417
9846797	9047495	81172	4706	80440	233036	116128
2147841	1854490	32760	376	128346	84460	28560
9685713	8779432	81268	11211	288513	259744	121329
17377465	16026595	84393	39179	813172	338874	175461
3544529	3104123	66872	4571	149843	142550	61762
3552870	3247971	57109	82705	143564	87543	44072
1475652	1213623	49321	2904	97014	65911	27950
5806221	5001832	149039	4237	249024	116395	91693
2105288	1739908	34705	23609	239649	135678	22109
778862480	720913073	2271394	3524666	13867336	18932419	7456052
50456275	45498841	578855	74864	2059703	1215465	627879
14237062	12614794	266062	108072	687518	464050	265222

1-43 按地区分组的限额以上

地区	年初存货	期末资产负债			
		流动资产合计	应收账款	存货	固定资产原价
全　省	35590750	285279891	72204397	42005297	17388922
广州市	12264661	78960742	19574535	13486338	6971023
深圳市	12842980	124736496	32586543	15323905	4531199
珠海市	1213916	15084055	2537178	2548075	447578
汕头市	592919	3923276	819589	808020	390906
佛山市	3195412	22449484	4300116	3317127	994041
韶关市	212542	973105	208600	163329	152979
河源市	36241	296611	45505	45396	25841
梅州市	52589	416226	134593	64065	76383
惠州市	194591	1915898	808364	247028	358961
汕尾市	37929	174992	50190	34039	18307
东莞市	2164014	14440665	4701432	2550514	1592346
中山市	641852	4061485	1100563	723532	203841
江门市	352135	2731779	993847	473735	228090
阳江市	53801	398372	137132	63282	122186
湛江市	399250	5398309	898637	488186	455174
茂名市	495118	3884473	1722558	651946	161683
肇庆市	181717	1009171	394700	238128	53987
清远市	182555	1898893	745655	210903	139258
潮州市	31795	208530	16627	35889	61681
揭阳市	230215	1715634	354497	296585	72965
云浮市	214519	601694	73537	235277	330495
按经济区域分					
珠三角核心区	33051278	265389775	66997277	38908382	15381065
沿海经济带	1841026	15703586	3999230	2377946	1282901
北部生态发展区	698446	4186530	1207890	718969	724956

批发业法人企业财务状况

单位：万元

固定资产净值	累计折旧	本年折旧	在建工程	资产总计	流动负债合计	非流动负债合计
10050041	7292902	1149414	1934056	350180012	251993529	11822741
3947385	3022400	389425	677308	99115905	70899641	2932067
2588755	1922287	370345	554470	151813537	113297042	5642944
278247	169361	35115	39686	17625346	11724929	579750
210916	164702	21805	88920	4547353	3052009	100570
572985	417277	64606	70939	24876352	18775791	576393
91074	61596	8481	22565	1175583	657126	56563
14656	11185	1441	1299	335040	222934	8946
47682	28701	4467	6338	527030	303220	33030
242454	116251	27291	152711	3222855	1716776	196860
12102	6205	1238	4046	193891	123108	551
1023866	568324	92217	122735	20225939	12915822	639584
120464	83440	12820	22606	4393105	3648173	32032
124612	103445	17223	34951	3248438	2445723	176290
65719	56248	14222	14128	526930	350127	9913
254238	200450	21782	38386	7647049	4867108	511135
101502	59989	11921	7715	4194833	2983901	108560
27651	26336	4870	12145	1074789	842523	38012
81743	57516	7598	25918	2233535	1183298	120285
27968	33713	3705	5513	313332	255805	15246
40219	30848	7855	1385	1958782	1425247	41221
175804	152629	30988	30291	930391	303227	2789
8926419	6429121	1013912	1687552	325596265	236266418	10813932
712663	552154	82528	160093	19382170	13057305	787196
410959	311626	52974	86411	5201578	2669806	221613

1-43

地　区	负债合计	所有者权益			
			实收资本		
				国家资本	集体资本
全　省	263852847	86444106	57229757	8494333	841993
广州市	73955236	25161317	14956352	5028818	456131
深圳市	118804871	33007276	22749951	1406350	120934
珠海市	12305944	5317712	2117683	176745	5100
汕头市	3102787	1444566	890995	37832	3455
佛山市	19343729	5532623	3529631	72519	9006
韶关市	712743	462840	123519	11187	1688
河源市	231877	103163	46213	2438	3023
梅州市	336656	190374	58088	3340	0
惠州市	1930962	1291893	1020348	80881	3614
汕尾市	123659	70232	17463	1099	68
东莞市	13587155	6638784	6160934	125732	9143
中山市	3723086	669459	456264	21371	3285
江门市	2621658	626780	403661	15060	12671
阳江市	359308	167622	61018	2323	1008
湛江市	5388634	2262954	1880671	1357165	6211
茂名市	3106302	1088531	734842	26053	100380
肇庆市	880535	194254	207684	28398	2907
清远市	1303583	929952	1180502	3420	531
潮州市	271052	157673	119524	89442	0
揭阳市	1456994	501788	345420	1884	101659
云浮市	306077	624314	168996	2279	1178
按经济区域分					
珠三角核心区	247153175	78440098	51602508	6955873	622791
沿海经济带	13808736	5693365	4049933	1515798	212782
北部生态发展区	2890935	2310643	1577317	22663	6420

续表 1

单位：万元

				损益及分配		
法人资本	个人资本	港澳台资本	外商资本	营业收入	主营业务收入	营业成本
26067749	14132824	5544680	2148179	699890866	695480918	655220514
5733584	2356307	673938	707574	268496616	266507680	250429372
11808335	6301494	1971588	1141251	214331696	212971356	201446698
1364942	339133	147106	84657	28735728	28624255	26939623
505978	177485	128533	37712	11621976	11614056	10802956
2211707	1149927	30195	56276	71136316	70953463	68156271
56735	53777	132	0	4616837	4593590	4200102
14182	13255	8315	5000	723731	721770	588301
31081	18462	5000	205	1349964	1347508	1140854
828284	81066	19296	7209	4709042	4684527	4165442
5004	11292	0	0	567523	565308	444372
1993961	1651468	2303048	77582	39587194	39183801	36925670
109924	172507	122478	26700	9831030	9676547	9146019
266276	77067	30543	2044	8082488	8068123	7470326
30631	23495	2910	650	1504903	1504015	1325963
266490	232527	17862	415	7731627	7681778	7313800
386006	189649	32755	0	14702993	14660477	14100355
33867	130401	11208	903	2273240	2270693	2019734
145914	1023471	7167	0	3102355	3075823	2848227
16712	13371	0	0	912268	909106	779299
107387	101883	32607	0	3984254	3978454	3408543
150750	14789	0	0	1889086	1888589	1568588
24350879	12259368	5309400	2104196	647183350	642940446	606699154
1318208	749702	214666	38778	41025544	40913193	38175287
398662	1123754	20614	5205	11681973	11627279	10346073

1-43

地区	税金及附加	其他业务利润	销售费用	管理费用	财务费用
全　省	2544405	1502110	19975854	10270730	2445768
广州市	609528	693906	8948897	3349053	641394
深圳市	473775	570704	5659740	3967895	1199062
珠海市	78075	51984	864133	334839	9042
汕头市	118783	2602	268694	162440	30589
佛山市	178307	53008	1473854	689312	153915
韶关市	55292	2560	117441	66405	6187
河源市	48101	15	21856	25489	849
梅州市	63607	57	47238	38438	3070
惠州市	79911	4834	211520	97735	13132
汕尾市	45465	17	19504	20086	418
东莞市	172491	68568	1074989	718321	206266
中山市	63958	15821	304433	172326	25629
江门市	76031	6565	302084	111771	28967
阳江市	31204	482	47433	35911	2470
湛江市	65785	16284	136562	106304	61309
茂名市	56018	5460	150211	88202	21564
肇庆市	56070	2316	54906	46456	16389
清远市	55119	5579	94921	46635	3839
潮州市	43110	561	27277	20511	2153
揭阳市	140719	638	121695	103583	19131
云浮市	33055	150	28468	69020	393
按经济区域分					
珠三角核心区	1788146	1467705	18894556	9487708	2293797
沿海经济带	501085	26044	771375	537036	137634
北部生态发展区	255174	8361	309923	245987	14337

续表 2

单位：万元

营业利润	营业外收入	利润总额	所得税费用	人工成本及增值税	
				应付职工薪酬（本年贷方累计发生额）	应交增值税
12639906	1232153	12996177	4396014	9795551	6093449
5250602	170687	5282802	1445428	3610138	2396703
3069495	227241	3152922	1996267	3522378	1569323
691698	113632	807481	135591	282043	207162
236290	531952	245225	53176	118632	131752
811981	46600	840797	321382	585679	377927
171824	8006	178324	29662	76862	105695
39484	547	39755	10006	24108	23340
56915	846	57244	14779	54078	43028
151716	5243	153065	24921	120284	74568
37565	99	37113	10052	18070	18741
846162	22013	858406	103161	560067	492869
143031	8867	148705	40017	185875	172277
72160	14744	69787	28594	138793	85737
62610	6410	67775	7446	41846	17135
60880	52690	108272	23956	86792	85566
286200	5696	289235	69544	79406	103784
76621	6212	80755	10606	45235	39786
134608	8693	140256	24562	59039	36816
40277	288	39986	8725	21131	18672
186789	505	186617	31432	50513	76636
213000	1186	211654	6708	114583	15933
11113465	615237	11394721	4105968	9050491	5416351
910610	597639	974224	204329	416390	452285
615831	19278	627232	85718	328670	224812

1-44 按地区分组的限额以下

地 区	本年折旧	固定资产净值	在建工程	资产总计	负债合计	年初存货
全 省	1422062	8241311	791128	150872929	110137962	16696585
广州市	224173	1051423	146784	36705943	28993138	3794110
深圳市	458482	1903625	233156	66403649	48628209	8342577
珠海市	30459	193741	176128	7951453	6735415	430115
汕头市	51777	577708	10878	1765224	848447	197702
佛山市	260735	1371334	31570	13361920	8813399	1539890
韶关市	5485	58042	9901	773269	521947	84321
河源市	6623	32214	4736	235543	148100	22779
梅州市	10307	77978	7201	802870	443582	68644
惠州市	47729	321595	19915	2257637	1482869	193038
汕尾市	7249	71391	4891	179421	68077	19524
东莞市	81892	382347	44935	6863857	4986951	799131
中山市	10863	62931	5247	1547980	1150439	156837
江门市	19286	92000	8250	2318830	1716454	255695
阳江市	6810	74298	4802	419917	232405	56264
湛江市	42708	543489	14847	4110716	2794369	147895
茂名市	88480	853529	20025	1942460	492318	208094
肇庆市	25610	147375	7322	894895	619058	72571
清远市	8162	58576	16619	599405	442216	63980
潮州市	10450	139980	12548	326211	132785	39601
揭阳市	18849	171366	6588	1126369	707703	168176
云浮市	5936	56368	4784	285363	180084	35641
按经济区域分						
珠三角核心区	1159227	5526371	673308	138306163	103125933	15583963
沿海经济带	226323	2431761	74580	9870317	5276102	837257
北部生态发展区	36513	283179	43241	2696450	1735928	275365

批发业法人企业财务状况

单位：万元

期末存货	营业收入	营业成本	税金及附加	投资收益	营业利润	应付职工薪酬	应交增值税
16688502	143664952	123806194	571906	374229	3974651	10816383	2255703
4568819	35234256	30992054	135805	349344	326519	3027240	597425
6463113	47641505	41927711	154588	2856	235604	3460031	772311
687764	2877152	2438158	9758	9045	4528	274966	43623
211523	1561878	1226361	13018	5517	161569	178925	27826
1910727	29419534	24831315	116783	6256	1517148	1837622	320200
103869	664181	592538	2293	393	4263	34018	12939
26494	153181	125922	2630	382	5971	16160	3014
78527	1071011	979199	2325	944	25847	35603	11025
226333	2653635	2239948	7669	3817	142802	219316	34577
28874	212005	149180	4806	1855	48210	34454	4567
1034523	9522835	8012973	38303	-67758	448359	761551	194059
208565	1294616	1110202	4400	4000	-2592	109645	25140
308250	1764309	1577169	5141	971	8280	94242	30391
42765	642938	528527	1556	300	65736	42614	11425
135382	1954086	1465632	15483	8237	227633	172952	35763
199120	2674473	1926240	28375	36638	526972	259468	71677
81224	1271289	1084389	10802	4086	73222	97315	21976
80070	450515	399744	1990	1049	8956	28503	7256
26408	563384	434325	6211	2654	56738	44781	9279
213662	1821968	1593290	8321	3298	62235	65882	15056
52490	216202	171319	1650	344	26650	21095	6176
15489319	131679131	114213919	483248	312619	2753871	9881928	2039701
857733	9430731	7323554	77770	58499	1149093	799076	175593
341450	2555090	2268721	10888	3112	71687	135380	40410

1-45　按地区分组的零售业法人企业基本情况

地　区	法人企业数（个）	从业人员期末人数（人）	年末零售营业面积（万平方米）
全　省	416817	2027119	7314.7
广州市	61658	334701	2182.0
深圳市	172413	714079	1519.4
珠海市	8970	44765	165.9
汕头市	7738	45461	113.4
佛山市	31016	191463	544.3
韶关市	2203	15510	108.0
河源市	2552	15751	119.3
梅州市	4416	24093	109.6
惠州市	12988	68837	277.6
汕尾市	1986	15911	76.3
东莞市	50837	177889	738.7
中山市	15447	71424	321.0
江门市	7114	37735	188.9
阳江市	3029	15632	62.5
湛江市	9405	61536	185.7
茂名市	8030	80955	171.1
肇庆市	4312	36037	123.7
清远市	3246	16424	89.8
潮州市	2484	16284	46.5
揭阳市	4488	27731	83.2
云浮市	2485	14901	87.7
按经济区域分			
珠三角核心区	364755	1676930	6061.4
沿海经济带	37160	263510	738.6
北部生态发展区	14902	86679	514.5

1-46 按地区分组的限额以上零售业法人企业基本情况

地 区	法人企业数（个）	从业人员期末人数（人）	年末零售营业面积（万平方米）
全 省	8224	674536	2858.5
广州市	1535	162972	589.0
深圳市	1225	205560	751.0
珠海市	284	18317	94.6
汕头市	347	10732	39.0
佛山市	694	43315	167.2
韶关市	208	9252	64.6
河源市	168	7112	74.5
梅州市	114	9271	55.2
惠州市	365	23343	137.3
汕尾市	78	4381	38.5
东莞市	689	52237	238.8
中山市	424	31184	175.3
江门市	359	19239	124.4
阳江市	103	5070	23.3
湛江市	312	19246	60.5
茂名市	346	13239	55.9
肇庆市	177	13254	51.7
清远市	171	7223	45.3
潮州市	88	2962	12.4
揭阳市	381	10283	34.3
云浮市	156	6344	25.7
按经济区域分			
珠三角核心区	5752	569421	2329.2
沿海经济带	1655	65913	263.8
北部生态发展区	817	39202	265.4

1-47 按地区分组的限额以下零售业法人企业基本情况

地　区	法人企业数（个）	从业人员期末人数（人）	年末零售营业面积（万平方米）
全　省	408593	1352583	4456.2
广州市	60123	171729	1593.0
深圳市	171188	508519	768.4
珠海市	8686	26448	71.3
汕头市	7391	34729	74.4
佛山市	30322	148148	377.1
韶关市	1995	6258	43.4
河源市	2384	8639	44.8
梅州市	4302	14822	54.4
惠州市	12623	45494	140.3
汕尾市	1908	11530	37.8
东莞市	50148	125652	499.9
中山市	15023	40240	145.7
江门市	6755	18496	64.5
阳江市	2926	10562	39.2
湛江市	9093	42290	125.2
茂名市	7684	67716	115.2
肇庆市	4135	22783	72.0
清远市	3075	9201	44.5
潮州市	2396	13322	34.1
揭阳市	4107	17448	48.9
云浮市	2329	8557	62.0
按经济区域分			
珠三角核心区	359003	1107509	3732.2
沿海经济带	35505	197597	474.8
北部生态发展区	14085	47477	249.1

1-48 按地区分组的零售业法人企业经营情况

单位：万元

地 区	商品购进额	商品销售额	通过公共网络实现的商品销售额	零售额	期末商品库存额	服务营业额
全 省	141202367	179281401	30074264	158674924	18233516	3573579
广州市	35858160	45387175	13260836	40397358	3684336	1085638
深圳市	42595082	53310226	8072569	46521373	6880126	838720
珠海市	3000533	3956948	103843	3438103	520753	110653
汕头市	3285525	3867653	289926	3143067	412189	29318
佛山市	12409253	14556722	1440716	13323288	1558578	363056
韶关市	987035	1062543	52139	1027176	154876	30354
河源市	785603	1389076	112898	1225148	129933	54796
梅州市	1795202	2021278	16108	1731043	233831	25461
惠州市	5093532	6749115	1167452	5812079	495693	71061
汕尾市	477929	785875	8803	668915	80632	8282
东莞市	13574705	16607941	2785175	15153238	1444454	378315
中山市	4867864	7118140	202751	6693610	667399	172991
江门市	3004057	3557997	192129	3292093	335234	98980
阳江市	768453	1269868	21148	1139963	100788	20012
湛江市	2081529	3513926	51548	2993790	312193	25594
茂名市	2538730	3902343	61884	2926360	368177	121993
肇庆市	3227976	4176668	1820980	3823980	267565	43007
清远市	968081	1126954	38433	1078029	188773	42461
潮州市	699694	872357	64976	789710	88334	17537
揭阳市	2336041	3027700	287281	2539397	186895	21996
云浮市	847382	1020895	22671	957206	122759	13355
按经济区域分						
珠三角核心区	123631163	155420933	29046451	138455121	15854137	3162421
沿海经济带	12187901	17239721	785565	14201202	1549207	244732
北部生态发展区	5383303	6620747	242248	6018602	830173	166426

1-49 按地区分组的限额以上

项 目	商品购进额	进口	商品销售额	通过公共网络实现的商品销售额	通过非自营平台实现的商品销售额
全 省	106409854	4873925	134031087	25320541	4409016
广州市	31997528	1313772	40443073	12929463	2200027
深圳市	27168500	1818240	33638699	4606225	1066447
珠海市	2519582	209276	3345705	80282	12180
汕头市	2481491	32312	2805634	187278	7753
佛山市	7807912	343807	8517887	1076132	634327
韶关市	805821	243	850305	50607	1015
河源市	613958	8033	1172331	109746	4410
梅州市	1324395	11363	1432452	5221	73
惠州市	4193991	136303	5564160	1120870	57984
汕尾市	257694	3600	460154	1918	1297
东莞市	11095684	729176	13356834	2655780	131032
中山市	4010476	129411	6043392	151967	108863
江门市	2669351	30013	3109411	181965	2274
阳江市	566136		993024	12026	2567
湛江市	1328375	11678	2338099	41067	8222
茂名市	1251660	17772	2097938	16723	3624
肇庆市	2593641	7976	3317963	1785934	4686
清远市	809709	32817	915556	35015	12462
潮州市	472933	17065	529354	46407	6551
揭阳市	1759588	4026	2298723	205041	142226
云浮市	681430	17044	800394	20874	995
按经济区域分					
珠三角核心区	94056664	4717974	117337123	24588619	4217820
沿海经济带	8117876	86453	11522927	510459	172240
北部生态发展区	4235314	69498	5171038	221463	18956

零售业法人企业经营情况

单位：万元

批发额		零售额			期末商品库存额	服务营业额
	出口		通过公共网络实现的零售额			
				通过非自营平台实现的零售额		
13030448	268751	121000640	22578382	3484723	12145567	3120582
4496274	14812	35946798	12227783	1635991	2982811	1021763
3459005	46264	30179694	3774693	857410	4001400	654795
341713	285	3003992	73709	11878	370399	101847
491919		2313715	162986	7737	285798	22078
424397	11746	8093490	998213	594423	989713	321683
24900		825405	48464	1015	124689	28067
104089		1068241	18690	2696	84002	50173
194376		1238076	3999	73	150584	15572
738193	1088	4825967	557619	57911	361914	58079
83001		377154	1297	1297	40934	3144
669933	173024	12686901	2406623	88796	1032736	347191
280064	5	5763328	91857	51999	511122	153194
223715		2885696	152348	1799	257553	93120
107938		885087	11499	2021	61521	16466
281365		2056734	41033	8217	171494	13340
511774		1586165	14391	3624	186543	110454
222680	15217	3095283	1741320	2156	153076	34148
28842		886715	34815	12462	151637	35039
20981		508374	39859		53706	12690
279345	3228	2019378	157610	142224	99694	16545
45946	3083	754449	19573	995	74242	11197
10855974	262440	106481149	22024166	3302362	10660723	2785820
1776322	3228	9746605	428675	165120	899690	194716
398152	3083	4772886	125541	17241	585154	140046

1-50 按地区分组的零售

地 区	期末资产负债						
	本年折旧	固定资产净值	在建工程	资产总计	负债合计	年初存货	期末存货
全 省	1488752	8918316	746276	122805260	82377052	14224508	16723755
广州市	224621	1267883	238989	27451005	20110723	2835742	3416283
深圳市	496750	2065393	116960	44408758	33340534	5627976	6373116
珠海市	33485	202865	30494	3740776	2305413	400216	515997
汕头市	50163	480979	41083	1771638	972908	295786	362714
佛山市	144987	856283	37417	6735706	4779358	1066326	1290466
韶关市	7071	58333	12894	696054	488938	117199	137188
河源市	11861	117674	7600	1282569	709228	127978	128119
梅州市	20682	178621	15900	1722022	855693	183926	220669
惠州市	63689	460479	37106	4043284	2353469	347315	473041
汕尾市	16040	169447	1907	579141	253855	53587	80634
东莞市	109066	565621	90577	12298220	6782359	1061065	1356494
中山市	34117	214351	19825	3737754	1906431	547442	611071
江门市	30496	196674	10050	2675626	1528852	310985	330589
阳江市	10411	97269	2491	945299	481907	100034	96586
湛江市	51902	460635	14259	3170379	1590396	230001	244613
茂名市	75119	686357	11602	1867943	701216	281588	335372
肇庆市	46521	288035	31789	2490338	1440197	170905	224389
清远市	14058	78096	3810	688002	514053	99626	144823
潮州市	12920	151192	5826	432195	178575	108401	80008
揭阳市	23061	211941	3054	1108959	548901	162356	185259
云浮市	11733	110189	12645	959592	534046	96056	116326
按经济区域分							
珠三角核心区	1183731	6117584	613207	107581467	74547337	12367972	14591445
沿海经济带	239616	2257820	80221	9875554	4727758	1231752	1385186
北部生态发展区	65405	542912	52848	5348239	3101957	624785	747124

业法人企业财务状况

单位：万元

损益及分配					营业成本	
营业收入	营业成本	税金及附加	投资收益（损失以“-”号记）	营业利润	应付职工薪酬（本年贷方累计发生额）	应交增值税
162864423	136051665	693150	442479	4794150	11567940	3059894
41022647	34723269	156706	127006	747326	2409972	677309
47966608	39197628	198918	139141	770823	4320978	998581
3613040	3010842	11359	12785	135056	236200	51200
3493592	2998846	23315	3061	169620	201024	60734
13329319	11070163	47326	17664	512495	1136758	269813
977742	844578	2901	2393	7893	61694	23195
1255756	1094150	5033	6240	27911	63583	15085
1808301	1607621	6110	8178	35936	90982	25335
6063867	5343629	18133	12280	149116	326898	83341
771268	633130	7316	1469	65526	78392	16518
15237044	13367174	49540	14839	423481	937456	238479
6401070	4802020	31884	61908	398754	341006	229950
3226250	2850240	9184	2303	41131	175740	48667
1228934	1033783	3602	141	99372	69676	20992
3231705	2566778	19835	11617	281178	271124	47958
3664527	2880235	24308	2658	463235	350085	85336
3761528	3226769	17493	6413	101619	180336	54325
1051970	906740	3343	1656	17141	68647	41323
839324	710084	5369	1648	55683	68394	11736
2978405	2384681	47064	7127	246939	119243	46865
941525	799307	4412	1953	43917	59753	13150
140621373	117591733	540543	394339	3279800	10065343	2651666
16207755	13207536	130808	27720	1381552	1157938	290140
6035295	5252395	21799	20420	132798	344659	118089

1-51 按地区分组的限额以上

地 区	年初存货	期末资产负债			
		流动资产合计	应收账款	存货	固定资产原价
全 省	8952987	59311079	5021933	10494411	7915680
广州市	2205122	17457749	1393592	2601133	1908844
深圳市	3039070	16472679	1811006	3285471	1953167
珠海市	257831	2114186	140715	346980	260931
汕头市	184346	619605	70759	249522	204197
佛山市	668158	2975113	282069	796506	674679
韶关市	82284	283734	38964	96191	69929
河源市	95989	771781	32022	83806	93759
梅州市	105686	910155	62637	127412	122620
惠州市	240133	2179649	167429	338860	395162
汕尾市	27462	234525	20130	46805	45296
东莞市	743281	5858510	317527	956097	647921
中山市	406218	2247889	302075	446146	325666
江门市	241908	1621099	57908	241892	304586
阳江市	49051	662665	31072	63474	89438
湛江市	126871	1382468	80876	149196	200235
茂名市	130255	506988	53216	186336	167876
肇庆市	103487	1580398	61603	146307	169323
清远市	63010	290503	23928	102621	67157
潮州市	40212	133924	10624	51183	39718
揭阳市	87230	512760	43330	108496	101769
云浮市	55386	494703	20452	69980	73408
按经济区域分					
珠三角核心区	7905208	52507271	4533924	9159391	6640278
沿海经济带	645425	4052934	310007	855010	848529
北部生态发展区	402354	2750874	178002	480009	426873

零售业法人企业财务状况

单位：万元

固定资产净值	累计折旧	本年折旧	在建工程	资产总计	流动负债合计	非流动负债合计
4266233	3640413	645934	467066	72363888	46140487	2489885
1027254	880886	160191	209139	21028106	15079162	332033
985121	963830	173429	65410	20437151	13546181	775271
134588	126336	24052	8921	2675347	1392631	82268
125483	76536	12232	2478	839089	561908	34133
384882	289583	55076	20357	3743700	2695048	188638
37332	32687	4891	923	358881	253386	13929
53591	40122	5154	1836	923736	361783	125283
65948	56672	8135	2956	1063046	452776	62665
256467	138694	32856	11428	2688153	1358086	236447
22717	22485	3128	713	286263	119024	28004
337104	310198	51270	67490	6636682	4477801	86163
162906	162760	22568	15653	2705853	1133988	39799
153694	150459	22178	3746	1994669	1059713	50374
40589	48849	4821	1829	740107	376813	26280
116536	83148	15646	8883	1765865	843120	52063
109735	58417	11143	3923	709179	354178	120561
86010	83312	14029	30727	1906376	1097509	58868
40264	26893	7709	2280	372089	280514	8785
18532	21186	4421	2175	181500	88290	24138
64628	36802	7511	1064	657226	349422	19340
42850	30558	5495	5136	650871	259156	124844
3528027	3106059	555648	432870	63816038	41840117	1849861
498221	347422	58902	21065	5179228	2692755	304518
239985	186932	31384	13131	3368622	1607615	335506

1-51

地区	负债合计	所有者权益			
			实收资本		
				国家资本	集体资本
全省	48632902	23732360	20551713	1287883	245863
广州市	15426769	5601383	2538573	216119	43476
深圳市	14306552	6131037	3433279	651092	93963
珠海市	1474899	1200449	323902	139607	2474
汕头市	591947	247142	189836	2037	13895
佛山市	2878000	865700	623291	37587	24675
韶关市	262136	96745	83737	8906	
河源市	485384	438352	70791	1235	975
梅州市	515441	547605	121063	1084	1560
惠州市	1602063	1086090	352666	21951	2010
汕尾市	147028	139235	46666	7561	15
东莞市	4570417	2066266	5610564	26409	14049
中山市	1174170	1531683	637300	19890	26865
江门市	1111562	883788	2319196	27418	2959
阳江市	402997	337582	322865	461	398
湛江市	896713	869152	3164222	9788	3732
茂名市	474771	234146	128443	13282	12036
肇庆市	1156889	749487	157984	55789	670
清远市	287732	84357	165098	2314	1400
潮州市	112428	69071	67773	15996	
揭阳市	371005	286221	115452	1761	177
云浮市	384000	266871	79015	27596	535
按经济区域分					
珠三角核心区	43701321	20115882	15996755	1195862	211140
沿海经济带	2996889	2182548	4035256	50886	30253
北部生态发展区	1934692	1433930	519703	41135	4471

续表 1

单位：万元

				损益及分配		
				营业收入		营业成本
法人资本	个人资本	港澳台资本	外商资本		主营业务收入	
14737428	2589697	1055047	635795	120656845	117850776	102980342
987129	586198	454548	251103	36334774	35495423	31016684
1583723	556823	358939	188739	30250242	29536608	25022713
90780	68500	4273	18267	3034690	2970979	2558098
107763	58749	5227	2165	2466398	2423533	2211644
308447	146461	47418	58703	7780495	7582098	6776373
36505	34918	3256	150	780862	764291	677419
36045	32535			1043240	1018325	928453
73430	43625	1364		1238791	1215923	1120575
244332	60298	23107	968	4891079	4774560	4379317
28826	8864	1000	400	436533	424048	389676
5306181	171721	33674	58530	12074414	11737077	10904891
91068	398831	55604	45043	5379634	5280184	3956333
2201398	43443	37473	6506	2808357	2737320	2508221
310218	10237	1461	90	960440	940174	842526
3057104	66568	23500	3530	2070390	2038098	1767454
49347	52677		1100	1873175	1819574	1700498
83136	16675	1714		2952595	2857432	2579181
43829	117155		400	842691	818357	740081
24808	26969			485768	480388	446844
38330	75083		100	2230746	2224434	1814201
35027	13367	2491		721530	711951	639162
10896195	2048950	1016748	627860	105506280	102971680	89701809
3616396	299148	31188	7385	10523451	10350249	9172843
224837	241599	7111	550	4627114	4528847	4105690

1-51

地　区	税金及附加	其他业务利润	销售费用	管理费用	财务费用
全　省	444768	1143652	10354643	3531944	441695
广州市	131322	446375	3390998	1050260	108154
深圳市	121499	287270	3145225	1077755	97245
珠海市	8576	23968	204135	105037	11740
汕头市	15143	14767	109594	59819	9632
佛山市	22286	81708	526303	238624	47337
韶关市	2144	7544	62681	26095	5152
河源市	3302	4074	60126	26765	10668
梅州市	3230	5449	70038	30624	4159
惠州市	12323	20673	289050	99973	22371
汕尾市	862	3262	34882	12072	1317
东莞市	22728	132223	657575	229459	55610
中山市	28149	39609	884032	149353	13978
江门市	7022	29979	195699	59836	9477
阳江市	1991	4142	49497	13591	3872
湛江市	6873	13599	144872	49208	5430
茂名市	4714	5043	69393	61840	7184
肇庆市	7852	10932	229504	104129	4776
清远市	2000	4202	56651	28213	5822
潮州市	1280	1829	21866	9761	1641
揭阳市	39230	4814	101308	81448	13485
云浮市	2243	2189	51213	18083	2648
按经济区域分					
珠三角核心区	361756	1072738	9522521	3114426	370687
沿海经济带	70092	47456	531413	287740	42561
北部生态发展区	12920	23458	300709	129779	28448

续表 2

单位：万元

营业利润	营业外收入	利润总额	所得税费用	人工成本及增值税	
				应付职工薪酬（本年贷方累计发生额）	应交增值税
3194768	223177	3311523	708443	5128278	2100823
818956	59110	847480	168160	1584398	574501
814944	81057	868021	256139	1692612	564985
152509	8307	156333	36754	131031	38726
53446	2087	52520	9610	57663	43032
151422	17509	165641	43284	298412	185995
6957	1241	7599	7530	42259	19163
13952	911	13527	1614	36105	10823
10609	2219	11516	1657	42955	16190
94780	3818	96123	24432	146170	65962
-2144	567	-3061	153	20396	9341
209566	14662	218319	42337	345613	152152
413983	15494	418392	57296	201200	205829
36323	4297	37821	8860	110225	40334
48517	346	48367	2059	30137	12689
100064	2318	99893	12789	107916	21948
31520	3140	31942	5760	65965	17679
34082	2860	35129	5505	78743	36989
10147	1154	10963	5504	42359	36873
4514	129	4222	1646	12987	4779
181519	1388	181716	15268	49765	34538
9105	565	9063	2087	31368	8298
2726564	207113	2843258	642767	4588404	1865472
417434	9974	415598	47285	344829	144004
50770	6089	52667	18392	195045	91347

1-52 按地区分组的限额以下

地　区	本年折旧	固定资产净值	在建工程	资产总计	负债合计	年初存货
全　省	842818	4652083	279210	50441372	33744151	5271521
广州市	64430	240629	29850	6422899	4683954	630620
深圳市	323286	1080074	51550	23971307	19033821	2588898
珠海市	9432	68277	21573	1065429	830514	142386
汕头市	37931	355496	38605	932549	380962	111440
佛山市	89912	471401	17060	2992006	1901358	398167
韶关市	2180	21001	11971	337173	226803	34915
河源市	6707	64083	5764	358834	223845	31989
梅州市	12547	112674	12944	659039	340278	78252
惠州市	30833	204012	25679	1355131	751406	107182
汕尾市	12947	146928	1194	293178	106989	26133
东莞市	57796	228517	23088	5661538	2211943	317784
中山市	11549	51445	4172	1031901	732261	141224
江门市	8318	42980	6304	680957	417290	69078
阳江市	5590	56680	662	205192	78910	50984
湛江市	36257	344099	5376	1404515	693684	103130
茂名市	63976	576621	7680	1158764	226445	151333
肇庆市	32492	202024	1062	583962	283308	67418
清远市	6349	37832	1530	315913	226320	36616
潮州市	8499	132660	3650	250695	66147	68189
揭阳市	15549	147312	1990	451671	177870	75113
云浮市	6238	67339	7509	308721	150046	40670
按经济区域分						
珠三角核心区	628048	2589359	180336	43765129	30845854	4462756
沿海经济带	180748	1759796	59156	4696564	1731005	586322
北部生态发展区	34022	302928	39717	1979679	1167291	222443

零售业法人企业财务状况

单位：万元

期末存货	营业收入	营业成本	税金及附加	投资收益	营业利润	应付职工薪酬	应交增值税
6229344	42207578	33071323	248382	104281	1599381	6439663	959071
815151	4687873	3706585	25384	13301	-71630	825574	102808
3087635	17712795	14171958	77416	27577	-44144	2628156	433596
169017	578350	452744	2783	4945	-17453	105169	12475
113192	1027195	787202	8171	1448	116174	143361	17702
493960	5548824	4293790	25040	1712	361073	838347	83818
40997	196880	167158	757	2102	937	19435	4033
44313	212516	165697	1731	6210	13959	27478	4263
93260	573418	489629	3061	8146	25752	48035	9300
134181	1172788	964313	5810	4170	54336	180728	17379
33839	338307	246411	6457	1469	67694	58206	7178
400397	3162630	2462283	26813	8222	213915	591843	86327
164925	1021437	845687	3735	-4399	-15228	139806	24121
88698	417893	342020	2162	1816	4808	65515	8333
33112	268493	191257	1610	116	50855	39539	8303
95417	1161315	799325	12962	11642	181114	163208	26010
149036	1791352	1179737	19594	56	431715	284120	67658
78082	808933	647589	9641	4865	67537	101593	17337
42202	209279	166659	1343	869	6994	26288	4450
28826	353556	263240	4089	1523	51170	55407	6957
76760	743751	567897	7653	6745	64995	69471	12172
46346	219995	160145	2169	1749	34811	28385	4852
5432044	35111522	27886967	178784	62207	553212	5476730	786193
530182	5683968	4035068	60537	22998	963716	813312	145981
267118	1412088	1149288	9060	19076	82453	149621	26897

主要统计指标解释

商品购进额 指从本企业以外的单位和个人购进（包括从国外直接进口）作为转卖或加工后转卖的商品金额（含增值税）。本指标反映批发和零售业从国内外市场上购进商品的总价。

进口 指直接从国外进口或委托外贸企业代理进口的商品金额，不包括从国内有关单位购进的进口商品。对外贸易企业只统计自主经营进口的商品，不统计受托代理进口的商品。

商品销售额 指对本单位以外的单位和个人出售的商品金额（包括售给本单位消费用的商品，含增值税），在批发和零售业中，本指标反映在国内市场上销售商品以及出口商品的总价。

出口 指直接向国（境）外出口商品和委托外贸企业代理出口的商品金额，商品出口不包括售给外贸企业出口或加工后出口的商品，以及在国内市场以外币销售的商品。外贸企业只统计自主经营出口的商品，不包括受托代理出口的商品。

零售额 指售给个人用于生活消费和社会集团用于公共消费的商品金额。

商品库存额 对于批发和零售业法人单位和个体经营户，是指报告期末取得所有权的全部商品金额（含增值税）；对于批发和零售业产业活动单位，是指报告期末实际在库且归属法人具有所有权的全部商品金额（含增值税）。这个指标反映批发和零售业的商品库存情况，以及对市场商品供应的保证程度。

社会消费品零售总额 指企业（单位、个体户）通过交易直接售给个人、社会集团非生产、非经营用的实物商品金额，以及提供餐饮服务所取得的收入金额。个人包括城乡居民和入境人员，社会集团包括机关、社会团体、部队、学校、企事业单位、居委会或村委会等。

第2篇

住宿和餐饮业企业基本情况及财务情况

编表能手

住宿餐饮：余盛鸿　邢珍（170-269 页）

2-1 按行业小类、登记注册类型、单位规模、星级、控股情况和经营形式分组的住宿业法人企业基本情况

项 目	单位数（个）	从业人员期末人数（人）	其中：女性
住宿业	14054	333566	181773
按行业小类分			
旅游饭店	3919	213704	112759
经济型连锁酒店	1286	19187	11398
其他一般旅馆	7123	83996	48171
民宿服务	339	1676	936
露营地服务	9	108	64
其他住宿业	1378	14895	8445
按登记注册类型分			
国有企业	186	12244	6235
集体企业	123	2218	1126
股份合作企业	14	206	136
国有联营企业	2	119	60
集体联营企业	7	101	66
国有与集体联营企业	6	67	37
其他联营企业	3	8	3
国有独资公司	55	9633	4726
其他有限责任公司	2126	99789	53417
股份有限公司	155	8371	4645
私营独资企业	2624	22259	13282
私营合伙企业	243	3238	1830
私营有限责任公司	8090	128865	71960
私营股份有限公司	105	1950	1269
其他企业	5	185	118
与港澳台商合资经营企业	68	10143	5127
与港澳台商合作经营企业	28	5003	2371
港澳台商独资经营企业	117	14588	7437
港澳台商投资股份有限公司	3	57	31
其他港澳台投资企业	2	78	38

2-1 续表 1

项　目	单位数（个）	从业人员期末人数（人）	
			其中：女性
中外合资经营企业	29	3896	2092
中外合作经营企业	14	3240	1591
外资企业	38	6134	3577
外商投资股份有限公司	3	75	39
其他外商投资企业	8	1099	560
按单位规模分			
大型	81	52128	24711
中型	459	107901	56617
小型	3901	127434	74233
微型	9613	46103	26212
按星级分			
一星	288	2570	1417
二星	511	6139	3611
三星	1326	36790	20623
四星	513	38251	20388
五星	222	46859	23266
其他	11194	202957	112468
按控股情况分			
国有控股	311	36201	18421
集体控股	166	3909	2136
私人控股	12520	215339	120029
港澳台商控股	189	25239	12812
外商控股	56	7795	4489
其他	793	43131	23012
按经营形式分			
独立门店	10380	266316	144085
连锁总店（总部）	83	5064	3142
连锁直营店	159	4068	2507
连锁加盟店	653	11728	7185
其他	2511	45996	24697

2-2 按行业小类、登记注册类型、单位规模、星级和控股情况分组的限额以上住宿业法人企业基本情况

项 目	法人企业数（个）	从业人员期末人数（人）	年末餐饮营业面积（万平方米）
住宿业	2366	238156	583.5
按行业小类分			
旅游饭店	1367	189585	401.2
经济型连锁酒店	173	8963	31.4
其他一般旅馆	743	34784	133.4
民宿服务	5	174	1
露营地服务	2	77	0.2
其他住宿业	76	4573	16.3
按登记注册类型分			
国有企业	90	11177	19.2
集体企业	26	1430	2.7
股份合作企业	4	134	0.3
国有联营企业	1	119	0.2
集体联营企业	1	45	
国有与集体联营企业			
其他联营企业			
国有独资公司	42	9428	13.6
其他有限责任公司	743	85965	195.9
股份有限公司	45	7318	12.8
私营独资企业	144	6717	24.9
私营合伙企业	27	1638	5.1
私营有限责任公司	1030	71135	241.4
私营股份有限公司	16	1187	2.4
其他企业	3	162	0.3
与港澳台商合资经营企业	47	9431	14.8
与港澳台商合作经营企业	22	4955	6.5

2-2 续表 1

项 目	法人企业数（个）	从业人员期末人数（人）	年末餐饮营业面积（万平方米）
港澳台商独资经营企业	60	13662	19.4
港澳台商投资股份有限公司	1	43	
其他港澳台投资企业	2	78	0.1
中外合资经营企业	19	3505	7.7
中外合作经营企业	12	3237	4.2
外资企业	26	5901	10.4
外商投资股份有限公司	2	74	0.1
其他外商投资企业	3	815	1.7
按单位规模分			
大型	78	51062	49.5
中型	444	104983	178.9
小型	1705	80893	340.3
微型	139	1218	14.9
按星级分			
一星	12	819	2.3
二星	49	2432	13.6
三星	320	26995	98.9
四星	209	34403	80.1
五星	123	44821	59.2
其他	1653	128686	329.4
按控股情况分			
国有控股	201	34611	62
集体控股	37	2844	6.1
私人控股	1644	129149	379.9
港澳台商控股	107	23761	35.2
外商控股	38	7468	12.9
其他	328	38475	329.4

2-3　按行业小类、登记注册类型、单位规模、星级、控股情况和经营形式分组的限额以下住宿业法人企业基本情况

项　目	法人企业数（个）	从业人员期末人数（人）	年末餐饮营业面积（万平方米）
住宿业	11688	95410	1576.5
按行业小类分			
旅游饭店	2552	24119	447.3
经济型连锁酒店	1113	10224	163.9
其他一般旅馆	6380	49212	787.1
民宿服务	334	1502	19.5
露营地服务	7	31	0.2
其他住宿业	1302	10322	158.5
按登记注册类型分			
国有企业	96	1067	18.4
集体企业	97	788	10.2
股份合作企业	10	72	1.3
国有联营企业	1		0.1
集体联营企业	6	56	0.4
国有与集体联营企业	6	67	1.7
其他联营企业	3	8	1.3
国有独资公司	13	205	3
其他有限责任公司	1383	13824	231.6
股份有限公司	110	1053	15
私营独资企业	2480	15542	240.2
私营合伙企业	216	1600	24.4
私营有限责任公司	7060	57730	983.1
私营股份有限公司	89	763	10.2
其他企业	2	23	
与港澳台商合资经营企业	21	712	12.8
与港澳台商合作经营企业	6	48	2.1
港澳台商独资经营企业	57	926	8.4
港澳台商投资股份有限公司	2	14	
其他港澳台投资企业			

2-3 续表 1

项　目	法人企业数（个）	从业人员期末人数（人）	年末餐饮营业面积（万平方米）
中外合资经营企业	10	391	0.5
中外合作经营企业	2	3	6.3
外资企业	12	233	3.5
外商投资股份有限公司	1	1	0.3
其他外商投资企业	5	284	1.8
按单位规模分			
大型	3	1066	4.2
中型	15	2918	27.2
小型	2196	46541	559.9
微型	9474	44885	985.1
按星级分			
一星	276	1751	25.1
二星	462	3707	64.7
三星	1006	9795	167.1
四星	304	3848	74.2
五星	99	2038	34.3
其他	9541	74271	1211.1
按控股情况分			
国有控股	110	1590	41.7
集体控股	129	1065	14.7
私人控股	10876	86190	1419.1
港澳台商控股	82	1478	21.3
外商控股	18	327	5.2
其他	465	4656	71.4
按经营形式分			
独立门店	8462	69413	1136
连锁总店（总部）	72	1666	13.3
连锁直营店	110	1812	29.9
连锁加盟店	569	8781	153.9
其他	2207	13344	223.3

2-4 按行业小类、登记注册类型、单位规模、星级、控股情况和经营形式分组的住宿业法人企业经营情况

项 目	营业额		
		客房收入	餐费收入
住宿业	7148612	4208814	1879084
按行业小类分			
旅游饭店	5053721	2564146	1622394
经济型连锁酒店	422599	375197	26979
其他一般旅馆	1382275	1045472	189765
民宿服务	18772	16500	625
露营地服务	1846	617	926
其他住宿业	269400	206881	38395
按登记注册类型分			
国有企业	260152	123692	82924
集体企业	32421	16855	8905
股份合作企业	1844	1349	356
国有联营企业	2407	2202	93
集体联营企业	1012	699	32
国有与集体联营企业	1404	1399	5
其他联营企业	146	146	
国有独资公司	266729	127430	103259
其他有限责任公司	2418679	1250715	657221
股份有限公司	174487	76211	63625
私营独资企业	304224	238576	36541
私营合伙企业	56139	38777	11003
私营有限责任公司	2376487	1660224	494064
私营股份有限公司	27453	16836	8107
其他企业	1918	714	1125
与港澳台商合资经营企业	221984	104222	78746
与港澳台商合作经营企业	136930	67560	48866
港澳台商独资经营企业	363246	186890	130620
港澳台商投资股份有限公司	725	725	
其他港澳台投资企业	652	338	227

2-4 续表 1

项 目	营业额		
		客房收入	餐费收入
中外合资经营企业	99547	53393	38364
中外合作经营企业	68465	23137	28441
外资企业	245218	170984	53539
外商投资股份有限公司	1222	1087	114
其他外商投资企业	85121	44651	32912
按单位规模分			
大型	2018368	885905	722301
中型	2302393	1110010	822156
小型	2277493	1733949	314591
微型	550358	478951	20035
按星级分			
一星	36629	27198	6950
二星	98309	69241	16399
三星	621635	362986	154163
四星	797556	410373	254638
五星	1441843	671500	586875
其他	4152641	2667517	860060
按控股情况分			
国有控股	975699	495736	308262
集体控股	58536	23763	16627
私人控股	4239037	2683638	949436
港澳台商控股	603742	298158	216270
外商控股	318152	214143	75730
其他	921380	477423	302097
按经营形式分			
独立门店	5629456	3144875	1579016
连锁总店（总部）	156366	144189	2163
连锁直营店	129076	116999	8740
连锁加盟店	223034	201459	11542
其他	1008644	599669	277619

2-5 按行业小类、登记注册类型、单位规模、星级

项 目	营业额	客房收入	通过公共网络实现的客房收入	通过非自营平台实现的客房收入	餐费收入	通过公共网络实现的餐费收入
住宿业	5751216	3005930	391329	113471	1776630	101076
按行业小类分						
旅游饭店	4681532	2253416	293928	78949	1581949	90995
一般旅馆	961640	679167	85033	26524	170517	9725
经济型连锁酒店	236710	204005	21445	5072	22363	1878
其他一般旅馆	724931	475162	63588	21453	148155	7848
民宿服务	3279	3047	293	293	109	
露营地服务	1774	556	174		923	
其他住宿业	102990	69744	11901	7704	23132	356
按登记注册类型分						
内资企业	4656203	2451047	362207	105504	1384676	92657
国有企业	249528	114706	11945	6421	81687	1255
集体企业	24177	9840	634	253	8294	27
股份合作企业	1177	752	61	61	356	2
联营企业	2582	2269			93	
国有联营企业	2407	2202			93	
集体联营企业	175	67				
国有与集体联营企业						
其他联营企业						
有限责任公司	2499722	1221721	192577	47127	745548	67905
国有独资公司	264353	126008	15063	3484	102437	4411
其他有限责任公司	2235369	1095714	177514	43643	643111	63493
股份有限公司	159633	62750	5200	1469	63139	1389
私营企业	1717499	1038327	151790	50174	484436	22078
私营独资企业	115125	71029	5718	1409	28701	709
私营合伙企业	29650	15300	446	268	9489	102
私营有限责任公司	1553674	942224	142980	48488	439007	20444
私营股份有限公司	19050	9774	2645	9	7239	823
其他企业	1886	682			1125	
港、澳、台商投资企业	665282	313936	20250	7201	250344	5083

和控股情况分限额以上住宿业法人企业经营情况

单位：万元

通过非自营平台实现的餐费收入	商品销售额	其他收入	外卖送餐服务收入	客房数（万间）	床位数（万个）	餐位数（万位）
20601	115356	853300	2307	42.3	65.0	79.3
18308	102327	743840	2027	28.0	43.7	61.4
2281	10863	101093	106	13.3	19.6	8.8
163	1138	9204		3.8	5.1	1.1
2118	9725	91889	106	9.5	14.5	7.8
	58	66		0.0	0.1	0.0
	282	13		0.0	0.0	0.1
12	1826	8289	174	1.0	1.6	9.0
18352	84099	736381	2057	36.5	56.3	66.6
510	4863	48273		1.2	2.1	2.4
18	122	5921		0.2	0.4	0.7
2	8	61		0.0	0.0	0.1
	112	108		0.0	0.0	0.0
	112			0.0	0.0	0.0
		108		0.0	0.0	
11655	56201	476251	444	14.9	23.0	26.8
1058	2493	33415		0.9	1.5	2.4
10597	53708	442836	444	14.0	21.5	24.5
167	2847	30898		1.9	2.9	2.5
6000	19947	174790	1613	18.2	27.8	34.0
39	2245	13151		1.4	2.2	4.2
95	272	4591		0.4	0.6	0.8
5867	17083	155360	1613	16.1	24.6	28.6
	348	1689		0.2	0.4	0.4
		79		0.0	0.0	0.1
2183	22037	78965	21	3.3	5.3	8.4

2-5

项　目	营业额	客房收入	通过公共网络实现的客房收入	通过非自营平台实现的客房收入	餐费收入	通过公共网络实现的餐费收入
与港澳台商合资经营企业	201869	94422	4993	3061	71326	2605
与港澳台商合作经营企业	135893	67019	2254	179	48830	126
港澳台商独资经营企业	326153	151442	12962	3961	129961	2352
港澳台商投资股份有限公司	715	715	41			
其他港澳台投资企业	652	338			227	
外商投资企业	429731	240947	8872	766	141610	3336
中外合资经营企业	93491	51755	3675	107	33947	1724
中外合作经营企业	68465	23137	1428		28441	23
外资企业	216692	143085	3755	658	52920	1589
外商投资股份有限公司	1222	1087			114	
其他外商投资企业	49860	21882	14		26190	
按单位规模分						
大型	1970395	848360	118871	24965	716012	59380
中型	2224541	1061467	110651	35128	800830	30818
小型	1504347	1064244	157980	52528	256065	10403
微型	51933	31860	3826	850	3723	475
按星级分						
一星	15906	8956	367		6353	
二星	47702	24829	2364	77	14004	2207
三星	485007	246600	28576	9948	144744	4143
四星	729720	350761	40451	10768	250633	7375
五星	1361228	603808	63845	21198	578280	22004
其他	3111653	1770976	255726	71480	782616	65346
按控股情况分						
国有控股	953944	477190	54077	19332	306158	13108
集体控股	46933	13825	746	291	16067	27
私人控股	3029224	1637350	258502	73792	866595	66212
港澳台商控股	550342	254572	18683	6910	209255	5104
外商控股	268602	172375	4233	903	68686	1589
其他	870813	435275	54816	12178	299277	15002

续表 1

单位：万元

通过非自营平台实现的餐费收入	商品销售额	其他收入	外卖送餐服务收入	客房数（万间）	床位数（万个）	餐位数（万位）
991	5668	30454	21	1.2	1.8	2.8
79	7277	12766		0.5	0.9	1.4
1113	9088	35662		1.5	2.5	4.3
				0.0	0.0	
	4	83		0.0	0.0	0.1
66	9219	37954	229	2.6	3.4	4.3
	920	6869		0.4	0.6	2.3
	4567	12321		0.3	0.4	1.0
66	3299	17389	229	1.8	2.2	0.8
	13	8		0.0	0.0	0.0
	421	1367		0.1	0.1	0.2
9626	47479	358543	381	5.4	7.9	12.4
8311	48591	313654	476	13.2	20.7	39.0
2509	19081	164957	1449	22.3	34.1	27.5
155	205	16145		1.4	2.2	0.5
	31	566		0.2	0.3	0.2
162	2095	6774		0.5	0.8	0.5
877	8220	85442	545	4.2	6.6	10.3
1448	23662	104665	62	4.7	7.5	20.4
6854	27247	151892	347	4.8	7.5	12.4
11260	54101	503961	1352	28.0	42.4	35.5
5642	8964	161631	270	4.1	6.6	7.7
18	772	16269		0.3	0.6	1.0
11229	62201	463078	1764	25.8	39.5	48.6
2183	18451	68065	21	2.7	4.4	7.2
66	3401	24139	229	2.0	2.6	1.9
1464	20488	115773	23.3	7.2	11.1	12.6

2-6 按行业小类、登记注册类型、单位规模、星级、控股情况和经营形式分组的限额以下住宿业法人企业经营情况

单位：万元

项　目	营业额	通过公共网络实现的营业额	客房收入	餐费收入
住宿业	1397396	86455	1202884	102454
按行业小类分				
旅游饭店	372189	22199	310730	40445
经济型连锁酒店	185889	14730	171192	4617
其他一般旅馆	657344	39280	570310	41610
民宿服务	15492	1280	13453	517
露营地服务	72		61	3
其他住宿业	166410	8967	137137	15263
按登记注册类型分				
国有企业	10624	345	8987	1237
集体企业	8244	126	7014	611
股份合作企业	667	48	597	
国有联营企业				
集体联营企业	837		632	32
国有与集体联营企业	1404		1399	5
其他联营企业	146		146	
国有独资公司	2376	6	1422	822
其他有限责任公司	183310	11328	155001	14110
股份有限公司	14854	522	13461	486
私营独资企业	189099	6892	167548	7840
私营合伙企业	26488	865	23477	1514
私营有限责任公司	822813	65062	718000	55057
私营股份有限公司	8403	430	7062	868
其他企业	32		32	
与港澳台商合资经营企业	20115		9800	7420
与港澳台商合作经营企业	1037	390	541	35
港澳台商独资经营企业	37093	359	35447	659
港澳台商投资股份有限公司	10		10	
其他港澳台投资企业				

2-6 续表 1

单位：万元

项 目	营业额	通过公共网络实现的营业额	客房收入	餐费收入
中外合资经营企业	6056	33	1638	4418
中外合作经营企业				
外资企业	28526	51	27898	619
外商投资股份有限公司				
其他外商投资企业	35261		22769	6722
按单位规模分				
大型	47973	5573	37545	6289
中型	77852	2486	48543	21327
小型	773146	47214	669705	58526
微型	498425	31182	447091	16313
按星级分				
一星	20723	2225	18242	597
二星	50607	2278	44411	2395
三星	136628	6479	116386	9419
四星	67836	3927	59613	4005
五星	80615	5925	67692	8595
其他	1040988	65621	896541	77444
按控股情况分				
国有控股	21756	407	18546	2103
集体控股	11603	740	9939	561
私人控股	1209813	81862	1046288	82841
港澳台商控股	53400	749	43586	7016
外商控股	49550	18	41768	7044
其他	50566	2672	42149	2820
按经营形式分				
独立门店	954039	57731	810981	79682
连锁总店（总部）	43735	513	42497	441
连锁直营店	38175	3303	32083	5189
连锁加盟店	161934	14015	146095	8409
其他	197478	10889	169604	8730

2-7 按行业小类、登记注册类型、单位规模、星级、控

项 目	期末资产负债						
	本年折旧	固定资产净值	在建工程	资产总计	负债合计	年初存货	期末存货
住宿业	587107	6138462	1053929	22724073	19549208	480110	466996
按行业小类分							
旅游饭店	464349	4987703	930122	18571842	16573866	430691	418881
经济型连锁酒店	23305	134788	17980	803917	566845	4660	4378
其他一般旅馆	82189	834548	93348	2728774	1918545	38468	36602
民宿服务	1525	29202	2960	91823	75014	1061	1098
露营地服务	56	274	89	775	346	39	41
其他住宿业	15683	151947	9431	526942	414593	5192	5997
按登记注册类型分							
国有企业	13273	239530	7271	610374	218542	9435	6355
集体企业	5971	21018	847	53010	58063	664	648
股份合作企业	1776	1121		4338	4112	87	31
国有联营企业	79	586		9058	947	144	91
集体联营企业	3	68		2195	822	25	23
国有与集体联营企业	161	2794		4040	4377	2	1
其他联营企业	6	19		147	10		
国有独资公司	17094	320617	36430	922010	491954	3509	4051
其他有限责任公司	255846	2378111	495436	8328593	7633090	133271	129138
股份有限公司	12883	145132	11581	662734	294828	8033	8702
私营独资企业	22100	211625	12566	430679	209204	5866	5779
私营合伙企业	2077	20787	326	54643	37579	1335	1314
私营有限责任公司	145109	1422473	257666	5195746	4884933	48126	56523
私营股份有限公司	3686	35167	1434	98548	84031	353	242
其他企业	280	4096		4281	1371	9	13
与港澳台商合资经营企业	30141	200461	84757	971800	958638	44572	43911
与港澳台商合作经营企业	14798	188491	5003	499821	417339	2225	2886
港澳台商独资经营企业	33279	444302	122518	1678014	1279647	191040	175851
港澳台商投资股份有限公司	29	51		1823	5558	1612	1612
其他港澳台投资企业	19	160	39	272	501	1	1

股情况和经营形式分组的住宿业法人企业财务状况

单位：万元

损益及分配					营业成本	
营业收入	营业成本	税金及附加	投资收益（损失以“-”号记）	营业利润	应付职工薪酬（本年贷方累计发生额）	应交增值税
6924952	2909167	89499	32991	121995	1946547	202417
4896557	1925399	68245	31371	77727	1379081	142916
401015	189548	2383	512	26174	94699	10737
1341741	645177	15403	737	5249	389678	40990
20196	11550	270	-3	-805	7337	443
1858	1252	11		11	352	57
263585	136241	3187	374	13639	75401	7273
246905	76977	4044	690	1756	106300	7531
32249	14122	545	10	-314	10829	1465
1816	609	13	1	-178	885	34
2407	167	17		711	836	72
975	485	17		-19	317	23
1387	397	34		300	289	32
141		5		2	54	5
253939	102568	4648	4829	7760	92924	9246
2327919	967839	32297	713	-8842	640786	69957
167254	68867	3784	21030	23254	50111	5823
299462	168317	3953	1139	29760	89438	6224
54292	23430	527	85	3220	13847	1178
2298859	1002242	23612	3561	-1872	630094	64621
26110	16552	256	5	-1750	7600	859
1891	1213	37		-26	728	84
212873	68032	3042	757	-6145	58070	6759
131342	45494	2560	234	4274	35663	3419
394715	147385	4829	321	26142	90660	9738
684	162	2		-536	609	9
637	122	27		-81	353	19

2-7

项　目	期末资产负债						
	本年折旧	固定资产净值	在建工程	资产总计	负债合计	年初存货	期末存货
中外合资经营企业	12331	246957	7013	504370	604206	12306	12086
中外合作经营企业	1874	58795	3622	171476	196727	2075	2238
外资企业	14219	195375	6718	2490095	2228103	15413	15154
外商投资股份有限公司	85	659	705	212	895		
其他外商投资企业	-10	65		25795	-66268	9	347
按单位规模分							
大型	186952	2201426	318280	6777642	5442123	210567	195673
中型	191470	2143053	339729	9188252	8683574	160579	162303
小型	157065	1304589	210194	4649809	3811756	53942	50316
微型	51621	489393	185727	2108370	1611756	55023	58705
按星级分							
一星	3043	16069	1110	62436	41490	1215	1176
二星	5847	50301	292	140199	107456	3256	3080
三星	46358	326577	65558	3127442	2644724	36393	31369
四星	65565	523059	101944	2581889	2218315	28858	24811
五星	107985	1348068	238631	5117550	4129497	213169	201741
其他	358310	3874388	646395	11694557	10407726	197220	204820
按控股情况分							
国有控股	73511	970865	73740	3124989	1659798	47282	40315
集体控股	6738	35058	850	81503	70618	1034	1698
私人控股	352535	3341351	629851	11084258	10105496	149776	159090
港澳台商控股	67789	675353	177178	2585562	2182173	236615	220557
外商控股	17518	220364	22478	2695822	2398535	16160	15869
其他	66138	837754	148704	3048562	3118507	26863	26726
按经营形式分							
独立门店	467577	5145965	815754	18504384	15954032	438932	425662
连锁总店（总部）	7396	26972	516	501409	346791	757	700
连锁直营店	2926	10003	1486	316593	285066	1150	720
连锁加盟店	6428	39858	14121	208001	197902	1977	2506
其他	102154	903677	213460	3092774	2694253	37219	37332

续表 1

单位：万元

损益及分配					营业成本	
营业收入	营业成本	税金及附加	投资收益(损失以“-”号记)	营业利润	应付职工薪酬(本年贷方累计发生额)	应交增值税
96362	27703	1600		-16649	33467	2554
64694	16594	751	17	4064	18676	3477
225091	109370	2649	-398	35068	47274	7522
1160	140	48		-330	312	12
81790	50380	205		22426	16427	1755
1965309	798279	28934	26229	196750	494483	48570
2206527	770923	27032	2992	-58138	660602	70498
2214073	1033779	25169	2113	-27068	600194	65713
539043	306186	8364	1657	10450	191268	17636
36632	17771	281	85	3027	11617	826
97276	44909	2445	432	9108	29464	2967
603102	246896	7581	1405	23636	194839	19900
769944	278922	12110	1106	-638	222952	23925
1424388	469380	19224	23879	130618	349683	36916
3993610	1851288	47858	6084	-43757	1137992	117883
930835	328956	19046	26622	58892	324147	34294
58466	31532	756	41	921	21495	2068
4094854	1869404	47263	5626	3597	1124909	113788
627140	226947	7902	353	18707	152253	15555
296398	134621	3314	-367	42701	60628	8775
886927	307947	10895	716	3893	245003	27327
5470499	2278453	73301	30846	98350	1564176	162434
140712	83328	672	1234	15164	28584	4570
123575	44463	614	2	4697	24598	3087
216901	108573	1553	198	6899	53391	4764
970933	392720	13054	711	-2089	274606	27526

2-8 按行业小类、登记注册类型、单位规模、星级和

项 目	年初存货	期末资产负债			
		流动资产合计	应收账款	存货	固定资产原价
住宿业	399078	10122381	465728	381530	10249110
按行业小类分					
旅游饭店	379826	8798345	372219	365793	9116446
一般旅馆	17162	1170683	84241	13780	1028537
经济型连锁酒店	2166	400430	10090	1896	156438
其他一般旅馆	14997	770253	74151	11884	872100
民宿服务	85	1973	-3	41	2072
露营地服务	38	137	41	39	971
其他住宿业	1967	151243	9230	1877	101084
按登记注册类型分					
内资企业	151875	6432597	406863	149427	7436651
国有企业	8686	209030	13447	5747	470937
集体企业	576	15583	2970	521	47685
股份合作企业	87	443	208	31	3662
联营企业	147	7679	522	94	8102
国有联营企业	144	7613	468	91	6366
集体联营企业	3	65	54	3	1736
国有与集体联营企业					
其他联营企业					
有限责任公司	103270	3954301	188773	96339	4545552
国有独资公司	3123	325388	9253	3620	572468
其他有限责任公司	100147	3628913	179520	92719	3973084
股份有限公司	3855	311964	27469	3868	292079
私营企业	35245	1933422	173414	42815	2064778
私营独资企业	2437	74793	24022	2754	125730
私营合伙企业	700	16036	3280	691	26574
私营有限责任公司	31805	1825592	144735	39184	1891485
私营股份有限公司	303	17002	1377	187	20988
其他企业	9	177	61	13	3857
港、澳、台商投资企业	228092	1236641	45066	212609	1828370

控股情况分组的限额以上住宿业法人企业财务状况

单位：万元

固定资产净值	累计折旧		在建工程	资产总计	流动负债合计	非流动负债合计
		本年折旧				
5288134	4956632	491861	790521	19483838	10718733	6339649
4669540	4444767	434027	743202	17092472	9501138	5791399
557724	468608	51886	45355	2152731	1145159	440549
70732	85419	10520	2925	521772	257520	82585
486992	383189	41366	42430	1630960	887639	357964
390	1682	123		2882	556	403
262	709	55	89	683	259	
60218	40867	5771	1874	235070	71621	107299
4055243	3377064	391485	621673	13767722	6876684	5211117
206144	264794	12378	5029	549131	159038	24153
16037	31648	2866	732	43315	33044	16313
1050	2613	1776		4180	1861	2771
586	5780	79		11048	1370	
586	5780	79		9058	947	
				1990	424	
2578181	1968349	256234	446012	8620963	4147151	3505283
309479	262989	16698	34343	895947	334138	135001
2268702	1705360	239537	411669	7725016	3813013	3370282
140062	152017	11927	10808	631573	113569	157735
1110387	950804	106188	159092	3904540	2419408	1504768
66167	58844	4687	8839	169934	82550	23652
14999	11575	1072	326	33090	14779	10878
1022993	865623	97977	149413	3653162	2288007	1468323
6227	14761	2452	514	48353	34072	1914
2796	1061	37		2973	1243	94
760990	1067380	72700	158098	2642483	1190592	878766

2-8

项　目	年初存货	期末资产负债			
		流动资产合计	应收账款	存货	固定资产原价
与港澳台商合资经营企业	44380	438583	8523	43748	487083
与港澳台商合作经营企业	2225	154979	17305	2793	376106
港澳台商独资经营企业	181472	642850	19231	166054	964655
港澳台商投资股份有限公司	13	157		13	297
其他港澳台投资企业	1	73	7	1	229
外商投资企业	19112	2453143	13799	19494	984089
中外合资经营企业	1667	157818	5800	1799	372108
中外合作经营企业	2075	76812	4153	2238	155547
外资企业	15370	2216177	4844	15119	454550
外商投资股份有限公司		-1692	-1912		1882
其他外商投资企业		4027	913	339	2
按单位规模分					
大型	210391	2918764	122428	195488	4122585
中型	148065	5324154	138269	150161	4253533
小型	39946	1802712	194617	35300	1740384
微型	675	76751	10415	581	132608
按星级分					
一星	113	6575	2562	42	11603
二星	1630	38672	1610	1757	70656
三星	31891	2341815	69509	27124	648298
四星	27812	1093573	55584	23673	1144409
五星	212443	2620267	110755	200759	3026699
其他	125188	4021478	225708	128176	5347446
按控股情况分					
国有控股	30408	1264869	56404	23646	1980181
集体控股	928	22572	3908	1564	72735
私人控股	98533	3915546	275262	104037	4485736
港澳台商控股	225423	1066942	26657	209148	1529613
外商控股	16108	2327823	4036	15825	539073
其他	25344	1487412	97716	24618	1553795

续表 1

单位：万元

固定资产净值	累计折旧	本年折旧	在建工程	资产总计	流动负债合计	非流动负债合计
153124	333959	26509	50103	785142	461574	223080
186621	189485	14684	5003	424108	200264	95320
421033	543622	31461	102953	1432740	524275	560366
51	245	29		221	3978	
160	69	19	39	272	501	
471901	512188	27677	10751	3073633	2651457	249766
242138	129970	11812	2923	447515	471848	94072
39747	115800	1874	795	149601	102527	94199
189357	265194	13905	6327	2472289	2154121	61496
659	1223	85	705	200	895	
1	1	1		4028	-77935	
2200984	1921601	186952	302704	6740785	2703343	2696051
2098775	2156037	186845	322404	9017396	5840096	2673727
951257	784403	114448	159797	3550869	2039865	957986
37118	94591	3616	5617	174787	135429	11885
6976	4627	558	182	19106	11157	517
20055	50601	2755	78	77073	72305	8601
242560	405314	26553	48766	2841089	2259220	211472
489839	654402	61530	95184	2284090	1201555	783944
1274870	1751829	101366	212501	4983487	2135967	1858663
3253834	2089859	299099	433810	9278994	5038528	3476453
944102	1035942	71056	69412	3022948	1257256	301977
29424	41575	3502	732	68977	43598	16419
2632327	1849876	270791	449330	8667065	4746118	3731432
616372	913240	62924	135092	2221739	957464	801971
219461	319613	17328	7098	2623964	2207808	140694
813290	741566	63634	127729	2801554	1498033	1343911

2-8

项 目	负债合计	所有者权益			
			实收资本		
				国家资本	集体资本
住宿业	17227334	2256264	5224513	895729	60106
按行业小类分					
旅游饭店	15449458	1643369	4403577	806309	47181
一般旅馆	1597739	554397	770991	88087	5719
经济型连锁酒店	340139	181632	199121	40014	267
其他一般旅馆	1257600	372765	571869	48073	5452
民宿服务	959	1922	736	531	5
露营地服务	259	425	293		
其他住宿业	178919	56150	48917	802	7200
按登记注册类型分					
内资企业	12130478	1637004	3697949	782054	58785
国有企业	183194	365937	198237	155684	
集体企业	49357	-6041	23756		23600
股份合作企业	4005	175	1996		498
联营企业	1370	9678	8000		8000
国有联营企业	947	8111	6000		6000
集体联营企业	424	1567	2000		2000
国有与集体联营企业					
其他联营企业					
有限责任公司	7672226	948348	1801503	611699	20433
国有独资公司	469140	426807	314708	291436	198
其他有限责任公司	7203087	521540	1486795	320262	20235
股份有限公司	271304	360269	226604	13871	130
私营企业	3947685	-42996	1435801	801	4077
私营独资企业	105676	64053	63066		
私营合伙企业	25657	7433	9229		
私营有限责任公司	3780366	-126849	1346106	801	4077
私营股份有限公司	35986	12367	17400		
其他企业	1337	1635	2053		2047
港、澳、台商投资企业	2192019	450464	1104365	81129	1310

续表 2

单位：万元

				损益及分配		
法人资本	个人资本	港澳台资本	外商资本	营业收入	主营业务收入	营业成本
2403205	878346	759704	227424	5551491	5459414	2155546
2077458	637566	653591	181473	4532583	4453548	1718026
302291	226577	102365	45951	915018	902615	396572
118207	40301	319	13	218332	216633	103594
184084	186276	102047	45938	696686	685983	292978
100	100			3133	3053	1149
	293			1765	1682	1204
23356	13811	3748		98992	98517	38596
1945966	866043	29264	15836	4467786	4389124	1755564
42553				234962	228613	69091
56	100			23633	22792	9800
1488	10			1164	1164	403
				2582	2582	171
				2407	2407	167
				175	175	4
724278	401441	27904	15748	2399035	2352904	963829
23074				251612	247433	101294
701205	401441	27904	15748	2147423	2105471	862535
179614	32989			152649	149773	61164
997974	431501	1360	88	1651947	1629480	649984
24754	36952	1360		111239	110446	56486
2299	6930			28333	27852	12438
961286	379854		88	1494431	1473292	570699
9635	7765			17944	17890	10362
3	3			1815	1815	1122
274089	6749	728487	12602	681908	675646	237710

2-8

项 目	负债合计	所有者权益	实收资本	国家资本	集体资本
与港澳台商合资经营企业	806889	-21747	197627	6047	1190
与港澳台商合作经营企业	295256	128852	239647	75082	120
港澳台商独资经营企业	1085395	347345	666941		
港澳台商投资股份有限公司	3978	-3757	50		
其他港澳台投资企业	501	-229	100		
外商投资企业	2904838	168795	422199	32546	10
中外合资经营企业	569534	-122019	67554	3177	
中外合作经营企业	196727	-47125	99576	29330	
外资企业	2215617	256673	253022	39	10
外商投资股份有限公司	895	-695	1269		
其他外商投资企业	-77935	81962	778		
按单位规模分					
大型	5399393	1341392	1403720	330325	120
中型	8526692	490704	2046902	383675	25667
小型	3030901	520323	1732506	162384	34164
微型	270347	-96155	41386	19345	155
按星级分					
一星	11674	7433	7995	1339	
二星	80909	-3836	44311	18569	50
三星	2470975	370114	464499	129595	23459
四星	1987770	296674	561124	124451	3818
五星	3994630	988856	1901500	145099	
其他	8681376	597023	2245085	476676	32778
按控股情况分					
国有控股	1559233	1463716	1009365	672394	8056
集体控股	60017	8961	30361		28324
私人控股	8499074	167752	2195380	72878	4629
港澳台商控股	1882424	339315	988500	2043	1270
外商控股	2352117	271847	324553	2786	10
其他	2862765	-61212	597349	67295	17817

续表 3

单位：万元

				损益及分配		
法人资本	个人资本	港澳台资本	外商资本	营业收入	主营业务收入	营业成本
57668	6284	126188	250	193688	192450	63735
19124	440	132529	12352	130346	130216	45206
197146	25	469770		356562	351669	128485
50				674	674	162
100				637	637	122
183151	5554	1953	198986	401797	394645	162273
32575	350	150	31302	90939	88160	22475
52914	5000	1800	10532	64694	63797	16594
97084	4	3	155882	198003	194527	96431
			1269	1160	1160	140
578	200			47000	47000	26633
535326	246796	238270	52883	1917761	1908014	791976
822527	272882	406799	135352	2132862	2089870	722514
1036369	345829	114571	39189	1452707	1416948	616591
8982	12840	63		48161	44583	24466
927	5729			15660	15477	4610
18671	5026	1995		46589	44497	16371
197597	61303	31684	20861	468153	454152	172609
241376	134398	40173	16907	703477	686494	240718
1049915	88168	475725	142593	1345324	1327850	431111
894720	583723	210127	47062	2972288	2930944	1290128
303300	19387	4294	1934	908155	887475	312600
356	1682			46416	43568	25285
1353540	751800	5748	6786	2908598	2871906	1217129
289330	5413	690443		573265	565065	202978
124154	4	3	197596	248222	243386	108022
331853	100060	59216	21107	837225	819193	280105

2-8

项　目	税金及附加	其他业务利润	销售费用	管理费用	财务费用
住宿业	73171	56837	1544712	1446737	285909
按行业小类分					
旅游饭店	63232	45676	1262203	1180177	257588
一般旅馆	8473	10113	249080	241032	21125
经济型连锁酒店	1131	885	56369	47879	1766
其他一般旅馆	7342	9229	192711	193153	19359
民宿服务	74		1083	630	-17
露营地服务	11		408	132	10
其他住宿业	1380	1049	31939	24766	7204
按登记注册类型分					
内资企业	58401	41443	1271708	1141727	245372
国有企业	3835	1171	82028	73968	1051
集体企业	350	338	7527	6619	659
股份合作企业	9		398	524	1
联营企业	33		1564	79	10
国有联营企业	17		1459	42	10
集体联营企业	16		105	37	
国有与集体联营企业					
其他联营企业					
有限责任公司	34649	21692	641185	593381	163837
国有独资公司	4567	2664	72165	62938	3778
其他有限责任公司	30082	19028	569021	530443	160059
股份有限公司	3636	185	37667	44933	4550
私营企业	15854	18058	501018	421861	75263
私营独资企业	1729	1440	24205	19391	1950
私营合伙企业	330	64	7797	5865	473
私营有限责任公司	13629	16553	464418	393968	72374
私营股份有限公司	167		4598	2637	466
其他企业	34		321	362	3
港、澳、台商投资企业	9815	14753	175037	202103	38615

续表 4

单位：万元

				人工成本及增值税	
营业利润	营业外收入	利润总额	所得税费用	应付职工薪酬（本年贷方累计发生额）	应交增值税
68701	83022	125897	72996	1528843	165413
77047	73887	132115	64279	1270696	130733
-3179	5946	-4071	7338	230777	30947
6423	1568	7720	2726	47901	5216
-9602	4378	-11792	4612	182876	25730
215	4	215	66	1057	116
			9	283	57
-5382	3185	-2362	1304	26031	3561
18044	73805	71697	55058	1248771	133604
3876	10679	13508	3847	99663	7200
-1323	240	-1135	95	8036	1222
-170		-686	3	605	19
725		724	178	941	72
711		711	178	836	72
13		13		106	
7777	29893	26640	34238	677816	74102
8343	971	8019	3974	91849	9164
-566	28921	18621	30264	585967	64938
22314	1383	23345	3083	46395	5405
-15129	31594	9314	13583	414671	45504
7100	2054	7844	2722	26737	2597
1421	62	1457	206	6149	727
-23359	29420	252	10552	377048	41491
-292	59	-239	102	4738	689
-26	16	-13	32	644	81
19697	6969	21630	11318	174273	17873

2-8

项　目	税金及附加	其他业务利润	销售费用	管理费用	财务费用
与港澳台商合资经营企业	2723	12486	59805	53874	16629
与港澳台商合作经营企业	2535	22	31199	43110	4300
港澳台商独资经营企业	4529	2245	83616	103971	17682
港澳台商投资股份有限公司	1		8	991	3
其他港澳台投资企业	27		410	157	2
外商投资企业	4955	641	97966	102908	1921
中外合资经营企业	1583	12	35897	42137	4510
中外合作经营企业	672	544	25746	16636	916
外资企业	2579	84	33207	39276	-3823
外商投资股份有限公司	48	1	505	784	4
其他外商投资企业	74		2612	4075	315
按单位规模分					
大型	28799	14125	374944	428318	137918
中型	26264	20751	742407	603126	102711
小型	17193	21947	419097	398574	45119
微型	915	16	8264	16718	160
按星级分					
一星	110		5374	3781	75
二星	1011	3557	16769	9244	469
三星	5898	8380	155294	118325	-74
四星	11193	7231	230436	176607	45121
五星	18695	20687	358180	372502	76456
其他	36264	16982	778660	766278	163863
按控股情况分					
国有控股	18472	4853	267768	252591	16343
集体控股	549	338	11305	8709	662
私人控股	32909	23897	790222	712943	190164
港澳台商控股	7541	14753	143371	169831	34271
外商控股	3175	156	46921	60976	-1743
其他	10216	12840	272025	227673	46506

续表 5

单位：万元

				人工成本及增值税	
营业利润	营业外收入	利润总额	所得税费用	应付职工薪酬（本年贷方累计发生额）	应交增值税
-1919	2959	1106	1611	52420	6276
4296	558	4193	3619	35407	3389
17891	3448	16897	6086	85687	8181
-490	3	-487		406	9
-81	2	-79	1	353	19
30961	2248	32570	6620	105800	13936
-15660	390	-15414	78	29513	2429
4147	192	4229	996	18644	3402
29503	1538	30655	5474	45069	6902
-320		-320	2	311	11
13292	128	13420	71	12263	1192
182026	40273	216106	43055	486856	47309
-62947	24896	-47701	17957	642007	68784
-44731	14918	-39710	11683	391228	47260
-5647	2935	-2798	301	8752	2060
1741		1740	19	3841	418
2935	873	3697	1093	14249	1824
17517	3772	18362	6366	154048	15760
-1094	4736	-801	7952	205546	22350
112206	21113	131127	25957	340182	35501
-64604	52528	-28228	31610	810977	89560
63260	6297	65176	21686	314575	33852
-55	314	203	429	17336	1742
-36839	46864	-2173	25188	751136	81577
15203	6396	17014	8190	142652	13723
30065	1698	31299	5554	57023	8099
3704	13462	13078	11871	228453	25828

2-9 按行业小类、登记注册类型、单位规模、星级、

	本年折旧	固定资产净值	在建工程	资产总计	负债合计	年初存货
住宿业	95246	850328	263409	3240235	2321874	81033
按行业小类分						
旅游饭店	30323	318163	186920	1479370	1124408	50865
经济型连锁酒店	12785	64057	15055	282145	226706	2494
其他一般旅馆	40823	347556	50918	1097815	660945	23471
民宿服务	1402	28812	2960	88941	74055	977
露营地服务	1	11		92	88	1
其他住宿业	9912	91729	7556	291872	235673	3224
按登记注册类型分						
国有企业	896	33387	2242	61243	35348	749
集体企业	3105	4981	115	9695	8707	88
股份合作企业		71		159	107	
国有联营企业						
集体联营企业	3	68		204	398	23
国有与集体联营企业	161	2794		4040	4377	2
其他联营企业	6	19		147	10	
国有独资公司	396	11138	2087	26063	22814	386
其他有限责任公司	16309	109409	83767	603576	430003	33124
股份有限公司	956	5070	773	31160	23524	4178
私营独资企业	17413	145458	3727	260745	103529	3429
私营合伙企业	1005	5788		21552	11922	634
私营有限责任公司	47133	399479	108254	1542584	1104567	16321
私营股份有限公司	1234	28940	920	50195	48045	50
其他企业	244	1300		1308	34	
与港澳台商合资经营企业	3632	47337	34653	186658	151749	192
与港澳台商合作经营企业	115	1870		75712	122083	
港澳台商独资经营企业	1818	23269	19565	245275	194253	9568
港澳台商投资股份有限公司				1603	1580	1599
其他港澳台投资企业						

控股情况和经营形式分限额以下住宿业法人企业财务状况

单位：万元

期末存货	营业收入	营业成本	税金及附加	投资收益	营业利润	应付职工薪酬	应交增值税
85466	1373461	753621	16329	3351	53294	417705	37004
53088	363974	207373	5013	1474	681	108385	12183
2483	182683	85954	1252	367	19751	46798	5521
24718	645055	352200	8061	1162	14851	206802	15260
1056	17063	10401	196	-3	-1020	6280	327
2	93	48			10	69	1
4120	164594	97645	1807	352	19021	49370	3712
608	11944	7887	209		-2120	6638	332
127	8616	4322	194	10	1009	2793	244
	653	206	4		-8	280	16
20	800	481	1		-33	211	22
1	1387	397	34		300	289	32
	141		5		2	54	5
431	2327	1275	81		-583	1075	82
36418	180496	105304	2215	129	-8276	54819	5019
4835	14604	7703	148	57	940	3715	418
3025	188223	111831	2224	1135	22659	62701	3627
624	25959	10992	197	85	1799	7698	451
17339	804428	431543	9983	1910	21487	253047	23130
55	8166	6191	89	5	-1458	2862	170
	76	91	3			84	3
164	19185	4297	319		-4225	5650	484
92	996	288	25		-22	256	30
9797	38153	18900	300	21	8251	4974	1558
1599	9		1		-47	203	

2-9

	本年折旧	固定资产净值	在建工程	资产总计	负债合计	年初存货
中外合资经营企业	519	4820	4090	56856	34673	10639
中外合作经营企业	0	19049	2827	21875		
外资企业	314	6018	391	17806	12486	43
外商投资股份有限公司				11		
其他外商投资企业	-11	64		21768	11667	9
按单位规模分						
大型		442	15576	36856	42729	175
中型	4625	44278	17325	170856	156882	12514
小型	42616	353333	50397	1098940	780855	13995
微型	48005	452275	180111	1933583	1341409	54348
按星级分						
一星	2485	9093	928	43330	29816	1102
二星	3091	30246	214	63126	26547	1626
三星	19804	84017	16792	286353	173749	4502
四星	4035	33219	6760	297800	230545	1045
五星	6619	73198	26130	134064	134867	726
其他	59211	620554	212585	2415563	1726350	72032
按控股情况分						
国有控股	2456	26762	4329	102041	100565	16874
集体控股	3236	5634	118	12525	10601	106
私人控股	81744	709024	180521	2417193	1606422	51243
港澳台商控股	4865	58981	42085	363824	299749	11192
外商控股	190	903	15380	71858	46418	51
其他	2504	24464	20975	247008	255741	1520
按经营形式分						
独立门店	76939	664146	196865	2054574	1419162	59207
连锁总店（总部）	1103	6382	6	66493	50804	211
连锁直营店	740	3595	400	32773	28127	294
连锁加盟店	4998	26548	9831	159942	142026	1088
其他	10838	137669	47714	825542	610592	20158

续表 1

单位：万元

期末存货	营业收入	营业成本	税金及附加	投资收益	营业利润	应付职工薪酬	应交增值税
10286	5423	5228	17		-989	3954	125
			79		-83	32	75
36	27088	12940	69		5566	2205	621
					-10	1	1
8	34790	23747	131		9134	4164	563
185	47548	6303	135		14724	7627	1261
12142	73665	48409	768	29	4809	18595	1713
15016	761366	417188	7976	1687	17663	208966	18453
58123	490882	281720	7450	1636	16098	182516	15577
1134	20971	13162	171	64	1286	7776	408
1324	50688	28539	1434	432	6174	15216	1143
4245	134949	74287	1683	617	6119	40791	4141
1138	66467	38204	917	574	456	17406	1575
982	79065	38269	529	-249	18412	9501	1415
76644	1021321	561160	11595	1914	20847	327015	28323
16669	22680	16356	575		-4368	9572	442
135	12050	6246	207	11	976	4159	326
55053	1186256	652274	14354	3216	40436	373773	32211
11409	53874	23969	362	21	3504	9602	1831
44	48175	26599	139		12636	3605	676
2108	49702	27843	679	105	189	16550	1499
61834	941756	508794	11514	3170	41273	296299	25537
194	43280	23060	291	34	10791	6390	1755
297	35081	24048	202	2	-328	7904	728
1724	158190	85866	1089	198	7428	39235	3436
21341	192821	110223	2926	-53	-4845	66683	5511

2-10 按行业小类、登记注册类型、单位规模、控股情况和经营形式分组的餐饮业法人企业基本情况

项 目	单位数（个）	从业人员期末人数（人）	
			其中：女性
餐饮业	38853	611225	305743
按行业小类分			
正餐服务	29369	408560	195778
快餐服务	2697	124090	70083
茶馆服务	115	650	318
咖啡馆服务	372	13290	9453
酒吧服务	378	3676	1454
其他饮料及冷饮服务	634	12214	7217
餐饮配送服务	1236	18360	8493
外卖送餐服务	73	2642	284
小吃服务	1559	9600	4753
其他未列明餐饮业	2420	18143	7910
按登记注册类型分			
国有企业	50	2996	1576
集体企业	68	1645	897
股份合作企业	166	2075	969
国有联营企业	1	15	2
集体联营企业	2	8	3
国有与集体联营企业	2	22	14
其他联营企业	1	1	
国有独资公司	14	1410	787
其他有限责任公司	4835	117872	59459
股份有限公司	279	7493	3388
私营独资企业	4426	45017	23942
私营合伙企业	426	6305	3231
私营有限责任公司	27646	292120	135396
私营股份有限公司	223	3388	1629
其他企业	18	321	174

2-10 续表 1

项 目	单位数（个）	从业人员期末人数（人）	其中：女性
与港澳台商合资经营企业	90	4555	2337
与港澳台商合作经营企业	18	2884	1474
港澳台商独资经营企业	370	50176	30255
港澳台商投资股份有限公司	6	77	39
其他港澳台投资企业	5	295	208
中外合资经营企业	46	26295	15562
中外合作经营企业	3	209	85
外资企业	134	45041	23857
外商投资股份有限公司	6	422	200
其他外商投资企业	18	583	259
按单位规模分			
大型	91	170867	97229
中型	466	97927	47388
小型	7159	219023	107245
微型	31137	123408	53881
按控股情况分			
国有控股	104	10995	5036
集体控股	206	3000	1600
私人控股	36533	429492	206218
港澳台商控股	476	80753	48097
外商控股	156	47068	24742
其他	1364	39755	19980
按经营形式分			
独立门店	28752	339537	162919
连锁总店（总部）	680	104196	59210
连锁直营店	700	80707	44653
连锁加盟店	750	7542	3638
其他	7392	78506	34996

2-11 按行业小类、登记注册类型、单位规模和控股情况分组的限额以上餐饮业法人企业基本情况

项　目	法人企业数（个）	从业人员期末人数（人）	年末餐饮营业面积（万平方米）
餐饮业	3491	376595	650.3
按行业小类分			
正餐服务	3039	221382	535.6
快餐服务	155	109568	72.7
茶馆服务	5	150	0.4
咖啡馆服务	7	11936	12.8
酒吧服务	21	848	2.7
其他饮料及冷饮服务	24	9642	3.2
餐饮配送服务	149	12682	10
外卖送餐服务	6	2065	0.7
小吃服务	21	3941	3.8
其他未列明餐饮业	64	4381	8.5
按登记注册类型分			
国有企业	19	2576	3.7
集体企业	25	1298	4.2
股份合作企业	29	1305	3.5
国有联营企业			
集体联营企业			
国有与集体联营企业			
其他联营企业			
国有独资公司	9	1359	2.2
其他有限责任公司	719	84382	148
股份有限公司	33	5472	13
私营独资企业	478	18638	61.3
私营合伙企业	70	3926	12

2-11 续表 1

项　目	法人企业数（个）	从业人员期末人数（人）	年末餐饮营业面积（万平方米）
私营有限责任公司	1786	129203	279.8
私营股份有限公司	32	1853	5.5
其他企业	8	247	1.3
与港澳台商合资经营企业	34	4140	9.9
与港澳台商合作经营企业	11	2830	4.5
港澳台商独资经营企业	168	47823	51.7
港澳台商投资股份有限公司	2	48	0.1
其他港澳台投资企业	1	206	0.2
中外合资经营企业	12	25964	23.3
中外合作经营企业	2	199	0.6
外资企业	48	44241	23
外商投资股份有限公司	2	401	0.3
其他外商投资企业	3	484	2.2
按单位规模分			
大型	85	166045	117.3
中型	424	88576	145.5
小型	2740	120619	372.6
微型	242	1355	14.9
按控股情况分			
国有控股	47	10276	17.1
集体控股	35	1842	5
私人控股	2859	208243	454.8
港澳台商控股	211	78194	84.9
外商控股	61	46112	27.4
其他	278	31928	61.1

2-12 按行业小类、登记注册类型、单位规模、控股情况和经营形式分组的限额以下餐饮业法人企业基本情况

项　目	法人企业数（个）	从业人员期末人数（人）	年末餐饮营业面积（万平方米）
餐饮业	35362	234630	879.3
按行业小类分			
正餐服务	26330	187178	740.8
快餐服务	2542	14522	40.9
茶馆服务	110	500	2.5
咖啡馆服务	365	1354	4.4
酒吧服务	357	2828	11.5
其他饮料及冷饮服务	610	2572	5.1
餐饮配送服务	1087	5678	16.8
外卖送餐服务	67	577	0.5
小吃服务	1538	5659	13.5
其他未列明餐饮业	2356	13762	43.3
按登记注册类型分			
国有企业	31	420	2.7
集体企业	43	347	2.2
股份合作企业	137	770	1.9
国有联营企业	1	15	
集体联营企业	2	8	
国有与集体联营企业	2	22	0.2
其他联营企业	1	1	
国有独资公司	5	51	0.1
其他有限责任公司	4116	33490	106.4
股份有限公司	246	2021	7.4
私营独资企业	3948	26379	110.9
私营合伙企业	356	2379	8.2
私营有限责任公司	25860	162917	617.6
私营股份有限公司	191	1535	6.4
其他企业	10	74	1.4

2-12 续表 1

项 目	法人企业数（个）	从业人员期末人数（人）	年末餐饮营业面积（万平方米）
与港澳台商合资经营企业	56	415	1.6
与港澳台商合作经营企业	7	54	0.6
港澳台商独资经营企业	202	2353	8.6
港澳台商投资股份有限公司	4	29	
其他港澳台投资企业	4	89	0.1
中外合资经营企业	34	331	0.6
中外合作经营企业	1	10	
外资企业	86	800	2
外商投资股份有限公司	4	21	0.1
其他外商投资企业	15	99	0.2
按单位规模分			
大型	6	4822	2.7
中型	42	9351	8.6
小型	4419	98404	259.1
微型	30895	122053	609
按控股情况分			
国有控股	57	719	5.7
集体控股	171	1158	5.3
私人控股	33674	221249	825.1
港澳台商控股	265	2559	10.4
外商控股	95	956	2.2
其他	1086	7827	29.2
按经营形式分			
独立门店	25904	168546	704.4
连锁总店（总部）	544	13269	19.8
连锁直营店	614	7841	17.3
连锁加盟店	731	6489	18.9
其他	6990	37748	111.2

2-13 按行业小类、登记注册类型、单位规模、控股情况和经营形式分组的餐饮业法人企业经营情况

项 目	营业额		
		客房收入	餐费收入
餐饮业	11577309	265537	10553918
按行业小类分			
正餐服务	7138378	260130	6507297
快餐服务	2616869	1269	2536988
茶馆服务	10916	266	8733
咖啡馆服务	382669	5	354897
酒吧服务	48011	317	45313
其他饮料及冷饮服务	326277	331	241663
餐饮配送服务	534875	546	409883
外卖送餐服务	23922		11067
小吃服务	177951	701	148349
其他未列明餐饮业	317443	1975	289726
按登记注册类型分			
国有企业	56811	12245	38857
集体企业	47738	10314	27120
股份合作企业	50770	37	50645
国有联营企业	340		309
集体联营企业	138		138
国有与集体联营企业	214		214
其他联营企业	10		
国有独资公司	35255	1059	20847
其他有限责任公司	2262623	87598	1968116
股份有限公司	183627	1843	139444
私营独资企业	661220	17871	617491
私营合伙企业	111280	2347	106511
私营有限责任公司	4946227	109595	4522919
私营股份有限公司	58573	7584	47879
其他企业	4482	461	3978

2-13 续表 1

项 目	营业额	客房收入	餐费收入
与港澳台商合资经营企业	103816	977	92562
与港澳台商合作经营企业	87322	432	81292
港澳台商独资经营企业	1271344	5849	1206609
港澳台商投资股份有限公司	735		734
其他港澳台投资企业	4395		4395
中外合资经营企业	431989	1084	427773
中外合作经营企业	4590	2228	2084
外资企业	1216683	859	1174308
外商投资股份有限公司	21810	3149	4380
其他外商投资企业	15319	5	15313
按单位规模分			
大型	4098238	43732	3777792
中型	2253182	92588	1962749
小型	3898955	116549	3602773
微型	1326934	12669	1210603
按控股情况分			
国有控股	313993	26615	213687
集体控股	69201	10546	46060
私人控股	7225265	174608	6642681
港澳台商控股	1827218	8889	1745569
外商控股	1271830	5093	1207375
其他	868991	39787	697778
按经营形式分			
独立门店	5850309	239996	5252571
连锁总店（总部）	2324517	1148	2193857
连锁直营店	1806413	571	1753637
连锁加盟店	101190	3092	87133
其他	1490790	20713	1262895

2-14 按行业小类、登记注册类型、单位规模和控

项　目	营业额	客房收入	通过公共网络实现的客房收入	通过非自营平台实现的客房收入	餐费收入	通过公共网络实现的餐费收入
餐饮业	8522938	231326	15694	3702	7676675	457245
按行业小类分						
正餐服务	4728699	230469	15694	3702	4236007	184438
快餐服务	2423104	145			2352730	247121
饮料及冷饮服务	678484	308			566268	18826
茶馆服务	4047	165			2526	1299
咖啡馆服务	362286				335088	10681
酒吧服务	14424	144			13271	525
其他饮料及冷饮服务	297728				215382	6322
餐饮配送及外卖送餐服务	452932	118			322433	3413
餐饮配送服务	433987	118			315927	3413
外卖送餐服务	18945				6506	
其他餐饮业	239719	285			199239	3449
小吃服务	120786	285			95703	3449
其他未列明餐饮业	118933				103536	
按登记注册类型分						
内资企业	5440094	217567	15015	3345	4739862	270747
国有企业	50629	11545	82		33901	2628
集体企业	41087	10177	5		20635	
股份合作企业	42397				42394	1547
联营企业						
国有联营企业						
集体联营企业						
国有与集体联营企业						
其他联营企业						
有限责任公司	1849501	82849	4439	346	1567078	57220
国有独资公司	34911	1015	43	43	20548	248
其他有限责任公司	1814589	81834	4396	303	1546530	56971
股份有限公司	150997	1698	9	7	107935	2953

股情况分组的限额以上餐饮业法人企业经营情况

单位：万元

通过非自营平台实现的餐费收入	商品销售额	其他收入	外卖送餐服务收入	客房数（间）	床位数（个）	餐位数（万位）
214740	410300	204637	40957	4468	7319	239.6
38305	126901	135322	5467	4428	7005	190.6
172643	26989	43240	22229	1	2	35.1
1775	110450	1459	44	6	9	3.9
1299	566	790		3	5	0.1
	27154	44	44			2.3
16	815	194		3	4	0.5
461	81916	430				1.0
33	109733	20647	12247	30	300	4.0
33	108994	8948	547	30	300	3.1
	740	11700	11700			0.9
1985	36226	3969	970	2	3	5.9
1985	22903	1894	970	2	3	2.0
	13323	2075				3.9
111243	324970	157695	18638	4232	6924	200.3
2109	318	4865		145	243	1.1
	2964	7311		89	153	0.7
573	3			0	0	1.3
14805	141912	57663	7981	1469	2392	62.5
248	4696	8653		21	38	0.7
14557	137215	49010	7981	1448	2355	61.7
2049	33588	7776	158	43	64	4.6

2-14

项目	营业额	客房收入	通过公共网络实现的客房收入	通过非自营平台实现的客房收入	餐费收入	通过公共网络实现的餐费收入
私营企业	3301591	110838	10481	2993	2964489	206400
私营独资企业	329430	14238	510	137	305321	4811
私营合伙企业	80144	2106	1		77121	3001
私营有限责任公司	2851002	87540	8138	2855	2550231	195874
私营股份有限公司	41015	6954	1832		31816	2715
其他企业	3892	461			3431	
港、澳、台商投资企业	1418396	6895	467	357	1337951	40188
与港澳台商合资经营企业	99903	972	28		88866	10712
与港澳台商合作经营企业	82951	335	12		77420	7605
港澳台商独资经营企业	1230640	5588	427	357	1166764	21871
港澳台商投资股份有限公司	730				729	
其他港澳台投资企业	4172				4172	
外商投资企业	1664448	6863	212		1598863	146310
中外合资经营企业	427571	1084	205		423429	52600
中外合作经营企业	4418	2228			1912	
外资企业	1196653	402			1155144	93685
外商投资股份有限公司	21685	3149	7		4256	26
其他外商投资企业	14122				14122	
按单位规模分						
大型	3982135	43732	3659	1088	3661690	273312
中型	2034366	88109	7965	1698	1750999	95613
小型	2426515	98024	4063	916	2198443	87105
微型	79921	1461	7		65544	1215
按控股情况分						
国有控股	304850	25830	454	43	206507	7422
集体控股	52249	10232	5		29470	939
私人控股	4389765	143140	12491	3059	3973624	246712
港澳台商控股	1772713	8536	478	378	1692705	90904
外商控股	1249437	4635	212		1185917	93724
其他	753924	38952	2055	222	588452	17544

续表 1

单位：万元

通过非自营平台实现的餐费收入	商品销售额	其他收入	外卖送餐服务收入	客房数（间）	床位数（个）	餐位数（万位）
91707	146185	80079	10499	2471	4047	129.9
590	6137	3734	79	388	645	19.6
909	364	553	10	58	84	3.4
90170	139064	74168	10305	1881	3093	105.6
38	621	1624	105	145	224	1.3
				14	25	0.2
7891	60115	13434	139	148	250	20.4
3835	9201	864		44	76	2.1
89	1747	3450		19	32	1.0
3968	49168	9119	139	86	142	17.3
		1				0.0
						0.1
95606	25214	33508	22180	88	145	18.8
52587	80	2978		32	58	6.1
	262	16		5	7	0.0
43019	10712	30395	22180	22	39	12.3
	14160	120		29	41	0.1
						0.3
177207	208959	67755	4064	403	593	48.6
22071	105658	89600	34868	1370	2165	62.9
15056	84812	45236	1774	2640	4455	124.7
407	10871	2046	250	54	106	3.4
6280	39455	33058		330	559	5.1
	5059	7488		100	173	1.1
105035	172990	100010	16701	3222	5261	176.5
59387	60424	11048	139	133	228	25.6
43019	24952	33933	22180	84	138	13.0
1019	107420	19100	1937	599	959	18.3

2-15 按行业小类、登记注册类型、单位规模、控股情况和经营形式分组的限额以下餐饮业法人企业经营情况

单位：万元

项　目	营业额	通过公共网络实现的营业额	客房收入	餐费收入	年末餐饮营业面积（万平方米）
餐饮业	3054372	51120	34212	2877242	879.3
按行业小类分					
正餐服务	2409679	38706	29661	2271290	740.8
快餐服务	193764	6309	1124	184258	40.9
茶馆服务	6869	8	101	6208	2.5
咖啡馆服务	20383	406	5	19809	4.4
酒吧服务	33588	125	173	32042	11.5
其他饮料及冷饮服务	28549	669	331	26281	5.1
餐饮配送服务	100889	1189	428	93957	16.8
外卖送餐服务	4977	805		4561	0.5
小吃服务	57165	1268	416	52647	13.5
其他未列明餐饮业	198509	1635	1975	186190	43.3
按登记注册类型分					
国有企业	6182	38	701	4956	2.7
集体企业	6650	3	137	6485	2.2
股份合作企业	8372	34	37	8251	1.9
国有联营企业	340			309	
集体联营企业	138			138	
国有与集体联营企业	214			214	0.2
其他联营企业	10				
国有独资公司	344		44	300	0.1
其他有限责任公司	448034	9605	5765	421586	106.4
股份有限公司	32629	622	144	31509	7.4
私营独资企业	331790	4021	3634	312170	110.9
私营合伙企业	31136	616	241	29390	8.2
私营有限责任公司	2095226	35348	22055	1972688	617.6
私营股份有限公司	17558	455	630	16063	6.4
其他企业	591	15		547	1.4

2-15 续表 1

单位：万元

项　目	营业额	通过公共网络实现的营业额	客房收入	餐费收入	年末餐饮营业面积（万平方米）
与港澳台商合资经营企业	3913		4	3696	1.6
与港澳台商合作经营企业	4371	13	97	3873	0.6
港澳台商独资经营企业	40705	154	261	39844	8.6
港澳台商投资股份有限公司	5			5	
其他港澳台投资企业	224			224	0.1
中外合资经营企业	4418	25		4344	0.6
中外合作经营企业	172			172	
外资企业	20030	164	457	19164	2.0
外商投资股份有限公司	125			125	0.1
其他外商投资企业	1197	8	5	1192	0.2
按单位规模分					
大型	116103			116103	2.7
中型	218816	1548	4478	211751	8.6
小型	1472440	25503	18525	1404330	259.1
微型	1247013	24070	11208	1145059	609.0
按控股情况分					
国有控股	9143	280	785	7179	5.7
集体控股	16952	47	314	16590	5.3
私人控股	2835500	47469	31467	2669057	825.1
港澳台商控股	54505	190	353	52864	10.4
外商控股	22393	164	457	21459	2.2
其他	115067	2956	835	109326	29.2
按经营形式分					
独立门店	2097424	36485	28832	1968058	704.4
连锁总店（总部）	267532	1748	137	264290	19.8
连锁直营店	113709	2081	64	109601	17.3
连锁加盟店	70682	2612	870	65429	18.9
其他	500936	8194	4291	466041	111.2

2-16 按行业小类、登记注册类型、单位规模、控股

项 目	期末资产负债						
	本年折旧	固定资产净值	在建工程	资产总计	负债合计	年初存货	期末存货
餐饮业	261034	1741048	231802	8459967	5883562	233189	289073
按行业小类分							
正餐服务	191264	1366796	188259	5933100	4614988	164318	203934
快餐服务	46789	267190	34274	1329015	604272	29084	35371
茶馆服务	445	4339	23	9445	8120	407	499
咖啡馆服务	5606	26402	5926	330988	128669	3837	5319
酒吧服务	902	4851	118	25288	20666	2870	2636
其他饮料及冷饮服务	2238	14171	156	176025	77721	6688	7454
餐饮配送服务	5685	22327	690	227468	138404	10527	15265
外卖送餐服务	134	568	28	18251	8830	21	57
小吃服务	4282	14605	27	131523	96999	2630	7894
其他未列明餐饮业	3691	19798	2301	278864	184892	12808	10645
按登记注册类型分							
国有企业	2579	23953	2223	74188	42538	1629	1288
集体企业	238	3422	3	26549	8501	615	752
股份合作企业	506	600	168	11133	10444	1741	498
国有联营企业	2	99		142	16		
集体联营企业	2	12		14	12	1	1
国有与集体联营企业				123	5	12	12
其他联营企业	2	21		23			
国有独资公司	385	3962		25578	9901	585	722
其他有限责任公司	68725	547060	95110	2095221	1760392	39354	62964
股份有限公司	2988	23356	7025	262235	94010	3184	4088
私营独资企业	17746	155131	2053	355759	169247	14310	15699
私营合伙企业	3210	22406	2501	59907	41940	2600	2838
私营有限责任公司	102544	592218	62934	3472704	2781916	127960	153718
私营股份有限公司	1839	21925	586	57459	39666	1435	1154
其他企业	146	903	20	2039	348	535	83

情况和经营形式分组的餐饮业法人企业财务状况

单位：万元

损益及分配					营业成本	
营业收入	营业成本	税金及附加	投资收益(损失以“-”号记)	营业利润	应付职工薪酬(本年贷方累计发生额)	应交增值税
11085635	5709849	63452	39349	413774	2888151	191676
6841624	3593435	53299	33151	161483	1928789	155304
2506617	1134157	4884	4877	150105	552775	10950
10757	5807	135	38	-2298	4219	248
361458	117104	134	6	58553	74116	-248
47023	24267	581	72	197	15949	976
307340	150097	647	-19	17695	79805	2462
505281	383418	1729	559	13763	99555	11631
22466	16583	107	6	-818	12943	798
171145	80267	630	261	5919	44140	2658
311926	204713	1306	398	9176	75861	6896
55197	27264	846		3040	20116	1776
46601	30260	499	143	5515	8104	1286
48307	27045	248		1406	10605	1437
300	180	4		116	45	8
138	84	1		7	39	5
214	149	1		17	58	6
10	7			1	2	
33907	27026	191		1093	12927	1175
2168454	1141337	13465	2208	58261	563564	42661
169059	88148	1477	26763	34143	46479	4026
648216	398287	9931	1749	53665	178182	15254
107728	58066	1131	41	3433	27340	2562
4740966	2655675	29909	4327	33542	1335844	101419
57427	33331	596	14	1602	16900	1483
4575	2849	34	12	334	1082	139

2-16

项目	期末资产负债						
	本年折旧	固定资产净值	在建工程	资产总计	负债合计	年初存货	期末存货
与港澳台商合资经营企业	1714	19594	777	87302	52930	2442	2084
与港澳台商合作经营企业	1127	9290	107	63798	57843	5065	5257
港澳台商独资经营企业	24340	146609	39475	1181515	496894	14943	18017
港澳台商投资股份有限公司	16	203		864	1038		
其他港澳台投资企业	93	730	202	2808	1369	21	32
中外合资经营企业	9526	65507	5273	182759	25086	4032	4474
中外合作经营企业	67	290		15470	4516		
外资企业	23062	103533	13346	462855	263121	12302	14447
外商投资股份有限公司	146	111		6631	6627	102	664
其他外商投资企业	33	112		12894	15202	323	282
按单位规模分							
大型	68046	551829	66021	2546738	1227209	48896	61197
中型	50800	321974	34513	1820845	1559829	50552	73847
小型	91200	595622	100236	2678845	2053969	88103	104760
微型	50988	271623	31032	1413540	1042555	45639	49269
按控股情况分							
国有控股	7171	126320	8343	434814	259838	4176	5417
集体控股	626	6747	1753	38610	27198	804	1636
私人控股	173490	1110630	153857	5215316	4112837	173172	210213
港澳台商控股	36277	238565	43922	1492060	615228	25174	27904
外商控股	24202	108817	15336	486529	295199	12864	15816
其他	19195	149343	8571	791444	572986	16972	28058
按经营形式分							
独立门店	168584	1236174	162904	4875072	3899841	145581	167080
连锁总店（总部）	44184	264498	36334	1457708	533335	29365	41991
连锁直营店	19798	111391	13999	960312	619553	17933	23265
连锁加盟店	3179	15823	206	57497	45679	1960	3141
其他	24883	106088	17760	1081300	772608	38303	53436

续表 1

单位：万元

损益及分配					营业成本	
营业收入	营业成本	税金及附加	投资收益（损失以“-”号记）	营业利润	应付职工薪酬（本年贷方累计发生额）	应交增值税
93868	41325	339	137	468	24379	1238
80745	45552	555		2324	19506	3713
1227745	394867	2471	3244	131265	256484	7989
721	260	1		-374	252	3
4395	1539	2	14	-472	1282	6
406658	136555	221		35654	78775	381
4565	3753	23		321	721	98
1151827	576623	864	697	48918	276903	4953
19430	13576	101		42	4822	19
14584	6089	543		-545	3742	41
3893517	1666427	7961	30537	374786	894375	26617
2150430	1103822	10721	2771	8591	530562	43153
3752216	2135168	34736	3610	25344	988878	94588
1289473	804432	10035	2432	5053	474336	27318
294820	172678	2073	26594	45360	86733	6687
67243	41554	626	143	4216	14934	1751
6947070	3872763	51216	8131	141545	1923713	150078
1751513	588340	3237	3381	168833	359392	10954
1202880	601402	1549	695	46065	291362	5048
820984	432565	4736	394	7549	211382	17139
5624007	3113562	44545	7860	87699	1569034	134246
2205047	837733	5447	28128	249539	484673	14536
1730548	812050	2135	2111	62177	416005	5987
97638	51032	575	73	-2507	30581	2100
1424429	893528	10607	1176	17207	385465	34730

2-17 按行业小类、登记注册类型、单位规模和控股

项 目	年初存货	期末资产负债			
		流动资产合计	应收账款	存货	固定资产原价
餐饮业	154660	3276432	419143	188160	2415404
按行业小类分					
正餐服务	106887	2307676	255475	125227	1758069
快餐服务	24676	392789	33209	30554	539288
饮料及冷饮服务	10768	329351	51230	11067	66786
茶馆服务	160	1061	10	99	711
咖啡馆服务	2861	199786	9712	3975	48660
酒吧服务	1725	4590	42	1119	1226
其他饮料及冷饮服务	6022	123914	41465	5874	16189
餐饮配送及外卖送餐服务	8822	152179	61179	13267	29769
餐饮配送服务	8802	141361	58941	13237	28870
外卖送餐服务	19	10818	2238	30	899
其他餐饮业	3508	94437	18050	8045	21492
小吃服务	1095	50406	7836	6027	17913
其他未列明餐饮业	2413	44031	10214	2018	3579
按登记注册类型分					
内资企业	117242	2338861	330776	145340	1630973
国有企业	1507	23833	2077	1139	71296
集体企业	454	17828	444	594	7001
股份合作企业	1697	7097	55	403	3282
联营企业					
国有联营企业					
集体联营企业					
国有与集体联营企业					
其他联营企业					
有限责任公司	31126	915140	135642	51411	748223
国有独资公司	581	20050	988	616	9121
其他有限责任公司	30544	895090	134654	50796	739102
股份有限公司	2118	137957	10334	2719	38262

情况分组的限额以上餐饮业法人企业财务状况

单位：万元

固定资产净值	累计折旧		在建工程	资产总计	流动负债合计	非流动负债合计
		本年折旧				
1249026	1164746	172145	190589	5968390	3493383	623227
947538	810601	117762	150743	4007914	2697405	536484
244645	294553	41117	33863	1193507	453340	73971
36072	30669	7096	5660	473284	169766	7502
621	91	48		2117	3482	
24059	24600	5203	5657	305194	96256	7459
717	465	274		6747	6863	-158
10676	5514	1570	3	159226	63166	200
11872	16516	3213	305	179239	102065	4815
11537	15953	3143	280	162836	94522	4815
336	563	70	25	16403	7543	
8898	12407	2958	19	114447	70808	455
7342	10384	2408	6	67146	41380	174
1556	2023	549	13	47301	29427	282
917969	710390	114865	152653	4147574	2795683	510882
21902	49394	2358	2223	64203	31583	4742
1789	5212	157		22820	4184	342
465	2817	424	168	8927	8798	203
469408	278688	48188	92112	1724328	1151547	280786
3916	5205	378		24542	9535	24
465492	273483	47810	92112	1699787	1142012	280762
1249026	1164746	172145	190589	5968390	3493383	623227

2-17

项　目	年初存货	期末资产负债			
		流动资产合计	应收账款	存货	固定资产原价
私营企业	79821	1236312	182170	89011	762450
私营独资企业	7637	80619	14702	9326	113647
私营合伙企业	1923	20830	3568	2270	34860
私营有限责任公司	69512	1116938	161061	76896	595186
私营股份有限公司	749	17925	2838	520	18757
其他企业	521	694	54	62	460
港、澳、台商投资企业	21715	772588	88812	24328	422557
与港澳台商合资经营企业	2352	44812	8584	1890	37777
与港澳台商合作经营企业	5020	47128	9459	5215	36986
港澳台商独资经营企业	14324	679787	70720	17199	347158
港澳台商投资股份有限公司		205			230
其他港澳台投资企业	19	656	49	25	406
外商投资企业	15703	164983	-445	18492	361874
中外合资经营企业	3888	35411	4023	4166	155086
中外合作经营企业		7237	611		703
外资企业	11505	114880	-5669	13587	205613
外商投资股份有限公司	23	6168	327	496	240
其他外商投资企业	288	1288	263	243	232
按单位规模分					
大型	48381	1157257	142986	60822	1100954
中型	46529	1046177	113961	61182	632679
小型	58343	1034681	148237	65036	668762
微型	1407	38317	13960	1119	13009
按控股情况分					
国有控股	4036	206873	23583	5149	230031
集体控股	601	21387	644	1367	9081
私人控股	100342	1740205	243311	116691	1195006
港澳台商控股	24294	794091	82641	26757	553313
外商控股	11972	126782	-4698	14798	229276
其他	13416	387092	73663	23398	198696

续表 1

单位：万元

固定资产净值	累计折旧	本年折旧	在建工程	资产总计	流动负债合计	非流动负债合计
404855	355168	61401	51533	2086882	1520048	221415
65032	47777	6699	240	165617	71470	25976
18287	16473	2560	2332	46029	21722	10963
306331	287367	51159	48512	1839063	1409475	180714
15205	3551	984	448	36173	17382	3762
339	120	86		1034	280	
167802	254755	24864	20698	1227179	488067	68914
18940	18837	1587	777	73612	49494	-372
9053	27934	1082	21	60989	54524	2654
139283	207875	22123	19901	1090015	382810	66413
203	27	16		850	1025	6
323	83	55		1714	213	213
163255	199601	32417	17238	593637	209634	43431
65143	89943	9427	5224	167315	15455	0
286	417	61		15447	4497	
97669	108926	22767	12014	392264	170275	42808
100	140	140		6289	6139	87
58	174	22		12323	13268	537
546477	554477	66000	65939	2517717	951206	265879
312535	320941	47675	32953	1648509	1193073	219686
384176	282129	56713	91610	1752896	1309340	135181
5838	7198	1757	87	49268	39764	2481
123942	106090	6915	8343	427184	190394	64831
2590	6491	349	1750	29497	19812	344
668212	524365	91281	135439	3059590	2174835	400960
230334	322979	33804	23987	1381798	489367	70426
102725	127534	23879	14001	424715	202615	43431
121224	77288	15917	7069	645605	416360	43236

2-17

项　目	负债合计	所有者权益	实收资本		
				国家资本	集体资本
餐饮业	4117799	1850963	1640825	53292	10411
按行业小类分					
正餐服务	3236655	771631	1165944	49241	9581
快餐服务	527316	666190	268390	500	
饮料及冷饮服务	177290	295994	85191		30
茶馆服务	3482	-1364	50386		
咖啡馆服务	103716	201478	13521		
酒吧服务	6727	20	1424		
其他饮料及冷饮服务	63366	95859	19860		30
餐饮配送及外卖送餐服务	105186	74053	49997	3552	800
餐饮配送服务	97643	65193	43300	3552	800
外卖送餐服务	7543	8860	6697		
其他餐饮业	71351	43096	71302		
小吃服务	41554	25592	8382		
其他未列明餐饮业	29797	17504	62920		
按登记注册类型分					
内资企业	3307966	839979	1131709	50804	9459
国有企业	36326	27878	8814	7990	
集体企业	4527	18293	6173		4712
股份合作企业	8905	22	984		
联营企业					
国有联营企业					
集体联营企业					
国有与集体联营企业					
其他联营企业					
有限责任公司	1428114	296248	340471	14152	3652
国有独资公司	9559	14982	6349	6246	
其他有限责任公司	1418554	281266	334122	7906	3652
股份有限公司	82831	156548	48131	28662	

续表 2

单位：万元

				损益及分配		
法人资本	个人资本	港澳台资本	外商资本	营业收入	主营业务收入	营业成本
634004	504645	283328	155145	8130775	8085300	3949958
431075	425631	186289	64129	4516074	4489315	2212051
59727	44536	72732	90895	2320122	2304935	1034278
68383	2621	14036	121	639410	638729	250104
50222	164			3940	3938	1917
1660	43	11818		341877	341877	107239
337	1087			14091	14091	6834
16163	1327	2218	121	279501	278823	134115
14067	24581	6998		425020	424406	327156
13305	23581	2063		407061	406447	312448
762	1000	4935		17959	17959	14708
60752	7276	3274		230149	227915	126369
4373	965	3045		114434	114074	48224
56379	6312	230		115715	113841	78145
562221	503224	4087	1914	5198731	5169655	2759555
824				49252	47732	24150
1421	40			40347	39692	26336
210	774			40215	40179	22630
233109	83657	3987	1914	1770000	1760123	920282
103				33566	33447	26840
233006	83657	3987	1914	1736434	1726676	893442
2868	16601			137617	134582	70833

2-17

项 目	负债合计	所有者权益	实收资本		
				国家资本	集体资本
私营企业	1747013	340207	726658		1095
私营独资企业	98507	67110	108046		
私营合伙企业	31848	14182	15286		
私营有限责任公司	1589216	250185	573323		1095
私营股份有限公司	27442	8730	30003		
其他企业	251	783	478		
港、澳、台商投资企业	556767	670412	317138	1788	452
与港澳台商合资经营企业	49122	24490	34407		452
与港澳台商合作经营企业	57178	3811	24300	1788	
港澳台商独资经营企业	449223	640792	258123		
港澳台商投资股份有限公司	1031	-181	180		
其他港澳台投资企业	213	1501	128		
外商投资企业	253065	340572	191977	700	500
中外合资经营企业	15455	151860	26929	700	500
中外合作经营企业	4497	10949	5735		
外资企业	213083	179180	156579		
外商投资股份有限公司	6226	63	1100		
其他外商投资企业	13804	-1481	1635		
按单位规模分					
大型	1217085	1300631	375022	33149	500
中型	1416001	232507	547720	12254	1500
小型	1441317	311802	701585	7210	8093
微型	43395	6022	16498	680	318
按控股情况分					
国有控股	255225	171959	74850	51018	30
集体控股	20158	9339	18389		4864
私人控股	2581026	478936	930819	50	1145
港澳台商控股	559794	822004	328939		452
外商控股	245966	178749	173809	6	7
其他	455630	189976	114020	2218	3914

续表 3

单位：万元

				损益及分配		
法人资本	个人资本	港澳台资本	外商资本	营业收入	主营业务收入	营业成本
323789	401674	100		3157438	3143497	1692885
30214	77833			319577	318723	185516
4788	10498			77412	77289	41455
267213	304915	100		2720616	2707717	1443829
21575	8428			39833	39770	22085
	478			3863	3850	2439
37484	1110	273387	2917	1360076	1347403	465263
16488	360	17108		90038	90017	39773
7804	650	11140	2917	76630	76573	43781
13064	101	244959		1188520	1175926	380044
		180		717	717	249
128				4172	4172	1416
34298	310	5855	150314	1571968	1568242	725140
19139	310	920	5359	402420	402310	135756
800		4935		4393	4393	3663
11625			144955	1132477	1128861	566687
1100				19306	19306	13544
1635				13372	13372	5490
104748	70743	66340	99543	3785577	3764886	1618714
179638	204436	127247	22646	1944162	1931696	987031
343702	224811	84823	32947	2324591	2313238	1286559
5916	4655	4919	10	76446	75480	57654
10105	13397	300		285972	280847	167939
13476	50			51032	50241	32005
467114	461396	1103	10	4200221	4180507	2224769
52473	340	275674		1698832	1686150	563758
20534	31		153231	1181340	1177699	590694
70302	29430	6251	1904	713378	709857	370793

2-17

项　目	税金及附加	其他业务利润	销售费用	管理费用	财务费用
餐饮业	38686	71849	2788157	963274	44757
按行业小类分					
正餐服务	32475	39353	1482549	647891	37847
快餐服务	3600	25899	927616	199252	7558
饮料及冷饮服务	652	6420	266954	46444	-1567
茶馆服务	18		2199	2027	136
咖啡馆服务	69		163242	12668	-2186
酒吧服务	119	449	4707	3275	119
其他饮料及冷饮服务	445	5971	96806	28474	364
餐饮配送及外卖送餐服务	1362	1	51262	35961	615
餐饮配送服务	1292	1	49678	33913	575
外卖送餐服务	70		1584	2048	40
其他餐饮业	597	176	59776	33726	305
小吃服务	245		49985	10071	194
其他未列明餐饮业	352	176	9791	23655	110
按登记注册类型分					
内资企业	33893	46625	1517245	723051	41388
国有企业	772	16	9505	11582	-37
集体企业	444	4512	4862	3526	11
股份合作企业	200	1322	11425	4240	248
联营企业					
国有联营企业					
集体联营企业					
国有与集体联营企业					
其他联营企业					
有限责任公司	9817	13645	529959	227444	19069
国有独资公司	188	119	1091	4341	59
其他有限责任公司	9628	13526	528867	223103	19009
股份有限公司	1216	4787	43711	16828	-877

续表 4

单位：万元

				人工成本及增值税	
营业利润	营业外收入	利润总额	所得税费用	应付职工薪酬（本年贷方累计发生额）	应交增值税
364563	21937	363711	104167	1889677	124062
125920	11597	127962	46361	1128734	99810
145287	7211	142530	28784	490440	7481
76638	1500	76450	25284	141337	1698
-2356	17	-2657	65	1882	121
60849	774	61027	20723	67131	-753
-963	62	-907	46	3701	440
19109	647	18986	4450	68622	1890
8737	630	8947	1848	86465	10609
9228	617	9435	1822	75700	9953
-491	13	-488	26	10765	656
7979	998	7823	1890	42702	4464
4323	808	3994	870	22551	1823
3656	190	3829	1020	20151	2641
141041	13458	142756	46774	1252289	106303
3272	746	3919	1239	17967	1643
5071	29	5063	473	6472	1119
1471	98	1469	499	7668	1274
62368	4117	62472	16201	432403	32761
1049	67	1059	210	12697	1170
61320	4050	61413	15992	419706	31592
33056	778	33572	2588	37560	3422

2-17

项　目	税金及附加	其他业务利润	销售费用	管理费用	财务费用
私营企业	21414	22345	917571	458450	22976
私营独资企业	5931	1693	62712	44318	2129
私营合伙企业	930	45	20679	10082	1108
私营有限责任公司	14078	20607	826645	396583	19441
私营股份有限公司	475		7534	7468	298
其他企业	31		213	982	-1
港、澳、台商投资企业	3135	18490	655741	105413	369
与港澳台商合资经营企业	308	15	37517	11058	292
与港澳台商合作经营企业	540	57	22258	8327	29
港澳台商独资经营企业	2286	18418	593145	85240	32
港澳台商投资股份有限公司	0		486	330	1
其他港澳台投资企业	1		2334	459	15
外商投资企业	1657	6734	615172	134811	2999
中外合资经营企业	214	-38	215314	15922	-547
中外合作经营企业	22		53	289	45
外资企业	781	2180	390540	114450	3491
外商投资股份有限公司	101	4592	1855	3746	-25
其他外商投资企业	539		7411	404	36
按单位规模分					
大型	7696	26458	1491522	313467	12966
中型	9540	32411	660591	264257	17182
小型	20955	12639	626435	376738	14450
微型	496	341	9609	8813	159
按控股情况分					
国有控股	1977	2867	54286	41255	1672
集体控股	512	4512	7975	5746	102
私人控股	28524	27657	1227322	589836	34004
港澳台商控股	3067	18452	849541	115803	-303
外商控股	1463	6772	409550	121792	3576
其他	3143	11589	239484	88842	5706

续表 5

单位：万元

营业利润	营业外收入	利润总额	所得税费用	人工成本及增值税	
				应付职工薪酬（本年贷方累计发生额）	应交增值税
35607	7690	36067	25710	749427	65960
16441	423	16760	4492	72486	8521
3143	58	3125	802	17661	2038
14613	7031	14625	19920	647181	54320
1411	178	1557	496	12099	1080
195	0	195	64	792	125
134997	5163	134973	38667	285767	12201
1250	404	996	462	22667	1166
1607	74	1369	995	18555	3594
132531	4675	132992	37210	243246	7438
-350		-350		231	3
-40	9	-33		1068	
88525	3317	85982	18726	351622	5557
35761	593	34239	8964	77220	206
322		322	21	669	96
52869	2659	51874	9561	265753	5218
82	46	92	179	4678	15
-509	18	-545	1	3301	22
369510	11502	367621	71410	859458	24354
6112	4819	5763	16020	473440	39252
-10187	5193	-9057	16165	547950	58670
-872	424	-616	572	8829	1787
45149	1687	46431	5385	83440	6481
4601	86	4195	504	9474	1385
88019	9854	88757	35896	995591	85959
170483	5580	169028	47126	344848	10130
50600	2815	49647	9780	279616	5270
5711	1916	5654	5475	176709	14837

2-18　按行业小类、登记注册类型、单位规模、控股情况

项　目	本年折旧	固定资产净值	在建工程	资产总计	负债合计	年初存货
餐饮业	88889	492022	41213	2491577	1765763	78529
按行业小类分						
正餐服务	73502	419258	37516	1925186	1378333	57431
快餐服务	5672	22545	411	135508	76956	4408
茶馆服务	397	3719	23	7328	4638	247
咖啡馆服务	403	2343	269	25794	24954	976
酒吧服务	628	4135	118	18541	13939	1144
其他饮料及冷饮服务	668	3495	154	16800	14355	667
餐饮配送服务	2542	10790	410	64632	40761	1725
外卖送餐服务	64	232	3	1848	1287	2
小吃服务	1874	7263	21	64377	55445	1535
其他未列明餐饮业	3141	18243	2288	231563	155095	10395
按登记注册类型分						
国有企业	222	2051		9984	6212	122
集体企业	82	1633	3	3729	3974	161
股份合作企业	82	135	1	2205	1539	44
国有联营企业	2	99		142	16	
集体联营企业	2	12		14	12	1
国有与集体联营企业				123	5	12
其他联营企业	2	21		23		
国有独资公司	7	46		1037	342	4
其他有限责任公司	20915	81568	2999	395434	341838	8810
股份有限公司	737	4146	407	22855	11179	1067
私营独资企业	11048	90100	1813	190142	70740	6673
私营合伙企业	650	4119	169	13878	10092	677
私营有限责任公司	51385	285887	14421	1633641	1192700	58448
私营股份有限公司	856	6720	138	21287	12224	686
其他企业	61	564	20	1005	98	14

和经营形式分组的限额以下餐饮业法人企业财务状况

单位：万元

期末存货	营业收入	营业成本	税金及附加	投资收益	营业利润	应付职工薪酬	应交增值税
100913	2954860	1759891	24766	5741	49211	998474	67614
78708	2325550	1381384	20824	4318	35562	800055	55494
4817	186495	99879	1284	281	4818	62335	3469
400	6817	3891	117	38	58	2336	127
1344	19581	9866	65	2	-2296	6985	506
1517	32932	17433	462	72	1160	12248	536
1580	27838	15982	202	-31	-1414	11182	572
2028	98220	70970	436	539	4534	23854	1678
26	4507	1876	37	6	-327	2178	142
1867	56711	32043	385	118	1596	21589	836
8627	196210	126568	954	398	5519	55710	4254
149	5945	3114	75		-232	2149	133
158	6254	3923	55	143	444	1631	168
95	8092	4416	48		-66	2937	163
	300	180	4		116	45	8
1	138	84	1		7	39	5
12	214	149	1		17	58	6
	10	7			1	2	
107	341	187	3		45	230	5
12169	432020	247895	3837	212	-3059	143858	11069
1369	31442	17315	261	-10	1087	8919	604
6373	328639	212771	4000	1747	37224	105695	6733
568	30315	16611	201	41	291	9679	525
76822	2020350	1211846	15831	3459	18929	688663	47099
634	17594	11246	120	14	191	4801	402
21	712	409	3	11	139	291	14

2-18

项　目	本年折旧	固定资产净值	在建工程	资产总计	负债合计	年初存货
与港澳台商合资经营企业	127	653		13690	3808	90
与港澳台商合作经营企业	44	237	86	2809	665	45
港澳台商独资经营企业	2216	7326	19574	91501	47671	619
港澳台商投资股份有限公司				14	7	
其他港澳台投资企业	38	407	202	1093	1156	1
中外合资经营企业	98	364	49	15445	9631	144
中外合作经营企业	6	4		23	19	
外资企业	294	5865	1332	70592	50038	797
外商投资股份有限公司	6	11		343	401	80
其他外商投资企业	11	54		570	1398	35
按单位规模分						
大型	2046	5352	82	29021	10123	515
中型	3126	9440	1560	172336	143828	4023
小型	34487	211446	8626	925948	612652	29759
微型	49231	265785	30946	1364272	999160	44232
按控股情况分						
国有控股	256	2378		7630	4613	140
集体控股	277	4158	3	9113	7041	203
私人控股	82209	442419	18418	2155726	1531811	72830
港澳台商控股	2473	8231	19935	110262	55435	880
外商控股	323	6093	1336	61814	49233	892
其他	3278	28119	1502	145839	117356	3556
按经营形式分						
独立门店	66786	399612	21638	1695901	1182005	56076
连锁总店（总部）	4368	14153	4150	129264	99625	6355
连锁直营店	1640	6191	251	76347	69275	1295
连锁加盟店	2468	13414	206	46340	32055	1508
其他	13221	51578	14370	515648	370257	13248

续表 1

单位：万元

期末存货	营业收入	营业成本	税金及附加	投资收益	营业利润	应付职工薪酬	应交增值税
194	3829	1553	31		-782	1713	71
43	4115	1772	14		718	950	119
819	39225	14823	185	122	-1266	13238	550
	5	11	0		-24	21	
7	224	123	1		-433	214	6
307	4238	799	7		-107	1555	175
	172	91	1		-1	51	2
860	19350	9936	83	1	-3950	11150	-265
168	125	32			-41	144	4
40	1213	599	4		-36	441	18
374	107941	47713	265		5276	34917	2263
12665	206268	116791	1181	79	2479	57122	3901
39724	1427624	848608	13781	3229	35532	440927	35918
48150	1213027	746778	9539	2433	5925	465508	25531
269	8848	4739	95		211	3294	206
269	16211	9549	114	143	-385	5460	366
93522	2746849	1647994	22692	5375	53526	928121	64119
1148	52681	24582	170	122	-1650	14544	824
1018	21540	10708	86	-1	-4534	11746	-222
4660	107606	61772	1593	91	1839	34672	2302
65610	2043894	1242144	16512	4402	48447	707403	45969
11626	251351	125931	1221	248	281	62145	3818
4747	109799	63668	605	274	-280	33127	2435
2469	68344	37268	456	72	-1491	24182	1183
16301	477505	288938	5828	745	2595	169224	14132

2-19 按地区分组的住宿业法人企业基本情况

地　区	法人企业数（个）	从业人员期末人数（人）	年末餐饮营业面积（万平方米）
全　省	14054	333566	2160.0
广州市	3838	71808	427.0
深圳市	2219	62113	372.0
珠海市	760	27060	119.2
汕头市	341	9598	56.9
佛山市	1183	25966	260.5
韶关市	192	6828	35.9
河源市	213	6032	46.2
梅州市	206	5527	45.6
惠州市	1115	19437	146.0
汕尾市	219	4671	44.7
东莞市	1079	31328	180.6
中山市	647	12676	98.9
江门市	360	9754	42.3
阳江市	137	2028	24.7
湛江市	460	9775	60.4
茂名市	211	5464	37.1
肇庆市	212	5471	30.2
清远市	252	8876	68.8
潮州市	151	2034	15.1
揭阳市	163	3857	28.6
云浮市	96	3263	19.3
按经济区域分			
珠三角核心区	11413	265613	1676.6
沿海经济带	1682	37427	267.5
北部生态发展区	959	30526	215.8

2-20 按地区分组的限额以上住宿业法人企业基本情况

地 区	法人企业数（个）	从业人员期末人数（人）	年末餐饮营业面积（万平方米）
全 省	2366	238156	583.5
广州市	557	50688	114.7
深圳市	375	45035	105.5
珠海市	129	22157	36.9
汕头市	105	7018	20.0
佛山市	181	15615	57.2
韶关市	73	5742	11.9
河源市	55	4624	17.0
梅州市	35	3794	12.4
惠州市	125	12916	34.3
汕尾市	23	1703	9.1
东莞市	192	24502	41.9
中山市	127	9887	23.0
江门市	71	7866	16.6
阳江市	16	1071	4.0
湛江市	61	6153	18.4
茂名市	44	3126	9.0
肇庆市	46	3580	14.0
清远市	57	6621	16.7
潮州市	24	1090	4.0
揭阳市	41	2402	9.5
云浮市	29	2566	7.5
按经济区域分			
珠三角核心区	1803	192246	444.0
沿海经济带	314	22563	74.0
北部生态发展区	249	23347	65.5

2-21 按地区分组的限额以下住宿业法人企业基本情况

地 区	法人企业数（个）	从业人员期末人数（人）	年末餐饮营业面积（万平方米）
全 省	11688	95410	1576.5
广州市	3281	21120	312.3
深圳市	1844	17078	266.5
珠海市	631	4903	82.3
汕头市	236	2580	36.9
佛山市	1002	10351	203.3
韶关市	119	1086	24
河源市	158	1408	29.2
梅州市	171	1733	33.2
惠州市	990	6521	111.7
汕尾市	196	2968	35.6
东莞市	887	6826	138.7
中山市	520	2789	75.9
江门市	289	1888	25.7
阳江市	121	957	20.7
湛江市	399	3622	42
茂名市	167	2338	28.1
肇庆市	166	1891	16.2
清远市	195	2255	52.1
潮州市	127	944	11.1
揭阳市	122	1455	19.1
云浮市	67	697	11.8
按经济区域分			
珠三角核心区	9610	73367	1232.6
沿海经济带	1368	14864	193.5
北部生态发展区	710	7179	150.3

2-22 按地区分组的住宿业法人企业经营情况

地 区	营业额	客房收入	餐费收入
全 省	7148612	4208814	1879084
广州市	1754387	1113087	376057
深圳市	1765154	1174550	423275
珠海市	783026	336243	184858
汕头市	164688	99342	45712
佛山市	503310	285780	164909
韶关市	92857	51233	28984
河源市	85291	49089	28028
梅州市	64455	32226	23283
惠州市	299995	176820	81622
汕尾市	64051	45226	13476
东莞市	528510	255921	207736
中山市	213564	110275	72607
江门市	170129	75134	52822
阳江市	34507	24851	4644
湛江市	136171	84307	37591
茂名市	83116	55154	16658
肇庆市	76849	49044	21714
清远市	138549	76494	41709
潮州市	30032	19920	6097
揭阳市	119520	70784	36110
云浮市	40451	23335	11193
按经济区域分			
珠三角核心区	6094924	3576853	1585598
沿海经济带	632086	399583	160288
北部生态发展区	421602	232378	133197

2-23 按地区分组的限额以上

项　目	营业额	客房收入	通过公共网络实现的客房收入	通过非自营平台实现的客房收入	餐费收入	通过公共网络实现的餐费收入
全　省	5751216	3005930	391329	113471	1776630	101076
广州市	1390640	791465	103697	49499	355374	14018
深圳市	1434558	870540	142984	33286	411248	32556
珠海市	737534	295909	63299	2874	182131	31750
汕头市	133904	73170	4829	1871	42660	1876
佛山市	310605	133737	9421	2198	136321	4149
韶关市	84044	43545	4802	1023	28147	1077
河源市	74510	40054	2321	326	27115	621
梅州市	49953	22022	2245	318	19840	182
惠州市	232571	124461	9541	1887	77648	3166
汕尾市	23217	13577	774	38	8482	209
东莞市	463846	198703	13459	3610	204641	5155
中山市	187206	86280	9917	8470	71607	990
江门市	153760	60680	3945	738	52204	157
阳江市	22420	14150	2653	2653	3735	169
湛江市	87078	40593	2893	912	35400	327
茂名市	44738	25595	3077	399	13331	133
肇庆市	52404	28103	3531	549	19521	1105
清远市	115856	60452	3487	2308	37088	958
潮州市	16389	9448	695	47	4834	51
揭阳市	101199	54913	1758	239	34606	2207
云浮市	34783	18534	2001	227	10699	220
按经济区域分						
珠三角核心区	4963124	2589877	359794	103110	1510695	93047
沿海经济带	428945	231446	16679	6159	143047	4972
北部生态发展区	359147	184607	14856	4202	122888	3057

住宿业法人企业经营情况

单位：万元

通过非自营平台实现的餐费收入	商品销售额	其他收入	外卖送餐服务收入	客房数（万间）	床位数（万个）	餐位数（万位）
20601	115356	853300	2307	42.3	65.0	79.3
6016	13214	230587	1628	9.5	14.7	10.3
7722	6272	146498	142	8.5	12.1	17.5
650	39400	220094	357	2.7	4.3	4.6
813	2615	15459		1.3	1.9	1.8
1296	10054	30493	1	2.6	4.0	6.4
237	2198	10154		1.1	1.8	2.9
	3024	4317		0.9	1.6	3.5
1	1548	6544	43	0.5	0.8	1.8
679	7986	22477	1	2.4	3.8	4.2
	198	961		0.3	0.5	0.5
291	5695	54807	27	4.1	5.5	7.9
990	1590	27729		1.8	2.6	3.5
96	7698	33177		1.6	2.8	3.0
169	128	4407		0.8	1.5	1.6
60	1903	9183		1.0	1.6	1.4
	742	5070	1	0.5	0.9	1.3
629	758	4023		0.6	1.0	2.0
690	2011	16305	106	1.1	2.0	2.8
	340	1767		0.3	0.4	0.5
162	5919	5761		0.5	0.9	0.7
100	2062	3488		0.4	0.6	1.0
18369	92667	769884	2157	33.7	50.5	59.5
1204	11845	42608	1	4.7	7.7	7.9
1028	10843	40808	149	4.0	6.8	12.0

2-24 按地区分组的住宿

地区	期末资产负债						
	本年折旧	固定资产净值	在建工程	资产总计	负债合计	年初存货	期末存货
全省	587108	6138462	1053930	22724073	19549208	480110	466996
广州市	97381	1149464	190305	6429285	5302437	56301	55319
深圳市	108542	1052993	87789	4832318	3745182	28414	26248
珠海市	86904	1146463	276908	3254699	3164294	162826	162425
汕头市	14427	222383	62562	442239	325127	9882	6797
佛山市	38251	334054	28437	1033164	873627	59786	40852
韶关市	7819	80951	21359	327895	277530	12772	15303
河源市	7530	87296	17265	259930	212692	28505	26912
梅州市	18856	114440	33451	293317	227964	6199	7676
惠州市	33159	290824	92041	973742	839712	63711	67342
汕尾市	7061	99432	16848	184072	75869	2182	2278
东莞市	45596	447496	67766	1366124	1602893	17449	22547
中山市	15523	272988	9972	668001	613091	5034	5468
江门市	26747	148764	16491	487341	414728	4348	4527
阳江市	3723	66402	5484	138736	91443	601	729
湛江市	24708	152820	13414	489310	426993	3580	3897
茂名市	9002	66985	21351	278067	244101	3207	3028
肇庆市	5914	100380	23960	331026	320774	2110	2328
清远市	19605	165201	48104	488180	499907	4250	4573
潮州市	3312	33262	4194	61786	18313	1547	2101
揭阳市	10390	57089	9543	201379	156358	4252	4543
云浮市	2661	48775	6687	183463	116175	3154	2104
按经济区域分							
珠三角核心区	458016	4943426	793668	19375698	16876738	399978	387057
沿海经济带	72621	698373	133395	1795590	1338204	25251	23372
北部生态发展区	56470	496663	126867	1552785	1334267	54881	56567

业法人企业财务状况

单位：万元

损益及分配					营业成本	
营业收入	营业成本	税金及附加	投资收益(损失以“-”号记)	营业利润	应付职工薪酬(本年贷方累计发生额)	应交增值税
6924952	2909167	89499	32991	121995	1946547	202417
1663197	618113	25149	25129	46408	504218	53263
1713636	643853	17244	1855	107629	457781	56108
752544	390596	10593	1127	-18789	220313	17324
159420	76946	3276	305	-2685	38822	2660
526040	247135	5239	191	21795	134288	11287
89686	37387	1061	218	-6107	27456	2436
82684	33560	1317	94	-1862	23533	2294
62332	28325	797	247	-1127	22188	1681
294910	141712	3595	868	-9830	86715	9857
63312	38186	1461	238	7291	20308	1468
504633	180063	5002	1312	-5817	152245	12678
202778	77048	2097	314	-10326	61748	5756
166091	67030	2787	-614	-5617	40510	7207
33952	14781	614	33	200	8929	1173
134099	61759	2233	907	7900	35131	3200
80337	40751	885		8180	19116	2796
73312	34890	1192	561	-7402	20897	2440
134025	57445	1569	-32	-12962	36842	3198
29206	16621	701	25	2245	6897	905
117977	85964	2039	187	2929	14595	3554
40782	17002	651	27	-57	14016	1134
5897140	2400439	72897	30743	118052	1678715	175919
618303	335008	11208	1696	26059	143798	15755
409509	173720	5394	553	-22116	124034	10743

2-25 按地区分组的限额以上

地 区	年初存货	期末资产负债			
		流动资产合计	应收账款	存货	固定资产原价
全 省	399078	10122381	465728	381530	10249110
广州市	40983	3692744	77903	37861	2293148
深圳市	22177	2579665	151861	19596	2061117
珠海市	152933	993882	42549	152246	1779790
汕头市	9253	119402	11354	6014	296263
佛山市	46507	424623	27993	27666	565221
韶关市	8595	103245	4511	10575	127145
河源市	12689	91802	8479	11253	118638
梅州市	3656	62210	4250	4497	134225
惠州市	61695	332648	19433	64864	338784
汕尾市	832	16345	3192	1130	60061
东莞市	15480	561744	38707	20747	986762
中山市	2948	149397	4897	3141	384790
江门市	4125	228645	17503	4086	276145
阳江市	209	49032	1833	374	54750
湛江市	2046	142045	7370	3142	162348
茂名市	2258	130967	13505	2068	52296
肇庆市	1535	143762	17162	1912	125938
清远市	3898	190463	7024	4074	259495
潮州市	519	8447	563	551	26077
揭阳市	3818	40621	2863	3977	90381
云浮市	2924	60690	2778	1756	55738
按经济区域分					
珠三角核心区	348383	9107112	398006	332119	8811695
沿海经济带	18935	506859	40680	17257	742176
北部生态发展区	31762	508410	27042	32154	695241

住宿业法人企业财务状况

单位：万元

固定资产净值	累计折旧		在建工程	资产总计	流动负债合计	非流动负债合计
		本年折旧				
5288134	4956632	491861	790521	19483838	10718733	6339649
1094207	1200018	87149	132988	5849561	3703021	1061891
991229	1068151	98396	54931	4270571	2072018	1240366
1106199	673592	83611	235196	2937048	1068520	1811562
148872	144470	11526	60332	340519	161126	144112
271096	294124	27299	13879	800401	497104	187601
70198	56947	7238	4619	252223	147750	70568
66322	52315	5219	10876	193527	85227	67762
76993	57095	10142	10800	178717	140667	26132
170658	168126	21651	82708	706375	516846	179487
35555	24506	3619	8037	75501	30693	668
398597	588140	37807	64344	1203585	801917	570594
243368	141422	14454	6999	499765	315146	102092
134227	141918	24604	12042	441757	183792	202400
40422	14328	1160	624	92581	19210	51454
103653	58695	21720	8678	410567	315393	92130
32945	19415	5998	19157	214404	121367	100746
69212	56726	4504	5597	233678	124655	136894
147367	112129	17797	41887	425871	236231	224449
9254	16823	1659	4194	24861	13078	18
44194	45520	4224	7178	176337	114267	16291
33564	22174	2085	5454	155989	50706	52434
4478794	4332216	399475	608684	16942741	9283018	5492886
414896	323756	49906	108200	1334769	775134	405419
394444	300660	42481	73636	1206328	660581	441344

2-25

地区	负债合计	所有者权益	实收资本	国家资本	集体资本
全省	17227334	2256264	5224513	895729	60106
广州市	4774250	1075666	1272989	347133	12154
深圳市	3312383	958187	1079585	343504	20443
珠海市	2888732	48316	599335	61710	370
汕头市	305275	35244	176604	21160	2997
佛山市	691453	108948	288456	53858	5042
韶关市	216581	35642	68817	1243	1134
河源市	152274	41253	49470	2640	1666
梅州市	172066	6652	56333	27501	
惠州市	695758	10618	647120	15900	292
汕尾市	31361	44140	61653	313	
东莞市	1494746	-291160	227317	146	7755
中山市	417236	82529	229747		410
江门市	386192	55565	152103	648	7200
阳江市	70664	21917	30022	100	
湛江市	408441	2126	52901	7033	
茂名市	222328	-8519	21577		600
肇庆市	263456	-29777	53658	4727	
清远市	460530	-34658	75964	266	
潮州市	16091	8770	7184	1000	42
揭阳市	144380	31957	54439	6057	
云浮市	103140	52849	19241	792	
按经济区域分					
珠三角核心区	14924205	2018891	4550309	827626	53666
沿海经济带	1198539	135635	404380	35661	3639
北部生态发展区	1104591	101738	269825	32442	2800

续表 1

单位：万元

				损益及分配		
法人资本	个人资本	港澳台资本	外商资本	营业收入	主营业务收入	营业成本
2403205	878346	759704	227424	5551491	5459414	2155546
473698	152574	224563	62868	1303657	1281018	454503
398026	134295	134211	49107	1394162	1366106	478724
304472	172536	30717	29530	708184	701484	366958
49468	44588	20297	38094	128971	127518	55382
125514	23605	78437	2000	338465	332076	143443
20332	25754	7269	13085	81812	80367	32844
22133	20113	2917		72008	71746	26724
20978	7854			47767	46793	18747
563503	45774	21652		226786	224792	88230
11864	4761	44715		22271	22001	13195
107471	88780	18586	4579	440453	433756	143552
94961	18674	102739	12963	176936	174304	64587
68618	28434	40504	6698	150016	142583	57513
5757	24165			21725	21568	7190
11517	27766	6585		84720	83366	32379
15219	5758			42084	41282	17108
28708	7522	4200	8500	49814	49410	20219
44988	17878	12831		111818	110088	41058
841	5168	133		15401	15317	7005
28625	10410	9347		99526	99361	73123
6514	11936			34916	34478	13061
2164971	672194	655609	176245	4788473	4705529	1817729
123291	122617	81077	38094	414698	410413	205382
114945	83536	23017	13085	348321	343472	132434

2-25

地　区	税金及附加	其他业务利润	销售费用	管理费用	财务费用
全　省	73171	56837	1544712	1446737	285909
广州市	20248	10089	382053	382201	46318
深圳市	15216	11450	363895	368938	70493
珠海市	10152	7442	135116	139434	65865
汕头市	2609	146	38700	30289	7729
佛山市	3341	5165	94950	90660	4045
韶关市	957	139	23445	25075	4050
河源市	1193	143	21738	19205	3653
梅州市	608	547	14333	12052	2063
惠州市	3120	510	74676	59344	7517
汕尾市	475	5	4804	4828	140
东莞市	4108	1937	158614	124260	20183
中山市	1860	597	64523	52022	3342
江门市	2638	1270	43070	38615	12457
阳江市	432		6792	3436	3768
湛江市	1484	10120	29910	16209	6552
茂名市	426		13916	9621	1560
肇庆市	668	4268	14915	12455	8790
清远市	1196	1058	34366	33586	13750
潮州市	235		4488	4095	327
揭阳市	1631	699	9670	10631	2344
云浮市	573	1254	10740	9782	964
按经济区域分					
珠三角核心区	61351	42728	1331812	1267929	239010
沿海经济带	7292	10970	108280	79109	22420
北部生态发展区	4527	3141	104622	99700	24480

续表 2

单位：万元

营业利润	营业外收入	利润总额	所得税费用	人工成本及增值税	
				应付职工薪酬（本年贷方累计发生额）	应交增值税
68701	83022	125897	72996	1528843	165413
38304	9692	39957	23243	398786	41885
97828	11263	105442	28198	367066	46686
-7601	15707	2732	8688	200420	16355
-6370	3247	-4483	1218	29209	1954
2911	3772	5990	3571	82834	8298
-4101	1406	-2998	169	23721	2229
-1392	373	-1182	622	19201	2043
-64	2082	836	119	17100	1361
-5361	958	-4908	345	65481	8860
-1170	46	-1148	138	7202	694
-9830	29818	20185	2455	122640	10562
-8622	1510	-10796	882	51517	4754
-4679	404	-4577	935	35131	6796
86	77	140	24	4845	647
-1578	119	-1589	719	23465	2039
-560	78	-493	129	10947	1404
-7484	946	-6573	323	13897	1677
-12133	915	-11456	511	30039	2534
-748	434	-435	113	3380	470
1597	55	1576	312	9769	3180
-331	120	-322	285	12194	983
95466	74070	147452	68640	1337772	145873
-8743	4056	-6432	2653	88817	10388
-18021	4896	-15122	1706	102255	9150

2-26 按地区分组的限额以下

地 区	本年折旧	固定资产净值	在建工程	资产总计	负债合计	年初存货
全 省	95246	850328	263409	3240235	2321874	81033
广州市	10232	55257	57316	579724	528187	15319
深圳市	10147	61764	32858	561747	432799	6237
珠海市	3293	40264	41712	317651	275562	9892
汕头市	2901	73511	2230	101720	19853	629
佛山市	10952	62958	14557	232763	182174	13279
韶关市	581	10753	16741	75672	60948	4178
河源市	2311	20974	6389	66403	60418	15817
梅州市	8714	37447	22651	114599	55899	2543
惠州市	11508	120166	9333	267367	143954	2016
汕尾市	3442	63877	8811	108571	44508	1350
东莞市	7789	48898	3422	162538	108148	1969
中山市	1069	29620	2973	168236	195854	2086
江门市	2144	14537	4449	45584	28536	223
阳江市	2563	25980	4860	46155	20779	392
湛江市	2987	49167	4735	78743	18552	1535
茂名市	3004	34040	2195	63664	21773	950
肇庆市	1409	31168	18363	97347	57319	575
清远市	1807	17835	6217	62309	39377	352
潮州市	1653	24008		36925	2221	1028
揭阳市	6166	12894	2365	25043	11978	434
云浮市	576	15211	1232	27474	13035	230
按经济区域分						
珠三角核心区	58541	464632	184983	2432958	1952533	51596
沿海经济带	22716	283477	25195	460821	139665	6318
北部生态发展区	13989	102219	53231	346457	229677	23119

住宿业法人企业财务状况

单位：万元

期末存货	营业收入	营业成本	税金及附加	投资收益	营业利润	应付职工薪酬	应交增值税
85466	1373461	753621	16329	3352	53294	417705	37004
17457	359540	163609	4900	516	8104	105432	11378
6651	319474	165129	2027	-43	9802	90715	9422
10179	44360	23638	441	93	-11188	19893	969
783	30449	21564	667	284	3685	9613	705
13186	187575	103692	1898	165	18884	51455	2989
4728	7874	4543	103	0	-2007	3735	207
15659	10676	6836	123	93	-470	4332	251
3179	14564	9578	189	243	-1063	5088	320
2479	68124	53482	475	162	-4469	21234	997
1148	41042	24991	986	238	8461	13107	773
1800	64180	36510	895	287	4013	29604	2116
2327	25842	12461	237	17	-1704	10231	1002
441	16075	9517	149	-112	-937	5379	410
354	12228	7591	182	32	113	4084	527
755	49379	29380	749	614	9478	11666	1161
960	38254	23643	459		8740	8169	1391
417	23498	14671	524	560	82	7000	763
499	22207	16387	373	-34	-829	6803	663
1550	13805	9616	466	23	2993	3517	435
565	18450	12840	408	185	1332	4826	374
348	5866	3942	77	27	274	1822	150
54938	1108667	582709	11546	1645	22587	340944	30047
6115	203606	129626	3917	1376	34802	54980	5366
24413	61188	41286	866	330	-4095	21780	1591

2-27 按地区分组的餐饮业法人企业基本情况

地 区	法人企业数（个）	从业人员期末人数（人）	年末餐饮营业面积（万平方米）
全 省	38853	611225	1529.7
广州市	12084	190174	394.9
深圳市	9151	203720	324.6
珠海市	1303	15460	41.5
汕头市	845	7757	20.7
佛山市	3989	44594	146.7
韶关市	230	3875	21.2
河源市	208	2674	15.6
梅州市	222	2351	16.6
惠州市	1337	15797	57.4
汕尾市	241	3809	18.1
东莞市	4292	43296	132.2
中山市	1481	21431	75.8
江门市	847	10424	40.6
阳江市	274	6179	22.5
湛江市	858	16416	45.6
茂名市	404	8005	34.0
肇庆市	312	4695	22.4
清远市	249	3107	67.7
潮州市	169	2208	9.0
揭阳市	251	3368	14.7
云浮市	106	1885	7.5
按经济区域分			
珠三角核心区	34796	549591	1236.1
沿海经济带	3042	47742	164.7
北部生态发展区	1015	13892	128.8

2-28 按地区分组的限额以上餐饮业法人企业基本情况

地 区	法人企业数（个）	从业人员期末人数（人）	年末餐饮营业面积（万平方米）
全 省	3491	376595	650.3
广州市	977	130466	192.1
深圳市	725	135088	149.5
珠海市	118	8857	18.8
汕头市	83	3058	7.4
佛山市	330	16849	52.5
韶关市	79	2561	11.9
河源市	42	1456	7.1
梅州市	13	856	4.0
惠州市	120	8616	23.2
汕尾市	26	1356	5.8
东莞市	309	22639	46.1
中山市	218	14351	42.5
江门市	94	6763	18.4
阳江市	41	3865	8.1
湛江市	88	7765	16.2
茂名市	86	3920	17.1
肇庆市	33	2305	8.5
清远市	21	1893	8.4
潮州市	27	963	3.0
揭阳市	46	1981	6.0
云浮市	15	987	3.4
按经济区域分			
珠三角核心区	2924	345934	551.6
沿海经济带	397	22908	63.7
北部生态发展区	170	7753	35.0

2-29 按地区分组的限额以下餐饮业法人企业基本情况

地 区	法人企业数（个）	从业人员期末人数（人）	年末餐饮营业面积（万平方米）
全 省	35362	234630	879.4
广州市	11107	59708	202.8
深圳市	8426	68632	175.1
珠海市	1185	6603	22.7
汕头市	762	4699	13.3
佛山市	3659	27745	94.2
韶关市	151	1314	9.3
河源市	166	1218	8.5
梅州市	209	1495	12.6
惠州市	1217	7181	34.2
汕尾市	215	2453	12.3
东莞市	3983	20657	86.1
中山市	1263	7080	33.3
江门市	753	3661	22.2
阳江市	233	2314	14.4
湛江市	770	8651	29.4
茂名市	318	4085	16.9
肇庆市	279	2390	13.9
清远市	228	1214	59.3
潮州市	142	1245	6
揭阳市	205	1387	8.7
云浮市	91	898	4.1
按经济区域分			
珠三角核心区	31872	203657	684.5
沿海经济带	2645	24834	101.0
北部生态发展区	845	6139	93.8

2-30 按地区分组的餐饮业法人企业经营情况

地　区	营业额	客房收入	餐费收入
全　省	11577309	265537	10553918
广州市	3944154	49394	3655672
深圳市	4045437	50840	3754225
珠海市	241730	506	230045
汕头市	146809	494	141072
佛山市	774754	23025	710306
韶关市	50738	7217	42627
河源市	35770	5250	27841
梅州市	26283	4948	19253
惠州市	224505	27191	167381
汕尾市	50200	2630	44052
东莞市	841383	11406	729086
中山市	348092	1450	332018
江门市	150248	2980	143218
阳江市	69818	7406	56718
湛江市	222935	17912	190567
茂名市	114640	9477	98286
肇庆市	78205	4984	65785
清远市	41315	5943	30898
潮州市	29593	2175	25004
揭阳市	119048	27462	71793
云浮市	21652	2846	18071
按经济区域分			
珠三角核心区	10648508	171776	9787736
沿海经济带	753042	67557	627492
北部生态发展区	175758	26204	138690

2-31 按地区分组的限额以上

项 目	营业额	客房收入	通过公共网络实现的客房收入	通过非自营平台实现的客房收入	餐费收入	通过公共网络实现的餐费收入
全 省	8522938	231326	15694	3702	7676675	457245
广州市	3240320	46943	1746	669	2972489	206697
深圳市	3070231	45132	7914	2207	2813756	204364
珠海市	173634	462	48		164118	4003
汕头市	73578	126			73050	1921
佛山市	359487	16770	484	255	328298	10211
韶关市	39018	6638	239	54	31681	1076
河源市	25465	4266	76	6	19548	451
梅州市	10371	3090	95		6468	20
惠州市	141603	23763	1898	325	101561	3656
汕尾市	16826	2010	25	25	13935	256
东莞市	583681	8544	521		492110	14636
中山市	274493	602	31	31	262242	4292
江门市	114144	2554			109280	1931
阳江市	47807	6422	179	7	36508	432
湛江市	113473	15488	755		91480	1931
茂名市	48524	7619	669		39044	260
肇庆市	37441	4860	422	38	26293	245
清远市	30580	5701	343	83	22411	640
潮州市	15493	1788	42		12179	
揭阳市	93787	26179			49950	
云浮市	12982	2370	208	3	10274	227
按经济区域分						
珠三角核心区	7995035	149628	13065	3526	7270146	450033
沿海经济带	409486	59632	1669	32	316147	4799
北部生态发展区	118417	22066	960	145	90383	2414

餐饮业法人企业经营情况

单位：万元

通过非自营平台实现的餐费收入	商品销售额	其他收入	外卖送餐服务收入	客房数（万间）	床位数（万个）	餐位数（万位）
214740	410300	204637	40957	4.5	7.3	239.6
136981	143828	77059	23484	0.8	1.2	55.4
67126	147609	63733	10826	0.6	0.8	81.1
1840	7938	1118	34	0.0	0.0	7.7
11	130	271	14	0.0	0.0	10.7
787	8470	5949	7	0.3	0.6	19.2
2	201	498	6	0.2	0.5	4.1
57	1210	441	24	0.2	0.3	2.0
	684	129		0.1	0.2	0.8
1180	7838	8441	24	0.6	0.9	5.2
		881		0.1	0.1	2.9
2752	72511	10517	261	0.2	0.3	14.1
3610	665	10985	6196	0.0	0.1	10.6
	614	1697	32	0.1	0.2	6.0
35	1184	3693	6	0.2	0.3	2.5
	1873	4632	45	0.3	0.4	7.2
	998	863		0.2	0.3	3.7
20	3984	2304		0.1	0.2	2.5
267	845	1623		0.2	0.3	1.3
	1074	452		0.0	0.1	0.7
	8321	9336		0.2	0.4	1.1
73	322	16		0.1	0.1	0.8
214296	393457	181803	40863	2.8	4.3	201.7
45	13581	20127	64	1.0	1.7	28.9
399	3262	2707	29	0.7	1.4	9.0

2-32 按地区分组的餐饮

地　区	期末资产负债						
	本年折旧	固定资产净值	在建工程	资产总计	负债合计	年初存货	期末存货
全　省	261035	1741048	231802	8459967	5883562	233189	289073
广州市	65267	441444	37453	2355169	1568701	63213	77179
深圳市	74825	371522	39498	2851905	2121993	79917	103058
珠海市	3183	13830	14920	227748	163985	4964	7593
汕头市	3873	37598	685	84035	29113	4028	4189
佛山市	22313	147416	36373	601520	447831	19073	19769
韶关市	3204	50862	3419	118506	67523	1500	1841
河源市	4129	32838	411	73366	33314	1360	1718
梅州市	2603	35791	594	91700	32507	1986	1871
惠州市	13882	68533	4855	257858	197528	4038	4635
汕尾市	1799	19635	2050	60436	27822	1763	1984
东莞市	25089	88225	2833	540180	290781	16541	24623
中山市	2658	20317	221	171767	141634	6429	7361
江门市	7096	22880	3783	111598	80149	3287	4877
阳江市	2363	40927	2086	106242	88571	1852	2069
湛江市	13985	150770	21932	288677	272012	7829	8402
茂名市	5034	71157	4306	142326	66355	3160	3866
肇庆市	3107	32864	236	95125	76199	2028	2031
清远市	3128	24144	6442	92879	118368	6449	7220
潮州市	1585	21113	49119	79749	18506	1059	1394
揭阳市	1075	38474	520	88664	26864	1730	2257
云浮市	839	10708	70	20519	13806	983	1135
按经济区域分							
珠三角核心区	217418	1207032	140170	7212870	5088802	199492	251127
沿海经济带	29713	379673	80696	850128	529242	21420	24161
北部生态发展区	13903	154343	10937	396969	265518	12278	13785

业法人企业财务状况

单位：万元

损益及分配					营业成本	
营业收入	营业成本	税金及附加	投资收益（损失以“-”号记）	营业利润	应付职工薪酬（本年贷方累计发生额）	应交增值税
11085635	5709849	63452	39349	413774	2888151	191676
3723746	1703916	14829	29727	177900	957902	56713
3877197	1893519	15914	2334	70026	1043807	57466
232942	123744	1788	1159	-4128	63340	5743
142476	95010	2282	178	17198	28719	3038
755318	451752	5475	1045	34242	210605	16095
49190	28972	447	189	548	12766	956
35437	22621	528	136	2979	9084	588
26359	16143	342	56	1223	7166	355
221787	129067	1699	790	6178	59329	4486
50370	34133	976	34	7665	15203	1180
812202	531870	4608	941	38812	192092	16779
330037	187745	1727	113	-1702	92099	8340
147954	82683	1070	82	1209	38473	2657
69605	39817	1019	11	6207	20737	2308
214434	122703	3861	2230	16483	52622	5119
113662	70881	1707	4	16850	29700	3718
73883	44878	673	-99	2312	18812	2022
40167	20548	294	56	-3366	10986	841
29917	21026	574	24	3522	6674	637
117764	77132	3373	285	17730	11851	2256
21189	11689	266	56	1886	6186	378
10175066	5149175	47783	36091	324849	2676458	170301
738227	460702	13791	2766	85654	165505	18256
172343	99972	1877	492	3270	46187	3119

2-33 按地区分组的限额以上

地　区	年初存货	期末资产负债			
		流动资产合计	应收账款	存货	固定资产原价
全　省	154660	3276432	419143	188160	2415404
广州市	53146	1007619	61237	63875	828211
深圳市	51864	1327072	222761	60026	634791
珠海市	3792	65280	9575	5250	24869
汕头市	1198	12644	2492	1402	10040
佛山市	7136	124450	16527	7937	163561
韶关市	1090	13891	3277	1404	58901
河源市	778	21082	3022	975	23682
梅州市	1048	6823	1382	566	26690
惠州市	2397	85641	6867	2898	84226
汕尾市	609	19795	2542	1009	9995
东莞市	11427	250385	35881	17926	106766
中山市	5586	85524	11624	6273	38087
江门市	2550	33116	3512	3541	35295
阳江市	1238	20043	3087	1448	30212
湛江市	4611	62758	19768	5003	176101
茂名市	1405	35273	9115	2519	37643
肇庆市	1709	38095	2260	1689	32233
清远市	831	30875	1712	1220	25567
潮州市	738	2549	409	979	15088
揭阳市	879	28228	1012	1560	40538
云浮市	629	5289	1081	661	12909
按经济区域分					
珠三角核心区	139607	3017182	370245	169414	1948040
沿海经济带	10677	181291	38424	13920	319615
北部生态发展区	4376	77959	10474	4825	147749

餐饮业法人企业财务状况

单位：万元

固定资产净值	累计折旧	本年折旧	在建工程	资产总计	流动负债合计	非流动负债合计
1249026	1164746	172145	190589	5968390	3493383	623227
401399	426407	54043	32899	1928514	1050010	157066
294815	339957	52725	35846	2060672	1239288	174852
10251	14554	2171	770	115775	91703	7369
5161	4694	840	301	21111	10625	1481
85963	76805	12222	34814	304848	228659	36211
45534	13350	2730	2060	85791	36336	5576
11203	12478	1581	2	39472	20491	4181
17943	8747	1088	215	25587	19851	1328
44590	39636	10492	3402	161715	96537	30666
4107	5888	453	50	28412	16860	728
47382	59379	7355	1634	363555	163726	7342
17155	20861	1892	176	134078	107919	11516
17801	17417	5744	740	78433	46108	4581
18436	11795	1557	822	43869	26648	7014
117862	58239	9954	21291	219705	127849	114383
28358	9284	1888	1637	68484	42341	8342
23811	8422	1439	133	73897	55392	11290
14714	10853	2290	4811	71043	95759	12625
11350	3738	541	48988	66204	8046	7440
24457	16069	648		63701	4125	13549
6734	6175	493		13525	5110	5688
943167	1003437	148083	110413	5221486	3079343	440892
209730	109706	15881	73089	511487	236494	152938
96128	51603	8181	7087	235418	177546	29397

2-33

地区	负债合计	所有者权益	实收资本	国家资本	集体资本
全省	4117799	1850963	1640825	53292	10411
广州市	1199622	728926	539022	41984	6430
深圳市	1420648	640213	450159	7711	1441
珠海市	99289	16486	27611	100	10
汕头市	12107	9004	5751		5
佛山市	264084	40764	69652	60	468
韶关市	41573	44218	21559	974	45
河源市	24685	14787	10712	205	
梅州市	21178	4408	18962		
惠州市	127319	34396	56681		
汕尾市	17588	10824	13503		
东莞市	171169	192386	210096	150	1300
中山市	117753	16474	31708	510	80
江门市	50689	27744	22958		4
阳江市	33662	10207	8790		210
湛江市	246711	-27006	76723		
茂名市	50684	17801	12659	1502	
肇庆市	66682	7215	9689	96	
清远市	108385	-37342	10837		
潮州市	15486	50718	4863		55
揭阳市	17682	46020	37654		335
云浮市	10803	2722	1235		30
按经济区域分					
珠三角核心区	3517255	1704603	1417576	50611	9731
沿海经济带	393920	117567	159944	1502	605
北部生态发展区	206625	28793	63305	1179	75

续表 1

单位：万元

				损益及分配		
				营业收入		营业成本
					主营业务收入	
法人资本	个人资本	港澳台资本	外商资本			
634004	504645	283328	155145	8130775	8085300	3949958
172111	146367	86436	85694	3034845	3024894	1352819
157438	134754	96295	52520	2957818	2940494	1367741
7815	9234	10399	53	166609	166119	86477
1562	2515	800	869	71148	70926	47053
37909	14323	16525	368	351913	349467	196424
14436	6103			37433	37096	21824
2264	8243			25110	25012	14465
14217	4547	198		9916	9916	4446
26757	16994	5250	7680	139206	136550	66699
771	1184	11549		16462	16445	9288
124710	37754	39382	6801	557294	552187	362103
8940	14298	6720	1160	261261	260213	144406
8031	7255	7669		112597	109054	59074
5466	3088	27		47353	46858	25219
15621	61102			109374	108832	58273
5723	5435			47108	46271	27351
3489	4607	1497		35372	35195	17941
7567	3021	250		29545	29529	12323
3095	1713			15107	15022	10701
15794	21526			92653	92614	58872
289	584	332		12650	12604	6460
547199	385585	270173	154276	7616915	7574174	3653685
48031	96562	12375	869	399206	396970	236756
38774	22497	780		114654	114157	59517

2-33

地　区	税金及附加	其他业务利润	销售费用	管理费用	财务费用
全　省	38686	71849	2788157	963274	44757
广州市	8654	20304	1142919	346799	11996
深圳市	10961	24233	1107014	344394	12230
珠海市	1237	18	51884	24393	2263
汕头市	1405	16	9803	5919	266
佛山市	2559	1485	96515	47750	4487
韶关市	396	200	7152	7043	533
河源市	426	77	4071	3366	587
梅州市	206		2429	2860	77
惠州市	1019	2515	44023	20881	2463
汕尾市	303	2	4324	2359	37
东莞市	1986	17165	109809	62271	-481
中山市	1260	316	90579	23139	1146
江门市	700	3944	32535	18128	505
阳江市	722		11091	8163	348
湛江市	2348	781	26751	18198	3041
茂名市	681	23	10202	6164	797
肇庆市	319	308	11723	5281	1383
清远市	199	-36	11268	7302	1271
潮州市	264	275	1595	1383	89
揭阳市	2962		8526	5940	1358
云浮市	79	223	3945	1543	363
按经济区域分					
珠三角核心区	28694	70289	2687000	893036	35992
沿海经济带	8685	1096	72292	48125	5935
北部生态发展区	1307	464	28865	22113	2830

续表 2

单位：万元

				人工成本及增值税	
营业利润	营业外收入	利润总额	所得税费用	应付职工薪酬（本年贷方累计发生额）	应交增值税
364563	21937	363711	104167	1889677	124062
196011	7638	193559	49104	705741	38997
112102	9944	113179	34686	721524	38922
1490	478	1776	1157	38631	4100
5842	151	5832	725	10073	1454
3217	746	3525	2787	77560	8504
608	292	840	452	8707	749
2216	31	2243	174	4811	430
-223	152	-557	32	2683	198
3871	204	3714	1516	33886	2642
145	7	148	204	4754	540
21107	713	21148	5176	105373	9356
758	624	802	2728	69698	6662
1644	131	1370	1437	25327	1929
2306	19	2307	467	12950	1622
99	140	112	626	24366	2489
1548	90	1491	1148	13343	1541
-1469	472	-1043	135	9088	1002
-2886	25	-2970	168	7353	649
1076	13	1088	223	2896	297
14804	13	14804	1177	7407	1794
297	53	345	46	3507	187
338731	20951	338029	98726	1786828	112114
25820	434	25782	4569	75790	9737
12	553	-100	872	27060	2212

2-34　按地区分组的限额以下

地　区	本年折旧	固定资产净值	在建工程	资产总计	负债合计	年初存货
全　省	88889	492022	41213	2491578	1765764	78529
广州市	11224	40045	4554	426655	369079	10067
深圳市	22100	76707	3652	791233	701345	28054
珠海市	1011	3579	14150	111973	64696	1172
汕头市	3033	32437	384	62924	17006	2830
佛山市	10090	61453	1558	296672	183747	11937
韶关市	474	5328	1359	32715	25950	410
河源市	2548	21635	410	33894	8629	581
梅州市	1515	17848	380	66114	11328	938
惠州市	3390	23943	1453	96143	70209	1641
汕尾市	1346	15528	2000	32024	10234	1154
东莞市	17734	40844	1199	176625	119612	5115
中山市	766	3162	45	37690	23881	842
江门市	1352	5079	3043	33165	29460	738
阳江市	806	22491	1264	62373	54909	614
湛江市	4031	32908	641	68972	25301	3218
茂名市	3146	42798	2669	73842	15671	1755
肇庆市	1668	9053	104	21229	9517	320
清远市	839	9430	1631	21836	9983	5618
潮州市	1044	9763	131	13545	3020	321
揭阳市	428	14017	520	24963	9182	851
云浮市	346	3974	70	6994	3003	354
按经济区域分						
珠三角核心区	69336	263864	29757	1991385	1571548	59884
沿海经济带	13832	169943	7607	338641	135322	10743
北部生态发展区	5722	58215	3849	161552	58894	7902

餐饮业法人企业财务状况

单位：万元

期末存货	营业收入	营业成本	税金及附加	投资收益	营业利润	应付职工薪酬	应交增值税
100913	2954860	1759891	24766	5741	49211	998474	67614
13304	688901	351097	6176	386	-18111	252161	17716
43032	919379	525777	4954	529	-42076	322284	18544
2344	66334	37267	551	19	-5617	24709	1643
2787	71328	47957	877	171	11356	18646	1585
11833	403405	255328	2916	236	31026	133045	7592
438	11757	7148	52	11	-60	4060	208
743	10327	8156	102	136	763	4273	158
1305	16443	11697	135	56	1446	4483	158
1737	82581	62368	680	731	2307	25443	1844
975	33908	24846	673	33	7521	10449	640
6697	254908	169767	2622	866	17705	86719	7423
1088	68776	43340	467	32	-2460	22401	1678
1336	35356	23610	370	-14	-435	13145	728
620	22252	14598	296	11	3901	7787	685
3399	105059	64430	1513	2229	16384	28257	2630
1347	66554	43530	1026	4	15302	16356	2176
342	38510	26937	354	51	3781	9724	1020
6000	10622	8225	95	56	-480	3633	193
415	14810	10325	310	24	2445	3779	340
697	25110	18261	412	157	2926	4444	462
475	8540	5229	187	16	1589	2679	191
81713	2558151	1495490	19089	2837	-13881	889630	58187
10241	339021	223946	5106	2629	59835	89716	8519
8960	57688	40455	571	274	3257	19127	907

主要统计指标解释

营业额 指住宿和餐饮业单位在经营活动中因提供服务或销售商品等取得的全部收入（含增值税），收入主要来源于提供客房、餐费服务、商品销售和其他服务，如商务服务。不包括多产业法人企业附营的其他行业产业活动单位的餐费收入、商品销售收入等各项收入。

客房收入 指住宿和餐饮业单位在经营活动中因提供住宿服务取得的收入（含增值税）。不包括多产业法人企业附营的其他行业产业活动单位的客房收入。

餐费收入 指本单位为顾客提供就餐服务取得的收入（含增值税）。包括：经烹饪、调制加工后出售的各种食品，如主食、炒菜、凉拌菜等的收入。不包括多产业法人企业附营的其他行业产业活动单位的餐费收入。

商品销售额 指对本单位以外的单位和个人出售的商品金额（包括售给本单位消费用的商品，含增值税）。在住宿和餐饮业中，本指标反映住宿和餐饮业单位出售商品的销售总额（含增值税），不包括法人企业附营的其他行业产业活动单位的商品销售额。

第3篇

金融业

编表能手

金融业：何婷　李华（272–278 页）

3-1 货币金融及其他金融企业法人单位主要指标

	行业	法人单位数（个）	资产总计（亿元）	负债总计（亿元）	营业收入（亿元）	从业人员期末人数（人）
合计	金融业	30363	307791		15394	2802247
	货币金融服务	4685	245882		7336	423985
	资本市场服务	19836	40956	22120	1898	164359
	保险业	1757	13194	15211	5020	2157738
	其他金融业	4084	7750		1139	56160
系统内	金融业	7847	277418		13768	2657783
	货币金融服务	828	241385		6623	362118
	资本市场服务	5590	21465	13420	1399	127884
	保险业	1391	13154	15179	5016	2156761
	其他金融业	38	1414		731	11020
系统外	金融业	22516	30372	13906	1626	144464
	货币金融服务	3857	4497	2340	713	61867
	资本市场服务	14247	19499	8701	500	36480
	保险业	366	40	32	5	977
	其他金融业	4046	6337	2833	408	45140

3-2　按地区分组的货币金融服务法人单位主要指标

地　区	法人单位数（个）	从业人员期末人数（人）
总　计	4685	423985
广州市	1362	92362
深圳市	1597	137158
珠海市	352	12170
汕头市	70	11549
佛山市	136	28901
韶关市	57	6023
河源市	42	4873
梅州市	47	7533
惠州市	99	12451
汕尾市	20	3436
东莞市	388	24747
中山市	83	11935
江门市	78	13504
阳江市	25	4456
湛江市	59	11720
茂名市	38	8438
肇庆市	59	8638
清远市	50	7264
潮州市	47	4967
揭阳市	48	7765
云浮市	28	4095
按区域分		
珠三角核心区	4154	341866
沿海经济带	307	52331
北部生态发展区	224	29788

3-3 按地区分组的资本市场法人单位主要指标

地　区	法人单位数（个）	从业人员期末人数（人）
总　计	19837	164364
广州市	2914	29485
深圳市	10389	113551
珠海市	5118	10167
汕头市	53	367
佛山市	398	2278
韶关市	26	35
河源市	5	6
梅州市	45	84
惠州市	100	1815
汕尾市	4	15
东莞市	379	4996
中山市	102	349
江门市	49	151
阳江市	7	32
湛江市	39	129
茂名市	26	119
肇庆市	110	572
清远市	9	22
潮州市	5	38
揭阳市	11	81
云浮市	48	72
按区域分		
珠三角核心区	19559	163364
沿海经济带	145	781
北部生态发展区	133	219

3-4　按地区分组的保险业法人单位主要指标

地　区	法人单位数（个）	从业人员期末人数（人）
总　计	1757	2157738
广州市	357	685158
深圳市	406	928826
珠海市	74	24253
汕头市	45	22625
佛山市	127	97183
韶关市	39	16727
河源市	28	14788
梅州市	39	23022
惠州市	85	41369
汕尾市	15	7889
东莞市	84	83554
中山市	87	35957
江门市	74	30688
阳江市	29	11279
湛江市	52	31642
茂名市	48	26801
肇庆市	55	19535
清远市	40	19333
潮州市	26	12431
揭阳市	26	14377
云浮市	21	10301
按区域分		
珠三角核心区	1349	1946523
沿海经济带	241	127044
北部生态发展区	167	84171

3-5 按地区分组的其他金融业法人单位主要指标

地 区	法人单位数（个）	从业人员期末人数（人）
总 计	4084	56160
广州市	520	3451
深圳市	2707	48800
珠海市	524	1618
汕头市	10	86
佛山市	60	410
韶关市	6	60
河源市	3	14
梅州市	6	68
惠州市	31	158
汕尾市	5	14
东莞市	96	677
中山市	20	102
江门市	9	90
阳江市	6	15
湛江市	26	120
茂名市	9	72
肇庆市	11	114
清远市	8	57
潮州市	11	121
揭阳市	7	31
云浮市	9	82
按区域分		
珠三角核心区	3978	55420
沿海经济带	74	459
北部生态发展区	32	281

3-6　按登记注册类型、控股类型分组的金融业法人单位数

单位：个

指标名称	金融业	货币金融服务	资本市场服务	保险业	其他金融业
按登记注册类型分					
国有企业	286	127	51	94	14
集体企业	20	12	5	1	2
股份合作企业	75	56	16	2	1
国有联营企业					
集体联营企业	1	1			
国有与集体联营企业	1		1		
其他联营企业	1		1		
国有独资公司	74	7	34	14	19
其他有限责任公司	6738	899	4822	300	717
股份有限公司	1414	577	130	671	36
私营独资企业	221	15	66	112	28
私营合伙企业	6379	10	5766	2	601
私营有限责任公司	13563	2075	8591	349	2548
私营股份有限公司	175	44	98	8	25
其他企业	65	5	1	21	38
合资经营企业（港或澳、台资）	384	331	32	8	13
合作经营企业（港或澳、台资）	12	11	1		
港、澳、台商独资经营企业	554	366	146	16	26
港、澳、台商投资股份有限公司	8	5	2		1
其他港、澳、台商投资企业	31	7	7	17	
中外合资经营企业	201	67	26	104	4
中外合作经营企业					
外资企业	121	62	24	27	8
外商投资股份有限公司	14	3	1	10	
其他外商投资企业	24	5	16	1	2
按控股类型分					
国有控股	1686	530	496	582	78
集体控股	146	65	66	9	6
私人控股	25392	3027	17908	731	3726
港澳台商控股	767	512	189	22	44
外商控股	163	77	35	40	11
其他	2208	474	1143	373	218

3-7 按登记注册类型、控股类型分组的金融业法人单位从业人员数

单位：人

指标名称	金融业	货币金融服务	资本市场服务	保险业	其他金融业
按登记注册类型分					
国有企业	87281	63292	6509	16489	991
集体企业	721	662	21	2	36
股份合作企业	21311	20827	128	356	
国有联营企业					
集体联营企业	13	13			
国有与集体联营企业					
其他联营企业	1		1		
国有独资公司	1770	125	449	587	609
其他有限责任公司	662671	8091	41697	600636	12247
股份有限公司	992450	261365	60714	667817	2554
私营独资企业	927	63	281	462	121
私营合伙企业	9056	11	8172	94	779
私营有限责任公司	912737	50545	33087	790919	38186
私营股份有限公司	6109	1030	3965	897	217
其他企业	6943	1539	1	5403	
合资经营企业（港或澳、台资）	3554	2517	844	151	42
合作经营企业（港或澳、台资）	15	15			
港、澳、台商独资经营企业	32414	8331	6313	17701	69
港、澳、台商投资股份有限公司	60	51	2		7
其他港、澳、台商投资企业	126	28	8	90	
中外合资经营企业	50788	1173	1966	47406	243
中外合作经营企业					
外资企业	4962	4228	175	504	55
外商投资股份有限公司	5211	33	1	5177	
其他外商投资企业	3127	46	30	3047	4
按控股类型分					
国有控股	740187	240617	63506	433547	2517
集体控股	18706	14512	248	3909	37
私人控股	1075837	63009	64255	903933	44640
港澳台商控股	36454	8874	6714	20752	114
外商控股	9722	4351	219	5084	68
其他	921341	92622	29422	790513	8784

第4篇

房地产开发经营及财务状况

编表能手

房地产开发经营业：赖晓燕（280-373页）

4-1 按登记注册类型分组的房地产开发经营投资完成情况

单位：万元

指标名称	企业个数（个）	计划总投资	自开始建设累计完成投资	本年完成投资	本年新增固定资产
总　计	8721	829651112	623802386	144211338	35097839
内资	7923	715508705	532462346	131878463	30423719
民营经济	7355	595442630	448394512	112462619	26905264
国有经济	176	30305954	20582610	3114819	827277
集体经济	116	3770594	3030873	619743	130569
私营个体经济	3962	228696948	176995999	43044044	11305453
国有	63	1128373	940029	180699	154504
集体	110	3472132	2752229	551200	130569
股份合作	5	248862	224526	54421	
国有联营					
集体联营	1	49600	54118	14122	
国有与集体联营					
其他联营	3	70997	2000	2000	
国有独资公司	113	29177581	19642581	2934120	672773
其他有限责任公司	3531	434265419	318768252	82032352	17413644
股份有限公司	135	18398793	13082612	3065505	746776
私营独资	3	37442	44528	16160	
私营合伙	1	20000	15870	2944	
私营有限责任公司	3913	221385008	170577520	42602604	11215521
私营股份有限公司	45	7254498	6358081	422336	89932
其他（内资企业）					
港澳台商投资	603	75591810	59820076	7151257	2670978
合资经营	140	19749723	15434088	1560050	218853
合作经营	93	12707959	10534024	898423	534294
独资	352	41000504	32324259	4441644	1813265
股份有限公司	10	1280381	1141620	226860	100000
其他（港澳台）	8	853243	386085	24280	4566
外商投资	195	38550597	31519964	5181618	2003142
合资经营	61	17150426	12575293	2718801	1080432
合作经营	17	4005430	2921626	320611	83442
独资	97	14384472	13525663	1647284	777964
股份有限公司	6	984330	822270	186671	
其他外商投资	14	2025939	1675112	308251	61304

4-2 按登记注册类型分组的房地产开发投资构成情况

单位：万元

指标名称	本年完成投资	建筑工程	安装工程	设备工器具购置费	其他费用		
						旧建筑物购置费	土地购置费
总　计	144211338	73362946	10961114	1333479	58553799	684415	49216395
内资	131878463	66408115	9892854	1223169	54354325	662604	45844464
民营经济	112462619	59291407	9112914	1148784	42909514	523746	35881329
国有经济	3114819	1429302	132625	22182	1530710	23167	1326072
集体经济	619743	395198	98032	8574	117939	1830	60646
私营个体经济	43044044	23054274	3763008	484840	15741922	289077	13019158
国有	180699	95345	3755	5012	76587	320	66800
集体	551200	342329	97905	7810	103156	1830	54195
股份合作	54421	38747	127	764	14783		6451
国有联营							
集体联营	14122	14122					
国有与集体联营							
其他联营	2000	1500	400	100			
国有独资公司	2934120	1333957	128870	17170	1454123	22847	1259272
其他有限责任公司	82032352	40036596	5696601	700253	35598902	346542	30167844
股份有限公司	3065505	1491245	202188	7220	1364852	1988	1270744
私营独资	16160	15651	261	248			
私营合伙	2944	1696	890	70	288		
私营有限责任公司	42602604	22778330	3718290	475289	15630695	287077	12950754
私营股份有限公司	422336	258597	43567	9233	110939	2000	68404
其他（内资企业）							
港澳台商投资	7151257	4450661	676817	80090	1943689	20000	1307937
合资经营	1560050	1068622	156533	16118	318777		168588
合作经营	898423	698509	64004	15855	120055		18391
独资	4441644	2468740	449450	47961	1475493	20000	1091612
股份有限公司	226860	192012	5334	156	29358		29340
其他（港澳台）	24280	22778	1496		6		6
外商投资	5181618	2504170	391443	30220	2255785	1811	2063994
合资经营	2718801	1152462	208866	10374	1347099	1811	1226025
合作经营	320611	151965	58754	15897	93995		81332
独资	1647284	866767	117645	3848	659024		609615
股份有限公司	186671	185971	600	100			
其他外商投资	308251	147005	5578	1	155667		147022

4-3 按登记注册类型分组的

指标名称	计划总投资	本年完成投资	商品住宅	90平方米以下住房
总　计	829651112	144211338	97609346	26464922
内资	715508705	131878463	89935299	24657780
民营经济	603908207	113535699	79402033	22367044
国有经济	30305954	3114819	1101367	326056
集体经济	3770594	619743	449971	123868
私营个体经济	228696948	43044044	30106066	9609160
国有	1128373	180699	112065	24906
集体	3472132	551200	424089	109816
股份合作	248862	54421	11760	141
国有联营				
集体联营	49600	14122	14122	13911
国有与集体联营				
其他联营	70997	2000	1400	1400
国有独资公司	29177581	2934120	989302	301150
其他有限责任公司	434265419	82032352	56460557	14204656
股份有限公司	18398793	3065505	1815938	392640
私营独资	37442	16160	8884	888
私营合伙	20000	2944		
私营有限责任公司	221385008	42602604	29821269	9555593
私营股份有限公司	7254498	422336	275913	52679
其他（内资企业）				
港澳台商投资	75591810	7151257	4259487	1186405
合资经营	19749723	1560050	976946	344823
合作经营	12707959	898423	715483	72924
独资	41000504	4441644	2404189	767411
股份有限公司	1280381	226860	155061	108
其他（港澳台）	853243	24280	7808	1139
外商投资	38550597	5181618	3414560	620737
合资经营	17150426	2718801	1780269	210347
合作经营	4005430	320611	259656	103096
独资	14384472	1647284	1087309	259751
股份有限公司	984330	186671	69688	21972
其他外商投资	2025939	308251	217638	25571

房地产开发投资工程用途情况

单位：万元

144 平方米以上住房	别墅、高档公寓	办公楼	商业营业用房	其他
16833863	5455530	11805667	14165725	20630600
15205806	4513558	10332554	12823095	18787515
13576285	3714126	7437459	10716651	15979556
220498	89647	1111689	425111	476652
83717	36518	12001	66425	91346
4252815	1323898	3077678	3926685	5933615
5268	222		13853	54781
83322	36518	12001	44089	71021
296			22336	20325
99				
			500	100
215230	89425	1111689	411258	421871
10054086	2965798	5716873	8185348	11669574
594690	97697	414313	219026	616228
789			709	6567
			2944	
4180823	1322137	3060683	3871465	5849187
71203	1761	16995	51567	77861
1047295	603971	997517	861890	1032363
180483	130486	147881	240546	194677
250667	198886	55848	44997	82095
603447	272883	754260	535989	747206
8169		39268	24406	8125
4529	1716	260	15952	260
580762	338001	475596	480740	810722
166318	19207	163587	212101	562844
58872	24529	28649	18679	13627
291332	237111	159022	188247	212706
6246	5446	88000	23633	5350
57994	51708	36338	38080	16195

4-4　按登记注册类型分组的房

指标名称	上年末结余资金	本年实际到位资金	国内贷款	银行贷款	非银行金融机构贷款
总　计	94069586	218280983	42980080	36386350	6593730
内资	78707718	195779754	39093241	33338419	5754822
民营经济	65895856	168933013	32943110	27828089	5115021
国有经济	2457829	4595083	775686	757306	18380
集体经济	178138	733927	41360	41360	
私营个体经济	23853542	64890110	11540374	9956997	1583377
国有	45586	180670	16231	16231	
集体	159522	668604	34460	34460	
股份合作	1117	65323	6900	6900	
国有联营					
集体联营	17499				
国有与集体联营					
其他联营	474	5800	5000		5000
国有独资公司	2412243	4414413	759455	741075	18380
其他有限责任公司	49781922	119220578	23366904	19621060	3745844
股份有限公司	2435813	6334256	3363917	2961696	402221
私营独资	14658	16260			
私营合伙		8962			
私营有限责任公司	22497548	63135661	11245550	9823273	1422277
私营股份有限公司	1341336	1729227	294824	133724	161100
其他（内资企业）					
港澳台商投资	9937285	14307389	2202706	2028412	174294
合资经营	2024449	3790860	888204	832218	55986
合作经营	1980503	2154266	96981	86981	10000
独资	5848165	7977311	1181511	1073203	108308
股份有限公司	27946	305918	24000	24000	
其他（港澳台）	56222	79034	12010	12010	
外商投资	5424583	8193840	1684133	1019519	664614
合资经营	3137877	4130523	760890	214606	546284
合作经营	375106	376681	9968	9968	
独资	1448223	3181094	820645	719945	100700
股份有限公司	27121	221468			
其他外商投资	436256	284074	92630	75000	17630

地产开发企业资金来源情况

单位：万元

利用外资	自筹资金	定金及预收款	个人按揭贷款	其他到位资金	本年各项应付款合计	其中：工程款
133062	62310266	72991771	30152479	9713325	53114416	25634039
11300	57997715	62985417	27100422	8591659	47058145	23257378
1000	49842557	53699118	24870092	7577136	41530358	20619543
	1658599	1895102	102100	163596	1089258	699157
	207854	303240	97971	83502	254482	155749
1000	21556217	18405563	9650613	3736343	15498709	8774354
	37341	5879		121219	33247	24842
	181212	279534	89896	83502	240938	153402
	26642	23706	8075		13154	1957
					390	390
	800				6986	5906
	1621258	1889223	102100	42377	1056011	674315
10300	33960200	41001504	16442187	4439483	29189851	13150486
	614045	1380008	807551	168735	1018859	471726
	16160			100	100	100
	3000	5962			9000	
1000	21328799	18233843	9538476	2787993	15343657	8709928
	208258	165758	112137	948250	145952	64326
121762	2495201	6776121	2296265	415334	3582253	1567110
3778	389067	1798081	592729	119001	911360	448692
38174	322124	1293789	361911	41287	294514	140769
79810	1728967	3476920	1255057	255046	2260267	863841
	54043	156028	71847		106001	105980
	1000	51303	14721		10111	7828
	1817350	3230233	755792	706332	2474018	809551
	513782	1916873	505400	433578	1387704	309341
	258081	98865	3333	6434	38005	24410
	767909	1098748	232454	261338	927746	357998
	185424	36044			52961	52961
	92154	79703	14605	4982	67602	64841

4-5 按登记注册类型分组的房地产开发企业土地情况

单位：万元，平方米

指标名称	待开发土地面积	本年土地购置面积	本年土地成交价款	其中：拆迁补偿费
总 计	44836029	19745543	17966503	923526
内资	38403265	18855959	16897008	876104
民营经济	34480430	17570042	14938411	646856
国有经济	716893	214906	712995	145740
集体经济	712346	14177	4068	
私营个体经济	13693277	6715087	6763518	427679
国有	371817			
集体	712346	14177	4068	
股份合作				
国有联营				
集体联营				
国有与集体联营				
其他联营				
国有独资公司	345076	214906	712995	145740
其他有限责任公司	22712303	11355596	9250245	302685
股份有限公司	568446	556193	166182	
私营独资	3025			
私营合伙				
私营有限责任公司	13553960	6675324	6758049	427679
私营股份有限公司	136292	39763	5469	
其他（内资企业）				
港澳台商投资	4546324	441384	559714	45750
合资经营	822874	59700	63851	45750
合作经营	1826764			
独资	1804304	326287	482703	
股份有限公司	16965	55397	13160	
其他（港澳台）	75417			
外商投资	1886440	448200	509781	1672
合资经营	995691	360313	321649	1672
合作经营	570607			
独资	289622	78951	182378	
股份有限公司				
其他外商投资	30520	8936	5754	

4-6 按登记注册类型分组的房屋施工情况

单位：平方米

指标名称	房屋施工面积	住宅	90 平方米以下住房	144 平方米以上住房	别墅、高档公寓	办公楼	商业营业用房	其他房屋
总 计	795826250	544483781	124382239	102148454	31108467	44978108	76476347	129888014
内资	710744637	490704213	111864838	88860926	26432105	38504142	66350695	115185587
民营经济	639961637	448075973	101548278	80038229	23120685	30438196	59921092	101526376
国有经济	19380394	10255317	2736833	1824366	501662	2742879	1551576	4830622
集体经济	3131356	2177459	599595	458235	295690	132664	357228	464005
私营个体经济	265065671	188622958	46249018	31080072	7911043	10339248	24560223	41543242
国有	1350298	845839	377314	90971	3163	21688	134234	348537
集体	2876951	2019626	531485	456555	295690	132544	307766	417015
股份合作	133303	36731	292	615		120	49462	46990
国有联营								
集体联营	121102	121102	67818	1065				
国有与集体联营								
其他联营	35228	25968	25968				7087	2173
国有独资公司	18030096	9409478	2359519	1733395	498499	2721191	1417342	4482085
其他有限责任公司	409594739	279346821	60007218	53563363	17321620	24523692	38885898	66838328
股份有限公司	13537249	10275690	2246206	1934890	402090	765659	988683	1507217
私营独资	63616	39779	2600	15982			2021	21816
私营合伙	54910						54910	
私营有限责任公司	259759174	185148774	45672710	30140163	7867292	9967802	23970860	40671738
私营股份有限公司	5187971	3434405	573708	923927	43751	371446	532432	849688
其他（内资企业）								
港澳台商投资	61282280	38278865	7928514	10046597	3343632	4673436	7071956	11258023
合资经营	13705020	8440428	1976364	2954651	1394056	1183580	1525447	2555565
合作经营	8354201	5890670	920143	2048890	1236700	335565	566359	1561607
独资	36479610	21866444	4844352	4679976	690287	2963477	4693479	6956210
股份有限公司	2191883	1631948	83688	82960		184397	254478	121060
其他（港澳台）	551566	449375	103967	280120	22589	6417	32193	63581
外商投资	23799333	15500703	4588887	3240931	1332730	1800530	3053696	3444404
合资经营	10061938	6106208	1421923	1179239	218238	807115	1433582	1715033
合作经营	1676363	1205774	476403	407908	134702	224609	80092	165888
独资	9674904	6827189	2354660	1404529	839183	498975	1193565	1155175
股份有限公司	1037589	637559	199405	70322	66902	119680	53499	226851
其他外商投资	1348539	723973	136496	178933	73705	150151	292958	181457

4-7 按登记注册类型分组的房屋新开工情况

单位：平方米

指标名称	本年新开工面积	住宅	90平方米以下住房	144平方米以上住房	别墅、高档公寓	办公楼	商业营业用房	其他房屋
总　计	191290754	135424200	23746595	19346531	5296385	8887215	14064649	32914690
内资	176656028	126190098	21292316	18039292	4515181	7824849	12678769	29962312
民营经济	162647613	117509009	19864110	16830934	3945089	6099406	11484817	27554381
国有经济	2862810	1597982	312344	94820	46254	546674	238092	480062
集体经济	823580	407554	84011	38854	38239	62078	152057	201891
私营个体经济	69434906	50319456	9130648	7334797	1685457	2262921	4826704	12025825
国有	421571	264538	36811	959			34248	122785
集体	710818	383164	83719	38239	38239	62078	105734	159842
股份合作	112762	24390	292	615			46323	42049
国有联营								
集体联营								
国有与集体联营								
其他联营	35228	25968	25968				7087	2173
国有独资公司	2441239	1333444	275533	93861	46254	546674	203844	357277
其他有限责任公司	98802825	70110308	10902321	9977877	2488763	4605353	7289963	16797201
股份有限公司	4696679	3728830	837024	592944	256468	347823	164866	455160
私营独资								
私营合伙								
私营有限责任公司	68199777	49268450	9029355	7189995	1683941	2262571	4756507	11912249
私营股份有限公司	1235129	1051006	101293	144802	1516	350	70197	113576
其他（内资企业）								
港澳台商投资	8715844	5447355	1489880	831552	401736	582901	715566	1970022
合资经营	2012413	1349111	495446	280376	158286	73046	130699	459557
合作经营	489855	356980		141783	134972	28187	36896	67792
独资	5496488	3079080	990931	378061	108478	481668	533976	1401764
股份有限公司	703206	649702		25653			12595	40909
其他（港澳台）	13882	12482	3503	5679			1400	
外商投资	5918882	3786747	964399	475687	379468	479465	670314	982356
合资经营	3247239	1906669	270287	181059	10002	258003	432096	650471
合作经营	782							782
独资	1573858	1031085	540899	154021	228859	221462	217950	103361
股份有限公司	713377	466578	153213	66902	66902		20268	226531
其他外商投资	383626	382415		73705	73705			1211

4-8 按登记注册类型分组的房屋竣工情况

单位：平方米

指标名称	本年房屋竣工面积	住宅	90 平方米以下住房	144 平方米以上住房	别墅、高档公寓	办公楼	商业营业用房	其他房屋
总　计	77681769	52967879	11193515	9999685	3177830	3541405	7100629	14071856
内资	67757485	46484822	9535504	8625188	2783062	3044816	6130310	12097537
民营经济	61153152	42055559	8269577	7942274	2658756	2761567	5582608	10753418
国有经济	2217473	1436130	407283	285319	14561	75188	101023	605132
集体经济	231959	190578	54899	32931	25406		12534	28847
私营个体经济	26466580	19366540	3963962	3153111	757256	473850	2253247	4372943
国有	212512	118227	36370	16248			45722	48563
集体	231959	190578	54899	32931	25406		12534	28847
股份合作								
国有联营								
集体联营								
国有与集体联营								
其他联营								
国有独资公司	2004961	1317903	370913	269071	14561	75188	55301	556569
其他有限责任公司	37811588	24744474	4970824	4990453	1985839	2374169	3719610	6973335
股份有限公司	1029885	747100	138536	163374		121609	43896	117280
私营独资								
私营合伙								
私营有限责任公司	26118143	19067870	3939140	3083033	735623	473500	2242930	4333843
私营股份有限公司	348437	298670	24822	70078	21633	350	10317	39100
其他（内资企业）								
港澳台商投资	6091379	4281027	742975	1000331	316818	106567	572408	1131377
合资经营	608145	381445	77918	160097	78819		161168	65532
合作经营	716177	448732	22836	160130	178074	49595	30968	186882
独资	4359275	3120068	638718	675825	59925	56972	303272	878963
股份有限公司	400000	323000					77000	
其他（港澳台）	7782	7782	3503	4279				
外商投资	3832905	2202030	915036	374166	77950	390022	397911	842942
合资经营	2207699	979165	307734	225430		372610	360303	495621
合作经营	149628	95199	7310	37644		17412		37017
独资	1349024	1040431	593992	92522	77950		31852	276741
股份有限公司								
其他外商投资	126554	87235	6000	18570			5756	33563

4-9 按登记注册类型分组的房屋竣工价值

单位：万元

指标名称	本年房屋竣工价值	住宅	90 平方米以下住房	144 平方米以上住房	别墅、高档公寓	办公楼	商业营业用房	其他房屋
总　计	30976161	20838329	5455755	3693849	1423027	2313865	3202847	4621120
内资	26899509	17975613	4699014	3033452	1160727	2040899	2828796	4054201
民营经济	24025517	16296148	4162686	2782827	1126717	1720744	2462235	3546390
国有经济	791761	480013	119847	126022	2184	41493	41493	228762
集体经济	126828	115596	52460	9520	7368		3430	7802
私营个体经济	9956788	7088827	1885453	1008545	274704	344538	868784	1654639
国有	136785	81224	25908	8598			21007	34554
集体	126828	115596	52460	9520	7368		3430	7802
股份合作								
国有联营								
集体联营								
国有与集体联营								
其他联营								
国有独资公司	654976	398789	93939	117424	2184	41493	20486	194208
其他有限责任公司	15304400	9855208	2323825	1856884	876471	1455644	1866733	2126815
股份有限公司	719732	435969	317429	32481		199224	48356	36183
私营独资								
私营合伙								
私营有限责任公司	9867221	7016336	1878765	987173	263021	344450	866362	1640073
私营股份有限公司	89567	72491	6688	21372	11683	88	2422	14566
其他（内资企业）								
港澳台商投资	2141508	1508282	264759	424410	209531	78594	177674	376958
合资经营	191696	125848	22703	46096	31076		45367	20481
合作经营	444363	264395	14935	103918	133890	51152	24585	104231
独资	1403194	1035034	226106	273156	44565	27442	88472	252246
股份有限公司	100000	80750					19250	
其他（港澳台）	2255	2255	1015	1240				
外商投资	1935144	1354434	491982	235987	52769	194372	196377	189961
合资经营	1026833	594825	172879	154778		190080	137330	104598
合作经营	69044	55422	22548	13914		4292		9330
独资	777963	654553	292232	56969	52769		54047	69363
股份有限公司								
其他外商投资	61304	49634	4323	10326			5000	6670

4-10 按登记注册类型分组的商品房销售情况

单位：平方米

指标名称	商品房销售面积	住宅				办公楼	商业营业用房	其他房屋
			90 平方米以下住房	144 平方米以上住房	别墅、高档公寓			
总 计	143304384	120470597	20788672	21676451	4931987	6056294	7360325	9417168
内资	130173538	110849571	19197785	19499003	3991400	4886456	6540676	7896835
民营经济	117913935	101666099	17339794	17358230	3247918	3761329	5881653	6604854
国有经济	2431011	1627806	550307	235347	129195	363866	71913	367426
集体经济	684309	587534	76355	71766	12503	13497	44346	38932
私营个体经济	47417552	41375111	7004773	6506538	910733	1191990	2426018	2424433
国有	233732	226713	111442	28804			6217	802
集体	666829	571896	76355	70524	12503	13497	44346	37090
股份合作	17480	15638		1242				1842
国有联营								
集体联营								
国有与集体联营								
其他联营								
国有独资公司	2197279	1401093	438865	206543	129195	363866	65696	366624
其他有限责任公司	76455109	64383043	11060984	12234040	2880405	3232538	3885508	4954020
股份有限公司	3185557	2876077	505366	451312	58564	84565	112891	112024
私营独资	8099	6539		776			1560	
私营合伙	24096						24096	
私营有限责任公司	46715424	40824930	6946095	6337135	906203	1188749	2316624	2385121
私营股份有限公司	669933	543642	58678	168627	4530	3241	83738	39312
其他（内资企业）								
港澳台商投资	8354534	6634796	1167172	1673516	761385	378640	503506	837592
合资经营	1870437	1471204	337600	266063	356805	125370	120716	153147
合作经营	1056105	919182	114980	263508	219349	12001	14132	110790
独资	5103656	3969067	677669	1021007	170090	234628	330564	569397
股份有限公司	207736	189183		77660		6641	11759	153
其他（港澳台）	116600	86160	36923	45278	15141		26335	4105
外商投资	4776312	2986230	423715	503932	179202	791198	316143	682741
合资经营	2743348	1723304	145590	252925	51561	552221	95969	371854
合作经营	272728	96608	32216	20111	39473	17412	152157	6551
独资	1198896	736402	170185	187090	88168	142427	61470	258597
股份有限公司	328033	265210	75724	42396		29852	3273	29698
其他外商投资	233307	164706		1410		49286	3274	16041

4-11　按登记注册类型分组的现房销售情况

单位：平方米

指标名称	现房销售面积	住宅	90平方米以下住房	144平方米以上住房	别墅、高档公寓	办公楼	商业营业用房	其他房屋
总　计	25252294	17239025	3562816	5349163	894709	1056170	2175742	4781357
内资	22423700	15550308	3269126	4603179	739962	974134	1947758	3951500
民营经济	19895321	14193070	2686818	4280283	598017	697556	1781179	3223516
国有经济	1028134	595472	318137	182081	120465	175062	17639	239961
集体经济	338969	285897	40345	47611	5074	2483	26303	24286
私营个体经济	9949226	7606226	1474373	2161058	226455	251064	823593	1268343
国有	180671	174236	74196	28659			6217	218
集体	334836	283606	40345	46369	5074	2483	26303	22444
股份合作	4133	2291		1242				1842
国有联营								
集体联营								
国有与集体联营								
其他联营								
国有独资公司	847463	421236	243941	153422	120465	175062	11422	239743
其他有限责任公司	10564226	6688640	1305267	2135241	384954	511294	1038531	2325761
股份有限公司	543145	374073	131004	77188	3014	34231	41692	93149
私营独资								
私营合伙								
私营有限责任公司	9821672	7510263	1465332	2137169	221925	247823	809168	1254418
私营股份有限公司	127554	95963	9041	23889	4530	3241	14425	13925
其他（内资企业）								
港澳台商投资	1937091	1182821	182213	532965	126630	24117	193866	536287
合资经营	332018	258027	64760	55166	11067	12310	34713	26968
合作经营	263197	174396	31984	55550	7773	3312	7605	77884
独资	1311334	737893	73056	422249	107790	1854	143733	427854
股份有限公司	12489					6641	5848	
其他（港澳台）	18053	12505	12413				1967	3581
外商投资	891503	505896	111477	213019	28117	57919	34118	293570
合资经营	605374	404647	89517	146394	1534	37230	20181	143316
合作经营	31613	5621	481	3853		17412	2029	6551
独资	248158	95416	21479	62560	26583	3277	9581	139884
股份有限公司								
其他外商投资	6358	212		212			2327	3819

4-12 按登记注册类型分组的期房销售情况

单位：平方米

指标名称	期房销售面积	住宅	90 平方米以下住房	144 平方米以上住房	别墅、高档公寓	办公楼	商业营业用房	其他房屋
总　计	118052090	103231572	17225856	16327288	4037278	5000124	5184583	4635811
内资	107749838	95299263	15928659	14895824	3251438	3912322	4592918	3945335
民营经济	98018614	87473029	14652976	13077947	2649901	3063773	4100474	3381338
国有经济	1402877	1032334	232170	53266	8730	188804	54274	127465
集体经济	345340	301637	36010	24155	7429	11014	18043	14646
私营个体经济	37468326	33768885	5530400	4345480	684278	940926	1602425	1156090
国有	53061	52477	37246	145				584
集体	331993	288290	36010	24155	7429	11014	18043	14646
股份合作	13347	13347						
国有联营								
集体联营								
国有与集体联营								
其他联营								
国有独资公司	1349816	979857	194924	53121	8730	188804	54274	126881
其他有限责任公司	65890883	57694403	9755717	10098799	2495451	2721244	2846977	2628259
股份有限公司	2642412	2502004	374362	374124	55550	50334	71199	18875
私营独资	8099	6539		776			1560	
私营合伙	24096						24096	
私营有限责任公司	36893752	33314667	5480763	4199966	684278	940926	1507456	1130703
私营股份有限公司	542379	447679	49637	144738			69313	25387
其他（内资企业）								
港澳台商投资	6417443	5451975	984959	1140551	634755	354523	309640	301305
合资经营	1538419	1213177	272840	210897	345738	113060	86003	126179
合作经营	792908	744786	82996	207958	211576	8689	6527	32906
独资	3792322	3231174	604613	598758	62300	232774	186831	141543
股份有限公司	195247	189183		77660			5911	153
其他（港澳台）	98547	73655	24510	45278	15141		24368	524
外商投资	3884809	2480334	312238	290913	151085	733279	282025	389171
合资经营	2137974	1318657	56073	106531	50027	514991	75788	228538
合作经营	241115	90987	31735	16258	39473		150128	
独资	950738	640986	148706	124530	61585	139150	51889	118713
股份有限公司	328033	265210	75724	42396		29852	3273	29698
其他外商投资	226949	164494		1198		49286	947	12222

4-13 按登记注册类型分组的商品房销售额情况

单位：万元

指标名称	商品房销售额	住宅				办公楼	商业营业用房	其他房屋
			90平方米以下住房	144平方米以上住房	别墅、高档公寓			
总　计	187347337	155791341	35862977	31787935	8829623	13458173	11284674	6813149
内资	165738737	139088550	33111197	26402918	6967440	11235574	9701319	5713294
民营经济	140975452	120252602	29336606	19887367	5245030	7875926	8259991	4586933
国有经济	3677426	2192170	704896	560438	277189	1184312	93373	207571
集体经济	688200	589934	166986	74977	72741	13705	54681	29880
私营个体经济	54027793	45504504	12063885	6640397	1348132	3526258	3408398	1588633
国有	175571	162777	73702	14737			11416	1378
集体	662404	568133	166986	69152	72741	13705	54681	25885
股份合作	25796	21801		5825				3995
国有联营								
集体联营								
国有与集体联营								
其他联营								
国有独资公司	3501855	2029393	631194	545701	277189	1184312	81957	206193
其他有限责任公司	102788800	86782366	18661465	18460098	5179851	6215608	5960612	3830214
股份有限公司	4556518	4019576	1513965	667008	89527	295691	184255	56996
私营独资	15818	8898		1131			6920	
私营合伙	29159						29159	
私营有限责任公司	53340516	44967218	11916665	6485475	1342588	3511112	3294921	1567265
私营股份有限公司	642300	528388	147220	153791	5544	15146	77398	21368
其他（内资企业）								
港澳台商投资	13819774	11248677	2202886	3276126	1488630	815387	1161195	594515
合资经营	3228499	2591787	613271	445936	489999	302270	224708	109734
合作经营	2147675	2013103	257556	651822	580297	38111	30606	65855
独资	8056403	6459901	1309354	2099859	404391	424778	754030	417694
股份有限公司	290657	123510		44387		50228	116774	145
其他（港澳台）	96540	60376	22705	34122	13943		35077	1087
外商投资	7788826	5454114	548894	2108891	373553	1407212	422160	505340
合资经营	5033649	3841543	324487	1629009	166404	746943	141798	303365
合作经营	298137	102618	23602	34664	43394	20429	151685	23405
独资	1623807	1069265	124667	388254	163755	295762	114275	144505
股份有限公司	563605	291692	76138	55045		249957	4410	17546
其他外商投资	269628	148996		1919		94121	9992	16519

4-14 按登记注册类型分组的现房销售额情况

单位：万元

指标名称	现房销售额	住宅				办公楼	商业营业用房	其他房屋
			90 平方米以下住房	144 平方米以上住房	别墅、高档公寓			
总　计	30701705	22749152	6456809	8062457	1426650	2095423	2901042	2956088
内资	25356388	18586306	5843765	5693967	1089840	1903670	2431020	2435392
民营经济	21256083	15911735	4915169	4769151	811114	1335127	2104823	1904398
国有经济	1067983	680847	267149	320698	259148	246465	28619	112052
集体经济	239971	205836	36733	63554	13923	2658	17715	13762
私营个体经济	10607589	8120205	2896116	2051278	305538	742679	994412	750293
国有	117352	105682	48751	13800			11416	254
集体	227020	196880	36733	57729	13923	2658	17715	9767
股份合作	12951	8956		5825				3995
国有联营								
集体联营								
国有与集体联营								
其他联营								
国有独资公司	950631	575165	218398	306898	259148	246465	17203	111798
其他有限责任公司	12100577	8515675	2137600	2998714	507957	807435	1270884	1506583
股份有限公司	1340268	1063743	506167	259723	3274	104433	119390	52702
私营独资								
私营合伙								
私营有限责任公司	10482702	8056330	2889227	2024959	299994	727533	964582	734257
私营股份有限公司	124887	63875	6889	26319	5544	15146	29830	16036
其他（内资企业）								
港澳台商投资	2737537	2012491	344718	867369	281049	84757	405939	234350
合资经营	532235	419492	85158	137523	15045	30090	61093	21560
合作经营	519169	477987	71304	106259	19028	1656	10486	29040
独资	1518361	1108025	181347	623587	246976	2783	224480	183073
股份有限公司	158775					50228	108547	
其他（港澳台）	8997	6987	6909				1333	677
外商投资	2607780	2150355	268326	1501121	55761	106996	64083	286346
合资经营	2258772	1927308	237933	1324727	649	78318	43975	209171
合作经营	57601	12502	369	11044		20429	1265	23405
独资	279190	210448	30024	165253	55112	8249	10824	49669
股份有限公司								
其他外商投资	12217	97		97			8019	4101

4-15 按登记注册类型分组的期房销售额情况

单位：万元

指标名称	期房销售额	住宅				办公楼	商业营业用房	其他房屋
			90 平方米以下住房	144 平方米以上住房	别墅、高档公寓			
总　计	156645632	133042189	29406168	23725478	7402973	11362750	8383632	3857061
内资	140382349	120502244	27267432	20708951	5877600	9331904	7270299	3277902
民营经济	119719369	104340867	24421437	15118216	4433916	6540799	6155168	2682535
国有经济	2609443	1511323	437747	239740	18041	937847	64754	95519
集体经济	448229	384098	130253	11423	58818	11047	36966	16118
私营个体经济	43420204	37384299	9167769	4589119	1042594	2783579	2413986	838340
国有	58219	57095	24951	937				1124
集体	435384	371253	130253	11423	58818	11047	36966	16118
股份合作	12845	12845						
国有联营								
集体联营								
国有与集体联营								
其他联营								
国有独资公司	2551224	1454228	412796	238803	18041	937847	64754	94395
其他有限责任公司	90688223	78266691	16523865	15461384	4671894	5408173	4689728	2323631
股份有限公司	3216250	2955833	1007798	407285	86253	191258	64865	4294
私营独资	15818	8898		1131			6920	
私营合伙	29159						29159	
私营有限责任公司	42857814	36910888	9027438	4460516	1042594	2783579	2330339	833008
私营股份有限公司	517413	464513	140331	127472			47568	5332
其他（内资企业）								
港澳台商投资	11082237	9236186	1858168	2408757	1207581	730630	755256	360165
合资经营	2696264	2172295	528113	308413	474954	272180	163615	88174
合作经营	1628506	1535116	186252	545563	561269	36455	20120	36815
独资	6538042	5351876	1128007	1476272	157415	421995	529550	234621
股份有限公司	131882	123510		44387			8227	145
其他（港澳台）	87543	53389	15796	34122	13943		33744	410
外商投资	5181046	3303759	280568	607770	317792	1300216	358077	218994
合资经营	2774877	1914235	86554	304282	165755	668625	97823	94194
合作经营	240536	90116	23233	23620	43394		150420	
独资	1344617	858817	94643	223001	108643	287513	103451	94836
股份有限公司	563605	291692	76138	55045		249957	4410	17546
外商其他投资	257411	148899		1822		94121	1973	12418

4-16 按登记注册类型分组的商品房屋出租情况

单位：平方米

指标名称	房屋出租面积	住宅	90 平方米以下住房	144 平方米以上住房	别墅、高档公寓	办公楼	商业营业用房	其他房屋
总 计	2066597	88106	34571	21784	20210	475659	1299360	203472
内资	1707196	35625	4703	1074		378584	1103547	189440
民营经济	1506350	32847	2323	1074		273034	1016056	184413
国有经济	77742	2380	2380			51455	20066	3841
集体经济	10000							10000
私营个体经济	571917	20821	1210	923		126163	366575	58358
国有	8114	2380	2380				1893	3841
集体	10000							10000
股份合作								
国有联营								
集体联营								
国有与集体联营								
其他联营								
国有独资公司	69628					51455	18173	
其他有限责任公司	1036851	12424	1113	151		200966	707406	116055
股份有限公司	10686						9500	1186
私营独资								
私营合伙								
私营有限责任公司	571917	20821	1210	923		126163	366575	58358
私营股份有限公司								
其他（内资企业）								
港澳台商投资	245257	22613		20710	20210	82168	132076	8400
合资经营	71846					39566	32280	
合作经营	50690	20210		20210	20210		28450	2030
独资	121907	2403		500		42602	70532	6370
股份有限公司								
其他（港澳台）	814						814	
外商投资	114144	29868	29868			14907	63737	5632
合资经营								
合作经营	61730	29868	29868				26705	5157
独资	52414					14907	37032	475
股份有限公司								
其他外商投资								

4-17 按登记注册类型分组的商品房屋待售情况

单位：平方米

指标名称	商品房待售面积	住宅	90平方米以下住房	144平方米以上住房	别墅、高档公寓	办公楼	商业营业用房	其他房屋
总　计	50298233	23842940	4928694	9165554	3051667	2660998	10520690	13273605
内资	44633471	20995744	4420141	7605122	2656587	2421998	9642233	11573496
民营经济	41432276	19575939	3904183	7222921	2434708	2093890	9116082	10646365
国有经济	889786	504004	189466	130282	92013	211518	62425	111839
集体经济	611929	391145	113911	122685	39503	8415	93101	119268
私营个体经济	21363174	10101792	2056588	3743940	1021132	880637	4874943	5505802
国有	250914	177621	124071	10670		7940	24367	40986
集体	562583	347446	92913	104635	39503	8415	93101	113621
股份合作	49346	43699	20998	18050				5647
国有联营								
集体联营								
国有与集体联营								
其他联营								
国有独资公司	638872	326383	65395	119612	92013	203578	38058	70853
其他有限责任公司	20743253	9500795	1939643	3437917	1496634	1245813	4373800	5622845
股份有限公司	1025329	498008	120533	170298	7305	75615	237964	213742
私营独资	8185					8185		
私营合伙								
私营有限责任公司	20945520	10049080	2052430	3712053	1000095	827269	4755026	5314145
私营股份有限公司	409469	52712	4158	31887	21037	45183	119917	191657
其他（内资企业）								
港澳台商投资	4118811	2043474	353315	1101406	265787	146191	645247	1283899
合资经营	679845	363709	80833	164780	35027	17743	166942	131451
合作经营	667745	474196	66983	198413	95111	38031	76711	78807
独资	2672174	1182558	201136	720377	135649	79574	352386	1057656
股份有限公司	31812	19338	4308	15030		6175	4034	2265
其他（港澳台）	67235	3673	55	2806		4668	45174	13720
外商投资	1545951	803722	155238	459026	129293	92809	233210	416210
合资经营	476059	253775	62997	145697	55802	4422	113143	104719
合作经营	102178	28944	199	26726		132	19143	53959
独资	918911	516967	90865	283744	73491	88255	74448	239241
股份有限公司	16120						16120	
其他外商投资	32683	4036	1177	2859			10356	18291

4-18 按登记注册类型分组的商品房屋待售情况（待售 1-3 年（含 1 年））

单位：平方米

指标名称	待售 1-3 年（含 1 年）	住宅	90 平方米以下住房	144 平方米以上住房	别墅、高档公寓	办公楼	商业营业用房	其他房屋
总　计	27514267	12096638	2641183	4832342	1531454	1683208	6054273	7680148
内资	24421758	10602883	2389600	3931402	1351941	1603507	5611619	6603749
民营经济	22429317	9807229	2110825	3777081	1310478	1331777	5312046	5978265
国有经济	500478	206801	67408	41829	15929	188307	32529	72841
集体经济	248158	168335	67494	38714	2153	3427	25213	51183
私营个体经济	11236320	4974291	1053625	2006806	579761	509069	2843053	2909907
国有	20675	8249	3911	3124				12426
集体	198812	124636	46496	20664	2153	3427	25213	45536
股份合作	49346	43699	20998	18050				5647
国有联营								
集体联营								
国有与集体联营								
其他联营								
国有独资公司	479803	198552	63497	38705	15929	188307	32529	60415
其他有限责任公司	12063049	5072659	1151985	1815300	753742	867659	2668375	3454356
股份有限公司	373753	180797	49088	28753	356	35045	42449	115462
私营独资	8185					8185		
私营合伙								
私营有限责任公司	10897129	4933187	1049843	1981903	562334	458701	2756538	2748703
私营股份有限公司	331006	41104	3782	24903	17427	42183	86515	161204
其他（内资企业）								
港澳台商投资	2281936	1112141	192101	650401	114576	75279	294880	799636
合资经营	259548	120078	5756	76105	31261	9404	44332	85734
合作经营	351293	241437	36074	73691	1046	32017	34752	43087
独资	1653343	748175	150216	499021	82269	27683	211271	666214
股份有限公司	9909					6175	3734	
其他（港澳台）	7843	2451	55	1584			791	4601
外商投资	810573	381614	59482	250539	64937	4422	147774	276763
合资经营	321376	138791	3607	123613	55802	4422	96557	81606
合作经营	58517	14760	129	12745			9369	34388
独资	399004	224767	54672	111959	9135		20000	154237
股份有限公司	16120						16120	
其他外商投资	15556	3296	1074	2222			5728	6532

4-19 按登记注册类型分组的商品

指标名称	待售3年以上（含3年）	住宅	90平方米以下住房	144平方米以上住房
总　计	7384060	3108044	641165	1570867
内资	6126302	2513954	558341	1210140
民营经济	5378360	2197868	402725	1076414
国有经济	184231	125819	104669	2922
集体经济	167954	103554	25125	60959
私营个体经济	3210013	1362539	261524	556288
国有	172448	124314	104669	1417
集体	167954	103554	25125	60959
股份合作				
国有联营				
集体联营				
国有与集体联营				
其他联营				
国有独资公司	11783	1505		1505
其他有限责任公司	2297801	837991	149018	581631
股份有限公司	266303	84051	18005	8340
私营独资				
私营合伙				
私营有限责任公司	3208968	1362099	261382	555990
私营股份有限公司	1045	440	142	298
其他（内资企业）				
港澳台商投资	848935	362806	76206	185238
合资经营	143000	75567	13483	45028
合作经营	123434	63603	30909	27228
独资	516603	204298	27506	97952
股份有限公司	21903	19338	4308	15030
其他（港澳台）	43995			
外商投资	408823	231284	6618	175489
合资经营	19948	693		693
合作经营	43661	14184	70	13981
独资	345214	216407	6548	160815
股份有限公司				
其他外商投资				

房屋待售情况（待售 3 年以上（含 3 年））

单位：平方米

别墅、高档公寓	办公楼	商业营业用房	其他房屋
724910	388156	1885459	2002401
621503	266636	1653956	1691756
525323	229653	1468846	1481993
363	12612	24744	21056
37350	1761	23380	39259
289557	128429	686756	1032289
	7940	23512	16682
37350	1761	23380	39259
363	4672	1232	4374
293784	109871	769707	580232
449	13963	149369	18920
289557	128429	686151	1032289
		605	
39051	60604	185511	240014
3766	3303	44516	19614
14967	6014	27097	26720
20318	51135	69755	191415
		300	2265
	152	43843	
64356	60916	45992	70631
		1342	17913
	132	9774	19571
64356	60784	34876	33147

4-20 按登记注册类型分组的

指标名称	企业个数（个）	年初存货	流动资产合计	货币资金	应收账款	存货	可供出售金融资产
总 计	8721	305248506	948761669	81814461	30468196	383993976	2467879
内资	7923	267751796	798238415	68383969	27763754	342205630	2401605
民营经济	7355	218964034	629093747	50345823	25821956	282753597	1576144
国有经济	176	9513160	62062075	7766415	489061	11269619	671896
集体经济	116	827715	2522768	415651	226680	1135283	11
私营个体经济	3962	86150068	228647047	17486083	9268208	113775171	267263
国有	63	826219	1639271	168432	37238	856167	45439
集体	110	818678	2271219	408945	204772	1011616	11
股份合作	5	9037	220237	4313	21806	123667	
国有联营							
集体联营	1		31312	2393	102		
国有与集体联营							
其他联营	3	1721	14827	556	649	1721	
国有独资公司	113	8686941	60422804	7597984	451823	10413452	626457
其他有限责任公司	3531	164174976	468554923	38815377	17120394	202869444	1071965
股份有限公司	135	7084157	36436776	3899887	658762	13154393	390470
私营独资	3	16420	94075	2409	25094	43046	
私营合伙	1	3597	28368	1622		19827	
私营有限责任公司	3913	85249172	219582742	16748257	9162850	112410435	199087
私营股份有限公司	45	880879	8941862	733796	80264	1301864	68176
其他（内资企业）							
港澳台商投资	603	25574668	104012034	9001231	1464873	29723794	23695
合资经营	140	7729226	24975104	3104534	377756	8200309	490
合作经营	93	3969851	11304590	1197807	117571	4614621	3700
独资	352	13345622	66505442	4655620	958427	16400824	19505
股份有限公司	10	298531	862544	24429	9912	268172	
其他（港澳台）	8	231438	364353	18842	1207	239868	
外商投资	195	11922043	46511220	4429260	1239570	12064552	42580
合资经营	61	7033928	23724328	2587393	553959	6226710	23
合作经营	17	715198	2559153	282557	65515	518357	42557
独资	97	3678227	16955497	1301662	365353	4139130	
股份有限公司	6	4400	991603	181449	238583	488360	
其他企业	14	490289	2280639	76199	16159	691994	

房地产开发经营业财务状况

单位：万元

持有至到期投资	长期股权投资	固定资产原价	其中：房屋和构筑物	机器设备	运输工具	电子设备	累计折旧	其中：本年折旧
5828174	67262170	19280148	11150570	393542	673319	454483	4884579	967572
5112199	60287969	14136491	7715594	322634	542559	282043	3591871	719342
429636	36289236	11648727	5992285	209270	501100	241998	3002851	621876
13466	9413329	944895	669747	45634	10540	15393	157673	29702
2201	13610	173108	48078	1549	1663	897	67592	7502
72257	10730660	5460643	2996280	122441	267138	95709	1494219	300167
10002	129397	34308	19608	540	2218	1476	21561	1627
2201	12196	155280	45452	1549	1493	873	57513	6606
	1414	17299	2626		170	24	9970	847
		530					109	48
	133	2099		21		1	948	71
3465	9283933	910587	650138	45094	8322	13917	136113	28075
4806056	29153170	6958517	3514340	142478	242098	159241	1666384	357155
218219	10977067	597229	487149	10511	21120	10803	205055	24745
		1796			11	5	644	54
		36	36				5	3
72257	7621593	5228513	2971316	120196	264915	95319	1442960	291289
	3109067	230297	24927	2245	2212	385	50609	8820
608495	4699069	3898453	2616936	44966	105851	158197	924432	176406
73918	718527	1096053	768283	18970	10887	137196	231963	41966
400984	1086863	563768	478631	2224	10839	5009	139652	48975
133493	2891629	2221150	1358534	23730	83398	15720	544738	84343
		1435	206	42	251	166	1068	167
100	2050	16048	11282		476	107	7011	954
107481	2275131	1245204	818040	25942	24909	14243	368276	71825
3900	1184352	291337	214117	22411	13303	6310	112313	17907
55581	2831	37147	3098	312	1405	983	15528	1797
48000	883479	909688	600824	2927	10032	5774	237007	51275
		1091			21	21	865	227
	204469	5941		292	148	1155	2563	619

4-20

指标名称	固定资产净值	在建工程	无形资产	其中：土地使用权	其中：软件使用权	商誉	资产总计
总　计	16083460	9842850	4126888	2746764	50747	36285	1117160100
内资	12175495	7119014	3352144	2242642	34674	32036	937805891
民营经济	10274636	3878232	2267152	1427000	28966	24471	716138320
国有经济	807044	1329445	706141	475165	1798		80574173
集体经济	117207	35943	24805	18143	4		2868031
私营个体经济	5365702	1428136	836107	545403	11932	1043	259822089
国有	12732	6235	152353	2977			2317879
集体	109457	34055	22460	18143	4		2599071
股份合作	7328	1888	2345				237227
国有联营							
集体联营	421						31733
国有与集体联营							
其他联营	1151	79734	53264	53264			96130
国有独资公司	794312	1323210	553788	472188	1798		78256295
其他有限责任公司	5441249	4152317	1686908	1118869	17125	30993	536206973
股份有限公司	443144	93439	44920	31799	3816		58238495
私营独资	1152						95584
私营合伙	31						29625
私营有限责任公司	3944676	1402388	809629	539403	11908	1043	247244266
私营股份有限公司	1419842	25748	26478	6000	23		12452615
其他（内资企业）							
港澳台商投资	3034351	2569109	565298	317751	7810	53	123026133
合资经营	922250	45777	399106	186873	2245	16	30046296
合作经营	424341	95968	3331	1143	1102		14956645
独资	1678356	2425529	162523	129401	4459	37	76749062
股份有限公司	367	1835	5		4		897151
其他（港澳台）	9036		334	334			376981
外商投资	873614	154727	209445	186371	8264	4196	56328075
合资经营	174957	11259	138379	122789	5660	4178	27119019
合作经营	21618	25879	898		208		2813236
独资	673389	116861	69510	63582	2380		22690244
股份有限公司	272		582				1069707
其他企业	3378	728	77		15	17	2635869

续表 1

单位：万元

流动负债合计	其中：应付账款	非流动负债合计	负债合计	所有者权益合计	其中：实收资本	国家资本	集体资本	法人资本
691602130	69495983	199712472	893033274	224084561	107082531	16012737	1168048	61842757
582788604	61058455	172310061	756511695	181251932	83549854	15143808	1121178	55291040
465278880	52489868	128550590	595250978	120845078	52023474	1636255	1080414	38368325
38460125	2202028	13253815	51699821	28874353	18222101	6839034		11382312
2129489	422818	182732	2312221	555810	255744		91111	157747
170974109	19181897	49783210	220686653	39093172	18291175	235069	94685	12368152
716630	82565	593851	1308897	1008981	148771	111318		36698
1889957	420314	163736	2053694	545377	248351		86391	156760
207904	1570	18980	226884	10343	7290		4617	987
31627	934	16	31643	90	103		103	
102944	2919		102944	-6814	2398		800	398
37743495	2119463	12659964	50390923	27865372	18073331	6727717		11345614
339667386	38188839	96023308	437178508	99028465	43479614	7708000	749090	30169377
31454551	1059954	13066996	44531548	13706947	3298822	361704	185492	1213055
98359	5681		98359	-2774	5968			
30892	381		30892	-1267	2080			
163372377	18966356	45416488	208763667	38438334	18046160	235069	94685	12206064
7472482	209479	4366722	11793736	658879	236966			162088
72890714	5336210	18922661	91808233	31217901	18175406	768625	8021	4113208
15401263	1486647	5256022	20652591	9393705	4599598	457439	7721	2269933
8111775	1242860	3027739	11139066	3817579	2079408	4086	300	515052
48629283	2382195	10494839	59124122	17624940	11306339	307100		1285564
485556	205696	131000	616556	280595	132839			25845
262837	18812	13061	275898	101083	57221			16814
35922812	3101317	8479750	44713347	11614728	5357272	100304	38850	2438509
18115609	938051	3664741	22091212	5027808	1848305	67104		738370
1235725	409327	406904	1642551	1170685	388975	9200	350	195189
14182741	1713801	3938076	18120818	4569426	2679688	2000		1141276
633722	-39004	77000	710722	358985	271896			268896
1755016	79142	393028	2148044	487825	168408	22000	38500	94779

4-20

指标名称	个人资本	港澳台资本	外商资本	营业收入	主营业务收入	土地转让收入	商品房屋销售收入
总　计	11331096	14287026	2440866	147965105	144841102	613203	138503107
内资	11189180	696876	107772	127819220	124929130	606810	120188714
民营经济	10885306	35937	17238	108435246	105888226	411813	102233714
国有经济	755			3199402	3056020	74287	2623777
集体经济	6887			799680	788414	23831	738263
私营个体经济	5574160	18052	1057	41267918	40585755	264015	39124822
国有	755			333582	332864	1917	297647
集体	5200			793443	783393	23831	735257
股份合作	1687			6231	5015		3006
国有联营							
集体联营				6	6		
国有与集体联营							
其他联营	1200			810	153		70
国有独资公司				2865821	2723157	72370	2326130
其他有限责任公司	4164994	643867	44287	79317001	77311768	244658	74953435
股份有限公司	1441185	34957	62429	3234409	3187021	18	2748346
私营独资	5968			399	399		
私营合伙	2080			23	23		
私营有限责任公司	5491233	18052	1057	40869367	40196232	264015	38754872
私营股份有限公司	74878			398129	389100		369950
其他（内资企业）							
港澳台商投资	35103	13080102	170348	13743526	13646312	4119	12741547
合资经营	25637	1807585	31284	3603388	3561361		3258584
合作经营	7794	1539360	12816	1960493	1951568		1813927
独资	1672	9595204	116800	7853353	7807249	4119	7345227
股份有限公司		97546	9448	251743	251584		251234
其他（港澳台）		40407		74550	74550		72576
外商投资	106813	510049	2162747	6402359	6265660	2274	5572846
合资经营	84036	396605	562190	3062154	2973294		2858193
合作经营	13334	94742	76160	691497	691489		643547
独资	8600	12395	1515417	2315897	2288077	2274	1858799
股份有限公司			3000	172639	152639		59818
其他企业	843	6306	5980	160171	160161		152489

续表 2

单位：万元

自持物业收入	其中：房屋出租收入	其他收入	营业成本	主营业务成本	税金及附加	主营业务税金及附加	其他业务利润	销售费用
3352331	2138070	2372461	90245857	86913672	14905782	13878024	331423	6474683
2082025	1418167	2051582	79338497	76672899	12232847	11454705	257118	5674089
1539054	981236	1703645	69407033	67105114	9472721	8781651	196717	5090144
187572	128667	170384	1888209	1873911	399662	397974	8423	123377
10951	9655	15369	436914	430810	111678	111354	18475	20483
738868	425742	458050	26992731	26319771	3054332	2713274	65773	1902955
19547	10989	13753	208484	208104	22453	22437	596	3653
10148	9425	14158	433229	427125	111293	111203	17373	19805
804	230	1205	3648	3648	386	151	1103	674
		6	36	36				4
72	72	11	144	56	30	11		1
168025	117678	156631	1679725	1665807	377209	375538	7827	119724
796463	523791	1317211	48643245	46773009	8051019	7677219	142061	3498990
348099	330241	90557	1377254	1275342	616126	554873	22386	128283
399	399		91	91	29	12	156	541
		23			27	27	3	121
720183	407057	457162	26779519	26115625	3025728	2685096	65527	1885375
18285	18285	865	213121	204055	28548	28139	87	16919
750134	585404	150511	6770298	6670098	1950738	1833851	41426	563062
258462	194671	44316	1894393	1858772	411709	332317	-6204	171351
116052	62664	21589	925949	917337	370974	341883	6293	70510
373911	327702	83992	3741145	3693146	1133586	1125184	41337	302940
306	152	45	156544	148578	27598	27594		13879
1404	216	570	52266	52266	6872	6872		4382
520171	134499	170369	4137063	3570675	722197	589468	32879	237533
70120	70016	44981	1444815	1092553	380774	257286	15896	90790
36004	12991	11938	402847	402847	79700	79700	-3	15931
393831	31277	33173	1422711	1208614	292596	289742	15614	113447
12821	12821	80000	779739	779739	10163	3784	-408	9510
7396	7394	277	86951	86923	-41036	-41044	1780	7855

4-20

指标名称	管理费用	财务费用	其中：利息收入	其中：利息支出	资产减值损失	公允价值变动收益	投资收益
总　计	5983349	3947223	1648068	4197725	385338	524056	7354814
内资	5093529	3158424	1392555	3455530	379533	428518	6370750
民营经济	4365855	2585116	533688	2211473	346758	434833	4473654
国有经济	217977	1413	593360	563956	4402	-1177	360591
集体经济	40347	11664	758	7625	31		2955
私营个体经济	1751833	1126263	107242	923285	301644	270953	572790
国有	20732	2118	1934	3154	753		11065
集体	37654	11561	623	7397	31		2955
股份合作	2589	120	118	228			
国有联营							
集体联营	104	-17	17				
国有与集体联营							
其他联营	1415		1				
国有独资公司	197245	-705	591426	560803	3649	-1177	349526
其他有限责任公司	2802757	1656675	511432	1504027	50554	126025	4833692
股份有限公司	279200	362410	179763	456637	22902	32717	600723
私营独资	2073	1054	15	699			
私营合伙	143	106	7	103			
私营有限责任公司	1690140	858075	101657	657410	301582	270953	570236
私营股份有限公司	59477	267027	5563	265074	62		2554
其他（内资企业）							
港澳台商投资	578810	535428	134134	489156	5386	96254	788630
合资经营	190642	120442	41615	96636	4320		44370
合作经营	98263	101313	25489	78383	933	-2822	-70821
独资	277390	291197	66927	291593	134	99076	808136
股份有限公司	9861	22556	13	22567			1055
其他（港澳台）	2653	-80	89	-22			5890
外商投资	311011	253371	121380	253039	419	-715	195433
合资经营	132224	129121	65468	144566	208	-512	163156
合作经营	13156	7060	4677	4653			1158
独资	148952	133295	7384	93527	111		8095
股份有限公司	5857	7918	6013	3931	-3		
其他企业	10822	-24023	37839	6362	103	-204	23024

续表 3

单位：万元

资产处置收益	其他收益	营业利润	营业外收入	营业外支出	利润总额	所得税费用	应付职工薪酬（本年贷方累计发生额）	应交增值税
12368	451414	35142647	490119	999045	34618419	7137970	3982189	6021484
10444	446693	29359311	349007	809925	28946590	5934196	3422371	5283548
-3220	143845	22130143	239178	734083	21680672	4473017	2748912	4589361
24	276560	1310532	15484	16649	1309175	173930	148730	178059
	41	181747	8136	4365	185318	51956	16939	15125
-40	35109	6668397	105009	306196	6490593	1552276	1046854	1820304
	1016	87446	3241	3680	86995	16590	12494	7647
	41	183054	7860	4148	186567	51946	16025	14791
		-1186	258	217	-1145	10	808	335
		-121	18	1	-104		106	
		-779			-779		364	105
24	275544	1223086	12243	12969	1222180	157340	136237	170412
10437	134707	20102732	195916	447059	19882756	3971501	2032754	3130487
24	276	1096681	24462	35655	1079528	184533	176731	139469
		-3388	11	261	-3638	141	280	1750
		-375	1		-374		83	804
-40	35100	6855759	98366	304230	6673277	1546328	1027557	1801949
-1	9	-183599	6632	1704	-178672	5807	18934	15800
1436	3844	4251934	128115	149237	4174619	949439	354863	524689
-8	58	867631	29446	29633	867444	210368	86973	142445
-3	9	321933	41630	49486	311750	106014	72682	51617
1448	3777	3025665	56820	67707	2960913	622217	189883	316772
		22359	154	468	22045	7255	3538	8812
		14347	65	1943	12468	3585	1787	5043
488	878	1531402	12997	39884	1497210	254336	204956	213247
	33	945526	4269	4351	939618	148768	99638	92428
		173960	343	3631	170672	41732	14452	2000
488	844	222175	7262	30977	192947	62012	72183	98019
		51456	4	289	51171	914	4503	11834
		138286	1119	637	142802	909	14181	8967

4-21 按登记注册类型分组的非一套

指标名称	法人单位数（个）	年初存货	期末存货	固定资产净值	本年折旧	在建工程	资产总计
总 计	14332	26634638	36091563	4925026	397281	1611546	179028739
内资企业	13959	25286016	34365661	4553536	376186	1354161	161731261
国有企业	124	421209	506193	48584	2201	189517	2393365
集体企业	120	163358	175198	59558	3329	16500	648673
股份合作企业	5	6236	6236	222			15534
联营企业	9	39722	50352	12223	199		114417
国有联营企业							
集体联营企业	4	39166	49797	1366	197		82692
国有与集体联营企业	2	256	256	45	2		19612
其他联营企业	3	300	300	10812			12112
有限责任公司	3918	13084876	18724115	1226317	95126	471229	66991625
国有独资公司	67	348089	2277767	72865	4177	14957	7113512
其他有限责任公司	3851	12736787	16446348	1153453	90949	456271	59878114
股份有限公司	212	471972	504394	121028	13625	51864	2228931
私营企业	9571	11098644	14399173	3085604	261706	625052	89338716
私营独资企业	74	171827	209611	9250	177	348	496515
私营合伙企业	19			11	7		26564
私营有限责任公司	9319	10788363	14094817	3044098	258389	621122	88288462
私营股份有限公司	159	138455	94745	32245	3134	3582	527175
其他企业							
港、澳、台商投资企业	275	1086253	1459428	317554	17545	238957	15341349
与港澳台商合资经营企业	58	324048	382781	21567	974	33465	2043179
与港澳台商合作经营企业	45	294495	269745	136363	7344		1025347
港澳台商独资经营企业	159	450975	789692	157841	9093	198279	11341081
港澳台商投资股份有限公司	5			12	5	7213	28277
其他港澳台投资企业	8	16735	17211	1772	130		903466
外商投资企业	98	262368	266474	53935	3550	18428	1956129
中外合资经营企业	34	85331	93337	14802	1966		969848
中外合作经营企业	6	27768	24625	39	57		65153
外资企业	35	80019	79389	26032	1439	17070	534663
外商投资股份有限公司	13	67314	67486	12245	14		314236
其他外商投资企业	10	1937	1638	816	73	1358	72229

表房地产开发经营业法人单位综合情况

单位：万元

负债合计	营业收入	营业成本	税金及附加	投资收益	营业利润	应付职工薪酬（本年贷方累计发生额）	应交增值税	从业人员期末人数（人）	其中：女性（人）
135312048	6363511	4532102	396785	1903184	2246192	684079	221071	76265	28349
120861039	6082971	4386846	373968	1371463	1732473	642381	208216	73031	26900
2146154	21359	11301	838	11156	8666	12225	926	888	291
513839	32292	23719	3477	9075	8950	4589	1445	732	286
16818					-42	52		14	5
111116	3240	909	262	-282	509	632	219	104	32
79531	1760	439	153	-282	460	364	145	77	30
18938	1481	470	109		49	267	74	25	2
12647								2	
48258589	2120254	1365724	149859	519494	540488	207816	79543	21026	7840
4831087	23373	15011	3189	57644	-9639	14316	1868	826	323
43427501	2096881	1350714	146670	461850	550127	193500	77675	20200	7517
1375746	309418	145340	47831	66062	133345	13306	6323	1570	563
68438778	3596408	2839852	171702	765957	1040557	403762	119761	48697	17883
406415	6373	5177	182		-7877	2253	193	251	97
9774	335	165	32		76	169	14	66	12
67594662	3549754	2810250	168874	760226	1038525	396329	118208	47389	17350
427927	39946	24259	2614	5730	9832	5011	1345	991	424
13034815	235149	120380	19912	531535	508849	35150	10415	2602	1191
2326307	36124	20968	1887	219357	220230	5006	1716	426	162
526376	90922	61450	3574	3545	24518	3718	4264	339	173
9335657	106247	38115	14351	308633	262292	26062	4314	1791	838
26621	49	46	4		-83	63		9	3
819853	1808	-198	96		1891	301	121	37	15
1416193	45391	24875	2905	186	4871	6547	2440	632	258
767100	25898	11671	1579	111	8822	2105	1588	198	82
36297	3417	3521	100		-1519	704	170	34	16
307215	12337	7465	1120	75	-2749	2400	565	263	109
282815	494	422	18		-426	291	8	33	12
22767	3244	1796	88		744	1047	109	104	39

4-22 按控股情况、隶属关系、企业运营状态和资质等级分组的房地产开发投资完成情况

单位：万元

指标名称	企业个数（个）	计划总投资	自开始建设累计完成投资	本年完成投资	本年新增固定资产
按控股情况分	8721	829651112	623802386	144211338	35097839
国有控股	501	111352579	75821455	17286502	3056102
集体控股	219	15355855	10844432	2934121	733324
私人控股	6112	436856115	330317846	84206838	20361770
港澳台商控股	618	82183047	66371824	8470947	3015194
外商控股	182	32452982	27544221	4930443	1651598
其他	1089	151450534	112902608	26382487	6279851
按隶属关系分	8721	829651112	623802386	144211338	35097839
中央	86	29872797	22146046	4680547	608583
地方	520	60497853	42940854	7273065	2864009
其他	8115	739280462	558715486	132257726	31625247
按企业运营状态分	8721	829651112	623802386	144211338	35097839
营业	8552	823202336	619306134	143104454	34823110
停业（歇业）	69	2102047	1293572	350847	69524
当年关闭	7	433902	414252	10097	199321
当年破产	3	77080	53821		
当年注销	5				
其他	85	3835747	2734607	745940	5884
按资质等级分	8721	829651112	623802386	144211338	35097839
一级	77	28979111	25601132	3201049	1056857
二级	241	48147703	39585198	5086229	2440108
三级	1278	135603631	117615628	13822722	6972584
四级	2009	131862947	110737234	19577058	7648994
暂定	4102	366652275	257132088	76011844	14441222
其他	1014	118405445	73131106	26512436	2538074

4-23 按控股情况、隶属关系、企业运营状态和资质等级分组的房地产开发投资构成情况

单位：万元

指标名称	本年完成投资	建筑工程	安装工程	设备工器具购置	其他费用	旧建筑物购置费	土地购置费
按控股情况分	144211338	73362946	10961114	1333479	58553799	684415	49216395
国有控股	17286502	6277512	514318	72233	10422439	138858	9198963
集体控股	2934121	1560768	298784	43163	1031406	27154	874734
私人控股	84206838	45732785	6845906	876408	30751739	397855	25728560
港澳台商控股	8470947	4788280	848597	79923	2754147	20000	1937916
外商控股	4930443	2292306	355900	19127	2263110	139	2038751
其他	26382487	12711295	2097609	242625	11330958	100409	9437471
按隶属关系分	144211338	73362946	10961114	1333479	58553799	684415	49216395
中央	4680547	2069679	143431	4535	2462902		2278641
地方	7273065	3819173	417900	63889	2972103	4863	2233558
其他	132257726	67474094	10399783	1265055	53118794	679552	44704196
按企业运营状态分	144211338	73362946	10961114	1333479	58553799	684415	49216395
营业	143104454	72894765	10909058	1329226	57971405	683787	48673623
停业（歇业）	350847	167514	24901	237	158195		142356
当年关闭	10097	6389	3162	152	394		
当年破产							
当年注销							
其他	745940	294278	23993	3864	423805	628	400416
按资质等级分	144211338	73362946	10961114	1333479	58553799	684415	49216395
一级	3201049	2014723	180366	11653	994307	5179	729883
二级	5086229	2881670	441743	55012	1707804	6238	1152882
三级	13822722	8945305	1265488	251963	3359966	94574	1883325
四级	19577058	12411734	2281645	260347	4623332	57664	3353922
暂定	76011844	36937067	5411381	548318	33115078	347271	29095134
其他	26512436	10172447	1380491	206186	14753312	173489	13001249

4-24 按控股情况、隶属关系、企业运营状态

指标名称	计划总投资	本年完成投资	商品住宅	90 平方米以下住房
按控股情况分	829651112	144211338	97609346	26464922
国有控股	111352579	17286502	9855629	2207935
集体控股	15355855	2934121	1900259	624741
私人控股	436856115	84206838	60694120	17077708
港澳台商控股	82183047	8470947	5037490	1398328
外商控股	32452982	4930443	3322933	491615
其他	151450534	26382487	16798915	4664595
按隶属关系分	829651112	144211338	97609346	26464922
中央	29872797	4680547	2711595	277423
地方	60497853	7273065	4729269	1699971
其他	739280462	132257726	90168482	24487528
按企业运营状态分	829651112	144211338	97609346	26464922
营业	823202336	143104454	96805966	26390835
停业（歇业）	2102047	350847	296250	8056
当年关闭	433902	10097	9703	2676
当年破产	77080			
当年注销				
其他	3835747	745940	497427	63355
按资质等级分	829651112	144211338	97609346	26464922
一级	28979111	3201049	2323216	563967
二级	48147703	5086229	3509620	772216
三级	135603631	13822722	9646537	2838927
四级	131862947	19577058	13014846	3259070
暂定	366652275	76011844	53050834	13507017
其他	118405445	26512436	16064293	5523725

和资质等级分组的房地产开发投资工程用途情况

单位：万元

144 平方米以上住房	别墅、高档公寓	办公楼	商业营业用房	其他
16833863	5455530	11805667	14165725	20630600
1496753	769792	2811007	2035121	2584745
622286	278978	426330	321756	285776
9719181	2473827	5175684	7514233	10822801
1082010	593080	1193298	986371	1253788
678815	378532	363903	427752	815855
3234818	961321	1835445	2880492	4867635
16833863	5455530	11805667	14165725	20630600
565240	194207	738759	608773	621420
867443	140724	590278	567166	1386352
15401180	5120599	10476630	12989786	18622828
16833863	5455530	11805667	14165725	20630600
16656808	5452797	11750643	14078262	20469583
100742	211	261	10569	43767
				394
76313	2522	54763	76894	116856
16833863	5455530	11805667	14165725	20630600
481265	268639	233443	306526	337864
807322	246810	342399	508102	726108
1944608	819069	991540	1165927	2018718
2572744	883504	1616634	2276962	2668616
8442397	2815010	5142234	7310683	10508093
2585527	422498	3479417	2597525	4371201

4-25 按控股情况、隶属关系、企业运营状态和

指标名称	上年末结余资金	本年实际到位资金	国内贷款	银行贷款	非银行金融机构贷款
按控股情况分	94069586	218280983	42980080	36386350	6593730
国有控股	11575481	22572560	4648788	4285734	363054
集体控股	1168829	3990172	1021546	937044	84502
私人控股	46935855	124711970	22925453	19150591	3774862
港澳台商控股	11504070	17208471	3580451	3177840	402611
外商控股	4523612	7026985	1084967	935837	149130
其他	18361739	42770825	9718875	7899304	1819571
按隶属关系分	94069586	218280983	42980080	36386350	6593730
中央	3335206	7283681	989819	868819	121000
地方	6232241	10252030	1644804	1469161	175643
其他	84502139	200745272	40345457	34048370	6297087
按企业运营状态分	94069586	218280983	42980080	36386350	6593730
营业	93325419	216268392	42646400	36107450	6538950
停业（歇业）	92164	483494	242580	241200	1380
当年关闭	147862	227028	20600	20600	
当年破产	4727	16			
当年注销	314832	927			
其他	184582	1301126	70500	17100	53400
按资质等级分	94069586	218280983	42980080	36386350	6593730
一级	3893206	6056327	1732449	1431349	301100
二级	3509134	10191939	3387968	3264568	123400
三级	13569966	24636979	3402053	3038157	363896
四级	13823813	32530415	5585961	4706322	879639
暂定	44745717	109999502	21523199	17353063	4170136
其他	14527750	34865821	7348450	6592891	755559

资质等级分组的房地产开发企业资金来源情况

单位：万元

利用外资	自筹资金	定金及预收款	个人按揭贷款	其他到位资金	本年各项应付款合计	
						其中：工程款
133062	62310266	72991771	30152479	9713325	53114416	25634039
	7497503	7402389	2135948	887932	4979762	2378057
	1491951	930062	328621	217992	1072229	476932
1337	38689771	40236632	17613593	5245184	30568596	15742407
131725	3149889	7571695	2320476	454235	3548154	1557292
	1518470	3399740	651137	372671	1728507	761412
	9962682	13451253	7102704	2535311	11217168	4717939
133062	62310266	72991771	30152479	9713325	53114416	25634039
	2053736	3059735	995184	185207	1037485	602704
	3330955	3604701	966763	704807	3237436	1393602
133062	56925575	66327335	28190532	8823311	48839495	23637733
133062	62310266	72991771	30152479	9713325	53114416	25634039
130532	61578814	72145201	30068690	9698755	52712147	25497023
	112849	65131	61834	1100	173804	59474
	65	206363			45478	18191
	16					
	927					
2530	617595	575076	21955	13470	182987	59351
133062	62310266	72991771	30152479	9713325	53114416	25634039
	1640548	968034	674875	1040421	699202	319473
	1784130	3436326	1341349	242166	1441959	669387
	3896642	10819452	5624695	894137	5935226	3188740
31573	8306031	11190127	5633854	1782869	8184309	4240123
79249	32718041	37462212	13929290	4287511	28615547	13484102
22240	13964874	9115620	2948416	1466221	8238173	3732214

4-26 按控股情况、隶属关系、企业运营状态和资质等级分组的房地产开发企业土地情况

单位：万元，平方米

指标名称	待开发土地面积	本年土地购置面积	本年土地成交价款	其中：拆迁补偿费
按控股情况分	44836029	19745543	17966503	923526
国有控股	2955292	970796	1759634	229233
集体控股	1038791	168462	54744	100
私人控股	27117121	13944756	11872786	582165
港澳台商控股	4680665	537216	628503	45765
外商控股	2139194	620966	625209	
其他	6904966	3503347	3025627	66263
按隶属关系分	44836029	19745543	17966503	923526
中央	164828	376572	810605	139020
地方	4570896	1934446	744426	44406
其他	40100305	17434525	16411472	740100
按企业运营状态分	44836029	19745543	17966503	923526
营业	44735106	19492496	17803297	921898
停业（歇业）	4922	136477	101316	
当年关闭				
当年破产				
当年注销				
其他	96001	116570	61890	1628
按资质等级分	44836029	19745543	17966503	923526
一级	721293	362408	447227	139020
二级	1492068	189207	355712	3165
三级	7099913	377919	137424	36852
四级	6767093	1795268	800304	24689
暂定	23784009	12291418	9415002	266081
其他	4971653	4729323	6810834	453719

4-27 按控股情况、隶属关系、企业运营状态和资质等级分组的房屋施工情况

单位：平方米

指标名称	房屋施工面积	住宅	90 平方米以下住房	144 平方米以上住房	别墅、高档公寓	办公楼	商业营业用房	其他房屋
按控股情况分	795826250	544483781	124382239	102148454	31108467	44978108	76476347	129888014
国有控股	63771700	37849691	9145660	7567502	3260374	7539658	5703496	12678855
集体控股	13582597	8212918	2070471	1613334	743792	1563483	1605757	2200439
私人控股	497268611	351890444	79617491	62157954	16239127	20944929	45768069	78665169
港澳台商控股	62966616	38822119	8968908	9739284	2503946	5131598	7540379	11472520
外商控股	22154414	15232564	3512792	3846165	1797193	1404099	2244721	3273030
其他	136082312	92476045	21066917	17224215	6564035	8394341	13613925	21598001
按隶属关系分	795826250	544483781	124382239	102148454	31108467	44978108	76476347	129888014
中央	17551048	11823997	1879813	2542379	659114	1658976	1457520	2610555
地方	54185899	36334392	8911929	7593924	3344398	3408758	3370230	11072519
其他	724089303	496325392	113590497	92012151	27104955	39910374	71648597	116204940
按企业运营状态分	795826250	544483781	124382239	102148454	31108467	44978108	76476347	129888014
营业	788037000	539056691	123292731	101309949	30938581	44496735	75766220	128717354
停业（歇业）	2994949	2416220	514940	476506	48588	128401	146875	303453
当年关闭	588445	353717	33168	16005		5369	14536	214823
当年破产	169718	125917	13905	48870			4723	39078
其他	4036138	2531236	527495	297124	121298	347603	543993	613306
按资质等级分	795826250	544483781	124382239	102148454	31108467	44978108	76476347	129888014
一级	21731845	15761884	3018068	4223115	958084	798837	1256061	3915063
二级	43507114	30240006	6616233	6187738	1912741	1717705	3660238	7889165
三级	119763156	82190843	17550779	19951639	5950136	5184109	10819294	21568910
四级	150767104	102985331	22789531	20588357	7047851	7115710	14871784	25794279
暂定	375560527	259081945	59127736	42326874	12368991	22009419	37266456	57202707
其他	84496504	54223772	15279892	8870731	2870664	8152328	8602514	13517890

4-28 按控股情况、隶属关系、企业运营状态和资质等级分组的房屋新开工情况

单位：平方米

指标名称	本年新开工面积	住宅	90平方米以下住房	144平方米以上住房	别墅、高档公寓	办公楼	商业营业用房	其他房屋
按控股情况分	191290754	135424200	23746595	19346531	5296385	8887215	14064649	32914690
国有控股	12666838	7749969	1069833	1095352	642981	1626803	966589	2323477
集体控股	3648575	2348700	445450	363684	189057	396868	371020	531987
私人控股	130762237	95206449	15689217	14246293	2857022	4456897	9469436	21629455
港澳台商控股	9087953	5590229	1712996	839169	328847	635385	885718	1976621
外商控股	5208750	3619202	872513	398662	295761	294787	455635	839126
其他	29916401	20909651	3956586	2403371	982717	1476475	1916251	5614024
按隶属关系分	191290754	135424200	23746595	19346531	5296385	8887215	14064649	32914690
中央	3013043	2004420	310412	416909	223566	412510	176551	419562
地方	10226989	6722879	1028251	992889	119341	766409	747664	1990037
其他	178050722	126696901	22407932	17936733	4953478	7708296	13140434	30505091
按企业运营状态分	191290754	135424200	23746595	19346531	5296385	8887215	14064649	32914690
营业	188383648	133323229	23373151	19142927	5271962	8795911	13962871	32301637
停业（歇业）	1124264	975078	205930	158418	10002		20086	129100
当年关闭	197162							197162
当年破产								
其他	1585680	1125893	167514	45186	14421	91304	81692	286791
按资质等级分	191290754	135424200	23746595	19346531	5296385	8887215	14064649	32914690
一级	2953308	2304538	468585	263386	178314	156606	164694	327470
二级	9802950	5841698	907898	727638	150813	394241	851599	2715412
三级	15830761	11009076	1744719	1516654	206600	600424	1255247	2966014
四级	27358701	20163888	3276798	3484803	1018463	732701	2041564	4420548
暂定	108370990	78422728	13862965	10796520	3078052	4457803	7573035	17917424
其他	26974044	17682272	3485630	2557530	664143	2545440	2178510	4567822

4-29 按控股情况、隶属关系、企业运营状态和资质等级分组的房屋竣工情况

单位：平方米

指标名称	本年房屋竣工面积	住宅	90平方米以下住房	144平方米以上住房	别墅、高档公寓	办公楼	商业营业用房	其他房屋
按控股情况分	77681769	52967879	11193515	9999685	3177830	3541405	7100629	14071856
国有控股	5499527	3527799	1190441	540984	183907	264856	446093	1260779
集体控股	1087677	749947	154432	71506	25406	119333	102077	116320
私人控股	47284717	32917639	6302646	6117745	2280155	1454626	4709919	8202533
港澳台商控股	6667813	4743682	828154	1141229	257217	75365	596528	1252238
外商控股	3500838	2438361	901723	375198	77950	121297	176025	765155
其他	13641197	8590451	1816119	1753023	353195	1505928	1069987	2474831
按隶属关系分	77681769	52967879	11193515	9999685	3177830	3541405	7100629	14071856
中央	1782370	1202899	168598	238247	73514	19131	181413	378927
地方	6546246	4824561	1255255	979282	1083877	88968	325323	1307394
其他	69353153	46940419	9769662	8782156	2020439	3433306	6593893	12385535
按企业运营状态分	77681769	52967879	11193515	9999685	3177830	3541405	7100629	14071856
营业	77304769	52639595	11190596	9970458	3177830	3541405	7092363	14031406
停业（歇业）	212551	170369	2919	29227			6831	35351
当年关闭	149745	149745						
当年破产								
其他	14704	8170					1435	5099
按资质等级分	77681769	52967879	11193515	9999685	3177830	3541405	7100629	14071856
一级	2743001	1917458	387156	144239	153613	29871	128611	667061
二级	5566242	4022618	1386060	632794	12708	91613	278819	1173192
三级	16948245	11816480	1626857	2798714	1369451	477902	1544706	3109157
四级	17760142	12403302	2434503	2654722	687146	333074	1843368	3180398
暂定	30096209	20124560	4711993	3485145	666634	1897426	2831416	5242807
其他	4567930	2683461	646946	284071	288278	711519	473709	699241

4-30 按控股情况、隶属关系、企业运营状态和资质等级分组的房屋竣工价值

单位：万元

指标名称	本年房屋竣工价值	住宅	90平方米以下住房	144平方米以上住房	别墅、高档公寓	办公楼	商业营业用房	其他房屋
按控股情况分	30976161	20838329	5455755	3693849	1423027	2313865	3202847	4621120
国有控股	2550263	1393553	503550	255508	132756	311130	308657	536923
集体控股	710469	469284	136413	62098	7368	128804	72849	39532
私人控股	17694307	12094454	3092398	1982876	706941	765606	2012551	2821696
港澳台商控股	2375077	1775425	327710	470404	110785	36467	199874	363311
外商控股	1609222	1250473	458809	185110	52769	83888	119165	155696
其他	6036823	3855140	936875	737853	412408	987970	489751	703962
按隶属关系分	30976161	20838329	5455755	3693849	1423027	2313865	3202847	4621120
中央	523200	377776	83344	168140	97946	8930	57043	79451
地方	2691054	2113152	713917	359447	300339	43027	145000	389875
其他	27761907	18347401	4658494	3166262	1024742	2261908	3000804	4151794
按企业运营状态分	30976161	20838329	5455755	3693849	1423027	2313865	3202847	4621120
营业	30827226	20705241	5454801	3684293	1423027	2313865	3199394	4608726
停业（歇业）	69496	55704	954	9556			2233	11559
当年关闭	73555	73555						
当年破产								
其他	5884	3829					1220	835
按资质等级分	30976161	20838329	5455755	3693849	1423027	2313865	3202847	4621120
一级	1053566	713062	140234	44754	55135	13806	57457	269241
二级	2264084	1769842	649866	215299	31088	44748	123981	325513
三级	6250453	4221702	870600	1002137	383870	517436	574942	936373
四级	6596343	4542842	1174563	1012673	516434	259310	859592	934599
暂定	12547193	8335962	2365427	1279767	342130	1021194	1258652	1931385
其他	2264522	1254919	255065	139219	94370	457371	328223	224009

4-31 按控股情况、隶属关系、企业运营状态和资质等级分组的商品房销售情况

单位：平方米

指标名称	商品房销售面积	住宅	90 平方米以下住房	144 平方米以上住房	别墅、高档公寓	办公楼	商业营业用房	其他房屋
按控股情况分	143304384	120470597	20788672	21676451	4931987	6056294	7360325	9417168
国有控股	10426896	7736014	1676350	1446900	383110	1111364	486760	1092758
集体控股	2417795	2221506	650832	619905	187568	32087	70177	94025
私人控股	93454086	81642092	13561599	13058367	2441201	2553677	4560090	4698227
港澳台商控股	8653385	6837609	1244270	1887860	713462	368559	575933	871284
外商控股	4400828	3411884	435206	897521	550258	317321	173190	498433
其他	23951394	18621492	3220415	3765898	656388	1673286	1494175	2162441
按隶属关系分	143304384	120470597	20788672	21676451	4931987	6056294	7360325	9417168
中央	2871338	2195396	330266	494235	62020	127563	109655	438724
地方	7457907	6219297	1240482	916066	184704	471930	285021	481659
其他	132975139	112055904	19217924	20266150	4685263	5456801	6965649	8496785
按企业运营状态分	143304384	120470597	20788672	21676451	4931987	6056294	7360325	9417168
营业	142325239	119544351	20700438	21611851	4931471	6045975	7341914	9392999
停业（歇业）	273392	255619	7922	33992	235	8235	7377	2161
当年关闭	108795	108795						
当年破产	1089	1089						
当年注销	2049						1757	292
其他	593820	560743	80312	30608	281	2084	9277	21716
按资质等级分	143304384	120470597	20788672	21676451	4931987	6056294	7360325	9417168
一级	2503121	2193157	356196	556967	117008	17441	87088	205435
二级	5935574	4680164	726274	928490	153995	222506	301982	730922
三级	18455418	15174792	2554159	3952685	929147	711915	897348	1671363
四级	27659893	22399133	3846063	3999229	1108103	1243934	1709887	2306939
暂定	72841325	63405212	10864405	9848631	2245185	2686107	3385384	3364622
其他	15909053	12618139	2441575	2390449	378549	1174391	978636	1137887

4-32　按控股情况、隶属关系、企业运营状态和资质等级分组的现房销售情况

单位：平方米

指标名称	现房销售面积	住宅	90平方米以下住房	144平方米以上住房	别墅、高档公寓	办公楼	商业营业用房	其他房屋
按控股情况分	25252294	17239025	3562816	5349163	894709	1056170	2175742	4781357
国有控股	2200138	1253198	562654	300537	137295	253584	122372	570984
集体控股	737037	607711	54151	348521	20831	7144	42803	79379
私人控股	15848120	11687178	2162922	3255166	485424	482304	1392227	2286411
港澳台商控股	1948272	1167286	149684	616567	124513	21811	203622	555553
外商控股	1032386	563152	154163	138326	33843	71116	59834	338284
其他	3486341	1960500	479242	690046	92803	220211	354884	950746
按隶属关系分	25252294	17239025	3562816	5349163	894709	1056170	2175742	4781357
中央	333141	138074	33194	66447	18702	17121	27046	150900
地方	1705212	1223635	215979	391991	86673	88374	106194	287009
其他	23213941	15877316	3313643	4890725	789334	950675	2042502	4343448
按企业运营状态分	25252294	17239025	3562816	5349163	894709	1056170	2175742	4781357
营业	25225245	17227147	3561446	5345850	894428	1045851	2172815	4779432
停业（歇业）	13416	2378	1370	482		8235	1170	1633
当年关闭	1100	1100						
当年破产	1089	1089						
当年注销	2049						1757	292
其他	9395	7311		2831	281	2084		
按资质等级分	25252294	17239025	3562816	5349163	894709	1056170	2175742	4781357
一级	760347	520147	43030	187869	43583	8931	75025	156244
二级	1719986	1068668	224237	327485	29351	32194	133141	485983
三级	5422773	3872429	841375	1623513	320952	120389	410988	1018967
四级	6186670	3867696	793653	1273030	185061	373048	540166	1405760
暂定	9117628	6454123	1310229	1639049	224788	384622	837051	1441832
其他	2044890	1455962	350292	298217	90974	136986	179371	272571

4-33 按控股情况、隶属关系、企业运营状态和资质等级分组的期房销售情况

单位：平方米

指标名称	期房销售面积	住宅	90 平方米以下住房	144 平方米以上住房	别墅、高档公寓	办公楼	商业营业用房	其他房屋
按控股情况分	118052090	103231572	17225856	16327288	4037278	5000124	5184583	4635811
国有控股	8226758	6482816	1113696	1146363	245815	857780	364388	521774
集体控股	1680758	1613795	596681	271384	166737	24943	27374	14646
私人控股	77605966	69954914	11398677	9803201	1955777	2071373	3167863	2411816
港澳台商控股	6705113	5670323	1094586	1271293	588949	346748	372311	315731
外商控股	3368442	2848732	281043	759195	516415	246205	113356	160149
其他	20465053	16660992	2741173	3075852	563585	1453075	1139291	1211695
按隶属关系分	118052090	103231572	17225856	16327288	4037278	5000124	5184583	4635811
中央	2538197	2057322	297072	427788	43318	110442	82609	287824
地方	5752695	4995662	1024503	524075	98031	383556	178827	194650
其他	109761198	96178588	15904281	15375425	3895929	4506126	4923147	4153337
按企业运营状态分	118052090	103231572	17225856	16327288	4037278	5000124	5184583	4635811
营业	117099994	102317204	17138992	16266001	4037043	5000124	5169099	4613567
停业（歇业）	259976	253241	6552	33510	235		6207	528
当年关闭	107695	107695						
当年破产								
其他	584425	553432	80312	27777			9277	21716
按资质等级分	118052090	103231572	17225856	16327288	4037278	5000124	5184583	4635811
一级	1742774	1673010	313166	369098	73425	8510	12063	49191
二级	4215588	3611496	502037	601005	124644	190312	168841	244939
三级	13032645	11302363	1712784	2329172	608195	591526	486360	652396
四级	21473223	18531437	3052410	2726199	923042	870886	1169721	901179
暂定	63723697	56951089	9554176	8209582	2020397	2301485	2548333	1922790
其他	13864163	11162177	2091283	2092232	287575	1037405	799265	865316

4-34 按控股情况、隶属关系、企业运营状态和资质等级分组的商品房销售额情况

单位：万元

指标名称	商品房销售额	住宅	90平方米以下住房	144平方米以上住房	别墅、高档公寓	办公楼	商业营业用房	其他房屋
按控股情况分	187347337	155791341	35862977	31787935	8829623	13458173	11284674	6813149
国有控股	21118141	15915349	2991387	4626314	957274	3128878	1123257	950657
集体控股	3180383	2962991	1371792	648131	398243	47406	102758	67228
私人控股	108440976	92871136	22605412	14578407	3909823	5961670	6287461	3320709
港澳台商控股	17007899	14044102	2880657	5463408	1757730	893356	1331580	738861
外商控股	6148233	4578364	558896	1606705	768235	932803	297934	339132
其他	31451705	25419399	5454833	4864970	1038318	2494060	2141684	1396562
按隶属关系分	187347337	155791341	35862977	31787935	8829623	13458173	11284674	6813149
中央	6330924	5204423	694901	2113780	151227	517923	295751	312827
地方	9811537	7892399	1619321	1271378	257374	896762	435147	587229
其他	171204876	142694519	33548755	28402777	8421022	12043488	10553776	5913093
按企业运营状态分	187347337	155791341	35862977	31787935	8829623	13458173	11284674	6813149
营业	185971350	154474039	35584271	31653382	8828725	13447103	11253563	6796645
停业（歇业）	256541	233620	5882	32824	817	7090	13731	2100
当年关闭	166604	166604						
当年破产	288	288						
当年注销	6200						5500	700
其他	946354	916790	272824	101729	81	3980	11880	13704
按资质等级分	187347337	155791341	35862977	31787935	8829623	13458173	11284674	6813149
一级	6178610	5853924	624520	3613057	184435	52007	102192	170487
二级	8106531	6835855	1488502	1372669	235164	375783	498593	396300
三级	25852761	22098273	5734470	6396029	2052611	1478220	1259461	1016807
四级	32475732	25458628	6109332	4969825	1471561	2786218	2443360	1787526
暂定	89372090	75066147	16304964	12193527	4105759	6438298	5334179	2533466
其他	25361613	20478514	5601189	3242828	780093	2327647	1646889	908563

4-35 按控股情况、隶属关系、企业运营状态和资质等级分组的现房销售额情况

单位：万元

指标名称	现房销售额	住宅	90 平方米以下住房	144 平方米以上住房	别墅、高档公寓	办公楼	商业营业用房	其他房屋
按控股情况分	30701705	22749152	6456809	8062457	1426650	2095423	2901042	2956088
国有控股	3678031	2535810	898189	897994	278874	446330	240916	454975
集体控股	567858	461553	57788	294169	30468	12128	43067	51110
私人控股	16687407	12674518	4035449	3402136	659060	1070745	1577378	1364766
港澳台商控股	3822094	3024933	395768	1824694	274472	64851	424107	308203
外商控股	1770186	1217384	240663	543112	61713	222002	120909	209891
其他	4176129	2834954	828952	1100352	122063	279367	494665	567143
按隶属关系分	30701705	22749152	6456809	8062457	1426650	2095423	2901042	2956088
中央	865040	650851	100972	469590	75223	43029	55382	115778
地方	2447038	1690934	284774	608351	145409	223256	184082	348766
其他	27389627	20407367	6071063	6984516	1206018	1829138	2661578	2491544
按企业运营状态分	30701705	22749152	6456809	8062457	1426650	2095423	2901042	2956088
营业	30673942	22742590	6455687	8060539	1426569	2084353	2892877	2954122
停业（歇业）	12743	1722	1122	186		7090	2665	1266
当年关闭	433	433						
当年破产	288	288						
当年注销	6200						5500	700
其他	8099	4119		1732	81	3980		
按资质等级分	30701705	22749152	6456809	8062457	1426650	2095423	2901042	2956088
一级	2031606	1816492	115135	1401030	53188	28605	71708	114801
二级	2293197	1783547	421857	507119	35817	66630	177260	265760
三级	7600444	5962411	2097463	2214285	544921	433609	602258	602166
四级	6303918	4200059	1185529	1655463	331288	572136	619945	911778
暂定	9461578	6679686	1843503	1782789	338478	751417	1168853	861622
其他	3010962	2306957	793322	501771	122958	243026	261018	199961

4-36　按控股情况、隶属关系、企业运营状态和资质等级分组的期房销售额情况

单位：万元

指标名称	期房销售额	住宅	90平方米以下住房	144平方米以上住房	别墅、高档公寓	办公楼	商业营业用房	其他房屋
按控股情况分	156645632	133042189	29406168	23725478	7402973	11362750	8383632	3857061
国有控股	17440110	13379539	2093198	3728320	678400	2682548	882341	495682
集体控股	2612525	2501438	1314004	353962	367775	35278	59691	16118
私人控股	91753569	80196618	18569963	11176271	3250763	4890925	4710083	1955943
港澳台商控股	13185805	11019169	2484889	3638714	1483258	828505	907473	430658
外商控股	4378047	3360980	318233	1063593	706522	710801	177025	129241
其他	27275576	22584445	4625881	3764618	916255	2214693	1647019	829419
按隶属关系分	156645632	133042189	29406168	23725478	7402973	11362750	8383632	3857061
中央	5465884	4553572	593929	1644190	76004	474894	240369	197049
地方	7364499	6201465	1334547	663027	111965	673506	251065	238463
其他	143815249	122287152	27477692	21418261	7215004	10214350	7892198	3421549
按企业运营状态分	156645632	133042189	29406168	23725478	7402973	11362750	8383632	3857061
营业	155297408	131731449	29128584	23592843	7402156	11362750	8360686	3842523
停业（歇业）	243798	231898	4760	32638	817		11066	834
当年关闭	166171	166171						
当年破产								
其他	938255	912671	272824	99997			11880	13704
按资质等级分	156645632	133042189	29406168	23725478	7402973	11362750	8383632	3857061
一级	4147004	4037432	509385	2212027	131247	23402	30484	55686
二级	5813334	5052308	1066645	865550	199347	309153	321333	130540
三级	18252317	16135862	3637007	4181744	1507690	1044611	657203	414641
四级	26171814	21258569	4923803	3314362	1140273	2214082	1823415	875748
暂定	79910512	68386461	14461461	10410738	3767281	5686881	4165326	1671844
其他	22350651	18171557	4807867	2741057	657135	2084621	1385871	708602

4-37 按控股情况、隶属关系、企业运营状态和资质等级分组的商品房屋出租情况

单位：平方米

指标名称	房屋出租面积	住宅				办公楼	商业营业用房	其他房屋
			90 平方米以下住房	144 平方米以上住房	别墅、高档公寓			
按控股情况分	2066597	88106	34571	21784	20210	475659	1299360	203472
国有控股	220560	2778	2380			105550	107205	5027
集体控股	45827	3778				19458	12591	10000
私人控股	1080782	26389	2323	1074		184933	759090	110370
港澳台商控股	232803	52481	29868	20710	20210	42602	124163	13557
外商控股	52414					14907	37032	475
其他	434211	2680				108209	259279	64043
按隶属关系分	2066597	88106	34571	21784	20210	475659	1299360	203472
中央	156742	398				54095	102249	
地方	115974	2412	2380			10524	99197	3841
其他	1793881	85296	32191	21784	20210	411040	1097914	199631
按企业运营状态分	2066597	88106	34571	21784	20210	475659	1299360	203472
营业	2054408	75917	34571	21784	20210	475659	1299360	203472
停业（歇业）	12189	12189						
当年关闭								
当年破产								
其他								
按资质等级分	2066597	88106	34571	21784	20210	475659	1299360	203472
一级	14907					14907		
二级	275960					43440	230254	2266
三级	727000	53856	29868	20210	20210	259380	351148	62616
四级	452333	4839	2425	151		99950	330144	17400
暂定	523811	23118	1068	923		48486	342896	109311
其他	72586	6293	1210	500		9496	44918	11879

4-38　按控股情况、隶属关系、企业运营状态和资质等级分组的商品房屋待售情况

单位：平方米

指标名称	商品房待售面积	住宅				办公楼	商业营业用房	其他房屋
			90平方米以下住房	144平方米以上住房	别墅、高档公寓			
按控股情况分	50298233	23842940	4928694	9165554	3051667	2660998	10520690	13273605
国有控股	2766911	1265207	482980	313076	200308	319710	456782	725212
集体控股	1049828	528394	158755	181640	86991	97886	215133	208415
私人控股	33316810	15360515	2988582	5546305	1709290	1571267	7751665	8633363
港澳台商控股	4171839	2012870	361008	1091417	246766	138450	699890	1320629
外商控股	1648124	924333	174750	522958	169885	92347	166912	464532
其他	7344721	3751621	762619	1510158	638427	441338	1230308	1921454
按隶属关系分	50298233	23842940	4928694	9165554	3051667	2660998	10520690	13273605
中央	686622	265979	87206	63132	37305	45584	171210	203849
地方	3866360	2393742	495368	1005147	333546	156050	584977	731591
其他	45745251	21183219	4346120	8097275	2680816	2459364	9764503	12338165
按企业运营状态分	50298233	23842940	4928694	9165554	3051667	2660998	10520690	13273605
营业	49988701	23620033	4914621	9042318	2980096	2635284	10480643	13252741
停业（歇业）	70048	52682	7576	14790		3979	1660	11727
当年关闭	47222	39360				5369	962	1531
当年破产	45963	45963		33858	747			
当年注销	13							13
其他	146286	84902	6497	74588	70824	16366	37425	7593
按资质等级分	50298233	23842940	4928694	9165554	3051667	2660998	10520690	13273605
一级	2204448	1457069	332978	423740	280990	117242	191182	438955
二级	2998413	1518727	420655	643169	137176	96002	449906	933778
三级	13640142	6169886	996837	3136748	880784	526328	2690845	4253083
四级	12298593	5580252	1337630	2011697	705781	653964	2896993	3167384
暂定	16391712	7696119	1567030	2436543	843879	1127343	3719732	3848518
其他	2764925	1420887	273564	513657	203057	140119	572032	631887

4-39 按控股类型、隶属关系、企业运营状态和资质等级分组的商品房屋待售情况（待售 1-3 年（含 1 年））

单位：平方米

指标名称	待售 1-3 年（含 1 年）	住宅				办公楼	商业营业用房	其他房屋
			90 平方米以下住房	144 平方米以上住房	别墅、高档公寓			
按控股情况分	27514267	12096638	2641183	4832342	1531454	1683208	6054273	7680148
国有控股	1765754	747505	260768	148095	61755	271730	266373	480146
集体控股	590078	276610	108521	75649	49641	67864	117018	128586
私人控股	17750821	7311170	1469253	2857129	805561	1064688	4546706	4828257
港澳台商控股	2323915	1094543	196683	617827	86777	67872	331840	829660
外商控股	812157	431624	71247	277875	72444		63300	317233
其他	4271542	2235186	534711	855767	455276	211054	729036	1096266
按隶属关系分	27514267	12096638	2641183	4832342	1531454	1683208	6054273	7680148
中央	516829	175819	33880	60397	36172	41271	161370	138369
地方	1809736	1122456	260327	547502	237277	99003	189903	398374
其他	25187702	10798363	2346976	4224443	1258005	1542934	5703000	7143405
按企业运营状态分	27514267	12096638	2641183	4832342	1531454	1683208	6054273	7680148
营业	27337851	11993413	2632259	4760333	1460630	1657494	6022187	7664757
停业（歇业）	29385	12019	7576	801		3979	1660	11727
当年关闭	23855	15993				5369	962	1531
当年破产								
其他	123176	75213	1348	71208	70824	16366	29464	2133
按资质等级分	27514267	12096638	2641183	4832342	1531454	1683208	6054273	7680148
一级	1475078	920738	220175	209060	116534	97373	130097	326870
二级	1476661	553092	192389	253735	42986	73731	236308	613530
三级	7602934	3335236	462371	1842730	531168	363203	1668108	2236387
四级	6724552	2801017	738747	1087865	290926	439461	1662700	1821374
暂定	8708560	3719856	822848	1206646	538352	649070	2067134	2272500
其他	1526482	766699	204653	232306	11488	60370	289926	409487

4-40 按控股情况、隶属关系、企业运营状态和资质等级

指标名称	待售3年以上（含3年）			
		住宅	90平方米以下住房	144平方米以上住房
按控股情况分	7384060	3108044	641165	1570867
国有控股	597913	240406	142776	75634
集体控股	185291	106665	25305	61254
私人控股	4326593	1777220	323224	820250
港澳台商控股	907126	396489	82340	212916
外商控股	468194	272843	13324	205727
其他	898943	314421	54196	195086
按隶属关系分	7384060	3108044	641165	1570867
中央	23904	1603		1602
地方	696153	207302	74383	98877
其他	6664003	2899139	566782	1470388
按企业运营状态分	7384060	3108044	641165	1570867
营业	7318738	3050749	636016	1519640
停业（歇业）	14908	14908		13989
当年关闭				
当年破产	33858	33858		33858
其他	16556	8529	5149	3380
按资质等级分	7384060	3108044	641165	1570867
一级	253136	179784	4683	166869
二级	344561	136454	33121	92722
三级	2688992	1182818	273269	651927
四级	2079690	792758	152426	302960
暂定	1406369	605771	141898	227314
其他	611312	210459	35768	129075

分组的商品房屋待售情况（待售 3 年以上（含 3 年））

单位：平方米

别墅、高档公寓	办公楼	商业营业用房	其他房屋
724910	388156	1885459	2002401
58980	36983	155439	165085
37350	1761	34678	42187
429161	136015	1196307	1217051
47829	60736	203194	246707
92778	60784	57670	76897
58812	91877	238171	254474
724910	388156	1885459	2002401
	672	1232	20397
61100	54740	300236	133875
663810	332744	1583991	1848129
724910	388156	1885459	2002401
724163	388156	1878933	2000900
747			
		6526	1501
724910	388156	1885459	2002401
162180		12125	61227
61232	15679	135023	57405
248854	81545	569403	855226
208332	84595	644593	557744
36696	135620	349301	315677
7616	70717	175014	155122

4-41 按控股情况、隶属关系、企业运营状态和

指标名称	企业个数（个）	年初存货	流动资产合计	货币资金	应收账款	存货	可供出售金融资产
按控股情况分	8721	305248506	948761669	81814461	30468196	383993976	2467879
国有控股	501	44498597	150073422	17615816	1096923	54311648	773757
集体控股	219	5145478	15631153	1284060	479680	6877257	2954
私人控股	6112	158078988	471299465	37978067	18390235	208671063	1481505
港澳台商控股	618	28033865	125728177	10609905	1613620	32338531	35617
外商控股	182	11183008	37274323	2548020	1552466	11439909	82361
其他	1089	58308571	148755130	11778593	7335273	70355569	91686
按隶属关系分	8721	305248506	948761669	81814461	30468196	383993976	2467879
中央	86	10136974	47695241	4376041	296453	9959371	22866
地方	520	22070422	68696702	8421426	1485288	28727572	238603
其他	8115	273041110	832369726	69016994	28686455	345307034	2206411
按企业运营状态分	8721	305248506	948761669	81814461	30468196	383993976	2467879
营业	8552	302632182	942176412	81349781	30135018	380888324	2458209
停业（歇业）	69	670438	1813363	62644	143008	941295	
当年关闭	7	271472	442563	142843		138811	
当年破产	3	64776	85115	130	1184	64782	
当年注销	5	4640	18837	783	0.3		
其他	85	1604999	4225380	258280	188986	1960765	9671
按资质等级分	8721	305248506	948761669	81814461	30468196	383993976	2467879
一级	77	9317266	128046700	11225666	502010	16025400	476370
二级	241	19724964	74257003	5503130	3989631	21353687	253459
三级	1278	49026459	137211640	11298989	3438842	56495770	491315
四级	2009	48929913	119060250	10010262	4489613	57269375	482623
暂定	4102	132406673	367260825	31744463	14505388	170848014	682474
其他	1014	45843233	122925251	12031952	3542712	62001731	81639

资质等级分组的房地产开发经营业财务状况

单位：万元

持有至到期投资	长期股权投资	固定资产原价	其中：房屋和构筑物	机器设备	运输工具	电子设备	累计折旧	其中：本年折旧
5828174	67262170	19280148	11150570	393542	673319	454483	4884579	967572
4682564	20784695	1920555	1354259	69340	24237	34736	408494	66430
2201	629828	680781	259330	6548	9779	4250	186649	25177
394470	25818463	9055602	4600242	173644	394657	170877	2318136	500215
667975	8594812	4516825	3092050	83378	112437	163547	1113407	202802
48000	1493275	1164831	707106	29539	30688	12066	344662	74050
32965	9941097	1941553	1137583	31094	101521	69008	513230	98898
5828174	67262170	19280148	11150570	393542	673319	454483	4884579	967572
4468078	4281683	551457	476764	30279	4944	7504	69565	15532
391972	14223218	2221257	1296356	66034	45880	35244	496940	97748
968124	48757269	16507434	9377449	297229	622495	411735	4318073	854292
5828174	67262170	19280148	11150570	393542	673319	454483	4884579	967572
5828174	67227553	19240138	11144887	391918	671048	453124	4866380	961873
	3050	19355	1335	1199	1204	551	6040	1101
		7				7	5	2
		87					85	0
		533	15				532	14
	31567	20028	4333	425	1066	802	11537	4582
5828174	67262170	19280148	11150570	393542	673319	454483	4884579	967572
4686298	26060610	1063374	426729	32477	29344	13296	345119	69380
189747	15192709	2139380	1528676	21762	75496	51697	601253	93037
575130	10557328	5895532	3392257	101290	267013	202553	1559127	254815
63844	4826295	2845746	1599192	63780	99724	64409	779536	153693
207483	5463262	5930300	3456714	152106	147955	97523	1187948	330462
105673	5161967	1405816	747001	22127	53787	25007	411596	66186

4-41

指标名称	固定资产净值	在建工程	无形资产	其中：土地使用权	其中：软件使用权	商誉	资产总计
按控股情况分	16083460	9842850	4126888	2746764	50747	36285	1117160100
国有控股	1600003	2994238	819417	564260	5704	7564	193637738
集体控股	397583	45093	48747	35905	973	4359	20203069
私人控股	8454640	2957498	1859979	1199509	22901	1224	535372126
港澳台商控股	3376537	2653579	826835	560861	11933	37	153753256
外商控股	818236	296509	203867	194618	4084	4178	46500911
其他	1436461	895933	368044	191611	5153	18922	167693001
按隶属关系分	16083460	9842850	4126888	2746764	50747	36285	1117160100
中央	482020	1397483	194128	192774	662		60351415
地方	1753454	765542	598519	278492	8866	4325	96562287
其他	13847986	7679824	3334241	2275499	41219	31959	960246398
按企业运营状态分	16083460	9842850	4126888	2746764	50747	36285	1117160100
营业	16054235	9741351	4080770	2716776	50724	36285	1109955282
停业（歇业）	13356	1881	11938	350	14		1859391
当年关闭	2						442601
当年破产	3						88627
当年注销	1						18829
其他	15864	99618	34180	29639	10		4795370
按资质等级分	16083460	9842850	4126888	2746764	50747	36285	1117160100
一级	2073316	150315	111857	48286	3795	8010	169688560
二级	1602875	315099	260427	36647	6133	4178	99319645
三级	4319337	606017	617058	329723	9008		167214949
四级	2198323	1489980	755532	413897	2806	22882	135869960
暂定	4878276	3899134	1733980	1350119	20946	1077	400259480
其他	1011333	3382306	648033	568092	8060	138	144807505

续表 1

单位：万元

流动负债合计	其中：应付账款	非流动负债合计	负债合计	所有者权益合计	其中：实收资本	国家资本	集体资本	法人资本
691602130	69495983	199712472	893033274	224084561	107082531	16012737	1168048	61842757
101820081	6151394	35848458	137648000	55989737	29982872	14002727	25764	15503736
12190510	1282371	3530331	15829994	4373075	796720	23131	188305	576294
351789607	37267279	94563653	446947682	88382179	38456169	739677	268561	27896308
89171703	6570777	27673440	116844695	36908560	19459259	348615	22491	4694219
31276959	3549165	5995587	37583330	8917581	4604414	10840		2682118
105353271	14674997	32101004	138179573	29513428	13783096	887748	662927	10490083
691602130	69495983	199712472	893033274	224084561	107082531	16012737	1168048	61842757
37058830	2119206	10985041	48031335	12320080	4013656	2210539	24500	1777748
49129307	4383781	17817972	66867273	29695014	18457501	2988917	49073	13723261
605413993	62992996	170909459	778134666	182069468	84611374	10813281	1094475	46341749
691602130	69495983	199712472	893033274	224084561	107082531	16012737	1168048	61842757
686523519	69099736	198693989	886616866	223314671	106396495	16010857	1139921	61476447
1239336	253150	452371	1691709	149162	91500	100	10200	50690
408688	2471	20600	429288	13314	5000			5000
71765	1	28895	100660	-12033	3000			
804	222		804	18025	18025			18025
3358018	140404	516617	4193947	601423	568511	1780	17928	292596
691602130	69495983	199712472	893033274	224084561	107082531	16012737	1168048	61842757
104056391	2790353	27364855	131421246	38267315	7090038	1989025	5128	2841299
58547304	6124529	20654551	79227671	20091973	8102144	3579681	269168	2543708
96983153	9965518	30282429	127659347	39555602	14448776	1072884	150021	7858749
84331265	11513354	24464406	109040986	26828975	12922881	1025010	137666	6850526
270659230	31001044	66585694	338422905	61818085	37432365	4046235	503774	22258825
77024788	8101185	30360538	107261119	37522612	27086326	4299903	102291	19489650

4-41

指标名称	个人资本	港澳台资本	外商资本	营业收入	主营业务收入	土地转让收入	商品房屋销售收入
按控股情况分	11331096	14287026	2440866	147965105	144841102	613203	138503107
国有控股	303874	39288	107483	16362401	16094051	194997	15198002
集体控股	8990			2611742	2573543	24883	2268809
私人控股	9403837	37825	109961	81003888	79248211	356401	76554015
港澳台商控股	25223	14038569	330142	15463066	15351413	4119	14152255
外商控股	8750	27762	1874945	6187020	5990096	2274	5427766
其他	1580422	143582	18335	26336987	25583788	30529	24902261
按隶属关系分	11331096	14287026	2440866	147965105	144841102	613203	138503107
中央	870			5488187	5264958		5075035
地方	857158	585400	253691	8399329	8116956	107124	7466320
其他	10473068	13701626	2187175	134077588	131459188	506079	125961753
按企业运营状态分	11331096	14287026	2440866	147965105	144841102	613203	138503107
营业	11261120	14067284	2440866	147367074	144269379	599393	137947185
停业（歇业）	29019	1492		191905	188867	13810	174494
当年关闭				199321	199321		199321
当年破产	3000						
当年注销				14788	14788		14767
其他	37956	218251		192016	168747		167341
按资质等级分	11331096	14287026	2440866	147965105	144841102	613203	138503107
一级	1158035	292852	803699	7567255	7150751		6829796
二级	734600	907674	67314	8018864	7662255	8070	6921965
三级	2243395	2759808	363921	23206954	22890619	203861	20595988
四级	2114090	2687729	107860	25854247	25304113	111425	24718339
暂定	3850019	6081358	692155	64276952	62980023	174083	61698141
其他	1230958	1557606	405918	19040833	18853341	115764	17738879

续表 2

单位：万元

自持物业收入	其中：房屋出租收入	其他收入	营业成本	主营业务成本	税金及附加	主营业务税金及附加	其他业务利润	销售费用
3352331	2138070	2372461	90245857	86913672	14905782	13878024	331423	6474683
403813	300960	297239	8419355	8114085	2501099	2396889	65162	469747
169794	164914	110056	1260080	1219016	477961	476681	17783	84205
1094116	642793	1243679	52695759	50802742	6426237	5895820	146320	3985599
944745	798750	250294	7342072	7220193	2082662	1983613	47952	599238
439688	46034	120369	4186185	3583689	711098	576527	20115	268220
300175	184620	350824	16342407	15973947	2706726	2548493	34090	1067674
3352331	2138070	2372461	90245857	86913672	14905782	13878024	331423	6474683
121951	95101	67971	2367481	2318696	1124011	1040587	8178	151452
322163	261497	221350	5005621	4862473	747376	726289	105486	304168
2908216	1781472	2083140	82872755	79732504	13034395	12111148	217758	6019063
3352331	2138070	2372461	90245857	86913672	14905782	13878024	331423	6474683
3351418	2137211	2371383	89799397	86469440	14938256	13910902	331323	6448318
31	13	533	142412	141837	5577	5529	505	6280
		0	163788	163788	10698	10698		3876
								3
		21	7585	7585	-54255	-54255		273
882	846	524	132674	131022	5507	5151	-405	15934
3352331	2138070	2372461	90245857	86913672	14905782	13878024	331423	6474683
238631	200520	82325	2991010	2766359	1535443	1519354	51243	341828
385187	362949	347032	4594272	4503415	711623	667260	66289	321242
1124579	777576	966191	13309115	12986257	2871502	2735161	69910	928625
271180	161516	203169	15896978	14859489	2760766	2456706	57324	1075043
646157	395759	461642	42276939	40967697	5171228	4854349	77118	3060928
686596	239750	312102	11177544	10830455	1855220	1645194	9539	747017

4-41

指标名称	管理费用	财务费用	其中：利息收入	其中：利息支出	资产减值损失	公允价值变动收益	投资收益
按控股情况分	5983349	3947223	1648068	4197725	385338	524056	7354814
国有控股	557033	304675	879477	1045964	30969	-6519	2046874
集体控股	123277	109658	10012	96758	8954	66520	46285
私人控股	3313165	1961901	354856	1634595	292300	402047	3806705
港澳台商控股	745538	825117	203194	793596	3904	96204	811555
外商控股	278011	211668	21008	125042	191	-462	12223
其他	966325	534205	179522	501771	49020	-33734	631171
按隶属关系分	5983349	3947223	1648068	4197725	385338	524056	7354814
中央	120117	104619	310840	369006	1790		664683
地方	564148	394507	356332	622907	18269	-19691	765814
其他	5299084	3448098	980896	3205812	365278	543747	5924317
按企业运营状态分	5983349	3947223	1648068	4197725	385338	524056	7354814
营业	5965880	3943357	1642332	4190117	384455	524056	7349177
停业（歇业）	6903	3767	271	3939	0		
当年关闭	305	-476	487	11	-51		
当年破产	54	0	0				
当年注销	2156	-4633	4631	2	20		4034
其他	8052	5208	348	3656	914		1603
按资质等级分	5983349	3947223	1648068	4197725	385338	524056	7354814
一级	601619	744050	557172	1151092	10121	79826	4459614
二级	521199	878779	215639	865419	-4060	-10469	770641
三级	1196738	849182	204795	733835	52134	-30753	1239632
四级	826018	320344	158211	277397	307226	8919	378184
暂定	2265148	841919	394295	862613	8516	8188	192415
其他	572628	312948	117957	307369	11400	468344	314328

续表 3

单位：万元

资产处置收益	其他收益	营业利润	营业外收入	营业外支出	利润总额	所得税费用	应付职工薪酬（本年贷方累计发生额）	应交增值税
12368	451414	35142647	490119	999045	34618419	7137970	3982189	6021484
13892	287100	6726894	107904	37551	6800040	1261681	546416	624149
9	823	634054	27835	19415	641482	149781	74876	108539
-16315	117110	16249524	168472	576659	15902323	3167966	2060654	3555540
1454	19467	4774465	129127	172218	4679187	1139897	467436	552401
249	968	1217824	12951	47344	1178033	188041	198457	222003
13080	25946	5539886	43830	145859	5417355	1230606	634351	958852
12368	451414	35142647	490119	999045	34618419	7137970	3982189	6021484
-3	212295	2539060	6045	4367	2540806	480482	110129	152148
-674	88128	2236423	96769	63767	2267853	474156	338180	420056
13045	150992	30367164	387305	930911	29809760	6183333	3533880	5449280
12368	451414	35142647	490119	999045	34618419	7137970	3982189	6021484
12370	451111	35026518	486555	993013	34500678	7133093	3941432	5988381
-2	303	27300	411	3558	24079	8004	7196	10664
		21181	16		21197	5299	377	4804
		-56			-56		43	
		63644	691	586	67782	-15745	1043	902
		4061	2446	1888	4739	7319	32099	16734
12368	451414	35142647	490119	999045	34618419	7137970	3982189	6021484
637	212696	6233333	38807	34779	6186482	628038	366833	161634
4511	48857	1819594	34349	87151	1775335	327643	236137	314952
540	24479	5642864	179901	254439	5550151	1189390	694407	932253
13075	10877	5097818	97161	179269	5003308	1222821	516676	982161
14425	153025	11087557	114021	352742	10908129	2699447	1693540	2910343
-20819	1480	5261481	25880	90665	5195014	1070633	474597	720141

4-42 按控股情况、隶属关系和地区分组的非一套

指标名称	法人单位数（个）	年初存货	期末存货	固定资产净值	本年折旧	在建工程	资产总计
总　计	14332	26634638	36091563	4925026	397281	1611546	179028739
按企业控股情况分							
国有控股	283	2082676	4388556	211819	10071	241183	16481333
集体控股	200	460365	352716	88905	5229	55100	1076513
私人控股	12441	19122285	24920510	4002064	343540	914944	128107524
港澳台商控股	252	1013042	1409700	302626	16941	239144	14007167
外商控股	63	308544	484537	37930	2714	17070	1301320
其他	1093	3647726	4535543	281682	18786	144104	18054883
按隶属关系分							
中央	16	15976	17991	1358	100	7676	198248
地方	473	967569	2749534	185574	16084	219161	9600624
其他	13843	25651094	33324038	4738094	381097	1384709	169229867
按地区分组							
广州市	1647	2803353	5367061	513883	33540	251126	43422127
深圳市	1664	8483034	9790240	1078506	80385	255860	56798628
珠海市	936	2179833	3931639	153766	8035	142971	15710761
汕头市	272	129895	166575	61798	2174	55525	755837
佛山市	542	1796148	2906479	884639	90285	44915	16271006
韶关市	290	210662	304959	35178	2940	17480	776578
河源市	206	409639	415727	106738	6077	20266	1353872
梅州市	352	460349	466941	70313	4938	181642	2302813
惠州市	2700	3473373	4082410	372163	34045	115098	15217694
汕尾市	314	200420	221502	160597	3387	34106	932011
东莞市	716	969493	1300308	181105	11848	31324	4088786
中山市	686	1777498	2087256	251355	36232	70099	6632038
江门市	453	1092301	1730929	73999	4079	51087	3102855
阳江市	423	133723	241534	93152	4041	8762	711394
湛江市	884	663174	635290	162186	12037	33129	1683567
茂名市	539	113967	159128	269923	14335	24539	1184684
肇庆市	547	215491	370383	159949	25753	122352	1458435
清远市	654	721441	1006504	52960	8581	29018	3282180
潮州市	89	26775	68184	91239	1427	21845	732838
揭阳市	180	515562	568390	83512	7886	8570	1527591
云浮市	238	258507	270123	68064	5257	91833	1083045
按区域分							
珠三角核心区	9891	22790523	31566704	3669365	324202	1084832	162702330
沿海经济带	2701	1783516	2060604	922407	45287	186476	7527922
北部生态发展区	1740	2060599	2464255	333254	27793	340239	8798488

表房地产开发经营业法人单位综合情况

单位：万元

负债合计	营业收入	营业成本	税金及附加	投资收益	营业利润	应付职工薪酬（本年贷方累计发生额）	应交增值税	从业人员	
								期末人数（人）	其中：女性（人）
135312048	6363511	4532102	396785	1903184	2246192	684079	221071	76265	28349
10595420	141705	65348	8834	117201	87903	57484	7161	2900	1043
809377	271355	207297	15773	8793	45806	7925	2705	1167	432
96761019	5280130	3848078	315243	986907	1399061	532168	189862	64090	23560
11387572	161894	68231	17823	521855	421778	44140	4784	2889	1330
621928	14782	8423	1340	75	225	2547	662	285	127
15136733	493644	334724	37773	268353	291420	39815	15898	4934	1857
23544	3946	944	114	1180	2132	1973	34	137	47
6730535	114160	65849	8888	38123	19063	36346	9010	3339	1222
128557969	6245406	4465309	387783	1863880	2224998	645760	212028	72789	27080
36041489	615252	316366	25828	475291	391726	112108	20460	6636	2650
41620085	1328205	555034	94268	871574	823888	207808	38823	12253	4184
9668590	132309	107497	18180	289107	187871	37258	4304	3553	1243
467582	32294	23384	968	2949	2688	7654	1109	1323	487
13136879	320666	210371	42650	44765	76945	33918	13599	3921	1443
556092	36305	25805	1601	127	-1503	5791	932	1003	404
1053252	78797	62071	4888	-1426	-3051	5824	2567	1100	414
1290568	254244	185486	14341	1364	33218	11720	11386	2035	747
11738724	1014104	1006016	63920	5485	78625	80222	43522	11679	4023
534052	172918	190871	4799	801	28584	18557	3481	2667	885
2992808	360274	386026	29799	58852	44407	19783	9707	2628	910
4904620	289370	220715	32738	142109	361125	18791	17652	2709	1207
2283372	94430	75737	7902	1322	-4360	11617	5394	1897	851
610720	58147	41507	1775	43	5006	7828	2453	1417	592
1231033	361276	239895	10631	2272	46354	26386	8522	6035	2342
729298	361393	294754	2897	85	70414	33687	13939	6344	2446
941836	168692	111756	8510	6235	22022	18198	7055	3488	1391
2975491	140117	108979	11417	239	15538	9052	1572	1962	748
257726	46096	38940	914	16	5315	3144	1456	595	181
1043904	383246	262012	16917	595	46461	7819	9731	1464	498
1233928	115376	68878	1843	1377	14919	6915	3408	1556	703
123328402	4323301	2989519	323794	1894740	1982249	539702	160516	48764	17902
4874314	1415370	1091364	38901	6762	204822	105075	40690	19845	7431
7109332	624840	451219	34090	1682	59121	39302	19865	7656	3016

4-43 按地区分组的房地产开发投资完成情况

单位：万元

指标名称	企业个数（个）	计划总投资	自开始建设累计完成投资	本年完成投资	本年新增固定资产
全 省	8721	829651112	623802386	144211338	35097839
广州市	1281	198870519	158523523	27023709	8438490
深圳市	645	133248550	91563914	26448098	3804531
珠海市	408	53631825	37980287	7919545	1965628
汕头市	314	16931323	13919479	4477490	1280227
佛山市	783	105317399	79665174	20195098	2683613
韶关市	330	12471645	9712137	1989584	545333
河源市	231	10785885	7896620	2213388	1218795
梅州市	251	14062180	8901670	2587470	784477
惠州市	776	51732359	39781360	9844846	1729032
汕尾市	85	5837615	3168070	1191062	96558
东莞市	569	51057292	43406021	7366998	2445153
中山市	505	39542380	31335840	6974192	2886290
江门市	506	29233957	23408088	5750988	1903710
阳江市	275	11320637	7410898	1417267	276894
湛江市	287	17725432	15034594	4958733	1514571
茂名市	334	13231653	8439676	3099021	566921
肇庆市	385	21913668	12701733	3480451	588926
清远市	445	23421366	18775755	3925443	1708300
潮州市	75	4516587	3412996	896610	104245
揭阳市	69	6175115	4348254	1267479	262428
云浮市	167	8623725	4416297	1183866	293717
按区域分					
珠三角核心区	5858	684547949	518365940	115003925	26445373
沿海经济带	1439	75738362	55733967	17307662	4101844
北部生态发展区	1424	69364801	49702479	11899751	4550622

4-44 按地区分组的房地产开发投资构成情况

单位：万元

指标名称	本年完成投资	建筑工程	安装工程	设备工器具购置费	其他费用	旧建筑物购置费	土地购置费
全　省	144211338	73362946	10961114	1333479	58553799	684415	49216395
广州市	27023709	9940570	1286707	109898	15686534	15721	13363858
深圳市	26448098	11667233	2013189	257542	12510134	541104	9886482
珠海市	7919545	3958303	440996	22487	3497759	5792	2950221
汕头市	4477490	2261823	170452	55615	1989600	21805	1727290
佛山市	20195098	9596750	1583558	210351	8804439	693	7652133
韶关市	1989584	1440577	199441	29471	320095	837	209757
河源市	2213388	1683037	174252	31017	325082	9340	282326
梅州市	2587470	1483357	146681	32607	924825	911	840663
惠州市	9844846	6549238	1039858	126085	2129665	29134	1669731
汕尾市	1191062	734822	137347	14577	304316	320	258549
东莞市	7366998	3293728	970237	59468	3043565	9381	2693877
中山市	6974192	3768871	522662	60690	2621969	36614	2268300
江门市	5750988	3582214	492519	41230	1635025	2960	1417895
阳江市	1417267	1122411	176700	10195	107961	290	50163
湛江市	4958733	3253924	444353	88022	1172434	3640	1088356
茂名市	3099021	1638568	269534	41764	1149155	1534	1066716
肇庆市	3480451	2038252	376587	62511	1003101	2644	899658
清远市	3925443	2781827	201812	30821	910983	510	603440
潮州市	896610	703166	52811	710	139923		82512
揭阳市	1267479	997789	158169	33663	77858	347	45110
云浮市	1183866	866486	103249	14755	199376	838	159358
按区域分							
珠三角核心区	115003925	54395159	8726313	950262	50932191	644043	42802155
沿海经济带	17307662	10712503	1409366	244546	4941247	27936	4318696
北部生态发展区	11899751	8255284	825435	138671	2680361	12436	2095544

4-45 按地区分组的房地产

指标名称	计划总投资	本年完成投资	商品住宅	90 平方米以下住房
全　省	829651112	144211338	97609346	26464922
广州市	198870519	27023709	17325242	5151595
深圳市	133248550	26448098	13059167	7328410
珠海市	53631825	7919545	4634202	1395128
汕头市	16931323	4477490	2887895	370169
佛山市	105317399	20195098	14757281	3892448
韶关市	12471645	1989584	1565118	129000
河源市	10785885	2213388	1803215	83518
梅州市	14062180	2587470	1985517	79813
惠州市	51732359	9844846	8098739	2376502
汕尾市	5837615	1191062	966880	47941
东莞市	51057292	7366998	5257833	973378
中山市	39542380	6974192	5083067	1259597
江门市	29233957	5750988	4610545	822531
阳江市	11320637	1417267	1111157	199809
湛江市	17725432	4958733	3710169	750811
茂名市	13231653	3099021	2384973	114224
肇庆市	21913668	3480451	2677605	601627
清远市	23421366	3925443	3142196	746046
潮州市	4516587	896610	627184	39164
揭阳市	6175115	1267479	988245	50227
云浮市	8623725	1183866	933116	52984
按区域分				
珠三角核心区	684547949	115003925	75503681	23801216
沿海经济带	75738362	17307662	12676503	1572345
北部生态发展区	69364801	11899751	9429162	1091361

开发投资工程用途情况

单位：万元

144 平方米以上住房	别墅、高档公寓	办公楼	商业营业用房	其他
16833863	5455530	11805667	14165725	20630600
2452114	710251	2874854	2677831	4145782
2481749	1171255	5981474	3318100	4089357
623945	294308	972706	573900	1738737
630538	102342	246432	313076	1030087
2160449	553604	671590	1967469	2798758
341237	49153	21982	202645	199839
450325	78031	25663	198681	185829
637822	89357	14864	249186	337903
1191727	731134	55759	757956	932392
519691	37782	10959	97579	115644
1111985	656392	594663	630209	884293
540973	193033	88699	831867	970559
602684	308136	27924	406791	705728
265971	124285	11175	186527	108408
562282	80006	48304	469215	731045
929835	37214	22826	334992	356230
214097	94833	96238	276765	429843
295056	72703	21555	377202	384490
202476		6696	102335	160395
432826	33106	2244	60122	216868
186081	38605	9060	133277	108413
11379723	4712946	11363907	11440888	16695449
3543619	414735	348636	1563846	2718677
1910521	327849	93124	1160991	1216474

4-46 按地区分组的房地产

指标名称	上年末结余资金	本年实际到位资金	国内贷款	银行贷款	非银行金融机构贷款
全　省	94069586	218280983	42980080	36386350	6593730
广州市	24367311	40895287	8485435	7443653	1041782
深圳市	16692387	38615098	11667804	10803808	863996
珠海市	6110283	11859203	3444986	2687325	757661
汕头市	1060903	4712898	1000982	141668	859314
佛山市	11418752	27404337	4597279	3834187	763092
韶关市	701311	2832112	237888	212644	25244
河源市	641372	3195964	478866	477613	1253
梅州市	793110	3361362	343991	312957	31034
惠州市	6807098	19473460	3103102	2490434	612668
汕尾市	355024	1869653	318517	203537	114980
东莞市	7784403	14542030	1653610	1294608	359002
中山市	4128647	11400309	2556765	2254682	302083
江门市	3308314	8215185	2030105	1820884	209221
阳江市	789293	2409987	64071	60735	3336
湛江市	1728742	5464838	413915	340086	73829
茂名市	1398241	3798721	731868	725816	6052
肇庆市	1343440	5799200	634930	312322	322608
清远市	3141437	7552162	871181	725913	145268
潮州市	306580	1112053	20000		20000
揭阳市	471147	1768242	174299	116000	58299
云浮市	721791	1998882	150486	127478	23008
按区域分					
珠三角核心区	81960635	178204109	38174016	32941903	5232113
沿海经济带	6109930	21136392	2723652	1587842	1135810
北部生态发展区	5999021	18940482	2082412	1856605	225807

开发企业资金来源情况

单位：万元

利用外资	自筹资金	定金及预收款	个人按揭贷款	其他到位资金	本年各项应付款合计	
						其中：工程款
133062	62310266	72991771	30152479	9713325	53114416	25634039
39117	12227187	14582931	3170729	2389888	9269902	3281178
	11086066	9783766	4754280	1323182	8979659	3849722
48575	2252842	4691678	703562	717560	2661913	1401799
	2660136	879419	119537	52824	428764	176300
540	9602869	9427813	2827726	948110	6065824	2709342
	599216	1267744	612610	114654	961877	552394
	1038972	1103571	555641	18914	1292171	732617
	1376255	875017	629335	136764	654506	362284
20010	3664179	7775268	4588413	322488	4494912	2684521
	736236	494199	253951	66750	811197	600589
	2063958	5932058	3401260	1491144	5058626	2059323
14337	3472156	3926463	871505	559083	2333377	1448457
9783	2044523	2279545	1598569	252660	1990407	1083695
	685009	1009903	595638	55366	702442	417972
700	1938309	1332636	1270385	508893	1356245	769065
	1265841	1100866	604144	96002	889055	471952
	1633013	2065532	1018799	446926	1904703	1178937
	1909459	2953651	1705685	112186	1877274	1153730
	490818	430474	156411	14350	90407	66840
	1032878	347755	213110	200	449748	222364
	530344	731482	501189	85381	841407	410958
132362	48046793	60465054	22934843	8451041	42759323	19696974
700	8809227	5595252	3213176	794385	4727858	2725082
	5454246	6931465	4004460	467899	5627235	3211983

4-47 按地区分组的房地产开发企业土地情况

指标名称	待开发土地面积（平方米）	本年土地购置面积（平方米）	本年土地成交价款（万元）	其中：拆迁补偿费（万元）
全 省	44836029	19745543	17966503	923526
广州市	5713032	1860352	4038432	26640
深圳市	2633379	1392061	3246521	713299
珠海市	1245170	97827	173453	
汕头市	156778	955213	700202	57819
佛山市	3426144	2121661	3133790	14428
韶关市	948357	436938	83653	331
河源市	1460777	835724	203633	1766
梅州市	605483	962302	637071	4186
惠州市	6258172	1203530	350780	48614
汕尾市	349891	489318	401957	42
东莞市	3716959	666599	571109	20184
中山市	2566993	1669163	1131291	6344
江门市	3994845	1237622	826847	
阳江市	2471910	244832	51128	400
湛江市	1099752	1073091	631677	10227
茂名市	1006761	436521	183649	8364
肇庆市	2573884	1347737	595325	3419
清远市	3271359	879674	189805	1723
潮州市	83427	258903	88384	
揭阳市	266626	1203211	562111	5740
云浮市	986330	373264	165685	
按区域分				
珠三角核心区	32128578	11596552	14067548	832928
沿海经济带	5435145	4661089	2619108	82592
北部生态发展区	7272306	3487902	1279847	8006

4-48 按地区分组的房屋施工情况

单位：平方米

指标名称	房屋施工面积	住宅	90 平方米以下住房	144 平方米以上住房	别墅、高档公寓	办公楼	商业营业用房	其他房屋
全 省	795826250	544483781	124382239	102148454	31108467	44978108	76476347	129888014
广州市	109798322	64358058	17010428	12218497	3269470	12074036	12614715	20751513
深圳市	67673496	34469661	20583416	6251779	2581717	11931532	9076446	12195857
珠海市	33752119	18680306	5334390	3112008	1264459	4857928	3676634	6537251
汕头市	30708297	19753595	2929644	7089783	496848	1262573	2384084	7308045
佛山市	99559145	65702553	18122487	9863047	3265781	6085271	11018981	16752340
韶关市	20279534	15991311	2581096	3134252	619938	141043	1918108	2229072
河源市	15415146	12206127	300532	2817847	517680	171485	1189771	1847763
梅州市	21043842	15740945	780343	3093838	372306	88783	2179088	3035026
惠州市	76384790	59829402	15285533	9193165	4684772	1053789	4801272	10700327
汕尾市	8671268	7205917	455165	4170167	850709	41881	580504	842966
东莞市	44188048	30758862	5772973	6883656	5015546	3620493	4029806	5778887
中山市	54578237	37877982	8510303	4447026	982398	968051	5230850	10501354
江门市	36664667	26981807	5678905	3182663	1329424	240075	3485824	5956961
阳江市	19889100	15043882	2613464	3534424	1526202	232675	2090723	2521820
湛江市	28433734	20888758	4416953	3151414	691591	634098	2310500	4600378
茂名市	26519090	19950255	1171654	5971087	752321	158733	2022307	4387795
肇庆市	33351913	25152309	5204612	3099178	685561	873299	2796106	4530199
清远市	39192600	30460280	5357173	3984684	1920603	270173	3230618	5231529
潮州市	7165969	5425360	376734	1814369		80000	477682	1182927
揭阳市	8043288	6665858	314900	3703905	53880	123089	476937	777404
云浮市	14513645	11340553	1581534	1431665	227261	69101	885391	2218600
按区域分								
珠三角核心区	555950737	363810940	101503047	58251019	23079128	41704474	56730634	93704689
沿海经济带	129430746	94933625	12278514	29435149	4371551	2533049	10342737	21621335
北部生态发展区	110444767	85739216	10600678	14462286	3657788	740585	9402976	14561990

4-49 按地区分组的房屋新开工情况

单位：平方米

指标名称	本年新开工面积	住宅	90平方米以下住房	144平方米以上住房	别墅、高档公寓	办公楼	商业营业用房	其他房屋
全　省	191290754	135424200	23746595	19346531	5296385	8887215	14064649	32914690
广州市	17397156	9576075	1422096	772998	236943	1720438	1864573	4236070
深圳市	15778654	8019802	4666700	1078143	588051	3219803	1893848	2645201
珠海市	5970635	2871798	639657	520552	375168	1047777	705545	1345515
汕头市	7664978	4930853	476457	1383906	107901	344433	500277	1889415
佛山市	21806382	15641805	3917549	1217981	963981	719272	1560226	3885079
韶关市	4359255	3592447	47107	647350	143599	75977	281669	409162
河源市	6243888	5042835	125570	998785	79032	33135	303245	864673
梅州市	7308563	5047102	226824	1140025	128560	67176	696564	1497721
惠州市	20944299	16504421	3632777	1469569	805364	168596	972855	3298427
汕尾市	3554371	3103260	86173	1955525	36827	38417	114810	297884
东莞市	6402212	4241685	803894	526140	574389	947314	394709	818504
中山市	11721687	7938022	1588258	543236	137484	96665	944997	2742003
江门市	11843564	9323818	1832105	514561	255182	111501	747559	1660686
阳江市	4907058	4057384	287065	1243672	387817	300	451999	397375
湛江市	6141640	4806166	656356	806271	203149	28645	315672	991157
茂名市	8008346	5780424	164309	1534959	85558	30407	524583	1672932
肇庆市	11672235	9550623	1670908	659745	71008	194500	585645	1341467
清远市	9666438	7305845	1275090	293552	52699	36149	752134	1572310
潮州市	1824736	1417495	23039	345898			127245	279996
揭阳市	3166291	2716455	133636	1050450	25886	50	76152	373634
云浮市	4908366	3955885	71025	643213	37787	6660	250342	695479
按区域分								
珠三角核心区	123536824	83668049	20173944	7302925	4007570	8225866	9669957	21972952
沿海经济带	35267420	26812037	1827035	8320681	847138	442252	2110738	5902393
北部生态发展区	32486510	24944114	1745616	3722925	441677	219097	2283954	5039345

4-50 按地区分组的房屋竣工情况

单位：平方米

指标名称	本年房屋竣工面积	住宅	90 平方米以下住房	144 平方米以上住房	别墅、高档公寓	办公楼	商业营业用房	其他房屋
全　省	77681769	52967879	11193515	9999685	3177830	3541405	7100629	14071856
广州市	16618446	9321164	2578383	1444534	362496	1932711	1555370	3809201
深圳市	2615613	1249112	903771	113290	73788	603442	302399	460660
珠海市	2648421	1872673	587047	333390	167745	147121	183574	445053
汕头市	3297272	2279426	263553	901653		21666	112930	883250
佛山市	6469748	3665438	1158366	591571	116555	329122	1176738	1298450
韶关市	2270869	1758552	196015	314592	70322	1271	201477	309569
河源市	3227899	2483145	34114	521545	43141	49022	255024	440708
梅州市	2423144	1844190	7611	344617	23430	1304	311768	265882
惠州市	4876198	3833737	954635	718309	256958	26651	279339	736471
汕尾市	502411	417628	20290	298751	20290	600	38603	45580
东莞市	4079699	2716902	716807	519487	380844	157800	429160	775837
中山市	8268324	5965375	859798	921192	202648		777487	1525462
江门市	4660197	3327497	653498	344040	71834	9958	399357	923385
阳江市	1157555	994029	142822	302373	168286		45562	117964
湛江市	2957516	2244027	727543	261004		101335	216492	395662
茂名市	1952101	1597614	63985	550290	2267	8811	103660	242016
肇庆市	1925849	1381181	395722	142973	50243	69379	219375	255914
清远市	5574136	4397912	880634	637211	1124366	72078	327688	776458
潮州市	408190	271718	15721	58086			7299	129173
揭阳市	677322	597677	149	494390			42287	37358
云浮市	1070859	748882	33051	186387	42617	9134	115040	197803
按区域分								
珠三角核心区	52162495	33333079	8808027	5128786	1683111	3276184	5322799	10230433
沿海经济带	10952367	8402119	1234063	2866547	190843	132412	566833	1851003
北部生态发展区	14566907	11232681	1151425	2004352	1303876	132809	1210997	1990420

4-51 按地区分组的房屋竣工价值

单位：万元

指标名称	本年房屋竣工价值	住宅				办公楼	商业营业用房	其他房屋
			90平方米以下住房	144平方米以上住房	别墅、高档公寓			
全　省	30976161	20838329	5455755	3693849	1423027	2313865	3202847	4621120
广州市	7334987	4487820	1063045	664215	137669	884677	684863	1277627
深圳市	3523759	1925182	1361449	197890	220352	1025193	324321	249063
珠海市	1852948	1336147	493647	214360	138038	86717	174970	255114
汕头市	1187278	884448	78611	421990		15380	39681	247769
佛山市	2382439	1488655	497858	252054	101677	60004	435650	398130
韶关市	509285	386619	46879	79528	15747	289	51818	70559
河源市	950119	734109	7856	135598	12510	31262	70701	114047
梅州市	668449	495467	2171	69435	7507	390	58184	114408
惠州市	1509935	1203643	296755	283407	96011	6069	105220	195003
汕尾市	66971	54676	6086	29927	6086	33	5348	6914
东莞市	1928212	1316245	413697	207623	165034	76002	253317	282648
中山市	2618304	1701226	275129	255352	81269		455456	461622
江门市	1703109	1162618	230251	101496	53642	3361	167750	369380
阳江市	227274	197937	29489	51546	34848		7748	21589
湛江市	1296608	954592	274212	91385		82431	101673	157912
茂名市	510678	420508	16921	128093	680	3156	25175	61839
肇庆市	500947	346738	86835	44869	23304	20118	77651	56440
清远市	1590797	1251594	262746	176082	310762	18316	115017	205870
潮州市	84669	62600	4280	16314			1665	20404
揭阳市	257706	235842	33	219788			16172	5692
云浮市	271687	191663	7805	52897	17891	467	30467	49090
按区域分								
珠三角核心区	23354640	14968274	4718666	2221266	1016996	2162141	2679198	3545027
沿海经济带	3631184	2810603	409632	959043	41614	101000	197462	522119
北部生态发展区	3990337	3059452	327457	513540	364417	50724	326187	553974

4-52　按地区分组的商品房销售情况

单位：平方米

指标名称	商品房销售面积	住宅	90 平方米以下住房	144 平方米以上住房	别墅、高档公寓	办公楼	商业营业用房	其他房屋
全　省	143304384	120470597	20788672	21676451	4931987	6056294	7360325	9417168
广州市	15510485	11194962	2307395	1658966	418974	1892517	1019430	1403576
深圳市	7220111	5729894	3403768	1026686	244134	966027	241279	282911
珠海市	3005465	2197242	641342	234175	154288	501442	187391	119390
汕头市	4775759	4328261	522219	1132514	47583	51354	170500	225644
佛山市	23523085	16890913	3781984	2037974	843543	959857	2162111	3510204
韶关市	4575369	4272736	356040	806263	35918	571	265515	36547
河源市	5016021	4660196	88277	1653558	56645	27231	154051	174543
梅州市	4104180	3770388	101731	1055569	104650	7868	249912	76012
惠州市	16652876	15776435	3415854	2206847	1129353	91318	374930	410193
汕尾市	2375635	2270036	193532	1267125	48774		64035	41564
东莞市	6921930	5355883	727729	922781	538511	955755	376623	233669
中山市	7267277	5503942	831696	459073	223406	195749	428143	1139443
江门市	6845473	6053595	996706	609851	325475	22134	310574	459170
阳江市	4118656	3855136	496623	930635	295402	30131	204853	28536
湛江市	5473519	5113976	785284	451913	60501	77615	216840	65088
茂名市	5224313	4713902	123028	1909445	44522	26830	265167	218414
肇庆市	6582678	5949195	847859	327084	134908	152906	227897	252680
清远市	6536567	5703375	880946	544333	137871	71321	254125	507746
潮州市	1535198	1446590	14696	516663		24400	28495	35713
揭阳市	2722842	2589936	108412	1511969	30129		83624	49282
云浮市	3316945	3094004	163551	413027	57400	1268	74830	146843
按区域分								
珠三角核心区	93529380	74652061	16954333	9483437	4012592	5737705	5328378	7811236
沿海经济带	26225922	24317837	2243794	7720264	526911	210330	1033514	664241
北部生态发展区	23549082	21500699	1590545	4472750	392484	108259	998433	941691

4-53 按地区分组的现房销售情况

单位：平方米

指标名称	现房销售面积	住宅				办公楼	商业营业用房	其他房屋
			90平方米以下住房	144平方米以上住房	别墅、高档公寓			
全　省	25252294	17239025	3562816	5349163	894709	1056170	2175742	4781357
广州市	3056611	1735267	507364	571111	118917	180991	310320	830033
深圳市	1541425	1152788	698956	305055	11204	228636	92696	67305
珠海市	496100	339665	58944	85328	21872	24898	41152	90385
汕头市	1064844	849156	169743	318977	9937	8345	69029	138314
佛山市	4856542	2446765	657832	256971	64578	407811	591508	1410458
韶关市	411767	329954	100118	59134	5962	571	63716	17526
河源市	1618261	1366130	50051	543701	41774	18451	94479	139201
梅州市	964718	824574	34295	317147	23037	7041	105706	27397
惠州市	1465896	1064338	455728	199731	57691	13930	114317	273311
汕尾市	426567	384576	15514	240637			19401	22590
东莞市	860015	529505	150618	154635	129180	58922	113344	158244
中山市	1467144	661124	161846	193286	104945	14235	143569	648216
江门市	1077123	635208	79784	268756	116352	1180	85021	355714
阳江市	1075095	1018710	31201	310527	74033	804	50260	5321
湛江市	636235	575809	138602	80417	11311	20612	26552	13262
茂名市	314369	222422	5126	118730		2550	19281	70116
肇庆市	665230	477563	76893	44425	10695	3483	72789	111395
清远市	855701	461176	58066	135223	87052	39310	72362	282853
潮州市	430103	389387	14696	140278		24400	8458	7858
揭阳市	1595117	1540007	83780	923592			53977	1133
云浮市	373431	234901	13659	81502	6169		27805	110725
按区域分								
珠三角核心区	15486086	9042223	2847965	2079298	635434	934086	1564716	3945061
沿海经济带	5542330	4980067	458662	2133158	95281	56711	246958	258594
北部生态发展区	4223878	3216735	256189	1136707	163994	65373	364068	577702

4-54 按地区分组的期房销售情况

单位：平方米

指标名称	期房销售面积	住宅	90 平方米以下住房	144 平方米以上住房	别墅、高档公寓	办公楼	商业营业用房	其他房屋
全 省	118052090	103231572	17225856	16327288	4037278	5000124	5184583	4635811
广州市	12453874	9459695	1800031	1087855	300057	1711526	709110	573543
深圳市	5678686	4577106	2704812	721631	232930	737391	148583	215606
珠海市	2509365	1857577	582398	148847	132416	476544	146239	29005
汕头市	3710915	3479105	352476	813537	37646	43009	101471	87330
佛山市	18666543	14444148	3124152	1781003	778965	552046	1570603	2099746
韶关市	4163602	3942782	255922	747129	29956		201799	19021
河源市	3397760	3294066	38226	1109857	14871	8780	59572	35342
梅州市	3139462	2945814	67436	738422	81613	827	144206	48615
惠州市	15186980	14712097	2960126	2007116	1071662	77388	260613	136882
汕尾市	1949068	1885460	178018	1026488	48774		44634	18974
东莞市	6061915	4826378	577111	768146	409331	896833	263279	75425
中山市	5800133	4842818	669850	265787	118461	181514	284574	491227
江门市	5768350	5418387	916922	341095	209123	20954	225553	103456
阳江市	3043561	2836426	465422	620108	221369	29327	154593	23215
湛江市	4837284	4538167	646682	371496	49190	57003	190288	51826
茂名市	4909944	4491480	117902	1790715	44522	24280	245886	148298
肇庆市	5917448	5471632	770966	282659	124213	149423	155108	141285
清远市	5680866	5242199	822880	409110	50819	32011	181763	224893
潮州市	1105095	1057203		376385			20037	27855
揭阳市	1127725	1049929	24632	588377	30129		29647	48149
云浮市	2943514	2859103	149892	331525	51231	1268	47025	36118
按区域分								
珠三角核心区	78043294	65609838	14106368	7404139	3377158	4803619	3763662	3866175
沿海经济带	20683592	19337770	1785132	5587106	431630	153619	786556	405647
北部生态发展区	19325204	18283964	1334356	3336043	228490	42886	634365	363989

4-55 按地区分组的商品房销售额情况

单位：万元

指标名称	商品房销售额	住宅	90平方米以下住房	144平方米以上住房	别墅、高档公寓	办公楼	商业营业用房	其他房屋
全　省	187347337	155791341	35862977	31787935	8829623	13458173	11284674	6813149
广州市	31048161	24510302	4514693	3940463	867823	3457835	1866221	1213803
深圳市	39084224	31767111	15316369	9555501	2054871	5008767	1292057	1016289
珠海市	7025853	4976773	1469298	826335	472590	1328287	605681	115112
汕头市	4535107	3899290	413801	1148843	74905	68055	248831	318931
佛山市	26566240	20161152	4258929	2778716	1131575	1111400	2943740	2349948
韶关市	2611800	2350338	104101	507151	34916	364	238957	22141
河源市	2988605	2782488	69307	1084935	52389	17885	140896	47336
梅州市	2662942	2375307	55224	673220	80526	4011	239532	44092
惠州市	17805395	16907878	3849955	2469045	1428358	122918	571922	202677
汕尾市	1867213	1779392	190033	1041433	64660		80532	7289
东莞市	12285621	9679087	1309299	1933684	1162345	1662441	678861	265232
中山市	8030319	6647090	924299	606457	341191	357194	588652	437383
江门市	5756940	5210030	777275	611793	392607	22752	330933	193225
阳江市	2497544	2256297	362038	582040	235503	18274	217249	5724
湛江市	4420063	4049219	685996	383206	46037	80242	242496	48106
茂名市	3686407	3316670	83113	1447760	30035	15165	252997	101575
肇庆市	4645983	4172644	574067	266515	119190	127381	232880	113078
清远市	5288999	4748941	767803	460119	140485	45739	297133	197186
潮州市	984802	907312	7169	324285		8575	36545	32370
揭阳市	1719746	1588450	50434	878538	38022		104652	26644
云浮市	1835373	1705570	79774	267896	61595	888	73907	55008
按区域分								
珠三角核心区	152248736	124032067	32994184	22988509	7970550	13198975	9110947	5906747
沿海经济带	19710882	17796630	1792584	5806105	489162	190311	1183302	540639
北部生态发展区	15387719	13962644	1076209	2993321	369911	68887	990425	365763

4-56 按地区分组的现房销售额情况

单位：万元

指标名称	现房销售额	住宅				办公楼	商业营业用房	其他房屋
			90 平方米以下住房	144 平方米以上住房	别墅、高档公寓			
全 省	30701705	22749152	6456809	8062457	1426650	2095423	2901042	2956088
广州市	5387716	3775925	860170	1460308	274151	289299	535733	786759
深圳市	8735355	7014384	3351600	2813804	114782	1113648	439680	167643
珠海市	954021	783337	110473	306757	86724	45335	55873	69476
汕头市	1022263	729301	123593	317615	14353	5302	93712	193948
佛山市	4519304	2671187	663161	330373	98375	418903	616734	812480
韶关市	189165	133388	31292	34233	5121	364	45586	9827
河源市	927748	816382	43058	359008	35081	10542	66680	34144
梅州市	609392	500062	15943	186593	18379	3267	85596	20467
惠州市	1394117	1092856	494970	255901	78625	20687	169198	111376
汕尾市	284237	254398	14319	164909			25930	3909
东莞市	1378444	948829	278389	307911	235644	95889	157952	175774
中山市	1222666	818855	194104	246679	137081	26751	169053	208007
江门市	715880	495810	42300	283193	177130	958	81486	137626
阳江市	619966	574115	21173	171787	41660	1459	43018	1374
湛江市	394593	322841	95705	53378	8892	23525	33872	14355
茂名市	150893	112238	3009	67362		1206	19829	17620
肇庆市	413715	288924	36812	33121	11489	1781	76029	46981
清远市	524253	321674	33509	119082	83281	27932	75344	99303
潮州市	217204	199319	7169	70741		8575	5203	4107
揭阳市	840847	765055	29214	433834			74741	1051
云浮市	199926	130272	6846	45868	5882		29793	39861
按区域分								
珠三角核心区	24721218	17890107	6031979	6038047	1214001	2013251	2301738	2516122
沿海经济带	3530003	2957267	294182	1279626	64905	40067	296305	236364
北部生态发展区	2450484	1901778	130648	744784	147744	42105	302999	203602

4-57　按地区分组的期房销售额情况

单位：万元

指标名称	期房销售额							
		住宅	90 平方米以下住房	144 平方米以上住房	别墅、高档公寓	办公楼	商业营业用房	其他房屋
全　省	156645632	133042189	29406168	23725478	7402973	11362750	8383632	3857061
广州市	25660445	20734377	3654523	2480155	593672	3168536	1330488	427044
深圳市	30348869	24752727	11964769	6741697	1940089	3895119	852377	848646
珠海市	6071832	4193436	1358825	519578	385866	1282952	549808	45636
汕头市	3512844	3169989	290208	831228	60552	62753	155119	124983
佛山市	22046936	17489965	3595768	2448343	1033200	692497	2327006	1537468
韶关市	2422635	2216950	72809	472918	29795		193371	12314
河源市	2060857	1966106	26249	725927	17308	7343	74216	13192
梅州市	2053550	1875245	39281	486627	62147	744	153936	23625
惠州市	16411278	15815022	3354985	2213144	1349733	102231	402724	91301
汕尾市	1582976	1524994	175714	876524	64660		54602	3380
东莞市	10907177	8730258	1030910	1625773	926701	1566552	520909	89458
中山市	6807653	5828235	730195	359778	204110	330443	419599	229376
江门市	5041060	4714220	734975	328600	215477	21794	249447	55599
阳江市	1877578	1682182	340865	410253	193843	16815	174231	4350
湛江市	4025470	3726378	590291	329828	37145	56717	208624	33751
茂名市	3535514	3204432	80104	1380398	30035	13959	233168	83955
肇庆市	4232268	3883720	537255	233394	107701	125600	156851	66097
清远市	4764746	4427267	734294	341037	57204	17807	221789	97883
潮州市	767598	707993		253544			31342	28263
揭阳市	878899	823395	21220	444704	38022		29911	25593
云浮市	1635447	1575298	72928	222028	55713	888	44114	15147
按区域分								
珠三角核心区	127527518	106141960	26962205	16950462	6756549	11185724	6809209	3390625
沿海经济带	16180879	14839363	1498402	4526479	424257	150244	886997	304275
北部生态发展区	12937235	12060866	945561	2248537	222167	26782	687426	162161

4-58 按地区分组的商品房屋出租情况

单位：平方米

指标名称	房屋出租面积	住宅	90 平方米以下住房	144 平方米以上住房	别墅、高档公寓	办公楼	商业营业用房	其他房屋
全 省	2066597	88106	34571	21784	20210	475659	1299360	203472
广州市	276093	54438	29868	20210	20210	60933	149219	11503
深圳市	508437	2724	1210			294859	200302	10552
珠海市	87985					11037	74158	2790
汕头市	83738	3269	2380	500		10627	46917	22925
佛山市	193114					46238	90447	56429
韶关市	28601					377	23913	4311
河源市	369572	6535					295919	67118
梅州市	10000							10000
惠州市	123490	17164		923		21883	84385	58
汕尾市								
东莞市	61731	1068	1068			14907	44413	1343
中山市	238643	196	45	151		14798	223585	64
江门市	11159	32					11127	
阳江市								
湛江市								
茂名市	2680	2680						
肇庆市	10123						10032	91
清远市	61231						44943	16288
潮州市								
揭阳市								
云浮市								
按区域分								
珠三角核心区	1510775	75622	32191	21284	20210	464655	887668	82830
沿海经济带	86418	5949	2380	500		10627	46917	22925
北部生态发展区	469404	6535				377	364775	97717

4-59 按地区分组的商品房屋待售情况

单位：平方米

指标名称	商品房待售面积	住宅				办公楼	商业营业用房	其他房屋
			90平方米以下住房	144平方米以上住房	别墅、高档公寓			
全　省	50298233	23842940	4928694	9165554	3051667	2660998	10520690	13273605
广州市	8509430	3317046	745784	1424587	519129	736148	1613972	2842264
深圳市	2769013	1579066	858586	416130	166701	361802	653008	175137
珠海市	1900485	983665	220320	503065	101375	216906	353687	346227
汕头市	3148840	1875299	469781	903533	115969	95061	335567	842913
佛山市	4082300	1621520	485018	531305	277542	316601	859895	1284284
韶关市	1736739	810932	138135	227847	68508	3690	651137	270980
河源市	1676742	944979	101666	377207	170208	45057	257204	429502
梅州市	1856202	700895	9654	255374	41368	9860	444532	700915
惠州市	3727125	1721771	346254	662654	202543	139689	775788	1089877
汕尾市	256845	148383	6051	127738			20351	88111
东莞市	3148094	1620965	336405	502569	489870	261137	746172	519820
中山市	3794368	1281295	87944	522070	127633	77410	1084629	1351034
江门市	2535074	1070896	199202	281126	181613	12505	591786	859887
阳江市	1465399	929860	133386	409129	140675	49874	328240	157425
湛江市	902757	535608	152134	100239	43413	78083	161376	127690
茂名市	689655	271387	18735	119416	15315	8112	146732	263424
肇庆市	1789942	631719	173142	181868	89276	102141	457699	598383
清远市	3591173	1780006	304181	534794	264707	141973	755112	914082
潮州市	772089	731495	3840	454451		100	39415	1079
揭阳市	1162194	950271	108489	484905	1578		81107	130816
云浮市	783767	335882	29987	145547	34244	4849	163281	279755
按区域分								
珠三角核心区	32255831	13827943	3452655	5025374	2155682	2224339	7136636	9066913
沿海经济带	8397779	5442303	892416	2599411	316950	231230	1112788	1611458
北部生态发展区	9644623	4572694	583623	1540769	579035	205429	2271266	2595234

4-60 按地区分组的商品房屋待售情况（待售 1-3 年（含 1 年））

单位：平方米

指标名称	待售 1-3 年（含 1 年）	住宅	90 平方米以下住房	144 平方米以上住房	别墅、高档公寓	办公楼	商业营业用房	其他房屋
全　省	27514267	12096638	2641183	4832342	1531454	1683208	6054273	7680148
广州市	5392517	2000089	339731	867418	354246	494526	890766	2007136
深圳市	1809170	1019108	583561	204685	87874	221664	420321	148077
珠海市	988684	578080	115540	274633	48575	136016	117042	157546
汕头市	641987	363925	97871	194955	2107	19684	81443	176935
佛山市	2378597	847794	188514	331838	114847	250544	435746	844513
韶关市	950323	409535	117138	136112	19410	224	413987	126577
河源市	890737	349049	7447	191949	157420	34170	130327	377191
梅州市	704418	130028	5965	63747	28262	168	281664	292558
惠州市	1572962	591283	189355	240832	71785	67207	424383	490089
汕尾市	162316	109674		99297			13949	38693
东莞市	1712052	864253	240672	292682	167021	216404	414681	216714
中山市	2738903	930118	67727	430511	67334	41773	896948	870064
江门市	1618504	691621	126342	156406	86350	3225	390252	533406
阳江市	835878	470268	64926	218714	67492	12210	219390	134010
湛江市	591948	318435	136350	58651	40985	77838	110670	85005
茂名市	342576	147769	3511	64321	1601	3720	46670	144417
肇庆市	759564	306141	58800	139592	80403	37957	165856	249610
清远市	2220327	1166011	248779	301046	132960	62931	489109	502276
潮州市	153136	152936	510	109295		100	100	
揭阳市	718471	552848	44057	386891	1578		52162	113461
云浮市	331197	97673	4387	68767	1204	2847	58807	171870
按区域分								
珠三角核心区	18970953	7828487	1910242	2938597	1078435	1469316	4155995	5517155
沿海经济带	3446312	2115855	347225	1132124	113763	113552	524384	692521
北部生态发展区	5097002	2152296	383716	761621	339256	100340	1373894	1470472

4-61 按地区分组的商品房屋

指标名称	待售3年以上（含3年）	住宅	90平方米以下住房	144平方米以上住房
全 省	7384060	3108044	641165	1570867
广州市	1752507	513386	66701	359670
深圳市	503038	303675	112573	152929
珠海市	444999	213069	30518	163930
汕头市	1078762	585442	191800	163193
佛山市	274897	75584	11003	54282
韶关市	214346	36390	2696	29331
河源市	97022	64115	14207	25218
梅州市	262734	29010	1481	7429
惠州市	599300	296150	68193	114428
汕尾市	5916			
东莞市	548301	310943	40842	85659
中山市	267485	86855	15817	53290
江门市	328078	154795	30486	88199
阳江市	69127	52340	1447	35469
湛江市	77073	25683	3546	14969
茂名市	46747	1034	131	509
肇庆市	225416	44365	11738	20594
清远市	417410	208693	31773	150277
潮州市	56643	38506		37778
揭阳市	44918	20803	5274	7346
云浮市	69341	47206	939	6367
按区域分				
珠三角核心区	4944021	1998822	387871	1092981
沿海经济带	1379186	723808	202198	259264
北部生态发展区	1060853	385414	51096	218622

待售情况（待售 3 年以上（含 3 年））

单位：平方米

别墅、高档公寓	办公楼	商业营业用房	其他房屋
724910	388156	1885459	2002401
50268	165780	521286	552055
61127	25469	157818	16076
43396	18678	121576	91676
111986	35824	137399	320097
30392	33431	28129	137753
7309		119524	58432
12788	2693	27371	2843
5888	8388	48128	177208
47044	13719	150688	138743
			5916
118492	3976	150283	83099
46021	29473	52723	98434
69170	1891	78594	92798
1575		16787	
		18947	32443
	201	28499	17013
7774	30752	82542	67757
111680	17881	88764	102072
		18137	
		16129	7986
		22135	
473684	323169	1343639	1278391
113561	36025	235898	383455
137665	28962	305922	340555

4-62 按地区分组的房地产

指标名称	企业个数	年初存货	流动资产合计	货币资金	应收账款	存货	可供出售金融资产
全 省	8721	305248506	948761669	81814461	30468196	383993976	2467879
广州市	1281	74089890	296856410	22647359	4579904	84609271	1040267
深圳市	645	69786223	199295246	18654149	3856253	85448233	229518
珠海市	408	21947810	53026392	4059917	1406475	30035574	179004
汕头市	314	7692417	17578651	1150689	1117179	9659514	37109
佛山市	783	34206998	99670380	7831070	3289699	40974095	126027
韶关市	330	3464370	9684364	500499	396820	5224316	2952
河源市	231	2258187	7144781	440662	552008	3383217	18899
梅州市	251	3445241	9151183	581769	521617	5386950	31505
惠州市	776	18626079	61319674	7964586	4177266	25095363	263396
汕尾市	85	849082	3853732	384550	130707	1982441	5617
东莞市	569	15941938	51272785	5551314	5591492	17511089	30706
中山市	505	13400539	37329956	3851442	1006746	19244777	43208
江门市	506	7141737	21430572	1947384	627572	10746538	12800
阳江市	275	3344898	8136167	880025	382662	4600086	10291
湛江市	287	5599741	13626052	1241869	563524	7180610	16735
茂名市	334	4069792	9054601	642276	317394	4809878	1202
肇庆市	385	5370029	14738044	1129813	655955	8490442	3170
清远市	445	9868276	21969213	1680798	489707	12698980	1009
潮州市	75	1076776	2806778	220064	476575	1593975	
揭阳市	69	1509433	5924904	173479	102896	2401422	413622
云浮市	167	1559053	4891785	280748	225746	2917207	842
按区域分							
珠三角核心区	5858	260511243	834939459	73637034	25191360	322155382	1928096
沿海经济带	1439	24142138	60980883	4692952	3090937	32227925	484576
北部生态发展区	1424	20595126	52841327	3484476	2185899	29610669	55207

开发经营业财务状况

单位：万元

持有至到期投资	长期股权投资	固定资产原价	其中：房屋和构筑物	机器设备	运输工具	电子设备	累计折旧	其中：本年折旧
5828174	67262170	19280148	11150570	393542	673319	454483	4884579	967572
648585	27470780	6826358	4698240	136363	187806	200372	1727264	338438
4710751	18481437	3678250	2448803	59214	148603	63216	888330	159965
192000	7238226	1183241	544238	10179	30796	17469	231635	34781
75103	1873363	158254	54509	23470	18828	5050	66745	9574
33784	2594060	1807551	615569	39728	53866	44372	445218	101107
	394923	112882	17886	7174	9734	3845	52655	6190
	101866	292279	187364	10639	7157	5110	70378	15582
931	123210	126611	18117	4447	4995	1166	27619	12168
145403	1353482	1310927	607026	19229	42787	30389	307635	63485
	12509	18333	9279	590	934	609	5073	1097
910	1919036	941107	441957	7345	37014	21359	312453	54181
4333	453121	489687	243163	5183	26138	10174	137031	25686
3730	997180	388912	184605	12710	18949	7190	103744	19463
2626	32232	270890	172507	21974	8297	2720	73952	21314
	2082480	424333	307806	11310	14990	5778	119350	24340
400	136765	166299	18131	7015	8632	3491	63107	7181
2968	326319	446730	278329	6252	17958	16136	89796	22741
6651	171591	354171	214097	4825	23605	11298	92339	19287
	114295	42580	24782	1352	5005	759	32122	17741
	828046	143638	20795	2654	2657	745	16040	5791
	557249	97115	43367	1891	4570	3235	22094	7461
5742463	60833641	17072762	10061930	296202	563916	410676	4243105	819846
78129	5079689	1224328	607808	68364	59343	19152	376388	87038
7583	1348839	983058	480831	28975	50060	24655	265085	60689

4-62

指标名称	固定资产净值	在建工程	无形资产	其中：土地使用权	其中：软件使用权	商誉	资产总计
全　省	16083460	9842850	4126888	2746764	50747	36285	1117160100
广州市	6456797	1772160	1135012	830515	29143	8537	352319681
深圳市	2784532	3801802	729228	486767	7002	8026	256245929
珠海市	842756	494054	519724	216832	4170		63302901
汕头市	93995	78568	67031	59391	204		21456151
佛山市	1669099	983329	102755	84671	939	18940	110321883
韶关市	61093	177626	46174	27184	422	137	10746717
河源市	222695	187842	71643	23328	574	63	8180709
梅州市	101418	424843	165868	147606	12		10277854
惠州市	1079184	560999	234649	122100	1430		67589375
汕尾市	13950	9703	14746	13871	5		4173005
东莞市	667148	178378	55005	38562	2370	0	56569255
中山市	354364	345933	138555	113250	726		40382446
江门市	230224	83467	53151	39258	129	57	23680436
阳江市	198352	34896	91426	81034	1406	147	9012709
湛江市	366354	159370	139936	51834	452		15309313
茂名市	104665	105686	150102	95474	126	377	10214677
肇庆市	356247	112230	177091	148445	1295		17241997
清远市	266361	204823	86368	78615	326		23174970
潮州市	10521	14928	5371	5363	9		3203073
揭阳市	128270	39573	48469	43679			7631118
云浮市	75436	72640	94585	38986	10		6125900
按区域分							
珠三角核心区	14440351	8332351	3145169	2080400	47202	35560	987653904
沿海经济带	916107	442725	517081	350646	2202	524	71000046
北部生态发展区	727003	1067774	464638	315718	1344	200	58506150

续表 1

单位：万元

流动负债合计	其中：应付账款	非流动负债合计	负债合计	所有者权益合计	其中：实收资本	国家资本	集体资本	法人资本
691602130	69495983	199712472	893033274	224084561	107082531	16012737	1168048	61842757
225335490	11421655	59721229	285335687	66983995	27449526	4116694	266140	13681134
120085218	13814856	63101178	183417995	72827933	35410362	8642147	247661	21321031
33730010	3277360	14801063	48812713	14490188	6658442	943649	19068	3690187
12972168	1221484	3466155	16566721	4889430	2110527	195173	35052	1269707
75004874	7133105	14236487	89444727	20877157	10925139	790915	98209	6957581
7535642	1231095	1601582	9132880	1590013	1069600	166464	75571	519684
5878629	1042639	977641	6849965	1330744	732530	4202	2092	255744
6980047	995675	1338487	8318534	1959436	854856	30348	19306	528273
50651198	5797863	9246404	60024760	7546096	4067111	201511	82165	2642789
3267199	415660	298729	3589538	583467	242209	1874	2802	153283
39412762	10681386	7840890	47270538	9298717	3532282	75980	41728	2510579
27019796	2943143	7245851	34235940	6146507	3945413	78355	95457	2482432
17192977	1777770	2849287	20109143	3571293	2032363	46442	28479	1119188
7001152	993485	593129	7598287	1414423	1073194	37830	60	868151
11613127	895412	1373747	13033192	2276120	1603558	10312	52898	1151465
7790416	591578	1244008	9036496	1178145	571315	77114	9534	315497
11849530	1532369	2759649	14927439	2314559	1587404	240812	84388	862289
18177270	1856185	2964473	21171455	2003515	1414412	30600	522	898040
2454051	1067994	290933	2747437	455636	255561		695	99888
3901398	365077	2994737	6876583	754535	598840	2005	5060	76349
3749174	440194	766815	4533246	1592654	947888	320310	1162	439467
600281857	58379507	181802037	783578940	204056444	95608041	15136505	963295	55267208
48999510	5550690	10261437	59448254	11551756	6455203	324308	106100	3934340
42320763	5565787	7648997	50006080	8476361	5019287	551924	98654	2641209

4-62

指标名称	个人资本	港澳台资本	外商资本	营业收入	主营业务收入	土地转让收入	商品房屋销售收入
全　省	11331096	14287026	2440866	147965105	144841102	613203	138503107
广州市	2357587	5682585	1345387	26153768	25349802	271395	23011948
深圳市	1618298	3272081	309145	32694415	32351745	5597	30252199
珠海市	689751	1074526	241261	6814443	6121522		6003364
汕头市	430025	175392	5179	3168974	2900760	36862	2836153
佛山市	1028182	1724719	325533	19605262	19361201	36730	18745540
韶关市	300233	2186	5462	1929216	1859613	58212	1752292
河源市	362545	97660	10286	2202121	2195964	2917	2151966
梅州市	240906	33347	2677	1848527	1785182	563	1755555
惠州市	803761	326885	10000	12793407	12571881	2358	12376600
汕尾市	29972	53882	397	881699	840531	60	837059
东莞市	483418	362065	58511	13708032	13687777	8819	13472042
中山市	547625	741037	507	5154032	5092389	72305	4944736
江门市	366171	403518	68565	4195990	4147302	25052	4088446
阳江市	128852	37291	1010	1812159	1810860	10185	1780244
湛江市	380848	8035		3499324	3493423	13247	3417395
茂名市	163507	5663		2884147	2871757	37075	2818968
肇庆市	290969	57124	51822	2690576	2657945	7300	2586755
清远市	323716	156408	5126	3105458	2938018	14278	2904493
潮州市	136992	17985		512977	512416		494771
揭阳市	480461	34966		768535	765594	7108	756663
云浮市	167276	19673		1542044	1525420	3138	1515918
按区域分							
珠三角核心区	8185763	13644539	2410730	123809924	121341563	429558	115481629
沿海经济带	1750656	333213	6586	13527815	13195341	104537	12941254
北部生态发展区	1394677	309274	23550	10627366	10304198	79107	10080224

续表 2

单位：万元

自持物业收入	其中：房屋出租收入	其他收入	营业成本	主营业务成本	税金及附加	主营业务税金及附加	其他业务利润	销售费用
3352331	2138070	2372461	90245857	86913672	14905782	13878024	331423	6474683
1206390	931262	860068	16177109	15617218	2276816	2112202	118288	1133582
1355420	805461	738529	16002368	15298930	5050683	4524062	16145	986931
43570	36160	74588	3772516	3459799	685997	649480	25605	287010
18940	16080	8805	2253398	2028269	186275	181752	5858	107317
387254	83164	191678	12758102	12224225	1648788	1572006	28452	859436
15973	11164	33137	1528975	1452486	121816	112415	1825	110861
5898	5515	35183	1620342	1613646	96153	90341	671	75534
2760	2743	26305	1268041	1140975	191153	145096	1425	66942
58452	52028	134471	8445484	8208612	759532	713193	14955	751667
593	577	2819	430306	420048	29130	27371	-8	29374
106270	79695	100646	7581099	7535051	2080281	2029761	21668	559429
40361	37008	34988	3179549	3135419	499883	489613	23907	366223
23185	18352	10618	2925381	2891857	293618	290867	21236	202228
6560	4730	13871	1348479	1341994	113650	112616	2378	112834
23341	15153	39439	2780403	2727628	198444	174645	3539	153077
9569	9456	6144	2183730	2101627	140880	132878	8339	100310
22505	20575	41384	1879752	1831010	154185	148698	36226	195660
8172	7998	11075	2120585	2005419	217254	211431	508	279970
15676		1969	357811	357429	40333	40254	13	26510
762	305	1061	514175	409555	59145	58542	127	31600
680	646	5684	1118253	1112476	61768	60801	267	38189
3243406	2063704	2186969	72721360	70202121	13449783	12529882	306482	5342166
75441	46301	74109	9868303	9386549	767856	728058	20246	561021
33484	28065	111383	7656195	7325002	688143	620084	4696	571496

4-62

指标名称	管理费用	财务费用	其中：利息收入	其中：利息支出	资产减值损失	公允价值变动收益	投资收益
全　省	5983349	3947223	1648068	4197725	385338	524056	7354814
广州市	1573288	1314414	820027	1747911	21842	-45101	4150602
深圳市	1114363	1214051	482388	1367033	330954	559948	1787046
珠海市	378936	265889	109885	347223	3281	-300	463063
汕头市	92793	49891	11316	24590	34	822	191928
佛山市	532538	199330	76934	161882	12844	5145	228497
韶关市	62868	25110	1801	14543	-59	-6452	-2067
河源市	64681	63463	1094	55822	50	-2924	1910
梅州市	62438	25946	1914	21277	-240	-33	970
惠州市	427247	187336	29119	102820	13045	9	17214
汕尾市	15613	1142	431	443	6	4	47545
东莞市	550583	121548	57171	88635	80	1839	288583
中山市	255012	139251	17450	72741	-528	-65	60282
江门市	155161	53682	9483	37315	3857	810	1904
阳江市	68038	35601	2744	22130	186	21	331
湛江市	122306	35930	2945	16301	-240		12853
茂名市	56589	29657	2150	18468	-32		611
肇庆市	184622	71921	9063	37730	-1404	1114	9672
清远市	177619	45578	6728	22234	417	37	21154
潮州市	14114	4070	1052	694		10225	339
揭阳市	23247	50481	2004	27361	332		36260
云浮市	51293	12936	2369	10575	911	-1043	36117
按区域分							
珠三角核心区	5171750	3567421	1611521	3963289	383971	523399	7006862
沿海经济带	392700	206770	22642	109985	287	11072	289867
北部生态发展区	418899	173032	13906	124451	1080	-10415	58085

续表 3

单位：万元

资产处置收益	其他收益	营业利润	营业外收入	营业外支出	利润总额	所得税费用	应付职工薪酬（本年贷方累计发生额）	应交增值税
12368	451414	35142647	490119	999045	34618419	7137970	3982189	6021484
14567	298426	8518334	118353	208797	8390260	1218878	1165042	1154161
3949	2150	10938197	139447	211422	10826334	2720284	772641	1016478
-502	1520	1686739	17421	22084	1681697	304400	217763	241383
-1	8862	583343	6381	10357	581567	115730	64039	128514
-20231	8591	3979907	49067	105771	3958817	821670	363709	728684
0	451	70052	1674	10437	60334	19960	54076	121761
	246	301999	6054	13290	289480	57130	50295	60829
35	601	229791	4968	6373	223740	79983	39469	78848
685	1154	2051770	23159	85530	2029413	341112	291151	675810
29	4	417378	648	14722	408897	97258	20793	30133
38	32814	3138620	11551	76506	3070610	578163	222444	486586
13982	7079	761450	17925	43822	737445	232387	141971	225593
0	521	519724	7628	17223	508395	110117	109374	257047
1	2118	162292	5242	15111	146667	33721	49776	72726
-8	-37	362734	5346	12103	360045	61480	93087	161828
548	91	366181	775	7369	360050	64146	45562	137162
-680	75822	253075	18869	49258	223614	60461	93254	149886
-41	1031	291464	14520	22624	281748	162020	118148	189190
	9	81201	624	2210	79234	17826	14688	42245
	169	123797	3971	17324	106015	14562	17711	8591
	9793	304600	36497	46713	294059	26684	37198	54029
11807	428077	31847815	403419	820413	31426584	6387472	3377348	4935629
568	11215	2096926	22987	79197	2042474	404722	305656	581198
-6	12123	1197906	63713	99436	1149361	345776	299186	504657

主要统计指标解释

房屋施工面积 指报告期内施工的全部房屋建筑面积。包括本期新开工的房屋建筑面积、上期跨入本期继续施工的房屋建筑面积、上期停缓建在本期恢复施工的房屋建筑面积、本期竣工的房屋建筑面积以及本期施工后又停缓建的房屋建筑面积。多层建筑应填各层建筑面积之和。

房屋新开工面积 指报告期内新开工建设的房屋建筑面积，以单位工程为核算对象，即整栋房屋的全部建筑面积，不能分割计算。不包括在上期开工跨入本期继续施工的房屋建筑面积和上期停缓建而在本期复工的房屋建筑面积。房屋的开工应以房屋正式开始破土刨槽（地基处理或打永久桩）的日期为准。

房屋竣工面积 指报告期内房屋建筑按照设计要求已全部完工，达到住人和使用条件，经验收鉴定合格或达到竣工验收标准，可正式移交使用的各栋房屋建筑面积的总和。

竣工面积以房屋单位工程（栋）为核算对象，在整栋房屋符合竣工条件后按其全部建筑面积一次性计算，而不是按各栋施工房屋中已完成的部分或层次分割计算。

商品房销售面积 指报告期内出售商品房屋的合同总面积（即双方签署的正式买卖合同中所确定的建筑面积）。商品房销售面积由现房销售面积和期房销售面积两部分组成。

（1）现房销售面积：指在报告期内正式签订买卖合同、已经竣工达到入住条件的商品房屋建筑面积。包括以一次性付款方式和分期付款方式销售的现房建筑面积。

（2）期房销售面积：指在报告期内正式签订买卖合同、正在建设尚未竣工交付使用的商品房屋建筑面积。包括以一次性付款方式和分期付款方式销售的商品房屋建筑面积。期房销售建筑面积竣工后不再结转为现房销售建筑面积。

商品房销售额 指报告期内出售商品房屋的合同总价款（即双方签署的正式买卖合同中所确定的合同总价）。该指标与商品房销售面积同口径，由现房销售额和期房销售额两部分组成。

（1）现房销售额：指报告期内销售的已竣工商品房屋的合同总价款。包括现房销售前期预收的定金、预收款、首付款及全部按揭贷款的本金等款项。该指标与现房销售面积同口径。

（2）期房销售额：指报告期内销售的正在建设尚未竣工的商品房屋的合同总价款。包括预售房屋前期预收的定金、预收款、首付款及全部按揭贷款的本金等项。该指标与期房销售面积同口径。

房屋竣工价值 指报告期内按规定已经上报竣工的房屋本身的建造价值。一般按房屋设计和预算规定的内容计算。包括竣工房屋本身的基础、结构、屋面、装修以及水、电、卫等附属工程的建筑价值；也包括作为房屋建筑组成部分而列入房屋建筑工程预算内的设备（如电梯、通风设备等）的购置和安装费用。不包括厂房内的工艺设备、工艺管线的购置和安装，工艺设备基础的建造；室外的水、暖、电、卫、道路工程、挡土墙等环境工程的费用；办公和生活用家具的购置等费用；购置土地的费用；迁移补偿费和场地平整的费用及城市建设配套投资。

房屋竣工价值不仅包括该竣工房屋在报告期内完成的价值，也包括跨年施工的房屋在本期以前完成的价值。未竣工而转让给其他单位的房屋建筑工程，出让单位不计算竣工价值，待接受单位继续施工并符合竣工条件后，由接受单位计算其竣工价值，包括出让单位在出让前所完成的价值。房屋竣工价值一般按结算价格（或中标价）计算。

待开发土地面积 指经有关部门批准，通过各种方式获得土地使用权，但尚未开工建设的土地面积。

本年土地购置面积 指在本年内通过各种方式获得土地使用权的土地面积。

资产总计 指企业过去的交易或者事项形成的、由企业拥有或者控制的、预期会给企业带来经济利益的资源。包括企业拥有的土地、办公楼、厂房、机器、运输工具、存货等实物资产和现金、存款、应收账款和预付账款等金融资产。资产一般按流动性（资产的变现或耗用时间长短）分为流动资产和非流动资产。其中流动资产可分为货币资金、交易性金融资产、应收票据、应收账款、预付款项、其他应收款、存货等；非流动资产可分为长期股权投资、固定资产、无形资产及其他非流动资产等。根据会计“资产负债表”中“资产总计”项目的期末余额数填报。

负债合计 指企业过去的交易或者事项形成的，预期会导致经济利益流出企业的现时义务。包括银行贷款、借款、应付账款、应付职工工资、应付职工福利费、应交税金等企业负有偿还责任的债务。

负债一般按偿还期长短分为流动负债和非流动负债。根据会计资产负债表中“负债合计”项目的期末余额数填报。执行企业会计准则或《小企业会计准则》的企业：负债合计=流动负债合计+非流动负债合计；执行其他企业会计制度的企业负债包括流动负债和长期负债。

主营业务收入 指企业确认的销售商品、提供劳务等主营业务的收入。根据会计“主营业务收入”科目的期末贷方余额填报。执行 2006 年《企业会计准则》的企业，如未设置该科目，以“营业收入”代替填报。

土地转让收入 指房地产开发企业按国家规定在报告期转让已经开发的土地和未经开发的土地所得到的收入。根据会计“利润表”和相关核算资料计算填报。

商品房屋销售收入 指房地产开发企业在报告期售出商品房屋的收入，一次收款的，一次性全部计入销售收入，按合同规定分期收款的，可按合同规定的时间分次计入收入。根据会计“利润表”和相关核算资料计算填报。

房屋出租收入 指房地产开发企业在报告期内，在不改变现有财产所有权关系的条件下，将企业的全部或部分房屋出租给其他单位或个人使用所得到的租金收入。根据会计“利润表”和相关核算资料计算填报。

其他（主营业务）收入 指房地产开发企业在报告期内从事除以上收入外的其他业务活动所得到的收入，包括配套设施销售收入、代建工程结算收入等。根据会计“利润表”和相关核算资料计算填报。

年末从业人数 指报告期末最后一日在本单位工作，并取得工资或其他形式劳动报酬的人员数。

年末零售营业面积 指批发和零售业企业用于本企业从事零售业务的对外营业的面积，不包括其办公用房、仓库、加工场地以及对外出租场地。按年末实有建筑面积统计。

年末餐饮营业面积 指住宿和餐饮业企业对外提供餐饮服务的就餐面积和从事食品加工、烹饪、调制的厨房面积，不包括办公用房和仓库等面积。按年末实有建筑面积统计。

营业收入 指企业经营主要业务和其他业务所确认的收入总额。营业收入包括“主营业务收入”和“其他业务收入”。根据会计“利润表”中“营业收入”项目的本年累计数填报。

第5篇

服务业企业状况

编表能手

服务业：徐晖 李新娇（379–455 页）

5-1 服务业企业法人单位主要指标

行　业	法人单位数（个）	资产合计（万元）	营业收入（万元）	期末从业人员（人）
总　计	1233361	3555206424	567293496	11045616
交通运输、仓储和邮政业	72270	327803048	88213535	1473393
铁路运输业	22	30947850	4405033	74928
道路运输业	32839	175889125	26509670	672579
水上运输业	1883	34610059	7461964	56727
航空运输业	385	36456715	15663009	126399
管道运输业	13	1341572	221890	477
多式联运和运输代理业	25830	18703547	19163586	236580
装卸搬运和仓储业	7345	23687472	6789621	147390
邮政业	3953	6166707	7998763	158313
信息传输、软件和信息技术服务业	165154	202565366	107749182	1559465
电信、广播电视和卫星传输服务	4068	44681407	20574674	155233
互联网和相关服务	20663	45818541	28195133	200072
软件和信息技术服务业	140423	112065418	58979374	1204160
房地产业	116967	1640638079	189413234	1788379
房地产业	116967	1640638079	189413234	1788379
租赁和商务服务业	510369	1136859293	99620133	3115268
租赁业	25490	16466002	4509055	146112
商务服务业	484879	1120393292	95111078	2969156
科学研究和技术服务业	190556	129924715	47668961	1326411
研究和试验发展	45435	24989582	7961540	234378
专业技术服务业	85461	64396872	32768002	837931

5-1 续表 1

行 业	法人单位数（个）	资产合计（万元）	营业收入（万元）	期末从业人员（人）
科技推广和应用服务业	59660	40538262	6939419	254102
水利、环境和公共设施管理业	9065	63205548	6048288	186114
水利管理业	354	3169868	127712	4549
生态保护和环境治理业	1905	13348647	1213318	22631
公共设施管理业	6617	29882057	4245910	156544
土地管理业	189	16804977	461349	2390
居民服务、修理和其他服务业	60751	8896243	7969092	584387
居民服务业	26190	3359639	2325056	171105
机动车、电子产品和日用产品修理业	23433	3020598	3050525	137867
其他服务业	11128	2516006	2593511	275415
教育	39551	12853265	7085085	498048
教育	39551	12853265	7085085	498048
卫生和社会工作	10395	7074147	4631258	178960
卫生	9087	6107472	4454488	165440
社会工作	1308	966675	176771	13520
文化、体育和娱乐业	58281	25386412	8894713	335189
新闻和出版业	534	3388324	876555	15663
广播、电视、电影和录音制作业	6287	6606925	2673327	55003
文化艺术业	16209	2251304	1105884	58768
体育	6842	5151391	1102539	53243
娱乐业	28409	7988467	3136407	152512
公共管理、社会保障和社会组织	2	306	15	2
群众团体、社会团体和其他成员组织	2	306	15	2

5-4 按地区分组的交通运输、仓储和邮政业企业法人单位主要指标

地 区	法人单位数（个）	资产合计（万元）	营业收入（万元）	期末从业人员（人）
总 计	72270	327803048	88213535	1473393
#铁路部门普查	22	30947850	4405033	74928
广州市	18966	136813917	36266662	460699
深圳市	23875	95859932	29474566	446796
珠海市	2441	6675037	1906349	43312
汕头市	1349	3733389	1013034	25705
佛山市	5534	10834807	3142239	85431
韶关市	538	748844	285184	10717
河源市	398	283960	138001	7835
梅州市	582	1683871	313341	11055
惠州市	2000	6163686	1439703	37003
汕尾市	264	232968	115042	6483
东莞市	6625	11934629	3600830	95151
中山市	2318	1540243	909964	31907
江门市	1344	2339131	778001	23363
阳江市	528	726828	410389	9928
湛江市	1567	4043085	1356874	30403
茂名市	907	2326131	931447	21690
肇庆市	846	4237819	469885	14569
清远市	933	4907566	478788	13578
潮州市	352	471344	213340	6204
揭阳市	541	710172	350688	10163
云浮市	340	587838	214177	6473
按区域分				
珠三角核心区	63971	307347051	82393232	1313159
沿海经济带	5508	12243917	4390814	110576
北部生态发展区	2791	8212079	4129491	49658

说明：1.分市数据不含铁路部门普查数据。2.铁路部门普查数按区域分划纳入珠三角核心区。

5-5 按登记注册类型分组的交通运输、仓储和邮政业企业法人单位主要指标

登记注册类型	法人单位数（个）	资产合计（万元）	营业收入（万元）	期末从业人员（人）
总 计	72270	327803048	88213535	1473393
#铁路部门普查	22	30947850	4405033	74928
内资企业	70491	267957204	73555482	1304838
国有企业	427	9050583	2470095	63602
集体企业	372	253674	128663	6724
股份合作企业	46	9286	4872	224
联营企业	30	13614	4838	234
国有联营企业	3	3083	595	20
集体联营企业	14	2289	1371	70
国有与集体联营企业	2	19	17	5
其他联营企业	11	8223	2855	139
有限责任公司	9970	188326180	30623680	508758
国有独资公司	246	89144423	4447763	88945
其他有限责任公司	9724	99181757	26175917	419813
股份有限公司	523	38942728	14136449	158108
私营企业	59096	31352330	26180680	566855
私营独资企业	1130	136108	129108	5400
私营合伙企业	120	71915	38843	1409
私营有限责任公司	57470	30300169	25411556	552504
私营股份有限公司	376	844138	601174	7542
其他企业	27	8809	6204	333
港、澳、台商投资企业	1373	18599237	7531935	64363
与港澳台商合资经营企业	173	8633296	2470170	28838
与港澳台商合作经营企业	384	4407959	1506553	11732
港澳台商独资经营企业	793	5122119	3492013	22414
港澳台商投资股份有限公司	9	149035	57149	1001
其他港澳台投资企业	14	286828	6050	378
外商投资企业	384	10298757	2721086	29264
中外合资经营企业	112	7260592	1725680	18179
中外合作经营企业	48	1615138	378230	3161
外资企业	201	1326085	589100	6814
外商投资股份有限公司	9	25748	11275	723
其他外商投资企业	14	71193	16800	387

说明：分注册登记类型数据不含部门普查数据。

5-6 信息传输、软件和信息技术服务业企业法人单位主要指标

行 业	法人单位数（个）	资产合计（万元）	营业收入（万元）	期末从业人员（人）
总 计	165154	202565366	107749182	1559465
电信、广播电视和卫星传输服务	4068	44681407	20574674	155233
电信	3663	41249701	19443967	133218
广播电视传输服务	326	2845300	986372	20245
卫星传输服务	79	586406	144335	1770
互联网和相关服务	20663	45818541	28195132	200072
互联网接入及相关服务	2325	800468	667050	15794
互联网信息服务	9444	37809770	22632227	90667
互联网平台	1687	3496155	2906409	51936
互联网安全服务	203	289369	88672	2065
互联网数据服务	803	1674835	708517	7030
其他互联网服务	6201	1747944	1192257	32580
软件和信息技术服务业	140423	112065418	58979374	1204160
软件开发	84792	71161606	39143565	748602
集成电路设计	1758	3186574	1607400	18484
信息系统集成和物联网技术服务	5790	9065581	4842427	82001
运行维护服务	770	2582698	1374571	16588
信息处理和存储支持服务	878	2848351	819317	19350
信息技术咨询服务	32755	18655111	7884079	196533
数字内容服务	4260	1422396	908391	24005
其他信息技术服务业	9420	3143100	2399624	98597

5-7 按地区分组的信息传输、软件和信息技术服务业企业法人单位主要指标

地　区	法人单位数（个）	资产合计（万元）	营业收入（万元）	期末从业人员（人）
总　计	165154	202565366	107749182	1559465
广州市	58036	65455774	34044502	535760
深圳市	64250	109359045	54032677	699973
珠海市	6624	5182604	2577347	57403
汕头市	1402	1601225	800073	13904
佛山市	7092	3140088	3230706	64310
韶关市	807	1236065	304187	6277
河源市	639	449985	240048	5658
梅州市	1683	633355	382613	7493
惠州市	3872	1495131	1048777	22577
汕尾市	350	490965	266679	5057
东莞市	8927	5288079	5578284	53035
中山市	2990	1799966	1083554	20465
江门市	1529	925775	649721	9086
阳江市	623	742017	280388	4989
湛江市	1506	989580	708747	12017
茂名市	1311	775158	686072	13646
肇庆市	1311	787951	500811	8546
清远市	920	705733	392894	5771
潮州市	320	404401	266633	3570
揭阳市	662	683541	477708	6415
云浮市	300	418929	196761	3513
按区域分				
珠三角核心区	154631	193434412	102746379	1471155
沿海经济带	6174	5686887	3486300	59598
北部生态发展区	4349	3444067	1516503	28712

5-8 按登记注册类型分组的信息传输、软件和信息技术服务业企业法人单位主要指标

登记注册类型	法人单位数（个）	资产合计（万元）	营业收入（万元）	期末从业人员（人）
总 计	165154	202565366	107749182	1559465
内资企业	158947	166970729	89331133	1400110
国有企业	76	385129	217216	4188
集体企业	53	32201	5272	187
股份合作企业	16	588	225	57
联营企业	3	2232	1601	31
国有联营企业	1	218	26	0
集体联营企业	1	1189	830	27
其他联营企业	1	825	745	4
有限责任公司	23616	56946034	34011303	392405
国有独资公司	80	4749964	2957379	18160
其他有限责任公司	23536	52196070	31053924	374245
股份有限公司	1301	44045724	10782485	166862
私营企业	133825	65553610	44309212	836145
私营独资企业	1172	200716	121162	4118
私营合伙企业	1111	411449	38026	2235
私营有限责任公司	130682	62211848	42577286	799257
私营股份有限公司	860	2729597	1572738	30535
其他企业	57	5211	3819	235
港、澳、台商投资企业	5398	26151720	12838473	86386
与港澳台商合资经营企业	230	590945	263058	5601
与港澳台商合作经营企业	27	213505	5985	192
港澳台商独资经营企业	5035	23947644	11932446	73675
港澳台商投资股份有限公司	48	924492	233932	4395
其他港澳台投资企业	58	475133	403051	2523
外商投资企业	809	9442918	5579576	72969
中外合资经营企业	176	3478889	1798264	15815
中外合作经营企业	4	220467	142788	167
外资企业	556	4204759	2408101	47772
外商投资股份有限公司	18	989321	888742	7009
其他外商投资企业	55	549482	341680	2206

5-9　房地产业企业法人单位主要指标

行业名称	法人单位数（个）	资产合计（万元）	营业收入（万元）	期末从业人员（人）
房地产业	116967	1640638079	189413234	1788379
房地产开发业	23053	1296188839	154328616	343117
物业管理	39416	78826473	17967240	990463
房地产中介服务	31900	39390829	5482423	257287
房地产租赁经营	19311	202995558	10721187	179410
其他房地产业	3287	23236381	913768	18102

5-10 按地区分组的房地产业企业法人单位主要指标

地 区	法人单位数（个）	资产合计（万元）	营业收入（万元）	期末从业人员（人）
总 计	116967	1640638079	189413234	1788379
广州市	30335	478790188	37745408	462114
深圳市	24393	501338100	48576949	587713
珠海市	5708	91229551	8103453	76998
汕头市	1778	23629529	3496334	25330
佛山市	8711	143005551	22514513	124498
韶关市	1343	12003965	2054046	17117
河源市	1175	9942284	2360739	17057
梅州市	1130	12954397	2180527	14245
惠州市	10792	91393882	14653705	93234
汕尾市	976	5278267	1129608	10511
东莞市	10052	71747151	15754834	97285
中山市	4965	55995560	6263529	63862
江门市	3199	32811378	4677998	35617
阳江市	1344	10108339	1986338	13624
湛江市	2730	19002803	4203491	36473
茂名市	1953	11963243	3610271	32626
肇庆市	2086	19746891	3057692	28493
清远市	2395	28124434	3410861	26620
潮州市	374	4015312	648674	5312
揭阳市	706	9706467	1250737	8719
云浮市	822	7850787	1733529	10931
按区域分				
珠三角核心区	100241	1486058252	161348081	1569814
沿海经济带	9861	83703961	16325454	132595
北部生态发展区	6865	70875867	11739701	85970

5-11 按登记注册类型分组的房地产业企业法人单位主要指标

登记注册类型	法人单位数（个）	资产合计（万元）	营业收入（万元）	期末从业人员（人）
总 计	116967	1640638079	189413234	1788379
内资企业	113588	1389541049	164058724	1639699
国有企业	952	10016664	713630	14828
集体企业	2910	13071566	1874874	37149
股份合作企业	530	3583958	406956	8887
联营企业	78	475717	40616	926
国有联营企业	18	81089	18558	397
集体联营企业	30	240963	15784	284
国有与集体联营企业	15	35690	2965	124
其他联营企业	15	117976	3309	121
有限责任公司	23057	774744359	95289371	593280
国有独资公司	511	100275548	4078649	42602
其他有限责任公司	22546	674468811	91210722	550678
股份有限公司	1165	109430893	5180644	77692
私营企业	84637	477794988	60489715	905431
私营独资企业	1074	1345314	113899	5091
私营合伙企业	323	614208	42077	1099
私营有限责任公司	82441	461090148	59495670	877157
私营股份有限公司	799	14745319	838070	22084
其他企业	259	422903	62916	1506
港、澳、台商投资企业	2641	168097784	17397943	87249
与港澳台商合资经营企业	474	38592719	4248277	17793
与港澳台商合作经营企业	221	18009475	2224215	6713
港澳台商独资经营企业	1866	108463349	10531542	59182
港澳台商投资股份有限公司	35	1633080	309376	3224
其他港澳台投资企业	45	1399161	84533	337
外商投资企业	738	82999245	7956568	61431
中外合资经营企业	234	34179002	3599931	20693
中外合作经营企业	41	3705235	736503	1279
外资企业	363	37761990	3096869	35416
外商投资股份有限公司	48	3794186	281890	2594
其他外商投资企业	52	3558831	241374	1449

5-12　租赁和商务服务业企业法人单位主要指标

行　业	法人单位数（个）	资产合计（万元）	营业收入（万元）	期末从业人员（人）
总　计	510369	1136859294	99620133	3115268
租赁业	25490	16466002	4509055	146112
机械设备经营租赁	24384	16214197	4382207	140048
文体设备和用品出租	991	227869	121755	5588
日用品出租	115	23936	5093	476
商务服务业	484879	1120393292	95111078	2969156
组织管理服务	206620	851587522	24996223	758608
综合管理服务	8306	35213250	4674834	86600
法律服务	4862	1399585	1854534	66376
咨询与调查	141409	156203310	14274315	645902
广告业	40772	11802904	12061719	212753
人力资源服务	14828	6705737	17804278	558490
安全保护服务	3451	1984348	2655821	310491
会议、展览及相关服务	5745	5524041	1988332	34937
其他商务服务业	58886	49972594	14801021	294999

5-13　按地区分组的租赁和商务服务业企业法人单位主要指标

地　区	法人单位数（个）	资产合计（万元）	营业收入（万元）	期末从业人员（人）
总　计	510369	1136859294	99620133	3115268
广州市	123550	351854533	32485949	859870
深圳市	132053	494378645	34216331	983466
珠海市	16384	40217000	3414661	118367
汕头市	4856	7788312	957343	44581
佛山市	22588	52807632	7914409	200921
韶关市	11663	10043760	681631	35892
河源市	2086	4727888	328748	17814
梅州市	4054	7459147	540426	18885
惠州市	22234	23163855	1773828	95135
汕尾市	3215	1226350	339891	14180
东莞市	40269	59039946	7353073	270820
中山市	11118	25125192	1749322	83406
江门市	14138	19162588	1289419	49791
阳江市	10995	1883871	278159	18894
湛江市	18027	8163835	1630215	81215
茂名市	35140	8099585	2453357	105242
肇庆市	7665	8589768	799545	27854
清远市	23780	7179610	654280	56646
潮州市	1012	1561681	155573	6363
揭阳市	3584	1539626	423281	16054
云浮市	1958	2846470	180693	9872
按区域分				
珠三角核心区	389999	1074339159	90996537	2689630
沿海经济带	76829	30263260	6237819	286529
北部生态发展区	43541	32256875	2385778	139109

5-14 按登记注册类型分组的租赁和商务服务业企业法人单位主要指标

登记注册类型	法人单位数（个）	资产合计（万元）	营业收入（万元）	期末从业人员（人）
总 计	510369	1136859294	99620133	3115268
内资企业	499585	1049856162	93599457	2990888
国有企业	1210	31795954	1797016	102644
集体企业	110679	39064825	6355778	287799
股份合作企业	515	7967623	1165372	18648
联营企业	321	369689	64977	1988
国有联营企业	18	45873	9110	271
集体联营企业	248	190996	34791	1222
国有与集体联营企业	18	9987	2095	181
其他联营企业	37	122832	18981	314
有限责任公司	55827	511334491	29177793	663054
国有独资公司	1019	226926099	4802254	132363
其他有限责任公司	54808	284408391	24375539	530691
股份有限公司	2575	130301116	5304203	65277
私营企业	307246	318164775	47635345	1771539
私营独资企业	4905	2285119	382913	21444
私营合伙企业	14139	34643379	1908313	66595
私营有限责任公司	286174	277986148	43956698	1661538
私营股份有限公司	2028	3250130	1387421	21962
其他企业	21212	10857688	2098972	79939
港、澳、台商投资企业	8796	51961688	3618724	67675
与港澳台商合资经营企业	724	8133126	552126	13041
与港澳台商合作经营企业	45	235699	155628	3835
港澳台商独资经营企业	7788	32553223	2779488	47974
港澳台商投资股份有限公司	78	10629126	119339	2143
其他港澳台投资企业	161	410515	12142	682
外商投资企业	1988	35041444	2401952	56705
中外合资经营企业	294	16937222	886297	26038
中外合作经营企业	18	73690	21307	192
外资企业	1390	15450600	1143275	20515
外商投资股份有限公司	51	1190682	71614	5905
其他外商投资企业	235	1389250	279460	4055

5-15 科学研究和技术服务业企业法人单位主要指标

行业	法人单位数（个）	资产合计（万元）	营业收入（万元）	期末从业人员（人）
总 计	190556	129924715	47668961	1326411
研究和试验发展	45435	24989581	7961540	234378
自然科学研究和试验发展	2356	883925	267644	8509
工程和技术研究和试验发展	37139	18411500	6506256	182723
农业科学研究和试验发展	1563	686453	276090	13097
医学研究和试验发展	3974	4980824	889317	28968
社会人文科学研究	403	26879	22234	1081
专业技术服务业	85461	64396872	32768003	837931
气象服务	96	22217	24183	701
地震服务	21	6293	3899	89
海洋服务	108	66126	31739	915
测绘地理信息服务	880	400666	318721	12420
质检技术服务	5894	3850517	2813892	105857
环境与生态监测检测服务	1066	369363	261001	11965
地质勘查	335	286798	173556	4849
工程技术与设计服务	35993	48116376	22785129	460979
工业与专业设计及其他专业技术服务	41068	11278516	6355885	240156
科技推广和应用服务业	59660	40538262	6939419	254102
技术推广服务	34931	18173559	4525302	160884
知识产权服务	4969	17338630	836199	30124
科技中介服务	2572	547092	297052	9879
创业空间服务	918	1767048	134634	3742
其他科技推广服务业	16270	2711934	1146232	49473

5-16 按地区分组的科学研究和技术服务业企业法人单位主要指标

地 区	法人单位数（个）	资产合计（万元）	营业收入（万元）	期末从业人员（人）
总 计	190556	129924715	47668961	1326411
广州市	68377	30641939	16266314	436120
深圳市	56966	69601486	19141314	464676
珠海市	7411	7411657	1558807	41484
汕头市	1848	536182	325769	12947
佛山市	11685	6197630	3708204	97218
韶关市	1150	264422	153349	7389
河源市	924	283128	113274	5734
梅州市	1308	324675	217491	6453
惠州市	4077	1650978	685844	25565
汕尾市	409	50320	57073	3076
东莞市	18257	4310562	2550250	107456
中山市	4634	1399873	585212	30465
江门市	2172	2376932	294699	12901
阳江市	752	164764	103626	4215
湛江市	2396	683880	400687	15772
茂名市	2134	995639	649882	21271
肇庆市	2334	768709	318656	12343
清远市	1919	1485032	235504	9990
潮州市	466	103176	74628	2844
揭阳市	747	486137	148122	4176
云浮市	590	187594	80259	4316
按区域分				
珠三角核心区	175913	124359765	45109300	1228228
沿海经济带	8752	3020098	1759786	64301
北部生态发展区	5891	2544851	799877	33882

5-17　按登记注册类型分组的科学研究和技术服务业企业法人单位主要指标

登记注册类型	法人单位数（个）	资产合计（万元）	营业收入（万元）	期末从业人员（人）
总　计	190556	129924715	47668961	1326411
内资企业	185621	101390187	44593185	1256165
国有企业	514	5044772	2102399	28914
集体企业	422	498874	149547	5438
股份合作企业	71	45241	30698	1042
联营企业	40	48948	26165	690
国有联营企业	4	3111	2311	77
集体联营企业	14	17969	12269	365
国有与集体联营企业	7	7391	2872	118
其他联营企业	15	20477	8712	130
有限责任公司	25554	40213107	15016462	311920
国有独资公司	226	7783025	1732193	25992
其他有限责任公司	25328	32430082	13284270	285928
股份有限公司	1380	10662752	3215492	49022
私营企业	156154	44300421	23808191	850558
私营独资企业	1489	340160	136324	5565
私营合伙企业	988	239337	136024	4842
私营有限责任公司	152610	42536591	22832711	826095
私营股份有限公司	1067	1184334	703132	14056
其他企业	1486	576072	244232	8581
港、澳、台商投资企业	3984	22823492	1731046	44184
与港澳台商合资经营企业	290	369459	131437	4217
与港澳台商合作经营企业	32	414695	45543	1702
港澳台商独资经营企业	3560	21914103	1464462	37064
港澳台商投资股份有限公司	37	20410	4336	226
其他港澳台投资企业	65	104825	85269	975
外商投资企业	951	5711036	1344730	26062
中外合资经营企业	311	3845016	335830	6022
中外合作经营企业	15	56856	1974	187
外资企业	525	1564509	965433	18670
外商投资股份有限公司	20	157185	2847	208
其他外商投资企业	80	87471	38645	975

5-18 水利、环境和公共设施管理业企业法人单位主要指标

行 业	法人单位数（个）	资产合计（万元）	营业收入（万元）	期末从业人员（人）
总 计	9065	63205548	6048288	186114
水利管理业	354	3169868	127712	4549
防洪除涝设施管理	43	67468	13025	609
水资源管理	114	1402918	30186	1519
天然水收集与分配	31	381353	14687	374
水文服务	5	673	1161	52
其他水利管理业	161	1317456	68652	1995
生态保护和环境治理业	1905	13348647	1213318	22631
生态保护	186	168485	61788	2410
环境治理业	1719	13180162	1151529	20221
公共设施管理业	6617	29882057	4245910	156544
市政设施管理	756	19530530	908858	14619
环境卫生管理	983	2425652	973072	67940
城乡市容管理	75	257456	35791	1960
绿化管理	3927	3547217	2014489	55709
城市公园管理	74	1352211	122580	3882
游览景区管理	802	2768991	191120	12434
土地管理业	189	16804977	461349	2390
土地整治服务	44	11510026	144836	309
土地调查评估服务	59	17398	19668	1031
土地登记服务	4	93	495	57
土地登记代理服务	14	2164	1418	72
其他土地管理服务	68	5275296	294932	921

5-19 按地区分组的水利、环境和公共设施管理业企业法人单位主要指标

地区	法人单位数（个）	资产合计（万元）	营业收入（万元）	期末从业人员（人）
总计	9065	63205548	6048288	186114
广州市	1910	21734985	1865206	44375
深圳市	1835	4383670	1543442	43959
珠海市	386	11118843	451616	7971
汕头市	176	1992991	214401	3552
佛山市	672	3527665	450904	20456
韶关市	244	558522	43466	2300
河源市	134	423833	53353	1396
梅州市	386	803924	94095	3636
惠州市	556	1821013	191556	8589
汕尾市	68	90158	19175	1244
东莞市	729	4560808	331905	15161
中山市	236	788977	130502	6624
江门市	263	2257492	86593	4323
阳江市	98	1012412	27502	1115
湛江市	231	1319483	75118	3274
茂名市	257	912547	93515	3733
肇庆市	222	3330843	141196	4729
清远市	315	1001221	85224	4665
潮州市	78	87361	24707	1804
揭阳市	160	330917	61231	1899
云浮市	109	1147883	63580	1309
按区域分				
珠三角核心区	6809	53524296	5192920	156187
沿海经济带	1068	5745869	515649	16621
北部生态发展区	1188	3935383	339718	13306

5-20 按登记注册类型分组的水利、环境和公共设施管理业企业法人单位主要指标

登记注册类型	法人单位数（个）	资产合计（万元）	营业收入（万元）	期末从业人员（人）
总 计	9065	63205548	6048288	186114
内资企业	8918	60426815	5576282	181936
国有企业	152	6480128	92039	6002
集体企业	116	513154	54319	2966
股份合作企业	1	119	89	10
联营企业	10	43953	1845	209
国有联营企业	4	29828	349	52
集体联营企业	2	5615	452	31
国有与集体联营企业	1	7888	862	118
其他联营企业	3	621	183	8
有限责任公司	1791	42286243	2360080	56687
国有独资公司	123	23545216	400931	6941
其他有限责任公司	1668	18741027	1959150	49746
股份有限公司	126	780453	334252	17302
私营企业	6675	10303356	2728699	98397
私营独资企业	133	33741	17214	1012
私营合伙企业	24	322501	13480	170
私营有限责任公司	6439	9789696	2619330	95259
私营股份有限公司	79	157417	78676	1956
其他企业	47	19409	4959	363
港、澳、台商投资企业	115	785240	249602	3211
与港澳台商合资经营企业	16	165140	89453	1333
与港澳台商合作经营企业	7	267487	15532	633
港澳台商独资经营企业	92	352613	144617	1245
外商投资企业	32	1993493	222403	967
中外合资经营企业	8	1690478	205862	374
中外合作经营企业	2	73107	253	86
外资企业	14	173856	11989	332
其他外商投资企业	8	56051	4299	175

5-21 居民服务、修理和其他服务业企业法人单位主要指标

行 业	法人单位数（个）	资产合计（万元）	营业收入（万元）	期末从业人员（人）
总 计	60751	8896244	7969092	584387
居民服务业	26190	3359639	2325057	171105
家庭服务	3396	342462	229871	20566
托儿所服务	922	25193	28565	4135
洗染服务	695	201043	166559	9522
理发及美容服务	7633	606496	506491	39922
洗浴和保健养生服务	6307	770211	520649	51769
摄影扩印服务	3317	220929	217201	15157
婚姻服务	1194	73965	73339	5049
殡葬服务	350	582604	189509	3999
其他居民服务业	2376	536736	392873	20986
机动车、电子产品和日用产品修理业	23433	3020598	3050525	137867
汽车、摩托车等修理与维护	15543	1740917	1755905	89891
计算机和办公设备维修	3792	676181	620264	22562
家用电器修理	3330	423165	539827	19274
其他日用产品修理业	768	180334	134528	6140
其他服务业	11128	2516006	2593511	275415
清洁服务	8774	1636573	2206778	259130
宠物服务	625	83986	61923	3792
其他未列明服务业	1729	795447	324810	12493

5-22 按地区分组的居民服务、修理和其他服务业企业法人单位主要指标

地 区	法人单位数（个）	资产合计（万元）	营业收入（万元）	期末从业人员（人）
总 计	60751	8896243	7969092	584387
广州市	15840	2210749	1971847	136196
深圳市	16811	3302261	2798268	228258
珠海市	2560	265753	195503	16353
汕头市	1086	202562	158866	7773
佛山市	5155	778330	973731	46731
韶关市	479	98855	59549	5841
河源市	568	71288	44292	4975
梅州市	518	50347	28307	2572
惠州市	2522	281518	161345	15779
汕尾市	368	67538	46513	2942
东莞市	6515	629857	673869	55054
中山市	2821	172909	167486	19213
江门市	1020	163785	80608	6181
阳江市	405	72436	44532	2336
湛江市	1192	113334	152298	9266
茂名市	752	109157	145674	7431
肇庆市	571	102847	80484	4867
清远市	629	82906	67414	5775
潮州市	267	31698	35112	1475
揭阳市	436	57728	66935	3514
云浮市	236	30385	16460	1855
按区域分				
珠三角核心区	53815	7908009	7103141	528632
沿海经济带	4506	654453	649930	34737
北部生态发展区	2430	333781	216022	21018

5-23 按登记注册类型分组的居民服务、修理和其他服务业企业法人单位主要指标

登记注册类型	法人单位数（个）	资产合计（万元）	营业收入（万元）	期末从业人员（人）
总 计	60751	8896243	7969092	584387
内资企业	60309	8441823	7689702	575268
国有企业	88	70627	49147	2236
集体企业	314	183324	58681	2989
股份合作企业	182	46357	50632	1313
联营企业	31	20155	10901	464
国有联营企业	1	2563	3702	228
集体联营企业	14	8524	1507	87
国有与集体联营企业	3	6594	3467	37
其他联营企业	13	2474	2225	112
有限责任公司	7148	2178987	1500800	99155
国有独资公司	28	106615	43651	1846
其他有限责任公司	7120	2072372	1457149	97309
股份有限公司	389	283917	153886	3673
私营企业	51735	5610473	5842804	463447
私营独资企业	5888	334252	451150	33827
私营合伙企业	538	40140	49249	3829
私营有限责任公司	44976	5063129	5240355	419235
私营股份有限公司	333	172953	102051	6556
其他企业	422	47984	22851	1991
港、澳、台商投资企业	343	283396	166357	6435
与港澳台商合资经营企业	33	64515	55668	1372
与港澳台商合作经营企业	12	81101	6343	346
港澳台商独资经营企业	284	116504	93556	4243
港澳台商投资股份有限公司	7	17788	9227	372
其他港澳台投资企业	7	3488	1564	102
外商投资企业	99	171024	113033	2684
中外合资经营企业	26	41093	12642	1160
中外合作经营企业	4	3016	5175	117
外资企业	57	120217	94710	1358
外商投资股份有限公司	3	70	159	12
其他外商投资企业	9	6629	348	37

5-24 教育企业法人单位主要指标

行 业	法人单位数（个）	资产合计（万元）	营业收入（万元）	期末从业人员（人）
总 计	39551	12853265	7085085	498048
学前教育	7128	1776695	1298052	152278
初等教育	956	1102895	707044	51365
中等教育	563	2084982	1139417	63080
高等教育	42	1968238	479912	13084
特殊教育	50	6177	8688	619
技能培训、教育辅助及其他教育	30812	5914278	3451972	217622

5-25 按地区分组的教育企业法人单位主要指标

地 区	法人单位数（个）	资产合计（万元）	营业收入（万元）	期末从业人员（人）
总 计	39551	12853265	7085085	498048
广州市	9473	3612666	1944428	113513
深圳市	12251	2537383	1857515	117019
珠海市	1321	1204913	367464	15372
汕头市	694	259669	169388	12695
佛山市	2310	646292	616441	37943
韶关市	279	55211	21196	2954
河源市	408	157015	44468	6374
梅州市	474	65792	26565	4140
惠州市	1458	566341	217008	24881
汕尾市	391	171955	73185	6596
东莞市	3660	1819016	750367	63755
中山市	1300	222532	117597	16209
江门市	654	201649	82624	9921
阳江市	384	157844	80363	6440
湛江市	1427	212251	173698	15458
茂名市	814	310342	213512	13776
肇庆市	631	165058	104806	7999
清远市	523	267618	80329	8649
潮州市	187	32755	27631	1961
揭阳市	653	114336	76780	7459
云浮市	259	72627	39718	4934
按区域分				
珠三角核心区	33058	10975850	6058250	406612
沿海经济带	4550	1259152	814557	64385
北部生态发展区	1943	618263	212276	27051

5-26 按登记注册类型分组的教育企业法人单位主要指标

登记注册类型	法人单位数（个）	资产合计（万元）	营业收入（万元）	期末从业人员（人）
总　计	39551	12853265	7085085	498048
内资企业	39354	12371180	6901153	493772
国有企业	300	363153	164850	9361
集体企业	315	104444	68105	7944
股份合作企业	50	34550	25573	2443
联营企业	41	314039	94803	2697
国有联营企业	2	303529	82292	1541
集体联营企业	14	1543	2550	379
国有与集体联营企业	1	25	4	1
其他联营企业	24	8942	9956	776
有限责任公司	4462	1639634	742367	49383
国有独资公司	22	100743	25455	684
其他有限责任公司	4440	1538891	716913	48699
股份有限公司	280	97035	64280	6488
私营企业	29674	4561287	2769480	235151
私营独资企业	3478	816771	622222	63904
私营合伙企业	620	265212	163934	15170
私营有限责任公司	25327	3409108	1937223	152736
私营股份有限公司	249	70196	46101	3341
其他企业	4232	5257038	2971695	180305
港、澳、台商投资企业	132	228363	65353	2407
与港澳台商合资经营企业	26	7767	1663	106
与港澳台商合作经营企业	6	59693	39833	1051
港澳台商独资经营企业	94	157141	20725	1081
港澳台商投资股份有限公司	2	15	7	2
其他港澳台投资企业	4	3748	3126	167
外商投资企业	65	253722	118579	1869
中外合资经营企业	17	171920	46208	623
中外合作经营企业	4	32748	34268	567
外资企业	34	47513	35156	593
其他外商投资企业	10	1541	2947	86

5-27　卫生和社会工作企业法人单位主要指标

行　业	法人单位数（个）	资产合计（万元）	营业收入（万元）	期末从业人员（人）
总　计	10395	7074147	4631258	178960
卫生	9087	6107472	4454488	165440
医院	968	3930157	2950700	93804
基层医疗卫生服务	7382	1152318	1002482	53802
专业公共卫生服务	224	91389	88156	3634
其他卫生活动	513	933608	413151	14200
社会工作	1308	966675	176771	13520
提供住宿社会工作	926	837084	148521	11055
不提供住宿社会工作	382	129591	28249	2465

5-28 按地区分组的卫生和社会工作企业法人单位主要指标

地 区	法人单位数（个）	资产合计（万元）	营业收入（万元）	期末从业人员（人）
总 计	10395	7074147	4631258	178960
广州市	2455	2015760	1306664	47811
深圳市	2677	1730652	1093725	39848
珠海市	322	281606	94418	5454
汕头市	260	342456	123326	4367
佛山市	583	583001	402699	12849
韶关市	60	26706	20483	1320
河源市	98	39651	31079	2140
梅州市	148	65272	40084	2483
惠州市	323	224406	152257	6484
汕尾市	75	133842	131945	4530
东莞市	908	740296	673082	20267
中山市	384	205777	65826	5688
江门市	227	112960	27763	2269
阳江市	91	48011	49182	2632
湛江市	832	233554	177872	8379
茂名市	387	122727	90394	4138
肇庆市	160	52189	46474	2646
清远市	181	35995	31996	2131
潮州市	40	16467	17601	1020
揭阳市	108	44726	36075	1557
云浮市	76	18094	18312	947
按区域分				
珠三角核心区	8039	5946647	3862909	143316
沿海经济带	1793	941783	626395	26623
北部生态发展区	563	185718	141954	9021

5-29 按登记注册类型分组的卫生和社会工作企业法人单位主要指标

登记注册类型	法人单位数（个）	资产合计（万元）	营业收入（万元）	期末从业人员（人）
总 计	10395	7074147	4631258	178960
内资企业	10326	6586644	4492485	175391
国有企业	140	294948	296360	9137
集体企业	297	87910	79053	3019
股份合作企业	21	12971	14431	751
联营企业	35	24276	17283	743
国有联营企业	1	3	21	6
集体联营企业	11	629	755	73
国有与集体联营企业	1	45	70	3
其他联营企业	22	23599	16437	661
有限责任公司	1257	2269771	1370660	42807
国有独资公司	8	33916	42877	1051
其他有限责任公司	1249	2235855	1327784	41756
股份有限公司	87	357856	210863	5321
私营企业	7001	3162514	2156182	98416
私营独资企业	1815	307498	306473	17373
私营合伙企业	223	125851	137428	6522
私营有限责任公司	4881	2624738	1628064	71362
私营股份有限公司	82	104426	84218	3159
其他企业	1488	376397	347652	15197
港、澳、台商投资企业	47	414098	116177	2612
与港澳台商合资经营企业	15	364662	95085	1939
与港澳台商合作经营企业	2			8
港澳台商独资经营企业	28	49321	20985	659
其他港澳台投资企业	2	115	107	6
外商投资企业	22	73406	22597	957
中外合资经营企业	13	72347	21725	870
中外合作经营企业	1	297	114	12
外资企业	4	705	507	57
其他外商投资企业	4	57	251	18

5-30 文化、体育和娱乐业企业法人单位主要指标

行　业	法人单位数（个）	资产合计（万元）	营业收入（万元）	期末从业人员（人）
总　计	58281	25386414	8894713	335189
新闻和出版业	534	3388324	876555	15663
新闻业	84	17589	9307	371
出版业	450	3370735	867248	15292
广播、电视、电影和录音制作业	6287	6606925	2673327	55003
广播	350	82698	71536	1589
电视	101	725531	174709	3215
影视节目制作	4119	3315540	874478	22105
广播电视集成播控	19	184117	88987	1349
电影和广播电视节目发行	201	228586	482067	1291
电影放映	1091	1980521	952265	23640
录音制作	406	89932	29284	1814
文化艺术业	16209	2251304	1105884	58768
文艺创作与表演	4071	858625	425584	19339
艺术表演场馆	143	72134	43613	1283
图书馆与档案馆	237	33146	27687	2035
文物及非物质文化遗产保护	82	14958	9075	362
博物馆	73	29034	4231	331
烈士陵园、纪念馆	4	55	182	9
群众文体活动	1378	120262	79128	5050
其他文化艺术业	10221	1123091	516386	30359
体育	6842	5151391	1102539	53243
体育组织	1404	1059845	357709	7354
体育场地设施管理	659	1336444	169008	5446
健身休闲活动	4297	2563115	543051	38563
其他体育	482	191988	32772	1880
娱乐业	28409	7988467	3136407	152512
室内娱乐活动	11827	1136439	857719	64633
游乐园	421	3115847	695968	17628
休闲观光活动	572	601746	92564	4533
彩票活动	42	86932	18965	387
文化体育娱乐活动与经纪代理服务	15267	2786626	1410524	62313
其他娱乐业	280	260877	60667	3018

5-31 按地区分组的文化、体育和娱乐业企业法人单位主要指标

地 区	法人单位数（个）	资产合计（万元）	营业收入（万元）	期末从业人员（人）
总 计	58281	25386413	8894713	335189
广州市	18522	8817696	3422813	96018
深圳市	14417	9632205	2690609	94046
珠海市	2120	945962	186083	9895
汕头市	1182	1277954	335738	8465
佛山市	4715	1306889	856928	33086
韶关市	463	146460	30232	2301
河源市	358	54122	19019	1921
梅州市	512	220199	24163	2090
惠州市	1967	444390	146049	11741
汕尾市	277	47647	31783	2310
东莞市	6134	904243	392135	25818
中山市	1829	284531	127291	9738
江门市	880	225463	59083	4743
阳江市	372	47656	31467	2258
湛江市	1149	174746	142285	8851
茂名市	869	186002	176111	8583
肇庆市	750	105177	65466	3843
清远市	662	396856	42512	3388
潮州市	314	47064	34717	1939
揭阳市	552	97713	64504	2736
云浮市	237	23439	15725	1419
按区域分				
珠三角核心区	51334	22666556	7946457	288928
沿海经济带	4715	1878782	816605	35142
北部生态发展区	2232	841076	131651	11119

5-32 按登记注册类型分组的文化、体育和娱乐业企业法人单位主要指标

登记注册类型	法人单位数（个）	资产合计（万元）	营业收入（万元）	期末从业人员（人）
总 计	58281	25386413	8894713	335189
内资企业	57823	21333526	8294838	313981
国有企业	194	2059577	477305	12524
集体企业	84	64295	19472	815
股份合作企业	46	1615	2114	207
联营企业	13	34451	1270	129
国有联营企业	2	477	351	31
集体联营企业	2	2582	208	5
国有与集体联营企业	2	352	421	15
其他联营企业	7	31041	290	78
有限责任公司	7421	6949581	2297599	64959
国有独资公司	119	1271122	274291	7786
其他有限责任公司	7302	5678459	2023308	57173
股份有限公司	407	1844740	742122	4849
私营企业	49401	10355071	4739892	229342
私营独资企业	5459	355194	301136	23471
私营合伙企业	632	61801	36995	2664
私营有限责任公司	42956	9206886	4213589	199797
私营股份有限公司	354	731189	188173	3410
其他企业	257	24197	15064	1156
港、澳、台商投资企业	350	2786422	418877	13705
与港澳台商合资经营企业	65	627201	250952	7365
与港澳台商合作经营企业	29	656537	50687	3621
港澳台商独资经营企业	242	1500025	114035	2585
港澳台商投资股份有限公司	5	94	356	61
其他港澳台投资企业	9	2566	2848	73
外商投资企业	108	1266464	180998	7503
中外合资经营企业	30	237858	42213	1396
中外合作经营企业	10	848938	81372	4451
外资企业	52	114752	44689	1139
外商投资股份有限公司	4	14772	2752	78
其他外商投资企业	12	50144	9971	439

5-33 国有控股经济服务业企业法人单位主要指标

行 业	法人单位数（个）	资产合计（万元）	营业收入（万元）	期末从业人员（人）
总 计	9671	991354965	102790129	1273998
交通运输、仓储和邮政业	1256	212488942	35695153	451839
道路运输业	531	136065874	9441895	242297
水上运输业	138	25869605	4845333	26023
航空运输业	25	33581997	14441622	113978
管道运输业	4	1263870	209031	440
多式联运和运输代理业	165	3560064	2423955	14638
装卸搬运和仓储业	328	10544764	1685127	15041
邮政业	65	1602768	2648191	39422
信息传输、软件和信息技术服务业	505	43466615	18834272	141905
电信、广播电视和卫星传输服务	130	38008327	15880192	103007
互联网和相关服务	67	968957	508604	5597
软件和信息技术服务业	308	4489331	2445475	33301
房地产业	2441	268910768	21104813	176083
房地产业	2441	268910768	21104813	176083
租赁和商务服务业	3229	403319146	15135418	322293
租赁业	111	3272410	219713	3083
商务服务业	3118	400046737	14915705	319210
科学研究和技术服务业	1159	22798565	8842519	116879
研究和试验发展	147	1450553	411657	5528
专业技术服务业	812	18547908	8036794	102131

说明：铁路运输业数据主要由国家局反馈，无法控股类型。

5-33 续表 1

行 业	法人单位数（个）	资产合计（万元）	营业收入（万元）	期末从业人员（人）
科技推广和应用服务业	200	2800104	394067	9220
水利、环境和公共设施管理业	356	34826642	1308260	22925
水利管理业	40	901013	14417	786
生态保护和环境治理业	47	7259834	223429	2621
公共设施管理业	245	10550209	712208	18982
土地管理业	24	16115586	358206	536
居民服务、修理和其他服务业	178	386768	222711	9763
居民服务业	58	196846	131422	3715
机动车、电子产品和日用产品修理业	72	94124	48141	2199
其他服务业	48	95798	43147	3849
教育	101	370054	133936	4115
教育	101	370054	133936	4115
卫生和社会工作	39	434142	305693	6469
卫生	29	431090	304714	6429
社会工作	10	3052	979	40
文化、体育和娱乐业	407	4353323	1207354	21727
新闻和出版业	111	2526624	576071	8346
广播、电视、电影和录音制作业	132	527897	346774	3553
文化艺术业	92	238235	99530	3620
体育	21	222924	44586	1768
娱乐业	51	837643	140392	4440

5-34 非公有控股经济服务业企业法人单位主要指标

行 业	法人单位数（个）	资产合计（万元）	营业收入（万元）	期末从业人员（人）
总 计	1021461	1989999250	372141394	7901050
交通运输、仓储和邮政业	67193	61417221	41209597	783061
道路运输业	30463	24290022	14247004	349310
水上运输业	1532	7505210	2046836	23044
航空运输业	338	2651134	1105361	11678
管道运输业	8	77702	12859	37
多式联运和运输代理业	24627	13293803	15200679	207466
装卸搬运和仓储业	6549	10037216	4129118	95059
邮政业	3676	3562134	4467740	96467
信息传输、软件和信息技术服务业	158480	137569749	78028231	1274164
电信、广播电视和卫星传输服务	3748	5634713	4134372	47158
互联网和相关服务	19789	40379523	25942731	171458
软件和信息技术服务业	134943	91555513	47951127	1055548
房地产业	103495	1115962235	132804782	1336932
房地产业	103495	1115962235	132804782	1336932
租赁和商务服务业	355853	531865029	63652045	2155596
租赁业	24320	11480815	3917894	134412
商务服务业	331533	520384214	59734151	2021184
科学研究和技术服务业	179834	93181744	33685359	1093779
研究和试验发展	43284	20034758	6599860	209756
专业技术服务业	80969	37508872	21189793	661270

说明：铁路运输业数据主要由国家局反馈，无法控股类型。

5-34 续表 1

行 业	法人单位数（个）	资产合计（万元）	营业收入（万元）	期末从业人员（人）
科技推广和应用服务业	55581	35638114	5895706	222753
水利、环境和公共设施管理业	7911	16032954	4062943	143250
水利管理业	215	1281608	86424	2218
生态保护和环境治理业	1723	4769693	839985	17247
公共设施管理业	5838	9764045	3065157	122259
土地管理业	135	217607	71376	1526
居民服务、修理和其他服务业	56968	7269382	6980121	527728
居民服务业	24155	2631325	1923667	152504
机动车、电子产品和日用产品修理业	22354	2684277	2782454	126976
其他服务业	10459	1953779	2274001	248248
教育	29255	4795496	2448692	183985
教育	29255	4795496	2448692	183985
卫生和社会工作	7407	4756349	2888795	120838
卫生	6571	3958513	2763667	112164
社会工作	836	797836	125128	8674
文化、体育和娱乐业	55065	17149091	6380829	281717
新闻和出版业	359	114821	68339	1861
广播、电视、电影和录音制作业	5808	4281560	1696334	42905
文化艺术业	15265	1809549	916606	51141
体育	6415	4107753	885338	44633
娱乐业	27218	6835409	2814212	141177

5-35 按行业分组的规模以上服

行业	法人单位数（个）	固定资产原价	本年折旧	资产合计	负债合计	所有者权益合计	营业收入
总计	24264	334515135	15487371	1239069100	641020589	598048510	285533388
交通运输、仓储和邮政业	4430	197353640	7259965	335761148	168832656	166928491	82648847
铁路运输业	15	64099863	1749721	91710571	37418961	54291610	13685416
铁路旅客运输	8	58260344	1591345	77661356	31724544	45936812	13476155
高速铁路旅客运输	6	54328351	1487825	73353119	28449730	44903389	12822521
城际铁路旅客运输	1	2194828	56241	2575053	1888214	686838	223781
普通铁路旅客运输	1	1737165	47279	1733184	1386600	346584	429854
铁路货物运输	6	1660487	29748	1729003	1419177	309826	183933
铁路运输辅助活动	1	4179032	128628	12320212	4275240	8044972	25328
其他铁路运输辅助活动	1	4179032	128628	12320212	4275240	8044972	25328
道路运输业	2000	69790696	2584142	142490358	72419300	70071058	19311438
城市公共交通运输	223	30011921	730692	82341766	35745991	46595775	3326839
公共电汽车客运	101	3427128	337820	4317896	3642951	674945	1238807
城市轨道交通	8	25934849	295718	76811469	31339185	45472283	1707831
出租车客运	111	629563	94005	1194389	735917	458472	374541
公共自行车服务	1	2324	183	3686	3370	316	805
其他城市公共交通运输	2	18056	2965	14327	24568	-10241	4856
公路旅客运输	219	1942198	157968	3041366	1737086	1304279	1246693
长途客运	115	1327314	102073	2156362	1197666	958695	787522
旅游客运	37	126821	11777	118859	73834	45026	90286
其他公路客运	67	488064	44119	766145	465587	300559	368885
道路货物运输	1390	2252246	253040	6992085	4125534	2866552	8996497
普通货物道路运输	1132	1846727	205135	5782482	3361809	2420673	7293371
冷藏车道路运输	18	35696	3853	148894	104778	44116	165204
集装箱道路运输	63	82534	9410	175553	95890	79662	264722
大型货物道路运输	40	75488	9384	297883	179622	118260	561803
危险货物道路运输	61	113161	13071	166404	96030	70374	179062
邮件包裹道路运输	9	16099	2703	134572	81557	53015	168201
城市配送	20	6114	789	44750	28405	16345	120879
搬家运输	1	21		1095	502	594	2765
其他道路货物运输	46	76407	8694	240454	176941	63513	240490
道路运输辅助活动	168	35584330	1442442	50115141	30810690	19304451	5741409
客运汽车站	67	407671	30516	772467	388056	384411	230683
货运枢纽（站）	4	6068	503	26920	11121	15799	50946
公路管理与养护	83	35088190	1405510	49096929	30258503	18838426	5245008
其他道路运输辅助活动	14	82401	5913	218825	153009	65816	214772
水上运输业	285	19042026	794640	31298122	16625047	14673075	6958288

务业企业法人单位主要指标

单位：万元

营业成本	营业税金及附加	销售费用、管理费用、财务费用合计	投资收益	营业利润	利润总额	应交所得税	应付职工薪酬	应交增值税	期末从业人员（人）
203493353	2112880	61575970	22809486	44473641	45785822	6429996	59191473	6221609	4764753
71709255	355827	10742676	2430386	4906432	5227500	1253323	15854382	1006874	987919
12786069	31767	1391242	-115708	-504659	-562709	57060	3785862	216272	58186
12422847	30951	1238786	-114441	-252266	-314383	58249	3734844	213973	54840
11805049	29508	1120147	-114441	-168798	-226756	57835	3612681	224575	47426
200446	126	70420		-47211	-47211		1950	424	70
417351	1317	48219		-36257	-40416	414	120213	-11026	7344
208123	712	64191	-1266	-37163	-33142	-1318	21503	2299	1437
155099	105	88265		-215231	-215185	129	29516		1909
155099	105	88265		-215231	-215185	129	29516		1909
16380621	167562	3669012	1759327	2895420	3287696	638320	4537533	297415	445601
4546864	92117	982692	1191178	451802	719856	23943	2540480	-130232	205917
2639492	5404	299987	19223	-252445	16400	10635	1560406	-32977	136135
1620844	83449	591181	1159257	676928	673330	5812	844228	-112718	46399
278336	3239	90534	12698	30326	30152	7465	133136	15277	22817
1404	8	-35		-35	-14		705	25	85
6787	17	1025		-2973	-12	32	2004	162	481
1092840	10058	217428	15432	20580	57482	15186	416433	35661	63479
645733	8128	139738	6555	15475	31638	8019	247968	24409	41399
73097	541	20161	24	-1772	-445	888	25572	2678	3913
374010	1389	57529	8853	6877	26289	6280	142893	8574	18167
7823886	31223	995357	36033	200254	266006	71308	955985	155914	124734
6336206	26798	807312	26689	167969	225357	59379	768166	135151	100250
134189	401	35149	26	-4922	-4488	750	16559	1818	2059
236647	480	24827	-23	3054	3273	893	19008	2788	3126
506288	1570	34604	5831	24829	29921	6388	35731	6506	2973
147043	621	26683	962	5633	5875	1318	39071	4380	4872
146712	170	12240	-24	9200	9204	1976	12521	827	1815
100448	440	19039		948	954	181	42102	2507	5600
1979	18	752		17	17	2	498	20	63
214376	725	34751	2573	-6475	-4106	420	22329	1918	3976
2917031	34164	1473534	516684	2222785	2244352	527882	624635	236072	51471
173601	3338	52108	-272	5197	11556	3847	74318	7246	9254
45374	124	3718		1731	1983	484	7519	796	724
2518893	29441	1398352	513512	2197275	2212111	519636	495907	224144	35950
179162	1261	19357	3443	18582	18703	3916	46891	3886	5543
5259470	26954	831422	259987	1195785	991459	226976	1038067	68399	44111

5-35

行　业	法人单位数（个）	固定资产原价	本年折旧	资产合计	负债合计	所有者权益合计	营业收入
水上旅客运输	33	475839	33144	696063	281498	414565	355222
海上旅客运输	17	275015	18151	366121	206862	159260	187036
内河旅客运输	9	110382	10780	150873	40471	110402	66805
客运轮渡运输	7	90442	4213	179069	34165	144904	101381
水上货物运输	147	10023785	410543	18364193	11555214	6808978	4138922
远洋货物运输	26	8267281	324958	13487528	9824493	3663035	3298313
沿海货物运输	62	1374705	68587	4441390	1330660	3110730	662023
内河货物运输	59	381799	16999	435275	400062	35214	178587
水上运输辅助活动	105	8542402	350953	12237866	4788335	7449532	2464144
客运港口	3	10179	781	15408	10617	4790	6930
货运港口	78	7876442	321674	11454430	4547051	6907379	2213945
其他水上运输辅助活动	24	655781	28498	768029	230667	537362	243268
航空运输业	31	32399423	1516195	36065889	22820687	13245202	15590285
航空客货运输	14	27011545	1284670	27561733	20603125	6958609	14189797
航空旅客运输	8	25846238	1195286	25667268	19225089	6442180	13455305
航空货物运输	6	1165307	89384	1894465	1378036	516429	734492
通用航空服务	5	433793	21966	490342	169644	320698	118832
其他通用航空服务	5	433793	21966	490342	169644	320698	118832
航空运输辅助活动	12	4954085	209559	8013814	2047918	5965895	1281657
机场	3	4675104	198624	7463958	1799626	5664332	1041410
其他航空运输辅助活动	9	278981	10936	549855	248292	301563	240246
管道运输业	5	1261920	46446	1340847	575900	764948	221080
海底管道运输	2	132507	6055	139313	44735	94578	15539
陆地管道运输	3	1129413	40391	1201534	531164	670370	205541
多式联运和运输代理业	1308	1514633	117283	10262925	6887340	3375585	14429876
多式联运	18	44879	6995	126690	90250	36440	146892
运输代理业	1290	1469755	110289	10136235	6797090	3339145	14282984
货物运输代理	1198	1388108	104359	8438165	5578533	2859633	13197226
旅客票务代理	38	1877	269	226543	226556	-12	335793
其他运输代理业	54	79770	5660	1471526	992002	479525	749965
装卸搬运和仓储业	593	7376504	330270	17488038	8679109	8808929	5324601
装卸搬运	187	3072682	130714	7047052	2254218	4792834	1625681
通用仓储	170	1525277	72186	4655089	2642235	2012854	1496445
低温仓储	28	124373	7004	210229	137753	72476	221764
危险品仓储	34	981194	47794	1375732	1005433	370299	240819
油气仓储	14	435466	19307	710970	580047	130923	106531
危险化学品仓储	20	545729	28487	664762	425386	239376	134288

续表 1

单位：万元

营业成本	营业税金及附加	销售费用、管理费用、财务费用合计	投资收益	营业利润	利润总额	应交所得税	应付职工薪酬	应交增值税	期末从业人员（人）
223870	1799	54427	7078	95032	98674	24270	74874	5575	5635
120491	895	31900	4973	39455	42380	9969	32843	4759	2576
45566	820	14281	1535	18933	19729	5072	23488	521	1983
57813	83	8246	571	36644	36565	9228	18543	295	1076
3527905	9572	413399	147360	320294	109370	64656	440874	37539	11262
2827066	5814	320449	50131	173891	-28729	42436	338333	24869	3192
551100	3144	60145	97220	147812	142129	21784	88368	8436	6018
149739	614	32806	8	-1409	-4029	436	14173	4234	2052
1507696	15583	363596	105549	780459	783415	138050	522319	25286	27214
4322	101	3627		-718	-74	238	2342	163	351
1290117	14629	342582	100738	764541	762436	133126	472557	23368	24271
213257	854	17387	4811	16636	21052	4687	47420	1756	2592
13703722	42273	1859149	296619	630647	716151	114765	3205295	128882	124376
12646255	18959	1721938	72736	233271	306573	60929	2802969	108608	102785
11956337	17613	1642431	68825	241703	313840	61542	2637147	105470	96523
689918	1346	79507	3912	-8432	-7267	-613	165822	3139	6262
97423	368	18690	214	5697	11415	3998	35850	1823	949
97423	368	18690	214	5697	11415	3998	35850	1823	949
960045	22947	118522	223668	391678	398163	49838	366477	18451	20642
782785	21870	82237	223525	367457	370006	42636	300445	11739	15700
177260	1078	36285	143	24221	28157	7202	66032	6712	4942
103152	1225	25832	59	95970	96013	24948	10267	9159	450
13722	37	2287		-862	-863	235	667		43
89429	1188	23545	59	96832	96876	24713	9599	9159	407
13008292	21409	1290684	147131	229246	235753	58636	1062318	106115	103049
130835	204	12740	59	3153	2983	810	10373	935	1275
12877456	21205	1277944	147072	226093	232769	57826	1051945	105181	101774
11928959	16580	1145653	100761	219435	223799	54113	979697	94600	95212
247134	465	65040	15	1138	2524	654	29411	3792	3423
701363	4159	67251	46296	5520	6446	3059	42837	6789	3139
4382043	40988	841288	74338	245248	338572	87150	771729	76336	92738
1300588	11637	207973	25206	131650	141683	33767	405447	25117	56421
1204260	15866	215836	42220	128567	135702	27739	161457	25413	15584
188874	1075	26651	22	6014	7107	1296	20245	2074	1857
149934	1297	107834	1665	-15723	-2318	5846	29133	5472	2768
69576	563	68143	-2	-31481	-31211	3023	10865	2344	869
80358	734	39691	1667	15758	28893	2823	18267	3128	1899

5-35

行　业	法人单位数（个）	固定资产原价	本年折旧	资产合计	负债合计	所有者权益合计	营业收入
谷物、棉花等农产品仓储	48	503347	19981	1753330	1350944	402386	602357
谷物仓储	42	362417	15276	1588242	1189324	398917	574473
棉花仓储	1	316	22	1586	326	1260	964
其他农产品仓储	5	140615	4682	163502	161294	2209	26921
其他仓储业	126	1169631	52591	2446606	1288526	1158080	1137535
邮政业	193	1868577	121269	5104398	3406312	1698086	7127864
邮政基本服务	22	1025253	34226	796915	607063	189852	1633007
快递服务	161	469527	34183	3498887	2449651	1049236	5194673
其他寄递服务	10	373797	52860	808596	349598	458998	300184
信息传输、软件和信息技术服务业	4166	54567895	4244946	143991080	56499820	87491260	85222375
电信、广播电视和卫星传输服务	238	44962551	3097673	42118037	6130462	35987575	19451838
电信	197	42914210	2972517	39101922	5124729	33977193	18419011
固定电信服务	27	15357023	967623	7603270	-5064311	12667580	5438685
移动电信服务	64	26852158	1921524	29321936	9173428	20148508	11882936
其他电信服务	106	705029	83370	2176716	1015612	1161105	1097391
广播电视传输服务	38	1981134	121070	2601955	854061	1747894	907312
有线广播电视传输服务	35	1977589	120763	2554461	810708	1743753	875292
无线广播电视传输服务	3	3545	307	47495	43353	4142	32021
卫星传输服务	3	67207	4086	414160	151672	262488	125515
广播电视卫星传输服务	1	65261	3865	341315	125410	215906	106254
其他卫星传输服务	2	1947	221	72845	26262	46582	19261
互联网和相关服务	486	4610392	652187	40313972	25459962	14854010	24911940
互联网接入及相关服务	53	289079	23967	428495	344193	84301	403030
互联网信息服务	247	3792761	582326	35282659	22032767	13249892	20901481
互联网搜索服务	24	217123	36115	2078997	578329	1500668	1903332
互联网游戏服务	65	252371	18125	15273469	10494070	4779399	9908203
互联网其他信息服务	158	3323267	528086	17930193	10960369	6969825	9089946
互联网平台	108	265326	24672	2411302	1595008	816294	2261364
互联网生产服务平台	29	128891	10021	617758	324762	292996	559588
互联网生活服务平台	54	60375	10191	1245962	988566	257397	1223435
互联网科技创新平台	2	1350	252	97522	56461	41061	63664
互联网公共服务平台	7	34453	2016	234309	127340	106969	214813
其他互联网平台	16	40258	2192	215751	97880	117871	199865
互联网安全服务	5	20342	2056	261159	109964	151195	67343
互联网数据服务	39	51185	8305	1051986	688493	363493	621780
其他互联网服务	34	191700	10862	878372	689537	188835	656942
软件和信息技术服务业	3442	4994953	495086	61559070	24909396	36649675	40858597
软件开发	2349	2880256	271724	42742570	16564763	26177807	27336425

续表 2

单位：万元

营业成本	营业税金及附加	销售费用、管理费用、财务费用合计	投资收益	营业利润	利润总额	应交所得税	应付职工薪酬	应交增值税	期末从业人员（人）
641480	1307	90010	1567	-43930	5254	2352	30906	1771	2698
616219	1163	80645	1567	-37126	12078	2243	26659	1327	1991
	5	850		181	185	31	588	75	31
25261	139	8514		-6985	-7009	79	3659	369	676
896907	9806	192984	3658	38670	51144	16151	124543	16488	13410
6085887	23649	834047	8635	118775	124566	45469	1443311	104296	119408
1394244	12950	167589		14952	12497		536481	9228	32336
4383093	9902	611441	2270	161072	169292	53321	841198	93721	81091
308550	797	55017	6365	-57249	-57222	-7853	65633	1346	5981
50633165	527553	20006094	2134357	16287544	16593799	2133916	14393756	2059193	806929
12159461	76706	2998997	863663	5038518	5002862	959289	2610635	499253	129817
11540187	71759	2718087	840879	4881716	4845829	952632	2304355	486574	111000
3449847	31236	889435	4450	1081017	1047883	228900	763475	52395	40830
7229459	36882	1657977	795735	3697299	3694182	714613	1261131	418535	47455
860881	3642	170675	40693	103400	103764	9120	279748	15645	22715
585178	3833	252632	22974	95045	95219	209	275066	8204	17663
555473	3730	247543	22908	97663	97561	199	271491	8085	17506
29705	102	5089	66	-2619	-2342	10	3574	119	157
34096	1114	28279	-190	61758	61813	6448	31214	4475	1154
24209	812	21902		59332	59341	6163	23615	3805	569
9887	302	6376	-190	2426	2473	284	7599	670	585
14434837	214920	5352414	417529	5388173	5371119	512452	2743328	264269	110503
304692	1734	88812	952	13164	12878	2079	56344	5923	4724
12054511	201405	3843845	361889	5224975	5193143	477372	2045444	189573	53314
521854	8766	625235	5027	757008	754282	31964	315965	61369	6448
8075820	154621	877018	316338	1081041	1064551	124919	471624	-121719	12530
3456838	38018	2341593	40525	3386926	3374310	320489	1257856	249923	34336
1532983	6855	724281	25091	27519	35615	10812	476842	36559	40872
436375	1562	112108	241	14051	16098	6315	207686	6340	16990
757002	3384	495307	15576	-15913	-13092	2901	151804	21899	10335
23900	359	36028	322	3700	4681	425	21823	2833	1190
152130	714	47218	480	15440	16536	879	23906	3379	1178
163576	836	33621	8472	10241	11391	292	71624	2107	11179
49367	492	24602	25040	7460	8636	819	12921	3259	1104
196412	2191	345898	1733	77691	79383	12781	76418	14285	3827
296872	2244	324975	2824	37364	41464	8589	75360	14671	6662
24038867	235926	11654683	853166	5860853	6219819	662176	9039793	1295671	566609
15582141	163734	8035749	786140	4349158	4661329	459542	6033059	949281	348820

5-35

行　业	法人单位数（个）	固定资产原价	本年折旧	资产合计	负债合计	所有者权益合计	营业收入
基础软件开发	392	333803	33007	5607438	2752454	2854984	5088786
支撑软件开发	61	123212	8736	491355	251477	239878	324235
应用软件开发	1651	2289798	212046	34587847	12803713	21784134	20405574
其他软件开发	245	133443	17936	2055930	757120	1298810	1517830
集成电路设计	107	228226	23918	2477850	743747	1734102	1327431
信息系统集成和物联网技术服务	413	500758	41388	5286047	3089019	2197029	4009721
信息系统集成服务	401	488307	40797	5191221	3032876	2158345	3943126
物联网技术服务	12	12451	591	94827	56143	38684	66595
运行维护服务	49	300769	36043	2170974	979247	1191727	1274189
信息处理和存储支持服务	70	474356	46106	2353269	768252	1585017	676341
信息技术咨询服务	311	370249	53953	4377396	1748007	2629389	4286352
数字内容服务	50	91525	3308	536853	258001	278852	361493
地理遥感信息服务	2	854	43	4111	2419	1692	8399
动漫、游戏数字内容服务	32	37558	2133	390266	199210	191056	214015
其他数字内容服务	16	53113	1132	142476	56372	86104	139080
其他信息技术服务业	93	148815	18645	1614112	758360	855752	1586644
呼叫中心	30	62291	6948	526819	256470	270349	796335
其他未列明信息技术服务业	63	86524	11697	1087293	501890	585404	790310
房地产业	3353	20319248	808354	151084056	103060149	48023907	20024979
物业管理	1971	5292379	259786	33329368	23191650	10137718	11740901
房地产中介服务	268	252166	22019	8823268	7409638	1413630	2599498
房地产租赁经营	1102	14565542	516254	106053521	70705053	35348468	5480145
其他房地产业	12	209161	10295	2877899	1753808	1124092	204435
租赁和商务服务业	6205	38568574	1849486	488756083	248441176	240314907	53517599
租赁业	271	1904811	246940	7664465	5546368	2118098	1528949
机械设备经营租赁	263	1895223	244302	7646442	5530636	2115805	1493207
汽车租赁	107	854745	117085	2298534	1729054	569480	592829
农业机械经营租赁	2	13001	1151	15346	7075	8271	5118
建筑工程机械与设备经营租赁	70	489963	47483	1980487	1284239	696248	376902
计算机及通讯设备经营租赁	6	59185	10255	87665	52475	35190	38726
医疗设备经营租赁	5	35761	2426	1904177	1483072	421105	105363
其他机械与设备经营租赁	73	442569	65903	1360233	974721	385511	374269
文体设备和用品出租	8	9588	2638	18024	15731	2292	35742
休闲娱乐用品设备出租	4	7930	2424	9960	6145	3816	8736
体育用品设备出租	1	122		697	513	184	1782
文化用品设备出租	2	1332	105	6330	8146	-1817	24487
音像制品出租	1	204	109	1037	927	110	737
商务服务业	5934	36663763	1602546	481091618	242894808	238196809	51988650

续表 3

单位：万元

营业成本	营业税金及附加	销售费用、管理费用、财务费用合计	投资收益	营业利润	利润总额	应交所得税	应付职工薪酬	应交增值税	期末从业人员（人）
2437370	29493	1345155	8150	1286149	1357171	141591	807527	182816	51430
224882	2249	121073	3273	-18984	-14315	2056	102469	11225	6188
11999777	123391	6120475	748096	2881051	3101508	298539	4771839	698135	265781
920112	8601	449045	26621	200942	216966	17357	351224	57105	25421
931942	5084	344565	17675	100458	108964	15497	219145	33925	10231
2878346	18953	933920	13601	206524	227695	38674	687994	98934	53310
2830037	18640	917842	13601	200917	221901	37478	678844	97308	52726
48308	314	16078		5607	5794	1196	9150	1626	584
493926	10428	444139	2861	315445	316472	22050	236099	39553	11823
429817	3155	195335	-4526	42385	46283	10844	137749	6849	9260
2885680	23703	766608	20796	639901	643808	91815	873617	93656	63677
197749	1039	105650	5045	62055	63954	8115	78096	9929	5332
6658	26	1371		344	344	64	1127	215	98
106106	471	62129	4736	52131	53092	6185	41925	6648	2822
84985	542	42150	309	9580	10519	1867	35044	3066	2412
639267	9830	828717	11574	144928	151313	15640	774034	63546	64156
189015	3548	556636	9038	57043	58841	7681	489591	13893	43689
450252	6282	272081	2536	87885	92472	7959	284442	49653	20467
12178530	376746	6377746	2560138	4235749	4362864	988122	6455352	798098	784817
8442320	134499	2443532	416234	1172290	1215077	467411	4579318	460710	633264
1346268	16156	1156688	233739	303518	310117	48021	1153904	121826	93134
2296614	222142	2765348	1908834	2663216	2739229	450144	711131	218886	57780
93328	3950	12178	1331	96725	98441	22546	10999	-3325	639
38388911	520311	13890393	14695266	15426855	15665959	1818120	10667474	1151810	1107659
1056420	6344	401540	4595	73874	81727	26847	244097	35338	27972
1030056	6246	390811	4595	75323	83146	26803	238967	34518	27364
440062	2230	185624	-592	-31327	-23803	4353	111270	12529	13933
4307	17	852		-58	-133	11	941	59	155
274631	1369	82279	2587	33957	34234	6032	52286	9200	7000
21882	232	8329	113	8097	8224	812	4012	1275	399
48784	392	17207	2201	33240	31988	8657	9165	-676	346
240391	2007	96520	286	31415	32635	6939	61294	12130	5531
26364	99	10729		-1449	-1419	44	5130	820	608
5011	29	4978		-1282	-1276	8	2072	215	315
12	10	1921		-162	-140	35	1362	109	64
20993	58	3457		-21	-14		1525	485	205
348	1	373		15	12	1	171	12	24
37332492	513967	13488853	14690671	15352982	15584232	1791273	10423377	1116472	1079687

行　业	法人单位数（个）	固定资产原价	本年折旧	资产合计	负债合计	所有者权益合计	营业收入
组织管理服务	1631	29303010	1143101	392956228	191277944	201678283	10805299
企业总部管理	176	2958683	156470	199453912	110146195	89307718	2585759
投资与资产管理	536	12701105	433030	158774248	65156169	93618079	3800049
资源与产权交易服务	16	46324	2813	2216719	1615159	601561	236807
单位后勤管理服务	51	198928	11929	1536827	949801	587026	491153
农村集体经济组织管理	636	10798467	431350	17660746	6012774	11647972	2460109
其他组织管理服务	216	2599504	107511	13313775	7397847	5915928	1231423
综合管理服务	566	3110723	176956	26442777	13612973	12829804	3205125
园区管理服务	61	436223	19657	2622103	1770584	851519	255098
商业综合体管理服务	85	657525	30457	3540428	2334429	1205999	430307
市场管理服务	326	1753985	98676	15065984	7241382	7824602	1660914
供应链管理服务	48	17381	13920	616099	376886	239213	662467
其他综合管理服务	46	245609	14246	4598163	1889693	2708470	196340
法律服务	194	70862	7816	602233	294121	308112	959572
律师及相关法律服务	182	53175	6920	454071	259108	194963	924177
公证服务	3	16523	694	62017	12653	49364	14562
其他法律服务	9	1165	202	86145	22361	63784	20833
咨询与调查	794	954134	72670	34859346	23849545	11009801	5338060
会计、审计及税务服务	117	35714	4117	190384	109669	80716	319031
市场调查	26	20191	2235	257958	115424	142534	334652
社会经济咨询	454	595940	37634	31156515	21963052	9193463	3597955
健康咨询	22	21486	2650	146311	64238	82073	147906
环保咨询	26	149601	14138	746393	399280	347113	240124
体育咨询	7	1198	197	40326	23835	16490	15971
其他专业咨询与调查	142	130005	11700	2321459	1174047	1147413	682422
广告业	754	527309	38045	6625844	3547676	3078168	7658509
互联网广告服务	171	168559	13366	1403823	869051	534772	2542668
其他广告服务	583	358750	24679	5222021	2678625	2543396	5115842
人力资源服务	811	94710	9995	2302058	1621015	681044	11444389
公共就业服务	2	57	7	1119	626	493	24609
职业中介服务	73	32496	1920	326923	158460	168463	1062538
劳务派遣服务	680	56492	7162	1795192	1332044	463148	9297633
创业指导服务	4	338	43	12453	8020	4432	10999
其他人力资源服务	52	5329	862	166372	121865	44507	1048609
安全保护服务	220	215915	27367	1305279	655247	650031	2001964
安全服务	170	157060	19201	714171	338711	375461	1719033
安全系统监控服务	32	39370	5129	536785	291580	245205	175545
其他安全保护服务	18	19486	3037	54322	24957	29366	107386

续表 4

单位：万元

营业成本	营业税金及附加	销售费用、管理费用、财务费用合计	投资收益	营业利润	利润总额	应交所得税	应付职工薪酬	应交增值税	期末从业人员（人）
5168789	281735	6496120	12613971	11743029	11771078	632412	2473797	277623	174165
1392899	60013	3282626	8841233	6578890	6748169	294746	1172155	56424	31339
2064648	155461	1768715	3254041	3421224	3426776	264175	499595	105042	34981
190441	733	71117	106393	77064	78549	3912	44693	4894	1256
325154	2410	117093	9165	53558	57802	11749	194838	11033	32545
733596	43602	728252	77125	1047894	896137	14890	257515	54606	47521
462050	19516	528318	326014	564398	563646	42941	305001	45626	26523
1737301	59376	1183809	827887	1053902	1044774	628834	483123	108830	42997
101475	8725	125324	18139	38839	34438	536436	26329	9991	2370
201542	13646	184822	2445	33792	34769	12141	62081	14779	6053
756414	31454	651803	659337	885442	877586	74166	243480	73762	23762
573328	1189	117516	747	-33955	-30807	2596	68892	5235	4831
104542	4362	104344	147219	129785	128788	3496	82342	5063	5981
200818	6373	568042	6768	191291	192414	46240	205555	52754	22906
195688	6034	545919	732	177453	178361	44456	193038	51120	22072
905	228	8861		4568	4599	1205	5732	745	235
4225	111	13262	6036	9271	9455	579	6785	888	599
2814311	32423	2163940	1073309	1199808	1353269	156926	1835571	181718	137787
163962	1824	136098	197	16983	17069	4332	129466	15853	11453
158777	1829	158331	1229	16968	18336	2654	206116	13484	31426
1874708	23810	1468087	919306	957297	951507	96444	1173584	123506	70522
83998	370	58694	1847	6539	6832	1921	41827	2708	3705
157833	1486	67893	12935	22362	23971	1802	52422	5238	2769
9783	40	9316	-97	-3271	-3061	110	5491	198	381
365250	3064	265521	137892	182930	338616	49663	226665	20731	17531
6324004	63705	919874	45213	364126	367320	72905	596417	98169	38241
2160551	21800	299953	3208	60428	60430	13437	167292	36714	11937
4163453	41905	619921	42006	303698	306891	59468	429125	61455	26304
10736253	35953	606685	7048	87739	97366	51025	2605149	241331	331388
23339	240	956		80	58	25	21729	204	2274
966173	3064	82128	726	14221	17280	3401	160024	24828	12190
8737421	30112	483874	5312	63770	69644	45712	2107416	203186	266965
5349	33	4664	245	1198	1244	284	2851	302	307
1003971	2504	35063	765	8471	9140	1603	313130	12811	49652
1677017	6035	255882	4863	60194	55083	18485	1456607	32352	254607
1466267	4831	193979	4422	58008	55907	16525	1361510	23101	240208
124967	811	47243	327	-4105	-7209	368	23924	7332	1959
85783	393	14661	114	6291	6385	1592	71173	1919	12440

5-35

行　业	法人单位数（个）	固定资产原价	本年折旧	资产合计	负债合计	所有者权益合计	营业收入
会议、展览及相关服务	178	1424728	63442	3754734	1283354	2471380	1226401
科技会展服务	25	279513	7459	476083	377422	98661	181525
旅游会展服务	2	7023	399	12218	10126	2092	14479
文化会展服务	81	949327	43202	2664839	502251	2162588	687121
其他会议、展览及相关服务	70	188865	12382	601593	393555	208038	343276
其他商务服务业	786	962370	63153	12243120	6752933	5490187	9349330
旅行社及相关服务	548	369364	26616	2497010	1821068	675942	7615770
包装服务	11	760	127	28110	17600	10510	52345
办公服务	15	9393	783	28998	18019	10979	36517
翻译服务	6	501	97	11006	1830	9176	15688
信用服务	3	1836	557	76105	22854	53251	21360
非融资担保服务	30	53297	2946	5372579	1999901	3372678	480896
商务代理代办服务	53	121036	7011	883448	685439	198010	293226
票务代理服务	8	28983	2367	733091	484518	248573	61510
其他未列明商务服务业	112	377201	22648	2612773	1701704	911069	772017
科学研究和技术服务业	2796	7865529	489320	63239238	37169301	26069937	25796835
研究和试验发展	348	1541329	111978	8574744	3594350	4980394	2920273
自然科学研究和试验发展	19	138421	3786	442546	408672	33875	105620
工程和技术研究和试验发展	246	1006516	82214	5295383	2171273	3124110	2209620
农业科学研究和试验发展	12	61715	3577	179864	84415	95449	91445
医学研究和试验发展	71	334678	22400	2656951	929990	1726960	513587
专业技术服务业	2106	5398738	302440	33087887	19771871	13316015	20932646
气象服务	2	886	22	5107	645	4462	5539
海洋服务	7	7593	480	23181	5822	17359	20480
海洋气象服务	2	724	121	6346	993	5353	3304
其他海洋服务	5	6869	359	16835	4830	12006	17176
测绘地理信息服务	32	33937	7264	161238	78715	82523	158334
遥感测绘服务	12	16249	5395	88536	45939	42596	65312
其他测绘地理信息服务	20	17688	1868	72702	32775	39927	93022
质检技术服务	313	839019	82488	2365381	965012	1400369	1810193
检验检疫服务	14	27901	4909	133112	68666	64446	52974
检测服务	232	601220	59324	1628819	639742	989077	1288400
计量服务	5	27549	3721	160669	73519	87150	87977
标准化服务	1	3439	206	6807	866	5942	2852
认证认可服务	13	26826	1722	119993	41208	78785	88155
其他质检技术服务	48	152084	12606	315982	141012	174970	289836
环境与生态监测检测服务	33	41850	5774	132002	53385	78617	102694
环境保护监测	33	41850	5774	132002	53385	78617	102694

续表 5

单位：万元

营业成本	营业税金及附加	销售费用、管理费用、财务费用合计	投资收益	营业利润	利润总额	应交所得税	应付职工薪酬	应交增值税	期末从业人员（人）
655870	8561	345205	73981	285206	326396	68303	139479	36562	9913
80997	1568	65390	441	33934	36501	6468	22764	5933	1801
11025	23	3348		85	84	25	1064	164	112
335546	5622	169312	70276	242786	249762	53026	80662	20711	4936
228302	1349	107154	3264	8401	40049	8784	34989	9754	3064
8018129	19807	949296	37632	367687	376532	116143	627679	87135	67683
7031688	7409	541395	8367	15921	19944	18879	301282	34846	39942
44220	156	7661		309	291	130	5294	1176	907
22021	107	13572	145	974	1045	168	8318	793	1017
3378	77	6699		5535	5573	489	4814	359	627
14846	88	6683	327	-313	-312	494	4437	840	116
149489	2831	56799	7256	270667	272073	73909	60625	16201	3163
193220	1867	76008	4956	26993	31315	5959	64137	9691	6246
41752	311	25481	10107	10082	9850	953	10627	2338	921
517515	6962	214999	6474	37519	36754	15161	168145	20891	14744
17864147	144682	5520970	655978	2934630	3031582	454927	6364703	780772	424559
1759358	16341	778844	142079	572012	628053	95379	644282	43330	41944
75661	338	59414	2292	-27418	9592	861	29302	2006	1590
1366061	12938	491938	113851	475296	487914	72734	465208	33482	25277
59501	251	33760	2118	938	2462	119	19947	426	5259
258136	2815	193731	23818	123196	128084	21665	129825	7416	9818
15066355	118519	3995389	189395	1885602	1904993	321637	5303849	687467	349127
2052	26	2747		714	718	95	502	443	34
15228	97	3691	1716	3179	3461	225	6038	798	435
1911	21	820	1716	2267	2356	76	942	159	86
13317	76	2872		912	1105	150	5096	640	349
100227	694	39764	-116	15228	16677	2314	37763	5111	4178
39227	268	17768	6	5957	6611	990	15683	1952	1716
61000	427	21996	-122	9271	10067	1324	22080	3159	2462
993518	8557	585075	21187	241743	255182	36892	620937	47094	50890
33703	269	18764	2563	4589	4742	285	24968	1648	2357
681125	5873	424836	11192	182909	193357	30007	418099	31833	36518
50996	192	24668	3028	14090	14609	1175	28849	1104	2342
1287	6	1273		277	293	-2	1038		120
40401	527	36688	2606	13809	14606	2330	37707	3873	1925
186006	1691	78846	1798	26070	27575	3097	110276	8637	7628
47919	406	43459	43	10632	12464	1467	28831	3042	3827
47919	406	43459	43	10632	12464	1467	28831	3042	3827

5-35

行　业	法人单位数（个）	固定资产原价	本年折旧	资产合计	负债合计	所有者权益合计	营业收入
地质勘查	17	29418	6854	116612	45466	71146	96195
能源矿产地质勘查	2	15884	5875	26707	11288	15419	23235
固体矿产地质勘查	1	347	26	1553	812	742	4199
基础地质勘查	6	6645	393	50871	22592	28279	37747
地质勘查技术服务	8	6543	560	37481	10775	26706	31014
工程技术与设计服务	1349	3896159	152992	26757493	16999947	9757546	16480961
工程管理服务	268	978008	47218	9114671	6434546	2680126	3309500
工程监理服务	206	110544	9116	1035954	611720	424234	1022978
工程勘察活动	88	102933	9397	2116812	1186609	930203	1411106
工程设计活动	749	2640159	83131	14012087	8485867	5526219	10288234
规划设计管理	33	61998	3930	447951	271762	176189	418988
土地规划服务	5	2518	200	30018	9443	20575	30156
工业与专业设计及其他专业技术服务	353	549877	46567	3526873	1622879	1903994	2258251
工业设计服务	71	94881	6709	473807	246133	227674	338826
专业设计服务	211	159993	18607	1242168	607866	634302	1381123
其他未列明专业技术服务业	71	295003	21252	1810898	768880	1042018	538303
科技推广和应用服务业	342	925461	74902	21576607	13803081	7773527	1943917
技术推广服务	216	706580	58607	4009881	2226634	1783247	1243840
农林牧渔技术推广服务	19	36969	2234	97369	66626	30742	57486
生物技术推广服务	66	137189	8779	1883548	1203640	679909	259657
新材料技术推广服务	15	29024	2733	142786	69063	73723	126292
节能技术推广服务	53	413355	38108	1064111	631535	432576	372265
新能源技术推广服务	8	5362	667	197987	29623	168364	34479
环保技术推广服务	13	11506	1363	121213	64271	56942	84491
其他技术推广服务	42	73176	4724	502868	161877	340992	309171
知识产权服务	63	48349	3658	16818924	11126707	5692216	428168
科技中介服务	18	69799	7896	131550	53268	78282	134010
创业空间服务	17	74845	2120	186150	72319	113832	50384
其他科技推广服务业	28	25888	2622	430102	324152	105950	87515
水利、环境和公共设施管理业	475	5220199	152852	28469132	9076236	19392895	3800815
水利管理业	12	83403	7247	254960	169857	85102	56242
防洪除涝设施管理	2	1298	131	1723	689	1034	6717
水资源管理	2	43614	2187	43169	37515	5654	4693
天然水收集与分配	2	9567	222	9212	7687	1526	9771
其他水利管理业	6	28924	4707	200856	123967	76889	35061
生态保护和环境治理业	114	635755	42822	5982580	1793172	4189409	712637
生态保护	5	98516	2826	53480	64405	-10926	36540
动物园、水族馆管理服务	4	98516	2826	53307	64291	-10985	36290

续表6

单位：万元

营业成本	营业税金及附加	销售费用、管理费用、财务费用合计	投资收益	营业利润	利润总额	应交所得税	应付职工薪酬	应交增值税	期末从业人员（人）
70288	371	15249		10036	10201	1044	15985	2751	1489
15250	28	3872		4086	4005	101	2343	95	184
4026	14	100		58	50	8	864	118	116
28833	217	5756		2691	2871	517	8204	1628	710
22178	112	5522		3202	3274	418	4575	910	479
12396298	96517	2701748	126775	1366592	1365638	239261	3887014	558708	235957
2665975	15207	441224	47019	221129	224047	43049	681921	142279	47771
649645	7027	281205	-2320	81893	86470	22340	413035	45202	41696
993604	9219	189559	17454	240940	217572	36453	194931	55015	16487
7775372	61967	1697290	63693	780024	794546	132293	2424793	296983	122803
294988	2915	84108	847	37661	37806	4406	163503	17721	6504
16714	183	8362	81	4945	5198	719	8831	1509	696
1440826	11850	603656	39790	237478	240651	40341	706779	69521	52317
206895	1924	83547	378	44729	45039	8562	120166	8676	7909
824156	6489	412816	7350	143849	147878	23716	406904	46307	27749
409775	3437	107293	32062	48901	47735	8063	179709	14538	16659
1038434	9822	746737	324504	477016	498537	37911	416572	49974	33488
813869	4950	366444	62269	120811	131988	15947	249169	29122	22916
43415	134	17977	10	-3846	-1934	146	11534	206	1450
163486	1314	118727	24936	1124	5223	-3035	44270	6056	3903
77589	603	42860	-45	4469	4345	973	34248	3739	3788
254169	931	72423	25270	64299	68180	6353	43022	7050	3002
24225	186	16692	2464	251	1883	606	9785	1144	629
57383	266	13599	292	13388	13560	1619	8384	1787	902
193603	1516	84166	9341	41127	40731	9285	97927	9140	9242
133718	2504	260295	254471	287501	296030	10012	113967	13068	7787
17345	612	81829	155	34399	34790	5224	31269	3553	1321
24227	1347	17486	4487	13930	14750	2025	6214	2252	430
49275	410	20684	3123	20376	20979	4704	15953	1980	1034
2803162	76038	650265	148713	442362	537701	101229	684468	143486	106343
39131	291	10646	876	7127	7401	1812	15390	2057	1010
5613	29	716		360	359	92	889	131	101
4399	36	828	694	124	357	100	345	308	97
7280	60	2424		7	21	35	5972	520	148
21839	165	6678	183	6636	6665	1584	8184	1098	664
516993	6476	116697	18200	101221	106758	18209	98495	34438	9151
16968	290	9750	15	9493	9710	3349	11003	1357	926
16730	290	9749	15	9483	9700	3349	10946	1356	911

5-35

行业	法人单位数（个）	固定资产原价	本年折旧	资产合计	负债合计	所有者权益合计	营业收入
其他自然保护	1			173	114	59	250
环境治理业	109	537239	39996	5929101	1728766	4200334	676097
水污染治理	66	340234	25755	5217080	1361953	3855126	342758
大气污染治理	4	554	264	84825	31001	53823	24818
固体废物治理	14	90907	5778	294449	172575	121875	170539
危险废物治理	13	75517	5856	191078	58128	132949	93769
土壤污染治理与修复服务	2	5752	361	4820	8051	-3231	4286
其他污染治理	10	24274	1982	136850	97058	39792	39927
公共设施管理业	341	1657645	90141	6956555	3527567	3428987	2756127
市政设施管理	41	704389	26875	2642072	940361	1701711	410087
环境卫生管理	103	359386	31639	1476499	623841	852658	775183
城乡市容管理	4	11210	212	32572	16440	16132	24369
绿化管理	137	123490	10539	2012502	1489279	523223	1335035
城市公园管理	11	244352	9605	317179	173612	143566	113899
游览景区管理	45	214818	11271	475731	284033	191698	97555
名胜风景区管理	20	94880	5366	262033	162025	100008	41945
森林公园管理	4	20325	871	31086	24670	6416	11894
其他游览景区管理	21	99613	5033	182613	97339	85274	43717
土地管理业	8	2843396	12643	15275037	3585640	11689397	275809
土地整治服务	2	2782593	2770	10621453	871600	9749854	37078
土地调查评估服务	1	483	6	3203	2633	570	3950
其他土地管理服务	5	60320	9866	4650381	2711408	1938973	234781
居民服务、修理和其他服务业	835	647515	58116	2897908	1882147	1015761	2922264
居民服务业	217	272795	21077	1088501	847094	241407	728784
家庭服务	12	2462	788	74117	57525	16592	34854
洗染服务	33	53874	3772	101688	79809	21879	77003
理发及美容服务	30	75107	5747	233249	213573	19676	133624
洗浴和保健养生服务	58	47386	2500	141143	150329	-9187	124710
洗浴服务	35	39552	1799	110566	116386	-5820	86099
足浴服务	6	1038	62	1041	852	189	3325
养生保健服务	17	6797	639	29535	33092	-3556	35286
摄影扩印服务	14	8507	1256	31025	26435	4590	29937
婚姻服务	2			226	62	164	1006
殡葬服务	38	42196	2357	293009	180789	112221	138569
其他居民服务业	30	43262	4657	214044	138572	75472	189082
机动车、电子产品和日用产品修理业	260	99164	9528	612403	378756	233647	777507
汽车、摩托车等修理与维护	156	75409	7136	266724	179103	87621	361237
汽车修理与维护	151	72623	6943	253857	171337	82520	330838

续表 7

单位：万元

营业成本	营业税金及附加	销售费用、管理费用、财务费用合计	投资收益	营业利润	利润总额	应交所得税	应付职工薪酬	应交增值税	期末从业人员（人）
239		1		10	10		58	1	15
500024	6186	106947	18185	91727	97047	14859	87492	33081	8225
261526	3047	54373	4040	30258	33903	6860	43847	12641	4467
18873	43	6468	1342	1143	1146	64	2793	407	237
118809	1618	22060	217	31567	32850	6457	12116	10505	1119
66920	1074	14994	12097	27278	27448	984	22889	6899	1744
5241	13	828		-1797	-1808	6	822	-23	110
28656	391	8225	490	3279	3509	488	5024	2653	548
2099282	61179	360709	95834	343467	357369	79784	553068	102389	95388
250270	47337	39435	83029	166838	172211	42750	50841	8202	5797
616595	4810	89822	12091	77383	77104	12180	263737	45847	53185
19949	74	3537		809	910	221	7904	602	1032
1122872	6557	141210	711	65282	64941	12224	164645	40273	26969
57251	1590	24663	-48	29907	36697	9450	32491	4449	2912
32345	811	62042	51	3248	5506	2959	33450	3016	5493
19132	252	24104	11	-734	1058	1510	13952	1200	2633
1885	40	10372		-402	-471	171	4433	347	626
11329	519	27566	41	4385	4919	1278	15064	1469	2234
147757	8093	162214	33802	-9452	66173	1424	17515	4603	794
19934	4991	58811	30366	-16292	22102	1074	3816	3081	135
1749	21	2071		110	113	6	1074	195	122
126073	3081	101333	3436	6731	43959	345	12625	1326	537
2043725	17323	745537	19527	136104	139011	40703	1085910	93231	216258
419184	4131	272456	4922	37440	38064	14093	206630	15756	30714
19863	156	17640	2	-2800	-2754	420	15446	1075	1614
50250	385	26446		-107	498	432	23487	1761	3602
74205	778	60884	1856	-1191	-1276	1915	54470	3472	5960
48063	688	77169	13	-1192	-814	719	43430	2322	7863
24708	571	60149	13	683	1136	560	29932	1947	5699
2703	58	453		112	112	8	1542	46	512
20653	59	16567		-1987	-2062	152	11956	329	1652
12037	246	20390		-2792	-2801	18	12180	627	1486
236	4	700		66	66	7	119	60	51
71578	1259	28302	115	38045	37789	8874	11670	1794	1551
142951	614	40926	2937	7411	7356	1709	45828	4646	8587
565897	4366	178146	6394	36780	38625	14423	149793	25623	18500
247147	2381	99332	5622	18224	18454	9139	66768	12708	8855
222719	2230	95120	5621	16615	16844	8651	63601	11670	8574

5-35

行　业	法人单位数（个）	固定资产原价	本年折旧	资产合计	负债合计	所有者权益合计	营业收入
大型车辆装备修理与维护	4	1586	102	4789	3505	1285	6591
助动车等修理与维护	1	1200	92	8078	4261	3817	23809
计算机和办公设备维修	46	13714	1482	176561	97003	79558	210185
计算机和辅助设备修理	15	1999	171	50322	34440	15882	60263
通讯设备修理	18	7177	587	65989	26436	39553	108339
其他办公设备维修	13	4537	724	60250	36127	24123	41583
家用电器修理	42	7140	685	68161	40443	27719	136472
家用电子产品修理	13	4966	376	36081	24566	11516	76291
日用电器修理	29	2174	309	32080	15877	16203	60181
其他日用产品修理业	16	2902	225	100957	62206	38750	69614
其他未列明日用产品修理业	16	2902	225	100957	62206	38750	69614
其他服务业	358	275556	27511	1197004	656297	540707	1415973
清洁服务	306	239244	24316	847174	439315	407858	1241206
建筑物清洁服务	77	43755	5784	206852	100402	106450	351877
其他清洁服务	229	195489	18532	640322	338914	301408	889329
宠物服务	8	3354	741	27272	16656	10617	16940
宠物医院服务	7	3307	740	27265	16488	10777	16933
宠物美容服务	1	47	1	7	168	-161	6
其他未列明服务业	44	32958	2455	322558	200326	122232	157828
教育	761	3740871	239989	5992352	4059550	1932802	3333842
学前教育	114	70993	4882	115226	59840	55386	118052
初等教育	180	424103	29585	645402	566359	79043	433955
普通小学教育	180	424103	29585	645402	566359	79043	433955
中等教育	182	1104305	83985	1483617	1148109	335508	820940
普通初中教育	123	507976	31915	684971	580768	104203	408301
职业初中教育	3	657	64	4911	2257	2655	7095
普通高中教育	40	506508	46175	636775	492009	144766	356480
中等职业学校教育	16	89165	5832	156959	73075	83884	49064
高等教育	19	1461514	68022	1897320	827797	1069523	459530
普通高等教育	17	1446735	67181	1879240	821343	1057897	455542
成人高等教育	2	14779	841	18080	6454	11626	3988
特殊教育	1	164	17	1204	971	233	2104
技能培训、教育辅助及其他教育	265	679791	53497	1849584	1456475	393109	1499261
职业技能培训	168	484928	38902	896122	574670	321452	760115
体校及体育培训	8	107512	357	128809	217420	-88610	24282
文化艺术培训	9	2641	234	34387	19992	14395	27935
教育辅助服务	15	19126	1256	69193	45989	23204	48347
其他未列明教育	65	65583	12747	721072	598404	122668	638581

续表 8

单位：万元

营业成本	营业税金及附加	销售费用、管理费用、财务费用合计	投资收益	营业利润	利润总额	应交所得税	应付职工薪酬	应交增值税	期末从业人员（人）
5940	15	655	2	-18	-16	14	855	112	225
18488	137	3557		1627	1625	474	2312	927	56
154104	1063	45474	217	9752	10913	2357	35088	7217	4175
42627	231	17098	12	271	657	200	7982	1218	882
85471	574	18258	-61	3841	4400	912	17158	3742	2146
26005	258	10118	265	5640	5856	1245	9948	2258	1147
113289	527	22764	36	1007	1063	1035	27024	3359	2919
66579	212	9607	28	984	1189	913	15847	1230	1676
46709	315	13157	8	23	-126	122	11177	2128	1243
51358	395	10577	519	7798	8195	1892	20914	2340	2551
51358	395	10577	519	7798	8195	1892	20914	2340	2551
1058644	8827	294935	8211	61884	62322	12188	729486	51851	167044
934571	7956	261099	8012	45995	46047	8794	702205	47189	163087
279923	3014	55264	3893	17713	17755	3329	223689	13908	52552
654647	4942	205834	4119	28282	28292	5465	478516	33281	110535
11773	21	3330		1801	1982	37	6128	151	1025
11773	21	3291		1834	2015	37	6092	151	1019
		39		-33	-33		37		6
112301	849	30507	200	14088	14293	3357	21154	4511	2932
2120895	8294	1198302	22782	55873	86305	38569	1486821	47657	145448
75522	159	36891	68	6720	7192	2245	58525	602	8015
303347	167	165654	31	-30563	-22392	1371	212002	1102	28126
303347	167	165654	31	-30563	-22392	1371	212002	1102	28126
617531	462	238158	677	-20123	-13799	4032	399392	2617	40030
289249	370	140497	122	-18143	-14467	1542	212517	2080	22696
5234	24	803		1014	1011	270	1182	203	100
291048	40	83742	530	-6940	-4910	1810	167693	28	14972
32000	28	13116	25	3945	4566	409	17999	306	2262
261471	-455	128318	4697	78754	91249	4349	150182	1014	12207
258834	-456	125899	4697	79823	92864	4348	148120	1006	12005
2637	1	2419		-1070	-1615	1	2063	9	202
838	9	806		452	452		606	76	110
862187	7952	628476	17309	20634	23603	26573	666114	42247	56960
410092	4739	346785	788	1790	4277	12442	293038	21405	28506
19396	79	36247		-31440	-31465	545	41589	597	1317
13552	126	11311	45	2992	3473	962	9933	793	1256
31534	208	14915	264	1956	1815	690	19276	1400	2016
387612	2800	219218	16212	45336	45503	11934	302279	18051	23865

5-35

行　业	法人单位数（个）	固定资产原价	本年折旧	资产合计	负债合计	所有者权益合计	营业收入
卫生和社会工作	421	1725065	184007	3576083	2227927	1348156	3242003
卫生	398	1664219	180282	3504999	2173967	1331031	3191775
医院	276	1518935	163272	2647349	1615996	1031353	2521976
综合医院	131	1089375	128648	1860607	1178996	681611	1571204
中医医院	3	4647	477	7795	6883	912	6940
中西医结合医院	4	24081	1460	22742	23517	-775	43367
专科医院	134	375510	31396	716602	393430	323172	865259
疗养院	4	25322	1292	39604	13171	26433	35207
基层医疗卫生服务	70	47154	6201	222107	181816	40291	296287
社区卫生服务中心（站）	4	3003	240	11676	8662	3014	9317
街道卫生院	2	628	45	2564	2521	44	2490
乡镇卫生院	2	3041	45	4119	748	3371	3920
门诊部（所）	62	40482	5871	203747	169886	33862	280559
专业公共卫生服务	18	15347	1254	36510	35656	854	40286
疾病预防控制中心	1	2531	137	2892	1857	1035	5421
专科疾病防治院（所、站）	6	6175	442	14426	9242	5184	13420
妇幼保健院（所、站）	5	4391	373	15333	16304	-971	8228
采供血机构服务	6	2250	302	3858	8253	-4395	13217
其他卫生活动	34	82783	9554	599033	340499	258534	333227
健康体检服务	18	39526	4218	123827	78658	45168	100042
临床检验服务	10	36900	4789	462996	254695	208301	216761
其他未列明卫生服务	6	6358	547	12211	7146	5065	16424
社会工作	23	60846	3725	71085	53960	17125	50227
提供住宿社会工作	23	60846	3725	71085	53960	17125	50227
护理机构服务	4	137	24	9585	3362	6223	3606
精神康复服务	5	29670	493	11474	8254	3220	15878
老年人、残疾人养护服务	14	31040	3208	50026	42344	7682	30744
文化、体育和娱乐业	822	4506601	200337	15302021	9771627	5530394	5023829
新闻和出版业	81	523766	27333	3273819	1488889	1784930	815173
新闻业	1	52	10	5300	784	4516	2353
出版业	80	523714	27323	3268519	1488105	1780414	812820
图书出版	17	26023	875	1006670	450406	556264	297339
报纸出版	39	458559	25145	2088937	975138	1113799	419368
期刊出版	17	37641	1201	115640	29441	86199	54103
音像制品出版	6	1251	83	48947	27558	21389	35859
电子出版物出版	1	241	19	8324	5562	2762	6151
广播、电视、电影和录音制作业	321	837597	68426	4265164	2214153	2051011	2002855
广播	8	10028	586	43077	22855	20222	43629

续表 9

单位：万元

营业成本	营业税金及附加	销售费用、管理费用、财务费用合计	投资收益	营业利润	利润总额	应交所得税	应付职工薪酬	应交增值税	期末从业人员（人）
2205296	3575	938128	6208	102193	107023	46380	957689	4521	91746
2179684	3546	913358	6196	102202	106426	44756	936660	4257	88732
1790016	3080	645032	4474	92973	95836	37081	755609	1430	70794
1223412	2008	296717	655	46853	52372	22031	469640	741	43900
3576		4248		-884	-904	48	2061		379
37687		14504	7	-1751	-1631	50	14344		1344
503608	1023	318693	3652	45800	43129	14520	256162	687	24332
21733	48	10870	161	2955	2871	433	13402	2	839
150436	94	137101	883	8778	10524	5126	80784	500	7537
5942		4588		-1212	442	40	3269		320
1204		1431		-177	-180	1	1159		139
3218							2179		185
140073	94	131082	883	10167	10263	5085	74177	500	6893
30200	65	12650		-2647	-2937	4	12178	459	1447
2469	2	2950					3064	9	136
8829	7	5559		-975	-1209	3	3846		549
5965	8	2955		-700	-747		2977	59	441
12937	48	1186		-972	-981	1	2292	390	321
209033	308	118576	840	3098	3002	2546	88089	1867	8954
66450	127	31748	39	1736	1739	1295	38480	10	4479
135846	157	77488	789	1026	914	1240	44332	1698	3253
6737	24	9339	12	336	350	10	5277	160	1222
25612	29	24771	11	-9	597	1624	21029	264	3014
25612	29	24771	11	-9	597	1624	21029	264	3014
2746	19	1028		-187	-187	176	1593	255	205
11163		4572		142	142	16	5959		646
11703	10	19171	11	36	641	1432	13477	9	2163
3546266	82532	1505858	136131	-54101	34079	-445292	1240918	135969	93075
598774	11624	209343	38608	64752	96078	6757	244432	19061	13221
614		129		1610	1610		131		25
598160	11624	209213	38608	63142	94468	6757	244301	19061	13196
231478	1375	44676	25593	51763	51383	131	30414	4829	1312
304180	9158	137703	12340	1882	33413	5771	188239	10988	10772
32915	968	17883	335	4336	4454	60	19984	2517	819
25444	122	7544	347	4130	4184	795	4626	728	237
4142	1	1408	-7	1032	1035		1038		56
1452708	32719	481587	84202	-38963	-981	-511651	263895	57553	24740
28845	399	11042	637	4232	4602	1110	4183	1688	347

5-35

行　业	法人单位数（个）	固定资产原价	本年折旧	资产合计	负债合计	所有者权益合计	营业收入
电视	9	298300	11128	706327	364520	341808	158954
影视节目制作	59	68351	5765	1587148	484702	1102447	518498
广播电视集成播控	3	57302	2728	162232	40947	121286	70547
电影和广播电视节目发行	11	12026	1521	177599	89288	88310	458529
电影放映	227	390681	46623	1538968	1187901	351067	745673
录音制作	4	910	75	49812	23940	25872	7024
文化艺术业	91	115616	9051	440427	213264	227164	317937
文艺创作与表演	59	82503	5359	285428	159072	126355	190380
艺术表演场馆	9	9368	169	27431	12833	14598	35075
文物及非物质文化遗产保护	2	132	20	3472	1655	1817	5491
其他文化艺术业	21	23613	3503	124097	39704	84393	86992
体育	132	1409406	50926	3635698	3291119	344579	713943
体育组织	26	47702	2307	535444	807388	-271944	270851
体育竞赛组织	22	36860	1846	512769	801403	-288634	256909
其他体育组织	4	10842	460	22675	5985	16691	13942
体育场地设施管理	22	339109	9144	788317	531984	256333	103631
体育场馆管理	22	339109	9144	788317	531984	256333	103631
健身休闲活动	80	1021995	39386	2153635	1808861	344774	330797
其他体育	4	599	90	158302	142887	15415	8664
体育中介代理服务	1	34	2	2894	2999	-106	2605
其他未列明体育	3	565	89	155408	139888	15521	6059
娱乐业	197	1620216	44601	3686913	2564202	1122711	1173921
室内娱乐活动	76	35413	3616	89707	89140	567	113791
歌舞厅娱乐活动	61	21852	1659	52629	62980	-10350	73144
电子游艺厅娱乐活动	6	11458	1830	33534	23648	9886	33313
网吧活动	6	1289	111	1501	377	1125	4007
其他室内娱乐活动	3	814	16	2042	2136	-94	3327
游乐园	31	1415370	32231	2950426	2097454	852972	662394
休闲观光活动	10	11545	867	76146	27963	48183	52895
彩票活动	2	7513	958	43862	32764	11098	8385
体育彩票服务	1	5187	677	34668	30522	4146	1981
福利彩票服务	1	2325	281	9194	2241	6953	6404
文化体育娱乐活动与经纪代理服务	68	44257	1647	309928	158560	151368	293307
文化活动服务	42	42563	1437	267683	135123	132560	208439
体育表演服务	2	16	5	1307	1334	-27	2379
文化娱乐经纪人	12	642	54	25934	15791	10143	68218
其他文化艺术经纪代理	12	1036	151	15004	6312	8692	14270
其他娱乐业	10	106118	5281	216844	158322	58523	43149

续表 10

单位：万元

营业成本	营业税金及附加	销售费用、管理费用、财务费用合计	投资收益	营业利润	利润总额	应交所得税	应付职工薪酬	应交增值税	期末从业人员（人）
156044	5172	61762	23842	-39978	-19638	325	56580	546	2823
303063	2888	160076	51192	-57458	-57326	-521754	72550	11805	4603
31901	490	19329	679	18949	19336		20804	2050	963
431246	338	14909	2972	15561	15959	2862	8132	364	411
496867	23412	210970	3659	19052	35261	5796	99651	40874	15413
4742	20	3500	1220	680	826	11	1994	227	180
229370	2255	85544	270	19500	31232	6957	69550	8018	5577
150933	1063	50626	-152	-1045	7942	1908	39867	4502	3528
26902	159	13673	106	1513	4075	685	9374	856	711
4181	43	1167		101	199	28	502	48	66
47354	990	20079	316	18931	19016	4337	19807	2612	1272
644986	23851	300743	4717	-248156	-231658	8015	415813	22993	22565
446216	3626	40621	1412	-216957	-197700	5129	248146	10921	1784
439292	3389	31328	1412	-214445	-196059	5126	246114	10519	1579
6925	237	9293		-2512	-1642	3	2032	402	205
52654	2946	59722	573	-11120	-10805	-663	45190	2019	2733
52654	2946	59722	573	-11120	-10805	-663	45190	2019	2733
131104	17050	204096	1253	-19792	-22871	3726	118676	9512	17857
15012	230	-3697	1478	-286	-282	-179	3801	541	191
2178	6	453		-33	-33		75	51	17
12834	223	-4150	1478	-254	-249	-179	3726	490	174
620429	12084	428641	8335	148766	139408	44630	247229	28344	26972
41093	1858	67351	19	3649	3404	794	25379	1698	4521
30509	1553	40076		1140	1111	432	16954	1403	3277
6233	168	24993	19	1938	1746	375	7350	248	966
3390	126	162		335	333	17	543	48	185
961	11	2120		236	214	-31	532		93
335927	7596	226959	7854	128043	115949	37762	154320	17104	15165
17328	259	34297		1012	1346	53	6854	118	1535
1169	66	15088	-521	-8461	-8493	1060	6571	361	238
110	4	13996	-521	-12653	-12733		6096		170
1060	61	1091		4192	4240	1060	475	361	68
208994	1290	72290	983	10988	12949	1710	42169	7333	4093
140862	882	57719	868	9737	11584	1444	31049	4625	3292
1714	6	729		-69	-69		459	-27	76
59100	325	7292	114	1595	1593	344	8457	2176	567
7318	76	6550	1	-275	-159	-78	2204	559	158
15919	1016	12657		13534	14252	3252	11936	1730	1420

5-36 按地区分组的规模以上

地　区	法人单位数（个）	固定资产原价	本年折旧	资产合计	负债合计	所有者权益合计	营业收入
总　计	24264	334515135	15487371	1239069100	641020589	598048510	285533388
广州市	8724	179637652	6725874	525671578	229549107	296122471	118514617
深圳市	7509	76182863	4132394	532431987	310834110	221597877	116486438
珠海市	902	8200717	383687	43086302	21495712	21590590	8033797
汕头市	367	3483396	227026	6485146	3518338	2966808	2371405
佛山市	1398	9726289	663652	30594576	19487078	11107498	8873842
韶关市	214	1208194	87266	1640133	1034905	605228	940552
河源市	100	1110449	70860	1442385	953447	488938	417656
梅州市	75	1799757	111703	1305429	1245258	60171	535895
惠州市	561	5936259	326935	15818762	9043625	6775138	3482076
汕尾市	101	1076202	82434	1222071	750288	471783	532724
东莞市	1927	23191620	1191589	40629533	18292559	22336974	12155203
中山市	698	4227621	278156	13820517	8087672	5732845	3165488
江门市	352	3692732	244635	4334174	3007062	1327112	1803340
阳江市	104	1077507	77191	974884	614280	360604	659424
湛江市	375	5193236	243740	7950291	4608909	3341382	2117646
茂名市	304	1691719	137965	2543774	1755201	788573	2008230
肇庆市	143	1938070	135299	3610150	2622807	987343	925629
清远市	197	1667692	128902	2991282	2051289	939993	1074759
潮州市	54	917736	64705	661254	513701	147554	373161
揭阳市	92	1514008	101781	1024149	982217	41931	657358
云浮市	67	1041417	71579	830722	573024	257697	404148
按区域分							
珠三角核心区	22214	312733823	14082221	1209997579	622419732	587577847	273440430
沿海经济带	1397	14953804	934842	20861570	12742934	8118636	8719948
北部生态发展区	653	6827509	470310	8209951	5857924	2352027	3373010

服务业企业法人单位主要指标

单位：万元

营业成本	营业税金及附加	销售费用、管理费用、财务费用合计	投资收益	营业利润	利润总额	应交所得税	应付职工薪酬	应交增值税	期末从业人员（人）
203493353	2112880	61575970	22809486	44473641	45785822	6429996	59191473	6221609	4764753
90942249	789230	23617602	7817519	11776152	12413942	2214469	25105912	2606001	1601299
78004719	947596	27359038	12891863	25220147	25591490	2975765	23995581	2481111	1923031
5208251	61418	2140846	683573	1520300	1589985	231063	1790117	176262	178551
1746342	13078	423105	7945	3406	12425	-491804	448694	30394	60376
5978612	73858	1895900	141473	1104611	1103294	723904	1668920	230031	209891
776128	5688	155283	1403	9798	33561	6524	150742	21237	25300
333764	2858	93180	8	-9742	-5672	2243	114756	9396	19524
414329	2516	118692	286	2202	13635	8146	128523	8395	15372
2491639	21791	745215	752757	998188	1128809	93255	591755	72940	80929
455182	3031	89932	630	-2787	3787	6341	135600	5542	15678
7482449	88859	2328241	330570	2698621	2739975	357787	2361496	282122	301194
2139527	35581	822164	144879	370273	411764	71957	852614	77786	101116
1253818	14277	356183	17612	197084	208520	48968	348555	37672	48511
502099	2945	113617	724	46507	48138	11607	140866	17813	16651
1530922	15553	422734	9852	212041	223929	64937	483106	53495	55081
1693446	14542	203182	-841	110256	120219	30592	229208	40941	34160
676584	6327	195610	1449	63212	111311	26224	164692	19566	21668
784077	5687	225599	7563	70803	72142	22814	214893	28783	24339
296770	1859	59409	23	18130	-104544	4141	62947	4022	7760
487507	3694	128081	115	40000	39969	13279	113152	12482	14680
294940	2492	82358	83	24442	29143	7786	89347	5618	9642
194177847	2038937	59460798	22781696	43948588	45299090	6743392	56879642	5983491	4466190
6712268	54702	1440060	18448	427553	343923	-360908	1613573	164688	204386
2603238	19241	675111	9343	97503	142809	47512	698261	73430	94177

5-37 按登记注册类型分组的规模

注册类型	法人单位数（个）	固定资产原价	本年折旧	资产合计	负债合计	所有者权益合计	营业收入
总 计	24264	334515135	15487371	1239069100	641020589	598048510	285533388
内资企业	22260	292484676	12896120	1067367355	533473197	533894158	246706392
国有企业	456	49385431	1479900	79832256	29958936	49873320	16553428
集体企业	680	6998416	302931	12677559	4654732	8022828	1947026
股份合作企业	255	5227580	180011	8655454	4255955	4399499	1292903
联营企业	27	386150	14316	640998	285677	355321	175456
国有联营企业	6	256610	9237	381557	113771	267786	107927
集体联营企业	11	68766	2056	111748	18231	93518	25709
国有与集体联营企业	2	5590	260	13959	15563	-1604	4155
其他联营企业	8	55183	2763	133733	138112	-4379	37665
有限责任公司	7419	148084266	6290672	572233709	276304389	295929320	105579411
国有独资公司	729	43725114	1254930	288205196	114608679	173596517	15012336
其他有限责任公司	6690	104359152	5035742	284028513	161695711	122332803	90567075
股份有限公司	938	57100119	2866794	253328175	123393086	129935090	37062560
私营企业	11755	19293664	1457059	131343904	90542786	40801118	81165289
私营独资企业	127	178983	25413	325400	259435	65965	283879
私营合伙企业	240	113849	15022	3663363	589643	3073720	1135136
私营有限责任公司	11024	18177716	1346149	120540827	86699735	33841092	75384903
私营股份有限公司	364	823116	70476	6814314	2993973	3820341	4361370
其他企业	730	6009051	304436	8655300	4077637	4577662	2930321
港、澳、台商投资企业	1245	24315671	1586618	107909337	69830911	38078426	26078502
与港澳台商合资经营企业	254	6999577	346461	18663460	9593467	9069993	4092933
与港澳台商合作经营企业	75	5972169	238307	6667245	3935900	2731345	1912428
港澳台商独资经营企业	879	10767466	953516	69572172	46834042	22738129	19191769
港澳台商投资股份有限公司	25	141957	7547	12180122	9089446	3090676	453635
其他港澳台投资企业	12	434504	40788	826338	378055	448283	427737
外商投资企业	759	17714788	1004633	63792408	37716481	26075927	12748493
中外合资经营企业	244	8694161	460856	31086458	14585382	16501076	5272133
中外合作经营企业	30	2112831	85697	3330089	2565596	764494	686068
外资企业	427	3871124	218766	25623387	17804393	7818994	5306298
外商投资股份有限公司	26	2047621	168848	2511484	1690722	820762	962978
其他外商投资企业	32	989051	70467	1240990	1070389	170601	521017

以上服务业企业法人单位主要指标

单位：万元

营业成本	营业税金及附加	销售费用、管理费用、财务费用合计	投资收益	营业利润	利润总额	应交所得税	应付职工薪酬	应交增值税	期末从业人员（人）
203493353	2112880	61575970	22809486	44473641	45785822	6429996	59191473	6221609	4764753
182795240	1732731	50999259	19528630	33754637	34793303	4907992	50269703	5214975	4283657
14765875	87267	2031301	658936	493085	664376	127699	5138189	308602	195458
659681	51219	498975	71906	825446	858550	35503	335154	51140	57627
407782	19203	624048	61373	304164	169445	8911	158381	40057	21225
87542	2470	33484	4205	56246	57855	3992	46221	3258	3892
56239	1393	12733	4063	41700	42793	2410	33629	1457	2253
10562	117	7950	143	7227	7608	458	3639	729	491
635	197	1355		1968	2029	525	824	72	146
20104	764	11446		5352	5425	599	8129	1000	1002
75639597	846926	22098203	8359788	17153951	17711433	3608817	20989203	2391478	1719845
11701492	282361	3993131	5335138	5447086	5660555	532389	4044794	240858	296831
63938105	564565	18105072	3024650	11706865	12050878	3076428	16944409	2150620	1423014
29361204	187945	8138222	8856315	9447533	9672153	693180	8995850	718962	533906
60111152	528098	16643060	1494952	5265279	5399897	408170	13492050	1677542	1639751
196609	807	81645	-833	4586	8190	2808	99888	2375	15265
359240	7396	549765	155519	331683	333041	41120	247416	58576	26835
56491908	499475	14952034	1189790	4671504	4770504	856765	12361661	1499071	1525217
3063395	20420	1059616	150475	257506	288162	-492523	783086	117520	72434
1762409	9603	931965	21157	208934	259594	21720	1114654	23936	111953
13090317	182168	7220543	1631447	7462517	7733517	937055	5679090	676326	269983
2700218	49837	800268	178320	728589	824633	146929	747259	80021	64690
722149	19459	418135	114043	920033	925033	189562	310877	55086	23082
9252052	109907	5716561	992222	5294138	5462418	581563	4405014	526944	169556
291467	1582	124304	327955	359298	362940	8156	134645	5260	9625
124431	1383	161274	18906	160460	158493	10845	81295	9015	3030
7607797	197981	3356167	1649409	3256486	3259002	584950	3242680	330307	211113
3320568	97570	1181768	1208467	1880398	1873790	323109	985818	147458	78696
303277	33696	185389	24	163726	165438	51536	97466	18625	8876
3022685	58932	1741764	351359	856961	870300	144138	1922783	145916	109714
631350	3270	127330	89386	287272	286435	49621	164926	14828	9835
329917	4513	119916	174	68129	63039	16546	71688	3482	3992

5-38　规模以下服务业企业法人单位主要指标

行　业	法人单位数（个）	资产合计（万元）	营业收入（万元）	期末从业人员（人）
总　计	1200370	1259749322	143076769	5997384
交通运输、仓储和邮政业	67834	52813998	14846454	468847
道路运输业	30839	33398767	7198232	226978
城市公共交通运输	517	3490378	180129	9655
公路旅客运输	479	469191	150862	8134
道路货物运输	28468	8091724	6360127	192125
道路运输辅助活动	1375	21347474	507114	17064
水上运输业	1598	3311938	503676	12616
水上旅客运输	97	140476	16329	1222
水上货物运输	1048	569039	285409	6221
水上运输辅助活动	453	2602423	201938	5173
航空运输业	354	390826	72724	2023
航空客货运输	163	73498	22448	701
通用航空服务	122	105874	21283	743
航空运输辅助活动	69	211454	28993	579
管道运输业	8	725	810	27
海底管道运输	1	0	0	0
陆地管道运输	7	725	810	27
多式联运和运输代理业	24523	8449999	4735093	133646
多式联运	58	991318	15927	450
运输代理业	24465	7458682	4719166	133196
装卸搬运和仓储业	6752	6199435	1465020	54652
装卸搬运	4194	869795	656609	33626
通用仓储	829	2618125	277586	7372
低温仓储	76	90772	14337	523
危险品仓储	61	236693	19712	677
谷物、棉花等农产品仓储	234	683600	182998	2577
中药材仓储	8	632	1504	61
其他仓储业	1350	1699817	312274	9816
邮政业	3760	1062308	870899	38905
邮政基本服务	104	37913	15547	718
快递服务	3591	1017771	842130	37566
其他寄递服务	65	6624	13222	621
信息传输、软件和信息技术服务业	160988	58574287	22526807	752536
电信、广播电视和卫星传输服务	3830	2563370	1122836	25416
电信	3466	2147779	1024956	22218
广播电视传输服务	288	243345	79059	2582
卫星传输服务	76	172246	18821	616
互联网和相关服务	20177	5504569	3283194	89569

5-38 续表 1

行　业	法人单位数（个）	资产合计（万元）	营业收入（万元）	期末从业人员（人）
互联网接入及相关服务	2272	371974	264020	11070
互联网信息服务	9197	2527110	1730747	37353
互联网平台	1579	1084853	645045	11064
互联网安全服务	198	28211	21330	961
互联网数据服务	764	622849	86737	3203
其他互联网服务	6167	869572	535315	25918
软件和信息技术服务业	136981	50506348	18120778	637551
软件开发	82443	28419036	11807140	399782
集成电路设计	1651	708725	279969	8253
信息系统集成和物联网技术服务	5377	3779534	832706	28691
运行维护服务	721	411724	100382	4765
信息处理和存储支持服务	808	495082	142976	10090
信息技术咨询服务	32444	14277715	3597727	132856
数字内容服务	4210	885543	546898	18673
其他信息技术服务业	9327	1528988	812979	34441
房地产业	104893	372393923	21423150	736710
房地产业	104893	372393923	21423150	736710
房地产开发经营	14332	179028739	6363511	76265
物业管理	37445	45497105	6226339	357199
房地产中介服务	31632	30567560	2882925	164153
房地产租赁经营	18209	96942037	5241042	121630
其他房地产业	3275	20358482	709333	17463
租赁和商务服务业	504164	648103211	46102534	2007609
租赁业	25219	8801537	2980106	118140
机械设备经营租赁	24121	8567756	2888999	112684
文体设备和用品出租	983	209845	86013	4980
日用品出租	115	23936	5093	476
商务服务业	478945	639301674	43122428	1889469
组织管理服务	204989	458631295	14190924	584443
综合管理服务	7740	8770474	1469709	43603
法律服务	4668	797352	894962	43470
咨询与调查	140615	121343964	8936255	508115
广告业	40018	5177059	4403209	174512
人力资源服务	14017	4403679	6359889	227102
安全保护服务	3231	679070	653857	55884
会议、展览及相关服务	5567	1769307	761931	25024
其他商务服务业	58100	37729474	5451692	227316
科学研究和技术服务业	187760	66685478	21872126	901852
研究和试验发展	45087	16414838	5041267	192434

5-38 续表 2

行 业	法人单位数（个）	资产合计（万元）	营业收入（万元）	期末从业人员（人）
自然科学研究和试验发展	2337	441379	162024	6919
工程和技术研究和试验发展	36893	13116117	4296636	157446
农业科学研究和试验发展	1551	506589	184644	7838
医学研究和试验发展	3903	2323873	375730	19150
社会人文科学研究	403	26879	22234	1081
专业技术服务业	83355	31308985	11835357	488804
气象服务	94	17110	18644	667
地震服务	21	6293	3899	89
海洋服务	101	42944	11259	480
测绘地理信息服务	848	239429	160387	8242
质检技术服务	5581	1485136	1003699	54967
环境与生态监测检测服务	1033	237361	158307	8138
地质勘查	318	170186	77361	3360
工程技术与设计服务	34644	21358883	6304168	225022
工业与专业设计及其他专业技术服务	40715	7751643	4097633	187839
科技推广和应用服务业	59318	18961655	4995502	220614
技术推广服务	34715	14163678	3281462	137968
知识产权服务	4906	519706	408031	22337
科技中介服务	2554	415542	163042	8558
创业空间服务	901	1580897	84250	3312
其他科技推广服务业	16242	2281832	1058717	48439
水利、环境和公共设施管理业	8590	34736416	2247473	79771
水利管理业	342	2914908	71470	3539
防洪除涝设施管理	41	65746	6307	508
水资源管理	112	1359749	25493	1422
天然水收集与分配	29	372140	4916	226
水文服务	5	673	1161	52
其他水利管理业	155	1116600	33592	1331
生态保护和环境治理业	1791	7366067	500681	13480
生态保护	181	115005	25248	1484
环境治理业	1610	7251062	475433	11996
公共设施管理业	6276	22925502	1489783	61156
市政设施管理	715	16888458	498771	8822
环境卫生管理	880	949152	197889	14755
城乡市容管理	71	224884	11422	928
绿化管理	3790	1534714	679454	28740
城市公园管理	63	1035033	8682	970
游览景区管理	757	2293260	93565	6941
土地管理业	181	1529940	185540	1596

5-38 续表 3

行 业	法人单位数（个）	资产合计（万元）	营业收入（万元）	期末从业人员（人）
土地整治服务	42	888573	107758	174
土地调查评估服务	58	14195	15718	909
土地登记服务	4	93	495	57
土地登记代理服务	14	2164	1418	72
其他土地管理服务	63	624915	60150	384
居民服务、修理和其他服务业	59916	5998335	5046828	368129
居民服务业	25973	2271138	1596273	140391
家庭服务	3384	268345	195017	18952
托儿所服务	922	25193	28565	4135
洗染服务	662	99355	89556	5920
理发及美容服务	7603	373248	372867	33962
洗浴和保健养生服务	6249	629068	395940	43906
摄影扩印服务	3303	189903	187264	13671
婚姻服务	1192	73739	72334	4998
殡葬服务	312	289595	50940	2448
其他居民服务业	2346	322692	203790	12399
机动车、电子产品和日用产品修理业	23173	2408195	2273018	119367
汽车、摩托车等修理与维护	15387	1474194	1394668	81036
计算机和办公设备维修	3746	499620	410080	18387
家用电器修理	3288	355004	403355	16355
其他日用产品修理业	752	79378	64915	3589
其他服务业	10770	1319002	1177538	108371
清洁服务	8468	789400	965572	96043
宠物服务	617	56713	44983	2767
其他未列明服务业	1685	472889	166983	9561
教育	38790	6860913	3751243	352600
教育	38790	6860913	3751243	352600
学前教育	7014	1661469	1180000	144263
初等教育	776	457492	273090	23239
中等教育	381	601365	318477	23050
高等教育	23	70919	20382	877
特殊教育	49	4973	6584	509
技能培训、教育辅助及其他教育	30547	4064694	1952711	160662
卫生和社会工作	9974	3498064	1389256	87214
卫生	8689	2602474	1262712	76708
医院	692	1282808	428724	23010
基层医疗卫生服务	7312	930211	706195	46265
专业公共卫生服务	206	54880	47870	2187
其他卫生活动	479	334575	79924	5246

5-38 续表 4

行 业	法人单位数（个）	资产合计（万元）	营业收入（万元）	期末从业人员（人）
社会工作	1285	895590	126543	10506
提供住宿社会工作	903	765999	98294	8041
不提供住宿社会工作	382	129591	28249	2465
文化、体育和娱乐业	57459	10084391	3870884	242114
新闻和出版业	453	114505	61382	2442
新闻业	83	12289	6954	346
出版业	370	102217	54428	2096
广播、电视、电影和录音制作业	5966	2341762	670472	30263
广播	342	39620	27906	1242
电视	92	19204	15756	392
影视节目制作	4060	1728391	355980	17502
广播电视集成播控	16	21885	18440	386
电影和广播电视节目发行	190	50987	23538	880
电影放映	864	441554	206592	8227
录音制作	402	40120	22260	1634
文化艺术业	16118	1810877	787947	53191
文艺创作与表演	4012	573197	235205	15811
艺术表演场馆	134	44703	8538	572
图书馆与档案馆	237	33146	27687	2035
文物及非物质文化遗产保护	80	11487	3584	296
博物馆	73	29034	4231	331
烈士陵园、纪念馆	4	55	182	9
群众文体活动	1378	120262	79128	5050
其他文化艺术业	10200	998994	429394	29087
体育	6710	1515693	388596	30678
体育组织	1378	524400	86858	5570
体育场地设施管理	637	548127	65377	2713
健身休闲活动	4217	409480	212253	20706
其他体育	478	33686	24108	1689
娱乐业	28212	4301554	1962487	125540
室内娱乐活动	11751	1046732	743929	60112
游乐园	390	165420	33574	2463
休闲观光活动	562	525600	39669	2998
彩票活动	40	43071	10580	149
文化体育娱乐活动与经纪代理服务	15199	2476699	1117216	58220
其他娱乐业	270	44033	17518	1598
公共管理、社会保障和社会组织	2	306	15	2
群众团体、社会团体和其他成员组织	2	306	15	2
基金会	2	306	15	2

5-39 按地区分组的规模以下服务业企业法人单位主要指标

地 区	法人单位数（个）	资产合计（万元）	营业收入（万元）	期末从业人员（人）
总 计	1200370	1259749322	143076769	5997384
广州市	337468	306555385	33749716	1559274
深圳市	341378	510869887	48749640	1791467
珠海市	43969	59732891	4082025	202216
汕头市	13950	13422974	2053892	90634
佛山市	66865	81920803	15333053	490147
韶关市	16482	12795959	783556	60692
河源市	6457	6810059	753243	44887
梅州市	10469	12677696	1463188	52244
惠州市	48465	43895910	4201867	234828
汕尾市	6207	2394933	796471	38685
东莞市	99580	63775799	11795393	488668
中山市	31392	33332594	2880763	173579
江门市	24568	32562544	2027180	95965
阳江市	15213	4976584	820363	43178
湛江市	30395	11676947	3404317	156685
茂名市	43886	13042081	4157859	190974
肇庆市	16048	17035107	1968809	81375
清远市	31615	18020719	1299584	102729
潮州市	3281	2906931	612477	22056
揭阳市	7988	5116095	1530168	45628
云浮市	4694	6227424	613203	31473
按区域分				
珠三角核心区	1009733	1149680920	124788445	5117519
沿海经济带	120920	53536545	13375547	587840
北部生态发展区	69717	56531857	4912775	292025

5-40 按登记注册类型分组的规模以下服务业企业法人单位主要指标

登记注册类型	法人单位数（个）	资产合计（万元）	营业收入（万元）	期末从业人员（人）
总 计	1200370	1259749322	143076769	5997384
内资企业	1174796	1171384242	137241366	5868229
国有企业	3535	45974296	1313511	56477
集体企业	114772	38597636	6053296	295274
股份合作企业	1218	2809628	401828	12212
联营企业	571	578212	88026	4155
国有联营企业	48	88216	9387	370
集体联营企业	338	328816	44802	2034
国有与集体联营企业	48	54032	8619	456
其他联营企业	137	107147	25219	1295
有限责任公司	149051	465014908	26254730	944026
国有独资公司	1541	87513480	941298	25068
其他有限责任公司	147510	377501429	25313432	918958
股份有限公司	7163	29476014	2054923	60678
私营企业	869727	579992832	98226995	4317752
私营独资企业	26413	5733889	2297321	165893
私营合伙企业	18477	33102805	1429211	77681
私营有限责任公司	819019	536433368	93658211	4033932
私营股份有限公司	5818	4722770	842251	40246
其他企业	28759	8940715	2848058	177655
港、澳、台商投资企业	21332	61234052	4324734	89409
与港澳台商合资经营企业	1653	8877158	473843	12422
与港澳台商合作经营企业	597	2722262	177398	3786
港澳台商独资经营企业	18551	47854808	3548748	69705
港澳台商投资股份有限公司	186	296768	28344	1454
其他港澳台投资企业	345	1483058	96402	2042
外商投资企业	4242	27131027	1510669	39746
中外合资经营企业	916	9708940	340365	8721
中外合作经营企业	100	486166	24418	627
外资企业	2672	12451356	767635	18540
外商投资股份有限公司	121	2590774	123662	6471
其他外商投资企业	433	1893790	254587	5387

5-41 按控股情况分组的规模以下服务业法人单位主要指标

单位控股	法人单位数（个）	资产合计（万元）	营业收入（万元）	期末从业人员（人）
总　计	1200370	1259749322	143076769	5997384
国有控股	6485	191094614	4241041	94179
集体控股	7208	19271824	1851535	67268
私人控股	973974	810711288	115037093	4886372
港澳台商控股	20214	61585286	4000575	84429
外商控股	3187	18145310	1127444	31989
其他	189302	158941001	16819080	833147

5-42 按行业分组的规模以上营利

行业名称	法人单位数（个）	固定资产原价	本年折旧	资产合计	负债合计	所有者权益合计	营业收入
总　计	11790	53328034	3255212	608829054	310464307	298364747	127234229
信息传输、软件和信息技术服务业	3928	9605345	1147273	101873042	50369358	51503685	65770536
互联网和相关服务	486	4610392	652187	40313972	25459962	14854010	24911940
互联网接入及相关服务	53	289079	23967	428495	344193	84301	403030
互联网信息服务	247	3792761	582326	35282659	22032767	13249892	20901481
互联网平台	108	265326	24672	2411302	1595008	816294	2261364
互联网安全服务	5	20342	2056	261159	109964	151195	67343
互联网数据服务	39	51185	8305	1051986	688493	363493	621780
其他互联网服务	34	191700	10862	878372	689537	188835	656942
软件和信息技术服务业	3442	4994953	495086	61559070	24909396	36649675	40858597
软件开发	2349	2880256	271724	42742570	16564763	26177807	27336425
集成电路设计	107	228226	23918	2477850	743747	1734102	1327431
信息系统集成和物联网技术服务	413	500758	41388	5286047	3089019	2197029	4009721
运行维护服务	49	300769	36043	2170974	979247	1191727	1274189
信息处理和存储支持服务	70	474356	46106	2353269	768252	1585017	676341
信息技术咨询服务	311	370249	53953	4377396	1748007	2629389	4286352
数字内容服务	50	91525	3308	536853	258001	278852	361493
其他信息技术服务业	93	148815	18645	1614112	758360	855752	1586644
租赁和商务服务业	6205	38568574	1849486	488756083	248441176	240314907	53517599
租赁业	271	1904811	246940	7664465	5546368	2118098	1528949
机械设备经营租赁	263	1895223	244302	7646442	5530636	2115805	1493207
文体设备和用品出租	8	9588	2638	18024	15731	2292	35742
商务服务业	5934	36663763	1602546	481091618	242894808	238196809	51988650
组织管理服务	1631	29303010	1143101	392956228	191277944	201678283	10805299
综合管理服务	566	3110723	176956	26442777	13612973	12829804	3205125
法律服务	194	70862	7816	602233	294121	308112	959572
咨询与调查	794	954134	72670	34859346	23849545	11009801	5338060
广告业	754	527309	38045	6625844	3547676	3078168	7658509
人力资源服务	811	94710	9995	2302058	1621015	681044	11444389
安全保护服务	220	215915	27367	1305279	655247	650031	2001964
会议、展览及相关服务	178	1424728	63442	3754734	1283354	2471380	1226401
其他商务服务业	786	962370	63153	12243120	6752933	5490187	9349330
居民服务、修理和其他服务业	835	647515	58116	2897908	1882147	1015761	2922264
居民服务业	217	272795	21077	1088501	847094	241407	728784
家庭服务	12	2462	788	74117	57525	16592	34854
洗染服务	33	53874	3772	101688	79809	21879	77003
理发及美容服务	30	75107	5747	233249	213573	19676	133624
洗浴和保健养生服务	58	47386	2500	141143	150329	-9187	124710
摄影扩印服务	14	8507	1256	31025	26435	4590	29937
婚姻服务	2			226	62	164	1006

性服务业企业法人单位主要指标

单位：万元

营业成本	营业税金及附加	销售费用、管理费用、财务费用合计	投资收益	营业利润	利润总额	应交所得税	应付职工薪酬	应交增值税	期末从业人员（人）
82452607	1071013	33148885	16121619	26757884	27429986	2588158	24777423	2940949	2094104
38473704	450847	17007097	1270695	11249026	11590938	1174627	11783121	1559940	677112
14434837	214920	5352414	417529	5388173	5371119	512452	2743328	264269	110503
304692	1734	88812	952	13164	12878	2079	56344	5923	4724
12054511	201405	3843845	361889	5224975	5193143	477372	2045444	189573	53314
1532983	6855	724281	25091	27519	35615	10812	476842	36559	40872
49367	492	24602	25040	7460	8636	819	12921	3259	1104
196412	2191	345898	1733	77691	79383	12781	76418	14285	3827
296872	2244	324975	2824	37364	41464	8589	75360	14671	6662
24038867	235926	11654683	853166	5860853	6219819	662176	9039793	1295671	566609
15582141	163734	8035749	786140	4349158	4661329	459542	6033059	949281	348820
931942	5084	344565	17675	100458	108964	15497	219145	33925	10231
2878346	18953	933920	13601	206524	227695	38674	687994	98934	53310
493926	10428	444139	2861	315445	316472	22050	236099	39553	11823
429817	3155	195335	-4526	42385	46283	10844	137749	6849	9260
2885680	23703	766608	20796	639901	643808	91815	873617	93656	63677
197749	1039	105650	5045	62055	63954	8115	78096	9929	5332
639267	9830	828717	11574	144928	151313	15640	774034	63546	64156
38388911	520311	13890393	14695266	15426855	15665959	1818120	10667474	1151810	1107659
1056420	6344	401540	4595	73874	81727	26847	244097	35338	27972
1030056	6246	390811	4595	75323	83146	26803	238967	34518	27364
26364	99	10729		-1449	-1419	44	5130	820	608
37332492	513967	13488853	14690671	15352982	15584232	1791273	10423377	1116472	1079687
5168789	281735	6496120	12613971	11743029	11771078	632412	2473797	277623	174165
1737301	59376	1183809	827887	1053902	1044774	628834	483123	108830	42997
200818	6373	568042	6768	191291	192414	46240	205555	52754	22906
2814311	32423	2163940	1073309	1199808	1353269	156926	1835571	181718	137787
6324004	63705	919874	45213	364126	367320	72905	596417	98169	38241
10736253	35953	606685	7048	87739	97366	51025	2605149	241331	331388
1677017	6035	255882	4863	60194	55083	18485	1456607	32352	254607
655870	8561	345205	73981	285206	326396	68303	139479	36562	9913
8018129	19807	949296	37632	367687	376532	116143	627679	87135	67683
2043725	17323	745537	19527	136104	139011	40703	1085910	93231	216258
419184	4131	272456	4922	37440	38064	14093	206630	15756	30714
19863	156	17640	2	-2800	-2754	420	15446	1075	1614
50250	385	26446		-107	498	432	23487	1761	3602
74205	778	60884	1856	-1191	-1276	1915	54470	3472	5960
48063	688	77169	13	-1192	-814	719	43430	2322	7863
12037	246	20390		-2792	-2801	18	12180	627	1486
236	4	700		66	66	7	119	60	51

5-42

行业名称	法人单位数（个）	固定资产原价	本年折旧	资产合计	负债合计	所有者权益合计	营业收入
殡葬服务	38	42196	2357	293009	180789	112221	138569
其他居民服务业	30	43262	4657	214044	138572	75472	189082
机动车、电子产品和日用产品修理业	260	99164	9528	612403	378756	233647	777507
汽车、摩托车等修理与维护	156	75409	7136	266724	179103	87621	361237
计算机和办公设备维修	46	13714	1482	176561	97003	79558	210185
家用电器修理	42	7140	685	68161	40443	27719	136472
其他日用产品修理业	16	2902	225	100957	62206	38750	69614
其他服务业	358	275556	27511	1197004	656297	540707	1415973
清洁服务	306	239244	24316	847174	439315	407858	1241206
宠物服务	8	3354	741	27272	16656	10617	16940
其他未列明服务业	44	32958	2455	322558	200326	122232	157828
文化、体育和娱乐业	822	4506601	200337	15302021	9771627	5530394	5023829
新闻和出版业	81	523766	27333	3273819	1488889	1784930	815173
新闻业	1	52	10	5300	784	4516	2353
出版业	80	523714	27323	3268519	1488105	1780414	812820
广播、电视、电影和录音制作业	321	837597	68426	4265164	2214153	2051011	2002855
广播	8	10028	586	43077	22855	20222	43629
电视	9	298300	11128	706327	364520	341808	158954
影视节目制作	59	68351	5765	1587148	484702	1102447	518498
广播电视集成播控	3	57302	2728	162232	40947	121286	70547
电影和广播电视节目发行	11	12026	1521	177599	89288	88310	458529
电影放映	227	390681	46623	1538968	1187901	351067	745673
录音制作	4	910	75	49812	23940	25872	7024
文化艺术业	91	115616	9051	440427	213264	227164	317937
文艺创作与表演	59	82503	5359	285428	159072	126355	190380
艺术表演场馆	9	9368	169	27431	12833	14598	35075
文物及非物质文化遗产保护	2	132	20	3472	1655	1817	5491
其他文化艺术业	21	23613	3503	124097	39704	84393	86992
体育	132	1409406	50926	3635698	3291119	344579	713943
体育组织	26	47702	2307	535444	807388	-271944	270851
体育场地设施管理	22	339109	9144	788317	531984	256333	103631
健身休闲活动	80	1021995	39386	2153635	1808861	344774	330797
其他体育	4	599	90	158302	142887	15415	8664
娱乐业	197	1620216	44601	3686913	2564202	1122711	1173921
室内娱乐活动	76	35413	3616	89707	89140	567	113791
游乐园	31	1415370	32231	2950426	2097454	852972	662394
休闲观光活动	10	11545	867	76146	27963	48183	52895
彩票活动	2	7513	958	43862	32764	11098	8385
文化体育娱乐活动与经纪代理服务	68	44257	1647	309928	158560	151368	293307
其他娱乐业	10	106118	5281	216844	158322	58523	43149

续表 1

单位：万元

营业成本	营业税金及附加	销售费用、管理费用、财务费用合计	投资收益	营业利润	利润总额	应交所得税	应付职工薪酬	应交增值税	期末从业人员（人）
71578	1259	28302	115	38045	37789	8874	11670	1794	1551
142951	614	40926	2937	7411	7356	1709	45828	4646	8587
565897	4366	178146	6394	36780	38625	14423	149793	25623	18500
247147	2381	99332	5622	18224	18454	9139	66768	12708	8855
154104	1063	45474	217	9752	10913	2357	35088	7217	4175
113289	527	22764	36	1007	1063	1035	27024	3359	2919
51358	395	10577	519	7798	8195	1892	20914	2340	2551
1058644	8827	294935	8211	61884	62322	12188	729486	51851	167044
934571	7956	261099	8012	45995	46047	8794	702205	47189	163087
11773	21	3330		1801	1982	37	6128	151	1025
112301	849	30507	200	14088	14293	3357	21154	4511	2932
3546266	82532	1505858	136131	-54101	34079	-445292	1240918	135969	93075
598774	11624	209343	38608	64752	96078	6757	244432	19061	13221
614		129		1610	1610		131		25
598160	11624	209213	38608	63142	94468	6757	244301	19061	13196
1452708	32719	481587	84202	-38963	-981	-511651	263895	57553	24740
28845	399	11042	637	4232	4602	1110	4183	1688	347
156044	5172	61762	23842	-39978	-19638	325	56580	546	2823
303063	2888	160076	51192	-57458	-57326	-521754	72550	11805	4603
31901	490	19329	679	18949	19336		20804	2050	963
431246	338	14909	2972	15561	15959	2862	8132	364	411
496867	23412	210970	3659	19052	35261	5796	99651	40874	15413
4742	20	3500	1220	680	826	11	1994	227	180
229370	2255	85544	270	19500	31232	6957	69550	8018	5577
150933	1063	50626	-152	-1045	7942	1908	39867	4502	3528
26902	159	13673	106	1513	4075	685	9374	856	711
4181	43	1167		101	199	28	502	48	66
47354	990	20079	316	18931	19016	4337	19807	2612	1272
644986	23851	300743	4717	-248156	-231658	8015	415813	22993	22565
446216	3626	40621	1412	-216957	-197700	5129	248146	10921	1784
52654	2946	59722	573	-11120	-10805	-663	45190	2019	2733
131104	17050	204096	1253	-19792	-22871	3726	118676	9512	17857
15012	230	-3697	1478	-286	-282	-179	3801	541	191
620429	12084	428641	8335	148766	139408	44630	247229	28344	26972
41093	1858	67351	19	3649	3404	794	25379	1698	4521
335927	7596	226959	7854	128043	115949	37762	154320	17104	15165
17328	259	34297		1012	1346	53	6854	118	1535
1169	66	15088	-521	-8461	-8493	1060	6571	361	238
208994	1290	72290	983	10988	12949	1710	42169	7333	4093
15919	1016	12657		13534	14252	3252	11936	1730	1420

5-43 按地区分组的规模以上营利

地 区	法人单位数（个）	固定资产原价	本年折旧	资产合计	负债合计	所有者权益合计	营业收入
总 计	11790	53328034	3255212	608829054	310464307	298364747	127234229
广州市	4722	17001257	931825	220879361	92807245	128072116	50037166
深圳市	3723	18479725	1405129	303449169	178515274	124933896	60822080
珠海市	450	1122625	54451	21807979	8958427	12849552	3663841
汕头市	115	166000	14708	2729755	1008027	1721728	744023
佛山市	588	2664098	170550	14770745	9359329	5411416	2623263
韶关市	94	141975	7767	906767	492914	413853	424564
河源市	45	43259	2462	590470	243013	347457	79688
梅州市	17	8289	482	46768	19882	26886	50286
惠州市	186	448058	28486	8413343	4069400	4343944	726105
汕尾市	37	22735	1407	422712	128421	294291	108216
东莞市	968	9992985	489824	21674248	7801857	13872391	4881729
中山市	301	915927	50021	6684837	3479243	3205594	972202
江门市	165	395071	29397	1466729	654419	812310	466479
阳江市	28	250886	17905	175430	161878	13552	139262
湛江市	119	1363714	28402	3696970	2032170	1664799	346277
茂名市	90	69469	6446	416466	292319	124148	722994
肇庆市	37	65774	6125	298608	121348	177260	95747
清远市	53	104384	5940	210818	179669	31148	191333
潮州市	14	14172	694	40104	10191	29913	33617
揭阳市	26	47193	2669	115958	100090	15868	89864
云浮市	12	10440	526	31819	29192	2628	15494
按区域分							
珠三角核心区	11140	51085520	3165808	599445018	305766542	293678477	124288612
沿海经济带	429	1934169	72231	7597395	3733096	3864298	2184253
北部生态发展区	221	308347	17177	1786641	964669	821972	761365

性服务业企业法人单位主要指标

单位：万元

营业成本	营业税金及附加	销售费用、管理费用、财务费用合计	投资收益	营业利润	利润总额	应交所得税	应付职工薪酬	应交增值税	期末从业人员（人）
82452607	1071013	33148885	16121619	26757884	27429986	2588158	24777423	2940949	2094104
35519973	343660	12091349	5541312	7760686	8055148	736122	9317633	1128709	714646
36313601	559257	16949730	8880266	15907550	16098098	1582553	12119816	1408399	922231
2167609	34486	1239490	460943	722603	754393	94055	836692	121477	88968
485600	3813	189015	19911	-9914	-4193	-520715	120249	12229	21817
1751191	30256	709176	42747	125983	139012	563396	516029	58477	73440
353209	2511	54778	1498	16817	20538	3461	32828	8378	8730
65834	894	13408	0	-380	-334	222	29433	1244	7761
37399	282	7395	-5	5414	5719	274	12596	886	2270
556891	7464	239534	745696	664363	750739	6607	142946	15880	19159
84955	1847	18250	628	3684	3990	678	14862	2056	2840
2741688	52778	974942	320967	1474422	1472424	91167	925836	110202	133870
677032	14219	300976	94369	68021	105242	14432	349425	23589	36629
327870	4357	106431	13729	9796	11364	3580	92804	10352	18055
115319	707	23346	13	775	-143	375	38951	1926	5098
269129	4134	106055	-1485	-20734	-12654	3680	105655	10626	16594
667858	6273	40742	159	7393	8271	2272	49661	18455	7931
57797	1834	27843	772	9075	9745	3083	15396	2007	2960
154006	1420	30414	74	5794	5882	2149	30215	3229	5140
26175	224	4748	23	2449	2517	347	5830	1084	1398
69754	425	15959		3786	3941	298	15577	1297	3236
9718	173	5305	0	302	287	121	4990	446	1331
80113653	1048311	32639470	16100802	26742499	27396165	3094994	24316577	2879092	2009958
1718788	17423	398115	19250	-12561	1729	-513064	350785	47674	58914
620166	5279	111299	1567	27947	32092	6228	110062	14183	25232

第6篇

行政事业及非企业财务状况

编表能手

行政事业及服务业非企业：陈颖　范英敏（459－478页）

6-1 按行业分类的行政事业及非企业法人单位主要指标

行 业	法人单位数（个）	年末资产（万元）	非企业单位支出（费用）（万元）	从业人员期末人数（人）
总 计	135340	493087746	231809421	4312551
一、按国民经济行业分组				
农、林、牧、渔业	249	607793	46042	2064
农、林、牧、渔专业及辅助性活动	249	607793	46042	2064
农业专业及辅助性活动	141	72933	31438	1261
林业专业及辅助性活动	82	528967	13189	561
畜牧专业及辅助性活动	14	2403	788	48
渔业专业及辅助性活动	12	3490	627	194
制造业	1	696	22	4
专用设备制造业	1	696	22	4
采矿、冶金、建筑专用设备制造	1	696	22	4
电力、热力、燃气及水生产和供应业	27	66830	65580	873
电力、热力生产和供应业	12	21834	42293	402
电力生产	11	21834	4126	234
电力供应	1		38167	168
水的生产和供应业	15	44996	23287	471
自来水生产和供应	4	10917	3626	167
污水处理及其再生利用	11	34079	19661	304
交通运输、仓储和邮政业	507	15997822	2980354	26005
道路运输业	364	15130441	2729627	22546
城市公共交通运输	8	11603	15707	130
公路旅客运输	1	1870	497	47
道路货物运输	15	1380651	54420	841
道路运输辅助活动	340	13736318	2659004	21528
水上运输业	65	529756	136378	1956
水上旅客运输	2	2248	1021	52
水上货物运输	2	4669	1509	44
水上运输辅助活动	61	522838	133847	1860
航空运输业	8	75836	37817	594
通用航空服务	3	37419	17601	178
航空运输辅助活动	5	38417	20216	416
多式联运和运输代理业	2	9259	517	20
运输代理业	2	9259	517	20
装卸搬运和仓储业	65	252524	75998	874
通用仓储	2	533	72	4
谷物、棉花等农产品仓储	55	230571	71579	752
其他仓储业	8	21420	4347	118
邮政业	3	6	18	15

说明：本表统计范围为扣除批发零售业、住宿餐饮业、铁路运输业和金融业后的服务业非企业法人单位。

6-1 续表 1

行 业	法人单位数（个）	年末资产（万元）	非企业单位支出（费用）（万元）	从业人员期末人数（人）
邮政基本服务	1			
快递服务	2	6	18	15
住宿和餐饮业	6	2430	1989	104
住宿业	6	2430	1989	104
旅游饭店	1	1158	881	35
一般旅馆	3	494	322	17
其他住宿业	2	779	785	52
信息传输、软件和信息技术服务业	459	884870	365999	11089
电信、广播电视和卫星传输服务	207	542212	162821	7649
电信	6	14797	14843	115
广播电视传输服务	195	523493	146028	7457
卫星传输服务	6	3921	1950	77
互联网和相关服务	50	89796	45731	781
互联网接入及相关服务	6	12555	2030	43
互联网信息服务	22	24165	23085	333
互联网平台	8	6351	5663	157
互联网安全服务	3	329	496	9
互联网数据服务	3	41915	10317	134
其他互联网服务	8	4481	4140	105
软件和信息技术服务业	202	252863	157447	2659
软件开发	39	30321	24435	548
集成电路设计	3	2769	1567	29
信息系统集成和物联网技术服务	16	3646	3305	79
运行维护服务	11	46210	36490	357
信息处理和存储支持服务	13	10661	7561	170
信息技术咨询服务	89	68351	56451	958
数字内容服务	6	4068	972	40
其他信息技术服务业	25	86838	26667	478
金融业	3	24560	5586	156
货币金融服务	1	783	168	18
货币银行服务	1	783	168	18
资本市场服务	1	23777	5418	138
证券市场服务	1	23777	5418	138
其他金融业	1			
金融信息服务	1			
房地产业	276	10037170	668886	6005
房地产业	276	10037170	668886	6005
物业管理	120	3650989	91520	2583

6-1 续表 2

行 业	法人单位数（个）	年末资产（万元）	非企业单位支出（费用）（万元）	从业人员期末人数（人）
房地产中介服务	37	56841	15690	754
房地产租赁经营	70	1013608	31948	1141
其他房地产业	49	5315732	529728	1527
租赁和商务服务业	3654	21232219	4489604	40339
租赁业	8	1633	618	36
机械设备经营租赁	6	1216	145	17
文体设备和用品出租	2	417	473	19
商务服务业	3646	21230586	4488986	40303
组织管理服务	1421	18331314	2589871	18125
综合管理服务	171	414150	231854	5046
法律服务	616	153701	109431	2779
咨询与调查	579	220129	340394	4623
广告业	19	65077	21438	732
人力资源服务	496	267885	836569	4335
安全保护服务	38	79359	9700	540
会议、展览及相关服务	103	64101	33432	1019
其他商务服务业	203	1634870	316297	3104
科学研究和技术服务业	3979	26714031	7129135	86228
研究和试验发展	741	2516769	1201991	22178
自然科学研究和试验发展	60	630724	323352	5182
工程和技术研究和试验发展	211	1090793	461674	8265
农业科学研究和试验发展	157	502751	226597	4879
医学研究和试验发展	101	158095	62557	1631
社会人文科学研究	212	134405	127812	2221
专业技术服务业	2156	23399998	5399097	52459
气象服务	242	555104	184122	3291
地震服务	46	65353	26429	518
海洋服务	19	437035	95751	1528
测绘地理信息服务	93	290892	217439	3512
质检技术服务	623	2439675	831237	21202
环境与生态监测检测服务	174	352950	168747	3251
地质勘查	53	522715	412867	6781
工程技术与设计服务	518	18474558	3224432	9107
工业与专业设计及其他专业技术服务	388	261717	138238	3269
科技推广和应用服务业	1082	797264	528047	11591
技术推广服务	936	581605	417971	8437
知识产权服务	32	119317	55676	1691
科技中介服务	40	57965	24893	463

6-1 续表 3

行　业	法人单位数（个）	年末资产（万元）	非企业单位支出（费用）（万元）	从业人员期末人数（人）
创业空间服务	19	21522	11649	627
其他科技推广服务业	55	16855	17858	373
水利、环境和公共设施管理业	1999	26111717	5980553	90862
水利管理业	844	11389810	1507496	17587
防洪除涝设施管理	215	6985363	442802	4440
水资源管理	210	1878109	344098	4416
天然水收集与分配	132	526158	104112	3225
水文服务	17	144850	39890	612
其他水利管理业	270	1855331	576594	4894
生态保护和环境治理业	238	799940	377588	4599
生态保护	193	464920	114930	3121
环境治理业	45	335020	262658	1478
公共设施管理业	840	11669915	3201969	67576
市政设施管理	225	9478817	1662125	11005
环境卫生管理	310	633272	677641	37746
城乡市容管理	39	48742	121668	5895
绿化管理	92	487012	352618	4892
城市公园管理	86	481242	238236	4808
游览景区管理	88	540830	149681	3230
土地管理业	77	2252051	893499	1100
土地整治服务	14	495516	86779	148
土地调查评估服务	11	1909	4776	63
土地登记服务	11	1923	7472	275
土地登记代理服务	7	5676	5995	169
其他土地管理服务	34	1747027	788476	445
居民服务、修理和其他服务业	1627	1257350	610046	20189
居民服务业	1494	1220512	380131	17346
家庭服务	63	2817	6280	374
托儿所服务	598	11080	19476	3660
理发及美容服务	6	86	148	23
洗浴和保健养生服务	28	23937	25924	932
摄影扩印服务	5	59	31	9
婚姻服务	24	626	2065	97
殡葬服务	232	1128299	238415	5937
其他居民服务业	538	53607	87793	6314
机动车、电子产品和日用产品修理业	12	9269	488	71
汽车、摩托车等修理与维护	7	1965	255	47
计算机和办公设备维修	3	7304	233	24
家用电器修理	1			

6-1 续表 4

行　业	法人单位数（个）	年末资产（万元）	非企业单位支出（费用）（万元）	从业人员期末人数（人）
其他日用产品修理业	1			
其他服务业	121	27570	229428	2772
清洁服务	51	20136	27284	2096
宠物服务	2	30	20	4
其他未列明服务业	68	7404	202124	672
教育	31766	74193037	38498350	1562399
教育	31766	74193037	38498350	1562399
学前教育	11863	3408130	3369670	328450
初等教育	11487	16102884	10509433	470740
中等教育	4345	26804452	13565918	556751
高等教育	266	22972463	8865197	145644
特殊教育	215	264400	164799	7028
技能培训、教育辅助及其他教育	3590	4640707	2023333	53786
卫生和社会工作	7395	39347805	35472777	737069
卫生	4534	37669735	34365741	684619
医院	794	25890433	25556098	447116
基层医疗卫生服务	2709	7177149	5225267	164262
专业公共卫生服务	944	3797238	3061369	68590
其他卫生活动	87	804914	523007	4651
社会工作	2861	1678070	1107036	52450
提供住宿社会工作	1520	999152	765481	28394
不提供住宿社会工作	1341	678918	341556	24056
文化、体育和娱乐业	3396	5498302	1992533	47684
新闻和出版业	125	195688	102018	3436
新闻业	48	109204	26673	1029
出版业	77	86484	75345	2407
广播、电视、电影和录音制作业	109	1345637	563938	10428
广播	29	1008958	474954	6344
电视	26	245304	58846	2619
影视节目制作	15	41457	15317	600
广播电视集成播控	4	15238	5182	247
电影和广播电视节目发行	3	17159	3222	256
电影放映	30	17521	6417	359
录音制作	2		1	3
文化艺术业	2314	2287360	848609	25231
文艺创作与表演	388	128152	89819	4844
艺术表演场馆	10	12276	6691	140
图书馆与档案馆	296	608409	241189	5700
文物及非物质文化遗产保护	121	66529	36615	1259

6-1 续表 5

行 业	法人单位数（个）	年末资产（万元）	非企业单位支出（费用）（万元）	从业人员期末人数（人）
博物馆	231	683163	167997	3513
烈士陵园、纪念馆	37	71932	29139	456
群众文体活动	995	654481	231871	7501
其他文化艺术业	236	62417	45288	1818
体育	487	1104560	266633	5533
体育组织	302	239277	156046	2898
体育场地设施管理	63	671073	73999	1584
健身休闲活动	91	145662	28957	728
其他体育	31	48548	7630	323
娱乐业	361	565057	211335	3056
室内娱乐活动	29	917	1007	105
游乐园	3	4728	4490	71
休闲观光活动	1	23	98	8
彩票活动	74	504628	161683	1486
文化体育娱乐活动与经纪代理服务	252	54576	43837	1375
其他娱乐业	2	184	218	11
公共管理、社会保障和社会组织	79996	271111115	133501966	1681481
中国共产党机关	1676	2263365	3144953	45888
中国共产党机关	1676	2263365	3144953	45888
国家机构	22790	221899128	122799398	1309567
国家权力机构	495	1135069	605640	11434
国家行政机构	21582	215069097	119673959	1236112
人民法院和人民检察院	374	4815458	2035678	51417
其他国家机构	339	879504	484121	10604
人民政协、民主党派	362	68773	212576	4277
人民政协	164	55395	173352	3399
民主党派	198	13378	39224	878
社会保障	185	96191	1365804	4880
基本保险	104	56073	1113045	3089
补充保险	1	72	6233	4
其他社会保障	80	40046	246526	1787
群众团体、社会团体和其他成员组织	27341	7302011	3154238	96752
群众团体	2010	1230507	549978	10509
社会团体	21773	2552234	1827448	65232
基金会	775	1500274	544442	2492
宗教组织	2783	2018996	232370	18519
基层群众自治组织及其他组织	27642	39481646	2824997	220117
社区居民自治组织	7047	10625315	836639	74290
村民自治组织	20595	28856331	1988358	145827

6-2 按地区分组的行政事业及非企业法人单位主要指标

地 区	法人单位数（个）	年末资产（万元）	非企业单位支出（费用）（万元）	从业人员期末人数（人）
总 计	135340	493087746	231809421	4312551
广州市	17207	117218246	59594783	812826
深圳市	10583	75630728	52065133	496571
珠海市	3444	7936950	8747455	106873
汕头市	6529	7883771	5455585	170329
佛山市	7657	100268880	18778975	303516
韶关市	6086	14436543	6242278	141341
河源市	4319	4460977	3562234	127985
梅州市	7013	9845753	5183829	163993
惠州市	6404	12212995	9435210	202412
汕尾市	3447	4269023	2669307	83800
东莞市	5460	16279480	11305766	251371
中山市	3056	7710400	7730172	120803
江门市	7071	10656790	6787463	165527
阳江市	3579	7209183	2638349	107108
湛江市	9419	10991219	6662823	231764
茂名市	7659	50318177	6183081	209333
肇庆市	6113	9608223	5253338	148298
清远市	5464	8852195	4946091	150711
潮州市	4188	5027223	1923176	80532
揭阳市	6575	7073744	4337634	151734
云浮市	4067	5197246	2306740	85724
按经济区域分				
珠三角核心区	66995	357522692	179698295	2608197
沿海经济带	41396	92772340	29869954	1034600
北部生态发展区	26949	42792714	22241172	669754

6-3 按登记注册类型分组的行政事业及非企业法人单位主要指标

登记注册类型	法人单位数（个）	年末资产（万元）	非企业单位支出（费用）（万元）	从业人员期末人数（人）
总　计	135340	493087746	231809421	4312551
内资企业	135337	493083457	231807926	4312457
国有企业	56484	396279511	208419289	3254414
集体企业	4030	6520865	2353833	88016
股份合作企业	168	2306694	99258	6445
联营企业	541	209858	186305	7604
国有联营企业	42	18997	14530	697
集体联营企业	188	52865	15445	1574
国有与集体联营企业	38	75310	107325	2380
其他联营企业	273	62687	49005	2953
有限责任公司	259	257610	111653	6204
国有独资公司	4	4466	1279	126
其他有限责任公司	255	253144	110374	6078
股份有限公司	41	14100	13639	1293
私营企业	6957	2416531	1841737	159549
私营独资企业	4882	1464541	1154118	110079
私营合伙企业	898	273558	281838	25254
私营有限责任公司	1126	655815	381647	22384
私营股份有限公司	51	22617	24134	1832
其他企业	66857	85078288	18782211	788932
港、澳、台商投资企业	2	1066	941	29
与港澳台商合资经营企业				
与港澳台商合作经营企业				
港澳台商独资经营企业	2	1066	941	29
港澳台商投资股份有限公司				
其他港澳台投资企业				
外商投资企业	1	3222	555	65
中外合资经营企业				
中外合作经营企业				
外资企业				
外商投资股份有限公司				
其他外商投资企业	1	3222	555	65

6-4 按机构类型分组的行政事业及非企业法人单位主要指标

机构类型	法人单位数（个）	年末资产（万元）	非企业单位支出（费用）（万元）	从业人员期末人数（人）
总　计	135340	493087746	231809421	4312551
事业单位	45844	280098071	123580185	2347905
机关	12995	154980631	95193590	1133944
社会团体	24334	4251067	2439045	79092
民办非企业单位	21424	11220031	7051501	513489
基金会	775	1500274	544442	2492
居委会	7046	10625315	836602	74283
村委会	20595	28856331	1988358	145827
农民专业合作社				
农村集体经济组织				
其他组织机构	2327	1556026	175699	15519

6-5 按地区分组的交通运输、仓储和邮政业行政事业及非企业法人单主要指标

地 区	法人单位数（个）	年末资产（万元）	非企业单位支出（费用）（万元）	从业人员期末人数（人）
总 计	507	15997822	2980354	26005
广州市	55	9742274	2018181	6896
深圳市	14	28892	63956	737
珠海市	12	35345	36977	546
汕头市	26	137942	61576	887
佛山市	12	1000355	75783	1255
韶关市	19	307432	33476	568
河源市	16	108120	24633	1560
梅州市	21	197356	92758	1453
惠州市	30	86115	61296	1056
汕尾市	13	14378	9262	256
东莞市	44	78257	70791	744
中山市	6	4287	2127	126
江门市	27	2084326	100941	1978
阳江市	9	33121	13891	971
湛江市	52	74741	61538	1525
茂名市	44	140314	29912	1830
肇庆市	14	19842	8019	195
清远市	20	97483	36095	1050
潮州市	15	698935	81535	658
揭阳市	35	1021646	79072	1080
云浮市	23	86658	18532	634
按经济区域分				
珠三角核心区	214	13079695	2438073	13533
沿海经济带	194	2121078	336786	7207
北部生态发展区	99	797049	205495	5265

6-6 按地区分组的信息传输、软件和信息技术服务业行政事业及非企业法人单位主要指标

地 区	法人单位数（个）	年末资产（万元）	非企业单位支出（费用）（万元）	从业人员期末人数（人）
总 计	459	884870	365999	11089
广州市	99	199090	120814	1651
深圳市	58	197559	96718	1301
珠海市	5	1672	826	123
汕头市	22	11680	7647	485
佛山市	16	26849	7139	151
韶关市	6	590	434	14
河源市	11	36155	9628	490
梅州市	21	53141	12353	645
惠州市	19	11107	6699	440
汕尾市	20	17992	8731	623
东莞市	19	38161	14953	580
中山市	7	3049	1103	52
江门市	37	49057	12633	587
阳江市	14	20429	4623	353
湛江市	24	33667	10342	996
茂名市	9	25921	15444	696
肇庆市	7	6591	1459	166
清远市	12	8912	3349	189
潮州市	8	59393	9089	406
揭阳市	20	64346	17304	948
云浮市	25	19508	4710	193
按经济区域分				
珠三角核心区	267	533136	262344	5051
沿海经济带	117	233428	73181	4507
北部生态发展区	75	118307	30475	1531

6-7 按地区分组的房地产业行政事业及非企业法人单位主要指标

地 区	法人单位数（个）	年末资产（万元）	非企业单位支出（费用）（万元）	从业人员期末人数（人）
总 计	276	10037170	668886	6005
广州市	58	4149143	382411	1316
深圳市	13	2362218	172825	394
珠海市	7	3155	1025	43
汕头市	18	18041	3487	211
佛山市	25	3264701	14807	395
韶关市	8	7975	1605	95
河源市	7	2825	1712	127
梅州市	12	12494	3230	309
惠州市	14	56892	12569	824
汕尾市	6	6946	601	138
东莞市	13	31082	18034	481
中山市	3	28186	17437	18
江门市	13	5918	1263	142
阳江市	5	21108	3671	282
湛江市	13	13910	18740	256
茂名市	18	14007	7765	392
肇庆市	6	1975	398	33
清远市	6	11068	2604	116
潮州市	6	116	209	22
揭阳市	19	24326	4248	390
云浮市	6	1083	244	21
按经济区域分				
珠三角核心区	152	9903270	620768	3646
沿海经济带	85	98455	38722	1691
北部生态发展区	39	35445	9395	668

6-8 按地区分组的租赁和商务服务业行政事业及非企业法人单位主要指标

地 区	法人单位数（个）	年末资产（万元）	非企业单位支出（费用）（万元）	从业人员期末人数（人）
总 计	3654	21232219	4489604	40339
广州市	452	5929325	1358206	7460
深圳市	302	4613261	1596596	5417
珠海市	164	194703	84334	1437
汕头市	131	59264	17944	1072
佛山市	450	6238500	591293	5502
韶关市	86	13937	9372	390
河源市	72	40103	26344	1049
梅州市	158	169302	130472	1273
惠州市	143	130978	31647	978
汕尾市	58	170359	8359	518
东莞市	252	1036676	121188	3403
中山市	91	110621	26765	717
江门市	169	193025	124057	1688
阳江市	65	27276	11949	871
湛江市	248	243836	103943	1976
茂名市	111	1198695	56004	1933
肇庆市	120	48107	24112	842
清远市	259	466368	88068	1051
潮州市	77	154940	35968	691
揭阳市	116	21488	12576	1152
云浮市	130	171455	30407	919
按经济区域分				
珠三角核心区	2143	18495197	3958198	27444
沿海经济带	806	1875859	246743	8213
北部生态发展区	705	861164	284663	4682

6-9　按地区分组的科学研究和技术服务业行政事业及非企业法人单位主要指标

地　区	法人单位数（个）	年末资产（万元）	非企业单位支出（费用）（万元）	从业人员期末人数（人）
总　计	3979	26714031	7129135	86228
广州市	630	14166523	2807040	35998
深圳市	318	7382480	1415433	10630
珠海市	91	189881	112245	1449
汕头市	140	84604	52153	2054
佛山市	202	1557907	1220783	4145
韶关市	192	152533	85010	1915
河源市	103	69414	34898	1321
梅州市	181	102798	36733	1441
惠州市	229	362353	136305	3345
汕尾市	109	106873	16612	782
东莞市	178	604098	367590	5352
中山市	103	79543	91656	1540
江门市	172	385116	190158	2435
阳江市	162	79154	31344	1436
湛江市	239	361858	142968	3501
茂名市	176	545100	98458	1770
肇庆市	197	156939	170814	2119
清远市	174	218012	64545	2436
潮州市	99	45486	17849	844
揭阳市	124	29518	17070	956
云浮市	160	33842	19471	759
按经济区域分				
珠三角核心区	2120	24884840	6512025	67013
沿海经济带	1049	1252592	376454	11343
北部生态发展区	810	576598	240657	7872

6-10 按地区分组的水利、环境和公共设施管理业行政事业及非企业法人单位主要指标

地 区	法人单位数（个）	年末资产（万元）	非企业单位支出（费用）（万元）	从业人员期末人数（人）
总 计	1999	26111717	5980553	90862
广州市	339	6147773	1533851	33782
深圳市	90	6076923	1887148	4080
珠海市	41	993660	203648	6909
汕头市	104	429349	108499	2268
佛山市	61	6244508	339392	2000
韶关市	80	462514	72325	2811
河源市	55	47321	58255	2130
梅州市	115	379869	118500	4221
惠州市	111	416742	224346	2613
汕尾市	42	132140	172941	1753
东莞市	84	770048	497141	3798
中山市	35	146629	46678	1166
江门市	95	324986	97936	5013
阳江市	99	450711	66835	4031
湛江市	115	360791	246207	3531
茂名市	82	1947067	60530	2890
肇庆市	102	238927	89745	1976
清远市	83	172262	37798	1684
潮州市	71	179849	38656	1730
揭阳市	93	81512	29238	1687
云浮市	102	108135	50884	789
按经济区域分				
珠三角核心区	958	21360196	4919884	61337
沿海经济带	606	3581419	722906	17890
北部生态发展区	435	1170102	337763	11635

6-11 按地区分组的居民服务、修理和其他服务业行政事业及非企业法人单位主要指标

地 区	法人单位数（个）	年末资产（万元）	非企业单位支出（费用）（万元）	从业人员期末人数（人）
总 计	1627	1257350	610046	20189
广州市	220	451869	137013	5434
深圳市	215	47512	227120	2429
珠海市	40	19650	13669	314
汕头市	20	17203	5964	355
佛山市	186	419883	51696	2670
韶关市	22	13877	5887	294
河源市	19	7575	6599	268
梅州市	24	15756	9932	345
惠州市	28	33279	12140	406
汕尾市	8	4390	2328	122
东莞市	301	28471	23093	1750
中山市	118	5627	9693	935
江门市	36	38038	15302	685
阳江市	27	18244	12197	431
湛江市	60	26346	25195	1002
茂名市	15	48649	11227	399
肇庆市	119	14451	19905	835
清远市	121	10630	10157	920
潮州市	12	8138	2431	183
揭阳市	27	22550	5183	271
云浮市	9	5215	3316	141
按经济区域分				
珠三角核心区	1263	1058779	509630	15458
沿海经济带	169	145520	64525	2763
北部生态发展区	195	53052	35891	1968

6-12 按地区分组的教育行政事业及非企业法人单位主要指标

地 区	法人单位数（个）	年末资产（万元）	非企业单位支出（费用）（万元）	从业人员期末人数（人）
总 计	31766	74193037	38498350	1562399
广州市	3617	21110939	11293450	264136
深圳市	2629	6899175	6700006	174265
珠海市	657	1003199	952690	33504
汕头市	1877	1717514	1159721	72969
佛山市	1573	13029646	2246159	96936
韶关市	965	1239418	910005	48353
河源市	783	1174145	734569	49223
梅州市	1029	1637945	961156	59122
惠州市	1425	1814735	1430892	71372
汕尾市	885	767569	551148	35576
东莞市	1208	3608971	1982421	85837
中山市	918	1096014	932323	43581
江门市	1040	1588862	1114865	52637
阳江市	827	1189722	537075	38553
湛江市	3271	3838151	1741514	100108
茂名市	3031	6461805	1533319	96139
肇庆市	994	1803902	854089	52594
清远市	1041	1373988	974890	55717
潮州市	1265	845729	492108	33615
揭阳市	2031	1219461	905238	65794
云浮市	700	772147	490709	32368
按经济区域分				
珠三角核心区	14061	51955444	27506897	874862
沿海经济带	13187	16039950	6920124	442754
北部生态发展区	4518	6197643	4071329	244783

6-13 按地区分组的卫生和社会工作行政事业及非企业法人单位主要指标

地区	法人单位数（个）	年末资产（万元）	非企业单位支出（费用）（万元）	从业人员期末人数（人）
总计	7395	39347805	35472777	737069
广州市	1053	10400885	11043143	166776
深圳市	556	4945575	6025044	91798
珠海市	289	827117	891481	18389
汕头市	363	1048279	895838	24357
佛山市	487	4540958	2992311	51444
韶关市	366	753225	694132	23240
河源市	285	598751	526320	18430
梅州市	380	1263636	918958	26232
惠州市	373	1368851	1148310	30359
汕尾市	120	158155	132516	5487
东莞市	253	1568382	1817621	41899
中山市	171	1037921	1127462	23447
江门市	357	1285436	1312651	33216
阳江市	193	1031034	494441	17055
湛江市	510	1733735	1295039	39525
茂名市	401	2095285	1164726	33041
肇庆市	324	1084889	750330	24541
清远市	312	1620666	746582	23140
潮州市	148	334896	278474	9996
揭阳市	241	866865	782861	19903
云浮市	213	783262	434538	14794
按经济区域分				
珠三角核心区	3863	27060014	27108353	481869
沿海经济带	1976	7268250	5043894	149364
北部生态发展区	1556	5019540	3320530	105836

6-14 按地区分组的文化、体育和娱乐业行政事业及非企业法人单位主要指标

地 区	法人单位数（个）	年末资产（万元）	非企业单位支出（费用）（万元）	从业人员期末人数（人）
总 计	3396	5498302	1992533	47684
广州市	527	2616931	978595	12981
深圳市	433	525276	267974	5314
珠海市	212	109854	52066	2404
汕头市	145	197191	50035	1705
佛山市	214	594867	107776	2547
韶关市	147	89627	38338	1700
河源市	87	52842	24414	1106
梅州市	138	59315	52941	1556
惠州市	137	51192	28537	1442
汕尾市	83	211971	14458	845
东莞市	136	238248	110895	3557
中山市	92	80129	41251	950
江门市	153	107453	36235	1413
阳江市	58	66754	16908	1077
湛江市	142	171243	35994	1916
茂名市	79	57331	23478	973
肇庆市	144	114248	36056	1961
清远市	124	48951	20434	1195
潮州市	149	50124	25540	1435
揭阳市	111	22307	16107	951
云浮市	85	32448	14501	656
按经济区域分				
珠三角核心区	2048	4438198	1659385	32569
沿海经济带	767	776921	182520	8902
北部生态发展区	581	283182	150628	6213

6-15 按地区分组的公共管理、社会保障和社会组织行政事业及非企业法人单位主要指标

地区	法人单位数（个）	年末资产（万元）	非企业单位支出（费用）（万元）	从业人员期末人数（人）
总计	79996	271111115	133501966	1681481
广州市	10142	42235971	27887494	275491
深圳市	5954	42551857	33612312	200206
珠海市	1920	4551150	6396761	41636
汕头市	3674	4157314	3090132	63730
佛山市	4429	62838959	11130913	136429
韶关市	4195	11395415	4391696	61961
河源市	2871	2319544	2114489	52217
梅州市	4900	5932958	2830306	67199
惠州市	3867	7870759	6339446	89399
汕尾市	2086	2674348	1750991	37514
东莞市	2971	8276242	6279216	103920
中山市	1509	5118200	5431890	48229
江门市	4963	4584300	3777759	65668
阳江市	2115	4268059	1444697	42012
湛江市	4712	4127521	2941337	77073
茂名市	3690	37773408	3181778	69228
肇庆市	4065	6114430	3296701	62922
清远市	3310	4817100	2959091	63081
潮州市	2325	2631902	938667	30781
揭阳市	3739	3690835	2467888	58444
云浮市	2559	3180843	1238403	34341
按经济区域分				
珠三角核心区	39820	184141868	104152492	1023900
沿海经济带	22341	59323387	15815490	378782
北部生态发展区	17835	27645860	13533985	278799

第7篇

其他

编表能手

农业（辅助性服务业）：范英敏　童城（481–483 页）

经济普查绩效：王铭婵（第 484 页）

7-1 按行业分组的农林牧渔专业及辅助性活动主要指标

行业分类	法人单位数（个）	从业人员期末数（人）	资产总计（万元）	负债合计（万元）	营业收入（万元）
总 计	7119	37144	2267212.5	821877.8	1031777.8
农业专业及辅助性活动	5353	25137	1554631.7	614585.9	608618.1
种子种苗培育活动	186	1342	71331.4	37632.6	41599.9
农业机械活动	464	2022	393074.9	197421.4	23521.8
灌溉活动	40	366	4350.2	2117.8	1361.6
农产品初加工活动	1248	7820	431782.9	137503.3	250396.1
农作物病虫害防治活动	117	457	14534.0	8405.6	10609.3
其他农业专业及辅助性活动	3298	13130	639558.3	231505.2	281129.4
林业专业及辅助性活动	618	3496	265222.7	83004.4	67289.7
林业有害生物防治活动	263	1224	15688.5	5768.9	18945.0
森林防火活动	16	134	17110.3	1444.8	1116.8
林产品初级加工活动	49	476	27396.4	16487.5	12353.0
其他林业专业及辅助性活动	290	1662	205027.5	59303.2	34874.9
畜牧专业及辅助性活动	453	3433	176234.1	47835.3	162444.9
畜牧良种繁殖活动	139	2039	121897.3	40176.8	114643.6
畜禽粪污处理活动	3	6	34.3	8.0	69.1
其他畜牧专业及辅助性活动	311	1388	54302.5	7650.5	47732.2
渔业专业及辅助性活动	695	5078	271123.9	76452.2	193425.1
鱼苗及鱼种场活动	475	3086	189796.7	34154.7	143850.3
其他渔业专业及辅助性活动	220	1992	81327.2	42297.5	49574.8

7-2 按单位类型分组的农林牧渔专业及辅助性活动主要指标

单位类型	法人单位数（个）	从业人员期末数（人）	资产总计（万元）	负债合计（万元）	营业收入（万元）
按机构类型分组	7119.0	37144.0	2267212.5	821877.8	1031777.8
企业	3065.0	20268.0	1777465.3	734357.2	678342.2
事业单位	251.0	1944.0	287.6	127.4	709.3
民办非企业单位	23.0	226.0	4964.5	71.8	5072.2
农民专业合作社	2986.0	12014.0	288596.9	42869.3	284540.4
农村集体经济组织	325.0	991.0	170687.5	42895.3	26321.0
其他组织机构	469.0	1701.0	25210.7	1556.9	36792.7
按等级注册类型分组	7119	37144	2267212.5	821877.8	1031777.8
内资企业	7053	36781	1815246.4	592748.6	980205.7
国有企业	268	2733	214112.6	68182.2	15780.7
集体企业	406	1294	193527.7	47171.2	31484.2
股份合作企业	14	133	6336.2	82.4	6411.6
联营企业	10	45	335.5	6.0	572.1
国有联营企业	2	15			
集体联营企业	4	8	107.1		104.3
其他联营企业	4	22	228.4	6.0	467.8
有限责任公司	438	4096	238946.2	121084.1	105454.8
国有独资公司	6	146	6978.7	2628.0	677.1
其他有限责任公司	432	3950	231967.5	118456.1	104777.7
股份有限公司	51	488	33861.6	8759.5	11773.7
私营企业	2460	14448	820070.5	303174.0	501163.2
私营独资企业	258	1561	38079.4	13884.7	57103.6
私营合伙企业	38	207	3711.1	509.9	3282.4
私营有限责任公司	2100	12142	762021.3	284427.0	423012.8
私营股份有限公司	64	538	16258.8	4352.4	17764.4
其他企业	3406	13544	308056.0	44289.2	307565.4
港、澳、台商投资企业	64	284	414501.3	205860.5	43184.6
与港澳台商合资经营企业	7	76	26395.5	6171.8	36047.6
港澳台商独资经营企业	55	167	387483.7	199385.1	5292.5
其他港澳台投资企业	2	41	622.1	303.6	1844.5
外商投资企业	2	79	37464.9	23268.7	8387.5
外资企业	2	79	37464.9	23268.7	8387.5

7-3 按地区分组的农林牧渔专业及辅助性活动主要指标

地 区	法人单位数（个）	从业人员期末数（人）	资产总计（万元）	负债合计（万元）	营业收入（万元）
总 计	7119	37144	2267212.5	821877.8	1031777.8
广州市	604	2814	729049.2	365048.2	92588.2
深圳市	36	139	20178.7	2268.3	4726.0
珠海市	89	513	24238.2	13758.2	12617.9
汕头市	167	1653	54963.5	11549.0	78364.5
佛山市	136	1055	49246.2	13121.4	70305.7
韶关市	246	712	52112.2	20069.9	19027.7
河源市	170	717	66191.2	21753.7	13973.9
梅州市	399	1549	73269.5	30063.3	27223.8
惠州市	279	1076	98474.2	32044.4	70666.4
汕尾市	257	2124	80887.6	28453.6	48396.5
东莞市	119	578	34201.1	19876.4	9710.3
中山市	79	261	6870.6	4645.6	8119.2
江门市	279	793	49737.2	16952.7	27017.2
阳江市	211	1198	98264.6	12520.8	41389.4
湛江市	1177	6984	197598.0	62825.2	183234.2
茂名市	553	3596	112022.5	16593.5	87823.9
肇庆市	504	2094	55391.6	13326.2	55375.8
清远市	1024	3160	85252.8	42848.9	40128.3
潮州市	152	1298	32869.3	2128.1	35312.4
揭阳市	160	1450	129545.1	39607.1	34531.2
云浮市	477	3371	216849.2	52423.2	71245.2
按经济区域分					
珠三角核心区	2125	19673.1	1067387	481041.4	351126.7
沿海经济带	2677	28538	706150.6	173677.3	509052.1
北部生态发展区	2316	9148	493674.9	167159	171598.9

7-4 广东省第四次全国经济普查绩效表

栏目（一）	普查成果			每100元财政拨款创造的效益			
	单位	四经普	三经普	单位	四经普	三经普	增长率（%）
GDP	亿元	99,945.22	63,357.92	万元	1,546.57	1,060.03	45.9%
第二产业	亿元	41,398.45	29,837.46	万元	640.61	499.20	28.3%
第三产业	亿元	54,710.37	30,644.04	万元	846.60	512.70	65.1%
工业增加值	亿元	37,651.05	27,735.26	万元	582.62	464.03	25.6%
建筑业增加值	亿元	3,849.75	2,165.29	万元	59.57	36.23	64.4%
批发和零售业增加值	亿元	10,476.03	7,323.55	万元	162.11	122.53	32.3%
交通运输、仓储和邮政业增加值	亿元	3,363.48	2,451.52	万元	52.05	41.02	26.9%
金融业增加值	亿元	7,962.26	4,122.81	万元	123.21	68.98	78.6%
调查单位数							
法人单位	万个	312.66	107.26	个	4.84	1.79	169.6%
产业活动单位	万个	338.86	125.54	个	5.24	2.10	149.6%
有证照个体经营户	万个	345.29	272.50	个	5.34	4.56	17.2%
从业人员数							
法人单位	万人	4,610.90	3,947.17	人	71.35	66.04	8.0%
个体经营户	万人	1287.99	884.86	人	19.93	14.80	34.6%

栏目（二）	单位	四经普	三经普	增长率（%）
经济普查单位清查	万个	324.79		
参与普查人数	万人	12.00	11.40	5.3%
普查"两员"人数	万人	10.70	9.70	10.3%
省级对东西北地区"两员"补贴	万元	2,850.00	1,800.00	58.3%
宣传短信数	万条	4000	1000	300.0%
短信发送对象数	万个	800	250	220.0%
"广东智能普查"小程序累计使用人数	万人	10.97		
普查省级综合培训	人	2636	1100	139.6%
普查省级综合培训费	万元	233.19	80.78	188.7%
到位 PDA	台	61171		
其中：采购 PDA	台	33450		
省级财政拨款	万元	6,462.37	5,977.00	8.1%

栏目（三）	单位	应报数	已报数	上报率
四经普一套表单位数	万个	12.68	12.68	100.0%
四经普非一套表单位数	万个	325.88	326.80	100.3%
四经普抽样个体户数	万个	24.54	24.91	101.5%

附录

留住记忆

——向“编表能手”致敬

广东省第四次全国经济普查领导小组副组长、
省统计局党组书记、局长　杨新洪

广东省第四次全国经济普查在各级党委政府高度重视和正确领导下，全省 10 万名普查工作者，肩负摸清广东经济家底的重任，以“七个一到底”的坚定决心和毅力，历经 2 年时间，取得丰硕成果，向中国改革开放 40 年周年和新中国 70 华诞献上了一份厚礼。面对海量的二、三产业经济活动单位数据，如何充分综合运用各种统计技术工具和手段，严格遵循国民经济分类编表体系，及时准确、原汁原味，经过分门别类、编表赋能、排列组合、整理归集，将充满温度、充满活力的普查数据，以经济普查年鉴的形式，呈现在数据需求者面前，成为摆在省统计局统计人面前一道十分紧迫的必答题。结果，令人欣喜，从编表动员到结集出版，全局群策群力、加班加点，仅仅用时一个月。社会和科技统计处的吴娱拔得头筹，荣获 001 号《编表能手》证书。值此《广东经济普查年鉴》出版之际，特向编表能手们表示致敬！

致敬编表能手。所谓“能手”，就是具有某种技能对某项工作、运动特别熟练的人。比如，今年省“五一劳动奖章”获得者王学良，就是省统计局涌现出来的统计专业能手。统计作为一门科学，是人类认识从定量到定性、从个体到总体、从个别到一般的科学过程。统计图表则是统计科学在人类社会发展中发挥作用的应用工具和直观载体，统计人几乎天天、月月、年年，跟各种各样的图表打交道，编表一点都不神秘。编表对于一般统计人来说，说难不难、说不难也难。对于编表能手来说，难能可贵的是能够做到时间上说一不二、格式上推陈出新、内容上一目了然、逻辑上严谨细致、数量上遥遥领先。这次编表，同志们各显其能，涌现出不少编表能手，有的为了在规定的时间内完成任务，针对不同专业特点、不同数据多少、不同难易程度，或利用经济普查平台，或利用一套表联网直报平台，或导出平台数据，运用不同的软件进行汇总、分类、归集，收到事半功倍的效果；有的按行业、分地市，将原来 5 张表细化为 22 张表；有的合理安排完成常规报表工作与这次编表任务的时间，利用各自专业优势，加班加点，主动承担编表任务，积极出谋划策，充分展示了能者多劳、主动作为的担当精神。

致敬编表能力。“能力”，就是能胜任某项任务的主观条件。作为专业统计部门，每年都会按时保质出版一本《广东统计年鉴》。翻开年鉴，一张张图表纵横排列，清晰地展示广东国民经济和社会发展状况，一个个数字整齐组合，被赋予无穷的生命力。编表出年鉴，是统计部门统计人规定动作、看家本领。高超的编表能力，非一朝一夕形成，需要久久为功，靠长期刻苦学习、磨练养成。2019 年 1 月 11 日，省统计局党组印发《关于构建经济大省之统计强省开展统计能力提升建设年的通知》，决定在全省开展“构建经济大省之统计强省，全面提升‘统计改革创新、统计法治建设、统计数据质量、统计监测预警、统计服务水平’能力”工作，以 2019 年为“统计能力提升建设年”。其实，这项工作从去年厦门大学培训开始就已展开。在厦门大学，我提出能力建设：“响应能力、时间能力和管理能力”之业务素质能力、履职创新能力、工作协调能力、自我约束能力。在清远“四经普”骨干培训班，我提出强化“走进普查、获得数据、综合专业、专业分类、指标解读、核心专业、质量控制、应急管理、‘两防’能力”等“九种能力”。今年，在中国人民大学省统计局“黄埔一期”开班授课中，我以“三个”之家：“用”趋势是大家，“看”波动是小家，“切”结构是大家，评判透视把握经济能力的高下。在哈尔滨工业大学培训班，我提出“原创力、动手能力和执行力”等。这次编表的丰硕成果，就是对统计能力提升建设成效的一次集中检验和展示，就是将统计能力提升建设进一步推向新的高潮。

致敬创新行动。马克思说过“一个行动胜过一打纲领”。说干就干，立杆见影，取决于一种超常的果断力、创新力和执行力。2016 年以来，我连续三年受邀参加全国统计务虚会，前两次源于在深圳市统计局“9＋n”改革创新模式的成功推出；2018 年 8 月，我受邀参加全国统计务虚会，则主要源于推开“广东智能普查”。如何把广东“四经普”底层资源共享，打破信息孤岛，实现技术突破，形成架立与连接省统计局、省电子政务办和数解广东公司共同数据的平台。“人脸识别、扫码读数”的设想和创意，从提出到在国家统计局务虚会上成功演示，仅用了两个月时间。2019 年 8 月，因“未观测金融”调查研究最新成果，我应邀出席国际统计学会第 62 届世界统计大会并作专题报告，在国际舞台上发出了广东统计的声音，为拓展金融统计领域，

贡献了中国方案。“惟改革者进，惟创新者强，惟改革创新者胜。”近年来，省统计局从一本《广东省第四次全国经济普查入户案例选编》，到构建《广东省高质量发展综合绩效评价体系》，再到持续“敬藏进藏智藏”；从“两防”（防弄虚作假、防少报漏报）到“两求”（求上不如求下、求人不如求己），再到中国统计开放日之广东提出：“普查、思维、方法、结果、目标”“五个开放”等等，精彩纷呈，一个个创新成果和举措，受到国家统计局领导和机关的关注和肯定。广东之所以能开风气之先，先人一步，成为“两个重要窗口”，无不是以突破的锐气、改变的勇气与推开的大气，脚踏实地，敢于创新。事，以干得助；业，以改得力；果，以创得益；实，以落得效。这次编表，同志们以“构建经济大省之统计强省”为己任，以时不我待的敬业精神，不等不靠，主动出击，攻坚克难，力争下好“先手棋”，第一次将新经济业态编表入鉴，提前一个年度将《广东经济普查年鉴》编印出版，其速度可喜可贺，其质量可圈可点，其精神可褒可奖。

致敬无私奉献。习近平总书记强调，“伟大梦想不是等得来、喊得来的，而是拼出来、干出来的。”面对厚重的几大本《广东经济普查年鉴》，无论是数据采集，还是编表成册，无不让人感慨万千。一年多来，我们以“两防”破局，以“两求”助力，以“五个开放”为目标，上下同心，拧成一股绳，闻鸡起舞，日夜兼程，曾经 9 天 13 市的“两防”调研和 4 天 5 市“四经普”督导，无不让人回味无穷。从清远、江门、广州的“四经普”试点，到加持深圳省级综合试点；从“结果、做法、问题、能力、重点、信心”“六个试出”到实现“结果、权重、原因、专业、力量、信心”“六个导向”，冲刺清查单位上千万；从“七个一到底”之后需“五个再出发”，到谋篇布局“力量到位、质量到点、结果到手、逻辑到进、感动到已”“五个到”，努力实现“四经普”有效单位数占全国总数九分之一强，数据质量得到国家事后质量抽查组的肯定，创造了省统计局前所未有的佳绩，受到各级领导高度赞扬。我曾以“是谁，‘两颗牙’失落在‘四经普’里”，抒发自己的真情实感。在这里，我特别为编表者点赞，你们中有的临近退休，还主动承担编表任务；有的家人生病需要陪伴，便牺牲休息时间抽空编表；有的双管齐下两不误，既兼顾日常报表，又承担编表任务等等，正是因为有许许多多无名英雄的默默付出，才成就《广东经济普查年鉴》编印出版任务的如期完成。

致敬开放服务。“不忘初心、牢记使命”主题教育方兴未艾，其题中应有之义就是抓好落实。这次编表就是对主题教育成果的直接检验。普查的初心是开放，普查的本源是服务。《广东经济普查年鉴》编印出版，只是上篇文章，下篇文章就是搞好开放服务。省统计局作为经济普查的专业部门，做好经济普查成果的开发利用，全力以赴为“数据需求者服务”，责无旁贷。习近平总书记在福州工作时，曾大力推动“进万家门、知万家情、解万家忧、办万家事。”“四万”活动。要紧紧围绕省委“1+1+9”工作部署，优化“一核一带一区”区域经济布局，适应“双区驱动效应”的要求，集中智慧对“四经普”数据进行解读分析，赋予数据生命力，让历史数据与现时数据、行业数据与行业数据、专业数据与专业数据变得充满生机活力。我们要采取多种途径和方法，让数据与经济社会实现亲密接触、精准对接，尽快让“四经普”的数据落地生根，开花结果。同时，要秉持实事求是的作风，主动倾听和接受社会各界对《广东经济普查年鉴》批评建议，为进一步提高经济普查年鉴的编印质量和水平，打下坚实的基础。

沧海横流，方显英雄本色。如果把“两员”比喻为不惧风吹浪打的赶海拾珠人，那么，“编表能手”就是心灵手巧的缀珠者。一首《春天的故事》，源于40年前一位老人在南海边画了一个圈，注定不朽；一套《广东经济普查年鉴》编印出版，始于新中国70年取得辉煌成就，广东“双区驱动”再出发，注定不凡。让我们留住记忆——向“编表能手”致敬！

广东省统计专业委员会

粤统专要〔2019〕35号

（总第55期）

广东省统计局　　2019年10月17日

省局召开统计专业委员会部署四经普年鉴编辑工作

10月10日下午，广东省第四次全国经济普查领导小组副组长、省统计局局长杨新洪发起并召开统计专业委员会，强力推动广东省第四次全国经济普查年鉴编辑工作。

杨新洪指出四经普年鉴编辑时间紧迫和年终岁尾工作繁杂。要用科学的方法和思维来破解难题，以绩效考核倒逼责任落实，才能完成四经普年鉴编辑这项光荣和艰巨的任务。杨新洪提出五点要求:

一是以任务为牵引，强化责任担当。四经普在各级党委政府高度重视和正确领导下，经过全省各级普查机构和广大普查工作

者的共同努力，取得了丰硕的成果。经济普查的目的在于运用，而省统计局作为经济普查的牵头部门，做好经济普查成果的开发利用，全力以赴为“数据需求者服务”责无旁贷。按照前三次全国经济普查的工作计划和节奏，编印四经普年鉴要等到明年，普查数据的时效性会随着时间的延长而衰减。因此，要以绩效考核倒逼责任落实，要敢于担当，主动作为，充分发挥个人主观能动性，各司其责，在11月15日前完成编表任务。

二是以创新为导向，增添广东特色。创新需要打破定势，突破传统。发扬广东敢为人先的改革精神，勇于打破常规，向困难挑战。四经普年鉴不拘泥于老旧的模板，要根据广东经济结构的特点，设计具有广东产业、行业、企业特色的表式，发挥引领示范作用。此外，也要把财务绩效表放入年鉴中，将四经普花的每一分钱，明明白白、清清楚楚记录下来。为未来的五经普和后面各种分析研判，做最基础的夯实。

三是以专业为支撑，牢固树立“专业人干专业的事”。四经普作为统计科学的一项周期性工作，具有严谨的专业性和规范性，无论是前阶段的单位清查、入户登记、编码上报等工作，还是编印四经普年鉴，必须严格按照《第四次全国经济普查方案》实施，认真厘清程序方法和经济指标之间的界限，正确处理坚持方案与创新方法之间的关系。在编表过程中，要充分发挥专业骨干的突击作用，鼓励在编表方法手段上创新，在速度质量上同步，在数量上超前。通过这次编表，充分展示专业人才在专业领域的

地位和专业素养，充分展示专业人才在构建经济大省之统计强省中的风采和支撑作用。届时，省四经普领导小组将给优秀编表者颁发“广东省第四次全国经济普查编表能手”证书，并给予通报表彰。

四是以典型为激励，充分发挥“头雁效应”。山高人为峰，数海梦为帆。李良胜、张汉杰、王学良等同志就四经普本专业的编表谈了思路和做法，各有所长，有一定的示范作用。全体编表人员要开阔视野，能者为师，搞好传帮带，根据各专业的实际情况，以科学的思维方法，坚忍的探索精神，各显神通，勇于破冰，尽量把数据挖掘出来，多多益善，争取在规定的时间内拿出逻辑严谨、便于使用的图表。通过这次编表，让更多的人真正成为新时代统计事业的“领头雁”。

五是以开放为目标，着重打造为数据需求者服务的精品力作。朱德同志曾把统计事业称作“万岁”工作。从去年第九届“中国统计开放日之广东”活动提出“五个开放”，到今年第十届“中国统计开放日之广东”活动提出“四个开放”，活动始终围绕“开放”阐述的主题，就是紧贴时代的要求，畅谈统计的意义和使命。这次编印四经普年鉴，从整个四经普工作来看，所占的成份并不大，但要以小见大。年鉴作为精神产品，通过向社会大众公布发行，是以开放的姿态接受社会的审视和检阅。要以文责自负的责任担当，以追求完美的专业境界，凝心聚力，全力打造一部精品力作，更好地为数据需求者服务。

为此，杨新洪自己愿意为此以一名专业工作者的身份写几句，提出四经普年鉴序言可标题为“留住记忆——向编表能手致敬”。以“致敬自觉、致敬能力、致敬无私、致敬创新、致敬开放”向所有参与编表的专业人员表示致敬。

省经普办主任、省统计局副局长刘智华要求：一是按杨局长要求，以绩效考核倒逼责任落实，此项工作要走在全国前面；二是不设篇幅，不设格式限制，大家充分发挥才智，展示我局综合实力；三是要比三经普和国家模板反应的角度多，把比较好的表式提炼出来，加上我们省的特色。

省经普办副主任、省统计局副局长杨骁婷共勉三点意见：一是各处承担编表工作的同志要好好珍惜这一次难得的新洪局长亲自部署的机会，把统计工作和个人能力的提升融合在一起，将四经普丰收的成果从形式到内容展示出来。任务虽繁重，但使命光荣又很神圣；二是要按时间要求按高标准高质量的完成；三是数据中心的同志做好网络安全、工具使用、测试以及技术保障服务。

省统计局党组成员、一级巡视员梁彦要求：一是参与此项工作的同志要充分施展能耐和本事；二是做好经费保障和绩效管理评估，提高保障水平；三是提升财务管理的水平，把绩效表式设计好，既为专业部门服务好，也提高财务管理的水平绩效管理的水平。

省经普办常务副主任、省统计局二级巡视员杨少浪要求：一

是不能脱离基本的模板，要以国家普查方案为基础，在基本反映出国家方案的基础上，再调整修改表式内容；二是专业的需求可以在前期数管中心已设计过一套专业汇总需求表的基础上进行调整；三是根据数据需求，为了提高工作效率，继续保持与国家专业司的沟通联系，减少不必要的重复劳动。

主任：杨新洪

副主任：杨骁婷、刘智华、梁彦、杨少浪

局内委员：李珠桥、邱国祥、杨凡、黄俊彪、李良胜、王彪、张锦平、张汉杰、叶涛

专员：马建强、李华、何婷、罗青兰、王学良、张显华、唐正茂、卢甲戎、丁蓉、何婉虹、刘伟平、谭乐明、周前、陈彦舟、潘宇明、童城、吴凯敏

列席：李国辉、王铭婵、余盛鸿、汤良、邢珍、郭茂成、罗文锋、陈颖、周小兵

记录：陈彦舟

广东经济普查年鉴

2018 第二产业卷

GUANGDONG ECONOMIC CENSUS YEARBOOK

广东省第四次全国经济普查领导小组办公室
广　东　省　统　计　局　编

中国统计出版社
China Statistics Press

图书在版编目（CIP）数据

广东经济普查年鉴. 2018. 第二产业卷 / 广东省第四次全国经济普查领导小组办公室, 广东省统计局编著. -- 北京 : 中国统计出版社, 2020.6
ISBN 978-7-5037- 9148-2

Ⅰ. ①广… Ⅱ. ①广… ②广… Ⅲ. ①经济－普查－广东－2018－年鉴②工业普查－广东－2018－年鉴 Ⅳ. ①F127.65-54②F427.65-54

中国版本图书馆 CIP 数据核字(2020)第 070709 号

广东经济普查年鉴—2018/第二产业卷

作　　者/广东省第四次全国经济普查领导小组办公室　广东省统计局
责任编辑/冯燕玲
封面设计/何文婷
出版发行/中国统计出版社
通信地址/北京市丰台区西三环南路甲 6 号　邮政编码/100073
电　　话/邮购（010）63376909　书店（010）68783171
网　　址/http://www.zgtjcbs.com/
印　　刷/广州市恒远彩印有限公司
经　　销/新华书店
开　　本/880㎜×1230㎜　1/16
字　　数/1289 千字
印　　张/41.5
版　　别/2020 年 6 月第 1 版
版　　次/2020 年 6 月第 1 次印刷
定　　价/880.00 元（全三册附光盘）

本书附同版本 CD-ROM 一张，光盘内容以书面文字为准。
如有印装差错，由本社发行部调换。

《广东省经济普查年鉴—2018》
编辑委员会和编辑出版人员

编 者 说 明

为便于社会各界共享广东省第四次全国经济普查的成果，方便开发利用普查资料，我们将经济普查资料编辑整理，汇编成《广东省经济普查年鉴-2018》。全省共分三卷，即综合卷、第二产业卷和第三产业卷。《综合卷》由四部分组成，分别是：综合篇、新经济篇、小微企业篇、个体经营户。第二产业卷由两部分组成，分别是：工业企业主要经济指标、建筑业企业生产经营及财务状况。第三产业卷由七部分组成，分别是：批发和零售业企业基本情况及财务状况、住宿和餐饮业企业基本情况及财务情况、金融业、房地产开发生产经营及财务状况、服务业企业财务状况、行政事业及非企业财务状况、其他。为使读者更好地使用本资料，现对有关问题做如下说明：

一、第四次全国经济普查的标准时点为2018年12月31日，时期资料为2018年度；

二、每卷后附有该卷详细的指标解释，使用时请仔细阅读；

三、本资料有资质的建筑业企业按照法人单位注册地，其他行业按法人单位经营地进行汇总；

四、本资料对部分数据由于单位取舍不同或四舍五入而产生的差数均未作调整；

五、表中空格表示该项统计指标数值为零、数据不详或无该项数据，“#”表示其中的主要项。

我们希望此书的面世，能使社会各界对我省第四次全国经济普查有一个全面概括的了解，更愿本书的内容，能为社会经济研究工作者提供有价值的参考。

广东省第四次全国经济普查资料是全省普查工作者共同辛勤工作的成果，也是广大普查对象积极支持配合的结果。在此，我们向全省所有普查工作者、普查对象和所有参与和支持普查工作的人员致以崇高的敬意和衷心的感谢！

第二产业卷

第 1 篇 工业企业主要经济指标

附录

第1篇

工业企业主要经济指标

编表能手

工业：王学良 张显华 唐正茂（3-413 页）

能源：丁蓉 周维志（414-459 页）

1-1　按登记注册类型、控股情况、轻重工业和企业规模分组的全部工业企业主要经济指标

单位：万元

分　组	企业数（个）	资产总计	营业收入	营业成本	营业利润	从业人员期末人数（人）
总　计	584189	1488475642	1588411231	1331603946	92627008	18557273
一、按登记注册类型分组						
内资企业	558343	1024112653	1064930283	888612111	60191722	12408955
国有企业	1131	6385353	2395077	1987339	322840	59259
集体企业	2415	2582116	2089681	1732309	83853	73921
股份合作企业	634	477370	1041749	875714	65763	11721
联营企业	209	217966	346480	297059	27786	4550
有限责任公司	56776	404917790	390293352	325566471	23517839	2909917
股份有限公司	3814	183964689	120858468	92567458	10554583	831941
私营企业	493102	425448194	547713945	465435989	25596209	8513706
其他企业	262	119174	191532	149772	22850	3940
港、澳、台商投资企业	19059	255830552	258405237	216402844	16155617	3997468
外商投资企业	6787	208532437	265075711	226588991	16279669	2150850
二、按企业控股情况分组						
国有控股	2737	291611437	221900722	186720135	16350887	783337
集体控股	3285	12120017	8376817	6659996	620460	131715
私人控股	533227	701815481	807546120	671510939	42798203	10779602
港澳台商控股	17850	220621157	241369811	202764080	14860600	3836276
外商控股	5767	161770230	214614523	183963319	12374390	1972679
其他	21323	100537320	94603238	79985476	5622468	1053664
三、按轻重工业分组						
轻工业	286435	464547731	535041598	438480618	32942593	8806751
重工业	297754	1023927911	1053369633	893123328	59684415	9750522
四、按企业规模分组						
大型企业	1530	651881132	702851146	579853192	48811636	4782803
中型企业	7595	295873855	314734630	262052545	19763411	4200542
小微型企业	575064	540720655	570825455	489698210	24051960	9573928

1-2 按登记注册类型、控股情况、轻重工业和

分 组	企业单位数（个）	亏损企业	工业总产值（当年价格）	工业销售产值（当年价格）	出口交货值	工业增加值（当年价格）
总 计	50591	6884	1403989296	1375771272	364326184	315570916
一、按登记注册类型分组						
内资企业	38360	4577	892542825	875250996	160485255	200314075
国有企业	127	24	1530007	1473222	32930	545513
集体企业	124	18	1627280	1575835	380887	535174
股份合作企业	42	4	897065	877747	31997	195149
联营企业	14	1	310145	305330		63022
有限责任公司	9605	1405	364043196	358661782	75237137	85881627
股份有限公司	1359	219	110571522	105114909	19042605	31743679
私营企业	27077	2906	413431896	407114661	65752614	81318398
其他企业	12		131715	127508	7087	31514
港、澳、台商投资企业	8165	1542	254323886	247239746	108175962	61793916
外商投资企业	4066	765	257122585	253280530	95664967	53462925
二、按企业控股情况分组						
国有控股	1101	204	208559797	203503801	16126146	55665464
集体控股	306	47	7618500	7400252	826726	2032956
私人控股	34587	3954	661536994	650260187	127141457	140772154
港澳台商控股	7882	1488	238114487	231070771	106694950	57510814
外商控股	3682	699	208590390	205719338	93103840	43307179
其他	3033	492	79569129	77816923	20433065	16282349
三、按轻重工业分组						
轻工业	24591	3247	445204328	436426142	103765388	109896536
重工业	26000	3637	958784968	939345130	260560796	205674380
四、按企业规模分组						
大型企业	1529	138	681511152	663507915	231180321	160520550
中型企业	7494	950	313938693	306899335	74856548	72787577
小微型企业	41568	5796	408539451	405364021	58289314	82262790

企业规模分组的规模以上工业企业主要经济指标

单位：万元

资产总计	流动资产合计					非流动资产合计
		货币资金	应收账款	存货		
					产成品	
1270246307	770067755	142818617	237623682	161321698	61424557	500192028
838094274	495901739	99356297	141886536	100446102	38587832	342209957
3566220	1055776	346690	160832	150042	53452	2510443
970285	513754	91062	137587	71863	33327	456530
262559	162920	21774	47998	35260	17390	99640
77994	53944	6387	13873	6085	2041	24051
365148285	187566990	37847452	54957118	37937912	12538619	177573016
180236903	103195065	26776237	24805798	16545688	7171732	77041823
287796693	203335882	34264291	61756019	45695817	18769889	84486528
35335	17410	2404	7310	3435	1382	17926
237449860	151437549	20232974	53649599	34574746	13219326	86008409
194702173	122728467	23229347	42087546	26300850	9617400	71973662
275371585	104115357	36135796	15397046	21686570	6512325	171256221
9814293	5409317	914693	1502456	730564	277323	4404974
541627418	369940305	61347485	111448168	73653191	29828919	171704561
204300920	132606706	18404521	49898905	32540093	12893821	71690317
151372983	105093613	18100903	38571380	22275986	8012387	46279330
87759108	52902458	7915220	20805728	10435294	3899783	34856624
379386087	254213626	44814260	61523841	59245269	25246974	125179814
890860220	515854129	98004357	176099841	102076429	36177584	375012214
651732108	391058391	88073776	117284245	72125922	28177625	260673710
292221818	168795853	27590401	53105390	40733491	15137676	123425898
326292381	210213511	27154440	67234046	48462285	18109256	116092420

1-2

分　组	固定资产原价	累计折旧	本年折旧	固定资产净值	负债合计	流动负债合计
总　计	537254545	270838742	37549296	272524357	717952690	608448404
一、按登记注册类型分组						
内资企业	331256439	156032296	23727784	175223691	481983836	407287524
国有企业	3108425	1514241	94075	1594183	1880335	745516
集体企业	687928	426331	29606	261596	601527	364451
股份合作企业	126549	74348	13422	52201	137966	125347
联营企业	43141	25040	4134	18101	50191	29636
有限责任公司	192843775	87472486	12328511	105371030	210433296	167265855
股份有限公司	38546755	18647033	2256802	19899677	87813974	76613662
私营企业	95872992	47862055	8999283	48010790	181051367	162129759
其他企业	26875	10762	1950	16113	15183	13297
港、澳、台商投资企业	107932316	63452239	7311450	50589903	131207797	112571740
外商投资企业	98065791	51354207	6510063	46710763	104761057	88589141
二、按企业控股情况分组						
国有控股	191176232	88577576	9229652	102598648	146763384	102732453
集体控股	3214948	1551600	185610	1663346	4456374	3397990
私人控股	155054934	73977120	14201481	81077396	328208678	289418527
港澳台商控股	89367428	54909662	6756152	40567595	107962586	96311131
外商控股	71793184	40921809	5389861	30870557	79080771	72433721
其他	26647820	10900975	1786541	15746816	51480897	44154582
三、按轻重工业分组						
轻工业	137000931	70645280	10609678	66355508	208025991	185396026
重工业	400253614	200193462	26939618	206168849	509926699	423052378
四、按企业规模分组						
大型企业	269543685	143213659	19370637	132439923	372032303	315449836
中型企业	130200816	62258894	8422241	67941869	154976658	129156177
小微型企业	137510044	65366189	9756418	72142565	190943729	163842391

续表 1

单位：万元

应付账款	非流动负债合计	所有者权益合计	实收资本	国家资本	集体资本	法人资本
228531010	105582203	552272364	237411031	45781786	3344934	80506620
135261420	71817598	356114787	141157217	38488810	2806350	63795185
146980	1117602	1685886	355201	266295	10203	75028
49726	212948	368757	92335	279	62578	20215
51707	10293	124594	26487	15		10622
6648	20555	27803	10953	1718	570	2140
56140861	42343967	154715890	74800129	34013427	904635	32580294
21578002	11060028	92422913	28314383	3957655	1086535	12882643
57279885	17050321	106748792	37556441	249421	741829	18223889
7612	1885	20153	1289			353
50051706	17865715	106216502	50569767	1740723	266078	8538890
43217884	15898890	89941075	45684047	5552254	272506	8172545
27968276	43833976	128608196	63922560	43756957	390295	13299166
1012254	998187	5357918	1634831	108833	560055	694971
94176068	36630270	213422939	76660689	587408	1529300	43506893
48210283	10843303	96312773	45511976	412400	210739	6019122
37018641	6375392	72292175	32966521	503198	160138	5248730
20145488	6901076	36278363	16714456	412990	494407	11737738
56784896	21001583	171335148	70486050	3431337	841293	22575386
171746114	84580621	380937216	166924981	42350450	2503641	57931234
128329141	56582463	279699797	95026834	25809392	797879	32087522
45510979	25810352	137245105	64797000	10196471	1455165	21498935
54690889	23189388	135327462	77587197	9775923	1091890	26920162

1-2

分组				营业收入		营业成本
	个人资本	港澳台资本	外商资本		主营业务收入	
总计	35653921	38294508	34069690	1425978584	1401389942	1194923560
一、按登记注册类型分组						
内资企业	33804721	1054792	1196304	911665679	896880978	759585183
国有企业	3665	4	5	1577233	1547207	1271554
集体企业	7595	1643	25	1606480	1594390	1380287
股份合作企业	15147		703	869797	860233	740955
联营企业	6525			304169	303962	267554
有限责任公司	5722656	677543	901120	373346277	367725723	309561540
股份有限公司	9867517	275561	244471	119838656	115949862	91748111
私营企业	18180681	100041	49981	413996215	408772749	354510225
其他企业	937			126853	126853	104959
港、澳、台商投资企业	1234002	34212533	4829024	251728561	247483167	210812123
外商投资企业	615198	3027182	28044362	262584344	257025797	224526254
二、按企业控股情况分组						
国有控股	1655197	764571	4309241	220710632	214605773	183804128
集体控股	157339	23366	90267	7670335	7549962	6129812
私人控股	29823543	702733	500207	661654411	652978478	550389541
港澳台商控股	1012657	33192523	4663150	235177122	231572299	197691583
外商控股	330135	2758418	23965901	212537299	208579060	182526737
其他	2675050	852897	540924	88228785	86104371	74381760
三、按轻重工业分组						
轻工业	14215794	18530822	10889749	456622802	448729712	372894616
重工业	21438127	19763685	23179941	969355782	952660231	822028945
四、按企业规模分组						
大型企业	8861957	14979354	12490729	702801262	688738950	579803268
中型企业	8693045	11590235	11355151	313300556	307546238	260820151
小微型企业	18098919	11724918	10223811	409876767	405104754	354300142

续表 2

单位：万元

主营业务成本	税金及附加	主营业务税金及附加	销售费用	管理费用	财务费用	利息收入
1172025102	15954929	15712156	48589521	82378131	6873454	2590539
744695832	10544065	10420883	32441899	56169075	5081381	1752721
1255684	9892	9431	68514	151559	32380	5255
1372171	8388	7926	26595	130827	9271	263
732300	5902	5824	42342	30636	4315	288
267360	1358	1356	5082	5234	1073	3
304709922	5200175	5140880	11460823	25160499	2628466	703283
88330570	3480003	3451210	7067036	8286614	625016	619563
347922868	1837911	1803818	13766363	22398369	1780137	424067
104959	437	437	5144	5339	722	
207472557	1713992	1689660	8409707	14708935	1361369	430896
219856712	3696872	3601613	7737915	11500121	430705	406922
178721327	9063432	8926700	6002381	7647852	1705764	798402
6026639	42015	40968	322058	622012	45602	6488
541058220	3195680	3143162	25345748	45058678	3503768	980732
194720427	1460926	1440850	7891088	13931684	794735	406980
179226093	1777599	1753810	6552593	9638730	280980	336578
72272397	415277	406667	2475653	5479174	542605	61359
365778226	4782883	4722496	24203000	25539548	1984973	822324
806246876	11172047	10989660	24386521	56838583	4888481	1768215
565435574	10346716	10265776	27527604	41271182	1897481	1903516
256312405	3336454	3228535	10252637	18388656	2050806	341301
350277123	2271760	2217845	10809280	22718292	2925167	345722

1-2

分　组	利息支出	投资收益	其他收益	营业利润	营业外收入	营业外支出
总　计	8780093	7949553	4472282	86744560	4354332	3612203
一、按登记注册类型分组						
内资企业	6325958	5678316	3522996	54528190	2544353	2403304
国有企业	32331	5006	15679	62263	27717	18132
集体企业	7119	292	110	50534	6838	7088
股份合作企业	1089	155	10176	56017	865	12013
联营企业	1003	2		23871	182	427
有限责任公司	3082912	2524127	1751642	23007358	897091	824276
股份有限公司	1425921	2341134	820553	10533848	462039	879731
私营企业	1775431	807602	924836	20784047	1149622	661636
其他企业	151			10252		
港、澳、台商投资企业	1562066	941976	495159	16154912	992597	537747
外商投资企业	892069	1329261	454126	16061457	817382	671152
二、按企业控股情况分组						
国有控股	2502559	3617832	1002786	16050580	476184	927128
集体控股	44484	37861	39606	577028	155181	67411
私人控股	4007444	2572347	2443391	37696568	1830515	1220758
港澳台商控股	951053	859220	419332	14856459	903350	506398
外商控股	654213	500168	302551	12193380	737471	641509
其他	620341	362126	264616	5370545	251631	248998
三、按轻重工业分组						
轻工业	2356884	2569521	755047	30136668	1577702	989910
重工业	6423209	5380033	3717235	56607891	2776630	2622293
四、按企业规模分组						
大型企业	4212907	5695123	2993539	48811556	1680864	1831140
中型企业	2191211	1397896	793494	19749012	1097471	652200
小微型企业	2375975	856534	685249	18183992	1575996	1128864

续表 3

单位：万元

利润总额	所得税费用	亏损企业亏损总额	利税总额	应交税金及附加	本年应付职工薪酬	本年应交增值税	从业人员平均人数（人）
87486826	14344400	8520641	137063798	63921372	126096392	33622043	13413071
54669278	8304299	5716510	88445865	42080886	76850992	23232522	7496927
71847	17023	10422	132312	77488	288353	50574	34353
50284	6156	18616	88538	44411	348377	29866	49106
44869	3870	3005	76791	35793	71796	26021	6212
23626	4309	174	29931	10615	11640	4948	1887
23080191	3998022	2557487	39111854	20029685	33061211	10831488	2404197
10116156	1414244	1543498	16777711	8075799	12777477	3181552	808468
21272054	2860416	1583308	32217129	13805491	30278214	9107164	4190721
10252	257		11599	1605	13924	910	1983
16609880	2713192	1410192	23774230	9877541	27987382	5450358	3792380
16207668	3326909	1393940	24843704	11962945	21258018	4939163	2123764
15599652	2681732	2016490	31503596	18585676	16069878	6840512	749318
664799	101180	185405	912558	348940	909177	205744	103912
38306310	5581235	3062780	57755820	25030745	56967228	16253831	6079298
15253526	2465625	1252112	21610564	8822663	26589213	4896112	3661936
12289343	2641256	1091647	17627429	7979342	18805423	3560487	1958998
5373197	873372	912208	7653831	3154007	6755473	1865357	859609
30724480	4882139	2471958	48040998	22198657	44039431	12533635	6107489
56762346	9462261	6048684	89022801	41722715	82056961	21088408	7305582
48661377	8124694	2727747	76482398	35945715	64994767	17474306	4862263
20194285	3302955	2420915	30683933	13792604	31853043	7153194	4200351
18631165	2916751	3371979	29897467	14183053	29248582	8994543	4350457

1-3 按登记注册类型、控股情况、轻重工业和企业

分组	企业单位数（个）	亏损企业	工业总产值（当年价格）	工业销售产值（当年价格）	出口交货值	工业增加值（当年价格）
总计	9023	1088	995449845	970407251	306036870	233308127
在总计中：亏损企业	1678	1678	73670212	68859297	23026218	14263274
一、按登记注册类型分组						
内资企业	4871	510	580257874	564723599	130385604	137551053
国有企业	33	2	1002436	984678	20228	411159
集体企业	21	2	780282	761207	341250	319515
股份合作企业	8	1	313843	314301	9562	75644
联营企业	2		205429	203920		37618
有限责任公司	1536	223	266932146	263697728	67611241	66401681
股份有限公司	530	57	96809438	91558961	17727127	29199015
私营企业	2739	225	214120385	207109604	44676196	41083747
其他企业	2		93916	93200		22674
港、澳、台商投资企业	2725	393	201453706	195248712	90811597	50185796
外商投资企业	1427	185	213738264	210434939	84839668	45571277
二、按企业控股情况分组						
国有控股	405	64	182383431	177487585	14869626	49256732
集体控股	60	8	4237209	4110672	694748	1262177
私人控股	3988	370	396926463	386702097	100198552	88247897
港澳台商控股	2635	390	188542496	182445950	89496285	47194447
外商控股	1311	172	170714651	168243142	82721516	36228320
其他	624	84	52645596	51417804	18056144	11118553
三、按轻重工业分组						
轻工业	4545	532	278711462	270213687	73464685	74595348
重工业	4478	556	716738382	700193563	232572185	158712779
四、按企业规模分组						
大型企业	1529	138	681511152	663507915	231180321	160520550
中型企业	7494	950	313938693	306899335	74856548	72787577

规模分组的规模以上大中型工业企业主要经济指标

单位：万元

资产总计	流动资产合计					非流动资产合计
		货币资金	应收账款	存货		
					产成品	
943953926	559854244	115664177	170389636	112859413	43315301	384099608
118863992	65282858	8999345	19425126	16014379	6652937	53599420
597794680	343015032	81313390	92876643	65654373	24921506	254779608
2833954	719503	284710	109987	97867	25864	2114452
180462	114480	16399	32219	12863	9103	65982
140020	99476	16116	30769	17015	9555	40544
15371	8447	1747	2307	387	26	6924
275950000	137477740	31276150	40801928	27008312	8363876	138472247
156425793	90051400	24902260	21282472	14340598	6337859	66374387
162226952	114537204	24815147	30612783	24176396	10174507	47689728
22128	6783	861	4178	936	717	15345
186632883	117513295	14967658	42922347	26598211	10627656	69119567
159526364	99325917	19383128	34590646	20606829	7766139	60200433
240587793	90775124	32279137	13082252	19103309	5721601	149812666
6660401	3854429	691154	1025300	424742	160255	2805972
356485546	242026301	47490688	69300543	43935188	17923433	114459212
158440165	101232868	14242456	39034991	25092621	10421713	57207279
121116700	84969592	14807897	31833404	17301560	6404917	36147093
60663322	36995931	6152845	16113146	7001993	2683382	23667385
266069310	176880319	35903884	38150586	39539169	17986849	89188958
677884616	382973926	79760293	132239050	73320244	25328452	294910650
651732108	391058391	88073776	117284245	72125922	28177625	260673710
292221818	168795853	27590401	53105390	40733491	15137676	123425898

1-3

分组	固定资产原价	累计折旧	本年折旧	固定资产净值	负债合计	流动负债合计
总　计	399744501	205472553	27792878	200381792	527008961	444606013
在总计中：亏损企业	41269189	16044340	2283830	25224838	81194941	65052690
一、按登记注册类型分组						
内资企业	237221239	115200608	16619609	122020599	336422515	282501134
国有企业	2492109	1163440	69429	1328669	1460531	492688
集体企业	114206	65136	5654	49070	117441	96909
股份合作企业	51577	33647	5559	17929	81486	73452
联营企业	21115	12219	1634	8896	3120	3120
有限责任公司	148110924	69857665	9513681	78253250	156450720	124186601
股份有限公司	34621077	16846622	1995133	17774452	77881707	68301353
私营企业	51785522	27212095	5027103	24573408	100421432	89342379
其他企业	24710	9785	1417	14925	6078	4632
港、澳、台商投资企业	81694478	48013777	5775217	39790586	103207868	88489191
外商投资企业	80828784	42258168	5398052	38570607	87378579	73615688
二、按企业控股情况分组						
国有控股	159433174	73684082	7779940	85749090	128018863	91391689
集体控股	1563356	795597	93376	767759	2655908	2105698
私人控股	94619772	46436748	8937660	48182999	212936869	185548214
港澳台商控股	70554665	45020056	5385932	31644495	83066008	74436055
外商控股	56421578	32672583	4402093	23748984	64284981	59887041
其他	17151957	6863488	1193879	10288464	36046334	31237317
三、按轻重工业分组						
轻工业	93512669	48956170	7090596	44556465	142020884	126042585
重工业	306231832	156516382	20702282	155825327	384988077	318563428
四、按企业规模分组						
大型企业	269543685	143213659	19370637	132439923	372032303	315449836
中型企业	130200816	62258894	8422241	67941869	154976658	129156177

续表 1

单位：万元

应付账款	非流动负债合计	所有者权益合计	实收资本	国家资本	集体资本	法人资本
173840120	82392815	416944902	159823834	36005863	2253044	53586458
21674639	16049835	37643559	27084064	5178549	798904	9672393
95299614	53911256	261372131	90973663	30154545	1872042	41080623
91945	967842	1373423	163771	119516	165	43106
16723	20531	63021	11641		7882	874
41260	8034	58533	7435			1777
		12251	6122			1000
42580717	32264114	119499269	53067415	26227110	496401	23430933
19574115	9580351	78544081	22278732	3694245	909605	9380500
32990238	11068937	61805501	15438150	113674	457989	8222432
4616	1446	16050	396			
41485329	14718671	83424998	35132170	667584	151802	6266113
37055177	13762889	72147774	33718002	5183734	229200	6239722
25447900	36627171	112568930	52513855	35017251	308357	11062205
663997	550210	4004493	994203		363513	463546
60304044	27378534	143548647	42399879	286970	1002992	26838423
39730062	8629947	75374140	31442802	137770	117829	4076226
31599970	4397938	56831708	22404897	370473	143060	4024265
16094148	4809015	24616984	10068199	193399	317293	7121793
38845300	15972057	124048396	44336609	2861254	460125	13289191
134994821	66420758	292896506	115487225	33144610	1792919	40297267
128329141	56582463	279699797	95026834	25809392	797879	32087522
45510979	25810352	137245105	64797000	10196471	1455165	21498935

1-3

分 组				营业收入		营业成本
					主营业务收入	
	个人资本	港澳台资本	外商资本			
总 计	17555002	26569589	23845880	1016101818	996285189	840623419
在总计中：亏损企业	2537827	4014306	4874085	72142116	70010491	65058480
一、按登记注册类型分组						
内资企业	16312025	702421	844007	599454054	587518661	488774077
国有企业	975	4	5	1043422	1024283	820087
集体企业	2859		25	757201	753079	659832
股份合作企业	4956		703	307507	307163	219226
联营企业	5122			203920	203920	184952
有限责任公司	1895824	392998	624149	274923255	270626908	224580706
股份有限公司	7831768	250542	212071	105384293	101795130	79630304
私营企业	6570125	58877	7054	216742275	212715997	182605596
其他企业	396			92180	92180	73375
港、澳、台商投资企业	895219	23603613	3547839	198108864	194930532	165163642
外商投资企业	347758	2263556	19454033	218538900	213835996	186685700
二、按企业控股情况分组						
国有控股	1551238	500976	4073827	193174656	187677376	160294580
集体控股	112786	6171	48187	4405614	4334229	3388842
私人控股	13491701	393964	377828	398446439	391703524	321806462
港澳台商控股	692965	22966523	3451491	185145778	182467216	154669361
外商控股	189465	2116433	15561203	174256467	170807205	149789508
其他	1516847	585523	333344	60672863	59295639	50674666
三、按轻重工业分组						
轻工业	7330200	12826116	7569726	290447842	283987847	229080785
重工业	10224803	13743473	16276154	725653975	712297341	611542633
四、按企业规模分组						
大型企业	8861957	14979354	12490729	702801262	688738950	579803268
中型企业	8693045	11590235	11355151	313300556	307546238	260820151

续表 2

单位：万元

	税金及附加		销售费用	管理费用	财务费用	
主营业务成本		主营业务税金及附加				利息收入
821747979	13683170	13494311	37780241	59659838	3948287	2244817
63273845	526615	516303	3283940	6337465	1173631	259244
476281883	8786158	8702079	24353304	39384377	2787925	1535161
809598	6764	6389	49238	101413	25966	2579
655816	3600	3262	11284	80832	311	
218949	1788	1788	35764	19487	3354	82
184952	486	486	1242	1378	499	
220760348	4456077	4412084	8966614	20449063	1718871	598991
76450092	3417128	3390445	6466403	7220378	426714	588347
177128754	900023	887333	8818393	11507943	611665	345162
73375	293	293	4366	3884	546	
162718477	1429272	1413678	6931940	11145137	958826	336767
182747619	3467739	3378555	6494997	9130325	201536	372890
155708438	8694549	8569689	5560686	6861237	1338650	698141
3324383	21923	21213	254219	447971	14886	4755
314155904	1907774	1882897	18358513	30365160	1751260	872222
152444639	1211254	1196616	6461464	10538707	446256	321351
146891227	1560713	1542524	5466607	7540083	93930	311528
49223388	286957	281372	1678752	3906680	303305	36820
223178322	3816267	3778640	19165366	16509221	976420	656991
598569657	9866903	9715671	18614875	43150617	2971867	1587826
565435574	10346716	10265776	27527604	41271182	1897481	1903516
256312405	3336454	3228535	10252637	18388656	2050806	341301

1-3

分　组	利息支出	投资收益	其他收益	营业利润	营业外收入	营业外支出
总　计	6404119	7093019	3787033	68560568	2778335	2483339
在总计中：亏损企业	1201786	158647	366898	-5244444	354693	1297480
一、按登记注册类型分组						
内资企业	4495917	4984386	2926272	41065564	1402077	1649012
国有企业	29376	4289	14784	57517	19864	15858
集体企业	343			1450	937	1091
股份合作企业	762			27889	474	1495
联营企业	456			15363		
有限责任公司	2263570	2364813	1454723	18157702	575844	626907
股份有限公司	1218183	2065551	723418	9807624	315281	813610
私营企业	983076	549732	733347	12988301	489677	190051
其他企业	151			9717		
港、澳、台商投资企业	1225865	876017	443178	13612258	725451	355151
外商投资企业	682337	1232617	417583	13882746	650808	479176
二、按企业控股情况分组						
国有控股	2093459	3558342	818380	13824895	405190	884733
集体控股	18548	19783	18477	314637	108488	43264
私人控股	2729469	2030417	2086146	27191881	876836	582682
港澳台商控股	681680	783901	372243	12903342	656228	337339
外商控股	475190	461750	273351	10200089	587154	454729
其他	405772	238828	218436	4125725	144440	180592
三、按轻重工业分组						
轻工业	1626513	2270080	600117	23287074	1019689	538998
重工业	4777605	4822939	3186916	45273494	1758647	1944341
四、按企业规模分组						
大型企业	4212907	5695123	2993539	48811556	1680864	1831140
中型企业	2191211	1397896	793494	19749012	1097471	652200

续表 3

单位：万元

利润总额	所得税费用	亏损企业亏损总额	利税总额	应交税金及附加	本年应付职工薪酬	本年应交增值税	从业人员平均人数（人）
68855661	11427649	5148662	107166331	49738319	96847810	24627500	9062614
-6187231	-250287	6187231	-4370241	1566704	13212225	1290375	1163209
40818622	6414820	3594476	65677973	31274172	55479466	16073193	4252686
61523	13099	744	97131	48708	214082	28844	23462
1296	1602	16281	15245	15551	278179	10349	39539
26868	2025	2373	38969	14125	26170	10312	3129
15363	3684		17529	5850	6388	1680	936
18106636	3175982	1630752	30999672	16069018	27295108	8436959	1594530
9309295	1317813	1258957	15623409	7631927	11801077	2896987	699433
13287924	1900414	685368	18875663	7488154	15848042	4687717	1890684
9717	202		10355	840	10421	345	973
13982654	2191173	743375	19839336	8047855	23082566	4427409	3045146
14054385	2821655	810811	21649022	10416292	18285778	4126898	1764782
13345350	2247794	1667666	28152060	17054503	15067185	6112161	670658
379862	60389	168862	519578	200105	681816	117793	76816
27486032	4244881	1484409	39780815	16539664	38142401	10387009	3135271
13222325	2058923	636017	18405579	7242178	21883343	3972000	2942423
10332518	2177754	608620	14702180	6547416	16133332	2808949	1633109
4089574	637908	583089	5606119	2154453	4939735	1229588	604337
23767762	3914264	1254627	36474381	16620883	30571968	8890352	3935221
45087899	7513385	3894035	70691951	33117436	66275843	15737149	5127393
48661377	8124694	2727747	76482398	35945715	64994767	17474306	4862263
20194285	3302955	2420915	30683933	13792604	31853043	7153194	4200351

1-4 按行业大、中、小类分组的全部工业企业主要经济指标

单位：万元

行 业	企业数（个）	资产总计	营业收入	营业成本	营业利润	从业人员期末人数（人）
总 计	584189	1488475642	1588411231	1331603946	92627008	18557273
采矿业	2403	18028209	10160714	5784669	3549105	52474
煤炭开采和洗选业	6	1891	1207	1040	95	48
烟煤和无烟煤开采洗选	4	1891	1207	1040	95	48
褐煤开采洗选						
其他煤炭采选	2					
石油和天然气开采业	8	12117448	6444312	2744046	3081537	5996
石油开采	4	5479245	3515100	1408638	1740288	3121
陆地石油开采	1					
海洋石油开采	3	5479245	3515100	1408638	1740288	3121
天然气开采	4	6638203	2929212	1335408	1341249	2875
陆地天然气开采	1	628	1384	1130	249	29
海洋天然气及可燃冰开采	3	6637575	2927828	1334278	1341001	2846
黑色金属矿采选业	250	911946	226252	153476	13456	3255
铁矿采选	237	896180	211833	141598	12358	3118
锰矿、铬矿采选	3	2187	1268	1227	-151	52
其他黑色金属矿采选	10	13580	13152	10651	1249	85
有色金属矿采选业	160	1258273	682137	448236	144168	8923
常用有色金属矿采选	111	766347	444416	224424	149021	6096
铜矿采选	13	373887	95660	58714	7760	2181
铅锌矿采选	47	297458	280766	110157	138169	3233
镍钴矿采选						
锡矿采选						
锑矿采选	3	2348	418	370	-55	38
铝矿采选						
镁矿采选						
其他常用有色金属矿采选	48	92654	67571	55183	3147	644
贵金属矿采选	14	200132	91360	89090	-2933	756
金矿采选	10	190334	90798	88767	-3065	699
银矿采选	2	1858	312	136	131	25
其他贵金属矿采选	2	7940	250	188	1	32
稀有稀土金属矿采选	35	291793	146361	134722	-1921	2071
钨钼矿采选	11	49175	16347	13755	-639	1206
稀土金属矿采选	13	80765	48768	43583	-530	255
放射性金属矿采选	2	105237	20421	18002	631	332
其他稀有金属矿采选	9	56617	60826	59382	-1382	278
非金属矿采选业	1760	2664627	2501526	1936880	273832	31834
土砂石开采	1586	2213466	2258325	1771992	236093	26993

1-4　续表 1

单位：万元

行　业	企业数（个）	资产总计	营业收入	营业成本	营业利润	从业人员期末人数（人）
石灰石、石膏开采	139	256364	169630	124856	17338	2378
建筑装饰用石开采	523	658114	744763	588323	67636	10113
耐火土石开采	32	38125	11023	8137	295	378
粘土及其他土砂石开采	892	1260863	1332910	1050676	150824	14124
化学矿开采	7	222982	75510	43396	18689	2124
采盐	20	28663	15491	10887	2773	569
石棉及其他非金属矿采选	147	199516	152199	110604	16278	2148
石棉、云母矿采选						
石墨、滑石采选	4	2755	3201	2535	67	51
宝石、玉石采选	4	396	663	469	182	35
其他未列明非金属矿采选	139	196365	148336	107600	16029	2062
开采专业及辅助性活动	67	881811	284772	484442	34556	1667
煤炭开采和洗选专业及辅助性活动	5	69143	37	36	8106	4
石油和天然气开采专业及辅助性活动	41	807420	279889	482217	26545	1572
其他开采专业及辅助性活动	21	5248	4846	2188	-95	91
其他采矿业	152	192213	20507	16549	1461	751
制造业	572086	1295948415	1493893464	1248533994	82157185	18182063
农副食品加工业	7114	22340066	34379300	31011504	1507701	210276
谷物磨制	698	2102197	3260690	2958070	120290	14086
稻谷加工	589	1181531	1341463	1195935	58403	9979
小麦加工	28	546775	1018810	919182	36401	1880
玉米加工	7	1955	3981	3375	194	76
杂粮加工	31	25302	40769	30285	5604	507
其他谷物磨制	43	346634	855668	809293	19688	1644
饲料加工	901	5271082	13142427	11834714	695083	46523
宠物饲料加工	92	969235	1945079	1688352	164875	5641
其他饲料加工	809	4301846	11197348	10146362	530208	40882
植物油加工	554	4472946	6045942	5705850	105058	12089
食用植物油加工	496	4397343	5971255	5641800	102892	11479
非食用植物油加工	58	75603	74687	64051	2165	610
制糖业	111	3199409	1506400	1414287	3302	14897
屠宰及肉类加工	1556	1849775	3301101	2876275	169347	40800
牲畜屠宰	565	728211	1770859	1587406	69771	19189
禽类屠宰	59	167493	326494	304820	4654	3501
肉制品及副产品加工	932	954072	1203748	984050	94922	18110
水产品加工	852	2703459	3771558	3343874	196327	44644
水产品冷冻加工	560	2171559	2813414	2490775	160215	35677
鱼糜制品及水产品干腌制加工	132	284261	550238	480258	22102	4076

1-4 续表 2

单位：万元

行　业	企业数（个）	资产总计	营业收入	营业成本	营业利润	从业人员期末人数（人）
鱼油提取及制品制造	14	57259	105782	96084	3777	511
其他水产品加工	146	190380	302124	276758	10232	4380
蔬菜、菌类、水果和坚果加工	731	1199674	2088998	1808932	173332	18243
蔬菜加工	381	195972	242176	196659	19654	6006
食用菌加工	17	80253	48633	42980	1864	1069
水果和坚果加工	333	923449	1798189	1569293	151815	11168
其他农副食品加工	1711	1541524	1262184	1069500	44963	18994
淀粉及淀粉制品制造	164	515697	526119	455242	17358	3934
豆制品制造	264	143337	114710	91557	5196	3873
蛋品加工	93	67742	89947	78124	3614	1673
其他未列明农副食品加工	1190	814747	531408	444577	18795	9514
食品制造业	8240	17786342	21438362	14117851	2604858	249555
焙烤食品制造	2055	1946051	2252219	1794021	143252	49901
糕点、面包制造	1417	828335	1016207	813858	45759	27548
饼干及其他焙烤食品制造	638	1117716	1236012	980164	97493	22353
糖果、巧克力及蜜饯制造	1286	2554598	3830848	2714566	377169	42988
糖果、巧克力制造	786	2061756	3048871	2070376	307708	32494
蜜饯制作	500	492842	781977	644190	69462	10494
方便食品制造	743	1858079	2774700	2121712	216524	36756
米、面制品制造	354	268498	499859	432070	34354	7495
速冻食品制造	225	607962	740365	544192	63342	11697
方便面制造	36	673056	1197484	901686	87850	10136
其他方便食品制造	128	308562	336993	243764	30978	7428
乳制品制造	122	1453701	1672101	1107567	83129	15252
液体乳制造	36	1080752	1535157	1006887	68700	13190
乳粉制造	10	305108	91489	63937	12740	1011
其他乳制品制造	76	67840	45455	36742	1690	1051
罐头食品制造	184	650700	815548	670150	80595	12406
肉、禽类罐头制造	15	41584	48502	40918	2399	797
水产品罐头制造	35	171931	173743	136625	14789	2895
蔬菜、水果罐头制造	101	295106	497209	425226	48149	7483
其他罐头食品制造	33	142078	96094	67381	15257	1231
调味品、发酵制品制造	579	2547245	3791411	2728942	671333	26942
味精制造	24	143055	136114	106350	13618	1073
酱油、食醋及类似制品制造	232	1777639	2951256	2091508	589933	15256
其他调味品、发酵制品制造	323	626551	704041	531084	67781	10613
其他食品制造	3271	6775968	6301535	2980894	1032856	65310
营养食品制造	95	192111	194667	157570	10151	2777

1-4　续表 3

单位：万元

行　业	企业数（个）	资产总计	营业收入	营业成本	营业利润	从业人员期末人数（人）
保健食品制造	383	3793251	3956879	1138724	911488	25104
冷冻饮品及食用冰制造	177	351198	432002	337664	29387	5536
盐加工	16	111212	10128	8837	-1027	493
食品及饲料添加剂制造	485	1579533	1092432	823739	62913	12463
其他未列明食品制造	2115	748664	615427	514360	19945	18937
酒、饮料和精制茶制造业	2822	10557462	10460924	7328481	1010733	91173
酒的制造	686	2703244	1968702	1450500	124033	17208
酒精制造	26	171507	107977	98440	-9622	684
白酒制造	384	488058	456262	329055	52023	5010
啤酒制造	47	1609490	1285869	939750	68387	8660
黄酒制造	53	184163	14233	4330	2792	466
葡萄酒制造	24	40448	9525	5999	1666	264
其他酒制造	152	209576	94836	72927	8786	2124
饮料制造	1260	7339738	8145415	5619511	842957	65644
碳酸饮料制造	71	1608670	1844149	1227502	136674	13098
瓶（罐）装饮用水制造	620	1870777	2421284	1558591	212968	25702
果菜汁及果菜汁饮料制造	98	525696	421454	333456	32807	4426
含乳饮料和植物蛋白饮料制造	45	581285	693424	514998	98399	6154
固体饮料制造	95	299362	378879	210970	64476	2446
茶饮料及其他饮料制造	331	2453947	2386225	1773995	297633	13818
精制茶加工	876	514481	346807	258470	43744	8321
烟草制品业	40	5686238	5225944	2215610	501204	6988
烟叶复烤	3	92179	20248	12760	259	342
卷烟制造	10	5327850	5087162	2116119	447470	5731
其他烟草制品制造	27	266208	118534	86731	53476	915
纺织业	12849	18513756	25916550	22375565	1462984	403674
棉纺织及印染精加工	4530	9585009	12519518	10913299	639420	178640
棉纺纱加工	1520	1889430	2268269	1993828	108437	38108
棉织造加工	2067	2960626	4006946	3475274	173596	58609
棉印染精加工	943	4734953	6244303	5444196	357387	81923
毛纺织及染整精加工	728	766627	1212040	1065721	54713	23711
毛条和毛纱线加工	173	139817	174035	153423	3762	4813
毛织造加工	472	342865	511817	441618	32534	11535
毛染整精加工	83	283945	526188	470680	18417	7363
麻纺织及染整精加工	38	21952	32143	25897	2452	631
麻纤维纺前加工和纺纱	11	6978	6919	6082	40	138
麻织造加工	20	9532	21990	17631	2499	411
麻染整精加工	7	5442	3234	2183	-87	82

1-4 续表 4

单位：万元

行　业	企业数（个）	资产总计	营业收入	营业成本	营业利润	从业人员期末人数（人）
丝绢纺织及印染精加工	143	145471	148847	131399	1988	3160
缫丝加工	24	57496	35336	33025	-1106	1158
绢纺和丝织加工	29	20147	29088	26099	982	605
丝印染精加工	90	67827	84423	72275	2112	1397
化纤织造及印染精加工	367	528192	597660	525754	19653	13184
化纤织造加工	270	381797	423333	374468	14019	8752
化纤织物染整精加工	97	146395	174327	151286	5633	4432
针织或钩针编织物及其制品制造	2415	3109274	5927056	5128618	319479	85795
针织或钩针编织物织造	1564	2333207	4193593	3662840	204200	60978
针织或钩针编织物印染精加工	145	171886	473036	427344	28188	6204
针织或钩针编织品制造	706	604181	1260426	1038434	87091	18613
家用纺织制成品制造	2114	2058521	2495286	2038692	277948	41483
床上用品制造	778	1158388	1036571	822190	169995	17398
毛巾类制品制造	65	151932	184988	155636	11013	3181
窗帘、布艺类产品制造	615	278075	663951	554555	60010	8021
其他家用纺织制成品制造	656	470125	609777	506311	36930	12883
产业用纺织制成品制造	2514	2298709	2984000	2546185	147331	57070
非织造布制造	440	888595	1213090	1040579	60548	15024
绳、索、缆制造	276	166428	277696	243719	14176	4549
纺织带和帘子布制造	993	678929	876209	747542	40528	22155
篷、帆布制造	274	217276	268246	223024	16520	6197
其他产业用纺织制成品制造	531	347480	348760	291320	15559	9145
纺织服装、服饰业	36100	27622873	39180160	32807909	1847978	1042149
机织服装制造	16276	14851093	22721355	19154114	1067992	570545
运动机织服装制造	1582	2158594	4366224	3876010	145280	94378
其他机织服装制造	14694	12692498	18355131	15278104	922711	476167
针织或钩针编织服装制造	5508	9188437	11191516	9302435	556659	288732
运动休闲针织服装制造	1032	2665071	2276423	1961283	80415	58349
其他针织或钩针编织服装制造	4476	6523366	8915093	7341152	476244	230383
服饰制造	14316	3583343	5267290	4351360	223328	182872
皮革、毛皮、羽毛及其制品和制鞋业	19679	13907820	23679272	20597975	721920	701418
皮革鞣制加工	1406	848279	1021807	901158	37745	19615
皮革制品制造	9865	4621052	7494156	6494113	216784	258240
皮革服装制造	437	164884	295887	256412	9837	6363
皮箱、包（袋）制造	7097	3290870	5204108	4516984	102615	193607
皮手套及皮装饰制品制造	483	426158	895438	751575	89131	24370
其他皮革制品制造	1848	739140	1098724	969142	15200	33900
毛皮鞣制及制品加工	270	110111	284302	255750	7406	3559

1-4　续表 5

单位：万元

行　业	企业数（个）	资产总计	营业收入	营业成本	营业利润	从业人员期末人数（人）
毛皮鞣制加工	12	41270	117040	108273	-1289	804
毛皮服装加工	190	34669	61483	52975	1517	2095
其他毛皮制品加工	68	34172	105779	94502	7178	660
羽毛(绒)加工及制品制造	141	201872	294324	257799	19436	3367
羽毛（绒）加工	62	96124	167289	143346	16490	1333
羽毛（绒）制品加工	79	105748	127035	114453	2945	2034
制鞋业	7997	8126505	14584683	12689154	440549	416637
纺织面料鞋制造	340	777844	1222042	1070441	27725	44351
皮鞋制造	3448	4800735	6958967	5969273	189267	226519
塑料鞋制造	848	1079207	3947894	3497628	177716	60503
橡胶鞋制造	379	429858	737421	655491	12868	20659
其他制鞋业	2982	1038861	1718360	1496322	32974	64605
木材加工和木、竹、藤、棕、草制品业	7158	5908000	7199354	6116170	409288	124788
木材加工	2437	1572700	1727897	1472905	112173	30874
锯材加工	612	580646	483365	428319	26051	7499
木片加工	623	307714	535735	445693	42539	8803
单板加工	248	375880	254131	210351	18821	4754
其他木材加工	954	308460	454666	388542	24762	9818
人造板制造	769	2088077	2620584	2252375	155264	29674
胶合板制造	341	813169	1268457	1102158	86465	13225
纤维板制造	105	712004	648368	555612	30117	6318
刨花板制造	73	329553	414244	339355	30778	4292
其他人造板制造	250	233352	289515	255250	7903	5839
木质制品制造	3266	1947248	2212038	1868344	89438	50631
建筑用木料及木材组件加工	568	315744	259000	228170	6832	5975
木门窗制造	377	376859	365227	294010	19079	9262
木楼梯制造	21	5775	8851	7591	247	261
木地板制造	173	436949	421314	353855	17896	5546
木制容器制造	404	214748	273085	236250	5440	5608
软木制品及其他木制品制造	1723	597173	884562	748467	39943	23979
竹、藤、棕、草等制品制造	686	299975	638835	522547	52415	13609
竹制品制造	434	228042	505309	409690	45210	10111
藤制品制造	65	21808	53310	44135	4818	1219
棕制品制造	10	7285	8543	7899	168	197
草及其他制品制造	177	42839	71673	60823	2218	2082
家具制造业	18880	20839744	26608000	22168755	1545128	529960
木质家具制造	10199	14471706	15807241	12995655	1019551	315153
竹、藤家具制造	149	136317	248186	215565	8237	5171

1-4 续表 6

单位：万元

行 业	企业数（个）	资产总计	营业收入	营业成本	营业利润	从业人员期末人数（人）
金属家具制造	1748	2246125	3916069	3335665	197387	67874
塑料家具制造	132	180423	245875	200313	6872	5560
其他家具制造	6652	3805173	6390629	5421556	313081	136202
造纸和纸制品业	18648	27090925	31607391	27390984	1605772	375686
纸浆制造	29	166515	77672	65659	4507	777
木竹浆制造	16	161162	75828	64070	4492	734
非木竹浆制造	13	5354	1844	1588	14	43
造纸	3129	13338601	13270068	11464476	891801	90171
机制纸及纸板制造	1118	11363890	11383539	9844158	819488	62110
手工纸制造	75	23283	28953	24991	873	714
加工纸制造	1936	1951428	1857575	1595327	71440	27347
纸制品制造	15490	13585809	18259652	15860850	709464	284738
纸和纸板容器制造	8425	7234319	10152082	8885945	422753	167350
其他纸制品制造	7065	6351490	8107570	6974905	286711	117388
印刷和记录媒介复制业	16741	16729692	17587131	14742953	951267	359953
印刷	15276	15069732	16438330	13842234	863022	335006
书、报刊印刷	787	1626143	1655837	1423642	44336	39609
本册印制	230	1148155	1116584	967085	22468	9660
包装装潢及其他印刷	14259	12295433	13665909	11451507	796219	285737
装订及印刷相关服务	1365	1534164	1079962	841938	88605	23661
记录媒介复制	100	125797	68839	58781	-361	1286
文教、工美、体育和娱乐用品制造业	21845	32735070	42139815	36995522	1603668	879467
文教办公用品制造	1962	2137941	2802084	2334171	124517	54425
文具制造	1092	1578833	1938688	1636537	72733	38852
笔的制造	108	106601	119968	95237	5531	4106
教学用模型及教具制造	393	115017	135067	106679	5886	4422
墨水、墨汁制造	37	29071	48218	40063	-686	803
其他文教办公用品制造	332	308419	560143	455655	41053	6242
乐器制造	425	892478	960884	764799	83561	17112
中乐器制造	43	43570	20772	18168	-2298	761
西乐器制造	165	421411	378261	293537	36611	7663
电子乐器制造	62	313536	368681	284443	38405	5519
其他乐器及零件制造	155	113962	193171	168651	10843	3169
工艺美术及礼仪用品制造	11423	18981590	23787469	21496321	885119	282575
雕塑工艺品制造	1034	273806	419472	337082	23365	12205
金属工艺品制造	1757	657198	840978	713349	23977	26336
漆器工艺品制造	52	25440	24917	18697	1275	782
花画工艺品制造	470	289294	798531	704390	38950	14462

1-4　续表 7

单位：万元

行　业	企业数（个）	资产总计	营业收入	营业成本	营业利润	从业人员期末人数（人）
天然植物纤维编织工艺品制造	156	80727	234512	201908	15195	5156
抽纱刺绣工艺品制造	975	581886	592983	459872	54162	13849
地毯、挂毯制造	171	234691	304523	241268	21322	4389
珠宝首饰及有关物品制造	3724	15611129	18355162	16921146	600785	141390
其他工艺美术及礼仪用品制造	3084	1227418	2216389	1898609	106087	64006
体育用品制造	2358	2117860	3119695	2682769	108193	104275
球类制造	60	154304	204747	175722	12004	6073
专项运动器材及配件制造	650	840470	1184649	1016858	51515	40106
健身器材制造	203	224833	279267	234222	8204	6369
运动防护用具制造	304	328012	626630	537020	9037	24449
其他体育用品制造	1141	570242	824401	718946	27433	27278
玩具制造	4831	7684265	10809483	9232034	359169	403226
电玩具制造	297	920721	1216518	1038232	21033	49761
塑胶玩具制造	2156	5024167	7557969	6501192	286443	263903
金属玩具制造	36	115460	119791	99563	7592	5844
弹射玩具制造	9	1221	893	642	114	50
娃娃玩具制造	158	200090	418370	342046	18268	15751
儿童乘骑玩耍的童车类产品制造	150	273927	239678	203951	2061	7468
其他玩具制造	2025	1148678	1256263	1046408	23658	60449
游艺器材及娱乐用品制造	846	920935	660200	485428	43110	17854
露天游乐场所游乐设备制造	262	471877	243797	149968	21859	6312
游艺用品及室内游艺器材制造	404	348325	322610	265376	13369	9036
其他娱乐用品制造	180	100733	93794	70083	7882	2506
石油、煤炭及其他燃料加工业	870	16955918	35551797	27739090	2099996	31604
精炼石油产品制造	671	16680502	35084172	27295653	2098127	28018
原油加工及石油制品制造	657	16678261	35078666	27290953	2098004	27937
其他原油制造	14	2242	5506	4700	123	81
煤炭加工	60	154277	330899	317559	1598	613
炼焦	4	32890	1429	1337	3	22
煤制合成气生产	6	88791	297310	286929	1111	188
煤制液体燃料生产	2	140	130	102	-15	9
煤制品制造	29	28885	27157	25182	370	317
其他煤炭加工	19	3571	4872	4009	129	77
核燃料加工	9	1709	1169	792	31	65
生物质燃料加工	130	119430	135558	125087	240	2908
生物质液体燃料生产	82	60878	69919	68518	-2689	567
生物质致密成型燃料加工	48	58553	65640	56569	2929	2341
化学原料和化学制品制造业	18487	57327369	64374021	52031538	4483294	464365

1-4 续表 8

单位：万元

行 业	企业数（个）	资产总计	营业收入	营业成本	营业利润	从业人员期末人数（人）
基础化学原料制造	1559	10670417	11007253	9329529	1012191	37297
无机酸制造	46	242180	157184	127357	1873	2110
无机碱制造	16	353071	359366	276721	40624	2537
无机盐制造	68	527731	799461	697908	42218	3490
有机化学原料制造	605	6959515	7787475	6744605	652450	14982
其他基础化学原料制造	824	2587921	1903767	1482938	275027	14178
肥料制造	507	1682006	1037005	901247	51300	9092
氮肥制造	14	11537	2570	1904	122	65
磷肥制造	7	167009	84569	87018	-15047	1126
钾肥制造	5	309132	331941	306899	15156	462
复混肥料制造	110	804296	380930	330030	27749	3672
有机肥料及微生物肥料制造	294	344022	203957	149790	22193	3039
其他肥料制造	77	46009	33038	25605	1126	728
农药制造	98	885927	454789	365434	49716	4162
化学农药制造	54	834053	421758	341117	48381	3654
生物化学农药及微生物农药制造	44	51874	33031	24317	1336	508
涂料、油墨、颜料及类似产品制造	4037	10063926	11311046	9223049	599757	109505
涂料制造	2733	6713262	7854104	6378454	425070	73088
油墨及类似产品制造	531	1470435	1433374	1159108	62469	16154
工业颜料制造	363	1018569	994763	843885	55482	9713
工艺美术颜料制造	114	65486	91258	67916	10380	1531
染料制造	105	203878	197328	164030	8487	1901
密封用填料及类似品制造	191	592296	740219	609656	37870	7118
合成材料制造	2589	11344798	14406804	12656148	701116	69718
初级形态塑料及合成树脂制造	1027	7077107	8845733	7821005	350699	36805
合成橡胶制造	340	1130019	1791308	1484008	168873	11532
合成纤维单（聚合）体制造	38	1378268	2331141	2141765	90707	4372
其他合成材料制造	1184	1759405	1438623	1209370	90837	17009
专用化学产品制造	4030	11373519	11991076	9964754	779415	82219
化学试剂和助剂制造	1246	3757789	3748526	3083463	213119	27304
专项化学用品制造	731	3077176	3390447	2812236	246822	14843
林产化学产品制造	355	489736	558278	487272	28570	6035
文化用信息化学品制造	124	1216387	934186	791683	63703	6238
医学生产用信息化学品制造	9	86457	65258	18379	17368	1098
环境污染处理专用药剂材料制造	328	286910	382311	309840	29919	3893
动物胶制造	28	75271	69632	52610	9814	655
其他专用化学产品制造	1209	2383793	2842439	2409270	170100	22153
炸药、火工及焰火产品制造	31	104777	87577	54232	12624	1477

1-4　续表 9

单位：万元

行　业	企业数（个）	资产总计	营业收入	营业成本	营业利润	从业人员期末人数（人）
炸药及火工产品制造	19	101680	85905	53019	12337	1398
焰火、鞭炮产品制造	12	3096	1672	1213	286	79
日用化学产品制造	5636	11201999	14078472	9537147	1277174	150895
肥皂及洗涤剂制造	915	4844934	7172576	4583260	657825	33471
化妆品制造	3556	3680959	3951167	2859807	285203	85259
口腔清洁用品制造	129	729245	1185741	754662	167389	9925
香料、香精制造	385	1173065	994743	712490	119749	8771
其他日用化学产品制造	651	773796	774245	626928	47008	13469
医药制造业	2291	34850413	16581946	9453262	2624705	152784
化学药品原料药制造	191	2871283	1331962	767416	185377	12960
化学药品制剂制造	238	8429114	5159044	2638955	995768	35743
中药饮片加工	429	8654603	3718910	2653747	656178	19572
中成药生产	298	8122838	3333425	1882567	435128	43834
兽用药品制造	117	489358	406604	272417	58819	4879
生物药品制品制造	478	4985313	1774828	701039	172922	16791
生物药品制造	467	4642968	1717451	690418	161168	16368
基因工程药物和疫苗制造	11	342345	57377	10621	11754	423
卫生材料及医药用品制造	480	1231315	775289	471399	115546	17214
药用辅料及包装材料	60	66590	81884	65723	4967	1791
化学纤维制造业	428	1671569	1467826	1234150	84837	14502
纤维素纤维原料及纤维制造	41	301636	249366	181451	52918	1400
化纤浆粕制造	3	4728	3237	2682	-82	181
人造纤维（纤维素纤维）制造	38	296908	246128	178769	52999	1219
合成纤维制造	299	1323901	1174107	1013874	31948	12292
锦纶纤维制造	31	65035	62024	52642	3035	1645
涤纶纤维制造	62	293925	331517	305020	1729	4483
腈纶纤维制造	2	3851	18	11	1	2
维纶纤维制造	2	1130	1512	1192	101	51
丙纶纤维制造	8	32731	51875	41056	6896	511
氨纶纤维制造	16	619925	509802	426440	32416	1871
其他合成纤维制造	178	307303	217358	187514	-12231	3729
生物基材料制造	88	46031	44353	38824	-28	810
生物基化学纤维制造	49	30374	26355	23985	15	458
生物基、淀粉基新材料制造	39	15657	17998	14839	-43	352
橡胶和塑料制品业	47075	54432971	66249907	57087537	2761934	1246037
橡胶制品业	9156	6643092	7708010	6580239	276962	170187
轮胎制造	113	1198340	706138	615406	-8977	9340
橡胶板、管、带制造	587	558553	905698	772459	42474	14039

1-4 续表 10

单位：万元

行 业	企业数（个）	资产总计	营业收入	营业成本	营业利润	从业人员期末人数（人）
橡胶零件制造	1456	1124635	1413048	1181076	63281	35551
再生橡胶制造	65	51762	72975	62682	3822	1402
日用及医用橡胶制品制造	223	478564	506705	421892	12753	11133
运动场地用塑胶制造	46	105231	114824	89978	10295	3135
其他橡胶制品制造	6666	3126006	3988621	3436746	153315	95587
塑料制品业	37919	47789879	58541897	50507299	2484972	1075850
塑料薄膜制造	2705	6218555	7091911	6288639	273867	80606
塑料板、管、型材制造	1305	4222229	6095919	5372725	279831	73273
塑料丝、绳及编织品制造	762	1086271	1419608	1208720	77224	25317
泡沫塑料制造	1321	1438976	2396883	2110982	68625	39186
塑料人造革、合成革制造	125	819785	1117841	996429	40756	11877
塑料包装箱及容器制造	5044	4327034	4879850	4134230	207688	95387
日用塑料制品制造	4095	4372749	6739367	5628931	326097	145079
人造草坪制造	493	360670	529934	444528	21564	9628
塑料零件及其他塑料制品制造	22069	24943610	28270584	24322115	1189321	595497
非金属矿物制品业	23130	53352001	57278534	47326625	4353029	758615
水泥、石灰和石膏制造	650	8213584	6699543	4790303	1335280	36845
水泥制造	460	8082504	6557461	4674331	1328355	34707
石灰和石膏制造	190	131081	142083	115972	6924	2138
石膏、水泥制品及类似制品制造	2707	9963334	13233680	11488753	597787	99659
水泥制品制造	1906	8106590	11037175	9628436	466775	77648
砼结构构件制造	141	928151	865210	742767	50281	8472
石棉水泥制品制造	8	41224	179046	151526	21389	475
轻质建筑材料制造	497	494165	576182	461396	39191	8826
其他水泥类似制品制造	155	393204	576067	504628	20151	4238
砖瓦、石材等建筑材料制造	8107	6725389	6800108	5524257	463330	105181
粘土砖瓦及建筑砌块制造	1045	1348233	1349611	1084022	136232	27036
建筑用石加工	3634	2596138	2783866	2270976	166970	41195
防水建筑材料制造	271	654674	775775	618188	63182	4390
隔热和隔音材料制造	320	298160	315917	262301	15137	5373
其他建筑材料制造	2837	1828184	1574938	1288770	81808	27187
玻璃制造	1162	3967547	2466669	1912195	240834	35578
平板玻璃制造	206	1404152	1090289	840979	142280	11050
特种玻璃制造	674	1795221	846981	617613	87952	15912
其他玻璃制造	282	768173	529399	453604	10602	8616
玻璃制品制造	3104	5657953	5225666	4377552	208086	115989
技术玻璃制品制造	454	1542063	1141902	949833	71355	15021
光学玻璃制造	366	1508373	1266257	1080480	2000	42577

1-4　续表11

单位：万元

行　业	企业数（个）	资产总计	营业收入	营业成本	营业利润	从业人员期末人数（人）
玻璃仪器制造	72	185335	74942	52171	601	1695
日用玻璃制品制造	1000	902774	1004006	840506	53250	21742
玻璃包装容器制造	78	623669	525945	432560	30827	7469
玻璃保温容器制造	37	60837	116311	100991	3285	1783
制镜及类似品加工	153	85756	105273	90529	2470	2880
其他玻璃制品制造	944	749146	991029	830483	44299	22822
玻璃纤维和玻璃纤维增强塑料制品制造	418	1136486	1109307	829883	157254	13540
玻璃纤维及制品制造	204	758613	684477	504212	117811	7014
玻璃纤维增强塑料制品制造	214	377873	424829	325671	39444	6526
陶瓷制品制造	4898	14257515	18936762	16096154	1182097	314288
建筑陶瓷制品制造	894	8087949	10745622	9228658	584953	133072
卫生陶瓷制品制造	1547	2952133	3851618	3179643	295765	73169
特种陶瓷制品制造	330	416708	328124	251767	30867	8575
日用陶瓷制品制造	1484	1904175	2882566	2470249	196946	71736
陈设艺术陶瓷制造	434	790825	911307	783205	61035	22986
园艺陶瓷制造	43	14515	18016	14544	1369	870
其他陶瓷制品制造	166	91210	199508	168087	11161	3880
耐火材料制品制造	359	363696	394037	325108	27958	6180
石棉制品制造	94	22145	34463	30555	1110	886
云母制品制造	14	35807	27073	22244	1920	577
耐火陶瓷制品及其他耐火材料制造	251	305744	332501	272309	24928	4717
石墨及其他非金属矿物制品制造	1725	3066497	2412762	1982419	140402	31355
石墨及碳素制品制造	286	1287407	739806	585073	71263	6183
其他非金属矿物制品制造	1439	1779090	1672956	1397346	69140	25172
黑色金属冶炼和压延加工业	2367	20049931	26788629	23770584	1885487	91396
炼铁	23	641230	33629	42713	113068	372
炼钢	35	342161	1494776	1400554	49817	2483
钢压延加工	2272	18459088	24415885	21587583	1658392	87167
铁合金冶炼	37	607452	844339	739734	64210	1374
有色金属冶炼和压延加工业	3933	19346546	36266774	33593431	1262003	179343
常用有色金属冶炼	170	1814582	2592221	2424515	57486	15210
铜冶炼	21	618907	948116	905079	21737	5077
铅锌冶炼	14	604230	624364	631956	-38488	4224
镍钴冶炼	2	18775	18107	14475	2102	135
锡冶炼	42	66345	110719	100569	2719	1028
锑冶炼	3	24484	43465	38206	693	217
铝冶炼	47	192152	441920	403617	7461	1969
镁冶炼						

1-4 续表12

单位：万元

行 业	企业数（个）	资产总计	营业收入	营业成本	营业利润	从业人员期末人数（人）
硅冶炼	1	114	351	339	7	4
其他常用有色金属冶炼	40	289574	405179	330276	61255	2556
贵金属冶炼	20	41912	72268	67108	1387	324
金冶炼	5	556	246	216	25	15
银冶炼	2	13270	46021	46159	-726	49
其他贵金属冶炼	13	28086	26001	20733	2088	260
稀有稀土金属冶炼	28	668096	302480	260799	127656	2045
钨钼冶炼	2	171158	146827	124875	12202	644
稀土金属冶炼	14	113887	61578	59852	-10016	495
其他稀有金属冶炼	12	383052	94075	76072	125470	906
有色金属合金制造	1057	1334411	4773953	4519856	116762	23325
有色金属压延加工	2658	15487545	28525852	26321154	958712	138439
铜压延加工	387	5477894	12335060	11664459	310631	23330
铝压延加工	1759	6963790	11341256	10117085	509809	96254
贵金属压延加工	58	1252547	1326580	1319002	146	898
稀有稀土金属压延加工	41	221313	119364	106288	-488	834
其他有色金属压延加工	413	1572000	3403592	3114321	138615	17123
金属制品业	78806	60914075	82515297	70760694	3769501	1512220
结构性金属制品制造	22975	16297276	20102838	17134478	825797	331317
金属结构制造	18773	13443671	16520711	14265184	613415	264714
金属门窗制造	4202	2853605	3582127	2869295	212381	66603
金属工具制造	4540	3664009	4673895	3922453	248830	100427
切削工具制造	752	1354516	1603017	1348391	103810	21525
手工具制造	376	255964	455523	393567	25741	8207
农用及园林用金属工具制造	73	88603	62477	52351	2101	1858
刀剪及类似日用金属工具制造	1187	502243	675193	557933	32743	26649
其他金属工具制造	2152	1462683	1877685	1570211	84435	42188
集装箱及金属包装容器制造	1095	3882904	4686493	4140331	125585	50856
集装箱制造	188	1386779	1631899	1472479	24018	13484
金属压力容器制造	96	253963	517278	445920	34920	5269
金属包装容器及材料制造	811	2242161	2537316	2221931	66648	32103
金属丝绳及其制品制造	784	901929	1418419	1275038	38864	16267
建筑、安全用金属制品制造	17547	10633984	14881284	12843497	678719	309259
建筑、家具用金属配件制造	15155	7749814	10671144	9194056	514412	239983
建筑装饰及水暖管道零件制造	1790	1881374	2870724	2476425	111080	54599
安全、消防用金属制品制造	429	404359	328784	265270	13419	6171
其他建筑、安全用金属制品制造	173	598437	1010633	907745	39808	8506
金属表面处理及热处理加工	2546	3643922	6723841	5853580	349497	104475

1-4　续表 13

单位：万元

行　业	企业数（个）	资产总计	营业收入	营业成本	营业利润	从业人员期末人数（人）
搪瓷制品制造	316	615979	823436	703852	46975	9781
生产专用搪瓷制品制造	18	162305	193428	172400	9135	2698
建筑装饰搪瓷制品制造	46	97939	79247	69482	3161	769
搪瓷卫生洁具制造	213	243662	282065	236703	13454	4225
搪瓷日用品及其他搪瓷制品制造	39	112073	268697	225267	21226	2089
金属制日用品制造	5712	6743427	11080644	9404894	609865	211004
金属制厨房用器具制造	1289	883397	1356810	1148758	68470	29653
金属制餐具和器皿制造	1512	2071016	3895706	3326458	256762	69872
金属制卫生器具制造	310	295568	474620	392739	18822	11187
其他金属制日用品制造	2601	3493446	5353507	4536938	265811	100292
铸造及其他金属制品制造	23291	14530645	18124447	15482569	845369	378834
黑色金属铸造	328	999228	1486398	1296321	98862	15153
有色金属铸造	128	406743	439297	381429	13554	8163
锻件及粉末冶金制品制造	922	943529	931940	800588	26200	20886
交通及公共管理用金属标牌制造	358	225793	162309	133330	5563	3428
其他未列明金属制品制造	21555	11955352	15104502	12870902	701190	331204
通用设备制造业	33609	52881089	52923502	43911320	2769143	791758
锅炉及原动设备制造	358	3520215	1542511	1223999	82765	14759
锅炉及辅助设备制造	198	585486	373773	273050	44369	5139
内燃机及配件制造	56	396028	226955	205387	-18869	4453
汽轮机及辅机制造	8	167141	84219	53247	25571	321
水轮机及辅机制造	11	18867	13821	10810	906	399
风能原动设备制造	20	2277440	777601	624714	29668	3698
其他原动设备制造	65	75254	66142	56791	1121	749
金属加工机械制造	6410	7313365	7455985	5929682	562817	109764
金属切削机床制造	747	1670296	1314854	978979	131664	15850
金属成形机床制造	509	903457	1220891	997490	93020	13458
铸造机械制造	373	537360	724569	612866	40141	9821
金属切割及焊接设备制造	956	1939024	1223685	900491	105023	21769
机床功能部件及附件制造	401	388110	370420	281835	26377	7428
其他金属加工机械制造	3424	1875118	2601566	2158022	166592	41438
物料搬运设备制造	1021	7047387	6033191	4850231	333141	65052
轻小型起重设备制造	56	170792	144857	115050	9282	2645
生产专用起重机制造	106	846220	315980	265710	11234	3942
生产专用车辆制造	57	227979	186019	149927	9430	2387
连续搬运设备制造	161	114191	128175	99048	6581	2686
电梯、自动扶梯及升降机制造	523	5155332	4869754	3907633	275164	49271
客运索道制造	2	237706	135564	106243	16189	1007

1-4 续表 14

单位：万元

行 业	企业数（个）	资产总计	营业收入	营业成本	营业利润	从业人员期末人数（人）
机械式停车设备制造	39	139326	84937	63270	1864	1351
其他物料搬运设备制造	77	155842	167905	143350	3397	1763
泵、阀门、压缩机及类似机械制造	1918	6583568	6891603	5793168	400719	86873
泵及真空设备制造	607	1573839	1703886	1380613	138323	25015
气体压缩机械制造	237	3148488	3519936	3077388	149523	28368
阀门和旋塞制造	354	855327	853775	689447	51907	17392
液压动力机械及元件制造	567	852920	663730	519821	59564	12183
液力动力机械元件制造	9	8695	11301	9247	110	248
气压动力机械及元件制造	144	144299	138975	116651	1292	3667
轴承、齿轮和传动部件制造	627	950318	1192442	1001119	57364	23413
滚动轴承制造	213	434076	511962	434963	14239	10629
滑动轴承制造	15	38102	41048	30910	5096	771
齿轮及齿轮减、变速箱制造	236	404244	544413	459002	33284	9808
其他传动部件制造	163	73896	95018	76244	4745	2205
烘炉、风机、包装等设备制造	4917	9204645	11168416	9457266	481708	156505
烘炉、熔炉及电炉制造	277	223356	219270	175482	8710	4510
风机、风扇制造	882	1523042	1900237	1608051	75299	38631
气体、液体分离及纯净设备制造	1018	773915	861020	652002	50181	15943
制冷、空调设备制造	1434	3534853	4803817	4032215	235212	54651
风动和电动工具制造	161	1176332	2104598	1985840	38789	18989
喷枪及类似器具制造	184	132998	183111	152823	9264	3319
包装专用设备制造	961	1840151	1096362	850854	64253	20462
文化、办公用机械制造	1185	7854470	7880283	6800332	331723	96746
电影机械制造	32	42978	84674	72536	1179	824
幻灯及投影设备制造	131	378899	489711	414884	2398	5295
照相机及器材制造	526	1235151	1270602	1091047	40999	24585
复印和胶印设备制造	160	2106960	3808911	3434865	214560	39063
计算器及货币专用设备制造	170	3733790	1786617	1414541	54374	18912
其他文化、办公用机械制造	166	356693	439767	372459	18213	8067
通用零部件制造	12289	6260187	7244270	6100356	288563	169427
金属密封件制造	141	284559	284050	225027	12640	4406
紧固件制造	1716	1564782	1858229	1608097	80931	32972
弹簧制造	674	474153	671643	561900	49721	16266
机械零部件加工	8521	2729240	3189102	2634623	115089	88252
其他通用零部件制造	1237	1207453	1241247	1070709	30183	27531
其他通用设备制造业	4884	4146934	3514800	2755167	230343	69219
工业机器人制造	457	981488	537332	404090	20541	11658
特殊作业机器人制造	20	102590	88063	70328	5826	892
增材制造装备制造	110	373164	249781	182327	7465	5009

1-4　续表 15

单位：万元

行　业	企业数（个）	资产总计	营业收入	营业成本	营业利润	从业人员期末人数（人）
其他未列明通用设备制造业	4297	2689692	2639624	2098423	196510	51660
专用设备制造业	42823	52047990	45801486	35717779	3387209	879093
采矿、冶金、建筑专用设备制造	869	1870838	1793958	1529064	81586	18275
矿山机械制造	136	395053	306917	253841	14669	4250
石油钻采专用设备制造	20	49084	19366	12009	274	312
深海石油钻探设备制造	7	200127	49924	41848	-5740	746
建筑工程用机械制造	292	490769	465730	393107	25070	4812
建筑材料生产专用机械制造	345	430706	619129	536077	28609	6357
冶金专用设备制造	60	115874	112482	89740	8435	1423
隧道施工专用机械制造	9	189226	220410	202443	10270	375
化工、木材、非金属加工专用设备制造	21462	16026052	15833150	13060901	705917	362938
炼油、化工生产专用设备制造	123	319297	245929	188822	17973	3156
橡胶加工专用设备制造	168	239924	448968	373765	31905	4390
塑料加工专用设备制造	829	2189244	2148993	1704368	145853	26205
木竹材加工机械制造	275	466903	377415	281737	44564	6702
模具制造	19958	12699077	12525228	10441588	462720	320856
其他非金属加工专用设备制造	109	111606	86616	70620	2902	1629
食品、饮料、烟草及饲料生产专用设备制造	646	623010	718422	583844	39746	14130
食品、酒、饮料及茶生产专用设备制造	330	321688	371599	300770	24725	7070
农副食品加工专用设备制造	264	116363	118460	95995	2166	3807
烟草生产专用设备制造	21	127199	177343	145610	11226	2301
饲料生产专用设备制造	31	57760	51020	41469	1629	952
印刷、制药、日化及日用品生产专用设备制造	2226	5146422	4126011	3339542	357052	51413
制浆和造纸专用设备制造	280	329136	319889	266778	14893	5415
印刷专用设备制造	946	1113824	842893	670650	41703	16100
日用化工专用设备制造	141	90986	68417	52138	3128	1350
制药专用设备制造	40	86111	11088	8374	-6921	417
照明器具生产专用设备制造	201	241368	268407	199398	17517	5840
玻璃、陶瓷和搪瓷制品生产专用设备制造	229	2989712	2252330	1842867	267885	13050
其他日用品生产专用设备制造	389	295286	362986	299337	18848	9241
纺织、服装和皮革加工专用设备制造	749	1497911	2130521	1769426	149412	21702
纺织专用设备制造	312	921555	1405935	1164957	118534	10963
皮革、毛皮及其制品加工专用设备制造	109	42431	83727	72169	1016	1830
缝制机械制造	258	300413	405822	342809	19013	7066
洗涤机械制造	70	233512	235037	189491	10848	1843
电子和电工机械专用设备制造	2799	6267107	5484027	4223700	423878	88896
电工机械专用设备制造	890	1605423	1297086	943066	159230	22327
半导体器件专用设备制造	255	1306563	1206178	977890	68451	16614
电子元器件与机电组件设备制造	810	961661	1035074	839281	51885	22200

1-4　续表 16

单位：万元

行　业	企业数（个）	资产总计	营业收入	营业成本	营业利润	从业人员期末人数（人）
其他电子专用设备制造	844	2393460	1945689	1463463	144313	27755
农、林、牧、渔专用机械制造	1405	834698	658339	540441	22993	14966
拖拉机制造	10	12975	12099	10161	74	293
机械化农业及园艺机具制造	1150	621795	486506	401906	18826	10894
营林及木竹采伐机械制造	21	7919	4984	3962	118	164
畜牧机械制造	50	80569	77450	66094	-513	1505
渔业机械制造	34	29197	11216	6909	601	380
农林牧渔机械配件制造	50	21473	17017	13157	1331	509
棉花加工机械制造	2	1359	3546	3197	34	75
其他农、林、牧、渔业机械制造	88	59411	45522	35056	2522	1146
医疗仪器设备及器械制造	3547	10297186	7804058	5317699	970457	172540
医疗诊断、监护及治疗设备制造	852	6261280	3857352	2315122	768490	50513
口腔科用设备及器具制造	212	165438	216235	162479	10465	6725
医疗实验室及医用消毒设备和器具制造	94	33845	33346	27346	351	960
医疗、外科及兽医用器械制造	388	1192484	744702	491354	73313	15896
机械治疗及病房护理设备制造	144	205703	305000	245065	14947	6862
康复辅具制造	116	294002	309081	243013	17503	11400
眼镜制造	1133	1126825	1229283	1052797	40139	56588
其他医疗设备及器械制造	608	1017608	1109058	780521	45250	23596
环保、邮政、社会公共服务及其他专用设备制造	9120	9484765	7253001	5353162	636168	134233
环境保护专用设备制造	2521	1948986	1433381	1062158	131664	26163
地质勘查专用设备制造	3	460	1150	973	-3	41
邮政专用机械及器材制造	14	14714	11814	9227	-673	309
商业、饮食、服务专用设备制造	198	99515	100191	74922	6383	2598
社会公共安全设备及器材制造	552	687380	691887	530949	41322	11925
交通安全、管制及类似专用设备制造	166	360448	127527	94044	-3001	2714
水资源专用机械制造	176	98430	98650	80101	1972	2051
其他专用设备制造	5490	6274833	4788401	3500788	458504	88432
汽车制造业	4820	64393378	87728379	73883271	6317560	486227
汽车整车制造	177	28735967	43820953	37587958	2392786	106436
汽柴油车整车制造	115	27370337	43068918	36911109	2388512	102819
新能源车整车制造	62	1365630	752035	676849	4273	3617
汽车用发动机制造	26	1550206	3307824	2725660	413172	3713
改装汽车制造	68	2863970	1395352	1159626	59064	8668
低速汽车制造	6	197655	148413	130347	-3175	865
电车制造	32	107428	48652	45091	-1555	560
汽车车身、挂车制造	130	597228	770711	608797	50771	6940
汽车零部件及配件制造	4381	30340924	38236473	31625793	3406498	359045
铁路、船舶、航空航天和其他运输设备制造业	2574	18940846	11331955	10280763	-173801	134184

1-4　续表 17

单位：万元

行　业	企业数（个）	资产总计	营业收入	营业成本	营业利润	从业人员期末人数（人）
铁路运输设备制造	93	448876	148106	102836	4037	3319
高铁车组制造	4	271992	20293	21634	-12778	931
铁路机车车辆制造	6	4419	1765	1449	-177	122
窄轨机车车辆制造	3	3751	3201	2374	84	36
高铁设备、配件制造	8	2926	4749	4133	109	49
铁路机车车辆配件制造	21	32108	22427	13840	2276	460
铁路专用设备及器材、配件制造	45	92257	64425	45429	8210	1294
其他铁路运输设备制造	6	41423	31245	13977	6312	427
城市轨道交通设备制造	25	332572	338608	319686	4457	1182
船舶及相关装置制造	725	11717339	3826768	3747308	-413088	36338
金属船舶制造	331	8967601	2722062	2744316	-408655	22673
非金属船舶制造	54	337134	189412	157065	9715	2149
娱乐船和运动船制造	97	278434	119027	99830	17	2372
船用配套设备制造	159	156259	136592	121799	1031	2516
船舶改装	35	490298	177761	152559	12321	2308
船舶拆除	10	90479	43337	36872	3021	315
海洋工程装备制造	32	1391963	432039	429556	-30643	3839
航标器材及其他相关装置制造	7	5171	6536	5312	105	166
航空、航天器及设备制造	128	569712	256300	202586	16430	3327
飞机制造	34	318808	104602	83886	6814	1420
航天器及运载火箭制造	6	2041	3606	2154	-46	133
航天相关设备制造	22	104236	12221	10879	-1746	302
航空相关设备制造	33	35979	9951	7303	-26	326
其他航空航天器制造	33	108648	125920	98364	11434	1146
摩托车制造	619	3475153	4235430	3699406	147563	43561
摩托车整车制造	65	2355363	2751702	2376058	111056	16130
摩托车零部件及配件制造	554	1119790	1483728	1323349	36506	27431
自行车和残疾人座车制造	484	1620447	1473014	1287483	48244	30456
自行车制造	464	1567039	1335494	1161085	44542	27164
残疾人座车制造	20	53407	137520	126398	3702	3292
助动车制造	232	322251	612345	536696	16292	7108
非公路休闲车及零配件制造	153	176791	221237	185071	6572	3821
潜水救捞及其他未列明运输设备制造	115	277706	220148	199691	-4309	5072
潜水装备制造	33	139590	46037	33347	2839	2582
水下救捞装备制造	12	3257	2670	1799	54	93
其他未列明运输设备制造	70	134859	171441	164544	-7202	2397
电气机械和器材制造业	54219	160280359	162964949	134703130	10179983	2162083
电机制造	1936	7069024	7165681	6129765	300983	141716
发电机及发电机组制造	309	1201842	655730	543471	15147	9331

1-4 续表 18

单位：万元

行 业	企业数（个）	资产总计	营业收入	营业成本	营业利润	从业人员期末人数（人）
电动机制造	696	1238518	1571304	1342440	62286	27132
微特电机及组件制造	387	1366589	1344620	1138830	70051	34526
其他电机制造	544	3262075	3594027	3105024	153499	70727
输配电及控制设备制造	11331	27854792	24506011	20216006	1401379	422618
变压器、整流器和电感器制造	2269	8849549	8663260	7201493	450503	142129
电容器及其配套设备制造	209	386774	389149	322486	14099	8983
配电开关控制设备制造	2172	6047324	4590260	3716604	272685	78689
电力电子元器件制造	5673	6433030	7735386	6439645	455037	154487
光伏设备及元器件制造	501	2496207	1069542	884779	39230	11565
其他输配电及控制设备制造	507	3641908	2058414	1650998	169824	26765
电线、电缆、光缆及电工器材制造	6614	15905151	20907499	18425792	715208	257816
电线、电缆制造	5503	12498258	17014256	15107525	509563	213793
光纤制造	187	435445	388843	330087	13384	7152
光缆制造	69	1065538	850595	747309	38755	5746
绝缘制品制造	564	1121730	1677594	1451222	72738	20326
其他电工器材制造	291	784179	976210	789648	80768	10799
电池制造	2358	26822347	18412726	16491245	219024	209526
锂离子电池制造	1204	15499477	12590885	11317942	89605	142419
镍氢电池制造	51	830265	734611	640611	15189	8593
铅蓄电池制造	72	746165	632681	550562	5991	7062
锌锰电池制造	17	80689	156066	145626	-2087	2256
其他电池制造	1014	9665751	4298483	3836504	110325	49196
家用电力器具制造	10412	63920502	70938174	55970919	6487768	689933
家用制冷电器具制造	201	1772079	2422609	2062587	103499	30367
家用空气调节器制造	230	44672502	42435786	31815268	5178539	168870
家用通风电器具制造	632	2760307	4027479	3243895	229705	65890
家用厨房电器具制造	3777	8417537	12860360	11033212	597483	229081
家用清洁卫生电器具制造	520	1684671	2566931	2181796	155004	34463
家用美容、保健护理电器具制造	671	1053998	1874957	1570881	78071	48591
家用电力器具专用配件制造	1409	1291472	1833824	1572680	67031	40624
其他家用电力器具制造	2972	2267936	2916228	2490602	78436	72047
非电力家用器具制造	1249	2729410	2354405	1940076	125474	37656
燃气及类似能源家用器具制造	845	2400378	1966610	1606849	121594	28854
太阳能器具制造	233	193716	141811	109485	-4232	3451
其他非电力家用器具制造	171	135315	245984	223742	8112	5351
照明器具制造	17891	14117099	16403870	13658993	828308	360690
电光源制造	482	1996817	2135084	1777201	156064	36330
照明灯具制造	13661	9401507	10552567	8775619	518831	237573
舞台及场地用灯制造	562	675122	914530	734804	43695	19627

1-4　续表 19

单位：万元

行　业	企业数（个）	资产总计	营业收入	营业成本	营业利润	从业人员期末人数（人）
智能照明器具制造	134	301423	335348	272456	11083	4695
灯用电器附件及其他照明器具制造	3052	1742229	2466341	2098914	98635	62465
其他电气机械及器材制造	2428	1862033	2276583	1870334	101840	42128
电气信号设备装置制造	315	542544	659932	531875	27453	13708
其他未列明电气机械及器材制造	2113	1319489	1616652	1338460	74387	28420
计算机、通信和其他电子设备制造业	63598	379843023	430604666	364494216	18850677	3811900
计算机制造	5154	29179368	37616677	34384768	1069617	381558
计算机整机制造	757	8574954	15220687	14507225	209311	67585
计算机零部件制造	1688	5805167	7936007	7167916	173742	133527
计算机外围设备制造	1635	7340102	9005084	8048326	349239	114500
工业控制计算机及系统制造	79	329694	353920	258916	49238	3793
信息安全设备制造	223	281173	187862	128050	13076	3723
其他计算机制造	772	6848278	4913117	4274334	275012	58430
通信设备制造	4629	164247747	215846920	177974780	9785308	920324
通信系统设备制造	1764	87083652	96654548	68930167	7503344	422857
通信终端设备制造	2865	77164095	119192372	109044613	2281964	497467
广播电视设备制造	751	2796080	2937608	2369052	196274	52163
广播电视节目制作及发射设备制造	42	62808	103458	85358	8928	2189
广播电视接收设备制造	181	1042476	1213503	1003459	50140	21295
广播电视专用配件制造	109	146578	165128	143864	-1748	4688
专业音响设备制造	192	361548	492555	414652	17968	10160
应用电视设备及其他广播电视设备制造	227	1182671	962964	721719	120986	13831
雷达及配套设备制造	64	806893	351898	281468	1824	4722
非专业视听设备制造	4808	25488374	31070424	28153824	494950	321197
电视机制造	481	13955776	15704206	14480749	188159	75454
音响设备制造	3815	6821765	8871954	7757975	210317	173701
影视录放设备制造	512	4710833	6494264	5915100	96474	72042
智能消费设备制造	2149	7530807	6836741	5262798	519274	90043
可穿戴智能设备制造	170	657308	744481	618543	36773	10743
智能车载设备制造	538	926521	973571	791732	6481	18023
智能无人飞行器制造	95	1941450	1919920	1317780	259952	13128
服务消费机器人制造	178	629395	384410	290777	-9681	5711
其他智能消费设备制造	1168	3376133	2814359	2243965	225748	42438
电子器件制造	8310	70038958	55276933	48327730	2013902	686719
电子真空器件制造	742	1593791	2159372	1843613	133445	32258
半导体分立器件制造	261	1763717	1594650	1287286	88521	27284
集成电路制造	684	7332597	5254707	4393662	210929	71976
显示器件制造	2350	41281357	29001743	25745431	1201436	301105
半导体照明器件制造	1004	4029042	2694941	2289868	123633	41227

1-4 续表 20

单位：万元

行　业	企业数（个）	资产总计	营业收入	营业成本	营业利润	从业人员期末人数（人）
光电子器件制造	1242	10062685	10461324	9254824	251118	128062
其他电子器件制造	2027	3975769	4110196	3513046	4821	84807
电子元件及电子专用材料制造	31628	70652350	69227943	58171010	4020229	1174001
电阻电容电感元件制造	996	8111980	9139004	7475840	877133	157608
电子电路制造	2974	30313006	30254027	25334725	1919686	348132
敏感元件及传感器制造	248	1166400	1255948	994722	71345	32071
电声器件及零件制造	875	1636888	2176619	1909467	62396	46256
电子专用材料制造	1844	5652968	3378013	2934939	-8865	54910
其他电子元件制造	24691	23771108	23024332	19521316	1098535	535024
其他电子设备制造	6105	9102446	11439522	9568787	749299	181173
仪器仪表制造业	9578	16372442	13946678	10925570	780000	279223
通用仪器仪表制造	5413	8632370	5961675	4531162	329048	102733
工业自动控制系统装置制造	3845	4613554	3862885	2951109	254134	65133
电工仪器仪表制造	611	2632972	1063681	847789	-14342	16631
绘图、计算及测量仪器制造	114	266711	275178	210246	20811	3795
实验分析仪器制造	324	519894	380022	268719	32077	7928
试验机制造	113	184790	160335	105388	22487	3200
供应用仪器仪表制造	128	320317	132516	83870	11202	3186
其他通用仪器制造	278	94131	87058	64040	2680	2860
专用仪器仪表制造	1217	2487631	2056034	1552437	120920	33907
环境监测专用仪器仪表制造	150	884793	374605	281350	-1745	4372
运输设备及生产用计数仪表制造	50	154683	290058	261667	1384	3773
导航、测绘、气象及海洋专用仪器制造	227	157413	216094	166831	1084	4594
农林牧渔专用仪器仪表制造	7	18368	14015	10049	592	509
地质勘探和地震专用仪器制造	34	22348	10328	6404	174	395
教学专用仪器制造	102	40140	52530	42269	2351	985
核子及核辐射测量仪器制造	2	5431	9091	4964	1518	87
电子测量仪器制造	382	835619	777718	558890	64730	13698
其他专用仪器制造	263	368835	311595	220012	50832	5494
钟表与计时仪器制造	2163	2325525	2854127	2279083	151828	93373
光学仪器制造	468	2190567	2389153	2038619	119416	35760
衡器制造	98	370929	334848	272095	20112	7057
其他仪器仪表制造业	219	365421	350841	252174	38675	6393
其他制造业	6909	4469204	4628619	3863985	168239	124359
日用杂品制造	2720	1781309	2387079	2028349	84297	69910
鬃毛加工、制刷及清扫工具制造	421	277774	373571	311326	12642	9629
其他日用杂品制造	2299	1503536	2013508	1717022	71655	60281
核辐射加工	5	13046	6470	4686	382	62
其他未列明制造业	4184	2674849	2235070	1830950	83560	54387

1-4　续表 21

单位：万元

行　业	企业数（个）	资产总计	营业收入	营业成本	营业利润	从业人员期末人数（人）
废弃资源综合利用业	1481	4961736	8708165	7647495	638158	33253
金属废料和碎屑加工处理	785	3574647	7501974	6637897	554317	20682
非金属废料和碎屑加工处理	696	1387089	1206190	1009598	83841	12571
金属制品、机械和设备修理业	4972	3139567	2758130	2240273	142728	54030
金属制品修理	103	44379	66708	56242	2354	1619
通用设备修理	894	205137	213670	165107	8273	8320
专用设备修理	784	191435	158324	105932	14617	5257
铁路、船舶、航空航天等运输设备修理	722	2283620	1892308	1596263	97317	23407
铁路运输设备修理	12	306202	247167	218799	5853	2872
船舶修理	640	800733	377859	321452	-12740	12199
航空航天器修理	16	1158076	1250482	1044186	103171	7869
其他运输设备修理	54	18610	16800	11826	1032	467
电气设备修理	371	76514	57932	44771	1883	2156
仪器仪表修理	153	42169	33586	25295	476	1205
其他机械和设备修理业	1945	296312	335602	246661	17808	12066
电力、热力、燃气及水生产和供应业	9700	174499018	84357053	77285283	6920717	322736
电力、热力生产和供应业	6949	138895673	68287676	64119489	5323719	219017
电力生产	6392	69780633	19514865	15136439	2784745	92158
火力发电	108	22567161	11738900	10102489	866125	23199
热电联产	42	5910577	2192523	1978543	156087	6992
水力发电	5415	9524647	1411430	827191	370213	48032
核力发电	9	22240903	3043986	1561689	1131573	2781
风力发电	128	4413749	378886	213341	90568	2422
太阳能发电	558	2117239	261679	135329	73686	3209
生物质能发电	45	2042506	320888	214562	60720	3613
其他电力生产	87	963851	166572	103296	35773	1910
电力供应	341	68190767	48205461	48520421	2483862	122284
热力生产和供应	216	924273	567350	462628	55111	4575
燃气生产和供应业	530	9979317	10494740	9315108	749557	23203
燃气生产和供应业	506	9928001	10461354	9286336	745961	22886
天然气生产和供应业	378	9141558	8975753	7882407	713387	19402
液化石油气生产和供应业	101	770389	1470461	1393064	31502	3118
煤气生产和供应业	27	16055	15140	10865	1071	366
生物质燃气生产和供应业	24	51316	33386	28771	3596	317
水的生产和供应业	2221	25624028	5574637	3850686	847442	80516
自来水生产和供应	1200	13872897	3433741	2424499	491524	60399
污水处理及其再生利用	979	9779065	1603117	1227293	169297	19202
海水淡化处理	7	1917	1888	1587	119	58
其他水的处理、利用与分配	35	1970149	535891	197306	186501	857

1-5　按行业大、中、小类分组的规模

行　　业	企业单位数（个）	亏损企业	工业总产值（当年价格）	工业销售产值（当年价格）	出口交货值	工业增加值（当年价格）
总　计	50591	6884	1403989296	1375771272	364326184	315570916
采矿业	287	31	9942081	9771126	133427	6385933
煤炭开采和洗选业						
烟煤和无烟煤开采洗选						
褐煤开采洗选						
其他煤炭采选						
石油和天然气开采业	4		6646232	6529884	90418	5277332
石油开采	2		2789524	2745562		2589156
陆地石油开采						
海洋石油开采	2		2789524	2745562		2589156
天然气开采	2		3856708	3784322	90418	2688176
陆地天然气开采						
海洋天然气及可燃冰开采	2		3856708	3784322	90418	2688176
黑色金属矿采选业	18	5	246917	248538		70454
铁矿采选	16	5	235565	235006		65965
锰矿、铬矿采选						
其他黑色金属矿采选	2		11352	13532		4490
有色金属矿采选业	29	5	642995	642982	22	348326
常用有色金属矿采选	14	2	420763	413815	22	317297
铜矿采选	2		84579	87934		50893
铅锌矿采选	5	1	276512	272913		239788
镍钴矿采选						
锡矿采选						
锑矿采选						
铝矿采选						
镁矿采选						
其他常用有色金属矿采选	7	1	59672	52968	22	26616
贵金属矿采选	1		86744	87362		2089
金矿采选	1		86744	87362		2089
银矿采选						
其他贵金属矿采选						
稀有稀土金属矿采选	14	3	135488	141805		28939
钨钼矿采选	5		14616	15100		6067
稀土金属矿采选	4	2	48195	50368		10121
放射性金属矿采选	2		19619	19619		8144
其他稀有金属矿采选	3	1	53058	56718		4607
非金属矿采选业	232	21	2134659	2078502	42987	596696
土砂石开采	204	15	1885487	1840873	33401	504451

以上工业企业主要经济指标

单位：万元

资产总计	流动资产合计	货币资金	应收账款	存货	产成品	非流动资产合计
1270246307	770067755	142818617	237623682	161321698	61424557	500192028
13871474	2549497	829986	548129	461626	152233	11321974
9976030	1087499	564083	149956	218177	42024	8888532
3338456	196096	4048	15815	118459	22493	3142360
3338456	196096	4048	15815	118459	22493	3142360
6637575	891403	560035	134141	99718	19531	5746172
6637575	891403	560035	134141	99718	19531	5746172
694151	335970	19401	54691	33335	14423	358181
680710	329191	18786	52952	31664	13377	351519
13441	6779	616	1739	1671	1046	6662
974361	251861	65230	22050	82486	30401	722500
688299	145293	49122	15499	36408	13437	543005
371684	69553	30404	6065	13185	2967	302131
258279	35486	16711	1949	6762	3208	222792
58336	40254	2007	7486	16461	7262	18082
36753	10005	7200	1	1059	547	26748
36753	10005	7200	1	1059	547	26748
249309	96562	8908	6550	45020	16418	152747
40353	8678	2189	-417	4218	2483	31675
48613	34634	1181	6136	9710	2466	13979
105237	17253	5073	235	798	574	87983
55107	35997	465	595	30294	10894	19110
1564948	646918	150627	160371	109175	65194	918028
1186605	436145	67051	137710	82353	52531	750458

1-5

行业	企业单位数（个）	亏损企业	工业总产值（当年价格）	工业销售产值（当年价格）	出口交货值	工业增加值（当年价格）
石灰石、石膏开采	24	2	121582	118805		30629
建筑装饰用石开采	79	5	581853	567022	28480	143013
耐火土石开采	2		6416	4509		1625
粘土及其他土砂石开采	99	8	1175636	1150538	4921	329184
化学矿开采	1		71728	68196	412	47775
采盐	3		14802	14958		3363
石棉及其他非金属矿采选	24	6	162642	154475	9174	41107
石棉、云母矿采选						
石墨、滑石采选	1		2892	2892		768
宝石、玉石采选						
其他未列明非金属矿采选	23	6	159750	151583	9174	40339
开采专业及辅助性活动	4		271279	271221		93125
煤炭开采和洗选专业及辅助性活动						
石油和天然气开采专业及辅助性活动	3		268533	268533		91823
其他开采专业及辅助性活动	1		2747	2689		1302
其他采矿业						
制造业	49478	6724	1313000452	1285427163	362749243	289384851
农副食品加工业	1005	128	30275506	29962648	2445162	3614518
谷物磨制	85	5	1986211	1977841	44320	233831
稻谷加工	61	5	1015686	1000361	3407	110994
小麦加工	11		438484	448590	40683	71567
玉米加工						
杂粮加工	3		34051	34403	146	3446
其他谷物磨制	10		497990	494488	85	47825
饲料加工	361	33	12719699	12698692	79183	1503110
宠物饲料加工	31	3	1910755	1928981	19196	280487
其他饲料加工	330	30	10808944	10769711	59987	1222623
植物油加工	57	18	5686355	5598539	58184	349130
食用植物油加工	48	16	5623826	5537369	58059	345533
非食用植物油加工	9	2	62529	61170	125	3597
制糖业	36	13	870535	819801		99346
屠宰及肉类加工	145	22	2625012	2584067	247227	395593
牲畜屠宰	75	13	1359591	1347567	31443	166387
禽类屠宰	11	3	291130	282639	80355	30925
肉制品及副产品加工	59	6	974292	953861	135429	198281
水产品加工	186	22	3639733	3579756	1809803	583194
水产品冷冻加工	136	18	2685911	2715560	1605221	457421
鱼糜制品及水产品干腌制加工	27	4	562905	482917	65575	75223

续表 1

单位：万元

资产总计	流动资产合计	货币资金	应收账款	存货	产成品	非流动资产合计
194130	58240	11134	21585	13110	9359	135889
349446	150998	28279	45288	16009	11919	198448
11196	9431	132	2371	2657	1934	1765
631834	217476	27506	68467	50576	29320	414356
220812	106943	71065	2664	3295	780	113869
18858	7812	1987	2966	1756	416	11045
138673	96017	10524	17031	21772	11467	42656
2325	2266	125	1532	73		59
136348	93751	10400	15499	21698	11467	42597
661985	227251	30646	161061	18453	190	434733
658402	225896	30646	160220	18263		432506
3583	1356		840	190	190	2228
1100845674	740405642	130474522	233965679	158268975	61085128	360453517
18793865	13322656	1553192	2350776	3265260	1260081	5471198
1849734	1270235	117948	272192	454068	86826	579498
985111	688384	51987	145004	252428	62454	296726
524478	364683	57390	43707	165717	6018	159795
20502	16150	234	9898	3111	1725	4352
319643	201018	8336	73583	32813	16628	118625
4943641	3190719	527156	676844	884181	241620	1752917
946708	722999	138776	98019	140165	64260	223708
3996933	2467720	388380	578825	744016	177360	1529209
3862193	2855665	335656	214745	778223	317527	1006527
3828935	2839883	334582	209471	773615	314881	989051
33258	15782	1074	5274	4608	2646	17475
2746249	2336626	184457	140845	155816	94246	409623
1226530	828398	148869	227116	113566	47324	398131
447642	257227	35769	49299	13508	6817	190415
139231	73243	3098	25084	12346	10298	65988
639657	497928	110002	152733	87712	30209	141729
2368382	1703710	111623	628278	603174	396150	664670
1902319	1375230	91278	527832	512035	344729	527088
263426	185867	12707	46111	43531	28386	77559

1-5

行　　业	企业单位数（个）	亏损企业	工业总产值（当年价格）	工业销售产值（当年价格）	出口交货值	工业增加值（当年价格）
鱼油提取及制品制造	6		99797	98368		14745
其他水产品加工	17		291121	282910	139007	35805
蔬菜、菌类、水果和坚果加工	70	5	1881248	1877175	171948	303018
蔬菜加工	23	1	138290	135952	26245	30323
食用菌加工	4	1	53563	53571	243	13116
水果和坚果加工	43	3	1689394	1687652	145460	259578
其他农副食品加工	65	10	866713	826777	34498	147295
淀粉及淀粉制品制造	22	3	464931	462253	17445	65222
豆制品制造	12	1	72281	63781	3659	17076
蛋品加工	11	1	66363	51450	8536	16596
其他未列明农副食品加工	20	5	263138	249293	4858	48401
食品制造业	740	89	19526958	18852266	1220642	6639568
焙烤食品制造	163	26	1820696	1771502	230174	477012
糕点、面包制造	75	10	686369	674990	121655	181731
饼干及其他焙烤食品制造	88	16	1134327	1096512	108519	295281
糖果、巧克力及蜜饯制造	155	10	2878376	2929562	448761	885036
糖果、巧克力制造	102	10	2187928	2251073	309659	737938
蜜饯制作	53		690448	678489	139102	147098
方便食品制造	93	12	2445219	2399519	117226	713045
米、面制品制造	35	3	432051	429967	20439	104285
速冻食品制造	30	4	627323	603733	50234	202268
方便面制造	15	3	1072837	1051124	22866	277001
其他方便食品制造	13	2	313009	314696	23687	129491
乳制品制造	27	5	1655872	1580828	10870	381054
液体乳制造	20	5	1544779	1472596	10870	353786
乳粉制造	4		84341	81646		20586
其他乳制品制造	3		26752	26586		6683
罐头食品制造	47	7	1007112	981314	132636	194095
肉、禽类罐头制造	5	1	53688	52192	317	12955
水产品罐头制造	8	2	378081	370114	13207	43609
蔬菜、水果罐头制造	29	4	499750	481503	116377	108544
其他罐头食品制造	5		75594	77504	2735	28986
调味品、发酵制品制造	92	5	3750065	3688249	177018	1219158
味精制造	4		130624	128154		33012
酱油、食醋及类似制品制造	43	3	2977369	2931760	123929	993668
其他调味品、发酵制品制造	45	2	642072	628335	53090	192477
其他食品制造	163	24	5969618	5501291	103957	2770169
营养食品制造	13	4	134961	131285	1602	35410

续表 2

单位：万元

资产总计	流动资产合计	货币资金	应收账款	存货	产成品	非流动资产合计
41080	17632	2375	1120	6730	2197	23448
161558	124982	5262	53215	40879	20838	36575
980212	689214	87565	71811	184294	36173	290998
84624	44779	5270	11205	13757	4804	39844
74317	22662	3507	12679	5499	852	51655
821271	621773	78788	47927	165038	30518	199498
816925	448089	39920	118944	91938	40215	368835
460051	238110	23703	43650	48420	15748	221941
81770	32776	3821	12278	7768	3407	48994
37075	21862	6112	6827	7027	4579	15214
238028	155342	6284	56190	28724	16482	82686
14870838	8776084	2430564	1644367	1722404	802414	6094752
1307808	703815	143251	185661	166277	53969	603991
484715	270964	41950	84349	61896	16394	213751
823092	432852	101301	101313	104381	37575	390240
2235272	1492076	408008	416613	324569	165576	743195
1898952	1322245	396377	365859	267965	156337	576706
336320	169831	11631	50754	56605	9239	166490
1632379	979851	248786	296794	170680	71501	652529
199909	126300	32086	26316	35505	9502	73609
497069	281551	70529	94134	66057	26319	215519
660327	378083	62065	123938	51105	25066	282245
275073	193918	84106	52406	18014	10614	81155
1407157	771528	94836	97106	113107	58237	635629
1072064	694039	83255	67326	93507	50600	378025
304099	60884	8806	26089	12985	3952	243215
30994	16605	2776	3691	6615	3685	14389
563151	336482	45160	51865	106253	89471	226669
38046	25797	1187	18197	3258	747	12249
132189	91700	15318	-8959	30127	26959	40490
262412	146482	10382	32542	63003	56078	115930
130504	72504	18274	10085	9865	5688	58001
2267713	1175375	295971	233042	327191	121919	1092338
90413	63070	15165	9265	4038	747	27343
1649540	809334	184115	189104	251076	88914	840207
527760	302971	96691	34672	72077	32258	224788
5457358	3316957	1194552	363287	514327	241741	2140400
148533	89951	19490	24135	19252	8117	58581

1-5

行业	企业单位数（个）	亏损企业	工业总产值（当年价格）	工业销售产值（当年价格）	出口交货值	工业增加值（当年价格）
保健食品制造	44	9	4269700	3875609	17529	2300088
冷冻饮品及食用冰制造	12	1	431364	370037	5370	111288
盐加工	2	2	7224	6802		3864
食品及饲料添加剂制造	67	7	866860	861992	44082	249362
其他未列明食品制造	25	1	259509	255565	35374	70157
酒、饮料和精制茶制造业	236	31	9895301	9715214	103363	2878853
酒的制造	65	8	1755105	1736541	27402	639677
酒精制造	5	2	77652	59674		11767
白酒制造	18	1	416225	405097	601	138255
啤酒制造	26	4	1173772	1186362	26801	465474
黄酒制造	1		2026	2026		896
葡萄酒制造	2		5963	5766		1322
其他酒制造	13	1	79467	77615		21963
饮料制造	146	20	7956669	7799489	58366	2199530
碳酸饮料制造	17	3	1724091	1686123	10569	475534
瓶（罐）装饮用水制造	46	4	2735753	2700361	54	652341
果菜汁及果菜汁饮料制造	25	4	397874	384043	5782	106662
含乳饮料和植物蛋白饮料制造	16		687709	686705	5138	235106
固体饮料制造	7		404186	341599	13954	116995
茶饮料及其他饮料制造	35	9	2007056	2000659	22868	612891
精制茶加工	25	3	183527	179185	17596	39646
烟草制品业	10		4396522	5198709	13301	3546219
烟叶复烤	2		18094	15463		15877
卷烟制造	5		4304264	5082104	13301	3497283
其他烟草制品制造	3		74164	101141		33059
纺织业	1458	193	21859275	21203678	4041579	4942089
棉纺织及印染精加工	645	101	11146575	10777957	2050227	2353009
棉纺纱加工	133	22	1722658	1644858	234727	374085
棉织造加工	236	36	3379606	3197537	389162	723145
棉印染精加工	276	43	6044312	5935562	1426338	1255779
毛纺织及染整精加工	80	10	1028031	991416	98803	214978
毛条和毛纱线加工	18	4	129217	127240	19483	27996
毛织造加工	34	2	390026	370009	28437	88017
毛染整精加工	28	4	508788	494168	50882	98965
麻纺织及染整精加工	3	2	13961	13800	1874	2713
麻纤维纺前加工和纺纱	1	1	3094	3094		651
麻织造加工	2	1	10867	10706	1874	2063
麻染整精加工						

续表 3

单位：万元

资产总计	流动资产合计					非流动资产合计
		货币资金	应收账款	存货		
					产成品	
3488382	2411486	1000151	155331	282465	177788	1076896
309882	142718	21696	43966	43226	5573	167164
100712	4950	560	381	2079	856	95762
1267949	559904	143091	115334	125294	39930	708045
141901	107948	9564	24141	42012	9477	33953
8950441	5111055	803492	1174228	784832	344308	3839385
2203136	793559	127078	182271	271729	74267	1409577
169469	72275	16460	1930	24640	18853	97194
330960	120796	19852	14304	50844	16487	210164
1555438	538987	84514	150506	174562	23986	1016451
3547	1618	487	195	937	390	1929
12862	8101	2357	2509	1360	771	4761
130861	51782	3409	12828	19387	13779	79078
6576847	4221465	662847	968218	480431	254398	2355381
1397777	713697	71934	216941	79146	41720	684080
1593523	1117666	85739	76073	61257	20168	475857
492573	224185	14840	28371	41130	16795	268388
566771	287614	127230	63158	48614	11941	279157
265080	185842	5759	60596	16959	3879	79238
2261122	1692460	357346	523079	233325	159895	568662
170458	96032	13567	23740	32672	15644	74427
5679160	4368061	891530	184114	3135217	140245	1311099
91976	50067	36938	1772	8702	7353	41909
5326356	4180403	834978	146794	3091693	118987	1145954
260828	137592	19614	35548	34822	13905	123237
13808015	8295829	1025377	2074548	2573299	830901	5512173
7705502	4602325	453444	1028411	1528886	491357	3103171
1286177	838907	76075	139731	298164	107320	447269
2127003	1259350	135609	280302	438200	193241	867652
4292321	2504068	241760	608377	792523	190796	1788250
585579	339821	33069	87806	118384	46412	245757
94361	57236	4588	14702	20276	8660	37125
238637	152646	7698	38731	52962	24866	85991
252580	129939	20783	34373	45145	12886	122641
6510	5225	1198	897	1188	784	1285
5364	4510	1198	591	909	570	854
1146	715		305	279	214	431

1-5

行　　业	企业单位数（个）	亏损企业	工业总产值（当年价格）	工业销售产值（当年价格）	出口交货值	工业增加值（当年价格）
丝绢纺织及印染精加工	14	5	115388	105930		31730
缫丝加工	6	4	30481	21358		9632
绢纺和丝织加工	2	1	21838	21959		5297
丝印染精加工	6		63069	62613		16801
化纤织造及印染精加工	75	11	490558	467900	95217	103896
化纤织造加工	51	7	337093	321652	49547	68074
化纤织物染整精加工	24	4	153464	146248	45670	35822
针织或钩针编织物及其制品制造	311	28	4822557	4737578	734470	1175659
针织或钩针编织物织造	217	21	3469669	3407094	627188	862566
针织或钩针编织物印染精加工	24	2	459614	439607	16699	106006
针织或钩针编织品制造	70	5	893274	890878	90582	207087
家用纺织制成品制造	115	15	1989737	1884943	346565	471428
床上用品制造	41	6	883636	808192	203634	212405
毛巾类制品制造	14	3	168858	160270	24589	42406
窗帘、布艺类产品制造	20	3	544957	538530	38886	115123
其他家用纺织制成品制造	40	3	392287	377951	79456	101494
产业用纺织制成品制造	215	21	2252468	2224154	714423	588675
非织造布制造	87	5	1067385	1044100	297925	242557
绳、索、缆制造	21	2	217604	217939	95572	44917
纺织带和帘子布制造	50	6	553081	542058	171699	186369
篷、帆布制造	21	4	182014	195161	73133	52072
其他产业用纺织制成品制造	36	4	232385	224896	76095	62761
纺织服装、服饰业	2683	338	30491574	29386770	6672639	8168881
机织服装制造	1478	211	19426859	18514586	3689849	5208234
运动机织服装制造	345	60	4132140	3931302	949787	999029
其他机织服装制造	1133	151	15294720	14583284	2740062	4209206
针织或钩针编织服装制造	974	105	9259660	9102891	2583695	2487942
运动休闲针织服装制造	168	29	1707036	1696998	377727	465215
其他针织或钩针编织服装制造	806	76	7552624	7405893	2205968	2022726
服饰制造	231	22	1805055	1769293	399095	472705
皮革、毛皮、羽毛及其制品和制鞋业	1783	253	18081847	17701955	7634351	4887084
皮革鞣制加工	56	18	722947	687977	171105	135506
皮革制品制造	635	90	5147899	5077877	2631941	1402770
皮革服装制造	16	2	213842	209060	23284	44260
皮箱、包（袋）制造	457	65	3551250	3515071	1989325	999030
皮手套及皮装饰制品制造	90	4	732141	719857	413181	215354
其他皮革制品制造	72	19	650666	633889	206151	144126
毛皮鞣制及制品加工	11	1	240405	238407	16452	50043

续表 4

单位：万元

资产总计	流动资产合计	货币资金	应收账款	存货	产成品	非流动资产合计
91065	45808	3872	4306	21319	5535	45257
52270	23236	317	1156	11943	3731	29034
9241	6956	578	-34	5533	948	2285
29554	15615	2977	3184	3843	856	13938
384650	228010	24842	60058	68149	29173	156639
254834	154589	18663	36656	37290	15059	100244
129816	73421	6179	23402	30858	14114	56395
2053360	1242426	263532	356135	322280	77910	810931
1613495	1021233	225147	294954	255722	55400	592260
129349	67916	13320	21716	17602	6798	61433
310516	153277	25066	39466	48956	15712	157238
1391985	864736	107315	236802	247560	103752	527248
833499	564081	70565	164645	155606	66929	269418
132152	54068	3445	7565	25593	16391	78084
172446	68207	4286	15267	34715	12175	104239
253888	178380	29019	49325	31645	8257	75508
1589366	967478	138105	300134	265533	75977	621885
682720	394191	29105	157599	101770	29411	288528
114042	76782	7107	16136	18778	2842	37259
455095	256481	44041	73752	78094	25223	198613
120545	89942	23949	17964	26947	6567	30602
216964	150081	33903	34683	39945	11934	66882
18289008	12401733	1735969	3380973	3918768	1808381	5880587
11098392	7550110	1205953	1903328	2451256	1191091	3541603
1754795	1324981	138854	396417	415379	197168	429808
9343597	6225130	1067099	1506911	2035877	993923	3111795
6313646	4225107	460081	1280618	1265069	538518	2088532
1728529	1161292	123683	322854	351107	161021	567235
4585117	3063815	336398	957764	913962	377497	1521298
876969	626516	69935	197027	202443	78772	250452
9497573	6839177	756734	2493599	2054964	769499	2658138
452531	351035	21205	56191	211237	97571	101495
2706097	2052945	216320	722801	648836	218496	653150
73937	60270	2652	17464	27349	9111	13669
1975860	1590104	181129	568730	489760	163553	385753
299415	152156	10312	51770	41048	11613	147259
356884	250416	22228	84837	90680	34219	106469
65701	34840	2969	6524	20786	11520	30861

1-5

行　　业	企业单位数（个）	亏损企业	工业总产值（当年价格）	工业销售产值（当年价格）	出口交货值	工业增加值（当年价格）
毛皮鞣制加工	4	1	119953	119590	2992	28198
毛皮服装加工	4		21651	21346	8414	4566
其他毛皮制品加工	3		98801	97471	5046	17278
羽毛(绒)加工及制品制造	27	1	296478	280674	49711	54540
羽毛（绒）加工	19		179710	172709	4460	37697
羽毛（绒）制品加工	8	1	116768	107965	45252	16843
制鞋业	1054	143	11674119	11417020	4765143	3244226
纺织面料鞋制造	78	11	1116647	1091547	606999	388516
皮鞋制造	502	73	5491722	5426234	2424443	1593444
塑料鞋制造	294	35	3711321	3556931	1093854	820589
橡胶鞋制造	67	10	614300	606478	253848	176316
其他制鞋业	113	14	740130	735830	385999	265361
木材加工和木、竹、藤、棕、草制品业	567	65	5231188	5119607	546247	1251689
木材加工	129	19	933256	911565	105004	224010
锯材加工	38	4	251199	233995	7350	58629
木片加工	41	5	353150	349292	21038	88587
单板加工	23	3	115356	125659	20445	35878
其他木材加工	27	7	213551	202619	56172	40917
人造板制造	192	26	2474757	2419812	48066	552244
胶合板制造	89	11	1171236	1163280	35116	251268
纤维板制造	41	5	671625	633411	7751	142191
刨花板制造	31	3	413415	404715	982	100811
其他人造板制造	31	7	218481	218406	4217	57975
木质制品制造	167	16	1295176	1275866	217995	338856
建筑用木料及木材组件加工	25	3	113319	111443	24348	31501
木门窗制造	21	3	256167	250714	9621	80172
木楼梯制造	1		2450	2371	1933	584
木地板制造	27	3	371342	369271	54831	83171
木制容器制造	29	1	146800	142080	10383	31836
软木制品及其他木制品制造	64	6	405098	399986	116879	111593
竹、藤、棕、草等制品制造	79	4	528000	512365	175182	136578
竹制品制造	67	2	455122	440311	166865	119154
藤制品制造	3	1	29523	28954	7022	7208
棕制品制造	2		6386	6386		1650
草及其他制品制造	7	1	36969	36714	1294	8566
家具制造业	1619	213	21565161	21206438	6773058	5204001
木质家具制造	911	127	13071243	12882336	3859536	3306415
竹、藤家具制造	13	3	217709	201945	110187	47828

续表5

单位：万元

资产总计	流动资产合计	货币资金	应收账款	存货	产成品	非流动资产合计
36076	21760	1882	5473	11590	10309	14315
6896	5233	633	915	3053	351	1663
22729	7847	455	136	6143	860	14883
107690	85539	5317	24876	45440	16985	22150
52857	37676	2086	15524	16264	14453	15180
54833	47863	3231	9352	29176	2533	6970
6165554	4314817	510923	1683208	1128665	424927	1850482
705154	413142	63977	135442	90703	21814	291765
3909047	2777256	352574	1169675	741659	322498	1131787
833948	610141	30090	163351	163399	46051	223805
345963	244294	28698	97015	61206	15555	101668
371443	269984	35584	117725	71699	19009	101456
4231800	2478287	234628	650802	646256	242158	1753510
1036860	584043	61579	115759	157547	50465	452816
456376	180397	37971	25700	61055	13395	275979
175441	103495	10889	20788	36645	13678	71946
306184	222148	9690	47651	22583	10263	84036
98858	78002	3029	21620	37264	13129	20856
1882823	1013163	109173	207075	268976	117647	869658
721937	394895	40728	75631	103716	45199	327042
674574	330777	31777	46816	101264	48097	343797
314297	156430	15545	22789	47001	16810	157867
172014	131062	21124	61840	16995	7540	40952
1117556	797828	61122	295441	193996	64403	319726
106561	57754	2730	11265	15656	5277	48807
303231	228717	23264	60708	57598	22262	74514
2294	2206	38	919	934	89	89
390110	312463	20341	132296	75879	27180	77647
108074	77793	4666	35424	15636	2623	30281
207286	118896	10082	54829	28294	6971	88390
194562	83253	2755	32528	25737	9644	111309
171113	66928	2052	25277	18121	5436	104185
7128	3600	12	2157	1425	375	3528
5959	5439	320	1008	3568	2022	521
10362	7287	370	4086	2623	1812	3075
16545287	11138646	1608514	2667566	2414162	800650	5422937
11892041	8060923	1247883	1760927	1569477	537647	3822458
97300	59511	3135	17076	26299	5690	62751

1-5

行　　业	企业单位数（个）	亏损企业	工业总产值（当年价格）	工业销售产值（当年价格）	出口交货值	工业增加值（当年价格）
金属家具制造	256	32	3371799	3313160	1164250	754707
塑料家具制造	18	1	197386	196068	99123	54259
其他家具制造	421	50	4707024	4612929	1539962	1040792
造纸和纸制品业	1292	133	25725902	25161672	1711804	5304216
纸浆制造	3		100726	79889		16351
木竹浆制造	3		100726	79889		16351
非木竹浆制造						
造纸	299	39	12230985	11821813	382153	2607398
机制纸及纸板制造	211	29	10899927	10541504	310538	2344491
手工纸制造	2		14079	13895	472	2598
加工纸制造	86	10	1316979	1266415	71144	260309
纸制品制造	990	94	13394192	13259970	1329651	2680467
纸和纸板容器制造	597	48	7319883	7248657	779350	1504997
其他纸制品制造	393	46	6074309	6011313	550301	1175470
印刷和记录媒介复制业	970	117	12910689	12551250	2796492	3392322
印刷	926	109	12057886	11773509	2564664	3155132
书、报刊印刷	77	14	1348161	1330327	640006	371166
本册印制	25	5	1068448	1027977	182894	184334
包装装潢及其他印刷	824	90	9641277	9415205	1741763	2599632
装订及印刷相关服务	37	5	813966	740214	215293	229743
记录媒介复制	7	3	38837	37528	16536	7446
文教、工美、体育和娱乐用品制造业	1755	291	37087434	35841109	11868994	7153989
文教办公用品制造	148	26	2110500	2106030	461935	477757
文具制造	108	19	1420965	1435455	383812	331681
笔的制造	15	3	97904	96971	48213	30663
教学用模型及教具制造	7	1	44544	44404	16980	10745
墨水、墨汁制造	4	1	38100	37874	2754	10194
其他文教办公用品制造	14	2	508987	491327	10177	94475
乐器制造	38	2	894988	875832	179187	240418
中乐器制造	3	2	17014	18382	12821	3688
西乐器制造	14		344434	344992	20759	102106
电子乐器制造	11		372798	351742	136950	99807
其他乐器及零件制造	10		160742	160715	8656	34817
工艺美术及礼仪用品制造	610	97	21471043	20552352	3856198	2501206
雕塑工艺品制造	25	3	247906	239519	73408	68796
金属工艺品制造	67	9	574421	560352	225128	149070
漆器工艺品制造	2		12653	12536	9565	4764
花画工艺品制造	36	4	689967	659851	189849	161018

续表 6

单位：万元

资产总计	流动资产合计					非流动资产合计
		货币资金	应收账款	存货		
					产成品	
1812362	1154031	148341	341016	349406	92281	658329
152120	86869	16460	23956	29798	6630	65251
2591464	1777311	192696	524592	439182	158402	814148
21942304	12069261	1431411	3241425	2473171	899357	9872489
157603	48867	120	9009	9924	2785	108736
157603	48867	120	9009	9924	2785	108736
12289773	6154638	544638	1096358	1249501	504050	6135133
10827143	5522357	463312	888961	1084249	424116	5304784
12944	5963	371	2113	1216	604	6980
1449686	626317	80956	205285	164036	79330	823368
9494929	5865756	886653	2136058	1213745	392522	3628620
4939437	3082015	441367	1239111	587340	175170	1856871
4555492	2783742	445286	896947	626405	217353	1771749
11468806	6566126	916573	2475856	1277003	437476	4902672
10326676	6032419	849929	2249989	1220318	416847	4294248
1311537	876714	139534	308123	221108	41891	434822
1089015	358536	24546	119944	101097	34194	730479
7926124	4797170	685849	1821922	898113	340763	3128946
1069890	485937	64704	212005	51967	18499	583953
72241	47769	1940	13862	4718	2129	24471
26501852	20320690	1746921	4812382	9028609	5292033	6181147
1623176	1186757	275973	276995	253176	115298	436418
1239364	885134	208378	177607	161307	64586	354230
85290	65154	7083	30241	21074	8315	20136
31168	17927	1424	6759	6893	1886	13241
18335	14049	3349	5900	3627	1617	4286
249019	204494	55738	56487	60275	38895	44525
794613	365657	38405	55772	135262	42868	428956
41069	19742	2119	3489	12247	4870	21327
382783	223106	27418	34859	82245	25458	159677
301104	82909	6551	13227	25516	5348	218195
69656	39899	2317	4198	15254	7192	29757
15814923	13330218	816761	2666382	6862374	4606106	2484700
105467	73744	6169	30527	26125	14769	31723
341219	224791	25158	71174	65168	18815	116427
5816	5497	1328	276	176	70	320
168491	75773	4798	27353	22456	4966	92718

1-5

行　　业	企业单位数（个）	亏损企业	工业总产值（当年价格）	工业销售产值（当年价格）	出口交货值	工业增加值（当年价格）
天然植物纤维编织工艺品制造	31	3	209140	206421	65120	37783
抽纱刺绣工艺品制造	31	2	357327	349680	37204	116291
地毯、挂毯制造	17	1	237380	234238	34904	68446
珠宝首饰及有关物品制造	272	65	17496353	16700481	2729638	1489532
其他工艺美术及礼仪用品制造	129	10	1645897	1589276	491383	405505
体育用品制造	227	35	2608836	2558000	1871179	781849
球类制造	17	2	194717	191580	155183	56010
专项运动器材及配件制造	76	9	994208	971750	731075	324741
健身器材制造	21	5	233583	232529	154702	53232
运动防护用具制造	50	8	563557	552901	481495	179514
其他体育用品制造	63	11	622771	609240	348726	168352
玩具制造	694	123	9488524	9248781	5372040	2961421
电玩具制造	82	18	1134688	1127433	825792	385871
塑胶玩具制造	467	74	6957901	6776044	3748100	2106517
金属玩具制造	8	1	114984	107516	64027	47242
弹射玩具制造						
娃娃玩具制造	36	5	400393	386168	192919	135902
儿童乘骑玩耍的童车类产品制造	27	6	214600	198331	140148	50874
其他玩具制造	74	19	665958	653289	401054	235015
游艺器材及娱乐用品制造	38	8	513543	500114	128456	191337
露天游乐场所游乐设备制造	14	3	187068	186166	32939	86317
游艺用品及室内游艺器材制造	19	4	250333	243707	54761	76373
其他娱乐用品制造	5	1	76141	70241	40755	28647
石油、煤炭及其他燃料加工业	99	15	33885645	33602133	500810	9535959
精炼石油产品制造	84	11	33465629	33188702	454815	9508521
原油加工及石油制品制造	83	11	33462818	33185886	454815	9507217
其他原油制造	1		2811	2816		1304
煤炭加工	6	2	311167	310578	11549	5480
炼焦						
煤制合成气生产	3	1	288999	288999	11549	4898
煤制液体燃料生产						
煤制品制造	3	1	22168	21579		582
其他煤炭加工						
核燃料加工						
生物质燃料加工	9	2	108849	102853	34447	21959
生物质液体燃料生产	4	2	57262	52407	2801	4350
生物质致密成型燃料加工	5		51587	50446	31646	17609
化学原料和化学制品制造业	2410	293	56464321	55614405	4438541	11625040

续表 7

单位：万元

资产总计	流动资产合计					非流动资产合计
		货币资金	应收账款	存货	产成品	
50316	29685	6845	8973	4927	2762	20631
306047	155889	22230	24429	26637	6979	150158
161920	84635	19309	31991	19442	8211	77284
14069101	12321012	698677	2364189	6559793	4493414	1748087
606543	359191	32247	107471	137650	56121	247352
1614095	1213837	136218	446868	403474	113872	400256
136672	109170	11943	28655	44375	8655	27502
638548	472787	47511	199199	141969	36763	165760
181990	146319	10468	68038	31612	12608	35671
279752	220403	25449	75891	83744	31067	59350
377132	265158	40847	75086	101774	24779	111974
5932158	3726949	354808	1236301	1229882	380371	2205203
820607	549659	57584	247401	162020	42008	270947
4203009	2564387	214059	813423	883044	283474	1638618
106441	64282	16294	14558	23486	6704	42159
156584	105129	9778	29362	35865	11868	51455
212566	133309	28092	28175	24291	8599	79257
432951	310183	29001	103383	101175	27719	122767
722888	497273	124758	130064	144441	33518	225614
414161	322680	104419	75763	99075	12111	91482
247695	134101	10748	40530	38328	17996	113595
61032	40493	9591	13771	7038	3411	20538
14653957	7383133	313646	955583	2825460	633125	7270822
14472237	7267609	304006	940928	2763757	623002	7204627
14471960	7267457	303998	940880	2763660	622916	7204503
276	152	8	47	97	86	124
98487	61443	8714	9547	22493	2293	37044
86486	52637	8431	9400	19937	795	33849
12002	8806	283	147	2556	1498	3195
83233	54082	925	5109	39210	7830	29150
31378	23785	620	1796	20941	3378	7592
51855	30297	305	3313	18270	4453	21559
49286716	28063361	4470122	8324155	5603241	2175818	21224871

1-5

行　　业	企业单位数（个）	亏损企业	工业总产值（当年价格）	工业销售产值（当年价格）	出口交货值	工业增加值（当年价格）
基础化学原料制造	210	36	10427181	10415583	279487	2138453
无机酸制造	18	6	143724	144806		35921
无机碱制造	8		339708	341400	6978	108379
无机盐制造	25	3	791889	774172	39752	95360
有机化学原料制造	71	16	7527089	7556334	74294	1498699
其他基础化学原料制造	88	11	1624771	1598871	158463	400094
肥料制造	56	6	867473	863451	19750	163830
氮肥制造						
磷肥制造	4	2	81285	76660	19667	1777
钾肥制造	2		300230	312378		86055
复混肥料制造	23	3	321948	317063	83	47627
有机肥料及微生物肥料制造	22	1	147220	140323		25623
其他肥料制造	5		16790	17028		2749
农药制造	19	1	399858	375967	9153	83485
化学农药制造	16	1	371477	347586	9153	77809
生物化学农药及微生物农药制造	3		28381	28381		5676
涂料、油墨、颜料及类似产品制造	703	77	9953815	9730514	400101	2071040
涂料制造	443	59	6880508	6803934	156897	1418613
油墨及类似产品制造	127	10	1268246	1246360	95226	267255
工业颜料制造	70	4	895554	782070	41315	207659
工艺美术颜料制造	4		61046	62084	33654	11703
染料制造	12		154243	156123	35051	31163
密封用填料及类似品制造	47	4	694219	679944	37958	134647
合成材料制造	416	58	13170725	12939106	2050765	1876648
初级形态塑料及合成树脂制造	246	39	8212017	8025531	1222608	1116758
合成橡胶制造	69	4	1697395	1672904	251049	342820
合成纤维单（聚合）体制造	16	1	2246350	2233190	445283	236966
其他合成材料制造	85	14	1014962	1007482	131825	180104
专用化学产品制造	554	64	10560932	10498980	649690	2049054
化学试剂和助剂制造	198	22	3391882	3336996	120215	689888
专项化学用品制造	118	10	2987440	3041360	154529	567989
林产化学产品制造	38	7	450138	446255	70253	98105
文化用信息化学品制造	30	8	928055	925277	108140	145671
医学生产用信息化学品制造	2		70287	63829	2324	25509
环境污染处理专用药剂材料制造	25	2	270231	265029	16887	56867
动物胶制造	2		56244	51289	5236	20837
其他专用化学产品制造	141	15	2406655	2368947	172106	444188
炸药、火工及焰火产品制造	6		86146	83936		36037

续表 8

单位：万元

资产总计	流动资产合计	货币资金	应收账款	存货	产成品	非流动资产合计
9668442	3637901	491765	849933	822610	313632	6030540
227679	114892	5801	18523	10056	4916	112787
346452	169851	36530	42398	11516	2688	176601
505684	315297	45481	80029	95386	41942	190388
6728673	2150348	274144	491789	547413	212344	4578325
1859954	887513	129809	217195	158238	51742	972440
1445259	667704	54633	61324	120247	45105	777554
166864	56680	1770	1767	19054	10206	110184
307556	156268	19788	5804	40342	12290	151288
723026	327297	25795	23819	35153	13131	395729
232954	115848	6656	28938	23041	9125	117104
14860	11611	623	996	2656	353	3249
817354	504554	78755	54565	77396	32468	312800
788280	491338	77712	53535	70602	32173	296942
29074	13216	1042	1030	6794	295	15858
8354955	5383823	863156	2039864	894645	325848	2971127
5583723	3673807	640326	1372625	533973	212195	1909912
1157540	831261	93222	394543	173371	58639	326278
880812	396629	48476	109120	87045	19250	484182
46879	38854	5786	7801	8726	3722	8025
165810	101480	8954	51924	26327	10977	64330
520192	341793	66393	103850	65203	21066	178399
10456092	5869723	894968	1837351	1408960	536039	4589197
6792628	3765236	533747	1234980	953349	337929	3027387
1015031	602393	74264	184055	139137	65310	412638
1361059	737388	174780	120229	206655	86243	623670
1287374	764706	112178	298088	109820	46558	525502
8853313	5275284	685949	1798759	1133536	438653	3578023
3017479	1769115	254699	573110	414957	154310	1248361
2158748	1318406	126868	478999	274434	91747	840340
344963	161801	10383	53360	54805	34682	183162
1076894	603564	82677	212327	118366	42733	473329
85914	57287	532	26188	19668	6482	28627
157584	107209	16010	37339	11166	6173	50375
69716	54141	18526	6696	13098	7254	15575
1942015	1203761	176254	410740	227041	95273	738254
95101	38430	5028	7108	3590	509	56671

1-5

行　　业	企业单位数（个）	亏损企业	工业总产值（当年价格）	工业销售产值（当年价格）	出口交货值	工业增加值（当年价格）
炸药及火工产品制造	6		86146	83936		36037
焰火、鞭炮产品制造						
日用化学产品制造	446	51	10998192	10706869	1029596	3206492
肥皂及洗涤剂制造	91	10	5015013	4904363	209415	1568653
化妆品制造	210	32	3311248	3190475	502840	892556
口腔清洁用品制造	18	1	1137837	1137643	173011	362365
香料、香精制造	72	5	879397	848078	108199	242583
其他日用化学产品制造	55	3	654696	626310	36130	140335
医药制造业	445	46	16464983	15532867	838993	5229454
化学药品原料药制造	38	2	1354751	1278118	308466	433474
化学药品制剂制造	82	11	5172217	4877252	160605	1734950
中药饮片加工	88	6	3671083	3581884	4920	902382
中成药生产	96	8	3355701	3194559	51703	1125588
兽用药品制造	22	4	401841	380652	29927	118118
生物药品制品制造	66	9	1813637	1548303	106019	624592
生物药品制造	64	9	1752239	1491390	106019	591555
基因工程药物和疫苗制造	2		61398	56913		33037
卫生材料及医药用品制造	43	5	623286	605240	158822	273782
药用辅料及包装材料	10	1	72468	66861	18532	16567
化学纤维制造业	57	15	1388988	1314876	177639	314083
纤维素纤维原料及纤维制造	6	2	244617	230111	2026	83812
化纤浆粕制造	1	1	2376	2060		189
人造纤维（纤维素纤维）制造	5	1	242241	228051	2026	83623
合成纤维制造	50	13	1140846	1081240	175613	229739
锦纶纤维制造	5	1	48731	48636	12227	13110
涤纶纤维制造	20	4	325340	310753	47902	63827
腈纶纤维制造						
维纶纤维制造						
丙纶纤维制造	4	2	47101	47737	7898	13921
氨纶纤维制造	4	2	558722	519620	85758	115219
其他合成纤维制造	17	4	160952	154494	21828	23662
生物基材料制造	1		3525	3525		532
生物基化学纤维制造	1		3525	3525		532
生物基、淀粉基新材料制造						
橡胶和塑料制品业	4296	556	52920294	55479979	12174204	12109994
橡胶制品业	532	61	5122625	4962842	1502170	1270662
轮胎制造	17	5	658993	642810	340993	133429
橡胶板、管、带制造	65	7	753041	713171	119004	173442

续表 9

单位：万元

资产总计	流动资产合计	货币资金	应收账款	存货	产成品	非流动资产合计
95101	38430	5028	7108	3590	509	56671
9596199	6685942	1395869	1675252	1142258	483564	2908960
4534542	3268059	636696	788490	377347	172644	1265188
2775690	1906868	477626	524999	488464	182609	868821
698228	497408	154002	127704	93181	55673	200819
1003261	622259	98259	139999	106251	35364	381002
584479	391349	29286	94060	77016	37274	193130
32316087	21350800	6580015	3189698	4034702	2225248	10965283
2687223	1287512	265748	362114	211151	83998	1399710
7968964	5132066	1130291	812321	916469	440810	2836897
8430666	6923753	3606751	581067	1498113	1115863	1506912
7764665	4299055	846475	587127	920505	342120	3465609
420232	284928	60648	41929	51042	25008	135304
4110205	2792981	480954	678766	379635	194409	1317224
3871530	2719147	443849	655134	369562	186531	1152383
238675	73835	37105	23632	10073	7878	164841
875818	594136	185303	115968	45409	18605	281681
58315	36369	3845	10406	12379	4435	21946
1465630	760402	103833	203458	232916	138741	705229
258327	112053	53258	1806	37615	22213	146274
2405	1476	57	120	908	496	929
255922	110578	53201	1686	36707	21718	145345
1206278	647344	50494	201070	195247	116495	558934
51879	35224	9843	5718	9099	3068	16655
262704	157429	8015	49775	64356	28230	105274
31019	21913	6173	7388	6817	1680	9106
613336	333899	5821	102914	88193	73435	279437
247340	98879	20642	35277	26781	10083	148461
1025	1005	80	582	53	33	20
1025	1005	80	582	53	33	20
40548732	26380572	3579013	9212287	5932578	2267861	14168118
4178165	2621592	415084	997078	591262	231920	1556568
1132495	597510	140877	172051	136609	75579	534984
392010	249689	23546	100428	73304	29549	142320

1-5

行　　业	企业单位数（个）	亏损企业	工业总产值（当年价格）	工业销售产值（当年价格）	出口交货值	工业增加值（当年价格）
橡胶零件制造	136	14	1034255	1000557	335470	275676
再生橡胶制造	7	1	56640	50411	1467	17981
日用及医用橡胶制品制造	48	7	455857	432445	163310	116904
运动场地用塑胶制造	15		103132	102477	49798	35972
其他橡胶制品制造	244	27	2060708	2020972	492129	517257
塑料制品业	3764	495	47797670	50517137	10672034	10839333
塑料薄膜制造	469	68	6516542	6376086	1048937	1201177
塑料板、管、型材制造	275	33	5693536	5598781	1145453	1095429
塑料丝、绳及编织品制造	108	23	1199359	1161180	281155	273014
泡沫塑料制造	222	20	1931396	1896859	145798	408108
塑料人造革、合成革制造	54	6	1112170	1083716	117821	227910
塑料包装箱及容器制造	295	39	3468447	6937391	463688	839827
日用塑料制品制造	504	60	5590359	5460652	1929241	1408930
人造草坪制造	48	6	510525	507380	154531	125683
塑料零件及其他塑料制品制造	1789	240	21775336	21495092	5385410	5259254
非金属矿物制品业	2973	298	51388491	52233170	4292080	13020864
水泥、石灰和石膏制造	199	23	6634945	6538527	46880	2621299
水泥制造	180	22	6534440	6438589	46140	2582117
石灰和石膏制造	19	1	100505	99938	741	39182
石膏、水泥制品及类似制品制造	822	73	12201662	14056117	173241	1936608
水泥制品制造	678	54	10301575	12181805	56722	1590696
砼结构构件制造	51	9	817355	804258	37345	150802
石棉水泥制品制造	2		173643	173269		31350
轻质建筑材料制造	44	6	423093	409082	57475	90735
其他水泥类似制品制造	47	4	485996	487704	21700	73024
砖瓦、石材等建筑材料制造	508	37	4729982	4612656	243181	991284
粘土砖瓦及建筑砌块制造	169	6	1030222	1018435	34333	279575
建筑用石加工	186	17	2083671	2005463	124024	379387
防水建筑材料制造	26		556317	540609	9003	103338
隔热和隔音材料制造	27	3	218404	217159	7337	44073
其他建筑材料制造	100	11	841368	830990	68484	184911
玻璃制造	101	21	2139404	2073188	479121	710231
平板玻璃制造	33	9	1013259	994385	86864	371175
特种玻璃制造	27	7	629293	620788	300780	228980
其他玻璃制造	41	5	496852	458015	91478	110076
玻璃制品制造	277	38	4344782	4208191	1167135	1229953
技术玻璃制品制造	59	8	1014516	991406	150571	253573
光学玻璃制造	48	8	1164566	1102807	606967	411685

续表 10

单位：万元

资产总计	流动资产合计					非流动资产合计
		货币资金	应收账款	存货		
					产成品	
739524	474595	67679	199675	112651	44706	264927
18387	7158	1317	1969	2033	1115	11229
419413	197457	34780	66810	51766	17057	221956
96575	64051	7071	23290	11453	4980	32524
1379762	1031131	139813	432856	203446	58934	348629
36370567	23758980	3163929	8215208	5341316	2035941	12611550
5254742	3037287	412964	896210	716663	283681	2217449
3815988	2694212	468239	1238704	612802	247014	1121773
810680	473200	93394	143276	153386	61132	337479
1047053	827508	84893	401250	178467	91661	219541
778729	428187	81834	110861	122222	38555	350542
3016301	1720147	157639	604016	305595	132595	1296151
3248588	2049999	176806	709114	602396	209132	1198584
335296	237657	39700	87346	64565	29406	97638
18063191	12290783	1648461	4024431	2585220	942765	5772392
42808082	24842966	3094335	7588891	5129507	2389721	17965092
7348962	3510144	560522	755283	460910	125776	3838817
7270859	3456119	554153	735494	454001	122988	3814739
78103	54025	6369	19788	6909	2789	24078
8356978	6081732	534782	2853260	667201	267432	2275237
6978889	5130341	424467	2526286	525948	212857	1848540
687388	524335	64617	141117	66578	26441	163053
38098	9215	76	1171	7024	1111	28882
333582	183590	31442	58584	42075	15405	149992
319021	234252	14181	126102	25576	11619	84769
3491342	1962170	190131	638960	457757	205561	1529167
748041	299591	18847	109628	35537	18500	448449
1377114	730994	56300	148006	222690	116339	646118
577799	443730	53071	200067	88189	25642	134069
184749	112047	29439	34602	29296	11830	72701
603637	375807	32475	146657	82046	33250	227830
3207646	1965743	377329	327830	257890	76826	1241902
1353184	613484	110159	147071	99819	29429	739700
1144159	858573	223389	127942	75837	27473	285585
710304	493686	43781	52817	82234	19924	216617
4145990	2401941	312990	797465	526965	176371	1744046
987326	715733	85260	259896	125225	48232	271592
1358981	707770	82061	249219	178928	51971	651210

1-5

行业	企业单位数（个）	亏损企业	工业总产值（当年价格）	工业销售产值（当年价格）	出口交货值	工业增加值（当年价格）
玻璃仪器制造	3		53448	51710	16025	14404
日用玻璃制品制造	71	12	700932	682475	114784	188609
玻璃包装容器制造	17	3	540452	541881	77573	145478
玻璃保温容器制造	8		121501	102112	31468	19260
制镜及类似品加工	12	2	55596	55123	12349	15752
其他玻璃制品制造	59	5	693771	680678	157398	181192
玻璃纤维和玻璃纤维增强塑料制品制造	59	9	991219	973534	156002	377228
玻璃纤维及制品制造	29	4	621957	617539	136895	264985
玻璃纤维增强塑料制品制造	30	5	369261	355995	19107	112244
陶瓷制品制造	816	69	18123698	17635522	1811474	4704147
建筑陶瓷制品制造	329	39	11211115	10797508	282582	2848293
卫生陶瓷制品制造	161	11	3245488	3311030	565319	876778
特种陶瓷制品制造	20	1	230565	227027	82747	78808
日用陶瓷制品制造	211	9	2473216	2342858	609981	652522
陈设艺术陶瓷制造	78	7	789393	785819	268660	206168
园艺陶瓷制造	1		5085	4924		1232
其他陶瓷制品制造	16	2	168835	166357	2185	40347
耐火材料制品制造	34	5	287844	278907	12254	65878
石棉制品制造	2		7216	7216	313	1730
云母制品制造	5	2	29213	28408	9026	6460
耐火陶瓷制品及其他耐火材料制造	27	3	251415	243283	2915	57687
石墨及其他非金属矿物制品制造	157	23	1934957	1856528	202792	384237
石墨及碳素制品制造	29	7	647871	628569	117065	133553
其他非金属矿物制品制造	128	16	1287085	1227959	85728	250685
黑色金属冶炼和压延加工业	388	48	25700490	25370144	725199	4406456
炼铁	3		29354	29289		4403
炼钢	15		1276399	1287933		155048
钢压延加工	361	48	23578144	23242384	711688	4108175
铁合金冶炼	9		816594	810539	13511	138830
有色金属冶炼和压延加工业	751	97	34423336	33957159	1753566	3784021
常用有色金属冶炼	54	8	2565053	2527868	257903	359106
铜冶炼	11		1098401	1075300	247975	161522
铅锌冶炼	6	4	618124	596284		44906
镍钴冶炼	1		16814	17772		4055
锡冶炼	12	1	97769	95579	2056	13531
锑冶炼	3	1	43338	43338		5736
铝冶炼	14	1	377983	390918		29241
镁冶炼						

续表 11

单位：万元

资产总计	流动资产合计	货币资金	应收账款	存货	产成品	非流动资产合计
161546	62809	11772	20758	9155	5577	98737
490936	267021	39071	78398	63958	23563	223916
602048	289083	40984	60752	56278	20035	312965
49266	36197	4243	14166	14599	3447	13069
45092	32156	3307	9688	12756	1266	12936
450795	291173	46293	104589	66067	22280	159622
938223	551891	49126	258162	58185	17828	386331
642837	360749	29010	185115	30821	8047	282088
295387	191142	20116	73047	27364	9781	104244
12728444	6822600	839184	1414347	2399160	1422841	5905840
7865933	4195930	455663	802640	1788655	1141818	3670001
2519932	1375612	182423	272066	299329	139395	1144319
252093	176858	64383	44310	22135	11645	75235
1339603	782446	99437	217651	235942	101483	557155
703215	261638	32236	66025	45765	24247	441577
3518	1100		137	639	459	2418
44152	29016	5042	11519	6695	3793	15135
242398	160769	21145	43588	40765	18718	81628
1407	1243	100	321	715		164
28367	15363	1935	4737	7201	2897	13003
212624	144163	19109	38530	32849	15821	68460
2348100	1385976	209127	499997	260676	78369	962124
1125984	717926	124001	320551	111547	21336	408058
1222116	668050	85126	179446	149129	57033	554066
17864221	6971983	893202	1016774	2306215	703905	10892234
4540	3115	455	1047	1382	718	1425
326701	242211	95880	25875	74453	48546	84490
16938312	6464385	716521	957263	2098117	592849	10473924
594668	262272	80346	32589	132264	61791	332396
17817528	11753720	1988077	2598511	3516631	1893912	6063799
1738405	1152106	303417	227183	383923	108777	586298
614954	548777	204003	107536	96350	25230	66177
593949	244981	8316	17697	182820	49020	348967
18775	14599	761	1105	6686	1125	4176
53907	49156	7974	26183	11399	7455	4752
24484	19344	357	9244	7959	1004	5141
174251	149596	24531	49202	44316	23221	24655

1-5

行　业	企业单位数（个）	亏损企业	工业总产值（当年价格）	工业销售产值（当年价格）	出口交货值	工业增加值（当年价格）
硅冶炼						
其他常用有色金属冶炼	7	1	312625	308677	7872	100115
贵金属冶炼	2		69724	69717		-306
金冶炼						
银冶炼	1		45331	45324		-343
其他贵金属冶炼	1		24393	24393		37
稀有稀土金属冶炼	12	3	308155	296008	71512	47674
钨钼冶炼	2		148714	146604	41599	22063
稀土金属冶炼	3	2	71808	62295		6180
其他稀有金属冶炼	7	1	87634	87109	29913	19431
有色金属合金制造	82	18	4179164	4114560	44937	284130
有色金属压延加工	601	68	27301240	26949007	1379215	3093418
铜压延加工	156	14	12344326	12231324	667260	817979
铝压延加工	349	42	10647663	10504327	547092	1817667
贵金属压延加工	2		985818	985867		282
稀有稀土金属压延加工	6	1	116317	115940	19154	20866
其他有色金属压延加工	88	11	3207115	3111549	145709	436624
金属制品业	4355	488	61286814	59720405	10909605	13759173
结构性金属制品制造	942	106	13748233	13381742	1211465	2464752
金属结构制造	754	83	11475058	11171630	1027828	1993544
金属门窗制造	188	23	2273175	2210113	183637	471208
金属工具制造	277	26	3613832	3517228	924130	986839
切削工具制造	62	2	1447711	1424965	332586	386229
手工具制造	25	4	372079	362177	142001	87466
农用及园林用金属工具制造	4	1	45397	43765	31982	13239
刀剪及类似日用金属工具制造	57	3	361726	355719	140101	110443
其他金属工具制造	129	16	1386919	1330602	277461	389463
集装箱及金属包装容器制造	180	29	4162428	4057334	1494734	777317
集装箱制造	20	6	1581454	1522484	1270200	273899
金属压力容器制造	25	3	451563	446952	11525	89617
金属包装容器及材料制造	135	20	2129411	2087898	213009	413801
金属丝绳及其制品制造	98	8	1195443	1161983	116837	196210
建筑、安全用金属制品制造	628	68	10238927	9950518	2139242	2323027
建筑、家具用金属配件制造	415	45	6714002	6540251	1327392	1549506
建筑装饰及水暖管道零件制造	166	16	2374399	2272968	763037	550300
安全、消防用金属制品制造	18	5	213169	207437	13022	54963
其他建筑、安全用金属制品制造	29	2	937357	929862	35791	168257
金属表面处理及热处理加工	388	42	5808046	5724884	267499	1215968

续表 12

单位：万元

资产总计	流动资产合计					非流动资产合计
		货币资金	应收账款	存货		
					产成品	
258085	125654	57475	16216	34392	1723	132431
36214	23818	1484	2004	11335	2301	12395
12748	6585	246	273	1736	206	6163
23465	17233	1239	1731	9599	2095	6232
655237	507788	55504	34828	174832	60982	147449
171158	105333	19821	18692	40102	13595	65825
107801	89671	1323	4972	79207	18336	18130
376279	312784	34360	11163	55524	29050	63495
865636	626303	79061	214038	176755	89010	239331
14522036	9443705	1548611	2120459	2769788	1632843	5078325
5335840	4005019	826343	1151066	599128	290320	1330820
6386553	3318200	548624	733667	720400	310528	3068350
1174570	1165542	20491	681	1106527	902337	9027
201817	86957	2779	24366	16399	8755	114860
1423256	867987	150374	210679	327334	120904	555268
40246747	24848787	3152714	9053555	6177252	2055620	15397920
10059290	5970128	661749	1900274	1422172	475257	4089152
8310549	4811304	452853	1572927	1146416	390759	3499236
1748741	1158824	208896	327347	275756	84498	589915
2688391	1618176	217436	619851	429662	127402	1070214
1158663	616533	109864	237573	174222	61512	542130
163290	109819	7579	43895	23128	4311	53471
73896	44270	1413	13176	9778	1389	29626
265513	198891	20400	63296	39515	8455	66621
1027029	648663	78180	261913	183019	51735	378365
3260117	1848954	174831	730492	500180	152790	1411162
1157405	760304	78802	300700	191290	62498	397101
221558	101107	12219	37841	25590	9517	120451
1881155	987543	83810	391952	283301	80775	893611
658068	547926	64004	216484	167341	35893	110141
5567031	3276568	380844	1228590	945283	317599	2290457
3445793	1938731	196810	739573	555985	160373	1507058
1415306	921768	120633	330009	264492	107885	493537
191401	122352	17616	40127	36852	15605	69049
514531	293717	45786	118881	87955	33736	220813
2798426	1949172	317197	786980	348078	121724	849253

1-5

行　　业	企业单位数（个）	亏损企业	工业总产值（当年价格）	工业销售产值（当年价格）	出口交货值	工业增加值（当年价格）
搪瓷制品制造	34	6	732705	722446	119703	166183
生产专用搪瓷制品制造	5		188421	187815	24886	51148
建筑装饰搪瓷制品制造	5	1	68214	63394	34803	14699
搪瓷卫生洁具制造	15	4	221258	217515	40580	43582
搪瓷日用品及其他搪瓷制品制造	9	1	254813	253723	19435	56753
金属制日用品制造	762	97	9661355	9363518	2176843	2369154
金属制厨房用器具制造	102	11	989159	972787	261879	245650
金属制餐具和器皿制造	276	33	3452962	3340390	861663	786556
金属制卫生器具制造	38	2	409436	389019	150105	104131
其他金属制日用品制造	346	51	4809798	4661322	903195	1232817
铸造及其他金属制品制造	1046	106	12125845	11840751	2459153	3259724
黑色金属铸造	66	10	1386553	1356515	109927	290507
有色金属铸造	30	6	448498	410939	27558	114583
锻件及粉末冶金制品制造	70	8	588897	576295	82974	138983
交通及公共管理用金属标牌制造	5		88594	85831	1610	23143
其他未列明金属制品制造	875	82	9613303	9411171	2237085	2692508
通用设备制造业	2418	310	43030731	42325157	11805816	9340392
锅炉及原动设备制造	48	5	1287024	1375497	88118	288352
锅炉及辅助设备制造	23		274380	302812	35976	89488
内燃机及配件制造	10	2	210638	200338	34944	43367
汽轮机及辅机制造	1		64307	64307	208	37655
水轮机及辅机制造	2	1	8160	8658	5311	2132
风能原动设备制造	7	1	676772	747450	10254	105146
其他原动设备制造	5	1	52769	51931	1425	10563
金属加工机械制造	444	42	5751883	5548068	393844	1449014
金属切削机床制造	85	9	1105344	1089769	52155	322144
金属成形机床制造	68	5	1080682	1045229	8599	261725
铸造机械制造	37	4	621089	607141	48910	137375
金属切割及焊接设备制造	78	8	949984	871687	152287	279685
机床功能部件及附件制造	40	4	261993	256870	64021	81429
其他金属加工机械制造	136	12	1732791	1677372	67873	366656
物料搬运设备制造	161	18	5583208	5498795	296397	1163798
轻小型起重设备制造	11		137450	141973	48930	31596
生产专用起重机制造	21	4	289391	272469	12719	53904
生产专用车辆制造	5	2	149211	148783	14267	32217
连续搬运设备制造	17	3	83699	79491	1008	20892
电梯、自动扶梯及升降机制造	93	7	4561030	4501776	209798	943843
客运索道制造	1		123505	123505		36901

续表 13

单位：万元

资产总计	流动资产合计	货币资金	应收账款	存货	产成品	非流动资产合计
467070	246586	49065	80121	52770	20409	220484
159814	99699	27546	42826	14131	3396	60115
93637	9358	497	4418	3058	1507	84278
134663	92617	18816	16348	28703	12719	42046
78957	44912	2206	16529	6878	2787	34045
5393362	3621400	544840	1116791	951612	315261	1771953
537046	408639	57083	109542	123014	31171	128405
1678273	988383	141196	280253	305580	93053	689888
226033	157526	22605	42531	48836	21066	68506
2952010	2066852	323956	684466	474182	169972	885155
9354991	5769876	742746	2373972	1360154	489285	3585105
853482	404039	56426	130119	116097	35492	449443
349829	216253	11709	82226	78862	33935	133576
498833	334644	60680	137407	76006	37515	164188
149779	32256	4185	6272	3789	1605	117523
7503067	4782684	609746	2017948	1085400	380738	2720374
41541413	29197087	5217272	10872772	6490450	2482327	12347926
3403615	2208616	483330	1014610	353160	104607	1194999
519069	332371	42593	63644	68100	26337	186697
380622	146190	14105	13524	64654	6408	234432
165405	147973	99634	31049	15352	2028	17431
6147	5114	446	1246	1600	1036	1034
2270926	1521092	325683	862229	194320	64975	749834
61446	55875	869	42917	9135	3823	5571
5335160	3842313	515183	1254128	984796	318003	1492844
1407516	1129977	119837	463452	294922	120665	277538
716228	469530	33823	159653	139274	45639	246698
376693	235369	30305	80669	60968	22122	141324
1626990	1190599	214468	269262	272072	69858	436391
282818	184080	21270	62596	39282	8460	98737
924916	632758	95479	218496	178279	51259	292156
5971542	4757571	1245582	1499861	863748	364536	1213970
139097	96162	8611	25822	36713	10291	42935
256508	172085	7620	60950	52719	15298	84422
202568	123204	3951	65504	39267	6853	79363
73185	63592	9730	23182	17372	6854	9593
4815597	3954988	1191551	1148881	633552	286813	860608
237499	146258	7847	89922	36915	34108	91241

1-5

行　　业	企业单位数（个）	亏损企业	工业总产值（当年价格）	工业销售产值（当年价格）	出口交货值	工业增加值（当年价格）
机械式停车设备制造	7	1	77834	75973	1262	17264
其他物料搬运设备制造	6	1	161088	154825	8413	27181
泵、阀门、压缩机及类似机械制造	252	26	5797151	5695256	1154989	1347507
泵及真空设备制造	77	5	1501334	1469590	466592	376501
气体压缩机械制造	48	2	2964191	2924270	372289	600976
阀门和旋塞制造	64	10	748377	729314	232876	200664
液压动力机械及元件制造	51	6	481454	469025	38272	138619
液力动力机械元件制造	2		10759	10027	300	2599
气压动力机械及元件制造	10	3	91036	93031	44660	28149
轴承、齿轮和传动部件制造	96	14	1000474	988742	251653	230382
滚动轴承制造	46	8	448437	445534	175172	107100
滑动轴承制造	4		35917	34517	12805	7495
齿轮及齿轮减、变速箱制造	38	6	482604	477203	54490	107689
其他传动部件制造	8		33516	31489	9186	8098
烘炉、风机、包装等设备制造	502	61	9778544	9546767	3763617	1862078
烘炉、熔炉及电炉制造	13		110000	109570	28060	22381
风机、风扇制造	117	10	1607644	1574221	525532	376472
气体、液体分离及纯净设备制造	59	8	608857	592576	44698	129423
制冷、空调设备制造	190	29	4455248	4315645	1025848	845855
风动和电动工具制造	20	6	2076963	2051224	1953476	248709
喷枪及类似器具制造	21	3	132987	130268	16024	28983
包装专用设备制造	82	5	786846	773262	169981	210254
文化、办公用机械制造	217	49	7454356	7505539	4939567	1350664
电影机械制造	3	2	80668	78669	47914	10780
幻灯及投影设备制造	24	5	425873	455738	162861	58977
照相机及器材制造	62	16	1165245	1136196	543566	256588
复印和胶印设备制造	46	4	3749164	3818816	3265849	666315
计算器及货币专用设备制造	56	20	1661673	1653897	719771	279089
其他文化、办公用机械制造	26	2	371733	362223	199607	78914
通用零部件制造	418	55	3971629	3881576	699638	1003842
金属密封件制造	19	3	241964	232376	59030	61574
紧固件制造	126	17	1353937	1332244	131070	332451
弹簧制造	50	2	477676	466094	54603	141781
机械零部件加工	123	17	1019361	989386	206700	293657
其他通用零部件制造	100	16	878691	861476	248235	174380
其他通用设备制造业	280	40	2406463	2284917	217992	644755
工业机器人制造	61	13	477685	423311	14923	111500
特殊作业机器人制造	3		77387	78198	5568	14793
增材制造装备制造	18	3	246071	214854	17764	76756

续表 14

单位：万元

资产总计	流动资产合计	货币资金	应收账款	存货	产成品	非流动资产合计
119407	87305	9303	26552	30461	1574	32102
127682	113976	6970	59048	16750	2745	13706
5741577	3992631	390589	1428708	1002699	396085	1748944
1379548	1050271	158526	306709	230578	56927	329277
3034045	2058723	122571	792786	518891	230730	975321
627162	399162	44494	153142	122985	55579	227999
595925	404890	53457	149018	98566	38839	191035
6812	4607	392	1322	1592	950	2204
98085	74978	11150	25732	30087	13059	23107
735493	445621	71365	178851	107571	41834	289872
347185	227640	43041	86605	59174	24704	119545
32585	24432	3707	10538	2226	442	8153
331813	176467	21449	71072	44162	16648	155346
23911	17082	3168	10637	2009	39	6829
7629955	5039836	894949	1967325	1150866	463517	2590114
118107	105210	8087	26062	34371	5549	12897
1271085	692326	105684	278420	183007	70361	578758
468948	380169	45390	134315	84353	28950	88779
2982531	2077138	303508	723877	500271	233223	905391
1128856	976168	194371	614382	131448	48985	152688
84145	58238	6482	19802	18164	11032	25907
1576284	750589	231428	170467	199253	65416	825695
7029800	4824236	1153423	1731426	1035693	443516	2205563
33559	31727	6640	4640	18926	2657	1832
308157	257393	45986	74293	96336	44670	50764
1067116	749514	197661	248189	146624	39349	317601
1993759	1653172	503171	691569	293640	94617	340587
3344625	1906435	369854	616582	426304	242825	1438189
282584	225995	30111	96154	53863	19399	56589
3117215	2072016	227154	1008651	416559	161361	1048820
231667	132538	16859	48540	24970	13044	99129
1094816	603915	65164	269254	128939	54683	490899
286233	180802	35119	73338	39981	22379	105431
712161	528461	67007	270197	95148	33256	183700
792339	626301	43005	347322	127521	38000	169661
2577055	2014250	235697	789214	575357	188868	562801
551982	457472	55648	153062	146051	53227	94508
93658	82751	7254	18202	41888	434	10908
337252	228823	31293	74386	90953	32818	108429

1-5

行业	企业单位数（个）	亏损企业	工业总产值（当年价格）	工业销售产值（当年价格）	出口交货值	工业增加值（当年价格）
其他未列明通用设备制造业	198	24	1605320	1568555	179738	441706
专用设备制造业	2419	294	36633111	35384125	7978706	10557148
采矿、冶金、建筑专用设备制造	90	10	1564057	1543028	273125	273003
矿山机械制造	21	2	255244	238529	16209	54735
石油钻采专用设备制造	2		12919	11924	137	2044
深海石油钻探设备制造	3	1	58532	49814	24683	11689
建筑工程用机械制造	21	1	383319	397770	56672	63367
建筑材料生产专用机械制造	36	4	550682	544145	37470	98806
冶金专用设备制造	6	2	90719	90532	282	21758
隧道施工专用机械制造	1		212643	210313	137672	20605
化工、木材、非金属加工专用设备制造	926	127	11099323	10696130	1984036	3218562
炼油、化工生产专用设备制造	9	1	226628	206077	19273	61926
橡胶加工专用设备制造	23	3	416428	405724	41584	88858
塑料加工专用设备制造	95	15	1962330	1840063	246265	487661
木竹材加工机械制造	24	7	303187	296569	44211	110702
模具制造	764	99	8127050	7886193	1621435	2450279
其他非金属加工专用设备制造	11	2	63701	61504	11268	19136
食品、饮料、烟草及饲料生产专用设备制造	57	5	551276	530120	72910	128935
食品、酒、饮料及茶生产专用设备制造	34	2	289608	276602	60571	71671
农副食品加工专用设备制造	10	2	41206	40907	7149	9777
烟草生产专用设备制造	9		183920	175085	2619	39798
饲料生产专用设备制造	4	1	36543	37526	2571	7690
印刷、制药、日化及日用品生产专用设备制造	186	22	3734688	3497697	566511	894383
制浆和造纸专用设备制造	26	1	236104	233647	25308	53441
印刷专用设备制造	64	9	593014	573779	84463	145710
日用化工专用设备制造	7	1	38876	30349	2167	10354
制药专用设备制造	1		3755	3624		1306
照明器具生产专用设备制造	24	5	243446	228029	75144	67821
玻璃、陶瓷和搪瓷制品生产专用设备制造	47	6	2319220	2151669	205147	543976
其他日用品生产专用设备制造	17		300274	276600	174282	71775
纺织、服装和皮革加工专用设备制造	89	9	1944444	1908660	327811	418890
纺织专用设备制造	46	7	1334027	1319578	138199	290291
皮革、毛皮及其制品加工专用设备制造	6		56795	51452	6825	11462
缝制机械制造	30	2	338573	341425	176584	76231
洗涤机械制造	7		215049	196205	6204	40905
电子和电工机械专用设备制造	371	30	5007782	4779797	994863	1341836
电工机械专用设备制造	96	6	1110886	1074750	124837	375977
半导体器件专用设备制造	68	6	1186723	1141397	486039	287187
电子元器件与机电组件设备制造	101	8	814540	772612	153834	229481

续表 15

单位：万元

资产总计	流动资产合计	货币资金	应收账款	存货	产成品	非流动资产合计
1594163	1245204	141502	543564	296465	102390	348956
38855446	26301380	4055844	8499109	6769864	2341717	12554040
1552151	1079204	110717	341711	363120	91336	472946
352580	265858	31388	57659	97076	34569	86722
31749	21906	634	12610	6262	513	9843
199826	95883	16050	27758	16540	1487	103943
382184	268538	26694	112639	66326	13369	113646
311074	190354	22688	54934	61904	30044	120719
87779	62476	4516	21760	22052	10120	25303
186960	174189	8748	54351	92960	1234	12771
10729909	7114479	878214	2452401	2128554	715491	3615421
284247	199844	28459	62249	62351	11329	84403
181427	114979	15581	33827	47335	10186	66448
1915061	1297668	142029	366273	451934	134307	617393
400841	221574	35055	19454	57551	24860	179266
7877339	5221547	648734	1944410	1493957	533184	2655784
70995	58868	8356	26189	15426	1626	12127
402483	244971	42990	68300	70997	20031	157511
198827	151169	31288	42924	47522	14692	47658
35209	24158	2880	4055	8626	3161	11051
120258	35376	4842	12012	9632	2012	84881
48189	34268	3979	9309	5217	165	13922
3789433	2121807	250168	637657	535221	146799	1667624
224064	142820	7157	43401	39186	6270	81244
584968	404605	50443	126395	124148	32877	180363
33851	30424	3940	5000	16861	2973	3426
2805	2690	439	397	544		115
181852	149386	23002	58209	36291	18376	32466
2580117	1274431	148154	376791	265534	64858	1305685
181777	117451	17034	27464	52658	21444	64326
1237599	748308	102654	233332	258777	98656	489292
796016	427149	50074	98530	170011	58735	368868
23849	17495	1447	10928	1598	947	6353
215514	164438	22860	46757	58315	19075	51077
202221	139226	28272	77117	28853	19899	62995
5282961	4336554	567343	1508143	1349929	532130	946403
1266856	1010119	148315	308820	283710	107624	256735
1248784	1027528	131603	396621	334269	79987	221256
720220	578316	69528	233255	149981	59835	141903

1-5

行　　业	企业单位数（个）	亏损企业	工业总产值（当年价格）	工业销售产值（当年价格）	出口交货值	工业增加值（当年价格）
其他电子专用设备制造	106	10	1895632	1791037	230154	449191
农、林、牧、渔专用机械制造	27	4	322869	317848	187763	60560
拖拉机制造	3		9489	9565	1036	2418
机械化农业及园艺机具制造	10	2	213523	214832	182181	37776
营林及木竹采伐机械制造						
畜牧机械制造	6	2	69625	64210	1119	13926
渔业机械制造	1		3167	3033		589
农林牧渔机械配件制造	2		6949	6404		1615
棉花加工机械制造	1		3137	3428	3428	349
其他农、林、牧、渔业机械制造	4		16979	16376		3886
医疗仪器设备及器械制造	357	53	6784143	6607522	3022515	2572582
医疗诊断、监护及治疗设备制造	115	20	3647365	3554558	1209948	1432414
口腔科用设备及器具制造	17	3	149026	141131	25146	43176
医疗实验室及医用消毒设备和器具制造	2		11809	7382		2762
医疗、外科及兽医用器械制造	47	4	540918	529298	214315	227802
机械治疗及病房护理设备制造	23	4	266114	260200	147605	84725
康复辅具制造	14	1	256395	252196	200947	106837
眼镜制造	71	14	993192	971016	854257	405634
其他医疗设备及器械制造	68	7	919325	891741	370298	269232
环保、邮政、社会公共服务及其他专用设备制造	316	34	5624528	5503324	549173	1648398
环境保护专用设备制造	82	6	848602	805487	52780	263987
地质勘查专用设备制造						
邮政专用机械及器材制造	2		6589	6239		1379
商业、饮食、服务专用设备制造	8	3	29287	31367	19457	7423
社会公共安全设备及器材制造	41	5	541940	521877	119012	156622
交通安全、管制及类似专用设备制造	11	2	81034	78261		20382
水资源专用机械制造	6	1	58628	59520	379	12198
其他专用设备制造	166	17	4058449	4000574	357544	1186407
汽车制造业	888	111	84450819	83200577	5104578	18565104
汽车整车制造	21	7	42825153	42057711	475570	8547323
汽柴油车整车制造	15	4	42095116	41317667	437763	8488831
新能源车整车制造	6	3	730038	740043	37807	58492
汽车用发动机制造	2		3298633	3278069	404611	630082
改装汽车制造	18	3	1258373	1294177	13888	228505
低速汽车制造	1		139236	137903		23856
电车制造	4	1	42485	42659		9160
汽车车身、挂车制造	24	3	717300	712796	367097	132856
汽车零部件及配件制造	818	97	36169640	35677263	3843413	8993323
铁路、船舶、航空航天和其他运输设备制造业	410	89	10401572	10151340	3758002	1822792

续表 16

单位：万元

资产总计	流动资产合计	货币资金	应收账款	存货	产成品	非流动资产合计
2047101	1720591	217898	569448	581969	284684	326509
310415	200840	20737	80747	69595	21783	109575
5702	3755	227	433	2466	525	1947
191989	134795	16000	65393	39779	9039	57195
66159	41535	3532	9145	18806	7464	24624
2797	2200	83	249	1058	793	597
4753	1656	102	595	669	72	3097
1322	1105	23	768	315	26	217
37693	15793	770	4165	6503	3864	21900
8719371	5427470	1091366	1251964	841344	264641	3291896
5754129	3665976	790245	662423	419811	156287	2088152
105363	65823	26405	4505	13563	3829	39539
11248	6360	1467	2909	1228	77	4888
1005507	517590	105069	113566	102432	19155	487917
152073	102213	17371	34028	23744	3417	49860
176160	123128	15372	73515	18884	1238	53032
834000	467510	27584	177846	168305	50780	366489
680892	478871	107853	183171	93378	29858	202020
6831123	5027748	991656	1924854	1152327	450851	1803372
1210513	843861	98688	387646	135552	42000	366652
6128	4776	168	2250	1857	386	1352
25435	20466	2820	3250	5272	3154	4969
494656	421303	66070	157377	69080	26472	73353
312116	266168	5290	42871	65301	56628	45946
40331	32120	4410	7870	13359	4027	8211
4741944	3439054	814209	1323590	861907	318184	1302889
61365777	41042429	10114038	13310624	6536256	2663889	20323339
28403532	19496128	5291262	5361455	2329419	1091884	8907404
27304903	18530815	5260142	4517072	2263946	1058753	8774088
1098629	965313	31120	844383	65473	33132	133316
1510300	1215680	578839	145455	144483	18350	294620
2839306	2334761	218404	1259287	344691	154038	504545
197139	147722	30856	76445	17958	10859	49417
40688	13130	1763	2958	2712	90	27558
557183	404999	67001	118541	88483	23094	152183
27817630	17430009	3925914	6346485	3608511	1365574	10387612
15171552	9625813	2439433	2339901	1879368	381325	5545736

1-5

行业	企业单位数（个）	亏损企业	工业总产值（当年价格）	工业销售产值（当年价格）	出口交货值	工业增加值（当年价格）
铁路运输设备制造	16	1	183402	116925	7622	33281
高铁车组制造	2	1	79217	18578		655
铁路机车车辆制造						
窄轨机车车辆制造	1		2124	2876		662
高铁设备、配件制造	1		2272	2272		297
铁路机车车辆配件制造	4		17978	16497	723	6459
铁路专用设备及器材、配件制造	7		47407	46337	6899	10836
其他铁路运输设备制造	1		34404	30365		14372
城市轨道交通设备制造	7	3	349187	336227		23036
船舶及相关装置制造	81	27	3379618	3297377	1392794	651204
金属船舶制造	39	16	2425659	2367605	1130098	388972
非金属船舶制造	7	1	179412	178340	44871	35827
娱乐船和运动船制造	11	1	76366	71123	8983	14615
船用配套设备制造	7	4	96399	94025	2277	18567
船舶改装	3	1	185672	170594	88354	89930
船舶拆除	3		33795	40655		7320
海洋工程装备制造	10	4	375775	370465	113642	94752
航标器材及其他相关装置制造	1		6540	4569	4569	1222
航空、航天器及设备制造	12	2	210118	203177	71075	36761
飞机制造	7	1	90956	87103	5313	16506
航天器及运载火箭制造						
航天相关设备制造						
航空相关设备制造	1		3282	3282		587
其他航空航天器制造	4	1	115880	112792	65762	19668
摩托车制造	152	29	4076449	4029938	1252589	598096
摩托车整车制造	40	8	2761771	2734387	1155595	349549
摩托车零部件及配件制造	112	21	1314678	1295551	96993	248547
自行车和残疾人座车制造	88	19	1347589	1310607	704598	318658
自行车制造	80	18	1208489	1178487	647573	288533
残疾人座车制造	8	1	139100	132120	57025	30125
助动车制造	30	4	546736	544287	158485	95168
非公路休闲车及零配件制造	16	2	150467	156276	117737	31011
潜水救捞及其他未列明运输设备制造	8	2	158006	156527	53102	35575
潜水装备制造	2		43581	41930	40143	16910
水下救捞装备制造						
其他未列明运输设备制造	6	2	114425	114597	12959	18665
电气机械和器材制造业	5641	799	137715321	132452585	44536559	32037688
电机制造	323	42	6529080	6334083	2437405	1722990
发电机及发电机组制造	43	13	600434	559250	73124	144498

续表 17

单位：万元

资产总计	流动资产合计	货币资金	应收账款	存货	产成品	非流动资产合计
392908	260129	75887	58837	109184	8148	132778
268600	151264	59854	3810	80030	111	117336
3597	3540	54	1489	1635	1607	57
653	580	40	326	156		73
25226	19445	1888	9053	5092	1209	5781
54489	49010	7393	26332	12768	2230	5478
40343	36290	6658	17828	9503	2992	4054
323216	146716	12501	57493	44077	849	176500
9471997	5609754	1266745	1105827	1119079	147472	3862243
6998330	4431217	1028402	840978	862093	115465	2567113
302599	207453	34245	62045	44507	8829	95146
165762	96999	6938	5484	45065	12361	68763
107913	46250	8681	20589	14432	2827	61663
465991	242504	17370	33781	24519	4231	223487
41615	28208	11154	-324	2471	1464	13407
1387430	554989	159923	143259	124154	920	832441
2359	2135	33	15	1837	1376	224
337737	206167	82352	33766	30488	13369	131570
246320	121983	66881	15820	22935	7548	124337
4669	4512	1096	381	1983	1484	156
86749	79672	14375	17565	5571	4337	7077
3157803	2395143	850820	714970	330794	131802	762659
2332394	1818675	790890	553109	164410	69971	513719
825409	576468	59931	161861	166384	61831	248940
889500	575451	105974	191289	158737	51344	314048
839473	539648	98402	176131	150379	49546	299824
50027	35803	7572	15158	8359	1798	14224
256971	208961	24259	102917	44374	16658	48009
129454	115035	11951	47009	23335	6881	14419
211966	108458	8944	27793	19301	4803	103509
133230	78454	1066	17992	13080	2348	54776
78736	30004	7879	9800	6220	2455	48733
143585636	101568048	19222125	27841888	17212783	7800171	42017466
6326868	4009373	527402	1473171	1058723	339856	2317489
1061665	758568	85590	221746	256341	27035	303096

1-5

行　　业	企业单位数（个）	亏损企业	工业总产值（当年价格）	工业销售产值（当年价格）	出口交货值	工业增加值（当年价格）
电动机制造	102	8	1299605	1289842	166407	303350
微特电机及组件制造	72	10	1216031	1171868	561061	372075
其他电机制造	106	11	3413010	3313123	1636813	903068
输配电及控制设备制造	1318	180	21267219	20483846	6178068	5029957
变压器、整流器和电感器制造	400	50	7935876	7708529	2937255	1881521
电容器及其配套设备制造	50	8	322834	316693	61205	87342
配电开关控制设备制造	313	37	3923101	3750505	542226	901372
电力电子元器件制造	394	57	6269493	6047219	2266383	1522356
光伏设备及元器件制造	40	8	884927	888354	157919	185206
其他输配电及控制设备制造	121	20	1930988	1772546	213080	452160
电线、电缆、光缆及电工器材制造	885	109	17933060	17498166	3777898	2827685
电线、电缆制造	725	94	14562249	14215136	3170085	2215288
光纤制造	28	6	301867	294109	54071	64253
光缆制造	19	2	695836	679424	90456	111753
绝缘制品制造	66	2	1479781	1434692	238563	239931
其他电工器材制造	47	5	893327	874805	224723	196460
电池制造	492	112	16638357	16426060	3896537	2516165
锂离子电池制造	322	83	11618950	11479412	3102845	1789589
镍氢电池制造	30	3	716176	681215	161978	114993
铅蓄电池制造	32	7	626977	620075	142091	108034
锌锰电池制造	8	2	142459	143670	44332	19764
其他电池制造	100	17	3533795	3501689	445292	483784
家用电力器具制造	1330	198	59286530	55960281	22419871	16274642
家用制冷电器具制造	42	7	2270020	2249855	1552690	434375
家用空气调节器制造	53	9	33382239	30609390	10966741	10544042
家用通风电器具制造	158	19	3899218	3813988	1692757	872987
家用厨房电器具制造	546	83	11917818	11606222	4582552	2756254
家用清洁卫生电器具制造	68	9	2525681	2483812	1153122	471310
家用美容、保健护理电器具制造	112	22	1770818	1727222	1020992	414660
家用电力器具专用配件制造	167	24	1394530	1387184	254092	304786
其他家用电力器具制造	184	25	2126207	2082608	1196926	476227
非电力家用器具制造	112	18	2084327	2015743	363364	413437
燃气及类似能源家用器具制造	83	12	1819997	1756323	284266	354440
太阳能器具制造	13	2	67867	64302	21918	12077
其他非电力家用器具制造	16	4	196463	195119	57180	46921
照明器具制造	1061	128	12322350	12094182	5032856	2846980
电光源制造	95	9	1974827	1934700	707182	473906
照明灯具制造	742	98	7587116	7463846	3188586	1713641
舞台及场地用灯制造	81	7	838256	814699	335970	209059

续表 18

单位：万元

资产总计	流动资产合计	货币资金	应收账款	存货	产成品	非流动资产合计
1007017	751753	109994	247194	243589	71205	255262
1232146	826391	108828	344887	188490	69125	405754
3026040	1672662	222990	659344	370303	172491	1353378
23485846	15844024	1889498	6514904	3062910	1139665	7641740
7823107	5706326	592266	2468658	1065645	365782	2116710
306448	221048	30509	86662	57932	20920	85400
5196785	3409756	455177	1425941	760527	299508	1787024
4636742	3400940	449488	1484327	757659	276376	1235798
2105632	895740	102294	238972	129391	63437	1209891
3417132	2210214	259764	810344	291756	113641	1206917
13438533	9584685	1250401	4352513	2174917	1015858	3853838
10534865	7559630	895847	3409339	1800505	839308	2975226
292913	221759	46975	94154	46330	26619	71154
1001223	696159	188368	282252	112660	61548	305064
930048	703992	91339	378495	145934	63048	226055
679485	403146	27872	188273	69488	25336	276339
25586421	17339830	1177086	6064904	2838598	1087324	8246586
14822423	10805369	824323	4297798	2248817	855719	4017050
813415	538540	81794	225201	95799	54411	274875
713077	426669	77942	152584	91721	32423	286407
78192	65123	6156	31785	16234	6030	13069
9159314	5504130	186871	1357536	386027	138741	3655184
60927895	45656543	12867366	6426596	5967257	3414899	15271342
1696437	1276503	286858	460287	195674	116287	419934
44606352	34098838	10635872	2946673	3203603	2238489	10507513
2601112	1862275	566246	403516	418994	203793	738836
7333642	4861516	859315	1354499	1197358	554019	2472122
1558013	1168667	154228	483874	249104	90018	389346
916200	731740	133434	229971	261480	66155	184461
866149	654066	90275	239762	143403	57617	212081
1349990	1002939	141138	308014	297641	88522	347050
2380406	1303369	198972	336467	330151	171931	1077036
2184619	1185758	184299	300639	304844	160866	998860
93465	69873	4791	23479	13695	6128	23592
102322	47739	9883	12348	11612	4937	54583
10362806	6978842	1170372	2319500	1553558	559503	3383957
1816290	1156829	179757	420883	239062	103557	659461
6705727	4453439	774120	1431663	923995	325535	2252282
595755	451490	84554	129838	134326	53819	144266

1-5

行业	企业单位数（个）	亏损企业	工业总产值（当年价格）	工业销售产值（当年价格）	出口交货值	工业增加值（当年价格）
智能照明器具制造	22	5	310059	308620	116001	84207
灯用电器附件及其他照明器具制造	121	9	1612092	1572318	685117	366166
其他电气机械及器材制造	120	12	1654399	1640224	430559	405833
电气信号设备装置制造	37	6	557755	547935	159860	154009
其他未列明电气机械及器材制造	83	6	1096644	1092289	270699	251824
计算机、通信和其他电子设备制造业	6482	1219	405165700	393106558	201759803	80559646
计算机制造	832	160	36835791	36067742	22796584	4601211
计算机整机制造	138	31	15168974	14906971	10540092	1008311
计算机零部件制造	285	53	8211001	7986833	5303018	1311928
计算机外围设备制造	289	58	8178657	8034831	5393792	1348542
工业控制计算机及系统制造	20	4	329831	331203	7967	81024
信息安全设备制造	11	1	135694	131519	42233	26313
其他计算机制造	89	13	4811634	4676385	1509482	825092
通信设备制造	719	211	213386724	207643073	106025510	44255671
通信系统设备制造	239	57	100447064	97088789	50962310	33103443
通信终端设备制造	480	154	112939661	110554284	55063200	11152228
广播电视设备制造	178	32	2655005	2600378	1000216	655987
广播电视节目制作及发射设备制造	5		93349	88280	42394	28326
广播电视接收设备制造	72	16	1103889	1075108	427167	260644
广播电视专用配件制造	11	3	136976	133295	91744	29433
专业音响设备制造	39	4	432083	428241	199115	108208
应用电视设备及其他广播电视设备制造	51	9	888706	875453	239795	229375
雷达及配套设备制造	9	1	290259	260223	81248	63023
非专业视听设备制造	631	117	29954880	28526835	14702551	3202011
电视机制造	93	13	16146772	14960041	6246290	1071111
音响设备制造	385	72	7768273	7654033	4800308	1328369
影视录放设备制造	153	32	6039835	5912761	3655953	802532
智能消费设备制造	237	41	6370064	6098501	2810196	1440831
可穿戴智能设备制造	40	9	668800	673516	372792	146151
智能车载设备制造	51	10	789158	770243	243378	131629
智能无人飞行器制造	11	2	2099093	1894665	981753	516559
服务消费机器人制造	9	4	330156	301804	129949	62331
其他智能消费设备制造	126	16	2482857	2458273	1082324	584162
电子器件制造	1321	262	53988175	51790951	26002597	11065835
电子真空器件制造	152	16	2067838	1977045	587304	408427
半导体分立器件制造	69	9	1537217	1491435	731576	418658
集成电路制造	166	41	5272612	5076665	2703530	1263065
显示器件制造	349	75	28924661	27488638	17481708	5890377
半导体照明器件制造	91	19	2345382	2255335	640019	481760

续表 19

单位：万元

资产总计	流动资产合计	货币资金	应收账款	存货	产成品	非流动资产合计
272308	204180	50947	76015	49590	14972	68128
972726	712905	80994	261101	206586	61620	259820
1076861	851381	141028	353835	226669	71136	225479
438473	321666	60801	122189	90981	31398	116806
638388	529715	80228	231646	135687	39738	108672
350461309	253404330	47806975	96485091	46699578	15982676	97056899
26784734	20168565	3038628	9584884	4243653	1362461	6616160
7943245	6694928	376065	3794783	1414833	392149	1248316
5068620	4285803	554965	1988977	979618	361980	782814
6746047	4490589	830260	1754024	980898	318831	2255456
309753	275961	117504	61450	71299	30708	33793
207475	170082	31246	70741	33230	11125	37393
6509593	4251204	1128587	1914910	763773	247668	2258390
161015558	130430586	28352721	47706801	21447143	7407894	30584966
86066041	67187824	14412253	20456063	10995247	3883498	18878216
74949517	63242763	13940468	27250738	10451896	3524397	11706750
2528979	1764062	416075	574749	390888	108310	764914
51341	40216	6886	18988	9902	3037	11124
961095	749505	157671	301312	188209	37975	211589
105532	67733	6045	24008	28130	11035	37799
297542	184217	31600	79028	35946	10935	113325
1113469	722391	213875	151413	128702	45328	391077
734399	446287	65639	131712	71318	34339	288111
23915034	17661670	2674878	6223707	3194488	1413453	6253356
13684721	9944457	1558707	2951856	1430739	709017	3740262
5765365	4050527	492385	1653418	1060497	396503	1714833
4464948	3666686	623786	1618433	703253	307934	798260
6543563	4978466	532872	2324690	823553	362907	1565093
564587	467913	58894	179370	119168	26263	96673
670635	564470	78559	209383	145132	60536	106164
1889525	1572819	17283	929833	184949	123806	316705
459784	406354	128934	173567	40003	9153	53430
2959033	1966910	249202	832538	334302	143150	992121
63834904	34233648	5927627	11795971	7344161	2332128	29601230
1338543	1075921	138549	436325	271057	72478	262620
1641448	1011522	141030	330376	311528	153001	629925
6866993	3707966	680077	1499698	811895	235752	3159024
37676704	18573543	3418642	5966346	3435122	998277	19103147
3645679	2131856	304422	618368	428937	203348	1513821

1-5

行业	企业单位数（个）	亏损企业	工业总产值（当年价格）	工业销售产值（当年价格）	出口交货值	工业增加值（当年价格）
光电子器件制造	264	65	10189665	9950592	2540776	1964870
其他电子器件制造	230	37	3650801	3551243	1317685	638677
电子元件及电子专用材料制造	2014	309	51694109	50313187	24287091	13236155
电阻电容电感元件制造	313	44	9202683	8823179	4589034	2584424
电子电路制造	639	88	19579064	19299449	9295627	4948039
敏感元件及传感器制造	67	13	1281119	1261672	494534	397533
电声器件及零件制造	138	15	1777585	1718538	723851	423391
电子专用材料制造	109	18	2822701	2766824	693698	607846
其他电子元件制造	748	131	17030958	16443525	8490348	4274921
其他电子设备制造	541	86	9990693	9805669	4053811	2038920
仪器仪表制造业	704	100	11502408	11210778	4081313	2918177
通用仪器仪表制造	288	39	4434306	4316795	645254	1063317
工业自动控制系统装置制造	173	22	2827570	2718549	307955	714277
电工仪器仪表制造	44	11	843868	849011	132201	126039
绘图、计算及测量仪器制造	13		237037	242535	66829	66304
实验分析仪器制造	28	2	292956	289375	110198	81895
试验机制造	14	2	131013	120477	8743	36347
供应用仪器仪表制造	9	1	72920	70294	14923	30431
其他通用仪器制造	7	1	28941	26554	4405	8023
专用仪器仪表制造	126	19	1724948	1666898	418433	425349
环境监测专用仪器仪表制造	15	1	341131	327765	4168	71357
运输设备及生产用计数仪表制造	12	3	280998	271934	44045	47943
导航、测绘、气象及海洋专用仪器制造	15	4	139502	139317	6375	38795
农林牧渔专用仪器仪表制造	1		12657	12942	1291	4906
地质勘探和地震专用仪器制造	1		2079	2079		593
教学专用仪器制造	4	1	22216	21337		6135
核子及核辐射测量仪器制造	1		8954	8954	1567	2860
电子测量仪器制造	56	8	654942	638048	247862	181761
其他专用仪器制造	21	2	262470	244522	113125	71000
钟表与计时仪器制造	158	31	2437593	2381149	1437917	755223
光学仪器制造	84	9	2334094	2265046	1327190	515629
衡器制造	21	1	299305	305812	150941	70349
其他仪器仪表制造业	27	1	272162	275079	101579	88310
其他制造业	335	49	3143521	3029789	1322065	818386
日用杂品制造	180	24	1793189	1719083	928377	478393
鬃毛加工、制刷及清扫工具制造	36	3	271556	259682	103255	65977
其他日用杂品制造	144	21	1521633	1459402	825122	412416
核辐射加工	1		5754	5754		1752
其他未列明制造业	154	25	1344578	1304951	393688	338242

续表 20

单位：万元

资产总计	流动资产合计					非流动资产合计
		货币资金	应收账款	存货		
					产成品	
9408073	5253294	732824	2126156	1481649	438697	4154776
3257465	2479547	512083	818702	603974	230576	777916
57878277	37849341	6065881	15816511	7531833	2489611	20028915
7725789	5273447	919966	1976824	1157991	493300	2452338
28806365	19632768	3279706	8405637	3532327	857499	9173591
1073383	795290	153877	245339	195957	60078	278093
1422518	1067445	148459	458154	215561	65639	355071
4870625	1499761	242466	505831	307185	123097	3370863
13979596	9580630	1321407	4224727	2122812	889999	4398959
7225863	5871704	732654	2326066	1652541	471573	1354154
13407128	9746984	1576530	3556068	2162117	797291	3660138
6951189	4794385	795232	1621261	921071	347672	2156801
3457996	2591494	462477	898384	591605	212805	866501
2434946	1460993	203908	499153	201446	85050	973953
233674	193852	44776	77548	34836	13283	39822
420720	193673	34794	73367	42823	18190	227046
136107	117503	30896	37719	31788	11351	18604
248729	219546	11708	31037	13763	4480	29183
19017	17324	6674	4053	4810	2513	1693
1992297	1630790	249607	613935	309268	127912	361506
794246	671993	52493	215133	121309	61367	122253
141682	119959	20305	57154	32768	10156	21723
86751	71854	10866	12742	22737	11552	14896
16988	10444	121	6098	827	622	6544
8527	6658	4222	703	3		1869
7225	6354	1062	1336	2441	53	871
5365	5257	2119		1778		108
630565	499771	107981	201186	89069	35598	130795
300948	238501	50439	119584	38338	8564	62447
1787561	1360736	225621	405265	474176	166958	426823
2018918	1491232	186672	777284	356691	127081	527686
345372	199801	63066	62345	42318	12500	145571
311791	270040	56332	75978	58593	15167	41751
2582462	1715533	273761	502235	506949	187534	866925
1190223	824591	108384	216863	293769	112557	365632
193592	132259	26755	37930	45207	17949	61332
996632	692331	81630	178932	248562	94607	304300
7617	7033	3050	3059	2	2	584
1384622	883910	162326	282313	213179	74975	500710

1-5

行　　业	企业单位数（个）		工业总产值（当年价格）	工业销售产值（当年价格）		工业增加值（当年价格）
		亏损企业			出口交货值	
废弃资源综合利用业	227	41	8106661	7989354	71247	1420369
金属废料和碎屑加工处理	117	27	6983057	6892418	50293	1151169
非金属废料和碎屑加工处理	110	14	1123604	1096936	20954	269200
金属制品、机械和设备修理业	62	5	1879890	1850449	692885	576678
金属制品修理	6	1	49549	49628	19668	14497
通用设备修理	14		57098	46379	3	30415
专用设备修理	4		36904	36886		25311
铁路、船舶、航空航天等运输设备修理	28	2	1659234	1653629	671715	478038
铁路运输设备修理	2		239972	237987		71547
船舶修理	20	2	185441	184970	40539	66653
航空航天器修理	6		1233821	1230673	631176	339837
其他运输设备修理						
电气设备修理	1		5814	5814		2651
仪器仪表修理	2	1	14159	14159		5940
其他机械和设备修理业	7	1	57133	43954	1499	19825
电力、热力、燃气及水生产和供应业	826	129	81046762	80572983	1443514	19800132
电力、热力生产和供应业	364	68	66273273	65995766	920478	15660385
电力生产	293	61	17533025	17261911	634366	6429200
火力发电	72	27	10993548	10783784	84486	3189399
热电联产	18	6	1786238	1746732		468523
水力发电	88	23	705785	699422		316116
核力发电	5	1	3104514	3104514	540180	2133484
风力发电	49	3	366141	365202	5561	107707
太阳能发电	29		148488	148407		54089
生物质能发电	18	1	303328	292477		117877
其他电力生产	14		124982	121374	4139	42007
电力供应	36	3	48238643	48238643	286112	9121844
热力生产和供应	35	4	501605	495213		109341
燃气生产和供应业	172	20	10111877	10067450	95368	2012757
燃气生产和供应业	168	18	10087610	10043183	95368	2011298
天然气生产和供应业	137	14	8601496	8587674	95368	1793627
液化石油气生产和供应业	29	4	1479612	1449006		216262
煤气生产和供应业	2		6502	6502		1410
生物质燃气生产和供应业	4	2	24267	24267		1459
水的生产和供应业	290	41	4661612	4509767	427668	2126991
自来水生产和供应	186	27	2938428	2805272	23978	1446210
污水处理及其再生利用	101	14	1193116	1174426	1556	461292
海水淡化处理						
其他水的处理、利用与分配	3		530068	530068	402135	219488

续表 21

单位：万元

资产总计	流动资产合计	货币资金	应收账款	存货	产成品	非流动资产合计
4166660	2288784	192936	441113	653952	318984	1877875
3129689	1786736	158072	345622	562547	277604	1342953
1036971	502048	34865	95491	91406	41380	534922
2121643	1471925	265749	823328	305213	17761	649718
29076	24462	9213	9744	1970	574	4614
59005	37110	5466	18742	5782	4706	21895
47462	41990	7645	26734	3397	174	5472
1924028	1317287	234410	743414	282501	8348	606742
300427	175244	18693	134943	20122	3141	125183
471632	210412	94237	41480	54250	1623	261220
1151970	931631	121481	566992	208130	3584	220339
4611	4303	1062	3035			309
11797	8292	2215	1513	3465	2032	3505
45664	38481	5739	20147	8098	1928	7183
155529159	27112615	11514109	3109874	2591097	187196	128416537
126653993	19115975	9039323	2129752	2177984	58252	107538015
60348789	12339881	3406299	1909246	2030600	55641	48008905
20861042	5778494	2061849	1074013	493063	37550	15082547
4610123	1036761	204604	145366	99413	2	3573362
4684639	1316447	234478	83386	11970	1558	3368191
22236145	2933915	448726	397421	1395690		19302230
3829896	469296	203419	93130	12978		3360600
1417395	327809	47621	37322	124	12580	1089585
1922661	303665	130829	47302	10341	909	1618995
786889	173493	74774	31305	7022	3042	613396
65763583	6537396	5573929	177114	137803	684	59226188
541621	238699	59095	43393	9582	1927	302921
8843875	3126760	1024557	405254	280409	108776	5717114
8800615	3097233	1024137	400349	279701	108733	5703382
8055154	2661943	945972	339377	252352	106631	5393210
740445	433208	77945	60713	27104	2096	307237
5016	2082	219	259	244	5	2934
43260	29528	420	4906	709	43	13732
20031291	4869880	1450229	574867	132703	20169	15161408
11288711	2815920	1109902	366020	106385	14096	8472790
6793469	1778520	339579	199812	21665	5327	5014948
1949110	275439	748	9036	4653	746	1673671

1-5

行业	固定资产原价	累计折旧	本年折旧	固定资产净值	负债合计	流动负债合计
总　计	537254545	270838742	37549296	272524357	717952690	608448404
采矿业	14297053	14459560	1369031	5947397	8436921	5335507
煤炭开采和洗选业						
烟煤和无烟煤开采洗选						
褐煤开采洗选						
其他煤炭采选						
石油和天然气开采业	12105952	13674001	1242284	4541857	6512961	3994099
石油开采	8925457	6410983	429896	2514474	2171137	992447
陆地石油开采						
海洋石油开采	8925457	6410983	429896	2514474	2171137	992447
天然气开采	3180495	7263018	812388	2027383	4341824	3001652
陆地天然气开采						
海洋天然气及可燃冰开采	3180495	7263018	812388	2027383	4341824	3001652
黑色金属矿采选业	281169	136182	9579	144987	383538	257221
铁矿采选	278253	134800	9407	143453	372891	248446
锰矿、铬矿采选						
其他黑色金属矿采选	2916	1383	173	1533	10647	8776
有色金属矿采选业	586925	256063	22767	330862	632269	363208
常用有色金属矿采选	453132	190052	19403	263080	429893	254289
铜矿采选	185520	57110	7104	128410	251475	87033
铅锌矿采选	252734	129673	11621	123061	142113	132110
镍钴矿采选						
锡矿采选						
锑矿采选						
铝矿采选						
镁矿采选						
其他常用有色金属矿采选	14878	3269	678	11609	36305	35146
贵金属矿采选	17404	13480	440	3925	14810	14750
金矿采选	17404	13480	440	3925	14810	14750
银矿采选						
其他贵金属矿采选						
稀有稀土金属矿采选	116389	52531	2925	63857	187566	94170
钨钼矿采选	17379	7218	958	10160	35484	17695
稀土金属矿采选	7636	941	196	6696	24996	22966
放射性金属矿采选	85891	41158	1276	44733	84495	12835
其他稀有金属矿采选	5483	3215	495	2268	42591	40673
非金属矿采选业	785172	265282	66193	519886	698802	584630
土砂石开采	649780	201598	59102	448179	568912	475181

续表 22

单位：万元

应付账款	非流动负债合计	所有者权益合计	实收资本	国家资本	集体资本	法人资本
228531010	105582203	552272364	237411031	45781786	3344934	80506620
1474750	3078384	5434550	2933879	2329549	7833	375598
1091785	2518862	3463069	2071385	2061038		
378192	1178690	1167319	41385	31038		
378192	1178690	1167319	41385	31038		
713593	1340172	2295751	2030000	2030000		
713593	1340172	2295751	2030000	2030000		
74905	118268	310613	125430	2700		95334
74604	116397	307819	121787	2700		91690
301	1871	2794	3643			3643
47929	269060	342091	98323	32997	50	26456
40710	175603	258406	61569	5606	50	25100
21785	164442	120210	16856	1937		14919
9579	10003	116166	30918	173		5130
9346	1159	22031	13796	3496	50	5050
411	60	21943	5000	5000		
411	60	21943	5000	5000		
6807	93397	61743	31753	22391		1356
298	17789	4869	2363	843		1306
2869	2030	23616	530	108		50
2022	71660	20742	19940	19940		
1618	1918	12516	8920	1500		
159246	99191	866144	406362	4252	7783	251826
133286	79157	617690	264612	1452	7291	127473

1-5

行业	固定资产原价	累计折旧	本年折旧	固定资产净值	负债合计	流动负债合计
石灰石、石膏开采	58477	30880	3536	27597	127777	112291
建筑装饰用石开采	145711	43004	15263	102706	188219	161512
耐火土石开采	1287	784	142	504	10058	10058
粘土及其他土砂石开采	444304	126930	40160	317372	242858	191319
化学矿开采	66626	32516	394	34110	19867	9376
采盐	13314	6809	1174	6505	13923	12713
石棉及其他非金属矿采选	55453	24361	5524	31092	96100	87359
石棉、云母矿采选						
石墨、滑石采选	112	53	12	59	2299	2234
宝石、玉石采选						
其他未列明非金属矿采选	55341	24308	5512	31033	93801	85125
开采专业及辅助性活动	537836	128031	28207	409805	209352	136349
煤炭开采和洗选专业及辅助性活动						
石油和天然气开采专业及辅助性活动	536277	127844	28135	408433	206075	134383
其他开采专业及辅助性活动	1559	187	72	1372	3277	1966
其他采矿业						
制造业	374570915	187739737	29494770	186829833	629847955	565567928
农副食品加工业	5923793	2595871	394598	3327911	11982930	11210975
谷物磨制	522709	204050	25663	318658	1181824	1046686
稻谷加工	238357	66376	12651	171980	631774	536666
小麦加工	217408	115173	8892	102235	339334	302728
玉米加工						
杂粮加工	4863	1695	255	3169	10446	10161
其他谷物磨制	62080	20806	3864	41274	200270	197131
饲料加工	2065431	916522	171145	1148902	2556862	2419951
宠物饲料加工	161574	76886	10208	84688	486830	470096
其他饲料加工	1903857	839636	160937	1064215	2070032	1949855
植物油加工	1137773	459879	56887	677895	2800686	2672736
食用植物油加工	1129137	457004	56181	672133	2787003	2660457
非食用植物油加工	8636	2874	706	5762	13683	12280
制糖业	382614	235111	19187	147502	2799402	2701290
屠宰及肉类加工	446041	171054	27074	274985	569732	528928
牲畜屠宰	207076	80049	11215	127026	230443	217596
禽类屠宰	62017	13224	3523	48792	81318	65239
肉制品及副产品加工	176948	77781	12336	99167	257971	246093
水产品加工	719812	328191	52348	391620	1228201	1106013
水产品冷冻加工	536604	272997	45048	263606	1041582	935688
鱼糜制品及水产品干腌制加工	116734	34387	4632	82348	92839	86585

续表 23

单位：万元

应付账款	非流动负债合计	所有者权益合计	实收资本	国家资本	集体资本	法人资本
38013	15486	66353	39067	100		18696
27821	24580	161225	81424	1352	2640	43845
4548		1137	110			28
62904	39092	388976	144011		4651	64905
3343	10491	200945	120000			120000
384	1209	4935	3220	2800		420
22234	8334	42573	18530		492	3933
1088	65	26	50			
21145	8269	42547	18480		492	3933
100885	73002	452633	232380	228562		1983
98919	71692	452327	232233	228562		1836
1966	1311	306	147			147
218701091	60394378	470976835	196051190	15993735	3135780	72694274
2502859	715713	6810928	3061872	195046	37241	1173473
183672	135138	667909	292426	6861	1553	79614
91066	95109	353336	121395	2650	1553	69549
61300	36605	185144	72776	4211		6566
6309	285	10056	3480			
24997	3139	119373	94775			3500
578074	122342	2386776	792640	10512	20848	296379
91079	15740	459878	89606		2000	38941
486996	106602	1926898	703034	10512	18848	257439
739545	126546	1061506	743948	120230	5429	205362
737089	126546	1041932	737880	120230	4621	202762
2456		19575	6068		808	2600
219029	80896	-53152	118644	36382	1673	44107
128724	40804	656797	302510	15745	3155	136329
18633	12847	217199	112844	12840	1100	64412
38290	16079	57913	55951		1348	38890
71801	11878	381686	133715	2905	707	33026
476786	120990	1140179	529883	5316	1600	319863
397991	104975	860735	370222	5085	1600	225555
34590	5975	170587	107807	231		83924

1-5

行业	固定资产原价	累计折旧	本年折旧	固定资产净值	负债合计	流动负债合计
鱼油提取及制品制造	21577	2751	1376	18826	21115	13937
其他水产品加工	44897	18056	1292	26841	72665	69804
蔬菜、菌类、水果和坚果加工	272998	108709	18709	164289	362072	319701
蔬菜加工	32441	13969	2221	18471	32879	29195
食用菌加工	62032	15292	4443	46740	50427	28718
水果和坚果加工	178526	79448	12045	99078	278766	261787
其他农副食品加工	376416	172356	23586	204060	484152	415670
淀粉及淀粉制品制造	234068	112001	15995	122067	311847	287271
豆制品制造	31540	14471	1912	17069	47512	43692
蛋品加工	12649	2957	559	9692	19776	17676
其他未列明农副食品加工	98159	42928	5120	55231	105017	67030
食品制造业	6196393	2903232	369294	3293156	6572927	6010095
焙烤食品制造	743280	320702	55763	422576	749955	642318
糕点、面包制造	259338	106770	24152	152567	308336	255164
饼干及其他焙烤食品制造	483942	213932	31612	270009	441619	387153
糖果、巧克力及蜜饯制造	1269073	719088	61905	549985	1254307	1232336
糖果、巧克力制造	1031364	589527	43340	441837	1176325	1165137
蜜饯制作	237709	129561	18565	108148	77981	67199
方便食品制造	793225	445701	41266	347524	816323	772062
米、面制品制造	81019	32684	3715	48335	87779	83535
速冻食品制造	231657	109537	14567	122120	219911	188995
方便面制造	362284	228568	17042	133716	402963	398112
其他方便食品制造	118265	74912	5942	43353	105669	101419
乳制品制造	420190	183179	23508	237012	616663	596092
液体乳制造	387805	166303	22556	221502	573058	554928
乳粉制造	22132	13089	179	9043	32823	31845
其他乳制品制造	10253	3787	773	6467	10783	9320
罐头食品制造	240399	111974	12303	128425	253716	218405
肉、禽类罐头制造	15318	6069	734	9249	15375	14437
水产品罐头制造	51877	32196	1962	19681	62788	40686
蔬菜、水果罐头制造	99698	54998	5530	44700	134841	122570
其他罐头食品制造	73505	18710	4077	54795	40712	40712
调味品、发酵制品制造	1451805	609906	94637	841899	854247	792088
味精制造	26544	19415	683	7129	26307	25807
酱油、食醋及类似制品制造	1226101	515377	82631	710723	643624	591166
其他调味品、发酵制品制造	199161	75113	11323	124048	184315	175115
其他食品制造	1278421	512683	79912	765736	2027717	1756794
营养食品制造	30252	16139	1418	14113	102271	97431

续表 24

单位：万元

应付账款	非流动负债合计	所有者权益合计	实收资本	国家资本	集体资本	法人资本
3204	7179	19964	7282			2994
41002	2861	88893	44572			7390
75146	35207	618139	115258		800	39015
9454	3684	51744	23300			11022
7772	21709	23890	13224			7000
57920	9815	542505	78734		800	20993
101883	53791	332773	166564		2183	52805
57990	24576	148204	93482		1073	17472
15517	3820	34259	28964		1015	14542
5364	2099	17300	3694			1835
23012	23296	133011	40424		95	18956
1963929	556203	8297908	3878584	78871	33275	1537850
160554	107637	557851	892975	2765	320	606885
75972	53172	176378	622396	2050	300	545220
84583	54465	381473	270580	715	20	61665
520878	19577	980965	452603		5739	53847
502893	11003	722626	334259		309	38444
17985	8574	258339	118344		5430	15403
273696	44261	816056	512146	53400	1339	92883
17523	4245	112129	51278	360		13467
59985	30916	277158	177719	31570		18817
157274	4850	257365	216090			35115
38915	4250	169403	67059	21470	1339	25484
252427	20571	790495	471840	6400		244720
232422	18130	499006	308610	6400		236905
17571	977	271277	152426			7815
2434	1463	20212	10805			
58167	35311	309435	154288	3911	1351	38344
2238	938	22671	34392			1200
4771	22102	69401	13147	3911	1351	1142
39480	12271	127571	69057			21989
11679		89792	37692			14014
287254	62132	1413467	431919	11841	8850	154536
5157	500	64106	26587	5669	7477	539
227121	52432	1005916	230158	6172	873	127543
54975	9199	343445	175174		500	26454
410953	266715	3429640	962814	554	15677	346635
33129	4841	46261	34939			13512

1-5

行业	固定资产原价	累计折旧	本年折旧	固定资产净值	负债合计	流动负债合计
保健食品制造	522252	187771	32923	334480	1151431	1074077
冷冻饮品及食用冰制造	291401	142961	17700	148440	158227	149558
盐加工	1958	1289	77	669	5332	5332
食品及饲料添加剂制造	382008	140252	21537	241755	524011	348502
其他未列明食品制造	50550	24271	6257	26279	86445	81896
酒、饮料和精制茶制造业	5164488	2600772	339501	2563714	4476921	4236016
酒的制造	1870783	879365	103313	991418	1024584	922995
酒精制造	116233	9050	5719	107183	188028	135837
白酒制造	318156	172976	19070	145181	134948	117133
啤酒制造	1377021	675802	75730	701218	637376	613877
黄酒制造	2055	408	124	1646	2156	309
葡萄酒制造	4644	135	77	4509	7262	3252
其他酒制造	52675	20994	2594	31682	54814	52587
饮料制造	3236082	1699552	232405	1536530	3360027	3238561
碳酸饮料制造	843667	452241	68057	391426	839500	801421
瓶（罐）装饮用水制造	527443	249367	42207	278077	885591	863231
果菜汁及果菜汁饮料制造	448637	244871	20769	203766	117189	102821
含乳饮料和植物蛋白饮料制造	371583	167089	25586	204494	195523	180593
固体饮料制造	142795	79319	10562	63477	114803	112667
茶饮料及其他饮料制造	901958	506667	65224	395291	1207420	1177827
精制茶加工	57622	21856	3783	35767	92310	74460
烟草制品业	1622217	1025673	87244	596544	1419622	1299402
烟叶复烤	53888	18855	3182	35033	6534	6179
卷烟制造	1453991	959052	81156	494938	1212074	1095441
其他烟草制品制造	114339	47766	2907	66573	201014	197782
纺织业	8622711	4890398	618410	3732301	7420410	6721373
棉纺织及印染精加工	5034991	2928718	349129	2106268	4382909	3983012
棉纺纱加工	775879	440115	52641	335763	909318	829591
棉织造加工	1265655	683179	98597	582474	1251304	1138994
棉印染精加工	2993457	1805424	197891	1188030	2222286	2014427
毛纺织及染整精加工	348282	196307	27281	151974	366710	342868
毛条和毛纱线加工	36017	16826	4569	19190	43968	35700
毛织造加工	95905	44562	5182	51342	146315	133371
毛染整精加工	216361	134918	17531	81442	176427	173796
麻纺织及染整精加工	4701	3341	195	1360	1257	1257
麻纤维纺前加工和纺纱	4046	3209	150	838	780	780
麻织造加工	655	132	45	523	477	477
麻染整精加工						

续表 25

单位：万元

应付账款	非流动负债合计	所有者权益合计	实收资本	国家资本	集体资本	法人资本
256731	77355	2336951	445043	554	13997	69432
18552	8669	151655	148301			70120
1798		95380	63196			62116
79528	171301	743938	242860		1000	118594
21215	4549	55455	28475		680	12862
1202135	243542	4473519	2388048	202224	30834	621669
283659	104226	1178552	855325	147414	13149	248626
40708	52191	-18559	45009	39289		1000
11907	17273	196012	50185		4069	25532
224612	26678	918062	732323	108125	1080	205868
220	1847	1391	1300			
1873	4010	5600	4187			4187
4339	2227	76047	22321		8000	12039
885269	121466	3216819	1480803	54810	17685	335366
164409	38079	558277	282233		16034	96594
184038	22360	707932	207063	1510	90	29350
33630	14368	375384	339235	300		40028
51828	14930	371248	176222	3000	561	87316
59140	2136	150277	65449			2895
392225	29593	1053702	410601	50000	1000	79183
33208	17850	78148	51920			37677
277046	120220	4259538	1516079	1476888		39191
3679	355	85441	37855	20664		17191
204331	116632	4114283	1456223	1456223		
69036	3232	59814	22000			22000
1924341	580426	6387595	3726816	20810	34361	784954
1102296	309715	3322590	2066746	11020	16735	272167
177303	60815	376858	372847	9350	1100	45705
246848	85933	875698	504071	1491	13250	120036
678145	162968	2070034	1189829	180	2385	106426
73566	19670	218868	155176	100	820	27906
7167	8268	50393	29657			4238
30357	8772	92322	57858	100		12067
36042	2631	76153	67661		820	11602
772		5253	2293			5
559		4584	1655			
213		669	638			5

1-5

行业	固定资产原价	累计折旧	本年折旧	固定资产净值	负债合计	流动负债合计
丝绢纺织及印染精加工	48180	29714	6420	18466	56100	50256
缫丝加工	25975	15646	2303	10329	33863	31086
绢纺和丝织加工	6429	4144	759	2285	8122	7101
丝印染精加工	15776	9924	3358	5852	14115	12070
化纤织造及印染精加工	287943	182537	15039	105406	177754	165590
化纤织造加工	137041	74104	8234	62937	116487	107309
化纤织物染整精加工	150902	108433	6805	42468	61268	58281
针织或钩针编织物及其制品制造	1449201	805762	117566	643436	1103855	989695
针织或钩针编织物织造	1083337	612286	83124	471049	908083	824051
针织或钩针编织物印染精加工	177589	88625	13781	88964	67812	55793
针织或钩针编织品制造	188276	104851	20660	83424	127960	109850
家用纺织制成品制造	581886	295314	39171	286571	582031	519541
床上用品制造	212505	87841	12110	124664	297424	253751
毛巾类制品制造	133192	88570	10791	44622	58130	51425
窗帘、布艺类产品制造	121410	63320	9241	58090	53057	48554
其他家用纺织制成品制造	114779	55583	7030	59196	173419	165812
产业用纺织制成品制造	867527	448705	63608	418819	749794	669155
非织造布制造	316972	155422	25851	161550	393991	353050
绳、索、缆制造	107193	73310	7347	33884	52562	45691
纺织带和帘子布制造	320075	149846	23057	170228	138490	110520
篷、帆布制造	31535	17888	2163	13646	53101	50445
其他产业用纺织制成品制造	91752	52240	5191	39511	111651	109449
纺织服装、服饰业	7501195	4032902	586811	3468273	9308792	8344256
机织服装制造	4465373	2592885	332811	1872479	5189591	4683957
运动机织服装制造	739986	464263	66969	275720	1033287	964188
其他机织服装制造	3725387	2128622	265842	1596759	4156304	3719769
针织或钩针编织服装制造	2685524	1273868	225580	1411647	3617059	3202556
运动休闲针织服装制造	477484	237742	28189	239739	926353	885907
其他针织或钩针编织服装制造	2208040	1036126	197391	1171908	2690707	2316650
服饰制造	350298	166149	28420	184146	502141	457743
皮革、毛皮、羽毛及其制品和制鞋业	5011002	3377748	496895	1633325	5231905	4839451
皮革鞣制加工	204634	129442	26837	75191	309405	301429
皮革制品制造	891690	420810	69613	470875	1586866	1485408
皮革服装制造	15603	9495	693	6108	42390	42390
皮箱、包（袋）制造	509067	250916	37437	258148	1189929	1106670
皮手套及皮装饰制品制造	218255	84274	16560	133981	109435	98525
其他皮革制品制造	148765	76126	14923	72638	245112	237823
毛皮鞣制及制品加工	33791	18621	2831	15170	34884	31549

续表 26

单位：万元

应付账款	非流动负债合计	所有者权益合计	实收资本	国家资本	集体资本	法人资本
2491	5844	34964	22920			13683
1677	2777	18407	9690			7570
	1021	1119	350			50
814	2046	15438	12880			6064
34702	12164	206895	152306	2381		44168
25976	9178	138347	89739	2381		40354
8726	2987	68548	62567			3815
290874	93369	949502	518508	7308	2965	119148
249086	65058	705411	417831	6191	2965	81663
12352	11857	61537	25769			4657
29436	16455	182555	74908	1117		32828
189759	62130	809953	326178		12000	143097
115616	43313	536075	175132			107235
13732	6705	74022	37359			4058
21081	4503	119389	55159		12000	485
39330	7608	80468	58527			31319
229880	77533	839570	482689		1842	164779
127363	38277	288729	152503		50	50595
11320	6429	61480	58830		600	14803
43971	27970	316605	174341		1192	69569
21830	2655	67444	29957			2161
25396	2202	105313	67058			27650
2771084	794511	8954706	3946289	6792	77898	927730
1368736	470663	5883301	2295683	3773	69364	553255
260083	50622	721505	292442		20	59366
1108652	420040	5161796	2003241	3773	69343	493889
1233046	288952	2696577	1442796	10	8534	340085
242372	40445	802174	500958		2330	116514
990674	248507	1894403	941838	10	6204	223571
169303	34896	374828	207811	3009		34390
1911269	297427	4265656	2290418	5059	5960	525775
90510	7271	143126	122521			42947
628568	71799	1119226	549005	1157	340	143743
8337		31548	22007			114
486179	54642	785926	402859	100	340	107952
36844	10219	189980	65399	1057		11190
97208	6939	111772	58740			24488
6730	2010	30818	18033			3258

1-5

行业	固定资产原价	累计折旧	本年折旧	固定资产净值	负债合计	流动负债合计
毛皮鞣制加工	23349	12133	2296	11216	22825	21199
毛皮服装加工	2614	1259	334	1355	4527	4457
其他毛皮制品加工	7828	5229	201	2599	7532	5893
羽毛(绒)加工及制品制造	31456	14559	1993	16897	64663	53422
羽毛（绒）加工	17702	6419	1558	11283	31442	25838
羽毛（绒）制品加工	13754	8140	436	5614	33221	27584
制鞋业	3849431	2794316	395621	1055193	3236087	2967644
纺织面料鞋制造	419917	209400	95799	210517	358902	292866
皮鞋制造	1237381	702432	68066	535031	1946631	1829407
塑料鞋制造	1910333	1738850	210961	171482	513109	463541
橡胶鞋制造	145791	90776	10572	55014	193796	175695
其他制鞋业	136010	52859	10223	83150	223649	206136
木材加工和木、竹、藤、棕、草制品业	1823137	906317	131922	916817	2190757	1839620
木材加工	192942	93487	11249	99454	415284	307019
锯材加工	85231	43506	3782	41726	119750	95753
木片加工	64766	31205	4922	33560	106870	100742
单板加工	23060	12053	1120	11007	114309	41686
其他木材加工	19885	6723	1425	13161	74355	68838
人造板制造	1145852	626707	75119	519144	995259	826892
胶合板制造	371690	201494	31647	170196	364739	308116
纤维板制造	481211	278892	22437	202319	354842	307645
刨花板制造	231856	120713	15497	111143	174745	114318
其他人造板制造	61095	25609	5538	35486	100932	96812
木质制品制造	369762	149536	33155	220225	700600	644267
建筑用木料及木材组件加工	51337	9012	2622	42325	46090	31081
木门窗制造	61072	15024	3609	46049	241784	236715
木楼梯制造	134	46		89	2118	2118
木地板制造	96749	57396	14069	39352	225057	217087
木制容器制造	36824	11326	2366	25497	87599	70838
软木制品及其他木制品制造	123646	56733	10488	66913	97952	86429
竹、藤、棕、草等制品制造	114581	36586	12398	77995	79614	61443
竹制品制造	105312	31732	11656	73580	66240	50345
藤制品制造	5944	3662	493	2283	1789	1683
棕制品制造	1176	664	80	512	4986	3522
草及其他制品制造	2149	528	170	1621	6600	5893
家具制造业	4624709	2099721	356161	2524972	9067037	8026618
木质家具制造	2966539	1387810	224813	1578721	6379597	5693899
竹、藤家具制造	58492	29112	4762	29380	69609	68975

续表 27

单位：万元

应付账款	非流动负债合计	所有者权益合计	实收资本	国家资本	集体资本	法人资本
4405	1626	13251	11274			1472
1971	70	2369	1986			1786
355	315	15197	4774			
18480	11241	43027	22952		193	12569
6284	5604	21415	11879			6634
12196	5637	21612	11073		193	5935
1166981	205105	2929460	1577907	3902	5427	323259
131005	60386	346250	244156			10973
776427	67948	1962413	910299	3902	4152	162833
66521	43823	320838	187445		1045	95836
106228	15435	152167	118301		30	38937
86800	17513	147792	117707		200	14680
484310	293405	2041041	1015534	103964	41544	402961
107993	81037	621576	373239	101725	30142	56357
34769	22012	336627	160092	101725	30012	12330
27398	6128	68571	36130		130	23510
13129	47380	191875	155579			3602
32697	5517	24503	21439			16915
168328	147849	887563	386210	520	580	242114
52840	54308	357198	83249		200	36006
47169	44779	319731	193310		380	164399
21600	44643	139551	81519	520		31049
46720	4120	71083	28132			10660
195660	46347	416955	200684		10792	71709
13090	5868	60471	47463		5000	36746
76454	5069	61447	36498			14518
		177	158			
41139	7970	165053	59448		5792	7591
29368	16761	20474	7608			3526
35609	10679	109333	49509			9328
12328	18172	114947	55400	1720	30	32781
9432	15895	104873	50676		30	32631
380	106	5339	2244	1720		
2933	1464	973	405			
-416	707	3762	2075			150
2120678	852085	7479071	3487549	248	66635	1117551
1263038	553348	5513271	2587491	198	63527	833540
13395	27937	27691	12892		823	1357

1-5

行　　业	固定资产原价	累计折旧	本年折旧	固定资产净值	负债合计	流动负债合计
金属家具制造	776963	365697	62841	411263	920146	851984
塑料家具制造	112607	69435	12130	43172	72183	65368
其他家具制造	710108	247667	51615	462437	1625502	1346392
造纸和纸制品业	12611939	5907042	846674	6704887	10895223	9618540
纸浆制造	115313	63478	3382	51835	43501	43501
木竹浆制造	115313	63478	3382	51835	43501	43501
非木竹浆制造						
造纸	7898728	3668845	476532	4229881	5696495	4927493
机制纸及纸板制造	7300406	3516448	440757	3783956	4979990	4336476
手工纸制造	10592	4762	633	5830	7505	6699
加工纸制造	587731	147636	35142	440095	709000	584318
纸制品制造	4597898	2174718	366760	2423171	5155227	4647546
纸和纸板容器制造	2344471	1223606	199283	1120860	2719273	2518028
其他纸制品制造	2253427	951112	167478	1302311	2435954	2129518
印刷和记录媒介复制业	5961939	3099848	417186	2862079	5401635	4704017
印刷	5532800	2882525	386234	2650264	4853754	4296911
书、报刊印刷	946894	618905	46351	327989	652143	612855
本册印制	1003369	411720	76029	591649	670381	385808
包装装潢及其他印刷	3582537	1851901	263853	1730626	3531230	3298248
装订及印刷相关服务	334205	140108	28851	194097	501920	363194
记录媒介复制	94933	77215	2101	17718	45961	43912
文教、工美、体育和娱乐用品制造业	5990171	2711588	463401	3278570	15963591	14000503
文教办公用品制造	503263	233505	35044	269758	982055	911513
文具制造	389476	177467	28877	212009	738869	692944
笔的制造	49630	33315	1922	16314	38235	36445
教学用模型及教具制造	16640	5317	776	11322	18919	16623
墨水、墨汁制造	4738	1028	466	3710	8828	7489
其他文教办公用品制造	42780	16378	3003	26402	177204	158012
乐器制造	477174	122332	32789	354841	258895	228309
中乐器制造	23195	5971	3924	17224	32320	27564
西乐器制造	169570	51181	10043	118388	151211	125461
电子乐器制造	260695	52188	16713	208507	38009	37930
其他乐器及零件制造	23714	12992	2110	10722	37355	37355
工艺美术及礼仪用品制造	1875950	813586	178520	1062359	10576170	9172088
雕塑工艺品制造	40399	18641	5623	21758	63215	44189
金属工艺品制造	161103	63931	14112	97172	191367	173141
漆器工艺品制造	715	309	263	406	4207	3956
花画工艺品制造	194062	133918	31239	60144	60585	57621

续表 28

单位：万元

应付账款	非流动负债合计	所有者权益合计	实收资本	国家资本	集体资本	法人资本
285992	45029	892215	398514		1100	93424
19650	6815	79937	45036			37182
538603	218957	965958	443615	50	1185	152048
2542931	1260364	11046721	5864014	347511	120530	1513033
11727		114102	65324			65323
11727		114102	65324			65323
1121395	760767	6593275	3499178	345091	111442	941601
976378	639656	5847151	3203658	308100	110962	886286
1065	806	5439	3600			3077
143952	120305	740685	291920	36991	480	52237
1409810	499597	4339345	2299512	2421	9088	506110
743512	198008	2219811	1038649	1911	8548	229624
666297	301589	2119534	1260864	510	540	276486
1695157	673974	6067160	2962152	68001	43934	691241
1606654	533199	5472911	2762345	60018	43069	599267
222918	32604	659393	469378	24455	5385	44878
100856	284573	418633	352644		700	6923
1282880	216022	4394885	1940323	35563	36984	547466
82492	138726	567969	115867	7983	865	26105
6011	2049	26280	83941			65870
3781390	1819967	10538330	4988249	54007	36519	1823004
234632	69351	641120	298689		284	136564
152479	44734	500495	233917			112058
10988	1790	47055	30846			7312
4784	2297	12249	8338			1534
4278	1339	9507	2757		284	743
62103	19193	71815	22832			14917
79312	30586	535717	401313	10326		270797
9768	4757	8749	12664	8000		3664
51685	25751	231572	149715			132806
14912	79	263095	226235	2326		127078
2947		32301	12700			7250
1862592	1357441	5238834	1922635	30920	23981	806804
7852	19025	42253	28381			15949
60231	18226	149852	97431	510		53605
3903	251	1609	514			14
16784	1454	107906	59827	1156		10956

1-5

行　　业	固定资产原价	累计折旧	本年折旧	固定资产净值	负债合计	流动负债合计
天然植物纤维编织工艺品制造	19011	8389	4142	10623	23759	19734
抽纱刺绣工艺品制造	233086	133549	19154	99536	78558	67874
地毯、挂毯制造	94334	39471	15214	54862	74106	66280
珠宝首饰及有关物品制造	922353	333231	68691	589119	9770033	8449319
其他工艺美术及礼仪用品制造	210887	82148	20083	128739	310340	289975
体育用品制造	687066	405483	49361	281582	780573	735146
球类制造	55847	33343	3266	22504	40289	39655
专项运动器材及配件制造	250910	159628	18714	91282	323492	301884
健身器材制造	55917	32547	5120	23370	91728	88679
运动防护用具制造	131026	79805	9220	51221	156324	149053
其他体育用品制造	193365	100160	13041	93205	168742	155876
玩具制造	2271778	1068429	151738	1203344	3026154	2629334
电玩具制造	310894	145773	21618	165121	371657	334244
塑胶玩具制造	1610809	748157	110695	862649	2216276	1902482
金属玩具制造	46874	27279	2463	19595	21101	20921
弹射玩具制造						
娃娃玩具制造	81825	36748	4636	45077	81199	79010
儿童乘骑玩耍的童车类产品制造	43461	26466	3440	16995	59761	58708
其他玩具制造	177916	84007	8886	93908	276161	233970
游艺器材及娱乐用品制造	174940	68254	15949	106686	339744	324112
露天游乐场所游乐设备制造	50100	18052	3874	32048	216242	208577
游艺用品及室内游艺器材制造	105161	46042	10996	59119	100432	99546
其他娱乐用品制造	19680	4161	1080	15519	23071	15990
石油、煤炭及其他燃料加工业	12362944	6793781	677910	5568374	8024328	6295346
精炼石油产品制造	12280705	6758146	674535	5521770	7886206	6176252
原油加工及石油制品制造	12280531	6758096	674510	5521646	7885971	6176016
其他原油制造	174	50	25	124	236	236
煤炭加工	53494	25018	2124	28476	86533	68384
炼焦						
煤制合成气生产	47421	22035	1796	25386	70498	59596
煤制液体燃料生产						
煤制品制造	6073	2983	327	3089	16036	8787
其他煤炭加工						
核燃料加工						
生物质燃料加工	28746	10617	1251	18128	51588	50711
生物质液体燃料生产	3230	669	337	2560	21381	21381
生物质致密成型燃料加工	25516	9948	915	15568	30207	29330
化学原料和化学制品制造业	23614907	11345772	1510707	12269115	24607433	20836033

续表 29

单位：万元

应付账款	非流动负债合计	所有者权益合计	实收资本	国家资本	集体资本	法人资本
3701	2338	26558	12893			10410
9500	10684	227489	94636			27359
31463	7826	87814	29838	5450		14949
1650771	1280268	4299151	1450550	23530	23901	630985
78388	17369	296202	148566	274	80	42576
403266	38747	833518	491538	11362	3118	98684
26643	634	96383	57734			1010
174771	19325	315055	150341	11362	3118	15545
52989	3049	90262	42448			11107
84286	7271	123428	96064			8956
64577	8468	208390	144952			62066
1127701	308211	2905998	1777497	200	8395	474491
173404	32305	448949	256828		550	113467
802546	232646	1986730	1226839	198	2963	307061
5360	180	85340	24536	2	3	10813
18823	1377	75385	44914			140
21895	1053	152805	93739			35574
105674	40649	156790	130642		4879	7435
73887	15632	383143	96577	1200	741	35663
25782	7665	197919	38636	1200		25310
36608	886	147263	54916		142	8880
11497	7081	37961	3025		599	1474
2322624	1728981	6629627	4711380	3116986	1078	1163578
2287938	1709955	6586029	4656478	3116986	1078	1155845
2287938	1709955	6585988	4656468	3116986	1078	1155845
		41	10			
16237	18150	11954	37053			4665
9653	10902	15988	35553			4565
6584	7248	-4034	1500			100
18449	877	31644	17848			3069
5038		9995	6903			2964
13411	877	21649	10946			105
6080323	3602560	24679260	12069570	1559614	371036	2421848

1-5

行业	固定资产原价	累计折旧	本年折旧	固定资产净值	负债合计	流动负债合计
基础化学原料制造	7923512	3374244	388901	4549267	4800461	3167296
无机酸制造	154294	72777	13930	81517	185044	152516
无机碱制造	288722	152919	16981	135803	141251	101015
无机盐制造	140431	52714	8111	87717	231102	205278
有机化学原料制造	6109116	2556191	279651	3552925	3273166	1883316
其他基础化学原料制造	1230949	539643	70229	691305	969899	825172
肥料制造	888247	531836	88943	356411	785241	710734
氮肥制造						
磷肥制造	115719	20590	4250	95129	126328	99658
钾肥制造	553779	407121	64622	146657	153920	153920
复混肥料制造	172119	91673	16248	80445	403273	372280
有机肥料及微生物肥料制造	42351	10588	3258	31764	97848	81220
其他肥料制造	4280	1864	566	2416	3872	3657
农药制造	112824	44661	8829	68163	475351	460125
化学农药制造	96818	40280	7755	56538	460970	445744
生物化学农药及微生物农药制造	16006	4381	1075	11625	14382	14382
涂料、油墨、颜料及类似产品制造	3183251	1628204	244971	1555042	4077502	3740414
涂料制造	2092542	1037151	158710	1055388	2788679	2597711
油墨及类似产品制造	349729	171281	22552	178447	540462	489207
工业颜料制造	485195	305183	46860	180011	385190	299221
工艺美术颜料制造	12066	7111	1164	4956	19753	19733
染料制造	72339	39313	3446	33026	94606	91838
密封用填料及类似品制造	171379	68165	12238	103214	248811	242704
合成材料制造	4891008	2567816	321983	2323186	5322455	4308579
初级形态塑料及合成树脂制造	2877188	1547663	220008	1329521	3429155	2880068
合成橡胶制造	591780	296863	38497	294917	486367	459004
合成纤维单（聚合）体制造	1088240	584668	40641	503572	827917	436907
其他合成材料制造	333799	138622	22837	195176	579016	532599
专用化学产品制造	3492647	1587552	252016	1905090	3762090	3259427
化学试剂和助剂制造	1050313	426133	64789	624178	1318790	1155560
专项化学用品制造	762259	312256	56093	450001	999851	844601
林产化学产品制造	163955	56124	10754	107831	204651	154447
文化用信息化学品制造	510107	273459	46360	236647	300445	252820
医学生产用信息化学品制造	13858	2894	1617	10964	46331	41056
环境污染处理专用药剂材料制造	56693	22128	4181	34565	66987	63261
动物胶制造	27717	17459	1316	10258	26230	26218
其他专用化学产品制造	907746	477099	66907	430646	798805	721464
炸药、火工及焰火产品制造	51104	27470	2819	23634	21692	19639

续表 30

单位：万元

应付账款	非流动负债合计	所有者权益合计	实收资本	国家资本	集体资本	法人资本
965663	1611967	4867980	3289535	1198807	28717	336612
21351	32528	42635	58090	5260		42298
33902	40236	205202	60761	28460	1086	100
46275	22205	274582	68204			26033
679082	1389850	3455507	2653250	1150994	21367	129491
185052	127148	890054	449229	14094	6264	138689
81760	44952	660018	261112	40942	11821	45277
32648	11360	40536	40197	39706		50
17707		153636	22896			
19146	26943	319753	146274		11821	19915
10826	6433	135106	47283	1236		23453
1433	216	10987	4461			1860
56388	15226	342002	58716		7324	16293
53380	15226	327310	49196		7324	16193
3008		14692	9520			100
1176828	316701	4277449	1780029	25482	245787	495155
760285	187613	2795039	1203340	25482	192036	316733
230582	47367	617078	269346		6827	104508
58272	72826	495621	155666		44842	32983
7631	20	27126	13532			200
35940	2768	71204	35066			4149
84118	6107	271381	103080		2082	36582
1323138	923042	5133633	2798521	186022	45560	593008
770331	458764	3363470	1477122	16500	43693	413835
173350	27046	528664	336593	100105	1499	43251
203272	391009	533142	773289	69416	368	12990
176185	46224	708357	211518			122932
968414	501879	5091218	1894438	29854	25570	530777
305640	163230	1698687	616291	1660	11522	212649
293442	155250	1158895	402945	3700	2492	79806
21233	50204	140312	94665	2823	3454	33952
91420	46872	776449	321708	8200		45647
12189	5274	39583	19000			19000
22951	3697	90596	39113	408	600	11280
8088	12	43486	12955	3164		
213451	77341	1143209	387761	9899	7502	128443
3331	2052	73410	28908	2954		15221

1-5

行业	固定资产原价	累计折旧	本年折旧	固定资产净值	负债合计	流动负债合计
炸药及火工产品制造	51104	27470	2819	23634	21692	19639
焰火、鞭炮产品制造						
日用化学产品制造	3072316	1583990	202245	1488323	5362642	5169818
肥皂及洗涤剂制造	1261983	767138	73005	494844	3008160	2951758
化妆品制造	906307	373715	60432	532590	1272651	1198975
口腔清洁用品制造	394003	263011	36525	130992	332922	332796
香料、香精制造	323905	111987	15371	211917	373135	339528
其他日用化学产品制造	186118	68139	16911	117980	375774	346761
医药制造业	5987705	2590860	347682	3396840	15211288	11774183
化学药品原料药制造	839773	401456	36745	438317	1034264	820755
化学药品制剂制造	1681962	774752	92641	907209	3097716	2881305
中药饮片加工	780908	268707	39966	512200	4685354	3156602
中成药生产	1532741	641074	96183	891666	3930782	3327785
兽用药品制造	169422	74027	14674	95395	92110	75249
生物药品制品制造	729890	320771	50727	409118	2083242	1234618
生物药品制造	692311	308332	49143	383978	1995699	1192495
基因工程药物和疫苗制造	37578	12439	1584	25140	87543	42124
卫生材料及医药用品制造	215673	90608	15409	125065	264041	254135
药用辅料及包装材料	37336	19466	1338	17870	23780	23734
化学纤维制造业	1033461	520203	71348	513258	706090	615087
纤维素纤维原料及纤维制造	158639	34940	10588	123699	122711	68539
化纤浆粕制造	926	459		467	2300	2300
人造纤维（纤维素纤维）制造	157713	34480	10588	123233	120411	66239
合成纤维制造	874673	485134	60747	389538	583101	546270
锦纶纤维制造	31844	18052	1690	13792	16889	16772
涤纶纤维制造	156323	98975	6388	57348	124840	102936
腈纶纤维制造						
维纶纤维制造						
丙纶纤维制造	9998	6500	616	3498	7091	7091
氨纶纤维制造	539033	310017	46249	229016	313537	313537
其他合成纤维制造	137474	51590	5805	85885	120745	105935
生物基材料制造	150	130	14	20	279	279
生物基化学纤维制造	150	130	14	20	279	279
生物基、淀粉基新材料制造						
橡胶和塑料制品业	17781007	8699675	1361322	9081283	22755366	20746896
橡胶制品业	1991282	959905	142192	1031372	2307267	2032151
轮胎制造	748446	376900	39006	371546	606534	525644
橡胶板、管、带制造	222672	119041	21169	103631	222317	213866

续表 31

单位：万元

应付账款	非流动负债合计	所有者权益合计	实收资本			
				国家资本	集体资本	法人资本
3331	2052	73410	28908	2954		15221
1504802	186741	4233553	1958311	75553	6257	389505
856698	56402	1526380	869809	59397		79280
330445	72334	1503039	665386		4835	181268
139327	127	365305	102335	576		7831
85471	33418	630125	222810	15580		77549
92861	24460	208705	97971		1422	43577
1896837	3435776	17104794	4387289	443113	140504	1795837
186990	213509	1652958	713801	11142	36000	364259
696168	215698	4871247	1046164	204446	760	360594
312688	1528137	3745310	670605			331376
408423	602997	3833883	1058682	190441	11744	394017
28050	16860	328122	82397	500	7738	22906
202940	848624	2026964	607400	36534	83862	273405
200598	803205	1875831	543345	36534	83862	273205
2342	45419	151133	64055			200
50319	9907	611776	194710	50		45627
11258	45	34534	13529		400	3654
145169	76499	759540	388701	54557		122193
27211	54172	135617	82235	54557		2808
1080		105	100			100
26131	54172	135512	82135	54557		2708
117723	22327	623177	306416			119335
4042	117	34990	20324			3006
27239	7400	137863	58588			5048
1492		23929	9718			1560
61467		299799	126931			57674
23483	14810	126596	90855			52047
235		747	50			50
235		747	50			50
7435342	1626082	17794072	8978869	106265	83399	2625112
775613	211385	1871640	1092846	5941	6142	380543
110413	80889	525960	447519			252095
90185	8177	169693	67817		4753	14381

1-5

行业	固定资产原价	累计折旧	本年折旧	固定资产净值	负债合计	流动负债合计
橡胶零件制造	383558	182129	30563	201429	445461	396946
再生橡胶制造	13399	3532	989	9867	8436	8136
日用及医用橡胶制品制造	171364	64769	12919	106596	217781	155388
运动场地用塑胶制造	22893	12018	1468	10875	37923	37595
其他橡胶制品制造	428950	201516	36078	227430	768816	694577
塑料制品业	15789724	7739770	1219130	8049912	20448099	18714746
塑料薄膜制造	2694157	1311301	164642	1382852	2910324	2537004
塑料板、管、型材制造	1437065	788883	119738	648180	2040004	1975522
塑料丝、绳及编织品制造	422104	167446	31840	254657	417106	340796
泡沫塑料制造	369605	197064	28023	172539	620049	587031
塑料人造革、合成革制造	510265	288478	51473	221786	391554	332789
塑料包装箱及容器制造	1633296	838868	129468	794423	1711198	1457374
日用塑料制品制造	1877517	1051678	146822	825835	1719581	1580292
人造草坪制造	178378	124227	10555	54151	135653	128893
塑料零件及其他塑料制品制造	6667337	2971825	536569	3695490	10502632	9775047
非金属矿物制品业	24538341	12096576	1915728	12441761	24122835	21641310
水泥、石灰和石膏制造	5469670	2514516	293864	2955152	3897480	3147261
水泥制造	5435762	2497467	289114	2938292	3841280	3091316
石灰和石膏制造	33909	17049	4750	16860	56199	55945
石膏、水泥制品及类似制品制造	2864339	1349954	258055	1514374	5688531	5424138
水泥制品制造	2340061	1111194	221103	1228859	4853747	4627139
砼结构构件制造	201510	96889	14855	104621	452720	442540
石棉水泥制品制造	1943	1138	127	805	3295	2303
轻质建筑材料制造	186277	74407	11325	111869	182588	175803
其他水泥类似制品制造	134548	66326	10644	68221	196182	176353
砖瓦、石材等建筑材料制造	1563571	648460	136847	915134	1845902	1638254
粘土砖瓦及建筑砌块制造	495906	179575	44465	316355	344749	293740
建筑用石加工	640613	277556	55013	363056	726607	621183
防水建筑材料制造	97713	27621	6722	70091	329061	322992
隔热和隔音材料制造	87308	41709	10861	45599	83213	75594
其他建筑材料制造	242031	121998	19787	120032	362272	324746
玻璃制造	1694048	782564	107989	911481	1633127	1525587
平板玻璃制造	1180010	545282	61966	634728	569754	493528
特种玻璃制造	266413	131257	18416	135155	593325	582431
其他玻璃制造	247625	106025	27607	141599	470047	449629
玻璃制品制造	2255139	1136442	179934	1118694	2143025	1960895
技术玻璃制品制造	488015	301220	38901	186794	535875	505609
光学玻璃制造	935163	441927	76025	493235	641863	598391

续表 32

单位：万元

应付账款	非流动负债合计	所有者权益合计	实收资本	国家资本	集体资本	法人资本
161781	21942	294060	155931	1941	102	36746
1457	300	9951	2815			217
61064	62393	201632	108959	4000		7349
9471	328	58652	14191			1973
341242	37356	611692	295614		1288	67782
6659729	1414697	15922432	7886023	100324	77256	2244569
734522	305153	2344415	1432519	48087	15282	628270
956094	57311	1775980	860820	20070	3815	386742
96792	64499	393573	180897	1910	85	48779
252880	28739	427001	239580		607	81771
94696	10697	387175	172763			9742
500254	253266	1305103	683019	2186	24539	284647
652012	127152	1529002	792036	10	1411	97255
70166	6760	199643	123119			16980
3302313	561119	7560540	3401270	28062	31518	690383
7070352	2279281	18685223	8434656	456271	215800	3437562
800848	745640	3451483	1441130	263512	38000	318210
768767	745385	3429579	1428522	261512	38000	311751
32081	254	21904	12608	2000		6459
2508325	228890	2668435	1554421	45022	36304	615527
2227758	201642	2125132	1229022	20616	33737	503441
147158	10179	234668	131737	17200		54867
1003	992	34803	400			
43408	6747	150994	124118	5000	2240	28510
88999	9330	122839	69143	2205	327	28710
511387	176488	1645436	803235	8788	13350	414049
72010	46458	403291	176693		10383	95427
169196	90067	650506	349462		2850	209406
115328	6069	248738	100828	5158		50300
33102	7619	101536	44830	1530		22183
121752	26275	241365	131422	2100	117	36734
323516	90100	1574519	849408	28279	48010	358672
189469	76226	783430	483928	4560	48000	234629
78039	5956	550833	234541	23719		57362
56008	7918	240256	130939		10	66681
841048	155259	2002964	1224438	56424	5254	597845
185694	10027	451451	360516		759	166492
380320	36841	717118	524856		4083	346675

1-5

行　业	固定资产原价	累计折旧	本年折旧	固定资产净值	负债合计	流动负债合计
玻璃仪器制造	29763	14869	1810	14894	68908	35308
日用玻璃制品制造	287364	129542	18537	157821	362789	302694
玻璃包装容器制造	270928	139594	22275	131334	237927	236387
玻璃保温容器制造	14607	7876	1252	6731	31761	30116
制镜及类似品加工	14105	7111	959	6994	32326	30396
其他玻璃制品制造	215194	94302	20176	120891	231577	221996
玻璃纤维和玻璃纤维增强塑料制品制造	671361	349336	36886	322024	430533	414015
玻璃纤维及制品制造	476617	229165	26070	247452	301102	295353
玻璃纤维增强塑料制品制造	194744	120171	10817	74573	129431	118662
陶瓷制品制造	9216121	5016820	842670	4199296	7232133	6423747
建筑陶瓷制品制造	7228993	4221116	730913	3007875	4708070	4257967
卫生陶瓷制品制造	1240229	501086	70344	739142	1457734	1341803
特种陶瓷制品制造	75860	29526	4044	46334	79861	75311
日用陶瓷制品制造	521866	213993	30844	307873	669005	503128
陈设艺术陶瓷制造	123308	42034	4887	81273	292510	223081
园艺陶瓷制造	3009	1118		1891	2747	1420
其他陶瓷制品制造	22855	7948	1638	14907	22207	21037
耐火材料制品制造	113444	71789	10825	41655	122029	118279
石棉制品制造	427	309	10	118	975	975
云母制品制造	11653	6129	1458	5523	16233	16233
耐火陶瓷制品及其他耐火材料制造	101365	65351	9357	36014	104822	101072
石墨及其他非金属矿物制品制造	690648	226695	48658	463952	1130076	989133
石墨及碳素制品制造	147044	50587	11133	96457	496474	456174
其他非金属矿物制品制造	543604	176109	37525	367494	633601	532959
黑色金属冶炼和压延加工业	14022470	5699558	920201	8322911	10798685	9941886
炼铁	1546	472	48	1074	3255	2762
炼钢	81875	33071	6740	48804	109084	106498
钢压延加工	13356793	5387840	877114	7968952	10477105	9642036
铁合金冶炼	582256	278175	36299	304081	209241	190590
有色金属冶炼和压延加工业	7135921	3285326	537763	3850587	11901029	11124151
常用有色金属冶炼	745438	353269	44850	392169	1707355	1674434
铜冶炼	74625	26307	3844	48318	494263	491151
铅锌冶炼	455650	237728	19138	217922	931937	927455
镍钴冶炼	6001	2970	1187	3030	14712	14681
锡冶炼	8850	4418	1627	4432	21804	21087
锑冶炼	7595	4435	1859	3160	9657	7187
铝冶炼	26103	10798	5149	15305	128145	118645
镁冶炼						

续表 33

单位：万元

应付账款	非流动负债合计	所有者权益合计	实收资本	国家资本	集体资本	法人资本
11952	33600	92638	31030			11635
83579	60095	128148	109336	50		35922
53513	1540	364122	66646	15000		1304
8301	1646	17504	5398		412	1034
6845	1930	12766	3080			900
110844	9581	219218	123577	41374		33884
151442	14520	507689	279698	50000	100	71735
133919	3752	341734	194607	50000	100	36348
17523	10769	165955	85091			35387
1517017	732034	5496307	1830834		14455	864116
998783	404680	3157861	951392		3000	510095
370340	113565	1062197	410183			138295
25878	4549	172232	51584			22062
108753	137315	670597	290888		11027	108623
8717	69428	410704	122020		428	83753
	1327	771	50			50
4547	1170	21945	4718			1239
41997	1479	120368	49813			22372
363		432	314			314
9987		12134	11238			5688
31646	1479	107802	38261			16370
374771	134874	1218022	401680	4246	60327	175035
214976	40300	629510	128119		202	82602
159795	94574	588513	273561	4246	60125	92434
1822820	588220	7065532	4611280	243587	5485	3371264
900	493	1284	1622			1222
22390	2586	217617	98637	57637	1960	23126
1774529	566490	6461204	4185424	26357	3525	3341366
25001	18651	385427	325598	159593		5550
1824844	544714	5916493	2662203	185329	106575	1031852
151122	32056	31050	381632	138399	96526	44766
48257	2248	120691	103575	89000		4440
14644	4482	-337988	145308	46454	96526	1270
221	31	4063	1050			1050
7167	717	32103	9821			1581
1676	2470	14828	7164			5842
71925	9500	46106	20533	500		18664

1-5

行　　业	固定资产原价	累计折旧	本年折旧	固定资产净值	负债合计	流动负债合计
硅冶炼						
其他常用有色金属冶炼	166615	66612	12045	100002	106837	94228
贵金属冶炼	7408	2357	2081	5051	12045	12040
金冶炼						
银冶炼	3384	356	80	3028	6238	6238
其他贵金属冶炼	4024	2002	2002	2023	5808	5802
稀有稀土金属冶炼	98209	57607	12916	40602	241859	216397
钨钼冶炼	25971	9902	1583	16070	84394	77458
稀土金属冶炼	14930	6943	793	7987	61847	56075
其他稀有金属冶炼	57307	40762	10540	16545	95618	82864
有色金属合金制造	243353	112133	15599	131219	419402	398648
有色金属压延加工	6041513	2759960	462318	3281546	9520369	8822633
铜压延加工	1379346	763214	92026	616131	3209384	2960362
铝压延加工	3913500	1691669	315608	2221827	4123123	3815026
贵金属压延加工	2939	2182	275	757	1161129	1161129
稀有稀土金属压延加工	63715	14021	2307	49695	131775	109021
其他有色金属压延加工	682012	288875	52101	393136	894958	777095
金属制品业	19713716	9935095	1638531	9778573	21648831	19756428
结构性金属制品制造	4320237	2349660	402627	1970567	5620488	4985763
金属结构制造	3723135	2070297	354649	1652830	4666096	4070120
金属门窗制造	597101	279363	47977	317737	954392	915643
金属工具制造	1772692	1058580	170153	714109	1214701	1111115
切削工具制造	854332	503382	85447	350951	423748	380386
手工具制造	217072	165772	20343	51299	77959	75470
农用及园林用金属工具制造	24932	10765	1652	14167	25929	24129
刀剪及类似日用金属工具制造	92538	50044	11439	42493	173600	149349
其他金属工具制造	583818	328617	51272	255198	513465	481781
集装箱及金属包装容器制造	1783543	829444	124342	954098	1826664	1722740
集装箱制造	448191	194842	21333	253349	654611	635765
金属压力容器制造	106457	34591	6095	71866	105281	94633
金属包装容器及材料制造	1228895	600011	96914	628883	1066772	992342
金属丝绳及其制品制造	182459	109291	10964	73166	416094	407767
建筑、安全用金属制品制造	3263096	1673305	259172	1589784	2813476	2567181
建筑、家具用金属配件制造	1956375	937709	139468	1018661	1757283	1600823
建筑装饰及水暖管道零件制造	600588	304188	47235	296397	686474	637153
安全、消防用金属制品制造	111208	47632	11218	63576	114998	106247
其他建筑、安全用金属制品制造	594926	383776	61251	211150	254721	222957
金属表面处理及热处理加工	1062841	500414	91563	562423	1540367	1444527

续表 34

单位：万元

应付账款	非流动负债合计	所有者权益合计	实收资本	国家资本	集体资本	法人资本
7232	12609	151248	94181	2445		11920
2995	5	24169	12388			7388
82		6511	5000			
2913	5	17658	7388			7388
35993	25462	413378	70377	19598	2400	7403
3516	6937	86763	18000			7403
14436	5771	45954	9018	5098	2400	
18041	12754	280661	43359	14500		
117822	20753	446233	137330		4200	54212
1516913	466437	5001663	2060477	27332	3449	918083
650432	123657	2126455	816890	21332	3000	396879
649504	202164	2263427	819858		439	317615
15339		13441	9500			6000
27195	22753	70042	72670			70000
174443	117862	528298	341559	6000	10	127589
6059060	1596204	18598295	8819463	295724	362153	2886324
1491355	604520	4438793	2155390	76020	283033	972679
1231623	565771	3644445	1747077	76020	280312	762080
259732	38749	794348	408312		2721	210599
419147	99741	1473866	670790	6611	843	165964
163889	39518	734915	293175	6611		114962
29663	2489	85331	28771			2549
12583	1800	47967	10910			5210
45240	24250	92092	46240			13560
167772	31684	513562	291695		843	29683
476368	101673	1433451	842514	46770	14723	372975
178986	18845	502794	265014	11544	484	126471
19032	10648	116276	41489		3000	23661
278351	72180	814381	536012	35226	11240	222843
80990	8328	241973	131409		753	24685
699898	140874	2753547	1013390	400	5530	335120
497523	64873	1688505	582590	300	3724	188510
138022	45212	728830	285265	100	1806	131286
24109	8751	76403	30885			7714
40244	22038	259809	114651			7611
433217	90731	1258057	539062	15156	14477	154196

1-5

行　业	固定资产原价	累计折旧	本年折旧	固定资产净值	负债合计	流动负债合计
搪瓷制品制造	232759	118420	20701	114338	300075	291569
生产专用搪瓷制品制造	115225	57143	10735	58083	111662	111349
建筑装饰搪瓷制品制造	38083	23284	3628	14799	42114	42084
搪瓷卫生洁具制造	46660	18174	2674	28485	109056	101416
搪瓷日用品及其他搪瓷制品制造	32791	19819	3665	12971	37243	36721
金属制日用品制造	2447155	1285207	185697	1161941	2863989	2645320
金属制厨房用器具制造	189641	104110	14195	85530	331470	307113
金属制餐具和器皿制造	865516	377765	57496	487749	905682	805804
金属制卫生器具制造	84001	37395	5309	46606	129750	122414
其他金属制日用品制造	1307998	765938	108698	542056	1497087	1409989
铸造及其他金属制品制造	4648933	2010774	373313	2638149	5052976	4580446
黑色金属铸造	466159	169705	23257	296454	415244	379971
有色金属铸造	154885	67612	10909	87273	216180	203086
锻件及粉末冶金制品制造	230166	113045	12958	117120	229630	217450
交通及公共管理用金属标牌制造	67367	38826	6935	28541	61387	59231
其他未列明金属制品制造	3730357	1621586	319254	2108760	4130535	3720709
通用设备制造业	12014761	6081826	934110	5932913	22462495	20943179
锅炉及原动设备制造	429713	159129	18352	270584	2224488	1941128
锅炉及辅助设备制造	98519	50350	4497	48169	263176	234348
内燃机及配件制造	232938	58121	9678	174817	192710	92464
汽轮机及辅机制造	22244	16045	892	6199	62608	53806
水轮机及辅机制造	1989	1469	51	520	4271	4271
风能原动设备制造	70137	32301	2897	37836	1653140	1507656
其他原动设备制造	3886	843	337	3043	48584	48584
金属加工机械制造	1447496	701113	125419	746379	2626284	2402754
金属切削机床制造	170721	78627	13831	92093	632095	609056
金属成形机床制造	375402	201684	35982	173718	428344	396273
铸造机械制造	192772	117705	21690	75067	218247	202902
金属切割及焊接设备制造	280216	72693	16903	207522	736512	644462
机床功能部件及附件制造	75682	35617	5919	40064	98172	93197
其他金属加工机械制造	352703	194787	31096	157916	512915	456863
物料搬运设备制造	1255233	558319	85977	696912	3440390	3222376
轻小型起重设备制造	49792	20861	3162	28931	61797	55231
生产专用起重机制造	132538	65615	12134	66922	151114	143001
生产专用车辆制造	73065	21585	6163	51480	170537	168805
连续搬运设备制造	10380	5055	842	5325	33408	30740
电梯、自动扶梯及升降机制造	926381	422716	59573	503665	2728408	2544495
客运索道制造	34164	8635	1946	25529	140082	130277

续表 35

单位：万元

应付账款	非流动负债合计	所有者权益合计	实收资本	国家资本	集体资本	法人资本
96194	1450	166995	64369		592	25676
66925	313	48152	34341		592	6599
5030	30	51523	6939			1300
20021	585	25607	17692			15069
4219	522	41714	5398			2709
695017	161189	2529365	1154534	1500	8962	289692
81689	24356	205575	129364		908	37195
154024	68428	772589	408727		7324	93273
38796	7335	96283	62328	1500	231	31767
420508	61070	1454920	554116		500	127457
1666874	387698	4302247	2248004	149267	33242	545339
139145	30395	438238	201961	72647	1647	72217
91998	12558	133649	130750	31350		68716
100247	12181	269202	154630	11466	1825	65689
17164		88393	4384			
1318320	332564	3372766	1756279	33804	29769	338716
8970385	1402238	19081626	7055709	331932	127524	2363613
647722	283360	1179127	371463		13290	207177
34015	28829	255892	93359		2041	39730
23880	100246	187912	189417		11249	127085
4508	8802	102797	20267			9931
1889		1876	483			103
564353	145483	617787	57053			21154
19078		12863	10884			9174
842892	214177	2708871	832137	3114	4337	336112
227523	23038	775421	169698			91721
103537	32070	287884	85313			31918
63503	15345	158446	65993			25508
231517	92049	890477	330047	2000		112795
45690	4975	184646	69190	700	208	33548
171122	46701	411998	111896	414	4128	40623
1170712	218012	2531151	765051	54385	565	371584
21996	6566	77300	22906			4794
30257	8113	105394	78339			63269
29320	1732	32030	9771			6221
4963	2668	39777	19910	910		770
984233	183913	2087188	576775	50475	565	269346
46133	9805	97417	10367			

1-5

行业	固定资产原价	累计折旧	本年折旧	固定资产净值	负债合计	流动负债合计
机械式停车设备制造	9682	3649	596	6033	70408	67308
其他物料搬运设备制造	19230	10203	1560	9027	84635	82519
泵、阀门、压缩机及类似机械制造	2184894	1230659	152777	954234	3194345	3053173
泵及真空设备制造	373735	215437	32087	158297	756253	731632
气体压缩机械制造	1243903	754877	79326	489026	1763246	1688454
阀门和旋塞制造	306161	143772	21748	162389	314698	299362
液压动力机械及元件制造	240099	107241	17114	132857	289910	269841
液力动力机械元件制造	4140	1998	740	2142	1501	1489
气压动力机械及元件制造	16857	7334	1762	9523	68738	62396
轴承、齿轮和传动部件制造	445567	200298	31580	245268	434786	382979
滚动轴承制造	224993	123301	15313	101692	223670	213992
滑动轴承制造	12415	4335	733	8080	21179	17927
齿轮及齿轮减、变速箱制造	201737	70173	15084	131563	176214	137950
其他传动部件制造	6422	2489	451	3934	13722	13109
烘炉、风机、包装等设备制造	2193045	1043483	180985	1149558	4062276	3842668
烘炉、熔炉及电炉制造	12950	4642	873	8308	72229	70472
风机、风扇制造	452278	233680	41164	218595	527178	477285
气体、液体分离及纯净设备制造	83229	28125	5741	55104	272639	240472
制冷、空调设备制造	1044493	494972	85019	549520	1784759	1684977
风动和电动工具制造	221131	108101	19570	113030	822787	815798
喷枪及类似器具制造	51037	26339	4578	24698	53515	52032
包装专用设备制造	327928	147624	24041	180303	529169	501632
文化、办公用机械制造	1963748	1164639	153600	799107	3156311	2961749
电影机械制造	3513	2333	369	1180	15786	15746
幻灯及投影设备制造	66624	30026	4308	36598	151651	150004
照相机及器材制造	514198	330289	37879	183909	431736	375986
复印和胶印设备制造	812282	562868	71839	249413	911189	883825
计算器及货币专用设备制造	420403	140211	30698	280190	1502022	1393491
其他文化、办公用机械制造	146728	98910	8507	47817	143929	142697
通用零部件制造	1584178	823719	145074	760454	1846885	1745538
金属密封件制造	68691	27240	4512	41451	114458	91158
紧固件制造	858471	495529	82690	362940	642994	627217
弹簧制造	146311	68424	9766	77887	109368	102670
机械零部件加工	293222	132090	31250	161130	467701	430556
其他通用零部件制造	217483	100436	16856	117046	512363	493937
其他通用设备制造业	510887	200468	40347	310417	1476730	1390815
工业机器人制造	42162	14211	3889	27951	286776	277793
特殊作业机器人制造	8022	3164	685	4858	58835	58473
增材制造装备制造	76157	30038	6232	46119	179726	161343

续表 36

单位：万元

应付账款	非流动负债合计	所有者权益合计	实收资本	国家资本	集体资本	法人资本
11676	3100	48998	25532			15183
42136	2116	43047	21452	3000		12000
1497983	141172	2547230	916121	4386	7343	320319
270492	24621	623295	174851		1000	55317
977038	74793	1270798	499224		159	210033
105562	15336	312464	130279		510	12855
103850	20069	306016	85275	3300	180	33547
783	12	5311	4840			4500
40259	6342	29347	21652	1086	5494	4067
173018	51389	300707	175555	23008	1400	26107
100869	9261	123514	103418	13705	50	14863
14183	3252	11406	4160			
48966	38264	155598	61575	9303	1300	7386
9001	613	10189	6402		50	3858
1929069	208569	3567673	1282718	31004	30467	423191
35412	1757	45877	23932			11094
263576	46726	743905	282368		300	99376
114344	32167	196308	74346		4548	36310
647993	91910	1197770	502611	4970	23333	184015
699283	6989	306069	78962			6406
16146	1483	30630	14430		800	5953
152317	27538	1047114	306070	26034	1486	80037
1422730	121226	3873488	1539077	148914	52048	307277
10904	40	17773	3970			1260
80887	1647	156506	90639			9387
147090	6419	635380	328019	14	4063	25993
499539	27363	1082571	420429		195	115595
583346	84525	1842603	615246	148900	47790	147978
100963	1232	138655	80774			7065
770140	87222	1273059	680840	62214	1882	161179
35022	23300	117208	68880	25189		31250
260366	11114	451820	231400	14997	952	59090
44868	6698	176865	63260		680	10153
212891	36621	244459	149576	15518	50	24967
216994	9489	282707	167726	6510	200	35720
516118	77110	1100322	492748	4907	16193	210666
126142	8984	265204	108474	2910	12470	65779
19953	362	34823	14821			14821
43827	18383	157526	54729	1362		38554

1-5

行业	固定资产原价	累计折旧	本年折旧	固定资产净值	负债合计	流动负债合计
其他未列明通用设备制造业	384546	153055	29542	231489	951393	893206
专用设备制造业	10971626	5115175	866758	5856423	19756404	17498813
采矿、冶金、建筑专用设备制造	496453	233351	36807	263101	1006265	926232
矿山机械制造	112224	64961	8717	47263	240021	232934
石油钻采专用设备制造	13520	5646	375	7875	9518	9338
深海石油钻探设备制造	37746	11439	2031	26306	135569	103691
建筑工程用机械制造	107849	31237	6053	76612	236470	211011
建筑材料生产专用机械制造	175314	93480	16489	81833	163285	150013
冶金专用设备制造	30260	16651	2328	13609	66837	64678
隧道施工专用机械制造	19539	9937	813	9602	154566	154566
化工、木材、非金属加工专用设备制造	4738017	2431740	398053	2306263	6010345	5475770
炼油、化工生产专用设备制造	107656	67764	9295	39892	149690	136928
橡胶加工专用设备制造	44827	24837	4027	19990	80043	77934
塑料加工专用设备制造	734434	352815	58437	381619	1050192	959400
木竹材加工机械制造	104143	40485	5380	63657	105933	94419
模具制造	3731752	1939675	318538	1792064	4575821	4160601
其他非金属加工专用设备制造	15206	6164	2376	9042	48666	46489
食品、饮料、烟草及饲料生产专用设备制造	174438	58275	10665	116163	196292	186835
食品、酒、饮料及茶生产专用设备制造	54842	23597	3000	31246	106092	102435
农副食品加工专用设备制造	10821	3534	586	7287	23017	19037
烟草生产专用设备制造	100382	28103	6329	72278	29692	28662
饲料生产专用设备制造	8394	3041	749	5353	37491	36700
印刷、制药、日化及日用品生产专用设备制造	1159468	629250	113162	530217	1973947	1702852
制浆和造纸专用设备制造	98197	40092	5888	58105	158479	151218
印刷专用设备制造	205866	95520	13229	110345	290161	272243
日用化工专用设备制造	4363	1422	964	2940	23947	23842
制药专用设备制造	475	360	63	115	2360	2360
照明器具生产专用设备制造	35111	14982	2550	20128	104134	100190
玻璃、陶瓷和搪瓷制品生产专用设备制造	718676	425963	84009	292712	1346077	1105770
其他日用品生产专用设备制造	96781	50911	6460	45870	48790	47230
纺织、服装和皮革加工专用设备制造	392958	182807	32361	210151	666066	547353
纺织专用设备制造	240151	117094	19275	123056	418832	316735
皮革、毛皮及其制品加工专用设备制造	4466	1714	277	2752	15429	14898
缝制机械制造	61008	32833	2885	28176	115177	102418
洗涤机械制造	87333	31166	9924	56167	116628	113302
电子和电工机械专用设备制造	759201	302729	66475	456468	2960981	2851440
电工机械专用设备制造	171852	55425	16534	116426	703504	679649
半导体器件专用设备制造	256676	119447	16734	137227	630031	608895
电子元器件与机电组件设备制造	179593	77760	21103	101833	444733	411292

续表 37

单位：万元

应付账款	非流动负债合计	所有者权益合计	实收资本	国家资本	集体资本	法人资本
326196	49381	642769	314724	635	3724	91512
6421760	2190769	19099012	7351322	184177	109819	2682462
354501	73015	545884	254791	37464	5330	118132
71944	7087	112559	58888	800		50378
2818	181	22231	17500			1732
22124	31878	64257	57633			50001
93213	24789	145714	66774	36664		5600
30838	6922	147788	35089		50	7407
8664	2159	20942	15723		5280	1900
124901		32394	3184			1115
2006206	508106	4719553	2335353	89151	38457	795626
20909	12762	134557	33460		7468	1850
35067	2109	101384	26070		350	3806
279517	90792	864868	348180	42964	187	79529
33249	11514	294908	67225			8764
1617482	388751	3301507	1840681	41929	30452	692107
19981	2177	22329	19739	4259		9570
45811	9308	206190	115315			83275
27321	3607	92734	29307			15873
4007	3979	12192	9694			5290
5208	930	90566	72764			62111
9276	791	10698	3550			
567575	271095	1815485	923328	142	3683	80924
43296	7260	65585	29880			10460
94878	17918	294807	110023	42	250	36939
9315	105	9904	5272			742
340		445	400			
48195	3944	77719	43799			15328
351156	240308	1234039	666794		3433	13738
20394	1560	132987	67161	100		3717
150088	113089	571533	212484	17505	840	87034
92576	96473	377183	155059	16977	840	65976
4376	531	8420	3086			1098
47979	12759	100338	36784			3961
5157	3326	85593	17556	528		16000
1145355	99382	2321974	792806	8054	22228	305550
293878	23855	563350	132319	4557	1780	59484
214307	21136	618752	278486		15321	97987
190718	31989	275485	121407	3497	229	35395

1-5

行　　业	固定资产原价	累计折旧	本年折旧	固定资产净值	负债合计	流动负债合计
其他电子专用设备制造	151081	50098	12105	100982	1182713	1151604
农、林、牧、渔专用机械制造	113403	46591	6609	66812	166988	163602
拖拉机制造	2596	836	98	1760	2638	2443
机械化农业及园艺机具制造	67955	33423	3270	34532	84922	84915
营林及木竹采伐机械制造						
畜牧机械制造	24749	6909	1765	17840	51401	48951
渔业机械制造	980	384	89	597	2260	2260
农林牧渔机械配件制造	3926	1914	562	2012	1668	1301
棉花加工机械制造	835	618	20	217	910	910
其他农、林、牧、渔业机械制造	12362	2507	806	9855	23189	22822
医疗仪器设备及器械制造	2167005	887672	138381	1279330	3083040	2600460
医疗诊断、监护及治疗设备制造	910627	295583	58074	615043	1923175	1549144
口腔科用设备及器具制造	36036	14263	2840	21773	34934	32897
医疗实验室及医用消毒设备和器具制造	4458	1442	252	3016	8942	8942
医疗、外科及兽医用器械制造	274392	140292	13448	134099	303306	262490
机械治疗及病房护理设备制造	62790	25139	3637	37649	85177	81092
康复辅具制造	71418	41110	5404	30307	66276	60680
眼镜制造	575451	272547	38622	302904	388130	356059
其他医疗设备及器械制造	231834	97296	16104	134538	273101	249156
环保、邮政、社会公共服务及其他专用设备制造	970683	342760	64244	627918	3692480	3044269
环境保护专用设备制造	192521	72802	14778	119718	669018	520257
地质勘查专用设备制造						
邮政专用机械及器材制造	260	67	32	193	3517	3517
商业、饮食、服务专用设备制造	6288	2515	424	3773	14637	14506
社会公共安全设备及器材制造	79862	28444	5493	51418	223071	207625
交通安全、管制及类似专用设备制造	31377	14039	1957	17337	252007	104147
水资源专用机械制造	5135	2891	296	2244	25969	24439
其他专用设备制造	655239	222002	41264	433235	2504261	2169779
汽车制造业	24283667	12422989	1759129	11860670	37285819	34834674
汽车整车制造	9442903	4878210	629967	4564694	21401450	20116892
汽柴油车整车制造	9381055	4866842	627520	4514213	20411876	19155378
新能源车整车制造	61848	11368	2447	50480	989574	961514
汽车用发动机制造	549191	311121	31502	238069	803139	783254
改装汽车制造	162954	81333	7795	81621	2338308	2037798
低速汽车制造	77313	42891	3192	34421	145893	142378
电车制造	21431	3040	1591	18391	20130	15479
汽车车身、挂车制造	152938	58877	8922	94061	276728	272210
汽车零部件及配件制造	13876939	7047516	1076161	6829414	12300173	11466663
铁路、船舶、航空航天和其他运输设备制造业	5174745	1958123	271061	3216617	9329807	8156842

续表 38

单位：万元

应付账款	非流动负债合计	所有者权益合计	实收资本	国家资本	集体资本	法人资本
446452	22403	864387	260594		4898	112684
67195	3386	143427	85195	7968		10623
510	195	3064	2502			
52508	7	107067	55706	7500		50
9783	2449	14759	14320			10000
633		537	502			
102	367	3085	1473			473
910		412	917			
2750	367	14504	9775	468		100
972613	465181	5636327	1677650	4588	21439	726431
461824	374030	3830954	933748	4588	10510	531544
9312	2037	70429	24986		1	9586
1735		2306	1000			500
104095	40816	702200	226042		10512	98213
37605	4085	66896	36365			20149
37788	5596	109883	52144			3067
229569	14672	445869	291387		416	19018
90686	23945	407790	111978			44356
1112416	648209	3138638	954399	19305	17842	474867
123926	148761	541494	221129	10000	7064	109187
396		2611	2420			1420
2725	132	10797	7164		2150	733
104359	15446	271585	97613		4152	62291
36867	147860	60108	36526			25497
10069	1529	14363	10907			8700
834074	334482	2237681	578640	9305	4476	267041
14817961	2365195	24079947	10289952	2680504	40860	2771068
8165840	1284558	7002082	4274641	2163828		1077081
7281327	1256498	6893027	4185609	2148528		1011958
884513	28060	109055	89032	15300		65122
412129	19884	707161	394624	137780		31669
788902	300510	500999	204622	10540	5576	119976
43240	3515	51247	222000	111000		
5661	4651	20558	27653	24800		
93025	4518	280454	81974	800	0	63319
5309164	747559	15517447	5084440	231756	35284	1479024
2062370	1104536	5841742	4109491	1604134	33886	1119627

1-5

行业	固定资产原价	累计折旧	本年折旧	固定资产净值	负债合计	流动负债合计
铁路运输设备制造	131288	28077	6080	103211	274364	249356
高铁车组制造	117606	21812	5023	95794	216476	196427
铁路机车车辆制造						
窄轨机车车辆制造	108	52	29	57	2543	2543
高铁设备、配件制造	81	8	8	73	224	224
铁路机车车辆配件制造	5943	2058	395	3885	12843	10961
铁路专用设备及器材、配件制造	4635	2581	379	2054	23032	23015
其他铁路运输设备制造	2915	1566	247	1349	19246	16185
城市轨道交通设备制造	153770	21085	6666	132684	225609	161770
船舶及相关装置制造	3279822	1158844	155573	2120977	6338015	5437452
金属船舶制造	2222444	817583	92178	1404861	5216147	4449805
非金属船舶制造	84661	31760	4206	52900	153133	145772
娱乐船和运动船制造	49037	18932	3255	30105	116845	108485
船用配套设备制造	83880	45614	8248	38267	44601	40507
船舶改装	289572	122766	14654	166805	201750	200502
船舶拆除	21251	17445	349	3806	21277	21277
海洋工程装备制造	528755	104588	32655	424167	582247	469090
航标器材及其他相关装置制造	221	156	29	65	2014	2014
航空、航天器及设备制造	83856	25062	8809	58794	128993	126042
飞机制造	73528	20758	5733	52770	101215	98589
航天器及运载火箭制造						
航天相关设备制造						
航空相关设备制造	234	131	30	103	3072	3072
其他航空航天器制造	10094	4173	3046	5921	24706	24381
摩托车制造	969931	468008	61426	501921	1543815	1440301
摩托车整车制造	496039	182450	30279	313589	1055252	987585
摩托车零部件及配件制造	473891	285558	31147	188332	488563	452717
自行车和残疾人座车制造	375622	173362	21576	202260	465383	442320
自行车制造	351843	160071	20283	191772	435585	412563
残疾人座车制造	23779	13291	1293	10488	29798	29757
助动车制造	69291	40706	5757	28585	188696	174090
非公路休闲车及零配件制造	30545	21843	1970	8702	78196	77986
潜水救捞及其他未列明运输设备制造	80621	21138	3204	59483	86737	47524
潜水装备制造	30679	6777	1014	23903	41623	36608
水下救捞装备制造						
其他未列明运输设备制造	49942	14362	2190	35580	45114	10916
电气机械和器材制造业	39092421	21627799	3558500	17464394	85916391	76722742
电机制造	2091668	1037575	170142	1054092	3138104	2556739
发电机及发电机组制造	396189	211627	25205	184562	571201	479841

续表 39

单位：万元

应付账款	非流动负债合计	所有者权益合计	实收资本			
				国家资本	集体资本	法人资本
101064	25008	118544	130908	106577	1423	13214
67840	20049	52124	103000	100000		3000
1474		1054	1000			580
33		429	346			
5242	1882	12383	4220			2090
14977	17	31457	15542	6577	1423	5505
11498	3061	21097	6800			2040
51472	63839	97607	100903	33000		63803
937130	900562	3133982	2877065	1361121	5078	853367
766166	766342	1782183	1760382	1329735	3918	356113
49695	7361	149466	81027			44450
10942	8360	48916	38219		200	29224
12862	4094	63311	25790	12977		1000
30226	1248	264241	134617			56317
-3		20337	16908		960	14908
66916	113158	805183	819922	18409		351355
327		345	200			
31008	2951	208744	139625	103266		5672
12981	2626	145105	132153	103266		4672
1137		1597	1000			1000
16890	325	62043	6472			
580284	45914	1613987	541217	170	27308	154694
434006	17556	1277142	381498		17308	72855
146277	28358	336845	159719	170	10000	81839
205939	12234	424117	225135			15860
193533	12193	403888	212299			12579
12406	41	20229	12836			3281
100089	14606	68275	38417		77	2979
32270	210	51258	19306			1965
23114	39213	125229	36915			8073
19330	5015	91607	17134			7123
3784	34198	33622	19781			950
27889307	8861177	57669750	20764714	843913	158538	8857686
1288000	571546	3188762	1192150	125698	12358	315329
170191	87328	490463	301081	121910		90220

1-5

行业	固定资产原价	累计折旧		固定资产净值	负债合计	流动负债合计
			本年折旧			
电动机制造	308985	142491	24079	166493	529540	511497
微特电机及组件制造	442732	171507	31430	271225	675858	486375
其他电机制造	943762	511950	89428	431812	1361505	1079026
输配电及控制设备制造	5806669	2755776	414770	3050707	12204908	10806625
变压器、整流器和电感器制造	1680577	903979	129005	776420	4060399	3899112
电容器及其配套设备制造	160749	98046	8619	62702	174099	164836
配电开关控制设备制造	868174	407474	51637	460697	2652736	2297834
电力电子元器件制造	1556199	874108	142732	682087	2331361	2243909
光伏设备及元器件制造	982628	219879	35401	762748	1394152	947915
其他输配电及控制设备制造	558343	252291	47375	306052	1592161	1253019
电线、电缆、光缆及电工器材制造	3513467	1892718	256111	1620741	7247483	6837578
电线、电缆制造	2679298	1504978	207714	1174313	5735486	5409174
光纤制造	107376	53788	5539	53587	143737	140545
光缆制造	166485	93850	9137	72635	544156	491545
绝缘制品制造	268415	128148	18084	140266	485592	472005
其他电工器材制造	291894	111953	15638	179940	338511	324310
电池制造	4368295	1796887	382357	2571404	16130037	14449348
锂离子电池制造	2634979	968313	256242	1666664	9932993	9403428
镍氢电池制造	170229	67393	12478	102836	438121	398964
铅蓄电池制造	244356	137401	18889	106954	371591	351022
锌锰电池制造	47596	36706	1704	10890	43130	41988
其他电池制造	1271135	587074	93044	684061	5344204	4253947
家用电力器具制造	19933596	12609863	2072199	7323716	40629768	35897144
家用制冷电器具制造	708712	383296	49829	325415	1016886	989502
家用空气调节器制造	14400931	9701818	1650775	4699112	30984501	26762942
家用通风电器具制造	963194	501257	62119	461935	1553416	1422450
家用厨房电器具制造	2393996	1277050	197739	1116938	4132019	3906031
家用清洁卫生电器具制造	410645	206613	29234	204031	957527	934117
家用美容、保健护理电器具制造	322922	185933	24876	136989	564060	531455
家用电力器具专用配件制造	274971	120134	20859	154834	580727	539537
其他家用电力器具制造	458225	233763	36769	224461	840632	811109
非电力家用器具制造	491970	216966	39774	275003	1171631	1119101
燃气及类似能源家用器具制造	328908	115611	21700	213296	1076492	1034012
太阳能器具制造	16708	7060	2324	9648	40429	32151
其他非电力家用器具制造	146354	94295	15751	52059	54710	52937
照明器具制造	2605533	1180739	195687	1424784	4794840	4478306
电光源制造	550468	270768	33253	279699	747800	678393
照明灯具制造	1569092	701130	117539	867954	3043467	2863595
舞台及场地用灯制造	143782	57601	13690	86181	289526	280989

续表 40

单位：万元

应付账款	非流动负债合计	所有者权益合计	实收资本			
				国家资本	集体资本	法人资本
287540	18043	477476	155493		12039	63326
242652	184884	556288	245882	3788		118847
587616	281292	1664534	489694		319	42936
4773700	1335344	11281479	6331735	366390	61107	2608389
1948662	156243	3763259	1865864	34500	3153	977789
66454	8340	132348	94776	8000	2400	16976
926548	303249	2544045	1313354	319331	16972	469283
1252208	85559	2305376	1920105	4560	33382	303567
200499	442813	711480	552589			507991
379330	339141	1824971	585049		5200	332784
2600057	360368	6191044	2766538	126700	16579	1090291
2124157	276776	4799375	2195471	40493	11628	918944
59946	3193	149175	121757	38652		4543
130861	52611	457066	158749	42817		25526
191509	13587	444455	173387		4952	88334
93584	14201	340973	117175	4739		52944
4987718	1614814	9456378	3249331	19266	36873	1975401
3944284	492711	4889427	2224799	14406	27696	1744927
169243	39157	375293	115217		900	34657
87497	16029	341485	183957	4860	5000	43029
17836	1142	35062	35347		2007	300
768858	1065775	3815110	690012		1270	152488
11797901	4643811	20298118	4478030	147960	16662	1955875
411388	26810	679551	286474	40000		157416
8045973	4221559	13621850	1727987	104843		922683
487682	86249	1047696	395561	300	100	156806
1410658	187609	3201620	1199794	1150	12523	501699
475164	23410	600486	266550	1666		92449
328773	28740	352140	193898		228	28415
231553	39911	285420	113210		3758	37557
406711	29523	509355	294558		52	58850
365819	51122	1208774	413337	45552		186806
347809	41071	1108126	339903			173578
11696	8278	53036	66286	45252		10160
6314	1773	47612	7148	300		3068
1867416	262451	5567955	2159944	12348	14659	642945
305069	46837	1068489	453318	12278		96041
1123719	156773	3662251	1351518	69	14345	444934
123470	8536	306229	115742			49324

1-5

行业	固定资产原价	累计折旧	本年折旧	固定资产净值	负债合计	流动负债合计
智能照明器具制造	44300	21479	5367	22820	158679	142382
灯用电器附件及其他照明器具制造	297891	129761	25838	168129	555369	512948
其他电气机械及器材制造	281223	137275	27460	143948	599620	577900
电气信号设备装置制造	152575	80662	10834	71913	203860	193724
其他未列明电气机械及器材制造	128648	56613	16626	72035	395760	384176
计算机、通信和其他电子设备制造业	79335242	40636084	7525112	38699103	213805995	193480828
计算机制造	5634611	3413626	454532	2220978	14782582	14356263
计算机整机制造	1168788	555808	84817	612979	5782801	5557054
计算机零部件制造	1550564	942236	118721	608325	3087730	3034172
计算机外围设备制造	1800357	1244840	147380	555515	3378203	3304033
工业控制计算机及系统制造	32450	13313	3186	19136	127736	115537
信息安全设备制造	19462	11281	2371	8181	75771	74902
其他计算机制造	1062991	646148	98059	416842	2330342	2270565
通信设备制造	19502460	9638805	2386695	9863649	113041363	103259511
通信系统设备制造	11559697	5841788	1343145	5717907	57611647	49458309
通信终端设备制造	7942763	3797017	1043550	4145742	55429716	53801202
广播电视设备制造	903195	539941	77663	363252	1138323	1023317
广播电视节目制作及发射设备制造	7485	3498	843	3987	21762	21262
广播电视接收设备制造	219976	92639	16573	127336	517121	451253
广播电视专用配件制造	30011	11287	1686	18724	59170	58821
专业音响设备制造	95247	47842	8722	47405	196119	186825
应用电视设备及其他广播电视设备制造	550475	384674	49840	165800	344151	305156
雷达及配套设备制造	100613	39146	8760	61467	376690	325526
非专业视听设备制造	3294543	1714805	206785	1579735	15495465	14414276
电视机制造	976658	435100	58734	541557	9736167	9178187
音响设备制造	1293771	663791	87989	629976	3039662	2735089
影视录放设备制造	1024114	615914	60062	408201	2719636	2501000
智能消费设备制造	794084	366131	76758	427949	3081031	2929099
可穿戴智能设备制造	136667	62331	8285	74335	303504	292708
智能车载设备制造	111181	52962	9169	58218	362253	352900
智能无人飞行器制造	94408	52281	23084	42127	847365	831534
服务消费机器人制造	16909	7236	1901	9673	192228	184392
其他智能消费设备制造	434920	191322	34319	243596	1375681	1267565
电子器件制造	25969982	13049643	2634085	12920329	33974048	27526069
电子真空器件制造	336793	177487	28663	159304	690961	631263
半导体分立器件制造	707537	274066	55085	433472	729268	633824
集成电路制造	2922899	1532511	219908	1390386	3337907	2763792
显示器件制造	16178606	8419750	1770867	7758855	19655780	15409777
半导体照明器件制造	1158952	503793	90786	655159	1864866	1740034

续表 41

单位：万元

应付账款	非流动负债合计	所有者权益合计	实收资本	国家资本	集体资本	法人资本
69386	16296	113629	56090			12005
245772	34009	417357	183277		314	40641
208697	21720	477240	173650		300	82652
66612	10137	234613	82949			32112
142084	11583	242628	90701		300	50540
96502134	19640446	136655278	47976830	771114	823861	23434789
9171701	386391	12002319	3544256	24026	10103	853876
4108443	218576	2160442	836849	1240	504	236281
1838837	30219	1980886	916812	4000	874	117348
1453655	70043	3368021	1169897	17968	6366	337001
67505	12199	182017	49736		1200	21481
24805	868	131704	32730	818	213	10669
1678455	54485	4179250	538233		946	131097
49113139	9412934	47974187	10754936	155731	420505	7448468
13941695	8153336	28454391	6310725	19931	254400	5313444
35171445	1259598	19519796	4444210	135800	166105	2135024
476530	93420	1390654	469830	7223	7207	209083
13923	500	29579	7349		4051	1252
232547	49736	443972	193088	4286	476	51499
34992	349	46361	29672	2937	1600	6450
90626	3841	101423	26273			9862
104443	38994	769319	213449		1080	140020
77167	51164	357709	110200			73253
7440618	1049730	8419561	3394689	86601	31061	1785147
4144058	557980	3948553	1429065	53600	100	1060720
1704199	286633	2725698	963307	946	361	308356
1592362	205118	1745311	1002316	32055	30600	416071
1735074	151932	3462529	996399	25590	52657	251974
183197	10796	261082	125557			26406
181475	9353	308381	98023			42676
627113	15831	1042160	99289			3972
91795	7835	267556	19481		33	4586
651494	108116	1583350	654050	25590	52624	174334
12008979	6389215	29860698	16324489	288199	171126	9104811
336841	55539	647579	299238	12010	1273	140169
293460	87024	912180	557513			90614
1125508	573461	3529084	1788192	44189	3171	801805
6654538	4243656	18020778	9393862	145593	26083	5803488
630251	124832	1780811	821669	55358	108445	206834

1-5

行业	固定资产原价	累计折旧	本年折旧	固定资产净值	负债合计	流动负债合计
光电子器件制造	3724815	1706709	397147	2018105	5629190	4396173
其他电子器件制造	940379	435328	71629	505049	2066076	1951206
电子元件及电子专用材料制造	21422550	11296849	1563413	10125682	27653715	25512185
电阻电容电感元件制造	3813760	2094714	266933	1719044	3315291	3182539
电子电路制造	10288475	5309674	741975	4978794	14498249	13258454
敏感元件及传感器制造	399528	223320	26429	176207	460241	439863
电声器件及零件制造	424258	227418	29922	196839	994993	943143
电子专用材料制造	1118444	518204	87398	600239	1356155	1214856
其他电子元件制造	5378085	2923520	410756	2454560	7028786	6473330
其他电子设备制造	1713205	577138	116422	1136062	4262778	4134583
仪器仪表制造业	2671784	1345803	216875	1325977	6814937	6297081
通用仪器仪表制造	802958	351600	60863	451358	3615942	3265570
工业自动控制系统装置制造	450727	208236	36305	242490	1552028	1491201
电工仪器仪表制造	234077	84691	14187	149386	1609878	1370879
绘图、计算及测量仪器制造	50820	28127	4031	22693	132077	130104
实验分析仪器制造	42285	19245	3874	23040	144048	130789
试验机制造	15897	7220	1379	8678	55665	51489
供应用仪器仪表制造	7266	3164	768	4101	114236	83098
其他通用仪器制造	1887	918	318	969	8011	8010
专用仪器仪表制造	216968	103402	24489	113564	1024129	999610
环境监测专用仪器仪表制造	26713	12550	3299	14163	485043	482147
运输设备及生产用计数仪表制造	38492	24502	4594	13989	105987	104788
导航、测绘、气象及海洋专用仪器制造	11809	3315	1023	8495	42593	41154
农林牧渔专用仪器仪表制造	7884	3675	359	4210	7054	6903
地质勘探和地震专用仪器制造	2380	702	49	1678	1782	991
教学专用仪器制造	865	310	74	555	3648	3354
核子及核辐射测量仪器制造	249	141	43	108	1706	1706
电子测量仪器制造	94137	42915	9734	51221	251499	243642
其他专用仪器制造	34440	15294	5315	19146	124816	114926
钟表与计时仪器制造	526886	257702	38722	269182	904510	822614
光学仪器制造	1016624	580197	86239	436426	1053504	997906
衡器制造	62170	25734	2964	36436	101285	97720
其他仪器仪表制造业	46178	27167	3599	19012	115566	113661
其他制造业	945523	427238	64547	518248	1316091	1183638
日用杂品制造	523509	248117	33458	275389	546985	534699
鬃毛加工、制刷及清扫工具制造	84653	36780	6133	47872	111377	108955
其他日用杂品制造	438856	211337	27326	227517	435607	425744
核辐射加工	1171	614	115	558	2381	2381
其他未列明制造业	420843	178507	30974	242302	766725	646558

续表 42

单位：万元

应付账款	非流动负债合计	所有者权益合计	实收资本			
				国家资本	集体资本	法人资本
2143226	1222154	3778879	2791215	24920	24518	1845760
825156	82551	1191387	672802	6129	7635	216141
13698769	1997840	30224542	11314984	176153	123023	3265523
1676168	128232	4410493	1682303	67623	1068	323627
7178300	1156367	14308109	5002043	15029	66550	1609450
208711	20377	613143	223612	4575	447	33987
456381	44705	427524	229497	175	295	47489
542055	141299	3514469	1113402	10880		641557
3637154	506860	6950805	3064128	77871	54663	609413
2780159	107819	2963079	1067048	7590	8180	442653
2572995	491628	6592186	2528524	13464	19252	870474
1196324	350372	3335245	1052147	13216	16387	452507
596399	60826	1905968	541222	5565	7398	316712
436735	238999	825068	367356	7651	8972	68388
74245	1973	101597	36081			22321
44971	13259	276671	41403		17	13346
28509	4176	80442	21766			6829
10789	31138	134493	39425			21780
4677	1	11006	4894			3131
521899	23319	968166	361083	249		107999
237401	2897	309202	141949			12712
74515		35695	22941			14284
20048	1440	44158	22292			11569
3520	151	9935	3200			3200
58	792	6745	200			200
763	294	3577	2110			100
355		3659	55			
113674	7857	379065	91252	249		17903
71567	9890	176132	77084			48032
355563	62653	883051	507110		200	53185
403852	49813	965414	490848		450	221506
46485	3566	244086	62065		380	23111
48873	1905	196224	55271		1835	12167
483228	131341	1266367	675059	4867	7220	228820
217966	11175	643237	398755		1448	117658
39245	2422	82214	35448			22678
178722	8752	561023	363308		1448	94980
2231		5236	3000		3000	
263031	120167	617895	273303	4867	2772	111162

1-5

行　　业	固定资产原价	累计折旧	本年折旧	固定资产净值	负债合计	流动负债合计
废弃资源综合利用业	1930039	615732	170998	1314305	2280482	1924028
金属废料和碎屑加工处理	1494651	468195	138433	1026455	1664660	1466275
非金属废料和碎屑加工处理	435388	147538	32564	287850	615822	457753
金属制品、机械和设备修理业	906943	391011	38396	515932	1171900	943919
金属制品修理	8451	4682	631	3770	21108	20722
通用设备修理	12443	3521	1609	8922	32065	31166
专用设备修理	7008	2678	889	4330	13473	11673
铁路、船舶、航空航天等运输设备修理	867136	374446	33835	492691	1068541	843989
铁路运输设备修理	170756	51119	5122	119637	149823	146505
船舶修理	326353	106012	11353	220341	315723	148635
航空航天器修理	370028	217315	17361	152713	602996	548849
其他运输设备修理						
电气设备修理	1340	1032	61	308	1443	1443
仪器仪表修理	3104	1345	465	1759	5843	5843
其他机械和设备修理业	7461	3308	904	4154	29426	29084
电力、热力、燃气及水生产和供应业	148386577	68639446	6685495	79747127	79667815	37544969
电力、热力生产和供应业	130895139	61061516	5925634	69833621	63218836	29477805
电力生产	59123924	23962992	2141973	35160931	36755266	14261105
火力发电	25679422	13094837	1235557	12584585	11531106	6466073
热电联产	3900254	1735301	156396	2164953	2270435	1156803
水力发电	4841170	2377903	152590	2463266	1889942	779641
核力发电	19857973	5934404	403082	13923568	16035141	3935768
风力发电	3001236	594560	114198	2406677	2406099	795203
太阳能发电	994221	73482	37184	920738	981812	427528
生物质能发电	467687	86966	26389	380720	1222974	544491
其他电力生产	381962	65538	16576	316423	417758	155598
电力供应	71442692	36962894	3761671	34479798	26177350	14997676
热力生产和供应	328524	135631	21990	192892	286220	219023
燃气生产和供应业	5295001	1493375	238300	3801625	5033464	3459801
燃气生产和供应业	5282005	1492096	237715	3789909	4994970	3421307
天然气生产和供应业	4896621	1349680	220621	3546940	4535826	3035409
液化石油气生产和供应业	383785	141377	17026	242409	455515	382766
煤气生产和供应业	1599	1039	68	560	3629	3133
生物质燃气生产和供应业	12996	1280	585	11716	38494	38494
水的生产和供应业	12196437	6084554	521561	6111881	11415515	4607363
自来水生产和供应	9440028	4974565	347856	4465462	6059519	2786829
污水处理及其再生利用	2751317	1108644	173577	1642672	4032152	1755106
海水淡化处理						
其他水的处理、利用与分配	5092	1345	128	3747	1323843	65428

续表 43

单位：万元

应付账款	非流动负债合计	所有者权益合计	实收资本			
				国家资本	集体资本	法人资本
720061	292916	1886178	547198	160275	-659	247175
618429	149915	1465029	344682	132648	-679	127293
101632	143001	421149	202516	27627	20	119882
426392	227981	949743	563378	378487	720	104560
13962	386	7968	4873	400		806
21536	899	26939	10478	6800	570	1131
4905	1801	33988	3624			100
368366	224552	855487	530208	370287	150	94083
126290	3318	150604	166391	166391		
42996	167088	155909	189667	179390	150	5180
199081	54147	548974	174149	24506		88902
1227		3169	1000	1000		
2218		5954	4797			2000
14178	343	16237	8398			6440
8355169	42109442	75860979	38425963	27458503	201320	7436747
7054643	33728366	63434795	33431589	25360239	80386	5846747
2456872	22481494	23593161	18133292	10207585	66753	5761426
845840	5065032	9329936	6920030	4151676	18821	2270947
461261	1107625	2339688	1886037	1318391	6381	304356
108784	1103643	2794337	1802586	805496	11571	904591
552205	12099373	6201004	5190438	2824659		1286998
185932	1610895	1423796	1282601	643059	515	515803
149024	554284	435582	315773	131226	6991	158803
113151	678482	699687	497981	251563	22475	201041
40675	262159	369131	237846	81514		118888
4514345	11179675	39586233	15145658	15101419	2235	22605
83427	67197	255401	152639	51235	11399	62716
648782	1573663	3810409	2104074	744991	39907	826886
644477	1573663	3805643	2100344	744991	39907	826786
537751	1500418	3519326	1891959	691723	39297	800708
105621	72749	284930	204886	53018	610	26078
1105	496	1387	3500	250		
4305		4766	3730			100
651743	6807414	8615774	2890300	1353273	81027	763114
413625	3272689	5229190	1954345	1150455	76132	531842
218757	2276310	2761316	624916	202818	4895	231072
19361	1258415	625268	311039			200

1-5

行　业	个人资本	港澳台资本	外商资本	营业收入	主营业务收入	营业成本
总　计	35653921	38294508	34069690	1425978584	1401389942	1194923560
采矿业	168093	40625	12182	8987779	8933028	4854333
煤炭开采和洗选业						
烟煤和无烟煤开采洗选						
褐煤开采洗选						
其他煤炭采选						
石油和天然气开采业			10347	5872659	5870135	2515951
石油开采			10347	2944832	2944832	1181673
陆地石油开采						
海洋石油开采			10347	2944832	2944832	1181673
天然气开采				2927828	2925304	1334278
陆地天然气开采						
海洋天然气及可燃冰开采				2927828	2925304	1334278
黑色金属矿采选业	27397			193985	191940	128469
铁矿采选	27397			180962	180772	117945
锰矿、铬矿采选						
其他黑色金属矿采选				13023	11168	10524
有色金属矿采选业	13206	25614		658973	623314	429602
常用有色金属矿采选	5200	25614		428396	417939	210951
铜矿采选				93136	84266	56712
铅锌矿采选		25614		273374	271787	103318
镍钴矿采选						
锡矿采选						
锑矿采选						
铝矿采选						
镁矿采选						
其他常用有色金属矿采选	5200			61885	61885	50921
贵金属矿采选				88735	88632	87423
金矿采选				88735	88632	87423
银矿采选						
其他贵金属矿采选						
稀有稀土金属矿采选	8006			141842	116744	131228
钨钼矿采选	214			15124	15043	12361
稀土金属矿采选	372			47405	47139	43206
放射性金属矿采选				20421	19619	18002
其他稀有金属矿采选	7420			58893	34943	57659
非金属矿采选业	127490	15010		1991008	1976484	1545394
土砂石开采	113785	14610		1778899	1768700	1403854

续表 44

单位：万元

主营业务成本	税金及附加	主营业务税金及附加	销售费用	管理费用	财务费用	利息收入
1172025102	15954929	15712156	48589521	82378131	6873454	2590539
4809772	402411	400524	101149	301808	116401	15332
2515951	337545	337545	8836	110675	75856	12731
1181673	171896	171896	4877	61728	43210	5188
1181673	171896	171896	4877	61728	43210	5188
1334278	165649	165649	3959	48947	32646	7543
1334278	165649	165649	3959	48947	32646	7543
126568	3179	3176	12526	16781	9080	27
117899	2993	2991	12220	16267	8846	27
8669	186	186	306	514	234	
398656	24443	22916	5151	51346	18828	58
203983	15115	13962	4088	34158	14438	156
50649	2695	2695	680	16818	8912	26
102414	12142	10992	861	15703	4237	123
50921	278	275	2547	1637	1290	6
87240	203	203	70	4169	299	-175
87240	203	203	70	4169	299	-175
107433	9125	8751	993	13019	4091	78
12361	670	381	171	1726	950	-1
42943	8335	8335	372	2536	433	35
17553	80		120	7440	746	39
34576	41	35	330	1316	1963	4
1533680	36807	36450	73698	110411	10852	1847
1395137	32132	32037	65064	87741	10796	300

1-5

行　业	个人资本	港澳台资本	外商资本	营业收入	主营业务收入	营业成本
石灰石、石膏开采	20271			125472	116761	90108
建筑装饰用石开采	33587			556262	555917	445073
耐火土石开采	82			4537	4537	3326
粘土及其他土砂石开采	59845	14610		1092630	1091485	865347
化学矿开采				75191	70965	43034
采盐				13863	13768	9778
石棉及其他非金属矿采选	13705	400		123055	123052	88728
石棉、云母矿采选						
石墨、滑石采选	50			2892	2892	2314
宝石、玉石采选						
其他未列明非金属矿采选	13655	400		120163	120160	86414
开采专业及辅助性活动			1836	271154	271154	234917
煤炭开采和洗选专业及辅助性活动						
石油和天然气开采专业及辅助性活动			1836	268533	268533	233238
其他开采专业及辅助性活动				2621	2621	1679
其他采矿业						
制造业	35056340	37005673	32152947	1335144252	1312125093	1116604373
农副食品加工业	646184	481547	528382	32491911	32187307	29518446
谷物磨制	82058	72520	49820	3055400	3021755	2791774
稻谷加工	44900	2426	317	1168117	1142119	1055483
小麦加工	30348	6340	25313	1006209	1002206	908651
玉米加工						
杂粮加工	1010		2470	35425	35425	26288
其他谷物磨制	5799	63755	21721	845650	842005	801352
饲料加工	212001	59264	193637	12915346	12837204	11639783
宠物饲料加工	31497	78	17090	1929427	1919544	1675425
其他饲料加工	180504	59185	176547	10985919	10917660	9964358
植物油加工	40061	214849	158016	5945383	5922991	5628031
食用植物油加工	37401	214849	158016	5883648	5861259	5573747
非食用植物油加工	2660			61735	61732	54284
制糖业	33505	2977		1434147	1366092	1358837
屠宰及肉类加工	67274	72124	7884	2699598	2645938	2399398
牲畜屠宰	26832	7659		1423989	1414662	1301618
禽类屠宰	380	11450	3882	309189	284430	290622
肉制品及副产品加工	40061	53015	4001	966421	946847	807158
水产品加工	149106	13767	40231	3587111	3566793	3214519
水产品冷冻加工	101120	4992	31870	2681061	2668637	2400437
鱼糜制品及水产品干腌制加工	11931	3360	8362	533124	532853	468529

续表 45

单位：万元

主营业务成本	税金及附加	主营业务税金及附加	销售费用	管理费用	财务费用	利息收入
83512	3773	3754	6097	10897	1113	163
443721	13591	13515	17438	26798	4200	86
3326	72	72	308	446	54	
864579	14696	14696	41221	49601	5429	51
40037	2410	2154	791	11084	-1108	1509
9778	384	384	464	1739	32	3
88728	1881	1875	7379	9847	1132	36
2314	9	9	110	438	0	
86414	1872	1866	7269	9409	1131	36
234917	437	437	939	12595	1786	669
233238	367	367	390	12416	1713	669
1679	70	70	548	179	72	
1094728723	15058835	14926104	48080844	80794277	4892173	2441192
29237755	94305	91582	621882	786972	143142	48053
2759562	3071	2909	71833	74801	20526	343
1030907	1823	1660	34564	32256	12834	-72
905997	576	576	17651	31736	6663	408
26288	90	90	1172	2669	2	
796370	583	583	18446	8141	1027	6
11569914	16202	15295	253980	321114	29452	11887
1666658	1917	1852	38257	55877	3924	5558
9903256	14285	13443	215723	265237	25528	6330
5610968	35890	34953	87284	80063	14003	32331
5556684	35680	34743	85595	77017	13613	32330
54284	210	210	1690	3046	390	1
1308035	3048	3048	14948	32382	23344	3143
2337789	8468	8221	65128	91937	5970	2153
1298838	2214	2085	33564	36095	4542	520
267452	1073	1048	3751	8267	2274	64
771498	5181	5089	27813	47575	-846	1570
3202270	16414	15983	59285	102313	30115	13
2396261	9698	9619	38934	74949	21631	229
468358	5667	5646	14378	17075	7285	-220

1-5

行业				营业收入		营业成本
	个人资本	港澳台资本	外商资本		主营业务收入	
鱼油提取及制品制造	4288			99820	99811	90384
其他水产品加工	31767	5415		273106	265492	255169
蔬菜、菌类、水果和坚果加工	27584	44940	2920	1915493	1902643	1675574
蔬菜加工	7920	2280	2079	141922	141737	119262
食用菌加工	6224			46753	46448	41502
水果和坚果加工	13440	42660	841	1726818	1714458	1514810
其他农副食品加工	34596	1107	75874	939432	923891	810530
淀粉及淀粉制品制造	6257		68680	485727	467724	425500
豆制品制造	8162	245	5000	67332	67176	54609
蛋品加工	1198	661		67034	66445	57760
其他未列明农副食品加工	18979	200	2195	319339	322546	272661
食品制造业	730218	812711	684160	19559351	19271790	12626837
焙烤食品制造	61565	167777	53663	1786166	1767465	1432361
糕点、面包制造	19931	38550	16344	698791	691590	569928
饼干及其他焙烤食品制造	41634	129227	37319	1087375	1075875	862433
糖果、巧克力及蜜饯制造	138510	125158	129350	3497404	3485752	2461279
糖果、巧克力制造	51107	116463	127936	2825919	2814574	1903920
蜜饯制作	87403	8694	1414	671485	671178	557358
方便食品制造	37087	146149	181288	2632304	2556658	2007040
米、面制品制造	18938	17034	1479	439695	422111	384002
速冻食品制造	11115	63105	53112	686156	659556	500000
方便面制造	4267	65103	111605	1193353	1163219	898402
其他方便食品制造	2768	906	15092	313100	311773	224637
乳制品制造	23551	158295	38874	1644375	1556553	1084559
液体乳制造	16251	10179	38874	1526596	1440797	1000491
乳粉制造	2000	142611		90943	89034	63445
其他乳制品制造	5300	5505		26836	26722	20623
罐头食品制造	36621	31392	42668	759373	752632	626047
肉、禽类罐头制造	2000	31192		45345	45260	38127
水产品罐头制造	3550		3193	167972	165731	132174
蔬菜、水果罐头制造	30211	200	16657	467296	464103	401209
其他罐头食品制造	860		22818	78760	77538	54537
调味品、发酵制品制造	127632	80020	49041	3672424	3636365	2612827
味精制造	500		12401	128320	123312	100081
酱油、食醋及类似制品制造	11043	54179	30349	2916534	2886723	2063307
其他调味品、发酵制品制造	116090	25841	6290	627570	626330	449439
其他食品制造	305252	103920	189276	5567306	5516366	2402725
营养食品制造	5196	11736	4496	172442	171334	140409

续表 46

单位：万元

主营业务成本	税金及附加	主营业务税金及附加	销售费用	管理费用	财务费用	利息收入
90384	402	71	1879	3104	619	3
247268	648	648	4094	7185	581	1
1669923	6556	6528	37716	34960	6848	148
119262	778	778	5349	6048	560	8
41502	243	243	51	1663	1288	2
1509159	5535	5507	32316	27250	5000	138
779294	4655	4645	31709	49403	12883	-1965
408710	1233	1233	16671	23193	6278	-2187
54595	420	420	3432	5342	2240	66
57444	501	498	1612	3225	552	2
258546	2502	2494	9994	17642	3813	154
12379185	168879	163478	3144961	1199120	22345	36907
1418376	12020	11857	118373	107850	12509	756
562754	4746	4699	53322	42147	4730	64
855622	7274	7158	65052	65703	7779	691
2447539	24863	24853	459879	221149	6431	7128
1890479	21105	21095	438974	193217	711	6877
557060	3758	3758	20905	27932	5720	251
1946829	18681	14987	267955	134980	1247	-5020
368135	1408	1408	7953	12518	1853	88
485746	6091	6091	54404	67820	1303	-1398
870863	8344	4649	175562	29206	-1593	-3115
222085	2839	2839	30036	25435	-317	-594
1026826	9750	9721	378161	71261	-1651	224
943827	9001	8974	359375	64205	-891	477
62484	623	620	16423	5647	-862	-275
20515	126	126	2364	1410	103	22
622637	5826	5826	28798	41543	4392	480
38065	407	407	1682	2570	360	9
131845	1163	1163	10029	12105	709	250
399466	3309	3309	13842	19369	3240	185
53260	947	947	3245	7499	83	36
2558998	30654	30222	165769	212376	6828	3935
95538	953	953	4960	9283	513	32
2014277	24294	24263	101751	160695	2929	3936
449184	5407	5007	59058	42399	3387	-33
2357981	67086	66013	1726026	409961	-7412	29404
139362	813	801	7779	11522	1296	31

1-5

行　业	个人资本	港澳台资本	外商资本	营业收入	主营业务收入	营业成本
保健食品制造	201654	74129	85278	3845410	3812457	1052133
冷冻饮品及食用冰制造	9645	5000	63536	397325	384504	310146
盐加工			1080	7196	6917	6729
食品及饲料添加剂制造	78282	8598	34886	890021	887182	669636
其他未列明食品制造	10475	4458		254912	253973	223672
酒、饮料和精制茶制造业	216891	585621	730810	9966536	9742639	6974103
酒的制造	57445	95836	292855	1875200	1831979	1389248
酒精制造	4720			102627	99611	94050
白酒制造	20584			409295	407457	296727
啤酒制造	28559	95836	292855	1279732	1241668	934612
黄酒制造	1300			2164	2068	1424
葡萄酒制造				5766	5766	3173
其他酒制造	2282			75616	75408	59262
饮料制造	145203	489785	437955	7911963	7731467	5446455
碳酸饮料制造	42511	45613	81481	1829474	1804690	1216829
瓶（罐）装饮用水制造	45263	57724	73127	2336654	2281623	1498096
果菜汁及果菜汁饮料制造	24568	240429	33910	394901	390069	313731
含乳饮料和植物蛋白饮料制造	15664	30122	39560	685203	680815	507906
固体饮料制造	1898	7056	53600	341963	341948	183648
茶饮料及其他饮料制造	15300	108842	156277	2323769	2232322	1726246
精制茶加工	14243			179373	179194	138399
烟草制品业				5218066	4327441	2210442
烟叶复烤				19289	15377	11925
卷烟制造				5083468	4212310	2114237
其他烟草制品制造				115309	99754	84280
纺织业	436676	1839774	610240	21425392	21198713	18655871
棉纺织及印染精加工	212346	1199997	354480	10898900	10784098	9521643
棉纺纱加工	49645	100586	166462	1715950	1688778	1504916
棉织造加工	64274	251782	53238	3217310	3201579	2802208
棉印染精加工	98428	847629	134780	5965641	5893741	5214519
毛纺织及染整精加工	18752	104372	3226	1013429	999121	903528
毛条和毛纱线加工	8876	16343	200	126689	126159	115190
毛织造加工	4069	38596	3026	380435	376387	334135
毛染整精加工	5807	49433		506305	496576	454202
麻纺织及染整精加工	633	1655		13121	13010	11372
麻纤维纺前加工和纺纱		1655		3205	3094	3341
麻织造加工	633			9916	9916	8031
麻染整精加工						

续表 47

单位：万元

主营业务成本	税金及附加	主营业务税金及附加	销售费用	管理费用	财务费用	利息收入
1024599	55372	54730	1597211	291088	-24691	27808
296605	2502	2173	39644	14447	2561	1009
6535	31	31	422	910	-55	
668041	6911	6825	70390	81703	12333	511
222839	1457	1452	10581	10291	1144	45
6802729	218925	218080	1362491	465857	16161	3841
1359681	166295	165966	65084	116656	15163	2266
90881	253	253	5576	6599	6040	125
295029	44166	44164	6623	16840	2886	212
910032	117855	117528	51125	89068	5135	1966
1304	39	39	164	219	93	
3173	251	251	233	746	113	
59262	3730	3730	1363	3185	895	-36
5304699	51251	50736	1289096	339706	-1036	1542
1196098	12081	11793	387220	82466	2530	1632
1447502	16704	16689	530156	112788	-1140	-3124
310602	2606	2412	24275	14178	-294	-206
504646	4615	4615	48812	28757	438	-2257
183628	3258	3258	82007	15097	646	-29
1662225	11987	11969	216625	86421	-3216	5526
138349	1379	1379	8312	9494	2033	33
1375770	2200290	2199382	102827	264424	8415	9904
9747	320	320	1983	5646	-762	764
1288297	2198647	2197740	97384	250083	7855	9628
77726	1324	1322	3460	8695	1322	-487
18468444	109401	107660	473238	946168	117648	5202
9421370	52533	51926	227585	490778	59447	5900
1490911	8050	7904	32905	61790	15121	1040
2788935	14793	14639	103481	143435	14238	-14
5141525	29690	29383	91199	285553	30088	4874
897926	4822	4785	16288	34808	8333	188
115180	652	652	1374	5750	599	17
329615	2010	1976	6187	10582	2266	142
453132	2160	2156	8727	18477	5467	29
11356	350	345	320	677	85	19
3325	11	7	177	356	-18	19
8031	339	339	143	321	103	

1-5

行业	个人资本	港澳台资本	外商资本	营业收入	主营业务收入	营业成本
丝绢纺织及印染精加工	5651	3586		119690	114525	106887
缫丝加工	2121			30108	29895	28317
绢纺和丝织加工	300			21846	21846	20217
丝印染精加工	3230	3586		67737	62785	58354
化纤织造及印染精加工	16684	26640	62433	474787	471483	420583
化纤织造加工	16194	16202	14609	325361	322173	288798
化纤织物染整精加工	490	10438	47824	149426	149310	131785
针织或钩针编织物及其制品制造	83613	243631	61842	4743402	4678672	4199194
针织或钩针编织物织造	55996	210083	60932	3424719	3373482	3055508
针织或钩针编织物印染精加工	6265	13936	911	421266	413213	385852
针织或钩针编织品制造	21351	19612		897418	891977	757834
家用纺织制成品制造	45613	109947	15521	1909588	1892963	1572078
床上用品制造	16744	46493	4661	822639	814625	650580
毛巾类制品制造	22420	10381	500	162628	162401	139483
窗帘、布艺类产品制造	1880	34823	5971	543321	535722	461327
其他家用纺织制成品制造	4569	18250	4389	381001	380215	320687
产业用纺织制成品制造	53385	149946	112737	2252475	2244841	1920586
非织造布制造	23331	42323	36203	1051647	1046754	902271
绳、索、缆制造	6948	6779	29700	217324	217120	191427
纺织带和帘子布制造	6800	73072	23708	554876	553045	466719
篷、帆布制造	6555	15493	5748	204077	203817	170483
其他产业用纺织制成品制造	9751	12279	17378	224551	224105	189686
纺织服装、服饰业	1101863	1512678	319326	29860804	29625366	24992251
机织服装制造	537517	994347	137426	18756299	18563713	15720227
运动机织服装制造	35159	162406	35491	3896763	3852931	3480475
其他机织服装制造	502358	831941	101936	14859536	14710782	12239752
针织或钩针编织服装制造	511729	430044	152392	9262052	9224359	7710221
运动休闲针织服装制造	267259	83686	31168	1729600	1715262	1494937
其他针织或钩针编织服装制造	244470	346358	121225	7532452	7509097	6215283
服饰制造	52617	88287	29508	1842453	1837295	1561804
皮革、毛皮、羽毛及其制品和制鞋业	278501	852625	622296	17833767	17748113	15571661
皮革鞣制加工	14719	21586	43270	652759	652321	585025
皮革制品制造	109978	193277	100509	5050646	5033093	4360161
皮革服装制造	7149	14104	641	208621	208621	185733
皮箱、包（袋）制造	72669	145450	76347	3503421	3488067	3011408
皮手套及皮装饰制品制造	19283	19392	14477	715388	713728	605797
其他皮革制品制造	10877	14331	9044	623217	622677	557223
毛皮鞣制及制品加工	3013	6718	5045	231740	230334	212455

续表 48

单位：万元

主营业务成本	税金及附加	主营业务税金及附加	销售费用	管理费用	财务费用	利息收入
103926	1069	1069	2754	6412	1236	56
28076	374	374	383	1179	1080	1
20217	18	18	162	744	25	
55634	677	677	2208	4489	131	55
419687	2197	2076	7002	26244	2932	26
287987	1693	1587	4498	16622	1517	16
131700	504	489	2504	9622	1415	10
4138764	27992	27513	91033	175100	31076	-1861
3007402	20447	20045	63327	120762	24408	-2003
378455	2789	2752	3252	12580	700	61
752907	4756	4717	24454	41758	5969	81
1560346	9072	8806	66987	86242	4969	970
645528	4147	3899	47226	48715	-365	651
139483	1069	1069	5043	6108	943	64
454909	2092	2085	6826	13800	1260	95
320427	1765	1753	7892	17619	3132	159
1915069	11366	11140	61271	125906	9571	-95
899055	3768	3706	33012	50632	6508	209
191113	1286	1286	3733	9371	1446	16
465327	3714	3707	14520	37445	434	-771
170446	1262	1262	4892	12231	497	419
189127	1335	1179	5114	16227	687	32
24775624	181346	178736	1296985	1793555	180277	16380
15537179	119715	118283	870778	1075947	87463	12892
3430376	25157	24645	95587	200299	8736	3963
12106803	94558	93638	775191	875648	78727	8929
7682224	51645	50702	354514	603405	85249	2677
1481783	9397	9062	42084	113442	16338	764
6200441	42248	41640	312429	489963	68912	1913
1556222	9985	9751	71693	114203	7565	812
15493032	98149	97036	420411	1139871	46353	11290
584811	2069	2068	7247	28046	3982	191
4342990	27850	27544	146366	339868	13181	3791
185733	970	959	4213	9914	638	6
2995993	21524	21231	125361	263966	7465	1222
604437	2972	2971	7247	21770	2407	246
556828	2384	2384	9545	44219	2670	2317
212375	1353	1353	1411	9341	995	15

1-5

行　业	个人资本	港澳台资本	外商资本	营业收入	主营业务收入	营业成本
毛皮鞣制加工		4757	5045	113450	112045	105099
毛皮服装加工	200			21346	21346	19269
其他毛皮制品加工	2813	1961		96943	96943	88087
羽毛(绒)加工及制品制造	8524	59	1607	261619	261269	232122
羽毛（绒）加工	5246			155355	155355	134926
羽毛（绒）制品加工	3278	59	1607	106264	105914	97196
制鞋业	142268	630985	471866	11637004	11571097	10181898
纺织面料鞋制造	7792	168693	56698	1119402	1115584	981199
皮鞋制造	61954	369090	308367	5599668	5544003	4846284
塑料鞋制造	58057	8759	23748	3563748	3563472	3163340
橡胶鞋制造	4363	47184	27786	608601	606374	544315
其他制鞋业	10103	37258	55267	745585	741665	646760
木材加工和木、竹、藤、棕、草制品业	177366	259852	29846	5258095	5220646	4499122
木材加工	32366	150255	2395	1040455	1034579	911300
锯材加工	14228	1798		338315	336291	298803
木片加工	10490		2000	351971	348409	304802
单板加工	3859	148118		140676	140570	120274
其他木材加工	3790	339	395	209493	209309	187420
人造板制造	77588	57506	7903	2372766	2361729	2041082
胶合板制造	29046	10384	7613	1148229	1141169	1001547
纤维板制造	13980	14550		617878	616774	531310
刨花板制造	26665	22995	290	393276	393055	321223
其他人造板制造	7896	9576		213383	210731	187002
木质制品制造	46833	51801	19548	1339741	1319681	1128255
建筑用木料及木材组件加工	5717			109941	109737	97462
木门窗制造	14101	6824	1055	285021	282930	230220
木楼梯制造			158	2371	2371	2157
木地板制造	15266	29579	1220	393380	378115	329063
木制容器制造	3329		754	144243	144153	123824
软木制品及其他木制品制造	8421	15398	16362	404785	402375	345529
竹、藤、棕、草等制品制造	20579	291		505135	504656	418485
竹制品制造	17724	291		432620	432620	354267
藤制品制造	525			29346	28877	25570
棕制品制造	405			7057	7048	6614
草及其他制品制造	1925			36112	36112	32035
家具制造业	1415294	568414	319405	21713723	21572477	18151259
木质家具制造	1182442	404675	103108	13318571	13222557	10941886
竹、藤家具制造	9158	1006	549	203796	203100	180679

续表 49

单位：万元

主营业务成本	税金及附加	主营业务税金及附加	销售费用	管理费用	财务费用	利息收入
105019	852	852	783	7371	641	15
19269	114	114	214	801	68	
88087	387	387	415	1169	286	
231757	1069	1045	2271	4981	1592	4
134911	733	709	865	2386	898	1
96846	336	336	1407	2595	694	3
10121099	65809	65026	263116	757636	26603	7289
978496	6251	6184	14136	92851	-987	2163
4794199	35133	34829	159642	460204	6286	5347
3163140	17721	17376	69268	88906	19489	181
541703	3539	3491	10842	47944	1309	-177
643562	3166	3146	9228	67731	507	-225
4471530	36713	36046	147054	234085	55056	2862
907821	7304	7154	19681	44086	6483	228
298390	3013	2929	5415	18992	2868	149
301879	2569	2504	6038	12801	3212	26
120189	1053	1053	2963	6716	-503	48
187363	669	669	5266	5577	905	5
2033553	13537	13493	63117	92824	26880	2539
995605	5544	5531	20598	33038	9883	128
530828	3698	3696	19941	31336	10434	1746
321094	2473	2444	17668	16433	5649	654
186026	1822	1822	4910	12017	914	11
1112138	11320	11268	48125	74336	16995	66
97462	734	734	2007	3943	485	10
229496	1272	1264	13453	18971	7101	27
2157	5	5	93	47	2	
317815	6597	6597	13893	21252	5270	-15
122044	626	615	5086	10920	1800	13
343165	2087	2054	13592	19201	2337	32
418017	4552	4131	16132	22840	4698	29
354267	4236	3816	14676	20794	4587	24
25102	122	120	393	347	20	5
6614	25	25	94	252	2	
32035	170	170	970	1446	89	
17992790	118608	116218	902903	1323052	84891	28660
10827526	74282	73353	643086	862089	55391	21192
180090	938	460	6064	8271	1223	10

1-5

行业	个人资本	港澳台资本	外商资本	营业收入	主营业务收入	营业成本
金属家具制造	71747	63550	168692	3338848	3327676	2874819
塑料家具制造	3240	691	3923	202333	199667	164218
其他家具制造	148707	98492	43134	4650174	4619478	3989657
造纸和纸制品业	957248	1696008	1229684	25840900	25406674	22411618
纸浆制造	1			71969	69745	60612
木竹浆制造	1			71969	69745	60612
非木竹浆制造						
造纸	367171	932866	801007	12341563	12076501	10658610
机制纸及纸板制造	206220	891083	801007	11028695	10768979	9529989
手工纸制造	523			13692	13692	11754
加工纸制造	160429	41784		1299176	1293829	1116867
纸制品制造	590076	763141	428676	13427368	13260428	11692395
纸和纸板容器制造	319004	319211	160351	7342371	7243924	6453261
其他纸制品制造	271072	443930	268325	6084998	6016505	5239134
印刷和记录媒介复制业	642151	961062	555856	12729090	12574870	10666543
印刷	579895	924777	555319	11938075	11809178	10052189
书、报刊印刷	64007	310669	19985	1397556	1381336	1209865
本册印制	39546	25242	280232	1060554	1053449	923363
包装装潢及其他印刷	476342	588866	255101	9479965	9374393	7918961
装订及印刷相关服务	60256	20215	538	751990	728049	579146
记录媒介复制	2000	16071		39026	37643	35207
文教、工美、体育和娱乐用品制造业	906061	1559687	608972	36972624	36672501	32782897
文教办公用品制造	48354	74469	39019	2302841	2292485	1926216
文具制造	32150	55299	34411	1631486	1622022	1384333
笔的制造	3400	17320	2814	98036	97460	78229
教学用模型及教具制造	4536	474	1794	44460	44456	35643
墨水、墨汁制造	1730			37907	37884	31566
其他文教办公用品制造	6538	1376		490952	490664	396445
乐器制造	87234	29792	3164	855138	853089	676705
中乐器制造	1000			17948	17914	15761
西乐器制造	6909	6835	3164	339152	337176	261601
电子乐器制造	78985	17847		356357	356319	274274
其他乐器及零件制造	340	5110		141681	141680	125069
工艺美术及礼仪用品制造	371802	471634	217495	21437565	21212342	19602643
雕塑工艺品制造	4124	8309		250685	250667	204437
金属工艺品制造	18650	16305	8360	567971	566363	491588
漆器工艺品制造	500			12519	12519	10145
花画工艺品制造	16552	28281	2882	681992	681989	612989

续表 50

单位：万元

主营业务成本	税金及附加	主营业务税金及附加	销售费用	管理费用	财务费用	利息收入
2862665	18898	18551	80940	182155	11120	2474
163489	1264	1264	12693	18262	607	23
3959019	23226	22590	160120	252276	16551	4962
22071479	129345	123066	688170	1175766	144611	104687
60612	267	267	441	4881	1397	233
60612	267	267	441	4881	1397	233
10417681	71708	66256	245632	514495	69703	96817
9293503	63796	58516	209921	437401	55797	95939
11754	93	93	364	874	287	
1112423	7820	7647	35347	76221	13620	879
11593186	57370	56543	442097	656390	73511	7637
6403179	31470	31046	194147	344372	36141	2988
5190007	25900	25497	247950	312018	37370	4649
10572285	69052	67658	377744	846510	70962	7632
9975673	63918	62551	342252	777046	58982	8793
1206920	6341	6300	30771	106600	3322	-858
919767	4140	4131	40268	49381	22923	288
7848986	53437	52121	271213	621066	32737	9362
562238	5079	5052	34329	66310	11661	-1407
34375	55	55	1163	3154	320	246
32331857	134747	130023	797103	1825949	290976	45978
1671027	14783	14701	108881	149843	5967	1495
1129703	11622	11579	75916	103316	6394	1743
77854	655	617	5371	8626	335	-140
35565	308	308	1234	4079	767	0
31555	148	148	1358	5557	70	2
396351	2049	2049	25002	28264	-1599	-110
675350	5346	5346	28508	53962	5273	348
15761	358	358	1013	2351	844	4
260256	1663	1663	14320	20973	243	235
274264	2546	2546	11141	26741	3658	81
125069	779	779	2034	3896	528	29
19463767	44499	43270	363655	627116	217388	23754
204300	3590	3590	10326	16426	1741	8
491305	3700	3664	10592	43076	2862	28
10145	192	192	468	757	216	1
612986	2598	2598	9978	21218	1956	2

1-5

行业				营业收入		营业成本
	个人资本	港澳台资本	外商资本		主营业务收入	
天然植物纤维编织工艺品制造	1810	673		206098	206086	180785
抽纱刺绣工艺品制造	5263	60283	1730	354879	348379	278775
地毯、挂毯制造	3674	1038	4727	238156	234148	186335
珠宝首饰及有关物品制造	299854	290884	181395	17519640	17315063	16244794
其他工艺美术及礼仪用品制造	21374	65861	18400	1605624	1597129	1392795
体育用品制造	36621	197745	144009	2572226	2553019	2222843
球类制造	691	39295	16738	191341	191073	164900
专项运动器材及配件制造	4994	25985	89337	982143	977135	843498
健身器材制造	6287	22963	2091	233662	233369	196511
运动防护用具制造	11439	58293	17377	564054	557925	484993
其他体育用品制造	13210	51210	18466	601025	593516	532942
玩具制造	342287	753160	198964	9300157	9259651	7989348
电玩具制造	25081	70010	47720	1142440	1133156	976360
塑胶玩具制造	248182	581901	86534	6815802	6787730	5874707
金属玩具制造	299	13419		105611	105016	90456
弹射玩具制造						
娃娃玩具制造	17903	15508	11363	377995	377458	310990
儿童乘骑玩耍的童车类产品制造	32601	18786	6778	201474	201107	172004
其他玩具制造	18221	53537	46570	656836	655184	564831
游艺器材及娱乐用品制造	19764	32887	6322	504698	501915	365142
露天游乐场所游乐设备制造	8948		3178	188421	187402	107572
游艺用品及室内游艺器材制造	9863	32887	3144	248593	247686	208593
其他娱乐用品制造	953			67684	66827	48977
石油、煤炭及其他燃料加工业	106662	89161	233914	35291105	34887973	27516247
精炼石油产品制造	96151	74646	211773	34873647	34473324	27117479
原油加工及石油制品制造	96141	74646	211773	34870831	34470508	27114893
其他原油制造	10			2816	2816	2586
煤炭加工	3400	6847	22142	317019	314982	305840
炼焦						
煤制合成气生产	2000	6847	22142	295176	293139	285462
煤制液体燃料生产						
煤制品制造	1400			21843	21843	20378
其他煤炭加工						
核燃料加工						
生物质燃料加工	7111	7669		100439	99666	92929
生物质液体燃料生产	3939			51891	51891	51307
生物质致密成型燃料加工	3172	7669		48549	47776	41622
化学原料和化学制品制造业	2220137	1757169	3739765	59156670	58310976	47648665

续表 51

单位：万元

主营业务成本	税金及附加	主营业务税金及附加	销售费用	管理费用	财务费用	利息收入
180768	869	861	5714	5844	1105	1
273325	2636	2636	8942	25847	1866	-231
184626	1822	1822	7843	18991	1057	-234
16121542	21186	20218	270650	419018	201494	24048
1384771	7906	7689	39142	75939	5091	132
2207093	16851	16053	65747	203644	13447	15633
164752	1093	1093	2547	11783	-366	79
839774	7247	6942	18204	67169	-2305	418
196349	1599	1593	6095	18755	1772	-47
482179	3610	3182	13857	51989	1710	511
524039	3303	3243	25044	53948	12636	14671
7955842	50088	48396	207975	720300	46784	5234
966913	5810	5464	30715	121060	6462	4721
5852026	37097	36028	141393	470677	35929	357
90454	869	869	2558	6860	-736	-76
310969	1818	1796	12587	34070	2793	1
171870	1124	893	4971	22842	-223	66
563609	3370	3346	15750	64791	2559	167
358779	3181	2258	22336	71084	2117	-486
106583	1763	841	13317	42020	1294	-469
203537	912	910	7181	19644	567	-15
48659	506	506	1839	9419	256	-2
27201707	4864171	4857813	233287	511139	94026	74873
26805592	4863381	4857022	227425	502333	90517	74796
26803006	4863363	4857004	227338	502247	90517	74796
2586	18	18	87	87		
303788	315	315	3704	2803	3467	33
283410	227	227	3441	2256	3100	32
20378	88	88	262	547	367	0
92328	476	476	2158	6002	43	45
51307	244	244	1554	2084	-49	54
41021	232	232	605	3918	92	-9
46977013	326221	319816	3717141	3271049	448310	28146

1-5

行 业	个人资本	港澳台资本	外商资本	营业收入	主营业务收入	营业成本
基础化学原料制造	167851	178817	1378730	10561699	10413650	8970374
无机酸制造	3022	1282	6228	140959	140815	114138
无机碱制造	30792	324		355542	344026	273964
无机盐制造	29651	7774	4745	785093	782656	686228
有机化学原料制造	68126	136062	1147210	7619021	7491332	6608382
其他基础化学原料制造	36259	33377	220547	1661084	1654820	1287663
肥料制造	133175	22896	7000	917375	874726	805039
氮肥制造						
磷肥制造	440			84508	76541	86970
钾肥制造		22896		330525	312378	305880
复混肥料制造	107539		7000	331835	317344	285269
有机肥料及微生物肥料制造	22595			152697	151199	112755
其他肥料制造	2601			17810	17266	14166
农药制造	31771	3328		434033	419519	349616
化学农药制造	22351	3328		406223	391721	329087
生物化学农药及微生物农药制造	9420			27810	27797	20529
涂料、油墨、颜料及类似产品制造	351171	360099	302336	10013600	9912467	8142906
涂料制造	224758	280389	163941	6971045	6885888	5639839
油墨及类似产品制造	70636	31800	55575	1262079	1253072	1017591
工业颜料制造	17580	5248	55012	875493	873191	745469
工艺美术颜料制造	10301	3031		62214	62201	42627
染料制造	280	25720	4918	159110	156453	131888
密封用填料及类似品制造	27615	13911	22891	683660	681663	565493
合成材料制造	528418	265081	1180433	13634342	13545732	11998156
初级形态塑料及合成树脂制造	406562	223943	372589	8543835	8474824	7558449
合成橡胶制造	29552	35993	126193	1684374	1675526	1394299
合成纤维单（聚合）体制造	60268	1042	629205	2318674	2318414	2131773
其他合成材料制造	32036	4104	52446	1087460	1076968	913635
专用化学产品制造	606747	215154	486336	10721030	10506378	8833447
化学试剂和助剂制造	206328	89939	94194	3340012	3302348	2732169
专项化学用品制造	107382	25869	183696	3163848	3046286	2604829
林产化学产品制造	8707	3335	42394	453066	446161	392618
文化用信息化学品制造	157457	47574	62831	901850	884813	766119
医学生产用信息化学品制造				63831	63289	17492
环境污染处理专用药剂材料制造	15700		11125	264928	260052	213866
动物胶制造	300		9491	59972	59969	45140
其他专用化学产品制造	110873	48437	82606	2473522	2443461	2061214
炸药、火工及焰火产品制造	10732			83778	83075	51458

续表 52

单位：万元

主营业务成本	税金及附加	主营业务税金及附加	销售费用	管理费用	财务费用	利息收入
8825183	50255	47466	247108	273229	126929	3560
114006	1023	1022	7299	13493	2831	-1
266447	2592	2527	13706	22774	2649	239
684997	1812	1758	17172	30025	9247	10
6483554	36854	34249	116262	121907	96769	212
1276180	7975	7910	92670	85031	15433	3101
764114	2253	2197	26044	51147	12608	336
79026	497	497	1550	6335	3063	162
288714	11	11	3582	5150	758	-169
270996	618	576	9293	25027	7620	238
111595	1026	1012	11370	12169	1105	102
13783	101	101	249	2466	62	2
337129	1032	1029	18046	40620	5420	628
316600	945	942	16389	37291	4988	616
20529	87	87	1657	3329	432	12
8069424	71737	71278	544249	677279	57053	-181
5577680	55441	55206	408725	467184	37611	-2067
1010235	7717	7502	65088	104560	7179	843
745273	3765	3765	25649	46209	7724	266
42623	450	450	4424	5823	281	15
129573	821	821	5449	12487	1429	208
564040	3544	3534	34915	41015	2830	555
11920898	41545	40484	304742	560906	143166	3773
7502487	27338	26659	198339	373108	85691	3491
1386508	7237	6972	39665	70347	11152	613
2131645	2328	2282	27862	27440	38080	453
900259	4642	4571	38876	90012	8243	-784
8643477	49065	47629	437550	628802	62892	3626
2707158	18184	18116	138971	228214	23693	2488
2491937	13151	12269	109962	185906	15883	1598
386352	1545	1539	12724	17076	5982	52
751879	3841	3692	30604	42034	2827	-1199
17209	207	207	19280	8776	592	-73
209561	2368	2318	13177	15624	917	39
45137	492	492	2562	3463	-1222	0
2034247	9277	8995	110271	127709	14221	720
51442	929	685	4738	15381	226	-42

1-5

行业	个人资本	港澳台资本	外商资本	营业收入	主营业务收入	营业成本
炸药及火工产品制造	10732			83778	83075	51458
焰火、鞭炮产品制造						
日用化学产品制造	390272	711793	384930	12790814	12555430	8497669
肥皂及洗涤剂制造	77584	496376	157172	6929357	6724348	4383662
化妆品制造	231725	145532	102025	3215797	3195556	2264580
口腔清洁用品制造	20632	36607	36689	1155005	1152698	730340
香料、香精制造	25230	16331	88121	874724	870403	625906
其他日用化学产品制造	35101	16948	923	615931	612425	493180
医药制造业	1067447	567512	372876	15877274	15663103	8910807
化学药品原料药制造	174755	12040	115606	1290050	1257700	735977
化学药品制剂制造	85067	312211	83086	5032504	4945015	2545681
中药饮片加工	304642	34288	300	3587513	3575668	2555322
中成药生产	228865	182294	51322	3195806	3139847	1755639
兽用药品制造	50849	404		374800	372264	250669
生物药品制品制造	130528	17773	65298	1709635	1701698	657826
生物药品制造	66673	17773	65298	1654112	1646477	647956
基因工程药物和疫苗制造	63855			55523	55222	9871
卫生材料及医药用品制造	86391	5378	57264	618762	602815	354608
药用辅料及包装材料	6350	3125		68204	68097	55086
化学纤维制造业	50601	94685	66665	1314141	1307580	1100356
纤维素纤维原料及纤维制造	1500		23370	232022	231751	166529
化纤浆粕制造				2060	2060	1708
人造纤维（纤维素纤维）制造	1500		23370	229962	229691	164821
合成纤维制造	49101	94685	43295	1078594	1072304	930654
锦纶纤维制造	15283	2035		48822	48642	42218
涤纶纤维制造	24895	4902	23743	310779	309591	286426
腈纶纤维制造						
维纶纤维制造						
丙纶纤维制造	6840	1318		48537	48515	38027
氨纶纤维制造	20	67317	1920	503080	502568	420460
其他合成纤维制造	2063	19113	17632	167377	162989	143522
生物基材料制造				3525	3525	3173
生物基化学纤维制造				3525	3525	3173
生物基、淀粉基新材料制造						
橡胶和塑料制品业	1699344	2847699	1617048	52230531	51463848	44942221
橡胶制品业	151387	297163	251669	4997923	4939681	4242319
轮胎制造	565	64504	130355	676910	646188	589102
橡胶板、管、带制造	11360	24310	13014	711418	700876	612348

续表 53

单位：万元

主营业务成本	税金及附加	主营业务税金及附加	销售费用	管理费用	财务费用	利息收入
51442	929	685	4738	15381	226	-42
8365346	109404	109048	2134662	1023686	40017	16446
4268036	66132	66094	1463236	550267	22046	15729
2251737	23578	23434	405215	281959	6405	-531
729816	8908	8908	194179	63196	-2711	1324
622853	7083	6991	39436	85628	9524	-269
492904	3703	3620	32596	42637	4754	193
8815674	132219	128012	2810047	1408206	209115	34420
720580	11323	11010	214006	122587	849	9094
2498294	48992	46291	1187756	458987	12878	-9984
2554687	12603	12576	88048	179226	110968	22955
1732825	37272	36187	672644	334135	68765	11573
249021	2862	2843	32600	34205	1062	578
654626	13027	12978	523271	201690	14577	-1924
644815	12665	12616	499656	191558	13596	-2506
9810	362	362	23616	10132	981	582
350663	5843	5831	88611	71998	-222	2127
54979	296	296	3111	5379	238	0
1095873	6363	6316	26658	96753	12478	1402
166529	1483	1483	669	15811	-20	837
1708	9	9	34	339	4	
164821	1474	1474	635	15472	-24	837
926172	4862	4815	25886	80750	12498	566
42218	296	296	1709	2786	-129	30
285625	2098	2098	4368	17236	1976	296
38027	250	250	1206	2735	19	-8
420036	1273	1273	14026	25305	10141	6
140266	944	897	4576	32688	491	241
3173	18	18	104	192		
3173	18	18	104	192		
44291110	266666	262204	1382338	3313108	302893	85064
4187239	27252	26851	176991	386553	47667	36490
559610	3486	3486	35443	47604	-210	7376
602015	4201	3961	17164	36168	3856	335

1-5

行　业	个人资本	港澳台资本	外商资本	营业收入	主营业务收入	营业成本
橡胶零件制造	30086	68530	18526	997024	992716	830355
再生橡胶制造	2598			54044	53966	46898
日用及医用橡胶制品制造	41215	35196	21199	442708	439626	370820
运动场地用塑胶制造	3685	8256	277	102942	102935	79767
其他橡胶制品制造	61878	96368	68299	2012877	2003374	1713029
塑料制品业	1547957	2550536	1365379	47232608	46524167	40699902
塑料薄膜制造	156639	475571	108671	6217963	6117843	5434849
塑料板、管、型材制造	161427	162614	126151	5639852	5558603	4975004
塑料丝、绳及编织品制造	39394	58083	32646	1164194	1161063	1000079
泡沫塑料制造	42946	42448	71809	1941517	1930214	1713268
塑料人造革、合成革制造	45869	93016	24135	1090854	1086512	972487
塑料包装箱及容器制造	106995	140592	124060	3498385	3411215	2955538
日用塑料制品制造	183331	344051	165977	5498083	5462918	4595340
人造草坪制造	10721	15471	79947	500609	496721	419943
塑料零件及其他塑料制品制造	800633	1218689	631985	21681151	21299077	18633395
非金属矿物制品业	2058322	1485565	781136	50468963	50162532	41818138
水泥、石灰和石膏制造	158217	569736	93455	6531789	6489755	4654721
水泥制造	155606	568198	93455	6429855	6388191	4568707
石灰和石膏制造	2611	1538		101935	101564	86014
石膏、水泥制品及类似制品制造	590087	181017	86462	12208207	12181603	10608989
水泥制品制造	525352	129405	16470	10278954	10263014	8970379
砼结构构件制造	30558	21416	7697	807139	803548	690826
石棉水泥制品制造	300	100		173269	169666	146637
轻质建筑材料制造	16182	17138	55048	426553	425048	342480
其他水泥类似制品制造	17694	12959	7248	522293	520327	458667
砖瓦、石材等建筑材料制造	256234	96644	14170	4830906	4820722	4000753
粘土砖瓦及建筑砌块制造	68594	1790	500	1021730	1020732	836685
建筑用石加工	65079	67634	4492	2051495	2048191	1717167
防水建筑材料制造	35005	4633	5732	714061	712017	567049
隔热和隔音材料制造	14958	3296	2863	210767	210533	174495
其他建筑材料制造	72598	19291	583	832854	829249	705357
玻璃制造	97160	219513	97774	2146893	2106459	1649622
平板玻璃制造	5934	106922	83883	1025893	1013857	788697
特种玻璃制造	60895	85607	6960	658480	640106	461628
其他玻璃制造	30331	26985	6932	462520	452496	399297
玻璃制品制造	175729	145512	243673	4191878	4150715	3513607
技术玻璃制品制造	32464	53752	107049	997525	985191	826289
光学玻璃制造	32451	78360	63288	1141348	1129532	974495

续表 54

单位：万元

主营业务成本	税金及附加	主营业务税金及附加	销售费用	管理费用	财务费用	利息收入
825544	5178	5139	43590	101018	22871	17744
46829	185	185	1592	2374	833	-2
368338	3117	3117	15739	40045	4037	332
79767	599	599	3386	9574	398	74
1705136	10486	10364	60076	149770	15882	10630
40103871	239414	235353	1205347	2926555	255226	48574
5358231	32027	30514	145979	334754	37140	4333
4897331	22871	22617	114904	278353	12297	4085
997992	6155	6137	30952	58442	8902	467
1704008	7762	7685	56135	103189	8279	172
968181	4486	4477	19562	48670	3538	1654
2877761	16294	16176	104254	226927	30922	564
4568429	35104	34879	229043	367252	28286	9320
418421	3172	2886	16297	41751	-184	-470
18313516	111544	109982	488222	1467216	126046	28448
41595440	337198	331195	1643259	2343314	345964	23651
4635843	60340	58983	142079	228667	69835	2596
4550082	59560	58204	135740	224855	68822	2503
85762	780	779	6339	3812	1013	93
10586995	71083	70394	476258	443487	70766	6466
8957115	59355	58717	406409	360590	63548	2455
687513	4668	4658	25694	32277	3629	3506
143034	641	641	1966	2412	240	36
341478	3364	3362	22731	26945	739	428
457856	3056	3015	19458	21263	2610	42
3966041	36356	36144	202560	253227	42407	812
835525	10129	10063	31371	37897	9796	132
1716005	15997	15994	83409	132204	22069	316
564548	2826	2816	47641	29990	4216	31
146599	1047	1039	6710	16155	830	36
703365	6358	6232	33429	36981	5495	297
1628582	16984	16910	53684	155990	11035	-358
778923	9161	9130	19420	65443	4394	-2579
454890	5265	5255	21498	58382	-989	1804
394768	2558	2526	12766	32165	7629	417
3484604	28285	27836	127485	309778	18349	3380
819238	5354	5347	33550	53993	-2265	1566
964465	9633	9520	18298	126659	6215	338

1-5

行 业	个人资本	港澳台资本	外商资本	营业收入	主营业务收入	营业成本
玻璃仪器制造	19395			51122	51029	31881
日用玻璃制品制造	15843	4803	52718	663517	656885	553100
玻璃包装容器制造	48663	1679		510766	506986	419212
玻璃保温容器制造	3122	830		102107	101949	89372
制镜及类似品加工	1680	500		55108	54988	47864
其他玻璃制品制造	22112	5589	20618	670385	664157	571394
玻璃纤维和玻璃纤维增强塑料制品制造	15547	129907	12409	983241	973166	724530
玻璃纤维及制品制造	4230	93004	10925	622603	615772	451918
玻璃纤维增强塑料制品制造	11317	36902	1484	360638	357394	272613
陶瓷制品制造	653962	121618	176682	17387663	17316525	14864315
建筑陶瓷制品制造	339658	73612	25028	10502408	10453481	9037221
卫生陶瓷制品制造	135459	6176	130253	3366111	3347616	2800623
特种陶瓷制品制造	29220	302		228023	226348	172647
日用陶瓷制品制造	121251	30568	19419	2350831	2349508	2039787
陈设艺术陶瓷制造	25261	10596	1982	782209	781763	677961
园艺陶瓷制造				4924	4924	4112
其他陶瓷制品制造	3115	364		153157	152886	131965
耐火材料制品制造	18501	2802	6138	278639	276058	228319
石棉制品制造				7216	7216	6641
云母制品制造	4950	600		23765	23701	19697
耐火陶瓷制品及其他耐火材料制造	13551	2202	6138	247658	245141	201982
石墨及其他非金属矿物制品制造	92885	18814	50372	1909747	1847530	1573283
石墨及碳素制品制造	36855		8460	668126	611770	523857
其他非金属矿物制品制造	56030	18814	41912	1241622	1235759	1049426
黑色金属冶炼和压延加工业	223363	277287	490294	25969899	25512011	23066197
炼铁	100	300		27327	27327	22811
炼钢	15914			1470385	1466582	1377534
钢压延加工	207019	276787	330370	23638146	23206178	20935129
铁合金冶炼	330	200	159925	834041	811925	730723
有色金属冶炼和压延加工业	468602	452802	415660	34495692	34279751	32057797
常用有色金属冶炼	20932	13686	67322	2462133	2416928	2304832
铜冶炼	7098	3037		944232	944215	902165
铅锌冶炼		1058		622740	613460	630396
镍钴冶炼				18082	17878	14456
锡冶炼	201	7540	500	94610	94610	86386
锑冶炼	500		822	43465	42726	38206
铝冶炼	1369			430459	395590	394904
镁冶炼						

续表 55

单位：万元

主营业务成本	税金及附加	主营业务税金及附加	销售费用	管理费用	财务费用	利息收入
31881	566	566	8032	6929	2301	445
548692	3584	3326	22110	36587	7017	-12
416604	4110	4104	20485	31825	3165	466
89256	324	324	3458	6053	471	40
47763	206	206	1565	3945	440	1
566704	4509	4443	19988	43789	1005	536
719043	7513	7390	28639	63606	4239	318
447209	4158	4158	12780	34469	2198	223
271834	3355	3232	15859	29138	2041	96
14827923	105140	103206	547197	735229	109650	7657
9019332	57772	56494	346293	423287	70351	5483
2785515	23303	23300	123574	172130	15340	967
172477	1695	1662	5595	23843	-1767	781
2039377	15515	15297	53119	80968	17691	379
675404	5369	5339	14613	28777	7151	-15
4112	63	63	40	389	170	
131705	1424	1051	3964	5837	714	62
226630	1463	1449	6158	18644	1170	231
6641	28	16	18	326	-2	
19637	158	158	573	2489	112	
200352	1277	1276	5567	15829	1059	231
1519778	10035	8883	59200	134685	18514	2548
473977	2631	2580	16099	49559	8018	1913
1045801	7405	6303	43102	85126	10497	635
22659436	99655	99235	260620	631647	248553	12672
22811	122	122	979	698	21	0
1377397	5945	5945	18704	16696	1412	292
20550508	90119	89698	219699	607989	241430	12706
708721	3470	3470	21238	6265	5690	-327
31881199	84589	83584	277342	854923	177745	35431
2272470	10525	10431	24796	65234	11913	5934
902165	4667	4667	5889	13193	4825	5325
627109	2858	2858	9501	16132	2142	61
14390	39	39	42	1462	92	-1
86386	198	198	1632	3988	-11	15
38206	123	123	1302	2936	392	0
366340	615	521	6014	18921	2904	382

1-5

行　业	个人资本	港澳台资本	外商资本	营业收入	主营业务收入	营业成本
硅冶炼						
其他常用有色金属冶炼	11764	2052	66000	308546	308450	238319
贵金属冶炼	5000			69712	68872	64920
金冶炼						
银冶炼	5000			45324	45324	45553
其他贵金属冶炼				24388	23548	19367
稀有稀土金属冶炼	20237		20740	299850	299257	258818
钨钼冶炼	10597			146827	146827	124875
稀土金属冶炼	1520			60647	60604	59084
其他稀有金属冶炼	8120		20740	92376	91826	74859
有色金属合金制造	37802	22522	18593	4198852	4195134	3996633
有色金属压延加工	384631	416593	309004	27465145	27299561	25432595
铜压延加工	131329	210588	53761	12224441	12180160	11576879
铝压延加工	206907	171637	121875	10601223	10517068	9500283
贵金属压延加工	3500			1287644	1287644	1284455
稀有稀土金属压延加工	2670			108364	108364	97323
其他有色金属压延加工	40225	34368	133368	3243474	3206325	2973655
金属制品业	1540074	2434567	1300567	60721993	59816926	52637660
结构性金属制品制造	357681	278885	187092	13523927	13125254	11834369
金属结构制造	281284	223062	124319	11282568	10911839	9944224
金属门窗制造	76397	55823	62773	2241359	2213415	1890146
金属工具制造	145573	141855	209894	3557535	3518196	2995355
切削工具制造	60200	22593	88808	1418912	1395067	1198936
手工具制造	12913	7111	6198	361072	357206	318501
农用及园林用金属工具制造	3727		1974	43745	43741	36503
刀剪及类似日用金属工具制造	20502	11146	1032	372675	369166	304304
其他金属工具制造	48231	101005	111882	1361131	1353015	1137111
集装箱及金属包装容器制造	111490	186986	109570	4316813	4198782	3828137
集装箱制造	2500	62568	61448	1576769	1509036	1426633
金属压力容器制造	7729	6287	812	474864	474050	409199
金属包装容器及材料制造	101262	118131	47310	2265180	2215696	1992305
金属丝绳及其制品制造	22212	18871	64888	1150121	1148432	1046665
建筑、安全用金属制品制造	206886	246678	218778	10094231	9999035	8812730
建筑、家具用金属配件制造	124130	110284	155642	6622129	6586214	5766488
建筑装饰及水暖管道零件制造	49171	88165	14737	2332837	2283214	2037235
安全、消防用金属制品制造	11869	5102	6200	202952	200916	162799
其他建筑、安全用金属制品制造	21715	43126	42199	936314	928692	846209
金属表面处理及热处理加工	116786	135603	102845	5754703	5716841	5036419

续表 56

单位：万元

主营业务成本	税金及附加	主营业务税金及附加	销售费用	管理费用	财务费用	利息收入
237874	2024	2024	417	8602	1570	153
64290	91	91	416	2094	207	1
45553	8	8	41	333	131	
18737	84	84	375	1761	76	1
258259	877	877	2475	14509	5762	478
124875	390	390	859	6537	1672	309
59058	157	157	513	1345	2087	10
74326	330	330	1103	6627	2002	159
3994286	7759	7703	20723	61654	13371	674
25291894	65337	64482	228931	711432	146492	28344
11544981	16539	16334	53388	245212	52436	20077
9424350	35947	35587	151020	385375	65185	6438
1284455	14	14	2103	1113	1741	941
97323	617	617	619	6161	4497	2
2940786	12222	11931	21801	73571	22633	886
51886044	305011	299751	1334708	3255168	251711	33893
11486467	70277	68831	301180	686627	84999	7722
9616466	56996	55855	224456	558845	74634	9989
1870001	13281	12977	76724	127782	10364	-2267
2963731	18465	18062	100795	229531	14151	3521
1178181	7574	7248	30175	88051	3388	2460
314868	1288	1288	5072	15439	-30	-195
36503	304	304	1308	3781	594	8
302416	2209	2165	22597	24199	3145	-5
1131763	7091	7058	41644	98061	7055	1253
3724035	23032	22501	126289	213744	-832	9321
1365358	8557	8178	50183	80731	-21831	7014
409071	3696	3651	6837	18351	4111	1776
1949605	10780	10672	69269	114663	16888	531
1045242	4223	4130	15403	47437	4913	883
8734376	44694	44331	195918	477660	38389	3632
5736555	26968	26615	117323	298805	23056	3122
1997884	14440	14431	52143	125725	11096	522
159876	823	821	10621	19004	1047	-91
840062	2464	2464	15832	34126	3190	78
5006628	25250	24961	73913	271914	20956	1658

1-5

行　业				营业收入	主营业务收入	营业成本
	个人资本	港澳台资本	外商资本			
搪瓷制品制造	4843	5114	28145	722070	718925	623645
生产专用搪瓷制品制造	1150		26001	190120	188444	169656
建筑装饰搪瓷制品制造	1060	4090	489	68585	68585	61491
搪瓷卫生洁具制造	868	100	1655	210109	208640	180573
搪瓷日用品及其他搪瓷制品制造	1765	924		253256	253256	211924
金属制日用品制造	275441	443791	135147	9436567	9384437	8058328
金属制厨房用器具制造	29012	49192	13057	976333	967956	835786
金属制餐具和器皿制造	81548	176594	49987	3388142	3372521	2916485
金属制卫生器具制造	11370	16412	1048	390195	388560	325367
其他金属制日用品制造	153510	201593	71055	4681896	4655401	3980689
铸造及其他金属制品制造	299163	976785	244208	12166027	12007024	10402012
黑色金属铸造	26925	21663	6861	1388170	1358829	1211608
有色金属铸造	8115	20626	1943	403946	395971	353276
锻件及粉末冶金制品制造	15676	20540	39433	594958	592631	510257
交通及公共管理用金属标牌制造	3361	1024		84767	84754	73155
其他未列明金属制品制造	245087	912932	195971	9694187	9574840	8253717
通用设备制造业	1686033	1047824	1498784	43508353	42717664	36265116
锅炉及原动设备制造	80063	49953	20979	1433864	1382457	1136359
锅炉及辅助设备制造	39652	2131	9805	310386	307949	220970
内燃机及配件制造	7284	42961	838	208827	196398	190307
汽轮机及辅机制造			10336	82107	82107	51608
水轮机及辅机制造	380			8657	8657	7942
风能原动设备制造	31037	4861		775582	739638	623061
其他原动设备制造	1710			48306	47709	42471
金属加工机械制造	279372	162688	46514	5608448	5529636	4430293
金属切削机床制造	35954	35441	6582	1107026	1074347	807234
金属成形机床制造	35696	16969	730	1045820	1036397	853264
铸造机械制造	5962	18870	15654	607317	606043	517527
金属切割及焊接设备制造	140276	67313	7663	921727	905808	662388
机床功能部件及附件制造	16191	14719	3824	256732	253447	184858
其他金属加工机械制造	45293	9375	12062	1669827	1653595	1405023
物料搬运设备制造	189931	17730	130856	5709275	5598512	4589604
轻小型起重设备制造	11529	2097	4486	130644	127779	105016
生产专用起重机制造	15070			287393	279745	242026
生产专用车辆制造	550	3000		159812	151017	128601
连续搬运设备制造	16862		1368	82835	80689	61646
电梯、自动扶梯及升降机制造	134066	10687	111636	4688090	4611971	3761601
客运索道制造			10367	135532	123505	106234

续表 57

单位：万元

主营业务成本	税金及附加	主营业务税金及附加	销售费用	管理费用	财务费用	利息收入
622318	4212	4208	17622	31605	2338	358
168329	722	722	4267	6783	408	313
61491	86	86	1287	2827	168	3
180573	2195	2195	6156	10217	23	-47
211924	1209	1205	5912	11778	1739	89
8029338	52068	51098	288311	505725	38568	3477
832582	4631	4557	30466	54878	3840	409
2908893	18905	18453	80820	153736	20467	847
323855	2049	2046	13745	33217	787	-283
3964008	26483	26042	163280	263895	13473	2504
10273910	62790	61630	215278	790924	48230	3322
1185561	7615	7513	21173	52150	5396	683
346852	1600	1600	8947	30279	2286	-14
508743	3008	2933	12566	41563	2089	341
73155	187	153	2117	4670	119	-32
8159599	50379	49432	170475	662263	38340	2345
35594013	212976	209662	1592666	3007445	136280	55732
1100760	10778	10705	91399	100537	19534	-6093
220017	2250	2176	27614	23622	4792	-108
186321	1222	1222	2909	28465	4901	474
51608	757	757	2774	2855	-1624	-2112
7942	67	67	157	482	22	0
593692	6400	6400	57308	43059	9473	-4349
41179	82	82	637	2054	1971	2
4376925	28578	27923	229555	417291	21768	7822
787488	6371	6328	66394	99776	2599	2051
844354	4659	4500	30676	67837	4456	733
516856	2791	2784	20932	24292	5757	407
653616	5651	5372	60370	106419	836	4097
182942	1704	1697	10565	34319	408	-10
1391669	7403	7242	40618	84648	7712	544
4509530	32347	32160	325467	468140	-10865	27156
103606	648	648	5433	10703	1296	-1
238230	2196	2196	11051	19600	2417	28
122753	598	598	8378	14762	-944	-44
61398	534	534	4203	10767	341	8
3704105	26262	26147	284394	376861	-16220	27522
95315	959	959	2043	11262	547	-230

1-5

行　业				营业收入	主营业务收入	营业成本
	个人资本	港澳台资本	外商资本			
机械式停车设备制造	10349			79534	79172	58936
其他物料搬运设备制造	1505	1947	3000	145435	144633	125545
泵、阀门、压缩机及类似机械制造	164133	81265	338674	6263898	5933205	5293927
泵及真空设备制造	58064	18330	42140	1508249	1499590	1219941
气体压缩机械制造	43829	16742	228460	3433639	3120490	3005166
阀门和旋塞制造	36564	34229	46122	739811	735771	607428
液压动力机械及元件制造	18260	11031	18957	479677	476944	372710
液力动力机械元件制造	340			10033	10033	8291
气压动力机械及元件制造	7076	934	2996	92489	90377	80392
轴承、齿轮和传动部件制造	22892	71657	30491	998986	979768	842667
滚动轴承制造	8130	46272	20399	446495	438543	379994
滑动轴承制造	2570	1590		34912	34735	25850
齿轮及齿轮减、变速箱制造	11410	22084	10092	480609	469826	406546
其他传动部件制造	783	1711		36971	36664	30278
烘炉、风机、包装等设备制造	311405	134103	352549	9673351	9564163	8237468
烘炉、熔炉及电炉制造	10071		2767	109005	108137	88518
风机、风扇制造	34654	16160	131879	1584758	1576793	1351415
气体、液体分离及纯净设备制造	27609	2683	3196	601444	594082	437254
制冷、空调设备制造	145826	55775	88693	4397471	4314322	3694671
风动和电动工具制造	8310	37911	26335	2055362	2050408	1943255
喷枪及类似器具制造	5175	2502		138181	136784	115501
包装专用设备制造	79761	19072	99680	787131	783636	606854
文化、办公用机械制造	259120	325883	445834	7525166	7475768	6524857
电影机械制造		2710		74935	72197	65818
幻灯及投影设备制造	10132	40283	30837	451647	442762	384035
照相机及器材制造	16524	162831	118595	1141484	1135800	993465
复印和胶印设备制造	11635	83601	209403	3769527	3754422	3401779
计算器及货币专用设备制造	215191	31237	24149	1719461	1704695	1363735
其他文化、办公用机械制造	5638	5222	62850	368112	365892	316025
通用零部件制造	171611	182290	101664	4005751	3986749	3436861
金属密封件制造	3047	4553	4841	232832	229734	182869
紧固件制造	24030	76944	55387	1360651	1355716	1179217
弹簧制造	12176	15297	24954	472068	467037	379466
机械零部件加工	75620	30188	3233	1066390	1063925	932563
其他通用零部件制造	56739	55308	13249	873811	870336	762746
其他通用设备制造业	207505	22254	31223	2289614	2267407	1773081
工业机器人制造	23807	2626	883	425705	420473	323440
特殊作业机器人制造				83934	83431	66637
增材制造装备制造	7845	6200	768	219086	215169	159533

续表 58

单位：万元

主营业务成本	税金及附加	主营业务税金及附加	销售费用	管理费用	财务费用	利息收入
58587	577	510	7613	9722	1293	8
125535	575	569	2352	14463	404	-137
5007044	28202	27927	152446	431115	20254	237
1214341	7596	7516	54344	109330	-818	-2391
2729289	12991	12908	65491	209651	9961	2713
603955	4630	4626	16971	62860	6684	-289
372200	2686	2581	12743	39221	2941	115
8291	51	51	166	1510	9	
78967	248	246	2731	8543	1477	89
827338	5744	5420	23924	70618	6921	268
375273	2589	2459	11536	35992	4169	229
25850	204	204	645	3687	330	0
396141	2653	2474	10935	27823	2263	11
30075	297	283	808	3116	159	29
8135675	44422	43761	375771	549943	52098	7944
87975	486	486	3782	10111	1080	332
1346455	7286	7277	54944	101930	3789	39
431730	3373	3259	59462	55842	1307	0
3611132	19225	19039	195227	265635	12651	176
1939290	5570	5259	9705	28986	28892	8988
115041	579	578	3990	10385	770	7
604052	7905	7865	48662	77055	3610	-1598
6457235	31207	30845	212626	442775	431	16734
64776	231	230	3424	4180	-141	15
379393	1977	1977	15206	41263	1603	674
989352	7211	7211	17794	92176	-5394	400
3357530	12589	12374	59210	93808	-11933	7130
1351663	7419	7412	109398	182905	16796	7927
314522	1781	1642	7595	28444	-501	587
3424246	20052	19439	85905	278843	14793	1497
177606	1700	1700	15865	25824	1692	95
1176062	5329	5162	28680	77849	5938	291
378612	3225	3206	12462	34147	1007	-135
930640	5216	4863	14389	79223	2673	1334
761326	4583	4509	14509	61800	3484	-87
1755262	11648	11482	95574	248183	11346	166
319411	2079	2077	22800	64198	1651	-60
66171	188	188	3234	7702	371	29
157807	1134	1113	17385	29732	2097	-188

1-5

行业	个人资本	港澳台资本	外商资本	营业收入	主营业务收入	营业成本
其他未列明通用设备制造业	175854	13429	29572	1560889	1548333	1223470
专用设备制造业	2326630	1160399	887833	35019178	34607856	27021541
采矿、冶金、建筑专用设备制造	77303	2584	13978	1568208	1554934	1353315
矿山机械制造	7710			269670	266518	225675
石油钻采专用设备制造	15768			10965	10965	5408
深海石油钻探设备制造	7000	632		49920	49814	41847
建筑工程用机械制造	17548	1952	5011	396783	391262	338824
建筑材料生产专用机械制造	25987		1645	533012	529159	468484
冶金专用设备制造	3291		5252	90206	89727	73357
隧道施工专用机械制造			2070	217652	217489	199720
化工、木材、非金属加工专用设备制造	418026	563553	430538	10793197	10671831	8897861
炼油、化工生产专用设备制造	7801	2127	14214	213678	212889	164058
橡胶加工专用设备制造	7103	12080	2731	406110	400061	338229
塑料加工专用设备制造	65771	116625	43105	1880512	1843575	1482998
木竹材加工机械制造	24805	892	32764	301895	300707	221922
模具制造	308872	431079	336241	7928239	7852309	6639084
其他非金属加工专用设备制造	3676	752	1483	62764	62290	51570
食品、饮料、烟草及饲料生产专用设备制造	29060	2981		528594	526073	433153
食品、酒、饮料及茶生产专用设备制造	11002	2432		273220	272016	222906
农副食品加工专用设备制造	3855	549		41121	40767	34897
烟草生产专用设备制造	10653			174408	173888	143273
饲料生产专用设备制造	3550			39845	39402	32076
印刷、制药、日化及日用品生产专用设备制造	687904	91227	59449	3469317	3453093	2798683
制浆和造纸专用设备制造	4981	2103	12335	236482	235666	196001
印刷专用设备制造	34224	25936	12634	577164	574204	453850
日用化工专用设备制造	4530			38694	38619	29884
制药专用设备制造	400			3624	3624	2690
照明器具生产专用设备制造	15020	11814	1637	221854	221379	161824
玻璃、陶瓷和搪瓷制品生产专用设备制造	618578	11226	19818	2124389	2114688	1734529
其他日用品生产专用设备制造	10170	40149	13026	267112	264913	219907
纺织、服装和皮革加工专用设备制造	25158	64531	17416	1921512	1881666	1597506
纺织专用设备制造	10439	51116	9710	1316126	1277727	1091699
皮革、毛皮及其制品加工专用设备制造	1500	488		52344	52336	45629
缝制机械制造	12719	12610	7494	341110	340041	288422
洗涤机械制造	500	317	211	211932	211563	171756
电子和电工机械专用设备制造	238670	173574	44731	4747429	4691189	3630985
电工机械专用设备制造	35864	7846	22788	1079801	1064143	767076
半导体器件专用设备制造	41874	121817	1487	1147032	1134134	927580
电子元器件与机电组件设备制造	44144	25071	13070	813182	805848	663586

续表 59

单位：万元

主营业务成本	税金及附加	主营业务税金及附加	销售费用	管理费用	财务费用	利息收入
1211873	8247	8104	52155	146551	7227	385
26746484	212270	209175	1779721	3225056	129443	35115
1346862	6716	6677	44254	91786	9772	2044
222847	1095	1095	9978	23468	2811	-51
5408	142	142	1695	2856	350	1
41796	376	376	471	10431	3933	-192
335652	1518	1490	13752	19938	1407	321
468232	2630	2619	12332	24885	1301	277
73357	439	439	2825	5786	520	37
199569	516	516	3200	4421	-550	1652
8797943	60301	59361	328947	910669	70706	7981
163466	1186	1186	8587	19835	3237	117
333150	1985	1985	12261	21720	967	-2
1454617	10874	10844	101947	136363	13693	1210
215776	2408	2408	8133	30189	1646	247
6579862	43668	42784	195663	696221	50486	6390
51072	181	154	2356	6341	677	19
431257	3958	3914	17817	39401	1319	772
221586	1642	1640	9348	18110	270	763
34592	161	161	896	4499	455	8
143273	1981	1981	5770	12255	292	4
31805	175	132	1803	4537	303	-3
2788936	18211	18140	118127	230925	19137	2694
195641	1080	1078	6338	18297	2078	32
452969	3553	3552	30690	62370	1231	334
29827	223	209	1841	4661	202	0
2690	22	22	379	498	-2	0
161716	1436	1436	23671	20926	713	49
1727749	10354	10300	49889	100969	15080	2377
218343	1544	1544	5320	23203	-164	-99
1562752	11157	10897	50736	113439	4508	1053
1057521	8067	7998	39105	59609	2291	1273
45629	250	250	1457	3837	209	5
287846	1978	1800	8473	22884	1542	-230
171756	862	850	1701	27110	466	4
3593378	27181	26421	214723	470134	10497	2468
755752	7706	7605	52022	111142	2830	849
918769	5733	5404	38730	91243	106	504
660813	4790	4658	22726	72560	2997	-173

1-5

行业	个人资本	港澳台资本	外商资本	营业收入	主营业务收入	营业成本
其他电子专用设备制造	116788	18839	7385	1707414	1687064	1272744
农、林、牧、渔专用机械制造	25317	17368	23919	317585	314949	274811
拖拉机制造	2502			9561	9395	8062
机械化农业及园艺机具制造	8255	16898	23002	217070	215141	189170
营林及木竹采伐机械制造						
畜牧机械制造	3850	470		61339	60813	53430
渔业机械制造	502			3033	3032	2528
农林牧渔机械配件制造	1000			6424	6424	5570
棉花加工机械制造			917	3442	3428	3101
其他农、林、牧、渔业机械制造	9207			16715	16715	12951
医疗仪器设备及器械制造	465004	199157	261031	6758174	6677622	4542399
医疗诊断、监护及治疗设备制造	319091	13870	54145	3584033	3525502	2130206
口腔科用设备及器具制造	8732		6668	140469	140258	111914
医疗实验室及医用消毒设备和器具制造	500			11809	11809	10390
医疗、外科及兽医用器械制造	87624	10729	18963	643367	634761	420103
机械治疗及病房护理设备制造	3352	10165	2699	260887	259291	211486
康复辅具制造	5445	24112	19520	255357	254988	203535
眼镜制造	9254	105811	156889	972593	966596	837526
其他医疗设备及器械制造	31006	34470	2146	889659	884416	617239
环保、邮政、社会公共服务及其他专用设备制造	360188	45425	36772	4915162	4836500	3492828
环境保护专用设备制造	62442	23942	8494	833503	828817	589812
地质勘查专用设备制造						
邮政专用机械及器材制造	1000			6239	6239	5002
商业、饮食、服务专用设备制造	2281	2000		31760	31744	25068
社会公共安全设备及器材制造	26287	4062	822	536665	530099	407279
交通安全、管制及类似专用设备制造	11029			80203	80139	58181
水资源专用机械制造	1520		687	55799	55796	47378
其他专用设备制造	255629	15421	26769	3370995	3303666	2360108
汽车制造业	433074	458764	3905682	86398505	84445994	72785084
汽车整车制造	10283		1023450	43776124	42906163	37554634
汽柴油车整车制造	1673		1023450	43033337	42175481	36884118
新能源车整车制造	8610			742786	730682	670516
汽车用发动机制造			225175	3297651	3134307	2718991
改装汽车制造	68530			1383968	1375921	1150704
低速汽车制造			111000	147468	144832	129555
电车制造	2853			42793	42625	40474
汽车车身、挂车制造	4457	2500	10898	745981	731665	587683
汽车零部件及配件制造	346953	456264	2535160	37004521	36110482	30603043
铁路、船舶、航空航天和其他运输设备制造业	271217	520084	560543	10557944	10336645	9628665

续表 60

单位：万元

主营业务成本	税金及附加	主营业务税金及附加	销售费用	管理费用	财务费用	利息收入
1258044	8953	8755	101245	195190	4564	1288
273941	1510	1429	8516	24383	2253	163
7917	47	47	313	1108	50	1
188861	859	859	4771	13900	1953	161
53014	250	169	2512	6540	184	1
2528	1	1	216	233		
5570	64	64	63	160	44	
3101	11	11	8	286	7	0
12951	278	278	634	2155	15	
4502810	49918	49516	665246	780472	-21251	9672
2100097	30401	30120	489636	448814	-25678	8242
111746	607	607	9385	13013	-57	88
10390	57	57	298	707	99	0
418292	5353	5321	61448	85244	720	648
210770	1753	1749	11005	21084	199	92
203514	1703	1696	10700	24043	270	27
834580	3470	3467	8303	83190	3560	-49
613420	6572	6498	74472	104378	-362	624
3448606	33318	32821	331355	563849	32503	8271
588068	5582	5526	32406	84654	9163	-405
5002	42	42	143	1005	26	0
25068	194	194	1442	3939	518	2
405909	3412	3261	43106	51978	1793	113
58149	753	753	5948	9691	11066	358
47376	362	362	1801	4169	262	3
2319035	22973	22683	246508	408412	9675	8199
71184405	2262323	2256674	1433378	4212600	154542	141102
36725061	2042449	2042170	632054	1725668	41339	111189
36064073	2041271	2041058	622697	1703258	39317	111171
660988	1179	1112	9358	22410	2022	18
2572472	11449	11449	4414	134974	-10608	91
1141337	2892	2817	74697	66421	27218	7289
128478	834	834	5958	8587	6192	468
40474	209	209	471	3583	-2	4
576325	2829	2245	62462	38558	3101	-136
30000259	201661	196952	653322	2234810	87302	22198
9477391	56499	54977	190590	685965	45397	43989

1-5

行　业	个人资本	港澳台资本	外商资本	营业收入	主营业务收入	营业成本
铁路运输设备制造	8656	1038		115153	114563	78226
高铁车组制造				18967	18710	20426
铁路机车车辆制造						
窄轨机车车辆制造	420			2876	2682	2144
高铁设备、配件制造	346			2272	2272	1994
铁路机车车辆配件制造	2130			16582	16582	9490
铁路专用设备及器材、配件制造	1000	1038		44092	44088	30952
其他铁路运输设备制造	4760			30365	30229	13219
城市轨道交通设备制造	4100			331665	330464	314060
船舶及相关装置制造	67611	212515	377374	3629730	3551231	3581034
金属船舶制造	31984	13833	24798	2618508	2571719	2653682
非金属船舶制造	30261		6316	177962	171133	147141
娱乐船和运动船制造	1655	2650	4490	90632	89325	76968
船用配套设备制造	270	3355	8189	97745	97294	89990
船舶改装		78301		170598	151688	147204
船舶拆除	1040			41900	40808	35849
海洋工程装备制造	2200	114377	333581	428141	425020	426377
航标器材及其他相关装置制造	200			4243	4243	3824
航空、航天器及设备制造	16833	755	13098	210814	209327	170964
飞机制造	13633	755	9826	94606	93240	77606
航天器及运载火箭制造						
航天相关设备制造						
航空相关设备制造				3282	3282	1873
其他航空航天器制造	3200		3272	112926	112804	91485
摩托车制造	113577	223664	21804	4068225	4001251	3559189
摩托车整车制造	73544	196528	21263	2746919	2710412	2371590
摩托车零部件及配件制造	40033	27136	542	1321306	1290839	1187599
自行车和残疾人座车制造	42723	39741	126811	1332750	1327909	1170197
自行车制造	42518	32922	124280	1199140	1194373	1047678
残疾人座车制造	205	6819	2531	133610	133537	122519
助动车制造	10151	11171	14038	559998	495819	492699
非公路休闲车及零配件制造	6116	3808	7416	157850	155798	132420
潜水救捞及其他未列明运输设备制造	1450	27392		151760	150285	129876
潜水装备制造		10011		39930	39657	28093
水下救捞装备制造						
其他未列明运输设备制造	1450	17381		111829	110629	101784
电气机械和器材制造业	5529837	3090976	2283762	148012691	143766029	122173566
电机制造	400314	154641	183810	6498926	6346268	5566282
发电机及发电机组制造	66455	9726	12770	548434	543690	453656

续表 61

单位：万元

主营业务成本	税金及附加	主营业务税金及附加	销售费用	管理费用	财务费用	利息收入
77866	1523	713	6725	26244	1442	381
20214	861	52	489	8070	1324	211
1996	2	2	144	655	65	0
1994	6	6	21	206	7	0
9490	133	133	671	4058	25	34
30952	250	250	2087	5929	-5	28
13219	271	271	3313	7327	26	109
313390	1693	1693	2242	10169	2344	108
3541984	18243	18120	27073	235881	47178	20770
2622306	8957	8914	12443	172945	42789	23652
141796	2798	2798	3670	12411	3542	195
76366	560	538	1814	6943	2178	29
89725	516	516	1529	4255	92	149
147204	2334	2334	2450	4187	3107	21
35849	549	549	115	2536	125	63
424915	2508	2449	4961	32355	-4693	-3339
3824	22	22	91	249	37	1
170175	1345	1335	5955	14568	-673	395
76915	696	686	2046	6570	-276	324
1873	17	17	64	1409	-14	70
91387	632	632	3845	6590	-382	1
3509402	22446	22379	92447	268742	-5765	22281
2344728	15929	15874	72831	191535	-9492	20901
1164674	6518	6505	19616	77207	3727	1379
1167832	7524	7271	30049	76907	-468	-237
1045360	7165	6912	28701	70392	66	-162
122472	360	360	1348	6515	-533	-74
435693	1985	1807	18337	30576	249	193
131989	287	287	5135	13465	-541	34
129060	1452	1371	2628	9412	1631	65
27889	398	317	1267	6321	1613	7
101171	1054	1054	1362	3091	18	58
118215239	726921	706433	7362401	8495835	476497	424315
5467000	33916	33753	145028	455502	31898	4617
450134	3501	3489	19130	61758	4400	686

1-5

行　业	个人资本	港澳台资本	外商资本	营业收入	主营业务收入	营业成本
电动机制造	41193	4174	34761	1332841	1269943	1138510
微特电机及组件制造	20381	76345	26521	1196388	1178212	1013059
其他电机制造	272286	64396	109758	3421262	3354423	2961057
输配电及控制设备制造	2170156	535411	590281	20952030	20669329	17278185
变压器、整流器和电感器制造	277531	217501	355391	7815946	7728298	6491528
电容器及其配套设备制造	21815	10035	35550	321503	318139	267316
配电开关控制设备制造	376663	85291	45814	3884258	3810329	3140485
电力电子元器件制造	1227438	212256	138902	6095732	6022773	5079163
光伏设备及元器件制造	41222	3376		946095	910790	788513
其他输配电及控制设备制造	225489	6953	14624	1888496	1878999	1511180
电线、电缆、光缆及电工器材制造	701741	486527	344699	18650847	17890017	16491857
电线、电缆制造	579125	387960	257320	15147280	14442460	13498019
光纤制造	22253	56309		329089	327700	282055
光缆制造	72779	1786	15841	820160	792857	721219
绝缘制品制造	13742	26886	39474	1463150	1441075	1270968
其他电工器材制造	13842	13586	32064	891168	885924	719597
电池制造	431914	577760	208117	17685667	16916898	15867370
锂离子电池制造	175669	141220	120880	12231641	11765064	11009053
镍氢电池制造	46518	29727	3415	720090	701991	628878
铅蓄电池制造	8375	97489	25204	621106	597979	541590
锌锰电池制造	2400	30640		151668	130293	141656
其他电池制造	198952	278685	58618	3961162	3721570	3546193
家用电力器具制造	798965	979646	578923	68248959	66127272	53760745
家用制冷电器具制造	34665	19039	35354	2359910	2256582	2008772
家用空气调节器制造	392991	130874	176595	42376359	40800656	31765847
家用通风电器具制造	57032	120390	60933	3896897	3791696	3135781
家用厨房电器具制造	168113	412240	104069	11868450	11583326	10225339
家用清洁卫生电器具制造	23703	71515	77217	2474778	2455585	2105187
家用美容、保健护理电器具制造	33588	89987	41680	1739527	1732424	1465600
家用电力器具专用配件制造	34051	26698	11146	1414805	1401680	1222339
其他家用电力器具制造	54821	108904	71930	2118233	2105324	1831879
非电力家用器具制造	161600	5660	13719	2025492	2000589	1663702
燃气及类似能源家用器具制造	152009	3560	10757	1767460	1743527	1435272
太阳能器具制造	8421		2453	65627	64956	53080
其他非电力家用器具制造	1170	2100	510	192406	192105	175351
照明器具制造	809519	342445	338029	12294925	12175654	10181909
电光源制造	227946	15692	101360	1990743	1942123	1636105
照明灯具制造	476354	224430	191386	7555967	7508547	6248866
舞台及场地用灯制造	34704	14619	17097	830333	821884	666399

续表 62

单位：万元

主营业务成本	税金及附加	主营业务税金及附加	销售费用	管理费用	财务费用	利息收入
1088107	6582	6491	34281	96758	4287	-365
1001383	6157	6152	20859	87940	4636	133
2927376	17676	17621	70758	209046	18575	4162
17083805	110271	107680	692756	1664419	106656	21856
6436571	39229	38828	262563	577338	29159	1773
264595	1821	1821	8129	30249	2053	143
3100274	23389	22239	176909	379341	28717	1912
5020370	30706	30385	131854	441608	11850	1161
765196	4372	3698	43430	80390	16181	3281
1496800	10754	10708	69871	155492	18695	13586
15771161	65791	64745	384122	923932	126437	18695
12817023	50006	48992	299490	720675	109776	8042
280337	1194	1194	6180	23727	1455	-399
705584	3426	3426	22471	39574	-1481	10368
1251736	6606	6604	30213	81983	8551	386
716481	4559	4530	25767	57972	8136	297
15161257	68150	67452	245609	1038709	285091	32399
10541333	29918	29741	160692	739652	99302	29849
614663	3670	3461	16928	52403	3678	3
533556	16125	16125	14039	38032	10819	-350
120843	446	410	1470	9326	350	317
3350863	17990	17714	52481	199296	170941	2580
51635618	361090	346169	5191287	3234914	-125919	344955
1774705	9523	9523	97294	131530	-18480	6404
30267859	231789	224866	4192026	1703645	-176790	311403
3067177	20830	20515	277345	232461	2720	525
9991838	60595	53741	409816	627019	46416	25282
2057100	8217	7956	61605	142341	1807	-727
1441048	9276	9276	63917	132441	584	1286
1210449	9911	9585	30329	94753	9528	145
1825443	10949	10709	58956	170723	8298	638
1650684	9475	9413	132162	134736	16071	-4928
1422542	8479	8430	126905	119863	14469	-5051
52855	278	278	3216	8307	591	48
175287	718	705	2040	6567	1011	75
10088619	69113	68220	500794	920575	32731	6647
1593261	10647	10544	81037	126427	4444	3335
6211095	43441	42721	320548	598452	19458	2231
660828	5275	5257	43298	75047	1140	349

1-5

行 业	个人资本	港澳台资本	外商资本	营业收入	主营业务收入	营业成本
智能照明器具制造	23994	5540	14551	310918	302736	252801
灯用电器附件及其他照明器具制造	46522	82165	13635	1606964	1600364	1377737
其他电气机械及器材制造	55627	8887	26184	1655845	1640004	1363516
电气信号设备装置制造	29288	3774	17776	559177	547992	445403
其他未列明电气机械及器材制造	26339	5113	8409	1096668	1092012	918114
计算机、通信和其他电子设备制造业	6865792	8769664	7302612	412412567	404808216	349402025
计算机制造	788725	881614	985842	35973632	35601671	33045397
计算机整机制造	163244	50359	385221	14994779	14891330	14312710
计算机零部件制造	98217	391869	304504	7334449	7279075	6668981
计算机外围设备制造	279576	290088	238829	8488937	8379609	7635178
工业控制计算机及系统制造	12387	476	14192	331201	331081	241424
信息安全设备制造	18806		2223	134804	134531	87566
其他计算机制造	216496	148822	40873	4689463	4586045	4099538
通信设备制造	1144891	867268	717144	214283397	210890715	176688686
通信系统设备制造	397366	151556	174028	96040302	95347558	68446362
通信终端设备制造	747526	715713	543116	118243095	115543157	108242324
广播电视设备制造	165216	57546	23556	2717636	2677950	2190629
广播电视节目制作及发射设备制造	2046			87940	87452	66794
广播电视接收设备制造	86721	36165	13942	1166293	1137346	964208
广播电视专用配件制造	6912	11130	643	133670	133495	119991
专业音响设备制造	14019	2391		429404	426626	366202
应用电视设备及其他广播电视设备制造	55518	7860	8970	900329	893032	673434
雷达及配套设备制造	36873	74		301471	296570	249647
非专业视听设备制造	481348	600239	402292	29585566	28143047	26908746
电视机制造	143227	87536	83882	15596209	14386301	14388333
音响设备制造	171357	261399	212888	7666273	7549629	6743696
影视录放设备制造	166764	251304	105522	6323083	6207117	5776717
智能消费设备制造	477363	73595	115220	6179252	6041766	4744548
可穿戴智能设备制造	29828	7249	62073	680048	652797	565541
智能车载设备制造	28264	18931	8152	780834	775187	638275
智能无人飞行器制造	92317	3000		1898128	1841522	1303384
服务消费机器人制造	6726	861	7274	304482	285286	226758
其他智能消费设备制造	320227	43554	37720	2515759	2486974	2010590
电子器件制造	1805041	2635058	2320255	52551492	51568606	46071809
电子真空器件制造	41187	56055	48544	1995725	1972151	1709107
半导体分立器件制造	99301	320107	47491	1506577	1497869	1216664
集成电路制造	264293	372258	302477	5002366	4963458	4185957
显示器件制造	469166	1441955	1507578	28109863	27506296	24991226
半导体照明器件制造	308061	88644	54327	2351639	2290599	1998242

续表 63

单位：万元

主营业务成本	税金及附加	主营业务税金及附加	销售费用	管理费用	财务费用	利息收入
247394	1504	1504	18539	23632	891	505
1376042	8247	8194	37372	97017	6799	228
1357094	9115	9002	70643	123048	3531	74
442350	3185	3171	32319	52472	1100	-159
914744	5930	5831	38325	70575	2431	233
340825173	1469364	1437220	12904613	31705780	540370	1080253
32809420	91736	86933	484596	1555339	26863	105963
14231147	19771	17496	88101	334863	25933	98837
6638718	20390	20051	96197	380853	8085	3468
7552829	26090	23936	165292	441695	7447	1413
241358	1927	1920	9576	32684	-1253	-1022
87443	720	720	9120	25839	-137	274
4057924	22838	22809	116309	339406	-13213	2992
171680163	723299	712434	9168488	19257410	-50988	796924
67827649	462454	458563	6092710	14259984	282853	356211
103852514	260845	253872	3075778	4997426	-333841	440713
2160058	13917	13715	122914	247703	12629	889
66371	453	452	3372	9696	8	-7
942701	5792	5784	41825	98832	11778	987
119594	485	485	4547	10432	816	44
360521	1511	1445	9855	35972	143	1
670871	5677	5549	63315	92771	-115	-137
239297	1754	1754	8606	29364	10929	-30
25634549	99550	97678	880121	1400013	86901	62112
13298662	45043	44354	640776	519726	43301	49984
6655235	31208	30200	134920	528735	27593	1535
5680652	23299	23123	104425	351552	16007	10593
4428647	31012	30701	236193	663977	-8691	7795
542079	3074	2980	16347	60586	1234	531
631378	2780	2705	43719	86957	2319	426
1041993	11531	11531	70909	271286	-12813	1069
217403	1359	1357	33468	43539	-1717	414
1995795	12268	12128	71750	201608	2286	5356
45261074	194423	185105	829774	3164235	341295	91778
1698236	7221	7171	33396	119705	3939	247
1209917	8278	8268	45398	146477	2454	1298
4168303	20665	17647	69978	560450	-1048	12747
24440620	89276	84908	383423	1265739	213301	50673
1959321	11114	10909	46531	164300	4558	1807

1-5

行业	个人资本	港澳台资本	外商资本	营业收入	主营业务收入	营业成本
光电子器件制造	426107	202973	266937	10079403	9881871	8951582
其他电子器件制造	196928	153066	92903	3505920	3456363	3019031
电子元件及电子专用材料制造	1678837	3438837	2632610	60793035	59689131	51094042
电阻电容电感元件制造	359996	351359	578631	8848988	8769169	7238965
电子电路制造	478182	1802049	1030782	29110877	28440087	24340479
敏感元件及传感器制造	30496	105413	48693	1189616	1158076	944380
电声器件及零件制造	38593	114693	28251	1905843	1871641	1678980
电子专用材料制造	283639	105010	72316	2862235	2821176	2507521
其他电子元件制造	487930	960313	873937	16875475	16628984	14383716
其他电子设备制造	287498	215432	105694	10027088	9898760	8408521
仪器仪表制造业	770556	529237	325540	11447388	11215168	8998002
通用仪器仪表制造	431326	70420	68292	4503999	4340251	3404480
工业自动控制系统装置制造	160365	21013	30170	2838796	2700296	2144217
电工仪器仪表制造	222335	37945	22065	895083	877676	720519
绘图、计算及测量仪器制造	5531		8229	244149	243958	185265
实验分析仪器制造	22145	4798	1097	297237	293243	208609
试验机制造	11439		3499	121010	118034	77128
供应用仪器仪表制造	8413	6000	3233	72241	71606	42945
其他通用仪器制造	1099	664		35484	35439	25797
专用仪器仪表制造	216217	22750	13869	1691012	1663590	1279700
环境监测专用仪器仪表制造	129037	200		326941	324865	245399
运输设备及生产用计数仪表制造	8529	128		277172	271311	251435
导航、测绘、气象及海洋专用仪器制造	10724			141861	140724	110517
农林牧渔专用仪器仪表制造				12942	12942	9265
地质勘探和地震专用仪器制造				2078	2078	445
教学专用仪器制造	2010			22437	22437	18925
核子及核辐射测量仪器制造			55	9041	8954	4945
电子测量仪器制造	49539	12382	11179	657758	642509	473136
其他专用仪器制造	16377	10041	2635	240781	237770	165633
钟表与计时仪器制造	21562	361992	70170	2400318	2384316	1926456
光学仪器制造	49677	63715	155500	2259570	2246468	1934778
衡器制造	31625		6949	305880	304096	248484
其他仪器仪表制造业	20148	10361	10760	286609	276447	204104
其他制造业	121081	240616	72454	3053125	3023545	2559886
日用杂品制造	45005	193545	41099	1727744	1718429	1475707
鬃毛加工、制刷及清扫工具制造	8826	3237	707	263142	262551	219829
其他日用杂品制造	36179	190308	40392	1464602	1455878	1255878
核辐射加工				5754	5751	4258
其他未列明制造业	76077	47071	31355	1319627	1299365	1079920

续表 64

单位：万元

主营业务成本	税金及附加	主营业务税金及附加	销售费用	管理费用	财务费用	利息收入
8801511	39259	37880	157111	606574	92991	21622
2983166	18610	18322	93939	300991	25100	3385
50278647	272484	268393	938039	4695549	89741	11390
7174371	46657	45326	151125	566861	-647	15471
23860996	110996	110207	383265	2487006	38789	-14024
920725	6665	6563	40788	126774	1397	-1378
1649162	8329	8183	35327	123384	8486	273
2476610	11051	10944	34632	146042	15721	3250
14196783	88786	87170	292902	1245482	25995	7797
8333319	41189	40509	235883	692191	31690	3432
8838394	62991	61931	574703	1174027	46530	3437
3285352	26253	25938	277946	562597	51120	2176
2038187	16412	16366	156842	346277	8450	1326
711951	5111	4958	62912	112380	40166	913
185265	1504	1504	15329	22309	189	-408
207168	1643	1618	21512	46236	1685	302
74278	787	696	10997	18453	98	80
42745	595	595	8932	11083	535	-65
25759	202	202	1423	5859	-3	29
1262796	9188	9099	88186	212393	-1998	1781
245364	1544	1533	20158	40984	1038	88
245853	957	944	5223	17645	445	85
108512	464	464	7607	23096	365	59
9265	115	115	357	2416	122	1
445	22	22	266	1315	-28	-30
18925	43	43	593	1085	81	1
4832	68	68	1074	1495	-56	
465351	4404	4339	36455	84214	-906	1198
164250	1572	1571	16453	40144	-3057	378
1917161	13262	12740	138530	176181	1548	390
1925940	10032	9902	40486	165800	-4151	-748
247091	2267	2267	10506	26364	762	-4
200054	1988	1986	19049	30692	-750	-158
2547758	18220	18020	86370	264754	11058	890
1470167	11210	11023	39848	136667	1752	-325
219507	1921	1921	10770	21545	904	49
1250660	9289	9102	29078	115122	848	-374
4258	37	37	143	546	-25	-25
1073333	6973	6960	46379	127541	9330	1240

1-5

行　业	个人资本	港澳台资本	外商资本	营业收入	主营业务收入	营业成本
废弃资源综合利用业	99784	23531	16711	8412413	8358720	7394560
金属废料和碎屑加工处理	59733	12204	13482	7320485	7276472	6483336
非金属废料和碎屑加工处理	40051	11327	3229	1091927	1082248	911224
金属制品、机械和设备修理业	9333	28154	42126	1925561	1892022	1616793
金属制品修理		1219	2448	49908	49413	42810
通用设备修理	1977			71007	70981	57433
专用设备修理	1000	373	2151	36887	36886	23724
铁路、船舶、航空航天等运输设备修理	4698	23464	37527	1695365	1662600	1438644
铁路运输设备修理				244741	238465	217046
船舶修理	4698		250	202007	195210	178601
航空航天器修理		23464	37277	1248617	1228926	1042998
其他运输设备修理						
电气设备修理				5814	5814	5254
仪器仪表修理		2797		14186	14186	11027
其他机械和设备修理业	1658	300		52393	52142	37900
电力、热力、燃气及水生产和供应业	429489	1248210	1904561	81846554	80331821	73464855
电力、热力生产和供应业	121521	978430	1297133	66947157	65810401	61206815
电力生产	93858	964405	1292133	18308181	17262924	14253276
火力发电	42771	248113	440570	11429815	10722875	9792105
热电联产	17310	147666	91934	2180519	1869034	1967674
水力发电	20804	56743	3380	690677	685579	369736
核力发电		346781	732000	3043427	3032373	1561264
风力发电	5161	106258	11806	367842	367433	205083
太阳能发电	1000	15693	2061	146625	146625	63948
生物质能发电	1812	21090		303508	296233	203349
其他电力生产	5000	22061	10383	145770	142774	90116
电力供应	19400			48131485	48042953	46539416
热力生产和供应	8263	14026	5000	507491	504524	414123
燃气生产和供应业	84450	167420	240420	10187044	9946112	9053177
燃气生产和供应业	81820	166420	240420	10162777	9921849	9031097
天然气生产和供应业	70446	119662	170124	8701786	8467403	7645086
液化石油气生产和供应业	11375	45259	68547	1454112	1447579	1381422
煤气生产和供应业		1500	1750	6879	6867	4589
生物质燃气生产和供应业	2630	1000		24267	24263	22080
水的生产和供应业	223518	102360	367008	4712353	4575308	3204863
自来水生产和供应	111945	25358	58612	2987807	2863609	2102581
污水处理及其再生利用	107281	77002	1849	1194513	1181667	909090
海水淡化处理						
其他水的处理、利用与分配	4292		306547	530033	530032	193192

续表 65

单位：万元

主营业务成本	税金及附加	主营业务税金及附加	销售费用	管理费用	财务费用	利息收入
7328241	42244	41984	109722	199701	57360	3902
6425362	32985	32811	76680	138134	45456	3448
902879	9259	9173	33042	61567	11904	454
1595653	13176	13141	25513	136482	23064	1511
42719	228	228	943	4525	104	-74
57433	681	681	4757	5792	306	21
23724	409	409	101	2357	-118	2
1417795	11480	11453	16371	116504	22710	1566
214384	1665	1665	1918	18302	559	173
173735	1042	1039	3220	25768	9377	1332
1029677	8773	8749	11233	72434	12774	62
5254	84	84		254	0	2
11027	88	88	1050	1736	36	-9
37701	206	199	2291	5314	27	3
72486607	493684	385528	407528	1282045	1864880	134014
60437714	430858	328375	16230	673962	1449109	103561
13527723	251258	167806	10007	570156	913321	67594
9362556	161500	85688	7332	257873	363480	37504
1687742	19842	13061	403	93064	63953	2890
367435	12760	12294	1808	71818	56926	9181
1551212	47206	47102	28	67923	308023	10793
204886	3335	3170	217	29652	51763	4813
63855	331	330	175	5519	27087	531
200522	3782	3772	43	26380	28493	553
89515	2504	2389	1	17926	13597	1329
46496730	177843	159067	3310	76596	530621	35626
413261	1757	1502	2912	27211	5167	341
8930379	22210	21405	198837	208523	92278	7342
8908303	22187	21386	198197	207501	91912	7327
7524478	20130	19332	178121	188267	85729	6504
1379244	2038	2035	18557	18646	6153	820
4581	19	19	1519	588	29	4
22076	23	19	640	1022	366	15
3118515	40616	35748	192462	399560	323493	23112
2023462	25307	21254	179371	278197	107696	18559
901860	14273	13469	8677	99390	84617	3041
193192	1037	1025	4414	21972	131180	1512

1-5

行　业	利息支出	投资收益	其他收益	营业利润	营业外收入	营业外支出
总　计	8780093	7949553	4472282	86744560	4354332	3612203
采矿业	30937	4337	31349	3225584	43276	14552
煤炭开采和洗选业						
烟煤和无烟煤开采洗选						
褐煤开采洗选						
其他煤炭采选						
石油和天然气开采业		1513	2715	2823145	33256	905
石油开采		1513		1482144	4743	708
陆地石油开采						
海洋石油开采		1513		1482144	4743	708
天然气开采			2715	1341001	28513	197
陆地天然气开采						
海洋天然气及可燃冰开采			2715	1341001	28513	197
黑色金属矿采选业	7385			10850	1195	695
铁矿采选	7139			9591	1194	436
锰矿、铬矿采选						
其他黑色金属矿采选	246			1258	1	259
有色金属矿采选业	15685	1041	15811	145867	7186	8444
常用有色金属矿采选	12668	35	188	149881	2346	7764
铜矿采选	8796	12		7407	2288	1715
铅锌矿采选	2964	23	188	137262	40	6030
镍钴矿采选						
锡矿采选						
锑矿采选						
铝矿采选						
镁矿采选						
其他常用有色金属矿采选	908			5212	18	19
贵金属矿采选	468	1000		-2442	2781	87
金矿采选	468	1000		-2442	2781	87
银矿采选						
其他贵金属矿采选						
稀有稀土金属矿采选	2548	6	15623	-1572	2060	593
钨钼矿采选	963	6	902	306	110	149
稀土金属矿采选	464		6442	-1053		20
放射性金属矿采选	589		6787	631	1948	421
其他稀有金属矿采选	533		1493	-1456	2	3
非金属矿采选业	5434	283	8398	219700	1243	4402
土砂石开采	4303		6814	185470	1121	3337

续表 66

单位：万元

利润总额	所得税费用	亏损企业亏损总额	利税总额	应交税金及附加	本年应付职工薪酬	本年应交增值税	从业人员平均人数（人）
87486826	14344400	8520641	137063798	63921372	126096392	33622043	13413071
3254307	373020	17051	4393011	1511724	461782	736294	35046
2855496	321131		3794672	1260307	194567	601631	5831
1486179	1687		1982359	497866	102318	324284	3017
1486179	1687		1982359	497866	102318	324284	3017
1369317	319444		1812314	762441	92249	277347	2814
1369317	319444		1812314	762441	92249	277347	2814
11350	502	3326	27677	16830	14065	13148	2028
10349	502	3326	25952	16105	13060	12610	1879
1001			1725	724	1005	539	149
144609	34579	5661	214049	104019	92210	44997	7880
144463	34854	165	201764	92154	73341	42185	5645
7979	2314		19200	13535	21932	8527	2158
131273	32033	164	174748	75508	49486	31333	3074
5211	508	1	7815	3112	1923	2326	413
251	36		569	354	4206	115	484
251	36		569	354	4206	115	484
-106	-311	5496	11716	11511	14663	2697	1751
268			1451	1184	5956	514	949
-1074	-409	3053	9076	9740	1621	1814	194
2157	0		2302	145	5354	65	352
-1457	99	2443	-1113	443	1731	303	256
216540	16042	8064	328698	128199	124841	75351	17980
183253	10331	6811	276686	103763	91973	61301	14118

1-5

行　业	利息支出	投资收益	其他收益	营业利润	营业外收入	营业外支出
石灰石、石膏开采	317		0	13688	162	270
建筑装饰用石开采	2269		2	48324	313	588
耐火土石开采	53			331		9
粘土及其他土砂石开采	1663		6812	123127	646	2470
化学矿开采	445		525	18629	22	178
采盐	24		1034	2494	51	115
石棉及其他非金属矿采选	662	283	25	13108	49	772
石棉、云母矿采选						
石墨、滑石采选				21		
宝石、玉石采选						
其他未列明非金属矿采选	662	283	25	13086	49	772
开采专业及辅助性活动	2434	1500	4425	26023	396	107
煤炭开采和洗选专业及辅助性活动						
石油和天然气开采专业及辅助性活动	2361	1500	4425	25950	396	107
其他开采专业及辅助性活动	72			73		
其他采矿业						
制造业	6880497	5872924	4088448	76845432	4098295	3453849
农副食品加工业	161712	67057	17888	1371298	67340	55135
谷物磨制	16919	1516	4716	94236	9885	1903
稻谷加工	8423	54	3783	34598	8230	1574
小麦加工	7027	1100	605	35883	1029	165
玉米加工						
杂粮加工	1			5205	102	1
其他谷物磨制	1469	362	328	18550	525	162
饲料加工	24486	30775	3905	681074	20283	6449
宠物饲料加工	2413	9463	2028	165045	1057	371
其他饲料加工	22073	21312	1877	516029	19227	6078
植物油加工	38468	14473	1754	102397	6319	7856
食用植物油加工	38315	14460	1754	100270	6188	7843
非食用植物油加工	153	14		2128	132	13
制糖业	25290	1001	2520	-1408	4662	2233
屠宰及肉类加工	8191	232	352	126517	7970	15164
牲畜屠宰	4238	166	264	45008	4015	12635
禽类屠宰	2018	40	33	3286	592	571
肉制品及副产品加工	1936	27	54	78223	3363	1958
水产品加工	29718	18024	1204	179610	14157	15196
水产品冷冻加工	24251	15789	965	148643	13450	14531
鱼糜制品及水产品干腌制加工	4625	101		20327	614	331

续表 67

单位：万元

利润总额	所得税费用	亏损企业亏损总额	利税总额	应交税金及附加	本年应付职工薪酬	本年应交增值税	从业人员平均人数（人）
13580	1868	851	24766	13054	6978	7413	1339
48049	2742	693	79143	33837	24875	17504	4792
322	79		711	468	874	316	98
121303	5641	5268	172066	56405	59246	36068	7889
18472	4113		28058	13698	22031	7176	2164
2430	508		3611	1688	2236	797	336
12385	1091	1253	20343	9049	8601	6078	1362
21	2		96	77	126	66	30
12364	1089	1253	20248	8973	8475	6012	1332
26312	766		27915	2369	36099	1166	1327
26240	766		27587	2114	35817	981	1300
73			328	255	282	185	27
77490018	12928369	8063238	123157538	58595889	120547013	30608685	13128751
1383502	168982	112415	1774407	559887	1091384	296600	149066
102218	6971	773	118568	23321	71431	13279	9472
41254	2203	773	51011	11961	36432	7935	6215
36746	2872		41101	7227	19940	3779	1533
5305	792		6105	1592	1809	710	304
18913	1104		20350	2542	13249	855	1420
694909	92050	10289	815498	212640	374706	104387	41260
165731	24977	683	173746	32992	46728	6098	4648
529178	67074	9606	641752	179648	327978	98290	36612
100860	24641	50884	162694	86474	91792	25944	9021
98614	24415	50728	158774	84574	90305	24480	8758
2246	226	156	3920	1900	1486	1464	263
1021	1874	20168	18812	19665	48896	14743	10077
119323	19130	11738	168963	68770	142693	41172	23175
36388	3774	4715	49502	16889	61917	10901	10098
3308	242	4998	7766	4700	17391	3385	2951
79628	15114	2025	111695	47181	63385	26886	10126
178572	9479	9990	243887	74794	247787	48900	38238
147562	6741	7680	194588	53768	195510	37329	31139
20611	2247	2310	33257	14894	25271	6979	3412

1-5

行　业	利息支出	投资收益	其他收益	营业利润	营业外收入	营业外支出
鱼油提取及制品制造	613	6	135	3572	17	6
其他水产品加工	229	2128	104	7068	76	328
蔬菜、菌类、水果和坚果加工	7201	1051	1869	157088	1266	3737
蔬菜加工	493	17		9943	144	109
食用菌加工	1243		24	2030	110	92
水果和坚果加工	5464	1034	1845	145115	1012	3536
其他农副食品加工	11439	-14	1568	31784	2796	2598
淀粉及淀粉制品制造	8709	-26	565	13385	846	1950
豆制品制造	1894	11		1299	1335	183
蛋品加工	304			3382	58	4
其他未列明农副食品加工	532		1003	13719	558	461
食品制造业	57533	79506	59149	2498417	74445	49284
焙烤食品制造	11062	2615	1474	106313	4475	4453
糕点、面包制造	3663	14	11	23732	1599	3603
饼干及其他焙烤食品制造	7399	2601	1463	82581	2876	850
糖果、巧克力及蜜饯制造	8689	5867	7983	337042	16545	17732
糖果、巧克力制造	4774	5667	7111	280333	15629	17508
蜜饯制作	3915	200	872	56709	916	224
方便食品制造	6315	8822	850	212989	7524	5109
米、面制品制造	1669		146	32114	1109	138
速冻食品制造	2292	5306	30	63020	1483	2187
方便面制造	2054	3330	413	87042	4686	2679
其他方便食品制造	300	185	261	30812	246	105
乳制品制造	2110	12959	1635	83759	7729	2036
液体乳制造	1974	5675	1635	68604	7161	1606
乳粉制造	9	7313		12973	262	421
其他乳制品制造	128	-29		2182	306	9
罐头食品制造	2242	18392	1169	76391	12042	2062
肉、禽类罐头制造	335			2199	10539	1744
水产品罐头制造	508	1280	1155	14889	467	112
蔬菜、水果罐头制造	1245	17210	14	46989	773	205
其他罐头食品制造	154	-98		12315	263	0
调味品、发酵制品制造	6486	18803	7982	670341	4230	3525
味精制造	44	372	311	13213	93	49
酱油、食醋及类似制品制造	5159	17738	7293	588424	2684	1833
其他调味品、发酵制品制造	1283	693	377	68705	1454	1642
其他食品制造	20630	12050	38058	1011581	21900	14368
营养食品制造	584	117	347	11020	543	844

续表 68

单位：万元

利润总额	所得税费用	亏损企业亏损总额	利税总额	应交税金及附加	本年应付职工薪酬	本年应交增值税	从业人员平均人数（人）
3583	107		7413	3937	2842	3428	405
6817	384		8628	2195	24164	1164	3282
154617	11681	980	197994	55058	63371	36821	10865
9978	335	492	13390	3747	9991	2634	2310
2048	10	28	2439	401	6156	148	961
142591	11336	460	182165	50910	47223	34039	7594
31983	3156	7594	47992	19166	50710	11355	6958
12281	1292	4867	19677	8689	23842	6164	2563
2452	295	25	4744	2588	7897	1872	1571
3435	92	57	4767	1424	5153	831	968
13816	1477	2646	18804	6466	13820	2487	1856
2523618	449675	58296	3754940	1680998	1759171	1062444	176048
106376	23226	10368	178690	95540	189294	60294	29156
21727	3823	6646	48907	31003	83292	22434	13000
84648	19403	3722	129782	64537	106002	37860	16156
335854	71378	4779	501576	237100	277181	140859	33750
278453	67814	4779	421486	210846	241576	121928	26874
57401	3564		80090	26254	35605	18932	6876
215404	41438	5172	335721	161755	300834	101636	29761
33084	4573	299	60222	31710	21006	25729	4014
62316	8643	1546	96891	43218	75305	28484	9274
89049	20125	3120	128846	59922	137373	31454	10006
30954	8097	208	49762	26905	67151	15969	6467
89453	19235	11132	167303	97085	181304	68101	13846
74159	17631	11132	146246	89718	167947	63087	12558
12814	976		17246	5409	11680	3809	984
2479	628		3811	1959	1677	1206	304
86371	8710	2055	118773	41112	71219	26576	10189
10993	34	527	12742	1782	3748	1341	657
15244	2173	911	24925	11854	16144	8518	2655
47557	3330	617	63243	19016	46821	12377	6208
12577	3173		17864	8460	4507	4339	669
671047	104079	1625	885203	318235	188239	183502	21138
13256	2399		19512	8655	10370	5304	930
589274	89752	556	763222	263699	117033	149654	12791
68516	11928	1069	102468	45881	60837	28545	7417
1019114	181610	23164	1567674	730171	551100	481475	38208
10719	1196	715	15721	6197	12954	4189	1834

1-5

行　业	利息支出	投资收益	其他收益	营业利润	营业外收入	营业外支出
保健食品制造	4882	6645	34244	908992	9725	8635
冷冻饮品及食用冰制造	3279	-283	278	27671	3448	3097
盐加工	59		21	-832	972	582
食品及饲料添加剂制造	10986	5274	2983	56475	6686	905
其他未列明食品制造	840	296	186	8256	525	305
酒、饮料和精制茶制造业	32087	42546	22584	962863	148534	54313
酒的制造	15317	3895	4466	113124	4579	11632
酒精制造	5947		77	-9815	17	67
白酒制造	2953	3685		45748	1169	9968
啤酒制造	5543	210	4390	68587	3284	1065
黄酒制造	93			225		
葡萄酒制造	7			1243		
其他酒制造	773			7136	110	532
饮料制造	15202	38619	17866	829649	143848	42081
碳酸饮料制造	4180	6735	750	135475	3672	3848
瓶（罐）装饮用水制造	2359	25844	3014	208894	8952	14556
果菜汁及果菜汁饮料制造	514	1529	102	30245	3075	759
含乳饮料和植物蛋白饮料制造	1542	167	4604	98381	669	952
固体饮料制造	171	2918	575	61125	189	880
茶饮料及其他饮料制造	6436	1426	8821	295529	127292	21086
精制茶加工	1567	32	251	20090	107	600
烟草制品业	19352	68969	222	500773	6139	11066
烟叶复烤	2		62	235	11	94
卷烟制造	17548	31548	158	446969	6073	10941
其他烟草制品制造	1802	37422	2	53569	55	31
纺织业	75696	116256	40143	1290237	65704	63659
棉纺织及印染精加工	39639	22168	11039	592249	38399	24976
棉纺纱加工	12794	52	231	93348	5650	3401
棉织造加工	9887	13717	353	151212	10962	7148
棉印染精加工	16958	8399	10454	347689	21787	14427
毛纺织及染整精加工	4844	9		45657	1073	1671
毛条和毛纱线加工	520	9		3132	46	92
毛织造加工	1938	0		25255	353	785
毛染整精加工	2386			17271	674	794
麻纺织及染整精加工				317	19	772
麻纤维纺前加工和纺纱				-663	18	2
麻织造加工				979	1	770
麻染整精加工						

续表 69

单位：万元

利润总额	所得税费用	亏损企业亏损总额	利税总额	应交税金及附加	本年应付职工薪酬	本年应交增值税	从业人员平均人数（人）
910083	164234	17290	1387537	641687	401591	422082	21168
28022	4699	276	45219	21896	35703	14695	4024
-442	34	442	-252	224	1329	159	144
62256	10008	4021	102300	50052	76829	33133	8142
8475	1439	421	17150	10113	22694	7217	2896
1057084	180356	50066	1721894	845167	786463	445886	70660
106071	20113	35217	352439	266482	126060	80074	12969
-9865	77	10238	-8576	1366	6092	1036	530
36948	1886	320	93149	58087	16359	12035	2606
70806	17789	24588	253627	200610	98650	64966	8664
225	56		340	171	77	76	29
1243	105		1631	493	359	137	92
6714	200	72	12268	5755	4524	1824	1048
931416	158759	14478	1341479	568822	642135	358812	55395
135300	20430	1138	230323	115453	172883	82942	12721
203289	44120	849	339430	180261	246782	119437	20436
32561	7887	2539	50090	25417	21619	14924	3577
98098	23929		131155	56987	56937	28442	5871
60434	16401		83287	39253	10620	19595	1391
401735	45992	9952	507194	151451	133294	93472	11399
19597	1484	371	27976	9863	18268	7001	2296
495845	113329		3260806	2878289	294418	564670	6990
152	-5		1296	1140	10377	825	538
442101	110703		3198961	2867564	278417	558214	5759
53593	2630		60548	9585	5624	5632	693
1292277	190312	89443	1886546	784580	1898987	484868	271752
605670	97224	55251	895994	387548	901610	237791	130427
95596	5093	7281	135352	44849	144140	31706	22563
155025	24426	19309	238894	108295	263020	69076	37098
355049	67706	28661	521748	234405	494451	137009	70766
45060	6304	6309	71149	32393	95141	21267	15588
3086	690	420	5853	3458	16698	2115	3150
24824	3719	2646	40194	19089	33867	13360	5848
17151	1895	3244	25102	9847	44577	5792	6590
-437	1	673	25	462	586	111	136
-646		646	-574	72	426	61	68
210	1	27	598	389	160	50	68

1-5

行　业	利息支出	投资收益	其他收益	营业利润	营业外收入	营业外支出
丝绢纺织及印染精加工	823	39	38	1409	332	71
缫丝加工	734	39	38	-1148	255	62
绢纺和丝织加工				680	0	
丝印染精加工	88			1878	77	10
化纤织造及印染精加工	1149	149	30	15999	6811	719
化纤织造加工	733	149		12373	5218	499
化纤织物染整精加工	416		30	3626	1593	221
针织或钩针编织物及其制品制造	14669	4580	26724	249556	5982	30290
针织或钩针编织物织造	12114	4579	17233	161325	5084	19014
针织或钩针编织物印染精加工	537		9123	25214	165	9602
针织或钩针编织品制造	2018	0	368	63017	733	1674
家用纺织制成品制造	7135	87688	1747	259426	5474	2419
床上用品制造	2237	87632	566	160005	2190	1832
毛巾类制品制造	1060	6		9988	578	258
窗帘、布艺类产品制造	686		862	58878	1579	119
其他家用纺织制成品制造	3152	49	319	30555	1127	212
产业用纺织制成品制造	7437	1623	566	125624	7614	2740
非织造布制造	4223	385	222	56182	3423	987
绳、索、缆制造	267	97	205	10217	59	22
纺织带和帘子布制造	1891	11	5	31844	3032	1444
篷、帆布制造	203	47	47	14806	681	249
其他产业用纺织制成品制造	854	1083	88	12575	419	38
纺织服装、服饰业	95064	49388	30398	1458530	56114	52124
机织服装制造	61229	46508	20792	928972	36535	35445
运动机织服装制造	10626	24961	14962	127675	7716	15808
其他机织服装制造	50603	21548	5831	801297	28818	19637
针织或钩针编织服装制造	30703	2005	9583	453903	17079	14827
运动休闲针织服装制造	14402	360	8936	51302	7256	5527
其他针织或钩针编织服装制造	16301	1645	648	402602	9823	9301
服饰制造	3132	874	22	75654	2500	1852
皮革、毛皮、羽毛及其制品和制鞋业	30631	30354	1565	536228	52462	87091
皮革鞣制加工	1362	22	52	26464	331	1492
皮革制品制造	12410	2227	565	162539	9170	6612
皮革服装制造	583			7152	89	8
皮箱、包（袋）制造	8118	2224	552	73772	8135	5665
皮手套及皮装饰制品制造	891		10	75190	259	546
其他皮革制品制造	2818	3	4	6425	688	392
毛皮鞣制及制品加工	224			6184	73	250

续表 70

单位：万元

利润总额	所得税费用	亏损企业亏损总额	利税总额	应交税金及附加	本年应付职工薪酬	本年应交增值税	从业人员平均人数（人）
1670	385	1543	6469	5184	16009	3730	1897
-954		1540	504	1458	4526	1084	948
680	163	2	1032	515	2526	334	325
1945	222		4933	3211	8958	2312	624
22091	3289	1484	38868	20067	49055	14581	8867
17092	2991	1202	26349	12247	30501	7564	5451
4998	298	282	12520	7820	18554	7018	3416
225247	37455	14969	361935	174143	451872	108696	59856
147394	26057	11069	242410	121074	339965	74570	43917
15777	853	84	30924	16000	40716	12358	4980
62076	10545	3817	88600	37069	71191	21768	10959
262481	28195	4526	329826	95541	152541	58273	21457
160364	10558	2109	192783	42977	86138	28272	10496
10308	94	465	13615	3400	12257	2238	2382
60338	14553	737	80411	34625	18417	17981	2778
31471	2991	1216	43018	14538	35729	9783	5801
130496	17458	4688	182280	69243	232174	40419	33524
58618	9823	1783	78922	30127	67246	16536	10510
10253	305	102	14383	4435	15580	2844	2449
33431	3965	1133	49215	19749	95970	12070	12157
15238	1993	746	20226	6981	23640	3726	3560
12956	1372	924	19534	7950	29737	5243	4848
1462599	215218	113103	2356725	1109344	4281983	712780	686564
930184	159484	85313	1538564	767864	2724495	488665	420844
119706	18303	19956	240131	138728	559373	95268	82773
810478	141181	65358	1298433	629136	2165122	393397	338071
456113	47264	22184	690337	281489	1335278	182579	227114
53029	9559	4375	107267	63797	264045	44841	43752
403084	37705	17808	583070	217692	1071233	137739	183362
76303	8470	5606	127824	59991	222209	41536	38606
501604	86705	141654	965137	550238	2694700	365384	475864
25303	2674	8700	39186	16557	51406	11815	6527
165099	40322	31001	294010	169234	841561	101061	151941
7233	410	67	13461	6638	22619	5258	2884
76243	16321	23039	152137	92216	656239	54370	119151
74902	5564	379	103737	34399	85209	25863	16755
6722	18028	7516	24675	35981	77494	15570	13151
6006	606	2806	21874	16474	11395	14515	1586

1-5

行　业	利息支出	投资收益	其他收益	营业利润	营业外收入	营业外支出
毛皮鞣制加工	193			-1294	20	121
毛皮服装加工	31			879	1	
其他毛皮制品加工				6599	51	129
羽毛(绒)加工及制品制造	901			19584	620	9973
羽毛（绒）加工	524			15547	441	9942
羽毛（绒）制品加工	378			4038	179	31
制鞋业	15733	28105	948	321456	42269	68764
纺织面料鞋制造	1126	136	4	25547	10363	1045
皮鞋制造	9877	27616	558	115997	25717	11660
塑料鞋制造	3464	314	15	152521	1110	52230
橡胶鞋制造	630	16	287	9225	3652	2031
其他制鞋业	637	23	85	18167	1426	1799
木材加工和木、竹、藤、棕、草制品业	39573	6379	14222	304607	20591	9896
木材加工	4503	4856	3528	59920	1821	1859
锯材加工	1483	2655	1205	13243	297	379
木片加工	2339	216	2290	24846	804	467
单板加工	112	1985	33	12178	430	819
其他木材加工	569			9654	290	193
人造板制造	16865	565	10292	144214	16147	3870
胶合板制造	3354	-12	3028	80554	2393	1940
纤维板制造	8099	578	5738	27287	8395	654
刨花板制造	4666	-112	1357	29437	4532	1048
其他人造板制造	746	111	169	6937	827	228
木质制品制造	14231	948	402	62035	2531	2595
建筑用木料及木材组件加工	277	22		5395	28	22
木门窗制造	6751	915	224	15141	1224	577
木楼梯制造				68	2	1
木地板制造	3469		176	17476	737	1125
木制容器制造	1447	3	2	1988	167	36
软木制品及其他木制品制造	2287	7		21967	372	834
竹、藤、棕、草等制品制造	3974	10		38438	92	1572
竹制品制造	3872	9		34070	28	532
藤制品制造	22			2895	19	23
棕制品制造		0		72	45	18
草及其他制品制造	81			1402		1000
家具制造业	75911	122742	12651	1299636	43176	40562
木质家具制造	43471	121354	9227	904684	28315	25868
竹、藤家具制造	1158			6622	211	63

续表 71

单位：万元

利润总额	所得税费用	亏损企业亏损总额	利税总额	应交税金及附加	本年应付职工薪酬	本年应交增值税	从业人员平均人数（人）
-1395	392	2806	12737	14523	8726	13280	1007
881	202		1231	552	2163	237	457
6521	13		7906	1398	506	998	122
10231	1083	6	18618	9470	9219	7319	2059
6046	42		9134	3131	4630	2355	1010
4185	1041	6	9484	6340	4589	4963	1049
294965	42019	99142	591449	338503	1781119	230675	313751
34866	6700	5194	59902	31736	219778	18785	40857
130058	22102	77241	292056	184100	1009033	126866	181982
101400	4178	2527	179984	82762	279060	60863	47078
10847	4954	10621	24350	18457	105410	9964	16229
17795	4085	3559	35157	21448	167837	14197	27605
315304	31356	20225	525116	241169	401785	173099	63661
59884	4290	1532	105047	49453	79262	37859	11107
13160	1289	111	28382	16511	23146	12208	3333
25183	196	557	39945	14958	31591	12192	3805
11789	2566	161	19260	10037	10989	6418	1838
9751	238	703	17461	7948	13536	7041	2131
156491	17430	15274	244513	105451	137320	74485	21895
81006	12775	3300	122172	53941	60487	35622	9483
35028	2094	9400	57381	24447	33823	18655	5558
32921	1821	1077	49133	18033	23502	13739	3676
7536	740	1497	15827	9031	19508	6470	3178
61972	8274	3371	113388	59690	143418	40095	21299
5401	183	235	8581	3363	9707	2447	1780
15789	2228	485	27727	14167	46016	10666	5626
68	7		73	11	207		45
17088	1728	1247	33872	18512	33282	10187	4430
2119	547	491	7187	5614	12033	4441	2060
21507	3582	912	35947	18022	42174	12354	7358
36957	1363	48	62169	26575	41785	20660	9360
33565	556	38	57405	24396	36766	19604	7883
2890	721	6	3815	1645	1609	802	551
99	11		352	264	590	228	145
402	75	4	598	270	2821	25	781
1302246	183448	104195	1981481	862683	2410331	560626	351152
907131	122531	54456	1382632	598032	1525655	401219	218723
6770	1515	1056	14111	8856	25696	6403	3571

1-5

行　业	利息支出	投资收益	其他收益	营业利润	营业外收入	营业外支出
金属家具制造	12837	-402	321	171347	5957	3543
塑料家具制造	439	30	16	5336	900	183
其他家具制造	18006	1760	3087	211647	7795	10906
造纸和纸制品业	215787	60762	89737	1433835	108142	30068
纸浆制造	176			4371	568	2
木竹浆制造	176			4371	568	2
非木竹浆制造						
造纸	152028	6890	77929	865374	81834	11382
机制纸及纸板制造	139750	3066	74831	809758	67762	9660
手工纸制造	285			320	34	
加工纸制造	11993	3824	3098	55296	14037	1723
纸制品制造	63583	53872	11808	564090	25741	18683
纸和纸板容器制造	31973	49038	3884	334629	10159	10149
其他纸制品制造	31610	4834	7924	229461	15582	8534
印刷和记录媒介复制业	87738	59192	19624	757152	48862	37501
印刷	74850	43368	18306	684958	44352	36568
书、报刊印刷	4918	-5410	1162	32121	21021	6059
本册印制	20874	-595	116	18183	1909	558
包装装潢及其他印刷	49059	49373	17028	634655	21421	29952
装订及印刷相关服务	12780	15825	1318	73096	4267	830
记录媒介复制	108			-902	243	103
文教、工美、体育和娱乐用品制造业	213013	69843	106681	1437896	68027	27054
文教办公用品制造	9504	15196	2090	109853	9769	2100
文具制造	6352	15086	573	64604	7258	1624
笔的制造	491		3	4822	387	152
教学用模型及教具制造	690	20		2382	365	182
墨水、墨汁制造	59	6	72	-837	100	26
其他文教办公用品制造	1912	84	1442	38883	1659	117
乐器制造	1845	466	479	81640	1935	458
中乐器制造	779			-2379	121	4
西乐器制造	260	416	232	36432	66	79
电子乐器制造	338	50	248	38214	907	170
其他乐器及零件制造	469			9374	840	206
工艺美术及礼仪用品制造	162944	49235	97269	800595	19511	11500
雕塑工艺品制造	1023		-8	13925	152	639
金属工艺品制造	1691	11	62	15115	1412	857
漆器工艺品制造	231	30		770	0	
花画工艺品制造	992	4	345	33600	102	50

续表 72

单位：万元

利润总额	所得税费用	亏损企业亏损总额	利税总额	应交税金及附加	本年应付职工薪酬	本年应交增值税	从业人员平均人数（人）
173760	33997	13084	267400	127637	323002	74742	50879
6053	1225	106	10389	5561	26514	3072	4056
208533	24181	35493	306949	122597	509464	75191	73923
1511908	215805	72341	2429724	1133621	1564368	788471	219565
4936	1179		8166	4409	3233	2963	656
4936	1179		8166	4409	3233	2963	656
935825	119973	28595	1479251	663399	496676	471718	64729
867861	111553	23334	1365335	609027	409854	433678	53013
354	213		819	678	857	372	180
67610	8207	5261	113098	53695	85965	37668	11536
571147	94653	43746	942306	465813	1064459	313790	154180
334638	53339	18054	530651	249353	619054	164544	93163
236509	41314	25692	411655	216460	445405	149246	61017
768516	113295	47588	1149697	494476	1531266	312129	210813
692746	105364	46199	1050613	463231	1409696	293949	198455
47084	9913	14292	86296	49124	216158	32870	32340
19535	3130	2528	33938	17533	59964	10263	7637
626127	92322	29379	930379	396574	1133575	250815	158478
76533	7858	209	99506	30832	117399	17894	11797
-763	73	1181	-422	414	4171	286	561
1478863	191236	235463	1996546	708919	4236918	382936	676542
117520	16138	4700	165396	64014	231200	33093	36428
70236	8941	2696	107707	46411	173197	25849	28276
5058	1203	351	7812	3957	17518	2099	3121
2564	391	6	4131	1957	7290	1258	1120
-762	202	1115	-28	936	3256	586	379
40424	5403	532	45774	10753	29938	3301	3532
83117	6201	2688	102619	25703	83561	14156	12197
-2262	107	2688	-1788	580	4316	115	552
36420	3612		45297	12490	41629	7214	5115
38951	2073		46089	9212	29107	4593	5267
10007	409		13020	3422	8509	2234	1263
808606	116655	133256	1021692	329741	1244445	168587	175328
13438	1177	455	21698	9437	30178	4670	4622
15669	2581	1423	30770	17682	80383	11401	13658
770	190		1209	630	1721	247	262
33652	2255	415	43818	12420	53876	7567	8842

1-5

行　业	利息支出	投资收益	其他收益	营业利润	营业外收入	营业外支出
天然植物纤维编织工艺品制造	595	0		11781	266	112
抽纱刺绣工艺品制造	529	3665	0	40400	1248	483
地毯、挂毯制造	835	1878	644	24439	421	655
珠宝首饰及有关物品制造	155062	43640	96183	575800	14664	5848
其他工艺美术及礼仪用品制造	1986	7	43	84765	1245	2856
体育用品制造	2598	578	844	97456	6110	4048
球类制造	183	97	69	11525	494	346
专项运动器材及配件制造	828	360	169	47714	2060	1840
健身器材制造	571	21	421	8641	661	364
运动防护用具制造	684	18	181	8240	833	461
其他体育用品制造	333	83	2	21336	2062	1037
玩具制造	33503	3190	3828	306754	29273	8529
电玩具制造	3309	110	1129	20155	2515	2604
塑胶玩具制造	26448	2298	2418	257630	21922	4749
金属玩具制造	34	310	206	5743	294	189
弹射玩具制造						
娃娃玩具制造	1762	57		15784	295	234
儿童乘骑玩耍的童车类产品制造	132	298	65	1783	1145	149
其他玩具制造	1817	117	10	5661	3102	604
游艺器材及娱乐用品制造	2618	1178	2171	41598	1430	419
露天游乐场所游乐设备制造	1445	150	1334	22201	370	285
游艺用品及室内游艺器材制造	626	836	281	12010	982	122
其他娱乐用品制造	547	192	557	7387	78	12
石油、煤炭及其他燃料加工业	138767	49032	16286	2093044	14251	10447
精炼石油产品制造	137597	49028	16089	2093036	12218	10330
原油加工及石油制品制造	137597	49028	16089	2092996	12218	10330
其他原油制造				40		
煤炭加工	1069			977	411	50
炼焦						
煤制合成气生产	1003			775	128	50
煤制液体燃料生产						
煤制品制造	66			202	284	
其他煤炭加工						
核燃料加工						
生物质燃料加工	101	3	196	-969	1621	67
生物质液体燃料生产	4			-3249	1164	22
生物质致密成型燃料加工	97	3	196	2279	457	45
化学原料和化学制品制造业	368627	441512	112516	4240254	196237	119803

续表 73

单位：万元

利润总额	所得税费用	亏损企业亏损总额	利税总额	应交税金及附加	本年应付职工薪酬	本年应交增值税	从业人员平均人数（人）
11936	21	78	17120	5205	21643	4316	4327
41166	7127	125	57293	23255	36856	13492	5186
24205	2472	225	34051	12319	22390	8025	2417
584616	93279	129367	704817	213480	767071	99016	101321
83156	7553	1167	110915	35312	230328	19854	34693
99516	13841	9338	160189	74515	502297	43823	80780
11673	1808	375	15135	5270	34621	2369	5460
47933	7183	2575	77571	36821	198119	22392	31241
8938	406	1120	12668	4136	29035	2131	4548
8612	1555	2157	16598	9541	140015	4376	21660
22360	2890	3112	38218	18747	100507	12554	17871
327495	34377	82999	481772	188654	2079860	104189	359475
20067	3859	23943	37146	20938	295007	11270	49538
274799	24205	45382	388392	137798	1455969	76496	251355
5848	722	14	7262	2137	35397	545	6744
15845	1988	1134	22251	8394	96570	4588	14174
2778	855	3789	6274	4351	36189	2372	5951
8159	2748	8736	20447	15036	160728	8918	31713
42609	4023	2482	64879	26293	95556	19089	12334
22287	1141	44	34924	13777	40265	10874	3849
12870	1948	2417	15616	4695	45159	1834	7095
7452	934	20	14339	7821	10132	6380	1390
2096847	494912	89548	8014674	6412738	499415	1053655	26285
2094925	494489	86654	8007847	6407412	483113	1049542	23390
2094884	494479	86654	8007731	6407326	482976	1049484	23351
40	10		116	86	137	58	39
1338	45	116	2895	1602	1942	1242	286
853		99	1662	810	1257	583	169
486	45	17	1232	792	685	659	117
585	377	2778	3933	3725	14360	2872	2609
-2107	58	2778	109	2274	931	1972	146
2691	319		3823	1451	13429	900	2463
4316689	783239	214499	6441404	2907955	3182924	1798495	319058

1-5

行 业	利息支出	投资收益	其他收益	营业利润	营业外收入	营业外支出
基础化学原料制造	78917	31658	6942	907973	29578	5727
无机酸制造	2594	30	508	1818	3704	204
无机碱制造	3138	2	647	40240	8013	885
无机盐制造	5249	4100	1453	42026	1784	199
有机化学原料制造	56058	27439	1004	649566	8586	1675
其他基础化学原料制造	11877	87	3330	174323	7492	2765
肥料制造	11725	17799	1105	42522	2769	2682
氮肥制造						
磷肥制造	3001	-97	1	-15054	58	523
钾肥制造	882			15144	232	88
复混肥料制造	7489	16980	338	25795	1611	1869
有机肥料及微生物肥料制造	305	916	766	15843	855	199
其他肥料制造	50			795	13	4
农药制造	5432	7985	22254	48922	998	386
化学农药制造	5167	7985	22108	47000	802	283
生物化学农药及微生物农药制造	265	0	147	1922	197	103
涂料、油墨、颜料及类似产品制造	56771	23133	10416	563225	38798	24287
涂料制造	40821	18126	7739	400435	25025	19598
油墨及类似产品制造	6262	2454	887	61730	7715	3410
工业颜料制造	6545	1748	1542	49128	1935	542
工艺美术颜料制造	337	314	153	9010	28	86
染料制造	226	494		7018	627	126
密封用填料及类似品制造	2581	-2	96	35905	3469	526
合成材料制造	113078	96401	28377	686510	27933	20353
初级形态塑料及合成树脂制造	71384	44201	7070	344409	15938	16973
合成橡胶制造	8470	1127	1324	165065	2444	779
合成纤维单（聚合）体制造	27876	-627	10559	89975	3131	131
其他合成材料制造	5349	51701	9425	87062	6421	2470
专用化学产品制造	56644	31610	19316	752826	33549	15782
化学试剂和助剂制造	18988	8958	7473	212422	8198	3810
专项化学用品制造	13940	5962	3284	241272	6965	4517
林产化学产品制造	5152		1972	25038	564	161
文化用信息化学品制造	5721	6817	55	62830	8806	620
医学生产用信息化学品制造	280		115	17241	40	135
环境污染处理专用药剂材料制造	940	2459	4700	25992	1151	4972
动物胶制造				9538	196	53
其他专用化学产品制造	11623	7414	1718	158493	7630	1516
炸药、火工及焰火产品制造	247	929	165	12184	73	10

续表 74

单位：万元

利润总额	所得税费用	亏损企业亏损总额	利税总额	应交税金及附加	本年应付职工薪酬	本年应交增值税	从业人员平均人数（人）
931823	194415	19459	1355563	618154	329355	373485	25958
5318	352	3415	11587	6621	11636	5246	1828
47368	4466		67927	25025	23703	17967	2458
43611	5707	443	53663	15759	26786	8240	2877
656477	150300	11540	987762	481586	187394	294431	10835
179049	33589	4061	234624	89163	79836	47600	7960
42608	1361	19831	52220	10974	48269	7359	6100
-15520		15651	-14987	533	11761	35	1121
15288	862		17928	3501	3248	2629	451
25537	-357	2693	28767	2873	20187	2612	2847
16498	705	1487	19335	3542	11641	1811	1399
804	151		1177	525	1432	272	282
49534	2442	567	58464	11372	29199	7898	3172
47518	2146	567	55986	10614	27447	7523	2957
2016	296		2478	758	1752	375	215
577736	87373	51649	931210	440847	713873	281737	78295
405862	62705	46210	666246	323089	490753	204943	52147
66035	10307	2525	107635	51907	102533	33883	12426
50520	5201	2182	71611	26292	51855	17326	6220
8952	917		10948	2913	9279	1546	959
7518	1406		12955	6843	14144	4616	1054
38848	6836	732	61816	29803	45310	19423	5489
694094	127817	54081	976378	410100	484798	240738	51060
343375	67662	34363	510957	235244	290713	140244	29678
166730	39376	4465	215074	87720	76682	41107	8733
92975	4511	1456	134008	45545	36081	38705	4047
91015	16267	13797	116339	41591	81322	20682	8602
770593	112911	34879	1080671	422989	559200	261014	53741
216810	39526	11505	329040	151755	204285	94045	19204
243721	28690	8825	340245	125214	124260	83373	10132
25441	3236	1877	36924	14719	22538	9938	2099
71017	7389	5928	87826	24199	40868	12969	5617
17146	1894		20486	5234	10029	3133	903
22171	2257	407	31178	11264	18343	6639	1739
9681	2443		13151	5913	5187	2979	460
164605	27476	6337	221821	84692	133690	47939	13587
12247	2739		18788	9281	15678	5613	1352

行　业	利息支出	投资收益	其他收益	营业利润	营业外收入	营业外支出
炸药及火工产品制造	247	929	165	12184	73	10
焰火、鞭炮产品制造						
日用化学产品制造	45813	231997	23941	1226093	62539	50576
肥皂及洗涤剂制造	25852	202445	16798	650215	16152	28076
化妆品制造	8114	27763	3556	264122	12640	13987
口腔清洁用品制造	388	4683	132	165930	26810	5867
香料、香精制造	7196	-2966	3455	106759	4056	1522
其他日用化学产品制造	4263	72	0	39067	2881	1124
医药制造业	260892	264257	66299	2660635	72746	29149
化学药品原料药制造	17494	-12917	7572	193638	8078	2479
化学药品制剂制造	15173	156210	22300	962212	18328	6727
中药饮片加工	131103	5544	1693	645532	3839	2759
中成药生产	70397	85512	17559	432570	24021	8904
兽用药品制造	719	5537	811	59432	2789	739
生物药品制品制造	22310	4157	13534	243168	9121	6811
生物药品制造	20756	3580	12933	231783	8126	6368
基因工程药物和疫苗制造	1555	577	601	11385	995	444
卫生材料及医药用品制造	3452	20214	2831	119990	6334	716
药用辅料及包装材料	244	0		4093	235	14
化学纤维制造业	8841	625	8794	80884	26691	4691
纤维素纤维原料及纤维制造	432	0	5179	52729	16472	3395
化纤浆粕制造				-34	30	0
人造纤维（纤维素纤维）制造	432	0	5179	52763	16442	3395
合成纤维制造	8409	625	3615	28116	10219	1296
锦纶纤维制造	24	270		2215	349	77
涤纶纤维制造	1943	20	3178	1762	3794	211
腈纶纤维制造						
维纶纤维制造						
丙纶纤维制造	149	150	437	6896	30	82
氨纶纤维制造	6250			31886	578	455
其他合成纤维制造	44	184		-14642	5468	471
生物基材料制造				39		
生物基化学纤维制造				39		
生物基、淀粉基新材料制造						
橡胶和塑料制品业	217948	180150	46566	2341769	174566	129009
橡胶制品业	25111	5615	3634	210685	17128	17558
轮胎制造	12698	-155	845	1803	5295	3737
橡胶板、管、带制造	1352	67	19	37674	1613	425

续表 75

单位：万元

利润总额	所得税费用	亏损企业亏损总额	利税总额	应交税金及附加	本年应付职工薪酬	本年应交增值税	从业人员平均人数（人）
12247	2739		18788	9281	15678	5613	1352
1238055	254182	34034	1968110	984238	1002553	620651	99380
638292	157820	1727	1094844	614371	429121	390420	26673
262772	40003	22947	415640	192871	364938	129290	50056
186873	39936	6401	241496	94559	97316	45715	8704
109294	11665	2756	153675	56046	64997	37298	5951
40824	4759	203	62455	26391	46181	17928	7996
2704206	349490	71348	3679723	1325006	1401179	843298	126890
199236	25966	1328	265043	91773	131860	54484	10947
973790	114562	15239	1368017	508789	392005	345235	33029
646613	92717	1698	738627	184731	98889	79411	14454
447686	50903	7574	720153	323370	411129	235195	40287
61482	8664	816	71756	18937	34612	7412	3655
245478	40077	39144	342115	136714	219668	83610	13210
233542	38676	39144	328061	133195	213816	81855	12897
11936	1401		14053	3518	5852	1756	313
125608	16131	5439	168356	58879	102722	36905	9907
4314	471	112	5657	1814	10294	1048	1401
102884	27168	33909	142635	66919	99449	33388	10875
65806	16614	122	75367	26174	12789	8078	873
-5		5	71	76	289	67	131
65811	16614	117	75296	26099	12500	8011	742
37039	10555	33788	67103	40619	86445	25203	9957
2486	448	107	3274	1236	6592	492	1168
5344	689	1988	22200	17545	25904	14758	3993
6844	975	330	7696	1827	3503	601	442
32009	7499	13191	39997	15488	29512	6716	1770
-9644	944	18171	-6065	4524	20934	2636	2584
39			165	126	215	107	45
39			165	126	215	107	45
2387266	377942	435920	3745892	1736568	5673077	1091960	831025
210252	42682	52237	350059	182488	614527	112555	88687
3360	5293	21847	13154	15086	80443	6308	8772
38861	8216	2141	66152	35507	60018	23089	8452

1-5

行业	利息支出	投资收益	其他收益	营业利润	营业外收入	营业外支出
橡胶零件制造	3761	203	91	49852	2722	1632
再生橡胶制造	243		1500	3661	136	31
日用及医用橡胶制品制造	2720	4326	53	10700	1376	9103
运动场地用塑胶制造	230	551	413	10181	160	78
其他橡胶制品制造	4109	623	713	96815	5827	2552
塑料制品业	192837	174534	42932	2131084	157438	111451
塑料薄膜制造	33694	15846	8681	243929	50013	23551
塑料板、管、型材制造	12551	32644	3182	266571	11181	8295
塑料丝、绳及编织品制造	6623	54	1446	60081	4109	11846
泡沫塑料制造	6700	4157	778	57020	3265	7853
塑料人造革、合成革制造	4177	145	414	41396	2156	2305
塑料包装箱及容器制造	26333	-1376	3571	161840	9117	3852
日用塑料制品制造	13503	2795	2708	275078	17464	17077
人造草坪制造	768	385	268	20182	2102	737
塑料零件及其他塑料制品制造	88487	119884	21885	1004986	58032	35933
非金属矿物制品业	319899	46124	54916	3954985	134012	210112
水泥、石灰和石膏制造	70214	2838	13896	1330867	16157	17323
水泥制造	69596	2838	13896	1326889	16022	17143
石灰和石膏制造	617			3978	136	180
石膏、水泥制品及类似制品制造	56041	29096	2101	559634	20254	29716
水泥制品制造	47292	26164	330	436529	12655	17116
砼结构构件制造	5347	3136	360	53281	1251	10469
石棉水泥制品制造	168			21374	110	33
轻质建筑材料制造	1789	0	942	31174	4096	1703
其他水泥类似制品制造	1445	-204	470	17276	2142	395
砖瓦、石材等建筑材料制造	29413	1194	2606	293373	33683	42781
粘土砖瓦及建筑砌块制造	6648	1	473	96299	1853	6611
建筑用石加工	16564	1055	498	80164	26859	24837
防水建筑材料制造	924	31	1513	61230	871	394
隔热和隔音材料制造	421	42	24	11549	1222	91
其他建筑材料制造	4857	66	99	44132	2879	10847
玻璃制造	17336	-29769	10265	225320	6644	12446
平板玻璃制造	6062	-331	2235	140643	2744	9791
特种玻璃制造	6400	-29457	7922	77339	3206	2079
其他玻璃制造	4874	18	109	7338	694	576
玻璃制品制造	23966	7820	4327	192707	21719	68981
技术玻璃制品制造	5434	46	387	78571	13704	9421
光学玻璃制造	4042	1377	662	2299	4428	51082

续表 76

单位：万元

利润总额	所得税费用	亏损企业亏损总额	利税总额	应交税金及附加	本年应付职工薪酬	本年应交增值税	从业人员平均人数（人）
50941	7478	5414	79048	35585	148045	22929	21601
3766	337	27	5513	2084	8695	1562	488
2973	2749	19079	14562	14338	67154	8472	9451
10263	1704		11736	3178	20055	874	2935
100088	16905	3731	159895	76712	230117	49320	36988
2177014	335260	383683	3395833	1554079	5058551	979405	742338
270390	44482	38644	420296	194389	460723	117880	59885
269455	43787	13189	428931	203262	504828	136605	61512
52344	5276	5685	80540	33473	119127	22042	18248
52432	7896	9249	101228	56693	188591	41035	27143
41245	4374	5560	62368	25497	79466	16637	11208
167105	21003	29281	253109	107007	366190	69710	54529
275465	47855	19800	436671	209062	664853	126103	106817
21545	4008	1683	36641	19104	60130	11923	8438
1027033	156580	260593	1576048	705595	2614643	437471	394558
3878882	643800	311236	5814331	2579248	3852986	1598251	545397
1329702	274947	4768	1756441	701686	284216	366399	32721
1325769	274370	4663	1747825	696426	279717	362496	31764
3934	577	105	8617	5260	4499	3903	957
550170	98794	28438	1003812	552436	513241	382559	77480
432066	74388	17301	809690	452012	400790	318269	62142
44064	11222	6523	74279	41438	49576	25548	7057
21451	5363		28520	12432	1764	6428	312
33566	4427	2529	53905	24765	33536	16975	4650
19023	3394	2086	37418	21789	27576	15340	3319
284274	37618	25732	441040	194384	286566	120410	43580
91540	3568	1359	133881	45909	67147	32212	12868
82184	14950	21088	139783	72549	118225	41603	17824
61707	12454		81033	31780	24715	16500	2593
12680	2544	251	19704	9568	17493	5977	2725
36164	4103	3035	66640	34578	58987	24118	7570
219519	42857	60182	306489	129828	196244	69987	23916
133596	22195	10585	191353	79953	81493	48597	9214
78467	18573	46663	96429	36535	71835	12697	8715
7456	2089	2934	18707	13340	42917	8693	5987
145447	40595	124675	238505	133653	608684	64773	82152
82854	11779	3738	108884	37809	81600	20677	10068
-44355	10875	105184	-41620	13610	293199	-6898	39124

1-5

行　业	利息支出	投资收益	其他收益	营业利润	营业外收入	营业外支出
玻璃仪器制造	2706	-430	515	509	115	49
日用玻璃制品制造	5669	496	702	41823	1431	6030
玻璃包装容器制造	3563	499	498	30312	315	1330
玻璃保温容器制造	447			2429	83	138
制镜及类似品加工	384			1087	127	129
其他玻璃制品制造	1722	5833	1564	35677	1517	801
玻璃纤维和玻璃纤维增强塑料制品制造	4144	92	735	155265	3591	979
玻璃纤维及制品制造	2136	151	437	117381	2771	444
玻璃纤维增强塑料制品制造	2008	-59	298	37884	820	535
陶瓷制品制造	103217	26638	12634	1055189	27046	26620
建筑陶瓷制品制造	70812	3487	7689	568839	15584	15465
卫生陶瓷制品制造	11674	22276	1364	256349	4567	5762
特种陶瓷制品制造	477	777	491	26064	476	220
日用陶瓷制品制造	13026	180	1005	144050	2795	2619
陈设艺术陶瓷制造	7193	-82	2085	50483	3562	2032
园艺陶瓷制造				150	27	6
其他陶瓷制品制造	34			9254	35	516
耐火材料制品制造	1168	-65	98	23706	945	1696
石棉制品制造				205	0	
云母制品制造		3	53	1581	7	76
耐火陶瓷制品及其他耐火材料制造	1168	-67	45	21920	938	1621
石墨及其他非金属矿物制品制造	14401	8279	8254	118925	3973	9571
石墨及碳素制品制造	7880	7269	4253	71090	1977	6951
其他非金属矿物制品制造	6521	1011	4001	47835	1995	2620
黑色金属冶炼和压延加工业	236705	24711	66622	1720266	63993	58493
炼铁	21			2696	2	
炼钢	1008		11	49585	615	515
钢压延加工	230103	24112	66592	1604128	61514	57746
铁合金冶炼	5572	599	20	63857	1862	233
有色金属冶炼和压延加工业	167361	36572	14727	1206184	41854	235253
常用有色金属冶炼	12277	9816	1373	52857	3416	3446
铜冶炼	9543	9679	41	21158	1411	488
铅锌冶炼	115		791	-38473	138	2172
镍钴冶炼			97	2098	1	78
锡冶炼	140			2415	95	549
锑冶炼	5		162	693	5	9
铝冶炼	1276		218	7268	352	126
镁冶炼						

续表 77

单位：万元

利润总额	所得税费用	亏损企业亏损总额	利税总额	应交税金及附加	本年应付职工薪酬	本年应交增值税	从业人员平均人数（人）
575	129		3045	2599	8287	1904	897
37225	6246	4365	59504	28525	69027	18695	10754
29295	4476	43	44993	20174	59338	11588	6680
2374	414		5748	3789	10547	3050	1552
1085	178	106	2649	1742	5887	1358	1166
36394	6499	11239	55302	25407	80799	14399	11911
157877	17203	2449	199079	58406	66768	33690	9997
119708	12850	837	144826	37969	36647	20961	5177
38169	4353	1612	54253	20437	30121	12729	4820
1055613	106598	32974	1667616	718602	1735304	506864	255272
568956	56172	15750	924593	411809	913457	297865	129657
255155	37702	11301	384401	166948	369673	105942	54431
26320	3875	682	32930	10486	38840	4916	4623
144224	6096	1639	228664	90535	290300	68925	47495
52014	2119	3442	82731	32837	110061	25349	16884
171			478	306	668	243	158
8773	634	161	13821	5682	12306	3624	2024
22955	3390	1318	33337	13772	24018	8919	2963
205	5		315	115	611	82	115
1512	264	589	1960	712	3714	290	480
21238	3121	729	31062	12945	19693	8547	2368
113326	21797	30700	168011	76483	137944	44650	17316
66117	11656	7317	80645	26184	43671	11897	3883
47209	10141	23382	87367	50299	94273	32753	13433
1725767	242305	50599	2450962	967499	727595	625540	74915
2698	161		4026	1488	637	1206	107
49686	4987		70407	25707	28314	14776	2281
1607897	232880	50599	2289834	914817	680242	591818	71406
65486	4277		86695	25486	18403	17739	1121
1012775	203343	286942	1515737	706305	1024621	418373	141616
52827	6079	42959	101201	54453	115283	37850	13601
22081	2084		40266	20269	37183	13519	5053
-40506	-10683	42372	-31851	-2027	48258	5798	4227
2021	334		2256	569	529	196	145
1961	411	7	3855	2304	3935	1696	752
688	128	161	2031	1470	1479	1219	214
7494	457	416	11537	4500	9673	3428	1609

1-5

行　业	利息支出	投资收益	其他收益	营业利润	营业外收入	营业外支出
硅冶炼						
其他常用有色金属冶炼	1199	137	63	57698	1413	25
贵金属冶炼	74	4	32	1683	1215	382
金冶炼						
银冶炼				-740	865	
其他贵金属冶炼	74	4	32	2423	350	382
稀有稀土金属冶炼	5267	592	2995	127510	370	5295
钨钼冶炼	1965	196	415	12202	183	220
稀土金属冶炼	2008		406	-9918	6	24
其他稀有金属冶炼	1294	396	2174	125226	180	5052
有色金属合金制造	6507	503	1544	104193	2930	11890
有色金属压延加工	143236	25657	8784	919941	33922	214241
铜压延加工	54100	14637	2210	307231	8974	1087
铝压延加工	61609	13001	2319	477992	19714	195924
贵金属压延加工	2676	168		-103	879	
稀有稀土金属压延加工	4320			-854	1614	9
其他有色金属压延加工	20531	-2149	4255	135675	2741	17222
金属制品业	228997	22197	45891	2978483	153374	98837
结构性金属制品制造	58701	2676	12301	555862	38974	15070
金属结构制造	47286	-146	5833	424546	32124	10029
金属门窗制造	11415	2822	6468	131316	6850	5041
金属工具制造	15407	5118	3580	203893	13551	6379
切削工具制造	5985	5412	2600	97135	7288	2145
手工具制造	301	545		21346	414	232
农用及园林用金属工具制造	387	323		1393	735	114
刀剪及类似日用金属工具制造	3024	75	22	16327	1920	343
其他金属工具制造	5711	-1236	958	67692	3195	3545
集装箱及金属包装容器制造	19628	-2969	3113	124315	14147	15122
集装箱制造	4043	-4057	954	27318	6166	6258
金属压力容器制造	1151	600	68	33233	2719	867
金属包装容器及材料制造	14434	488	2090	63763	5263	7997
金属丝绳及其制品制造	3321	142	55	31545	1585	812
建筑、安全用金属制品制造	35071	5552	5408	527244	17738	10691
建筑、家具用金属配件制造	19794	1298	3206	385644	11915	5902
建筑装饰及水暖管道零件制造	10748	94	2171	91545	4062	2534
安全、消防用金属制品制造	1147	0	2	11525	390	68
其他建筑、安全用金属制品制造	3382	4160	28	38531	1371	2187
金属表面处理及热处理加工	17760	2378	5127	329002	6375	7375

续表 78

单位：万元

利润总额	所得税费用	亏损企业亏损总额	利税总额	应交税金及附加	本年应付职工薪酬	本年应交增值税	从业人员平均人数（人）
59087	13348	3	73106	27367	14227	11995	1601
2517	378		2981	841	1496	373	194
125	19		195	89	179	63	34
2392	359		2786	753	1318	310	160
122586	30456	10447	128184	36054	16414	4722	1888
12166	1421		14368	3624	3501	1813	598
-9935	-1735	9974	-8948	-748	4335	830	424
120355	30770	474	122764	33179	8578	2079	866
95234	16436	5623	147006	68208	73384	44014	10510
739612	149996	227912	1136365	546749	818044	331415	115423
315118	44829	6541	419822	149533	154806	88165	21282
301772	82075	209434	516922	297225	544150	179203	79367
776	194		903	321	935	114	147
751	136	10	2398	1783	4510	1030	561
121195	22761	11928	196321	97887	113644	62904	14066
3033017	423093	259671	4679850	2069926	5656227	1341822	814717
579767	73952	60387	921088	415273	971376	271044	135385
446643	59228	53039	717474	330060	747288	213836	107373
133124	14724	7348	203614	85213	224088	57208	28012
211065	34226	9135	311839	135000	441535	82309	59908
102277	17117	669	142101	56940	145558	32250	15754
21528	3087	644	26108	7666	35007	3292	5032
2014	479	200	4033	2499	7075	1715	1294
17904	3423	570	32122	17641	64061	12009	12083
67342	10120	7053	107476	50254	189835	33043	25745
123339	21994	32151	203078	101734	356076	56707	39404
27227	7803	12772	41570	22146	163520	5787	12093
35084	5500	1015	49591	20008	27187	10812	4163
61029	8691	18363	111917	59580	165369	40109	23148
32317	4702	1694	55474	27860	65452	18934	10110
534291	67896	31108	809770	343374	958447	230784	141185
391657	49819	22585	580472	238635	630416	161848	99323
93073	15048	7296	160033	82008	263667	52521	32620
11847	967	1063	18131	7250	18331	5460	2714
37715	2061	164	51134	15481	46033	10956	6528
328001	60786	23281	494401	227186	460350	141150	71091

1-5

行业	利息支出	投资收益	其他收益	营业利润	营业外收入	营业外支出
搪瓷制品制造	2570	-1936	588	41253	3890	313
生产专用搪瓷制品制造	957		588	8906	198	10
建筑装饰搪瓷制品制造	122			2725	83	15
搪瓷卫生洁具制造	174	-1936		8929	3549	257
搪瓷日用品及其他搪瓷制品制造	1317			20693	61	31
金属制日用品制造	30421	4061	4325	514832	23492	19451
金属制厨房用器具制造	2578	107	570	46946	1756	631
金属制餐具和器皿制造	15202	-297	1457	215482	10122	3780
金属制卫生器具制造	820	124	30	15122	1018	482
其他金属制日用品制造	11821	4127	2268	237283	10597	14559
铸造及其他金属制品制造	46118	7176	11394	650538	33623	23624
黑色金属铸造	5330	3413	881	95005	1771	806
有色金属铸造	2058	39	6169	12357	686	2683
锻件及粉末冶金制品制造	2156	-648	220	25284	2687	2209
交通及公共管理用金属标牌制造	64			4519	9	10
其他未列明金属制品制造	36510	4372	4124	513373	28471	17916
通用设备制造业	177684	172500	137706	2475196	236367	157095
锅炉及原动设备制造	21547	15674	4194	79513	16409	3745
锅炉及辅助设备制造	5307	11071	262	42336	1542	1439
内燃机及配件制造	3323	399	-2	-18615	8164	497
汽轮机及辅机制造			-6	25539		1487
水轮机及辅机制造	22			-13	80	9
风能原动设备制造	10900	4205	3941	29580	6570	313
其他原动设备制造	1996			686	53	1
金属加工机械制造	26806	15460	34416	501527	22772	4865
金属切削机床制造	5410	3848	14869	125823	6233	1497
金属成形机床制造	2924	556	3385	88280	3724	673
铸造机械制造	5014	-84		35931	2134	809
金属切割及焊接设备制造	8078	9441	10450	99357	5609	1082
机床功能部件及附件制造	517	887	594	23683	2180	173
其他金属加工机械制造	4863	811	5117	128454	2892	631
物料搬运设备制造	15979	5250	18934	326400	25245	6077
轻小型起重设备制造	1238	1321	979	9795	564	66
生产专用起重机制造	1538	41	3	10121	1965	441
生产专用车辆制造	52			8414	5987	311
连续搬运设备制造	159	150		5541	617	28
电梯、自动扶梯及升降机制造	10183	3324	13638	272494	13937	4348
客运索道制造	1002	415	2577	16170	1015	555

续表 79

单位：万元

利润总额	所得税费用	亏损企业亏损总额	利税总额	应交税金及附加	本年应付职工薪酬	本年应交增值税	从业人员平均人数（人）
44830	6525	2256	67314	29009	50021	18271	7626
9094	1487		14762	7156	20363	4947	2947
2793	710	146	3293	1210	4181	414	482
12221	3234	1960	16871	7884	16492	2455	2422
20723	1094	150	32387	12758	8985	10455	1775
518872	62626	34623	819057	362811	1037761	248117	156781
48070	5712	1054	85981	43623	99360	33279	15439
221824	25995	18507	321964	126135	337987	81235	54958
15658	2152	2513	30356	16849	50984	12649	7089
233319	28767	12549	380756	176204	549430	120954	79295
660535	90386	65036	997830	427681	1315209	274505	193227
95970	15571	2524	147511	67112	104456	43925	12974
10360	919	5536	25325	15884	52638	13365	6468
25761	3145	3098	43770	21154	67153	15002	9887
4518	1057		5727	2266	7037	1022	714
523926	69695	53878	775496	321265	1083926	201191	163184
2554471	427103	271017	3739160	1611791	4415189	971712	516144
92177	11223	16412	151016	70061	115735	48061	11954
42440	4015		56016	17591	30999	11326	3701
-10948	-1857	16152	-5159	3931	36637	4567	4067
24052	6023		29709	11680	5361	4901	251
58	7	4	709	657	1205	584	218
35837	2966	244	68826	35955	39309	26589	3377
738	70	12	915	246	2223	95	340
519436	76555	16294	728054	285173	497702	180040	57297
130559	17742	2351	184541	71724	99133	47612	10348
91330	14153	1765	124879	47702	74016	28890	8839
37257	2988	1265	55121	20853	52001	15074	6174
103884	14582	6373	136763	47461	127244	27229	13632
25689	2103	2258	34755	11168	38759	7361	4325
130717	24987	2282	191995	86265	106549	53875	13979
345568	69815	8207	518326	242573	647339	140412	53622
10293	1269		14462	5438	14379	3522	2033
11645	577	592	19262	8194	22805	5421	3148
14089	2110	476	15091	3112	15617	404	1638
6130	1145	1023	9367	4381	10579	2703	1337
282083	62175	2693	425368	205460	552704	117023	42122
16631	2033		20631	6033	7281	3041	983

1-5

行 业	利息支出	投资收益	其他收益	营业利润	营业外收入	营业外支出
机械式停车设备制造	990		1286	2006	1003	327
其他物料搬运设备制造	818		451	1858	158	2
泵、阀门、压缩机及类似机械制造	26507	26882	10276	371690	19103	10298
泵及真空设备制造	3300	7533	4202	129290	5466	914
气体压缩机械制造	15012	14365	5435	148320	5265	6576
阀门和旋塞制造	4840	150	563	41610	2702	1300
液压动力机械及元件制造	2255	4783	0	53670	4523	1415
液力动力机械元件制造				7	152	1
气压动力机械及元件制造	1101	51	77	-1206	995	93
轴承、齿轮和传动部件制造	5622	103	1032	50530	4879	1771
滚动轴承制造	3749	38	35	12362	2665	677
滑动轴承制造	138	3	383	4580	111	1
齿轮及齿轮减、变速箱制造	1573	53	614	31266	1976	1019
其他传动部件制造	162	9		2322	128	74
烘炉、风机、包装等设备制造	28937	23195	23925	436997	70240	21518
烘炉、熔炉及电炉制造	579	5	2	4774	615	40
风机、风扇制造	3643	314	3287	66426	6793	14703
气体、液体分离及纯净设备制造	1501	1233	1273	45295	3381	517
制冷、空调设备制造	13064	15037	16401	223983	53353	3151
风动和电动工具制造	3576	-223	85	38853	779	2279
喷枪及类似器具制造	483	13		6969	345	61
包装专用设备制造	6092	6816	2878	50697	4975	767
文化、办公用机械制造	25292	24962	23758	328917	42813	97755
电影机械制造	14	15	16	880	393	139
幻灯及投影设备制造	893	41	997	3151	1789	397
照相机及器材制造	1568	1470	6060	40043	8197	84239
复印和胶印设备制造	1069	4061	865	215225	22830	10103
计算器及货币专用设备制造	20813	19369	15361	53855	8084	2702
其他文化、办公用机械制造	935	6	460	15763	1520	175
通用零部件制造	17390	3707	7437	173545	16357	6375
金属密封件制造	1841	1461	5166	11146	491	537
紧固件制造	5652	1614	648	65596	3629	3298
弹簧制造	746	139	15	41569	2644	532
机械零部件加工	6414	438	1518	33144	3957	975
其他通用零部件制造	2736	54	90	22090	5636	1033
其他通用设备制造业	9604	57267	13733	206077	18549	4693
工业机器人制造	1804	13751	6255	25961	5634	829
特殊作业机器人制造	407	2	1726	6760	182	121
增材制造装备制造	2019	-297	2839	7505	1345	925

续表 80

单位：万元

利润总额	所得税费用	亏损企业亏损总额	利税总额	应交税金及附加	本年应付职工薪酬	本年应交增值税	从业人员平均人数（人）
2682	418	565	6736	4472	10109	3478	1098
2015	89	2858	7408	5483	13865	4819	1263
380493	62488	9329	531748	213743	636119	123053	70746
133841	18808	4856	176178	61145	159645	34741	19069
147009	26905	1016	209639	89535	305440	49639	27553
43011	7164	1472	68612	32764	100086	20970	14653
56778	9093	555	75362	27676	52292	15898	7026
158	7		598	447	1142	389	186
-304	511	1430	1360	2176	17514	1417	2259
53638	6972	8077	77332	30666	123158	17950	17365
14350	3034	7449	24813	13497	56868	7874	8752
4689	306		5451	1068	3933	558	566
32223	3417	629	43144	14338	57465	8268	7423
2376	215		3925	1763	4893	1251	624
485722	76297	29247	757955	348530	841570	227811	112248
5349	1071		7648	3370	11798	1813	1707
58517	12022	18948	104637	58142	207213	38833	29256
48159	5483	2195	70006	27330	54925	18474	7105
274186	42114	6244	400261	168189	335162	106850	43195
37353	8152	906	76991	47790	118105	34069	17365
7253	1397	240	10863	5008	13564	3032	1905
54904	6057	714	87549	38702	100803	24740	11715
273977	76135	136919	377883	180041	761098	72699	89196
1135	413	405	2079	1358	5055	714	455
4543	-407	11066	10806	5855	36926	4286	4165
-35999	8095	95523	-15701	28392	139868	13087	20585
227953	58415	2817	265278	95740	326007	24736	38643
59237	6601	26896	92643	40006	203982	25987	18593
17108	3018	211	22779	8689	49260	3890	6755
183527	24846	19329	297858	139177	502180	94279	69775
11100	1470	3721	19716	10086	30747	6916	3109
65926	7040	7756	101430	42544	134281	30175	18782
43682	6155	427	63386	25859	66309	16479	10028
36126	5993	1710	65430	35297	163841	24088	21894
26693	4188	5715	47897	25392	107004	16622	15962
219935	22774	27205	298989	101828	290289	67407	33941
30767	3832	7903	47818	20883	62311	14972	6297
6821	1063		8331	2573	7412	1322	634
7926	2466	11778	15329	9870	44732	6270	4359

1-5

行　业	利息支出	投资收益	其他收益	营业利润	营业外收入	营业外支出
其他未列明通用设备制造业	5374	43811	2912	165851	11388	2818
专用设备制造业	189161	376447	234536	3105473	182866	69324
采矿、冶金、建筑专用设备制造	8649	7739	7214	74003	3989	2938
矿山机械制造	2174	7018	1165	13689	1131	789
石油钻采专用设备制造	356			151	222	1
深海石油钻探设备制造	2525	68	1329	-5735	721	1223
建筑工程用机械制造	1499	560	2318	22905	596	232
建筑材料生产专用机械制造	718	87	2274	25381	1040	550
冶金专用设备制造	381	7	117	7411	210	134
隧道施工专用机械制造	998		11	10202	69	9
化工、木材、非金属加工专用设备制造	65812	18117	32799	547808	57666	15817
炼油、化工生产专用设备制造	1891	182	1819	17183	2444	58
橡胶加工专用设备制造	551	5	119	30888	1219	407
塑料加工专用设备制造	12056	2052	9412	137713	6815	2262
木竹材加工机械制造	1560	4095	1679	43325	1270	221
模具制造	49365	11642	19577	316868	45681	12821
其他非金属加工专用设备制造	388	140	193	1832	236	49
食品、饮料、烟草及饲料生产专用设备制造	2254	206	255	33185	1306	2083
食品、酒、饮料及茶生产专用设备制造	1490	152	173	21071	639	1730
农副食品加工专用设备制造	319	27		240	166	82
烟草生产专用设备制造	278	26	53	10893	288	269
饲料生产专用设备制造	167		29	981	214	2
印刷、制药、日化及日用品生产专用设备制造	20684	49734	17745	342669	12149	8333
制浆和造纸专用设备制造	1636	77		12514	818	123
印刷专用设备制造	2161	1049	1672	27845	5348	1833
日用化工专用设备制造	10		5	1889	306	13
制药专用设备制造	-2	35		72		
照明器具生产专用设备制造	797	3	3273	16229	458	69
玻璃、陶瓷和搪瓷制品生产专用设备制造	16022	48577	12679	266745	3762	6174
其他日用品生产专用设备制造	61	-7	116	17377	1458	121
纺织、服装和皮革加工专用设备制造	5126	64	1431	143969	5550	6462
纺织专用设备制造	2325	9	1146	115215	3906	4702
皮革、毛皮及其制品加工专用设备制造	188			963	542	15
缝制机械制造	2072	55	285	17792	1029	1663
洗涤机械制造	541			9999	73	82
电子和电工机械专用设备制造	17206	5859	40063	401472	26478	8621
电工机械专用设备制造	4297	720	14257	150312	4687	1292
半导体器件专用设备制造	3388	493	5263	68910	9720	2141
电子元器件与机电组件设备制造	1732	478	2763	48164	2993	2125

续表 81

单位：万元

利润总额	所得税费用	亏损企业亏损总额	利税总额	应交税金及附加	本年应付职工薪酬	本年应交增值税	从业人员平均人数（人）
174422	15412	7525	227512	68502	175834	44843	22651
3219031	396829	264642	4352785	1530583	4885964	921484	519763
75054	10613	13320	105519	41077	115066	23748	12183
14031	419	1062	21992	8380	27801	6867	3264
372	26		1124	778	1842	610	128
-6237	-1338	7032	-5465	-566	11001	396	1012
23269	4082	2843	30423	11236	23901	5636	2768
25871	3814	798	38360	16303	37209	9859	3697
7487	998	1586	10571	4082	6900	2645	975
10262	2612		8514	864	6413	-2264	339
589656	96200	100115	939591	446135	1562288	289633	190598
19570	1807	82	27990	10227	22395	7235	2254
31699	6605	1394	43340	18246	23487	9656	2975
142266	26619	15598	205438	89792	181441	52298	20023
44375	6588	3899	58063	20276	38728	11280	4180
349728	54191	77457	601796	306259	1288008	208400	160075
2019	390	1684	2964	1335	8229	764	1091
32408	1732	544	47869	17193	48688	11503	7815
19980	1160	217	28745	9925	27328	7124	3694
324	51	308	1565	1292	4628	1080	1233
10913	421		15649	5158	11565	2756	2252
1192	100	20	1910	818	5167	544	636
346486	18281	8573	438054	109848	303691	73356	34231
13210	2492	241	19900	9182	20218	5610	3097
31360	3181	3901	54237	26058	67171	19325	8454
2181	235	40	3116	1171	3742	713	549
72	8		275	211	771	182	77
16617	2347	1961	22098	7828	28457	4045	4123
264333	7282	2431	314694	57643	136852	40008	11613
18714	2737		23732	7755	46479	3474	6318
143057	25260	2714	204045	86248	137304	49831	14725
114418	21042	2328	156568	63193	88108	34083	8304
1491	203		3733	2445	3051	1992	565
17158	1863	386	26161	10865	35158	7024	4752
9991	2152		17584	9745	10987	6731	1104
419329	54173	31711	578239	213083	634249	131729	67984
153708	19972	1408	207014	73278	144548	45600	15169
76490	15091	22859	102097	40698	144818	19875	17246
49031	6022	3180	77657	34647	110109	23836	15195

1-5

行　业	利息支出	投资收益	其他收益	营业利润	营业外收入	营业外支出
其他电子专用设备制造	7789	4168	17780	134085	9078	3063
农、林、牧、渔专用机械制造	1349	1068	46	7198	860	250
拖拉机制造	50			-19	118	
机械化农业及园艺机具制造	1152	1068		7582	562	208
营林及木竹采伐机械制造						
畜牧机械制造	97		46	-1657	147	30
渔业机械制造				55		
农林牧渔机械配件制造	44			523		
棉花加工机械制造				32	8	2
其他农、林、牧、渔业机械制造	6			682	26	10
医疗仪器设备及器械制造	21180	228426	63356	986040	43338	16091
医疗诊断、监护及治疗设备制造	12430	227905	56636	784523	19631	8749
口腔科用设备及器具制造	340	6	140	5649	371	63
医疗实验室及医用消毒设备和器具制造	98			259		1
医疗、外科及兽医用器械制造	3643	445	3273	72528	9740	767
机械治疗及病房护理设备制造	846	341	746	16225	841	1030
康复辅具制造	182	67	366	15512	837	305
眼镜制造	1212	9	89	36387	4994	3053
其他医疗设备及器械制造	2430	-347	2106	54957	6924	2123
环保、邮政、社会公共服务及其他专用设备制造	46902	65235	71628	569129	31531	8729
环境保护专用设备制造	10146	2135	2106	115260	12842	1136
地质勘查专用设备制造						
邮政专用机械及器材制造	8		76	96	9	9
商业、饮食、服务专用设备制造		12	4	556	431	68
社会公共安全设备及器材制造	2036	5560	6012	37940	2829	130
交通安全、管制及类似专用设备制造	1995	6	751	-5253	499	53
水资源专用机械制造	77		61	1888	106	58
其他专用设备制造	32641	57523	62618	418642	14815	7275
汽车制造业	305314	746402	310596	6320756	174218	81668
汽车整车制造	164246	588317	196717	2409278	78210	19435
汽柴油车整车制造	161858	588220	195981	2387975	77596	18544
新能源车整车制造	2388	96	736	21303	615	891
汽车用发动机制造		10	5769	414300	806	3803
改装汽车制造	26140	1858	35231	61119	5020	12972
低速汽车制造	2550	-377	33	-3193	2970	-734
电车制造			370	-1571	52	4
汽车车身、挂车制造	4331	-659	832	50445	735	646
汽车零部件及配件制造	108047	157254	71643	3390378	86424	45543
铁路、船舶、航空航天和其他运输设备制造业	113565	14649	34308	-145321	104493	34125

续表 82

单位：万元

利润总额	所得税费用	亏损企业亏损总额	利税总额	应交税金及附加	本年应付职工薪酬	本年应交增值税	从业人员平均人数（人）
140100	13089	4264	191471	64460	234773	42418	20374
7826	1901	3322	18116	12191	34612	8781	4862
98	9		259	169	1059	114	246
7953	1550	428	12247	5844	21477	3435	2893
-1540	248	2894	2823	4611	8243	4113	1045
55			56	1	532		96
523	19		753	249	434	166	81
38	4		49	16	392	1	75
698	72		1929	1303	2475	953	426
1013285	121900	76025	1221832	330447	1311883	158630	123752
795406	78631	15360	926171	209396	617908	100364	39993
5956	1356	1851	9341	4742	23221	2778	2902
258	61		822	624	1400	506	253
81501	12344	4820	107772	38614	99204	20917	11443
16035	2730	1010	20504	7198	41910	2715	5087
16045	2896	154	21227	8078	78595	3479	9478
38327	10134	7596	49517	21324	307494	7720	39384
59757	13749	45234	86479	40471	142153	20150	15212
591930	66769	28319	799521	274361	738184	174274	63613
126966	16582	368	159802	49418	85046	27253	9143
96			469	374	766	331	129
918	14	556	1490	586	4134	377	718
40639	5335	3842	59845	24540	70212	15794	7867
-4807	367	7906	-2203	2970	11824	1851	1372
1936	70	295	3351	1485	4502	1052	561
426181	44402	15351	576769	194989	561699	127615	43823
6413306	1204702	294250	10755006	5546402	6294693	2079378	435068
2468053	396312	148937	5486606	3414865	2916181	976104	103397
2447027	393220	142638	5463758	3409952	2891926	975461	100793
21027	3092	6299	22848	4913	24255	643	2604
411303	95782		468196	152675	116315	45444	3416
53168	15576	30184	73468	35877	72797	17408	8078
511			5895	5384	13219	4550	792
-1523	35	1703	-771	787	2869	543	338
50535	9015	737	67386	25866	58165	14023	5921
3431259	687982	112689	4654226	1910949	3115147	1021306	313126
-74952	55188	451009	200081	330221	1024541	218534	110754

1-5

行　业	利息支出	投资收益	其他收益	营业利润	营业外收入	营业外支出
铁路运输设备制造	1628		1402	1459	2333	111
高铁车组制造	1435		201	-12812	825	36
铁路机车车辆制造						
窄轨机车车辆制造	65		188	54		
高铁设备、配件制造				39	1	3
铁路机车车辆配件制造	17		16	2221	823	7
铁路专用设备及器材、配件制造	5		831	5691	61	13
其他铁路运输设备制造	106		166	6266	623	52
城市轨道交通设备制造	2467		3357	4291	751	4
船舶及相关装置制造	85888	5770	19130	-397111	79046	25510
金属船舶制造	77568	5514	7321	-394411	60441	15241
非金属船舶制造	3423	136	1217	9108	304	212
娱乐船和运动船制造	498		248	2594	1331	18
船用配套设备制造	224		52	1375	347	70
船舶改装	3435	0	1007	11967	5	424
船舶拆除	144	183		2908	512	23
海洋工程装备制造	559	-63	9285	-30673	16098	9514
航标器材及其他相关装置制造	37			21	7	10
航空、航天器及设备制造	295	18	1632	20098	3489	51
飞机制造	169	18	929	8835	3319	32
航天器及运载火箭制造						
航天相关设备制造						
航空相关设备制造	54		703	637	51	0
其他航空航天器制造	72			10626	119	18
摩托车制造	18737	8803	6775	146111	11723	5602
摩托车整车制造	14199	4087	3411	112028	7587	4329
摩托车零部件及配件制造	4538	4715	3364	34083	4136	1273
自行车和残疾人座车制造	3018	-48	1475	49486	4378	2267
自行车制造	3018	-56	1475	46077	4346	2236
残疾人座车制造		8		3408	32	31
助动车制造	308	99	23	16116	1169	255
非公路休闲车及零配件制造	423			7084	681	137
潜水救捞及其他未列明运输设备制造	801	8	515	7146	924	188
潜水装备制造	702	8	148	2399	12	14
水下救捞装备制造						
其他未列明运输设备制造	100		367	4747	912	174
电气机械和器材制造业	916499	1066243	281418	9836038	573006	241666
电机制造	27079	3466	28444	285692	20535	4012
发电机及发电机组制造	3980	92	10614	13717	3965	264

续表 83

单位：万元

利润总额	所得税费用	亏损企业亏损总额	利税总额	应交税金及附加	本年应付职工薪酬	本年应交增值税	从业人员平均人数（人）
3681	1664	12090	10065	8048	25042	4861	2373
-12022	17	12090	-11020	1019	8551	141	908
54			56	2	406		28
37	4		88	55	150	45	16
3037	272		3929	1164	3149	758	430
5738	591		7761	2613	7417	1772	639
6837	780		9252	3196	5369	2144	352
5038	1332	6383	8764	5058	11224	2033	1062
-343576	14328	412136	-233475	124429	409908	91858	30019
-349211	16306	361327	-256833	108685	279461	83422	19296
9201	989	42	12489	4277	13949	490	1782
3907	381	18	6573	3047	10186	2106	1286
1652	110	1537	3285	1742	5569	1116	773
11548	2247	2194	15627	6326	33676	1745	2116
3398	853		5506	2960	1917	1559	337
-24089	-6568	47018	-20161	-2640	64579	1420	4294
18	11		40	32	571		135
23536	4195	487	31667	12326	22185	6786	2052
12122	1744	113	18017	7639	14497	5199	1210
688	86		832	230	819	128	48
10726	2365	374	12817	4456	6869	1459	794
152232	24679	11818	246115	118562	311506	71437	39050
115285	19705	2697	161306	65727	160565	30093	16747
36947	4974	9122	84809	52836	150941	41344	22303
51596	5744	6720	86114	40261	177053	26993	25777
48187	5335	6634	78792	35940	156519	23441	22758
3409	409	86	7321	4321	20535	3552	3019
17030	2186	473	29869	15025	33888	10854	5296
7628	523	154	10487	3382	13953	2572	2047
7882	537	747	10476	3131	19782	1142	3078
2397	141		3196	939	12835	401	2095
5485	396	747	7280	2191	6947	741	983
10167377	1823444	831729	14775791	6431859	13085933	3881494	1692034
302216	55170	37470	455935	208889	945912	119803	126398
17417	698	2932	27795	11077	61326	6877	6749

1-5

行　业	利息支出	投资收益	其他收益	营业利润	营业外收入	营业外支出
电动机制造	4523	-282	5407	55527	2804	728
微特电机及组件制造	3175	196	3945	66640	3681	1030
其他电机制造	15401	3460	8478	149810	10084	1990
输配电及控制设备制造	129313	180409	97603	1328273	106540	63917
变压器、整流器和电感器制造	40588	15966	36160	436603	27464	20131
电容器及其配套设备制造	1586	11	290	11826	2124	1065
配电开关控制设备制造	25007	113557	25937	258532	16042	3951
电力电子元器件制造	15618	6086	17421	414542	51364	28218
光伏设备及元器件制造	18566	20784	5697	36496	2032	6492
其他输配电及控制设备制造	27950	24006	12100	170275	7514	4060
电线、电缆、光缆及电工器材制造	140197	2533	29700	658830	74374	26508
电线、电缆制造	113693	-673	23402	464064	69156	23841
光纤制造	1890	10	470	14007	526	234
光缆制造	7636	2828	1835	38161	1716	637
绝缘制品制造	7209	627	1987	64959	1939	1220
其他电工器材制造	9769	-259	2007	77640	1038	574
电池制造	310315	166781	34016	233900	59177	30860
锂离子电池制造	125484	17043	21695	99994	42440	23718
镍氢电池制造	4675	1395	2427	15070	5488	956
铅蓄电池制造	7211	4192	2789	5949	1949	791
锌锰电池制造	363	9	4	-1530	97	63
其他电池制造	172581	144142	7101	114417	9203	5333
家用电力器具制造	241548	520276	30836	6383640	240758	84430
家用制冷电器具制造	4689	-11477	3839	102589	7885	2354
家用空气调节器制造	161763	517958	14435	5179339	152064	47125
家用通风电器具制造	14759	5650	2338	226030	15489	6681
家用厨房电器具制造	39842	6629	5370	559440	34899	17035
家用清洁卫生电器具制造	4852	630	791	155626	6491	3834
家用美容、保健护理电器具制造	1397	17	1791	75877	13578	2623
家用电力器具专用配件制造	7505	40	540	48119	4005	1895
其他家用电力器具制造	6742	828	1733	36620	6347	2883
非电力家用器具制造	21577	25877	34588	118500	18068	2508
燃气及类似能源家用器具制造	20626	25929	34336	119681	17304	2286
太阳能器具制造	251	-53	253	-7824	565	160
其他非电力家用器具制造	701	2		6643	200	62
照明器具制造	41702	162634	21659	735007	45971	27067
电光源制造	9035	24396	4474	152339	7324	3909
照明灯具制造	25696	133816	13951	448964	27621	14095
舞台及场地用灯制造	2130	1168	1925	42328	4382	2375

续表 84

单位：万元

利润总额	所得税费用	亏损企业亏损总额	利税总额	应交税金及附加	本年应付职工薪酬	本年应交增值税	从业人员平均人数（人）
57604	9403	9193	104445	56245	151587	40260	19951
69291	11284	4597	105954	47947	206175	30506	29601
157904	33784	20748	217741	93621	526824	42160	70097
1370898	229166	137157	1931650	789918	2497088	450481	316409
443937	60959	40336	624213	241235	969522	141047	117664
12885	2515	3383	25659	15288	44037	10953	7124
270626	45995	20511	395979	171348	489092	101963	57992
437687	78367	31557	583363	224043	728316	114970	102749
32035	4604	13424	53185	25754	88652	16778	8390
173728	36727	27945	249252	112251	177469	64770	22490
706697	114359	46563	1022018	429680	1396234	249530	197895
509379	80925	43941	748113	319659	1113671	188728	164128
14299	1828	1508	21520	9048	34038	6026	4453
39239	4807	149	54577	20144	44448	11912	5003
65677	9111	721	100435	43870	124030	28153	15437
78103	17689	244	97374	36959	80048	14712	8874
262213	80625	395578	546307	364719	1450290	215944	187569
118713	57979	330489	261332	200599	1039219	112701	131591
19603	2785	1278	33062	16244	61069	9789	8597
7107	2028	5357	35148	30069	50906	11916	6854
-1497	482	4032	60	2039	15706	1111	2060
118286	17351	54422	216705	115770	283391	80428	38467
6539966	1211011	133379	9394073	4065118	4974126	2493017	594386
108120	15535	1610	140497	47911	207715	22854	27950
5284279	1025993	58537	7419175	3160889	2039708	1903107	167459
234838	44256	6633	350477	159895	404849	94809	60258
577301	75735	24902	981448	479881	1401678	343551	193784
158283	15052	7148	197482	54251	226663	30981	29295
86831	17687	13221	112658	43514	256294	16551	42604
50229	8089	6549	97555	55415	150231	37414	26059
40083	8664	14781	94782	63363	286988	43750	46977
134061	13370	12678	190843	70152	179412	47307	26602
134699	12681	3411	187456	65438	152273	44278	22077
-7418	-29	8847	-6593	797	8342	548	1221
6780	718	420	9979	3917	18797	2481	3304
753912	106301	65553	1084385	436775	1465895	261361	220102
155753	24928	3252	201098	70273	230941	34698	32472
462491	60947	42568	671531	269987	873037	165599	133571
44335	6819	2273	70868	33353	111499	21258	16671

1-5

行　业	利息支出	投资收益	其他收益	营业利润	营业外收入	营业外支出
智能照明器具制造	772	59		12479	2815	5309
灯用电器附件及其他照明器具制造	4070	3195	1309	78897	3829	1380
其他电气机械及器材制造	4767	4267	4572	92195	7585	2363
电气信号设备装置制造	2049	348	3310	27466	4202	557
其他未列明电气机械及器材制造	2718	3919	1262	64728	3383	1807
计算机、通信和其他电子设备制造业	1968094	1520027	2113294	18530567	1058568	1399498
计算机制造	182496	284351	56197	1048294	91577	32029
计算机整机制造	105346	18754	17000	212780	18139	6744
计算机零部件制造	18737	7156	6041	165541	20939	6983
计算机外围设备制造	46833	117367	20073	341648	26225	10419
工业控制计算机及系统制造	399	368	2038	49201	1158	32
信息安全设备制造	532	296	513	12715	3844	173
其他计算机制造	10649	140409	10533	266409	21271	7678
通信设备制造	953106	503162	1485428	9779640	233334	1006028
通信系统设备制造	617441	437296	1048918	7497728	135798	931018
通信终端设备制造	335664	65866	436510	2281913	97536	75010
广播电视设备制造	12576	53964	11926	190672	20841	3728
广播电视节目制作及发射设备制造	3		630	8301	482	93
广播电视接收设备制造	7311	512	8639	49841	3836	1883
广播电视专用配件制造	1456	372	104	-2176	406	115
专业音响设备制造	1108	-136	395	15786	3860	912
应用电视设备及其他广播电视设备制造	2697	53216	2158	118918	12257	725
雷达及配套设备制造	9078	-797	259	-6725	3115	258
非专业视听设备制造	155102	263801	84000	473222	72277	55310
电视机制造	108893	210139	58100	183955	18635	7730
音响设备制造	23427	18821	8411	193002	20109	15721
影视录放设备制造	22782	34840	17489	96265	33533	31860
智能消费设备制造	25239	32616	15714	533300	63761	6346
可穿戴智能设备制造	1898	-302	3806	34496	2419	389
智能车载设备制造	2289	9501	3331	7597	6175	823
智能无人飞行器制造	2288	12237	1512	267775	29648	882
服务消费机器人制造	108	1987	212	1037	11786	699
其他智能消费设备制造	18657	9193	6854	222395	13734	3552
电子器件制造	379109	209579	198465	2006802	270714	85310
电子真空器件制造	3356	7420	5994	127882	2459	3045
半导体分立器件制造	4911	303	5204	87019	9398	5104
集成电路制造	33761	13241	49095	212139	26580	12685
显示器件制造	208366	117280	89552	1228487	168649	41372
半导体照明器件制造	11879	36373	14606	116424	7285	2771

续表 85

单位：万元

利润总额	所得税费用	亏损企业亏损总额	利税总额	应交税金及附加	本年应付职工薪酬	本年应交增值税	从业人员平均人数（人）
9986	3053	15136	21191	14257	52981	9701	5622
81347	10554	2324	119698	48905	197437	30104	31766
97415	13442	3351	150581	66608	176976	44051	22673
31112	4974	2594	52130	25993	78530	17834	10360
66304	8468	757	98451	40615	98446	26217	12313
18189751	3094881	2941685	26682480	11587611	43201993	7023366	3300000
1107809	176788	201147	1486854	555833	2906323	287310	340146
224175	50490	34180	297241	123557	558171	53296	63355
179495	34675	48809	261745	116924	883637	61860	119780
357424	55220	53277	455051	152846	825203	71536	100915
50327	7059	1270	64160	20892	33720	11906	3254
16386	1341	151	20288	5243	19488	3181	1701
280002	28004	63460	388370	136372	586105	85530	51141
9006940	1715030	1401459	14383276	7091366	23778524	4653037	895757
6702504	1472576	759384	11015043	5785115	18493293	3850086	406148
2304436	242455	642075	3368232	1306251	5285231	802951	489609
207786	20988	22532	290052	103253	342308	68349	45943
8691	1022		10739	3070	13111	1596	1865
51795	6587	10993	83621	38413	133912	26035	19984
-1884	84	2622	3694	5662	20322	5093	3557
18734	2968	3204	30439	14672	53835	10194	8807
130451	10327	5713	161559	41435	121127	25431	11730
-3869	-12029	12963	1582	-6578	49469	3697	4210
490187	32323	207312	885874	428010	2161405	296138	280679
194860	-4472	48158	374361	175029	657092	134458	70389
197389	24531	66131	319591	146733	886824	90994	139337
97938	12263	93023	191922	106247	617489	70686	70953
590776	64092	56541	708268	181584	677803	86480	68919
36526	5287	8283	46021	14782	69323	6421	8644
12949	-2729	17414	29219	13542	100713	13491	11502
296601	27756	7738	335691	66847	196065	27559	11955
12124	727	3132	16930	5534	50062	3447	3106
232577	33051	19974	280406	80880	261641	35562	33712
2192206	364875	568932	3003061	1175731	5136207	616433	612730
127298	18393	2703	178609	69704	162655	44090	25674
91313	16503	5583	124641	49831	227611	25050	25696
226034	34178	88334	321326	129471	646006	74628	65859
1355763	215954	159597	1684409	544601	2413101	239371	285894
120939	16214	38312	156981	52257	255571	24929	30545

1-5

行业	利息支出	投资收益	其他收益	营业利润	营业外收入	营业外支出
光电子器件制造	92447	20827	24279	236519	37195	13156
其他电子器件制造	24388	14135	9735	-1669	19148	7178
电子元件及电子专用材料制造	229605	165971	205960	3838486	260454	118587
电阻电容电感元件制造	38718	22828	18846	872764	70610	18876
电子电路制造	105920	65013	142241	1905702	102430	52770
敏感元件及传感器制造	4748	3049	3353	71277	7725	2508
电声器件及零件制造	7999	-364	5722	56356	5503	2532
电子专用材料制造	16352	-31279	2591	-15673	6918	3310
其他电子元件制造	55867	106723	33207	948059	67270	38591
其他电子设备制造	21784	7380	55344	666878	42495	91902
仪器仪表制造业	83141	123388	87293	723492	86701	26610
通用仪器仪表制造	61504	84462	63242	288121	29417	5581
工业自动控制系统装置制造	12545	49769	40241	228069	17243	2064
电工仪器仪表制造	45755	18724	13511	-21718	5103	2624
绘图、计算及测量仪器制造	615	174	455	20058	1550	171
实验分析仪器制造	1843	11060	3907	28044	2893	350
试验机制造	124	4570	3142	21041	1211	328
供应用仪器仪表制造	598	166	1987	10414	1028	26
其他通用仪器制造	24		1	2213	390	20
专用仪器仪表制造	5480	30608	11132	111075	36345	5297
环境监测专用仪器仪表制造	941	964	4315	-3561	23622	3987
运输设备及生产用计数仪表制造	977	58	640	755	953	186
导航、测绘、气象及海洋专用仪器制造	677	268	294	118	1265	55
农林牧渔专用仪器仪表制造	116			669	68	
地质勘探和地震专用仪器制造				58	581	2
教学专用仪器制造	73			1711	33	2
核子及核辐射测量仪器制造				1515		78
电子测量仪器制造	1895	1625	4077	60534	4517	888
其他专用仪器制造	799	27694	1807	49276	5307	98
钟表与计时仪器制造	4113	3337	1843	147785	7801	11712
光学仪器制造	11059	1015	7670	119719	9795	3478
衡器制造	689	2611	605	19971	1691	88
其他仪器仪表制造业	297	1356	2802	36822	1652	453
其他制造业	14713	7571	6431	124788	22149	4561
日用杂品制造	4654	661	1640	65082	16446	3225
鬃毛加工、制刷及清扫工具制造	872	58	664	8766	12508	209
其他日用杂品制造	3782	603	976	56316	3939	3016
核辐射加工	0			745	1	
其他未列明制造业	10058	6910	4791	58961	5702	1337

续表 86

单位：万元

利润总额	所得税费用	亏损企业亏损总额	利税总额	应交税金及附加	本年应付职工薪酬	本年应交增值税	从业人员平均人数（人）
260559	45854	138307	444989	230283	971062	145170	114850
10300	17779	136097	92107	99586	460201	63197	64212
3980350	641165	410315	5171840	1832655	7128214	919006	916529
924497	167646	39669	1129500	372650	1182022	158347	154526
1955361	278719	67290	2466712	790071	2802121	400356	324487
76493	14077	12625	113674	51258	237770	30516	29580
59328	9918	11393	107093	57683	229308	39436	36457
-12064	22985	178541	32490	67539	331729	33503	39902
976736	147820	100797	1322371	493455	2345265	256849	331577
617566	91650	60484	751673	225757	1021741	92918	135087
783580	102881	154441	1121627	440928	1578876	275056	189790
311955	34724	93789	476358	199128	607853	138150	57925
243248	29402	26660	356277	142432	372211	96618	34252
-19240	-2536	65975	1204	17907	123620	15332	11709
21436	2744		30152	11460	28803	7213	2925
30587	2135	265	39613	11160	49604	7382	5190
21925	1381	268	27884	7340	17760	5172	1914
11416	1199	412	17137	6920	11080	5126	1287
2582	399	209	4092	1909	4775	1308	648
142123	15509	27639	204719	78105	232100	53407	22128
16074	2222	5528	27123	13271	33501	9506	2397
1521	642	6573	7753	6874	29266	5275	3341
1327	1015	7734	5743	5430	23308	3952	2008
737	111		1320	694	3765	469	484
637	2		840	205	537	181	76
1742	8	124	2187	453	889	402	176
1437			1884	447	1522	378	75
64163	8554	6016	89032	33423	101049	20465	10164
54486	2957	1664	68837	17308	38262	12780	3407
143872	25452	22365	203211	84791	401931	46076	67724
126035	21314	10357	158944	54223	260414	22877	31013
21573	2352	126	27799	8577	40146	3958	6298
38021	3530	165	50597	16105	36433	10587	4702
142375	22702	23491	218367	98693	471012	57772	68144
78303	12509	4709	112923	47129	287905	23410	44691
21064	5117	1829	27095	11148	31764	4110	6166
57239	7393	2880	85828	35982	256141	19300	38525
746	81		1059	395	587	277	40
63326	10111	18782	104384	51169	182520	34085	23413

1-5

行　业	利息支出	投资收益	其他收益	营业利润	营业外收入	营业外支出
废弃资源综合利用业	37971	4422	22868	631544	20792	24745
金属废料和碎屑加工处理	32875	4214	6161	549279	13418	9291
非金属废料和碎屑加工处理	5097	208	16708	82265	7374	15454
金属制品、机械和设备修理业	22224	3103	12520	114925	1878	1013
金属制品修理	215		58	1413	124	12
通用设备修理	304			2121	747	500
专用设备修理	69			10590	9	10
铁路、船舶、航空航天等运输设备修理	21596	3103	12459	93804	734	470
铁路运输设备修理	658	-57	611	5788	113	22
船舶修理	10181	2839	1122	-15713	319	209
航空航天器修理	10757	321	10726	103730	301	238
其他运输设备修理						
电气设备修理			3	225	1	
仪器仪表修理				250	28	1
其他机械和设备修理业	40			6522	236	20
电力、热力、燃气及水生产和供应业	1868659	2072293	352484	6673544	212761	143801
电力、热力生产和供应业	1460129	1827384	243487	5166349	144335	106360
电力生产	901193	247295	185819	2609837	51650	60221
火力发电	388539	88065	19241	888531	28103	38322
热电联产	66408	105204	2158	134324	3867	5689
水力发电	53760	36357	3572	223961	6550	7262
核力发电	285586	6575	128876	1131673	108	4091
风力发电	45346	3782	8620	88285	5231	2867
太阳能发电	22694		2700	52193	274	131
生物质能发电	25179	2648	13922	57873	2872	259
其他电力生产	13681	4664	6729	32998	4645	1602
电力供应	554843	1577033	57175	2499273	90284	43845
热力生产和供应	4093	3056	493	57238	2401	2293
燃气生产和供应业	116329	100866	21134	729096	16626	7198
燃气生产和供应业	116329	100866	21134	728961	16626	7198
天然气生产和供应业	112680	99211	20825	700058	15387	7027
液化石油气生产和供应业	3648	1655	310	28791	1237	164
煤气生产和供应业	1			113	2	7
生物质燃气生产和供应业				135		
水的生产和供应业	292201	144042	87863	778099	51800	30243
自来水生产和供应	118907	125859	28841	445904	35990	14127
污水处理及其再生利用	78843	10164	59022	145943	15444	14729
海水淡化处理						
其他水的处理、利用与分配	94452	8019		186253	367	1387

续表 87

单位：万元

利润总额	所得税费用	亏损企业亏损总额	利税总额	应交税金及附加	本年应付职工薪酬	本年应交增值税	从业人员平均人数（人）
627590	96158	11828	845519	314087	188081	175684	26318
553406	86582	8304	725402	258578	123535	139011	16826
74184	9577	3524	120117	55509	64546	36673	9492
115789	19472	20687	178499	82182	331484	49534	21281
1525	352	304	3302	2128	9871	1548	1310
2367	432		8737	6802	21230	5689	2999
10589	2682		14245	6337	7437	3247	358
94068	14616	18968	141738	62287	278772	36190	14237
5878	308		16615	11045	49989	9072	2797
-15604	306	18968	-12226	3683	50062	2336	3965
103793	14003		137348	47558	178721	24782	7475
227	57		946	777	2881	636	324
277	209	488	784	716	888	419	600
6737	1125	927	8748	3136	10406	1805	1453
6742501	1043011	440352	9513249	3813758	5087597	2277063	249274
5204323	719330	332832	7614143	3129150	4143750	1978962	174346
2601265	450222	328804	3632359	1481317	957744	779836	49380
878311	253159	255789	1421423	796272	516676	381613	21866
132502	19786	35585	226819	114103	122949	74474	6332
223250	43729	26608	306943	127422	95443	70934	11829
1127690	113549	1044	1437053	422913	121186	262158	2773
90649	10298	9011	76035	-4317	29389	-17949	1779
52336	73		54614	2351	5854	1947	653
60486	6394	767	64464	10371	47336	196	2928
36041	3234		45009	12202	18910	6464	1220
2545712	259538	2196	3915451	1629277	3156544	1191896	122051
57346	9570	1832	66332	18556	29463	7230	2915
738524	155364	74284	890447	307288	241032	129714	19712
738388	155293	74120	889996	306901	240439	129421	19582
708417	149800	72486	834374	275757	217829	105827	16739
29864	5438	1633	55356	30931	21644	23455	2703
108	55		265	212	966	139	140
135	71	165	452	387	593	293	130
799655	168318	33236	1008659	377321	702815	168387	55216
467766	87950	11341	583461	203645	565977	90389	45203
146658	33503	21895	231944	118789	108383	71013	9356
185232	46865		193254	54887	28455	6985	657

1-6 按隶属情况、轻重工业、企业规模和行业大类

分 组	企业单位数（个）	亏损企业	工业总产值（当年价格）	工业销售产值（当年价格）	出口交货值	工业增加值（当年价格）
总 计	1101	204	208559797	203503801	16126146	55665464
在总计中：亏损企业	204	204	23728774	20406378	5823930	7433972
一、按隶属情况分组						
中央企业	203	43	78611840	78237716	5820409	24156809
地方企业	898	161	129947957	125266085	10305736	31508655
二、按轻重工业分组						
轻工业	277	48	23268647	22885837	4190123	9298361
重工业	824	156	185291150	180617964	11936023	46367103
三、按企业规模分组						
大型企业	133	21	156976402	152343773	12675340	41470364
中型企业	272	43	25407029	25143812	2194286	7786368
小微型企业	696	140	26176365	26016216	1256520	6408732
四、按照工业行业大类分组						
煤炭开采和洗选业						
石油和天然气开采业	2		1621500	1596061		739567
黑色金属矿采选业	1		14925	14172		5059
有色金属矿采选业	12	2	477242	481911		295796
非金属矿采选业	6		27539	27695		7543
开采专业及辅助性活动	2		243206	243206		70230
其他采矿业						
农副食品加工业	75	12	2684649	2642684	14945	267989
食品制造业	19	4	700429	692495	26202	213337
酒、饮料和精制茶制造业	18	3	1219690	1085092	5478	335452
烟草制品业	7		4322358	5097567	13301	3513160
纺织业	8	4	167993	164572	18953	43882
纺织服装、服饰业	3		40844	41849		9833
皮革、毛皮、羽毛及其制品和制鞋业	3		26476	26476		7157

分组的规模以上国有控股工业企业主要经济指标

单位：万元

资产总计	流动资产合计	货币资金	应收账款	存货	产成品	非流动资产合计
275371585	104115357	36135796	15397046	21686570	6512325	171256221
46619438	21475677	4433175	5275168	5173464	1845855	25143757
132425025	46622918	18723324	4105453	9340687	1727988	85802106
142946560	57492439	17412473	11291593	12345884	4784337	85454115
42451675	31727196	13509540	2149451	6079440	1771501	10724478
232919910	72388160	22626256	13247594	15607131	4740825	160531743
192829524	74357570	28212155	9671203	15250929	4860944	118471953
47758269	16417554	4066982	3411049	3852380	860657	31340713
34783792	13340233	3856660	2314794	2583262	790724	21443555
2971698	795956	527483	138156	7995	671	2175742
22812	9810	6554	2330	927	536	13002
778420	151945	55087	11481	26687	7333	626475
30544	15790	3436	7245	2665	892	14754
621142	204391	22317	149052	16465		416751
1021279	624118	49751	61543	213987	80962	397160
636806	297911	119444	55811	42031	14411	338895
1350837	868094	338608	19064	223244	161927	482744
5418332	4230469	871917	148566	3100394	126340	1187863
114650	60322	9739	17543	20050	4958	54328
33201	19761	10000	4674	4175	9	13440
14534	4992	988	506			9543

1-6

分 组	企业单位数（个）	亏损企业	工业总产值（当年价格）	工业销售产值（当年价格）	出口交货值	工业增加值（当年价格）
木材加工和木、竹、藤、棕、草制品业	5	1	43625	42475	942	11156
家具制造业	3		41293	41034		13712
造纸和纸制品业	11	2	1184188	1185046	137042	187095
印刷和记录媒介复制业	20	6	241107	235541	2041	71815
文教、工美、体育和娱乐用品制造业	12	1	325306	318646	29570	103713
石油、煤炭及其他燃料加工业	9	2	29699819	29454582	452515	8545006
化学原料和化学制品制造业	42	5	5904697	5930706	93601	1273740
医药制造业	38	2	3045436	2868635	33391	1045731
化学纤维制造业	1		217382	204180		79276
橡胶和塑料制品业	27	8	895202	867226	200065	175263
非金属矿物制品业	43	4	1836461	1815796	43590	721511
黑色金属冶炼和压延加工业	16	1	11227836	11179658	295401	2368238
有色金属冶炼和压延加工业	19	4	5957107	5877619	246036	435244
金属制品业	41	7	1590676	1547474	350125	366431
通用设备制造业	33	5	1586891	1539600	177739	310601
专用设备制造业	15	4	564939	529009	86787	171636
汽车制造业	30	7	25226773	24813943	54935	4942842
铁路、船舶、航空航天和其他运输设备制造业	30	18	3043116	2914325	1184558	465648
电气机械和器材制造业	57	15	9893897	9169307	3994484	3458957
计算机、通信和其他电子设备制造业	91	24	21645919	18352535	7561225	7595663
仪器仪表制造业	8		187680	192956	11962	56064
其他制造业	3		37652	36306	29	11220
废弃资源综合利用业	8		243199	242154		72760
金属制品、机械和设备修理业	17	1	738012	728315	53989	341185
电力、热力生产和供应业	198	39	62079883	61858496	916339	14480080
燃气生产和供应业	37	7	6750315	6752054	95368	1398421
水的生产和供应业	131	16	2804537	2692403	25534	1453452

续表 1

单位：万元

资产总计	流动资产合计					非流动资产合计
		货币资金	应收账款	存货		
					产成品	
372876	110053	34370	6231	28987	2981	262823
38853	20481	6550	1768	5568	2771	18372
2401231	1337548	61700	235510	139079	58259	1063683
338058	263357	77704	76602	44417	18749	74701
375025	227606	42298	45774	91586	28516	147419
10680238	5056535	7329	627804	2389839	433386	5623703
6003010	1545832	155552	284443	481865	188890	4457178
6611550	3841280	1291794	418039	747255	297088	2770270
241484	101006	52341		33774	20955	140478
1482697	630979	89806	187199	169539	95946	851718
2226740	1152528	97926	484751	141534	67700	1074212
10544935	2798832	402071	175133	1115709	266363	7746103
3765230	2482128	867918	279477	665032	237329	1283101
2500115	1286819	127524	404441	362196	139053	1213295
3149124	1935236	380612	578936	609704	263314	1213888
819784	536543	38189	166223	215492	32805	283241
14137803	8579355	3795449	904495	1721612	1056196	5558449
7851915	4673838	1325519	818574	924410	121211	3178077
25707587	20860025	10832616	1331265	1712368	1002918	4847561
28546066	18428003	4224669	5154208	3956255	1617902	10118062
192969	169390	38053	54583	38282	15172	23580
38406	29849	14799	6532	6153	679	8557
249169	88956	24366	15011	6770	1102	160213
1191015	665130	138825	354016	143874	3566	525885
112851664	15203699	8316001	1630967	1994800	39056	97647964
5769744	1604315	469954	191905	192272	88880	4165429
14270042	3202476	1206540	347189	89581	13498	11067564

1-6

分 组	固定资产原价	累计折旧	本年折旧	固定资产净值	负债合计	流动负债合计
总 计	191176232	88577576	9229652	102598648	146763384	102732453
在总计中：亏损企业	19359932	5513952	821082	13845979	33419745	22889837
一、按隶属情况分组						
中央企业	81995892	36349551	3615007	45646339	69148952	46250089
地方企业	109180340	52228026	5614644	56952309	77614432	56482363
二、按轻重工业分组						
轻工业	7150321	3581223	375526	3569095	23787227	22921506
重工业	184025911	84996354	8854126	99029553	122976157	79810946
三、按企业规模分组						
大型企业	127631614	60280277	6568904	67351336	101739674	76328393
中型企业	31801560	13403805	1211036	18397754	26279189	15063297
小微型企业	31743058	14893494	1449712	16849558	18744521	11340763
四、按照工业行业大类分组						
煤炭开采和洗选业						
石油和天然气开采业	3224800	1145155	330497	2079646	607893	385125
黑色金属矿采选业	21423	8421	407	13002	5569	3169
有色金属矿采选业	513070	234899	18423	278171	504451	244544
非金属矿采选业	15754	8470	2960	7284	24192	21929
开采专业及辅助性活动	490945	98267	24503	392678	200999	129307
其他采矿业						
农副食品加工业	557248	242932	32190	314315	669461	604327
食品制造业	279460	128569	10798	150891	249643	214607
酒、饮料和精制茶制造业	662520	234275	29852	428244	759617	698531
烟草制品业	1507878	977907	84338	529971	1218608	1101621
纺织业	68529	38324	3348	30206	43266	29821
纺织服装、服饰业	14945	8422	416	6522	10073	6278
皮革、毛皮、羽毛及其制品和制鞋业	7106	2777	309	4329	2787	1139

续表 2

单位：万元

应付账款	非流动负债合计	所有者权益合计	实收资本	国家资本	集体资本	法人资本
27968276	43833976	128608196	63922560	43756957	390295	13299166
5741312	10484127	13199695	10227561	5776487	146692	2683101
10121211	22893151	63276074	28820448	20332170	7500	6343724
17847064	20940825	65332123	35102112	23424787	382795	6955442
5809650	844998	18664447	5498771	3070122	110447	1388251
22158626	42988978	109943749	58423789	40686836	279847	11910915
22372816	25411281	91089850	38340688	25358298	137917	8733049
3075084	11215890	21479080	14173166	9658953	170441	2329156
2520376	7206805	16039267	11408705	8739706	81937	2236961
105119	222768	2363805	2071385	2061038		
	2400	17244	2700	2700		
32357	259907	273969	43840	27828		15957
2063	2263	6352	4849	4252		597
96899	71692	420143	228562	228562		
239674	47919	351817	227752	178582		37993
68431	35036	387163	181261	54006	812	123657
146312	61085	591221	302173	111099	1170	184590
208010	116987	4199724	1494079	1476888		17191
13045	13445	71384	23481	16161		7090
1185	3794	23128	5959	5959		
232	1649	11747	5716	4939		777

1-6

分组	固定资产原价	累计折旧	本年折旧	固定资产净值	负债合计	流动负债合计
木材加工和木、竹、藤、棕、草制品业	89686	59923	2793	29763	87359	62207
家具制造业	24112	9690	1068	14422	23504	23444
造纸和纸制品业	911619	305323	32976	606297	1192439	1099439
印刷和记录媒介复制业	239120	178706	7949	60413	151195	148792
文教、工美、体育和娱乐用品制造业	143025	34941	4631	108084	126513	118400
石油、煤炭及其他燃料加工业	10576997	6140132	519574	4436864	5430794	4421739
化学原料和化学制品制造业	6307289	2647689	285442	3659601	2864739	1459276
医药制造业	1044363	588210	53683	456153	2626205	2394201
化学纤维制造业	148831	29237	10029	119594	110904	56732
橡胶和塑料制品业	723335	324901	35865	398434	731757	621315
非金属矿物制品业	1315593	523171	63645	792421	1125759	991818
黑色金属冶炼和压延加工业	9569193	3149457	573926	6419736	6143499	5877532
有色金属冶炼和压延加工业	1042238	469708	53889	572529	2901392	2663811
金属制品业	960880	396488	55743	564391	1125872	973896
通用设备制造业	484015	235776	33877	248238	1489365	1362186
专用设备制造业	285144	97244	23845	187900	563118	509062
汽车制造业	5550077	2515618	368339	3034459	8838984	7973482
铁路、船舶、航空航天和其他运输设备制造业	2847953	859131	127301	1988822	5406739	4636564
电气机械和器材制造业	1554493	807413	106321	747079	17706658	17362708
计算机、通信和其他电子设备制造业	4696585	2264856	306151	2431729	17249788	15621788
仪器仪表制造业	40013	22228	2103	17786	93812	84144
其他制造业	16194	7872	473	8322	13961	12696
废弃资源综合利用业	182816	44937	10179	137879	127170	61648
金属制品、机械和设备修理业	730215	285080	27898	445135	628595	457380
电力、热力生产和供应业	120878966	57511484	5402862	63367481	55010232	25638152
燃气生产和供应业	3840561	1116170	178126	2724390	3020966	1561247
水的生产和供应业	9609242	4823777	402923	4785465	7675507	3098398

续表 3

单位：万元

应付账款	非流动负债合计	所有者权益合计	实收资本	国家资本	集体资本	法人资本
19494	25152	285517	151680	103964	30012	17704
1801		15348	2785			2047
175853	93001	1208792	736784	345248	1000	240545
31073	2403	186863	138549	62935	430	74570
33301	8113	248511	168079	26434	2606	137178
1841876	1009054	5249445	4078217	3110986		849766
481197	1405463	3138272	2605362	1415255	15592	90327
276945	232004	3985345	799002	423093	73394	183264
23193	54172	130580	77928	54557		
122023	110442	750941	427989	43202	31035	324166
265115	128230	1100981	588033	334570	846	158143
996269	258970	4401436	3586308	242269		3025404
262489	114544	863838	564297	185329	98926	235156
443966	150275	1374242	662685	219982	2739	392358
652725	103173	1659759	531885	270510	11249	109347
158967	54056	256666	150602	105946	680	20191
3456436	865502	5298819	3780881	2435247	2342	277898
915431	770175	2445175	2575557	1599364	19031	594908
4871241	340505	8000929	1841108	782406		367698
4747777	1619965	11296278	2454285	532922	22313	1493166
37629	9668	99158	37050	9101	1250	17271
9136	1265	24445	7867	4867	3000	
42009	65522	121999	96613	77978		13917
209418	171215	562420	462422	376824		32073
6198070	29366072	57841433	29364143	24886987	28210	3161209
352426	1459719	2748778	1443030	639061	35974	555226
429095	4576373	6594533	1997664	1295910	7684	537783

1-6

分　组				营业收入	主营业务收入	营业成本
	个人资本	港澳台资本	外商资本			
总　计	1655197	764571	4309241	220710632	214605773	183804128
在总计中：亏损企业	121996	25812	1473473	21801660	21059090	18734904
一、按隶属情况分组						
中央企业	712269	404034	1020751	91635219	87876069	73189048
地方企业	942928	360537	3288490	129075413	126729704	110615080
二、按轻重工业分组						
轻工业	734334	70894	124723	35715560	33066812	25450438
重工业	920863	693677	4184518	184995072	181538961	158353690
三、按企业规模分组						
大型企业	1144475	466601	2500349	167124187	162847639	139849077
中型企业	406763	34375	1573479	26050469	24829738	20445503
小微型企业	103959	263595	235414	27535976	26928397	23509548
四、按照工业行业大类分组						
煤炭开采和洗选业						
石油和天然气开采业			10347	778774	778774	439081
黑色金属矿采选业				14172	14172	10804
有色金属矿采选业	56			486809	475367	283682
非金属矿采选业				26601	26505	19244
开采专业及辅助性活动				243206	243206	216599
其他采矿业						
农副食品加工业	9049	2128		3100030	3076992	2896706
食品制造业	837		1950	683899	673442	486035
酒、饮料和精制茶制造业	3520	761	1033	1176182	1143273	850719
烟草制品业				5102757	4227687	2126162
纺织业	231			166733	162329	140825
纺织服装、服饰业				40906	40509	33218
皮革、毛皮、羽毛及其制品和制鞋业				25324	24938	21417

续表 4

单位：万元

主营业务成本	税金及附加	主营业务税金及附加	销售费用	管理费用	财务费用	利息收入
178721327	9063432	8926700	6002381	7647852	1705764	798402
18073289	216170	210269	1277250	2149360	314129	146830
69749250	5931788	5904978	2685134	2463063	681608	471916
108972077	3131645	3021722	3317247	5184788	1024156	326485
23029714	2402161	2389018	3214619	1682581	-199552	357957
155691613	6661271	6537682	2787762	5965270	1905317	440445
136113777	6970051	6922581	4872423	5658464	1011086	626316
19594660	1724498	1647108	688263	1202773	327565	71824
23012889	368883	357012	441695	786614	367114	100261
439081	40221	40221	422	15043	-2689	7554
10804	87	87	511	728	87	
276082	22724	21206	1885	43640	15257	44
19244	534	534	1644	3719	20	
216599	367	367	390	10020	2247	232
2884604	6744	6554	45848	60607	9908	11922
479810	5144	5144	109981	41229	-693	-1300
844581	50346	50143	101621	74257	-3909	10152
1298044	2198967	2198060	99367	255729	7093	10391
137065	1172	1086	1387	8971	-45	141
32840	246	245	808	4406	97	18
20986	273	273	237	1958	72	13

1-6

分组	个人资本	港澳台资本	外商资本	营业收入	主营业务收入	营业成本
木材加工和木、竹、藤、棕、草制品业				136836	134407	120602
家具制造业	738			41251	40926	30712
造纸和纸制品业	78691		71299	1376572	1247201	1230016
印刷和记录媒介复制业	76		538	276965	268326	226126
文教、工美、体育和娱乐用品制造业	1372	490		324313	321676	248179
石油、煤炭及其他燃料加工业	300		117164	30793201	30415778	23767362
化学原料和化学制品制造业	3734	16200	1064255	6038843	5932991	5213873
医药制造业	103830	15421		2955344	2879780	1509901
化学纤维制造业			23370	204444	204180	141405
橡胶和塑料制品业	17334	4568	7683	948120	891926	821693
非金属矿物制品业	71754	15970	6750	1844070	1828850	1215039
黑色金属冶炼和压延加工业		18790	299845	11474529	11253867	9723043
有色金属冶炼和压延加工业	44886			6135217	6095473	5920647
金属制品业	20930	21190	5486	1998707	1665378	1721588
通用设备制造业	120062	3130	17588	2040852	1842911	1727137
专用设备制造业	799	3377	19608	477001	473281	396858
汽车制造业		14981	1050413	25819593	25476233	21698925
铁路、船舶、航空航天和其他运输设备制造业			362254	3252168	3204563	3199687
电气机械和器材制造业	612259	59044	19702	21276549	19726958	16455055
计算机、通信和其他电子设备制造业	318911	58288	28686	18048232	17457109	14058918
仪器仪表制造业	4409	290	4729	194252	191901	141505
其他制造业				33975	33971	24942
废弃资源综合利用业	1490		3229	255202	248477	212233
金属制品、机械和设备修理业		23464	30060	769612	747318	660392
电力、热力生产和供应业	47408	446324	1046872	62515479	61738370	57692552
燃气生产和供应业	53768	60149	98852	6807022	6665240	6128667
水的生产和供应业	138755	4	17529	2826892	2731489	1992580

续表 5

单位：万元

主营业务成本	税金及附加	主营业务税金及附加	销售费用	管理费用	财务费用	利息收入
119622	1510	1497	1358	10714	1895	174
30712	493	493	2866	2954	225	45
1109144	6418	6184	39292	53794	-3485	21328
223900	1477	1427	11937	27183	-618	968
246764	2073	2073	17405	24261	1224	367
23469201	4729589	4723496	104278	371394	21369	74030
5100719	35269	32322	88911	89387	90951	1360
1478727	32283	28848	696734	325228	9782	-2995
141405	1370	1370	284	14473	-466	839
773216	5862	4757	42957	72205	10134	3736
1209667	19351	19311	84168	75528	19145	574
9512683	45706	45706	110248	375654	172358	5374
5889838	12056	11961	24552	62589	31966	21949
1407367	8968	8094	80882	108997	5215	3614
1552764	8766	8766	104647	182588	-1534	3450
395142	4004	4004	16721	49339	8252	-990
21466442	1147858	1147594	508229	1145821	-18956	40754
3168640	14110	13260	44795	247217	32801	19507
15007690	98093	91170	2108007	871136	-213349	305932
13516477	109251	105065	1229067	2051207	84762	131498
137928	1394	1394	11168	23986	264	158
24942	338	338	1060	4361	375	64
206275	1282	1266	568	9085	2396	570
645730	7563	7538	5968	76273	12234	1705
57229825	398547	296890	11369	489018	1203790	87102
6064038	13904	13223	126224	94405	67873	18309
1932732	29074	24732	164586	268749	139716	19813

1-6

分　组	利息支出	投资收益	其他收益	营业利润	营业外收入	营业外支出
总　计	2502559	3617832	1002786	16050580	476184	927128
在总计中：亏损企业	492624	138694	274752	-1393363	126141	749267
一、按隶属情况分组						
中央企业	1146181	2128537	316116	8900141	132590	74457
地方企业	1356378	1489294	686670	7150439	343594	852671
二、按轻重工业分组						
轻工业	219240	607345	62375	3786512	65757	39827
重工业	2283319	3010486	940411	12264068	410427	887301
三、按企业规模分组						
大型企业	1696692	3192494	669031	11745329	284205	833306
中型企业	396767	365848	149349	2079566	120985	51427
小微型企业	409100	59489	184406	2225685	70994	42395
四、按照工业行业大类分组						
煤炭开采和洗选业						
石油和天然气开采业		1513		288227	4679	10
黑色金属矿采选业	87			1956		
有色金属矿采选业	14077	1018	14318	134903	7133	8143
非金属矿采选业	24	280	1034	2746	123	284
开采专业及辅助性活动	2361	1500	4425	15389	146	106
其他采矿业						
农副食品加工业	18136	515	3957	74764	8409	16779
食品制造业	1761	363	2147	44563	4560	256
酒、饮料和精制茶制造业	6212	347	10527	109582	817	431
烟草制品业	17550	31548	220	447204	6084	11035
纺织业	421		38	14423	466	296
纺织服装、服饰业	73			2106	11	27
皮革、毛皮、羽毛及其制品和制鞋业	4			1326	5	74

续表 6

单位：万元

利润总额	所得税费用	亏损企业亏损总额	利税总额	应交税金及附加	本年应付职工薪酬	本年应交增值税	从业人员平均人数（人）
15599652	2681732	2016490	31503596	18585676	16069878	6840512	749318
-2016490	-114629	2016490	-1334932	566929	5880601	465388	157770
8958271	1360253	488470	18371474	10773456	3602353	3481416	174179
6641381	1321479	1528019	13132122	7812220	12467525	3359096	575139
3812442	547005	102987	7730798	4465361	1791801	1516195	146428
11787210	2134727	1913503	23772798	14120315	14278077	5324317	602890
11196228	1794260	1280318	23276838	13874870	13065836	5110559	520431
2149123	453534	387348	4875222	3179633	2001349	1001602	150227
2254302	433938	348824	3351536	1531173	1002694	728351	78660
292896	43653		401677	152434	13291	68560	376
1956	489		2591	1124	1523	548	136
133892	33180	3053	197258	96546	82202	40641	6460
2585	458		4606	2480	2995	1487	448
15428	-295		16753	1030	28395	958	1030
66394	14936	14058	90912	39454	84045	17774	11593
48867	7420	8159	87448	46001	98959	33437	8852
109969	7884	12266	209080	106995	94078	48766	6749
442253	110699		3200258	2868704	288794	559038	6297
14593	3514	1459	23203	12124	10892	7438	4078
2089	460		3753	2124	3638	1419	625
1257	2		3128	1873	689	1599	1269

1-6

分　组	利息支出	投资收益	其他收益	营业利润	营业外收入	营业外支出
木材加工和木、竹、藤、棕、草制品业	829	3845	1018	5642	1968	1252
家具制造业	261			4002	100	16
造纸和纸制品业	18115	-39	4526	55089	1249	616
印刷和记录媒介复制业	900	404	655	6746	1842	307
文教、工美、体育和娱乐用品制造业	1447	754	551	31232	1238	131
石油、煤炭及其他燃料加工业	68425	40692	13491	1812777	5857	4127
化学原料和化学制品制造业	58439	7724	5228	514620	16423	2465
医药制造业	26861	172043	15846	575733	13794	2637
化学纤维制造业			5179	52556	16441	3388
橡胶和塑料制品业	15406	5079	2733	-6837	3087	974
非金属矿物制品业	20021	-27324	4479	387478	4738	4505
黑色金属冶炼和压延加工业	171257	20152	19469	1055082	8530	11365
有色金属冶炼和压延加工业	40415	18921	8524	216402	899	14003
金属制品业	14782	1895	6097	78855	4591	1744
通用设备制造业	8616	58426	23348	84520	3157	3205
专用设备制造业	10575	158	6160	2124	473	465
汽车制造业	31588	610945	181088	2043546	27457	11447
铁路、船舶、航空航天和其他运输设备制造业	75165	-12686	15183	-417801	68715	22598
电气机械和器材制造业	135246	491621	26839	2445699	48131	9068
计算机、通信和其他电子设备制造业	267758	230934	303120	394141	52757	708311
仪器仪表制造业	495	7678	2621	23288	639	113
其他制造业				2791	173	37
废弃资源综合利用业	2970		898	30513	220	130
金属制品、机械和设备修理业	13668	2782	9341	14122	611	350
电力、热力生产和供应业	1224346	1743550	223606	4611167	124534	73345
燃气生产和供应业	75347	72524	8079	452900	7876	2396
水的生产和供应业	158925	130672	78043	437009	28252	10695

续表 7

单位：万元

利润总额	所得税费用	亏损企业亏损总额	利税总额	应交税金及附加	本年应付职工薪酬	本年应交增值税	从业人员平均人数（人）
6358	886	25	14108	8636	16403	6240	1912
4086	638		7050	3601	8520	2471	1157
55723	9230	10294	89597	43104	67956	27456	6319
8282	1887	10135	18435	12040	50018	8677	4164
32339	5077	2666	43484	16223	46622	9073	5473
1814507	434399	13255	7549564	6169456	394577	1005468	14856
528578	125649	18060	839524	436596	187549	275678	10078
586890	58997	1273	822098	294205	374326	202925	26167
65609	16531		74384	25306	11010	7405	423
-4723	2431	34116	14708	21862	119807	13569	13444
387711	84679	46919	523936	220903	99289	116873	9573
1052248	150498	248	1459919	558169	325706	361965	18542
203298	34058	51983	269207	99966	123284	53853	10608
81701	13917	9718	121530	53745	187359	30861	15917
84471	3408	10946	138055	56992	201988	44818	15423
2149	2358	14119	17390	17600	109566	11238	6942
2059556	368749	147620	3880008	2189201	1192611	672593	49719
-371684	10250	391393	-269482	112452	374754	88093	24661
2484763	332213	37727	3179740	1027190	723649	596884	67340
-261414	-17439	814909	255707	499682	5798504	407870	175862
23813	2606		34175	12968	27958	8967	1939
2927	89		6315	3477	2655	3051	229
30603	4237		43853	17487	14511	11968	1443
14382	4192	18964	56579	46389	245551	34634	12647
4662355	633771	276032	6931349	2902765	3947729	1870447	156790
458381	92016	59514	547310	180945	147387	75026	9823
454567	84006	7581	594387	223826	561090	110746	39954

1-7 按轻重工业、企业规模和行业大类分组

分组	企业单位数（个）	亏损企业	工业总产值（当年价格）	工业销售产值（当年价格）	出口交货值	工业增加值（当年价格）
总　计	124	18	1627280	1575835	380887	535174
在总计中：亏损企业	18	18	153327	153655	87798	72219
一、按轻重工业分组						
轻工业	43	7	785925	765419	157387	228690
重工业	81	11	841354	810416	223500	306485
二、按企业规模分组						
大型企业	4	1	300762	294510	136962	128704
中型企业	17	1	479520	466697	204288	190810
小微型企业	103	16	846998	814629	39637	215660
三、按照工业行业大类分组						
煤炭开采和洗选业						
石油和天然气开采业						
黑色金属矿采选业						
有色金属矿采选业						
非金属矿采选业	2	1	8977	8977		2890
开采专业及辅助性活动						
其他采矿业						
农副食品加工业	8	2	148525	147215		28494
食品制造业	1		15028	14807		2779
酒、饮料和精制茶制造业						
烟草制品业						
纺织业	2		188920	181653		39571
纺织服装、服饰业	3	1	25452	24785	24685	12602
皮革、毛皮、羽毛及其制品和制鞋业	8	3	46507	45093	16547	18621
木材加工和木、竹、藤、棕、草制品业	2		3623	3620		827

的规模以上集体工业企业主要经济指标

单位：万元

资产总计	流动资产合计					非流动资产合计
		货币资金	应收账款	存货		
					产成品	
970285	513754	91062	137587	71863	33327	456530
97578	65728	10873	8075	5725	2252	31850
260852	138062	9849	32300	34786	16388	122790
709433	375692	81213	105287	37077	16939	333740
54866	42398	10287	16362	3842	3723	12468
125596	72082	6112	15857	9021	5380	53514
789823	399273	74664	105368	59000	24224	390549
4747	1272	39	212	401	11	3475
53303	17372	696	4747	10862	3338	35931
1053	168		107	60	49	886
6876	2729		1458	322	273	4147
25053	14915	904	2158	7249	3030	10137
22020	16763	2019	3548	2329	598	5256
3546	851	227	234	250	25	2695

1-7

分　组	企业单位数（个）	亏损企业	工业总产值（当年价格）	工业销售产值（当年价格）	出口交货值	工业增加值（当年价格）
家具制造业	2		6670	6666		2025
造纸和纸制品业	4		92468	93941		17908
印刷和记录媒介复制业	2		7204	7204		2041
文教、工美、体育和娱乐用品制造业	6		172430	166229	103057	79935
石油、煤炭及其他燃料加工业						
化学原料和化学制品制造业	5		49627	46982		7322
医药制造业						
化学纤维制造业						
橡胶和塑料制品业	2	1	34751	30399		10186
非金属矿物制品业	9	1	111286	113922		25434
黑色金属冶炼和压延加工业						
有色金属冶炼和压延加工业	5		55127	52060		4906
金属制品业	5		39871	37080		6356
通用设备制造业	1		15956	15956	15956	9970
专用设备制造业	4		59148	57989	13279	17696
汽车制造业						
铁路、船舶、航空航天和其他运输设备制造业	1	1	2290	2630		353
电气机械和器材制造业	2	1	7537	7537	2361	1471
计算机、通信和其他电子设备制造业	10	2	311632	311581	205003	159602
仪器仪表制造业						
其他制造业	1		6639	6639		1022
废弃资源综合利用业						
金属制品、机械和设备修理业						
电力、热力生产和供应业	3	1	12922	11524		4298
燃气生产和供应业	2		17677	17677		3832
水的生产和供应业	34	4	187015	163672		75033

续表 1

单位：万元

资产总计	流动资产合计	货币资金	应收账款	存货	产成品	非流动资产合计
5490	807		73	311	256	4684
41305	28216	3475	4712	2578	557	13090
5890	4758	1283	3015	373		1132
67712	38897	657	6587	5065	4199	28815
28745	20114	991	7866	3896	957	8631
10639	7327	682	2674	3963	3833	3313
75466	46463	7457	7053	19530	11824	29003
15232	9991	3770	3749	1355	587	5241
5558	2791	197	704	908	185	2767
2318	1727	434	323			591
28903	15492	322	8298	1600	222	13411
2962	2764	124	566	1872	1081	199
6341	3614	84	265	1384	706	2727
63258	47852	10998	16568	458	253	15407
1773	402					1371
38594	5555	21	1301	230		33039
6920	3141	1033	1011	10	10	3779
446583	219775	55653	60360	6857	1333	226808

1-7

分组	固定资产原价	累计折旧	本年折旧	固定资产净值	负债合计	流动负债合计
总计	687928	426331	29606	261596	601527	364451
在总计中：亏损企业	73566	49221	4823	24345	91011	59469
一、按轻重工业分组						
轻工业	122396	60425	7883	61971	128288	100592
重工业	565532	365906	21722	199626	473239	263860
二、按企业规模分组						
大型企业	20913	10181	628	10731	40712	38922
中型企业	93293	54954	5026	38339	76729	57988
小微型企业	573722	361195	23952	212526	484086	267542
三、按照工业行业大类分组						
煤炭开采和洗选业						
石油和天然气开采业						
黑色金属矿采选业						
有色金属矿采选业						
非金属矿采选业	4559	1645	415	2913	1154	1154
开采专业及辅助性活动						
其他采矿业						
农副食品加工业	7763	1580	134	6183	11272	6225
食品制造业	1989	1185	698	804	66	42
酒、饮料和精制茶制造业						
烟草制品业						
纺织业	22283	18958	2663	3324	5271	5271
纺织服装、服饰业	13659	7777	1076	5882	14373	14373
皮革、毛皮、羽毛及其制品和制鞋业	6804	2664	331	4139	10865	7393
木材加工和木、竹、藤、棕、草制品业	3071	564	141	2507	841	632

续表 2

单位：万元

应付账款	非流动负债合计	所有者权益合计	实收资本	国家资本	集体资本	法人资本
49726	212948	368757	92335	279	62578	20215
3633	30147	6567	19239		16977	435
19886	21592	132564	31447	150	8686	18284
29839	191356	236193	60888	129	53892	1931
	1790	14154	1907		220	786
16723	18741	48867	9734		7662	88
33002	192417	305736	80694	279	54696	19341
537		3593	2100		1990	
1117	688	42030	7954	150	96	6546
	25	987	226			
		1605	93		5	88
470		10679	9840		3	9837
1732	1727	11154	364		241	13
	209	2705	160		160	

1-7

分　组	固定资产原价	累计折旧	本年折旧	固定资产净值	负债合计	流动负债合计
家具制造业	6204	1596	584	4608	553	553
造纸和纸制品业	8705	5855	687	2851	17518	17518
印刷和记录媒介复制业	2891	2277	59	614	2059	2059
文教、工美、体育和娱乐用品制造业	42183	16321	1244	25862	48906	30365
石油、煤炭及其他燃料加工业						
化学原料和化学制品制造业	2417	1785	174	632	21452	3394
医药制造业						
化学纤维制造业						
橡胶和塑料制品业	4679	1366	181	3313	4533	4533
非金属矿物制品业	45810	40536	662	5274	49596	46313
黑色金属冶炼和压延加工业						
有色金属冶炼和压延加工业	6796	2012	337	4785	5298	4873
金属制品业	4697	3605	588	1092	1893	1893
通用设备制造业	552	387	25	164	34	34
专用设备制造业	2008	679	135	1329	20006	19823
汽车制造业						
铁路、船舶、航空航天和其他运输设备制造业	601	453	33	148	642	642
电气机械和器材制造业	8220	6097	469	2123	3507	3448
计算机、通信和其他电子设备制造业	36339	24300	908	12039	38101	36111
仪器仪表制造业						
其他制造业	995	121	10	874	486	217
废弃资源综合利用业						
金属制品、机械和设备修理业						
电力、热力生产和供应业	19581	12019	1480	7561	44970	40363
燃气生产和供应业	1311	655	58	657	2541	1820
水的生产和供应业	433813	271893	16513	161919	295590	115405

续表 3

单位：万元

应付账款	非流动负债合计	所有者权益合计	实收资本	国家资本	集体资本	法人资本
		4938	567		17	550
3634		23788	1600		520	880
678		3831	1610		1270	340
991	18541	18805	6704		6454	
1713	480	7293	1798		1778	
203		6106	1979			
7413	3283	25869	11721		10301	270
2649	30	9934	488		169	277
-88		3665	390		375	15
		2284	50		50	
14880	133	8897	105		50	55
604		2320	6			6
274	59	2834	1573			50
503	1990	25158	2382		825	786
	269	1286	400			
	4607	-6376	666		217	329
	721	4379	460		460	
12414	180185	150993	39099	129	37597	174

1-7

分　组				营业收入	主营业务收入	营业成本
	个人资本	港澳台资本	外商资本			
总　计	7595	1643	25	1606480	1594390	1380287
在总计中：亏损企业	279	1523	25	156363	154236	151789
一、按轻重工业分组						
轻工业	4302		25	763242	755560	672496
重工业	3293	1643		843238	838830	707791
二、按企业规模分组						
大型企业	900			294372	294372	266728
中型企业	1959		25	462829	458707	393104
小微型企业	4735	1643		849279	841311	720455
三、按照工业行业大类分组						
煤炭开采和洗选业						
石油和天然气开采业						
黑色金属矿采选业						
有色金属矿采选业						
非金属矿采选业	110			8986	8986	7311
开采专业及辅助性活动						
其他采矿业						
农副食品加工业	1162			146785	145554	128102
食品制造业	226			14807	14807	13075
酒、饮料和精制茶制造业						
烟草制品业						
纺织业				177658	173636	171076
纺织服装、服饰业				25074	25074	23046
皮革、毛皮、羽毛及其制品和制鞋业	85		25	47130	45339	37502
木材加工和木、竹、藤、棕、草制品业				3620	3620	2731

续表 4

单位：万元

主营业务成本	税金及附加	主营业务税金及附加	销售费用	管理费用	财务费用	利息收入
1372171	8388	7926	26595	130827	9271	263
151574	318	261	1298	20288	412	47
666702	4582	4425	10471	44052	1128	-6
705469	3806	3501	16124	86774	8144	269
266728	1024	932	5375	31127	-92	
389088	2576	2329	5909	49704	403	
716355	4789	4665	15310	49995	8960	263
7311	346	346	863	213	156	
126876	441	434	2633	3971	500	11
13075	44	44	392	540	237	
167087	1582	1549	641	996	16	
23046	249	249	137	1567	80	3
37480	156	41	564	9607	-347	-26
2731	97	97	67	328	17	

1-7

分组				营业收入		营业成本
	个人资本	港澳台资本	外商资本		主营业务收入	
家具制造业				6569	6569	5427
造纸和纸制品业	200			94477	94477	82841
印刷和记录媒介复制业				7042	6980	6386
文教、工美、体育和娱乐用品制造业	250			166229	166220	140386
石油、煤炭及其他燃料加工业						
化学原料和化学制品制造业	20			53831	53831	50850
医药制造业						
化学纤维制造业						
橡胶和塑料制品业	1979			30395	30395	24883
非金属矿物制品业	1150			112934	110831	96375
黑色金属冶炼和压延加工业						
有色金属冶炼和压延加工业	42			52910	52910	50852
金属制品业				39790	39790	36287
通用设备制造业				15956	15956	11131
专用设备制造业				56092	55798	49483
汽车制造业						
铁路、船舶、航空航天和其他运输设备制造业				2630	2630	2178
电气机械和器材制造业		1523		8242	7761	7094
计算机、通信和其他电子设备制造业	650	120		311294	311264	265321
仪器仪表制造业						
其他制造业	400			6639	6639	5663
废弃资源综合利用业						
金属制品、机械和设备修理业						
电力、热力生产和供应业	120			10615	10615	6695
燃气生产和供应业				17677	17677	15656
水的生产和供应业	1200			189099	187034	139936

续表 5

单位：万元

主营业务成本	税金及附加	主营业务税金及附加	销售费用	管理费用	财务费用	利息收入
5427	105	105	75	278	20	
82841	701	701	1253	3224	69	7
6386	16	16	46	566	24	-12
140382	595	595	2354	19247	246	5
50850	231	231	770	1120	13	1
24883	434	434	1729	2305	98	2
95419	609	608	1971	5044	981	70
50852	59	59	228	688	49	13
36287	192	192	289	1117	5	
11131	5		260	4171	-26	
49190	149	148	437	2037	116	5
2178	11	11	318	387	1	
6880	9	9	115	797	4	1
265298	782	521	5332	49278	-27	
5663	90	90	203	267	115	
6695	322	322	376	1878	359	43
15656	54	54	411	144	78	
138547	1111	1071	5133	21056	6487	141

1-7

分　组		投资收益	其他收益	营业利润	营业外收入	营业外支出
	利息支出					
总　计	7119	292	110	50534	6838	7088
在总计中：亏损企业	166			-17634	3502	4483
一、按轻重工业分组						
轻工业	811	4		30517	1512	832
重工业	6308	287	110	20017	5326	6256
二、按企业规模分组						
大型企业	201			-9683	503	516
中型企业	142			11133	435	576
小微型企业	6776	292	110	49084	5901	5997
三、按照工业行业大类分组						
煤炭开采和洗选业						
石油和天然气开采业						
黑色金属矿采选业						
有色金属矿采选业						
非金属矿采选业	146			97		
开采专业及辅助性活动						
其他采矿业						
农副食品加工业	394			11139	95	10
食品制造业	218			518		
酒、饮料和精制茶制造业						
烟草制品业						
纺织业				3346		34
纺织服装、服饰业		4		-1	271	17
皮革、毛皮、羽毛及其制品和制鞋业				-351	157	214
木材加工和木、竹、藤、棕、草制品业	16			380		

续表 6

单位：万元

利润总额	所得税费用	亏损企业亏损总额	利税总额	应交税金及附加	本年应付职工薪酬	本年应交增值税	从业人员平均人数（人）
50284	6156	18616	88538	44411	348377	29866	49106
-18616	68	18616	-16803	1880	62514	1495	9562
31197	1524	1331	50668	20995	148618	14889	19856
19087	4632	17285	37870	23416	199759	14977	29250
-9696	297	15716	-5188	4805	116289	3484	16774
10992	1305	565	20433	10746	161890	6865	22765
48988	4554	2334	73294	28860	70199	19517	9567
97		629	855	758	343	412	137
11223	2	77	14570	3349	4253	2906	351
518			859	340	967	296	32
3312	145		9040	5874	25864	4146	782
254	106	243	1224	1076	10154	721	323
-408	183	1009	899	1490	15688	1151	2492
380	6		648	274	261	171	74

1-7

分　组	利息支出	投资收益	其他收益	营业利润	营业外收入	营业外支出
家具制造业				664	71	7
造纸和纸制品业	1			6389	319	
印刷和记录媒介复制业	36			3	327	1
文教、工美、体育和娱乐用品制造业	74			3400	253	17
石油、煤炭及其他燃料加工业						
化学原料和化学制品制造业	14			847	79	
医药制造业						
化学纤维制造业						
橡胶和塑料制品业	57			946		
非金属矿物制品业	908			7955	98	526
黑色金属冶炼和压延加工业						
有色金属冶炼和压延加工业	27			1032	3	1
金属制品业				1901	1	
通用设备制造业	-8			415	9	
专用设备制造业	16			3870	142	45
汽车制造业						
铁路、船舶、航空航天和其他运输设备制造业				-263	1	
电气机械和器材制造业	4			221	2	4
计算机、通信和其他电子设备制造业	218			-9284	709	1029
仪器仪表制造业						
其他制造业				301		
废弃资源综合利用业						
金属制品、机械和设备修理业						
电力、热力生产和供应业	319			986		
燃气生产和供应业	77			1335		3
水的生产和供应业	4603	287	110	14689	4300	5181

续表 7

单位：万元

利润总额	所得税费用	亏损企业亏损总额	利税总额	应交税金及附加	本年应付职工薪酬	本年应交增值税	从业人员平均人数（人）
728			1129	401	629	296	157
6708	214		10170	3676	5577	2761	804
329	40		504	215	935	159	120
3636	439		5065	1868	64187	834	11315
926	75		2193	1342	1225	1036	254
946	2	1	1859	915	12694	479	1741
7528	838	125	11204	4514	9984	3067	835
1035	105		1564	634	1421	470	393
1902	192		2702	993	1776	609	294
424	106		431	114	9715	3	1385
3967	430		5298	1761	5891	1183	1623
-263		263	-156	107	423	97	78
220		10	295	75	1452	66	312
-9605	623	15728	-5748	4480	150634	3075	21492
301			527	227	260	136	73
986	10	51	2071	1095	1994	763	472
1333	4		1870	542	644	484	87
13808	2636	480	19466	8294	21408	4547	3480

1-8 按轻重工业、企业规模和行业大类分组

分 组	企业单位数（个）	亏损企业	工业总产值（当年价格）	工业销售产值（当年价格）	出口交货值	工业增加值（当年价格）
总 计	36520	4440	871868309	855162782	159391317	195598359
在总计中：亏损企业	4440	4440	62278138	57815142	11421772	13324815
一、按轻重工业分组						
轻工业	17388	2003	270626638	266173291	44564197	65954118
重工业	19132	2437	601241672	588989491	114827120	129644241
二、按企业规模分组						
大型企业	649	62	394780228	384037697	102941953	96600391
中型企业	4070	441	179771119	175091591	26867326	39366584
小微型企业	31801	3937	297316962	296033494	29582039	59631384
三、按照工业行业大类分组						
煤炭开采和洗选业						
石油和天然气开采业	1		1595383	1569944		720625
黑色金属矿采选业	17	5	242770	243534		69008
有色金属矿采选业	26	5	608476	608933	22	326533
非金属矿采选业	182	16	1620779	1582931	26657	449750
开采专业及辅助性活动	3		245952	245894		71532
其他采矿业						
农副食品加工业	777	100	20871100	20731868	1723472	2586383
食品制造业	535	56	8066253	7787476	527631	2074861
酒、饮料和精制茶制造业	165	19	4045340	3879485	28342	1206418
烟草制品业	10		4396522	5198709	13301	3546219
纺织业	989	106	12301168	11880555	1017517	2664801
纺织服装、服饰业	1984	202	20369819	19605558	2392997	5156011
皮革、毛皮、羽毛及其制品和制鞋业	1146	136	9637801	9377924	3011623	2339740
木材加工和木、竹、藤、棕、草制品业	447	44	4060976	3964514	373587	960630

的规模以上股份制工业企业主要经济指标

单位：万元

资产总计	流动资产合计					非流动资产合计
		货币资金	应收账款	存货		
					产成品	
827948804	491398975	98590396	140642222	99589987	38254817	336567258
101542628	60333692	7607471	15496854	15054829	6210298	41233589
241855519	162565720	31022548	35941787	35479149	15202725	79303875
586093285	328833255	67567849	104700435	64110838	23052092	257263383
416516933	240052332	64243270	62018971	41689842	15601691	176464596
177312655	101643526	16696866	30566489	23738078	9234670	75669095
234119216	149703116	17650261	48056762	34162067	13418456	84433567
2863903	746356	527291	129686	7549	671	2117547
675471	330510	19401	52865	32498	14104	344961
871977	231484	58331	21952	79064	28104	640493
1329913	554286	130027	138001	84346	53115	775626
624725	205747	22317	149892	16655	190	418979
13433683	9446136	800973	1649505	2331716	873515	3987538
6306023	3224123	706448	640249	777844	283903	3081898
4172882	2297138	463834	487575	448076	251969	1875743
5679160	4368061	891530	184114	3135217	140245	1311099
7058382	3966509	472467	883520	1137278	420899	3091865
11857212	7765563	1254981	1873754	2393055	1259673	4091629
4105442	3117186	315357	1073712	965716	397437	988004
2899663	1581517	155688	373200	476111	169810	1318141

1-8

分　组	企业单位数（个）	亏损企业	工业总产值（当年价格）	工业销售产值（当年价格）	出口交货值	工业增加值（当年价格）
家具制造业	1261	147	14883759	14624992	3600931	3606912
造纸和纸制品业	918	78	14322961	13793819	558269	2729080
印刷和记录媒介复制业	700	75	7510296	7266759	531836	1883904
文教、工美、体育和娱乐用品制造业	1035	138	18620681	18330246	3554882	3323360
石油、煤炭及其他燃料加工业	77	12	28928736	28684084	455901	7761135
化学原料和化学制品制造业	1747	180	28260995	27754976	1484852	5305238
医药制造业	344	37	11114407	10593246	537263	3499049
化学纤维制造业	33	7	388720	369118	10252	66343
橡胶和塑料制品业	2922	308	29270555	32176504	2989694	6619163
非金属矿物制品业	2392	224	38855846	39838431	2221536	8907630
黑色金属冶炼和压延加工业	293	33	18081651	17780336	220192	3598044
有色金属冶炼和压延加工业	564	68	25809206	25432343	706104	2687273
金属制品业	3215	326	40478128	39479292	3497208	8902052
通用设备制造业	1805	206	22323408	21732245	2640581	5020649
专用设备制造业	1820	199	24663721	23708696	3172768	7207262
汽车制造业	449	65	14996092	14602212	1216456	3212854
铁路、船舶、航空航天和其他运输设备制造业	279	57	6496301	6307183	1916983	1025395
电气机械和器材制造业	4254	571	94381264	89974229	22318231	22649252
计算机、通信和其他电子设备制造业	4584	810	258022227	250348258	96205203	56202225
仪器仪表制造业	499	64	7263520	7080057	1521458	1767397
其他制造业	210	27	1787727	1733847	410628	450963
废弃资源综合利用业	204	36	6934910	6863732	56469	1214378
金属制品、机械和设备修理业	45	4	525527	499234	46780	175361
电力、热力生产和供应业	266	39	60061448	59827834	376159	12925009
燃气生产和供应业	116	16	6986411	6953611		1363457
水的生产和供应业	206	24	2837474	2730175	25534	1322464

续表 1

单位：万元

资产总计	流动资产合计	货币资金	应收账款	存货	产成品	非流动资产合计
11603901	7561528	1083476	1722848	1471747	507997	4058672
11312320	6260198	664855	1910578	1198304	455780	5051569
5990365	3345972	424529	1320292	623674	233590	2644387
14584837	11060166	1124363	2577558	4642788	2477328	3524663
11172358	4970655	133138	744740	2307837	501633	6201702
25096453	14852794	1932087	4653624	2774138	1044543	10242348
25205022	16466775	5865019	2285864	3026281	1671645	8738245
393663	193162	19718	57152	76718	30994	200501
22122841	14286116	1493352	5039184	2685570	1094351	7836698
30493878	17589259	1921127	5713520	3735358	1763266	12904600
12552057	4230244	509949	551369	1364407	366204	8321811
13068570	8562523	1610144	1467300	2851842	1614219	4506041
25819547	15779994	1793155	5625994	3740358	1343420	10039525
25310166	16684480	2468470	6159952	3878840	1445956	8629293
28038373	18703818	3064695	5709040	4443532	1599878	9334537
17490366	11139254	2397528	4253898	2040159	997130	6351107
9519383	6148403	1371421	1209058	1346071	228507	3370977
106968727	76060885	15988838	18697214	11839670	5811922	30907732
235398380	170438178	38280993	57664331	30153399	10080890	64960140
9898047	7044930	1086599	2644926	1434079	550910	2853113
1583873	1017834	191620	305554	236999	88232	566038
3802903	2084785	169777	406100	607399	303169	1718116
744144	370049	56029	216973	55779	15220	374095
98972142	13586457	7497455	1481076	921528	31143	85385682
5963489	1720934	526635	203913	165849	94185	4242555
12964561	3404971	1096780	362140	82536	9074	9559589

1-8

分组	固定资产原价	累计折旧	本年折旧	固定资产净值	负债合计	流动负债合计
总　计	323589447	152092750	23243221	171496257	476982943	403976505
在总计中：亏损企业	29548439	11135367	1997269	18412993	71481527	60293974
一、按轻重工业分组						
轻工业	76530315	37499402	6606814	39030831	140432870	124152658
重工业	247059132	114593348	16636407	132465425	336550073	279823847
二、按企业规模分组						
大型企业	162901554	81085751	11526391	81815799	237303575	198015175
中型企业	71014167	32543126	4952174	38471014	97184625	83563918
小微型企业	89673726	38463873	6764655	51209445	142494742	122397412
三、按照工业行业大类分组						
煤炭开采和洗选业						
石油和天然气开采业	3166147	1142455	325357	2023692	568152	345384
黑色金属矿采选业	281169	136182	9579	144987	375490	257221
有色金属矿采选业	532051	237390	20226	294661	599693	331598
非金属矿采选业	636612	214129	51284	422481	604743	510136
开采专业及辅助性活动	492504	98454	24576	394050	204276	131274
其他采矿业						
农副食品加工业	4190017	1759857	300898	2430150	9308675	8680179
食品制造业	2505208	1001367	157929	1503837	2692985	2316923
酒、饮料和精制茶制造业	2227816	960288	142253	1267527	2137895	1957248
烟草制品业	1622217	1025673	87244	596544	1419622	1299402
纺织业	4112636	2101353	356789	2011273	4360346	3948402
纺织服装、服饰业	4364979	2173978	392993	2190988	6311580	5680683
皮革、毛皮、羽毛及其制品和制鞋业	2679296	2053484	277924	625889	2543162	2368857
木材加工和木、竹、藤、棕、草制品业	1320373	672617	91605	647752	1547192	1329023

续表 2

单位：万元

应付账款	非流动负债合计	所有者权益合计	实收资本	国家资本	集体资本	法人资本
134526200	70288794	350970219	139828661	38219543	2727428	63220799
17005291	10300673	30060571	21782758	3593737	897388	12455709
34279029	15144546	101423251	35253307	2864516	609242	18094114
100247170	55144248	249546968	104575354	35355026	2118186	45126685
68831055	39288397	179213354	56928561	23346538	622047	24042508
26270874	13610588	80128000	33776470	6688491	1241546	16937841
39424270	17389810	91628866	49123630	8184514	863835	22240451
76756	222768	2295751	2030000	2030000		
74905	118268	299981	125430	2700		95334
44331	268095	272284	69872	31060	50	26456
135519	80495	725168	327644	3452	2143	218508
98865	73002	420449	228708	228562		147
1878030	608726	4125002	1803921	161914	32646	1007339
572437	369433	3613035	2209566	45386	26669	1406952
552334	180105	2034986	849372	114727	14953	498964
277046	120220	4259538	1516079	1476888		39191
863751	324389	2698030	1107618	8520	32087	512215
1705449	507680	5545617	1819035	3842	62063	692985
759174	121950	1562273	674910	1177	3202	345606
345656	161016	1352469	588625	103964	30592	299181

1-8

分　组	固定资产原价	累计折旧	本年折旧	固定资产净值	负债合计	流动负债合计
家具制造业	2732864	1167966	217775	1564886	6335761	5432094
造纸和纸制品业	5331836	1958147	377167	3373681	6586546	5789533
印刷和记录媒介复制业	2761129	1409834	214316	1351287	2995128	2702114
文教、工美、体育和娱乐用品制造业	2447940	944101	220920	1503832	9229854	8562134
石油、煤炭及其他燃料加工业	10952797	6115618	562012	4837178	5869392	4688014
化学原料和化学制品制造业	8596379	3878127	642978	4718237	12399078	10951076
医药制造业	4124673	1700751	243910	2423917	12050954	8781538
化学纤维制造业	173165	58785	9803	114380	215818	194404
橡胶和塑料制品业	8772840	3745195	753733	5027610	13649847	12331786
非金属矿物制品业	16447488	7936513	1416089	8510976	18598876	16673979
黑色金属冶炼和压延加工业	10513107	4102348	756025	6410758	7425219	7112399
有色金属冶炼和压延加工业	4798290	2138440	374325	2659843	8965884	8364133
金属制品业	11418992	5442466	1047594	5976491	15100694	13690765
通用设备制造业	6464520	2853462	537522	3611040	13586792	12593422
专用设备制造业	6790314	2931353	569305	3858942	14267784	12558144
汽车制造业	4032744	1396617	296574	2636123	10399298	9538687
铁路、船舶、航空航天和其他运输设备制造业	3100087	1107889	165042	1992194	6861790	6047670
电气机械和器材制造业	27193941	14955687	2671983	12238037	66939518	59508540
计算机、通信和其他电子设备制造业	36976560	16598764	3760905	20377756	148792415	132791516
仪器仪表制造业	1462126	649102	128305	813021	5102445	4685759
其他制造业	450291	176815	32499	273441	895051	784456
废弃资源综合利用业	1701974	526572	155109	1175401	2123794	1801839
金属制品、机械和设备修理业	457859	137143	16738	320717	491660	319863
电力、热力生产和供应业	106512113	51964807	5281127	54547304	44853991	23830583
燃气生产和供应业	3547474	863241	169142	2684232	3276505	1845128
水的生产和供应业	7696921	3755778	383670	3941143	7295042	3240600

续表 3

单位：万元

应付账款	非流动负债合计	所有者权益合计	实收资本			
				国家资本	集体资本	法人资本
1289921	745666	5268964	2355880	50	58144	891595
1505283	784234	4725417	2325816	134053	20345	1144536
870563	278497	2995228	1210294	62523	37490	516360
1917582	558091	5355058	2397315	47794	27373	1411053
1816203	1181377	5302965	3923835	2794486	147	1010729
2570220	1315073	12697359	4777114	482178	311436	1803685
1164890	3268087	13154066	3215500	418332	135233	1616167
33870	21414	177845	100688			56505
3498819	1040173	8473713	3602186	44287	49153	1927986
5532795	1764399	11894980	5373567	369134	178611	2847338
1105372	277125	5126836	3343769	69787	3940	3067513
1099111	387677	4102682	1644183	185329	106406	865580
3893975	1185641	10719245	4263096	211890	354869	2159540
4612139	948398	11726087	4053096	298755	116194	1814805
4193825	1671377	13770567	4842710	157881	103733	2224267
4092945	849930	7091062	3244123	1565195	29022	1187310
1324252	746726	2657590	2325600	1505384	19278	553971
20016769	7192539	40029724	13650170	797153	149522	7537518
56535978	15468537	86605949	27591259	661790	667678	19202279
1903305	406022	4795598	1633161	12954	10132	821992
292546	109483	688820	293246	2500	5772	167210
682017	264562	1679108	493373	158682	-659	228203
188671	171797	252483	371169	340485	720	20437
6097932	21010742	54117790	26100681	21970307	61629	3867439
424373	1431377	2686984	1409948	671894	36374	529517
478591	4053705	5669518	1936103	1044528	40482	604387

1-8

分组	个人资本	港澳台资本	外商资本	营业收入	主营业务收入	营业成本
总　计	33411536	1043594	1194708	891434109	876750965	741918096
在总计中：亏损企业	4545134	135069	147290	60061502	58597448	53799408
一、按轻重工业分组						
轻工业	12797319	636388	250061	280963024	275899156	229681327
重工业	20614217	407206	944647	610471085	600851809	512236769
二、按企业规模分组						
大型企业	8221278	456468	239722	413883310	405676813	333937698
中型企业	8051789	245252	603553	179928124	176227547	150034916
小微型企业	17138470	341875	351433	297622674	294846605	257945483
三、按照工业行业大类分组						
煤炭开采和洗选业						
石油和天然气开采业				752657	752657	425273
黑色金属矿采选业	27397			188982	186937	124093
有色金属矿采选业	12306			624648	588990	409622
非金属矿采选业	103541			1547175	1532819	1189757
开采专业及辅助性活动				245827	245827	218278
其他采矿业						
农副食品加工业	583058	9964	9000	22398234	22194035	20321085
食品制造业	710102	14512	4446	7824801	7741836	6173917
酒、饮料和精制茶制造业	180326		40403	4283251	4199573	3176769
烟草制品业				5218066	4327441	2210442
纺织业	369691	155874	29229	11955244	11851918	10394869
纺织服装、服饰业	1019026	37769	3348	19894695	19822257	16547840
皮革、毛皮、羽毛及其制品和制鞋业	234461	10277	79986	9325677	9299404	8240072
木材加工和木、竹、藤、棕、草制品业	154887			4081028	4063290	3509020

续表 4

单位：万元

主营业务成本	税金及附加	主营业务税金及附加	销售费用	管理费用	财务费用	利息收入
727107371	10429562	10307922	32007340	55376884	4960796	1746154
52517611	365616	354437	2652937	5774003	1089375	175996
225102371	3700536	3661668	13842231	14709686	1402803	603074
502005000	6729026	6646254	18165110	40667198	3557993	1143081
324528905	7109918	7051079	18013292	28598132	1251806	1251598
146971539	1649805	1625336	6169208	10475176	1495803	280751
255606928	1669839	1631507	7824840	16303576	2213187	213806
425273	40201	40201	422	12454	-2678	7543
122192	3117	3115	12430	16530	8940	27
378676	23043	21515	5029	45093	18009	58
1178044	30244	29969	59621	92060	7900	1687
218278	437	437	939	10199	2319	232
20139527	72321	71002	415368	568555	121439	41132
6102737	51300	50387	484682	430259	46073	7779
3126522	105269	104758	383390	205749	6230	7617
1375770	2200290	2199382	102827	264424	8415	9904
10310282	63478	62247	311176	494908	81712	7889
16483167	116207	114242	993648	1035722	144883	13864
8218500	45681	44899	224457	401848	36873	1957
3492685	25419	24923	104230	174985	35521	2838

1-8

分　组				营业收入		营业成本
	个人资本	港澳台资本	外商资本		主营业务收入	
家具制造业	1391759	8623	5708	14904695	14803926	12385598
造纸和纸制品业	831392	195488		14198176	14017460	12494686
印刷和记录媒介复制业	579603	7550	6863	7400379	7311154	6244090
文教、工美、体育和娱乐用品制造业	854588	53872	2636	18799924	18665415	16421177
石油、煤炭及其他燃料加工业	106626	11847		30349486	29953756	24112397
化学原料和化学制品制造业	2093680	49702	36431	29848065	29479158	25155117
医药制造业	1022280	18348	5140	10800777	10643398	6220130
化学纤维制造业	44183			384641	381362	346914
橡胶和塑料制品业	1506195	62167	12398	29057501	28599436	25027281
非金属矿物制品业	1935617	25732	17136	37883606	37702424	31946122
黑色金属冶炼和压延加工业	201474	625	432	18022488	17784822	15629161
有色金属冶炼和压延加工业	434848	36004	16016	25823050	25703936	24149458
金属制品业	1437499	54249	44997	39991189	39624912	34612621
通用设备制造业	1616998	5117	201227	22479102	22010833	18393416
专用设备制造业	2278622	22473	55731	23274839	22984653	17474935
汽车制造业	390961	298	71338	15374120	15081872	12851463
铁路、船舶、航空航天和其他运输设备制造业	241879		5088	6626023	6469080	6147378
电气机械和器材制造业	5056424	84588	24963	104169956	101015323	84240692
计算机、通信和其他电子设备制造业	6604035	108306	338172	266586499	261650322	216240097
仪器仪表制造业	738311	2078	47693	7281997	7100150	5602766
其他制造业	117750		14	1751317	1739516	1465719
废弃资源综合利用业	97966	5600	3200	7281278	7235613	6400042
金属制品、机械和设备修理业	9333		194	551211	534929	475345
电力、热力生产和供应业	121400	10000	69906	60395089	59804811	56574898
燃气生产和供应业	83764	52414	35985	7010266	6884831	6357018
水的生产和供应业	219557	120	27030	2848153	2760891	2008542

续表 5

单位：万元

主营业务成本	税金及附加	主营业务税金及附加	销售费用	管理费用	财务费用	利息收入
12316239	80491	78365	657746	913793	69413	23202
12332246	63936	63002	370263	604743	91018	59848
6178218	42470	41302	207874	453259	44620	5036
16092750	70589	68501	535826	791063	209906	24244
23803844	3955826	3949467	131273	414218	45809	64454
24839630	154060	149776	1106838	1700510	233800	7435
6155510	84562	80396	1670997	971877	180949	29142
344503	2521	2474	5622	40495	2366	141
24639574	148731	145694	759615	1731390	209366	29442
31809375	238517	233850	1286403	1714198	293451	14205
15405493	75320	75083	171142	523851	176390	6619
24047519	58831	58327	196423	588720	133666	33218
34318973	194617	190956	908759	2118120	226822	18967
18002040	117189	114881	946739	1787021	105392	16888
17275646	146322	144114	1388322	2299403	111913	30281
12666028	230606	229288	437863	899011	69068	39728
6030577	33073	31912	101107	402697	63538	26039
81410120	511699	494571	6189553	5923893	272250	385267
209747806	1008103	988674	10976413	25677871	466492	724469
5471157	40717	40078	395074	842083	40246	3105
1459571	9890	9691	58000	147777	7988	650
6343553	38832	38588	105662	161155	49398	1784
464987	3824	3814	12058	48882	11652	501
56141649	300559	271719	14265	499906	1123301	66223
6276686	13146	12351	159887	115687	64095	18403
1962028	28128	23976	115401	252474	142252	14337

1-8

分 组	利息支出	投资收益	其他收益	营业利润	营业外收入	营业外支出
总 计	6249266	5670634	3486718	53385716	2504230	2339061
在总计中：亏损企业	1141673	6936	336734	-4976539	379188	1079649
一、按轻重工业分组						
轻工业	1685627	1578729	454634	19153843	915994	574402
重工业	4563639	4091905	3032083	34231872	1588236	1764659
二、按企业规模分组						
大型企业	2885100	3921840	2306199	29716200	857217	1274921
中型企业	1574939	1058196	604618	11038431	523366	354530
小微型企业	1789227	690599	575901	12631085	1123646	709610
三、按照工业行业大类分组						
煤炭开采和洗选业						
石油和天然气开采业				277005	4246	
黑色金属矿采选业	7252			10772	1195	695
有色金属矿采选业	15210	1006	15811	140083	6871	8175
非金属矿采选业	3654	283	4596	169646	898	2980
开采专业及辅助性活动	2434	1500	4425	15462	146	106
其他采矿业						
农副食品加工业	130328	42138	12769	920176	53204	31433
食品制造业	44101	45848	18010	697459	26945	10817
酒、饮料和精制茶制造业	18184	14839	16403	432554	127824	40385
烟草制品业	19352	68969	222	500773	6139	11066
纺织业	49133	99394	28119	748610	25610	32445
纺织服装、服饰业	73957	21483	30014	1077915	29048	28616
皮革、毛皮、羽毛及其制品和制鞋业	17743	2280	727	318252	10317	58758
木材加工和木、竹、藤、棕、草制品业	27179	4404	11403	245670	16164	6790

续表 6

单位：万元

利润总额	所得税费用	亏损企业亏损总额	利税总额	应交税金及附加	本年应付职工薪酬	本年应交增值税	从业人员平均人数（人）
53550929	8172120	5677018	86779974	41401165	75040835	22799483	7241040
-5677018	-222711	5677018	-4039876	1414431	10439884	1271527	856244
19495458	2882923	1526280	31136000	14523466	23079436	7940007	3201912
34055471	5289196	4150738	55643974	26877699	51961399	14859476	4039128
29298492	4785129	1882457	48196649	23683285	38063599	11788238	2022593
11207264	1585766	1692550	17044049	7422552	16539039	4186980	2116639
13045172	1801225	2102011	21539276	10295329	20438198	6824265	3101808
281251	41966		389863	150578	9307	68411	258
11272	502	3326	27235	16465	14065	12845	2028
138779	33479	5661	204435	99136	83519	42614	6896
167563	13725	6444	258149	104311	93882	60343	14211
15501	-295		17081	1285	28677	1143	1057
941947	95249	88434	1228238	381540	779707	213971	112399
713586	96714	42908	1052161	435290	660414	287276	88151
519993	51170	17233	795603	326780	300610	170341	32120
495845	113329		3260806	2878289	294418	564670	6990
741769	101419	34610	1098812	458462	930976	293565	133177
1078425	140350	50536	1702823	764748	2260543	508192	368972
269814	39325	31638	515769	285280	1054875	200275	196010
255044	23909	7777	414335	183200	299248	133872	47251

1-8

分　组	利息支出	投资收益	其他收益	营业利润	营业外收入	营业外支出
家具制造业	57623	58412	9571	891046	21742	25124
造纸和纸制品业	128173	53530	25216	647271	32892	12683
印刷和记录媒介复制业	55438	54036	11392	459920	17040	24321
文教、工美、体育和娱乐用品制造业	176550	29246	50438	805759	39622	10873
石油、煤炭及其他燃料加工业	81016	46450	16763	1711322	10192	9602
化学原料和化学制品制造业	202769	173992	74189	1705904	123788	51384
医药制造业	237156	208881	45313	1870081	46138	18901
化学纤维制造业	1972	337	3615	-9220	5483	679
橡胶和塑料制品业	148118	38520	28245	1264086	68858	62640
非金属矿物制品业	246557	30391	38996	2357012	69773	152200
黑色金属冶炼和压延加工业	171245	21183	20005	1458353	47578	52756
有色金属冶炼和压延加工业	130765	34753	14064	854413	27787	36597
金属制品业	160312	23986	32170	1972750	95050	43012
通用设备制造业	127707	149055	106413	1288199	123724	40921
专用设备制造业	154152	365740	214486	2320808	124038	49735
汽车制造业	78616	110408	111736	1011723	48184	24746
铁路、船舶、航空航天和其他运输设备制造业	90950	7221	21137	-225132	79216	14462
电气机械和器材制造业	652163	759156	222602	7737875	411071	150241
计算机、通信和其他电子设备制造业	1452930	1120276	1932456	13918569	530659	1175998
仪器仪表制造业	66958	117217	80355	484742	72849	12108
其他制造业	10745	6857	6011	72211	18698	2020
废弃资源综合利用业	34187	4177	22286	547892	19752	23082
金属制品、机械和设备修理业	11411	3103	2127	838	854	228
电力、热力生产和供应业	1142339	1778603	177799	3838934	125862	89526
燃气生产和供应业	74303	72056	7569	376512	9104	3406
水的生产和供应业	146587	100905	69268	469473	25671	19553

续表 7

单位：万元

利润总额	所得税费用	亏损企业亏损总额	利税总额	应交税金及附加	本年应付职工薪酬	本年应交增值税	从业人员平均人数（人）
887663	131100	60483	1400938	644375	1555435	432784	230214
667477	70344	34698	1136868	539736	860642	405455	127848
452641	54947	22238	688018	290323	741175	192907	97408
834505	90547	145911	1118014	374056	1674726	212920	251636
1711912	399303	17589	6507160	5194551	434137	839423	20222
1778307	245185	97061	2610267	1077144	1630533	677900	195895
1897317	243305	60836	2489263	835251	911938	507384	87303
-4417	1234	18649	14055	19706	31047	15951	4807
1270261	173906	209668	2068055	971700	2699400	649064	410313
2274586	343380	254569	3642800	1711593	2649717	1129697	392812
1453176	197338	10165	2037606	781767	552173	509110	57328
845595	139266	71366	1203486	497157	696626	299060	94456
2024785	247976	147464	3184290	1407481	3339093	964889	499651
1371005	179279	133742	2080046	888320	2229983	591853	279722
2395127	247599	190728	3221414	1073886	3076191	679965	316703
1035161	165359	125221	1591622	721820	1176627	325855	123501
-160379	23587	358988	41839	225805	552871	169145	61460
7998707	1433975	663445	11663506	5098775	7815733	3153101	974141
13273247	2194599	2286836	20393327	9314679	29780970	6111976	1637918
545481	53732	95389	798511	306762	936369	212313	96608
88889	14104	17084	138659	63874	220807	39880	32348
544562	77813	10838	744052	277303	163441	160658	23097
1463	2458	20383	25511	26505	111208	20224	10903
3875270	526725	248482	5930385	2581840	3799534	1754557	157194
382209	71197	63794	462213	151200	171086	66858	14033
475591	93023	22826	622760	240192	419135	119040	33999

1-9 按轻重工业、企业规模和行业大类分组

分组	企业单位数（个）	亏损企业	工业总产值（当年价格）	工业销售产值（当年价格）	出口交货值	工业增加值（当年价格）
总　计	27077	2906	413431896	407114661	65752614	81318398
在总计中：亏损企业	2906	2906	21863473	20852679	3084690	3753379
一、按轻重工业分组						
轻工业	13679	1417	179295642	176960179	29113605	41324732
重工业	13398	1489	234136255	230154483	36639009	39993665
二、按企业规模分组						
大型企业	243	16	118581030	114339775	31867897	20493903
中型企业	2496	209	95539354	92769830	12808299	20589844
小微型企业	24338	2681	199311512	200005057	21076418	40234650
三、按照工业行业大类分组						
煤炭开采和洗选业						
石油和天然气开采业						
黑色金属矿采选业	8	2	65947	68347		23989
有色金属矿采选业	12	3	103132	106822		30089
非金属矿采选业	144	13	1342144	1321946	10967	346161
开采专业及辅助性活动	1		2747	2689		1302
其他采矿业						
农副食品加工业	452	51	8118898	7853939	811010	1092054
食品制造业	345	33	4180407	4109406	253178	952373
酒、饮料和精制茶制造业	92	5	1518009	1494855	21051	394879
烟草制品业	2		62189	91017		26906
纺织业	840	80	10300996	10002554	613168	2173215
纺织服装、服饰业	1687	165	17119527	16594481	1853558	4275427
皮革、毛皮、羽毛及其制品和制鞋业	1018	115	7790605	7675269	2322677	1860620
木材加工和木、竹、藤、棕、草制品业	360	35	2828947	2770646	218721	644128

的规模以上私营工业企业主要经济指标

单位：万元

资产总计	流动资产合计	货币资金	应收账款	存货	产成品	非流动资产合计
287796693	203335882	34264291	61756019	45695817	18769889	84486528
28214387	20065971	1479632	5364076	5678836	2287630	8173085
121357990	81686447	11033360	20977739	18990434	8811013	39693790
166438703	121649435	23230931	40778280	26705383	9958876	44792739
98221151	73825737	18918776	18091029	13146344	5438458	24395412
64005801	40711467	5896371	12521754	11030052	4736048	23294317
125569741	88798678	9449144	31143236	21519421	8595382	36796800
157311	72793	2331	42901	11693	3221	84518
98558	59888	2717	7563	39609	15790	38670
767601	321552	39697	100498	65698	43071	446047
3583	1356		840	190	190	2228
5376386	3831688	289481	689202	825561	286797	1544693
2259015	1306008	216499	323540	373057	118916	953006
1180648	517420	45498	115350	125558	51566	663228
223316	126630	17960	29821	32139	12170	96686
5074254	2643918	341265	650319	750824	267132	2430330
8719909	6064658	866027	1523202	1870816	940382	2655233
2690808	2040081	245491	691151	559547	183809	650476
1539925	915006	64941	244794	269318	98403	624915

1-9

分 组	企业单位数（个）	亏损企业	工业总产值（当年价格）	工业销售产值（当年价格）	出口交货值	工业增加值（当年价格）
家具制造业	1069	116	12140422	11873720	2890624	2888091
造纸和纸制品业	757	64	8671406	8465101	337536	1617528
印刷和记录媒介复制业	567	54	5082512	4936516	238652	1200070
文教、工美、体育和娱乐用品制造业	816	102	14446583	14146779	2711182	2572210
石油、煤炭及其他燃料加工业	23	4	487873	491123	2801	122921
化学原料和化学制品制造业	1161	90	15260602	14824587	751094	2943661
医药制造业	148	15	4975313	4838765	361418	1377107
化学纤维制造业	27	6	337427	318851	10038	72490
橡胶和塑料制品业	2336	218	21846668	24884134	1998408	4867651
非金属矿物制品业	1718	145	23376827	24920979	1155098	5082144
黑色金属冶炼和压延加工业	219	26	7277475	7126877	43092	1193671
有色金属冶炼和压延加工业	433	40	11701951	11532641	154628	1349710
金属制品业	2545	222	29745690	29068924	1952007	6383329
通用设备制造业	1334	136	13095638	12640023	1149229	3026809
专用设备制造业	1334	118	12719174	12270925	1310872	3480889
汽车制造业	266	33	3977474	3907571	289135	889050
铁路、船舶、航空航天和其他运输设备制造业	190	30	2849744	2811761	721732	481378
电气机械和器材制造业	3150	360	60069758	57210134	13969668	14563448
计算机、通信和其他电子设备制造业	3283	535	101949345	98962793	28900021	13229798
仪器仪表制造业	315	36	2819290	2755367	448457	746693
其他制造业	155	16	1129885	1095050	234744	267655
废弃资源综合利用业	144	22	4899339	4811713	7838	836119
金属制品、机械和设备修理业	29	3	128845	121958	10012	47034
电力、热力生产和供应业	40	5	464322	463338		123140
燃气生产和供应业	25	4	261486	260948		53941
水的生产和供应业	32	4	283301	282113		80718

续表 1

单位：万元

资产总计	流动资产合计	货币资金	应收账款	存货	产成品	非流动资产合计
9153077	5766523	861210	1369105	1153448	374687	3410986
4281956	2874296	387983	1107348	608741	215635	1407110
2827757	1771976	191836	767973	359035	105963	1055776
8909210	6873563	608233	1962839	3004047	1481411	2035641
724738	258494	52262	44546	81753	26419	466242
12092219	7194345	967757	2561690	1448811	525877	4896567
11433230	8866816	3893486	1022117	1668974	1211736	2566412
265113	151968	14590	44824	69103	26320	113146
12140042	7741877	826290	3296652	1646755	653705	4398144
14544718	8480355	782596	2883525	1782258	772346	6064350
2817763	1481112	195719	341980	400548	134536	1336650
5875009	4176175	461624	710642	1742033	1177641	1698829
15005646	9031442	951589	3512528	2072503	755137	5974182
10436588	7252212	845403	2661713	1736177	620979	3187989
11171988	8133143	1189151	2774499	2154591	776569	3038833
5165474	4020748	664890	1878792	689740	267286	1144722
1949939	1373155	195538	362672	353990	105050	576781
50884236	35451908	2660435	9976741	6303776	3199872	15432295
71771233	59622852	15824101	18687762	12313098	3784213	12148330
2769111	2159807	332165	827344	545864	216933	609301
707040	523111	65124	179440	125262	47884	183928
2381992	1358659	87052	203913	456107	240170	1023332
100273	64276	7473	25995	14655	7424	35997
1459574	471530	38304	78422	22669	15312	988044
172024	89513	15493	20142	8118	2149	82511
665431	245027	12081	33636	9753	3190	420403

1-9

分组	固定资产原价	累计折旧	本年折旧	固定资产净值	负债合计	流动负债合计
总 计	95872992	47862055	8999283	48010790	181051367	162129759
在总计中：亏损企业	6944626	2928879	585393	4015716	22447287	19764175
一、按轻重工业分组						
轻工业	49581934	26570539	4838465	23011351	74220903	63235968
重工业	46291058	21291516	4160819	24999439	106830463	98893792
二、按企业规模分组						
大型企业	24494402	14055280	2620310	10439120	63495495	54931579
中型企业	27291120	13156815	2406793	14134288	36925937	34410800
小微型企业	44087470	20649960	3972181	23437382	80629935	72787380
三、按照工业行业大类分组						
煤炭开采和洗选业						
石油和天然气开采业						
黑色金属矿采选业	96452	28700	4905	67753	97085	67815
有色金属矿采选业	20575	6446	1437	14130	72116	63029
非金属矿采选业	368177	111879	30265	256297	360773	321391
开采专业及辅助性活动	1559	187	72	1372	3277	1966
其他采矿业						
农副食品加工业	1740185	712547	141745	1027631	3649697	3418605
食品制造业	1022139	435949	73555	586188	1128074	1025587
酒、饮料和精制茶制造业	728151	349852	53228	378299	494337	442841
烟草制品业	87984	44763	1282	43222	184833	184833
纺织业	3260617	1661986	318064	1598625	3089988	2751932
纺织服装、服饰业	3555506	1849524	336218	1705971	4872806	4397778
皮革、毛皮、羽毛及其制品和制鞋业	2303023	1861158	254309	441942	1737663	1599320
木材加工和木、竹、藤、棕、草制品业	628720	247443	43872	381275	994876	834500

续表 2

单位：万元

应付账款	非流动负债合计	所有者权益合计	实收资本	国家资本	集体资本	法人资本
57279885	17050321	106748792	37556441	249421	741829	18223889
5418562	2073863	5766575	5345274	39024	132842	3182460
18289960	10282213	47137724	16148515	37987	269611	8239046
38989925	6768108	59611068	21407926	211435	472218	9984843
22127549	8563915	34725653	6387526	42531	238229	3216705
10862689	2505022	27079848	9050624	71143	219760	5005727
24289647	5981384	44943291	22118291	135747	283840	10001457
46793	21222	60226	9456			5894
8057	9086	26442	15253	1673	50	4750
82374	25294	406826	140541		50	54667
1966	1311	306	147			147
580158	219794	1726686	754455	6063	13905	378363
254140	96157	1130939	1036626	50	6341	772291
109694	50953	686311	305137		13069	174279
61565		38482	14000			14000
588661	291948	1984262	668262	280	30256	357268
1287057	357764	3847090	1332667	518	55208	479915
476713	93794	953139	386413	100	2084	187158
202225	103921	545047	212610		580	121202

1-9

分组	固定资产原价	累计折旧	本年折旧	固定资产净值	负债合计	流动负债合计
家具制造业	2179337	991700	182344	1187626	4919869	4270785
造纸和纸制品业	1920203	911642	168309	1008556	2847321	2638025
印刷和记录媒介复制业	1584815	852248	142965	732560	1678507	1548116
文教、工美、体育和娱乐用品制造业	1746128	690078	165142	1056045	5949648	5519968
石油、煤炭及其他燃料加工业	581154	239677	41735	341476	394671	386173
化学原料和化学制品制造业	4243831	1889233	372611	2354587	6143702	5323120
医药制造业	1338471	480411	77962	858059	6350714	4021581
化学纤维制造业	114916	52592	7616	62324	112998	102734
橡胶和塑料制品业	5920289	2583822	550357	3336439	7521151	6844548
非金属矿物制品业	8857604	4542600	805322	4315013	8853927	8129836
黑色金属冶炼和压延加工业	2181678	1430167	214740	751511	1724881	1577796
有色金属冶炼和压延加工业	1759160	782124	148350	977032	4255854	4012224
金属制品业	8111435	3912039	751785	4199368	8938400	8332414
通用设备制造业	3515818	1653271	324132	1862535	6005097	5660727
专用设备制造业	3120126	1381030	275105	1739080	6472549	6040166
汽车制造业	904584	335779	77338	568803	3918558	3477321
铁路、船舶、航空航天和其他运输设备制造业	657271	280343	45879	376926	1206892	1126585
电气机械和器材制造业	19724706	12012262	2168600	7712410	32531723	27159122
计算机、通信和其他电子设备制造业	10046567	4165175	971496	5881364	50037877	47370264
仪器仪表制造业	399286	161207	31835	238077	1315387	1260412
其他制造业	191571	71148	15409	120420	417957	393619
废弃资源综合利用业	1139837	412036	112685	727801	1275911	1146556
金属制品、机械和设备修理业	36818	13854	2909	22964	67866	64357
电力、热力生产和供应业	1168827	409236	58588	759592	884865	281447
燃气生产和供应业	85304	23032	3348	62272	105849	94304
水的生产和供应业	530168	274918	23769	255249	433671	237964

续表 3

单位：万元

应付账款	非流动负债合计	所有者权益合计	实收资本	国家资本	集体资本	法人资本
1039081	604974	4234031	1967235	50	46648	672539
724564	194736	1434281	573658		7750	240943
546014	114292	1149243	548775		17508	200636
1443879	320814	2959639	1479889	21200	5403	875239
45616	8498	330066	70106			55568
1388748	688686	5948506	2128752	4495	77706	831960
524315	2328420	5082514	1142946	1	200	615624
20514	10264	152116	85571			50405
2308458	532371	4619619	1802642	7381	30256	830275
2604173	618738	5690777	2379637	5378	25971	1225888
265010	137920	1092881	322641	1200	3140	157790
595555	149032	1619152	446255		160	184282
2224463	431848	6067398	2123278	2918	46941	1014404
1922136	315516	4434207	1665314	16736	14364	796827
2180621	411258	4699423	1778310	45382	33205	869608
1316018	440685	1246911	500549		158	302320
318482	74088	743045	352640		11195	165326
10116405	5191720	18352481	6187875	31359	48187	2983715
22639708	2234071	21733175	5795150	26954	243061	2829128
564979	50096	1453721	422729	4249	1450	175498
152078	23746	289081	135883			67534
417990	89785	1106081	277893	70404	820	137994
23109	3509	32406	20294		570	11719
131501	596761	574348	337998		1195	317494
28090	11545	66175	35673		400	18456
38977	195707	231760	99182	3030	4000	42784

1-9

分组				营业收入	主营业务收入	营业成本
	个人资本	港澳台资本	外商资本			
总　计	18180681	100041	49981	413996215	408772749	354510225
在总计中：亏损企业	1961385	4569	16944	21275181	20709800	19516380
一、按轻重工业分组						
轻工业	7514341	62523	23342	175248146	174345852	147529762
重工业	10666340	37518	26639	238748069	234426897	206980463
二、按企业规模分组						
大型企业	2884800	3125	2136	123067311	120638820	103829581
中型企业	3685325	55752	4918	93674964	92077177	78776015
小微型企业	11610556	41164	42926	197253939	196056752	171904629
三、按照工业行业大类分组						
煤炭开采和洗选业						
石油和天然气开采业						
黑色金属矿采选业	3562			69246	67362	55281
有色金属矿采选业	8780			112815	88598	101597
非金属矿采选业	85824			1231991	1231295	983293
开采专业及辅助性活动				2621	2621	1679
其他采矿业						
农副食品加工业	355230	894		8463867	8429882	7608779
食品制造业	254851	1593		4107599	4087971	3441312
酒、饮料和精制茶制造业	117789			1494134	1488554	1189441
烟草制品业				105182	89632	77628
纺织业	265925	14532		10047369	9984439	8771871
纺织服装、服饰业	790605	3481	2938	16776792	16737895	14122820
皮革、毛皮、羽毛及其制品和制鞋业	188052	5236	3582	7560112	7540273	6811615
木材加工和木、竹、藤、棕、草制品业	90827			2782545	2771507	2429910

续表 4

单位：万元

主营业务成本	税金及附加	主营业务税金及附加	销售费用	管理费用	财务费用	利息收入
347922868	1837911	1803818	13766363	22398369	1780137	424067
18989826	86196	83469	718155	1878388	349914	12671
146778850	901636	885083	6719131	8630876	1035554	132259
201144018	936274	918735	7047232	13767493	744583	291808
99762483	435858	430140	5794872	6385699	34808	274287
77366270	464164	457193	3023521	5122244	576857	70875
170794114	937888	916485	4947970	10890426	1168472	78905
53405	774	774	2245	5833	596	3
78251	511	502	2516	4252	2570	5
981947	17136	17053	43314	53205	6649	104
1679	70	70	548	179	72	
7563141	25082	24613	199964	260236	53250	1542
3425221	21988	21893	186807	191309	27062	1300
1186975	25863	25844	76471	62120	6266	237
71075	1254	1254	2741	7603	971	-474
8711954	50852	50179	215132	383788	62176	6729
14080532	95578	94477	713873	851032	108425	7752
6794758	37650	37081	137784	299037	29056	972
2417330	17895	17527	66222	106597	23523	751

1-9

分组	个人资本	港澳台资本	外商资本	营业收入	主营业务收入	营业成本
家具制造业	1242685	464	4848	12052327	11963406	10125836
造纸和纸制品业	324789	176		8586837	8530811	7680432
印刷和记录媒介复制业	327310	1054	2363	4984490	4960683	4312461
文教、工美、体育和娱乐用品制造业	564771	13276		14200417	14144216	12556913
石油、煤炭及其他燃料加工业	9538	5000		711319	711122	650706
化学原料和化学制品制造业	1210655	3027	909	15588370	15427257	13001003
医药制造业	522277	4844		4844536	4814649	3244869
化学纤维制造业	35166			321366	321157	289052
橡胶和塑料制品业	930285	1529	2916	21488908	21359567	18665188
非金属矿物制品业	1110486	10280	1633	22591366	22537622	19601246
黑色金属冶炼和压延加工业	159255	825	432	7031672	7000415	6409446
有色金属冶炼和压延加工业	261513		300	11740242	11691908	10787689
金属制品业	1042865	12286	3812	29161062	29019600	25482205
通用设备制造业	835080	1603	704	12682702	12600606	10451672
专用设备制造业	819564	10	10540	12276640	12151340	9684020
汽车制造业	197671		400	4055785	4019383	3339238
铁路、船舶、航空航天和其他运输设备制造业	176119			2805617	2772216	2461053
电气机械和器材制造业	3108352	10196	6065	58593419	57627426	47430991
计算机、通信和其他电子设备制造业	2680405	4131	2541	107430389	104576103	94375444
仪器仪表制造业	240726	7	800	2807466	2780136	2058680
其他制造业	68349			1107781	1106667	958145
废弃资源综合利用业	59875	5600	3200	5019011	4986210	4412330
金属制品、机械和设备修理业	8005			142481	141510	120974
电力、热力生产和供应业	19309			472086	468699	369572
燃气生产和供应业	16818			252456	251005	220622
水的生产和供应业	47368		2000	293197	289010	225217

续表 5

单位：万元

	税金及附加		销售费用	管理费用	财务费用	
主营业务成本		主营业务税金及附加				利息收入
10071690	63559	62088	488494	676622	59369	18257
7645724	34398	33744	200090	354290	49309	1644
4286260	27754	27328	116982	262197	24450	2247
12519259	48505	47661	353927	545516	105168	18896
650702	1836	1783	10975	17948	4268	65
12867512	74684	74146	650514	961233	106432	4763
3235019	22351	22196	291622	303208	116840	32535
289016	1910	1910	4835	18456	2317	187
18548236	107498	106212	524824	1152030	140588	23208
19559392	125902	124364	643899	900661	127518	5048
6383854	28421	28196	73911	117692	25759	906
10744525	28357	28001	119486	346464	61867	9567
25365134	137798	135593	525571	1365880	147909	8278
10388728	62846	61042	436922	961485	61967	4526
9595662	71546	70402	582033	1124634	63680	8190
3316546	16338	16183	140343	270508	47167	5874
2435895	20132	20043	57214	151393	20311	1462
46505691	306447	298856	3029387	3336550	293161	43690
89850602	312971	303587	3594113	6677304	-97175	213556
2042337	16838	16396	166608	385002	8004	618
957686	6077	6026	29088	84426	3454	124
4366958	20854	20741	62563	96140	29306	1131
120215	770	760	6632	11704	722	14
368202	2328	2221	748	20180	38713	200
219644	472	466	4558	10885	1699	126
222113	2671	2608	3411	20769	16717	37

1-9

分　组	利息支出	投资收益	其他收益	营业利润	营业外收入	营业外支出
总　计	1775431	807602	924836	20784047	1149622	661636
在总计中：亏损企业	287388	3386	45690	-1603648	144433	124101
一、按轻重工业分组						
轻工业	806220	334509	169975	10826036	484079	322259
重工业	969211	473093	754861	9958012	665543	339377
二、按企业规模分组						
大型企业	480898	418130	519666	7235888	270585	102779
中型企业	502178	131602	213681	5752414	219092	87272
小微型企业	792355	257870	191489	7795746	659945	471585
三、按照工业行业大类分组						
煤炭开采和洗选业						
石油和天然气开采业						
黑色金属矿采选业	347			4516	1	49
有色金属矿采选业	913		1493	2328	15	48
非金属矿采选业	2606	3	4335	130583	406	1177
开采专业及辅助性活动	72			73		
其他采矿业						
农副食品加工业	43499	18213	4770	338697	32671	5980
食品制造业	16551	1006	1420	240188	11631	6529
酒、饮料和精制茶制造业	4594	5559	4157	143835	1839	11476
烟草制品业	1440	37417		52321	33	4
纺织业	32400	71183	8412	656066	13677	18137
纺织服装、服饰业	52123	3880	16790	884771	19535	14031
皮革、毛皮、羽毛及其制品和制鞋业	12114	19	657	250095	7654	59056
木材加工和木、竹、藤、棕、草制品业	18841	621	4484	143316	7600	4676

续表 6

单位：万元

利润总额	所得税费用	亏损企业亏损总额	利税总额	应交税金及附加	本年应付职工薪酬	本年应交增值税	从业人员平均人数（人）
21272054	2860416	1583308	32217129	13805491	30278214	9107164	4190721
-1583308	-42188	1583308	-1054231	486889	2547282	442882	404827
10987909	1686607	675262	16613776	7312475	14742999	4724231	2186249
10284146	1173809	908047	15603353	6493016	15535214	4382933	2004472
7403692	1171496	141818	10489812	4257616	7001444	2650262	654470
5884231	728918	543550	8385851	3230538	8846598	2037456	1236214
7984131	960002	897940	13341466	6317337	14430172	4419447	2300037
4468		865	8532	4065	5079	3290	666
2295	732	2608	4915	3351	5280	2108	892
129812	6224	4963	188139	64552	61459	41192	9197
73			328	255	282	185	27
365386	26609	21599	491397	152620	341014	100929	55878
245289	32465	21780	396886	184062	301477	129609	44888
134198	16419	1156	200731	82952	88945	40670	13258
52350	2319		58666	8635	4521	5062	465
651603	86478	15079	935315	370189	720212	232859	103005
890352	122486	33579	1394585	626719	1842676	408654	309982
198695	16550	20006	385037	202891	779564	148691	143658
146239	15870	7304	249841	119472	183571	85707	30739

1-9

分　组	利息支出	投资收益	其他收益	营业利润	营业外收入	营业外支出
家具制造业	42546	52624	5468	724747	15960	16372
造纸和纸制品业	36511	1923	7934	276165	22044	11394
印刷和记录媒介复制业	32234	1219	1123	238202	7973	16959
文教、工美、体育和娱乐用品制造业	80604	-225	44442	614105	20593	5946
石油、煤炭及其他燃料加工业	3628	92		25677	1775	4517
化学原料和化学制品制造业	87737	70582	25866	871602	42674	27857
医药制造业	150740	-15654	7401	855554	10291	3794
化学纤维制造业	1779	337	3615	8852	2592	635
橡胶和塑料制品业	76764	10179	11011	964343	41632	39098
非金属矿物制品业	94709	11040	14772	1210979	37558	69081
黑色金属冶炼和压延加工业	19003	309	470	376824	41619	38929
有色金属冶炼和压延加工业	57688	15228	1093	417319	17687	16964
金属制品业	94882	6687	10378	1522202	49436	31630
通用设备制造业	54971	32337	37097	746087	61054	14353
专用设备制造业	54913	33268	65166	829322	76845	22781
汽车制造业	45251	7870	7711	217919	17680	3969
铁路、船舶、航空航天和其他运输设备制造业	19783	6042	3554	97709	12627	3064
电气机械和器材制造业	272984	177799	70671	4307417	265179	100680
计算机、通信和其他电子设备制造业	285209	232259	524969	2925911	234611	78945
仪器仪表制造业	9822	9161	26868	177964	47414	5282
其他制造业	4357	816	1045	27712	16105	1230
废弃资源综合利用业	19343	3939	5031	405445	4362	17984
金属制品、机械和设备修理业	626		85	1765	218	28
电力、热力生产和供应业	34431	9520	130	50054	2499	1414
燃气生产和供应业	1300	1646		15866	340	186
水的生产和供应业	8115	708	2419	27518	3793	7382

续表 7

单位：万元

利润总额	所得税费用	亏损企业亏损总额	利税总额	应交税金及附加	本年应付职工薪酬	本年应交增值税	从业人员平均人数（人）
724335	106421	35715	1143761	525848	1172206	355867	177221
286815	39405	16431	530861	283451	566670	209649	89233
229218	22451	8503	372019	165251	439244	115047	65983
628751	49217	29347	818116	238581	1271537	140860	187084
22935	6437	3895	31169	14671	12887	6399	1617
886417	115261	27501	1288304	517147	910832	327202	118473
862051	122033	15400	1012242	272225	215682	127841	25473
10809	1217	2736	27848	18256	24695	15129	3691
966864	118352	82980	1553154	704643	1882079	478793	296517
1179455	138547	44932	1916961	876053	1588059	611604	236775
379515	40919	7936	544796	206200	236240	136860	34035
418032	57042	7595	594634	233644	372246	148246	58151
1540004	169713	74939	2358816	988524	2205028	681014	343696
792792	99947	50616	1213228	520383	1251697	357590	171224
883382	112677	51487	1309233	538528	1436052	354305	183713
231629	33036	17936	342635	144042	344846	94668	46617
107272	13519	31879	188767	95014	196643	61364	28880
4471914	915721	375799	6871042	3314849	4731131	2092681	597114
3081559	269585	514732	4728261	1916287	6360602	1333731	715544
220095	24002	23425	324618	128525	407782	87685	47555
42587	9010	11269	72362	38784	140069	23697	22372
391823	54186	5448	530246	192609	109407	117569	15685
1955	251	1419	8917	7213	24614	6192	5078
51139	5911	1744	61918	16690	18146	8452	2757
16019	3460	545	20486	7927	10469	3995	1283
23929	5948	10162	38367	20386	15276	11767	2295

1-10 按轻重工业、企业规模和行业大类分组的

分组	企业单位数（个）	亏损企业	工业总产值（当年价格）	工业销售产值（当年价格）	出口交货值	工业增加值（当年价格）
总　计	37926	4493	748745683	735494225	148428314	159087178
在总计中：亏损企业	4493	4493	44480008	42889837	6420660	6683641
一、按轻重工业分组						
轻工业	18476	2056	273208019	268312318	43494016	62125868
重工业	19450	2437	475537664	467181907	104934299	96961310
二、按企业规模分组						
大型企业	589	51	280563996	273624026	92041261	63957446
中型企业	4081	411	173236726	168598002	26908182	36666360
小微型企业	33256	4031	294944961	293272197	29478871	58463373
三、按照工业行业大类分组						
煤炭开采和洗选业						
石油和天然气开采业						
黑色金属矿采选业	16	4	229344	231997		64582
有色金属矿采选业	16	3	148083	144513	22	43835
非金属矿采选业	219	20	2027915	1979222	26657	566344
开采专业及辅助性活动	2		28074	28016		22894
其他采矿业						
农副食品加工业	816	97	20435182	20207160	1986855	2613914
食品制造业	556	56	9159184	8864740	497920	2550810
酒、饮料和精制茶制造业	162	17	3016099	2979553	36706	945291
烟草制品业	3		74164	101141		33059
纺织业	1098	113	13854381	13382838	883572	2982587
纺织服装、服饰业	2091	214	21677335	20874407	2548930	5474930
皮革、毛皮、羽毛及其制品和制鞋业	1269	142	10090739	9834145	3026032	2472901
木材加工和木、竹、藤、棕、草制品业	498	49	4369622	4280953	383717	1051126

规模以上民营工业企业主要经济指标

单位：万元

资产总计	流动资产合计	货币资金	应收账款	存货	产成品	非流动资产合计
639175473	428283783	70170080	133766298	84833170	34011345	210909109
75663922	45421086	3916555	11844291	10939971	4777096	30267488
216731890	141566480	19155040	35936332	30767777	13926548	75179480
422443583	286717303	51015040	97829966	54065393	20084796	135729630
271790900	189349999	40226374	57750772	29521175	11691556	82440896
151950546	93515050	14101555	28684930	21840748	9075514	58435463
215434027	145418734	15842152	47330596	33471246	13244275	70032751
667093	325002	12840	52361	32238	13722	342092
147190	91531	5419	10570	53988	22182	55659
1456291	597251	136590	146436	93083	60114	859038
40843	22861	8329	12009	1988	190	17982
13601437	9791587	828353	1743195	2357120	885160	3809841
6592750	3341989	772592	629284	855907	324835	3250758
3061320	1621549	148295	450203	256920	96500	1439770
260828	137592	19614	35548	34822	13905	123237
7274445	4063512	508562	860970	1145650	442814	3210924
12308082	8066530	1285902	1965507	2503989	1304311	4241531
3859132	2907113	330593	951656	833088	276169	951767
3042735	1833637	160042	427183	491877	194890	1209094

1-10

分　组	企业单位数（个）	亏损企业	工业总产值（当年价格）	工业销售产值（当年价格）	出口交货值	工业增加值（当年价格）
家具制造业	1320	153	15801293	15539798	3720555	3805654
造纸和纸制品业	1016	90	15450870	14866546	459118	2968434
印刷和记录媒介复制业	758	75	8246145	7986282	535694	2032913
文教、工美、体育和娱乐用品制造业	1072	136	18901554	18582907	3768453	3422298
石油、煤炭及其他燃料加工业	71	12	2491177	2484024	3386	519689
化学原料和化学制品制造业	1818	193	28220025	27655279	1348210	5338968
医药制造业	331	33	8792214	8397559	517461	2730838
化学纤维制造业	37	8	414612	395244	19936	91459
橡胶和塑料制品业	3086	315	31276347	34089912	2953417	7031683
非金属矿物制品业	2590	239	40502853	41452421	2355952	9222315
黑色金属冶炼和压延加工业	309	35	9628092	9389645	73411	1509921
有色金属冶炼和压延加工业	603	66	21788330	21514459	588556	2312914
金属制品业	3433	336	43632978	42578602	3621786	9332388
通用设备制造业	1868	212	22988930	22432618	2461312	5080269
专用设备制造业	1852	199	25088998	24126953	3093142	7307406
汽车制造业	457	65	15939390	15668003	1373819	2814983
铁路、船舶、航空航天和其他运输设备制造业	277	48	4655601	4594200	1292046	730949
电气机械和器材制造业	4365	567	91875204	87984169	20188661	20253618
计算机、通信和其他电子设备制造业	4615	808	236601298	231971637	88621707	48938830
仪器仪表制造业	496	67	7077431	6877629	1465738	1713606
其他制造业	218	29	1903916	1847610	503791	483745
废弃资源综合利用业	202	36	7010610	6937732	56469	1205070
金属制品、机械和设备修理业	35	3	187559	170964	15286	69774
电力、热力生产和供应业	121	23	2631020	2590760		755858
燃气生产和供应业	91	9	1535265	1495907		230795
水的生产和供应业	139	21	993851	954682		360527

续表 1

单位：万元

资产总计	流动资产合计	货币资金	应收账款	存货	产成品	非流动资产合计
12166026	7996835	1193140	1770236	1519053	520024	4185491
10757183	5929772	704614	1870917	1245680	454529	4826859
6299046	3521163	408356	1357021	637174	237327	2777876
14051678	10666381	1038454	2598008	4340111	2275702	3385287
2799512	1495193	126690	200240	275706	143856	1304318
25329308	15006138	1981409	4730126	2781848	1035155	10321858
19408024	13201943	4727371	1929741	2418833	1432022	6206079
358699	213794	21872	60013	79600	32129	144905
21933810	14400099	1497764	5047140	2698559	1064781	7533684
30545714	17739372	1934462	5716682	3922246	1896155	12806322
3754467	2080843	282065	425910	571551	209030	1673623
10255442	6856954	797307	1459131	2273051	1412205	3398482
25479138	15643064	1771783	5533286	3690341	1313127	9836044
23559530	15684813	2144850	5884377	3604338	1383566	7878323
27942151	18587647	3075538	5695909	4359908	1640428	9354486
21952148	16008312	1279363	6670850	2064384	725161	5943830
3451524	2351006	341542	704515	582298	169283	1100513
89759951	60539276	5834298	18662509	10562564	5084470	29220563
208515618	153223345	34498029	52233817	26021402	8336675	55292210
9728142	6906736	1021280	2580924	1415603	562939	2821402
1665025	1076167	194349	323207	266561	99092	588856
3645319	2028908	153910	398766	616806	305843	1616410
180506	128765	14569	52762	25172	12074	51742
9448417	2782383	645300	315988	133737	18083	6666032
1027234	427235	74695	65767	36768	6412	599999
2849714	987487	189941	193535	29206	6487	1862226

1-10

分组	固定资产原价	累计折旧	本年折旧	固定资产净值	负债合计	流动负债合计
总　计	184871287	86414876	16173101	98455962	384160524	336947384
在总计中：亏损企业	20056330	7809376	1458482	12246873	52879422	44777310
一、按轻重工业分组						
轻工业	76162178	37562656	6712777	38599435	125187572	108313470
重工业	108709109	48852220	9460324	59856526	258972953	228633915
二、按企业规模分组						
大型企业	59730664	29565232	6012817	30165428	167074396	144077130
中型企业	53569219	24515784	4211588	29053409	84541889	74795811
小微型企业	71571404	32333860	5948696	39237125	132544239	118074443
三、按照工业行业大类分组						
煤炭开采和洗选业						
石油和天然气开采业						
黑色金属矿采选业	257574	127118	8981	130456	367665	243748
有色金属矿采选业	33913	10135	2073	23778	101368	92221
非金属矿采选业	712390	229853	54950	482534	631146	535867
开采专业及辅助性活动	46891	29764	3704	17127	8353	7042
其他采矿业						
农副食品加工业	3928640	1667992	283828	2260639	9428354	8840258
食品制造业	2933456	1169396	199215	1764057	2829102	2450101
酒、饮料和精制茶制造业	1697623	840101	119162	857521	1406132	1309386
烟草制品业	114339	47766	2907	66573	201014	197782
纺织业	4310024	2192520	394401	2117494	4540948	4125581
纺织服装、服饰业	4658041	2370195	420041	2287831	6574099	5924020
皮革、毛皮、羽毛及其制品和制鞋业	2687799	2057602	280753	630273	2417065	2232640
木材加工和木、竹、藤、棕、草制品业	1329328	645476	98322	683848	1653055	1366931

续表 2

单位：万元

应付账款	非流动负债合计	所有者权益合计	实收资本	国家资本	集体资本	法人资本
115327814	44522840	255019297	95004706	1106501	2583762	55939752
13543791	7287033	22783967	17636349	236038	788065	11720066
30149537	15764265	91544914	32244255	182870	616462	17540977
85178277	28758575	163474383	62760451	923631	1967300	38398775
52689928	22997264	104716499	28001143	221405	528218	19250413
24371929	9735958	67408626	25458408	256235	1155580	15173349
38265957	11789618	82894172	41545155	628861	899964	21515990
74372	115868	299428	122680			95284
12826	9146	45822	28868	5169	50	10499
150974	80299	825142	365589		7783	232529
3987	1311	32490	3818			1983
1805693	563624	4173077	1776322	11557	35254	1089827
624390	372372	3763645	2074501	18531	25917	1283440
422532	96203	1655187	558579	3628	14344	315322
69036	3232	59814	22000			22000
891431	345152	2733490	1051137	4648	32911	552315
1776237	525654	5733966	1885482	833	71846	732952
652672	129633	1442060	624233	120	3677	344618
352334	228392	1389678	629343		740	301085

1-10

分组	固定资产原价	累计折旧	本年折旧	固定资产净值	负债合计	流动负债合计
家具制造业	2924635	1263238	235546	1661385	6668762	5740085
造纸和纸制品业	5370453	2176915	421528	3193530	6279118	5500329
印刷和记录媒介复制业	2872450	1466477	223257	1405964	3070987	2755734
文教、工美、体育和娱乐用品制造业	2473757	958684	220483	1515067	9022473	8325834
石油、煤炭及其他燃料加工业	1397301	465574	94223	931726	2185214	1546070
化学原料和化学制品制造业	8433203	3666240	663670	4766948	12790209	11350196
医药制造业	3412317	1281768	203457	2130546	9765619	6688174
化学纤维制造业	163239	79236	10142	84002	155516	142395
橡胶和塑料制品业	8810928	3820757	768277	4990135	13565853	12370593
非金属矿物制品业	16498256	8075742	1444799	8422514	18564969	16655345
黑色金属冶炼和压延加工业	2656403	1720037	257793	936365	2285929	2092958
有色金属冶炼和压延加工业	3559456	1399122	278056	2160327	6786444	6355492
金属制品业	11760523	5765244	1094436	5995243	15076064	13736312
通用设备制造业	6492801	2861055	544682	3631728	12997155	12019849
专用设备制造业	6960765	3032919	586641	3927827	14135502	12449648
汽车制造业	3964619	1537173	302180	2427442	15949432	14949782
铁路、船舶、航空航天和其他运输设备制造业	1130013	485181	79563	644829	2270972	2083203
电气机械和器材制造业	27035194	14930773	2660789	12104203	53350352	45241023
计算机、通信和其他电子设备制造业	33100187	14841063	3502178	18259083	132851253	118216504
仪器仪表制造业	1427975	638435	126813	789537	5002058	4602513
其他制造业	476586	190809	33809	285742	947354	836402
废弃资源综合利用业	1613505	518138	153383	1095366	2036406	1779784
金属制品、机械和设备修理业	56596	26096	4180	30500	93902	90110
电力、热力生产和供应业	6825213	2569989	267707	4255223	5742015	2612713
燃气生产和供应业	514748	137733	24327	377015	561492	492291
水的生产和供应业	2230148	1118562	102846	1111586	1847174	988473

续表 3

单位：万元

应付账款	非流动负债合计	所有者权益合计	实收资本			
				国家资本	集体资本	法人资本
1354398	769677	5498087	2415489	50	58984	920666
1455284	764230	4477707	2094789	1906	61185	1035502
897273	298652	3228049	1221920	5066	38329	531441
1834052	577573	5029278	2331054	23250	33650	1358276
355536	639144	614296	444228	6000	1078	299164
2642565	1285457	12539083	4677108	139101	314163	1909702
938832	3076116	9642403	2549918	15155	65929	1482906
31674	13121	203183	110211			53723
3600217	984127	8368676	3390733	10131	51452	1650034
5527082	1737673	11980722	5180211	101291	196304	2878208
291903	164272	1468537	479972	1200	3940	262880
948787	335519	3468993	1132063		7649	662179
3670673	1051193	10403465	3777555	40400	353440	1813812
4350763	939963	10565087	3735598	54581	108915	1838461
4074312	1644355	13806626	4827506	61254	99547	2326751
4661723	935805	6002710	2536762	23913	29022	2038658
683880	120128	1180548	664763	4600	14855	336727
16002743	7870787	36410112	12739195	59742	155053	7429734
51423688	14091875	75664348	25756694	185843	650972	18102925
1853862	388881	4726080	1577585	4364	16604	795283
308944	109840	717668	293294		2772	168402
645898	199229	1608912	409137	80704	-659	223097
37391	3792	86604	30604		720	20251
642411	3122645	3706041	2810463	160608	52176	2431557
117135	69201	465741	299545	54764	3010	208614
140307	858700	1002540	375761	28093	72149	178950

1-10

分组	个人资本	港澳台资本	外商资本	营业收入	主营业务收入	营业成本
总 计	32653243	1578996	1131398	757560754	746640673	630908793
在总计中：亏损企业	4459353	216811	207585	45161123	43726410	41541140
一、按轻重工业分组						
轻工业	12715108	750860	436309	270985314	267934162	226129078
重工业	19938135	828136	695089	486575440	478706511	404779715
二、按企业规模分组						
大型企业	7366663	501420	133023	291252236	285967049	231666530
中型企业	7754672	484237	626336	172264135	169357798	144197362
小微型企业	17531908	593338	372039	294044383	291315826	255044901
三、按照工业行业大类分组						
煤炭开采和洗选业						
石油和天然气开采业						
黑色金属矿采选业	27397			177417	175385	115653
有色金属矿采选业	13151			155606	131389	135232
非金属矿采选业	125090	187		1891184	1876925	1464662
开采专业及辅助性活动			1836	27948	27948	18318
其他采矿业						
农副食品加工业	597396	10569	31719	21660476	21458579	19544078
食品制造业	718973	15624	10516	8950757	8855319	6903429
酒、饮料和精制茶制造业	179812	4871	40603	3300266	3245625	2477562
烟草制品业				115309	99754	84280
纺织业	391015	39638	30608	13500806	13395796	11777171
纺织服装、服饰业	1058992	14939	5917	21189948	21106428	17668306
皮革、毛皮、羽毛及其制品和制鞋业	249471	21002	5143	9801685	9773689	8695977
木材加工和木、竹、藤、棕、草制品业	176516	150002	1000	4310460	4281559	3696586

续表 4

单位：万元

主营业务成本	税金及附加	主营业务税金及附加	销售费用	管理费用	财务费用	利息收入
619365015	3652988	3590812	28154365	51168284	4099805	1057214
40249336	278768	272917	1671238	4011607	935625	63075
223293668	1443726	1417004	11453866	14027862	1772570	257042
396071347	2209262	2173808	16700500	37140423	2327235	800173
224921415	1275854	1263717	14279384	24786692	798053	675853
141776182	940751	921718	6012100	9930353	1271133	237979
252667418	1436383	1405378	7862881	16451239	2030619	143382
113752	3062	3060	12015	15519	8791	26
111886	890	881	3266	6030	3419	14
1452948	35120	34763	68692	102871	10349	1692
18318	70	70	548	2575	-461	437
19355151	74156	72923	417683	571182	123496	29384
6790931	63382	62466	460513	488086	51254	9105
2433229	66153	66116	280861	146809	10502	-2255
77726	1324	1322	3460	8695	1322	-487
11690763	70571	69273	330027	526636	90656	7873
17594172	123523	121614	1030452	1086862	152611	13943
8674417	49210	48260	191541	419044	34201	1460
3671929	28350	27865	110381	178540	39864	2686

1-10

分组	个人资本	港澳台资本	外商资本	营业收入	主营业务收入	营业成本
家具制造业	1401505	8907	25376	15778013	15675360	13087113
造纸和纸制品业	808982	166747	20467	15205343	15057959	13338638
印刷和记录媒介复制业	597439	42875	6863	8082406	7994485	6830226
文教、工美、体育和娱乐用品制造业	857664	18199	40016	18996727	18889720	16669512
石油、煤炭及其他燃料加工业	106362	22499	9126	2842592	2821841	2562058
化学原料和化学制品制造业	2154475	68417	91249	29642578	29284862	24875322
医药制造业	929097	25620	31211	8558416	8463262	5081341
化学纤维制造业	50601	3695	2192	406002	405021	364512
橡胶和塑料制品业	1520623	58427	100064	30947972	30510290	26699633
非金属矿物制品业	1945769	53687	4951	39528695	39352486	33533033
黑色金属冶炼和压延加工业	204006	5676	2270	9335873	9294392	8508137
有色金属冶炼和压延加工业	403075	46606	12554	21663096	21577547	20077079
金属制品业	1483660	70619	15572	42895288	42554977	37335683
通用设备制造业	1516639	87774	129229	22762318	22356078	18705269
专用设备制造业	2277507	24017	38428	23751460	23459174	17853734
汽车制造业	393152	14088	37928	16414675	16087549	14080973
铁路、船舶、航空航天和其他运输设备制造业	252262	48064	8254	4612539	4492186	4078882
电气机械和器材制造业	4746003	274171	74491	90323658	88277724	74321343
计算机、通信和其他电子设备制造业	6316656	164970	326329	248850638	244370724	202356570
仪器仪表制造业	737851	17495	5989	7070968	6891841	5408957
其他制造业	119406	2015	699	1868870	1850936	1559369
废弃资源综合利用业	96496	5918	3200	7340726	7299393	6439975
金属制品、机械和设备修理业	9333	300		199443	195233	158364
电力、热力生产和供应业	74113	89948	2061	2875480	2592707	2315110
燃气生产和供应业	30682	1310	1165	1505880	1465235	1329414
水的生产和供应业	82074	120	14375	1019239	991296	757292

续表 5

单位：万元

主营业务成本	税金及附加	主营业务税金及附加	销售费用	管理费用	财务费用	利息收入
13016425	84701	82575	706383	960535	73758	23369
13208674	69627	68760	406051	639468	110921	43077
6760957	44975	43813	213685	469364	48232	5327
16342455	68830	66780	508633	810018	211581	22936
2549665	74950	74684	28863	77394	63933	2142
24572753	132304	130731	1140429	1725467	246033	10003
5035305	60683	59927	1128406	697118	170333	33982
363737	2488	2441	6612	23321	2819	186
26326854	158383	156129	779876	1751318	215667	26388
33395210	247136	242268	1291349	1795109	295508	14300
8472804	39224	38987	104842	166732	35806	1263
20000097	45233	44823	191781	601867	110615	10808
37059086	205241	202297	898037	2116128	223624	22604
18361951	115295	112724	914721	1715673	126247	11734
17647225	148882	146522	1396796	2300508	103074	30872
13822188	138604	137178	482174	930501	214111	10026
3986226	28893	28580	98560	257875	32318	2798
72470433	443355	432923	4314717	5345465	582946	80858
196521867	904624	888436	9987845	23804820	379978	623208
5281927	40189	39550	410010	816137	40931	3538
1552757	10749	10549	65140	158017	8718	757
6386907	38907	38671	105802	170650	50072	1295
154726	1130	1120	9149	18953	809	12
2040196	21008	20375	4602	131704	170942	11801
1307825	3441	3354	32779	41490	9746	64
741546	8330	8004	17684	89804	45081	-12

1-10

分　组	利息支出	投资收益	其他收益	营业利润	营业外收入	营业外支出
总　计	4671964	2972286	2747613	43644536	2236711	1536954
在总计中：亏损企业	849879	-3197	99124	-4086819	278575	352132
一、按轻重工业分组						
轻工业	1653723	1134801	428297	17254290	908666	593217
重工业	3018241	1837484	2319316	26390246	1328046	943738
二、按企业规模分组						
大型企业	1846932	1614086	1840801	21192532	673881	475811
中型企业	1306553	674893	482257	10440275	454839	330480
小微型企业	1518479	683307	424554	12011729	1107991	730663
三、按照工业行业大类分组						
煤炭开采和洗选业						
石油和天然气开采业						
黑色金属矿采选业	7096			9277	1195	693
有色金属矿采选业	1608		1493	7729	33	164
非金属矿采选业	5355	3	5862	212537	856	3656
开采专业及辅助性活动	72			10635	250	
其他采矿业						
农副食品加工业	122548	43967	8723	955640	50178	28505
食品制造业	43903	46088	19681	1045575	22687	10365
酒、饮料和精制茶制造业	12509	21814	6482	345029	127696	42303
烟草制品业	1802	37422	2	53569	55	31
纺织业	51045	101215	38280	857028	26041	40783
纺织服装、服饰业	76313	23433	30094	1150521	29843	29491
皮革、毛皮、羽毛及其制品和制鞋业	18686	2291	736	360473	10455	69594
木材加工和木、竹、藤、棕、草制品业	28327	2542	12062	269331	14628	6197

续表 6

单位：万元

利润总额	所得税费用	亏损企业亏损总额	利税总额	应交税金及附加	本年应付职工薪酬	本年应交增值税	从业人员平均人数（人）
44344299	6555797	4160393	66321840	28533338	64628299	18324553	7041941
-4160393	-133609	4160393	-2994781	1032003	5197590	886845	757696
17569738	2571147	1420273	26114446	11115854	23164836	7100981	3311451
26774561	3984650	2740119	40207394	17417484	41463462	11223572	3730490
21390601	3514076	827867	30590459	12713935	27811837	7924005	1693814
10564635	1429102	1408493	15315507	6179974	15948414	3810121	2121702
12389063	1612620	1924033	20415873	9639430	20868047	6590427	3226425
9778	13	2942	25240	15475	12359	12400	1859
7599	1399	2608	12579	6379	7084	4090	1168
209737	15169	7245	315813	121245	113785	70957	16944
10884	1061		11162	1339	7704	208	297
977313	90739	74056	1277935	391362	788086	226466	114601
1057897	149488	36027	1486026	577618	639301	364748	88795
430423	45866	5423	625388	240832	223428	128813	27345
53593	2630		60548	9585	5624	5632	693
842280	112145	26893	1235675	505540	1038403	322824	144037
1150951	149721	54481	1813169	811940	2404584	538695	390193
301337	42046	23558	553902	294611	1083602	203356	197672
277762	26887	10109	447452	196578	310015	141341	50025

1-10

分　组	利息支出	投资收益	其他收益	营业利润	营业外收入	营业外支出
家具制造业	60943	58808	8471	957939	22148	25618
造纸和纸制品业	129549	55414	22238	714306	37385	15801
印刷和记录媒介复制业	56357	53115	10802	532982	17193	24968
文教、工美、体育和娱乐用品制造业	174077	18649	48759	755269	37517	10707
石油、煤炭及其他燃料加工业	63808	5758	2745	42005	5626	5892
化学原料和化学制品制造业	210817	187938	71207	1746996	117183	50523
医药制造业	211737	42869	33999	1431640	39080	16129
化学纤维制造业	2099	494	3615	10463	4033	765
橡胶和塑料制品业	143594	34690	27436	1426437	69485	64707
非金属矿物制品业	243477	58379	36913	2362270	71915	158652
黑色金属冶炼和压延加工业	26309	1652	590	482790	43277	41944
有色金属冶炼和压延加工业	100085	16120	6169	667838	28516	22722
金属制品业	156534	23784	28836	2156557	95174	46188
通用设备制造业	134530	93647	87746	1287367	128240	41181
专用设备制造业	143706	320778	211770	2361725	131966	50015
汽车制造业	211055	88956	28297	605242	85118	29256
铁路、船舶、航空航天和其他运输设备制造业	31415	19048	7724	135069	20546	4647
电气机械和器材制造业	646177	426477	207773	5693275	370561	144863
计算机、通信和其他电子设备制造业	1240731	1005408	1654341	13374482	484118	472631
仪器仪表制造业	67105	99479	75944	458854	74461	11571
其他制造业	11713	7552	6169	77986	18635	2081
废弃资源综合利用业	32586	4177	21971	556713	19707	23168
金属制品、机械和设备修理业	814	321	418	11486	485	50
电力、热力生产和供应业	163642	43060	12070	293587	9936	21982
燃气生产和供应业	7164	23390		112487	1479	1221
水的生产和供应业	32677	3549	8197	111430	19013	17895

续表 7

单位：万元

利润总额	所得税费用	亏损企业亏损总额	利税总额	应交税金及附加	本年应付职工薪酬	本年应交增值税	从业人员平均人数（人）
954467	138074	60614	1496973	680580	1625409	457806	240993
735887	75157	28425	1245218	584488	911965	439705	137148
525209	65584	16122	782521	322895	754039	212336	101354
782078	70309	147141	1049587	337818	1803975	198679	271104
41739	18310	74316	150788	127359	65770	34100	6872
1813655	243897	99686	2631149	1061390	1620813	685190	198635
1454567	204748	56602	1867609	617790	609958	352359	67705
13732	1763	3207	33983	22014	31785	17764	5164
1431171	191831	177763	2290400	1051060	2816868	700846	429270
2275531	327649	214719	3666209	1718327	2831852	1143542	422998
484124	53705	10655	704010	273591	293183	180662	43876
673622	110332	18749	970728	407437	602762	251873	90626
2205539	276501	144936	3430293	1501255	3382782	1019513	515122
1374430	189868	134985	2091717	907154	2203975	601991	283703
2443676	260602	201223	3291873	1108799	3060053	699316	322264
661103	94995	72329	1002123	436015	1396342	202416	155498
150969	23719	49163	280539	153289	321651	100677	47359
5918974	1154659	626032	9077138	4312823	7564478	2714809	966105
13385987	2168670	1575850	20049618	8832301	24491734	5759007	1513351
521744	53195	97021	772933	304383	906944	211000	94906
94540	14748	18633	148131	68339	242803	42843	35885
553252	81700	10838	746441	274889	154454	154282	22493
11921	1539	1419	20929	10547	33278	7879	5858
281539	51209	49244	367349	137019	134152	64802	12333
112746	20942	4007	130869	39065	39730	14682	4934
112547	24931	23373	157824	70208	93569	36947	12756

1-11 按登记注册类型、轻重工业、企业规模和行业大类分组

分 组	企业单位数（个）	亏损企业	工业总产值（当年价格）	工业销售产值（当年价格）	出口交货值	工业增加值（当年价格）
总 计	12231	2307	511446471	500520276	203840929	115256841
在总计中：亏损企业	2307	2307	38316312	37393867	16903910	6923124
一、按登记注册类型分组						
港、澳、台商投资企业	8165	1542	254323886	247239746	108175962	61793916
外商投资企业	4066	765	257122585	253280530	95664967	53462925
二、按轻重工分组						
轻工业	6098	1173	162499958	158558904	58399377	41363543
重工业	6133	1134	348946513	341961373	145441552	73893298
三、按企业规模分组						
大型企业	863	75	285278247	278054404	128101407	63446180
中型企业	3289	503	129913723	127629248	47549859	32310893
小微型企业	8079	1729	96254501	94836624	28189663	19499768
四、按照工业行业大类分组						
煤炭开采和洗选业						
石油和天然气开采业	3		5050849	4959940	90418	4556707
黑色金属矿采选业						
有色金属矿采选业	1		17670	16558		8695
非金属矿采选业	9	1	99675	92055	16330	28347
开采专业及辅助性活动	1		25327	25327		21592
其他采矿业						
农副食品加工业	133	22	8302411	8221893	661315	860573
食品制造业	172	32	11172122	10775393	687349	4500419
酒、饮料和精制茶制造业	65	12	5789833	5777625	75021	1659551
烟草制品业						
纺织业	360	79	7996426	7804366	2992436	1953741
纺织服装、服饰业	610	129	9170525	8864768	4188980	2786553
皮革、毛皮、羽毛及其制品和制鞋业	513	106	7877381	7774000	4514427	2393368

的规模以上外商和港澳台商投资工业企业主要经济指标

单位：万元

资产总计	流动资产合计	货币资金	应收账款	存货	产成品	非流动资产合计
432152033	274166016	43462321	95737146	60875596	22836725	157982071
59128856	31455158	3522712	10833901	8194337	3135533	27669846
237449860	151437549	20232974	53649599	34574746	13219326	86008409
194702173	122728467	23229347	42087546	26300850	9617400	71973662
133776460	89518439	13522412	24944450	23307968	9858541	44251301
298375573	184647577	29939909	70792696	37567629	12978184	113730770
233130163	150579165	23648193	55186789	30369571	12550619	82550996
113029084	66260048	10702594	22326204	16835469	5843176	46769004
85992786	57326804	9111534	18224153	13670556	4442930	28662071
7112127	341143	36792	20270	210628	41353	6770984
48750	8384	4723		1812	887	40365
89540	36012	13009	5972	13873	4634	53529
37260	21505	8329	11168	1798		15755
4971975	3617061	728685	656215	870070	354758	1354913
8434411	5473245	1710318	993365	932918	512925	2961167
4755031	2808189	339361	684842	335031	90974	1946842
6326739	4100592	509990	1122474	1389222	393751	2226143
6139460	4447094	457511	1452619	1465795	521541	1685698
5222563	3611181	428460	1380807	1064778	364837	1611377

1-11

分　组	企业单位数（个）	亏损企业	工业总产值（当年价格）	工业销售产值（当年价格）	出口交货值	工业增加值（当年价格）
木材加工和木、竹、藤、棕、草制品业	70	17	891310	878698	167028	221046
家具制造业	310	61	6408995	6310224	3130258	1535695
造纸和纸制品业	289	44	10391325	10381534	1153013	2376426
印刷和记录媒介复制业	206	39	4838773	4742658	2262989	1390840
文教、工美、体育和娱乐用品制造业	673	152	17503338	16572303	8110240	3549669
石油、煤炭及其他燃料加工业	21	3	4954166	4915306	44910	1773833
化学原料和化学制品制造业	614	107	27731475	27398951	2953689	6237865
医药制造业	90	9	5240651	4832544	301730	1705259
化学纤维制造业	23	8	997704	943194	167387	247076
橡胶和塑料制品业	1216	240	21587339	21297512	9131432	5078771
非金属矿物制品业	370	64	10257872	10156984	1986691	3583224
黑色金属冶炼和压延加工业	73	13	7279874	7256531	505007	759248
有色金属冶炼和压延加工业	141	27	8150064	8071482	1047462	1041515
金属制品业	926	156	17650103	17151390	7332289	4245389
通用设备制造业	565	100	20197299	20100440	9137880	4198886
专用设备制造业	570	93	11443319	11167819	4792660	3232787
汽车制造业	434	45	69425894	68569180	3888122	15342952
铁路、船舶、航空航天和其他运输设备制造业	118	29	3725433	3663606	1841019	768932
电气机械和器材制造业	1301	225	42550504	41725698	22147334	9237342
计算机、通信和其他电子设备制造业	1848	405	146382061	142010374	105339618	24091567
仪器仪表制造业	203	36	4233837	4125218	2559752	1149379
其他制造业	118	21	1317904	1255860	911437	357205
废弃资源综合利用业	20	5	1158577	1112448	14778	202757
金属制品、机械和设备修理业	14	1	1296696	1293548	646105	370780
电力、热力生产和供应业	78	17	6134600	6092830	544319	2696125
燃气生产和供应业	50	4	3067740	3056651	95368	636785
水的生产和供应业	23	5	1127400	1125367	402135	455941

续表 1

单位：万元

资产总计	流动资产合计	货币资金	应收账款	存货	产成品	非流动资产合计
1223868	853751	75082	263095	159110	64364	370117
4823450	3529833	519202	932704	931272	289735	1293613
10343021	5660550	745870	1285505	1243009	435901	4682469
5282225	3079521	475455	1111296	640414	200504	2202701
11596482	9125614	610335	2207868	4363009	2800773	2470862
3480453	2411334	180282	210853	516972	130841	1069119
23994856	13075692	2524188	3622308	2811241	1124782	10921992
7042061	4828526	707710	888574	988966	539743	2213534
1071390	566801	84099	145979	156103	107702	504589
17898267	11825089	2058715	4063741	3185108	1150262	6073163
11491224	6887831	1124798	1770471	1301843	582956	4603390
5218159	2684293	376334	457263	926788	328286	2533865
4580107	3083943	360913	1099179	643183	272623	1496164
13399381	8586643	1290034	3264634	2333861	672383	4812728
15987741	12382398	2741645	4652595	2585469	1029860	3605336
10596349	7496057	989436	2752667	2291587	735833	3100285
43841446	29876292	7715379	9052425	4491426	1664627	13965150
5536552	3425219	1066234	1123239	516622	144839	2111334
36265337	25285731	3210636	9062148	5331319	1975740	10979594
114836814	82818911	9488694	38766147	16532881	5895947	32017885
3505195	2698438	489668	911500	727599	246010	806755
969064	683182	74073	194270	268346	97958	285880
357126	200944	22897	33424	46025	15438	156183
1199914	971646	140778	592515	211058	2541	228268
27303389	5384680	1517468	638558	1255584	26937	21918708
2859944	1393397	493944	197703	114387	14455	1466546
4310365	885298	141274	108755	16491	27	3425067

1-11

分　组	固定资产原价	累计折旧		固定资产净值	负债合计	流动负债合计
			本年折旧			
总　计	205998106	114806446	13821513	97300666	235968854	201160880
在总计中：亏损企业	28075026	12367104	1538426	15707900	39585265	28712866
一、按登记注册类型分组						
港、澳、台商投资企业	107932316	63452239	7311450	50589903	131207797	112571740
外商投资企业	98065791	51354207	6510063	46710763	104761057	88589141
二、按轻重工分组						
轻工业	57934854	31792593	3775705	26142205	65859686	59763448
重工业	148063252	83013853	10045808	71158461	170109168	141397432
三、按企业规模分组						
大型企业	104669204	61276590	7791889	49502515	133594120	117107871
中型企业	57854058	28995355	3381381	28858678	56992326	44997008
小微型企业	43474844	24534501	2648244	18939473	45382407	39056002
四、按照工业行业大类分组						
煤炭开采和洗选业						
石油和天然气开采业	8939805	12531546	916928	2518165	5944809	3648715
黑色金属矿采选业						
有色金属矿采选业	39942	11030	2271	28912	26450	26443
非金属矿采选业	61906	27181	8288	34725	51010	34381
开采专业及辅助性活动	45332	29577	3632	15755	5076	5076
其他采矿业						
农副食品加工业	1599303	790161	86619	809140	2537952	2426304
食品制造业	3594914	1838389	203030	1756523	3808876	3648416
酒、饮料和精制茶制造业	2926707	1638225	196811	1288482	2332820	2275921
烟草制品业						
纺织业	4189757	2606141	224140	1583613	2832243	2579864
纺织服装、服饰业	2940621	1733855	174665	1206761	2842154	2520357
皮革、毛皮、羽毛及其制品和制鞋业	2267901	1299943	213726	967953	2589083	2384058

续表 2

单位：万元

应付账款	非流动负债合计	所有者权益合计	实收资本	国家资本	集体资本	法人资本
93269590	33764606	196157577	96253815	7292976	538584	16711435
11629989	10146825	19518091	19444994	2437773	28009	3425549
50051706	17865715	106216502	50569767	1740723	266078	8538890
43217884	15898890	89941075	45684047	5552254	272506	8172545
22148498	5668163	67891227	34588237	530693	220644	4128601
71121092	28096443	128266350	61665578	6762284	317940	12582834
59447293	16486248	99536039	38037758	2411902	175612	8043557
19093213	11995312	56036733	30812414	3439416	205390	4462278
14729083	5283046	40584806	27403643	1441659	157582	4205600
1015029	2296094	1167319	41385	31038		
2746	7	22300	25614			
8621	16629	38530	40910		3600	18700
2021		32184	3671			1836
597068	97094	2434022	1143001	25028	4499	76043
1384152	160460	4625535	1654714	27804	6546	127963
649045	60079	2422211	1530427	87497	15881	117262
1007979	221324	3494493	2542415		1650	238314
1028699	275787	3271811	2075771		15802	211272
1134740	164099	2633475	1592375		2283	175282

1-11

分　组	固定资产原价	累计折旧	本年折旧	固定资产净值	负债合计	流动负债合计
木材加工和木、竹、藤、棕、草制品业	440872	217945	34596	222927	602607	474853
家具制造业	1774317	871931	127129	902384	2679821	2547022
造纸和纸制品业	7072372	3846548	445514	3225820	4182355	3719063
印刷和记录媒介复制业	3115909	1642712	195582	1473194	2322356	1926019
文教、工美、体育和娱乐用品制造业	3334697	1707978	228946	1626712	6641076	5370723
石油、煤炭及其他燃料加工业	1410121	678138	115896	731195	2153887	1606295
化学原料和化学制品制造业	14971484	7450783	864839	7520695	12079547	9779344
医药制造业	1845109	881462	102584	963646	3116540	2954671
化学纤维制造业	859942	461203	61545	398739	489976	420387
橡胶和塑料制品业	8655709	4795049	576876	3860648	8883161	8216482
非金属矿物制品业	7528165	3897175	453232	3630986	5202021	4687941
黑色金属冶炼和压延加工业	3462052	1576314	161770	1885738	3335921	2792234
有色金属冶炼和压延加工业	2249351	1101841	156773	1147508	2845239	2678930
金属制品业	7319406	3892801	509465	3426594	6099912	5695855
通用设备制造业	5428414	3160752	386702	2267658	8733678	8226205
专用设备制造业	4039602	2079352	281228	1960243	5377751	4834521
汽车制造业	20239559	11021743	1461830	9217812	26872527	25281993
铁路、船舶、航空航天和其他运输设备制造业	1983231	816460	100409	1166770	2431353	2075786
电气机械和器材制造业	11692141	6529355	860954	5162775	18785157	17029071
计算机、通信和其他电子设备制造业	42244670	23977199	3756215	18267456	64886716	60574824
仪器仪表制造业	1208795	696017	88521	512777	1712095	1610925
其他制造业	471875	239438	31268	232435	410736	390364
废弃资源综合利用业	223648	87827	15824	135821	155775	121276
金属制品、机械和设备修理业	368193	212201	18206	155991	629425	573242
电力、热力生产和供应业	24030427	8885043	628265	15145383	18148243	5548928
燃气生产和供应业	1742740	628308	68986	1114432	1750838	1609701
水的生产和供应业	1679121	944822	58245	734299	2469670	864694

续表 3

单位：万元

应付账款	非流动负债合计	所有者权益合计	实收资本	国家资本	集体资本	法人资本
127028	127754	621262	403286		10792	91883
823531	103526	2143627	1120975	198	8474	222445
1013941	461532	6160663	3480271	213458	99664	340634
808743	389294	2959867	1727051	4999	5174	166828
1856050	1236981	4955401	2468443	4833	2692	312831
506421	547592	1326567	787509	322500	931	152849
3472072	2285919	11915304	7275206	1077436	57771	609912
720150	161869	3925518	1163286	24289	4371	176806
111094	55085	581414	287934	54557		65689
3883715	567229	9015093	5337621	61979	33796	685078
1474651	478999	6289201	2911971	86540	22733	523171
712816	310803	1882237	1256528	169859	1545	299262
713835	152615	1734867	1007459			163564
2094346	389473	7299457	4482856	81103	6907	706621
4317695	451744	7254059	2996981	33176	11280	547660
2197561	517907	5218591	2502835	25828	6036	457485
10719282	1515265	16968915	7043138	1114769	11838	1583255
729425	354780	3105199	1732682	94461	14608	520871
7817419	1663678	17480171	7052237	41952	9016	1280456
39940946	4165048	49950078	20358219	106334	155358	4219526
669501	85606	1793099	894863	510	9120	48482
189477	20371	558327	378015		1448	61250
37926	28354	201351	52956	1593		18124
217874	56183	570489	179244	25256		83902
953601	12599316	9155145	7214582	3282159	10654	1978979
223466	141137	1109105	693140	72997	2922	297179
106927	1604976	1840695	794247	220823	1194	130022

1-11

分　组	个人资本	港澳台资本	外商资本	营业收入	主营业务收入	营业成本
总　计	1849200	37239716	32873386	514312905	504508964	435338377
在总计中：亏损企业	292796	6576775	6684092	39902168	38442796	36762707
一、按登记注册类型分组						
港、澳、台商投资企业	1234002	34212533	4829024	251728561	247483167	210812123
外商投资企业	615198	3027182	28044362	262584344	257025797	224526254
二、按轻重工分组						
轻工业	1176565	17892774	10638961	163780004	161002087	132720767
重工业	672636	19346942	22234425	350532900	343506877	302617610
三、按企业规模分组						
大型企业	632793	14522887	12251007	287456580	281606387	244586509
中型企业	610184	11344282	10750865	129191184	127160141	107262834
小微型企业	606223	11372547	9871514	97665141	95742437	83489035
四、按照工业行业大类分组						
煤炭开采和洗选业						
石油和天然气开采业			10347	5120002	5117478	2090678
黑色金属矿采选业						
有色金属矿采选业		25614		16558	16558	10688
非金属矿采选业	3600	15010		89235	89067	73362
开采专业及辅助性活动			1836	25327	25327	16639
其他采矿业						
农副食品加工业	46466	471583	519382	8952755	8857477	8190752
食品制造业	15070	797618	679714	11440145	11237770	6199917
酒、饮料和精制茶制造业	33759	585621	690407	5632017	5491798	3753869
烟草制品业						
纺织业	38421	1683021	581011	7940562	7829114	6896099
纺织服装、服饰业	57810	1474909	315978	9033068	8872379	7636745
皮革、毛皮、羽毛及其制品和制鞋业	30177	842348	542285	7951578	7894290	6850792

续表 4

单位：万元

主营业务成本	税金及附加	主营业务税金及附加	销售费用	管理费用	财务费用	利息收入
427329269	5410864	5291273	16147622	26209055	1792074	837818
35547040	304359	299011	1556067	3285612	608522	101419
207472557	1713992	1689660	8409707	14708935	1361369	430896
219856712	3696872	3601613	7737915	11500121	430705	406922
130222497	1017892	997031	10111508	10433518	532207	218458
297106772	4392972	4294242	6036115	15775537	1259866	619360
239630528	3229987	3207986	9470807	12573165	621023	649599
105835569	1667025	1584246	3956130	7702296	539339	60057
81863173	513853	499041	2720685	5933594	631712	128161
2090678	297344	297344	8414	98221	78534	5188
10688	829	829		1676	152	
73362	1837	1837	3847	4858	662	160
16639				2396	-534	437
8094751	15668	14304	174843	184340	13205	6886
6023971	115873	111387	2650582	757362	-28342	28902
3632743	113233	112900	978260	258856	9603	-3776
6804483	38252	37895	143180	405956	27947	-2750
7487092	59414	58782	278853	720090	29155	2484
6794150	48246	48082	185909	701997	8018	9350

1-11

分组				营业收入	主营业务收入	营业成本
	个人资本	港澳台资本	外商资本			
木材加工和木、竹、藤、棕、草制品业	10912	259852	29846	908223	888636	758438
家具制造业	16369	559792	313697	6537242	6496799	5527167
造纸和纸制品业	96312	1500519	1229684	10645006	10397209	9030875
印刷和记录媒介复制业	47544	953512	548994	4775148	4710236	3942401
文教、工美、体育和娱乐用品制造业	35935	1505816	606336	17227021	17061417	15550081
石油、煤炭及其他燃料加工业		77314	233914	4939259	4931909	3401601
化学原料和化学制品制造业	120152	1707467	3702470	28848502	28372063	22106190
医药制造业	40920	549164	367736	4969540	4912925	2602101
化学纤维制造业	6338	94685	66665	926936	923655	751503
橡胶和塑料制品业	166585	2785533	1604650	21157910	20862322	18099753
非金属矿物制品业	56396	1459834	763298	10380822	10261406	7971860
黑色金属冶炼和压延加工业	19537	276462	489863	7612362	7392413	7128283
有色金属冶炼和压延加工业	26071	416798	399643	8226161	8129371	7498665
金属制品业	59530	2373125	1255570	17633574	17107062	15260704
通用设备制造业	64601	1042707	1297557	20541094	20219246	17450675
专用设备制造业	43458	1137926	832102	11247045	11130377	9112779
汽车制造业	40465	458467	3834344	70995896	69335658	59911788
铁路、船舶、航空航天和其他运输设备制造业	27202	520084	555454	3754320	3689969	3323919
电气机械和器材制造业	457845	3004168	2258799	43079467	41995449	37244256
计算机、通信和其他电子设备制造业	251323	8661237	6964440	145073276	142413451	132502765
仪器仪表制造业	31745	527160	277847	4160118	4109744	3390821
其他制造业	2261	240616	72440	1264423	1246830	1064264
废弃资源综合利用业	1798	17931	13511	1118790	1110762	983949
金属制品、机械和设备修理业		28154	41932	1308538	1291691	1086407
电力、热力生产和供应业		968430	1227227	6477335	5930988	4580036
燃气生产和供应业	600	115006	204436	3122436	3006939	2647507
水的生产和供应业		102236	339973	1181213	1149182	690049

续表 5

单位：万元

主营业务成本	税金及附加	主营业务税金及附加	销售费用	管理费用	财务费用	利息收入
747279	8693	8522	36701	50302	17491	12
5438058	36412	36148	239937	401384	13768	5447
8855845	58220	52931	303729	541210	51535	44739
3914015	24424	24213	157753	370574	24145	2471
15427471	61317	58681	239485	985651	78030	21702
3395614	908345	908345	101956	96899	48200	10419
21750404	169677	167618	2577485	1553292	212656	20647
2571666	46899	46858	1135290	429748	27906	5291
749432	3830	3830	20868	55845	10113	1261
17849249	107233	105879	584038	1531556	88555	55504
7889955	83899	82611	310249	554533	42644	9334
6945214	23463	23279	84252	102623	71514	6042
7424044	24651	24150	73671	253030	42978	2190
14814979	97800	96279	387739	1064012	16272	15033
17171460	93670	92684	632556	1202031	28019	38848
9041430	63552	62687	385006	912317	16190	4762
58496544	2031562	2027231	993789	3309749	85501	101464
3289446	20644	20284	86286	276855	-20940	17941
36121919	210830	207503	1160450	2543896	201359	38704
130426410	457374	444965	1916100	5965438	72969	355809
3362822	22217	21796	179409	331452	6288	318
1058290	7777	7777	27884	114015	2789	164
974119	3383	3367	3491	37931	7529	2117
1075961	9291	9266	13455	76146	12628	-12
4244185	129181	55538	1240	154604	320450	34726
2605041	8915	8906	37784	92234	28042	-11072
659859	6910	6568	33132	65978	147044	7076

1-11

分 组	利息支出	投资收益	其他收益	营业利润	营业外收入	营业外支出
总 计	2454135	2271237	949285	32216370	1809979	1208899
在总计中：亏损企业	487179	149524	76432	-2437756	193237	559653
一、按登记注册类型分组						
港、澳、台商投资企业	1562066	941976	495159	16154912	992597	537747
外商投资企业	892069	1329261	454126	16061457	817382	671152
二、按轻重工分组						
轻工业	651690	988361	286068	10338949	652504	373701
重工业	1802446	1282876	663218	21877421	1157474	835198
三、按企业规模分组						
大型企业	1301775	1768761	673514	19071284	808892	553602
中型企业	606426	339872	187247	8423720	567367	280725
小微型企业	545934	162604	88525	4721366	433720	374572
四、按照工业行业大类分组						
煤炭开采和洗选业						
石油和天然气开采业		1513	2715	2546139	29010	905
黑色金属矿采选业						
有色金属矿采选业		23		3235	20	137
非金属矿采选业	55		1502	6171	263	1319
开采专业及辅助性活动				10562	250	
其他采矿业						
农副食品加工业	25584	24731	5119	397228	10520	11667
食品制造业	12191	33589	39992	1785194	47240	38424
酒、饮料和精制茶制造业	13843	27706	6181	525346	20710	11468
烟草制品业						
纺织业	24813	14753	1826	444661	39620	19223
纺织服装、服饰业	19715	27901	361	329406	26681	23320
皮革、毛皮、羽毛及其制品和制鞋业	12034	28088	829	194724	41936	21917

续表 6

单位：万元

利润总额	所得税费用	亏损企业亏损总额	利税总额	应交税金及附加	本年应付职工薪酬	本年应交增值税	从业人员平均人数（人）
32817548	6040101	2804132	48617933	21840486	49245400	10389521	5916144
-2804132	-34327	2804132	-2019341	750463	5781532	480431	782031
16609880	2713192	1410192	23774230	9877541	27987382	5450358	3792380
16207668	3326909	1393940	24843704	11962945	21258018	4939163	2123764
10617751	1941386	936013	15999416	7323051	19969232	4363773	2754722
22199797	4098715	1868118	32618517	14517435	29276168	6025748	3161422
19326674	3330474	829574	28222757	12226557	26628020	5666097	2803378
8710366	1682355	724612	13265601	6237590	14740324	2888211	2006550
4780509	1027273	1249945	7129575	3376339	7877056	1835214	1106216
2574245	279165		3404809	1109729	185259	533220	5573
3118			4212	1095	2924	266	252
5115	535	820	11173	6592	9117	4221	792
10811	1061		10835	1084	7422	23	270
396082	69626	23765	478880	152424	263562	67130	28114
1794052	351092	14828	2678343	1235384	1081539	768419	85001
534587	129186	32833	922827	517425	484088	275006	38084
465059	79788	53400	666760	281488	843858	163449	123684
332767	69152	62088	577774	314159	1925436	185593	302436
214747	45481	108180	416907	247641	1570801	153914	266067

1-11

分　组	利息支出	投资收益	其他收益	营业利润	营业外收入	营业外支出
木材加工和木、竹、藤、棕、草制品业	10540	1975	2819	41326	4295	3087
家具制造业	17814	64323	3080	391963	21311	15253
造纸和纸制品业	86907	7213	64521	728125	74678	14580
印刷和记录媒介复制业	31570	5156	8214	262857	31421	13029
文教、工美、体育和娱乐用品制造业	35705	40595	56243	575006	28147	16154
石油、煤炭及其他燃料加工业	57750	2582	-477	381709	4059	844
化学原料和化学制品制造业	164934	267517	38238	2515868	71070	67836
医药制造业	23403	55376	20660	783292	26186	10171
化学纤维制造业	6868	288	5179	90073	21208	4012
橡胶和塑料制品业	67537	141616	17665	981606	105295	65236
非金属矿物制品业	67230	15721	15247	1438750	63775	49450
黑色金属冶炼和压延加工业	65038	3507	46618	247570	16364	5704
有色金属冶炼和压延加工业	35908	1810	663	337585	14020	198638
金属制品业	64806	-1946	11765	803185	57469	52715
通用设备制造业	47966	23445	29814	1155138	112393	115899
专用设备制造业	34471	10692	20049	745015	58477	19399
汽车制造业	226602	635995	198860	5308071	124400	55836
铁路、船舶、航空航天和其他运输设备制造业	19842	7410	13127	74704	25026	19624
电气机械和器材制造业	261573	307378	56603	2069155	161326	90699
计算机、通信和其他电子设备制造业	514489	399741	179963	4596770	527012	221214
仪器仪表制造业	16183	6171	6938	238657	13851	14502
其他制造业	3884	714	419	49434	3448	2486
废弃资源综合利用业	3769	245	582	83520	908	1663
金属制品、机械和设备修理业	10813		10393	113613	1007	740
电力、热力生产和供应业	315754	48725	65163	1331119	14360	15932
燃气生产和供应业	41899	28811	13566	348949	7522	3790
水的生产和供应业	112647	37874	4848	280645	4701	2030

续表 7

单位：万元

利润总额	所得税费用	亏损企业亏损总额	利税总额	应交税金及附加	本年应付职工薪酬	本年应交增值税	从业人员平均人数（人）
42535	6521	12111	81905	45891	86525	30677	13344
398019	50908	43556	555896	208786	837200	121465	117405
788224	139101	36873	1206219	557097	653926	359776	83385
281250	56165	25311	413771	188686	748387	108097	107607
586997	99641	89501	811287	323932	2386530	162974	400805
384923	95608	71959	1507491	1218175	65245	214223	6052
2519105	536505	114295	3797155	1814556	1530981	1108373	119725
799282	105498	10513	1177934	484149	480679	331752	38532
107270	25927	15261	128537	47194	68066	17437	6002
1021648	190587	225777	1527534	696473	2816853	398653	397913
1453073	286151	55699	1951397	784476	1030437	414425	129438
258231	43605	40316	392661	178035	162380	110968	16126
152967	62261	215515	291175	200469	310736	113557	44010
807940	144602	111468	1224765	561427	2153932	319025	292009
1151634	243249	137139	1613905	705520	2130261	368602	228591
784094	141363	73862	1074967	432236	1779627	227320	198809
5376636	1039019	168851	9160444	4822827	5110190	1752246	310697
80107	31196	90879	147297	98386	464783	46545	48170
2139780	385729	168043	3061308	1307257	5211567	710698	708692
4902666	897592	639057	6254003	2248928	13229419	893962	1634538
238003	49133	59052	322826	133956	641767	62606	93074
50395	8527	6363	72573	30706	248188	14401	35289
82764	18345	990	100915	36496	23712	14767	2945
113880	17014	304	151987	55122	192396	28817	8711
1329546	190652	77848	1675432	536539	317445	216705	13030
352682	83982	10490	423262	154563	68113	61665	5348
283316	66133	7185	318771	101588	122048	28545	5624

1-12 按行业大类分组的规模以上

行业	企业单位数（个）	亏损企业	工业总产值（当年价格）	工业销售产值（当年价格）	出口交货值	工业增加值（当年价格）
总计	9023	1088	995449845	970407251	306036870	233308127
煤炭开采和洗选业						
石油和天然气开采业	2		5024732	4933823	90418	4537765
黑色金属矿采选业	3		86876	89180		32918
有色金属矿采选业	4		417567	419073		276819
非金属矿采选业	2		141251	135490	541	65176
开采专业及辅助性活动	2		243206	243206		70230
其他采矿业						
农副食品加工业	133	15	13545076	13436036	1432174	1581755
食品制造业	124	10	13586784	13029786	684842	5101454
酒、饮料和精制茶制造业	53	2	7728513	7583602	49883	2289387
烟草制品业	5		4141528	4889048	12575	3341469
纺织业	201	23	10037042	9776209	2867656	2404706
纺织服装、服饰业	514	65	16734013	16002631	3753721	4749199
皮革、毛皮、羽毛及其制品和制鞋业	320	47	8504416	8396625	4362136	2545775
木材加工和木、竹、藤、棕、草制品业	32	2	1208672	1196928	123217	308275
家具制造业	270	29	13024176	12846525	4378626	3298906
造纸和纸制品业	167	14	14337994	13985411	1087873	3284156
印刷和记录媒介复制业	156	16	6951436	6714386	2302587	1947350
文教、工美、体育和娱乐用品制造业	577	68	26570166	25403450	7882602	5424425
石油、煤炭及其他燃料加工业	12	1	30718532	30442195	484161	8797089
化学原料和化学制品制造业	222	20	23981882	23634018	2290443	5718753
医药制造业	115	7	12913416	12127049	680918	4125759
化学纤维制造业	13	4	950727	884984	124659	226822
橡胶和塑料制品业	623	79	25616710	25240607	7560782	6283001
非金属矿物制品业	428	47	23686686	23177285	2622772	7341868
黑色金属冶炼和压延加工业	41	1	17507142	17258466	391961	3457795
有色金属冶炼和压延加工业	88	8	16200183	15922188	1028690	2372767
金属制品业	590	44	29836178	29119083	7218119	7102302
通用设备制造业	332	28	27366561	27002821	9759563	5863449
专用设备制造业	376	41	20932287	20118316	5645029	6491352
汽车制造业	296	20	76093610	74998590	4502106	16845645
铁路、船舶、航空航天和其他运输设备制造业	89	17	7058709	6853010	2912608	1305185
电气机械和器材制造业	1120	158	102771856	98492393	37050391	25371893
计算机、通信和其他电子设备制造业	1741	273	360714766	349889479	189386930	72965993
仪器仪表制造业	161	25	7096557	6918932	3188918	1761413
其他制造业	51	6	1497674	1404255	828274	446749
废弃资源综合利用业	24		4257534	4184215	63009	796197
金属制品、机械和设备修理业	19	4	1658027	1635048	661164	485688
电力、热力生产和供应业	69	11	57375243	57167199	84486	12287517
燃气生产和供应业	8		2314518	2316925	95368	674464
水的生产和供应业	40	3	2617599	2538788	427668	1326661

大中型工业企业主要经济指标

单位：万元

资产总计	流动资产合计	货币资金	应收账款	存货	产成品	非流动资产合计
943953926	559854244	115664177	170389636	112859413	43315301	384099608
7004332	291542	36600	11799	210182	41353	6712790
396998	202550	5219	8806	17916	11481	194448
601626	100427	47179	6084	18601	5417	501199
285620	136724	77059	7784	6623	3929	148896
621142	204391	22317	149052	16465		416751
9868276	7187121	796627	976566	1342823	669303	2681153
9897481	6203974	1985524	966823	1092518	597201	3693508
6150425	3648059	682714	876191	543212	233077	2502366
5106667	4016181	807345	145321	2960574	124597	1090487
6607036	4042346	589038	1081447	1423973	468221	2564689
11198153	7300343	1233187	1945511	2374118	1181482	3897807
5557576	3867593	486456	1555907	1160838	467282	1689979
1446522	835917	99611	241459	172312	57533	610604
11618114	7445149	1225698	1583849	1570120	518779	4172961
14779537	7211422	834909	1570797	1479941	590384	7568115
7283315	3783238	527610	1415191	758645	264334	3500076
18050638	13606360	1334928	2664229	6312550	3985251	4444275
12762994	6320462	165792	725857	2476523	507170	6442532
24198726	12508360	2265250	3356585	2394625	910586	11690365
27134353	17841216	6069398	2365542	3369795	1985729	9293135
1082819	546961	70050	134844	168435	111915	535857
20307671	12152357	2157543	4225224	3184430	1235418	8155309
24321234	13067295	2047965	3077310	2910298	1474170	11253937
14082063	4305532	604563	406061	1603500	425923	9776531
9847837	5663933	1018340	1375676	1292191	512901	4183903
20999092	12077201	1720931	4269855	2994109	963588	8921886
27183128	18736251	3967518	7112136	3981452	1629654	8446876
23713727	15690533	2628232	4800939	4002104	1416021	8023191
53040160	35467620	9198074	11462714	5415679	2271411	17572537
12069744	7571723	2178352	1755827	1339855	245667	4498021
115016906	80480804	16760484	19802898	12512389	6063589	34536089
308856300	222228783	43938542	85234328	40165236	13614124	86627499
8918409	6107907	969644	2364432	1304602	492425	2810501
1381420	798151	117163	223711	269331	111545	583269
1826445	776507	71877	162451	196236	64441	1049938
1873412	1282287	231061	743969	270217	4884	591125
101472866	12224154	7199462	1213379	1407048	36656	89248712
3810343	1186409	457240	103788	73285	6169	2623934
13580822	2736463	1034676	265296	66666	11695	10844359

1-12

行业	固定资产原价	累计折旧	本年折旧	固定资产净值	负债合计	流动负债合计
总　计	399744501	205472553	27792878	200381792	527008961	444606013
煤炭开采和洗选业						
石油和天然气开采业	8881151	12528846	911787	2462212	5905068	3608974
黑色金属矿采选业	167069	86465	5023	80605	210430	115395
有色金属矿采选业	408679	186023	16173	222657	372241	203813
非金属矿采选业	103732	38645	2965	65087	73776	41731
开采专业及辅助性活动	490945	98267	24503	392678	200999	129307
其他采矿业						
农副食品加工业	2814664	1254789	200921	1559873	6767289	6431403
食品制造业	4188656	2041617	247852	2147039	4576954	4241445
酒、饮料和精制茶制造业	3432528	1803489	250439	1629039	3292034	3189742
烟草制品业	1399101	926151	77641	472950	1182504	1072236
纺织业	4571306	2775552	279746	1795752	3153628	2965636
纺织服装、服饰业	4318673	2367256	293335	1951413	4941161	4457562
皮革、毛皮、羽毛及其制品和制鞋业	2336455	1357525	216218	978928	2717149	2578004
木材加工和木、竹、藤、棕、草制品业	396148	207371	26993	188778	652986	558433
家具制造业	3234228	1425681	229506	1808546	6075219	5400880
造纸和纸制品业	9622803	4517730	611583	5105072	6567768	5565355
印刷和记录媒介复制业	3838993	1920542	250099	1918450	3110108	2586489
文教、工美、体育和娱乐用品制造业	4137075	1851806	275888	2285266	10315490	8879274
石油、煤炭及其他燃料加工业	11540280	6476935	630260	5063344	6866648	5343212
化学原料和化学制品制造业	11951710	5623949	670928	6327761	11988188	9733207
医药制造业	4550835	1957260	246567	2593574	12438290	9812711
化学纤维制造业	765313	346273	58481	419039	561173	494022
橡胶和塑料制品业	9917751	4985569	702420	4932178	10041253	9230483
非金属矿物制品业	15851315	7980127	1190936	7871184	12530274	11165194
黑色金属冶炼和压延加工业	12346625	4596416	789500	7750210	8494864	8003957
有色金属冶炼和压延加工业	5361664	2471751	393874	2889913	6373425	6001709
金属制品业	11361273	5843736	926271	5517532	10110769	9160091
通用设备制造业	8046063	4207279	607627	3838784	14135879	13225389
专用设备制造业	6827482	3149139	539119	3678341	11337042	9972164
汽车制造业	21579503	11207661	1555175	10371839	32504737	30551168
铁路、船舶、航空航天和其他运输设备制造业	4136456	1517034	203212	2619421	7314894	6405764
电气机械和器材制造业	32920059	18634790	3034579	14285261	69057100	61146976
计算机、通信和其他电子设备制造业	70455994	36355730	6808165	34100250	187939259	169827865
仪器仪表制造业	1961012	1011784	162575	949228	4549030	4207397
其他制造业	558555	265235	37712	293319	619917	539717
废弃资源综合利用业	1206809	332274	86036	874535	760912	617979
金属制品、机械和设备修理业	842082	359598	33495	482484	1058688	836948
电力、热力生产和供应业	103218654	47991309	4788220	55227345	48760849	22696380
燃气生产和供应业	2396267	821154	95452	1575113	1829833	1154346
水的生产和供应业	7606593	3949798	311604	3656795	7621137	2453657

续表 1

单位：万元

应付账款	非流动负债合计	所有者权益合计	实收资本			
				国家资本	集体资本	法人资本
173840120	82392815	416944902	159823834	36005863	2253044	53586458
986666	2296094	1099264				
9220	95035	186568	75884			70456
27265	168428	229385	21856	6937		14919
16993	32046	211844	120600			120600
96899	71692	420143	228562	228562		
1134972	335886	3100985	1297406	97379	3521	431165
1531547	334139	5320528	1648448	72222	21393	438199
923339	102292	2858391	1341341	153988	19949	374252
219835	110268	3924163	1381883	1377883		4000
953536	187991	3453407	2028492	12290	14205	242043
1592383	483597	6256989	2616741	1600	70778	563469
1211047	139144	2840424	1403833	4939	2726	291494
138774	94552	793536	413871	103444	35804	76000
1286655	669481	5542894	2379561		50378	766700
1412440	1002413	8211768	4198000	250091	53495	1101346
973706	523619	4173206	1886641	33226	11704	335351
2168287	1436214	7735147	3188799	46415	24177	1099449
2064328	1523437	5896345	4292857	3098237	47	1003521
2740760	2254980	12210537	5778336	1238893	284475	708595
1424212	2625578	14696062	3189401	431093	77727	1242619
105120	67151	521646	252453	54557		68701
3953018	810768	10266413	4677525	80159	57023	1156482
3228633	1361198	11790958	4689372	339908	98865	1980950
1445891	490908	5587198	3872585	159593		3187799
953194	371716	3474412	1549905	152618	96526	599045
2846628	950676	10888318	4484498	129917	316468	1390547
6204657	910490	13047247	3947861	280761	45847	1076057
3688436	1364877	12376681	4071925	109454	55905	1441656
13295205	1953568	20535421	8383007	2527462	28155	2072111
1574592	909129	4754850	3293174	1506379	30008	723851
21820260	7910120	45959795	13693056	639653	69961	6418370
85196791	18111389	120917025	38469727	633127	756610	19348856
1674049	341633	4369379	1713126	7055	5200	553231
231905	80200	761503	354978		2605	129683
213075	142933	1065533	178753	37100		104778
376708	221740	814724	525531	375527		90263
5616202	26064468	52712018	25493449	20697399	9225	3497092
182075	675487	1980510	865486	177813	10100	460490
320818	5167479	5959685	1814913	940182	165	402316

1-12

行　　业	个人资本	港澳台资本	外商资本	营业收入	主营业务收入	营业成本
总　计	17555002	26569589	23845880	1016101818	996285189	840623419
煤炭开采和洗选业						
石油和天然气开采业				5093885	5091361	2076870
黑色金属矿采选业	5428			88372	88224	44028
有色金属矿采选业				426109	415549	228789
非金属矿采选业				142485	138260	89420
开采专业及辅助性活动				243206	243206	216599
其他采矿业						
农副食品加工业	209927	338350	217063	14578666	14387447	13338333
食品制造业	351692	381977	382964	13675754	13481856	7848627
酒、饮料和精制茶制造业	118369	109252	565531	7691993	7534493	5153672
烟草制品业				4890552	4066686	2049438
纺织业	82413	1311849	365693	9911311	9792332	8509334
纺织服装、服饰业	655280	1094113	231501	16178678	15976670	13013723
皮革、毛皮、羽毛及其制品和制鞋业	55095	601928	447651	8535424	8481466	7304635
木材加工和木、竹、藤、棕、草制品业	15528	174737	8359	1354932	1329891	1128859
家具制造业	1026719	335759	200004	13171722	13065834	10652993
造纸和纸制品业	538095	1125029	1129943	14490130	14196594	12227269
印刷和记录媒介复制业	320863	712420	473078	6798409	6678806	5543418
文教、工美、体育和娱乐用品制造业	399964	1188378	430416	26422722	26195611	23281152
石油、煤炭及其他燃料加工业	22016	29668	139368	30759750	30377892	23352998
化学原料和化学制品制造业	1031628	858963	1655783	26399075	25910842	19961758
医药制造业	654517	480326	303119	12422961	12251346	6910617
化学纤维制造业	16624	89201	23370	872546	868383	707176
橡胶和塑料制品业	722590	1818636	842634	25162361	24745779	21406150
非金属矿物制品业	707519	1098956	463173	23434998	23256802	18519894
黑色金属冶炼和压延加工业	91823	96681	336689	17698732	17290974	15384295
有色金属冶炼和压延加工业	199092	302799	199824	16100246	15938520	14548455
金属制品业	509293	1539124	599149	29542776	29123669	25206572
通用设备制造业	755425	629892	1159879	28027794	27365389	23448808
专用设备制造业	1324862	655384	484666	19633517	19366130	14657555
汽车制造业	178571	300685	3276024	77911564	76088226	65518760
铁路、船舶、航空航天和其他运输设备制造业	139101	407585	486250	7285377	7108107	6706827
电气机械和器材制造业	2490350	2309120	1765601	113403042	109491253	92352998
计算机、通信和其他电子设备制造业	4170916	7500564	6051653	366627666	359931029	309493441
仪器仪表制造业	502765	426471	218404	6995112	6900731	5621398
其他制造业	34586	175410	12694	1419314	1397422	1159662
废弃资源综合利用业	21349	9234	6292	4180010	4139266	3596614
金属制品、机械和设备修理业	226	23646	35870	1686942	1657561	1425603
电力、热力生产和供应业	23721	363433	902580	57856186	57112836	54445815
燃气生产和供应业	46516	57149	113417	2349283	2227881	1797919
水的生产和供应业	132141	22871	317238	2638215	2570867	1692947

续表 2

单位：万元

主营业务成本	税金及附加	主营业务税金及附加	销售费用	管理费用	财务费用	利息收入
821747979	13683170	13494311	37780241	59659838	3948287	2244817
2076870	297324	297324	8414	95632	78545	5177
44003	1920	1918	4573	9831	5806	6
221638	13676	12526	1611	32962	13176	-28
86423	5977	5721	5721	17507	-410	1540
216599	367	367	390	10020	2247	232
13171333	26314	25111	260748	281295	56185	25742
7683473	129841	124739	2880151	845730	-13657	35038
5045013	184518	184034	1247186	342682	-4001	3178
1268330	2098977	2098070	95022	243008	7266	9291
8399553	48357	47665	254222	460445	39971	-2367
12834537	103594	102599	931084	1112134	98502	14224
7272280	51486	51250	255756	687865	17397	4027
1111581	11333	11331	41954	59923	20038	327
10536921	75642	74389	650789	839992	46305	12423
11987653	83931	79156	419033	699843	99644	81585
5481013	38337	37379	241002	495692	42607	2776
22901220	90380	87351	571991	1296195	140995	26584
23051393	4755492	4750017	181366	436022	68604	75800
19606079	158288	157104	2572786	1583973	239719	22592
6836408	101881	98035	2137608	1062597	177238	30113
704380	4464	4464	17188	69100	9896	950
21051917	133998	131655	660648	1650221	101631	25267
18423511	166370	162960	760244	1229058	180739	15143
15012426	68976	68906	163082	462866	196320	7935
14413779	51441	51194	173567	480241	101079	13272
24901067	152033	150739	708500	1631643	93647	25151
22877582	133523	132322	1069216	1713407	45330	55305
14503110	123168	121636	1165594	1832431	46870	31494
64007368	2224092	2219545	1265562	3663268	97334	133643
6587162	34469	33144	132938	498302	21949	40689
88664302	562324	549306	6381777	5984622	266542	387143
301695236	1304932	1277667	11808746	28175894	282671	1057176
5561720	38007	37660	353987	641043	29826	2206
1151210	9860	9716	35943	134064	4174	481
3555100	15933	15810	53602	100359	22778	3316
1407977	11453	11421	18221	118192	22582	1587
54005013	338873	241176	8171	347577	1010244	61728
1745680	10486	10312	98729	88022	28545	16229
1647124	21136	18592	143124	226183	249954	17843

1-12

行　　业	利息支出	投资收益	其他收益	营业利润	营业外收入	营业外支出
总　计	6404119	7093019	3787033	68560568	2778335	2483339
煤炭开采和洗选业						
石油和天然气开采业			2715	2534918	28577	895
黑色金属矿采选业	4596			9115	421	301
有色金属矿采选业	12108	1012	188	137096	5075	7565
非金属矿采选业	1171		525	23920	137	316
开采专业及辅助性活动	2361	1500	4425	15389	146	106
其他采矿业						
农副食品加工业	80951	45728	9801	648112	19852	36497
食品制造业	32216	49168	47636	2042899	43159	35649
酒、饮料和精制茶制造业	14653	27730	20593	808974	116460	40152
烟草制品业	16693	29827	158	426744	5743	10355
纺织业	33466	37413	11519	646433	35491	11039
纺织服装、服饰业	66195	42274	15903	945141	37672	24973
皮革、毛皮、羽毛及其制品和制鞋业	18473	30732	981	240127	31846	13547
木材加工和木、竹、藤、棕、草制品业	17456	6745	1472	101265	4521	2832
家具制造业	51617	120013	8774	1030692	29194	20187
造纸和纸制品业	166305	57705	81936	1095395	77050	13931
印刷和记录媒介复制业	54482	65802	11019	495042	21402	12409
文教、工美、体育和娱乐用品制造业	97548	64051	101795	1274382	48838	11547
石油、煤炭及其他燃料加工业	116965	46976	11578	1979657	5360	4194
化学原料和化学制品制造业	207103	370655	46015	2241366	59999	54530
医药制造业	228024	247231	54971	2261370	43597	19879
化学纤维制造业	7165	270	8357	73451	21129	3890
橡胶和塑料制品业	111548	159905	32349	1333994	103463	50859
非金属矿物制品业	203366	40469	41119	2556035	58631	109435
黑色金属冶炼和压延加工业	194065	21970	65383	1491480	14305	13986
有色金属冶炼和压延加工业	97134	28047	8722	785354	25777	202861
金属制品业	117017	15602	27983	1765955	72336	38108
通用设备制造业	100984	117320	107076	1750075	147883	54623
专用设备制造业	121201	334500	189510	2247221	79746	37387
汽车制造业	265465	666078	302971	5842842	143419	60167
铁路、船舶、航空航天和其他运输设备制造业	92878	9534	25896	-210196	84847	30871
电气机械和器材制造业	735666	1031994	230996	8805278	425986	178753
计算机、通信和其他电子设备制造业	1719436	1349337	2019520	17609643	800103	1282827
仪器仪表制造业	62056	112993	58120	437948	24651	18702
其他制造业	8592	1502	4509	79601	16677	2562
废弃资源综合利用业	15798	3129	19270	412030	2124	5494
金属制品、机械和设备修理业	21518	2782	11278	93785	1071	470
电力、热力生产和供应业	1040085	1770677	124742	3643410	110700	59631
燃气生产和供应业	40987	52730	13626	391341	10343	2867
水的生产和供应业	226776	129622	63606	493285	20606	8946

续表 3

单位：万元

利润总额	所得税费用	亏损企业亏损总额	利税总额	应交税金及附加	本年应付职工薪酬	本年应交增值税	从业人员平均人数（人）
68855661	11427649	5148662	107166331	49738319	96847810	24627500	9062614
2562600	277478		3392995	1107874	181276	533072	5455
9234			19501	10267	6553	8346	1083
134606	33943		187192	86528	70178	38909	5132
23741	5430		38912	20601	24651	9194	2484
15428	-295		16753	1030	28395	958	1030
631467	88403	47072	781862	238798	530615	124081	70610
2050410	377858	27371	3055809	1383257	1310318	875558	109446
885282	154098	11151	1431482	700298	637502	361683	50464
422131	105801		3054379	2738049	267367	533271	5801
670885	92873	17773	930211	352199	1035795	210969	143062
957839	143727	49231	1487083	672971	2818194	425649	422913
258428	41925	60765	493856	277353	1725661	183941	300869
102954	18151	5799	164919	80117	131229	50633	16979
1039699	155121	37604	1496850	612272	1616227	381509	213063
1158514	152857	35278	1771556	765899	878711	529111	111293
504036	70814	14303	705461	272238	998731	163088	130303
1311671	179948	66821	1663904	532181	3392141	261853	525455
1980823	473702	69973	7715926	6208805	433674	979611	20268
2246836	432386	57844	3441374	1626924	1655831	1036250	136717
2285088	296638	46220	3056100	1067651	1083673	669132	89261
90691	25129	28549	120546	54985	64681	25391	6359
1386597	223980	241937	2018840	856223	3416509	498245	479465
2505230	428873	224209	3504726	1428369	2294951	833126	307704
1491800	204469	2682	2049813	762483	532103	489038	45562
608270	128280	246562	929574	449583	679973	269863	87656
1800184	259684	98978	2575333	1034832	3173837	623115	423761
1843334	311388	63325	2531685	999739	2871107	554828	303838
2289581	247240	79747	2888798	846456	3176135	476049	297088
5926096	1108485	195081	10052845	5235234	5654912	1902657	358809
-156220	40670	389559	26054	222944	787774	147806	75391
9052513	1651803	532116	12712174	5311464	9945575	3097337	1197939
17127013	2881836	2194714	24729591	10484414	39339084	6297646	2736892
443897	59660	110045	628352	244114	1037420	146448	125931
93716	14782	10146	123782	44848	297781	20206	38167
408660	82644		536511	210494	97927	111917	12005
94385	15147	20682	144125	64887	294261	38287	17139
3694479	456834	160665	5612011	2374367	3776131	1578660	149731
398818	84746		467554	153483	108765	58251	7719
504945	101141	2461	607895	204091	472164	81815	29770

1-13 各市全部工业

地　区	企业数（个）	资产总计	营业收入
总　计	584189	1488475642	1588411231
广州市	77072	217706017	211162284
深圳市	115853	430232694	385296125
珠海市	9281	74479453	60178320
汕头市	13982	35720209	39150037
佛山市	70180	155114185	238707061
韶关市	3391	17249505	12138625
河源市	2904	11678511	13238440
梅州市	4124	11505757	7444151
惠州市	23164	73797418	85074403
汕尾市	1920	9794573	11948045
东莞市	144206	190329155	250406418
中山市	47570	55454211	61987831
江门市	21016	54382854	47686958
阳江市	4951	17893748	10679918
湛江市	6406	32764333	26415738
茂名市	5429	14581395	23472300
肇庆市	6916	22805609	29669316
清远市	5298	22212374	19882108
潮州市	8225	10417078	16268770
揭阳市	8173	22986032	31946362
云浮市	4128	7370530	5658020
按区域分组			
珠三角核心区	515258	1274301596	1370168716
沿海经济带	49086	144157368	159881171
北部生态发展区	19845	70016678	58361344

企业主要经济指标

单位：万元

营业成本	营业利润	从业人员期末人数（人）
1331603946	92627008	18557273
174583542	13689294	1806335
311814909	21904749	4216584
48715637	4562148	518532
32249990	2825343	577379
201730818	17582421	2259928
9784617	879025	143842
11535737	581349	182134
5836876	459868	131978
74682274	3542616	1143410
12940414	349442	207544
218886998	7790003	3802903
52984371	2289050	1179867
39673876	2348750	657450
8600520	1224829	124951
20854533	3125246	192136
18391135	2298278	172188
25157114	2164444	322673
16970978	1252817	247074
13911819	1320075	258291
27612889	1997619	309531
4684899	439640	102543
1148229539	75873476	15907682
134561301	13140833	1842020
48813107	3612699	807571

1-14 各市规模以上工业

地 区	企业单位数（个）	亏损企业	工业总产值（当年价格）	工业销售产值（当年价格）	出口交货值	工业增加值（当年价格）
总 计	50591	6884	1403989296	1375771272	364326184	315570916
广州市	4809	755	185951072	185723216	27199454	42094777
深圳市	9006	1658	354390190	342898271	148828500	82905389
珠海市	1236	219	44813397	43582902	13296154	11904569
汕头市	1983	128	34054675	32897489	4480570	7994550
佛山市	6631	694	215957104	210792606	22927158	45690171
韶关市	439	76	11288306	11252806	896558	3255105
河源市	611	93	13337573	13009511	2465465	2772742
梅州市	467	84	6391918	6493961	1040972	2084626
惠州市	2546	422	77003862	74951532	25499711	16304018
汕尾市	248	33	11654567	11501713	1438225	2081400
东莞市	10054	1243	203929162	203415552	75727197	39143817
中山市	3376	445	51152950	50267490	17331221	11274407
江门市	2300	365	44092899	42357891	9544052	10607812
阳江市	309	34	9492926	9334299	550646	2699397
湛江市	893	115	23996464	23643051	2022626	7725294
茂名市	949	45	21256062	20873462	975725	6087548
肇庆市	1189	124	28814355	27907453	2564401	6568345
清远市	733	126	18464198	18102911	2320462	4531897
潮州市	889	27	13583665	13182937	1773375	2762582
揭阳市	1581	138	29410701	28737941	2727524	5872005
云浮市	342	60	4953249	4844281	716189	1210466
按区域分组						
珠三角核心区	41147	5925	1206104991	1181896913	342917848	266493305
沿海经济带	6852	520	143449060	140170892	13968691	35222776
北部生态发展区	2592	439	54435244	53703470	7439646	13854836

企业主要经济指标

单位：万元

资产总计	流动资产合计	货币资金	应收账款	存货	产成品	非流动资产合计
1270246307	770067755	142818617	237623682	161321698	61424557	500192028
186667654	101717230	27251864	26260707	19570116	7314025	84949086
376215842	260601635	42596856	94009880	50577388	21319620	115616371
69063574	46390380	15389539	9310982	6839829	2810664	22673181
26971782	12540207	2097670	3385121	2961395	1109442	14431569
134014131	72565964	9170729	18481196	15692919	6743439	61447885
14305821	6193752	919067	1233977	1763380	441483	8112065
9745959	4695102	468736	1429485	1434554	395159	5054477
8428917	4201478	594986	1148861	1307879	283688	4227434
64301087	37541104	3707367	13229343	9222911	3000632	26759888
7113688	2600782	258354	952581	679951	176367	4512904
156288204	115103135	21700748	40552325	25702927	7868951	41169649
45319343	29053089	5245718	9706852	6379562	2520466	16266220
47424295	21012788	3615307	5907607	5488943	1843133	26436442
16001102	4185567	639007	623049	1500276	252200	11815531
26736010	10219846	998585	1617222	2480345	810826	16516157
11083114	4070016	412086	887846	1160583	487588	7013096
19179919	8479798	1142297	2418221	2219049	971949	10700112
18378762	10771989	1485585	3087254	2412938	1087030	7606764
7594279	3595579	522329	937814	765330	250498	3998697
20202459	11938707	4307721	1718463	2502422	1485037	8263745
5210367	2589608	294066	724898	659002	252361	2620756
1098474049	692465123	129820425	219877113	141693644	54392879	406018834
115702434	49150704	9235752	10122096	12050302	4571958	66551699
56069826	28451929	3762440	7624475	7577753	2459721	27621496

1-14

地　区	固定资产原价	累计折旧	本年折旧	固定资产净值	负债合计	流动负债合计
总　计	537254545	270838742	37549296	272524357	717952690	608448404
广州市	81127100	42552224	4871719	38574821	91685081	77357044
深圳市	89500120	49069610	6771731	40430434	223246633	193599984
珠海市	23726314	10910818	1491079	12814699	41306863	36919868
汕头市	15262127	7418188	1195582	7843930	11271731	8873733
佛山市	85173420	47065327	7455485	38108037	72879913	62562820
韶关市	10413779	4551624	488574	5862152	8894684	6590267
河源市	6554346	2907803	451263	3646539	5222983	3870337
梅州市	4880433	2061481	270205	2818947	4208654	3036527
惠州市	35472004	15253622	2329166	20218187	36633869	29903781
汕尾市	5018301	2130383	311175	2887916	3953317	2578734
东莞市	56414736	28278542	4081504	28136076	96955148	90284946
中山市	18146916	9024127	1080602	9122754	25637379	23173004
江门市	24265992	9081058	1194124	15185009	25909870	16747680
阳江市	12321572	2656008	487808	9665560	10444535	4687595
湛江市	14123049	10599699	1350877	9633248	18251611	15099151
茂名市	10593618	5518144	664596	5075472	4664303	3880813
肇庆市	13973827	6723977	1170004	7249844	9783491	7998882
清远市	10221321	4661785	608286	5559527	10655400	9005433
潮州市	4522027	2023573	217872	2498451	3114995	2569489
揭阳市	12071483	6821753	871236	5249693	10111261	7196366
云浮市	3472062	1528997	186407	1943062	3120970	2511951
按区域分组						
珠三角核心区	427800429	217959305	30445414	209839861	624038247	538548009
沿海经济带	73912177	37167748	5099146	42854270	61811753	44885881
北部生态发展区	35541941	15711690	2004735	19830227	32102691	25014515

续表 1

单位：万元

应付账款	非流动负债合计	所有者权益合计	实收资本	国家资本	集体资本	法人资本
228531010	105582203	552272364	237411031	45781786	3344934	80506620
27641698	13833462	94982525	40175303	15644310	361997	9146910
79812317	28557196	152968702	54684043	5187881	1311270	25716554
11401348	4357062	27756879	13324174	3540617	54406	4097521
2259695	2358184	15700045	6619522	1413811	34438	1992937
16750534	9185979	61134174	17784809	1620771	172646	6775881
1612385	2297420	5411133	3772365	986974	122627	2033875
1441241	1299364	4525343	2532100	219182	23931	1346623
979263	1165552	4220257	2257362	563578	68957	845293
15001840	6499950	27667748	15936021	3953090	166243	3846420
1216155	1354418	3160369	1825106	429605	14545	487469
43859131	6224478	59309271	28825002	2027000	360597	6797296
8695067	2412802	19681929	9473488	958740	270188	2224897
5476714	9024054	21514400	11775224	2538389	157483	3360955
864090	5756938	5556743	3312491	444461	16408	2120351
2828104	3135460	8484395	5843221	1671217	16787	3265215
1138141	754125	6418808	3482327	1944641	31029	763129
2406481	1719446	9396419	4248945	498959	61883	1618993
2855866	1649556	7723353	4032242	850468	48428	1023119
514822	540482	4479281	1732081	190107	22331	696548
945165	2847397	10091195	4457978	754780	13132	1873082
830952	608881	2089394	1317227	343207	15607	473553
211045130	81814429	474412047	196227009	35969757	2916713	63585427
9766172	16747004	53890836	27272726	6848622	148670	11198731
7719707	7020773	23969480	13911296	2963409	279550	5722463

1-14

地　区	个人资本	港澳台资本	外商资本	营业收入	主营业务收入	营业成本
总　计	35653921	38294508	34069690	1425978584	1401389942	1194923560
广州市	3519730	4663498	6828975	193203157	188940859	159289442
深圳市	10709137	6659675	5098639	347941402	341819245	281142728
珠海市	1532594	1564800	2787033	58009293	55098380	47032464
汕头市	2398531	355782	424022	33624034	33213338	27867371
佛山市	3874670	2789936	2550903	211626231	209642002	180702347
韶关市	277397	268773	82719	11543725	11034441	9293263
河源市	265781	525197	151386	12834073	12653025	11202578
梅州市	545975	146198	87362	6581594	6315413	5093719
惠州市	1003389	3718022	3248854	77926253	76294329	68449269
汕尾市	157992	728647	6850	11406335	11380874	10597301
东莞市	3404798	9596131	6637591	217598759	214134675	190470504
中山市	1669270	1977530	2372862	51671127	50872450	43989326
江门市	1279820	2181587	2256990	42669455	41982578	35260037
阳江市	138472	427658	165140	9491284	9390902	7653196
湛江市	490437	96681	302884	24824791	24525553	19475106
茂名市	660082	30753	52692	21538275	21200559	17030941
肇庆市	878406	723643	467062	27740542	27521460	23637312
清远市	515597	1182311	412319	18744970	18481082	16040094
潮州市	567503	227878	27713	13138352	13101076	11490619
揭阳市	1577002	197987	41994	28993889	28959301	25121155
云浮市	187338	231822	65700	4871046	4828402	4084790
按区域分组						
珠三角核心区	27871814	33874822	32248909	1228386219	1206305978	1029973429
沿海经济带	5990019	2065386	1021295	143016960	141771603	119235689
北部生态发展区	1792088	2354301	799486	54575408	53312363	45714444

续表 2

单位：万元

主营业务成本	税金及附加	主营业务税金及附加	销售费用	管理费用	财务费用	利息收入
1172025102	15954929	15712156	48589521	82378131	6873454	2590539
155821056	4996688	4972199	8232332	10090444	576184	334227
276017090	2166071	2077073	14410064	30324192	2021324	1009725
44403822	403725	388194	3442055	2963282	118213	363984
27506508	209698	206947	1279702	1699084	324386	18097
178828957	1145614	1128792	6199360	7752941	810211	76149
8840638	397379	390810	202119	664381	184907	14082
11057831	75965	72339	325212	565892	85271	9685
4871259	425828	424459	205080	354808	91936	4379
67026837	1296054	1285311	1357586	3135578	378722	141117
10577983	29512	29047	129302	337611	72078	1710
185570381	809869	782045	5779933	13944175	117483	348789
43388518	254178	246024	2033788	3052420	265532	40280
34731809	250588	244795	2187562	2351055	263672	71159
7579280	59637	58418	130968	304478	297320	4724
19143826	1145541	1137972	376052	637549	341641	66632
16744611	1746522	1735009	247166	558824	76326	26489
23482787	190071	186808	607493	1234093	220040	4516
15837830	94647	92795	433852	849323	150812	12671
11464426	65855	64961	252350	390846	71260	3482
25098829	157928	155436	637460	924958	349925	34588
4030824	33560	32724	120085	242199	56213	4055
1009271257	11512858	11311241	44250173	74848180	4771381	2389946
118115463	3414693	3387790	3053000	4853350	1532936	155722
44638382	1027379	1013127	1286348	2676603	569139	44872

1-14

地 区	利息支出	投资收益	其他收益	营业利润	营业外收入	营业外支出
总 计	8780093	7949553	4472282	86744560	4354332	3612203
广州市	1065838	3369011	541342	13538618	878036	357020
深圳市	2877925	2509555	2120864	21068959	1127466	1472876
珠海市	488417	498913	179277	4552194	237235	76471
汕头市	196407	115405	50778	2387977	62202	30341
佛山市	734703	583119	293676	15894279	421427	301129
韶关市	189820	55039	38893	890947	52397	35731
河源市	70608	6071	8889	575115	60764	72475
梅州市	87170	13488	19091	431120	39141	20821
惠州市	351487	234705	54505	3407596	179727	122603
汕尾市	44743	900	23658	258020	10523	4468
东莞市	621542	157334	773705	7067427	565072	443445
中山市	334835	131520	49318	2173758	215700	78431
江门市	294939	19949	70684	2295407	180882	88153
阳江市	289384	-783	64978	1108992	18174	14933
湛江市	325299	56692	28065	2897679	79253	199444
茂名市	86632	29550	11099	1914927	17096	11781
肇庆市	195659	88858	81629	1997916	66528	217508
清远市	149106	23212	27724	1204684	86887	34940
潮州市	50204	35489	8975	913508	11635	8211
揭阳市	280012	18003	16577	1823258	23221	13627
云浮市	45363	3521	8556	342179	20966	7796
按区域分组						
珠三角核心区	6965345	7592964	4165000	71996154	3872073	3157636
沿海经济带	1272681	255256	204130	11304361	222104	282805
北部生态发展区	542067	101331	103153	3444045	260155	171763

续表 3

单位：万元

利润总额	所得税费用	亏损企业亏损总额	利税总额	应交税金及附加	本年应付职工薪酬	本年应交增值税	从业人员平均人数（人）
87486826	14344400	8520641	137063798	63921372	126096392	33622043	13413071
14059780	2351971	1080421	24148257	12440448	15371683	5091789	1241976
20723565	3423472	3290405	30597671	13297578	41696370	7708036	3099189
4712889	696394	522766	6499302	2482808	3899331	1382689	440238
2419837	267815	92090	3274992	1122969	3001725	645457	406130
16014571	2792663	306832	22904785	9682876	12948367	5744599	1563370
907611	101229	138511	1728247	921865	914185	423257	123446
563405	85637	78355	896090	418323	1063927	256720	161369
449438	94042	76584	1156760	801364	580547	281494	91433
3464701	672955	444441	6110457	3318710	6629761	1349702	891097
264075	27071	33620	355507	118504	1140046	61920	173661
7189136	1163705	1210603	11493800	5468369	21057704	3494795	2735990
2311028	484039	309959	4031132	2204143	5333945	1465925	799110
2388140	457740	364868	4047801	2117400	3585963	1409073	460685
1112234	124297	15549	1538535	550597	520090	366663	66955
2777488	516283	109585	4932418	2671213	1150451	1009389	131594
1920241	310516	26390	4431642	2821916	863982	764879	111590
1846927	185220	252329	2760317	1098610	2102629	723319	251715
1256629	235401	71998	1815537	794309	1318837	464260	207131
916931	105349	14060	1291855	480273	985070	309069	159097
1832850	175288	50324	2528508	870946	1519316	537730	229626
355348	73314	30952	520185	238151	412462	131277	67669
72710737	12228159	7782624	112593522	52110942	112625753	28369927	11483370
11243656	1526619	341618	18353457	8636418	9180680	3695107	1278653
3532431	589623	396400	6116819	3174012	4289958	1557008	651048

1-15 各市按登记注册类型、控股情况、轻重工业

分 组	全省	广州市	深圳市	珠海市	汕头市	佛山市	韶关市	河源市	梅州市	惠州市
总 计	50591	4809	9006	1236	1983	6631	439	611	467	2546
一、按登记注册类型分组										
内资企业	38360	3512	6627	757	1804	5564	378	453	427	1710
国有企业	127	15	1	1	7	9	10	2	3	5
集体企业	124	17	1	1	3	20	3	1	1	3
股份合作企业	42	13			11	8	1		1	
联营企业	14		1		2	5				
有限责任公司	9605	600	1221	307	385	1487	190	131	148	483
股份有限公司	1359	165	428	57	64	117	17	16	46	56
私营企业	27077	2702	4975	391	1329	3918	157	302	228	1162
其他企业	12				3			1		1
港、澳、台商投资企业	8165	663	1754	279	117	682	45	130	25	599
外商投资企业	4066	634	625	200	62	385	16	28	15	237
二、按企业控股情况分组										
国有控股	1101	268	165	55	32	82	60	14	21	42
集体控股	306	38	38	9	16	45	4	1	2	8
私人控股	34587	3148	6173	593	1690	5061	276	402	375	1507
港澳台商控股	7882	631	1747	250	100	574	45	128	25	604
外商控股	3682	559	542	172	53	310	16	27	10	223
其他	3033	165	341	157	92	559	38	39	34	162
三、按轻重工业分组										
轻工业	24591	2397	3049	444	1640	3209	115	262	189	1199
重工业	26000	2412	5957	792	343	3422	324	349	278	1347
四、按企业规模分组										
大型企业	1529	168	373	65	16	148	18	16	8	118
中型企业	7494	639	1492	244	373	1006	53	83	57	388
小微型企业	41568	4002	7141	927	1594	5477	368	512	402	2040

和企业规模分组的规模以上工业企业单位数

单位：个

汕尾市	东莞市	中山市	江门市	阳江市	湛江市	茂名市	肇庆市	清远市	潮州市	揭阳市	云浮市
248	10054	3376	2300	309	893	949	1189	733	889	1581	342
196	6702	2513	1637	259	818	889	969	560	819	1488	278
6	1		2	4	18	26	4	3	3	5	2
11	27	10	3		4	2	4	1	4	8	
						1			7		
	1					1	1		1	2	
51	1643	532	532	60	210	447	267	236	191	352	132
2	156	47	29	6	27	26	27	13	22	26	12
126	4874	1924	1068	189	559	386	666	307	591	1091	132
			3							4	
49	2216	530	491	37	41	47	140	131	54	81	54
3	1136	333	172	13	34	13	80	42	16	12	10
19	44	33	30	17	74	50	27	23	9	17	19
11	42	24	14		11	7	9	6	8	10	3
151	6119	2318	1431	224	719	691	876	453	768	1400	212
48	2214	509	460	33	28	42	141	124	51	76	52
7	1106	317	159	14	19	6	73	34	10	12	13
12	529	175	206	21	42	153	63	93	43	66	43
171	4688	2173	1240	186	527	482	427	251	651	1187	104
77	5366	1203	1060	123	366	467	762	482	238	394	238
61	303	82	53	6	11	7	26	30	5	8	7
44	1519	483	301	49	81	37	174	136	139	150	46
143	8232	2811	1946	254	801	905	989	567	745	1423	289

1-16 各市按行业大类分组的

行　　业	全省	广州市	深圳市	珠海市	汕头市	佛山市	韶关市	河源市	梅州市	惠州市
总　计	50591	4809	9006	1236	1983	6631	439	611	467	2546
煤炭开采和洗选业										
石油和天然气开采业	4		2	1						
黑色金属矿采选业	18						1	6	1	
有色金属矿采选业	29				1		9	2	3	1
非金属矿采选业	232	2	1	1	1	3	5	24	6	14
开采专业及辅助性活动	4		2							
其他采矿业										
农副食品加工业	1005	112	42	16	43	94	14	20	22	35
食品制造业	740	138	41	23	58	45	6	12	10	9
酒、饮料和精制茶制造业	236	25	16	6	10	29	7	13	8	9
烟草制品业	10	1	1		2		3		2	
纺织业	1458	119	56	14	198	369	8	15	6	47
纺织服装、服饰业	2683	385	185	35	535	248	5	26	9	70
皮革、毛皮、羽毛及其制品和制鞋业	1783	268	92	6	17	148	3	12	5	188
木材加工和木、竹、藤、棕、草制品业	567	53	24	6	2	68	15	10	5	43
家具制造业	1619	113	128	10	10	379		8	27	162
造纸和纸制品业	1292	100	197	27	59	153	10	7	5	43
印刷和记录媒介复制业	970	81	172	24	69	113	1	8	3	47
文教、工美、体育和娱乐用品制造业	1755	144	353	14	280	93	13	28	23	94
石油、煤炭及其他燃料加工业	99	10	5	9	3	12	1		1	2

规模以上工业企业单位数

单位：个

汕尾市	东莞市	中山市	江门市	阳江市	湛江市	茂名市	肇庆市	清远市	潮州市	揭阳市	云浮市
248	10054	3376	2300	309	893	949	1189	733	889	1581	342
					1						
						3	4	2			1
					6	2	2	2			1
	1		23	4	15	64	29	21	2	3	13
					1		1				
18	62	33	65	33	122	144	20	19	32	50	9
9	60	36	46	7	35	31	16	6	56	90	6
3	17	11	7	2	22	15	10	7	10	8	1
					1						
13	176	104	104	1	16	17	42	21	6	119	7
30	496	244	99	10	4	15	19	11	38	210	9
6	450	81	53	5	52	72	37	33	47	206	2
4	66	18	30	13	66	75	33	7	2	23	4
	466	143	65	2	29	16	17	9	3	30	2
6	362	96	81	5	31	10	37	9	28	22	4
2	201	70	40	5	16	1	11	6	57	43	
29	387	101	32	1	6	23	27	25	10	68	4
	12	4	3		4	28	3		2		

1-16

行业	全省	广州市	深圳市	珠海市	汕头市	佛山市	韶关市	河源市	梅州市	惠州市
化学原料和化学制品制造业	2410	431	200	107	87	347	72	11	10	143
医药制造业	445	87	57	20	24	41	4	12	10	15
化学纤维制造业	57	8	4	3	3	8		1	1	1
橡胶和塑料制品业	4296	327	677	98	237	505	16	50	7	247
非金属矿物制品业	2973	214	166	54	24	455	60	79	101	133
黑色金属冶炼和压延加工业	388	27	27	1	1	142	6	13	5	9
有色金属冶炼和压延加工业	751	49	83	14	5	236	13	8	3	24
金属制品业	4355	264	550	61	36	896	24	24	9	157
通用设备制造业	2418	292	507	78	39	412	21	29	9	76
专用设备制造业	2419	231	683	84	42	334	18	18	9	66
汽车制造业	888	305	68	28	11	183	6	3	17	43
铁路、船舶、航空航天和其他运输设备制造业	410	78	76	18	3	55		2	1	20
电气机械和器材制造业	5641	341	1360	164	64	847	22	40	20	260
计算机、通信和其他电子设备制造业	6482	426	2761	234	41	256	21	82	91	497
仪器仪表制造业	704	48	302	43	4	36	1	14	2	27
其他制造业	335	23	98		10	15	3	8	2	14
废弃资源综合利用业	227	7	3	4	33	47	6	2	9	8
金属制品、机械和设备修理业	62	17	12	4	3	2	1			2
电力、热力生产和供应业	364	36	22	15	13	15	33	15	16	16
燃气生产和供应业	172	18	4	9	5	6	6	7	4	7
水的生产和供应业	290	29	29	5	10	39	5	2	5	17

续表 1

单位：个

汕尾市	东莞市	中山市	江门市	阳江市	湛江市	茂名市	肇庆市	清远市	潮州市	揭阳市	云浮市
6	325	139	146	4	29	80	112	87	23	20	31
1	18	25	13	3	14	28	15	6	8	31	13
1	16	1	3				2			5	
31	1256	315	170	16	31	36	65	64	38	103	7
21	233	97	147	36	103	155	157	140	343	127	128
	38	11	14	10	2	6	4	7	5	60	
	114	36	32	4	4	3	50	45	12	9	7
17	946	301	418	91	37	35	194	36	97	142	20
1	570	177	78	12	6	10	56	22	9	7	7
2	624	128	43	5	25	9	36	17	5	29	11
1	97	45	31	1	4		19	19		3	4
1	36	13	92		3	1	3	3		5	
8	1105	813	257	8	131	8	44	21	10	101	17
11	1561	203	142	2	6	28	45	27	9	28	11
	157	51	4			1	5	2	2	5	
1	96	36	18	1		1	3	1	1	4	
2	3	3	4	2	16	2	32	30	2	11	1
3	6		3		8		1				
11	26	8	16	18	30	15	18	16	6	8	11
2	30	9	6	5	5	4	8	5	23	3	6
8	41	24	15	3	12	11	12	7	3	8	5

1-17 各市按登记注册类型、控股情况、轻重工业

分组	全省	广州市	深圳市	珠海市	汕头市
总计	1270246307	186667654	376215842	69063574	26971782
一、按登记注册类型分组					
内资企业	838094274	112569938	258826983	49766452	22823633
国有企业	3566220	2245865	34702	6060	101167
集体企业	970285	107783		9666	20029
股份合作企业	262559	111893			69137
联营企业	77994		2168		8026
有限责任公司	365148285	70319696	115826530	14766709	4884635
股份有限公司	180236903	19279644	77984095	28208998	6811526
私营企业	287796693	20505059	64979489	6775020	10905100
其他企业	35335				24012
港、澳、台商投资企业	237449860	23046942	77098364	8003520	2298457
外商投资企业	194702173	51050774	40290494	11293602	1849692
二、按企业控股情况分组					
国有控股	275371585	85918208	47797161	31609782	4228891
集体控股	9814293	1584989	3358855	438125	103196
私人控股	541627418	35271961	207553954	13525596	17656484
港澳台商控股	204300920	20403394	64324875	5353902	1770582
外商控股	151372983	39008153	29827808	11261512	1393774
其他	87759108	4480949	23353189	6874657	1818855
三、按轻重工业分组					
轻工业	379386087	43372136	73349324	33989928	17207243
重工业	890860220	143295518	302866518	35073646	9764539
四、按企业规模分组					
大型企业	651732108	110337849	224355118	39211565	5745158
中型企业	292221818	35060220	74965479	13352989	9971227
小微型企业	326292381	41269585	76895245	16499020	11255397

和企业规模分组的规模以上工业企业资产总计

单位：万元

佛山市	韶关市	河源市	梅州市	惠州市	汕尾市
134014131	14305821	9745959	8428917	64301087	7113688
96926184	12906307	6411598	7473569	28960755	4988772
99833	188002	10600	72137	42591	41749
163416	24218	10306	2467	28673	54681
33876	11963		6028		
33054					
26848049	9716290	3139228	3485455	17943767	2920737
11034110	1166499	643064	2497979	2554130	1062845
58713844	1799335	2606793	1409504	8388611	908760
		1608		2984	
20574596	1038611	2351691	553372	15888327	1811617
16513352	360904	982671	401976	19452005	313299
11338935	7106649	1142041	2148575	15547306	1372114
967675	66299	10306	8501	291431	54681
81051136	3601102	4076914	4661929	13392325	1163700
17699362	1143329	2038329	580255	15531347	2831847
12953826	368395	904960	352171	15034600	467076
10003198	2020047	1573410	677487	4504078	1224270
63544509	2355752	2315307	2394757	13124834	1572195
70469622	11950069	7430653	6034161	51176253	5541493
56739739	5555920	2900370	2055409	39875417	3525081
39336149	3552604	3082254	3220191	9885649	2295992
37938244	5197297	3763336	3153317	14540022	1292615

1-17

分　组	东莞市	中山市	江门市	阳江市	湛江市
总　计	156288204	45319343	47424295	16001102	26736010
一、按登记注册类型分组					
内资企业	96864559	26463726	21417407	6387824	19922089
国有企业	18110		10184	105124	282961
集体企业	400383	34674	5525		6195
股份合作企业					
联营企业	19980				
有限责任公司	30200054	9555297	8856361	5032093	14528164
股份有限公司	7476449	4224110	5557052	48772	1342176
私营企业	58749584	12649646	6984532	1201835	3762593
其他企业			3756		
港、澳、台商投资企业	39169942	8985627	11497484	9021225	4952473
外商投资企业	20253703	9869990	14509403	592053	1861448
二、按企业控股情况分组					
国有控股	8360654	4537828	14126980	10891610	11880444
集体控股	779228	365278	217394		66795
私人控股	78069882	18195934	11025239	1527370	9299753
港澳台商控股	38062774	7983227	11227367	921767	4429956
外商控股	20266383	9250672	4726522	629526	368203
其他	10749282	4986405	6100793	2030828	690859
三、按轻重工业分组					
轻工业	49492642	19649466	14757093	1866850	9679341
重工业	106795561	25669877	32667202	14134252	17056668
四、按企业规模分组					
大型企业	78412101	16922380	14988701	10333414	13496599
中型企业	34077153	12167638	19921250	3368189	6595593
小微型企业	43798950	16229325	12514345	2299499	6643818

续表 1

单位：万元

茂名市	肇庆市	清远市	潮州市	揭阳市	云浮市
11083114	19179919	18378762	7594279	20202459	5210367
10473640	13261075	11809548	6867549	19250485	3722182
20458	44426	112536	51689	71339	6688
7055	54639	1467	29065	10043	
3435			26229		
1137	1279		6022	6328	
4899860	5450886	7830186	2467911	3599848	2876532
3538501	2342722	479918	1332255	2557880	94180
2003195	5367124	3385441	2954377	13002071	744781
				2976	
282892	2854645	5290762	603280	852472	1273561
326582	3064199	1278452	123450	99502	214624
5028245	3532144	3325167	1543738	2751189	1183925
268405	131201	191353	829931	40461	40191
4210278	8984759	6360640	4200380	16131364	1666719
268775	2652297	4464409	684685	858906	1069535
70487	2962796	1085886	93915	100309	246009
1236924	916723	2951307	241629	320230	1003989
2501885	5498316	4089248	3821731	13492373	1311157
8581229	13681603	14289514	3772547	6710086	3899210
4465811	5518234	4761932	1453228	10043918	1034168
1333663	4910851	6944917	2578565	3884381	1716867
5283640	8750834	6671913	3562485	6274160	2459332

1-18 各市按行业大类分组的

行 业	全省	广州市	深圳市	珠海市	汕头市
总 计	1270246307	186667654	376215842	69063574	26971782
煤炭开采和洗选业					
石油和天然气开采业	9976030		3338456	2863903	
黑色金属矿采选业	694151				
有色金属矿采选业	974361				37966
非金属矿采选业	1564948	3829	11023	2690	666
开采专业及辅助性活动	661985		620101		
其他采矿业					
农副食品加工业	18793865	2043765	1787121	300231	449937
食品制造业	14870838	4206065	586798	1232650	389902
酒、饮料和精制茶制造业	8950441	2418347	1176289	153761	77589
烟草制品业	5679160	2670557	605682		223316
纺织业	13808015	1389548	920922	246015	1201933
纺织服装、服饰业	18289008	1659827	3161158	303377	3022439
皮革、毛皮、羽毛及其制品和制鞋业	9497573	1125356	1100508	200091	93430
木材加工和木、竹、藤、棕、草制品业	4231800	771665	177714	120460	3483
家具制造业	16545287	2890892	2237635	157590	1682210
造纸和纸制品业	21942304	1940396	1813539	820651	919855
印刷和记录媒介复制业	11468806	776432	3416123	182441	889552
文教、工美、体育和娱乐用品制造业	26501852	1646603	13374242	124116	2763821
石油、煤炭及其他燃料加工业	14653957	2057261	676070	1868596	11448
化学原料和化学制品制造业	49286716	12670864	4177756	3211750	2117786
医药制造业	32316087	6352263	7021143	2107044	1387583
化学纤维制造业	1465630	94779	21638	446123	21500
橡胶和塑料制品业	40548732	3941212	8099295	1735872	2061131
非金属矿物制品业	42808082	2840013	4599350	673082	384564
黑色金属冶炼和压延加工业	17864221	2770932	435749	1016764	9749
有色金属冶炼和压延加工业	17817528	1741663	2675414	412589	339930
金属制品业	40246747	3128749	6417349	875507	299297
通用设备制造业	41541413	8263186	10296424	2256861	268579
专用设备制造业	38855446	3566241	15665731	2016710	512896
汽车制造业	61365777	31140187	12874830	2752465	229728
铁路、船舶、航空航天和其他运输设备制造业	15171552	6334969	1924919	1622010	81526
电气机械和器材制造业	143585636	7708476	35060009	26612309	2639681
计算机、通信和其他电子设备制造业	350461309	19449068	203230355	8339579	640704
仪器仪表制造业	13407128	1282897	7747950	899041	11120
其他制造业	2582462	112970	991214		72405
废弃资源综合利用业	4166660	255369	27942	37537	221183
金属制品、机械和设备修理业	2121643	1175590	212928	583921	38450
电力、热力生产和供应业	126653993	40263208	12372510	3120443	3040837
燃气生产和供应业	8843875	1952287	2280929	989945	99561
水的生产和供应业	20031291	6022189	5079026	777450	726028

规模以上工业企业资产总计

单位：万元

佛山市	韶关市	河源市	梅州市	惠州市	汕尾市
134014131	14305821	9745959	8428917	64301087	7113688
	45064	484640	7170		
	662140	12019	85454	2486	
19565	29698	93131	62272	82064	
1329031	107954	141779	224972	425869	160715
1087362	67106	197316	85902	55687	78480
1821488	61114	218641	91825	338376	16227
	911212		1010810		
3673107	154500	83329	21591	255696	187508
1908109	21501	136139	50679	501242	149590
1004426	16476	144871	102932	672365	22601
738694	322471	54206	6379	206177	13963
2367374		104993	174200	1321025	
1689228	258693	44145	28963	268151	61317
885512	19302	78886	13144	360418	3922
1721170	216830	248171	45442	589708	325151
724445	1587		1000	4192407	
5551411	942016	50960	81260	7239667	26837
2289816	231898	139557	198598	295133	1359
441694		4228	25555	18721	74580
6725337	124784	230632	108432	2150125	271654
9074743	934514	819452	1335652	1598758	162253
2178733	2139100	248801	11447	87305	
5519359	788700	85785	98082	263188	
10083289	409758	210899	98744	1374307	165432
7017724	390966	210073	40462	824314	10620
6551372	184680	477461	70831	666959	10659
6134268	38138	25323	260470	1179277	298911
673134		23522	1038	218936	2272
35461740	409816	1155231	347169	6481963	93935
5942735	697211	2268544	1793702	27179602	2334165
706805	43467	61564	29842	252417	
95328	8327	49168	12265	67451	3628
1574043	61462	14148	33967	115125	11606
3582	301			4163	10798
6158836	3832753	1518302	1659274	4134487	2512220
614543	66594	53182	57196	264049	21245
2246133	105689	56865	152197	613469	82043

1-18

行　业	东莞市	中山市	江门市	阳江市	湛江市
总　计	156288204	45319343	47424295	16001102	26736010
煤炭开采和洗选业					
石油和天然气开采业					3773672
黑色金属矿采选业					
有色金属矿采选业					23786
非金属矿采选业	4092		179690	16283	66893
开采专业及辅助性活动					38301
其他采矿业					
农副食品加工业	3616378	237335	634498	710827	4542614
食品制造业	1200074	551233	2814924	227671	209195
酒、饮料和精制茶制造业	674441	301761	344310	13145	311095
烟草制品业					257583
纺织业	1747275	798791	1301352	9526	74505
纺织服装、服饰业	4423623	1147102	308871	59832	52009
皮革、毛皮、羽毛及其制品和制鞋业	2219209	530352	366187	37922	108416
木材加工和木、竹、藤、棕、草制品业	326466	234747	176518	54098	231811
家具制造业	2679160	978099	468262	17159	311003
造纸和纸制品业	7306865	1166288	1751926	101966	2551868
印刷和记录媒介复制业	2103468	475059	1351907	19615	172620
文教、工美、体育和娱乐用品制造业	3130198	891169	163616	9120	8444
石油、煤炭及其他燃料加工业	138158	20153	40076		1255432
化学原料和化学制品制造业	3289266	2026587	2422614	7881	490708
医药制造业	1052593	1225753	440157	30211	358801
化学纤维制造业	110113	2393	52249		
橡胶和塑料制品业	9721034	2089598	990931	118132	126906
非金属矿物制品业	3888490	1585027	1808752	832308	781334
黑色金属冶炼和压延加工业	304733	218283	278095	783791	5928537
有色金属冶炼和压延加工业	714772	310165	448347	789652	14099
金属制品业	7324020	2021461	2921919	575738	168084
通用设备制造业	5739082	3919152	1061729	186225	91135
专用设备制造业	5494914	1259814	574986	39213	142997
汽车制造业	2162906	1318323	1053112	10561	88095
铁路、船舶、航空航天和其他运输设备制造业	878582	580148	2568589		40123
电气机械和器材制造业	12910426	9003398	3014432	77594	689971
计算机、通信和其他电子设备制造业	61769391	7524253	5720692	14450	21127
仪器仪表制造业	1531150	721108	24674		
其他制造业	745792	210534	106966	17723	
废弃资源综合利用业	12637	17829	129377	31502	208689
金属制品、机械和设备修理业	38394		23045		23266
电力、热力生产和供应业	7333200	2794113	13061377	10959172	3107585
燃气生产和供应业	576213	387511	165349	139461	50377
水的生产和供应业	1121089	771804	654769	110326	414932

续表 1

单位：万元

茂名市	肇庆市	清远市	潮州市	揭阳市	云浮市
11083114	19179919	18378762	7594279	20202459	5210367
15656	130651	9048			1921
40220	39741	21800			48750
451589	188574	95233	2797	4986	249874
	3583				
998860	208065	265963	199818	333539	74597
160877	434141	115967	627959	511186	30342
60047	296222	425003	47764	102528	468
98819	422377	668779	21115	493505	37823
91024	96368	52911	115407	968519	59282
249563	245030	487256	116786	646001	7798
257760	288733	121671	4911	73845	46029
98270	702173	283179	6077	57436	8550
43593	446992	315472	92550	71160	248689
2014	107006	154690	290013	166682	
90941	252799	245605	23421	603945	27339
3579403	5039		82881		
1278087	1091758	1458052	95371	752503	303582
221537	349619	159699	150167	8070949	232209
	36611			115445	
177021	618258	465686	245259	449846	97589
752377	2689473	4204547	2030561	484362	1328472
109548	55643	234639	11645	1040727	
10081	981699	2154735	256556	30184	182530
135724	2440542	383041	331836	557275	323777
37447	376797	295640	77445	48954	128599
125952	235518	183281	102252	850604	122377
	1218646	378146		46242	156149
2750	18818	103401		96817	
24385	610342	409483	43348	505112	326817
105729	1312094	918060	838488	153936	207428
3499	57396	11419	2182	20595	
1537	33989	8100	1660	43406	
17137	487494	833367	36648	38196	1404
	7206				
1626231	2147586	2584790	1493452	2129158	804459
45424	166586	120369	187034	563704	42316
170014	376351	209733	58875	171114	111196

1-19 各市按登记注册类型、控股情况、轻重工业

分 组	全省	广州市	深圳市	珠海市	汕头市
总 计	1403989296	185951072	354390190	44813397	34054675
一、按登记注册类型分组					
内资企业	892542825	83158046	233617622	25058705	30148597
国有企业	1530007	522072	6965	3018	40847
集体企业	1627280	232077	1739	12999	36827
股份合作企业	897065	151658			238394
联营企业	310145		2953		14590
有限责任公司	364043196	38714819	121207375	11982782	5892318
股份有限公司	110571522	18193876	43575162	7432931	2918936
私营企业	413431896	25343544	68823427	5626976	20909940
其他企业	131715				96746
港、澳、台商投资企业	254323886	21664857	75323019	6887054	2097658
外商投资企业	257122585	81128168	45449549	12867638	1808420
二、按企业控股情况分组					
国有控股	208559797	67648751	31201593	12196356	3086679
集体控股	7618500	1371653	1316795	114795	217253
私人控股	661536994	36776694	191620015	10440356	26031253
港澳台商控股	238114487	19510137	70375777	5538201	1760486
外商控股	208590390	56017546	40096622	11735653	1440244
其他	79569129	4626291	19779388	4788037	1518761
三、按轻重工业分组					
轻工业	445204328	44300886	61933459	14602733	25814806
重工业	958784968	141650186	292456732	30210664	8239870
四、按企业规模分组					
大型企业	681511152	108149695	217337486	20076180	4878725
中型企业	313938693	30709854	66864402	10942559	13831206
小微型企业	408539451	47091523	70188302	13794658	15344744

和企业规模分组的规模以上工业企业总产值

单位：万元

	佛山市	韶关市	河源市	梅州市	惠州市	汕尾市
	215957104	11288306	13337573	6391918	77003862	11654567
	153465512	9880566	8177811	5500155	37149567	8150639
	163795	52379	27844	24631	21081	35739
	536803	17199	8552	5929	13269	191946
	408867	11360		10835		
	249976					
	41170753	7175634	3738806	2588233	23985281	2016991
	7042565	958613	193451	1238003	1762509	1223030
	103892752	1665380	4199049	1632525	11362921	4682934
			10111		4507	
	33631976	925897	3328136	504918	17450020	2338233
	28859616	481844	1831625	386846	22404274	1165694
	10296856	5925881	1017552	1404110	20622224	956872
	1233485	39779	8552	80103	215015	191946
	137761304	3091693	6753688	3547888	16100942	5490069
	30826347	903782	2877876	519628	16860302	3554560
	20616294	474404	1754335	369315	19188160	1312481
	15222819	852766	925570	470874	4017219	148638
	104310986	2007105	3236380	2120014	15342506	7082711
	111646118	9281201	10101192	4271904	61661356	4571856
	70215109	5502024	5259525	1581933	49215665	8729086
	68657212	2452108	2983830	2246037	10494535	1495429
	77084783	3334175	5094217	2563949	17293662	1430052

1-19

分　组	东莞市	中山市	江门市	阳江市	湛江市
总　计	203929162	51152950	44092899	9492926	23996464
一、按登记注册类型分组					
内资企业	125483843	27297756	23961001	7066928	16807519
国有企业	13263		21349	49635	262539
集体企业	284591	48381	8654		25670
股份合作企业					
联营企业	4774				
有限责任公司	32467825	10913680	10983881	5502008	10561009
股份有限公司	4998042	2215236	2278997	29831	906244
私营企业	87715348	14120459	10660319	1485454	5052058
其他企业			7801		
港、澳、台商投资企业	48814344	9545955	14199059	1736505	3479441
外商投资企业	29630975	14309238	5932839	689494	3709504
二、按企业控股情况分组					
国有控股	8712900	4298236	3768586	5632782	10244965
集体控股	598544	327692	418209		99889
私人控股	107981459	20020231	16256947	1877314	9497619
港澳台商控股	47993735	8518003	13638996	431502	3246463
外商控股	29769050	13480816	5404407	679567	318148
其他	8873474	4507972	4605755	871762	589380
三、按轻重工业分组					
轻工业	59330415	26427488	20803481	2165555	10179022
重工业	144598748	24725462	23289418	7327372	13817442
四、按企业规模分组					
大型企业	110938128	19761524	14296184	5246685	9291764
中型企业	40401185	14031864	12517496	2137096	6106552
小微型企业	52589849	17359563	17279219	2109145	8598148

续表 1

单位：万元

茂名市	肇庆市	清远市	潮州市	揭阳市	云浮市
21256062	28814355	18464198	13583665	29410701	4953249
20393408	21043999	12363868	12386630	27887097	3543554
118669	24086	24721	24902	42740	49737
10859	51107	2662	24044	113973	
3323			72628		
2687	4026		14777	16362	
6109762	7779880	7261998	5445693	6113912	2430557
11162599	1504245	486571	840140	1494861	115680
2985509	11680655	4587917	5964447	20092700	947581
				12550	
457927	3871472	4741546	761117	1351953	1212798
404727	3898884	1358784	435918	171651	196897
11883641	2708180	2689319	1247254	1844206	1172855
470890	146316	150705	443284	156635	16960
6564088	17167979	7431969	10362954	25072823	1689710
443149	3869291	4053770	832794	1284729	1074960
77563	4021325	1062752	364403	180633	226673
1816732	901265	3075682	332977	871675	772092
4340741	9122807	4630954	6599724	19502461	1350096
16915321	19691549	13833243	6983941	9908240	3603153
11986905	6261910	4875001	1202819	5425495	1279308
1358772	8326351	7005378	3583671	6204130	1589029
7910386	14226094	6583818	8797176	17781077	2084912

1-20 各市按行业大类分组的

行 业	全省	广州市	深圳市	珠海市	汕头市
总 计	1403989296	185951072	354390190	44813397	34054675
煤炭开采和洗选业					
石油和天然气开采业	6646232		2789524	1595383	
黑色金属矿采选业	246917				
有色金属矿采选业	642995				35936
非金属矿采选业	2134659	12830	15296	7052	1082
开采专业及辅助性活动	271279		218079		
其他采矿业					
农副食品加工业	30275506	3129702	2475986	848715	853318
食品制造业	19526958	4974911	664306	556541	588021
酒、饮料和精制茶制造业	9895301	2280239	1850710	143703	97402
烟草制品业	4396522	2061937	659432		62189
纺织业	21859275	1631407	1057023	203026	2548487
纺织服装、服饰业	30491574	2751084	2634592	305506	7058842
皮革、毛皮、羽毛及其制品和制鞋业	18081847	1646862	1002977	66035	200286
木材加工和木、竹、藤、棕、草制品业	5231188	331685	173245	56493	4520
家具制造业	21565161	2616944	1423248	171852	1444526
造纸和纸制品业	25725902	1552536	1895564	577930	841138
印刷和记录媒介复制业	12910689	1068319	2246270	138888	1012313
文教、工美、体育和娱乐用品制造业	37087434	1691550	11510033	166761	5581823
石油、煤炭及其他燃料加工业	33885645	6655945	799947	1090919	19246
化学原料和化学制品制造业	56464321	13386186	3008973	3517170	1788380
医药制造业	16464983	2971388	3364069	1319467	484874
化学纤维制造业	1388988	60418	42134	412479	19337
橡胶和塑料制品业	52920294	3991313	9929690	1379994	3450990
非金属矿物制品业	51388491	3172302	4045729	899632	515062
黑色金属冶炼和压延加工业	25700490	3431947	386205	1107853	22110
有色金属冶炼和压延加工业	34423336	3633689	4395985	583914	198592
金属制品业	61286814	3230821	5744834	876633	567904
通用设备制造业	43030731	6529331	9010245	1501729	422759
专用设备制造业	36633111	2893856	12538969	1479696	556155
汽车制造业	84450819	54652429	8676597	1439423	466381
铁路、船舶、航空航天和其他运输设备制造业	10401572	3359338	1281269	436329	70457
电气机械和器材制造业	137715321	8680980	26855504	9260975	1376834
计算机、通信和其他电子设备制造业	405165700	21410310	216138698	9131557	838877
仪器仪表制造业	11502408	1134120	4848509	830548	43970
其他制造业	3143521	178756	909861		85155
废弃资源综合利用业	8106661	168360	26881	33976	242056
金属制品、机械和设备修理业	1879890	733133	182663	821912	11755
电力、热力生产和供应业	66273273	14453760	8840112	2622014	2370172
燃气生产和供应业	10111877	4629855	1343486	1098808	78665
水的生产和供应业	4661612	842830	1403549	130485	95062

规模以上工业企业总产值

单位：万元

佛山市	韶关市	河源市	梅州市	惠州市	汕尾市
215957104	11288306	13337573	6391918	77003862	11654567
	2375	159235	2496		
	350834	13056	45817	4280	
25220	25623	173777	23655	59977	
3994379	184288	271457	192412	650462	281538
2660079	45184	252170	92365	53588	131912
2019287	40424	277972	49478	482450	66121
	655842		758242		
8755022	184902	138280	34075	297499	210167
4590340	18061	198642	76144	618230	1482803
2606555	15997	212737	142312	944379	153606
1136404	207479	74868	16079	270826	29191
5938509		86498	203041	1770866	
3439152	113862	63361	35725	424623	132917
1950885	32207	65539	13579	370543	36387
6029621	275380	394353	127751	682124	2198646
1223020	2203		2712	9158020	
9863323	805627	119546	52201	7840004	54369
1402943	83508	110861	74359	246462	1103
444484		4493	7577	8583	17749
10795575	103867	466161	112722	2553400	1526621
12878524	668242	987143	1135223	1994823	432649
6501632	2854899	891903	232116	172790	
11326449	998442	81698	71259	275266	
20858780	450740	246146	70309	1553423	866040
9802796	252323	281670	45991	882427	9806
8539910	163702	685408	44769	626956	11010
9065027	49683	58700	227573	1597180	1158909
1481976		22872	1454	165946	2002
46979291	372841	602110	227272	7230607	95846
7879624	511491	5175692	1327612	31958844	1838872
1099771	110643	167856	19207	228974	
159475	8486	42193	11390	90177	3511
5058434	113674	9057	25582	96429	6219
3938	4683			10325	11965
5944514	1506271	900401	821638	3391153	854809
678178	43145	91238	37746	106926	10253
823988	31380	10481	30038	185302	29546

1-20

行　业	东莞市	中山市	江门市	阳江市	湛江市
总　计	203929162	51152950	44092899	9492926	23996464
煤炭开采和洗选业					
石油和天然气开采业					2261325
黑色金属矿采选业					
有色金属矿采选业					40197
非金属矿采选业	3571		264487	15192	95758
开采专业及辅助性活动					50454
其他采矿业					
农副食品加工业	5855891	499391	1730882	992734	3653303
食品制造业	1250279	572909	3945149	195296	225623
酒、饮料和精制茶制造业	809680	548400	253581	12530	247246
烟草制品业					198880
纺织业	1917895	851192	1490727	8644	90834
纺织服装、服饰业	5125950	1781231	618901	63335	41863
皮革、毛皮、羽毛及其制品和制鞋业	3566214	725151	739164	21576	559257
木材加工和木、竹、藤、棕、草制品业	473734	177172	267620	92569	386542
家具制造业	3536115	1244194	861990	63460	754139
造纸和纸制品业	9449698	1275049	2069869	48718	1807353
印刷和记录媒介复制业	2312352	488062	1233240	33306	172912
文教、工美、体育和娱乐用品制造业	4661410	1124360	270420	22859	34005
石油、煤炭及其他燃料加工业	143853	28701	51633		3104227
化学原料和化学制品制造业	3654422	2322819	3087660	17467	440735
医药制造业	275689	1309908	233287	36541	226645
化学纤维制造业	153489	4146	57239		
橡胶和塑料制品业	10034030	3035195	1410836	74709	238227
非金属矿物制品业	3491829	1456512	2367273	727555	1082987
黑色金属冶炼和压延加工业	558205	327099	365361	1265888	3828208
有色金属冶炼和压延加工业	1496676	508318	968256	2090698	23738
金属制品业	8385147	2827947	4906807	661969	595072
通用设备制造业	7746925	3146223	1707584	149563	78996
专用设备制造业	5639684	1147175	635127	22485	164729
汽车制造业	2563987	1602377	1197937	5734	82790
铁路、船舶、航空航天和其他运输设备制造业	747443	144610	2222560		49064
电气机械和器材制造业	15584120	11455381	4462230	89926	1566715
计算机、通信和其他电子设备制造业	93700867	8191236	3013162	9113	57206
仪器仪表制造业	1969742	796337	17644		
其他制造业	1071741	334345	129958	16619	
废弃资源综合利用业	11900	27948	114337	19778	267933
金属制品、机械和设备修理业	33055		28630		30907
电力、热力生产和供应业	6663749	2792446	3152691	2576018	1404422
燃气生产和供应业	639930	202221	105828	131915	60364
水的生产和供应业	399893	204895	110831	26728	73808

续表 1

单位：万元

茂名市	肇庆市	清远市	潮州市	揭阳市	云浮市
21256062	28814355	18464198	13583665	29410701	4953249
16259	56596	7341			2615
34519	87242	13445			17670
539274	590286	99687	7812	62483	111595
	2747				
1955163	469405	606203	502098	961534	166647
246311	443380	253586	618762	1729722	26864
64940	327479	126028	83328	112140	2165
105238	613102	294292	50406	1338579	38480
188187	205977	50472	192558	2397068	91790
556562	716942	843805	374685	2969904	16840
439442	737654	115873	5746	176635	57412
93791	856395	197503	23863	269161	9068
100836	717070	296856	255564	443404	184680
2417	397671	113329	495035	727438	
205831	578400	511234	104612	870927	45336
11310656	7504		287059		
2124590	1926345	1354956	264826	551270	283454
198486	306593	108340	100501	3456705	153255
	27014			129845	
247593	1034168	642237	286641	1515430	90897
975420	3954266	3736178	3764265	1874982	1227894
209149	80848	654064	27975	2782238	
11414	1917582	2655068	2739267	137941	309088
149860	5391534	540185	883058	2171103	308504
52260	638095	397741	175164	130654	68452
86193	445930	168786	31731	650506	100333
	961121	358430		137753	148788
2092	37335	207713		169112	
43844	751921	535898	138219	1149495	255313
136944	1726237	802471	477467	368251	471168
3211	59360	10510	12944	149062	
2975	20331	12251	3437	62862	
7982	839746	908254	43284	82830	2001
	6923				
1071230	1575440	1707286	1209339	1701305	714504
29281	237374	80168	399263	75961	31271
44116	68345	54008	24759	54402	17166

1-21 各市按登记注册类型、控股情况、轻重工业和

分 组	全省	广州市	深圳市	珠海市	汕头市
总 计	87486826	14059780	20723565	4712889	2419837
一、按登记注册类型分组					
内资企业	54669278	5967835	14464111	3510777	2144969
国有企业	71847	28936	232	-767	576
集体企业	50284	8343	-12	489	1249
股份合作企业	44869	7400			19780
联营企业	23626		96		1535
有限责任公司	23080191	3273855	9362707	593887	352256
股份有限公司	10116156	1505603	2212278	2533824	231859
私营企业	21272054	1143699	2888809	383345	1527937
其他企业	10252				9778
港、澳、台商投资企业	16609880	1502851	4214801	545571	181044
外商投资企业	16207668	6589093	2044654	656540	93824
二、按企业控股情况分组					
国有控股	15599652	5562137	1111883	2815192	162948
集体控股	664799	243205	-10935	5034	16063
私人控股	38306310	2060627	12668018	478143	1902497
港澳台商控股	15253526	1319849	4002550	390012	150366
外商控股	12289343	4609880	1791037	591808	63102
其他	5373197	264082	1161012	432700	124862
三、按轻重工业分组					
轻工业	30724480	3995978	3244707	3061476	1918162
重工业	56762346	10063802	17478858	1651412	501676
四、按企业规模分组					
大型企业	48661377	9343558	14235022	2973610	298929
中型企业	20194285	2497263	3803470	755949	1204741
小微型企业	18631165	2218958	2685073	983330	916168

企业规模分组的规模以上工业企业利润总额

单位：万元

佛山市	韶关市	河源市	梅州市	惠州市	汕尾市
16014571	907611	563405	449438	3464701	264075
11199157	822462	419443	346580	1296902	190752
16785	5251	1070	1841	-1844	342
24928	1666	1795	17	512	2840
7652	185		3169		
19443					
2434831	662321	154622	115058	819785	42434
800822	99485	10031	191221	111642	54768
7894696	53554	251896	35275	366805	90368
		29		2	
2430366	45094	98606	51163	660436	26813
2385048	40055	45356	51695	1507364	46510
637394	534817	30152	56095	1021215	48424
53699	4397	1795	7678	15605	2840
10235306	154811	350756	234963	593152	104815
2252436	31570	104198	52979	658848	84986
1621027	36852	45354	49723	1082773	24351
1214709	145164	31150	48001	93109	-1341
8492329	129949	161679	132068	720974	97821
7522242	777662	401726	317370	2743728	166254
6412637	451698	189084	220815	2345799	180733
5563936	213299	122896	142245	365438	24097
4037997	242614	251424	86378	753465	59245

1-21

分　组	东莞市	中山市	江门市	阳江市	湛江市
总　计	7189136	2311028	2388140	1112234	2777488
一、按登记注册类型分组					
内资企业	4017984	1022311	736123	519091	1354549
国有企业	1839		2814	5679	4517
集体企业	-4910	1647	125		448
股份合作企业					
联营企业	-174				
有限责任公司	1385159	391498	345323	427612	964177
股份有限公司	463460	171180	61791	2503	64814
私营企业	2172609	457986	325971	83296	320594
其他企业			99		
港、澳、台商投资企业	2032338	526506	1278117	549080	1170044
外商投资企业	1138814	762212	373901	44064	252896
二、按企业控股情况分组					
国有控股	150017	57777	171132	789615	845529
集体控股	4052	11021	29682		2745
私人控股	2920549	755709	538497	114856	704747
港澳台商控股	2069772	515520	1239890	88636	1157041
外商控股	1173054	696112	324364	45343	39371
其他	871693	274890	84575	73784	28055
三、按轻重工业分组					
轻工业	2200111	1266194	1287212	126642	685355
重工业	4989025	1044834	1100929	985593	2092133
四、按企业规模分组					
大型企业	4397015	1179352	1227962	706905	1880275
中型企业	1400719	589491	649008	302409	415208
小微型企业	1391403	542186	511170	102921	482005

续表 1

单位：万元

茂名市	肇庆市	清远市	潮州市	揭阳市	云浮市
1920241	1846927	1256629	916931	1832850	355348
1828039	1448649	548571	840661	1765503	224809
-897	2033	1884	1628	-250	178
1448	4112	-125	1605	4109	
509			6174		
59	114		1467	1086	
504917	375767	296346	201434	222965	153237
959330	263142	116997	199359	58866	3181
362674	803482	133469	428996	1478384	68213
				344	
49282	348199	670840	61496	58097	109137
42919	50079	37218	14774	9251	21402
980134	199724	214366	93919	22036	95147
91406	16173	17642	146191	9772	-3266
646393	1194512	268226	556874	1703469	119391
47692	362016	509926	85211	58356	71671
11220	23394	21494	9602	6768	22713
143395	51108	224976	25133	32449	49691
410154	604383	175195	498288	1452437	63370
1510087	1242544	1081434	418643	380414	291979
1004378	400857	314034	165392	683736	49587
59723	520768	712049	329369	374336	147870
856140	925302	230546	422170	774779	157891

1-22　各市按行业大类分组的

行　业	全省	广州市	深圳市	珠海市	汕头市
总　计	87486826	14059780	20723565	4712889	2419837
煤炭开采和洗选业					
石油和天然气开采业	2855496		1486179	281251	
黑色金属矿采选业	11350				
有色金属矿采选业	144609				825
非金属矿采选业	216540	853	2218	646	83
开采专业及辅助性活动	26312		13586		
其他采矿业					
农副食品加工业	1383502	146027	131753	38726	14879
食品制造业	2523618	617873	27331	141871	46479
酒、饮料和精制茶制造业	1057084	406591	73623	6244	-6001
烟草制品业	495845	214523	62894		52350
纺织业	1292277	73771	161530	-573	167018
纺织服装、服饰业	1462599	124061	135220	-6596	542116
皮革、毛皮、羽毛及其制品和制鞋业	501604	13566	8898	-959	8460
木材加工和木、竹、藤、棕、草制品业	315304	20933	4937	1563	150
家具制造业	1302246	240334	19279	6771	127775
造纸和纸制品业	1511908	102119	81357	-2504	60243
印刷和记录媒介复制业	768516	44928	205308	7905	108691
文教、工美、体育和娱乐用品制造业	1478863	118633	303565	4920	359143
石油、煤炭及其他燃料加工业	2096847	411616	216903	-8212	180
化学原料和化学制品制造业	4316689	1418273	164636	203979	136634
医药制造业	2704206	524190	517903	313861	74768
化学纤维制造业	102884	-1782	237	52418	359
橡胶和塑料制品业	2387266	172606	359466	56310	279717
非金属矿物制品业	3878882	222832	207129	51377	33161
黑色金属冶炼和压延加工业	1725767	53230	6272	103675	925
有色金属冶炼和压延加工业	1012775	112009	36263	28949	17167
金属制品业	3033017	110116	212370	33602	26110
通用设备制造业	2554471	487284	561708	50926	25078
专用设备制造业	3219031	231770	1386164	167335	44545
汽车制造业	6413306	4515287	32425	57006	4797
铁路、船舶、航空航天和其他运输设备制造业	-74952	-229720	59092	-10022	-858
电气机械和器材制造业	10167377	516942	1022540	2486841	67015
计算机、通信和其他电子设备制造业	18189751	1074090	11118123	258973	57674
仪器仪表制造业	783580	56108	389227	86345	1402
其他制造业	142375	17207	48993		3642
废弃资源综合利用业	627590	15812	933	3928	23780
金属制品、机械和设备修理业	115789	15394	29885	65721	303
电力、热力生产和供应业	5204323	2048674	1024616	167053	109213
燃气生产和供应业	738524	106907	274652	37410	14632
水的生产和供应业	799655	56724	336355	26151	17386

规模以上工业企业利润总额

单位：万元

佛山市	韶关市	河源市	梅州市	惠州市	汕尾市
16014571	907611	563405	449438	3464701	264075
	-465	4961	-399		
	134258	833	-531	623	
574	2453	6870	4426	2254	
241559	1644	23363	3912	28953	6578
472372	2689	13166	2598	-766	6087
236854	3056	36063	1822	70715	942
	67155		78232		
593621	21572	5555	631	2501	982
196094	1218	5916	1836	15108	19838
144946	404	3810	16731	28041	829
85967	4221	-386	297	11991	339
443696		5683	6985	110021	
194989	2260	2550	428	13236	1998
103098	882	-887	-4507	8303	243
318918	-7251	4809	2290	11208	49243
35976	22		120	240577	
609201	76222	2765	6746	711163	2556
191077	25467	10741	10514	17042	18
47570		293	304	115	-15913
817356	2540	26252	10821	59048	17263
788949	67013	44550	107299	203295	9511
368835	338517	55807	8461	10849	
637893	-34760	11308	-9273	9575	
1320108	10835	17704	2603	23593	7590
666030	18383	12600	450	10201	1275
779691	11862	20416	2020	45630	74
938144	2881	4349	23045	129231	44866
76555		819	88	5062	6
4131287	14225	11709	2468	363226	2502
555495	55153	193862	78624	1094856	56461
69761	5312	10370	1824	5757	
12276	131	1369	5	1325	97
441423	17812	1323	773	4359	-51
45	5			209	869
221867	53877	16809	80119	177685	44276
85177	5587	7064	7530	17799	2918
187167	2431	990	149	31916	2679

1-22

行　业	东莞市	中山市	江门市	阳江市	湛江市
总　计	7189136	2311028	2388140	1112234	2777488
煤炭开采和洗选业					
石油和天然气开采业					1088066
黑色金属矿采选业					
有色金属矿采选业					1747
非金属矿采选业	1801		11577	498	11990
开采专业及辅助性活动					12654
其他采矿业					
农副食品加工业	199692	31942	63457	44090	100995
食品制造业	81590	88410	710479	50997	26049
酒、饮料和精制茶制造业	71247	54697	49102	403	-6622
烟草制品业					20691
纺织业	76182	29825	31213	834	4676
纺织服装、服饰业	223222	30965	2887	743	871
皮革、毛皮、羽毛及其制品和制鞋业	22233	11868	20905	-958	12111
木材加工和木、竹、藤、棕、草制品业	15928	6742	4482	6889	16907
家具制造业	91308	44067	26195	948	51288
造纸和纸制品业	664499	39258	50938	-212	198433
印刷和记录媒介复制业	104944	20018	19737	902	29651
文教、工美、体育和娱乐用品制造业	119867	46759	3433	3211	1206
石油、煤炭及其他燃料加工业	4569	2674	3211		208901
化学原料和化学制品制造业	157839	259041	128480	511	-1832
医药制造业	57492	113025	51870	969	37500
化学纤维制造业	7526	-298	1047		
橡胶和塑料制品业	216951	88897	65489	3761	2240
非金属矿物制品业	89758	98754	129040	129556	68278
黑色金属冶炼和压延加工业	13679	10446	5190	111534	525337
有色金属冶炼和压延加工业	23112	12635	40998	144415	119
金属制品业	347821	99150	180785	35738	72938
通用设备制造业	303710	172595	92929	26599	14482
专用设备制造业	293411	53144	70662	427	7046
汽车制造业	185515	152110	127553	-3992	4424
铁路、船舶、航空航天和其他运输设备制造业	-22643	-54779	80397		-3066
电气机械和器材制造业	579112	459458	204589	5993	157299
计算机、通信和其他电子设备制造业	2887919	236682	13045	135	6646
仪器仪表制造业	92556	44369	1107		
其他制造业	34636	7813	5607	1998	
废弃资源综合利用业	1633	3051	5438	2384	12171
金属制品、机械和设备修理业	1681		-253		1487
电力、热力生产和供应业	130298	71851	151246	531782	80254
燃气生产和供应业	60464	34813	17500	9471	8515
水的生产和供应业	49583	41050	17806	2613	4039

续表 1

单位：万元

茂名市	肇庆市	清远市	潮州市	揭阳市	云浮市
1920241	1846927	1256629	916931	1832850	355348
1644	5253	312			46
4594	266	-1124			3118
91148	48085	6305	187	1996	22576
	73				
137659	20636	62997	32049	48818	3773
33440	35513	6442	60314	98813	1871
8860	28222	6500	7624	7026	117
12044	38295	-3377	3638	71736	603
20398	12898	-518	8360	124677	3286
79112	22998	13665	21611	72911	422
43151	65974	8568	36	8525	8091
11149	89267	15233	794	9877	1577
5308	38166	5898	14958	20018	17969
94	17105	543	42980	58579	
14077	40354	16651	7538	59374	916
979230	130		951		
188358	119722	61396	30484	23117	17400
17691	49162	20739	4177	644750	21250
	973			10035	
28962	60335	14956	14257	85666	4374
118323	398133	614686	260791	92018	144431
21210	4339	15430	1118	70915	
1398	-156198	110855	17790	4285	4237
18110	320342	1111	67699	124336	358
6965	37800	38940	19944	5289	1287
7639	15943	10850	19881	42128	8393
	124395	47048		11006	13216
68	361	7883		15803	
5298	31834	13411	13524	70851	7254
12487	217370	61194	148367	10634	51963
351	7546	230	1818	9496	
305	2863	477	170	3463	
706	72333	14521	3514	1713	37
	443				
41659	44090	62325	91173	44807	10649
6455	22419	15124	18574	-20448	5962
2351	9488	7359	2611	636	173

1-23 各市按登记注册类型、控股情况、轻重工业和

分 组	全省	广州市	深圳市	珠海市	汕头市
总 计	13413071	1241976	3099189	440238	406130
一、按登记注册类型分组					
内资企业	7496927	624188	1727384	229000	349732
国有企业	34353	8558	132	166	1551
集体企业	49106	13503	233	115	639
股份合作企业	6212	1251			2831
联营企业	1887		7		155
有限责任公司	2404197	185155	509807	94190	66192
股份有限公司	808468	72265	361585	56392	21211
私营企业	4190721	343456	855620	78137	256002
其他企业	1983				1151
港、澳、台商投资企业	3792380	276414	942874	92483	28908
外商投资企业	2123764	341374	428931	118755	27490
二、按企业控股情况分组					
国有控股	749318	185156	166219	56547	15776
集体控股	103912	22255	12172	2433	2380
私人控股	6079298	438295	1474383	133114	319101
港澳台商控股	3661936	261177	909133	80172	22989
外商控股	1958998	286045	396394	115614	23883
其他	859609	49048	140888	52358	22001
三、按轻重工业分组					
轻工业	6107489	560418	946552	160744	333921
重工业	7305582	681558	2152637	279494	72209
四、按企业规模分组					
大型企业	4862263	464196	1430466	189811	44465
中型企业	4200351	368604	850358	142611	182951
小微型企业	4350457	409176	818365	107816	178714

企业规模分组的规模以上工业企业从业人员平均人数

单位：人

佛山市	韶关市	河源市	梅州市	惠州市	汕尾市
1563370	123446	161369	91433	891097	173661
1063293	76512	74217	71816	359662	118308
2950	5238	432	1445	965	1056
8381	1521	121	74	460	5692
899	51		125		
847					
296739	45543	28192	29140	162505	20856
63134	9152	2404	13767	30652	9038
690343	15007	42948	27265	164900	81666
		120		180	
317796	39856	68466	10165	354806	50731
182281	7078	18686	9452	176629	4622
48826	34554	4635	6306	43524	5471
12313	1625	121	167	4713	5692
941960	29535	62625	52114	238335	93948
274466	40762	68702	11413	352500	59600
142887	7296	15821	9187	179421	7439
142918	9674	9465	12246	72604	1511
835531	51576	72072	36256	301115	137469
727839	71870	89297	55177	589982	36192
514548	55542	59940	15236	439168	125467
508663	34151	53590	36820	232714	31776
540159	33753	47839	39377	219215	16418

1-23

分　组	东莞市	中山市	江门市	阳江市	湛江市
总　计	2735990	799110	460685	66955	131594
一、按登记注册类型分组					
内资企业	1206341	423880	242235	53767	110294
国有企业	375		252	1416	4760
集体企业	13481	2676	339		115
股份合作企业					
联营企业	30				
有限责任公司	398893	134190	97943	19730	43989
股份有限公司	68681	20762	14503	836	8112
私营企业	724881	266252	128946	31785	53318
其他企业			252		
港、澳、台商投资企业	1032699	202277	160480	9662	12569
外商投资企业	496950	172953	57970	3526	8731
二、按企业控股情况分组					
国有控股	48406	18033	14891	13661	26534
集体控股	17507	7260	2562		1070
私人控股	999444	359825	191080	36756	83198
港澳台商控股	1033191	192387	154586	7821	9585
外商控股	493720	162491	50262	3233	4308
其他	143722	59114	47304	5484	6899
三、按轻重工业分组					
轻工业	1229682	504581	239160	38891	84385
重工业	1506308	294529	221525	28064	47209
四、按企业规模分组					
大型企业	953826	221029	111955	13233	23260
中型企业	919081	277540	154624	25019	39731
小微型企业	863083	300541	194106	28703	68603

续表 1

单位：人

茂名市	肇庆市	清远市	潮州市	揭阳市	云浮市
111590	251715	207131	159097	229626	67669
101129	164608	105252	144111	209086	42112
1152	407	444	960	1709	385
195	460	48	538	515	
			1055		
136	42		47	623	
50249	51051	58937	33875	50812	26209
10624	22481	3464	10762	7238	1405
38773	90167	42359	96874	147909	14113
				280	
8851	44383	86292	11234	18388	23046
1610	42724	15587	3752	2152	2511
14926	19445	9843	3648	7764	5153
638	1197	1069	6668	1057	1013
70938	138725	68992	128894	191907	26129
8429	43258	81102	11202	17205	22256
740	39726	13175	2424	1985	2947
15919	9364	32950	6261	9708	10171
56556	100560	103149	113495	170328	31048
55034	151155	103982	45602	59298	36621
16948	61914	71770	10929	21509	17051
17329	87028	84514	60305	65614	27328
77313	102773	50847	87863	142503	23290

1-24　各市按行业大类分组的规模

行　业	全省	广州市	深圳市	珠海市	汕头市
总　计	13413071	1241976	3099189	440238	406130
煤炭开采和洗选业					
石油和天然气开采业	5831		3017	258	
黑色金属矿采选业	2028				
有色金属矿采选业	7880				91
非金属矿采选业	17980	112	235	11	50
开采专业及辅助性活动	1327		694		
其他采矿业					
农副食品加工业	149066	12693	9588	2976	5887
食品制造业	176048	50707	13272	5530	7747
酒、饮料和精制茶制造业	70660	14638	14975	1818	872
烟草制品业	6990	2895	642		465
纺织业	271752	21926	13379	3394	29480
纺织服装、服饰业	686564	72967	80167	11082	101748
皮革、毛皮、羽毛及其制品和制鞋业	475864	55523	32897	3877	3244
木材加工和木、竹、藤、棕、草制品业	63661	6056	2234	1170	127
家具制造业	351152	35294	32954	3713	11537
造纸和纸制品业	219565	11633	36526	3986	8253
印刷和记录媒介复制业	210813	21941	42450	2779	9957
文教、工美、体育和娱乐用品制造业	676542	50513	119091	5236	90863
石油、煤炭及其他燃料加工业	26285	5379	878	1694	132
化学原料和化学制品制造业	319058	70149	26459	15058	17425
医药制造业	126890	32135	19009	9273	5374
化学纤维制造业	10875	736	853	1514	253
橡胶和塑料制品业	831025	53626	194005	19557	38094
非金属矿物制品业	545397	23997	51472	8808	3693
黑色金属冶炼和压延加工业	74915	5599	2285	2818	70
有色金属冶炼和压延加工业	141616	5781	7084	2247	1423
金属制品业	814717	45086	112015	16222	5779
通用设备制造业	516144	69427	123874	21388	5264
专用设备制造业	519763	34610	182309	23708	6207
汽车制造业	435068	166524	72694	12584	11015
铁路、船舶、航空航天和其他运输设备制造业	110754	27990	21468	4882	638
电气机械和器材制造业	1692034	89808	404091	93942	14741
计算机、通信和其他电子设备制造业	3300000	186355	1366466	139963	11340
仪器仪表制造业	189790	16101	69781	9832	334
其他制造业	68144	2650	18487		1616
废弃资源综合利用业	26318	1287	218	212	2381
金属制品、机械和设备修理业	21281	11828	2547	1574	458
电力、热力生产和供应业	174346	22247	8352	6631	6350
燃气生产和供应业	19712	3720	3602	797	623
水的生产和供应业	55216	10043	9119	1704	2599

以上工业企业从业人员平均人数

单位：人

佛山市	韶关市	河源市	梅州市	惠州市	汕尾市
1563370	123446	161369	91433	891097	173661
	26	884	56		
	5247	197	764	102	
131	298	1262	229	531	
13025	937	1592	2116	4484	4491
9946	1023	2478	1390	1143	1334
10010	869	1988	1127	2234	1161
	1422		1287		
60673	3934	1936	794	6128	7676
70107	1355	8973	2708	22909	34984
37635	1260	7802	5909	39270	4629
8987	2214	1190	396	4392	507
68908		1325	4372	34560	
24176	2581	723	514	5203	2042
14902	1716	1910	116	9340	1080
40704	27230	17881	4124	26027	34817
2071	30		45	2664	
48754	6228	1215	842	16924	762
14153	1434	1472	1930	4055	33
1100		82	320	175	551
74850	2191	7355	2011	51204	30059
124122	6228	8551	12317	14885	4142
18257	8226	2278	403	971	
61774	5381	822	437	3683	
159281	3768	1614	1416	27148	15014
84313	4810	2814	1382	15783	220
61476	3206	10633	898	11877	60
56914	807	748	2711	24627	4415
10296		990	40	5097	38
345764	10492	14554	5834	104065	1744
82557	7933	50713	28672	425650	19195
20754	1030	1648	1037	6814	
2342	269	1444	175	2767	163
8358	1096	104	380	1217	143
82	772			262	209
20545	8147	3587	3073	10485	2803
1744	430	345	276	992	159
4659	856	259	1332	3429	1230

1-24

行　业	东莞市	中山市	江门市	阳江市	湛江市
总　计	2735990	799110	460685	66955	131594
煤炭开采和洗选业					
石油和天然气开采业					2556
黑色金属矿采选业					
有色金属矿采选业					255
非金属矿采选业	32		1846	295	1174
开采专业及辅助性活动					606
其他采矿业					
农副食品加工业	10083	3339	7361	5423	28900
食品制造业	21929	8082	16091	1247	4018
酒、饮料和精制茶制造业	5728	3656	2066	248	2322
烟草制品业					279
纺织业	42418	19672	25636	692	1367
纺织服装、服饰业	133562	66045	19511	2654	891
皮革、毛皮、羽毛及其制品和制鞋业	142116	25561	9307	1051	4455
木材加工和木、竹、藤、棕、草制品业	7818	2447	3494	1260	5703
家具制造业	87457	31016	13073	1470	8219
造纸和纸制品业	72356	13910	13909	825	7182
印刷和记录媒介复制业	52606	9469	22324	634	1574
文教、工美、体育和娱乐用品制造业	165703	40622	5852	348	376
石油、煤炭及其他燃料加工业	2932	230	184		1019
化学原料和化学制品制造业	32303	25244	18931	69	2865
医药制造业	3864	5820	3053	691	2696
化学纤维制造业	2887	49	351		
橡胶和塑料制品业	230973	55448	22327	2035	3173
非金属矿物制品业	50035	17232	22659	5689	8647
黑色金属冶炼和压延加工业	2664	1582	1946	4370	4529
有色金属冶炼和压延加工业	12093	4178	4802	4536	248
金属制品业	191282	53430	70604	20445	3584
通用设备制造业	107077	43454	16724	2125	1203
专用设备制造业	134589	22169	7646	812	2374
汽车制造业	29868	14776	12900	295	2007
铁路、船舶、航空航天和其他运输设备制造业	10625	2109	23519		971
电气机械和器材制造业	308997	190241	50536	3033	16883
计算机、通信和其他电子设备制造业	777681	98827	47285	390	841
仪器仪表制造业	40485	18931	637		
其他制造业	24940	9742	1676	79	
废弃资源综合利用业	112	256	786	186	1670
金属制品、机械和设备修理业	770		1129		1337
电力、热力生产和供应业	22935	8426	9928	5029	5162
燃气生产和供应业	1685	851	335	269	601
水的生产和供应业	5385	2296	2257	755	1907

续表 1

单位：人

茂名市	肇庆市	清远市	潮州市	揭阳市	云浮市
111590	251715	207131	159097	229626	67669
164	787	89			22
139	618	215			252
5607	2276	945	119	109	2718
	27				
13507	2521	3865	7910	5189	3179
2372	4960	1816	7245	13125	593
1384	2599	1101	895	947	22
1934	8183	5419	992	14812	1307
3478	4306	2892	8183	32952	5090
11076	13706	34884	8730	32064	868
8546	4064	1141	148	1431	336
1782	7968	4844	434	2081	145
1549	5313	2032	3178	2409	1265
59	3037	4366	5271	5282	
4801	6938	20507	1593	10804	2512
8818	56		153		
8576	10010	8292	2734	3321	2897
3571	3641	1350	913	10294	2129
	634			1370	
4140	9271	11681	3613	14831	581
11529	35294	39821	73753	9315	13208
1534	523	1821	181	14858	
195	12301	9881	1433	1008	2309
2688	39069	3963	13673	18381	10255
994	7378	3221	2460	1327	906
1062	6717	1966	1284	5144	1016
	13082	6785		950	1366
50	818	687		536	
585	10442	8427	1533	13433	2889
3617	20526	12879	6755	3936	8419
123	728	850	113	592	
102	705	499	53	435	
68	3953	2202	398	1272	19
	313				
5639	6912	7336	2870	5301	2588
320	482	358	1563	360	200
1581	1557	996	917	1757	578

1-25 按登记注册类型、控股情况、轻重工业和企业规模分组的规模以下工业企业主要经济指标

单位：万元

分组	企业数（个）	资产总计	营业收入	营业成本	营业利润	从业人员期末人数（人）
总计	533598	218229335	162432647	136680386	5882448	5422485
一、按登记注册类型分组						
内资企业	519983	186018378	153264603	129026928	5663532	5015045
国有企业	1004	2819133	817844	715785	260576	24998
集体企业	2291	1611831	483200	352022	33319	26224
股份合作企业	592	214810	171952	134759	9746	5357
联营企业	195	139972	42310	29505	3915	2699
有限责任公司	47171	39769505	16947075	16004932	510481	545727
股份有限公司	2455	3727787	1019812	819347	20735	37242
私营企业	466025	137651502	133717730	110925764	4812162	4370727
其他企业	250	83838	64679	44813	12598	2071
港、澳、台商投资企业	10894	18380692	6676677	5590721	704	330361
外商投资企业	2721	13830264	2491367	2062738	218212	77079
二、按企业控股情况分组						
国有控股	1636	16239852	1190090	2916007	300307	44438
集体控股	2979	2305723	706482	530184	43432	31190
私人控股	498640	160188063	145891709	121121398	5101636	4768126
港澳台商控股	9968	16320237	6192688	5072498	4141	306386
外商控股	2085	10397247	2077224	1436583	181009	61798
其他	18290	12778212	6374453	5603716	251924	210547
三、按轻重工业分组						
轻工业	261844	85161644	78418796	65586002	2805925	2815181
重工业	271754	133067691	84013851	71094384	3076524	2607304

1-26　按行业大、中、小类分组的规模以下工业企业主要经济指标

单位：万元

行　业	企业数（个）	资产总计	营业收入	营业成本	营业利润	从业人员期末人数（人）
总　计	533598	218229335	162432647	136680386	5882448	5422485
采矿业	2116	4156735	1172935	930336	323521	17789
煤炭开采和洗选业	6	1891	1207	1040	95	48
烟煤和无烟煤开采洗选	4	1891	1207	1040	95	48
褐煤开采洗选						
其他煤炭采选	2					
石油和天然气开采业	4	2141418	571653	228095	258392	162
石油开采	2	2140789	570268	226965	258144	133
陆地石油开采	1					
海洋石油开采	1	2140789	570268	226965	258144	133
天然气开采	2	628	1384	1130	249	29
陆地天然气开采	1	628	1384	1130	249	29
海洋天然气及可燃冰开采	1					
黑色金属矿采选业	232	217796	32267	25007	2607	1318
铁矿采选	221	215470	30870	23653	2767	1253
锰矿、铬矿采选	3	2187	1268	1227	-151	52
其他黑色金属矿采选	8	139	129	127	-9	13
有色金属矿采选业	131	283912	23164	18634	-1699	1171
常用有色金属矿采选	97	78049	16020	13473	-860	569
铜矿采选	11	2202	2524	2001	354	84
铅锌矿采选	42	39179	7392	6840	907	222
镍钴矿采选						
锡矿采选						
锑矿采选	3	2348	418	370	-55	38
铝矿采选						
镁矿采选						
其他常用有色金属矿采选	41	34319	5686	4262	-2065	225
贵金属矿采选	13	163380	2626	1667	-491	294
金矿采选	9	153582	2063	1344	-622	237
银矿采选	2	1858	312	136	131	25
其他贵金属矿采选	2	7940	250	188	1	32
稀有稀土金属矿采选	21	42484	4519	3493	-348	308
钨钼矿采选	6	8822	1223	1394	-946	235
稀土金属矿采选	9	32152	1362	377	523	54
放射性金属矿采选						
其他稀有金属矿采选	6	1510	1934	1723	74	19
非金属矿采选业	1528	1099679	510518	391486	54132	14005
土砂石开采	1382	1026861	479426	368138	50623	12924

1-26 续表1

单位：万元

行　业	企业数（个）	资产总计	营业收入	营业成本	营业利润	从业人员期末人数（人）
石灰石、石膏开采	115	62235	44158	34748	3649	1055
建筑装饰用石开采	444	308669	188502	143251	19312	5190
耐火土石开采	30	26929	6486	4811	-36	285
粘土及其他土砂石开采	793	629029	240280	185329	27698	6394
化学矿开采	6	2170	320	362	60	22
采盐	17	9805	1627	1109	279	224
石棉及其他非金属矿采选	123	60843	29145	21876	3171	835
石棉、云母矿采选						
石墨、滑石采选	3	430	309	221	46	21
宝石、玉石采选	4	396	663	469	182	35
其他未列明非金属矿采选	116	60017	28173	21186	2942	779
开采专业及辅助性活动	63	219826	13618	249525	8533	334
煤炭开采和洗选专业及辅助性活动	5	69143	37	36	8106	4
石油和天然气开采专业及辅助性活动	38	149018	11356	248979	594	267
其他开采专业及辅助性活动	20	1665	2225	510	-168	63
其他采矿业	152	192213	20507	16549	1461	751
制造业	522608	195102741	158749212	131929621	5311754	5329044
农副食品加工业	6109	3546201	1887390	1493059	136403	57702
谷物磨制	613	252463	205289	166296	26054	4608
稻谷加工	528	196420	173346	140452	23805	3795
小麦加工	17	22297	12601	10530	519	318
玉米加工	7	1955	3981	3375	194	76
杂粮加工	28	4800	5344	3997	399	205
其他谷物磨制	33	26991	10018	7942	1137	214
饲料加工	540	327441	227081	194931	14009	4945
宠物饲料加工	61	22527	15652	12928	-171	760
其他饲料加工	479	304914	211429	182004	14179	4185
植物油加工	497	610753	100560	77819	2660	3298
食用植物油加工	448	568407	87607	68053	2623	2966
非食用植物油加工	49	42346	12952	9766	38	332
制糖业	75	453160	72253	55450	4710	2153
屠宰及肉类加工	1411	623245	601503	476878	42830	17552
牲畜屠宰	490	280569	346870	285787	24763	9023
禽类屠宰	48	28262	17305	14198	1368	615
肉制品及副产品加工	873	314415	237328	176892	16699	7914
水产品加工	666	335077	184446	129356	16717	6209
水产品冷冻加工	424	269240	132353	90338	11572	4518
鱼糜制品及水产品干腌制加工	105	20835	17114	11728	1775	630

1-26　续表 2

单位：万元

行　业	企业数（个）	资产总计	营业收入	营业成本	营业利润	从业人员期末人数（人）
鱼油提取及制品制造	8	16179	5961	5700	206	77
其他水产品加工	129	28822	29018	21589	3164	984
蔬菜、菌类、水果和坚果加工	661	219463	173505	133358	16244	6832
蔬菜加工	358	111349	100255	77398	9710	3752
食用菌加工	13	5936	1880	1477	-166	101
水果和坚果加工	290	102178	71371	54483	6700	2979
其他农副食品加工	1646	724599	322752	258970	13179	12105
淀粉及淀粉制品制造	142	55646	40392	29743	3973	1355
豆制品制造	252	61567	47378	36948	3897	2336
蛋品加工	82	30667	22913	20364	233	737
其他未列明农副食品加工	1170	576720	212068	171916	5076	7677
食品制造业	7500	2915504	1879011	1491014	106442	72459
焙烤食品制造	1892	638243	466053	361661	36939	20698
糕点、面包制造	1342	343620	317416	243930	22027	14361
饼干及其他焙烤食品制造	550	294624	148637	117731	14912	6337
糖果、巧克力及蜜饯制造	1131	319326	333445	253287	40128	10718
糖果、巧克力制造	684	162805	222953	166456	27375	6963
蜜饯制作	447	156521	110492	86832	12752	3755
方便食品制造	650	225700	142397	114671	3535	6523
米、面制品制造	319	68589	60164	48069	2240	3353
速冻食品制造	195	110893	54209	44191	322	2043
方便面制造	21	12729	4131	3284	808	224
其他方便食品制造	115	33490	23892	19127	165	903
乳制品制造	95	46544	27726	23009	-630	991
液体乳制造	16	8689	8561	6397	96	232
乳粉制造	6	1009	546	492	-233	34
其他乳制品制造	73	36846	18619	16119	-493	725
罐头食品制造	137	87549	56175	44103	4204	1987
肉、禽类罐头制造	10	3538	3157	2791	201	95
水产品罐头制造	27	39743	5771	4451	-100	253
蔬菜、水果罐头制造	72	32695	29913	24017	1160	1247
其他罐头食品制造	28	11574	17334	12844	2943	392
调味品、发酵制品制造	487	279532	118987	116115	991	5229
味精制造	20	52642	7794	6269	406	206
酱油、食醋及类似制品制造	189	128099	34722	28201	1509	1851
其他调味品、发酵制品制造	278	98791	76471	81645	-923	3172
其他食品制造	3108	1318610	734229	578169	21275	26313
营养食品制造	82	43578	22224	17161	-868	906

1-26 续表 3

单位：万元

行 业	企业数（个）	资产总计	营业收入	营业成本	营业利润	从业人员期末人数（人）
保健食品制造	339	304869	111469	86590	2495	3240
冷冻饮品及食用冰制造	165	41316	34677	27518	1716	1465
盐加工	14	10501	2932	2109	-195	358
食品及饲料添加剂制造	418	311584	202411	154103	6438	4304
其他未列明食品制造	2090	606763	360515	290689	11689	16040
酒、饮料和精制茶制造业	2586	1607021	494388	354378	47871	22044
酒的制造	621	500107	93502	61252	10909	4518
酒精制造	21	2039	5350	4390	193	158
白酒制造	366	157098	46967	32327	6276	2459
啤酒制造	21	54052	6137	5137	-200	235
黄酒制造	52	180616	12070	2906	2567	437
葡萄酒制造	22	27587	3758	2826	423	162
其他酒制造	139	78716	19220	13665	1650	1067
饮料制造	1114	762891	233452	173056	13308	11461
碳酸饮料制造	54	210893	14676	10673	1199	436
瓶（罐）装饮用水制造	574	277254	84630	60495	4074	5447
果菜汁及果菜汁饮料制造	73	33124	26553	19725	2562	886
含乳饮料和植物蛋白饮料制造	29	14514	8221	7092	18	304
固体饮料制造	88	34282	36916	27322	3351	1067
茶饮料及其他饮料制造	296	192825	62456	47749	2104	3321
精制茶加工	851	344023	167434	120070	23654	6065
烟草制品业	30	7078	7878	5168	431	316
烟叶复烤	1	204	959	836	24	23
卷烟制造	5	1494	3694	1882	501	64
其他烟草制品制造	24	5380	3226	2451	-93	229
纺织业	11391	4705741	4491158	3719694	172747	136864
棉纺织及印染精加工	3885	1879507	1620618	1391656	47171	50570
棉纺纱加工	1387	603253	552319	488912	15089	15973
棉织造加工	1831	833623	789636	673067	22384	22408
棉印染精加工	667	442632	278663	229677	9698	12189
毛纺织及染整精加工	648	181048	198611	162194	9056	8358
毛条和毛纱线加工	155	45456	47345	38233	630	1619
毛织造加工	438	104227	131382	107483	7279	5924
毛染整精加工	55	31365	19883	16478	1147	815
麻纺织及染整精加工	35	15442	19022	14525	2136	505
麻纤维纺前加工和纺纱	10	1614	3714	2741	703	81
麻织造加工	18	8386	12074	9601	1520	342
麻染整精加工	7	5442	3234	2183	-87	82

1-26　续表 4

单位：万元

行　业	企业数（个）	资产总计	营业收入	营业成本	营业利润	从业人员期末人数（人）
丝绢纺织及印染精加工	129	54406	29157	24512	579	1255
缫丝加工	18	5226	5228	4708	42	227
绢纺和丝织加工	27	10906	7242	5882	302	279
丝印染精加工	84	38274	16687	13922	234	749
化纤织造及印染精加工	292	143543	122873	105170	3654	3934
化纤织造加工	219	126963	97972	85670	1647	3018
化纤织物染整精加工	73	16580	24901	19500	2007	916
针织或钩针编织物及其制品制造	2104	1055915	1183653	929424	69923	27607
针织或钩针编织物织造	1347	719712	768874	607331	42875	18122
针织或钩针编织物印染精加工	121	42537	51771	41492	2973	1289
针织或钩针编织品制造	636	293666	363009	280600	24075	8196
家用纺织制成品制造	1999	666536	585698	466615	18522	21028
床上用品制造	737	324889	213932	171610	9990	7691
毛巾类制品制造	51	19781	22359	16153	1025	811
窗帘、布艺类产品制造	595	105629	120630	93228	1132	5191
其他家用纺织制成品制造	616	216237	228776	185623	6375	7335
产业用纺织制成品制造	2299	709343	731525	625598	21706	23607
非织造布制造	353	205875	161442	138308	4367	4820
绳、索、缆制造	255	52387	60372	52292	3959	2053
纺织带和帘子布制造	943	223834	321333	280823	8683	9704
篷、帆布制造	253	96731	64169	52542	1714	2577
其他产业用纺织制成品制造	495	130516	124208	101634	2984	4453
纺织服装、服饰业	33417	9333865	9319356	7815658	389448	377750
机织服装制造	14798	3752700	3965056	3433887	139019	167448
运动机织服装制造	1237	403799	469461	395535	17605	19009
其他机织服装制造	13561	3348901	3495594	3038353	121414	148439
针织或钩针编织服装制造	4534	2874791	1929464	1592214	102755	65284
运动休闲针织服装制造	864	936542	546823	466345	29113	15039
其他针织或钩针编织服装制造	3670	1938249	1382641	1125869	73642	50245
服饰制造	14085	2706374	3424837	2789556	147674	145018
皮革、毛皮、羽毛及其制品和制鞋业	17896	4410246	5845504	5026314	185693	236404
皮革鞣制加工	1350	395748	369047	316133	11281	13308
皮革制品制造	9230	1914955	2443510	2133952	54245	110257
皮革服装制造	421	90946	87266	70679	2685	3590
皮箱、包（袋）制造	6640	1315010	1700687	1505576	28844	78419
皮手套及皮装饰制品制造	393	126744	180050	145779	13941	7418
其他皮革制品制造	1776	382256	475507	411918	8775	20830
毛皮鞣制及制品加工	259	44410	52563	43295	1222	2284

1-26 续表 5

单位：万元

行　业	企业数（个）	资产总计	营业收入	营业成本	营业利润	从业人员期末人数（人）
毛皮鞣制加工	8	5195	3589	3174	6	116
毛皮服装加工	186	27773	40137	33705	638	1635
其他毛皮制品加工	65	11442	8836	6415	579	533
羽毛（绒）加工及制品制造	114	94182	32705	25677	-149	1249
羽毛（绒）加工	43	43267	11934	8420	944	294
羽毛（绒）制品加工	71	50915	20771	17257	-1092	955
制鞋业	6943	1960951	2947679	2507256	119093	109306
纺织面料鞋制造	262	72690	102640	89242	2179	3963
皮鞋制造	2946	891688	1359299	1122989	73270	50601
塑料鞋制造	554	245259	384146	334288	25195	12522
橡胶鞋制造	312	83895	128821	111176	3643	5017
其他制鞋业	2869	667418	972774	849562	14806	37203
木材加工和木、竹、藤、棕、草制品业	6591	1676200	1941258	1617048	104681	62693
木材加工	2308	535840	687443	561605	52253	20238
锯材加工	574	124269	145050	129516	12808	4306
木片加工	582	132273	183764	140890	17693	5213
单板加工	225	69696	113455	90077	6644	2986
其他木材加工	927	209602	245174	201122	15108	7733
人造板制造	577	205255	247818	211292	11049	7426
胶合板制造	252	91231	120228	100610	5912	3684
纤维板制造	64	37430	30490	24302	2830	728
刨花板制造	42	15256	20967	18132	1341	578
其他人造板制造	219	61338	76133	68248	966	2436
木质制品制造	3099	829692	872297	740089	27403	29423
建筑用木料及木材组件加工	543	209184	149058	130708	1437	4163
木门窗制造	356	73628	80206	63790	3938	3675
木楼梯制造	20	3481	6480	5434	179	213
木地板制造	146	46838	27934	24793	420	1125
木制容器制造	375	106674	128842	112426	3452	3542
软木制品及其他木制品制造	1659	389887	479777	402938	17976	16705
竹、藤、棕、草等制品制造	607	105413	133700	104062	13977	5606
竹制品制造	367	56929	72689	55423	11140	3542
藤制品制造	62	14680	23964	18565	1923	679
棕制品制造	8	1326	1486	1285	97	52
草及其他制品制造	170	32478	35561	28788	816	1333
家具制造业	17261	4294457	4894278	4017495	245492	183754
木质家具制造	9288	2579665	2488670	2053769	114866	99295
竹、藤家具制造	136	39017	44390	34887	1615	1589

1-26　续表 6

单位：万元

行　业	企业数（个）	资产总计	营业收入	营业成本	营业利润	从业人员期末人数（人）
金属家具制造	1492	433762	577221	460846	26040	17608
塑料家具制造	114	28303	43542	36095	1536	1560
其他家具制造	6231	1213709	1740455	1431899	101434	63702
造纸和纸制品业	17356	5148620	5766492	4979367	171937	159216
纸浆制造	26	8912	5703	5046	136	120
木竹浆制造	13	3559	3859	3458	122	77
非木竹浆制造	13	5354	1844	1588	14	43
造纸	2830	1048828	928504	805865	26427	26066
机制纸及纸板制造	907	536747	354844	314168	9730	9708
手工纸制造	73	10339	15261	13236	552	539
加工纸制造	1850	501742	558399	478461	16145	15819
纸制品制造	14500	4090880	4832284	4168455	145374	133030
纸和纸板容器制造	7828	2294882	2809712	2432684	88124	76018
其他纸制品制造	6672	1795998	2022572	1735771	57250	57012
印刷和记录媒介复制业	15771	5260886	4858041	4076411	194115	155198
印刷	14350	4743056	4500256	3790045	178064	143185
书、报刊印刷	710	314606	258282	213777	12215	8685
本册印制	205	59140	56030	43722	4285	1956
包装装潢及其他印刷	13435	4369309	4185944	3532546	161564	132544
装订及印刷相关服务	1328	464274	327972	262792	15510	11267
记录媒介复制	93	53556	29813	23574	541	746
文教、工美、体育和娱乐用品制造业	20090	6233218	5167191	4212625	165772	235188
文教办公用品制造	1814	514765	499243	407955	14664	17978
文具制造	984	339469	307202	252204	8129	10715
笔的制造	93	21310	21932	17008	709	916
教学用模型及教具制造	386	83849	90608	71036	3504	3336
墨水、墨汁制造	33	10736	10311	8498	151	417
其他文教办公用品制造	318	59400	69191	59210	2171	2594
乐器制造	387	97865	105746	88094	1920	5155
中乐器制造	40	2500	2824	2406	81	217
西乐器制造	151	38628	39108	31936	179	2335
电子乐器制造	51	12431	12323	10169	191	670
其他乐器及零件制造	145	44306	51490	43583	1469	1933
工艺美术及礼仪用品制造	10813	3166667	2349904	1893678	84524	108757
雕塑工艺品制造	1009	168339	168787	132645	9441	7361
金属工艺品制造	1690	315979	273007	221761	8863	12555
漆器工艺品制造	50	19624	12398	8552	506	512
花画工艺品制造	434	120803	116540	91401	5350	5618

1-26 续表 7

单位：万元

行业	企业数（个）	资产总计	营业收入	营业成本	营业利润	从业人员期末人数（人）
天然植物纤维编织工艺品制造	125	30410	28413	21123	3414	1147
抽纱刺绣工艺品制造	944	275839	238104	181097	13761	8788
地毯、挂毯制造	154	72770	66367	54933	-3116	2092
珠宝首饰及有关物品制造	3452	1542027	835522	676353	24985	40715
其他工艺美术及礼仪用品制造	2955	620875	610765	505814	21321	29969
体育用品制造	2131	503766	547470	459926	10737	24233
球类制造	43	17632	13406	10823	479	582
专项运动器材及配件制造	574	201923	202506	173359	3801	8659
健身器材制造	182	42843	45605	37712	-437	1813
运动防护用具制造	254	48259	62576	52027	797	3251
其他体育用品制造	1078	193110	223376	186005	6097	9928
玩具制造	4137	1752108	1509325	1242687	52415	72268
电玩具制造	215	100115	74078	61872	878	4486
塑胶玩具制造	1689	821158	742167	626485	28813	32717
金属玩具制造	28	9019	14181	9107	1850	310
弹射玩具制造	9	1221	893	642	114	50
娃娃玩具制造	122	43506	40375	31055	2484	1997
儿童乘骑玩耍的童车类产品制造	123	61362	38204	31948	279	1784
其他玩具制造	1951	715727	599427	481577	17997	30924
游艺器材及娱乐用品制造	808	198047	155502	120286	1512	6797
露天游乐场所游乐设备制造	248	57716	55376	42397	-342	2529
游艺用品及室内游艺器材制造	385	100629	74017	56783	1358	3194
其他娱乐用品制造	175	39701	26110	21106	496	1074
石油、煤炭及其他燃料加工业	771	2301961	260692	222843	6953	6091
精炼石油产品制造	587	2208266	210524	178175	5091	4914
原油加工及石油制品制造	574	2206300	207835	176060	5008	4872
其他原油制造	13	1965	2690	2115	83	42
煤炭加工	54	55790	13880	11719	621	337
炼焦	4	32890	1429	1337	3	22
煤制合成气生产	3	2305	2135	1467	337	26
煤制液体燃料生产	2	140	130	102	-15	9
煤制品制造	26	16883	5314	4804	168	203
其他煤炭加工	19	3571	4872	4009	129	77
核燃料加工	9	1709	1169	792	31	65
生物质燃料加工	121	36197	35119	32158	1209	775
生物质液体燃料生产	78	29500	18028	17211	559	448
生物质致密成型燃料加工	43	6697	17091	14946	650	327
化学原料和化学制品制造业	16077	8040654	5217351	4382873	243039	149434

1-26　续表 8

单位：万元

行　业	企业数（个）	资产总计	营业收入	营业成本	营业利润	从业人员期末人数（人）
基础化学原料制造	1349	1001975	445554	359155	104218	11256
无机酸制造	28	14501	16225	13219	55	332
无机碱制造	8	6619	3824	2757	384	47
无机盐制造	43	22047	14368	11680	192	592
有机化学原料制造	534	230842	168454	136223	2884	4185
其他基础化学原料制造	736	727967	242683	195275	100704	6100
肥料制造	451	236747	119630	96208	8778	3082
氮肥制造	14	11537	2570	1904	122	65
磷肥制造	3	145	61	49	7	4
钾肥制造	3	1576	1416	1020	13	26
复混肥料制造	87	81270	49095	44761	1954	841
有机肥料及微生物肥料制造	272	111069	51260	37035	6351	1695
其他肥料制造	72	31149	15228	11439	331	451
农药制造	79	68573	20756	15818	795	958
化学农药制造	38	45773	15535	12030	1381	667
生物化学农药及微生物农药制造	41	22800	5221	3788	-586	291
涂料、油墨、颜料及类似产品制造	3334	1708971	1297446	1080143	36532	32102
涂料制造	2290	1129539	883059	738615	24635	21504
油墨及类似产品制造	404	312895	171295	141517	739	3965
工业颜料制造	293	137758	119270	98416	6354	3434
工艺美术颜料制造	110	18607	29044	25288	1370	750
染料制造	93	38068	38219	32142	1469	884
密封用填料及类似品制造	144	72104	56559	44164	1965	1565
合成材料制造	2173	888707	772463	657992	14606	19218
初级形态塑料及合成树脂制造	781	284479	301898	262556	6289	7376
合成橡胶制造	271	114987	106934	89708	3809	2808
合成纤维单（聚合）体制造	22	17210	12467	9992	732	413
其他合成材料制造	1099	472031	351163	295736	3775	8621
专用化学产品制造	3476	2520206	1270047	1131306	26590	29233
化学试剂和助剂制造	1048	740309	408514	351294	697	8221
专项化学用品制造	613	918429	226600	207407	5550	4815
林产化学产品制造	317	144773	105212	94655	3532	3961
文化用信息化学品制造	94	139493	32336	25564	873	1028
医学生产用信息化学品制造	7	544	1427	887	127	36
环境污染处理专用药剂材料制造	303	129326	117383	95973	3926	2231
动物胶制造	26	5555	9659	7470	276	202
其他专用化学产品制造	1068	441777	368917	348057	11608	8739
炸药、火工及焰火产品制造	25	9676	3799	2774	439	153

1-26　续表 9

单位：万元

行　业	企业数（个）	资产总计	营业收入	营业成本	营业利润	从业人员期末人数（人）
炸药及火工产品制造	13	6579	2127	1561	153	74
焰火、鞭炮产品制造	12	3096	1672	1213	286	79
日用化学产品制造	5190	1605799	1287658	1039477	51081	53432
肥皂及洗涤剂制造	824	310392	243219	199598	7610	7144
化妆品制造	3346	905268	735370	595227	21082	36518
口腔清洁用品制造	111	31018	30735	24322	1459	1164
香料、香精制造	313	169804	120019	86584	12990	2922
其他日用化学产品制造	596	189317	158315	133748	7941	5684
医药制造业	1846	2534326	704672	542455	-35929	23732
化学药品原料药制造	153	184060	41912	31439	-8261	1510
化学药品制剂制造	156	460149	126540	93274	33556	1886
中药饮片加工	341	223937	131397	98425	10646	4913
中成药生产	202	358174	137619	126928	2557	3352
兽用药品制造	95	69126	31804	21749	-613	1272
生物药品制品制造	412	875107	65193	43213	-70246	3351
生物药品制造	403	771438	63338	42463	-70615	3236
基因工程药物和疫苗制造	9	103669	1854	750	369	115
卫生材料及医药用品制造	437	355497	156527	116791	-4444	7058
药用辅料及包装材料	50	8275	13680	10637	875	390
化学纤维制造业	371	205939	153684	133795	3953	3678
纤维素纤维原料及纤维制造	35	43309	17343	14922	189	547
化纤浆粕制造	2	2323	1177	974	-47	57
人造纤维（纤维素纤维）制造	33	40986	16166	13949	236	490
合成纤维制造	249	117623	95513	83221	3832	2366
锦纶纤维制造	26	13156	13202	10423	821	440
涤纶纤维制造	42	31222	20738	18594	-32	525
腈纶纤维制造	2	3851	18	11	1	2
维纶纤维制造	2	1130	1512	1192	101	51
丙纶纤维制造	4	1712	3339	3029		78
氨纶纤维制造	12	6589	6723	5979	530	99
其他合成纤维制造	161	59963	49981	43992	2411	1171
生物基材料制造	87	45006	40828	35652	-67	765
生物基化学纤维制造	48	29349	22830	20812	-24	413
生物基、淀粉基新材料制造	39	15657	17998	14839	-43	352
橡胶和塑料制品业	42779	13884239	14019376	12145316	420165	431293
橡胶制品业	8624	2464927	2710087	2337920	66276	83702
轮胎制造	96	65845	29228	26304	-10780	841
橡胶板、管、带制造	522	166544	194281	160111	4799	5668

1-26　续表 10

单位：万元

行　业	企业数（个）	资产总计	营业收入	营业成本	营业利润	从业人员期末人数（人）
橡胶零件制造	1320	385111	416025	350722	13429	13975
再生橡胶制造	58	33375	18931	15784	161	930
日用及医用橡胶制品制造	175	59151	63997	51072	2054	2118
运动场地用塑胶制造	31	8656	11882	10212	113	244
其他橡胶制品制造	6422	1746245	1975744	1723717	56499	59926
塑料制品业	34155	11419311	11309289	9807396	353889	347591
塑料薄膜制造	2236	963813	873948	853789	29938	21525
塑料板、管、型材制造	1030	406242	456066	397721	13260	12180
塑料丝、绳及编织品制造	654	275592	255414	208641	17143	7075
泡沫塑料制造	1099	391923	455366	397715	11605	12112
塑料人造革、合成革制造	71	41056	26987	23943	-640	831
塑料包装箱及容器制造	4749	1310733	1381466	1178691	45847	42301
日用塑料制品制造	3591	1124161	1241284	1033591	51018	39870
人造草坪制造	445	25374	29325	24585	1382	1361
塑料零件及其他塑料制品制造	20280	6880418	6589434	5688721	184335	210336
非金属矿物制品业	20157	10543919	6809571	5508486	398044	215238
水泥、石灰和石膏制造	451	864622	167754	135582	4413	4067
水泥制造	280	811645	127606	105623	1466	2866
石灰和石膏制造	171	52977	40148	29959	2946	1201
石膏、水泥制品及类似制品制造	1885	1606356	1025473	879765	38153	21097
水泥制品制造	1228	1127701	758221	658057	30246	14500
砼结构构件制造	90	240763	58071	51941	-3000	1228
石棉水泥制品制造	6	3126	5777	4890	15	149
轻质建筑材料制造	453	160583	149629	118916	8017	4229
其他水泥类似制品制造	108	74183	53775	45961	2875	991
砖瓦、石材等建筑材料制造	7599	3234047	1969202	1523505	169957	61090
粘土砖瓦及建筑砌块制造	876	600192	327882	247337	39933	13711
建筑用石加工	3448	1219024	732371	553809	86807	23552
防水建筑材料制造	245	76874	61715	51139	1952	1789
隔热和隔音材料制造	293	113410	105150	87807	3589	2645
其他建筑材料制造	2737	1224547	742085	583413	37677	19393
玻璃制造	1061	759901	319776	262573	15514	11601
平板玻璃制造	173	50968	64396	52282	1638	1976
特种玻璃制造	647	651063	188501	155985	10613	6946
其他玻璃制造	241	57870	66879	54307	3264	2679
玻璃制品制造	2827	1511964	1033788	863945	15379	35508
技术玻璃制品制造	395	554738	144376	123544	-7216	5137
光学玻璃制造	318	149392	124909	105985	-299	4840

1-26 续表 11

单位：万元

行 业	企业数（个）	资产总计	营业收入	营业成本	营业利润	从业人员期末人数（人）
玻璃仪器制造	69	23789	23820	20290	92	778
日用玻璃制品制造	929	411838	340489	287406	11427	11194
玻璃包装容器制造	61	21621	15179	13348	515	756
玻璃保温容器制造	29	11572	14204	11618	856	345
制镜及类似品加工	141	40664	50165	42665	1382	1666
其他玻璃制品制造	885	298350	320645	259090	8622	10792
玻璃纤维和玻璃纤维增强塑料制品制造	359	198263	126066	105353	1989	3590
玻璃纤维及制品制造	175	115776	61874	52294	429	1877
玻璃纤维增强塑料制品制造	184	82487	64192	53058	1560	1713
陶瓷制品制造	4082	1529071	1549099	1231839	126908	61033
建筑陶瓷制品制造	565	222017	243214	191437	16115	6289
卫生陶瓷制品制造	1386	432201	485508	379021	39416	18670
特种陶瓷制品制造	310	164615	100102	79121	4803	3804
日用陶瓷制品制造	1273	564571	531735	430462	52896	23578
陈设艺术陶瓷制造	356	87611	129098	105244	10553	6070
园艺陶瓷制造	42	10998	13093	10432	1219	708
其他陶瓷制品制造	150	47059	46350	36122	1907	1914
耐火材料制品制造	325	121299	115398	96789	4252	3172
石棉制品制造	92	20738	27246	23914	905	771
云母制品制造	9	7440	3308	2547	339	110
耐火陶瓷制品及其他耐火材料制造	224	93120	84843	70328	3008	2291
石墨及其他非金属矿物制品制造	1568	718397	503015	409137	21478	14080
石墨及碳素制品制造	257	161423	71681	61216	173	2278
其他非金属矿物制品制造	1311	556974	431334	347920	21305	11802
黑色金属冶炼和压延加工业	1979	2185711	818731	704387	165221	17636
炼铁	20	636691	6302	19903	110372	293
炼钢	20	15460	24391	23019	232	282
钢压延加工	1911	1520776	777740	652454	54264	16809
铁合金冶炼	28	12784	10298	9011	354	252
有色金属冶炼和压延加工业	3182	1529019	1771082	1535634	55819	38346
常用有色金属冶炼	116	76177	130088	119683	4629	1323
铜冶炼	10	3954	3883	2913	579	94
铅锌冶炼	8	10281	1625	1560	-15	13
镍钴冶炼	1		25	19	4	2
锡冶炼	30	12438	16109	14183	304	289
锑冶炼						
铝冶炼	33	17900	11461	8713	194	333
镁冶炼						

1-26　续表 12

单位：万元

行　业	企业数（个）	资产总计	营业收入	营业成本	营业利润	从业人员期末人数（人）
硅冶炼	1	114	351	339	7	4
其他常用有色金属冶炼	33	31490	96633	91957	3557	588
贵金属冶炼	18	5698	2556	2188	-296	115
金冶炼	5	556	246	216	25	15
银冶炼	1	522	697	606	14	8
其他贵金属冶炼	12	4620	1613	1366	-336	92
稀有稀土金属冶炼	16	12859	2630	1981	145	123
钨钼冶炼						
稀土金属冶炼	11	6086	931	768	-98	70
其他稀有金属冶炼	5	6773	1699	1213	244	53
有色金属合金制造	975	468776	575101	523223	12570	12881
有色金属压延加工	2057	965509	1060707	888559	38771	23904
铜压延加工	231	142054	110619	87580	3399	2142
铝压延加工	1410	577237	740033	616802	31817	17724
贵金属压延加工	56	77977	38936	34547	249	735
稀有稀土金属压延加工	35	19496	11000	8964	365	346
其他有色金属压延加工	325	148744	160118	140666	2941	2957
金属制品业	74451	20667328	21793304	18123033	791018	714304
结构性金属制品制造	22033	6237986	6578911	5300109	269935	196304
金属结构制造	18019	5133122	5238143	4320960	188870	158185
金属门窗制造	4014	1104864	1340768	979149	81065	38119
金属工具制造	4263	975618	1116360	927098	44937	40930
切削工具制造	690	195854	184105	149455	6675	5786
手工具制造	351	92674	94451	75066	4394	3240
农用及园林用金属工具制造	69	14707	18732	15848	708	614
刀剪及类似日用金属工具制造	1130	236730	302518	253629	16416	14326
其他金属工具制造	2023	435654	516553	433100	16743	16964
集装箱及金属包装容器制造	915	622786	369680	312194	1271	12379
集装箱制造	168	229374	55130	45847	-3301	1851
金属压力容器制造	71	32406	42413	36721	1687	1158
金属包装容器及材料制造	676	361007	272136	229626	2885	9370
金属丝绳及其制品制造	686	243861	268298	228373	7319	6375
建筑、安全用金属制品制造	16919	5066953	4787053	4030767	151475	168770
建筑、家具用金属配件制造	14740	4304021	4049015	3427568	128768	140277
建筑装饰及水暖管道零件制造	1624	466068	537887	439191	19535	22861
安全、消防用金属制品制造	411	212958	125832	102472	1894	3512
其他建筑、安全用金属制品制造	144	83906	74319	61536	1277	2120
金属表面处理及热处理加工	2158	845495	969138	817161	20495	33959

1-26 续表 13

单位：万元

行　业	企业数（个）	资产总计	营业收入	营业成本	营业利润	从业人员期末人数（人）
搪瓷制品制造	282	148909	101366	80208	5723	2900
生产专用搪瓷制品制造	13	2491	3308	2744	230	112
建筑装饰搪瓷制品制造	41	4302	10662	7991	436	288
搪瓷卫生洁具制造	198	108999	71956	56130	4524	2092
搪瓷日用品及其他搪瓷制品制造	30	33116	15441	13342	533	408
金属制日用品制造	4950	1350065	1644077	1346567	95033	56886
金属制厨房用器具制造	1187	346352	380477	312972	21524	14180
金属制餐具和器皿制造	1236	392743	507564	409973	41280	16018
金属制卫生器具制造	272	69535	84425	67372	3701	3982
其他金属制日用品制造	2255	541436	671611	556249	28528	22706
铸造及其他金属制品制造	22245	5175654	5958420	5080558	194831	195801
黑色金属铸造	262	145746	98228	84713	3857	2594
有色金属铸造	98	56914	35352	28153	1197	1156
锻件及粉末冶金制品制造	852	444696	336982	290331	916	11076
交通及公共管理用金属标牌制造	353	76013	77543	60176	1045	2734
其他未列明金属制品制造	20680	4452285	5410316	4617185	187816	178241
通用设备制造业	31191	11339676	9415149	7646203	293947	285345
锅炉及原动设备制造	310	116600	108647	87640	3253	2816
锅炉及辅助设备制造	175	66417	63387	52081	2033	1596
内燃机及配件制造	46	15406	18128	15080	-254	494
汽轮机及辅机制造	7	1737	2112	1638	32	73
水轮机及辅机制造	9	12719	5164	2868	919	176
风能原动设备制造	13	6514	2019	1653	88	91
其他原动设备制造	60	13808	17837	14320	435	386
金属加工机械制造	5966	1978205	1847537	1499389	61290	53015
金属切削机床制造	662	262779	207829	171745	5842	5864
金属成形机床制造	441	187230	175072	144226	4740	4699
铸造机械制造	336	160667	117251	95339	4210	3671
金属切割及焊接设备制造	878	312034	301958	238103	5666	8389
机床功能部件及附件制造	361	105293	113688	96977	2694	3019
其他金属加工机械制造	3288	950202	931739	752999	38139	27373
物料搬运设备制造	860	1075845	323917	260627	6740	10917
轻小型起重设备制造	45	31696	14213	10034	-513	662
生产专用起重机制造	85	589712	28588	23684	1112	788
生产专用车辆制造	52	25411	26207	21326	1016	635
连续搬运设备制造	144	41005	45340	37403	1039	1359
电梯、自动扶梯及升降机制造	430	339735	181664	146032	2670	6596
客运索道制造	1	207	32	9	19	1

1-26　续表 14

单位：万元

行　业	企业数（个）	资产总计	营业收入	营业成本	营业利润	从业人员期末人数（人）
机械式停车设备制造	32	19919	5403	4334	-142	253
其他物料搬运设备制造	71	28160	22470	17805	1539	623
泵、阀门、压缩机及类似机械制造	1666	841991	627705	499241	29029	17985
泵及真空设备制造	530	194291	195638	160673	9033	6276
气体压缩机械制造	189	114443	86297	72222	1203	2036
阀门和旋塞制造	290	228164	113964	82019	10298	2930
液压动力机械及元件制造	516	256995	184054	147112	5894	4996
液力动力机械元件制造	7	1884	1267	956	104	71
气压动力机械及元件制造	134	46214	46486	36259	2498	1676
轴承、齿轮和传动部件制造	531	214825	193456	158452	6834	6355
滚动轴承制造	167	86892	65468	54970	1877	2058
滑动轴承制造	11	5517	6136	5061	517	236
齿轮及齿轮减、变速箱制造	198	72431	63804	52456	2018	2462
其他传动部件制造	155	49985	58047	45966	2423	1599
烘炉、风机、包装等设备制造	4415	1574690	1495065	1219798	44711	45037
烘炉、熔炉及电炉制造	264	105249	110265	86964	3936	2829
风机、风扇制造	765	251957	315479	256636	8873	10066
气体、液体分离及纯净设备制造	959	304967	259577	214748	4885	8729
制冷、空调设备制造	1244	552322	406347	337543	11229	11798
风动和电动工具制造	141	47476	49236	42585	-64	1586
喷枪及类似器具制造	163	48853	44931	37323	2295	1459
包装专用设备制造	879	263867	309231	244000	13556	8570
文化、办公用机械制造	968	824670	355117	275475	2806	11412
电影机械制造	29	9419	9739	6718	299	407
幻灯及投影设备制造	107	70742	38064	30849	-752	1224
照相机及器材制造	464	168035	129118	97581	956	5136
复印和胶印设备制造	114	113200	39385	33086	-666	1236
计算器及货币专用设备制造	114	389165	67157	50807	519	1902
其他文化、办公用机械制造	140	74108	71655	56434	2450	1507
通用零部件制造	11871	3142972	3238519	2663495	115019	100342
金属密封件制造	122	52892	51218	42158	1494	1413
紧固件制造	1590	469967	497578	428880	15335	14769
弹簧制造	624	187920	199575	182434	8151	6226
机械零部件加工	8398	2017079	2122712	1702060	81945	66254
其他通用零部件制造	1137	415115	367436	307963	8093	11680
其他通用设备制造业	4604	1569879	1225186	982086	24266	37466
工业机器人制造	396	429507	111627	80649	-5420	5184
特殊作业机器人制造	17	8932	4129	3691	-934	239
增材制造装备制造	92	35912	30695	22793	-40	881

1-26 续表15

单位：万元

行　业	企业数（个）	资产总计	营业收入	营业成本	营业利润	从业人员期末人数（人）
其他未列明通用设备制造业	4099	1095528	1078736	874953	30659	31162
专用设备制造业	40404	13192544	10782308	8696239	281737	368955
采矿、冶金、建筑专用设备制造	779	318688	225750	175750	7584	6566
矿山机械制造	115	42473	37247	28165	980	1021
石油钻采专用设备制造	18	17336	8401	6601	123	184
深海石油钻探设备制造	4	301	3		-5	4
建筑工程用机械制造	271	108585	68947	54284	2166	1994
建筑材料生产专用机械制造	309	119633	86118	67594	3228	2766
冶金专用设备制造	54	28095	22276	16382	1024	562
隧道施工专用机械制造	8	2266	2758	2723	68	35
化工、木材、非金属加工专用设备制造	20536	5296143	5039953	4163040	158109	180057
炼油、化工生产专用设备制造	114	35050	32250	24764	790	906
橡胶加工专用设备制造	145	58497	42859	35536	1017	1435
塑料加工专用设备制造	734	274184	268482	221371	8140	7152
木竹材加工机械制造	251	66062	75520	59815	1239	2542
模具制造	19194	4821739	4596990	3802504	145852	167439
其他非金属加工专用设备制造	98	40612	23853	19050	1070	583
食品、饮料、烟草及饲料生产专用设备制造	589	220527	189828	150691	6561	6762
食品、酒、饮料及茶生产专用设备制造	296	122860	98379	77864	3654	3433
农副食品加工专用设备制造	254	81154	77339	61098	1926	2902
烟草生产专用设备制造	12	6941	2935	2336	333	74
饲料生产专用设备制造	27	9571	11175	9393	649	353
印刷、制药、日化及日用品生产专用设备制造	2040	1356989	656694	540859	14383	18242
制浆和造纸专用设备制造	254	105072	83407	70777	2379	2399
印刷专用设备制造	882	528856	265729	216800	13858	7566
日用化工专用设备制造	134	57136	29723	22254	1240	787
制药专用设备制造	39	83305	7465	5685	-6993	351
照明器具生产专用设备制造	177	59516	46554	37574	1288	1571
玻璃、陶瓷和搪瓷制品生产专用设备制造	182	409595	127942	108339	1140	2098
其他日用品生产专用设备制造	372	113509	95875	79431	1470	3470
纺织、服装和皮革加工专用设备制造	660	260311	209009	171920	5443	6872
纺织专用设备制造	266	125539	89809	73259	3320	2678
皮革、毛皮及其制品加工专用设备制造	103	18582	31383	26540	53	1276
缝制机械制造	228	84899	64712	54386	1221	2216
洗涤机械制造	63	31291	23105	17735	849	702
电子和电工机械专用设备制造	2428	984146	736598	592714	22407	21908
电工机械专用设备制造	794	338567	217285	175990	8918	6865
半导体器件专用设备制造	187	57779	59146	50310	-460	1479
电子元器件与机电组件设备制造	709	241442	221892	175695	3721	7168

1-26　续表 16

单位：万元

行　业	企业数（个）	资产总计	营业收入	营业成本	营业利润	从业人员期末人数（人）
其他电子专用设备制造	738	346358	238275	190718	10227	6396
农、林、牧、渔专用机械制造	1378	524282	340754	265630	15795	10311
拖拉机制造	7	7273	2539	2099	94	76
机械化农业及园艺机具制造	1140	429805	269436	212736	11243	8164
营林及木竹采伐机械制造	21	7919	4984	3962	118	164
畜牧机械制造	44	14410	16110	12664	1144	468
渔业机械制造	33	26400	8183	4381	546	284
农林牧渔机械配件制造	48	16720	10593	7587	808	427
棉花加工机械制造	1	37	104	96	3	3
其他农、林、牧、渔业机械制造	84	21718	28807	22105	1840	725
医疗仪器设备及器械制造	3190	1577815	1045884	775300	-15583	47458
医疗诊断、监护及治疗设备制造	737	507151	273319	184916	-16034	10066
口腔科用设备及器具制造	195	60075	75766	50565	4816	3722
医疗实验室及医用消毒设备和器具制造	92	22598	21537	16956	92	688
医疗、外科及兽医用器械制造	341	186977	101336	71251	784	4158
机械治疗及病房护理设备制造	121	53631	44113	33579	-1278	1669
康复辅具制造	102	117842	53724	39479	1991	2071
眼镜制造	1062	292825	256690	215272	3753	16863
其他医疗设备及器械制造	540	336717	219399	163282	-9707	8221
环保、邮政、社会公共服务及其他专用设备制造	8804	2653642	2337839	1860335	67038	70779
环境保护专用设备制造	2439	738473	599878	472347	16404	17006
地质勘查专用设备制造	3	460	1150	973	-3	41
邮政专用机械及器材制造	12	8586	5575	4225	-769	186
商业、饮食、服务专用设备制造	190	74081	68431	49854	5828	1896
社会公共安全设备及器材制造	511	192724	155223	123670	3382	4473
交通安全、管制及类似专用设备制造	155	48332	47325	35863	2251	1354
水资源专用机械制造	170	58099	42851	32724	85	1472
其他专用设备制造	5324	1532889	1417406	1140680	39862	44351
汽车制造业	3932	3027601	1329874	1098187	-3196	50057
汽车整车制造	156	332435	44830	33324	-16492	1725
汽柴油车整车制造	100	65434	35581	26991	537	782
新能源车整车制造	56	267001	9249	6334	-17030	943
汽车用发动机制造	24	39906	10173	6668	-1128	255
改装汽车制造	50	24664	11384	8922	-2055	840
低速汽车制造	5	515	945	792	18	20
电车制造	28	66741	5860	4617	16	208
汽车车身、挂车制造	106	40045	24730	21114	325	916
汽车零部件及配件制造	3563	2523294	1231952	1022750	16120	46093
铁路、船舶、航空航天和其他运输设备制造业	2164	3769294	774012	652099	-28480	25732

1-26 续表 17

单位：万元

行　业	企业数（个）	资产总计	营业收入	营业成本	营业利润	从业人员期末人数（人）
铁路运输设备制造	77	55968	32953	24610	2578	948
高铁车组制造	2	3392	1326	1208	34	9
铁路机车车辆制造	6	4419	1765	1449	-177	122
窄轨机车车辆制造	2	154	325	230	31	6
高铁设备、配件制造	7	2273	2477	2139	70	30
铁路机车车辆配件制造	17	6882	5845	4350	55	75
铁路专用设备及器材、配件制造	38	37768	20333	14477	2519	667
其他铁路运输设备制造	5	1080	880	758	47	39
城市轨道交通设备制造	18	9356	6943	5626	166	146
船舶及相关装置制造	644	2245342	197038	166274	-15977	7917
金属船舶制造	292	1969271	103554	90634	-14244	4111
非金属船舶制造	47	34535	11450	9925	607	356
娱乐船和运动船制造	86	112672	28395	22862	-2577	1193
船用配套设备制造	152	48347	38847	31809	-344	1786
船舶改装	32	24307	7163	5355	354	236
船舶拆除	7	48865	1438	1023	113	53
海洋工程装备制造	22	4533	3899	3179	30	114
航标器材及其他相关装置制造	6	2812	2293	1488	84	68
航空、航天器及设备制造	116	231975	45486	31623	-3668	1271
飞机制造	27	72488	9996	6280	-2021	246
航天器及运载火箭制造	6	2041	3606	2154	-46	133
航天相关设备制造	22	104236	12221	10879	-1746	302
航空相关设备制造	32	31311	6669	5430	-662	278
其他航空航天器制造	29	21899	12994	6879	808	312
摩托车制造	467	317350	167205	140217	1451	5398
摩托车整车制造	25	22968	4783	4467	-972	202
摩托车零部件及配件制造	442	294382	162422	135750	2423	5196
自行车和残疾人座车制造	396	730947	140265	117287	-1241	4570
自行车制造	384	727566	136355	113407	-1535	4452
残疾人座车制造	12	3381	3910	3880	293	118
助动车制造	202	65280	52348	43997	176	1802
非公路休闲车及零配件制造	137	47337	63387	52651	-512	1721
潜水救捞及其他未列明运输设备制造	107	65739	68388	69814	-11455	1959
潜水装备制造	31	6360	6107	5255	440	467
水下救捞装备制造	12	3257	2670	1799	54	93
其他未列明运输设备制造	64	56122	59612	62761	-11949	1399
电气机械和器材制造业	48578	16694722	14952258	12529564	343945	498789
电机制造	1613	742157	666755	563483	15290	20347
发电机及发电机组制造	266	140177	107296	89815	1430	2838

1-26　续表 18

单位：万元

行　业	企业数（个）	资产总计	营业收入	营业成本	营业利润	从业人员期末人数（人）
电动机制造	594	231501	238463	203930	6759	7635
微特电机及组件制造	315	134443	148232	125771	3412	4806
其他电机制造	438	236035	172765	143967	3690	5068
输配电及控制设备制造	10013	4368946	3553982	2937821	73106	113287
变压器、整流器和电感器制造	1869	1026442	847314	709965	13900	27229
电容器及其配套设备制造	159	80326	67646	55170	2273	1984
配电开关控制设备制造	1859	850539	706002	576120	14153	21472
电力电子元器件制造	5279	1796288	1639654	1360482	40495	54510
光伏设备及元器件制造	461	390575	123447	96265	2734	3675
其他输配电及控制设备制造	386	224776	169919	139819	-451	4417
电线、电缆、光缆及电工器材制造	5729	2466618	2256652	1933935	56378	63915
电线、电缆制造	4778	1963394	1866977	1609506	45499	53403
光纤制造	159	142532	59754	48032	-623	2638
光缆制造	50	64316	30435	26090	594	893
绝缘制品制造	498	191683	214444	180254	7780	4856
其他电工器材制造	244	104694	85042	70051	3128	2125
电池制造	1866	1235926	727059	623875	-14876	25413
锂离子电池制造	882	677054	359244	308889	-10389	12790
镍氢电池制造	21	16851	14520	11733	119	246
铅蓄电池制造	40	33088	11575	8972	42	471
锌锰电池制造	9	2497	4398	3970	-557	384
其他电池制造	914	506436	337321	290311	-4092	11522
家用电力器具制造	9082	2992607	2689215	2210174	104128	96185
家用制冷电器具制造	159	75642	62699	53814	909	2307
家用空气调节器制造	177	66151	59427	49421	-801	1843
家用通风电器具制造	474	159194	130582	108114	3675	4721
家用厨房电器具制造	3231	1083895	991910	807873	38043	35947
家用清洁卫生电器具制造	452	126658	92153	76609	-622	3444
家用美容、保健护理电器具制造	559	137797	135430	105280	2195	5540
家用电力器具专用配件制造	1242	425323	419019	350340	18912	14677
其他家用电力器具制造	2788	917946	797996	658722	41816	27706
非电力家用器具制造	1137	349004	328913	276374	6974	11650
燃气及类似能源家用器具制造	762	215759	199149	171576	1913	7310
太阳能器具制造	220	100251	76185	56405	3592	2356
其他非电力家用器具制造	155	32993	53579	48392	1469	1984
照明器具制造	16830	3754293	4108945	3477085	93301	148237
电光源制造	387	180527	144341	141096	3726	4939
照明灯具制造	12919	2695781	2996599	2526753	69867	107568
舞台及场地用灯制造	481	79367	84197	68405	1367	3113

1-26 续表 19

单位：万元

行　业	企业数（个）	资产总计	营业收入	营业成本	营业利润	从业人员期末人数（人）
智能照明器具制造	112	29115	24430	19655	-1396	912
灯用电器附件及其他照明器具制造	2931	769503	859378	721176	19738	31705
其他电气机械及器材制造	2308	785172	620739	506818	9646	19755
电气信号设备装置制造	278	104070	100755	86472	-13	3333
其他未列明电气机械及器材制造	2030	681101	519984	420346	9659	16422
计算机、通信和其他电子设备制造业	57116	29381714	18192099	15092192	320110	611767
计算机制造	4322	2394634	1643045	1339370	21324	51929
计算机整机制造	619	631709	225908	194514	-3469	6444
计算机零部件制造	1403	736546	601558	498935	8201	19145
计算机外围设备制造	1346	594056	516148	413148	7591	16997
工业控制计算机及系统制造	59	19940	22720	17492	37	563
信息安全设备制造	212	73699	53058	40484	361	1985
其他计算机制造	683	338685	223654	174796	8603	6795
通信设备制造	3910	3232189	1563523	1286094	5667	50541
通信系统设备制造	1525	1017611	614247	483805	5616	17386
通信终端设备制造	2385	2214578	949277	802289	51	33155
广播电视设备制造	573	267102	219972	178423	5602	7390
广播电视节目制作及发射设备制造	37	11467	15518	18564	627	411
广播电视接收设备制造	109	81381	47210	39251	298	1812
广播电视专用配件制造	98	41046	31457	23873	427	1238
专业音响设备制造	153	64006	63151	48450	2182	1894
应用电视设备及其他广播电视设备制造	176	69202	62635	48285	2067	2035
雷达及配套设备制造	55	72494	50427	31821	8550	839
非专业视听设备制造	4177	1573340	1484859	1245078	21729	47614
电视机制造	388	271055	107997	92416	4204	2534
音响设备制造	3430	1056400	1205681	1014279	17315	40261
影视录放设备制造	359	245885	171181	138382	209	4819
智能消费设备制造	1912	987245	657489	518250	-14027	22105
可穿戴智能设备制造	130	92722	64433	53002	2276	1767
智能车载设备制造	487	255887	192737	153457	-1115	6387
智能无人飞行器制造	84	51925	21791	14396	-7823	1043
服务消费机器人制造	169	169611	79928	64020	-10718	2498
其他智能消费设备制造	1042	417100	298600	233375	3353	10410
电子器件制造	6989	6204054	2725441	2255922	7100	87852
电子真空器件制造	590	255248	163647	134506	5562	5191
半导体分立器件制造	192	122269	88074	70622	1502	2582
集成电路制造	518	465604	252341	207705	-1210	7149
显示器件制造	2001	3604653	891881	754205	-27051	28062
半导体照明器件制造	913	383363	343303	291626	7209	10608

1-26　续表 20

单位：万元

行　业	企业数（个）	资产总计	营业收入	营业成本	营业利润	从业人员期末人数（人）
光电子器件制造	978	654612	381921	303242	14598	12407
其他电子器件制造	1797	718304	604275	494016	6490	21853
电子元件及电子专用材料制造	29614	12774073	8434908	7076968	181743	292619
电阻电容电感元件制造	683	386191	290016	236875	4368	9162
电子电路制造	2335	1506640	1143150	994246	13983	34741
敏感元件及传感器制造	181	93017	66332	50342	68	2673
电声器件及零件制造	737	214370	270777	230486	6040	10588
电子专用材料制造	1735	782342	515777	427418	6808	12841
其他电子元件制造	23943	9791512	6148856	5137600	150476	222614
其他电子设备制造	5564	1876583	1412435	1160266	82421	50878
仪器仪表制造业	8874	2965315	2499290	1927569	56507	91855
通用仪器仪表制造	5125	1681181	1457676	1126682	40928	45165
工业自动控制系统装置制造	3672	1155558	1024088	806892	26065	30690
电工仪器仪表制造	567	198026	168599	127270	7376	5278
绘图、计算及测量仪器制造	101	33038	31029	24981	753	973
实验分析仪器制造	296	99175	82785	60111	4033	2831
试验机制造	99	48683	39325	28260	1446	1347
供应用仪器仪表制造	119	71588	60276	40925	788	1907
其他通用仪器制造	271	75114	51574	38244	468	2139
专用仪器仪表制造	1091	495334	365022	272737	9845	11941
环境监测专用仪器仪表制造	135	90548	47664	35951	1816	2217
运输设备及生产用计数仪表制造	38	13001	12886	10232	629	460
导航、测绘、气象及海洋专用仪器制造	212	70662	74233	56314	965	2591
农林牧渔专用仪器仪表制造	6	1379	1072	785	-77	39
地质勘探和地震专用仪器制造	33	13821	8250	5959	116	314
教学专用仪器制造	98	32915	30092	23344	640	831
核子及核辐射测量仪器制造	1	66	50	19	3	10
电子测量仪器制造	326	205054	119960	85754	4196	3418
其他专用仪器制造	242	67886	70814	54380	1556	2061
钟表与计时仪器制造	2005	537964	453809	352627	4043	27776
光学仪器制造	384	171649	129583	103841	-302	4238
衡器制造	77	25557	28968	23611	141	950
其他仪器仪表制造业	192	53630	64231	48071	1853	1785
其他制造业	6574	1886742	1575494	1304099	43451	56856
日用杂品制造	2540	591086	659335	552641	19215	25462
鬃毛加工、制刷及清扫工具制造	385	84182	110429	91497	3877	3578
其他日用杂品制造	2155	506904	548906	461144	15338	21884
核辐射加工	4	5429	716	428	-363	22
其他未列明制造业	4030	1290227	915443	751030	24599	31372

1-26 续表21

单位：万元

行　业	企业数（个）	资产总计	营业收入	营业成本	营业利润	从业人员期末人数（人）
废弃资源综合利用业	1254	795076	295752	252936	6615	7356
金属废料和碎屑加工处理	668	444958	181489	154561	5038	4194
非金属废料和碎屑加工处理	586	350118	114263	98374	1576	3162
金属制品、机械和设备修理业	4910	1017924	832569	623480	27803	32992
金属制品修理	97	15304	16799	13432	941	580
通用设备修理	880	146132	142663	107674	6153	5446
专用设备修理	780	143974	121437	82208	4027	4897
铁路、船舶、航空航天等运输设备修理	694	359592	196943	157619	3513	9013
铁路运输设备修理	10	5775	2426	1753	66	96
船舶修理	620	329101	175852	142852	2973	8336
航空航天器修理	10	6106	1865	1188	-559	114
其他运输设备修理	54	18610	16800	11826	1032	467
电气设备修理	370	71902	52119	39517	1657	1825
仪器仪表修理	151	30372	19400	14268	227	604
其他机械和设备修理业	1938	250649	283209	208761	11286	10627
电力、热力、燃气及水生产和供应业	8874	18969860	2510499	3820428	247174	75652
电力、热力生产和供应业	6585	12241681	1340519	2912674	157370	46854
电力生产	6099	9431844	1206684	883164	174908	43239
火力发电	36	1706119	309086	310384	-22406	1569
热电联产	24	1300454	12004	10870	21763	869
水力发电	5327	4840008	720754	457455	146252	36259
核力发电	4	4758	559	425	-100	29
风力发电	79	583853	11044	8257	2283	596
太阳能发电	529	699845	115055	71380	21493	2593
生物质能发电	27	119845	17380	11213	2847	604
其他电力生产	73	176962	20802	13180	2775	720
电力供应	305	2427184	73976	1981005	-15411	1940
热力生产和供应	181	382653	59859	48505	-2127	1675
燃气生产和供应业	358	1135442	307696	261931	20460	3425
燃气生产和供应业	338	1127386	298577	255239	17000	3238
天然气生产和供应业	241	1086404	273967	237321	13330	2591
液化石油气生产和供应业	72	29944	16349	11642	2711	423
煤气生产和供应业	25	11039	8262	6276	959	224
生物质燃气生产和供应业	20	8056	9119	6692	3461	187
水的生产和供应业	1931	5592737	862284	645823	69343	25373
自来水生产和供应	1014	2584185	445934	321918	45621	15322
污水处理及其再生利用	878	2985596	408604	318203	23354	9805
海水淡化处理	7	1917	1888	1587	119	58
其他水的处理、利用与分配	32	21039	5858	4114	249	188

1-27　各市规模以下工业企业主要经济指标

单位：万元

地　区	企业数（个）	资产总计	营业收入	营业成本	营业利润	从业人员期末人数（人）
总　计	533598	218229335	162432647	136680386	5882448	5422485
广州市	72263	31038364	17959127	15294100	150676	592931
深圳市	106847	54016852	37354723	30672182	835790	1206964
珠海市	8045	5415879	2169027	1683173	9955	85203
汕头市	11999	8748427	5526003	4382620	437366	174404
佛山市	63549	21100054	27080830	21028470	1688142	709001
韶关市	2952	2943684	594900	491354	-11922	26046
河源市	2293	1932552	404367	333160	6234	22114
梅州市	3657	3076840	862557	743156	28748	42163
惠州市	20618	9496331	7148150	6233005	135020	270349
汕尾市	1672	2680885	541709	2343113	91423	29462
东莞市	134152	34040951	32807659	28416494	722577	1171408
中山市	44194	10134868	10316704	8995045	115291	386676
江门市	18716	6958559	5017503	4413839	53343	198652
阳江市	4642	1892646	1188635	947324	115837	56427
湛江市	5513	6028323	1590947	1379427	227568	59277
茂名市	4480	3498281	1934026	1360194	383351	61233
肇庆市	5727	3625689	1928774	1519803	166529	71309
清远市	4565	3833613	1137138	930884	48133	43581
潮州市	7336	2822800	3130419	2421200	406567	99867
揭阳市	6592	2783573	2952474	2491734	174361	79424
云浮市	3786	2160163	786975	600109	97461	35994
按区域分组						
珠三角核心区	474111	175827548	141782498	118256111	3877322	4692493
沿海经济带	42234	28454935	16864212	15325612	1836472	560094
北部生态发展区	17253	13946852	3785938	3098663	168654	169898

1-28 规模以上工业主要产品产量

产品名称	计量单位	生产量
铁矿石原矿	吨	4433010
铁矿石成品矿◇	吨	449388
铜金属含量	吨	13566
铅金属含量	吨	59624
锌金属含量	吨	136420
稀有金属矿◇	吨	2322
◇钨精矿折合量（折三氧化钨 65%）	吨	1003
石灰石◇	吨	47523023
◇水泥用石灰石	吨	1233688
建筑用天然石料◇	立方米	25319269
◇天然大理石荒料	立方米	89568
◇天然花岗石荒料	立方米	9021124
高岭土（瓷土）	吨	10878055
砂石◇	吨	21466447
◇石英砂	吨	126268
化学矿◇	吨	4003060
◇硫铁矿石（折含硫 35%）	吨	3840107
◇萤石	吨	162952
原盐	吨	15973
小麦粉	吨	2874462
大米	吨	1403819
饲料◇	吨	31687344
◇配合饲料	吨	24554296
◇混合饲料	吨	3192973
饲料添加剂	吨	522279
食用植物油◇	吨	7630939
◇精制食用植物油	吨	7269836
成品糖	吨	1035828
鲜、冷藏肉	吨	772312
冻肉	吨	92622
熟肉制品	吨	103597
冷冻水产品	吨	710812
冷冻蔬菜	吨	99389
淀粉及淀粉制品	吨	655691
豆腐及豆制品	吨	48780
糕点	吨	76051
面包	吨	56207
饼干	吨	165768
膨化食品	吨	26632
焙烤松脆食品	吨	55273

1-28　续表1

产品名称	计量单位	生产量
糖果	吨	748126
速冻食品◇	吨	209862
◇速冻米面食品	吨	98850
方便面	吨	466033
乳制品◆	吨	817849
◆液体乳▲	吨	610905
◆▲灭菌乳	吨	112317
◆▲巴氏杀菌乳	吨	213451
◆▲酸牛乳	吨	148191
◆▲其他液体乳	吨	136947
◆固体及半固体乳制品△	吨	206943
◆△乳粉○	吨	13136
◆△○婴幼儿配方乳粉	吨	4141
罐头	吨	358663
味精（谷氨酸钠）	吨	46704
酱油	吨	3664674
醋及醋代用品◇	吨	1874
◇食醋	吨	1874
调味酱	吨	23189
复合调味品◇	吨	169875
◇鸡精	吨	26040
营养、保健食品◇	吨	149858
冷冻饮品◇	吨	487236
◇冰淇淋	吨	62508
食用盐	吨	8662
食品添加剂	吨	918846
发酵酒精（折96度，商品量）	千升	126968
饮料酒◇	千升	4007929
◇白酒（折65度，商品量）	千升	147030
◇啤酒	千升	3819115
◇果酒及配制酒	千升	11061
饮料◇	吨	31379908
◇碳酸型饮料（汽水）	吨	3516348
◇果汁和蔬菜汁类饮料	吨	865136
◇蛋白饮料△	吨	1240186
◇△含乳饮料	吨	137474
◇△植物蛋白饮料	吨	457505
◇包装饮用水	吨	17497749
◇茶饮料	吨	275912
◇固体饮料	吨	47881

1-28　续表 2

产品名称	计量单位	生产量
精制茶	吨	11818
复烤烟叶	吨	13008
卷烟◆	万支	12836804
◆一类烟	万支	845773
◆二类烟	万支	2466411
◆三类烟	万支	9079722
◆四类烟	万支	35434
◆五类烟	万支	409464
纱◆	吨	303534
◆棉纱	吨	235141
◆棉混纺纱	吨	40646
◆化学纤维纱	吨	27747
棉线	吨	2567
缝纫线	吨	6498
布◆☆	万米	199933
◆棉布	万米	120666
◆棉混纺布	万米	39776
◆化学纤维短纤布	万米	39492
☆色织布（含牛仔布）	万米	28819
印染布◆	万米	389214
◆漂白布	万米	23946
◆染色布	万米	292181
◆印花布	万米	73087
毛纱	吨	1827
绒线（俗称毛线）	吨	11449
毛机织物（呢绒）	万米	750
亚麻纱	吨	3298
蚕丝◇	吨	616
蚕丝及交织机织物（含蚕丝≥50%）	万米	57
化纤长丝机织物	万米	38268
枕套	万件	1107
被罩	万个	283
床罩	万个	364
毯子	条	388553
蚕丝被	万条	100
毛巾	万条	4883
纤维纺制线、绳、索、缆	吨	3006
帘子布	吨	97705
非织造布（无纺布）	吨	367500
针织袜	万双	24334

1-28　续表 3

产品名称	计量单位	生产量
服装◆	万件	488512
◆针织服装△	万件	295065
◆△针织运动类服装	万件	5449
◆梭织服装△	万件	193447
◆△羽绒服装	万件	990
◆△西服套装	万件	557
◆△衬衫	万件	8688
◆△运动服类服装	万件	2540
皮革服装	万件	223
鞋◆	万双	297580
◆纺织面鞋	万双	13445
◆皮革鞋靴	万双	49193
◆胶鞋	万双	5285
◆塑料鞋	万双	229277
帽子	万个	8479
成品革◇	平方米	61317060
◇轻革	平方米	53659152
衣箱、提箱及类似容器	万个	2015
手提包（袋）、背包	万个	49278
锯材	立方米	335033
人造板◆	立方米	10689333
◆胶合板	立方米	3012241
◆纤维板	立方米	4787506
◆刨花板	立方米	2364679
◆细木工板	立方米	524907
人造板表面装饰板	平方米	11199997
实木木地板	平方米	15312342
复合木地板	平方米	19875753
竹地板	平方米	139441
家具◇	件	178440595
◇木质家具	件	71998095
◇金属家具	件	67206107
◇软体家具	件	21109783
纸浆（原生浆及废纸浆）	吨	1023841
机制纸及纸板（外购原纸加工除外）◇	吨	21223952
◇未涂布印刷书写用纸△	吨	1453013
◇△新闻纸	吨	380602
◇涂布类印刷用纸	吨	1009634
◇卫生用纸原纸	吨	304983
◇包装用纸及纸板△	吨	10280933

1-28 续表 4

产品名称	计量单位	生产量
◇△箱纸板	吨	1697830
△包装纸	吨	1988902
纸制品◇	吨	11885827
◇瓦楞纸箱	吨	5195233
◇卫生用纸制品	吨	1047773
单色印刷品	令	4248762
多色印刷品	对开色令	110767722
本册	万本	14795
自来水笔	万支	11054
圆珠笔	万支	2724
记号笔	万支	5127
墨水	吨	502
室内训练健身器材	台	705569
西乐器	把	1161827
电子乐器	台	1197782
硫酸（折 100%）	吨	2542462
盐酸（氯化氢，含量 31%）	吨	364541
过氧化氢（双氧水）	吨	12518
烧碱（折 100%）◇	吨	349933
◇离子膜法烧碱（折 100%）	吨	312812
纯碱（碳酸钠）	吨	582182
对二甲苯（PX）	吨	1001824
复合肥、复混合肥	吨	608342
磷酸一铵（实物量）	吨	4887
磷酸二铵（实物量）	吨	134729
乙烯	吨	2992819
丙烯	吨	10827
纯苯	吨	461836
甲醛	吨	584183
丙酮	吨	100207
活性炭	吨	3204
农用氮、磷、钾化学肥料（折纯）◆	吨	189694
◆磷肥（折五氧化二磷 100%）	吨	137757
◆钾肥（折氧化钾 100%）	吨	51937
化学农药原药（折有效成分 100%）◇	吨	16101
◇杀虫剂（杀螨剂）原药	吨	7164
◇杀菌剂原药	吨	5901
◇除草剂原药	吨	844
涂料◇	吨	4216301
◇建筑涂料	吨	798658

1-28　续表 5

产品名称	计量单位	生产量
油墨	吨	157587
颜料	吨	35330
染料	吨	8092
初级形态塑料◇	吨	6103894
◇低密度聚乙烯树脂（LDPE）	吨	422650
◇高密度聚乙烯树脂（HDPE）	吨	387504
◇线型低密度聚乙烯树脂（LLDPE）	吨	377341
◇聚丙烯树脂	吨	1711633
◇聚苯乙烯树脂	吨	316864
◇ABS 树脂	吨	253337
◇聚氯乙烯树脂	吨	142782
聚碳酸酯	吨	46398
硅橡胶	吨	43328
碳纤维及其复合材料	吨	1542
稀土磁性材料	吨	97
合成橡胶	吨	727477
合成纤维单体◇	吨	2471373
◇精对苯二甲酸（PTA）	吨	2346927
乙二醇	吨	612347
合成纤维聚合物◇	吨	895957
◇聚酯	吨	712880
化学试剂	吨	2544809
橡胶助剂	吨	30298
塑料助剂	吨	209553
炸药	吨	128123
摄影感光纸	万平方米	3686
肥（香）皂	吨	49453
合成洗涤剂◇	吨	2813375
◇合成洗衣粉	吨	1008914
◇液体洗涤剂	吨	920434
表面活性剂	吨	629680
牙膏（折 65 克标准支）	万支	120204
香料	吨	20882
香精	吨	37983
化学药品原药◆	吨	78365
◆抗菌素（抗感染药）	吨	11162
◆消化系统用药	吨	2071
◆解热镇痛药	吨	27
◆维生素类	吨	26684
◆中枢神经系统用药	吨	125

1-28 续表 6

产品名称	计量单位	生产量
◆计划生育用药	吨	4.39
◆激素类药	吨	0.26
◆抗肿瘤药	吨	3.42
◆心血管系统用药	吨	1239
◆呼吸系统用药	吨	646
◆血液系统用药	吨	115
◆诊断用原药	吨	0.2
◆抗组织胺类药及解毒药	吨	14
◆生化药（酶及辅酶）	吨	149
◆消毒防腐及创伤外科用药	吨	331
◆制剂用辅料及附加剂	吨	35792
中成药	吨	189682
兽用药品	吨	73271
化学纤维◆	吨	519135
◆人造纤维（纤维素纤维）△	吨	76498
◆△醋酸纤维长丝	吨	57152
◆合成纤维△	吨	441694
◆△锦纶纤维	吨	54710
◆△涤纶纤维●	吨	248805
◆△●涤纶短纤维	吨	217984
◆△●涤纶长丝	吨	30822
◆△丙纶纤维	吨	43065
◆△氨纶纤维	吨	57849
◆生物基化学纤维	吨	943
橡胶轮胎外胎◇☆	条	42639115
◇乘用车橡胶轮胎外胎	条	13479115
◇工程机械用橡胶轮胎外胎	条	1206116
☆子午线轮胎外胎○	条	13521393
☆○汽车子午线轮胎外胎	条	11645235
☆○专用车辆子午线轮胎外胎	条	1177311
摩托车充气橡胶轮胎外胎	条	15693349
塑料制品◇	吨	11979317
◇塑料薄膜△	吨	2271818
◇△农用薄膜	吨	45325
◇泡沫塑料	吨	658971
◇塑料人造革、合成革	吨	486632
◇日用塑料制品	吨	2142933
硅酸盐水泥熟料◇	吨	105830840
◇窑外分解窑水泥熟料	吨	100606980
水泥◇	吨	163198510

1-28　续表 7

产品名称	计量单位	生产量
◇强度等级 42.5 水泥（含 R 型）	吨	77915430
◇强度等级 52.5 水泥（含 R 型）	吨	11114340
石灰	吨	2702775
商品混凝土	立方米	189564412
水泥混凝土排水管◇	千米	992
◇钢筋混凝土排水管	千米	634
混凝土轨枕及铁道用混凝土制品	根	613776
水泥混凝土压力管	千米	360
水泥混凝土电杆	根	1279546
预应力混凝土桩	米	70407676
水泥混凝土预制构件	立方米	4242643
石膏板	万平方米	8403
砖	万块	1289495
瓦	万片	2175
瓷质砖	平方米	1993765700
陶质砖	平方米	347347978
天然大理石建筑板材	平方米	8796341
天然花岗石建筑板材	平方米	8525592
建筑防水卷材及制品◇	平方米	166542013
◇沥青和改性沥青防水卷材	平方米	148162765
隔热、隔音人造矿物材料及其制品	吨	8780
平板玻璃	重量箱	101491539
钢化玻璃	平方米	32013990
夹层玻璃	平方米	22451913
中空玻璃	平方米	7231603
玻璃包装容器	吨	1221957
日用玻璃制品	吨	1146652
玻璃保温容器	万个	4031
玻璃纤维纱	吨	166537
玻璃纤维布	米	623141178
纤维增强塑料制品	吨	60539
卫生陶瓷制品	件	46373261
日用陶瓷制品	件	2421407110
耐火材料制品	吨	305436
石墨及碳素制品	吨	211447
生铁	吨	20157614
粗钢	吨	28502721
钢材◆	吨	45205997
◆中小型型钢	吨	344830
◆棒材	吨	1882520

1-28 续表 8

产品名称	计量单位	生产量
◆钢筋	吨	13787060
◆线材（盘条）	吨	5504688
◆特厚板	吨	447822
◆厚钢板	吨	1443791
◆中板	吨	1338257
◆热轧薄板	吨	599810
◆冷轧薄板	吨	2866617
◆中厚宽钢带	吨	1380951
◆热轧薄宽钢带	吨	2031561
◆冷轧薄宽钢带	吨	4870397
◆热轧窄钢带	吨	331159
◆冷轧窄钢带	吨	296902
◆镀层板（带）	吨	4089247
◆涂层板（带）	吨	466685
◆电工钢板（带）	吨	760750
◆无缝钢管	吨	147662
◆焊接钢管	吨	1274795
◆其他钢材	吨	1342976
用外购钢材再加工生产钢材◆	吨	2921529
◆用外购国产钢材再加工生产钢材	吨	2805967
◆用进口钢材再加工生产钢材	吨	115562
氧化铝	吨	962
十种有色金属◆	吨	485271
◆精炼铜（电解铜）	吨	213200
◆铅	吨	55471
◆锌	吨	214411
◆锡	吨	1477
◆锑品	吨	712
黄金	千克	4018
白银（银锭）	千克	1253374
稀有金属◇	千克	154928
◇钽	千克	9928
单一稀土金属	千克	2561078
铜合金	吨	4087
锌合金	吨	87430
铝合金	吨	617803
铜材	吨	2505678
铜盘条（电工用铜线坯）	吨	3066
铝材◇	吨	4880626
锌材	吨	5133

1-28　续表 9

产品名称	计量单位	生产量
锡材	吨	8480
钢结构	吨	3407185
金属门窗及类似制品◇	吨	519841
◇金属制门及其框架、门槛	吨	139692
◇金属制窗及窗框	吨	60854
金属切削工具	万件	24366
通用手工具	万把	2806
日常用剪刀	万把	17672
日常用刀	万把	20404
金属集装箱	立方米	27301776
金属压力容器	吨	49158
金属包装容器	吨	220733
金属丝◇	吨	72881
◇钢丝	吨	46435
钢丝绳	吨	11654
钢绞线	吨	10477
金属紧固件	吨	322741
弹簧	吨	113035
锁具◇	万把	35668
◇智能门锁	个	1806165
保险箱、柜、库门及钱箱	个	70145
搪瓷制品	吨	151366
不锈钢日用制品	吨	959103
焊条	吨	5542
钢铁铰接链（工业链条）	吨	5239
工业锅炉	蒸发量吨	5032
锅炉用辅助设备及装置	台	3548
发动机◇	千瓦	261294074
◇汽车用发动机▲	千瓦	260459545
◇▲汽车用汽油发动机	千瓦	260459545
◇船舶用发动机	千瓦	344138
◇摩托车用发动机	千瓦	90073
汽轮机◇	千瓦	415500
◇电站用汽轮机	千瓦	338500
◇工业用汽轮机	千瓦	77000
水轮机◇	千瓦	9400
◇电站水轮机	千瓦	9400
金属切削机床◇	台	43590
◇数控金属切削机床	台	26588
金属成形机床◇	台	18217

1-28　续表 10

产品名称	计量单位	生产量
◇数控金属成形机床（数控锻压设备）	台	4948
金属非切削、成形加工机械	台	116273
机床数控装置	套	6267
电焊机	台	2065119
轻小型起重设备◇	吨	16946
起重机◇	吨	35982
◇桥式起重机	吨	7235
◇门式起重机（龙门起重机）△	吨	1170
工业车辆◇	台	10806
◇电动车辆（电动叉车）	台	10806
连续搬运设备◆	吨	78188
◆输送机械（输送机和提升机）△	吨	76563
◆△带式输送机	吨	8363
◆装卸机械	吨	886
◆给料机械	吨	739
电梯、自动扶梯及升降机◆	台	194327
◆电梯△	台	175960
◆△乘客电梯	台	31481
◆△载货电梯	台	3631
◆连续运载乘客输送机△	台	15421
◆△自动扶梯	台	5912
◆升降机△	台	2946
◆△施工升降机	台	195
机械式停车设备	台（套）	19752
泵◇	台	32148189
◇真空泵	台	5328
气体压缩机◆	台	84362352
◆制冷设备用压缩机△	台	84284741
◆△空调压缩机	台	48091820
◆非制冷设备用压缩机△	台	77611
◆△空气压缩机	台	29599
阀门	吨	76292
龙头◇	只（套）	1280600
◇水龙头（水嘴）	只（套）	1280600
液压元件	件	2828736
气动元件	件	21686830
滚动轴承◇	万套	44044
◇球轴承	万套	3852
◇滚子轴承	万套	962
齿轮	吨	25521

1-28　续表 11

产品名称	计量单位	生产量
齿轮传动装置（齿轮箱）◇	台（套）	2499190
◇减速机	台	564841
◇变速器（机、箱）	台	2355
金属密封件	万件	6874
工业电炉	台	551
风机◇	台	18926999
◇离心式通风机	台	4559337
◇轴流式通风机	台	698766
◇鼓风机	台	191311
气体分离及液化设备◇	台	770
利用温度变化加工机械◇	台	3650
◇干燥、分散、混合设备及类似设备	台	2283
◇冷却设备△	台	1367
◇△冷却塔	台	1367
液体过滤、净化机械◇	台	165299
气体过滤、净化机械及装置	台	102750
工商用制冷、空调设备◆	台（套）	4547302
◆工商用制冷设备	台（套）	838795
◆工商用冷藏、冷冻柜及类似设备	台（套）	670675
◆中央空调冷水/热泵机组	台（套）	160182
◆工商用空调设备△	台（套）	2877650
◆△房间空调器，制冷量＞14000W	台（套）	1014573
◆△车用空调设备	台（套）	202397
风动手提工具	台	38046
电动手提式工具	台	37481811
包装专用设备	台	64240
衡器（秤）	台	50111751
铸铁件	吨	1078105
铸钢件	吨	571412
锻件	吨	181378
粉末冶金零件	吨	45393
矿山专用设备◇	吨	98393
◇矿物破碎机械	台	3991
石油钻探、开采专用设备◇	台（套）	3501
建筑工程用机械◆	台	3686
◆挖掘、铲土运输机械△	台	25
◆△挖掘机	台	25
◆压实机械△	台	234
◆混凝土机械	台	3427
建筑材料及制品专用生产机械◇	台	1892

1-28 续表 12

产品名称	计量单位	生产量
◇水泥专用设备	吨	9480
◇平板玻璃制造及深加工机械	吨	778
冶金专用设备◇	吨	9819
◇金属轧制设备	吨	1200
◇铸造机械	台	21336
炼油、化工生产专用设备◇	吨	31269
橡胶加工专用设备◇	台	897
塑料加工专用设备	台	104082
木材加工、处理机械◇	台	20881
◇木工机床△	台	11115
◇△木工锯床	台	3720
模具◇	套	4239434
◇金属铸造用型箱、型模底板	套	104787
◇金属、硬质合金用模具△	套	585007
◇△金属冲压模具	套	347379
◇△金属铸造模具	套	44005
◇塑料用模具	套	468937
◇橡胶用模具	套	10507
食品制造机械	台	81322
农产品加工专用设备◇	台	235
饲料生产专用设备	台	2001
制浆和造纸专用设备	台	152
印刷专用设备◆	吨	10211
◆印前设备	吨	1872
◆印刷机设备	吨	7988
◆装订机械	吨	323
◆印刷包装机械	吨	28
照明器具生产专用设备	台	66226
日用化工专用设备	台	1001
纺织专用设备◇	台	23370
◇织机	台	3532
皮革、毛皮及其制品加工专用设备	台	480
服装、鞋帽加工机械◇	台	1789082
◇缝纫机▲	台	1754516
◇▲家用型缝纫机	台	1744681
◇▲工业用缝纫机	台	9835
电工机械专用设备◇	台	10975
◇电线、电缆专用生产机械	台	120
电子工业专用设备◇	台	271813
◇电子整机装联设备	台	2078

1-28　续表 13

产品名称	计量单位	生产量
金属处理机械	台	532
海洋石油浮动工程结构物	座/艘	20
航空、航天设备，相关专用设备	台	9215
小型拖拉机	台	4682
机械化农业及园艺机具◇	台	533185
畜牧机械	台	9483
农产品初加工机械◇	台	2166
医疗仪器设备及器械◇	台	11607072
◇医用 X 射线设备	台	3268
◇医用超声诊断、治疗仪器及设备	台	107610
◇临床检验分析仪器及诊断系统	台	815964
一次性注射器	万支	58101
机械治疗及病房护理用电动按摩器具	件	561897
矫正鞋	件	380000
轮椅	台	59374
环境污染防治专用设备◆	台（套）	56252
◆大气污染防治设备	台（套）	41065
◆水质污染防治设备	台（套）	6740
◆固体废弃物处理设备	台（套）	3909
◆噪音与振动控制设备	台（套）	4538
自动售货机、售票机	台	3917
灭火器	台	148995
工业机器人	套	40351
服务机器人◇	套	1476474
◇智能服务机器人	台	1476354
动车组	辆	6
城市轨道车辆	辆	51
汽车◆☆	辆	3218503
◆基本型乘用车（轿车）△	辆	1750490
◆△轿车（排量≤1 升）	辆	4284
◆△轿车（1 升＜排量≤1.6 升）	辆	1231441
◆△轿车（1.6 升＜排量≤2.0 升）	辆	384979
◆△轿车（2.0 升＜排量≤2.5 升）	辆	105914
◆多功能乘用车（MPV）	辆	184161
◆运动型多用途乘用车（SUV）	辆	1249881
◆客车▲	辆	19621
◆▲重型载货车	辆	14910
◆▲中型客车（7 米＜车长≤10 米）	辆	4696
◆▲轻型客车（车长≤7 米）	辆	15
◆载货汽车▲	辆	14308

1-28 续表 14

产品名称	计量单位	生产量
◆▲重型载货车	辆	4058
◆▲中型载货车	辆	1066
◆▲轻型载货车	辆	8849
◆▲微型载货车	辆	335
☆新能源汽车△	辆	130786
☆△新能源乘用车	辆	22970
☆△新能源商用车	辆	61
◆半挂牵引车	辆	27
◆汽车底盘△	辆	15
改装汽车◇	辆	19756
◇改装载货汽车	辆	4789
摩托车整车◆	辆	6790564
◆两轮摩托车	辆	6640333
◆三轮摩托车	辆	150231
两轮脚踏自行车	辆	6984699
残疾人座车◇	辆	214079
◇手动轮椅车	辆	214079
电动自行车	辆	1563770
平衡车	台	498290
民用钢质船舶◆	载重吨	559058
◆钢质机动货船△	载重吨	490675
◆△散货船	载重吨	158200
◆△全集装箱船	载重吨	207800
◆钢质机动非货船△	载重吨	62829
◆△工程（工作）船	载重吨	6595
◆钢质非机动船	载重吨	5555
民用无人机	架	3069611
船舶修理	载重吨	10717141
发电机组（发电设备）◇	千瓦	2045712
◇水轮发电机组	千瓦	262636
◇风力发电机组	千瓦	1740250
内燃发电机组	千瓦	145636
电动机◇	千瓦	22665438
◇直流电动机	千瓦	1882902
◇交流电动机	千瓦	14606991
变压器◇	千伏安	85113220
◇电力变压器▲	千伏安	31085558
◇▲电力变压器，额定容量≥8000kVA●	千伏安	24392420
◇▲●电力变压器，额定容量≥8000kVA，电压≥500kV	千伏安	16284420
◇▲●电力变压器，额定容量≥8000kVA，220kVA≤电压＜50	千伏安	6096490

1-28　续表 15

产品名称	计量单位	生产量
◇▲●电力变压器，额定容量≥8000kVA，110kVA≤电压＜22	千伏安	2011510
◇▲电力变压器，额定容量≤5000kVA	千伏安	6693138
◇换流变压器	千伏安	39656
◇干式变压器	千伏安	20588592
互感器	台	9129127
电力电容器	千乏	2870671
高压开关设备（11 万伏以上）◆	台	46340
◆全封闭组合电器（GIS）	台	32298
◆六氟化硫断路器	台	5756
◆敞开式组合电器	台	1726
◆隔离开关	台	4545
◆接地开关	台	2015
配电或电器控制设备◆	台（套、面）	55204903
◆高压电路开关、保护电器装置	台（套、面）	220394
◆低压开关、保护控制装置	台（套、面）	42896147
◆电路连接装置	台（套、面）	7435555
◆电力控制或电力分配装置△	台（套、面）	4652807
◆△高压开关板	面	42054
◆△低压开关板	面	2792601
◆△安全、自动化监控设备	台（套）	159124
裸电线◇	吨	6542
◇裸铜线	吨	1876
绝缘电线	吨	145763
通信及电子网络用电缆	对千米	6003534
电力电缆	千米	12614036
光纤	千米	12870674
光缆	芯千米	25887082
绝缘制品	吨	132055
原电池及原电池组（非扣式）◇	万只	1163707
◇碱性锌锰原电池（组）	万只	29081
◇锂原电池（组）	万只	3987
蓄电池◇	千伏安时	2023711978
◇铅酸蓄电池△	千伏安时	12090904
◇碱性蓄电池	只（自然只）	238801746
◇锂离子电池	只（自然只）	4917374214
物理电池◇	千瓦	2858071
◇太阳能电池（光伏电池）	千瓦	2797476
家用电冰箱（家用冷冻冷藏箱）	台	16284519
家用冷藏箱	台	153400
家用冷柜（家用冷冻箱）	台	3833823

1-28 续表 16

产品名称	计量单位	生产量
房间空气调节器	台	61877584
家用空气湿度调节装置	台	6653457
家用房间空气清洁装置	台	2440117
家用电风扇	台	173859703
家用吸排油烟机	台	18434042
电饭锅	个	188281744
家用电热烘烤器具	个	116374901
家用水及饮料加热器具◇	台	36726710
◇电冷热饮水机	台	7310226
微波炉	台	70290521
家用食品加工电动器具	台	23286357
家用洗衣机	台	6774183
家用电热水器	台	17807626
家用吸尘器	台	31920440
家用电热取暖器具◇	台	7435764
◇电暖气	台	2291237
家用电熨烫器具◇	台	7227591
◇电熨斗	台	3550290
家用燃气灶具	台	19722900
家用燃气热水器	台	11310364
太阳能热水器	平方米	361347
电光源◇	万只	289086
◇白炽灯泡	万只	55112
◇荧光灯	万只	16190
灯具及照明装置◇	套（台、个）	1875502667
◇室内照明灯具	套（台、个）	587413313
◇户外照明用灯具及装置△	套（台、个）	130133096
◇△街灯及照明装置	套（台、个）	5844555
车辆专用照明、信号及其装置	套（台、个）	13381850
3D 打印设备	台	74839
卫星导航定位接收机	部	4941998
微波通信设备◇	部	354719
◇微波终端机	部	1800
程控交换机◇	线	9089506
◇数字程控交换机	线	8625216
电话单机	部	51430067
传真机	部	1721039
移动通信基站设备	信道	429152649
移动通信手持机（手机）◇	台	772222717
◇智能手机	台	663499212

1-28　续表 17

产品名称	计量单位	生产量
电子计算机整机◇	台	57566735
◇计算机工作站	台	654
◇微型计算机设备△	台	53605450
◇△台式微型计算机	台	14978772
◇△笔记本计算机	台	4957677
◇△平板电脑	台	27447229
◇服务器	台	904519
路由器	台	164192218
显示器◇	台	9159853
◇平板显示器	台	1371094
打印机	台	24074798
硬盘存储器	台	6461634
半导体存储盘	个	198067799
半导体分立器件	万只	20374003
光电子器件◇	万只（片、套）	81966667
◇发光二极管（LED 管）	万只	79076989
液晶显示屏	万片	167788
液晶显示模组	万套	151098
集成电路	万块	3464916
集成电路圆片◇	万片	0.1
电子元件◇	万只	223774935
◇电声器件	万只	243881
◇射频元器件	万只	351219
传感器	万只	13183
印制电路板	平方米	236296718
彩色电视机◇☆	台	99889672
◇显像管彩色（CRT）电视机	台	49511
◇液晶电视机	台	95034261
☆智能电视	台	59423957
家用摄录像机	台	20103
数字激光音、视盘机	台	19918728
组合音响	台	131192236
半导体存储器播放器（含 MP3、MP4）	个	5138996
电视接收机顶盒◇	台	118768521
◇互联网电视机顶盒	台	25833509
遥控器	万只	2943
智慧监控摄像头	个	2879620
智能手环	台	11516967
智能手表	个	2788356
工业自动调节仪表与控制系统◇	台（套）	6570139

1-28　续表 18

产品名称	计量单位	生产量
◇工业自动控制系统△	台（套）	2228575
◇△分散型控制系统（DCS 系统）	台（套）	520
◇△可编程控制系统（PLC 系统）	台（套）	1577536
工业仪表◆	台（个）	3833260
◆温度测量仪表	台	1353929
◆压力测量仪表	台	5107
◆流量测量仪表△	台（个）	1950320
◆△水表	个	1738106
◆显示仪表、记录仪	台	505393
◆执行器	台	18511
电工仪器仪表◇	台	31285395
◇电能表	台	3314809
量仪	台	430
分析仪器及装置	台（套）	157224
试验机	台	15012
环境监测专用仪器仪表	台	64683
汽车仪器仪表	台	3725827
钟	只	13671313
表	只	134511216
光学仪器◇	台（个）	6225068
◇显微镜	台	22843
眼镜成镜	副	180010913
拉链	万米	44322
电影放映机◇	台	3587
◇数字电影放映机	台	3587
照相机◇	台	9303338
◇数码照相机	台	7497837
影像投影仪◇	台	3178903
◇投影仪	台	1978995
复印和胶版印制设备◇	台	4302335
◇静电复印设备△	台	3118940
◇△多功能一体机	台	3118940
银行专用机器◇	台	306467
◇自动柜员机（ATM 机）	台	122137
碎纸机	台	1391505
机制地毯、挂毯	平方米	12299449
人发制假发	个	5249296
伞类制品	把	16484001
熔炼用废钢	吨	159562
熔炼用废铁	吨	402400
自来水生产量	万立方米	1179689

1-29　规模以上工业主要产品生产能力

产品名称	计量单位	年初生产能力	年末生产能力
天然原油	吨	14921204	14056949
卷烟	万支	24263100	24290100
棉纺锭	锭	1270569	1216245
气流纺锭	头	27594	26103
棉布织机	台	114803	160976
原油加工能力	吨	61402606	61401883
焦炭	吨	6290000	6290000
烧碱（折 100%）	吨	339000	374000
农用氮、磷、钾化学肥料总计（折纯）	吨	822000	788135
初级形态塑料	吨	8963798	9067784
化学纤维	吨	645731	685762
硅酸盐水泥熟料	吨	104521000	105392000
水泥	吨	209767075	211157550
平板玻璃	重量箱	132270090	124802560
生铁	吨	19685000	19685000
粗钢	吨	29570000	31857500
钢材	吨	54463195	57388310
金属切削机床	台	55246	56249
汽车	辆	3421080	3628100
其中：乘用车	辆	3334050	3544000
其中：新能源乘用车	辆	301000	310000
商用车	辆	87030	84100
其中：新能源商用车	辆	22000	19000
民用钢质船舶	载重吨	26151788	25844439
太阳能电池	千瓦	3065427	3253945
家用电冰箱	台	17633443	18946875
房间空气调节器	台	105417403	103596162
微型计算机设备	台	78110178	71212530
移动通信手持机（手机）	台	801794883	816650395
彩色电视机	台	126362473	131388047
发电设备容量总计	万千瓦	9825	10511
其中：火电设备容量	万千瓦	7524	7893
水电设备容量	万千瓦	715	715
核电设备容量	万千瓦	1047	1330
风电设备容量	万千瓦	325	356

1-30 规模以上工业企业能源购

能源名称	计量单位	年初库存量	购进量
原煤	万吨	670.69	16340.31
无烟煤	万吨	57.75	646.07
炼焦烟煤	万吨	1.83	45.11
一般烟煤	万吨	595.97	15211.45
褐煤	万吨	15.14	437.67
洗精煤（用于炼焦）	万吨	28.45	873.33
其他洗煤	万吨	1.14	20.68
煤制品	万吨	4.28	204.11
焦炭	万吨	55.78	382.00
其他焦化产品	万吨	0.50	3.57
焦炉煤气	亿立方米		0.43
高炉煤气	亿立方米		7.61
转炉煤气	亿立方米		3.67
发生炉煤气	亿立方米		0.04
天然气	亿立方米	0.06	137.14
液化天然气	万吨	0.30	265.46
煤层气	亿立方米		
原油	万吨	278.20	5896.64
汽油	万吨	0.20	30.19
煤油	万吨	0.04	1.11
柴油	万吨	5.05	95.84
燃料油	万吨	5.58	48.26
液化石油气	万吨	1.20	231.91
炼厂干气	万吨		16.21
石脑油	万吨	15.95	642.88
润滑油	万吨	0.32	5.48
石蜡	万吨	0.06	0.47
溶剂油	万吨	0.06	0.76
石油焦	万吨	4.38	34.58
石油沥青	万吨	0.25	5.28
其他石油制品	万吨	9.58	450.43
热力	万吉焦		10986.52
电力	亿千瓦时		2310.25
煤矸石（用于燃料）	万吨	1.85	295.50
城市生活垃圾（用于燃料）	万吨	7.85	1461.10
生物燃料	万吨标准煤	13.54	174.59
余热余压	万吉焦		92.30
工业废料（用于燃料）	万吨	0.11	0.90
其他燃料	万吨标准煤	0.73	24.70
能源合计	万吨标准煤		

进、消费与库存情况（实物量）

消费量					期末库存量
合计	1.工业生产消费		2.非工业生产消费	合计中：运输工具消费	
		用于原材料			
16166.16	16141.90	1.94	24.25		832.23
614.80	614.78	0.20	0.02		90.03
45.89	45.89				1.02
15072.99	15048.91	1.74	24.08		720.83
432.47	432.31		0.15		20.35
837.56	837.56				58.34
20.85	20.81		0.04		0.97
234.22	234.18		0.04		4.57
931.60	931.60				66.73
3.61	3.51		0.10		0.45
18.26	18.26				
317.13	316.97		0.16		
26.16	26.16				
1.06	1.06				
125.28	124.61	0.07	0.67		0.03
264.47	264.32	7.48	0.14	0.02	0.47
5905.74	5905.74				285.22
30.43	11.70	0.01	18.74	22.93	0.14
1.13	1.11	0.29	0.01		0.02
95.76	72.43	0.14	23.33	34.37	4.89
49.49	49.23	10.17	0.26	0.12	4.63
344.80	344.10	106.34	0.71	0.02	0.84
145.35	145.35	14.33			
860.96	860.96	604.37			55.21
5.74	5.73	4.63	0.01		0.08
0.48	0.48	0.23			0.02
0.72	0.72	0.31			0.06
121.54	121.54				4.73
5.54	5.54	3.05			0.34
680.84	680.60	50.70	0.25		9.18
22346.89	22317.57		29.33		
2882.52	2803.80		78.73	6.62	
294.00	293.99				3.52
1530.67	1530.67				9.86
200.65	200.48		0.18		17.42
4964.97	4964.97				
1.07	1.07				0.28
81.27	81.25		0.02		0.61
32546.33	32360.15		186.19		

1-31 规模以上工业企业能

能源名称	计量单位	工业生产消费量	加工转换投入合计	
				火力发电
原煤	万吨	14457.51	12770.72	11573.70
无烟煤	万吨	508.31	302.24	191.56
炼焦烟煤	万吨	19.75	19.75	
一般烟煤	万吨	13519.81	12064.89	11040.11
褐煤	万吨	409.64	383.84	342.03
洗精煤（用于炼焦）	万吨	837.56	837.56	
其他洗煤	万吨			
煤制品	万吨	161.24	158.33	126.32
焦炭	万吨	886.12		
其他焦化产品	万吨	0.63	0.63	
焦炉煤气	亿立方米	17.83	6.01	6.01
高炉煤气	亿立方米	309.36	130.14	109.31
转炉煤气	亿立方米	23.33	10.55	9.59
发生炉煤气	亿立方米	1.06	0.02	
天然气	亿立方米	81.57	75.17	70.91
液化天然气	万吨	239.22	192.10	174.47
煤层气	亿立方米			
原油	万吨	5888.87	5885.60	
汽油	万吨	0.20	0.18	
煤油	万吨			
柴油	万吨	4.98	1.77	1.41
燃料油	万吨	19.86	5.76	2.00
液化石油气	万吨	270.86	162.37	
炼厂干气	万吨	144.71	28.23	3.02
石脑油	万吨	860.95	256.50	5.74
润滑油	万吨	4.09		
石蜡	万吨			
溶剂油	万吨			
石油焦	万吨	95.76	62.11	30.53
石油沥青	万吨	0.30		
其他石油制品	万吨	676.27	573.10	0.93
热力	万吉焦	14294.26	85.46	85.46
电力	亿千瓦时	569.38		
煤矸石（用于燃料）	万吨	283.44	283.44	283.44
城市生活垃圾（用于燃料）	万吨	1530.67	1530.67	1520.13
生物燃料	万吨标准煤	111.63	94.72	84.01
余热余压	万吉焦	4966.39	3291.54	3291.54
工业废料（用于燃料）	万吨	0.10		
其他燃料	万吨标准煤	69.47	69.16	11.37
能源合计	万吨标准煤	26941.81	21643.60	9931.54

源加工转换情况（实物量）

供热	炼焦	炼油及煤制油	制气	煤制品加工	能源加工转换产出	回收利用
957.18	0.19		110.69	128.96		
			110.69			
				19.75		
915.37	0.19			109.21		
41.80						
	837.56					
32.00					171.40	
					573.61	
			0.63		31.80	
					18.58	
20.84						316.30
0.96						25.50
0.02					1.06	
4.26						
17.63						
		5885.60				
		0.18			1153.08	
					828.92	
0.20		0.15			1603.90	
		3.76			165.31	
		162.37			469.11	
10.03		15.18			133.42	
137.56		113.21			486.11	
					26.00	
					4.26	
					86.12	
31.58					235.68	
					349.63	
3.12		569.05			942.60	
					25460.94	
					3363.60	
10.54						
10.70						
						4893.94
5.46		52.33			52.33	
1061.63	760.22	9702.35	93.91	93.95	15284.31	590.66

1-32 规模以上工业企业能源购进、

能源名称	年初库存量	购进量	
			合计
原煤	470.71	11304.67	11182.08
无烟煤	42.47	502.76	476.28
炼焦烟煤	1.56	36.95	37.62
一般烟煤	419.31	10536.32	10442.30
褐煤	7.29	228.83	225.90
洗精煤（用于炼焦）	25.85	792.74	760.08
其他洗煤	0.87	16.38	16.47
煤制品	2.72	115.77	132.38
焦炭	54.08	365.05	900.90
其他焦化产品	0.53	3.67	3.72
焦炉煤气		2.53	114.71
高炉煤气		8.73	361.61
转炉煤气		9.13	65.15
发生炉煤气		0.07	1.89
天然气	0.50	1674.02	1526.67
液化天然气	0.39	455.33	455.33
煤层气			
原油	397.44	8423.79	8436.79
汽油	0.30	44.30	44.75
煤油	0.06	1.64	1.66
柴油	7.26	139.44	139.45
燃料油	7.12	65.18	67.03
液化石油气	2.03	397.43	590.98
炼厂干气		26.38	229.30
石脑油	23.93	964.31	1291.43
润滑油	0.45	7.73	8.12
石蜡	0.08	0.64	0.65
溶剂油	0.08	1.11	1.06
石油焦	4.78	37.72	132.45
石油沥青	0.33	7.03	7.40
其他石油制品	13.37	613.34	912.22
热力		373.12	762.29
电力		2839.29	3542.61
煤矸石（用于燃料）	0.41	63.99	63.80
城市生活垃圾（用于燃料）	1.55	332.54	341.64
生物燃料	13.54	174.59	200.65
余热余压		3.15	169.31
工业废料（用于燃料）	0.05	0.39	0.46
其他燃料	0.73	24.70	81.27
能源合计			32546.33

消费与库存情况（标准量）

计量单位：万吨标准煤

消费量				期末库存量
1.工业生产消费	用于原材料	2.非工业生产消费	合计中：运输工具消费	
11166.01	1.43	16.07		584.84
476.27	0.18	0.02		69.56
37.62				0.85
10426.30	1.24	16.00		504.34
225.83		0.07		10.22
760.08				53.13
16.45		0.02		0.77
132.36		0.02		2.77
900.90				64.72
3.62		0.10		0.48
114.71				
361.44		0.17		
65.15				
1.89				
1518.59	0.91	8.09		0.30
455.07	13.14	0.25	0.03	0.39
8436.79		0.01		407.47
17.21	0.01	27.54	33.72	0.21
1.64	0.42	0.02		0.03
105.46	0.21	33.99	50.07	7.06
66.65	11.66	0.38	0.17	5.70
589.77	182.30	1.21	0.03	1.44
229.30	22.51			
1291.43	906.55			82.81
8.11	6.55	0.01		0.11
0.65	0.31	0.01		0.03
1.06	0.45			0.08
132.45				5.16
7.40	4.06			0.45
911.87	61.10	0.35		12.79
761.29		1.00		
3445.86		96.75	8.13	
63.80				0.65
341.64				2.11
200.48		0.18		17.42
169.31				
0.46				0.14
81.25		0.02		0.61
32360.15		186.19		

1-33 规模以上工业企业

能源名称	工业生产消费量	加工转换投入合计	火力发电
原煤	9944.83	8695.95	7856.51
无烟煤	385.11	227.15	133.85
炼焦烟煤	15.37	15.37	
一般烟煤	9328.25	8253.79	7543.53
褐煤	216.12	201.53	180.11
洗精煤（用于炼焦）	760.08	760.08	
其他洗煤			
煤制品	87.58	86.30	68.42
焦炭	856.75		
其他焦化产品	0.61	0.61	
焦炉煤气	112.18	37.11	37.11
高炉煤气	352.70	146.20	123.99
转炉煤气	57.88	26.53	24.14
发生炉煤气	1.89	0.03	
天然气	989.56	913.53	858.84
液化天然气	411.20	328.39	297.54
煤层气			
原油	8412.70	8408.03	
汽油	0.29	0.26	
煤油			
柴油	7.22	2.54	2.02
燃料油	25.02	7.80	2.42
液化石油气	464.33	278.35	
炼厂干气	228.30	45.26	4.95
石脑油	1291.42	384.76	8.60
润滑油	5.79		
石蜡			
溶剂油			
石油焦	104.31	67.57	33.25
石油沥青	0.43		
其他石油制品	905.82	769.52	1.24
热力	487.43	2.91	2.91
电力	701.64		
煤矸石（用于燃料）	62.20	62.20	62.20
城市生活垃圾（用于燃料）	341.64	341.64	338.78
生物燃料	111.63	94.72	84.01
余热余压	169.35	112.24	112.24
工业废料（用于燃料）	0.04		
其他燃料	69.47	69.16	11.37
能源合计	26942.47	21643.60	9931.54

能源加工转换情况（标准量）

计量单位：万吨标准煤

供热	炼焦	炼油及煤制油	制气	煤制品加工	能源加工转换产出	回收利用
654.30	0.14		92.09	92.91		
			93.30			
				15.37		
631.54	0.14			78.58		
21.43						
	760.08					
17.88					92.97	
					559.18	
			0.61		40.45	
					116.67	
22.21						360.76
2.39						63.02
0.03					1.89	
54.69						
30.85						
		8408.03				
		0.26			1696.64	
					1219.68	
0.30		0.22			2337.04	
		5.38			237.82	
		278.35			804.18	
16.46		23.85			209.65	
206.33		169.82			729.01	
					36.77	
					5.82	
					126.36	
34.32					256.78	
					478.07	
4.18		764.10			1279.11	
					870.06	
					4133.86	
2.86						
10.70						
						166.88
5.46		52.33			52.33	
1061.63	760.22	9702.35	93.91	93.95	15284.31	590.66

1-34 规模以上工业企业

指标名称	合计	广州市	深圳市	珠海市	汕头市
总　计	16485.18	1607.61	1017.54	623.67	549.69
采矿业	132.15	0.22	41.35	17.22	0.06
煤炭开采和洗选业					
石油和天然气开采业	101.72		41.06	17.22	
黑色金属矿采选业	3.12				
有色金属矿采选业	5.61				0.04
非金属矿采选业	21.37	0.22	0.02		0.02
开采专业及辅助性活动	0.33		0.27		
其他采矿业					
制造业	10456.02	881.63	391.90	283.64	89.02
农副食品加工业	169.60	20.08	4.90	2.86	2.10
食品制造业	82.72	19.82	3.21	2.55	2.27
酒、饮料及精制茶制造业	42.95	9.28	3.59	1.32	0.68
烟草制品业	3.95	2.18	0.36		0.70
纺织业	364.15	52.72	3.48	3.21	14.56
纺织服装、服饰业	73.82	5.07	3.46	0.82	10.91
皮革、毛皮、羽毛及其制品和制鞋业	43.92	4.29	1.34	0.32	0.31
木材加工和木、竹、藤、棕、草制品业	34.63	1.95	0.41	0.13	0.07
家具制造业	35.81	2.82	2.61	0.68	2.13
造纸和纸制品业	697.67	23.88	5.48	17.31	11.01
印刷和记录媒介复制业	64.61	3.50	6.48	0.41	2.15
文教、工美、体育和娱乐用品制造业	57.83	4.89	7.09	0.40	9.31

综合能源消费量情况

单位：万吨标准煤

佛山市	韶关市	河源市	梅州市	惠州市	汕尾市
1137.03	863.69	203.56	363.10	1797.63	262.08
0.11	4.84	2.76	0.84	0.59	
	0.19	1.40	0.06		
	3.86	0.11	0.10	0.09	
0.11	0.80	1.24	0.68	0.50	
817.05	591.54	92.57	181.81	1474.50	21.61
9.24	0.81	0.49	1.28	3.39	0.35
12.74	1.26	1.66	0.87	0.36	0.22
7.69	0.71	2.05	0.46	2.44	0.15
	0.58		0.13		
101.39	3.28	0.81	0.80	6.13	3.35
23.72	0.08	0.46	0.59	3.02	2.59
3.26	0.03	0.53	0.13	2.81	0.25
3.86	3.22	0.87	0.06	3.70	0.48
7.25		0.18	0.31	2.59	
13.15	6.72	0.22	4.55	2.13	0.22
4.73	0.11	0.28	0.04	1.81	0.07
3.35	1.49	1.28	0.21	3.11	2.68

1-34

指标名称	合计	广州市	深圳市	珠海市	汕头市
石油、煤炭及其他燃料加工业	1534.61	314.54	0.44	27.27	0.33
化学原料和化学制品制造业	1200.80	66.02	6.51	24.20	5.46
医药制造业	52.11	10.7	5.15	5.34	2.12
化学纤维制造业	22.83	1.36	0.52	10.74	0.35
橡胶和塑料制品业	293.87	31.93	40.07	13.86	10.76
非金属矿物制品业	2475.84	69.90	17.87	11.04	1.92
黑色金属冶炼和压延加工业	1482.41	60.67	1.86	104.97	0.36
有色金属冶炼和压延加工业	316.95	9.68	3.04	2.92	0.76
金属制品业	295.72	18.84	22.25	6.30	1.54
通用设备制造业	62.05	8.00	9.84	4.51	0.67
专用设备制造业	69.59	4.96	14.47	2.78	1.27
汽车制造业	121.94	59.58	9.71	1.42	0.62
铁路、船舶、航空航天和其他运输设备制造业	26.98	8.61	5.57	1.05	0.03
电气机械和器材制造业	220.26	14.33	40.00	12.18	1.40
计算机、通信和其他电子设备制造业	539.19	47.02	165.75	24.31	4.03
仪器仪表制造业	15.80	1.52	3.92	0.36	0.03
其他制造业	10.84	1.16	2.17		0.52
废弃资源综合利用业	39.88	0.71	0.07	0.03	0.62
金属制品、机械和设备修理业	2.69	1.62	0.25	0.35	0.03
电力、热力、燃气及水生产和供应业	5897.00	725.76	584.29	322.81	460.61
电力、热力生产和供应业	5814.47	708.77	564.81	319.95	459.15
燃气生产和供应业	8.69	0.16	4.20	0.53	0.01
水的生产和供应业	73.85	16.83	15.28	2.34	1.45

续表 1

单位：万吨标准煤

佛山市	韶关市	河源市	梅州市	惠州市	汕尾市
5.49	0.02		0.02	307.97	
24.23	25.65	0.83	0.89	836.23	0.16
3.31	0.63	1.14	1.01	1.76	
2.96		0.09	0.22	0.17	0.17
47.03	1.54	1.52	2.55	17.77	1.25
299.35	101.44	44.3	150.16	148.95	1.65
20.61	379.65	21.86	4.19	1.68	
59.01	31.46	0.49	0.28	2.62	
61.10	4.11	2.01	0.41	6.41	0.61
11.92	0.89	0.31	0.43	2.87	0.05
8.28	0.41	1.53	0.27	1.64	0.01
17.45	0.11	0.04	0.93	4.95	0.58
1.89		0.05		0.79	
46.90	2.95	2.50	0.80	16.11	0.37
12.65	8.69	6.60	10.05	91.00	6.20
3.22	0.04	0.10	0.06	0.69	
0.40	0.12	0.35	0.01	0.34	0.13
0.86	15.54	0.03	0.11	1.07	0.01
0.01					0.05
319.87	267.31	108.23	180.45	322.54	240.46
310.61	266.81	108.00	179.90	318.74	239.82
0.06	0.01	0.07	0.01	0.01	
9.20	0.49	0.16	0.54	3.79	0.64

1-34

指标名称	东莞市	中山市	江门市	阳江市	湛江市
总　计	1323.85	423.92	830.10	691.43	1147.90
采矿业	0.04		2.68	0.28	44.67
煤炭开采和洗选业					
石油和天然气开采业					43.45
黑色金属矿采选业					
有色金属矿采选业					0.73
非金属矿采选业	0.04		2.68	0.28	0.47
开采专业及辅助性活动					0.02
其他采矿业					
制造业	955.31	234.18	359.36	424.59	870.58
农副食品加工业	34.93	2.05	8.31	7.22	54.08
食品制造业	7.53	2.55	8.34	1.25	1.65
酒、饮料及精制茶制造业	3.61	2.05	0.99	0.24	4.20
烟草制品业					
纺织业	47.95	30.85	48.17	0.03	0.53
纺织服装、服饰业	8.26	5.11	3.01	0.50	0.03
皮革、毛皮、羽毛及其制品和制鞋业	10.59	2.58	2.18	0.18	1.40
木材加工和木、竹、藤、棕、草制品业	1.98	0.56	2.04	1.36	1.07
家具制造业	9.22	2.94	1.60	0.23	0.43
造纸和纸制品业	429.25	31.29	50.62	1.51	65.36
印刷和记录媒介复制业	9.59	1.81	28.41	0.21	0.60
文教、工美、体育和娱乐用品制造业	14.19	4.10	0.97	0.11	0.13

续表 2

单位：万吨标准煤

茂名市	肇庆市	清远市	潮州市	揭阳市	云浮市
1090.04	656.12	703.60	427.60	427.92	337.07
3.62	4.89	4.53	0.01	0.09	3.34
0.12	0.22	1.09			0.04
0.16	0.17	0.10			0.24
3.33	4.47	3.34	0.01	0.09	3.06
	0.03				
974.94	569.06	697.78	146.87	176.67	221.43
9.08	1.60	3.17	0.94	2.21	0.53
0.41	6.94	1.37	2.23	5.18	0.33
0.22	1.14	1.15	0.20	0.79	
0.61	17.94	15.00	1.21	10.91	1.22
0.15	0.41	1.04	0.29	4.05	0.24
0.68	0.96	4.32	1.35	6.38	0.03
2.50	6.89	2.05		0.47	0.97
0.98	0.66	0.66	0.09	0.42	0.01
4.61	13.11	7.65	2.64	1.26	5.68
0.01	0.43	0.52	1.88	1.56	
0.45	0.90	1.27	0.20	1.60	0.12

1-34

指标名称	东莞市	中山市	江门市	阳江市	湛江市
石油、煤炭及其他燃料加工业	0.61	0.23	0.17		81.65
化学原料和化学制品制造业	13.30	7.04	25.40	0.06	3.27
医药制造业	1.08	1.49	1.24	0.61	1.27
化学纤维制造业	1.79	0.10	0.69		
橡胶和塑料制品业	56.10	24.61	10.95	1.05	1.62
非金属矿物制品业	71.90	31.54	79.72	87.92	37.76
黑色金属冶炼和压延加工业	0.99	2.19	2.38	153.54	601.39
有色金属冶炼和压延加工业	5.44	3.34	5.91	131.19	0.11
金属制品业	39.63	16.97	28.95	36.17	0.74
通用设备制造业	10.76	4.87	2.53	0.24	0.19
专用设备制造业	19.03	2.81	5.87	0.17	0.35
汽车制造业	6.80	4.31	5.64	0.07	0.56
铁路、船舶、航空航天和其他运输设备制造业	2.42	0.43	5.49		0.03
电气机械和器材制造业	37.23	21.87	10.39	0.33	2.18
计算机、通信和其他电子设备制造业	103.52	23.07	17.75	0.07	0.08
仪器仪表制造业	3.76	1.52	0.06		
其他制造业	3.72	1.02	0.48	0.04	
废弃资源综合利用业	0.05	0.87	0.94	0.26	9.75
金属制品、机械和设备修理业	0.07		0.16		0.15
电力、热力、燃气及水生产和供应业	368.50	189.75	468.05	266.56	232.65
电力、热力生产和供应业	361.09	187.32	466.01	264.04	231.37
燃气生产和供应业	0.15	0.04	0.06	2.00	0.01
水的生产和供应业	7.26	2.39	1.99	0.52	1.27

续表 3

单位：万吨标准煤

茂名市	肇庆市	清远市	潮州市	揭阳市	云浮市
795.75	0.06		0.06		
127.45	7.35	11.81	1.08	1.82	12.03
1.07	7.37	1.17	2.42	1.98	1.24
	0.65			3.01	
2.05	4.78	15.98	2.78	5.24	0.41
26.14	420.22	559.03	117.35	8.13	189.57
0.55	0.70	16.61	0.40	107.79	
0.11	27.72	25.92	1.74	0.91	4.30
0.87	25.73	10.63	4.69	6.10	1.65
0.16	1.62	0.46	1.08	0.36	0.31
0.27	0.82	3.38	0.09	1.08	0.10
	4.85	2.45		0.09	1.78
0.01	0.33	0.03		0.26	
0.08	3.59	2.66	0.44	3.60	0.33
0.47	4.82	8.35	3.36	0.84	0.58
0.01	0.10	0.04	0.01	0.35	
	0.16	0.08	0.03	0.10	
0.27	7.19	0.99	0.31	0.18	0.01
111.49	82.18	1.29	280.72	251.16	112.29
110.97	74.93	0.20	280.07	249.90	112.00
0.01	0.64	0.09	0.08	0.56	0.01
0.51	6.61	1.00	0.56	0.71	0.29

1-35 按行业、品种分组的规模

指标名称	原煤（吨）	无烟煤（吨）	炼焦烟煤（吨）	一般烟煤（吨）
总 计	161661550	6148037	458915	150729946
采矿业	42947	27378		15569
煤炭开采和洗选业				
石油和天然气开采业				
黑色金属矿采选业				
有色金属矿采选业	7414			7414
非金属矿采选业	35533	27378		8155
开采专业及辅助性活动				
其他采矿业				
制造业	45957094	4107327	458915	40557950
农副食品加工业	409118	18269	3650	387199
食品制造业	186032	10092	5183	170757
酒、饮料及精制茶制造业	76424	5627		70797
烟草制品业	7445			7445
纺织业	2696316	165079	4241	2523348
纺织服装、服饰业	260053	999		258543
皮革、毛皮、羽毛及其制品和制鞋业	18834	886		17948
木材加工和木、竹、藤、棕、草制品业	3148	50		3098
家具制造业	1130			1130
造纸和纸制品业	8997775	22377	197481	7959596
印刷和记录媒介复制业	481624	776		477768
文教、工美、体育和娱乐用品制造业	5631			4092

以上工业企业能源消费情况

褐煤（吨）	洗精煤（用于炼焦）（吨）	其它洗煤（吨）	煤制品（吨）	焦炭（吨）	其它焦化产品（吨）
4324653	8375554	208464	2342180	9315958	36083
				12852	
				10617	
				2235	
832902	8375554	208464	1033490	9303106	36083
		486	70656	2684	
			12891	49	
			3317	42	
3649		74	22073		
511		374			
			540		
			588	6524	
818321		5953	276866		
3080					
1539		8209			

指标名称	原煤（吨）	无烟煤（吨）	炼焦烟煤（吨）	一般烟煤（吨）
石油、煤炭及其他燃料加工业	2264285	1086288		1177997
化学原料和化学制品制造业	1406005	36091	71	1366956
医药制造业	128200	4893		123306
化学纤维制造业	25604	8972		16632
橡胶和塑料制品业	341397	83727		256297
非金属矿物制品业	22787782	507227	246923	22032093
黑色金属冶炼和压延加工业	4874432	2057764		2816669
有色金属冶炼和压延加工业	703832	47250	1351	655231
金属制品业	156446	38701	15	117729
通用设备制造业	1436			1436
专用设备制造业	9264	1297		7967
汽车制造业	871			871
铁路、船舶、航空航天和其他运输设备制造业	7143	6		7137
电气机械和器材制造业	733	406		327
计算机、通信和其他电子设备制造业	79706	5		79697
仪器仪表制造业				
其他制造业	741			741
废弃资源综合利用业	25688	10542		15146
金属制品、机械和设备修理业				
电力、热力、燃气及水生产和供应业	115661509	2013332		110156427
电力、热力生产和供应业	115560077	2009659		110058668
燃气生产和供应业				
水的生产和供应业	101432	3673		97759

续表 1

褐煤（吨）	洗精煤（用于炼焦）（吨）	其它洗煤（吨）	煤制品（吨）	焦炭（吨）	其它焦化产品（吨）
2886		62185	19461	1142	
			23732		
1373		912		98	
1539		127405	602001	15761	29779
	8375554			8293979	
		1445	1028	709568	6304
			1	244687	
			334	1255	
				1149	
		1421		170	
4					
			1	25996	
3491751			1308690		
3491751			1308690		

1-35

指标名称	焦炉煤气（万立方米）	高炉煤气（万立方米）	转炉煤气（万立方米）	发生炉煤气（万立方米）
总　计	182593	3171293	261622	10556
采矿业				
煤炭开采和洗选业				
石油和天然气开采业				
黑色金属矿采选业				
有色金属矿采选业				
非金属矿采选业				
开采专业及辅助性活动				
其他采矿业				
制造业	182593	3171293	261622	10556
农副食品加工业				
食品制造业				
酒、饮料及精制茶制造业				
烟草制品业				
纺织业				
纺织服装、服饰业				
皮革、毛皮、羽毛及其制品和制鞋业			2	
木材加工和木、竹、藤、棕、草制品业				
家具制造业				
造纸和纸制品业				
印刷和记录媒介复制业				
文教、工美、体育和娱乐用品制造业				

续表 2

天然气（万立方米）	液化天然气（吨）	煤层气（万立方米）	原油（吨）	汽油（吨）	煤油（吨）
1252811	2644682		59057351	304331	11258
59605	444		161243	973	3
59460			161243	3	
				88	
	444			203	3
145				654	
				25	
477375	881639		58896108	275104	11255
6227	3034			3311	54
10266	7086			4790	4
6889	295			5343	
1476				560	
13936	1121			5361	22
2587	473			6012	23
1439	669			6212	61
1379	178			2600	11
1685	312			8587	4
8110	4364			5664	
2203	1293			7393	68
2520	100			8222	23

1-35

指标名称	焦炉煤气（万立方米）	高炉煤气（万立方米）	转炉煤气（万立方米）	发生炉煤气（万立方米）
石油、煤炭及其他燃料加工业				
化学原料和化学制品制造业	503			
医药制造业				
化学纤维制造业				
橡胶和塑料制品业				
非金属矿物制品业				
黑色金属冶炼和压延加工业	178331	3035289	233265	
有色金属冶炼和压延加工业		59883		10171
金属制品业		1174	6481	
通用设备制造业				
专用设备制造业				385
汽车制造业				
铁路、船舶、航空航天和其他运输设备制造业				
电气机械和器材制造业				
计算机、通信和其他电子设备制造业		91		
仪器仪表制造业				
其他制造业				
废弃资源综合利用业	3759	74856	21874	
金属制品、机械和设备修理业				
电力、热力、燃气及水生产和供应业				
电力、热力生产和供应业				
燃气生产和供应业				
水的生产和供应业				

续表 3

天然气（万立方米）	液化天然气（吨）	煤层气（万立方米）	原油（吨）	汽油（吨）	煤油（吨）
5033	618872		58888708	2211	
59681	38664			17481	4328
8640	112			3469	
2116	13784			1798	2
16402	6190			19323	211
152227	85230		4019	11616	2287
25852	21106			1059	36
55279	7625		3301	2909	278
36779	46977		23	16498	951
2661	1215			17052	458
2375	84			15364	151
22187	12271			18154	257
2538	2620			3766	388
10309	3583		13	32265	178
13741	3878		35	41328	109
235	163			3998	5
828	340			1801	
1709			10	435	
69				524	1347
715831	1762599			28253	
715199	1741720			23261	
94	15478			1787	
538	5402			3206	

1-35

指标名称	柴油（吨）	燃料油（吨）	液化石油气（吨）	炼厂干气（吨）
总　计	957613	494938	3448049	1453493
采矿业	125677	1181		
煤炭开采和洗选业				
石油和天然气开采业	65566	1181		
黑色金属矿采选业	4343			
有色金属矿采选业	2657			
非金属矿采选业	51130			
开采专业及辅助性活动	1981			
其他采矿业				
制造业	793709	486558	3446002	1346492
农副食品加工业	17215	1308	2204	
食品制造业	23523	3582	3960	
酒、饮料及精制茶制造业	6560	412	126	
烟草制品业	31			
纺织业	16872	6760	9299	
纺织服装、服饰业	16058	3462	3223	
皮革、毛皮、羽毛及其制品和制鞋业	8280	988	1132	
木材加工和木、竹、藤、棕、草制品业	8380	1551	1405	
家具制造业	12274	1208	2355	
造纸和纸制品业	29473	382	3178	
印刷和记录媒介复制业	10959	1169	3219	
文教、工美、体育和娱乐用品制造业	13565	1259	2598	

续表 4

石脑油（吨）	润滑油（吨）	石蜡（吨）	溶剂油（吨）	石油焦（吨）	石油沥青（吨）
8609558	57409	4774	7230	1215391	55386
	201				
	35				
	136				
	30				
8609558	57055	4774	7230	1135460	55386
			373		
	1	9			
	7				
	65				
	7				
	18		695		
	23	1697			
	10				
	2		318		
67	4	104	59		

1-35

指标名称	柴油（吨）	燃料油（吨）	液化石油气（吨）	炼厂干气（吨）
石油、煤炭及其他燃料加工业	4291	40850	1804571	1297978
化学原料和化学制品制造业	49251	132935	949863	48513
医药制造业	7057	4118	668	
化学纤维制造业	1078	1	417	
橡胶和塑料制品业	40087	7912	11420	
非金属矿物制品业	281781	205641	468118	
黑色金属冶炼和压延加工业	10980	3065	79765	
有色金属冶炼和压延加工业	21619	27257	20294	
金属制品业	51764	17127	23420	
通用设备制造业	16843	1897	8876	
专用设备制造业	12808	5206	5572	
汽车制造业	12817	1346	7198	
铁路、船舶、航空航天和其他运输设备制造业	32162	4523	3616	
电气机械和器材制造业	38469	3910	19377	
计算机、通信和其他电子设备制造业	34778	4702	8430	
仪器仪表制造业	2681	692	853	
其他制造业	2954	30	810	
废弃资源综合利用业	5544	3258	30	
金属制品、机械和设备修理业	3556	7	4	
电力、热力、燃气及水生产和供应业	38227	7198	2047	107001
电力、热力生产和供应业	33688	5474	24	107001
燃气生产和供应业	2309	1118	143	
水的生产和供应业	2230	606	1881	

续表 5

石脑油（吨）	润滑油（吨）	石蜡（吨）	溶剂油（吨）	石油焦（吨）	石油沥青（吨）
4059622	4657			877698	5728
4549870	43968	2126	4768	60	4200
		271			
	1				
	255	209	109		
	322	307		257703	43958
	52				
	167	4	9		
	688	7	106		1500
	850	5	6		
	285	16			
	4231		717		
	480				
	734		24		
	152	20	2		
	50				
	2				
	21		44		
	153			79931	
	153			79931	
	1				

1-35

指标名称	其它石油制品（吨）	热力（百万千焦）	电力（万千瓦时）	煤矸石（用于燃料）（吨）
总　计	6808440	223468933	28825234	2939966
采矿业			153288	
煤炭开采和洗选业				
石油和天然气开采业			10379	
黑色金属矿采选业			13837	
有色金属矿采选业			39480	
非金属矿采选业			89242	
开采专业及辅助性活动			350	
其他采矿业				
制造业	6768245	222817644	24496105	135278
农副食品加工业		10718629	401900	
食品制造业	305	4384943	260047	
酒、饮料及精制茶制造业		2751849	153905	
烟草制品业			15375	
纺织业	4878	27550198	768100	
纺织服装、服饰业	2735	586907	369237	
皮革、毛皮、羽毛及其制品和制鞋业	608	457288	304544	
木材加工和木、竹、藤、棕、草制品业		51017	189478	
家具制造业		18220	254466	
造纸和纸制品业	443	61244063	1436069	
印刷和记录媒介复制业	1670	142109	258647	
文教、工美、体育和娱乐用品制造业	306	57229	429090	

续表 6

城市生活垃圾（用于燃料）（吨）	生物燃料（吨标准煤）	余热余压（百万千焦）	工业废料（用于燃料）（吨）	其他燃料（吨标准煤）
15306723	2006543	49649668	10712	812704
	985			
	960			
	25			
	1277803	49248826	10712	644396
	454351			17469
	28861		1305	2874
	9750			986
	138267	310451		4942
	20752	5		9360
	20117			
	45734		538	30889
	8488			1294
	152172	1109156	2531	13420
	14476			2221
	9197			383

1-35

指标名称	其它石油制品（吨）	热力（百万千焦）	电力（万千瓦时）	煤矸石（用于燃料）（吨）
石油、煤炭及其他燃料加工业	4786213	27654687	633885	
化学原料和化学制品制造业	1940038	70661600	1426886	
医药制造业	209	1684356	189912	
化学纤维制造业		881681	86164	
橡胶和塑料制品业	2533	4981031	1738670	
非金属矿物制品业	18753	451338	3106990	134682
黑色金属冶炼和压延加工业	4	6467073	1767905	
有色金属冶炼和压延加工业	411	258161	949419	
金属制品业	1905	63747	1572465	418
通用设备制造业	542	49950	454893	
专用设备制造业	1082	64935	527913	
汽车制造业	551	543372	714957	
铁路、船舶、航空航天和其他运输设备制造业	10	60982	140102	
电气机械和器材制造业	3322	355077	1663192	
计算机、通信和其他电子设备制造业	997	671339	4352304	178
仪器仪表制造业	730	8	125525	
其他制造业		5856	70257	
废弃资源综合利用业			118463	
金属制品、机械和设备修理业	1		15344	
电力、热力、燃气及水生产和供应业	40196	651288	4175842	2804688
电力、热力生产和供应业	40192	651288	3602107	2804688
燃气生产和供应业			48076	
水的生产和供应业	4		525658	

续表 7

城市生活垃圾（用于燃料）（吨）	生物燃料（吨标准煤）	余热余压（百万千焦）	工业废料（用于燃料）（吨）	其他燃料（吨标准煤）
	16708			523270
	49223	4066201	2502	3267
	40438			237
	6720			516
	120536	11100		10061
	84260	23716879	2710	815
		20035034		457
	2077			2602
	12213			7967
	3922		1125	353
	843			147
	405			357
	2296			10
	3539			7913
	12614		1	1372
				46
	8684			1167
	11161			
15306723	727756	400842		168308
15306723	727756	400842		168308

1-36 按地区、品种分组的规模

指标名称	原煤（吨）	无烟煤（吨）	炼焦烟煤（吨）	一般烟煤（吨）
总　计	161661550	6148037	458915	150729946
广州市	13323013	3340	76	11440536
深圳市	8705862	156		8705705
珠海市	5677025			5676372
汕头市	12049606	5651		12039795
佛山市	10721647	270532	15641	10411329
韶关市	8566749	112050		7614652
河源市	2853089			2853089
梅州市	4878795	1834742		3044053
惠州市	7651111	288284		7358208
汕尾市	5725532	1905		5723627
东莞市	12473295	1453	197481	11880653
中山市	2396473	5085		2276751
江门市	12740030	82335	71	12653200
阳江市	7308458	104560		7203898
湛江市	8994046	1880999	3589	6856909
茂名市	4375503	878400	1084	3398965
肇庆市	6770959	146416	64647	5850301
清远市	6536028	274757	170875	6090396
潮州市	8226379	7193	5450	8213736
揭阳市	6489029	236602		6252427
云浮市	5198922	13577		5185344
按区域分组				
珠三角核心区	80459415	797601	277917	76253055
沿海经济带	53168553	3115310	10123	49689356
北部生态发展区	28033583	2235126	170875	24787534

以上工业企业能源消费情况

褐煤（吨）	洗精煤（用于炼焦）（吨）	其它洗煤（吨）	煤制品（吨）	焦炭（吨）	其它焦化产品（吨）
4324653	8375554	208464	2342180	9315958	36083
1879062		63045	21646	17993	
			1136		
653			23732	825797	
4160		8209	317302		
24144		105230	1140797	4838	29076
840047	3756121			2596352	7006
4619			319	5770	1
393707			382593	1142	
114637				1163	
4425			331	6694	
			12060	2031604	
252549	4619433	5953	800	3102901	
97055				6718	
709595		2500	252595	29726	
		23527	188837	12057	
				42	
			31	673038	
			1	122	
3130842		170775	1823149	893123	29077
353764	4619433	14162	330194	5814304	
840047	3756121	23527	188838	2608531	7006

1-36

指标名称	焦炉煤气（万立方米）	高炉煤气（万立方米）	转炉煤气（万立方米）	发生炉煤气（万立方米）
总　计	182593	3171293	261622	10556
广州市		3	6	
深圳市				
珠海市		383866	37753	
汕头市				
佛山市				
韶关市	49743	923725	77383	10556
河源市				
梅州市				
惠州市				
汕尾市			2	
东莞市				
中山市				
江门市				
阳江市		468930	40832	
湛江市	132850	1221652	90488	
茂名市				
肇庆市				
清远市				
潮州市				
揭阳市		173117	15158	
云浮市				
按区域分组				
珠三角核心区		383869	37759	
沿海经济带	132850	1863699	146479	
北部生态发展区	49743	923725	77383	10556

续表 1

天然气（万立方米）	液化天然气（吨）	煤层气（万立方米）	原油（吨）	汽油（吨）	煤油（吨）
1252811	2644682		59057351	304331	11258
66973	799864		12629101	80680	1042
222527	233889		161243	72754	524
183684	22084		29000	7209	1836
1817	3210			1531	66
114777	19474		1737767	35600	2181
5781	583			2057	121
1870	20776			2283	15
565				1530	
69095	1241201		20059943	12114	1106
47				2043	225
185966	14765			18037	172
193634	160642			14894	1990
44790	32889		13	14054	458
1581	1877			756	5
41085	4841		5361925	6688	56
123	1246		19073890	7526	4
57048	3117		23	3143	490
34274	32304		10	1769	354
21938	51900		1134	5798	83
1384			3301	13014	531
3851	20			851	
1138494	2527925		34617091	258486	9798
67975	63074		24440251	37356	969
46342	53684		10	8489	490

1-36

指标名称	柴油 （吨）	燃料油 （吨）	液化石油气 （吨）	炼厂干气 （吨）
总　计	957613	494938	3448049	1453493
广州市	135518	13348	176872	594867
深圳市	160259	2374	8917	
珠海市	49420	5047	40443	
汕头市	11295	2118	795	
佛山市	112911	100231	74292	
韶关市	28608	2600	999	
河源市	14276	33150	1469	
梅州市	13679	194	21709	
惠州市	39582	2051	110061	
汕尾市	6035		253	
东莞市	62573	11307	8353	
中山市	28375	1580	15099	
江门市	51331	71794	20173	
阳江市	10720	1134	786	
湛江市	29955	3295	1488	148281
茂名市	31483	152059	2519398	710345
肇庆市	41325	14685	10750	
清远市	43737	56755	4853	
潮州市	8504	4435	415808	
揭阳市	65042	15408	15529	
云浮市	12984	1373	2	
按区域分组				
珠三角核心区	681295	222417	464961	594867
沿海经济带	163034	178448	2954057	858626
北部生态发展区	113284	94072	29032	

续表 2

石脑油（吨）	润滑油（吨）	石蜡（吨）	溶剂油（吨）	石油焦（吨）	石油沥青（吨）
8609558	57409	4774	7230	1215391	55386
685789	5927	752	150	527586	9087
	3978	1868	2713		
856614	110	4	499		
	480				
	1639			42804	1500
	124		52		24352
	16	839			
	367		6		
4549870	153	296	1	74872	4200
	2424	82	175		
	224		1630	128406	
	726	373	3	26008	
	20		545		3033
2517286	40938			355231	2695
	40		500	21358	2943
	150	248	108	39127	5146
					2429
	17		849		
	77	313			
6092272	15222	3375	5671	821033	17731
2517286	41455		1393	355231	8157
	733	1399	166	39127	29498

1-36

指标名称	其它石油制品（吨）	热力（百万千焦）	电力（万千瓦时）	煤矸石（用于燃料）（吨）
总　计	6808440	223468933	28825234	2939966
广州市	1210928	24259270	3911131	
深圳市	505	1186994	3461583	
珠海市	854705	5796868	920808	
汕头市	54	394519	689994	
佛山市	40915	12641267	2991864	
韶关市	970	1954863	931974	103462
河源市			449763	
梅州市	14	184924	391309	2834398
惠州市	2406483	57006666	2237062	1510
汕尾市		15938	216615	
东莞市	200	63236008	4067179	178
中山市	964	6073856	1075767	
江门市	106	5321910	1433666	
阳江市	45	5982986	944348	418
湛江市	407294	2540073	1087898	
茂名市	1884803	30762555	523404	
肇庆市	327	3202987	1004396	
清远市	23	471903	1256475	
潮州市	7		319671	
揭阳市		17	532825	
云浮市	98	2435330	377502	
按区域分组				
珠三角核心区	4515133	178725826	21103456	1688
沿海经济带	2292202	39696088	4314755	418
北部生态发展区	1105	5047019	3407024	2937860

续表 3

城市生活垃圾（用于燃料）（吨）	生物燃料（吨标准煤）	余热余压（百万千焦）	工业废料（用于燃料）（吨）	其他燃料（吨标准煤）
15306723	2006543	49649668	10712	812704
2228773	226415	100	2502	66566
2524410	15347			90142
592092	37503	3917038	993	37
656539	2285			412
1212328	28969		492	11551
	348880	4580351		
	2393	1486134		
	32192	2797672	1305	725
1008170	84425	4704765	2711	90301
348649	2518			11519
4160016	147177	891250	1125	3775
1075075	113892			5253
	109956	559809		47923
	24960	3801794	1045	397
847572	711535	15345819		
299115	17995			438083
	43739	8237		38086
	16648	10892654	538	6814
353985	23080			431
	2960	271440		676
	13674	392605		13
12800863	807423	10081198	7824	353634
2505860	785334	19419054	1045	451518
	413787	20149416	1843	7551

1-37 一套表调查单位能源生产、销售与库存

产品名称	计量单位	年初产成品库存量	生产量	销售量	企业自用及其他	期末产成品库存量
煤炭及煤炭制品	-					
原煤	万吨			0.41		
无烟煤	万吨			0.33		
炼焦烟煤	万吨					
一般烟煤	万吨			0.08		
褐煤	万吨					
煤炭制品	-					
洗精煤（用于炼焦）	万吨					
其他洗煤	万吨					
焦炭	万吨	2.40	573.61	9.90	560.99	2.88
型煤及其他煤制品	万吨	3.57	171.40	140.53	30.38	3.90
煤焦油	万吨					
煤气	亿立方米		314.53	9.89	304.68	
焦炉煤气	亿立方米		18.58	0.75	17.83	
发生炉煤气	亿立方米		1.06	0.04	1.06	
再利用煤气	亿立方米		294.90	9.11	285.79	
煤制天然气	亿立方米					
煤制油	-					
煤制石脑油	万吨					
煤制汽油	万吨					
煤制柴油	万吨					
煤制航空燃料	万吨					
煤制石蜡	万吨					
其他煤制油产品	万吨					
天然气及天然气加工制品	-					
天然气	亿立方米		102.50	176.96	5.96	
常规天然气	亿立方米		102.50	176.96	5.96	
非常规天然气	亿立方米					
煤层气	亿立方米					
页岩气	亿立方米					
致密砂岩气	亿立方米					
天然气加工制品	-					
液化天然气	万吨			20.23	0.48	
石油及石油制品	-					
原油	万吨	33.78	1393.53	1361.44	16.12	49.75
其中：页岩油	万吨					
原油加工量	万吨		5885.60			
石油制品	-					
汽油	万吨	12.52	1153.08	1147.50		15.89
煤油	万吨	6.02	828.92	735.22		17.77
柴油	万吨	13.20	1603.90	1589.20		20.05
润滑油	万吨	5.17	91.20	91.57	0.01	5.45
燃料油	万吨	11.77	166.80	160.59	0.26	17.72
石脑油	万吨	8.86	486.11	217.62	276.53	20.02
溶剂油	万吨	6.77	87.01	91.13		2.64

1-37　续表 1

产品名称	计量单位	年初产成品库存量	生产量	销售量	企业自用及其他	期末产成品库存量
石蜡	万吨	0.23	4.86	4.61		0.48
石油焦	万吨	4.23	235.68	149.73	80.28	2.90
石油沥青	万吨	7.05	424.42	426.07	0.30	5.09
燃料气	万吨	1.26	602.89	361.13	241.87	1.16
其中：液化石油气	万吨	1.26	469.48	356.85	112.73	1.16
炼厂干气	万吨		133.42	4.28	129.14	
其他石油制品	万吨	2.51	785.62	583.64	284.96	8.39
生物质能	-					
固态生物燃料	万吨	0.75	19.83	19.69		0.89
液态生物燃料	万吨		6.72	6.72		
生物乙醇	万吨					
生物柴油	万吨		6.72	6.72		
生物航空煤油	万吨					
其他液态生物燃料	万吨					
气态生物燃料	亿立方米					
发电量	亿千瓦时		4533.53	4073.12	482.97	
火力发电量	亿千瓦时		3397.56	2989.60	413.72	
燃煤发电量	亿千瓦时		2720.09	2412.85	312.71	
其中：煤矸石发电量	亿千瓦时		58.35	54.39	3.95	
燃油发电量	亿千瓦时		10.75	5.89	4.86	
燃气发电量	亿千瓦时		510.51	496.86	14.51	
其中：煤层气发电量	亿千瓦时					
余热、余压、余气发电量	亿千瓦时		71.60	1.90	68.91	
垃圾焚烧发电量	亿千瓦时		64.31	54.81	9.19	
生物质发电量	亿千瓦时		20.30	17.29	3.55	
其中：沼气发电量	亿千瓦时		2.46	2.44	0.14	
水力发电量	亿千瓦时		163.01	162.03	17.56	
其中：抽水蓄能发电量	亿千瓦时		63.57	63.42	16.33	
核能发电量	亿千瓦时		892.41	843.32	49.57	
风力发电量	亿千瓦时		60.85	59.74	1.30	
太阳能发电量	亿千瓦时		19.70	18.43	0.83	
潮汐能发电量	亿千瓦时					
地热能发电量	亿千瓦时					
其他发电量	亿千瓦时					
热力	万吉焦		12857.64	10969.71	2140.39	
太阳能供热	万吉焦		0.37	0.37		
生物质能供热	万吉焦		307.64	307.64		
地热能供热	万吉焦					
化石燃料供热	万吉焦		9355.76	8017.34	1555.18	
废料燃烧供热	万吉焦		19.75	19.75		
电热锅炉供热	万吉焦		1443.96	925.85	551.40	
热泵供热	万吉焦					
余热余压供热	万吉焦		989.78	991.35	0.82	
其他能源供热	万吉焦		740.39	707.41	32.98	

1-38 按地区分组的一套表调查

指标名称	原油（万吨）	天然气（亿立方米）	原油加工量（万吨）	汽油（万吨）
总　计	1393.53	102.50	5885.60	1153.08
广州市			1261.37	303.56
深圳市	836.22	8.23		
珠海市	38.38	48.77	2.90	4.44
汕头市				
佛山市			173.78	
韶关市				
河源市				
梅州市				
惠州市			2005.99	242.23
汕尾市				
东莞市				
中山市				
江门市				
阳江市				
湛江市	518.94	45.50	535.55	180.03
茂名市			1906.01	422.82
肇庆市				
清远市				
潮州市				
揭阳市				
云浮市				
按经济区域分				
珠三角核心区	874.59	57.00	3444.04	550.23
沿海经济带	518.94	45.50	2441.56	602.85
北部生态发展区				

单位主要能源产品产量

煤油（万吨）	柴油（万吨）	燃料油（万吨）	石脑油（万吨）	液化石油气（万吨）	石油焦（万吨）
828.92	1603.90	166.80	486.11	469.48	235.68
197.32	363.60	0.11	99.35	58.26	86.53
	9.46	42.57	1.61	8.91	
		68.73			
307.97	612.44	24.22	164.42	118.16	78.49
	205.13	17.97	2.63	29.85	
323.64	413.27	13.19	218.10	254.30	70.66
505.29	985.50	135.64	265.38	185.33	165.02
323.64	618.40	31.16	220.73	284.15	70.66

1-38

指标名称	石油沥青（万吨）	焦炭（万吨）	发电量（亿千瓦时）	火力发电量（亿千瓦时）
总　计	424.42	573.61	4533.53	3397.56
广州市	64.06		333.39	306.16
深圳市			832.64	347.41
珠海市	10.01		205.73	202.95
汕头市			266.78	261.70
佛山市	104.50		154.02	154.02
韶关市		260.21	173.84	149.56
河源市			78.76	59.74
梅州市			103.49	92.75
惠州市			237.22	209.13
汕尾市			139.69	132.47
东莞市			265.60	264.97
中山市			138.59	138.55
江门市			301.07	260.49
阳江市			523.06	136.46
湛江市	45.27	313.40	210.99	189.16
茂名市	200.58		68.10	60.40
肇庆市			70.10	52.45
清远市			48.23	11.26
潮州市			173.78	170.57
揭阳市			150.95	143.05
云浮市			57.48	54.31
按经济区域分				
珠三角核心区	178.57		2538.36	1936.14
沿海经济带	245.85	313.40	1533.36	1093.81
北部生态发展区		260.21	461.81	367.62

续表 1

水力发电量（亿千瓦时）	核能发电量（亿千瓦时）	风力发电量（亿千瓦时）	太阳能发电量（亿千瓦时）	煤气（亿立方米）
163.01	892.41	60.85	19.70	314.53
25.75			1.48	
	485.18		0.05	
		2.50	0.28	
		5.08		
19.01		3.29	1.98	105.48
18.13			0.89	
9.89			0.85	
27.30		0.79		
1.54		4.23	1.45	
			0.62	
			0.04	
1.15	33.36	4.89	1.18	
2.40	373.87	7.38	2.96	46.07
		15.53	6.31	144.15
1.97		4.36	1.37	
16.61		1.04		
33.20		3.55	0.23	
0.79		2.42		
3.42		4.48		18.83
1.85		1.32		
70.81	518.54	9.22	3.66	
10.12	373.87	43.48	12.08	209.05
82.08		8.15	3.96	105.48

主要统计指标解释

工业 指从事自然资源的开采，对采掘品和农产品进行加工和再加工的物质生产部门。具体包括：（1）对自然资源的开采，如采矿、晒盐、森林采伐等（但不包括禽兽捕猎和水产捕捞）；（2）对农副产品的加工、再加工，如粮油加工、食品加工、轧花、缫丝、纺织、制革等；（3）对采掘品的加工、再加工，如炼铁、炼钢、化工生产、石油加工、机器制造、木材加工等，以及电力、自来水、煤气的生产和供应等；（4）对工业品的修理、翻新，如机器设备的修理、交通运输工具（包括小卧车）的修理等。

资产总计 指企业过去的交易或者事项形成的、由企业拥有或者控制的、预期会给企业带来经济利益的资源。资产一般按流动性（资产的变现或耗用时间长短）分为流动资产和非流动资产。其中流动资产可分为货币资金、交易性金融资产、应收票据、应收账款、预付款项、其他应收款、存货等；非流动资产可分为长期股权投资、固定资产、无形资产及其他非流动资产等。根据会计“资产负债表”中“资产总计”项目的期末余额数填报。包括企业拥有的土地、办公楼、厂房、机器、运输工具、存货等实物资产和现金、存款、应收账款和预付账款等金融资产。

流动资产合计 资产满足以下条件之一应归为流动资产：（1）预计在一个正常营业周期中变现、出售或耗用，主要包括存货、应收账款等；（2）主要为交易目的而持有；（3）预计在资产负债表日起一年内（含一年）变现；（4）自资产负债日起一年内，交换其他资产或清偿负债的能力不受限制的现金或现金等价物。包括货币资金、应收票据、应收账款、存货等项目。根据会计“资产负债表”中“流动资产合计”项目的期末余额数填报。

应收账款 指企业因销售商品、提供劳务等经营活动所形成的债权，包括应向客户收取的货款、增值税款和为客户代垫的运杂费等。根据会计“资产负债表”中“应收账款”项目的期末余额数填报。

存货 指企业在日常活动中持有以备出售的产成品或商品、处在生产过程中的在产品、在生产过程或提供劳务过程中耗用的材料或物料等，通常包括原材料、在产品、半成品、产成品、商品以及周转材料等。根据会计“资产负债表”中“存货”项目的期末余额数填报。其中：“年初存货”根据会计“资产负债表”中“存货”项目的年初余额数填报。注意：“存货”具有实物形态，不属于无形资产，由于企业持有存货的最终目的是为了出售，所以房地产开发企业（单位）购置的土地、尚未销售的商品房等均计入“存货”。

产成品 指企业已经完成全部生产过程并验收入库，可以按照合同规定的条件送交订货单位，或者可以作为商品对外销售的产品。根据会计“产成品”科目的借方余额填报。

固定资产原价　指固定资产的成本，包括企业在购置、自行建造、安装、改建、扩建、技术改造某项固定资产时所发生的全部支出总额。根据会计“固定资产”科目的期末借方余额填报。

累计折旧　指企业在报告期末提取的历年固定资产折旧累计数。根据会计“累计折旧”科目的期末贷方余额填报。

固定资产净额　指固定资产原价减去累计折旧、固定资产减值准备后的金额。当会计“资产负债表”列示“固定资产净额”项目时，根据“固定资产净额”项目的期末余额数填报；当会计“资产负债表”列示“固定资产”项目，且含义及核算范围与本指标解释一致时，根据“固定资产”项目的期末余额数填报；其他情况，根据会计“固定资产”科目的期末余额，减去“累计折旧”和“固定资产减值准备”科目的期末余额后的金额填报。

负债合计　指企业过去的交易或者事项形成的，预期会导致经济利益流出企业的现时义务。负债一般按偿还期长短分为流动负债和非流动负债。根据会计资产负债表中“负债合计”项目的期末余额数填报。包括银行贷款、借款、应付账款、应付职工工资、应付职工福利费、应交税金等企业负有偿还责任的债务。

执行企业会计准则或《小企业会计准则》的企业：负债合计=流动负债合计+非流动负债合计；执行其他企业会计制度的企业负债包括流动负债和长期负债。

流动负债合计　负债满足下列条件之一的应归为流动负债：（1）预计在一个正常营业周期中清偿；（2）主要为交易目的而持有；（3）自资产负债表日起一年内到期应予清偿；（4）企业无权自主地将清偿推迟至资产负债表日后一年以上。包括短期借款、应付票据、应付账款、应付职工薪酬、应交税费等项目。根据会计资产负债表中“流动负债合计”项目的期末余额数填报。

应付账款　指企业因购买材料、商品和接受劳务供应等经营活动应支付的款项。根据会计资产负债表中“应付账款”项目的期末余额数填报。

所有者权益合计　指企业资产扣除负债后由所有者享有的剩余权益。公司的所有者权益又称股东权益。包括实收资本、资本公积、盈余公积、未分配利润等。根据会计资产负债表中“所有者权益合计”项目的期末余额数填报。

实收资本　指企业各投资者实际投入的资本（或股本）总额，包括货币、实物、无形资产等各种形式的投入。实收资本按投资主体可分为国家资本、集体资本、法人资本、个人资本、港澳台资本和外商资本。根据会计资产负债表中“所有者权益”项下“实收资本”的期末余额数填报。

国家资本　指有权代表国家投资的政府部门或机构、直属事业单位对企业形成的资本金。根据会计“实收资本”科目计算填报。

集体资本 指由本企业职工等自然人集体投资或各种机构对企业进行扶持形成的集体性质的资本金。根据会计“实收资本”科目计算填报。

法人资本 指其他法人单位以其依法可支配的资产投入企业形成的资本金。根据会计“实收资本”科目计算填报。

个人资本 指自然人实际投入企业的资本金。根据会计“实收资本”科目计算填报。

港澳台资本 指我国香港、澳门和台湾地区投资者实际投入企业的资本金。根据会计“实收资本”科目计算填报。

外商资本 指外国投资者实际投入企业的资本金。根据会计“实收资本”科目计算填报。

营业收入 指企业经营主要业务和其他业务所确认的收入总额。营业收入包括“主营业务收入”和“其他业务收入”。根据会计“利润表”中“营业收入”项目的本年累计数填报。

营业成本 指企业经营主要业务和其他业务所发生的成本总额。包括企业（单位）在报告期内从事销售商品、提供劳务等日常活动发生的各种耗费。包括“主营业务成本”和“其他业务成本”。根据会计“利润表”中“营业成本”项目的本年累计数填报。

销售费用 指企业在销售商品和材料、提供劳务的过程中发生的各种费用，包括保险费、包装费、展览费和广告费、商品维修费、预计产品质量保证损失、运输费、装卸费等以及为销售本企业商品而专设的销售机构（含销售网点、售后服务网点等）的职工薪酬、业务费、折旧费等经营费用。建筑业企业销售费用指企业从事施工生产活动过程中发生的各项费用，包括应由企业负担的运输费、装卸费、包装费、保险费、维修费、展览费、差旅费、广告费和其他经费。房地产企业销售费用指企业在从事主要经营业务过程中所发生的各项销售费用，包括转让、销售、结算和出租开发产品等。执行企业会计准则或《小企业会计准则》的企业,根据会计“利润表”中“销售费用”项目的本年累计数填报。执行其他企业会计制度的企业，根据会计“利润表”中“营业费用（或经营费用）”项目的本年累计数填报。

管理费用 指企业为组织和管理企业生产经营所发生的费用，包括企业在筹建期间内发生的开办费、董事会和行政管理部门在企业经营管理中发生的，或者应当由企业统一负担的公司经费等。根据会计“利润表”中“管理费用”项目的本年累计数填报。执行财政部《关于修订印发 2018 年度一般企业财务报表格式的通知》（财会〔2018〕15 号）的企业，应把研发费用项目的本年累计数归并到管理费用项目中填报。

财务费用 指企业为筹集生产经营所需资金等而发生的筹资费用，包括企业生产经营期间发生的利息支出（减利息收入）、汇兑损失（减汇兑收益）以及相关的手续费等。根据会计“利润表”中“财务费用”项目的本年累计数填报。

利息收入　指非金融企业存款业务所确认的利息金额。根据企业“财务费用明细账”中“财务费用——利息收入”科目的本期发生额填报。如果未设置该科目，填“0”。

利息支出　指企业短期借款利息、长期借款利息、应付票据利息、票据贴现利息、应付债券利息、长期应付引进国外设备款利息等利息支出。根据企业“财务费用明细账”中“财务费用——利息支出”科目的本期发生额填报。如果企业没有单独设立“利息收入”科目，应填报利息支出减去银行存款等的利息收入后的净额。

投资收益　指企业确认的投资收益或投资损失，反映企业以各种方式对外投资所取得的收益。根据会计“利润表”中“投资收益”项目的本年累计数填报。如为投资损失以“-”号记。

营业利润　指企业从事生产经营活动所取得的利润。执行企业会计准则或《小企业会计准则》的企业，营业利润为营业收入减去营业成本、税金及附加、销售费用、管理费用、财务费用、资产减值损失，再加上公允价值变动收益、投资收益和其他收益后的金额，根据会计“利润表”中“营业利润”项目的本年累计数填报；执行其他企业会计制度的企业，营业利润为营业收入减去营业成本、税金及附加、销售费用、管理费用、财务费用，再加上投资收益后的金额，根据会计“损益表”中“营业利润”项目、“投资收益”项目的本年累计数之和填报。

利润总额　指企业在一定会计期间的经营成果，是生产经营过程中各种收入扣除各种耗费后的盈余，反映企业在报告期内实现的盈亏总额。利润总额为营业利润加上营业外收入，减去营业外支出后的金额，根据会计“利润表”中“利润总额”项目的本年累计数填报。

平均用工人数　指报告期企业平均实际拥有的、参与本企业生产经营活动的人员数。

能源生产总量　指一定时期内全国（地区）一次能源生产量的总和，是观察全国（地区）能源生产水平、规模、构成和发展速度的总量指标。一次能源生产量包括原煤、原油、天然气、水电、核能及其他动力能（如风能、地热能等）发电量。不包括低热值燃料生产量、生物质能、太阳能等的利用和由一次能源加工转换而成的二次能源产量。

能源消费总量　指一定时期内全国（地区）生产和生活消费的各种能源的总和，是观察能源消费水平、构成和增长速度的总量指标，能源消费总量包括原煤和原油及其制品、天然气、电力。不包括低热值燃料、生物质能和太阳能等的利用 。能源消费总量分为三部分，即终端能源消费量、能源加工转换损失量和损失量。

（1）终端能源消费量　指一定时期内全国（地区）生产和生活消费的各种能源在扣除了用于加工转换二次能源消费量和损失量以后的数量。

（2）能源加工转换损失量　指一定时期内全国（地区）投入加工转换的各种能源数量之和与产出各种能源产品之和的差额。它是观察能源在加工转换过程中损失量变化的指标。

（3）能源损失量　指一定时期内能源在输送、分配、储存过程中发生的损失和由客观原因造成的各种损失量。不包括各种气体能源放空、放散量。

原煤　指煤矿生产的、经过验收符合质量标准的原煤。即：从毛煤中选出规定粒度的矸石（包括黄铁矿等杂物）并且绝对干燥灰分在40%以下的原煤。绝对干燥灰分虽在40%以上，但经有关部门批准开采，并有消费需求的劣质煤，亦应计入原煤产量。原煤分为无烟煤、烟煤、褐煤，在烟煤中又分为炼焦烟煤和一般烟煤两种。原煤不包括石煤、泥煤（泥炭）和伴随原煤生产过程而采出的煤矸石。

原油　指各种碳氢化合物的复杂混合物，通常呈暗褐色或者黑色液态，少数呈黄色、淡红色、淡褐色。包括自油井开采的原油；因事故、自然灾害以及探井、未交采油单位或未具备生产条件的井中产生的落地油（产量按已销售、利用、回收的量计算）；油（气）井井口直接回收和经处理装置回收的凝析油等。

天然气　指以气态碳氢化合物为主的各种气体的混合物，由有机物质经生物化学作用分解而成，或与石油共存于岩石的裂缝和空洞中，或以溶解状态存在于地下水中；主要成分为甲烷（约占85%-95%），还有乙烷、丙烷、丁烷等，是一种优质燃料和化工原料。天然气分为常规天然气和非常规天然气，常规天然气包括气田天然气、油田天然气（分为油田气层气、油田伴生溶解气），非常规天然气包括煤层气、页岩气、致密砂岩气等。天然气产量是指进入集输管网和就地利用的全部气量。

原油加工量　指直接进入蒸馏装置及二次加工装置加工的原油量。该指标是衡量炼化企业生产规模、能力的一项基础指标，也是炼化企业计算各项技术经济指标的重要依据。因此，原油加工量作为一个特殊的指标在产品产量中统计。

发电量　指电厂（发电机组）在报告期内生产的电能量。它是发电机组经过对一次能源的加工转换而生产出的有功电能数量，即发电机实际发出的有功功率（千瓦）与发电机实际运行时间的乘积。发电量包括全部电力工业企业、自备电厂的产量。新装发电设备在未正式投入生产以前所发的电量以及发电设备大修或改进后试运转期间所发的电量，凡被本厂或用户利用的，均应计入发电量中，未被利用的，则不应计入。发电量中不包括电动的交直流变换、励磁机和周波变换的电量。

第2篇

建筑业企业生产经营及财务状况

编表能手

建筑业：李昭曼（467-644 页）

2-1-1　按国民经济行业分的全社会建筑业企业个数（不含个体经营户）

单位：个

指标名称	企业合计	总承包和专业承包企业	劳务分包企业	非联网直报企业
总　计	116949	6166	343	110440
房屋建筑业	19367	2492	104	16771
住宅房屋建筑	17283	2066	71	15146
住宅房屋建筑	17283	2066	71	15146
体育场馆建筑	52	29	3	20
体育场馆建筑	52	29	3	20
其他房屋建筑业	2032	397	30	1605
其他房屋建筑业	2032	397	30	1605
土木工程建筑业	16867	1221	35	15611
铁路、道路、隧道和桥梁工程建筑	4188	652	18	3518
铁路工程建筑	88	21		67
公路工程建筑	896	108	5	783
市政道路工程建筑	2629	467	11	2151
城市轨道交通工程建筑	23	7		16
其他道路、隧道和桥梁工程建筑	552	49	2	501
水利和水运工程建筑	1160	148	2	1010
水源及供水设施工程建筑	459	80	1	378
河湖治理及防洪设施工程建筑	125	33		92
港口及航运设施工程建筑	576	35	1	540
海洋工程建筑	35			35
海洋油气资源开发利用工程建筑	4			4
海洋能源开发利用工程建筑	5			5
海底隧道工程建筑				
海底设施铺设工程建筑	3			3
其他海洋工程建筑	23			23
工矿工程建筑	265	13		252
工矿工程建筑	265	13		252
架线和管道工程建筑	1309	166	5	1138
架线及设备工程建筑	942	129	4	809
管道工程建筑	359	37	1	321
地下综合管廊工程建筑	8			8
节能环保工程施工	1102	15		1087
节能工程施工	67	1		66
环保工程施工	1016	14		1002

2-1-1 续表 1

单位：个

指标名称	企业合计	总承包和专业承包企业	劳务分包企业	非联网直报企业
生态保护工程施工	19			19
电力工程施工	483	29		454
火力发电工程施工	3	1		2
水力发电工程施工	13	2		11
核电工程施工	2			2
风能发电工程施工	3			3
太阳能发电工程施工	117	1		116
其他电力工程施工	345	25		320
其他土木工程建筑	8325	198	10	8117
园林绿化工程施工	3422	75	1	3346
体育场地设施工程施工	161	12		149
游乐设施工程施工	15	1		14
其他土木工程建筑施工	4727	110	9	4608
建筑安装业	20936	1214	43	19679
电气安装	6819	525	17	6277
电气安装	6819	525	17	6277
管道和设备安装	4383	236	8	4139
管道和设备安装	4383	236	8	4139
其他建筑安装业	9734	453	18	9263
体育场地设施安装	179	27	1	151
其他建筑安装	9555	426	17	9112
建筑装饰、装修和其他建筑业	59779	1239	161	58379
建筑装饰和装修业	50519	988	48	49483
公共建筑装饰和装修	3012	321	19	2672
住宅装饰和装修	46228	541	23	45664
建筑幕墙装饰和装修	1279	126	6	1147
建筑物拆除和场地准备活动	2235	66	3	2166
建筑物拆除活动	379	23	1	355
场地准备活动	1856	43	2	1811
提供施工设备服务	570	31	13	526
提供施工设备服务	570	31	13	526
其他未列明建筑业	6455	154	97	6204
其他未列明建筑业	6455	154	97	6204

2-1-2 按登记注册类型分的全社会建筑业企业个数（不含个体经营户）

单位：个

地　区	企业合计	总承包和专业承包企业	劳务分包企业	非联网直报企业
总　计	116949	6166	343	110440
内资企业	115895	6105	343	109447
国有企业	269	149	2	118
集体企业	521	261	1	259
股份合作企业	47	5		42
联营企业	18	6		12
国有联营企业	3	1		2
集体联营企业	6	2		4
国有与集体联营企业	3	2		1
其他联营企业	6	1		5
有限责任公司	16186	1598	72	14516
国有独资公司	210	100	3	107
其他有限责任公司	15976	1498	69	14409
股份有限公司	774	149	3	622
私营企业	98080	3937	265	93878
私营独资企业	1166	1		1165
私营合伙企业	94	1		93
私营有限责任公司	96083	3872	262	91949
私营股份有限公司	737	63	3	671
其他企业				
港、澳、台商投资企业	942	50		892
与港澳台商合资经营企业	68	27		41
与港澳台商合作经营企业	17	6		11
港澳台商独资经营企业	838	15		823
港澳台商投资股份有限公司	8	1		7
其他港澳台投资企业	11	1		10
外商投资企业	112	11		101
中外合资经营企业	30	6		24
中外合作经营企业	1			1
外资企业	66	3		63
外商投资股份有限公司	5	2		3
其他外商投资企业	10			10

2-1-3　按隶属关系、资质等级和控股情况分组的全社会建筑业企业个数（不含个体经营户）

单位：个

地　区	企业合计	总承包和专业承包企业	劳务分包企业	非联网直报企业
总　计	116949	6166	343	110440
一、按隶属关系分组				
中央	145	87		58
地方	1643	587	19	1037
其他	115161	5492	324	109345
二、按企业资质等级分组				
施工总承包资质	3550	3550		
特级	27	27		
一级	387	387		
二级	801	801		
三级及以下	2335	2335		
专业承包资质	2616	2616		
一级	459	459		
二级	963	963		
三级及以下	1194	1194		
劳务分包资质	343		343	
劳务分包不分等级	343		343	
三、按控股情况分				
国有控股	877	441	9	427
集体控股	768	388	2	378
私人控股	109372	4923	317	104132
港澳台商控股	919	37		882
外商控股	91	11		80
其他	4922	366	15	4541

2-1-4 按地区分的全社会建筑业企业个数（不含个体经营户）

单位：个

地 区	企业合计	总承包和专业承包企业	劳务分包企业	非联网直报企业
广东省	116949	6166	343	110440
广州市	27400	1093	84	26223
深圳市	20780	1044	73	19663
珠海市	7710	334	15	7361
汕头市	1441	170	3	1268
佛山市	7806	521	3	7282
韶关市	1478	132	14	1332
河源市	1834	126		1708
梅州市	2739	169		2570
惠州市	10432	255	29	10148
汕尾市	752	39		713
东莞市	14998	792	77	14129
中山市	5659	359	10	5290
江门市	3019	221	14	2784
阳江市	1100	115		985
湛江市	2477	165	11	2301
茂名市	2067	195		1872
肇庆市	1691	94	2	1595
清远市	1591	109	5	1477
潮州市	444	55		389
揭阳市	787	128		659
云浮市	744	50	3	691
按区域分组				
珠三角核心区	99495	4713	307	94475
沿海经济带	9068	867	14	8187
北部生态发展区	8386	586	22	7778

2-2-1 按国民经济行业分的全社会建筑业企业年末从业人员（不含个体经营户）

单位：万人

指标名称	合计	总承包和专业承包企业	劳务分包企业	非联网直报企业
总　计	409.63	291.81	21.69	96.13
房屋建筑业	195.08	164.49	8.72	21.89
住宅房屋建筑	152.85	128.35	4.56	19.94
住宅房屋建筑	152.85	128.35	4.56	19.94
体育场馆建筑	6.41	6.28	0.12	0.01
体育场馆建筑	6.41	6.28	0.12	0.01
其他房屋建筑业	35.82	29.85	4.04	1.93
其他房屋建筑业	35.82	29.85	4.04	1.93
土木工程建筑业	85.84	69.90	1.74	14.22
铁路、道路、隧道和桥梁工程建筑	46.39	41.83	0.35	4.22
铁路工程建筑	9.25	9.08		0.17
公路工程建筑	10.59	9.63	0.16	0.80
市政道路工程建筑	16.64	13.99	0.18	2.46
城市轨道交通工程建筑	0.50	0.40		0.09
其他道路、隧道和桥梁工程建筑	9.42	8.72	0.01	0.69
水利和水运工程建筑	12.68	11.22	0.67	0.80
水源及供水设施工程建筑	3.51	2.62	0.65	0.24
河湖治理及防洪设施工程建筑	3.01	2.93		0.08
港口及航运设施工程建筑	6.16	5.66	0.02	0.48
海洋工程建筑	0.02			0.02
海洋油气资源开发利用工程建筑				
海洋能源开发利用工程建筑	0.01			0.01
海底隧道工程建筑				
海底设施铺设工程建筑				
其他海洋工程建筑	0.01			0.01
工矿工程建筑	1.38	1.20		0.18
工矿工程建筑	1.38	1.20		0.18
架线和管道工程建筑	7.72	5.79	0.68	1.26
架线及设备工程建筑	5.68	4.06	0.67	0.95
管道工程建筑	2.03	1.73		0.30
地下综合管廊工程建筑	0.01			0.01
节能环保工程施工	0.69	0.12		0.56
节能工程施工	0.04			0.04
环保工程施工	0.63	0.12		0.51

2-2-1 续表 1

单位：万人

指标名称	合计	总承包和专业承包企业	劳务分包企业	非联网直报企业
生态保护工程施工	0.01			0.01
电力工程施工	1.08	0.48		0.60
火力发电工程施工	0.03	0.02		0.01
水力发电工程施工	0.03	0.02		0.01
核电工程施工	0.13			0.13
风能发电工程施工				
太阳能发电工程施工	0.16	0.11		0.05
其他电力工程施工	0.73	0.33		0.41
其他土木工程建筑	15.88	9.26	0.04	6.59
园林绿化工程施工	8.01	5.54		2.47
体育场地设施工程施工	0.11	0.04		0.08
游乐设施工程施工	0.01			0.01
其他土木工程建筑施工	7.75	3.68	0.04	4.03
建筑安装业	36.20	19.24	1.15	15.83
电气安装	12.04	7.38	0.13	4.53
电气安装	12.04	7.38	0.13	4.53
管道和设备安装	5.78	2.95	0.01	2.83
管道和设备安装	5.78	2.95	0.01	2.83
其他建筑安装业	18.37	8.91	1.00	8.47
体育场地设施安装	0.80	0.70		0.10
其他建筑安装	17.57	8.21	1.00	8.37
建筑装饰、装修和其他建筑业	92.52	38.19	10.09	44.28
建筑装饰和装修业	70.09	34.71	4.36	31.06
公共建筑装饰和装修	19.69	16.12	1.71	1.87
住宅装饰和装修	40.72	11.45	1.01	28.29
建筑幕墙装饰和装修	9.69	7.14	1.65	0.90
建筑物拆除和场地准备活动	2.25	0.72	0.01	1.53
建筑物拆除活动	0.59	0.23		0.36
场地准备活动	1.66	0.48	0.01	1.17
提供施工设备服务	3.47	0.73	2.11	0.65
提供施工设备服务	3.47	0.73	2.11	0.65
其他未列明建筑业	16.71	2.04	3.61	11.05
其他未列明建筑业	16.71	2.04	3.61	11.05

2-2-2 按登记注册类型分的全社会建筑业企业年末从业人员（不含个体经营户）

单位：万人

指标名称	合计	总承包和专业承包企业	劳务分包企业	非联网直报企业
总 计	409.63	291.81	21.69	96.13
内资企业	405.84	288.42	21.69	95.73
国有企业	16.96	16.78		0.18
集体企业	16.29	16.05		0.24
股份合作企业	0.30	0.28		0.02
联营企业	0.17	0.14		0.03
国有联营企业	0.02			0.02
集体联营企业	0.03	0.03		
国有与集体联营企业	0.10	0.10		
其他联营企业	0.01	0.01		
有限责任公司	145.96	126.64	4.12	15.21
国有独资公司	27.85	26.96	0.66	0.24
其他有限责任公司	118.11	99.68	3.46	14.97
股份有限公司	24.85	24.34		0.50
私营企业	201.31	104.20	17.57	79.54
私营独资企业	0.66			0.66
私营合伙企业	0.07			0.07
私营有限责任公司	195.32	101.29	17.53	76.50
私营股份有限公司	5.26	2.91	0.04	2.31
其他企业				
港、澳、台商投资企业	2.66	2.33		0.33
与港澳台商合资经营	1.89	1.87		0.03
与港澳台商合作经营	0.14	0.11		0.03
港、澳、台商独资	0.61	0.35		0.26
港、澳、台商投资股份有限公司	0.01	0.01		
其他港澳台投资	0.01			0.01
外商投资企业	1.13	1.05		0.08
中外合资经营企业	0.49	0.47		0.02
中外合作经营企业				
外资企业	0.59	0.56		0.03
外商投资股份有限公司	0.03	0.02		
其他外商投资	0.02			0.02

2-2-3 按隶属关系、资质等级和控股情况分组的全社会建筑业企业年末从业人员（不含个体经营户）

单位：万人

指标名称	合计	总承包和专业承包企业	劳务分包企业	非联网直报企业
总　计	409.63	291.81	21.69	96.13
一、按隶属关系分组				
中央	42.54	42.42		0.12
地方	61.38	59.93	0.37	1.08
其他	305.72	189.46	21.32	94.94
二、按企业资质等级分组				
施工总承包资质	233.35	233.35		
特级	25.59	25.59		
一级	116.90	116.90		
二级	43.32	43.32		
三级及以下	47.53	47.53		
专业承包资质	58.46	58.46		
一级	35.23	35.23		
二级	10.91	10.91		
三级及以下	12.32	12.32		
劳务分包资质	21.69		21.69	
劳务分包不分等级	21.69		21.69	
三、按控股情况分				
国有控股	87.99	85.27	1.39	1.32
集体控股	24.47	23.99	0.01	0.47
私人控股	270.32	160.16	20.13	90.04
港澳台商控股	2.05	1.73		0.33
外商控股	0.86	0.81		0.04
其他	23.95	19.85	0.17	3.93

2-2-4 按地区分的全社会建筑业企业年末从业人员（不含个体经营户）

单位：万人

地　区	合计	总承包和专业承包企业	劳务分包企业	非联网直报企业
广东省	409.63	291.81	21.69	96.13
广州市	100.02	65.64	11.86	22.52
深圳市	105.14	69.36	6.00	29.78
珠海市	20.92	15.22	0.62	5.08
汕头市	16.37	15.39	0.03	0.95
佛山市	14.58	8.82	0.03	5.73
韶关市	7.70	6.44	0.06	1.20
河源市	5.89	4.50		1.39
梅州市	12.12	10.60		1.53
惠州市	11.05	4.97	0.51	5.57
汕尾市	1.93	1.33		0.60
东莞市	22.44	12.07	2.21	8.15
中山市	7.90	4.65	0.20	3.06
江门市	10.77	8.63	0.06	2.07
阳江市	5.53	4.91		0.62
湛江市	26.92	24.65	0.07	2.20
茂名市	19.47	17.11		2.36
肇庆市	5.00	3.90		1.09
清远市	5.63	4.73		0.89
潮州市	2.19	1.90		0.29
揭阳市	5.29	4.89		0.40
云浮市	2.78	2.09	0.04	0.65
按区域分组				
珠三角核心区	297.81	193.26	21.49	83.05
沿海经济带	77.70	70.18	0.09	7.42
北部生态发展区	34.12	28.36	0.11	5.66

2-3-1 按国民经济行业分的全社会建筑业企业资产总计（不含个体经营户）

单位：万元

指标名称	企业合计	总承包和专业承包企业	劳务分包企业	非联网直报企业
总 计	299575551	194723407	974536	103877607
房屋建筑业	141603342	95047506	384776	10411620
住宅房屋建筑	109007354	65107593	187627	8688360
住宅房屋建筑	109007354	65107593	187627	8688360
体育场馆建筑	4642628	4568240	3904	7531
体育场馆建筑	4642628	4568240	3904	7531
其他房屋建筑业	27953360	25371673	193245	1715729
其他房屋建筑业	27953360	25371673	193245	1715729
土木工程建筑业	83526336	61008861	97067	22017427
铁路、道路、隧道和桥梁工程建筑	49708658	34928798	32512	17730000
铁路工程建筑	8125139	6450801		650182
公路工程建筑	12213085	6021994	13220	12704502
市政道路工程建筑	24310576	18792083	18646	3489007
城市轨道交通工程建筑	412620	187829		186007
其他道路、隧道和桥梁工程建筑	4647239	3476092	647	700302
水利和水运工程建筑	14717400	12981541	8358	773891
水源及供水设施工程建筑	2018730	1176884	4109	510538
河湖治理及防洪设施工程建筑	2437419	2188087		44434
港口及航运设施工程建筑	10261251	9616570	4249	218919
海洋工程建筑	469666			26047
海洋油气资源开发利用工程建筑	407749			17018
海洋能源开发利用工程建筑	3039			1515
海底隧道工程建筑				
海底设施铺设工程建筑	201			133
其他海洋工程建筑	58677			7381
工矿工程建筑	595967	434262		93341
工矿工程建筑	595967	434262		93341
架线和管道工程建筑	5061970	4294112	24350	371308
架线及设备工程建筑	3842048	3399430	11995	227765
管道工程建筑	1217417	894682	12356	134817
地下综合管廊工程建筑	2504			8726
节能环保工程施工	648291	332311		210011
节能工程施工	12857	2871		4925
环保工程施工	631961	329440		202011

2-3-1 续表 1

单位：万元

指标名称	企业合计	总承包和专业承包企业	劳务分包企业	非联网直报企业
生态保护工程施工	3473			3076
电力工程施工	673105	431967		137077
火力发电工程施工	13223	11338		457
水力发电工程施工	7945	5807		3
核电工程施工	13347			10825
风能发电工程施工	4089			1393
太阳能发电工程施工	163098	135091		14961
其他电力工程施工	471401	279731		109438
其他土木工程建筑	11651277	7605869	31847	2675753
园林绿化工程施工	5959899	4370081		1075222
体育场地设施工程施工	208670	150186		45451
游乐设施工程施工	9593	9		6178
其他土木工程建筑施工	5473115	3085592	31847	1548901
建筑安装业	20512443	14598772	127684	68736151
电气安装	8192397	6366785	24684	66094278
电气安装	8192397	6366785	24684	66094278
管道和设备安装	3022573	2027591	10104	632123
管道和设备安装	3022573	2027591	10104	632123
其他建筑安装业	9297473	6204396	92896	2009749
体育场地设施安装	428085	376550		31967
其他建筑安装	8869389	5827846	92896	1977782
建筑装饰、装修和其他建筑业	53933429	24068269	365009	24939647
建筑装饰和装修业	36394957	21794678	118512	11801231
公共建筑装饰和装修	8621836	7577309	32744	767310
住宅装饰和装修	23015847	9886674	32623	10755989
建筑幕墙装饰和装修	4757274	4330694	53146	277932
建筑物拆除和场地准备活动	2087809	649027	2957	974892
建筑物拆除活动	617002	94931		443232
场地准备活动	1470807	554096	2957	531660
提供施工设备服务	554413	221252	65356	189129
提供施工设备服务	554413	221252	65356	189129
其他未列明建筑业	14896249	1403313	178184	11974395
其他未列明建筑业	14896249	1403313	178184	11974395

2-3-2 按登记注册类型分的全社会建筑业企业资产总计（不含个体经营户）

单位：万元

指标名称	企业合计	总承包和专业承包企业	劳务分包企业	非联网直报企业
总 计	299575551	194723407	974536	103877607
内资企业	288200617	184690755	974536	102535326
国有企业	5064046	3766761	243	1297042
集体企业	2967243	2541029	357	425858
股份合作企业	72244	69443		2801
联营企业	35907	34247		1660
国有联营企业	1384	1101		283
集体联营企业	6773	6035		739
国有与集体联营企业	19993	19910		83
其他联营企业	7756	7201		555
有限责任公司	118788077	96358937	189222	22239919
国有独资公司	28408289	23849279	11120	4547890
其他有限责任公司	90379789	72509658	178102	17692029
股份有限公司	21813000	21250619	13771	548610
私营企业	139460100	60669719	770944	78019437
私营独资企业	151401	95		151306
私营合伙企业	13855			13855
私营有限责任公司	134876379	56469810	766807	77639762
私营股份有限公司	4418465	4199815	4137	214514
其他企业				
港、澳、台商投资企业	4782059	3620559		1161500
与港澳台商合资经营	2577650	1795683		781967
与港澳台商合作经营	1267258	1246521		20736
港、澳、台商独资	927197	577576		349621
港、澳、台商投资股份有限公司	3945	773		3172
其他港澳台投资	6009	6		6003
外商投资企业	6592875	6412093		180782
中外合资经营企业	183911	163553		20358
中外合作经营企业	81			81
外资企业	6001851	5879343		122508
外商投资股份有限公司	378695	369197		9498
其他外商投资	28338			28338

2-3-3 按隶属关系、资质等级和控股情况分组的全社会建筑业企业资产总计（不含个体经营户）

单位：万元

指标名称	企业合计	总承包和专业承包企业	劳务分包企业	非联网直报企业
总　计	299575551	194723407	974536	103877607
一、按隶属关系分组				
中央	47459856	46276505		1183352
地方	35928827	28078753	26765	7823309
其他	216186867	120368150	947771	94870946
二、按企业资质等级分组				
施工总承包资质	157349582	157349582		
特级	29521122	29521122		
一级	83212783	83212783		
二级	22108022	22108022		
三级及以下	22507655	22507655		
专业承包资质	37373825	37373825		
一级	22520224	22520224		
二级	6681703	6681703		
三级及以下	8171899	8171899		
劳务分包资质	974536		974536	
劳务分包不分等级	974536		974536	
三、按控股情况分				
国有控股	82819124	71609058	25451	11184615
集体控股	10511485	9890676	2143	618666
私人控股	178051481	90341258	917838	86792385
港澳台商控股	2683986	2156740		527246
外商控股	6622435	6463205		159230
其他	18887039	14262471	29104	4595465

2-3-4　按地区分的全社会建筑业企业资产总计（不含个体经营户）

单位：万元

地　区	企业合计	总承包和专业承包企业	劳务分包企业	非联网直报企业
广东省	299575551	194723407	974536	103877607
广州市	114655106	65891659	220991	48542456
深圳市	76936183	51317703	472234	25146247
珠海市	23339740	17080746	20298	6238697
汕头市	7382646	6564572	3912	814162
佛山市	15549878	12441036	1231	3107611
韶关市	1973242	1628412	8521	336308
河源市	1627515	1080424		547090
梅州市	12539474	9951316		2588158
惠州市	6347531	3013467	29607	3304457
汕尾市	513234	304599		208635
东莞市	9387152	6502297	176487	2708367
中山市	6562530	4674403	14405	1873722
江门市	6155319	2368438	13654	3773227
阳江市	1269069	1026724		242345
湛江市	3572443	2422538	7881	1142024
茂名市	5445418	4252327		1193091
肇庆市	1928956	1226861	569	701525
清远市	1618165	1118921	1187	498057
潮州市	545477	439511		105966
揭阳市	1058891	781530		277361
云浮市	1167583	635922	3561	528100
按区域分组				
珠三角核心区	260862394	164516610	949474	95396310
沿海经济带	19787178	15791801	11794	3983584
北部生态发展区	18925978	14414996	13268	4497714

2-4-1　按国民经济行业分的全社会建筑业企业营业收入（不含个体经营户）

单位：万元

指标名称	企业合计	总承包和专业承包企业	劳务分包企业	非联网直报企业
总　计	185656861	149583407	3470734	32602720
房屋建筑业	85086147	76079120	1060487	7946540
住宅房屋建筑	64898791	57258972	615296	7024523
住宅房屋建筑	64898791	57258972	615296	7024523
体育场馆建筑	4003771	3892398	7412	103961
体育场馆建筑	4003771	3892398	7412	103961
其他房屋建筑业	16183585	14927750	437779	818056
其他房屋建筑业	16183585	14927750	437779	818056
土木工程建筑业	48449731	41736462	186592	6526677
铁路、道路、隧道和桥梁工程建筑	25012453	22380955	66017	2565481
铁路工程建筑	4930677	4873107		57569
公路工程建筑	5854549	5184001	29437	641110
市政道路工程建筑	10768984	9295028	35259	1438696
城市轨道交通工程建筑	262308	46842		215466
其他道路、隧道和桥梁工程建筑	3195936	2981976	1321	212639
水利和水运工程建筑	8474152	8127087	36089	310976
水源及供水设施工程建筑	1273682	1143949	32588	97145
河湖治理及防洪设施工程建筑	2070810	2053552		17258
港口及航运设施工程建筑	5129660	4929586	3501	196574
海洋工程建筑	4487			4487
海洋油气资源开发利用工程建筑	1473			1473
海洋能源开发利用工程建筑	913			913
海底隧道工程建筑	0			
海底设施铺设工程建筑	238			238
其他海洋工程建筑	1862			1862
工矿工程建筑	437660	368974		68686
工矿工程建筑	437660	368974		68686
架线和管道工程建筑	4515672	4106300	28551	380820
架线及设备工程建筑	3840188	3502541	27288	310359
管道工程建筑	672767	603759	1263	67746
地下综合管廊工程建筑	2716			2716
节能环保工程施工	280449	123427		157022
节能工程施工	16267	1445		14822
环保工程施工	260054	121983		138072

2-4-1 续表 1

单位：万元

指标名称	企业合计	总承包和专业承包企业	劳务分包企业	非联网直报企业
生态保护工程施工	4128			4128
电力工程施工	614784	398822		215962
火力发电工程施工	1804	790		1014
水力发电工程施工	17626	16939		687
核电工程施工	1167			1167
风能发电工程施工	2342			2342
太阳能发电工程施工	165580	147497		18083
其他电力工程施工	426265	233597		192668
其他土木工程建筑	9110074	6230897	55934	2823243
园林绿化工程施工	3451808	2703370	129	748310
体育场地设施工程施工	45445	9863		35583
游乐设施工程施工	11107	160		10947
其他土木工程建筑施工	5601714	3517504	55806	2028404
建筑安装业	17717519	11683784	627545	5406191
电气安装	6179282	4548911	65750	1564621
电气安装	6179282	4548911	65750	1564621
管道和设备安装	2707576	1855157	4720	847699
管道和设备安装	2707576	1855157	4720	847699
其他建筑安装业	8830661	5279716	557075	2993870
体育场地设施安装	465303	420866	6390	38048
其他建筑安装	8365358	4858850	550685	2955823
建筑装饰、装修和其他建筑业	34403464	20084041	1596111	12723313
建筑装饰和装修业	27155030	18029523	746289	8379218
公共建筑装饰和装修	8621374	7500493	175264	945616
住宅装饰和装修	13317484	6076247	194948	7046289
建筑幕墙装饰和装修	5216172	4452783	376077	387312
建筑物拆除和场地准备活动	1276261	618101	11506	646655
建筑物拆除活动	236427	125176	4049	107203
场地准备活动	1039834	492925	7457	539452
提供施工设备服务	755760	227934	268649	259177
提供施工设备服务	755760	227934	268649	259177
其他未列明建筑业	5216414	1208483	569668	3438263
其他未列明建筑业	5216414	1208483	569668	3438263

2-4-2　按登记注册类型分的全社会建筑业企业营业收入（不含个体经营户）

单位：万元

指标名称	企业合计	总承包和专业承包企业	劳务分包企业	非联网直报企业
总　计	185656861	149583407	3470734	32602720
内资企业	182456683	146582608	3470734	32403341
国有企业	6030430	5952533		77896
集体企业	5251813	5178731	890	72192
股份合作企业	97741	92809		4932
联营企业	63006	58923		4083
国有联营企业	1874	128		1746
集体联营企业	12335	11698		638
国有与集体联营企业	46035	45361		674
其他联营企业	2762	1737		1025
有限责任公司	82611319	75210115	919277	6481928
国有独资公司	20188146	19449297	478183	260666
其他有限责任公司	62423173	55760818	441094	6221261
股份有限公司	13229234	12921388	61768	246078
私营企业	75173141	47168108	2488800	25516233
私营独资企业	186213	43		186170
私营合伙企业	11665			11665
私营有限责任公司	72739595	45185330	2466452	25087814
私营股份有限公司	2235668	1982735	22349	230584
其他企业				
港、澳、台商投资企业	1542053	1395695		146359
与港澳台商合资经营	880255	862431		17824
与港澳台商合作经营	50456	24111		26345
港、澳、台商独资	606104	507562		98542
港、澳、台商投资股份有限公司	2896	1562		1334
其他港澳台投资	2342	29		2313
外商投资企业	1658124	1605104		53020
中外合资经营企业	145442	132174		13268
中外合作经营企业				
外资企业	1474490	1447347		27144
外商投资股份有限公司	29639	25583		4055
其他外商投资	8554			8554

2-4-3 按隶属关系、资质等级和控股情况分组的全社会建筑业企业营业收入（不含个体经营户）

单位：万元

指标名称	企业合计	总承包和专业承包企业	劳务分包企业	非联网直报企业
总　计	185656861	149583407	3470734	32602720
一、按隶属关系分组				
中央	30367929	29919539		448390
地方	32078489	31054173	522771	501544
其他	123210443	88609695	2947963	31652786
二、按企业资质等级分组				
施工总承包	118102959	118102959		
特级	19808716	19808716		
一级	63427395	63427395		
二级	18817944	18817944		
三级及以下	16048904	16048904		
专业承包	31480448	31480448		
一级	20699803	20699803		
二级	4922590	4922590		
三级及以下	5858055	5858055		
劳务分包	3470734		3470734	
劳务分包序列不分等级	3470734		3470734	
三、按控股情况分				
国有控股	57607277	55883554	532815	1190909
集体控股	8799584	8654374	2742	142469
私人控股	103738606	71151656	2845715	29741236
港澳台商控股	1270933	1142665		128268
外商控股	1609823	1572826		36997
其他	12630638	11178333	89463	1362842

2-4-4 按地区分的全社会建筑业企业营业收入（不含个体经营户）

单位：万元

地区	企业合计	总承包和专业承包企业	劳务分包企业	非联网直报企业
广东省	185656861	149583407	3470734	32602720
广州市	54288462	46361818	1335326	6591319
深圳市	49840966	36425001	1531678	11884287
珠海市	9857002	7343176	54078	2459747
汕头市	7551905	7184303	2120	365483
佛山市	8585380	6227930	6929	2350521
韶关市	2397060	2051372	63715	281973
河源市	1484495	1153577		330918
梅州市	4867554	4265860		601694
惠州市	4146982	2636054	94504	1416424
汕尾市	692677	515667		177010
东莞市	6892207	4765847	260683	1865678
中山市	3767063	2862619	54390	850054
江门市	3815683	3208108	30964	576612
阳江市	1489766	1311369		178397
湛江市	8313960	7610234	23158	680568
茂名市	11230006	10398750		831256
肇庆市	1646940	1281475	2407	363058
清远市	1953210	1662638	77	290495
潮州市	663822	545040		118782
揭阳市	1410651	1212903		197748
云浮市	761069	559665	10707	190697
按区域分组				
珠三角核心区	142840686	111112029	3370958	28357700
沿海经济带	31352788	28778266	25278	2549244
北部生态发展区	11463388	9693112	74499	1695777

2-5-1 按国民经济行业分的全社会建筑企业（不含个体经营户）从业人员、薪酬及存货情况

单位：万元

指标名称	年末从业人数（万人）	应付职工薪酬	年初存货	期末存货
总 计	409.63	28769346	31376821	28334711
房屋建筑业	195.08	13428495	11714466	12403905
住宅房屋建筑	152.85	9968258	8202095	8067214
住宅房屋建筑	152.85	9968258	8202095	8067214
体育场馆建筑	6.41	645876	570472	674661
体育场馆建筑	6.41	645876	570472	674661
其他房屋建筑业	35.82	2814361	2941900	3662030
其他房屋建筑业	35.82	2814361	2941900	3662030
土木工程建筑业	85.84	5867087	6726206	9315155
铁路、道路、隧道和桥梁工程建筑	46.39	2765144	3446476	4615117
铁路工程建筑	9.25	771344	188720	791932
公路工程建筑	10.59	709945	1259539	1565065
市政道路工程建筑	16.64	972693	1644807	1812969
城市轨道交通工程建筑	0.50	32273	11472	28848
其他道路、隧道和桥梁工程建筑	9.42	278889	341937	416304
水利和水运工程建筑	12.68	1062749	1149511	1064123
水源及供水设施工程建筑	3.51	168298	148228	110860
河湖治理及防洪设施工程建筑	3.01	219196	335650	513727
港口及航运设施工程建筑	6.16	675255	665633	439536
海洋工程建筑	0.02	2214	521	852
海洋油气资源开发利用工程建筑		1293	196	63
海洋能源开发利用工程建筑	0.01	389	261	773
海底隧道工程建筑				
海底设施铺设工程建筑		47		
其他海洋工程建筑	0.01	484	64	15
工矿工程建筑	1.38	99605	30514	32033
工矿工程建筑	1.38	99605	30514	32033
架线和管道工程建筑	7.72	669211	537186	724258
架线及设备工程建筑	5.68	549383	472839	532138
管道工程建筑	2.03	118182	63793	191555
地下综合管廊工程建筑	0.01	1646	554	565
节能环保工程施工	0.69	37500	49941	27942
节能工程施工	0.04	2760	740	802
环保工程施工	0.63	34235	48954	26841

2-5-1　续表 1

单位：万元

指标名称	年末从业人数（万人）	应付职工薪酬	年初存货	期末存货
生态保护工程施工	0.01	505	247	299
电力工程施工	1.08	63495	111082	127370
火力发电工程施工	0.03	326	1837	1978
水力发电工程施工	0.03	959	940	855
核电工程施工	0.13	447	483	493
风能发电工程施工		108		
太阳能发电工程施工	0.16	11903	855	814
其他电力工程施工	0.73	49753	106966	123229
其他土木工程建筑	15.88	1167168	1400975	2723459
园林绿化工程施工	8.01	467085	1169797	1872458
体育场地设施工程施工	0.11	7568	2916	3695
游乐设施工程施工	0.01	681	43	858
其他土木工程建筑施工	7.75	691834	228219	846449
建筑安装业	36.20	2567931	10338390	3275240
电气安装	12.04	885093	8617984	1440734
电气安装	12.04	885093	8617984	1440734
管道和设备安装	5.78	397448	349455	363517
管道和设备安装	5.78	397448	349455	363517
其他建筑安装业	18.37	1285390	1370950	1470989
体育场地设施安装	0.80	30821	33284	29839
其他建筑安装	17.57	1254569	1337666	1441150
建筑装饰、装修和其他建筑业	92.52	6905833	2597759	3340411
建筑装饰和装修业	70.09	5014956	2146969	2780090
公共建筑装饰和装修	19.69	1596544	569673	797112
住宅装饰和装修	40.72	2400341	1004031	1274878
建筑幕墙装饰和装修	9.69	1018071	573264	708100
建筑物拆除和场地准备活动	2.25	132733	84174	126766
建筑物拆除活动	0.59	38797	39218	46608
场地准备活动	1.66	93936	44956	80158
提供施工设备服务	3.47	420617	19249	20303
提供施工设备服务	3.47	420617	19249	20303
其他未列明建筑业	16.71	1337528	347368	413252
其他未列明建筑业	16.71	1337528	347368	413252

2-5-2 按登记注册类型分的全社会建筑企业（不含个体经营户）从业人员、薪酬及存货情况

单位：万元

指标名称	年末从业人数（万人）	应付职工薪酬	年初存货	期末存货
总 计	409.63	28769346	31376821	28334711
内资企业	405.84	28435923	30513681	27016807
国有企业	16.96	672356	405156	748964
集体企业	16.29	738187	534393	383699
股份合作企业	0.30	23115	2111	1142
联营企业	0.17	9305	4486	1344
国有联营企业	0.02	64		
集体联营企业	0.03	1247	573	770
国有与集体联营企业	0.10	7390		
其他联营企业	0.01	604	283	157
有限责任公司	145.96	11586258	18934569	13970665
国有独资公司	27.85	2789761	2375176	2957109
其他有限责任公司	118.11	8796497	16559393	11013557
股份有限公司	24.85	2207935	1932891	2628309
私营企业	201.31	13198766	8700074	9282684
私营独资企业	0.66	36627	3183	5289
私营合伙企业	0.07	3230	38	117
私营有限责任公司	195.32	12948467	7899004	8361527
私营股份有限公司	5.26	210441	797848	915752
其他企业				
港、澳、台商投资企业	2.66	169615	280427	364094
与港澳台商合资经营	1.89	114498	234282	224218
与港澳台商合作经营	0.14	7339	327	1879
港、澳、台商独资	0.61	46573	45709	137901
港、澳、台商投资股份有限公司	0.01	568	23	37
其他港澳台投资	0.01	637	86	59
外商投资企业	1.13	163809	582713	953810
中外合资经营企业	0.49	60392	6121	10370
中外合作经营企业		4		
外资企业	0.59	98802	560898	928716
外商投资股份有限公司	0.03	2792	14741	11839
其他外商投资	0.02	1819	953	2886

2-5-3 按隶属关系、资质等级和控股情况分组的全社会建筑企业（不含个体经营户）从业人员、薪酬及存货情况

单位：万元

指标名称	年末从业人数（万人）	应付职工薪酬	年初存货	期末存货
总　计	409.63	28769346	31376821	28334711
一、按隶属关系分组				
中央	42.54	4203910	4103061	5578724
地方	61.38	3857177	4352425	4774604
其他	305.72	20708260	22921335	17981383
二、按企业资质等级分组				
施工总承包	233.35	16101683	17249625	19760687
特级	25.59	2490610	3373309	4552634
一级	116.90	9266792	8438873	10484068
二级	43.32	2245345	3927208	2873722
三级及以下	47.53	2098936	1510235	1850263
专业承包	58.46	4658409	11362662	5089057
一级	35.23	3011616	2615364	3292392
二级	10.91	735839	502701	641610
三级及以下	12.32	910954	8244597	1155056
劳务分包	21.69	1667286		
劳务分包序列不分等级	21.69	1667286		
三、按控股情况分				
国有控股	87.99	7404027	7795995	9660776
集体控股	24.47	1220296	1604808	2018601
私人控股	270.32	17882729	19463606	13486468
港澳台商控股	2.05	142824	202984	298734
外商控股	0.86	120008	621497	975489
其他	23.95	1999463	1687931	1894644

2-5-4 按地区分的全社会建筑企业（不含个体经营户）从业人员、薪酬及存货情况

单位：万元

地 区	年末从业人数（万人）	应付职工薪酬	年初存货	期末存货
广东省	409.63	28769346	31376821	28334711
广州市	100.02	8738785	8584482	9690324
深圳市	105.14	8913245	6014746	7329807
珠海市	20.92	1271999	8296464	1483063
汕头市	16.37	887146	708358	787012
佛山市	14.58	906871	1793109	2366644
韶关市	7.70	484651	194182	231158
河源市	5.89	216768	128939	144476
梅州市	12.12	675018	579838	809493
惠州市	11.05	587030	279272	293723
汕尾市	1.93	84557	42592	86169
东莞市	22.44	1302298	791150	1103125
中山市	7.90	479848	1330172	1504115
江门市	10.77	717575	541860	580730
阳江市	5.53	215743	331507	129437
湛江市	26.92	1224710	536909	305103
茂名市	19.47	1132115	454677	500805
肇庆市	5.00	223765	104060	265349
清远市	5.63	271500	199096	234628
潮州市	2.19	103048	56655	81648
揭阳市	5.29	194630	288640	246146
云浮市	2.78	138043	120116	161756
按区域分组				
珠三角核心区	297.81	23141416	27735314	24616880
沿海经济带	77.70	3841950	2419336	2136320
北部生态发展区	34.12	1785980	1222171	1581511

2-6-1　按国民经济行业分的全社会建筑企业（不含个体经营户）收入及损益情况

单位：万元

指标名称	营业收入	营业成本	税金及附加	投资收益	营业利润	应交增值税
总　计	185656861	166065787	1408837	1271774	7637562	5046937
房屋建筑业	85086147	78049211	757917	178247	2731292	2448715
住宅房屋建筑	64898791	59571283	642678	128525	2147838	2012667
住宅房屋建筑	64898791	59571283	642678	128525	2147838	2012667
体育场馆建筑	4003771	3577567	17385	6441	228958	74074
体育场馆建筑	4003771	3577567	17385	6441	228958	74074
其他房屋建筑业	16183585	14900361	97854	43281	354496	361975
其他房屋建筑业	16183585	14900361	97854	43281	354496	361975
土木工程建筑业	48449731	43187849	252445	146960	1965232	971562
铁路、道路、隧道和桥梁工程建筑	25012453	22604630	136224	76404	961811	440145
铁路工程建筑	4930677	4623216	12757	9637	59231	86039
公路工程建筑	5854549	5286077	60344	13435	193934	114114
市政道路工程建筑	10768984	9494028	50040	15492	607872	197649
城市轨道交通工程建筑	262308	258580	588		828	2516
其他道路、隧道和桥梁工程建筑	3195936	2942729	12495	37839	99946	39828
水利和水运工程建筑	8474152	7640490	40373	21498	426283	186097
水源及供水设施工程建筑	1273682	1155232	13485	4874	44389	54139
河湖治理及防洪设施工程建筑	2070810	1895299	12188	14157	74845	84227
港口及航运设施工程建筑	5129660	4589958	14700	2468	307049	47731
海洋工程建筑	4487	3199	42	-4676	-5150	132
海洋油气资源开发利用工程建筑	1473	827	30	-4676	-4934	89
海洋能源开发利用工程建筑	913	518	2		5	10
海底隧道工程建筑						
海底设施铺设工程建筑	238	80			15	1
其他海洋工程建筑	1862	1774	10		-236	31
工矿工程建筑	437660	368899	4233	85	24664	20393
工矿工程建筑	437660	368899	4233	85	24664	20393
架线和管道工程建筑	4515672	4019662	22831	5719	149584	107769
架线及设备工程建筑	3840188	3425332	19216	5543	121137	92811
管道工程建筑	672767	592047	3592	176	28400	14820
地下综合管廊工程建筑	2716	2283	23		47	138
节能环保工程施工	280449	202786	1436	-1524	24582	6306
节能工程施工	16267	12684	80	3	-365	525
环保工程施工	260054	186797	1340	-1532	24952	5664

2-6-1 续表 1

单位：万元

指标名称	营业收入	营业成本	税金及附加	投资收益	营业利润	应交增值税
生态保护工程施工	4128	3304	16	4	-6	118
电力工程施工	614784	518364	4152	119	26276	16114
火力发电工程施工	1804	1102	39		240	10
水力发电工程施工	17626	13371	1525		809	1398
核电工程施工	1167	890	8		195	44
风能发电工程施工	2342	1520	19		635	7
太阳能发电工程施工	165580	148425	382	8	6505	2581
其他电力工程施工	426265	353056	2179	111	17892	12073
其他土木工程建筑	9110074	7829819	43154	49334	357184	194606
园林绿化工程施工	3451808	2962663	15784	47320	166999	81442
体育场地设施工程施工	45445	35008	230	16	1942	1374
游乐设施工程施工	11107	9826	47		210	364
其他土木工程建筑施工	5601714	4822322	27092	1999	188033	111425
建筑安装业	17717519	15018103	140909	71666	791219	510096
电气安装	6179282	5104906	37243	49882	354199	166960
电气安装	6179282	5104906	37243	49882	354199	166960
管道和设备安装	2707576	2289177	14663	2801	110410	63152
管道和设备安装	2707576	2289177	14663	2801	110410	63152
其他建筑安装业	8830661	7624021	89003	18983	326609	279985
体育场地设施安装	465303	415944	2378	153	10085	13202
其他建筑安装	8365358	7208076	86626	18830	316524	266783
建筑装饰、装修和其他建筑业	34403464	29810624	257565	874901	2149819	1116563
建筑装饰和装修业	27155030	23460135	171620	47630	1163695	735323
公共建筑装饰和装修	8621374	7646360	51320	23690	318158	261064
住宅装饰和装修	13317484	11112464	89317	15910	677540	326905
建筑幕墙装饰和装修	5216172	4701311	30983	8030	167996	147353
建筑物拆除和场地准备活动	1276261	1084893	7646	2493	50114	31045
建筑物拆除活动	236427	195099	1562	60	6807	4425
场地准备活动	1039834	889794	6084	2433	43307	26620
提供施工设备服务	755760	669506	14720	3879	21958	102803
提供施工设备服务	755760	669506	14720	3879	21958	102803
其他未列明建筑业	5216414	4596089	63580	820898	914053	247393
其他未列明建筑业	5216414	4596089	63580	820898	914053	247393

2-6-2 按登记注册类型分的全社会建筑企业（不含个体经营户）收入及损益情况

单位：万元

指标名称	营业收入	营业成本	税金及附加	投资收益	营业利润	应交增值税
总　计	185656861	166065787	1408837	1271774	7637562	5046937
内资企业	182456683	163328170	1392999	1263158	7454035	4985979
国有企业	6030430	5624363	82676	5196	140541	195733
集体企业	5251813	4817031	104663	2288	175031	217539
股份合作企业	97741	90040	1113	37	2366	2306
联营企业	63006	58379	1183	-20	783	2218
国有联营企业	1874	1804	71	-20	44	43
集体联营企业	12335	11419	117		220	634
国有与集体联营企业	46035	42832	965		320	1411
其他联营企业	2762	2322	31		200	130
有限责任公司	82611319	75237648	479144	258337	3109401	1857023
国有独资公司	20188146	19024551	59046	71994	443769	329305
其他有限责任公司	62423173	56213097	420098	186343	2665632	1527719
股份有限公司	13229234	11658015	74183	41978	620298	297893
私营企业	75173141	65842695	650037	955342	3405614	2413266
私营独资企业	186213	145425	1329	640	10908	5309
私营合伙企业	11665	9210	60	37	941	336
私营有限责任公司	72739595	63822571	629190	952777	3295766	2356415
私营股份有限公司	2235668	1865489	19457	1888	97999	51206
其他企业						
港、澳、台商投资企业	1542053	1297036	6731	7093	122127	36712
与港澳台商合资经营	880255	750100	3641	1204	48450	21553
与港澳台商合作经营	50456	47547	178		391	1348
港、澳、台商独资	606104	494816	2880	5870	73058	13635
港、澳、台商投资股份有限公司	2896	2493	9	18	113	79
其他港澳台投资	2342	2081	24		115	97
外商投资企业	1658124	1440581	9107	1523	61400	24246
中外合资经营企业	145442	128877	972	1899	1806	7423
中外合作经营企业					-5	
外资企业	1474490	1282608	7454	-389	54810	15644
外商投资股份有限公司	29639	23273	637	13	3312	861
其他外商投资	8554	5823	44		1477	318

2-6-3 按隶属关系、资质等级和控股情况分组的全社会建筑企业（不含个体经营户）收入及损益情况

单位：万元

指标名称	营业收入	营业成本	税金及附加	投资收益	营业利润	应交增值税
总　计	185656861	166065787	1408837	1271774	7637562	5046937
一、按隶属关系分组						
中央	30367929	27938377	74553	102874	1064818	339240
地方	32078489	29786084	236578	64017	1029250	928492
其他	123210443	108341327	1097706	1104883	5543493	3779205
二、按企业资质等级分组						
施工总承包	118102959	108343658	880829	297209	4058539	2743042
特级	19808716	18509452	86636	81611	542283	330116
一级	63427395	58304050	354711	148941	2208494	1300622
二级	18817944	17183389	213669	57679	671424	619715
三级及以下	16048904	14346767	225813	8977	636340	492588
专业承包	31480448	27527427	159460	55204	1363231	699972
一级	20699803	18347452	92599	36132	853634	430162
二级	4922590	4173367	35010	882	250670	116039
三级及以下	5858055	5006609	31852	18190	258927	153771
劳务分包	3470734	3381574	169761		23992	747436
劳务分包序列不分等级	3470734	3381574	169761		23992	747436
三、按控股情况分						
国有控股	57607277	53655323	281300	154327	1741038	1061660
集体控股	8799584	7927297	141399	45679	323384	321237
私人控股	103738606	90998998	887713	1017372	4561506	3234918
港澳台商控股	1270933	1046519	5917	6876	116677	31795
外商控股	1609823	1407246	8930	-376	51443	19125
其他	12630638	11030405	83579	47897	843514	378202

2-6-4 按地区分的全社会建筑企业（不含个体经营户）收入及损益情况

单位：万元

地　区	营业收入	营业成本	税金及附加	投资收益	营业利润	应交增值税
广东省	185656861	166065787	1408837	1271774	7637562	5046937
广州市	54288462	49804581	272792	184506	1475494	1305860
深圳市	49840966	44240263	316620	909947	2163664	1293298
珠海市	9857002	8544837	51020	27748	735272	159040
汕头市	7551905	6838890	77944	19316	469227	214651
佛山市	8585380	7267580	47697	7982	414888	184264
韶关市	2397060	2183131	29504	181	75258	81984
河源市	1484495	1265958	16548	2267	111310	67029
梅州市	4867554	4298582	43902	65950	323148	115697
惠州市	4146982	3766826	33144	10098	67250	114642
汕尾市	692677	604697	18993	111	43580	29707
东莞市	6892207	5887837	49117	13945	291673	243038
中山市	3767063	3224456	17567	1914	123789	89716
江门市	3815683	3484122	40850	6784	123840	111194
阳江市	1489766	1310199	28263	90	80090	60126
湛江市	8313960	7503069	93680	4495	258667	271267
茂名市	11230006	10105818	173904	1802	541108	474737
肇庆市	1646940	1462860	21981	2024	69886	64153
清远市	1953210	1789248	18351	903	53971	64174
潮州市	663822	595566	11724	410	34003	24184
揭阳市	1410651	1240907	33519	781	117023	45358
云浮市	761069	646362	11716	10519	64421	32818
按区域分组						
珠三角核心区	142840686	127683362	850789	1164949	5465756	3565203
沿海经济带	31352788	28199144	438027	27006	1543698	1120031
北部生态发展区	11463388	10183281	120021	79819	628108	361703

2-7-1 按国民经济行业分的全社会建筑企业（不含个体经营户）资产负债情况

单位：万元

指标名称	本年折旧	固定资产净值	在建工程	资产总计	负债合计
总　计	1179841	9301876	8398473	299575551	271870912
房屋建筑业	348455	3272964	1808930	141603342	80547465
住宅房屋建筑	271046	2580525	1017800	109007354	53481703
住宅房屋建筑	271046	2580525	1017800	109007354	53481703
体育场馆建筑	20049	290236	50631	4642628	3495110
体育场馆建筑	20049	290236	50631	4642628	3495110
其他房屋建筑业	57361	402203	740499	27953360	23570652
其他房屋建筑业	57361	402203	740499	27953360	23570652
土木工程建筑业	454994	3671416	5725148	83526336	67528060
铁路、道路、隧道和桥梁工程建筑	241927	1817146	4667432	49708658	44349423
铁路工程建筑	44293	315404	1197726	8125139	6058201
公路工程建筑	86404	613851	2561399	12213085	17343028
市政道路工程建筑	78771	591289	518757	24310576	17205847
城市轨道交通工程建筑	7878	61980	13419	412620	298337
其他道路、隧道和桥梁工程建筑	24581	234623	376132	4647239	3444010
水利和水运工程建筑	114418	1179071	659253	14717400	9882469
水源及供水设施工程建筑	6761	53075	248855	2018730	1164358
河湖治理及防洪设施工程建筑	8613	116758	250048	2437419	1722187
港口及航运设施工程建筑	99044	1009238	160350	10261251	6995924
海洋工程建筑	134	1435	5	469666	26047
海洋油气资源开发利用工程建筑	21	65		407749	17018
海洋能源开发利用工程建筑	66	202		3039	1515
海底隧道工程建筑					
海底设施铺设工程建筑		1		201	133
其他海洋工程建筑	46	1168	5	58677	7381
工矿工程建筑	4969	24360	4567	595967	405714
工矿工程建筑	4969	24360	4567	595967	405714
架线和管道工程建筑	28458	156014	127883	5061970	3542108
架线及设备工程建筑	25575	130377	14296	3842048	2644917
管道工程建筑	2863	25421	113588	1217417	888465
地下综合管廊工程建筑	19	216		2504	8726
节能环保工程施工	6022	49133	28741	648291	436009
节能工程施工	250	1490	212	12857	7648
环保工程施工	5718	47539	28514	631961	425285

2-7-1 续表 1

单位：万元

指标名称	本年折旧	固定资产净值	在建工程	资产总计	负债合计
生态保护工程施工	54	103	15	3473	3076
电力工程施工	3565	39368	8181	673105	446531
火力发电工程施工	14	66		13223	21148
水力发电工程施工	348	2630	5	7945	1182
核电工程施工	6	6746		13347	10825
风能发电工程施工	9	9		4089	1393
太阳能发电工程施工	558	7565	4916	163098	104091
其他电力工程施工	2631	22353	3260	471401	307892
其他土木工程建筑	55501	404889	229086	11651277	8439759
园林绿化工程施工	21912	208579	25291	5959899	4018099
体育场地设施工程施工	406	2090	128	208670	55286
游乐设施工程施工	129	81	44	9593	6185
其他土木工程建筑施工	33054	194140	203623	5473115	4360189
建筑安装业	152471	850210	186703	20512443	79479607
电气安装	66763	371801	85959	8192397	70412103
电气安装	66763	371801	85959	8192397	70412103
管道和设备安装	21996	114559	29283	3022573	2047366
管道和设备安装	21996	114559	29283	3022573	2047366
其他建筑安装业	63712	363849	71461	9297473	7020137
体育场地设施安装	3166	23507	4761	428085	277205
其他建筑安装	60546	340342	66700	8869389	6742933
建筑装饰、装修和其他建筑业	223921	1507286	677692	53933429	44315781
建筑装饰和装修业	139724	991200	261627	36394957	27601321
公共建筑装饰和装修	22984	190038	60096	8621836	5969367
住宅装饰和装修	99811	667153	160948	23015847	18016609
建筑幕墙装饰和装修	16929	134009	40583	4757274	3615344
建筑物拆除和场地准备活动	24326	145972	331551	2087809	1445881
建筑物拆除活动	3690	29835	326180	617002	497037
场地准备活动	20636	116137	5371	1470807	948844
提供施工设备服务	6224	51599	20842	554413	887228
提供施工设备服务	6224	51599	20842	554413	887228
其他未列明建筑业	53647	318515	63671	14896249	14381351
其他未列明建筑业	53647	318515	63671	14896249	14381351

2-7-2 按登记注册类型分的全社会建筑企业（不含个体经营户）资产负债情况

单位：万元

指标名称	本年折旧	固定资产净值	在建工程	资产总计	负债合计
总 计	1179841	9301876	8398473	299575551	271870912
内资企业	1169819	9172017	8222911	288200617	264015459
国有企业	21387	292349	679305	5064046	3859516
集体企业	27804	273549	105008	2967243	1832065
股份合作企业	404	12650	263	72244	43681
联营企业	181	2609	2	35907	28028
国有联营企业	1	3	2	1384	1691
集体联营企业	116	358		6773	3825
国有与集体联营企业	45			19993	15692
其他联营企业	19	501		7756	6820
有限责任公司	470378	3990851	4396493	118788077	96020063
国有独资公司	104351	703990	1495926	28408289	29967821
其他有限责任公司	366027	3286860	2900566	90379789	66052242
股份有限公司	67940	627285	147197	21813000	15906878
私营企业	581725	3972725	2894642	139460100	146325228
私营独资企业	1968	15835	390	151401	96699
私营合伙企业	139	1508	9	13855	7517
私营有限责任公司	571540	3863639	2874300	134876379	143342134
私营股份有限公司	8079	91744	19943	4418465	2878878
其他企业					
港、澳、台商投资企业	7128	104742	158283	4782059	2771043
与港澳台商合资经营	1886	65380	768	2577650	2071117
与港澳台商合作经营	2087	13871	126286	1267258	41048
港、澳、台商独资	3033	25411	28206	927197	653750
港、澳、台商投资股份有限公司	120	23		3945	762
其他港澳台投资	2	57	3023	6009	4367
外商投资企业	2894	25117	17279	6592875	5084410
中外合资经营企业	1561	17508	916	183911	96002
中外合作经营企业		6		81	156
外资企业	1188	7190	33	6001851	4599865
外商投资股份有限公司	68	304	22	378695	367118
其他外商投资	76	109	16308	28338	21270

2-7-3 按隶属关系、资质等级和控股情况分组的全社会建筑企业（不含个体经营户）资产负债情况

单位：万元

指标名称	本年折旧	固定资产净值	在建工程	资产总计	负债合计
总　计	1179841	9301876	8398473	299575551	271870912
一、按隶属关系分组					
中央	191107	1641319	278499	47459856	37293165
地方	109524	1498160	2872976	35928827	34023287
其他	879210	6162397	5246998	216186867	200554460
二、按企业资质等级分组					
施工总承包	557957	5358953	1065177	157349582	113282636
特级	145831	1573355	165808	29521122	21963629
一级	238139	2096054	326660	83212783	64162856
二级	93757	936097	221416	22108022	15496447
三级及以下	80230	753447	351293	22507655	11659704
专业承包	111136	1023004	220756	37373825	24896634
一级	50549	530294	77435	22520224	14893746
二级	22711	184824	111604	6681703	4596575
三级及以下	37876	307886	31717	8171899	5406314
劳务分包	5947			974536	7586797
劳务分包序列不分等级	5947			974536	7586797
三、按控股情况分					
国有控股	315951	3134169	4478585	82819124	69913585
集体控股	54452	437652	181079	10511485	7588554
私人控股	738099	5122905	2696115	178051481	174805632
港澳台商控股	4443	89848	32520	2683986	1988089
外商控股	2170	15357	55	6622435	5158863
其他	64726	501944	1010119	18887039	12416189

2-7-4 按地区分的全社会建筑企业（不含个体经营户）资产负债情况

单位：万元

地　区	本年折旧	固定资产净值	在建工程	资产总计	负债合计
广东省	1179841	9301876	8398473	299575551	271870912
广州市	350840	2870254	3155540	114655106	126942636
深圳市	281229	1970129	418902	76936183	62191405
珠海市	35470	303773	1148507	23339740	16990364
汕头市	44684	416643	138065	7382646	5206127
佛山市	106846	521329	700343	15549878	11255609
韶关市	12274	98507	32899	1973242	1372582
河源市	10185	219037	49907	1627515	760479
梅州市	25628	250531	880138	12539474	18223545
惠州市	32328	269076	366192	6347531	3709154
汕尾市	5173	60493	30551	513234	297485
东莞市	58770	378890	338104	9387152	6177522
中山市	28618	223677	60600	6562530	4739110
江门市	30384	269484	308579	6155319	4116991
阳江市	13773	145244	39087	1269069	564252
湛江市	27432	374127	149205	3572443	2178255
茂名市	57434	454689	330483	5445418	3111045
肇庆市	21460	150142	104105	1928956	1461622
清远市	13264	57089	36432	1618165	1170676
潮州市	3360	42462	10715	545477	337876
揭阳市	9323	110443	10750	1058891	393647
云浮市	11367	115856	89369	1167583	670530
按区域分组					
珠三角核心区	945946	6956754	6600872	260862394	237584413
沿海经济带	161179	1604101	708856	19787178	12088687
北部生态发展区	72717	741020	1088744	18925978	22197812

2-8-1 按国民经济行业分的总承包和专业分包建筑业企业个数及签订合同情况

指标名称	企业个数（个）			合同情况（万元）		
	总计	#有工作量的建筑业企业个数	#亏损企业个数	签订的合同额	上年结转合同额	本年新签合同额
总　计	6166	5820	972	390052988	193670210	196382778
房屋建筑业	2492	2331	353	194059111	100612104	93447006
住宅房屋建筑	2066	1940	285	121056352	52734756	68321596
住宅房屋建筑	2066	1940	285	121056352	52734756	68321596
体育场馆建筑	29	28	6	12326825	7383306	4943519
体育场馆建筑	29	28	6	12326825	7383306	4943519
其他房屋建筑业	397	363	62	60675934	40494042	20181892
其他房屋建筑业	397	363	62	60675934	40494042	20181892
土木工程建筑业	1221	1184	188	139368101	72339382	67028719
铁路、道路、隧道和桥梁工程建筑	652	633	103	78981067	42060101	36920966
铁路工程建筑	21	21	4	23599965	14293665	9306301
公路工程建筑	108	106	16	12852320	7630835	5221485
市政道路工程建筑	467	450	78	27877486	15458692	12418794
城市轨道交通工程建筑	7	7	1	290787	192621	98166
其他道路、隧道和桥梁工程建筑	49	49	4	14360508	4484288	9876220
水利和水运工程建筑	148	142	22	32244556	19007989	13236567
水源及供水设施工程建筑	80	76	13	1975570	853565	1122005
河湖治理及防洪设施工程建筑	33	33	6	8586573	5579778	3006795
港口及航运设施工程建筑	35	33	3	21682413	12574646	9107767
海洋工程建筑						
海洋油气资源开发利用工程建筑						
海洋能源开发利用工程建筑						
海底隧道工程建筑						
海底设施铺设工程建筑						
其他海洋工程建筑						
工矿工程建筑	13	12	2	689539	320268	369271
工矿工程建筑	13	12	2	689539	320268	369271
架线和管道工程建筑	166	163	26	11868135	5279248	6588887
架线及设备工程建筑	129	126	16	7205730	3073488	4132242
管道工程建筑	37	37	10	4662405	2205759	2456645
地下综合管廊工程建筑						
节能环保工程施工	15	15	2	418871	101633	317238
节能工程施工	1	1	1	1103	758	345
环保工程施工	14	14	1	417768	100875	316893

2-8-1 续表 1

指标名称	企业个数（个）			合同情况（万元）		
	总计	#有工作量的建筑业企业个数	#亏损企业个数	签订的合同额	上年结转合同额	本年新签合同额
生态保护工程施工						
电力工程施工	29	29	4	627215	332918	294297
火力发电工程施工	1	1		487	487	
水力发电工程施工	2	2		9168	7336	1832
核电工程施工						
风能发电工程施工						
太阳能发电工程施工	1	1		235505	195315	40190
其他电力工程施工	25	25	4	382055	129780	252275
其他土木工程建筑	198	190	29	14538720	5237226	9301494
园林绿化工程施工	75	72	5	7558656	3530756	4027900
体育场地设施工程施工	12	11	3	7375	3254	4121
游乐设施工程施工	1	1				
其他土木工程建筑施工	110	106	21	6972689	1703217	5269473
建筑安装业	1214	1156	213	21311886	8125620	13186266
电气安装	525	499	79	7559294	2663734	4895561
电气安装	525	499	79	7559294	2663734	4895561
管道和设备安装	236	229	49	3635183	1216895	2418287
管道和设备安装	236	229	49	3635183	1216895	2418287
其他建筑安装业	453	428	85	10117409	4244991	5872418
体育场地设施安装	27	27	4	1051295	631972	419323
其他建筑安装	426	401	81	9066114	3613019	5453095
建筑装饰、装修和其他建筑业	1239	1149	218	35313890	12593103	22720787
建筑装饰和装修业	988	922	182	32772373	11814740	20957633
公共建筑装饰和装修	321	303	68	14227758	5265241	8962517
住宅装饰和装修	541	499	101	11403858	4490328	6913530
建筑幕墙装饰和装修	126	120	13	7140758	2059172	5081585
建筑物拆除和场地准备活动	66	58	8	729135	229521	499614
建筑物拆除活动	23	22	2	120430	53481	66950
场地准备活动	43	36	6	608705	176041	432664
提供施工设备服务	31	27	4	370442	118924	251518
提供施工设备服务	31	27	4	370442	118924	251518
其他未列明建筑业	154	142	24	1441940	429917	1012023
其他未列明建筑业	154	142	24	1441940	429917	1012023

2-8-2　按登记注册类型分的总承包和专业分包建筑业企业个数及签订合同情况

指标名称	企业个数（个）			合同情况（万元）		
	总计	#有工作量的建筑业企业个数	#亏损企业个数	签订的合同额	上年结转合同额	本年新签合同额
总　计	6166	5820	972	390052988	193670210	196382778
内资企业	6105	5761	962	381953113	188632465	193320648
国有企业	149	137	18	10391806	5108027	5283779
集体企业	261	251	27	9199247	4098242	5101004
股份合作企业	5	5		156692	53977	102715
联营企业	6	6	1	117865	53615	64250
国有联营企业	1	1		128	128	
集体联营企业	2	2	1	10358	5358	5000
国有与集体联营企业	2	2		99895	48129	51766
其他联营企业	1	1		7484		7484
有限责任公司	1598	1493	239	241848606	128843748	113004858
国有独资公司	100	96	11	82183079	52674685	29508395
其他有限责任公司	1498	1397	228	159665527	76169064	83496463
股份有限公司	149	143	16	36209435	18161007	18048428
私营企业	3937	3726	661	84029463	32313849	51715615
私营独资企业	1	1	1	284	220	64
私营合伙企业	1	1				
私营有限责任公司	3872	3661	654	79590296	30505087	49085209
私营股份有限公司	63	63	6	4438883	1808542	2630342
其他企业						
港、澳、台商投资企业	50	48	8	5707595	3911897	1795698
与港澳台商合资经营	27	26	4	5074964	3649217	1425748
与港澳台商合作经营	6	6	2	39430	17518	21912
港、澳、台商独资	15	14	2	591510	245163	346347
港、澳、台商投资股份有限公司	1	1		1667		1667
其他港澳台投资	1	1		24		24
外商投资企业	11	11	2	2392280	1125848	1266432
中外合资经营企业	6	6	2	258991	95305	163686
中外合作经营企业						
外资企业	3	3		2109044	1010899	1098145
外商投资股份有限公司	2	2		24244	19644	4601
其他外商投资						

2-8-3 按隶属关系、资质等级、营业状态和控股情况分组的总承包和专业分包建筑业企业个数及签订合同情况

指标名称	企业个数（个）			合同情况（万元）		
	总计	#有工作量的建筑业企业个数	#亏损企业个数	签订的合同额	上年结转合同额	本年新签合同额
总　计	6166	5820	972	390052988	193670210	196382778
一、按隶属关系分组						
中央	87	79	6	136639117	80150021	56489096
地方	587	560	68	81554760	41251641	40303119
其他	5492	5181	898	171859111	72268548	99590563
二、按企业资质等级分组						
施工总承包	3550	3358	505	337235883	175247796	161988087
特级	27	26	2	78919824	49814209	29105614
一级	387	377	35	199521226	103001415	96519811
二级	801	772	97	34656739	14764652	19892087
三级及以下	2335	2183	371	24138095	7667521	16470574
专业承包	2616	2462	467	52817105	18422414	34394691
一级	459	451	42	38546619	14148715	24397904
二级	963	917	187	6715615	2082196	4633420
三级及以下	1194	1094	238	7554871	2191503	5363367
三、按运营状态分						
正常运营	6097	5791	966	389908577	193632355	196276221
停业（歇业）	39	17	5	60545	10628	49917
筹建						
当年关闭	8	2		210	129	81
当年破产	2	1		52706	21917	30789
当年注销	9	4		15509	1815	13694
当年吊销	1					
其他	10	5	1	15441	3366	12075
四、按控股情况分						
国有控股	441	412	43	205322923	115897053	89425870
集体控股	388	369	41	17351146	7798342	9552805
私人控股	4923	4657	815	138254907	56256131	81998776
港澳台商控股	37	35	8	5277801	3718377	1559424
外商控股	11	11	1	2221509	1049536	1171974
其他	366	336	64	21624701	8950771	12673930

2-8-4　按地区分的总承包和专业分包建筑业企业个数及签订合同情况

地　区	企业个数（个）			合同情况（万元）		
	总计	#有工作量的建筑业企业个数	#亏损企业个数	签订的合同额	上年结转合同额	本年新签合同额
广东省	6166	5820	972	390052988	193670210	196382778
广州市	1093	1030	187	156232666	87973994	68258672
深圳市	1044	1009	191	95739264	42878946	52860318
珠海市	334	305	44	25675256	14227608	11447648
汕头市	170	155	18	16363594	9569533	6794061
佛山市	521	474	108	10270644	4546213	5724431
韶关市	132	127	20	4301463	2201419	2100044
河源市	126	122	9	1595079	406169	1188910
梅州市	169	165	13	7567748	3149228	4418520
惠州市	255	232	47	4119339	1858681	2260659
汕尾市	39	38	3	570665	174751	395914
东莞市	792	741	119	10765760	4527205	6238555
中山市	359	343	68	7090984	3544231	3546752
江门市	221	208	40	5848044	2498043	3350000
阳江市	115	105	8	2397640	936138	1461502
湛江市	165	155	21	15027582	6634262	8393320
茂名市	195	190	14	15234309	3845955	11388354
肇庆市	94	92	9	3310009	1778513	1531497
清远市	109	107	27	3689490	1469342	2220149
潮州市	55	53	5	1509289	923292	585997
揭阳市	128	120	8	1764354	158611	1605744
云浮市	50	49	13	979809	368076	611733
按区域分组						
珠三角核心区	4713	4434	813	319051965	163833434	155218531
沿海经济带	867	816	77	52867434	22242543	30624891
北部生态发展区	586	570	82	18133589	7594234	10539356

2-9-1 按国民经济行业分的总承包和专业分包建筑业企业承包工程完成情况

单位：万元

指标名称	承包工程完成情况				建筑业企业在境外完成的营业收入	竣工产值
	直接从建设单位承揽工程完成的产值	自行完成施工产值	分包出去工程的产值	从建设单位以外承揽工程完成的产值		
总　计	144090367	130775357	13315010	7851194	61740314	1865776
房屋建筑业	72395402	67997166	4398237	2943578	34996279	148803
住宅房屋建筑	54414285	50787019	3627266	1192624	28041601	87093
住宅房屋建筑	54414285	50787019	3627266	1192624	28041601	87093
体育场馆建筑	2836361	2798161	38200	1137678	1020375	
体育场馆建筑	2836361	2798161	38200	1137678	1020375	
其他房屋建筑业	15144756	14411986	732771	613276	5934303	61710
其他房屋建筑业	15144756	14411986	732771	613276	5934303	61710
土木工程建筑业	42743351	35647550	7095801	3275686	13974973	1654439
铁路、道路、隧道和桥梁工程建筑	23415148	20067376	3347772	2766424	6538055	66114
铁路工程建筑	5991823	5859651	132172	138934	2036410	34109
公路工程建筑	5283465	5095470	187996	43762	910900	23594
市政道路工程建筑	8922992	7787544	1135449	1616527	3288560	1629
城市轨道交通工程建筑	38192	36267	1925	1945	6126	
其他道路、隧道和桥梁工程建筑	3178676	1288445	1890231	965256	296060	6782
水利和水运工程建筑	8219292	5521898	2697395	188249	1752526	1040122
水源及供水设施工程建筑	1000246	992088	8158	2598	353640	11092
河湖治理及防洪设施工程建筑	2294415	1711610	582805	25188	649140	15854
港口及航运设施工程建筑	4924631	2818199	2106432	160464	749746	1013177
海洋工程建筑						
海洋油气资源开发利用工程建筑						
海洋能源开发利用工程建筑						
海底隧道工程建筑						
海底设施铺设工程建筑						
其他海洋工程建筑						
工矿工程建筑	351285	303571	47714	31791	415354	
工矿工程建筑	351285	303571	47714	31791	415354	
架线和管道工程建筑	4047431	3172934	874497	189232	1744176	544875
架线及设备工程建筑	3464048	2822599	641450	24873	1640862	341522
管道工程建筑	583382	350335	233047	164359	103313	203354
地下综合管廊工程建筑						
节能环保工程施工	102425	87314	15112	15931	20010	200
节能工程施工	397	397				
环保工程施工	102028	86916	15112	15931	20010	200

2-9-1　续表 1

单位：万元

指标名称	承包工程完成情况				建筑业企业在境外完成的营业收入	竣工产值
	直接从建设单位承揽工程完成的产值			从建设单位以外承揽工程完成的产值		
		自行完成施工产值	分包出去工程的产值			
生态保护工程施工						
电力工程施工	410487	387231	23256	3974	170555	
火力发电工程施工	534	534				
水力发电工程施工	16552	16552			27	
核电工程施工						
风能发电工程施工						
太阳能发电工程施工	169480	169480			33866	
其他电力工程施工	223921	200664	23256	3974	136662	
其他土木工程建筑	6197283	6107227	90056	80084	3334297	3127
园林绿化工程施工	2568527	2506527	62000	40013	1700873	3127
体育场地设施工程施工	6909	6873	35	459	6499	
游乐设施工程施工	190	190				
其他土木工程建筑施工	3621658	3593638	28020	39611	1626925	
建筑安装业	10128045	9218908	909137	748520	4507561	30415
电气安装	4014220	3623152	391068	354216	2096768	19309
电气安装	4014220	3623152	391068	354216	2096768	19309
管道和设备安装	1612873	1335756	277117	62396	776537	3012
管道和设备安装	1612873	1335756	277117	62396	776537	3012
其他建筑安装业	4500952	4260000	240951	331908	1634256	8095
体育场地设施安装	381885	353330	28554	12736	81742	24
其他建筑安装	4119067	3906670	212397	319171	1552514	8071
建筑装饰、装修和其他建筑业	18823569	17911734	911835	883411	8261502	32119
建筑装饰和装修业	17208739	16388689	820051	776585	7386025	27227
公共建筑装饰和装修	7436298	7086799	349499	447434	2883657	1859
住宅装饰和装修	5628879	5219834	409045	214079	3254515	21085
建筑幕墙装饰和装修	4143562	4082056	61507	115072	1247853	4284
建筑物拆除和场地准备活动	484377	461729	22648	31058	262688	4793
建筑物拆除活动	96390	93058	3332	21567	26475	
场地准备活动	387988	368672	19316	9491	236213	4793
提供施工设备服务	216946	216471	475	4097	146870	
提供施工设备服务	216946	216471	475	4097	146870	
其他未列明建筑业	913506	844844	68662	71672	465918	99
其他未列明建筑业	913506	844844	68662	71672	465918	99

2-9-2　按登记注册类型分的总承包和专业分包建筑业企业承包工程完成情况

单位：万元

指标名称	承包工程完成情况				建筑业企业在境外完成的营业收入	竣工产值
	直接从建设单位承揽工程完成的产值	自行完成施工产值	分包出去工程的产值	从建设单位以外承揽工程完成的产值		
总　计	144090367	130775357	13315010	7851194	61740314	1865776
内资企业	140988049	128193294	12794755	7845275	59953625	1865444
国有企业	5337313	5173276	164037	137428	2953743	434
集体企业	4538153	4476123	62030	38330	2935703	1903
股份合作企业	148394	148394		205	122539	
联营企业	53266	53266			7750	
国有联营企业	128	128			128	
集体联营企业	7342	7342			4600	
国有与集体联营企业	44116	44116			3022	
其他联营企业	1680	1680				
有限责任公司	73823075	63701201	10121874	5647815	26144215	1708817
国有独资公司	19550218	14937121	4613097	1465799	4975829	1103852
其他有限责任公司	54272857	48764080	5508777	4182017	21168386	604964
股份有限公司	12990039	11937213	1052826	305284	5434855	13351
私营企业	44097810	42703822	1393988	1716214	22354819	140939
私营独资企业	63	63			63	
私营合伙企业						
私营有限责任公司	42247442	40925008	1322435	1651094	21151100	139220
私营股份有限公司	1850305	1778751	71554	65120	1203656	1720
其他企业						
港、澳、台商投资企业	1643601	1127993	515608	84	929637	
与港澳台商合资经营	1139138	756316	382822	83	596655	
与港澳台商合作经营	18003	18003			15115	
港、澳、台商独资	484874	352088	132786		316600	
港、澳、台商投资股份有限公司	1562	1562			1267	
其他港澳台投资	24	24		1		
外商投资企业	1458716	1454070	4646	5836	857052	332
中外合资经营企业	127743	123517	4226	5836	119275	332
中外合作经营企业						
外资企业	1316579	1316158	421		733807	
外商投资股份有限公司	14395	14395			3970	
其他外商投资						

2-9-3　按隶属关系、资质等级、营业状态和控股情况分组的总承包和专业分包建筑业企业承包工程完成情况

单位：万元

指标名称	承包工程完成情况				建筑业企业在境外完成的营业收入	竣工产值
	直接从建设单位承揽工程完成的产值	自行完成施工产值	分包出去工程的产值	从建设单位以外承揽工程完成的产值		
总　计	144090367	130775357	13315010	7851194	61740314	1865776
一、按隶属关系分组						
中央	32273496	27024550	5248947	2429566	9339042	1598720
地方	29024858	24525580	4499278	2399121	12660663	93151
其他	82792013	79225228	3566785	3022507	39740609	173905
二、按企业资质等级分组						
施工总承包	115628915	103855760	11773156	6073595	48597310	1795272
特级	19423009	16247430	3175578	128630	5087049	1420753
一级	64957941	57492834	7465106	4464571	26095489	321011
二级	16931855	16422586	509269	378279	8693187	13653
三级及以下	14316111	13692909	623202	1102115	8721584	39855
专业承包	28461452	26919598	1541854	1777599	13143004	70504
一级	19412821	18569077	843744	1022214	8689278	22376
二级	4225002	3920251	304752	379312	2104006	33402
三级及以下	4823628	4430271	393358	376074	2349720	14726
三、按运营状态分						
正常运营	144001822	130689947	13311875	7848695	61691854	1865776
停业（歇业）	32658	29558	3099	1090	24437	
筹建						
当年关闭	93	93			52	
当年破产	25740	25740			10682	
当年注销	12245	12245		1374	244	
当年吊销						
其他	17809	17774	35	35	13045	
四、按控股情况分						
国有控股	56243702	46426304	9817398	4895729	18089214	1704547
集体控股	7783974	7615542	168432	171804	4311769	1903
私人控股	67412455	65093527	2318928	2379537	34005401	151516
港澳台商控股	1393910	885794	508116	83	695482	332
外商控股	1426131	1401941	24190	20427	762858	
其他	9830196	9352250	477946	383615	3875590	7479

2-9-4 按地区分的总承包和专业分包建筑业企业承包工程完成情况

单位：万元

地区	承包工程完成情况				建筑业企业在境外完成的营业收入	竣工产值
	直接从建设单位承揽工程完成的产值			从建设单位以外承揽工程完成的产值		
		自行完成施工产值	分包出去工程的产值			
广东省	144090367	130775357	13315010	7851194	61740314	1865776
广州市	45406066	36438992	8967075	3467910	14534752	1624343
深圳市	35819336	32676208	3143128	2950612	14537708	116682
珠海市	7614913	7474492	140421	422068	2273438	45965
汕头市	6084090	6078542	5548	16706	3058661	7389
佛山市	5765606	5541899	223707	149961	3371390	5090
韶关市	2054960	2025410	29550	31195	929425	
河源市	1282766	1278611	4155	5571	807325	
梅州市	3781594	3734925	46669	16003	2072057	
惠州市	2109985	2037564	72421	45598	990685	4558
汕尾市	446047	422289	23758	2628	263034	
东莞市	4551966	4439690	112276	100071	2915520	28564
中山市	2739390	2541502	197888	42974	1492201	7342
江门市	3129519	3102498	27021	20564	1511083	
阳江市	1145951	1139581	6369	10505	567225	23594
湛江市	7747798	7691193	56605	242168	4307116	
茂名市	8505706	8356387	149319	243688	4854979	332
肇庆市	1583733	1565884	17850	8725	701767	1818
清远市	1673176	1647395	25781	13532	719868	
潮州市	473537	473487	50	130	254446	
揭阳市	1653839	1592832	61007	55332	1303639	100
云浮市	520391	515978	4413	5254	273996	
按区域分组						
珠三角核心区	108720513	95818727	12901785	7208481	42328543	1834362
沿海经济带	26056967	25754311	302656	571158	14609100	31414
北部生态发展区	9312887	9202319	110568	71555	4802671	

2-10-1 按国民经济行业分的总承包和专业分包建筑业企业总产值

单位：万元

指标名称	建筑业总产值	# 装配式建筑工程产值	# 装饰装修产值	# 在外省完成的产值	建筑工程产值	安装工程产值	其他产值
总 计	138626552	2030565	17584563	29455112	119279233	14883849	4463469
房屋建筑业	70940744	1999968	3555293	12500658	65529234	3541332	1870177
住宅房屋建筑	51979644	602303	3118856	5864482	47549393	2981913	1448338
住宅房屋建筑	51979644	602303	3118856	5864482	47549393	2981913	1448338
体育场馆建筑	3935838	1302145	78239	1763833	3793837	126299	15702
体育场馆建筑	3935838	1302145	78239	1763833	3793837	126299	15702
其他房屋建筑业	15025262	95520	358198	4872342	14186005	433120	406137
其他房屋建筑业	15025262	95520	358198	4872342	14186005	433120	406137
土木工程建筑业	38923236	15988	232736	7391493	34392571	3370050	1160614
铁路、道路、隧道和桥梁工程建筑	22833800		165234	4328186	21795418	635713	402669
铁路工程建筑	5998584			1970886	5980178	3500	14907
公路工程建筑	5139232		17573	713512	4998918	132191	8123
市政道路工程建筑	9404071		141554	1022863	8713533	485674	204864
城市轨道交通工程建筑	38212		4936		34255	2206	1751
其他道路、隧道和桥梁工程建筑	2253701		1171	620924	2068536	12142	173024
水利和水运工程建筑	5710147		12528	869914	5449506	69831	190810
水源及供水设施工程建筑	994686		9518	51581	928273	32909	33504
河湖治理及防洪设施工程建筑	1736798		3010	255093	1609614	36922	90262
港口及航运设施工程建筑	2978663			563240	2911618		67045
海洋工程建筑							
海洋油气资源开发利用工程建筑							
海洋能源开发利用工程建筑							
海底隧道工程建筑							
海底设施铺设工程建筑							
其他海洋工程建筑							
工矿工程建筑	335362		3396	135684	115932	206057	13373
工矿工程建筑	335362		3396	135684	115932	206057	13373
架线和管道工程建筑	3362166	15988	6265	520724	1209934	1927600	224632
架线及设备工程建筑	2847472	15988	6265	347953	989672	1642776	215024
管道工程建筑	514694			172771	220262	284823	9608
地下综合管廊工程建筑							
节能环保工程施工	103245		195	52654	83238	11532	8475
节能工程施工	397					397	
环保工程施工	102847		195	52654	83238	11135	8475

2-10-1　续表 1

单位：万元

指标名称	建筑业总产值	# 装配式建筑工程产值	# 装饰装修产值	# 在外省完成的产值	建筑工程产值	安装工程产值	其他产值
生态保护工程施工							
电力工程施工	391205		1794	42811	81502	308266	1437
火力发电工程施工	534			501	220	315	
水力发电工程施工	16552				16552		
核电工程施工							
风能发电工程施工							
太阳能发电工程施工	169480			41372		169480	
其他电力工程施工	204639		1794	937	64730	138471	1437
其他土木工程建筑	6187311		43324	1441520	5657042	211051	319218
园林绿化工程施工	2546540		36462	964003	2350545	48741	147254
体育场地设施工程施工	7332		98	41	6787	379	166
游乐设施工程施工	190				190		
其他土木工程建筑施工	3633249		6763	477476	3299521	161931	171798
建筑安装业	9967428	9329	440170	1326240	3757771	5713856	495801
电气安装	3977368	8639	56488	385682	786431	2888012	302924
电气安装	3977368	8639	56488	385682	786431	2888012	302924
管道和设备安装	1398152	683	46526	259508	430997	938855	28300
管道和设备安装	1398152	683	46526	259508	430997	938855	28300
其他建筑安装业	4591908	7	337156	681050	2540343	1886988	164576
体育场地设施安装	366067		7132	33586	189156	166362	10549
其他建筑安装	4225841	7	330024	647464	2351187	1720626	154028
建筑装饰、装修和其他建筑业	18795144	5279	13356364	8236721	15599656	2258611	936877
建筑装饰和装修业	17165273	5279	13313896	7986789	14461125	2019846	684303
公共建筑装饰和装修	7534233	1801	6123654	3842569	6716785	620537	196912
住宅装饰和装修	5433913	1076	4620817	2535705	4394288	634550	405075
建筑幕墙装饰和装修	4197127	2402	2569425	1608516	3350053	764758	82317
建筑物拆除和场地准备活动	492787		4828	33770	400369	1889	90530
建筑物拆除活动	114624		87	3174	59882		54742
场地准备活动	378163		4740	30595	340487	1889	35788
提供施工设备服务	220568			83597	71397	124665	24505
提供施工设备服务	220568			83597	71397	124665	24505
其他未列明建筑业	916516		37640	132566	666766	112211	137539
其他未列明建筑业	916516		37640	132566	666766	112211	137539

2-10-2 按登记注册类型分的总承包和专业分包建筑业企业总产值

单位：万元

指标名称	建筑业总产值	# 装配式建筑工程产值	# 装饰装修产值	# 在外省完成的产值	建筑工程产值	安装工程产值	其他产值
总　计	138626552	2030565	17584563	29455112	119279233	14883849	4463469
内资企业	136038569	2029833	17184564	29056549	117327295	14251875	4459399
国有企业	5310704		409413	653633	4755272	273661	281770
集体企业	4514453		272467	178726	4168372	259382	86699
股份合作企业	148599		1152		101479	1586	45534
联营企业	53266		35367	10022	48383	3203	1680
国有联营企业	128		128			128	
集体联营企业	7342				7342		
国有与集体联营企业	44116		35239	10022	41041	3075	
其他联营企业	1680						1680
有限责任公司	69349016	1948284	4716325	17512868	61232125	6299739	1817153
国有独资公司	16402920	26347	262141	6412997	15094200	885590	423130
其他有限责任公司	52946096	1921936	4454184	11099871	46137926	5414148	1394022
股份有限公司	12242496	4838	5696855	4613252	10853802	1185610	203084
私营企业	44420036	76711	6052986	6088048	36167862	6228695	2023480
私营独资企业	63					63	
私营合伙企业							
私营有限责任公司	42576102	76711	5713768	5105194	34661120	5962043	1952939
私营股份有限公司	1843871		339218	982854	1506742	266589	70541
其他企业							
港、澳、台商投资企业	1128077	732	386332	304399	596869	527491	3718
与港澳台商合资经营	756399		239856	236971	434071	320188	2140
与港澳台商合作经营	18003		3265	1553	14957	3046	
港、澳、台商独资	352088	732	141650	65875	147841	204232	16
港、澳、台商投资股份有限公司	1562		1562				1562
其他港澳台投资	25					25	
外商投资企业	1459906		13666	94165	1355069	104483	353
中外合资经营企业	129353		4114	73731	30455	98897	
中外合作经营企业							
外资企业	1316158		4617	20415	1315174	631	353
外商投资股份有限公司	14395		4936	20	9440	4955	
其他外商投资							

2-10-3 按隶属关系、资质等级、营业状态和控股情况分组的总承包和专业分包建筑业企业总产值

单位：万元

指标名称	建筑业总产值	# 装配式建筑工程产值	# 装饰装修产值	# 在外省完成的产值	建筑工程产值	安装工程产值	其他产值
总 计	138626552	2030565	17584563	29455112	119279233	14883849	4463469
一、按隶属关系分组							
中央	29454116	400058	816075	9850901	27724062	1546742	183313
地方	26924701	1396293	1835706	4319134	23766864	2116941	1040896
其他	82247735	234214	14932781	15285077	67788307	11220167	3239261
二、按企业资质等级分组							
施工总承包	109929354	2003632	3800388	19519235	99567888	7542164	2819303
特级	16376060	26347	788729	4767973	15098310	1008898	268853
一级	61957405	1968605	1476032	12985099	57116766	3595408	1245231
二级	16800865	910	588554	1029243	15004433	1149033	647399
三级及以下	14795024	7769	947073	736920	12348379	1788824	657821
专业承包	28697197	26933	13784175	9935877	19711345	7341686	1644166
一级	19591290	3355	11953947	9007258	15395652	3591473	604165
二级	4299563	3709	1169497	452579	2458383	1374800	466380
三级及以下	4806344	19869	660731	476040	1857310	2375413	573621
三、按运营状态分							
正常运营	138538642	2030565	17579716	29449996	119224262	14868939	4445441
停业（歇业）	30648		4484	1742	26918	3065	666
筹建							
当年关闭	93				93		
当年破产	25740		199	3374	25014	726	
当年注销	13619		165		110	165	13344
当年吊销							
其他	17809				2836	10955	4018
四、按控股情况分							
国有控股	51322033	1795919	2229610	13781461	46783578	3294694	1243761
集体控股	7787345	15988	452852	576153	6726975	941237	119134
私人控股	67473063	217175	13168087	12783098	55845048	9013637	2614378
港澳台商控股	885877	732	219308	255433	363247	518913	3718
外商控股	1422368		66093	39152	1406235	15780	353
其他	9735865	751	1448614	2019816	8154150	1099589	482126

2-10-4 按地区分的总承包和专业分包建筑业企业总产值

单位：万元

地区	建筑业总产值	# 装配式建筑工程产值	# 装饰装修产值	# 在外省完成的产值	建筑工程产值	安装工程产值	其他产值
广东省	138626552	2030565	17584563	29455112	119279233	14883849	4463469
广州市	39906901	203139	1839346	9649351	34800518	4031963	1074421
深圳市	35626820	1733267	11586267	13079699	29198791	4812486	1615542
珠海市	7896560	15988	357343	295785	7138148	722190	36221
汕头市	6095247		259747	993351	5828518	221442	45287
佛山市	5691860	7096	694674	445746	4289389	1020694	381777
韶关市	2056605	73	44288	288991	1906436	119746	30423
河源市	1284182		30628	1030	1029484	195290	59408
梅州市	3750928	1010	54100	363778	3562140	155067	33720
惠州市	2083162		51723	30489	1681211	247952	154000
汕尾市	424918		14048	7752	359636	33135	32146
东莞市	4539760	3205	369632	751862	3978388	484060	77313
中山市	2584475	30	164828	787727	2195866	362857	25753
江门市	3123062	800	50636	143831	2863570	207207	52285
阳江市	1150087		9706	4768	998468	91860	59759
湛江市	7933361	65893	257927	1062781	7157451	593824	182086
茂名市	8600075		1357691	1054468	7322681	989268	288126
肇庆市	1574608	65	63916	359503	1386926	153754	33928
清远市	1660926		102709	130959	1265347	202283	193296
潮州市	473617		46280	2751	418565	25381	29672
揭阳市	1648165		222380	491	1418534	188082	41549
云浮市	521232		6696		479167	25308	16758
按区域分组							
珠三角核心区	103027209	1963590	15178363	25543992	87532806	12043163	3451239
沿海经济带	26325469	65893	2167780	3126362	23503853	2142992	678624
北部生态发展区	9273874	1082	238420	784759	8242574	697694	333606

2-11-1 按国民经济行业分的总承包和专业分包建筑业企业房屋建筑施工面积和自有施工机械设备情况

指标名称	房屋建筑施工面积		年末自有施工机械设备		
	房屋建筑施工面积（万平方米）	# 本年新开工面积	净值（万元）	总台数（台）	总功率（万千瓦时）
总 计	74183.34	26316.94	3519625	603497	2058.91
房屋建筑业	64645.99	22791.31	1042322	285266	1147.65
住宅房屋建筑	45387.78	16921.97	913757	261400	1105.00
住宅房屋建筑	45387.78	16921.97	913757	261400	1105.00
体育场馆建筑	1243.43	674.38	23330	2003	6.87
体育场馆建筑	1243.43	674.38	23330	2003	6.87
其他房屋建筑业	18014.78	5194.97	105235	21863	35.78
其他房屋建筑业	18014.78	5194.97	105235	21863	35.78
土木工程建筑业	8563.28	3214.66	2176158	238375	733.50
铁路、道路、隧道和桥梁工程建筑	1090.17	252.82	810909	43552	506.99
铁路工程建筑	49.29	22.60	228321	9781	282.23
公路工程建筑	319.86	29.69	223648	11876	98.49
市政道路工程建筑	672.97	181.18	187081	12925	73.84
城市轨道交通工程建筑			54713	2437	4.05
其他道路、隧道和桥梁工程建筑	48.06	19.35	117147	6533	48.37
水利和水运工程建筑	324.67	93.18	878656	14543	137.55
水源及供水设施工程建筑	116.34	39.80	28767	4265	9.50
河湖治理及防洪设施工程建筑	104.63	53.38	46167	4418	19.33
港口及航运设施工程建筑	103.71		803722	5860	108.72
海洋工程建筑					
海洋油气资源开发利用工程建筑					
海洋能源开发利用工程建筑					
海底隧道工程建筑					
海底设施铺设工程建筑					
其他海洋工程建筑					
工矿工程建筑	20.80	20.80	5215	8207	3.37
工矿工程建筑	20.80	20.80	5215	8207	3.37
架线和管道工程建筑	29.18	20.54	54877	35308	27.92
架线及设备工程建筑	29.18	20.54	50591	28048	23.29
管道工程建筑			4286	7260	4.63
地下综合管廊工程建筑					
节能环保工程施工	0.12	0.12	111	74	0.09
节能工程施工					
环保工程施工	0.12	0.12	111	74	0.09

2-11-1 续表 1

指标名称	房屋建筑施工面积		年末自有施工机械设备		
	房屋建筑施工面积（万平方米）	# 本年新开工面积	净值（万元）	总台数（台）	总功率（万千瓦时）
生态保护工程施工					
电力工程施工			2442	850	1.31
火力发电工程施工					
水力发电工程施工			157	170	0.49
核电工程施工					
风能发电工程施工					
太阳能发电工程施工					
其他电力工程施工			2285	680	0.82
其他土木工程建筑	7098.34	2827.20	423948	135841	56.27
园林绿化工程施工	190.59	90.04	399244	133377	39.05
体育场地设施工程施工			102	10	0.02
游乐设施工程施工					
其他土木工程建筑施工	6907.75	2737.16	24602	2454	17.20
建筑安装业	781.86	287.64	173394	39132	88.89
电气安装	83.90	34.14	99895	22321	53.31
电气安装	83.90	34.14	99895	22321	53.31
管道和设备安装	122.38	82.63	9520	5169	17.42
管道和设备安装	122.38	82.63	9520	5169	17.42
其他建筑安装业	575.57	170.87	63978	11642	18.16
体育场地设施安装	99.93	1.81	2319	832	1.40
其他建筑安装	475.65	169.06	61659	10810	16.76
建筑装饰、装修和其他建筑业	192.21	23.33	127751	40724	88.87
建筑装饰和装修业	53.54	13.25	63198	35199	64.70
公共建筑装饰和装修	6.49	0.60	27249	21983	29.71
住宅装饰和装修	35.28	6.69	10234	7017	3.83
建筑幕墙装饰和装修	11.77	5.96	25716	6199	31.16
建筑物拆除和场地准备活动	1.48	1.20	30084	880	8.15
建筑物拆除活动	0.52	0.42	4855	358	3.49
场地准备活动	0.96	0.78	25229	522	4.66
提供施工设备服务			15040	856	1.31
提供施工设备服务			15040	856	1.31
其他未列明建筑业	137.19	8.88	19429	3789	14.70
其他未列明建筑业	137.19	8.88	19429	3789	14.70

2-11-2 按登记注册类型分的总承包和专业分包建筑业企业房屋建筑施工面积和自有施工机械设备情况

指标名称	房屋建筑施工面积		年末自有施工机械设备		
	房屋建筑施工面积（万平方米）	# 本年新开工面积	净值（万元）	总台数（台）	总功率（万千瓦时）
总 计	74183.34	26316.94	3519625	603497	2058.91
内资企业	72479.76	25929.38	3495835	600739	2042.28
国有企业	3324.75	822.24	118218	32874	92.55
集体企业	3742.73	1586.54	131980	53775	72.45
股份合作企业	123.46	23.91	1857	205	0.97
联营企业	10.99	3.07	1093	823	1.02
国有联营企业					
集体联营企业	6.41		166	356	0.39
国有与集体联营企业	4.58	3.07	480	393	0.03
其他联营企业			447	74	0.60
有限责任公司	37066.86	12435.27	1919601	185344	702.75
国有独资公司	13531.47	3458.92	231079	24327	294.50
其他有限责任公司	23535.40	8976.34	1688522	161017	408.26
股份有限公司	4848.81	2222.68	180226	26124	83.24
私营企业	23362.16	8835.67	1142859	301594	1089.29
私营独资企业					
私营合伙企业					
私营有限责任公司	22931.91	8802.16	1126654	293173	1076.38
私营股份有限公司	430.25	33.51	16206	8421	12.91
其他企业					
港、澳、台商投资企业	749.12	71.67	19718	2267	15.45
与港澳台商合资经营	670.18	65.28	16193	1709	13.37
与港澳台商合作经营	19.96	4.76	13	133	0.01
港、澳、台商独资	58.98	1.62	3513	425	2.07
港、澳、台商投资股份有限公司					
其他港澳台投资					
外商投资企业	954.46	315.89	4072	491	1.18
中外合资经营企业			4072	491	1.18
中外合作经营企业					
外资企业	954.46	315.89			
外商投资股份有限公司					
其他外商投资					

2-11-3 按隶属关系、资质等级、营业状态和控股情况分组的总承包和专业分包建筑业企业房屋建筑施工面积和自有施工机械设备情况

指标名称	房屋建筑施工面积		年末自有施工机械设备		
	房屋建筑施工面积（万平方米）	# 本年新开工面积	净值（万元）	总台数（台）	总功率（万千瓦时）
总　计	74183.34	26316.94	3519625	603497	2058.91
一、按隶属关系分组					
中央	18754.08	6130.77	1211866	40815	440.96
地方	18683.46	6365.85	402382	103580	202.15
其他	36745.79	13820.31	1905378	459102	1415.80
二、按企业资质等级分组					
施工总承包	73322.19	26080.81	3180945	528561	1880.84
特级	14882.96	3326.10	728190	16043	99.22
一级	41777.78	16144.69	1571969	324642	719.64
二级	10346.65	3694.18	457210	91732	895.76
三级及以下	6314.80	2915.84	423577	96144	166.21
专业承包	861.14	236.12	338680	74936	178.07
一级	211.12	13.81	130817	44791	76.21
二级	465.61	140.38	113675	10212	37.11
三级及以下	184.41	81.93	94188	19933	64.75
三、按运营状态分					
正常运营	74129.37	26293.69	3518829	602684	2057.98
停业（歇业）	29.58	10.19	379	199	0.47
筹建					
当年关闭					
当年破产	22.61	12.28	21	483	0.37
当年注销	0.07	0.06	382	120	0.03
当年吊销					
其他	1.71	0.70	14	11	0.05
四、按控股情况分					
国有控股	31748.37	9814.11	1563670	103003	632.19
集体控股	6642.29	3513.38	236016	71690	116.86
私人控股	28570.09	10312.52	1516424	371551	1227.40
港澳台商控股	698.54	55.16	18259	1733	13.44
外商控股	954.46	315.89	4997	1115	1.66
其他	5569.59	2305.87	180259	54405	67.36

2-11-4 按地区分的总承包和专业分包建筑业企业房屋建筑施工面积和自有施工机械设备情况

地 区	房屋建筑施工面积		年末自有施工机械设备		
	房屋建筑施工面积（万平方米）	# 本年新开工面积	净值（万元）	总台数（台）	总功率（万千瓦时）
广东省	74183.34	26316.94	3519625	603497	2058.91
广州市	27932.75	8645.05	1454409	90943	353.43
深圳市	10792.06	4757.48	358382	44496	170.96
珠海市	1672.12	718.85	120097	9124	29.16
汕头市	5429.38	1796.75	201871	39473	88.02
佛山市	3639.70	1225.51	45051	11432	23.19
韶关市	1254.89	447.81	47826	14087	232.79
河源市	648.15	409.20	47342	5631	12.88
梅州市	2519.37	1521.14	95278	48928	64.21
惠州市	1335.43	394.37	31921	8446	28.28
汕尾市	302.60	89.93	11113	4997	11.83
东莞市	1316.67	468.08	94614	13359	30.95
中山市	559.48	187.51	39134	6908	14.64
江门市	2833.76	813.06	59382	19713	32.39
阳江市	817.25	229.41	58180	17178	20.75
湛江市	4624.23	1604.86	582013	179729	150.55
茂名市	5664.90	1723.16	122852	37429	50.13
肇庆市	516.21	230.20	37045	6077	689.39
清远市	763.72	316.72	20372	21366	32.14
潮州市	471.52	41.09	10980	6261	7.65
揭阳市	607.42	513.71	59874	13051	9.69
云浮市	481.73	183.04	21890	4869	5.86
按区域分组					
珠三角核心区	50598.17	17440.12	2240036	210498	1372.40
沿海经济带	17917.30	5998.91	1046882	298118	338.63
北部生态发展区	5667.86	2877.90	232708	94881	347.88

2-12-1 按国民经济行业分的总承包和专业分包建筑业企业主要建筑材料消耗量

指标名称	钢材（万吨）	木材（万立方米）	水泥（万吨）	平板玻璃		铝材（万吨）
				万重量箱	万平方米	
总计	3411.24	1497.30	9140.88	984.52	4693.84	254.54
房屋建筑业	2275.27	1082.63	5649.75	531.23	2460.90	174.40
住宅房屋建筑	1668.32	919.13	4471.57	469.51	2184.67	159.33
住宅房屋建筑	1668.32	919.13	4471.57	469.51	2184.67	159.33
体育场馆建筑	160.83	6.91	53.74	2.60	12.93	0.24
体育场馆建筑	160.83	6.91	53.74	2.60	12.93	0.24
其他房屋建筑业	446.12	156.58	1124.44	59.12	263.30	14.83
其他房屋建筑业	446.12	156.58	1124.44	59.12	263.30	14.83
土木工程建筑业	904.56	182.21	3028.80	21.27	157.36	14.48
铁路、道路、隧道和桥梁工程建筑	629.58	70.23	1993.55	11.15	105.30	8.13
铁路工程建筑	168.17	1.78	531.01	0.04	0.20	0.49
公路工程建筑	145.46	4.05	554.85	2.38	21.10	0.82
市政道路工程建筑	253.60	49.83	668.99	8.40	82.24	6.46
城市轨道交通工程建筑	1.39	0.17	2.13			0.01
其他道路、隧道和桥梁工程建筑	60.96	14.41	236.57	0.33	1.76	0.35
水利和水运工程建筑	85.53	33.55	435.86	7.37	26.47	4.32
水源及供水设施工程建筑	19.62	16.13	126.98	6.73	24.47	2.80
河湖治理及防洪设施工程建筑	33.94	9.86	150.25	0.63	2.01	0.16
港口及航运设施工程建筑	31.97	7.56	158.63			1.36
海洋工程建筑						
海洋油气资源开发利用工程建筑						
海洋能源开发利用工程建筑						
海底隧道工程建筑						
海底设施铺设工程建筑						
其他海洋工程建筑						
工矿工程建筑	4.12	0.65	1.41	0.49	4.53	0.18
工矿工程建筑	4.12	0.65	1.41	0.49	4.53	0.18
架线和管道工程建筑	26.38	2.43	40.80	0.08	0.72	0.27
架线及设备工程建筑	21.50	2.26	28.80	0.08	0.72	0.27
管道工程建筑	4.88	0.17	12.00			
地下综合管廊工程建筑						
节能环保工程施工	0.03	0.01	0.08		0.06	0.01
节能工程施工						
环保工程施工	0.03	0.01	0.08		0.06	0.01

2-12-1 续表 1

指标名称	钢 材（万吨）	木 材（万立方米）	水 泥（万吨）	平板玻璃		铝 材（万吨）
				万重量箱	万平方米	
生态保护工程施工						
电力工程施工	1.08	0.15	0.63			0.02
火力发电工程施工						
水力发电工程施工						
核电工程施工						
风能发电工程施工						
太阳能发电工程施工	1.00					0.02
其他电力工程施工	0.08	0.15	0.63			
其他土木工程建筑	157.83	75.18	556.47	2.18	20.28	1.57
园林绿化工程施工	23.69	17.68	340.18	0.31	1.66	0.66
体育场地设施工程施工	0.01	0.02	2.11			
游乐设施工程施工						
其他土木工程建筑施工	134.13	57.48	214.18	1.86	18.62	0.90
建筑安装业	80.41	33.36	126.82	109.04	359.73	6.25
电气安装	11.70	8.99	41.44	0.13	1.39	1.35
电气安装	11.70	8.99	41.44	0.13	1.39	1.35
管道和设备安装	12.50	3.87	6.95	3.48	13.00	0.40
管道和设备安装	12.50	3.87	6.95	3.48	13.00	0.40
其他建筑安装业	56.21	20.49	78.43	105.42	345.34	4.50
体育场地设施安装	6.67	3.69	8.34	0.71	2.83	0.04
其他建筑安装	49.54	16.80	70.09	104.72	342.51	4.46
建筑装饰、装修和其他建筑业	151.00	199.10	335.51	322.99	1715.85	59.42
建筑装饰和装修业	131.33	196.62	205.55	319.72	1708.16	59.31
公共建筑装饰和装修	35.36	43.00	69.75	71.34	978.92	17.83
住宅装饰和装修	26.81	146.75	104.18	56.92	360.36	11.34
建筑幕墙装饰和装修	69.15	6.87	31.62	191.46	368.87	30.13
建筑物拆除和场地准备活动	6.94	0.68	25.45	0.51	2.51	0.02
建筑物拆除活动	0.12	0.31	0.45			
场地准备活动	6.82	0.37	25.00	0.51	2.51	0.02
提供施工设备服务	0.21		5.22			
提供施工设备服务	0.21		5.22			
其他未列明建筑业	12.53	1.80	99.29	2.77	5.18	0.09
其他未列明建筑业	12.53	1.80	99.29	2.77	5.18	0.09

2-12-2 按登记注册类型分的总承包和专业分包建筑业企业主要建筑材料消耗量

指标名称	钢材（万吨）	木材（万立方米）	水泥（万吨）	平板玻璃		铝材（万吨）
				万重量箱	万平方米	
总计	3411.24	1497.30	9140.88	984.52	4693.84	254.54
内资企业	3390.65	1488.97	9092.20	879.82	4560.80	252.94
国有企业	129.93	74.59	595.39	55.62	275.60	19.97
集体企业	147.44	102.70	527.23	66.14	349.96	12.07
股份合作企业	4.63	2.43	13.03	3.99	12.18	0.12
联营企业	0.26	0.33	0.85	0.58	3.09	0.09
国有联营企业						
集体联营企业	0.16	0.24	0.21	0.57	3.09	0.09
国有与集体联营企业	0.09	0.09	0.59		0.01	
其他联营企业			0.05			
有限责任公司	1765.43	485.31	4028.10	287.23	1872.16	69.17
国有独资公司	454.07	102.47	726.21	16.33	55.07	1.58
其他有限责任公司	1311.36	382.85	3301.90	270.91	1817.10	67.59
股份有限公司	197.18	67.82	591.47	92.45	414.13	27.70
私营企业	1145.79	755.79	3336.12	373.81	1633.67	123.80
私营独资企业						
私营合伙企业						
私营有限责任公司	1131.71	739.78	3299.26	366.27	1592.32	121.29
私营股份有限公司	14.07	16.01	36.86	7.54	41.36	2.51
其他企业						
港、澳、台商投资企业	11.14	8.25	41.36	104.71	133.04	1.57
与港澳台商合资经营	9.26	7.18	38.47	102.00	128.43	1.54
与港澳台商合作经营	0.31	0.46	0.58			0.01
港、澳、台商独资	1.57	0.61	2.31	2.71	4.61	0.02
港、澳、台商投资股份有限公司						
其他港澳台投资						
外商投资企业	9.45	0.07	7.32			0.04
中外合资经营企业	0.06	0.07	1.14			
中外合作经营企业						
外资企业	9.39		6.17			0.03
外商投资股份有限公司						
其他外商投资						

2-12-3 按隶属关系、资质等级、营业状态和控股情况分组的总承包和专业分包建筑业企业主要建筑材料消耗量

指标名称	钢 材（万吨）	木 材（万立方米）	水 泥（万吨）	平板玻璃		铝 材（万吨）
				万重量箱	万平方米	
总 计	3411.24	1497.30	9140.88	984.52	4693.84	254.54
一、按隶属关系分组						
中央	850.38	122.69	1577.10	6.24	62.03	5.90
地方	796.24	307.89	2173.51	215.40	1019.71	51.29
其他	1764.62	1066.71	5390.26	762.88	3612.10	197.34
二、按企业资质等级分组						
施工总承包	3157.09	1270.69	8564.51	547.62	2603.47	188.73
特级	469.70	87.89	883.97	4.63	36.70	3.64
一级	1916.88	741.62	5138.56	328.40	1438.84	91.77
二级	424.08	210.80	1346.13	130.79	731.66	43.58
三级及以下	346.43	230.38	1195.84	83.80	396.28	49.74
专业承包	254.15	226.60	576.37	436.91	2090.37	65.81
一级	130.72	172.08	287.28	366.04	1026.22	32.70
二级	93.67	33.71	172.53	62.46	1040.73	30.87
三级及以下	29.76	20.81	116.56	8.41	23.42	2.24
三、按运营状态分						
正常运营	3410.51	1496.38	9136.04	984.15	4692.09	254.50
停业（歇业）	0.57	0.55	2.19	0.19	0.73	0.03
筹建						
当年关闭						
当年破产	0.06	0.13	0.59	0.01	0.21	
当年注销			0.02			
当年吊销						
其他	0.10	0.24	2.05	0.17	0.81	0.01
四、按控股情况分						
国有控股	1455.38	322.07	3370.32	193.03	602.99	32.11
集体控股	206.40	114.43	637.65	76.87	407.17	23.03
私人控股	1538.94	967.26	4658.67	658.87	2772.55	184.49
港澳台商控股	8.13	7.01	36.08	16.67	42.14	0.76
外商控股	9.46	0.07	7.32			0.04
其他	192.94	86.46	430.84	39.08	868.99	14.11

2-12-4 按地区分的总承包和专业分包建筑业企业主要建筑材料消耗量

地　区	钢　材（万吨）	木　材（万立方米）	水　泥（万吨）	平板玻璃		铝　材（万吨）
				万重量箱	万平方米	
广东省	3411.24	1497.30	9140.88	984.52	4693.84	254.54
广州市	1160.28	305.08	2766.83	107.59	360.85	50.61
深圳市	552.29	266.25	752.29	345.26	1923.84	42.94
珠海市	235.52	41.52	346.50	61.11	202.09	9.88
汕头市	165.64	148.63	555.50	24.05	208.12	8.36
佛山市	81.37	61.18	214.66	52.06	198.41	7.36
韶关市	63.22	22.46	282.12	22.19	94.59	4.21
河源市	32.12	38.80	91.46	12.24	46.97	5.74
梅州市	144.07	62.02	548.26	53.24	235.29	12.55
惠州市	59.30	36.61	281.47	17.22	88.91	11.67
汕尾市	12.90	6.74	64.71	1.65	12.79	1.60
东莞市	97.38	68.67	370.83	33.28	116.63	7.49
中山市	79.61	22.64	209.40	20.36	79.63	7.92
江门市	74.74	35.43	187.90	13.76	66.63	3.53
阳江市	32.33	28.86	85.34	11.35	55.60	6.39
湛江市	285.55	190.67	1406.48	86.77	325.43	36.02
茂名市	159.92	79.55	426.45	58.56	372.72	18.13
肇庆市	53.64	13.38	196.65	6.88	24.69	1.42
清远市	42.74	32.89	116.70	12.85	65.62	13.99
潮州市	13.86	15.05	28.38	2.85	13.05	0.30
揭阳市	48.73	14.79	157.95	35.12	167.33	3.94
云浮市	16.05	6.06	50.99	6.14	34.67	0.52
按区域分组						
珠三角核心区	2394.13	850.77	5326.53	657.52	3061.68	142.81
沿海经济带	718.93	484.31	2724.81	220.35	1155.03	74.73
北部生态发展区	298.19	162.22	1089.54	106.66	477.14	37.01

2-13-1 按国民经济行业分的总承包和专业分包建筑业企业从业人员和工资情况

指标名称	从业人员情况（万人）				应付职工薪酬（万元）	企业总产值（万元）
	直接从事生产经营活动的平均人数	年末从业人数	# 工程技术人员	# 现场施工人员		
总 计	303.96	291.81	36.27	139.62	20760	152850
房屋建筑业	165.72	164.49	18.90	75.82	11084	79314
住宅房屋建筑	131.08	128.35	14.28	59.71	8040	53323
住宅房屋建筑	131.08	128.35	14.28	59.71	8040	53323
体育场馆建筑	6.87	6.28	0.71	4.47	622	10824
体育场馆建筑	6.87	6.28	0.71	4.47	622	10824
其他房屋建筑业	27.78	29.85	3.90	11.64	2422	15167
其他房屋建筑业	27.78	29.85	3.90	11.64	2422	15167
土木工程建筑业	71.95	69.90	10.28	33.88	4902	41768
铁路、道路、隧道和桥梁工程建筑	43.87	41.83	5.70	21.08	2461	23516
铁路工程建筑	9.07	9.08	1.30	6.36	760	6023
公路工程建筑	8.86	9.63	1.18	4.55	644	5207
市政道路工程建筑	16.90	13.99	2.72	7.47	807	9975
城市轨道交通工程建筑	0.30	0.40	0.04	0.05	17	39
其他道路、隧道和桥梁工程建筑	8.73	8.72	0.47	2.65	233	2274
水利和水运工程建筑	11.24	11.22	1.63	4.36	983	7006
水源及供水设施工程建筑	2.66	2.62	0.39	1.35	122	1009
河湖治理及防洪设施工程建筑	2.73	2.93	0.34	2.16	215	2058
港口及航运设施工程建筑	5.86	5.66	0.90	0.85	646	3940
海洋工程建筑						
海洋油气资源开发利用工程建筑						
海洋能源开发利用工程建筑						
海底隧道工程建筑						
海底设施铺设工程建筑						
其他海洋工程建筑						
工矿工程建筑	0.94	1.20	0.22	0.90	88	453
工矿工程建筑	0.94	1.20	0.22	0.90	88	453
架线和管道工程建筑	6.28	5.79	1.68	2.82	576	4011
架线及设备工程建筑	4.59	4.06	1.38	1.60	471	3466
管道工程建筑	1.68	1.73	0.30	1.22	105	545
地下综合管廊工程建筑						
节能环保工程施工	0.11	0.12	0.03	0.06	7	137
节能工程施工						1
环保工程施工	0.11	0.12	0.02	0.06	7	135

2-13-1 续表 1

指标名称	从业人员情况（万人）				应付职工薪酬（万元）	企业总产值（万元）
	直接从事生产经营活动的平均人数	年末从业人数	# 工程技术人员	# 现场施工人员		
生态保护工程施工						
电力工程施工	0.47	0.48	0.06	0.09	31	393
火力发电工程施工	0.02	0.02	0.01		0	1
水力发电工程施工	0.02	0.02	0.01		1	17
核电工程施工						
风能发电工程施工						
太阳能发电工程施工	0.11	0.11			9	169
其他电力工程施工	0.32	0.33	0.05	0.09	21	207
其他土木工程建筑	9.05	9.26	0.95	4.58	755	6251
园林绿化工程施工	4.95	5.54	0.49	3.44	336	2595
体育场地设施工程施工	0.04	0.04	0.01	0.02	2	7
游乐设施工程施工						
其他土木工程建筑施工	4.07	3.68	0.45	1.13	417	3649
建筑安装业	20.97	19.24	3.39	7.99	1497	12032
电气安装	7.58	7.38	1.60	2.26	612	5792
电气安装	7.58	7.38	1.60	2.26	612	5792
管道和设备安装	3.54	2.95	0.58	0.95	228	1545
管道和设备安装	3.54	2.95	0.58	0.95	228	1545
其他建筑安装业	9.85	8.91	1.21	4.78	657	4696
体育场地设施安装	0.68	0.70	0.09	0.44	26	378
其他建筑安装	9.18	8.21	1.13	4.35	632	4318
建筑装饰、装修和其他建筑业	45.31	38.19	3.70	21.93	3277	19735
建筑装饰和装修业	41.32	34.71	3.16	20.52	2905	18004
公共建筑装饰和装修	19.20	16.12	1.20	10.18	1340	7758
住宅装饰和装修	14.54	11.45	1.17	6.71	832	5884
建筑幕墙装饰和装修	7.59	7.14	0.79	3.64	733	4362
建筑物拆除和场地准备活动	0.88	0.72	0.14	0.39	47	505
建筑物拆除活动	0.24	0.23	0.04	0.11	18	120
场地准备活动	0.63	0.48	0.11	0.29	29	385
提供施工设备服务	0.90	0.73	0.09	0.31	73	229
提供施工设备服务	0.90	0.73	0.09	0.31	73	229
其他未列明建筑业	2.20	2.04	0.31	0.70	252	998
其他未列明建筑业	2.20	2.04	0.31	0.70	252	998

2-13-2　按登记注册类型分的总承包和专业分包建筑业企业从业人员和工资情况

指标名称	从业人员情况（万人）				应付职工薪酬（万元）	企业总产值（万元）
	直接从事生产经营活动的平均人数	年末从业人数	# 工程技术人员	# 现场施工人员		
总　计	303.96	291.81	36.27	139.62	20760	152850
内资企业	300.15	288.42	35.88	138.45	20453	150108
国有企业	17.01	16.78	1.23	6.65	656	5356
集体企业	15.92	16.05	1.63	8.37	724	4548
股份合作企业	0.25	0.28	0.03	0.18	22	149
联营企业	0.20	0.14	0.03	0.09	9	53
国有联营企业						
集体联营企业	0.03	0.03	0.02	0.01	1	7
国有与集体联营企业	0.16	0.10	0.01	0.08	7	44
其他联营企业	0.01	0.01		0.01		2
有限责任公司	133.13	126.64	16.62	59.14	10383	81034
国有独资公司	29.67	26.96	4.39	11.08	2739	17320
其他有限责任公司	103.47	99.68	12.23	48.06	7644	63714
股份有限公司	24.90	24.34	2.16	16.31	2163	12632
私营企业	108.73	104.20	14.19	47.70	6496	46336
私营独资企业						
私营合伙企业						
私营有限责任公司	105.71	101.29	13.89	46.69	6328	44398
私营股份有限公司	3.03	2.91	0.30	1.01	168	1938
其他企业						
港、澳、台商投资企业	2.79	2.33	0.31	0.84	150	1279
与港澳台商合资经营	2.26	1.87	0.27	0.80	113	765
与港澳台商合作经营	0.13	0.11		0.03	5	18
港、澳、台商独资	0.39	0.35	0.04	0.02	32	494
港、澳、台商投资股份有限公司	0.01	0.01				2
其他港澳台投资						
外商投资企业	1.02	1.05	0.08	0.34	157	1464
中外合资经营企业	0.54	0.47	0.07	0.33	59	129
中外合作经营企业						
外资企业	0.46	0.56			95	1320
外商投资股份有限公司	0.02	0.02	0.01		3	14
其他外商投资						

2-13-3 按隶属关系、资质等级、营业状态和控股情况分组的总承包和专业分包建筑业企业从业人员和工资情况

指标名称	从业人员情况（万人）				应付职工薪酬（万元）	企业总产值（万元）
	直接从事生产经营活动的平均人数	年末从业人数	# 工程技术人员	# 现场施工人员		
总　计	303.96	291.81	36.27	139.62	20760	152850
一、按隶属关系分组						
中央	42.89	42.42	7.13	19.89	4193	33015
地方	64.35	59.93	5.67	27.72	3756	27805
其他	196.71	189.46	23.47	92.01	12811	92029
二、按企业资质等级分组						
施工总承包	236.96	233.35	29.30	110.61	16102	122790
特级	25.27	25.59	3.63	9.18	2491	17662
一级	120.01	116.90	12.90	64.30	9267	72209
二级	42.77	43.32	6.27	18.80	2245	17288
三级及以下	48.91	47.53	6.49	18.35	2099	15630
专业承包	66.99	58.46	6.98	29.01	4658	30060
一级	41.66	35.23	3.50	20.12	3012	20394
二级	11.39	10.91	1.65	5.16	736	4508
三级及以下	13.94	12.32	1.83	3.73	911	5158
三、按运营状态分						
正常运营	303.56	291.41	36.20	139.58	20748	152786
停业（歇业）	0.21	0.21	0.04	0.04	5	20
筹建						
当年关闭						
当年破产	0.09	0.09	0.02		5	26
当年注销	0.03	0.03	0.01		1	
当年吊销						
其他	0.07	0.07			2	18
四、按控股情况分						
国有控股	92.11	85.27	11.58	37.90	7209	55718
集体控股	23.91	23.99	2.53	12.63	1195	7907
私人控股	164.54	160.16	19.63	75.92	10383	69913
港澳台商控股	2.08	1.73	0.26	0.43	115	1035
外商控股	0.61	0.81	0.02	0.19	115	1431
其他	20.70	19.85	2.25	12.56	1743	16847

2-13-4 按地区分的总承包和专业分包建筑业企业从业人员和工资情况

地 区	从业人员情况（万人）				应付职工薪酬（万元）	企业总产值（万元）
	直接从事生产经营活动的平均人数	年末从业人数	# 工程技术人员	# 现场施工人员		
广东省	303.96	291.81	36.27	139.62	20760	152850
广州市	72.91	65.64	10.38	26.86	6492	51265
深圳市	74.72	69.36	7.53	40.42	5786	36517
珠海市	16.18	15.22	1.98	7.67	959	8615
汕头市	14.77	15.39	1.95	9.46	829	6114
佛山市	8.85	8.82	1.49	3.52	569	5839
韶关市	6.51	6.44	0.71	4.31	365	2067
河源市	4.48	4.50	0.54	1.04	138	1289
梅州市	10.49	10.60	1.17	6.25	554	3869
惠州市	5.37	4.97	0.75	2.42	266	2126
汕尾市	1.23	1.33	0.12	0.59	52	439
东莞市	12.37	12.07	1.59	8.28	724	4769
中山市	4.84	4.65	0.65	1.26	320	2801
江门市	8.57	8.63	0.77	2.38	612	3175
阳江市	4.68	4.91	0.87	1.26	184	1164
湛江市	23.45	24.65	1.77	11.81	1110	8036
茂名市	17.43	17.11	1.85	5.98	1024	8696
肇庆市	3.87	3.90	0.54	1.47	173	1601
清远市	4.10	4.73	0.60	1.60	233	1692
潮州市	2.16	1.90	0.16	0.67	90	474
揭阳市	4.80	4.89	0.56	1.32	177	1674
云浮市	2.18	2.09	0.29	1.04	102	628
按区域分组						
珠三角核心区	207.67	193.26	25.69	94.28	15901	116708
沿海经济带	68.53	70.18	7.27	31.11	3466	26596
北部生态发展区	27.76	28.36	3.32	14.24	1393	9546

2-14-1 按国民经济行业分的总承包和专业

指标名称	合　计	住宅房屋	商业及服务用房屋	商厦房屋（批发和零售用房）	宾馆用房屋（住宿用房）	餐饮用房屋（餐饮用房）	商务会展用房屋	其他商业及服务用房屋（居民服务业用房）
总　计	18718.69	12882.55	1186.28	416.80	168.51	9.72	73.30	517.96
房屋建筑业	15902.65	10678.79	989.57	381.40	125.73	7.51	65.86	409.05
住宅房屋建筑	13221.88	8836.00	787.78	231.33	116.25	5.76	52.40	382.05
住宅房屋建筑	13221.88	8836.00	787.78	231.33	116.25	5.76	52.40	382.05
体育场馆建筑	372.38	321.50	3.78			0.32	1.36	2.10
体育场馆建筑	372.38	321.50	3.78			0.32	1.36	2.10
其他房屋建筑业	2308.39	1521.29	198.00	150.08	9.48	1.43	12.11	24.91
其他房屋建筑业	2308.39	1521.29	198.00	150.08	9.48	1.43	12.11	24.91
土木工程建筑业	2285.56	1947.78	64.94	13.76	0.77		0.10	50.32
铁路、道路、隧道和桥梁工程建筑	567.49	368.34	18.33	13.75	0.76		0.09	3.72
铁路工程建筑	34.27	22.11						
公路工程建筑	253.51	229.28	7.35	6.12			0.09	1.14
市政道路工程建筑	251.06	90.56	10.89	7.58	0.76			2.55
城市轨道交通工程建筑								
其他道路、隧道和桥梁工程建筑	28.64	26.39	0.08	0.06				0.03
水利和水运工程建筑	115.47	50.21	4.50					4.50
水源及供水设施工程建筑	60.42	16.86						
河湖治理及防洪设施工程建筑	16.38	10.94	4.50					4.50
港口及航运设施工程建筑	38.67	22.41						
海洋工程建筑								
海洋油气资源开发利用工程建筑								
海洋能源开发利用工程建筑								
海底隧道工程建筑								
海底设施铺设工程建筑								
其他海洋工程建筑								
工矿工程建筑	11.60	10.68						
工矿工程建筑	11.60	10.68						
架线和管道工程建筑	21.29	17.23	0.12					0.12
架线及设备工程建筑	21.17	17.23						
管道工程建筑	0.12		0.12					0.12
地下综合管廊工程建筑								
节能环保工程施工	0.12							
节能工程施工								
环保工程施工	0.12							

分包建筑业企业竣工房屋面积完成情况

单位：万平方米

办公用房屋	科研、教育、医疗用房屋	科学研究用房屋	教育用房屋	医疗用房屋（卫生医疗用房）	文化、体育、娱乐用房屋	厂房及建筑物	# 厂房	仓库	其他未列明的房屋建筑物
918.83	634.33	28.51	502.54	103.29	125.26	2243.90	1220.70	97.41	630.12
818.77	593.58	27.70	468.65	97.23	117.11	2003.88	1160.41	92.61	608.34
690.56	503.37	26.07	400.51	76.79	104.06	1630.86	968.85	83.85	585.39
690.56	503.37	26.07	400.51	76.79	104.06	1630.86	968.85	83.85	585.39
0.67	3.60		3.60		5.39	29.99	3.62		7.46
0.67	3.60		3.60		5.39	29.99	3.62		7.46
127.55	86.61	1.63	64.54	20.44	7.66	343.03	187.94	8.76	15.49
127.55	86.61	1.63	64.54	20.44	7.66	343.03	187.94	8.76	15.49
30.01	24.84	0.78	22.45	1.62	5.17	194.09	38.13	1.86	16.87
9.58	21.60	0.01	20.77	0.82	3.89	132.83	28.57	1.24	11.70
	5.77		5.77			6.39	6.39		
0.41					3.66	11.37	7.11		1.45
8.87	15.73		15.00	0.73	0.23	114.12	15.06	0.59	10.07
0.29	0.10	0.01		0.09	0.01	0.95		0.65	0.17
16.35	1.10		0.39	0.70	0.27	42.99			0.07
0.09	0.16		0.16		0.27	42.99			0.06
	0.94		0.24	0.70					
16.26									
	0.93		0.93						
	0.93		0.93						
0.16					0.46			0.35	2.97
0.16					0.46			0.35	2.97
	0.02	0.01	0.01		0.01	0.01		0.01	0.06
	0.02	0.01	0.01		0.01	0.01		0.01	0.06

2-14-1

指标名称	合　计	住宅房屋	商业及服务用房屋	商厦房屋（批发和零售用房）	宾馆用房屋（住宿用房）	餐饮用房屋（餐饮用房）	商务会展用房屋	其他商业及服务用房屋（居民服务业用房）
生态保护工程施工								
电力工程施工								
火力发电工程施工								
水力发电工程施工								
核电工程施工								
风能发电工程施工								
太阳能发电工程施工								
其他电力工程施工								
其他土木工程建筑	1569.58	1501.33	41.99					41.98
园林绿化工程施工	152.92	94.90	41.89					41.89
体育场地设施工程施工								
游乐设施工程施工								
其他土木工程建筑施工	1416.66	1406.43	0.11					0.09
建筑安装业	291.36	184.80	50.48	10.22	2.44	1.31	5.08	31.44
电气安装	77.52	34.58	28.30		0.04	0.01		28.25
电气安装	77.52	34.58	28.30		0.04	0.01		28.25
管道和设备安装	22.48	8.77	0.48	0.37		0.11		
管道和设备安装	22.48	8.77	0.48	0.37		0.11		
其他建筑安装业	191.36	141.45	21.71	9.85	2.40	1.19	5.08	3.19
体育场地设施安装	1.83							
其他建筑安装	189.53	141.45	21.71	9.85	2.40	1.19	5.08	3.19
建筑装饰、装修和其他建筑业	239.11	71.17	81.29	11.42	39.57	0.89	2.27	27.14
建筑装饰和装修业	173.14	9.26	81.10	11.42	39.39	0.89	2.27	27.13
公共建筑装饰和装修	160.42	5.05	77.82	10.76	39.00	0.89	0.31	26.86
住宅装饰和装修	7.26	3.67	0.02					
建筑幕墙装饰和装修	5.45	0.54	3.26	0.65	0.38		1.96	0.27
建筑物拆除和场地准备活动	1.37	0.79						
建筑物拆除活动	0.45	0.01						
场地准备活动	0.92	0.78						
提供施工设备服务								
提供施工设备服务								
其他未列明建筑业	64.60	61.13	0.19		0.18			0.01
其他未列明建筑业	64.60	61.13	0.19		0.18			0.01

续表 1

单位：万平方米

办公用房屋	科研、教育、医疗用房屋	科学研究用房屋	教育用房屋	医疗用房屋（卫生医疗用房）	文化、体育、娱乐用房屋	厂房及建筑物	# 厂房	仓库	其他未列明的房屋建筑物
3.91	1.20	0.76	0.35	0.09	0.53	18.27	9.56	0.27	2.08
1.02	0.32		0.23	0.08	0.51	12.71	4.42	0.04	1.53
2.89	0.88	0.76	0.12	0.01	0.02	5.56	5.14	0.22	0.55
7.28	3.91	0.03	3.75	0.12	1.77	35.60	19.16	2.74	4.79
2.55	0.70	0.02	0.57	0.11	0.10	11.28	5.59	0.01	
2.55	0.70	0.02	0.57	0.11	0.10	11.28	5.59	0.01	
0.07	0.04	0.02	0.01	0.02	0.61	11.41	2.13	1.04	0.05
0.07	0.04	0.02	0.01	0.02	0.61	11.41	2.13	1.04	0.05
4.66	3.17		3.17		1.07	12.90	11.44	1.68	4.73
						1.83	1.83		
4.66	3.17		3.17		1.07	11.08	9.61	1.68	4.73
62.78	12.01	0.01	7.68	4.31	1.21	10.33	3.00	0.20	0.12
62.48	12.01	0.01	7.68	4.31	1.21	6.90	0.84	0.06	0.12
61.35	11.11		6.82	4.29	1.19	3.84	0.84		0.07
0.02	0.90	0.01	0.86	0.03	0.02	2.52		0.06	0.05
1.11						0.54			
						0.44	0.42	0.14	
						0.44	0.42		
								0.14	
0.30						2.99	1.74		
0.30						2.99	1.74		

2-14-2 按登记注册类型分的总承包和专业

指标名称	合　计	住宅房屋	商业及服务用房屋	商厦房屋（批发和零售用房）	宾馆用房屋（住宿用房）	餐饮用房屋（餐饮用房）	商务会展用房屋	其他商业及服务用房屋（居民服务业用房）
总　计	18718.69	12882.55	1186.28	416.80	168.51	9.72	73.30	517.96
内资企业	18525.18	12704.86	1185.36	416.80	168.51	9.72	73.30	517.04
国有企业	1115.06	724.40	40.81	6.78	1.22	0.32		32.49
集体企业	1260.39	704.98	113.51	83.95	6.67	2.67	0.12	20.09
股份合作企业	59.92	9.59	6.51	6.51				
联营企业	3.77	3.77						
国有联营企业								
集体联营企业	1.13	1.13						
国有与集体联营企业	2.64	2.64						
其他联营企业								
有限责任公司	7365.99	5471.07	388.82	178.17	49.59	0.79	25.98	134.29
国有独资公司	1367.11	1055.83	78.12	71.24			1.58	5.30
其他有限责任公司	5998.88	4415.24	310.70	106.93	49.59	0.79	24.40	128.99
股份有限公司	1105.22	809.77	97.05	15.67	0.71	0.33	35.76	44.58
私营企业	7614.83	4981.27	538.66	125.70	110.31	5.61	11.44	285.58
私营独资企业								
私营合伙企业								
私营有限责任公司	7424.14	4945.39	464.66	116.33	72.67	5.49	11.44	258.73
私营股份有限公司	190.69	35.88	74.00	9.37	37.64	0.13		26.86
其他企业								
港、澳、台商投资企业	160.35	144.53	0.92					0.92
与港澳台商合资经营	92.58	86.10						
与港澳台商合作经营	8.87	1.41						
港、澳、台商独资	58.90	57.01	0.92					0.92
港、澳、台商投资股份有限公司								
其他港澳台投资								
外商投资企业	33.16	33.16						
中外合资经营企业								
中外合作经营企业								
外资企业	33.16	33.16						
外商投资股份有限公司								
其他外商投资								

分包建筑业企业竣工房屋面积完成情况

单位：万平方米

办公用房屋	科研、教育、医疗用房屋	科学研究用房屋	教育用房屋	医疗用房屋（卫生医疗用房）	文化、体育、娱乐用房屋	厂房及建筑物	# 厂房	仓库	其他未列明的房屋建筑物
918.83	634.33	28.51	502.54	103.29	125.26	2243.90	1220.70	97.41	630.12
918.83	626.60	28.51	494.80	103.29	125.26	2236.73	1214.51	97.41	630.12
51.07	30.25		20.81	9.44	0.20	232.38	143.71	0.78	35.17
88.34	49.35	0.04	36.81	12.49	13.80	205.37	124.58	8.70	76.36
25.05	5.97		5.97			12.81	5.96		
248.36	278.09	6.12	238.27	33.69	37.56	596.75	356.67	60.09	285.25
103.99	59.12	2.64	46.13	10.34	5.39	28.82	28.73	22.64	13.21
144.37	218.97	3.49	192.13	23.35	32.17	567.93	327.94	37.45	272.04
64.65	38.11	0.29	19.44	18.38	3.56	74.75	51.80	4.77	12.56
441.37	224.85	22.06	173.51	29.28	70.15	1114.67	531.80	23.08	220.78
380.88	213.83	22.06	166.68	25.09	68.34	1107.35	530.46	23.08	220.61
60.49	11.02		6.82	4.20	1.81	7.32	1.34		0.17
	7.73		7.73			7.17	6.20		
	1.41		1.41			5.07	5.07		
	6.32		6.32			1.13	1.13		
						0.97			

2-14-3　按隶属关系、资质等级、营业状态和控股情况分组的

指标名称	合　计	住宅房屋	商业及服务用房屋	商厦房屋（批发和零售用房）	宾馆用房屋（住宿用房）	餐饮用房屋（餐饮用房）	商务会展用房屋	其他商业及服务用房屋（居民服务业用房）
总　计	18718.69	12882.55	1186.28	416.80	168.51	9.72	73.30	517.96
一、按隶属关系分组								
中央	2623.00	2366.64	99.53	68.74	30.18		0.60	
地方	4525.10	3105.96	298.19	136.68	15.99	2.04	60.65	82.83
其他	11570.59	7409.96	788.56	211.38	122.33	7.68	12.05	435.12
二、按企业资质等级分组								
施工总承包	18159.99	12649.81	1055.39	393.81	126.53	7.52	69.82	457.71
特级	2333.65	1854.54	111.27	62.13			34.00	15.14
一级	9026.60	6661.54	530.21	183.23	86.95	1.31	17.12	241.61
二级	3925.94	2641.16	216.09	75.88	25.19	1.07	7.56	106.39
三级及以下	2873.80	1492.57	197.82	72.57	14.40	5.14	11.14	94.57
专业承包	558.69	232.74	130.88	22.99	41.97	2.20	3.48	60.25
一级	240.09	54.70	85.16	16.87	40.04	0.62		27.63
二级	203.14	147.59	10.75	3.20	1.93	1.57	2.40	1.64
三级及以下	115.47	30.45	34.97	2.91			1.08	30.98
三、按运营状态分								
正常运营	18698.37	12872.88	1184.72	416.79	167.28	9.71	73.30	517.64
停业(歇业)	13.77	4.40	0.33					0.32
筹建								
当年关闭								
当年破产	4.79	3.56	1.22		1.22			
当年注销	0.06							
当年吊销								
其他	1.71	1.71						
四、按控股情况分								
国有控股	5193.85	4004.15	276.75	117.43	38.68	0.32	50.33	69.99
集体控股	2084.24	1361.39	136.02	91.58	6.67	2.67	5.20	29.90
私人控股	10090.94	6435.05	713.92	195.23	120.16	6.07	11.80	380.66
港澳台商控股	140.89	137.59	0.92					0.92
外商控股	33.16	33.16						
其他	1175.60	911.21	58.68	12.56	2.99	0.66	5.98	36.49

总承包和专业分包建筑业企业竣工房屋面积完成情况

单位：万平方米

办公用房屋	科研、教育、医疗用房屋	科学研究用房屋	教育用房屋	医疗用房屋（卫生医疗用房）	文化、体育、娱乐用房屋	厂房及建筑物	# 厂房	仓库	其他未列明的房屋建筑物
918.83	634.33	28.51	502.54	103.29	125.26	2243.90	1220.70	97.41	630.12
93.53	24.39		24.39		6.03	21.90	21.90	0.56	10.42
230.31	241.73	6.11	186.41	49.22	20.74	499.18	285.07	41.86	87.12
595.00	368.21	22.41	291.73	54.07	98.49	1722.81	913.73	54.99	532.57
841.28	616.31	28.43	489.05	98.83	122.35	2156.90	1179.21	95.12	622.84
124.98	45.99		45.99		2.39	7.76	7.76	4.88	181.85
422.49	320.30	12.66	250.00	57.64	83.15	844.23	433.04	39.63	125.05
141.39	123.34	4.41	102.86	16.06	14.19	631.00	362.42	18.25	140.52
152.42	126.69	11.37	90.20	25.12	22.61	673.92	376.00	32.36	175.41
77.55	18.02	0.08	13.48	4.46	2.92	87.00	41.49	2.29	7.28
64.94	12.12		7.99	4.13	2.26	20.24	10.98	0.60	0.07
8.41	3.86	0.07	3.46	0.32	0.07	31.89	7.46	0.10	0.48
4.20	2.04	0.01	2.03		0.59	34.88	23.05	1.59	6.74
918.80	634.31	28.50	502.53	103.28	125.24	2238.10	1219.35	97.39	626.91
0.02	0.02	0.01	0.01	0.01	0.02	5.75	1.30	0.02	3.21
0.01						0.05	0.05		
257.51	183.54	2.64	149.03	31.87	18.00	353.43	262.17	36.22	64.25
117.55	65.58	0.66	50.17	14.75	13.92	298.81	179.81	8.90	82.08
521.00	352.85	22.36	275.01	55.48	88.33	1462.93	720.99	39.60	477.25
	1.41		1.41			0.97			
22.77	30.95	2.85	26.92	1.18	5.00	127.76	57.73	12.70	6.54

2-14-4　按地区分的总承包和专业分包建筑业

地　区	合　计	住宅房屋	商业及服务用房屋	商厦房屋（批发和零售用房）	宾馆用房屋（住宿用房）	餐饮用房屋（餐饮用房）	商务会展用房屋	其他商业及服务用房屋（居民服务业用房）
广东省	18718.69	12882.55	1186.28	416.80	168.51	9.72	73.30	517.96
广州市	4590.70	3456.55	346.24	104.55	71.07	0.82	37.47	132.35
深圳市	1786.13	1286.47	187.21	74.55	46.67	2.21	3.78	60.00
珠海市	490.78	343.01	24.14	7.16	0.79	0.83	0.88	14.48
汕头市	1216.38	773.60	42.68	16.39	6.93	0.95		18.41
佛山市	828.56	454.66	74.09	56.78	8.19	1.19	0.98	6.95
韶关市	374.56	205.36	25.40	8.97	1.38	0.86	1.77	12.41
河源市	329.35	203.14	37.13	11.70	0.34	0.55	0.12	24.42
梅州市	1095.35	702.03	57.53	26.05	8.57	0.59	0.09	22.23
惠州市	360.49	223.00	2.64	1.44	0.80	0.01		0.39
汕尾市	212.96	174.38	3.49	0.65	0.71	0.01	0.01	2.12
东莞市	449.43	144.96	59.19	2.22	0.17		0.19	56.61
中山市	233.46	81.57	9.72	4.31			0.40	5.01
江门市	760.24	495.77	17.49	5.29	8.96	0.10	0.10	3.04
阳江市	194.64	126.32	22.29	3.56				18.72
湛江市	1732.30	1214.55	67.59	6.97	1.22		0.91	58.49
茂名市	2785.82	2155.24	96.05	24.43	8.99	0.50	21.53	40.61
肇庆市	248.76	124.21	22.86	0.18	1.47			21.21
清远市	293.90	203.66	27.21	24.96				2.25
潮州市	98.00	45.44	8.30				5.08	3.22
揭阳市	449.46	326.80	49.48	31.92	1.93	1.10		14.53
云浮市	187.44	141.84	5.56	4.74	0.30			0.52
按区域分组								
珠三角核心区	9748.55	6610.20	743.58	256.47	138.12	5.15	43.80	300.03
沿海经济带	6689.54	4816.33	289.87	83.91	19.78	2.56	27.52	156.09
北部生态发展区	2280.60	1456.02	152.83	76.41	10.60	2.00	1.98	61.83

企业竣工房屋面积完成情况

单位：万平方米

办公用房屋	科研、教育、医疗用房屋				文化、体育、娱乐用房屋	厂房及建筑物		仓库	其他未列明的房屋建筑物
		科学研究用房屋	教育用房屋	医疗用房屋（卫生医疗用房）			# 厂房		
918.83	634.33	28.51	502.54	103.29	125.26	2243.90	1220.70	97.41	630.12
223.64	165.78	6.41	134.56	24.81	28.46	295.68	175.52	30.30	44.04
94.08	53.24	2.62	27.71	22.90	3.22	128.80	48.90	1.95	31.16
10.12	11.12	1.10	9.41	0.62	6.09	93.07	52.91	0.79	2.44
81.78	32.47	2.54	29.35	0.59	25.97	211.81	101.71	9.22	38.84
53.82	16.18	0.41	15.60	0.17	2.08	201.35	110.63	1.85	24.52
17.40	26.85	1.50	18.72	6.62	7.36	75.59	24.55	4.00	12.60
8.99	19.81	0.76	18.32	0.73	0.61	28.11	15.08	0.66	30.90
50.15	58.02		55.33	2.68	19.63	164.63	29.31	0.81	42.56
23.33	20.90	0.01	13.94	6.95	0.13	74.82	56.49	2.61	13.05
9.76	3.72		2.69	1.02	0.11	0.08	0.07	0.33	21.09
15.26	8.64		6.96	1.68	6.36	203.16	119.18	8.87	3.00
4.01	1.99		1.78	0.21	0.48	117.47	58.37	0.62	17.59
56.96	24.38	0.91	10.29	13.18	2.51	151.57	101.95	3.94	7.61
10.27	15.89		15.88		0.01	14.46	11.88	0.01	5.40
132.89	42.13	0.61	35.85	5.67	6.74	158.72	48.86	7.33	102.35
63.00	75.39	4.20	64.97	6.22	9.10	166.82	147.50	17.90	202.32
21.51	24.00	7.43	13.44	3.13		49.09	40.24	3.03	4.06
16.70	2.72		2.22	0.49	0.15	36.76	16.39	0.03	6.67
5.87	3.56		3.56			33.10	27.28		1.74
10.15	15.30		14.70	0.60	1.49	30.04	26.95	3.16	13.04
9.15	12.26		7.24	5.01	4.75	8.76	6.93		5.13
502.73	326.23	18.89	233.69	73.65	49.34	1315.02	764.20	53.97	147.49
313.71	188.46	7.35	167.00	14.10	43.42	615.03	364.24	37.95	384.77
102.39	119.65	2.26	101.84	15.54	32.51	313.85	92.26	5.50	97.86

2-15-1 按国民经济行业分的总承包和专业

指标名称	合　计	住宅房屋	商业及服务用房屋	商厦房屋（批发和零售用房）	宾馆用房屋（住宿用房）	餐饮用房屋（餐饮用房）	商务会展用房屋	其他商业及服务用房屋（居民服务业用房）
总　计	31959470	21782404	2371056	858700	315972	11477	129890	1055017
房屋建筑业	28474578	19115922	2046974	799228	253945	10117	121454	862229
住宅房屋建筑	23411541	15681967	1575187	419742	240324	8274	97556	809291
住宅房屋建筑	23411541	15681967	1575187	419742	240324	8274	97556	809291
体育场馆建筑	926186	753479	9699			369	3450	5880
体育场馆建筑	926186	753479	9699			369	3450	5880
其他房屋建筑业	4136851	2680476	462087	379487	13621	1474	20448	47058
其他房屋建筑业	4136851	2680476	462087	379487	13621	1474	20448	47058
土木工程建筑业	2793951	2262442	168414	33818	1091	15	222	133268
铁路、道路、隧道和桥梁工程建筑	873461	638244	41335	33803	1076		204	6253
铁路工程建筑	83302	53893						
公路工程建筑	420633	356732	28551	25034			204	3313
市政道路工程建筑	297220	157946	12630	8653	1076			2901
城市轨道交通工程建筑								
其他道路、隧道和桥梁工程建筑	72305	69673	155	116				40
水利和水运工程建筑	256730	113629	14675					14675
水源及供水设施工程建筑	100045	42515						
河湖治理及防洪设施工程建筑	39059	21088	14675					14675
港口及航运设施工程建筑	117626	50026						
海洋工程建筑								
海洋油气资源开发利用工程建筑								
海洋能源开发利用工程建筑								
海底隧道工程建筑								
海底设施铺设工程建筑								
其他海洋工程建筑								
工矿工程建筑	56794	54986						
工矿工程建筑	56794	54986						
架线和管道工程建筑	45234	38050	59					59
架线及设备工程建筑	45175	38050						
管道工程建筑	59		59					59
地下综合管廊工程建筑								
节能环保工程施工	437	9	57	7	7	7	10	27
节能工程施工								
环保工程施工	437	9	57	7	7	7	10	27

分包建筑业企业竣工房屋价值完成情况

单位：万元

办公用房屋	科研、教育、医疗用房屋				文化、体育、娱乐用房屋	厂房及建筑物		仓库	其他未列明的房屋建筑物
		科学研究用房屋	教育用房屋	医疗用房屋（卫生医疗用房）			厂房		
1797293	1341095	73184	991460	276452	274746	3216648	1680731	163558	1012669
1653959	1259798	72215	926558	261025	259263	2991255	1588798	159332	988076
1414122	1045704	69161	768482	208061	200826	2436179	1330215	147353	910204
1414122	1045704	69161	768482	208061	200826	2436179	1330215	147353	910204
1995	11840		11840		31296	64687	4589		53190
1995	11840		11840		31296	64687	4589		53190
237843	202254	3054	146236	52964	27141	490389	253994	11980	24682
237843	202254	3054	146236	52964	27141	490389	253994	11980	24682
85695	60319	888	50653	8778	12490	183959	72976	2006	18626
12240	53114	10	47200	5905	8806	106939	60682	1736	11046
	10260		10260			19149	19149		
996					8625	22422	13054		3308
10921	42727		36937	5790	171	63888	28479	1389	7549
323	128	10	4	115	10	1480		347	189
67922	3662		963	2699	516	56223			102
322	379		379		516	56223			89
	3283		584	2699					13
67600									
	1808		1808						
	1808		1808						
72					1401			29	5622
72					1401			29	5622
23	40	14	13	13	55	64		73	115
23	40	14	13	13	55	64		73	115

2-15-1

指标名称	合 计	住宅房屋	商业及服务用房屋	商厦房屋（批发和零售用房）	宾馆用房屋（住宿用房）	餐饮用房屋（餐饮用房）	商务会展用房屋	其他商业及服务用房屋（居民服务业用房）
生态保护工程施工								
电力工程施工								
火力发电工程施工								
水力发电工程施工								
核电工程施工								
风能发电工程施工								
太阳能发电工程施工								
其他电力工程施工								
其他土木工程建筑	1561296	1417523	112288	8	8	8	8	112254
园林绿化工程施工	376047	242786	111405					111405
体育场地设施工程施工								
游乐设施工程施工								
其他土木工程建筑施工	1185249	1174738	883	8	8	8	8	849
建筑安装业	451591	358681	40121	10078	2981	901	7105	19056
电气安装	52813	27044	9901	0	79	20	0	9801
电气安装	52813	27044	9901	0	79	20	0	9801
管道和设备安装	37540	22793	842	604	0	238	0	0
管道和设备安装	37540	22793	842	604	0	238	0	0
其他建筑安装业	361239	308844	29378	9474	2902	643	7105	9254
体育场地设施安装	1983							
其他建筑安装	359256	308844	29378	9474	2902	643	7105	9254
建筑装饰、装修和其他建筑业	239349	45358	115547	15575	57956	444	1108	40464
建筑装饰和装修业	201158	11296	115366	15575	57783	444	1108	40456
公共建筑装饰和装修	185067	4788	113719	15246	57615	436	137	40287
住宅装饰和装修	13366	6240	42	8	8	8	8	8
建筑幕墙装饰和装修	2725	268	1605	321	160		963	161
建筑物拆除和场地准备活动	2046	1590						
建筑物拆除活动	366	30						
场地准备活动	1680	1560						
提供施工设备服务								
提供施工设备服务								
其他未列明建筑业	36146	32472	181		173			9
其他未列明建筑业	36146	32472	181		173			9

续表 1

单位：万元

办公用房屋	科研、教育、医疗用房屋	科学研究用房屋	教育用房屋	医疗用房屋（卫生医疗用房）	文化、体育、娱乐用房屋	厂房及建筑物	厂房	仓库	其他未列明的房屋建筑物
5438	1695	864	669	162	1711	20733	12295	168	1740
2668	645		497	148	1669	15770	8300	33	1071
2770	1050	864	172	14	42	4963	3995	135	669
10418	2303	67	1968	268	1164	31127	16515	1990	5787
5570	944	35	670	239	16	9331	7194	6	1
5570	944	35	670	239	16	9331	7194	6	1
174	86	32	26	29	232	12857	1650	420	136
174	86	32	26	29	232	12857	1650	420	136
4674	1273		1273		916	8939	7671	1564	5650
						1983	1983		
4674	1273		1273		916	6956	5689	1564	5650
47221	18676	14	12280	6381	1830	10308	2442	230	181
47048	18676	14	12280	6381	1830	6651	608	110	181
46421	16546		10232	6314	1788	1699	599		105
42	2130	14	2048	68	42	4685	9	110	75
585						268			
						336	273	120	
						336	273		
								120	
173						3321	1561		
173						3321	1561		

2-15-2 按登记注册类型分的总承包和专业

指标名称	合　计	住宅房屋	商业及服务用房屋	商厦房屋（批发和零售用房）	宾馆用房屋（住宿用房）	餐饮用房屋（餐饮用房）	商务会展用房屋	其他商业及服务用房屋（居民服务业用房）
总　计	31959470	21782404	2371056	858700	315972	11477	129890	1055017
内资企业	31616938	21460644	2368314	858700	315972	11477	129890	1052275
国有企业	1960658	1456449	61427	7002	2787	369		51269
集体企业	1968132	1150753	147656	101601	7516	3300	179	35061
股份合作企业	119884	14616	19284	19284				
联营企业	7622	7622						
国有联营企业								
集体联营企业	4600	4600						
国有与集体联营企业	3022	3022						
其他联营企业								
有限责任公司	13474560	9675850	969197	452325	105333	998	50498	360044
国有独资公司	3028365	2179894	203301	178501			5303	19497
其他有限责任公司	10446195	7495957	765897	273824	105333	998	45195	340547
股份有限公司	1481071	898716	168179	37973	1241	666	59684	68614
私营企业	12605012	8256637	1002571	240515	199095	6144	19529	537288
私营独资企业								
私营合伙企业								
私营有限责任公司	12333283	8170087	891569	226458	142631	5950	19529	497001
私营股份有限公司	271729	86551	111002	14057	56465	194		40287
其他企业								
港、澳、台商投资企业	286155	265382	2742					2742
与港澳台商合资经营	247812	240634						
与港澳台商合作经营	8231	1313						
港、澳、台商独资	30112	23436	2742					2742
港、澳、台商投资股份有限公司								
其他港澳台投资								
外商投资企业	56377	56377						
中外合资经营企业								
中外合作经营企业								
外资企业	56377	56377						
外商投资股份有限公司								
其他外商投资								

分包建筑业企业竣工房屋价值完成情况

单位：万元

办公用房屋	科研、教育、医疗用房屋	科学研究用房屋	教育用房屋	医疗用房屋（卫生医疗用房）	文化、体育、娱乐用房屋	厂房及建筑物	厂房	仓库	其他未列明的房屋建筑物
1797293	1341095	73184	991460	276452	274746	3216648	1680731	163558	1012669
1797293	1333400	73184	983765	276452	274746	3206313	1674330	163558	1012669
92718	70979		35257	35722	222	213315	192660	1199	64349
151882	66035	13	52491	13531	15499	298776	158973	9979	127550
51842	17704		17704			16437	9723		
588608	688493	17050	537995	133448	103864	922133	564855	96224	430190
248650	164323	8655	107157	48512	31296	83198	83053	39022	78682
339959	524169	8395	430838	84936	72568	838936	481802	57202	351508
187853	77631	530	34380	42722	5530	112017	89703	11035	20111
724389	412558	55591	305938	51028	149631	1643635	658416	45121	370470
678656	396007	55591	295706	44711	145767	1635812	656805	45121	370265
45733	16550		10232	6318	3865	7823	1611		205
	7695		7695			10335	6401		
	1827		1827			5351	5351		
	5868		5868			1050	1050		
						3934			

2-15-3 按隶属关系、资质等级、营业状态和控股情况分组的

指标名称	合　计	住宅房屋	商业及服务用房屋	商厦房屋（批发和零售用房）	宾馆用房屋（住宿用房）	餐饮用房屋（餐饮用房）	商务会展用房屋	其他商业及服务用房屋（居民服务业用房）
总　计	31959470	21782404	2371056	858700	315972	11477	129890	1055017
一、按隶属关系分组								
中央	3664734	3047460	212079	161957	46183		3939	
地方	8654516	5775635	681987	343640	53553	2741	105214	176840
其他	19640221	12959308	1476990	353103	216236	8736	20737	878178
二、按企业资质等级分组								
施工总承包	31386175	21562120	2213751	829387	255100	10137	125455	993673
特级	3989439	3093179	258540	185790			45900	26850
一级	16493395	11456457	1306375	432365	176738	1913	54123	641236
二级	6210679	4244274	371864	118684	48327	1646	8138	195068
三级及以下	4692662	2768210	276972	92548	30035	6578	17293	130518
专业承包	573295	220284	157305	29313	60873	1340	4435	61345
一级	254623	49377	122221	21183	59366	703		40969
二级	201620	142366	9448	2632	1500	631	1442	3244
三级及以下	117053	28541	25636	5497	7	7	2994	17132
三、按运营状态分								
正常运营	31925671	21763712	2367659	858691	313177	11469	129882	1054441
停业(歇业)	20981	8749	610	8	8	8	8	576
筹建								
当年关闭								
当年破产	10682	7895	2787		2787			
当年注销	88							
当年吊销								
其他	2048	2048						
四、按控股情况分								
国有控股	9157087	6464928	683717	353684	81655	369	97148	150860
集体控股	2807502	1754176	184119	120983	7516	3300	7284	45036
私人控股	17612045	11767973	1293642	366003	222822	6940	20233	677644
港澳台商控股	262768	254265	2742					2742
外商控股	56377	56377						
其他	2063691	1484685	206836	18029	3979	868	5225	178735

总承包和专业分包建筑业企业竣工房屋价值完成情况

单位：万元

办公用房屋	科研、教育、医疗用房屋	科学研究用房屋	教育用房屋	医疗用房屋（卫生医疗用房）	文化、体育、娱乐用房屋	厂房及建筑物	厂房	仓库	其他未列明的房屋建筑物
1797293	1341095	73184	991460	276452	274746	3216648	1680731	163558	1012669
198590	57841		57841		31839	56804	56804	1309	58812
600115	620058	17021	408499	194538	53696	666476	481373	78587	177963
998588	663197	56163	525120	81914	189212	2493369	1142555	83663	775894
1726248	1316908	73059	974018	269831	271670	3136839	1646393	161818	996821
343378	87122		87122		6875	23560	23560	11938	164847
925610	811625	47147	555309	209169	212943	1360664	703500	74410	345312
207447	212951	9257	180892	22802	20176	895320	476685	25681	232968
249814	205210	16655	150695	37860	31677	857296	442648	49789	253695
71045	24187	125	17442	6621	3076	79809	34338	1741	15848
50315	17554		11352	6202	2704	11533	7891	814	106
9394	2135	111	1618	406	141	36612	5645	207	1317
11336	4499	14	4471	13	231	31665	20802	719	14426
1797228	1341053	73170	991446	276438	274704	3208996	1678425	163516	1008802
42	42	14	14	14	42	7587	2241	42	3868
23						65	65		
701535	506824	8655	348168	150001	72715	483089	459849	70049	174231
196548	90521	972	72635	16914	15717	421339	239241	10143	134940
865586	669462	56150	505006	108305	175423	2103897	915479	66909	669152
	1827		1827			3934			
33624	72462	7407	63824	1232	10891	204389	66162	16457	34347

2-15-4 按地区分的总承包和专业分包

地　区	合　计	住宅房屋	商业及服务用房屋	商厦房屋（批发和零售用房）	宾馆用房屋（住宿用房）	餐饮用房屋（餐饮用房）	商务会展用房屋	其他商业及服务用房屋（居民服务业用房）
广东省	31959470	21782404	2371056	858700	315972	11477	129890	1055017
广州市	8008975	5199347	784207	353049	140600	868	51994	237697
韶关市	615862	338606	46672	9964	1421	859	13097	21331
深圳市	3622357	2675162	422452	98035	74374	2446	20840	226757
珠海市	1128090	874395	49423	14431	1829	284	1041	31838
汕头市	2179513	1458013	80572	31904	20762	1057		26849
佛山市	1301030	795452	128063	105811	11162	1255	2255	7580
江门市	1231503	829949	32360	9215	15063	50	50	7982
湛江市	3641889	2641616	160117	8889	2787		3200	145242
茂名市	4045477	3181160	169275	50250	23783	1027	29078	65137
肇庆市	370656	212072	23037	298	1908			20830
惠州市	571330	366131	2259	380	1155	20		704
梅州市	1496513	877308	122150	71244	16291	1375	204	33036
汕尾市	225245	182779	3205	888	847	6	9	1456
河源市	499018	280252	67532	22682	490	792	170	43398
阳江市	288948	186456	34586	8016	4	4	4	26557
清远市	462447	352963	11440	6669	4	4	4	4758
东莞市	636205	197183	118542	4619	488		365	113071
中山市	312052	124999	13399	2193			475	10732
潮州市	152064	87973	10100				7105	2995
揭阳市	936263	742673	86217	56018	2464	1429		26305
云浮市	234034	177916	5449	4145	540			764
按区域分组								
珠三角核心区	17182197.4	11274690	1573742.2	588029.9	246578.5	4923.5	77019.3	657191
沿海经济带	11469398.4	8480669.2	544070.5	155964.5	50647.6	3523	39396.2	294539.2
北部生态发展区	3307874.2	2027044.4	253243.2	114705.2	18746.1	3030.4	13474.5	103287

建筑业企业竣工房屋价值完成情况

单位：万元

办公用房屋	科研、教育、医疗用房屋				文化、体育、娱乐用房屋	厂房及建筑物		仓库	其他未列明的房屋建筑物
		科学研究用房屋	教育用房屋	医疗用房屋（卫生医疗用房）			厂房		
1797293	1341095	73184	991460	276452	274746	3216648	1680731	163558	1012669
641538	476411	33896	324645	117871	81043	636032	372371	52270	138126
23823	57521	2362	43562	11598	10077	105828	31305	5530	27805
99416	126236	6980	66496	52759	3651	238411	71886	2233	54797
21393	12871	2317	10220	334	9551	145418	83692	6355	8684
131185	75946	5731	64588	5627	79685	224622	162687	19362	110129
84510	28598	650	27827	121	2722	240708	123754	1264	19714
125894	57576	2375	28579	26622	2569	170345	109774	4431	8379
293883	44701	1449	36945	6307	17172	278895	53488	16427	189077
96127	124481	7165	110771	6545	19577	220086	194642	28105	206667
28666	35291	9361	20675	5255		65447	47201	1467	4678
41169	59070	20	31320	27730	56	80055	60779	2906	19685
74230	103785		99816	3969	31833	211857	38220	850	74501
14452	5766	1	3816	1949	130	164	154	483	18268
18115	33553	860	31580	1113	881	43287	18937	900	54498
13597	28687	7	28673	7	21	16828	13819	21	8752
25796	4937	7	4021	909	249	59518	24300	64	7480
22209	16459	6	14448	2006	8293	251567	128654	16854	5098
6699	2864		2553	311	1353	140349	69402	908	21480
8264	13250		13250			30219	24946		2260
13543	19888		19172	716	1577	45283	41482	3129	23954
12785	13209		8504	4705	4305	11730	9238		8640
1071494.1	815374.1	55603.9	526761.6	233008.6	109238.2	1968331	1067512.9	88688.1	280639.7
571050.3	312717.3	14351.7	277215.6	21150	118163	816096.7	491217.8	67526.3	559105.1
154748.6	213003.9	3228	187482.5	22293.4	47345.2	432220.6	122000.3	7344	172924.3

2-16-1 按国民经济行业分的总承包和专业分包建筑业企业流动资产情况

单位：万元

指标名称	年初存货	年末资产负债			
		流动资产合计	# 货币资金	# 应收工程款	# 存 货
总 计	28612286	147465969	19559465	37633683	24849745
房屋建筑业	11075068	72495639	8728200	16700872	11457965
住宅房屋建筑	7728771	46065466	5935507	10376132	7414667
住宅房屋建筑	7728771	46065466	5935507	10376132	7414667
体育场馆建筑	568928	3688647	413926	1338927	673112
体育场馆建筑	568928	3688647	413926	1338927	673112
其他房屋建筑业	2777369	22741525	2378768	4985814	3370185
其他房屋建筑业	2777369	22741525	2378768	4985814	3370185
土木工程建筑业	5688469	41281189	6135184	9467011	8094937
铁路、道路、隧道和桥梁工程建筑	2913966	22561812	3241461	4415280	3951865
铁路工程建筑	188148	4986646	716094	1092305	782314
公路工程建筑	1198566	4922525	778674	641442	1476647
市政道路工程建筑	1188816	9865464	1401306	1999126	1324049
城市轨道交通工程建筑	5914	131789	19180	27834	23502
其他道路、隧道和桥梁工程建筑	332521	2655389	326208	654573	345354
水利和水运工程建筑	1133375	7813264	1066400	1858271	1045554
水源及供水设施工程建筑	136269	1058297	102184	221167	98856
河湖治理及防洪设施工程建筑	335128	1628394	197276	264179	513001
港口及航运设施工程建筑	661978	5126573	766939	1372925	433697
海洋工程建筑					
海洋油气资源开发利用工程建筑					
海洋能源开发利用工程建筑					
海底隧道工程建筑					
海底设施铺设工程建筑					
其他海洋工程建筑					
工矿工程建筑	18791	389898	84647	118935	19272
工矿工程建筑	18791	389898	84647	118935	19272
架线和管道工程建筑	519988	3631064	768585	1342137	707884
架线及设备工程建筑	459206	2803961	539190	1094949	520412
管道工程建筑	60782	827103	229394	247188	187471
地下综合管廊工程建筑					
节能环保工程施工	41390	292771	24287	201027	16896
节能工程施工	165	2280	91	1513	154
环保工程施工	41225	290491	24197	199514	16742

2-16-1 续表 1

单位：万元

指标名称	年初存货	年末资产负债			
		流动资产合计	# 货币资金	# 应收工程款	# 存 货
生态保护工程施工					
电力工程施工	88582	389650	185916	55492	98408
火力发电工程施工	1837	7519		3284	1837
水力发电工程施工	866	4232	1033	1151	784
核电工程施工					
风能发电工程施工					
太阳能发电工程施工		118014	118014		
其他电力工程施工	85880	259886	66870	51057	95787
其他土木工程建筑	972377	6202729	763889	1475869	2255059
园林绿化工程施工	823812	3255499	360616	710360	1496898
体育场地设施工程施工	1648	17281	505	3694	2527
游乐设施工程施工		9	9		
其他土木工程建筑施工	146918	2929941	402758	761814	755634
建筑安装业	9964985	12355018	2123860	3509303	2847318
电气安装	8492225	5026071	987713	1372803	1296648
电气安装	8492225	5026071	987713	1372803	1296648
管道和设备安装	283352	1831308	225640	439613	284254
管道和设备安装	283352	1831308	225640	439613	284254
其他建筑安装业	1189408	5497639	910507	1696887	1266416
体育场地设施安装	31442	310618	40011	89548	27965
其他建筑安装	1157966	5187021	870497	1607339	1238451
建筑装饰、装修和其他建筑业	1883764	21334124	2572221	7956498	2449525
建筑装饰和装修业	1686116	19453028	2344552	7302747	2234771
公共建筑装饰和装修	548226	6873991	926039	3147409	774090
住宅装饰和装修	585056	8740000	878400	2599065	778159
建筑幕墙装饰和装修	552834	3839037	540113	1556273	682523
建筑物拆除和场地准备活动	22829	588643	47701	204104	35662
建筑物拆除活动	7223	83406	8721	25478	6165
场地准备活动	15606	505237	38981	178626	29497
提供施工设备服务	10343	176790	30726	88059	7427
提供施工设备服务	10343	176790	30726	88059	7427
其他未列明建筑业	164477	1115663	149242	361587	171665
其他未列明建筑业	164477	1115663	149242	361587	171665

2-16-2 按登记注册类型分的总承包和专业分包建筑业企业流动资产情况

单位：万元

指标名称	年初存货	年末资产负债			
		流动资产合计	# 货币资金	# 应收工程款	# 存　货
总　计	28612286	147465969	19559465	37633683	24849745
内资企业	27782779	139024099	18163569	35723166	23602313
国有企业	310752	3212433	301262	757789	564337
集体企业	508485	2090205	222334	579183	358166
股份合作企业	1730	51475	8678	16936	802
联营企业	4486	31402	12530	7438	1344
国有联营企业		1101	460	640	
集体联营企业	573	5762	1978	1581	770
国有与集体联营企业	3631	18163	6408	4628	417
其他联营企业	283	6376	3684	590	157
有限责任公司	17916052	70249166	11880209	17081975	12762657
国有独资公司	2226145	16879178	3552953	4159799	2793923
其他有限责任公司	15689907	53369988	8327256	12922176	9968734
股份有限公司	1918361	17921775	2093531	5852884	2610918
私营企业	7122913	45467645	3645026	11426960	7304090
私营独资企业		94	32	6	
私营合伙企业					
私营有限责任公司	6343915	42128723	3378333	10532993	6416086
私营股份有限公司	778998	3338828	266660	893961	888004
其他企业					
港、澳、台商投资企业	252362	2127029	370282	664572	302588
与港澳台商合资经营	232841	1545640	233555	471341	222334
与港澳台商合作经营	162	41168	2329	1540	1748
港、澳、台商独资	19359	539447	134340	191210	78503
港、澳、台商投资股份有限公司		768	57	478	
其他港澳台投资		6		3	3
外商投资企业	577146	6314841	1025615	1245945	944843
中外合资经营企业	4566	136133	20030	17796	8953
中外合作经营企业					
外资企业	558175	5809891	925563	1217807	924982
外商投资股份有限公司	14405	368818	80022	10342	10908
其他外商投资					

2-16-3 按隶属关系、资质等级、营业状态和控股情况分组的总承包和专业分包建筑业企业流动资产情况

单位：万元

指标名称	年初存货	年末资产负债			
		流动资产合计	# 货币资金	# 应收工程款	# 存 货
总 计	28612286	147465969	19559465	37633683	24849745
一、按隶属关系分组					
中央	4094409	29805264	4619420	7575787	5563479
地方	3964380	22513062	4430832	5449190	4263337
其他	20553497	95147643	10509214	24608706	15022928
二、按企业资质等级分组					
施工总承包	17249625	114990375	15407891	25864721	19760687
特级	3373309	20623152	3720781	3889990	4552634
一级	8438873	65338603	8894569	14992726	10484068
二级	3927208	15824253	1277613	3779165	2873722
三级及以下	1510235	13204367	1514928	3202841	1850263
专业承包	11362662	32475594	4151575	11768962	5089057
一级	2615364	19416410	2618957	8511081	3292392
二级	502701	5692827	544529	1360551	641610
三级及以下	8244597	7366358	988089	1897330	1155056
三、按运营状态分					
正常运营	28594429	147380902	19554867	37616785	24832871
停业(歇业)	10632	62542	3246	9977	12803
筹建					
当年关闭					
当年破产	3597	4986	655	955	3376
当年注销	2588	3829	540	291	92
当年吊销	112	465	2		112
其他	928	13245	155	5676	490
四、按控股情况分					
国有控股	7404014	48049324	8975251	11580354	9141455
集体控股	1569278	7897068	1331053	1406929	1980538
私人控股	17306663	70890614	6117415	19072164	10789256
港澳台商控股	178178	1901227	349085	598065	239583
外商控股	615075	6383589	1011287	1263746	965693
其他	1539079	12344146	1775374	3712425	1733220

2-16-4 按地区分的总承包和专业分包建筑业企业流动资产情况

单位：万元

地 区	年初存货	年末资产负债			
		流动资产合计	# 货币资金	# 应收工程款	# 存 货
广东省	28612286	147465969	19559465	37633683	24849745
广州市	8132460	44396609	8087865	10296471	9202435
深圳市	5316590	43482191	5153687	13409843	6307572
珠海市	7999022	7980788	1248528	1737708	1054839
汕头市	656475	6063193	875413	1370841	717608
佛山市	1686891	11883967	1616787	2610655	2250773
韶关市	177605	973888	106037	280832	209565
河源市	110913	766522	63801	199756	124600
梅州市	537395	9388032	208521	1399772	744802
惠州市	141903	1791846	98200	406631	147798
汕尾市	37076	268275	22385	24838	56067
东莞市	691604	4643272	658242	1320098	947503
中山市	959545	3758837	326822	885045	1108950
江门市	400283	1992378	190241	435032	395192
阳江市	322253	820433	66451	235295	118291
湛江市	512355	1977907	154417	553941	282171
茂名市	364248	3701682	358918	1400407	410470
肇庆市	86953	1065470	63156	290676	189412
清远市	152839	995105	134725	336293	180474
潮州市	53776	382982	35193	104378	78092
揭阳市	208050	621827	56922	147763	207926
云浮市	64051	510765	33154	187410	115207
按区域分组					
珠三角核心区	25415251	120995359	17443529	31392159	21604473
沿海经济带	2154232	13836299	1569699	3837462	1870624
北部生态发展区	1042803	12634312	546237	2404062	1374648

2-17-1 按国民经济行业分的总承包和专业分包建筑业企业固定资产原价情况

单位：万元

指标名称	固定资产原价	# 房屋和构筑物	# 机器设备	# 运输设备	# 电子设备
总 计	12042931	2222650	3698190	893712	293828
房屋建筑业	4659460	1011631	1134474	226007	47625
住宅房屋建筑	3682787	587909	900630	178485	35006
住宅房屋建筑	3682787	587909	900630	178485	35006
体育场馆建筑	408681	258280	115105	12923	2295
体育场馆建筑	408681	258280	115105	12923	2295
其他房屋建筑业	567992	165442	118740	34599	10324
其他房屋建筑业	567992	165442	118740	34599	10324
土木工程建筑业	5417339	688155	2206107	476028	138220
铁路、道路、隧道和桥梁工程建筑	2679379	371289	1381141	192244	50836
铁路工程建筑	662034	101429	377789	56571	19442
公路工程建筑	772501	94703	419499	41163	5110
市政道路工程建筑	733197	127890	238831	77367	22374
城市轨道交通工程建筑	102225		99042	736	
其他道路、隧道和桥梁工程建筑	409423	47267	245980	16407	3910
水利和水运工程建筑	2000663	140281	605576	189631	61477
水源及供水设施工程建筑	88577	4318	21527	6093	10706
河湖治理及防洪设施工程建筑	194380	60256	94469	15649	5087
港口及航运设施工程建筑	1717706	75707	489580	167890	45684
海洋工程建筑					
海洋油气资源开发利用工程建筑					
海洋能源开发利用工程建筑					
海底隧道工程建筑					
海底设施铺设工程建筑					
其他海洋工程建筑					
工矿工程建筑	52332	14948	21760	5929	4372
工矿工程建筑	52332	14948	21760	5929	4372
架线和管道工程建筑	353139	77122	119021	50431	11487
架线及设备工程建筑	299902	53239	101909	47267	10693
管道工程建筑	53237	23883	17112	3164	794
地下综合管廊工程建筑					
节能环保工程施工	2517	1101	39	422	410
节能工程施工	82			15	34
环保工程施工	2436	1101	39	407	376

2-17-1　续表 1

单位：万元

指标名称	固定资产原价	# 房屋和构筑物	# 机器设备	# 运输设备	# 电子设备
生态保护工程施工					
电力工程施工	21811	2672	3949	2499	737
火力发电工程施工					
水力发电工程施工	2498	180	2093	200	26
核电工程施工					
风能发电工程施工					
太阳能发电工程施工					
其他电力工程施工	19313	2492	1855	2299	711
其他土木工程建筑	307497	80742	74622	34871	8901
园林绿化工程施工	177057	61678	20757	23582	5879
体育场地设施工程施工	1013		473	187	144
游乐设施工程施工					
其他土木工程建筑施工	129427	19065	53392	11101	2878
建筑安装业	1048485	281822	180663	113306	77796
电气安装	539817	168181	82115	72504	61355
电气安装	539817	168181	82115	72504	61355
管道和设备安装	134039	38572	20625	14084	6816
管道和设备安装	134039	38572	20625	14084	6816
其他建筑安装业	374629	75069	77923	26718	9625
体育场地设施安装	45871	19822	8961	3467	596
其他建筑安装	328758	55247	68962	23251	9029
建筑装饰、装修和其他建筑业	917647	241042	176947	78371	30188
建筑装饰和装修业	665252	193944	73380	45194	24779
公共建筑装饰和装修	275911	96194	13564	19719	11699
住宅装饰和装修	193474	46759	19175	16039	6335
建筑幕墙装饰和装修	195867	50991	40642	9437	6745
建筑物拆除和场地准备活动	96135	13135	42450	8915	966
建筑物拆除活动	21543	445	9467	1870	355
场地准备活动	74592	12690	32983	7045	611
提供施工设备服务	46298	14501	18284	6876	1393
提供施工设备服务	46298	14501	18284	6876	1393
其他未列明建筑业	109962	19462	42833	17387	3051
其他未列明建筑业	109962	19462	42833	17387	3051

2-17-2 按登记注册类型分的总承包和专业分包建筑业企业固定资产原价情况

单位：万元

指标名称	固定资产原价	# 房屋和构筑物	# 机器设备	# 运输设备	# 电子设备
总　计	12042931	2222650	3698190	893712	293828
内资企业	11834585	2144220	3683820	888533	289307
国有企业	467827	102892	134279	29775	3983
集体企业	412305	76724	74410	16725	3814
股份合作企业	16523		37		
联营企业	4338	1711	1107	208	35
国有联营企业					
集体联营企业	1235				6
国有与集体联营企业	2079	1661	231	109	29
其他联营企业	1025	50	876	99	
有限责任公司	6543238	1203381	2293648	537130	198324
国有独资公司	1444319	293144	712253	140875	93366
其他有限责任公司	5098919	910238	1581394	396255	104958
股份有限公司	908244	188784	253313	36334	19946
私营企业	3482110	570729	927027	268361	63205
私营独资企业	6			6	
私营合伙企业					
私营有限责任公司	3375952	517527	916541	255629	57747
私营股份有限公司	106152	53202	10486	12726	5458
其他企业					
港、澳、台商投资企业	167848	64989	7811	1590	3229
与港澳台商合资经营	114821	22217	3688	390	1088
与港澳台商合作经营	37892	37444	41	9	33
港、澳、台商独资	15121	5328	4082	1177	2108
港、澳、台商投资股份有限公司	15			15	
其他港澳台投资					
外商投资企业	40498	13441	6559	3590	1293
中外合资经营企业	26135	12025	6087	3389	1122
中外合作经营企业					
外资企业	13693	1330	74	92	95
外商投资股份有限公司	669	86	399	109	76
其他外商投资					

2-17-3 按隶属关系、资质等级、营业状态和控股情况分组的总承包和专业分包建筑业企业固定资产原价情况

单位：万元

指标名称	固定资产原价	# 房屋和构筑物	# 机器设备	# 运输设备	# 电子设备
总　计	12042931	2222650	3698190	893712	293828
一、按隶属关系分组					
中央	3182649	372785	1275318	208028	83454
地方	2111571	654263	636925	111910	30093
其他	6748712	1195602	1785947	573774	180282
二、按企业资质等级分组					
施工总承包	10154349	1743601	3358706	694747	176412
特级	2889114	277070	1053689	149013	60694
一级	4041448	922176	1497865	322696	71045
二级	1850372	330880	457805	120933	22182
三级及以下	1373415	213474	349347	102105	22492
专业承包	1888582	479049	339484	198965	117416
一级	914772	296949	140939	68854	33387
二级	381382	68795	79425	42141	49430
三级及以下	592428	113305	119120	87970	34598
三、按运营状态分					
正常运营	12018519	2213386	3691022	892720	293325
停业(歇业)	4429	415	1457	248	143
筹建					
当年关闭					
当年破产	4519	781	3153	496	87
当年注销	10700	8068	1530	124	266
当年吊销	32			32	
其他	4732		1029	93	8
四、按控股情况分					
国有控股	5205306	1048720	1839235	301253	147367
集体控股	659809	127282	124540	44679	10389
私人控股	5208372	871367	1332002	456368	105460
港澳台商控股	123881	24066	5746	1209	2193
外商控股	30206	8829	6143	2025	945
其他	815356	142386	390524	88179	27475

2-17-4 按地区分的总承包和专业分包建筑业企业固定资产原价情况

单位：万元

地　区	固定资产原价	# 房屋和构筑物	# 机器设备	# 运输设备	# 电子设备
广东省	12042931	2222650	3698190	893712	293828
广州市	4801329	690138	1635532	229849	103921
深圳市	2417985	758666	650602	166923	102770
珠海市	377936	44894	127610	39984	10491
汕头市	579502	59190	201081	119208	10685
佛山市	443580	69321	96786	34980	9485
韶关市	164891	22986	55154	16516	3434
河源市	233572	29550	35274	12334	881
梅州市	271651	60421	76227	34901	4858
惠州市	141366	37003	26088	14659	3585
汕尾市	27114	2292	985	470	43
东莞市	424432	91848	163821	57861	12287
中山市	229689	80285	68921	19987	8061
江门市	287978	60417	84720	16269	5439
阳江市	186328	19987	47652	11206	692
湛江市	413320	71207	97998	44762	2992
茂名市	617992	67124	197196	43028	6618
肇庆市	103120	13975	36321	9376	2081
清远市	80760	10139	27560	9649	3657
潮州市	39121	3062	5816	503	48
揭阳市	130870	24464	41527	6926	1249
云浮市	70397	5683	21319	4322	552
按区域分组					
珠三角核心区	9227414	1846547	2890402	589887	258119
沿海经济带	1994246	247325	592255	226103	22328
北部生态发展区	821271	128778	215534	77722	13381

2-18-1　按国民经济行业分的总承包和专业分包建筑业企业固定资产净值及折旧情况

单位：万元

指标名称	累计折旧	# 本年折旧	固定资产净值	在建工程	固定资产减值准备
总　计	5680349	669093	6381957	1285933	11195
房屋建筑业	2081332	241274	2599090	659928	4759
住宅房屋建筑	1687915	176549	2015844	506910	2419
住宅房屋建筑	1687915	176549	2015844	506910	2419
体育场馆建筑	118576	19986	290106	50631	
体育场馆建筑	118576	19986	290106	50631	
其他房屋建筑业	274842	44739	293140	102386	2341
其他房屋建筑业	274842	44739	293140	102386	2341
土木工程建筑业	2643844	315091	2773633	367342	3008
铁路、道路、隧道和桥梁工程建筑	1390920	166763	1288560	142332	1277
铁路工程建筑	353278	43606	308495	6936	261
公路工程建筑	428726	52306	343774	24625	817
市政道路工程建筑	362559	44502	371012	86434	186
城市轨道交通工程建筑	49733	6034	52479		13
其他道路、隧道和桥梁工程建筑	196624	20316	212799	24337	
水利和水运工程建筑	864673	107274	1135990	179937	1082
水源及供水设施工程建筑	43137	5170	45441	19119	
河湖治理及防洪设施工程建筑	83530	7490	110850	37611	15
港口及航运设施工程建筑	738007	94614	979699	123208	1066
海洋工程建筑					
海洋油气资源开发利用工程建筑					
海洋能源开发利用工程建筑					
海底隧道工程建筑					
海底设施铺设工程建筑					
其他海洋工程建筑					
工矿工程建筑	35886	2366	16446		
工矿工程建筑	35886	2366	16446		
架线和管道工程建筑	224303	21961	128875	14429	
架线及设备工程建筑	190063	20484	109877	11714	
管道工程建筑	34239	1477	18998	2715	
地下综合管廊工程建筑					
节能环保工程施工	1025	189	1493	207	
节能工程施工	55	7	27	207	
环保工程施工	970	182	1466		

2-18-1 续表 1

单位：万元

指标名称	累计折旧	# 本年折旧	固定资产净值	在建工程	固定资产减值准备
生态保护工程施工					
电力工程施工	10583	779	11228	1928	
火力发电工程施工					
水力发电工程施工	923	221	1575		
核电工程施工					
风能发电工程施工					
太阳能发电工程施工					
其他电力工程施工	9661	558	9653	1928	
其他土木工程建筑	116454	15759	191043	28509	650
园林绿化工程施工	54964	8544	122093	6069	
体育场地设施工程施工	793	124	220		
游乐设施工程施工					
其他土木工程建筑施工	60698	7091	68729	22440	650
建筑安装业	564133	60217	482662	104752	335
电气安装	279469	30355	259627	67680	180
电气安装	279469	30355	259627	67680	180
管道和设备安装	74871	8164	58854	9811	28
管道和设备安装	74871	8164	58854	9811	28
其他建筑安装业	209794	21698	164181	27261	127
体育场地设施安装	29112	2674	16759	4707	101
其他建筑安装	180682	19024	147422	22554	26
建筑装饰、装修和其他建筑业	391040	52511	526572	153911	3093
建筑装饰和装修业	274474	37827	390765	113603	2311
公共建筑装饰和装修	117380	14561	158531	27264	17
住宅装饰和装修	79012	10738	114449	72808	2275
建筑幕墙装饰和装修	78083	12528	117785	13531	19
建筑物拆除和场地准备活动	47341	6792	48794	1341	630
建筑物拆除活动	11143	1088	10400	138	630
场地准备活动	36198	5704	38394	1203	
提供施工设备服务	11252	2218	35046	1205	
提供施工设备服务	11252	2218	35046	1205	
其他未列明建筑业	57972	5674	51968	37762	153
其他未列明建筑业	57972	5674	51968	37762	153

2-18-2 按登记注册类型分的总承包和专业分包建筑业企业固定资产净值及折旧情况

单位：万元

指标名称	累计折旧	# 本年折旧	固定资产净值	在建工程	固定资产减值准备
总　计	5680349	669093	6381957	1285933	11195
内资企业	5576031	662193	6277929	1156388	11191
国有企业	209393	16988	249913	16617	114
集体企业	180181	20692	215972	100376	1793
股份合作企业	4045	378	12478	263	
联营企业	1871	166	2467		
国有联营企业					
集体联营企业	962	107	272		
国有与集体联营企业	331	45	1748		
其他联营企业	578	15	447		
有限责任公司	3244959	377662	3353228	551883	2523
国有独资公司	794787	101369	649968	226167	116
其他有限责任公司	2450172	276293	2703260	325716	2407
股份有限公司	308361	54086	599660	110284	948
私营企业	1627221	192221	1844210	376966	5813
私营独资企业	5		1		
私营合伙企业					
私营有限责任公司	1588148	187446	1777125	362814	5036
私营股份有限公司	39068	4775	67084	14152	777
其他企业					
港、澳、台商投资企业	84589	4359	83260	128681	5
与港澳台商合资经营	50022	1729	64799	113	5
与港澳台商合作经营	26561	1824	11331	126286	
港、澳、台商独资	7996	803	7124	2282	
港、澳、台商投资股份有限公司	10	4	5		
其他港澳台投资					
外商投资企业	19729	2542	20769	863	
中外合资经营企业	9060	1509	17075	830	
中外合作经营企业					
外资企业	10078	1016	3615	33	
外商投资股份有限公司	590	17	79		
其他外商投资					

2-18-3 按隶属关系、资质等级、营业状态和控股情况分组的总承包和专业分包建筑业企业固定资产净值及折旧情况

单位：万元

指标名称	累计折旧	# 本年折旧	固定资产净值	在建工程	固定资产减值准备
总 计	5680349	669093	6381957	1285933	11195
一、按隶属关系分组					
中央	1543880	190772	1639205	178467	98
地方	853389	94099	1247504	302309	1921
其他	3283079	384221	3495249	805157	9176
二、按企业资质等级分组					
施工总承包	4818640	557957	5358953	1065177	6115
特级	1315759	145831	1573355	165808	113
一级	1979489	238139	2096054	326660	2421
二级	906374	93757	936097	221416	2024
三级及以下	617019	80230	753447	351293	1556
专业承包	861708	111136	1023004	220756	5081
一级	384470	50549	530294	77435	146
二级	193474	22711	184824	111604	2722
三级及以下	283765	37876	307886	31717	2213
三、按运营状态分					
正常运营	5670119	667396	6367775	1275272	11195
停业(歇业)	2250	157	2179		
筹建					
当年关闭					
当年破产	2672	382	1847	920	
当年注销	2916	920	7783	9490	
当年吊销	32				
其他	2359	239	2373	250	
四、按控股情况分					
国有控股	2343990	280178	2852971	532302	729
集体控股	324094	46574	374148	167848	1829
私人控股	2468799	293714	2728835	524636	7016
港澳台商控股	53593	2331	70288	2282	
外商控股	18860	1909	11346	33	
其他	471012	44387	344369	58832	1621

2-18-4 按地区分的总承包和专业分包建筑业企业固定资产净值及折旧情况

单位：万元

地　区	累计折旧	# 本年折旧	固定资产净值	在建工程	固定资产减值准备
广东省	5680349	669093	6381957	1285933	11195
广州市	2281190	267970	2520017	368475	2635
深圳市	1068771	144422	1403421	342378	1184
珠海市	150947	22024	226989	35372	2328
汕头市	286641	29762	285459	13821	4
佛山市	238031	28061	205533	92472	44
韶关市	80291	7216	77304	29628	135
河源市	53795	5136	179749	29224	11
梅州市	121652	13368	148879	1299	40
惠州市	71096	8051	70279	32019	1291
汕尾市	11891	624	15184	20080	
东莞市	212599	26008	212096	80064	443
中山市	108763	13239	120712	37006	129
江门市	140547	18648	141673	34713	
阳江市	83288	9021	103040	15961	770
湛江市	187633	16615	217748	76478	124
茂名市	372437	34347	240457	48819	678
肇庆市	50689	5870	52431	3829	216
清远市	42421	6564	38339	417	
潮州市	19650	1609	19398	6225	
揭阳市	56315	5497	74554	6936	928
云浮市	41703	5043	28694	10716	235
按区域分组					
珠三角核心区	4322632.9	534291.5	4953151.7	1026330	8269
沿海经济带	1017853.7	97474.5	955840.7	188319	2504
北部生态发展区	339862.1	37326.9	472964.7	71284	422

2-19-1 按国民经济行业分的总承包和专业分包建筑业企业其他资产情况

单位：万元

指标名称	可供出售金融资产	持有至到期投资	长期股权投资	无形资产	土地使用权	软件使用权	商誉
总 计	838406	56634	12517220	5156484	537815	73036	19530
房屋建筑业	90284	17981	6709415	334091	115302	24608	4607
住宅房屋建筑	18276	17981	5186693	253733	54186	19922	4293
住宅房屋建筑	18276	17981	5186693	253733	54186	19922	4293
体育场馆建筑	652		159809	57488	53082	3222	264
体育场馆建筑	652		159809	57488	53082	3222	264
其他房屋建筑业	71356		1362913	22871	8035	1465	50
其他房屋建筑业	71356		1362913	22871	8035	1465	50
土木工程建筑业	633596	10411	4252514	4535116	248457	17710	12846
铁路、道路、隧道和桥梁工程建筑	573388	5482	1860030	4345207	102084	11304	2827
铁路工程建筑			230446	19962	17482	614	
公路工程建筑	22918	68	390318	20485	8887	1273	7
市政道路工程建筑	545469	5414	843714	4290220	62637	9054	2821
城市轨道交通工程建筑				64			
其他道路、隧道和桥梁工程建筑	5000		395552	14476	13078	364	
水利和水运工程建筑	38738	4928	1572988	128035	102811	1433	10014
水源及供水设施工程建筑	198		24399	2026	553	35	
河湖治理及防洪设施工程建筑	15387	4928	346745	2993	2387	601	
港口及航运设施工程建筑	23153		1201844	123016	99871	797	10014
海洋工程建筑							
海洋油气资源开发利用工程建筑							
海洋能源开发利用工程建筑							
海底隧道工程建筑							
海底设施铺设工程建筑							
其他海洋工程建筑							
工矿工程建筑			12523	1680	1086	14	
工矿工程建筑			12523	1680	1086	14	
架线和管道工程建筑	10136	1	67910	47324	36719	1719	
架线及设备工程建筑	8758		65277	24555	15744	1525	
管道工程建筑	1378	1	2633	22769	20974	194	
地下综合管廊工程建筑							
节能环保工程施工			29544	1799	1414	48	
节能工程施工			100				
环保工程施工			29444	1799	1414	48	

2-19-1　续表 1

单位：万元

指标名称	可供出售金融资产	持有至到期投资	长期股权投资	无形资产	土地使用权	软件使用权	商誉
生态保护工程施工							
电力工程施工			779	1964	112	1725	
火力发电工程施工							
水力发电工程施工							
核电工程施工							
风能发电工程施工							
太阳能发电工程施工							
其他电力工程施工			779	1964	112	1725	
其他土木工程建筑	11335		708740	9108	4231	1468	5
园林绿化工程施工	8495		680898	1283		980	
体育场地设施工程施工				6		6	
游乐设施工程施工							
其他土木工程建筑施工	2840		27842	7819	4231	482	5
建筑安装业	57389	482	705212	72129	28176	17174	674
电气安装	18594		546309	39278	18928	11493	14
电气安装	18594		546309	39278	18928	11493	14
管道和设备安装	4683		34475	10736	5171	1572	
管道和设备安装	4683		34475	10736	5171	1572	
其他建筑安装业	34112	482	124428	22116	4077	4109	661
体育场地设施安装	148		44636	316		305	
其他建筑安装	33964	482	79793	21800	4077	3804	661
建筑装饰、装修和其他建筑业	57138	27761	850079	215148	145881	13544	1403
建筑装饰和装修业	57088	26805	766348	134017	84886	4002	1403
公共建筑装饰和装修	6549	295	293522	39506	28386	2441	
住宅装饰和装修	49670	21300	397922	81818	53949	658	1403
建筑幕墙装饰和装修	869	5210	74905	12692	2551	903	
建筑物拆除和场地准备活动	50		3091	1509	1447	21	
建筑物拆除活动	50		300	25		5	
场地准备活动			2791	1484	1447	16	
提供施工设备服务			3085	538	303	65	
提供施工设备服务			3085	538	303	65	
其他未列明建筑业		955	77555	79084	59246	9456	
其他未列明建筑业		955	77555	79084	59246	9456	

2-19-2　按登记注册类型分的总承包和专业分包建筑业企业其他资产情况

单位：万元

指标名称	可供出售金融资产	持有至到期投资	长期股权投资	无形资产	土地使用权	软件使用权	商誉
总　计	838406	56634	12517220	5156484	537815	73036	19530
内资企业	837587	56634	11438357	5154057	536085	72492	19530
国有企业	982	955	100266	14170	7460	132	
集体企业	394	1	25543	14796	5287	313	5
股份合作企业			4973	7		7	
联营企业				378	378		
国有联营企业							
集体联营企业							
国有与集体联营企业							
其他联营企业				378	378		
有限责任公司	723090	8309	8248803	4763115	353638	28219	16255
国有独资公司	122955		3734647	102405	89058	1913	
其他有限责任公司	600135	8309	4514156	4660710	264580	26306	16255
股份有限公司	69653	24928	1613861	125128	86983	3742	295
私营企业	43469	22441	1444912	236462	82338	40080	2976
私营独资企业							
私营合伙企业							
私营有限责任公司	22911	22441	930155	230758	80423	36318	2976
私营股份有限公司	20558		514756	5705	1915	3761	
其他企业							
港、澳、台商投资企业	819		1070258	1474	928	392	
与港澳台商合资经营	819		145	613	354	217	
与港澳台商合作经营			1064962				
港、澳、台商独资			5150	861	574	175	
港、澳、台商投资股份有限公司							
其他港澳台投资							
外商投资企业			8605	954	803	151	
中外合资经营企业			8575	863	803	61	
中外合作经营企业							
外资企业				91		91	
外商投资股份有限公司			30				
其他外商投资							

2-19-3　按隶属关系、资质等级、营业状态和控股情况分组的总承包和专业分包建筑业企业其他资产情况

单位：万元

指标名称	可供出售金融资产	持有至到期投资	长期股权投资	无形资产	土地使用权	软件使用权	商誉
总　计	838406	56634	12517220	5156484	537815	73036	19530
一、按隶属关系分组							
中央	628262	955	3524835	4408023	184952	4683	13371
地方	58911	4928	2672369	168785	83680	9127	956
其他	151233	50751	6320016	579677	269183	59226	5203
二、按企业资质等级分组							
施工总承包	750192	28986	10769934	4934469	436864	30201	18990
特级	132668	4928	4622648	136060	115986	3040	355
一级	601549	8267	4305639	4557921	253794	9771	17573
二级	5974	15196	550614	119282	44482	3843	12
三级及以下	10002	595	1291034	121207	22602	13547	1050
专业承包	88214	27648	1747285	222016	100951	42834	540
一级	84564	26208	1275391	140677	88109	16094	23
二级	1273	439	253780	27147	2303	12324	414
三级及以下	2377	1001	218114	54193	10539	14416	103
三、按运营状态分							
正常运营	838406	56634	12515261	5155192	537363	73011	19530
停业（歇业）				25		25	
筹建							
当年关闭							
当年破产				452	452		
当年注销							
当年吊销							
其他			1959	815			
四、按控股情况分							
国有控股	719933	5883	7280062	4531865	271957	10949	14299
集体控股	3994	1	1130008	26784	7986	1743	15
私人控股	100423	50750	3078741	541590	234710	50353	2989
港澳台商控股			5150	1138	574	392	
外商控股			510	627	500	127	
其他	14057		1022749	54481	22087	9472	2227

2-19-4 按地区分的总承包和专业分包建筑业企业其他资产情况

单位：万元

地 区	可供出售金融资产	持有至到期投资	长期股权投资	无形资产	土地使用权	软件使用权	商誉
广东省	838406	56634	12517220	5156484	537815	73036	19530
广州市	163777	14150	6508660	256774	187157	11965	14
深圳市	114279	26253	3068477	349827	251708	33035	1864
珠海市	527442		804058	4247925	4162	4594	12834
汕头市	12876	8075	60078	11143	5760	387	14
佛山市	2183	1304	41322	33344	8861	5393	
韶关市	100	35	15392	7030	1517	52	
河源市			12722	4147	2189		
梅州市	1504	295	151497	37912	3362	29	
惠州市	550	5714	40414	11823	7246	151	1000
汕尾市			1000	7476	79	1	
东莞市	6218	439	1196165	20361	8547	4194	2846
中山市	7357	300	409468	21915	17713	1843	
江门市	108		64974	21600	13205	1086	
阳江市	64	68	7762	32516	1307	11	12
湛江市	1882		20101	44790	4539	6043	947
茂名市	65		43738	18542	4777	436	
肇庆市			12621	10874	7216	143	
清远市			48455	9726	6994	208	
潮州市			2941	624			
揭阳市		1	4901	808		1	
云浮市			2474	7330	1479	3465	
按区域分组							
珠三角核心区	821914	48160	12146159	4974442	505813	62404	18558
沿海经济带	14887	8144	140521	115898	16462	6878	972
北部生态发展区	1604	331	230540	66145	15541	3753	

2-20-1　按国民经济行业分的总承包和专业分包建筑业企业资产负债情况

单位：万元

指标名称	资产合计	流动负债合计	# 应付账款	非流动负债合计	负债合计	所有者权益合计
总　计	194723407	117183869	40097894	11869981	138179270	56543976
房屋建筑业	95047506	55876959	17013426	4269755	67135418	27912215
住宅房屋建筑	65107593	34901240	10728646	1914956	43429100	21678621
住宅房屋建筑	65107593	34901240	10728646	1914956	43429100	21678621
体育场馆建筑	4568240	3350223	1172695	80783	3463084	1105155
体育场馆建筑	4568240	3350223	1172695	80783	3463084	1105155
其他房屋建筑业	25371673	17625497	5112085	2274015	20243234	5128438
其他房屋建筑业	25371673	17625497	5112085	2274015	20243234	5128438
土木工程建筑业	61008861	37583014	14976910	6450278	44758760	16250100
铁路、道路、隧道和桥梁工程建筑	34928798	20928964	7711047	4970528	26373181	8555617
铁路工程建筑	6450801	5251833	2514370	156187	5408019	1042782
公路工程建筑	6021994	4226723	1501029	268532	4531316	1490678
市政道路工程建筑	18792083	8829827	2901658	4362311	13580956	5211127
城市轨道交通工程建筑	187829	109036	14333	3294	112330	75499
其他道路、隧道和桥梁工程建筑	3476092	2511545	779658	180204	2740561	735532
水利和水运工程建筑	12981541	8139141	3797209	855704	9046185	3935356
水源及供水设施工程建筑	1176884	599791	209688	19512	623905	552979
河湖治理及防洪设施工程建筑	2188087	1619693	408392	56445	1677752	510335
港口及航运设施工程建筑	9616570	5919658	3179129	779747	6744527	2872043
海洋工程建筑						
海洋油气资源开发利用工程建筑						
海洋能源开发利用工程建筑						
海底隧道工程建筑						
海底设施铺设工程建筑						
其他海洋工程建筑						
工矿工程建筑	434262	298796	81617	13577	312373	121888
工矿工程建筑	434262	298796	81617	13577	312373	121888
架线和管道工程建筑	4294112	2801314	1247143	148748	2980734	1313378
架线及设备工程建筑	3399430	2206792	904266	111962	2348313	1051117
管道工程建筑	894682	594522	342877	36787	632421	262261
地下综合管廊工程建筑						
节能环保工程施工	332311	225126	81785	737	225998	106314
节能工程施工	2871	2083	962	640	2723	148
环保工程施工	329440	223043	80823	97	223275	106166

2-20-1 续表 1

单位：万元

指标名称	资产合计	流动负债合计	# 应付账款	非流动负债合计	负债合计	所有者权益合计
生态保护工程施工						
电力工程施工	431967	195799	59011	3771	309454	122513
火力发电工程施工	11338				20691	-9353
水力发电工程施工	5807	1179	181		1179	4628
核电工程施工						
风能发电工程施工						
太阳能发电工程施工	135091				89131	45960
其他电力工程施工	279731	194620	58831	3771	198454	81278
其他土木工程建筑	7605869	4993874	1999099	457212	5510835	2095034
园林绿化工程施工	4370081	2517747	1268693	422831	2942877	1427205
体育场地设施工程施工	150186	9526	2627		9835	140351
游乐设施工程施工	9				7	3
其他土木工程建筑施工	3085592	2466601	727779	34382	2558117	527476
建筑安装业	14598772	9301527	3493627	224519	9791058	4807752
电气安装	6366785	4019501	1422037	98908	4172817	2193968
电气安装	6366785	4019501	1422037	98908	4172817	2193968
管道和设备安装	2027591	1316588	491042	9468	1355335	672294
管道和设备安装	2027591	1316588	491042	9468	1355335	672294
其他建筑安装业	6204396	3965438	1580548	116143	4262906	1941490
体育场地设施安装	376550	209245	68126	2441	245237	131312
其他建筑安装	5827846	3756193	1512422	113702	4017669	1810178
建筑装饰、装修和其他建筑业	24068269	14422369	4613930	925429	16494034	7573909
建筑装饰和装修业	21794678	13153473	4136017	694922	14940012	6854340
公共建筑装饰和装修	7577309	4639253	1626051	124436	4932925	2644004
住宅装饰和装修	9886674	5900193	1554947	529648	7039549	2847180
建筑幕墙装饰和装修	4330694	2614028	955019	40837	2967538	1363157
建筑物拆除和场地准备活动	649027	351011	126367	109857	471233	177794
建筑物拆除活动	94931	52479	19442	110	53805	41126
场地准备活动	554096	298532	106925	109747	417428	136668
提供施工设备服务	221252	82405	33087	5654	117577	103674
提供施工设备服务	221252	82405	33087	5654	117577	103674
其他未列明建筑业	1403313	835480	318459	114996	965212	438102
其他未列明建筑业	1403313	835480	318459	114996	965212	438102

2-20-2 按登记注册类型分的总承包和专业分包建筑业企业资产负债情况

单位：万元

指标名称	资产合计	流动负债合计	# 应付账款	非流动负债合计	负债合计	所有者权益合计
总　计	194723407	117183869	40097894	11869981	138179270	56543976
内资企业	184690755	112437080	39463450	10155150	131396971	53293624
国有企业	3766761	2774870	418525	42099	2922809	843952
集体企业	2541029	1370384	404176	29690	1575678	965350
股份合作企业	69443	42241	18606		42326	27117
联营企业	34247	26641	4063		26641	7606
国有联营企业	1101	1113	176		1113	-13
集体联营企业	6035	3291	7		3291	2744
国有与集体联营企业	19910	15691	3222		15691	4220
其他联营企业	7201	6547	658		6547	655
有限责任公司	96358937	62994595	24956844	7735202	71827464	24531472
国有独资公司	23849279	17263765	8692679	936091	18310363	5538916
其他有限责任公司	72509658	45730830	16264166	6799112	53517101	18992556
股份有限公司	21250619	14008616	4169728	836754	15386331	5864288
私营企业	60669719	31219732	9491509	1511404	39615720	21053839
私营独资企业	95				44	51
私营合伙企业						
私营有限责任公司	56469810	28718213	8586850	1295274	36894628	19575022
私营股份有限公司	4199815	2501520	904659	216130	2721049	1478766
其他企业						
港、澳、台商投资企业	3620559	1425524	617756	102754	1848958	1771601
与港澳台商合资经营	1795683	1082391	477316	82754	1370676	425007
与港澳台商合作经营	1246521	9723	1664	20000	29723	1216798
港、澳、台商独资	577576	333115	138676		448264	129313
港、澳、台商投资股份有限公司	773	295	100		295	478
其他港澳台投资	6	1	1		1	5
外商投资企业	6412093	3321265	16687	1612077	4933342	1478751
中外合资经营企业	163553	63023	5392	22800	85823	77731
中外合作经营企业						
外资企业	5879343	2896330	749	1589278	4485608	1393736
外商投资股份有限公司	369197	361912	10547		361912	7285
其他外商投资						

2-20-3 按隶属关系、资质等级、营业状态和控股情况分组的总承包和专业分包建筑业企业资产负债情况

单位：万元

指标名称	资产合计	流动负债合计	# 应付账款	非流动负债合计	负债合计	所有者权益合计
总　计	194723407	117183869	40097894	11869981	138179270	56543976
一、按隶属关系分组						
中央	46276505	31063229	14568415	5521289	36865780	9410725
地方	28078753	19097420	6259243	992873	20601486	7477266
其他	120368150	67023220	19270236	5355820	80712005	39655985
二、按企业资质等级分组						
施工总承包	157349582	94730328	32376524	10714633	113282636	44067072
特级	29521122	20207577	9174494	1756042	21963629	7557493
一级	83212783	55474396	17785647	7990341	64162856	19049927
二级	22108022	10388449	3106040	655012	15496447	6611575
三级及以下	22507655	8659906	2310344	313238	11659704	10848078
专业承包	37373825	22453540	7721370	1155349	24896634	12476905
一级	22520224	13147091	5264304	802119	14893746	7626478
二级	6681703	4326439	969228	90790	4596575	2085183
三级及以下	8171899	4980011	1487839	262440	5406314	2765244
三、按运营状态分						
正常运营	194612047	117122834	40078268	11868611	138113417	56498470
停业（歇业）	69218	49341	11916	558	49903	19315
筹建						
当年关闭						
当年破产	8206	3408	2985	812	4220	3986
当年注销	14829	1630	953		2051	12778
当年吊销	465	405			405	59
其他	18642	6251	3772		9274	9368
四、按控股情况分						
国有控股	71609058	47412067	20467177	6476722	54435223	17173834
集体控股	9890676	6434683	1056528	486354	7162013	2728663
私人控股	90341258	49648618	15169540	2805927	60229985	30111113
港澳台商控股	2156740	1252980	508494	73836	1647496	509244
外商控股	6463205	3438085	34193	1589628	5027712	1435493
其他	14262471	8997436	2861961	437514	9676842	4585629

2-20-4　按地区分的总承包和专业分包建筑业企业资产负债情况

单位：万元

地　区	资产合计	流动负债合计	# 应付账款	非流动负债合计	负债合计	所有者权益合计
广东省	194723407	117183869	40097894	11869981	138179270	56543976
广州市	65891659	39959514	17299815	2344814	48182246	17709506
深圳市	51317703	33297242	10453731	1941695	36799475	14518228
珠海市	17080746	8132505	2578762	4313701	12900902	4179843
汕头市	6564572	4321135	1091930	163932	4656428	1907764
佛山市	12441036	7358066	933320	1670063	9178640	3262395
韶关市	1628412	1082217	439958	29464	1162780	465633
河源市	1080424	415267	137267	27491	477910	602515
梅州市	9951316	7587716	1415497	425975	8057721	1893596
惠州市	3013467	1139445	436024	14226	1198157	1815311
汕尾市	304599	210603	11107	1776	218921	85679
东莞市	6502297	3172038	1340641	275592	3585264	2917033
中山市	4674403	2867214	1128732	300577	3251621	1422782
江门市	2368438	1214835	229146	46727	1319200	1049238
阳江市	1026724	428946	121056	25103	474736	551987
湛江市	2422538	1144020	442397	85939	1354625	1067913
茂名市	4252327	2322542	1318296	24861	2567547	1684780
肇庆市	1226861	856130	218479	62624	953976	272886
清远市	1118921	769802	326789	56283	833010	286038
潮州市	439511	294689	24959	3959	307058	132454
揭阳市	781530	233193	40566	-1389	262373	519157
云浮市	635922	376752	109423	56568	436683	199239
按区域分组						
珠三角核心区	164516610	97996988	34618650	10970020	117369480	47147223
沿海经济带	15791801	8955127	3050310	304180	9841688	5949734
北部生态发展区	14414996	10231753	2428934	595781	10968103	3447020

2-21-1 按国民经济行业分的总承包和专业分包建筑业企业资本情况

单位：万元

指标名称	实收资本	国家资本	集体资本	法人资本	个人资本	港澳台资本	外商资本
总 计	28799936	6694648	979941	11225422	9315504	59430	524993
房屋建筑业	14308193	2515161	695090	5886455	4682875	8609	520004
住宅房屋建筑	11245904	1551582	653793	4986870	4045959	7696	4
住宅房屋建筑	11245904	1551582	653793	4986870	4045959	7696	4
体育场馆建筑	459079	199917	21894	149424	87843		
体育场馆建筑	459079	199917	21894	149424	87843		
其他房屋建筑业	2603211	763662	19402	750161	549073	913	520000
其他房屋建筑业	2603211	763662	19402	750161	549073	913	520000
土木工程建筑业	9011220	3629761	128535	2922443	2327350	1734	1398
铁路、道路、隧道和桥梁工程建筑	5066312	2419642	52123	1428154	1165028	1365	
铁路工程建筑	722854	516236	18184	175460	12975		
公路工程建筑	948130	374201	15838	404564	153183	345	
市政道路工程建筑	2911076	1248427	17706	750603	894340		
城市轨道交通工程建筑	74178	60000		2073	12105		
其他道路、隧道和桥梁工程建筑	410074	220779	396	95455	92425	1020	
水利和水运工程建筑	2111905	1023551	31646	733917	321794		997
水源及供水设施工程建筑	414060	172216	29593	106657	105595		
河湖治理及防洪设施工程建筑	252767	80483	1273	45257	124758		997
港口及航运设施工程建筑	1445078	770853	780	582004	91441		
海洋工程建筑							
海洋油气资源开发利用工程建筑							
海洋能源开发利用工程建筑							
海底隧道工程建筑							
海底设施铺设工程建筑							
其他海洋工程建筑							
工矿工程建筑	83129	6317		43821	32991		
工矿工程建筑	83129	6317		43821	32991		
架线和管道工程建筑	657183	107518	26674	394290	128333	368	
架线及设备工程建筑	546561	27154	25474	375087	118477	368	
管道工程建筑	110622	80364	1200	19202	9855		
地下综合管廊工程建筑							
节能环保工程施工	89469			83387	6082		
节能工程施工	2442				2442		
环保工程施工	87027			83387	3640		

2-21-1 续表 1

单位：万元

指标名称	实收资本	国家资本	集体资本	法人资本	个人资本	港澳台资本	外商资本
生态保护工程施工							
电力工程施工	93739		12150	62580	19009		
火力发电工程施工	5197			5197			
水力发电工程施工	3875				3875		
核电工程施工							
风能发电工程施工							
太阳能发电工程施工	31585			31585			
其他电力工程施工	53083		12150	25799	15134		
其他土木工程建筑	909483	72733	5942	176295	654113	1	401
园林绿化工程施工	480837	12674	671	77088	390404		
体育场地设施工程施工	138898			1002	137896		
游乐设施工程施工	3			3			
其他土木工程建筑施工	289747	60059	5270	98203	125813	1	401
建筑安装业	2483347	435513	91417	963204	975131	15197	2887
电气安装	1017694	45283	72252	481266	415089	2138	1668
电气安装	1017694	45283	72252	481266	415089	2138	1668
管道和设备安装	379630	93791	4023	148314	124428	8074	1000
管道和设备安装	379630	93791	4023	148314	124428	8074	1000
其他建筑安装业	1086023	296439	15142	333624	435614	4986	219
体育场地设施安装	81429	5611		28120	47699		
其他建筑安装	1004594	290828	15142	305504	387916	4986	219
建筑装饰、装修和其他建筑业	2997176	114214	64900	1453319	1330148	33890	705
建筑装饰和装修业	2596469	76317	59313	1256889	1172252	30994	705
公共建筑装饰和装修	952506	21904	50380	384693	492726	2804	
住宅装饰和装修	1102961	7944	4553	574257	497312	18190	705
建筑幕墙装饰和装修	541003	46469	4380	297939	182214	10000	
建筑物拆除和场地准备活动	117044	5735	621	64158	46530		
建筑物拆除活动	31291	2210		10741	18340		
场地准备活动	85753	3525	621	53417	28190		
提供施工设备服务	40328	9806	100	15619	13149	1654	
提供施工设备服务	40328	9806	100	15619	13149	1654	
其他未列明建筑业	243335	22356	4866	116653	98218	1242	
其他未列明建筑业	243335	22356	4866	116653	98218	1242	

2-21-2 按登记注册类型分的总承包和专业分包建筑业企业资本情况

单位：万元

指标名称	实收资本	国家资本	集体资本	法人资本	个人资本	港澳台资本	外商资本
总 计	28799936	6694648	979941	11225422	9315504	59430	524993
内资企业	27978008	6643203	979941	11040175	9308649	4234	1806
国有企业	565648	329342	156647	77827	1832		
集体企业	554761	200	450519	96534	7508		
股份合作企业	15550	809	656	4000	10085		
联营企业	5868	1420	3128	1140	180		
国有联营企业	638			638			
集体联营企业	3128		3128				
国有与集体联营企业	1502	1000		502			
其他联营企业	600	420			180		
有限责任公司	13462040	6018609	286108	5076222	2077472	3530	100
国有独资公司	2978721	2710302		268370	49		
其他有限责任公司	10483319	3308307	286108	4807852	2077423	3530	100
股份有限公司	2134374	246204	62861	1115868	707740		1701
私营企业	11239767	46618	20022	4668584	6503833	705	5
私营独资企业	50				50		
私营合伙企业							
私营有限责任公司	10748460	46618	20022	4564953	6116157	705	5
私营股份有限公司	491257			103631	387626		
其他企业							
港、澳、台商投资企业	270201	41639		168967	6854	52522	219
与港澳台商合资经营	170725	41639		102759	6849	19259	219
与港澳台商合作经营	39866			33224		6642	
港、澳、台商独资	59405			32785		26621	
港、澳、台商投资股份有限公司	200			200			
其他港澳台投资	5				5		
外商投资企业	551728	9806		16280		2674	522968
中外合资经营企业	26160	9806		11980		2674	1700
中外合作经营企业							
外资企业	521568			300			521268
外商投资股份有限公司	4000			4000			
其他外商投资							

2-21-3　按隶属关系、资质等级、营业状态和控股情况分组的总承包和专业分包建筑业企业资本情况

单位：万元

指标名称	实收资本	国家资本	集体资本	法人资本	个人资本	港澳台资本	外商资本
总　计	28799936	6694648	979941	11225422	9315504	59430	524993
一、按隶属关系分组							
中央	5134962	4048241		1082324	4397		
地方	4013846	2057875	344656	1148578	459242	2498	997
其他	19651128	588531	635285	8994519	8851865	56932	523996
二、按企业资质等级分组							
施工总承包	23331520	6478145	854532	8777997	6689880	8665	522302
特级	3764975	2605909		956512	201557		997
一级	9912280	3488361	222790	3784184	1896945		520000
二级	4316516	254156	401883	1545514	2114063		900
三级及以下	5337750	129719	229859	2491786	2477315	8665	405
专业承包	5468416	216502	125409	2447425	2625623	50765	2691
一级	2732006	150286	74222	1198075	1277375	31125	923
二级	1158465	32369	25713	423068	661039	16275	1
三级及以下	1577945	33847	25474	826282	687209	3364	1768
三、按运营状态分							
正常运营	28768717	6690611	966673	11218401	9308610	59430	524993
停业（歇业）	13035	869	2000	5658	4508		
筹建							
当年关闭							
当年破产	2368	2368					
当年注销	11524		10038	140	1346		
当年吊销	59				59		
其他	4233	800	1230	1223	980		
四、按控股情况分							
国有控股	8697986	6506709	203658	1886718	92094	7592	1216
集体控股	1890458	728	657349	1191067	41314		
私人控股	15873465	44804	49564	6962763	8814363	1262	709
港澳台商控股	215431	35000		131431	245	48754	
外商控股	536256			11403	1785		523068
其他	1586340	107407	69370	1042039	365703	1821	

2-21-4　按地区分的总承包和专业分包建筑业企业资本情况

单位：万元

地　区	实收资本	国家资本	集体资本	法人资本	个人资本	港澳台资本	外商资本
广东省	28799936	6694648	979941	11225422	9315504	59430	524993
广州市	8181099	3546478	123392	2845860	1652425	10280	2665
深圳市	7573710	1160413	99835	3699066	2598170	15302	924
珠海市	2246817	1273467	41097	516939	401348	13967	
汕头市	818794	87190	87489	258344	385772		
佛山市	1496516	28651	29429	445208	471786	1442	520000
韶关市	331514	61030	21604	123898	124482	500	
河源市	252519	1879	18006	85102	147165	367	
梅州市	626417	4471	20673	235203	362737	3332	
惠州市	1637979	216493	37762	1168083	214139	601	901
汕尾市	66351	330	20708	25047	20266		
东莞市	1349452	46390	20740	456840	823881	1101	500
中山市	757931	57210	13667	221466	455589	10000	
江门市	593269	11290	39039	213557	328781	601	
阳江市	327458	10050	28570	119365	169473		
湛江市	625019	80177	90240	254492	199083	1023	4
茂名市	1062676	55302	192997	259696	554682		
肇庆市	188581	37441	5814	84534	59879	913	
清远市	188150	1760	10918	62572	112900		
潮州市	86885	2360	27974	12415	44136		
揭阳市	265874	5674	42026	77296	140879		
云浮市	122925	6594	7963	60438	47931		
按区域分组							
珠三角核心区	24025352	6377832	410774	9651553	7005998	54207	524990
沿海经济带	3253059	241082	490004	1006656	1514291	1023	4
北部生态发展区	1521525	75733	79164	567213	795215	4200	

2-22-1 按国民经济行业分的总承包和专业分包建筑业企业营业收入情况

单位：万元

指标名称	营业收入	# 主营业务收入	营业成本	# 主营业务成本	营业税金及附加	#主营业务税金及附加	其他业务利润
总　计	149583407	147409509	135871085	133769453	1040289	989931	204297
房屋建筑业	76079120	75267944	70150986	69321298	647177	616476	91579
住宅房屋建筑	57258972	56605299	52864991	52151159	559212	533837	80782
住宅房屋建筑	57258972	56605299	52864991	52151159	559212	533837	80782
体育场馆建筑	3892398	3870138	3478098	3467236	16463	16356	3227
体育场馆建筑	3892398	3870138	3478098	3467236	16463	16356	3227
其他房屋建筑业	14927750	14792507	13807897	13702903	71502	66284	7570
其他房屋建筑业	14927750	14792507	13807897	13702903	71502	66284	7570
土木工程建筑业	41736462	41021808	37949666	37324106	205061	195442	77417
铁路、道路、隧道和桥梁工程建筑	22380955	21952996	20456182	20109102	117655	114208	43686
铁路工程建筑	4873107	4850764	4595137	4580882	12516	12300	-478
公路工程建筑	5184001	5072513	4710217	4606359	55438	54766	1713
市政道路工程建筑	9295028	9046462	8341094	8138060	39059	37024	37569
城市轨道交通工程建筑	46842	46836	43756	43523	116	116	6
其他道路、隧道和桥梁工程建筑	2981976	2936421	2765978	2740279	10526	10003	4876
水利和水运工程建筑	8127087	7960965	7369431	7212347	36472	33333	24071
水源及供水设施工程建筑	1143949	1049696	1051564	964794	11501	10231	2141
河湖治理及防洪设施工程建筑	2053552	2024920	1881731	1861899	12103	11855	6699
港口及航运设施工程建筑	4929586	4886349	4436137	4385654	12868	11246	15232
海洋工程建筑							
海洋油气资源开发利用工程建筑							
海洋能源开发利用工程建筑							
海底隧道工程建筑							
海底设施铺设工程建筑							
其他海洋工程建筑							
工矿工程建筑	368974	365406	314715	313564	3651	3649	2473
工矿工程建筑	368974	365406	314715	313564	3651	3649	2473
架线和管道工程建筑	4106300	4070752	3695191	3654754	19342	16952	3110
架线及设备工程建筑	3502541	3472423	3155933	3119586	16402	14947	2354
管道工程建筑	603759	598329	539258	535168	2940	2005	756
地下综合管廊工程建筑							
节能环保工程施工	123427	123222	86433	86258	241	240	4
节能工程施工	1445	1445	1045	1045	2	2	
环保工程施工	121983	121778	85388	85213	238	238	4

2-22-1 续表 1

单位：万元

指标名称	营业收入	# 主营业务收入	营业成本	# 主营业务成本	营业税金及附加	#主营业务税金及附加	其他业务利润
生态保护工程施工							
电力工程施工	398822	388520	347592	338928	3063	2951	256
火力发电工程施工	790	534	326	325	34	33	255
水力发电工程施工	16939	16939	12924	12924	1523	1523	
核电工程施工							
风能发电工程施工							
太阳能发电工程施工	147497	147254	135814	135814	283	283	
其他电力工程施工	233597	223793	198528	189865	1222	1111	1
其他土木工程建筑	6230897	6159948	5680123	5609153	24637	24110	3818
园林绿化工程施工	2703370	2694631	2346236	2334359	10410	10338	2797
体育场地设施工程施工	9863	7214	8083	5599	36	23	
游乐设施工程施工	160	160	129	129	6	1	
其他土木工程建筑施工	3517504	3457943	3325676	3269067	14185	13748	1021
建筑安装业	11683784	11294288	10026072	9697029	91906	86644	20015
电气安装	4548911	4415125	3806047	3692171	24816	23246	9410
电气安装	4548911	4415125	3806047	3692171	24816	23246	9410
管道和设备安装	1855157	1772112	1636777	1585117	9736	8499	6960
管道和设备安装	1855157	1772112	1636777	1585117	9736	8499	6960
其他建筑安装业	5279716	5107051	4583248	4419741	57354	54899	3646
体育场地设施安装	420866	321254	379325	284354	1977	956	1169
其他建筑安装	4858850	4785797	4203922	4135387	55377	53943	2477
建筑装饰、装修和其他建筑业	20084041	19825470	17744361	17427020	96145	91369	15287
建筑装饰和装修业	18029523	17815400	15955519	15671659	85483	81812	12030
公共建筑装饰和装修	7500493	7433888	6666270	6599620	39017	37370	1777
住宅装饰和装修	6076247	6013305	5287047	5142511	29851	28821	6391
建筑幕墙装饰和装修	4452783	4368208	4002202	3929529	16615	15620	3862
建筑物拆除和场地准备活动	618101	600427	542212	532661	2842	2773	798
建筑物拆除活动	125176	124411	106773	106556	862	826	398
场地准备活动	492925	476017	435438	426105	1980	1948	400
提供施工设备服务	227934	227277	189259	188813	1218	1211	156
提供施工设备服务	227934	227277	189259	188813	1218	1211	156
其他未列明建筑业	1208483	1182367	1057371	1033886	6603	5573	2303
其他未列明建筑业	1208483	1182367	1057371	1033886	6603	5573	2303

2-22-2　按登记注册类型分的总承包和专业分包建筑业企业营业收入情况

单位：万元

指标名称	营业收入	# 主营业务收入	营业成本	# 主营业务成本	营业税金及附加	#主营业务税金及附加	其他业务利润
总　计	149583407	147409509	135871085	133769453	1040289	989931	204297
内资企业	146582608	144422722	133301317	131208098	1025943	975807	202258
国有企业	5952533	5906255	5580588	5529699	82250	79892	6579
集体企业	5178731	5145926	4762386	4693781	103764	94774	2085
股份合作企业	92809	91918	86300	86300	1045	1045	496
联营企业	58923	58866	55381	55381	1075	1075	
国有联营企业	128	128	45	45	1	1	
集体联营企业	11698	11698	11037	11037	96	96	
国有与集体联营企业	45361	45361	42774	42774	963	963	
其他联营企业	1737	1680	1526	1526	16	16	
有限责任公司	75210115	74039351	68809220	67920847	416692	389382	119379
国有独资公司	19449297	19270982	18341057	18244893	54361	46275	43257
其他有限责任公司	55760818	54768369	50468163	49675954	362331	343107	76122
股份有限公司	12921388	12748395	11388867	11097027	69995	68355	24575
私营企业	47168108	46432011	42618575	41825064	351122	341283	49144
私营独资企业	43	43	1	1	1		
私营合伙企业							
私营有限责任公司	45185330	44470507	40943372	40163272	341492	331819	47410
私营股份有限公司	1982735	1961462	1675202	1661792	9629	9464	1734
其他企业							
港、澳、台商投资企业	1395695	1382595	1180520	1172152	5513	5290	1176
与港澳台商合资经营	862431	858367	733226	732495	3562	3405	1175
与港澳台商合作经营	24111	24111	22736	22736	75	75	
港、澳、台商独资	507562	498527	423254	415618	1871	1805	1
港、澳、台商投资股份有限公司	1562	1562	1286	1286	5	5	
其他港澳台投资	29	29	17	17			
外商投资企业	1605104	1604192	1389248	1389202	8834	8834	864
中外合资经营企业	132174	131291	106932	106889	917	917	842
中外合作经营企业							
外资企业	1447347	1447321	1262211	1262208	7285	7285	22
外商投资股份有限公司	25583	25580	20105	20105	632	632	
其他外商投资							

2-22-3 按隶属关系、资质等级、营业状态和控股情况分组的总承包和专业分包建筑业企业营业收入情况

单位：万元

指标名称	营业收入	# 主营业务收入	营业成本	# 主营业务成本	营业税金及附加	#主营业务税金及附加	其他业务利润
总　计	149583407	147409509	135871085	133769453	1040289	989931	204297
一、按隶属关系分组							
中央	29919539	29626914	27623051	27403247	73579	65068	50871
地方	31054173	30530654	28898778	28414667	227280	209677	57950
其他	88609695	87251941	79349256	77951538	739430	715186	95477
二、按企业资质等级分组							
施工总承包	118102959	116608759	108343658	106937121	880829	838218	177505
特级	19808716	19714182	18509452	18420985	86636	83231	19761
一级	63427395	62808130	58304050	57769678	354711	337820	117127
二级	18817944	18509416	17183389	16831435	213669	204464	24818
三级及以下	16048904	15577032	14346767	13915023	225813	212704	15799
专业承包	31480448	30800750	27527427	26832332	159460	151712	26792
一级	20699803	20464423	18347452	18048412	92599	89040	17429
二级	4922590	4691617	4173367	3975889	35010	32395	3932
三级及以下	5858055	5644710	5006609	4808031	31852	30277	5431
三、按运营状态分							
正常运营	149529219	147355796	135822401	133722406	1039701	989352	204244
停业（歇业）	14796	14796	13812	12637	290	289	
筹建							
当年关闭							
当年破产	25740	25740	24521	24521	86	86	
当年注销	442	442	382	382	24	24	
当年吊销							
其他	13210	12735	9969	9506	188	180	53
四、按控股情况分							
国有控股	55883554	55279782	52019402	51563081	269780	254261	105595
集体控股	8654374	8521691	7813799	7647218	139638	129908	26481
私人控股	71151656	69877685	63929464	62553254	546659	523699	64187
港澳台商控股	1142665	1130317	946686	938569	4819	4596	849
外商控股	1572826	1572797	1368173	1368170	8725	8725	23
其他	11178333	11027236	9793561	9699160	70670	68742	7162

2-22-4 按地区分的总承包和专业分包建筑业企业营业收入情况

单位：万元

地　区	营业收入	# 主营业务收入	营业成本	# 主营业务成本	营业税金及附加	#主营业务税金及附加	其他业务利润
广东省	149583407	147409509	135871085	133769453	1040289	989931	204297
广州市	46361818	45931481	43069807	42688928	169232	155507	65558
深圳市	36425001	35769558	32669382	31981324	187157	179190	53145
珠海市	7343176	7195632	6354171	6267124	39985	38399	38838
汕头市	7184303	7043590	6537085	6387003	73817	68773	1592
佛山市	6227930	6106441	5550012	5423886	32179	30841	16885
韶关市	2051372	2017395	1879237	1854232	24386	20583	712
河源市	1153577	1145893	982977	975702	13243	12418	769
梅州市	4265860	4178068	3805306	3724356	37649	35923	220
惠州市	2636054	2527409	2486616	2384607	16152	14111	1707
汕尾市	515667	497411	462017	448131	15703	13696	63
东莞市	4765847	4668021	4157969	4070690	21521	20668	10739
中山市	2862619	2846632	2466518	2457148	11589	10619	4565
江门市	3208108	3187567	2971787	2954124	35271	34393	2266
阳江市	1311369	1306134	1177890	1173987	26935	26750	151
湛江市	7610234	7594966	7000689	6988714	86375	86103	1220
茂名市	10398750	10285921	9554998	9397260	165018	160943	727
肇庆市	1281475	1216404	1166274	1105068	17827	17794	1656
清远市	1662638	1609569	1540472	1488566	15533	14773	296
潮州市	545040	527218	506772	490572	9258	8192	59
揭阳市	1212903	1198707	1029219	1015696	31318	30149	1894
云浮市	559665	555493	501886	492336	10141	10108	1236
按区域分组							
珠三角核心区	111112029	109449145	100892537	99332899	530914	501521	195360
沿海经济带	28778266	28453947	26268670	25901362	408424	394606	5705
北部生态发展区	9693112	9506417	8709878	8535191	100951	93804	3233

2-23-1 按国民经济行业分的总承包和专业分包建筑业企业经营费用情况

单位：万元

指标名称	销售费用	管理费用	财务费用	#利息收入	# 利息支出
总　计	516228	5397952	1314026	159407	1066863
房屋建筑业	160160	2030223	606054	34135	368260
住宅房屋建筑	121446	1437112	329843	23685	222830
住宅房屋建筑	121446	1437112	329843	23685	222830
体育场馆建筑	12764	90947	56774	5158	45331
体育场馆建筑	12764	90947	56774	5158	45331
其他房屋建筑业	25950	502164	219437	5292	100100
其他房屋建筑业	25950	502164	219437	5292	100100
土木工程建筑业	88733	1674597	415015	116349	479934
铁路、道路、隧道和桥梁工程建筑	35098	789812	285228	77718	312118
铁路工程建筑	8741	152757	45811	27373	61273
公路工程建筑	3828	218644	36148	4983	24399
市政道路工程建筑	17297	306618	164146	40062	186437
城市轨道交通工程建筑	2	2438	127	79	209
其他道路、隧道和桥梁工程建筑	5229	109356	38996	5221	39801
水利和水运工程建筑	10611	352463	56731	13635	77829
水源及供水设施工程建筑	351	36347	3386	275	1955
河湖治理及防洪设施工程建筑	430	69112	21834	1606	20261
港口及航运设施工程建筑	9830	247004	31511	11754	55613
海洋工程建筑					
海洋油气资源开发利用工程建筑					
海洋能源开发利用工程建筑					
海底隧道工程建筑					
海底设施铺设工程建筑					
其他海洋工程建筑					
工矿工程建筑	27	23091	5062	2195	7060
工矿工程建筑	27	23091	5062	2195	7060
架线和管道工程建筑	9819	252838	-2111	2603	5673
架线及设备工程建筑	8634	226390	-1170	2268	4027
管道工程建筑	1186	26448	-941	335	1646
地下综合管廊工程建筑					
节能环保工程施工	821	12356	3331	12	2969
节能工程施工	157	589	55		70
环保工程施工	664	11767	3276	12	2899

2-23-1 续表 1

单位：万元

指标名称	销售费用	管理费用	财务费用	#利息收入	# 利息支出
生态保护工程施工					
电力工程施工	1946	28686	1875	1	198
火力发电工程施工		178	40		
水力发电工程施工		1711	7		7
核电工程施工					
风能发电工程施工					
太阳能发电工程施工	1372	4166	780		
其他电力工程施工	574	22632	1049	2	191
其他土木工程建筑	30411	215350	64899	20186	74089
园林绿化工程施工	25909	138306	57475	17133	66400
体育场地设施工程施工	101	1369	222		220
游乐设施工程施工		6			
其他土木工程建筑施工	4401	75669	7202	3052	7469
建筑安装业	83075	807678	68990	5525	44617
电气安装	33093	409690	22670	2618	19904
电气安装	33093	409690	22670	2618	19904
管道和设备安装	8613	115790	7606	428	6644
管道和设备安装	8613	115790	7606	428	6644
其他建筑安装业	41369	282198	38713	2479	18069
体育场地设施安装	6290	20531	4188	89	4146
其他建筑安装	35079	261668	34526	2390	13923
建筑装饰、装修和其他建筑业	184260	885454	223968	3399	174052
建筑装饰和装修业	165683	754227	205691	2369	158634
公共建筑装饰和装修	53828	294077	81128	4236	60636
住宅装饰和装修	76366	257594	86030	-4867	68359
建筑幕墙装饰和装修	35489	202556	38533	3000	29638
建筑物拆除和场地准备活动	4678	37313	10776	-295	9041
建筑物拆除活动	1647	13052	73	8	99
场地准备活动	3031	24261	10703	-303	8942
提供施工设备服务	1328	18463	-211	50	172
提供施工设备服务	1328	18463	-211	50	172
其他未列明建筑业	12572	75452	7713	1276	6206
其他未列明建筑业	12572	75452	7713	1276	6206

2-23-2 按登记注册类型分的总承包和专业分包建筑业企业经营费用情况

单位：万元

指标名称	销售费用	管理费用	财务费用	#利息收入	# 利息支出
总　计	516228	5397952	1314026	159407	1066863
内资企业	503424	5230998	1249673	158852	1056046
国有企业	9426	147319	4855	1654	2765
集体企业	15594	121468	6881	256	1875
股份合作企业	101	3221	16	-89	
联营企业	12	1926	-47	37	2
国有联营企业		22			
集体联营企业		442	-20		
国有与集体联营企业	12	1321	-27	37	2
其他联营企业		141	1		
有限责任公司	148946	2618998	630328	128515	607854
国有独资公司	9002	578855	134693	30364	138552
其他有限责任公司	139944	2040143	495635	98150	469302
股份有限公司	115109	404732	247562	2635	187242
私营企业	214236	1933334	360079	25844	256308
私营独资企业		55			
私营合伙企业					
私营有限责任公司	183969	1825189	324102	12798	217155
私营股份有限公司	30267	108090	35977	13046	39153
其他企业					
港、澳、台商投资企业	11017	82021	10376	264	7232
与港澳台商合资经营	8163	61420	7874	625	5208
与港澳台商合作经营	80	1001	-79	83	
港、澳、台商独资	2775	19386	2582	-442	2024
港、澳、台商投资股份有限公司		204	-2	-2	
其他港澳台投资		11			
外商投资企业	1787	84933	53977	292	3585
中外合资经营企业	19	10871	3099	242	3320
中外合作经营企业					
外资企业	702	73131	50861	28	16
外商投资股份有限公司	1066	932	18	21	249
其他外商投资					

2-23-3 按隶属关系、资质等级、营业状态和控股情况分组的总承包和专业分包建筑业企业经营费用情况

单位：万元

指标名称	销售费用	管理费用	财务费用	#利息收入	# 利息支出
总　计	516228	5397952	1314026	159407	1066863
一、按隶属关系分组					
中央	22961	1023550	301822	94076	354463
地方	67422	739952	152366	29373	147498
其他	425845	3634450	859837	35958	564902
二、按企业资质等级分组					
施工总承包	232186	3678508	993552	140052	821275
特级	21637	564589	203404	56860	232395
一级	107901	1828726	626227	77046	479664
二级	37100	581010	96032	3074	69656
三级及以下	65549	704183	67889	3072	39560
专业承包	284042	1719444	320474	19355	245589
一级	162385	880519	249425	14935	188076
二级	64521	359946	33282	1116	22782
三级及以下	57136	478979	37766	3305	34731
三、按运营状态分					
正常运营	516189	5392834	1313628	159385	1066574
停业（歇业）	38	2394	133	4	136
筹建					
当年关闭					
当年破产		325	156	18	131
当年注销	1	29			
当年吊销		70			
其他		2300	109		22
四、按控股情况分					
国有控股	67577	1703940	374076	127436	442452
集体控股	40971	297207	60754	1961	48691
私人控股	373072	2854062	703744	22985	492032
港澳台商控股	6974	73197	10564	323	7091
外商控股	1792	81356	52462	209	1377
其他	25842	388189	112427	6494	75221

2-23-4 按地区分的总承包和专业分包建筑业企业经营费用情况

单位：万元

地 区	销售费用	管理费用	财务费用	#利息收入	# 利息支出
广东省	516228	5397952	1314026	159407	1066863
广州市	98793	1654604	277752	78974	274662
深圳市	212954	1442252	501443	18771	398910
珠海市	11548	259150	157702	35983	174412
汕头市	13874	98905	37547	705	26424
佛山市	19667	303891	97011	-136	19634
韶关市	5961	67814	7453	1647	5897
河源市	2313	52884	6222	50	3153
梅州市	2475	139642	41647	460	16659
惠州市	6067	91095	3252	211	1415
汕尾市	882	16258	854	5	15
东莞市	44073	307902	62667	4451	42738
中山市	15380	196333	43573	13249	47361
江门市	1530	78825	22468	600	19449
阳江市	6380	41589	4756	257	3618
湛江市	29230	206159	3379	1532	2900
茂名市	29903	279238	14619	2038	9834
肇庆市	1874	45481	10204	274	5978
清远市	1295	52840	5708	236	5173
潮州市	514	11228	221	-14	137
揭阳市	11146	30294	7509	48	948
云浮市	370	21568	8039	66	7546
按区域分组					
珠三角核心区	411886	4379532	1176072	152378	984559
沿海经济带	91928	683671	68885	4571	43877
北部生态发展区	12414	334749	69069	2459	38428

2-24-1 按国民经济行业分的总承包和专业分包建筑业企业利润及分配情况

单位：万元

指标名称	营业利润	营业外收入	营业外支出	利润总额	其他收益
总 计	5421770	151241	164568	5407031	131019
房屋建筑业	2399648	63240	80610	2380940	4920
住宅房屋建筑	1898968	43957	55851	1885680	1998
住宅房屋建筑	1898968	43957	55851	1885680	1998
体育场馆建筑	228593	3683	2554	229722	881
体育场馆建筑	228593	3683	2554	229722	881
其他房屋建筑业	272087	15600	22205	265539	2041
其他房屋建筑业	272087	15600	22205	265539	2041
土木工程建筑业	1544590	35671	52146	1528746	115810
铁路、道路、隧道和桥梁工程建筑	763968	15845	29219	750588	14362
铁路工程建筑	57582	4002	10029	51562	1271
公路工程建筑	176341	2511	1423	177430	3568
市政道路工程建筑	442586	8389	16949	434014	9065
城市轨道交通工程建筑	477	1	5	473	115
其他道路、隧道和桥梁工程建筑	86981	943	814	87111	344
水利和水运工程建筑	399288	5222	8111	396765	97039
水源及供水设施工程建筑	38160	982	1101	38405	613
河湖治理及防洪设施工程建筑	74949	1310	1034	75226	67
港口及航运设施工程建筑	286180	2930	5976	283134	96360
海洋工程建筑					
海洋油气资源开发利用工程建筑					
海洋能源开发利用工程建筑					
海底隧道工程建筑					
海底设施铺设工程建筑					
其他海洋工程建筑					
工矿工程建筑	22266	236	112	22560	13
工矿工程建筑	22266	236	112	22560	13
架线和管道工程建筑	135472	10278	10379	135438	2946
架线及设备工程建筑	111493	4434	4207	111787	2056
管道工程建筑	23978	5845	6172	23651	890
地下综合管廊工程建筑					
节能环保工程施工	18800	207	25	18982	110
节能工程施工	-1074	5	6	-1075	
环保工程施工	19874	202	19	20057	110

2-24-1 续表 1

单位：万元

指标名称	营业利润	营业外收入	营业外支出	利润总额	其他收益
生态保护工程施工					
电力工程施工	15689	579	600	15668	82
火力发电工程施工	212			212	
水力发电工程施工	773			773	
核电工程施工					
风能发电工程施工					
太阳能发电工程施工	5082	352	426	5008	
其他电力工程施工	9621	227	173	9675	82
其他土木工程建筑	189107	3304	3701	188745	1259
园林绿化工程施工	99411	1936	2097	99285	960
体育场地设施工程施工	52	105	2	155	
游乐设施工程施工	19			19	
其他土木工程建筑施工	89625	1263	1602	89286	299
建筑安装业	608622	22363	10718	619524	3230
电气安装	291716	13470	4963	300284	1660
电气安装	291716	13470	4963	300284	1660
管道和设备安装	80071	2943	2159	80854	689
管道和设备安装	80071	2943	2159	80854	689
其他建筑安装业	236836	5950	3596	238386	882
体育场地设施安装	8922	493	383	9032	
其他建筑安装	227915	5457	3212	229354	882
建筑装饰、装修和其他建筑业	868910	29968	21094	877821	7059
建筑装饰和装修业	788257	26173	17723	796741	6715
公共建筑装饰和装修	307970	9045	7262	309788	2794
住宅装饰和装修	323165	11739	7749	327155	2055
建筑幕墙装饰和装修	157122	5388	2712	159798	1867
建筑物拆除和场地准备活动	18677	516	504	18686	242
建筑物拆除活动	2779	170	96	2853	13
场地准备活动	15898	346	408	15833	229
提供施工设备服务	16582	317	1589	15310	91
提供施工设备服务	16582	317	1589	15310	91
其他未列明建筑业	45395	2963	1278	47085	10
其他未列明建筑业	45395	2963	1278	47085	10

2-24-2 按登记注册类型分的总承包和专业分包建筑业企业利润及分配情况

单位：万元

指标名称	营业利润	营业外收入	营业外支出	利润总额	其他收益
总　计	5421770	151241	164568	5407031	131019
内资企业	5246869	147258	148242	5244473	129382
国有企业	139330	4334	3280	140385	573
集体企业	172167	6852	5316	172361	23
股份合作企业	2141	71	55	2157	14
联营企业	576		3	572	
国有联营企业	61		1	60	
集体联营企业	143			143	
国有与集体联营企业	317		2	315	
其他联营企业	54			54	
有限责任公司	2701856	68711	89604	2680032	117179
国有独资公司	426765	13923	22608	418079	86061
其他有限责任公司	2275091	54789	66995	2261953	31118
股份有限公司	606660	24051	15250	615462	5991
私营企业	1624138	43240	34734	1633504	5602
私营独资企业	-14			-14	
私营合伙企业					
私营有限责任公司	1536008	40297	32999	1544165	3574
私营股份有限公司	88144	2943	1735	89352	2028
其他企业					
港、澳、台商投资企业	105948	1722	594	107076	156
与港澳台商合资经营	48689	1169	162	49697	156
与港澳台商合作经营	298	7	1	305	
港、澳、台商独资	56892	545	431	57006	
港、澳、台商投资股份有限公司	68			68	
其他港澳台投资	1			1	
外商投资企业	68954	2262	15733	55482	1481
中外合资经营企业	11976	142	1978	10140	1
中外合作经营企业					
外资企业	54149	1819	13755	42213	1480
外商投资股份有限公司	2828	301		3129	
其他外商投资					

2-24-3 按隶属关系、资质等级、营业状态和控股情况分组的总承包和专业分包建筑业企业利润及分配情况

单位：万元

指标名称	营业利润	营业外收入	营业外支出	利润总额	其他收益
总 计	5421770	151241	164568	5407031	131019
一、按隶属关系分组					
中央	945416	26877	33836	938455	110041
地方	988736	18531	35390	970435	5070
其他	3487618	105833	95343	3498141	15908
二、按企业资质等级分组					
施工总承包	4058539	104519	131907	4031003	120073
特级	542283	5096	22848	524531	100518
一级	2208494	69330	78688	2199086	16425
二级	671424	17916	14081	675154	1743
三级及以下	636340	12178	16290	632232	1386
专业承包	1363231	46722	32661	1376028	10946
一级	853634	28915	21696	860229	8360
二级	250670	7878	4325	253502	1486
三级及以下	258927	9929	6640	262297	1100
三、按运营状态分					
正常运营	5421142	151162	164504	5406388	131019
停业（歇业）	-627	3	13	-636	
筹建					
当年关闭					
当年破产	652			652	
当年注销	6			6	
当年吊销	-70			-70	
其他	667	76	52	691	
四、按控股情况分					
国有控股	1566982	48830	73942	1541895	116470
集体控股	318630	12392	7808	321872	36
私人控股	2589153	77285	56538	2610265	10995
港澳台商控股	99720	1144	513	100351	
外商控股	60962	2206	14201	48967	1480
其他	786323	9385	11566	783681	2038

2-24-4 按地区分的总承包和专业分包建筑业企业利润及分配情况

单位：万元

地 区	营业利润	营业外收入	营业外支出	利润总额	其他收益
广东省	5421770	151241	164568	5407031	131019
广州市	1297794	45638	49842	1293987	107871
深圳市	1190110	52251	30507	1210429	10402
珠海市	493582	9754	14927	488409	8395
汕头市	443428	6405	22378	427410	550
佛山市	233647	13667	19205	227977	2034
韶关市	67412	4930	4602	68045	19
河源市	95983	172	828	95327	16
梅州市	304407	3654	2266	305862	99
惠州市	41784	1569	1517	41859	42
汕尾市	19856	76	24	19908	
东莞市	175698	3453	3769	175377	154
中山市	114814	2144	4414	112544	754
江门市	105113	1639	1184	105103	373
阳江市	53991	102	610	53484	84
湛江市	201430	1304	1274	201486	6
茂名市	356327	942	2009	355260	44
肇庆市	40417	1565	2888	39094	19
清远市	45914	1223	940	46493	
潮州市	17240	187	296	17131	
揭阳市	103549	82	830	102254	6
云浮市	19275	482	258	19594	151
按区域分组					
珠三角核心区	3692958	131681	128253	3694778	130043
沿海经济带	1195822	9099	27420	1176933	691
北部生态发展区	532991	10462	8894	535320	285

2-25-1　按国民经济行业分的总承包和专业分包建筑业企业增值税、所得税及部分收益情况

单位：万元

指标名称	应交增值税	应交所得税	资产减值损失	公允价值变动收益	投资收益	资产处置收益
总　计	3443014	1224512	328540	-9279	352413	9646
房屋建筑业	1981591	627036	74044	88	145958	1047
住宅房屋建筑	1685886	527032	15994	-120	96725	1155
住宅房屋建筑	1685886	527032	15994	-120	96725	1155
体育场馆建筑	68859	52725	5458	121	6380	3
体育场馆建筑	68859	52725	5458	121	6380	3
其他房屋建筑业	226847	47278	52592	87	42853	-111
其他房屋建筑业	226847	47278	52592	87	42853	-111
土木工程建筑业	781065	295462	87416	-9224	109069	6344
铁路、道路、隧道和桥梁工程建筑	371879	169397	27225	-10562	74778	4054
铁路工程建筑	84603	9611	11791		9637	170
公路工程建筑	97613	22658	652	31	13300	353
市政道路工程建筑	154625	125935	11578	-10593	14047	3542
城市轨道交通工程建筑	870	96	41			
其他道路、隧道和桥梁工程建筑	34168	11097	3164		37794	-11
水利和水运工程建筑	166762	49017	16006	1359	21128	-923
水源及供水设施工程建筑	40898	12466	3257		4615	
河湖治理及防洪设施工程建筑	83736	9203	7644		14108	76
港口及航运设施工程建筑	42128	27348	5105	1359	2405	-999
海洋工程建筑						
海洋油气资源开发利用工程建筑						
海洋能源开发利用工程建筑						
海底隧道工程建筑						
海底设施铺设工程建筑						
其他海洋工程建筑						
工矿工程建筑	18919	4413	194	-21	210	3
工矿工程建筑	18919	4413	194	-21	210	3
架线和管道工程建筑	82106	25543	4627		5526	2747
架线及设备工程建筑	69669	21679	4479		5350	2747
管道工程建筑	12437	3864	148		176	
地下综合管廊工程建筑						
节能环保工程施工	1452	3021	1555			
节能工程施工	9		670			
环保工程施工	1442	3021	885			

2-25-1 续表 1

单位：万元

指标名称	应交增值税	应交所得税	资产减值损失	公允价值变动收益	投资收益	资产处置收益
生态保护工程施工						
电力工程施工	10030	3645	-2		-54	
火力发电工程施工	1					
水力发电工程施工	1383	330				
核电工程施工						
风能发电工程施工						
太阳能发电工程施工	2219	752				
其他电力工程施工	6428	2562	-2		-54	
其他土木工程建筑	129919	40427	37811		7481	463
园林绿化工程施工	59471	16940	35394		6233	462
体育场地设施工程施工	139	33				
游乐设施工程施工		1				
其他土木工程建筑施工	70308	23453	2417		1249	2
建筑安装业	257963	125050	36025	-133	57362	2039
电气安装	113511	57151	13870		47279	942
电气安装	113511	57151	13870		47279	942
管道和设备安装	39337	18411	700	2	2201	1077
管道和设备安装	39337	18411	700	2	2201	1077
其他建筑安装业	105115	49488	21456	-134	7882	21
体育场地设施安装	10345	2887	-207		153	7
其他建筑安装	94770	46601	21662	-134	7729	14
建筑装饰、装修和其他建筑业	422394	176964	131055	-10	40024	215
建筑装饰和装修业	366855	162260	123888	-12	38252	75
公共建筑装饰和装修	169297	63041	85054	-32	22731	-327
住宅装饰和装修	96694	72446	29431	20	7749	411
建筑幕墙装饰和装修	100864	26772	9403		7771	-8
建筑物拆除和场地准备活动	11420	4231	1849		7	-12
建筑物拆除活动	1669	505	-6			-10
场地准备活动	9751	3727	1855		7	-2
提供施工设备服务	8087	2613	1430	2	37	4
提供施工设备服务	8087	2613	1430	2	37	4
其他未列明建筑业	36032	7860	3889		1729	148
其他未列明建筑业	36032	7860	3889		1729	148

2-25-2 按登记注册类型分的总承包和专业分包建筑业企业增值税、所得税及部分收益情况

单位：万元

指标名称	应交增值税	应交所得税	资产减值损失	公允价值变动收益	投资收益	资产处置收益
总　计	3443014	1224512	328540	-9279	352413	9646
内资企业	3387859	1194116	328306	-9279	351495	9640
国有企业	197788	50082	1308		3124	-354
集体企业	215422	62114	132		1178	
股份合作企业	2141	245				
联营企业	2115	278				
国有联营企业	4					
集体联营企业	611	164				
国有与集体联营企业	1409	80				
其他联营企业	91	35				
有限责任公司	1492174	575151	133215	-9259	222097	7697
国有独资公司	262529	38359	59775	1027	76651	3908
其他有限责任公司	1229646	536791	73440	-10285	145446	3789
股份有限公司	271452	111590	118441	12	41492	472
私营企业	1206767	394656	75211	-33	83603	1825
私营独资企业						
私营合伙企业						
私营有限责任公司	1169624	376837	36803	-33	82240	1311
私营股份有限公司	37143	17819	38408		1364	514
其他企业						
港、澳、台商投资企业	32156	20113	-30		-582	96
与港澳台商合资经营	21056	6062	-30		216	101
与港澳台商合作经营	568	151				
港、澳、台商独资	10483	13894			-798	-5
港、澳、台商投资股份有限公司	49	7				
其他港澳台投资						
外商投资企业	22999	10283	263		1500	-90
中外合资经营企业	7174	1781	261		1899	
中外合作经营企业						
外资企业	14996	7730	-2		-400	-90
外商投资股份有限公司	829	773	3			
其他外商投资						

2-25-3 按隶属关系、资质等级、营业状态和控股情况分组的总承包和专业分包建筑业企业增值税、所得税及部分收益情况

单位：万元

指标名称	应交增值税	应交所得税	资产减值损失	公允价值变动收益	投资收益	资产处置收益
总　计	3443014	1224512	328540	-9279	352413	9646
一、按隶属关系分组						
中央	337141	154662	99448	-9179	107549	6120
地方	847148	254178	24245	-194	62613	741
其他	2258725	815673	204847	94	182251	2786
二、按企业资质等级分组						
施工总承包	2743042	939995	145469	-9117	297209	9039
特级	330116	55130	53134	1515	81611	-468
一级	1300622	532590	80169	-10982	148941	9603
二级	619715	192887	8754	135	57679	-144
三级及以下	492588	159388	3412	215	8977	49
专业承包	699972	284518	183070	-162	55204	607
一级	430162	161296	160235	-172	36132	355
二级	116039	64403	12104	7	882	14
三级及以下	153771	58819	10732	2	18190	238
三、按运营状态分						
正常运营	3441150	1223983	328600	-9279	352390	9646
停业（歇业）	450	148	-70			
筹建						
当年关闭						
当年破产	717	163				
当年注销	32	5				
当年吊销						
其他	664	214	9		23	
四、按控股情况分						
国有控股	975130	308906	120432	-9511	155265	8016
集体控股	317068	88306	3183	17	44542	-2
私人控股	1798051	609633	179981	170	125423	1628
港澳台商控股	27793	18562	4		-798	96
外商控股	18319	9376	348		-400	-90
其他	306653	189730	24592	45	28381	-1

2-25-4 按地区分的总承包和专业分包建筑业企业增值税、所得税及部分收益情况

单位：万元

地 区	应交增值税	应交所得税	资产减值损失	公允价值变动收益	投资收益	资产处置收益
广东省	3443014	1224512	328540	-9279	352413	9646
广州市	821079	221729	91899	937	170074	8883
深圳市	699697	224350	191433	150	54515	-30
珠海市	102918	139106	13358	-10538	11828	43
汕头市	205886	143851	-231	-55	18434	-48
佛山市	129320	54955	442	-7	5714	-80
韶关市	63751	25564	98		47	
河源市	56912	20134	9		28	
梅州市	98062	63471	-193		63918	1120
惠州市	53399	8555	800		6408	6
汕尾市	24316	5178				
东莞市	105651	32471	12143	1	8415	-63
中山市	48177	28212	16813		1551	761
江门市	87986	35008	81		6352	11
阳江市	54603	22051	-4	39	26	17
湛江市	248667	40359	-229		617	-1003
茂名市	443946	87465	991	196	1740	21
肇庆市	55251	13390	1089	-2	1457	9
清远市	56541	21524	2		528	
潮州市	21817	10639			193	
揭阳市	41484	16794	16		155	
云浮市	23554	9706	21		412	
按区域分组						
珠三角核心区	2103477	757776	328059	-9459	266314	9540
沿海经济带	1040717	326337	543	180	21166	-1013
北部生态发展区	298819	140399	-63		64932	1120

2-26 总承包和专业分包

地区	企业个数（个）	施工总承包	特级	一级	二级	三级以下	专业承包	一级	二级	三级以下
广东省	972	505	2	35	97		467	42	187	238
广州市	187	94	1	15	23	55	93	10	43	40
韶关市	20	17		1	2	14	3			3
深圳市	191	69	1	8	19	41	122	23	53	46
珠海市	44	26			2	24	18		9	9
汕头市	18	13		1	3	9	5		4	1
佛山市	108	62		7	17	38	46	2	14	30
江门市	40	21			6	15	19	2	5	12
湛江市	21	12		1	3	8	9		3	6
茂名市	14	8			2	6	6		3	3
肇庆市	9	5		1	1	3	4		1	3
惠州市	47	23			3	20	24		14	10
梅州市	13	11			1	10	2		2	
汕尾市	3	3				3				
河源市	9	7				7	2			2
阳江市	8	6		1	1	4	2			2
清远市	27	19			5	14	8		3	5
东莞市	119	58			2	56	61	2	18	41
中山市	68	33			3	30	35	3	14	18
潮州市	5	1				1	4			4
揭阳市	8	6			1	5	2		1	1
云浮市	13	11			3	8	2			2

亏损建筑企业状况表

亏损利润总额（万元）									
	施工总承包					专业承包			
		特级	一级	二级	三级以下		一级	二级	三级以下
-253133	-168379	-30822	-51932	-41876	-43749	-84755	-24205	-34631	-25919
-65252	-40152	-33	-20060	-10806	-9252	-25101	-4532	-12627	-7941
-1603	-1152		-48	-436	-668	-452			-452
-93846	-58380	-30789	-11396	-6098	-10098	-35466	-9244	-16995	-9227
-4639	-2766			-123	-2643	-1874		-1470	-404
-13813	-13643		-13142	-167	-334	-170		-150	-20
-12751	-9950		-3807	-3450	-2693	-2801	-220	-690	-1890
-3205	-2184			-795	-1389	-1021	-297	-266	-458
-1330	-768		-219	-54	-495	-563		-116	-447
-1350	-1260			-553	-707	-91		-65	-25
-6898	-6756		-2222	-4236	-298	-141		-57	-85
-3666	-2739			-500	-2239	-928		-474	-453
-965	-883			-187	-696	-83		-83	
-55	-55				-55				
-1213	-1186				-1186	-27			-27
-1487	-1365		-1039	-134	-192	-123			-123
-4379	-4200			-1564	-2635	-179		-96	-83
-7939	-4216			-352	-3864	-3723	-99	-542	-3082
-14313	-2703			-59	-2644	-11610	-9812	-859	-940
-60	-7				-7	-53			-53
-599	-456			-248	-207	-143		-143	-1
-13770	-13561			-12114	-1447	-209			-209

2-27 总承包和专业分包企业在外省完成建筑业产值情况

代 码	地 区	建筑业总产值（万元）	代 码	地 区	建筑业总产值（万元）
00	总 计	29455112	41	河 南	719306
11	北 京	1022441	42	湖 北	1426858
12	天 津	316122	43	湖 南	1164283
13	河 北	585093	45	广 西	2833451
14	山 西	405505	46	海 南	2320717
15	内蒙古	229240	50	重 庆	752496
21	辽 宁	297533	51	四 川	2403187
22	吉 林	141038	52	贵 州	3481212
23	黑龙江	187507	53	云 南	815276
31	上 海	823255	54	西 藏	44718
32	江 苏	1806690	61	陕 西	981936
33	浙 江	960313	62	甘 肃	261884
34	安 徽	887953	63	青 海	154588
35	福 建	1566098	64	宁 夏	114307
36	江 西	1362153	65	新 疆	405274
37	山 东	984680			

2-28-1 按国民经济行业分的劳务分包建筑业企业生产情况

指标名称	企业个数（个）	# 有工作量	建筑业总产值（万元）	# 装饰装修产值	应付职工薪酬（本年贷方累计发生额）（万元）
总　计	343	316	3368321	465519	1667286
房屋建筑业	104	96	996608	28496	628861
住宅房屋建筑	71	66	550876	28446	374614
住宅房屋建筑	71	66	550876	28446	374614
体育场馆建筑	3	3	7570		6763
体育场馆建筑	3	3	7570		6763
其他房屋建筑业	30	27	438163	50	247484
其他房屋建筑业	30	27	438163	50	247484
土木工程建筑业	35	33	175186	31665	71343
铁路、道路、隧道和桥梁工程建筑	18	18	50428	230	10517
铁路工程建筑					
公路工程建筑	5	5	29437	30	5713
市政道路工程建筑	11	11	19670	200	4464
城市轨道交通工程建筑					
其他道路、隧道和桥梁工程建筑	2	2	1321		341
水利和水运工程建筑	2	2	36438		33796
水源及供水设施工程建筑	1	1	32588		32193
河湖治理及防洪设施工程建筑					
港口及航运设施工程建筑	1	1	3850		1604
海洋工程建筑					
海洋油气资源开发利用工程建筑					
海洋能源开发利用工程建筑					
海底隧道工程建筑					
海底设施铺设工程建筑					
其他海洋工程建筑					
工矿工程建筑					
工矿工程建筑					
架线和管道工程建筑	5	5	28526	2071	20853
架线及设备工程建筑	4	4	27263	808	20542
管道工程建筑	1	1	1263	1263	311
地下综合管廊工程建筑					
节能环保工程施工					
节能工程施工					
环保工程施工					

2-28-1 续表 1

指标名称	企业个数（个）	# 有工作量	建筑业总产值（万元）	# 装饰装修产值	应付职工薪酬（本年贷方累计发生额）（万元）
生态保护工程施工					
电力工程施工					
火力发电工程施工					
水力发电工程施工					
核电工程施工					
风能发电工程施工					
太阳能发电工程施工					
其他电力工程施工					
其他土木工程建筑	10	8	59795	29364	6177
园林绿化工程施工	1	1	129	129	94
体育场地设施工程施工					
游乐设施工程施工					
其他土木工程建筑施工	9	7	59666	29235	6084
建筑安装业	43	41	629645	30674	62379
电气安装	17	15	62995	19842	10495
电气安装	17	15	62995	19842	10495
管道和设备安装	8	8	4717	23	825
管道和设备安装	8	8	4717	23	825
其他建筑安装业	18	18	561932	10809	51059
体育场地设施安装	1	1	6390		220
其他建筑安装	17	17	555542	10809	50839
建筑装饰、装修和其他建筑业	161	146	1566882	374685	904704
建筑装饰和装修业	48	47	734625	313108	388930
公共建筑装饰和装修	19	18	171104	55522	70640
住宅装饰和装修	23	23	187444	23876	87613
建筑幕墙装饰和装修	6	6	376077	233711	230676
建筑物拆除和场地准备活动	3	2	11506		103
建筑物拆除活动	1	1	4049		7
场地准备活动	2	1	7457		96
提供施工设备服务	13	11	268786	70	257879
提供施工设备服务	13	11	268786	70	257879
其他未列明建筑业	97	86	551966	61507	257792
其他未列明建筑业	97	86	551966	61507	257792

2-28-2 按登记注册类型分的劳务分包建筑业企业生产情况

指标名称	企业个数（个）	# 有工作量	建筑业总产值（万元）	# 装饰装修产值	应付职工薪酬（本年贷方累计发生额）（万元）
总　计	343	316	3368321	465519	1667286
内资企业	343	316	3368321	465519	1667286
国有企业	2				48
集体企业	1	1	890		255
股份合作企业					
联营企业					
国有联营企业					
集体联营企业					
国有与集体联营企业					
其他联营企业					
有限责任公司	72	68	918844	26638	266335
国有独资公司	3	3	478183		33640
其他有限责任公司	69	65	440661	26638	232695
股份有限公司	3	3	61768		289
私营企业	265	244	2386820	438882	1400360
私营独资企业					
私营合伙企业					
私营有限责任公司	262	241	2364692	438682	1399967
私营股份有限公司	3	3	22128	200	393
其他企业					
港、澳、台商投资企业					
与港澳台商合资经营					
与港澳台商合作经营					
港、澳、台商独资					
港、澳、台商投资股份有限公司					
其他港澳台投资					
外商投资企业					
中外合资经营企业					
中外合作经营企业					
外资企业					
外商投资股份有限公司					
其他外商投资					

2-28-3 按隶属关系、资质等级、营业状态和控股情况分组的劳务分包建筑业企业生产情况

指标名称	企业个数（个）	# 有工作量	建筑业总产值（万元）	# 装饰装修产值	应付职工薪酬（本年贷方累计发生额）（万元）
总 计	343	316	3368321	465519	1667286
一、按隶属关系分组					
中央					
地方	19	16	525561	70	31088
其他	324	300	2842760	465449	1636199
二、按企业资质等级分组					
劳务分包	343	316	3368321	465519	1667286
一级					
二级					
三级及以下	343	316	3368321	465519	1667286
三、按运营状态分					
正常运营	338	314	3368221	465519	1667144
停业(歇业)	1				
筹建					
当年关闭	1				
当年破产					
当年注销					
当年吊销					
其他	3	2	101		142
四、按控股情况分					
国有控股	9	7	535506	70	85094
集体控股	2	2	2742		713
私人控股	317	292	2739617	465165	1562769
港澳台商控股					
外商控股					
其他	15	15	90456	284	18710

2-28-4 按地区分的劳务分包建筑业企业生产情况

地 区	企业个数（个）	# 有工作量	建筑业总产值（万元）	# 装饰装修产值	应付职工薪酬（本年贷方累计发生额）（万元）
广东省	343	316	3368321	465519	1667286
广州市	84	79	1278160	317004	891261
深圳市	73	68	1530139	116437	493496
珠海市	15	13	53936	235	22855
汕头市	3	1	2120		1297
佛山市	3	3	6929		3661
韶关市	14	12	62313	70	46300
河源市					
梅州市					
惠州市	29	25	68284	469	37348
汕尾市					
东莞市	77	74	257868	25026	147087
中山市	10	10	55377	3851	12960
江门市	14	14	25396	467	3721
阳江市					
湛江市	11	10	18662	443	1716
茂名市					
肇庆市	2	2	2407	1517	1666
清远市	5	3	47		116
潮州市					
揭阳市					
云浮市	3	2	6686		3803
按区域分组					
珠三角核心区	307	288	3278494	465006	1614055
沿海经济带	14	11	20781	443	3013
北部生态发展区	22	17	69046	70	50219

2-29-1 按国民经济行业分的劳务分包建筑业企业从业人员及增值税情况

单位：人

指标名称	直接从事生产经营活动的平均人数	从事主营业务活动的从业人员期末人数	# 工程技术人员	# 现场施工工人	应交增值税（万元）
总　计	220345	216929	14657	148664	747436
房屋建筑业	87668	87175	5325	57355	266455
住宅房屋建筑	48480	45629	3794	20075	146723
住宅房屋建筑	48480	45629	3794	20075	146723
体育场馆建筑	1428	1180	490	684	1813
体育场馆建筑	1428	1180	490	684	1813
其他房屋建筑业	37760	40366	1041	36596	117919
其他房屋建筑业	37760	40366	1041	36596	117919
土木工程建筑业	13441	17382	1231	7914	35990
铁路、道路、隧道和桥梁工程建筑	2391	3517	180	463	12589
铁路工程建筑					
公路工程建筑	1804	1606	123	222	2915
市政道路工程建筑	524	1848	47	186	9377
城市轨道交通工程建筑					
其他道路、隧道和桥梁工程建筑	63	63	10	55	297
水利和水运工程建筑	6710	6684	830	930	10742
水源及供水设施工程建筑	6500	6500	800	800	9776
河湖治理及防洪设施工程建筑					
港口及航运设施工程建筑	210	184	30	130	966
海洋工程建筑					
海洋油气资源开发利用工程建筑					
海洋能源开发利用工程建筑					
海底隧道工程建筑					
海底设施铺设工程建筑					
其他海洋工程建筑					
工矿工程建筑					
工矿工程建筑					
架线和管道工程建筑	4086	6756	113	6323	11739
架线及设备工程建筑	4013	6709	110	6280	11356
管道工程建筑	73	47	3	43	383
地下综合管廊工程建筑					
节能环保工程施工					
节能工程施工					
环保工程施工					

2-29-1 续表 1

单位：人

指标名称	直接从事生产经营活动的平均人数	从事主营业务活动的从业人员期末人数	# 工程技术人员	# 现场施工工人	应交增值税（万元）
生态保护工程施工					
电力工程施工					
火力发电工程施工					
水力发电工程施工					
核电工程施工					
风能发电工程施工					
太阳能发电工程施工					
其他电力工程施工					
其他土木工程建筑	254	425	108	198	920
园林绿化工程施工	18	18	3	15	160
体育场地设施工程施工					
游乐设施工程施工					
其他土木工程建筑施工	236	407	105	183	760
建筑安装业	10546	11490	767	7065	108829
电气安装	1199	1332	159	962	11856
电气安装	1199	1332	159	962	11856
管道和设备安装	307	135	36	55	940
管道和设备安装	307	135	36	55	940
其他建筑安装业	9040	10023	572	6048	96033
体育场地设施安装	48	48			1917
其他建筑安装	8992	9975	572	6048	94116
建筑装饰、装修和其他建筑业	108690	100882	7334	76330	336162
建筑装饰和装修业	48032	43600	4497	27822	128930
公共建筑装饰和装修	11664	17070	2277	13527	49740
住宅装饰和装修	15004	10056	1249	4783	42448
建筑幕墙装饰和装修	21364	16474	971	9512	36742
建筑物拆除和场地准备活动	114	114	1		140
建筑物拆除活动	19	19			121
场地准备活动	95	95	1		19
提供施工设备服务	20666	21095	821	20175	87381
提供施工设备服务	20666	21095	821	20175	87381
其他未列明建筑业	39878	36073	2015	28333	119711
其他未列明建筑业	39878	36073	2015	28333	119711

2-29-2 按登记注册类型分的劳务分包建筑业企业从业人员及增值税情况

单位：人

指标名称	直接从事生产经营活动的平均人数	从事主营业务活动的从业人员期末人数	# 工程技术人员	# 现场施工工人	应交增值税（万元）
总 计	220345	216929	14657	148664	747436
内资企业	220345	216929	14657	148664	747436
国有企业	1	13	5	7	
集体企业		31	5	18	84
股份合作企业					
联营企业					
国有联营企业					
集体联营企业					
国有与集体联营企业					
其他联营企业					
有限责任公司	39648	41150	3847	24936	210095
国有独资公司	6592	6592	808	846	62388
其他有限责任公司	33056	34558	3039	24090	147707
股份有限公司	28	30	13		18531
私营企业	180668	175705	10787	123703	518726
私营独资企业					
私营合伙企业					
私营有限责任公司	180215	175274	10719	123319	510313
私营股份有限公司	453	431	68	384	8413
其他企业					
港、澳、台商投资企业					
与港澳台商合资经营					
与港澳台商合作经营					
港、澳、台商独资					
港、澳、台商投资股份有限公司					
其他港澳台投资					
外商投资企业					
中外合资经营企业					
中外合作经营企业					
外资企业					
外商投资股份有限公司					
其他外商投资					

2-29-3 按隶属关系、资质等级、营业状态和控股情况分组的劳务分包建筑业企业从业人员及增值税情况

单位：人

指标名称	直接从事生产经营活动的平均人数	从事主营业务活动的从业人员期末人数	# 工程技术人员	# 现场施工工人	应交增值税（万元）
总　计	220345	216929	14657	148664	747436
一、按隶属关系分组					
中央					
地方	3580	3696	53	228	74063
其他	216765	213233	14604	148436	673373
二、按企业资质等级分组					
劳务分包	220345	216929	14657	148664	747436
一级					
二级					
三级及以下	220345	216929	14657	148664	747436
三、按运营状态分					
正常运营	220330	216913	14654	148661	747335
停业（歇业）					
筹建					
当年关闭					
当年破产					
当年注销					
当年吊销					
其他	15	16	3	3	101
四、按控股情况分					
国有控股	12683	13888	850	987	77075
集体控股	44	74	5	35	442
私人控股	205424	201259	13051	146728	640226
港澳台商控股					
外商控股					
其他	2194	1708	751	914	29693

2-29-4　按地区分的劳务分包建筑业企业从业人员及增值税情况

单位：人

地　区	直接从事生产经营活动的平均人数	从事主营业务活动的从业人员期末人数	# 工程技术人员	# 现场施工工人	应交增值税（万元）
广东省	220345	216929	14657	148664	747436
广州市	109095	118618	7129	76532	304521
深圳市	62993	59971	4256	41876	274220
珠海市	4658	6182	459	5282	15274
汕头市	240	265	41	229	428
佛山市	3791	301	2	9	2997
韶关市	613	610	51	501	9593
河源市					
梅州市					
惠州市	5302	5117	477	4021	25167
汕尾市					
东莞市	28971	22122	1947	17491	81985
中山市	2306	1956	175	1766	15871
江门市	614	618	32	43	8743
阳江市					
湛江市	806	664	52	460	5037
茂名市					
肇庆市	14	45	10	27	539
清远市	24	22	1	17	14
潮州市					
揭阳市					
云浮市	918	438	25	410	3047
按区域分组					
珠三角核心区	217744	214930	14487	147047	729317
沿海经济带	1046	929	93	689	5465
北部生态发展区	1555	1070	77	928	12654

2-30-1 按国民经济行业分的劳务分包建筑业企业资产负债状况

单位：万元

指标名称	固定资产原价	本年折旧	资产总计	负债合计	实收资本
总　计	34301	5947	974536	758680	146497
房屋建筑业	12210	2162	384776	300043	62274
住宅房屋建筑	9354	1801	187627	136424	36929
住宅房屋建筑	9354	1801	187627	136424	36929
体育场馆建筑	109	20	3904	2449	1100
体育场馆建筑	109	20	3904	2449	1100
其他房屋建筑业	2747	341	193245	161169	24245
其他房屋建筑业	2747	341	193245	161169	24245
土木工程建筑业	4301	994	97067	75187	19343
铁路、道路、隧道和桥梁工程建筑	1099	338	32512	24624	8139
铁路工程建筑					
公路工程建筑	524	234	13220	10721	2492
市政道路工程建筑	479	79	18646	13588	5497
城市轨道交通工程建筑					
其他道路、隧道和桥梁工程建筑	95	25	647	315	150
水利和水运工程建筑	1496	232	8358	6239	1801
水源及供水设施工程建筑	99	11	4109	2992	800
河湖治理及防洪设施工程建筑					
港口及航运设施工程建筑	1397	222	4249	3248	1001
海洋工程建筑					
海洋油气资源开发利用工程建筑					
海洋能源开发利用工程建筑					
海底隧道工程建筑					
海底设施铺设工程建筑					
其他海洋工程建筑					
工矿工程建筑					
工矿工程建筑					
架线和管道工程建筑	1461	334	24350	19007	3000
架线及设备工程建筑	1461	334	11995	6884	2800
管道工程建筑			12356	12123	200
地下综合管廊工程建筑					
节能环保工程施工					
节能工程施工					
环保工程施工					

2-30-1 续表 1

单位：万元

指标名称	固定资产原价	本年折旧	资产总计	负债合计	实收资本
生态保护工程施工					
电力工程施工					
火力发电工程施工					
水力发电工程施工					
核电工程施工					
风能发电工程施工					
太阳能发电工程施工					
其他电力工程施工					
其他土木工程建筑	245	91	31847	25317	6402
园林绿化工程施工					
体育场地设施工程施工					
游乐设施工程施工					
其他土木工程建筑施工	245	91	31847	25317	6402
建筑安装业	6987	1116	127684	95240	19206
电气安装	2485	641	24684	14501	5627
电气安装	2485	641	24684	14501	5627
管道和设备安装	2203	81	10104	5991	2087
管道和设备安装	2203	81	10104	5991	2087
其他建筑安装业	2299	394	92896	74748	11492
体育场地设施安装					
其他建筑安装	2299	394	92896	74748	11492
建筑装饰、装修和其他建筑业	10803	1675	365009	288210	45674
建筑装饰和装修业	2022	556	118512	86008	15604
公共建筑装饰和装修	288	28	32744	26913	4197
住宅装饰和装修	1053	374	32623	22107	7888
建筑幕墙装饰和装修	680	154	53146	36988	3519
建筑物拆除和场地准备活动	681	26	2957	-25	3000
建筑物拆除活动					
场地准备活动	681	26	2957	-25	3000
提供施工设备服务	3495	102	65356	58052	4752
提供施工设备服务	3495	102	65356	58052	4752
其他未列明建筑业	4605	991	178184	144175	22319
其他未列明建筑业	4605	991	178184	144175	22319

2-30-2 按登记注册类型分的劳务分包建筑业企业资产负债状况

单位：万元

指标名称	固定资产原价	本年折旧	资产总计	负债合计	实收资本
总　计	34301	5947	974536	758680	146497
内资企业	34301	5947	974536	758680	146497
国有企业	254	7	243	1533	355
集体企业	52	47	357	7	57
股份合作企业					
联营企业					
国有联营企业					
集体联营企业					
国有与集体联营企业					
其他联营企业					
有限责任公司	11324	1475	189222	136398	34301
国有独资公司	147	20	11120	7157	1002
其他有限责任公司	11178	1455	178102	129241	33299
股份有限公司	51	3	13771	13245	320
私营企业	22619	4416	770944	607497	111465
私营独资企业					
私营合伙企业					
私营有限责任公司	22606	4405	766807	603874	110965
私营股份有限公司	14	11	4137	3623	500
其他企业					
港、澳、台商投资企业					
与港澳台商合资经营					
与港澳台商合作经营					
港、澳、台商独资					
港、澳、台商投资股份有限公司					
其他港澳台投资					
外商投资企业					
中外合资经营企业					
中外合作经营企业					
外资企业					
外商投资股份有限公司					
其他外商投资					

2-30-3 按隶属关系、资质等级、营业状态和控股情况分组的劳务分包建筑业企业资产负债状况

单位：万元

指标名称	固定资产原价	本年折旧	资产总计	负债合计	实收资本
总 计	34301	5947	974536	758680	146497
一、按隶属关系分组					
中央					
地方	1406	63	26765	20799	3824
其他	32895	5884	947771	737881	142673
二、按企业资质等级分组					
劳务分包	34301	5947	974536	758680	146497
一级					
二级					
三级及以下	34301	5947	974536	758680	146497
三、按运营状态分					
正常运营	34248	5941	974251	758557	146407
停业（歇业）			3		
筹建					
当年关闭					
当年破产					
当年注销					
当年吊销					
其他	53	7	283	123	90
四、按控股情况分					
国有控股	1099	63	25451	21135	2089
集体控股	182	51	2143	428	314
私人控股	29463	5629	917838	722746	137634
港澳台商控股					
外商控股					
其他	3556	204	29104	14370	6460

2-30-4 按地区分的劳务分包建筑业企业资产负债状况

单位：万元

地 区	固定资产原价	本年折旧	资产总计	负债合计	实收资本
广东省	34301	5947	974536	758680	146497
广州市	8596	1418	220991	164085	33384
深圳市	6382	850	472234	402786	52236
珠海市	125	19	20298	14567	3727
汕头市	2280	979	3912	2145	3255
佛山市	19		1231	920	301
韶关市	3395	309	8521	2955	1693
河源市					
梅州市					
惠州市	2793	552	29607	20543	7857
汕尾市					
东莞市	8691	1415	176487	124149	30044
中山市	196	23	14405	10812	2791
江门市	1584	289	13654	8146	5101
阳江市					
湛江市	39	3	7881	5239	3100
茂名市					
肇庆市	57	48	569	171	106
清远市	82	40	1187	638	700
潮州市					
揭阳市					
云浮市	63	3	3561	1524	2203
按区域分组					
珠三角核心区	28441.9	4614.2	949474.2	746179	135546
沿海经济带	2319	981.7	11793.5	7384	6355
北部生态发展区	3539.6	351.3	13268.4	5117	4596

2-31-1 按国民经济行业分的劳务分包建筑业企业营业收入状况

单位：万元

指标名称	营业收入合计	# 工程结算收入	营业成本	# 工程结算成本	营业税金及附加	# 工程结算税金及附加
总 计	3470734	3451884	3381574	3211188	16976	15139
房屋建筑业	1060487	1060487	1055359	1003553	5549	5236
住宅房屋建筑	615296	615296	602427	595230	3418	3358
住宅房屋建筑	615296	615296	602427	595230	3418	3358
体育场馆建筑	7412	7412	7207	7057	32	32
体育场馆建筑	7412	7412	7207	7057	32	32
其他房屋建筑业	437779	437779	445725	401266	2099	1846
其他房屋建筑业	437779	437779	445725	401266	2099	1846
土木工程建筑业	186592	186564	177842	124793	1201	857
铁路、道路、隧道和桥梁工程建筑	66017	66017	62662	62412	497	496
铁路工程建筑						
公路工程建筑	29437	29437	27461	27461	157	157
市政道路工程建筑	35259	35259	34034	33785	335	334
城市轨道交通工程建筑						
其他道路、隧道和桥梁工程建筑	1321	1321	1167	1167	5	5
水利和水运工程建筑	36089	36089	34860	3019	142	19
水源及供水设施工程建筑	32588	32588	31964	123	123	
河湖治理及防洪设施工程建筑						
港口及航运设施工程建筑	3501	3501	2896	2896	19	19
海洋工程建筑						
海洋油气资源开发利用工程建筑						
海洋能源开发利用工程建筑						
海底隧道工程建筑						
海底设施铺设工程建筑						
其他海洋工程建筑						
工矿工程建筑						
工矿工程建筑						
架线和管道工程建筑	28551	28523	26462	26456	97	97
架线及设备工程建筑	27288	27260	25237	25231	87	87
管道工程建筑	1263	1263	1225	1225	10	10
地下综合管廊工程建筑						
节能环保工程施工						
节能工程施工						
环保工程施工						

2-31-1 续表 1

单位：万元

指标名称	营业收入合计	# 工程结算收入	营业成本	# 工程结算成本	营业税金及附加	# 工程结算税金及附加
生态保护工程施工						
电力工程施工						
火力发电工程施工						
水力发电工程施工						
核电工程施工						
风能发电工程施工						
太阳能发电工程施工						
其他电力工程施工						
其他土木工程建筑	55934	55934	53858	32907	465	246
园林绿化工程施工	129	129	59	59	22	22
体育场地设施工程施工						
游乐设施工程施工						
其他土木工程建筑施工	55806	55806	53799	32848	443	224
建筑安装业	627545	617962	608780	579039	1784	985
电气安装	65750	56210	58060	49156	270	260
电气安装	65750	56210	58060	49156	270	260
管道和设备安装	4720	4688	3605	3589	15	15
管道和设备安装	4720	4688	3605	3589	15	15
其他建筑安装业	557075	557065	547115	526294	1499	710
体育场地设施安装	6390	6390	5828	5828	23	23
其他建筑安装	550685	550675	541286	520465	1476	687
建筑装饰、装修和其他建筑业	1596111	1586871	1539593	1503803	8442	8061
建筑装饰和装修业	746289	741793	732269	707357	3037	2866
公共建筑装饰和装修	175264	170768	170973	166474	771	750
住宅装饰和装修	194948	194948	188411	167999	1021	872
建筑幕墙装饰和装修	376077	376077	372885	372885	1244	1244
建筑物拆除和场地准备活动	11506	11506	10560	10560	49	49
建筑物拆除活动	4049	4049	3876	3876	14	14
场地准备活动	7457	7457	6684	6684	35	35
提供施工设备服务	268649	268649	254809	254682	1217	1165
提供施工设备服务	268649	268649	254809	254682	1217	1165
其他未列明建筑业	569668	564924	541955	531204	4139	3980
其他未列明建筑业	569668	564924	541955	531204	4139	3980

2-31-2 按登记注册类型分的劳务分包建筑业企业营业收入状况

单位：万元

指标名称	营业收入合计	# 工程结算收入	营业成本	# 工程结算成本	营业税金及附加	# 工程结算税金及附加
总 计	3470734	3451884	3381574	3211188	16976	15139
二、按登记注册类型分组						
内资企业	3470734	3451884	3381574	3211188	16976	15139
国有企业						
集体企业	890	890	773	773	2	2
股份合作企业						
联营企业						
国有联营企业						
集体联营企业						
国有与集体联营企业						
其他联营企业						
有限责任公司	919277	917530	890292	855886	3131	2965
国有独资公司	478183	478183	473527	441686	398	263
其他有限责任公司	441094	439347	416765	414200	2734	2702
股份有限公司	61768	61768	60862	60862	237	237
私营企业	2488800	2471697	2429646	2293666	13606	11935
私营独资企业						
私营合伙企业						
私营有限责任公司	2466452	2449348	2407833	2292674	12803	11921
私营股份有限公司	22349	22349	21813	992	802	14
其他企业						
港、澳、台商投资企业						
与港澳台商合资经营						
与港澳台商合作经营						
港、澳、台商独资						
港、澳、台商投资股份有限公司						
其他港澳台投资						
外商投资企业						
中外合资经营企业						
中外合作经营企业						
外资企业						
外商投资股份有限公司						
其他外商投资						

2-31-3 按隶属关系、资质等级、营业状态和控股情况分组的劳务分包建筑业企业营业收入状况

单位：万元

指标名称	营业收入合计	# 工程结算收入	营业成本	# 工程结算成本	营业税金及附加	# 工程结算税金及附加
总 计	3470734	3451884	3381574	3211188	16976	15139
一、按隶属关系分组						
中央						
地方	522771	522759	514118	514118	622	602
其他	2947963	2929125	2867455	2697069	16354	14537
二、按企业资质等级分组						
劳务分包	3470734	3451884	3381574	3211188	16976	15139
一级						
二级						
三级及以下	3470734	3451884	3381574	3211188	16976	15139
三、按运营状态分						
正常运营	3470594	3451763	3381483	3211137	16966	15129
停业（歇业）						
筹建						
当年关闭						
当年破产						
当年注销						
当年吊销						
其他	141	121	91	51	10	10
四、按控股情况分						
国有控股	532815	532815	526674	494833	688	553
集体控股	2742	2742	1996	1996	6	6
私人控股	2845715	2826867	2765499	2627061	15874	14176
港澳台商控股						
外商控股						
其他	89463	89460	87406	87298	408	404

2-31-4　按地区分的劳务分包建筑业企业营业收入状况

单位：万元

地　区	营业收入合计	# 工程结算收入	营业成本	# 工程结算成本	营业税金及附加	# 工程结算税金及附加
广东省	3470734	3451884	3381574	3211188	16976	15139
广州市	1335326	1329937	1298101	1232147	6185	5177
深圳市	1531678	1528602	1496211	1421521	7355	6780
珠海市	54078	54020	50699	50698	210	205
汕头市	2120	2120	1911	1911	11	2
佛山市	6929	6929	6636	6636	37	37
韶关市	63715	62006	63860	62297	361	259
河源市						
梅州市						
惠州市	94504	94491	87791	86557	763	752
汕尾市						
东莞市	260683	260611	261139	244286	1485	1386
中山市	54390	54390	52920	52920	212	212
江门市	30964	30964	28735	26952	198	184
阳江市						
湛江市	23158	18645	20965	16450	116	107
茂名市						
肇庆市	2407	2407	2184	2184	9	9
清远市	77	77	75	75		
潮州市						
揭阳市						
云浮市	10707	6686	10348	6555	34	28
按区域分组						
珠三角核心区	3370958	3362351	3284414	3123900	16454	14743
沿海经济带	25278	20764	22876	18361	127	109
北部生态发展区	74499	68769	74283	68927	395	288

2-32-1 按国民经济行业分的劳务分包建筑业企业损益及分配状况

单位：万元

指标名称	销售费用	管理费用	财务费用	营业利润	利润总额
总 计	3531	86980	4773	23992	23306
房屋建筑业	962	21925	1886	7819	7703
住宅房屋建筑	197	13340	611	4355	4299
住宅房屋建筑	197	13340	611	4355	4299
体育场馆建筑		222	13	89	86
体育场馆建筑		222	13	89	86
其他房屋建筑业	765	8364	1263	3375	3318
其他房屋建筑业	765	8364	1263	3375	3318
土木工程建筑业	189	5356	928	2325	2187
铁路、道路、隧道和桥梁工程建筑	141	2218	871	639	526
铁路工程建筑					
公路工程建筑	140	987	392	304	301
市政道路工程建筑	1	1101	479	316	207
城市轨道交通工程建筑					
其他道路、隧道和桥梁工程建筑		130		19	18
水利和水运工程建筑		821	-9	276	245
水源及供水设施工程建筑		313	-9	196	172
河湖治理及防洪设施工程建筑					
港口及航运设施工程建筑		507		79	73
海洋工程建筑					
海洋油气资源开发利用工程建筑					
海洋能源开发利用工程建筑					
海底隧道工程建筑					
海底设施铺设工程建筑					
其他海洋工程建筑					
工矿工程建筑					
工矿工程建筑					
架线和管道工程建筑	47	1124	50	798	804
架线及设备工程建筑	47	1096	50	799	804
管道工程建筑	1	28		-1	-1
地下综合管廊工程建筑					
节能环保工程施工					
节能工程施工					
环保工程施工					

2-32-1 续表 1

单位：万元

指标名称	销售费用	管理费用	财务费用	营业利润	利润总额
生态保护工程施工					
电力工程施工					
火力发电工程施工					
水力发电工程施工					
核电工程施工					
风能发电工程施工					
太阳能发电工程施工					
其他电力工程施工					
其他土木工程建筑		1194	15	613	612
园林绿化工程施工		4	4	40	40
体育场地设施工程施工					
游乐设施工程施工					
其他土木工程建筑施工		1190	10	573	572
建筑安装业	1867	9034	1269	7464	7399
电气安装	1163	3782	32	2660	2670
电气安装	1163	3782	32	2660	2670
管道和设备安装	12	883	31	192	193
管道和设备安装	12	883	31	192	193
其他建筑安装业	691	4369	1206	4612	4537
体育场地设施安装	224	295	1	18	15
其他建筑安装	467	4075	1204	4593	4522
建筑装饰、装修和其他建筑业	514	50665	690	6384	6017
建筑装饰和装修业	346	11946	389	1083	1086
公共建筑装饰和装修	6	4793	40	1167	1206
住宅装饰和装修	323	5585	13	-112	-142
建筑幕墙装饰和装修	17	1569	336	27	22
建筑物拆除和场地准备活动	76	380	4	436	445
建筑物拆除活动	76	33		50	51
场地准备活动		347	4	386	394
提供施工设备服务	10	12042	93	669	661
提供施工设备服务	10	12042	93	669	661
其他未列明建筑业	83	26297	205	4196	3826
其他未列明建筑业	83	26297	205	4196	3826

2-32-2 按登记注册类型分的劳务分包建筑业企业损益及分配状况

单位：万元

指标名称	销售费用	管理费用	财务费用	营业利润	利润总额
总　计	3531	86980	4773	23992	23306
内资企业	3531	86980	4773	23992	23306
国有企业		78	8	-3	-3
集体企业		104	-1	12	12
股份合作企业					
联营企业					
国有联营企业					
集体联营企业					
国有与集体联营企业					
其他联营企业					
有限责任公司	795	19648	687	10464	10463
国有独资公司		1144	-133	3984	3958
其他有限责任公司	795	18504	820	6480	6505
股份有限公司		408	-3	264	264
私营企业	2736	66743	4083	13256	12571
私营独资企业					
私营合伙企业					
私营有限责任公司	2732	66458	4070	13091	12393
私营股份有限公司	3	285	12	165	177
其他企业					
港、澳、台商投资企业					
与港澳台商合资经营					
与港澳台商合作经营					
港、澳、台商独资					
港、澳、台商投资股份有限公司					
其他港澳台投资					
外商投资企业					
中外合资经营企业					
中外合作经营企业					
外资企业					
外商投资股份有限公司					
其他外商投资					

2-32-3 按隶属关系、资质等级、营业状态和控股情况分组的劳务分包建筑业企业损益及分配状况

单位：万元

指标名称	销售费用	管理费用	财务费用	营业利润	利润总额
总 计	3531	86980	4773	23992	23306
一、按隶属关系分组					
中央					
地方	11	3755	105	6341	6343
其他	3520	83225	4668	17652	16963
二、按企业资质等级分组					
劳务分包	3531	86980	4773	23992	23306
一级					
二级					
三级及以下	3531	86980	4773	23992	23306
三、按运营状态分					
正常运营	3521	86967	4768	23980	23294
停业（歇业）					
筹建					
当年关闭					
当年破产					
当年注销					
当年吊销					
其他	10	13	5	12	12
四、按控股情况分					
国有控股	4	1984	-119	4405	4384
集体控股		364	-3	363	364
私人控股	3481	81120	4619	16792	16148
港澳台商控股					
外商控股					
其他	47	3512	276	2433	2411

2-32-4 按地区分的劳务分包建筑业企业损益及分配状况

单位：万元

地 区	销售费用	管理费用	财务费用	营业利润	利润总额
广东省	3531	86980	4773	23992	23306
广州市	589	29585	1852	5780	5546
深圳市	285	29064	2078	8822	8727
珠海市	11	1558	195	1511	1491
汕头市		242	8	42	42
佛山市		179	63	14	27
韶关市	253	1402	42	-1910	-1919
河源市					
梅州市					
惠州市	1857	3658	38	1589	1574
汕尾市					
东莞市	452	16647	376	7016	6937
中山市		789	14	456	477
江门市	84	1605	61	284	283
阳江市					
湛江市		1819		300	34
茂名市					
肇庆市		200	-1	15	15
清远市		50	26	-49	-51
潮州市					
揭阳市					
云浮市		182	20	123	123
按区域分组					
珠三角核心区	3278	83285	4677	25487	25078
沿海经济带	0	2061	8	341	75
北部生态发展区	253	1635	88	-1836	-1847

2-33-1 按国民经济行业分的非联网直报建筑企业从业人员、薪酬及资产情况

地 区	年末从业人数（万人）	# 女性	应付职工薪酬（万元）	年初存货（万元）	期末存货（万元）
总 计	96.13	20.92	6341969	2764535	3484967
房屋建筑业	21.88	4.56	1715584	639398	945940
住宅房屋建筑	19.93	4.16	1553686	473324	652547
住宅房屋建筑	19.93	4.16	1553686	473324	652547
体育场馆建筑	0.01		17061	1544	1549
体育场馆建筑	0.01		17061	1544	1549
其他房屋建筑业	1.93	0.40	144838	164531	291845
其他房屋建筑业	1.93	0.40	144838	164531	291845
土木工程建筑业	14.20	3.36	893792	1037737	1220217
铁路、道路、隧道和桥梁工程建筑	4.21	0.92	293623	532510	663252
铁路工程建筑	0.17	0.03	10996	572	9617
公路工程建筑	0.80	0.18	60126	60973	88418
市政道路工程建筑	2.46	0.58	161599	455990	488920
城市轨道交通工程建筑	0.09	0.02	15592	5558	5346
其他道路、隧道和桥梁工程建筑	0.69	0.11	45310	9416	70950
水利和水运工程建筑	0.80	0.18	45899	16137	18568
水源及供水设施工程建筑	0.24	0.06	14406	11959	12003
河湖治理及防洪设施工程建筑	0.08	0.02	3837	522	726
港口及航运设施工程建筑	0.48	0.10	27656	3655	5839
海洋工程建筑	0.02		2214	521	852
海洋油气资源开发利用工程建筑			1293	196	63
海洋能源开发利用工程建筑	0.01		389	261	773
海底隧道工程建筑					
海底设施铺设工程建筑			47		
其他海洋工程建筑	0.01		484	64	15
工矿工程建筑	0.18	0.04	11593	11723	12761
工矿工程建筑	0.18	0.04	11593	11723	12761
架线和管道工程建筑	1.26	0.27	72125	17198	16375
架线及设备工程建筑	0.95	0.21	57489	13633	11725
管道工程建筑	0.30	0.06	12991	3012	4084
地下综合管廊工程建筑	0.01		1646	554	565
节能环保工程施工	0.56	0.17	30406	8551	11046
节能工程施工	0.04	0.01	2310	576	648
环保工程施工	0.51	0.15	27591	7728	10099

2-33-1 续表 1

地 区	年末从业人数（万人）	# 女性	应付职工薪酬（万元）	年初存货（万元）	期末存货（万元）
生态保护工程施工	0.01		505	247	299
电力工程施工	0.60	0.12	32378	22500	28963
火力发电工程施工	0.01		326		141
水力发电工程施工	0.01		117	75	72
核电工程施工	0.13	0.01	447	483	493
风能发电工程施工			108		
太阳能发电工程施工	0.05	0.01	2696	855	814
其他电力工程施工	0.41	0.09	28684	21087	27442
其他土木工程建筑	6.58	1.67	405554	428597	468400
园林绿化工程施工	2.46	0.81	130575	345985	375559
体育场地设施工程施工	0.08	0.02	5712	1268	1168
游乐设施工程施工	0.01		676	43	858
其他土木工程建筑施工	4.03	0.84	268590	81301	90815
建筑安装业	15.81	3.53	1008346	373405	427923
电气安装	4.53	1.08	262683	125759	144086
电气安装	4.53	1.08	262683	125759	144086
管道和设备安装	2.82	0.67	168688	66103	79263
管道和设备安装	2.82	0.67	168688	66103	79263
其他建筑安装业	8.46	1.77	576974	181542	204573
体育场地设施安装	0.10	0.03	4924	1843	1875
其他建筑安装	8.36	1.74	572050	179700	202699
建筑装饰、装修和其他建筑业	44.24	9.46	2724247	713995	890886
建筑装饰和装修业	31.03	6.97	1721380	460853	545319
公共建筑装饰和装修	1.87	0.45	186127	21448	23022
住宅装饰和装修	28.26	6.33	1481100	418975	496719
建筑幕墙装饰和装修	0.90	0.19	54152	20430	25578
建筑物拆除和场地准备活动	1.53	0.31	85370	61345	91104
建筑物拆除活动	0.36	0.07	20532	31995	40443
场地准备活动	1.16	0.24	64838	29350	50661
提供施工设备服务	0.63	0.11	89803	8906	12876
提供施工设备服务	0.63	0.11	89803	8906	12876
其他未列明建筑业	11.06	2.07	827695	182891	241587
其他未列明建筑业	11.06	2.07	827695	182891	241587

2-33-2　按登记注册类型分的非联网直报建筑企业从业人员、薪酬及资产情况

地　区	年末从业人数（万人）	# 女性	应付职工薪酬（万元）	年初存货（万元）	期末存货（万元）
总　计	96.13	20.92	6341969	2764535	3484967
内资企业	95.73	20.81	6315561	2730902	3414494
国有企业	0.18	0.04	16311	94404	184627
集体企业	0.24	0.06	13539	25909	25534
股份合作企业	0.02	0.01	987	382	339
联营企业	0.03	0.01	631		
国有联营企业	0.02	0.01	43		
集体联营企业			41		
国有与集体联营企业			22		
其他联营企业			526		
有限责任公司	15.21	3.39	936971	1018518	1208009
国有独资公司	0.24	0.05	16811	149031	163186
其他有限责任公司	14.97	3.35	920161	869486	1044823
股份有限公司	0.50	0.13	44911	14529	17391
私营企业	79.54	17.18	5302210	1577161	1978594
私营独资企业	0.66	0.16	36596	3183	5289
私营合伙企业	0.07	0.01	3230	38	117
私营有限责任公司	76.50	16.88	5220418	1555090	1945441
私营股份有限公司	2.31	0.13	41967	18850	27747
其他企业					
港、澳、台商投资企业	0.33	0.09	19279	28065	61506
与港澳台商合资经营	0.03	0.01	1912	1441	1883
与港澳台商合作经营	0.03	0.01	2460	165	131
港、澳、台商独资	0.26	0.07	14221	26350	59398
港、澳、台商投资股份有限公司			174	23	37
其他港澳台投资	0.01		512	86	57
外商投资企业	0.08	0.02	7129	5568	8967
中外合资经营企业	0.02		1078	1555	1417
中外合作经营企业			4		
外资企业	0.03	0.01	3984	2723	3734
外商投资股份有限公司			245	336	930
其他外商投资	0.02		1819	953	2886

2-33-3 按隶属关系和控股情况分组的非联网直报建筑企业从业人员、薪酬及资产情况

地 区	年末从业人数（万人）	# 女性	应付职工薪酬（万元）	年初存货（万元）	期末存货（万元）
总 计	96.13	20.92	6341969	2764535	3484967
一、按隶属关系分组					
中央	0.12	0.03	10568	8652	15245
地方	1.08	0.27	70464	388045	511267
其他	94.94	20.62	6260937	2367838	2958455
二、按控股情况分					
国有控股	1.32	0.20	109588	391982	519321
集体控股	0.47	0.10	24783	35530	38064
私人控股	90.04	19.65	5936844	2156942	2697212
港澳台商控股	0.33	0.09	27329	24807	59150
外商控股	0.04	0.01	5207	6422	9796
其他	3.93	0.87	238217	148852	161424

2-33-4 按地区分的非联网直报建筑企业从业人员、薪酬及资产情况

地 区	年末从业人数（万人）	# 女性	应付职工薪酬（万元）	年初存货（万元）	期末存货（万元）
广东省	96.13	20.92	6341969	2764535	3484967
广州市	22.52	4.79	1355550	452022	487890
深圳市	29.78	5.94	2633877	698155	1022235
珠海市	5.08	1.05	290559	297441	428224
汕头市	0.95	0.24	56922	51883	69404
佛山市	5.73	1.52	334582	106218	115871
韶关市	1.20	0.23	73175	16577	21593
河源市	1.39	0.30	78339	18026	19876
梅州市	1.53	0.36	121316	42443	64692
惠州市	5.57	1.24	283253	137369	145925
汕尾市	0.60	0.14	33024	5516	30103
东莞市	8.15	1.70	430866	99546	155622
中山市	3.06	0.81	147020	370627	395165
江门市	2.07	0.44	101431	141577	185539
阳江市	0.62	0.14	31761	9254	11145
湛江市	2.20	0.53	112758	24554	22932
茂名市	2.36	0.68	107789	90429	90336
肇庆市	1.09	0.29	49047	17106	75937
清远市	0.89	0.20	38599	46257	54154
潮州市	0.29	0.07	13080	2879	3556
揭阳市	0.40	0.09	17261	80590	38220
云浮市	0.65	0.14	31761	56065	46548
按区域分组					
珠三角核心区	83.05	17.79	5626185	2320063	3012407
沿海经济带	7.42	1.89	372594	265104	265696
北部生态发展区	5.66	1.24	343190	179368	206863

2-34-1 按国民经济行业分的非联网直报建筑企业收入及损益情况

单位：万元

地 区	营业收入	营业成本	税金及附加	投资收益	营业利润	应交增值税
总 计	32602720	26813129	198787	919361	2191800	856487
房屋建筑业	7946540	6842866	55253	32289	323825	200669
住宅房屋建筑	7024523	6103865	49283	31801	244515	180058
住宅房屋建筑	7024523	6103865	49283	31801	244515	180058
体育场馆建筑	103961	92262	606	60	276	3402
体育场馆建筑	103961	92262	606	60	276	3402
其他房屋建筑业	818056	646740	5364	428	79034	17209
其他房屋建筑业	818056	646740	5364	428	79034	17209
土木工程建筑业	6526677	5060341	35373	37891	418318	154507
铁路、道路、隧道和桥梁工程建筑	2565481	2085787	13598	1626	197205	55678
铁路工程建筑	57569	28079	241		1649	1435
公路工程建筑	641110	548399	3340	135	17289	13586
市政道路工程建筑	1438696	1118900	7630	1445	164970	33648
城市轨道交通工程建筑	215466	214824	472		351	1646
其他道路、隧道和桥梁工程建筑	212639	175584	1915	46	12946	5363
水利和水运工程建筑	310976	236199	2483	370	26719	8593
水源及供水设施工程建筑	97145	71705	754	259	6033	3465
河湖治理及防洪设施工程建筑	17258	13568	85	49	-104	491
港口及航运设施工程建筑	196574	150926	1644	63	20790	4637
海洋工程建筑	4487	3199	42	-4676	-5150	132
海洋油气资源开发利用工程建筑	1473	827	30	-4676	-4934	89
海洋能源开发利用工程建筑	913	518	2		5	10
海底隧道工程建筑						
海底设施铺设工程建筑	238	80			15	1
其他海洋工程建筑	1862	1774	10		-236	31
工矿工程建筑	68686	54184	582	-124	2398	1474
工矿工程建筑	68686	54184	582	-124	2398	1474
架线和管道工程建筑	380820	298009	2517	193	13314	13924
架线及设备工程建筑	310359	244162	1941	193	8845	11787
管道工程建筑	67746	51564	553		4423	2000
地下综合管廊工程建筑	2716	2283	23		47	138
节能环保工程施工	157022	116352	1196	-1524	5781	4855
节能工程施工	14822	11639	78	3	709	516
环保工程施工	138072	101408	1102	-1532	5079	4221

2-34-1 续表 1

单位：万元

地 区	营业收入	营业成本	税金及附加	投资收益	营业利润	应交增值税
生态保护工程施工	4128	3304	16	4	-6	118
电力工程施工	215962	170773	1089	173	10587	6084
火力发电工程施工	1014	776	5		27	9
水力发电工程施工	687	447	2		35	15
核电工程施工	1167	890	8		195	44
风能发电工程施工	2342	1520	19		635	7
太阳能发电工程施工	18083	12611	99	8	1423	362
其他电力工程施工	192668	154528	956	165	8271	5646
其他土木工程建筑	2823243	2095838	13868	41853	167464	63767
园林绿化工程施工	748310	616368	5156	41087	67549	21811
体育场地设施工程施工	35583	26926	194	16	1890	1235
游乐设施工程施工	10947	9697	41		191	364
其他土木工程建筑施工	2028404	1442847	8477	750	97834	40357
建筑安装业	5406191	4383251	31164	14305	175132	143305
电气安装	1564621	1240798	9724	2603	59824	41592
电气安装	1564621	1240798	9724	2603	59824	41592
管道和设备安装	847699	648794	4776	600	30148	22875
管道和设备安装	847699	648794	4776	600	30148	22875
其他建筑安装业	2993870	2493659	16663	11101	85161	78837
体育场地设施安装	38048	30791	170		1145	940
其他建筑安装	2955823	2462868	16493	11101	84016	77897
建筑装饰、装修和其他建筑业	12723313	10526670	76997	834877	1274525	358007
建筑装饰和装修业	8379218	6772347	55771	9379	374355	239538
公共建筑装饰和装修	945616	809117	4592	959	9022	42027
住宅装饰和装修	7046289	5637006	49254	8161	354486	187763
建筑幕墙装饰和装修	387312	326223	1926	259	10847	9747
建筑物拆除和场地准备活动	646655	532122	4312	2486	31001	19484
建筑物拆除活动	107203	84451	559	60	3978	2635
场地准备活动	539452	447672	3753	2427	27023	16850
提供施工设备服务	259177	225438	1330	3843	4707	7335
提供施工设备服务	259177	225438	1330	3843	4707	7335
其他未列明建筑业	3438263	2996764	15585	819169	864462	91650
其他未列明建筑业	3438263	2996764	15585	819169	864462	91650

2-34-2 按登记注册类型分的非联网直报建筑企业收入及损益情况

单位：万元

指标名称	营业收入	营业成本	税金及附加	投资收益	营业利润	应交增值税
总 计	32602720	26813129	198787	919361	2191800	856487
内资企业	32403341	26645279	197296	911663	2183174	850684
国有企业	77896	43775	426	2072	1214	-2055
集体企业	72192	53871	882	1110	2852	2033
股份合作企业	4932	3740	68	37	225	165
联营企业	4083	2998	108	-20	208	103
国有联营企业	1746	1760	70	-20	-17	39
集体联营企业	638	383	21		77	23
国有与集体联营企业	674	58	1		3	2
其他联营企业	1025	797	15		145	39
有限责任公司	6481928	5538136	31140	36240	397082	154754
国有独资公司	260666	209968	709	-4656	13021	4388
其他有限责任公司	6221261	5328169	30431	40896	384061	150366
股份有限公司	246078	208286	1815	486	13374	7911
私营企业	25516233	20794473	162856	871738	1768220	687774
私营独资企业	186170	145424	1329	640	10922	5309
私营合伙企业	11665	9210	60	37	941	336
私营有限责任公司	25087814	20471365	159663	870537	1746668	676478
私营股份有限公司	230584	168473	1804	524	9689	5650
其他企业						
港、澳、台商投资企业	146359	116516	1218	7675	16179	4556
与港澳台商合资经营	17824	16875	79	988	-239	497
与港澳台商合作经营	26345	24811	103	0	93	780
港、澳、台商独资	98542	71561	1009	6668	16166	3151
港、澳、台商投资股份有限公司	1334	1206	4	18	45	30
其他港澳台投资	2313	2063	24		115	97
外商投资企业	53020	51333	273	23	-7554	1248
中外合资经营企业	13268	21945	55		-10171	249
中外合作经营企业					-5	
外资企业	27144	20397	169	11	660	649
外商投资股份有限公司	4055	3168	5	13	484	33
其他外商投资	8554	5823	44		1477	318

2-34-3　按隶属关系和控股情况分的非联网直报建筑企业收入及损益情况

单位：万元

指标名称	营业收入	营业成本	税金及附加	投资收益	营业利润	应交增值税
总　计	32602720	26813129	198787	919361	2191800	856487
一、按隶属关系分组						
中央	448390	315326	974	-4675	119402	2099
地方	501544	373187	3078	1404	34174	7281
其他	31652786	26124616	194735	922632	2038224	847108
二、按控股情况分						
国有控股	1190909	1109247	4637	-939	169651	9455
集体控股	142469	111502	1701	1137	4390	3727
私人控股	29741236	24304036	182313	891949	1955561	796641
港澳台商控股	128268	99833	1099	7674	16957	4002
外商控股	36997	39073	205	23	-9519	806
其他	1362842	1149439	8833	19516	54758	41856

2-34-4　按地区分的非联网直报建筑企业收入及损益情况

单位：万元

地　区	营业收入	营业成本	税金及附加	投资收益	营业利润	应交增值税
广东省	32602720	26813129	198787	919361	2191800	856487
广州市	6591319	5436673	41715	14432	171920	180259
深圳市	11884287	10074670	55911	855433	964732	319381
珠海市	2459747	2139967	8933	15919	240179	40849
汕头市	365483	299894	4017	882	25757	8338
佛山市	2350521	1710933	15149	2268	181227	51947
韶关市	281973	240033	1507	134	9756	8640
河源市	330918	282981	3306	2239	15327	10117
梅州市	601694	493276	6253	2032	18741	17636
惠州市	1416424	1192419	9366	3691	23877	36075
汕尾市	177010	142679	3290	111	23724	5391
东莞市	1865678	1468729	12745	5529	108960	55402
中山市	850054	705018	3856	364	8519	25668
江门市	576612	483600	3599	432	18442	14465
阳江市	178397	132309	1328	63	26099	5524
湛江市	680568	481415	6143	3878	56937	17563
茂名市	831256	550820	8886	62	184781	30792
肇庆市	363058	294403	4064	567	29454	8363
清远市	290495	248700	2815	375	8107	7620
潮州市	118782	88794	2466	217	16763	2367
揭阳市	197748	211688	2201	627	13474	3874
云浮市	190697	134128	1237	10107	45022	6217
按区域分组						
珠三角核心区	28357700	23506411	155339	898634	1747311	732409
沿海经济带	2549244	1907598	28331	5839	347535	73848
北部生态发展区	1695777	1399119	15118	14887	96954	50230

2-35-1 按国民经济行业分的非联网直报建筑企业资产负债情况

单位：万元

指标名称	本年折旧	固定资产净值	在建工程	资产总计	负债合计
总 计	504801	2919919	7112540	103877607	126104845
房屋建筑业	105019	673874	1149002	46171061	10411620
住宅房屋建筑	92696	564681	510890	43712134	8688360
住宅房屋建筑	92696	564681	510890	43712134	8688360
体育场馆建筑	43	131		70484	7531
体育场馆建筑	43	131		70484	7531
其他房屋建筑业	12281	109063	638113	2388443	1715729
其他房屋建筑业	12281	109063	638113	2388443	1715729
土木工程建筑业	138909	897783	5357806	22420409	22017427
铁路、道路、隧道和桥梁工程建筑	74827	528587	4525100	14747348	17730000
铁路工程建筑	687	6909	1190789	1674338	650182
公路工程建筑	33865	270077	2536774	6177871	12704502
市政道路工程建筑	34191	220277	432323	5499847	3489007
城市轨道交通工程建筑	1844	9501	13419	224791	186007
其他道路、隧道和桥梁工程建筑	4240	21823	351795	1170500	700302
水利和水运工程建筑	6912	43081	479316	1727501	773891
水源及供水设施工程建筑	1580	7634	229736	837738	510538
河湖治理及防洪设施工程建筑	1124	5908	212438	249332	44434
港口及航运设施工程建筑	4208	29540	37142	640432	218919
海洋工程建筑	134	1435	5	469666	26047
海洋油气资源开发利用工程建筑	21	65		407749	17018
海洋能源开发利用工程建筑	66	202		3039	1515
海底隧道工程建筑					
海底设施铺设工程建筑		1		201	133
其他海洋工程建筑	46	1168	5	58677	7381
工矿工程建筑	2603	7914	4567	161706	93341
工矿工程建筑	2603	7914	4567	161706	93341
架线和管道工程建筑	6163	27139	113455	743508	371308
架线及设备工程建筑	4758	20499	2582	430624	227765
管道工程建筑	1386	6423	110873	310380	134817
地下综合管廊工程建筑	19	216		2504	8726
节能环保工程施工	5833	47640	28534	315980	210011
节能工程施工	244	1463	6	9986	4925
环保工程施工	5536	46074	28514	302521	202011

2-35-1 续表 1

单位：万元

指标名称	本年折旧	固定资产净值	在建工程	资产总计	负债合计
生态保护工程施工	54	103	15	3473	3076
电力工程施工	2786	28140	6253	241138	137077
火力发电工程施工	14	66		1885	457
水力发电工程施工	126	1054	5	2138	3
核电工程施工	6	6746		13347	10825
风能发电工程施工	9	9		4089	1393
太阳能发电工程施工	558	7565	4916	28008	14961
其他电力工程施工	2074	12700	1332	191670	109438
其他土木工程建筑	39651	213847	200577	4013562	2675753
园林绿化工程施工	13369	86485	19222	1589818	1075222
体育场地设施工程施工	281	1870	128	58484	45451
游乐设施工程施工	129	81	44	9584	6178
其他土木工程建筑施工	25872	125411	181183	2355676	1548901
建筑安装业	91138	367548	81951	5785987	68736151
电气安装	35766	112174	18279	1800928	66094278
电气安装	35766	112174	18279	1800928	66094278
管道和设备安装	13751	55705	19471	984877	632123
管道和设备安装	13751	55705	19471	984877	632123
其他建筑安装业	41620	199668	44201	3000182	2009749
体育场地设施安装	492	6748	54	51535	31967
其他建筑安装	41128	192920	44146	2948647	1977782
建筑装饰、装修和其他建筑业	169735	980714	523781	29500150	24939647
建筑装饰和装修业	101341	600435	148023	14481767	11801231
公共建筑装饰和装修	8395	31507	32831	1011783	767310
住宅装饰和装修	88699	552704	88140	13096550	10755989
建筑幕墙装饰和装修	4247	16224	27052	373434	277932
建筑物拆除和场地准备活动	17507	97178	330211	1435825	974892
建筑物拆除活动	2602	19435	326043	522071	443232
场地准备活动	14906	77743	4168	913754	531660
提供施工设备服务	3903	16554	19637	267806	189129
提供施工设备服务	3903	16554	19637	267806	189129
其他未列明建筑业	46983	266546	25909	13314752	11974395
其他未列明建筑业	46983	266546	25909	13314752	11974395

2-35-2 按登记注册类型分的非联网直报建筑企业资产负债情况

单位：万元

指标名称	本年折旧	固定资产净值	在建工程	资产总计	负债合计
总 计	504801	2919919	7112540	103877607	126104845
内资企业	501679	2894088	7066522	102535326	125031691
国有企业	4392	42435	662689	1297042	921373
集体企业	7066	57576	4633	425858	256315
股份合作企业	26	172		2801	1354
联营企业	15	142	2	1660	1387
国有联营企业	1	3	2	283	578
集体联营企业	9	85		739	535
国有与集体联营企业				83	1
其他联营企业	5	54		555	273
有限责任公司	91241	637623	3844610	22239919	22828622
国有独资公司	2963	54022	1269759	4547890	11585889
其他有限责任公司	88279	583601	2574850	17692029	11242732
股份有限公司	13852	27625	36913	548610	388102
私营企业	385088	2128515	2517676	78019437	100634539
私营独资企业	1967	15834	390	151306	96655
私营合伙企业	139	1508	9	13855	7517
私营有限责任公司	379690	2086514	2511486	77639762	100408764
私营股份有限公司	3292	24659	5791	214514	121604
其他企业					
港、澳、台商投资企业	2769	21482	29602	1161500	922085
与港澳台商合资经营	157	581	654	781967	700441
与港澳台商合作经营	264	2540		20736	11325
港、澳、台商独资	2231	18286	25924	349621	205486
港、澳、台商投资股份有限公司	116	18		3172	467
其他港澳台投资	2	57	3023	6003	4366
外商投资企业	352	4348	16416	180782	151068
中外合资经营企业	52	434	87	20358	10179
中外合作经营企业		6		81	156
外资企业	172	3575		122508	114257
外商投资股份有限公司	51	225	22	9498	5206
其他外商投资	76	109	16308	28338	21270

2-35-3 按隶属关系和控股情况分的非联网直报建筑企业资产负债情况

单位：万元

指标名称	本年折旧	固定资产净值	在建工程	资产总计	负债合计
总　计	504801	2919919	7112540	103877607	126104845
一、按隶属关系分组					
中央	334	2114	100032	1183352	427386
地方	15362	250657	2570667	7823309	13213810
其他	489104	2667148	4441841	94870946	112463648
二、按控股情况分					
国有控股	35710	281198	3946283	11184615	15267008
集体控股	7827	63504	13231	618666	422262
私人控股	438756	2394071	2171479	86792385	107348184
港澳台商控股	2112	19559	30238	527246	340594
外商控股	261	4011	22	159230	131150
其他	20134	157575	951287	4595465	2595648

2-35-4　按地区分的非联网直报建筑企业资产负债情况

单位：万元

地　区	本年折旧	固定资产净值	在建工程	资产总计	负债合计
广东省	504801	2919919	7112540	103877607	126104845
广州市	81452	350237	2787064	48542456	77119545
深圳市	135958	566708	76524	25146247	21364066
珠海市	13427	76784	1113135	6238697	3943789
汕头市	13943	131184	124243	814162	528250
佛山市	78785	315796	607870	3107611	2067771
韶关市	4748	21203	3270	336308	180254
河源市	5048	39288	20684	547090	282570
梅州市	12260	101653	878839	2588158	10165824
惠州市	23725	198797	334173	3304457	2305566
汕尾市	4549	45308	10471	208635	78565
东莞市	31347	166794	258040	2708367	1350773
中山市	15356	102964	23594	1873722	1379367
江门市	11447	127812	273866	3773227	2716329
阳江市	4752	42204	23127	242345	89515
湛江市	10814	156379	72728	1142024	771237
茂名市	23086	214232	281665	1193091	543498
肇庆市	15541	97712	100275	701525	505938
清远市	6660	18750	36015	498057	331290
潮州市	1751	23064	4490	105966	30818
揭阳市	3827	35889	3814	277361	131274
云浮市	6322	87162	78653	528100	218607
按区域分组					
珠三角核心区	407040	2003603	5574542	95396310	112753144
沿海经济带	62722	648260	520538	3983584	2173156
北部生态发展区	35038	268056	1017461	4497714	11178545

附录

留住记忆

——向“编表能手”致敬

广东省第四次全国经济普查领导小组副组长、
省统计局党组书记、局长　杨新洪

广东省第四次全国经济普查在各级党委政府高度重视和正确领导下，全省10万名普查工作者，肩负摸清广东经济家底的重任，以“七个一到底”的坚定决心和毅力，历经2年时间，取得丰硕成果，向中国改革开放40年周年和新中国70华诞献上了一份厚礼。面对海量的二、三产业经济活动单位数据，如何充分综合运用各种统计技术工具和手段，严格遵循国民经济分类编表体系，及时准确、原汁原味，经过分门别类、编表赋能、排列组合、整理归集，将充满温度、充满活力的普查数据，以经济普查年鉴的形式，呈现在数据需求者面前，成为摆在省统计局统计人面前一道十分紧迫的必答题。结果，令人欣喜，从编表动员到结集出版，全局群策群力、加班加点，仅仅用时一个月。社会和科技统计处的吴娱拔得头筹，荣获001号《编表能手》证书。值此《广东经济普查年鉴》出版之际，特向编表能手们表示致敬！

致敬编表能手。所谓“能手”，就是具有某种技能对某项工作、运动特别熟练的人。比如，今年省“五一劳动奖章”获得者王学良，就是省统计局涌现出来的统计专业能手。统计作为一门科学，是人类认识从定量到定性、从个体到总体、从个别到一般的科学过程。统计图表则是统计科学在人类社会发展中发挥作用的应用工具和直观载体，统计人几乎天天、月月、年年，跟各种各样的图表打交道，编表一点都不神秘。编表对于一般统计人来说，说难不难、说不难也难。对于编表能手来说，难能可贵的是能够做到时间上说一不二、格式上推陈出新、内容上一目了然、逻辑上严谨细致、数量上遥遥领先。这次编表，同志们各显其能，涌现出不少编表能手，有的为了在规定的时间内完成任务，针对不同专业特点、不同数据多少、不同难易程度，或利用经济普查平台，或利用一套表联网直报平台，或导出平台数据，运用不同的软件进行汇总、分类、归集，收到事半功倍的效果；有的按行业、分地市，将原来5张表细化为22张表；有的合理安排完成常规报表工作与这次编表任务的时间，利用各自专业优势，加班加点，主动承担编表任务，积极出谋划策，充分展示了能者多劳、主动作为的担当精神。

致敬编表能力。“能力”，就是能胜任某项任务的主观条件。作为专业统计部门，每年都会按时保质出版一本《广东统计年鉴》。翻开年鉴，一张张图表纵横排列，清晰地展示广东国民经济和社会发展状况，一个个数字整齐组合，被赋予无穷的生命力。编表出年鉴，是统计部门统计人规定动作、看家本领。高超的编表能力，非一朝一夕形成，需要久久为功，靠长期刻苦学习、磨练养成。2019 年 1 月 11 日，省统计局党组印发《关于构建经济大省之统计强省开展统计能力提升建设年的通知》，决定在全省开展“构建经济大省之统计强省，全面提升‘统计改革创新、统计法治建设、统计数据质量、统计监测预警、统计服务水平’能力”工作，以 2019 年为“统计能力提升建设年”。其实，这项工作从去年厦门大学培训开始就已展开。在厦门大学，我提出能力建设：“响应能力、时间能力和管理能力”之业务素质能力、履职创新能力、工作协调能力、自我约束能力。在清远“四经普”骨干培训班，我提出强化“走进普查、获得数据、综合专业、专业分类、指标解读、核心专业、质量控制、应急管理、‘两防’能力”等“九种能力”。今年，在中国人民大学省统计局“黄埔一期”开班授课中，我以“三个”之家：“用”趋势是大家，“看”波动是小家，“切”结构是大家，评判透视把握经济能力的高下。在哈尔滨工业大学培训班，我提出“原创力、动手能力和执行力”等。这次编表的丰硕成果，就是对统计能力提升建设成效的一次集中检验和展示，就是将统计能力提升建设进一步推向新的高潮。

致敬创新行动。马克思说过“一个行动胜过一打纲领”。说干就干，立杆见影，取决于一种超常的果断力、创新力和执行力。2016 年以来，我连续三年受邀参加全国统计务虚会，前两次源于在深圳市统计局“9＋n”改革创新模式的成功推出；2018 年 8 月，我受邀参加全国统计务虚会，则主要源于推开“广东智能普查”。如何把广东“四经普”底层资源共享，打破信息孤岛，实现技术突破，形成架立与连接省统计局、省电子政务办和数解广东公司共同数据的平台。“人脸识别、扫码读数”的设想和创意，从提出到在国家统计局务虚会上成功演示，仅用了两个月时间。2019 年 8 月，因“未观测金融”调查研究最新成果，我应邀出席国际统计学会第 62 届世界统计大会并作专题报告，在国际舞台上发出了广东统计的声音，为拓展金融统计领域，

贡献了中国方案。“惟改革者进，惟创新者强，惟改革创新者胜。”近年来，省统计局从一本《广东省第四次全国经济普查入户案例选编》，到构建《广东省高质量发展综合绩效评价体系》，再到持续“敬藏进藏智藏”；从“两防”（防弄虚作假、防少报漏报）到“两求”（求上不如求下、求人不如求己），再到中国统计开放日之广东提出：“普查、思维、方法、结果、目标”“五个开放”等等，精彩纷呈，一个个创新成果和举措，受到国家统计局领导和机关的关注和肯定。广东之所以能开风气之先，先人一步，成为“两个重要窗口”，无不是以突破的锐气、改变的勇气与推开的大气，脚踏实地，敢于创新。事，以干得助；业，以改得力；果，以创得益；实，以落得效。这次编表，同志们以“构建经济大省之统计强省”为己任，以时不我待的敬业精神，不等不靠，主动出击，攻坚克难，力争下好“先手棋”，第一次将新经济业态编表入鉴，提前一个年度将《广东经济普查年鉴》编印出版，其速度可喜可贺，其质量可圈可点，其精神可褒可奖。

致敬无私奉献。习近平总书记强调，“伟大梦想不是等得来、喊得来的，而是拼出来、干出来的。”面对厚重的几大本《广东经济普查年鉴》，无论是数据采集，还是编表成册，无不让人感慨万千。一年多来，我们以“两防”破局，以“两求”助力，以“五个开放”为目标，上下同心，拧成一股绳，闻鸡起舞，日夜兼程，曾经 9 天 13 市的“两防”调研和 4 天 5 市“四经普”督导，无不让人回味无穷。从清远、江门、广州的“四经普”试点，到加持深圳省级综合试点；从“结果、做法、问题、能力、重点、信心”“六个试出”到实现“结果、权重、原因、专业、力量、信心”“六个导向”，冲刺清查单位上千万；从“七个一到底”之后需“五个再出发”，到谋篇布局“力量到位、质量到点、结果到手、逻辑到进、感动到己”“五个到”，努力实现“四经普”有效单位数占全国总数九分之一强，数据质量得到国家事后质量抽查组的肯定，创造了省统计局前所未有的佳绩，受到各级领导高度赞扬。我曾以“是谁，‘两颗牙’失落在‘四经普’里”，抒发自己的真情实感。在这里，我特别为编表者点赞，你们中有的临近退休，还主动承担编表任务；有的家人生病需要陪伴，便牺牲休息时间抽空编表；有的双管齐下两不误，既兼顾日常报表，又承担编表任务等等，正是因为有许许多多无名英雄的默默付出，才成就《广东经济普查年鉴》编印出版任务的如期完成。

致敬开放服务。“不忘初心、牢记使命”主题教育方兴未艾，其题中应有之义就是抓好落实。这次编表就是对主题教育成果的直接检验。普查的初心是开放，普查的本源是服务。《广东经济普查年鉴》编印出版，只是上篇文章，下篇文章就是搞好开放服务。省统计局作为经济普查的专业部门，做好经济普查成果的开发利用，全力以赴为“数据需求者服务”，责无旁贷。习近平总书记在福州工作时，曾大力推动“进万家门、知万家情、解万家忧、办万家事。”“四万”活动。要紧紧围绕省委“1＋1＋9”工作部署，优化“一核一带一区”区域经济布局，适应“双区驱动效应”的要求，集中智慧对“四经普”数据进行解读分析，赋予数据生命力，让历史数据与现时数据、行业数据与行业数据、专业数据与专业数据变得充满生机活力。我们要采取多种途径和方法，让数据与经济社会实现亲密接触、精准对接，尽快让“四经普”的数据落地生根，开花结果。同时，要秉持实事求是的作风，主动倾听和接受社会各界对《广东经济普查年鉴》批评建议，为进一步提高经济普查年鉴的编印质量和水平，打下坚实的基础。

沧海横流，方显英雄本色。如果把“两员”比喻为不惧风吹浪打的赶海拾珠人，那么，“编表能手”就是心灵手巧的缀珠者。一首《春天的故事》，源于40年前一位老人在南海边画了一个圈，注定不朽；一套《广东经济普查年鉴》编印出版，始于新中国70年取得辉煌成就，广东“双区驱动”再出发，注定不凡。让我们留住记忆——向“编表能手”致敬！

广东省统计专业委员会

粤统专要〔2019〕35号

（总第55期）

广东省统计局　　　　2019年10月17日

省局召开统计专业委员会部署四经普年鉴编辑工作

10月10日下午，广东省第四次全国经济普查领导小组副组长、省统计局局长杨新洪发起并召开统计专业委员会，强力推动广东省第四次全国经济普查年鉴编辑工作。

杨新洪指出四经普年鉴编辑时间紧迫和年终岁尾工作繁杂。要用科学的方法和思维来破解难题，以绩效考核倒逼责任落实，才能完成四经普年鉴编辑这项光荣和艰巨的任务。杨新洪提出五点要求：

一是以任务为牵引，强化责任担当。四经普在各级党委政府高度重视和正确领导下，经过全省各级普查机构和广大普查工作

者的共同努力，取得了丰硕的成果。经济普查的目的在于运用，而省统计局作为经济普查的牵头部门，做好经济普查成果的开发利用，全力以赴为“数据需求者服务”责无旁贷。按照前三次全国经济普查的工作计划和节奏，编印四经普年鉴要等到明年，普查数据的时效性会随着时间的延长而衰减。因此，要以绩效考核倒逼责任落实，要敢于担当，主动作为，充分发挥个人主观能动性，各司其责，在11月15日前完成编表任务。

二是以创新为导向，增添广东特色。创新需要打破定势，突破传统。发扬广东敢为人先的改革精神，勇于打破常规，向困难挑战。四经普年鉴不拘泥于老旧的模板，要根据广东经济结构的特点，设计具有广东产业、行业、企业特色的表式，发挥引领示范作用。此外，也要把财务绩效表放入年鉴中，将四经普花的每一分钱，明明白白、清清楚楚记录下来。为未来的五经普和后面各种分析研判，做最基础的夯实。

三是以专业为支撑，牢固树立“专业人干专业的事”。四经普作为统计科学的一项周期性工作，具有严谨的专业性和规范性，无论是前阶段的单位清查、入户登记、编码上报等工作，还是编印四经普年鉴，必须严格按照《第四次全国经济普查方案》实施，认真厘清程序方法和经济指标之间的界限，正确处理坚持方案与创新方法之间的关系。在编表过程中，要充分发挥专业骨干的突击作用，鼓励在编表方法手段上创新，在速度质量上同步，在数量上超前。通过这次编表，充分展示专业人才在专业领域的

地位和专业素养，充分展示专业人才在构建经济大省之统计强省中的风采和支撑作用。届时，省四经普领导小组将给优秀编表者颁发“广东省第四次全国经济普查编表能手”证书，并给予通报表彰。

四是以典型为激励，充分发挥“头雁效应”。山高人为峰，数海梦为帆。李良胜、张汉杰、王学良等同志就四经普本专业的编表谈了思路和做法，各有所长，有一定的示范作用。全体编表人员要开阔视野，能者为师，搞好传帮带，根据各专业的实际情况，以科学的思维方法，坚忍的探索精神，各显神通，勇于破冰，尽量把数据挖掘出来，多多益善，争取在规定的时间内拿出逻辑严谨、便于使用的图表。通过这次编表，让更多的人真正成为新时代统计事业的“领头雁”。

五是以开放为目标，着重打造为数据需求者服务的精品力作。朱德同志曾把统计事业称作“万岁”工作。从去年第九届“中国统计开放日之广东”活动提出“五个开放”，到今年第十届“中国统计开放日之广东”活动提出“四个开放”，活动始终围绕“开放”阐述的主题，就是紧贴时代的要求，畅谈统计的意义和使命。这次编印四经普年鉴，从整个四经普工作来看，所占的成份并不大，但要以小见大。年鉴作为精神产品，通过向社会大众公布发行，是以开放的姿态接受社会的审视和检阅。要以文责自负的责任担当，以追求完美的专业境界，凝心聚力，全力打造一部精品力作，更好地为数据需求者服务。

为此，杨新洪自己愿意为此以一名专业工作者的身份写几句，提出四经普年鉴序言可标题为“留住记忆——向编表能手致敬”。以“致敬自觉、致敬能力、致敬无私、致敬创新、致敬开放”向所有参与编表的专业人员表示致敬。

省经普办主任、省统计局副局长刘智华要求：一是按杨局长要求，以绩效考核倒逼责任落实，此项工作要走在全国前面；二是不设篇幅，不设格式限制，大家充分发挥才智，展示我局综合实力；三是要比三经普和国家模板反应的角度多，把比较好的表式提炼出来，加上我们省的特色。

省经普办副主任、省统计局副局长杨骁婷共勉三点意见：一是各处承担编表工作的同志要好好珍惜这一次难得的新洪局长亲自部署的机会，把统计工作和个人能力的提升融合在一起，将四经普丰收的成果从形式到内容展示出来。任务虽繁重，但使命光荣又很神圣；二是要按时间要求按高标准高质量的完成；三是数据中心的同志做好网络安全、工具使用、测试以及技术保障服务。

省统计局党组成员、一级巡视员梁彦要求：一是参与此项工作的同志要充分施展能耐和本事；二是做好经费保障和绩效管理评估，提高保障水平；三是提升财务管理的水平，把绩效表式设计好，既为专业部门服务好，也提高财务管理的水平绩效管理的水平。

省经普办常务副主任、省统计局二级巡视员杨少浪要求：一

是不能脱离基本的模板，要以国家普查方案为基础，在基本反映出国家方案的基础上，再调整修改表式内容；二是专业的需求可以在前期数管中心已设计过一套专业汇总需求表的基础上进行调整；三是根据数据需求，为了提高工作效率，继续保持与国家专业司的沟通联系，减少不必要的重复劳动。

主任：杨新洪

副主任：杨骁婷、刘智华、梁彦、杨少浪

局内委员：李珠桥、邱国祥、杨凡、黄俊彪、李良胜、王彪、张锦平、张汉杰、叶涛

专员：马建强、李华、何婷、罗青兰、王学良、张显华、唐正茂、卢甲戎、丁蓉、何婉虹、刘伟平、谭乐明、周前、陈彦舟、潘宇明、童城、吴凯敏

列席：李国辉、王铭婵、余盛鸿、汤良、邢珍、郭茂成、罗文锋、陈颖、周小兵

记录：陈彦舟

广东经济普查年鉴

2018

综 合 卷

GUANGDONG ECONOMIC CENSUS YEARBOOK

广东省第四次全国经济普查领导小组办公室
广　东　省　统　计　局　编

中国统计出版社
China Statistics Press

图书在版编目（CIP）数据

广东经济普查年鉴. 2018. 综合卷 / 广东省第四次全国经济普查领导小组办公室, 广东省统计局编著. -- 北京 : 中国统计出版社, 2020.6
ISBN 978-7-5037-9148-2

Ⅰ. ①广… Ⅱ. ①广… ②广… Ⅲ. ①经济－普查－广东－2018－年鉴 Ⅳ. ①F127.65-54

中国版本图书馆 CIP 数据核字(2020)第 070701 号

广东经济普查年鉴—2018/综合卷

作　　者/广东省第四次全国经济普查领导小组办公室　广东省统计局
责任编辑/冯燕玲
封面设计/何文婷
出版发行/中国统计出版社
通信地址/北京市丰台区西三环南路甲 6 号　邮政编码/100073
电　　话/邮购（010）63376909　书店（010）68783171
网　　址/http://www.zgtjcbs.com/
印　　刷/广州市恒远彩印有限公司
经　　销/新华书店
开　　本/880mm×1230mm　1/16
字　　数/1328 千字
印　　张/42.75
版　　别/2020 年 6 月第 1 版
版　　次/2020 年 6 月第 1 次印刷
定　　价/880.00 元（全三册附光盘）

本书附同版本 CD-ROM 一张，光盘内容以书面文字为准。
如有印装差错，由本社发行部调换。

《广东省经济普查年鉴—2018》
编辑委员会和编辑出版人员

编 者 说 明

为便于社会各界共享广东省第四次全国经济普查的成果，方便开发利用普查资料，我们将经济普查资料编辑整理，汇编成《广东省经济普查年鉴-2018》。全省共分三卷，即综合卷、第二产业卷和第三产业卷。《综合卷》由四部分组成，分别是：综合篇、新经济篇、小微企业篇、个体经营户。第二产业卷由两部分组成，分别是：工业企业主要经济指标、建筑业企业生产经营及财务状况。第三产业卷由七部分组成，分别是：批发和零售业企业基本情况及财务状况、住宿和餐饮业企业基本情况及财务情况、金融业、房地产开发生产经营及财务状况、服务业企业财务状况、行政事业及非企业财务状况、其他。为使读者更好地使用本资料，现对有关问题做如下说明：

一、第四次全国经济普查的标准时点为2018年12月31日，时期资料为2018年度；

二、每卷后附有该卷详细的指标解释，使用时请仔细阅读；

三、本资料有资质的建筑业企业按照法人单位注册地，其他行业按法人单位经营地进行汇总；

四、本资料对部分数据由于单位取舍不同或四舍五入而产生的差数均未作调整；

五、表中空格表示该项统计指标数值为零、数据不详或无该项数据，“#”表示其中的主要项。

我们希望此书的面世，能使社会各界对我省第四次全国经济普查有一个全面概括的了解，更愿本书的内容，能为社会经济研究工作者提供有价值的参考。

广东省第四次全国经济普查资料是全省普查工作者共同辛勤工作的成果，也是广大普查对象积极支持配合的结果。在此，我们向全省所有普查工作者、普查对象和所有参与和支持普查工作的人员致以崇高的敬意和衷心的感谢！

综合卷

第1篇 综合篇

第 2 篇 新经济篇

第3篇　小微企业篇

第4篇　个体经营户

附录

第1篇

综合篇

编表能手

法人单位数：陈彦舟　周前（2–293 页）

法人单位从业人员数：王彪　曹文群（4–329 页）

单位资产负债、营业收入：罗青兰（330–330 页）

生产总值：何婷（331–333 页）

1-1 按地区、行业门类

地 区	法 人 单位数 (个)	农、林、牧、渔业	采矿业	制造业	电力、燃气及水的生产和供应业	建筑业	交通运输、仓储和邮政业	信息传输、计算机服务和软件业	批发和零售业
合 计	3126587	7173	2403	572142	9714	116949	72789	165637	966082
广州市	751580	606	56	76364	659	27400	19030	58137	260746
深圳市	861181	36	46	115461	371	20780	23898	64326	337793
珠海市	98473	93	30	9122	129	7710	2455	6629	24518
汕头市	52468	170	32	13826	126	1441	1375	1424	14336
佛山市	242974	139	28	69896	265	7806	5548	7108	82234
韶关市	33824	248	166	2123	1101	1478	558	813	5036
河源市	20235	172	199	2190	517	1834	414	650	3711
梅州市	32825	402	245	3069	814	2739	603	1704	7180
惠州市	114963	281	143	22523	506	10432	2031	3892	22091
汕尾市	16343	260	12	1702	207	752	278	370	3068
东莞市	369840	119	18	143875	317	14998	6671	8947	96592
中山市	115873	80	8	47431	133	5659	2325	2997	24495
江门市	72823	284	82	20641	297	3019	1372	1566	14571
阳江市	31447	212	48	4435	468	1100	538	638	5528
湛江市	69784	1192	186	5986	234	2477	1620	1530	17767
茂名市	77083	554	252	4431	747	2067	951	1321	16113
肇庆市	40684	506	264	5912	739	1691	860	1318	8132
清远市	52556	1026	445	3711	1142	1591	953	932	6309
潮州市	20574	152	23	7968	234	444	367	328	3757
揭阳市	32410	160	35	7848	293	787	576	682	8061
云浮市	18647	481	85	3628	415	744	366	325	4044
按区域分组									
珠三角核心区	2668391	2144	675	511225	3416	99495	64190	154920	871172
沿海经济带	300109	2700	588	46196	2309	9068	5705	6293	68630
北部生态发展区	158087	2329	1140	14721	3989	8386	2894	4424	26280

分组的法人单位数

住宿和餐饮业	金融业	房地产业	租赁和商务服务业	科学研究、技术服务和地质勘查业	水利、环境和公共设施管理业	居民服务和其他服务业	教育	卫生、社会保障和社会福利业	文化、教育和娱乐业	公共管理和社会组织
52913	30365	117254	514187	194577	11067	62395	71352	17810	61695	80083
15923	5149	30396	124005	69007	2250	16060	13090	3509	19049	10144
11370	15100	24409	132381	57302	1926	17032	14886	3237	14857	5970
2063	6078	5715	16552	7504	427	2600	1978	612	2333	1925
1186	178	1797	4993	1988	280	1106	2573	629	1327	3681
5173	721	8737	23043	11887	733	5341	3883	1071	4929	4432
422	128	1351	11751	1345	324	501	1244	426	610	4199
421	78	1182	2159	1028	189	589	1196	383	446	2877
430	137	1142	4231	1492	501	543	1503	528	650	4912
2452	315	10807	22408	4309	667	2550	2886	697	2105	3868
460	44	982	3276	521	110	376	1278	195	362	2090
5371	944	10067	40553	18439	813	6822	4880	1163	6270	2981
2128	289	4968	11209	4737	271	2939	2218	555	1922	1509
1207	210	3212	14319	2344	359	1057	1694	586	1033	4970
411	67	1349	11065	915	197	432	1212	285	432	2115
1319	176	2743	18276	2636	346	1252	4698	1342	1291	4713
615	122	1971	35251	2310	339	767	3845	788	949	3690
524	235	2092	7794	2533	324	691	1625	484	894	4066
501	107	2401	24041	2094	398	750	1565	494	786	3310
321	89	380	1089	565	149	279	1453	188	463	2325
414	92	725	3703	871	253	463	2686	349	665	3747
202	106	828	2088	750	211	245	959	289	322	2559
46211	29041	100403	392264	178062	7770	55092	47140	11914	53392	39865
4726	768	9947	77653	9806	1674	4675	17745	3776	5489	22361
1976	556	6904	44270	6709	1623	2628	6467	2120	2814	17857

1-2 按地区分组的法人单位数及从业人员数

地 区	法人单位数(个)	单产业法人单位	多产业法人单位	从业人员数(人)	其中：女性	#具有研究生学历(位)人员	#具有大学本科学历(位)人员	#具有大学专科学历人员
合 计	3126587	3080589	45998	46107946	18474501	888160	6497190	7071901
广州市	751580	743465	8115	8885101	3674081	260535	1585320	1558263
深圳市	861181	846933	14248	12434424	4814959	411494	2089937	2199289
珠海市	98473	97000	1473	1348885	519546	31746	224410	204624
汕头市	52468	50853	1615	1231511	538806	8647	136651	160049
佛山市	242974	239709	3265	4201482	1608142	41916	493688	604995
韶关市	33824	33143	681	520445	210772	4796	82352	90707
河源市	20235	19532	703	474052	214185	2848	64548	84540
梅州市	32825	31795	1030	558482	227490	3578	87857	92914
惠州市	114963	113584	1379	2003493	804118	15344	201775	241001
汕尾市	16343	15772	571	411465	194012	1820	40687	48258
东莞市	369840	367334	2506	5667053	2244395	40785	437047	596961
中山市	115873	113825	2048	1875588	790551	16597	187601	209412
江门市	72823	71575	1248	1222439	509935	9878	149326	154226
阳江市	31447	30882	565	411911	171782	2038	61869	73827
湛江市	69784	67476	2308	1051123	388527	12100	147125	167378
茂名市	77083	76208	875	998412	390088	5484	129613	169070
肇庆市	40684	39711	973	732583	302864	6464	106682	114955
清远市	52556	51554	1002	667380	277692	4783	94788	99429
潮州市	20574	20093	481	443362	181823	2523	48721	53215
揭阳市	32410	31914	496	652314	268686	2620	79989	94701
云浮市	18647	18231	416	316441	142047	2164	47204	54087
按区域分组								
珠三角核心区	2668391	2633136	35255	38371048	15268591	834759	5475786	5883726
沿海经济带	300109	293198	6911	5200098	2133724	35232	644655	766498
北部生态发展区	158087	154255	3832	2536800	1072186	18169	376749	421677

1-3 按行业中类分组的法人单位数及从业人员数

行业中类	法人单位数(个)	单产业法人单位	多产业法人单位	从业人员数(人)	其中：女性
总 计	3126587	3080589	45998	46107946	18474501
农、林、牧、渔业	7173	7072	101	37144	12836
农业	29		29		
谷物种植	2		2		
豆类、油料和薯类种植					
棉、麻、糖、烟草种植	7		7		
蔬菜、食用菌及园艺作物种植	12		12		
水果种植	3		3		
坚果、含油果、香料和饮料作物种植	2		2		
中药材种植					
草种植及割草					
其他农业	3		3		
林业	7		7		
林木育种和育苗	5		5		
造林和更新	2		2		
森林经营、管护和改培					
木材和竹材采运					
林产品采集					
畜牧业	13		13		
牲畜饲养	6		6		
家禽饲养	6		6		
狩猎和捕捉动物					
其他畜牧业	1		1		
渔业	5		5		
水产养殖	5		5		
水产捕捞					
农、林、牧、渔专业及辅助性活动	7119	7072	47	37144	12836
农业专业及辅助性活动	5353	5321	32	25137	8892
林业专业及辅助性活动	618	612	6	3496	980
畜牧专业及辅助性活动	453	448	5	3433	1293
渔业专业及辅助性活动	695	691	4	5078	1671
采矿业	2403	2317	86	52474	10177
煤炭开采和洗选业	6	6		48	16
烟煤和无烟煤开采洗选	4	4		48	16
褐煤开采洗选					
其他煤炭采选	2	2			
石油和天然气开采业	8	8		5996	807
石油开采	4	4		3121	477
天然气开采	4	4		2875	330

1-3　续表 1

行业中类	法人单位数（个）	单产业法人单位	多产业法人单位	从业人员数（人）	其中：女性
黑色金属矿采选业	250	241	9	3255	610
铁矿采选	237	228	9	3118	587
锰矿、铬矿采选	3	3		52	7
其他黑色金属矿采选	10	10		85	16
有色金属矿采选业	160	151	9	8923	1974
常用有色金属矿采选	111	105	6	6096	1446
贵金属矿采选	14	14		756	130
稀有稀土金属矿采选	35	32	3	2071	398
非金属矿采选业	1760	1696	64	31834	6303
土砂石开采	1586	1529	57	26993	5147
化学矿开采	7	6	1	2124	601
采盐	20	20		569	78
石棉及其他非金属矿采选	147	141	6	2148	477
开采专业及辅助性活动	67	65	2	1667	295
煤炭开采和洗选专业及辅助性活动	5	5		4	1
石油和天然气开采专业及辅助性活动	41	39	2	1572	264
其他开采专业及辅助性活动	21	21		91	30
其他采矿业	152	150	2	751	172
其他采矿业	152	150	2	751	172
制造业	572142	566531	5611	18183141	7431923
农副食品加工业	7116	6932	184	210276	81915
谷物磨制	698	692	6	14086	4364
饲料加工	901	880	21	46523	11238
植物油加工	554	548	6	12089	4030
制糖业	111	106	5	14897	5513
屠宰及肉类加工	1557	1463	94	40800	13823
水产品加工	852	834	18	44644	25094
蔬菜、菌类、水果和坚果加工	731	720	11	18243	9307
其他农副食品加工	1712	1689	23	18994	8546
食品制造业	8240	7995	245	249555	118866
焙烤食品制造	2055	1964	91	49901	26286
糖果、巧克力及蜜饯制造	1286	1244	42	42988	21356
方便食品制造	743	720	23	36756	17055
乳制品制造	122	110	12	15252	7977
罐头食品制造	184	180	4	12406	5714
调味品、发酵制品制造	579	566	13	26942	10716
其他食品制造	3271	3211	60	65310	29762
酒、饮料和精制茶制造业	2823	2736	87	91173	32378
酒的制造	686	673	13	17208	6038

1-3 续表 2

行业中类	法人单位数(个)	单产业法人单位	多产业法人单位	从业人员数(人)	其中：女性
饮料制造	1260	1212	48	65644	22469
精制茶加工	877	851	26	8321	3871
烟草制品业	37	35	2	6988	1747
烟叶复烤	3	3		342	92
卷烟制造	7	6	1	5731	1432
其他烟草制品制造	27	26	1	915	223
纺织业	12850	12722	128	403674	195152
棉纺织及印染精加工	4530	4486	44	178640	80526
毛纺织及染整精加工	728	724	4	23711	12222
麻纺织及染整精加工	38	38		631	293
丝绢纺织及印染精加工	143	139	4	3160	1647
化纤织造及印染精加工	367	360	7	13184	6253
针织或钩针编织物及其制品制造	2415	2385	30	85795	46505
家用纺织制成品制造	2115	2099	16	41483	21005
产业用纺织制成品制造	2514	2491	23	57070	26701
纺织服装、服饰业	36104	35786	318	1042156	643437
机织服装制造	16276	16093	183	570545	350745
针织或钩针编织服装制造	5509	5441	68	288732	190306
服饰制造	14319	14252	67	182879	102386
皮革、毛皮、羽毛及其制品和制鞋业	19682	19575	107	701418	376105
皮革鞣制加工	1406	1400	6	19615	8710
皮革制品制造	9865	9824	41	258240	141955
毛皮鞣制及制品加工	270	268	2	3559	1819
羽毛（绒）加工及制品制造	141	135	6	3367	1864
制鞋业	8000	7948	52	416637	221757
木材加工和木、竹、藤、棕、草制品业	7158	7094	64	124788	41956
木材加工	2437	2417	20	30874	9244
人造板制造	769	760	9	29674	9439
木质制品制造	3266	3241	25	50631	16307
竹、藤、棕、草等制品制造	686	676	10	13609	6966
家具制造业	18880	18677	203	529960	168112
木质家具制造	10199	10081	118	315153	97471
竹、藤家具制造	149	147	2	5171	1824
金属家具制造	1748	1726	22	67874	23361
塑料家具制造	132	131	1	5560	1917
其他家具制造	6652	6592	60	136202	43539
造纸和纸制品业	18650	18560	90	375686	129961
纸浆制造	29	29		777	175
造纸	3130	3113	17	90171	25424

1-3 续表 3

行业中类	法人单位数(个)	单产业法人单位	多产业法人单位	从业人员数(人)	其中：女性
纸制品制造	15491	15418	73	284738	104362
印刷和记录媒介复制业	16741	16618	123	359953	146654
印刷	15276	15165	111	335006	137312
装订及印刷相关服务	1365	1353	12	23661	8894
记录媒介复制	100	100		1286	448
文教、工美、体育和娱乐用品制造业	21846	21589	257	879467	469560
文教办公用品制造	1962	1950	12	54425	25819
乐器制造	425	420	5	17112	7521
工艺美术及礼仪用品制造	11424	11287	137	282575	144931
体育用品制造	2358	2341	17	104275	49485
玩具制造	4831	4757	74	403226	234913
游艺器材及娱乐用品制造	846	834	12	17854	6891
石油、煤炭及其他燃料加工业	870	858	12	31604	8581
精炼石油产品制造	671	662	9	28018	6670
煤炭加工	60	60		613	167
核燃料加工	9	9		65	16
生物质燃料加工	130	127	3	2908	1728
化学原料和化学制品制造业	18490	18210	280	464365	167149
基础化学原料制造	1559	1531	28	37297	10101
肥料制造	507	492	15	9092	2457
农药制造	98	90	8	4162	1404
涂料、油墨、颜料及类似产品制造	4039	3970	69	109505	30329
合成材料制造	2589	2559	30	69718	20530
专用化学产品制造	4030	3974	56	82219	24921
炸药、火工及焰火产品制造	31	31		1477	423
日用化学产品制造	5637	5563	74	150895	76984
医药制造业	2292	2226	66	152784	72338
化学药品原料药制造	191	187	4	12960	5317
化学药品制剂制造	238	227	11	35743	16354
中药饮片加工	429	423	6	19572	10306
中成药生产	298	284	14	43834	21154
兽用药品制造	117	109	8	4879	1918
生物药品制品制造	479	463	16	16791	7460
卫生材料及医药用品制造	480	474	6	17214	8924
药用辅料及包装材料制造	60	59	1	1791	905
化学纤维制造业	428	422	6	14502	4881
纤维素纤维原料及纤维制造	41	40	1	1400	423
合成纤维制造	299	294	5	12292	4162
生物基材料制造	88	88		810	296

1-3 续表 4

行业中类	法人单位数(个)	单产业法人单位	多产业法人单位	从业人员数(人)	其中：女性
橡胶和塑料制品业	47077	46779	298	1246037	522541
橡胶制品业	9156	9119	37	170187	69503
塑料制品业	37921	37660	261	1075850	453038
非金属矿物制品业	23132	22794	338	758615	241757
水泥、石灰和石膏制造	650	628	22	36845	8332
石膏、水泥制品及类似制品制造	2708	2665	43	99659	19236
砖瓦、石材等建筑材料制造	8108	8047	61	105181	28484
玻璃制造	1162	1152	10	35578	8707
玻璃制品制造	3104	3083	21	115989	44155
玻璃纤维和玻璃纤维增强塑料制品制造	418	412	6	13540	4347
陶瓷制品制造	4898	4760	138	314288	117878
耐火材料制品制造	359	355	4	6180	1628
石墨及其他非金属矿物制品制造	1725	1692	33	31355	8990
黑色金属冶炼和压延加工业	2367	2350	17	91396	18315
炼铁	23	23		372	123
炼钢	35	35		2483	333
钢压延加工	2272	2255	17	87167	17647
铁合金冶炼	37	37		1374	212
有色金属冶炼和压延加工业	3933	3873	60	179343	45445
常用有色金属冶炼	170	165	5	15210	3509
贵金属冶炼	20	20		324	80
稀有稀土金属冶炼	28	27	1	2045	473
有色金属合金制造	1057	1048	9	23325	6803
有色金属压延加工	2658	2613	45	138439	34580
金属制品业	78811	78356	455	1512220	516247
结构性金属制品制造	22975	22858	117	331317	96380
金属工具制造	4540	4510	30	100427	39304
集装箱及金属包装容器制造	1095	1076	19	50856	13860
金属丝绳及其制品制造	784	774	10	16267	5204
建筑、安全用金属制品制造	17551	17463	88	309259	113076
金属表面处理及热处理加工	2547	2518	29	104475	39118
搪瓷制品制造	316	312	4	9781	3236
金属制日用品制造	5712	5643	69	211004	79705
铸造及其他金属制品制造	23291	23202	89	378834	126364
通用设备制造业	33611	33313	298	791779	241324
锅炉及原动设备制造	359	347	12	14780	3832
金属加工机械制造	6410	6364	46	109764	25975
物料搬运设备制造	1021	968	53	65052	11899
泵、阀门、压缩机及类似机械制造	1918	1890	28	86873	28319

1-3 续表 5

行业中类	法人单位数(个)	单产业法人单位	多产业法人单位	从业人员数(人)	其中：女性
轴承、齿轮和传动部件制造	627	622	5	23413	8731
烘炉、风机、包装等设备制造	4917	4869	48	156505	49378
文化、办公用机械制造	1185	1154	31	96746	43853
通用零部件制造	12289	12240	49	169427	52780
其他通用设备制造业	4885	4859	26	69219	16557
专用设备制造业	42830	42487	343	879593	274179
采矿、冶金、建筑专用设备制造	870	862	8	18279	4042
化工、木材、非金属加工专用设备制造	21464	21371	93	363405	101795
食品、饮料、烟草及饲料生产专用设备制造	647	639	8	14130	3846
印刷、制药、日化及日用品生产专用设备制造	2226	2200	26	51413	14609
纺织、服装和皮革加工专用设备制造	749	737	12	21702	6191
电子和电工机械专用设备制造	2801	2773	28	88925	26791
农、林、牧、渔专用机械制造	1405	1396	9	14966	4143
医疗仪器设备及器械制造	3547	3481	66	172540	77425
环保、邮政、社会公共服务及其他专用设备制造	9121	9028	93	134233	35337
汽车制造业	4820	4731	89	486227	151735
汽车整车制造	177	171	6	106436	18588
汽车用发动机制造	26	26		3713	312
改装汽车制造	68	64	4	8668	2007
低速汽车制造	6	6		865	120
电车制造	32	32		560	125
汽车车身、挂车制造	130	128	2	6940	2109
汽车零部件及配件制造	4381	4304	77	359045	128474
铁路、船舶、航空航天和其他运输设备制造业	2578	2535	43	134418	37373
铁路运输设备制造	93	90	3	3319	739
城市轨道交通设备制造	25	25		1182	269
船舶及相关装置制造	727	707	20	36490	6166
航空、航天器及设备制造	130	126	4	3409	1156
摩托车制造	619	609	10	43561	12962
自行车和残疾人座车制造	484	479	5	30456	10070
助动车制造	232	231	1	7108	2273
非公路休闲车及零配件制造	153	153		3821	1453
潜水救捞及其他未列明运输设备制造	115	115		5072	2285
电气机械和器材制造业	54224	53577	647	2162132	936064
电机制造	1936	1911	25	141716	66641
输配电及控制设备制造	11332	11197	135	422661	185687
电线、电缆、光缆及电工器材制造	6614	6543	71	257816	113744
电池制造	2358	2317	41	209526	84677
家用电力器具制造	10414	10267	147	689933	300847

1-3 续表 6

行业中类	法人单位数（个）	单产业法人单位	多产业法人单位	从业人员数（人）	其中：女性
非电力家用器具制造	1249	1226	23	37656	13883
照明器具制造	17892	17701	191	360690	155249
其他电气机械及器材制造	2429	2415	14	42134	15336
计算机、通信和其他电子设备制造业	63607	62968	639	3812151	1597039
计算机制造	5157	5087	70	381558	156202
通信设备制造	4633	4520	113	920565	318811
广播电视设备制造	751	729	22	52163	23617
雷达及配套设备制造	64	62	2	4722	1651
非专业视听设备制造	4808	4766	42	321197	139547
智能消费设备制造	2149	2104	45	90043	39336
电子器件制造	8311	8209	102	686719	294332
电子元件及电子专用材料制造	31629	31441	188	1174011	539545
其他电子设备制造	6105	6050	55	181173	83998
仪器仪表制造业	9582	9471	111	279239	116573
通用仪器仪表制造	5416	5352	64	102733	30163
专用仪器仪表制造	1218	1198	20	33923	13649
钟表与计时仪器制造	2163	2145	18	93373	49194
光学仪器制造	468	463	5	35760	17261
衡器制造	98	97	1	7057	3457
其他仪器仪表制造业	219	216	3	6393	2849
其他制造业	6910	6866	44	124359	54461
日用杂品制造	2721	2704	17	69910	33930
核辐射加工	5	4	1	62	10
其他未列明制造业	4184	4158	26	54387	20521
废弃资源综合利用业	1481	1457	24	33253	9052
金属废料和碎屑加工处理	785	770	15	20682	5223
非金属废料和碎屑加工处理	696	687	9	12571	3829
金属制品、机械和设备修理业	4972	4939	33	54030	11026
金属制品修理	103	102	1	1619	370
通用设备修理	894	885	9	8320	1815
专用设备修理	784	779	5	5257	1385
铁路、船舶、航空航天等运输设备修理	722	716	6	23407	3542
电气设备修理	371	369	2	2156	573
仪器仪表修理	153	152	1	1205	319
其他机械和设备修理业	1945	1936	9	12066	3022
电力、热力、燃气及水生产和供应业	9714	9429	285	323655	75977
电力、热力生产和供应业	6947	6808	139	219420	45676
电力生产	6403	6283	120	92392	19111
电力供应	328	314	14	122453	25570

1-3 续表 7

行业中类	法人单位数(个)	单产业法人单位	多产业法人单位	从业人员数(人)	其中：女性
热力生产和供应	216	211	5	4575	995
燃气生产和供应业	530	460	70	23203	6419
燃气生产和供应业	506	438	68	22886	6345
生物质燃气生产和供应业	24	22	2	317	74
水的生产和供应业	2237	2161	76	81032	23882
自来水生产和供应	1205	1145	60	60611	18958
污水处理及其再生利用	990	974	16	19506	4707
海水淡化处理	7	7		58	27
其他水的处理、利用与分配	35	35		857	190
建筑业	116949	114933	2016	3375409	525924
房屋建筑业	19367	18660	707	1652499	223856
住宅房屋建筑	17283	16665	618	1309092	184369
体育场馆建筑	52	41	11	44698	3290
其他房屋建筑业	2032	1954	78	298709	36197
土木工程建筑业	16867	16511	356	589140	92783
铁路、道路、隧道和桥梁工程建筑	4188	4022	166	257087	37412
水利和水运工程建筑	1160	1114	46	80233	9151
海洋工程建筑	35	35		224	37
工矿工程建筑	265	261	4	13747	1972
架线和管道工程建筑	1309	1279	30	76574	11337
节能环保工程施工	1102	1098	4	6831	1839
电力工程施工	483	471	12	9884	1854
其他土木工程建筑	8325	8231	94	144560	29181
建筑安装业	20936	20562	374	331285	62397
电气安装	6819	6683	136	110735	22211
管道和设备安装	4383	4313	70	51887	10763
其他建筑安装业	9734	9566	168	168663	29423
建筑装饰、装修和其他建筑业	59779	59200	579	802485	146888
建筑装饰和装修业	50519	50028	491	578840	109139
建筑物拆除和场地准备活动	2235	2211	24	22566	3953
提供施工设备服务	570	563	7	33502	4088
其他未列明建筑业	6455	6398	57	167577	29708
批发和零售业	966082	955688	10394	5024940	2145000
批发业	549265	544803	4462	2997821	1236412
农、林、牧、渔产品批发	10313	10151	162	71280	26834
食品、饮料及烟草制品批发	44751	44086	665	351757	141074
纺织、服装及家庭用品批发	135181	134400	781	645469	315272
文化、体育用品及器材批发	28425	28110	315	157545	78232
医药及医疗器材批发	10592	10319	273	152025	71659

1-3 续表8

行业中类	法人单位数(个)	单产业法人单位	多产业法人单位	从业人员数(人)	其中：女性
矿产品、建材及化工产品批发	95416	94508	908	582933	202450
机械设备、五金产品及电子产品批发	141618	140662	956	723050	276756
贸易经纪与代理	31482	31341	141	109122	44643
其他批发业	51487	51226	261	204640	79492
零售业	416817	410885	5932	2027119	908588
综合零售	15073	14398	675	231530	136084
食品、饮料及烟草制品专门零售	29789	29143	646	140157	60995
纺织、服装及日用品专门零售	64693	63905	788	278160	151381
文化、体育用品及器材专门零售	25061	24704	357	99875	49152
医药及医疗器材专门零售	20371	19185	1186	144087	90058
汽车、摩托车、零配件和燃料及其他动力销售	33811	32832	979	322501	114535
家用电器及电子产品专门零售	87769	87223	546	321498	122658
五金、家具及室内装饰材料专门零售	64299	63971	328	237042	84678
货摊、无店铺及其他零售业	75951	75524	427	252269	99047
交通运输、仓储和邮政业	72789	70716	2073	1499515	410799
铁路运输业	23	16	7	74928	14728
铁路旅客运输	11	7	4	74928	14728
铁路货物运输	11	9	2		
铁路运输辅助活动	1		1		
道路运输业	33204	32439	765	695125	159915
城市公共交通运输	748	683	65	215702	37214
公路旅客运输	699	626	73	71660	15215
道路货物运输	29874	29370	504	317700	75197
道路运输辅助活动	1883	1760	123	90063	32289
水上运输业	1948	1882	66	58683	10932
水上旅客运输	132	124	8	6909	1610
水上货物运输	1197	1156	41	17527	3846
水上运输辅助活动	619	602	17	34247	5476
航空运输业	393	376	17	126993	59038
航空客货运输	177	170	7	103486	51023
通用航空服务	130	126	4	1870	424
航空运输辅助活动	86	80	6	21637	7591
管道运输业	13	13		477	56
海底管道运输	3	3		43	9
陆地管道运输	10	10		434	47
多式联运和运输代理业	25838	25084	754	236717	89248
多式联运	76	73	3	1725	469
运输代理业	25762	25011	751	234992	88779
装卸搬运和仓储业	7410	7272	138	148264	35721

1-3 续表 9

行业中类	法人单位数（个）	单产业法人单位	多产业法人单位	从业人员数（人）	其中：女性
装卸搬运	4381	4336	45	90047	17332
通用仓储	1001	975	26	22960	7472
低温仓储	104	100	4	2380	676
危险品仓储	95	95		3445	646
谷物、棉花等农产品仓储	337	308	29	6027	1825
中药材仓储	8	7	1	61	26
其他仓储业	1484	1451	33	23344	7744
邮政业	3960	3634	326	158328	41161
邮政基本服务	127	104	23	33054	14209
快递服务	3758	3463	295	118672	25494
其他寄递服务	75	67	8	6602	1458
住宿和餐饮业	52913	50490	2423	944895	487575
住宿业	14060	13654	406	333670	181832
旅游饭店	3920	3734	186	213739	112774
一般旅馆	8412	8219	193	103200	59579
民宿服务	339	332	7	1676	936
露营地服务	9	8	1	108	64
其他住宿业	1380	1361	19	14947	8479
餐饮业	38853	36836	2017	611225	305743
正餐服务	29369	27841	1528	408560	195778
快餐服务	2697	2498	199	124090	70083
饮料及冷饮服务	1499	1412	87	29830	18442
餐饮配送及外卖送餐服务	1309	1264	45	21002	8777
其他餐饮业	3979	3821	158	27743	12663
信息传输、软件和信息技术服务业	165637	163855	1782	1571791	564586
电信、广播电视和卫星传输服务	4276	4029	247	162882	61181
电信	3670	3461	209	133333	51870
广播电视传输服务	521	486	35	27702	8703
卫星传输服务	85	82	3	1847	608
互联网和相关服务	20717	20520	197	200853	80741
互联网接入及相关服务	2332	2309	23	15837	4807
互联网信息服务	9468	9373	95	91000	31636
互联网平台	1695	1661	34	52093	27410
互联网安全服务	206	203	3	2074	581
互联网数据服务	807	798	9	7164	2521
其他互联网服务	6209	6176	33	32685	13786
软件和信息技术服务业	140644	139306	1338	1208056	422664
软件开发	84845	83995	850	750227	244922
集成电路设计	1762	1733	29	18513	5734
信息系统集成和物联网技术服务	5807	5688	119	82240	25196

1-3 续表10

行业中类	法人单位数（个）	单产业法人单位	多产业法人单位	从业人员数（人）	其中：女性
运行维护服务	781	768	13	16945	5857
信息处理和存储支持服务	891	877	14	19520	7455
信息技术咨询服务	32845	32606	239	197491	75803
数字内容服务	4266	4241	25	24045	8688
其他信息技术服务业	9447	9398	49	99075	49009
金融业	30365	28559	1806	2802247	1449106
货币金融服务	4686	4055	631	423985	208262
中央银行服务	21	4	17	5980	2050
货币银行服务	797	313	484	349680	177930
非货币银行服务	3868	3738	130	68325	28282
银行理财服务					
银行监管服务					
资本市场服务	19838	19524	314	164364	63397
证券市场服务	210	186	24	79247	33894
公开募集证券投资基金	35	14	21	7799	3133
非公开募集证券投资基金	5433	5246	187	31664	11412
期货市场服务	32	8	24	5374	2288
证券期货监管服务	3	3		334	123
资本投资服务	7647	7627	20	18685	6404
其他资本市场服务	6478	6440	38	21261	6143
保险业	1757	985	772	2157738	1155922
人身保险	487	213	274	693997	445679
财产保险	513	213	300	145547	66246
再保险	3	3		105	47
商业养老金	25	21	4	2606	1506
保险中介服务	351	160	191	1313759	641714
保险资产管理	2	2			
保险监管服务					
其他保险活动	376	373	3	1724	730
其他金融业	4084	3995	89	56160	21525
金融信托与管理服务	450	441	9	7662	3277
控股公司服务	1126	1121	5	3648	1296
非金融机构支付服务	31	11	20	9311	3321
金融信息服务	774	753	21	16437	6941
金融资产管理公司	101	100	1	689	205
其他未列明金融业	1602	1569	33	18413	6485
房地产业	117254	112787	4467	1794384	667046
房地产业	117254	112787	4467	1794384	667046
房地产开发经营	23053	22721	332	343117	131737
物业管理	39540	37879	1661	993046	362889

1-3 续表 11

行业中类	法人单位数(个)	单产业法人单位	多产业法人单位	从业人员数(人)	其中：女性
房地产中介服务	31940	30166	1774	258041	100317
房地产租赁经营	19383	18724	659	180551	64717
其他房地产业	3338	3297	41	19629	7386
租赁和商务服务业	514187	509156	5031	3156411	1098520
租赁业	25502	25022	480	146148	36739
机械设备经营租赁	24394	23924	470	140065	34730
文体设备和用品出租	993	983	10	5607	1835
日用品出租	115	115		476	174
商务服务业	488685	484134	4551	3010263	1061781
组织管理服务	208152	207108	1044	777215	224897
综合管理服务	8478	8210	268	91646	33061
法律服务	5497	5462	35	69223	32988
咨询与调查	142001	140714	1287	650532	320140
广告业	40794	40580	214	213485	84123
人力资源服务	15330	14880	450	563059	171739
安全保护服务	3489	3372	117	311031	36602
会议、展览及相关服务	5850	5815	35	35967	15438
其他商务服务业	59094	57993	1101	298105	142793
科学研究和技术服务业	194577	192615	1962	1412753	487602
研究和试验发展	46183	45960	223	256557	93442
自然科学研究和试验发展	2416	2411	5	13691	5664
工程和技术研究和试验发展	37354	37180	174	190988	63674
农业科学研究和试验发展	1722	1706	16	17976	7904
医学研究和试验发展	4076	4049	27	30600	14672
社会人文科学研究	615	614	1	3302	1528
专业技术服务业	87637	86260	1377	890491	290923
气象服务	338	316	22	3992	1429
地震服务	67	67		607	171
海洋服务	127	123	4	2443	506
测绘地理信息服务	973	941	32	15932	4120
质检技术服务	6522	6350	172	127059	47711
环境与生态监测检测服务	1240	1207	33	15216	5880
地质勘查	390	377	13	11868	2599
工程技术与设计服务	36515	35724	791	470101	134698
工业与专业设计及其他专业技术服务	41465	41155	310	243273	93809
科技推广和应用服务业	60757	60395	362	265705	103237
技术推广服务	35879	35645	234	169329	62747
知识产权服务	5002	4937	65	31816	16068
科技中介服务	2613	2604	9	10345	4156
创业空间服务	937	930	7	4369	1685

1-3 续表 12

行业中类	法人单位数(个)	单产业法人单位	多产业法人单位	从业人员数(人)	其中：女性
其他科技推广服务业	16326	16279	47	49846	18581
水利、环境和公共设施管理业	11067	10870	197	279275	112581
水利管理业	1198	1172	26	22136	4935
防洪除涝设施管理	258	253	5	5049	1032
水资源管理	324	315	9	5935	1469
天然水收集与分配	163	160	3	3599	655
水文服务	22	22		664	174
其他水利管理业	431	422	9	6889	1605
生态保护和环境治理业	2143	2098	45	27230	7104
生态保护	379	370	9	5531	1607
环境治理业	1764	1728	36	21699	5497
公共设施管理业	7460	7343	117	226419	99016
市政设施管理	982	968	14	25636	7853
环境卫生管理	1295	1267	28	107973	53026
城乡市容管理	114	112	2	7855	4121
绿化管理	4019	3976	43	60601	23742
城市公园管理	160	153	7	8690	3539
游览景区管理	890	867	23	15664	6735
土地管理业	266	257	9	3490	1526
土地整治服务	58	58		457	139
土地调查评估服务	70	62	8	1094	485
土地登记服务	15	15		332	181
土地登记代理服务	21	21		241	146
其他土地管理服务	102	101	1	1366	575
居民服务、修理和其他服务业	62395	61134	1261	604772	286811
居民服务业	27694	27012	682	188647	108138
家庭服务	3460	3384	76	20940	13521
托儿所服务	1520	1507	13	7795	6538
洗染服务	695	660	35	9522	4337
理发及美容服务	7641	7339	302	39945	28630
洗浴和保健养生服务	6337	6200	137	52701	30969
摄影扩印服务	3322	3272	50	15166	6829
婚姻服务	1218	1211	7	5146	2727
殡葬服务	583	573	10	9962	2768
其他居民服务业	2918	2866	52	27470	11819
机动车、电子产品和日用产品修理业	23449	23088	361	137938	34473
汽车、摩托车等修理与维护	15552	15275	277	89938	20768
计算机和办公设备维修	3795	3749	46	22586	6890
家用电器修理	3333	3310	23	19274	5525
其他日用产品修理业	769	754	15	6140	1290

1-3 续表 13

行业中类	法人单位数(个)	单产业法人单位	多产业法人单位	从业人员数(人)	其中：女性
其他服务业	11252	11034	218	278187	144200
清洁服务	8827	8668	159	261226	137696
宠物服务	627	597	30	3796	1718
其他未列明服务业	1798	1769	29	13165	4786
教育	71352	69694	1658	2062251	1373267
教育	71352	69694	1658	2062251	1373267
学前教育	19006	18954	52	481122	428608
初等教育	12451	12029	422	523134	361387
中等教育	4912	4831	81	620152	352670
高等教育	308	298	10	158728	78177
特殊教育	265	264	1	7647	5603
技能培训、教育辅助及其他教育	34410	33318	1092	271468	146822
卫生和社会工作	17810	17202	608	917504	618166
卫生	13638	13064	574	851526	572761
医院	1765	1643	122	542370	370330
基层医疗卫生服务	10104	9718	386	218081	140047
专业公共卫生服务	1169	1133	36	72224	50980
其他卫生活动	600	570	30	18851	11404
社会工作	4172	4138	34	65978	45405
提供住宿社会工作	2448	2418	30	39457	26871
不提供住宿社会工作	1724	1720	4	26521	18534
文化、体育和娱乐业	61695	60900	795	382917	169430
新闻和出版业	659	650	9	19099	8659
新闻业	132	131	1	1400	697
出版业	527	519	8	17699	7962
广播、电视、电影和录音制作业	6396	6292	104	65431	28181
广播	379	371	8	7933	2841
电视	127	119	8	5834	2417
影视节目制作	4134	4112	22	22705	8989
广播电视集成播控	23	21	2	1596	600
电影和广播电视节目发行	204	198	6	1547	677
电影放映	1121	1065	56	23999	11934
录音制作	408	406	2	1817	723
文化艺术业	18532	18424	108	84037	39844
文艺创作与表演	4461	4430	31	24189	11301
艺术表演场馆	153	151	2	1423	595
图书馆与档案馆	533	530	3	7735	4712
文物及非物质文化遗产保护	206	205	1	1648	712
博物馆	304	302	2	3844	1914
烈士陵园、纪念馆	41	41		465	248

1-3 续表 14

行业中类	法人单位数(个)	单产业法人单位	多产业法人单位	从业人员数(人)	其中：女性
群众文体活动	2375	2354	21	12551	5848
其他文化艺术业	10459	10411	48	32182	14514
体育	7330	7121	209	58776	26027
体育组织	1707	1689	18	10252	3263
体育场地设施管理	722	699	23	7030	2716
健身休闲活动	4388	4226	162	39291	19137
其他体育	513	507	6	2203	911
娱乐业	28778	28413	365	155574	66719
室内娱乐活动	11859	11655	204	64738	27820
游乐园	425	411	14	17699	7380
休闲观光活动	574	567	7	4541	2152
彩票活动	116	115	1	1873	879
文化体育娱乐活动与经纪代理服务	15522	15385	137	63694	27095
其他娱乐业	282	280	2	3029	1393
公共管理、社会保障和社会组织	80083	76641	3442	1682468	547175
中国共产党机关	1676	1548	128	45888	14448
中国共产党机关	1676	1548	128	45888	14448
国家机构	22813	20341	2472	1310305	416147
国家权力机构	495	476	19	11434	3254
国家行政机构	21603	19243	2360	1236847	387514
监察委员会、人民法院和人民检察院	374	287	87	51417	23239
其他国家机构	341	335	6	10607	2140
人民政协、民主党派	363	357	6	4277	1414
人民政协	164	158	6	3399	1010
民主党派	199	199		878	404
社会保障	187	183	4	4883	2627
基本保险	104	101	3	3089	1770
补充保险	1	1		4	3
其他社会保障	82	81	1	1790	854
群众团体、社会团体和其他成员组织	27388	27326	62	96923	43269
群众团体	2027	2000	27	10554	5225
社会团体	21790	21763	27	65289	28275
基金会	779	779		2500	1255
宗教组织	2792	2784	8	18580	8514
基层群众自治组织	27656	26886	770	220192	69270
社区居民自治组织	7052	6966	86	74305	33216
村民自治组织	20604	19920	684	145887	36054
国际组织					
国际组织					
国际组织					

1-4 按机构类型、从业人员组距

分组	法人单位数(个)	单产业法人单位	多产业法人单位	从业人员数(人)
总 计	3126587	3080589	45998	46107946
按机构类型分组				
企业法人	2834257	2793121	41136	40998737
事业法人	46757	45260	1497	2398700
机关法人	13005	10682	2323	1134509
社会团体	24373	24312	61	79235
民办非企业单位	32346	32311	35	822377
基金会	779	779		2500
居委会	7051	6965	86	74298
村委会	20604	19920	684	145887
农民专业合作社	11906	11877	29	53737
农村集体经济组织	106107	106009	98	250432
其他组织机构	29402	29353	49	147534
按从业人员组距分组				
7 人及以下	2422793	2408727	14066	5400255
8-19 人	413433	404672	8761	4808296
20-49 人	172715	165158	7557	5122617
50-99 人	60009	54675	5334	4134149
100-299 人	39978	34374	5604	6589417
300-499 人	8131	6549	1582	3096127
500-999 人	5468	3992	1476	3745599
1000-4999 人	3614	2261	1353	6987347
5000-9999 人	305	129	176	2051749
10000 人及以上	141	52	89	4172390

分组的法人单位数及从业人员数

其中：女性	#具有研究生学历（位）人员	#具有大学本科学历（位）人员	#具有大学专科学历人员
18474501	888160	6497190	7071901
15903646	597004	4606006	5899373
1384814	205682	1112706	550916
346538	50492	501217	291412
34947	3343	22888	17633
626427	25750	195854	233042
1255	308	992	489
33215	280	15918	22452
36054	71	5288	22212
20718	47	682	2545
37536	133	5482	14353
49351	5050	30157	17474
1922477	57991	503690	774112
1863079	50771	531985	762771
2138712	62917	676512	858999
1753391	62865	696609	708336
2804384	119447	1174757	1055340
1301385	53994	481881	442684
1563321	86945	588073	542774
2792222	198251	1069108	983516
722736	49741	266033	291093
1612794	145238	508542	652276

1-5 按开业（成立）时间分组的法人单位数及从业人员数

分 组	法人单位数（个）	单产业法人单位	多产业法人单位	从业人员数（人）	其中：女性
总 计	3126587	3080589	45998	46107946	18474501
按开业(成立)时间分组					
1949 年以前	3893	3616	277	371010	198436
1950-1977 年	15929	14723	1206	1100967	471209
1978-1991 年	36896	33841	3055	2660112	888464
1992-2000 年	112195	106010	6185	7152763	2850486
2001 年	22327	21113	1214	1339504	549891
2002 年	26973	25606	1367	1405009	583605
2003 年	33624	32133	1491	1791846	775386
2004 年	37639	36107	1532	1686396	710997
2005 年	40373	38896	1477	1502233	632052
2006 年	46629	45167	1462	1520032	612983
2007 年	47069	45753	1316	1595741	639749
2008 年	54724	53359	1365	1359758	577126
2009 年	72660	70999	1661	1459920	603018
2010 年	90749	88793	1956	1821809	735100
2011 年	122395	120301	2094	2409330	1085199
2012 年	154538	152685	1853	1780382	724945
2013 年	175384	173166	2218	1987336	796563
2014 年	243094	240344	2750	2945457	1160980
2015 年	305249	302208	3041	2344426	893176
2016 年	401944	398454	3490	2912192	1148343
2017 年	503516	500223	3293	2857998	1063230
2018 年	575484	573791	1693	2101744	773001
无开业年份	3303	3301	2	1981	562

1-6 按登记注册类型分组的法人单位数及从业人员数

登记注册类型	法人单位数（个）	单产业法人单位	多产业法人单位	从业人员数（人）	其中：女性
总　计	3126587	3080589	45998	46107946	18474501
内资	3049338	3006121	43217	38630262	15012926
国有	64227	59694	4533	3794757	1732052
集体	126399	125359	1040	701874	198707
股份合作	3604	3326	278	82197	33523
联营	1648	1620	28	24512	12219
国有联营	148	144	4	5952	2968
集体联营	781	768	13	6923	3013
国有与集体联营	158	155	3	4270	1970
其他联营	561	553	8	7367	4268
有限责任公司	348156	339876	8280	8549698	3024554
国有独资公司	3636	3196	440	725840	155575
其他有限责任公司	344520	336680	7840	7823858	2868979
股份有限公司	19141	17206	1935	2744305	1176878
私营	2382073	2355898	26175	21604521	8203644
私营独资	127536	126451	1085	1089008	529437
私营合伙	32238	32111	127	204796	99963
私营有限责任公司	2206392	2181939	24453	19714230	7338473
私营股份有限公司	15907	15397	510	596487	235771
其他	104090	103142	948	1128398	631349
港、澳、台商投资	59837	58080	1757	4746395	2255095
与港澳台商合资经营	5658	5343	315	755398	290887
与港澳台商合作经营	1318	1259	59	100249	45914
港澳台商独资	51392	50060	1332	3726312	1847584
港澳台商投资股份有限公司	661	621	40	130624	55130
其他港澳台投资	808	797	11	33812	15580
外商投资	17412	16388	1024	2731289	1206480
中外合资经营	3456	3151	305	726817	279789
中外合作经营	318	291	27	55439	25770
外资企业	12047	11446	601	1763382	811149
外商投资股份有限公司	461	421	40	67197	31437
其他外商投资	1130	1079	51	118454	58335

1-7　按行业大类、地区

行业大类	法人单位数（个）	广州市	深圳市	珠海市	汕头市	佛山市	韶关市	河源市	梅州市	惠州市
总　计	3126587	751580	861181	98473	52468	242974	33824	20235	32825	114963
农、林、牧、渔业	7173	606	36	93	170	139	248	172	402	281
农业	29	2		2	2	2	1	2	2	1
林业	7								1	1
畜牧业	13			1	1		1			
渔业	5					1				
农、林、牧、渔专业及辅助性活动	7119	604	36	90	167	136	246	170	399	279
采矿业	2403	56	46	30	32	28	166	199	245	143
煤炭开采和洗选业	6						1			
石油和天然气开采业	8		3	1					1	
黑色金属矿采选业	250	3		2	1		25	17	24	6
有色金属矿采选业	160	13	4		1		21	10	13	3
非金属矿采选业	1760	26	17	22	27	22	116	168	181	117
开采专业及辅助性活动	67	10	19	3	2	3		1	4	6
其他采矿业	152	4	3	2	1	3	3	3	22	11
制造业	572142	76364	115461	9122	13826	69896	2123	2190	3069	22523
农副食品加工业	7116	851	293	128	359	627	118	130	178	330
食品制造业	8240	1388	489	218	625	618	90	61	115	257
酒、饮料和精制茶制造业	2823	292	156	66	95	137	74	92	213	124
烟草制品业	37	4	3		4		3		2	
纺织业	12850	1680	1140	113	1110	2823	31	36	59	583
纺织服装、服饰业	36104	10485	3717	337	2985	3489	46	57	66	950
皮革、毛皮、羽毛及其制品和制鞋业	19682	7419	1517	52	111	1447	15	49	29	1066
木材加工和木、竹、藤、棕、草制品业	7158	814	532	75	63	1030	96	95	89	456
家具制造业	18880	2341	1682	142	108	6851	38	59	137	1228
造纸和纸制品业	18650	3200	4026	249	443	1884	44	49	58	637
印刷和记录媒介复制业	16741	1945	3301	354	838	1763	48	70	74	612
文教、工美、体育和娱乐用品制造业	21846	3441	4765	245	2088	1081	48	75	160	1178
石油、煤炭及其他燃料加工业	870	104	85	20	6	91	6	4	11	41
化学原料和化学制品制造业	18490	4775	2034	539	600	2074	240	46	68	892
医药制造业	2292	529	358	132	58	187	21	25	37	69
化学纤维制造业	428	47	33	9	11	55		4	2	24
橡胶和塑料制品业	47077	4703	9412	570	1480	5054	91	146	81	2029
非金属矿物制品业	23132	1903	2198	319	236	3216	248	308	505	1057
黑色金属冶炼和压延加工业	2367	146	455	35	17	711	11	21	17	72
有色金属冶炼和压延加工业	3933	258	856	65	26	1102	28	24	20	183
金属制品业	78811	6060	10984	794	527	14603	175	143	164	3002
通用设备制造业	33611	4563	8471	649	401	5115	232	82	113	904
专用设备制造业	42830	4105	12566	814	431	4330	152	110	154	1311

分组的法人单位数

汕尾市	东莞市	中山市	江门市	阳江市	湛江市	茂名市	肇庆市	清远市	潮州市	揭阳市	云浮市
16343	369840	115873	72823	31447	69784	77083	40684	52556	20574	32410	18647
260	119	80	284	212	1192	554	506	1026	152	160	481
2				1	10			1			1
1		1	1				1	1			
			4		2	1					3
					3		1				
257	119	79	279	211	1177	553	504	1024	152	160	477
12	18	8	82	48	186	252	264	445	23	35	85
			1					2		2	
					2	1					
	1				8	20	39	96		1	7
	1		1		18	10	11	51		1	2
10	12	6	77	44	134	208	199	252	23	30	69
	4				12		1	2			
2		2	3	4	12	13	14	42		1	7
1702	143875	47431	20641	4435	5986	4431	5912	3711	7968	7848	3628
151	458	286	549	184	566	553	249	221	259	462	164
85	994	301	504	122	319	320	207	90	729	581	127
50	119	98	279	45	146	83	99	183	320	108	44
	5	1	3	1	7	2			1	1	
77	2631	1087	571	22	112	68	111	96	62	394	44
196	8328	3099	644	174	102	107	113	98	270	745	96
29	4803	909	541	68	175	360	137	118	245	506	86
45	1264	525	377	124	579	276	264	138	64	179	73
23	3347	1466	654	46	169	116	119	89	55	146	64
49	4822	1443	812	112	143	75	140	61	222	146	35
20	4031	1368	737	158	219	150	177	75	533	233	35
378	5696	1075	361	98	91	106	175	135	180	375	95
1	276	34	40	1	22	96	16	4	5	4	3
35	3361	1064	1027	80	232	305	380	337	164	107	130
8	134	118	58	18	57	277	45	26	27	71	37
1	145	25	35	1	5	1	11	7		11	1
98	15161	4030	1595	340	372	230	319	236	423	646	61
142	2997	1292	944	184	709	520	594	640	2662	552	1906
7	472	73	106	23	26	17	16	29	12	93	8
6	705	187	136	14	26	16	123	77	23	38	20
85	23838	7526	4388	2078	347	181	1176	313	1126	1083	218
13	9453	1912	658	114	170	62	306	134	86	125	48
33	14278	2587	706	93	214	93	286	145	110	224	88

1-7

行业大类	法 人 单位数 (个)	广州市	深圳市	珠海市	汕头市	佛山市	韶关市	河源市	梅州市	惠州市
汽车制造业	4820	1518	800	106	33	680	20	15	51	227
铁路、船舶、航空航天和其他运输设备制造业	2575	501	544	146	30	290	6	9	9	104
电气机械和器材制造业	54224	4250	12950	831	342	7056	88	128	136	1586
计算机、通信和其他电子设备制造业	63607	5791	25815	1363	379	2111	65	260	400	2788
仪器仪表制造业	9582	981	3908	295	52	479	10	36	17	270
其他制造业	6910	757	1273	128	128	558	9	25	23	269
废弃资源综合利用业	1481	259	59	20	168	140	25	13	33	90
金属制品、机械和设备修理业	4972	1251	1039	308	72	294	45	18	48	184
电力、热力、燃气及水生产和供应业	9714	659	371	129	126	265	1101	517	814	506
电力、热力生产和供应业	6947	319	146	62	51	110	1004	417	674	317
燃气生产和供应业	530	82	39	19	11	20	20	15	24	19
水的生产和供应业	2237	258	186	48	64	135	77	85	116	170
建筑业	116949	27400	20780	7710	1441	7806	1478	1834	2739	10432
房屋建筑业	19367	3556	3291	1460	353	1382	316	439	801	1468
土木工程建筑业	16867	3127	2725	1351	188	1365	238	373	543	1698
建筑安装业	20936	6249	3549	1213	213	1356	253	264	251	1383
建筑装饰、装修和其他建筑业	59779	14468	11215	3686	687	3703	671	758	1144	5883
批发和零售业	966082	260746	337793	24518	14336	82234	5036	3711	7180	22091
批发业	549265	199088	165380	15548	6598	51218	2833	1159	2764	9103
零售业	416817	61658	172413	8970	7738	31016	2203	2552	4416	12988
交通运输、仓储和邮政业	72789	19030	23898	2455	1375	5548	558	414	603	2031
铁路运输业	23	9	4	2		1	1			1
道路运输业	33204	8827	9307	1169	641	2931	407	291	417	1048
水上运输业	1948	395	512	135	80	91	19	11	7	62
航空运输业	393	130	138	38	4	9	1	2	2	13
管道运输业	13	5	2	1						1
多式联运和运输代理业	25838	5946	11261	713	456	1784	29	23	54	487
装卸搬运和仓储业	7410	2779	1391	258	137	534	70	37	62	245
邮政业	3960	939	1283	139	57	198	31	50	61	174
住宿和餐饮业	52913	15923	11370	2063	1186	5173	422	421	430	2452
住宿业	14060	3839	2219	760	341	1184	192	213	208	1115
餐饮业	38853	12084	9151	1303	845	3989	230	208	222	1337
信息传输、软件和信息技术服务业	165637	58137	64326	6629	1424	7108	813	650	1704	3892
电信、广播电视和卫星传输服务	4276	1485	1301	129	66	196	30	45	44	144
互联网和相关服务	20717	7050	6668	813	210	950	111	131	340	847
软件和信息技术服务业	140644	49602	56357	5687	1148	5962	672	474	1320	2901
金融业	30365	5149	15100	6078	178	721	128	78	137	315
货币金融服务	4686	1362	1597	352	70	136	57	42	47	99
资本市场服务	19838	2910	10390	5128	53	398	26	5	45	100

续表1

汕尾市	东莞市	中山市	江门市	阳江市	湛江市	茂名市	肇庆市	清远市	潮州市	揭阳市	云浮市
12	786	196	174	15	23	11	71	43	8	26	5
12	314	86	375	20	54	15	13	16	6	20	5
29	8967	13058	2482	116	752	147	272	94	204	654	82
60	19706	2510	1349	53	79	131	268	128	85	183	83
7	2872	413	90	5	12	14	58	10	16	28	9
11	2730	402	290	90	33	33	50	26	26	34	15
7	187	80	44	10	57	20	83	96	24	49	17
32	995	180	112	26	168	46	34	46	21	24	29
207	317	133	297	468	234	747	739	1142	234	293	415
141	73	44	161	408	102	613	593	1038	149	199	326
7	70	16	21	11	29	22	20	19	43	10	13
59	174	73	115	49	103	112	126	85	42	84	76
752	14998	5659	3019	1100	2477	2067	1691	1591	444	787	744
179	2084	754	486	255	580	724	296	262	155	298	228
115	1882	897	534	264	371	276	352	275	70	129	94
108	2947	1185	536	122	370	206	202	324	61	74	70
350	8085	2823	1463	459	1156	861	841	730	158	286	352
3068	96592	24495	14571	5528	17767	16113	8132	6309	3757	8061	4044
1082	45755	9048	7457	2499	8362	8083	3820	3063	1273	3573	1559
1986	50837	15447	7114	3029	9405	8030	4312	3246	2484	4488	2485
278	6671	2325	1372	538	1620	951	860	953	367	576	366
			1	1	1						2
165	2496	961	706	319	822	669	567	683	206	344	228
13	116	33	76	24	127	34	53	76	20	19	45
1	33	3		3	5	3	1	2		4	1
			2		1	1					
23	2787	952	371	89	442	84	93	68	78	70	28
36	861	224	130	70	160	107	81	77	34	74	43
40	378	152	86	32	62	53	65	47	29	65	19
460	5371	2128	1207	411	1319	615	524	501	321	414	202
219	1079	647	360	137	461	211	212	252	152	163	96
241	4292	1481	847	274	858	404	312	249	169	251	106
370	8947	2997	1566	638	1530	1321	1318	932	328	682	325
48	253	74	76	30	89	54	52	41	22	57	40
73	1578	396	226	162	288	301	150	171	46	139	67
249	7116	2527	1264	446	1153	966	1116	720	260	486	218
44	944	289	210	67	176	122	235	107	89	92	106
20	388	83	78	25	59	39	59	50	47	48	28
4	376	99	49	7	39	26	110	9	5	11	48

1-7

行业大类	法　人单位数(个)	广州市	深圳市	珠海市	汕头市	佛山市	韶关市	河源市	梅州市	惠州市
保险业	1757	357	406	74	45	127	39	28	39	85
其他金融业	4084	520	2707	524	10	60	6	3	6	31
房地产业	117254	30396	24409	5715	1797	8737	1351	1182	1142	10807
房地产业	117254	30396	24409	5715	1797	8737	1351	1182	1142	10807
租赁和商务服务业	514187	124005	132381	16552	4993	23043	11751	2159	4231	22408
租赁业	25502	8772	8299	1217	199	1057	221	183	320	836
商务服务业	488685	115233	124082	15335	4794	21986	11530	1976	3911	21572
科学研究和技术服务业	194577	69007	57302	7504	1988	11887	1345	1028	1492	4309
研究和试验发展	46183	19803	12023	2431	232	3005	128	67	109	359
专业技术服务业	87637	22861	32095	3445	1200	5477	710	626	956	2688
科技推广和应用服务业	60757	26343	13184	1628	556	3405	507	335	427	1262
水利、环境和公共设施管理业	11067	2250	1926	427	280	733	324	189	501	667
水利管理业	1198	131	70	22	48	54	42	21	65	78
生态保护和环境治理业	2143	579	394	83	28	148	51	37	49	113
公共设施管理业	7460	1492	1446	317	201	507	224	125	376	451
土地管理业	266	48	16	5	3	24	7	6	11	25
居民服务、修理和其他服务业	62395	16060	17032	2600	1106	5341	501	589	543	2550
居民服务业	27694	7729	7743	1051	501	2187	171	196	184	1040
机动车、电子产品和日用产品修理业	23449	5487	6195	1042	476	2272	222	205	243	961
其他服务业	11252	2844	3094	507	129	882	108	188	116	549
教育	71352	13090	14886	1978	2573	3883	1244	1196	1503	2886
教育	71352	13090	14886	1978	2573	3883	1244	1196	1503	2886
卫生和社会工作	17810	3509	3237	612	629	1071	426	383	528	697
卫生	13638	2599	2698	437	543	698	269	269	331	508
社会工作	4172	910	539	175	86	373	157	114	197	189
文化、体育和娱乐业	61695	19049	14857	2333	1327	4929	610	446	650	2105
新闻和出版业	659	343	129	19	9	17	3	4	13	15
广播、电视、电影和录音制作业	6396	2389	1865	280	89	439	49	39	70	148
文化艺术业	18532	8890	2724	967	339	1108	165	150	202	457
体育	7330	2586	1728	282	103	676	59	37	93	227
娱乐业	28778	4841	8411	785	787	2689	334	216	272	1258
公共管理、社会保障和社会组织	80083	10144	5970	1925	3681	4432	4199	2877	4912	3868
中国共产党机关	1676	178	92	41	82	54	98	40	110	71
国家机构	22813	2557	1495	603	824	1214	1632	758	1242	1224
人民政协、民主党派	363	40	14	11	20	19	26	9	23	13
社会保障	187	29	8	2	4	3	11	3	16	13
群众团体、社会团体和其他成员组织	27388	4605	3481	921	1660	2171	968	640	1257	1158
基层群众自治组织	27656	2735	880	347	1091	971	1464	1427	2264	1389
国际组织										
国际组织										

续表 2

汕尾市	东莞市	中山市	江门市	阳江市	湛江市	茂名市	肇庆市	清远市	潮州市	揭阳市	云浮市
15	84	87	74	29	52	48	55	40	26	26	21
5	96	20	9	6	26	9	11	8	11	7	9
982	10067	4968	3212	1349	2743	1971	2092	2401	380	725	828
982	10067	4968	3212	1349	2743	1971	2092	2401	380	725	828
3276	40553	11209	14319	11065	18276	35251	7794	24041	1089	3703	2088
103	1677	493	302	144	545	360	222	328	38	136	50
3173	38876	10716	14017	10921	17731	34891	7572	23713	1051	3567	2038
521	18439	4737	2344	915	2636	2310	2533	2094	565	871	750
34	5062	1072	488	68	371	216	272	184	60	97	102
317	8007	2318	1080	580	1065	991	1285	887	234	456	359
170	5370	1347	776	267	1200	1103	976	1023	271	318	289
110	813	271	359	197	346	339	324	398	149	253	211
27	44	25	84	54	67	52	80	57	44	73	60
24	197	51	61	30	46	37	46	75	18	42	34
51	561	190	206	100	220	236	181	257	83	135	101
8	11	5	8	13	13	14	17	9	4	3	16
376	6822	2939	1057	432	1252	767	691	750	279	463	245
155	2935	1190	435	180	553	328	370	367	94	212	73
156	2510	1442	403	148	487	321	178	279	139	173	110
65	1377	307	219	104	212	118	143	104	46	78	62
1278	4880	2218	1694	1212	4698	3845	1625	1565	1453	2686	959
1278	4880	2218	1694	1212	4698	3845	1625	1565	1453	2686	959
195	1163	555	586	285	1342	788	484	494	188	349	289
151	990	438	357	201	1212	630	334	339	152	266	216
44	173	117	229	84	130	158	150	155	36	83	73
362	6270	1922	1033	432	1291	949	894	786	463	665	322
2	28	9	11	4	16	7	14	9	2	4	1
27	370	130	82	39	99	76	63	54	16	46	26
134	1097	294	256	114	352	315	232	231	188	207	110
23	578	324	108	36	101	61	106	99	36	45	22
176	4197	1165	576	239	723	490	479	393	221	363	163
2090	2981	1509	4970	2115	4713	3690	4066	3310	2325	3747	2559
45	62	35	87	53	137	80	75	102	41	97	96
630	1285	555	1154	674	1271	872	1425	890	543	985	980
11	8	7	23	11	22	21	19	18	20	18	10
6	11	2	8	4	24	7	7	10	4	8	7
534	934	634	2119	531	1111	800	985	765	694	919	501
864	681	276	1579	842	2148	1910	1555	1525	1023	1720	965

1-8 按行业大类、地区分组

行业大类	从业人员数（人）	广州市	深圳市	珠海市	汕头市	佛山市	韶关市	河源市	梅州市	惠州市
总　计	46107946	8885101	12434424	1348885	1231511	4201482	520445	474052	558482	2003493
农、林、牧、渔业	37144	2814	139	522	1653	1055	712	717	1549	1076
农业										
林业										
畜牧业										
渔业										
农、林、牧、渔专业及辅助性活动	37144	2814	139	522	1653	1055	712	717	1549	1076
采矿业	52474	312	4231	351	511	333	6569	3708	3065	2147
煤炭开采和洗选业	48									
石油和天然气开采业	5996		3121	252						
黑色金属矿采选业	3255	8		2	16		94	978	279	81
有色金属矿采选业	8923	68	23		90		5492	168	808	200
非金属矿采选业	31834	209	293	90	327	312	980	2551	1870	1802
开采专业及辅助性活动	1667	26	791	4	44	16		5	4	22
其他采矿业	751	1	3	3	34	5	3	6	104	42
制造业	18183141	1766107	4188075	507693	565588	2230592	121057	170928	117628	1121557
农副食品加工业	210276	17912	11785	3990	8899	18723	1657	2456	3453	8348
食品制造业	249555	60752	18168	7973	13661	16792	1693	3183	2022	4190
酒、饮料和精制茶制造业	91173	16212	16023	2235	1609	11048	1289	2426	2801	3462
烟草制品业	6988	2989	617		479		1091		940	
纺织业	403674	35397	23326	4013	45701	90905	4461	2250	1312	12840
纺织服装、服饰业	1042156	145982	116468	15256	149893	113475	1954	9361	3738	32599
皮革、毛皮、羽毛及其制品和制鞋业	701418	122071	49737	3487	4656	53487	1492	8603	6596	66248
木材加工和木、竹、藤、棕、草制品业	124788	11588	6367	1658	593	20475	3265	2268	1470	8578
家具制造业	529960	52378	51776	4625	12350	135749	268	1616	5854	49391
造纸和纸制品业	375686	31448	74921	6667	12877	42386	2845	1242	1055	12108
印刷和记录媒介复制业	359953	34311	74619	5685	20628	34593	1717	2328	671	16417
文教、工美、体育和娱乐用品制造业	879467	73128	165622	8238	113455	50460	22445	17960	5100	39563
石油、煤炭及其他燃料加工业	31604	5938	1346	1728	144	2774	72	23	120	2914
化学原料和化学制品制造业	464365	108142	44313	19095	25112	67016	8099	1555	1407	24290
医药制造业	152784	37567	24967	11486	5821	15885	2056	1552	2221	4635
化学纤维制造业	14502	972	1104	1600	343	1642		118	325	459
橡胶和塑料制品业	1246037	87143	286060	25327	52977	124264	2835	8248	2892	73411
非金属矿物制品业	758615	36867	72081	11768	6364	152302	7939	10566	16998	25708
黑色金属冶炼和压延加工业	91396	6411	5686	3002	169	24893	8114	2346	437	1715
有色金属冶炼和压延加工业	179343	7592	16131	2950	1685	71837	5494	1113	567	5038
金属制品业	1512220	88860	219658	22860	10851	302574	4810	3668	2614	59602
通用设备制造业	791779	101541	201460	25515	9693	134073	7188	3319	2688	24351
专用设备制造业	879593	68794	308296	31078	11204	102427	4655	10090	2245	24886

的法人单位从业人员数

汕尾市	东莞市	中山市	江门市	阳江市	湛江市	茂名市	肇庆市	清远市	潮州市	揭阳市	云浮市
411465	5667053	1875588	1222439	411911	1051123	998412	732583	667380	443362	652314	316441
2124	578	261	793	1198	6984	3596	2094	3160	1298	1450	3371
2124	578	261	793	1198	6984	3596	2094	3160	1298	1450	3371
84	89	40	2150	743	5933	8554	6103	2987	552	403	3609
			20							28	
					2594	29					
					40	331	1118	242		3	63
	3		1		337	373	692	413		2	253
74	81	37	2119	719	2165	7627	4193	2196	552	366	3271
	5				713		28	9			
10		3	10	24	84	194	72	127		4	22
201282	3770888	1167131	640951	115106	177075	148496	302860	228188	249859	298855	93225
5964	14023	5805	10909	6918	36441	18692	5508	5529	10942	8204	4118
2228	30340	10660	20219	2393	7244	6489	7001	2136	12908	17825	1678
1723	5939	4738	3534	542	3530	2910	3517	2273	3440	1604	318
	25	1	96	15	632	103					
8728	66149	31160	33698	918	2848	2565	9690	6329	1589	17991	1804
42542	201173	94324	32186	5557	1857	5490	6065	4321	12233	40836	6846
5059	194693	34823	15286	2046	5890	17718	15735	37631	11537	42303	2320
886	17132	6746	7121	2995	9984	9566	7016	2264	1262	2502	1052
200	118416	43465	18875	2298	9426	2958	9400	6077	1009	3438	391
2776	109942	24736	20187	2011	8104	2465	6538	2606	5521	3307	1944
1306	83291	21425	28719	2258	3243	2111	5409	3882	9826	7189	325
44414	213260	51643	10084	1430	1086	6047	9778	22178	3909	15207	4460
9	3630	414	404	17	2426	9205	203	13	184	36	4
985	53851	32485	24873	940	4283	10977	13484	10910	4894	4020	3634
77	5027	6644	3638	945	3031	7009	3906	1495	1183	11286	2353
614	3997	279	798		28	32	720	49		1401	21
33015	348705	87777	35304	6214	6080	6902	12471	14434	7839	22828	1311
5457	72161	27771	31454	8003	14986	17460	40454	44277	117141	13005	25853
83	5191	2039	2761	4428	4785	1745	764	1719	249	14831	28
313	19090	5622	6389	5060	436	354	13736	10193	1552	1660	2531
15913	357158	117148	120463	46475	6372	4882	52867	7333	24148	30670	13294
418	169838	59295	22109	3812	2344	1542	10263	4537	3610	2658	1525
692	230329	39759	14615	1670	3842	1797	9128	3371	2071	7112	1532

1-8

行业大类	从业人员数（人）	广州市	深圳市	珠海市	汕头市	佛山市	韶关市	河源市	梅州市	惠州市
汽车制造业	486227	178942	83263	13521	11038	64317	1021	859	7396	28187
铁路、船舶、航空航天和其他运输设备制造业	134418	32760	26624	6421	792	13042	40	1026	58	6027
电气机械和器材制造业	2162132	120268	523687	102094	19791	418867	12392	14944	7366	124709
计算机、通信和其他电子设备制造业	3812151	224617	1611589	148393	15910	102107	8844	54291	32991	441763
仪器仪表制造业	279239	25156	111762	13073	979	24956	1063	1813	1107	10068
其他制造业	124359	7957	29845	687	3318	8224	293	1476	416	6679
废弃资源综合利用业	33253	1951	521	303	3627	8827	1107	140	572	1922
金属制品、机械和设备修理业	54030	20461	10253	2965	969	2472	858	88	196	1449
电力、热力、燃气及水生产和供应业	323655	40422	24992	10592	11083	27692	16145	7489	12294	20825
电力、热力生产和供应业	219420	23459	9929	6817	6493	19539	13826	5913	9287	13779
燃气生产和供应业	23203	4164	4118	900	687	1952	566	401	491	1122
水的生产和供应业	81032	12799	10945	2875	3903	6201	1753	1175	2516	5924
建筑业	3375409	700601	869088	119211	169649	136603	76317	42113	109069	90988
房屋建筑业	1652499	266165	311269	41397	130635	63523	48126	23385	89147	23151
土木工程建筑业	589140	152743	121720	33880	26568	18701	16724	6931	9765	15356
建筑安装业	331285	88032	98058	13193	5673	20391	3839	3769	3486	14193
建筑装饰、装修和其他建筑业	802485	193661	338041	30741	6773	33988	7628	8028	6671	38288
批发和零售业	5024940	1242551	1626637	120244	101487	578766	32246	21802	39301	132338
批发业	2997821	907850	912558	75479	56026	387303	16736	6051	15208	63501
零售业	2027119	334701	714079	44765	45461	191463	15510	15751	24093	68837
交通运输、仓储和邮政业	1499515	520907	469013	43994	26592	86801	11285	9395	12508	38059
铁路运输业	74928	53312	21480	136						
道路运输业	695125	206451	202665	23892	11642	54189	7831	6826	8245	21788
水上运输业	58683	15996	12706	2544	1260	3478	290	188	127	1249
航空运输业	126993	85936	34987	4060	1362	79	11	11	21	64
管道运输业	477	404	21							33
多式联运和运输代理业	236717	63524	114633	5058	4747	13205	109	80	292	2918
装卸搬运和仓储业	148264	55935	37354	4828	3351	9673	1467	465	823	4380
邮政业	158328	39349	45167	3476	4230	6177	1577	1825	3000	7627
住宿和餐饮业	944895	261993	265833	42520	17355	70595	10703	8706	7884	35234
住宿业	333670	71819	62113	27060	9598	26001	6828	6032	5533	19437
餐饮业	611225	190174	203720	15460	7757	44594	3875	2674	2351	15797
信息传输、软件和信息技术服务业	1571791	537411	702511	57526	14389	64461	6291	6148	8138	23017
电信、广播电视和卫星传输服务	162882	45031	37828	3808	5006	7917	2559	3607	3689	5441
互联网和相关服务	200853	66453	97985	4761	1122	6423	1433	891	881	4125
软件和信息技术服务业	1208056	425927	566698	48957	8261	50121	2299	1650	3568	13451
金融业	2802247	810439	1228335	48248	34627	128772	22845	19681	30707	55785
货币金融服务	423985	92362	137158	12170	11549	28901	6023	4873	7533	12451
资本市场服务	164364	29468	113551	10207	367	2278	35	6	84	1807

续表 1

汕尾市	东莞市	中山市	江门市	阳江市	湛江市	茂名市	肇庆市	清远市	潮州市	揭阳市	云浮市
4044	36622	16560	14520	445	2145	79	13753	6847	76	1068	1524
156	13969	2845	26474	120	1344	180	1029	812	39	621	39
1947	381228	282507	69165	4734	26656	2589	13613	9038	3931	18536	4070
20450	903770	120377	59262	1359	1598	5430	23144	13859	7487	5326	9584
234	61511	21990	1542	69	102	284	1366	891	253	800	220
394	44074	12592	3712	1029	223	339	1105	639	317	843	197
180	687	493	1038	270	2044	238	4656	2330	561	1645	141
475	5667	1008	1516	135	4065	338	541	215	148	103	108
6311	32119	12651	14319	9177	9768	15180	13570	15553	7889	9900	5684
4181	23600	8659	10708	7340	6171	11750	10360	12906	4251	6232	4220
231	1863	867	382	332	818	535	552	528	2045	421	228
1899	6656	3125	3229	1505	2779	2895	2658	2119	1593	3247	1236
16524	222059	81031	97878	55482	209135	180979	42508	59923	21180	47992	27079
11491	78109	22504	70806	38659	152360	147337	25934	33067	17575	35283	22576
1624	50153	23860	7521	10703	39895	15136	8228	19413	1302	7748	1169
1318	29539	16398	6980	1834	5156	6887	3215	3704	1300	3272	1048
2091	64258	18269	12571	4286	11724	11619	5131	3739	1003	1689	2286
24475	395970	123688	77980	32707	119856	151281	62307	31080	27768	49865	32591
8564	218081	52264	40245	17075	58320	70326	26270	14656	11484	22134	17690
15911	177889	71424	37735	15632	61536	80955	36037	16424	16284	27731	14901
6739	95897	32033	25341	10899	31928	23520	14764	14628	6862	11243	7107
3775	44677	16500	16108	7285	12675	16142	9629	10538	3780	5542	4945
102	2225	1722	1907	358	10499	1299	823	526	501	269	614
	158	25		19	203	7	3	2		15	30
			9			10					
159	15407	6813	1756	555	3442	1080	965	414	474	882	204
565	16260	2237	1672	1276	2109	2182	1050	1284	293	793	267
2138	17170	4736	3889	1406	3000	2800	2294	1864	1814	3742	1047
8480	74624	34107	20178	8207	26237	13469	10166	11983	4248	7225	5148
4671	31328	12676	9754	2028	9821	5464	5471	8876	2040	3857	3263
3809	43296	21431	10424	6179	16416	8005	4695	3107	2208	3368	1885
5680	53615	20517	9673	5342	13013	14342	8712	5960	3976	7363	3706
3517	7692	3523	4684	1858	6041	4559	3825	3111	2466	4411	2309
389	6218	1700	728	1720	1296	2494	545	574	188	662	265
1774	39705	15294	4261	1764	5676	7289	4342	2275	1322	2290	1132
11354	113962	48340	44433	15782	43611	35430	28859	26676	17557	22254	14550
3436	24747	11935	13504	4456	11720	8438	8638	7264	4967	7765	4095
15	4984	346	151	32	129	119	572	22	38	81	72

1-8

行业大类	从业人员数（人）	广州市	深圳市	珠海市	汕头市	佛山市	韶关市	河源市	梅州市	惠州市
保险业	2157738	685158	928826	24253	22625	97183	16727	14788	23022	41369
其他金融业	56160	3451	48800	1618	86	410	60	14	68	158
房地产业	1794384	463430	588107	77041	25541	124893	17212	17184	14554	94058
房地产业	1794384	463430	588107	77041	25541	124893	17212	17184	14554	94058
租赁和商务服务业	3156411	867345	988925	119804	45751	206423	36293	18863	20234	96201
租赁业	146148	41672	55354	7196	1145	8590	1159	715	1539	4367
商务服务业	3010263	825673	933571	112608	44606	197833	35134	18148	18695	91834
科学研究和技术服务业	1412753	471967	475307	42933	15001	101363	9542	7056	7900	28910
研究和试验发展	256557	100620	75800	10545	1423	20186	681	403	580	1951
专业技术服务业	890491	272718	328845	27643	10423	60296	5999	5056	5892	21729
科技推广和应用服务业	265705	98629	70662	4745	3155	20881	2862	1597	1428	5230
水利、环境和公共设施管理业	279275	80444	48039	14880	5820	22456	5111	3526	7857	11202
水利管理业	22136	2868	1848	429	858	1728	420	486	952	1436
生态保护和环境治理业	27230	7162	6496	810	281	1407	473	337	367	1161
公共设施管理业	226419	69726	39222	13420	4657	19100	4212	2625	6466	8480
土地管理业	3490	688	473	221	24	221	6	78	72	125
居民服务、修理和其他服务业	604772	141630	230699	16667	8128	49401	6135	5243	2943	16185
居民服务业	188647	47211	51981	5334	3761	20933	1232	1519	1007	6670
机动车、电子产品和日用产品修理业	137938	32043	41564	5352	2761	15811	1250	1503	1030	4278
其他服务业	278187	62376	137154	5981	1606	12657	3653	2221	906	5237
教育	2062251	377649	291429	48876	85664	134879	51307	55653	63262	96301
教育	2062251	377649	291429	48876	85664	134879	51307	55653	63262	96301
卫生和社会工作	917504	214587	132919	23844	28738	64293	24560	20570	28715	37028
卫生	851526	193294	119377	22210	27926	58047	23116	19933	27174	34556
社会工作	65978	21293	13542	1634	812	6246	1444	637	1541	2472
文化、体育和娱乐业	382917	108999	99368	12299	10170	35633	4001	3032	3646	13183
新闻和出版业	19099	9753	3184	871	488	310	294	327	353	814
广播、电视、电影和录音制作业	65431	19784	21097	2120	2060	3753	994	427	629	2064
文化艺术业	84037	32258	13598	3168	1832	7105	881	1038	1122	2419
体育	58776	16891	18041	2236	742	5623	319	241	523	1739
娱乐业	155574	30313	43448	3904	5048	18842	1513	999	1019	6147
公共管理、社会保障和社会组织	1682468	275493	200777	41640	63764	136471	62114	52238	67228	89399
中国共产党机关	45888	6819	6703	1036	2427	3613	1511	923	2319	2387
国家机构	1310305	230202	171551	34045	41137	109421	48180	39507	45873	73992
人民政协、民主党派	4277	784	268	105	241	307	146	207	218	205
社会保障	4883	1314	155	228	28	156	275	114	232	75
群众团体、社会团体和其他成员组织	96923	16837	13250	2872	6771	6536	3478	2532	4541	4210
基层群众自治组织	220192	19537	8850	3354	13160	16438	8524	8955	14045	8530
国际组织										
国际组织										

续表 2

汕尾市	东莞市	中山市	江门市	阳江市	湛江市	茂名市	肇庆市	清远市	潮州市	揭阳市	云浮市
7889	83554	35957	30688	11279	31642	26801	19535	19333	12431	14377	10301
14	677	102	90	15	120	72	114	57	121	31	82
10649	97766	63880	35759	13906	36729	33018	28526	26736	5334	9109	10952
10649	97766	63880	35759	13906	36729	33018	28526	26736	5334	9109	10952
14706	274568	84123	51540	19771	83191	107175	28733	57697	7054	17223	10791
583	7621	3180	1988	964	2785	3856	1120	1294	148	613	259
14123	266947	80943	49552	18807	80406	103319	27613	56403	6906	16610	10532
3872	112808	32005	15336	5651	19273	23041	14465	12428	3688	5132	5075
309	27870	4814	2170	348	2928	1763	1566	735	348	432	1085
2639	63341	22305	10707	4087	10415	12997	8941	8750	1994	3192	2522
924	21597	4886	2459	1216	5930	8281	3958	2943	1346	1508	1468
2997	18959	7790	9348	5146	6805	6623	6705	6349	3534	3586	2098
519	779	818	1463	763	1408	1265	613	629	969	1545	340
236	3655	388	461	274	553	549	450	1008	188	376	598
2192	14456	6508	7373	3909	4711	4668	5341	4529	2336	1395	1093
50	69	76	51	200	133	141	301	183	41	270	67
3064	56962	20148	6866	2767	10268	7830	5702	6695	1658	3785	1996
1641	18195	6974	2601	1446	4604	3877	2622	4382	691	1474	492
945	11237	6887	2352	736	2656	2799	1065	1339	670	1001	659
478	27530	6287	1913	585	3008	1154	2015	974	297	1310	845
42391	150720	59790	62558	44993	115566	109915	60593	64402	35734	73267	37302
42391	150720	59790	62558	44993	115566	109915	60593	64402	35734	73267	37302
10017	62168	29135	35485	19687	47904	37179	27187	25271	11016	21460	15741
9476	58203	27065	32913	18516	46998	35243	26286	24005	10749	20981	15458
541	3965	2070	2572	1171	906	1936	901	1266	267	479	283
3162	29375	10689	6156	3335	10767	9556	5804	4583	3374	3710	2075
60	291	175	104	259	567	381	267	145	146	209	101
290	2665	1373	894	860	1675	1435	1009	732	721	463	386
1199	5280	1578	1157	678	2581	2882	1466	1206	808	1234	547
125	6012	1926	1114	227	614	502	774	564	263	213	87
1488	15127	5637	2887	1311	5330	4356	2288	1936	1436	1591	954
37554	103926	48229	65695	42012	77080	69228	62925	63081	30781	58492	34341
856	822	733	1655	772	2619	2342	1543	1858	932	2447	1571
26390	83393	39865	50738	34196	54908	47861	48002	48986	18298	38464	25296
93	81	84	225	112	215	212	208	182	104	179	101
79	145	6	323	155	438	410	189	333	6	144	78
3897	2728	1690	2772	1531	5294	4238	3323	2858	2530	3670	1365
6239	16757	5851	9982	5246	13606	14165	9660	8864	8911	13588	5930

1-9 按地区、机构类型分组的法人单位数

地 区	法人单位数（个）	企业法人	事业法人	机关法人	社会团体	民办非企业单位	基金会	居委会	村委会	农民专业合作社	农村集体经济组织	其他组织机构
合 计	3126587	2834257	46757	13005	24373	32346	779	7051	20604	11906	106107	29402
广州市	751580	720114	5590	1279	4283	4637	275	1576	1158	523	8398	3747
深圳市	861181	848882	2233	794	3208	4257	253	842	38			674
珠海市	98473	94498	832	347	899	1218	18	218	129	65	114	135
汕头市	52468	44146	2235	556	1258	1387	27	528	563	150	741	877
佛山市	242974	229930	2243	781	2101	2378	32	539	432	119	3370	1049
韶关市	33824	18189	2303	791	929	673	4	256	1208	442	8915	114
河源市	20235	15341	1298	486	460	719	7	182	1245	245	15	237
梅州市	32825	24137	2253	667	981	840	18	196	2068	656	525	484
惠州市	114963	97107	2397	571	1015	1510	8	221	1168	923	6999	3044
汕尾市	16343	10605	1297	445	369	521	3	147	717	194	1727	318
东莞市	369840	359728	1779	786	859	2983	46	253	428	107	958	1913
中山市	115873	110231	925	360	610	1533	8	126	150	32	1255	643
江门市	72823	56322	2090	611	2071	1068	5	275	1304	459	6007	2611
阳江市	31447	18212	1265	435	517	733	2	126	716	429	8823	189
湛江市	69784	44495	4183	819	837	2141	9	309	1839	2162	6670	6320
茂名市	77083	35847	3779	562	707	1161	3	282	1628	1666	29249	2199
肇庆市	40684	29276	2175	778	954	1017	7	293	1262	834	3248	840
清远市	52556	25149	1704	565	730	1243	3	201	1324	1917	16975	2745
潮州市	20574	15840	1587	304	503	712	9	124	899	274	31	291
揭阳市	32410	23360	2665	583	620	1247	29	239	1481	174	1209	803
云浮市	18647	12848	1924	485	462	368	13	118	847	535	878	169
按区域分组												
珠三角核心区	2668391	2546088	20264	6307	16000	20601	652	4343	6069	3062	30349	14656
沿海经济带	300109	192505	17011	3704	4811	7902	82	1755	7843	5049	48450	10997
北部生态发展区	158087	95664	9482	2994	3562	3843	45	953	6692	3795	27308	3749

1-10 按地区、机构类型分组的法人单位从业人员数

地　区	从　业人员数（人）	企业法人	事业法人	机关法人	社会团体	民办非企业单位	基金会	居委会	村委会	农民专业合作社	农村集体经济组织	其他组织机构
合　计	46107946	40998737	2398700	1134509	79235	822377	2500	74298	145887	53737	250432	147534
广州市	8885101	7934682	498323	199556	15087	153647	794	10763	8767	1513	38610	23359
深圳市	12434424	11870588	237763	148707	11840	143941	990	8512	338			11745
珠海市	1348885	1228933	54234	30002	2709	26883	65	2407	947	304	543	1858
汕头市	1231511	1041060	95615	39389	5141	27221	91	6618	6542	1012	4257	4565
佛山市	4201482	3843711	145386	98228	6016	62064	76	10174	6264	778	16918	11867
韶关市	520445	363742	80926	38246	2536	13762	15	1395	7129	1238	9694	1762
河源市	474052	338229	72625	33797	1676	16222	50	1281	7674	1009	2	1487
梅州市	558482	385941	94193	42608	3266	12899	51	1230	12815	3153	274	2052
惠州市	2003493	1743914	99111	63632	3204	48496	16	1791	6739	7924	18688	9978
汕尾市	411465	314967	44526	22685	1642	14462	7	1354	4885	1232	2649	3056
东莞市	5667053	5322453	124495	65420	2503	95673	71	11339	5418	349	16277	23055
中山市	1875588	1728488	57500	35699	1507	33323	20	2664	3187	84	8137	4979
江门市	1222439	1032358	96182	44362	2575	21101	11	2270	7712	966	9033	5869
阳江市	411911	294414	60359	29986	1468	15491	14	823	4423	1546	2809	578
湛江市	1051123	756609	146366	47783	3636	34270	37	2199	11407	9490	19031	20295
茂名市	998412	702496	138359	42961	3508	20650	2	2181	11984	9983	59152	7136
肇庆市	732583	566869	83583	40376	3130	18184	28	2042	7618	3030	5349	2374
清远市	667380	465002	81160	44136	2741	22418	7	1603	7261	5203	32496	5353
潮州市	443362	357384	45446	15564	1664	10559	50	1073	7838	2146	94	1544
揭阳市	652314	486940	89386	30262	2274	22299	71	1910	11678	710	2992	3792
云浮市	316441	219957	53162	21110	1112	8812	34	669	5261	2067	3427	830
按区域分组												
珠三角核心区	38371048	35271996	1396577	725982	48571	603312	2071	51962	46990	14948	113555	95084
沿海经济带	5200098	3953870	620057	228630	19333	144952	272	16158	58757	26119	90984	40966
北部生态发展区	2536800	1772871	382066	179897	11331	74113	157	6178	40140	12670	45893	11484

1-11 按地区、开业（成立）

地 区	法人单位数（个）	1949年以前	1950-1977年	1978-1991年	1992-2000年	2001年	2002年	2003年	2004年	2005年	2006年
合 计	3126587	3893	15929	36896	112195	22327	26973	33624	37639	40373	46629
广州市	751580	450	2407	7829	22002	4646	6179	7638	8632	8148	9304
深圳市	861181	75	93	2547	13704	4346	5056	6828	9516	11346	12858
珠海市	98473	24	148	1127	4459	1007	1243	1458	1530	1690	2006
汕头市	52468	394	1008	2691	6355	825	889	1164	1138	845	979
佛山市	242974	83	327	2059	8796	2930	3243	3665	4144	4024	4453
韶关市	33824	127	848	1219	3555	470	442	511	469	502	738
河源市	20235	105	375	847	1747	209	269	278	251	305	329
梅州市	32825	228	635	1292	3190	283	364	428	392	436	584
惠州市	114963	203	674	1513	5571	556	807	1088	1292	1419	1857
汕尾市	16343	88	488	876	1435	149	146	202	144	160	176
东莞市	369840	70	198	1261	5662	1453	1910	2670	3179	3575	4809
中山市	115873	64	133	835	3390	1175	1211	1469	1574	1713	1695
江门市	72823	207	563	1788	5785	982	1129	1246	1496	1379	1859
阳江市	31447	95	447	835	1592	250	294	433	312	370	376
湛江市	69784	469	1995	2971	4820	748	859	993	793	1279	1336
茂名市	77083	542	2461	2177	6325	587	738	717	574	707	612
肇庆市	40684	111	617	1164	2975	444	574	611	609	823	804
清远市	52556	166	598	1096	2731	249	472	819	550	605	615
潮州市	20574	60	490	891	2470	414	397	579	391	346	491
揭阳市	32410	185	997	1273	3867	441	540	447	432	444	506
云浮市	18647	147	427	605	1764	163	211	380	221	257	242
按区域分组											
珠三角核心区	2668391	1287	5160	20123	72344	17539	21352	26673	31972	34117	39645
沿海经济带	300109	1833	7886	11714	26864	3414	3863	4535	3784	4151	4476
北部生态发展区	158087	773	2883	5059	12987	1374	1758	2416	1883	2105	2508

时间分组的法人单位数

2007 年	2008 年	2009 年	2010 年	2011 年	2012 年	2013 年	2014 年	2015 年	2016 年	2017 年	2018 年	无开业年份
47069	54724	72660	90749	122395	154538	175384	243094	305249	401944	503516	575484	3303
10415	13529	15919	20269	25133	25215	32002	52713	66323	90750	141918	179395	764
12514	12342	17512	24195	32765	36881	69714	88940	107792	141302	134300	116388	167
1873	1652	1887	2337	2681	3022	5530	6692	9109	12450	15312	21179	57
983	1201	1471	1621	1843	2025	2087	2989	3437	4969	6220	7300	34
4557	4327	6819	7578	8980	9814	12348	19713	20899	28545	38968	45881	821
504	1172	704	1091	5229	1743	1400	1371	1630	2340	3442	4300	17
349	331	390	591	696	749	877	1265	1528	2159	3165	3409	11
402	702	634	759	1055	994	1360	2110	2251	3279	5044	6381	22
2002	1971	2346	3336	4050	6709	5265	7417	9344	14061	19933	23334	215
154	358	365	465	721	1533	438	605	845	1374	2315	3294	12
5515	6540	7759	10917	12850	13368	17926	26934	33696	52482	69826	86655	585
1901	1920	2394	3365	6540	8586	7280	8881	9760	13490	17916	20510	71
1466	1906	2327	3216	4311	3677	3959	4863	5163	7011	8694	9708	88
341	794	831	866	1403	7310	1271	1561	2012	3085	3168	3744	57
1056	1527	5114	3551	3370	3866	3457	3602	4955	5386	6935	10664	38
646	1343	2275	2020	3292	22007	2536	3680	3475	4823	6660	8847	39
732	1198	868	1308	1734	1725	1929	1965	3536	3657	5446	7797	57
580	577	910	1069	3289	2169	1861	3710	14968	4115	5136	6217	54
325	469	699	673	695	778	1023	1117	1310	1760	2423	2760	13
522	529	922	999	1085	1757	1495	1729	1970	3195	4060	4854	161
232	336	514	523	673	610	1626	1237	1246	1711	2635	2867	20
40975	45385	57831	76521	99044	108997	155953	218118	265622	363748	452313	510847	2825
4027	6221	11677	10195	12409	39276	12307	15283	18004	24592	31781	41463	354
2067	3118	3152	4033	10942	6265	7124	9693	21623	13604	19422	23174	124

1-12 按地区、开业（成立）时间

地区	从业人员数（人）	1949年以前	1950-1977年	1978-1991年	1992-2000年	2001年	2002年	2003年	2004年	2005年	2006年
合计	46107946	371010	1100967	2660112	7152763	1339504	1405009	1791846	1686396	1502233	1520032
广州市	8885101	106645	337250	394006	1482085	225569	218659	323541	299076	238364	254653
深圳市	12434424	11144	20857	813817	1918349	317918	337028	441803	407584	413427	451111
珠海市	1348885	1372	10753	131366	223095	69230	50005	61240	49005	45307	57247
汕头市	1231511	19747	64349	159330	289943	40913	37004	50087	57605	45219	28948
佛山市	4201482	8811	44173	147488	728656	142947	142597	185451	226012	168053	169444
韶关市	520445	21009	53477	68762	59631	18642	14371	20275	24462	15101	11168
河源市	474052	15529	20332	33349	60631	9387	11263	16669	28593	17439	17174
梅州市	558482	26967	44216	89080	72073	18678	18409	17020	13683	16851	9813
惠州市	2003493	17325	37347	72684	248244	44358	49198	72125	71314	72337	57675
汕尾市	411465	3418	18549	39387	73155	19057	14428	15946	10438	13860	9593
东莞市	5667053	11052	48939	101549	697068	157288	207264	249182	203813	190544	189083
中山市	1875588	7176	22236	57970	299216	76349	81608	90752	67971	68943	76630
江门市	1222439	19033	32875	77516	220184	48417	59993	51107	52989	49103	45847
阳江市	411911	7323	24688	41491	55105	15843	11799	13039	10539	12506	8869
湛江市	1051123	26324	91267	174022	146259	20847	15948	28029	28855	24739	20274
茂名市	998412	24169	87305	83392	132988	20595	14425	24936	16796	17775	10509
肇庆市	732583	13862	34983	46537	92678	21812	25353	33255	36864	34509	38226
清远市	667380	7662	34165	45214	59106	26656	46203	45029	30600	22040	24091
潮州市	443362	3182	20199	30726	106912	17565	14129	20815	20846	13295	12791
揭阳市	652314	6879	35133	33607	133815	21122	22743	17710	19199	13012	18905
云浮市	316441	12381	17874	18819	53570	6311	12582	13835	10152	9809	7981
按区域分组											
珠三角核心区	38371048	196420	589413	1842933	5909575	1103888	1171705	1508456	1414628	1280587	1339916
沿海经济带	5200098	91042	341490	561955	938177	155942	130476	170562	164278	140406	109889
北部生态发展区	2536800	83548	170064	255224	305011	79674	102828	112828	107490	81240	70227

分组的法人单位从业人员数

2007 年	2008 年	2009 年	2010 年	2011 年	2012 年	2013 年	2014 年	2015 年	2016 年	2017 年	2018 年	无开业年份
1595741	1359758	1459920	1821809	2409330	1780382	1987336	2945457	2344426	2912192	2857998	2101744	1981
250115	242774	249621	290698	760395	299389	341192	435545	455479	585186	649519	445134	206
486477	395131	379529	412983	553293	536377	614943	1340275	712207	833877	638961	397195	138
42103	41397	32666	38341	43280	35430	57595	67459	57120	80614	74350	79868	42
24905	32893	31212	36956	29173	31147	27618	37683	37541	49997	53327	45892	22
131665	112407	136756	143410	144742	129690	166049	213980	202835	263800	322987	269040	489
12630	11335	15151	17196	17372	13889	13673	19635	17226	31242	24996	19196	6
13852	14594	15694	20967	24876	22138	22213	19233	19553	23585	27631	19350	
16383	10439	12508	16129	16281	12659	18917	25339	25232	24990	30012	22781	22
111750	58041	61878	147155	96253	85883	76268	99224	118525	150781	151596	103213	319
8928	28533	19740	22040	11967	6089	6877	10441	14759	19312	20549	24371	28
234106	188323	224096	346744	357054	260845	314638	314226	302096	401686	388947	278207	303
69308	54231	60137	80813	103130	78993	89585	88771	103939	112342	111325	74101	62
45977	34832	45128	47172	49436	44665	45488	46893	50483	57004	55092	43157	48
10239	10055	18382	23571	17816	11558	18172	18851	19070	21850	24303	16841	1
20849	25781	33342	37277	44884	36480	33842	41277	40153	46153	55495	58967	59
20817	18257	20140	37241	36188	79344	38437	54000	42389	65436	76772	76419	82
32762	26105	17593	28590	21127	26097	24653	22429	26723	40085	46024	42258	58
20940	20336	26991	23269	27173	22064	21084	35101	48506	30746	27695	22692	17
11801	10584	14608	13478	12543	13516	13743	17324	14867	20596	21592	18238	12
23174	17865	33242	30992	25442	25529	26378	24687	24800	35572	34575	27916	17
6960	5845	11506	6787	16905	8600	15971	13084	10923	17338	22250	16908	50
1404263	1153241	1207404	1535906	2128710	1497369	1730411	2628802	2029407	2525375	2438801	1732173	1665
120713	143968	170666	201555	178013	203663	165067	204263	193579	258916	286613	268644	221
70765	62549	81850	84348	102607	79350	91858	112392	121440	127901	132584	100927	95

1-13　按行业大类、开业（成立）

行业大类	法人单位数（个）	1949年以前	1950-1977年	1978-1991年	1992-2000年	2001年	2002年	2003年	2004年	2005年	2006年
总　计	3126587	3893	15929	36896	112195	22327	26973	33624	37640	40373	46628
农、林、牧、渔业	7173		62	104	203	36	39	43	27	59	60
农业	29		5	3	4		1				2
林业	7		1								
畜牧业	13				3					2	
渔业	5			1	1						
农、林、牧、渔专业及辅助性活动	7119		56	100	195	36	38	43	27	57	58
采矿业	2403		11	38	124	36	39	52	44	97	190
煤炭开采和洗选业	6				1				1		
石油和天然气开采业	8				3	1	1	1			
黑色金属矿采选业	250		2	1	9	3	6	7	18	23	24
有色金属矿采选业	160		2	4	8	7	7	9	3	7	15
非金属矿采选业	1760		6	30	95	23	22	33	20	63	143
开采专业及辅助性活动	67		1	2	2		3		1	1	2
其他采矿业	152			1	6	2		2	1	3	6
制造业	572142	19	369	4183	21827	6485	7745	9500	10880	11075	13065
农副食品加工业	7116	1	55	309	636	127	127	162	153	133	135
食品制造业	8240		19	194	761	139	141	151	166	142	132
酒、饮料和精制茶制造业	2823		11	84	244	59	67	75	62	59	62
烟草制品业	37		2	8	9					2	2
纺织业	12850		16	189	818	218	317	310	327	322	380
纺织服装、服饰业	36104	5	8	285	1376	339	434	519	648	553	640
皮革、毛皮、羽毛及其制品和制鞋业	19682		6	129	587	158	186	221	297	362	388
木材加工和木、竹、藤、棕、草制品业	7158		14	57	245	81	87	117	119	137	190
家具制造业	18880		4	58	631	137	149	208	267	328	396
造纸和纸制品业	18650	1	8	151	897	299	372	451	428	406	536
印刷和记录媒介复制业	16741	1	18	373	1307	415	474	823	631	534	543
文教、工美、体育和娱乐用品制造业	21846	2	24	232	987	239	282	332	459	392	454
石油、煤炭及其他燃料加工业	870			11	62	18	13	28	17	17	21
化学原料和化学制品制造业	18490		18	186	1424	377	432	549	588	536	629
医药制造业	2292	2	9	72	208	45	43	60	65	67	61
化学纤维制造业	428			11	30	11	7	15	18	10	9
橡胶和塑料制品业	47077	2	15	338	1870	646	788	870	1027	1086	1282
非金属矿物制品业	23132		13	190	1057	324	323	450	474	495	543
黑色金属冶炼和压延加工业	2367		1	9	101	30	40	62	85	77	74
有色金属冶炼和压延加工业	3933		4	29	192	111	89	85	96	124	132
金属制品业	78811	2	21	333	2173	779	1030	1111	1246	1402	1653
通用设备制造业	33611	1	29	173	955	344	371	468	579	639	804
专用设备制造业	42830		20	148	940	277	375	465	639	674	851

时间分组的法人单位数

2007 年	2008 年	2009 年	2010 年	2011 年	2012 年	2013 年	2014 年	2015 年	2016 年	2017 年	2018 年	无开业年份
47069	54724	72660	90749	122395	154538	175384	243094	305249	401944	503516	575484	3303
81	151	234	308	371	682	707	579	645	782	943	1041	16
1		1	2	3	2	1		1	1	2		
			1		1		1	1	1	1		
	1	1	1	2		1	1		1			
		1				1			1			
80	150	231	304	366	679	704	577	643	778	940	1041	16
109	99	107	103	117	153	180	201	177	161	163	199	3
							1	2		1		
							1				1	
11	13	15	16	19	14	14	18	15	8	8	6	
14	13	10	5	8	10	10	5	4	7	7	5	
83	64	78	76	82	119	142	156	127	125	121	149	3
	2		2	3	3	6	6	10	7	6	10	
1	7	4	4	5	7	8	14	19	14	20	28	
13697	13223	18087	23547	28620	29998	37630	46239	49748	63992	81198	80439	576
157	150	183	284	603	510	515	488	521	564	613	680	10
142	177	184	321	677	541	622	613	594	722	907	885	10
68	71	70	88	146	156	180	243	228	266	335	245	4
2	1		1		1		1	2	1	2	3	
358	347	439	549	614	685	646	956	978	1159	1569	1636	17
764	715	915	1313	1618	1816	2274	2952	3361	4131	5199	6196	43
429	415	625	855	1085	1090	1226	1607	1781	2266	3221	2736	12
185	178	213	271	417	348	484	528	564	759	1086	1073	5
373	375	528	748	732	1229	1403	1793	1676	2044	2939	2764	98
558	459	763	900	923	984	1233	1387	1411	1714	2316	2442	11
507	467	582	732	846	818	1016	1114	1132	1300	1579	1527	2
507	473	653	813	1093	1059	1323	1735	1936	2498	3114	3227	12
19	17	36	37	49	63	40	58	76	94	102	92	
569	511	757	743	822	880	1001	1343	1501	1706	1945	1951	22
49	47	63	73	96	103	133	125	170	237	296	267	1
13	8	9	19	22	19	20	18	27	38	66	58	
1348	1219	1684	2072	2488	2621	3174	3490	3805	5011	6237	5961	43
628	524	837	987	1168	1208	1475	1729	1750	2244	3217	3470	26
82	59	102	120	100	98	139	199	185	227	309	268	
108	117	138	173	185	164	264	312	309	358	494	446	3
1718	1686	2302	2926	3576	3778	4620	6354	7125	9638	12684	12558	96
895	886	1096	1485	1706	1656	2157	2917	2937	3820	4999	4675	19
926	959	1238	1803	2011	2141	2922	3549	4038	5384	6939	6498	33

1-13

行业大类	法人单位数(个)	1949年以前	1950-1977年	1978-1991年	1992-2000年	2001年	2002年	2003年	2004年	2005年	2006年
汽车制造业	4820		6	22	168	55	88	104	148	143	120
铁路、船舶、航空航天和其他运输设备制造业	2578		6	46	188	46	54	44	69	83	79
电气机械和器材制造业	54224	2	15	222	1762	531	664	765	937	933	1139
计算机、通信和其他电子设备制造业	63607		12	169	1496	513	590	761	985	1044	1314
仪器仪表制造业	9582		2	51	299	70	79	109	136	164	195
其他制造业	6910		4	37	196	45	66	80	103	102	143
废弃资源综合利用业	1481			16	45	16	18	48	45	49	64
金属制品、机械和设备修理业	4972		9	51	163	36	39	57	66	60	94
电力、热力、燃气及水生产和供应业	9714	4	127	581	1237	279	391	474	466	402	428
电力、热力生产和供应业	6947	2	106	403	895	231	345	393	370	303	347
燃气生产和供应业	530		1	7	41	9	7	14	14	13	14
水的生产和供应业	2237	2	20	171	301	39	39	67	82	86	67
建筑业	116949	3	88	987	3783	650	727	921	1053	1160	1512
房屋建筑业	19367	1	64	454	847	128	126	162	158	153	204
土木工程建筑业	16867	1	14	175	653	121	141	169	194	181	238
建筑安装业	20936	1	6	166	1042	201	223	244	255	316	377
建筑装饰、装修和其他建筑业	59779		4	192	1241	200	237	346	446	510	693
批发和零售业	966082	13	463	4355	17736	4952	5621	7540	8963	9565	11652
批发业	549265	7	249	2466	11181	3359	3745	5088	6056	6435	7654
零售业	416817	6	214	1889	6555	1593	1876	2452	2907	3130	3998
交通运输、仓储和邮政业	72789	2	161	933	2422	509	664	927	1230	1456	1371
铁路运输业	23		1	4	4	3			1		1
道路运输业	33204	2	88	503	1225	266	331	466	574	572	574
水上运输业	1948		32	126	170	29	42	59	70	66	47
航空运输业	393			3	20	2	4	2	2	9	7
管道运输业	13					1			1		
多式联运和运输代理业	25838		4	101	511	124	164	244	425	606	568
装卸搬运和仓储业	7410		35	192	424	75	107	131	123	157	124
邮政业	3960		1	4	68	9	16	25	34	46	50
住宿和餐饮业	52913	5	43	386	1330	239	300	395	483	623	670
住宿业	14060	2	22	279	583	97	134	197	232	287	339
餐饮业	38853	3	21	107	747	142	166	198	251	336	331
信息传输、软件和信息技术服务业	165637		15	135	1811	693	777	1128	1328	1405	1757
电信、广播电视和卫星传输服务	4276		9	65	186	62	42	91	77	90	86
互联网和相关服务	20717			5	128	57	56	130	130	120	188
软件和信息技术服务业	140644		6	65	1497	574	679	907	1121	1195	1483
金融业	30365	5	12	155	490	83	139	173	215	172	224
货币金融服务	4686	5	11	118	186	6	20	24	31	27	35
资本市场服务	19838			19	188	50	34	54	60	46	64

续表 1

2007 年	2008 年	2009 年	2010 年	2011 年	2012 年	2013 年	2014 年	2015 年	2016 年	2017 年	2018 年	无开业年份
129	110	131	195	198	268	324	362	397	502	700	645	5
80	55	90	113	112	107	184	216	193	270	290	252	1
1269	1253	1776	2389	2988	3152	3991	4673	4807	6197	7575	7154	30
1335	1420	2048	2714	3204	3334	4767	5579	6007	8021	9173	9070	51
208	212	291	375	545	566	726	797	956	1189	1307	1300	5
118	131	164	229	296	279	373	563	654	906	1045	1361	15
67	59	40	45	44	59	83	69	137	102	205	269	1
86	122	130	174	256	265	315	469	490	624	735	730	1
334	304	438	410	364	291	378	407	442	620	725	605	7
261	226	294	304	258	175	243	223	263	414	498	389	4
12	21	22	25	22	31	38	41	45	36	59	56	2
61	57	122	81	84	85	97	143	134	170	168	160	1
1480	1453	2102	2901	3521	3847	5829	8780	10637	16542	22814	26012	147
187	194	270	436	463	504	808	1119	1440	2490	3983	5150	26
209	184	349	470	494	524	887	1224	1414	2301	3221	3674	29
389	386	482	663	802	878	1113	1686	1900	2706	3503	3583	14
695	689	1001	1332	1762	1941	3021	4751	5883	9045	12107	13605	78
12303	13514	19374	26624	37573	40321	60007	84336	98712	140212	168890	192284	1072
8160	8853	12648	17160	22511	23909	34848	48206	54183	73348	90767	107800	632
4143	4661	6726	9464	15062	16412	25159	36130	44529	66864	78123	84484	440
1406	1359	1887	2751	2815	2837	4713	6301	7364	9150	11021	11441	69
1	1	2	1	1			1		1	1		
637	579	860	1018	1172	1174	1962	2785	3169	4258	5411	5547	31
37	44	61	75	68	66	111	140	154	178	201	170	2
3	3	8	20	12	18	19	28	44	47	59	82	1
1	1					2	1	1	1	2	2	
538	512	659	1056	1118	1218	1984	2495	2765	3314	3639	3765	28
143	150	189	199	249	243	394	536	744	824	1098	1269	4
46	69	108	382	195	118	241	315	487	527	610	606	3
692	842	928	1240	1543	2007	2466	3864	4971	7332	10121	12369	64
347	457	443	559	648	771	884	1232	1200	1486	1783	2056	22
345	385	485	681	895	1236	1582	2632	3771	5846	8338	10313	42
1734	1851	2366	2970	4003	4577	7560	12653	18051	24642	32354	43654	173
61	90	106	97	150	195	236	364	450	615	572	632	
155	159	210	285	362	458	855	1529	2304	3338	4534	5689	25
1518	1602	2050	2588	3491	3924	6469	10760	15297	20689	27248	37333	148
333	335	424	537	782	971	1618	2887	5708	5198	5002	4884	18
90	74	139	129	145	181	234	362	409	533	641	1284	2
135	109	138	290	455	558	1059	1994	4339	3819	3617	2800	10

1-13

行业大类	法人单位数(个)	1949年以前	1950-1977年	1978-1991年	1992-2000年	2001年	2002年	2003年	2004年	2005年	2006年
保险业	1757			7	72	12	72	81	105	81	97
其他金融业	4084		1	11	44	15	13	14	19	18	28
房地产业	117254	12	237	2793	8464	1384	1614	2084	2287	2385	2617
房地产业	117254	12	237	2793	8464	1384	1614	2084	2287	2385	2617
租赁和商务服务业	514187	453	2608	7919	22517	2542	3049	3917	4733	5374	5879
租赁业	25502		6	70	240	68	74	93	131	194	232
商务服务业	488685	453	2602	7849	22277	2474	2975	3824	4602	5180	5647
科学研究和技术服务业	194577	12	441	901	3413	927	1042	1464	1709	1899	2219
研究和试验发展	46183	4	70	94	435	130	141	260	306	338	444
专业技术服务业	87637	6	256	588	2379	594	685	884	1062	1173	1328
科技推广和应用服务业	60757	2	115	219	599	203	216	320	341	388	447
水利、环境和公共设施管理业	11067	9	318	322	728	118	178	218	189	234	192
水利管理业	1198	5	237	116	135	28	23	38	28	21	20
生态保护和环境治理业	2143		30	36	84	18	28	31	39	37	45
公共设施管理业	7460	4	51	156	471	63	116	134	116	173	122
土地管理业	266			14	38	9	11	15	6	3	5
居民服务、修理和其他服务业	62395	4	53	295	1745	398	504	649	663	742	782
居民服务业	27694	4	35	92	675	152	176	209	233	252	280
机动车、电子产品和日用产品修理业	23449		8	149	748	159	192	273	255	312	313
其他服务业	11252		10	54	322	87	136	167	175	178	189
教育	71352	2458	5594	2676	4943	839	920	1102	925	1051	949
教育	71352	2458	5594	2676	4943	839	920	1102	925	1051	949
卫生和社会工作	17810	84	1489	944	1177	157	203	275	193	245	265
卫生	13638	81	1429	655	824	123	156	192	148	204	207
社会工作	4172	3	60	289	353	34	47	83	45	41	58
文化、体育和娱乐业	61695	19	218	516	968	236	330	765	603	588	945
新闻和出版业	659	4	8	61	97	18	8	7	22	19	11
广播、电视、电影和录音制作业	6396		26	67	99	27	34	28	42	65	63
文化艺术业	18532	11	158	336	303	78	88	94	93	120	123
体育	7330	4	9	23	144	24	25	43	48	63	57
娱乐业	28778		17	29	325	89	175	593	398	321	691
公共管理、社会保障和社会组织	80083	791	3620	8673	17277	1764	2691	1997	1649	1841	1851
中国共产党机关	1676	72	166	467	216	56	111	60	24	30	28
国家机构	22813	323	1332	3624	2843	866	988	864	606	679	501
人民政协、民主党派	363	6	54	129	54	7	14	30	4	6	4
社会保障	187	1	1	18	19	9	12	13	5	8	3
群众团体、社会团体和其他成员组织	27388	142	432	2058	2691	394	453	470	480	537	816
基层群众自治组织	27656	247	1635	2377	11454	432	1113	560	530	581	499
国际组织											
国际组织											

续表 2

2007 年	2008 年	2009 年	2010 年	2011 年	2012 年	2013 年	2014 年	2015 年	2016 年	2017 年	2018 年	无开业年份
81	114	86	52	111	138	115	87	68	131	151	96	
27	38	61	66	71	94	210	444	892	715	593	704	6
3039	2310	3260	4371	4644	4259	6112	7136	7855	12756	17102	20409	124
3039	2310	3260	4371	4644	4259	6112	7136	7855	12756	17102	20409	124
5020	11280	13825	13540	23179	48008	24546	37225	59415	57907	74051	86782	418
209	253	372	500	659	783	1203	1776	2569	3948	6456	5650	16
4811	11027	13453	13040	22520	47225	23343	35449	56846	53959	67595	81132	402
2255	2494	3368	4414	5769	6385	10153	14391	18746	26317	36416	49465	377
501	550	781	1009	1292	1391	2259	3509	4468	6737	9070	12302	92
1261	1446	1763	2340	2975	3212	5162	7046	8593	11669	15237	17894	84
493	498	824	1065	1502	1782	2732	3836	5685	7911	12109	19269	201
166	253	285	327	409	472	521	707	883	1328	1513	1690	7
17	46	23	18	48	76	37	34	25	117	51	55	
20	41	47	65	56	81	93	121	189	291	375	414	2
124	157	205	240	296	303	383	544	649	899	1059	1190	5
5	9	10	4	9	12	8	8	20	21	28	31	
844	989	1305	1401	1958	2297	3129	4608	6066	9073	11556	13277	57
265	376	497	536	727	876	1159	1796	2607	4203	5582	6931	31
341	367	518	581	856	1015	1340	1943	2371	3330	4098	4264	16
238	246	290	284	375	406	630	869	1088	1540	1876	2082	10
857	1093	1322	1560	1811	2241	3279	3923	4907	8859	10101	9894	48
857	1093	1322	1560	1811	2241	3279	3923	4907	8859	10101	9894	48
229	368	276	336	648	688	703	914	1126	2097	2545	2827	21
184	300	191	251	530	457	482	548	792	1484	2020	2364	16
45	68	85	85	118	231	221	366	334	613	525	463	5
1144	683	845	1146	1535	1822	2633	4444	6744	9921	11354	14143	93
10	16	13	19	16	17	32	28	38	71	68	76	
53	57	58	99	151	181	281	534	697	1060	1293	1474	7
127	165	162	246	424	459	632	1044	1583	2821	3798	5625	42
61	82	117	110	142	196	281	454	703	1159	1652	1922	11
893	363	495	672	802	969	1407	2384	3723	4810	4543	5046	33
1346	2123	2227	2263	2733	2682	3220	3499	3052	5055	5647	4069	13
9	10	16	60	49	38	40	27	23	74	56	44	
343	510	443	1218	1143	937	813	763	630	1759	1065	560	3
1	3	2	2	4		4	9	8	5	12	5	
1	2		10	13	25	17	3	3	16	6	2	
682	640	731	730	805	1333	1968	2037	2019	2942	2726	2292	10
310	958	1035	243	719	349	378	660	369	259	1782	1166	

1-14 按行业大类、开业（成立）时间

行业大类	从业人员数(人)	1949年以前	1950-1977年	1978-1991年	1992-2000年	2001年	2002年	2003年	2004年	2005年	2006年
总　计	46107946	371010	1100967	2660112	7152763	1339504	1405009	1791846	1686396	1502233	1520032
农、林、牧、渔业	37144		1348	1142	1737	251	396	296	280	383	690
农业											
林业											
畜牧业											
渔业											
农、林、牧、渔专业及辅助性活动	37144		1348	1142	1737	251	396	296	280	383	690
采矿业	52474		3038	1315	10660	802	1168	1659	1458	1880	4558
煤炭开采和洗选业	48										
石油和天然气开采业	5996				5595		120	29			
黑色金属矿采选业	3255		3	139	438		84	430	426	485	210
有色金属矿采选业	8923		2722	492	2149	307	318	514	7	230	316
非金属矿采选业	31834		313	400	1997	486	635	667	992	1119	3368
开采专业及辅助性活动	1667			278	427		11		33	5	605
其他采矿业	751			6	54	9		19		41	59
制造业	18183141	3525	31459	737334	3223600	671618	719754	849155	958193	804513	830140
农副食品加工业	210276		2042	12040	40997	8840	8958	13491	11485	9350	8938
食品制造业	249555		1173	17209	88531	5796	8968	7793	11515	8849	6673
酒、饮料和精制茶制造业	91173		111	4884	32056	3955	2662	2082	5701	2517	1863
烟草制品业	6988			5814	502					342	6
纺织业	403674		1249	17267	89736	18496	20940	25055	19391	21697	17760
纺织服装、服饰业	1042156	346	299	50276	167050	36280	41347	48786	51356	36105	49423
皮革、毛皮、羽毛及其制品和制鞋业	701418		22	20120	93603	26602	32025	20915	38118	34071	29712
木材加工和木、竹、藤、棕、草制品业	124788		541	1981	7557	3473	2799	5092	4456	5239	7068
家具制造业	529960		14	5800	73389	11454	18890	16348	23208	29561	35001
造纸和纸制品业	375686	34	413	8338	61588	14103	21005	19769	17645	13193	15373
印刷和记录媒介复制业	359953	66	499	27735	75741	13084	15914	20392	19270	14662	16069
文教、工美、体育和娱乐用品制造业	879467	180	2434	31934	160704	27534	30758	43433	75983	41192	32511
石油、煤炭及其他燃料加工业	31604			919	9512	2416	1141	925	556	1114	599
化学原料和化学制品制造业	464365		1936	13574	102406	21345	23629	27386	29545	19454	24098
医药制造业	152784	1324	3522	16641	62925	5595	5480	8436	4583	6245	2763
化学纤维制造业	14502			406	2660	1783	152	1399	780	133	728
橡胶和塑料制品业	1246037	168	586	33075	164868	48164	55143	92832	66207	52363	59984
非金属矿物制品业	758615		519	14146	93263	46077	32435	44141	57607	37804	39152
黑色金属冶炼和压延加工业	91396		10	8158	7287	4027	6771	4562	8625	5596	5099
有色金属冶炼和压延加工业	179343		2512	2923	33638	8827	9444	8642	10718	10731	19770
金属制品业	1512220	414	589	22685	180964	50533	54858	67310	74457	78670	66162
通用设备制造业	791779	675	1804	21394	125870	30900	23269	42994	40243	35247	47502
专用设备制造业	879593		393	15396	126341	18812	38070	34861	43025	37982	36972

分组的法人单位从业人员数

2007 年	2008 年	2009 年	2010 年	2011 年	2012 年	2013 年	2014 年	2015 年	2016 年	2017 年	2018 年	无开业年份
1595741	1359758	1459920	1821809	2409330	1780382	1987336	2945457	2344426	2912192	2857998	2101744	1981
540	889	1297	1785	2298	3304	3693	2434	2772	3751	4136	3675	47
540	889	1297	1785	2298	3304	3693	2434	2772	3751	4136	3675	47
2372	1683	1531	1589	3968	1990	3251	3577	2014	1531	1388	1037	5
							20	28				
							252					
101	75	151	157	152	32	86	147	85	20	28	6	
272	523	304	13	154	74	202	127	98	69	32		
1993	1042	1037	1371	3560	1800	2879	2870	1717	1400	1239	944	5
	14		10	35	19	47	72	18	33	45	15	
6	29	39	38	67	65	37	89	68	9	44	72	
862203	582688	721828	952185	976109	775267	783011	773312	762116	858749	810115	495594	673
7396	4772	6443	10604	12256	9008	8442	7286	9988	6931	6179	4821	9
6817	5972	3966	10539	10690	7767	9546	9179	6877	8612	7493	5570	20
5246	2003	2451	2511	3497	4443	2781	3306	3354	2181	2500	1066	3
54	207		10				23	4	4	19	3	
14100	11477	18408	15763	14874	12051	11528	13101	13301	16519	17353	13582	26
47421	26461	44373	34761	49681	42738	47715	46448	51133	64329	60903	44913	12
24242	16984	27052	40294	53939	44157	27251	34650	32816	40629	39834	24349	33
8475	3552	5897	5076	6703	4918	10453	7243	7603	7907	12028	6724	3
31469	15535	22014	21472	26378	24231	30314	33653	27583	32232	30872	20466	76
15767	14059	21350	18401	24554	18699	14222	15746	14531	17448	18305	11141	2
13244	12293	13417	15739	19234	16750	14953	11377	10931	10154	11652	6777	
36222	34271	42133	41686	51574	47242	29339	35431	28793	32503	31416	22097	97
365	178	560	441	639	2134	253	407	2886	1196	490	4873	
19720	13199	19650	17994	18218	19294	15944	18054	19929	15542	14745	8670	33
2479	3337	2507	3416	3333	3041	3698	1820	3783	2679	3885	1292	
1314	734	266	532	740	305	446	157	286	998	520	163	
54279	47606	50080	67417	76738	64729	53282	55264	48116	66174	55283	33638	41
40985	27213	40083	44513	38042	28324	32570	31316	24557	29278	33815	22741	34
3370	1508	9605	4326	7344	2030	2426	2273	2072	2706	2301	1300	
4732	7513	5191	12363	7769	3805	4955	4709	5706	6942	5159	3294	
60705	50504	60000	73064	90760	60855	75931	86262	85310	98090	104178	69802	117
37637	33306	29256	38904	45485	30191	32891	41824	32709	40871	36421	22377	9
38037	37954	37639	47303	46823	45535	44110	48231	47181	51054	54211	29611	52

1-14

行业大类	从业人员数(人)	1949年以前	1950-1977年	1978-1991年	1992-2000年	2001年	2002年	2003年	2004年	2005年	2006年
汽车制造业	486227		1971	15737	65305	25674	28993	26024	50020	43471	63686
铁路、船舶、航空航天和其他运输设备制造业	134418		2117	10916	36402	3803	5121	7844	7138	6148	7527
电气机械和器材制造业	2162132	318	1602	73214	476275	58028	83198	97027	104351	76450	76979
计算机、通信和其他电子设备制造业	3812151		3530	262735	765972	161133	131555	144208	158301	148561	139880
仪器仪表制造业	279239		26	10028	46946	8347	10868	10786	16337	19560	11323
其他制造业	124359		12	1619	23397	4809	3167	2973	4719	4805	4007
废弃资源综合利用业	33253			681	3947	1102	1433	1185	2247	1918	2223
金属制品、机械和设备修理业	54030		1533	9689	4168	626	761	2464	606	1483	1289
电力、热力、燃气及水生产和供应业	323655	4944	9667	32163	44417	104784	12851	10704	9851	8837	6860
电力、热力生产和供应业	219420	179	5280	10893	19559	102801	9816	5859	5423	6099	4265
燃气生产和供应业	23203		98	2116	7634	648	399	1143	1698	433	1228
水的生产和供应业	81032	4765	4289	19154	17224	1335	2636	3702	2730	2305	1367
建筑业	3375409	357	202770	595417	688999	70906	96582	94703	59251	80693	80863
房屋建筑业	1652499	350	165231	416843	337608	45573	45502	41574	29444	46047	38070
土木工程建筑业	589140	7	32488	86419	150763	10489	31310	17159	12166	12627	6970
建筑安装业	331285		4980	36937	62128	9519	11708	11454	9009	8588	8866
建筑装饰、装修和其他建筑业	802485		71	55218	138500	5325	8062	24516	8632	13431	26957
批发和零售业	5024940	179	11594	102469	368206	109283	107096	102843	121125	114798	136923
批发业	2997821	40	6607	55074	215014	59460	67851	66399	72072	69682	88316
零售业	2027119	139	4987	47395	153192	49823	39245	36444	49053	45116	48607
交通运输、仓储和邮政业	1499515	25	92012	101975	379739	27640	34170	39970	45157	35498	42507
铁路运输业	74928		53312		21480						
道路运输业	695125	25	31538	77529	149764	15935	14654	16266	24597	14766	15635
水上运输业	58683		2333	14136	11435	916	2125	3419	2112	1847	2910
航空运输业	126993			644	112409	626	2427	74	26	164	1880
管道运输业	477					12			3		
多式联运和运输代理业	236717		186	3784	22678	4665	7097	6063	10636	10587	9629
装卸搬运和仓储业	148264		568	5628	16461	2609	5711	5972	4151	5476	4817
邮政业	158328		4075	254	45512	2877	2156	8176	3632	2658	7636
住宿和餐饮业	944895	160	3797	38825	140664	12729	20547	31005	25106	37741	29559
住宿业	333670	146	2402	22425	39086	6467	9592	13555	13389	14652	12088
餐饮业	611225	14	1395	16400	101578	6262	10955	17450	11717	23089	17471
信息传输、软件和信息技术服务业	1571791		397	6649	204534	47793	35209	76261	38424	40208	39700
电信、广播电视和卫星传输服务	162882		63	3172	60345	7484	6045	35787	1989	3170	2064
互联网和相关服务	200853			19	52362	2813	1652	2430	3571	2891	3071
软件和信息技术服务业	1208056		334	3458	91827	37496	27512	38044	32864	34147	34565
金融业	2802247	1760	3541	130703	376649	42088	63243	246441	83819	84164	45565
货币金融服务	423985	1760	3516	110426	72018	68	243	457	15616	47650	17292
资本市场服务	164364			11906	54648	7466	2298	2054	458	4705	12993

续表 1

2007 年	2008 年	2009 年	2010 年	2011 年	2012 年	2013 年	2014 年	2015 年	2016 年	2017 年	2018 年	无开业年份
19479	23441	14201	14126	11068	15970	11975	13575	14305	10569	10795	5841	1
6056	3471	4134	5150	3909	3031	4609	3646	2690	4515	4364	1827	
87418	64167	94083	129340	138708	113752	94031	88376	88856	84137	86947	44829	46
257884	105584	130867	252675	180730	126340	179191	133616	150022	177470	135019	66840	38
9285	9136	9384	14117	20836	13934	12840	11947	13491	14178	9096	6770	4
4893	2455	4072	5536	7594	6360	4468	8836	8092	7843	8282	6404	16
1942	2572	1414	2104	759	1430	1009	2310	1980	892	1341	764	
1170	1224	1332	2008	3234	2203	1838	3246	3231	4166	4709	3049	1
6296	5832	6971	4800	4590	19671	6044	4579	5325	5467	6007	2986	9
3561	3001	3050	2479	2902	17634	3108	2249	2541	2739	4096	1885	1
892	870	415	970	605	677	560	717	893	489	425	293	
1843	1961	3506	1351	1083	1360	2376	1613	1891	2239	1486	808	8
96165	77050	53829	102452	89155	83600	109906	144209	151209	183645	199523	114079	46
33915	39715	23155	47562	35013	30986	38039	53769	57210	46372	50117	30398	6
10457	13738	9580	24673	18903	10638	15477	17723	18278	30550	39634	19079	12
8796	6430	6665	11498	11427	18677	9919	14916	18658	22523	24852	13725	10
42997	17167	14429	18719	23812	23299	46471	57801	57063	84200	84920	50877	18
150444	128393	168591	203710	281341	249832	326115	388426	409908	504751	574320	464277	316
81144	80276	107689	131453	180104	155707	205609	237353	244364	288218	323885	261332	172
69300	48117	60902	72257	101237	94125	120506	151073	165544	216533	250435	202945	144
76707	36562	43020	52839	37710	38862	68764	71514	70297	73361	84523	46606	57
				136								
49454	18185	21611	23199	17625	21736	23207	35462	28848	37527	33572	23959	31
1039	886	1958	4730	740	586	1525	1088	975	1912	1362	640	9
463	17	2873	380	83	138	940	2169	666	418	390	205	1
	387					30		1	3	33	8	
11273	8206	7703	10591	10870	10007	18101	18143	16820	19043	17763	12858	14
5604	5063	5100	4112	5040	3647	6028	6884	15045	7500	27674	5174	
8874	3818	3775	9827	3216	2748	18933	7768	7942	6958	3729	3762	2
31642	35727	32124	35762	34644	42324	50184	49539	62159	82060	82714	65825	58
11965	21725	15371	15998	14137	15797	18731	17637	17394	20014	19253	11801	45
19677	14002	16753	19764	20507	26527	31453	31902	44765	62046	63461	54024	13
32601	54330	49274	46485	62727	57579	75412	125784	134459	165218	158840	119845	62
2737	3776	1447	11270	1659	1810	2156	3429	5718	3760	3192	1809	
1986	4713	3757	4569	5286	6322	7689	14751	21419	19779	24018	17746	9
27878	45841	44070	30646	55782	49447	65567	107604	107322	141679	131630	100290	53
62755	102985	47772	19353	476951	46912	50072	760873	49087	50254	34479	22769	12
29672	14125	20557	8134	6450	5526	5630	32123	7767	9216	4108	11631	
781	794	851	1447	2447	1952	6078	9212	21875	9846	7657	4890	6

1-14

行业大类	从业人员数(人)	1949年以前	1950-1977年	1978-1991年	1992-2000年	2001年	2002年	2003年	2004年	2005年	2006年
保险业	2157738			6941	249074	34067	60646	243748	67577	31597	12315
其他金融业	56160		25	1430	909	487	56	182	168	212	2965
房地产业	1794384	109	1948	73485	482279	58479	54637	61760	71328	57745	63946
房地产业	1794384	109	1948	73485	482279	58479	54637	61760	71328	57745	63946
租赁和商务服务业	3156411	1220	10323	145001	300452	35822	63736	83502	67747	62611	78875
租赁业	146148		21	1534	5966	1736	1214	1554	3302	2905	3428
商务服务业	3010263	1220	10302	143467	294486	34086	62522	81948	64445	59706	75447
科学研究和技术服务业	1412753	1220	26996	57637	162702	25348	29294	34358	36205	38357	37792
研究和试验发展	256557	1079	6687	3036	12733	1673	3353	5042	6936	2695	5387
专业技术服务业	890491	102	18711	51739	141851	21366	22908	25189	25799	32576	29072
科技推广和应用服务业	265705	39	1598	2862	8118	2309	3033	4127	3470	3086	3333
水利、环境和公共设施管理业	279275	131	14372	22261	45673	17020	16839	8799	5519	10896	8392
水利管理业	22136	75	5777	2924	2776	530	355	488	425	309	885
生态保护和环境治理业	27230		1682	1472	2883	89	679	590	950	700	1568
公共设施管理业	226419	56	6913	17681	39542	16198	15580	7541	4063	9812	5923
土地管理业	3490			184	472	203	225	180	81	75	16
居民服务、修理和其他服务业	604772	86	2300	9856	77268	12959	26903	19968	26769	19379	17204
居民服务业	188647	86	2149	3046	9849	2883	3698	2381	4134	3483	3873
机动车、电子产品和日用产品修理业	137938		103	1512	9107	1656	2683	3255	2486	3129	4432
其他服务业	278187		48	5298	58312	8420	20522	14332	20149	12767	8899
教育	2062251	179486	273781	181930	267600	44268	54788	66119	59346	56389	42945
教育	2062251	179486	273781	181930	267600	44268	54788	66119	59346	56389	42945
卫生和社会工作	917504	98745	265494	102307	77420	7333	10862	16645	12285	10604	12975
卫生	851526	98643	262953	97472	71185	6743	9194	14504	11242	9867	12106
社会工作	65978	102	2541	4835	6235	590	1668	2141	1043	737	869
文化、体育和娱乐业	382917	2020	7153	11523	40526	4036	4859	8008	7226	7262	11184
新闻和出版业	19099	1567	683	2509	4999	794	1569	35	308	405	187
广播、电视、电影和录音制作业	65431		1508	2245	2113	1129	855	989	2821	2831	5784
文化艺术业	84037	411	4572	4764	3105	1123	884	795	1198	788	699
体育	58776	42	148	1342	15869	349	516	590	646	881	855
娱乐业	155574		242	663	14440	641	1035	5599	2253	2357	3659
公共管理、社会保障和社会组织	1682468	77043	138977	308120	259638	46345	52075	39650	57307	30275	29354
中国共产党机关	45888	2552	4925	12227	8158	1490	1773	1238	577	673	296
国家机构	1310305	70825	116790	264267	154526	38190	37884	31473	48081	21899	21179
人民政协、民主党派	4277	100	1188	1683	493	43	105	179	29	59	3
社会保障	4883	1	22	631	673	787	724	133	29	106	
群众团体、社会团体和其他成员组织	96923	1017	3616	11878	12159	1581	2302	1951	1717	1816	3473
基层群众自治组织	220192	2548	12436	17434	83629	4254	9287	4676	6874	5722	4403
国际组织											
国际组织											

续表 2

2007 年	2008 年	2009 年	2010 年	2011 年	2012 年	2013 年	2014 年	2015 年	2016 年	2017 年	2018 年	无开业年份
31649	85849	22951	9009	466779	39007	35830	711588	14411	18213	11680	4807	
653	2217	3413	763	1275	427	2534	7950	5034	12979	11034	1441	6
80545	50409	58792	64297	60792	52303	75384	71776	74613	96768	102251	80673	65
80545	50409	58792	64297	60792	52303	75384	71776	74613	96768	102251	80673	65
65568	128860	92614	125156	136498	188924	161435	241744	289441	300779	308806	267108	189
2879	2921	3621	4909	7034	6068	9217	11259	18412	19069	22107	16982	10
62689	125939	88993	120247	129464	182856	152218	230485	271029	281710	286699	250126	179
28879	33906	47115	44446	47503	52444	71302	94473	106821	143200	151848	140714	193
5696	5399	12555	8160	8589	10070	12901	18621	24101	35481	34942	31390	31
19272	24531	28880	29014	28759	30465	44034	52227	53275	74162	75281	61187	91
3911	3976	5680	7272	10155	11909	14367	23625	29445	33557	41625	48137	71
5254	6739	8869	7727	8910	8637	13277	10925	11031	19399	15775	12823	7
739	911	224	305	1075	965	909	382	252	1305	260	265	
521	1085	1075	883	713	1848	963	1351	1591	2521	2523	1542	1
3898	4440	7300	6510	7084	5656	11329	9104	8615	15444	12769	10955	6
96	303	270	29	38	168	76	88	573	129	223	61	
19693	18801	20413	17759	24453	21501	28069	32479	41856	57031	59739	50247	39
6403	5946	4962	6188	7516	7181	7483	13587	18210	23842	27478	24248	21
2908	3833	5210	4304	5451	6247	9333	10763	11965	16713	18382	14460	6
10382	9022	10241	7267	11486	8073	11253	8129	11681	16476	13879	11539	12
36703	36107	45989	47556	56955	57979	83205	72443	68940	167104	96445	66107	66
36703	36107	45989	47556	56955	57979	83205	72443	68940	167104	96445	66107	66
10665	19475	16959	13641	30188	27854	22991	22236	28559	60675	30797	18761	33
8295	16006	14040	10328	26827	24445	19719	18502	25551	51969	26094	15823	18
2370	3469	2919	3313	3361	3409	3272	3734	3008	8706	4703	2938	15
9905	7741	9626	11142	12124	14557	17908	27684	33239	46988	45796	42336	74
244	790	1994	782	152	99	292	133	533	471	345	208	
3398	1399	617	1980	1705	3343	2896	7153	4609	6826	6398	4827	5
806	1610	1536	2289	3081	3324	3328	4915	6792	11908	12844	13233	32
596	1141	1043	1066	1177	1351	1893	2476	4384	7580	7925	6897	9
4861	2801	4436	5025	6009	6440	9499	13007	16921	20203	18284	17171	28
16804	31581	33306	69125	62414	36842	37313	47450	40580	91461	90496	86282	30
88	37	367	1643	2709	576	638	547	406	1852	1781	1335	
11894	21849	22544	62331	50296	29260	27727	36342	31977	79373	63537	68031	30
3	4		26	29		35	90	60	23	118	7	
8	28		107	60	404	392	21		638	115	4	
2529	1982	2635	2786	2758	3826	4843	5248	5327	7967	8891	6621	
2282	7681	7760	2232	6562	2776	3678	5202	2810	1608	16054	10284	

1-15 按地区、从业人员组距分组的法人单位数

地区	法人单位数(个)	7人及以下	8-19人	20-49人	50-99人	100-299人	300-499人	500-999人	1000-4999人	5000-9999人	10000人及以上
合　计	3126587	2422793	413433	172715	60009	39978	8131	5468	3614	305	141
广州市	751580	625250	77448	29439	10055	6421	1270	912	687	63	35
深圳市	861181	698515	94252	40688	14527	9021	1814	1258	940	104	62
珠海市	98473	79733	10383	4830	1725	1199	264	191	136	9	3
汕头市	52468	31545	11699	5790	1568	1302	292	189	70	9	4
佛山市	242974	149638	62925	20310	5028	3419	869	500	261	18	6
韶关市	33824	27133	3201	1918	809	530	97	74	58	2	2
河源市	20235	13945	3010	1649	806	597	112	77	35	4	
梅州市	32825	25129	3890	1985	916	666	115	78	41	3	2
惠州市	114963	86238	15113	8111	2835	1878	334	260	177	11	6
汕尾市	16343	9932	3818	1560	541	317	63	33	75	4	
东莞市	369840	286985	45842	20800	8091	5630	1128	801	520	31	12
中山市	115873	86638	15989	7488	3012	1929	375	272	159	8	3
江门市	72823	54990	8962	4756	2102	1441	278	174	112	6	2
阳江市	31447	24203	4103	1809	664	472	101	57	38		
湛江市	69784	50887	12689	3586	1414	871	149	109	63	14	2
茂名市	77083	55292	13012	6425	1195	867	136	83	63	10	
肇庆市	40684	27863	7415	3025	1161	862	193	114	49	2	
清远市	52556	44207	4179	2211	977	657	142	116	62	3	2
潮州市	20574	11076	5740	2146	822	589	139	44	17	1	
揭阳市	32410	20190	6882	2876	1224	940	186	85	25	2	
云浮市	18647	13404	2881	1313	537	370	74	41	26	1	
按区域分组											
珠三角核心区	2668391	2095850	338329	139447	48536	31800	6525	4482	3041	252	129
沿海经济带	300109	203125	57943	24192	7428	5358	1066	600	351	40	6
北部生态发展区	158087	123818	17161	9076	4045	2820	540	386	222	13	6

1-16 按地区、从业人员组距分组的法人单位从业人员数

地 区	从业人员数(人)	7人及以下	8-19人	20-49人	50-99人	100-299人	300-499人	500-999人	1000-4999人	5000-9999人	10000人及以上
合 计	46107946	5400255	4808296	5122617	4134149	6589417	3096127	3745599	6987347	2051749	4172390
广州市	8885101	1288128	890102	877577	691957	1059869	482218	627866	1402672	390348	1174364
深圳市	12434424	1461357	1094625	1211354	994250	1479628	693011	863966	1847834	724067	2064332
珠海市	1348885	145752	123449	143634	118932	196173	100138	134718	253545	62632	69912
汕头市	1231511	101315	140177	172035	108543	217278	112780	122911	142618	61904	51950
佛山市	4201482	453634	736311	577990	347438	573602	330238	335569	504395	119061	223244
韶关市	520445	52211	37995	58600	55697	85863	36316	51282	102806	12604	27071
河源市	474052	37327	35286	50045	55943	99282	42986	52772	77011	23400	
梅州市	558482	56717	44968	60089	64409	108362	44409	54991	76637	20237	27663
惠州市	2003493	194134	178451	247713	193660	307423	126639	178417	328403	85246	163407
汕尾市	411465	26286	43834	46269	37037	52450	24014	23118	132207	26250	
东莞市	5667053	633916	532801	622345	556854	927357	431293	553407	975591	202417	231072
中山市	1875588	221382	186502	223485	207208	320095	141560	186951	283072	65607	39726
江门市	1222439	105663	107306	143154	146419	238795	104967	116224	194001	43066	22844
阳江市	411911	41842	48089	53171	46050	76916	38391	40952	66500		
湛江市	1051123	153555	141750	104918	98060	141263	57058	75207	125543	100812	52957
茂名市	998412	141344	153413	184995	83768	137206	52246	55947	128028	61465	
肇庆市	732583	74880	83763	90085	80175	142064	73317	79619	97839	10841	
清远市	667380	90023	48864	66858	68045	106137	53099	79773	111663	19070	23848
潮州市	443362	32024	68346	63122	57753	101524	52451	28361	34093	5688	
揭阳市	652314	52787	79036	85756	85197	157823	70714	56565	54368	10068	
云浮市	316441	35978	33228	39422	36754	60307	28282	26983	48521	6966	
按区域分组											
珠三角核心区	38371048	4578846	3933310	4137337	3336893	5245006	2483381	3076737	5887352	1703285	3988901
沿海经济带	5200098	549153	674645	710266	516408	884460	407654	403061	683357	266187	104907
北部生态发展区	2536800	272256	200341	275014	280848	459951	205092	265801	416638	82277	78582

1-17 按行业（大类）、从业人员

行业大类	法人单位数（个）	7人及以下	8-19人	20-49人	50-99人
总　计	3126587	2422793	413433	172715	60009
农、林、牧、渔业	7173	5965	909	237	42
农业	29	29			
林业	7	7			
畜牧业	13	13			
渔业	5	5			
农、林、牧、渔专业及辅助性活动	7119	5911	909	237	42
采矿业	2403	1398	464	351	104
煤炭开采和洗选业	6	4		2	
石油和天然气开采业	8	2		1	
黑色金属矿采选业	250	172	42	27	3
有色金属矿采选业	160	95	18	21	9
非金属矿采选业	1760	953	376	284	92
开采专业及辅助性活动	67	48	11	5	
其他采矿业	152	124	17	11	
制造业	572142	332159	119732	65982	25917
农副食品加工业	7116	4058	1389	820	376
食品制造业	8240	4694	1828	948	337
酒、饮料和精制茶制造业	2823	1753	581	245	97
烟草制品业	37	21	4	3	2
纺织业	12850	6570	2906	1838	740
纺织服装、服饰业	36104	20968	7094	4401	1773
皮革、毛皮、羽毛及其制品和制鞋业	19682	10660	3693	2856	1225
木材加工和木、竹、藤、棕、草制品业	7158	4129	1625	876	306
家具制造业	18880	10518	4119	2404	953
造纸和纸制品业	18650	10645	4795	1998	603
印刷和记录媒介复制业	16741	9569	4071	2015	598
文教、工美、体育和娱乐用品制造业	21846	12886	3980	2575	1004
石油、煤炭及其他燃料加工业	870	570	158	82	28
化学原料和化学制品制造业	18490	10297	3950	2405	916
医药制造业	2292	1101	401	318	175
化学纤维制造业	428	230	75	70	21
橡胶和塑料制品业	47077	26695	10435	5702	2113
非金属矿物制品业	23132	12121	5110	3045	1443
黑色金属冶炼和压延加工业	2367	1251	553	288	121
有色金属冶炼和压延加工业	3933	1773	907	700	254
金属制品业	78811	47259	17955	8365	2840
通用设备制造业	33611	20345	7187	3552	1279
专用设备制造业	42830	27273	8386	4170	1547

组距分组的法人单位数

100-299 人	300-499 人	500-999 人	1000-4999 人	5000-9999 人	10000 人及以上
39978	8131	5468	3614	305	141
16	3	1			
16	3	1			
73	6	2	5		
3			2		
3	3				
13	1	1	2		
53	1		1		
1	1	1			
19270	4319	2847	1759	105	52
337	82	42	12		
308	59	43	21	2	
93	25	18	10		1
4	1	1		1	
588	116	59	32	1	
1339	285	154	85	2	3
921	160	94	67	5	1
190	19	11	2		
614	147	82	39	2	2
440	94	53	22		
329	81	50	27		1
805	237	232	123	3	1
19	3	4	5	1	
695	146	53	28		
181	53	43	18	2	
19	7	6			
1496	336	196	100	3	1
980	241	126	63	2	1
113	20	11	9	1	
207	33	33	25	1	
1784	352	163	89	4	
910	156	114	63	2	3
1071	204	117	58	2	2

1-17

行业大类	法人单位数(个)	7人及以下	8-19人	20-49人	50-99人
汽车制造业	4820	2427	816	608	332
铁路、船舶、航空航天和其他运输设备制造业	2578	1325	511	315	183
电气机械和器材制造业	54224	30910	11115	6119	2753
计算机、通信和其他电子设备制造业	63607	37039	11849	7191	3146
仪器仪表制造业	9582	5750	1944	1002	394
其他制造业	6910	4506	1312	679	222
废弃资源综合利用业	1481	1004	207	128	62
金属制品、机械和设备修理业	4972	3812	776	264	74
电力、热力、燃气及水生产和供应业	9714	6441	1713	842	317
电力、热力生产和供应业	6947	5139	1108	379	133
燃气生产和供应业	530	240	106	90	42
水的生产和供应业	2237	1062	499	373	142
建筑业	116949	87419	16355	7073	2695
房屋建筑业	19367	12509	2883	1609	806
土木工程建筑业	16867	11685	2615	1363	532
建筑安装业	20936	14967	3356	1522	614
建筑装饰、装修和其他建筑业	59779	48258	7501	2579	743
批发和零售业	966082	836763	96672	24167	5193
批发业	549265	464815	63366	16134	3176
零售业	416817	371948	33306	8033	2017
交通运输、仓储和邮政业	72789	52097	12684	4929	1574
铁路运输业	23	3	1	2	5
道路运输业	33204	23078	6150	2428	788
水上运输业	1948	1242	314	192	87
航空运输业	393	285	57	20	8
管道运输业	13	8	2	2	
多式联运和运输代理业	25838	19893	4092	1271	340
装卸搬运和仓储业	7410	5047	1269	631	233
邮政业	3960	2541	799	383	113
住宿和餐饮业	52913	34185	10862	4824	1602
住宿业	14060	7733	3404	1669	566
餐饮业	38853	26452	7458	3155	1036
信息传输、软件和信息技术服务业	165637	137403	18195	6472	1899
电信、广播电视和卫星传输服务	4276	3134	655	237	93
互联网和相关服务	20717	17566	2060	702	198
软件和信息技术服务业	140644	116703	15480	5533	1608
金融业	30365	25252	2470	968	421
货币金融服务	4686	3152	597	325	149
资本市场服务	19838	18011	1388	272	65

续表 1

100-299 人	300-499 人	500-999 人	1000-4999 人	5000-9999 人	10000 人及以上
338	106	103	82	4	4
153	44	29	18		
2186	513	379	227	15	7
2603	671	549	484	50	25
327	78	50	37		
138	30	13	9	1	
56	13	10	1		
26	7	9	3	1	
297	52	34	14	2	2
133	27	17	7	2	2
44	5	1	2		
120	20	16	5		
1930	557	415	419	64	22
733	293	240	235	45	14
411	108	69	74	5	5
358	62	36	19	2	
428	94	70	91	12	3
2566	347	225	134	12	3
1387	193	121	65	6	2
1179	154	104	69	6	1
994	203	161	123	13	11
4	1	2	2	1	2
495	110	81	62	7	5
82	15	11	4	1	
6	2	4	7	2	2
	1				
183	27	19	13		
169	36	19	4	1	1
55	11	25	31	1	1
1078	226	98	30	4	4
493	149	42	3	1	
585	77	56	27	3	4
1155	222	158	112	14	7
68	26	18	41	3	1
134	22	16	15	2	2
953	174	124	56	9	4
512	209	244	233	37	19
182	93	106	72	6	4
60	10	8	20	3	1

1-17

行业大类	法人单位数(个)	7人及以下	8-19人	20-49人	50-99人
保险业	1757	565	193	209	160
其他金融业	4084	3524	292	162	47
房地产业	117254	83556	18934	9790	2964
房地产业	117254	83556	18934	9790	2964
租赁和商务服务业	514187	454322	41364	12755	3191
租赁业	25502	21172	3023	995	200
商务服务业	488685	433150	38341	11760	2991
科学研究和技术服务业	194577	160175	22859	8014	2074
研究和试验发展	46183	39227	4910	1529	324
专业技术服务业	87637	67997	12111	4924	1478
科技推广和应用服务业	60757	52951	5838	1561	272
水利、环境和公共设施管理业	11067	6985	1923	1231	464
水利管理业	1198	578	299	220	70
生态保护和环境治理业	2143	1431	392	217	67
公共设施管理业	7460	4810	1184	758	317
土地管理业	266	166	48	36	10
居民服务、修理和其他服务业	62395	49144	9181	2797	722
居民服务业	27694	22135	3882	1272	260
机动车、电子产品和日用产品修理业	23449	18949	3513	790	141
其他服务业	11252	8060	1786	735	321
教育	71352	33520	15047	12437	6027
教育	71352	33520	15047	12437	6027
卫生和社会工作	17810	10751	2313	1881	1258
卫生	13638	8011	1631	1402	1103
社会工作	4172	2740	682	479	155
文化、体育和娱乐业	61695	51537	7146	2266	454
新闻和出版业	659	431	97	53	36
广播、电视、电影和录音制作业	6396	4800	1033	438	64
文化艺术业	18532	16086	1666	587	140
体育	7330	5993	909	279	73
娱乐业	28778	24227	3441	909	141
公共管理、社会保障和社会组织	80083	53721	14610	5699	3091
中国共产党机关	1676	632	407	398	165
国家机构	22813	9584	3739	4009	2691
人民政协、民主党派	363	226	60	58	18
社会保障	187	104	20	32	20
群众团体、社会团体和其他成员组织	27388	24200	2661	448	51
基层群众自治组织	27656	18975	7723	754	146
国际组织					
国际组织					

续表 2

100-299 人	300-499 人	500-999 人	1000-4999 人	5000-9999 人	10000 人及以上
225	102	126	137	26	14
45	4	4	4	2	
1468	240	168	113	15	6
1468	240	168	113	15	6
1753	356	247	168	18	13
88	16	5	3		
1665	340	242	165	18	13
1120	172	100	60	3	
152	24	8	9		
855	136	88	45	3	
113	12	4	6		
322	72	39	30		1
28	3				
29	4	3			
259	65	36	30		1
6					
356	85	64	42	4	
113	17	10	5		
42	9	2	3		
201	59	52	34	4	
3664	406	181	68	2	
3664	406	181	68	2	
1006	234	203	161	3	
912	220	196	160	3	
94	14	7	1		
223	39	19	10	1	
30	7	3	2		
41	12	3	5		
51	1	1			
53	13	8	2		
48	6	4	1	1	
2175	383	262	133	8	1
70	1	1	2		
2024	368	258	131	8	1
1					
9	2				
23	5				
48	7	3			

1-18 按行业（大类）、从业人员组距

行业大类	从业人员数（人）	7人及以下	8-19人	20-49人	50-99人
总　计	46107946	5400255	4808296	5122617	4134149
农、林、牧、渔业	37144	13261	10281	6690	2647
农业					
林业					
畜牧业					
渔业					
农、林、牧、渔专业及辅助性活动	37144	13261	10281	6690	2647
采矿业	52474	2586	5686	10238	7364
煤炭开采和洗选业	48			48	
石油和天然气开采业	5996			29	
黑色金属矿采选业	3255	214	503	798	181
有色金属矿采选业	8923	122	205	592	663
非金属矿采选业	31834	1953	4642	8291	6520
开采专业及辅助性活动	1667	85	131	146	
其他采矿业	751	212	205	334	
制造业	18183141	921446	1431545	1968326	1801497
农副食品加工业	210276	11315	16353	24485	25940
食品制造业	249555	13561	21850	27780	22991
酒、饮料和精制茶制造业	91173	4688	6941	7248	7041
烟草制品业	6988	35	56	73	152
纺织业	403674	19082	35022	54369	50870
纺织服装、服饰业	1042156	53683	84869	131526	125639
皮革、毛皮、羽毛及其制品和制鞋业	701418	28671	44443	88448	85061
木材加工和木、竹、藤、棕、草制品业	124788	11331	19255	25240	21401
家具制造业	529960	29615	49271	71048	66697
造纸和纸制品业	375686	33720	56773	58413	41314
印刷和记录媒介复制业	359953	29783	48552	59317	40461
文教、工美、体育和娱乐用品制造业	879467	32806	48325	77369	70828
石油、煤炭及其他燃料加工业	31604	1434	1822	2420	1891
化学原料和化学制品制造业	464365	28257	47749	73141	63019
医药制造业	152784	2793	5008	9783	12667
化学纤维制造业	14502	517	925	2099	1409
橡胶和塑料制品业	1246037	77669	124118	170653	145952
非金属矿物制品业	758615	33387	61343	91830	99933
黑色金属冶炼和压延加工业	91396	3697	6749	8548	8864
有色金属冶炼和压延加工业	179343	5306	11095	20937	17791
金属制品业	1512220	134094	214974	244611	196977
通用设备制造业	791779	59790	85528	105381	88631
专用设备制造业	879593	75468	99345	124194	106852

分组的法人单位从业人员数

100-299 人	300-499 人	500-999 人	1000-4999 人	5000-9999 人	10000 人及以上
6589417	3096127	3745599	6987347	2051749	4172390
2488	1168	609			
2488	1168	609			
11592	2292	1299	11417		
505			5462		
486	1073				
2331	462	695	3853		
7993	333		2102		
277	424	604			
3223528	1649573	1944378	3277006	677826	1288016
55791	30990	28126	17276		
52191	22025	29744	42881	16532	
15256	9744	12590	16743		10922
685	320	2717	2950		
97707	43724	38186	58744	5970	
221518	107750	104361	151381	11573	49856
155479	61641	64653	131511	31393	10118
30624	6956	7694	2287		
100164	56023	55582	68468	12355	20737
73992	35608	35087	40779		
54639	30662	34439	50079		12021
137136	91796	154874	231030	20058	15245
3151	1059	2538	11283	6006	
114056	55439	34670	48034		
31030	21218	28936	31119	10230	
3119	2590	3843			
249103	128377	135119	173857	18487	22702
162881	92153	85112	105277	11433	15266
18704	7304	6826	23584	7120	
34208	12566	21077	51082	5281	
298076	132509	111219	149258	30502	
149107	60855	78167	116459	10871	36990
174622	78702	82135	102577	12355	23343

1-18

行业大类	从业人员数(人)	7人及以下	8-19人	20-49人	50-99人
汽车制造业	486227	6147	9953	18499	23608
铁路、船舶、航空航天和其他运输设备制造业	134418	3429	6193	9654	12719
电气机械和器材制造业	2162132	87773	133012	184445	192696
计算机、通信和其他电子设备制造业	3812151	94266	141912	215520	218363
仪器仪表制造业	279239	15942	23246	30111	27472
其他制造业	124359	11276	15419	19937	15238
废弃资源综合利用业	33253	2071	2491	3807	4201
金属制品、机械和设备修理业	54030	9840	8953	7440	4819
电力、热力、燃气及水生产和供应业	323655	18973	19802	25080	21966
电力、热力生产和供应业	219420	15419	12332	10973	9181
燃气生产和供应业	23203	596	1312	2830	2997
水的生产和供应业	81032	2958	6158	11277	9788
建筑业	3375409	202799	191099	209206	184490
房屋建筑业	1652499	26579	34899	48773	55679
土木工程建筑业	589140	27043	31101	40715	36669
建筑安装业	331285	38457	39451	44820	42030
建筑装饰、装修和其他建筑业	802485	110720	85648	74898	50112
批发和零售业	5024940	1804989	1086770	692216	351911
批发业	2997821	1031979	717849	460726	213404
零售业	2027119	773010	368921	231490	138507
交通运输、仓储和邮政业	1499515	139541	147346	145977	107569
铁路运输业	74928				
道路运输业	695125	63112	71513	72039	53781
水上运输业	58683	3191	3708	5960	6247
航空运输业	126993	604	684	672	653
管道运输业	477	15	22	53	
多式联运和运输代理业	236717	52874	46901	36881	23230
装卸搬运和仓储业	148264	12630	15030	19135	16054
邮政业	158328	7115	9488	11237	7604
住宿和餐饮业	944895	88521	127792	142081	109685
住宿业	333670	22620	40529	49480	39186
餐饮业	611225	65901	87263	92601	70499
信息传输、软件和信息技术服务业	1571791	264868	212173	189324	127953
电信、广播电视和卫星传输服务	162882	7450	7647	7068	6374
互联网和相关服务	200853	34316	23957	20604	13593
软件和信息技术服务业	1208056	223102	180569	161652	107986
金融业	2802247	45063	28491	29389	29341
货币金融服务	423985	5333	7374	9811	10315
资本市场服务	164364	33632	15045	7787	4431

续表 1

100-299 人	300-499 人	500-999 人	1000-4999 人	5000-9999 人	10000 人及以上
60662	41417	72620	150309	23881	79131
26988	16910	19286	39239		
366006	196108	260491	415647	105857	220097
445143	256380	381088	963131	324760	771588
56349	29716	33739	62664		
22108	11357	7838	13446	7740	
8859	5159	5663	1002		
4174	2515	5958	4909	5422	
50217	19837	22415	62213	38455	44697
22032	9983	10741	45607	38455	44697
7693	2120	748	4907		
20492	7734	10926	11699		
328040	213261	292452	897537	446807	409718
128663	112392	169556	496987	308768	270203
70449	41145	49700	163225	38276	90817
59167	23389	24549	40622	18800	
69761	36335	48647	196703	80963	48698
407017	129747	157264	260820	84902	49304
220914	71515	83051	117406	42054	38923
186103	58232	74213	143414	42848	10381
163598	77083	109085	234333	76758	298225
136					74792
81387	42676	55640	120877	41296	92804
13971	5606	7292	7307	5401	
1228	893	2501	13088	15093	91577
	387				
28804	9732	13895	24400		
29390	13382	12489	5421	5222	19511
8682	4407	17268	63240	9746	19541
175472	84775	67066	55363	27883	66257
86198	55728	28375	4025	7529	
89274	29047	38691	51338	20354	66257
185400	84908	109404	215418	89024	93319
11246	9325	13566	73600	16575	10031
21402	8273	11005	23595	17252	26856
152752	67310	84833	118223	55197	56432
92155	81238	174429	482887	262576	1576678
33035	35890	74336	129784	38694	79413
10111	3893	6033	45928	27169	10335

1-18

行业大类	从业人员数(人)	7人及以下	8-19人	20-49人	50-99人
保险业	2157738	1034	2562	7016	11403
其他金融业	56160	5064	3510	4775	3192
房地产业	1794384	184769	226699	289890	202575
房地产业	1794384	184769	226699	289890	202575
租赁和商务服务业	3156411	860748	470793	366434	215944
租赁业	146148	42870	34858	27675	13244
商务服务业	3010263	817878	435935	338759	202700
科学研究和技术服务业	1412753	332694	263987	233039	140915
研究和试验发展	256557	76664	56735	43897	21291
专业技术服务业	890491	156035	141067	144455	101463
科技推广和应用服务业	265705	99995	66185	44687	18161
水利、环境和公共设施管理业	279275	15873	23179	36819	32316
水利管理业	22136	1322	3768	6553	4664
生态保护和环境治理业	27230	3246	4707	6430	4648
公共设施管理业	226419	10953	14104	22825	22347
土地管理业	3490	352	600	1011	657
居民服务、修理和其他服务业	604772	125751	104857	80186	48757
居民服务业	188647	53087	44245	36320	17411
机动车、电子产品和日用产品修理业	137938	52558	39607	22056	9286
其他服务业	278187	20106	21005	21810	22060
教育	2062251	85611	184105	394993	412376
教育	2062251	85611	184105	394993	412376
卫生和社会工作	917504	24116	27717	60142	90064
卫生	851526	18095	19508	45595	79464
社会工作	65978	6021	8209	14547	10600
文化、体育和娱乐业	382917	111995	82666	64425	29951
新闻和出版业	19099	963	1180	1616	2548
广播、电视、电影和录音制作业	65431	10588	12373	12358	4176
文化艺术业	84037	29814	19399	16822	9297
体育	58776	13262	10527	8145	4751
娱乐业	155574	57368	39187	25484	9179
公共管理、社会保障和社会组织	1682468	156651	163308	178162	216828
中国共产党机关	45888	1311	5213	12131	11665
国家机构	1310305	13180	47364	127751	189532
人民政协、民主党派	4277	329	880	1761	1102
社会保障	4883	132	218	1112	1350
群众团体、社会团体和其他成员组织	96923	45071	30168	12426	3345
基层群众自治组织	220192	96628	79465	22981	9834
国际组织					
国际组织					

续表 2

100-299 人	300-499 人	500-999 人	1000-4999 人	5000-9999 人	10000 人及以上
41974	39796	91493	297808	177722	1486930
7035	1659	2567	9367	18991	
235210	92057	115139	226797	102714	118534
235210	92057	115139	226797	102714	118534
288344	133173	163261	345151	113351	199212
13822	5583	3729	4367		
274522	127590	159532	340784	113351	199212
176224	64750	69196	112898	19050	
23781	9153	5920	19116		
135627	51148	60626	81020	19050	
16816	4449	2650	12762		
54730	27082	27186	50540		11550
4459	1370				
4848	1511	1840			
44553	24201	25346	50540		11550
870					
58932	32015	44480	81660	28134	
17203	6570	6360	7451		
6616	3036	1456	3323		
35113	22409	36664	70886	28134	
584348	152807	116814	118313	12884	
584348	152807	116814	118313	12884	
16408	89692	140291	304565	16829	
148472	84700	135567	303296	16829	
15616	4992	4724	1269		
36049	14678	13162	20859	9132	
4573	2780	2345	3094		
6943	4542	1789	12662		
7742	442	521			
9157	4466	5306	3162		
7634	2448	3201	1941	9132	
351985	145991	177669	229570	45424	16880
10555	325	618	4070		
329101	140421	175152	225500	45424	16880
205					
1245	826				
4072	1841				
6807	2578	1899			

1-19 按行业（门类、大类、中类、小类）分组的法人单位数、产业活动单位数及从业人员数

项 目	代码	法人单位					产业活动单位	
		单位数（个）	单产业法人	多产业法人	从业人数（人）	女性	单位数（个）	多产业法人所属的产业活动单位数
总 计		3126587	3080589	45998	46107946	18474501	3388574	307985
农、林、牧、渔业	A	7173	7072	101	37144	12836	7489	417
农业	01	29		29				
谷物种植	011	2		2				
稻谷种植	0111	1		1				
小麦种植	0112							
玉米种植	0113							
其他谷物种植	0119	1		1				
豆类、油料和薯类种植	012							
豆类种植	0121							
油料种植	0122							
薯类种植	0123							
棉、麻、糖、烟草种植	013	7		7				
棉花种植	0131							
麻类种植	0132							
糖料种植	0133	7		7				
烟草种植	0134							
蔬菜、食用菌及园艺作物种植	014	12		12				
蔬菜种植	0141	7		7				
食用菌种植	0142							
花卉种植	0143	1		1				
其他园艺作物种植	0149	4		4				
水果种植	015	3		3				
仁果类和核果类水果种植	0151							
葡萄种植	0152							
柑橘类种植	0153	1		1				
香蕉等亚热带水果种植	0154							
其他水果种植	0159	2		2				
坚果、含油果、香料和饮料作物种植	016	2		2				
坚果种植	0161							
含油果种植	0162							
香料作物种植	0163							
茶叶种植	0164	1		1				
其他饮料作物种植	0169	1		1				
中药材种植	017							
中草药种植	0171							
其他中药材种植	0179							
草种植及割草	018							
草种植	0181							

1-19 续表 1

项 目	代码	法人单位					产业活动单位	
		单位数（个）	单产业法人	多产业法人	从业人数（人）	女性	单位数（个）	多产业法人所属的产业活动单位数
天然草原割草	0182							
其他农业	019	3		3				
其他农业	0190	3		3				
林业	02	7		7				
林木育种和育苗	021	5		5				
林木育种	0211	1		1				
林木育苗	0212	4		4				
造林和更新	022	2		2				
造林和更新	0220	2		2				
森林经营、管护和改培	023							
森林经营和管护	0231							
森林改培	0232							
木材和竹材采运	024							
木材采运	0241							
竹材采运	0242							
林产品采集	025							
木竹材林产品采集	0251							
非木竹材林产品采集	0252							
畜牧业	03	13		13				
牲畜饲养	031	6		6				
牛的饲养	0311	1		1				
马的饲养	0312							
猪的饲养	0313	5		5				
羊的饲养	0314							
骆驼饲养	0315							
其他牲畜饲养	0319							
家禽饲养	032	6		6				
鸡的饲养	0321	6		6				
鸭的饲养	0322							
鹅的饲养	0323							
其他家禽饲养	0329							
狩猎和捕捉动物	033							
狩猎和捕捉动物	0330							
其他畜牧业	039	1		1				
兔的饲养	0391							
蜜蜂饲养	0392	1		1				
其他未列明畜牧业	0399							
渔业	04	5		5				
水产养殖	041	5		5				

1-19 续表 2

项 目	代码	法人单位					产业活动单位	
		单位数（个）	单产业法人	多产业法人	从业人数（人）	女性	单位数（个）	多产业法人所属的产业活动单位数
海水养殖	0411	2		2				
内陆养殖	0412	3		3				
水产捕捞	042							
海水捕捞	0421							
内陆捕捞	0422							
农、林、牧、渔专业及辅助性活动	05	7119	7072	47	37144	12836	7489	417
农业专业及辅助性活动	051	5353	5321	32	25137	8892	5563	242
种子种苗培育活动	0511	186	181	5	1342	535	191	10
农业机械活动	0512	464	464		2022	521	510	46
灌溉活动	0513	40	40		366	95	42	2
农产品初加工活动	0514	1248	1239	9	7820	2986	1276	37
农作物病虫害防治活动	0515	117	116	1	457	160	130	14
其他农业专业及辅助性活动	0519	3298	3281	17	13130	4595	3414	133
林业专业及辅助性活动	052	618	612	6	3496	980	717	105
林业有害生物防治活动	0521	263	259	4	1224	334	295	36
森林防火活动	0522	16	16		134	21	22	6
林产品初级加工活动	0523	49	49		476	185	50	1
其他林业专业及辅助性活动	0529	290	288	2	1662	440	350	62
畜牧专业及辅助性活动	053	453	448	5	3433	1293	497	49
畜牧良种繁殖活动	0531	139	137	2	2039	778	161	24
畜禽粪污处理活动	0532	3	3		6	2	3	
其他畜牧专业及辅助性活动	0539	311	308	3	1388	513	333	25
渔业专业及辅助性活动	054	695	691	4	5078	1671	712	21
鱼苗及鱼种场活动	0541	475	473	2	3086	1119	484	11
其他渔业专业及辅助性活动	0549	220	218	2	1992	552	228	10
采矿业	B	2403	2317	86	52474	10177	2586	269
煤炭开采和洗选业	06	6	6		48	16	6	
烟煤和无烟煤开采洗选	061	4	4		48	16	4	
烟煤和无烟煤开采洗选	0610	4	4		48	16	4	
褐煤开采洗选	062							
褐煤开采洗选	0620							
其他煤炭采选	069	2	2				2	
其他煤炭采选	0690	2	2				2	
石油和天然气开采业	07	8	8		5996	807	10	2
石油开采	071	4	4		3121	477	5	1
陆地石油开采	0711	1	1				2	1
海洋石油开采	0712	3	3		3121	477	3	
天然气开采	072	4	4		2875	330	5	1
陆地天然气开采	0721	1	1		29	15	2	1

1-19 续表 3

项目	代码	法人单位 单位数（个）	单产业法人	多产业法人	从业人数（人）	女性	产业活动单位 单位数（个）	多产业法人所属的产业活动单位数
海洋天然气及可燃冰开采	0722	3	3		2846	315	3	
黑色金属矿采选业	08	250	241	9	3255	610	260	19
铁矿采选	081	237	228	9	3118	587	247	19
铁矿采选	0810	237	228	9	3118	587	247	19
锰矿、铬矿采选	082	3	3		52	7	3	
锰矿、铬矿采选	0820	3	3		52	7	3	
其他黑色金属矿采选	089	10	10		85	16	10	
其他黑色金属矿采选	0890	10	10		85	16	10	
有色金属矿采选业	09	160	151	9	8923	1974	175	24
常用有色金属矿采选	091	111	105	6	6096	1446	119	14
铜矿采选	0911	13	11	2	2181	346	12	1
铅锌矿采选	0912	47	45	2	3233	930	53	8
镍钴矿采选	0913							
锡矿采选	0914							
锑矿采选	0915	3	3		38	9	3	
铝矿采选	0916							
镁矿采选	0917							
其他常用有色金属矿采选	0919	48	46	2	644	161	51	5
贵金属矿采选	092	14	14		756	130	16	2
金矿采选	0921	10	10		699	116	10	
银矿采选	0922	2	2		25	12	2	
其他贵金属矿采选	0929	2	2		32	2	4	2
稀有稀土金属矿采选	093	35	32	3	2071	398	40	8
钨钼矿采选	0931	11	11		1206	246	11	
稀土金属矿采选	0932	13	11	2	255	52	16	5
放射性金属矿采选	0933	2	1	1	332	32	3	2
其他稀有金属矿采选	0939	9	9		278	68	10	1
非金属矿采选业	10	1760	1696	64	31834	6303	1902	206
土砂石开采	101	1586	1529	57	26993	5147	1721	192
石灰石、石膏开采	1011	139	128	11	2378	354	172	44
建筑装饰用石开采	1012	523	498	25	10113	1596	570	72
耐火土石开采	1013	32	31	1	378	68	34	3
粘土及其他土砂石开采	1019	892	872	20	14124	3129	945	73
化学矿开采	102	7	6	1	2124	601	6	
化学矿开采	1020	7	6	1	2124	601	6	
采盐	103	20	20		569	78	23	3
采盐	1030	20	20		569	78	23	3
石棉及其他非金属矿采选	109	147	141	6	2148	477	152	11
石棉、云母矿采选	1091							

1-19 续表 4

项 目	代码	法人单位					产业活动单位	
		单位数（个）	单产业法人	多产业法人	从业人数（人）	女性	单位数（个）	多产业法人所属的产业活动单位数
石墨、滑石采选	1092	4	4		51	14	4	
宝石、玉石采选	1093	4	3	1	35	12	4	1
其他未列明非金属矿采选	1099	139	134	5	2062	451	144	10
开采专业及辅助性活动	11	67	65	2	1667	295	76	11
煤炭开采和洗选专业及辅助性活动	111	5	5		4	1	6	1
煤炭开采和洗选专业及辅助性活动	1110	5	5		4	1	6	1
石油和天然气开采专业及辅助性活动	112	41	39	2	1572	264	48	9
石油和天然气开采专业及辅助性活动	1120	41	39	2	1572	264	48	9
其他开采专业及辅助性活动	119	21	21		91	30	22	1
其他开采专业及辅助性活动	1190	21	21		91	30	22	1
其他采矿业	12	152	150	2	751	172	157	7
其他采矿业	120	152	150	2	751	172	157	7
其他采矿业	1200	152	150	2	751	172	157	7
制造业	C	572142	566531	5611	18183141	7431923	579576	13045
农副食品加工业	13	7116	6932	184	210276	81915	7684	752
谷物磨制	131	698	692	6	14086	4364	713	21
稻谷加工	1311	589	584	5	9979	2902	602	18
小麦加工	1312	28	27	1	1880	649	28	1
玉米加工	1313	7	7		76	32	7	
杂粮加工	1314	31	31		507	268	33	2
其他谷物磨制	1319	43	43		1644	513	43	
饲料加工	132	901	880	21	46523	11238	934	54
宠物饲料加工	1321	92	90	2	5641	1512	95	5
其他饲料加工	1329	809	790	19	40882	9726	839	49
植物油加工	133	554	548	6	12089	4030	567	19
食用植物油加工	1331	496	490	6	11479	3798	509	19
非食用植物油加工	1332	58	58		610	232	58	
制糖业	134	111	106	5	14897	5513	119	13
制糖业	1340	111	106	5	14897	5513	119	13
屠宰及肉类加工	135	1557	1463	94	40800	13823	2000	537
牲畜屠宰	1351	566	503	63	19189	4586	957	454
禽类屠宰	1352	59	52	7	3501	1471	70	18
肉制品及副产品加工	1353	932	908	24	18110	7766	973	65
水产品加工	136	852	834	18	44644	25094	868	34
水产品冷冻加工	1361	560	550	10	35677	20776	577	27
鱼糜制品及水产品干腌制加工	1362	132	130	2	4076	1949	131	1
鱼油提取及制品制造	1363	14	13	1	511	127	14	1
其他水产品加工	1369	146	141	5	4380	2242	146	5
蔬菜、菌类、水果和坚果加工	137	731	720	11	18243	9307	739	19

1-19 续表5

项 目	代码	法人单位					产业活动单位	
		单位数（个）	单产业法人	多产业法人	从业人数（人）	女性	单位数（个）	多产业法人所属的产业活动单位数
蔬菜加工	1371	381	377	4	6006	3590	387	10
食用菌加工	1372	17	16	1	1069	447	17	1
水果和坚果加工	1373	333	327	6	11168	5270	335	8
其他农副食品加工	139	1712	1689	23	18994	8546	1744	55
淀粉及淀粉制品制造	1391	164	160	4	3934	1486	164	4
豆制品制造	1392	264	260	4	3873	1958	266	6
蛋品加工	1393	93	91	2	1673	983	95	4
其他未列明农副食品加工	1399	1191	1178	13	9514	4119	1219	41
食品制造业	14	8240	7995	245	249555	118866	8537	542
焙烤食品制造	141	2055	1964	91	49901	26286	2157	193
糕点、面包制造	1411	1417	1348	69	27548	14124	1500	152
饼干及其他焙烤食品制造	1419	638	616	22	22353	12162	657	41
糖果、巧克力及蜜饯制造	142	1286	1244	42	42988	21356	1328	84
糖果、巧克力制造	1421	786	758	28	32494	15342	812	54
蜜饯制作	1422	500	486	14	10494	6014	516	30
方便食品制造	143	743	720	23	36756	17055	753	33
米、面制品制造	1431	354	346	8	7495	3789	359	13
速冻食品制造	1432	225	218	7	11697	5791	230	12
方便面制造	1433	36	32	4	10136	3915	34	2
其他方便食品制造	1439	128	124	4	7428	3560	130	6
乳制品制造	144	122	110	12	15252	7977	129	19
液体乳制造	1441	36	28	8	13190	6948	36	8
乳粉制造	1442	10	10		1011	554	11	1
其他乳制品制造	1449	76	72	4	1051	475	82	10
罐头食品制造	145	184	180	4	12406	5714	183	3
肉、禽类罐头制造	1451	15	14	1	797	360	14	
水产品罐头制造	1452	35	34	1	2895	1233	35	1
蔬菜、水果罐头制造	1453	101	100	1	7483	3444	102	2
其他罐头食品制造	1459	33	32	1	1231	677	32	
调味品、发酵制品制造	146	579	566	13	26942	10716	587	21
味精制造	1461	24	24		1073	333	24	
酱油、食醋及类似制品制造	1462	232	227	5	15256	5758	231	4
其他调味品、发酵制品制造	1469	323	315	8	10613	4625	332	17
其他食品制造	149	3271	3211	60	65310	29762	3400	189
营养食品制造	1491	95	92	3	2777	1205	108	16
保健食品制造	1492	383	365	18	25104	13865	389	24
冷冻饮品及食用冰制造	1493	177	174	3	5536	2037	186	12
盐加工	1494	16	15	1	493	143	23	8
食品及饲料添加剂制造	1495	485	473	12	12463	4274	510	37

1-19 续表 6

项 目	代码	法人单位					产业活动单位	
		单位数（个）	单产业法人	多产业法人	从业人数（人）	女性	单位数（个）	多产业法人所属的产业活动单位数
其他未列明食品制造	1499	2115	2092	23	18937	8238	2184	92
酒、饮料和精制茶制造业	15	2823	2736	87	91173	32378	2882	146
酒的制造	151	686	673	13	17208	6038	698	25
酒精制造	1511	26	26		684	219	26	
白酒制造	1512	384	379	5	5010	2008	390	11
啤酒制造	1513	47	47		8660	2648	49	2
黄酒制造	1514	53	52	1	466	254	54	2
葡萄酒制造	1515	24	23	1	264	143	26	3
其他酒制造	1519	152	146	6	2124	766	153	7
饮料制造	152	1260	1212	48	65644	22469	1290	78
碳酸饮料制造	1521	71	63	8	13098	3556	77	14
瓶（罐）装饮用水制造	1522	620	602	18	25702	9048	629	27
果菜汁及果菜汁饮料制造	1523	98	93	5	4426	1911	100	7
含乳饮料和植物蛋白饮料制造	1524	45	41	4	6154	2479	48	7
固体饮料制造	1525	95	92	3	2446	1045	100	8
茶饮料及其他饮料制造	1529	331	321	10	13818	4430	336	15
精制茶加工	153	877	851	26	8321	3871	894	43
精制茶加工	1530	877	851	26	8321	3871	894	43
烟草制品业	16	37	35	2	6988	1747	45	10
烟叶复烤	161	3	3		342	92	5	2
烟叶复烤	1610	3	3		342	92	5	2
卷烟制造	162	7	6	1	5731	1432	10	4
卷烟制造	1620	7	6	1	5731	1432	10	4
其他烟草制品制造	169	27	26	1	915	223	30	4
其他烟草制品制造	1690	27	26	1	915	223	30	4
纺织业	17	12850	12722	128	403674	195152	12986	264
棉纺织及印染精加工	171	4530	4486	44	178640	80526	4592	106
棉纺纱加工	1711	1520	1508	12	38108	18739	1543	35
棉织造加工	1712	2067	2044	23	58609	28194	2093	49
棉印染精加工	1713	943	934	9	81923	33593	956	22
毛纺织及染整精加工	172	728	724	4	23711	12222	728	4
毛条和毛纱线加工	1721	173	170	3	4813	2531	173	3
毛织造加工	1722	472	471	1	11535	6161	472	1
毛染整精加工	1723	83	83		7363	3530	83	
麻纺织及染整精加工	173	38	38		631	293	41	3
麻纤维纺前加工和纺纱	1731	11	11		138	47	12	1
麻织造加工	1732	20	20		411	222	21	1
麻染整精加工	1733	7	7		82	24	8	1
丝绢纺织及印染精加工	174	143	139	4	3160	1647	147	8

1-19 续表7

项目	代码	法人单位					产业活动单位	
		单位数（个）	单产业法人	多产业法人	从业人数（人）	女性	单位数（个）	多产业法人所属的产业活动单位数
缫丝加工	1741	24	20	4	1158	847	27	7
绢纺和丝织加工	1742	29	29		605	268	30	1
丝印染精加工	1743	90	90		1397	532	90	
化纤织造及印染精加工	175	367	360	7	13184	6253	372	12
化纤织造加工	1751	270	264	6	8752	4509	274	10
化纤织物染整精加工	1752	97	96	1	4432	1744	98	2
针织或钩针编织物及其制品制造	176	2415	2385	30	85795	46505	2432	47
针织或钩针编织物织造	1761	1564	1541	23	60978	33431	1574	33
针织或钩针编织物印染精加工	1762	145	144	1	6204	2960	147	3
针织或钩针编织品制造	1763	706	700	6	18613	10114	711	11
家用纺织制成品制造	177	2115	2099	16	41483	21005	2138	39
床上用品制造	1771	779	769	10	17398	9344	793	24
毛巾类制品制造	1772	65	64	1	3181	1845	64	
窗帘、布艺类产品制造	1773	615	612	3	8021	3566	622	10
其他家用纺织制成品制造	1779	656	654	2	12883	6250	659	5
产业用纺织制成品制造	178	2514	2491	23	57070	26701	2536	45
非织造布制造	1781	440	433	7	15024	6073	443	10
绳、索、缆制造	1782	276	275	1	4549	2473	279	4
纺织带和帘子布制造	1783	993	985	8	22155	10728	999	14
篷、帆布制造	1784	274	271	3	6197	2820	280	9
其他产业用纺织制成品制造	1789	531	527	4	9145	4607	535	8
纺织服装、服饰业	18	36104	35786	318	1042156	643437	36399	613
机织服装制造	181	16276	16093	183	570545	350745	16413	320
运动机织服装制造	1811	1582	1566	16	94378	56091	1588	22
其他机织服装制造	1819	14694	14527	167	476167	294654	14825	298
针织或钩针编织服装制造	182	5509	5441	68	288732	190306	5547	106
运动休闲针织服装制造	1821	1033	1019	14	58349	38343	1040	21
其他针织或钩针编织服装制造	1829	4476	4422	54	230383	151963	4507	85
服饰制造	183	14319	14252	67	182879	102386	14439	187
服饰制造	1830	14319	14252	67	182879	102386	14439	187
皮革、毛皮、羽毛及其制品和制鞋业	19	19682	19575	107	701418	376105	19861	286
皮革鞣制加工	191	1406	1400	6	19615	8710	1424	24
皮革鞣制加工	1910	1406	1400	6	19615	8710	1424	24
皮革制品制造	192	9865	9824	41	258240	141955	9927	103
皮革服装制造	1921	437	437		6363	3286	441	4
皮箱、包（袋）制造	1922	7097	7076	21	193607	106889	7129	53
皮手套及皮装饰制品制造	1923	483	473	10	24370	15107	498	25
其他皮革制品制造	1929	1848	1838	10	33900	16673	1859	21
毛皮鞣制及制品加工	193	270	268	2	3559	1819	271	3

1-19 续表 8

项目	代码	法人单位					产业活动单位	
		单位数（个）	单产业法人	多产业法人	从业人数（人）	女性	单位数（个）	多产业法人所属的产业活动单位数
毛皮鞣制加工	1931	12	11	1	804	315	11	
毛皮服装加工	1932	190	190		2095	1203	192	2
其他毛皮制品加工	1939	68	67	1	660	301	68	1
羽毛(绒)加工及制品制造	194	141	135	6	3367	1864	145	10
羽毛（绒）加工	1941	62	59	3	1333	750	64	5
羽毛（绒）制品加工	1942	79	76	3	2034	1114	81	5
制鞋业	195	8000	7948	52	416637	221757	8094	146
纺织面料鞋制造	1951	340	337	3	44351	27403	344	7
皮鞋制造	1952	3450	3432	18	226519	125617	3469	37
塑料鞋制造	1953	848	826	22	60503	29335	900	74
橡胶鞋制造	1954	379	377	2	20659	9779	382	5
其他制鞋业	1959	2983	2976	7	64605	29623	2999	23
木材加工和木、竹、藤、棕、草制品业	20	7158	7094	64	124788	41956	7245	151
木材加工	201	2437	2417	20	30874	9244	2466	49
锯材加工	2011	612	607	5	7499	2221	613	6
木片加工	2012	623	615	8	8803	2481	630	15
单板加工	2013	248	247	1	4754	1467	249	2
其他木材加工	2019	954	948	6	9818	3075	974	26
人造板制造	202	769	760	9	29674	9439	776	16
胶合板制造	2021	341	338	3	13225	4413	347	9
纤维板制造	2022	105	103	2	6318	1816	106	3
刨花板制造	2023	73	71	2	4292	1373	74	3
其他人造板制造	2029	250	248	2	5839	1837	249	1
木质制品制造	203	3266	3241	25	50631	16307	3294	53
建筑用木料及木材组件加工	2031	568	566	2	5975	1846	571	5
木门窗制造	2032	377	368	9	9262	2501	382	14
木楼梯制造	2033	21	20	1	261	74	21	1
木地板制造	2034	173	171	2	5546	1889	175	4
木制容器制造	2035	404	400	4	5608	1568	408	8
软木制品及其他木制品制造	2039	1723	1716	7	23979	8429	1737	21
竹、藤、棕、草等制品制造	204	686	676	10	13609	6966	709	33
竹制品制造	2041	434	428	6	10111	5524	454	26
藤制品制造	2042	65	65		1219	428	65	
棕制品制造	2043	10	10		197	65	11	1
草及其他制品制造	2049	177	173	4	2082	949	179	6
家具制造业	21	18880	18677	203	529960	168112	19119	442
木质家具制造	211	10199	10081	118	315153	97471	10342	261
木质家具制造	2110	10199	10081	118	315153	97471	10342	261
竹、藤家具制造	212	149	147	2	5171	1824	149	2

1-19 续表 9

项 目	代码	法人单位					产业活动单位	
		单位数（个）	单产业法人	多产业法人	从业人数（人）	女性	单位数（个）	多产业法人所属的产业活动单位数
竹、藤家具制造	2120	149	147	2	5171	1824	149	2
金属家具制造	213	1748	1726	22	67874	23361	1763	37
金属家具制造	2130	1748	1726	22	67874	23361	1763	37
塑料家具制造	214	132	131	1	5560	1917	136	5
塑料家具制造	2140	132	131	1	5560	1917	136	5
其他家具制造	219	6652	6592	60	136202	43539	6729	137
其他家具制造	2190	6652	6592	60	136202	43539	6729	137
造纸和纸制品业	22	18650	18560	90	375686	129961	18771	211
纸浆制造	221	29	29		777	175	30	1
木竹浆制造	2211	16	16		734	159	16	
非木竹浆制造	2212	13	13		43	16	14	1
造纸	222	3130	3113	17	90171	25424	3151	38
机制纸及纸板制造	2221	1118	1109	9	62110	15798	1128	19
手工纸制造	2222	75	75		714	326	76	1
加工纸制造	2223	1937	1929	8	27347	9300	1947	18
纸制品制造	223	15491	15418	73	284738	104362	15590	172
纸和纸板容器制造	2231	8425	8382	43	167350	59625	8469	87
其他纸制品制造	2239	7066	7036	30	117388	44737	7121	85
印刷和记录媒介复制业	23	16741	16618	123	359953	146654	16885	267
印刷	231	15276	15165	111	335006	137312	15405	240
书、报刊印刷	2311	787	771	16	39609	16359	801	30
本册印制	2312	230	227	3	9660	3850	232	5
包装装潢及其他印刷	2319	14259	14167	92	285737	117103	14372	205
装订及印刷相关服务	232	1365	1353	12	23661	8894	1379	26
装订及印刷相关服务	2320	1365	1353	12	23661	8894	1379	26
记录媒介复制	233	100	100		1286	448	101	1
记录媒介复制	2330	100	100		1286	448	101	1
文教、工美、体育和娱乐用品制造业	24	21846	21589	257	879467	469560	22376	787
文教办公用品制造	241	1962	1950	12	54425	25819	1984	34
文具制造	2411	1092	1087	5	38852	19530	1097	10
笔的制造	2412	108	107	1	4106	2251	107	
教学用模型及教具制造	2413	393	393		4422	1404	401	8
墨水、墨汁制造	2414	37	37		803	208	38	1
其他文教办公用品制造	2419	332	326	6	6242	2426	341	15
乐器制造	242	425	420	5	17112	7521	428	8
中乐器制造	2421	43	43		761	316	43	
西乐器制造	2422	165	163	2	7663	3306	167	4
电子乐器制造	2423	62	62		5519	2616	62	
其他乐器及零件制造	2429	155	152	3	3169	1283	156	4

1-19 续表 10

项　目	代码	法人单位					产业活动单位	
		单位数（个）	单产业法人	多产业法人	从业人数（人）	女性	单位数（个）	多产业法人所属的产业活动单位数
工艺美术及礼仪用品制造	243	11424	11287	137	282575	144931	11782	495
雕塑工艺品制造	2431	1034	1028	6	12205	5188	1049	21
金属工艺品制造	2432	1757	1746	11	26336	11606	1771	25
漆器工艺品制造	2433	52	50	2	782	353	53	3
花画工艺品制造	2434	470	467	3	14462	7125	473	6
天然植物纤维编织工艺品制造	2435	156	155	1	5156	2764	156	1
抽纱刺绣工艺品制造	2436	975	968	7	13849	7375	986	18
地毯、挂毯制造	2437	171	170	1	4389	1749	172	2
珠宝首饰及有关物品制造	2438	3725	3639	86	141390	73671	4018	379
其他工艺美术及礼仪用品制造	2439	3084	3064	20	64006	35100	3104	40
体育用品制造	244	2358	2341	17	104275	49485	2383	42
球类制造	2441	60	58	2	6073	3082	59	1
专项运动器材及配件制造	2442	650	645	5	40106	17348	658	13
健身器材制造	2443	203	202	1	6369	2668	207	5
运动防护用具制造	2444	304	301	3	24449	13626	308	7
其他体育用品制造	2449	1141	1135	6	27278	12761	1151	16
玩具制造	245	4831	4757	74	403226	234913	4927	170
电玩具制造	2451	297	290	7	49761	29408	296	6
塑胶玩具制造	2452	2156	2109	47	263903	153747	2214	105
金属玩具制造	2453	36	35	1	5844	3902	37	2
弹射玩具制造	2454	9	9		50	20	9	
娃娃玩具制造	2455	158	155	3	15751	9465	158	3
儿童乘骑玩耍的童车类产品制造	2456	150	147	3	7468	3710	153	6
其他玩具制造	2459	2025	2012	13	60449	34661	2060	48
游艺器材及娱乐用品制造	246	846	834	12	17854	6891	872	38
露天游乐场所游乐设备制造	2461	262	256	6	6312	1728	269	13
游艺用品及室内游艺器材制造	2462	404	398	6	9036	4053	415	17
其他娱乐用品制造	2469	180	180		2506	1110	188	8
石油、煤炭及其他燃料加工业	25	870	858	12	31604	8581	902	44
精炼石油产品制造	251	671	662	9	28018	6670	693	31
原油加工及石油制品制造	2511	657	648	9	27937	6649	678	30
其他原油制造	2519	14	14		81	21	15	1
煤炭加工	252	60	60		613	167	65	5
炼焦	2521	4	4		22	4	4	
煤制合成气生产	2522	6	6		188	36	10	4
煤制液体燃料生产	2523	2	2		9	4	2	
煤制品制造	2524	29	29		317	91	30	1
其他煤炭加工	2529	19	19		77	32	19	
核燃料加工	253	9	9		65	16	9	

1-19 续表 11

项 目	代码	法人单位					产业活动单位	
		单位数（个）	单产业法人	多产业法人	从业人数（人）	女性	单位数（个）	多产业法人所属的产业活动单位数
核燃料加工	2530	9	9		65	16	9	
生物质燃料加工	254	130	127	3	2908	1728	135	8
生物质液体燃料生产	2541	82	81	1	567	124	84	3
生物质致密成型燃料加工	2542	48	46	2	2341	1604	51	5
化学原料和化学制品制造业	26	18490	18210	280	464365	167149	18747	537
基础化学原料制造	261	1559	1531	28	37297	10101	1592	61
无机酸制造	2611	46	46		2110	610	49	3
无机碱制造	2612	16	15	1	2537	516	18	3
无机盐制造	2613	68	64	4	3490	916	68	4
有机化学原料制造	2614	605	599	6	14982	4302	616	17
其他基础化学原料制造	2619	824	807	17	14178	3757	841	34
肥料制造	262	507	492	15	9092	2457	531	39
氮肥制造	2621	14	14		65	19	15	1
磷肥制造	2622	7	7		1126	280	7	
钾肥制造	2623	5	5		462	131	5	
复混肥料制造	2624	110	106	4	3672	814	119	13
有机肥料及微生物肥料制造	2625	294	286	8	3039	925	303	17
其他肥料制造	2629	77	74	3	728	288	82	8
农药制造	263	98	90	8	4162	1404	103	13
化学农药制造	2631	54	49	5	3654	1195	59	10
生物化学农药及微生物农药制造	2632	44	41	3	508	209	44	3
涂料、油墨、颜料及类似产品制造	264	4039	3970	69	109505	30329	4077	107
涂料制造	2641	2735	2688	47	73088	19517	2762	74
油墨及类似产品制造	2642	531	520	11	16154	4753	539	19
工业颜料制造	2643	363	358	5	9713	2627	366	8
工艺美术颜料制造	2644	114	114		1531	476	114	
染料制造	2645	105	103	2	1901	505	106	3
密封用填料及类似品制造	2646	191	187	4	7118	2451	190	3
合成材料制造	265	2589	2559	30	69718	20530	2621	62
初级形态塑料及合成树脂制造	2651	1027	1009	18	36805	9947	1042	33
合成橡胶制造	2652	340	336	4	11532	3824	344	8
合成纤维单（聚合）体制造	2653	38	37	1	4372	1331	38	1
其他合成材料制造	2659	1184	1177	7	17009	5428	1197	20
专用化学产品制造	266	4030	3974	56	82219	24921	4097	123
化学试剂和助剂制造	2661	1246	1224	22	27304	8029	1270	46
专项化学用品制造	2662	731	720	11	14843	4268	746	26
林产化学产品制造	2663	355	353	2	6035	2090	361	8
文化用信息化学品制造	2664	124	122	2	6238	2201	125	3
医学生产用信息化学品制造	2665	9	9		1098	459	10	1

1-19 续表 12

项 目	代码	法人单位					产业活动单位	
		单位数（个）	单产业法人	多产业法人	从业人数（人）	女性	单位数（个）	多产业法人所属的产业活动单位数
环境污染处理专用药剂材料制造	2666	328	325	3	3893	1059	333	8
动物胶制造	2667	28	28		655	186	28	
其他专用化学产品制造	2669	1209	1193	16	22153	6629	1224	31
炸药、火工及焰火产品制造	267	31	31		1477	423	37	6
炸药及火工产品制造	2671	19	19		1398	382	25	6
焰火、鞭炮产品制造	2672	12	12		79	41	12	
日用化学产品制造	268	5637	5563	74	150895	76984	5689	126
肥皂及洗涤剂制造	2681	915	900	15	33471	17086	921	21
化妆品制造	2682	3556	3516	40	85259	45439	3568	52
口腔清洁用品制造	2683	129	127	2	9925	4689	128	1
香料、香精制造	2684	386	373	13	8771	3486	406	33
其他日用化学产品制造	2689	651	647	4	13469	6284	666	19
医药制造业	27	2292	2226	66	152784	72338	2358	132
化学药品原料药制造	271	191	187	4	12960	5317	201	14
化学药品原料药制造	2710	191	187	4	12960	5317	201	14
化学药品制剂制造	272	238	227	11	35743	16354	244	17
化学药品制剂制造	2720	238	227	11	35743	16354	244	17
中药饮片加工	273	429	423	6	19572	10306	441	18
中药饮片加工	2730	429	423	6	19572	10306	441	18
中成药生产	274	298	284	14	43834	21154	313	29
中成药生产	2740	298	284	14	43834	21154	313	29
兽用药品制造	275	117	109	8	4879	1918	122	13
兽用药品制造	2750	117	109	8	4879	1918	122	13
生物药品制品制造	276	479	463	16	16791	7460	486	23
生物药品制造	2761	468	453	15	16368	7302	475	22
基因工程药物和疫苗制造	2762	11	10	1	423	158	11	1
卫生材料及医药用品制造	277	480	474	6	17214	8924	491	17
卫生材料及医药用品制造	2770	480	474	6	17214	8924	491	17
药用辅料及包装材料	278	60	59	1	1791	905	60	1
药用辅料及包装材料	2780	60	59	1	1791	905	60	1
化学纤维制造业	28	428	422	6	14502	4881	436	14
纤维素纤维原料及纤维制造	281	41	40	1	1400	423	42	2
化纤浆粕制造	2811	3	3		181	67	3	
人造纤维（纤维素纤维）制造	2812	38	37	1	1219	356	39	2
合成纤维制造	282	299	294	5	12292	4162	305	11
锦纶纤维制造	2821	31	30	1	1645	671	32	2
涤纶纤维制造	2822	62	59	3	4483	1768	64	5
腈纶纤维制造	2823	2	2		2		2	
维纶纤维制造	2824	2	2		51	36	2	

1-19 续表 13

项 目	代码	法人单位					产业活动单位	
		单位数（个）	单产业法人	多产业法人	从业人数（人）	女性	单位数（个）	多产业法人所属的产业活动单位数
丙纶纤维制造	2825	8	8		511	102	8	
氨纶纤维制造	2826	16	16		1871	454	17	1
其他合成纤维制造	2829	178	177	1	3729	1131	180	3
生物基材料制造	283	88	88		810	296	89	1
生物基化学纤维制造	2831	49	49		458	143	50	1
生物基、淀粉基新材料制造	2832	39	39		352	153	39	
橡胶和塑料制品业	29	47077	46779	298	1246037	522541	47496	717
橡胶制品业	291	9156	9119	37	170187	69503	9222	103
轮胎制造	2911	113	112	1	9340	2571	117	5
橡胶板、管、带制造	2912	587	581	6	14039	5306	594	13
橡胶零件制造	2913	1456	1450	6	35551	15238	1468	18
再生橡胶制造	2914	65	65		1402	481	69	4
日用及医用橡胶制品制造	2915	223	221	2	11133	5996	225	4
运动场地用塑胶制造	2916	46	45	1	3135	1534	46	1
其他橡胶制品制造	2919	6666	6645	21	95587	38377	6703	58
塑料制品业	292	37921	37660	261	1075850	453038	38274	614
塑料薄膜制造	2921	2705	2672	33	80606	28193	2728	56
塑料板、管、型材制造	2922	1305	1288	17	73273	26713	1315	27
塑料丝、绳及编织品制造	2923	762	755	7	25317	11111	770	15
泡沫塑料制造	2924	1321	1311	10	39186	16502	1339	28
塑料人造革、合成革制造	2925	125	125		11877	4292	126	1
塑料包装箱及容器制造	2926	5044	5015	29	95387	39367	5094	79
日用塑料制品制造	2927	4095	4052	43	145079	67854	4142	90
人造草坪制造	2928	493	492	1	9628	3899	494	2
塑料零件及其他塑料制品制造	2929	22071	21950	121	595497	255107	22266	316
非金属矿物制品业	30	23132	22794	338	758615	241757	23569	775
水泥、石灰和石膏制造	301	650	628	22	36845	8332	669	41
水泥制造	3011	460	441	19	34707	7752	479	38
石灰和石膏制造	3012	190	187	3	2138	580	190	3
石膏、水泥制品及类似制品制造	302	2708	2665	43	99659	19236	2809	144
水泥制品制造	3021	1907	1872	35	77648	14251	1981	109
砼结构构件制造	3022	141	136	5	8472	1691	148	12
石棉水泥制品制造	3023	8	8		475	88	8	
轻质建筑材料制造	3024	497	496	1	8826	2367	510	14
其他水泥类似制品制造	3029	155	153	2	4238	839	162	9
砖瓦、石材等建筑材料制造	303	8108	8047	61	105181	28484	8220	173
粘土砖瓦及建筑砌块制造	3031	1045	1040	5	27036	7687	1059	19
建筑用石加工	3032	3634	3605	29	41195	10536	3670	65
防水建筑材料制造	3033	271	264	7	4390	1210	279	15

1-19 续表 14

项目	代码	法人单位 单位数（个）	单产业法人	多产业法人	从业人数（人）	女性	产业活动单位 单位数（个）	多产业法人所属的产业活动单位数
隔热和隔音材料制造	3034	320	319	1	5373	1920	325	6
其他建筑材料制造	3039	2838	2819	19	27187	7131	2887	68
玻璃制造	304	1162	1152	10	35578	8707	1181	29
平板玻璃制造	3041	206	204	2	11050	2532	212	8
特种玻璃制造	3042	674	667	7	15912	3689	680	13
其他玻璃制造	3049	282	281	1	8616	2486	289	8
玻璃制品制造	305	3104	3083	21	115989	44155	3138	55
技术玻璃制品制造	3051	454	446	8	15021	4853	456	10
光学玻璃制造	3052	366	362	4	42577	18126	375	13
玻璃仪器制造	3053	72	72		1695	692	73	1
日用玻璃制品制造	3054	1000	997	3	21742	7900	1013	16
玻璃包装容器制造	3055	78	78		7469	2458	79	1
玻璃保温容器制造	3056	37	37		1783	709	37	
制镜及类似品加工	3057	153	153		2880	1044	154	1
其他玻璃制品制造	3059	944	938	6	22822	8373	951	13
玻璃纤维和玻璃纤维增强塑料制品制造	306	418	412	6	13540	4347	416	4
玻璃纤维及制品制造	3061	204	201	3	7014	2406	203	2
玻璃纤维增强塑料制品制造	3062	214	211	3	6526	1941	213	2
陶瓷制品制造	307	4898	4760	138	314288	117878	5001	241
建筑陶瓷制品制造	3071	894	854	40	133072	47051	909	55
卫生陶瓷制品制造	3072	1547	1506	41	73169	23977	1573	67
特种陶瓷制品制造	3073	330	324	6	8575	3761	331	7
日用陶瓷制品制造	3074	1484	1445	39	71736	31087	1535	90
陈设艺术陶瓷制造	3075	434	427	7	22986	10272	441	14
园艺陶瓷制造	3076	43	39	4	870	312	42	3
其他陶瓷制品制造	3079	166	165	1	3880	1418	170	5
耐火材料制品制造	308	359	355	4	6180	1628	369	14
石棉制品制造	3081	94	94		886	296	95	1
云母制品制造	3082	14	14		577	175	14	
耐火陶瓷制品及其他耐火材料制造	3089	251	247	4	4717	1157	260	13
石墨及其他非金属矿物制品制造	309	1725	1692	33	31355	8990	1766	74
石墨及碳素制品制造	3091	286	279	7	6183	1593	291	12
其他非金属矿物制品制造	3099	1439	1413	26	25172	7397	1475	62
黑色金属冶炼和压延加工业	31	2367	2350	17	91396	18315	2398	48
炼铁	311	23	23		372	123	24	1
炼铁	3110	23	23		372	123	24	1
炼钢	312	35	35		2483	333	37	2
炼钢	3120	35	35		2483	333	37	2
钢压延加工	313	2272	2255	17	87167	17647	2300	45

1-19 续表 15

项 目	代码	法人单位 单位数（个）	单产业法人	多产业法人	从业人数（人）	女性	产业活动单位 单位数（个）	多产业法人所属的产业活动单位数
钢压延加工	3130	2272	2255	17	87167	17647	2300	45
铁合金冶炼	314	37	37		1374	212	37	
铁合金冶炼	3140	37	37		1374	212	37	
有色金属冶炼和压延加工业	32	3933	3873	60	179343	45445	3996	123
常用有色金属冶炼	321	170	165	5	15210	3509	175	10
铜冶炼	3211	21	20	1	5077	484	22	2
铅锌冶炼	3212	14	14		4224	1109	14	
镍钴冶炼	3213	2	2		135	91	2	
锡冶炼	3214	42	41	1	1028	379	43	2
锑冶炼	3215	3	3		217	56	3	
铝冶炼	3216	47	44	3	1969	671	46	2
镁冶炼	3217							
硅冶炼	3218	1	1		4	1	1	
其他常用有色金属冶炼	3219	40	40		2556	718	44	4
贵金属冶炼	322	20	20		324	80	21	1
金冶炼	3221	5	5		15	4	6	1
银冶炼	3222	2	2		49	10	2	
其他贵金属冶炼	3229	13	13		260	66	13	
稀有稀土金属冶炼	323	28	27	1	2045	473	30	3
钨钼冶炼	3231	2	2		644	178	2	
稀土金属冶炼	3232	14	14		495	136	15	1
其他稀有金属冶炼	3239	12	11	1	906	159	13	2
有色金属合金制造	324	1057	1048	9	23325	6803	1075	27
有色金属合金制造	3240	1057	1048	9	23325	6803	1075	27
有色金属压延加工	325	2658	2613	45	138439	34580	2695	82
铜压延加工	3251	387	380	7	23330	5329	388	8
铝压延加工	3252	1759	1725	34	96254	24036	1787	62
贵金属压延加工	3253	58	57	1	898	311	63	6
稀有稀土金属压延加工	3254	41	41		834	228	41	
其他有色金属压延加工	3259	413	410	3	17123	4676	416	6
金属制品业	33	78811	78356	455	1512220	516247	79595	1239
结构性金属制品制造	331	22975	22858	117	331317	96380	23212	354
金属结构制造	3311	18773	18694	79	264714	78346	18952	258
金属门窗制造	3312	4202	4164	38	66603	18034	4260	96
金属工具制造	332	4540	4510	30	100427	39304	4573	63
切削工具制造	3321	752	742	10	21525	6832	754	12
手工具制造	3322	376	371	5	8207	2985	379	8
农用及园林用金属工具制造	3323	73	72	1	1858	782	72	
刀剪及类似日用金属工具制造	3324	1187	1178	9	26649	13010	1201	23

1-19 续表 16

项目	代码	法人单位					产业活动单位	
		单位数（个）	单产业法人	多产业法人	从业人数（人）	女性	单位数（个）	多产业法人所属的产业活动单位数
其他金属工具制造	3329	2152	2147	5	42188	15695	2167	20
集装箱及金属包装容器制造	333	1095	1076	19	50856	13860	1113	37
集装箱制造	3331	188	182	6	13484	1491	198	16
金属压力容器制造	3332	96	94	2	5269	1077	98	4
金属包装容器及材料制造	3333	811	800	11	32103	11292	817	17
金属丝绳及其制品制造	334	784	774	10	16267	5204	789	15
金属丝绳及其制品制造	3340	784	774	10	16267	5204	789	15
建筑、安全用金属制品制造	335	17551	17463	88	309259	113076	17709	246
建筑、家具用金属配件制造	3351	15157	15091	66	239983	86427	15260	169
建筑装饰及水暖管道零件制造	3352	1791	1779	12	54599	22184	1814	35
安全、消防用金属制品制造	3353	429	420	9	6171	1956	456	36
其他建筑、安全用金属制品制造	3359	174	173	1	8506	2509	179	6
金属表面处理及热处理加工	336	2547	2518	29	104475	39118	2639	121
金属表面处理及热处理加工	3360	2547	2518	29	104475	39118	2639	121
搪瓷制品制造	337	316	312	4	9781	3236	324	12
生产专用搪瓷制品制造	3371	18	18		2698	719	18	
建筑装饰搪瓷制品制造	3372	46	46		769	180	46	
搪瓷卫生洁具制造	3373	213	209	4	4225	1568	219	10
搪瓷日用品及其他搪瓷制品制造	3379	39	39		2089	769	41	2
金属制日用品制造	338	5712	5643	69	211004	79705	5777	134
金属制厨房用器具制造	3381	1289	1272	17	29653	11016	1312	40
金属制餐具和器皿制造	3382	1512	1486	26	69872	25696	1542	56
金属制卫生器具制造	3383	310	309	1	11187	4539	312	3
其他金属制日用品制造	3389	2601	2576	25	100292	38454	2611	35
铸造及其他金属制品制造	339	23291	23202	89	378834	126364	23459	257
黑色金属铸造	3391	328	326	2	15153	4035	332	6
有色金属铸造	3392	128	127	1	8163	2365	132	5
锻件及粉末冶金制品制造	3393	922	915	7	20886	6726	932	17
交通及公共管理用金属标牌制造	3394	358	356	2	3428	929	365	9
其他未列明金属制品制造	3399	21555	21478	77	331204	112309	21698	220
通用设备制造业	34	33611	33313	298	791779	241324	33954	641
锅炉及原动设备制造	341	359	347	12	14780	3832	369	22
锅炉及辅助设备制造	3411	198	190	8	5139	1222	205	15
内燃机及配件制造	3412	56	53	3	4453	1580	56	3
汽轮机及辅机制造	3413	8	8		321	63	8	
水轮机及辅机制造	3414	11	10	1	399	142	11	1
风能原动设备制造	3415	20	20		3698	644	20	
其他原动设备制造	3419	66	66		770	181	69	3
金属加工机械制造	342	6410	6364	46	109764	25975	6466	102

1-19 续表 17

项 目	代码	法人单位					产业活动单位	
		单位数（个）	单产业法人	多产业法人	从业人数（人）	女性	单位数（个）	多产业法人所属的产业活动单位数
金属切削机床制造	3421	747	743	4	15850	3385	755	12
金属成形机床制造	3422	509	502	7	13458	2550	511	9
铸造机械制造	3423	373	370	3	9821	2241	379	9
金属切割及焊接设备制造	3424	956	946	10	21769	5524	964	18
机床功能部件及附件制造	3425	401	399	2	7428	1859	408	9
其他金属加工机械制造	3429	3424	3404	20	41438	10416	3449	45
物料搬运设备制造	343	1021	968	53	65052	11899	1070	102
轻小型起重设备制造	3431	56	54	2	2645	664	57	3
生产专用起重机制造	3432	106	101	5	3942	667	114	13
生产专用车辆制造	3433	57	57		2387	726	59	2
连续搬运设备制造	3434	161	161		2686	530	166	5
电梯、自动扶梯及升降机制造	3435	523	484	39	49271	8746	551	67
客运索道制造	3436	2	2		1007	78	3	1
机械式停车设备制造	3437	39	35	4	1351	199	44	9
其他物料搬运设备制造	3439	77	74	3	1763	289	76	2
泵、阀门、压缩机及类似机械制造	344	1918	1890	28	86873	28319	1950	60
泵及真空设备制造	3441	607	599	8	25015	10160	625	26
气体压缩机械制造	3442	237	232	5	28368	6390	237	5
阀门和旋塞制造	3443	354	346	8	17392	6941	361	15
液压动力机械及元件制造	3444	567	562	5	12183	3454	572	10
液力动力机械元件制造	3445	9	9		248	97	9	
气压动力机械及元件制造	3446	144	142	2	3667	1277	146	4
轴承、齿轮和传动部件制造	345	627	622	5	23413	8731	633	11
滚动轴承制造	3451	213	210	3	10629	4473	213	3
滑动轴承制造	3452	15	15		771	231	16	1
齿轮及齿轮减、变速箱制造	3453	236	235	1	9808	3255	239	4
其他传动部件制造	3459	163	162	1	2205	772	165	3
烘炉、风机、包装等设备制造	346	4917	4869	48	156505	49378	5001	132
烘炉、熔炉及电炉制造	3461	277	276	1	4510	1118	282	6
风机、风扇制造	3462	882	874	8	38631	15570	897	23
气体、液体分离及纯净设备制造	3463	1018	1010	8	15943	5546	1045	35
制冷、空调设备制造	3464	1434	1415	19	54651	14950	1465	50
风动和电动工具制造	3465	161	160	1	18989	6142	162	2
喷枪及类似器具制造	3466	184	182	2	3319	1088	186	4
包装专用设备制造	3467	961	952	9	20462	4964	964	12
文化、办公用机械制造	347	1185	1154	31	96746	43853	1191	37
电影机械制造	3471	32	32		824	363	32	
幻灯及投影设备制造	3472	131	128	3	5295	2439	130	2
照相机及器材制造	3473	526	521	5	24585	12590	535	14

1-19 续表 18

项目	代码	法人单位					产业活动单位	
		单位数（个）	单产业法人	多产业法人	从业人数（人）	女性	单位数（个）	多产业法人所属的产业活动单位数
复印和胶印设备制造	3474	160	159	1	39063	18049	161	2
计算器及货币专用设备制造	3475	170	152	18	18912	6947	165	13
其他文化、办公用机械制造	3479	166	162	4	8067	3465	168	6
通用零部件制造	348	12289	12240	49	169427	52780	12356	116
金属密封件制造	3481	141	141		4406	1853	143	2
紧固件制造	3482	1716	1704	12	32972	11234	1722	18
弹簧制造	3483	674	669	5	16266	6346	680	11
机械零部件加工	3484	8521	8496	25	88252	23305	8566	70
其他通用零部件制造	3489	1237	1230	7	27531	10042	1245	15
其他通用设备制造业	349	4885	4859	26	69219	16557	4918	59
工业机器人制造	3491	457	451	6	11658	2565	456	5
特殊作业机器人制造	3492	20	19	1	892	193	21	2
增材制造装备制造	3493	110	109	1	5009	1137	112	3
其他未列明通用设备制造业	3499	4298	4280	18	51660	12662	4329	49
专用设备制造业	35	42830	42487	343	879593	274179	43219	732
采矿、冶金、建筑专用设备制造	351	870	862	8	18279	4042	895	33
矿山机械制造	3511	136	135	1	4250	960	137	2
石油钻采专用设备制造	3512	20	19	1	312	74	21	2
深海石油钻探设备制造	3513	7	7		746	88	8	1
建筑工程用机械制造	3514	293	289	4	4816	946	305	16
建筑材料生产专用机械制造	3515	345	344	1	6357	1571	353	9
冶金专用设备制造	3516	60	59	1	1423	327	62	3
隧道施工专用机械制造	3517	9	9		375	76	9	
化工、木材、非金属加工专用设备制造	352	21464	21371	93	363405	101795	21572	201
炼油、化工生产专用设备制造	3521	123	121	2	3156	716	128	7
橡胶加工专用设备制造	3522	168	167	1	4390	1161	171	4
塑料加工专用设备制造	3523	829	820	9	26205	6081	838	18
木竹材加工机械制造	3524	275	255	20	6702	1499	264	9
模具制造	3525	19960	19899	61	321323	91829	20060	161
其他非金属加工专用设备制造	3529	109	109		1629	509	111	2
食品、饮料、烟草及饲料生产专用设备制造	353	647	639	8	14130	3846	652	13
食品、酒、饮料及茶生产专用设备制造	3531	330	325	5	7070	1898	333	8
农副食品加工专用设备制造	3532	265	264	1	3807	1038	266	2
烟草生产专用设备制造	3533	21	19	2	2301	756	20	1
饲料生产专用设备制造	3534	31	31		952	154	33	2
印刷、制药、日化及日用品生产专用设备制造	354	2226	2200	26	51413	14609	2252	52
制浆和造纸专用设备制造	3541	280	279	1	5415	1330	281	2
印刷专用设备制造	3542	946	937	9	16100	4060	956	19
日用化工专用设备制造	3543	141	140	1	1350	375	142	2

1-19 续表 19

项 目	代码	法人单位					产业活动单位	
		单位数（个）	单产业法人	多产业法人	从业人数（人）	女性	单位数（个）	多产业法人所属的产业活动单位数
制药专用设备制造	3544	40	39	1	417	95	40	1
照明器具生产专用设备制造	3545	201	198	3	5840	2422	205	7
玻璃、陶瓷和搪瓷制品生产专用设备制造	3546	229	222	7	13050	2548	228	6
其他日用品生产专用设备制造	3549	389	385	4	9241	3779	400	15
纺织、服装和皮革加工专用设备制造	355	749	737	12	21702	6191	757	20
纺织专用设备制造	3551	312	309	3	10963	2365	317	8
皮革、毛皮及其制品加工专用设备制造	3552	109	108	1	1830	689	109	1
缝制机械制造	3553	258	255	3	7066	2797	259	4
洗涤机械制造	3554	70	65	5	1843	340	72	7
电子和电工机械专用设备制造	356	2801	2773	28	88925	26791	2834	61
电工机械专用设备制造	3561	890	882	8	22327	6273	898	16
半导体器件专用设备制造	3562	255	248	7	16614	5018	258	10
电子元器件与机电组件设备制造	3563	811	807	4	22229	8828	827	20
其他电子专用设备制造	3569	845	836	9	27755	6672	851	15
农、林、牧、渔专用机械制造	357	1405	1396	9	14966	4143	1417	21
拖拉机制造	3571	10	9	1	293	61	10	1
机械化农业及园艺机具制造	3572	1150	1146	4	10894	2967	1157	11
营林及木竹采伐机械制造	3573	21	21		164	40	21	
畜牧机械制造	3574	50	49	1	1505	367	51	2
渔业机械制造	3575	34	33	1	380	110	33	
农林牧渔机械配件制造	3576	50	50		509	166	53	3
棉花加工机械制造	3577	2	2		75	28	2	
其他农、林、牧、渔业机械制造	3579	88	86	2	1146	404	90	4
医疗仪器设备及器械制造	358	3547	3481	66	172540	77425	3601	120
医疗诊断、监护及治疗设备制造	3581	852	819	33	50513	18741	860	41
口腔科用设备及器具制造	3582	212	211	1	6725	2676	216	5
医疗实验室及医用消毒设备和器具制造	3583	94	93	1	960	322	94	1
医疗、外科及兽医用器械制造	3584	388	380	8	15896	8403	396	16
机械治疗及病房护理设备制造	3585	144	142	2	6862	3282	147	5
康复辅具制造	3586	116	115	1	11400	5534	117	2
眼镜制造	3587	1133	1124	9	56588	27468	1148	24
其他医疗设备及器械制造	3589	608	597	11	23596	10999	623	26
环保、邮政、社会公共服务及其他专用设备制造	359	9121	9028	93	134233	35337	9239	211
环境保护专用设备制造	3591	2521	2497	24	26163	6994	2559	62
地质勘查专用设备制造	3592	3	3		41	17	3	
邮政专用机械及器材制造	3593	14	14		309	77	14	
商业、饮食、服务专用设备制造	3594	198	194	4	2598	775	202	8
社会公共安全设备及器材制造	3595	553	541	12	11925	4244	571	30
交通安全、管制及类似专用设备制造	3596	166	161	5	2714	634	167	6

1-19 续表 20

项　目	代码	法人单位					产业活动单位	
		单位数（个）	单产业法人	多产业法人	从业人数（人）	女性	单位数（个）	多产业法人所属的产业活动单位数
水资源专用机械制造	3597	176	174	2	2051	663	184	10
其他专用设备制造	3599	5490	5444	46	88432	21933	5539	95
汽车制造业	36	4820	4731	89	486227	151735	4973	242
汽车整车制造	361	177	171	6	106436	18588	188	17
汽柴油车整车制造	3611	115	109	6	102819	17743	123	14
新能源车整车制造	3612	62	62		3617	845	65	3
汽车用发动机制造	362	26	26		3713	312	28	2
汽车用发动机制造	3620	26	26		3713	312	28	2
改装汽车制造	363	68	64	4	8668	2007	70	6
改装汽车制造	3630	68	64	4	8668	2007	70	6
低速汽车制造	364	6	6		865	120	6	
低速汽车制造	3640	6	6		865	120	6	
电车制造	365	32	32		560	125	32	
电车制造	3650	32	32		560	125	32	
汽车车身、挂车制造	366	130	128	2	6940	2109	135	7
汽车车身、挂车制造	3660	130	128	2	6940	2109	135	7
汽车零部件及配件制造	367	4381	4304	77	359045	128474	4514	210
汽车零部件及配件制造	3670	4381	4304	77	359045	128474	4514	210
铁路、船舶、航空航天和其他运输设备制造业	37	2578	2535	43	134418	37373	2642	107
铁路运输设备制造	371	93	90	3	3319	739	101	11
高铁车组制造	3711	4	4		931	107	4	
铁路机车车辆制造	3712	6	6		122	13	8	2
窄轨机车车辆制造	3713	3	3		36	4	3	
高铁设备、配件制造	3714	8	8		49	17	9	1
铁路机车车辆配件制造	3715	21	20	1	460	130	20	
铁路专用设备及器材、配件制造	3716	45	44	1	1294	403	51	7
其他铁路运输设备制造	3719	6	5	1	427	65	6	1
城市轨道交通设备制造	372	25	25		1182	269	25	
城市轨道交通设备制造	3720	25	25		1182	269	25	
船舶及相关装置制造	373	727	707	20	36490	6166	743	36
金属船舶制造	3731	332	321	11	22825	3905	337	16
非金属船舶制造	3732	54	51	3	2149	425	56	5
娱乐船和运动船制造	3733	97	97		2372	563	99	2
船用配套设备制造	3734	160	156	4	2516	567	165	9
船舶改装	3735	35	35		2308	187	35	
船舶拆除	3736	10	10		315	53	10	
海洋工程装备制造	3737	32	30	2	3839	422	34	4
航标器材及其他相关装置制造	3739	7	7		166	44	7	
航空、航天器及设备制造	374	130	126	4	3409	1156	138	12

1-19 续表21

项目	代码	法人单位					产业活动单位	
		单位数（个）	单产业法人	多产业法人	从业人数（人）	女性	单位数（个）	多产业法人所属的产业活动单位数
飞机制造	3741	34	33	1	1420	492	36	3
航天器及运载火箭制造	3742	6	6		133	39	7	1
航天相关设备制造	3743	22	20	2	302	86	22	2
航空相关设备制造	3744	35	35		408	140	36	1
其他航空航天器制造	3749	33	32	1	1146	399	37	5
摩托车制造	375	619	609	10	43561	12962	638	29
摩托车整车制造	3751	65	58	7	16130	3584	72	14
摩托车零部件及配件制造	3752	554	551	3	27431	9378	566	15
自行车和残疾人座车制造	376	484	479	5	30456	10070	487	8
自行车制造	3761	464	459	5	27164	8836	467	8
残疾人座车制造	3762	20	20		3292	1234	20	
助动车制造	377	232	231	1	7108	2273	237	6
助动车制造	3770	232	231	1	7108	2273	237	6
非公路休闲车及零配件制造	378	153	153		3821	1453	155	2
非公路休闲车及零配件制造	3780	153	153		3821	1453	155	2
潜水救捞及其他未列明运输设备制造	379	115	115		5072	2285	118	3
潜水装备制造	3791	33	33		2582	1547	34	1
水下救捞装备制造	3792	12	12		93	39	12	
其他未列明运输设备制造	3799	70	70		2397	699	72	2
电气机械和器材制造业	38	54224	53577	647	2162132	936064	54764	1187
电机制造	381	1936	1911	25	141716	66641	1960	49
发电机及发电机组制造	3811	309	301	8	9331	2706	311	10
电动机制造	3812	696	688	8	27132	10915	709	21
微特电机及组件制造	3813	387	382	5	34526	20564	391	9
其他电机制造	3819	544	540	4	70727	32456	549	9
输配电及控制设备制造	382	11332	11197	135	422661	185687	11453	256
变压器、整流器和电感器制造	3821	2269	2234	35	142129	62257	2285	51
电容器及其配套设备制造	3822	210	208	2	9026	4179	214	6
配电开关控制设备制造	3823	2172	2124	48	78689	32516	2198	74
电力电子元器件制造	3824	5673	5638	35	154487	73517	5717	79
光伏设备及元器件制造	3825	501	494	7	11565	4462	516	22
其他输配电及控制设备制造	3829	507	499	8	26765	8756	523	24
电线、电缆、光缆及电工器材制造	383	6614	6543	71	257816	113744	6667	124
电线、电缆制造	3831	5503	5446	57	213793	94350	5544	98
光纤制造	3832	187	186	1	7152	3322	191	5
光缆制造	3833	69	66	3	5746	1630	70	4
绝缘制品制造	3834	564	557	7	20326	9618	564	7
其他电工器材制造	3839	291	288	3	10799	4824	298	10
电池制造	384	2358	2317	41	209526	84677	2403	86

1-19 续表 22

项 目	代码	法人单位 单位数（个）	单产业法人	多产业法人	从业人数（人）	女性	产业活动单位 单位数（个）	多产业法人所属的产业活动单位数
锂离子电池制造	3841	1204	1178	26	142419	56715	1231	53
镍氢电池制造	3842	51	50	1	8593	4289	53	3
铅蓄电池制造	3843	72	72		7062	2958	73	1
锌锰电池制造	3844	17	16	1	2256	1088	17	1
其他电池制造	3849	1014	1001	13	49196	19627	1029	28
家用电力器具制造	385	10414	10267	147	689933	300847	10569	302
家用制冷电器具制造	3851	201	199	2	30367	9519	207	8
家用空气调节器制造	3852	230	224	6	168870	74682	233	9
家用通风电器具制造	3853	632	608	24	65890	27903	633	25
家用厨房电器具制造	3854	3778	3722	56	229081	95363	3834	112
家用清洁卫生电器具制造	3855	520	515	5	34463	15101	531	16
家用美容、保健护理电器具制造	3856	672	661	11	48591	25952	675	14
家用电力器具专用配件制造	3857	1409	1389	20	40624	18032	1435	46
其他家用电力器具制造	3859	2972	2949	23	72047	34295	3021	72
非电力家用器具制造	386	1249	1226	23	37656	13883	1277	51
燃气及类似能源家用器具制造	3861	845	828	17	28854	10356	865	37
太阳能器具制造	3862	233	229	4	3451	1153	239	10
其他非电力家用器具制造	3869	171	169	2	5351	2374	173	4
照明器具制造	387	17892	17701	191	360690	155249	17967	266
电光源制造	3871	482	472	10	36330	16655	491	19
照明灯具制造	3872	13662	13510	152	237573	100857	13703	193
舞台及场地用灯制造	3873	562	554	8	19627	7922	564	10
智能照明器具制造	3874	134	134		4695	2031	138	4
灯用电器附件及其他照明器具制造	3879	3052	3031	21	62465	27784	3071	40
其他电气机械及器材制造	389	2429	2415	14	42134	15336	2468	53
电气信号设备装置制造	3891	316	310	6	13714	6103	321	11
其他未列明电气机械及器材制造	3899	2113	2105	8	28420	9233	2147	42
计算机、通信和其他电子设备制造业	39	63607	62968	639	3812151	1597039	64267	1299
计算机制造	391	5157	5087	70	381558	156202	5220	133
计算机整机制造	3911	758	746	12	67585	23265	776	30
计算机零部件制造	3912	1688	1682	6	133527	56501	1703	21
计算机外围设备制造	3913	1637	1612	25	114500	51873	1650	38
工业控制计算机及系统制造	3914	79	76	3	3793	1457	82	6
信息安全设备制造	3915	223	218	5	3723	1483	227	9
其他计算机制造	3919	772	753	19	58430	21623	782	29
通信设备制造	392	4633	4520	113	920565	318811	4748	228
通信系统设备制造	3921	1767	1722	45	422920	122116	1803	81
通信终端设备制造	3922	2866	2798	68	497645	196695	2945	147
广播电视设备制造	393	751	729	22	52163	23617	757	28

1-19 续表23

项 目	代码	法人单位					产业活动单位	
		单位数（个）	单产业法人	多产业法人	从业人数（人）	女性	单位数（个）	多产业法人所属的产业活动单位数
广播电视节目制作及发射设备制造	3931	42	41	1	2189	997	44	3
广播电视接收设备制造	3932	181	173	8	21295	9974	182	9
广播电视专用配件制造	3933	109	108	1	4688	2687	110	2
专业音响设备制造	3934	192	189	3	10160	4627	193	4
应用电视设备及其他广播电视设备制造	3939	227	218	9	13831	5332	228	10
雷达及配套设备制造	394	64	62	2	4722	1651	64	2
雷达及配套设备制造	3940	64	62	2	4722	1651	64	2
非专业视听设备制造	395	4808	4766	42	321197	139547	4832	66
电视机制造	3951	481	476	5	75454	28893	488	12
音响设备制造	3952	3815	3795	20	173701	80859	3837	42
影视录放设备制造	3953	512	495	17	72042	29795	507	12
智能消费设备制造	396	2149	2104	45	90043	39336	2173	69
可穿戴智能设备制造	3961	170	161	9	10743	5258	165	4
智能车载设备制造	3962	538	531	7	18023	7926	545	14
智能无人飞行器制造	3963	95	88	7	13128	4630	93	5
服务消费机器人制造	3964	178	173	5	5711	2226	181	8
其他智能消费设备制造	3969	1168	1151	17	42438	19296	1189	38
电子器件制造	397	8311	8209	102	686719	294332	8397	188
电子真空器件制造	3971	742	736	6	32258	15750	765	29
半导体分立器件制造	3972	261	257	4	27284	11150	269	12
集成电路制造	3973	684	665	19	71976	29159	683	18
显示器件制造	3974	2350	2327	23	301105	120982	2374	47
半导体照明器件制造	3975	1004	994	10	41227	17980	1010	16
光电子器件制造	3976	1242	1219	23	128062	59266	1241	22
其他电子器件制造	3979	2028	2011	17	84807	40045	2055	44
电子元件及电子专用材料制造	398	31629	31441	188	1174011	539545	31911	470
电阻电容电感元件制造	3981	996	967	29	157608	84600	993	26
电子电路制造	3982	2975	2943	32	348142	134136	3001	58
敏感元件及传感器制造	3983	248	241	7	32071	18655	248	7
电声器件及零件制造	3984	875	865	10	46256	24059	899	34
电子专用材料制造	3985	1844	1834	10	54910	24823	1858	24
其他电子元件制造	3989	24691	24591	100	535024	253272	24912	321
其他电子设备制造	399	6105	6050	55	181173	83998	6165	115
其他电子设备制造	3990	6105	6050	55	181173	83998	6165	115
仪器仪表制造业	40	9582	9471	111	279239	116573	9688	217
通用仪器仪表制造	401	5416	5352	64	102733	30163	5483	131
工业自动控制系统装置制造	4011	3846	3810	36	65133	16445	3875	65
电工仪器仪表制造	4012	611	601	10	16631	6133	628	27
绘图、计算及测量仪器制造	4013	114	110	4	3795	1410	119	9

1-19　续表 24

项　目	代码	法人单位					产业活动单位	
		单位数（个）	单产业法人	多产业法人	从业人数（人）	女性	单位数（个）	多产业法人所属的产业活动单位数
实验分析仪器制造	4014	324	316	8	7928	2955	326	10
试验机制造	4015	113	110	3	3200	839	110	
供应用仪器仪表制造	4016	128	126	2	3186	1262	129	3
其他通用仪器制造	4019	280	279	1	2860	1119	296	17
专用仪器仪表制造	402	1218	1198	20	33923	13649	1239	41
环境监测专用仪器仪表制造	4021	150	145	5	4372	1601	146	1
运输设备及生产用计数仪表制造	4022	50	48	2	3773	2259	52	4
导航、测绘、气象及海洋专用仪器制造	4023	228	225	3	4610	1937	235	10
农林牧渔专用仪器仪表制造	4024	7	7		509	173	7	
地质勘探和地震专用仪器制造	4025	34	34		395	116	34	
教学专用仪器制造	4026	102	100	2	985	377	113	13
核子及核辐射测量仪器制造	4027	2	2		87	26	2	
电子测量仪器制造	4028	382	377	5	13698	5186	385	8
其他专用仪器制造	4029	263	260	3	5494	1974	265	5
钟表与计时仪器制造	403	2163	2145	18	93373	49194	2172	27
钟表与计时仪器制造	4030	2163	2145	18	93373	49194	2172	27
光学仪器制造	404	468	463	5	35760	17261	473	10
光学仪器制造	4040	468	463	5	35760	17261	473	10
衡器制造	405	98	97	1	7057	3457	99	2
衡器制造	4050	98	97	1	7057	3457	99	2
其他仪器仪表制造业	409	219	216	3	6393	2849	222	6
其他仪器仪表制造业	4090	219	216	3	6393	2849	222	6
其他制造业	41	6910	6866	44	124359	54461	6997	131
日用杂品制造	411	2721	2704	17	69910	33930	2755	51
鬃毛加工、制刷及清扫工具制造	4111	421	418	3	9629	5042	427	9
其他日用杂品制造	4119	2300	2286	14	60281	28888	2328	42
核辐射加工	412	5	4	1	62	10	5	1
核辐射加工	4120	5	4	1	62	10	5	1
其他未列明制造业	419	4184	4158	26	54387	20521	4237	79
其他未列明制造业	4190	4184	4158	26	54387	20521	4237	79
废弃资源综合利用业	42	1481	1457	24	33253	9052	1573	116
金属废料和碎屑加工处理	421	785	770	15	20682	5223	836	66
金属废料和碎屑加工处理	4210	785	770	15	20682	5223	836	66
非金属废料和碎屑加工处理	422	696	687	9	12571	3829	737	50
非金属废料和碎屑加工处理	4220	696	687	9	12571	3829	737	50
金属制品、机械和设备修理业	43	4972	4939	33	54030	11026	5212	273
金属制品修理	431	103	102	1	1619	370	106	4
金属制品修理	4310	103	102	1	1619	370	106	4
通用设备修理	432	894	885	9	8320	1815	943	58

1-19 续表 25

项 目	代码	法人单位					产业活动单位	
		单位数（个）	单产业法人	多产业法人	从业人数（人）	女性	单位数（个）	多产业法人所属的产业活动单位数
通用设备修理	4320	894	885	9	8320	1815	943	58
专用设备修理	433	784	779	5	5257	1385	854	75
专用设备修理	4330	784	779	5	5257	1385	854	75
铁路、船舶、航空航天等运输设备修理	434	722	716	6	23407	3542	750	34
铁路运输设备修理	4341	12	11	1	2872	467	11	
船舶修理	4342	640	635	5	12199	2211	665	30
航空航天器修理	4343	16	16		7869	759	19	3
其他运输设备修理	4349	54	54		467	105	55	1
电气设备修理	435	371	369	2	2156	573	390	21
电气设备修理	4350	371	369	2	2156	573	390	21
仪器仪表修理	436	153	152	1	1205	319	157	5
仪器仪表修理	4360	153	152	1	1205	319	157	5
其他机械和设备修理业	439	1945	1936	9	12066	3022	2012	76
其他机械和设备修理业	4390	1945	1936	9	12066	3022	2012	76
电力、热力、燃气及水生产和供应业	D	9714	9429	285	323655	75977	12188	2759
电力、热力生产和供应业	44	6947	6808	139	219420	45676	8633	1825
电力生产	441	6403	6283	120	92392	19111	7085	802
火力发电	4411	108	105	3	23199	4126	109	4
热电联产	4412	42	41	1	6992	1279	44	3
水力发电	4413	5426	5320	106	48266	11315	6021	701
核力发电	4414	9	9		2781	194	12	3
风力发电	4415	128	126	2	2422	418	136	10
太阳能发电	4416	558	553	5	3209	825	605	52
生物质能发电	4417	45	43	2	3613	569	48	5
其他电力生产	4419	87	86	1	1910	385	110	24
电力供应	442	328	314	14	122453	25570	1321	1007
电力供应	4420	328	314	14	122453	25570	1321	1007
热力生产和供应	443	216	211	5	4575	995	227	16
热力生产和供应	4430	216	211	5	4575	995	227	16
燃气生产和供应业	45	530	460	70	23203	6419	996	536
燃气生产和供应业	451	506	438	68	22886	6345	941	503
天然气生产和供应业	4511	378	329	49	19402	5304	609	280
液化石油气生产和供应业	4512	101	87	14	3118	911	238	151
煤气生产和供应业	4513	27	22	5	366	130	94	72
生物质燃气生产和供应业	452	24	22	2	317	74	55	33
生物质燃气生产和供应业	4520	24	22	2	317	74	55	33
水的生产和供应业	46	2237	2161	76	81032	23882	2559	398
自来水生产和供应	461	1205	1145	60	60611	18958	1454	309
自来水生产和供应	4610	1205	1145	60	60611	18958	1454	309

1-19 续表 26

项 目	代码	法人单位					产业活动单位	
		单位数（个）	单产业法人	多产业法人	从业人数（人）	女性	单位数（个）	多产业法人所属的产业活动单位数
污水处理及其再生利用	462	990	974	16	19506	4707	1059	85
污水处理及其再生利用	4620	990	974	16	19506	4707	1059	85
海水淡化处理	463	7	7		58	27	8	1
海水淡化处理	4630	7	7		58	27	8	1
其他水的处理、利用与分配	469	35	35		857	190	38	3
其他水的处理、利用与分配	4690	35	35		857	190	38	3
建筑业	E	116949	114933	2016	3375409	525924	125961	11028
房屋建筑业	47	19367	18660	707	1652499	223856	22943	4283
住宅房屋建筑	471	17283	16665	618	1309092	184369	20597	3932
住宅房屋建筑	4710	17283	16665	618	1309092	184369	20597	3932
体育场馆建筑	472	52	41	11	44698	3290	48	7
体育场馆建筑	4720	52	41	11	44698	3290	48	7
其他房屋建筑业	479	2032	1954	78	298709	36197	2298	344
其他房屋建筑业	4790	2032	1954	78	298709	36197	2298	344
土木工程建筑业	48	16867	16511	356	589140	92783	18653	2142
铁路、道路、隧道和桥梁工程建筑	481	4188	4022	166	257087	37412	4874	852
铁路工程建筑	4811	88	80	8	57901	6589	107	27
公路工程建筑	4812	896	862	34	51985	8342	1061	199
市政道路工程建筑	4813	2629	2527	102	120043	18917	3047	520
城市轨道交通工程建筑	4814	23	20	3	2675	535	27	7
其他道路、隧道和桥梁工程建筑	4819	552	533	19	24483	3029	632	99
水利和水运工程建筑	482	1160	1114	46	80233	9151	1362	248
水源及供水设施工程建筑	4821	459	435	24	25882	3279	597	162
河湖治理及防洪设施工程建筑	4822	125	116	9	28296	2505	126	10
港口及航运设施工程建筑	4823	576	563	13	26055	3367	639	76
海洋工程建筑	483	35	35		224	37	39	4
海洋油气资源开发利用工程建筑	4831	4	4		35	4	7	3
海洋能源开发利用工程建筑	4832	5	5		63	10	5	
海底隧道工程建筑	4833							
海底设施铺设工程建筑	4834	3	3		8	1	3	
其他海洋工程建筑	4839	23	23		118	22	24	1
工矿工程建筑	484	265	261	4	13747	1972	290	29
工矿工程建筑	4840	265	261	4	13747	1972	290	29
架线和管道工程建筑	485	1309	1279	30	76574	11337	1406	127
架线及设备工程建筑	4851	942	921	21	62128	9171	1012	91
管道工程建筑	4852	359	350	9	14361	2138	384	34
地下综合管廊工程建筑	4853	8	8		85	28	10	2
节能环保工程施工	486	1102	1098	4	6831	1839	1150	52
节能工程施工	4861	67	67		440	99	71	4

1-19 续表27

项 目	代码	法人单位					产业活动单位	
		单位数（个）	单产业法人	多产业法人	从业人数（人）	女性	单位数（个）	多产业法人所属的产业活动单位数
环保工程施工	4862	1016	1012	4	6286	1701	1058	46
生态保护工程施工	4863	19	19		105	39	21	2
电力工程施工	487	483	471	12	9884	1854	567	96
火力发电工程施工	4871	3	3		275	60	7	4
水力发电工程施工	4872	13	13		281	31	18	5
核电工程施工	4873	2	2		1261	149	6	4
风能发电工程施工	4874	3	3		12	5	3	
太阳能发电工程施工	4875	117	115	2	882	222	123	8
其他电力工程施工	4879	345	335	10	7173	1387	410	75
其他土木工程建筑	489	8325	8231	94	144560	29181	8965	734
园林绿化工程施工	4891	3422	3374	48	81095	17609	3603	229
体育场地设施工程施工	4892	161	161		1135	302	164	3
游乐设施工程施工	4893	15	15		86	16	16	1
其他土木工程建筑施工	4899	4727	4681	46	62244	11254	5182	501
建筑安装业	49	20936	20562	374	331285	62397	22487	1925
电气安装	491	6819	6683	136	110735	22211	7306	623
电气安装	4910	6819	6683	136	110735	22211	7306	623
管道和设备安装	492	4383	4313	70	51887	10763	4671	358
管道和设备安装	4920	4383	4313	70	51887	10763	4671	358
其他建筑安装业	499	9734	9566	168	168663	29423	10510	944
体育场地设施安装	4991	179	173	6	7401	1039	182	9
其他建筑安装	4999	9555	9393	162	161262	28384	10328	935
建筑装饰、装修和其他建筑业	50	59779	59200	579	802485	146888	61878	2678
建筑装饰和装修业	501	50519	50028	491	578840	109139	52018	1990
公共建筑装饰和装修	5011	3012	2919	93	141844	21268	3157	238
住宅装饰和装修	5012	46228	45873	355	372687	78886	47539	1666
建筑幕墙装饰和装修	5013	1279	1236	43	64309	8985	1322	86
建筑物拆除和场地准备活动	502	2235	2211	24	22566	3953	2322	111
建筑物拆除活动	5021	379	367	12	6054	970	410	43
场地准备活动	5022	1856	1844	12	16512	2983	1912	68
提供施工设备服务	503	570	563	7	33502	4088	603	40
提供施工设备服务	5030	570	563	7	33502	4088	603	40
其他未列明建筑业	509	6455	6398	57	167577	29708	6935	537
其他未列明建筑业	5090	6455	6398	57	167577	29708	6935	537
批发和零售业	F	966082	955688	10394	5024940	2145000	1048912	93224
批发业	51	549265	544803	4462	2997821	1236412	564730	19927
农、林、牧、渔产品批发	511	10313	10151	162	71280	26834	10879	728
谷物、豆及薯类批发	5111	1064	1043	21	8767	3574	1097	54
种子批发	5112	370	355	15	2654	1070	555	200
畜牧渔业饲料批发	5113	1441	1426	15	9689	3479	1486	60

1-19 续表 28

项目	代码	法人单位					产业活动单位	
		单位数（个）	单产业法人	多产业法人	从业人数（人）	女性	单位数（个）	多产业法人所属的产业活动单位数
棉、麻批发	5114	145	145		438	156	148	3
林业产品批发	5115	1371	1361	10	8560	2841	1390	29
牲畜批发	5116	819	783	36	9752	3109	904	121
渔业产品批发	5117	312	307	5	1756	578	322	15
其他农牧产品批发	5119	4791	4731	60	29664	12027	4977	246
食品、饮料及烟草制品批发	512	44751	44086	665	351757	141074	46732	2646
米、面制品及食用油批发	5121	2695	2638	57	23755	10087	2840	202
糕点、糖果及糖批发	5122	1196	1166	30	12991	5697	1256	90
果品、蔬菜批发	5123	6146	6057	89	50741	22249	6313	256
肉、禽、蛋、奶及水产品批发	5124	5031	4912	119	57486	21881	5361	449
盐及调味品批发	5125	718	690	28	11622	4106	907	217
营养和保健品批发	5126	1891	1874	17	12674	6304	1956	82
酒、饮料及茶叶批发	5127	13380	13235	145	92322	33557	13700	465
烟草制品批发	5128	221	192	29	16214	4577	337	145
其他食品批发	5129	13473	13322	151	73952	32616	14062	740
纺织、服装及家庭用品批发	513	135181	134400	781	645469	315272	136920	2520
纺织品、针织品及原料批发	5131	15212	15155	57	78747	33736	15362	207
服装批发	5132	53276	53016	260	182636	92397	53826	810
鞋帽批发	5133	5318	5268	50	30060	15781	5440	172
化妆品及卫生用品批发	5134	15108	15014	94	73389	40524	15269	255
厨具卫具及日用杂品批发	5135	9852	9776	76	85596	47303	10067	291
灯具、装饰物品批发	5136	6579	6550	29	26625	10467	6651	101
家用视听设备批发	5137	3341	3323	18	30235	14613	3373	50
日用家电批发	5138	6758	6703	55	45385	17935	6917	214
其他家庭用品批发	5139	19737	19595	142	92796	42516	20015	420
文化、体育用品及器材批发	514	28425	28110	315	157545	78232	28948	838
文具用品批发	5141	9238	9173	65	41104	16761	9370	197
体育用品及器材批发	5142	2927	2904	23	13976	6431	2991	87
图书批发	5143	757	711	46	7903	3963	826	115
报刊批发	5144	40	37	3	5220	967	52	15
音像制品、电子和数字出版物批发	5145	325	323	2	1349	584	336	13
首饰、工艺品及收藏品批发	5146	11432	11289	143	68897	40998	11597	308
乐器批发	5147	406	401	5	1594	728	418	17
其他文化用品批发	5149	3300	3272	28	17502	7800	3358	86
医药及医疗器材批发	515	10592	10319	273	152025	71659	11086	767
西药批发	5151	1397	1269	128	52542	26270	1560	291
中药批发	5152	1146	1101	45	36293	17130	1238	137
动物用药品批发	5153	467	457	10	3023	1231	488	31
医疗用品及器材批发	5154	7582	7492	90	60167	27028	7800	308
矿产品、建材及化工产品批发	516	95416	94508	908	582933	202450	101126	6618

1-19 续表 29

项 目	代码	法人单位					产业活动单位	
		单位数（个）	单产业法人	多产业法人	从业人数（人）	女性	单位数（个）	多产业法人所属的产业活动单位数
煤炭及制品批发	5161	1007	1000	7	7899	2440	1020	20
石油及制品批发	5162	4535	4366	169	62131	22033	4919	553
非金属矿及制品批发	5163	1849	1840	9	11023	3871	1878	38
金属及金属矿批发	5164	17007	16932	75	110692	36812	17178	246
建材批发	5165	38932	38757	175	205357	67702	39443	686
化肥批发	5166	2950	2718	232	17335	5758	6203	3485
农药批发	5167	723	679	44	6888	2098	1663	984
农用薄膜批发	5168	111	109	2	566	202	116	7
其他化工产品批发	5169	28302	28107	195	161042	61534	28706	599
机械设备、五金产品及电子产品批发	517	141618	140662	956	723050	276756	143461	2799
农业机械批发	5171	691	676	15	4309	1291	734	58
汽车及零配件批发	5172	13674	13561	113	64269	22096	13897	336
摩托车及零配件批发	5173	854	849	5	4391	1514	871	22
五金产品批发	5174	23641	23511	130	108058	39098	23872	361
电气设备批发	5175	6344	6293	51	39099	13860	6444	151
计算机、软件及辅助设备批发	5176	10133	10064	69	57016	22115	10239	175
通讯设备批发	5177	6249	6175	74	41931	17915	6377	202
广播影视设备批发	5178	506	492	14	8643	3746	518	26
其他机械设备及电子产品批发	5179	79526	79041	485	395334	155121	80509	1468
贸易经纪与代理	518	31482	31341	141	109122	44643	32181	840
贸易代理	5181	29116	29006	110	100553	41312	29720	714
一般物品拍卖	5182	320	308	12	1755	758	353	45
艺术品、收藏品拍卖	5183	95	93	2	481	217	103	10
艺术品代理	5184	24	24		99	31	25	1
其他贸易经纪与代理	5189	1927	1910	17	6234	2325	1980	70
其他批发业	519	51487	51226	261	204640	79492	53397	2171
再生物资回收与批发	5191	7341	7264	77	30399	8901	8539	1275
宠物食品用品批发	5192	499	497	2	1980	883	509	12
互联网批发	5193	3490	3475	15	25336	12370	3506	31
其他未列明批发业	5199	40157	39990	167	146925	57338	40843	853
零售业	52	416817	410885	5932	2027119	908588	484182	73297
综合零售	521	15073	14398	675	231530	136084	22417	8019
百货零售	5211	10096	9755	341	109239	60485	13327	3572
超级市场零售	5212	765	605	160	90596	59163	1641	1036
便利店零售	5213	365	326	39	9306	5894	1515	1189
其他综合零售	5219	3847	3712	135	22389	10542	5934	2222
食品、饮料及烟草制品专门零售	522	29789	29143	646	140157	60995	37831	8688
粮油零售	5221	930	909	21	4594	1831	1157	248
糕点、面包零售	5222	1194	1091	103	11367	6235	2195	1104
果品、蔬菜零售	5223	2911	2857	54	13232	5934	3426	569

1-19 续表 30

项 目	代码	法人单位					产业活动单位	
		单位数（个）	单产业法人	多产业法人	从业人数（人）	女性	单位数（个）	多产业法人所属的产业活动单位数
肉、禽、蛋、奶及水产品零售	5224	2943	2875	68	20609	7658	3660	785
营养和保健品零售	5225	2474	2425	49	19572	6662	2832	407
酒、饮料及茶叶零售	5226	7842	7730	112	26455	12259	8793	1063
烟草制品零售	5227	1291	1237	54	6903	3303	2908	1671
其他食品零售	5229	10204	10019	185	37425	17113	12860	2841
纺织、服装及日用品专门零售	523	64693	63905	788	278160	151381	73313	9408
纺织品及针织品零售	5231	3852	3827	25	15703	7203	4126	299
服装零售	5232	28605	28318	287	129766	77865	32934	4616
鞋帽零售	5233	2431	2404	27	26840	13255	2891	487
化妆品及卫生用品零售	5234	8103	8047	56	28241	15440	8856	809
厨具卫具及日用杂品零售	5235	2871	2846	25	9851	4171	3082	236
钟表、眼镜零售	5236	3691	3474	217	20461	12192	5071	1597
箱包零售	5237	2250	2234	16	6972	3355	2391	157
自行车等代步设备零售	5238	1041	1030	11	3112	1215	1078	48
其他日用品零售	5239	11849	11725	124	37214	16685	12884	1159
文化、体育用品及器材专门零售	524	25061	24704	357	99875	49152	27336	2632
文具用品零售	5241	5648	5605	43	18275	7319	5879	274
体育用品及器材零售	5242	3290	3261	29	10918	4493	3495	234
图书、报刊零售	5243	829	760	69	12657	6807	1378	618
音像制品、电子和数字出版物零售	5244	219	216	3	885	396	241	25
珠宝首饰零售	5245	6760	6629	131	29993	18520	7668	1039
工艺美术品及收藏品零售	5246	3725	3693	32	11664	5066	3859	166
乐器零售	5247	814	791	23	2899	1347	869	78
照相器材零售	5248	874	869	5	3084	1285	888	19
其他文化用品零售	5249	2902	2880	22	9500	3919	3059	179
医药及医疗器材专门零售	525	20371	19185	1186	144087	90058	44828	25643
西药零售	5251	10979	10060	919	101832	69723	32086	22026
中药零售	5252	1775	1648	127	12274	7665	4266	2618
动物用药品零售	5253	3115	3074	41	9081	3537	3304	230
医疗用品及器材零售	5254	4281	4193	88	19597	8601	4905	712
保健辅助治疗器材零售	5255	221	210	11	1303	532	267	57
汽车、摩托车、零配件和燃料及其他动力销售	526	33811	32832	979	322501	114535	39542	6710
汽车新车零售	5261	12252	11671	581	207048	72071	13451	1780
汽车旧车零售	5262	4338	4276	62	14568	4167	4503	227
汽车零配件零售	5263	11691	11596	95	38807	12805	12028	432
摩托车及零配件零售	5264	1182	1101	81	6218	2006	1435	334
机动车燃油零售	5265	4185	4028	157	53672	22989	7837	3809
机动车燃气零售	5266	87	84	3	1762	384	211	127
机动车充电销售	5267	76	76		426	113	77	1
家用电器及电子产品专门零售	527	87769	87223	546	321498	122658	91267	4044

1-19 续表31

项目	代码	法人单位					产业活动单位	
		单位数（个）	单产业法人	多产业法人	从业人数（人）	女性	单位数（个）	多产业法人所属的产业活动单位数
家用视听设备零售	5271	2319	2303	16	10383	4220	2372	69
日用家电零售	5272	11212	11077	135	61647	24418	12194	1117
计算机、软件及辅助设备零售	5273	14016	13945	71	56490	20408	14289	344
通信设备零售	5274	11184	11010	174	42307	17325	12621	1611
其他电子产品零售	5279	49038	48888	150	150671	56287	49791	903
五金、家具及室内装饰材料专门零售	528	64299	63971	328	237042	84678	65756	1785
五金零售	5281	22526	22446	80	76699	26419	22910	464
灯具零售	5282	5479	5460	19	15827	6098	5588	128
家具零售	5283	13251	13146	105	54036	20591	13781	635
涂料零售	5284	1896	1888	8	7836	2755	1935	47
卫生洁具零售	5285	1392	1383	9	6464	2685	1419	36
木质装饰材料零售	5286	1558	1549	9	5718	1928	1581	32
陶瓷、石材装饰材料零售	5287	4066	4040	26	18181	6620	4159	119
其他室内装饰材料零售	5289	14131	14059	72	52281	17582	14383	324
货摊、无店铺及其他零售业	529	75951	75524	427	252269	99047	81892	6368
流动货摊零售	5291	56	56		138	40	60	4
互联网零售	5292	47883	47815	68	138610	59935	48109	294
邮购及电视、电话零售	5293	36	35	1	646	309	37	2
自动售货机零售	5294	210	209	1	1344	613	211	2
旧货零售	5295	97	97		313	93	105	8
生活用燃料零售	5296	1046	856	190	15606	4582	5308	4452
宠物食品用品零售	5297	676	674	2	1765	689	721	47
其他未列明零售业	5299	25947	25782	165	93847	32786	27341	1559
交通运输、仓储和邮政业	G	72789	70716	2073	1499515	410799	87895	17179
铁路运输业	53	23	16	7	74928	14728	70	54
铁路旅客运输	531	11	7	4	74928	14728	12	5
高速铁路旅客运输	5311	8	5	3	74928	14728	6	1
城际铁路旅客运输	5312	2	2				2	
普通铁路旅客运输	5313	1		1			4	4
铁路货物运输	532	11	9	2			26	17
铁路货物运输	5320	11	9	2			26	17
铁路运输辅助活动	533	1		1			32	32
客运火车站	5331						5	5
货运火车站（场）	5332						2	2
铁路运输维护活动	5333	1		1			18	18
其他铁路运输辅助活动	5339						7	7
道路运输业	54	33204	32439	765	695125	159915	38029	5590
城市公共交通运输	541	748	683	65	215702	37214	898	215
公共电汽车客运	5411	217	189	28	139242	23215	284	95
城市轨道交通	5412	38	36	2	46683	11088	43	7

1-19 续表 32

项 目	代码	法人单位 单位数（个）	单产业法人	多产业法人	从业人数（人）	女性	产业活动单位 单位数（个）	多产业法人所属的产业活动单位数
出租车客运	5413	410	378	32	27953	2339	463	85
公共自行车服务	5414	26	24	2	594	250	34	10
其他城市公共交通运输	5419	57	56	1	1230	322	74	18
公路旅客运输	542	699	626	73	71660	15215	844	218
长途客运	5421	368	316	52	46616	11188	477	161
旅游客运	5422	156	153	3	5222	973	172	19
其他公路客运	5429	175	157	18	19822	3054	195	38
道路货物运输	543	29874	29370	504	317700	75197	32411	3041
普通货物道路运输	5431	26224	25787	437	268089	64595	28534	2747
冷藏车道路运输	5432	126	120	6	2942	892	125	5
集装箱道路运输	5433	1112	1096	16	12490	2933	1125	29
大型货物道路运输	5434	110	107	3	3674	671	116	9
危险货物道路运输	5435	269	265	4	7773	1224	280	15
邮件包裹道路运输	5436	79	79		2191	448	114	35
城市配送	5437	898	876	22	10602	2271	998	122
搬家运输	5438	422	419	3	2046	362	431	12
其他道路货物运输	5439	634	621	13	7893	1801	688	67
道路运输辅助活动	544	1883	1760	123	90063	32289	3876	2116
客运汽车站	5441	363	330	33	15253	5003	645	315
货运枢纽（站）	5442	34	33	1	970	214	39	6
公路管理与养护	5443	801	737	64	63472	23659	1474	737
其他道路运输辅助活动	5449	685	660	25	10368	3413	1718	1058
水上运输业	55	1948	1882	66	58683	10932	2174	292
水上旅客运输	551	132	124	8	6909	1610	152	28
海上旅客运输	5511	54	51	3	3078	660	58	7
内河旅客运输	5512	41	39	2	2233	532	46	7
客运轮渡运输	5513	37	34	3	1598	418	48	14
水上货物运输	552	1197	1156	41	17527	3846	1334	178
远洋货物运输	5521	455	439	16	5491	1546	534	95
沿海货物运输	5522	291	276	15	7511	1233	319	43
内河货物运输	5523	451	441	10	4525	1067	481	40
水上运输辅助活动	553	619	602	17	34247	5476	688	86
客运港口	5531	14	13	1	488	134	18	5
货运港口	5532	204	195	9	27027	4184	225	30
其他水上运输辅助活动	5539	401	394	7	6732	1158	445	51
航空运输业	56	393	376	17	126993	59038	503	127
航空客货运输	561	177	170	7	103486	51023	258	88
航空旅客运输	5611	47	43	4	96713	49361	78	35
航空货物运输	5612	130	127	3	6773	1662	180	53
通用航空服务	562	130	126	4	1870	424	145	19

1-19 续表 33

项 目	代码	法人单位					产业活动单位	
		单位数（个）	单产业法人	多产业法人	从业人数（人）	女性	单位数（个）	多产业法人所属的产业活动单位数
通用航空生产服务	5621	53	52	1	358	87	60	8
观光游览航空服务	5622	8	8		20	5	9	1
体育航空运动服务	5623	24	24		87	31	28	4
其他通用航空服务	5629	45	42	3	1405	301	48	6
航空运输辅助活动	563	86	80	6	21637	7591	100	20
机场	5631	14	11	3	15757	5932	26	15
空中交通管理	5632	13	13		483	95	14	1
其他航空运输辅助活动	5639	59	56	3	5397	1564	60	4
管道运输业	57	13	13		477	56	15	2
海底管道运输	571	3	3		43	9	3	
海底管道运输	5710	3	3		43	9	3	
陆地管道运输	572	10	10		434	47	12	2
陆地管道运输	5720	10	10		434	47	12	2
多式联运和运输代理业	58	25838	25084	754	236717	89248	29060	3976
多式联运	581	76	73	3	1725	469	80	7
多式联运	5810	76	73	3	1725	469	80	7
运输代理业	582	25762	25011	751	234992	88779	28980	3969
货物运输代理	5821	23794	23101	693	219054	81137	26772	3671
旅客票务代理	5822	1491	1447	44	9745	5865	1675	228
其他运输代理业	5829	477	463	14	6193	1777	533	70
装卸搬运和仓储业	59	7410	7272	138	148264	35721	8244	972
装卸搬运	591	4381	4336	45	90047	17332	4756	420
装卸搬运	5910	4381	4336	45	90047	17332	4756	420
通用仓储	592	1001	975	26	22960	7472	1111	136
通用仓储	5920	1001	975	26	22960	7472	1111	136
低温仓储	593	104	100	4	2380	676	113	13
低温仓储	5930	104	100	4	2380	676	113	13
危险品仓储	594	95	95		3445	646	116	21
油气仓储	5941	44	44		1187	198	58	14
危险化学品仓储	5942	48	48		2255	448	54	6
其他危险品仓储	5949	3	3		3		4	1
谷物、棉花等农产品仓储	595	337	308	29	6027	1825	488	180
谷物仓储	5951	261	236	25	4841	1388	406	170
棉花仓储	5952	2	2		33	5	2	
其他农产品仓储	5959	74	70	4	1153	432	80	10
中药材仓储	596	8	7	1	61	26	14	7
中药材仓储	5960	8	7	1	61	26	14	7
其他仓储业	599	1484	1451	33	23344	7744	1646	195
其他仓储业	5990	1484	1451	33	23344	7744	1646	195
邮政业	60	3960	3634	326	158328	41161	9800	6166

1-19　续表 34

项　目	代码	法人单位 单位数（个）	单产业法人	多产业法人	从业人数（人）	女性	产业活动单位 单位数（个）	多产业法人所属的产业活动单位数
邮政基本服务	601	127	104	23	33054	14209	2006	1902
邮政基本服务	6010	127	104	23	33054	14209	2006	1902
快递服务	602	3758	3463	295	118672	25494	7680	4217
快递服务	6020	3758	3463	295	118672	25494	7680	4217
其他寄递服务	609	75	67	8	6602	1458	114	47
其他寄递服务	6090	75	67	8	6602	1458	114	47
住宿和餐饮业	H	52913	50490	2423	944895	487575	65901	15411
住宿业	61	14060	13654	406	333670	181832	15408	1754
旅游饭店	611	3920	3734	186	213739	112774	4255	521
旅游饭店	6110	3920	3734	186	213739	112774	4255	521
一般旅馆	612	8412	8219	193	103200	59579	9293	1074
经济型连锁酒店	6121	1286	1241	45	19187	11398	1572	331
其他一般旅馆	6129	7126	6978	148	84013	48181	7721	743
民宿服务	613	339	332	7	1676	936	359	27
民宿服务	6130	339	332	7	1676	936	359	27
露营地服务	614	9	8	1	108	64	9	1
露营地服务	6140	9	8	1	108	64	9	1
其他住宿业	619	1380	1361	19	14947	8479	1492	131
其他住宿业	6190	1380	1361	19	14947	8479	1492	131
餐饮业	62	38853	36836	2017	611225	305743	50493	13657
正餐服务	621	29369	27841	1528	408560	195778	36424	8583
正餐服务	6210	29369	27841	1528	408560	195778	36424	8583
快餐服务	622	2697	2498	199	124090	70083	4958	2460
快餐服务	6220	2697	2498	199	124090	70083	4958	2460
饮料及冷饮服务	623	1499	1412	87	29830	18442	2658	1246
茶馆服务	6231	115	110	5	650	318	186	76
咖啡馆服务	6232	372	349	23	13290	9453	837	488
酒吧服务	6233	378	377	1	3676	1454	386	9
其他饮料及冷饮服务	6239	634	576	58	12214	7217	1249	673
餐饮配送及外卖送餐服务	624	1309	1264	45	21002	8777	1478	214
餐饮配送服务	6241	1236	1194	42	18360	8493	1383	189
外卖送餐服务	6242	73	70	3	2642	284	95	25
其他餐饮业	629	3979	3821	158	27743	12663	4975	1154
小吃服务	6291	1559	1483	76	9600	4753	2160	677
其他未列明餐饮业	6299	2420	2338	82	18143	7910	2815	477
信息传输、软件和信息技术服务业	I	165637	163855	1782	1571791	564586	175749	11894
电信、广播电视和卫星传输服务	63	4276	4029	247	162882	61181	9709	5680
电信	631	3670	3461	209	133333	51870	8364	4903
固定电信服务	6311	544	500	44	44495	13136	2191	1691
移动电信服务	6312	1469	1372	97	55240	26169	4011	2639

1-19 续表 35

项　目	代码	法人单位					产业活动单位	
		单位数（个）	单产业法人	多产业法人	从业人数（人）	女性	单位数（个）	多产业法人所属的产业活动单位数
其他电信服务	6319	1657	1589	68	33598	12565	2162	573
广播电视传输服务	632	521	486	35	27702	8703	1229	743
有线广播电视传输服务	6321	442	411	31	26333	8259	1116	705
无线广播电视传输服务	6322	79	75	4	1369	444	113	38
卫星传输服务	633	85	82	3	1847	608	116	34
广播电视卫星传输服务	6331	42	41	1	912	254	65	24
其他卫星传输服务	6339	43	41	2	935	354	51	10
互联网和相关服务	64	20717	20520	197	200853	80741	21496	976
互联网接入及相关服务	641	2332	2309	23	15837	4807	2581	272
互联网接入及相关服务	6410	2332	2309	23	15837	4807	2581	272
互联网信息服务	642	9468	9373	95	91000	31636	9712	339
互联网搜索服务	6421	304	300	4	7164	2385	311	11
互联网游戏服务	6422	826	813	13	16471	4211	855	42
互联网其他信息服务	6429	8338	8260	78	67365	25040	8546	286
互联网平台	643	1695	1661	34	52093	27410	1733	72
互联网生产服务平台	6431	536	526	10	20210	12397	545	19
互联网生活服务平台	6432	653	635	18	15863	6961	672	37
互联网科技创新平台	6433	239	237	2	2321	1061	244	7
互联网公共服务平台	6434	146	145	1	1962	765	151	6
其他互联网平台	6439	121	118	3	11737	6226	121	3
互联网安全服务	644	206	203	3	2074	581	215	12
互联网安全服务	6440	206	203	3	2074	581	215	12
互联网数据服务	645	807	798	9	7164	2521	824	26
互联网数据服务	6450	807	798	9	7164	2521	824	26
其他互联网服务	649	6209	6176	33	32685	13786	6431	255
其他互联网服务	6490	6209	6176	33	32685	13786	6431	255
软件和信息技术服务业	65	140644	139306	1338	1208056	422664	144544	5238
软件开发	651	84845	83995	850	750227	244922	86604	2609
基础软件开发	6511	46950	46645	305	251804	84074	48060	1415
支撑软件开发	6512	809	793	16	10218	3216	819	26
应用软件开发	6513	27936	27497	439	418925	134138	28353	856
其他软件开发	6519	9150	9060	90	69280	23494	9372	312
集成电路设计	652	1762	1733	29	18513	5734	1815	82
集成电路设计	6520	1762	1733	29	18513	5734	1815	82
信息系统集成和物联网技术服务	653	5807	5688	119	82240	25196	6017	329
信息系统集成服务	6531	5321	5211	110	78522	24235	5523	312
物联网技术服务	6532	486	477	9	3718	961	494	17
运行维护服务	654	781	768	13	16945	5857	804	36
运行维护服务	6540	781	768	13	16945	5857	804	36
信息处理和存储支持服务	655	891	877	14	19520	7455	954	77

1-19 续表 36

项目	代码	法人单位					产业活动单位	
		单位数（个）	单产业法人	多产业法人	从业人数（人）	女性	单位数（个）	多产业法人所属的产业活动单位数
信息处理和存储支持服务	6550	891	877	14	19520	7455	954	77
信息技术咨询服务	656	32845	32606	239	197491	75803	34155	1549
信息技术咨询服务	6560	32845	32606	239	197491	75803	34155	1549
数字内容服务	657	4266	4241	25	24045	8688	4355	114
地理遥感信息服务	6571	203	200	3	759	257	218	18
动漫、游戏数字内容服务	6572	3484	3468	16	18231	6385	3557	89
其他数字内容服务	6579	579	573	6	5055	2046	580	7
其他信息技术服务业	659	9447	9398	49	99075	49009	9840	442
呼叫中心	6591	176	165	11	44636	27149	201	36
其他未列明信息技术服务业	6599	9271	9233	38	54439	21860	9639	406
金融业	J	30365	28559	1806	2802247	1449106	56006	27447
货币金融服务	66	4686	4055	631	423985	208262	19842	15787
中央银行服务	661	21	4	17	5980	2050	78	74
中央银行服务	6610	21	4	17	5980	2050	78	74
货币银行服务	662	797	313	484	349680	177930	15437	15124
商业银行服务	6621	683	265	418	328012	169449	13803	13538
政策性银行服务	6622	26	8	18	2398	984	65	57
信用合作社服务	6623	52	5	47	18938	7325	1526	1521
农村资金互助社服务	6624							
其他货币银行服务	6629	36	35	1	332	172	43	8
非货币银行服务	663	3868	3738	130	68325	28282	4303	565
融资租赁服务	6631	1802	1741	61	6107	2222	2087	346
财务公司服务	6632	22	22		1049	542	31	9
典当	6633	569	533	36	2752	1123	625	92
汽车金融公司服务	6634	1	1		517	227	14	13
小额贷款公司服务	6635	760	746	14	44933	18753	808	62
消费金融公司服务	6636	2	2		1568	335	2	
网络借贷服务	6637	186	173	13	7210	3383	195	22
其他非货币银行服务	6639	526	520	6	4189	1697	541	21
银行理财服务	664						1	1
银行理财服务	6640						1	1
银行监管服务	665						23	23
银行监管服务	6650						23	23
资本市场服务	67	19838	19524	314	164364	63397	21639	2115
证券市场服务	671	210	186	24	79247	33894	1798	1612
证券市场管理服务	6711	54	54		1231	532	62	8
证券经纪交易服务	6712	156	132	24	78016	33362	1736	1604
公开募集证券投资基金	672	35	14	21	7799	3133	103	89
公开募集证券投资基金	6720	35	14	21	7799	3133	103	89
非公开募集证券投资基金	673	5433	5246	187	31664	11412	5256	10

1-19 续表 37

项 目	代码	法人单位					产业活动单位	
		单位数（个）	单产业法人	多产业法人	从业人数（人）	女性	单位数（个）	多产业法人所属的产业活动单位数
非公开募集证券投资基金	673	5412	5226	186	31664	11412	5226	
创业投资基金	6731	4	4		79	32	6	2
天使投资	6732							
其他非公开募集证券投资基金	6739	17	16	1	798	367	24	8
期货市场服务	674	32	8	24	5374	2288	220	212
期货市场管理服务	6741						6	6
其他期货市场服务	6749	32	8	24	5374	2288	214	206
证券期货监管服务	675	3	3		334	123	4	1
证券期货监管服务	6750	3	3		334	123	4	1
资本投资服务	676	7647	7627	20	18685	6404	7693	66
资本投资服务	6760	7647	7627	20	18685	6404	7693	66
其他资本市场服务	679	6478	6440	38	21261	6143	6565	125
其他资本市场服务	6790	6478	6440	38	21261	6143	6565	125
保险业	68	1757	985	772	2157738	1155922	9997	9012
人身保险	681	487	213	274	693997	445679	3001	2788
人寿保险	6811	441	180	261	687508	441925	2918	2738
年金保险	6812	16	11	5	3533	2069	31	20
健康保险	6813	30	22	8	2956	1685	52	30
意外伤害保险	6814							
财产保险	682	513	213	300	145547	66246	2977	2764
财产保险	6820	513	213	300	145547	66246	2977	2764
再保险	683	3	3		105	47	3	
再保险	6830	3	3		105	47	3	
商业养老金	684	25	21	4	2606	1506	35	14
商业养老金	6840	25	21	4	2606	1506	35	14
保险中介服务	685	351	160	191	1313759	641714	3574	3414
保险经纪服务	6851	70	43	27	16066	8200	488	445
保险代理服务	6852	215	69	146	1292653	632656	2978	2909
保险公估服务	6853	66	48	18	5040	858	108	60
保险资产管理	686	2	2				3	1
保险资产管理	6860	2	2				3	1
保险监管服务	687							
保险监管服务	6870							
其他保险活动	689	376	373	3	1724	730	404	31
其他保险活动	6890	376	373	3	1570	649	404	31
其他金融业	69	4084	3995	89	56160	21525	4528	533
金融信托与管理服务	691	450	441	9	7662	3277	470	29
信托公司	6911	6	6		1510	716	9	3
其他金融信托与管理服务	6919	444	435	9	6152	2561	461	26
控股公司服务	692	1126	1121	5	3648	1296	1125	4

1-19 续表 38

项 目	代码	法人单位					产业活动单位	
		单位数（个）	单产业法人	多产业法人	从业人数（人）	女性	单位数（个）	多产业法人所属的产业活动单位数
控股公司服务	6920	1126	1121	5	3648	1296	1125	4
非金融机构支付服务	693	31	11	20	9311	3321	183	172
非金融机构支付服务	6930	31	11	20	9311	3321	183	172
金融信息服务	694	774	753	21	16437	6941	842	89
金融信息服务	6940	774	753	21	16437	6941	842	89
金融资产管理公司	695	101	100	1	689	205	115	15
金融资产管理公司	6950	101	100	1	689	205	115	15
其他未列明金融业	699	1602	1569	33	18413	6485	1793	224
货币经纪公司服务	6991	1	1		199	106	15	14
其他未包括金融业	6999	1601	1568	33	18214	6379	1778	210
房地产业	K	117254	112787	4467	1794384	667046	138051	25264
房地产业	70	117254	112787	4467	1794384	667046	138051	25264
房地产开发经营	701	23053	22721	332	343117	131737	23221	500
房地产开发经营	7010	23053	22721	332	343117	131737	23221	500
物业管理	702	39540	37879	1661	993046	362889	47123	9244
物业管理	7020	39540	37879	1661	993046	362889	47123	9244
房地产中介服务	703	31940	30166	1774	258041	100317	43487	13321
房地产中介服务	7030	31940	30166	1774	258041	100317	43487	13321
房地产租赁经营	704	19383	18724	659	180551	64717	20632	1908
房地产租赁经营	7040	19383	18724	659	180551	64717	20632	1908
其他房地产业	709	3338	3297	41	19629	7386	3588	291
其他房地产业	7090	3338	3297	41	19629	7386	3588	291
租赁和商务服务业	L	514187	509156	5031	3156411	1098520	542166	33010
租赁业	71	25502	25022	480	146148	36739	30250	5228
机械设备经营租赁	711	24394	23924	470	140065	34730	29108	5184
汽车租赁	7111	15449	15048	401	70449	17708	19936	4888
农业机械经营租赁	7112	159	157	2	970	201	166	9
建筑工程机械与设备经营租赁	7113	5443	5411	32	44855	9882	5540	129
计算机及通讯设备经营租赁	7114	481	478	3	2517	838	504	26
医疗设备经营租赁	7115	170	164	6	1270	503	182	18
其他机械与设备经营租赁	7119	2692	2666	26	20004	5598	2780	114
文体设备和用品出租	712	993	983	10	5607	1835	1023	40
休闲娱乐用品设备出租	7121	365	359	6	2272	747	376	17
体育用品设备出租	7122	73	73		287	105	75	2
文化用品设备出租	7123	270	269	1	1890	500	274	5
图书出租	7124	29	28	1	93	68	31	3
音像制品出租	7125	55	55		272	92	58	3
其他文体设备和用品出租	7129	201	199	2	793	323	209	10
日用品出租	713	115	115		476	174	119	4
日用品出租	7130	115	115		476	174	119	4

1-19 续表 39

项 目	代码	法人单位					产业活动单位	
		单位数（个）	单产业法人	多产业法人	从业人数（人）	女性	单位数（个）	多产业法人所属的产业活动单位数
商务服务业	72	488685	484134	4551	3010263	1061781	511916	27782
组织管理服务	721	208152	207108	1044	777215	224897	213360	6252
企业总部管理	7211	7270	7105	165	72927	27111	9644	2539
投资与资产管理	7212	61137	60700	437	235244	83161	61950	1250
资源与产权交易服务	7213	240	235	5	2598	1011	249	14
单位后勤管理服务	7214	708	685	23	44476	26130	901	216
农村集体经济组织管理	7215	128627	128425	202	345490	58767	129807	1382
其他组织管理服务	7219	10170	9958	212	76480	28717	10809	851
综合管理服务	722	8478	8210	268	91646	33061	9582	1372
园区管理服务	7221	358	353	5	5281	2021	367	14
商业综合体管理服务	7222	599	583	16	9125	3534	630	47
市场管理服务	7223	3821	3626	195	48574	16041	4776	1150
供应链管理服务	7224	2601	2568	33	17757	7093	2648	80
其他综合管理服务	7229	1099	1080	19	10909	4372	1161	81
法律服务	723	5497	5462	35	69223	32988	5977	515
律师及相关法律服务	7231	4817	4785	32	63860	30235	5200	415
公证服务	7232	113	113		1570	981	135	22
其他法律服务	7239	567	564	3	3793	1772	642	78
咨询与调查	724	142001	140714	1287	650532	320140	146852	6138
会计、审计及税务服务	7241	17254	17004	250	98455	59065	18200	1196
市场调查	7242	795	777	18	35883	26340	852	75
社会经济咨询	7243	102133	101344	789	411308	187077	104963	3619
健康咨询	7244	6985	6903	82	26347	14100	7162	259
环保咨询	7245	1378	1360	18	9788	3433	1449	89
体育咨询	7246	514	505	9	2227	904	526	21
其他专业咨询与调查	7249	12942	12821	121	66524	29221	13700	879
广告业	725	40794	40580	214	213485	84123	41371	791
互联网广告服务	7251	4117	4088	29	30233	13188	4153	65
其他广告服务	7259	36677	36492	185	183252	70935	37218	726
人力资源服务	726	15330	14880	450	563059	171739	17240	2360
公共就业服务	7261	340	335	5	5443	1751	625	290
职业中介服务	7262	2597	2534	63	34293	16458	2843	309
劳务派遣服务	7263	9137	8825	312	424121	116177	10076	1251
创业指导服务	7264	348	347	1	1763	748	354	7
其他人力资源服务	7269	2908	2839	69	97439	36605	3342	503
安全保护服务	727	3489	3372	117	311031	36602	4050	678
安全服务	7271	953	877	76	278645	30459	1375	498
安全系统监控服务	7272	2126	2100	26	14490	4191	2217	117
其他安全保护服务	7279	410	395	15	17896	1952	458	63
会议、展览及相关服务	728	5850	5815	35	35967	15438	6029	214

1-19 续表 40

项 目	代码	法人单位					产业活动单位	
		单位数（个）	单产业法人	多产业法人	从业人数（人）	女性	单位数（个）	多产业法人所属的产业活动单位数
科技会展服务	7281	195	194	1	2941	1191	201	7
旅游会展服务	7282	137	136	1	1041	553	174	38
体育会展服务	7283	44	43	1	134	51	46	3
文化会展服务	7284	1062	1046	16	9947	4521	1078	32
其他会议、展览及相关服务	7289	4412	4396	16	21904	9122	4530	134
其他商务服务业	729	59094	57993	1101	298105	142793	67455	9462
旅行社及相关服务	7291	7358	6757	601	74903	42868	12431	5674
包装服务	7292	1269	1262	7	7869	3331	1309	47
办公服务	7293	2461	2425	36	13707	6495	2642	217
翻译服务	7294	733	725	8	4128	2496	755	30
信用服务	7295	347	342	5	1397	597	389	47
非融资担保服务	7296	1626	1602	24	8565	3679	1696	94
商务代理代办服务	7297	9383	9191	192	45636	21448	10164	973
票务代理服务	7298	481	475	6	2644	1394	528	53
其他未列明商务服务业	7299	35436	35214	222	139256	60485	37541	2327
科学研究和技术服务业	M	194577	192615	1962	1412753	487602	205105	12490
研究和试验发展	73	46183	45960	223	256557	93442	47016	1056
自然科学研究和试验发展	731	2416	2411	5	13691	5664	2454	43
自然科学研究和试验发展	7310	2416	2411	5	13691	5664	2454	43
工程和技术研究和试验发展	732	37354	37180	174	190988	63674	37996	816
工程和技术研究和试验发展	7320	37354	37180	174	190988	63674	37996	816
农业科学研究和试验发展	733	1722	1706	16	17976	7904	1773	67
农业科学研究和试验发展	7330	1722	1706	16	17976	7904	1773	67
医学研究和试验发展	734	4076	4049	27	30600	14672	4159	110
医学研究和试验发展	7340	4076	4049	27	30600	14672	4159	110
社会人文科学研究	735	615	614	1	3302	1528	634	20
社会人文科学研究	7350	615	614	1	3302	1528	634	20
专业技术服务业	74	87637	86260	1377	890491	290923	95118	8858
气象服务	741	338	316	22	3992	1429	413	97
气象服务	7410	338	316	22	3992	1429	413	97
地震服务	742	67	67		607	171	71	4
地震服务	7420	67	67		607	171	71	4
海洋服务	743	127	123	4	2443	506	134	11
海洋气象服务	7431	14	13	1	243	96	13	
海洋环境服务	7432	16	16		418	146	20	4
其他海洋服务	7439	97	94	3	1782	264	101	7
测绘地理信息服务	744	973	941	32	15932	4120	1181	240
遥感测绘服务	7441	481	466	15	6842	1872	557	91
其他测绘地理信息服务	7449	492	475	17	9090	2248	624	149
质检技术服务	745	6522	6350	172	127059	47711	7463	1113

1-19 续表41

项目	代码	法人单位					产业活动单位	
		单位数（个）	单产业法人	多产业法人	从业人数（人）	女性	单位数（个）	多产业法人所属的产业活动单位数
检验检疫服务	7451	536	528	8	9057	3863	720	192
检测服务	7452	4091	3969	122	85291	31661	4616	647
计量服务	7453	117	112	5	6616	2480	126	14
标准化服务	7454	54	54		1247	640	58	4
认证认可服务	7455	429	421	8	7411	3056	510	89
其他质检技术服务	7459	1295	1266	29	17437	6011	1433	167
环境与生态监测检测服务	746	1240	1207	33	15216	5880	1393	186
环境保护监测	7461	1111	1079	32	14111	5477	1249	170
生态资源监测	7462	128	127	1	1105	403	143	16
野生动物疫源疫病防控监测	7463	1	1				1	
地质勘查	747	390	377	13	11868	2599	492	115
能源矿产地质勘查	7471	66	66		1560	379	78	12
固体矿产地质勘查	7472	35	34	1	1030	176	40	6
水、二氧化碳等矿产地质勘查	7473	3	3		198	51	5	2
基础地质勘查	7474	109	106	3	4528	921	150	44
地质勘查技术服务	7475	177	168	9	4552	1072	219	51
工程技术与设计服务	748	36515	35724	791	470101	134698	41137	5413
工程管理服务	7481	5600	5429	171	94110	25040	7348	1919
工程监理服务	7482	783	674	109	51960	8946	1367	693
工程勘察活动	7483	1007	966	41	27218	8066	1397	431
工程设计活动	7484	24741	24321	420	261048	80324	26219	1898
规划设计管理	7485	4271	4225	46	34080	11715	4671	446
土地规划服务	7486	113	109	4	1685	607	135	26
工业与专业设计及其他专业技术服务	749	41465	41155	310	243273	93809	42834	1679
工业设计服务	7491	6053	6022	31	35598	12637	6133	111
专业设计服务	7492	25408	25216	192	138490	55873	25842	626
兽医服务	7493	631	616	15	3284	1037	997	381
其他未列明专业技术服务业	7499	9373	9301	72	65901	24262	9862	561
科技推广和应用服务业	75	60757	60395	362	265705	103237	62971	2576
技术推广服务	751	35879	35645	234	169329	62747	37410	1765
农林牧渔技术推广服务	7511	5344	5287	57	25818	9443	6193	906
生物技术推广服务	7512	8349	8306	43	32387	13580	8459	153
新材料技术推广服务	7513	1724	1716	8	11569	5760	1762	46
节能技术推广服务	7514	2607	2581	26	14299	4427	2678	97
新能源技术推广服务	7515	1542	1533	9	6588	2045	1572	39
环保技术推广服务	7516	2983	2969	14	14095	4755	3052	83
三维（3D)打印技术推广服务	7517	164	164		867	268	169	5
其他技术推广服务	7519	13166	13089	77	63706	22469	13525	436
知识产权服务	752	5002	4937	65	31816	16068	5355	418
知识产权服务	7520	5002	4937	65	31816	16068	5355	418

1-19 续表42

项 目	代码	法人单位					产业活动单位	
		单位数（个）	单产业法人	多产业法人	从业人数（人）	女性	单位数（个）	多产业法人所属的产业活动单位数
科技中介服务	753	2613	2604	9	10345	4156	2654	50
科技中介服务	7530	2613	2604	9	10345	4156	2654	50
创业空间服务	754	937	930	7	4369	1685	949	19
创业空间服务	7540	937	930	7	4369	1685	949	19
其他科技推广服务业	759	16326	16279	47	49846	18581	16603	324
其他科技推广服务业	7590	16326	16279	47	49846	18581	16603	324
水利、环境和公共设施管理业	N	11067	10870	197	279275	112581	12313	1443
水利管理业	76	1198	1172	26	22136	4935	1626	454
防洪除涝设施管理	761	258	253	5	5049	1032	304	51
防洪除涝设施管理	7610	258	253	5	5049	1032	304	51
水资源管理	762	324	315	9	5935	1469	477	162
水资源管理	7620	324	315	9	5935	1469	477	162
天然水收集与分配	763	163	160	3	3599	655	193	33
天然水收集与分配	7630	163	160	3	3599	655	193	33
水文服务	764	22	22		664	174	32	10
水文服务	7640	22	22		664	174	32	10
其他水利管理业	769	431	422	9	6889	1605	620	198
其他水利管理业	7690	431	422	9	6889	1605	620	198
生态保护和环境治理业	77	2143	2098	45	27230	7104	2297	199
生态保护	771	379	370	9	5531	1607	471	101
自然生态系统保护管理	7711	260	253	7	3608	960	341	88
自然遗迹保护管理	7712	4	4		60	16	4	
野生动物保护	7713	33	33		386	159	39	6
野生植物保护	7714	10	10		42	14	11	1
动物园、水族馆管理服务	7715	24	22	2	1050	375	25	3
植物园管理服务	7716	9	9		136	31	9	
其他自然保护	7719	39	39		249	52	42	3
环境治理业	772	1764	1728	36	21699	5497	1826	98
水污染治理	7721	713	694	19	10654	2692	730	36
大气污染治理	7722	296	292	4	1726	517	299	7
固体废物治理	7723	264	259	5	3393	836	270	11
危险废物治理	7724	49	47	2	2173	347	54	7
放射性废物治理	7725						1	1
土壤污染治理与修复服务	7726	42	39	3	464	117	46	7
噪声与振动控制服务	7727	14	13	1	592	220	14	1
其他污染治理	7729	386	384	2	2697	768	412	28
公共设施管理业	78	7460	7343	117	226419	99016	8037	694
市政设施管理	781	982	968	14	25636	7853	1093	125
市政设施管理	7810	982	968	14	25636	7853	1093	125
环境卫生管理	782	1295	1267	28	107973	53026	1515	248

1-19 续表45

项目	代码	法人单位 单位数（个）	单产业法人	多产业法人	从业人数（人）	女性	产业活动单位 单位数（个）	多产业法人所属的产业活动单位数
成人小学教育	8322	13	13		276	162	13	
中等教育	833	4912	4831	81	620152	352670	4954	123
普通初中教育	8331	3362	3308	54	335946	195244	3380	72
职业初中教育	8332	8	8		868	455	9	1
成人初中教育	8333	5	5		60	29	5	
普通高中教育	8334	860	841	19	212197	120125	867	26
成人高中教育	8335	8	8		78	48	8	
中等职业学校教育	8336	669	661	8	71003	36769	685	24
高等教育	834	308	298	10	158728	78177	336	38
普通高等教育	8341	203	195	8	151388	74436	218	23
成人高等教育	8342	105	103	2	7340	3741	118	15
特殊教育	835	265	264	1	7647	5603	269	5
特殊教育	8350	265	264	1	7647	5603	269	5
技能培训、教育辅助及其他教育	839	34410	33318	1092	271468	146822	39570	6252
职业技能培训	8391	10198	9765	433	105470	50190	13305	3540
体校及体育培训	8392	2095	2063	32	13257	4614	2183	120
文化艺术培训	8393	8953	8635	318	41080	24724	9741	1106
教育辅助服务	8394	5260	5146	114	36479	21347	5766	620
其他未列明教育	8399	7904	7709	195	75182	45947	8575	866
卫生和社会工作	Q	17810	17202	608	917504	618166	23151	5949
卫生	84	13638	13064	574	851526	572761	18693	5629
医院	841	1765	1643	122	542370	370330	1843	200
综合医院	8411	902	819	83	402076	276209	943	124
中医医院	8412	140	129	11	59106	39431	148	19
中西医结合医院	8413	28	26	2	11316	7616	29	3
民族医院	8414							
专科医院	8415	546	524	22	66542	44897	563	39
疗养院	8416	149	145	4	3330	2177	160	15
基层医疗卫生服务	842	10104	9718	386	218081	140047	14584	4866
社区卫生服务中心（站）	8421	1414	1350	64	48017	32874	2995	1645
街道卫生院	8422	22	20	2	1494	981	25	5
乡镇卫生院	8423	1189	994	195	90779	56027	1310	316
村卫生室	8424	1758	1743	15	19610	12134	3645	1902
门诊部（所）	8425	5721	5611	110	58181	38031	6609	998
专业公共卫生服务	843	1169	1133	36	72224	50980	1602	469
疾病预防控制中心	8431	204	199	5	11493	6075	264	65
专科疾病防治院（所、站）	8432	210	194	16	10450	6400	220	26
妇幼保健院（所、站）	8433	151	145	6	40312	31862	159	14
急救中心（站）服务	8434	71	71		1785	1113	79	8
采供血机构服务	8435	93	86	7	4058	2706	110	24

1-19 续表 46

项 目	代码	法人单位					产业活动单位	
		单位数（个）	单产业法人	多产业法人	从业人数（人）	女性	单位数（个）	多产业法人所属的产业活动单位数
计划生育技术服务活动	8436	440	438	2	4126	2824	770	332
其他卫生活动	849	600	570	30	18851	11404	664	94
健康体检服务	8491	138	119	19	7701	5033	172	53
临床检验服务	8492	98	97	1	4042	1977	99	2
其他未列明卫生服务	8499	364	354	10	7108	4394	393	39
社会工作	85	4172	4138	34	65978	45405	4458	320
提供住宿社会工作	851	2448	2418	30	39457	26871	2670	252
干部休养所	8511	132	132		1167	591	147	15
护理机构服务	8512	105	102	3	1853	1454	106	4
精神康复服务	8513	115	114	1	4114	2465	127	13
老年人、残疾人养护服务	8514	1949	1926	23	26839	18859	2131	205
临终关怀服务	8515							
孤残儿童收养和庇护服务	8516	86	83	3	3436	2514	95	12
其他提供住宿社会救助	8519	61	61		2048	988	64	3
不提供住宿社会工作	852	1724	1720	4	26521	18534	1788	68
社会看护与帮助服务	8521	1271	1269	2	21594	15272	1305	36
康复辅具适配服务	8522	90	89	1	1057	703	97	8
其他不提供住宿社会工作	8529	363	362	1	3870	2559	386	24
文化、体育和娱乐业	R	61695	60900	795	382917	169430	65048	4148
新闻和出版业	86	659	650	9	19099	8659	730	80
新闻业	861	132	131	1	1400	697	160	29
新闻业	8610	132	131	1	1400	697	160	29
出版业	862	527	519	8	17699	7962	570	51
图书出版	8621	113	110	3	1811	980	119	9
报纸出版	8622	121	116	5	13478	5691	150	34
期刊出版	8623	150	150		1577	901	155	5
音像制品出版	8624	74	74		509	247	74	
电子出版物出版	8625	27	27		173	75	29	2
数字出版	8626	19	19		41	18	20	1
其他出版业	8629	23	23		110	50	23	
广播、电视、电影和录音制作业	87	6396	6292	104	65431	28181	6849	557
广播	871	379	371	8	7933	2841	409	38
广播	8710	379	371	8	7933	2841	409	38
电视	872	127	119	8	5834	2417	158	39
电视	8720	127	119	8	5834	2417	158	39
影视节目制作	873	4134	4112	22	22705	8989	4174	62
影视节目制作	8730	4134	4112	22	22705	8989	4174	62
广播电视集成播控	874	23	21	2	1596	600	52	31
广播电视集成播控	8740	23	21	2	1596	600	52	31
电影和广播电视节目发行	875	204	198	6	1547	677	217	19

1-19 续表 47

项 目	代码	法人单位					产业活动单位	
		单位数（个）	单产业法人	多产业法人	从业人数（人）	女性	单位数（个）	多产业法人所属的产业活动单位数
电影和广播电视节目发行	8750	204	198	6	1547	677	217	19
电影放映	876	1121	1065	56	23999	11934	1428	363
电影放映	8760	1121	1065	56	23999	11934	1428	363
录音制作	877	408	406	2	1817	723	411	5
录音制作	8770	408	406	2	1817	723	411	5
文化艺术业	88	18532	18424	108	84037	39844	19334	910
文艺创作与表演	881	4461	4430	31	24189	11301	4522	92
文艺创作与表演	8810	4461	4430	31	24189	11301	4522	92
艺术表演场馆	882	153	151	2	1423	595	154	3
艺术表演场馆	8820	153	151	2	1423	595	154	3
图书馆与档案馆	883	533	530	3	7735	4712	571	41
图书馆	8831	179	177	2	4103	2582	198	21
档案馆	8832	354	353	1	3632	2130	373	20
文物及非物质文化遗产保护	884	206	205	1	1648	712	225	20
文物及非物质文化遗产保护	8840	206	205	1	1648	712	225	20
博物馆	885	304	302	2	3844	1914	315	13
博物馆	8850	304	302	2	3844	1914	315	13
烈士陵园、纪念馆	886	41	41		465	248	47	6
烈士陵园、纪念馆	8860	41	41		465	248	47	6
群众文体活动	887	2375	2354	21	12551	5848	2859	505
群众文体活动	8870	2375	2354	21	12551	5848	2859	505
其他文化艺术业	889	10459	10411	48	32182	14514	10641	230
其他文化艺术业	8890	10459	10411	48	32182	14514	10641	230
体育	89	7330	7121	209	58776	26027	7927	806
体育组织	891	1707	1689	18	10252	3263	1747	58
体育竞赛组织	8911	884	873	11	6812	2115	910	37
体育保障组织	8912	245	242	3	722	246	254	12
其他体育组织	8919	578	574	4	2718	902	583	9
体育场地设施管理	892	722	699	23	7030	2716	781	82
体育场馆管理	8921	666	644	22	6709	2590	714	70
其他体育场地设施管理	8929	56	55	1	321	126	67	12
健身休闲活动	893	4388	4226	162	39291	19137	4860	634
健身休闲活动	8930	4388	4226	162	39291	19137	4860	634
其他体育	899	513	507	6	2203	911	539	32
体育中介代理服务	8991	46	46		146	61	47	1
体育健康服务	8992	287	283	4	1068	446	306	23
其他未列明体育	8999	180	178	2	989	404	186	8
娱乐业	90	28778	28413	365	155574	66719	30208	1795
室内娱乐活动	901	11859	11655	204	64738	27820	12925	1270
歌舞厅娱乐活动	9011	2479	2438	41	29234	13895	2631	193

1-19 续表 48

项　目	代码	法人单位					产业活动单位	
		单位数（个）	单产业法人	多产业法人	从业人数（人）	女性	单位数（个）	多产业法人所属的产业活动单位数
电子游艺厅娱乐活动	9012	533	527	6	3518	1515	573	46
网吧活动	9013	7851	7713	138	26613	9673	8651	938
其他室内娱乐活动	9019	996	977	19	5373	2737	1070	93
游乐园	902	425	411	14	17699	7380	515	104
游乐园	9020	425	411	14	17699	7380	515	104
休闲观光活动	903	574	567	7	4541	2152	579	12
休闲观光活动	9030	574	567	7	4541	2152	579	12
彩票活动	904	116	115	1	1873	879	122	7
体育彩票服务	9041	36	35	1	519	173	36	1
福利彩票服务	9042	75	75		1352	706	81	6
其他彩票服务	9049	5	5		2		5	
文化体育娱乐活动与经纪代理服务	905	15522	15385	137	63694	27095	15771	386
文化活动服务	9051	13185	13078	107	54072	23458	13397	319
体育表演服务	9052	1830	1808	22	6961	2524	1860	52
文化娱乐经纪人	9053	130	129	1	1062	453	134	5
体育经纪人	9054	23	23		120	39	23	
其他文化艺术经纪代理	9059	354	347	7	1479	621	357	10
其他娱乐业	909	282	280	2	3029	1393	296	16
其他娱乐业	9090	282	280	2	3029	1393	296	16
公共管理、社会保障和社会组织	S	80083	76641	3442	1682468	547175	93691	17050
中国共产党机关	91	1676	1548	128	45888	14448	1810	262
中国共产党机关	910	1676	1548	128	45888	14448	1810	262
中国共产党机关	9100	1676	1548	128	45888	14448	1810	262
国家机构	92	22813	20341	2472	1310305	416147	35701	15360
国家权力机构	921	495	476	19	11434	3254	566	90
国家权力机构	9210	495	476	19	11434	3254	566	90
国家行政机构	922	21603	19243	2360	1236847	387514	34023	14780
综合事务管理机构	9221	7136	6045	1091	468471	174464	9483	3438
对外事务管理机构	9222	148	146	2	2441	1029	166	20
公共安全管理机构	9223	1431	1243	188	346259	60576	4068	2825
社会事务管理机构	9224	4773	4396	377	151921	62379	7179	2783
经济事务管理机构	9225	5888	5360	528	178857	60002	9645	4285
行政监督检查机构	9226	2227	2053	174	88898	29064	3482	1429
人民法院和人民检察院	923	374	287	87	51417	23239	665	378
人民法院	9231	200	133	67	33663	15708	450	317
人民检察院	9232	174	154	20	17754	7531	215	61
其他国家机构	929	341	335	6	10607	2140	447	112
消防管理机构	9291	222	220	2	6569	670	309	89
其他未列明国家机构	9299	119	115	4	4038	1470	138	23
人民政协、民主党派	93	363	357	6	4277	1414	379	22

1-19 续表 49

项 目	代码	法人单位					产业活动单位	
		单位数（个）	单产业法人	多产业法人	从业人数（人）	女性	单位数（个）	多产业法人所属的产业活动单位数
人民政协	931	164	158	6	3399	1010	177	19
人民政协	9310	164	158	6	3399	1010	177	19
民主党派	932	199	199		878	404	202	3
民主党派	9320	199	199		878	404	202	3
社会保障	94	187	183	4	4883	2627	348	165
基本保险	941	104	101	3	3089	1770	181	80
基本养老保险	9411	58	56	2	1966	1095	87	31
基本医疗保险	9412	42	41	1	815	476	87	46
失业保险	9413							
工伤保险	9414						1	1
生育保险	9415							
其他基本保险	9419	4	4		308	199	6	2
补充保险	942	1	1		4	3	1	
补充保险	9420	1	1		4	3	1	
其他社会保障	949	82	81	1	1790	854	166	85
其他社会保障	9490	82	81	1	1790	854	166	85
群众团体、社会团体和其他成员组织	95	27388	27326	62	96923	43269	27675	349
群众团体	951	2027	2000	27	10554	5225	2044	44
工会	9511	988	975	13	5299	2304	996	21
妇联	9512	224	222	2	1243	1070	225	3
共青团	9513	168	163	5	976	458	168	5
其他群众团体	9519	647	640	7	3036	1393	655	15
社会团体	952	21790	21763	27	65289	28275	21807	44
专业性团体	9521	9911	9902	9	28795	11703	9925	23
行业性团体	9522	5245	5239	6	16732	8296	5243	4
其他社会团体	9529	6634	6622	12	19762	8276	6639	17
基金会	953	779	779		2500	1255	779	
基金会	9530	779	779		2500	1255	779	
宗教组织	954	2792	2784	8	18580	8514	3045	261
宗教团体服务	9541	471	464	7	3099	1304	466	2
宗教活动场所服务	9542	2321	2320	1	15481	7210	2579	259
基层群众自治组织及其他组织	96	27656	26886	770	220192	69270	27778	892
社区居民自治组织	961	7052	6966	86	74305	33216	7202	236
社区居民自治组织	9610	7052	6966	86	74305	33216	7202	236
村民自治组织	962	20604	19920	684	145887	36054	20576	656
村民自治组织	9620	20604	19920	684	145887	36054	20576	656
国际组织	T							
国际组织	97							
国际组织	970							
国际组织	9700							

1-20 按行业（门类、大类、中类）分组的法人单位从业人员数

行　业	从业人员数（人）	#女性	#具有研究生学历（位）人员	#具有大学本科学历（位）人员	#具有大学专科学历人员
总　计	46107946	18474501	888160	6497190	7071901
农、林、牧、渔业	37144	12836	146	1491	3206
农业					
谷物种植					
豆类、油料和薯类种植					
棉、麻、糖、烟草种植					
蔬菜、食用菌及园艺作物种植					
水果种植					
坚果、含油果、香料和饮料作物					
中药材种植					
草种植及割草					
其他农业					
林业					
林木育种和育苗					
造林和更新					
森林经营、管护和改培					
木材和竹材采运					
林产品采集					
畜牧业					
牲畜饲养					
家禽饲养					
狩猎和捕捉动物					
其他畜牧业					
渔业					
水产养殖					
水产捕捞					
农、林、牧、渔专业及辅助性活动	37144	12836	146	1491	3206
农业专业及辅助性活动	25137	8892	64	908	2113
林业专业及辅助性活动	3496	980	28	249	500
畜牧专业及辅助性活动	3433	1293	26	138	190
渔业专业及辅助性活动	5078	1671	28	196	403
采矿业	52474	10177	1252	7017	5443
煤炭开采和洗选业	48	16		2	3
烟煤和无烟煤开采洗选	48	16		2	3
褐煤开采洗选					
其他煤炭采选					
石油和天然气开采业	5996	807	1069	3912	810
石油开采	3121	477	562	1944	490
天然气开采	2875	330	507	1968	320

1-20 续表1

行　业	从业人员数（人）	#女性	#具有研究生学历（位）人员	#具有大学本科学历（位）人员	#具有大学专科学历人员
黑色金属矿采选业	3255	610	2	106	258
铁矿采选	3118	587	2	105	244
锰矿、铬矿采选	52	7			2
其他黑色金属矿采选	85	16		1	12
有色金属矿采选业	8923	1974	48	1079	1382
常用有色金属矿采选	6096	1446	30	856	1068
贵金属矿采选	756	130	8	51	63
稀有稀土金属矿采选	2071	398	10	172	251
非金属矿采选业	31834	6303	33	1071	2626
土砂石开采	26993	5147	27	668	1906
化学矿开采	2124	601	4	288	432
采盐	569	78		14	77
石棉及其他非金属矿采选	2148	477	2	101	211
开采专业及辅助性活动	1667	295	96	814	288
煤炭开采和洗选专业及辅助性活	4	1			1
石油和天然气开采专业及辅助性	1572	264	96	808	281
其他开采专业及辅助性活动	91	30		6	6
其他采矿业	751	172	4	33	76
其他采矿业	751	172	4	33	76
制造业	18183141	7431923	208269	1176091	1768590
农副食品加工业	210276	81915	1348	12905	20407
谷物磨制	14086	4364	67	898	1576
饲料加工	46523	11238	837	5684	7371
植物油加工	12089	4030	75	1274	1783
制糖业	14897	5513	9	289	685
屠宰及肉类加工	40800	13823	123	1491	3111
水产品加工	44644	25094	117	1640	2783
蔬菜、菌类、水果和坚果加工	18243	9307	31	610	1407
其他农副食品加工	18994	8546	89	1019	1691
食品制造业	249555	118866	2104	17774	28125
焙烤食品制造	49901	26286	98	1819	5550
糖果、巧克力及蜜饯制造	42988	21356	305	2280	2647
方便食品制造	36756	17055	109	2335	4704
乳制品制造	15252	7977	234	1994	2657
罐头食品制造	12406	5714	19	440	769
调味品、发酵制品制造	26942	10716	166	2500	3789
其他食品制造	65310	29762	1173	6406	8009
酒、饮料和精制茶制造业	91173	32378	528	8954	13504
酒的制造	17208	6038	132	1486	2698

1-20 续表 2

行　业	从业人员数（人）	#女性	#具有研究生学历（位）人员	#具有大学本科学历（位）人员	#具有大学专科学历人员
饮料制造	65644	22469	361	7174	10082
精制茶加工	8321	3871	35	294	724
烟草制品业	6988	1747	407	2618	1508
烟叶复烤	342	92	7	97	149
卷烟制造	5731	1432	392	2457	1231
其他烟草制品制造	915	223	8	64	128
纺织业	403674	195152	845	13286	29958
棉纺织及印染精加工	178640	80526	238	5954	12548
毛纺织及染整精加工	23711	12222	42	558	1315
麻纺织及染整精加工	631	293		9	25
丝绢纺织及印染精加工	3160	1647	1	50	160
化纤织造及印染精加工	13184	6253	7	339	883
针织或钩针编织物及其制品制造	85795	46505	293	2322	6652
家用纺织制成品制造	41483	21005	125	2038	3730
产业用纺织制成品制造	57070	26701	139	2016	4645
纺织服装、服饰业	1042156	643437	1655	27580	67655
机织服装制造	570545	350745	1206	16418	40729
针织或钩针编织服装制造	288732	190306	203	5969	16127
服饰制造	182879	102386	246	5193	10799
皮革、毛皮、羽毛及其制品和制鞋	701418	376105	790	16596	40020
皮革鞣制加工	19615	8710	20	556	1181
皮革制品制造	258240	141955	403	6611	17243
毛皮鞣制及制品加工	3559	1819	3	84	180
羽毛（绒）加工及制品制造	3367	1864	1	101	227
制鞋业	416637	221757	363	9244	21189
木材加工和木、竹、藤、棕、草制	124788	41956	311	3263	8269
木材加工	30874	9244	44	600	1719
人造板制造	29674	9439	75	853	2313
木质制品制造	50631	16307	182	1525	3278
竹、藤、棕、草等制品制造	13609	6966	10	285	959
家具制造业	529960	168112	1019	22258	42208
木质家具制造	315153	97471	649	15051	26857
竹、藤家具制造	5171	1824	9	241	554
金属家具制造	67874	23361	116	2009	4750
塑料家具制造	5560	1917	20	230	474
其他家具制造	136202	43539	225	4727	9573
造纸和纸制品业	375686	129961	801	12510	30032
纸浆制造	777	175	1	32	86
造纸	90171	25424	162	3478	8588

1-20 续表3

行 业	从业人员数（人）	#女性	#具有研究生学历（位）人员	#具有大学本科学历（位）人员	#具有大学专科学历人员
纸制品制造	284738	104362	638	9000	21358
印刷和记录媒介复制业	359953	146654	858	13780	29082
印刷	335006	137312	770	12408	26148
装订及印刷相关服务	23661	8894	79	1233	2679
记录媒介复制	1286	448	9	139	255
文教、工美、体育和娱乐用品制造	879467	469560	1336	27416	62322
文教办公用品制造	54425	25819	152	2414	4232
乐器制造	17112	7521	34	774	1517
工艺美术及礼仪用品制造	282575	144931	500	11236	23646
体育用品制造	104275	49485	176	2892	7976
玩具制造	403226	234913	367	8321	22822
游艺器材及娱乐用品制造	17854	6891	107	1779	2129
石油、煤炭及其他燃料加工业	31604	8581	484	6666	6634
精炼石油产品制造	28018	6670	481	6564	6358
煤炭加工	613	167	2	41	89
核燃料加工	65	16			3
生物质燃料加工	2908	1728	1	61	184
化学原料和化学制品制造业	464365	167149	6617	48659	67761
基础化学原料制造	37297	10101	530	4374	6333
肥料制造	9092	2457	160	838	1225
农药制造	4162	1404	155	588	713
涂料、油墨、颜料及类似产品制	109505	30329	1107	11075	15599
合成材料制造	69718	20530	965	7424	9254
专用化学产品制造	82219	24921	1520	9914	13187
炸药、火工及焰火产品制造	1477	423	8	122	247
日用化学产品制造	150895	76984	2172	14324	21203
医药制造业	152784	72338	4508	29415	31015
化学药品原料药制造	12960	5317	445	2086	2106
化学药品制剂制造	35743	16354	1060	9012	7819
中药饮片加工	19572	10306	130	1858	3370
中成药生产	43834	21154	980	8474	10340
兽用药品制造	4879	1918	236	688	750
生物药品制品制造	16791	7460	1172	4592	3655
卫生材料及医药用品制造	17214	8924	477	2596	2841
药用辅料及包装材料	1791	905	8	109	134
化学纤维制造业	14502	4881	216	725	1036
纤维素纤维原料及纤维制造	1400	423	26	170	232
合成纤维制造	12292	4162	179	507	748
生物基材料制造	810	296	11	48	56

1-20 续表 4

行业	从业人员数（人）	#女性	#具有研究生学历（位）人员	#具有大学本科学历（位）人员	#具有大学专科学历人员
橡胶和塑料制品业	1246037	522541	3269	41204	93502
橡胶制品业	170187	69503	479	5919	13284
塑料制品业	1075850	453038	2790	35285	80218
非金属矿物制品业	758615	241757	1834	30151	67840
水泥、石灰和石膏制造	36845	8332	53	1644	4357
石膏、水泥制品及类似制品制造	99659	19236	253	5248	10863
砖瓦、石材等建筑材料制造	105181	28484	290	3950	8231
玻璃制造	35578	8707	82	1986	3547
玻璃制品制造	115989	44155	304	4389	9152
玻璃纤维和玻璃纤维增强塑料制	13540	4347	38	657	1192
陶瓷制品制造	314288	117878	510	10314	27197
耐火材料制品制造	6180	1628	26	288	534
石墨及其他非金属矿物制品制造	31355	8990	278	1675	2767
黑色金属冶炼和压延加工业	91396	18315	463	6192	13578
炼铁	372	123		11	27
炼钢	2483	333	9	180	252
钢压延加工	87167	17647	431	5819	12938
铁合金冶炼	1374	212	23	182	361
有色金属冶炼和压延加工业	179343	45445	516	9138	18359
常用有色金属冶炼	15210	3509	50	1026	1470
贵金属冶炼	324	80	4	34	57
稀有稀土金属冶炼	2045	473	13	225	371
有色金属合金制造	23325	6803	67	857	1666
有色金属压延加工	138439	34580	382	6996	14795
金属制品业	1512220	516247	3632	57813	125733
结构性金属制品制造	331317	96380	843	14213	31220
金属工具制造	100427	39304	291	3855	10142
集装箱及金属包装容器制造	50856	13860	213	2429	4634
金属丝绳及其制品制造	16267	5204	26	508	1178
建筑、安全用金属制品制造	309259	113076	724	10212	23516
金属表面处理及热处理加工	104475	39118	321	3281	7046
搪瓷制品制造	9781	3236	37	448	882
金属制日用品制造	211004	79705	340	9732	16878
铸造及其他金属制品制造	378834	126364	837	13135	30237
通用设备制造业	791779	241324	5259	61464	103694
锅炉及原动设备制造	14780	3832	498	2194	2330
金属加工机械制造	109764	25975	588	8633	17346
物料搬运设备制造	65052	11899	565	9455	14941
泵、阀门、压缩机及类似机械制	86873	28319	689	7283	9691

1-20 续表5

行 业	从业人员数（人）	#女性	#具有研究生学历（位）人员	#具有大学本科学历（位）人员	#具有大学专科学历人员
轴承、齿轮和传动部件制造	23413	8731	85	1102	2492
烘炉、风机、包装等设备制造	156505	49378	855	12060	19030
文化、办公用机械制造	96746	43853	605	7118	11347
通用零部件制造	169427	52780	468	6244	14917
其他通用设备制造业	69219	16557	906	7375	11600
专用设备制造业	879593	274179	9415	74982	116444
采矿、冶金、建筑专用设备制造	18279	4042	158	1626	2675
化工、木材、非金属加工专用设	363405	101795	945	15460	37546
食品、饮料、烟草及饲料生产专	14130	3846	82	876	1658
印刷、制药、日化及日用品生产	51413	14609	295	3911	9024
纺织、服装和皮革加工专用设备	21702	6191	84	1343	2461
电子和电工机械专用设备制造	88925	26791	759	9943	14907
农、林、牧、渔专用机械制造	14966	4143	68	824	1562
医疗仪器设备及器械制造	172540	77425	5136	22732	23751
环保、邮政、社会公共服务及其	134233	35337	1888	18267	22860
汽车制造业	486227	151735	5508	47426	55702
汽车整车制造	106436	18588	3504	22030	16791
汽车用发动机制造	3713	312	51	608	549
改装汽车制造	8668	2007	84	928	866
低速汽车制造	865	120	3	242	121
电车制造	560	125	9	121	133
汽车车身、挂车制造	6940	2109	33	395	560
汽车零部件及配件制造	359045	128474	1824	23102	36682
铁路、船舶、航空航天和其他运输	134418	37373	1099	13178	16199
铁路运输设备制造	3319	739	83	643	808
城市轨道交通设备制造	1182	269	10	276	290
船舶及相关装置制造	36490	6166	456	5769	5288
航空、航天器及设备制造	3409	1156	246	687	492
摩托车制造	43561	12962	203	3530	5400
自行车和残疾人座车制造	30456	10070	34	973	2245
助动车制造	7108	2273	30	449	838
非公路休闲车及零配件制造	3821	1453	16	209	410
潜水救捞及其他未列明运输设备	5072	2285	21	642	428
电气机械和器材制造业	2162132	936064	18812	141371	216529
电机制造	141716	66641	716	7220	11197
输配电及控制设备制造	422661	185687	3553	31682	49696
电线、电缆、光缆及电工器材制	257816	113744	916	12342	23569
电池制造	209526	84677	2625	14774	20657
家用电力器具制造	689933	300847	9200	47275	63304

1-20 续表 6

行 业	从业人员数（人）	#女性	#具有研究生学历（位）人员	#具有大学本科学历（位）人员	#具有大学专科学历人员
非电力家用器具制造	37656	13883	265	2815	4664
照明器具制造	360690	155249	1246	21757	37907
其他电气机械及器材制造	42134	15336	291	3506	5535
计算机、通信和其他电子设备制造	3812151	1597039	130669	386822	401540
计算机制造	381558	156202	3218	32329	40103
通信设备制造	920565	318811	107665	161614	100120
广播电视设备制造	52163	23617	440	5827	7396
雷达及配套设备制造	4722	1651	102	754	891
非专业视听设备制造	321197	139547	3981	39581	35117
智能消费设备制造	90043	39336	2637	13287	11085
电子器件制造	686719	294332	6665	55149	73531
电子元件及电子专用材料制造	1174011	539545	4747	64582	112561
其他电子设备制造	181173	83998	1214	13699	20736
仪器仪表制造业	279239	116573	3072	30360	38179
通用仪器仪表制造	102733	30163	1812	17219	20282
专用仪器仪表制造	33923	13649	574	5872	6405
钟表与计时仪器制造	93373	49194	155	2507	5646
光学仪器制造	35760	17261	464	3389	4011
衡器制造	7057	3457	26	624	730
其他仪器仪表制造业	6393	2849	41	749	1105
其他制造业	124359	54461	424	5150	10451
日用杂品制造	69910	33930	164	2152	4877
核辐射加工	62	10	1	10	9
其他未列明制造业	54387	20521	259	2988	5565
废弃资源综合利用业	33253	9052	157	1571	2922
金属废料和碎屑加工处理	20682	5223	68	884	1702
非金属废料和碎屑加工处理	12571	3829	89	687	1220
金属制品、机械和设备修理业	54030	11026	313	4864	8382
金属制品修理	1619	370	5	86	160
通用设备修理	8320	1815	24	626	1328
专用设备修理	5257	1385	53	561	821
铁路、船舶、航空航天等运输设	23407	3542	171	2692	3853
电气设备修理	2156	573	9	118	226
仪器仪表修理	1205	319	10	134	520
其他机械和设备修理业	12066	3022	41	647	1474
电力、热力、燃气及水生产和供应	323655	75977	9469	84475	69256
电力、热力生产和供应业	219420	45676	7550	64678	46139
电力生产	92392	19111	1310	17394	15093
电力供应	122453	25570	6167	46668	30276

1-20 续表 7

行 业	从业人员数（人）	#女性	#具有研究生学历（位）人员	#具有大学本科学历（位）人员	#具有大学专科学历人员
热力生产和供应	4575	995	73	616	770
燃气生产和供应业	23203	6419	641	5593	5284
燃气生产和供应业	22886	6345	640	5559	5243
生物质燃气生产和供应业	317	74	1	34	41
水的生产和供应业	81032	23882	1278	14204	17833
自来水生产和供应	60611	18958	855	10272	13191
污水处理及其再生利用	19506	4707	322	3746	4415
海水淡化处理	58	27		3	11
其他水的处理、利用与分配	857	190	101	183	216
建筑业	3375409	525924	13746	246029	373927
房屋建筑业	1652499	223856	4434	86782	152720
住宅房屋建筑	1309092	184369	3227	64536	125490
体育场馆建筑	44698	3290	440	2609	2426
其他房屋建筑业	298709	36197	767	19637	24804
土木工程建筑业	589140	92783	4188	74507	75311
铁路、道路、隧道和桥梁工程建	257087	37412	1910	37807	35065
水利和水运工程建筑	80233	9151	671	12744	8953
海洋工程建筑	224	37	6	42	32
工矿工程建筑	13747	1972	33	851	1764
架线和管道工程建筑	76574	11337	373	9986	10473
节能环保工程施工	6831	1839	81	806	1192
电力工程施工	9884	1854	95	1305	2119
其他土木工程建筑	144560	29181	1019	10966	15713
建筑安装业	331285	62397	1978	33744	57549
电气安装	110735	22211	798	14348	22029
管道和设备安装	51887	10763	287	6054	8887
其他建筑安装业	168663	29423	893	13342	26633
建筑装饰、装修和其他建筑业	802485	146888	3146	50996	88347
建筑装饰和装修业	578840	109139	2423	41422	69711
建筑物拆除和场地准备活动	22566	3953	109	1489	2638
提供施工设备服务	33502	4088	50	1634	3003
其他未列明建筑业	167577	29708	564	6451	12995
批发和零售业	5024940	2145000	41222	588464	953812
批发业	2997821	1236412	28941	393322	577709
农、林、牧、渔产品批发	71280	26834	928	5559	9357
食品、饮料及烟草制品批发	351757	141074	3876	41578	67551
纺织、服装及家庭用品批发	645469	315272	4237	75486	120365
文化、体育用品及器材批发	157545	78232	1279	19983	31756
医药及医疗器材批发	152025	71659	2478	31569	44000

1-20 续表 8

行业	从业人员数（人）	#女性	#具有研究生学历（位）人员	#具有大学本科学历（位）人员	#具有大学专科学历人员
矿产品、建材及化工产品批发	582933	202450	5038	64727	95540
机械设备、五金产品及电子产品	723050	276756	7776	111377	154829
贸易经纪与代理	109122	44643	1376	17643	22379
其他批发业	204640	79492	1953	25400	31932
零售业	2027119	908588	12281	195142	376103
综合零售	231530	136084	2012	19865	36752
食品、饮料及烟草制品专门零售	140157	60995	732	10529	20145
纺织、服装及日用品专门零售	278160	151381	1440	26183	49439
文化、体育用品及器材专门零售	99875	49152	701	10476	18366
医药及医疗器材专门零售	144087	90058	622	12013	32237
汽车、摩托车、零配件和燃料及	322501	114535	1071	27461	79073
家用电器及电子产品专门零售	321498	122658	2639	38004	62437
五金、家具及室内装饰材料专门	237042	84678	998	16582	31066
货摊、无店铺及其他零售业	252269	99047	2066	34029	46588
交通运输、仓储和邮政业	1499515	410799	13831	203413	274573
铁路运输业	74928	14728	507	11391	29370
铁路旅客运输	74928	14728	507	11391	29370
铁路货物运输					
铁路运输辅助活动					
道路运输业	695125	159915	3511	54999	96932
城市公共交通运输	215702	37214	1374	21640	33342
公路旅客运输	71660	15215	151	3146	6744
道路货物运输	317700	75197	924	17071	39048
道路运输辅助活动	90063	32289	1062	13142	17798
水上运输业	58683	10932	938	10625	12344
水上旅客运输	6909	1610	50	803	1466
水上货物运输	17527	3846	363	2871	3544
水上运输辅助活动	34247	5476	525	6951	7334
航空运输业	126993	59038	5200	55021	33245
航空客货运输	103486	51023	4461	49587	24365
通用航空服务	1870	424	119	809	505
航空运输辅助活动	21637	7591	620	4625	8375
管道运输业	477	56	7	32	17
海底管道运输	43	9	3	17	13
陆地管道运输	434	47	4	15	4
多式联运和运输代理业	236717	89248	1817	35021	55002
多式联运	1725	469	3	186	350
运输代理业	234992	88779	1814	34835	54652
装卸搬运和仓储业	148264	35721	674	14504	18430

1-20 续表 9

行 业	从业人员数（人）	#女性	#具有研究生学历（位）人员	#具有大学本科学历（位）人员	#具有大学专科学历人员
装卸搬运	90047	17332	193	7659	8132
通用仓储	22960	7472	242	2964	4179
低温仓储	2380	676	28	265	336
危险品仓储	3445	646	30	455	856
谷物、棉花等农产品仓储	6027	1825	48	879	1067
中药材仓储	61	26		3	17
其他仓储业	23344	7744	133	2279	3843
邮政业	158328	41161	1177	21820	29233
邮政基本服务	33054	14209	439	12908	12012
快递服务	118672	25494	679	7809	15720
其他寄递服务	6602	1458	59	1103	1501
住宿和餐饮业	944895	487575	2081	38095	112095
住宿业	333670	181832	880	17654	41460
旅游饭店	213739	112774	639	12626	29035
一般旅馆	103200	59579	203	4387	10844
民宿服务	1676	936	5	109	214
露营地服务	108	64		9	10
其他住宿业	14947	8479	33	523	1357
餐饮业	611225	305743	1201	20441	70635
正餐服务	408560	195778	734	11236	31120
快餐服务	124090	70083	304	5089	27224
饮料及冷饮服务	29830	18442	89	2249	4953
餐饮配送及外卖送餐服务	21002	8777	19	612	3698
其他餐饮业	27743	12663	55	1255	3640
信息传输、软件和信息技术服务业	1571791	564586	75549	590353	427906
电信、广播电视和卫星传输服务	162882	61181	8471	66778	39909
电信	133333	51870	7564	56506	31412
广播电视传输服务	27702	8703	695	9588	8024
卫星传输服务	1847	608	212	684	473
互联网和相关服务	200853	80741	15796	71840	50897
互联网接入及相关服务	15837	4807	285	3279	3749
互联网信息服务	91000	31636	12489	35634	17881
互联网平台	52093	27410	1693	20970	17603
互联网安全服务	2074	581	94	797	576
互联网数据服务	7164	2521	492	3075	1825
其他互联网服务	32685	13786	743	8085	9263
软件和信息技术服务业	1208056	422664	51282	451735	337100
软件开发	750227	244922	35705	312001	203346
集成电路设计	18513	5734	2305	7031	4174
信息系统集成和物联网技术服务	82240	25196	2924	26794	25880

1-20 续表 10

行业	从业人员数（人）	#女性	#具有研究生学历（位）人员	#具有大学本科学历（位）人员	#具有大学专科学历人员
运行维护服务	16945	5857	579	5131	4869
信息处理和存储支持服务	19520	7455	444	6546	4833
信息技术咨询服务	197491	75803	6279	61674	51700
数字内容服务	24045	8688	612	7821	6802
其他信息技术服务业	99075	49009	2434	24737	35496
金融业	2802247	1449106	86401	543004	600110
货币金融服务	423985	208262	34533	239961	107224
中央银行服务	5980	2050	885	3264	1109
货币银行服务	349680	177930	30550	209837	78604
非货币银行服务	68325	28282	3098	26860	27511
银行理财服务					
银行监管服务					
资本市场服务	164364	63397	37581	77999	25209
证券市场服务	79247	33894	17032	42950	13391
公开募集证券投资基金	7799	3133	4837	2360	248
非公开募集证券投资基金	31664	11412	9844	15971	3702
期货市场服务	5374	2288	1229	3319	671
证券期货监管服务	334	123	200	121	13
资本投资服务	18685	6404	2150	6748	3119
其他资本市场服务	21261	6143	2289	6530	4065
保险业	2157738	1155922	10564	210152	455953
人身保险	693997	445679	5198	99247	175194
财产保险	145547	66246	2591	32711	41208
再保险	105	47	74	26	4
商业养老金	2606	1506	118	1622	775
保险中介服务	1313759	641714	2381	75961	238539
保险资产管理					
保险监管服务					
其他保险活动	1724	730	202	585	233
其他金融业	56160	21525	3723	14892	11724
金融信托与管理服务	7662	3277	875	1526	1867
控股公司服务	3648	1296	742	1325	507
非金融机构支付服务	9311	3321	996	5292	2260
金融信息服务	16437	6941	311	2178	1914
金融资产管理公司	689	205	188	234	50
其他未列明金融业	18413	6485	611	4337	5126
房地产业	1794384	667046	22750	233429	319376
房地产业	1794384	667046	22750	233429	319376
房地产开发经营	343117	131737	12533	102620	72582
物业管理	993046	362889	4091	63518	151180

1-20　续表11

行　业	从业人员数（人）	#女性	#具有研究生学历（位）人员	#具有大学本科学历（位）人员	#具有大学专科学历人员
房地产中介服务	258041	100317	2837	38375	62159
房地产租赁经营	180551	64717	2743	25067	29775
其他房地产业	19629	7386	546	3849	3680
租赁和商务服务业	3156411	1098520	58927	453873	523260
租赁业	146148	36739	1041	12278	20877
机械设备经营租赁	140065	34730	1013	11665	19773
文体设备和用品出租	5607	1835	24	582	1049
日用品出租	476	174	4	31	55
商务服务业	3010263	1061781	57886	441595	502383
组织管理服务	777215	224897	16605	97449	104327
综合管理服务	91646	33061	1638	12769	16954
法律服务	69223	32988	8927	36601	10118
咨询与调查	650532	320140	19816	141296	152023
广告业	213485	84123	2967	41658	45528
人力资源服务	563059	171739	1955	43151	65291
安全保护服务	311031	36602	327	7895	24722
会议、展览及相关服务	35967	15438	746	7669	8770
其他商务服务业	298105	142793	4905	53107	74650
科学研究和技术服务业	1412753	487602	77462	368951	314992
研究和试验发展	256557	93442	22942	58948	48915
自然科学研究和试验发展	13691	5664	3230	2730	1927
工程和技术研究和试验发展	190988	63674	12690	42995	38278
农业科学研究和试验发展	17976	7904	1697	2071	1888
医学研究和试验发展	30600	14672	4444	10110	6367
社会人文科学研究	3302	1528	881	1042	455
专业技术服务业	890491	290923	42163	254321	212202
气象服务	3992	1429	469	2303	579
地震服务	607	171	115	278	115
海洋服务	2443	506	336	767	468
测绘地理信息服务	15932	4120	544	4156	4662
质检技术服务	127059	47711	7645	39675	34340
环境与生态监测检测服务	15216	5880	1035	4632	4423
地质勘查	11868	2599	963	4163	2143
工程技术与设计服务	470101	134698	25777	148944	111248
工业与专业设计及其他专业技术	243273	93809	5279	49403	54224
科技推广和应用服务业	265705	103237	12357	55682	53875
技术推广服务	169329	62747	6904	32769	33461
知识产权服务	31816	16068	3005	9876	7423
科技中介服务	10345	4156	698	2768	2309
创业空间服务	4369	1685	432	1490	798

1-20　续表 12

行　业	从业人员数（人）	#女性	#具有研究生学历（位）人员	#具有大学本科学历（位）人员	#具有大学专科学历人员
其他科技推广服务业	49846	18581	1318	8779	9884
水利、环境和公共设施管理业	279275	112581	3756	28677	30509
水利管理业	22136	4935	955	4682	4577
防洪除涝设施管理	5049	1032	133	1197	1237
水资源管理	5935	1469	170	1015	1146
天然水收集与分配	3599	655	130	468	653
水文服务	664	174	121	284	111
其他水利管理业	6889	1605	401	1718	1430
生态保护和环境治理业	27230	7104	1025	5569	5327
生态保护	5531	1607	116	989	950
环境治理业	21699	5497	909	4580	4377
公共设施管理业	226419	99016	1626	17275	19591
市政设施管理	25636	7853	492	4594	4090
环境卫生管理	107973	53026	236	3086	4976
城乡市容管理	7855	4121	36	566	987
绿化管理	60601	23742	454	5821	6072
城市公园管理	8690	3539	149	1502	1470
游览景区管理	15664	6735	259	1706	1996
土地管理业	3490	1526	150	1151	1014
土地整治服务	457	139	34	174	98
土地调查评估服务	1094	485	33	373	375
土地登记服务	332	181	3	124	153
土地登记代理服务	241	146	9	127	53
其他土地管理服务	1366	575	71	353	335
居民服务、修理和其他服务业	604772	286811	1938	28010	59257
居民服务业	188647	108138	1082	13482	25442
家庭服务	20940	13521	74	1184	2413
托儿所服务	7795	6538	43	862	1825
洗染服务	9522	4337	43	347	497
理发及美容服务	39945	28630	191	2439	5732
洗浴和保健养生服务	52701	30969	184	2054	3872
摄影扩印服务	15166	6829	114	1920	3282
婚姻服务	5146	2727	51	707	1217
殡葬服务	9962	2768	40	1044	1989
其他居民服务业	27470	11819	342	2925	4615
机动车、电子产品和日用产品修理	137938	34473	470	8146	19051
汽车、摩托车等修理与维护	89938	20768	233	3424	10207
计算机和办公设备维修	22586	6890	143	2557	4868
家用电器修理	19274	5525	63	1418	2996
其他日用产品修理业	6140	1290	31	747	980

1-20 续表 13

行 业	从业人员数（人）	#女性	#具有研究生学历（位）人员	#具有大学本科学历（位）人员	#具有大学专科学历人员
其他服务业	278187	144200	386	6382	14764
清洁服务	261226	137696	207	4237	11486
宠物服务	3796	1718	75	690	1046
其他未列明服务业	13165	4786	104	1455	2232
教育	2062251	1373267	138012	900792	474220
教育	2062251	1373267	138012	900792	474220
学前教育	481122	428608	1478	54126	153514
初等教育	523134	361387	9697	274708	164657
中等教育	620152	352670	33401	429077	84440
高等教育	158728	78177	82608	48626	8747
特殊教育	7647	5603	250	3771	1638
技能培训、教育辅助及其他教育	271468	146822	10578	90484	61224
卫生和社会工作	917504	618166	61121	305851	273950
卫生	851526	572761	59976	290305	258335
医院	542370	370330	49304	204947	156115
基层医疗卫生服务	218081	140047	5186	54395	73750
专业公共卫生服务	72224	50980	4568	25768	23208
其他卫生活动	18851	11404	918	5195	5262
社会工作	65978	45405	1145	15546	15615
提供住宿社会工作	39457	26871	596	5894	6929
不提供住宿社会工作	26521	18534	549	9652	8686
文化、体育和娱乐业	382917	169430	8441	71969	69970
新闻和出版业	19099	8659	2181	8583	3468
新闻业	1400	697	62	505	339
出版业	17699	7962	2119	8078	3129
广播、电视、电影和录音制作业	65431	28181	1565	17865	16323
广播	7933	2841	407	3997	1427
电视	5834	2417	330	3083	1546
影视节目制作	22705	8989	478	6496	6423
广播电视集成播控	1596	600	93	856	396
电影和广播电视节目发行	1547	677	95	491	386
电影放映	23999	11934	120	2543	5674
录音制作	1817	723	42	399	471
文化艺术业	84037	39844	2551	19306	17306
文艺创作与表演	24189	11301	490	4446	4374
艺术表演场馆	1423	595	49	573	283
图书馆与档案馆	7735	4712	474	2833	2096
文物及非物质文化遗产保护	1648	712	127	386	321
博物馆	3844	1914	414	1329	848
烈士陵园、纪念馆	465	248	34	176	108

1-20 续表 14

行　业	从业人员数（人）	#女性	#具有研究生学历（位）人员	#具有大学本科学历（位）人员	#具有大学专科学历人员
群众文体活动	12551	5848	265	3452	2836
其他文化艺术业	32182	14514	698	6111	6440
体育	58776	26027	773	8391	9704
体育组织	10252	3263	264	2710	1811
体育场地设施管理	7030	2716	156	1317	1466
健身休闲活动	39291	19137	306	3895	6008
其他体育	2203	911	47	469	419
娱乐业	155574	66719	1371	17824	23169
室内娱乐活动	64738	27820	125	2205	5149
游乐园	17699	7380	105	1372	2733
休闲观光活动	4541	2152	14	406	687
彩票活动	1873	879	58	677	417
文化体育娱乐活动与经纪代理服务	63694	27095	1042	12990	13854
其他娱乐业	3029	1393	27	174	329
公共管理、社会保障和社会组织	1682468	547175	63787	627206	417449
中国共产党机关	45888	14448	4541	25544	8594
中国共产党机关	45888	14448	4541	25544	8594
国家机构	1310305	416147	54240	551230	342480
国家权力机构	11434	3254	1399	5841	2658
国家行政机构	1236847	387514	46634	508592	329960
人民法院和人民检察院	51417	23239	5146	33679	7228
其他国家机构	10607	2140	1061	3118	2634
人民政协、民主党派	4277	1414	671	2202	930
人民政协	3399	1010	464	1751	850
民主党派	878	404	207	451	80
社会保障	4883	2627	197	2581	1630
基本保险	3089	1770	164	1663	943
补充保险	4	3		4	
其他社会保障	1790	854	33	914	687
群众团体、社会团体和其他成员组	96923	43269	3786	24439	19149
群众团体	10554	5225	716	4787	2655
社会团体	65289	28275	2577	17834	14717
基金会	2500	1255	308	992	489
宗教组织	18580	8514	185	826	1288
基层群众自治组织及其他组织	220192	69270	352	21210	44666
社区居民自治组织	74305	33216	281	15922	22454
村民自治组织	145887	36054	71	5288	22212
国际组织					
国际组织					
国际组织					

1-21 按行业（门类、大类、中类）分组的珠三角核心区法人单位从业人员数

行 业	从业人员数（人）	#女性	#具有研究生学历（位）人员	#具有大学本科学历（位）人员	#具有大学专科学历人员
总 计	38371048	15268591	834759	5475786	5883726
农、林、牧、渔业	9332	3124	64	587	915
农业					
谷物种植					
豆类、油料和薯类种植					
棉、麻、糖、烟草种植					
蔬菜、食用菌及园艺作物种植					
水果种植					
坚果、含油果、香料和饮料作物					
中药材种植					
草种植及割草					
其他农业					
林业					
林木育种和育苗					
造林和更新					
森林经营、管护和改培					
木材和竹材采运					
林产品采集					
畜牧业					
牲畜饲养					
家禽饲养					
狩猎和捕捉动物					
其他畜牧业					
渔业					
水产养殖					
水产捕捞					
农、林、牧、渔专业及辅助性活动	9332	3124	64	587	915
农业专业及辅助性活动	6002	2073	34	332	525
林业专业及辅助性活动	1721	486	13	176	259
畜牧专业及辅助性活动	824	323	7	36	52
渔业专业及辅助性活动	785	242	10	43	79
采矿业	15756	2655	691	2966	1665
煤炭开采和洗选业	20	10			
烟煤和无烟煤开采洗选	20	10			
褐煤开采洗选					
其他煤炭采选					
石油和天然气开采业	3373	512	607	2099	530
石油开采	3121	477	562	1944	490
天然气开采	252	35	45	155	40

1-21 续表 1

行 业	从业人员数（人）	#女性	#具有研究生学历（位）人员	#具有大学本科学历（位）人员	#具有大学专科学历人员
黑色金属矿采选业	1209	179		48	110
铁矿采选	1206	178		48	109
锰矿、铬矿采选					
其他黑色金属矿采选	3	1			1
有色金属矿采选业	987	181	4	53	90
常用有色金属矿采选	462	81	1	11	30
贵金属矿采选	519	100	3	41	58
稀有稀土金属矿采选	6			1	2
非金属矿采选业	9136	1628	12	328	765
土砂石开采	8379	1393	10	245	596
化学矿开采	6	3			
采盐	105	27		14	55
石棉及其他非金属矿采选	646	205	2	69	114
开采专业及辅助性活动	892	117	68	426	155
煤炭开采和洗选专业及辅助性活	1				1
石油和天然气开采专业及辅助性	815	88	68	420	148
其他开采专业及辅助性活动	76	29		6	6
其他采矿业	139	28		12	15
其他采矿业	139	28		12	15
制造业	15695854	6257207	202754	1093784	1588743
农副食品加工业	97003	32371	977	8114	11456
谷物磨制	9345	3160	62	786	1285
饲料加工	30843	7096	632	4039	4957
植物油加工	7850	2460	70	1021	1225
制糖业	2064	696	1	98	185
屠宰及肉类加工	18761	6121	87	754	1331
水产品加工	6904	3062	26	248	473
蔬菜、菌类、水果和坚果加工	8295	4113	21	357	783
其他农副食品加工	12941	5663	78	811	1217
食品制造业	176095	83406	1940	15305	22536
焙烤食品制造	35895	18976	73	1466	4568
糖果、巧克力及蜜饯制造	20452	9816	280	1829	1578
方便食品制造	29590	13254	94	2149	3986
乳制品制造	13640	7434	225	1862	2400
罐头食品制造	4654	2316	12	263	394
调味品、发酵制品制造	21101	8370	150	2155	3248
其他食品制造	50763	23240	1106	5581	6362
酒、饮料和精制茶制造业	66708	22053	421	7727	10976
酒的制造	10566	3326	88	1053	1892

1-21 续表 2

行 业	从业人员数（人）	#女性	#具有研究生学历（位）人员	#具有大学本科学历（位）人员	#具有大学专科学历人员
饮料制造	54242	17783	324	6586	8864
精制茶加工	1900	944	9	88	220
烟草制品业	3728	920	256	1515	781
烟叶复烤	23	9		1	2
卷烟制造	3627	881	256	1512	775
其他烟草制品制造	78	30		2	4
纺织业	307178	141624	729	11315	24613
棉纺织及印染精加工	147257	65046	212	5135	10547
毛纺织及染整精加工	14733	6954	10	332	728
麻纺织及染整精加工	381	143		5	8
丝绢纺织及印染精加工	1505	583	1	22	77
化纤织造及印染精加工	11184	5226	7	298	794
针织或钩针编织物及其制品制造	45513	22769	245	1686	4677
家用纺织制成品制造	37198	18715	117	1969	3505
产业用纺织制成品制造	49407	22188	137	1868	4277
纺织服装、服饰业	757528	450128	1524	23303	56462
机织服装制造	421862	252196	1127	13589	34513
针织或钩针编织服装制造	183698	115735	166	4826	12456
服饰制造	151968	82197	231	4888	9493
皮革、毛皮、羽毛及其制品和制鞋	555567	287163	725	14069	31648
皮革鞣制加工	16332	6770	20	480	968
皮革制品制造	220785	116852	382	5613	13146
毛皮鞣制及制品加工	2971	1418	3	82	162
羽毛(绒)加工及制品制造	1277	709	1	26	56
制鞋业	314202	161414	319	7868	17316
木材加工和木、竹、藤、棕、草制	86681	27007	277	2665	6197
木材加工	17861	5125	36	464	1147
人造板制造	18496	5347	65	620	1577
木质制品制造	44381	13933	169	1396	2881
竹、藤、棕、草等制品制造	5943	2602	7	185	592
家具制造业	484075	150986	957	21125	39527
木质家具制造	276141	82787	599	14110	24623
竹、藤家具制造	3416	1072	9	152	416
金属家具制造	66275	22796	114	1977	4649
塑料家具制造	5352	1842	19	226	464
其他家具制造	132891	42489	216	4660	9375
造纸和纸制品业	328933	113330	735	11240	26549
纸浆制造	696	159	1	31	82
造纸	73797	20806	123	2924	7151

1-21 续表 3

行 业	从业人员数（人）	#女性	#具有研究生学历（位）人员	#具有大学本科学历（位）人员	#具有大学专科学历人员
纸制品制造	254440	92365	611	8285	19316
印刷和记录媒介复制业	304469	123759	740	12260	25147
印刷	283307	116081	662	11016	22555
装订及印刷相关服务	20170	7315	69	1145	2413
记录媒介复制	992	363	9	99	179
文教、工美、体育和娱乐用品制造	621776	316949	1158	22768	48735
文教办公用品制造	39663	18400	142	2112	3519
乐器制造	14933	6631	33	621	1296
工艺美术及礼仪用品制造	203038	97773	446	10038	19854
体育用品制造	96145	44629	166	2742	7546
玩具制造	250699	142760	265	5509	14482
游艺器材及娱乐用品制造	17298	6756	106	1746	2038
石油、煤炭及其他燃料加工业	19351	5773	341	3886	3873
精炼石油产品制造	16294	3989	340	3813	3664
煤炭加工	284	100		17	36
核燃料加工	65	16			3
生物质燃料加工	2708	1668	1	56	170
化学原料和化学制品制造业	387549	139657	5932	42886	58008
基础化学原料制造	25320	6524	431	3255	4597
肥料制造	5205	1334	125	519	670
农药制造	2357	759	127	388	441
涂料、油墨、颜料及类似产品制	97073	26775	1030	10426	14390
合成材料制造	63303	18655	899	6822	8306
专用化学产品制造	66336	19901	1260	8249	10717
炸药、火工及焰火产品制造	597	144	3	42	85
日用化学产品制造	127358	65565	2057	13185	18802
医药制造业	113755	52661	4133	25636	24634
化学药品原料药制造	8412	3343	391	1651	1570
化学药品制剂制造	31879	14515	1014	8487	7008
中药饮片加工	6567	3541	42	686	990
中成药生产	32653	15284	887	7641	8786
兽用药品制造	3148	1110	185	469	471
生物药品制品制造	14357	6438	1134	4117	3042
卫生材料及医药用品制造	15684	7954	472	2485	2653
药用辅料及包装材料	1055	476	8	100	114
化学纤维制造业	11571	3766	211	660	888
纤维素纤维原料及纤维制造	1197	331	26	164	223
合成纤维制造	9669	3166	174	452	613
生物基材料制造	705	269	11	44	52

1-21 续表4

行 业	从业人员数（人）	#女性	#具有研究生学历（位）人员	#具有大学本科学历（位）人员	#具有大学专科学历人员
橡胶和塑料制品业	1080462	445720	3107	37697	84285
橡胶制品业	157462	63905	464	5522	12325
塑料制品业	923000	381815	2643	32175	71960
非金属矿物制品业	470566	146106	1544	23212	48669
水泥、石灰和石膏制造	15922	3272	25	744	1929
石膏、水泥制品及类似制品制造	67468	12773	217	3960	7555
砖瓦、石材等建筑材料制造	52065	14011	246	2936	5249
玻璃制造	31860	7703	75	1744	3238
玻璃制品制造	108850	41217	271	4139	8576
玻璃纤维和玻璃纤维增强塑料制	10464	3253	36	540	851
陶瓷制品制造	159466	56892	396	7555	18756
耐火材料制品制造	4981	1291	21	237	448
石墨及其他非金属矿物制品制造	19490	5694	257	1357	2067
黑色金属冶炼和压延加工业	52462	12058	147	3170	5903
炼铁	305	119		11	25
炼钢	324	70	3	47	20
钢压延加工	50715	11700	126	2939	5521
铁合金冶炼	1118	169	18	173	337
有色金属冶炼和压延加工业	148385	37626	374	7324	15052
常用有色金属冶炼	7512	1592	27	460	501
贵金属冶炼	278	71	3	31	51
稀有稀土金属冶炼	916	176	2	70	95
有色金属合金制造	21120	6255	54	734	1413
有色金属压延加工	118559	29532	288	6029	12992
金属制品业	1341190	449973	3448	54009	115539
结构性金属制品制造	308329	89136	812	13394	28928
金属工具制造	69425	24224	275	3234	8273
集装箱及金属包装容器制造	48517	13164	206	2342	4388
金属丝绳及其制品制造	15284	4866	26	484	1122
建筑、安全用金属制品制造	282584	102943	700	9912	22465
金属表面处理及热处理加工	98562	37382	319	3211	6843
搪瓷制品制造	9041	3003	37	438	857
金属制日用品制造	148572	55115	304	8379	13733
铸造及其他金属制品制造	360876	120140	769	12615	28930
通用设备制造业	748445	227246	5106	58738	98812
锅炉及原动设备制造	13782	3514	496	2151	2178
金属加工机械制造	104373	24360	578	8422	16890
物料搬运设备制造	62159	11108	556	9266	14691
泵、阀门、压缩机及类似机械制	79776	25770	676	6627	8898

1-21 续表 5

行　业	从业人员数（人）	#女性	#具有研究生学历（位）人员	#具有大学本科学历（位）人员	#具有大学专科学历人员
轴承、齿轮和传动部件制造	20019	7409	77	875	2186
烘炉、风机、包装等设备制造	145619	46185	806	11341	17585
文化、办公用机械制造	95182	43123	592	7041	11161
通用零部件制造	160942	49829	436	5839	13980
其他通用设备制造业	66593	15948	889	7176	11243
专用设备制造业	829312	258212	9194	72114	110103
采矿、冶金、建筑专用设备制造	15501	3491	146	1463	2278
化工、木材、非金属加工专用设	344502	96929	877	14457	34670
食品、饮料、烟草及饲料生产专	11272	3199	76	697	1357
印刷、制药、日化及日用品生产	49204	14024	286	3810	8787
纺织、服装和皮革加工专用设备	20482	5859	81	1268	2289
电子和电工机械专用设备制造	85658	25358	752	9826	14650
农、林、牧、渔专用机械制造	12458	3489	53	613	1248
医疗仪器设备及器械制造	162112	72081	5079	22097	22696
环保、邮政、社会公共服务及其	128123	33782	1844	17883	22128
汽车制造业	449685	138936	5478	46444	53838
汽车整车制造	106266	18574	3502	21978	16725
汽车用发动机制造	3690	304	51	602	541
改装汽车制造	8117	1851	81	871	771
低速汽车制造	865	120	3	242	121
电车制造	538	117	9	120	128
汽车车身、挂车制造	6910	2094	33	388	557
汽车零部件及配件制造	323299	115876	1799	22243	34995
铁路、船舶、航空航天和其他运输	129191	35523	1042	12333	15661
铁路运输设备制造	3281	726	83	642	804
城市轨道交通设备制造	985	169	10	187	290
船舶及相关装置制造	34257	5746	401	5129	4951
航空、航天器及设备制造	3367	1145	245	679	485
摩托车制造	42882	12688	203	3507	5348
自行车和残疾人座车制造	30089	9976	34	971	2235
助动车制造	6370	2035	29	388	738
非公路休闲车及零配件制造	3802	1444	16	209	410
潜水救捞及其他未列明运输设备	4158	1594	21	621	400
电气机械和器材制造业	2036138	873318	18484	136397	205566
电机制造	126621	57894	671	6744	10006
输配电及控制设备制造	403708	176340	3493	30752	47663
电线、电缆、光缆及电工器材制	237685	106376	791	10600	20507
电池制造	201581	80994	2598	14446	19983
家用电力器具制造	643058	275401	9151	46221	60392

1-21 续表 6

行 业	从业人员数（人）	#女性	#具有研究生学历（位）人员	#具有大学本科学历（位）人员	#具有大学专科学历人员
非电力家用器具制造	36659	13405	262	2773	4547
照明器具制造	345810	148040	1231	21394	37040
其他电气机械及器材制造	41016	14868	287	3467	5428
计算机、通信和其他电子设备制造	3635022	1504583	129971	377705	386912
计算机制造	374754	154420	3213	32212	39894
通信设备制造	906484	312173	107654	161398	99505
广播电视设备制造	50632	22847	428	5684	7191
雷达及配套设备制造	4620	1607	102	745	872
非专业视听设备制造	314982	135964	3974	39291	34760
智能消费设备制造	89416	38973	2633	13257	11031
电子器件制造	646691	272407	6516	51417	71023
电子元件及电子专用材料制造	1070873	484892	4249	60146	102355
其他电子设备制造	176570	81300	1202	13555	20281
仪器仪表制造业	271424	111808	3037	30151	37726
通用仪器仪表制造	101446	29611	1807	17165	20175
专用仪器仪表制造	33740	13576	573	5860	6377
钟表与计时仪器制造	87722	45402	129	2415	5431
光学仪器制造	35342	17079	462	3353	3948
衡器制造	6930	3348	26	618	703
其他仪器仪表制造业	6244	2792	40	740	1092
其他制造业	114875	49976	409	4893	9784
日用杂品制造	63704	30721	155	1998	4467
核辐射加工	62	10	1	10	9
其他未列明制造业	51109	19245	253	2885	5308
废弃资源综合利用业	20398	5132	68	919	1713
金属废料和碎屑加工处理	15049	3650	41	623	1101
非金属废料和碎屑加工处理	5349	1482	27	296	612
金属制品、机械和设备修理业	46332	9437	289	4204	7150
金属制品修理	1561	364	5	86	158
通用设备修理	6096	1385	18	398	968
专用设备修理	4850	1280	53	541	768
铁路、船舶、航空航天等运输设	19753	2875	162	2343	3193
电气设备修理	1979	520	7	105	201
仪器仪表修理	1165	293	8	118	512
其他机械和设备修理业	10928	2720	36	613	1350
电力、热力、燃气及水生产和供应	197182	44169	7739	60422	44426
电力、热力生产和供应业	126850	25557	5931	43969	28959
电力生产	34028	6183	879	8978	6351
电力供应	89114	18592	4988	34434	22025

1-21 续表 7

行　业	从业人员数（人）	#女性	#具有研究生学历（位）人员	#具有大学本科学历（位）人员	#具有大学专科学历人员
热力生产和供应	3708	782	64	557	583
燃气生产和供应业	15920	4290	603	4626	3499
燃气生产和供应业	15696	4233	602	4595	3464
生物质燃气生产和供应业	224	57	1	31	35
水的生产和供应业	54412	14322	1205	11827	11968
自来水生产和供应	38081	10549	807	8408	8265
污水处理及其再生利用	15473	3567	297	3233	3481
海水淡化处理	54	25		3	9
其他水的处理、利用与分配	804	181	101	183	213
建筑业	2359967	380941	12059	206920	277063
房屋建筑业	902858	122249	3226	63063	84368
住宅房屋建筑	609545	89748	2151	43068	66203
体育场馆建筑	44598	3280	440	2604	2407
其他房屋建筑业	248715	29221	635	17391	15758
土木工程建筑业	432162	70568	3991	65002	60343
铁路、道路、隧道和桥梁工程建	194212	28840	1817	32922	28366
水利和水运工程建筑	63356	6727	659	11088	6562
海洋工程建筑	187	32	6	40	28
工矿工程建筑	10404	1377	30	493	891
架线和管道工程建筑	50884	7241	340	8582	8120
节能环保工程施工	6152	1640	80	743	1057
电力工程施工	6618	1318	86	1034	1448
其他土木工程建筑	100349	23393	973	10100	13871
建筑安装业	289999	55713	1902	31148	51596
电气安装	91174	19251	764	12926	19055
管道和设备安装	47390	9739	277	5712	7871
其他建筑安装业	151435	26723	861	12510	24670
建筑装饰、装修和其他建筑业	734948	132411	2940	47707	80756
建筑装饰和装修业	537607	98514	2270	39043	64144
建筑物拆除和场地准备活动	17835	3110	89	1253	2065
提供施工设备服务	31792	3849	47	1562	2797
其他未列明建筑业	147714	26938	534	5849	11750
批发和零售业	4360481	1855956	39356	551963	856914
批发业	2683551	1113161	27744	373347	531974
农、林、牧、渔产品批发	45135	17785	772	4271	6470
食品、饮料及烟草制品批发	282696	114185	3579	36053	58063
纺织、服装及家庭用品批发	615255	300900	4156	74009	116143
文化、体育用品及器材批发	143165	70162	1225	19325	29975
医药及医疗器材批发	128625	60272	2371	29158	38973

1-21 续表 8

行 业	从业人员数（人）	#女性	#具有研究生学历（位）人员	#具有大学本科学历（位）人员	#具有大学专科学历人员
矿产品、建材及化工产品批发	496686	173526	4722	59868	83362
机械设备、五金产品及电子产品	686823	263116	7671	109156	148765
贸易经纪与代理	97698	39976	1352	16766	20082
其他批发业	187468	73239	1896	24741	30141
零售业	1676930	742795	11612	178616	324940
综合零售	187152	110106	1966	18372	32082
食品、饮料及烟草制品专门零售	97148	41537	598	8465	14966
纺织、服装及日用品专门零售	253463	138038	1395	25337	46227
文化、体育用品及器材专门零售	84095	41024	667	9675	16029
医药及医疗器材专门零售	93498	57738	535	9512	24428
汽车、摩托车、零配件和燃料及	251596	87362	935	23200	64507
家用电器及电子产品专门零售	288279	108520	2574	36106	56808
五金、家具及室内装饰材料专门	199421	70664	915	15320	26935
货摊、无店铺及其他零售业	222278	87806	2027	32629	42958
交通运输、仓储和邮政业	1326809	365920	13210	186746	247601
铁路运输业	74928	14728	507	11391	29370
铁路旅客运输	74928	14728	507	11391	29370
铁路货物运输					
铁路运输辅助活动					
道路运输业	595899	135187	3288	49183	84245
城市公共交通运输	203376	34931	1363	21219	32227
公路旅客运输	47157	8197	131	2119	4169
道路货物运输	278666	66802	874	15966	35184
道路运输辅助活动	66700	25257	920	9879	12665
水上运输业	42650	8026	809	8092	8869
水上旅客运输	4835	1304	50	719	1066
水上货物运输	14033	3036	353	2526	2795
水上运输辅助活动	23782	3686	406	4847	5008
航空运输业	125312	58516	5171	54152	32675
航空客货运输	102120	50583	4434	48876	23860
通用航空服务	1795	398	118	803	486
航空运输辅助活动	21397	7535	619	4473	8329
管道运输业	467	53	4	26	16
海底管道运输	33	6		11	12
陆地管道运输	434	47	4	15	4
多式联运和运输代理业	224279	85477	1693	34141	53237
多式联运	1563	428	3	175	338
运输代理业	222716	85049	1690	33966	52899
装卸搬运和仓储业	133389	32014	635	13476	16470

1-21 续表 9

行 业	从业人员数（人）	#女性	#具有研究生学历（位）人员	#具有大学本科学历（位）人员	#具有大学专科学历人员
装卸搬运	80905	15356	176	7190	7205
通用仓储	21921	7160	239	2884	4069
低温仓储	1971	551	26	237	263
危险品仓储	3226	601	30	423	799
谷物、棉花等农产品仓储	3252	1006	34	613	488
中药材仓储	51	24		2	12
其他仓储业	22063	7316	130	2127	3634
邮政业	129885	31919	1103	16285	22719
邮政基本服务	19169	8263	369	7692	6584
快递服务	104196	22240	675	7497	14654
其他寄递服务	6520	1416	59	1096	1481
住宿和餐饮业	815250	410482	1819	34967	100801
住宿业	265659	140394	720	15612	34687
旅游饭店	171425	87655	537	11275	24676
一般旅馆	80584	45270	158	3771	8647
民宿服务	1440	791	2	101	196
露营地服务	22	5		3	
其他住宿业	12188	6673	23	462	1168
餐饮业	549591	270088	1099	19355	66114
正餐服务	353612	163631	633	10342	27329
快餐服务	121361	68578	304	4973	26796
饮料及冷饮服务	28654	17876	88	2229	4885
餐饮配送及外卖送餐服务	20262	8421	19	597	3639
其他餐饮业	25702	11582	55	1214	3465
信息传输、软件和信息技术服务业	1477443	530022	74333	565086	403812
电信、广播电视和卫星传输服务	119749	45291	7673	48051	27446
电信	99001	39022	6801	39964	21836
广播电视传输服务	19182	5752	661	7465	5240
卫星传输服务	1566	517	211	622	370
互联网和相关服务	188938	76622	15731	70372	48227
互联网接入及相关服务	12329	3804	258	2675	2828
互联网信息服务	87519	30325	12473	35298	17114
互联网平台	51658	27223	1692	20905	17521
互联网安全服务	1997	558	94	790	555
互联网数据服务	6629	2444	480	2968	1726
其他互联网服务	28806	12268	734	7736	8483
软件和信息技术服务业	1168756	408109	50929	446663	328139
软件开发	730515	237845	35482	309252	198693
集成电路设计	18325	5655	2305	7007	4131
信息系统集成和物联网技术服务	78733	24005	2899	26301	24947

1-21 续表 10

行 业	从业人员数（人）	#女性	#具有研究生学历（位）人员	#具有大学本科学历（位）人员	#具有大学专科学历人员
运行维护服务	16313	5570	573	5058	4653
信息处理和存储支持服务	19284	7373	443	6485	4745
信息技术咨询服务	186233	71362	6212	60399	49431
数字内容服务	23379	8453	611	7772	6698
其他信息技术服务业	95974	47846	2404	24389	34841
金融业	2507173	1280211	84996	474746	528760
货币金融服务	341866	173900	33382	195251	81886
中央银行服务	2919	1153	714	1253	447
货币银行服务	272833	145333	29594	167524	54523
非货币银行服务	66114	27414	3074	26474	26916
银行理财服务					
银行监管服务					
资本市场服务	163364	63072	37543	77745	24974
证券市场服务	79247	33894	17032	42950	13391
公开募集证券投资基金	7799	3133	4837	2360	248
非公开募集证券投资基金	31421	11344	9819	15846	3631
期货市场服务	5374	2288	1229	3319	671
证券期货监管服务	334	123	200	121	13
资本投资服务	18136	6199	2139	6644	2986
其他资本市场服务	21053	6091	2287	6505	4034
保险业	1946523	1022037	10373	187044	410357
人身保险	524070	329612	5086	82723	139721
财产保险	105849	49146	2515	26394	31638
再保险	105	47	74	26	4
商业养老金	2473	1444	117	1555	713
保险中介服务	1312405	641106	2379	75775	238080
保险资产管理					
保险监管服务					
其他保险活动	1621	682	202	571	201
其他金融业	55420	21202	3698	14706	11543
金融信托与管理服务	7618	3263	875	1512	1854
控股公司服务	3456	1234	720	1267	471
非金融机构支付服务	9311	3321	996	5292	2260
金融信息服务	16311	6873	310	2141	1870
金融资产管理公司	689	205	188	234	50
其他未列明金融业	18035	6306	609	4260	5038
房地产业	1573460	579453	21380	209139	281025
房地产业	1573460	579453	21380	209139	281025
房地产开发经营	244091	93879	11470	83936	50390
物业管理	906637	327772	3965	60772	142128

1-21　续表 11

行　业	从业人员数（人）	#女性	#具有研究生学历（位）人员	#具有大学本科学历（位）人员	#具有大学专科学历人员
房地产中介服务	236471	90848	2777	36815	57925
房地产租赁经营	171982	61665	2662	24367	28194
其他房地产业	14279	5289	506	3249	2388
租赁和商务服务业	2717662	978109	57035	426845	468448
租赁业	131088	32786	1017	11732	19067
机械设备经营租赁	125415	30902	990	11137	18051
文体设备和用品出租	5250	1724	23	568	963
日用品出租	423	160	4	27	53
商务服务业	2586574	945323	56018	415113	449381
组织管理服务	535415	172976	15881	87937	83741
综合管理服务	78139	28612	1562	11741	14276
法律服务	62855	30338	8663	33649	8890
咨询与调查	615849	303444	19429	136271	143166
广告业	185213	73291	2839	39136	39693
人力资源服务	514969	157621	1848	40671	59241
安全保护服务	288934	34139	309	7424	22817
会议、展览及相关服务	34078	14765	738	7504	8491
其他商务服务业	271122	130137	4749	50780	69066
科学研究和技术服务业	1295094	448048	75533	347109	289491
研究和试验发展	245522	89231	22446	57136	46772
自然科学研究和试验发展	13389	5553	3223	2683	1848
工程和技术研究和试验发展	185879	61872	12555	42271	37280
农业科学研究和试验发展	13553	6081	1389	1330	1118
医学研究和试验发展	29728	14332	4410	9918	6166
社会人文科学研究	2973	1393	869	934	360
专业技术服务业	816525	267861	41093	237581	194546
气象服务	2191	788	385	1208	305
地震服务	475	131	103	198	84
海洋服务	2177	451	318	703	440
测绘地理信息服务	13840	3538	512	3679	4075
质检技术服务	114500	43534	7378	36965	30796
环境与生态监测检测服务	13285	5187	950	3940	3898
地质勘查	9151	2054	889	3160	1666
工程技术与设计服务	431416	123121	25385	139958	101821
工业与专业设计及其他专业技术	229490	89057	5173	47770	51461
科技推广和应用服务业	233047	90956	11994	52392	48173
技术推广服务	142050	52542	6587	30289	28995
知识产权服务	31135	15729	2999	9731	7244
科技中介服务	9702	3880	690	2626	2110
创业空间服务	4049	1557	426	1415	727

1-21 续表 12

行　业	从业人员数（人）	#女性	#具有研究生学历（位）人员	#具有大学本科学历（位）人员	#具有大学专科学历人员
其他科技推广服务业	46111	17248	1292	8331	9097
水利、环境和公共设施管理业	219823	89648	3501	23972	22073
水利管理业	11982	2632	874	3485	2358
防洪除涝设施管理	3004	552	130	824	641
水资源管理	2564	639	139	650	488
天然水收集与分配	1242	260	108	342	240
水文服务	444	124	103	208	73
其他水利管理业	4728	1057	394	1461	916
生态保护和环境治理业	21990	5788	978	4828	4231
生态保护	3290	1072	89	604	507
环境治理业	18700	4716	889	4224	3724
公共设施管理业	183626	80271	1507	14754	14949
市政设施管理	20402	6141	437	3671	2761
环境卫生管理	89054	44204	225	2748	4027
城乡市容管理	7226	3876	36	536	820
绿化管理	51562	19817	433	5296	5044
城市公园管理	7266	2823	146	1322	1220
游览景区管理	8116	3410	230	1181	1077
土地管理业	2225	957	142	905	535
土地整治服务	267	84	34	137	44
土地调查评估服务	722	336	28	286	246
土地登记服务	164	104	3	66	56
土地登记代理服务	205	129	9	123	43
其他土地管理服务	867	304	68	293	146
居民服务、修理和其他服务业	544260	259405	1840	25892	53049
居民服务业	162521	94079	1038	12216	22213
家庭服务	17348	11224	72	1081	2032
托儿所服务	6763	5605	43	774	1597
洗染服务	8381	3737	42	320	423
理发及美容服务	37505	26909	185	2337	5405
洗浴和保健养生服务	45831	26322	168	1738	3258
摄影扩印服务	13955	6235	112	1840	3085
婚姻服务	4007	2134	43	639	1027
殡葬服务	5705	1797	37	723	1125
其他居民服务业	23026	10116	336	2764	4261
机动车、电子产品和日用产品修理	120589	30130	437	7624	17013
汽车、摩托车等修理与维护	77085	17575	208	3110	8824
计算机和办公设备维修	19952	6206	137	2408	4397
家用电器修理	17823	5136	61	1367	2831
其他日用产品修理业	5729	1213	31	739	961

1-21 续表 13

行　业	从业人员数（人）	#女性	#具有研究生学历（位）人员	#具有大学本科学历（位）人员	#具有大学专科学历人员
其他服务业	261150	135196	365	6052	13823
清洁服务	246113	129336	189	4032	10795
宠物服务	3728	1689	72	684	1034
其他未列明服务业	11309	4171	104	1336	1994
教育	1282795	862723	121176	540830	252106
教育	1282795	862723	121176	540830	252106
学前教育	322510	286199	1287	41401	103278
初等教育	269754	190240	8638	168042	52721
中等教育	317529	187560	27523	208305	35596
高等教育	134018	66563	73538	39803	7188
特殊教育	5115	3747	228	2546	989
技能培训、教育辅助及其他教育	233869	128414	9962	80733	52334
卫生和社会工作	626646	429155	54901	234775	174901
卫生	571951	391041	53804	220622	161502
医院	380450	262697	43584	155625	103323
基层医疗卫生服务	133596	89165	4957	42124	42871
专业公共卫生服务	40696	28723	4377	17907	10561
其他卫生活动	17209	10456	886	4966	4747
社会工作	54695	38114	1097	14153	13399
提供住宿社会工作	29951	20693	567	4916	5293
不提供住宿社会工作	24744	17421	530	9237	8106
文化、体育和娱乐业	321506	141238	8000	64429	57961
新闻和出版业	15769	7314	2097	7311	2326
新闻业	957	495	53	357	179
出版业	14812	6819	2044	6954	2147
广播、电视、电影和录音制作业	54759	23698	1493	15738	13053
广播	6377	2284	394	3629	849
电视	3940	1636	310	2370	839
影视节目制作	19672	7694	455	5768	5353
广播电视集成播控	1502	569	93	842	358
电影和广播电视节目发行	1237	574	92	396	263
电影放映	20345	10261	109	2345	4941
录音制作	1686	680	40	388	450
文化艺术业	68029	32313	2376	17019	13554
文艺创作与表演	18994	8805	468	4018	3598
艺术表演场馆	1291	533	49	556	230
图书馆与档案馆	5876	3683	432	2299	1303
文物及非物质文化遗产保护	931	436	124	281	185
博物馆	2810	1494	379	1089	534
烈士陵园、纪念馆	296	166	33	146	60

1-21 续表 14

行 业	从业人员数（人）	#女性	#具有研究生学历（位）人员	#具有大学本科学历（位）人员	#具有大学专科学历人员
群众文体活动	9873	4572	243	2974	2085
其他文化艺术业	27958	12624	648	5656	5559
体育	54356	24129	735	7938	9008
体育组织	9030	2829	242	2508	1598
体育场地设施管理	6340	2447	146	1229	1295
健身休闲活动	37013	18031	300	3782	5737
其他体育	1973	822	47	419	378
娱乐业	128593	53784	1299	16423	20020
室内娱乐活动	48054	19297	99	1898	3874
游乐园	16384	6809	101	1275	2509
休闲观光活动	2790	1484	7	273	466
彩票活动	1143	487	52	525	259
文化体育娱乐活动与经纪代理服务	57322	24371	1014	12290	12603
其他娱乐业	2900	1336	26	162	309
公共管理、社会保障和社会组织	1024555	350125	54372	424608	233972
中国共产党机关	25311	8664	3618	13606	3759
中国共产党机关	25311	8664	3618	13606	3759
国家机构	841209	276907	46642	372387	193983
国家权力机构	5229	1620	1028	2758	876
国家行政机构	796630	258018	40188	347154	187397
人民法院和人民检察院	32618	15935	4509	20904	3986
其他国家机构	6732	1334	917	1571	1724
人民政协、民主党派	2267	809	496	1197	323
人民政协	1668	515	309	897	279
民主党派	599	294	187	300	44
社会保障	2591	1347	169	1586	653
基本保险	1540	905	149	999	307
补充保险	4	3		4	
其他社会保障	1047	439	20	583	346
群众团体、社会团体和其他成员组	54218	26259	3154	17913	11491
群众团体	6505	3231	576	3088	1410
社会团体	40958	20037	2224	13570	9250
基金会	2071	1141	290	889	403
宗教组织	4684	1850	64	366	428
基层群众自治组织及其他组织	98959	36139	293	17919	23763
社区居民自治组织	51969	23672	256	14497	15543
村民自治组织	46990	12467	37	3422	8220
国际组织					
国际组织					
国际组织					

1-22 按行业（门类、大类、中类）分组的沿海经济带法人单位从业人员数

行业	从业人员数（人）	#女性	#具有研究生学历（位）人员	#具有大学本科学历（位）人员	#具有大学专科学历人员
总　计	5200098	2133724	35232	644655	766498
农、林、牧、渔业	18303	5922	54	603	1527
农业					
谷物种植					
豆类、油料和薯类种植					
棉、麻、糖、烟草种植					
蔬菜、食用菌及园艺作物种植					
水果种植					
坚果、含油果、香料和饮料作物					
中药材种植					
草种植及割草					
其他农业					
林业					
林木育种和育苗					
造林和更新					
森林经营、管护和改培					
木材和竹材采运					
林产品采集					
畜牧业					
牲畜饲养					
家禽饲养					
狩猎和捕捉动物					
其他畜牧业					
渔业					
水产养殖					
水产捕捞					
农、林、牧、渔专业及辅助性活动	18303	5922	54	603	1527
农业专业及辅助性活动	12741	4126	22	391	1057
林业专业及辅助性活动	1028	246	14	40	119
畜牧专业及辅助性活动	1077	401	11	48	78
渔业专业及辅助性活动	3457	1149	7	124	273
采矿业	16780	3387	505	2539	1346
煤炭开采和洗选业	28	6		2	3
烟煤和无烟煤开采洗选	28	6		2	3
褐煤开采洗选					
其他煤炭采选					
石油和天然气开采业	2623	295	462	1813	280
石油开采					
天然气开采	2623	295	462	1813	280

1-22 续表 1

行　业	从业人员数（人）	#女性	#具有研究生学历（位）人员	#具有大学本科学历（位）人员	#具有大学专科学历人员
黑色金属矿采选业	390	109		14	25
铁矿采选	374	106		13	24
锰矿、铬矿采选	3				
其他黑色金属矿采选	13	3		1	1
有色金属矿采选业	802	194	6	40	79
常用有色金属矿采选	388	115	1	23	60
贵金属矿采选	160	25	5	9	3
稀有稀土金属矿采选	254	54		8	16
非金属矿采选业	11830	2514	8	269	789
土砂石开采	10948	2378	8	250	722
化学矿开采					
采盐	464	51			22
石棉及其他非金属矿采选	418	85		19	45
开采专业及辅助性活动	757	176	28	388	133
煤炭开采和洗选专业及辅助性活					
石油和天然气开采专业及辅助性	757	176	28	388	133
其他开采专业及辅助性活动					
其他采矿业	350	93	1	13	37
其他采矿业	350	93	1	13	37
制造业	1756261	827183	3523	56420	118379
农副食品加工业	96060	42849	309	4207	7627
谷物磨制	2145	698	1	50	151
饲料加工	13051	3219	163	1451	2075
植物油加工	3370	1213	3	191	429
制糖业	12111	4581	8	186	470
屠宰及肉类加工	15912	5486	33	629	1430
水产品加工	37314	21823	90	1376	2284
蔬菜、菌类、水果和坚果加工	8687	4281	7	216	547
其他农副食品加工	3470	1548	4	108	241
食品制造业	62748	29902	123	1978	4402
焙烤食品制造	12855	6678	22	330	909
糖果、巧克力及蜜饯制造	20523	10371	22	409	943
方便食品制造	5135	2543	5	151	588
乳制品制造	917	377	8	67	132
罐头食品制造	7635	3332	7	172	366
调味品、发酵制品制造	5465	2146	15	326	515
其他食品制造	10218	4455	44	523	949
酒、饮料和精制茶制造业	15358	6422	74	784	1362
酒的制造	3821	1466	28	305	503

1-22 续表 2

行 业	从业人员数（人）	#女性	#具有研究生学历（位）人员	#具有大学本科学历（位）人员	#具有大学专科学历人员
饮料制造	7495	3175	29	393	631
精制茶加工	4042	1781	17	86	228
烟草制品业	1229	276	47	329	237
烟叶复烤					
卷烟制造	599	157	39	269	130
其他烟草制品制造	630	119	8	60	107
纺织业	80340	44982	110	1331	3927
棉纺织及印染精加工	22335	10939	21	397	1035
毛纺织及染整精加工	7556	4325	32	199	511
麻纺织及染整精加工	228	136		4	14
丝绢纺织及印染精加工	977	570		10	36
化纤织造及印染精加工	1195	617		29	74
针织或钩针编织物及其制品制造	37612	22562	47	493	1734
家用纺织制成品制造	3738	1945	8	61	209
产业用纺织制成品制造	6699	3888	2	138	314
纺织服装、服饰业	258408	173324	130	4093	10514
机织服装制造	133867	87225	79	2712	5795
针织或钩针编织服装制造	97674	68847	37	1087	3512
服饰制造	26867	17252	14	294	1207
皮革、毛皮、羽毛及其制品和制鞋	89209	48454	30	1677	3505
皮革鞣制加工	2870	1765		70	197
皮革制品制造	25540	16874	9	728	1151
毛皮鞣制及制品加工	547	375		2	16
羽毛(绒)加工及制品制造	2090	1155		75	171
制鞋业	58162	28285	21	802	1970
木材加工和木、竹、藤、棕、草制	27788	10951	24	376	1430
木材加工	10004	2934	5	109	480
人造板制造	7229	2849	5	113	412
木质制品制造	4245	1704	12	73	226
竹、藤、棕、草等制品制造	6310	3464	2	81	312
家具制造业	31679	11656	45	736	1696
木质家具制造	27274	9994	38	605	1428
竹、藤家具制造	1658	696		84	129
金属家具制造	813	313	1	22	69
塑料家具制造	134	58			6
其他家具制造	1800	595	6	25	64
造纸和纸制品业	37061	12582	52	1038	2682
纸浆制造	81	16		1	4
造纸	13191	3399	31	485	1207

1-22 续表 3

行　业	从业人员数（人）	#女性	#具有研究生学历（位）人员	#具有大学本科学历（位）人员	#具有大学专科学历人员
纸制品制造	23789	9167	21	552	1471
印刷和记录媒介复制业	46561	17967	92	1195	3131
印刷	43085	16449	92	1073	2812
装订及印刷相关服务	3182	1433		82	243
记录媒介复制	294	85		40	76
文教、工美、体育和娱乐用品制造	185548	104089	154	4032	10788
文教办公用品制造	11762	5686	9	238	595
乐器制造	1685	661		142	179
工艺美术及礼仪用品制造	73038	43544	50	1110	3425
体育用品制造	4510	2670	3	106	291
玩具制造	94481	51501	92	2436	6288
游艺器材及娱乐用品制造	72	27			10
石油、煤炭及其他燃料加工业	12021	2738	143	2773	2744
精炼石油产品制造	11680	2671	141	2746	2688
煤炭加工	290	55	2	24	53
核燃料加工					
生物质燃料加工	51	12		3	3
化学原料和化学制品制造业	51211	19854	406	3608	6315
基础化学原料制造	4919	1822	20	424	842
肥料制造	3104	904	14	226	413
农药制造	950	341	17	122	176
涂料、油墨、颜料及类似产品制	6295	1781	15	206	443
合成材料制造	3127	793	26	336	538
专用化学产品制造	11343	3723	208	1296	1724
炸药、火工及焰火产品制造	53	28		2	5
日用化学产品制造	21420	10462	106	996	2174
医药制造业	29352	14870	202	2659	4734
化学药品原料药制造	1935	858	7	59	96
化学药品制剂制造	3158	1527	17	386	650
中药饮片加工	11848	6271	83	1099	2216
中成药生产	7988	4037	60	582	1073
兽用药品制造	549	214	2	34	55
生物药品制品制造	2042	847	29	405	490
卫生材料及医药用品制造	1238	788	4	90	150
药用辅料及包装材料	594	328		4	4
化学纤维制造业	2418	915	4	49	98
纤维素纤维原料及纤维制造	121	41		1	5
合成纤维制造	2239	857	4	47	93
生物基材料制造	58	17		1	

1-22 续表 4

行 业	从业人员数（人）	#女性	#具有研究生学历（位）人员	#具有大学本科学历（位）人员	#具有大学专科学历人员
橡胶和塑料制品业	135855	62940	124	2823	7227
橡胶制品业	7690	3386	12	298	637
塑料制品业	128165	59554	112	2525	6590
非金属矿物制品业	182416	63535	165	3940	10972
水泥、石灰和石膏制造	5173	1302	6	255	664
石膏、水泥制品及类似制品制造	19951	3957	15	831	2037
砖瓦、石材等建筑材料制造	28499	7837	13	461	1458
玻璃制造	2188	586	1	95	126
玻璃制品制造	5739	2323	31	229	514
玻璃纤维和玻璃纤维增强塑料制	165	41		2	12
陶瓷制品制造	113090	45423	85	1902	5808
耐火材料制品制造	1136	322	5	50	80
石墨及其他非金属矿物制品制造	6475	1744	9	115	273
黑色金属冶炼和压延加工业	26290	4224	127	1444	4507
炼铁	6				
炼钢	346	74		2	13
钢压延加工	25870	4123	127	1441	4493
铁合金冶炼	68	27		1	1
有色金属冶炼和压延加工业	11060	2868	40	560	1163
常用有色金属冶炼	2830	883	3	41	197
贵金属冶炼					
稀有稀土金属冶炼	613	157	2	107	122
有色金属合金制造	745	199	5	25	54
有色金属压延加工	6872	1629	30	387	790
金属制品业	139311	54060	119	2448	6911
结构性金属制品制造	16757	5408	19	381	1214
金属工具制造	30300	14797	16	604	1795
集装箱及金属包装容器制造	1872	561	6	77	196
金属丝绳及其制品制造	731	277		11	31
建筑、安全用金属制品制造	23984	9046	22	239	789
金属表面处理及热处理加工	3982	1008		34	84
搪瓷制品制造	734	231		10	23
金属制日用品制造	49642	18412	25	787	1990
铸造及其他金属制品制造	11309	4320	31	305	789
通用设备制造业	24077	7754	69	1557	2601
锅炉及原动设备制造	441	167	2	13	66
金属加工机械制造	4073	1295	2	168	329
物料搬运设备制造	638	136	1	20	54
泵、阀门、压缩机及类似机械制	3944	1650	1	455	304

1-22 续表 5

行 业	从业人员数（人）	#女性	#具有研究生学历（位）人员	#具有大学本科学历（位）人员	#具有大学专科学历人员
轴承、齿轮和传动部件制造	1120	555	2	61	61
烘炉、风机、包装等设备制造	6308	1613	18	359	885
文化、办公用机械制造	648	287	2	30	56
通用零部件制造	4976	1687	26	281	548
其他通用设备制造业	1929	364	15	170	298
专用设备制造业	28388	8813	159	1945	3344
采矿、冶金、建筑专用设备制造	492	117	1	38	45
化工、木材、非金属加工专用设	10864	2923	59	772	1421
食品、饮料、烟草及饲料生产专	2377	528	6	161	237
印刷、制药、日化及日用品生产	1637	431	8	72	165
纺织、服装和皮革加工专用设备	1146	314	3	75	169
电子和电工机械专用设备制造	2024	953	3	77	136
农、林、牧、渔专用机械制造	1265	356	3	57	118
医疗仪器设备及器械制造	4842	2124	51	494	630
环保、邮政、社会公共服务及其	3741	1067	25	199	423
汽车制造业	18895	8270	10	359	582
汽车整车制造	55	13		2	3
汽车用发动机制造	23	8		6	8
改装汽车制造	6	1			
低速汽车制造					
电车制造	22	8		1	5
汽车车身、挂车制造	13	8		7	2
汽车零部件及配件制造	18776	8232	10	343	564
铁路、船舶、航空航天和其他运输	3252	821	56	749	380
铁路运输设备制造	2				
城市轨道交通设备制造	197	100		89	
船舶及相关装置制造	1980	352	55	634	319
航空、航天器及设备制造	26	5	1	7	7
摩托车制造	561	220		18	47
自行车和残疾人座车制造	313	74		1	5
助动车制造	110	51			
非公路休闲车及零配件制造	19	9			
潜水救捞及其他未列明运输设备	44	10			2
电气机械和器材制造业	78184	35395	206	3503	7452
电机制造	5370	1845	11	190	483
输配电及控制设备制造	11991	5502	27	495	1259
电线、电缆、光缆及电工器材制	13535	3355	122	1599	2635
电池制造	2074	1105	15	149	175
家用电力器具制造	38023	20422	26	820	2333

1-22 续表 6

行　业	从业人员数（人）	#女性	#具有研究生学历（位）人员	#具有大学本科学历（位）人员	#具有大学专科学历人员
非电力家用器具制造	800	399		24	78
照明器具制造	5591	2490	2	194	405
其他电气机械及器材制造	800	277	3	32	84
计算机、通信和其他电子设备制造	57560	28819	438	5013	5587
计算机制造	624	324		13	72
通信设备制造	1037	340	4	16	41
广播电视设备制造	1397	653	11	141	199
雷达及配套设备制造	87	34		6	14
非专业视听设备制造	2163	984	4	54	139
智能消费设备制造	164	59	1	12	14
电子器件制造	22924	11951	72	2766	891
电子元件及电子专用材料制造	26763	13210	337	1932	3928
其他电子设备制造	2401	1264	9	73	289
仪器仪表制造业	2721	1251	3	97	210
通用仪器仪表制造	905	342	1	39	70
专用仪器仪表制造	144	64	1	9	12
钟表与计时仪器制造	1276	647		14	73
光学仪器制造	121	32		20	15
衡器制造	126	109		6	27
其他仪器仪表制造业	149	57	1	9	13
其他制造业	6463	2678	9	199	521
日用杂品制造	4053	1747	7	120	332
核辐射加工					
其他未列明制造业	2410	931	2	79	189
废弃资源综合利用业	8565	2702	32	288	605
金属废料和碎屑加工处理	3511	1012	16	160	359
非金属废料和碎屑加工处理	5054	1690	16	128	246
金属制品、机械和设备修理业	6233	1222	21	630	1125
金属制品修理	31	4			2
通用设备修理	1392	201	3	216	307
专用设备修理	267	75		14	38
铁路、船舶、航空航天等运输设	3546	645	9	345	644
电气设备修理	126	42	2	13	23
仪器仪表修理	40	26	2	16	8
其他机械和设备修理业	831	229	5	26	103
电力、热力、燃气及水生产和供应	69308	17356	1087	15300	14033
电力、热力生产和供应业	46418	9758	1033	13071	9191
电力生产	25762	5381	313	5675	4123
电力供应	19890	4203	711	7342	4889

1-22 续表 7

行 业	从业人员数（人）	#女性	#具有研究生学历（位）人员	#具有大学本科学历（位）人员	#具有大学专科学历人员
热力生产和供应	766	174	9	54	179
燃气生产和供应业	5069	1401	24	613	1009
燃气生产和供应业	5016	1390	24	611	1006
生物质燃气生产和供应业	53	11		2	3
水的生产和供应业	17821	6197	30	1616	3833
自来水生产和供应	15469	5560	18	1242	3283
污水处理及其再生利用	2301	628	12	374	545
海水淡化处理	4	2			2
其他水的处理、利用与分配	47	7			3
建筑业	700941	91298	1150	26690	69642
房屋建筑业	533340	64678	816	17167	51481
住宅房屋建筑	490278	59033	722	15292	43366
体育场馆建筑	91	7		5	19
其他房屋建筑业	42971	5638	94	1870	8096
土木工程建筑业	102976	13787	132	5756	9562
铁路、道路、隧道和桥梁工程建	38822	5434	60	2726	3769
水利和水运工程建筑	11291	1467	6	1147	1634
海洋工程建筑	37	5		2	4
工矿工程建筑	2872	503		290	789
架线和管道工程建筑	8437	1335	25	745	1574
节能环保工程施工	481	140	1	51	103
电力工程施工	1704	329	8	174	446
其他土木工程建筑	39332	4574	32	621	1243
建筑安装业	25440	3906	54	1589	3618
电气安装	9271	1490	25	699	1459
管道和设备安装	2936	692	8	249	752
其他建筑安装业	13233	1724	21	641	1407
建筑装饰、装修和其他建筑业	39185	8927	148	2178	4981
建筑装饰和装修业	28217	7144	127	1715	3857
建筑物拆除和场地准备活动	1703	295	13	114	266
提供施工设备服务	392	88	1	24	72
其他未列明建筑业	8873	1400	7	325	786
批发和零售业	507439	214892	1485	26902	72604
批发业	243929	94217	960	14596	35141
农、林、牧、渔产品批发	21053	7165	135	1020	2408
食品、饮料及烟草制品批发	45065	16883	175	3063	6149
纺织、服装及家庭用品批发	27293	12936	75	1311	3760
文化、体育用品及器材批发	12836	7435	52	562	1563
医药及医疗器材批发	18124	8587	96	1857	3766

1-22 续表 8

行 业	从业人员数（人）	#女性	#具有研究生学历（位）人员	#具有大学本科学历（位）人员	#具有大学专科学历人员
矿产品、建材及化工产品批发	68343	22473	270	3799	9689
机械设备、五金产品及电子产品	27541	9749	86	1747	4493
贸易经纪与代理	9746	3963	21	738	1871
其他批发业	13928	5026	50	499	1442
零售业	263510	120675	525	12306	37463
综合零售	32692	17893	38	1117	3462
食品、饮料及烟草制品专门零售	34741	15407	117	1737	4285
纺织、服装及日用品专门零售	22035	11746	38	744	2847
文化、体育用品及器材专门零售	12867	6452	32	608	1793
医药及医疗器材专门零售	35419	20974	54	1630	5330
汽车、摩托车、零配件和燃料及	48708	18083	105	3014	9682
家用电器及电子产品专门零售	24623	10398	54	1410	4149
五金、家具及室内装饰材料专门	29127	10768	57	929	3099
货摊、无店铺及其他零售业	23298	8954	30	1117	2816
交通运输、仓储和邮政业	117783	30459	477	11341	18668
铁路运输业					
铁路旅客运输					
铁路货物运输					
铁路运输辅助活动					
道路运输业	60841	15263	113	3038	7755
城市公共交通运输	7594	1268	6	269	671
公路旅客运输	15465	4335	17	639	1560
道路货物运输	25377	5819	37	757	2644
道路运输辅助活动	12405	3841	53	1373	2880
水上运输业	14288	2450	125	2366	3171
水上旅客运输	1881	264		81	388
水上货物运输	2648	507	9	289	637
水上运输辅助活动	9759	1679	116	1996	2146
航空运输业	1606	493	28	852	542
航空客货运输	1345	428	27	701	497
通用航空服务	32	17		3	6
航空运输辅助活动	229	48	1	148	39
管道运输业	10	3	3	6	1
海底管道运输	10	3	3	6	1
陆地管道运输					
多式联运和运输代理业	11339	3491	124	851	1648
多式联运	156	41		10	10
运输代理业	11183	3450	124	841	1638
装卸搬运和仓储业	10569	2774	35	879	1581

1-22 续表9

行 业	从业人员数（人）	#女性	#具有研究生学历（位）人员	#具有大学本科学历（位）人员	#具有大学专科学历人员
装卸搬运	6305	1549	17	437	819
通用仓储	950	282	3	77	96
低温仓储	401	122	2	28	70
危险品仓储	158	30		30	54
谷物、棉花等农产品仓储	1628	424	10	168	360
中药材仓储	2				
其他仓储业	1125	367	3	139	182
邮政业	19130	5985	49	3349	3970
邮政基本服务	8579	3611	45	3142	3266
快递服务	10476	2336	4	201	687
其他寄递服务	75	38		6	17
住宿和餐饮业	85221	49835	165	2025	7360
住宿业	37479	22530	67	1125	3576
旅游饭店	20621	12002	26	713	2068
一般旅馆	14937	9314	31	362	1387
民宿服务	116	71		4	9
露营地服务	64	43		4	5
其他住宿业	1741	1100	10	42	107
餐饮业	47742	27305	98	900	3784
正餐服务	42130	24361	97	734	3125
快餐服务	2376	1308		111	423
饮料及冷饮服务	987	484	1	17	62
餐饮配送及外卖送餐服务	552	244		12	42
其他餐饮业	1697	908		26	132
信息传输、软件和信息技术服务业	64105	23612	895	17320	16467
电信、广播电视和卫星传输服务	27858	10324	580	12434	8285
电信	21787	8238	557	11108	6188
广播电视传输服务	5997	2062	23	1308	2079
卫星传输服务	74	24		18	18
互联网和相关服务	7871	2839	48	1091	1805
互联网接入及相关服务	1825	518	27	488	551
互联网信息服务	2401	918	13	259	520
互联网平台	290	122	1	33	57
互联网安全服务	63	20		6	18
互联网数据服务	60	25		5	15
其他互联网服务	3232	1236	7	300	644
软件和信息技术服务业	28376	10449	267	3795	6377
软件开发	14274	5032	174	2044	3289
集成电路设计	144	64		21	31
信息系统集成和物联网技术服务	2385	796	19	370	629

1-22 续表 10

行 业	从业人员数（人）	#女性	#具有研究生学历（位）人员	#具有大学本科学历（位）人员	#具有大学专科学历人员
运行维护服务	529	249	5	63	188
信息处理和存储支持服务	72	24		16	26
信息技术咨询服务	8405	3388	50	994	1719
数字内容服务	471	171	1	34	62
其他信息技术服务业	2096	725	18	253	433
金融业	180615	101194	943	41897	46117
货币金融服务	52331	21706	788	27468	16234
中央银行服务	1690	482	95	1129	333
货币银行服务	49258	20711	679	26076	15541
非货币银行服务	1383	513	14	263	360
银行理财服务					
银行监管服务					
资本市场服务	781	271	30	194	187
证券市场服务					
公开募集证券投资基金					
非公开募集证券投资基金	188	55	19	98	56
期货市场服务					
证券期货监管服务					
资本投资服务	434	177	10	84	109
其他资本市场服务	159	39	1	12	22
保险业	127044	79041	115	14127	29591
人身保险	102174	68855	64	9989	23640
财产保险	23642	9571	48	3916	5504
再保险					
商业养老金	96	43	1	51	41
保险中介服务	1038	526	2	160	375
保险资产管理					
保险监管服务					
其他保险活动	94	46		11	31
其他金融业	459	176	10	108	105
金融信托与管理服务	41	12		14	13
控股公司服务	135	44	7	32	28
非金融机构支付服务					
金融信息服务	61	30	1	15	16
金融资产管理公司					
其他未列明金融业	222	90	2	47	48
房地产业	134286	51651	836	15267	23802
房地产业	134286	51651	836	15267	23802
房地产开发经营	58726	21986	599	11445	13032
物业管理	51219	19830	101	1800	5930

1-22 续表 11

行 业	从业人员数（人）	#女性	#具有研究生学历（位）人员	#具有大学本科学历（位）人员	#具有大学专科学历人员
房地产中介服务	14079	6072	41	1112	2719
房地产租赁经营	5745	1972	59	404	1039
其他房地产业	4517	1791	36	506	1082
租赁和商务服务业	294871	84382	1225	17637	36027
租赁业	10094	2717	12	383	1297
机械设备经营租赁	9751	2626	11	369	1225
文体设备和用品出租	294	77	1	10	70
日用品出租	49	14		4	2
商务服务业	284777	81665	1213	17254	34730
组织管理服务	171285	40696	472	6181	14144
综合管理服务	9626	3121	43	662	1820
法律服务	4063	1635	162	1821	726
咨询与调查	23552	10902	271	3255	5624
广告业	19569	7540	101	1775	4062
人力资源服务	24665	7406	42	1590	3546
安全保护服务	11783	1302	11	242	927
会议、展览及相关服务	1438	425	6	118	199
其他商务服务业	18796	8638	105	1610	3682
科学研究和技术服务业	75658	25105	1139	13041	16247
研究和试验发展	7551	2762	356	1258	1487
自然科学研究和试验发展	212	76	1	24	57
工程和技术研究和试验发展	3402	1154	68	471	679
农业科学研究和试验发展	3134	1223	260	600	581
医学研究和试验发展	617	239	21	106	136
社会人文科学研究	186	70	6	57	34
专业技术服务业	45747	14439	587	9554	10663
气象服务	1039	404	54	564	192
地震服务	115	35	11	69	27
海洋服务	264	55	18	64	28
测绘地理信息服务	1091	316	19	246	309
质检技术服务	7392	2466	131	1474	2036
环境与生态监测检测服务	1180	403	38	366	315
地质勘查	1242	250	18	468	232
工程技术与设计服务	22927	6819	212	4985	5376
工业与专业设计及其他专业技术	10497	3691	86	1318	2148
科技推广和应用服务业	22360	7904	196	2229	4097
技术推广服务	18171	6358	164	1628	3147
知识产权服务	491	230	5	106	122
科技中介服务	378	136	3	79	103
创业空间服务	269	101	5	63	60

1-22 续表12

行 业	从业人员数（人）	#女性	#具有研究生学历（位）人员	#具有大学本科学历（位）人员	#具有大学专科学历人员
其他科技推广服务业	3051	1079	19	353	665
水利、环境和公共设施管理业	34511	12810	136	2671	5205
水利管理业	7327	1596	56	673	1520
防洪除涝设施管理	1524	346	2	209	424
水资源管理	2389	572	19	206	426
天然水收集与分配	1887	314	22	103	344
水文服务	60	14	8	23	14
其他水利管理业	1467	350	5	132	312
生态保护和环境治理业	2457	702	11	307	567
生态保护	729	206	5	111	160
环境治理业	1728	496	6	196	407
公共设施管理业	23868	10090	67	1548	2792
市政设施管理	2928	868	31	621	802
环境卫生管理	10636	4845	7	238	668
城乡市容管理	265	56		23	70
绿化管理	5519	2366	17	296	628
城市公园管理	1067	512	1	129	169
游览景区管理	3453	1443	11	241	455
土地管理业	859	422	2	143	326
土地整治服务	58	24		10	16
土地调查评估服务	227	88	2	51	65
土地登记服务	168	77		58	97
土地登记代理服务	17	5		3	8
其他土地管理服务	389	228		21	140
居民服务、修理和其他服务业	37500	16907	65	1419	4258
居民服务业	17494	9839	27	844	2258
家庭服务	2765	1771	2	85	303
托儿所服务	153	128		14	32
洗染服务	978	536	1	23	73
理发及美容服务	2107	1452	6	58	279
洗浴和保健养生服务	5032	3443	7	267	469
摄影扩印服务	997	491	2	63	163
婚姻服务	1001	514	7	56	169
殡葬服务	2397	485		181	535
其他居民服务业	2064	1019	2	97	235
机动车、电子产品和日用产品修理	11568	2911	26	339	1409
汽车、摩托车等修理与维护	9063	2222	19	208	1024
计算机和办公设备维修	1295	396	6	83	269
家用电器修理	863	230	1	41	106
其他日用产品修理业	347	63		7	10

1-22 续表 13

行 业	从业人员数（人）	#女性	#具有研究生学历（位）人员	#具有大学本科学历（位）人员	#具有大学专科学历人员
其他服务业	8438	4157	12	236	591
清洁服务	7507	3776	10	159	472
宠物服务	28	12	2	2	5
其他未列明服务业	903	369		75	114
教育	507530	336452	11795	232420	147296
教育	507530	336452	11795	232420	147296
学前教育	98903	88611	133	7698	30635
初等教育	168529	115252	727	68347	76981
中等教育	197436	111469	3717	143304	32137
高等教育	17127	8420	6909	6471	1231
特殊教育	1534	1131	18	705	411
技能培训、教育辅助及其他教育	24001	11569	291	5895	5901
卫生和社会工作	176001	112431	4293	42851	56543
卫生	169889	108631	4262	42076	55287
医院	100818	66335	3962	30896	30972
基层医疗卫生服务	50636	29659	186	7064	17189
专业公共卫生服务	17135	11904	89	3953	6745
其他卫生活动	1300	733	25	163	381
社会工作	6112	3800	31	775	1256
提供住宿社会工作	5197	3260	17	560	986
不提供住宿社会工作	915	540	14	215	270
文化、体育和娱乐业	44074	20190	251	4569	8349
新闻和出版业	2110	841	41	694	778
新闻业	43	19		23	19
出版业	2067	822	41	671	759
广播、电视、电影和录音制作业	7504	3128	62	1337	2420
广播	1155	425	13	266	451
电视	1453	606	18	611	533
影视节目制作	1933	842	16	223	798
广播电视集成播控					
电影和广播电视节目发行	265	81	3	93	116
电影放映	2606	1145	10	139	512
录音制作	92	29	2	5	10
文化艺术业	11214	5091	68	1282	2297
文艺创作与表演	3687	1755	5	193	472
艺术表演场馆	98	47		7	35
图书馆与档案馆	1054	532	24	312	415
文物及非物质文化遗产保护	433	164	3	47	53
博物馆	642	231	13	141	163
烈士陵园、纪念馆	121	56	1	22	30

1-22　续表 14

行　业	从业人员数（人）	#女性	#具有研究生学历（位）人员	#具有大学本科学历（位）人员	#具有大学专科学历人员
群众文体活动	1828	810	10	240	452
其他文化艺术业	3351	1496	12	320	677
体育	2686	1087	29	272	443
体育组织	637	193	16	118	125
体育场地设施管理	493	187	10	62	115
健身休闲活动	1375	644	3	63	179
其他体育	181	63		29	24
娱乐业	20560	10043	51	984	2411
室内娱乐活动	13423	7008	20	253	1103
游乐园	800	320	4	65	145
休闲观光活动	803	303	1	33	88
彩票活动	430	229	4	71	81
文化体育娱乐活动与经纪代理服务	5001	2132	22	550	975
其他娱乐业	103	51		12	19
公共管理、社会保障和社会组织	378911	108658	5208	113743	102628
中国共产党机关	12395	3395	506	7168	2870
中国共产党机关	12395	3395	506	7168	2870
国家机构	261254	75029	4273	99558	82485
国家权力机构	3928	1029	244	2031	1081
国家行政机构	244404	69534	3535	88881	79136
人民法院和人民检察院	10687	3876	396	7478	1695
其他国家机构	2235	590	98	1168	573
人民政协、民主党派	1156	355	90	583	333
人民政协	975	289	77	493	318
民主党派	181	66	13	90	15
社会保障	1260	678	14	482	574
基本保险	756	399	5	283	318
补充保险					
其他社会保障	504	279	9	199	256
群众团体、社会团体和其他成员组	27931	11054	276	3737	4551
群众团体	2157	1056	69	926	610
社会团体	15901	5188	162	2476	3354
基金会	272	70	14	46	51
宗教组织	9601	4740	31	289	536
基层群众自治组织及其他组织	74915	18147	49	2215	11815
社区居民自治组织	16158	6073	22	961	4364
村民自治组织	58757	12074	27	1254	7451
国际组织					
国际组织					
国际组织					

1-23 按行业（门类、大类、中类）分组的北部生态发展区法人单位从业人员数

行 业	从业人员数（人）	#女性	#具有研究生学历（位）人员	#具有大学本科学历（位）人员	#具有大学专科学历人员
总 计	2536800	1072186	18169	376749	421677
农、林、牧、渔业	9509	3790	28	301	764
农业					
谷物种植					
豆类、油料和薯类种植					
棉、麻、糖、烟草种植					
蔬菜、食用菌及园艺作物种植					
水果种植					
坚果、含油果、香料和饮料作物					
中药材种植					
草种植及割草					
其他农业					
林业					
林木育种和育苗					
造林和更新					
森林经营、管护和改培					
木材和竹材采运					
林产品采集					
畜牧业					
牲畜饲养					
家禽饲养					
狩猎和捕捉动物					
其他畜牧业					
渔业					
水产养殖					
水产捕捞					
农、林、牧、渔专业及辅助性活动	9509	3790	28	301	764
农业专业及辅助性活动	6394	2693	8	185	531
林业专业及辅助性活动	747	248	1	33	122
畜牧专业及辅助性活动	1532	569	8	54	60
渔业专业及辅助性活动	836	280	11	29	51
采矿业	19938	4135	56	1512	2432
煤炭开采和洗选业					
烟煤和无烟煤开采洗选					
褐煤开采洗选					
其他煤炭采选					
石油和天然气开采业					
石油开采					
天然气开采					

1-23 续表 1

行业	从业人员数（人）	#女性	#具有研究生学历（位）人员	#具有大学本科学历（位）人员	#具有大学专科学历人员
黑色金属矿采选业	1656	322	2	44	123
铁矿采选	1538	303	2	44	111
锰矿、铬矿采选	49	7			2
其他黑色金属矿采选	69	12			10
有色金属矿采选业	7134	1599	38	986	1213
常用有色金属矿采选	5246	1250	28	822	978
贵金属矿采选	77	5		1	2
稀有稀土金属矿采选	1811	344	10	163	233
非金属矿采选业	10868	2161	13	474	1072
土砂石开采	7666	1376	9	173	588
化学矿开采	2118	598	4	288	432
采盐					
石棉及其他非金属矿采选	1084	187		13	52
开采专业及辅助性活动	18	2			
煤炭开采和洗选专业及辅助性活	3	1			
石油和天然气开采专业及辅助性					
其他开采专业及辅助性活动	15	1			
其他采矿业	262	51	3	8	24
其他采矿业	262	51	3	8	24
制造业	731026	347533	1992	25887	61468
农副食品加工业	17213	6695	62	584	1324
谷物磨制	2596	506	4	62	140
饲料加工	2629	923	42	194	339
植物油加工	869	357	2	62	129
制糖业	722	236		5	30
屠宰及肉类加工	6127	2216	3	108	350
水产品加工	426	209	1	16	26
蔬菜、菌类、水果和坚果加工	1261	913	3	37	77
其他农副食品加工	2583	1335	7	100	233
食品制造业	10712	5558	41	491	1187
焙烤食品制造	1151	632	3	23	73
糖果、巧克力及蜜饯制造	2013	1169	3	42	126
方便食品制造	2031	1258	10	35	130
乳制品制造	695	166	1	65	125
罐头食品制造	117	66		5	9
调味品、发酵制品制造	376	200	1	19	26
其他食品制造	4329	2067	23	302	698
酒、饮料和精制茶制造业	9107	3903	33	443	1166
酒的制造	2821	1246	16	128	303

1-23 续表 2

行 业	从业人员数（人）	#女性	#具有研究生学历（位）人员	#具有大学本科学历（位）人员	#具有大学专科学历人员
饮料制造	3907	1511	8	195	587
精制茶加工	2379	1146	9	120	276
烟草制品业	2031	551	104	774	490
烟叶复烤	319	83	7	96	147
卷烟制造	1505	394	97	676	326
其他烟草制品制造	207	74		2	17
纺织业	16156	8546	6	640	1418
棉纺织及印染精加工	9048	4541	5	422	966
毛纺织及染整精加工	1422	943		27	76
麻纺织及染整精加工	22	14			3
丝绢纺织及印染精加工	678	494		18	47
化纤织造及印染精加工	805	410		12	15
针织或钩针编织物及其制品制造	2670	1174	1	143	241
家用纺织制成品制造	547	345		8	16
产业用纺织制成品制造	964	625		10	54
纺织服装、服饰业	26220	19985	1	184	679
机织服装制造	14816	11324		117	421
针织或钩针编织服装制造	7360	5724		56	159
服饰制造	4044	2937	1	11	99
皮革、毛皮、羽毛及其制品和制鞋	56642	40488	35	850	4867
皮革鞣制加工	413	175		6	16
皮革制品制造	11915	8229	12	270	2946
毛皮鞣制及制品加工	41	26			2
羽毛(绒)加工及制品制造					
制鞋业	44273	32058	23	574	1903
木材加工和木、竹、藤、棕、草制	10319	3998	10	222	642
木材加工	3009	1185	3	27	92
人造板制造	3949	1243	5	120	324
木质制品制造	2005	670	1	56	171
竹、藤、棕、草等制品制造	1356	900	1	19	55
家具制造业	14206	5470	17	397	985
木质家具制造	11738	4690	12	336	806
竹、藤家具制造	97	56		5	9
金属家具制造	786	252	1	10	32
塑料家具制造	74	17	1	4	4
其他家具制造	1511	455	3	42	134
造纸和纸制品业	9692	4049	14	232	801
纸浆制造					
造纸	3183	1219	8	69	230

1-23 续表 3

行　业	从业人员数（人）	#女性	#具有研究生学历（位）人员	#具有大学本科学历（位）人员	#具有大学专科学历人员
纸制品制造	6509	2830	6	163	571
印刷和记录媒介复制业	8923	4928	26	325	804
印刷	8614	4782	16	319	781
装订及印刷相关服务	309	146	10	6	23
记录媒介复制					
文教、工美、体育和娱乐用品制造	72143	48522	24	616	2799
文教办公用品制造	3000	1733	1	64	118
乐器制造	494	229	1	11	42
工艺美术及礼仪用品制造	6499	3614	4	88	367
体育用品制造	3620	2186	7	44	139
玩具制造	58046	40652	10	376	2052
游艺器材及娱乐用品制造	484	108	1	33	81
石油、煤炭及其他燃料加工业	232	70		7	17
精炼石油产品制造	44	10		5	6
煤炭加工	39	12			
核燃料加工					
生物质燃料加工	149	48		2	11
化学原料和化学制品制造业	25605	7638	279	2165	3438
基础化学原料制造	7058	1755	79	695	894
肥料制造	783	219	21	93	142
农药制造	855	304	11	78	96
涂料、油墨、颜料及类似产品制	6137	1773	62	443	766
合成材料制造	3288	1082	40	266	410
专用化学产品制造	4540	1297	52	369	746
炸药、火工及焰火产品制造	827	251	5	78	157
日用化学产品制造	2117	957	9	143	227
医药制造业	9677	4807	173	1120	1647
化学药品原料药制造	2613	1116	47	376	440
化学药品制剂制造	706	312	29	139	161
中药饮片加工	1157	494	5	73	164
中成药生产	3193	1833	33	251	481
兽用药品制造	1182	594	49	185	224
生物药品制品制造	392	175	9	70	123
卫生材料及医药用品制造	292	182	1	21	38
药用辅料及包装材料	142	101		5	16
化学纤维制造业	513	200	1	16	50
纤维素纤维原料及纤维制造	82	51		5	4
合成纤维制造	384	139	1	8	42
生物基材料制造	47	10		3	4

1-23 续表4

行　业	从业人员数（人）	#女性	#具有研究生学历（位）人员	#具有大学本科学历（位）人员	#具有大学专科学历人员
橡胶和塑料制品业	29720	13881	38	684	1990
橡胶制品业	5035	2212	3	99	322
塑料制品业	24685	11669	35	585	1668
非金属矿物制品业	105633	32116	125	2999	8199
水泥、石灰和石膏制造	15750	3758	22	645	1764
石膏、水泥制品及类似制品制造	12240	2506	21	457	1271
砖瓦、石材等建筑材料制造	24617	6636	31	553	1524
玻璃制造	1530	418	6	147	183
玻璃制品制造	1400	615	2	21	62
玻璃纤维和玻璃纤维增强塑料制	2911	1053	2	115	329
陶瓷制品制造	41732	15563	29	857	2633
耐火材料制品制造	63	15		1	6
石墨及其他非金属矿物制品制造	5390	1552	12	203	427
黑色金属冶炼和压延加工业	12644	2033	189	1578	3168
炼铁	61	4			2
炼钢	1813	189	6	131	219
钢压延加工	10582	1824	178	1439	2924
铁合金冶炼	188	16	5	8	23
有色金属冶炼和压延加工业	19898	4951	102	1254	2144
常用有色金属冶炼	4868	1034	20	525	772
贵金属冶炼	46	9	1	3	6
稀有稀土金属冶炼	516	140	9	48	154
有色金属合金制造	1460	349	8	98	199
有色金属压延加工	13008	3419	64	580	1013
金属制品业	31719	12214	65	1356	3283
结构性金属制品制造	6231	1836	12	438	1078
金属工具制造	702	283		17	74
集装箱及金属包装容器制造	467	135	1	10	50
金属丝绳及其制品制造	252	61		13	25
建筑、安全用金属制品制造	2691	1087	2	61	262
金属表面处理及热处理加工	1931	728	2	36	119
搪瓷制品制造	6	2			2
金属制日用品制造	12790	6178	11	566	1155
铸造及其他金属制品制造	6649	1904	37	215	518
通用设备制造业	19257	6324	84	1169	2281
锅炉及原动设备制造	557	151		30	86
金属加工机械制造	1318	320	8	43	127
物料搬运设备制造	2255	655	8	169	196
泵、阀门、压缩机及类似机械制	3153	899	12	201	489

1-23 续表 5

行业	从业人员数（人）	#女性	#具有研究生学历（位）人员	#具有大学本科学历（位）人员	#具有大学专科学历人员
轴承、齿轮和传动部件制造	2274	767	6	166	245
烘炉、风机、包装等设备制造	4578	1580	31	360	560
文化、办公用机械制造	916	443	11	47	130
通用零部件制造	3509	1264	6	124	389
其他通用设备制造业	697	245	2	29	59
专用设备制造业	21893	7154	62	923	2997
采矿、冶金、建筑专用设备制造	2286	434	11	125	352
化工、木材、非金属加工专用设	8039	1943	9	231	1455
食品、饮料、烟草及饲料生产专	481	119		18	64
印刷、制药、日化及日用品生产	572	154	1	29	72
纺织、服装和皮革加工专用设备	74	18			3
电子和电工机械专用设备制造	1243	480	4	40	121
农、林、牧、渔专用机械制造	1243	298	12	154	196
医疗仪器设备及器械制造	5586	3220	6	141	425
环保、邮政、社会公共服务及其	2369	488	19	185	309
汽车制造业	17647	4529	20	623	1282
汽车整车制造	115	1	2	50	63
汽车用发动机制造					
改装汽车制造	545	155	3	57	95
低速汽车制造					
电车制造					
汽车车身、挂车制造	17	7			1
汽车零部件及配件制造	16970	4366	15	516	1123
铁路、船舶、航空航天和其他运输	1975	1029	1	96	158
铁路运输设备制造	36	13		1	4
城市轨道交通设备制造					
船舶及相关装置制造	253	68		6	18
航空、航天器及设备制造	16	6		1	
摩托车制造	118	54		5	5
自行车和残疾人座车制造	54	20		1	5
助动车制造	628	187	1	61	100
非公路休闲车及零配件制造					
潜水救捞及其他未列明运输设备	870	681		21	26
电气机械和器材制造业	47810	27351	122	1471	3511
电机制造	9725	6902	34	286	708
输配电及控制设备制造	6962	3845	33	435	774
电线、电缆、光缆及电工器材制	6596	4013	3	143	427
电池制造	5871	2578	12	179	499
家用电力器具制造	8852	5024	23	234	579

1-23 续表6

行业	从业人员数（人）	#女性	#具有研究生学历（位）人员	#具有大学本科学历（位）人员	#具有大学专科学历人员
非电力家用器具制造	197	79	3	18	39
照明器具制造	9289	4719	13	169	462
其他电气机械及器材制造	318	191	1	7	23
计算机、通信和其他电子设备制造	119569	63637	260	4104	9041
计算机制造	6180	1458	5	104	137
通信设备制造	13044	6298	7	200	574
广播电视设备制造	134	117	1	2	6
雷达及配套设备制造	15	10		3	5
非专业视听设备制造	4052	2599	3	236	218
智能消费设备制造	463	304	3	18	40
电子器件制造	17104	9974	77	966	1617
电子元件及电子专用材料制造	76375	41443	161	2504	6278
其他电子设备制造	2202	1434	3	71	166
仪器仪表制造业	5094	3514	32	112	243
通用仪器仪表制造	382	210	4	15	37
专用仪器仪表制造	39	9		3	16
钟表与计时仪器制造	4375	3145	26	78	142
光学仪器制造	297	150	2	16	48
衡器制造	1				
其他仪器仪表制造业					
其他制造业	3021	1807	6	58	146
日用杂品制造	2153	1462	2	34	78
核辐射加工					
其他未列明制造业	868	345	4	24	68
废弃资源综合利用业	4290	1218	57	364	604
金属废料和碎屑加工处理	2122	561	11	101	242
非金属废料和碎屑加工处理	2168	657	46	263	362
金属制品、机械和设备修理业	1465	367	3	30	107
金属制品修理	27	2			
通用设备修理	832	229	3	12	53
专用设备修理	140	30		6	15
铁路、船舶、航空航天等运输设	108	22		4	16
电气设备修理	51	11			2
仪器仪表修理					
其他机械和设备修理业	307	73		8	21
电力、热力、燃气及水生产和供应	57165	14452	643	8753	10797
电力、热力生产和供应业	46152	10361	586	7638	7989
电力生产	32602	7547	118	2741	4619
电力供应	13449	2775	468	4892	3362

1-23 续表 7

行业	从业人员数（人）	#女性	#具有研究生学历（位）人员	#具有大学本科学历（位）人员	#具有大学专科学历人员
热力生产和供应	101	39		5	8
燃气生产和供应业	2214	728	14	354	776
燃气生产和供应业	2174	722	14	353	773
生物质燃气生产和供应业	40	6		1	3
水的生产和供应业	8799	3363	43	761	2032
自来水生产和供应	7061	2849	30	622	1643
污水处理及其再生利用	1732	512	13	139	389
海水淡化处理					
其他水的处理、利用与分配	6	2			
建筑业	314501	53685	537	12419	27222
房屋建筑业	216301	36929	392	6552	16871
住宅房屋建筑	209269	35588	354	6176	15921
体育场馆建筑	9	3			
其他房屋建筑业	7023	1338	38	376	950
土木工程建筑业	54002	8428	65	3749	5406
铁路、道路、隧道和桥梁工程建	24053	3138	33	2159	2930
水利和水运工程建筑	5586	957	6	509	757
海洋工程建筑					
工矿工程建筑	471	92	3	68	84
架线和管道工程建筑	17253	2761	8	659	779
节能环保工程施工	198	59		12	32
电力工程施工	1562	207	1	97	225
其他土木工程建筑	4879	1214	14	245	599
建筑安装业	15846	2778	22	1007	2335
电气安装	10290	1470	9	723	1515
管道和设备安装	1561	332	2	93	264
其他建筑安装业	3995	976	11	191	556
建筑装饰、装修和其他建筑业	28352	5550	58	1111	2610
建筑装饰和装修业	13016	3481	26	664	1710
建筑物拆除和场地准备活动	3028	548	7	122	307
提供施工设备服务	1318	151	2	48	134
其他未列明建筑业	10990	1370	23	277	459
批发和零售业	157020	74152	381	9599	24294
批发业	70341	29034	237	5379	10594
农、林、牧、渔产品批发	5092	1884	21	268	479
食品、饮料及烟草制品批发	23996	10006	122	2462	3339
纺织、服装及家庭用品批发	2921	1436	6	166	462
文化、体育用品及器材批发	1544	635	2	96	218
医药及医疗器材批发	5276	2800	11	554	1261

1-23 续表8

行 业	从业人员数（人）	#女性	#具有研究生学历（位）人员	#具有大学本科学历（位）人员	#具有大学专科学历人员
矿产品、建材及化工产品批发	17904	6451	46	1060	2489
机械设备、五金产品及电子产品	8686	3891	19	474	1571
贸易经纪与代理	1678	704	3	139	426
其他批发业	3244	1227	7	160	349
零售业	86679	45118	144	4220	13700
综合零售	11686	8085	8	376	1208
食品、饮料及烟草制品专门零售	8268	4051	17	327	894
纺织、服装及日用品专门零售	2662	1597	7	102	365
文化、体育用品及器材专门零售	2913	1676	2	193	544
医药及医疗器材专门零售	15170	11346	33	871	2479
汽车、摩托车、零配件和燃料及	22197	9090	31	1247	4884
家用电器及电子产品专门零售	8596	3740	11	488	1480
五金、家具及室内装饰材料专门	8494	3246	26	333	1032
货摊、无店铺及其他零售业	6693	2287	9	283	814
交通运输、仓储和邮政业	54923	14420	144	5326	8304
铁路运输业					
铁路旅客运输					
铁路货物运输					
铁路运输辅助活动					
道路运输业	38385	9465	110	2778	4932
城市公共交通运输	4732	1015	5	152	444
公路旅客运输	9038	2683	3	388	1015
道路货物运输	13657	2576	13	348	1220
道路运输辅助活动	10958	3191	89	1890	2253
水上运输业	1745	456	4	167	304
水上旅客运输	193	42		3	12
水上货物运输	846	303	1	56	112
水上运输辅助活动	706	111	3	108	180
航空运输业	75	29	1	17	28
航空客货运输	21	12		10	8
通用航空服务	43	9	1	3	13
航空运输辅助活动	11	8		4	7
管道运输业					
海底管道运输					
陆地管道运输					
多式联运和运输代理业	1099	280		29	117
多式联运	6			1	2
运输代理业	1093	280		28	115
装卸搬运和仓储业	4306	933	4	149	379

1-23 续表 9

行业	从业人员数（人）	#女性	#具有研究生学历（位）人员	#具有大学本科学历（位）人员	#具有大学专科学历人员
装卸搬运	2837	427		32	108
通用仓储	89	30		3	14
低温仓储	8	3			3
危险品仓储	61	15		2	3
谷物、棉花等农产品仓储	1147	395	4	98	219
中药材仓储	8	2		1	5
其他仓储业	156	61		13	27
邮政业	9313	3257	25	2186	2544
邮政基本服务	5306	2335	25	2074	2162
快递服务	4000	918		111	379
其他寄递服务	7	4		1	3
住宿和餐饮业	44424	27258	97	1103	3934
住宿业	30532	18908	93	917	3197
旅游饭店	21693	13117	76	638	2291
一般旅馆	7679	4995	14	254	810
民宿服务	120	74	3	4	9
露营地服务	22	16		2	5
其他住宿业	1018	706		19	82
餐饮业	13892	8350	4	186	737
正餐服务	12818	7786	4	160	666
快餐服务	353	197		5	5
饮料及冷饮服务	189	82		3	6
餐饮配送及外卖送餐服务	188	112		3	17
其他餐饮业	344	173		15	43
信息传输、软件和信息技术服务业	30243	10952	321	7947	7627
电信、广播电视和卫星传输服务	15275	5566	218	6293	4178
电信	12545	4610	206	5434	3388
广播电视传输服务	2523	889	11	815	705
卫星传输服务	207	67	1	44	85
互联网和相关服务	4044	1280	17	377	865
互联网接入及相关服务	1683	485		116	370
互联网信息服务	1080	393	3	77	247
互联网平台	145	65		32	25
互联网安全服务	14	3		1	3
互联网数据服务	475	52	12	102	84
其他互联网服务	647	282	2	49	136
软件和信息技术服务业	10924	4106	86	1277	2584
软件开发	5438	2045	49	705	1364
集成电路设计	44	15		3	12
信息系统集成和物联网技术服务	1122	395	6	123	304

1-23 续表10

行 业	从业人员数（人）	#女性	#具有研究生学历（位）人员	#具有大学本科学历（位）人员	#具有大学专科学历人员
运行维护服务	103	38	1	10	28
信息处理和存储支持服务	164	58	1	45	62
信息技术咨询服务	2853	1053	17	281	550
数字内容服务	195	64		15	42
其他信息技术服务业	1005	438	12	95	222
金融业	114459	67701	462	26361	25233
货币金融服务	29788	12656	363	17242	9104
中央银行服务	1371	415	76	882	329
货币银行服务	27589	11886	277	16237	8540
非货币银行服务	828	355	10	123	235
银行理财服务					
银行监管服务					
资本市场服务	219	54	8	60	48
证券市场服务					
公开募集证券投资基金					
非公开募集证券投资基金	55	13	6	27	15
期货市场服务					
证券期货监管服务					
资本投资服务	115	28	1	20	24
其他资本市场服务	49	13	1	13	9
保险业	84171	54844	76	8981	16005
人身保险	67753	47212	48	6535	11833
财产保险	16056	7529	28	2401	4066
再保险					
商业养老金	37	19		16	21
保险中介服务	316	82		26	84
保险资产管理					
保险监管服务					
其他保险活动	9	2		3	1
其他金融业	281	147	15	78	76
金融信托与管理服务	3	2			
控股公司服务	57	18	15	26	8
非金融机构支付服务					
金融信息服务	65	38		22	28
金融资产管理公司					
其他未列明金融业	156	89		30	40
房地产业	86638	35942	534	9023	14549
房地产业	86638	35942	534	9023	14549
房地产开发经营	40300	15872	464	7239	9160
物业管理	35190	15287	25	946	3122

1-23 续表 11

行 业	从业人员数（人）	#女性	#具有研究生学历（位）人员	#具有大学本科学历（位）人员	#具有大学专科学历人员
房地产中介服务	7491	3397	19	448	1515
房地产租赁经营	2824	1080	22	296	542
其他房地产业	833	306	4	94	210
租赁和商务服务业	143878	36029	667	9391	18785
租赁业	4966	1236	12	163	513
机械设备经营租赁	4899	1202	12	159	497
文体设备和用品出租	63	34		4	16
日用品出租	4				
商务服务业	138912	34793	655	9228	18272
组织管理服务	70515	11225	252	3331	6442
综合管理服务	3881	1328	33	366	858
法律服务	2305	1015	102	1131	502
咨询与调查	11131	5794	116	1770	3233
广告业	8703	3292	27	747	1773
人力资源服务	23425	6712	65	890	2504
安全保护服务	10314	1161	7	229	978
会议、展览及相关服务	451	248	2	47	80
其他商务服务业	8187	4018	51	717	1902
科学研究和技术服务业	42001	14449	790	8801	9254
研究和试验发展	3484	1449	140	554	656
自然科学研究和试验发展	90	35	6	23	22
工程和技术研究和试验发展	1707	648	67	253	319
农业科学研究和试验发展	1289	600	48	141	189
医学研究和试验发展	255	101	13	86	65
社会人文科学研究	143	65	6	51	61
专业技术服务业	28219	8623	483	7186	6993
气象服务	762	237	30	531	82
地震服务	17	5	1	11	4
海洋服务	2				
测绘地理信息服务	1001	266	13	231	278
质检技术服务	5167	1711	136	1236	1508
环境与生态监测检测服务	751	290	47	326	210
地质勘查	1475	295	56	535	245
工程技术与设计服务	15758	4758	180	4001	4051
工业与专业设计及其他专业技术	3286	1061	20	315	615
科技推广和应用服务业	10298	4377	167	1061	1605
技术推广服务	9108	3847	153	852	1319
知识产权服务	190	109	1	39	57
科技中介服务	265	140	5	63	96
创业空间服务	51	27	1	12	11

1-23 续表 12

行　业	从业人员数（人）	#女性	#具有研究生学历（位）人员	#具有大学本科学历（位）人员	#具有大学专科学历人员
其他科技推广服务业	684	254	7	95	122
水利、环境和公共设施管理业	24941	10123	119	2034	3231
水利管理业	2827	707	25	524	699
防洪除涝设施管理	521	134	1	164	172
水资源管理	982	258	12	159	232
天然水收集与分配	470	81		23	69
水文服务	160	36	10	53	24
其他水利管理业	694	198	2	125	202
生态保护和环境治理业	2783	614	36	434	529
生态保护	1512	329	22	274	283
环境治理业	1271	285	14	160	246
公共设施管理业	18925	8655	52	973	1850
市政设施管理	2306	844	24	302	527
环境卫生管理	8283	3977	4	100	281
城乡市容管理	364	189		7	97
绿化管理	3520	1559	4	229	400
城市公园管理	357	204	2	51	81
游览景区管理	4095	1882	18	284	464
土地管理业	406	147	6	103	153
土地整治服务	132	31		27	38
土地调查评估服务	145	61	3	36	64
土地登记服务					
土地登记代理服务	19	12		1	2
其他土地管理服务	110	43	3	39	49
居民服务、修理和其他服务业	23012	10499	33	699	1950
居民服务业	8632	4220	17	422	971
家庭服务	827	526		18	78
托儿所服务	879	805		74	196
洗染服务	163	64		4	1
理发及美容服务	333	269		44	48
洗浴和保健养生服务	1838	1204	9	49	145
摄影扩印服务	214	103		17	34
婚姻服务	138	79	1	12	21
殡葬服务	1860	486	3	140	329
其他居民服务业	2380	684	4	64	119
机动车、电子产品和日用产品修理	5781	1432	7	183	629
汽车、摩托车等修理与维护	3790	971	6	106	359
计算机和办公设备维修	1339	288		66	202
家用电器修理	588	159	1	10	59
其他日用产品修理业	64	14		1	9

1-23 续表 13

行 业	从业人员数（人）	#女性	#具有研究生学历（位）人员	#具有大学本科学历（位）人员	#具有大学专科学历人员
其他服务业	8599	4847	9	94	350
清洁服务	7606	4584	8	46	219
宠物服务	40	17	1	4	7
其他未列明服务业	953	246		44	124
教育	271926	174092	5041	127542	74818
教育	271926	174092	5041	127542	74818
学前教育	59709	53798	58	5027	19601
初等教育	84851	55895	332	38319	34955
中等教育	105187	53641	2161	77468	16707
高等教育	7583	3194	2161	2352	328
特殊教育	998	725	4	520	238
技能培训、教育辅助及其他教育	13598	6839	325	3856	2989
卫生和社会工作	114857	76580	1927	28225	42506
卫生	109686	73089	1910	27607	41546
医院	61102	41298	1758	18426	21820
基层医疗卫生服务	33849	21223	43	5207	13690
专业公共卫生服务	14393	10353	102	3908	5902
其他卫生活动	342	215	7	66	134
社会工作	5171	3491	17	618	960
提供住宿社会工作	4309	2918	12	418	650
不提供住宿社会工作	862	573	5	200	310
文化、体育和娱乐业	17337	8002	190	2971	3660
新闻和出版业	1220	504	43	578	364
新闻业	400	183	9	125	141
出版业	820	321	34	453	223
广播、电视、电影和录音制作业	3168	1355	10	790	850
广播	401	132		102	127
电视	441	175	2	102	174
影视节目制作	1100	453	7	505	272
广播电视集成播控	94	31		14	38
电影和广播电视节目发行	45	22		2	7
电影放映	1048	528	1	59	221
录音制作	39	14		6	11
文化艺术业	4794	2440	107	1005	1455
文艺创作与表演	1508	741	17	235	304
艺术表演场馆	34	15		10	18
图书馆与档案馆	805	497	18	222	378
文物及非物质文化遗产保护	284	112		58	83
博物馆	392	189	22	99	151
烈士陵园、纪念馆	48	26		8	18

1-23 续表 14

行　业	从业人员数（人）	#女性	#具有研究生学历（位）人员	#具有大学本科学历（位）人员	#具有大学专科学历人员
群众文体活动	850	466	12	238	299
其他文化艺术业	873	394	38	135	204
体育	1734	811	9	181	253
体育组织	585	241	6	84	88
体育场地设施管理	197	82		26	56
健身休闲活动	903	462	3	50	92
其他体育	49	26		21	17
娱乐业	6421	2892	21	417	738
室内娱乐活动	3261	1515	6	54	172
游乐园	515	251		32	79
休闲观光活动	948	365	6	100	133
彩票活动	300	163	2	81	77
文化体育娱乐活动与经纪代理服务	1371	592	6	150	276
其他娱乐业	26	6	1		1
公共管理、社会保障和社会组织	279002	88392	4207	88855	80849
中国共产党机关	8182	2389	417	4770	1965
中国共产党机关	8182	2389	417	4770	1965
国家机构	207842	64211	3325	79285	66012
国家权力机构	2277	605	127	1052	701
国家行政机构	195813	59962	2911	72557	63427
人民法院和人民检察院	8112	3428	241	5297	1547
其他国家机构	1640	216	46	379	337
人民政协、民主党派	854	250	85	422	274
人民政协	756	206	78	361	253
民主党派	98	44	7	61	21
社会保障	1032	602	14	513	403
基本保险	793	466	10	381	318
补充保险					
其他社会保障	239	136	4	132	85
群众团体、社会团体和其他成员组	14774	5956	356	2789	3107
群众团体	1892	938	71	773	635
社会团体	8430	3050	191	1788	2113
基金会	157	44	4	57	35
宗教组织	4295	1924	90	171	324
基层群众自治组织及其他组织	46318	14984	10	1076	9088
社区居民自治组织	6178	3471	3	464	2547
村民自治组织	40140	11513	7	612	6541
国际组织					
国际组织					
国际组织					

1-24 按地区、登记注册类型

地 区	女性从业人员数(人)						
		内资					
			国有	集体	股份合作	联营	
							国有联营
全 省	18474501	15012926	1732052	198707	33523	12219	2968
广州市	3674081	3147654	369654	45257	6441	2545	442
深圳市	4814959	3935117	190424	4714	8118	1158	258
珠海市	519546	390123	40475	1951	1094	846	758
汕头市	538806	501854	78667	8340	3490	612	277
佛山市	1608142	1378291	103397	19917	2131	1060	26
韶关市	210772	178277	59150	3392	789	135	14
河源市	214185	166976	50283	2447	107	404	48
梅州市	227490	212449	65046	2297	570	101	
惠州市	804118	553843	75908	5076	673	704	47
汕尾市	194012	157287	30122	5986	482	130	25
东莞市	2244395	1465735	72379	27091	1787	518	60
中山市	790551	591724	41381	11816	378	492	
江门市	509935	390016	66869	11187	827	407	
阳江市	171782	163504	43678	4654	197	171	
湛江市	388527	376285	101836	8001	1717	1089	765
茂名市	390088	378975	94374	17667	1376	652	52
肇庆市	302864	255023	60284	3399	645	128	9
清远市	277692	216056	59602	2938	915	305	6
潮州市	181823	173173	29667	4527	949	230	110
揭阳市	268686	256613	60103	5692	360	460	70
云浮市	142047	123951	38753	2358	477	72	1
按一核一带一区分							
珠三角核心区	15268591	12107526	1020771	130408	22094	7858	1600
沿海经济带	2133724	2007691	438447	54867	8571	3344	1299
北部生态发展区	1072186	897709	272834	13432	2858	1017	69

分组的法人单位女性从业人员数

集体联营	国有与集体联营	其他联营	有限责任公司	国有独资	其他有限责任公司	股份有限公司	私营	私营独资
3013	1970	4268	3024554	155575	2868979	1176878	8203644	529437
539	934	630	744705	54078	690627	277357	1585045	49339
137	138	625	760359	38748	721611	347867	2508641	26962
36	48	4	147628	7816	139812	44441	133993	5638
85	90	160	73275	2203	71072	34272	283181	35520
559	150	325	237053	7921	229132	87364	865048	69401
54	15	52	40497	3261	37236	15386	49468	9199
40	84	232	28683	2082	26601	10760	62488	7438
61		40	37804	2757	35047	22970	70504	8930
177	27	453	126265	5716	120549	42572	272676	26474
29	27	49	17749	2082	15667	11340	84026	17882
243	15	200	282311	6758	275553	87520	933226	32600
53	7	432	109135	2246	106889	33087	370482	52631
72	285	50	82824	3572	79252	26834	180204	20926
164		7	20040	1593	18447	9690	74098	10884
162	7	155	52745	4420	48325	26958	156259	33891
437	52	111	85508	2981	82527	24437	132257	32246
25	11	83	45249	2112	43137	22002	108433	12108
62	57	180	46496	1865	44631	16629	72711	12190
66	4	50	26810	855	25955	12164	88752	32018
3	8	379	34022	1440	32582	12468	132299	23964
9	11	51	25396	1069	24327	10760	39853	9196
1841	1615	2802	2535529	128967	2406562	969044	6957748	296079
946	188	911	310149	15574	294575	131329	950872	186405
226	167	555	178876	11034	167842	76505	295024	46953

1-24

地区	私营合伙	私营有限责任公司	私营股份有限公司	其他	港澳台商投资企业	港澳台商合资经营	港澳台商合作经营
全省	99963	7338473	235771	631349	2255095	290887	45914
广州市	19913	1483516	32277	116650	271384	45379	13548
深圳市	14973	2413608	53098	113836	602907	71482	5806
珠海市	3318	122065	2972	19695	66098	14055	2021
汕头市	2614	236052	8995	20017	18557	4720	1438
佛山市	10580	716124	68943	62321	149398	51714	3787
韶关市	2017	37301	951	9460	26077	775	48
河源市	1100	52657	1293	11804	37635	3463	215
梅州市	1224	57101	3249	13157	7688	929	948
惠州市	4897	235144	6161	29969	169615	21628	1823
汕尾市	4048	60056	2040	7452	35140	362	114
东莞市	11173	872940	16513	60903	530580	25660	4035
中山市	4903	303108	9840	24953	118337	14527	1106
江门市	2030	152554	4694	20864	90910	12243	2524
阳江市	1404	59720	2090	10976	5483	829	1422
湛江市	3359	116367	2642	27680	6719	3663	854
茂名市	3501	92840	3670	22704	7642	1816	1016
肇庆市	2318	91178	2829	14883	24279	3317	469
清远市	3305	55049	2167	16460	53878	11318	180
潮州市	871	52484	3379	10074	6110	874	2859
揭阳市	1356	99614	7365	11209	10509	428	1537
云浮市	1059	28995	603	6282	16149	1705	164
按一核一带一区分							
珠三角核心区	74105	6390237	197327	464074	2023508	260005	35119
沿海经济带	17153	717133	30181	110112	90160	12692	9240
北部生态发展区	8705	231103	8263	57163	141427	18190	1555

续表 1

港澳台商独资	港澳台商投资股份有限公司	其他港澳台商投资	外商投资企业	中外合资经营	中外合作经营	外资企业	外商投资股份有限公司	其他外商投资
1847584	55130	15580	1206480	279789	25770	811149	31437	58335
207579	3811	1067	255043	97949	6199	140300	6416	4179
504955	15472	5192	276935	50601	5185	195333	3780	22036
49072	918	32	63325	6380	386	52065	801	3693
11254	1032	113	18395	2498	688	14109	260	840
88597	4383	917	80453	27634	2934	46476	956	2453
24322	3	929	6418	2658		3634	126	
33631	209	117	9574	2863	41	6171		499
5693	70	48	7353	1592	90	5585	85	1
137416	6624	2124	80660	30440	3338	43112	1615	2155
34594		70	1585	324		956	302	3
482044	14634	4207	248080	19271	2887	194461	12164	19297
98510	3850	344	80490	11643	336	63244	3099	2168
74056	1905	182	29009	9373	1653	17098	528	357
3138	90	4	2795	1247	126	1128	186	108
2036	77	89	5523	3389	152	1645	112	225
4721	56	33	3471	3031	2	364		74
20349	101	43	23562	4327	208	18356	584	87
42245	124	11	7758	1850	311	5149	404	44
2282	92	3	2540	905	873	746	3	13
7877	630	37	1564	749	296	436		83
13213	1049	18	1947	1065	65	781	16	20
1662578	51698	14108	1137557	257618	23126	770445	29943	56425
65902	1977	349	35873	12143	2137	19384	863	1346
119104	1455	1123	33050	10028	507	21320	631	564

1-25 按地区、机构类型分组的

地 区	女性从业人员数（人）	企业	事业单位	机关	社会团体
全 省	18474501	15903646	1384814	346538	34947
广州市	3674081	3175383	287587	64724	7637
深圳市	4814959	4499487	141327	49635	6022
珠海市	519546	456196	30710	9710	1325
汕头市	538806	438228	61492	10848	1627
佛山市	1608142	1418318	88358	33528	2848
韶关市	210772	137445	44541	11443	1019
河源市	214185	146903	40518	9855	591
梅州市	227490	145600	50817	12164	1218
惠州市	804118	680807	57264	18555	1399
汕尾市	194012	152105	22155	5384	512
东莞市	2244395	2071605	68971	16423	1223
中山市	790551	710612	34535	11612	866
江门市	509935	410990	58216	14828	1176
阳江市	171782	113041	33828	8702	651
湛江市	388527	253054	82774	12822	1425
茂名市	390088	259866	80287	11953	1359
肇庆市	302864	222532	47237	12689	1242
清远市	277692	191489	46469	13220	1115
潮州市	181823	140418	24757	4372	564
揭阳市	268686	187124	52103	7371	696
云浮市	142047	92443	30868	6700	432
按一核一带一区分					
珠三角核心区	15268591	13645930	814205	231704	23738
沿海经济带	2133724	1543836	357396	61452	6834
北部生态发展区	1072186	713880	213213	53382	4375

法人单位女性从业人员数

民办非企业单位	基金会	居委会	村委会	农民专业合作社	农村集体经济组织	其他组织机构
626427	1255	33215	36054	20718	37536	49351
112579	446	7110	2113	525	7434	8543
108725	548	3740	72			5403
19127	34	1016	273	99	131	925
20820	22	1884	1126	333	817	1609
49696	48	4050	2008	297	3866	5125
11475	8	1017	2137	544	471	672
12641	10	729	1844	356		738
10499	11	728	3887	1619	70	877
36741	4	862	1425	3433	1670	1958
10392	2	436	769	477	381	1399
70119	31	3494	1300	74	3761	7394
26148	11	1057	1104	22	2150	2434
17056	8	1487	2164	345	1742	1923
13051	5	474	1092	587	119	232
26445	12	1078	2265	3150	1311	4191
16254	1	1130	3337	3959	9808	2134
13831	11	855	2008	1029	670	760
18155	4	696	2248	2067	1511	718
8479	17	507	1272	775	20	642
16647	11	564	2213	208	405	1344
7547	11	301	1397	819	1199	330
454022	1141	23671	12467	5824	21424	34465
112088	70	6073	12074	9489	12861	11551
60317	44	3471	11513	5405	3251	3335

1-26 按行业大类、地区分组的

行业大类	女性从业人员数(人)	广州市	深圳市	珠海市	汕头市	佛山市	韶关市	河源市	梅州市	惠州市
总　计	18474501	3674081	4814959	519546	538806	1608142	210772	214185	227490	804118
农、林、牧、渔业	12836	946	49	122	490	372	276	251	627	393
农业										
林业										
畜牧业										
渔业										
农、林、牧、渔专业及辅助性活动	12836	946	49	122	490	372	276	251	627	393
采矿业	10177	87	668	58	103	102	1478	768	510	388
煤炭开采和洗选业	16									
石油和天然气开采业	807		477	35						
黑色金属矿采选业	610	2			5		20	208	34	15
有色金属矿采选业	1974	13	2		20		1265	19	171	29
非金属矿采选业	6303	59	107	22	58	93	192	540	288	332
开采专业及辅助性活动	295	13	82		13	6		1	1	6
其他采矿业	172			1	7	3	1		16	6
制造业	7431923	693187	1680634	206387	293586	811160	55736	85878	56928	453900
农副食品加工业	81915	5821	4129	1292	4782	5634	530	931	1248	2995
食品制造业	118866	30079	9177	3703	6410	6536	1039	1604	1039	2100
酒、饮料和精制茶制造业	32378	4829	4854	782	577	3537	559	892	1330	1080
烟草制品业	1747	786	81		46		294		257	
纺织业	195152	18524	12018	1616	25665	40398	2290	1407	756	5459
纺织服装、服饰业	643437	80515	74906	9686	101835	67428	1493	6744	2781	19596
皮革、毛皮、羽毛及其制品和制鞋业	376105	61809	26675	2768	2615	27411	762	6365	5569	34383
木材加工和木、竹、藤、棕、草制品业	41956	3536	1790	424	184	5745	1245	863	628	2905
家具制造业	168112	17075	14411	1456	4169	42595	122	467	2627	16218
造纸和纸制品业	129961	11479	29182	1976	4352	14024	1296	436	537	4435
印刷和记录媒介复制业	146654	15705	28509	2327	8081	12958	1009	1009	314	7208
文教、工美、体育和娱乐用品制造业	469560	39339	84820	4453	61905	24476	15745	10909	3364	19566
石油、煤炭及其他燃料加工业	8581	1352	565	377	40	661	16	8	39	542
化学原料和化学制品制造业	167149	45687	16270	6901	10989	20851	2477	617	472	6783
医药制造业	72338	18048	11445	4713	2910	6893	1006	812	1007	2141
化学纤维制造业	4881	338	391	420	193	404		64	120	166
橡胶和塑料制品业	522541	35424	121584	10941	22173	43548	1439	4336	977	31203
非金属矿物制品业	241757	10436	22691	3832	1491	49200	2374	2901	5589	5974
黑色金属冶炼和压延加工业	18315	1069	1506	326	37	6242	1364	311	52	402
有色金属冶炼和压延加工业	45445	2266	4792	773	571	14685	1256	218	143	1537
金属制品业	516247	28271	73075	7372	3738	95208	1292	950	1200	20206
通用设备制造业	241324	26078	65724	8622	2926	37815	2268	1078	1021	8331
专用设备制造业	274179	20965	98148	11516	3510	26586	1612	3567	848	7888

法人单位女性从业人员数

汕尾市	东莞市	中山市	江门市	阳江市	湛江市	茂名市	肇庆市	清远市	潮州市	揭阳市	云浮市
194012	2244395	790551	509935	171782	388527	390088	302864	277692	181823	268686	142047
787	194	86	285	443	2083	1230	677	1271	520	369	1365
787	194	86	285	443	2083	1230	677	1271	520	369	1365
15	16	10	322	135	964	2012	1004	500	92	66	879
			10							6	
					280	15					
					9	95	162	42			18
					83	91	137	86			58
13	16	9	311	129	406	1756	679	347	92	60	794
					163		10				
2		1	1	6	23	55	16	25			9
111013	1530796	488722	269992	51548	72658	68885	122429	104312	102200	127293	44679
2449	4267	2167	4239	2832	15997	8179	1827	2716	5526	3084	1270
1082	13164	5129	10308	990	3805	3222	3210	944	5932	8461	932
559	2223	1875	1338	273	1438	1471	1535	983	1445	659	139
	5		48	8	177	45					
5185	29677	14212	15585	195	1787	1702	4135	2889	835	9613	1204
27005	112521	59419	22189	4293	1456	4033	3868	3314	8796	25906	5653
3550	96589	19831	7675	1511	3305	11522	10022	26204	4960	20991	1588
323	4867	2201	2786	1359	3481	4346	2753	791	533	725	471
54	34215	13547	7214	984	3945	1046	4255	2110	375	1083	144
1165	33862	8429	7674	803	2328	1043	2269	924	1759	1132	856
950	32925	8443	13317	1058	1401	991	2367	2442	2893	2593	154
27986	106160	27141	5414	750	498	3755	5580	15125	2269	6926	3379
3	1957	113	143	4	326	2316	63	7	38	11	
584	17796	13553	7697	319	1206	3609	4119	2949	1692	1455	1123
31	2373	3269	1960	576	1513	3651	1819	688	523	5666	1294
124	1411	82	217		4	25	337	11		569	5
19224	144205	38002	15792	3185	3166	3649	5021	6484	2903	8640	645
1292	21982	8556	9798	2502	3874	5098	13637	13509	46095	3183	7743
17	1310	359	617	757	428	732	227	299	86	2167	7
35	5937	1802	1885	972	127	137	3949	2621	430	596	713
5302	114906	42125	49742	22293	2643	1938	19068	2441	7721	10425	6331
140	51842	18612	7244	1415	871	343	2978	1506	1340	719	451
140	73296	12352	4525	703	1137	623	2936	853	672	2028	274

1-26

行业大类	女性从业人员数(人)	广州市	深圳市	珠海市	汕头市	佛山市	韶关市	河源市	梅州市	惠州市
汽车制造业	151735	42188	30011	5392	6195	19829	387	489	834	10981
铁路、船舶、航空航天和其他运输设备制造业	37373	7704	7479	1217	306	3976	13	720	23	2557
电气机械和器材制造业	936064	47775	237456	40758	8121	176524	8222	8465	4570	52248
计算机、通信和其他电子设备制造业	1597039	97546	637329	67312	6813	41734	3891	27735	18326	178780
仪器仪表制造业	116573	11061	45801	4553	451	10316	989	1054	796	4502
其他制造业	54461	3431	13597	200	1414	3063	191	885	230	2880
废弃资源综合利用业	9052	484	100	90	878	2177	318	29	197	489
金属制品、机械和设备修理业	11026	3567	2118	589	209	706	237	12	34	345
电力、热力、燃气及水生产和供应业	75977	9895	5781	2170	2750	6002	3958	1804	3527	4941
电力、热力生产和供应业	45676	4960	1969	1399	1324	3853	3136	1234	2128	2801
燃气生产和供应业	6419	1154	1149	282	177	488	199	123	183	313
水的生产和供应业	23882	3781	2663	489	1249	1661	623	447	1216	1827
建筑业	525924	112015	122771	20346	14491	29456	9978	7702	20407	18318
房屋建筑业	223856	37730	35833	5080	10069	12141	6488	4294	16385	3874
土木工程建筑业	92783	24208	17163	6204	2456	4264	1727	1383	1823	3461
建筑安装业	62397	18095	16367	2426	740	4603	511	509	770	3086
建筑装饰、装修和其他建筑业	146888	31982	53408	6636	1226	8448	1252	1516	1429	7897
批发和零售业	2145000	575702	701642	47914	45527	211199	16496	9950	18732	52544
批发业	1236412	410292	386505	27882	25314	135989	7229	2267	6314	23503
零售业	908588	165410	315137	20032	20213	75210	9267	7683	12418	29041
交通运输、仓储和邮政业	410799	155525	134998	10138	7085	17996	2614	2780	3130	9083
铁路运输业	14728	10481	4223	24						
道路运输业	159915	51159	48537	4651	2819	8969	1559	2021	1721	4722
水上运输业	10932	3120	2168	556	260	757	110	41	25	270
航空运输业	59038	45878	11108	1417	438	31	5	8	9	23
管道运输业	56	42	5							6
多式联运和运输代理业	89248	23805	48249	1575	1703	3873	26	21	75	960
装卸搬运和仓储业	35721	13237	8898	921	801	2608	246	112	276	1308
邮政业	41161	7803	11810	994	1064	1758	668	577	1024	1794
住宿和餐饮业	487575	135959	129117	20713	8945	35574	6892	5138	4689	18718
住宿业	181832	38519	32266	13443	5141	13751	4461	3590	3222	10652
餐饮业	305743	97440	96851	7270	3804	21823	2431	1548	1467	8066
信息传输、软件和信息技术服务业	564586	199742	247206	19840	5049	23569	2250	1966	2879	7837
电信、广播电视和卫星传输服务	61181	16169	15220	1556	1721	3053	942	1233	1262	2130
互联网和相关服务	80741	31107	37105	1581	454	2194	486	216	298	1396
软件和信息技术服务业	422664	152466	194881	16703	2874	18322	822	517	1319	4311
金融业	1449106	450258	560102	25432	18321	77184	13922	11612	17692	31807
货币金融服务	208262	48112	69028	6313	5018	15848	2604	1974	3177	5780
资本市场服务	63397	11769	44181	3118	137	820	9	1	17	856

续表 1

汕尾市	东莞市	中山市	江门市	阳江市	湛江市	茂名市	肇庆市	清远市	潮州市	揭阳市	云浮市
815	14312	6587	4605	212	724	32	5031	2393	46	246	426
21	4210	751	7228	33	249	50	401	255	11	151	18
1043	168668	112798	31042	2107	14452	1443	6049	3968	1731	6498	2126
11490	392771	50068	26528	858	846	3357	12515	6224	3192	2263	7461
103	24103	10209	709	27	23	179	554	564	96	372	111
149	17824	6698	1694	448	84	193	589	396	94	296	105
114	211	110	245	56	603	66	1226	644	169	816	30
78	1207	282	534	25	764	89	89	58	38	19	26
1695	6739	2525	2969	1829	2340	4129	3147	3825	1885	2728	1338
971	4750	1682	1995	1237	1184	2837	2148	3008	799	1406	855
82	474	209	102	81	286	188	119	137	515	72	86
642	1515	634	872	511	870	1104	880	680	571	1250	397
2662	41367	15190	13781	10097	24299	31102	7697	10766	3773	4874	4832
1605	11328	3638	8455	7072	15900	23820	4170	5921	3086	3126	3841
343	8878	3067	1826	1684	4928	3073	1497	3260	250	1053	235
252	5292	3763	1394	541	888	948	687	738	201	336	250
462	15869	4722	2106	800	2583	3261	1343	847	236	359	506
10100	145875	57767	36407	14398	48190	65750	26906	14625	10966	19961	14349
2879	79711	22691	16727	6822	20164	27253	9861	6265	4075	7710	6959
7221	66164	35076	19680	7576	28026	38497	17045	8360	6891	12251	7390
1666	21012	7487	5915	2764	7298	6726	3766	4011	1828	3092	1885
974	7975	3467	3254	1707	2926	4296	2453	2893	1074	1467	1271
20	375	238	382	56	1725	307	160	170	54	28	110
	51	6		13	30	2	2			10	7
						3					
38	4106	2011	642	147	979	266	256	92	106	252	66
130	3899	524	410	307	506	784	209	239	65	181	60
504	4606	1241	1227	534	1132	1068	686	617	529	1154	371
4879	35750	16907	11474	5074	16445	8366	6270	7310	2239	3887	3229
2824	15442	6853	5851	1282	6434	3505	3617	5525	1150	2194	2110
2055	20308	10054	5623	3792	10011	4861	2653	1785	1089	1693	1119
1810	17219	7961	3727	2003	5194	5362	2921	2299	1546	2648	1558
1096	2801	1363	1699	832	2587	1592	1300	1197	948	1548	932
131	2032	740	267	517	520	915	200	176	68	234	104
583	12386	5858	1761	654	2087	2855	1421	926	530	866	522
5585	63310	29236	25877	9170	26361	21600	17005	16161	9209	10948	8314
1249	12428	6235	6340	1871	5195	3289	3816	3277	2085	2999	1624
9	1919	126	65	14	36	48	218	9	12	15	18

1-26

行业大类	女性从业人员数(人)	广州市	深圳市	珠海市	汕头市	佛山市	韶关市	河源市	梅州市	惠州市
保险业	1155922	388891	428305	15434	13129	60394	11273	9631	14455	25113
其他金融业	21525	1486	18588	567	37	122	36	6	43	58
房地产业	667046	178833	204522	29905	9180	47702	7389	6888	5629	33623
房地产业	667046	178833	204522	29905	9180	47702	7389	6888	5629	33623
租赁和商务服务业	1098520	343342	338559	40607	19751	77711	8507	7172	6856	28256
租赁业	36739	11506	13019	1539	292	2402	297	150	347	1072
商务服务业	1061781	331836	325540	39068	19459	75309	8210	7022	6509	27184
科学研究和技术服务业	487602	169221	161546	14995	5019	34379	3626	2067	2782	8984
研究和试验发展	93442	39118	27407	3619	509	6468	283	141	214	595
专业技术服务业	290923	87916	107970	9644	3382	20661	1831	1341	1953	6198
科技推广和应用服务业	103237	42187	26169	1732	1128	7250	1512	585	615	2191
水利、环境和公共设施管理业	112581	34315	18274	5093	1787	10362	2439	1559	2661	3885
水利管理业	4935	781	437	83	164	236	107	128	266	343
生态保护和环境治理业	7104	2212	1585	184	65	387	90	86	100	315
公共设施管理业	99016	31024	16049	4756	1547	9644	2238	1318	2257	3170
土地管理业	1526	298	203	70	11	95	4	27	38	57
居民服务、修理和其他服务业	286811	71651	106426	7743	3432	22775	3460	2148	1022	6985
居民服务业	108138	28342	27581	3210	2041	12229	611	779	434	3637
机动车、电子产品和日用产品修理业	34473	8490	10150	1350	738	4003	348	270	298	1041
其他服务业	144200	34819	68695	3183	653	6543	2501	1099	290	2307
教育	1373267	248832	195389	31960	63102	94032	31997	36031	38500	66121
教育	1373267	248832	195389	31960	63102	94032	31997	36031	38500	66121
卫生和社会工作	618166	148168	89920	16581	18001	44952	17568	13414	18231	24853
卫生	572761	133508	80587	15444	17591	40336	16509	13053	17189	23224
社会工作	45405	14660	9333	1137	410	4616	1059	361	1042	1629
文化、体育和娱乐业	169430	47221	45447	4926	4439	15204	1910	1289	1737	5805
新闻和出版业	8659	4457	1775	258	165	134	145	114	134	334
广播、电视、电影和录音制作业	28181	8335	9817	626	910	1477	435	163	278	902
文化艺术业	39844	15028	6736	1557	799	3277	431	496	622	1210
体育	26027	6906	8293	870	310	2369	157	85	251	866
娱乐业	66719	12495	18826	1615	2255	7947	742	431	452	2493
公共管理、社会保障和社会组织	547175	99182	71908	14616	17748	48411	20276	15768	20951	27677
中国共产党机关	14448	2315	2534	372	699	1136	439	250	685	692
国家机构	416147	78238	58618	11388	11616	37955	15065	11802	13635	22902
人民政协、民主党派	1414	324	90	27	75	85	54	54	63	65
社会保障	2627	651	95	142	10	65	172	54	136	38
群众团体、社会团体和其他成员组织	43269	8430	6759	1398	2338	3112	1392	1035	1817	1693
基层群众自治组织	69270	9224	3812	1289	3010	6058	3154	2573	4615	2287
国际组织										
国际组织										

续表 2

汕尾市	东莞市	中山市	江门市	阳江市	湛江市	茂名市	肇庆市	清远市	潮州市	揭阳市	云浮市
4322	48701	22830	19454	7276	21079	18241	12915	12838	7070	7924	6647
5	262	45	18	9	51	22	56	37	42	10	25
3423	33610	25505	14803	5762	14990	13422	10950	11579	1803	3071	4457
3423	33610	25505	14803	5762	14990	13422	10950	11579	1803	3071	4457
4320	91189	31344	17821	5554	19677	27470	9280	9559	2863	4747	3935
154	1804	748	394	186	772	1135	302	350	46	132	92
4166	89385	30596	17427	5368	18905	26335	8978	9209	2817	4615	3843
1121	37010	11852	5370	1863	6382	7983	4691	4156	1119	1618	1818
80	8896	1771	840	129	1045	721	517	275	130	148	536
735	20903	8259	3579	1306	3204	4256	2731	2697	634	922	801
306	7211	1822	951	428	2133	3006	1443	1184	355	548	481
1147	7107	2873	4331	2290	2919	2519	3408	2687	1056	1092	777
121	144	149	361	151	319	326	98	131	176	339	75
50	770	131	88	64	160	206	116	237	68	89	101
956	6160	2554	3842	1992	2384	1927	3072	2268	796	488	574
20	33	39	40	83	56	60	122	51	16	176	27
1452	27563	10095	2955	1221	5324	3522	3212	3007	532	1424	862
971	11391	4596	1410	814	2843	2173	1683	2149	292	705	247
239	2377	1720	693	173	649	747	306	363	127	238	153
242	13795	3779	852	234	1832	602	1223	495	113	481	462
25583	103992	41598	42360	29803	74306	70329	38439	42361	23632	49697	25203
25583	103992	41598	42360	29803	74306	70329	38439	42361	23632	49697	25203
5673	41836	19961	24589	13440	31220	24624	18295	17226	6621	12852	10141
5351	39090	18474	22718	12634	30716	23266	17660	16382	6477	12596	9956
322	2746	1487	1871	806	504	1358	635	844	144	256	185
1428	12399	4830	2778	1465	5217	4549	2628	2135	1436	1656	931
22	129	66	41	99	231	170	120	66	55	99	45
148	1143	602	357	330	702	605	439	330	276	157	149
482	2489	761	590	297	1104	1446	665	659	380	583	232
49	3031	945	508	80	257	203	341	286	95	93	32
727	5607	2456	1282	659	2923	2125	1063	794	630	724	473
9653	27411	16602	24179	12923	22660	20508	20139	19902	8503	16663	11495
209	331	234	527	233	712	631	523	571	237	674	444
6522	20877	13218	18458	10308	15769	13544	15253	14966	5517	11753	8743
24	34	34	90	38	70	68	60	58	33	47	21
43	64	2	184	103	251	214	106	201	3	54	39
1650	1311	953	1269	675	2515	1584	1334	1162	934	1358	550
1205	4794	2161	3651	1566	3343	4467	2863	2944	1779	2777	1698

1-27 按地区分组的企业法人单位数及从业人员数

地 区	企业法人单位数(个)	单产业法人单位	多产业法人单位	企业从业人员数(人)	其中：女性
总 计	2834257	2793121	41136	40998737	15903646
广州市	720114	712110	8004	7934682	3175383
深圳市	848882	834782	14100	11870588	4499487
珠海市	94498	93078	1420	1228933	456196
汕头市	44146	42733	1413	1041060	438228
佛山市	229930	226737	3193	3843711	1418318
韶关市	18189	17721	468	363742	137445
河源市	15341	14991	350	338229	146903
梅州市	24137	23524	613	385941	145600
惠州市	97107	95999	1108	1743914	680807
汕尾市	10605	10260	345	314967	152105
东莞市	359728	357447	2281	5322453	2071605
中山市	110231	108225	2006	1728488	710612
江门市	56322	55183	1139	1032358	410990
阳江市	18212	17747	465	294414	113041
湛江市	44495	43020	1475	756609	253054
茂名市	35847	35326	521	702496	259866
肇庆市	29276	28605	671	566869	222532
清远市	25149	24575	574	465002	191489
潮州市	15840	15408	432	357384	140418
揭阳市	23360	23058	302	486940	187124
云浮市	12848	12592	256	219957	92443
按区域分组					
珠三角核心区	2546088	2512166	33922	35271996	13645930
沿海经济带	192505	187552	4953	3953870	1543836
北部生态发展区	95664	93403	2261	1772871	713880

1-28 按控股情况、运营状态、开业（成立）时间分组的企业法人单位数及从业人员数

分 组	企业法人单位数（个）	单产业法人单位	多产业法人单位	企业从业人员数（人）	其中：女性
总 计	2834257	2793121	41136	40998737	15903646
按控股情况分组					
国有控股	19060	16271	2789	3621664	1188057
集体控股	17679	16290	1389	626374	184368
私人控股	2622437	2590555	31882	26393013	9819523
港澳台商控股	56541	54866	1675	4572411	2209679
外商控股	14128	13337	791	2370719	1056593
其他	104412	101802	2610	3414556	1445426
按运营状态分组					
正常运营	2360840	2321573	39267	40441305	15729060
停业（歇业）	208340	207179	1161	236939	73677
筹建	184635	184283	352	193119	58240
当年关闭	23690	23584	106	35650	12575
当年破产	634	618	16	1959	777
当年注销	27265	27205	60	34203	10597
当年吊销	1108	1107	1	1127	378
其他	27745	27572	173	54435	18342
按开业（成立）时间分组					
1949 年以前	60	54	6	9395	3329
1950-1977 年	1568	1299	269	363489	70602
1978-1991 年	16888	14797	2091	2001582	591747
1992-2000 年	71539	66049	5490	6455507	2513956

1-28 续表 1

分 组	企业法人单位数(个)	单产业法人单位	多产业法人单位	企业从业人员数(人)	其中：女性
2001 年	18304	17194	1110	1226465	491738
2002 年	21511	20282	1229	1269341	512256
2003 年	28704	27316	1388	1658083	701662
2004 年	33537	32101	1436	1549933	644233
2005 年	35481	34097	1384	1391711	575631
2006 年	41944	40532	1412	1428058	563917
2007 年	44143	42858	1285	1527074	599597
2008 年	44172	42913	1259	1244234	522983
2009 年	60629	59076	1553	1340696	546484
2010 年	81360	79602	1758	1678078	670147
2011 年	104286	102446	1840	2231691	997513
2012 年	112318	110556	1762	1583133	641210
2013 年	163548	161400	2148	1837193	712758
2014 年	230393	227762	2631	2796545	1082931
2015 年	280362	277416	2946	2188747	821932
2016 年	386562	383203	3359	2593296	971358
2017 年	489123	485936	3187	2668114	967982
2018 年	564574	562983	1591	1954494	699140
无开业年份	3251	3249	2	1878	540

1-29 按行业中类分组的企业法人单位数及从业人员数

行业中类	企业法人单位数（个）	单产业法人单位	多产业法人单位	企业从业人员数（人）	其中：女性
总　计	2834257	2793121	41136	40998737	15903646
农、林、牧、渔业	3114	3028	86	20268	7465
农业	27		27		
谷物种植	2		2		
豆类、油料和薯类种植					
棉、麻、糖、烟草种植	6		6		
蔬菜、食用菌及园艺作物种植	11		11		
水果种植	3		3		
坚果、含油果、香料和饮料作物种植	2		2		
中药材种植					
草种植及割草					
其他农业	3		3		
林业	6		6		
林木育种和育苗	5		5		
造林和更新	1		1		
森林经营、管护和改培					
木材和竹材采运					
林产品采集					
畜牧业	11		11		
牲畜饲养	6		6		
家禽饲养	5		5		
狩猎和捕捉动物					
其他畜牧业					
渔业	5		5		
水产养殖	5		5		
水产捕捞					
农、林、牧、渔专业及辅助性活动	3065	3028	37	20268	7465
农业专业及辅助性活动	2011	1986	25	11868	4581
林业专业及辅助性活动	433	428	5	2450	706
畜牧专业及辅助性活动	194	190	4	2595	961
渔业专业及辅助性活动	427	424	3	3355	1217
采矿业	2403	2317	86	52474	10177
煤炭开采和洗选业	6	6		48	16
烟煤和无烟煤开采洗选	4	4		48	16
褐煤开采洗选					
其他煤炭采选	2	2			
石油和天然气开采业	8	8		5996	807
石油开采	4	4		3121	477
天然气开采	4	4		2875	330

1-29 续表 1

行业中类	企业法人单位数（个）	单产业法人单位	多产业法人单位	企业从业人员数（人）	其中：女性
黑色金属矿采选业	250	241	9	3255	610
铁矿采选	237	228	9	3118	587
锰矿、铬矿采选	3	3		52	7
其他黑色金属矿采选	10	10		85	16
有色金属矿采选业	160	151	9	8923	1974
常用有色金属矿采选	111	105	6	6096	1446
贵金属矿采选	14	14		756	130
稀有稀土金属矿采选	35	32	3	2071	398
非金属矿采选业	1760	1696	64	31834	6303
土砂石开采	1586	1529	57	26993	5147
化学矿开采	7	6	1	2124	601
采盐	20	20		569	78
石棉及其他非金属矿采选	147	141	6	2148	477
开采专业及辅助性活动	67	65	2	1667	295
煤炭开采和洗选专业及辅助性活动	5	5		4	1
石油和天然气开采专业及辅助性活动	41	39	2	1572	264
其他开采专业及辅助性活动	21	21		91	30
其他采矿业	152	150	2	751	172
其他采矿业	152	150	2	751	172
制造业	571908	566297	5611	18180890	7431117
农副食品加工业	7064	6880	184	209755	81684
谷物磨制	688	682	6	14005	4342
饲料加工	900	879	21	46523	11238
植物油加工	552	546	6	12085	4027
制糖业	111	106	5	14897	5513
屠宰及肉类加工	1556	1462	94	40791	13821
水产品加工	844	826	18	44599	25077
蔬菜、菌类、水果和坚果加工	713	702	11	17900	9137
其他农副食品加工	1700	1677	23	18955	8529
食品制造业	8232	7987	245	249438	118812
焙烤食品制造	2054	1963	91	49823	26248
糖果、巧克力及蜜饯制造	1284	1242	42	42975	21351
方便食品制造	741	718	23	36748	17054
乳制品制造	122	110	12	15252	7977
罐头食品制造	182	178	4	12391	5704
调味品、发酵制品制造	579	566	13	26942	10716
其他食品制造	3270	3210	60	65307	29762
酒、饮料和精制茶制造业	2701	2614	87	90170	32070
酒的制造	686	673	13	17208	6038

1-29 续表 2

行业中类	企业法人单位数（个）	单产业法人单位	多产业法人单位	企业从业人员数（人）	其中：女性
饮料制造	1260	1212	48	65644	22469
精制茶加工	755	729	26	7318	3563
烟草制品业	37	35	2	6988	1747
烟叶复烤	3	3		342	92
卷烟制造	7	6	1	5731	1432
其他烟草制品制造	27	26	1	915	223
纺织业	12849	12721	128	403666	195148
棉纺织及印染精加工	4530	4486	44	178640	80526
毛纺织及染整精加工	728	724	4	23711	12222
麻纺织及染整精加工	38	38		631	293
丝绢纺织及印染精加工	142	138	4	3152	1643
化纤织造及印染精加工	367	360	7	13184	6253
针织或钩针编织物及其制品制造	2415	2385	30	85795	46505
家用纺织制成品制造	2115	2099	16	41483	21005
产业用纺织制成品制造	2514	2491	23	57070	26701
纺织服装、服饰业	36104	35786	318	1042156	643437
机织服装制造	16276	16093	183	570545	350745
针织或钩针编织服装制造	5509	5441	68	288732	190306
服饰制造	14319	14252	67	182879	102386
皮革、毛皮、羽毛及其制品和制鞋业	19682	19575	107	701418	376105
皮革鞣制加工	1406	1400	6	19615	8710
皮革制品制造	9865	9824	41	258240	141955
毛皮鞣制及制品加工	270	268	2	3559	1819
羽毛（绒）加工及制品制造	141	135	6	3367	1864
制鞋业	8000	7948	52	416637	221757
木材加工和木、竹、藤、棕、草制品业	7151	7087	64	124755	41937
木材加工	2436	2416	20	30868	9242
人造板制造	769	760	9	29674	9439
木质制品制造	3266	3241	25	50631	16307
竹、藤、棕、草等制品制造	680	670	10	13582	6949
家具制造业	18880	18677	203	529960	168112
木质家具制造	10199	10081	118	315153	97471
竹、藤家具制造	149	147	2	5171	1824
金属家具制造	1748	1726	22	67874	23361
塑料家具制造	132	131	1	5560	1917
其他家具制造	6652	6592	60	136202	43539
造纸和纸制品业	18650	18560	90	375686	129961
纸浆制造	29	29		777	175
造纸	3130	3113	17	90171	25424

1-29 续表 3

行业中类	企业法人单位数（个）	单产业法人单位	多产业法人单位	企业从业人员数（人）	其中：女性
纸制品制造	15491	15418	73	284738	104362
印刷和记录媒介复制业	16740	16617	123	359935	146645
印刷	15275	15164	111	334988	137303
装订及印刷相关服务	1365	1353	12	23661	8894
记录媒介复制	100	100		1286	448
文教、工美、体育和娱乐用品制造业	21846	21589	257	879467	469560
文教办公用品制造	1962	1950	12	54425	25819
乐器制造	425	420	5	17112	7521
工艺美术及礼仪用品制造	11424	11287	137	282575	144931
体育用品制造	2358	2341	17	104275	49485
玩具制造	4831	4757	74	403226	234913
游艺器材及娱乐用品制造	846	834	12	17854	6891
石油、煤炭及其他燃料加工业	870	858	12	31604	8581
精炼石油产品制造	671	662	9	28018	6670
煤炭加工	60	60		613	167
核燃料加工	9	9		65	16
生物质燃料加工	130	127	3	2908	1728
化学原料和化学制品制造业	18489	18209	280	464352	167144
基础化学原料制造	1559	1531	28	37297	10101
肥料制造	507	492	15	9092	2457
农药制造	98	90	8	4162	1404
涂料、油墨、颜料及类似产品制造	4039	3970	69	109505	30329
合成材料制造	2589	2559	30	69718	20530
专用化学产品制造	4030	3974	56	82219	24921
炸药、火工及焰火产品制造	31	31		1477	423
日用化学产品制造	5636	5562	74	150882	76979
医药制造业	2258	2192	66	152486	72237
化学药品原料药制造	191	187	4	12960	5317
化学药品制剂制造	238	227	11	35743	16354
中药饮片加工	396	390	6	19279	10208
中成药生产	297	283	14	43829	21151
兽用药品制造	117	109	8	4879	1918
生物药品制品制造	479	463	16	16791	7460
卫生材料及医药用品制造	480	474	6	17214	8924
药用辅料及包装材料制造	60	59	1	1791	905
化学纤维制造业	428	422	6	14502	4881
纤维素纤维原料及纤维制造	41	40	1	1400	423
合成纤维制造	299	294	5	12292	4162
生物基材料制造	88	88		810	296

1-29 续表 4

行业中类	企业法人单位数（个）	单产业法人单位	多产业法人单位	企业从业人员数（人）	其中：女性
橡胶和塑料制品业	47076	46778	298	1246027	522537
橡胶制品业	9156	9119	37	170187	69503
塑料制品业	37920	37659	261	1075840	453034
非金属矿物制品业	23132	22794	338	758615	241757
水泥、石灰和石膏制造	650	628	22	36845	8332
石膏、水泥制品及类似制品制造	2708	2665	43	99659	19236
砖瓦、石材等建筑材料制造	8108	8047	61	105181	28484
玻璃制造	1162	1152	10	35578	8707
玻璃制品制造	3104	3083	21	115989	44155
玻璃纤维和玻璃纤维增强塑料制品制造	418	412	6	13540	4347
陶瓷制品制造	4898	4760	138	314288	117878
耐火材料制品制造	359	355	4	6180	1628
石墨及其他非金属矿物制品制造	1725	1692	33	31355	8990
黑色金属冶炼和压延加工业	2367	2350	17	91396	18315
炼铁	23	23		372	123
炼钢	35	35		2483	333
钢压延加工	2272	2255	17	87167	17647
铁合金冶炼	37	37		1374	212
有色金属冶炼和压延加工业	3933	3873	60	179343	45445
常用有色金属冶炼	170	165	5	15210	3509
贵金属冶炼	20	20		324	80
稀有稀土金属冶炼	28	27	1	2045	473
有色金属合金制造	1057	1048	9	23325	6803
有色金属压延加工	2658	2613	45	138439	34580
金属制品业	78811	78356	455	1512220	516247
结构性金属制品制造	22975	22858	117	331317	96380
金属工具制造	4540	4510	30	100427	39304
集装箱及金属包装容器制造	1095	1076	19	50856	13860
金属丝绳及其制品制造	784	774	10	16267	5204
建筑、安全用金属制品制造	17551	17463	88	309259	113076
金属表面处理及热处理加工	2547	2518	29	104475	39118
搪瓷制品制造	316	312	4	9781	3236
金属制日用品制造	5712	5643	69	211004	79705
铸造及其他金属制品制造	23291	23202	89	378834	126364
通用设备制造业	33611	33313	298	791779	241324
锅炉及原动设备制造	359	347	12	14780	3832
金属加工机械制造	6410	6364	46	109764	25975
物料搬运设备制造	1021	968	53	65052	11899
泵、阀门、压缩机及类似机械制造	1918	1890	28	86873	28319

1-29 续表 5

行业中类	企业法人单位数（个）	单产业法人单位	多产业法人单位	企业从业人员数（人）	其中：女性
轴承、齿轮和传动部件制造	627	622	5	23413	8731
烘炉、风机、包装等设备制造	4917	4869	48	156505	49378
文化、办公用机械制造	1185	1154	31	96746	43853
通用零部件制造	12289	12240	49	169427	52780
其他通用设备制造业	4885	4859	26	69219	16557
专用设备制造业	42828	42485	343	879535	274165
采矿、冶金、建筑专用设备制造	869	861	8	18275	4041
化工、木材、非金属加工专用设备制造	21464	21371	93	363405	101795
食品、饮料、烟草及饲料生产专用设备制造	647	639	8	14130	3846
印刷、制药、日化及日用品生产专用设备制造	2226	2200	26	51413	14609
纺织、服装和皮革加工专用设备制造	749	737	12	21702	6191
电子和电工机械专用设备制造	2801	2773	28	88925	26791
农、林、牧、渔专用机械制造	1405	1396	9	14966	4143
医疗仪器设备及器械制造	3546	3480	66	172486	77412
环保、邮政、社会公共服务及其他专用设备制造	9121	9028	93	134233	35337
汽车制造业	4820	4731	89	486227	151735
汽车整车制造	177	171	6	106436	18588
汽车用发动机制造	26	26		3713	312
改装汽车制造	68	64	4	8668	2007
低速汽车制造	6	6		865	120
电车制造	32	32		560	125
汽车车身、挂车制造	130	128	2	6940	2109
汽车零部件及配件制造	4381	4304	77	359045	128474
铁路、船舶、航空航天和其他运输设备制造业	2577	2534	43	134266	37327
铁路运输设备制造	93	90	3	3319	739
城市轨道交通设备制造	25	25		1182	269
船舶及相关装置制造	726	706	20	36338	6120
航空、航天器及设备制造	130	126	4	3409	1156
摩托车制造	619	609	10	43561	12962
自行车和残疾人座车制造	484	479	5	30456	10070
助动车制造	232	231	1	7108	2273
非公路休闲车及零配件制造	153	153		3821	1453
潜水救捞及其他未列明运输设备制造	115	115		5072	2285
电气机械和器材制造业	54224	53577	647	2162132	936064
电机制造	1936	1911	25	141716	66641
输配电及控制设备制造	11332	11197	135	422661	185687
电线、电缆、光缆及电工器材制造	6614	6543	71	257816	113744
电池制造	2358	2317	41	209526	84677
家用电力器具制造	10414	10267	147	689933	300847

1-29 续表 6

行业中类	企业法人单位数（个）	单产业法人单位	多产业法人单位	企业从业人员数（人）	其中：女性
非电力家用器具制造	1249	1226	23	37656	13883
照明器具制造	17892	17701	191	360690	155249
其他电气机械及器材制造	2429	2415	14	42134	15336
计算机、通信和其他电子设备制造业	63607	62968	639	3812151	1597039
计算机制造	5157	5087	70	381558	156202
通信设备制造	4633	4520	113	920565	318811
广播电视设备制造	751	729	22	52163	23617
雷达及配套设备制造	64	62	2	4722	1651
非专业视听设备制造	4808	4766	42	321197	139547
智能消费设备制造	2149	2104	45	90043	39336
电子器件制造	8311	8209	102	686719	294332
电子元件及电子专用材料制造	31629	31441	188	1174011	539545
其他电子设备制造	6105	6050	55	181173	83998
仪器仪表制造业	9582	9471	111	279239	116573
通用仪器仪表制造	5416	5352	64	102733	30163
专用仪器仪表制造	1218	1198	20	33923	13649
钟表与计时仪器制造	2163	2145	18	93373	49194
光学仪器制造	468	463	5	35760	17261
衡器制造	98	97	1	7057	3457
其他仪器仪表制造业	219	216	3	6393	2849
其他制造业	6909	6865	44	124354	54457
日用杂品制造	2720	2703	17	69905	33926
核辐射加工	5	4	1	62	10
其他未列明制造业	4184	4158	26	54387	20521
废弃资源综合利用业	1481	1457	24	33253	9052
金属废料和碎屑加工处理	785	770	15	20682	5223
非金属废料和碎屑加工处理	696	687	9	12571	3829
金属制品、机械和设备修理业	4969	4936	33	54015	11019
金属制品修理	103	102	1	1619	370
通用设备修理	894	885	9	8320	1815
专用设备修理	783	778	5	5247	1380
铁路、船舶、航空航天等运输设备修理	722	716	6	23407	3542
电气设备修理	371	369	2	2156	573
仪器仪表修理	153	152	1	1205	319
其他机械和设备修理业	1943	1934	9	12061	3020
电力、热力、燃气及水生产和供应业	9634	9352	282	320155	75050
电力、热力生产和供应业	6895	6758	137	217476	45249
电力生产	6356	6238	118	90623	18722
电力供应	323	309	14	122278	25532

1-29 续表 7

行业中类	企业法人单位数（个）	单产业法人单位	多产业法人单位	企业从业人员数（人）	其中：女性
热力生产和供应	216	211	5	4575	995
燃气生产和供应业	530	460	70	23203	6419
燃气生产和供应业	506	438	68	22886	6345
生物质燃气生产和供应业	24	22	2	317	74
水的生产和供应业	2209	2134	75	79476	23382
自来水生产和供应	1192	1133	59	59782	18617
污水处理及其再生利用	975	959	16	18779	4548
海水淡化处理	7	7		58	27
其他水的处理、利用与分配	35	35		857	190
建筑业	116949	114933	2016	3375409	525924
房屋建筑业	19367	18660	707	1652499	223856
住宅房屋建筑	17283	16665	618	1309092	184369
体育场馆建筑	52	41	11	44698	3290
其他房屋建筑业	2032	1954	78	298709	36197
土木工程建筑业	16867	16511	356	589140	92783
铁路、道路、隧道和桥梁工程建筑	4188	4022	166	257087	37412
水利和水运工程建筑	1160	1114	46	80233	9151
海洋工程建筑	35	35		224	37
工矿工程建筑	265	261	4	13747	1972
架线和管道工程建筑	1309	1279	30	76574	11337
节能环保工程施工	1102	1098	4	6831	1839
电力工程施工	483	471	12	9884	1854
其他土木工程建筑	8325	8231	94	144560	29181
建筑安装业	20936	20562	374	331285	62397
电气安装	6819	6683	136	110735	22211
管道和设备安装	4383	4313	70	51887	10763
其他建筑安装业	9734	9566	168	168663	29423
建筑装饰、装修和其他建筑业	59779	59200	579	802485	146888
建筑装饰和装修业	50519	50028	491	578840	109139
建筑物拆除和场地准备活动	2235	2211	24	22566	3953
提供施工设备服务	570	563	7	33502	4088
其他未列明建筑业	6455	6398	57	167577	29708
批发和零售业	962209	951829	10380	5001871	2135018
批发业	546443	541991	4452	2979119	1228234
农、林、牧、渔产品批发	9340	9179	161	65144	24251
食品、饮料及烟草制品批发	43261	42605	656	341006	136135
纺织、服装及家庭用品批发	135175	134394	781	645423	315244
文化、体育用品及器材批发	28415	28100	315	157445	78191
医药及医疗器材批发	10526	10253	273	151655	71544

1-29 续表 8

行业中类	企业法人单位数（个）	单产业法人单位	多产业法人单位	企业从业人员数（人）	其中：女性
矿产品、建材及化工产品批发	95233	94325	908	582198	202200
机械设备、五金产品及电子产品批发	141576	140620	956	722717	276626
贸易经纪与代理	31472	31331	141	109073	44625
其他批发业	51445	51184	261	204458	79418
零售业	415766	409838	5928	2022752	906784
综合零售	15045	14370	675	231456	136059
食品、饮料及烟草制品专门零售	28944	28302	642	136636	59547
纺织、服装及日用品专门零售	64682	63894	788	278118	151358
文化、体育用品及器材专门零售	25059	24702	357	99871	49151
医药及医疗器材专门零售	20347	19161	1186	143969	89991
汽车、摩托车、零配件和燃料及其他动力销售	33810	32831	979	322498	114534
家用电器及电子产品专门零售	87768	87222	546	321490	122655
五金、家具及室内装饰材料专门零售	64295	63967	328	237007	84664
货摊、无店铺及其他零售业	75816	75389	427	251707	98825
交通运输、仓储和邮政业	72224	70206	2018	1471422	402627
铁路运输业	23	16	7	74928	14728
铁路旅客运输	11	7	4	74928	14728
铁路货物运输	11	9	2		
铁路运输辅助活动	1		1		
道路运输业	32806	32091	715	670663	152496
城市公共交通运输	739	674	65	215009	37120
公路旅客运输	697	624	73	71598	15204
道路货物运输	29845	29341	504	316794	74814
道路运输辅助活动	1525	1452	73	67262	25358
水上运输业	1879	1815	64	56708	10579
水上旅客运输	129	121	8	6851	1598
水上货物运输	1194	1154	40	17477	3838
水上运输辅助活动	556	540	16	32380	5143
航空运输业	385	369	16	126399	58902
航空客货运输	177	170	7	103486	51023
通用航空服务	127	124	3	1692	367
航空运输辅助活动	81	75	6	21221	7512
管道运输业	13	13		477	56
海底管道运输	3	3		43	9
陆地管道运输	10	10		434	47
多式联运和运输代理业	25834	25080	754	236692	89243
多式联运	76	73	3	1725	469
运输代理业	25758	25007	751	234967	88774
装卸搬运和仓储业	7329	7193	136	147263	35478

1-29 续表 9

行业中类	企业法人单位数（个）	单产业法人单位	多产业法人单位	企业从业人员数（人）	其中：女性
装卸搬运	4381	4336	45	90047	17332
通用仓储	998	972	26	22943	7465
低温仓储	104	100	4	2380	676
危险品仓储	95	95		3445	646
谷物、棉花等农产品仓储	267	240	27	5161	1625
中药材仓储	8	7	1	61	26
其他仓储业	1476	1443	33	23226	7708
邮政业	3955	3629	326	158292	41145
邮政基本服务	124	101	23	33033	14202
快递服务	3756	3461	295	118657	25485
其他寄递服务	75	67	8	6602	1458
住宿和餐饮业	52873	50450	2423	942493	486450
住宿业	14034	13628	406	331430	180777
旅游饭店	3906	3720	186	211912	111970
一般旅馆	8402	8209	193	102839	59362
民宿服务	339	332	7	1676	936
露营地服务	9	8	1	108	64
其他住宿业	1378	1359	19	14895	8445
餐饮业	38839	36822	2017	611063	305673
正餐服务	29359	27831	1528	408463	195733
快餐服务	2696	2497	199	124090	70083
饮料及冷饮服务	1498	1411	87	29830	18442
餐饮配送及外卖送餐服务	1308	1263	45	20987	8770
其他餐饮业	3978	3820	158	27693	12645
信息传输、软件和信息技术服务业	165077	163319	1758	1559465	560144
电信、广播电视和卫星传输服务	4053	3830	223	154842	58407
电信	3663	3454	209	133217	51827
广播电视传输服务	312	301	11	19857	5989
卫星传输服务	78	75	3	1768	591
互联网和相关服务	20657	20460	197	199885	80365
互联网接入及相关服务	2326	2303	23	15794	4794
互联网信息服务	9443	9348	95	90595	31473
互联网平台	1685	1651	34	51836	27310
互联网安全服务	203	200	3	2065	575
互联网数据服务	802	793	9	7021	2466
其他互联网服务	6198	6165	33	32574	13747
软件和信息技术服务业	140367	139029	1338	1204738	421372
软件开发	84787	83937	850	749273	244530
集成电路设计	1758	1729	29	18482	5724
信息系统集成和物联网技术服务	5787	5668	119	82157	25169

1-29 续表 10

行业中类	企业法人单位数（个）	单产业法人单位	多产业法人单位	企业从业人员数（人）	其中：女性
运行维护服务	770	757	13	16588	5747
信息处理和存储支持服务	876	862	14	19321	7366
信息技术咨询服务	32713	32474	239	196334	75317
数字内容服务	4259	4234	25	24001	8674
其他信息技术服务业	9417	9368	49	98582	48845
金融业	30330	28541	1789	2794930	1446489
货币金融服务	4661	4047	614	417983	206208
中央银行服务					
货币银行服务	794	310	484	349660	177926
非货币银行服务	3867	3737	130	68323	28282
银行理财服务					
银行监管服务					
资本市场服务	19831	19517	314	163053	62837
证券市场服务	209	185	24	78330	33486
公开募集证券投资基金	35	14	21	7799	3133
非公开募集证券投资基金	5433	5246	187	31664	11412
期货市场服务	32	8	24	5374	2288
证券期货监管服务					
资本投资服务	7647	7627	20	18685	6404
其他资本市场服务	6475	6437	38	21201	6114
保险业	1757	985	772	2157738	1155922
人身保险	487	213	274	693997	445679
财产保险	513	213	300	145547	66246
再保险	3	3		105	47
商业养老金	25	21	4	2606	1506
保险中介服务	351	160	191	1313759	641714
保险资产管理	2	2			
保险监管服务					
其他保险活动	376	373	3	1724	730
其他金融业	4081	3992	89	56156	21522
金融信托与管理服务	449	440	9	7661	3276
控股公司服务	1126	1121	5	3648	1296
非金融机构支付服务	31	11	20	9311	3321
金融信息服务	772	751	21	16434	6939
金融资产管理公司	101	100	1	689	205
其他未列明金融业	1602	1569	33	18413	6485
房地产业	115702	111250	4452	1776832	661395
房地产业	115702	111250	4452	1776832	661395
房地产开发经营	23053	22721	332	343117	131737
物业管理	39030	37379	1651	986113	361100

1-29 续表 11

行业中类	企业法人单位数（个）	单产业法人单位	多产业法人单位	企业从业人员数（人）	其中：女性
房地产中介服务	31887	30113	1774	257072	99889
房地产租赁经营	18481	17825	656	172639	62149
其他房地产业	3251	3212	39	17891	6520
租赁和商务服务业	377875	373028	4847	2748840	1009614
租赁业	25423	24943	480	145614	36627
机械设备经营租赁	24320	23850	470	139565	34629
文体设备和用品出租	988	978	10	5573	1824
日用品出租	115	115		476	174
商务服务业	352452	348085	4367	2603226	972987
组织管理服务	77508	76598	910	437591	166433
综合管理服务	8132	7898	234	84087	30581
法律服务	2267	2241	26	27038	13077
咨询与调查	141125	139839	1286	643795	316673
广告业	40772	40560	212	212640	83797
人力资源服务	14723	14276	447	558476	169705
安全保护服务	3446	3329	117	310487	36539
会议、展览及相关服务	5719	5685	34	34816	14872
其他商务服务业	58760	57659	1101	294296	141310
科学研究和技术服务业	188803	186899	1904	1312850	452553
研究和试验发展	45252	45031	221	231965	83891
自然科学研究和试验发展	2350	2345	5	7399	2965
工程和技术研究和试验发展	37081	36908	173	182193	60787
农业科学研究和试验发展	1507	1492	15	12684	6016
医学研究和试验发展	3942	3915	27	28786	13719
社会人文科学研究	372	371	1	903	404
专业技术服务业	85305	83968	1337	833317	272248
气象服务	93	88	5	617	188
地震服务	20	20		86	22
海洋服务	107	105	2	907	184
测绘地理信息服务	876	845	31	12311	3118
质检技术服务	5855	5688	167	103989	39254
环境与生态监测检测服务	1063	1031	32	11949	4586
地质勘查	329	320	9	4400	898
工程技术与设计服务	35949	35162	787	459347	131244
工业与专业设计及其他专业技术服务	41013	40709	304	239711	92754
科技推广和应用服务业	58246	57900	346	247568	96414
技术推广服务	33577	33358	219	155374	57946
知识产权服务	4955	4890	65	30010	14938
科技中介服务	2559	2550	9	9164	3691
创业空间服务	912	905	7	3636	1432

1-29 续表 12

行业中类	企业法人单位数（个）	单产业法人单位	多产业法人单位	企业从业人员数（人）	其中：女性
其他科技推广服务业	16243	16197	46	49384	18407
水利、环境和公共设施管理业	8949	8796	153	185958	78245
水利管理业	306	300	6	3779	1049
防洪除涝设施管理	30	30		446	83
水资源管理	94	91	3	1194	433
天然水收集与分配	27	27		340	88
水文服务	5	5		52	21
其他水利管理业	150	147	3	1747	424
生态保护和环境治理业	1892	1854	38	22140	5727
生态保护	178	175	3	1992	722
环境治理业	1714	1679	35	20148	5005
公共设施管理业	6566	6466	100	157670	70459
市政设施管理	750	741	9	14293	4259
环境卫生管理	968	943	25	69716	36643
城乡市容管理	75	73	2	1960	996
绿化管理	3916	3874	42	55593	21637
城市公园管理	69	66	3	3844	1553
游览景区管理	788	769	19	12264	5371
土地管理业	185	176	9	2369	1010
土地整治服务	44	44		309	88
土地调查评估服务	59	51	8	1031	460
土地登记服务	3	3		53	39
土地登记代理服务	14	14		72	40
其他土地管理服务	65	64	1	904	383
居民服务、修理和其他服务业	59878	58623	1255	580274	273099
居民服务业	25366	24690	676	167172	95784
家庭服务	3376	3300	76	20433	13197
托儿所服务	467	454	13	1936	1494
洗染服务	695	660	35	9522	4337
理发及美容服务	7618	7316	302	39800	28529
洗浴和保健养生服务	6294	6157	137	51694	30266
摄影扩印服务	3314	3264	50	15155	6825
婚姻服务	1191	1184	7	5041	2651
殡葬服务	317	311	6	3642	1210
其他居民服务业	2094	2044	50	19949	7275
机动车、电子产品和日用产品修理业	23425	23064	361	137799	34428
汽车、摩托车等修理与维护	15539	15262	277	89836	20743
计算机和办公设备维修	3788	3742	46	22555	6871
家用电器修理	3332	3309	23	19274	5525
其他日用产品修理业	766	751	15	6134	1289

1-29　续表 13

行业中类	企业法人单位数（个）	单产业法人单位	多产业法人单位	企业从业人员数（人）	其中：女性
其他服务业	11087	10869	218	275303	142887
清洁服务	8772	8613	159	259120	136830
宠物服务	623	593	30	3790	1714
其他未列明服务业	1692	1663	29	12393	4343
教育	30587	29479	1108	202409	110301
教育	30587	29479	1108	202409	110301
学前教育	1605	1580	25	15957	12967
初等教育	409	399	10	2058	1091
中等教育	115	114	1	2200	1330
高等教育	2	2		16	11
特殊教育	30	30		279	210
技能培训、教育辅助及其他教育	28426	27354	1072	181899	94692
卫生和社会工作	7918	7709	209	147021	95793
卫生	7009	6822	187	137610	89821
医院	810	777	33	76084	51181
基层医疗卫生服务	5529	5416	113	44937	28551
专业公共卫生服务	185	173	12	2819	1781
其他卫生活动	485	456	29	13770	8308
社会工作	909	887	22	9411	5972
提供住宿社会工作	723	703	20	8245	5300
不提供住宿社会工作	186	184	2	1166	672
文化、体育和娱乐业	57824	57065	759	325176	142185
新闻和出版业	509	505	4	10689	4529
新闻业	81	81		329	156
出版业	428	424	4	10360	4373
广播、电视、电影和录音制作业	6267	6178	89	51855	23039
广播	347	345	2	1320	516
电视	96	95	1	704	305
影视节目制作	4115	4093	22	22048	8720
广播电视集成播控	18	17	1	1075	388
电影和广播电视节目发行	201	196	5	1291	593
电影放映	1084	1028	56	23603	11795
录音制作	406	404	2	1814	722
文化艺术业	16003	15908	95	57790	25923
文艺创作与表演	4001	3972	29	18899	8530
艺术表演场馆	141	139	2	1256	530
图书馆与档案馆	231	231		1976	1237
文物及非物质文化遗产保护	73	73		325	120
博物馆	43	43		184	84
烈士陵园、纪念馆	3	3		5	1

1-29 续表 14

行业中类	企业法人单位数（个）	单产业法人单位	多产业法人单位	企业从业人员数（人）	其中：女性
群众文体活动	1340	1323	17	4922	2045
其他文化艺术业	10171	10124	47	30223	13376
体育	6719	6512	207	52696	23687
体育组织	1336	1319	17	7097	2098
体育场地设施管理	654	632	22	5385	2109
健身休闲活动	4256	4094	162	38371	18758
其他体育	473	467	6	1843	722
娱乐业	28326	27962	364	152146	65007
室内娱乐活动	11802	11598	204	64542	27718
游乐园	422	408	14	17628	7341
休闲观光活动	555	548	7	4489	2128
彩票活动	40	39	1	385	155
文化体育娱乐活动与经纪代理服务	15227	15091	136	62084	26278
其他娱乐业	280	278	2	3018	1387
公共管理、社会保障和社会组织					
中国共产党机关					
中国共产党机关					
国家机构					
国家权力机构					
国家行政机构					
监察委员会、人民法院和人民检察院					
其他国家机构					
人民政协、民主党派					
人民政协					
民主党派					
社会保障					
基本保险					
补充保险					
其他社会保障					
群众团体、社会团体和其他成员组织					
群众团体					
社会团体					
基金会					
宗教组织					
基层群众自治组织					
社区居民自治组织					
村民自治组织					
国际组织					
国际组织					
国际组织					

1-30 按行业大类、地区分组

行业大类	企业法人单位数（个）	广州市	深圳市	珠海市	汕头市	佛山市	韶关市	河源市	梅州市	惠州市
总　计	2834257	720114	848882	94498	44146	229930	18189	15341	24137	97107
农、林、牧、渔业	3114	535	36	72	80	123	88	97	231	149
农业	27	1		2	2	2	1	2	2	1
林业	6								1	1
畜牧业	11			1	1					
渔业	5					1				
农、林、牧、渔专业及辅助性活动	3065	534	36	69	77	120	87	95	228	147
采矿业	2403	56	46	30	32	28	166	199	245	143
煤炭开采和洗选业	6						1			
石油和天然气开采业	8		3	1					1	
黑色金属矿采选业	250	3		2	1		25	17	24	6
有色金属矿采选业	160	13	4		1		21	10	13	3
非金属矿采选业	1760	26	17	22	27	22	116	168	181	117
开采专业及辅助性活动	67	10	19	3	2	3		1	4	6
其他采矿业	152	4	3	2	1	3	3	3	22	11
制造业	571908	76363	115461	9120	13823	69895	2115	2181	3041	22507
农副食品加工业	7064	851	293	126	359	626	115	124	176	316
食品制造业	8232	1388	489	218	625	618	89	59	113	257
酒、饮料和精制茶制造业	2701	292	156	66	94	137	72	92	190	124
烟草制品业	37	4	3		4		3		2	
纺织业	12849	1680	1140	113	1110	2823	31	36	59	583
纺织服装、服饰业	36104	10485	3717	337	2985	3489	46	57	66	950
皮革、毛皮、羽毛及其制品和制鞋业	19682	7419	1517	52	111	1447	15	49	29	1066
木材加工和木、竹、藤、棕、草制品业	7151	814	532	75	63	1030	95	95	89	455
家具制造业	18880	2341	1682	142	108	6851	38	59	137	1228
造纸和纸制品业	18650	3200	4026	249	443	1884	44	49	58	637
印刷和记录媒介复制业	16740	1945	3301	354	838	1763	48	70	74	612
文教、工美、体育和娱乐用品制造业	21846	3441	4765	245	2088	1081	48	75	160	1178
石油、煤炭及其他燃料加工业	870	104	85	20	6	91	6	4	11	41
化学原料和化学制品制造业	18489	4775	2034	539	600	2074	240	45	68	892
医药制造业	2258	529	358	132	58	187	21	25	37	69
化学纤维制造业	428	47	32	9	11	55		4	2	24
橡胶和塑料制品业	47076	4703	9412	570	1480	5054	91	146	81	2029
非金属矿物制品业	23132	1903	2198	319	236	3216	248	308	505	1057
黑色金属冶炼和压延加工业	2367	146	455	35	17	711	11	21	17	72
有色金属冶炼和压延加工业	3933	258	856	65	26	1102	28	24	20	183
金属制品业	78811	6060	10984	794	527	14603	175	143	164	3002
通用设备制造业	33611	4563	8471	649	401	5115	232	82	113	904
专用设备制造业	42828	4105	12566	814	429	4330	152	110	154	1311

的企业法人单位数

汕尾市	东莞市	中山市	江门市	阳江市	湛江市	茂名市	肇庆市	清远市	潮州市	揭阳市	云浮市
10605	359728	110231	56322	18212	44495	35847	29276	25149	15840	23360	12848
108	108	67	106	60	372	188	141	178	80	65	230
2				1	9			1			1
1		1	1					1			
			3		2	1					3
					3		1				
105	108	66	102	59	358	187	140	176	80	65	226
12	18	8	82	48	186	252	264	445	23	35	85
			1					2		2	
					2	1					
	1				8	20	39	96		1	7
	1		1		18	10	11	51		1	2
10	12	6	77	44	134	208	199	252	23	30	69
	4				12		1	2			
2		2	3	4	12	13	14	42		1	7
1702	143875	47431	20637	4434	5977	4396	5908	3710	7873	7840	3619
151	458	286	548	183	561	552	247	221	252	459	160
85	994	301	504	122	318	320	207	90	728	580	127
50	119	98	276	45	145	83	99	182	233	104	44
	5	1	3	1	7	2			1	1	
77	2631	1087	571	22	112	67	111	96	62	394	44
196	8328	3099	644	174	102	107	113	98	270	745	96
29	4803	909	541	68	175	360	137	118	245	506	86
45	1264	525	377	124	578	275	263	138	64	179	71
23	3347	1466	654	46	169	116	119	89	55	146	64
49	4822	1443	812	112	143	75	140	61	222	146	35
20	4031	1368	737	158	219	150	176	75	533	233	35
378	5696	1075	361	98	91	106	175	135	180	375	95
1	276	34	40	1	22	96	16	4	5	4	3
35	3361	1064	1027	80	232	305	380	337	164	107	130
8	134	118	58	18	57	245	45	26	27	71	35
1	145	25	35	1	5	1	11	7		11	1
98	15161	4030	1595	340	371	230	319	236	423	646	61
142	2997	1292	944	184	709	520	594	640	2662	552	1906
7	472	73	106	23	26	17	16	29	12	93	8
6	705	187	136	14	26	16	123	77	23	38	20
85	23838	7526	4388	2078	347	181	1176	313	1126	1083	218
13	9453	1912	658	114	170	62	306	134	86	125	48
33	14278	2587	706	93	214	93	286	145	110	224	88

1-30

行业大类	企业法人单位数(个)	广州市	深圳市	珠海市	汕头市	佛山市	韶关市	河源市	梅州市	惠州市
汽车制造业	4820	1518	800	106	33	680	20	15	51	227
铁路、船舶、航空航天和其他运输设备制造业	2577	503	544	146	30	290	6	9	9	104
电气机械和器材制造业	54224	4250	12950	831	342	7056	88	128	136	1586
计算机、通信和其他电子设备制造业	63607	5791	25815	1363	379	2111	65	260	400	2788
仪器仪表制造业	9582	981	3908	295	52	479	10	36	17	270
其他制造业	6909	757	1273	128	128	558	9	25	22	269
废弃资源综合利用业	1481	259	59	20	168	140	25	13	33	90
金属制品、机械和设备修理业	4969	1251	1039	308	72	294	44	18	48	183
电力、热力、燃气及水生产和供应业	9634	652	371	129	123	265	1099	515	800	498
电力、热力生产和供应业	6895	317	146	62	50	110	1002	416	663	312
燃气生产和供应业	530	82	39	19	11	20	20	15	24	19
水的生产和供应业	2209	253	186	48	62	135	77	84	113	167
建筑业	116949	27400	20780	7710	1441	7806	1478	1834	2739	10432
房屋建筑业	19367	3556	3291	1460	353	1382	316	439	801	1468
土木工程建筑业	16867	3127	2725	1351	188	1365	238	373	543	1698
建筑安装业	20936	6249	3549	1213	213	1356	253	264	251	1383
建筑装饰、装修和其他建筑业	59779	14468	11215	3686	687	3703	671	758	1144	5883
批发和零售业	962209	260542	337793	24493	14285	82187	4859	3569	6760	21503
批发业	546443	198932	165380	15532	6565	51186	2678	1140	2492	8636
零售业	415766	61610	172413	8961	7720	31001	2181	2429	4268	12867
交通运输、仓储和邮政业	72224	18973	23884	2443	1345	5534	538	396	578	1999
铁路运输业	23	9	4	2		1	1			1
道路运输业	32806	8784	9299	1162	620	2921	391	277	400	1024
水上运输业	1879	387	506	132	74	89	19	9	5	59
航空运输业	385	128	138	37	4	9	1	2	2	11
管道运输业	13	5	2	1						1
多式联运和运输代理业	25834	5946	11261	713	456	1784	29	23	53	486
装卸搬运和仓储业	7329	2775	1391	257	136	532	66	35	57	244
邮政业	3955	939	1283	139	55	198	31	50	61	173
住宿和餐饮业	52873	15917	11368	2062	1181	5168	421	421	428	2447
住宿业	14034	3834	2217	759	337	1182	191	213	206	1113
餐饮业	38839	12083	9151	1303	844	3986	230	208	222	1334
信息传输、软件和信息技术服务业	165077	58021	64253	6622	1395	7085	807	639	1680	3870
电信、广播电视和卫星传输服务	4053	1452	1298	128	50	195	27	38	33	136
互联网和相关服务	20657	7032	6658	813	206	945	111	131	338	846
软件和信息技术服务业	140367	49537	56297	5681	1139	5945	669	470	1309	2888
金融业	30330	5146	15090	6077	177	720	127	77	136	314
货币金融服务	4661	1360	1596	351	69	135	56	41	46	98
资本市场服务	19831	2909	10384	5128	53	398	26	5	45	100

续表 1

汕尾市	东莞市	中山市	江门市	阳江市	湛江市	茂名市	肇庆市	清远市	潮州市	揭阳市	云浮市
12	786	196	174	15	23	11	71	43	8	26	5
12	314	86	375	20	54	15	13	16	6	20	5
29	8967	13058	2482	116	752	147	272	94	204	654	82
60	19706	2510	1349	53	79	131	268	128	85	183	83
7	2872	413	90	5	12	14	58	10	16	28	9
11	2730	402	290	90	33	33	50	26	26	34	15
7	187	80	44	10	57	20	83	96	24	49	17
32	995	180	112	26	168	46	34	46	21	24	28
203	317	133	294	462	229	739	735	1141	232	289	408
140	73	44	158	402	100	606	591	1038	148	196	321
7	70	16	21	11	29	22	20	19	43	10	13
56	174	73	115	49	100	111	124	84	41	83	74
752	14998	5659	3019	1100	2477	2067	1691	1591	444	787	744
179	2084	754	486	255	580	724	296	262	155	298	228
115	1882	897	534	264	371	276	352	275	70	129	94
108	2947	1185	536	122	370	206	202	324	61	74	70
350	8085	2823	1463	459	1156	861	841	730	158	286	352
3055	96550	24485	14475	5453	17142	15518	8071	6074	3649	8018	3728
1072	45728	9042	7405	2444	7875	7620	3768	2888	1201	3539	1320
1983	50822	15443	7070	3009	9267	7898	4303	3186	2448	4479	2408
265	6623	2319	1343	528	1555	894	844	929	352	539	343
			1	1	1						2
161	2474	956	681	310	779	625	556	665	195	319	207
9	116	32	73	24	118	31	49	73	17	13	44
1	33	3		3	4	2	1	2		3	1
			2		1	1					
23	2787	952	371	89	441	84	93	68	77	70	28
32	835	224	129	70	149	98	80	74	34	69	42
39	378	152	86	31	62	53	65	47	29	65	19
460	5369	2128	1205	411	1316	614	523	500	320	412	202
219	1078	647	358	137	459	211	211	252	151	163	96
241	4291	1481	847	274	857	403	312	248	169	249	106
347	8920	2987	1526	624	1496	1302	1306	918	320	660	299
30	244	72	50	19	72	48	50	35	16	42	18
71	1576	394	225	162	284	299	148	169	46	139	64
246	7100	2521	1251	443	1140	955	1108	714	258	479	217
43	943	288	209	66	174	120	233	106	88	91	105
19	387	82	77	24	57	37	57	49	46	47	27
4	376	99	49	7	39	26	110	9	5	11	48

1-30

行业大类	企业法人单位数(个)	广州市	深圳市	珠海市	汕头市	佛山市	韶关市	河源市	梅州市	惠州市
保险业	1757	357	406	74	45	127	39	28	39	85
其他金融业	4081	520	2704	524	10	60	6	3	6	31
房地产业	115702	29345	24391	5644	1773	8703	1342	1175	1130	10783
房地产业	115702	29345	24391	5644	1773	8703	1342	1175	1130	10783
租赁和商务服务业	377875	112567	131370	16209	3734	18241	2616	2038	3364	12232
租赁业	25423	8750	8299	1215	197	1056	221	182	313	830
商务服务业	352452	103817	123071	14994	3537	17185	2395	1856	3051	11402
科学研究和技术服务业	188803	68216	56881	7393	1828	11637	1117	890	1277	4037
研究和试验发展	45252	19538	11827	2394	206	2952	109	45	83	318
专业技术服务业	85305	22531	31973	3412	1114	5344	595	564	848	2535
科技推广和应用服务业	58246	26147	13081	1587	508	3341	413	281	346	1184
水利、环境和公共设施管理业	8949	1900	1834	384	173	670	242	131	383	550
水利管理业	306	64	50	11	5	19	7	3	13	23
生态保护和环境治理业	1892	542	385	79	24	146	28	18	28	98
公共设施管理业	6566	1259	1388	289	143	486	201	108	337	405
土地管理业	185	35	11	5	1	19	6	2	5	24
居民服务、修理和其他服务业	59878	15775	16752	2551	1075	5098	474	563	511	2507
居民服务业	25366	7504	7479	1009	473	1964	146	177	155	1005
机动车、电子产品和日用产品修理业	23425	5486	6191	1040	475	2272	221	205	241	961
其他服务业	11087	2785	3082	502	127	862	107	181	115	541
教育	30587	8224	11581	1197	373	1653	199	217	262	947
教育	30587	8224	11581	1197	373	1653	199	217	262	947
卫生和社会工作	7918	2050	2629	276	151	452	43	51	70	235
卫生	7009	1684	2442	236	143	402	25	45	53	205
社会工作	909	366	187	40	8	50	18	6	17	30
文化、体育和娱乐业	57824	18432	14362	2086	1157	4665	458	348	502	1954
新闻和出版业	509	287	121	17	7	14	1		8	11
广播、电视、电影和录音制作业	6267	2373	1853	275	79	438	43	36	66	138
文化艺术业	16003	8544	2380	806	226	944	53	80	111	368
体育	6719	2443	1669	234	85	618	43	28	58	199
娱乐业	28326	4785	8339	754	760	2651	318	204	259	1238
公共管理、社会保障和社会组织										
中国共产党机关										
国家机构										
人民政协、民主党派										
社会保障										
群众团体、社会团体和其他成员组织										
基层群众自治组织										
国际组织										
国际组织										

续表 2

汕尾市	东莞市	中山市	江门市	阳江市	湛江市	茂名市	肇庆市	清远市	潮州市	揭阳市	云浮市
15	84	87	74	29	52	48	55	40	26	26	21
5	96	20	9	6	26	9	11	8	11	7	9
974	9978	4924	3156	1343	2722	1951	2083	2394	372	703	816
974	9978	4924	3156	1343	2722	1951	2083	2394	372	703	816
1313	37644	9313	5538	1826	5256	3568	3561	3697	889	1903	996
102	1676	492	302	144	522	358	220	322	38	135	49
1211	35968	8821	5236	1682	4734	3210	3341	3375	851	1768	947
402	18224	4622	2143	738	2225	1895	1996	1560	446	703	573
23	5015	1046	464	56	346	193	251	174	36	79	97
244	7910	2255	966	480	915	888	1151	770	187	373	250
135	5299	1321	713	202	964	814	594	616	223	251	226
63	725	232	244	96	219	246	215	312	75	154	101
5	13	6	16	4	13	6	13	12	3	15	5
18	188	50	55	14	36	25	36	55	12	34	21
38	515	171	168	68	161	205	153	238	58	103	72
2	9	5	5	10	9	10	13	7	2	2	3
365	6133	2718	999	404	1178	735	528	583	266	429	234
144	2269	973	383	154	493	302	209	203	82	179	63
156	2508	1442	402	148	480	320	178	278	139	173	109
65	1356	303	214	102	205	113	141	102	45	77	62
220	2512	776	364	169	590	355	331	273	94	151	99
220	2512	776	364	169	590	355	331	273	94	151	99
50	691	341	112	77	247	154	109	81	18	49	32
45	659	321	91	63	224	130	86	64	18	46	27
5	32	20	21	14	23	24	23	17		3	5
271	6100	1800	870	373	1134	853	737	657	299	532	234
	14	4	4	2	7	3	4	3		2	
22	365	128	77	36	95	70	55	48	11	36	23
65	1000	221	150	71	251	251	132	145	55	112	38
18	552	299	84	31	77	50	79	79	22	33	18
166	4169	1148	555	233	704	479	467	382	211	349	155

1-31 按行业大类、地区分组的

行业大类	企业从业人员数（人）	广州市	深圳市	珠海市	汕头市	佛山市	韶关市	河源市	梅州市	惠州市
总　计	40998737	7934682	11870588	1228933	1041060	3843711	363742	338229	385941	1743914
农、林、牧、渔业	20268	2059	139	320	687	1003	383	312	1002	687
农业										
林业										
畜牧业										
渔业										
农、林、牧、渔专业及辅助性活动	20268	2059	139	320	687	1003	383	312	1002	687
采矿业	52474	312	4231	351	511	333	6569	3708	3065	2147
煤炭开采和洗选业	48									
石油和天然气开采业	5996		3121	252						
黑色金属矿采选业	3255	8		2	16		94	978	279	81
有色金属矿采选业	8923	68	23		90		5492	168	808	200
非金属矿采选业	31834	209	293	90	327	312	980	2551	1870	1802
开采专业及辅助性活动	1667	26	791	4	44	16		5	4	22
其他采矿业	751	1	3	3	34	5	3	6	104	42
制造业	18180890	1765955	4188075	507681	565515	2230589	121034	170893	117505	1121433
农副食品加工业	209755	17912	11785	3978	8899	18720	1651	2439	3449	8228
食品制造业	249438	60752	18168	7973	13661	16792	1687	3178	2013	4190
酒、饮料和精制茶制造业	90170	16212	16023	2235	1594	11048	1283	2426	2696	3462
烟草制品业	6988	2989	617		479		1091		940	
纺织业	403666	35397	23326	4013	45701	90905	4461	2250	1312	12840
纺织服装、服饰业	1042156	145982	116468	15256	149893	113475	1954	9361	3738	32599
皮革、毛皮、羽毛及其制品和制鞋业	701418	122071	49737	3487	4656	53487	1492	8603	6596	66248
木材加工和木、竹、藤、棕、草制品业	124755	11588	6367	1658	593	20475	3263	2268	1470	8576
家具制造业	529960	52378	51776	4625	12350	135749	268	1616	5854	49391
造纸和纸制品业	375686	31448	74921	6667	12877	42386	2845	1242	1055	12108
印刷和记录媒介复制业	359935	34311	74619	5685	20628	34593	1717	2328	671	16417
文教、工美、体育和娱乐用品制造业	879467	73128	165622	8238	113455	50460	22445	17960	5100	39563
石油、煤炭及其他燃料加工业	31604	5938	1346	1728	144	2774	72	23	120	2914
化学原料和化学制品制造业	464352	108142	44313	19095	25112	67016	8099	1542	1407	24290
医药制造业	152486	37567	24967	11486	5821	15885	2056	1552	2221	4635
化学纤维制造业	14502	972	1104	1600	343	1642		118	325	459
橡胶和塑料制品业	1246027	87143	286060	25327	52977	124264	2835	8248	2892	73411
非金属矿物制品业	758615	36867	72081	11768	6364	152302	7939	10566	16998	25708
黑色金属冶炼和压延加工业	91396	6411	5686	3002	169	24893	8114	2346	437	1715
有色金属冶炼和压延加工业	179343	7592	16131	2950	1685	71837	5494	1113	567	5038
金属制品业	1512220	88860	219658	22860	10851	302574	4810	3668	2614	59602
通用设备制造业	791779	101541	201460	25515	9693	134073	7188	3319	2688	24351
专用设备制造业	879535	68794	308296	31078	11146	102427	4655	10090	2245	24886

企业法人单位从业人员数

汕尾市	东莞市	中山市	江门市	阳江市	湛江市	茂名市	肇庆市	清远市	潮州市	揭阳市	云浮市
314967	5322453	1728488	1032358	294414	756609	702496	566869	465002	357384	486940	219957
949	512	199	452	277	3147	1986	926	913	747	1055	2513
949	512	199	452	277	3147	1986	926	913	747	1055	2513
84	89	40	2150	743	5933	8554	6103	2987	552	403	3609
			20							28	
					2594	29					
					40	331	1118	242		3	63
	3		1		337	373	692	413		2	253
74	81	37	2119	719	2165	7627	4193	2196	552	366	3271
	5				713		28	9			
10		3	10	24	84	194	72	127		4	22
201282	3770888	1167131	640935	115106	177001	148192	302595	228187	248973	298752	93168
5964	14023	5805	10909	6918	36410	18682	5273	5529	10888	8197	4096
2228	30340	10660	20219	2393	7231	6489	7001	2136	12902	17747	1678
1723	5939	4738	3518	542	3514	2910	3517	2272	2614	1586	318
	25	1	96	15	632	103					
8728	66149	31160	33698	918	2848	2557	9690	6329	1589	17991	1804
42542	201173	94324	32186	5557	1857	5490	6065	4321	12233	40836	6846
5059	194693	34823	15286	2046	5890	17718	15735	37631	11537	42303	2320
886	17132	6746	7121	2995	9980	9560	7004	2264	1262	2502	1045
200	118416	43465	18875	2298	9426	2958	9400	6077	1009	3438	391
2776	109942	24736	20187	2011	8104	2465	6538	2606	5521	3307	1944
1306	83291	21425	28719	2258	3243	2111	5391	3882	9826	7189	325
44414	213260	51643	10084	1430	1086	6047	9778	22178	3909	15207	4460
9	3630	414	404	17	2426	9205	203	13	184	36	4
985	53851	32485	24873	940	4283	10977	13484	10910	4894	4020	3634
77	5027	6644	3638	945	3031	6729	3906	1495	1183	11286	2335
614	3997	279	798		28	32	720	49		1401	21
33015	348705	87777	35304	6214	6070	6902	12471	14434	7839	22828	1311
5457	72161	27771	31454	8003	14986	17460	40454	44277	117141	13005	25853
83	5191	2039	2761	4428	4785	1745	764	1719	249	14831	28
313	19090	5622	6389	5060	436	354	13736	10193	1552	1660	2531
15913	357158	117148	120463	46475	6372	4882	52867	7333	24148	30670	13294
418	169838	59295	22109	3812	2344	1542	10263	4537	3610	2658	1525
692	230329	39759	14615	1670	3842	1797	9128	3371	2071	7112	1532

1-31

行业大类	企业从业人员数(人)	广州市	深圳市	珠海市	汕头市	佛山市	韶关市	河源市	梅州市	惠州市
汽车制造业	486227	178942	83263	13521	11038	64317	1021	859	7396	28187
铁路、船舶、航空航天和其他运输设备制造业	134266	32608	26624	6421	792	13042	40	1026	58	6027
电气机械和器材制造业	2162132	120268	523687	102094	19791	418867	12392	14944	7366	124709
计算机、通信和其他电子设备制造业	3812151	224617	1611589	148393	15910	102107	8844	54291	32991	441763
仪器仪表制造业	279239	25156	111762	13073	979	24956	1063	1813	1107	10068
其他制造业	124354	7957	29845	687	3318	8224	293	1476	411	6679
废弃资源综合利用业	33253	1951	521	303	3627	8827	1107	140	572	1922
金属制品、机械和设备修理业	54015	20461	10253	2965	969	2472	855	88	196	1447
电力、热力、燃气及水生产和供应业	320155	39690	24992	10592	11055	27692	15246	7465	12123	20728
电力、热力生产和供应业	217476	23432	9929	6817	6493	19539	12927	5907	9205	13727
燃气生产和供应业	23203	4164	4118	900	687	1952	566	401	491	1122
水的生产和供应业	79476	12094	10945	2875	3875	6201	1753	1157	2427	5879
建筑业	3375409	700601	869088	119211	169649	136603	76317	42113	109069	90988
房屋建筑业	1652499	266165	311269	41397	130635	63523	48126	23385	89147	23151
土木工程建筑业	589140	152743	121720	33880	26568	18701	16724	6931	9765	15356
建筑安装业	331285	88032	98058	13193	5673	20391	3839	3769	3486	14193
建筑装饰、装修和其他建筑业	802485	193661	338041	30741	6773	33988	7628	8028	6671	38288
批发和零售业	5001871	1242081	1626637	120129	101283	578287	31635	21308	36891	125492
批发业	2979119	907447	912558	75385	55875	386883	16178	5932	13499	57119
零售业	2022752	334634	714079	44744	45408	191404	15457	15376	23392	68373
交通运输、仓储和邮政业	1471422	514006	468276	43448	25624	85514	10711	7786	11047	36991
铁路运输业	74928	53312	21480	136						
道路运输业	670663	200448	202017	23662	11012	52955	7313	5255	6950	20839
水上运输业	56708	15367	12617	2429	947	3472	290	162	48	1180
航空运输业	126399	85760	34987	3865	1362	79	11	11	21	41
管道运输业	477	404	21							33
多式联运和运输代理业	236692	63524	114633	5058	4747	13205	109	80	287	2908
装卸搬运和仓储业	147263	55842	37354	4822	3347	9626	1411	453	741	4374
邮政业	158292	39349	45167	3476	4209	6177	1577	1825	3000	7616
住宿和餐饮业	942493	261052	265272	42499	17098	70290	10662	8706	7878	35203
住宿业	331430	70879	61552	27039	9360	25774	6787	6032	5527	19414
餐饮业	611063	190173	203720	15460	7738	44516	3875	2674	2351	15789
信息传输、软件和信息技术服务业	1559465	535399	700948	57392	13853	64281	6277	5658	7488	22569
电信、广播电视和卫星传输服务	154842	44509	37729	3785	4575	7910	2556	3132	3051	5207
互联网和相关服务	199885	66120	97574	4761	1098	6365	1433	891	881	4125
软件和信息技术服务业	1204738	424770	565645	48846	8180	50006	2288	1635	3556	13237
金融业	2794930	809377	1226808	48066	34366	128437	22503	19461	30393	55511
货币金融服务	417983	91438	136808	11988	11288	28566	5681	4653	7219	12177
资本市场服务	163053	29330	112378	10207	367	2278	35	6	84	1807

续表 1

汕尾市	东莞市	中山市	江门市	阳江市	湛江市	茂名市	肇庆市	清远市	潮州市	揭阳市	云浮市
4044	36622	16560	14520	445	2145	79	13753	6847	76	1068	1524
156	13969	2845	26474	120	1344	180	1029	812	39	621	39
1947	381228	282507	69165	4734	26656	2589	13613	9038	3931	18536	4070
20450	903770	120377	59262	1359	1598	5430	23144	13859	7487	5326	9584
234	61511	21990	1542	69	102	284	1366	891	253	800	220
394	44074	12592	3712	1029	223	339	1105	639	317	843	197
180	687	493	1038	270	2044	238	4656	2330	561	1645	141
475	5667	1008	1516	135	4065	338	541	215	148	103	98
6148	32119	12651	14123	9164	9540	15118	13361	15424	7882	9740	5302
4136	23600	8659	10512	7327	6003	11689	10321	12906	4251	6072	4024
231	1863	867	382	332	818	535	552	528	2045	421	228
1781	6656	3125	3229	1505	2719	2894	2488	1990	1586	3247	1050
16524	222059	81031	97878	55482	209135	180979	42508	59923	21180	47992	27079
11491	78109	22504	70806	38659	152360	147337	25934	33067	17575	35283	22576
1624	50153	23860	7521	10703	39895	15136	8228	19413	1302	7748	1169
1318	29539	16398	6980	1834	5156	6887	3215	3704	1300	3272	1048
2091	64258	18269	12571	4286	11724	11619	5131	3739	1003	1689	2286
24393	395913	123667	77771	32170	116918	146785	62087	30354	26962	49695	31413
8499	218046	52256	40129	16597	55984	66785	26092	14087	10948	22009	16811
15894	177867	71411	37642	15573	60934	80000	35995	16267	16014	27686	14602
6483	95114	31907	23360	9928	30338	21040	14559	12461	6204	10152	6473
3640	44243	16376	14216	6314	11653	13735	9519	8472	3165	4522	4357
69	2225	1720	1856	358	10233	1260	731	443	468	253	580
	158	25		19	16	6	3	2		3	30
			9			10					
159	15407	6813	1756	555	3442	1080	965	414	464	882	204
481	15911	2237	1634	1276	1994	2149	1047	1266	293	750	255
2134	17170	4736	3889	1406	3000	2800	2294	1864	1814	3742	1047
8480	74618	34107	20144	8207	26159	13469	10098	11977	4242	7184	5148
4671	31325	12676	9720	2028	9749	5464	5403	8876	2034	3857	3263
3809	43293	21431	10424	6179	16410	8005	4695	3101	2208	3327	1885
5043	53019	20462	9063	4989	11967	13261	8540	5770	3570	6408	3508
2903	7243	3482	4136	1509	5090	3583	3694	2959	2111	3460	2218
384	6214	1694	725	1720	1268	2452	525	551	188	662	254
1756	39562	15286	4202	1760	5609	7226	4321	2260	1271	2286	1036
11142	113807	48195	44160	15566	43330	35129	28576	26378	17361	22011	14353
3224	24592	11790	13231	4240	11439	8137	8355	6966	4771	7522	3898
15	4984	346	151	32	129	119	572	22	38	81	72

1-31

行业大类	企业从业人员数(人)	广州市	深圳市	珠海市	汕头市	佛山市	韶关市	河源市	梅州市	惠州市
保险业	2157738	685158	928826	24253	22625	97183	16727	14788	23022	41369
其他金融业	56156	3451	48796	1618	86	410	60	14	68	158
房地产业	1776832	452303	587544	76886	25074	124444	17117	17057	14245	93207
房地产业	1776832	452303	587544	76886	25074	124444	17117	17057	14245	93207
租赁和商务服务业	2748840	809347	971588	116284	38203	174287	25486	17429	18225	66964
租赁业	145614	41372	55354	7160	1134	8589	1159	715	1496	4350
商务服务业	2603226	767975	916234	109124	37069	165698	24327	16714	16729	62614
科学研究和技术服务业	1312850	432860	462062	41303	12742	96722	7163	5571	6055	25397
研究和试验发展	231965	87955	69737	10279	1021	19574	468	259	273	1450
专业技术服务业	833317	251318	322751	26548	8929	56843	4147	4100	4682	19054
科技推广和应用服务业	247568	93587	69574	4476	2792	20305	2548	1212	1100	4893
水利、环境和公共设施管理业	185958	46019	43953	7734	3482	20436	2245	1377	3540	8520
水利管理业	3779	469	853	173	36	274	33	64	50	436
生态保护和环境治理业	22140	5562	6399	752	250	1406	235	98	174	963
公共设施管理业	157670	39553	36436	6588	3179	18599	1971	1178	3298	7002
土地管理业	2369	435	265	221	17	157	6	37	18	119
居民服务、修理和其他服务业	580274	135975	228033	16325	7669	46342	5784	4890	2552	15745
居民服务业	167172	42984	49789	5028	3345	18200	908	1244	673	6236
机动车、电子产品和日用产品修理业	137799	32038	41550	5334	2733	15811	1250	1503	996	4278
其他服务业	275303	60953	136694	5963	1591	12331	3626	2143	883	5231
教育	202409	54473	73535	6768	2802	14350	1581	1395	1266	5662
教育	202409	54473	73535	6768	2802	14350	1581	1395	1266	5662
卫生和社会工作	147021	40189	39358	4175	3538	11300	844	1196	1538	4962
卫生	137610	35029	37706	4055	3502	10893	654	1187	1450	4863
社会工作	9411	5160	1652	120	36	407	190	9	88	99
文化、体育和娱乐业	325176	92984	90049	9769	7909	32801	2185	1904	2059	11708
新闻和出版业	10689	6809	1516	672	45	175	2		45	767
广播、电视、电影和录音制作业	51855	15335	18696	1465	1388	3753	337	357	429	1727
文化艺术业	57790	26636	9644	1895	956	5113	172	438	366	1678
体育	52696	14294	17304	1986	629	5230	245	190	280	1569
娱乐业	152146	29910	42889	3751	4891	18530	1429	919	939	5967
公共管理、社会保障和社会组织										
中国共产党机关										
国家机构										
人民政协、民主党派										
社会保障										
群众团体、社会团体和其他成员组织										
基层群众自治组织										
国际组织										
国际组织										

续表 2

汕尾市	东莞市	中山市	江门市	阳江市	湛江市	茂名市	肇庆市	清远市	潮州市	揭阳市	云浮市
7889	83554	35957	30688	11279	31642	26801	19535	19333	12431	14377	10301
14	677	102	90	15	120	72	114	57	121	31	82
10494	96760	63726	35345	13624	36359	32616	28489	26613	5301	8706	10922
10494	96760	63726	35345	13624	36359	32616	28489	26613	5301	8706	10922
10992	233726	71498	35196	15632	43233	39081	20249	18305	5862	11152	6101
577	7598	3178	1988	964	2724	3844	1114	1281	148	613	256
10415	226128	68320	33208	14668	40509	35237	19135	17024	5714	10539	5845
2986	107260	30337	12815	4158	14943	19455	11120	8952	2744	3984	4221
200	26587	4702	2003	259	2149	1539	1302	701	138	320	1049
2091	60939	21040	8724	2935	8170	11556	7173	6633	1441	2372	1871
695	19734	4595	2088	964	4624	6360	2645	1618	1165	1292	1301
1195	15115	6616	3967	1109	3101	3559	4655	4438	1777	1879	1241
35	90	147	171	33	142	71	90	79	46	431	56
167	3119	388	365	82	415	248	296	395	114	279	433
992	11894	6005	3395	911	2471	3128	4033	3789	1608	914	726
1	12	76	36	83	73	112	236	175	9	255	26
2922	53741	18625	5993	2336	9205	7305	4535	5549	1453	3475	1820
1499	15081	5479	1986	1025	3615	3394	1457	3258	491	1164	316
945	11226	6887	2352	736	2632	2794	1065	1339	670	1001	659
478	27434	6259	1655	575	2958	1117	2013	952	292	1310	845
1700	13875	4436	2856	1257	3508	5275	2735	2329	419	1146	1041
1700	13875	4436	2856	1257	3508	5275	2735	2329	419	1146	1041
1880	18179	4642	1420	2410	4488	2389	1921	1070	303	577	642
1757	17898	4409	1331	2158	4357	2159	1797	896	303	569	637
123	281	233	89	252	131	230	124	174		8	5
2270	25659	9218	4730	2256	8304	8303	3812	3372	1852	2629	1403
	83	19	8	128	34	348	21	14		3	
252	2452	1098	603	466	959	879	392	676	95	299	197
552	2796	730	525	241	1739	2415	520	361	181	602	230
96	5554	1843	854	154	434	444	677	490	166	172	85
1370	14774	5528	2740	1267	5138	4217	2202	1831	1410	1553	891

1-32 按地区、登记注册类型

地 区	企业法人单位数(个)	内资					
			国有	集体	股份合作	联营	
							国有联营
总 计	2834257	2757027	6740	11715	3256	803	102
广州市	720114	704688	1562	2671	1767	161	28
深圳市	848882	824374	297	101	714	37	5
珠海市	94498	87802	271	398	98	27	5
汕头市	44146	43550	662	1167	180	48	6
佛山市	229930	226383	239	732	169	44	4
韶关市	18189	17581	230	371	36	32	3
河源市	15341	14681	199	227	12	17	4
梅州市	24137	21499	186	276	27	15	
惠州市	97107	92998	344	434	18	50	15
汕尾市	10605	10275	179	251	12	17	4
东莞市	359728	350890	98	793	31	25	1
中山市	110231	107334	50	419	10	20	
江门市	56322	53920	295	842	14	45	2
阳江市	18212	17963	142	212	2	7	1
湛江市	44495	44190	631	690	35	61	9
茂名市	35847	35307	354	537	26	75	4
肇庆市	29276	28072	253	357	7	32	5
清远市	25149	24173	137	295	19	27	2
潮州市	15840	15622	207	326	67	28	
揭阳市	23360	23075	295	368	5	20	3
云浮市	12848	12650	109	248	7	15	1
按区域分组							
珠三角核心区	2546088	2476461	3409	6747	2828	441	65
沿海经济带	192505	189982	2470	3551	327	256	27
北部生态发展区	95664	90584	861	1417	101	106	10

分组的企业法人单位数

集体联营	国有与集体联营	其他联营	有限责任公司	国有独资	其他有限责任公司	股份有限公司	私营	私营独资
360	118	223	347473	3631	343842	19041	2367866	118716
54	45	34	54691	967	53724	4089	639727	16127
10	5	17	113353	471	112882	4237	705629	8003
13	3	6	36923	260	36663	670	49414	1488
23	6	13	7222	86	7136	748	33499	4713
28	3	9	18876	247	18629	1073	205246	15969
14	5	10	4303	156	4147	283	12325	1334
6	4	3	2396	88	2308	231	11596	1018
13	1	1	3592	100	3492	446	16956	1591
12	3	20	15821	178	15643	1329	75001	3193
8	3	2	1225	39	1186	162	8424	1863
20	1	3	35795	95	35700	1541	312566	6420
9	4	7	11514	63	11451	511	94808	20757
31	4	8	9191	138	9053	537	42991	5979
4		2	2231	65	2166	179	15190	1946
26	9	17	4290	164	4126	735	37743	8031
44	6	21	8976	116	8860	605	24733	4951
11	2	14	4588	130	4458	491	22342	1967
10	3	12	5085	101	4984	433	18174	2314
13	3	12	1904	31	1873	221	12866	5786
7	6	4	3345	47	3298	322	18715	3060
4	2	8	2152	89	2063	198	9921	2206
188	70	118	300752	2549	298203	14478	2147724	79903
125	33	71	29193	548	28645	2972	151170	30350
47	15	34	17528	534	16994	1591	68972	8463

1-32

地　区	私营合伙	私营有限责任公司	私营股份有限公司	其他	港澳台商投资	与港澳台商合资经营	与港澳台商合作经营
总　计	29796	2203572	15782	133	59826	5657	1318
广州市	7457	612756	3387	20	9497	1450	369
深圳市	9961	684792	2873	6	20456	1339	189
珠海市	3950	43603	373	1	5873	505	78
汕头市	256	28145	385	24	433	77	43
佛山市	1555	186619	1103	4	2297	635	56
韶关市	483	10267	241	1	559	39	30
河源市	125	10214	239	3	612	37	26
梅州市	181	14810	374	1	2592	73	26
惠州市	429	70320	1059	1	3513	240	70
汕尾市	116	6276	169	5	315	19	14
东莞市	1602	302816	1728	41	6403	403	76
中山市	819	72792	440	2	2062	215	32
江门市	332	36062	618	5	1931	311	63
阳江市	154	12883	207		212	33	22
湛江市	413	28651	648	5	210	48	29
茂名市	478	18669	635	1	496	44	16
肇庆市	375	19662	338	2	1038	64	28
清远市	715	14784	361	3	746	62	52
潮州市	123	6791	166	3	175	29	53
揭阳市	129	15223	303	5	241	17	37
云浮市	143	7437	135		165	17	9
按区域分组							
珠三角核心区	26480	2029422	11919	82	53070	5162	961
沿海经济带	1669	116638	2513	43	2082	267	214
北部生态发展区	1647	57512	1350	8	4674	228	143

续表 1

港澳台商独资	港澳台商投资股份有限公司	其他港澳台商投资	外商投资企业	中外合资经营	中外合作经营	外资企业	外商投资股份有限公司	其他外商投资
51385	661	805	17404	3456	318	12044	461	1125
7431	101	146	5929	1129	87	4235	139	339
18494	170	264	4052	908	48	2741	72	283
5207	38	45	823	210	23	507	23	60
292	11	10	163	33	13	103	5	9
1538	33	35	1250	322	32	792	46	58
481	3	6	49	20	1	26	2	
529	17	3	48	12	2	29	2	3
2471	5	17	46	12	3	27	2	2
3097	56	50	596	90	18	425	21	42
278		4	15	4		8	1	2
5687	103	134	2435	259	21	1920	85	150
1752	33	30	835	151	9	604	29	42
1499	39	19	471	130	10	295	11	25
150	4	3	37	10	2	19	2	4
119	4	10	95	41	3	29	3	19
423	7	6	44	14	1	20	2	7
921	17	8	166	43	13	94	3	13
619	7	6	230	36	5	127	11	51
87	3	3	43	9	15	16	1	2
181	4	2	44	14	7	13		10
129	6	4	33	9	5	14	1	4
45626	590	731	16557	3242	261	11613	429	1012
1530	33	38	441	125	41	208	14	53
4229	38	36	406	89	16	223	18	60

1-33 按地区、登记注册类型

地 区	企业从业人员数（人）	内资	国有	集体	股份合作	联营	国有联营
总 计	40998737	33522192	490434	341923	71595	12781	3588
广州市	7934682	6794116	129804	58487	14773	2423	983
深圳市	11870588	9969226	86258	6999	23685	738	314
珠海市	1228933	950719	10806	4084	2845	276	35
汕头市	1041060	971457	50472	37178	6210	923	472
佛山市	3843711	3272470	16787	16282	3922	1333	94
韶关市	363742	314866	10896	16386	1658	340	10
河源市	338229	248694	5645	7255	85	173	43
梅州市	385941	358170	14503	10011	960	75	
惠州市	1743914	1164202	13190	7013	843	486	113
汕尾市	314967	254304	7072	13800	1053	212	44
东莞市	5322453	3661506	9786	31406	547	425	
中山市	1728488	1299106	5223	9294	246	435	
江门市	1032358	770072	8899	13884	1697	235	1
阳江市	294414	275871	9318	16724	316	30	
湛江市	756609	722197	43953	20257	3303	2013	1412
茂名市	702496	682425	25701	22954	3151	742	20
肇庆市	566869	464049	8621	5100	1209	217	29
清远市	465002	355200	5827	3662	1205	758	11
潮州市	357384	338592	6196	15887	2402	147	
揭阳市	486940	464006	16765	20575	437	717	3
云浮市	219957	190944	4712	4685	1048	83	4
按区域分组							
珠三角核心区	35271996	28345466	289374	152549	49767	6568	1569
沿海经济带	3953870	3708852	159477	147375	16872	4784	1951
北部生态发展区	1772871	1467874	41583	41999	4956	1429	68

分组的企业法人单位从业人员数

集体联营	国有与集体联营	其他联营	有限责任公司	国有独资	其他有限责任公司	股份有限公司	私营	私营独资
3937	1886	3370	8536769	725712	7811057	2741365	21314366	910492
702	366	372	1934246	262484	1671762	601607	4052242	78571
163	32	229	2295191	200663	2094528	964125	6591828	36265
116	110	15	452420	33974	418446	112761	367515	5873
169	146	136	205460	9023	196437	69556	599595	59003
743	43	453	652891	29218	623673	178573	2399518	168321
162	58	110	132467	21170	111297	30011	123094	8568
50	61	19	68400	7593	60807	20170	146545	7969
75			98590	10036	88554	46383	187648	11679
136	76	161	341834	23696	318138	88943	711733	38363
125	41	2	42373	4535	37838	20807	168841	25646
279	16	130	816072	31293	784779	191119	2608523	43401
33	15	387	287030	10501	276529	68028	928839	117312
85	122	27	240146	12958	227188	54281	450571	36704
25		5	63617	7267	56350	21265	164601	14320
341	34	226	152919	15630	137289	67158	432385	48917
551	52	119	276262	11902	264360	53348	300258	55454
60	10	118	124002	12554	111448	45152	279375	20534
24	603	120	134227	8535	125692	30737	178726	10750
87	21	39	62616	3302	59314	25700	224480	78367
6	47	661	89514	5763	83751	29989	305777	32611
5	33	41	66492	3615	62877	21652	92272	11864
2317	790	1892	7143832	617341	6526491	2304589	18390144	545344
1304	341	1188	892761	57422	835339	287823	2195937	314318
316	755	290	500176	50949	449227	148953	728285	50830

1-33

地　区							
	私营合伙	私营有限责任公司	私营股份有限公司	其他	港澳台商投资	与港澳台商合资经营	与港澳台商合作经营
总　计	142743	19667781	593350	12959	4745786	755395	100249
广州市	29506	3838756	105409	534	533142	112018	29169
深圳市	26220	6394701	134642	402	1279667	181815	12562
珠海市	7007	345728	8907	12	142734	36072	4493
汕头市	3956	516658	19978	2063	36272	10684	2953
佛山市	18026	2066621	146550	3164	359923	150704	6748
韶关市	2196	110284	2046	14	39397	1891	118
河源市	908	134697	2971	421	69952	10785	1162
梅州市	973	168441	6555		16082	2019	2106
惠州市	4459	653125	15786	160	389641	54272	3349
汕尾市	6564	131826	4805	146	55221	790	372
东莞市	9742	2508758	46622	3628	1133512	68908	10734
中山市	6682	773422	31423	11	240273	34262	2312
江门市	2339	399413	12115	359	196525	36372	5402
阳江市	1737	143876	4668		12733	3339	2887
湛江市	4242	373055	6171	209	22551	13692	1704
茂名市	7360	229687	7757	9	14727	3407	1593
肇庆市	3710	248185	6946	373	53661	8762	934
清远市	4060	159113	4803	58	92043	18753	520
潮州市	1294	137364	7455	1164	13128	2012	6554
揭阳市	892	256962	15312	232	19611	1185	3952
云浮市	870	77109	2429		24991	3653	625
按区域分组							
珠三角核心区	107691	17228709	508400	8643	4329078	683185	75703
沿海经济带	26045	1789428	66146	3823	174243	35109	20015
北部生态发展区	9007	649644	18804	493	242465	37101	4531

续表 1

港澳台商独资	港澳台商投资股份有限公司	其他港澳台商投资	外商投资企业	中外合资经营	中外合作经营	外资企业	外商投资股份有限公司	其他外商投资
3725881	130624	33637	2730759	726817	55439	1762984	67197	118322
380256	9145	2554	607424	273091	13459	297873	14056	8945
1034355	38113	12822	621695	127834	8696	427608	8719	48838
98921	3165	83	135480	19804	806	105987	1607	7276
19596	2825	214	33331	5865	1614	23346	583	1923
188970	11891	1610	211318	71885	6711	125760	1993	4969
36326	13	1049	9479	3835	3	5461	180	
57379	384	242	19583	5290	72	13401		820
11767	107	83	11689	4238	147	7175	121	8
311879	16535	3606	190071	78129	8712	96124	2904	4202
53905		154	5442	542		4241	652	7
1012655	31942	9273	527435	46426	5387	418210	24896	32516
194938	7866	895	189109	27975	822	146645	7051	6616
150466	3845	440	65761	26321	2250	35469	1015	706
6202	294	11	5810	2379	206	2438	596	191
6561	368	226	11861	7664	915	2600	251	431
9416	208	103	5344	4386	5	778	1	174
43618	257	90	49159	10685	1302	35852	1099	221
72352	380	38	17759	5012	807	10270	1418	252
4327	228	7	5664	1749	2440	1437	19	19
13219	1158	97	3323	1388	801	966		168
18773	1900	40	4022	2319	284	1343	36	40
3416058	122759	31373	2597452	682150	48145	1689528	63340	114289
113226	5081	812	70775	23973	5981	35806	2102	2913
196597	2784	1452	62532	20694	1313	37650	1755	1120

1-34 按行业大类、登记注册类型

行业大类	企业法人单位数(个)	内资	国有	集体	股份合作	联营	国有联营
总　计	2834257	2757027	6740	11715	3256	803	102
农、林、牧、渔业	3114	3046	39	45	3	2	
农业	27	25	7	1			
林业	6	6					
畜牧业	11	11					
渔业	5	5	1				
农、林、牧、渔专业及辅助性活动	3065	2999	31	44	3	2	
采矿业	2403	2369	15	38		4	1
煤炭开采和洗选业	6	6					
石油和天然气开采业	8	4					
黑色金属矿采选业	250	249	2	1			
有色金属矿采选业	158	156	2	1			
非金属矿采选业	1760	1740	10	34		4	1
开采专业及辅助性活动	67	61	1				
其他采矿业	152	151		2			
制造业	571908	546391	779	1365	598	124	8
农副食品加工业	7064	6791	283	91	5	21	1
食品制造业	8232	7830	29	29	17	3	
酒、饮料和精制茶制造业	2701	2557	19	29	1	3	1
烟草制品业	37	36	2	1	1		
纺织业	12849	11991	31	50	22	5	
纺织服装、服饰业	36104	34520	18	76	30	5	
皮革、毛皮、羽毛及其制品和制鞋业	19682	18552	12	43	6	4	
木材加工和木、竹、藤、棕、草制品业	7151	6933	14	43	4	7	
家具制造业	18880	18197	2	34	2	3	
造纸和纸制品业	18650	18001	10	46	43	3	
印刷和记录媒介复制业	16740	16281	38	100	127	5	1
文教、工美、体育和娱乐用品制造业	21846	20116	21	68	25	7	
石油、煤炭及其他燃料加工业	870	833		4		1	
化学原料和化学制品制造业	18489	17335	33	43	29	11	
医药制造业	2258	2084	11	5	3	4	
化学纤维制造业	428	382	1	1			
橡胶和塑料制品业	47076	44619	14	115	48	5	
非金属矿物制品业	23132	22338	37	76	32	11	1
黑色金属冶炼和压延加工业	2367	2261	4	4			
有色金属冶炼和压延加工业	3933	3711	4	18	2	1	
金属制品业	78811	76522	22	152	62	9	1
通用设备制造业	33610	32445	35	64	39	5	
专用设备制造业	42825	41391	34	69	23	2	1

分组的企业法人单位数

集体联营	国有与集体联营	其他联营	有限责任公司	国有独资	其他有限责任公司	股份有限公司	私营	私营独资
360	118	223	347473	3631	343842	19041	2367866	118716
		2	445	6	439	51	2461	241
			3		3		14	
			1		1		5	
			3		3		8	
							4	
		2	438	6	432	51	2430	241
3			403	21	382	46	1863	418
			2		2		4	
			2		2		2	
			58	2	56	6	182	39
			37	2	35	8	108	15
3			260	12	248	29	1403	350
			11	2	9	1	48	2
			31	1	30	2	116	12
68	17	31	54710	203	54507	3580	485220	51311
7	9	4	931	22	909	76	5381	1807
2		1	908	12	896	85	6759	1745
1		1	347	2	345	48	2110	476
			8	4	4	1	23	4
3	1	1	1107	2	1105	51	10722	1872
5			2106	2	2104	185	32099	4520
4			1345	4	1341	79	17062	1929
5		2	675	4	671	60	6130	1279
1		2	1281		1281	80	16795	1911
2		1	1554	4	1550	83	16262	2317
1	1	2	1509	7	1502	91	14411	2982
4	1	2	1736	2	1734	128	18130	1665
		1	166	5	161	15	647	36
5		6	2271	14	2257	206	14742	847
3	1		430	5	425	91	1540	59
			48		48	2	330	28
3	1	1	4360	6	4354	218	39857	4504
8	1	1	2751	15	2736	203	19227	3718
			268	2	266	6	1979	214
1			458	3	455	24	3204	324
5		3	6846	16	6830	318	69112	9088
4		1	3360	7	3353	188	28754	1691
1			4400	3	4397	273	36590	2032

1-34

行业大类	企业法人单位数(个)	内资					
			国有	集体	股份合作	联营	
							国有联营
汽车制造业	4820	4209	7	8	2		
铁路、船舶、航空航天和其他运输设备制造业	2573	2357	10	15	4		
电气机械和器材制造业	54221	51745	19	67	32	5	
计算机、通信和其他电子设备制造业	63599	60286	22	41	20		
仪器仪表制造业	9581	9116	6	13	7		
其他制造业	6909	6592	8	16	6		
废弃资源综合利用业	1481	1449	4	7	1	2	1
金属制品、机械和设备修理业	4969	4891	28	37	5	1	
电力、热力、燃气及水生产和供应业	9634	9335	305	1011	36	82	10
电力、热力生产和供应业	6895	6750	199	685	32	64	5
燃气生产和供应业	530	462	7	7	1	1	
水的生产和供应业	2209	2123	99	319	3	17	5
建筑业	116949	115895	269	521	47	18	3
房屋建筑业	19367	19227	100	298	3	7	1
土木工程建筑业	16867	16728	98	85	5	4	
建筑安装业	20936	20755	27	63	24	2	
建筑装饰、装修和其他建筑业	59779	59185	44	75	15	5	2
批发和零售业	962209	942672	1647	3202	1006	241	26
批发业	546443	531280	1056	1550	533	118	13
零售业	415766	411392	591	1652	473	123	13
交通运输、仓储和邮政业	72224	70466	402	369	46	30	3
铁路运输业	23	22	2				
道路运输业	32806	32168	120	161	30	16	3
水上运输业	1879	1779	25	73			
航空运输业	385	377	4				
管道运输业	13	10					
多式联运和运输代理业	25834	25151	24	41	8	6	
装卸搬运和仓储业	7329	7021	178	94	7	8	
邮政业	3955	3938	49		1		
住宿和餐饮业	52873	51867	221	191	180	23	3
住宿业	14034	13724	172	123	14	17	2
餐饮业	38839	38143	49	68	166	6	1
信息传输、软件和信息技术服务业	165077	158869	55	52	16	3	1
电信、广播电视和卫星传输服务	4053	4003	18	14		2	1
互联网和相关服务	20657	20321	1	2	5		
软件和信息技术服务业	140363	134541	35	36	11	1	
金融业	30330	28983	264	20	74	3	
货币金融服务	4661	3804	106	12	55	1	
资本市场服务	19830	19576	46	5	16	2	

续表 1

			有限责任公司			股份有限公司	私营	
集体联营	国有与集体联营	其他联营		国有独资	其他有限责任公司			私营独资
			590	5	585	44	3558	144
			335	4	331	26	1967	150
2	2	1	5148	18	5130	351	46122	3821
			7157	23	7134	482	52564	1398
			1102	2	1100	89	7899	128
			718	2	716	40	5804	325
		1	212	4	208	12	1211	100
1			577	4	573	24	4219	196
43	10	19	1646	179	1467	189	6064	2209
35	7	17	830	92	738	127	4812	2081
1			186	6	180	11	249	18
7	3	2	630	81	549	51	1003	110
6	3	6	16186	210	15976	774	98080	1166
2	2	2	3129	46	3083	185	15505	164
3		1	2871	110	2761	130	13535	140
1		1	2747	26	2721	141	17751	196
	1	2	7439	28	7411	318	51289	666
109	31	75	100495	484	100011	4371	831694	33464
49	16	40	55020	340	54680	2462	470535	10063
60	15	35	45475	144	45331	1909	361159	23401
14	2	11	9990	246	9744	525	59100	1126
			17		17	3		
5	1	7	4484	119	4365	264	27089	520
			395	36	359	36	1250	11
			95	3	92	7	271	1
			4	1	3		6	
3		3	3399	24	3375	143	21530	363
6	1	1	1068	57	1011	37	5629	172
			528	6	522	35	3325	59
8	8	4	7029	69	6960	434	43778	7048
6	6	3	2181	55	2126	155	11059	2622
2	2	1	4848	14	4834	279	32719	4426
1		1	23618	80	23538	1303	133821	1172
		1	640	24	616	104	3225	57
			2934	13	2921	185	17194	300
1			20043	43	20000	1013	113401	815
1	1	1	6833	75	6758	1416	20349	223
1			906	7	899	577	2144	15
	1	1	4856	34	4822	130	14521	66

1-34

行业大类	企业法人单位数(个)	内资					
			国有	集体	股份合作	联营	
							国有联营
保险业	1757	1574	94	1	2		
其他金融业	4081	4028	18	2	1		
房地产业	115702	112323	932	1924	526	78	18
房地产业	115702	112323	932	1924	526	78	18
租赁和商务服务业	377875	367092	1026	2064	404	98	18
租赁业	25423	24911	20	42	8		
商务服务业	352452	342181	1006	2022	396	98	18
科学研究和技术服务业	188803	183866	399	356	69	36	4
研究和试验发展	45252	44047	45	24	8	3	1
专业技术服务业	85305	82845	293	240	43	24	2
科技推广和应用服务业	58246	56974	61	92	18	9	1
水利、环境和公共设施管理业	8949	8802	96	105	1	9	3
水利管理业	306	303	17	22		1	1
生态保护和环境治理业	1892	1859	7	8	1	2	1
公共设施管理业	6566	6455	65	65		6	1
土地管理业	185	185	7	10			
居民服务、修理和其他服务业	59878	59436	77	269	181	26	1
居民服务业	25366	25168	20	106	81	14	
机动车、电子产品和日用产品修理业	23425	23272	35	98	83	10	
其他服务业	11087	10996	22	65	17	2	1
教育	30587	30400	56	58	10	5	
教育	30587	30400	56	58	10	5	
卫生和社会工作	7918	7849	23	52	13	12	1
卫生	7009	6968	16	45	10	11	1
社会工作	909	881	7	7	3	1	
文化、体育和娱乐业	57824	57366	135	73	46	9	2
新闻和出版业	509	506	43	12	1	3	1
广播、电视、电影和录音制作业	6267	6225	52	14	1	1	1
文化艺术业	16003	15906	18	15	8	2	
体育	6719	6621	7	10	17	1	
娱乐业	28326	28108	15	22	19	2	
公共管理、社会保障和社会组织							
中国共产党机关							
国家机构							
人民政协、民主党派							
社会保障							
群众团体、社会团体和其他成员组织							
基层群众自治组织							
国际组织							
国际组织							

续表 2

集体联营	国有与集体联营	其他联营	有限责任公司	国有独资	其他有限责任公司	股份有限公司	私营	私营独资
			314	14	300	671	471	112
			757	20	737	38	3212	30
30	15	15	23057	511	22546	1165	84639	1073
30	15	15	23057	511	22546	1165	84639	1073
46	17	17	55710	1021	54689	2556	305185	4354
			3462	20	3442	136	21243	308
46	17	17	52248	1001	51247	2420	283942	4046
13	7	12	25543	226	25317	1378	156080	1463
		2	5992	17	5975	307	37668	282
10	7	5	11665	170	11495	636	69940	812
3		5	7886	39	7847	435	48472	369
2	1	3	1791	124	1667	126	6674	132
			79	13	66	6	178	6
		1	381	11	370	29	1431	22
2	1	2	1286	89	1197	85	4948	100
			45	11	34	6	117	4
13	3	9	7126	28	7098	389	51366	5642
7	3	4	3018	14	3004	194	21735	2687
6		4	2667	7	2660	122	20255	2674
		1	1441	7	1434	73	9376	281
	1	4	4254	21	4233	251	25765	859
	1	4	4254	21	4233	251	25765	859
2	1	8	1230	8	1222	82	6437	1409
2	1	7	1050	5	1045	72	5764	1386
		1	180	3	177	10	673	23
1	1	5	7407	119	7288	405	49290	5406
		2	123	37	86	9	315	3
			1122	29	1093	71	4964	56
	1	1	2054	39	2015	99	13710	237
		1	865	5	860	60	5661	517
1		1	3243	9	3234	166	24640	4593

1-34

行业大类	私营合伙	私营有限责任公司	私营股份有限公司	其他	港澳台商投资	与港澳台商合资经营	与港澳台商合作经营
总 计	29796	2203572	15782	133	59826	5657	1318
农、林、牧、渔业	28	2127	65		66	7	
农业		14			2		
林业		5					
畜牧业		7	1				
渔业		4					
农、林、牧、渔专业及辅助性活动	28	2097	64		64	7	
采矿业	78	1322	45		25	8	1
煤炭开采和洗选业		4					
石油和天然气开采业		2			3	1	
黑色金属矿采选业	12	126	5		1	1	
有色金属矿采选业	12	76	5				
非金属矿采选业	53	968	32		18	5	1
开采专业及辅助性活动		46			2		
其他采矿业	1	100	3		1	1	
制造业	2329	427709	3871	15	18844	2121	382
农副食品加工业	73	3429	72	3	183	42	9
食品制造业	87	4851	76		289	49	5
酒、饮料和精制茶制造业	35	1567	32		101	27	5
烟草制品业		19					
纺织业	81	8700	69	3	731	65	20
纺织服装、服饰业	105	27300	174	1	1405	101	27
皮革、毛皮、羽毛及其制品和制鞋业	40	15004	89	1	892	50	33
木材加工和木、竹、藤、棕、草制品业	60	4711	80		173	19	7
家具制造业	51	14701	132		517	50	7
造纸和纸制品业	151	13683	111		548	64	10
印刷和记录媒介复制业	150	11192	87		386	26	11
文教、工美、体育和娱乐用品制造业	59	16290	116	1	1452	85	30
石油、煤炭及其他燃料加工业	5	604	2		23	5	
化学原料和化学制品制造业	80	13610	205		737	132	25
医药制造业	24	1411	46		102	31	2
化学纤维制造业	4	292	6		32	9	
橡胶和塑料制品业	230	34813	310	2	1938	166	28
非金属矿物制品业	199	15123	187	1	587	98	42
黑色金属冶炼和压延加工业	20	1729	16		72	18	3
有色金属冶炼和压延加工业	28	2825	27		160	30	5
金属制品业	306	59234	484	1	1729	200	43
通用设备制造业	145	26685	233		786	92	7
专用设备制造业	94	34169	295		1012	105	15

续表 3

港澳台商独资	港澳台商投资股份有限公司	其他港澳台商投资	外商投资企业	中外合资经营	中外合作经营	外资企业	外商投资股份有限公司	其他外商投资
51385	661	805	17404	3456	318	12044	461	1125
57		2	2			2		
2								
55		2	2			2		
16			9	3	2	4		
2			1			1		
			2		1	1		
12			2	1	1			
2			4	2		2		
15853	285	203	6673	1346	116	4813	145	253
121	7	4	90	29	1	54	2	4
227	3	5	113	23	2	81	2	5
67		2	43	16		26		1
			1					1
630	9	7	127	20	3	101	3	
1255	12	10	179	24	7	133	3	12
789	13	7	238	16	2	212	4	4
143	2	2	45	5		35		5
453	1	6	166	35		115	5	11
461	4	9	101	21		74	2	4
336	9	4	73	17	5	48	1	2
1288	28	21	278	28	12	217	7	14
18			14	7	1	6		
560	14	6	417	89	2	292	14	20
62	6	1	72	41		29	1	1
23			14	3		8		3
1704	16	24	519	59	8	416	16	20
429	11	7	207	57	17	130	1	2
49		2	34	12		19	1	2
124		1	62	11	1	48		2
1441	26	19	560	103	16	404	16	21
668	16	3	379	112	8	243	4	12
864	20	8	422	93	6	293	12	18

1-34

行业大类	私营合伙	私营有限责任公司	私营股份有限公司	其他	港澳台商投资	与港澳台商合资经营	与港澳台商合作经营
汽车制造业	10	3363	41		212	42	4
铁路、船舶、航空航天和其他运输设备制造业	11	1776	30		139	34	1
电气机械和器材制造业	121	41811	369	1	1756	260	17
计算机、通信和其他电子设备制造业	88	50652	426		2203	263	22
仪器仪表制造业	18	7682	71		350	18	2
其他制造业	18	5414	47		247	20	1
废弃资源综合利用业	15	1083	13		24	7	
金属制品、机械和设备修理业	20	3979	24		58	13	1
电力、热力、燃气及水生产和供应业	1264	2509	82	2	192	88	11
电力、热力生产和供应业	1244	1427	60	1	103	50	7
燃气生产和供应业		224	7		28	12	1
水的生产和供应业	20	858	15	1	61	26	3
建筑业	94	96083	737		942	68	17
房屋建筑业	21	15181	139		130	14	3
土木工程建筑业	8	13266	121		130	9	2
建筑安装业	22	17413	120		144	16	7
建筑装饰、装修和其他建筑业	43	50223	357		538	29	5
批发和零售业	1767	792137	4326	16	14887	777	84
批发业	816	457158	2498	6	11265	526	49
零售业	951	334979	1828	10	3622	251	35
交通运输、仓储和邮政业	120	57478	376	4	1374	174	384
铁路运输业					1	1	
道路运输业	68	26312	189	4	539	59	312
水上运输业	6	1223	10		64	33	11
航空运输业	1	266	3		4	1	
管道运输业		6			2	2	
多式联运和运输代理业	29	21026	112		539	34	49
装卸搬运和仓储业	13	5415	29		211	42	12
邮政业	3	3230	33		14	2	
住宿和餐饮业	668	35734	328	11	707	158	46
住宿业	243	8089	105	3	218	68	28
餐饮业	425	27645	223	8	489	90	18
信息传输、软件和信息技术服务业	1108	130681	860	1	5399	230	27
电信、广播电视和卫星传输服务	12	3130	26		27	3	
互联网和相关服务	134	16643	117		290	17	1
软件和信息技术服务业	962	110907	717	1	5082	210	26
金融业	6379	13572	175	24	989	384	12
货币金融服务	10	2075	44	3	720	331	11
资本市场服务	5766	8591	98		188	32	1

续表 4

港澳台商独资	港澳台商投资股份有限公司	其他港澳台商投资	外商投资企业	中外合资经营	中外合作经营	外资企业	外商投资股份有限公司	其他外商投资
156	4	6	399	106	1	279	5	8
100	4		77	17		55	2	3
1417	39	23	720	147	11	518	16	28
1860	37	21	1110	204	12	828	20	46
325	3	2	115	23	1	85	5	1
222	1	3	70	10		54	3	3
17			8	3		5		
44			20	15		5		
89	3	1	107	48	13	34	5	7
44	2		42	16	6	13	3	4
14		1	40	26	1	11	1	1
31	1		25	6	6	10	1	2
838	8	11	112	30	1	66	5	10
112		1	10	3		5	1	1
115	1	3	9	5		2		2
119	1	1	37	13		18	2	4
492	6	6	56	9	1	41	2	3
13713	127	186	4650	531	22	3638	130	329
10462	93	135	3898	373	17	3153	105	250
3251	34	51	752	158	5	485	25	79
793	9	14	384	112	48	201	9	14
160	2	6	99	24	39	30	3	3
19	1		36	27	1	7	1	
3			4	3				1
			1			1		
445	5	6	144	26	6	103	3	6
154	1	2	97	32	1	58	2	4
12			3		1	2		
487	9	7	299	75	17	172	9	26
117	3	2	92	29	14	38	3	8
370	6	5	207	46	3	134	6	18
5036	48	58	809	176	4	556	18	55
23		1	23	5		6	6	6
263	5	4	46	9		33		4
4750	43	53	740	162	4	517	12	45
554	8	31	358	202		121	14	21
366	5	7	137	67		62	3	5
146	2	7	66	26		24	1	15

1-34

行业大类	私营合伙	私营有限责任公司	私营股份有限公司	其他	港澳台商投资	与港澳台商合资经营	与港澳台商合作经营
保险业	2	349	8	21	41	8	
其他金融业	601	2556	25		40	13	
房地产业	323	82444	799	2	2641	474	221
房地产业	323	82444	799	2	2641	474	221
租赁和商务服务业	13140	285671	2020	49	8794	723	45
租赁业	38	20791	106		438	182	5
商务服务业	13102	264880	1914	49	8356	541	40
科学研究和技术服务业	982	152570	1065	5	3985	290	32
研究和试验发展	270	36862	254		916	108	10
专业技术服务业	226	68443	459	4	2038	91	18
科技推广和应用服务业	486	47265	352	1	1031	91	4
水利、环境和公共设施管理业	24	6440	78		115	16	7
水利管理业	3	165	4		1		
生态保护和环境治理业	5	1380	24		23	6	
公共设施管理业	13	4789	46		91	10	7
土地管理业	3	106	4				
居民服务、修理和其他服务业	509	44887	328	2	343	33	12
居民服务业	312	18588	148		153	15	9
机动车、电子产品和日用产品修理业	162	17292	127	2	122	14	2
其他服务业	35	9007	53		68	4	1
教育	171	24531	204	1	126	26	6
教育	171	24531	204	1	126	26	6
卫生和社会工作	184	4774	70		47	15	2
卫生	170	4147	61		25	10	
社会工作	14	627	9		22	5	2
文化、体育和娱乐业	628	42903	353	1	350	65	29
新闻和出版业	1	309	2		2		
广播、电视、电影和录音制作业	22	4832	54		32	15	
文化艺术业	70	13304	99		71	9	2
体育	63	5044	37		64	14	16
娱乐业	472	19414	161	1	181	27	11
公共管理、社会保障和社会组织							
中国共产党机关							
国家机构							
人民政协、民主党派							
社会保障							
群众团体、社会团体和其他成员组织							
基层群众自治组织							
国际组织							
国际组织							

续表 5

港澳台商独资	港澳台商投资股份有限公司	其他港澳台商投资	外商投资企业	中外合资经营	中外合作经营	外资企业	外商投资股份有限公司	其他外商投资
16		17	142	104		27	10	1
26	1		13	5		8		
1866	35	45	738	234	41	363	48	52
1866	35	45	738	234	41	363	48	52
7788	78	160	1989	294	18	1390	51	236
231	14	6	74	28		32	1	13
7557	64	154	1915	266	18	1358	50	223
3560	37	66	952	311	15	526	20	80
776	9	13	289	119	3	134	9	24
1886	11	32	422	95	4	280	8	35
898	17	21	241	97	8	112	3	21
92			32	8	2	14		8
1			2	1		1		
17			10	2	1	3		4
74			20	5	1	10		4
284	7	7	99	26	4	57	3	9
121	5	3	45	11	2	27	1	4
102	2	2	31	5	2	19	2	3
61		2	23	10		11		2
89	2	3	61	17	4	31		9
89	2	3	61	17	4	31		9
28		2	22	13	1	4		4
14		1	16	8	1	4		3
14		1	6	5				1
242	5	9	108	30	10	52	4	12
2			1			1		
15		2	10	3		4	2	1
59	1		26	8		13		5
32	1	1	34	12	9	12	1	
134	3	6	37	7	1	22	1	6

1-35 按行业大类、登记注册类型

行业大类	企业从业人员数（人）	内资	国有	集体	股份合作	联营	国有联营
总　计	40998737	33522192	490434	341923	71595	12781	3588
农、林、牧、渔业	20268	19905	844	212	16	12	
农业							
林业							
畜牧业							
渔业							
农、林、牧、渔专业及辅助性活动	20268	19905	844	212	16	12	
采矿业	52474	45196	886	555		93	70
煤炭开采和洗选业	48	48					
石油和天然气开采业	5996	281					
黑色金属矿采选业	3255	3240	5				
有色金属矿采选业	8923	8667	725	3			
非金属矿采选业	31834	30852	156	530		93	70
开采专业及辅助性活动	1667	1357					
其他采矿业	751	751		22			
制造业	18180890	12065411	35039	59366	11388	3837	1345
农副食品加工业	209755	178594	9281	1057	28	307	7
食品制造业	249438	159425	1111	164	164	109	
酒、饮料和精制茶制造业	90170	52163	267	139	5	2	
烟草制品业	6988	6988		5	98		
纺织业	403666	266441	3587	2194	1184	116	
纺织服装、服饰业	1042156	715011	1866	1291	1405	193	
皮革、毛皮、羽毛及其制品和制鞋业	701418	419088	736	3049	26	86	
木材加工和木、竹、藤、棕、草制品业	124755	107763	173	290	40	18	
家具制造业	529960	404450	535	349	71	63	
造纸和纸制品业	375686	285869	202	1640	365	4	
印刷和记录媒介复制业	359935	250476	766	1168	1084	41	35
文教、工美、体育和娱乐用品制造业	879467	467452	1182	11935	544	561	
石油、煤炭及其他燃料加工业	31604	24541		18			
化学原料和化学制品制造业	464352	336610	497	452	931	62	
医药制造业	152486	110359	581	151	76	279	
化学纤维制造业	14502	8090	1	7			
橡胶和塑料制品业	1246027	817274	118	3890	681	46	
非金属矿物制品业	758615	621058	233	1300	1867	1267	1120
黑色金属冶炼和压延加工业	91396	75167	115	27			
有色金属冶炼和压延加工业	179343	133149	18	445	39	15	
金属制品业	1512220	1186072	880	1967	784	395	
通用设备制造业	791779	553220	343	1709	289	14	
专用设备制造业	879535	659731	945	2129	167	18	

分组的企业法人单位从业人员数

集体联营	国有与集体联营	其他联营	有限责任公司	国有独资	其他有限责任公司	股份有限公司	私营	私营独资
3937	1886	3370	8536769	725712	7811057	2741365	21314366	910492
		12	4096	146	3950	488	14237	1423
		12	4096	146	3950	488	14237	1423
23			14615	1776	12839	4396	24651	4839
			20		20		28	
			252		252		29	
			1097	16	1081	471	1667	79
			3578	809	2769	2960	1401	59
23			9061	526	8535	343	20669	4601
			447	425	22	604	306	3
			160		160	18	551	97
1004	279	1209	2693977	53498	2640479	812226	8447701	576625
142	126	32	63865	3798	60067	7570	96442	14116
46		63	46888	2446	44442	8270	102719	14800
2			19248	29	19219	3653	28849	3615
			6266	5986	280		619	4
100	4	12	47763	13	47750	2987	208315	26642
193			76207	45	76162	19150	614835	50578
86			68269	70	68199	12965	333797	35206
18			21372	307	21065	2613	83257	14014
13		50	61507		61507	5692	336233	19299
4			51717	966	50751	8801	223140	25659
		6	38203	544	37659	12907	196307	33163
		561	74933		74933	18631	359077	26428
			7202	2925	4277	12011	5310	269
10		52	77702	2530	75172	21971	234995	10039
183	96		35461	1443	34018	32070	41741	684
			1606		1606	24	6452	272
4	42		143408	2709	140699	30400	638588	50646
132	7	8	174079	1089	172990	27283	414685	62425
			24078	58	24020	1370	49577	2903
15			35647	399	35248	7589	89396	5110
13		382	213658	2248	211410	31050	937258	90361
12		2	113630	2395	111235	31823	405412	17650
18			109473	20	109453	68615	478384	13602

1-35

行业大类	企业从业人员数（人）	内资	国有	集体	股份合作	联营	国有联营
汽车制造业	486227	169479	4499	49	9		
铁路、船舶、航空航天和其他运输设备制造业	134266	84069	426	167	21		
电气机械和器材制造业	2162132	1438687	916	1197	621	23	
计算机、通信和其他电子设备制造业	3812151	2196267	2089	21997	643	178	178
仪器仪表制造业	279239	178643	14	254	138		
其他制造业	124354	84204	136	121	79		
废弃资源综合利用业	33253	30280	52	22		40	5
金属制品、机械和设备修理业	54015	44791	3470	183	29		
电力、热力、燃气及水生产和供应业	320155	294594	20747	13994	333	798	74
电力、热力生产和供应业	217476	203909	6956	5729	242	475	32
燃气生产和供应业	23203	17538	56	102	22	48	
水的生产和供应业	79476	73147	13735	8163	69	275	42
建筑业	3375409	3346151	96081	156162	2242	1333	235
房屋建筑业	1652499	1644274	67311	143796	1900	1235	230
土木工程建筑业	589140	585709	24893	7864	23	17	
建筑安装业	331285	326890	1904	2379	194	7	
建筑装饰、装修和其他建筑业	802485	789278	1973	2123	125	74	5
批发和零售业	5001871	4615967	22377	22658	4434	2263	686
批发业	2979119	2762901	15721	11358	2804	1443	551
零售业	2022752	1853066	6656	11300	1630	820	135
交通运输、仓储和邮政业	1471422	1377795	61638	6719	224	234	20
铁路运输业	74928	74928					
道路运输业	670663	637205	21245	3711	139	138	20
水上运输业	56708	37915	3302	1104			
航空运输业	126399	122261	46				
管道运输业	477	447					
多式联运和运输代理业	236692	217669	299	357	29	57	
装卸搬运和仓储业	147263	132047	3312	1547	56	39	
邮政业	158292	155323	33434				
住宿和餐饮业	942493	767643	13164	3863	2281	341	134
住宿业	331430	287117	10168	2218	206	295	119
餐饮业	611063	480526	2996	1645	2075	46	15
信息传输、软件和信息技术服务业	1559465	1400110	4197	184	57	31	
电信、广播电视和卫星传输服务	154842	136657	1565	49		4	
互联网和相关服务	199885	162723	24	16	8		
软件和信息技术服务业	1204738	1100730	2608	119	49	27	
金融业	2794930	2694687	79983	721	21311	14	
货币金融服务	417983	401561	57294	662	20827	13	
资本市场服务	163053	153724	5209	21	128	1	

续表 1

集体联营	国有与集体联营	其他联营	有限责任公司	国有独资	其他有限责任公司	股份有限公司	私营	私营独资
			61263	12337	48926	22094	81565	1573
			34253	1460	32793	927	48275	2211
13	4	6	324913	4188	320725	106694	1004165	33794
			688782	4163	684619	290940	1191638	15522
			41143	48	41095	19806	117288	1223
			13121	32	13089	2800	67947	3043
		35	7882	206	7676	1317	20967	753
			10438	1044	9394	203	30468	1021
521	42	161	201417	141348	60069	15319	41964	9742
274	24	145	156160	130629	25531	6435	27912	8853
48			10073	475	9598	4267	2970	246
199	18	16	35184	10244	24940	4617	11082	643
310	667	121	1015866	164805	851061	182772	1891695	6643
295	607	103	533948	108171	425777	94882	801202	849
14		3	258794	46609	212185	10427	283691	788
1		6	98034	7291	90743	10094	214278	1284
	60	9	125090	2734	122356	67369	592524	3722
818	211	548	884497	24946	859551	143127	3536392	129889
467	62	363	481908	18592	463316	94214	2155279	40282
351	149	185	402589	6354	396235	48913	1381113	89607
70	5	139	562185	88945	473240	179718	566811	5354
			53312		53312	21616		
26		92	288401	76384	212017	55255	268050	2819
			15626	3894	11732	6300	11583	48
			31653	726	30927	88423	2139	11
			420	33	387		27	
12		45	50023	1638	48385	3541	163363	1334
32	5	2	57830	2155	55675	2813	66450	893
			64920	4115	60805	1770	55199	249
109	89	9	228669	11043	217626	15864	503052	67242
101	67	8	109422	9633	99789	8371	156275	22225
8	22	1	119247	1410	117837	7493	346777	45017
27		4	392435	18160	374275	167022	836179	4113
		4	52529	13308	39221	55663	26847	314
			54550	488	54062	6120	102005	993
27			285356	4364	280992	105239	707327	2806
13		1	664441	1770	662671	992450	928829	927
13			8216	125	8091	261365	51649	63
		1	42146	449	41697	60714	45505	281

1-35

行业大类	企业从业人员数（人）	内资	国有	集体	股份合作	联营	国有联营
保险业	2157738	2083662	16489	2	356		
其他金融业	56156	55740	991	36			
房地产业	1776832	1628152	14263	27652	8872	926	397
房地产业	1776832	1628152	14263	27652	8872	926	397
租赁和商务服务业	2748840	2624472	100103	36141	17141	953	271
租赁业	145614	143187	256	909	39		
商务服务业	2603226	2481285	99847	35232	17102	953	271
科学研究和技术服务业	1312850	1242604	24898	4926	1037	679	77
研究和试验发展	231965	217423	1068	193	34	20	9
专业技术服务业	833317	785578	22146	4465	938	611	59
科技推广和应用服务业	247568	239603	1684	268	65	48	9
水利、环境和公共设施管理业	185958	181780	6295	2918	10	171	14
水利管理业	3779	3653	461	284		5	5
生态保护和环境治理业	22140	21393	141	91	10	5	2
公共设施管理业	157670	154365	5616	2427		161	7
土地管理业	2369	2369	77	116			
居民服务、修理和其他服务业	580274	571155	2087	2879	1307	454	228
居民服务业	167172	162817	1281	758	461	143	
机动车、电子产品和日用产品修理业	137799	136031	655	1084	694	81	
其他服务业	275303	272307	151	1037	152	230	228
教育	202409	199150	1253	1153	264	39	
教育	202409	199150	1253	1153	264	39	
卫生和社会工作	147021	143452	2355	1059	471	483	6
卫生	137610	134522	2326	1049	410	482	6
社会工作	9411	8930	29	10	61	1	
文化、体育和娱乐业	325176	303968	4224	761	207	120	31
新闻和出版业	10689	10673	2187	106	4	17	13
广播、电视、电影和录音制作业	51855	46240	886	111	2	18	18
文化艺术业	57790	57233	65	123	75	11	
体育	52696	40008	33	152	54	46	
娱乐业	152146	149814	1053	269	72	28	
公共管理、社会保障和社会组织							
中国共产党机关							
国家机构							
人民政协、民主党派							
社会保障							
群众团体、社会团体和其他成员组织							
基层群众自治组织							
国际组织							
国际组织							

续表 2

			有限责任公司			股份有限公司	私营	
集体联营	国有与集体联营	其他联营		国有独资	其他有限责任公司			私营独资
			601223	587	600636	667817	792372	462
			12856	609	12247	2554	39303	121
284	124	121	593280	42602	550678	77692	905429	5091
284	124	121	593280	42602	550678	77692	905429	5091
262	181	239	661678	132363	529315	64951	1740582	17373
			28834	900	27934	1463	111686	1111
262	181	239	632844	131463	501381	63488	1628896	16262
365	118	119	311839	25992	285847	49019	850132	5411
		11	48347	924	47423	5368	162393	1067
342	118	92	212982	24349	188633	40068	504313	3217
23		16	50510	719	49791	3583	183426	1127
31	118	8	56695	6953	49742	17302	98389	1005
			1343	167	1176	285	1275	26
		3	7317	1115	6202	1237	12592	151
31	118	5	47254	5442	41812	15668	83239	800
			781	229	552	112	1283	28
86	37	103	99023	1846	97177	3673	461730	32772
60	37	46	26967	1140	25827	1650	131557	17913
26		55	21300	158	21142	849	111366	12862
		2	50756	548	50208	1174	218807	1997
	1	38	44944	682	44262	5292	146057	5381
	1	38	44944	682	44262	5292	146057	5381
11	3	463	42199	1051	41148	5206	91679	13394
11	3	462	40005	985	39020	5007	85243	13017
		1	2194	66	2128	199	6436	377
3	11	75	64913	7786	57127	4848	228857	23268
		4	6479	2560	3919	233	1647	45
			13203	928	12275	1359	30661	331
	11		11594	2168	9426	662	44703	1442
		46	9936	110	9826	812	28975	1783
3		25	23701	2020	21681	1782	122871	19667

1-35

行业大类	私营合伙	私营有限责任公司	私营股份有限公司	其他	港澳台商投资	与港澳台商合资经营	与港澳台商合作经营
总　计	142743	19667781	593350	12959	4745786	755395	100249
农、林、牧、渔业	152	12124	538		284	76	
农业							
林业							
畜牧业							
渔业							
农、林、牧、渔专业及辅助性活动	152	12124	538		284	76	
采矿业	1721	17605	486		6406	422	1
煤炭开采和洗选业		28					
石油和天然气开采业		29			5582	120	
黑色金属矿采选业	16	1519	53		15	15	
有色金属矿采选业	13	1304	25				
非金属矿采选业	1682	13978	408		798	287	1
开采专业及辅助性活动		303			11		
其他采矿业	10	444					
制造业	40052	7444627	386397	1877	3978922	601320	58562
农副食品加工业	1416	76671	4239	44	18335	7148	2026
食品制造业	1055	84736	2128		50058	11479	652
酒、饮料和精制茶制造业	264	23444	1526		26054	8779	683
烟草制品业		615					
纺织业	1427	177476	2770	295	106455	8268	4981
纺织服装、服饰业	2015	550122	12120	64	289881	20977	2580
皮革、毛皮、羽毛及其制品和制鞋业	599	294439	3553	160	192226	19842	6331
木材加工和木、竹、藤、棕、草制品业	652	67047	1544		12283	1780	132
家具制造业	872	297012	19050		88892	16347	2099
造纸和纸制品业	2374	190580	4527		71486	20954	1041
印刷和记录媒介复制业	1497	158639	3008		81666	4651	983
文教、工美、体育和娱乐用品制造业	2097	318936	11616	589	342244	13378	7273
石油、煤炭及其他燃料加工业	27	4990	24		3537	738	
化学原料和化学制品制造业	583	207147	17226		69778	12081	1602
医药制造业	478	29794	10785		24001	6350	124
化学纤维制造业	37	5250	893		3307	922	
橡胶和塑料制品业	6900	564631	16411	143	311602	27831	3108
非金属矿物制品业	3916	338501	9843	344	91006	25267	6614
黑色金属冶炼和压延加工业	240	46129	305		6026	1431	128
有色金属冶炼和压延加工业	672	82426	1188		29338	9986	512
金属制品业	6226	820196	20475	80	246639	45155	5790
通用设备制造业	2331	368401	17030		111463	9994	463
专用设备制造业	1179	444191	19412		146022	12686	3753

续表 3

港澳台商独资	港澳台商投资股份有限公司	其他港澳台商投资	外商投资企业	中外合资经营	中外合作经营	外资企业	外商投资股份有限公司	其他外商投资
3725881	130624	33637	2730759	726817	55439	1762984	67197	118322
167		41	79			79		
167		41	79			79		
5983			872	389	325	158		
5462			133			133		
			256		253	3		
510			184	112	72			
11			299	277		22		
3177771	114806	26463	2136557	491260	35794	1478174	41142	90187
8448	591	122	12826	5144	205	7159	12	306
37508	307	112	39955	10314	711	28300	566	64
16581		11	11953	5423		6479		51
90135	2427	644	30770	6211	304	24255		
263022	765	2537	37264	4692	2978	28249	395	950
164569	1108	376	90104	6457	79	81469	1299	800
10253	8	110	4709	970		3481		258
69467	228	751	36618	8723		26141	561	1193
48028	1064	399	18331	4178		14055	79	19
72027	3829	176	27793	3937	2293	20057	34	1472
313971	4554	3068	69771	5687	6947	50167	2230	4740
2799			3526	1834	775	917		
51229	4612	254	57964	11413	156	43367	1617	1411
10125	6824	578	18126	9079		8107	919	21
2385			3105	1277		1433		395
267233	11903	1527	117151	10473	1541	99266	1325	4546
55139	1561	2425	46551	20133	2705	23126	565	22
4438		29	10203	5092		4547	292	272
18827		13	16856	1201	193	15353		109
188469	6108	1117	79509	18103	1372	57821	655	1558
97135	3790	81	127096	49575	799	75359	610	753
120338	4990	4255	73782	10597	1739	54038	4954	2454

1-35

行业大类	私营合伙	私营有限责任公司	私营股份有限公司	其他	港澳台商投资	与港澳台商合资经营	与港澳台商合作经营
汽车制造业	61	75818	4113		86571	53889	189
铁路、船舶、航空航天和其他运输设备制造业	39	43554	2471		32490	10835	36
电气机械和器材制造业	1765	826026	142580	158	504248	115574	1904
计算机、通信和其他电子设备制造业	950	1125616	49550		921150	121047	5454
仪器仪表制造业	105	110403	5557		71615	3969	63
其他制造业	129	62998	1777		31695	3596	20
废弃资源综合利用业	52	19629	533		2392	723	
金属制品、机械和设备修理业	94	29210	143		6462	5643	21
电力、热力、燃气及水生产和供应业	6317	24887	1018	22	12140	8608	684
电力、热力生产和供应业	6211	12265	583		8386	6155	512
燃气生产和供应业		2613	111		1638	776	136
水的生产和供应业	106	10009	324	22	2116	1677	36
建筑业	658	1838486	45908		17391	8221	1331
房屋建筑业	376	793614	6363		2600	1638	565
土木工程建筑业	22	276381	6500		3212	2382	118
建筑安装业	150	209759	3085		2420	1074	405
建筑装饰、装修和其他建筑业	110	558732	29960		9159	3127	243
批发和零售业	7292	3364951	34260	219	228969	36894	1936
批发业	3483	2089855	21659	174	146011	12671	662
零售业	3809	1275096	12601	45	82958	24223	1274
交通运输、仓储和邮政业	1409	552506	7542	266	64363	28838	11732
铁路运输业							
道路运输业	1071	261195	2965	266	22582	6964	10454
水上运输业	164	11269	102		14173	11690	66
航空运输业	1	2122	5		1830	1819	
管道运输业		27			30	30	
多式联运和运输代理业	92	158468	3469		15483	4007	544
装卸搬运和仓储业	67	64959	531		8299	2743	668
邮政业	14	54466	470		1966	1585	
住宿和餐饮业	9540	420932	5338	409	87856	14698	7887
住宿业	3238	128862	1950	162	29869	10143	5003
餐饮业	6302	292070	3388	247	57987	4555	2884
信息传输、软件和信息技术服务业	2200	799331	30535	5	86386	5601	192
电信、广播电视和卫星传输服务	58	23526	2949		7133	103	
互联网和相关服务	384	97037	3591		22652	417	
软件和信息技术服务业	1758	678768	23995	5	56601	5081	192
金融业	9056	912737	6109	6938	36169	3554	15
货币金融服务	11	50545	1030	1535	10942	2517	15
资本市场服务	8172	33087	3965		7167	844	

续表 4

港澳台商独资	港澳台商投资股份有限公司	其他港澳台商投资	外商投资企业	中外合资经营	中外合作经营	外资企业	外商投资股份有限公司	其他外商投资
28226	1905	2362	230177	102159	47	124982	1514	1475
16717	4902		17707	6251		10875	138	443
370797	13391	2582	219197	60068	4793	135515	5528	13293
753328	38530	2791	694734	116756	7918	500310	17510	52240
66148	1381	54	28981	1806	239	26667	262	7
27962	28	89	8455	1168		5875	77	1335
1669			581	91		490		
798			2762	2448		314		
2710	109	29	13421	8969	1957	2226	157	112
1652	67		5181	2962	1175	907	118	19
697		29	4027	2964	81	933	19	30
361	42		4213	3043	701	386	20	63
7616	134	89	11867	4938	1	6383	302	243
396		1	5625	6		5503	110	6
650	3	59	219	172		43		4
918	3	20	1975	1465		275	10	225
5652	128	9	4048	3295	1	562	182	8
184736	3957	1446	156935	49112	3694	87559	3359	13211
128799	2961	918	70207	20665	357	43773	1290	4122
55937	996	528	86728	28447	3337	43786	2069	9089
22414	1001	378	29264	18179	3161	6814	723	387
4476	604	84	10876	6290	3004	1539	7	36
2079	338		4620	4378	90	144	8	
11			2308	2305				3
10860	58	14	3540	1467	9	1925	9	130
4607	1	280	6917	3739	40	2221	699	218
381			1003		18	985		
64764	134	373	86994	30191	3449	51175	497	1682
14588	57	78	14444	3896	3240	6134	75	1099
50176	77	295	72550	26295	209	45041	422	583
73675	4395	2523	72969	15815	167	47772	7009	2206
6602		428	11052	3675		2154	3575	1648
21709	521	5	14510	153		14354		3
45364	3874	2090	47407	11987	167	31264	3434	555
32414	60	126	64074	50788		4962	5211	3113
8331	51	28	5480	1173		4228	33	46
6313	2	8	2162	1966		175	1	20

1-35

行业大类	私营合伙	私营有限责任公司	私营股份有限公司	其他	港澳台商投资	与港澳台商合资经营	与港澳台商合作经营
保险业	94	790919	897	5403	17942	151	
其他金融业	779	38186	217		118	42	
房地产业	1099	877155	22084	38	87249	17793	6713
房地产业	1099	877155	22084	38	87249	17793	6713
租赁和商务服务业	45598	1655735	21876	2923	67663	13038	3835
租赁业	164	109392	1019		1910	683	24
商务服务业	45434	1546343	20857	2923	65753	12355	3811
科学研究和技术服务业	4783	825891	14047	74	44184	4217	1702
研究和试验发展	578	158994	1754		8565	1298	261
专业技术服务业	1599	489709	9788	55	29766	2441	1409
科技推广和应用服务业	2606	177188	2505	19	5853	478	32
水利、环境和公共设施管理业	170	95259	1955		3211	1333	633
水利管理业	37	1199	13		118		
生态保护和环境治理业	13	11713	715		602	348	
公共设施管理业	110	81117	1212		2491	985	633
土地管理业	10	1230	15				
居民服务、修理和其他服务业	3600	418823	6535	2	6435	1372	346
居民服务业	2433	107842	3369		3731	443	321
机动车、电子产品和日用产品修理业	1042	96666	796	2	1063	404	20
其他服务业	125	214315	2370		1641	525	5
教育	948	137362	2366	148	1841	106	1051
教育	948	137362	2366	148	1841	106	1051
卫生和社会工作	5502	69837	2946		2612	1939	8
卫生	5184	64194	2848		2263	1921	
社会工作	318	5643	98		349	18	8
文化、体育和娱乐业	2646	199533	3410	38	13705	7365	3621
新闻和出版业	5	1590	7		13		
广播、电视、电影和录音制作业	45	29500	785		5368	5060	
文化艺术业	265	42578	418		248	29	2
体育	291	25896	1005		6582	1563	3490
娱乐业	2040	99969	1195	38	1494	713	129
公共管理、社会保障和社会组织							
中国共产党机关							
国家机构							
人民政协、民主党派							
社会保障							
群众团体、社会团体和其他成员组织							
基层群众自治组织							
国际组织							
国际组织							

续表 5

港澳台商独资	港澳台商投资股份有限公司	其他港澳台商投资	外商投资企业	中外合资经营	中外合作经营	外资企业	外商投资股份有限公司	其他外商投资
17701		90	56134	47406		504	5177	3047
69	7		298	243		55		
59182	3224	337	61431	20693	1279	35416	2594	1449
59182	3224	337	61431	20693	1279	35416	2594	1449
47974	2143	673	56705	26038	192	20515	5905	4055
1134	33	36	517	136		326	17	38
46840	2110	637	56188	25902	192	20189	5888	4017
37064	226	975	26062	6022	187	18670	208	975
6727	31	248	5977	1641	109	3941	133	153
25092	158	666	17973	3346	68	13981	74	504
5245	37	61	2112	1035	10	748	1	318
1245			967	374	86	332		175
118			8	1		7		
254			145	63	20	35		27
873			814	310	66	290		148
4243	372	102	2684	1160	117	1358	12	37
2511	363	93	624	167	39	400	3	15
624	9	6	705	101	78	513	9	4
1108		3	1355	892		445		18
679	2	3	1418	623	567	195		33
679	2	3	1418	623	567	195		33
659		6	957	870	12	57		18
338		4	825	747	12	57		9
321		2	132	123				9
2585	61	73	7503	1396	4451	1139	78	439
13			3			3		
266		42	247	105		52	60	30
217			309	100		32		177
1520	5	4	6106	1155	4421	530		
569	56	27	838	36	30	522	18	232

1-36 按地区、控股情况分组的企业法人单位数

地 区	企业法人单位数(个)	国有控股	集体控股	私人控股	港澳台商控股	外商控股	其他
总 计	2834257	19060	17679	2622437	56541	14128	104412
广州市	720114	5252	4514	673417	8832	4803	23296
深圳市	848882	2633	1675	799302	19615	3229	22428
珠海市	94498	1372	747	76336	5561	702	9780
汕头市	44146	917	1365	39236	390	139	2099
佛山市	229930	1005	1151	219576	1950	973	5275
韶关市	18189	616	486	15359	522	43	1163
河源市	15341	348	248	12943	579	47	1176
梅州市	24137	384	306	19414	2567	26	1440
惠州市	97107	801	572	86587	3340	535	5272
汕尾市	10605	280	292	9268	287	15	463
东莞市	359728	556	1173	336658	6129	2138	13074
中山市	110231	348	538	103681	1901	673	3090
江门市	56322	676	982	48806	1814	382	3662
阳江市	18212	297	244	17012	195	27	437
湛江市	44495	1022	768	40532	175	46	1952
茂名市	35847	630	724	31316	482	30	2665
肇庆市	29276	540	423	25010	978	123	2202
清远市	25149	366	384	21489	669	126	2115
潮州市	15840	304	401	14172	154	25	784
揭阳市	23360	428	379	21102	235	23	1193
云浮市	12848	285	307	11221	166	23	846
按区域分组							
珠三角核心区	2546088	13183	11775	2369373	50120	13558	88079
沿海经济带	192505	3878	4173	172638	1918	305	9593
北部生态发展区	95664	1999	1731	80426	4503	265	6740

1-37 按地区、控股情况分组的企业法人单位从业人员数

地 区	企业从业人员数(人)	国有控股	集体控股	私人控股	港澳台商控股	外商控股	其他
总 计	40998737	3621664	626374	26393013	4572411	2370719	3414556
广州市	7934682	1221011	100971	4727676	535378	462077	887569
深圳市	11870588	979109	107274	8270182	1226199	533629	754195
珠海市	1228933	156018	12496	632024	125263	129462	173670
汕头市	1041060	101636	54349	735843	29821	27711	91700
佛山市	3843711	157601	39037	2853004	311253	166238	316578
韶关市	363742	83678	19005	181719	40841	8557	29942
河源市	338229	26272	8880	190495	70006	16836	25740
梅州市	385941	47158	15179	264527	16773	9656	32648
惠州市	1743914	105667	15966	896286	382685	185770	157540
汕尾市	314967	21769	15275	192900	64361	8116	12546
东莞市	5322453	143162	42546	3146420	1123263	515902	351160
中山市	1728488	75733	16981	1112392	226102	173759	123521
江门市	1032358	68073	20305	598368	187763	55553	102296
阳江市	294414	39678	19737	198398	10421	3450	22730
湛江市	756609	128306	27223	535089	13011	5268	47712
茂名市	702496	85841	40162	468888	14398	1120	92087
肇庆市	566869	57655	10952	361196	52373	44774	39919
清远市	465002	41426	7427	244620	87077	12652	71800
潮州市	357384	21096	22807	277287	12614	3924	19656
揭阳市	486940	39798	22982	375350	18347	2145	28318
云浮市	219957	20977	6820	130349	24462	4120	33229
按区域分组							
珠三角核心区	35271996	2964029	366528	22597548	4170279	2267164	2906448
沿海经济带	3953870	438124	202535	2783755	162973	51734	314749
北部生态发展区	1772871	219511	57311	1011710	239159	51821	193359

1-38 按行业大类、控股情况分组的企业法人单位数

行业大类	企业法人单位数（个）	国有控股	集体控股	私人控股	港澳台商控股	外商控股	其他
总 计	2834257	19060	17679	2622437	56541	14128	104412
农、林、牧、渔业	3114	46	59	2739	61	2	207
农业	27	8	1	13	2		3
林业	6			6			
畜牧业	11		1	9			1
渔业	5	1		4			
农、林、牧、渔专业及辅助性活动	3065	37	57	2707	59	2	203
采矿业	2403	59	52	2098	28	6	160
煤炭开采和洗选业	6			6			
石油和天然气开采业	8	3		2	2	1	
黑色金属矿采选业	250	5	7	211	4		23
有色金属矿采选业	160	16	2	127		2	13
非金属矿采选业	1760	26	41	1567	19	1	106
开采专业及辅助性活动	67	5		50	2	2	8
其他采矿业	152	4	2	135	1		10
制造业	571908	1806	2127	524453	17672	5697	20153
农副食品加工业	7064	337	113	5999	170	67	378
食品制造业	8232	65	51	7380	261	100	375
酒、饮料和精制茶制造业	2701	46	35	2327	93	37	163
烟草制品业	37	7	2	25			3
纺织业	12849	40	69	11481	682	114	463
纺织服装、服饰业	36104	25	107	33659	1313	150	850
皮革、毛皮、羽毛及其制品和制鞋业	19682	19	53	17878	847	226	659
木材加工和木、竹、藤、棕、草制品业	7151	25	53	6539	160	35	339
家具制造业	18880	9	41	17674	490	141	525
造纸和纸制品业	18650	29	80	17312	508	83	638
印刷和记录媒介复制业	16740	67	180	15473	374	62	584
文教、工美、体育和娱乐用品制造业	21846	37	82	19452	1381	242	652
石油、煤炭及其他燃料加工业	870	13	7	748	22	9	71
化学原料和化学制品制造业	18489	97	85	16417	662	355	873
医药制造业	2258	53	20	1861	95	51	178
化学纤维制造业	428	2	1	369	24	10	22
橡胶和塑料制品业	47076	59	166	42901	1838	464	1648
非金属矿物制品业	23132	105	130	21016	551	166	1164
黑色金属冶炼和压延加工业	2367	23	6	2139	61	29	109
有色金属冶炼和压延加工业	3933	29	27	3536	145	55	141
金属制品业	78811	90	231	73958	1631	454	2447
通用设备制造业	33611	84	113	31143	752	296	1223
专用设备制造业	42828	84	110	39888	945	350	1451

1-38 续表1

行业大类	企业法人单位数(个)	国有控股	集体控股	私人控股	港澳台商控股	外商控股	其他
汽车制造业	4820	42	18	3991	184	359	226
铁路、船舶、航空航天和其他运输设备制造业	2577	45	22	2216	127	66	101
电气机械和器材制造业	54224	105	124	50050	1604	625	1716
计算机、通信和其他电子设备制造业	63607	159	100	58106	2116	965	2161
仪器仪表制造业	9582	26	20	8758	333	105	340
其他制造业	6909	15	19	6202	235	59	379
废弃资源综合利用业	1481	20	24	1340	20	6	71
金属制品、机械和设备修理业	4969	49	38	4615	48	16	203
电力、热力、燃气及水生产和供应业	9634	854	1107	6723	152	65	733
电力、热力生产和供应业	6895	476	741	5135	71	20	452
燃气生产和供应业	530	54	11	334	29	30	72
水的生产和供应业	2209	324	355	1254	52	15	209
建筑业	116949	877	768	109372	919	91	4922
房屋建筑业	19367	240	360	17742	135	8	882
土木工程建筑业	16867	366	135	15448	127	8	783
建筑安装业	20936	105	142	19725	138	28	798
建筑装饰、装修和其他建筑业	59779	166	131	56457	519	47	2459
批发和零售业	962209	3612	4536	906960	14262	3910	28929
批发业	546443	2331	2316	510744	10758	3303	16991
零售业	415766	1281	2220	396216	3504	607	11938
交通运输、仓储和邮政业	72224	1277	553	65733	1197	274	3190
铁路运输业	23	21			1		1
道路运输业	32806	531	264	29986	418	61	1546
水上运输业	1879	138	83	1467	49	16	126
航空运输业	385	25	1	334	4		21
管道运输业	13	4		8			1
多式联运和运输代理业	25834	165	76	23995	515	120	963
装卸搬运和仓储业	7329	328	119	6281	195	74	332
邮政业	3955	65	10	3662	15	3	200
住宿和餐饮业	52873	414	372	49053	665	212	2157
住宿业	14034	310	166	12520	189	56	793
餐饮业	38839	104	206	36533	476	156	1364
信息传输、软件和信息技术服务业	165077	505	255	152669	5207	629	5812
电信、广播电视和卫星传输服务	4053	130	24	3701	28	21	149
互联网和相关服务	20657	66	31	19471	287	36	766
软件和信息技术服务业	140367	309	200	129497	4892	572	4897
金融业	30330	1695	146	25409	767	163	2150
货币金融服务	4661	530	65	3027	512	77	450
资本市场服务	19830	496	66	17907	189	35	1137

1-38 续表 2

行业大类	企业法人单位数(个)	国有控股	集体控股	私人控股	港澳台商控股	外商控股	其他
保险业	1757	582	9	731	22	40	373
其他金融业	4081	87	6	3743	44	11	190
房地产业	115702	2441	3037	100431	2498	585	6710
房地产业	115702	2441	3037	100431	2498	585	6710
租赁和商务服务业	377875	3231	3112	345898	8399	1601	15634
租赁业	25423	112	74	23905	381	38	913
商务服务业	352452	3119	3038	321993	8018	1563	14721
科学研究和技术服务业	188803	1162	657	175447	3760	658	7119
研究和试验发展	45252	147	67	42265	842	184	1747
专业技术服务业	85305	814	400	78723	1937	324	3107
科技推广和应用服务业	58246	201	190	54459	981	150	2265
水利、环境和公共设施管理业	8949	358	144	7779	114	19	535
水利管理业	306	40	23	212	1	2	28
生态保护和环境治理业	1892	47	14	1691	26	6	108
公共设施管理业	6566	247	96	5741	87	11	384
土地管理业	185	24	11	135			15
居民服务、修理和其他服务业	59878	178	424	56552	350	80	2294
居民服务业	25366	58	183	23971	153	38	963
机动车、电子产品和日用产品修理业	23425	72	161	22210	122	26	834
其他服务业	11087	48	80	10371	75	16	497
教育	30587	100	98	29097	120	45	1127
教育	30587	100	98	29097	120	45	1127
卫生和社会工作	7918	38	67	7356	45	10	402
卫生	7009	28	57	6543	25	7	349
社会工作	909	10	10	813	20	3	53
文化、体育和娱乐业	57824	407	165	54668	325	81	2178
新闻和出版业	509	110	15	356	2	1	25
广播、电视、电影和录音制作业	6267	132	28	5770	30	8	299
文化艺术业	16003	93	29	15179	67	19	616
体育	6719	21	18	6331	63	22	264
娱乐业	28326	51	75	27032	163	31	974
公共管理、社会保障和社会组织							
中国共产党机关							
国家机构							
人民政协、民主党派							
社会保障							
群众团体、社会团体和其他成员组织							
基层群众自治组织							
国际组织							
国际组织							

1-39 按行业大类、控股情况分组的企业法人单位从业人员数

行业大类	企业从业人员数（人）	国有控股	集体控股	私人控股	港澳台商控股	外商控股	其他
总 计	40998737	3621664	626374	26393013	4572411	2370719	3414556
农、林、牧、渔业	20268	955	371	16559	230	3	2150
农业							
林业							
畜牧业							
渔业							
农、林、牧、渔专业及辅助性活动	20268	955	371	16559	230	3	2150
采矿业	52474	9105	934	31177	6267	483	4508
煤炭开采和洗选业	48			48			
石油和天然气开采业	5996	372		29	5462	133	
黑色金属矿采选业	3255	160	19	2691	75		310
有色金属矿采选业	8923	6674	3	1892		256	98
非金属矿采选业	31834	843	890	25603	719	72	3707
开采专业及辅助性活动	1667	1030		268	11	22	336
其他采矿业	751	26	22	646			57
制造业	18180890	556263	113402	10692370	3822604	1966643	1029608
农副食品加工业	209755	18361	2206	138844	16565	9101	24678
食品制造业	249438	10143	1576	131289	48471	33851	24108
酒、饮料和精制茶制造业	90170	7070	2825	37065	24396	12677	6137
烟草制品业	6988	5986	103	897			2
纺织业	403666	4316	2424	243030	107107	28804	17985
纺织服装、服饰业	1042156	2279	4863	692369	283717	32821	26107
皮革、毛皮、羽毛及其制品和制鞋业	701418	1373	4087	375117	199005	91231	30605
木材加工和木、竹、藤、棕、草制品业	124755	2050	318	99277	11302	3700	8108
家具制造业	529960	1191	3430	386903	83872	32432	22132
造纸和纸制品业	375686	6569	3035	264158	66645	14964	20315
印刷和记录媒介复制业	359935	5695	2590	228353	79691	27251	16355
文教、工美、体育和娱乐用品制造业	879467	6689	12711	419475	343141	65112	32339
石油、煤炭及其他燃料加工业	31604	15943	245	9723	2815	1362	1516
化学原料和化学制品制造业	464352	10808	1644	302187	66699	51057	31957
医药制造业	152486	26268	1498	74049	21965	14077	14629
化学纤维制造业	14502	414	7	7995	2733	2893	460
橡胶和塑料制品业	1246027	14277	6141	751046	306119	108289	60155
非金属矿物制品业	758615	11351	4045	553833	88723	31302	69361
黑色金属冶炼和压延加工业	91396	18459	122	57865	6473	6077	2400
有色金属冶炼和压延加工业	179343	11059	1524	115172	24993	17197	9398
金属制品业	1512220	16333	6762	1104171	236935	74309	73710
通用设备制造业	791779	15724	3414	507339	112443	112896	39963
专用设备制造业	879535	7316	4774	611953	142837	68447	44208

1-39 续表 1

行业大类	企业从业人员数（人）	国有控股	集体控股	私人控股	港澳台商控股	外商控股	其他
汽车制造业	486227	54169	2520	171018	36887	195794	25839
铁路、船舶、航空航天和其他运输设备制造业	134266	24034	238	59497	28872	12071	9554
电气机械和器材制造业	2162132	67364	4978	1271997	470281	199070	148442
计算机、通信和其他电子设备制造业	3812151	171663	33796	1778518	906926	681180	240068
仪器仪表制造业	279239	2159	144	161181	70513	29348	15894
其他制造业	124354	884	530	77768	29786	6638	8748
废弃资源综合利用业	33253	1539	682	25680	1828	581	2943
金属制品、机械和设备修理业	54015	14777	170	34601	864	2111	1492
电力、热力、燃气及水生产和供应业	320155	218110	17379	56558	7405	5553	15150
电力、热力生产和供应业	217476	162942	7588	34999	3486	1249	7212
燃气生产和供应业	23203	10394	288	5039	1980	3250	2252
水的生产和供应业	79476	44774	9503	16520	1939	1054	5686
建筑业	3375409	472742	218817	2435940	15141	8326	224443
房屋建筑业	1652499	241415	187255	1099735	1797	5610	116687
土木工程建筑业	589140	173892	13392	353830	3164	121	44741
建筑安装业	331285	35555	10166	259983	1743	1647	22191
建筑装饰、装修和其他建筑业	802485	21880	8004	722392	8437	948	40824
批发和零售业	5001871	226062	40072	4114059	215946	111726	294006
批发业	2979119	133851	20824	2466923	142573	52519	162429
零售业	2022752	92211	19248	1647136	73373	59207	131577
交通运输、仓储和邮政业	1471422	526767	22597	723672	45821	13568	138997
铁路运输业	74928	74928					
道路运输业	670663	242297	9739	329648	16235	3427	69317
水上运输业	56708	26023	2576	14563	6524	1957	5065
航空运输业	126399	113978	5	9848	1830		738
管道运输业	477	440		37			
多式联运和运输代理业	236692	14638	2726	191350	13632	2484	11862
装卸搬运和仓储业	147263	15041	2236	83321	7041	4697	34927
邮政业	158292	39422	5315	94905	559	1003	17088
住宿和餐饮业	942493	47012	6909	644831	105992	54863	82886
住宿业	331430	36017	3909	215339	25239	7795	43131
餐饮业	611063	10995	3000	429492	80753	47068	39755
信息传输、软件和信息技术服务业	1559465	142678	5154	1115976	97339	61216	137102
电信、广播电视和卫星传输服务	154842	103007	660	32013	7476	7669	4017
互联网和相关服务	199885	5500	751	134107	22978	14373	22176
软件和信息技术服务业	1204738	34171	3743	949856	66885	39174	110909
金融业	2794930	740187	18706	1075836	36454	9722	914025
货币金融服务	417983	240617	14512	63009	8874	4351	86620
资本市场服务	163053	63506	248	64254	6714	219	28112

1-39 续表 2

行业大类	企业从业人员数（人）	国有控股	集体控股	私人控股	港澳台商控股	外商控股	其他
保险业	2157738	433547	3909	903933	20752	5084	790513
其他金融业	56156	2517	37	44640	114	68	8780
房地产业	1776832	176083	67506	1196421	86117	54394	196311
房地产业	1776832	176083	67506	1196421	86117	54394	196311
租赁和商务服务业	2748840	321962	86920	2038314	65182	52101	184361
租赁业	145614	3083	1273	132611	1431	370	6846
商务服务业	2603226	318879	85647	1905703	63751	51731	177515
科学研究和技术服务业	1312850	116882	13147	1029330	40885	23534	89072
研究和试验发展	231965	5528	556	196736	7971	5049	16125
专业技术服务业	833317	102131	11082	616778	28430	16063	58833
科技推广和应用服务业	247568	9223	1509	215816	4484	2422	14114
水利、环境和公共设施管理业	185958	25224	4531	139341	3417	492	12953
水利管理业	3779	786	314	2092	118	8	461
生态保护和环境治理业	22140	2621	185	16712	472	63	2087
公共设施管理业	157670	21281	3914	119011	2827	421	10216
土地管理业	2369	536	118	1526			189
居民服务、修理和其他服务业	580274	9763	4568	518438	7712	1578	38215
居民服务业	167172	3715	1642	148270	3716	518	9311
机动车、电子产品和日用产品修理业	137799	2199	1709	125182	1237	557	6915
其他服务业	275303	3849	1217	244986	2759	503	21989
教育	202409	4057	1391	182278	1124	650	12909
教育	202409	4057	1391	182278	1124	650	12909
卫生和社会工作	147021	6158	2408	118027	2199	612	17617
卫生	137610	6118	2376	109722	1872	570	16952
社会工作	9411	40	32	8305	327	42	665
文化、体育和娱乐业	325176	21654	1562	263886	12576	5255	20243
新闻和出版业	10689	8273	116	1845	13	3	439
广播、电视、电影和录音制作业	51855	3553	486	37528	5179	198	4911
文化艺术业	57790	3620	211	50710	249	182	2818
体育	52696	1768	201	34996	5765	3872	6094
娱乐业	152146	4440	548	138807	1370	1000	5981
公共管理、社会保障和社会组织							
中国共产党机关							
国家机构							
人民政协、民主党派							
社会保障							
群众团体、社会团体和其他成员组织							
基层群众自治组织							
国际组织							
国际组织							

1-40 按地区、开业时间

地 区	企业法人单位数(个)	1949年以前	1950-1977年	1978-1991年	1992-2000年	2001年	2002年	2003年	2004年	2005年	2006年
总 计	2834257	60	1568	16888	71539	18304	21511	28704	33537	35481	41944
广州市	720114	17	383	3618	18872	4052	4977	7061	8126	7544	8699
深圳市	848882	3	17	2037	12670	4176	4737	6611	9220	11143	12586
珠海市	94498		8	819	3960	869	1045	1321	1453	1587	1939
汕头市	44146	15	194	1736	4812	622	664	777	820	707	835
佛山市	229930		69	966	7111	2678	3015	3335	3843	3611	4147
韶关市	18189		42	372	815	224	271	377	317	301	378
河源市	15341	2	23	267	440	111	128	191	183	234	271
梅州市	24137		56	336	835	195	192	295	294	328	409
惠州市	97107	2	25	621	2196	428	551	865	1149	1252	1652
汕尾市	10605	1	56	241	635	94	67	116	108	106	123
东莞市	359728	7	14	838	4560	1071	1689	2265	2773	3057	4313
中山市	110231		23	445	2752	881	998	1241	1282	1287	1579
江门市	56322	5	39	885	2513	744	911	1043	1117	1146	1353
阳江市	18212	1	17	162	701	210	218	337	263	301	311
湛江市	44495	2	189	1005	2193	452	381	617	542	703	862
茂名市	35847	1	146	685	1619	415	367	481	384	493	482
肇庆市	29276	1	70	389	995	262	327	436	476	567	637
清远市	25149		39	287	638	183	286	385	365	371	533
潮州市	15840	1	71	565	1380	296	273	439	322	278	312
揭阳市	23360	2	54	440	1481	264	315	346	355	317	349
云浮市	12848		33	174	361	77	99	165	145	148	174
按区域分组											
珠三角核心区	2546088	35	648	10618	55629	15161	18250	24178	29439	31194	36905
沿海经济带	192505	23	727	4834	12821	2353	2285	3113	2794	2905	3274
北部生态发展区	95664	2	193	1436	3089	790	976	1413	1304	1382	1765

分组的企业法人单位数

2007 年	2008 年	2009 年	2010 年	2011 年	2012 年	2013 年	2014 年	2015 年	2016 年	2017 年	2018 年	无开业年份
44143	44172	60629	81360	104286	112318	163548	230393	280362	386562	489123	564574	3251
9925	10900	14973	19617	24143	24227	30961	51422	64112	88307	139694	177725	759
12072	11961	17146	23843	32292	36400	69139	88276	107029	139492	132590	115277	165
1796	1535	1792	2233	2581	2862	5301	6439	8889	11986	15049	20977	57
881	869	1205	1396	1562	1696	1758	2717	3188	4653	5925	7080	34
4350	4062	5765	7050	8127	9127	11485	19058	20357	27523	38225	45218	808
366	366	475	582	584	732	829	1097	1376	1832	2855	3981	17
270	250	280	469	536	549	674	1079	1352	1906	2900	3215	11
321	349	506	568	683	780	952	1669	1841	2823	4624	6059	22
1887	1528	1848	2523	3090	3290	4112	6490	8254	13232	19157	22747	208
132	150	169	388	378	261	287	498	736	1170	1821	3063	5
5367	5569	7519	10638	12622	12987	17574	26319	33086	51465	69106	86306	583
1773	1700	2221	3185	6213	8297	7033	8571	9549	13216	17613	20302	70
1333	1224	1542	2203	2407	2742	2993	3879	4429	6059	8251	9416	88
284	315	465	744	862	741	965	1263	1519	2257	2750	3469	57
841	958	1185	1413	2260	1803	2361	2675	3591	4513	6079	9835	35
544	558	811	1019	2125	1719	1715	2257	2946	4212	5705	7125	38
596	551	685	925	990	1153	1255	1648	2133	3124	4773	7229	54
510	438	632	815	918	882	1063	1606	2075	3057	4293	5723	50
286	328	593	567	602	658	744	944	1181	1508	1894	2585	13
432	367	581	877	900	966	1027	1444	1751	2815	3539	4580	158
177	194	236	305	411	446	1320	1042	968	1412	2280	2662	19
39099	39030	53491	72217	92465	101085	149853	212102	257838	354404	444458	505197	2792
3400	3545	5009	6404	8689	7844	8857	11798	14912	21128	27713	37737	340
1644	1597	2129	2739	3132	3389	4838	6493	7612	11030	16952	21640	119

1-41　按地区、开业时间分组

地　区	企业从业人员数（人）	1949 年以前	1950-1977 年	1978-1991 年	1992-2000 年	2001 年	2002 年	2003 年	2004 年	2005 年	2006 年
总　计	40998737	9395	363489	2001582	6455507	1226465	1269341	1658083	1549933	1391711	1428058
广州市	7934682	7869	184763	281245	1375822	201749	190424	299687	272475	211653	232820
深圳市	11870588	124	719	734543	1828088	308739	314402	427334	386131	405325	436569
珠海市	1228933		22	109366	207604	62752	42878	56426	43841	41128	55509
汕头市	1041060	687	29701	133237	256214	37140	32022	37924	53648	42790	26165
佛山市	3843711		10205	110858	678566	136237	135029	170249	209698	158783	160045
韶关市	363742		16092	49589	42468	15711	12012	17877	21309	11719	9227
河源市	338229	6	605	9358	40542	5576	8087	14534	26725	15136	16005
梅州市	385941		12927	58745	47720	16193	14806	13866	11879	14520	8040
惠州市	1743914	350	3912	45491	211446	40037	42483	65331	66027	68337	52751
汕尾市	314967	6	4380	19508	59150	17370	13022	13887	9778	12941	8288
东莞市	5322453	325	17913	73227	649077	139461	194291	235734	184244	173038	174434
中山市	1728488		6331	41304	277258	71933	78375	87140	63359	62248	73871
江门市	1032358	5	4261	53346	194164	45134	56265	47806	48644	46262	44373
阳江市	294414		3693	11198	43600	14537	10400	11035	9849	11054	7867
湛江市	756609	11	26213	135931	117617	15602	10614	23914	25668	21287	17634
茂名市	702496		22374	56405	99777	16981	10053	21198	13634	14387	8889
肇庆市	566869	12	6662	21554	72182	18333	22105	29900	34149	30886	36339
清远市	465002		1996	13961	37591	24707	42475	39437	25973	19122	23185
潮州市	357384		7042	19581	83899	16515	12688	17844	19754	12069	11308
揭阳市	486940		1795	13798	101003	17501	16630	15092	14872	11236	17333
云浮市	219957		1883	9337	31719	4257	10280	11868	8276	7790	7406
按区域分组											
珠三角核心区	35271996	8685	234788	1470934	5494207	1024375	1076252	1419607	1308568	1197660	1266711
沿海经济带	3953870	704	95198	389658	761260	135646	105429	140894	147203	125764	97484
北部生态发展区	1772871	6	33503	140990	200040	66444	87660	97582	94162	68287	63863

的企业法人单位从业人员数

2007年	2008年	2009年	2010年	2011年	2012年	2013年	2014年	2015年	2016年	2017年	2018年	无开业年份
1527074	1244234	1340696	1678078	2231691	1583133	1837193	2796545	2188747	2593296	2668114	1954494	1878
235037	221110	226833	276862	737804	279229	312787	413032	424042	515617	610302	423320	200
472051	383541	364653	398021	531126	516743	599059	1325834	696434	766980	604334	369732	106
39417	38600	30575	36187	41761	32536	53440	64189	54319	74409	70243	73689	42
23248	29198	27616	32890	23972	26533	22843	34245	35040	44845	49501	41579	22
126765	106368	125283	126759	120828	120632	154873	200566	193790	235339	304665	257711	462
10902	7673	13225	12630	10444	10551	10077	15724	15111	24648	20995	15752	6
12916	11855	13724	16944	21317	18107	17099	16051	16698	17882	24058	15004	
15316	7622	10894	13394	11820	10083	15566	18555	20046	19019	26181	18727	22
109445	50036	55317	135886	84122	68978	67514	89282	110677	136757	142494	96923	318
8775	27032	17594	18329	7122	2968	4386	7268	12967	13786	16593	19815	2
228485	166548	215502	338312	351780	253160	302705	302592	291109	381860	375539	272815	302
67595	48946	56691	74130	95920	72456	84725	84598	101271	103262	106979	70034	62
43344	29721	38840	42512	41384	35973	41459	41040	45972	44354	49642	37809	48
8987	8396	16812	19955	13438	7619	14025	15982	15434	15723	20480	14329	1
14985	22480	18946	20669	33615	26720	25102	32504	32354	36233	47833	50627	50
18881	15291	15802	31284	30046	26172	31658	41633	37506	52110	70034	68300	81
31185	22676	16328	22187	15199	18832	20544	19348	21508	29895	40639	36348	58
19866	17733	25069	17797	16030	16742	15177	26535	19769	21758	21598	18464	17
11430	8899	13925	11520	11325	10694	11473	15008	13101	17403	16477	15417	12
21997	15313	27906	26663	21107	20898	18964	21037	22437	27791	29469	24081	17
6447	5196	9161	5147	11531	7507	13717	11522	9162	13625	20058	14018	50
1353324	1067546	1130022	1450856	2019924	1398539	1637106	2540481	1939122	2288473	2304837	1638381	1598
108303	126609	138601	161310	140625	121604	128451	167677	168839	207891	250387	234148	185
65447	50079	72073	65912	71142	62990	71636	88387	80786	96932	112890	81965	95

1-42　按行业大类、运营状态分组的企业法人单位数

行业大类	企业法人单位数（个）	正常运营	停业（歇业）	筹建	当年关闭	当年破产	当年注销	当年吊销	其他
总　计	2834257	2360840	208340	184635	23690	634	27265	1108	27745
农、林、牧、渔业	3114	2372	307	297	43	6	39	2	48
农业	27	27							
林业	6	5	1						
畜牧业	11	11							
渔业	5	4	1						
农、林、牧、渔专业及辅助性活动	3065	2325	305	297	43	6	39	2	48
采矿业	2403	1473	574	204	73	4	48	7	20
煤炭开采和洗选业	6	3	2		1				
石油和天然气开采业	8	6		1			1		
黑色金属矿采选业	250	111	110	15	6	1	6	1	
有色金属矿采选业	160	92	59	4	3		2		
非金属矿采选业	1760	1137	353	148	61	3	34	6	18
开采专业及辅助性活动	67	48	12	6			1		
其他采矿业	152	76	38	30	2		4		2
制造业	571908	506987	24312	22472	8303	235	5596	321	3682
农副食品加工业	7064	5876	562	328	154	6	86	4	48
食品制造业	8232	7013	489	500	104	7	67	6	46
酒、饮料和精制茶制造业	2701	2219	234	168	28	6	27	2	17
烟草制品业	37	25	7	1	1	1			2
纺织业	12849	11216	695	441	268	9	131	9	80
纺织服装、服饰业	36104	31257	2082	1521	578	9	443	31	183
皮革、毛皮、羽毛及其制品和制鞋业	19682	17281	905	643	405	9	258	11	170
木材加工和木、竹、藤、棕、草制品业	7151	5999	469	292	201	18	114	2	56
家具制造业	18880	16162	1043	772	453	10	234	8	198
造纸和纸制品业	18650	16962	667	570	225	7	138	9	72
印刷和记录媒介复制业	16740	15412	537	381	185	5	125	11	84
文教、工美、体育和娱乐用品制造业	21846	19186	950	1001	299	13	223	13	161
石油、煤炭及其他燃料加工业	870	716	63	41	27		13	2	8
化学原料和化学制品制造业	18489	16077	922	919	257	11	165	14	124
医药制造业	2258	1919	119	159	20	2	18	4	17
化学纤维制造业	428	348	28	29	13		4		6
橡胶和塑料制品业	47076	42109	1742	1698	754	17	459	41	256
非金属矿物制品业	23132	19653	1468	1169	418	19	244	22	139
黑色金属冶炼和压延加工业	2367	2141	110	57	28	2	20	1	8
有色金属冶炼和压延加工业	3933	3581	148	117	43		25	3	16
金属制品业	78811	70394	2699	3031	1277	31	905	41	433
通用设备制造业	33611	30740	1023	1097	324	6	244	6	171
专用设备制造业	42828	38648	1413	1683	406	12	385	16	265

1-42 续表 1

行业大类	企业法人单位数(个)	正常运营	停业(歇业)	筹建	当年关闭	当年破产	当年注销	当年吊销	其他
汽车制造业	4820	4230	194	260	50		41	1	44
铁路、船舶、航空航天和其他运输设备制造业	2577	2207	170	117	37	2	25	2	17
电气机械和器材制造业	54224	49256	1944	1681	524	12	432	15	360
计算机、通信和其他电子设备制造业	63607	56145	2708	2620	975	17	581	32	529
仪器仪表制造业	9582	8744	290	334	85		67	2	60
其他制造业	6909	5860	261	558	93	1	65	5	66
废弃资源综合利用业	1481	1153	153	115	32		14	5	9
金属制品、机械和设备修理业	4969	4458	217	169	39	3	43	3	37
电力、热力、燃气及水生产和供应业	9634	8690	378	416	52	1	57	1	39
电力、热力生产和供应业	6895	6284	256	269	26	1	36		23
燃气生产和供应业	530	442	25	44	9		6		4
水的生产和供应业	2209	1964	97	103	17		15	1	12
建筑业	116949	99965	6329	7244	900	28	1061	40	1382
房屋建筑业	19367	16070	1119	1627	132	8	178	10	223
土木工程建筑业	16867	14454	902	1019	127	5	166	2	192
建筑安装业	20936	18785	810	870	136	4	153	7	171
建筑装饰、装修和其他建筑业	59779	50656	3498	3728	505	11	564	21	796
批发和零售业	962209	784867	82804	66921	7064	155	9212	368	10818
批发业	546443	446191	46112	39198	3669	88	5057	223	5905
零售业	415766	338676	36692	27723	3395	67	4155	145	4913
交通运输、仓储和邮政业	72224	63875	3713	2971	464	19	605	21	556
铁路运输业	23	23							
道路运输业	32806	29014	1640	1385	208	8	267	8	276
水上运输业	1879	1629	128	75	17	2	14		14
航空运输业	385	312	25	37	2		4		5
管道运输业	13	12	1						
多式联运和运输代理业	25834	22999	1361	929	156	4	201	8	176
装卸搬运和仓储业	7329	6351	384	400	48	4	81	3	58
邮政业	3955	3535	174	145	33	1	38	2	27
住宿和餐饮业	52873	43562	3683	3704	697	26	707	23	471
住宿业	14034	12110	651	928	132	6	102	2	103
餐饮业	38839	31452	3032	2776	565	20	605	21	368
信息传输、软件和信息技术服务业	165077	134193	13329	13504	748	13	1727	48	1515
电信、广播电视和卫星传输服务	4053	3618	185	161	17	1	33		38
互联网和相关服务	20657	16663	1661	1679	153	2	275	5	219
软件和信息技术服务业	140367	113912	11483	11664	578	10	1419	43	1258
金融业	30330	25085	2787	2048	54		143	1	212
货币金融服务	4661	3600	353	629	11		21		47
资本市场服务	19831	16916	1639	1028	21		96	1	130

1-42 续表 2

行业大类	企业法人单位数(个)	正常运营	停业（歇业）	筹建	当年关闭	当年破产	当年注销	当年吊销	其他
保险业	1757	1662	54	29	7		4		1
其他金融业	4081	2907	741	362	15		22		34
房地产业	115702	95726	8333	8196	788	33	933	29	1664
房地产业	115702	95726	8333	8196	788	33	933	29	1664
租赁和商务服务业	377875	301101	37986	28323	2279	56	3708	136	4286
租赁业	25423	20784	2184	1796	189	4	205	9	252
商务服务业	352452	280317	35802	26527	2090	52	3503	127	4034
科学研究和技术服务业	188803	154405	12980	16925	1026	28	1703	67	1669
研究和试验发展	45252	36022	3259	4830	231	6	441	21	442
专业技术服务业	85305	73443	5090	4874	482	12	650	27	727
科技推广和应用服务业	58246	44940	4631	7221	313	10	612	19	500
水利、环境和公共设施管理业	8949	7447	567	704	63	1	82	3	82
水利管理业	306	259	18	23	3		1		2
生态保护和环境治理业	1892	1563	113	173	15		13	1	14
公共设施管理业	6566	5477	415	499	42	1	65	2	65
土地管理业	185	148	21	9	3		3		1
居民服务、修理和其他服务业	59878	51609	3517	3228	421	11	607	16	469
居民服务业	25366	20921	1943	1798	200	6	277	6	215
机动车、电子产品和日用产品修理业	23425	20932	1012	928	149	4	240	7	153
其他服务业	11087	9756	562	502	72	1	90	3	101
教育	30587	25534	2067	2226	173		273	12	302
教育	30587	25534	2067	2226	173		273	12	302
卫生和社会工作	7918	6262	480	960	51	1	64	3	97
卫生	7009	5642	391	790	43	1	56	3	83
社会工作	909	620	89	170	8		8		14
文化、体育和娱乐业	57824	47687	4194	4292	491	17	700	10	433
新闻和出版业	509	438	36	23	1		9		2
广播、电视、电影和录音制作业	6267	5289	405	447	28		53	2	43
文化艺术业	16003	12445	1206	1917	93	6	199	4	133
体育	6719	5616	440	501	49	1	72		40
娱乐业	28326	23899	2107	1404	320	10	367	4	215
公共管理、社会保障和社会组织									
中国共产党机关									
国家机构									
人民政协、民主党派									
社会保障									
群众团体、社会团体和其他成员组织									
基层群众自治组织									
国际组织									
国际组织									

1-43 按行业大类、运营状态分组的企业法人单位从业人员数

行业大类	企业从业人员数（人）	正常运营	停业（歇业）	筹建	当年关闭	当年破产	当年注销	当年吊销	其他
总 计	40998737	40441305	236939	193119	35650	1959	34203	1127	54435
农、林、牧、渔业	20268	19354	238	429	43	27	37		140
农业									
林业									
畜牧业									
渔业									
农、林、牧、渔专业及辅助性活动	20268	19354	238	429	43	27	37		140
采矿业	52474	50418	1110	516	280	25	78	5	42
煤炭开采和洗选业	48	48							
石油和天然气开采业	5996	5996							
黑色金属矿采选业	3255	2996	138	64	32	25			
有色金属矿采选业	8923	8706	198	18	1				
非金属矿采选业	31834	30354	711	399	246		78	5	41
开采专业及辅助性活动	1667	1651	15	1					
其他采矿业	751	667	48	34	1				1
制造业	18180890	18037697	64020	36586	18937	1182	11653	495	10320
农副食品加工业	209755	207291	1070	785	275	23	133	15	163
食品制造业	249438	246885	1216	915	183	8	127	6	98
酒、饮料和精制茶制造业	90170	88988	370	404	147	96	152		13
烟草制品业	6988	6979	2			2			5
纺织业	403666	399539	2071	615	717	178	241	3	302
纺织服装、服饰业	1042156	1029404	5411	2163	3571	1	845	58	703
皮革、毛皮、羽毛及其制品和制鞋业	701418	693517	4344	728	1351	177	882	6	413
木材加工和木、竹、藤、棕、草制品业	124755	121973	1533	467	306	22	282		172
家具制造业	529960	519506	5372	1443	1551	134	1176	47	731
造纸和纸制品业	375686	372783	1259	573	465	3	125	22	456
印刷和记录媒介复制业	359935	357529	1056	363	660	1	129	7	190
文教、工美、体育和娱乐用品制造业	879467	874429	2288	1421	458	5	614	2	250
石油、煤炭及其他燃料加工业	31604	30123	81	1375	23		1		1
化学原料和化学制品制造业	464352	459091	2316	1681	623	176	149	21	295
医药制造业	152486	151369	384	413	81		52	2	185
化学纤维制造业	14502	14386	37	34	34				11
橡胶和塑料制品业	1246027	1236864	3907	1943	1316	54	1171	47	725
非金属矿物制品业	758615	748350	5163	2841	1146	99	532	43	441
黑色金属冶炼和压延加工业	91396	90753	424	48	33	10	59		69
有色金属冶炼和压延加工业	179343	178119	822	287	71		15		29
金属制品业	1512220	1496084	6427	5293	1813	50	1468	50	1035
通用设备制造业	791779	785873	2968	1536	379	8	274		741
专用设备制造业	879535	872926	2618	2239	542	38	468	10	694

1-43 续表 1

行业大类	企业从业人员数（人）	正常运营	停业（歇业）	筹建	当年关闭	当年破产	当年注销	当年吊销	其他
汽车制造业	486227	484690	481	518	347		67		124
铁路、船舶、航空航天和其他运输设备制造业	134266	133232	564	316	71	12	59	1	11
电气机械和器材制造业	2162132	2151822	4856	2115	1369	27	677	103	1163
计算机、通信和其他电子设备制造业	3812151	3798231	5394	4492	1073	58	1811	45	1047
仪器仪表制造业	279239	277792	541	624	154		22		106
其他制造业	124354	123014	497	593	97		88	1	64
废弃资源综合利用业	33253	32687	288	197	48		4	5	24
金属制品、机械和设备修理业	54015	53468	260	164	33		30	1	59
电力、热力、燃气及水生产和供应业	320155	316030	530	3325	74	5	63	4	124
电力、热力生产和供应业	217476	214417	325	2579	27	5	42		81
燃气生产和供应业	23203	22751	43	348	37		3		21
水的生产和供应业	79476	78862	162	398	10		18	4	22
建筑业	3375409	3355946	6103	8219	1212	22	1351	16	2540
房屋建筑业	1652499	1648510	1202	1868	145	11	285	4	474
土木工程建筑业	589140	585648	1021	1618	208	1	187	1	456
建筑安装业	331285	328617	918	882	300	2	272	4	290
建筑装饰、装修和其他建筑业	802485	793171	2962	3851	559	8	607	7	1320
批发和零售业	5001871	4832423	78530	54957	7397	180	8891	292	19201
批发业	2979119	2887316	42027	30991	4024	85	4683	165	9828
零售业	2022752	1945107	36503	23966	3373	95	4208	127	9373
交通运输、仓储和邮政业	1471422	1459883	4830	3888	623	7	548	7	1636
铁路运输业	74928	74928							
道路运输业	670663	665205	2066	1708	396	1	280	2	1005
水上运输业	56708	56346	196	78	11		2		75
航空运输业	126399	126327	20	48					4
管道运输业	477	477							
多式联运和运输代理业	236692	233175	1634	1209	160	6	158	3	347
装卸搬运和仓储业	147263	145828	599	557	37		83	2	157
邮政业	158292	157597	315	288	19		25		48
住宿和餐饮业	942493	927843	5520	5757	1241	53	992	13	1074
住宿业	331430	327331	1512	2072	140	27	179		169
餐饮业	611063	600512	4008	3685	1101	26	813	13	905
信息传输、软件和信息技术服务业	1559465	1532874	10827	11347	532	28	1303	52	2502
电信、广播电视和卫星传输服务	154842	154423	179	182	5		9		44
互联网和相关服务	199885	196005	1576	1664	100	13	231		296
软件和信息技术服务业	1204738	1182446	9072	9501	427	15	1063	52	2162
金融业	2794930	2790569	1997	1790	220		45	3	306
货币金融服务	417983	417012	325	524	55		8		59
资本市场服务	163053	160688	1065	912	158		30	3	197

1-43 续表2

行业大类	企业从业人员数（人）	正常运营	停业（歇业）	筹建	当年关闭	当年破产	当年注销	当年吊销	其他
保险业	2157738	2157678	29	28	1		1		1
其他金融业	56156	55191	578	326	6		6		49
房地产业	1776832	1751524	10880	9534	790	124	1071	32	2877
房地产业	1776832	1751524	10880	9534	790	124	1071	32	2877
租赁和商务服务业	2748840	2676750	30921	26664	1755	258	5280	84	7128
租赁业	145614	141935	1438	1556	249	3	143	8	282
商务服务业	2603226	2534815	29483	25108	1506	255	5137	76	6846
科学研究和技术服务业	1312850	1280966	10234	15443	1118	32	1388	90	3579
研究和试验发展	231965	224025	2549	4059	152	4	226	13	937
专业技术服务业	833317	820497	4594	5189	491	12	631	66	1837
科技推广和应用服务业	247568	236444	3091	6195	475	16	531	11	805
水利、环境和公共设施管理业	185958	183054	849	1620	90		107		238
水利管理业	3779	3705	11	51	7				5
生态保护和环境治理业	22140	21590	142	291	29		6		82
公共设施管理业	157670	155440	653	1277	54		95		151
土地管理业	2369	2319	43	1			6		
居民服务、修理和其他服务业	580274	570748	3912	3413	504	6	648	4	1039
居民服务业	167172	161890	2170	1939	296	1	294	2	580
机动车、电子产品和日用产品修理业	137799	134946	1066	1075	132	5	276	2	297
其他服务业	275303	273912	676	399	76		78		162
教育	202409	196491	2096	2824	165		216	23	594
教育	202409	196491	2096	2824	165		216	23	594
卫生和社会工作	147021	143821	600	2242	57		33	1	267
卫生	137610	134956	501	1828	37		31	1	256
社会工作	9411	8865	99	414	20		2		11
文化、体育和娱乐业	325176	314914	3742	4565	612	10	499	6	828
新闻和出版业	10689	10662	11	14			1		1
广播、电视、电影和录音制作业	51855	50898	380	436	44		33	1	63
文化艺术业	57790	54762	893	1706	57	4	126	1	241
体育	52696	51428	469	586	65		42		106
娱乐业	152146	147164	1989	1823	446	6	297	4	417
公共管理、社会保障和社会组织									
中国共产党机关									
国家机构									
人民政协、民主党派									
社会保障									
群众团体、社会团体和其他成员组织									
基层群众自治组织									
国际组织									
国际组织									

1-44　按地区、运营状态分组的企业法人单位数

地　区	企业法人单位数(个)	正常运营	停业(歇业)	筹建	当年关闭	当年破产	当年注销	当年吊销	其他
总　计	2834257	2360840	208340	184635	23690	634	27265	1108	27745
广州市	720114	590488	47275	67296	2582	128	7233	298	4814
深圳市	848882	714694	88162	36226	747	48	2165	48	6792
珠海市	94498	70245	8297	9717	120	10	1146	24	4939
汕头市	44146	37894	3135	2172	282	15	345	47	256
佛山市	229930	202256	11086	8368	3924	30	2148	55	2063
韶关市	18189	13932	1471	2095	149	7	320	17	198
河源市	15341	13058	1043	850	120	5	154	2	109
梅州市	24137	19959	1390	2018	150	9	379	10	222
惠州市	97107	75002	7500	9397	1540	30	1097	14	2527
汕尾市	10605	9108	566	461	205	12	142	3	108
东莞市	359728	305121	13289	25242	7745	95	5846	219	2171
中山市	110231	99854	3248	3955	421	14	1559	137	1043
江门市	56322	42362	5686	4239	2514	16	1087	55	363
阳江市	18212	14435	1505	1445	279	6	456	29	57
湛江市	44495	35673	4045	2224	791	84	841	84	753
茂名市	35847	31254	1822	1395	417	20	631	16	292
肇庆市	29276	24699	1977	1413	629	47	333	14	164
清远市	25149	18188	2851	3122	326	8	484	6	164
潮州市	15840	13370	1224	805	126	15	175	9	116
揭阳市	23360	18205	2294	1319	473	22	499	18	530
云浮市	12848	11043	474	876	150	13	225	3	64
按区域分组									
珠三角核心区	2546088	2124721	186520	165853	20222	418	22614	864	24876
沿海经济带	192505	159939	14591	9821	2573	174	3089	206	2112
北部生态发展区	95664	76180	7229	8961	895	42	1562	38	757

1-45 按地区、运营状态分组的企业法人单位从业人员数

地区	企业从业人员数(人)	正常运营	停业(歇业)	筹建	当年关闭	当年破产	当年注销	当年吊销	其他
总 计	40998737	40441305	236939	193119	35650	1959	34203	1127	54435
广州市	7934682	7848138	23988	51837	2666	96	3477	80	4400
深圳市	11870588	11727007	89313	40427	936	118	1318	77	11392
珠海市	1228933	1197770	10169	12336	176	6	676	9	7791
汕头市	1041060	1026317	8237	3604	736	26	988	59	1093
佛山市	3843711	3751078	38164	14095	15861	254	6794	367	17098
韶关市	363742	356632	1527	2560	87	9	2656	8	263
河源市	338229	335360	1016	1556	103		72		122
梅州市	385941	380941	1438	2690	199	24	471	5	173
惠州市	1743914	1713088	11286	13354	2882	30	1568	3	1703
汕尾市	314967	311595	1474	1451	157	42	153		95
东莞市	5322453	5284728	9632	17138	3734	272	4807	137	2005
中山市	1728488	1715938	4146	4157	500	16	1866	139	1726
江门市	1032358	1021543	4000	4476	779	16	1102	15	427
阳江市	294414	290582	1163	1422	583	27	321		316
湛江市	756609	735715	10196	4520	1481	367	1586	102	2642
茂名市	702496	684800	6315	5238	1786	73	2667	66	1551
肇庆市	566869	556973	3557	2798	1579	478	916	41	527
清远市	465002	457342	2350	4622	324	3	228	3	130
潮州市	357384	351848	3051	1386	234	39	446	4	376
揭阳市	486940	477631	5140	1622	447	11	1656	10	423
云浮市	219957	216279	777	1830	400	52	435	2	182
按区域分组									
珠三角核心区	35271996	34816263	194255	160618	29113	1286	22524	868	47069
沿海经济带	3953870	3878488	35576	19243	5424	585	7817	241	6496
北部生态发展区	1772871	1746554	7108	13258	1113	88	3862	18	870

1-46 按地区、单位规模分组的企业法人单位数

地 区	企业法人单位数(个)	大型企业	中型企业	小型企业	微型企业
总 计	2834257	4320	28871	285436	2515630
广州市	720114	1012	5744	52301	661057
深圳市	848882	1399	7793	71477	768213
珠海市	94498	193	1013	7621	85671
汕头市	44146	65	802	8168	35111
佛山市	229930	304	2780	41371	185475
韶关市	18189	41	315	2101	15732
河源市	15341	27	319	1897	13098
梅州市	24137	28	362	2265	21482
惠州市	97107	183	1209	11861	83854
汕尾市	10605	70	177	1902	8456
东莞市	359728	472	3180	33802	322274
中山市	110231	152	1123	11625	97331
江门市	56322	93	865	6922	48442
阳江市	18212	22	288	2292	15610
湛江市	44495	51	580	5317	38547
茂名市	35847	37	492	8661	26657
肇庆市	29276	53	553	4461	24209
清远市	25149	56	438	2466	22189
潮州市	15840	16	229	3240	12355
揭阳市	23360	23	354	4237	18746
云浮市	12848	23	255	1449	11121
按区域分组					
珠三角核心区	2546088	3861	24260	241441	2276526
沿海经济带	192505	284	2922	33817	155482
北部生态发展区	95664	175	1689	10178	83622

1-47 按地区、单位规模分组的企业法人从业人员数

地 区	企业从业人员数（人）	大型企业	中型企业	小型企业	微型企业
总 计	40998737	8734972	8248487	12567795	11447483
广州市	7934682	1740417	1404541	2045136	2744588
深圳市	11870588	3064642	2184377	3052087	3569482
珠海市	1228933	301980	275462	354297	297194
汕头市	1041060	153002	293920	384813	209325
佛山市	3843711	658629	690734	1428219	1066129
韶关市	363742	82282	93559	115065	72836
河源市	338229	66034	91920	107347	72928
梅州市	385941	53036	118730	118596	95579
惠州市	1743914	474098	318547	574723	376546
汕尾市	314967	132697	51844	69100	61326
东莞市	5322453	1077545	1170811	1816454	1257643
中山市	1728488	288618	361658	644405	433807
江门市	1032358	166585	244116	403810	217847
阳江市	294414	24038	82292	106730	81354
湛江市	756609	115901	199974	223647	217087
茂名市	702496	68106	147125	297656	189609
肇庆市	566869	82491	132545	211674	140159
清远市	465002	102584	137058	126096	99264
潮州市	357384	20710	78652	175533	82489
揭阳市	486940	29251	112687	246309	98693
云浮市	219957	32326	57935	66098	63598
按区域分组					
珠三角核心区	35271996	7855005	6782791	10530805	10103395
沿海经济带	3953870	543705	966494	1503788	939883
北部生态发展区	1772871	336262	499202	533202	404205

1-48 按行业大类、单位规模分组的企业法人单位数

行业大类	企业法人单位数(个)	大型企业	中型企业	小型企业	微型企业
总 计	2834257	4344	28868	285432	5349870
农、林、牧、渔业	3114	4	263	913	5048
农业	27	1	3	2	48
林业	6		1		11
畜牧业	11		2		20
渔业	5				10
农、林、牧、渔专业及辅助性活动	3065	3	257	911	4959
采矿业	2403	7	8	474	4317
煤炭开采和洗选业	6			2	10
石油和天然气开采业	8	2		4	10
黑色金属矿采选业	250		3	26	471
有色金属矿采选业	160	4	2	31	283
非金属矿采选业	1760	1	1	395	3123
开采专业及辅助性活动	67		2	6	126
其他采矿业	152			10	294
制造业	571908	1510	7629	100421	1034256
农副食品加工业	7064	10	129	1414	12575
食品制造业	8232	23	101	1385	14955
酒、饮料和精制茶制造业	2701	11	42	373	4976
烟草制品业	37	1	2	8	63
纺织业	12849	25	185	2946	22542
纺织服装、服饰业	36104	45	478	6575	65110
皮革、毛皮、羽毛及其制品和制鞋业	19682	35	296	4486	34547
木材加工和木、竹、藤、棕、草制品业	7151	1	32	1219	13050
家具制造业	18880	32	246	3441	34041
造纸和纸制品业	18650	17	153	2819	34311
印刷和记录媒介复制业	16740	21	140	2730	30589
文教、工美、体育和娱乐用品制造业	21846	71	527	3749	39345
石油、煤炭及其他燃料加工业	870	4	8	124	1604
化学原料和化学制品制造业	18489	24	203	3742	33009
医药制造业	2258	20	97	603	3796
化学纤维制造业	428		13	104	739
橡胶和塑料制品业	47076	77	558	8599	84918
非金属矿物制品业	23132	52	389	5059	40764
黑色金属冶炼和压延加工业	2367	10	33	496	4195
有色金属冶炼和压延加工业	3933	24	71	1098	6673
金属制品业	78811	78	531	11724	145289
通用设备制造业	33611	62	275	5303	61582
专用设备制造业	42828	51	336	6125	79144

1-48 续表 1

行业大类	企业法人单位数(个)	大型企业	中型企业	小型企业	微型企业
汽车制造业	4820	84	216	1162	8178
铁路、船舶、航空航天和其他运输设备制造业	2577	17	78	573	4486
电气机械和器材制造业	54224	200	951	10116	97181
计算机、通信和其他电子设备制造业	63607	479	1308	11499	113928
仪器仪表制造业	9582	25	142	1515	17482
其他制造业	6909	6	46	907	12859
废弃资源综合利用业	1481	1	27	236	2698
金属制品、机械和设备修理业	4969	4	16	291	9627
电力、热力、燃气及水生产和供应业	9634	16	84	1218	17950
电力、热力生产和供应业	6895	10	41	490	13249
燃气生产和供应业	530	2	6	167	885
水的生产和供应业	2209	4	37	561	3816
建筑业	116949	245	2079	11433	220141
房屋建筑业	19367	107	904	2886	34837
土木工程建筑业	16867	74	445	2250	30965
建筑安装业	20936	17	331	2704	38820
建筑装饰、装修和其他建筑业	59779	47	399	3593	115519
批发和零售业	962209	618	9476	61316	1853008
批发业	546443	378	6426	38486	1047596
零售业	415766	240	3050	22830	805412
交通运输、仓储和邮政业	72224	106	412	6561	137369
铁路运输业	23				46
道路运输业	32806	40	171	3270	62131
水上运输业	1879	4	26	296	3432
航空运输业	385	11	6	27	726
管道运输业	13		1	2	23
多式联运和运输代理业	25834	8	48	1603	50009
装卸搬运和仓储业	7329	13	122	862	13661
邮政业	3955	30	38	501	7341
住宿和餐饮业	52873	171	923	11045	93607
住宿业	14034	80	457	3890	23641
餐饮业	38839	91	466	7155	69966
信息传输、软件和信息技术服务业	165077	295	1218	16474	312167
电信、广播电视和卫星传输服务	4053	15	108	588	7395
互联网和相关服务	20657	4	167	1528	39615
软件和信息技术服务业	140367	276	943	14358	265157
金融业	30330	374	159	666	59461
货币金融服务	4661	366	95	270	8591
资本市场服务	19831	2	33	249	39378

1-48 续表 2

行业大类	企业法人单位数(个)				
		大型企业	中型企业	小型企业	微型企业
保险业	1757	1	14	109	3390
其他金融业	4081	5	17	38	8102
房地产业	115702	311	4319	7522	219252
房地产业	115702	311	4319	7522	219252
租赁和商务服务业	377875	63	656	25174	729857
租赁业	25423	2	40	2234	48570
商务服务业	352452	61	616	22940	681287
科学研究和技术服务业	188803	290	987	24019	352310
研究和试验发展	45252	27	111	4972	85394
专业技术服务业	85305	245	773	13773	155819
科技推广和应用服务业	58246	18	103	5274	111097
水利、环境和公共设施管理业	8949	89	163	2132	15514
水利管理业	306	1	3	85	523
生态保护和环境治理业	1892	5	23	453	3303
公共设施管理业	6566	83	133	1542	11374
土地管理业	185		4	52	314
居民服务、修理和其他服务业	59878	190	333	9237	109996
居民服务业	25366	29	95	3732	46876
机动车、电子产品和日用产品修理业	23425	14	42	3218	43576
其他服务业	11087	147	196	2287	19544
教育	30587				61174
教育	30587				61174
卫生和社会工作	7918	4	11	183	15638
卫生	7009				14018
社会工作	909	4	11	183	1620
文化、体育和娱乐业	57824	51	148	6644	108805
新闻和出版业	509	6	15	110	887
广播、电视、电影和录音制作业	6267	10	23	1197	11304
文化艺术业	16003	1	17	1245	30743
体育	6719	22	46	858	12512
娱乐业	28326	12	47	3234	53359
公共管理、社会保障和社会组织					
中国共产党机关					
国家机构					
人民政协、民主党派					
社会保障					
群众团体、社会团体和其他成员组织					
基层群众自治组织					
国际组织					
国际组织					

1-49 按行业大类、单位规模分组的企业法人单位从业人员数

行业大类	企业从业人员数（人）	大型企业	中型企业	小型企业	微型企业
总　计	40998737	8734972	8248487	12567795	11447483
农、林、牧、渔业	20268	440	7861	7827	4140
农业					
林业					
畜牧业					
渔业					
农、林、牧、渔专业及辅助性活动	20268	440	7861	7827	4140
采矿业	52474	11417	3862	27049	10146
煤炭开采和洗选业	48			48	
石油和天然气开采业	5996	5462		534	
黑色金属矿采选业	3255		1073	1258	924
有色金属矿采选业	8923	3853	1428	2984	658
非金属矿采选业	31834	2102	333	21492	7907
开采专业及辅助性活动	1667		1028	423	216
其他采矿业	751			310	441
制造业	18180890	4630315	4150896	6682914	2716765
农副食品加工业	209755	14927	61465	101700	31663
食品制造业	249438	59413	51394	96614	42017
酒、饮料和精制茶制造业	90170	27665	21872	27946	12687
烟草制品业	6988	5054	933	882	119
纺织业	403666	53184	89958	195713	64811
纺织服装、服饰业	1042156	149224	265882	453952	173098
皮革、毛皮、羽毛及其制品和制鞋业	701418	118912	175985	316057	90464
木材加工和木、竹、藤、棕、草制品业	124755	1260	15677	72545	35273
家具制造业	529960	86729	126436	221037	95758
造纸和纸制品业	375686	33424	78050	167144	97068
印刷和记录媒介复制业	359935	53332	73496	148288	84819
文教、工美、体育和娱乐用品制造业	879467	180150	325908	268713	104696
石油、煤炭及其他燃料加工业	31604	14123	5447	7314	4720
化学原料和化学制品制造业	464352	41658	94345	243233	85116
医药制造业	152486	41349	50154	50953	10030
化学纤维制造业	14502		6433	6385	1684
橡胶和塑料制品业	1246027	178773	295804	545015	226435
非金属矿物制品业	758615	113565	194196	342209	108645
黑色金属冶炼和压延加工业	91396	30704	14130	35060	11502
有色金属冶炼和压延加工业	179343	53703	36303	70562	18775
金属制品业	1512220	159571	258672	704351	389626
通用设备制造业	791779	155163	146227	330719	159670
专用设备制造业	879535	114564	183663	385958	195350

1-49 续表1

行业大类	企业从业人员数（人）	大型企业	中型企业	小型企业	微型企业
汽车制造业	486227	243253	123756	99060	20158
铁路、船舶、航空航天和其他运输设备制造业	134266	34645	40790	45978	12853
电气机械和器材制造业	2162132	664781	530955	714991	251405
计算机、通信和其他电子设备制造业	3812151	1930410	757955	838515	285271
仪器仪表制造业	279239	44371	80932	108328	45608
其他制造业	124354	15075	24783	53307	31189
废弃资源综合利用业	33253	1002	10822	16356	5073
金属制品、机械和设备修理业	54015	10331	8473	14029	21182
电力、热力、燃气及水生产和供应业	320155	143192	42811	87370	46782
电力、热力生产和供应业	217476	127604	20265	35906	33701
燃气生产和供应业	23203	4907	2868	13178	2250
水的生产和供应业	79476	10681	19678	38286	10831
建筑业	3375409	851801	1208900	749619	565089
房屋建筑业	1652499	482783	780099	280218	109399
土木工程建筑业	589140	237727	146497	118736	86180
建筑安装业	331285	26733	91144	107740	105668
建筑装饰、装修和其他建筑业	802485	104558	191160	242925	263842
批发和零售业	5001871	600073	782944	1047826	2571028
批发业	2979119	314997	434418	626276	1603428
零售业	2022752	285076	348526	421550	967600
交通运输、仓储和邮政业	1471422	537188	241208	384359	308667
铁路运输业	74928	74792			136
道路运输业	670663	195089	131724	198041	145809
水上运输业	56708	11499	13684	23208	8317
航空运输业	126399	119758	3394	1891	1356
管道运输业	477		387	53	37
多式联运和运输代理业	236692	17147	29492	84527	105526
装卸搬运和仓储业	147263	30114	37429	50192	29528
邮政业	158292	88789	25098	26447	17958
住宿和餐饮业	942493	222434	205025	345622	169412
住宿业	331430	51567	107098	126712	46053
餐饮业	611063	170867	97927	218910	123359
信息传输、软件和信息技术服务业	1559465	416758	319824	416581	406302
电信、广播电视和卫星传输服务	154842	57460	67796	16456	13130
互联网和相关服务	199885	36941	68793	40977	53174
软件和信息技术服务业	1204738	322357	183235	359148	339998
金融业	2794930	208845	252123	426037	1907925
货币金融服务	417983	199022	56646	127411	34904
资本市场服务	163053	1	2919	5516	154617

1-49 续表 2

行业大类	企业从业人员数（人）	大型企业	中型企业	小型企业	微型企业
保险业	2157738	4172	188286	291256	1674024
其他金融业	56156	5650	4272	1854	44380
房地产业	1776832	474600	304078	259602	738552
房地产业	1776832	474600	304078	259602	738552
租赁和商务服务业	2748840	86388	464124	1208305	990023
租赁业	145614	1844	13078	60651	70041
商务服务业	2603226	84544	451046	1147654	919982
科学研究和技术服务业	1312850	239604	155670	532844	384732
研究和试验发展	231965	25134	17451	101251	88129
专业技术服务业	833317	197476	122755	328387	184699
科技推广和应用服务业	247568	16994	15464	103206	111904
水利、环境和公共设施管理业	185958	83330	28122	56854	17652
水利管理业	3779	397	570	2157	655
生态保护和环境治理业	22140	2504	3903	11917	3816
公共设施管理业	157670	80429	23012	41359	12870
土地管理业	2369		637	1421	311
居民服务、修理和其他服务业	580274	183795	55271	197142	144066
居民服务业	167172	18658	14548	76692	57274
机动车、电子产品和日用产品修理业	137799	7815	6616	60694	62674
其他服务业	275303	157322	34107	59756	24118
教育	202409				202409
教育	202409				202409
卫生和社会工作	147021	1361	1526	5092	139042
卫生	137610				137610
社会工作	9411	1361	1526	5092	1432
文化、体育和娱乐业	325176	43431	24242	132752	124751
新闻和出版业	10689	3982	2296	3393	1018
广播、电视、电影和录音制作业	51855	10340	3712	24919	12884
文化艺术业	57790	442	2624	24800	29924
体育	52696	11945	8088	18043	14620
娱乐业	152146	16722	7522	61597	66305
公共管理、社会保障和社会组织					
中国共产党机关					
国家机构					
人民政协、民主党派					
社会保障					
群众团体、社会团体和其他成员组织					
基层群众自治组织					
国际组织					
国际组织					

1-50 按地区、营业收入组距分组的企业法人单位数

地区	企业法人单位数（个）	100万元及以下	100-200万元	200-500万元	500-1000万元	1000-2000万元	2000-5000万元	5000万元-1亿元	1亿元以上
总　计	2834257	1962271	237575	282353	136580	88601	62889	27084	36904
广州市	720114	571549	39944	45155	22303	15839	12913	5370	7041
深圳市	848882	614855	71325	73774	33137	21628	17474	7390	9299
珠海市	94498	74896	5521	5868	2669	1852	1686	769	1237
汕头市	44146	20355	6091	7932	4204	2497	1251	610	1206
佛山市	229930	94806	27472	48933	28184	16777	6130	2866	4762
韶关市	18189	12615	1446	1664	829	520	533	227	355
河源市	15341	10966	1175	1278	542	347	467	215	351
梅州市	24137	17789	1680	2207	790	517	571	267	316
惠州市	97107	68335	7324	8754	4492	3649	2247	977	1329
汕尾市	10605	5984	1037	2248	585	266	179	108	198
东莞市	359728	245085	34774	34533	17101	11621	9149	3571	3894
中山市	110231	75448	9714	10801	5492	3513	2809	1112	1342
江门市	56322	37345	4288	5729	3012	2113	1857	809	1169
阳江市	18212	11645	2129	2103	848	586	447	214	240
湛江市	44495	25319	7750	6175	2110	1067	956	454	664
茂名市	35847	13938	4866	9421	3836	1632	1027	512	615
肇庆市	29276	15578	3792	5307	1641	1050	765	340	803
清远市	25149	18744	1691	1776	796	658	662	311	511
潮州市	15840	6200	1986	3740	1780	1030	427	278	399
揭阳市	23360	12353	2274	3551	1579	1080	1003	549	971
云浮市	12848	8466	1296	1404	650	359	336	135	202
按区域分组									
珠三角核心区	2546088	1797897	204154	238854	118031	78042	55030	23204	30876
沿海经济带	192505	95794	26133	35170	14942	8158	5290	2725	4293
北部生态发展区	95664	68580	7288	8329	3607	2401	2569	1155	1735

1-51 按行业大类、营业收入组距分组的企业法人单位数

行业大类	企业法人单位数（个）	100 万元及以下	100-200 万元	200-500 万元	500-1000 万元	1000-2000 万元	2000-5000 万元	5000 万元-1 亿元	1 亿元以上
总　计	2834257	1962271	237575	282353	136580	88601	62890	27083	36904
农、林、牧、渔业	3114	2270	295	284	147	60	46	8	4
农业	27	22	1		1			2	1
林业	6	5			1				
畜牧业	11	9				1	1		
渔业	5	5							
农、林、牧、渔专业及辅助性活动	3065	2229	294	284	145	59	45	6	3
采矿业	2403	1303	186	259	189	174	155	57	80
煤炭开采和洗选业	6	4		1	1				
石油和天然气开采业	8	2				1			5
黑色金属矿采选业	250	171	22	20	11	8	8	4	6
有色金属矿采选业	160	93	10	13	11	5	10	5	13
非金属矿采选业	1760	877	140	202	154	150	136	48	53
开采专业及辅助性活动	67	42	5	8	3	5	1		3
其他采矿业	152	114	9	15	9	5			
制造业	571908	278234	62441	84216	54319	37637	26766	11820	16475
农副食品加工业	7064	3722	543	772	537	421	322	223	524
食品制造业	8232	4576	763	1047	643	442	296	172	293
酒、饮料和精制茶制造业	2701	1740	214	250	158	94	89	39	117
烟草制品业	37	20	2	2	3	3		1	6
纺织业	12849	5195	1146	1809	1916	1230	786	344	423
纺织服装、服饰业	36104	21151	2736	3327	3266	2698	1640	656	630
皮革、毛皮、羽毛及其制品和制鞋业	19682	9874	1644	2491	2032	1758	1042	428	413
木材加工和木、竹、藤、棕、草制品业	7151	3508	757	1077	705	489	370	131	114
家具制造业	18880	9524	2084	2701	1654	1145	951	426	395
造纸和纸制品业	18650	7448	2346	3844	2285	1273	699	285	470
印刷和记录媒介复制业	16740	7197	2309	3132	1912	1108	568	235	279
文教、工美、体育和娱乐用品制造业	21846	12348	1968	2691	1760	1159	886	402	632
石油、煤炭及其他燃料加工业	870	424	93	112	72	59	40	14	56
化学原料和化学制品制造业	18489	8499	1688	2598	1712	1389	1126	568	909
医药制造业	2258	1042	179	263	161	143	169	85	216
化学纤维制造业	428	180	24	65	45	47	24	18	25
橡胶和塑料制品业	47076	20615	5554	7788	4918	3421	2601	1037	1142
非金属矿物制品业	23132	10218	2329	3490	2277	1599	1270	722	1227
黑色金属冶炼和压延加工业	2367	868	242	384	260	198	126	85	204
有色金属冶炼和压延加工业	3933	1252	364	611	459	435	310	163	339
金属制品业	78811	37614	9716	13585	7926	4945	2724	1023	1278
通用设备制造业	33611	15358	4333	5569	3460	2152	1509	557	673
专用设备制造业	42828	22321	5364	6385	3567	2337	1562	631	661

1-51 续表 1

行业大类	企业法人单位数（个）	100 万元及以下	100-200 万元	200-500 万元	500-1000 万元	1000-2000 万元	2000-5000 万元	5000 万元-1 亿元	1 亿元以上
汽车制造业	4820	2120	397	571	429	334	314	172	483
铁路、船舶、航空航天和其他运输设备制造业	2577	1167	241	320	250	173	163	86	177
电气机械和器材制造业	54224	25690	5947	7894	4904	3512	3056	1382	1839
计算机、通信和其他电子设备制造业	63607	31598	6860	8387	5300	3975	3361	1621	2505
仪器仪表制造业	9582	4844	1231	1347	797	526	405	178	254
其他制造业	6909	3903	737	959	562	365	240	73	70
废弃资源综合利用业	1481	891	78	120	90	78	76	41	107
金属制品、机械和设备修理业	4969	3327	552	625	259	129	41	22	14
电力、热力、燃气及水生产和供应业	9634	5890	973	954	554	381	357	192	333
电力、热力生产和供应业	6895	4706	716	629	324	159	131	81	149
燃气生产和供应业	530	192	31	45	36	41	50	36	99
水的生产和供应业	2209	992	226	280	194	181	176	75	85
建筑业	116949	78390	11451	13079	4969	3063	2527	1322	2148
房屋建筑业	19367	11429	1633	2209	1051	781	818	497	949
土木工程建筑业	16867	10289	1702	2120	898	615	523	270	450
建筑安装业	20936	12706	2447	2800	1192	728	508	261	294
建筑装饰、装修和其他建筑业	59779	43966	5669	5950	1828	939	678	294	455
批发和零售业	962209	690488	75828	90334	40777	28647	18460	7848	9827
批发业	546443	370000	41871	50229	31287	23462	15470	6473	7651
零售业	415766	320488	33957	40105	9490	5185	2990	1375	2176
交通运输、仓储和邮政业	72224	43708	7734	9655	4774	2694	2027	741	891
铁路运输业	23	1	1	1		1		4	15
道路运输业	32806	18682	3731	4941	2549	1378	925	289	311
水上运输业	1879	1064	163	211	121	82	97	60	81
航空运输业	385	258	35	35	18	6	8	4	21
管道运输业	13	4	2	2			1		4
多式联运和运输代理业	25834	16742	2658	3052	1427	792	643	238	282
装卸搬运和仓储业	7329	4503	686	934	407	319	265	109	106
邮政业	3955	2454	458	479	252	116	88	37	71
住宿和餐饮业	52873	36190	6712	5292	2024	1231	900	319	205
住宿业	14034	8288	2081	1775	773	456	392	174	95
餐饮业	38839	27902	4631	3517	1251	775	508	145	110
信息传输、软件和信息技术服务业	165077	131663	10807	11513	4585	2571	2059	855	1024
电信、广播电视和卫星传输服务	4053	2666	416	402	204	123	79	44	119
互联网和相关服务	20657	17047	1218	1221	481	234	199	109	148
软件和信息技术服务业	140367	111950	9173	9890	3900	2214	1781	702	757
金融业	30330	24155	992	1270	733	641	751	454	1334
货币金融服务	4661	2849	205	282	179	196	228	156	566
资本市场服务	19831	17374	618	744	371	212	215	107	190

1-51 续表 2

行业大类	企业法人单位数(个)	100 万元及以下	100-200 万元	200-500 万元	500-1000 万元	1000-2000 万元	2000-5000 万元	5000 万元-1 亿元	1 亿元以上
保险业	1757	461	57	95	103	152	241	151	497
其他金融业	4081	3471	112	149	80	81	67	40	81
房地产业	115702	79987	8878	11470	5570	3250	2783	1270	2494
房地产业	115702	79987	8878	11470	5570	3250	2783	1270	2494
租赁和商务服务业	377875	309490	24651	25218	8858	4072	3098	1245	1243
租赁业	25423	18930	2409	2715	758	326	196	53	36
商务服务业	352452	290560	22242	22503	8100	3746	2902	1192	1207
科学研究和技术服务业	188803	146268	14779	16208	5961	2654	1845	580	508
研究和试验发展	45252	36081	3053	3407	1576	647	342	87	59
专业技术服务业	85305	61682	8103	9050	2992	1456	1206	422	394
科技推广和应用服务业	58246	48505	3623	3751	1393	551	297	71	55
水利、环境和公共设施管理业	8949	5837	885	1066	488	267	219	94	93
水利管理业	306	186	32	45	20	11	8	2	2
生态保护和环境治理业	1892	1246	168	208	93	85	47	23	22
公共设施管理业	6566	4287	669	795	361	165	159	67	63
土地管理业	185	118	16	18	14	6	5	2	6
居民服务、修理和其他服务业	59878	47926	4811	5071	1059	493	357	96	65
居民服务业	25366	21677	1541	1595	273	139	99	29	13
机动车、电子产品和日用产品修理业	23425	18198	2135	2262	488	194	100	25	23
其他服务业	11087	8051	1135	1214	298	160	158	42	29
教育	30587	26547	1679	1575	473	162	100	25	26
教育	30587	26547	1679	1575	473	162	100	25	26
卫生和社会工作	7918	6055	481	588	277	210	161	75	71
卫生	7009	5309	433	525	253	196	151	72	70
社会工作	909	746	48	63	24	14	10	3	1
文化、体育和娱乐业	57824	47870	3992	4301	823	394	279	82	83
新闻和出版业	509	321	47	53	18	17	22	13	18
广播、电视、电影和录音制作业	6267	4538	531	665	244	159	83	21	26
文化艺术业	16003	13927	919	902	148	55	34	11	7
体育	6719	5748	376	382	77	46	56	19	15
娱乐业	28326	23336	2119	2299	336	117	84	18	17
公共管理、社会保障和社会组织									
中国共产党机关									
国家机构									
人民政协、民主党派									
社会保障									
群众团体、社会团体和其他成员组织									
基层群众自治组织									
国际组织									
国际组织									

1-52 按地区、资产总计组距分组的企业法人单位数

地 区	企业法人单位数(个)	50万元及以下	50-100万元	100-500万元	500-1000万元	1000-5000万元	5000万元-1亿元	1亿元以上
总 计	2834257	1730708	267238	466473	133439	151370	32205	52824
广州市	720114	508284	54747	87552	25287	27955	5840	10449
深圳市	848882	522309	73818	134571	41647	49495	10289	16753
珠海市	94498	62328	6624	11910	3742	5788	1374	2732
汕头市	44146	17981	6385	10606	2942	4433	751	1048
佛山市	229930	101980	31141	60302	16299	13111	2701	4396
韶关市	18189	9107	1562	3668	1136	1684	403	629
河源市	15341	8822	1348	2524	721	1083	322	521
梅州市	24137	14261	2326	3871	1127	1515	425	612
惠州市	97107	59703	8122	14998	4829	5680	1330	2445
汕尾市	10605	5138	1559	2455	541	508	154	250
东莞市	359728	222543	36958	58841	16082	17737	3235	4332
中山市	110231	68313	10609	18234	4580	5283	1180	2032
江门市	56322	31505	4929	9973	3099	4182	1001	1633
阳江市	18212	10009	2469	3298	852	923	232	429
湛江市	44495	22968	7048	9238	1897	1984	456	904
茂名市	35847	14001	5146	10507	2694	2332	561	606
肇庆市	29276	12454	4035	8138	1403	1678	568	1000
清远市	25149	14891	1838	3699	1226	1977	552	966
潮州市	15840	5995	2195	4777	1194	1234	207	238
揭阳市	23360	11200	2809	5104	1534	1912	370	431
云浮市	12848	6916	1570	2207	607	876	254	418
按区域分组								
珠三角核心区	2546088	1589419	230983	404519	116968	130909	27518	45772
沿海经济带	192505	87292	27611	45985	11654	13326	2731	3906
北部生态发展区	95664	53997	8644	15969	4817	7135	1956	3146

1-53 按行业大类、资产总计组距分组的企业法人单位数

行业大类	企业法人单位数(个)	50万元及以下	50-100万元	100-500万元	500-1000万元	1000-5000万元	5000万元-1亿元	1亿元以上
总　计	2834257	1730708	267238	466473	133439	151370	32205	52824
农、林、牧、渔业	3114	1883	272	614	137	158	23	27
农业	27	22		2		1		2
林业	6	5		1				
畜牧业	11	8		1		1		1
渔业	5	5						
农、林、牧、渔专业及辅助性活动	3065	1843	272	610	137	156	23	24
采矿业	2403	967	158	476	230	393	96	83
煤炭开采和洗选业	6	3			3			
石油和天然气开采业	8	2			1			5
黑色金属矿采选业	250	128	13	44	21	26	5	13
有色金属矿采选业	160	67	6	20	9	25	15	18
非金属矿采选业	1760	640	121	378	182	325	75	39
开采专业及辅助性活动	67	37	3	11	3	7		6
其他采矿业	152	90	15	23	11	10	1	2
制造业	571908	243229	63800	139683	45697	55376	10762	13361
农副食品加工业	7064	3034	734	1397	487	775	249	388
食品制造业	8232	3803	912	1740	588	766	175	248
酒、饮料和精制茶制造业	2701	1162	300	621	179	243	63	133
烟草制品业	37	15		10	4	1		7
纺织业	12849	4852	1419	3166	1158	1605	325	324
纺织服装、服饰业	36104	19593	3403	6571	2335	3360	459	383
皮革、毛皮、羽毛及其制品和制鞋业	19682	9322	1995	4571	1697	1662	243	192
木材加工和木、竹、藤、棕、草制品业	7151	3238	827	1768	558	579	95	86
家具制造业	18880	9549	1948	3970	1307	1547	282	277
造纸和纸制品业	18650	6722	2348	5907	1573	1512	270	318
印刷和记录媒介复制业	16740	5727	2060	5497	1477	1541	225	213
文教、工美、体育和娱乐用品制造业	21846	10787	2278	4551	1515	1951	331	433
石油、煤炭及其他燃料加工业	870	341	79	204	85	84	20	57
化学原料和化学制品制造业	18489	6762	1905	4417	1656	2345	595	809
医药制造业	2258	750	166	389	182	372	135	264
化学纤维制造业	428	143	30	105	44	70	12	24
橡胶和塑料制品业	47076	17862	5508	12896	4238	4921	823	828
非金属矿物制品业	23132	8690	2398	5463	2024	2853	790	914
黑色金属冶炼和压延加工业	2367	780	253	632	209	287	65	141
有色金属冶炼和压延加工业	3933	1054	396	1042	485	603	141	212
金属制品业	78811	33925	10007	21300	5999	5748	966	866
通用设备制造业	33611	12812	4065	9328	2904	3249	602	651
专用设备制造业	42828	18351	5289	10802	3306	3780	585	715

1-53 续表 1

行业大类	企业法人单位数(个)	50 万元及以下	50-100 万元	100-500 万元	500-1000 万元	1000-5000 万元	5000 万元-1 亿元	1 亿元以上
汽车制造业	4820	1723	376	1003	424	627	184	483
铁路、船舶、航空航天和其他运输设备制造业	2577	888	218	575	237	386	100	173
电气机械和器材制造业	54224	22944	5740	12530	4399	5910	1209	1492
计算机、通信和其他电子设备制造业	63607	27352	6481	14016	5066	6904	1479	2309
仪器仪表制造业	9582	4054	1125	2309	765	895	188	246
其他制造业	6909	3445	756	1615	487	479	68	59
废弃资源综合利用业	1481	779	95	214	69	167	63	94
金属制品、机械和设备修理业	4969	2770	689	1074	240	154	20	22
电力、热力、燃气及水生产和供应业	9634	2214	892	3209	1040	1139	319	821
电力、热力生产和供应业	6895	1484	693	2702	825	648	142	401
燃气生产和供应业	530	135	31	83	27	107	48	99
水的生产和供应业	2209	595	168	424	188	384	129	321
建筑业	116949	69221	12608	19232	5185	6704	1733	2266
房屋建筑业	19367	10107	1694	3010	1050	1933	646	927
土木工程建筑业	16867	8718	1752	3128	899	1376	418	576
建筑安装业	20936	10785	2522	4390	1239	1409	289	302
建筑装饰、装修和其他建筑业	59779	39611	6640	8704	1997	1986	380	461
批发和零售业	962209	635395	91601	150744	37628	34717	5721	6403
批发业	546443	336000	51919	95309	27316	26572	4285	5042
零售业	415766	299395	39682	55435	10312	8145	1436	1361
交通运输、仓储和邮政业	72224	38138	7831	15571	4835	3810	713	1326
铁路运输业	23	1				1	1	20
道路运输业	32806	16033	3670	7935	2394	1978	318	478
水上运输业	1879	791	164	363	166	183	54	158
航空运输业	385	196	32	71	26	24	5	31
管道运输业	13	5		3				5
多式联运和运输代理业	25834	14876	2678	5153	1682	1046	170	229
装卸搬运和仓储业	7329	3952	694	1314	418	468	139	344
邮政业	3955	2284	593	732	149	110	26	61
住宿和餐饮业	52873	36775	5270	6630	1547	1789	367	495
住宿业	14034	7744	1570	2443	687	978	239	373
餐饮业	38839	29031	3700	4187	860	811	128	122
信息传输、软件和信息技术服务业	165077	116883	13627	20254	5486	5858	1254	1715
电信、广播电视和卫星传输服务	4053	2385	424	648	211	195	51	139
互联网和相关服务	20657	15546	1624	2117	511	536	127	196
软件和信息技术服务业	140367	98952	11579	17489	4764	5127	1076	1380
金融业	30330	14493	815	3301	2277	4324	1213	3907
货币金融服务	4661	2196	80	200	182	461	172	1370
资本市场服务	19831	9413	515	2503	1809	3230	737	1624

1-53 续表 2

行业大类	企业法人单位数(个)	50 万元及以下	50-100 万元	100-500 万元	500-1000 万元	1000-5000 万元	5000 万元-1 亿元	1 亿元以上
保险业	1757	430	88	268	117	264	144	446
其他金融业	4081	2454	132	330	169	369	160	467
房地产业	115702	59389	8644	14989	5805	10873	3990	12012
房地产业	115702	59389	8644	14989	5805	10873	3990	12012
租赁和商务服务业	377875	261498	29286	45594	12852	16174	4239	8232
租赁业	25423	16713	2571	3961	913	899	153	213
商务服务业	352452	244785	26715	41633	11939	15275	4086	8019
科学研究和技术服务业	188803	127844	17858	27373	6972	6436	1081	1239
研究和试验发展	45252	30854	4007	6429	1823	1607	256	276
专业技术服务业	85305	54164	9076	14116	3465	3260	559	665
科技推广和应用服务业	58246	42826	4775	6828	1684	1569	266	298
水利、环境和公共设施管理业	8949	4596	864	1632	522	752	204	379
水利管理业	306	132	26	67	29	24	7	21
生态保护和环境治理业	1892	958	174	336	108	171	66	79
公共设施管理业	6566	3411	657	1198	377	543	122	258
土地管理业	185	95	7	31	8	14	9	21
居民服务、修理和其他服务业	59878	44895	5558	7017	1209	944	143	112
居民服务业	25366	20792	1745	2088	329	311	52	49
机动车、电子产品和日用产品修理业	23425	16606	2566	3280	553	343	44	33
其他服务业	11087	7497	1247	1649	327	290	47	30
教育	30587	24546	2268	2689	475	468	62	79
教育	30587	24546	2268	2689	475	468	62	79
卫生和社会工作	7918	5312	627	1060	284	447	89	99
卫生	7009	4705	566	940	250	393	74	81
社会工作	909	607	61	120	34	54	15	18
文化、体育和娱乐业	57824	43430	5259	6405	1258	1008	196	268
新闻和出版业	509	281	49	83	28	27	12	29
广播、电视、电影和录音制作业	6267	3920	555	994	339	345	47	67
文化艺术业	16003	13067	1175	1314	217	156	37	37
体育	6719	5279	469	648	115	109	34	65
娱乐业	28326	20883	3011	3366	559	371	66	70
公共管理、社会保障和社会组织								
中国共产党机关								
国家机构								
人民政协、民主党派								
社会保障								
群众团体、社会团体和其他成员组织								
基层群众自治组织								
国际组织								
国际组织								

1-54　按行业大类、地区分组的

行业大类	企业法人单位数（个）	广州市	深圳市	珠海市	汕头市	佛山市	韶关市	河源市	梅州市	惠州市
总　计	19060	5252	2633	1372	917	1005	616	348	384	801
农、林、牧、渔业	46	1		1	1		4	1	1	
农业	8									
林业										
畜牧业										
渔业	1									
农、林、牧、渔专业及辅助性活动	37	1		1	1		4	1	1	
采矿业	59		3	2		2	13	1	9	8
煤炭开采和洗选业										
石油和天然气开采业	3		1	1						
黑色金属矿采选业	5						2	1		1
有色金属矿采选业	16						10		3	
非金属矿采选业	26			1		1	1		4	6
开采专业及辅助性活动	5		2			1				
其他采矿业	4								2	1
制造业	1806	402	203	85	119	113	55	45	36	64
农副食品加工业	337	17	4	4	23	6	6	24	8	14
食品制造业	65	22	2	2	8	4		1		3
酒、饮料和精制茶制造业	46	10	1	1	5	4	2	2	1	
烟草制品业	7	1	1				1		2	
纺织业	40	4	2	1	7	9	2	1	1	
纺织服装、服饰业	25	8	2	1		1	1	2	1	
皮革、毛皮、羽毛及其制品和制鞋业	19	2	1		3		1			
木材加工和木、竹、藤、棕、草制品业	25	3	2			3		1		2
家具制造业	9	3	1		1	2				1
造纸和纸制品业	29	5	6	4	1	2	1	2	1	
印刷和记录媒介复制业	67	19	7	4	2	4		2	1	4
文教、工美、体育和娱乐用品制造业	37	13	2		7	3		1	1	1
石油、煤炭及其他燃料加工业	13	2	1	1		1				1
化学原料和化学制品制造业	97	21	7	10	6	6	5			4
医药制造业	53	24	8	1	5	5		1	2	2
化学纤维制造业	2			1						
橡胶和塑料制品业	59	14	6	2	2	7	1	1	2	2
非金属矿物制品业	105	20	11	5	4	8	10	1		4
黑色金属冶炼和压延加工业	23	11	1			1	4			
有色金属冶炼和压延加工业	29	10	2	2	1	3	3		4	
金属制品业	90	25	10	4	5	9	4	1		3
通用设备制造业	84	31	8	4	4	6	4	1		4
专用设备制造业	84	23	9	4	5	9	2	1	2	1

国有控股企业法人单位数

汕尾市	东莞市	中山市	江门市	阳江市	湛江市	茂名市	肇庆市	清远市	潮州市	揭阳市	云浮市
280	556	348	676	297	1022	630	540	366	304	428	285
1			1	1	20	2	4	3		5	
					8						
					1						
1			1	1	11	2	4	3		5	
	1			4	5	2	2	4	1		2
					1						
								1			
						1	1	1			
	1			4	2	1	1	1	1		2
					2						
								1			
35	90	36	53	26	175	87	48	25	26	59	24
21	9		4	8	55	63	16	4	10	36	5
3		2			7	4	2	1	2	2	
1	2	1	1	1	7	2				4	1
									1	1	
1	2		2	1	4	1	1	1			
1	1				1			1	2	2	1
	5		1			1				1	4
1			1		7		2	1	2		
						1					
	1	1	1		3	1					
	4		1	4	5	1	5	1	1	2	
	2		2		1		2		1	1	
	1				4	2					
	4		8	1	15	3	4		1		2
					1	3	1				
			1								
1	6	2	2		6		1	3			1
	1	2	6	2	11	4	1	6	1	3	5
	2	1		1	1			1			
	1			1			1	1			
3	10	5	2	3	3		1			1	1
	7		4		5	1	1	2		2	
1	6	1	3	1	12		1	1		1	1

1-54

行业大类	企业法人单位数（个）	广州市	深圳市	珠海市	汕头市	佛山市	韶关市	河源市	梅州市	惠州市
汽车制造业	42	21	2	1		5		1	6	1
铁路、船舶、航空航天和其他运输设备制造业	45	18	4	7	2	2		1		
电气机械和器材制造业	105	30	22	6	9	5	1		1	2
计算机、通信和其他电子设备制造业	159	20	66	13	11	4	2		3	13
仪器仪表制造业	26	4	8	2	1	3		1		
其他制造业	15	3	2		2					
废弃资源综合利用业	20	2		3	2		4			1
金属制品、机械和设备修理业	49	16	5	2	3	1	1			1
电力、热力、燃气及水生产和供应业	854	94	50	30	46	34	83	35	47	46
电力、热力生产和供应业	476	49	19	15	30	6	59	19	35	28
燃气生产和供应业	54	10	6	7		6	2	4	2	1
水的生产和供应业	324	35	25	8	16	22	22	12	10	17
建筑业	877	251	92	116	42	44	20	10	22	58
房屋建筑业	240	59	22	31	18	7	4	2	4	16
土木工程建筑业	366	101	23	52	11	23	10	7	12	24
建筑安装业	105	40	22	10	4	5	2	1	4	4
建筑装饰、装修和其他建筑业	166	51	25	23	9	9	4		2	14
批发和零售业	3612	948	466	213	332	131	68	60	51	126
批发业	2331	723	288	148	204	89	39	26	24	68
零售业	1281	225	178	65	128	42	29	34	27	58
交通运输、仓储和邮政业	1277	307	170	84	63	79	32	20	25	65
铁路运输业	21	9	3	2		1	1			1
道路运输业	531	129	67	32	18	37	15	10	14	24
水上运输业	138	38	24	12	6	3				6
航空运输业	25	6	5	8	1	1	1	1		
管道运输业	4	1	1	1						1
多式联运和运输代理业	165	62	41	10	10	10	1			7
装卸搬运和仓储业	328	57	27	15	25	22	12	8	9	23
邮政业	65	5	2	4	3	5	2	1	2	3
住宿和餐饮业	414	176	78	29	13	7	15	10	5	8
住宿业	310	147	56	25	9	4	7	6	5	7
餐饮业	104	29	22	4	4	3	8	4		1
信息传输、软件和信息技术服务业	505	187	126	39	6	16	6	7	10	11
电信、广播电视和卫星传输服务	130	23	15	4	2	4	5	6	7	3
互联网和相关服务	66	29	13	5	1	5	1	1		3
软件和信息技术服务业	309	135	98	30	3	7			3	5
金融业	1695	396	414	171	40	96	34	20	29	52
货币金融服务	530	140	105	37	15	31	11	7	10	18
资本市场服务	496	143	221	85	1	13	2			4

续表 1

汕尾市	东莞市	中山市	江门市	阳江市	湛江市	茂名市	肇庆市	清远市	潮州市	揭阳市	云浮市
		1			3		1				
1	1	2	3	1	3						
	7	10	3	1	5		2				1
	12	4	2		1		5		2		1
	1	2	3		1						
	2	1		1	1					3	
			1		4			2			1
1	3	1	2		9		1		3		
26	23	18	29	23	48	46	35	57	22	32	30
11	12	5	11	12	26	28	17	48	17	13	16
1	1	3	1	1	2		1		2	3	1
14	10	10	17	10	20	18	17	9	3	16	13
7	15	11	32	9	67	27	18	7	5	13	11
2	3	2	2	4	32	16	2	3	2	6	3
4	7	4	18	5	25	8	11	3	3	7	8
	3	2	1		4	2	1				
1	2	3	11		6	1	4	1			
95	91	37	73	74	257	209	72	38	91	139	41
33	50	19	40	58	147	149	46	20	54	84	22
62	41	18	33	16	110	60	26	18	37	55	19
26	42	26	35	32	74	37	50	15	32	40	23
			1	1	1						1
12	16	10	20	13	34	12	30	6	11	14	7
	8	5	4	1	14	5	4	1	4	1	2
				1							1
1	2	5		2	9	2	2		1		
10	13	3	6	12	12	16	6	5	15	21	11
3	3	3	4	2	4	2	8	3	1	4	1
3	4	3	4	3	16	8	10	5	6	6	5
3	2		2	2	11	5	4	4	3	4	4
	2	3	2	1	5	3	6	1	3	2	1
7	11	5	10	5	11	7	14	8	3	10	6
5	6	4	6	3	5	5	8	7	3	8	1
	1			2	3	1					1
2	4	1	4		3	1	6	1		2	4
15	71	59	56	23	39	31	48	33	25	22	21
6	26	21	20	8	14	9	15	13	8	8	8
	12	4	3	1			5		2		

1-54

行业大类	企业法人单位数（个）	广州市	深圳市	珠海市	汕头市	佛山市	韶关市	河源市	梅州市	惠州市
保险业	582	92	58	33	23	48	20	13	19	30
其他金融业	87	21	30	16	1	4	1			
房地产业	2441	813	364	192	106	140	80	30	31	147
房地产业	2441	813	364	192	106	140	80	30	31	147
租赁和商务服务业	3231	880	367	245	97	210	130	70	80	146
租赁业	112	50	13	7	4	5	4	1		1
商务服务业	3119	830	354	238	93	205	126	69	80	145
科学研究和技术服务业	1162	469	176	87	24	66	39	13	12	31
研究和试验发展	147	72	24	15	1	5	1		1	4
专业技术服务业	814	311	124	63	15	52	35	10	10	22
科技推广和应用服务业	201	86	28	9	8	9	3	3	1	5
水利、环境和公共设施管理业	358	59	21	36	13	36	18	9	12	16
水利管理业	40	4	1	2		2	2	2	5	1
生态保护和环境治理业	47	12	5	2	3	4	1		2	1
公共设施管理业	247	40	15	30	9	26	15	7	4	13
土地管理业	24	3		2	1	4			1	1
居民服务、修理和其他服务业	178	59	26	11	1	9	11	6	4	3
居民服务业	58	12	8	6	1	3	4	2	3	1
机动车、电子产品和日用产品修理业	72	29	13	1		5	2	1		2
其他服务业	48	18	5	4		1	5	3	1	
教育	100	24	17	8	3	6	5	1	3	
教育	100	24	17	8	3	6	5	1	3	
卫生和社会工作	38	8	7			2		1		3
卫生	28	5	7			1				1
社会工作	10	3				1		1		2
文化、体育和娱乐业	407	178	53	23	11	14	3	9	7	17
新闻和出版业	110	76	11	3	2	1	1		3	4
广播、电视、电影和录音制作业	132	42	15	4	6	5	2	4		7
文化艺术业	93	37	11	7	2	5		4	3	2
体育	21	8	7	4						1
娱乐业	51	15	9	5	1	3		1	1	3
公共管理、社会保障和社会组织										
中国共产党机关										
国家机构										
人民政协、民主党派										
社会保障										
群众团体、社会团体和其他成员组织										
基层群众自治组织										
国际组织										
国际组织										

续表 2

汕尾市	东莞市	中山市	江门市	阳江市	湛江市	茂名市	肇庆市	清远市	潮州市	揭阳市	云浮市
8	31	33	32	14	24	21	26	19	13	14	11
1	2	1	1		1	1	2	1	2		2
13	66	38	96	21	113	30	45	31	21	32	32
13	66	38	96	21	113	30	45	31	21	32	32
34	84	81	195	45	99	69	138	102	52	43	64
	1	5	6	2	2	5	2	3			1
34	83	76	189	43	97	64	136	99	52	43	63
6	33	14	45	8	49	27	25	15	9	6	8
	6	2	3	2	7	2	2				
4	17	10	35	4	38	17	19	12	5	5	6
2	10	2	7	2	4	8	4	3	4	1	2
5	8	8	19	14	12	17	19	11	4	12	9
2		1	3	1			5	4	1	3	1
2	3	1	2		3	4			1	1	
1	4	5	13	11	9	12	9	6	2	8	8
	1	1	1	2		1	5	1			
1	1	3	12	1	6	8	6	5	4		1
1		2	3		3	2	2	2	2		1
			6	1	2	5	3	1	1		
	1	1	3		1	1	1	2	1		
1		4	6	3	7	6			3	1	2
1		4	6	3	7	6			3	1	2
1	2	1	1		7	2	1				2
1	2	1			6	1	1				2
			1		1	1					
4	14	4	9	5	17	15	5	7		8	4
		1	2	1	1	2	2				
2	5	1	5	3	10	8	2	4		4	3
1	4	1	1	1	5	4	1			3	1
								1			
1	5	1	1		1	1		2		1	

1-55 按行业大类、地区分组的

行业大类	企业从业人员数（人）	广州市	深圳市	珠海市	汕头市	佛山市	韶关市	河源市	梅州市	惠州市
总　计	3621664	1221011	979109	156018	101636	157601	83678	26272	47158	105667
农、林、牧、渔业	955	1		1	12		36		108	
农业										
林业										
畜牧业										
渔业										
农、林、牧、渔专业及辅助性活动	955	1		1	12		36		108	
采矿业	9105		545	253		71	5341	139	800	213
煤炭开采和洗选业										
石油和天然气开采业	372		120	252						
黑色金属矿采选业	160						16	139		3
有色金属矿采选业	6674						5325		757	
非金属矿采选业	843			1		70			31	197
开采专业及辅助性活动	1030		425			1				
其他采矿业	26								12	13
制造业	556263	154000	143916	47405	9368	25324	22250	1875	7462	32952
农副食品加工业	18361	679	1236	37	249	775	47	496	395	299
食品制造业	10143	5811	2076	1	676	36		8		16
酒、饮料和精制茶制造业	7070	3474	514	1	26	511	348	17	427	
烟草制品业	5986	2950	613				884		940	
纺织业	4316	12	2		26	1625	1288	12	2	
纺织服装、服饰业	2279	133	2	363		7	2			
皮革、毛皮、羽毛及其制品和制鞋业	1373	5	1		41		594			
木材加工和木、竹、藤、棕、草制品业	2050	912	45			434		21		
家具制造业	1191	644			4	540				3
造纸和纸制品业	6569	777	965	1323	8	22	1843	25	3	
印刷和记录媒介复制业	5695	1965	971	74	77	1114		26	94	123
文教、工美、体育和娱乐用品制造业	6689	4513	331		39	367		323	28	8
石油、煤炭及其他燃料加工业	15943	4476	1	66		295				2595
化学原料和化学制品制造业	10808	2201	356	902	124	560	1102			2248
医药制造业	26268	16490	4293	1	652	2806		9	26	178
化学纤维制造业	414			413						
橡胶和塑料制品业	14277	4854	1603	980	24	2161	1	150	50	586
非金属矿物制品业	11351	607	2171	400	45	255	1126	467		194
黑色金属冶炼和压延加工业	18459	3488	7			99	7120			
有色金属冶炼和压延加工业	11059	754	618	1046	630	70	3530		283	
金属制品业	16333	4346	3044	261	106	467	1539	245		1006
通用设备制造业	15724	7170	2010	4618	45	121	91	22		259
专用设备制造业	7316	1406	3789	417	39	515	135		2	20

国有控股企业法人单位从业人员数

汕尾市	东莞市	中山市	江门市	阳江市	湛江市	茂名市	肇庆市	清远市	潮州市	揭阳市	云浮市
21769	143162	75733	68073	39678	128306	85841	57655	41426	21096	39798	20977
43			15	1	473	28	67	5		165	
43			15	1	473	28	67	5		165	
	1			98	886	100	546	48	38		26
								2			
						100	462	30			
	1			98	282		84	15	38		26
					604						
								1			
3209	24999	9485	4351	9602	27779	9661	13295	3023	406	3074	2827
1085	734		176	115	7435	2093	363	435	334	864	514
12		428			611	398	55	3	12		
18	382	119		128	845	44				213	3
					599						
	4		75	682	564	17	3	4			
10	390				1			9	1	1357	4
	55		39			541				93	4
19			209		334		49	9	18		
	2	343	3		1197	58					
	997		1	80	72	23	46	17	10	5	
	516				54		72			438	
	13				2229	6268					
	118		750	115	1478	79	508				267
						38	1775				
			1								
2016	276	526	149		281		57	563			
	4	413	26	635	1828	83	122	1555		40	1380
	76	61		2991	4607			10			
				3616			163	349			
5	428	160	256	1090			2961			30	389
	1221		1		123	19	4	3		17	
4	82	222	70	56	508		1	45			5

1-55

行业大类	企业从业人员数（人）	广州市	深圳市	珠海市	汕头市	佛山市	韶关市	河源市	梅州市	惠州市
汽车制造业	54169	45673	1677	225		408		48	4520	75
铁路、船舶、航空航天和其他运输设备制造业	24034	17048	898	1896	77	521		5		
电气机械和器材制造业	67364	7628	6072	30631	537	8311	4		360	6864
计算机、通信和其他电子设备制造业	171663	4094	108607	3622	5440	3112	1856		332	18428
仪器仪表制造业	2159	333	1539	4	11	191		1		
其他制造业	884	35	159		9					
废弃资源综合利用业	1539	29		57	82		740			21
金属制品、机械和设备修理业	14777	11493	316	67	401	1				29
电力、热力、燃气及水生产和供应业	218110	33611	19351	9546	8502	21165	8015	4076	5628	14241
电力、热力生产和供应业	162942	21534	7692	6397	6085	16414	6948	3591	4642	11237
燃气生产和供应业	10394	2506	3617	629		1699	53	84	6	448
水的生产和供应业	44774	9571	8042	2520	2417	3052	1014	401	980	2556
建筑业	472742	190068	97879	13223	39255	2318	19073	266	2819	5829
房屋建筑业	241415	93306	47469	1018	29816	752	6031	75	367	2363
土木工程建筑业	173892	72169	27101	11978	6799	1192	12871	186	2303	1503
建筑安装业	35555	15139	13579	134	603	310	72	5	136	1907
建筑装饰、装修和其他建筑业	21880	9454	9730	93	2037	64	99		13	56
批发和零售业	226062	95341	60447	4802	4966	6669	2730	1571	2723	3674
批发业	133851	67592	22860	2765	3614	4869	2340	856	1385	1818
零售业	92211	27749	37587	2037	1352	1800	390	715	1338	1856
交通运输、仓储和邮政业	526767	255361	133245	17603	9102	14828	4228	3447	4173	8878
铁路运输业	74928	53312	21480	136						
道路运输业	242297	90669	68320	11457	3757	11063	2741	2385	2373	6337
水上运输业	26023	11114	2688	693	298	195				144
航空运输业	113978	82383	28311	1883	1323	22	11			
管道运输业	440	387	20							33
多式联运和运输代理业	14638	7195	5677	320	188	522	1			121
装卸搬运和仓储业	15041	3226	2916	1288	2153	1385	143	236	379	600
邮政业	39422	7075	3833	1826	1383	1641	1332	826	1421	1643
住宿和餐饮业	47012	23908	12768	3659	947	296	641	534	340	534
住宿业	36017	17617	9271	3525	894	203	380	422	340	531
餐饮业	10995	6291	3497	134	53	93	261	112		3
信息传输、软件和信息技术服务业	142678	49748	40984	3029	2339	5829	2416	2595	2990	2235
电信、广播电视和卫星传输服务	103007	28202	25949	2163	2201	5412	2290	2589	2902	2194
互联网和相关服务	5500	3346	662	57	7	238	126	6		6
软件和信息技术服务业	34171	18200	14373	809	131	179			88	35
金融业	740187	169193	181427	21238	20556	61057	15354	8439	18709	27440
货币金融服务	240617	78575	57275	8314	7063	13987	3387	2178	3898	7415
资本市场服务	63506	7337	51195	656	60	111	13			56

续表 1

汕尾市	东莞市	中山市	江门市	阳江市	湛江市	茂名市	肇庆市	清远市	潮州市	揭阳市	云浮市
					1537		6				
32	1017	485	1260		795						
	2320	2706		15	61		1634				221
	15416	3950	1306		5		5453		10		32
	8	20	3		49						
	541	16		79	28					17	
			14		567			21			8
8	399	36	12		1971		23		21		
3916	23577	9086	10687	5235	6607	7345	6409	7249	4121	6751	2992
2676	21287	7463	9044	4339	4955	5795	5497	6973	3205	4587	2581
84	12	493	76	56	15		58		209	343	6
1156	2278	1130	1567	840	1637	1550	854	276	707	1821	405
210	16565	9338	608	1533	29266	26622	7441	1711	532	6681	1505
45	143	4	15	789	26056	21529	3419	1580	34	5252	1352
141	16247	9127	530	744	3092	2397	3351	81	498	1429	153
	172	199	39		44	2693	523				
24	3	8	24		74	3	148	50			
2152	6749	1526	3686	2613	7923	6480	2862	2469	1825	3193	1661
1112	3051	833	1463	1750	5073	4675	1368	2170	1395	2154	708
1040	3698	693	2223	863	2850	1805	1494	299	430	1039	953
2910	12327	7540	11157	4710	13816	6078	5552	4864	2512	2936	1500
1838	7315	4970	8147	3209	3694	2877	4169	3684	1388	1585	319
	375	1141	520	143	7501	673	31	57	123	30	297
				15							30
18	47	174		22	237	93	6		17		
238	444	56	54	218	301	667	169	49	195	241	83
816	4146	1199	2436	1103	2083	1768	1177	1074	789	1080	771
132	6	61	28	34	1084	333	471	444	271	284	237
132			26	19	999	78	367	444	254	278	237
	6	61	2	15	85	255	104		17	6	
1846	3570	3129	3591	1992	3704	2745	2210	2706	1034	3226	760
1831	3432	3072	3564	979	3632	2737	2202	2670	1034	3221	731
				1013	31	1					7
15	138	57	27		41	7	8	36		5	22
4969	46353	29306	25147	7941	25877	19363	14873	14692	9353	11185	7715
1809	13835	7913	7783	2372	5243	4259	3934	3568	2618	3400	1791
	3920	24	32	9			79		14		

1-55

行业大类	企业从业人员数（人）	广州市	深圳市	珠海市	汕头市	佛山市	韶关市	河源市	梅州市	惠州市
保险业	433547	82270	71999	12051	13425	46910	11954	6261	14811	19969
其他金融业	2517	1011	958	217	8	49				
房地产业	176083	57701	84330	12202	3369	2660	881	519	224	3034
房地产业	176083	57701	84330	12202	3369	2660	881	519	224	3034
租赁和商务服务业	321962	109537	145760	14158	2021	9082	1872	1793	703	2583
租赁业	3083	1533	334	65	38	158	29	17		5
商务服务业	318879	108004	145426	14093	1983	8924	1843	1776	703	2578
科学研究和技术服务业	116882	57879	43486	3751	840	2058	508	323	265	1213
研究和试验发展	5528	3485	986	564	5	248	9		3	25
专业技术服务业	102131	51704	37424	3071	757	1739	494	230	262	1020
科技推广和应用服务业	9223	2690	5076	116	78	71	5	93		168
水利、环境和公共设施管理业	25224	7979	3004	3434	186	3998	168	199	110	701
水利管理业	786	52	12	35		61	22	61	17	
生态保护和环境治理业	2621	681	1382	89	42	116	32		29	2
公共设施管理业	21281	7147	1610	3123	127	3813	114	138	60	689
土地管理业	536	99		187	17	8			4	10
居民服务、修理和其他服务业	9763	4397	3215	81	4	211	105	311	6	65
居民服务业	3715	828	1819	57	4	47	66	174	4	4
机动车、电子产品和日用产品修理业	2199	839	851	1		151	20	21		61
其他服务业	3849	2730	545	23		13	19	116	2	
教育	4057	1030	543	448	24	1223	56	36	37	
教育	4057	1030	543	448	24	1223	56	36	37	
卫生和社会工作	6158	1671	1963			8		1		639
卫生	6118	1663	1963			6				621
社会工作	40	8				2		1		18
文化、体育和娱乐业	21654	9586	6246	1185	145	804	4	148	61	1436
新闻和出版业	8273	5797	633	609	16	5	2		33	683
广播、电视、电影和录音制作业	3553	1541	629	57	94	40	2	52		509
文化艺术业	3620	1626	893	99	23	336		81	21	171
体育	1768	239	996	270						7
娱乐业	4440	383	3095	150	12	423		15	7	66
公共管理、社会保障和社会组织										
中国共产党机关										
国家机构										
人民政协、民主党派										
社会保障										
群众团体、社会团体和其他成员组织										
基层群众自治组织										
国际组织										
国际组织										

续表 2

汕尾市	东莞市	中山市	江门市	阳江市	湛江市	茂名市	肇庆市	清远市	潮州市	揭阳市	云浮市
3155	28525	21326	17318	5560	20620	15076	10810	11114	6700	7785	5908
5	73	43	14		14	28	50	10	21		16
276	2637	1514	1208	376	1339	564	930	1107	148	826	238
276	2637	1514	1208	376	1339	564	930	1107	148	826	238
749	4639	2101	5641	4645	6380	4466	1340	1924	581	888	1099
	10	217	215	166	153	109	2	30			2
749	4629	1884	5426	4479	6227	4357	1338	1894	581	888	1097
24	1040	841	1185	403	1426	570	368	282	149	143	128
	50	33	8	9	84	6	13				
17	597	797	1150	73	1311	481	342	277	127	137	121
7	393	11	27	321	31	83	13	5	22	6	7
112	189	1506	461	245	255	551	1141	494	60	349	82
6		10	57	28			54	44	1	303	23
44	17		66		42	30			27	22	
62	172	1476	332	207	213	521	920	442	32	24	59
		20	6	10			167	8			
7	3	33	206	6	692	218	66	95	37		5
7		26	38		426	100	38	56	16		5
			77	6	26	114	28	4			
	3	7	91		240	4		35	21		
10		186	75	47	85	130			29		98
10		186	75	47	85	130			29		98
1177	140	10	1		437	12	41				58
1177	140	10			433	6	41				58
			1		4	6					
27	367	71	26	197	277	575	43	313		97	46
		10	4	125	1	336	19				
7	100		9	26	207	158	19	13		68	22
5	68	54		46	69	71	5			28	24
								256			
15	199	7	13			10		44		1	

1-56 按行业大类、地区分组的

行业大类	企业从业人员数（人）	广州市	深圳市	珠海市	汕头市	佛山市	韶关市	河源市	梅州市	惠州市
总　计	626374	100971	107274	12496	54349	39037	19005	8880	15179	15966
农、林、牧、渔业	371	14		10	5	3	3		1	12
农业										
林业										
畜牧业										
渔业										
农、林、牧、渔专业及辅助性活动	371	14		10	5	3	3		1	12
采矿业	934			39			54	10	54	
煤炭开采和洗选业										
石油和天然气开采业										
黑色金属矿采选业	19									
有色金属矿采选业	3									
非金属矿采选业	890			39			54	10	48	
开采专业及辅助性活动										
其他采矿业	22								6	
制造业	113402	24465	13176	2925	4771	12783	1568	245	393	4223
农副食品加工业	2206	522	1	9	22	5	41	14	56	
食品制造业	1576	141	3	621	78	200	14	3	4	4
酒、饮料和精制茶制造业	2825	2567			14	1		10	19	21
烟草制品业	103									
纺织业	2424	83		1	184	1304				
纺织服装、服饰业	4863	141	2235	27	159	262	4			64
皮革、毛皮、羽毛及其制品和制鞋业	4087	472	31	980		263				42
木材加工和木、竹、藤、棕、草制品业	318	36	1		12		6	27	12	33
家具制造业	3430	3079	1	18	86	32	8			
造纸和纸制品业	3035	96	68	7	570	401	6			4
印刷和记录媒介复制业	2590	342	28	2	892	188	40	26	39	
文教、工美、体育和娱乐用品制造业	12711	110	13	81	128	3405			2	
石油、煤炭及其他燃料加工业	245	155								
化学原料和化学制品制造业	1644	291	56	344	87	284			2	20
医药制造业	1498	445			100	165				
化学纤维制造业	7									
橡胶和塑料制品业	6141	1171	493	44	508	133	13		20	97
非金属矿物制品业	4045	441	247	101	70	798	9	134	127	90
黑色金属冶炼和压延加工业	122								93	
有色金属冶炼和压延加工业	1524	22	44		37	487				
金属制品业	6762	483	1018	39	336	648	13		16	55
通用设备制造业	3414	1592	253	160	422	552	10			8
专用设备制造业	4774	490	1971	132	159	180	1404			42

集体控股企业法人单位从业人员数

汕尾市	东莞市	中山市	江门市	阳江市	湛江市	茂名市	肇庆市	清远市	潮州市	揭阳市	云浮市
15275	42546	16981	20305	19737	27223	40162	10952	7427	22807	22982	6820
12	116		13		104	19		13			46
12	116		13		104	19		13			46
5	32		143		143	127	180	58	50	4	35
						10	9				
								3			
5	32		143		143	117	171	39	50	4	35
								16			
6397	16103	8500	2990	158	1817	1186	844	1236	6942	1469	1211
156	265	557	4	26	106	52	186	37	29	118	
	24	112	6	14	130	36			54	66	66
			42	13	129			5	4		
					5	98					
22	548	207	26		14				23	12	
20	15	724	89					63	958	59	43
342	380	1381	41			46	14	76	19		
					35	27	104	16	9		
	66	14	23	1		95		7			
	1304	300	70	3	107	52	16	7	24		
73	58	113	50	79	244	234	30	70	23	13	46
3825	3682	1402	9				4		32	18	
	13					77					
	213	7	8		33	144	90	7	30		28
	19		90		141	39	17			482	
			7								
1906	682	820	91		9	37	10	30	8		69
	46	286	178		336	114	356	259	329	123	1
		11			10	6	2				
			135					506	248	45	
20	536	1886	350		216	47		8	60	148	883
	203	43	109		36	7	1		18		
	174	10	3		102	21		9	12	10	55

1-56

行业大类	企业从业人员数（人）	广州市	深圳市	珠海市	汕头市	佛山市	韶关市	河源市	梅州市	惠州市
汽车制造业	2520	5	834		43	159				
铁路、船舶、航空航天和其他运输设备制造业	238	25			32			15		47
电气机械和器材制造业	4978	420	1810	258	237	617				221
计算机、通信和其他电子设备制造业	33796	11277	3671	70	94	2675		16	1	3430
仪器仪表制造业	144	31	1	11	10	22				
其他制造业	530	10	397	3	4	1				
废弃资源综合利用业	682	9			457					35
金属制品、机械和设备修理业	170	9		17	30	1			2	10
电力、热力、燃气及水生产和供应业	17379	591	29	42	665	885	1396	381	933	1109
电力、热力生产和供应业	7588	192	29	6	11	768	1375	326	675	256
燃气生产和供应业	288	111								
水的生产和供应业	9503	288		36	654	117	21	55	258	853
建筑业	218817	10880	17196	2915	29753	10300	12523	5995	11403	4851
房屋建筑业	187255	5196	10770	1806	29573	9171	11934	4018	10787	3614
土木工程建筑业	13392	2894	253	603	152	743	376	678	331	361
建筑安装业	10166	1896	1465	333	4	351	120		261	774
建筑装饰、装修和其他建筑业	8004	894	4708	173	24	35	93	1299	24	102
批发和零售业	40072	5968	4020	535	3414	1904	690	569	326	1508
批发业	20824	3419	2998	225	1076	1284	622	276	227	572
零售业	19248	2549	1022	310	2338	620	68	293	99	936
交通运输、仓储和邮政业	22597	3646	8021	57	552	1111	584	150	142	140
铁路运输业										
道路运输业	9739	1008	2972	16	313	798	50	101	142	76
水上运输业	2576	12	4	8	99	243	171	36		29
航空运输业	5			5						
管道运输业										
多式联运和运输代理业	2726	2124	233	5	40	55				20
装卸搬运和仓储业	2236	502	40	23	100	15	363			15
邮政业	5315		4772					13		
住宿和餐饮业	6909	2343	1065	110	247	875	341	22	44	151
住宿业	3909	885	719	65	115	545	321	6	23	125
餐饮业	3000	1458	346	45	132	330	20	16	21	26
信息传输、软件和信息技术服务业	5154	1306	2369	374	45	52	4	38	15	296
电信、广播电视和卫星传输服务	660	4		302	35	16		22		
互联网和相关服务	751	119	251	5		3		6	13	275
软件和信息技术服务业	3743	1183	2118	67	10	33	4	10	2	21
金融业	18706	735	832	79	1121	3056	877	660	198	1074
货币金融服务	14512	221	260	29	1117	27	877	660	198	1071
资本市场服务	248	5	161	49	4	15				3

续表 1

汕尾市	东莞市	中山市	江门市	阳江市	湛江市	茂名市	肇庆市	清远市	潮州市	揭阳市	云浮市
	13	524	942								
12	2	69	6	10	1	17				2	
	347	31	707		117	3			59	144	7
21	7447	1							4959	134	
	12			12			10		35		
		2				26			9	78	
	54							124		3	
			4		46	8	4	12		14	13
495	3103	497	712	218	385	1111	1064	912	1308	1140	403
98	234	55	482	127	22	735	496	683	425	304	289
	8					7	20	1	138		3
397	2861	442	230	91	363	369	548	228	745	836	111
6248	2048	994	7832	17473	11729	28899	3198	2079	12563	16379	3559
5875	1104	436	6667	14186	10099	26510	2180	1599	12348	15883	3499
356	81	227	670	2594	586	898	670	279	84	496	60
17	637	301	428	693	1043	1187	346	179	131		
	226	30	67		1	304	2	22			
1194	3220	1106	1266	873	4968	4409	504	966	1003	1051	578
456	885	247	494	673	3370	1698	330	795	496	400	281
738	2335	859	772	200	1598	2711	174	171	507	651	297
195	1396	141	795	237	2290	1868	629	127	122	186	208
34	1173	138	421	236	525	1230	23	53	106	123	201
			195		1597	36	35	69	9	27	6
12	2	1	14		88	10	111			11	
85	221	2	159	1	80	592	2	3	7	25	1
64			6				458	2			
56	548	177	59	14	78	224	73		116	344	22
56	467	101	27	8	70	137	73		33	133	
	81	76	32	6	8	87			83	211	22
	106	187	4	4	259	14	19	12	1	29	20
	1	1			251		19	3		6	
	62							6		9	2
	43	186	4	4	8	14		3	1	14	18
1	4	24	537	349	3322	142	2749	1354	73	1517	2
	1	24	537	349	3322	142	2744	1354	62	1517	
1	3						5				2

1-56

行业大类	企业从业人员数（人）	广州市	深圳市	珠海市	汕头市	佛山市	韶关市	河源市	梅州市	惠州市
保险业	3909	506	389			3014				
其他金融业	37	3	22	1						
房地产业	67506	24558	26636	2441	662	1865	321	563	86	877
房地产业	67506	24558	26636	2441	662	1865	321	563	86	877
租赁和商务服务业	86920	18818	31765	2106	12576	3176	414	161	806	819
租赁业	1273	824	55	63	34		67		13	14
商务服务业	85647	17994	31710	2043	12542	3176	347	161	793	805
科学研究和技术服务业	13147	4773	645	337	146	1083	110	67	667	487
研究和试验发展	556	303	95	16		15			30	2
专业技术服务业	11082	3557	499	296	131	1034	108	54	616	452
科技推广和应用服务业	1509	913	51	25	15	34	2	13	21	33
水利、环境和公共设施管理业	4531	692	806	77	39	457	33	3	11	91
水利管理业	314	24		51	9	1	3			91
生态保护和环境治理业	185	65	9	7			10			
公共设施管理业	3914	512	797	19	30	436	20	3	11	
土地管理业	118	91				20				
居民服务、修理和其他服务业	4568	1219	376	114	292	639	55	13	40	209
居民服务业	1642	547	31	43	66	302	29		29	98
机动车、电子产品和日用产品修理业	1709	438	314	66	86	296	14			
其他服务业	1217	234	31	5	140	41	12	13	11	111
教育	1391	487	37	4	29	372	23	1	3	56
教育	1391	487	37	4	29	372	23	1	3	56
卫生和社会工作	2408	135	144	178		198			6	8
卫生	2376	120	144	178		191			6	8
社会工作	32	15				7				
文化、体育和娱乐业	1562	341	157	153	32	278	9	2	51	55
新闻和出版业	116	46	40			30				
广播、电视、电影和录音制作业	486	137	29	130		83		2	48	
文化艺术业	211	44	2			66				51
体育	201	10	17	4	18	30				
娱乐业	548	104	69	19	14	69	9		3	4
公共管理、社会保障和社会组织										
中国共产党机关										
国家机构										
人民政协、民主党派										
社会保障										
群众团体、社会团体和其他成员组织										
基层群众自治组织										
国际组织										
国际组织										

续表 2

汕尾市	东莞市	中山市	江门市	阳江市	湛江市	茂名市	肇庆市	清远市	潮州市	揭阳市	云浮市
									11		
82	3551	1535	1377	93	481	314	700	264	354	543	203
82	3551	1535	1377	93	481	314	700	264	354	543	203
271	8995	1806	2163	39	1060	823	411	195	76	229	211
2	4	4	9	3	12	150		19			
269	8991	1802	2154	36	1048	673	411	176	76	229	211
209	988	902	675	203	326	683	356	177	41	13	259
58	9			6		3			2		17
151	872	891	656	194	266	576	335	144	32	13	205
	107	11	19	3	60	104	21	33	7		37
1	24	741	1261	9	13	73	33		102	17	48
	14		37		5	10			40	4	25
	4	66				10					14
1	5	675	1224	3	8	53	33		62	13	9
	1			6							
74	688	115	355	27	69	144	30	8	43	55	3
4	278	21	58		15	39	23		7	52	
65	10	84	141	15	46	103		2	23	3	3
5	400	10	156	12	8	2	7	6	13		
13	104	75	7		51	46	57	16	10		
13	104	75	7		51	46	57	16	10		
	1365	157	6	40	48	21	99			2	1
	1365	157	6	40	48	12	99			2	
						9					1
22	155	24	110		80	59	6	10	3	4	11
10	1	18	10			12	3				3
10		2			15	18	3				
	96	3	17			6					
2	58	1	83		65	23		10	3	4	8

1-57 按行业大类、地区分组的

行业大类	企业从业人员数（人）	广州市	深圳市	珠海市	汕头市	佛山市	韶关市	河源市	梅州市	惠州市
总 计	26393013	4727676	8270182	632024	735843	2853004	181719	190495	264527	896286
农、林、牧、渔业	16559	1950	137	238	670	759	311	293	775	658
农业										
林业										
畜牧业										
渔业										
农、林、牧、渔专业及辅助性活动	16559	1950	137	238	670	759	311	293	775	658
采矿业	31177	306	381	46	506	233	1096	2916	2004	1761
煤炭开采和洗选业	48									
石油和天然气开采业	29									
黑色金属矿采选业	2691	8		1	16		73	582	268	78
有色金属矿采选业	1892	67	23		90		167	161	51	200
非金属矿采选业	25603	207	290	38	322	222	853	2162	1608	1444
开采专业及辅助性活动	268	23	65	4	44	9		5	4	12
其他采矿业	646	1	3	3	34	2	3	6	73	27
制造业	10692370	964352	2517679	192369	476915	1605874	42853	75423	75215	455370
农副食品加工业	138844	13171	4223	2231	7235	13450	1249	1880	2742	5780
食品制造业	131289	15697	7655	4090	9465	10325	1387	1839	1405	3127
酒、饮料和精制茶制造业	37065	2378	1873	390	1371	3899	660	2179	2189	2421
烟草制品业	897	39	4		479		207			
纺织业	243030	18788	16093	940	39661	67102	1082	853	1062	8804
纺织服装、服饰业	692369	114513	61561	3943	137704	73578	1086	4802	3123	13613
皮革、毛皮、羽毛及其制品和制鞋业	375117	91917	22623	846	3129	33272	366	1606	308	41987
木材加工和木、竹、藤、棕、草制品业	99277	7652	5733	1361	492	17976	2427	1667	1434	6360
家具制造业	386903	42016	34608	908	11820	120014	211	1509	4761	30483
造纸和纸制品业	264158	25986	51917	3459	11404	34859	669	918	1048	8868
印刷和记录媒介复制业	228353	17914	49083	4803	18168	29819	289	1178	477	9712
文教、工美、体育和娱乐用品制造业	419475	32323	86856	3353	101375	20134	1068	1166	3031	16909
石油、煤炭及其他燃料加工业	9723	1012	721	1138	144	1678	72	23	99	273
化学原料和化学制品制造业	302187	68649	28297	7066	22060	50511	4972	618	975	13365
医药制造业	74049	12765	9117	4643	2643	5205	1371	989	1640	3856
化学纤维制造业	7995	734	325	72	343	858		13	325	406
橡胶和塑料制品业	751046	54784	151240	9796	48267	93549	1211	3712	731	40688
非金属矿物制品业	553833	27521	36121	9208	5012	114199	6190	6428	15965	19143
黑色金属冶炼和压延加工业	57865	1142	4797	179	163	21411	994	1983	344	1223
有色金属冶炼和压延加工业	115172	4157	12557	848	1011	53410	1730	1013	284	2107
金属制品业	1104171	63089	148994	13246	9629	254725	2901	2386	2202	37260
通用设备制造业	507339	58760	133789	9278	7873	104744	4445	2049	2597	13499
专用设备制造业	611953	50333	225437	15782	8751	82508	2643	2300	2006	18665

私人控股企业法人单位从业人员数

汕尾市	东莞市	中山市	江门市	阳江市	湛江市	茂名市	肇庆市	清远市	潮州市	揭阳市	云浮市
192900	3146420	1112392	598368	198398	535089	468888	361196	244620	277287	375350	130349
756	375	181	341	264	2375	1680	758	834	707	875	1622
756	375	181	341	264	2375	1680	758	834	707	875	1622
79	49	40	1821	633	2242	7860	4685	2528	464	384	1143
			20							28	
						29					
					40	263	1078	218		3	63
			1		337	273	194	326		2	
69	48	37	1790	609	1717	7125	3318	1875	464	347	1058
	1				64		28	9			
10		3	10	24	84	170	67	100		4	22
121132	1969365	708308	350646	87705	126857	106576	191402	94559	215887	261282	52601
4173	8646	4133	8019	2901	22262	12039	3590	2803	9491	6691	2135
1698	14447	5509	6376	1289	6190	5227	5691	536	11561	16455	1320
1580	2129	1868	2425	346	1599	1889	2527	1495	2436	1170	241
	25	1	96	15	26	5					
2109	28909	15689	10183	236	1526	1980	6902	3580	1286	14984	1261
31988	125833	47320	13263	4463	1338	4107	3728	1523	9882	32909	2092
1581	83833	12519	8359	1041	5115	11836	4848	3159	10282	35571	919
835	11960	4567	4829	2960	9138	7973	5887	1666	994	2321	1045
200	77874	29076	12010	2234	5577	2698	2240	5071	519	2685	389
2277	70279	16582	10380	1661	6625	1968	4890	789	5414	3008	1157
1217	43273	16296	8114	2053	2727	1693	4342	528	9296	7130	241
21833	75529	17532	4297	1429	1005	4042	4884	6617	2752	12148	1192
9	1274	326	194	17	174	2394	125	4	27	15	4
861	33678	16566	16240	805	2273	8845	10140	6912	4033	3531	1790
77	3105	3518	2251	487	2231	4682	1480	888	1134	9904	2063
	1997	210	461		28	32	720	49		1401	21
23687	191642	54963	19061	5437	5603	5023	6938	5166	7443	21258	847
5189	44997	19931	22677	6041	11235	13301	32654	24433	102604	11082	19902
74	3517	595	1408	1437	165	1738	621	1380	249	14417	28
260	12725	3926	3638	679	420	347	5869	4900	1243	1576	2472
15591	241297	88404	77883	40478	5922	4341	35772	5252	23207	27818	3774
345	99740	34436	11650	3721	1428	880	8471	2525	3353	2560	1196
640	140426	27154	11576	1464	2948	986	8145	2055	1358	5999	777

1-57

行业大类	企业从业人员数（人）	广州市	深圳市	珠海市	汕头市	佛山市	韶关市	河源市	梅州市	惠州市
汽车制造业	171018	35893	65763	4049	1229	21704	763	117	1066	3658
铁路、船舶、航空航天和其他运输设备制造业	59497	12787	11107	2104	683	7892	37	136	58	1375
电气机械和器材制造业	1271997	74160	321933	30879	13360	283059	1925	3626	4145	49712
计算机、通信和其他电子设备制造业	1778518	82081	920789	46532	6842	61114	1604	28913	19738	91955
仪器仪表制造业	161181	17827	76925	8685	664	7936	51	946	397	4249
其他制造业	77768	6861	18566	549	2403	6737	107	450	304	3711
废弃资源综合利用业	25680	1278	520	127	3023	7858	283	47	568	899
金属制品、机械和设备修理业	34601	8125	8452	1864	512	2348	853	77	191	1262
电力、热力、燃气及水生产和供应业	56558	3668	4144	486	980	2891	4241	2223	3810	3593
电力、热力生产和供应业	34999	1363	1815	210	315	825	3532	1638	3139	1887
燃气生产和供应业	5039	467	499	39	164	253	255	120	110	188
水的生产和供应业	16520	1838	1830	237	501	1813	454	465	561	1518
建筑业	2435940	475368	691571	89281	70038	109398	40386	34400	92411	75289
房屋建筑业	1099735	163314	219848	32180	50665	45526	28223	19019	76941	16149
土木工程建筑业	353830	70359	92444	19575	9921	15600	3227	5730	6897	12869
建筑安装业	259983	65609	80845	11169	5010	15710	2005	3534	2912	10307
建筑装饰、装修和其他建筑业	722392	176086	298434	26357	4442	32562	6931	6117	5661	35964
批发和零售业	4114059	960963	1370134	87041	80797	524861	24722	16455	29274	102515
批发业	2466923	722910	772458	56020	43159	351619	11925	4129	9583	46599
零售业	1647136	238053	597676	31021	37638	173242	12797	12326	19691	55916
交通运输、仓储和邮政业	723672	188087	261477	18429	12837	53839	5010	3296	5535	20899
铁路运输业										
道路运输业	329648	81144	101699	10311	6056	31183	3898	2035	3315	12596
水上运输业	14563	2528	4018	763	510	1398	92	19	48	586
航空运输业	9848	3362	6054	95	39	55			21	29
管道运输业	37	17	1							
多式联运和运输代理业	191350	46631	92964	3866	4188	12062	102	78	277	2649
装卸搬运和仓储业	83321	22292	26546	2359	799	7095	726	191	296	2881
邮政业	94905	32113	30195	1035	1245	2046	192	973	1578	2158
住宿和餐饮业	644831	151874	175041	24873	12604	57831	8250	6318	6289	26215
住宿业	215339	40217	35945	14972	6463	17982	5046	3935	4202	14143
餐饮业	429492	111657	139096	9901	6141	39849	3204	2383	2087	12072
信息传输、软件和信息技术服务业	1115976	385730	506445	40524	9146	52464	3390	2476	3544	15466
电信、广播电视和卫星传输服务	32013	12142	10661	801	378	1612	264	216	132	992
互联网和相关服务	134107	42993	59316	4006	1050	5892	1304	857	760	3330
软件和信息技术服务业	949856	330595	436468	35717	7718	44960	1822	1403	2652	11144
金融业	1075836	96155	892284	11017	758	15592	1967	5545	4459	4071
货币金融服务	63009	4270	49265	462	160	980	147	195	288	1323
资本市场服务	64254	8553	44269	6346	296	2113	21	5	64	375

续表 1

汕尾市	东莞市	中山市	江门市	阳江市	湛江市	茂名市	肇庆市	清远市	潮州市	揭阳市	云浮市
90	13107	3045	3588	444	608	56	9845	4518	76	1043	356
76	5408	1790	12807	106	498	156	1004	804	39	615	15
1003	165165	210225	48232	3560	25053	2509	6966	2369	3638	17549	2929
2502	410988	51614	24778	1034	1534	4867	7320	3699	2409	4262	3943
230	29623	9887	1369	57	47	117	768	275	177	737	214
394	22265	9298	2958	939	195	294	508	98	308	718	105
180	613	444	277	244	1449	238	4045	1292	561	1642	92
433	5061	884	1247	127	1918	313	482	173	115	83	81
923	2480	1056	1726	2693	1569	5744	4093	5538	1870	1514	1316
709	892	460	487	2173	634	4710	3191	4476	423	1023	1097
20	347	38	55	68	401	356	80	129	1329	78	43
194	1241	558	1184	452	534	678	822	933	118	413	176
9761	195607	65042	81879	31510	163187	95391	28356	38965	7928	24651	15521
5486	73620	21719	60064	20665	112945	75230	18401	28795	5145	14084	11716
1114	32824	13975	4633	5616	36149	7169	3599	4778	641	5782	928
1187	26723	13252	5267	979	3248	2947	2032	2035	1161	3238	813
1974	62440	16096	11915	4250	10845	10045	4324	3357	981	1547	2064
18589	340588	98169	57515	26200	92968	122540	48217	24206	22470	41906	23929
6437	188187	41330	32217	13560	42470	54006	20922	9889	8534	17896	13073
12152	152401	56839	25298	12640	50498	68534	27295	14317	13936	24010	10856
2507	68962	19855	9377	4449	11783	11036	6834	6329	3313	5885	3933
1599	28547	9252	4755	2792	6498	8290	4605	3737	1604	2552	3180
69	1011	112	715	165	860	397	383	295	233	196	165
	138	21		4	16	6	3	2		3	
			9			10					
129	14569	6308	1446	509	2475	736	526	366	446	854	169
129	11918	1877	1107	676	1155	681	684	1186	82	474	167
581	12779	2285	1345	303	779	916	633	743	948	1806	252
6703	58409	26078	13000	7269	22291	11541	7893	8884	3584	5929	3955
3501	24005	8651	5315	1599	6833	4743	3725	6724	1582	3156	2600
3202	34404	17427	7685	5670	15458	6798	4168	2160	2002	2773	1355
2377	42805	15532	4118	2366	7478	9300	4143	2773	1391	3043	1465
406	1532	334	187	59	898	353	108	283	112	223	320
341	5794	1573	646	698	1215	2284	488	515	177	636	232
1630	35479	13625	3285	1609	5365	6663	3547	1975	1102	2184	913
2096	9126	4357	6931	1003	3037	1947	4509	3441	3151	1646	2744
76	787	255	2904	53	159	156	164	85	343	507	430
14	1033	253	118	19	129	119	345	21	24	81	56

1-57

行业大类	企业从业人员数（人）	广州市	深圳市	珠海市	汕头市	佛山市	韶关市	河源市	梅州市	惠州市
保险业	903933	81348	758921	2931	229	12138	1742	5343	4041	2246
其他金融业	44640	1984	39829	1278	73	361	57	2	66	127
房地产业	1196421	270464	368391	46412	16627	91011	13203	13504	12683	74232
房地产业	1196421	270464	368391	46412	16627	91011	13203	13504	12683	74232
租赁和商务服务业	2038314	583328	702668	62398	21654	150801	20963	14183	14175	57727
租赁业	132611	36047	53190	5805	1012	7679	986	638	1389	4074
商务服务业	1905703	547281	649478	56593	20642	143122	19977	13545	12786	53653
科学研究和技术服务业	1029330	330012	361299	26749	10950	83579	5712	4670	4489	20376
研究和试验发展	196736	72829	62314	7099	984	18322	406	204	228	983
专业技术服务业	616778	174743	240069	16542	7337	45555	2855	3470	3339	15336
科技推广和应用服务业	215816	82440	58916	3108	2629	19702	2451	996	922	4057
水利、环境和公共设施管理业	139341	35991	36556	3299	3037	12184	1604	926	3219	6852
水利管理业	2092	375	839	27	27	120	8	3	22	262
生态保护和环境治理业	16712	4522	4282	524	199	1136	129	95	127	794
公共设施管理业	119011	30849	31231	2714	2811	10799	1461	791	3056	5742
土地管理业	1526	245	204	34		129	6	37	14	54
居民服务、修理和其他服务业	518438	120371	210196	13933	6750	42626	4221	4279	2336	14046
居民服务业	148270	37670	43848	3896	2993	17047	669	971	577	5413
机动车、电子产品和日用产品修理业	125182	27980	38148	4632	2385	15051	1066	1382	941	3947
其他服务业	244986	54721	128200	5405	1372	10528	2486	1926	818	4686
教育	182278	49283	67317	5378	2620	12269	1343	1235	1178	5058
教育	182278	49283	67317	5378	2620	12269	1343	1235	1178	5058
卫生和社会工作	118027	34316	33319	3271	2027	8033	696	906	1389	3656
卫生	109722	29729	31990	3157	2006	7646	510	901	1305	3596
社会工作	8305	4587	1329	114	21	387	186	5	84	60
文化、体育和娱乐业	263886	75458	71143	6280	6927	28759	1751	1447	1742	8502
新闻和出版业	1845	838	587	51	29	95			9	84
广播、电视、电影和录音制作业	37528	12432	11739	978	937	3402	301	145	314	972
文化艺术业	50710	23631	8451	1463	899	4532	170	332	326	1300
体育	34996	9995	12554	810	581	4102	197	175	266	823
娱乐业	138807	28562	37812	2978	4481	16628	1083	795	827	5323
公共管理、社会保障和社会组织										
中国共产党机关										
国家机构										
人民政协、民主党派										
社会保障										
群众团体、社会团体和其他成员组织										
基层群众自治组织										
国际组织										
国际组织										

续表 2

汕尾市	东莞市	中山市	江门市	阳江市	湛江市	茂名市	肇庆市	清远市	潮州市	揭阳市	云浮市
1997	6974	3791	3833	916	2654	1628	3946	3293	2740	1030	2192
9	332	58	76	15	95	44	54	42	44	28	66
8415	74697	49737	24958	12104	29279	26740	21907	21746	4381	6789	9141
8415	74697	49737	24958	12104	29279	26740	21907	21746	4381	6789	9141
9075	193142	61305	23164	10393	34456	30856	15650	14009	4700	9664	4003
553	6947	2898	1640	790	2465	3402	1037	1098	142	581	238
8522	186195	58407	21524	9603	31991	27454	14613	12911	4558	9083	3765
2481	87049	25240	9050	3449	12560	15589	9082	7504	2398	3534	3558
131	20793	3989	1880	238	1885	1346	1144	552	133	288	988
1716	49814	17102	5363	2589	6336	8849	5604	5535	1219	2037	1368
634	16442	4149	1807	622	4339	5394	2334	1417	1046	1209	1202
1046	13988	4005	1720	599	2343	2617	2386	3332	1582	1042	1013
29	76	19	45	4	101	54	28	10	5	34	4
106	2353	304	246	80	367	182	206	391	87	216	366
910	11548	3626	1400	448	1802	2306	2098	2764	1489	537	629
1	11	56	29	67	73	75	54	167	1	255	14
2680	43064	17700	4726	2257	8119	6326	3950	4468	1264	3373	1753
1428	14198	5238	1696	997	3107	3004	1098	2631	394	1095	300
791	10635	6679	1701	706	2511	2320	889	1197	629	980	612
461	18231	5783	1329	554	2501	1002	1963	640	241	1298	841
1643	12881	4055	2355	1193	3220	4404	2441	2160	362	1020	863
1643	12881	4055	2355	1193	3220	4404	2441	2160	362	1020	863
623	13276	3701	1300	2332	3680	1625	1740	968	136	516	517
500	12995	3470	1247	2080	3562	1431	1638	802	136	508	513
123	281	231	53	252	118	194	102	166		8	4
2014	20557	8031	3741	1979	7645	7116	3150	2376	1699	2297	1272
	83	9	4	3	24	12		14		3	
162	1997	1006	413	410	706	622	343	232	95	171	151
518	2534	612	464	189	1558	2145	435	300	161	489	201
89	2087	1000	423	154	402	437	336	219	96	168	82
1245	13856	5404	2437	1223	4955	3900	2036	1611	1347	1466	838

1-58 按行业大类、地区分组的港澳

行业大类	企业从业人员数（人）	广州市	深圳市	珠海市	汕头市	佛山市	韶关市	河源市	梅州市	惠州市
总　计	4572411	535378	1226199	125263	29821	311253	40841	70006	16773	382685
农、林、牧、渔业	230	21		1			17	7	11	3
农业										
林业										
畜牧业										
渔业										
农、林、牧、渔专业及辅助性活动	230	21		1			17	7	11	3
采矿业	6267	1	2872	2				194		10
煤炭开采和洗选业										
石油和天然气开采业	5462		2868							
黑色金属矿采选业	75			1				33		
有色金属矿采选业										
非金属矿采选业	719	1	3	1				161		
开采专业及辅助性活动	11		1							10
其他采矿业										
制造业	3822604	270969	940034	88875	24564	284068	37567	67673	12157	363056
农副食品加工业	16565	1220	3376	466	444	2265	77	3	119	632
食品制造业	48471	7146	6785	1848	1173	2065	51	1138	11	769
酒、饮料和精制茶制造业	24396	5394	12174	35	107	2864	59	58	7	329
烟草制品业										
纺织业	107107	14882	6007	2097	2915	13955	51	1067	91	3216
纺织服装、服饰业	283717	27112	43878	10119	7714	33986	854	2750	57	16725
皮革、毛皮、羽毛及其制品和制鞋业	199005	19393	23926	1344	319	8683	19	5917	1538	9526
木材加工和木、竹、藤、棕、草制品业	11302	734	322	32	19	1538	689	374	20	1532
家具制造业	83872	3835	14200	2666		8004	30		2	15660
造纸和纸制品业	66645	2329	14685	1403	236	3485	69	299		2626
印刷和记录媒介复制业	79691	7010	14701	327	840	877	1343	990	20	4399
文教、工美、体育和娱乐用品制造业	343141	31459	62267	4178	3387	16950	21095	16107	1897	17682
石油、煤炭及其他燃料加工业	2815	74	7	148		90			6	26
化学原料和化学制品制造业	66699	14493	9155	4412	1196	6367	409	691	101	4843
医药制造业	21965	2198	5853	4478	45	6024	683	552		90
化学纤维制造业	2733	77	729			52		105		3
橡胶和塑料制品业	306119	12740	85353	8674	1188	13069	1026	2451	1995	22559
非金属矿物制品业	88723	4915	20592	534	290	16227	48	1712	339	3837
黑色金属冶炼和压延加工业	6473	1131	514			1624		37		413
有色金属冶炼和压延加工业	24993	2303	1432	935		10375				799
金属制品业	236935	13867	48525	2284	503	28433	214	187	257	12506
通用设备制造业	112443	6815	26090	2650	22	12407	74	431	24	5303
专用设备制造业	142837	7519	47567	4386	791	9302	124	6133	169	3776

台商控股企业法人单位从业人员数

汕尾市	东莞市	中山市	江门市	阳江市	湛江市	茂名市	肇庆市	清远市	潮州市	揭阳市	云浮市
64361	1123263	226102	187763	10421	13011	14398	52373	87077	12614	18347	24462
5	9	16	2	5	33	79	17	2	2		
5	9	16	2	5	33	79	17	2	2		
			182	12	2594	47	166	145			42
					2594						
						26	15				
			182	12		21	151	145			42
62026	1081970	206737	175392	8300	7167	10500	45412	83666	11789	17481	23201
428	1386	534	940	1746	1383	370	227	283	375	1	290
493	11780	1733	10415	174	9	37	863	282	609	977	113
6	1305	1	238	21	688	462	34	544	37	33	
6533	24298	10117	16740		538	70	783	1220	246	1980	301
10519	65535	33705	13760	454	95	1007	2038	2523	865	5585	4436
3107	65811	12546	5019	271		4536	1998	30991	73	3201	787
18	2000	1573	963	15	210	320	757	16	170		
	23515	8648	1541	63	2795	30	1339	971	228	343	2
494	29064	5093	5657	337	4	159	166	450		89	
	25222	3504	16451			29	727	3000	251		
16782	98657	23660	4385			1455	3959	13720	955	1301	3245
	2187	43	181				28	9	16		
15	10594	7381	3888		142	40	973	846	33	76	1044
	96	379	789		150	528	92				8
	1740	27									
5255	111576	18689	10352	488	71	195	3555	5542	86	935	320
25	13181	2471	4356	482	250	187	3786	5564	7016	270	2641
	622	702	1246				133	6		45	
53	3883	572	965		10		2029	1605	2		30
268	72709	9181	29121	2926	114	168	9677	452	81	1200	4262
43	44017	6024	4696		666	518	1034	1448		10	171
48	51442	7814	1105	138		16	749	805	690	229	34

1-58

行业大类	企业从业人员数（人）	广州市	深圳市	珠海市	汕头市	佛山市	韶关市	河源市	梅州市	惠州市
汽车制造业	36887	9508	2500	2823		5028	26	36	296	3850
铁路、船舶、航空航天和其他运输设备制造业	28872	882	11027	519		2412		870		2312
电气机械和器材制造业	470281	15751	142717	10423	1579	57441	6923	9868	406	43423
计算机、通信和其他电子设备制造业	906926	54033	306181	20187	1222	14033	3513	14446	4084	179191
仪器仪表制造业	70513	3041	23063	1833	277	4889	1	859	707	4539
其他制造业	29786	601	5747	53	297	1095	186	561	8	2490
废弃资源综合利用业	1828	475				526	3	27		
金属制品、机械和设备修理业	864	32	661	21		2		4	3	
电力、热力、燃气及水生产和供应业	7405	699	253	163	298	566	159	127	643	710
电力、热力生产和供应业	3486	40	220	75	14	446	69	18	30	196
燃气生产和供应业	1980	426	2	81	284		13	43	40	161
水的生产和供应业	1939	233	31	7		120	77	66	573	353
建筑业	15141	3756	4631	1942	33	165	195	96	391	729
房屋建筑业	1797	121	597	225	2	80	2	5	305	58
土木工程建筑业	3164	2377	110	416	31	16	11		22	101
建筑安装业	1743	800	428	150		1	4	45	45	34
建筑装饰、装修和其他建筑业	8437	458	3496	1151		68	178	46	19	536
批发和零售业	215946	84547	79629	6381	777	7328	682	262	1494	6229
批发业	142573	58040	53715	4815	496	4049	79	176	708	3429
零售业	73373	26507	25914	1566	281	3279	603	86	786	2800
交通运输、仓储和邮政业	45821	15235	22935	2911	253	538	73	184	36	574
铁路运输业										
道路运输业	16235	9910	4098	352	58	117	56	178	25	162
水上运输业	6524	251	4949	148		369				352
航空运输业	1830		2	1819						9
管道运输业										
多式联运和运输代理业	13632	3007	9611	328	9	5	4	2	8	14
装卸搬运和仓储业	7041	2059	3795	264	186	47	10	2	3	37
邮政业	559	8	480				3	2		
住宿和餐饮业	105992	44606	31209	6579	898	2757	468	738	28	3950
住宿业	25239	4191	5981	3553	767	1439	403	734	10	2086
餐饮业	80753	40415	25228	3026	131	1318	65	4	18	1864
信息传输、软件和信息技术服务业	97339	37621	44919	4605	24	1862	30	121	743	1204
电信、广播电视和卫星传输服务	7476	1454	886	335		779			3	429
互联网和相关服务	22978	2512	20015	93		22		4	55	150
软件和信息技术服务业	66885	33655	24018	4177	24	1061	30	117	685	625
金融业	36454	9415	12508	2964	387	5319	344	10	28	460
货币金融服务	8874	2184	5188	288	93	625	16	10	9	42
资本市场服务	6714	93	4121	2466	7				19	

续表1

汕尾市	东莞市	中山市	江门市	阳江市	湛江市	茂名市	肇庆市	清远市	潮州市	揭阳市	云浮市
9	6343	591	4138				531	1208			
36	3611	444	6759								
697	141973	20929	7460	1154			3610	5219	7	362	339
17193	230148	21103	23376	14	40	341	5519	6297	8	844	5153
4	22922	7545	147		2	25	1	616	41		1
	16276	1721	541				186				24
			121	17			611	48			
	77	7	42			7	7	1			
50	939	529	314	209	351	55	710	209	266	56	99
18	898	345	59	54	129	44	634	141		56	
32			241	155	112		51	61	266		12
	41	184	14		110	11	25	7			87
87	320	1546	416	35	504	40	210	20	11	8	6
3	2	6	300	9			81	1			
	7	20	34				6	2	11		
84	108	17	2	1			9	7		8	
	203	1503	80	25	504	40	114	10			6
624	12607	5527	3391	765	597	1545	1959	662	126	381	433
165	8830	2509	2185	146	57	956	1692	244	53	218	11
459	3777	3018	1206	619	540	589	267	418	73	163	422
20	1145	441	564	14	192	78	445	137	14	14	18
7	705	148	13	2	141	60	37	134	5	10	17
		29	305		1		120				
	114	236	15	8	7		261	3			
13	278	28	231	4	43		27		9	4	1
	48					18					
1015	5137	3217	2439	78	937	161	347	969	18	248	193
753	1494	767	699		937	130	234	943	18	85	15
262	3643	2450	1740	78		31	113	26		163	178
68	3167	363	367	292	47	748	716	83	189	7	163
	2179			261		456	365		174		155
24	21	1	5	1	1	65	8	1			
44	967	362	362	30	46	227	343	82	15	7	8
10	1103	1071	1112	9	394	165	831	253	9	56	6
10	204	66	64	9	11	9	12	10	9	9	6
	6	2									

1-58

行业大类	企业从业人员数（人）	广州市	深圳市	珠海市	汕头市	佛山市	韶关市	河源市	梅州市	惠州市
保险业	20752	7099	3149	197	282	4694	328			418
其他金融业	114	39	50	13	5					
房地产业	86117	35507	27483	3223	839	5490	149	330	219	1969
房地产业	86117	35507	27483	3223	839	5490	149	330	219	1969
租赁和商务服务业	65182	21056	27530	3912	144	1838	202	109	791	1181
租赁业	1431	379	362	112		496	1		26	21
商务服务业	63751	20677	27168	3800	144	1342	201	109	765	1160
科学研究和技术服务业	40885	5151	21085	2747	78	496	62	79	171	1183
研究和试验发展	7971	737	2319	964		127	1		6	343
专业技术服务业	28430	3756	16881	1422	78	181	35	28	132	585
科技推广和应用服务业	4484	658	1885	361		188	26	51	33	255
水利、环境和公共设施管理业	3417	438	1912	1	27	197	127	8	32	156
水利管理业	118									
生态保护和环境治理业	472	80	198			86		2		19
公共设施管理业	2827	358	1714	1	27	111	127	6	32	137
土地管理业										
居民服务、修理和其他服务业	7712	3171	2237	253	131	293	764	11	20	452
居民服务业	3716	1747	1160	155	24	61	3	3	1	409
机动车、电子产品和日用产品修理业	1237	319	538	60	107	79	7	5	11	11
其他服务业	2759	1105	539	38		153	754	3	8	32
教育	1124	438	290	88		9		1	1	91
教育	1124	438	290	88		9		1	1	91
卫生和社会工作	2199	223	528	52	1326	2				11
卫生	1872	81	395	49	1311					1
社会工作	327	142	133	3	15	2				10
文化、体育和娱乐业	12576	2524	6144	564	42	325	2	56	8	717
新闻和出版业	13	8				5				
广播、电视、电影和录音制作业	5179	311	4784	15		9			2	
文化艺术业	249	187	25	12		4		1	2	1
体育	5765	1777	925	181		213				513
娱乐业	1370	241	410	56	42	94	2	55	4	203
公共管理、社会保障和社会组织										
中国共产党机关										
国家机构										
人民政协、民主党派										
社会保障										
群众团体、社会团体和其他成员组织										
基层群众自治组织										
国际组织										
国际组织										

续表 2

汕尾市	东莞市	中山市	江门市	阳江市	湛江市	茂名市	肇庆市	清远市	潮州市	揭阳市	云浮市
	893	1003	1048		376	156	819	243		47	
					7						
241	3517	3296	1939	591	64	37	549	333	5	70	266
241	3517	3296	1939	591	64	37	549	333	5	70	266
14	5167	1894	326	40	69	371	374	136	22	5	1
	5	5	1	3				20			
14	5162	1889	325	37	69	371	374	116	22	5	1
71	6686	1183	756	59	53	485	242	184	90	6	18
8	2844	384	46	6	4	42	18	110	2		10
46	3473	696	638	48	46	180	125	35	35	5	5
17	369	103	72	5	3	263	99	39	53	1	3
17	43	130	19			34	12	263			1
		118									
17	37	4	13			6	7	2			1
	6	8	6			28	5	261			
50	83	107	23	12	1	21	54	9		5	15
22	73	2	8		1		46	1			
28	6	15	15	7		1	8	5			15
	4	90		5		20		3		5	
2	137	12	54				1				
2	137	12	54				1				
	6	8	21				22				
	6	8	21								
							22				
61	1227	25	446		8	32	306	6	73	10	
23			35								
	6				5		3	3			
7	1068	18	387		3		303		70		
31	153	7	24			32		3	3	10	

1-59 按行业大类、地区分组的外商

行业大类	企业从业人员数(人)	广州市	深圳市	珠海市	汕头市	佛山市	韶关市	河源市	梅州市	惠州市
总　计	2370719	462077	533629	129462	27711	166238	8557	16836	9656	185770
农、林、牧、渔业	3	3								
农业										
林业										
畜牧业										
渔业										
农、林、牧、渔专业及辅助性活动	3	3								
采矿业	483		155							72
煤炭开采和洗选业										
石油和天然气开采业	133		133							
黑色金属矿采选业										
有色金属矿采选业	256									
非金属矿采选业	72									72
开采专业及辅助性活动	22		22							
其他采矿业										
制造业	1966643	289967	394797	116332	24210	142741	7447	16628	8850	179932
农副食品加工业	9101	795	2053	368	6	215				54
食品制造业	33851	25736	1091	1216	2048	457				150
酒、饮料和精制茶制造业	12677	2101	1419	637	38	3227	1			442
烟草制品业										
纺织业	28804	1056	541	631	1241	2533		238	52	571
纺织服装、服饰业	32821	1616	1786	365	2469	771	2	1809	391	833
皮革、毛皮、羽毛及其制品和制鞋业	91231	7242	2463	186	33	6406	486	1050		13589
木材加工和木、竹、藤、棕、草制品业	3700	335	96	249	48	242		164		320
家具制造业	32432	1326	1044	598		2452	19			2439
造纸和纸制品业	14964	1512	5657	85	23	1660				67
印刷和记录媒介复制业	27251	6461	6748	1	168	252				580
文教、工美、体育和娱乐用品制造业	65112	4257	9926	381	1562	2717	282	359		3500
石油、煤炭及其他燃料加工业	1362	220	560	81		359				10
化学原料和化学制品制造业	51057	18134	4022	3600	212	4051	111	11		2081
医药制造业	14077	3865	4225	442	663	663				
化学纤维制造业	2893	161	50	1115		622				
橡胶和塑料制品业	108289	10154	34869	4427	1235	3504	165	1887	22	5324
非金属矿物制品业	31302	2986	6475	676	102	5727	3	844		459
黑色金属冶炼和压延加工业	6077	594	304	2809		664		91		79
有色金属冶炼和压延加工业	17197	264	668			5473		94		1731
金属制品业	74309	5427	8660	4337	83	6901		570		4222
通用设备制造业	112896	24904	32803	5130	167	9734	149	160		3681
专用设备制造业	68447	6504	19343	3510		4465	230	217		834

控股企业法人单位从业人员数

汕尾市	东莞市	中山市	江门市	阳江市	湛江市	茂名市	肇庆市	清远市	潮州市	揭阳市	云浮市
8116	515902	173759	55553	3450	5268	1120	44774	12652	3924	2145	4120
	3										253
	3										253
7260	491997	166382	52846	3276	4077	778	39131	12126	2959	1998	2909
	2141	101	441	545	976	109	732	204	162	107	92
	798	314	1939	4		98					
	1004	2324	532		51		901				
	10587	4208	4836		48		1817		8	437	
	5794	11101	4295	560		148	244	169	95	373	
	38375	7738	1068	403	770	156	8804	1966		96	400
	1142	322	772				10				
	10527	4682	2475		963		5805	7	95		
	2047	458	1002				1093	1360			
	8853	652	3472					7	57		
1972	28869	7873	1119		2		521	1706	66		
									132		
	6841	7374	2253	18		242	811	1296			
	915	2599			121			224		268	92
614	102		229								
	33722	8802	1059	187			1399	1525	8		
	4830	2952	462	565	1024		966	727	2302	124	78
	700	619						217			
	2118	85	533	765			5447	19			
	24500	9029	6562	208			2668	196	34	12	900
	19297	14439	2077		5		203	147			
	28041	3321	1304	6			44			581	47

1-59

行业大类	企业从业人员数（人）	广州市	深圳市	珠海市	汕头市	佛山市	韶关市	河源市	梅州市	惠州市
汽车制造业	195794	82805	11782	4547	9750	30393	201	658	1028	17523
铁路、船舶、航空航天和其他运输设备制造业	12071	27	3376	1599		1104				2255
电气机械和器材制造业	199070	17928	35300	18968	3459	26689	3060	355		10186
计算机、通信和其他电子设备制造业	681180	59997	190736	59275	550	13675	1727	7659	7258	108083
仪器仪表制造业	29348	2892	7267	192	3	7701	1011			198
其他制造业	6638	250	877		350	53		462	99	279
废弃资源综合利用业	581	77				14				442
金属制品、机械和设备修理业	2111	341	656	907		17				
电力、热力、燃气及水生产和供应业	5553	739	539	115	307	588	22	20	243	324
电力、热力生产和供应业	1249	251			68	336	22	2	34	
燃气生产和供应业	3250	439		115	239				209	324
水的生产和供应业	1054	49	539			252		18		
建筑业	8326	533	248	7		6077		12	1	552
房屋建筑业	5610	1		3		5602			1	
土木工程建筑业	121	76	41	3		1				
建筑安装业	1647	196	36	1		6				552
建筑装饰、装修和其他建筑业	948	260	171			468		12		
批发和零售业	111726	44236	38263	3661	921	5703	423	107	515	550
批发业	52519	22551	19209	830	374	3255	5	14	125	334
零售业	59207	21685	19054	2831	547	2448	418	93	390	216
交通运输、仓储和邮政业	13568	6147	4699	404	20	519	6		10	461
铁路运输业										
道路运输业	3427	1878	863	3		79	6		10	21
水上运输业	1957	886	40	385		258				
航空运输业										
管道运输业										
多式联运和运输代理业	2484	1203	1169	4						
装卸搬运和仓储业	4697	2161	1643	12	20	182				440
邮政业	1003	19	984							
住宿和餐饮业	54863	26256	22820	511	1324	235	133			199
住宿业	7795	3483	1838	436	533	26	133			
餐饮业	47068	22773	20982	75	791	209				199
信息传输、软件和信息技术服务业	61216	26484	23929	916	405	2408				1756
电信、广播电视和卫星传输服务	7669	1830	48		405	85				1576
互联网和相关服务	14373	11915	2264			1				23
软件和信息技术服务业	39174	12739	21617	916		2322				157
金融业	9722	3433	5333	106	145	183	4			56
货币金融服务	4351	1452	2802	55	14	5				
资本市场服务	219	46	122	51						

续表 1

汕尾市	东莞市	中山市	江门市	阳江市	湛江市	茂名市	肇庆市	清远市	潮州市	揭阳市	云浮市
3945	14701	12274	2958				2061				1168
	3153		549					8			
	55241	19744	7204		117		819				
729	178130	41054	5415	15		25	4372	2348			132
	6752	3311					21				
	2808	958	109				393				
		48									
	9		181								
75	817	361		34	306	154	659	48	54		148
	115			10	56		336	19			
75	688	255		24	250	154	247	29	54		148
	14	106					76				
	833		16		20			27			
	2							1			
	821		13		20			2			
	10		3					24			
8	8603	3560	794	80	515	131	3471	34	15	99	37
	3630	1627	226	20	149	65	52	14		2	37
8	4973	1933	568	60	366	66	3419	20	15	97	
	693	344	94	50	8		45	33			35
	222	228	72					33			12
	291		2	50			45				
	73	4			8						23
	107	112	20								
76	2041	690	470		1		49	4		38	16
76	523	225	438				46			38	
	1518	465	32		1		3	4			16
652	1446	168	344		249		960	3	791		705
652		55	315		247		960		791		705
	170										
	1276	113	29		2			3			
	299	64	81			7	11				
	15	8									

1-59

行业大类	企业从业人员数（人）	广州市	深圳市	珠海市	汕头市	佛山市	韶关市	河源市	梅州市	惠州市
保险业	5084	1924	2352		131	178	4			56
其他金融业	68	11	57							
房地产业	54394	18028	23799	1047	156	6290	405	56	13	1534
房地产业	54394	18028	23799	1047	156	6290	405	56	13	1534
租赁和商务服务业	52101	36524	8889	3098	21	667	79	11		160
租赁业	370	232	93	6		2				25
商务服务业	51731	36292	8796	3092	21	665	79	11		135
科学研究和技术服务业	23534	7680	6936	2779		490	38	2		36
研究和试验发展	5049	2985	1287	373		80	38			4
专业技术服务业	16063	4471	4888	2336		384		2		27
科技推广和应用服务业	2422	224	761	70		26				5
水利、环境和公共设施管理业	492	25	83						24	131
水利管理业	8	7	1							
生态保护和环境治理业	63		29							
公共设施管理业	421	18	53						24	131
土地管理业										
居民服务、修理和其他服务业	1578	948	186	33		289				5
居民服务业	518	137	8	30		286				5
机动车、电子产品和日用产品修理业	557	399	147	3		2				
其他服务业	503	412	31			1				
教育	650	445	106	32		18				
教育	650	445	106	32		18				
卫生和社会工作	612	137	7							
卫生	570	95	7							
社会工作	42	42								
文化、体育和娱乐业	5255	492	2840	421	202	30				2
新闻和出版业	3		3							
广播、电视、电影和录音制作业	198	48	86							
文化艺术业	182	84	1	6						
体育	3872	343	2262	165		14				
娱乐业	1000	17	488	250	202	16				2
公共管理、社会保障和社会组织										
中国共产党机关										
国家机构										
人民政协、民主党派										
社会保障										
群众团体、社会团体和其他成员组织										
基层群众自治组织										
国际组织										
国际组织										

续表 2

汕尾市	东莞市	中山市	江门市	阳江市	湛江市	茂名市	肇庆市	清远市	潮州市	揭阳市	云浮市
	284	56	81			7	11				
16	732	834	854	10	37		349	218			16
16	732	834	854	10	37		349	218			16
22	1592	798	14		11	50	44	16	105		
	12										
22	1580	798	14		11	50	44	16	105		
	5408	126	35							4	
	202	80									
	3903	18	34								
	1303	28	1							4	
	19	9	5		44		17	128		6	1
	19	9								6	
			5		44		17	128			1
7	61	11					38				
7	7						38				
	6										
	48	11									
	40							9			
	40							9			
	468										
	468										
	850	412						6			
	55	9									
	91										
	685	403									
	19							6			

1-60 按行业大类、地区分组的其他

行业大类	企业从业人员数(人)	广州市	深圳市	珠海市	汕头市	佛山市	韶关市	河源市	梅州市	惠州市
总 计	3414556	887569	754195	173670	91700	316578	29942	25740	32648	157540
农、林、牧、渔业	2150	70	2	70		241	16	12	107	14
农业										
林业										
畜牧业										
渔业										
农、林、牧、渔专业及辅助性活动	2150	70	2	70		241	16	12	107	14
采矿业	4508	5	278	11	5	29	78	449	207	91
煤炭开采和洗选业										
石油和天然气开采业										
黑色金属矿采选业	310						5	224	11	
有色金属矿采选业	98	1						7		
非金属矿采选业	3707	1		11	5	20	73	218	183	89
开采专业及辅助性活动	336	3	278			6				
其他采矿业	57					3			13	2
制造业	1029608	62202	178473	59775	25687	159799	9349	9049	13428	85900
农副食品加工业	24678	1525	896	867	943	2010	237	46	137	1463
食品制造业	24108	6221	558	197	221	3709	235	190	593	124
酒、饮料和精制茶制造业	6137	298	43	1172	38	546	215	162	54	249
烟草制品业	2									
纺织业	17985	576	683	344	1674	4386	2040	80	105	249
纺织服装、服饰业	26107	2467	7006	439	1847	4871	6		167	1364
皮革、毛皮、羽毛及其制品和制鞋业	30605	3042	693	131	1134	4863	27	30	4750	1104
木材加工和木、竹、藤、棕、草制品业	8108	1919	170	16	22	285	141	15	4	331
家具制造业	22132	1478	1923	435	440	4707		107	1091	806
造纸和纸制品业	20315	748	1629	390	636	1959	258		4	543
印刷和记录媒介复制业	16355	619	3088	478	483	2343	45	108	41	1603
文教、工美、体育和娱乐用品制造业	32339	466	6229	245	6964	6887		5	142	1464
石油、煤炭及其他燃料加工业	1516	1	57	295		352			15	10
化学原料和化学制品制造业	31957	4374	2427	2771	1433	5243	1505	222	329	1733
医药制造业	14629	1804	1479	1922	1718	1022	2	2	555	511
化学纤维制造业	460					110				50
橡胶和塑料制品业	60155	3440	12502	1406	1755	11848	419	48	74	4157
非金属矿物制品业	69361	397	6475	849	845	15096	563	981	567	1985
黑色金属冶炼和压延加工业	2400	56	64	14	6	1095		235		
有色金属冶炼和压延加工业	9398	92	812	121	7	2022	234	6		401
金属制品业	73710	1648	9417	2693	194	11400	143	280	139	4553
通用设备制造业	39963	2300	6515	3679	1164	6515	2419	657	67	1601
专用设备制造业	44208	2542	10189	6851	1406	5457	119	1440	68	1549

控股企业法人单位从业人员数

汕尾市	东莞市	中山市	江门市	阳江市	湛江市	茂名市	肇庆市	清远市	潮州市	揭阳市	云浮市
12546	351160	123521	102296	22730	47712	92087	39919	71800	19656	28318	33229
133	12	2	81	7	162	180	84	59	38	15	845
133	12	2	81	7	162	180	84	59	38	15	845
	4		4		68	420	526	208		15	2110
						32	16	22			
							36	54			
			4		23	364	469	122		15	2110
	4				45						
						24	5	10			
1258	186454	67719	54710	6065	9304	19491	12511	33577	10990	13448	10419
122	851	480	1329	1585	4248	4019	175	1767	497	416	1065
25	3291	2564	1483	912	291	693	392	1315	666	249	179
119	1119	426	281	34	202	515	55	228	137	170	74
					2						
64	1803	939	1838		158	490	185	1525	26	578	242
5	3606	1474	779	80	423	228	55	34	432	553	271
29	6239	639	760	331	5	603	71	1439	1163	3342	210
14	2030	284	348	20	263	1240	197	557	71	181	
	6434	1045	2826		91	135	16	21	167	410	
5	7246	1960	3075	10	171	228	373		83	210	787
16	4888	860	631	46	200	132	246	260	189	41	38
2	6007	1176	274	1	25	550	338	135	104	1302	23
	143	45	29		23	466	50		9	21	
109	2407	1157	1734	2	357	1627	962	1849	798	413	505
	892	148	508	458	388	1442	542	383	49	632	172
	158	42	100								
151	10807	3977	4592	102	106	1647	512	1608	294	635	75
243	9103	1718	3755	280	313	3775	2570	11739	4890	1366	1851
9	276	51	107		3	1	8	106		369	
	364	1039	1118		6	7	228	2814	59	39	29
29	17688	8488	6291	1773	120	326	1789	1425	766	1462	3086
30	5360	4353	3576	91	86	118	550	414	239	71	158
	10164	1238	557	6	284	774	189	457	11	293	614

1-60

行业大类	企业从业人员数(人)	广州市	深圳市	珠海市	汕头市	佛山市	韶关市	河源市	梅州市	惠州市
汽车制造业	25839	5058	707	1877	16	6625	31		486	3081
铁路、船舶、航空航天和其他运输设备制造业	9554	1839	216	303		1113	3			38
电气机械和器材制造业	148442	4381	15855	10935	619	42750	480	1095	2455	14303
计算机、通信和其他电子设备制造业	240068	13135	81605	18707	1762	7498	144	3257	1578	40676
仪器仪表制造业	15894	1032	2967	2348	14	4217		7	3	1082
其他制造业	8748	200	4099	82	255	338		3		199
废弃资源综合利用业	2943	83	1	119	65	429	81	66	4	525
金属制品、机械和设备修理业	1492	461	168	89	26	103	2	7		146
电力、热力、燃气及水生产和供应业	15150	382	676	240	303	1597	1413	638	866	751
电力、热力生产和供应业	7212	52	173	129		750	981	332	685	151
燃气生产和供应业	2252	215		36			245	154	126	1
水的生产和供应业	5686	115	503	75	303	847	187	152	55	599
建筑业	224443	19996	57563	11843	30570	8345	4140	1344	2044	3738
房屋建筑业	116687	4227	32585	6165	20579	2392	1936	268	746	967
土木工程建筑业	44741	4868	1771	1305	9665	1149	239	337	212	522
建筑安装业	22191	4392	1705	1406	56	4013	1638	185	132	619
建筑装饰、装修和其他建筑业	40824	6509	21502	2967	270	791	327	554	954	1630
批发和零售业	294006	51026	74144	17709	10408	31822	2388	2344	2559	11016
批发业	162429	32935	41318	10730	7156	21807	1207	481	1471	4367
零售业	131577	18091	32826	6979	3252	10015	1181	1863	1088	6649
交通运输、仓储和邮政业	138997	45530	37899	4044	2860	14679	810	709	1151	6039
铁路运输业										
道路运输业	69317	15839	24065	1523	828	9715	562	556	1085	1647
水上运输业	5065	576	918	432	40	1009	27	107		69
航空运输业	738	15	620	63		2		11		3
管道运输业										
多式联运和运输代理业	11862	3364	4979	535	322	561	2		2	104
装卸搬运和仓储业	34927	25602	2414	876	89	902	169	24	63	401
邮政业	17088	134	4903	615	1581	2490	50	11	1	3815
住宿和餐饮业	82886	12065	22369	6767	1078	8296	829	1094	1177	4154
住宿业	43131	4486	7798	4488	588	5579	504	935	952	2529
餐饮业	39755	7579	14571	2279	490	2717	325	159	225	1625
信息传输、软件和信息技术服务业	137102	34510	82302	7944	1894	1666	437	428	196	1612
电信、广播电视和卫星传输服务	4017	877	185	184	1556	6	2	305	14	16
互联网和相关服务	22176	5235	15066	600	41	209	3	18	53	341
软件和信息技术服务业	110909	28398	67051	7160	297	1451	432	105	129	1255
金融业	914025	530446	134424	12662	11399	43230	3957	4807	6999	22410
货币金融服务	86620	4736	22018	2840	2841	12942	1254	1610	2826	2326
资本市场服务	28112	13296	12510	639		39	1	1	1	1373

续表 1

汕尾市	东莞市	中山市	江门市	阳江市	湛江市	茂名市	肇庆市	清远市	潮州市	揭阳市	云浮市
	2458	126	2894	1		23	1310	1121		25	
	778	57	5093	4	50	7	25			4	24
247	16182	28872	5562	5	1308	77	584	1450	227	481	574
5	61641	2655	4387	296	19	197	480	1515	101	86	324
	2194	1227	23		4	142	566			63	5
	2184	597	104	11		19	18	541		30	68
	20	1	626	9	28			845			41
34	121	81	30	8	130	10	25	29	12	6	4
689	1203	1122	684	775	322	709	426	1468	263	279	344
635	174	336	440	624	207	405	167	614	198	102	57
20	808	81	10	29	40	18	96	308	49		16
34	221	705	234	122	75	286	163	546	16	177	271
218	6686	4111	7127	4931	4429	30027	3303	17121	146	273	6488
82	3238	339	3760	3010	3260	24068	1853	1091	48	64	6009
13	994	511	1654	1749	68	4672	602	14273	68	41	28
30	1078	2629	1231	161	801	60	305	1481	8	26	235
93	1376	632	482	11	300	1227	543	276	22	142	216
1826	24146	13779	11119	1639	9947	11680	5074	2017	1523	3065	4775
329	13463	5710	3544	448	4865	5385	1728	975	470	1339	2701
1497	10683	8069	7575	1191	5082	6295	3346	1042	1053	1726	2074
851	10591	3586	1373	468	2249	1980	1054	971	243	1131	779
162	6281	1640	808	75	795	1278	685	831	62	252	628
	548	438	119		274	154	117	22	103		112
	20	4									
	602	90	281	16	627	241	61	45	1	17	12
16	2943	162	63	377	415	209	165	28		6	3
673	197	1252	102		138	98	26	45	77	856	24
498	8477	3884	4148	812	1768	1210	1265	1676	253	341	725
153	4836	2932	3215	402	910	376	958	765	147	167	411
345	3641	952	933	410	858	834	307	911	106	174	314
100	1925	1083	639	335	230	454	492	193	164	103	395
14	99	20	70	210	62	37	40	3		10	307
19	167	120	74	8	21	102	29	29	11	17	13
67	1659	943	495	117	147	315	423	161	153	76	75
4066	56922	13373	10352	6264	10700	13505	5603	6638	4775	7607	3886
1329	9750	3524	1943	1457	2704	3571	1501	1949	1739	2089	1671
	22	67	1	4			143	1			14

1-60

行业大类	企业从业人员数(人)	广州市	深圳市	珠海市	汕头市	佛山市	韶关市	河源市	梅州市	惠州市
保险业	790513	512011	92016	9074	8558	30249	2699	3184	4170	18680
其他金融业	8780	403	7880	109			3	12	2	31
房地产业	196311	46045	56905	11561	3421	17128	2158	2085	1020	11561
房地产业	196311	46045	56905	11561	3421	17128	2158	2085	1020	11561
租赁和商务服务业	184361	40084	54976	30612	1787	8723	1956	1172	1750	4494
租赁业	6846	2357	1320	1109	50	254	76	60	68	211
商务服务业	177515	37727	53656	29503	1737	8469	1880	1112	1682	4283
科学研究和技术服务业	89072	27365	28611	4940	728	9016	733	430	463	2102
研究和试验发展	16125	7616	2736	1263	32	782	14	55	6	93
专业技术服务业	58833	13087	22990	2881	626	7950	655	316	333	1634
科技推广和应用服务业	14114	6662	2885	796	70	284	64	59	124	375
水利、环境和公共设施管理业	12953	894	1592	923	193	3600	313	241	144	589
水利管理业	461	11	1	60		92			11	83
生态保护和环境治理业	2087	214	499	132	9	68	64	1	18	148
公共设施管理业	10216	669	1031	731	184	3440	249	240	115	303
土地管理业	189		61							55
居民服务、修理和其他服务业	38215	5869	11823	1911	492	2284	639	276	150	968
居民服务业	9311	2055	2923	847	258	457	141	96	62	307
机动车、电子产品和日用产品修理业	6915	2063	1552	572	155	232	143	95	44	259
其他服务业	21989	1751	7348	492	79	1595	355	85	44	402
教育	12909	2790	5242	818	129	459	159	122	47	457
教育	12909	2790	5242	818	129	459	159	122	47	457
卫生和社会工作	17617	3707	3397	674	185	3059	148	289	143	648
卫生	16952	3341	3207	671	185	3050	144	286	139	637
社会工作	665	366	190	3		9	4	3	4	11
文化、体育和娱乐业	20243	4583	3519	1166	561	2605	419	251	197	996
新闻和出版业	439	120	253	12		40			3	
广播、电视、电影和录音制作业	4911	866	1429	285	357	219	34	158	65	246
文化艺术业	2818	1064	272	315	34	175	2	24	17	155
体育	6094	1930	550	256	30	871	48	15	14	226
娱乐业	5981	603	1015	298	140	1300	335	54	98	369
公共管理、社会保障和社会组织										
中国共产党机关										
国家机构										
人民政协、民主党派										
社会保障										
群众团体、社会团体和其他成员组织										
基层群众自治组织										
国际组织										
国际组织										

续表 2

汕尾市	东莞市	中山市	江门市	阳江市	湛江市	茂名市	肇庆市	清远市	潮州市	揭阳市	云浮市
2737	46878	9781	8408	4803	7992	9934	3949	4683	2991	5515	2201
	272	1			4		10	5	45	3	
1464	11626	6810	5009	450	5159	4961	4054	2945	413	478	1058
1464	11626	6810	5009	450	5159	4961	4054	2945	413	478	1058
861	20191	3594	3888	515	1257	2515	2430	2025	378	366	787
22	620	54	123	2	94	183	75	114	6	32	16
839	19571	3540	3765	513	1163	2332	2355	1911	372	334	771
201	6089	2045	1114	44	578	2128	1072	805	66	284	258
3	2689	216	69		176	142	127	39	1	32	34
161	2280	1536	883	31	211	1470	767	642	28	180	172
37	1120	293	162	13	191	516	178	124	37	72	52
19	852	225	501	256	446	284	1066	221	33	465	96
			32	1	36	7	8	25		90	4
	689	5	40	2	6	20	83	2		35	52
19	163	220	428	253	404	220	960	194	25	340	28
			1			37	15		8		12
104	9842	659	683	34	324	596	397	969	109	42	44
31	525	192	186	28	66	251	214	570	74	17	11
61	569	109	418	2	49	256	140	131	18	18	29
12	8748	358	79	4	209	89	43	268	17	7	4
32	713	108	365	17	152	695	236	144	18	126	80
32	713	108	365	17	152	695	236	144	18	126	80
80	2924	766	92	38	323	731	19	102	167	59	66
80	2924	764	57	38	314	710	19	94	167	59	66
		2	35		9	21		8			
146	2503	655	407	80	294	521	307	661	77	221	74
					9		2				
50	299	65	136	30	46	87	27	431		60	21
19	97	62	61	6	92	181	74	58	20	85	5
	1618	419	27		29	1	38	15		4	3
77	489	109	183	44	118	252	166	157	57	72	45

1-61 按行业门类分组的单位资产负债状况和营业收入

指标名称	法人单位资产总计（万亿元）	法人单位负债合计（万亿元）	企业法人单位营业收入（万亿元）
总　计	95.74	44.17	35.17
采矿业	0.18	0.10	0.10
制造业	12.98	7.57	14.94
电力、热力、燃气及水生产和供应业	1.75	0.89	0.84
建筑业	3.00	2.65	1.86
批发和零售业	6.24	4.56	10.06
交通运输、仓储和邮政业	3.44	1.80	0.88
住宿和餐饮业	0.31	0.25	0.18
信息传输、软件和信息技术服务业	2.04	0.92	1.08
金融业	30.78	4.25	1.54
房地产业	16.51	12.80	1.89
租赁和商务服务业	11.58	6.25	0.98
科学研究和技术服务业	1.57	0.83	0.48
水利、环境和公共设施管理业	0.89	0.30	0.06
居民服务、修理和其他服务业	0.10	0.06	0.08
教育	0.87	0.18	0.05
卫生和社会工作	0.46	0.17	0.04
文化、体育和娱乐业	0.31	0.17	0.09
公共管理、社会保障和社会组织	2.71	0.41	

注：表中总计数含从事农、林、牧、渔专业及辅助性活动的单位数据。金融业数据采用省金融部门提供的数据。

1-62 2018 年广东省生产总值及分行业增加值

单位：亿元

行业	增加值
总　计	99945.22
农、林、牧、渔业	3948.88
工业	37651.05
建筑业	3849.75
批发和零售业	10476.03
交通运输、仓储和邮政业	3363.48
住宿和餐饮业	1749.36
信息传输、软件和信息技术服务业	4378.63
金融业	7962.26
房地产业	8533.74
租赁和商务服务业	3973.03
科学研究和技术服务业	2131.41
水利、环境和公共设施管理业	396.18
居民服务、修理和其他服务业	1427.44
教育	3458.29
卫生和社会工作	1982.65
文化、体育和娱乐业	578.65
公共管理、社会保障和社会组织	4084.39
第一产业	3836.40
第二产业	41398.45
第三产业	54710.37

1-63 2018年各市

地 区	GDP	第一产业	第二产业	第三产业	农林牧渔业	工业
广州市	21002.44	229.18	6109.95	14663.32	253.75	5487.44
深圳市	25266.08	22.61	9995.87	15247.60	23.54	9209.35
珠海市	3216.78	54.10	1450.82	1711.86	57.67	1258.02
汕头市	2503.08	110.57	1221.45	1171.05	115.20	1066.45
佛山市	9976.72	144.55	5663.51	4168.66	152.76	5390.26
韶关市	1217.48	156.31	422.29	638.88	157.68	349.51
河源市	1006.98	107.84	348.49	550.66	109.10	281.15
梅州市	1127.24	196.14	352.04	579.07	199.10	261.03
惠州市	4003.33	176.13	2122.20	1705.00	177.90	1965.88
汕尾市	1004.00	133.24	371.29	499.47	137.74	309.78
东莞市	8818.11	25.83	4960.40	3831.87	26.41	4806.24
中山市	3053.73	63.05	1539.37	1451.32	64.05	1453.04
江门市	3001.24	201.85	1328.64	1470.76	207.00	1185.82
阳江市	1167.73	219.98	389.33	558.42	223.89	335.84
湛江市	2944.48	528.68	1058.79	1357.01	541.51	876.18
茂名市	3095.11	490.57	1084.64	1519.91	500.19	789.97
肇庆市	2102.29	348.24	867.26	886.79	352.03	754.35
清远市	1575.32	231.33	537.95	806.04	241.03	453.92
潮州市	1005.30	76.81	500.20	428.30	79.72	464.73
揭阳市	2002.09	164.75	804.38	1032.97	170.24	720.56
云浮市	855.67	154.79	270.44	430.44	158.35	231.53
按区域分组						
珠三角核心区	80440.72	1265.54	34038.02	45137.18	1315.11	31510.40
沿海经济带	13721.79	1724.60	5430.08	6567.13	1768.49	4563.51
北部生态发展区	5782.69	846.41	1931.21	3005.09	865.26	1577.14

生产总值

单位：亿元

建筑业	批发和零售业	交通运输仓储邮政业	住宿和餐饮业	金融业	房地产业	其他服务业
662.08	2913.67	1263.33	403.18	1757.51	2102.30	6159.17
807.68	2438.74	738.37	416.29	3351.89	2169.36	6110.86
205.41	284.29	68.94	65.08	318.75	237.65	720.96
156.29	291.92	53.75	42.70	136.82	198.06	441.89
277.09	721.30	156.63	132.97	445.38	748.63	1951.69
73.43	116.06	43.06	19.92	56.69	85.53	315.60
67.44	113.79	16.99	21.77	62.41	120.19	214.15
91.20	91.06	32.89	21.24	70.77	91.57	268.38
158.04	302.99	83.50	73.60	215.09	429.08	597.25
62.36	104.00	17.09	15.12	38.97	113.76	205.19
159.98	769.76	211.28	166.95	486.58	745.68	1445.23
87.41	339.59	62.70	48.95	214.41	240.72	542.85
144.22	180.80	98.60	57.78	197.87	234.89	694.26
53.81	136.76	42.43	21.85	49.56	84.95	218.63
190.84	267.50	152.19	48.96	135.85	212.83	518.62
295.49	436.73	112.75	52.92	88.56	188.71	629.79
113.64	207.95	71.38	46.75	84.40	135.46	336.35
84.35	132.29	39.18	29.01	108.87	143.77	342.91
35.80	120.69	25.12	15.32	39.71	57.47	166.74
84.03	407.25	37.33	32.19	63.49	137.68	349.34
39.13	98.89	35.99	16.82	38.70	55.47	180.80
2615.55	8159.09	2754.73	1411.55	7071.88	7043.77	18558.62
878.62	1764.85	440.66	229.06	552.96	993.46	2530.20
355.55	552.09	168.11	108.76	337.44	496.53	1321.84

主要统计指标解释

法人单位 是指有权拥有资产、承担负债，并独立从事社会经济活动（或与其他单位进行交易）的组织。法人单位应同时具备以下条件：

（1）依法成立，有自己的名称、组织机构和场所，能够独立承担民事责任；

（2）独立拥有（或受权使用）资产，有权与其他单位签订合同；

（3）会计上独立核算，能够编制资产负债表等会计报表。

在统计实践中，法人单位包括：企业法人、事业单位法人、机关法人、社会团体法人、民办非企业单位、基金会、居委会、村委会、其他法人。

产业活动单位 是指位于一个地点，从事一种或主要从事一种社会经济活动的组织或组织的一部分。产业活动单位应同时具备以下条件：

（1）在一个场所从事一种或主要从事一种社会经济活动；

（2）相对独立地组织生产活动或经营活动；

（3）能提供收入或者支出等相关资料。

企业法人 是指依据《中华人民共和国公司登记管理条例》《中华人民共和国企业法人登记管理条例》等国家法律和法规，经各级市场监管机关登记注册，领取《企业法人营业执照》的企业。包括：

（1）公司制企业法人；

（2）非公司制企业法人。

不具有法人资格、但依法成立的个人独资企业、合伙企业在统计上视同法人。

事业单位法人 是指经国务院或地方县级以上机构编制管理部门批准、经国家或地方县级以上事业单位登记管理部门登记或备案，领取《事业单位法人证书》，取得法人资格的事业单位。包括：

（1）各级党委、政府直属事业单位；

（2）中共中央、国务院直属事业单位举办的事业单位；

（3）各级人大、政协机关，监察委员会、人民法院、人民检察院和各民主党派机关举办的事业单位；

（4）各级党委部门和政府部门举办的事业单位；

（5）使用财政性经费的群众团体举办的事业单位；

（6）国有企业及其他组织利用国有资产举办的事业单位；

（7）依照法律或有关规定，应当由各级登记管理机关登记的其他事业单位。

机关法人 是指各级政党机关和国家机关。包括：

（1）县级以上各级中国共产党委员会及其所属各工作部门；

（2）县级以上各级人民代表大会机关；

（3）县级以上各级人民政府及其所属各工作部门，以及地区行政行署；

（4）县级以上各级政治协商会议机关；

（5）县级以上各级监察委员会、人民法院、检察院机关；

（6）县级以上各民主党派和工商联机关；

（7）乡、镇中国共产党委员会和人民政府。

社会团体法人 是指依据《社会团体登记管理条例》，经国家或县级以上民政部门登记注册或备案，领取《社会团体法人登记证书》的各类社会团体，以及由机构编制管理部门管理其编制的群众团体。

民办非企业单位 指企业单位、事业单位、社会团体和其他社会力量以及公民个人利用非国有资产举办的，从事非营利性社会服务的社会组织。民办非企业法人指经各级民政部门核准登记，领取《民办非企业单位登记证书》的民办非企业单位。

基金会 指民政部、省级、地级或市级民政部门核准登记的，颁发《基金会法人登记证书》的基金会。

居委会 由不设区的市、市辖区的人民政府决定设立的社区（居委会）。

村委会 由乡、民族乡、镇的人民政府提出，经村民会议讨论同意后，报县级人民政府批准，设立的村民委员会。

其他法人 是指除上述类型以外的法人。具体是指依据《中华人民共和国农民专业合作社法》及其他法律、法规成立，具备法人条件的单位。

单产业法人 是指仅包含一个产业活动单位的法人单位，称为单产业法人单位，该法人单位同时也是一个产业活动单位。

多产业法人 是指由两个及以上产业活动单位组成的法人单位，称为多产业法人单位，这些产业活动单位接受法人单位的管理和控制。

登记注册类型 指企业或企业产业活动单位的登记注册类型，市场监管部门对企业（单位）登记注册的类型分为以下几种：

（1）国有企业：指企业全部资产归国家所有，并按《中华人民共和国企业法人登记管理条例》规定登记注册的非公司制的经济组织。不包括有限责任公司中的国有独资公司。

（2）集体企业：指企业资产归集体所有，并按《中华人民共和国企业法人登记管理条例》规定登记注册的经济组织。

（3）股份合作企业：指以合作制为基础，由企业职工共同出资入股，吸收一定比例的社会资产投资组建，实行自主经营，自负盈亏，共同劳动，民主管理，按劳分配与按股分红相结合的一种集体经济组织。

（4）联营企业：指两个及两个以上相同或不同所有制性质的企业法人或事业单位法人，按自愿、平等、互利的原则，共同投资组成的经济组织。联营企业包括国有联营企业、集体联营企业、国有与集体联营企业和其他联营企业。

国有联营企业 指所有联营单位均为国有。

集体联营企业 指所有联营单位均为集体。

国有与集体联营企业 指联营单位既有国有也有集体。

其他联营企业 指上述三种联营企业之外的其他联营形式的企业。

（5）有限责任公司：指根据《中华人民共和国公司登记管理条例》规定登记注册，由两个以上，五十个以下的股东共同出资，每个股东以其所认缴的出资额对公司承担有限责任，公司以其全部资产对其债务承担责任的经济组织。有限责任公司包括国有独资公司以及其他有限责任公司。

国有独资公司 指国家授权的投资机构或者国家授权的部门单独投资设立的有限责任公司。

其他有限责任公司 指国有独资公司以外的其他有限责任公司。

（6）股份有限公司：指根据《中华人民共和国公司登记管理条例》规定登记注册，其全部注册资本由等额股份构成并通过发行股票筹集资本，股东以其认购的股份对公司承担有限责任，公司以其全部资产对其债务承担责任的经济组织。

（7）私营企业：指由自然人投资设立或由自然人控股，以雇佣劳动为基础的营利性经济组织。包括按照《公司法》《合伙企业法》《私营企业暂行条例》以及《个人独资企业法》规定登记注册的私营独资企业、私营合伙企业、私营有限责任公司、私营股份有限公司和个人独资企业。

私营独资企业 指按《私营企业暂行条例》的规定，由一名自然人投资经营，以雇佣劳动为基础，投资者对企业债务承担无限责任的企业。

私营合伙企业 指按《合伙企业法》或《私营企业暂行条例》的规定，由两个以上自然人按照协议共同投资、共同经营、共负盈亏，以雇佣劳动为基础，对债务承担无限责任的企业。

私营有限责任公司 指按《公司法》《私营企业暂行条例》的规定，由两个以上自然人投资或由单个自然人控股的有限责任公司。

私营股份有限公司 指按《公司法》的规定，由五个以上自然人投资，或由单个自然人控股的股份有限公司。

（8）其他企业：指上述第（1）条至第（7）条之外的其他内资经济组织。

（9）合资经营企业（港或澳、台资）：指港澳台地区投资者与内地的企业依照《中华人民共和国中外合资经营企业法》及有关法律的规定，按合同规定的比例投资设立，分享利润和分担风险的企业。

（10）合作经营企业（港或澳、台资）：指港澳台地区投资者与内地企业依照《中华人民共和国中外合作经营企业法》及有关法律的规定，依照合作合同的约定进行投资或提供条件设立，分配利润、分担风险和亏损的企业。

（11）港、澳、台商独资经营企业：指依照《中华人民共和国外资企业法》及有关法律的规定，在内地由港澳台地区投资者全额投资设立的企业。

（12）港、澳、台商投资股份有限公司：指根据国家有关规定，经商务部（原外经贸部）批准设立，并且其中港、澳、台商的股本占公司注册资本的比例达25%以上的股份有限公司。凡其中港、澳、台商的股本占公司注册资本的比例小于25%的，属于内资中的股份有限公司。

（13）其他港、澳、台商投资企业：指在中国境内参照《外国企业或个人在中国境内设立合伙企业管理办法》和《外商投资合伙企业登记管理规定》，依法设立的港、澳、台商投资合伙企业。

（14）中外合资经营企业：指外国企业或外国人与中国内地企业依照《中华人民共和国中外合资经营企业法》及有关法律的规定，按合同规定的比例投资设立，分享利润和分担风险的企业。

（15）中外合作经营企业：指外国企业或外国人与中国内地企业依照《中华人民共和国中外合作经营企业法》及有关法律的规定，依照合作合同的约定进行投资或提供条件设立，分配利润、分担风险和亏损的企业。

（16）外资企业：指依照《中华人民共和国外资企业法》及有关法律的规定，在中国内地由外国投资者全额投资设立的企业。

（17）外商投资股份有限公司：指根据国家有关规定，经商务部（原外经贸部）批准设立，并且其中外资的股本占公司注册资本的比例达25%以上的股份有限公司。凡其中外资股本占公司注册资本的比例小于25%的，属于内资中的股份有限公司。

（18）其他外商投资企业：指在中国境内依照《外国企业或个人在中国境内设立合伙企业管理办法》和《外商投资合伙企业登记管理规定》，依法设立的外商投资合伙企业。

企业控股情况 根据企业实收资本中某种经济成分的出资人的实际投资情况，或出资人对企业资产的实际控制、支配程度进行分类。具体分为国有控股、集体控股、私人控股、港澳台商控股、外商控股和其他六类。

国有控股 包括：（1）在企业的全部实收资本中，国有经济成分的出资人拥有的实收资本（股本）所占企业全部实收资本（股本）的比例大于50%的国有绝对控股。（2）在企业的全部实收资本中，国有经济成分的出资人拥有的实收资本（股本）所占比例虽未大于50%，但相对大于其他任何一方经济成分的出资人所占比例的国有相对控股；或者虽不大于其他经济成分，但根据协议规定拥有企业实际控制权的国有协议控股。（3）投资双方各占50%，且未明确由谁绝对控股的企业，若其中一方为国有经济成分的，一律按国有控股处理。

集体控股 包括：（1）在企业的全部实收资本中，集体经济成分的出资人拥有的实收资本（股本）所占企业全部实收资本（股本）的比例大于50%的集体绝对控股。（2）在企业的全部实收资本中，集体经济成分的出资人拥有的实收资本（股本）所占比例虽未大于50%，但相对大于其他任何一方经济成分的出资人所占比例的集体相对控股；或者虽不大于其他经济成分，但根据协议规定拥有企业实际控制权的集体协议控股。

私人控股 包括：（1）在企业的全部实收资本中，私人经济成分的出资人拥有的实收资本（股本）所占企业全部实收资本（股本）的比例大于50%的私人绝对控股。（2）在企业的全部实收资本中，私人经济成分的出资人拥有的实收资本（股本）所占比例虽未大于50%，但相对大于其他任何一方经济成分的出资人所占比例的私人相对控股；或者虽不大于其他经济成分，但根据协议规定拥有企业实际控制权的私人协议控股。

港澳台商控股 包括：（1）在企业的全部实收资本中，港澳台商经济成分的出资人拥有的实收资本（股本）所占企业全部实收资本（股本）的比例大于50%的港澳台商绝对控股。（2）在企业的全部实收资本中，港澳台商经济成分的出资人拥有的实收资本（股本）所占比例虽未大于50%，但相对大于其他任何一方经济成分的出资人所占比例的港澳台商相对控股；或者虽不大于其他经济成分，但根据协议规定拥有企业实际控制权的港澳台商协议控股。

外商控股 包括：（1）在企业的全部实收资本中，外商经济成分的出资人拥有的实收资本（股本）所占企业全部实收资本（股本）的比例大于50%的外商绝对控股。（2）在企业的全部实收资本中，外商经济成分的出资人拥有的实收资本（股本）所占比例虽未大于 50%，但相对大于其他任何一方经济成分的出资人所占比例的外商相对控股；或者虽不大于其他经济成分，但根据协议规定拥有企业实际控制权的外商协议控股。

其他控股情况 除上述五类以外的企业控股情况。

从业人员数 指报告期最后一日在本单位工作，并取得工资或其他形式劳动报酬的人员数。该指标为时点指标，不包括最后一日当天及以前已经与单位解除劳动合同关系的人员，是在岗职工、劳务派遣人员及其他从业人员之和。从业人员不包括：

（1）离开本单位仍保留劳动关系，并定期领取生活费的人员；

（2）在本单位实习的各类在校学生；

（3）本单位因劳务外包而使用的人员，如：建筑业整建制使用的人员。

营业收入 指企业经营主要业务和其他业务所确认的收入总额。营业收入包括“主营业务收入”和“其他业务收入”。根据会计“利润表”中“营业收入”项目的本年累计数填报。

资产总计 指企业过去的交易或者事项形成的、由企业拥有或者控制的、预期会给企业带来经济利益的资源。资产一般按流动性（资产的变现或耗用时间长短）分为流动资产和非流动资产。其中流动资产可分为货币资金、交易性金融资产、应收票据、应收账款、预付款项、其他应收款、存货等；非流动资产可分为长期股权投资、固定资产、无形资产及其他非流动资产等。

三次产业划分规定

三次产业 根据《国民经济行业分类》（GB/T 4754—2017），我国的三次产业划分是：

第一产业 是指农、林、牧、渔业（不含农、林、牧、渔专业及辅助性活动）。

第二产业 是指采矿业（不含开采专业及辅助性活动），制造业（不含金属制品、机械和设备修理业），电力、热力、燃气及水生产和供应业，建筑业。

第三产业 是指除第一产业、第二产业以外的其他行业。

珠三角核心区、沿海经济带和北部生态发展区划分办法

珠三角核心区 包括广州、深圳、珠海、佛山、惠州、东莞、中山、江门和肇庆。

沿海经济带 包括汕头、汕尾、潮州、揭阳、湛江、茂名和阳江。

北部生态发展区 包括韶关、河源、梅州、清远和云浮。

第2篇

新经济篇

编表能手

新经济：罗青兰（343–345 页）

生产性服务业：杨少浪　李华（346–348 页）

文化及相关产业：王迎迎（378–461 页）

高技术制造业、战略新兴产业：王学良（492–508 页）

研发（R&D）：吴娱（509–537 页）

2-1 按行业分组的新经济法人单位主要指标情况

指标名称	法人单位数（万个）	从业人员（万人）	营业收入（亿元）
新经济总计	46.5	862.5	79614.20
第一产业			
第二产业	11.1	581.9	59964.19
#工业战略性新兴产业	6.1	341.2	41697.62
第三产业	35.5	280.5	19650.01
按新经济重点领域分			
其中：战略性新兴产业	6.1	341.2	41697.62
其中：高技术产业	13.9	479.5	55674.64
其中：电子商务			
按国民经济行业分			
农、林、牧、渔业			
工业	11.1	561.0	58867.12
建筑业	0.0	20.9	1097.07
批发和零售业	1.7	23.8	5238.38
交通运输、仓储和邮政业	0.1	10.8	1222.96
住宿和餐饮业	0.4	16.3	149.81
信息传输、软件和信息技术服务业	16.4	145.2	10183.21
金融业			
房地产业	0.1	10.6	354.44
租赁和商务服务业	0.5	0.5	32.80
科学研究和技术服务业	15.0	64.4	2038.04
水利、环境和公共设施管理业	0.2	2.5	143.83
居民服务、修理和其他服务业	0.0	0.8	14.86
教育	0.0	0.2	10.24
卫生和社会工作	0.0	0.9	27.16
文化、体育和娱乐业	1.1	4.7	234.29

注：不含农业、金融业、互联网平台

2-2 按地区分组的新经济法人单位主要指标情况

指标名称	法人单位数（万个）	从业人员（万人）	营业收入（亿元）
全 省	46.5	862.5	79614.20
珠三角核心区	42.9	803.1	75103.66
广州市	14.4	151.8	10681.14
深圳市	13.7	323.1	34418.91
珠海市	1.8	35.2	3716.16
佛山市	2.9	56.4	4835.86
惠州市	1.4	58.9	4324.27
东莞市	6.1	132.7	13984.28
中山市	1.4	25.7	1707.74
江门市	0.7	12.0	820.79
肇庆市	0.5	7.4	614.52
沿海经济带	2.2	32.3	2554.76
汕头市	0.5	7.3	534.57
汕尾市	0.1	3.7	350.32
潮州市	0.1	2.3	154.56
揭阳市	0.2	4.2	603.17
阳江市	0.2	2.2	242.30
湛江市	0.5	5.5	307.39
茂名市	0.5	7.1	362.45
北部生态发展区	1.5	27.0	1955.77
韶关市	0.3	4.6	227.39
河源市	0.2	7.9	651.49
梅州市	0.4	5.8	255.14
清远市	0.4	6.5	559.18
云浮市	0.1	2.3	262.57

注：不含农业、金融业、互联网平台

2-3 广东省新经济增加值情况

指标名称	现价			比上年同期增长（%）
	绝对额（亿元）	占 GDP 比重（%）	占新经济增加值的比重（%）	
新经济增加值（含研发）	24973.29	25.0	100.0	11.4
第一产业	474.77	0.5	1.9	4.4
第二产业	13084.16	13.1	52.4	6.1
#工业战略性新兴产业	9429.22	9.4	37.8	—
第三产业	11414.36	11.4	45.7	18.4
按新经济重点领域分				
其中：战略性新兴产业增加值	9429.22	9.4	37.8	—
其中：高技术产业增加值	10863.30	10.9	43.5	—
其中：电子商务增加值	7982.41	8.0	32.0	—
按国民经济行业分				
农、林、牧、渔业	488.70	0.5	2.0	—
工业	12736.59	12.7	51.0	—
建筑业	347.57	0.3	1.4	—
批发和零售业	422.53	0.4	1.7	—
交通运输、仓储和邮政业	207.70	0.2	0.8	—
住宿和餐饮业	54.04	0.1	0.2	—
信息传输、软件和信息技术服务业	6741.87	6.7	27.0	—
金融业	2388.71	2.4	9.6	—
房地产业	160.61	0.2	0.6	—
租赁和商务服务业	8.50	0.0	0.0	—
科学研究和技术服务业	1022.00	1.0	4.1	—
水利、环境和公共设施管理业	95.47	0.1	0.4	—
居民服务、修理和其他服务业	41.81	0.0	0.2	—
教育	102.06	0.1	0.4	—
卫生和社会工作	99.82	0.1	0.4	—
文化、体育和娱乐业	55.31	0.1	0.2	—

2-4 按行业门类分组的生产性服务业法人单位数和从业人员数

指标名称	法人单位数（万个）	从业人员（万人）
总　计	164.72	1403.09
研发设计与其他技术服务	19.28	143.34
货物运输、通用航空生产、仓储和邮政快递服务	7.05	102.37
信息服务	21.21	167.11
金融服务	2.90	208.58
节能与环保服务	1.68	11.41
生产性租赁服务	2.62	14.62
商务服务	47.26	234.77
人力资源管理与职业教育培训服务	2.61	88.63
批发与贸易经纪代理服务	54.19	296.74
生产性支持服务	5.92	135.52

注：本表所涉及到的行业范围宽泛。

2-5 按行业门类分组的生产性服务业法人单位数和从业人员数

指标名称	法人单位资产总计（亿元）	法人单位负债合计（亿元）	企业法人单位营业收入（亿元）
总 计	611815.63	450670.60	137146.57
研发设计与其他技术服务	15009.39	8043.40	4780.04
货物运输、通用航空生产、仓储和邮政快递服务	19879.13	11159.40	6491.29
信息服务	21105.70	10026.81	12746.13
金融服务	358721.03	306414.45	14622.05
节能与环保服务	3052.80	1479.64	865.08
生产性租赁服务	6472.77	4777.66	696.14
商务服务	111940.09	60087.11	6698.70
人力资源管理与职业教育培训服务	4070.25	1035.88	1991.04
批发与贸易经纪代理服务	49881.83	37237.50	83898.45
生产性支持服务	21682.64	10408.74	4357.66

2-6 按行业门类分组的生产性服务业法人单位情况

指标名称	法人单位数（万个）	从业人员（万人）	法人单位资产总计（亿元）	法人单位负债合计（亿元）	企业法人单位营业收入（亿元）
总　计	164.72	1403.09	611815.63	450670.60	137146.57
广州市	49.56	432.71	167691.05	116787.28	45817.37
深圳市	50.53	502.91	283216.21	209304.93	50513.40
珠海市	5.80	41.92	22621.56	15342.51	4699.56
汕头市	1.86	19.91	8623.45	7214.14	1821.41
佛山市	10.82	99.34	28372.56	21923.87	12631.43
韶关市	1.84	10.89	3592.31	2882.78	755.77
河源市	0.63	6.43	2200.64	1775.51	246.45
梅州市	1.22	8.78	3545.32	2851.89	484.96
惠州市	4.62	31.55	11485.67	9345.25	1627.72
汕尾市	0.67	5.60	1411.91	1136.58	214.48
东莞市	13.30	89.99	29286.73	22444.74	7702.72
中山市	3.51	27.75	10380.40	8517.42	1812.33
江门市	2.91	18.36	8866.59	7022.47	1519.52
阳江市	1.67	7.46	2081.25	1757.90	398.00
湛江市	3.54	26.00	7191.68	5636.37	1593.29
茂名市	4.97	27.34	4986.00	3428.65	2342.96
肇庆市	1.82	13.04	4648.60	3674.74	835.30
清远市	3.31	13.55	4475.68	3606.17	677.92
潮州市	0.44	4.80	1931.41	1652.23	282.11
揭阳市	1.08	8.51	3225.96	2807.55	830.33
云浮市	0.61	6.25	1980.63	1557.60	339.54
按区域分					
珠三角核心区	142.86	1257.55	566569.37	414363.21	127159.34
沿海经济带	14.24	99.63	29451.66	23633.43	7482.59
北部生态发展区	7.61	45.91	15794.58	12673.96	2504.64

2-7 按类别分文化及相关产业法人单位基本情况

单位：万元

类 别	法人单位数（个）	从业人员期末人数（人）	女性	资产总计	营业收入
总 计	297411	3365901	1499676	275049238.5	224242933.3
一、按单位规模分组					
大型	408	683093	321756	97391884.6	82049026.15
中型	2215	721482	355743	51954242.46	59554702.2
小型	30936	1056036	459372	74401041.62	58550315.01
微型	263852	905290	362805	51302069.8	24088889.92
二、按登记注册类型分组					
内资企业	290384	2545437	1068645	209181543	159884332
国有企业	3132	82340	35278	11030441.32	1644618.13
集体企业	900	22307	13631	362046.58	361465.78
股份合作企业	353	2553	1214	71378.54	104292.74
联营企业	125	638	248	31128.52	12408.86
国有联营企业					
集体联营企业	43	193	75	12597.66	8863.44
国有与集体联营企业	12	155	63	8618.88	1419.47
其他联营企业	60	206	74	8621.91	1771.65
有限责任公司	33942	503598	208456	54865902	46109658.94
国有独资公司	298	20105	7971	5560897.69	1507967.88
其他有限责任公司	33644	483493	200485	49305004.31	44601691.06
股份有限公司	1910	153112	58740	45341976.4	18881885.72
私营企业	243058	1748466	734652	96252755.46	92556315.15
私营独资企业	13422	102877	45634	1967595.46	3267460.2
私营合伙企业	1472	9532	4255	692589.53	280435.17
私营有限责任公司	226593	1591645	664899	88788375.52	84745512.34
私营股份有限公司	1571	44412	19864	4804194.96	4262907.44
其他企业	6964	32423	16426	1225914.17	213686.64

2-7 续表 1

单位：万元

类 别	法人单位数（个）	从业人员期末人数（人）	女性	资产总计	营业收入
港、澳、台商投资企业	5867	626800	337564	46704216.55	40599178.99
与港澳台商合资经营企业	373	70664	32655	7726466.31	6390012.83
与港澳台商合作经营企业	90	11629	6781	485019.4	513661.98
港澳台商独资经营企业	5268	527164	289941	37125554.9	32893726.02
港澳台商投资股份有限公司	74	13500	6503	1279987.12	706258
其他港澳台投资企业	62	3843	1684	87188.83	95520.16
外商投资企业	1160	193664	93467	19163478.93	23759422.31
中外合资经营企业	226	37230	15348	8514408.19	7637230.59
中外合作经营企业	29	16455	7606	1938249.4	3219812.85
外资企业	810	129854	65170	7748270.95	10240779.4
外商投资股份有限公司	27	2855	1126	694918.81	154503.16
其他外商投资企业	68	7270	4217	267631.58	2507096.3
三、按企业控股情况分组					
国有控股	1345	129585	47310	38007418.56	15106777.82
集体控股	916	30592	16941	2513622.5	1546974.99
私人控股	267871	2104776	879525	141055097	126482196.2
港澳台商控股	5633	643502	342975	53696882.09	45011406.1
外商控股	963	186805	90073	13580379.08	17404434.19
其他	20683	270641	122852	26195839.2	18691143.96
四、按隶属关系分组					
中央	220	22855	8554	15227356.02	2062303.28
地方	5975	171646	69343	22751656.1	11353623.3
其他	291216	3171400	1421779	237070226.4	210827006.7
五、按产业类型分组					
文化制造业	45908	1728179	823541	92290629.89	107949751.9
文化批发零售业	53977	284622	140387	29684738.54	43849988.88
文化服务业	197526	1353100	535748	153073870.1	72443192.54

2-8 按行业分文化及相关产业法人单位基本情况

单位：万元

类别	法人单位数（个）	从业人员期末人数（人）	女性	资产总计（万元）	营业收入（万元）
总计	297411	3365901	1499676	275049238.5	224242933.3
雕塑工艺品制造	1034	12389	5218	273806.39	419472
金属工艺品制造	1757	26336	11606	657198.25	840978.16
漆器工艺品制造	52	782	353	25440.19	24917.44
花画工艺品制造	470	17380	10016	289294.32	798531.3
天然植物纤维编织工艺品制造	156	5655	2978	80726.63	234511.84
抽纱刺绣工艺品制造	975	13849	7375	581886.13	592983.47
地毯、挂毯制造	171	4389	1749	234690.57	304523.19
珠宝首饰及有关物品制造	3724	141736	73786	15611128.61	18355162.27
其他工艺美术及礼仪用品制造	3084	65920	36535	1227418.48	2216389.44
陈设艺术陶瓷制造	434	23315	10455	790825.29	911306.96
园艺陶瓷制造	43	870	312	14515.15	18016.48
机制纸及纸板制造*	222	19008	5113	4487292.63	4077787.52
手工纸制造	75	714	326	23282.8	28953.13
油墨及类似产品制造	531	16249	4791	1470435.34	1433373.77
工艺美术颜料制造	114	1531	476	65485.97	91257.76
文化用信息化学品制造	124	6238	2201	1216386.51	934185.94
书、报刊印刷	787	39775	16419	1626143.44	1655837.28
本册印制	230	9660	3850	1148155	1116583.88
包装装潢及其他印刷	14259	288332	118531	12295433.1	13665909.14
装订及印刷相关服务	1365	23661	8894	1534164.02	1079962.19
记录媒介复制	100	1286	448	125796.92	68838.83
印刷专用设备制造	946	16100	4060	1113823.53	842892.82
复印和胶印设备制造	160	39063	18049	2106959.56	3808911.24
广播电视节目制作及发射设备制造	42	2189	997	62808.09	103458
广播电视接收设备制造	181	21762	10176	1042475.59	1213503.4
广播电视专用配件制造	109	4727	2703	146577.7	165127.57
专业音响设备制造	192	10556	4803	361548.14	492554.51
应用电视设备及其他广播电视设备制造	227	13831	5332	1182670.79	962964.39
电影机械制造	32	824	363	42977.94	84674.14
智能无人飞行器制造*	7	11396	4133	1844088.15	1863644.2
幻灯及投影设备制造	131	5295	2439	378898.61	489711.49
照相机及器材制造	526	26651	13835	1235151.19	1270602.04
舞台及场地用灯制造	562	19627	7922	675122.34	914530.21
音响设备制造	3815	174592	81303	6821765.32	8871954.04
露天游乐场所游乐设备制造	262	6312	1728	471877.43	243797.12
游艺用品及室内游艺器材制造	404	9036	4053	348324.65	322609.77
其他娱乐用品制造	180	2506	1110	100732.74	93793.57
中乐器制造	43	761	316	43569.6	20772.12

2-8 续表 1

单位：万元

类别	法人单位数（个）	从业人员期末人数（人）	女性	资产总计（万元）	营业收入（万元）
西乐器制造	165	7663	3306	421411.46	378260.73
电子乐器制造	62	5519	2616	313535.52	368680.51
其他乐器及零件制造	155	3169	1283	113961.64	193170.82
文具制造	1092	39237	19713	1578833.08	1938687.76
笔的制造	108	4106	2251	106600.63	119967.84
墨水、墨汁制造	37	803	208	29071.49	48217.68
电玩具制造	297	50848	30040	920721.31	1216517.84
塑胶玩具制造	2156	271450	158283	5024167.38	7557969.11
金属玩具制造	36	5844	3902	115460.16	119791.37
弹射玩具制造	9	50	20	1221.41	893.07
娃娃玩具制造	158	15789	9490	200090.26	418370.26
儿童乘骑玩耍的童车类产品制造	150	7468	3710	273927.32	239678.02
其他玩具制造	2025	60904	34971	1148677.53	1256262.88
焰火、鞭炮产品制造	12	79	41	3096.43	1672.12
电视机制造	481	75454	28893	13955775.93	15704206.14
影视录放设备制造	512	73394	30517	4710832.53	6494264.05
可穿戴智能设备制造*	54	5937	3024	400877.75	404497.97
其他智能消费设备制造*	873	16162	6519	1213490.96	853661.13
图书批发	757	7903	3963	1235069.7	986719.13
报刊批发	40	5220	967	147091.47	157715.77
音像制品、电子和数字出版物批发	324	1349	584	144612.24	72019.92
图书、报刊零售	827	12657	6807	1006061.04	676083.84
音像制品、电子和数字出版物零售	219	885	396	46914.36	25205.75
首饰、工艺品及收藏品批发	11432	68897	40998	10857041.52	12972997.3
珠宝首饰零售	6760	29993	18520	1375882.36	1483093.58
工艺美术品及收藏品零售	3724	11664	5066	363442.8	258598.6
艺术品、收藏品拍卖	95	481	217	120321.79	26923.34
艺术品代理	24	99	31	3378.88	4483.65
贸易代理*	386	1796	915	388381.19	1307811.52
广播影视设备批发	505	8643	3746	2198168.68	7277857.12
照相器材零售	874	3084	1285	88905.64	123653.56
电气设备批发*	46	455	182	156778.86	201946.85
乐器批发	406	1594	728	72630.81	150009.21
乐器零售	813	2899	1347	121640.58	137066.39
文具用品批发	9238	41104	16761	3642326.33	6198395.09
文具用品零售	5646	18279	7322	663878.13	651117.48
家用视听设备批发	3341	30235	14613	4307798.39	7010019.56
家用视听设备零售	2318	10383	4220	1230109.69	1793223.68
其他文化用品批发	3300	17502	7800	1265584.73	2026271.42

2-8 续表 2

单位：万元

类 别	法人单位数（个）	从业人员期末人数（人）	女性	资产总计（万元）	营业收入（万元）
其他文化用品零售	2902	9500	3919	248719.34	308776.12
新闻业	132	1400	697	126793.16	9307.34
报纸出版	121	13478	5691	2177746.01	430250.65
广播	379	7933	2841	1091656	71535.52
电视	127	5834	2417	970835.14	174709.4
广播电视集成播控	23	1596	600	199354.9	88987.49
互联网搜索服务	304	7164	2385	2100358.42	1913465.47
互联网其他信息服务	8336	67365	25040	20228223.28	10618516.9
图书出版	113	1811	980	1057356.32	307398.63
期刊出版	150	1577	901	146745.55	72005.04
音像制品出版	74	509	247	60292.55	44145.6
电子出版物出版	27	173	75	10748.65	9224.17
数字出版	19	41	18	431.54	486.47
其他出版业	23	110	50	3898.16	3737.39
影视节目制作	4134	22705	8989	3356997.1	874477.86
录音制作	408	1817	723	89932.27	29284.38
文艺创作与表演	4459	24183	11298	986776.3	425584
群众文体活动	2373	12551	5848	774742.38	79127.55
其他文化艺术业	10457	32177	14513	1185507.49	516385.81
动漫、游戏数字内容服务	3484	18231	6385	913744.34	593307.45
互联网游戏服务	826	16471	4211	15505353.29	10100245.05
应用软件开发*	5801	122853	38200	19033507.25	9767329.29
其他电信服务*	172	9246	3444	282908.21	272776.73
其他数字内容服务*	82	1688	648	96381.64	97278.58
图书馆	179	4103	2582	499420.07	3570.33
档案馆	354	3632	2130	142135.02	24116.51
文物及非物质文化遗产保护	203	1621	697	81487.3	9074.7
博物馆	304	3844	1914	712197.58	4231.26
烈士陵园、纪念馆	41	465	248	71987.15	181.5
互联网广告服务	4116	30237	13191	2013501.71	3060091.57
其他广告服务	36675	183255	70937	9854478.58	9001626.99
工程设计活动*	18903	182684	59568	13004163.46	8755645.21
工业设计服务	6048	35598	12637	1623898.98	992659.14
专业设计服务	25403	138490	55873	4698090.28	3644904.02
图书出租	29	93	68	527.82	458.7
音像制品出租	55	272	92	5613.8	5926.47
有线广播电视传输服务	442	26333	8259	3223237.16	926737.87
无线广播电视传输服务	79	1369	444	145556.42	59633.69
广播电视卫星传输服务	42	912	254	349998.53	110498.48

2-8 续表 3

单位：万元

类 别	法人单位数（个）	从业人员期末人数（人）	女性	资产总计（万元）	营业收入（万元）
电影和广播电视节目发行	204	1547	677	245744.56	482066.84
电影放映	1121	24019	11942	1998042.53	952265.33
艺术表演场馆	153	1423	595	84410.79	43612.78
互联网生活服务平台*	57	2196	832	261634.26	532047.63
投资与资产管理*	1912	9031	3632	16096422.04	301668.12
企业总部管理*	214	4011	1406	4339729.97	74614
园区管理服务*	48	856	376	1020150.59	61565.77
歌舞厅娱乐活动	2477	29234	13895	376057.1	359811.82
电子游艺厅娱乐活动	533	3518	1515	87738.15	87129.26
网吧活动	7850	26613	9673	525742.81	351952.58
其他室内娱乐活动	996	5373	2737	147818.01	58825.72
游乐园	424	17699	7380	3120574.23	695968.3
其他娱乐业	282	3029	1393	261061.68	60666.95
城市公园管理	160	8690	3539	1833453.06	122580.48
名胜风景区管理	241	6465	2787	1021043.77	68668.26
森林公园管理	46	1460	580	270310.37	13031.67
其他游览景区管理	603	7739	3368	2018466.65	109419.71
自然遗迹保护管理	4	60	16	5405.15	
动物园、水族馆管理服务	24	1050	375	60966.28	37949.3
植物园管理服务	9	136	31	2528.92	67.73
休闲观光活动	573	4577	2164	601768.46	92564.81
观光游览航空服务	8	20	5	7321.36	231.98
摄影扩印服务	3322	15166	6829	220987.78	217200.63
知识产权服务*	2869	19115	9707	545225.44	436767.79
科技会展服务	195	2941	1191	529821.28	202897.9
旅游会展服务	137	1041	553	188796.14	32173.82
体育会展服务	44	134	51	1801.32	1462.96
文化会展服务	1062	9947	4521	2992889.24	814984.57
其他会议、展览及相关服务	4410	21893	9115	1874834.18	936813.18
文化活动服务	13182	54066	23453	2440866.24	1154203.08
文化娱乐经纪人	130	1062	453	33170.79	80462.59
其他文化艺术经纪代理	354	1479	621	95586.81	47295.01
婚姻服务*	1150	4729	2499	67246.88	67345.87
票务代理服务	481	2644	1394	988819.63	103982.73
休闲娱乐用品设备出租	365	2272	747	113587.1	45087.97
文化用品设备出租	270	1890	500	88454.61	53733.05
社会人文科学研究	615	3302	1528	161284.15	22234.32
专业性团体*	5793	16892	7039	392865.83	
文化艺术培训	8950	41080	24724	634797.2	384868.95
其他未列明教育*	1361	10880	6810	489860.9	236045.91

2-9 按地区分组文化及相关产业法人单位基本情况

单位：万元

地 区	法人单位数（个）	从业人员期末人数（人）		资产总计	营业收入
			女性		
总 计	297411	3365901	1499676	275049238.48	224242933.28
广州市	74414	673128	286860	64916355.87	48200504.84
韶关市	2077	33845	21086	1036735.49	708609.84
深圳市	102264	1029000	441273	137671454.70	94884030.49
珠海市	10288	76590	32340	7398360.62	3772321.07
汕头市	7749	174624	88560	7667585.77	9122897.69
佛山市	18579	216501	93139	9459443.91	15725806.79
江门市	4816	60959	28062	3875337.39	2993224.71
湛江市	4166	35896	15304	3651604.27	2110407.86
茂名市	3169	37140	16864	1173381.18	1063716.14
肇庆市	3430	38056	18099	1626661.66	2179426.77
惠州市	9857	154279	66725	7993521.73	10109539.09
梅州市	2904	25335	12907	1134859.33	746766.05
汕尾市	1733	60650	37197	919623.71	2486856.25
河源市	1897	30784	16413	738359.80	696852.55
阳江市	1864	12620	5689	365999.61	279567.27
清远市	2458	37604	22350	1887499.87	856179.03
东莞市	31021	465399	205787	15140199.54	18647474.10
中山市	8943	120429	55498	5147536.08	5524336.58
潮州市	2095	37387	15265	1436399.53	1691988.86
揭阳市	2634	35411	14374	1470123.92	2291943.92
云浮市	1052	10264	5884	338194.50	150483.37
按区域分组					
珠三角核心区	263612	2834341	1227783	253228871.50	202036664.44
沿海经济带	23410	393728	193253	16684717.99	19047377.99
北部生态发展区	10388	137832	78640	5135648.99	3158890.84

2-10 按类别分规模以上文化及

类别	法人单位数（个）	从业人员期末人数（人）		资产总计
			女性	
总　计	9072	1813812	862216	203164793.6
一、按单位规模分组				
大型	387	667709	315737	93459619.5
中型	1955	680641	338211	48237631.2
小型	5895	440749	198053	49733847.8
微型	835	24713	10215	11733695.1
二、按登记注册类型分组				
内资企业	7535	1062159	464945	141770858
国有企业	102	23235	9542	5145877.3
集体企业	22	16599	10994	138830.8
股份合作企业	7	633	366	8913
联营企业	3	232	87	11106.2
国有联营企业				
集体联营企业	1	113	39	3156.8
国有与集体联营企业	1	118	48	7888.3
其他联营企业	1	1	0	61.1
有限责任公司	2089	317853	133895	39434877.8
国有独资公司	132	18030	7125	4768719.4
其他有限责任公司	1957	299823	126770	34666158.4
股份有限公司	335	141295	53710	43496645.1
私营企业	4964	558774	254160	53352043.7
私营独资企业	148	20010	10521	358981.1
私营合伙企业	15	2136	1114	52302.4
私营有限责任公司	4639	501330	226397	48528346.8
私营股份有限公司	162	35298	16128	4412413.4
其他企业	13	3538	2191	182564.1
港、澳、台商投资企业	1123	568603	308931	43012822.3
与港澳台商合资经营企业	118	67587	31226	7038893.7
与港澳台商合作经营企业	28	10598	6301	395899
港澳台商独资经营企业	943	475272	264540	34249425
港澳台商投资股份有限公司	28	11968	5511	1256412.4
其他港澳台投资企业	6	3178	1353	72192.2
外商投资企业	414	183050	88340	18381113.3
中外合资经营企业	97	35917	14820	8324147.5
中外合作经营企业	17	16294	7555	1932250.1
外资企业	271	121444	60938	7338154.9

相关产业法人单位主要指标

单位：万元

营业收入		税金及附加	营业利润	利润总额	应交增值税
	主营业务收入				
185105156.7	182176892.2	934538	13184510	13482869.6	2796623.8
81947726.7	80366373	494122.9	7413868.9	7478266.6	1061261.3
57471496.8	56614072.5	229229.8	3508341.5	3572269.9	948446.2
41522088.2	41088991.2	196125.9	1903399.2	2033749.7	733772.3
4163845	4107455.5	15059.4	358900.4	398583.4	53144
122409281.9	120965648.4	662419.4	7364378.5	7659669.6	1766768.6
1511492.5	1485075.9	24881.8	195793.8	258185.5	46413.7
296316.4	296134.4	1405.5	10367.9	10538.3	2970.7
46378.5	46378.5	49	1698.7	1708.4	2052.3
8904.7	8904.7	95.8	552.8	604.5	410.7
8027.6	8027.6	60.3	695.6	684.6	385.6
861.6	861.6	35.5	-132.4	-70.2	25.1
15.5	15.5	0	-10.4	-9.9	0
41236378.4	40631892.9	211846.1	2975411	3082436.2	789736
1440102.5	1398183.1	15080.5	137445.9	148827.8	41312.1
39796275.9	39233709.8	196765.6	2837965.1	2933608.4	748423.9
18517595.2	18236029.4	71461.3	1322345.6	1404691.7	254969.4
60623053.6	60092313	352084.5	2849119.7	2892253.9	666399.1
1325411.8	1324286	5008.2	82199.3	82204.7	16799.6
133755.3	132788.9	464.3	14867	14941.8	3282.1
55115286.8	54623832	331731.1	2513607.7	2540204.4	580478.3
4048599.7	4011406.1	14880.9	238445.7	254903	65839.1
169162.6	168919.6	595.4	9089	9251.1	3816.7
39413962.1	38846592.3	195662.6	4816793.4	4844880.7	793710.9
6317071	6058098.1	33456.6	329744.2	341520.3	143518.5
497630.3	489792	2848.3	52845.6	53845.6	14188.8
31817369.9	31527897.7	152279.9	4340961.2	4354163.6	612565.6
694410.4	685476	6668	86270.3	87941.1	21107.7
87480.5	85328.5	409.8	6972.1	7410.1	2330.3
23281912.7	22364651.5	76456	1003338.1	978319.3	236144.3
7395421.1	6855080.4	22903.1	240410.7	251435.5	82853.3
3216385.8	2907694.1	10100.7	55140.6	55636.4	19303.2
10028079.2	9965160	40205.3	548825.9	513830.1	124568.3

2-10

类　别	法人单位数（个）	从业人员期末人数（人）		资产总计
			女性	
外商投资股份有限公司	9	2637	1032	553689.3
其他外商投资企业	20	6758	3995	232871.5
三、按企业控股情况分组				
国有控股	558	119475	43184	35572686.6
集体控股	70	23987	14077	2132714.3
私人控股	6328	776385	343247	85551039.2
港澳台商控股	1118	588355	315864	50415635
外商控股	355	178141	85783	12974955.1
其他	643	127469	60061	16517763.4
四、按隶属关系分组				
中央	77	21053	7779	15081952
地方	391	102547	39394	16335793.6
其他	8604	1690212	815043	171747048
五、按执行会计标准类别分组				
企业会计制度	9071	1813484	862149	203158805.2
事业单位会计制度				
行政单位会计制度				
民间非营利组织会计制度				
其他	1	328	67	5988.4
六、按机构类型分组				
企业	9042	1803106	856705	201708693.7
事业单位	21	7890	3727	1278412.5
机关				
社会团体				
民办非企业单位	9	2816	1784	177687.4
基金会				
居委会				
村委会				
农民专业合作社				
农村集体经济组织				
其他组织机构				
七、按产业类型分组				
文化制造业	3929	1270516	631383	77633489.6
文化批发零售业	1625	101639	59212	20042383.3
文化服务业	3518	441657	171621	105488920.7

续表 1

单位：万元

营业收入	主营业务收入	税金及附加	营业利润	利润总额	应交增值税
150158.5	150050.6	1658.5	50073.3	55916.6	5022.5
2491868.1	2486666.4	1588.4	108887.6	101500.7	4397
14850472.9	14187058.4	83141.3	1268859.6	1312138.2	235911.3
1391789.7	1374718.5	6995.1	197299.8	198957.6	34837.6
90726628.3	89829827.2	477156.9	4218536	4342552.8	1203560.8
43880153.1	43222409.2	204918.3	5293139.8	5378795.8	788695.5
16991746.9	16506817.6	66420.3	774554.3	743059.3	174502.1
17264365.8	17056061.3	95906.1	1432120.5	1507365.9	359116.5
2042019.6	2028343.3	19487.2	726563.1	731726	60045
10949633.6	10677631.8	62430.1	510889.2	578051.3	163959.4
172113503.5	169470917.1	852620.7	11947057.7	12173092.3	2572619.4
185096881.6	182168617.1	932943.3	13184510	13482869.6	2796610.4
8275.1	8275.1	1594.7	0	0	13.4
184643955	181725022.5	922622.3	13240680.9	13492422.4	2788263.7
335880	326554.3	11437	-61606.1	-15150.4	4785
125321.7	125315.4	478.7	5435.2	5597.6	3575.1
95670732.8	93416514.9	386748.1	3776220.7	3852444.7	1371800.3
35357200.1	35129841.4	104448.2	580383.9	594251.8	403980.3
54077223.8	53630535.9	443341.7	8827905.4	9036173.1	1020843.2

2-11 按行业分规模以上文化及

行 业	法人单位数（个）	从业人员期末人数（人）		资产总计
			女性	
总 计	9072	1813812	862216	203164793.6
雕塑工艺品制造	25	5028	2488	105467.4
金属工艺品制造	67	13781	6721	341219.3
漆器工艺品制造	2	270	138	5816.3
花画工艺品制造	36	11762	7425	168491.3
天然植物纤维编织工艺品制造	31	4508	2435	50316.3
抽纱刺绣工艺品制造	31	5061	2831	306047.2
地毯、挂毯制造	17	2297	832	161920.1
珠宝首饰及有关物品制造	272	101021	55536	14069101.4
其他工艺美术及礼仪用品制造	129	35951	22863	606543.3
陈设艺术陶瓷制造	78	17245	7899	703214.5
园艺陶瓷制造	1	162	63	3517.5
机制纸及纸板制造*	54	17277	4443	4429938
手工纸制造	2	175	62	12943.5
油墨及类似产品制造	127	12284	3554	1157540.3
工艺美术颜料制造	4	781	258	46879
文化用信息化学品制造	30	5210	1823	1076893.7
书、报刊印刷	77	31090	13046	1311537.2
本册印制	25	7704	3037	1089014.9
包装装潢及其他印刷	824	155788	68650	7926123.6
装订及印刷相关服务	37	12394	4761	1069890
记录媒介复制	7	540	187	72240.5
印刷专用设备制造	64	8534	1930	584967.9
复印和胶印设备制造	46	37827	17566	1993759.3
广播电视节目制作及发射设备制造	5	1778	828	51340.8
广播电视接收设备制造	72	19950	9316	961094.8
广播电视专用配件制造	11	3489	2182	105531.5
专业音响设备制造	39	8662	4056	297542.3
应用电视设备及其他广播电视设备制造	51	11796	4488	1113469.1
电影机械制造	3	417	193	33559
智能无人飞行器制造*	5	11383	4131	1843997.6
幻灯及投影设备制造	24	4071	1903	308157
照相机及器材制造	62	21515	11583	1067115.7
舞台及场地用灯制造	81	16514	6854	595755.3
音响设备制造	385	134331	64377	5765364.9
露天游乐场所游乐设备制造	14	3783	949	414161
游艺用品及室内游艺器材制造	19	5842	2826	247695.4
其他娱乐用品制造	5	1432	677	61031.5
中乐器制造	3	544	247	41069.4

相关产业法人单位主要指标

单位：万元

营业收入	主营业务收入	税金及附加	营业利润	利润总额	应交增值税
185105156.7	182176892.2	934538	13184510	13482869.6	2796623.8
250684.8	250666.5	3589.9	13924.6	13438.3	4669.9
567971.3	566363.1	3700.4	15114.7	15669	11400.6
12519.4	12519.4	192.3	769.7	769.8	246.9
681991.5	681988.8	2598.4	33599.8	33652	7567.1
206098.4	206086.2	868.5	11781.4	11935.5	4316.1
354879.2	348378.6	2635.6	40400.3	41165.5	13492
238155.7	234148.3	1821.8	24438.5	24204.7	8024.8
17519640.2	17315062.5	21185.7	575800.3	584615.8	99015.7
1605624.2	1597128.8	7905.9	84765.4	83155.6	19853.7
782209.1	781762.6	5368.8	50482.8	52013.5	25348.9
4923.8	4923.8	62.9	150.4	171.3	243.4
4018226.5	3835483.6	24478.1	246442.7	249369.5	161513.2
13692.2	13692.2	93.1	320.2	354.4	371.7
1262078.8	1253072.1	7716.8	61729.8	66035.2	33882.7
62213.5	62200.5	449.9	9009.9	8951.5	1546.2
901850.3	884812.9	3841	62830	71016.7	12968.7
1397555.7	1381335.8	6341	32120.8	47084.4	32870.1
1060553.6	1053449	4139.8	18182.7	19534.6	10263.3
9479965.4	9374393.2	53436.9	634654.8	626127.1	250815.4
751989.7	728049.1	5079.3	73095.6	76532.9	17894.2
39026	37642.5	55.2	-901.9	-762.8	285.7
577164	574204.4	3552.8	27844.5	31359.6	19324.8
3769526.7	3754422.2	12588.9	215225.4	227952.9	24735.9
87939.7	87452.1	452.6	8301.3	8690.5	1595.7
1166293.3	1137345.6	5791.8	49841.4	51794.5	26034.7
133670.1	133494.9	485.2	-2175.6	-1884.4	5093
429403.5	426625.7	1510.7	15786.2	18734.4	10193.8
900328.9	893032.1	5677.1	118918.2	130450.9	25431.3
74935.4	72196.8	231.2	880	1134.5	713.5
1863369.9	1807685.6	11228.5	264859.3	293608.3	26248.5
451647.2	442762	1976.5	3150.7	4543.1	4285.9
1141484.1	1135799.6	7210.8	40043	-35998.7	13086.5
830333	821883.5	5275	42328	44335	21258.4
7666273.4	7549628.8	31207.6	193001.9	197389.4	90994.4
188421.2	187401.9	1762.6	22201.1	22286.7	10874.3
248593.1	247686	912	12010.4	12870	1834.4
67683.7	66827.1	506.4	7386.8	7452.4	6380.4
17948.2	17913.7	358.1	-2379.3	-2261.5	115.1

2-11

行　业	法人单位数（个）	从业人员期末人数（人）	女性	资产总计
西乐器制造	14	5328	2321	382783.3
电子乐器制造	11	4849	2314	301104.2
其他乐器及零件制造	10	1236	385	69656
文具制造	108	28522	14818	1239363.7
笔的制造	15	3190	1866	85290.2
墨水、墨汁制造	4	386	100	18335
电玩具制造	82	46362	27397	820606.7
塑胶玩具制造	467	238733	142510	4203009.2
金属玩具制造	8	5534	3779	106441
弹射玩具制造				
娃娃玩具制造	36	13792	8329	156584.2
儿童乘骑玩耍的童车类产品制造	27	5684	2874	212565.8
其他玩具制造	74	29980	18627	432950.9
焰火、鞭炮产品制造				
电视机制造	93	72920	27920	13684721.1
影视录放设备制造	153	68575	28529	4464947.7
可穿戴智能设备制造*	20	5416	2825	355560.3
其他智能消费设备制造*	42	7812	3631	899302.5
图书批发	43	3085	1558	851219.6
报刊批发	6	4745	888	137064.1
音像制品、电子和数字出版物批发	4	65	35	74963.9
图书、报刊零售	141	8973	4939	890583.2
音像制品、电子和数字出版物零售	3	70	53	3631.4
首饰、工艺品及收藏品批发	341	31313	22585	7277842.1
珠宝首饰零售	87	8165	6766	589296.6
工艺美术品及收藏品零售	13	579	408	36336.7
艺术品、收藏品拍卖	3	111	48	49818.7
艺术品代理				
贸易代理*	28	476	302	327694.5
广播影视设备批发	103	6777	2995	1891955.5
照相器材零售	9	179	83	9348.2
电气设备批发*	9	293	108	152930.9
乐器批发	16	378	202	45726.3
乐器零售	13	411	215	53470.2
文具用品批发	314	9343	3945	2161148
文具用品零售	61	1157	552	164841.5
家用视听设备批发	185	16882	9281	3578221.2
家用视听设备零售	54	3288	1492	944922.9
其他文化用品批发	171	4751	2399	748132.3

续表 1

单位：万元

营业收入	主营业务收入	税金及附加	营业利润	利润总额	应交增值税
339152.3	337176.4	1663	36432.2	36420	7214.2
356357.2	356318.7	2545.7	38213.7	38951	4592.7
141680.7	141679.9	779.4	9373.6	10007.3	2233.7
1631486.2	1622021.8	11621.7	64603.9	70236.3	25848.8
98036.1	97459.6	655.2	4821.9	5057.8	2098.9
37906.7	37883.6	147.9	-837.4	-762.4	586.2
1142439.7	1133155.7	5809.9	20154.6	20066.7	11269.5
6815801.8	6787730	37097.2	257630.1	274798.9	76496.3
105610.8	105016	869.1	5742.5	5847.8	545.1
377994.8	377458.4	1817.6	15783.6	15845.2	4587.9
201474	201107.2	1124.2	1782.5	2777.8	2371.8
656836.2	655183.8	3370	5661	8158.5	8918.4
15596209.4	14386300.6	45043.4	183954.8	194859.6	134457.6
6323082.9	6207117.2	23298.5	96265	97938.1	70685.6
386797.4	362474.5	1614.5	14511.1	16411.6	1665.8
633001.9	628910	3001.7	16191.8	18338.4	13436.9
707984.7	693924.4	1074.7	38967	41171.1	3239.1
143883.7	129730.1	328.9	5539.3	5781.4	3160.9
22980	22735.6	47.3	-5580.5	-5538.8	1997.6
582738.8	553105.6	3786.6	30855.7	32590.7	6042.4
5893.5	5872.8	31.1	308.1	364.4	118.9
10728870.6	10666065.4	34584.8	156173.6	159540.2	117284.8
953242.4	945211.3	32201.3	59582.7	61345.3	24982.6
32066.2	31169.3	252.6	1100.4	1141.4	1167.8
14511.2	12475.2	32	4618.4	4613.5	221.6
1247826.8	1247404	260.5	1520.2	1862.1	62684.6
6812818.7	6800249.9	6652.9	-7276.1	-12112.1	42370.1
26285.1	26207.8	112.1	878.8	850	1769.3
196996.8	196464.5	342.9	4247.3	4286.7	1784
117893.6	116168.6	232.3	9359.4	9484.3	1472.4
81611.8	81554.8	212.8	1560.1	1297.1	528
4419806	4415444.5	6284.5	60703.2	61916.2	54671.5
127442.3	122315.6	1094.4	5369.4	5471	2089.5
6041982.4	5994223.9	12131.2	162557.2	168938.6	42615.2
1549448.9	1532578.3	2099.8	26390.4	26634.7	17927.5
1466739.4	1461930	2428.8	24559.6	25617.5	16333.7

2-11

行　业	法人单位数（个）	从业人员期末人数（人）	女性	资产总计
其他文化用品零售	21	598	358	53235.5
新闻业	1	25	15	5300.2
报纸出版	39	10772	4563	2088937.1
广播	8	347	121	43077.4
电视	9	2823	1229	706327.3
广播电视集成播控	3	963	339	162232.4
互联网搜索服务	24	6448	2135	2078996.6
互联网其他信息服务	158	34336	12388	17930193.3
图书出版	17	1312	733	1006670.4
期刊出版	17	819	442	115640.2
音像制品出版	6	237	130	48947
电子出版物出版	1	56	26	8324
数字出版				
其他出版业				
影视节目制作	59	4603	1991	1587148.3
录音制作	4	180	53	49812.2
文艺创作与表演	59	3528	1669	285427.5
群众文体活动				
其他文化艺术业	21	1272	711	124097
动漫、游戏数字内容服务	32	2822	1111	390265.6
互联网游戏服务	65	12530	3071	15273469.3
应用软件开发*	513	92478	28628	17754148.6
其他电信服务*	26	8495	3198	239474.2
其他数字内容服务*	12	1482	576	87423.2
图书馆				
档案馆				
文物及非物质文化遗产保护	2	66	33	3471.7
博物馆				
烈士陵园、纪念馆				
互联网广告服务	171	11941	5834	1403823.1
其他广告服务	583	26307	12947	5222021
工程设计活动*	550	81245	27304	8078439.6
工业设计服务	71	7909	3343	473807
专业设计服务	211	27749	13061	1242167.7
图书出租				
音像制品出租	1	24	3	1037
有线广播电视传输服务	35	17506	5193	2554460.8
无线广播电视传输服务	3	157	43	47494.5
广播电视卫星传输服务	1	569	153	341315.4

续表 2

单位：万元

营业收入		税金及附加	营业利润	利润总额	应交增值税
	主营业务收入				
76177.2	75009.8	256.7	-1050.3	-1003.5	1518.8
2353.3	2353.3	0	1609.9	1609.9	0
419367.9	396791	9157.5	1882	33412.6	10987.7
43629.3	42707.1	399	4231.8	4601.7	1688
158953.6	158929.9	5172	-39978.4	-19637.9	545.7
70547	70089.1	490	18949.4	19336	2049.5
1903332.1	1903112	8765.9	757008.1	754281.5	61368.7
9089946.1	9078928.8	38018.2	3386926	3374310.4	249922.7
297339.3	292904	1375.1	51763	51382.8	4828.8
54102.8	49088.8	968.2	4335.5	4454.1	2516.6
35859	35797	122.1	4129.7	4184	728
6151	5966.7	1.1	1031.9	1034.6	0
518498.1	516487.7	2887.8	-57458.3	-57325.9	11805.2
7024.3	6849.3	19.8	679.8	825.5	227.3
190379.5	186563.8	1062.7	-1045.3	7942	4501.9
86991.9	86886.2	989.9	18931.2	19015.6	2612.4
214015.4	213222.3	470.9	52130.5	53091.6	6647.6
9908202.7	9893984.3	154620.6	1081040.6	1064550.7	-121718.8
9209029	9157066.2	42803.3	1467673.2	1564404	271138.8
228345.3	222902.3	778.3	10894.6	11929.5	3835.7
92051.1	91751.1	379.6	3150	3668.8	2677.8
5491.1	5491.1	42.7	101.1	199.1	47.9
2542667.9	2537771.4	21799.7	60427.7	60429.7	36714.2
5115841.5	5010583.9	41904.8	303698	306890.6	61454.6
5996654.9	5975850.4	39858.7	390507.7	400612.8	192660.5
338825.6	337744	1923.6	44728.7	45038.5	8676
1381122.8	1369016.8	6489	143848.5	147877.6	46306.5
736.7	736.7	1.4	15.2	11.5	12
875291.6	865880.1	3730.3	97663.2	97561.1	8084.7
32020.7	20719.5	102.3	-2618.6	-2342	118.8
106253.8	105597.1	811.9	59331.5	59340.6	3804.8

2-11

行　业	法人单位数（个）	从业人员期末人数（人）		资产总计
			女性	
电影和广播电视节目发行	11	411	196	177598.6
电影放映	227	15433	7829	1538967.6
艺术表演场馆	9	711	323	27430.9
互联网生活服务平台*	7	1534	586	244445.4
投资与资产管理*	19	2276	875	12496337.5
企业总部管理*	8	992	360	1657471.4
园区管理服务*	14	411	199	512969.1
歌舞厅娱乐活动	61	3277	1722	52629.3
电子游艺厅娱乐活动	6	966	540	33534.4
网吧活动	6	185	71	1501.1
其他室内娱乐活动	3	93	34	2042.2
游乐园	31	15165	6249	2950426.3
其他娱乐业	10	1420	743	216844.3
城市公园管理	11	2912	1159	317178.5
名胜风景区管理	20	2633	1196	262032.6
森林公园管理	4	626	244	31085.7
其他游览景区管理	21	2234	994	182612.7
自然遗迹保护管理				
动物园、水族馆管理服务	4	911	334	53306.6
植物园管理服务				
休闲观光活动	10	1535	973	76145.9
观光游览航空服务				
摄影扩印服务	14	1486	947	31025.3
知识产权服务*	39	5921	3624	189649.8
科技会展服务	25	1801	676	476083
旅游会展服务	2	112	71	12218.4
体育会展服务				
文化会展服务	81	4936	2379	2664839.3
其他会议、展览及相关服务	70	3064	1486	601593
文化活动服务	42	3292	1656	267683.2
文化娱乐经纪人	12	567	248	25933.6
其他文化艺术经纪代理	12	158	75	15003.6
婚姻服务*	2	51	22	225.8
票务代理服务	8	921	529	733091
休闲娱乐用品设备出租	4	315	119	9960.1
文化用品设备出租	2	205	87	6329.6
社会人文科学研究				
专业性团体*				
文化艺术培训	9	1256	846	34386.9
其他未列明教育*	12	4846	3186	232388.4

续表 3

单位：万元

营业收入	主营业务收入	税金及附加	营业利润	利润总额	应交增值税
458529.3	455347.4	338	15560.8	15959.3	363.8
745673	672366	23411.9	19051.7	35260.5	40873.7
35074.7	34726.8	159.3	1513.1	4075.4	855.6
516150.6	516093.9	1589	42818.4	43498.3	6371.9
157153.5	125895.6	5916.1	379249.3	380981.3	4570.6
33700	33032.5	757.8	-1472.4	-1400	2003.3
55324.8	53026.7	507	-6354.8	-12799.7	1733.2
73143.9	69827.7	1553.3	1140.1	1111.3	1402.5
33312.5	33312.5	168.1	1937.9	1746.1	247.9
4006.7	4006.7	125.9	335.3	333	47.8
3327.4	1807.8	10.8	236.1	213.8	0
662394.1	658079.6	7596.3	128043	115948.9	17104.3
43148.8	43023.4	1016	13534.1	14252.3	1729.8
113898.6	112984.5	1589.6	29906.6	36696.8	4449.3
41944.6	41098.6	252.1	-733.7	1058.2	1200.4
11893.6	11373.8	39.9	-402.4	-471.2	346.9
43716.5	42896.2	518.9	4384.5	4919	1468.8
36290.1	36290.1	290.1	9483.2	9700.4	1355.9
52895.4	52066.1	258.6	1012.4	1345.8	117.9
29936.5	29918.4	246.4	-2792.3	-2800.8	627
173686	157280.2	800.1	6532.3	11043.9	7306
181525.3	181435.1	1567.9	33934.1	36501.3	5933.3
14478.9	14368	23.3	84.9	84.4	164.1
687120.6	680042	5621.5	242785.9	249761.6	20710.8
343276.2	341322.6	1348.7	8401.4	40048.6	9753.7
208439.2	205212.8	881.9	9736.7	11584.1	4624.9
68217.8	67720.7	325.4	1595.3	1593	2176
14270.4	14270.4	76.1	-274.5	-159.3	559.3
1005.6	1005.6	3.5	66.4	66.4	60.3
61509.8	58609.2	311.3	10082.3	9850.1	2338.2
8736.3	8562.5	29	-1281.6	-1276.2	214.7
24487.2	24478.4	58.2	-20.7	-14.3	484.9
27935.4	27305.1	125.8	2991.7	3472.6	793.1
179995.2	179977.1	677.5	11232.1	11297.2	4609.7

2-12　按地区分组规模以上文化及

地　区	法人单位数（个）	从业人员期末人数（人）	女性	资产总计
总　计	9072	1813812	862216	203164793.6
广州市	2395	353485	150673	48544828.5
韶关市	53	24332	16696	347018.7
深圳市	2775	530375	240214	109902399.3
珠海市	199	34022	16079	3603041.2
汕头市	460	111716	61198	5267066.1
佛山市	495	88332	43227	5454201.7
江门市	141	34658	16201	2424221.7
湛江市	104	10609	3945	2426446.8
茂名市	80	7098	3665	356458.3
肇庆市	79	16701	8701	703849.9
惠州市	306	94261	42694	6227877
梅州市	75	11644	6943	438075.2
汕尾市	49	43620	30087	350447.2
河源市	61	21340	12450	427003.5
阳江市	24	2251	1043	81412.2
清远市	62	24196	16302	606091.7
东莞市	1004	293592	139848	10580446.9
中山市	410	69913	33988	3546641.5
潮州市	126	18832	7807	941897.1
揭阳市	154	19602	7891	876348.9
云浮市	20	3233	2564	59020.2
按区域分组				
珠三角核心区	7804	1515339	691625	190987507.7
沿海经济带	997	213728	115636	10300076.6
北部生态发展区	271	84745	54955	1877209.3

相关产业法人单位主要指标

单位：万元

营业收入	主营业务收入	税金及附加	营业利润	利润总额	应交增值税
185105156.7	182176892.2	934538	13184510	13482869.6	2796623.8
40549213.9	40184582.3	205580.6	3228924	3347336.9	746357.9
592848.4	587092.7	3714.4	10628.7	13073	5209.1
79841649	78326888.8	425344.6	7493011.5	7564833.7	931504.5
3002503.4	2794406.3	17256.5	147705.2	163032.7	40594.9
7489776.3	7460693.3	42275	397886.8	408439.6	114338.2
11645354.7	11594044.3	35599.1	586124.4	586902.7	153173.2
2472936.1	2429658	11796.1	42751	66803.5	41977
1692540.4	1626202.5	9476.9	229898.6	227691.2	45947.7
407560.7	402883.3	6253.9	18811	18953.2	10398.6
1645364	1643676.2	14279.2	77349.2	78946.6	47671.4
9059357.9	8597026.8	37977.2	199969.6	205564.7	89468.1
471043.5	465572.3	2893.6	12966	16929	12922.5
2179259.5	2178958.5	3449.4	48508.1	49021.7	17942.8
578561.2	576054.8	4044.5	10828.6	11492.7	6203.1
98643.4	97401.7	628.3	6684.4	6818.9	1920.3
676779.8	674368.4	4332.5	15676.9	15247.8	20370.8
15157058.2	15031754.5	71591.1	402957.9	400014.7	289673.9
4539493	4503581	17504.7	34694.5	84282.6	162703.4
1191040.1	1189949.2	6731.9	96253.4	96394.5	31345.5
1745568	1743719.2	13530.6	121902.4	120019	26516.7
68605.2	68378.1	277.9	977.8	1070.9	384.2
167912930.2	165105618.2	836929.1	12213487.3	12497718.1	2503124.3
14804388.4	14699807.7	82346.0	919944.7	927338.1	248409.8
2387838.1	2371466.3	15262.9	51078.0	57813.4	45089.7

2-13 按类别分规模以上文化

类 别	法人单位数（个）	从业人员期末人数（人）	女性	固定资产原价	本年折旧	资产总计	负债合计
总 计	3929	1270516	631383	21310188.7	1524863.5	77633489.6	44343908.8
一、按单位规模分组							
大型	159	432997	216736	8559487.2	567108.4	35172143.6	20763198.2
中型	835	512349	268138	6477000.3	429312.3	22221721.7	11614057.4
小型	2797	323084	145744	6117086	522585.4	19659057	11671414.7
微型	138	2086	765	156615.2	5857.4	580567.3	295238.5
二、按登记注册类型分组							
内资企业	2761	601797	274372	10831967.9	841439.2	40610250	23219577.9
国有企业	3	478	142	17510	852.2	46478.2	5759.6
集体企业	11	16150	10810	65698.1	1935.7	113257.5	61349.1
股份合作企业	3	521	307	5088.7	1508	4743	2600.6
联营企业							
国有联营企业							
集体联营企业							
国有与集体联营企业							
其他联营企业							
有限责任公司	592	162761	69140	4400207.8	291386.9	12984900.7	7790721.7
国有独资公司	5	1251	253	120339	3865.7	500322.7	331237.1
其他有限责任公司	587	161510	68887	4279868.8	287521.2	12484578	7459484.6
股份有限公司	108	53840	20942	1761235.4	123198.2	10074236.6	4450848.9
私营企业	2043	367458	172676	4581607.2	422484.2	17383784.5	10908196.8
私营独资企业	110	18965	9952	170665.6	13285.7	337483.8	136111.2
私营合伙企业	5	1254	747	8302.5	274.1	14690	5643.2
私营有限责任公司	1866	327572	152448	4125811	389953.2	15259612.1	9966508.9
私营股份有限公司	62	19667	9529	276828.1	18971.2	1771998.6	799933.5

制造业企业主要财务指标

单位：万元

所有者权益合计	营业收入	主营业务收入	营业成本	主营业务成本	税金及附加	主营业务税金及附加	其他业务利润	销售费用	管理费用
33289627.3	95670732.8	93416514.9	84017682.4	81627175.4	386748.1	378282	227600.4	2549283.5	5145190.8
14408945.2	42469067.2	41081096.2	37874874.5	36176459.8	151368.1	150233.2	99550.3	1192721.6	1845730.2
10607661.4	28366972.3	27742365.4	24346405	23860541.8	122654	117920.4	90399.6	710527.7	1786590.8
7987609	24374176	24147268.5	21364219.3	21171675.6	110051.3	107751.7	36695.2	633256.7	1474753.1
285411.7	460517.3	445784.8	432183.6	418498.2	2674.7	2376.7	955.3	12777.5	38116.7
17390727.6	49799219	48952001	43080825.4	41911865.2	215601.3	211165	88927	1363688	2715346.3
40718.6	20457.8	20457.8	17031.1	17031.1	151.6	151.6		192	2528.9
51908.4	284648.7	284546.7	231789.2	231762.5	1280.2	1130.3	9.1	3489.6	37601.4
2142.4	40166.3	40166.3	36394.2	36394.2	35.3	35.3		733.9	1011.3
5194172.3	15399971.9	15078554.4	13366251.5	12845236.8	72385	71998.3	30315.7	401533.2	833303.2
169085.7	322628.2	313938	268823.7	262802	1704.5	1704.5	2419.9	20794.6	14869.1
5025086.6	15077343.7	14764616.4	13097427.8	12582434.8	70680.5	70293.8	27895.8	380738.6	818434.1
5623386	6709990.8	6511805.7	5582986.4	5219313.9	29242.8	27116.4	32128.9	253132	455978
6475651.6	27304824.4	26977311	23813342.7	23529096.4	112504.3	110731	26473.3	703750.4	1383087
201371.8	1302611.4	1302545.9	1134689.2	1134638	4583.3	4558.7	0.8	31779.6	46498.1
9046.7	77340	76474.7	65343.2	65343.2	177.6	177.6		2344	3662.6
5293169.1	24601032	24296975.3	21609080.6	21337808.7	100444.8	98723.5	20674.7	573439	1232874.1
972064	1323841	1301315.1	1004229.7	991306.5	7298.6	7271.2	5797.8	96187.8	100052.2

2-13

类　别	法人单位数（个）	从业人员期末人数（人）	女性	固定资产原价	本年折旧	资产总计	负债合计
其他企业	1	589	355	620.7	74	2849.5	101.2
港、澳、台商投资企业	893	508802	279825	6767604.6	423090.8	22325483.4	12419996.7
与港澳台商合资经营企业	83	59876	27243	1212182	66187.8	4992363.1	3066707.3
与港澳台商合作经营企业	23	9908	5993	234861.8	12684.6	344231.2	78705.3
港澳台商独资经营企业	760	425240	240291	4924459.9	323162.9	15770644.1	8925050
港澳台商投资股份有限公司	24	11239	5148	368838	19786.1	1169775.1	336256.8
其他港澳台投资企业	3	2539	1150	27262.9	1269.4	48469.9	13277.3
外商投资企业	275	159917	77186	3710616.2	260333.5	14697756.2	8704334.2
中外合资经营企业	57	30349	12650	1515906.6	100800.1	6896640.8	4436468.8
中外合作经营企业	14	16203	7532	325310.5	18862.3	1916214.9	1449470.4
外资企业	192	104993	52492	1728459.6	130497.6	5230046.3	2637253.2
外商投资股份有限公司	4	2531	991	79869.9	4130.6	514717.2	109198.4
其他外商投资企业	8	5841	3521	61069.6	6042.9	140137	71943.4
三、按企业控股情况分组							
国有控股	45	24268	8046	1190385.7	47289.9	5804223.3	3502550.5
集体控股	19	19274	12189	210986.9	4252.7	325512.4	124432.9
私人控股	2555	491863	224590	8794038.7	706104.6	33299251.5	19030061.9
港澳台商控股	884	514487	282688	6491580.8	428034	24032723.5	13904450.5
外商控股	245	159543	76270	3580456.8	260313.5	10599218.3	5821909.5
其他	181	61081	27600	1042739.8	78868.8	3572560.6	1960503.5
四、按隶属关系分组							
中央	8	2404	727	124972.1	4537.2	183280.4	47468.2
地方	73	34165	14185	935745.5	42168.1	3287409.8	1645283.5
其他	3848	1233947	616471	20249471.1	1478158.2	74162799.4	42651157.1

续表 1

单位：万元

所有者权益合计	营业收入	主营业务收入	营业成本	主营业务成本	税金及附加	主营业务税金及附加	其他业务利润	销售费用	管理费用
2748.3	39159.1	39159.1	33030.3	33030.3	2.1	2.1		856.9	1836.5
9905480.4	27287953.3	26777248.2	23959683.9	23568667.7	111723.4	107872.7	75399.6	640814.9	1751728.2
1925655.8	5411840.5	5174365	4724812.4	4511348.1	23137	22240.7	23065.1	303058.4	266751.4
265525.6	459857	452098.8	387417.1	374476.6	2652.9	2602.6	1121.2	4463	25880.2
6845587.9	20716080.2	20461215.2	18318677.8	18159313.2	79283.4	76565.3	50315.4	308019.2	1396951.3
833518.5	647947.1	639070	485718.4	481238.8	6488.2	6302.2	829.9	24794	56619.1
35192.6	52228.5	50499.2	43058.2	42291	161.9	161.9	68	480.3	5526.2
5993419.3	18583560.5	17687265.7	16977173.1	16146642.5	59423.4	59244.3	63273.8	544780.6	678116.3
2460170.9	5690933.7	5157299.1	5122679.5	4650860.6	14685.3	14685.3	55415	279234.7	243668.8
466744.6	3210631.3	2902049.1	2988318.5	2687115.3	10056.1	10020	444.7	109128.1	58801.2
2592791.7	7226408.5	7177072.6	6477014.3	6422364.1	32268.4	32125.4	7414.1	134269.3	338224
405518.8	136131.1	136077.5	94323.9	94271.9	1507.9	1507.9		15032.1	26925.9
68193.3	2319455.9	2314767.4	2294836.9	2292030.6	905.7	905.7		7116.4	10496.4
2301672.6	4400833.5	3878122.5	3923509.5	3439344.3	16448.9	15554.4	31401.8	243922.1	216993.1
201079.6	590427.4	589421.3	509442.2	509415.5	4212	4062.1	9.1	8706.5	48209.2
14269247.4	40811858.5	40220942.3	35299229.2	34801692.1	167527.4	163706.4	65320.9	1132643.7	2172340.2
10128266.3	31625905.7	31025200.8	28044988.9	27388169	119287	116018.8	102469.2	710291	1824351.4
4777307	13933606.8	13464655	12526423.3	12071307.4	57349.9	57188.7	14921.1	339154.9	598569.7
1612054.4	4308100.9	4238173	3714089.3	3417247.1	21922.9	21751.6	13478.3	114565.3	284727.2
135812	207277.9	206024.5	149676.4	149227.3	1772.4	1538	578.6	11917.6	19087.2
1642125.7	3297500.9	3108656.7	2838397.2	2662954.3	13554.1	13227.1	10107.6	93108.3	205459.7
31511689.6	92165954	90101833.7	81029608.8	78814993.8	371421.6	363516.9	216914.2	2444257.6	4920643.9

2-13

类 别	财务费用	利息收入	利息支出	资产减值损失	公允价值变动收益（损失以“-”号记）	投资收益（损失以“-”号记）	资产处置 收益(损失以“-”号记）
总 计	488745.2	172765.2	598707.5	181269.7	-7902.7	476408.7	116352.2
一、按单位规模分组							
大型	166758.9	99407.5	271163.7	75606.7	6909.8	317961.8	101769.6
中型	145783.7	40587.5	138423.5	80868.2	-11291.7	137678.2	14146.7
小型	166657.3	28794	186552.1	25256.7	-3783	20903.3	210.8
微型	9545.3	3976.2	2568.2	-461.9	262.2	-134.6	225.1
二、按登记注册类型分组							
内资企业	328905.3	114319	381468	140514.7	-13486.4	184623	871.9
国有企业	-45.9	15					
集体企业	395.9	-7	182.6				
股份合作企业	63						
联营企业							
国有联营企业							
集体联营企业							
国有与集体联营企业							
其他联营企业							
有限责任公司	103055.4	67986.6	171003.6	39043.9	-4183	48606.8	-450.5
国有独资公司	-16555.9	16902.4	355.8	-1026		-2.4	-2.7
其他有限责任公司	119611.3	51084.2	170647.8	40069.9	-4183	48609.2	-447.8
股份有限公司	64740.9	19046.1	66822	66493.7	-2323.6	112754.8	1406.7
私营企业	160689	27278.3	143459.8	34977.1	-6979.8	23261.4	-84.3
私营独资企业	5152.2	144.6	1262.9			1.9	
私营合伙企业	388.2	0.9	48.7				
私营有限责任公司	139312	26818.8	125004.5	32319.5	-5642.9	23026.6	-81.1
私营股份有限公司	15836.6	314	17143.7	2657.6	-1336.9	232.9	-3.2

续表 2

单位：万元

其他收益	营业利润	营业外收入	营业外支出	利润总额	所得税费用	应付职工薪酬	应交增值税	工业总产值（当年价格）	工业销售产值（当年价格）
268339	3776220.7	304344.2	228120.5	3852444.7	485747.2	9094202.1	1371800.3	96380525.2	92864881.8
155706.3	1744352.7	107352.8	43605.4	1808099.5	215773.5	3565869.5	509647.5	42484843.5	40045039.3
83771.7	1398430.9	96498.8	115847.8	1379080.3	180085.8	3452599.2	435390.4	29435300.9	28641483.2
28798	649006	98878.1	64122.8	683762.9	89239.6	2050999.2	422292.6	23973092	23700881.7
63	-15568.9	1614.5	4544.5	-18498	648.3	24734.2	4469.8	487288.8	477477.6
121697.2	2250836.2	137666.4	70440.2	2318064.3	227960.8	4264402.3	803914.9	50587014.6	49072648.7
	600	6.9		606.9	182.2	2881.9	1085.5	21124.6	12638.4
	10091.5	597	426.9	10261.6	726.9	105368	2461.7	289032.8	284243.1
	1928.4		0.3	1928.1	14.5	3498.2	1960.3	43649.7	40166.3
23738.8	652095.3	39906.9	19571.4	672431.8	52595.9	1246395.7	290342.1	15123459.5	14537270.9
3764.4	37777.3	1579.1	206.7	39149.7	7434.8	24971.2	10072	302149.7	312267.5
19974.4	614318	38327.8	19364.7	633282.1	45161.1	1221424.5	280270.1	14821309.8	14225003.4
35738.5	404991.1	27845.8	6551.5	426284.9	63156.9	463824.3	117156.1	6308503.2	6305237.9
62219.9	1177703.6	69309.8	43890.1	1203124.7	111274.1	2435200.6	390892	28762085.1	27853933
17.8	79924.8	116.7	163.8	79877.7	2499	143786.4	16509	1319029.6	1290870.1
	5423.4	0.5	0.6	5423.4	42.3	11771.1	925.8	77891.1	76447.9
55392	986208.8	61595.6	41672.3	1006132.9	89713.9	2134616.6	348590.7	25927868.6	25149948.7
6810.1	106146.6	7597	2053.4	111690.7	19018.9	145026.5	24866.5	1437295.8	1336666.3

2-13

类　别	财务费用	利息收入	利息支出	资产减值损失	公允价值变动收益（损失以“-”号记）	投资收益（损失以“-”号记）	资产处置 收益(损失以“-”号记）
其他企业	7						
港、澳、台商投资企业	103465.8	20338.5	89955.5	16008.7	-4258.3	92678.6	-886.7
与港澳台商合资经营企业	47700.8	7596.1	50432.2	8202	-2266	39554.3	-682.6
与港澳台商合作经营企业	1178.9	6.3	681.2	-196.4		3806.6	-16.9
港澳台商独资经营企业	49773.7	12725.2	35714	3973.4	-1952.7	34211.2	-41.8
港澳台商投资股份有限公司	4124.7	4	3127.3	4003.6	-39.6	15106.5	-118.1
其他港澳台投资企业	687.7	6.9	0.8	26.1			-27.3
外商投资企业	56374.1	38107.7	127284	24746.3	9842	199107.1	116367
中外合资经营企业	61914.9	26602.3	98405.2	9257.7	5057.6	146285.6	14421
中外合作经营企业	-11616	2118.3	3777	4375.6	8632.8	-2148.4	-25
外资企业	4999.9	10122.1	22686.5	8529.3	-3848.4	2783.2	639.3
外商投资股份有限公司	1243	-686	2309.5	736.5		52186.7	
其他外商投资企业	-167.7	-49	105.8	1847.2			101331.7
三、按企业控股情况分组							
国有控股	20192.8	46496.6	72689.3	19533.9	5160.6	129425.1	-448.6
集体控股	1191.1	343.7	1143.1	-64.3		52	-0.3
私人控股	339190.3	85555.4	350079.7	115506.6	-11132.4	148185.2	1418.8
港澳台商控股	92809.6	21641.6	94853.5	18273.6	-4821.9	118624	100824
外商控股	18039.6	14432.6	56869.7	20246	2707.1	64928.9	533.7
其他	17321.8	4295.3	23072.2	7773.9	183.9	15193.5	14024.6
四、按隶属关系分组							
中央	2502.7	816.5	3236.5	210.3		4.1	-12.4
地方	744.4	19382.2	14814.2	5929.3	-2045.4	19913.5	-0.6
其他	485498.1	152566.5	580656.8	175130.1	-5857.3	456491.1	116365.2

续表 3

单位：万元

其他收益	营业利润	营业外收入	营业外支出	利润总额	所得税费用	应付职工薪酬	应交增值税	工业总产值（当年价格）	工业销售产值（当年价格）
	3426.3			3426.3	10.3	7233.6	17.2	39159.7	39159.1
125835.6	936327.2	95206.3	60984.3	970545	171266.4	3338105.1	423283	28280785.2	26978232.5
56839.8	131624.9	7808.8	4694.8	134738.3	21918.8	423974.3	115264.1	6109809	5757455.3
258.9	42510.4	1096.3	433.4	43173.3	4127.9	72718.6	12940.1	462826.1	456363.9
66231.6	676278.6	84101.2	54895.9	705480.6	131954.7	2745619.4	273903.2	21022615.3	20075276.1
2425.7	83572.9	1925.1	919.2	84578.6	12906.6	81232.3	20710.1	635599.5	638495.6
79.6	2340.4	274.9	41	2574.2	358.4	14560.5	465.5	49935.3	50641.6
20806.2	589057.3	71471.5	96696	563835.4	86520	1491694.7	144602.4	17512725.4	16814000.6
18090.1	143344.9	10964.9	2247.2	152063.4	2353.1	351163.1	42123.2	5111773.9	4439409.6
69.2	58096.3	2073.7	1613.2	58556.8	13860.9	159391.5	19097.9	2779963.9	2682842.1
2568.4	233237.2	52239.3	92484.8	192993.7	67728.5	881545.8	75574.1	7255890.1	7230989.1
	48548.2	5776.5	8.9	54315.7	241	30879.1	4722.8	146944	146944
78.5	105830.7	417.1	341.9	105905.8	2336.5	68715.2	3084.4	2218153.5	2313815.8
16753.8	111121.8	9876.3	2249.3	118748.5	-3863	327572.3	59411.3	3517677.5	3061338.3
352.1	19133.5	768.6	437.5	19464.9	2058.9	125832.2	21866	601419	590021.8
106651.2	1833345.5	104630.5	62037.1	1875939.7	164619.8	3413575	635408.1	42188940.1	40890748.5
127504.8	1176462.3	104983.5	60080	1221361.8	190863.8	3413428.9	411828.1	32584867.9	31198676.8
4254	446237	65484.3	95556.5	416167.1	100967.7	1372080.9	121799.4	13703318.6	13337025.9
12823.1	189920.6	18601	7760.1	200762.7	31100	441712.8	121487.4	3784302.1	3787070.5
3982.4	26084.9	89.3	186.6	25987.6	3435.7	28716.1	12111	205324.2	203731.6
8083.3	166256.7	4435	2841	167851.6	28580.2	288271.9	47618.5	3063346.7	3090329.7
256273.3	3583879.1	299819.9	225092.9	3658605.5	453731.3	8777214.1	1312070.8	93111854.3	89570820.5

2-14 按行业分规模以上文化

行 业	法人单位数（个）	从业人员期末人数（人）	女性	固定资产原价	本年折旧	资产总计	负债合计
总 计	3929	1270516	631383	21310188.7	1524863.5	77633489.6	44343908.8
雕塑工艺品制造	25	5028	2488	40399	5622.5	105467.4	63214.5
金属工艺品制造	67	13781	6721	161103.4	14111.6	341219.3	191367.2
漆器工艺品制造	2	270	138	714.9	263.4	5816.3	4207.1
花画工艺品制造	36	11762	7425	194062.1	31238.5	168491.3	60585.2
天然植物纤维编织工艺品制造	31	4508	2435	19011.2	4142.1	50316.3	23758.6
抽纱刺绣工艺品制造	31	5061	2831	233085.8	19153.7	306047.2	78557.9
地毯、挂毯制造	17	2297	832	94333.5	15214.2	161920.1	74105.6
珠宝首饰及有关物品制造	272	101021	55536	922352.7	68690.7	14069101.4	9770033
其他工艺美术及礼仪用品制造	129	35951	22863	210887.2	20083.1	606543.3	310340.4
陈设艺术陶瓷制造	78	17245	7899	123307.8	4887.1	703214.5	292509.8
园艺陶瓷制造	1	162	63	3009.4		3517.5	2746.8
机制纸及纸板制造*	54	17277	4443	2884463.4	163721.9	4429938	2572691
手工纸制造	2	175	62	10591.9	632.6	12943.5	7504.7
油墨及类似产品制造	127	12284	3554	349729.1	22552.3	1157540.3	540462.2
工艺美术颜料制造	4	781	258	12066.4	1164.4	46879	19753.2
文化用信息化学品制造	30	5210	1823	510107.2	46359.8	1076893.7	300444.5
书、报刊印刷	77	31090	13046	946893.8	46351.3	1311537.2	652142.7
本册印制	25	7704	3037	1003369.3	76029.4	1089014.9	670381.3
包装装潢及其他印刷	824	155788	68650	3582536.6	263852.9	7926123.6	3531230.1
装订及印刷相关服务	37	12394	4761	334205.4	28851.3	1069890	501920.4
记录媒介复制	7	540	187	94933.4	2100.8	72240.5	45960.8
印刷专用设备制造	64	8534	1930	205865.5	13228.5	584967.9	290160.5
复印和胶印设备制造	46	37827	17566	812281.5	71839.4	1993759.3	911188.6
广播电视节目制作及发射设备制造	5	1778	828	7485.2	842.8	51340.8	21761.9
广播电视接收设备制造	72	19950	9316	219976.3	16573.1	961094.8	517121.3
广播电视专用配件制造	11	3489	2182	30011.3	1685.5	105531.5	59170.3
专业音响设备制造	39	8662	4056	95247.2	8721.7	297542.3	196119

制造业企业主要财务指标

单位：万元

所有者权益合计	营业收入	主营业务收入	营业成本	主营业务成本	税金及附加	主营业务税金及附加	其他业务利润	销售费用	管理费用
33289627.3	95670732.8	93416514.9	84017682.4	81627175.4	386748.1	378282	227600.4	2549283.5	5145190.8
42253.1	250684.8	250666.5	204437.3	204300.4	3589.9	3589.9	-2.5	10325.7	16425.9
149851.6	567971.3	566363.1	491588	491305.4	3700.4	3664.1	896.8	10591.7	43076.1
1609.1	12519.4	12519.4	10145.1	10145.1	192.3	192.3		468	757.4
107905.7	681991.5	681988.8	612989.1	612985.5	2598.4	2598.4	2.7	9978.3	21217.8
26557.7	206098.4	206086.2	180785.1	180768	868.5	861.3		5714.3	5843.9
227488.9	354879.2	348378.6	278774.9	273324.5	2635.6	2635.6	1049.8	8942.4	25847.1
87814.2	238155.7	234148.3	186334.6	184625.5	1821.8	1821.8	2118	7843	18990.9
4299150.9	17519640.2	17315062.5	16244793.6	16121541.8	21185.7	20217.5	34320.3	270649.5	419018.4
296202.4	1605624.2	1597128.8	1392795.4	1384771.1	7905.9	7688.7	319.5	39142.1	75938.7
410703.9	782209.1	781762.6	677960.7	675403.7	5368.8	5339.4	5.8	14613.3	28776.6
770.7	4923.8	4923.8	4112.1	4112.1	62.9	62.9		39.5	388.7
1857246.8	4018226.5	3835483.6	3513954.8	3325463.4	24478.1	24049.5	1578.6	88077.7	132202.9
5438.8	13692.2	13692.2	11754.3	11754.3	93.1	93.1		364.1	873.9
617077.5	1262078.8	1253072.1	1017590.6	1010234.7	7716.8	7502	1065.5	65087.6	104560.3
27125.8	62213.5	62200.5	42627.4	42622.9	449.9	449.9	8.5	4423.9	5822.7
776448.5	901850.3	884812.9	766119.4	751878.5	3841	3692.4	2670.4	30604.2	42034.1
659392.6	1397555.7	1381335.8	1209864.9	1206919.9	6341	6300.2	7628.4	30771	106599.5
418633.4	1060553.6	1053449	923362.6	919766.5	4139.8	4130.5	1543	40267.9	49380.6
4394884.8	9479965.4	9374393.2	7918961.3	7848986.2	53436.9	52120.6	20986.6	271213.3	621066.1
567969.3	751989.7	728049.1	579146.4	562237.7	5079.3	5051.9	7862.1	34328.7	66310.2
26279.6	39026	37642.5	35207.4	34374.7	55.2	55.2	398.3	1162.7	3153.9
294807.3	577164	574204.4	453849.9	452969.1	3552.8	3552.1	1201	30689.6	62370.4
1082570.5	3769526.7	3754422.2	3401779.1	3357529.6	12588.9	12373.9	4232.3	59210.2	93807.6
29578.9	87939.7	87452.1	66793.9	66370.7	452.6	452	92	3371.9	9696.2
443971.8	1166293.3	1137345.6	964208	942701	5791.8	5783.5	3268.8	41824.7	98832.2
46361.2	133670.1	133494.9	119991.2	119594.3	485.2	485.2	13.3	4547	10431.8
101423.3	429403.5	426625.7	366202.1	360521.1	1510.7	1444.7	4.9	9854.8	35971.5

2-14

行　业	法人单位数（个）	从业人员期末人数（人）	女性	固定资产原价	本年折旧	资产总计	负债合计
应用电视设备及其他广播电视设备制造	51	11796	4488	550475.1	49839.6	1113469.1	344150.5
电影机械制造	3	417	193	3512.9	369	33559	15785.6
智能无人飞行器制造*	5	11383	4131	91193.9	22731.3	1843997.6	833414.4
幻灯及投影设备制造	24	4071	1903	66624.2	4307.7	308157	151650.8
照相机及器材制造	62	21515	11583	514198.4	37878.6	1067115.7	431735.5
舞台及场地用灯制造	81	16514	6854	143782.3	13690.3	595755.3	289525.7
音响设备制造	385	134331	64377	1293770.7	87988.7	5765364.9	3039661.7
露天游乐场所游乐设备制造	14	3783	949	50100	3873.5	414161	216241.9
游艺用品及室内游艺器材制造	19	5842	2826	105160.5	10995.5	247695.4	100431.6
其他娱乐用品制造	5	1432	677	19679.8	1079.5	61031.5	23070.6
中乐器制造	3	544	247	23194.5	3923.8	41069.4	32320.2
西乐器制造	14	5328	2321	169569.8	10042.5	382783.3	151211.2
电子乐器制造	11	4849	2314	260695.4	16712.8	301104.2	38008.9
其他乐器及零件制造	10	1236	385	23714.2	2110.3	69656	37354.7
文具制造	108	28522	14818	389475.9	28877.1	1239363.7	738868.7
笔的制造	15	3190	1866	49629.7	1922.1	85290.2	38234.8
墨水、墨汁制造	4	386	100	4737.6	465.7	18335	8827.9
电玩具制造	82	46362	27397	310893.8	21618.1	820606.7	371657
塑胶玩具制造	467	238733	142510	1610809.2	110695	4203009.2	2216275.6
金属玩具制造	8	5534	3779	46873.5	2463.4	106441	21100.8
弹射玩具制造							
娃娃玩具制造	36	13792	8329	81824.6	4635.8	156584.2	81199
儿童乘骑玩耍的童车类产品制造	27	5684	2874	43461.3	3440.4	212565.8	59761.1
其他玩具制造	74	29980	18627	177915.9	8885.7	432950.9	276160.8
焰火、鞭炮产品制造							
电视机制造	93	72920	27920	976657.5	58734.2	13684721.1	9736167.4
影视录放设备制造	153	68575	28529	1024114.3	60061.6	4464947.7	2719635.5
可穿戴智能设备制造*	20	5416	2825	101249.3	4285.1	355560.3	188624.3
其他智能消费设备制造*	42	7812	3631	74843.9	5321.6	899302.5	473394

续表 1

单位：万元

所有者权益合计	营业收入	主营业务收入	营业成本	主营业务成本	税金及附加	主营业务税金及附加	其他业务利润	销售费用	管理费用
769318.5	900328.9	893032.1	673433.9	670870.7	5677.1	5549.2	2350.4	63315.4	92771.2
17773.4	74935.4	72196.8	65817.6	64775.6	231.2	229.7		3423.5	4180
1010583.1	1863369.9	1807685.6	1285066.3	1024576.1	11228.5	11228.5	24.6	67747	259778.2
156506	451647.2	442762	384034.5	379392.7	1976.5	1976.5	-12.8	15205.7	41263.1
635379.9	1141484.1	1135799.6	993465.4	989352.4	7210.8	7210.8	207.7	17793.8	92175.9
306228.6	830333	821883.5	666399	660827.8	5275	5256.6	3452.5	43297.9	75047
2725697.5	7666273.4	7549628.8	6743695.8	6655235.2	31207.6	30200.4	14964.8	134920.4	528734.9
197918.9	188421.2	187401.9	107571.7	106583.4	1762.6	840.9	240.9	13317.1	42020.4
147263.4	248593.1	247686	208592.7	203536.8	912	910.4	-13.2	7180.5	19644.4
37960.8	67683.7	66827.1	48977.2	48658.6	506.4	506.4	552.8	1838.8	9419.2
8749.1	17948.2	17913.7	15761.4	15761.4	358.1	358.1		1012.8	2351.3
231571.5	339152.3	337176.4	261601.3	260255.9	1663	1663	645.5	14320.4	20973
263095.2	356357.2	356318.7	274274.1	274263.9	2545.7	2545.7		11140.6	26741.3
32301.1	141680.7	141679.9	125068.5	125068.5	779.4	779.4	0.8	2034.4	3896.3
500495	1631486.2	1622021.8	1384332.9	1129703.4	11621.7	11578.6	329.7	75916.1	103316.4
47054.8	98036.1	97459.6	78228.7	77853.9	655.2	616.6	274.4	5371	8626
9507.1	37906.7	37883.6	31565.8	31554.6	147.9	147.9	11.9	1358.2	5557.4
448948.9	1142439.7	1133155.7	976360.2	966912.5	5809.9	5463.6	856.9	30715.3	121060
1986729.8	6815801.8	6787730	5874707	5852026.4	37097.2	36027.7	2096.5	141393.4	470676.8
85339.9	105610.8	105016	90455.8	90454.3	869.1	869.1	2.2	2558.3	6860
75384.8	377994.8	377458.4	310990.3	310969.3	1817.6	1796.4	189.9	12586.6	34070.2
152804.8	201474	201107.2	172003.6	171869.7	1124.2	893.2	107.4	4971.2	22841.6
156789.9	656836.2	655183.8	564831	563609.3	3370	3345.7	212.1	15749.7	64791.1
3948552.5	15596209.4	14386300.6	14388332.8	13298661.5	45043.4	44354.2	92201.9	640776.2	519725.9
1745310.5	6323082.9	6207117.2	5776717.4	5680651.9	23298.5	23123.1	15379.7	104424.5	351552.1
166935.9	386797.4	362474.5	325811.8	304890.7	1614.5	1613.9	4	8268.2	36450.8
425908.1	633001.9	628910	513456.5	511651.2	3001.7	2987.8	2255.7	14539.4	81270.9

2-14

行　业	财务费用	利息收入	利息支出	资产减值损失	公允价值变动收益（损失以“-”号记）	投资收益（损失以“-”号记）	资产处置收益（损失以“-”号记）
总　计	488745.2	172765.2	598707.5	181269.7	-7902.7	476408.7	116352.2
雕塑工艺品制造	1740.6	7.5	1022.9	232.6			
金属工艺品制造	2862.1	27.9	1691.4	1114.1		11.3	1.7
漆器工艺品制造	216.4	0.8	231.4			29.6	
花画工艺品制造	1956.1	2.1	991.5			4.3	
天然植物纤维编织工艺品制造	1104.7	1.3	595.1			-0.2	
抽纱刺绣工艺品制造	1865.9	-231.3	528.8			3665.2	-76.8
地毯、挂毯制造	1057.2	-234.4	834.7	199.9		1878.4	9
珠宝首饰及有关物品制造	201493.5	24048.3	155062.3	19333.1	-8508.1	43640	101333.4
其他工艺美术及礼仪用品制造	5091.3	132	1986	1.6		6.5	-26.8
陈设艺术陶瓷制造	7150.5	-14.7	7193.2	-135.4		-82.2	3.1
园艺陶瓷制造	170.2						
机制纸及纸板制造*	41640.7	56911	94347.6	1743.8	239.5	1715.1	-32.9
手工纸制造	286.6		285.3				
油墨及类似产品制造	7178.7	842.9	6262.1	1306.8	-199.9	2453.6	-47
工艺美术颜料制造	281.3	14.5	336.8	64.6		313.5	
文化用信息化学品制造	2826.9	-1198.8	5720.7	-93.9	8.9	6816.7	-567.2
书、报刊印刷	3322	-857.9	4917.6	4839.1	716.8	-5410.3	-171.3
本册印制	22922.8	288.3	20873.5	1817.4		-595.1	
包装装潢及其他印刷	32737.1	9362.3	49058.6	13092.4	-1179.8	49373	5.7
装订及印刷相关服务	11660.8	-1406.7	12780.3	-611.8	-84.1	15824.7	-38.5
记录媒介复制	319.5	245.7	108.4	28.8			-0.1
印刷专用设备制造	1230.7	334.2	2160.6	1191.1		1048.7	846.4
复印和胶印设备制造	-11933.1	7130	1069.3	764.8	-3065.2	4061.3	56.2
广播电视节目制作及发射设备制造	7.6	-6.6	2.9	-53.5			
广播电视接收设备制造	11777.9	987.2	7311.3	3179.4		512.4	12.8
广播电视专用配件制造	815.9	44.1	1455.8	49.6		371.8	
专业音响设备制造	142.7	1.4	1108.2	275.7	77	-135.6	6.2

续表 2

单位：万元

其他收益	营业利润	营业外收入	营业外支出	利润总额	所得税费用	应付职工薪酬	应交增值税	工业总产值（当年价格）	工业销售产值（当年价格）
268339	3776220.7	304344.2	228120.5	3852444.7	485747.2	9094202.1	1371800.3	96380525.2	92864881.8
-7.5	13924.6	152.2	638.8	13438.3	1177.2	30177.6	4669.9	247906.4	239519.1
62.4	15114.7	1411.6	857.4	15669	2581.3	80382.5	11400.6	574420.6	560351.8
	769.7	0.1		769.8	190.4	1720.8	246.9	12652.7	12535.9
344.5	33599.8	102.3	50.3	33652	2254.8	53875.7	7567.1	689966.5	659850.6
	11781.4	266.2	112.2	11935.5	20.7	21643.3	4316.1	209140.1	206421.4
0.1	40400.3	1248	482.7	41165.5	7127.2	36855.7	13492	357327.2	349679.6
643.9	24438.5	421	654.6	24204.7	2472.3	22390.1	8024.8	237379.9	234237.5
96182.5	575800.3	14664.2	5848.1	584615.8	93278.9	767071.2	99015.7	17496352.7	16700480.7
42.8	84765.4	1244.9	2855.5	83155.6	7552.5	230328.3	19853.7	1645896.6	1589275.8
2085.4	50482.8	3562.1	2031.5	52013.5	2118.9	110060.8	25348.9	789393	785818.8
	150.4	26.5	5.7	171.3		667.6	243.4	5085.1	4923.8
28394	246442.7	5246.1	2319.5	249369.5	17164	126828.4	161513.2	3985426.9	3703762.3
	320.2	34.2		354.4	213	857.3	371.7	14079.1	13894.7
886.7	61729.8	7715.4	3409.6	66035.2	10307.3	102532.8	33882.7	1268245.5	1246360.1
152.8	9009.9	27.9	86.3	8951.5	916.7	9278.7	1546.2	61045.8	62083.7
54.5	62830	8805.5	619.6	71016.7	7388.9	40867.8	12968.7	928054.5	925276.5
1162.3	32120.8	21021.4	6058.6	47084.4	9912.9	216157.5	32870.1	1348160.7	1330327.4
115.9	18182.7	1909.4	557.5	19534.6	3129.6	59963.8	10263.3	1068448.4	1027977.2
17028.2	634654.8	21421.4	29951.5	626127.1	92321.6	1133575	250815.4	9641276.7	9415204.6
1317.5	73095.6	4266.9	829.6	76532.9	7858.1	117399.1	17894.2	813966.3	740213.7
	-901.9	242.6	103.4	-762.8	73.1	4170.7	285.7	38836.5	37527.5
1671.5	27844.5	5348.3	1833.1	31359.6	3180.6	67170.6	19324.8	593013.6	573779.1
864.7	215225.4	22830.2	10102.8	227952.9	58415.4	326007.4	24735.9	3749163.7	3818815.9
630.3	8301.3	482.2	93.1	8690.5	1021.9	13111.1	1595.7	93349.3	88280.3
8639.3	49841.4	3835.8	1882.9	51794.5	6586.7	133912.1	26034.7	1103889.3	1075108.3
103.5	-2175.6	405.8	114.5	-1884.4	84.2	20322.3	5093	136976.4	133295.4
394.8	15786.2	3860	911.9	18734.4	2967.7	53835.1	10193.8	432083.3	428240.7

2-14

行　业	财务费用	利息收入	利息支出	资产减值损失	公允价值变动收益（损失以“-”号记）	投资收益（损失以“-”号记）	资产处置收益（损失以“-”号记)
应用电视设备及其他广播电视设备制造	-115.1	-136.9	2697.3	1473.5		53215.8	-227.2
电影机械制造	-140.6	15.4	14	573.4		15.3	-1.2
智能无人飞行器制造*	-12923.2	1066.4	2219	-200.6		12185.6	
幻灯及投影设备制造	1603.1	674.3	892.9	5493.1		40.5	43.2
照相机及器材制造	-5393.6	400	1568.2	264.8	-3344.1	1469.6	-109.7
舞台及场地用灯制造	1140.1	348.8	2130.3	-98.4	-33.7	1168	-1.2
音响设备制造	27593.3	1535.1	23427.4	30616.5	-3677.5	18821.3	-46.3
露天游乐场所游乐设备制造	1294.3	-468.7	1445	1738.1		150.3	
游艺用品及室内游艺器材制造	566.6	-15.3	625.9	804.9		835.5	3.1
其他娱乐用品制造	255.9	-1.8	547.3	47.4		191.8	
中乐器制造	843.8	3.6	778.8				
西乐器制造	242.9	234.8	259.8	4567.4		415.9	
电子乐器制造	3658.2	80.6	337.7	81.2		50.2	
其他乐器及零件制造	528.4	28.7	468.6				
文具制造	6394.3	1743	6352.2	1078.5	112.1	15086.1	9.5
笔的制造	335.2	-140.3	491.3				
墨水、墨汁制造	70	2.1	59.1	122.8		5.9	
电玩具制造	6461.7	4720.6	3309.4	1467		109.7	-5.1
塑胶玩具制造	35929.2	356.8	26448.3	6425.1	294.2	2298.3	181.3
金属玩具制造	-735.8	-76.2	33.8	376.7		310	
弹射玩具制造							
娃娃玩具制造	2792.9	0.9	1762.4			57.2	
儿童乘骑玩耍的童车类产品制造	-222.7	65.7	132.2	-228.5	207.5	298.4	227.8
其他玩具制造	2558.7	166.6	1817			116.7	
焰火、鞭炮产品制造							
电视机制造	43301.1	49984.2	108892.6	56152.2	12381.6	210139.4	459.3
影视录放设备制造	16007	10593	22782.4	19673.2	-1980.9	34840.1	14414.5
可穿戴智能设备制造*	1617.6	580.5	1509.2	1303.7	133	-420.5	-1.7
其他智能消费设备制造*	5155.3	4572.2	9769.1	1197.5		-495.1	92

续表 3

单位：万元

其他收益	营业利润	营业外收入	营业外支出	利润总额	所得税费用	应付职工薪酬	应交增值税	工业总产值（当年价格）	工业销售产值（当年价格）
2158.2	118918.2	12257.4	725.1	130450.9	10327	121126.9	25431.3	888706.4	875453
15.6	880	393.1	138.7	1134.5	413.3	5055.2	713.5	80668.2	78668.6
	264859.3	29561.6	812.7	293608.3	27670.4	188630.2	26248.5	2063365.7	1861088.5
997.3	3150.7	1789.3	396.9	4543.1	-407.1	36926	4285.9	425872.7	455738.4
6060.1	40043	8196.8	84239.3	-35998.7	8095.1	139867.5	13086.5	1165244.6	1136196.3
1924.6	42328	4381.7	2374.5	44335	6819.1	111499.1	21258.4	838255.7	814698.8
8411.4	193001.9	20109.3	15720.5	197389.4	24531.4	886823.8	90994.4	7768272.6	7654032.8
1334.4	22201.1	370.4	284.8	22286.7	1140.5	40264.9	10874.3	187068.3	186166
280.5	12010.4	981.5	121.9	12870	1948.4	45158.6	1834.4	250333.4	243707.3
556.5	7386.8	78	12.3	7452.4	933.8	10132.3	6380.4	76141.4	70240.9
	-2379.3	121.3	3.5	-2261.5	106.6	4315.7	115.1	17013.7	18382
231.9	36432.2	66.2	78.6	36420	3612.4	41629.2	7214.2	344434.1	344992.2
247.5	38213.7	907.3	170	38951	2073.4	29107	4592.7	372798	351742.1
	9373.6	839.7	206.1	10007.3	408.6	8509.3	2233.7	160741.8	160715.4
572.8	64603.9	7257.6	1623.8	70236.3	8940.5	173197	25848.8	1420965.4	1435454.7
2.7	4821.9	387.2	151.6	5057.8	1202.6	17518.3	2098.9	97903.9	96970.5
72.3	-837.4	100.4	25.7	-762.4	201.8	3256.2	586.2	38099.7	37874.1
1128.9	20154.6	2514.9	2603.8	20066.7	3858.8	295006.7	11269.5	1134688.3	1127433.1
2417.8	257630.1	21922.3	4749.3	274798.9	24204.8	1455968.9	76496.3	6957900.9	6776044.2
205.6	5742.5	294.3	189.1	5847.8	722.4	35396.7	545.1	114984.1	107515.5
	15783.6	295.3	233.8	15845.2	1988.1	96570	4587.9	400393.3	386167.7
65.4	1782.5	1144.7	149.4	2777.8	855.4	36189.2	2371.8	214599.5	198331.3
10.1	5661	3101.9	604	8158.5	2747.8	160728.1	8918.4	665958.2	653289
58099.8	183954.8	18635.4	7729.7	194859.6	-4472	657092.1	134457.6	16146772.3	14960041
17489.1	96265	33532.6	31860.1	97938.1	12263.3	617488.9	70685.6	6039834.8	5912761.3
3070.4	14511.1	2139.6	239.3	16411.6	1519.1	38962.2	1665.8	379425.3	377004.8
2216	16191.8	2412.2	265.3	18338.4	3725.8	56618.8	13436.9	588546.1	580929.9

2-15 按地区分组规模以上文化

地 区	法人单位数（个）	从业人员期末数（人）	女性	固定资产原价	本年折旧	资产总计	负债合计	所有者权益合计
总 计	3929	1270516	631383	21310188.7	1524863.5	77633489.6	44343908.8	33289627.3
广州市	410	124802	60637	2275460.4	130113.2	7412989.9	3635930.3	3777056.9
韶关市	18	23378	16238	137648	6432.7	256293.7	114124.7	142169
深圳市	969	310018	147051	3704310.2	279001.3	35124581.2	22390608.6	12734045.7
珠海市	75	21673	9996	951265.2	44124	1874716.5	793926.8	1080788.1
汕头市	371	104706	56492	1449424.9	143551.3	3947666.7	1368171.9	2579492.8
佛山市	262	66676	30675	2136908.5	184427.3	3596349.2	1531658.3	2064689.3
江门市	89	31189	14523	1504334.8	102444.3	2284468.3	1261437.5	1023029.7
湛江市	32	6735	2130	1629058.2	92113.8	2290401.8	1253534.5	1036866.7
茂名市	27	4467	2470	90377.7	14042.4	184001.5	68250.4	115751
肇庆市	56	15892	8285	507590.7	57386.7	629654.8	295965.2	333688.7
惠州市	214	86171	39209	1085358.7	79937.6	5463436.9	3769443.9	1693990.5
梅州市	62	10914	6654	110049.5	6367.7	379521.5	215544.4	163975.5
汕尾市	31	43091	29836	137921.9	13329.9	329073.5	111369.7	217703.9
河源市	37	20216	11930	198152.4	12119.8	363194.4	203766.4	159427.8
阳江市	6	971	519	14922.6	871.7	28734.9	20265.1	8469.9
清远市	34	22249	15364	203196.1	14381	438475.1	278920.8	159554.7
东莞市	745	276426	131885	3710399.8	251399.6	9160103.5	5214476.9	3945617.9
中山市	252	61160	29962	730488.7	48860.5	2204689.9	1271345.5	933341.1
潮州市	119	18644	7753	229082.0	10047.9	920304.8	340406.7	579897.9
揭阳市	116	18394	7453	497269.0	33706.0	717492.2	186432.8	531059.1
云浮市	4	2744	2321	6969.4	204.8	27339.3	18328.4	9011.1
按区域分组								
珠三角核心区	3072	994007	472223	16606117.0	1177694.5	67750990.2	40164793.0	27586247.9
沿海经济带	702	197008	106653	4048056.3	307663.0	8417675.4	3348431.1	5069241.3
北部生态发展区	155	79501	52507	656015.4	39506.0	1464824.0	830684.7	634138.1

制造业企业主要财务指标

单位：万元

营业收入	主营业务收入	营业成本	主营业务成本	税金及附加	主营业务税金及附加	其他业务利润	销售费用	管理费用
95670732.8	93416514.9	84017682.4	81627175.4	386748.1	378282	227600.4	2549283.5	5145190.8
8986843	8876624.4	7660290.6	7588394	38542.7	37381.6	27018	325735.1	659881.6
308529.1	304048.2	271387.1	268359.7	2882.1	2834.4	930.9	4731.3	37807.6
32463930.1	31229529	28534220.6	27030473.3	97673.2	95694.5	152337.2	1063300	1868148.7
1776908.3	1648662.4	1570709.1	1456210.2	9110.9	9041.2	3056	39546.1	108258.9
6646339.3	6620574.4	5582714.1	5556773.5	33689	33163.1	3128.2	211236.7	314421.7
9425892.6	9389525.3	8665819.4	8636010.4	25281.2	25121.7	1741.1	100007.5	193609.9
2340357.2	2298343.9	2091102.9	2054603.8	10935.9	10372.1	3315.7	50076.8	119546.8
1559766.4	1496499	1194976.8	1119704.2	8008.7	7538.2	752.3	39931.4	61810
323056.1	320729.7	275508.9	273320.8	3718.2	3718.2		9309.4	14689.6
1570434.9	1569380.6	1341883.9	1341755.6	13335.5	13315.9	27.7	41305.1	77933.7
8072545.5	7612727.8	7313709.2	6875877.7	33786.6	33498.5	8984.5	196860.7	359336.2
433759.9	428693.3	386198.7	382695.4	2627.3	2620.1	51.3	11191.6	23322.4
2163060.2	2163000.3	2032847.8	2032847.8	3296.3	3296.3		28679.4	45939.4
538072.2	535835	466391.6	464300.6	3224	3224	99.5	13026.4	41482.4
56203.7	56023	47956.2	47732.3	415.4	415.4	-43.2	865.8	2836.5
612931.2	611113.4	532618.9	531909.6	3399.2	3379.2	421.2	12796.2	42414.2
13040964.6	12933958.7	11505450.9	11451563.4	64201	62359.4	17452.1	238759.6	860556
2509475.8	2482270.2	2125999.5	2112109.2	14560.9	13314.5	7454.8	88015.7	209400.5
1184697.8	1183750.4	992851.7	990601.2	6627.3	6598.9	863.6	32952.1	47899.6
1619414.5	1617675.5	1390199.7	1377224.5	11217.9	11180.0	9.5	40696.4	54715.3
37550.4	37550.4	34844.8	34708.2	214.8	214.8		260.2	1179.8
80187352.0	78041022.3	70809186.1	68546997.6	307427.9	300099.4	221387.1	2143606.6	4456672.3
13552538.0	13458252.3	11517055.2	11398204.3	66972.8	65910.1	4710.4	363671.2	542312.1
1930842.8	1917240.3	1691441.1	1681973.5	12347.4	12272.5	1502.9	42005.7	146206.4

2-15

地 区	财务费用	利息收入	利息支出	资产减值损失	公允价值变动收益（损失以“-”号记）	投资收益（损失以“-”号记）	资产处置 收益（损失以“-” 号记）	其他收益
总 计	488745.2	172765.2	598707.5	181269.7	-7902.7	476408.7	116352.2	268339
广州市	6686.5	18905.2	21515.4	34866	-2676.5	93523	142.3	18877.9
韶关市	484.3	48.2	683.6			1		
深圳市	246962.8	84566.8	304930	75599.3	-9186.3	349663.2	14979	123980.1
珠海市	12257.7	4045.7	14708.4	2256.5	239.5	2888.1	-68.3	3867.1
汕头市	44020	-637.3	34037.3	10495	501.7	19808.7	590.1	4925
佛山市	18989.6	-3917	14155.7	326.6	-3156.5	4092.7	101316.4	27630.5
江门市	30217	-243.4	30797.5	-51.9	957.2	1157.9	-8.8	911.7
湛江市	29332.7	37837	64330.2	-25.2		272.7	-15.2	1732.6
茂名市	2040.6	-108.3	2200.9	33.3	8.9	4.4	1.8	42.7
肇庆市	9901.7	169.5	4896	8526.1		29.2		91.3
惠州市	-6860.8	7862.2	14009.5	20785.8	7105.1	9309.5	-538.6	6862.6
梅州市	1517.7	-28.8	1421.3	1303.9		5.5		703.5
汕尾市	3083.3	74.8	2766.7	-50				
河源市	4246.9	109.7	2484.6	102		178.4	-115.2	139.1
阳江市	26.1		65.1					13.8
清远市	4361.8	-398.4	3724.1	39.5		96.9		57
东莞市	50748.8	22024	45459.2	26825.6	-1242.2	-4219.5	120.9	73998.1
中山市	12514.3	2039	11957.7	-150.2	-453.6	-1068.3	-55.3	3654.1
潮州市	9394.4	400.0	7362.7	-357.2		144.6	3.1	568.8
揭阳市	8679.7	16.4	17158.6	744.6		520.7		283.1
云浮市	140.1	-0.1	43.0					
按区域分组								
珠三角核心区	381417.6	135452.0	462429.4	168983.8	-8413.3	455375.8	115887.6	259873.4
沿海经济带	96576.8	37582.6	127921.5	10840.5	510.6	20751.1	579.8	7566.0
北部生态发展区	10750.8	-269.4	8356.6	1445.4		281.8	-115.2	899.6

续表1

单位：万元

营业利润	营业外收入	营业外支出	利润总额	所得税费用	应付职工薪酬	应交增值税	工业总产值（当年价格）	工业销售产值（当年价格）
3776220.7	304344.2	228120.5	3852444.7	485747.2	9094202.1	1371800.3	96380525.2	92864881.8
370698.7	35137.3	24547.3	381287.8	54318.1	1076599.4	142149.1	8862376.5	8744320.9
-8762.9	2552.7	480.6	-6690.5	744.9	117820.3	779.2	329955	301251.9
1075794.8	138802	119881.4	1094716.7	155466.2	2419293	333976.6	33168648.9	31073246.8
41693.4	11059.5	2903	49850.5	10406.9	156162	10544.7	1673887.1	1630396
478454.2	11281	2906.2	486829	31419.9	862937.7	101245	6848502.4	6513300.1
551736.3	5748.9	11764.8	545719.2	83674.4	523829.9	122876.2	9599111.4	9603870.3
41545.7	25912.2	4180.4	63278	10587	206547.8	39694.5	2293091.8	2303187.2
227720.7	2956	6490.7	224186	3380.5	43477.1	44066.2	1719827	1429468
17813.1	464.7	933.4	17344.5	1759.1	23376.3	8164.8	327933.4	322948.1
77668.7	1745.6	403.1	79012.6	3980.6	147872.7	46526.8	1647660.6	1543400.5
177646.7	9842.7	8309.1	179180.9	27942.1	628387.9	67705.5	7528099.7	7396957.7
8308.7	5527.1	1660.4	12175.4	1597.4	43319.3	12020.3	417531.1	430926.3
49264	314.1	91.9	49486	1164.2	244731	17351.6	2235032.9	2187119.1
9800.1	927.6	438.2	10288.4	2587.3	94533.6	5055	558053.3	542773
4117.5	1.7	6.8	4112.3	539.7	4769.6	1164.8	56164.9	56020.1
17455.5	854.5	1389.4	16920.9	4110.4	106959.5	18334.2	641920.1	620166.8
363134	30092	34724.2	358501.4	65445.3	1809838.9	260928.3	13055523.1	12871258.1
61203	19679.2	3715.1	77167.1	13894.2	360587.6	83566.5	2528621.4	2475049.4
96046.9	621.5	510.4	96157.9	7437.7	116621.2	31128.0	1206859.8	1185260.3
113970.8	814.2	2779.1	112005.1	5127.0	96673.7	24431.3	1636388.7	1595973.0
910.8	9.7	5.0	915.5	164.3	9863.6	91.7	45336.1	37988.2
2761121.3	278019.4	210428.4	2828714.2	425714.8	7329119.2	1107968.2	80357020.5	77641686.9
987387.2	16453.2	13718.5	990120.8	50828.1	1392586.6	227551.7	14030709.1	13290088.7
27712.2	9871.6	3973.6	33609.7	9204.3	372496.3	36280.4	1992795.6	1933106.2

2-16 按类别分限额以上文化批发

类 别	法人单位数（个）	从业人员期末人数（人）		一、年初 二、存货	二、期末资产负债		
			女性		流动资产合计	长期股权投资	固定资产原价
总 计	1625	101639	59212	4505433	16982636.6	1586470.6	819237.4
一、按单位规模分组							
大型	38	42460	28132	1447683.7	4824509.5	517495.7	161038.9
中型	492	40755	21470	2177415.5	8034721.7	933536.4	464824
小型	872	17026	8935	758749.6	3273646.6	121668.3	180312.3
微型	223	1398	675	121584.2	849758.8	13770.2	13062.2
二、按登记注册类型分组							
内资企业	1516	83794	46244	3607264.7	14149961.3	964962	670719.6
国有企业	15	1038	545	68327.4	210983.1	42560.6	140493.8
集体企业	2	34	22	438.6	1457.1		187.9
股份合作企业	3	96	55	1294.7	3758.2		386.8
联营企业							
国有联营企业							
集体联营企业							
国有与集体联营企业							
其他联营企业							
有限责任公司	436	32497	17821	1083078	4802354	168908.3	248100.9
国有独资公司	27	2327	946	49324.8	263328.7	21296.7	63930.2
其他有限责任公司	409	30170	16875	1033753.2	4539025.3	147611.6	184170.7
股份有限公司	39	12865	7858	638753.2	2237811.8	407639.5	68850.4
私营企业	1021	37264	19943	1815372.8	6893597.1	345853.6	212699.8
私营独资企业	13	118	76	934.2	11034.3		723.7
私营合伙企业	1	11	6	85.9	1075.5		
私营有限责任公司	984	35132	18971	1564123.7	6289252.6	264722.1	198470.1
私营股份有限公司	23	2003	890	250229	592234.7	81131.5	13506

和零售业企业主要财务指标

单位：万元

累计折旧	其中：本年折旧	固定资产净值	固定资产净值准备	无形资产	商誉	资产总计	流动负债合计	应付账款
364892.7	60878.2	454355.1	1073.9	284751.5	975.4	20042383.3	13887009.1	4078665.9
92086.3	14300.6	68952.6		21481.6	751.6	5638439.3	3740908.1	1618520.2
199368	32258.2	265438.4	85.5	225589.8	215	9784481.2	6711443	1619579.5
66251.6	12507.1	114072.6	988.1	34202.8	8.8	3626291	2659920.3	753052.9
7186.8	1812.3	5891.5	0.3	3477.3		993171.8	774737.7	87513.3
290829.6	43661.8	379900.6	1073.9	114980.7	975.4	16237037.6	11552019.6	3316184.2
60676.2	2299.6	79817.6		18572		421115.3	138691.6	18417.9
127.8	4.9	60.1				2120.9	831.8	149.8
168.3	4.4	218.6				3976.8	2686.6	205.1
107606.9	16034.9	140521.5	451.2	59908.2	14.7	5394889.4	3926415	1194641.1
24255.9	1847.9	39674.3		11745.3		359969.4	219359.3	81674.1
83351	14187	100847.2	451.2	48162.9	14.7	5034920	3707055.7	1112967
36116.8	3956.9	32733.6	25.9	12415.5	209.1	2820574.2	1751652.1	410264.1
86133.6	21361.1	126549.2	596.8	24085	751.6	7594361	5731742.5	1692506.2
196.9	16.3	526.8				12758.9	11574.8	397.4
						1075.5	1010.1	74
78260.6	19157.1	120192.5	596.8	22041.6	751.6	6886567.6	5439765.8	1650111.4
7676.1	2187.7	5829.9		2043.4		693959	279391.8	41923.4

2-16

类　别	法人单位数（个）	从业人员期末人数（人）	女性	三、年初 四、存货	二、期末资产负债		
					流动资产合计	长期股权投资	固定资产原价
其他企业							
港、澳、台商投资企业	71	13516	11018	691550.2	1874648.6	580824.3	128905.2
与港澳台商合资经营企业	8	696	388	35251.8	430058	566521	6441.6
与港澳台商合作经营企业							
港澳台商独资经营企业	62	12721	10577	646103	1415563.7	13593.3	122236
港澳台商投资股份有限公司	1	99	53	10195.4	29026.9	710	227.6
其他港澳台投资企业							
外商投资企业	38	4329	1950	206618.1	958026.7	40684.3	19612.6
中外合资经营企业	11	2120	968	173449.7	551112.1	32629.5	7196.5
中外合作经营企业	1	41	9	339.6	3082.8	350	176.5
外资企业	21	2071	937	29547.3	375586.8		11841.1
外商投资股份有限公司	2	19	6	94.7	14195.4	7704.8	194
其他外商投资企业	3	78	30	3186.8	14049.6		204.5
三、按企业控股情况分组							
国有控股	122	13593	5219	343281.3	1692449.7	248988.2	297763.5
集体控股	11	400	175	11965.3	102064.2	960	2541.5
私人控股	1265	52745	28975	2700701.6	9594933.5	636822.7	310003.8
港澳台商控股	74	13649	11053	681019.1	2123649.5	578969.2	135060.8
外商控股	29	2446	1106	37990.7	442718.2	39695.8	13829.9
其他	124	18806	12684	730475	3026821.5	81034.7	60037.9
四、按隶属关系分组							
中央	12	499	223	52628.1	242030.3	5980	27917.7
地方	66	9239	3129	167908.3	987048.7	109223.7	203587.9
其他	1547	91901	55860	4284896.6	15753557.6	1471266.9	587731.8

续表 1

单位：万元

累计折旧		固定资产净值	固定资产净值准备	无形资产	商誉	资产总计	流动负债合计	
	其中：本年折旧							应付账款
60023.2	15077	68882		168579.1		2743714.1	1495998.8	269905.9
3651.1	662	2790.5		164196.9		1186342.7	741586.2	65363.9
56300.4	14343.3	65935.6		4371		1527258.8	747639.2	203145.4
71.7	71.7	155.9		11.2		30112.6	6773.4	1396.6
14039.9	2139.4	5572.5		1191.7		1061631.6	838990.7	492575.8
4552.6	401	2643.9		232.7		597382	514730.1	242066.3
104.2	11.5	72.3		13.2		3518.3	3244.8	1671.1
9075	1696.3	2766.1		945.5		424136.5	301110.2	234745.5
137.4	11.2	56.4				21956.6	7571.3	2033.5
170.7	19.4	33.8		0.3		14638.2	12334.3	12059.4
128353.3	10993.6	169410.2	43.9	72624.3		2383253.3	1364893.8	545676.6
1422.2	92.8	1119.4	1.7	393.4		105859.5	83678	38779.1
134307.8	27119.5	175706.6	825	28619.1	966.6	10731269.4	7653679.8	2068569
60718.8	16038.5	74342		168545.2		3095693.7	1829935.8	286591.6
10316.3	1811.5	3513.4		951.7		535246.8	362803.5	258566.3
29774.3	4822.3	30263.5	203.3	13617.8	8.8	3191060.6	2592018.2	880483.3
13939.3	1052.9	13978.4		354.6		271592.4	138470.3	22531.5
81229.8	4736.4	122357.4	45.3	37470.1		1363842.1	891147.1	431330.2
269723.6	55088.9	318019.3	1028.6	246926.8	975.4	18406948.8	12857391.7	3624804.2

类　别	非流动负债合计	负债合计	所有者权益合计	实收资本	国家资本	集体资本	法人资本
总　计	585715.1	14464926	5577300.7	3186701.3	180039.7	31562.3	1694248.6
一、按单位规模分组							
大型	148665.3	3889573.4	1748865.9	632209.7	40951.2	21437	244581.2
中型	299537.3	7015815.4	2768665.8	1515694.5	109290.9	8646.6	832426.5
小型	120459.3	2776320.9	849945.7	865691	26497.6	1394.5	534817.5
微型	17053.2	783216.3	209823.3	173106.1	3300	84.2	82423.4
二、按登记注册类型分组							
内资企业	484019.1	12028240.5	4208640.5	2515586.2	180039.7	29960.1	1631239
国有企业	51914	190605.6	230509.7	74995.4	28819.2	43	46133.2
集体企业	146.1	977.9	1143	1166.6		41.2	1125.4
股份合作企业	675.4	3362	614.8	500			278
联营企业							
国有联营企业							
集体联营企业							
国有与集体联营企业							
其他联营企业							
有限责任公司	102983.3	4032933.3	1361823.9	941601	76786.5	7775.4	701704.5
国有独资公司	5205.4	224564.7	135404.7	44536.2	16196.2		28340
其他有限责任公司	97777.9	3808368.6	1226419.2	897064.8	60590.3	7775.4	673364.5
股份有限公司	99026.7	1850678.8	969895.4	385125.6	70763.4	21137	220376.5
私营企业	229273.6	5949682.9	1644653.7	1112197.6	3670.6	963.5	661621.4
私营独资企业	274.5	11849.3	909.6	1283.7			230
私营合伙企业		1010.1	65.4	50			
私营有限责任公司	217047.9	5645480.5	1241062.7	985331.9	3670.6	963.5	575682.7
私营股份有限公司	11951.2	291343	402616	125532			85708.7

续表 2

单位：万元

			三、损益及分配						
个人资本	港澳台资本	外商资本	营业收入	主营业务收入	营业成本	主营业务成本	税金及附加	主营业务税金及附加	其他业务利润
672841.7	529779.3	78229.7	35357200.1	35129841.4	32383326.4	32253283.8	104448.2	100233.6	61237.4
94882.9	182247.6	48109.8	11941899.5	11872066.9	10623701.3	10589496.2	56440.3	55033.7	17615.6
304876.1	234213.2	26241.2	16397827.8	16272003.7	15214845.8	15128230.7	28456.4	27569.5	24451.3
238963.8	60138.9	3878.7	5790110.9	5763521.9	5369992.4	5361913.6	17296.1	15411.6	14595.1
34118.9	53179.6		1227361.9	1222248.9	1174786.9	1173643.3	2255.4	2218.8	4575.4
667843	4954.3	1550.1	29783102.3	29579908	27600324.6	27479311.9	64632.5	60797.9	49711.1
			258425.3	252725.5	214081.7	209175.3	1764.6	1507.6	1253.2
			1997.3	1997.3	1101.7	1101.7	37.4	37.4	
222			5764.9	5764.9	5203	5203	10.3	10.3	
149088.2	4696.3	1550.1	10259757.7	10119555.4	9401721.4	9310871.3	33010.2	30856.5	25651.7
			288916.4	272598.9	235468.3	234224.4	1983.1	531	7968.9
149088.2	4696.3	1550.1	9970841.3	9846956.5	9166253.1	9076646.9	31027.1	30325.5	17682.8
72848.7			5924591.1	5900045.4	5543390.6	5533657.2	8092.4	7596.7	11890.8
445684.1	258		13332566	13299819.5	12434826.2	12419303.4	21717.6	20789.4	10915.4
1053.7			7725.5	7704.8	6456.2	6437.9	95.8	73.3	
50			1853.3	1852.7	1762.4	1762.4	2.1	2.1	
404757.1	258		11460447.1	11429098.9	10656007.4	10641389.4	19679.3	18805.7	9943.1
39823.3			1862540.1	1861163.1	1770600.2	1769713.7	1940.4	1908.3	972.3

2-16

类别	非流动负债合计	负债合计	所有者权益合计				
				实收资本	国家资本	集体资本	法人资本
其他企业							
港、澳、台商投资企业	80785	1576783.8	1166930.3	525915.4		315	15632.7
与港澳台商合资经营企业	6197	747783.2	438559.5	160801.4		315	3486.3
与港澳台商合作经营企业							
港澳台商独资经营企业	74585.4	822224.6	705034.2	355084			12146.4
港澳台商投资股份有限公司	2.6	6776	23336.6	10030			
其他港澳台投资企业							
外商投资企业	20911	859901.7	201729.9	145199.7		1287.2	47376.9
中外合资经营企业	457.8	515187.9	82194.1	65164		1287.2	35994.6
中外合作经营企业		3244.8	273.5	500			
外资企业	20453.2	321563.4	102573.1	74575			6921.7
外商投资股份有限公司		7571.3	14385.3	4050.1			4000
其他外商投资企业		12334.3	2303.9	910.6			460.6
三、按企业控股情况分组							
国有控股	103477	1468249.9	915003.4	342934.9	169375.7	22343.8	148034.3
集体控股	176.3	87003.8	18855.7	13953		6492	7439
私人控股	347248.2	7990101.1	2741011.7	1620798.7	3846.1	2250.7	987603.7
港澳台商控股	87790.7	1917726.5	1177967.2	525710.5			15466.5
外商控股	20453.2	383256.7	151990.1	112929.2			25125.7
其他	26569.7	2618588	572472.6	570375	6817.9	475.8	510579.4
四、按隶属关系分组							
中央	1181.7	139652	131940.4	55553.9	8400.6		46110.3
地方	62451.9	956748.5	407093.6	163518.5	75478.2	27485	52003.1
其他	522081.5	13368525.5	5038266.7	2967628.9	96160.9	4077.3	1596135.2

续表 3

单位：万元

个人资本	港澳台资本	外商资本	三、损益及分配						
			营业收入	主营业务收入	营业成本	主营业务成本	税金及附加	主营业务税金及附加	其他业务利润
4012.7	505955		2922662.5	2908601.2	2368370.7	2366773.5	34946	34627.4	9656
4012.7	152987.4		539955.9	536577.4	513711.2	513612.8	812.7	812.7	3071.9
	342937.6		2359872.1	2349246.6	1836531.9	1835033.1	34089.7	33771.1	6584.1
	10030		22834.5	22777.2	18127.6	18127.6	43.6	43.6	
986	18870	76679.6	2651435.3	2641332.2	2414631.1	2407198.4	4869.7	4808.3	1870.3
486	18870	8526.2	902485.3	900093.7	796331.2	795248.7	2686.1	2678.5	181
500			3461.5	3461.5	2630.2	2630.2	15.9	15.9	
		67653.3	1688490.4	1680795.9	1562048.2	1555703.1	2105.3	2051.5	1677.4
		50.1	7563	7563	6540.5	6540.5	4.7	4.7	
		450	49435.1	49418.1	47081	47075.9	57.7	57.7	11.9
3181.1			3998193.8	3942658.8	3701130.5	3678189.4	7254.1	4997.4	16079.4
22			489050.8	487854.8	473235.1	473194.3	488.1	471.7	0.3
626185.7	600.3	312.2	20944634.9	20888079.3	19546377.3	19524717.9	41909.8	40786.4	23682.5
50	510194		2987794.6	2973912.6	2427061.9	2425541.2	35946.1	35627.2	9440
	18600	69203.5	1766362.2	1758358.4	1632554.5	1626092.9	2207.3	2153.5	1870.3
43402.9	385	8714	5171163.8	5078977.5	4602967.1	4525548.1	16642.8	16197.4	10164.9
1043			481169.4	476680.9	447288.4	445737.6	948.7	757.1	2744.1
8552.2			2376425.7	2342293.6	2143814.8	2126850.3	6062.8	4316.3	6951.5
663246.5	529779.3	78229.7	32499605	32310866.9	29792223.2	29680695.9	97436.7	95160.2	51541.8

2-16

类 别	销售费用	管理费用	财务费用			资产减值损失	公允价值变动收益（损失以“-”号记）
				利息收入	利息支出		
总 计	1580764.4	773550.1	145159.1	25163.6	132160.7	38482	-8029.2
一、按单位规模分组							
大型	854227.3	191716.9	29879.7	11478.2	25912.3	18186.1	-4036.2
中型	555291.7	384922.4	87723.9	11133	83252.1	15330	-3618.1
小型	150869.9	175628.2	18428	1563.6	15553.4	4112.3	-266.5
微型	20375.5	21282.6	9127.5	988.8	7442.9	853.6	-108.4
二、按登记注册类型分组							
内资企业	1143863.1	617735.3	110423.6	19616.2	98386.7	35684	-3524.3
国有企业	11586.8	20177.8	-971.8	743	108.7	886.5	
集体企业	347	238.6	1.3	0.2			
股份合作企业	372.3	395.6	35.7	0.2	34.7		
联营企业							
国有联营企业							
集体联营企业							
国有与集体联营企业							
其他联营企业							
有限责任公司	452545.2	213061.3	30570.9	2577.6	26680.2	11866.6	-2111.6
国有独资公司	23908.5	17236.5	68.1	279.5	206.5	430.1	
其他有限责任公司	428636.7	195824.8	30502.8	2298.1	26473.7	11436.5	-2111.6
股份有限公司	253290.3	59377.7	19646.7	8253.4	22279.4	7038.3	-1417.3
私营企业	425721.5	324484.3	61140.8	8041.8	49283.7	15892.6	4.6
私营独资企业	369	354.2	53.4	0.1	27.9	3	
私营合伙企业	67.9	4.7	0.3	0.1			
私营有限责任公司	392172.7	300176.7	55985.1	7523.5	44671.2	15342.1	-32.1
私营股份有限公司	33111.9	23948.7	5102	518.1	4584.6	547.5	36.7

续表 4

单位：万元

								四、人工成本及增值税	
投资收益（损失以“-”号记）	资产处置收益（损失以“-”号记）	其他收益	营业利润	营业外收入	营业外支出	利润总额	所得税费用	应付职工薪酬（本年贷方累计发生额）	应交增值税
242683	-79.3	16233.6	580383.9	31129.1	14851.8	594251.8	109114	979232	403980.3
36176.1	-139.5	3692.2	205664.1	4547.4	6842.4	201435.9	40604.7	443925.3	127614.1
199927.2	36.5	11803.8	319677.5	20044.3	5539.1	334182.8	50114.6	397890.1	174056.1
1155.3	22.4	697.4	51303.7	5513.4	2089.2	54258.2	15743.8	122284	91733.2
5424.4	1.3	40.2	3738.6	1024	381.1	4374.9	2650.9	15132.6	10576.9
68039.3	33.4	14060.6	288819.9	22886.6	13913.4	295383.8	70266.8	748726.2	300027.7
8676.2		3054	22422.9	1215.6	864.8	22773.7	2234.2	18463.2	5008.7
			-70	0.2		-69.8	32.5	200.7	40
			-251.8	10		-241.8	0.4	520.2	78.6
20420.4	23.2	7472	145996.4	8855.2	3806.6	151032	35299.2	296319.2	121162.3
1120	-19.7	435.4	11353.9	1481.6	874.5	11961	959.9	30124.9	2443.3
19300.4	42.9	7036.6	134642.5	7373.6	2932.1	139071	34339.3	266194.3	118719
14424.4	-37.4	1866.7	48377.7	2293.9	625.2	50046.4	6986.3	140454.3	34331.9
24518.3	47.6	1667.9	72344.7	10511.7	8616.8	71843.3	25714.2	292768.6	139406.2
			393.9	5.1	6.3	392.7	23.2	465.7	86.1
			15.9			15.9	0.5	52	17.7
4231	35.7	1331.9	24501.6	8893.8	8276.9	22722.2	19040.2	262342.2	125718.8
20287.3	11.9	336	47433.3	1612.8	333.6	48712.5	6650.3	29908.7	13583.6

2-16

类　别	销售费用	管理费用	财务费用			资产减值损失	公允价值变动收益（损失以“-”号记）
				利息收入	利息支出		
其他企业							
港、澳、台商投资企业	284148.6	102831.3	32357.3	2116.1	28226.7	768.1	-2878.8
与港澳台商合资经营企业	9946.9	24539.6	23372.4	1714.4	24937.7	73.9	26.9
与港澳台商合作经营企业							
港澳台商独资经营企业	272938.3	77471.5	8915.3	401.7	3289	524.2	-2923.1
港澳台商投资股份有限公司	1263.4	820.2	69.6			170	17.4
其他港澳台投资企业							
外商投资企业	152752.7	52983.5	2378.2	3431.3	5547.3	2029.9	-1626.1
中外合资经营企业	81794.4	9150.7	1577.6	3912.5	5448	1120.8	-1626.1
中外合作经营企业	60.3	430.5	120.6	2.3	78.2		
外资企业	69887.3	41696.3	709	-484.1	51.9	862.6	
外商投资股份有限公司	139.5	406	-32.9		-33	46.5	
其他外商投资企业	871.2	1300	3.9	0.6	2.2		
三、按企业控股情况分组							
国有控股	135039.4	90740.8	249.3	2568.9	2579	2384.3	
集体控股	10793.3	3745.5	-512.3	-206.4	101.7	750.9	
私人控股	667162.3	459524	89502.7	15693.5	79081.3	25250.5	-3038.8
港澳台商控股	288838.7	105630	34429.5	2140.5	28343.9	768.1	-2878.8
外商控股	73118.7	45803.1	456.9	-471.8	21.1	906.5	
其他	405812	68106.7	21033	5438.9	22033.7	8421.7	-2111.6
四、按隶属关系分组							
中央	14643.9	7619	-845.5	1252.1	326.2	931	
地方	129073.7	45922.1	3361	117.2	2045.5	857.4	
其他	1437046.8	720009	142643.6	23794.3	129789	36693.6	-8029.2

续表 5

单位：万元

投资收益（损失以"-"号记）	资产处置收益（损失以"-"号记）	其他收益	营业利润	营业外收入	营业外支出	利润总额	所得税费用	四、人工成本及增值税	
								应付职工薪酬（本年贷方累计发生额）	应交增值税
177811.4	-155.4	1563.5	275570.9	6854.7	589.8	281835.7	32964.3	182197.5	75362.5
175464.5	-0.8	564.1	143553.9	5029.7	9.7	148573.9	1085.7	11826.8	3617
2303.5	-154.6	999.4	129616.1	1775	579.4	130811.6	31266.1	169558	71464.3
43.4			2400.9	50	0.7	2450.2	612.5	812.7	281.2
-3167.7	42.7	609.5	15993.1	1387.8	348.6	17032.3	5882.9	48308.3	28590.1
-4658.4	-0.3		1998.3	1161.1	54.8	3104.6	249.9	26910.5	10137.1
			204	32	10.8	225.2		239.6	124.5
1490.7	43	609.5	13324.5	178.7	245.9	13257.3	5665.4	19932.5	17908.6
			458.6	10	6.3	462.3	2.2	270.7	38.4
			7.7	6	30.8	-17.1	-34.6	955	381.5
19578.4	-17.5	8642.2	89362.6	5109.8	2684.7	91787.7	9662.2	147223	31040.2
	0.1	1.6	3770.7	113.5	0.6	3883.6	1672.7	5180.8	1884
39391.1	48.8	2436.7	149288.2	15814.6	9692.5	153001.1	46146.5	440047.6	216136.5
182784.4	-155.4	1565.6	276425.9	6336.7	599.8	282162.7	33373.8	185171.6	76455
1490.7	43	609.5	13344.2	310.7	338.1	13316.8	5636	23815.3	18754.9
-561.6	1.7	2978	48192.3	3443.8	1536.1	50099.9	12622.8	177793.7	59709.7
1056.8		45.1	11685.6	669.2	42.5	12312.3	3082.3	11615.8	3381.7
14342.1	16.5	6162.2	70724.1	3150.6	1764.1	72110.6	7462.1	102148.4	22010.7
227284.1	-95.8	10026.3	497974.2	27309.3	13045.2	509828.9	98569.6	865467.8	378587.9

2-17 按行业分限额以上文化批发

行业	法人单位数（个）	从业人员期末人数（人）	女性	一、年初存货	二、期末资产负债 流动资产合计	长期股权投资	固定资产原价
总　计	1625	101639	59212	4505433	16982636.6	1586470.6	819237.4
图书批发	43	3085	1558	137700.2	592972.2	148162.7	40250.7
报刊批发	6	4745	888	58616.8	116411.4	5455.2	10764.7
音像制品、电子和数字出版物批发	4	65	35	40613.7	72665.9	894.8	2307.5
图书、报刊零售	141	8973	4939	89595.6	477827.5	87203.8	250060.2
音像制品、电子和数字出版物零售	3	70	53	1083.4	3277.6	234.9	215.7
首饰、工艺品及收藏品批发	341	31313	22585	2657619.2	6620443.9	377216.3	235555.3
珠宝首饰零售	87	8165	6766	207605.8	521516.5	31418.3	20847.6
工艺美术品及收藏品零售	13	579	408	25386.1	32595.1	120.3	5798.2
艺术品、收藏品拍卖	3	111	48	803.7	48386.2	1265	439.4
艺术品代理							
贸易代理*	28	476	302	1225	318892.3	3581.2	5464.6
广播影视设备批发	103	6777	2995	376828.4	1616359.6	183763.2	38518.1
照相器材零售	9	179	83	3885.4	8585.1	50	779.4
电气设备批发*	9	293	108	6198.7	121596	6372.2	12095.7
乐器批发	16	378	202	6460.3	44609.9	226.1	857.4
乐器零售	13	411	215	10531.8	50691.3	2190	959.6
文具用品批发	314	9343	3945	342037.8	1956540.9	28087.2	92794.2
文具用品零售	61	1157	552	10014.5	151461.5	46	9471.8
家用视听设备批发	185	16882	9281	357996.8	2678575.0	628547	42178.5
家用视听设备零售	54	3288	1492	41279.7	837031.7	32762.8	14649.1
其他文化用品批发	171	4751	2399	112940.9	661322.0	48539.2	33672.8
其他文化用品零售	21	598	358	17009.2	50875.0	334.4	1556.9

和零售业企业主要财务指标

单位：万元

累计折旧	其中：本年折旧	固定资产净值	固定资产净值准备	无形资产	商誉	资产总计	流动负债合计	应付账款
364892.7	60878.2	454355.1	1073.9	284751.5	975.4	20042383.3	13887009.1	4078665.9
23107	4574.8	17143.7	0.6	9551		851219.6	487276.9	281626.6
5086.5	1695.7	5678.2		1523.7		137064.1	80479.1	21007.9
1830.8	169.2	476.7	201.8	1000.3		74963.9	14424.7	7539.6
99234.5	6533.1	150825	39.2	67861.6		890583.2	435412.4	137403.1
124	26.7	91.7		0.6		3631.4	1880.7	433.7
99493.6	21625.9	136042.9	29.7	9981.1	209.1	7277842.1	4721990.7	714802.9
13881.3	1746.2	6966.3		541.4		589296.6	379624.6	102376.4
2791.5	163.5	3006.6		8.5		36336.7	19712.4	982.8
341.4	22.8	98		22.2		49818.7	15655.6	0.1
3893.9	382.1	1570.7		434.1		327694.5	280629.7	132041.9
20827.6	3959.9	17690.3	0.2	14485.7	760.4	1891955.5	1161706.3	332310.9
152.2	72.4	640.6	100	1.2		9348.2	6469.8	3048.5
4237	707.8	7858.7		385.1		152930.9	112791.4	84399.6
488.9	131.6	368.5		18.4		45726.3	26625	6583
608.2	321.4	351.4		62.6		53470.2	43408.4	5609.3
43035.9	9584.1	49753.6	97.8	3548.6		2161148	1757314.5	506959.8
4728	749.9	4743.8	342	4800.3		164841.5	140184.8	20556.6
19206.7	4459.6	22965.6	231.2	169002.8	5.9	3578221.2	2813904.6	1001926.4
7995.7	884.4	6681.8	29.6	201.5		944922.9	812105.4	524004.1
13110.7	2971.5	20561.4	1.8	1303.2		748132.3	535786.9	172118.2
717.3	95.6	839.6		17.6		53235.5	39625.2	22934.5

2-17

行　业							
	非流动负债合计	负债合计	所有者权益合计	实收资本	国家资本	集体资本	法人资本
总　计	585715.1	14464926	5577300.7	3186701.3	180039.7	31562.3	1694248.6
图书批发	29554.7	516831.6	334388	96538.7	70920		13447.9
报刊批发	3002.3	88927.9	48136.2	13758	2000		5508
音像制品、电子和数字出版物批发	36.6	14258.7	60705.2	191500			191200
图书、报刊零售	73737.7	508948.7	381634.5	158982.1	73228.6	1286.6	66547.9
音像制品、电子和数字出版物零售		1880.7	1750.7	950			
首饰、工艺品及收藏品批发	321677	5027329	2250513.1	1432468.7	8497.5	2358	863525.7
珠宝首饰零售	7321.2	387045.9	202250.7	108157.5			40532.7
工艺美术品及收藏品零售	141.9	19854.3	16482.4	8940.5	1088		2600
艺术品、收藏品拍卖		15655.6	34163.1	14983.3			13234.6
艺术品代理							
贸易代理*	506.9	281136.6	46557.9	8326.5	525	27	3550.6
广播影视设备批发	67228.6	1228934.9	663020.6	264272.8	3622.6	300	127055.8
照相器材零售	95.1	6564.9	2783.3	876.8			587.7
电气设备批发*	5498.9	118290.3	34640.6	13719.5			7099.9
乐器批发		26625	19101.3	8722.8			950
乐器零售	1054.3	44462.7	9007.5	6347.4		41.2	851.2
文具用品批发	30176.1	1787568.4	373507.3	190252.3	4852	500	109069.3
文具用品零售	514.4	140699.2	24142.3	19317.3	20.2		13391.1
家用视听设备批发	23667.3	2837951	740270.2	464619.9	14885.5	21692.8	148024.7
家用视听设备零售	595.8	815998.6	128840	63403.1		5353	48248.4
其他文化用品批发	20363.1	555793.6	192338.7	112806	200.3	3.7	37023.1
其他文化用品零售	543.2	40168.4	13067.1	7758.1	200		1800

续表 1

单位：万元

			三、损益及分配							
个人资本	港澳台资本	外商资本	营业收入	主营业务收入	营业成本	主营业务成本	税金及附加	主营业务税金及附加	其他业务利润
672841.7	529779.3	78229.7	35357200.1	35129841.4	32383326.4	32253283.8	104448.2	100233.6	61237.4
12170.8			707984.7	693924.4	593907.1	589302.2	1074.7	852.4	6665.2
6250			143883.7	129730.1	102415.4	90960.5	328.9	328.9	1248.6
300			22980	22735.6	22036.7	21923.4	47.3	38.9	123
14419	3000	500	582738.8	553105.6	415779.7	407385.8	3786.6	2158.8	8628.1
950			5893.5	5872.8	4010.4	3992.1	31.1	31.1	
320361.7	219546	18179.8	10728870.6	10666065.4	9832326.5	9784939.7	34584.8	34211.7	10188.3
39206.1	27368.6	1050.1	953242.4	945211.3	668852.9	667621.3	32201.3	32122.3	5832.4
5252.5			32066.2	31169.3	20186.6	20142.5	252.6	143.6	731.2
1748.7			14511.2	12475.2	6055.5	5810.2	32	1.7	1.5
4223.9			1247826.8	1247404	1235821.9	1235775.3	260.5	239.9	320.2
86439.1	45640.3	1215	6812818.7	6800249.9	6541373.4	6538794.5	6652.9	6375.9	9887.9
289.1			26285.1	26207.8	21916.2	21916.2	112.1	109.2	77.3
6300.1		319.5	196996.8	196464.5	180831.2	180568.3	342.9	245.2	46
7529.2		243.6	117893.6	116168.6	98180.9	98180.9	232.3	224.4	896.4
455	5000		81611.8	81554.8	68662.7	68662.7	212.8	52.8	
57557.3	14093.1	4180.6	4419806	4415444.5	4141191.7	4135054.8	6284.5	6049.5	725
5906			127442.3	122315.6	105044	103977.4	1094.4	731.5	4153
48451.1	184079.8	47486	6041982.4	5994223.9	5504819.9	5467913.1	12131.2	11704.7	6397.4
9801.7			1549448.9	1532578.3	1434428.7	1426783.6	2099.8	2097.3	1386.8
39472.3	31051.5	5055.1	1466739.4	1461930	1323889.2	1322048.2	2428.8	2275.2	3725.5
5758.1			76177.2	75009.8	61595.8	61531.1	256.7	238.6	203.6

2-17

行业	销售费用	管理费用	财务费用	利息收入	利息支出	资产减值损失	公允价值变动收益（损失以"-"号记）
总 计	1580764.4	773550.1	145159.1	25163.6	132160.7	38482	-8029.2
图书批发	48022.9	32813.6	-216.4	747.6	589.6	864.6	
报刊批发	28253.7	8293.3	189	190.7	6.8	381.3	
音像制品、电子和数字出版物批发	680.4	2248.5	309.1	-2.1	82.2	3255.1	
图书、报刊零售	78106.6	68458.9	105.5	-331.7	295.9	1408.2	
音像制品、电子和数字出版物零售	1038.4	453.7	48.9		18	2.9	
首饰、工艺品及收藏品批发	440449	193233.2	82641.6	9935.7	70266.3	7638.3	-4978.8
珠宝首饰零售	128917.4	64103.4	2196.2	643.7	731.8	40	
工艺美术品及收藏品零售	6118.9	4220	186.9	8.9	0.1		
艺术品、收藏品拍卖	2141	1195.3	277			211.6	
艺术品代理							
贸易代理*	6682.3	4762.2	-10.2	218.6	1309.8		
广播影视设备批发	169537.2	87805.5	17636.5	6206.7	20429.2	15683.4	-1417.3
照相器材零售	605.6	2947.8	-94.6	129.1	4.5	2	1
电气设备批发*	3471.2	4279	1093.3	234.1	855.8	450.8	
乐器批发	6170.4	4350.3	75.4	143.3	17.1	-22.4	
乐器零售	3761.8	7370.8	53.6	0.1	9.9		
文具用品批发	116552.4	92370.7	7796	1014.2	3945.1	3354.2	
文具用品零售	4861.8	8770.2	1210.2	166.8	1205.5	1.3	
家用视听设备批发	393618.4	116028.6	25148.2	4472.4	27543.8	2657.4	-1634.1
家用视听设备零售	63110.2	18213.7	2950.2	1027.5	2067.1	1860.7	
其他文化用品批发	66430	48913	3129.8	350.4	2539.1	688	
其他文化用品零售	12234.8	2718.4	432.9	7.6	243.1	4.6	

续表 2

单位：万元

								四、人工成本及增值税	
投资收益（损失以“-”号记）	资产处置收益（损失以“-”号记）	其他收益	营业利润	营业外收入	营业外支出	利润总额	所得税费用	应付职工薪酬（本年贷方累计发生额）	应交增值税
242683	-79.3	16233.6	580383.9	31129.1	14851.8	594251.8	109114	979232	403980.3
6076		1395.8	38967	2466	261.9	41171.1	5377.5	39768.5	3239.1
163.9	2	1353.3	5539.3	272.5	30.4	5781.4	169.2	38470	3160.9
16.4			-5580.5	475.3	433.6	-5538.8	0.1	688.9	1997.6
10141.6	-16.1	6166	30855.7	3826	2091.1	32590.7	1749.9	79145.6	6042.4
			308.1	56.3		364.4	80.7	623.3	118.9
22035	-153.4	1898.7	156173.6	5250.1	1654.3	159540.2	48325.1	278964.2	117284.8
2919.9		42.2	59582.7	2162	396	61345.3	17563.3	88806.8	24982.6
			1100.4	43.9	2.9	1141.4	48.1	3830.5	1167.8
-1.5		21.1	4618.4	0.6	5.5	4613.5	1133.9	1817.6	221.6
1176.2		36.6	1520.2	493.3	151.4	1862.1	530.2	3598.2	62684.6
9708.7	42.6	2728.7	-7276.1	2764.5	5667.3	-12112.1	-7861	95589.5	42370.1
54.4	20	15	878.8	238.2	30.4	850	20.9	1765.1	1769.3
927.9	-36.4	189.4	4247.3	67.4	28	4286.7	630.3	4195.2	1784
436.2		17.5	9359.4	137.6	12.7	9484.3	1455	9710	1472.4
10			1560.1	9.3	272.3	1297.1	263.2	2780.8	528
9822.4	16	225.3	60703.2	2466.3	1235.7	61916.2	15205.2	84476.8	54671.5
		0.1	5369.4	120.7	19.1	5471	845.2	6148.4	2089.5
175965.1	33	872.3	162557.2	7970	1587.7	168938.6	7537	169438.4	42615.2
54.6	-1.6	619.8	26390.4	861.4	617.1	26634.7	10664.6	25878.7	17927.5
3161.6	14.6	651.8	24559.6	1375.3	328.8	25617.5	5311.8	39675.4	16333.7
14.6			-1050.3	72.4	25.6	-1003.5	63.8	3860.1	1518.8

2-18 按地区分组限额以上文化批发

地 区	法人单位数（个）	从业人员期末人数（人）	女性	一、年初存货	二、期末资产负债 流动资产合计	长期股权投资	固定资产原价
总 计	1625	101639	59212	4505433	16982636.6	1586470.6	819237.4
广州市	456	32747	17079	1149785.8	4388039.3	309338.3	286671.4
韶关市	23	289	172	25633.9	40827.7		3865.9
深圳市	590	39668	23478	2794046.8	9399964.6	1216987.4	370950.8
珠海市	26	1578	799	44935.5	178952	21371.6	29968.4
汕头市	53	4257	3583	29534.3	215039.1	5690.8	15733.6
佛山市	88	10205	7085	180449.4	991889.9	925.3	20788.8
江门市	16	428	257	6952.7	23213.6	204.2	5592
湛江市	24	749	405	9532.3	37374.8	542	14003.6
茂名市	25	557	327	2976.9	20231.2		6860.2
肇庆市	16	283	193	3083.8	34078.3		2873
惠州市	29	2254	895	26167	356230.8	12793.7	13034.9
梅州市	4	109	75	795.7	2407.6		3319.8
汕尾市	5	106	42	517.6	2858.2		1375.3
河源市	14	379	274	11013.4	23330		2703.4
阳江市	5	134	86	1291.2	6333.5		3895.4
清远市	11	249	183	4114.5	11393.7		1161.1
东莞市	120	4227	2411	151838.2	600978.2	11562.3	19580
中山市	75	2648	1460	26754.5	513086.6	6736	11525.8
潮州市	3	32	16	20.1	492.1		75.3
揭阳市	28	483	241	34637.8	122725	319	3642.5
云浮市	14	257	151	1351.6	13190.4		1616.2
按区域分组							
珠三角核心区	1416	94038	53657	4384013.7	16486433.3	1579918.8	760985.1
沿海经济带	143	6318	4700	78510.2	405053.9	6551.8	45585.9
北部生态发展区	66	1283	855	42909.1	91149.4		12666.4

和零售业企业主要财务指标

单位：万元

累计折旧	其中：本年折旧	固定资产净值	固定资产净值准备	无形资产	商誉	资产总计	流动负债合计	应付账款
364892.7	60878.2	454355.1	1073.9	284751.5	975.4	20042383.3	13887009.1	4078665.9
136913.5	19011.6	149771	53.3	16828.1	8.8	5037174.3	3170536.7	1240872.7
1746.5	157.5	2119.4		1800.5		44994.6	15211.5	3379.4
159241.9	28162.3	211684.9	330.6	207765.1	966.6	11532706.1	7950424.7	1659620.2
8547.2	1139	21420.7		13973		237557	165605.8	54347
7849.3	448.3	7884.3	307.4	554		237580.7	179756.9	78234
12824.1	1806	7964.7		5612.5		1014908.8	916905.8	348623
3553.9	3061.3	2038.1		1513.5		27881.4	16972.7	6575.6
3731.1	455.2	10266.6	25.6	4129.1		54991.3	36149.1	16014.9
2054.4	282.6	4834.2	11.7	4318		29729.6	12960	4102.7
1080.1	158.9	1792.9	342	2919.3		39350.6	24165.3	6532.5
3920.5	762.9	9114.4		7665.8		397903.1	377816.5	275734.7
458.6	139	2861.2		1188.5		7255.7	4985.2	2008
242.9	53.2	1132.4	1.5	1435.5		5428.7	3172.6	479.5
972.8	497.6	1729.9		1832.9		27903.3	10001.8	2071.6
2307.8	364.5	1587.6		207.3		8313.2	3993	2770.5
617.3	55.5	543.8		2064.4		14448.8	8052.7	2137.1
9537.1	2910.5	10042.9	1.8	1114.3		642562.9	452955.1	127657.9
7528.7	1070.2	3997.1		3767.7		532225	443237.4	212036.8
43.2	5.4	32.1				529.5	209.8	194.6
1152.3	156.8	2490.2		1651.9		129319.2	83686.5	32942.7
569.5	179.9	1046.7		4410.1		19619.5	10210	2330.5
343147.0	58082.7	417826.7	727.7	261159.3	975.4	19462269.2	13518620.0	3932000.4
17381.0	1766.0	28227.4	346.2	12295.8		465892.2	319927.9	134738.9
4364.7	1029.5	8301.0		11296.4		114221.9	48461.2	11926.6

2-18

地　区	非流动负债合计	负债合计	所有者权益合计					
				实收资本	国家资本	集体资本	法人资本	个人资本
总　计	585715.1	14464926	5577300.7	3186701.3	180039.7	31562.3	1694248.6	672841.7
广州市	54969.6	3228756.3	1808393.6	796977.7	98264.1	27979.2	280378.7	156394.9
韶关市	729.1	15940.6	29054	10037.1	4104.8		2163.1	3769.2
深圳市	456839.8	8394720	3137986.1	1978673.3	32435.2	1850.7	1256596.4	368435.7
珠海市	458.5	166064.3	71492.7	46348.3	27034.3		12490.8	4154.5
汕头市	1481.2	177521.9	60058.8	38853.1	1135.3		19739.5	17418.6
佛山市	2658.4	919322.2	95586.6	54339.7	39	1365.6	31080.5	15266.3
江门市	636	17608.7	10272.7	7287.4	2360.9		4111.5	815
湛江市	1123.2	37231.3	17760	7029.1	3604.5	206	1808.6	1410
茂名市	1410.4	14440.3	15157.1	4723.3	2350.3		987	1386
肇庆市	730.8	24996.1	14354.5	5246.2	878.5	100	4094.3	173.4
惠州市	9073	386889.5	11013.6	27528.8	4176		17420.3	5613
梅州市	20	5005.2	2250.5	605.5	500			105.5
汕尾市	738.7	3911.3	1517.4	392	293.2			98.8
河源市	784.5	10665.4	17237.9	8429.5	531.2		2243.8	5654.5
阳江市	290.5	4283.5	4029.7	3161.3	145	33.8	2835	147.5
清远市	559.1	8611.8	5837	2716.9	974.3		150	1592.6
东莞市	46658.8	505060.4	137502.5	117947.4	94.3		41595.6	70054.1
中山市	2127	445364.4	86860.6	34226.3	1025	27	10944.7	16363
潮州市		209.8	319.7	229.3	33.8		97	98.5
揭阳市	2876.2	86562.7	42756.5	40324.7	50		4879.9	2908.1
云浮市	1550.3	11760.3	7859.2	1624.4	10		631.9	982.5
按区域分组								
珠三角核心区	574151.9	14088781.9	5373462.9	3068575.1	166307.3	31322.5	1658712.8	637269.9
沿海经济带	7920.2	324160.8	141599.2	94712.8	7612.1	239.8	30347.0	23467.5
北部生态发展区	3643.0	51983.3	62238.6	23413.4	6120.3		5188.8	12104.3

续表 1

单位：万元

		三、损益及分配						
港澳台资本	外商资本	营业收入	主营业务收入	营业成本	主营业务成本	税金及附加	主营业务税金及附加	其他业务利润
529779.3	78229.7	35357200.1	35129841.4	32383326.4	32253283.8	104448.2	100233.6	61237.4
232767.2	1193.6	9760753.5	9670906	8691421.3	8661304.9	44921.9	41902.4	34458.9
		269233.4	268808.8	244373.5	244285	520	495.9	213.4
246293.6	73061.7	18354723.3	18239904.7	17147991.9	17055978.2	36630.3	35844.5	19574.5
2668.7		306404.6	303088.7	269364.7	269013.8	685.6	613	690.5
559.7		597973.8	597220.1	502934	502856.4	7162.6	7159.8	609.9
6588.3		1681307.9	1674261.4	1460944.6	1455150.6	4676	4654.1	1507.2
		46346.7	45536.8	39345.1	39282.8	192.1	192.1	248.4
		68508.6	67076.9	57308.6	57254.5	446.4	436.2	304.4
		35570.8	34844.6	27438.8	27388.7	228.1	127.1	254
		64602.7	64399.6	57746.7	57733.7	846.4	830.5	170
	319.5	760567.2	759688.7	652327	651952.5	1648	1632	298.8
		9616.9	9359.8	7960.3	7911.7	57.4	50.1	
		7250	7017.2	5565.6	5564	9.2	8.7	
		27891.2	27718.4	20082.6	20064.3	557.1	556	
		18265	17838	15876.5	15626.2	44.6	44.6	
		15597.6	15494.3	11856.4	11849.7	263.8	240.5	38.3
5701	502.4	1386964.7	1384732.9	1307240.6	1306993.5	2339.8	2283.7	1353.7
2714.1	3152.5	1806068.1	1802654.2	1747986.3	1747511.7	1014.2	971.3	1483.8
		2743.4	2743.4	2104.8	2104.8	10.3	10.3	
32486.7		107878.7	107830.4	87139.6	87139.3	2136.6	2136.6	31.6
		28932	28716.5	26317.5	26317.5	57.8	44.2	
496732.9	78229.7	34167738.7	33945173.0	31374368.2	31244921.7	92954.3	88923.6	59785.8
33046.4		838190.3	834570.6	698367.9	697933.9	10037.8	9923.3	1199.9
		351271.1	350097.8	310590.3	310428.2	1456.1	1386.7	251.7

2-18

地　区	销售费用	管理费用	财务费用			资产减值损失	公允价值变动收益（损失以“-”号记）	投资收益（损失以“-”号记）
				利息收入	利息支出			
总　计	1580764.4	773550.1	145159.1	25163.6	132160.7	38482	-8029.2	242683
广州市	543921.8	238095.2	11987.6	2371.1	10599.6	7255.9	-2624.7	31300
韶关市	4047.6	2962.6	133.3	-15.3	86.6	26.1		35.8
深圳市	570675.6	424610.7	125270	18616.2	115955.9	29433.7	-3697.6	206623.4
珠海市	16549.4	10522.8	1338.6	191.2	358.1	329.8		276
汕头市	61495.8	10431.3	1525.5	201.8	495.6	115.3		1333.9
佛山市	182670.2	19920.7	2486.2	1306.8	435.8	252.5		242.8
江门市	3371	2115.2	100.7	11.6	92.1	78.6		49.7
湛江市	5498.9	3118.2	204.7	20.1	14.6	108.3		86.1
茂名市	4046.9	1707	6	26.9	12	72.7		18.1
肇庆市	3544.8	1086.9	132.6	23.4	162.9	26.1		56.2
惠州市	86762.4	6187.9	496.7	94	975.9	580.5		9.9
梅州市	665.8	872.9	3.1			2.8		
汕尾市	702.5	767.7	-1.4	2.2	0.2	-4.8		
河源市	3630.4	1393	290.2	6.3	19.5	14.3		6.2
阳江市	1127.4	877.4	71.8	1		8.2		25.4
清远市	1786.1	1160.7	40.8	4.2	32.8	8		3.9
东莞市	44661.6	25231	-658.4	2029.6	844.6	33.2	-1706.9	210.1
中山市	37533	16751.9	1355.7	266.6	2023	117.5		2384.2
潮州市	393.6	57.4	1.2			-1.2		
揭阳市	6381.5	4997.4	343.9	1.1	23.2	3.4		0.3
云浮市	1298.1	682.2	30.3	4.8	28.3	21.1		21
按区域分组								
珠三角核心区	1489689.8	744522.3	142509.7	24910.5	131447.9	38107.8	-8029.2	241152.3
沿海经济带	79646.6	21956.4	2151.7	253.1	545.6	301.9		1463.8
北部生态发展区	11428.0	7071.4	497.7		167.2	72.3		66.9

续表 2

单位：万元

							四、人工成本及增值税	
资产处置收益（损失以"-"号记）	其他收益	营业利润	营业外收入	营业外支出	利润总额	所得税费用	应付职工薪酬（本年贷方累计发生额）	应交增值税
-79.3	16233.6	580383.9	31129.1	14851.8	594251.8	109114	979232	403980.3
-126	4921.1	250872.9	9758.3	4165.3	256224.6	53416.5	384503.1	124269
	48.5	17254.1	303.2	5	17552.3	2328.7	1590.6	3947.7
43.6	10271.8	238306.9	15686.4	9072.1	242755.6	40084.1	373964.4	146092.5
	56.3	7944.3	318.3	60	8202.6	1893.1	9426.9	3323.8
	162.3	15569.5	349.1	34.1	15883.5	2606.2	22671	8969.9
	175.9	10770.3	1872.6	107.6	12533.8	2266.6	88736.4	13274.3
	70.2	1257.1	2.5	19	1240.6	95.9	2564.2	638.2
	38.8	1940.2	101	29.7	2011.5	2.5	4435.8	448.6
3.4	24.9	2116.5	29	32.9	2112.6	143.3	2917.3	519.6
	21.1	1295.9	309.8	142.2	1463.5	239	2414.4	896
-0.4	104	12353.9	244.9	85.5	12513.3	625.7	23503.4	12888.1
	9.5	63.9	0.1	7	57	0.8	907.6	43.7
		210	7	8.8	208.2	16.5	629.7	311.3
	30.7	1825.1	43.6	52.6	1816.1	343.2	2108.3	933.1
	48.3	307.3	1.9	6.5	302.7	39.3	698.7	90.5
	77.6	563.1	1.2	1.5	562.8	39.3	1228.7	274.9
0.3	117.4	6728.6	843.1	664.9	6906.8	2717.3	35067.8	12636.6
-0.2	49.7	3743.2	1231.9	313.1	4662	1471.4	19216.9	72342.2
		177.2	0.1		177.3	9.9	122.6	5
		6535.2	24.8	23.3	6536.7	832.3	1546.4	1790.9
	5.5	548.7	0.3	20.7	528.3	-57.6	977.8	284.4
-82.7	15787.5	533273.1	30267.8	14629.7	546502.8	102809.6	939397.5	386360.7
3.4	274.3	26855.9	512.9	135.3	27232.5	3650.0	33021.5	12135.8
	171.8	20254.9	348.4	86.8	20516.5	2654.4	6813.0	5483.8

2-19　按类别分规模以上文化

类　别	法人单位数（个）	从业人员期末人数（人）	女性	一、年初存货	二、期末资产负债 流动资产合计	长期股权投资
总　计	3518	441657	171621	2419695.5	64308325.2	17717057
一、按单位规模分组						
大型	190	192252	70869	1485744.1	35314879.9	5015983.4
中型	628	127537	48603	442519.6	11936527.5	1150845.3
小型	2226	100639	43374	456741.3	13714989.4	5544611.6
微型	474	21229	8775	34690.5	3341928.4	6005616.7
二、按登记注册类型分组						
内资企业	3258	376568	144329	2249772.1	47637159.7	17462283.6
国有企业	84	21719	8855	13093.1	1900841.7	1262390.2
集体企业	9	415	162	1.9	9793.1	
股份合作企业	1	16	4		189.9	
联营企业	3	232	87		8970.4	
国有联营企业						
集体联营企业	1	113	39		2935.1	
国有与集体联营企业	1	118	48		5974.8	
其他联营企业	1	1			60.5	
有限责任公司	1061	122595	46934	345110.7	14954928.2	2354344.1
国有独资公司	100	14452	5926	47978	1873980.4	708526.7
其他有限责任公司	961	108143	41008	297132.7	13080947.8	1645817.4
股份有限公司	188	74590	24910	1282133	11313071.2	10177545.8
私营企业	1900	154052	61541	608689	19282636.5	3667903.5
私营独资企业	25	927	493	572.7	2562.2	
私营合伙企业	9	871	361		33867.2	35
私营有限责任公司	1789	138626	54978	489638.4	18227764.3	3159982.9
私营股份有限公司	77	13628	5709	118477.9	1018442.8	507885.6
其他企业	12	2949	1836	744.4	166728.7	100
港、澳、台商投资企业	159	46285	18088	52095.5	14484179.5	215214.2
与港澳台商合资经营企业	27	7015	3595	4997.1	545297.5	45406
与港澳台商合作经营企业	5	690	308	247.6	38866.6	
港澳台商独资经营企业	121	37311	13672	42036.8	13842072	161217.5
港澳台商投资股份有限公司	3	630	310	1300.1	43827	8590.7
其他港澳台投资企业	3	639	203	3513.9	14116.4	
外商投资企业	101	18804	9204	117827.9	2186986	39559.2
中外合资经营企业	29	3448	1202	55950	675330.9	33836.7

服务业企业主要财务指标

单位：万元

固定资产原价	本年折旧	无形资产	商誉	资产总计	流动负债合计		负债合计	所有者权益合计
						应付账款		
13821796	1165294.8	1949772.5	7010.9	105488920.7	43968834.5	13817946.4	56598424.9	48890495.8
9194451.9	744600.1	1362037.5	3524.3	52649036.6	25189539.3	9487461	29814343.9	22834692.7
2607820.5	265243.9	237444.9	191.7	16231428.3	6609022.9	1864145.9	7786776	8444652.3
1884872.1	136487.2	341259.1	3294.9	26448499.8	9110765.5	1730022.7	15626463.3	10822036.5
134651.5	18963.6	9031		10159956	3059506.8	736316.8	3370841.7	6789114.3
9716370.6	622725	1667485.2	7010.9	84923570.4	33787389.7	12247218.8	44864492.4	40059078
1559535.4	80688.8	139347.1		4678283.8	799338	106368.2	1357133.8	3321150
12281.8	292.2	745.1		23452.4	10546.6	2611.4	20435.6	3016.8
8.9	1.3			193.2	23.9		23.9	169.3
5025.5	212.4			11106.2	60.8	42	13843.8	-2737.6
668	12.8			3156.8			1602.6	1554.2
4323.8	199.6			7888.3			12180.4	-4292.1
33.7				61.1	60.8	42	60.8	0.3
3443561.6	252413.9	313592.5	7008.5	21055087.7	8986894.2	2139068.2	10576248	10478839.7
1515329.2	48254.2	61920.8	456	3908427.3	1377865.7	193577.9	1888332.4	2020094.9
1928232.4	204159.7	251671.7	6552.5	17146660.4	7609028.5	1945490.3	8687915.6	8458744.8
2724276.3	154530.1	245302.1		30601834.3	7184813.5	1639618.6	13318902	17282932.3
1966451.5	133486.2	968358	2.4	28373898.2	16641196.9	8271494.6	19411753.8	8962144.4
7266.8	602.7			8738.4	2614.6	345.7	4348.8	4389.6
5272.1	198.7	90.7		36536.9	27255.2	12863.5	29153.2	7383.7
1828580.3	119891.1	901102.7	2.4	26382167.1	16047387.8	8126813.1	18745234	7636933.1
125332.3	12793.7	67164.6		1946455.8	563939.3	131472.3	633017.8	1313438
5229.6	1100.1	140.4		179714.6	164515.8	88015.8	166151.5	13563.1
3660581.4	517683.5	243992.1		17943624.8	9404105.7	1261966.6	10832195.5	7111429.3
291891.6	19415.7	2342.4		860187.9	471661.2	20446.9	580965.5	279222.4
14505.3	573.9	3577.9		51667.8	14785	1248.1	20611.1	31056.7
3347448.9	496877.6	237256.6		16951522.1	8881699.9	1235854.7	10194643.3	6756878.8
5550	651.5	815.2		56524.7	20351	3972.7	20367	36157.7
1185.6	164.8			23722.3	15608.6	444.2	15608.6	8113.7
444844	24886.3	38295.2		2621725.5	777339.1	308761	901737	1719988.5
92960.7	4010.1	6712.9		830124.7	249383.8	94099.1	279333.4	550791.3

2-19

类　别	法人单位数（个）	从业人员期末人数（人）		一、年初存货	二、期末资产负债	
			女性		流动资产合计	长期股权投资
中外合作经营企业	2	50	14	99.4	8605.8	40
外资企业	58	14380	7509	61707.8	1433377.5	5582.5
外商投资股份有限公司	3	87	35	19.7	16630.3	
其他外商投资企业	9	839	444	51	53041.5	100
三、按企业控股情况分组						
国有控股	391	81614	29919	219213	11475827.3	6570079.6
集体控股	40	4313	1713	5937.8	1210097.6	327222
私人控股	2508	231777	89682	1883372.3	28707568.1	4887172.6
港澳台商控股	160	60219	22123	52976.1	15145263.7	4851796.4
外商控股	81	16152	8407	62055.8	1555908.1	5682.5
其他	338	47582	19777	196140.5	6213660.4	1075103.9
四、按隶属关系分组						
中央	57	18150	6829	23978.4	4883150.9	4326919.4
地方	252	59143	22080	315700.4	5860618.7	2076055
其他	3209	364364	142712	2080016.7	53564555.6	11314082.6
五、按执行会计标准类别分组						
企业会计制度	3517	441329	171554	2419695.5	64302336.8	17717057
事业单位会计制度						
行政单位会计制度						
民间非营利组织会计制度						
其他	1	328	67		5988.4	
六、按机构类型分组						
企业	3488	430951	166110	2411131.1	63721562.5	17524495.6
事业单位	21	7890	3727	7825.6	421681.1	192561.4
机关						
社会团体						
民办非企业单位	9	2816	1784	738.8	165081.6	
基金会						
居委会						
村委会						
农民专业合作社						
农村集体经济组织						
其他组织机构						

续表 1

单位：万元

固定资产原价	本年折旧	无形资产	商誉	资产总计	流动负债合计		负债合计	所有者权益合计
						应付账款		
51890.3	512.5			12516.9	27564.3	69.6	32688	-20171.1
271161.5	18988.3	31540.4		1683972.1	435090.9	195515.7	507614.4	1176357.7
210.1	14.9			17015.5	14647.9	572.1	15876.7	1138.8
28621.4	1360.5	41.9		78096.3	50652.2	18504.5	66224.5	11871.8
5613885.6	305093.7	390604.3	456	27385210	7836878.3	1347206.5	14087043.8	13298166.2
66801.5	5478.9	4851.7		1701342.4	171012.2	16727.6	212490.6	1488851.8
3040301.7	227319.8	1189510.9	6363.2	41520518.3	22064466.9	9825050.4	26091851.3	15428667
3766596.8	520880.7	251785.9		23287217.8	9490751.9	1264798.5	10919417	12367800.8
315251.3	21180.2	31609.2		1840490	518269.1	221533.9	607406.4	1233083.6
1018959.1	85341.5	81410.5	191.7	9754142.2	3887456.1	1142629.5	4680215.8	5073926.4
1967513.5	82838.6	118436.4		14627079.2	3155257.3	222964.5	8241501.2	6385578
3421063.9	236016.1	285813.3	456	11684541.7	3981581	1116873	5124931.7	6559610
8433218.6	846440.1	1545522.8	6554.9	79177299.8	36831996.2	12478108.9	43231992	35945307.8
13809345.4	1158125.7	1949772.5	7010.9	105482932.3	43968834.5	13817946.4	56595021	48887911.3
12450.6	7169.1			5988.4			3403.9	2584.5
13376486.8	1132432.9	1911368.7	7010.9	104032820.8	43448477.9	13668911.4	55752018.4	48280802.4
440831.6	31924.5	38269.7		1278412.5	357392.6	62112.4	681857.7	596554.8
4477.6	937.4	134.1		177687.4	162964	86922.6	164548.8	13138.6

2-19

类别	实收资本	国家资本	集体资本	法人资本	个人资本	港澳台资本	外商资本
总　计	12253562.4	3108274.3	269850.8	3946555	3742019.2	393299.2	793513.9
一、按单位规模分组							
大型	2854708.1	546548.5	180956.6	1179276.6	902964.4	20298.3	24663.7
中型	2096508.3	676221.4	24846.5	725019.7	453800.8	144415.8	72204.1
小型	5626519.3	1521402.6	59875.8	1920420.3	1996618.3	112107.7	16044.6
微型	1675826.7	364101.8	4171.9	121838.4	388635.7	116477.4	680601.5
二、按登记注册类型分组							
内资企业	10599479.1	3103667.4	240677.4	3834381.6	3409451.4	9905.3	1346
国有企业	323074.3	142377.4	121595	59015.9	86		
集体企业	309.5		309.5				
股份合作企业	86				86		
联营企业	300			300			
国有联营企业							
集体联营企业	300			300			
国有与集体联营企业							
其他联营企业							
有限责任公司	3938775.2	2030616.5	62399.8	1592676.5	245600.1	6391.3	1091
国有独资公司	1138741.9	1094412.9		44329			
其他有限责任公司	2800033.3	936203.6	62399.8	1548347.5	245600.1	6391.3	1091
股份有限公司	3465502.1	919813.4	40382.4	1282403.5	1219736	3166.8	
私营企业	2869326.7	10860.1	15990.7	897890.4	1943933.3	347.2	255
私营独资企业	-147.4			-292	144.6		
私营合伙企业	30839			67.5	30771.5		
私营有限责任公司	2445406.9	10756.8	13480.3	823153.2	1597364.4	347.2	255
私营股份有限公司	393228.2	103.3	2510.4	74961.7	315652.8		
其他企业	2105.3			2095.3	10		
港、澳、台商投资企业	402755.7	4285.9		37872.5	3979.8	344916.3	11701.2
与港澳台商合资经营企业	50896.8	2785.9		19981.2	1492.8	26228.5	408.4
与港澳台商合作经营企业	10712.8			2372.2		8340.6	
港澳台商独资经营企业	305928.3	1500		15460.7	768.7	276906.1	11292.8
港澳台商投资股份有限公司	33971.3			58.4	1718.3	32194.6	
其他港澳台投资企业	1246.5					1246.5	
外商投资企业	1251327.6	321	29173.4	74300.9	328588	38477.6	780466.7
中外合资经营企业	112982.4	321	29173.4	66664.1	8588	5368.8	2867.1

续表 2

单位：万元

三、损益及分配								
营业收入	主营业务收入	营业成本	主营业务成本	税金及附加	销售费用	管理费用	财务费用	利息收入
54077223.8	53630535.9	34712620.2	34397879.1	443341.7	3814853.7	7588574.9	183972.9	-174410
27536760	27413209.9	16624516.8	16470165.1	286314.5	1888583.2	3589062	-30093.7	-282829.3
12706696.7	12599703.4	7556936.1	7476601	78119.4	1095848.1	2298006.8	-33945.4	82407.8
11357801.3	11178200.8	8444094.6	8381589.1	68778.5	730968.9	1576900.5	236645.6	22324.8
2475965.8	2439421.8	2087072.7	2069523.9	10129.3	99453.5	124605.6	11366.4	3686.7
42826960.6	42433739.4	30552388.2	30245443.6	382185.6	2749846.5	5341012.8	307667.9	17637.6
1232609.4	1211892.6	812398.5	795748.6	22965.6	92489.3	263408.4	-2383.6	4696.1
9670.4	9590.4	4981.8	4977.1	87.9	260	3955.8	38.5	12.4
447.3	447.3	322	322	3.4		100.2	-0.1	0.1
8904.7	8904.7	5392.6	5392.6	95.8	25.1	2787.6	50.8	18.9
8027.6	8027.6	5392.6	5392.6	60.3		1896.3	-17.2	18.9
861.6	861.6			35.5		890.5	68	
15.5	15.5				25.1	0.8		
15576648.8	15433783.1	10222877	10048716.6	106450.9	1082562.1	2159443.8	-18435.6	69301.2
828557.9	811646.2	545087.3	537817.7	11392.9	41065	165720.8	-4473.2	26444
14748090.9	14622136.9	9677789.7	9510898.9	95058	1041497.1	1993723	-13962.4	42857.2
5883013.3	5824178.3	4369506.6	4318611.6	34126.1	307514.6	707637.8	296715.6	46223.8
19985663.2	19815182.5	15029756.9	14964790.2	217862.6	1259478.3	2194407.7	31661.2	-102620.1
15074.9	14035.3	9221.5	8638.1	329.1	912.5	2648.4	105.2	0.6
54562	54461.5	27527.9	27527.9	284.6	1225.6	15852.5	203.8	38.2
19053807.7	18897757.8	14479508.9	14420839.8	211607	1153165.7	1994836.1	23910	-107709.7
862218.6	848927.9	513498.6	507784.4	5641.9	104174.5	181070.7	7442.2	5050.8
130003.5	129760.5	107152.8	106884.9	593.3	7517.1	9271.5	21.1	5.2
9203346.3	9160742.9	2931275.3	2930027.4	48993.2	910019.2	1947287.5	-90805.7	-226615
365274.6	347155.7	228134.4	227747.6	9506.9	34976.1	30575.3	9612.6	1471.7
37773.3	37693.2	15694	15691.2	195.4	5184.1	6568.8	-169	507.2
8741417.6	8717435.9	2662039.8	2661293.4	38906.8	862803.4	1889220	-100463	-228611
23628.8	23628.8	5296.7	5296.7	136.2	5199.2	12528.8	171.4	13.7
35252	34829.3	20110.4	19998.5	247.9	1856.4	8394.6	42.3	3.4
2046916.9	2036053.6	1228956.7	1222408.1	12162.9	154988	300274.6	-32889.3	34567.4
802002.1	797687.6	542718.5	539151.6	5531.7	61457.6	108832.1	-319.3	1562.9

类　别	实收资本	国家资本	集体资本	法人资本	个人资本	港澳台资本	外商资本
中外合作经营企业	12258.7					10008.7	2250
外资企业	115293.7			7526.8		23100.1	84666.8
外商投资股份有限公司	100			100			
其他外商投资企业	1010692.8			10	320000		690682.8
三、按企业控股情况分组							
国有控股	4268883.7	2931560.3	13592.4	972659.4	349475.3	1519.3	77
集体控股	1036813.6	6109.3	4081.5	1023928.7	2694.1		
私人控股	4614979.5	14971.1	83307	1597349.8	2901590.6	16396.9	1314.1
港澳台商控股	419386.4	1883.6	18747.3	41119.1	3187.3	343156.3	11292.8
外商控股	1143439.2			17864	320000	26400.1	779175.1
其他	770060	153750	150122.6	293634	165071.9	5826.6	1654.9
四、按隶属关系分组							
中央	1282051.5	806951.3	2272.5	147097.5	325730.2		
地方	2282164.5	1216057.7	146201	828987.5	71468.9	18922.4	527
其他	8689346.4	1085265.3	121377.3	2970470	3344820.1	374376.8	792986.9
五、按执行会计标准类别分组							
企业会计制度	12253562.4	3108274.3	269850.8	3946555	3742019.2	393299.2	793513.9
事业单位会计制度							
行政单位会计制度							
民间非营利组织会计制度							
其他							
六、按机构类型分组							
企业	12034493.1	3019676.3	148470.8	3937473.7	3742009.2	393299.2	793513.9
事业单位	216964	88598	121380	6986			
机关							
社会团体							
民办非企业单位	2105.3			2095.3	10		
基金会							
居委会							
村委会							
农民专业合作社							
农村集体经济组织							
其他组织机构							

续表 3

单位：万元

三、损益及分配								
营业收入		营业成本		税金及附加	销售费用	管理费用	财务费用	
	主营业务收入		主营业务成本					利息收入
2293	2183.5	1539	1539	28.7	3281	335.5	215.4	35.6
1113180.3	1107291.5	570557.4	567683.3	5831.6	87925.9	181368.3	-32046.3	32967.5
6464.4	6410.1	4182.2	4182.2	145.9	732.8	314.4	-24.7	
122977.1	122480.9	109959.6	109852	625	1590.7	9424.3	-714.4	1.4
6451445.6	6366277.1	4525862.4	4495381	59438.3	437129.4	859646.4	205583.9	70335.1
312311.5	297442.4	156397.9	154230.7	2295	23269.7	47649.7	-17074.9	-18133.6
28970134.9	28720805.6	21110391.6	20988132.9	267719.7	1878452	3583726.6	138360.8	-78174.5
9266452.8	9223295.8	2954765.1	2953542.3	49685.2	914394.2	1970863	-91894.4	-227091.9
1291777.9	1283804.2	709362.2	705904.3	6863.1	100620.3	196849.9	-33155.8	33266.8
7785101.1	7738910.8	5255841	5100687.9	57340.4	460988.1	929839.3	-17846.7	45388.1
1353572.3	1345637.9	759776.2	758302	16766.1	117486.8	192467.2	208954.3	12477.3
5275707	5226681.5	4026212.9	3989583.2	42813.2	315290.9	712384	15347.6	34588.3
47447944.5	47058216.5	29926631.1	29649993.9	383762.4	3382076	6683723.7	-40329	-221475.6
54068948.7	53622260.8	34704894.8	34390153.7	441747	3814853.7	7587075.1	183966.7	-174410
8275.1	8275.1	7725.4	7725.4	1594.7		1499.8	6.2	
53616022.1	53178666.2	34310394.7	34009720.8	431426	3793136	7466400	182821.1	-174949.8
335880	326554.3	298776.2	284745.3	11437	14200.6	113535.6	1137	539.2
125321.7	125315.4	103449.3	103413	478.7	7517.1	8639.3	14.8	0.6

2-19

类别	利息支出	资产减值损失	公允价值变动收益（损失以“-”号记）	投资收益（损失以“-”号记）	资产处置收益（损失以“-”号记）	其他收益	营业利润
总　计	683956.4	638347.8	163.8	1741669.1	29433	374196.1	8827905.4
一、按单位规模分组							
大型	342456.1	454624.1	15845.1	473759.4	27743.4	221278.6	5463852.1
中型	52359.8	120420.7	906	125560.4	451	84846.5	1790233.1
小型	268676.2	62330.3	-3048	901506.1	1246.1	67137.9	1203089.5
微型	20464.3	972.7	-13539.3	240843.2	-7.5	933.1	370730.7
二、按登记注册类型分组							
内资企业	529568.2	621718.2	-4060.3	1710819.3	27989.4	230906.5	4824722.4
国有企业	6421.4	1492.5	-228.7	103817.1	2232.9	20633.4	172770.9
集体企业							346.4
股份合作企业				0.3			22.1
联营企业	68						552.8
国有联营企业							
集体联营企业							695.6
国有与集体联营企业	68						-132.4
其他联营企业							-10.4
有限责任公司	69980	136069.4	-216.5	192802.9	1104.6	111489.7	2177319.3
国有独资公司	22057.7	3725.4	-2344.1	5268.3	280	19070.9	88314.7
其他有限责任公司	47922.3	132344	2127.6	187534.6	824.6	92418.8	2089004.6
股份有限公司	328111.7	280821.3	4729.3	927780.4	11142.6	40000	868976.8
私营企业	124976.2	203335	-8344.4	486205.9	13509.3	58781.1	1599071.4
私营独资企业	14.5			0.6		21.8	1880.6
私营合伙企业	158.6	344.5		112.5		192.1	9427.7
私营有限责任公司	110521.8	99986.4	-7002.9	358806.5	13519.3	47022.8	1502897.3
私营股份有限公司	14281.3	103004.1	-1341.5	127286.3	-10	11544.4	84865.8
其他企业	10.9			212.7		2.3	5662.7
港、澳、台商投资企业	151470	3651.3	2227.4	22279.6	1380	126077.8	3604895.3
与港澳台商合资经营企业	9683.6	404.1		2205.2		295	54565.4
与港澳台商合作经营企业	270.9					30.2	10335.2
港澳台商独资经营企业	141463.7	3247.2	2227.4	20043.1	1380	125752.6	3535066.5
港澳台商投资股份有限公司	51.8						296.5
其他港澳台投资企业				31.3			4631.7
外商投资企业	2918.2	12978.3	1996.7	8570.2	63.6	17211.8	398287.7
中外合资经营企业	1447.8	11326.2	1996.7	6853.5		13761.9	95067.5

续表 4

单位：万元

营业外收入	营业外支出	利润总额	所得税费用	四、人工成本及增值税				五、平均用工人数（人）
				行政事业性收费	应付职工薪酬（本年贷方累计发生额）	社会保险和住房公积金（单位负担部分）	应交增值税	
367705.4	159786.9	9036173.1	447634.3	9721.5	8008713.8	923614.4	1020843.2	121.6
104902.6	100023.5	5468731.2	88403.1	4801.2	4428111.3	494144.8	423999.7	992.14
89722.5	20948.8	1859006.8	187914.1	1813.2	2158058.8	272562.8	338999.7	199.05
121287.9	28976.3	1295728.6	128107.4	3070	1291188.1	146698.6	219746.5	47.02
51792.4	9838.3	412706.5	43209.7	37.1	131355.6	10208.2	38097.3	20.25
332669.9	111520	5046221.5	59272.8	9130.8	5817763.7	665293.5	662826	111.36
71708	9674	234804.9	54047.5	379.4	455254.7	61163.7	40319.5	261.57
84.6	84.5	346.5	148	0.4	2463.1	340.5	469	45.89
		22.1	2.2		61.9	14.1	13.4	16
78	26.3	604.5	145.4		1941.9	320.6	410.7	110.33
0.8	11.8	684.6	145.3		1436.9	217.8	385.6	209
76.7	14.5	-70.2			480	95	25.1	115
0.5		-9.9	0.1		25	7.8		7
116319.7	34843.3	2258972.4	246882.9	4993.3	2235402.9	286398.7	378231.6	114.33
15194.6	5792.2	97717.1	14678.5	196.3	241735.2	33270.8	28796.8	148.17
101125.1	29051.1	2161255.3	232204.4	4797	1993667.7	253127.9	349434.8	110.81
72147.2	12763.6	928360.4	53101.9	564.8	994352.9	101809	103481.4	328.11
72163	54121	1617285.9	-296485.7	3186.6	2072986.3	211693.7	136100.9	81.09
82.8	29.1	1934.3	82.2	37.8	3191.9	212	204.5	37.92
120.9	46.1	9502.5	885.6		16018.1	1072.3	2338.6	95.67
60694.4	52414.9	1511349.3	224456.8	2736.3	1870667.5	195427.9	106168.8	77.8
11264.9	1630.9	94499.8	-521910.3	412.5	183108.8	14981.5	27389	169.73
169.4	7.3	5824.8	1430.6	6.3	55300	3553.2	3799.5	252.17
26715.5	39110.8	3592500	334356.8	296.5	1801953	200947.7	295065.4	291.21
6997.6	3354.9	58208.1	11130.8	0.1	54002.6	3174.5	24637.4	264.56
381.5	44.4	10672.3	2775.1	8.4	6892.9	775.2	1248.7	173.8
18490.9	35686	3517871.4	319434.5	186.9	1714837.4	194519.8	267198.1	305.39
641.3	25.5	912.3			10131.6	661.4	116.4	231.33
204.2		4835.9	1016.4	101.1	16088.5	1816.8	1864.8	214.67
8320	9156.1	397451.6	54004.7	294.2	388997.1	57373.2	62951.8	184.79
2033.7	833.7	96267.5	10235.4	26.6	70899.4	11121.7	30593	116.9

2-19

类　别		资产减值损失	公允价值变动收益（损失以"-"号记）	投资收益（损失以"-"号记）	资产处置收益（损失以"-"号记）	其他收益	营业利润
	利息支出						
中外合作经营企业		53.1					-3159.7
外资企业	1468	1555.5		1653.8	63.6	2559.3	302264.2
外商投资股份有限公司		47.3					1066.5
其他外商投资企业	2.4	-3.8		62.9		890.6	3049.2
三、按企业控股情况分组							
国有控股	273440.1	125217.9	-2364.7	771997.6	977.1	73239.5	1068375.2
集体控股	1523	8733.2	2023.6	80580.5	-2.5	753.1	174395.6
私人控股	223322.8	471356.1	-1917.4	579304.5	15816.5	124194.5	2235902.3
港澳台商控股	151475.8	3895.1	2227.4	240043.9	1379.8	131850.9	3840251.6
外商控股	1469.1	1600.8		1822.6	63.6	3449.9	314973.1
其他	32725.6	27544.7	194.9	67920	11198.5	40708.2	1194007.6
四、按隶属关系分组							
中央	220834.1	2003.8		623623.4	17.8	9033.5	688792.6
地方	39407.9	59769.4	-3212.9	116680.9	2445.3	66968.2	273908.4
其他	423714.4	576574.6	3376.7	1001364.8	26969.9	298194.4	7865204.4
五、按执行会计标准类别分组							
企业会计制度	683950.9	638347.8	163.8	1741669.1	29433	374196.1	8827905.4
事业单位会计制度							
行政单位会计制度							
民间非营利组织会计制度							
其他	5.5						
六、按机构类型分组							
企业	678863.3	639047	163.8	1715939.7	27209.5	363586.2	8884076.3
事业单位	5093.1	-699.2		25516.7	2223.5	10609.9	-61606.1
机关							
社会团体							
民办非企业单位				212.7			5435.2
基金会							
居委会							
村委会							
农民专业合作社							
农村集体经济组织							
其他组织机构							

续表 5

单位：万元

				四、人工成本及增值税				
营业外收入	营业外支出	利润总额	所得税费用	行政事业性收费	应付职工薪酬（本年贷方累计发生额）	社会保险和住房公积金（单位负担部分）	应交增值税	五、平均用工人数（人）
14.3	0.2	-3145.6	68.3		3659.6	292.7	80.8	66
5914.6	599.7	307579.1	42623	267.6	303456.1	44612.7	31085.6	247.43
85.6	13.5	1138.6	406.6		630.9	104.3	261.3	28.67
271.8	7709	-4388	671.4		10351.1	1241.8	931.1	78.33
60906.3	27834.5	1101602	114767.2	1219.4	1579368.8	194175.9	145459.8	208.07
1553.1	339.6	175609.1	16010.7	3374.4	59842	6820.1	11087.6	121.05
141977.3	64461.8	2313612	-198361.7	3858.4	3190109	341672.8	352016.2	91.72
74507.1	39487.4	3875271.3	348812.2	324	1830140.8	203046.9	300412.4	296.11
7417	8814.7	313575.4	45678.9	267.6	322601.3	46777.7	33947.8	197.64
81344.6	18848.9	1256503.3	120727	677.7	1026651.9	131121	177919.4	142.49
9664	5030.5	693426.1	64080.5	84.7	322403.2	37494.1	44552.3	321.82
85931.1	21772.1	338089.1	37061.7	507.2	1124956.3	135011.4	94330.2	230.78
272110.3	132984.3	8004657.9	346492.1	9129.6	6561354.3	751108.9	881960.7	109.47
367705.4	159786.9	9036173.1	447634.3	9721.5	8006213.1	923095.2	1020829.8	121.54
					2500.7	519.2	13.4	328
315761.1	154460.7	9045725.9	446142	9645.9	7808494.1	897892.9	1012483.1	119.47
51774.9	5319.2	-15150.4	246.5	75.5	145584.3	22226.5	4785	389.95
169.4	7	5597.6	1245.8	0.1	54635.4	3495	3575.1	321.44

2-20　按行业分规模以上文化

行　业	法人单位数（个）	从业人员期末人数（人）		一、年初存货	二、期末资产负债		
			女性		流动资产合计	长期股权投资	固定资产原价
总　计	3518	441657	171621	2419695.5	64308325.2	17717057	13821796
新闻业	1	25	15		2844.1		51.9
报纸出版	39	10772	4563	13204.4	908607.3	247419.9	458558.8
广播	8	347	121	694.1	35494.5	3696.5	10028.2
电视	9	2823	1229	9086.5	205113.5	189615.5	298299.8
广播电视集成播控	3	963	339	171.1	86711.8	17686.3	57301.6
互联网搜索服务	24	6448	2135	7802.3	1794023.2	58789.8	217122.6
互联网其他信息服务	158	34336	12388	29170.3	14036011.5	971277.4	3323267.4
图书出版	17	1312	733	56135.7	540597.2	317935.3	26022.8
期刊出版	17	819	442	616.8	80773.8	7622	37640.7
音像制品出版	6	237	130	18283.7	41494.7	2903	1250.7
电子出版物出版	1	56	26	116	6212.2		241.1
数字出版							
其他出版业							
影视节目制作	59	4603	1991	89860.4	714204	484820.1	68351.4
录音制作	4	180	53	11947.3	47657.2	15	909.6
文艺创作与表演	59	3528	1669	11399.5	199159.3	17403.6	82503.3
群众文体活动							
其他文化艺术业	21	1272	711	343.8	95720.4	2434.8	23613.2
动漫、游戏数字内容服务	32	2822	1111	26692.8	316111.2	27544.6	37557.6
互联网游戏服务	65	12530	3071	4822.7	11605877.3	1524399.2	252370.5
应用软件开发*	513	92478	28628	400226.1	9743068.3	6235171.4	742592.4
其他电信服务*	26	8495	3198	3447.2	182256.6	4820	56876.3
其他数字内容服务*	12	1482	576	3219	75834.8	5844.8	6691.3
图书馆							
档案馆							
文物及非物质文化遗产保护	2	66	33	215.2	3366.2		131.9
博物馆							
烈士陵园、纪念馆							
互联网广告服务	171	11941	5834	25637.7	1096428.3	85605.7	168558.8
其他广告服务	583	26307	12947	19282.3	3615602.4	561393.6	358750.2
工程设计活动*	550	81245	27304	1252792.4	6297245	402974.6	566079.6
工业设计服务	71	7909	3343	29975.9	368545.5	9921.2	94881.3
专业设计服务	211	27749	13061	105792.5	1064611.3	40594.6	159992.6
图书出租							
音像制品出租	1	24	3		954		203.8
有线广播电视传输服务	35	17506	5193	47959.8	697458.1	352623.9	1977589.3
无线广播电视传输服务	3	157	43	30548.2	39727.4		3544.6
广播电视卫星传输服务	1	569	153	381.5	215515.3	100816	65260.6
电影和广播电视节目发行	11	411	196	1512.1	123275	6431	12025.9

服务业企业主要财务指标

单位：万元

本年折旧	无形资产	商誉	资产总计	流动负债合计		负债合计	所有者权益合计
					应付账款		
1165294.8	1949772.5	7010.9	105488920.7	43968834.5	13817946.4	56598424.9	48890495.8
10.3			5300.2			783.8	4516.4
25145.4	29574.1		2088937.1	566190.4	16217.5	975138.4	1113798.7
586.1	120.1		43077.4	22610.5	6039.8	22855.3	20222.1
11128.2	30611.9		706327.3	275608.8	59579	364519.8	341807.5
2727.9	5246.2		162232.4	31368.5	17758.5	40946.7	121285.7
36115.1	18999.5		2078996.6	564930.7	243306.8	578328.5	1500668.1
528085.5	216417.1		17930193.3	9554031.7	1414077.4	10960368.6	6969824.7
874.6	61921.7		1006670.4	431569.9	161712.6	450406	556264.4
1201.4	1454.1		115640.2	26379.5	11155.1	29441	86199.2
82.6	3615.6		48947	26794.6	19825.1	27557.8	21389.2
19	1626.4		8324	3125.6	2679.4	5562	2762
5764.6	14706.7		1587148.3	432639.9	40142.8	484701.8	1102446.5
74.8	23.8		49812.2	20624.6	10937.2	23939.9	25872.3
5358.9	2826.1		285427.5	130325.9	27236.8	159072.1	126355.4
3502.5	55.6		124097	38471.3	4615.4	39704.1	84392.9
2133.3	4335.5		390265.6	193980.2	40629.4	199209.6	191056
18124.9	800690.6		15273469.3	10273911.6	6740101.4	10494070.2	4779399.1
79660	261806.3		17754148.6	4804684.1	1467479.7	5371208	12382940.6
4062.9	543.3		239474.2	121227.4	60969.9	125619.3	113854.9
789	228.9		87423.2	22510.4	11242.6	29067.3	58355.9
20.3			3471.7	1493.2	934.7	1654.7	1817
13365.7	10246.8		1403823.1	761242.5	166850.5	869050.7	534772.4
24679.3	41260.2		5222021	2333158.8	773040.8	2678625.3	2543395.7
40247.5	66658.7	456	8078439.6	4115377.5	1406658.2	4795712	3282727.6
6708.8	1511.2		473807	188724.7	39582.6	246133.2	227673.8
18606.6	17631.2	2.4	1242167.7	518002.6	195900.9	607865.7	634302
109.4			1037	927.3	765.6	927.3	109.7
120763.4	69625		2554460.8	631895.3	242149.3	810708.3	1743752.5
306.7	43.6		47494.5	43352.9	40211	43353	4141.5
3864.9	678.3		341315.4	125409.7	1208.9	125409.7	215905.7
1521.1	330.9		177598.6	76172.7	34840.3	89288.3	88310.3

2-20

行　业	法人单位数（个）	从业人员期末人数（人）	女性	二、年初存货	二、期末资产负债 流动资产合计	长期股权投资	固定资产原价
电影放映	227	15433	7829	11625.3	864792	136264.7	390680.9
艺术表演场馆	9	711	323	630.4	26188	70	9367.8
互联网生活服务平台*	7	1534	586	225.2	188787.2	34426.8	15935
投资与资产管理*	19	2276	875	101822.8	3566132.5	3938853.8	536059.2
企业总部管理*	8	992	360	283.4	840518.8	641170.5	73991.9
园区管理服务*	14	411	199	495.9	129531.2	137986.9	9627.8
歌舞厅娱乐活动	61	3277	1722	1362.9	31925		21851.9
电子游艺厅娱乐活动	6	966	540	744.3	22037.6	1522.5	11457.9
网吧活动	6	185	71	216.1	475.4		1289.1
其他室内娱乐活动	3	93	34	2	1361.4		813.7
游乐园	31	15165	6249	42728	963933.6	102803.9	1415370.4
其他娱乐业	10	1420	743	2370.6	125729.8		106117.7
城市公园管理	11	2912	1159	2576	186309.1	2305.2	244352.2
名胜风景区管理	20	2633	1196	17728.8	131753.6	19010.3	94880.1
森林公园管理	4	626	244	40.3	9238.8		20325.4
其他游览景区管理	21	2234	994	715.3	64864.9		99612.6
自然遗迹保护管理							
动物园、水族馆管理服务	4	911	334	306.1	19804.3	40	98515.9
植物园管理服务							
休闲观光活动	10	1535	973	401.5	22073.4	89.7	11545.3
观光游览航空服务							
摄影扩印服务	14	1486	947	555.7	25246.6	1777.2	8507
知识产权服务*	39	5921	3624	5050.1	160764.9	4622.2	25890.2
科技会展服务	25	1801	676	345	269477.4	30058.1	279512.9
旅游会展服务	2	112	71	10.6	6139.1		7023.3
体育会展服务							
文化会展服务	81	4936	2379	7347.3	1236790.1	946078.3	949327
其他会议、展览及相关服务	70	3064	1486	738.5	322458	12212.3	188865.2
文化活动服务	42	3292	1656	15504.2	211651.2	10844.3	42562.7
文化娱乐经纪人	12	567	248		18055.3	423.7	642.3
其他文化艺术经纪代理	12	158	75		13264.2	87.2	1036
婚姻服务*	2	51	22		225.8		
票务代理服务	8	921	529	39.5	371835	2827.2	28983.1
休闲娱乐用品设备出租	4	315	119	220.3	5505.9	120	7929.8
文化用品设备出租	2	205	87	548.7	5554.4		1331.9
社会人文科学研究							
专业性团体*							
文化艺术培训	9	1256	846	3285.1	25732.3	71	2641.3
其他未列明教育*	12	4846	3186	438.3	199667	13631.4	7478.7

续表 1

单位：万元

本年折旧	无形资产	商誉	资产总计	流动负债合计	应付账款	负债合计	所有者权益合计
46623.2	5633.7	6552.5	1538967.6	1019998.9	62365.8	1187900.7	351066.9
168.9	20.5		27430.9	4850.3	1302.8	12832.6	14598.3
3376.4	8.2		244445.4	147377.5	8364.5	148612	95833.4
16119.6	8729.6		12496337.5	2813345.6	18057.8	8150722.2	4345615.3
1891.9	12580.5		1657471.4	665947.4	4729.4	830411.9	827059.5
880	6.7		512969.1	319068	12510.5	394202	118767.1
1659	52.6		52629.3	49794.8	4032.5	62979.5	-10350.2
1830.3	74.9		33534.4	23335.8	1546	23648.3	9886.1
110.8			1501.1			376.5	1124.6
16.3			2042.2	2134.8	453.1	2135.7	-93.5
32231.3	81013.9		2950426.3	579626.5	157136.8	2097454.1	852972.2
5281.2	8055		216844.3	81118.6	2712.5	158321.6	58522.7
9604.8	3510.4		317178.5	47043.8	9478.3	173612.2	143566.3
5366.4	1627.5		262032.6	67796.1	4959.4	162024.6	100008
871.4			31085.7	11562.8	3219.4	24669.5	6416.2
5033	12180.9		182612.7	52672	5283.8	97339.2	85273.5
2825.7	0.3		53306.6	58824.5	763.7	64291.3	-10984.7
867.1	484.4		76145.9	15546.6	742	27963.2	48182.7
1256.3	276.6		31025.3	18946.9	1679.2	26435.2	4590.1
2166.4	2277.2		189649.8	123281.2	7983	134118.4	55531.4
7458.6	3668.8		476083	78412.1	15240	377421.8	98661.2
398.5	4.8		12218.4	10126	2056.9	10126	2092.4
43202.1	95284.5		2664839.3	448617.4	45300.4	502251	2162588.3
12382.3	47084.2		601593	217791.3	46507.4	393555.4	208037.6
1437.3	1800.6		267683.2	70970.9	23852.1	135123.1	132560.1
53.7			25933.6	10084.3	3983.1	15790.9	10142.7
150.9			15003.6	6212.3	1440.6	6311.7	8691.9
			225.8			62.2	163.6
2367.2	320.2		733091	456272.1	22605.7	484518.4	248572.6
2423.7	13.9		9960.1	6004.5	1884.1	6144.6	3815.5
105.3			6329.6			8146.3	-1816.7
234.2	76.8		34386.9	18491.8	570.6	19992.1	14394.8
1260.3	2196.4		232388.4	206836.9	89335.8	207702.3	24686.1

2-20

行　业	实收资本	国家资本	集体资本	法人资本	个人资本	港澳台资本	外商资本
总　计	12253562.4	3108274.3	269850.8	3946555	3742019.2	393299.2	793513.9
新闻业							
报纸出版	294958.7	167800.5	121380	5773.2	5		
广播	15944.4	12109.6		3504.8	330		
电视	62415.9	59115.9	3000	300			
广播电视集成播控	24896	22441.5		2454.5			
互联网搜索服务	54486.8	5000		26401.7	9795.1		13290
互联网其他信息服务	629609.7	359042.1	6557	137245.6	66070.5	50764.5	9930
图书出版	114635.5	18889.8		78730.4	17015.3		
期刊出版	28848.1	22618.1	1730	4500			
音像制品出版	7949.8	6387.2		1262.6	300		
电子出版物出版	1500			1500			
数字出版							
其他出版业							
影视节目制作	354980.4	10133.6	50	189979.7	154240.7	576.4	
录音制作	3750	700		3000	50		
文艺创作与表演	32913.5	18589	321.5	8095.6	5652.4		255
群众文体活动							
其他文化艺术业	26886.5	100		25224.2	1562.3		
动漫、游戏数字内容服务	41229.1		150	25384.4	15694.7		
互联网游戏服务	1118081.5	990.1	408.1	1044979.9	62931.3	8772.1	
应用软件开发*	1473608.5	28973.3	91047.2	627903.9	594220	111469.4	19994.7
其他电信服务*	48124.8	16000		8524.5	13741.9		9858.4
其他数字内容服务*	24952			5136.2	5415.1	14400.7	
图书馆							
档案馆							
文物及非物质文化遗产保护	608				608		
博物馆							
烈士陵园、纪念馆							
互联网广告服务	145677.7	50385.2	1551.6	60208.6	32379	153.3	1000
其他广告服务	689858.5	400743.5	9762.2	123267.9	140229	14375.5	1480.4
工程设计活动*	1044017.9	107919.2	27570.7	318187.9	579513.4	9996.1	830.6
工业设计服务	53633.9	209.6	255	12978	12439	2998.9	24753.4
专业设计服务	1134610.2	4960		46810.7	1056062.3	22091.3	4685.9
图书出租							
音像制品出租							
有线广播电视传输服务	974231.6	359788.3	1121.1	610974.3	2297.9		
无线广播电视传输服务	10063.2	7666		2397.2			
广播电视卫星传输服务	4760			4760			
电影和广播电视节目发行	12692.1	1700		8202.1	2790		

续表 2

单位：万元

三、损益及分配								
营业收入		营业成本		税金及附加	销售费用	管理费用	财务费用	
	主营业务收入		主营业务成本					利息收入
54077223.8	53630535.9	34712620.2	34397879.1	443341.7	3814853.7	7588574.9	183972.9	-174410
2353.3	2353.3	614.1	614.1		1.4	141.5	-13.6	13.6
419367.9	396791	304180.1	285998.2	9157.5	22489.7	117086.2	-1872.8	3655.2
43629.3	42707.1	28844.7	28792.1	399	815.4	10269.3	-42.7	102.6
158953.6	158929.9	156044.3	156022.9	5172	12324.5	46714.7	2722.9	462.9
70547	70089.1	31900.5	31900.5	490	7347.7	12193.6	-212.7	829.8
1903332.1	1903112	521853.6	520713.8	8765.9	182491.5	478997.4	-36254.1	34649.9
9089946.1	9078928.8	3456837.9	3450523.4	38018.2	796651.5	1614238.4	-69296.8	-225601.5
297339.3	292904	231478	229331.4	1375.1	19181.6	24249.6	1244.3	1014.9
54102.8	49088.8	32914.8	31239.5	968.2	7729	10936	-782.3	785
35859	35797	25444.4	25433.1	122.1	1768.1	6000	-224	135.4
6151	5966.7	4142.4	4015.1	1.1	514.3	926.5	-32.9	33.5
518498.1	516487.7	303063.3	301817.1	2887.8	60032.7	90463.6	9580.1	1452.9
7024.3	6849.3	4741.9	4741.9	19.8	1179.1	1759	561.5	15
190379.5	186563.8	150933	149127.3	1062.7	12876.2	36998.9	750.5	407.2
86991.9	86886.2	47354.2	46973.3	989.9	3255.7	17112.3	-289.2	437.9
214015.4	213222.3	106106.2	105701.6	470.9	18374.2	43702.6	52.5	118
9908202.7	9893984.3	8075819.5	8071429.6	154620.6	357082.3	611234.3	-91299.1	-140546
9209029	9157066.2	5363368.6	5208120.5	42803.3	959695.9	1728019.2	-34945.1	42031.3
228345.3	222902.3	168826.8	163514.3	778.3	25110	21624.1	644.7	49.3
92051.1	91751.1	60350.5	60345.6	379.6	10654.3	16792.7	-453.6	294.5
5491.1	5491.1	4180.5	4180.5	42.7	196.9	965.3	4.6	
2542667.9	2537771.4	2160551.4	2157321.6	21799.7	104402.5	195310.6	239.7	4027.9
5115841.5	5010583.9	4163453	4150468.5	41904.8	302242.8	316546.7	1131.9	17014.5
5996654.9	5975850.4	4533038.4	4507357.8	39858.7	109855.6	845302.1	73519.9	13463.6
338825.6	337744	206894.5	205546.7	1923.6	10134.1	70778.2	2634.9	-406.3
1381122.8	1369016.8	824156.1	818901.8	6489	131779.1	277389.5	3646.9	1562.7
736.7	736.7	347.6	347.6	1.4		372.3	0.2	
875291.6	865880.1	555473.2	548256.6	3730.3	67115	177672.5	2755.4	5204.3
32020.7	20719.5	29705	26656.1	102.3	490.2	4603.5	-5.1	52.2
106253.8	105597.1	24209	24209	811.9	2606.2	24425.5	-5129.3	5124.3
458529.3	455347.4	431246.4	430059.3	338	7647.8	8051.6	-790.7	-1443

2-20

行　业	实收资本	国家资本	集体资本	法人资本	个人资本	港澳台资本	外商资本
电影放映	194643.7	12179.4	3366.6	84337	13443.5	80859.8	457.4
艺术表演场馆	3140.8	2500		381.8	259		
互联网生活服务平台*	5651			1890.3	3760.7		
投资与资产管理*	956815.6	480096.3		89978.9	386740.4		
企业总部管理*	608454.4	496552.8		20256	68081.2	23564.4	
园区管理服务*	1149800	111100		27245	322655	8800	680000
歌舞厅娱乐活动	109630		110	106946.6	2073.4	500	
电子游艺厅娱乐活动	5330			200	5130		
网吧活动	60			50	10		
其他室内娱乐活动	946.6				946.6		
游乐园	269329.5	224387		28000	8692.5		8250
其他娱乐业	23472.3			2211		7845	13416.3
城市公园管理	23405	9905		13500			
名胜风景区管理	22125.5	8930	215	11741.5	1239		
森林公园管理	3330.8	1030.8		2000	300		
其他游览景区管理	24723.4	2647	9.5	10821.2	4097.8	7147.9	
自然遗迹保护管理							
动物园、水族馆管理服务	11068.7			1060		10008.7	
植物园管理服务							
休闲观光活动	29770	1000		16900	11870		
观光游览航空服务							
摄影扩印服务	5207.9	150	180	90	3070.3	1717.6	
知识产权服务*	61489.7	10000	703.1	14167.5	32091.5	164.2	4363.4
科技会展服务	62474.6	38200		14065.7	6200	4008.9	
旅游会展服务	1500			1500			
体育会展服务							
文化会展服务	101527.2	17033.5	40	64496.4	15644.8	3514.1	798.4
其他会议、展览及相关服务	100577.2	10300		14089.8	66467	9570.4	150
文化活动服务	19513.7		60	10870.6	8583.1		
文化娱乐经纪人	2381			2220	161		
其他文化艺术经纪代理	1331.7		100	706.7	525		
婚姻服务*							
票务代理服务	4492.6			550	3942.6		
休闲娱乐用品设备出租	2455			1500	955		
文化用品设备出租							
社会人文科学研究							
专业性团体*							
文化艺术培训	13214.9		162.2	13002.7	50		
其他未列明教育*	5775.3			4088.4	1686.9		

续表 3

单位：万元

三、损益及分配								
营业收入		营业成本		税金及附加	销售费用	管理费用	财务费用	
	主营业务收入		主营业务成本					利息收入
745673	672366	496866.5	472151.6	23411.9	103627.3	89029.1	18313.4	210.7
35074.7	34726.8	26901.8	26739.9	159.3	5430	8345.4	-102.3	109.6
516150.6	516093.9	401149.8	401149.8	1589	23911.1	49767	-2494	2668.8
157153.5	125895.6	51920.8	44812.5	5916.1	7275.8	53331.2	227190.9	7175.6
33700	33032.5	13673.1	13662.1	757.8	3258.4	20064.1	1446.1	6611.6
55324.8	53026.7	25413.9	24489	507	3577.1	23342.9	4768.8	7752.1
73143.9	69827.7	30509.2	27494.3	1553.3	25055.9	14669.7	350.6	6.2
33312.5	33312.5	6232.6	5328	168.1	20481	4398.7	112.9	
4006.7	4006.7	3389.9	3389.9	125.9	11.5	117.5	32.6	
3327.4	1807.8	961.1	18.8	10.8	1514.7	595.8	9.7	0.1
662394.1	658079.6	335926.5	334469.5	7596.3	76385.6	111479.1	39094	12619.9
43148.8	43023.4	15918.9	15835.1	1016	7026.6	7666.6	-2035.8	4143.1
113898.6	112984.5	57250.7	57219.2	1589.6	5793.4	19547.7	-678.3	2919.1
41944.6	41098.6	19131.9	18766.9	252.1	8009.8	12861.5	3233.1	97.3
11893.6	11373.8	1884.5	1854.5	39.9	3835.9	5695.4	840.3	6.1
43716.5	42896.2	11328.8	11328.8	518.9	12277.2	14328.3	960.1	217.6
36290.1	36290.1	16729.6	16729.6	290.1	5984.4	3416.9	347.6	44.3
52895.4	52066.1	17328.3	6193.2	258.6	24128.1	9378.8	790.2	
29936.5	29918.4	12037.1	12032.6	246.4	15445.1	4468.1	476.6	16.6
173686	157280.2	79419.9	79246.8	800.1	31017.3	58019.3	-169.5	339.7
181525.3	181435.1	80997.3	80993.5	1567.9	33484.4	29137.2	2768.3	3243
14478.9	14368	11024.7	10967.3	23.3	892.8	2290.2	165.4	6.5
687120.6	680042	335546.4	334373.6	5621.5	82967.8	84129.4	2215.1	2004.1
343276.2	341322.6	228301.7	225917.7	1348.7	18612.2	68028.7	20513.3	1477.4
208439.2	205212.8	140861.8	139602.8	881.9	27203.2	29500.4	1015.1	62.2
68217.8	67720.7	59099.9	58753.5	325.4	3356.7	3981.4	-46.3	49.9
14270.4	14270.4	7318	7318	76.1	1829.3	4974.9	-253.9	240
1005.6	1005.6	235.8	235.8	3.5		699.9		
61509.8	58609.2	41752.1	41752.1	311.3	3477	15385.5	6618.8	8552.9
8736.3	8562.5	5010.6	5010.6	29	3029.6	1923.9	24.8	0.9
24487.2	24478.4	20993.2	20993.2	58.2	2254.9	1104.4	97.2	
27935.4	27305.1	13552.3	13552.3	125.8	7064.4	4067.7	178.9	11.9
179995.2	179977.1	135877.6	135835.8	677.5	10589.9	21950.5	343.2	61.2

2-20

行　业	利息支出	资产减值损失	公允价值变动收益（损失以"-"号记）	投资收益（损失以"-"号记）	资产处置收益（损失以"-"号记）	其他收益	营业利润
总　计	683956.4	638347.8	163.8	1741669.1	29433	374196.1	8827905.4
新闻业							1609.9
报纸出版	3297	4047.8		12340.2	2506.4	22756	1882
广播	11.1	2.1		637.4		252.9	4231.8
电视	5096.1	-172		23842.4	0.6	31.4	-39978.4
广播电视集成播控	87.7	707.3		679.2		149.6	18949.4
互联网搜索服务	366.4	149.4		5027.2	-24.3	4676.8	757008.1
互联网其他信息服务	158442.7	9557.1	-13626.8	40524.5	2087.4	129422.9	3386926
图书出版	297.5	1387.8	-3.7	25593.1	3.4	7747.3	51763
期刊出版	11.9	277.7		334.7		1932.4	4335.5
音像制品出版		125		346.6		1159.7	4129.7
电子出版物出版		59.6		-6.9		498.8	1031.9
数字出版							
其他出版业							
影视节目制作	15959.6	165759.9		51191.8	-286.5	4940.6	-57458.3
录音制作	566.4			1219.5		697.3	679.8
文艺创作与表演	935.6	2144.7		-151.9	-98.3	13591.6	-1045.3
群众文体活动							
其他文化艺术业	220.9	18.5		315.7		65	18931.2
动漫、游戏数字内容服务	252.8	1983	-927	4735.9	11.9	4983.8	52130.5
互联网游戏服务	31524.5	55739.6	-16429.6	316337.7	13607.9	22519.2	1081040.6
应用软件开发*	29282.5	256041.1	8015.9	476517.5	3408.3	85665.4	1467673.2
其他电信服务*	654.5	879.5	3.5	125	-0.9	285.1	10894.6
其他数字内容服务*	78.2	2088.9		189.4		721.9	3150
图书馆							
档案馆							
文物及非物质文化遗产保护							101.1
博物馆							
烈士陵园、纪念馆							
互联网广告服务	3173.4	5901.8	-27.2	3207.6	-38.6	2823.5	60427.7
其他广告服务	15860.8	46109.6	863.7	42005.6	786.2	15455.4	303698
工程设计活动*	74891.7	48054.5	11.2	31574.2	1894	8696.5	390507.7
工业设计服务	3720.3	2882.3	7.5	378.2	0.1	764.9	44728.7
专业设计服务	3322.8	7789		7349.7	-29.4	6652.5	143848.5
图书出租							
音像制品出租							15.2
有线广播电视传输服务	4711.2	8618.2		22907.7	9.1	12268.5	97663.2
无线广播电视传输服务		10.5		66.4		200.7	-2618.6
广播电视卫星传输服务						1	59331.5
电影和广播电视节目发行	1075	153.1		2971.9		705.8	15560.8

续表 4

单位：万元

营业外收入	营业外支出	利润总额	所得税费用	四、人工成本及增值税 行政事业性收费	应付职工薪酬（本年贷方累计发生额）	社会保险和住房公积金（单位负担部分）	应交增值税	五、平均用工人数（人）
367705.4	159786.9	9036173.1	447634.3	9721.5	8008713.8	923614.4	1020843.2	121.6
		1609.9			130.8			25
37300.1	5769.5	33412.6	5771.3	313.7	188239	28386.5	10987.7	296.44
380	10.1	4601.7	1110		4183.4	711.8	1688	43.75
21003.1	662.6	-19637.9	324.6		56579.7	9741	545.7	316.11
401.8	15.2	19336			20804.4	2248.5	2049.5	317.67
2137.4	4864	754281.5	31964.3	3.8	315964.7	47336.9	61368.7	270.58
23452.6	36068.2	3374310.4	320488.6	57.5	1257855.5	147505.5	249922.7	212.4
1699.7	2079.9	51382.8	131.1		30413.9	5187.9	4828.8	76.59
964.5	845.9	4454.1	59.7	4.5	19983.8	2308.6	2516.6	47.59
59.6	5.3	4184	795.1		4626	538	728	38.17
3	0.3	1034.6			1038.4	167.5		54
4729	4596.6	-57325.9	-521754.2	19.8	72550.4	7156.1	11805.2	80.81
409.9	264.2	825.5	10.9		1994.2	471.5	227.3	45.5
9695.6	708.3	7942	1907.7	50.2	39866.6	5099.2	4501.9	58.92
171.5	87.1	19015.6	4336.8	51.6	19806.9	2780.8	2612.4	58.38
1349.2	388.1	53091.6	6185.2	23.6	41925	4103.4	6647.6	88.34
11370.4	27860.3	1064550.7	124918.7	73.7	471623.9	66434	-121718.8	187.31
109678.1	12956.3	1564404	140491.1	1477.4	1691972.3	187368.3	271138.8	155.78
1127.4	92.5	11929.5	1575.1	1.4	89602.4	6963.9	3835.7	320.88
563.7	44.9	3668.8	933.2		21198.4	2193	2677.8	118.42
98.7	0.7	199.1	27.6		502.2	113.9	47.9	34
4482.4	4480.4	60429.7	13437	27.7	167291.7	18813.9	36714.2	66.12
9290.3	6119.4	306890.6	59468.4	792.3	429125	54077.1	61454.6	47.07
15751.6	5810	400612.8	68146.4	901.5	1397772.9	141776.5	192660.5	146.44
1335.6	1025.8	45038.5	8562	98.4	120166.4	9184.3	8676	110.52
5944.5	1915.4	147877.6	23715.8	387.7	406903.8	42811.5	46306.5	131.96
	3.7	11.5	1.1		170.8	36.6	12	24
3581.1	3683.2	97561.1	198.7	48.8	271491.4	36195.8	8084.7	489.74
316	39.4	-2342	9.9		3574.3	437.1	118.8	54
106.2	97.1	59340.6	6163.3		23615.2	3524.3	3804.8	552
512	113.5	15959.3	2862.2	1	8131.7	1512.2	363.8	45.73

2-20

行　业	利息支出	资产减值损失	公允价值变动收益（损失以“-”号记）	投资收益（损失以“-”号记）	资产处置收益（损失以“-”号记）	其他收益	营业利润
电影放映	16653.2	1222.5		3659.4	-17.1	2499.6	19051.7
艺术表演场馆	18.6	8.5		106.1		7075	1513.1
互联网生活服务平台*	172.2	11.7		186		416.4	42818.4
投资与资产管理*	228640.9	2401.1	-206.6	569782.9		555.4	379249.3
企业总部管理*	6411.1	929.4	-3025.5	7504.9		477.1	-1472.4
园区管理服务*	10999.1	5.4		-4466.8		402.3	-6354.8
歌舞厅娱乐活动	21.1					134.9	1140.1
电子游艺厅娱乐活动				18.7			1937.9
网吧活动	25.4					6	335.3
其他室内娱乐活动		-0.8					236.1
游乐园	35603.6	2262.2	25737.1	7853.7	-31.2	4833	128043
其他娱乐业	69.5	22.4					13534.1
城市公园管理	2094.8	449.4	-228.7	-47.6		236.8	29906.6
名胜风景区管理	2367.8			10.5		799.6	-733.7
森林公园管理	844.9						-402.4
其他游览景区管理	724.9			40.8		40.5	4384.5
自然遗迹保护管理							
动物园、水族馆管理服务	34.2	53.1		14.8			9483.2
植物园管理服务							
休闲观光活动	567.4				-1	2	1012.4
观光游览航空服务							
摄影扩印服务	9.6	55.6				0.1	-2792.3
知识产权服务*	261	107.1		949	4	1087.5	6532.3
科技会展服务	5892.5	82.6		441	0.5		33934.1
旅游会展服务		-2.4					84.9
体育会展服务							
文化会展服务	4300.7	7985.4		70276		3855.4	242785.9
其他会议、展览及相关服务	971.5	1389.8		3263.7		56.1	8401.4
文化活动服务	127.3	223.3		867.9		115.3	9736.7
文化娱乐经纪人		24		114.4		4.2	1595.3
其他文化艺术经纪代理	0.2	602		1.1		0.4	-274.5
婚姻服务*							66.4
票务代理服务	13161.3	195.1		10107	5640.5	564.8	10082.3
休闲娱乐用品设备出租	2					1366.8	-1281.6
文化用品设备出租							-20.7
社会人文科学研究							
专业性团体*							
文化艺术培训	132.5			45.4			2991.7
其他未列明教育*	8.5	4.4		679.9		0.4	11232.1

续表 5

单位：万元

营业外收入	营业外支出	利润总额	所得税费用	四、人工成本及增值税				五、平均用工人数（人）
				行政事业性收费	应付职工薪酬（本年贷方累计发生额）	社会保险和住房公积金（单位负担部分）	应交增值税	
23913.8	7860	35260.5	5795.6	855.8	99651.1	7133.9	40873.7	69
2703.8	141.5	4075.4	684.5		9373.9	1107.3	855.6	66.22
806.1	126.2	43498.3	38	1	31036.2	7620.6	6371.9	182.57
2299.8	567.8	380981.3	3379		32994.7	3253.7	4570.6	114.53
984	911.6	-1400	-491.4	102.7	15815.8	2210.3	2003.3	125.25
1538.8	7983.7	-12799.7	1519.6	1.2	7251.3	799.5	1733.2	30.07
141.8	170.6	1111.3	432.2	17.1	16953.7	1278	1402.5	54.89
11.1	202.9	1746.1	375.4		7350.4	728.4	247.9	162.17
	2.3	333	16.9	38.1	543.1	49	47.8	30.83
148.5	170.8	213.8	-30.5	0.1	531.8	74.3		31.33
1239.3	13333.4	115948.9	37761.6	1.1	154320	19580.5	17104.3	484.45
1162.9	444.7	14252.3	3252.2	52.7	11936.4	477.9	1729.8	141.2
7965.4	1175.2	36696.8	9449.7	5.5	32491	4208.1	4449.3	277.36
2082.2	290.3	1058.2	1510.1	12.3	13952.4	2181.6	1200.4	131.75
6.9	75.7	-471.2	171.2		4433.2	472.1	346.9	142.25
2008.1	1473.6	4919	1277.9	19.4	15064	1701.5	1468.8	122.29
335	117.8	9700.4	3349.4		10945.6	1297.7	1355.9	231.75
337.3	3.9	1345.8	52.6		6854.2	104.5	117.9	138.3
112.4	120.9	-2800.8	17.7	0.1	12180.2	1424.8	627	145.43
4637.6	126	11043.9	2994.6	4249.9	63595.3	5248	7306	134.26
3239.3	672.1	36501.3	6468.1	0.7	22764.3	1310.6	5933.3	74.84
0.4	0.9	84.4	24.9	7.9	1063.6	120.5	164.1	54.5
8741.3	1765.6	249761.6	53026.2	16.8	80661.9	11782.3	20710.8	62.48
32250.3	603.1	40048.6	8784.1	0.6	34988.7	3978.7	9753.7	43.66
2008.6	161.2	11584.1	1443.6	0.8	31049.2	2303.8	4624.9	75.95
5.2	7.5	1593	343.5	1	8456.5	1068.5	2176	46.5
122.7	7.5	-159.3	-77.5	0.8	2204.2	323.1	559.3	13.17
		66.4	6.5		118.7	10.7	60.3	25.5
179.5	411.7	9850.1	953.2	0.4	10627.3	881.3	2338.2	101.63
29.5	24.1	-1276.2	7.5	0.8	2072.3	122.3	214.7	78.5
11.1	4.7	-14.3			1524.9	160.7	484.9	101
526.3	45.4	3472.6	961.8		9933.1	792.8	793.1	139.44
241.4	176.3	11297.2	2294.5	0.1	76869.7	4621.8	4609.7	385.5

2-21 按地区分组规模以上文化

地区	法人单位数（个）	从业人员期末人数（人）	女性	一、年初存货	二、期末资产负债 流动资产合计	长期股权投资	固定资产原价
总计	3518	441657	171621	2419695.5	64308325.2	17717057	13821796
广州市	1529	195936	72957	890252.1	19388196.5	9542612.2	5882915
韶关市	12	665	286	507.1	7153.6	3209.1	34437
深圳市	1216	180689	69685	1229806.9	41439276.9	7325412	6460804.6
珠海市	98	10771	5284	53377	1122215.5	139137.1	249634
汕头市	36	2753	1123	43513.1	323960.9	422036.7	57586.4
佛山市	145	11451	5467	51281.8	517506.7	27989.9	286354.4
江门市	36	3041	1421	3104.5	57890.4	908.9	63383.8
湛江市	48	3125	1410	1939.6	33071.6	208.9	52384.5
茂名市	28	2074	868	161.2	99922.2	3010	48881.5
肇庆市	7	526	223	115.4	17175.4	4041.6	9671.2
惠州市	63	5836	2590	14564.8	231525.3	5381.3	138693.4
梅州市	9	621	214	642.1	37278.9	157.2	15603.1
汕尾市	13	423	209	98.7	8635.7		7191.2
河源市	10	745	246	28.7	15824.8		20791.9
阳江市	13	1146	438	3090.9	21521.7		20615.4
清远市	17	1698	755	17655	95756.7	749.1	45335.5
东莞市	139	12939	5552	26310.1	568585.1	7019.2	175926.5
中山市	83	6105	2566	82666.8	293757.5	234609.6	224994.6
潮州市	4	156	38	53.7	5013.9		12937.5
揭阳市	10	725	197	526.0	13647.8		6398.4
云浮市	2	232	92		10408.1	574.2	7256.1
按区域分组							
珠三角核心区	3316	427294	165745	2351479.4	63636129.3	17287111.8	13492377.5
沿海经济带	152	10402	4283	49383.2	505773.8	425255.6	205994.9
北部生态发展区	50	3961	1593	18832.9	166422.1	4689.6	123423.6

服务业企业主要财务指标

单位：万元

本年折旧	无形资产	商誉	资产总计	流动负债合计	应付账款	负债合计	所有者权益合计
1165294.8	1949772.5	7010.9	105488920.7	43968834.5	13817946.4	56598424.9	48890495.8
397703.9	620309.6	3524.3	36094664.3	11150032.6	3559720.6	14662940.4	21431723.9
2850.8	2637		45730.4	13185	782.2	28448.1	17282.3
669750.8	1191581		63245112	30275282	9795194.4	38357036.7	24888075.3
8964.9	31947.7		1490767.7	953564.3	169093.9	1144144.1	346623.6
2786.7	6679.4		1081818.7	271942.6	15770	311643.6	770175.1
21945.8	25081.7	191.7	842943.7	438349.6	76205.5	515517.8	327425.9
3498.5	1095.5	2.4	111872	33339.2	9935.8	87590.4	24281.6
3612.3	2634.1	456	81053.7	46020.7	5357.6	57476.8	23576.9
10277.5	653.2		142727.2	29530.3	2921.9	76143.9	66583.3
785.2	41.2		34844.5	29622.3	540.5	29833.7	5010.8
7851.5	875.9		366537	99107.4	41788.3	155757.6	210779.4
1376.8	7		51298	11044.4	3758.7	22466.9	28831.1
140.7	16.5		15945	7374.2	1916.4	7809.8	8135.2
1058.2	323.1		35905.8	12785.8	2221.3	31723.2	4182.6
954.7	2051.4		44364.1	24031.6	1986.3	30058.6	14305.5
2817.5	1113.6		153167.8	38452.1	3014.3	100917.4	52250.4
14962.9	8080.8		777780.5	310793.8	89178.3	561529.9	216250.6
11935.5	54172.5	2836.5	809726.6	204999.4	37825.6	384186	425540.6
331.4	2.7		21062.8	301.6	144.1	1947.6	19115.2
847.0	468.6		29537.5	10346.2	590.7	19504.7	10032.8
842.2			12061.4	8729.4		11747.7	313.7
1137399.0	1933185.9	6554.9	103774248.3	43495090.6	13779482.9	55898536.6	47875711.7
18950.3	12505.9	456.0	1416509.0	389547.2	28687.0	504585.0	911924.0
8945.5	4080.7		298163.4	84196.7	9776.5	195303.3	102860.1

2-21

地 区	实收资本	国家资本	集体资本	法人资本	个人资本	港澳台资本	外商资本
总 计	12253562.4	3108274.3	269850.8	3946555	3742019.2	393299.2	793513.9
广州市	5355284.3	1682690.2	34199.5	1608602.1	1210179.4	115164.4	704398.7
韶关市	2250.2	571			1679.2		
深圳市	5943826.5	1285998.7	225891.2	1941554	2213811	211362.1	65209.5
珠海市	166447.4	54315	85.3	78925	18061.7	5810.4	9250
汕头市	243735.6	119.9	162.2	102461.3	140992.2		
佛山市	147660.6	34711.4	2500	37586.3	30384.7	40053.4	2424.8
江门市	13269.7	660	9.5	11010.2	1150	440	
湛江市	7425.9	2045.9	100	4470	810		
茂名市	32293	1335		20794.2	1363.8	8800	
肇庆市	12046.9	1078.4	215	10653.5	100		
惠州市	40048.7	15907.9	185	13482.7	7514.2	2958.9	
梅州市	8260.3	100		6086.2	2074.1		
汕尾市	3702	100		3200	402		
河源市	3697	765	735	50	2147		
阳江市	6945.1	2347	1071.1	300	3227		
清远市	8445.5			6736.5	1709		
东莞市	81684.6	11900	3572	22974.2	31537.9	6759.1	4941.4
中山市	172111.1	13388.9	1025	73780.8	74676	1950.9	7289.5
潮州市	200.0			200.0			
揭阳市	3600.0	240.0		3160.0	200.0		
云浮市	628.0		100.0	528.0			
按区域分组							
珠三角核心区	11932379.8	3100650.5	267682.5	3798568.8	3587414.9	384499.2	793513.9
沿海经济带	297901.6	6187.8	1333.3	134585.5	146995.0	8800.0	
北部生态发展区	23281.0	1436.0	835.0	13400.7	7609.3		

续表 1

单位：万元

三、损益及分配							
营业收入	主营业务收入	营业成本	主营业务成本	税金及附加	销售费用	管理费用	财务费用
54077223.8	53630535.9	34712620.2	34397879.1	443341.7	3814853.7	7588574.9	183972.9
21801617.4	21637051.9	14487567.7	14304679.6	122116	1802920.8	3203532.5	34194.1
15085.9	14235.7	5521	5521	312.3	2316.5	4064.1	797
29022995.6	28857455.1	18080205.9	17988943.7	291041.1	1728643.6	3733559.2	97543.4
919190.5	842655.2	575102.4	570218.3	7460	73522.9	192227.4	-115.5
245463.2	242898.8	152558.5	151138.8	1423.4	37425	50819.3	7915.8
538154.2	530257.6	325607	311788.2	5641.9	64863.2	118076.3	3229.6
86232.2	85777.3	57542	56657.8	668.1	7941.9	19345.5	1115.1
64265.4	62626.6	42708	41446.7	1021.8	8568	11512.4	268.9
48933.8	47309	34040	33119.3	2307.6	2866.3	12243.4	490.9
10326.4	9896	3871.7	3785.4	97.3	4886.1	2960.3	532.9
226245.2	224610.3	160858	158780.7	2542.6	7006.3	46514.1	3037.3
27666.7	27519.2	17734	17734	208.9	1859.2	3046.5	551.8
8949.3	8941	7110.5	7103.9	143.9	527.2	1929	204.4
12597.8	12501.4	7804.3	7804.3	263.4	1413.1	3115.7	870.9
24174.7	23540.7	9077.8	8903.3	168.3	5582.6	7155.5	67.1
48251	47760.7	33583.2	33583.2	669.5	2920.8	12012.3	1769.7
729128.9	713062.9	542806.4	530612.5	5050.3	37375.3	109215.7	3102.9
223949.1	218656.6	154002	151170.2	1929.6	19728.6	54603.2	27608.6
3598.9	3455.4	2015.7	1984.1	94.3	908.7	441.0	109.9
18274.8	18213.3	11611.9	11611.9	176.1	2937.0	1632.3	580.9
2122.8	2111.2	1292.2	1292.2	5.3	640.6	569.2	97.2
53557839.5	53119422.9	34387563.1	34076636.4	436546.9	3746888.7	7480034.2	170248.4
413660.1	406984.8	259122.4	255308.0	5335.4	58814.8	85732.9	9637.9
105724.2	104128.2	65934.7	65934.7	1459.4	9150.2	22807.8	4086.6

2-21

地区	利息收入	利息支出	资产减值损失	公允价值变动收益（损失以“-”号记）	投资收益（损失以“-”号记）	资产处置收益（损失以“-”号记）	其他收益	营业利润
总　计	-174410	683956.4	638347.8	163.8	1741669.1	29433	374196.1	8827905.4
广州市	83519.6	108394.4	330789.2	28974.8	639886.6	2364.6	129553	2607352.4
韶关市	1.8	72.7	0.5				63	2137.5
深圳市	-269051	542336.3	202756.3	-28960.5	1078534	26913.6	213504.2	6178909.8
珠海市	3146.6	2701.7	4049.1	43.8	10394.2	35.6	20649.9	98067.5
汕头市	2501.9	12288	94937.2		2086.1	-301.6	1656.1	-96136.9
佛山市	789.7	3464.4	420.8		2777	3.5	385.7	23617.8
江门市	107.5	600.4	65.3		19.2	-59.6	434.5	-51.8
湛江市	8.8	29.7	30.8				1449	237.7
茂名市	22.9	19.2	664.6		5		4.4	-1118.6
肇庆市	0.7	125.4			269.9		136.6	-1615.4
惠州市	30.1	2516.1	473	7.5	848.5	0.9	3298.2	9969
梅州市	67.7	515.6	13		266.2		73.9	4593.4
汕尾市	6.1	0.8	3.5		-0.8		4.1	-965.9
河源市	3	858.1	13.3		16.5		69.8	-796.6
阳江市	2.5	2.9	-1.8		36.1	-2.7	101	2259.6
清远市	25.1	1225.4	5.6		59.1		309.3	-2341.7
东莞市	4121.6	6171.2	2144.2		2189	473.3	1175.2	33095.3
中山市	284.7	2007.5	1977.6	98.2	4282.5	5.4	1262.8	-30251.7
潮州市	0.6	8.0						29.3
揭阳市		521.7	5.6				65.4	1396.4
云浮市	0.1	96.9						-481.7
按区域分组								
珠三角核心区	-177050.5	668317.4	542675.5	163.8	1739200.9	29737.3	370400.1	8919092.9
沿海经济带	2542.8	12870.3	95639.9		2126.4	-304.3	3280.0	-94298.4
北部生态发展区	97.7	2768.7	32.4		341.8		516.0	3110.9

续表 2

单位：万元

营业外收入	营业外支出	利润总额	所得税费用	四、人工成本及增值税			
				行政事业性收费	应付职工薪酬（本年贷方累计发生额）	社会保险和住房公积金（单位负担部分）	应交增值税
367705.4	159786.9	9036173.1	447634.3	9721.5	8008713.8	923614.4	1020843.2
158842.3	56391.9	2709824.5	293847.8	6416.6	3558566.1	426296.3	479939.8
291.9	218.2	2211.2	465.8		3439.2	639.8	482.2
141639.7	93515.6	6227361.4	647065.2	1945.3	3782101.6	424422.3	451435.4
9789.4	2877.3	104979.6	16964	159.5	195046.9	24676.7	26726.4
2815.8	951.8	-94272.9	-530324.1	114.2	26197.6	2911.2	4123.3
5909.8	877.9	28649.7	6533	84.4	117597.3	9802.5	17022.7
2567.8	231.1	2284.9	1118	91.2	20950.2	2623.1	1644.3
1377.3	121.3	1493.7	456.7	82.7	13720.7	2089.1	1432.9
664.3	49.6	-503.9	185.1	53.6	14979.2	2501	1714.2
111.6	25.7	-1529.5	54.2	1.1	3237.3	405	248.6
4611.4	709.9	13870.5	2089.8	148.2	43496.3	4718.8	8874.5
207.5	104.3	4696.6	290.6	0.4	3423.9	551.7	858.5
836.4	543	-672.5	31.6	5.1	1920.6	142	279.9
229.4	44.6	-611.8	51.1		3508.6	692	215
224	79.7	2403.9	579.5		8013.3	1195.9	665
542.4	436.6	-2235.9	259.3	15.2	11824.2	1514.5	1761.7
2883	1371.8	34606.5	6318.6	442.6	138770.3	11233.7	16109
33874.5	1169.3	2453.5	1416.2	156.3	56900.3	6633.7	6794.7
31.1	1.1	59.3	45.8	0.1	658.7	64.6	212.5
86.9	6.1	1477.2	180.0	5.0	3080.2	238.1	294.5
168.9	60.1	-372.9	6.1		1281.3	262.4	8.1
360229.5	157170.5	9122501.1	975406.8	9445.2	7916666.3	910812.1	1008795.4
6035.8	1752.6	-90015.2	-528845.4	260.7	68570.3	9141.9	8722.3
1440.1	863.8	3687.2	1072.9	15.6	23477.2	3660.4	3325.5

2-22 按类别分规模以下文化及相关产业法人单位主要指标

类别	法人单位数（个）	从业人员期末人数（人）	女性	资产总计（万元）	营业收入（万元）	非企业单位支出（费用）（万元）
总计	288339	1552089	637460	71884444.88	39137776.58	2781786.31
一、按单位规模分组						
大型	21	15384	6019	3932265.1	101299.45	552765.41
中型	260	40841	17532	3716611.26	2083205.4	508678.56
小型	25041	615287	261319	24667193.82	17028226.81	880299.48
微型	263017	880577	352590	39568374.7	19925044.92	840042.86
二、按登记注册类型分组						
内资企业	282849	1483278	603700	67410685	37475050.08	2781786.31
国有企业	3030	59105	25736	5884564.02	133125.63	2299609.67
集体企业	878	5708	2637	223215.78	65149.38	23531.54
股份合作企业	346	1920	848	62465.54	57914.24	215.53
联营企业	122	406	161	20022.32	3504.16	1712.15
国有联营企业	10	84	36	1290.08	354.31	290.96
集体联营企业	42	80	36	9440.86	835.84	143.59
国有与集体联营企业	11	37	15	730.58	557.87	94.78
其他联营企业	59	205	74	8560.81	1756.15	1182.82
有限责任公司	31853	185745	74561	15431024.2	4873280.54	7394.48
国有独资公司	166	2075	846	792178.29	67865.38	4.55
其他有限责任公司	31687	183670	73715	14638845.91	4805415.16	7389.93
股份有限公司	1575	11817	5030	1845331.3	364290.52	170.1
私营企业	238094	1189692	480492	42900711.76	31933261.55	29644.55
私营独资企业	13274	82867	35113	1608614.36	1942048.4	15350.26
私营合伙企业	1457	7396	3141	640287.13	146679.87	2341.64
私营有限责任公司	221954	1090315	438502	40260028.72	29630225.54	11827.47
私营股份有限公司	1409	9114	3736	391781.56	214307.74	125.18
其他企业	6951	28885	14235	1043350.07	44524.04	419508.29
港、澳、台商投资企业	4744	58197	28633	3691394.25	1185216.89	
与港澳台商合资经营企业	255	3077	1429	687572.61	72941.83	
与港澳台商合作经营企业	62	1031	480	89120.4	16031.68	
港澳台商独资经营企业	4325	51892	25401	2876129.9	1076356.12	
港澳台商投资股份有限公司	46	1532	992	23574.72	11847.6	
其他港澳台投资企业	56	665	331	14996.63	8039.66	
外商投资企业	746	10614	5127	782365.63	477509.61	
中外合资经营企业	129	1313	528	190260.69	241809.49	
中外合作经营企业	12	161	51	5999.3	3427.05	
外资企业	539	8410	4232	410116.05	212700.2	

2-22 续表 1

类别	法人单位数（个）	从业人员期末人数（人）	女性	资产总计（万元）	营业收入（万元）	非企业单位支出（费用）（万元）
外商投资股份有限公司	18	218	94	141229.51	4344.66	
其他外商投资企业	48	512	222	34760.08	15228.2	
三、按企业控股情况分组						
国有控股	787	10110	4126	2434731.96	256304.92	
集体控股	846	6605	2864	380908.2	155185.29	
私人控股	261543	1328391	536278	55504057.84	35755567.91	
港澳台商控股	4515	55147	27111	3281247.09	1131253	
外商控股	608	8664	4290	605423.98	412687.29	
其他	20040	143172	62791	9678075.8	1426778.16	2781786.31
四、按隶属关系分组						
中央	143	1802	775	145404.02	20283.68	36221.03
地方	5584	69099	29949	6415862.5	403989.7	2026287.81
其他	282612	1481188	606736	65323178.36	38713503.2	719277.46
五、按执行会计标准类型分组						
企业会计制度	278218	1468028	599087	65576103.26	39133289.65	
事业单位会计制度	2115	52924	23352	5370978.19	135.52	2231436.74
行政单位会计制度	285	3065	1446	205448.97	24.69	177782.76
民间非营利组织会计制度	7698	27984	13547	726868.32	2522.76	372566.35
其他	23	88	28	5046.13	1803.95	0.46
六、按机构类型分组						
企业	277251	1461599	595513	65396934.11	39040367.25	
事业单位	2305	56295	24884	5629993.89	23572.48	2334214.86
机关						
社会团体	5800	16926	7061	393054.14		324055.75
民办非企业单位	2886	16831	9811	436422.65	59666.94	123515.69
基金会						
居委会						
村委会						
农民专业合作社	41	199	79	11015.55	8781.66	
农村集体经济组织	2	5	1	5136.99	1224.04	
其他组织机构	54	234	111	11887.56	4164.21	
七、按产业类型分组						
文化制造业	41979	457663	192158	14657140.29	12279019.06	
文化批发零售业	52352	182983	81175	9642355.24	8492788.78	
文化服务业	194008	911443	364127	47584949.35	18365968.74	2781786.31

2-23 按行业分规模以下文化及相关产业法人单位主要指标

行业	法人单位数（个）	从业人员期末人数（人）	女性	资产总计（万元）	营业收入（万元）	非企业单位支出（费用）（万元）
总计	288339	1552089	637460	71884444.88	39137776.58	2781786.31
雕塑工艺品制造	1009	7361	2730	168338.99	168787.2	
金属工艺品制造	1690	12555	4885	315978.95	273006.86	
漆器工艺品制造	50	512	215	19623.89	12398.04	
花画工艺品制造	434	5618	2591	120803.02	116539.8	
天然植物纤维编织工艺品制造	125	1147	543	30410.33	28413.44	
抽纱刺绣工艺品制造	944	8788	4544	275838.93	238104.27	
地毯、挂毯制造	154	2092	917	72770.47	66367.49	
珠宝首饰及有关物品制造	3452	40715	18250	1542027.21	835522.07	
其他工艺美术及礼仪用品制造	2955	29969	13672	620875.18	610765.24	
陈设艺术陶瓷制造	356	6070	2556	87610.79	129097.86	
园艺陶瓷制造	42	708	249	10997.65	13092.68	
机制纸及纸板制造*	168	1731	670	57354.63	59561.02	
手工纸制造	73	539	264	10339.3	15260.93	
油墨及类似产品制造	404	3965	1237	312895.04	171294.97	
工艺美术颜料制造	110	750	218	18606.97	29044.26	
文化用信息化学品制造	94	1028	378	139492.81	32335.64	
书、报刊印刷	710	8685	3373	314606.24	258281.58	
本册印制	205	1956	813	59140.1	56030.28	
包装装潢及其他印刷	13435	132544	49881	4369309.5	4185943.74	
装订及印刷相关服务	1328	11267	4133	464274.02	327972.49	
记录媒介复制	93	746	261	53556.42	29812.83	
印刷专用设备制造	882	7566	2130	528855.63	265728.82	
复印和胶印设备制造	114	1236	483	113200.26	39384.54	
广播电视节目制作及发射设备制造	37	411	169	11467.29	15518.3	
广播电视接收设备制造	109	1812	860	81380.79	47210.1	
广播电视专用配件制造	98	1238	521	41046.2	31457.47	
专业音响设备制造	153	1894	747	64005.84	63151.01	
应用电视设备及其他广播电视设备制造	176	2035	844	69201.69	62635.49	
电影机械制造	29	407	170	9418.94	9738.74	
智能无人飞行器制造*	2	13	2	90.55	274.3	

2-23 续表 1

行业	法人单位数（个）	从业人员期末人数（人）	女性	资产总计（万元）	营业收入（万元）	非企业单位支出（费用）（万元）
幻灯及投影设备制造	107	1224	536	70741.61	38064.29	
照相机及器材制造	464	5136	2252	168035.49	129117.94	
舞台及场地用灯制造	481	3113	1068	79367.04	84197.21	
音响设备制造	3430	40261	16926	1056400.42	1205680.64	
露天游乐场所游乐设备制造	248	2529	779	57716.43	55375.92	
游艺用品及室内游艺器材制造	385	3194	1227	100629.25	74016.67	
其他娱乐用品制造	175	1074	433	39701.24	26109.87	
中乐器制造	40	217	69	2500.2	2823.92	
西乐器制造	151	2335	985	38628.16	39108.43	
电子乐器制造	51	670	302	12431.32	12323.31	
其他乐器及零件制造	145	1933	898	44305.64	51490.12	
文具制造	984	10715	4895	339469.38	307201.56	
笔的制造	93	916	385	21310.43	21931.74	
墨水、墨汁制造	33	417	108	10736.49	10310.98	
电玩具制造	215	4486	2643	100114.61	74078.14	
塑胶玩具制造	1689	32717	15773	821158.18	742167.31	
金属玩具制造	28	310	123	9019.16	14180.57	
弹射玩具制造	9	50	20	1221.41	893.07	
娃娃玩具制造	122	1997	1161	43506.06	40375.46	
儿童乘骑玩耍的童车类产品制造	123	1784	836	61361.52	38204.02	
其他玩具制造	1951	30924	16344	715726.63	599426.68	
焰火、鞭炮产品制造	12	79	41	3096.43	1672.12	
电视机制造	388	2534	973	271054.83	107996.74	
影视录放设备制造	359	4819	1988	245884.83	171181.15	
可穿戴智能设备制造*	34	521	199	45317.45	17700.57	
其他智能消费设备制造*	831	8350	2888	314188.46	220659.23	
图书批发	714	4818	2405	383850.1	278734.43	
报刊批发	34	475	79	10027.37	13832.07	
音像制品、电子和数字出版物批发	320	1284	549	69648.34	49039.92	
图书、报刊零售	686	3684	1868	115477.84	93345.04	
音像制品、电子和数字出版物零售	216	815	343	43282.96	19312.25	

2-23　续表 2

行　业	法人单位数（个）	从业人员期末人数（人）		资产总计（万元）	营业收入（万元）	非企业单位支出（费用）（万元）
			女性			
首饰、工艺品及收藏品批发	11091	37584	18413	3579199.42	2244126.7	
珠宝首饰零售	6673	21828	11754	786585.76	529851.18	
工艺美术品及收藏品零售	3711	11085	4658	327106.1	226532.4	
艺术品、收藏品拍卖	92	370	169	70503.09	12412.14	
艺术品代理	24	99	31	3378.88	4483.65	
贸易代理*	358	1320	613	60686.69	59984.72	
广播影视设备批发	402	1866	751	306213.18	465038.42	
照相器材零售	865	2905	1202	79557.44	97368.46	
电气设备批发*	37	162	74	3847.96	4950.05	
乐器批发	390	1216	526	26904.51	32115.61	
乐器零售	800	2488	1132	68170.38	55454.59	
文具用品批发	8924	31761	12816	1481178.33	1778589.09	
文具用品零售	5585	17122	6770	499036.63	523675.18	
家用视听设备批发	3156	13353	5332	729577.19	968037.16	
家用视听设备零售	2264	7095	2728	285186.79	243774.78	
其他文化用品批发	3129	12751	5401	517452.43	559532.02	
其他文化用品零售	2881	8902	3561	195483.84	232598.92	
新闻业	131	1375	682	121492.96	6954.04	26673.29
报纸出版	82	2706	1128	88808.91	10882.75	66515.7
广播	371	7586	2720	1048578.6	27906.22	474953.94
电视	118	3011	1188	264507.84	15755.8	58845.97
广播电视集成播控	20	633	261	37122.5	18440.49	5181.81
互联网搜索服务	280	716	250	21361.82	10133.37	
互联网其他信息服务	8178	33029	12652	2298029.98	1528570.8	23084.85
图书出版	96	499	247	50685.92	10059.33	735.57
期刊出版	133	758	459	31105.35	17902.24	7865.23
音像制品出版	68	272	117	11345.55	8286.6	
电子出版物出版	26	117	49	2424.65	3073.17	
数字出版	19	41	18	431.54	486.47	
其他出版业	23	110	50	3898.16	3737.39	228.06
影视节目制作	4075	18102	6998	1769848.8	355979.76	15316.6

2-23 续表 3

行 业	法人单位数（个）	从业人员期末人数（人）	女性	资产总计（万元）	营业收入（万元）	非企业单位支出（费用）（万元）
录音制作	404	1637	670	40120.07	22260.08	1.12
文艺创作与表演	4400	20655	9629	701348.8	235204.5	89819.27
群众文体活动	2373	12551	5848	774742.38	79127.55	231871.11
其他文化艺术业	10436	30905	13802	1061410.49	429393.91	45287.95
动漫、游戏数字内容服务	3452	15409	5274	523478.74	379292.05	74.54
互联网游戏服务	761	3941	1140	231883.99	192042.35	
应用软件开发*	5288	30375	9572	1279358.65	558300.29	3447.18
其他电信服务*	146	751	246	43434.01	44431.43	
其他数字内容服务*	70	206	72	8958.44	5227.48	50.44
图书馆	179	4103	2582	499420.07	3570.33	174852.88
档案馆	354	3632	2130	142135.02	24116.51	66335.74
文物及非物质文化遗产保护	201	1555	664	78015.6	3583.6	36615.24
博物馆	304	3844	1914	712197.58	4231.26	167997.29
烈士陵园、纪念馆	41	465	248	71987.15	181.5	29139
互联网广告服务	3945	18296	7357	609678.61	517423.67	1291.48
其他广告服务	36092	156948	57990	4632457.58	3885785.49	20146.96
工程设计活动*	18353	101439	32264	4925723.86	2758990.31	1929.36
工业设计服务	5977	27689	9294	1150091.98	653833.54	2059.79
专业设计服务	25192	110741	42812	3455922.58	2263781.22	7413.94
图书出租	29	93	68	527.82	458.7	
音像制品出租	54	248	89	4576.8	5189.77	
有线广播电视传输服务	407	8827	3066	668776.36	51446.27	130850.86
无线广播电视传输服务	76	1212	401	98061.92	27612.99	15177.03
广播电视卫星传输服务	41	343	101	8683.13	4244.68	1949.68
电影和广播电视节目发行	193	1136	481	68145.96	23537.54	3222.13
电影放映	894	8586	4113	459074.93	206592.33	6416.67
艺术表演场馆	144	712	272	56979.89	8538.08	6690.54
互联网生活服务平台*	50	662	246	17188.86	15897.03	
投资与资产管理*	1893	6755	2757	3600084.54	144514.62	
企业总部管理*	206	3019	1046	2682258.57	40914	
园区管理服务*	34	445	177	507181.49	6240.97	7280.01
歌舞厅娱乐活动	2416	25957	12173	323427.8	286667.92	75.91

2-23 续表 4

行 业	法人单位数（个）	从业人员期末人数（人）	女性	资产总计（万元）	营业收入（万元）	非企业单位支出（费用）（万元）
电子游艺厅娱乐活动	527	2552	975	54203.75	53816.76	34.58
网吧活动	7844	26428	9602	524241.71	347945.88	9.34
其他室内娱乐活动	993	5280	2703	145775.81	55498.32	887.22
游乐园	393	2534	1131	170147.93	33574.2	4490.3
其他娱乐业	272	1609	650	44217.38	17518.15	218.13
城市公园管理	149	5778	2380	1516274.56	8681.88	238236.07
名胜风景区管理	221	3832	1591	759011.17	26723.66	91676.42
森林公园管理	42	834	336	239224.67	1138.07	25368.27
其他游览景区管理	582	5505	2374	1835853.95	65703.21	32636.31
自然遗迹保护管理	4	60	16	5405.15		1458.55
动物园、水族馆管理服务	20	139	41	7659.68	1659.2	509.28
植物园管理服务	9	136	31	2528.92	67.73	4177.53
休闲观光活动	563	3042	1191	525622.56	39669.41	98.33
观光游览航空服务	8	20	5	7321.36	231.98	
摄影扩印服务	3308	13680	5882	189962.48	187264.13	30.7
知识产权服务*	2830	13194	6083	355575.64	263081.79	3880.36
科技会展服务	170	1140	515	53738.28	21372.6	15990.99
旅游会展服务	135	929	482	176577.74	17694.92	2.9
体育会展服务	44	134	51	1801.32	1462.96	
文化会展服务	981	5011	2142	328049.94	127863.97	14156.82
其他会议、展览及相关服务	4340	18829	7629	1273241.18	593536.98	3280.93
文化活动服务	13140	50774	21797	2173183.04	945763.88	39437.74
文化娱乐经纪人	118	495	205	7237.19	12244.79	
其他文化艺术经纪代理	342	1321	546	80583.21	33024.61	886.18
婚姻服务*	1148	4678	2477	67021.08	66340.27	1953.89
票务代理服务	473	1723	865	255728.63	42472.93	
休闲娱乐用品设备出租	361	1957	628	103627	36351.67	
文化用品设备出租	268	1685	413	82125.01	29245.85	303.01
社会人文科学研究	615	3302	1528	161284.15	22234.32	127811.75
专业性团体*	5793	16892	7039	392865.83		323913.94
文化艺术培训	8941	39824	23878	600410.3	356933.55	105318.65
其他未列明教育*	1349	6034	3624	257472.5	56050.71	15620.97

2-24 按地区分组规模以下文化及相关产业法人单位主要指标

地 区	法人单位数（个）	从业人员期末人数（人）	女性	资产总计（万元）	营业收入（万元）	非企业单位支出（费用）（万元）
总 计	288339	1552089	637460	71884444.88	39137776.58	2781786.31
广州市	72019	319643	136187	16371527.37	7651290.94	1185969.21
韶关市	2024	9513	4390	689716.79	115761.44	46468.9
深圳市	99489	498625	201059	27769055.4	15042381.49	504599.13
珠海市	10089	42568	16261	3795319.42	769817.67	75893.81
汕头市	7289	62908	27362	2400519.67	1633121.39	66967.91
佛山市	18084	128169	49912	4005242.21	4080452.09	134078.22
江门市	4675	26301	11861	1451115.69	520288.61	63330.73
湛江市	4062	25287	11359	1225157.47	417867.46	56684.52
茂名市	3089	30042	13199	816922.88	656155.44	44707.42
肇庆市	3351	21355	9398	922811.76	534062.77	52437.4
惠州市	9551	60018	24031	1765644.73	1050181.19	61664.35
梅州市	2829	13691	5964	696784.13	275722.55	49172.18
汕尾市	1684	17030	7110	569176.51	307596.75	25320.62
河源市	1836	9444	3963	311356.3	118291.35	35815.64
阳江市	1840	10369	4646	284587.41	180923.87	25559.25
清远市	2396	13408	6048	1281408.17	179399.23	28787.52
东莞市	30017	171807	65939	4559752.64	3490415.9	170273.04
中山市	8533	50516	21510	1600894.58	984843.58	51977.81
潮州市	1969	18555	7458	494502.43	500948.76	42796.44
揭阳市	2480	15809	6483	593775.02	546375.92	36984.62
云浮市	1032	7031	3320	279174.3	81878.17	22297.59
按区域分组						
珠三角核心区	255808	1319002	536158	62241363.80	34123734.24	2300223.70
沿海经济带	22413	180000	77617	6384641.39	4242989.59	299020.78
北部生态发展区	10117	53087	23685	3258439.69	771052.74	182541.83

2-25 按类别分规模以下文化

类别	法人单位数（个）	从业人员期末人数（人）	女性	本年折旧（万元）	资产总计（万元）	负债合计（万元）
总计	41979	457663	192158	471330.24	14657140.29	9550221.32
一、按单位规模分组						
大型						
中型	8	5082	3030	2076.22	71823.07	27728.7
小型	5465	232577	104059	221316.9	5922856.24	3724538.16
微型	36506	220004	85069	247937.12	8662460.97	5797954.46
二、按登记注册类型分组						
内资企业	40551	407878	166397	402261.03	12577892.86	8450879.91
国有企业	57	1473	478	4938.41	87431.49	36780.19
集体企业	163	2267	1234	1463.29	45606.6	25899.71
股份合作企业	154	1195	484	1375.99	45984.55	16842.77
联营企业	8	42	23	6.47	6568.43	7216.91
国有联营企业	1	35	21	4.17	516.79	74.92
集体联营企业	3					
国有与集体联营企业	1					
其他联营企业	3	7	2	2.3	6051.63	7141.98
有限责任公司	3390	39345	16094	40183.47	1443957.88	980072.95
国有独资公司	6	34	16	293.22	2371.3	533.12
其他有限责任公司	3384	39311	16078	39890.26	1441586.59	979539.83
股份有限公司	185	2578	1074	1919.12	370744.21	124483.72
私营企业	36594	360978	147010	352374.27	10577599.7	7259583.67
私营独资企业	5012	49404	20271	47986.79	1005506.29	440694.97
私营合伙企业	221	2237	919	2357.75	55812.03	26005.15
私营有限责任公司	31163	306691	124724	299620.95	9447275.46	6730766.18
私营股份有限公司	198	2646	1096	2408.78	69005.92	62117.37
其他企业						
港、澳、台商投资企业	1228	43400	22460	61055.7	1836412.78	976283.33
与港澳台商合资经营企业	76	1675	870	4981.24	142555.82	86026.89
与港澳台商合作经营企业	30	828	381	2240.64	32887.66	18243.09
港澳台商独资经营企业	1083	39072	20099	53375.14	1635180.6	858160.28
港澳台商投资股份有限公司	20	1267	825	149.25	16992.27	7023.48
其他港澳台投资企业	19	558	285	309.43	8796.42	6829.6
外商投资企业	200	6385	3301	8013.51	242834.65	123058.07
中外合资经营企业	31	371	152	848.75	28781.67	24788.31

制造业企业主要财务指标

营业收入（万元）	营业成本（万元）	税金及附加（万元）	投资收益（万元）	营业利润（万元）	应付职工薪酬（万元）	应交增值税（万元）
12279019.06	10134469.99	80727.31	18568.62	407436.3	2139951.78	314462.45
41870.99	25705.4	608.93		-1785.98	19763.88	-324.34
6331464.07	5284971.35	41833.77	2742.61	201027.3	1122535.38	165045.15
5905684	4823793.23	38284.61	15826.02	208194.97	997652.52	149741.64
11451621.09	9466944	70486.19	16529.98	413261.76	1900698.04	294127.95
20407.3	15002.2	200.65	3.3	2093.72	4500.87	1238.84
34155.82	25125.32	459	202.93	3456.25	8897.17	1133.64
39323.46	30759.68	352.38	3.73	2436.72	5679.97	1062.71
15.35	184.24	0.26		0.05	98.14	0.95
3.41	177.16	0.15			91.34	0.95
11.94	7.08	0.11		0.05	6.8	
1084875.64	876764.99	7321.93	1295.14	35321.29	188656.08	29662.53
587.12	469.82	1.5		-1.27	108.53	8.34
1084288.53	876295.17	7320.42	1295.14	35322.55	188547.54	29654.2
65240.55	53228.59	551.11	9292.1	5951.71	13776.01	1564.8
10207602.96	8465878.97	61600.86	5732.78	364002.02	1679089.81	259464.48
1378634.33	1113368.88	12375.19	1749.11	108007.5	221483.16	37461.35
62813.24	50329.09	552.12	18.65	4026.11	9689.75	1998.71
8705274.07	7252466.95	48282.09	3856.52	247683.2	1438160.56	218485.61
60881.33	49714.04	391.46	108.49	4285.21	9756.34	1518.81
700403.8	563288.39	9103.6	1999.15	-1614	204374.31	17809.08
38197.17	32753.94	547.28	10.66	-1759.15	9086.7	1329.33
13096.11	9727.21	1837.58		1240.31	3654.01	464.54
635663.81	508040.47	6632.92	1985.66	755.22	186563.47	16558.25
7958.88	7735.74	48.9	0.82	-934.52	2144.82	-599.85
5487.83	5031.02	36.91	2	-915.86	2925.31	56.8
126994.17	104237.61	1137.51	39.49	-4211.46	34879.43	2525.42
15315.17	13263.16	130.92	29.43	-2743.59	2556.48	297.52

2-25

类　别	法人单位数（个）	从业人员期末人数（人）		本年折旧（万元）	资产总计（万元）	负债合计（万元）
			女性			
中外合作经营企业	6	78	29	41.19	2260.69	663.96
外资企业	149	5756	3062	7000.79	201475.63	95096.84
外商投资股份有限公司	5	76	30	33.59	3232.89	925.01
其他外商投资企业	9	104	28	89.17	7083.77	1583.96
三、按企业控股情况分组						
国有控股	80	2643	893	6070.62	136903.57	56871.96
集体控股	256	2780	1310	2399.9	85754.32	36527.52
私人控股	39114	391751	160246	384657.43	12229797.28	8197351.95
港澳台商控股	1137	40707	21122	55894.36	1598506.76	879017.33
外商控股	153	5238	2764	6631.69	198350.92	94126.3
其他	1239	14544	5823	15676.24	407827.43	286326.26
四、按隶属关系分组						
中央	14	209	87	303.17	4828.45	1707.28
地方	296	4591	1915	4555.93	157764.14	73206.58
其他	41669	452863	190156	466471.14	14494547.71	9475307.46
五、按执行会计标准类型分组						
企业会计制度	41979	457663	192158	471330.24	14657140.29	9550221.32
事业单位会计制度						
行政单位会计制度						
民间非营利组织会计制度						
其他						
六、按机构类型分组						
企业	41978	457645	192149	471231.52	14656573.46	9550082.9
事业单位	1	18	9	98.72	566.83	138.42
机关						
社会团体						
民办非企业单位						
基金会						
居委会						
村委会						
农民专业合作社						
农村集体经济组织						
其他组织机构						

续表 1

营业收入（万元）	营业成本（万元）	税金及附加（万元）	投资收益（万元）	营业利润（万元）	应付职工薪酬（万元）	应交增值税（万元）
2310.2	1889.67	13.98	1.63	27.61	417.08	12.2
104250.64	85066.29	956.94	8.43	-1751.82	30776.47	2120.83
2494.06	2134.64	15.65		53.35	370.4	46.07
2624.1	1883.85	20.02		202.99	759.01	48.81
35095.84	29073.03	319.71	3.3	-178.68	9762.24	1690.67
62377.56	46319.89	703.13	16.23	4648.79	11667.28	2267.8
11058633.36	9150614.11	67773.81	16609.25	403047.38	1832209.18	281816.46
654023.93	527097.08	8448.48	1118.49	-2972.55	190815.9	16445.74
100412.9	82404.04	953.47	436.03	-2678.67	28387.08	2088.55
368475.48	298961.84	2528.71	385.33	5570.03	67110.1	10153.23
5209	3955.31	28.44		786.15	888.94	120.69
97074.93	76383.74	775.57	-27.25	7400.64	16681.87	3417
12176735.13	10054130.94	79923.3	18595.88	399249.51	2122380.98	310924.75
12279019.06	10134469.99	80727.31	18568.62	407436.3	2139951.78	314462.45
12278665.07	10134151.92	80722.06	18568.62	407405.63	2139890.63	314461.82
353.99	318.07	5.25		30.67	61.16	0.62

2-26　按行业分规模以下文化

行　业	法人单位数（个）	从业人员期末人数（人）		本年折旧（万元）	资产总计（万元）
			女性		
总　计	41979	457663	192158	471330.24	14657140.29
雕塑工艺品制造	1009	7361	2730	6318.9	168338.99
金属工艺品制造	1690	12555	4885	17049.23	315978.95
漆器工艺品制造	50	512	215	439.49	19623.89
花画工艺品制造	434	5618	2591	2908.81	120803.02
天然植物纤维编织工艺品制造	125	1147	543	527.44	30410.33
抽纱刺绣工艺品制造	944	8788	4544	8596.72	275838.93
地毯、挂毯制造	154	2092	917	2843.55	72770.47
珠宝首饰及有关物品制造	3452	40715	18250	37233.55	1542027.21
其他工艺美术及礼仪用品制造	2955	29969	13672	18337.82	620875.18
陈设艺术陶瓷制造	356	6070	2556	3536.97	87610.79
园艺陶瓷制造	42	708	249	470.57	10997.65
机制纸及纸板制造*	168	1731	670	1758.27	57354.63
手工纸制造	73	539	264	481.19	10339.3
油墨及类似产品制造	404	3965	1237	5489.26	312895.04
工艺美术颜料制造	110	750	218	960.23	18606.97
文化用信息化学品制造	94	1028	378	1296.75	139492.81
书、报刊印刷	710	8685	3373	14382.94	314606.24
本册印制	205	1956	813	2302.75	59140.1
包装装潢及其他印刷	13435	132544	49881	196265.79	4369309.5
装订及印刷相关服务	1328	11267	4133	16388.79	464274.02
记录媒介复制	93	746	261	3642.01	53556.42
印刷专用设备制造	882	7566	2130	10179.19	528855.63
复印和胶印设备制造	114	1236	483	1335.67	113200.26
广播电视节目制作及发射设备制造	37	411	169	120.94	11467.29
广播电视接收设备制造	109	1812	860	1748.92	81380.79
广播电视专用配件制造	98	1238	521	1235.91	41046.2
专业音响设备制造	153	1894	747	2281.24	64005.84

制造业企业主要财务指标

负债合计（万元）	营业收入（万元）	营业成本（万元）	税金及附加（万元）	投资收益（万元）	营业利润（万元）	应付职工薪酬（万元）	应交增值税（万元）
9550221.32	12279019.06	10134469.99	80727.31	18568.62	407436.3	2139951.78	314462.45
95258.06	168787.2	132644.76	1628.56	531.83	9440.65	33678.34	3747.24
174902.59	273006.86	221761.19	1808.96	136.92	8862.69	54191.96	7599.45
8254.53	12398.04	8551.93	95.16	299.55	505.62	2433.89	296.19
60885.07	116539.8	91401.11	901.47	2.97	5350.15	25627.66	2325.34
11611.26	28413.44	21122.68	215.63	17.48	3414.09	4577.07	686.46
134581.59	238104.27	181096.77	1871.29	199.87	13761.47	41473.05	7325.11
36522	66367.49	54932.92	533.84	76.1	-3116.46	9759.76	1970.41
1171065.12	835522.07	676352.66	5889.94	799.73	24984.92	207176.24	15596.66
388425.18	610765.24	505814.05	4444.96	518.56	21321.23	129078.71	14172.34
40743.93	129097.86	105244.11	3023.92	727.49	10552.63	26338.84	3581.42
3706.58	13092.68	10431.74	117.79		1218.76	2902.61	501.3
38637.25	59561.02	50419.74	241.88	17.2	2251.78	7696.29	1258.48
8117.88	15260.93	13236.27	239.44	4.83	552.46	2476.84	519.07
185868.04	171294.97	141517.18	1144.48	-711.27	739.12	20876.56	4821.34
20720.79	29044.26	25288.45	176.03	16.44	1370.24	3861.35	1315.99
98210.55	32335.64	25563.94	297	22.13	872.51	4803.55	904.69
196227.44	258281.58	213777.18	1589.56	340.75	12215.04	39940.29	8182.04
33429.92	56030.28	43721.93	400.87	-168.78	4285.3	8378.86	1559.77
2601627.14	4185943.74	3532546.15	26652.95	2191.54	161563.81	615313.38	114761.84
310484.47	327972.49	262791.58	2076.22	432.95	15509.59	52926.12	8949.15
41262.7	29812.83	23573.75	229.33	100.3	541.22	4115.1	1125.49
308193.83	265728.82	216799.73	1436.39	9957.19	13858.43	40371.36	7842.95
41631.27	39384.54	33086.08	189.81	-17.77	-665.68	6723.04	972.89
9073.09	15518.3	18563.81	38.44		627.07	2378.47	326.39
99320.2	47210.1	39251.17	180.26	-53.72	298.18	9597.41	1102.19
45605.81	31457.47	23872.68	266.29	24.73	427.16	7192.31	936.78
48431.14	63151.01	48450.27	354.69	559.06	2182.23	10646.42	1787.98

2-26

行　业	法人单位数（个）	从业人员期末人数（人）		本年折旧（万元）	资产总计（万元）
			女性		
应用电视设备及其他广播电视设备制造	176	2035	844	1251.3	69201.69
电影机械制造	29	407	170	238.47	9418.94
智能无人飞行器制造*	2	13	2	14.3	90.55
幻灯及投影设备制造	107	1224	536	1008.5	70741.61
照相机及器材制造	464	5136	2252	3991.81	168035.49
舞台及场地用灯制造	481	3113	1068	2042.28	79367.04
音响设备制造	3430	40261	16926	25238.73	1056400.42
露天游乐场所游乐设备制造	248	2529	779	2482.84	57716.43
游艺用品及室内游艺器材制造	385	3194	1227	3633.86	100629.25
其他娱乐用品制造	175	1074	433	1031.76	39701.24
中乐器制造	40	217	69	26.68	2500.2
西乐器制造	151	2335	985	1817.78	38628.16
电子乐器制造	51	670	302	250.43	12431.32
其他乐器及零件制造	145	1933	898	1057.62	44305.64
文具制造	984	10715	4895	8599.87	339469.38
笔的制造	93	916	385	600.22	21310.43
墨水、墨汁制造	33	417	108	229.08	10736.49
电玩具制造	215	4486	2643	3229.32	100114.61
塑胶玩具制造	1689	32717	15773	21249.52	821158.18
金属玩具制造	28	310	123	408.26	9019.16
弹射玩具制造	9	50	20	77.93	1221.41
娃娃玩具制造	122	1997	1161	1808.23	43506.06
儿童乘骑玩耍的童车类产品制造	123	1784	836	1270.23	61361.52
其他玩具制造	1951	30924	16344	16890.42	715726.63
焰火、鞭炮产品制造	12	79	41	212.09	3096.43
电视机制造	388	2534	973	3045.24	271054.83
影视录放设备制造	359	4819	1988	3863.6	245884.83
可穿戴智能设备制造*	34	521	199	662.95	45317.45
其他智能消费设备制造*	831	8350	2888	6964.01	314188.46

续表 1

负债合计（万元）	营业收入（万元）	营业成本（万元）	税金及附加（万元）	投资收益（万元）	营业利润（万元）	应付职工薪酬（万元）	应交增值税（万元）
49614.91	62635.49	48284.84	278.15	46.71	2067.49	11291.96	1491.64
5300.8	9738.74	6718.15	51.26	-25.29	298.95	2280.35	276.74
90.63	274.3	246.39	0.88		0.82	48.14	5.13
47325.81	38064.29	30849.4	244.75	5.87	-752.36	6322.97	945.05
120449.14	129117.94	97581.33	804.59	-28.72	956.29	26666.64	3134.28
58853.72	84197.21	68405.37	438.69	17.49	1366.71	13776.93	1735.8
843252.47	1205680.64	1014278.89	5382.9	223.81	17315.24	197875.62	29650.56
33432.76	55375.92	42396.72	336.78	0.15	-342.38	12857.8	1341.21
78836.89	74016.67	56783.45	598.02	11.7	1358.48	15197.72	1655.38
16502.24	26109.87	21105.89	107.24	0.57	495.58	5144.64	444.61
2135.93	2823.92	2406.36	19.73		81.21	851.84	70.82
32389.69	39108.43	31935.61	223.83	8.11	178.99	9458.96	948.9
13426.52	12323.31	10168.68	44.82	1.49	191.23	3050.03	445.2
26604.16	51490.12	43582.88	225.81	7.81	1468.94	8819.25	1062.49
200470.32	307201.56	252203.77	1920.81	645.25	8129.06	49647.84	8501.61
15874.26	21931.74	17008.11	102.05	1.99	708.88	4427.43	666.28
8766.74	10310.98	8497.51	123.77		151.25	1737.89	274.93
59976.08	74078.14	61871.7	552.58	5.62	878.46	19731.17	1867.16
566227.47	742167.31	626485.28	4885.37	266.13	28812.53	138097.65	18580.88
7920.35	14180.57	9107.5	319.13	1.24	1849.87	1391.1	618.86
999.73	893.07	641.73	3.42		113.74	269.13	48.16
23806.15	40375.46	31055.27	307.46	0.49	2484.3	9026.18	846.31
27847.82	38204.02	31947.72	190.51	372.8	278.99	8028.87	1285.15
548516.96	599426.68	481577.35	4501.36	598.74	17996.9	128000.4	11751.73
559.42	1672.12	1212.81	30.9		286.48	291.25	155.36
154752.97	107996.74	92416.33	799.71	884.96	4204.16	12820.24	2477.53
167376.62	171181.15	138382.33	672.27	84.31	209.18	28868.89	3293.69
23839.82	17700.57	16606.17	86.15	-497.11	2053.28	2676.45	212.33
202273.51	220659.23	168898.63	1429.19	-91.56	1669.8	46758.94	6505.7

2-27　按地区分组规模以下文化

地　区	法人单位数（个）	从业人员期末人数（人）	女性	本年折旧（万元）	资产总计（万元）	负债合计（万元）
总　计	41979	457663	192158	471330.24	14657140.29	9550221.32
广州市	7016	53349	22354	69539.58	1502159.79	973275.3
韶关市	93	1075	597	1871.66	95899.16	27328.29
深圳市	10155	119303	49190	106619.33	4574013.38	3597477.79
珠海市	689	7282	3069	8873.46	452421.56	259292.72
汕头市	2638	36428	16131	37936.6	1594160.53	873417.17
佛山市	2929	34918	13776	45526.55	958500.43	575104.01
江门市	1284	12957	6166	15626.85	419466.13	211280.03
湛江市	289	2355	1078	2125.58	94485.23	44863.14
茂名市	232	3327	1607	4334.03	60206.87	19408.03
肇庆市	325	4900	2392	9586.2	171015.4	78531.52
惠州市	1773	24592	10328	28105.75	612828.53	421242.58
梅州市	238	2423	1222	2164	57787.84	27779.53
汕尾市	377	7627	3501	8141.93	127517.7	25047.27
河源市	113	1121	605	2070.53	49197.24	21899.51
阳江市	257	2735	1311	3151.95	65344.2	34802.96
清远市	185	2938	1665	2930.54	129299.93	62063.85
东莞市	9409	94276	37646	88340.71	2400264.99	1664769.18
中山市	2433	25655	10869	17316.37	777423.34	414894.55
潮州市	911	11653	4567	11721.35	266038.61	78521.55
揭阳市	505	6721	2887	4170.25	208482.6	119360.41
云浮市	128	2028	1197	1177.01	40626.82	19861.93
按区域分组						
珠三角核心区	36013	377232	155790	389534.80	11868093.55	8195867.68
沿海经济带	5209	70846	31082	71581.69	2416235.74	1195420.53
北部生态发展区	757	9585	5286	10213.74	372810.99	158933.11

制造业企业主要财务指标

营业收入（万元）	营业成本（万元）	税金及附加（万元）	投资收益（万元）	营业利润（万元）	应付职工薪酬（万元）	应交增值税（万元）
12279019.06	10134469.99	80727.31	18568.62	407436.3	2139951.78	314462.45
1476895.5	1243700.66	9761.91	1282.92	-2573.5	256094.36	35392.96
24457.73	20256	295.26	5.49	196.93	3795.75	596.21
3249294.18	2648008.37	12839.9	1553.36	41221.58	639418.13	72233.63
162341.28	132602.91	1240.67	40.86	-9591.36	33409.26	5219.65
1038263.22	845377.77	8381.18	913.95	78125.32	145350.09	28021.18
1282554.54	1001131.25	8880.56	223.73	76948.49	190233.23	31775.13
304411.01	266195.85	2463.02	233.42	6983.29	47767.11	10373.25
54048.53	35671.16	602.4	856.59	8147.52	8918	1247.5
82364.3	52018.89	907.91	0	23077	13978.82	3889.78
142526.35	122650.42	1840.65	79.74	8958.12	21450.24	5815.17
545912.19	458133.58	5288.7	667.55	11913.08	95617.74	11608.74
44905.6	37673.06	298.45	73.24	1989.47	9477.07	2396.56
155642.95	117454.1	2807.67	562.07	27138.79	43478.49	3269.11
20951.59	17209.4	363.9	-3.38	-267.05	4124.2	1025.66
65011.64	50998.79	586.99	30.21	6830.57	11449.01	2744.48
45602.74	36974.73	717.34	59.34	-522.81	9733.66	1733.24
2202800.15	1883367.78	13523.08	899.52	49317.43	415835.24	59265.09
621433.45	538678.66	3858.18	9873.49	13490.63	101558.44	21358.23
397492.95	304319.76	3664.68	1117.14	55281.44	56337.59	9823.74
337274.35	301390.97	2124.74	267.79	8828.88	27063.36	6946.73
24834.79	20655.89	280.11	-168.40	1942.48	4862.00	-273.60
9988168.65	8294469.48	59696.67	14854.59	196667.76	1801383.75	253041.85
2130097.94	1707231.44	19075.57	3747.75	207429.52	306575.36	55942.52
160752.45	132769.08	1955.06	-33.71	3339.02	31992.68	5478.07

2-28 按类别分限额以下文化批发

类 别	法人单位数（个）	从业人员期末人数（人）	女性	本年折旧（万元）	资产总计（万元）
总 计	52352	182983	81175	107426.17	9642355.24
一、按单位规模分组					
大型					
中型	50	4264	1930	1845.1	408138.31
小型	2047	35943	17278	25132.91	2080991.62
微型	50255	142776	61967	80448.15	7153225.31
二、按登记注册类型分组					
内资企业	51367	178488	79031	104157.35	9248908.39
国有企业	55	397	157	555.27	57348.52
集体企业	99	374	190	1234.49	9375.71
股份合作企业	99	303	156	155.49	5346.81
联营企业	4	15	8	24.18	274.15
国有联营企业					
集体联营企业	3	7	3	23.6	271.65
国有与集体联营企业	1	8	5	0.58	2.5
其他联营企业					
有限责任公司	5002	21138	9382	15135.66	1269720.41
国有独资公司	27	329	149	505.18	25803.93
其他有限责任公司	4975	20809	9233	14630.48	1243916.48
股份有限公司	238	940	489	998.97	66233.27
私营企业	45857	155215	68606	85871.22	7832261.5
私营独资企业	1071	4203	2040	2453.2	84607.74
私营合伙企业	97	320	157	98.37	58209.23
私营有限责任公司	44464	149523	65865	82596.1	7609614.25
私营股份有限公司	225	1169	544	723.54	79830.27
其他企业	13	106	43	182.08	8348.02
港、澳、台商投资企业	816	3634	1705	2415.13	313151.32
与港澳台商合资经营企业	33	187	103	352.54	12171.61
与港澳台商合作经营企业	5	43	25	6.97	599.96
港澳台商独资经营企业	761	3350	1548	2033.41	297863.87
港澳台商投资股份有限公司	8	30	18	19.85	1872.86
其他港澳台投资企业	9	24	11	2.37	643.01
外商投资企业	169	861	439	853.68	80295.53
中外合资经营企业	19	110	56	105.35	35689.63

和零售业企业主要财务指标

负债合计（万元）	营业收入（万元）	营业成本（万元）	税金及附加（万元）	投资收益（万元）	营业利润（万元）	应付职工薪酬（万元）	应交增值税（万元）
7339623.81	8492788.78	7168374.35	36721.48	7809.12	77224.6	921315.53	130795.55
304246.07	751139.61	685406.46	1262.44	11.99	7129.16	33725.11	6479.85
1570233.08	3302744.81	2908823.97	11835.68	1233.37	54536.75	208949.05	42713.33
5465144.65	4438904.35	3574143.91	23623.36	6563.76	15558.69	678641.36	81602.37
7039759.64	8045001.63	6769207.91	35051.91	7631.21	79492.36	889123.99	124730.56
53877.6	31575.9	21713.85	373.15	102.18	2818.3	3447.61	384.28
3567.06	9554.97	6651.91	135.9	31.32	1333.39	1606.7	181.3
3447.91	11198.27	9033.92	35.32	2.3	329.56	1388.73	314.1
48.79	338.84	260	6.3	2	38.51	63	6.65
48.41	238.84	185	6		13.51	24.6	6.55
0.38	100	75	0.3	2	25	38.4	0.1
1002094.91	1004434.34	839818.97	4111	599.63	-2708.85	109738.88	15796.4
10109.46	18094.9	12327.81	178.57	35.28	1125.85	1873.99	172.65
991985.44	986339.45	827491.16	3932.43	564.34	-3834.69	107864.89	15623.75
35938.82	37774.74	28961.23	332.11	482.61	1232.59	4481.26	1041.25
5940073.47	6943426.54	5858176.18	29736.34	6411.17	75389.96	767876.82	106866.18
41110.38	117729.03	86834.05	1668.55	152.49	10592.43	17886.79	2519.04
50709.89	14583.21	12421.82	68.77	30.28	324.72	1302.81	151.55
5795956.17	6762328.87	5717441.17	27834.26	6040.01	64938.41	742510.93	103116.05
52297.03	48785.43	41479.14	164.76	188.39	-465.59	6176.28	1079.55
711.09	6698.01	4591.86	321.78		1058.91	520.99	140.39
226390.6	195376.13	158123.38	1410.94	144.85	32.83	21117.65	5332.92
6311.82	12057.69	10593.95	50.27	11.6	-243.86	1187.4	212.13
282.99	852.27	578.64	4.94		74.39	181.3	9.6
217638.76	180502.34	145352.91	1307.59	133.25	51.44	19385.94	5057.94
170.95	1630.44	1431.2	40.66		133.3	153.78	34.38
1986.07	333.39	166.69	7.47		17.56	209.23	18.88
73473.57	252411.02	241043.06	258.63	33.06	-2300.59	11073.88	732.08
33463.22	193735.93	195640.62	105.05	0.05	-3463.84	4204.55	50.78

2-28

类　别	法人单位数（个）	从业人员期末人数（人）	女性	本年折旧（万元）	资产总计（万元）
中外合作经营企业	2	5	4		24.4
外资企业	137	688	356	604.98	41843.53
外商投资股份有限公司	3	30	10	124.79	1954.55
其他外商投资企业	8	28	13	18.57	783.42
三、按企业控股情况分组					
国有控股	123	1095	525	1378.82	122759.75
集体控股	177	913	364	1728.27	27098.97
私人控股	49769	171059	75911	98484.18	8911351.82
港澳台商控股	781	3461	1614	1975.54	289784.27
外商控股	149	797	402	787.4	75439.48
其他	1353	5658	2359	3071.96	215920.94
四、按隶属关系分组					
中央	12	52	39	52.75	3258.91
地方	266	1722	783	1243.21	89141.63
其他	52074	181209	80353	106130.21	9549954.7
五、按执行会计标准类型分组					
企业会计制度	52346	182943	81156	107374.82	9638588.73
事业单位会计制度					
行政单位会计制度					
民间非营利组织会计制度	3	14	3	13.06	2036.87
其他	3	26	16	38.29	1729.64
六、按机构类型分组					
企业	52340	182879	81133	107244.94	9634015.97
事业单位					
机关					
社会团体					
民办非企业单位					
基金会					
居委会					
村委会					
农民专业合作社	12	104	42	181.23	8339.27
农村集体经济组织					
其他组织机构					

续表 1

负债合计（万元）	营业收入（万元）	营业成本（万元）	税金及附加（万元）	投资收益（万元）	营业利润（万元）	应付职工薪酬（万元）	应交增值税（万元）
21.34	40.9	29.45	0.79		-9.85	22.85	0.97
39035.64	55570.79	42865.02	141.79	33.01	1152.01	6414.67	593.19
150.84	1603.88	1495.02	4.43		-10.45	197.81	36.94
802.53	1459.52	1012.94	6.58		31.54	234	50.19
77929.78	56558	37137.91	653.01	131.22	4619.04	7380.52	1079.58
12406.61	23299.37	18028.9	184.62	30.65	1826.59	3088.23	514.57
6824175.21	7756380.74	6549275.12	33091.87	8048.04	67272.47	852768.58	120105.72
211914.79	180808.41	147404.54	1363.28	144.24	121.77	19281.39	5114.99
68319.91	247354.16	237488.78	238.04	33.01	-1810.02	10622.9	678.64
144877.51	228388.1	179039.09	1190.66	-578.04	5194.76	28173.9	3302.05
1072.56	2035.8	1386.12	4.58	20.08	272	270.37	62.69
57844.26	52945.1	36138.77	733.12	172.72	2568.27	6796.98	1166.16
7280706.99	8437807.88	7130849.46	35983.78	7616.32	74384.33	914248.18	129566.7
7339060.55	8489839.96	7166418.96	36518.27	7809.12	76603.82	921008.65	130713.69
563.26	1877.13	1260.14	120.36		429.36	204.47	50.79
	1071.69	695.25	82.86		191.42	102.41	31.07
7338913	8486100.89	7163791.71	36399.73	7809.12	76166.64	920800.65	130655.48
710.81	6687.88	4582.65	321.75		1057.96	514.88	140.07

2-29　按行业分限额以下文化批发

行　业	法人单位数（个）	从业人员期末人数（人）	女性	本年折旧（万元）	资产总计（万元）
总　计	52352	182983	81175	107426.17	9642355.24
图书批发	714	4818	2405	3426.65	383850.1
报刊批发	34	475	79	44.93	10027.37
音像制品、电子和数字出版物批发	320	1284	549	700.76	69648.34
图书、报刊零售	686	3684	1868	1887.82	115477.84
音像制品、电子和数字出版物零售	216	815	343	790.44	43282.96
首饰、工艺品及收藏品批发	11091	37584	18413	16768.67	3579199.42
珠宝首饰零售	6673	21828	11754	19321.05	786585.76
工艺美术品及收藏品零售	3711	11085	4658	4811.76	327106.1
艺术品、收藏品拍卖	92	370	169	215.14	70503.09
艺术品代理	24	99	31	19.45	3378.88
贸易代理*	358	1320	613	463.85	60686.69
广播影视设备批发	402	1866	751	1123.71	306213.18
照相器材零售	865	2905	1202	1550.55	79557.44
电气设备批发*	37	162	74	39.78	3847.96
乐器批发	390	1216	526	364.75	26904.51
乐器零售	800	2488	1132	926.57	68170.38
文具用品批发	8924	31761	12816	21595.54	1481178.33
文具用品零售	5585	17122	6770	8635.01	499036.63
家用视听设备批发	3156	13353	5332	8058.48	729577.19
家用视听设备零售	2264	7095	2728	4107.91	285186.79
其他文化用品批发	3129	12751	5401	7448.93	517452.43
其他文化用品零售	2881	8902	3561	5124.4	195483.84

和零售业企业主要财务指标

负债合计（万元）	营业收入（万元）	营业成本（万元）	税金及附加（万元）	投资收益（万元）	营业利润（万元）	应付职工薪酬（万元）	应交增值税（万元）
7339623.81	8492788.78	7168374.35	36721.48	7809.12	77224.6	921315.53	130795.55
227908.55	278734.43	213469.38	778.13	815.18	10499.57	29709.64	4315.67
6760.96	13832.07	9851.17	18.21		1231.25	2131.05	98.74
53952.27	49039.92	36410.35	225.12	146.38	1442.68	7248.02	969.44
75896.11	93345.04	65092.35	387.45	504.41	886.69	17620.85	1536.09
30438.08	19312.25	13188.78	95.62	10.93	-939.94	4063.95	925.24
2941801.37	2244126.7	2026004.46	6414.04	2511.43	-46150.41	196738.66	22347.12
565643.99	529851.18	405212.03	8151.63	945.81	11579.86	104696.09	11896.9
244141.24	226532.4	162287.41	1858.59	254.97	3815.27	53380.18	7185.89
25328.9	12412.14	7636.69	43.98	98.97	839.51	2133.05	161.78
2278.81	4483.65	3397.55	20.09		-1.33	724.92	47.72
41536.85	59984.72	50582.68	167.16	533.6	1098.21	6532.05	673.87
275068.01	465038.42	442622.69	618.99	-770.5	-2239.29	9891.06	3539.6
69692.58	97368.46	76913.05	256.13	-8.13	699.74	13853.68	2017.31
2941.35	4950.05	3754.97	22.36		27.16	736.69	80.06
20964.95	32115.61	25207.66	92.76	49.51	-687.33	5355.95	453.69
46656.56	55454.59	38850.46	303.37	169.98	1469.29	11062.62	1047.91
1050665.29	1778589.09	1499666.52	6268.48	683.27	41122.31	160964.22	30983.5
358364.74	523675.18	406573.12	2783.09	349.55	21245.93	78793.49	11019.55
602560.01	968037.16	856289.95	2848.13	477.67	-3214.46	75039.16	11804.1
187930.56	243774.78	192620.89	960.5	200.05	-760.92	37937.88	4818.52
369536.96	559532.02	450409.92	3023.75	503.43	26033.73	62207.59	10171.07
139555.66	232598.92	182332.27	1383.89	332.6	9227.09	40494.74	4701.79

2-30　按地区分组限额以下文化批发

地　区	法人单位数（个）	从业人员期末人数（人）		本年折旧（万元）	资产总计（万元）
			女性		
总　计	52352	182983	81175	107426.17	9642355.24
广州市	12904	39889	18559	11177.6	1723791.06
韶关市	126	395	215	237.29	17499.09
深圳市	25948	85677	37487	48677.94	5645370.1
珠海市	1168	3289	1284	1073.95	527437.74
汕头市	1550	8310	3839	8359.51	205228.13
佛山市	2096	11435	4479	7240.45	391335.72
江门市	434	1236	644	397.94	50739.17
湛江市	462	2145	1075	1313.16	181590.66
茂名市	422	4047	2022	2421.5	69031.95
肇庆市	613	4300	2071	12045.15	139544.38
惠州市	900	3811	1475	2853.9	91659.68
梅州市	343	1388	487	736.04	53598.77
汕尾市	243	1642	725	2391.18	32690.55
河源市	131	473	276	289.46	19205.84
阳江市	171	732	422	1028.52	19985.95
清远市	159	512	266	883.41	30706.18
东莞市	3172	8752	3336	4246.99	285917.23
中山市	755	2489	1249	515.82	69286.06
潮州市	115	788	411	310.41	15777.06
揭阳市	529	1233	578	1016.41	47806.43
云浮市	111	440	275	209.53	24153.49
按区域分组					
珠三角核心区	47990	160878	70584	88229.74	8925081.14
沿海经济带	3492	18897	9072	16840.69	572110.73
北部生态发展区	870	3208	1519	2355.73	145163.37

和零售业企业主要财务指标

负债合计（万元）	营业收入（万元）	营业成本（万元）	税金及附加（万元）	投资收益（万元）	营业利润（万元）	应付职工薪酬（万元）	应交增值税（万元）
7339623.81	8492788.78	7168374.35	36721.48	7809.12	77224.6	921315.53	130795.55
1334632.34	1857319.97	1580849.63	6987.58	1488.61	-15561.03	189592.25	26899.56
11314.66	13325.92	10845.79	41.01	3.17	381.23	1324.22	348.2
4504831.92	4464446.58	3890077.45	12078.16	2478.2	-62338.75	465730.16	64066.16
490359.6	97902.94	79002.43	303.15	105.98	-2314.56	15400.03	1728.53
79487.19	285777.22	228845.82	2046.14	530.25	26077.76	34666.76	3737.52
268037.1	677387.11	525360.12	3784.19	125.07	34781.89	66779.43	9273.73
36109.41	69786.84	62451.7	179.69	-15.74	304.01	4463.94	956.76
102321.38	59955.93	40777.3	724.4	494.32	8311.98	8125.46	1256.8
15293.1	107385.9	69267.41	1588.06		25273.6	16930.58	3925.54
79199.51	162627.7	139042.59	3455.31	1019.38	13856.8	23550.09	3117.51
47165.2	106798.81	84473.52	335.96	91.96	4233.04	14211.85	1589.56
23782.16	45064.01	36138.46	239.84	18.12	1627.58	4633.96	453.61
6992.47	47829.95	35329.6	1366.05	118.88	8800.68	9014.14	1193.88
10522.03	11195.82	8201.08	124.72	93.76	737.87	1365.15	257.03
11550.23	22558.19	16808.23	116.42	34.26	2926.3	2775.98	917.76
23567.03	18527.44	13840.19	172.13	34.65	1478.68	1749.18	444.37
198647.06	286003.91	222910.01	1517.39	492.34	18643.34	43429.06	7090.75
56369.04	74657.07	61125.32	441.78	13.91	-264.49	8801.46	1763.12
3924.55	25497.33	18989.03	554.26	28.62	2973.86	3212.55	576.81
24230.57	47982.06	36459.78	575.23	638.59	5561.73	4200.66	886.95
11287.26	10758.07	7578.88	90	14.8	1733.09	1358.63	311.38
7015351.18	7796930.93	6645292.77	29083.21	5799.71	-8659.75	831958.27	116485.68
243799.49	596986.58	446477.17	6970.56	1844.92	79925.91	78926.13	12495.26
80473.14	98871.26	76604.40	667.70	164.50	5958.45	10431.14	1814.59

2-31　按类别分规模以下文化

类　别	法人单位数（个）	从业人员期末人数（人）	女性	本年折旧（万元）	资产总计（万元）
总　计	183928	827532	325817	563749.85	41288281.96
一、按单位规模分组					
大型	8	7072	2549	872.04	2631811.29
中型	114	17727	6375	9790.29	1904777.87
小型	16633	322323	127943	266926.86	14649191.93
微型	167173	480410	188950	286160.66	22102500.87
二、按登记注册类型分组					
内资企业	180851	813001	319962	485516.04	39287216.36
国有企业	296	3799	1589	7343.53	506324.75
集体企业	186	1281	524	2015.94	115314.83
股份合作企业	84	384	181	332.15	11055.1
联营企业	24	152	61	214.31	11035.03
国有联营企业	2	31	9	15.21	476.51
集体联营企业	5	35	20	74.28	8175.1
国有与集体联营企业	3	11	5	1.01	694.52
其他联营企业	14	75	27	123.82	1688.9
有限责任公司	23423	125060	48948	101641.85	12714953.63
国有独资公司	132	1711	681	6584.8	764002.36
其他有限责任公司	23291	123349	48267	95057.05	11950951.27
股份有限公司	1148	8256	3427	8665.09	1408286.34
私营企业	155167	671163	263490	363306.95	24464931.73
私营独资企业	6953	28319	12252	23155.76	501133.95
私营合伙企业	1091	4636	1966	2822.98	524035.07
私营有限责任公司	146141	632928	247188	334541.15	23196877.69
私营股份有限公司	982	5280	2084	2787.07	242885.01
其他企业	523	2906	1742	1996.23	55314.94
港、澳、台商投资企业	2700	11163	4468	75165.28	1541830.15
与港澳台商合资经营企业	146	1215	456	66618.66	532845.17
与港澳台商合作经营企业	27	160	74	163.17	55632.77
港澳台商独资经营企业	2481	9470	3754	8289.36	943085.42
港澳台商投资股份有限公司	18	235	149	61.45	4709.59
其他港澳台投资企业	28	83	35	32.64	5557.2
外商投资企业	377	3368	1387	3068.52	459235.45
中外合资经营企业	79	832	320	521.31	125789.39

服务业企业主要财务指标

负债合计（万元）	营业收入（万元）	营业成本（万元）	税金及附加（万元）	投资收益（万元）	营业利润（万元）	应付职工薪酬（万元）	应交增值税（万元）
25491101.97	18365968.74	12042620.9	134760.85	176787.25	422447.55	4678138.94	480105.1
659910.54	101299.45	43048.47	713.57	4983.32	103981.16	84524.02	4068.1
1204715.51	1290194.79	1026520.86	3785.64	6800.47	10925.63	136116.9	12781.69
9053092.63	7394017.92	4758244.16	56781.52	53642.54	109147.59	1991149.97	224420.22
14573383.29	9580456.57	6214807.41	73480.11	111360.91	198393.17	2466348.05	238835.09
23999300.05	17978427.36	11801256.48	130100.46	171503.19	400124.76	4582370.74	469933.13
252001.71	81142.44	54439.22	990.68	2362.11	-257.05	29153.12	1789.78
97957.35	21438.59	11291.4	234.37	362.58	2827.68	7006.43	1567.23
2908.97	7392.5	3648.66	123.15	6.38	230.47	1967.83	240.73
3433.99	3149.97	1909.28	76.6	9.61	151.14	708.26	113.42
101.29	350.9	78.13	3.01	-1.08	93.62	172.9	23.64
2167.18	597	461.93	14.96	2.37	-68.91	202.39	17.06
131.04	457.87	214.98	2.03	6.29	49.41	56.56	6.42
1034.47	1744.2	1154.25	56.6	2.03	77.03	276.41	66.3
6770549.81	2783970.56	1819130.61	21952.69	61190.1	31529.06	799169.75	78072.02
400963.49	49183.37	35030.29	530.36	18068.31	-102.81	19046.98	1165.38
6369586.33	2734787.19	1784100.32	21422.33	43121.79	31631.87	780122.78	76906.64
538305.31	261275.23	176356.49	2057.08	11910.16	8870.1	78339.84	6188.29
16314160.43	14782232.05	9713203.57	104405.63	95612.86	354563.4	3650980.66	381090.5
204935.34	445685.05	296827.69	4420.7	2815.02	50637.25	113229.09	8315.68
87520.1	69283.42	42489.63	658.95	579.56	5231.14	22180.63	2221.1
15910227.41	14162622.6	9308605.14	98539	91289.51	293994.01	3486403.77	367807.8
111477.58	104640.98	65281.1	786.97	928.77	4701	29167.16	2745.92
19982.49	37826.02	21277.24	260.27	49.4	2209.96	15044.84	871.16
1085567.49	289436.96	177663.77	3735.92	5050.18	23977.85	70173.9	7296.63
481955.51	22686.97	13280.3	737.9	23.66	-1365.27	8501.09	796.86
44875.44	2083.3	1295.65	1345.85		-1286.81	772.12	45.57
554480.13	260189.97	160383.5	1611.55	5018.8	26574.47	59374.53	6319.15
2275.02	2258.28	1241.37	25.51		-35.96	1022.61	56.39
1981.39	2218.44	1462.94	15.12	7.72	91.41	503.54	78.66
406234.42	98104.42	63700.66	924.47	233.88	-1655.06	25594.31	2875.33
93290.85	32758.39	23658.3	351.99	29.34	-459.58	6231.42	914.03

2-31

类　别	法人单位数（个）	从业人员期末人数（人）	女性	本年折旧（万元）	资产总计（万元）
中外合作经营企业	4	78	18	2.39	3714.21
外资企业	253	1966	814	1880.93	166796.89
外商投资股份有限公司	10	112	54	14.42	136042.07
其他外商投资企业	31	380	181	649.47	26892.9
三、按企业控股情况分组					
国有控股	584	6372	2708	15241.28	2175068.64
集体控股	413	2912	1190	4451.36	268054.9
私人控股	172660	765581	300121	435729.72	34362908.74
港澳台商控股	2597	10979	4375	75152.31	1392956.07
外商控股	306	2629	1124	2369.37	331633.57
其他	7368	39059	16299	30805.79	2757660.04
四、按隶属关系分组					
中央	60	496	217	513.04	39642.65
地方	1482	11854	4805	17346.28	1586216.87
其他	182386	815182	320795	545890.53	39662422.45
五、按执行会计标准类型分组					
企业会计制度	183892	827410	325767	563554.99	41279426.95
事业单位会计制度	3	8	8	8.22	25.06
行政单位会计制度	2	3	1	0.12	7.65
民间非营利组织会计制度	13	75	29	72.43	5507.04
其他	18	36	12	114.09	3315.26
六、按机构类型分组					
企业	182933	821075	322231	559078.73	41106344.69
事业单位	72	1327	505	2061.39	101769.39
机关					
社会团体					
民办非企业单位	838	4796	2932	2284.69	60467.06
基金会					
居委会					
村委会					
农民专业合作社	29	95	37	146.91	2676.28
农村集体经济组织	2	5	1	0.65	5136.99
其他组织机构	54	234	111	177.48	11887.56

续表 1

负债合计（万元）	营业收入（万元）	营业成本（万元）	税金及附加（万元）	投资收益（万元）	营业利润（万元）	应付职工薪酬（万元）	应交增值税（万元）
14343.54	1075.96	419.26	60.16		419.36	381.29	62.58
136706.97	52878.77	32445.79	402.19	204.55	-2411.02	15455.85	1368.89
135785.52	246.73	112.25	94.24		-841.55	736.37	19.49
26107.53	11144.57	7065.06	15.88		1637.72	2789.38	510.35
1165948.56	164651.09	111538.72	2004.98	19026.38	-433.65	55396.39	4124.03
217654.89	69508.37	41381.53	1793.64	-3905.37	-3215.73	24791.37	1865.75
21032299.86	16940553.81	11114188.34	119931.15	149406.15	422233.47	4278648.81	445033.16
1020890.07	296420.66	186334.25	3883.49	5313.49	28335.44	69527.8	7400.48
281858.07	64920.23	39244.85	493.53	152.11	-3177.07	21029	2139.54
1772450.53	829914.58	549933.22	6654.05	6794.49	-21294.9	228745.56	19542.12
59629.7	13038.89	10518.09	105.41	180.94	180.06	5905.78	952.4
683333.64	253969.66	159260.08	3111.33	20787.23	11102.08	81922.56	3839.45
24748138.63	18098960.19	11872842.73	131544.11	155819.08	411165.4	4590310.6	475313.25
25490547.06	18364430.63	12041816.56	134755.14	176784.25	422116.92	4677723.77	480083.27
10	135.52	37.95	0.81		13.55	35.53	4.06
3.33	24.69	20.85	0.01		1.24	15.32	0.29
73.44	645.63	443.25	2.08		181.05	222.71	0.91
468.14	732.26	302.29	2.81	3	134.79	141.63	16.56
25439357.28	18275601.28	11991388.18	133984.03	174348.49	420675.82	4641631.83	478339.19
14965.85	23218.48	13457.48	296.94	2231.85	-3383.85	11243.24	298.33
32326.45	59666.94	34256.44	431.04	199.32	3082.16	23391.98	1303.2
225.54	2093.78	1483.55	7.61	4.2	307.06	741.5	28.2
2084.88	1224.04	51.85	2.9		1173.76	17.34	0.47
2141.96	4164.21	1983.4	38.33	3.39	592.6	1113.06	135.7

2-32 按行业分规模以下文化

行 业	法人单位数（个）	从业人员期末人数（人）	女性	本年折旧（万元）	资产总计（万元）
总 计	183928	827532	325817	563749.85	41288281.96
新闻业	83	346	160	155.92	12288.9
报纸出版	48	513	205	438.65	12019.71
广播	342	1242	455	464.34	39620.34
电视	92	392	153	346.25	19204.2
广播电视集成播控	16	386	158	1328.51	21884.63
互联网搜索服务	280	716	250	219.17	21361.82
互联网其他信息服务	8157	32701	12527	13290.71	2273867.54
图书出版	90	474	236	240.18	50126.59
期刊出版	97	573	355	671.91	22008.69
音像制品出版	68	272	117	86.92	11345.55
电子出版物出版	26	117	49	17.41	2424.65
数字出版	19	41	18	6.88	431.54
其他出版业	22	106	47	264.14	3859.79
影视节目制作	4060	17502	6749	9954.39	1728391.33
录音制作	402	1634	669	1367.22	40120.07
文艺创作与表演	4012	15811	7132	8820.01	573197.08
群众文体活动	1378	5050	2108	2111.78	120261.55
其他文化艺术业	10200	29087	12730	13035.22	998993.73
动漫、游戏数字内容服务	3449	15405	5271	8560.58	523372.16
互联网游戏服务	760	3936	1140	2492.46	231880.99
应用软件开发*	5284	30267	9515	18183.71	1276091.54
其他电信服务*	146	751	246	267.29	43434.01
其他数字内容服务*	69	205	71	81.5	8951.18
图书馆	30	145	72	69.68	6893.98
档案馆	207	1890	1196	393.13	26251.67
文物及非物质文化遗产保护	80	296	97	167.26	11486.6
博物馆	73	331	129	662.16	29034.4
烈士陵园、纪念馆	4	9	1	0.4	54.71
互联网广告服务	3943	18257	7334	11577.77	608693.42
其他广告服务	36075	156255	57738	83633.22	4568365.98
工程设计活动*	18339	101301	32222	44458.19	4922239.32
工业设计服务	5965	27639	9274	18305.05	1146102.31
专业设计服务	25164	110553	42746	55698.16	3449861
图书出租	29	93	68	27.74	527.82
音像制品出租	54	248	89	133.35	4576.8
有线广播电视传输服务	249	2034	649	3761.68	208535.08
无线广播电视传输服务	39	548	187	2105.72	34809.81
广播电视卫星传输服务	35	266	85	43.34	4761.83
电影和广播电视节目发行	190	880	397	1137.34	50987.34

服务业企业主要财务指标

负债合计（万元）	营业收入（万元）	营业成本（万元）	税金及附加（万元）	投资收益（万元）	营业利润（万元）	应付职工薪酬（万元）	应交增值税（万元）
25491101.97	18365968.74	12042620.9	134760.85	176787.25	422447.55	4678138.94	480105.1
6590.53	6954.04	3899.38	107.63	0.34	-82.82	2163.91	878.17
8797.07	10882.75	7696.88	104.84	6.72	242.59	4167.5	361.44
43255.52	27906.22	15682.4	218.98	91.67	-6	6955.87	447.17
10329.95	15755.8	11648.79	77.35	61.75	-246.06	2942.99	317.32
11219.61	18440.49	15118.26	164.46	3818.11	855.14	4470.21	0.55
8187.47	10133.37	6083.15	47.12	0.17	126.74	3769.8	282.71
1651321.16	1528570.8	1172807.91	5243.79	11456.84	6460.83	197814.24	20483.82
25354.06	10059.33	6975.06	61.35	-28.03	-1187.72	3197.8	227.09
14973.56	17902.24	9494.58	166.74	16.16	582.15	5720.82	709.57
7196.53	8286.6	5082.3	135.83	8.53	633.68	1994.3	193.69
1910.89	3073.17	1674.8	10.59		381.4	788.61	68.01
407.71	486.47	401.92	1.29		-128.09	172.97	10.34
1919.94	3737.39	2043.89	29.09	0.26	330.53	858.37	112.72
1034133.08	355979.76	221572.72	2172.46	1125.05	-46653.03	109289.23	11317.99
23467.8	22260.08	13282.12	154.33	0.1	-2775.91	8316.43	539.15
362083.92	235204.5	140159.13	2156.75	315.41	4272.54	76931.7	6269.48
91764.24	79127.55	45007.27	767.63	325.06	2129.62	24545.84	2673.63
689872.27	429393.91	248012.6	2870.2	5604.07	3037.54	137936.14	28662.03
353196.52	379292.05	265133.9	2550.91	29608.77	-11185.76	110065.94	7865.88
185197.64	192042.35	105847.66	459.52	704.79	-6856.86	36111.49	5261.72
729890.29	558300.29	327342.8	2949.22	4273.47	-100560.15	250531.23	11670.61
16542.42	44431.43	36225.83	122.46	-381.04	1437.44	4249.89	765.37
24341.1	5227.48	3350.01	18.47	1.65	523.6	1212.58	114.05
2801.87	3570.33	881.71	20.56	68.58	1276.11	915.38	126.01
8885.04	24116.51	12279.93	168.47	19	2017.74	9746.35	693.24
3195.41	3583.6	2148.27	27.67	2.71	-500.98	1259.6	100.85
14520.06	4231.26	2266.58	24.8	2	-1002.08	1868.88	94.07
13.26	181.5	96.2	0.69		16.35	33.65	3.99
338814.75	517423.67	362940.11	3600.39	-598.87	10661.77	108063.62	10726.41
2831778.46	3885785.49	2552255.27	33199.81	6919.9	207777.7	844448.11	100492.96
3456257.56	2758990.31	1926593.37	18811.16	48404.55	151131.25	630184.11	75759.88
849724.23	653833.54	453233.58	3619.92	973.25	-5092.58	158005.94	17988.72
2285275.27	2263781.22	1443169.8	13977.76	12777.24	57529.7	602069.5	61938.95
413.53	458.7	99.15	1.28		-99.9	368.49	6.15
2738.31	5189.77	3193.35	20.5	-1.09	222.41	1463.69	80.96
68702.33	51446.27	32339.19	458.11	4278.82	6479.72	16661.26	1206.88
21754.39	27612.99	16102.21	55.72	1.71	3501.63	8305.77	222.64
2355.41	4244.68	2823.66	7.88	3.35	745.44	985.05	49.98
46572.01	23537.54	14135.24	160.76	148.57	-969.68	5117.92	506.35

2-32

行　业	法人单位数（个）	从业人员期末人数（人）	女性	本年折旧（万元）	资产总计（万元）
电影放映	864	8227	3990	23589.48	441553.62
艺术表演场馆	134	572	217	304.8	44703.49
互联网生活服务平台*	50	662	246	63.31	17188.86
投资与资产管理*	1892	6755	2757	9977.08	3600084.54
企业总部管理*	205	3018	1045	1929.3	2682258.57
园区管理服务*	32	310	109	66357.53	499155.5
歌舞厅娱乐活动	2414	25953	12172	16054.47	323342.71
电子游艺厅娱乐活动	525	2541	972	2861.96	54188.4
网吧活动	7842	26426	9601	26494.84	524237.85
其他室内娱乐活动	970	5192	2657	3025.73	144962.93
游乐园	390	2463	1092	3240.4	165420.26
其他娱乐业	270	1598	644	1063.54	44032.93
城市公园管理	63	970	402	459.97	1035032.73
名胜风景区管理	181	2252	979	17370.76	530668.09
森林公园管理	21	51	14	453.07	55309.59
其他游览景区管理	555	4638	1996	10094.91	1707282.15
自然遗迹保护管理	1				
动物园、水族馆管理服务	19	129	39	289.9	6917.77
植物园管理服务	8	25	9		24.16
休闲观光活动	562	3034	1185	5700.2	525599.62
观光游览航空服务	8	20	5	314.55	7321.36
摄影扩印服务	3303	13671	5878	6818.79	189903.36
知识产权服务*	2808	13035	6001	3431.55	330495.01
科技会展服务	160	750	288	564.22	24111.61
旅游会展服务	134	928	482	350.87	176577.64
体育会展服务	44	134	51	69.89	1801.32
文化会展服务	924	4518	1926	3331.42	301855.48
其他会议、展览及相关服务	4305	18694	7569	11198.31	1264961.13
文化活动服务	12927	49579	21161	22682.57	2125926.72
文化娱乐经纪人	118	495	205	73.77	7237.19
其他文化艺术经纪代理	336	1256	515	848.67	77753.63
婚姻服务*	1129	4593	2416	1945.94	66443.21
票务代理服务	473	1723	865	725.17	255728.63
休闲娱乐用品设备出租	361	1957	628	2273.99	103627
文化用品设备出租	267	1674	411	1340.15	81760
社会人文科学研究	403	1081	480	314.09	26878.78
专业性团体*					
文化艺术培训	8405	35123	21048	11541.05	491810.31
其他未列明教育*	1249	5213	3117	2014.24	243806.15

续表 1

负债合计（万元）	营业收入（万元）	营业成本（万元）	税金及附加（万元）	投资收益（万元）	营业利润（万元）	应付职工薪酬（万元）	应交增值税（万元）
276968.36	206592.33	128960.65	3021.2	2560.79	-4555.19	38516.5	4894.84
39626.77	8538.08	6834.03	122.36		-1739.63	3019.29	507.83
7928.03	15897.03	9498.78	70.49	36.9	-6553.27	4869.62	278.31
2365093.76	144514.62	108398.15	2664.75	22683.96	-23931.18	44720.64	4345.78
688403.08	40914	4630.93	496.56	9449.17	104683.34	56719.5	2081.63
475844.07	6240.97	4159.26	720.02		-1341.83	2104.66	187.82
172105.72	286667.92	170033.86	8012.04	971.78	17984.27	100771.37	8773.12
34127.75	53816.76	29504.11	532.81	49.27	5485.63	13024.16	962.08
226417.11	347945.88	212278.12	3055.02	2609.56	33834.2	112759.08	6810.49
78005.01	55498.32	31777.08	574.31	25	110.56	22739.29	2881.52
90626.09	33574.2	19356.05	270.18	82.6	-2179.07	11266.11	581.21
22590.96	17518.15	10638.3	777.62	39.76	-549.7	7280.39	436.86
639571.24	8681.88	5665.35	106.77	1232.24	-11032.25	5999.92	177.11
304468.46	26723.66	19738.05	288.14	-21.74	-1715.14	10186.6	547.3
42980.95	1138.07	1057.15	13.52		197.46	315.27	19.84
947534.14	65703.21	45231.92	868.8	943.67	-9248.06	27938.91	67.56
1386.36	1659.2	863.35	63.2		218.7	545.74	90.07
51.55	67.73	6.34	0.2	3	12.8	70.59	0.56
178782.46	39669.41	29804.65	1133.25	190.65	-2752.35	16759.81	2107.02
6306.81	231.98	255.62	0.65	13.08	183.49	147.17	-13.98
120601.1	187264.13	106257.22	1146.33	180.59	4595.91	69151.88	4405.82
198215.47	263081.79	148375.15	1626.19	5222.67	7861.74	76700.99	7246.43
14208.18	21372.6	14401.53	99.31	1.19	683.69	4615.08	1437.66
161493.78	17694.92	13531.61	191.78	1.61	-2426.78	4260.02	196.37
2232.24	1462.96	1429.96	5.92	3.65	-202.97	660.01	47.57
180152.41	127863.97	83440.15	783.25	111.33	369.15	26468.7	3158.76
817877.14	593536.98	384118.97	3144.95	888.04	23089.96	107299.94	13593.53
1275098.92	945763.88	591067.24	6521.86	1494.35	17939.65	267689.24	30839.9
4455.04	12244.79	7891.65	80.77	-0.26	-701.03	2787.04	337.61
33089.71	33024.61	23574.09	201.89	22.26	-1741.58	7183.12	705.76
42762.86	66340.27	37461.32	418.66	60.03	2656.63	22432.55	1497.67
119821.2	42472.93	29817.68	231.84	-3841.66	-9300.73	8659.26	897.59
72279.48	36351.67	20143.07	188.79	77.08	-357.31	10584.3	765.23
62881.26	29245.85	17308.23	117.1	4.84	1544.1	8239.89	612.98
18595.25	22234.32	14874.27	123.09	0.59	-112.99	7355.85	564.84
394288.77	356933.55	191110.82	2051.84	982.01	-1766.31	166740.76	7609.57
138475.31	56050.71	30025.25	288.91	699.68	-1822.31	23850.5	1220.32

2-33 按地区分组规模以下文化

指标名称	法人单位数（个）	从业人员期末人数（人）	女性	本年折旧（万元）	资产总计（万元）
总　计	183928	827532	325817	563749.85	41288281.96
广州市	50232	205967	85468	79306.79	10594831.78
韶关市	1328	5245	2325	3133.92	472246.14
深圳市	62165	283714	109275	171003.12	16651645.18
珠海市	7744	28847	10567	14815.91	2687226.02
汕头市	2717	14961	6050	13883.22	364546.59
佛山市	12227	77374	29334	124003.06	2190916.01
江门市	2452	9471	4042	8039.49	807308.66
湛江市	2919	16150	7250	11200.3	794515.46
茂名市	2186	20286	8597	24374.66	602257.36
肇庆市	2017	9259	3673	10914.81	479486.21
惠州市	6377	28210	10588	17855.33	978756.6
梅州市	1852	6958	2907	5504.77	458428.68
汕尾市	853	5859	2188	5592.33	176682.41
河源市	1366	5814	2223	4773.46	154355.08
阳江市	1200	5084	2122	2996.4	111101.2
清远市	1726	7672	3141	10785.05	1053489.76
东莞市	17114	63439	22427	33737.18	1575986.98
中山市	5075	20694	8555	10709.83	665495.19
潮州市	636	3661	1467	3453.9	91008.45
揭阳市	1146	5404	2188	5385.15	224995.87
云浮市	595	3463	1430	2281.17	153002.33
按区域分组					
珠三角核心区	165403	726975	283929	470385.52	36631652.63
沿海经济带	11657	71405	29862	66885.96	2365107.34
北部生态发展区	6867	29152	12026	26478.37	2291521.99

服务业企业主要财务指标

负债合计（万元）	营业收入（万元）	营业成本（万元）	税金及附加（万元）	投资收益（万元）	营业利润（万元）	应付职工薪酬（万元）	应交增值税（万元）
25491101.97	18365968.74	12042620.9	134760.85	176787.25	422447.55	4678138.94	480105.1
5864606.92	4317075.47	2716904.63	34218.1	92235.63	86218.51	1242233.64	120471.67
300123.33	77977.79	55985.23	776.53	76.66	172.21	19616.98	2073.3
11838671.33	7328640.74	4981157.53	36657.99	49334.57	-277133.3	1803080.01	168430.74
1377285.59	509573.45	301383.95	4076.59	7313.27	-9261.13	154725.08	13429.92
100871.9	309080.95	217592.38	3324.99	1227.93	41283.99	67147.25	7368.25
1432788.15	2120510.44	1231698.58	14386.73	2439.78	232560.79	467998.97	49024.56
567894.89	146090.76	98886.91	2222.77	1117.22	1249.4	39249.76	4009.61
453008.18	303863	176882.34	3399.1	3029.72	45372.86	64672.69	7202.68
113125.21	466405.23	299934.6	5153.66	91.16	104251.62	85188.52	17902.71
254869.07	228908.72	161983.99	2860.52	284.37	27071.96	42921.28	5904.23
569477.57	397470.19	312950.73	3253.56	721.45	5320.44	110405.75	9536.91
309973.36	185752.94	157948.26	2072.21	364.76	7351.25	27259.65	2413.38
89637.6	104123.86	67469.53	2109.74	649.47	21707.76	28951.56	2623.06
75367	86143.94	67374.8	785.26	771.33	699.53	22476.52	1987.83
51374.35	93354.04	60099.62	956.82	24.85	17672.73	20285.08	2685.4
653987.32	115269.04	82290.29	1817.9	352.7	-922.89	31282.05	5055.7
789046.97	1001611.84	642543.61	8689	2615.16	97022.23	317851.41	46324.45
392099.56	288753.06	192802.93	3389.66	12599.63	-4094.38	85924.18	7994.22
22926.91	77958.48	54622.95	1069.89	362.74	11806.44	13164.91	1539.24
116120.29	161119.51	130249.52	2912.41	1038.87	11364.62	20061.24	2919.82
117846.46	46285.31	31858.51	627.43	135.98	2732.91	13642.41	1207.42
23086740.05	16338634.67	10640312.86	109754.92	168661.08	158954.52	4264390.08	425126.31
947064.44	1515905.07	1006850.94	18926.61	6424.74	253460.02	299471.25	42241.16
1457297.47	511429.02	395457.09	6079.33	1701.43	10033.01	114277.61	12737.63

2-34 文化服务业事业

指标名称	法人单位数（个）	从业人员期末人数（人）	女性	非企业单位支出（费用）（万元）	资产总计（万元）
总 计	2395	55978	24789	2409219.49	5576394.45
一、按单位规模分组					
大型	12	7791	3049	549065.36	1300185.72
中型	85	13425	5965	507659.05	1331579.46
小型	716	20261	9849	857432.25	1913868.76
微型	1582	14501	5926	495062.82	1030760.52
二、按登记注册类型分组					
内资企业	2395	55978	24789	2409219.49	5576394.45
国有企业	2123	51681	22778	2269826.41	5206219.42
集体企业	53	535	231	15323.58	35549.76
股份合作企业	1	10	2	115.37	50
联营企业					
国有联营企业					
集体联营企业					
国有与集体联营企业					
其他联营企业					
有限责任公司	1	2			
国有独资公司					
其他有限责任公司	1	2			
股份有限公司					
私营企业	3	5	2	11.65	2.14
私营独资企业	1				
私营合伙企业					
私营有限责任公司	2	5	2	11.65	2.14
私营股份有限公司					
其他企业	214	3745	1776	123942.48	334573.13
港、澳、台商投资企业					
与港澳台商合资经营企业					
与港澳台商合作经营企业					
港澳台商独资经营企业					
港澳台商投资股份有限公司					
其他港澳台投资企业					
外商投资企业					
中外合资经营企业					

单位主要财务指标

负债合计（万元）	净资产合计（万元）	本年收入合计（万元）	本年支出合计（万元）	
				经营支出
727406.07	4848988.39	2264426.55	2409219.49	46047.47
191401.05	1108784.67	381184.96	549065.36	253.52
141595.19	1189984.26	521008.67	507659.05	29717.95
193867.9	1720000.86	868257.44	857432.25	6364.46
200541.93	830218.59	493975.47	495062.82	9711.55
727406.07	4848988.39	2264426.55	2409219.49	46047.47
695689.16	4510530.26	2112315.87	2269826.41	45766.03
2345.15	33204.61	14821.42	15323.58	58.09
	50	195	115.37	28.59
114.2	-112.05		11.65	
114.2	-112.05		11.65	
29257.56	305315.58	137094.26	123942.48	194.77

2-34

指标名称	法人单位数（个）	从业人员期末人数（人）	女性	非企业单位支出（费用）（万元）	资产总计（万元）
中外合作经营企业					
外资企业					
外商投资股份有限公司					
其他外商投资企业					
三、按企业控股情况分组					
国有控股					
集体控股					
私人控股					
港澳台商控股					
外商控股					
其他	2395	55978	24789	2409219.49	5576394.45
四、按隶属关系分组					
中央	37	1000	403	35636.82	96657
地方	1877	45768	20295	1963550.66	4497277.8
其他	481	9210	4091	410032.02	982459.65
五、按执行会计标准类型分组					
企业会计制度					
事业单位会计制度	2112	52916	23344	2231436.74	5370953.13
行政单位会计制度	283	3062	1445	177782.76	205441.32
民间非营利组织会计制度					
其他					
六、按机构类型分组					
企业					
事业单位	2232	54950	24370	2334214.86	5527657.67
机关					
社会团体	163	1028	419	75004.63	48736.79
民办非企业单位					
基金会					
居委会					
村委会					
农民专业合作社					
农村集体经济组织					
其他组织机构					

续表 1

负债合计（万元）	净资产合计（万元）	本年收入合计（万元）	本年支出合计（万元）	经营支出
727406.07	4848988.39	2264426.55	2409219.49	46047.47
18464.93	78192.07	36670.77	35636.82	1178.55
608158.29	3889119.51	1813815.88	1963550.66	41679.51
100782.84	881676.81	413939.9	410032.02	3189.41
706951.28	4664001.85	2100702.71	2231436.74	44899.34
20454.79	184986.54	163723.84	177782.76	1148.14
724178.85	4803478.82	2199110.39	2334214.86	46024.52
3227.22	45509.57	65316.16	75004.63	22.96

2-35 按地区分组文化服务业

地 区	法人单位数（个）	从业人员期末人数（人）	女性	非企业单位支出（费用）（万元）	资产总计（万元）
总 计	2395	55978	24789	2409219.49	5576394.45
广州市	394	15377	7122	1044335.17	2384939.23
韶关市	154	1725	813	40654.05	85187.26
深圳市	125	4810	2320	411781.84	772533.51
珠海市	49	1377	353	63852.78	114784.53
汕头市	119	2296	938	60876.64	203035.24
佛山市	87	2041	1088	102436.02	411650.96
江门市	140	2161	808	59522.56	169406.58
湛江市	143	3412	1497	50339.25	137649.13
茂名市	81	1689	691	39719.48	76650.44
肇庆市	117	1941	882	45397.78	122772.54
惠州市	117	1998	959	45383.77	67461.41
梅州市	141	2383	1129	47251.12	117323.72
汕尾市	69	1277	481	20670.8	37393.63
河源市	62	1413	570	33424.46	83414.56
阳江市	52	1385	567	23487	85635.49
清远市	96	1198	557	24914.79	65746.6
东莞市	92	4146	1817	158894.55	288684.42
中山市	48	926	466	42487.12	79320.77
潮州市	103	1727	708	39145.4	107960.37
揭阳市	100	1874	691	33792.87	105689.77
云浮市	106	822	332	20852.05	59154.30
按区域分组					
珠三角核心区	1169	34777	15815	1974091.59	4411553.95
沿海经济带	667	13660	5573	268031.44	754014.07
北部生态发展区	559	7541	3401	167096.47	410826.44

事业单位主要财务指标

负债合计（万元）	净资产合计（万元）	本年收入合计（万元）	本年支出合计（万元）	
				经营支出
727406.07	4848988.39	2264426.55	2409219.49	46047.47
274409.85	2110529.39	882282.52	1044335.17	6522.25
24756.74	60430.51	39776.56	40654.05	2535.61
64125.29	708408.22	419510.54	411781.84	16208.72
21074.85	93709.68	62517.45	63852.78	132.58
16369.51	186665.72	56416.16	60876.64	993.62
39828.12	371822.84	118808.02	102436.02	5186.88
68003.71	101402.87	57421.64	59522.56	2790.2
20570.58	117078.55	48168.18	50339.25	7.7
14324.04	62326.4	42505.75	39719.48	313.13
55374.49	67398.05	47378.1	45397.78	620.18
10119.65	57341.76	39669.72	45383.77	212.42
20710.66	96613.05	45249.67	47251.12	61.12
8794.7	28598.94	19283.07	20670.8	68.89
9432.75	73981.81	33809.93	33424.46	3958.26
11690.03	73945.47	24722.34	23487	
11024.93	54721.67	28180.14	24914.79	29.95
9973.73	278710.69	162301.58	158894.55	508.45
9039.09	70281.67	43424.78	42487.12	13.66
8307.09	99653.28	39425.38	39145.4	209.15
17269.71	88420.06	33312.75	33792.87	3708.57
12206.54	46947.75	20262.29	20852.05	1966.15
551948.78	3859605.17	1833314.35	1974091.59	32195.34
97325.66	656688.42	263833.63	268031.44	5301.06
78131.62	332694.79	167278.59	167096.47	8551.09

2-36 文化服务业其他

指标名称	法人单位数（个）	从业人员期末人数（人）	女性	非企业单位支出（费用）（万元）
总 计	7685	27933	13521	372566.81
一、按单位规模分组				
大型	1	521	421	3700.04
中型	3	343	232	1019.51
小型	180	4183	2190	22867.23
微型	7501	22886	10678	344980.04
二、按登记注册类型分组				
内资企业	7685	27933	13521	372566.81
国有企业	499	1755	734	29783.26
集体企业	377	1251	458	8207.95
股份合作企业	8	28	25	100.16
联营企业	86	197	69	1712.15
国有联营企业	7	18	6	290.96
集体联营企业	31	38	13	143.59
国有与集体联营企业	6	18	5	94.78
其他联营企业	42	123	45	1182.82
有限责任公司	37	200	137	7394.48
国有独资公司	1	1		4.55
其他有限责任公司	36	199	137	7389.93
股份有限公司	4	43	40	170.1
私营企业	473	2331	1384	29632.9
私营独资企业	237	941	550	15350.26
私营合伙企业	48	203	99	2341.64
私营有限责任公司	184	1168	723	11815.82
私营股份有限公司	4	19	12	125.18
其他企业	6201	22128	10674	295565.81
港、澳、台商投资企业				
与港澳台商合资经营企业				
与港澳台商合作经营企业				
港澳台商独资经营企业				
港澳台商投资股份有限公司				
其他港澳台投资企业				
外商投资企业				
中外合资经营企业				

单位主要财务指标

资产总计（万元）	负债合计（万元）	净资产合计（万元）	本年收入合计（万元）	本年费用合计（万元）	净资产变动额（万元）
720272.93	156040.85	564232.08	336128.45	372566.81	29269.04
268.08	233.65	34.44	3710.72	3700.04	10.68
292.55	251.34	41.21	1019.56	1019.51	6.08
100285.27	20878.58	79406.68	21564.65	22867.23	5226.48
619427.03	134677.28	484749.75	309833.52	344980.04	24025.8
720272.93	156040.85	564232.08	336128.45	372566.81	29269.04
27239.84	5610.22	21629.62	25694.88	29783.26	1946.57
17368.87	4058.15	13310.73	10335.51	8207.95	3310.68
29.08	71.66	-42.58	61.02	100.16	-10.69
2144.72	503.44	1641.28	1739.59	1712.15	79.35
296.77	100.66	196.11	314.5	290.96	40.84
994.11	234.1	760.02	189.21	143.59	-8.97
33.56	0.36	33.2	82.82	94.78	
820.27	168.32	651.95	1153.07	1182.82	47.48
2392.27	1690.77	701.51	3677.87	7394.48	-15.14
0.7	7.7	-7		4.55	
2391.57	1683.07	708.5	3677.87	7389.93	-15.14
67.47	197.21	-129.74	102.41	170.1	-67.17
25916.7	11389.76	14526.94	20723.26	29632.9	499.95
17366.38	5458.52	11907.86	8690.79	15350.26	366.91
2230.79	1404.2	826.59	2398.41	2341.64	-120.18
6259.17	4465.11	1794.06	9592.26	11815.82	266.54
60.36	61.93	-1.57	41.8	125.18	-13.33
645113.97	132519.65	512594.33	273793.91	295565.81	23525.49

2-36

指标名称	法人单位数（个）	从业人员期末人数（人）	女性	非企业单位支出（费用）（万元）
中外合作经营企业				
外资企业				
外商投资股份有限公司				
其他外商投资企业				
三、按企业控股情况分组				
国有控股				
集体控股				
私人控股				
港澳台商控股				
外商控股				
其他	7685	27933	13521	372566.81
四、按隶属关系分组				
中央	20	45	29	584.22
地方	1663	5164	2151	62737.16
其他	6002	22724	11341	309245.44
五、按执行会计标准类型分组				
企业会计制度	1	12	6	
事业单位会计制度				
行政单位会计制度				
民间非营利组织会计制度	7682	27895	13515	372566.35
其他	2	26		0.46
六、按机构类型分组				
企业				
事业单位				
机关				
社会团体	5637	15898	6642	249051.12
民办非企业单位	2048	12035	6879	123515.69
基金会				
居委会				
村委会				
农民专业合作社				
农村集体经济组织				
其他组织机构				

续表 1

资产总计（万元）	负债合计（万元）	净资产合计（万元）	本年收入合计（万元）	本年费用合计（万元）	净资产变动额（万元）
720272.93	156040.85	564232.08	336128.45	372566.81	29269.04
1017.01	503.63	513.38	287.43	584.22	25.49
85462.06	19623.8	65838.26	63357.99	62737.16	6877.56
633793.86	135913.42	497880.44	272483.03	309245.44	22365.98
947.29	205.42	741.87			
719324.41	155835.43	563488.98	336127.91	372566.35	29268.96
1.23		1.23	0.54	0.46	0.08
344317.35	83493.76	260823.59	238727.73	249051.12	23304.73
375955.58	72547.09	303408.49	97400.73	123515.69	5964.31

2-37 按地区分组文化服务业

地 区	法人单位数（个）	从业人员期末人数（人）		非企业单位支出（费用）（万元）
			女性	
总 计	7685	27933	13521	372566.81
广州市	1473	5061	2684	141634.03
韶关市	323	1073	440	5814.85
深圳市	1096	5121	2787	92817.3
珠海市	439	1773	988	12041.03
汕头市	265	913	404	6091.27
佛山市	745	2401	1235	31642.2
江门市	365	476	201	3808.17
湛江市	249	1225	459	6345.27
茂名市	168	693	282	4987.95
肇庆市	279	955	380	7039.62
惠州市	384	1407	681	16280.59
梅州市	255	539	219	1921.06
汕尾市	142	625	215	4649.82
河源市	164	623	289	2391.18
阳江市	160	433	224	2072.24
清远市	230	1088	419	3872.73
东莞市	230	1194	713	11378.48
中山市	222	752	371	9490.69
潮州市	204	726	305	3651.04
揭阳市	200	577	139	3191.75
云浮市	92	278	86	1445.54
按区域分组				
珠三角核心区	5233	19140	10040	326132.11
沿海经济带	1388	5192	2028	30989.34
北部生态发展区	1064	3601	1453	15445.36

其他单位主要财务指标

资产总计（万元）	负债合计（万元）	净资产合计（万元）	本年收入合计（万元）	本年费用合计（万元）	净资产变动额（万元）
720272.93	156040.85	564232.08	336128.45	372566.81	29269.04
165805.51	58666.38	107139.13	120684.13	141634.03	9357.94
18885.15	1054.52	17830.64	5989.19	5814.85	1147.43
125493.23	47647.98	77845.25	79275.37	92817.3	3557.36
13449.57	3382.57	10067	11082.62	12041.03	680.87
33549.18	592.55	32956.63	6468.38	6091.27	148.37
52839.08	13809.89	39029.19	33620.29	31642.2	3349.55
4195.16	966.64	3228.51	3170.15	3808.17	228.63
16916.99	956.66	15960.33	7102.13	6345.27	5083.76
8776.27	580.6	8195.67	5837.65	4987.95	493.11
9993.23	2051.92	7941.31	7288.17	7039.62	609.99
14938.5	11398.75	3539.75	8086.03	16280.59	60.23
9645.12	340.91	9304.21	2166.26	1921.06	494.04
194892.23	113.48	194778.74	4291.16	4649.82	29.3
5183.57	555.94	4627.64	5782.33	2391.18	175.67
2520.57	368.76	2151.81	2194.68	2072.24	450.72
2165.7	828.23	1337.47	3352.54	3872.73	-33.4
8899.02	5002.57	3896.45	10601.58	11378.48	279.01
9369.21	4391.45	4977.77	6718.92	9490.69	469.76
13717.94	1683.25	12034.69	6763.12	3651.04	1081.26
6800.35	1259.90	5540.45	3236.51	3191.75	1314.31
2237.36	387.92	1849.44	2417.26	1445.54	291.14
404982.51	147318.15	257664.36	280527.26	326132.11	18593.34
277173.53	5555.20	271618.32	35893.63	30989.34	8600.83
38116.90	3167.52	34949.40	19707.58	15445.36	2074.88

2-38 规模以上高技术制

项 目	企业单位数（个）	亏损企业	工业总产值（当年价格）	工业销售产值（当年价格）	出口交货值
总 计	8525	1517	460223653	446551601	216045293
一、医药制造业	445	46	16464983	15532867	838993
（一）化学药品制造	120	13	6526968	6155370	469070
（二）中药饮片加工	88	6	3671083	3581884	4920
（三）中成药生产	96	8	3355701	3194559	51703
（四）兽用药品制造	22	4	401841	380652	29927
（五）生物药品制造	66	9	1813637	1548303	106019
（六）卫生材料及医药用品制造	43	5	623286	605240	158822
（七）药用辅料及包装材料	10	1	72468	66861	18532
二、航空、航天器及设备制造业	18	2	1443939	1433850	702251
（一）飞机制造	7	1	90956	87103	5313
（二）航天器制造					
（三）航空、航天相关设备制造	1		3282	3282	
（四）其他航空航天器制造	4	1	115880	112792	65762
（五）航空航天器修理	6		1233821	1230673	631176
三、电子及通信设备制造业	6285	1170	384513302	372895002	182950669
（一）电子工业专用设备制造	275	24	3896896	3705047	870027
（二）光纤、光缆及锂离子电池制造	369	91	12616653	12452944	3247372
（三）通信设备、雷达及配套设备制造	728	212	213676983	207903296	106106758
（四）广播电视设备制造	178	32	2655005	2600378	1000216
（五）非专业视听设备制造	631	117	29954880	28526835	14702551
（六）电子器件制造	1321	262	53988175	51790951	26002597
（七）电子元件及电子专用材料制造	2014	309	51694109	50313187	24287091
（八）智能消费设备制造	228	37	6039908	5796696	2680247
（九）其他电子设备制造	541	86	9990693	9805669	4053811
四、计算机及办公设备制造业	934	184	42246628	41540455	26782204
（一）计算机整机制造	138	31	15168974	14906971	10540092
（二）计算机零部件制造	285	53	8211001	7986833	5303018
（三）计算机外围设备制造	289	58	8178657	8034831	5393792
（四）工业控制计算机及系统制造	20	4	329831	331203	7967
（五）信息安全设备制造	11	1	135694	131519	42233
（六）其他计算机制造	89	13	4811634	4676385	1509482
（七）办公设备制造	102	24	5410837	5472712	3985620
五、医疗仪器设备及仪器仪表制造业	811	107	14556461	14160322	4660713
（一）医疗仪器设备及器械制造	286	39	5790952	5636506	2168258
（二） 通用仪器仪表制造	288	39	4434306	4316795	645254
（三） 专用仪器仪表制造	126	19	1724948	1666898	418433
（四） 光学仪器制造	84	9	2334094	2265046	1327190
（五） 其他仪器仪表制造业	27	1	272162	275079	101579
六、信息化学品制造业	32	8	998341	989105	110464

造业主要经济指标

单位：万元

工业增加值（当年价格）	资产总计	流动资产合计	货币资金	应收账款	存货	产成品	非流动资产合计
94410960	429600742	307903159	59248442	111684747	57583560	20802465	121697481
5229454	32316087	21350800	6580015	3189698	4034702	2225248	10965283
2168424	10656187	6419578	1396039	1174435	1127620	524808	4236607
902382	8430666	6923753	3606751	581067	1498113	1115863	1506912
1125588	7764665	4299055	846475	587127	920505	342120	3465609
118118	420232	284928	60648	41929	51042	25008	135304
624592	4110205	2792981	480954	678766	379635	194409	1317224
273782	875818	594136	185303	115968	45409	18605	281681
16567	58315	36369	3845	10406	12379	4435	21946
376599	1489707	1137798	203832	600758	238618	16952	351909
16506	246320	121983	66881	15820	22935	7548	124337
587	4669	4512	1096	381	1983	1484	156
19668	86749	79672	14375	17565	5571	4337	7077
339837	1151970	931631	121481	566992	208130	3584	220339
78827558	343349456	247879132	46118107	92600166	45889946	15979453	95470245
965859	4016105	3326434	419028	1199323	1066219	424505	689668
1965595	16116559	11723287	1059666	4674204	2407806	943886	4393268
44318694	161749957	130876874	28418360	47838513	21518460	7442234	30873077
655987	2528979	1764062	416075	574749	390888	108310	764914
3202011	23915034	17661670	2674878	6223707	3194488	1413453	6253356
11065835	63834904	34233648	5927627	11795971	7344161	2332128	29601230
13236155	57878277	37849341	6065881	15816511	7531833	2489611	20028915
1378501	6083779	4572112	403938	2151123	783550	353755	1511663
2038920	7225863	5871704	732654	2326066	1652541	471573	1354154
5546616	32123118	23728172	3911653	10893034	4963596	1699902	8394937
1008311	7943245	6694928	376065	3794783	1414833	392149	1248316
1311928	5068620	4285803	554965	1988977	979618	361980	782814
1348542	6746047	4490589	830260	1754024	980898	318831	2255456
81024	309753	275961	117504	61450	71299	30708	33793
26313	207475	170082	31246	70741	33230	11125	37393
825092	6509593	4251204	1128587	1914910	763773	247668	2258390
945404	5338384	3559606	873025	1308150	719944	337441	1778777
4259553	19159566	13146407	2351625	4162576	2318662	831695	6013151
2166948	7885371	4959960	1063782	1074118	673039	213861	2925407
1063317	6951189	4794385	795232	1621261	921071	347672	2156801
425349	1992297	1630790	249607	613935	309268	127912	361506
515629	2018918	1491232	186672	777284	356691	127081	527686
88310	311791	270040	56332	75978	58593	15167	41751
171181	1162807	660851	83209	238515	138035	49215	501956

2-38

项 目	固定资产原价	累计折旧	本年折旧	固定资产净值	负债合计
总 计	94687044	47482266	8643384	47204704	253699445
一、医药制造业	5987705	2590860	347682	3396840	15211288
（一）化学药品制造	2521735	1176208	129386	1345526	4131980
（二）中药饮片加工	780908	268707	39966	512200	4685354
（三）中成药生产	1532741	641074	96183	891666	3930782
（四）兽用药品制造	169422	74027	14674	95395	92110
（五）生物药品制造	729890	320771	50727	409118	2083242
（六）卫生材料及医药用品制造	215673	90608	15409	125065	264041
（七）药用辅料及包装材料	37336	19466	1338	17870	23780
二、航空、航天器及设备制造业	453884	242377	26170	211507	731988
（一）飞机制造	73528	20758	5733	52770	101215
（二）航天器制造					
（三）航空、航天相关设备制造	234	131	30	103	3072
（四）其他航空航天器制造	10094	4173	3046	5921	24706
（五）航空航天器修理	370028	217315	17361	152713	602996
三、电子及通信设备制造业	77179911	38578479	7389538	38601379	211709548
（一）电子工业专用设备制造	587349	247305	49941	340042	2257477
（二）光纤、光缆及锂离子电池制造	2908840	1115952	270918	1792886	10620886
（三）通信设备、雷达及配套设备制造	19603073	9677951	2395455	9925115	113418053
（四）广播电视设备制造	903195	539941	77663	363252	1138323
（五）非专业视听设备制造	3294543	1714805	206785	1579735	15495465
（六）电子器件制造	25969982	13049643	2634085	12920329	33974048
（七）电子元件及电子专用材料制造	21422550	11296849	1563413	10125682	27653715
（八）智能消费设备制造	777175	358896	74857	418276	2888804
（九）其他电子设备制造	1713205	577138	116422	1136062	4262778
四、计算机及办公设备制造业	6867295	4116706	557070	2750581	17195793
（一）计算机整机制造	1168788	555808	84817	612979	5782801
（二）计算机零部件制造	1550564	942236	118721	608325	3087730
（三）计算机外围设备制造	1800357	1244840	147380	555515	3378203
（四）工业控制计算机及系统制造	32450	13313	3186	19136	127736
（五）信息安全设备制造	19462	11281	2371	8181	75771
（六）其他计算机制造	1062991	646148	98059	416842	2330342
（七）办公设备制造	1232685	703080	102537	529604	2413210
五、医疗仪器设备及仪器仪表制造业	3674283	1677491	274948	1996785	8504052
（一）医疗仪器设备及器械制造	1591554	615125	99759	976426	2694910
（二） 通用仪器仪表制造	802958	351600	60863	451358	3615942
（三） 专用仪器仪表制造	216968	103402	24489	113564	1024129
（四） 光学仪器制造	1016624	580197	86239	436426	1053504
（五） 其他仪器仪表制造业	46178	27167	3599	19012	115566
六、信息化学品制造业	523965	276353	47977	247611	346775

续表 1

单位：万元

流动负债合计	应付账款	非流动负债合计	所有者权益合计	实收资本	国家资本	集体资本	法人资本
228145158	107624320	24789479	175901238	60546199	1616523	1100156	29171487
11774183	1896837	3435776	17104794	4387289	443113	140504	1795837
3702060	883159	429207	6524205	1759966	215588	36760	724853
3156602	312688	1528137	3745310	670605			331376
3327785	408423	602997	3833883	1058682	190441	11744	394017
75249	28050	16860	328122	82397	500	7738	22906
1234618	202940	848624	2026964	607400	36534	83862	273405
254135	50319	9907	611776	194710	50		45627
23734	11258	45	34534	13529		400	3654
674891	230089	57098	757718	313774	127772		94574
98589	12981	2626	145105	132153	103266		4672
3072	1137		1597	1000			1000
24381	16890	325	62043	6472			
548849	199081	54147	548974	174149	24506		88902
191147481	92225208	19870261	131639694	47578885	846458	861869	24597389
2171791	851477	75527	1758623	660487	3497	20448	246066
10035518	4135091	548514	5495668	2505305	95875	27696	1774996
103585037	49190306	9464098	48331896	10865136	155731	420505	7521722
1023317	476530	93420	1390654	469830	7223	7207	209083
14414276	7440618	1049730	8419561	3394689	86601	31061	1785147
27526069	12008979	6389215	29860698	16324489	288199	171126	9104811
25512185	13698769	1997840	30224542	11314984	176153	123023	3265523
2744706	1643279	144097	3194973	976918	25590	52624	247388
4134583	2780159	107819	2963079	1067048	7590	8180	442653
16633579	10254586	498279	14927493	4579931	172927	58088	1117449
5557054	4108443	218576	2160442	836849	1240	504	236281
3034172	1838837	30219	1980886	916812	4000	874	117348
3304033	1453655	70043	3368021	1169897	17968	6366	337001
115537	67505	12199	182017	49736		1200	21481
74902	24805	868	131704	32730	818	213	10669
2270565	1678455	54485	4179250	538233		946	131097
2277316	1082885	111889	2925174	1035675	148900	47985	263573
7621147	2913991	875918	10655507	3345612	18053	39695	1501592
2244400	743044	450509	5190458	1386263	4588	21023	707414
3265570	1196324	350372	3335245	1052147	13216	16387	452507
999610	521899	23319	968166	361083	249		107999
997906	403852	49813	965414	490848		450	221506
113661	48873	1905	196224	55271		1835	12167
293876	103609	52146	816032	340708	8200		64647

2-38

项 目				营业收入	
	个人资本	港澳台资本	外商资本		主营业务收入
总 计	9974254	10148580	8526198	467474748	458781955
一、医药制造业	1067447	567512	372876	15877274	15663103
（一）化学药品制造	259821	324251	198693	6322555	6202714
（二）中药饮片加工	304642	34288	300	3587513	3575668
（三）中成药生产	228865	182294	51322	3195806	3139847
（四）兽用药品制造	50849	404		374800	372264
（五）生物药品制造	130528	17773	65298	1709635	1701698
（六）卫生材料及医药用品制造	86391	5378	57264	618762	602815
（七）药用辅料及包装材料	6350	3125		68204	68097
二、航空、航天器及设备制造业	16833	24220	50375	1459431	1438252
（一）飞机制造	13633	755	9826	94606	93240
（二）航天器制造					
（三）航空、航天相关设备制造				3282	3282
（四）其他航空航天器制造	3200		3272	112926	112804
（五）航空航天器修理		23464	37277	1248617	1228926
三、电子及通信设备制造业	6543847	8252231	6468160	393182971	385433928
（一）电子工业专用设备制造	202806	165727	21943	3667628	3627046
（二）光纤、光缆及锂离子电池制造	270701	199315	136722	13380890	12885622
（三）通信设备、雷达及配套设备制造	1181764	867343	717144	214584868	211187285
（四）广播电视设备制造	165216	57546	23556	2717636	2677950
（五）非专业视听设备制造	481348	600239	402292	29585566	28143047
（六）电子器件制造	1805041	2635058	2320255	52551492	51568606
（七）电子元件及电子专用材料制造	1678837	3438837	2632610	60793035	59689131
（八）智能消费设备制造	470636	72734	107945	5874769	5756480
（九）其他电子设备制造	287498	215432	105694	10027088	9898760
四、计算机及办公设备制造业	1015551	996452	1219394	41462619	41060788
（一）计算机整机制造	163244	50359	385221	14994779	14891330
（二）计算机零部件制造	98217	391869	304504	7334449	7279075
（三）计算机外围设备制造	279576	290088	238829	8488937	8379609
（四）工业控制计算机及系统制造	12387	476	14192	331201	331081
（五）信息安全设备制造	18806		2223	134804	134531
（六）其他计算机制造	216496	148822	40873	4689463	4586045
（七）办公设备制造	226826	114838	233552	5488987	5459117
五、医疗仪器设备及仪器仪表制造业	1173119	260592	352563	14526772	14237782
（一）医疗仪器设备及器械制造	455750	93346	104142	5785581	5711026
（二） 通用仪器仪表制造	431326	70420	68292	4503999	4340251
（三） 专用仪器仪表制造	216217	22750	13869	1691012	1663590
（四） 光学仪器制造	49677	63715	155500	2259570	2246468
（五） 其他仪器仪表制造业	20148	10361	10760	286609	276447
六、信息化学品制造业	157457	47574	62831	965681	948102

续表 2

单位：万元

营业成本	主营业务成本	税金及附加	主营业务税金及附加	销售费用	管理费用	财务费用	利息收入
390253332	380808827	1782319	1743794	17351525	36315680	897938	1182709
8910807	8815674	132219	128012	2810047	1408206	209115	34420
3281658	3218874	60316	57301	1401762	581574	13727	-890
2555322	2554687	12603	12576	88048	179226	110968	22955
1755639	1732825	37272	36187	672644	334135	68765	11573
250669	249021	2862	2843	32600	34205	1062	578
657826	654626	13027	12978	523271	201690	14577	-1924
354608	350663	5843	5831	88611	71998	-222	2127
55086	54979	296	296	3111	5379	238	0
1213961	1199852	10118	10084	17188	87002	12101	456
77606	76915	696	686	2046	6570	-276	324
1873	1873	17	17	64	1409	-14	70
91485	91387	632	632	3845	6590	-382	1
1042998	1029677	8773	8749	11233	72434	12774	62
331006106	322163230	1430283	1402108	12738593	31268848	622167	1015314
2863910	2837626	19475	18817	162701	358993	7667	1619
12012327	11527254	34538	34361	189343	802953	99276	39818
176938333	171919460	725053	714188	9177094	19286774	-40059	796894
2190629	2160058	13917	13715	122914	247703	12629	889
26908746	25634549	99550	97678	880121	1400013	86901	62112
46071809	45261074	194423	185105	829774	3164235	341295	91778
51094042	50278647	272484	268393	938039	4695549	89741	11390
4517791	4211244	29653	29344	202725	620437	-6974	7382
8408521	8333319	41189	40509	235883	692191	31690	3432
37810911	37518612	111743	106718	653204	1832051	31726	121019
14312710	14231147	19771	17496	88101	334863	25933	98837
6668981	6638718	20390	20051	96197	380853	8085	3468
7635178	7552829	26090	23936	165292	441695	7447	1413
241424	241358	1927	1920	9576	32684	-1253	-1022
87566	87443	720	720	9120	25839	-137	274
4099538	4057924	22838	22809	116309	339406	-13213	2992
4765514	4709193	20007	19786	168608	276712	4863	15057
10527935	10342372	93909	92973	1082610	1668763	19411	12771
3704874	3668230	46448	46049	656943	697282	-24810	9721
3404480	3285352	26253	25938	277946	562597	51120	2176
1279700	1262796	9188	9099	88186	212393	-1998	1781
1934778	1925940	10032	9902	40486	165800	-4151	-748
204104	200054	1988	1986	19049	30692	-750	-158
783611	769087	4048	3899	49884	50810	3419	-1272

2-38

项　目	利息支出	投资收益	其他收益	营业利润	营业外收入	营业外支出
总　计	2514039	2183758	2406052	23571854	1345103	1501563
一、医药制造业	260892	264257	66299	2660635	72746	29149
（一）化学药品制造	32667	143293	29871	1155849	26406	9206
（二）中药饮片加工	131103	5544	1693	645532	3839	2759
（三）中成药生产	70397	85512	17559	432570	24021	8904
（四）兽用药品制造	719	5537	811	59432	2789	739
（五）生物药品制造	22310	4157	13534	243168	9121	6811
（六）卫生材料及医药用品制造	3452	20214	2831	119990	6334	716
（七）药用辅料及包装材料	244	0		4093	235	14
二、航空、航天器及设备制造业	11052	339	12358	123827	3790	289
（一）飞机制造	169	18	929	8835	3319	32
（二）航天器制造						
（三）航空、航天相关设备制造	54		703	637	51	0
（四）其他航空航天器制造	72			10626	119	18
（五）航空航天器修理	10757	321	10726	103730	301	238
三、电子及通信设备制造业	1933408	1258707	2106690	17884558	1021678	1398689
（一）电子工业专用设备制造	12909	5138	25807	251160	21791	7329
（二）光纤、光缆及锂离子电池制造	135010	19881	24000	152162	44681	24590
（三）通信设备、雷达及配套设备制造	962184	502365	1485688	9772915	236449	1006286
（四）广播电视设备制造	12576	53964	11926	190672	20841	3728
（五）非专业视听设备制造	155102	263801	84000	473222	72277	55310
（六）电子器件制造	379109	209579	198465	2006802	270714	85310
（七）电子元件及电子专用材料制造	229605	165971	205960	3838486	260454	118587
（八）智能消费设备制造	25131	30629	15502	532263	51975	5646
（九）其他电子设备制造	21784	7380	55344	666878	42495	91902
四、计算机及办公设备制造业	204379	307781	72423	1317374	122491	44834
（一）计算机整机制造	105346	18754	17000	212780	18139	6744
（二）计算机零部件制造	18737	7156	6041	165541	20939	6983
（三）计算机外围设备制造	46833	117367	20073	341648	26225	10419
（四）工业控制计算机及系统制造	399	368	2038	49201	1158	32
（五）信息安全设备制造	532	296	513	12715	3844	173
（六）其他计算机制造	10649	140409	10533	266409	21271	7678
（七）办公设备制造	21882	23430	16225	269081	30914	12805
五、医疗仪器设备及仪器仪表制造业	98307	345857	148113	1505389	115553	27848
（一）医疗仪器设备及器械制造	19968	228417	63266	949653	38344	13038
（二）　通用仪器仪表制造	61504	84462	63242	288121	29417	5581
（三）　专用仪器仪表制造	5480	30608	11132	111075	36345	5297
（四）　光学仪器制造	11059	1015	7670	119719	9795	3478
（五）　其他仪器仪表制造业	297	1356	2802	36822	1652	453
六、信息化学品制造业	6001	6817	170	80071	8845	754

续表 3

单位：万元

利润总额	所得税费用	亏损企业亏损总额	利税总额	应交税金及附加	本年应付职工薪酬	本年应交增值税	从业人员平均人数（人）
23415479	3821798	3608857	33752105	14158425	49083497	8554307	3891065
2704206	349490	71348	3679723	1325006	1401179	843298	126890
1173026	140528	16567	1633060	600562	523865	399718	43976
646613	92717	1698	738627	184731	98889	79411	14454
447686	50903	7574	720153	323370	411129	235195	40287
61482	8664	816	71756	18937	34612	7412	3655
245478	40077	39144	342115	136714	219668	83610	13210
125608	16131	5439	168356	58879	102722	36905	9907
4314	471	112	5657	1814	10294	1048	1401
127329	18198	487	169015	59883	200906	31568	9527
12122	1744	113	18017	7639	14497	5199	1210
688	86		832	230	819	128	48
10726	2365	374	12817	4456	6869	1459	794
103793	14003		137348	47558	178721	24782	7475
17507690	3016181	3099855	25887349	11395840	41853013	6949376	3150610
265621	34202	30303	371225	139806	489701	86129	52815
172251	64614	332146	337429	229791	1117705	130639	141047
9003071	1703001	1414422	14384857	7084787	23827993	4656734	899967
207786	20988	22532	290052	103253	342308	68349	45943
490187	32323	207312	885874	428010	2161405	296138	280679
2192206	364875	568932	3003061	1175731	5136207	616433	612730
3980350	641165	410315	5171840	1832655	7128214	919006	916529
578652	63365	53409	691338	176050	627741	83033	65813
617566	91650	60484	751673	225757	1021741	92918	135087
1394998	241804	230861	1844774	691580	3436313	338033	397382
224175	50490	34180	297241	123557	558171	53296	63355
179495	34675	48809	261745	116924	883637	61860	119780
357424	55220	53277	455051	152846	825203	71536	100915
50327	7059	1270	64160	20892	33720	11906	3254
16386	1341	151	20288	5243	19488	3181	1701
280002	28004	63460	388370	136372	586105	85530	51141
287190	65016	29713	357920	135746	529989	50723	57236
1593092	186843	200378	2062932	656683	2141189	375931	200136
974958	111766	68428	1172315	309123	1004389	150909	84368
311955	34724	93789	476358	199128	607853	138150	57925
142123	15509	27639	204719	78105	232100	53407	22128
126035	21314	10357	158944	54223	260414	22877	31013
38021	3530	165	50597	16105	36433	10587	4702
88163	9283	5928	108312	29432	50897	16101	6520

2-39 按地区分组规模以上高技

地 区	企业单位数（个）	亏损企业	工业总产值（当年价格）	工业销售产值（当年价格）	出口交货值
总 计	8525	1517	460223653	446551601	216045293
广州市	635	103	27392255	26588292	12503388
深圳市	3538	719	237491111	228945178	119687494
珠海市	345	68	13440915	13058151	6709891
汕头市	88	12	1732228	1651117	446763
佛山市	387	41	11603956	11676684	3012547
韶关市	26	4	596711	581025	94344
河源市	110	14	5707853	5599070	1041822
梅州市	105	17	1429927	1423494	330481
惠州市	573	131	35182952	33688655	18732280
汕尾市	13	2	1848113	1839964	536161
东莞市	1912	293	99893415	98079743	43328436
中山市	297	46	10333227	10201320	6262533
江门市	179	29	4231077	4134155	1819865
阳江市	7		61964	61216	12704
湛江市	21	2	297200	299387	5487
茂名市	63	3	483145	448042	5546
肇庆市	76	10	2254638	2204919	664354
清远市	37	7	996502	1003121	386733
潮州市	23	3	649429	543929	83941
揭阳市	65	6	3970108	3918468	80315
云浮市	25	7	626930	605671	300207
按区域分组					
珠三角核心区	7942	1440	441823545	428577097	212720789
沿海经济带	280	28	9042186	8762123	1170917
北部生态发展区	303	49	9357922	9212381	2153588

术制造业主要经济指标

单位：万元

工业增加值（当年价格）	资产总计	流动资产合计	货币资金	应收账款	存货	产成品	非流动资产合计
94410960	429600742	307903159	59248442	111684747	57583560	20802465	121697481
5764412	30300334	20194049	4079566	6375544	3704752	1579232	10106279
54539780	234959945	168418650	30142967	65704425	28515227	10960877	66541243
3078214	16109661	11367989	1912010	3547563	2175925	726865	4741669
451104	2398489	1436586	181877	300535	281150	85410	961903
2692018	9494287	5951542	851656	2079467	1186368	462741	3542742
197765	931477	578052	96260	171898	66395	16328	353425
1087768	2658718	1558583	169275	577845	497312	80192	1100134
363154	2024070	1079653	158259	440999	211279	61051	944416
6626632	30108534	21151988	1917038	7975185	4474012	1508288	8956538
429503	2344278	950612	61685	446191	273954	43776	1393666
13968689	67677273	55888731	14286556	19381005	11967316	3008420	11788521
1773052	9641842	6302726	1126244	2068468	1436890	638627	3339112
863411	7031852	2967837	287834	1068522	709109	256255	4064011
13328	72161	45855	2658	12391	17860	5123	26307
89941	397039	197922	29746	36339	73300	21409	199116
119299	422002	182384	12875	53926	61474	34712	239618
689772	1975817	1068890	243872	294283	197221	86499	906926
236805	1183597	822739	45135	346800	168299	85358	360858
306262	1121804	741369	20609	140970	114797	26486	380435
977124	8284413	6692290	3610555	547954	1372602	1076734	1592122
142928	463151	304712	11767	114436	78316	38084	158439
89995979	407299543	293312402	54847743	108494462	54366820	19227803	113987042
2386561	15040185	10247018	3920004	1538307	2195138	1293650	4793168
2028420	7261014	4343739	480696	1651978	1021602	281012	2917272

2-39

地　区	固定资产原价	累计折旧	本年折旧	固定资产净值	负债合计
总　计	94687044	47482266	8643384	47204704	253699445
广州市	9705186	5406013	950254	4299168	14264952
深圳市	36832443	19002472	3790990	17829944	141789580
珠海市	4541451	2345011	322589	2196436	8629069
汕头市	964725	480535	78115	484191	1133209
佛山市	5150159	2941388	405027	2208768	4868436
韶关市	439257	178081	23484	261176	490693
河源市	1547173	892400	240284	654772	1369878
梅州市	821105	327453	54855	493650	992447
惠州市	11021658	4501040	915577	6520613	17699704
汕尾市	1376675	675607	112216	701067	1328611
东莞市	14493926	6997135	1234143	7496771	47020757
中山市	2807612	1434630	199173	1372980	5193759
江门市	1562978	696540	101736	866434	2425544
阳江市	33174	19309	1769	13866	43496
湛江市	145107	46387	8829	98720	131898
茂名市	219872	91789	23864	128084	173314
肇庆市	1151568	665191	74210	486377	597024
清远市	454075	240005	24884	214071	649172
潮州市	315433	127845	23599	187588	173673
揭阳市	934851	349258	44808	585592	4520082
云浮市	168618	64181	12978	104437	204147
按区域分组					
珠三角核心区	87266980	43989418	7993700	43277492	242488826
沿海经济带	3989836	1790728	293199	2199106	7504283
北部生态发展区	3430228	1702119	356485	1728106	3706336

续表 1

单位：万元

流动负债合计	应付账款	非流动负债合计	所有者权益合计	实收资本	国家资本	集体资本	法人资本
228145158	107624320	24789479	175901238	60546199	1616523	1100156	29171487
13480989	5804711	747008	16035376	6021909	519935	126234	2394690
124957826	58227154	16302003	93170179	29898545	617303	671357	18074646
8288727	2416236	310412	7480770	3027335	104927	9780	1209739
962504	212187	170705	1265280	476052	22541		272779
4469184	1519829	360769	4625848	1557892	82017	6168	358592
422936	171348	67757	440784	185720	2990	733	45244
1158917	456793	209575	1288839	455632	5650	3000	223648
915364	310035	77082	1031621	466695	2440		151012
15536075	9480516	2130704	12408825	5032577	39146	64175	1937871
1002296	639018	323461	1015667	584262			53715
45160836	24556801	1788700	20656489	7305910	113243	100836	2235256
4894942	1887411	280734	4448080	1743957	52510	95164	360310
2145336	938620	278987	4606305	1944607	12000	200	1030469
39639	4040	3857	28665	8165			3505
94364	15956	37534	265140	46059	635	1921	33810
138916	35848	33385	248689	96916			60809
544361	257077	52663	1378792	395347	40337	20429	114617
605156	351877	44016	534425	300149		150	135730
162140	64178	11416	948131	261004			115927
2993559	226178	1525656	3764330	673990	850		330012
171090	48508	33056	259005	63476		10	29106
219478276	105088356	22251979	164810663	56928079	1581417	1094342	27716189
5393417	1197404	2106015	7535902	2146448	24026	1921	870557
3273465	1338560	431485	3554674	1471672	11080	3893	584741

2-39

地区	个人资本	港澳台资本	外商资本	营业收入	主营业务收入
总计	9974254	10148580	8526198	467474748	458781955
广州市	979819	843752	1149479	27569849	27046159
深圳市	5226988	2786647	2520676	230734296	226544948
珠海市	653536	606626	442658	13665194	13413473
汕头市	118378	48923	13431	1628332	1595673
佛山市	352328	316123	442664	11737931	11614768
韶关市	33556	103198		626735	573621
河源市	29886	140928	52520	5600514	5559378
梅州市	254257	16873	42113	1474844	1437794
惠州市	341829	1759179	890376	35394786	34560701
汕尾市	5839	524708		1793973	1785168
东莞市	703797	2261929	1890848	113129587	110873683
中山市	277437	313083	645453	10690142	10531680
江门市	289823	290512	321604	4273265	4184219
阳江市	4660			61501	61096
湛江市	7594	1218	882	301579	301474
茂名市	30098	1973	4036	446562	446333
肇庆市	165337	13910	40718	2231139	2197439
清远市	12485	86424	65360	1026449	1002306
潮州市	136607	8470		539319	535622
揭阳市	325467	14776	2885	3931729	3922957
云浮市	24534	9330	496	617019	593467
按区域分组					
珠三角核心区	8990895	9191760	8344476	449426190	440967069
沿海经济带	628642	600067	21234	8702996	8648321
北部生态发展区	354717	356753	160488	9345562	9166565

续表 2

单位：万元

营业成本	主营业务成本	税金及附加	主营业务税金及附加	销售费用	管理费用	财务费用	利息收入
390253332	380808827	1782319	1743794	17351525	36315680	897938	1182709
22892524	22484227	124733	118197	1343106	1825930	34312	21171
184854982	181178166	911623	902674	10097369	22478655	771862	772245
11057906	10917754	67734	65847	731298	1062092	65449	27778
1222140	1197370	11955	11782	99729	120985	21543	982
9838825	9739478	61578	58451	433824	511713	25849	6480
483362	443004	4377	4116	10519	44943	6066	-465
5026473	4997792	24766	24586	112993	211502	15972	6119
1217876	1199857	8538	8443	45414	103885	16037	-463
31967002	31231948	131731	127845	570811	1487045	44474	119138
1603014	1594935	3231	3168	11153	91072	24611	588
100131229	96108591	319390	309498	3207561	7093674	-346383	197016
9493836	9379016	37401	35377	273913	507435	61111	10598
3675612	3614591	21321	21244	71677	239093	26450	795
44367	44171	537	537	12215	6072	271	2
181493	181482	2329	2314	37801	30556	5262	309
359326	359164	4955	4955	21957	19240	3472	-24
1755456	1735187	18215	17061	53092	138167	6110	-2660
828456	812855	5334	5314	39415	71523	288	380
301202	298793	4755	4710	29922	52389	155	24
2831336	2831317	14046	13907	123405	191366	111244	22687
486915	459131	3769	3769	24352	28342	3784	13
375667372	366388958	1693727	1656194	16782651	35343804	689234	1152559
6542877	6507231	41808	41372	336181	511681	166557	24567
8043082	7912639	46785	46229	232693	460195	42147	5583

2-39

地　区	利息支出	投资收益	其他收益	营业利润	营业外收入	营业外支出
总　计	2514039	2183758	2406052	23571854	1345103	1501563
广州市	135600	341075	86032	1660805	233390	71863
深圳市	1651639	1539043	1605378	13523640	590494	1186701
珠海市	107625	82890	74107	761445	78281	31073
汕头市	22051	21094	3701	172135	3473	3114
佛山市	45256	24932	19909	908306	29944	14080
韶关市	5909	245	1795	78944	2595	593
河源市	20008	3216	3287	212844	7376	6559
梅州市	15079	1647	3903	85746	10313	5208
惠州市	97967	18520	22306	1171134	86497	44240
汕尾市	7963	639	736	55194	2788	1376
东莞市	145555	85646	545921	3143763	201981	108336
中山市	75211	45828	15438	365226	36515	7986
江门市	37295	-28532	2081	69927	36772	10811
阳江市	314	29		-1850	3450	250
湛江市	3004	-303	1166	43455	4084	347
茂名市	2547	22	306	38208	576	667
肇庆市	11066	14931	9503	277201	4856	2745
清远市	2858	-346	1476	81869	4362	1709
潮州市	515	27098	3972	186535	1698	2101
揭阳市	125544	6083	2191	664952	4391	1285
云浮市	1034	1	2846	72376	1269	518
按区域分组						
珠三角核心区	2307213	2124334	2380675	21881446	1298728	1477836
沿海经济带	161938	54661	12070	1158629	20459	9139
北部生态发展区	44888	4762	13307	531779	25916	14587

续表 3

单位：万元

利润总额	所得税费用	亏损企业亏损总额	利税总额	应交税金及附加	本年应付职工薪酬	本年应交增值税	从业人员平均人数（人）
23415479	3821798	3608857	33752105	14158425	49083497	8554307	3891065
1822308	235615	172721	2401933	815240	2696118	454892	253018
12927480	2323919	2131902	19034147	8430586	29309040	5195044	1599593
808624	95455	239248	1120015	406846	1587936	243657	179693
172494	24315	5920	216717	68539	149031	32269	21654
924167	158101	14578	1285470	519404	908674	299724	120656
80946	8613	965	105979	33645	55204	20656	9416
213661	25705	7703	320637	132680	440303	82209	54449
90850	12888	5638	135468	57506	167657	36080	31319
1213389	236530	270822	1690211	713352	3439287	345091	459309
56606	6485	6395	58642	8521	187899	-1194	19228
3237503	388045	473957	4871356	2021897	8269177	1314462	876967
393754	77773	62698	624049	308069	811857	192894	119732
95888	43211	196707	194800	142123	379967	77592	54232
1350	446		5236	4331	7398	3349	1633
47192	5195	900	67261	25265	27279	17741	4046
38118	2443	1498	58144	22469	39244	15071	8015
279312	31851	3998	377501	130040	274714	79974	28856
84522	12355	3311	112292	40125	92533	22436	14786
186132	21753	1488	217098	52719	74752	26211	8743
668058	94656	4874	770018	196616	122416	87914	15063
73127	16447	3533	85132	28453	43014	8236	10657
21702424	3590498	3566631	31599482	13487556	47676768	8203331	3692056
1169949	155292	21074	1393116	378460	608019	181360	78382
543106	76008	21151	759507	292409	798710	169617	120627

2-40 按产业和地区分组的规模以上工业战略性新兴产业主要指标

单位：万元

项目	企业数（个）	总产值	增加值
总 计	4805	378323000	83379331
按产业分组			
新一代信息技术产业	1924	262816724	55880201
高端装备制造业	746	17277078	4165191
新材料产业	418	16853098	2904533
生物产业	711	22097688	7246846
新能源汽车	78	8555293	1746784
新能源产业	271	10825121	3154578
节能环保产业	630	31699703	7210049
数字创意产业	82	8198295	1071149
按地市分组			
广州市	488	24591631	5275632
深圳市	1703	181948537	46156140
珠海市	217	14157868	3059423
汕头市	126	1788928	435458
佛山市	459	29716512	6113264
韶关市	57	903518	216304
河源市	57	3137163	636842
梅州市	43	289239	84793
惠州市	225	28102409	5497598
汕尾市	21	2888660	608974
东莞市	553	65655781	9221353
中山市	194	5940284	1227685
江门市	141	3433286	875320
阳江市	24	1492705	779810
湛江市	73	930854	260225
茂名市	82	1324608	294437
肇庆市	112	3864185	959180
清远市	116	3406383	756583
潮州市	22	462425	132434
揭阳市	72	4089319	886129
云浮市	20	198702	68650
珠三角核心区	4092	357410494	78385596
沿海经济带	420	12977500	3397468
北部生态发展区	293	7935006	1763172

2-41 高技术产业(制造业)R&D 活动情况

行业	有R&D活动的企业数（个）	R&D 人员（人）	R&D 人员折合全时当量（人年）	R&D 经费内部支出（万元）	R&D 项目数（个）	R&D 项目经费（万元）
总 计	4122	349061	286009.8	11247028.3	22174	11298949.3
医药制造业	282	13823	9977.2	379487.2	2347	374413.6
化学药品制造	93	4409	3000.2	123344.1	847	122492.2
中成药生产	58	3904	2854.3	81185.5	683	81821.6
生物药品制品制造	50	2142	1572.4	91185.0	379	87369.6
电子及通信设备制造业	2869	289562	241815.7	9797181.1	14958	9907673.5
电子工业专用设备制造	132	5028	4037.9	91092.7	635	89642.2
光纤、光缆及锂离子电池制造	184	10474	7792.2	259553.9	935	261513.4
通信设备制造、雷达及配套设备制造	357	140828	128547.2	6612846.1	2205	6751767.6
广播电视设备制造	89	4034	2865.2	69109.0	430	65841.5
电子器件制造	642	45101	36295.3	1046334.6	3536	1039223.0
电子元件及电子专用设备制造	868	50477	37539.1	971532.5	4265	957384.5
其他电子设备制造	231	9665	7448.2	170011.8	1121	169896.5
计算机及办公设备制造业	427	21194	15691.4	453586.5	1897	421641.1
计算机整机制造	66	3023	2489.4	70446.7	250	70974.0
计算机零部件制造	109	4731	3607.0	88617.2	430	82546.2
计算机外围设备制造	143	5426	3452.4	88195.1	669	86800.8
办公设备制造	44	3310	2831.3	80932.7	220	80617.9
医疗仪器设备及仪器仪表制造业	518	23178	17618.3	575848.3	2766	554752.0
医疗仪器设备及器械制造	193	9498	6893.8	267449.1	1133	262740.6
通用仪器仪表制造	183	8104	6300.2	185422.9	946	177217.0
专用仪器仪表制造	80	2938	2309.7	66523.0	359	63765.9
光学仪器制造	46	2284	1851.1	50247.6	261	44857.2
信息化学品制造业	14	587	437.0	15132.2	88	14905.3

2-42 高技术产业(制造业)新产品开发及销售

行业	新产品开发项目数（项）	新产品开发经费（万元）	新产品销售收入（万元）	出口（万元）
总 计	38526	17862113.4	208509695.9	66385870.9
医药制造业	2932	527016.4	5745961.6	155671.4
化学药品制造	1153	179831.3	1536672.0	55467.3
中成药生产	756	104721.8	1595759.1	5837.2
生物药品制品制造	476	107918.7	392260.6	13653.0
电子及通信设备制造业	26805	15647182.9	186382731.2	60167229.8
电子工业专用设备制造	1172	144260.6	1312969.7	263415.1
光纤、光缆及锂离子电池制造	1648	452628.4	7206376.2	1420947.4
通信设备制造、雷达及配套设备制造	3983	10135292.4	113141961.1	34050214.1
广播电视设备制造	838	120069.2	1061840.7	391348.2
电子器件制造	6530	1627509.2	23954945.5	9330593.8
电子元件及电子专用设备制造	6921	1819626.4	19639960.8	6927483.6
其他电子设备制造	1990	279705.0	3141520.9	1077715.8
计算机及办公设备制造业	3985	789693.1	10064983.8	4613175.9
计算机整机制造	609	153229.0	3496502.0	1329319.8
计算机零部件制造	962	162669.2	2104339.6	1144774.1
计算机外围设备制造	1273	163961.8	1957674.0	1087922.1
办公设备制造	374	104560.9	1088474.1	733851.9
医疗仪器设备及仪器仪表制造业	4513	815419.2	5148315.5	897447.8
医疗仪器设备及器械制造	1630	345940.1	2312181.0	286261.9
通用仪器仪表制造	1633	271315.9	1686129.3	193041.8
专用仪器仪表制造	704	104933.1	536211.8	101514.5
光学仪器制造	417	81483.5	555299.6	300427.8
信息化学品制造业	111	22474.0	325382.7	14303.7

2-43 高技术产业(制造业)技术专利情况

单位：件

行业	专利申请数	发明专利	有效发明专利
总 计	105541	59216	206134
医药制造业	2180	1344	4457
化学药品制造	449	296	1224
中成药生产	456	236	900
生物药品制品制造	557	379	1236
电子及通信设备制造业	89362	52449	184333
电子工业专用设备制造	2096	580	1535
光纤、光缆及锂离子电池制造	2850	1033	3573
通信设备制造、雷达及配套设备制造	28293	23347	133984
广播电视设备制造	1255	474	1555
电子器件制造	12517	5475	18452
电子元件及电子专用设备制造	24732	14831	14890
其他电子设备制造	4174	1661	2368
计算机及办公设备制造业	5387	1918	7063
计算机整机制造	627	239	1001
计算机零部件制造	896	139	960
计算机外围设备制造	1504	433	1859
办公设备制造	1169	452	1492
医疗仪器设备及仪器仪表制造业	8398	3452	10072
医疗仪器设备及器械制造	3072	1476	5116
通用仪器仪表制造	3682	1443	3288
专用仪器仪表制造	1009	300	660
光学仪器制造	525	208	951
信息化学品制造业	109	18	112

2-44 高技术产业(制造业)技术获取和改造情况

单位：万元

行业	技术改造经费支出	购买境内技术经费支出	引进境外技术经费支出	引进境外技术的消化吸收经费支出
总　计	1904253.3	1422489.4	968778.7	8107.8
医药制造业	77052.1	18282.8		40.0
化学药品制造	42912.2	14570.8		40.0
中成药生产	14798.4	1850.4		
生物药品制品制造	9962.3	1117.9		
电子及通信设备制造业	1708224.2	1388932.5	955219.2	8027.8
电子工业专用设备制造	15435.0	780.5	120.0	
光纤、光缆及锂离子电池制造	87593.4	258.5		
通信设备制造、雷达及配套设备制造	270391.2	1351622.1	879548.7	135.1
广播电视设备制造	9636.8	183.3	38.3	
电子器件制造	679313.2	11832.3	61679.8	9.7
电子元件及电子专用设备制造	507670.8	21019.0	9518.0	7854.5
其他电子设备制造	36584.1	1927.5		28.5
计算机及办公设备制造业	65604.7	10764.3	4256.7	40.0
计算机整机制造	15302.9	258.3	1324.0	
计算机零部件制造	19854.5	1893.4	1148.5	
计算机外围设备制造	8285.4	4791.7	1338.0	40.0
办公设备制造	17209.5	275.2	27.4	
医疗仪器设备及仪器仪表制造业	46124.8	4509.8	9302.8	
医疗仪器设备及器械制造	16443.5	1590.6	9249.2	
通用仪器仪表制造	18628.5	1453.4	53.6	
专用仪器仪表制造	7014.6	1358.9		
光学仪器制造	4038.2	106.9		
信息化学品制造业	4899.3			

2-45 按企业规模及登记注册类型分有研发的规上工业企业数量情况

单位：个

指标名称	有 R&D 活动的企业数	有研发机构的企业数
总　计	16570	19397
#大型企业	1060	1129
中型企业	3695	4100
内资企业	12753	14964
国有企业	10	8
集体企业	9	9
股份合作企业	11	11
联营企业	2	2
国有联营企业		
集体联营企业	1	1
国有与集体联营企业	1	1
其他联营企业		
有限责任公司	3468	3913
国有独资公司	58	54
其他有限责任公司	3410	3859
股份有限公司	921	965
私营企业	8332	10056
私营独资企业	151	190
私营合伙企业	14	14
私营有限责任公司	7634	9305
私营股份有限公司	533	547
其他企业		
港、澳、台商投资企业	2437	2834
合资经营企业（港或澳、台资）	561	599
合作经营企业（港或澳、台资）	44	54
港、澳、台商独资经营企业	1752	2097
港、澳、台商投资股份有限公司	66	68
其他港澳台投资企业	14	16
外商投资企业	1380	1599
中外合资经营企业	413	445
中外合作经营企业	31	38
外资企业	866	1039
外商投资股份有限公司	31	35
其他外商投资企业	39	42

2-46　按行业分有研发的规上工业企业数量情况

单位：个

行　业	有 R&D 活动的企业数	有研发机构的企业数
总　计	16570	19397
煤炭开采和洗选业		
石油和天然气开采业	3	3
黑色金属矿采选业	3	3
有色金属矿采选业	5	6
非金属矿采选业	26	25
开采专业及辅助性活动	1	
其他采矿业		
农副食品加工业	270	297
食品制造业	252	292
酒、饮料和精制茶制造业	76	74
烟草制品业	3	2
纺织业	290	349
纺织服装、服饰业	232	285
皮革、毛皮、羽毛及其制品和制鞋业	209	323
木材加工和木、竹、藤、棕、草制品业	98	124
家具制造业	328	419
造纸和纸制品业	292	361
印刷和记录媒介复制业	217	275
文教、工美、体育和娱乐用品制造业	386	445
石油、煤炭及其他燃料加工业	37	40
化学原料和化学制品制造业	1111	1123
医药制造业	282	285
化学纤维制造业	27	26
橡胶和塑料制品业	1153	1418
非金属矿物制品业	685	787
黑色金属冶炼和压延加工业	93	112
有色金属冶炼和压延加工业	262	283
金属制品业	1278	1564
通用设备制造业	1143	1329
专用设备制造业	1196	1341
汽车制造业	418	454
铁路、船舶、航空航天和其他运输设备制造业	183	205
电气机械和器材制造业	2422	2877
计算机、通信和其他电子设备制造业	2942	3560
仪器仪表制造业	372	424
其他制造业	88	102
废弃资源综合利用业	44	36
金属制品、机械和设备修理业	14	19
电力、热力生产和供应业	66	63
燃气生产和供应业	24	23
水的生产和供应业	39	43

2-47　按地区分组有研发的规上工业企业数量情况

单位：个

地　区	有 R&D 活动的企业数	有研发机构的企业数
总　计	16570	19397
广州市	1865	2132
韶关市	120	55
深圳市	3488	4347
珠海市	527	485
汕头市	416	383
佛山市	2881	3406
江门市	1041	1249
湛江市	132	74
茂名市	213	209
肇庆市	431	444
惠州市	786	712
梅州市	70	33
汕尾市	15	15
河源市	74	63
阳江市	43	17
清远市	154	77
东莞市	2822	3943
中山市	966	992
潮州市	141	247
揭阳市	335	449
云浮市	50	65
珠三角核心区	14807	17710
沿海经济带	1295	1394
生态发展区	468	293

2-48 按企业规模及登记注册类型分规上工业企业 R&D 人员

指标名称	R&D 人员合计（人）	其中：女性（人）	R&D 人员折合全时当量合计（人年）	其中：研究人员（人年）
总　计	806431	167230	621950	190823
#大型企业	409190	86595	327883	122103
中型企业	200096	42834	149003	35195
内资企业	534322	102768	417121	143277
国有企业	554	205	348	98
集体企业	114	24	94	22
股份合作企业	148	38	118	47
联营企业	28	13	21	5
国有联营企业				
集体联营企业	20	8	14	1
国有与集体联营企业	8	5	6	4
其他联营企业				
有限责任公司	207974	38380	166950	64954
国有独资公司	9535	1474	4293	1599
其他有限责任公司	198439	36906	162657	63354
股份有限公司	115432	23629	92558	37169
私营企业	210072	40479	157031	40982
私营独资企业	1537	306	1121	299
私营合伙企业	149	29	113	45
私营有限责任公司	176623	33882	131279	32346
私营股份有限公司	31763	6262	24519	8293
其他企业				
港、澳、台商投资企业	175149	44164	132606	30381
合资经营企业（港或澳、台资）	49972	10571	38648	12098
合作经营企业（港或澳、台资）	1364	390	1038	228
港、澳、台商独资经营企业	114645	31004	86043	16585
港、澳、台商投资股份有限公司	8482	2051	6288	1402
其他港澳台投资企业	686	148	589	67
外商投资企业	96960	20298	72223	17165
中外合资经营企业	35872	6272	24711	6743
中外合作经营企业	1309	274	1053	186
外资企业	54593	12116	42088	9090
外商投资股份有限公司	1837	549	1556	380
其他外商投资企业	3349	1087	2815	766

2-49 按行业分规上工业企业 R&D 人员

行 业	R&D 人员合计（人）	其中：女性（人）	R&D 人员折合全时当量合计（人年）	其中：研究人员（人年）
总 计	806431	167230	621950	190823
煤炭开采和洗选业				
石油和天然气开采业	610	23	296	17
黑色金属矿采选业	54	3	40	2
有色金属矿采选业	107	19	94	18
非金属矿采选业	392	74	279	71
开采专业及辅助性活动	18	2	9	5
其他采矿业				
农副食品加工业	7279	1863	5350	1323
食品制造业	8020	2703	6070	1531
酒、饮料和精制茶制造业	3075	659	2151	501
烟草制品业	290	90	203	107
纺织业	8305	2396	6391	1106
纺织服装、服饰业	14957	7339	8847	1271
皮革、毛皮、羽毛及其制品和制鞋业	7304	3026	5590	576
木材加工和木、竹、藤、棕、草制品业	1814	396	1358	318
家具制造业	12335	2691	8758	1751
造纸和纸制品业	11283	2105	8499	1411
印刷和记录媒介复制业	7588	2237	5995	956
文教、工美、体育和娱乐用品制造业	13766	3800	10216	1629
石油、煤炭及其他燃料加工业	3642	707	1371	396

2-49 续表 1

行 业	R&D 人员合计（人）	其中：女性（人）	R&D 人员折合全时当量合计（人年）	其中：研究人员（人年）
化学原料和化学制品制造业	28188	6949	21006	6139
医药制造业	13823	5980	9977	3638
化学纤维制造业	498	122	405	117
橡胶和塑料制品业	33091	6683	24539	4321
非金属矿物制品业	20740	3921	15429	3209
黑色金属冶炼和压延加工业	3939	459	2518	702
有色金属冶炼和压延加工业	8412	1230	6071	1247
金属制品业	33510	5680	24435	4406
通用设备制造业	36756	5309	27865	7773
专用设备制造业	44022	6484	34048	9584
汽车制造业	38111	6894	30505	10031
铁路、船舶、航空航天和其他运输设备制造业	7742	1214	5636	1750
电气机械和器材制造业	112766	22462	83319	23909
计算机、通信和其他电子设备制造业	292740	58853	243474	94522
仪器仪表制造业	15608	2393	12150	3979
其他制造业	3402	685	2752	321
废弃资源综合利用业	868	158	612	128
金属制品、机械和设备修理业	760	83	495	204
电力、热力生产和供应业	7867	985	3382	1237
燃气生产和供应业	1632	221	1115	362
水的生产和供应业	1117	332	702	254

2-50 按地区分组规上工业企业 R&D 人员

地 区	R&D 人员合计（人）	其中：女性（人）	R&D 人员折合全时当量合计（人年）	其中：研究人员（人年）
全 省	806431	167230	621950	190823
广州市	95562	21085	69351	19415
韶关市	5821	1172	4112	960
深圳市	289422	56433	246566	100755
珠海市	30808	6445	23009	6778
汕头市	12556	3370	9713	2674
佛山市	93256	20011	64833	18174
江门市	30145	6366	21470	4393
湛江市	3981	748	2779	677
茂名市	6889	1607	3829	844
肇庆市	12524	2129	8469	1540
惠州市	50199	10805	38568	8429
梅州市	2072	444	1097	162
汕尾市	2003	361	1814	603
河源市	2030	472	1304	268
阳江市	1788	390	1054	205
清远市	5877	1315	4299	632
东莞市	111969	22316	86581	16979
中山市	36620	8396	24507	5517
潮州市	4676	1414	3207	772
揭阳市	6571	1558	4322	818
云浮市	1662	393	1066	226
珠三角核心区	750505	153986	583354	181980
沿海经济带	38464	9448	26718	6593
生态发展区	17462	3796	11878	2248

2-51 按企业规模及登记注册类型

指标名称	R&D经费内部支出合计	其中：①经常费支出	其中：人员劳务费	②资产性支出	其中：土建工程
总　计	21072031.4	18946318.3	8363894.7	2125713.1	47676.9
#大型企业	13406907.1	11949355.1	5975084.9	1457552.0	26878.3
中型企业	3990593.9	3637364.9	1358597.6	353229.0	9439.7
内资企业	15681168.1	14131533.3	6704045.7	1549634.8	37484.0
国有企业	11749.0	11482.7	3650.1	266.3	2.0
集体企业	3444.9	3252.8	355.1	192.1	16.0
股份合作企业	4611.0	4254.5	712.0	356.5	0.1
联营企业	428.3	421.9	193.2	6.4	0.1
国有联营企业					
集体联营企业	405.3	399.0	176.9	6.3	
国有与集体联营企业	23.0	22.9	16.3	0.1	0.1
其他联营企业					
有限责任公司	7486332.4	6668466.0	3649437.6	817866.4	20057.7
国有独资公司	296987.0	209889.4	93937.1	87097.6	7047.2
其他有限责任公司	7189345.4	6458576.6	3555500.5	730768.8	13010.5
股份有限公司	3134029.3	2923590.4	1417897.3	210438.9	6445.1
私营企业	5040573.2	4520065.0	1631800.4	520508.2	10963.0
私营独资企业	40401.0	37011.7	4242.7	3389.3	159.7
私营合伙企业	5300.8	4762.9	304.3	537.9	7.4
私营有限责任公司	3764192.3	3481613.2	1280487.3	282579.1	7822.0
私营股份有限公司	1230679.1	996677.2	346766.1	234001.9	2973.9
其他企业					
港、澳、台商投资企业	2978472.5	2657497.8	981694.0	320974.7	5043.8
合资经营企业（港或澳、台资）	1014171.0	905013.9	317251.1	109157.1	1920.7
合作经营企业（港或澳、台资）	31329.9	30025.7	7392.7	1304.2	45.3
港、澳、台商独资经营企业	1752443.0	1559786.2	602283.8	192656.8	2843.0
港、澳、台商投资股份有限公司	168827.4	152600.4	52555.2	16227.0	227.1
其他港澳台投资企业	11701.2	10071.6	2211.2	1629.6	7.7
外商投资企业	2412390.8	2157287.2	678155.0	255103.6	5149.1
中外合资经营企业	1198409.2	1065716.8	290704.7	132692.4	2099.4
中外合作经营企业	33563.7	30231.6	8949.9	3332.1	21.5
外资企业	1082377.4	968631.0	338714.7	113746.4	2945.3
外商投资股份有限公司	43621.5	40466.3	15946.1	3155.2	19.9
其他外商投资企业	54419.0	52241.5	23839.6	2177.5	63.0

分规上工业企业 R&D 经费内部支出

单位：万元

仪器和设备	其中：①基础研究支出	②应用研究支出	③试验发展支出	其中：①政府资金	②企业资金	③境外资金	④其他资金
2078036.2	110693.1	919598.4	20041739.9	604588.4	20370442.8	44734.9	52265.3
1430673.7	107658.0	814254.2	12484994.9	277492.5	13080805.6	31050.3	17558.7
343789.3	779.5	41842.9	3947971.5	181751.3	3787990.1	8808.8	12043.7
1512150.8	104860.6	726426.1	14849881.4	491385.6	15148766.3	13222.4	27793.8
264.3	366.9	282.3	11099.8	603.5	11095.8		49.7
176.1			3444.9		3444.9		
356.4			4611.0	322.0	4289.0		
6.3			428.3		428.3		
6.3			405.3		405.3		
			23.0		23.0		
797808.7	102348.6	587768.7	6796215.1	162087.5	7309194.2	5867.9	9182.8
80050.4		19782.4	277204.6	9274.2	285352.4	48.1	2312.3
717758.3	102348.6	567986.3	6519010.5	152813.3	7023841.8	5819.8	6870.5
203993.8	616.7	76376.3	3057036.3	141413.3	2989090.2	1939.2	1586.6
509545.2	1528.4	61998.8	4977046.0	186959.3	4831223.9	5415.3	16974.7
3229.6		212.3	40188.7	755.1	39172.1	13.9	459.9
530.5			5300.8	118.5	5074.4		107.9
274757.1	1167.1	56442.6	3706582.6	133718.8	3611055.0	3884.1	15534.4
231028.0	361.3	5343.9	1224973.9	52366.9	1175922.4	1517.3	872.5
315930.9	5733.3	131795.8	2840943.4	78037.6	2884934.5	8993.9	6506.5
107236.4		39539.6	974631.4	29951.0	981837.2	768.7	1614.1
1258.9		33.4	31296.5	453.8	30836.9	39.2	
189813.8	1880.3	90258.8	1660303.9	39009.1	1700923.0	7661.7	4849.2
15999.9	3853.0	1964.0	163010.4	8136.9	160123.0	524.3	43.2
1621.9			11701.2	486.8	11214.4		
249954.5	99.2	61376.5	2350915.1	35165.2	2336742.0	22518.6	17965.0
130593.0		50006.7	1148402.5	18624.0	1149666.3	18759.0	11359.9
3310.6			33563.7	3798.5	29761.8	3.4	
110801.1	99.2	10716.4	1071561.8	11067.4	1061367.4	3337.5	6605.1
3135.3		16.4	43605.1	1038.6	42540.0	42.9	
2114.5		637.0	53782.0	636.7	53406.5	375.8	

2-52 按行业分规上工业

行 业	R&D经费内部支出合计	其中：①经常费支出	其中：人员劳务费	②资产性支出	其中：土建工程
总 计	21072031.4	18946318.3	8363894.7	2125713.1	47676.9
煤炭开采和洗选业					
石油和天然气开采业	11654.6	11646.4	9111.8	8.2	0.3
黑色金属矿采选业	1242.8	894.0	94.6	348.8	
有色金属矿采选业	1488.5	1283.1	438.5	205.4	2.5
非金属矿采选业	8376.2	7088.1	1004.0	1288.1	22.8
开采专业及辅助性活动	369.0	369.0	283.2		
其他采矿业					
农副食品加工业	179851.5	163859.4	27733.5	15992.1	376.2
食品制造业	201979.8	187056.0	37843.0	14923.8	413.6
酒、饮料和精制茶制造业	73757.0	71212.6	16324.8	2544.4	70.2
烟草制品业	18390.8	17809.7	9085.1	581.1	
纺织业	136501.1	128524.1	31082.4	7977.0	413.9
纺织服装、服饰业	104601.5	97390.7	34657.3	7210.8	124.9
皮革、毛皮、羽毛及其制品和制鞋业	74128.4	68791.6	23468.8	5336.8	196.4
木材加工和木、竹、藤、棕、草制品业	29565.0	27600.8	6712.5	1964.2	67.3
家具制造业	197274.8	185898.4	66201.2	11376.4	373.8
造纸和纸制品业	233293.0	217675.3	47431.9	15617.7	459.4
印刷和记录媒介复制业	128463.6	112661.4	38216.2	15802.2	125.5
文教、工美、体育和娱乐用品制造业	181494.3	168223.9	60467.5	13270.4	298.5
石油、煤炭及其他燃料加工业	70531.4	66285.9	21635.1	4245.5	99.6
化学原料和化学制品制造业	671715.1	630764.2	178417.8	40950.9	2191.3
医药制造业	379487.2	347541.4	100489.7	31945.8	726.4
化学纤维制造业	11231.8	9397.5	2814.0	1834.3	71.7
橡胶和塑料制品业	535365.0	475212.6	154398.0	60152.4	2564.8
非金属矿物制品业	408342.6	380377.2	96313.2	27965.4	1368.7
黑色金属冶炼和压延加工业	156255.1	149927.5	18416.4	6327.6	151.1
有色金属冶炼和压延加工业	212641.2	189666.4	32915.1	22974.8	578.7
金属制品业	584359.2	509235.3	147130.5	75123.9	1658.3
通用设备制造业	788910.4	731047.2	291271.3	57863.2	1919.5
专用设备制造业	924465.9	843422.9	424119.1	81043.0	2477.8
汽车制造业	1216676.8	1050930.7	276021.1	165746.1	2371.7
铁路、船舶、航空航天和其他运输设备制造业	159604.3	151748.7	57200.8	7855.6	294.2
电气机械和器材制造业	2784724.1	2413956.4	797979.0	370767.7	5640.8
计算机、通信和其他电子设备制造业	9839124.2	8914232.1	5076535.1	924892.1	15223.3
仪器仪表制造业	332729.3	314143.4	163444.1	18585.9	323.9
其他制造业	42663.0	39943.6	17790.9	2719.4	95.1
废弃资源综合利用业	19841.4	18066.0	3513.2	1775.4	40.5
金属制品、机械和设备修理业	27191.0	26427.2	6985.8	763.8	1.0
电力、热力生产和供应业	261863.9	156505.3	61325.2	105358.6	6846.1
燃气生产和供应业	36027.9	35829.5	16415.7	198.4	85.4
水的生产和供应业	25848.7	23672.8	8607.3	2175.9	1.7

企业 R&D 经费内部支出

单位：万元

仪器和设备	其中：①基础研究支出	②应用研究支出	③试验发展支出	其中：①政府资金	②企业资金	③境外资金	④其他资金
2078036.2	110693.1	919598.4	20041739.9	604588.4	20370442.8	44734.9	52265.3
7.9	1618.8		10035.8	5453.5	6201.1		
348.8			1242.8		1242.8		
202.9		116.3	1372.2	85.0	1403.5		
1265.3		348.1	8028.1	49.0	7592.8	17.8	716.6
		369.0		238.6	130.4		
15615.9		3248.1	176603.4	2220.7	175616.6	900.2	1114.0
14510.2		2039.6	199940.2	10865.6	190170.4	84.9	858.9
2474.2		37.1	73719.9	1729.4	71604.3	417.6	5.7
581.1		2720.1	15670.7	8.4	16746.2		1636.2
7563.1		218.8	136282.3	2408.5	133189.4	464.8	438.4
7085.9		1233.5	103368.0	1354.8	103012.3	219.5	14.9
5140.4		1931.9	72196.5	601.6	72742.4	194.5	589.9
1896.9		937.8	28627.2	620.1	27052.7	121.9	1770.3
11002.6		1122.2	196152.6	1295.1	194845.7	116.5	1017.5
15158.3		361.1	232931.9	2337.7	229838.9	32.4	1084.0
15676.7		2066.2	126397.4	1422.2	126058.3	273.3	709.8
12971.9		3411.5	178082.8	1935.3	177737.0	640.3	1181.7
4145.9		0.4	70531.0	352.4	70179.0		
38759.6	126.4	11482.1	660106.6	24519.5	643721.3	732.7	2741.6
31219.4	5992.5	5082.4	368412.3	35802.4	341900.0	308.3	1476.5
1762.6			11231.8	469.4	10551.0		211.4
57587.6		5790.0	529575.0	12159.6	519891.4	1867.3	1446.7
26596.7		3696.7	404645.9	9072.7	396796.0	505.0	1968.9
6176.5		4370.9	151884.2	898.7	155176.3	90.9	89.2
22396.1		11140.5	201500.7	5466.1	206195.7	135.1	844.3
73465.6		13892.5	570466.7	11375.2	565578.2	2506.3	4899.5
55943.7		6591.0	782319.4	28189.6	757889.0	1188.1	1643.7
78565.2		13473.8	910992.1	49078.4	872289.1	1639.4	1459.0
163374.4		2948.0	1213728.8	22291.2	1168550.9	16410.9	9423.8
7561.4	1394.1	1386.0	156824.2	8076.8	150433.5	928.8	165.2
365126.9		39573.8	2745150.3	81553.8	2688160.5	8978.2	6031.6
909668.8	101560.5	758692.1	8978871.6	257467.5	9569388.9	5217.9	7049.9
18262.0	0.8	1777.6	330950.9	17716.8	312781.1	736.3	1495.1
2624.3		156.1	42506.9	1384.3	41138.6		140.1
1734.9		182.2	19659.2	1853.3	17941.9	5.3	40.9
762.8			27191.0	268.2	26922.8		
98512.5		15923.4	245940.5	1562.5	260300.7	0.7	
113.0		3068.8	32959.1	69.5	35958.4		
2174.2		208.8	25639.9	2335.0	23513.7		

2-53　按地区分组规上工业

地　区	R&D经费内部支出合计	其中：①经常费支出	其中：人员劳务费	②资产性支出	其中：土建工程
全　省	21072031.4	18946318.3	8363894.7	2125713.1	47676.9
广州市	2672706.7	2369447.0	764815.3	303259.7	11535.5
韶关市	147192.0	134710.6	20910.7	12481.4	411.7
深圳市	9667482.3	8804462.5	5165679.4	863019.8	13105.3
珠海市	827739.8	773579.7	237551.9	54160.1	2628.9
汕头市	192370.9	183126.9	54899.3	9244.0	451.9
佛山市	2351707.8	1969910.0	506494.2	381797.8	7668.1
江门市	583522.8	503740.5	123175.5	79782.3	1848.5
湛江市	82065.6	74433.3	23039.3	7632.3	226.7
茂名市	107926.7	95452.1	29484.2	12474.6	522.6
肇庆市	220296.7	202285.5	46807.7	18011.2	481.1
惠州市	893218.5	809921.9	293497.5	83296.6	2343.5
梅州市	27463.6	26760.7	7916.5	702.9	33.3
汕尾市	68262.3	54590.1	20262.2	13672.2	2.2
河源市	29589.3	28332.9	10122.8	1256.4	50.3
阳江市	36816.9	34494.1	7799.0	2322.8	90.6
清远市	104274.3	93009.6	22302.6	11264.7	672.6
东莞市	2212356.2	2031285.6	815327.3	181070.6	3040.8
中山市	592756.7	528491.2	173122.1	64265.5	1594.3
潮州市	56755.1	53748.2	19911.3	3006.9	108.9
揭阳市	171805.0	151425.7	14608.3	20379.3	846.6
云浮市	25722.2	23110.2	6167.6	2612.0	13.5
珠三角核心区	20021787.5	17993123.9	8126470.9	2028663.6	44246.0
沿海经济带	716002.5	647270.4	170003.6	68732.1	2249.5
生态发展区	334241.4	305924.0	67420.2	28317.4	1181.4

企业 R&D 经费内部支出

单位：万元

仪器和设备	其中：①基础研究支出	②应用研究支出	③试验发展支出	其中：①政府资金	②企业资金	③境外资金	④其他资金
2078036.2	110693.1	919598.4	20041739.9	604588.4	20370442.8	44734.9	52265.3
291724.2	1697.3	35310.3	2635699.1	75916.6	2566339.6	19971.8	10478.7
12069.7		5553.3	141638.7	5356.0	141420.9	377.8	37.3
849914.5	106275.9	653853.3	8907353.1	307781.6	9350951.0	4759.1	3990.6
51531.2	99.2	4934.2	822706.4	54961.2	770803.5	658.1	1317.0
8792.1		822.5	191548.4	5869.8	185184.8	669.6	646.7
374129.7	27.2	32139.9	2319540.7	57969.5	2284301.8	6419.9	3016.6
77933.8	536.7	5148.9	577837.2	11422.5	564935.3	2950.6	4214.4
7405.6	1618.8	104.2	80342.6	5146.0	76224.7	566.3	128.6
11952.0	76.7	2923.3	104926.7	1234.5	106176.1	516.1	
17530.1	361.3	11692.3	208243.1	6534.8	202473.4	254.4	11034.1
80953.1		147131.3	746087.2	16406.1	872038.6	1301.5	3472.3
669.6		397.2	27066.4	650.6	26610.8	147.4	54.8
13670.0			68262.3	6.0	66837.0	1419.3	
1206.1		1226.3	28363.0	737.1	28697.0	49.4	105.8
2232.2		2538.2	34278.7	573.9	35453.2	271.3	518.5
10592.1		1124.5	103149.8	3233.2	100671.5	81.9	287.7
178029.8		2819.0	2209537.2	26326.3	2180400.9	2246.8	3382.2
62671.2		8373.5	584383.2	13602.1	571081.4	1417.2	6656.0
2898.0		202.5	56552.6	6355.5	49735.7	357.2	306.7
19532.7		2904.4	168900.6	2097.5	167291.5	298.5	2117.5
2598.5		399.3	25322.9	2407.6	22814.1	0.7	499.8
1984417.6	108997.6	901402.7	19011387.2	570920.7	19363325.5	39979.4	47561.9
66482.6	1695.5	9495.1	704811.9	21283.2	686903.0	4098.3	3718.0
27136.0		8700.6	325540.8	12384.5	320214.3	657.2	985.4

2-54 按企业规模及登记注册类型分规上工业企业R&D经费外部支出

单位：万元

指标名称	R&D经费外部支出合计	其中：对境内研究机构支出	对境内高等学校支出
总 计	2685920.5	1931744.9	35467.6
#大型企业	2422916.1	1889597.4	21608.8
中型企业	155824.0	23897.0	6488.6
内资企业	2427160.8	1910986.5	29582.7
国有企业	508.2	71.1	143.3
集体企业			
股份合作企业	11.6		11.6
联营企业	64.1	64.1	
国有联营企业			
集体联营企业			
国有与集体联营企业	64.1	64.1	
其他联营企业			
有限责任公司	1083390.2	786839.9	17241.2
国有独资公司	228749.6	166095.8	11602.6
其他有限责任公司	854640.6	620744.1	5638.6
股份有限公司	70803.0	15600.6	4835.5
私营企业	1272383.7	1108410.8	7351.1
私营独资企业	1.6		1.6
私营合伙企业			
私营有限责任公司	1255822.4	1103651.8	5482.4
私营股份有限公司	16559.7	4759.0	1867.1
其他企业			
港、澳、台商投资企业	122436.8	5944.4	4604.5
合资经营企业（港或澳、台资）	35992.1	1080.1	715.1
合作经营企业（港或澳、台资）	115.7	28.8	10.7
港、澳、台商独资经营企业	80498.4	4696.6	3523.2
港、澳、台商投资股份有限公司	5830.6	138.9	355.5
其他港澳台投资企业			
外商投资企业	136322.9	14814.0	1280.4
中外合资经营企业	52816.6	4442.1	587.6
中外合作经营企业	6185.4	50.3	9.7
外资企业	76687.9	9712.5	668.9
外商投资股份有限公司	618.5	609.1	9.4
其他外商投资企业	14.5		4.8

2-55 按行业分规上工业企业 R&D 经费外部支出

单位：万元

行业	R&D 经费外部支出合计	其中：对境内研究机构支出	对境内高等学校支出
总计	2685920.5	1931744.9	35467.6
煤炭开采和洗选业			
石油和天然气开采业	127.6		5.4
黑色金属矿采选业			
有色金属矿采选业	175.2	8.1	73.0
非金属矿采选业			
开采专业及辅助性活动	32.8		
其他采矿业			
农副食品加工业	2716.4	178.5	364.6
食品制造业	26105.7	4578.0	3272.9
酒、饮料和精制茶制造业	4025.6	218.0	226.3
烟草制品业	639.7	197.8	161.1
纺织业	2095.4	53.9	33.3
纺织服装、服饰业	758.3	318.7	102.9
皮革、毛皮、羽毛及其制品和制鞋业	206.0	76.4	126.2
木材加工和木、竹、藤、棕、草制品业	81.8	10.0	71.8
家具制造业	5228.8	435.2	31.2
造纸和纸制品业	591.8	70.7	71.0
印刷和记录媒介复制业	2202.4	363.1	153.0
文教、工美、体育和娱乐用品制造业	2348.7	837.2	59.2
石油、煤炭及其他燃料加工业	2375.2	503.7	681.7
化学原料和化学制品制造业	11263.0	3124.8	1802.6
医药制造业	74782.1	24762.9	4910.3
化学纤维制造业	5638.9	114.8	
橡胶和塑料制品业	4626.4	293.6	534.4
非金属矿物制品业	10751.5	950.9	962.5
黑色金属冶炼和压延加工业	2274.0	62.9	140.7
有色金属冶炼和压延加工业	1619.2	512.4	703.0
金属制品业	3366.0	379.0	338.1
通用设备制造业	16643.8	6006.9	803.1
专用设备制造业	24377.7	2635.8	2290.5
汽车制造业	224843.5	169117.2	603.9
铁路、船舶、航空航天和其他运输设备制造业	27409.7	66.7	172.3
电气机械和器材制造业	31721.4	6780.5	1587.7
计算机、通信和其他电子设备制造业	2103661.6	1702990.4	2995.2
仪器仪表制造业	9435.2	398.8	588.4
其他制造业	168.3	20.0	2.9
废弃资源综合利用业	186.5	29.9	86.0
金属制品、机械和设备修理业	473.0		1.6
电力、热力生产和供应业	81750.1	5422.8	11353.5
燃气生产和供应业	395.6		
水的生产和供应业	821.6	225.3	157.3

2-56 按地区分组规上工业企业R&D经费外部支出

单位：万元

地 区	R&D经费外部支出合计	其中：对境内研究机构支出	对境内高等学校支出
全 省	2685920.5	1931744.9	35467.6
广州市	298194.9	175746.3	14035.5
韶关市	15029.6	403.9	151.1
深圳市	854297.8	632526.4	4087.9
珠海市	8771.6	237.5	1022.4
汕头市	16646.5	375.8	589.2
佛山市	35604.9	9629.1	2783.2
江门市	40146.8	3017.4	3348.1
湛江市	1508.8	125.7	331.4
茂名市	3002.9	986.1	794.4
肇庆市	4534.1	2002.3	382.0
惠州市	19304.9	1906.5	428.0
梅州市	675.4	250.2	232.7
汕尾市	8846.2	26.1	30.0
河源市	452.0	340.5	61.5
阳江市	202.6	17.2	138.3
清远市	525.2		136.9
东莞市	1367049.4	1099666.4	5219.8
中山市	7402.9	1584.0	1351.7
潮州市	593.7	333.8	190.2
揭阳市	1957.9	1570.1	94.6
云浮市	1172.4	999.6	58.7
珠三角核心区	2635307.3	1926315.9	32658.6
沿海经济带	32758.6	3434.8	2168.1
生态发展区	17854.6	1994.2	640.9

2-57 按企业规模及登记注册类型分规上工业企业办研发机构情况

指标名称	机构数（个）	机构人员（人）	其中：博士毕业（人）	硕士毕业（人）	机构经费支出（万元）	仪器和设备原价（万元）
总 计	21740	926809	9269	108630	31945254.9	15427757.8
#大型企业	1853	419489	6136	87715	20356908.1	6898486.1
中型企业	4898	240508	1400	11238	5524724.3	4415273.4
内资企业	16828	642710	8118	96456	24503375.5	9833013.1
国有企业	8	462	12	44	16425.6	9953.2
集体企业	9	128		2	4019.7	1811.4
股份合作企业	15	200	2	21	6626.1	4060.4
联营企业	2	40			868.5	405.8
国有联营企业						
集体联营企业	1	24			484.9	84.6
国有与集体联营企业	1	16			383.6	321.2
其他联营企业						
有限责任公司	4389	229965	4350	53200	13632902.3	3393890.5
国有独资公司	86	4911	261	1019	413219.3	246605.6
其他有限责任公司	4303	225054	4089	52181	13219683.0	3147284.9
股份有限公司	1509	123285	1500	28260	3597586.3	2098000.4
私营企业	10896	288630	2254	14929	7244947.0	4324891.4
私营独资企业	190	1840	6	39	53553.8	19927.7
私营合伙企业	14	164			5577.7	2613.2
私营有限责任公司	9996	244702	1336	10582	6134436.4	3811187.3
私营股份有限公司	696	41924	912	4308	1051379.1	491163.2
其他企业						
港、澳、台商投资企业	3140	185434	721	6716	4223568.3	3431407.6
合资经营企业（港或澳、台资）	690	46531	175	2091	1369705.6	1177939.4
合作经营企业（港或澳、台资）	63	2094	2	46	43117.7	27710.7
港、澳、台商独资经营企业	2263	127002	468	4163	2576655.3	2052671.5
港、澳、台商投资股份有限公司	108	8891	75	405	215900.4	162278.4
其他港澳台投资企业	16	916	1	11	18189.3	10807.6
外商投资企业	1772	98665	430	5458	3218311.1	2163337.1
中外合资经营企业	515	31941	168	2945	1483679.9	1094687.4
中外合作经营企业	38	1247	6	39	24210.5	16560.1
外资企业	1135	61355	227	2191	1588371.0	976681.5
外商投资股份有限公司	39	2025	21	233	70865.4	42381.9
其他外商投资企业	45	2097	8	50	51184.3	33026.2

2-58 按行业分规上工业企业办研发机构情况

指标名称	机构数（个）	机构人员（人）	其中：博士毕业（人）	硕士毕业（人）	机构经费支出（万元）	仪器和设备原价（万元）
总 计	21740	926809	9269	108630	31945254.9	15427757.8
煤炭开采和洗选业						
石油和天然气开采业	3	542	26	366	19959.6	1013.5
黑色金属矿采选业	3	21			1041.1	619.6
有色金属矿采选业	7	231		7	4841.2	4625.9
非金属矿采选业	25	353		10	11249.4	6505.5
开采专业及辅助性活动						
其他采矿业						
农副食品加工业	315	6941	114	530	260415.3	147576.9
食品制造业	342	8516	92	628	300841.8	115158.8
酒、饮料和精制茶制造业	82	3307	12	109	96805.7	73439.6
烟草制品业	2	166	10	85	43777.5	41160.5
纺织业	360	9254	37	122	193877.6	139287.2
纺织服装、服饰业	311	13268	19	116	163591.6	121111.2
皮革、毛皮、羽毛及其制品和制鞋业	339	8107	16	74	146268.0	70023.2
木材加工和木、竹、藤、棕、草制品业	128	2212	3	38	52912.9	26390.8
家具制造业	440	15062	17	166	275799.3	279445.2
造纸和纸制品业	378	12313	35	186	374768.9	582189.1
印刷和记录媒介复制业	284	8959	16	119	180550.9	206913.0
文教、工美、体育和娱乐用品制造业	469	15731	26	261	245137.3	131972.6
石油、煤炭及其他燃料加工业	49	968	23	57	73400.6	67858.7
化学原料和化学制品制造业	1307	28289	647	2754	863403.5	489294.3
医药制造业	401	15713	480	2184	544076.3	501045.6
化学纤维制造业	30	512	6	32	11016.2	7345.9
橡胶和塑料制品业	1516	43384	182	916	851372.7	772731.2
非金属矿物制品业	880	24866	116	539	550139.7	421729.1
黑色金属冶炼和压延加工业	117	3370	13	157	405129.0	109086.8
有色金属冶炼和压延加工业	320	9419	54	203	426945.1	211354.3
金属制品业	1665	41875	215	699	839627.7	773526.2
通用设备制造业	1486	44718	206	2150	1090440.1	785910.1
专用设备制造业	1483	51346	340	4088	1141998.2	694068.6
汽车制造业	510	35106	112	2438	1701436.7	715541.5
铁路、船舶、航空航天和其他运输设备制造业	235	9770	11	385	247805.7	207641.7
电气机械和器材制造业	3213	132576	1056	8997	2989471.6	1795560.2
计算机、通信和其他电子设备制造业	4188	346261	4970	77627	17011278.5	5292127.3
仪器仪表制造业	541	21597	128	1372	477080.8	202654.5
其他制造业	113	4260	14	91	60195.4	48523.2
废弃资源综合利用业	37	763	16	28	28211.2	19071.9
金属制品、机械和设备修理业	23	623	1	66	26584.9	20843.1
电力、热力生产和供应业	71	3418	229	833	150248.2	252826.0
燃气生产和供应业	23	1840	6	57	47449.0	49219.0
水的生产和供应业	44	1152	21	140	36105.7	42366.0

2-59 按地区分组规上工业企业办研发机构情况

地 区	机构数（个）	机构人员（人）	其中：博士毕业（人）	硕士毕业（人）	机构经费支出（万元）	仪器和设备原价（万元）
全 省	21740	926809	9269	108630	31945254.9	15427757.8
广州市	2595	99492	974	7262	3597359.3	2139428.1
韶关市	65	2628	19	119	61037.3	160968.2
深圳市	5064	364827	5301	81371	16498620.1	4624721.4
珠海市	661	35098	246	3411	984078.3	722981.3
汕头市	415	11318	66	268	220862.6	394871.4
佛山市	3643	101309	920	5404	2471586.8	1645614.9
江门市	1333	32869	165	839	890082.4	918457.6
湛江市	82	2464	18	157	203769.9	41749.5
茂名市	224	3679	45	115	103098.8	65799.0
肇庆市	493	11376	127	276	316745.8	213585.1
惠州市	789	39807	177	1129	842957.8	585457.2
梅州市	34	925	11	25	18063.2	23071.2
汕尾市	15	2129	3	107	75468.6	32929.2
河源市	75	2900	65	121	43625.2	29341.2
阳江市	17	983	1	25	98812.2	7766.1
清远市	96	4940	29	162	131190.5	90837.8
东莞市	4203	156854	801	6169	4269519.4	2716341.9
中山市	1110	37821	151	990	707815.4	681553.8
潮州市	264	5422	55	403	95323.7	43418.1
揭阳市	481	7705	86	237	275656.2	257649.0
云浮市	81	2263	9	40	39581.4	31215.8
珠三角核心区	19891	879453	8862	106851	30578765.3	14248141.3
沿海经济带	1498	33700	274	1312	1072992.0	844182.3
生态发展区	351	13656	133	467	293497.6	335434.2

2-60 按企业规模及登记注册类型分规上工业企业新产品开发和销售情况

指标名称	新产品开发项目数（项）	新产品开发经费支出（万元）	新产品产值（万元）	新产品销售收入（万元）	其中：出口（万元）
总　计	121523	33366962.6	394588493.7	393760562.9	102891377.4
#大型企业	15981	20386664.2	261180926.8	262800926.1	75933859.7
中型企业	29308	6084839.4	74328213.8	72838813.3	18137229.1
内资企业	93264	25139224.8	273540156.4	274810470.3	59907358.7
国有企业	72	14847.0	343563.1	345612.3	855.5
集体企业	25	3926.5	34882.4	34755.6	
股份合作企业	51	8033.0	63579.6	59475.4	1080.1
联营企业	7	473.5		4510.1	
国有联营企业	1	428.8			
集体联营企业					
国有与集体联营企业	6	44.7		4510.1	
其他联营企业					
有限责任公司	25201	12330398.0	96385219.7	93576589.7	26477251.1
国有独资公司	1070	340629.6	8324910.4	7910759.2	136492.6
其他有限责任公司	24131	11989768.4	88060309.3	85665830.5	26340758.5
股份有限公司	10236	4100397.4	48957345.6	43835775.8	11459380.2
私营企业	57672	8681149.4	127755566.0	136953751.4	21968791.8
私营独资企业	345	64180.0	375327.5	369899.4	18413.9
私营合伙企业	37	8442.2	47274.6	46773.4	2000.0
私营有限责任公司	52224	6715827.1	103585894.7	113142503.9	15177983.1
私营股份有限公司	5066	1892700.1	23747069.2	23394574.7	6770394.8
其他企业					
港、澳、台商投资企业	17778	4363839.7	61474748.3	59697137.2	22676636.5
合资经营企业（港或澳、台资）	4614	1416079.6	21501732.6	21516676.8	4112383.3
合作经营企业（港或澳、台资）	219	43003.3	474406.2	380767.7	105780.7
港、澳、台商独资经营企业	12080	2648754.9	35381763.7	33752925.8	16469136.5
港、澳、台商投资股份有限公司	768	237928.0	4023137.9	3954446.9	1923756.5
其他港澳台投资企业	97	18073.9	93707.9	92320.0	65579.5
外商投资企业	10481	3863898.1	59573589.0	59252955.4	20307382.2
中外合资经营企业	3584	1974763.3	33194000.4	32687333.4	9441427.8
中外合作经营企业	200	77504.2	2298918.0	2467218.8	90816.4
外资企业	6273	1665984.5	22176383.7	22261320.5	9934255.6
外商投资股份有限公司	188	67605.7	777155.6	775862.1	178269.5
其他外商投资企业	236	78040.4	1127131.3	1061220.6	662612.9

2-61 按行业分规上工业企业新产品开发和销售情况

行 业	新产品开发项目数（项）	新产品开发经费支出（万元）	新产品产值（万元）	新产品销售收入（万元）	其中：出口（万元）
总 计	121523	33366962.6	394588493.7	393760562.9	102891377.4
煤炭开采和洗选业					
石油和天然气开采业	38	23907.9	813645.5	316018.1	
黑色金属矿采选业					
有色金属矿采选业	23	2981.5	37397.2	36741.4	
非金属矿采选业	58	7846.0	29353.1	27565.8	971.0
开采专业及辅助性活动	3	981.1	1222.5	1222.5	
其他采矿业					
农副食品加工业	1853	318053.6	3593945.9	3777878.0	277285.8
食品制造业	1743	311683.7	2236551.7	2146108.5	184944.5
酒、饮料和精制茶制造业	517	106095.5	1386404.8	1321375.3	1078.4
烟草制品业	83	29033.4	646853.7	644912.2	
纺织业	1347	210728.1	3176401.0	3077268.7	1383335.5
纺织服装、服饰业	1074	176376.4	3308096.5	2691344.8	426207.9
皮革、毛皮、羽毛及其制品和制鞋业	928	167125.4	1464054.1	1441817.1	404176.0
木材加工和木、竹、藤、棕、草制品业	449	59646.0	486078.8	442191.9	10115.2
家具制造业	1850	274196.0	3951279.3	4043870.8	965314.3
造纸和纸制品业	1884	385266.8	6255274.8	6131985.7	407416.8
印刷和记录媒介复制业	1161	167543.5	2448622.8	2414784.4	726591.2
文教、工美、体育和娱乐用品制造业	2348	289599.9	3515535.9	3378200.5	1271130.5
石油、煤炭及其他燃料加工业	296	94997.0	3181170.4	2873553.5	48.9
化学原料和化学制品制造业	7514	974362.9	11787593.2	12183963.9	1089504.7
医药制造业	2932	527016.4	5951814.4	5745961.6	155671.4
化学纤维制造业	130	20240.5	161744.3	152995.1	24341.3
橡胶和塑料制品业	7331	942717.5	11588779.8	11402025.1	2590531.0
非金属矿物制品业	3753	635988.4	8412505.0	8182407.6	1374275.2
黑色金属冶炼和压延加工业	575	420431.6	3501403.5	3408991.1	79756.6
有色金属冶炼和压延加工业	1501	420670.9	5348198.9	5532088.3	285665.9
金属制品业	7581	933387.0	10369667.4	10316103.4	2119843.3
通用设备制造业	8343	1167969.1	12668264.0	12382701.0	2581535.5
专用设备制造业	8951	1311980.2	11140351.9	10617408.2	1835202.1
汽车制造业	3548	1982725.0	30374682.4	30403758.8	1299113.3
铁路、船舶、航空航天和其他运输设备制造业	1483	247144.7	3188721.2	2890252.5	1532758.1
电气机械和器材制造业	19289	4470039.7	53072386.5	51757218.8	17807897.2
计算机、通信和其他电子设备制造业	27668	15755970.3	183437775.9	186955074.5	62397498.4
仪器仪表制造业	3139	504579.4	3188366.8	3226837.5	734669.3
其他制造业	666	68552.1	695613.1	658572.6	317614.5
废弃资源综合利用业	145	23541.3	386024.7	377124.4	49653.3
金属制品、机械和设备修理业	195	45932.6	921561.4	916275.0	557230.3
电力、热力生产和供应业	836	222748.6	1045808.2	1063486.9	
燃气生产和供应业	145	38014.0	472039.8	477467.9	
水的生产和供应业	143	26888.6	343303.3	343009.5	

2-62　按地区分组规上工业企业新产品开发和销售情况

地　区	新产品开发项目数（项）	新产品开发经费支出（万元）	新产品产值（万元）	新产品销售收入（万元）	其中：出口（万元）
全　省	121523	33366962.6	394588493.7	393760562.9	102891377.4
广州市	16649	4110171.5	48406950.1	48522236.2	6386057.3
韶关市	761	204389.2	1793594.5	1998713.6	260839.2
深圳市	35968	15399807.9	128420224.2	120512172.4	47210109.4
珠海市	4926	1351576.0	15205006.6	14180173.5	4592019.6
汕头市	2812	290225.9	3734786.6	3806236.3	729437.3
佛山市	14559	3514203.9	40981932.7	40405005.3	8663560.0
江门市	6822	894025.0	11258513.4	11084396.5	2924791.0
湛江市	807	286454.8	3679064.2	3462842.9	719498.8
茂名市	640	115236.2	1142394.6	1112661.3	74831.0
肇庆市	2141	305362.4	4697974.2	4588246.6	394395.9
惠州市	5100	1119037.0	30014544.3	28542638.6	10815973.5
梅州市	483	68314.9	896461.1	783956.6	140908.5
汕尾市	190	79069.8	2862926.3	2833501.8	537535.5
河源市	535	65035.7	1329836.0	1337918.0	191331.9
阳江市	235	84328.1	1083801.1	1086006.5	38617.9
清远市	1274	240594.1	3198307.3	3200012.7	463702.4
东莞市	18058	3967661.5	79580277.0	90096775.9	14417470.7
中山市	7545	869495.8	11326794.8	11307041.5	3632153.9
潮州市	662	79362.7	1347131.9	1338905.6	335831.3
揭阳市	1077	285931.8	3125840.6	3059143.0	215526.8
云浮市	279	36678.4	502132.2	501978.1	146785.5
珠三角核心区	111768	31531341.0	369892217.3	369238686.5	99036531.3
沿海经济带	6423	1220609.3	16975945.3	16699297.4	2651278.6
生态发展区	3332	615012.3	7720331.1	7822579.0	1203567.5

2-63 按企业规模及登记注册类型分规上工业企业技术获取和改造情况

单位：万元

指标名称	技术改造经费支出	购买境内技术经费支出	引进境外技术经费支出	引进境外技术的消化吸收经费支出
总　计	4528763.0	1632762.6	1573896.9	21344.7
#大型企业	2877941.4	1549934.3	1500574.7	19717.4
中型企业	990758.1	47481.4	48646.2	1024.7
内资企业	3139136.5	1569274.7	959647.8	10348.3
国有企业	852.9			
集体企业	827.0			
股份合作企业	1000.0			
联营企业				
国有联营企业				
集体联营企业				
国有与集体联营企业				
其他联营企业				
有限责任公司	1349680.8	51218.7	47998.2	409.6
国有独资公司	367492.7	17153.0	4.5	
其他有限责任公司	982188.1	34065.7	47993.7	409.6
股份有限公司	640882.9	8697.1	13221.3	9108.0
私营企业	1145892.9	1509358.9	898428.3	830.7
私营独资企业	3282.4	89.8		
私营合伙企业				
私营有限责任公司	886436.5	1385752.0	890842.8	829.7
私营股份有限公司	256174.0	123517.1	7585.5	1.0
其他企业				
港、澳、台商投资企业	722833.1	41710.6	41051.3	2087.6
合资经营企业（港或澳、台资）	170612.4	18385.3	11199.5	1217.5
合作经营企业（港或澳、台资）	5507.1			25.0
港、澳、台商独资经营企业	501800.3	7764.9	28836.4	845.1
港、澳、台商投资股份有限公司	39657.5	14198.1		
其他港澳台投资企业	5255.8	1362.3	1015.4	
外商投资企业	666793.4	21777.3	573197.8	8908.8
中外合资经营企业	292785.6	7190.3	531699.3	3478.0
中外合作经营企业	2011.2		137.1	
外资企业	362406.9	14063.6	41361.4	5424.0
外商投资股份有限公司	1850.0	500.0		6.8
其他外商投资企业	7739.7	23.4		

2-64 按行业分规上工业企业技术获取和改造情况

单位：万元

行　业	技术改造经费支出	购买境内技术经费支出	引进境外技术经费支出	引进境外技术的消化吸收经费支出
总　计	4528763.0	1632762.6	1573896.9	21344.7
煤炭开采和洗选业				
石油和天然气开采业	21237.9			
黑色金属矿采选业				
有色金属矿采选业	33795.6	33.6		
非金属矿采选业	1336.0			
开采专业及辅助性活动	113297.0			
其他采矿业				
农副食品加工业	31557.9	435.8		
食品制造业	67563.9	9028.8	7382.7	
酒、饮料和精制茶制造业	14597.8	200.3		73.7
烟草制品业	40662.9			
纺织业	48148.1	2672.3	1015.4	
纺织服装、服饰业	14061.9	2019.7	209.9	65.0
皮革、毛皮、羽毛及其制品和制鞋业	3456.4			
木材加工和木、竹、藤、棕、草制品业	1835.1		196.3	500.3
家具制造业	21447.3	3106.8	558.1	45.0
造纸和纸制品业	41362.3	275.4	4.1	
印刷和记录媒介复制业	47581.1	88.7	654.9	
文教、工美、体育和娱乐用品制造业	47582.5	1802.1	194.2	84.3
石油、煤炭及其他燃料加工业	93375.1	490.1	2.7	
化学原料和化学制品制造业	94510.0	3071.8	6233.9	251.0
医药制造业	77052.1	18282.8		40.0
化学纤维制造业	2757.9	1427.8		
橡胶和塑料制品业	137160.0	8870.0	3385.8	89.3
非金属矿物制品业	89806.8	2001.0	112.0	195.0
黑色金属冶炼和压延加工业	321150.1	654.5	279.2	101.6
有色金属冶炼和压延加工业	66909.2	2392.7	903.4	1118.5
金属制品业	118471.3	4602.6	8205.4	16.0
通用设备制造业	161783.9	8388.7	17824.4	6815.9
专用设备制造业	91615.1	8174.4	11654.2	499.6
汽车制造业	347392.4	3577.8	526530.1	2026.5
铁路、船舶、航空航天和其他运输设备制造业	12223.6	11444.3	6418.5	1155.2
电气机械和器材制造业	460070.8	122043.6	22146.5	200.0
计算机、通信和其他电子设备制造业	1658917.0	1398382.6	959328.5	8067.8
仪器仪表制造业	36044.9	2919.2	648.1	
其他制造业	16966.2	56.7		
废弃资源综合利用业	801.3			
金属制品、机械和设备修理业	2202.0	70.0	4.1	
电力、热力生产和供应业	169517.1	15297.5		
燃气生产和供应业	1129.0			
水的生产和供应业	19383.5	951.0	4.5	

2-65 按地区分组规上工业企业技术获取和改造情况

单位：万元

地 区	技术改造经费支出	购买境内技术经费支出	引进境外技术经费支出	引进境外技术的消化吸收经费支出
全 省	4528763.0	1632762.6	1573896.9	21344.7
广州市	842281.1	11868.1	547566.1	4224.4
韶关市	98448.2	2619.1	279.2	101.6
深圳市	1590389.2	74393.7	71251.6	612.8
珠海市	175813.3	2847.6	4046.4	7.4
汕头市	29719.4	335.1		
佛山市	322880.9	131955.8	19841.8	6725.4
江门市	92646.8	25324.3	12163.6	1240.2
湛江市	306900.4	417.0		25.8
茂名市	171162.8	500.0		
肇庆市	35532.2	1686.3	1232.4	40.0
惠州市	182487.5	10363.4	5880.9	9.2
梅州市	5768.6	5.0		
汕尾市	3133.8			
河源市	13985.7	357.7	63.0	
阳江	36790.0	586.4		
清远	41430.6	81.6		
东莞	312672.2	1364409.0	898604.0	8351.1
中山	212725.1	4577.5	12855.9	6.8
潮州	37710.8	239.0		
揭阳	12199.7			
云浮	4084.7	196.0	112.0	
珠三角核心区	3767428.3	1627425.7	1573442.7	21217.3
沿海经济带	597616.9	2077.5		25.8
生态发展区	163717.8	3259.4	454.2	101.6

主要统计指标解释

研究与试验发展(R&D) 指在科学技术领域，为增加知识总量，以及运用这些知识去创造新的应用进行的系统的创造性的活动，包括基础研究、应用研究、试验发展三类活动。国际上通常采用 R&D 活动的规模和强度指标反映一国的科技实力和核心竞争力。

R&D 人员 指参与研究与试验发展项目研究、管理和辅助工作的人员，包括项目(课题)组人员，企业科技行政管理人员和直接为项目(课题)活动提供服务的辅助人员。反映投入从事拥有自主知识产权的研究开发活动的人力规模。

R&D 人员全时当量 指全时人员数加非全时人员按工作量折算为全时人员数的总和。例如：有两个全时人员和三个非全时人员(工作时间分别为 20%、30%和 70%)，则全时当量为 2+0.2+0.3+0.7=3.2 人年。为国际上比较科技人力投入而制定的可比指标。

R&D 经费内部支出 指调查单位用于内部开展 R&D 活动（基础研究、应用研究和试验发展）的实际支出。包括用于 R&D 项目（课题）活动的直接支出，以及间接用于 R&D 活动的管理费、服务费、与 R&D 有关的基本建设支出以及外协加工费等。不包括生产性活动支出、归还贷款支出以及与外单位合作或委托外单位进行 R&D 活动而转拨给对方的经费支出。

R&D 经费支出中政府资金 指 R&D 经费内部支出中来自各级政府部门的各类资金，包括财政科学技术拨款、科学基金、教育等部门事业费以及政府部门预算外资金的实际支出。

R&D 经费支出中企业资金 指 R&D 经费内部支出中来自本企业的自有资金和接受其他企业委托而获得的经费，以及科研院所、高校等事业单位从企业获得的资金的实际支出。

R&D 项目数 指在当年立项并开展研究工作、以前年份立项仍继续进行研究的研发项目（课题）数，包括当年完成和年内研究工作已告失败的研发项目（课题），但不包括委托外单位进行的研发项目（课题）数。

R&D 项目人员全时当量 指实际参加研发项目（课题）活动人员折合的全时当量。

R&D 项目经费支出 指调查单位内部在报告年度进行研发项目（课题）研究和试制等的实际支出。包括劳务费、其他日常支出、固定资产购建费、外协加工费等，不包括委托或与外单位合作进行项目（课题）研究而拨付给对方使用的经费。

新产品销售收入 指报告期企业销售新产品实现的销售收入。新产品是指采用新技术原理、新设计构思研制、生产的全新产品，或在结构、材质、工艺等某一方面比原有产品有明显改进，从而显著提高了产品性能或扩大了使用功能的产品。既包括经政府有关部门认定并在有效期内的新产品，也包括企业自行研制开发，未经政府有关部门认定，从投产之日起一年之内的新产品。

技术改造经费支出 指报告期内企业进行技术改造而发生的费用支出。技术改造指企业在坚持科技进步的前提下，将科技成果应用于生产的各个领域（产品、设备、工艺等），用先进工艺、设备代替落后工艺、设备，实现以内涵为主的扩大再生产，从而提高产品质量、促进产品更新换代、节约能源、降低消耗，全面提高综合经济效益。

购买境内技术经费支出 指报告期内企业购买境内其他单位科技成果的经费支出。包括购买产品设计、工艺流程、图纸、配方、专利、技术诀窍及设备的费用支出。

引进境外技术经费支出 指报告期内企业用于购买国外或港澳台技术的费用支出，包括产品设计、工艺流程、图纸、配方、专利等技术资料的费用支出，以及购买设备、仪器、样机和样件等的费用支出。

引进境外技术的消化吸收经费支出 指报告期内企业引进国外或港澳台技术的消化吸收经费支出。引进技术的消化吸收指对引进技术的掌握、应用、复制而开展的工作，以及在此基础上的创新。引进技术的消化吸收经费支出包括：人员培训费、测绘费、参加消化吸收人员的工资、工装、工艺开发费、必备的配套设备费、翻版费等。

生产性服务业统计分类（2019）

一、分类目的

根据《国务院关于印发服务业发展“十二五”规划的通知》（国发〔2012〕62 号，简称《规划》）和《国务院关于加快发展生产性服务业促进产业结构调整升级的指导意见》（国发〔2014〕26 号，简称《指导意见》）的要求，为科学界定生产性服务业范围，建立生产性服务业统计调查监测体系，制定本分类。

二、分类范围

本分类的范围包括为生产活动提供的研发设计与其他技术服务，货物运输、通用航空生产、仓储和邮政快递服务，信息服务，金融服务，节能与环保服务，生产性租赁服务，商务服务，人力资源管理与职业教育培训服务，批发与贸易经纪代理服务，生产性支持服务。

三、编制原则

（一）以国务院有关文件为指导。本分类按照《规划》和《指导意见》的有关要求，确定生产性服务业的范围。

（二）以《国民经济行业分类》为基础。本分类以《国民经济行业分类》（GB/T 4754-2017）为基础，是对国民经济行业分类中符合生产性服务业特征有关活动的再分类。

（三）以数据可获得性为划分主要依据。本分类的类别选取充分考虑统计数据的可获得性，以保证统计部门能够采集到生产性服务业的数据。

四、结构和编码

本分类采用线分类法和分层次编码方法，将生产性服务业划分为三层，分别用阿拉伯数字编码表示。第一层为大类，用 2 位数字表示，共有 10 个大类；第二层为中类，用 3 位数字表示，共有 35 个中类；第三层为小类，用 4 位数字表示，共有 171 个小类。

本分类代码结构：

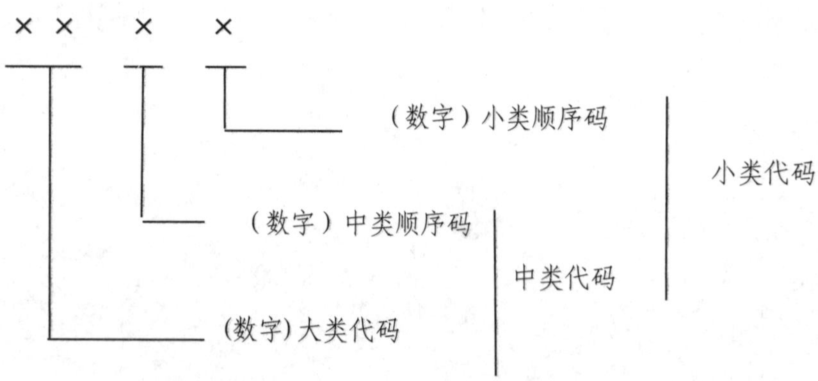

五、有关说明

（一）本分类建立了与《国民经济行业分类》的对应关系。在国民经济行业分类中，行业类别仅部分活动属于生产性服务业的，行业代码用“*”做标记。

（二）本分类在说明栏中，对《指导意见》强调的重点工作，以及带“*”行业类别的内容作了解释。

（三）本分类对应《国民经济行业分类》的具体范围和说明，参见《2017 国民经济行业分类注释》。

六、生产性服务业统计分类表

代码			名称	说明	国民经济行业分类代码（2017）
大类	中类	小类			
01			**研发设计与其他技术服务**		
	011		**研发与设计服务**		
		0111	生产性自然科学研究和试验发展	指直接应用于生产活动的数学研究、信息科学与系统科学、化学、生物学等科学研究服务	7310*
		0112	工程和技术研究和试验发展	指工程和技术基础科学研究、测绘科学技术研究、材料科学研究、冶金工程技术研究、机械工程研究等工程和技术研究，新材料研发、新产品研发、新工艺研发等包含在此类	7320
		0113	农业科学研究和试验发展	指农学研究，林学研究，畜牧、兽医研究，水产学研究及其他农业科学研究与试验发展	7330
		0114	生产性医学研究和试验发展	指直接用于生产活动的医学、药学、中医学与中药学、运动医学等研究与试验发展	7340*
		0115	工业设计服务	指独立于生产企业的工业产品和生产工艺设计；不包括工业产品生产环境设计、产品传播设计、产品设计管理等活动	7491
		0116	专业设计服务	指除工程设计、软件设计、集成电路设计、工业设计以外的各种专业设计服务	7492
	012		**科技成果转化服务**	新技术、新产品和新工艺推向市场进行的技术推广、转让活动，产学研用合作，创新成果产业化服务等包含在此中类	
		0121	农林牧渔技术推广服务	指为解决农业研究与试验发展活动产生的新技术、新工艺、新产品能投入生产或在实际应用中存在的技术问题而进行的系统性活动，种植技术、畜禽饲养技术、水产养殖技术、农机化技术及其他农业技术的开发、咨询、交流、转让、推广服务，农业废弃物资源化利用技术推广服务	7511

代码			名称	说明	国民经济行业分类代码（2017）
大类	中类	小类			
		0122	生物技术推广服务	指为解决生物工程的研究与试验发展活动产生的新技术、新工艺、新产品能投入生产或在实际应用中存在的技术问题而进行的系统性活动，生物工程技术开发、咨询、交流、转让、推广服务	7512
		0123	新材料技术推广服务	指为解决新材料技术工程的研究与试验发展活动产生的新技术、新工艺、新产品能投入生产或在实际应用中存在的技术问题而进行的系统性活动，新材料技术开发、咨询、交流、转让、推广服务	7513
		0124	新能源技术推广服务	指为解决新能源技术工程的研究与试验发展活动产生的新技术、新工艺、新产品能投入生产或在实际应用中存在的技术问题而进行的系统性活动，风能、太阳能、核能、生物质能和其他新能源技术开发、咨询、交流、转让、推广服务	7515
		0125	三维（3D）打印技术推广服务	指为解决三维（3D）打印技术工程的研究与试验发展活动产生的新技术、新工艺、新产品能投入生产或在实际应用中存在的技术问题而进行的系统性活动，三维（3D）打印技术开发、咨询、交流、转让、推广和打印服务	7517
		0126	其他生产性技术推广服务	指社会公益有关的技术推广、扩散和转移的活动，以技术推广为主的技（科）、工、贸联合公司的活动及其他技术开发、咨询、交流、转让、推广服务；不包括节能技术推广服务和环保技术推广服务	7519*
		0127	科技中介服务	指为科技活动提供社会化服务与管理，在政府、各类科技活动主体与市场之间提供居间服务的组织，主要开展信息交流、技术咨询、科技评估和科技鉴证等活动，科技评估和鉴证、科技信息交流、技术咨询等包含在此类	7530
		0128	创业空间服务	指顺应新科技革命和产业变革新趋势、有效满足网络时代大众创业创新需求的新型创业服务平台，它是针对早期创业的重要服务载体，主要为创业者提供低成本的工作空间、网络空间、社交空间和资源共享空间，包括众创空间、孵化器、创业基地等，创业、创新扶持服务、科技孵化器等包含在此类	7540

代码			名称	说明	国民经济行业分类代码（2017）
大类	中类	小类			
		0129	其他科技推广服务业	指除技术推广、科技中介以外的其他科技服务，不包括短期的日常业务活动	7590
	013		**知识产权及相关法律服务**		
		0131	知识产权服务	指专利、商标、版权、软件、集成电路布图设计、技术秘密、地理标志等各类知识产权的代理、转让、登记、鉴定、检索、分析、咨询、评估、运营、认证等服务	7520
		0132	生产性法律服务	指为生产活动提供的律师、公证、仲裁、调解等其他法律服务活动	723*
	014		**检验检测认证标准计量服务**		
		0140	质检技术服务	指通过专业技术手段对动植物、工业产品、商品、专项技术、成果及其他需要鉴定的物品、服务、管理体系、人员能力等所进行的检测、检验、检疫、测试、鉴定等活动，还包括产品质量、标准、计量、认证认可等活动，第三方检验、检测、测试、分析、认证、计量和标准活动包括在此类	745
	015		**生产性专业技术服务**		
		0151	生产性气象服务	指用于生产活动的气象服务	7410*
		0152	生产性地震服务	指用于生产活动的地震服务	7420*
		0153	生产性海洋服务	指用于生产活动的海洋服务	743*
		0154	生产性测绘服务	指用于生产活动的测绘服务	744*
		0155	地质勘查服务	指对矿产资源、工程地质、科学研究进行的地质勘查、测试、监测、评估等活动	747
		0156	工程管理服务	指工程项目建设中的项目策划、投资与造价咨询、招标代理、项目管理等服务	7481
		0157	工程监理服务	指依照法律、行政法规及有关的技术标准、设计文件和建筑工程承包合同，对承包单位在施工质量、建设工期和建设资金使用等方面，代表建设单位实施监理的服务	7482
		0158	其他生产性专业技术服务	指为生产提供的生态资源监测、野生动物疫源疫病防控监测，工程勘察活动、工程设计活动、规划设计管理、土地规划服务和其他未列明专业技术服务	7462* 7463* 7483 7484 7485 7486 7493 7499
02			**货物运输、通用航空生产、仓储和邮政快递服务**	本类别加上“互联网生产服务平台”中的“互联网物流平台”，及“商务咨询服务”中的“物流咨询、物流方案策划”即为“第三方物流”	

代码			名称	说明	国民经济行业分类代码（2017）
大类	中类	小类			
	021		**货物运输服务**	各类货物运输、铁水联运、江海直达、滚装运输、道路货物甩挂运输等包含在此中类	
		0211	铁路货物运输	指专门从事铁路货物运输的活动	5320
		0212	道路货物运输	指所有道路的货物运输活动	543
		0213	水上货物运输	指远洋货物运输、沿海货物运输、内河货物运输	552
		0214	航空货物运输	指以货物或邮件为主的航空运输活动	5612
		0215	管道运输业	指通过海底管道和陆地管道对气体、液体等的运输活动	57
	022		**货物运输辅助服务**		
		0221	铁路货物运输辅助活动	指专门从事货物运输服务的火车站、车辆运用及维护、线桥遂涵运用及维护、牵引供电运用及维护、通信信号运用及维护、铁路专用线运用及维护和其他铁路运输辅助活动	5332 5333 5339
		0222	道路货物运输辅助活动	指以货物运输中转为目的的货物临时停放场地、公路管理与养护，其他为生产提供的道路运输辅助活动；不包括为居民提供的停车服务	5442 5443 5449*
		0223	水上货物运输辅助活动	指货运港口的管理活动和其他未列明的水上运输辅助活动	5532 5539
		0224	航空货物运输辅助活动	指机场向航空公司等服务对象提供的服务活动，空中交通管理活动和其他航空运输辅助活动	5631* 5632 5639
	023		**通用航空生产服务**		
		0230	通用航空生产服务	指通用航空为农业、测绘、航拍、抢险、救援等活动的服务，为生产活动提供的无人驾驶航空器通用航空服务以及其他未列明通用航空服务	5621 5629*
	024		**仓储服务**	货物仓储、运输中转等服务，以及公共仓储、自助仓储、仓储租赁等包含在此中类	
		0241	谷物、棉花等农产品仓储	指谷物、棉花等农产品仓储	595
		0242	通用仓储	指除冷藏冷冻物品、危险物品、谷物、棉花、中药材等具有特殊要求以外的物品的仓储活动	5920
		0243	低温仓储	指对冷藏冷冻物品等低温货物的仓储活动	5930
		0244	危险品仓储	指对具有易燃易爆物品、危险化学品、放射性物品等能够危及人身安全和财产安全的物品的仓储活动	594
		0245	中药材仓储	指中草药、中成药仓储和其他中药仓储	5960
		0246	其他仓储业	指包装物（托盘周转箱纸箱等）运营服务，存储加工包装服务和其他未列明的仓储	5990

代码			名称	说明	国民经济行业分类代码（2017）
大类	中类	小类			
	025		**搬运、包装和代理服务**		
		0251	生产性装卸搬运	指为生产活动提供的装卸搬运	5910*
		0252	生产性包装服务	指为生产活动提供的包装服务	7292*
		0253	货物运输代理服务	指多式联运、货物运输代理和其他运输代理业	5810 5821 5829
	026		**国家邮政和快递服务**		
		0261	生产性邮政服务	指为生产活动提供的邮政服务	6010*
		0262	生产性快递服务	指为生产活动提供的快递服务	6020*
		0263	其他生产活动寄递服务	指为生产活动提供的寄递服务	6090*
03			**信息服务**		
	031		**信息传输服务**		
		0311	生产性固定电信服务	指为生产活动提供的固定电信服务	6311*
		0312	生产性移动电信服务	指为生产活动提供的移动电信服务	6312*
		0313	其他生产活动电信服务	指除固定电信服务、移动电信服务外，利用固定、移动通信网为生产活动提供的信息服务，包括电信增值服务等	6319*
	032		**信息技术服务**	制造业智能化、柔性化服务；知识库建设、信息技术集成实施、运行维护、测试评估、信息安全等服务；工业流程再造和优化服务，软件服务、生产经营数字化服务等包含在此中类	
		0321	生产性互联网接入及相关服务	指生产活动中除基础电信运营商外，基于基础传输网络，为存储数据、数据处理及相关活动提供的接入互联网的有关应用设施的服务	6410*
		0322	生产性互联网信息服务	指除基础电信运营商外，通过互联网为生产提供在线信息、电子邮箱、数据检索、网络游戏、网上新闻、网上音乐等信息服务；不包括互联网支付、互联网基金销售、互联网保险、互联网信托和互联网消费金融	642*
		0323	其他互联网服务	指除基础电信运营商服务、互联网接入及相关服务、互联网信息服务以外的其他未列明互联网服务，物联网服务、农村互联网服务包含在此类	6490*
		0324	软件开发	指基础软件、支撑软件、应用软件和其他软件的开发活动	6511 6512 6513* 6519
		0325	信息技术咨询服务	指在信息资源开发利用、工程建设、人员培训、管理体系建设、技术支撑等方面向需方提供的管理或技术咨询评估服务；包括信息化规划、信息技术管理咨询、信息系统工程监理、测试评估、信息技术培训、信息安全服务等	6560

代码			名称	说明	国民经济行业分类代码（2017）
大类	中类	小类			
		0326	信息系统集成和物联网技术、运行维护服务	指信息系统集成服务、物联网技术服务和运行维护服务，系统解决方案服务包含在此类	653 6540
		0327	集成电路设计	指IC设计服务，即企业开展的集成电路功能研发、设计等服务	6520
		0328	生产性数字内容服务	指为生产提供的地理遥感信息服务，动漫、游戏数字内容服务，其他数字内容服务	6571 6572* 6579*
		0329	其他信息技术服务业	指呼叫中心和其他未列明信息技术服务	659
	033		**电子商务支持服务**	第三方电子商务综合服务平台，电子商务集成创新，开放式电子商务快递配送信息平台和社会化仓储设施网络服务，电子商务可信交易保障等服务包含在此中类	
		0331	互联网生产服务平台	指专门为生产服务提供第三方服务平台的互联网活动，包括互联网大宗商品交易平台、互联网货物运输平台等	6431
		0332	互联网科技创新平台	指专门为科技创新、创业等提供第三方服务平台的互联网活动，包括网络众创平台、网络众包平台、网络众扶平台、技术创新网络平台、技术交易网络平台、科技成果网络推广平台、知识产权交易平台、开源社区平台等	6433
		0333	互联网安全服务	指网络安全监控，以及网络服务质量、可信度和安全等评估测评活动	6440
		0334	互联网数据及云计算服务	指以互联网技术为基础的大数据处理、云存储、云计算、云加工等服务，包括区块链技术相关软件和服务	6450*
		0335	信息处理和存储支持服务	指供方向需方提供的信息和数据的分析、整理、计算、编辑、存储等加工处理服务，以及应用软件、信息系统基础设施等租用服务，包括在线企业资源规划（ERP）、在线杀毒、服务器托管、虚拟主机等	6550
		0336	其他互联网平台	指其他未列明的互联网平台	6439
		0337	生产性互联网销售	指通过互联网电子商务平台为生产活动提供的商品零售活动，企业间的网络营销活动（B2B）；不包括互联网批发、仅提供网络支付的活动，以及仅建立或提供网络交易平台和接入的活动	5292*
		0338	生产性非金融机构支付服务	指非金融机构在收付款人之间作为中介机构为生产活动提供的货币资金转移服务，包括第三方支付机构从事的互联网支付、预付卡的发行与受理、银行卡收单及中国人民银行确定的其他支付等服务	6930*

代码			名称	说明	国民经济行业分类代码（2017）
大类	中类	小类			
04			**金融服务**		
	041		**货币金融服务**		
		0411	商业银行服务	指为生产活动提供的商业银行服务	6621*
		0412	信用合作社服务	指为生产活动提供的信用合作社服务	6623*
		0413	财务公司服务	指经银行业监督管理部门批准，为企业融资提供的金融活动	6632
		0414	汽车金融公司服务	指为生产活动提供的汽车金融服务	6634*
		0415	小额贷款公司服务	指为生产活动提供的小额贷款公司服务	6635*
		0416	网络借贷服务	指为生产活动提供的网络借贷服务	6637*
		0417	其他货币金融服务	指为生产活动提供的农村资金互助社服务，银行提供的非保本理财产品服务，其他货币银行服务和其他非货币银行服务，为节能减排提供的非银行贷款服务包含在此类	6624* 6629* 6639* 6640*
		0418	银行监管服务	指中国银行保险业监督管理委员会及分支机构的银行监管服务	6650
	042		**资本市场服务**		
		0421	证券市场服务	指证券市场管理服务和证券经纪交易服务	671
		0422	基金管理服务	指公开募集证券投资基金和非公开募集证券投资基金	6720 673
		0423	期货市场服务	指期货市场管理服务和其他期货市场服务	674
		0424	资本投资服务	指经批准的证券投资机构的自营投资、直接投资活动和其他投资活动，为节能减排提供的投融资服务包含在此类	6760
		0425	其他资本服务	指投资咨询服务、财务咨询服务、资信评级服务，以及其他未列明的资本市场的服务	6790
	043		**生产性保险服务**		
		0431	生产性财产保险	指为生产活动提供的财产保险服务	6820*
		0432	生产性再保险	指为生产活动提供的再保险服务	6830*
		0433	保险经纪与代理服务	指保险经纪服务和保险代理服务	6851 6852
		0434	保险监管服务	指根据国务院授权及相关法律、法规规定所履行的对保险市场的监督、管理活动	6870
		0435	保险公估服务	指接受委托，专门从事保险标的或者保险事故评估、勘验、鉴定、估损理算等业务，并按约定收取报酬的活动	6853
		0436	保险资产管理	指保险资产管理公司接受委托，开展的保险资金、商业养老金等资金的投资管理活动	6860

代码			名称	说明	国民经济行业分类代码（2017）
大类	中类	小类			
		0437	其他保险活动	指其他未列明的与保险和商业养老金相关或密切相关的活动，包括救助管理、保险精算等	6890*
	044		**其他生产性金融服务**		
		0441	非融资担保服务	指保证人和债权人约定，当债务人不履行债务时，保证人按照约定履行债务或者承担责任的专业担保机构的活动；不包括贷款担保服务和信誉担保服务	7296
		0442	金融信托与管理服务	指根据委托书、遗嘱或代理协议代表受益人管理的信托基金、房地产账户或代理账户等活动，包括单位投资信托管理，还包括信托公司通过互联网销售信托产品及开展其他信托业务的互联网信托活动	691
		0443	控股公司服务	指通过一定比例股份，控制某个公司或多个公司的集团，控股公司仅控制股权，不直接参与经营管理，以及其他类似的活动	6920
		0444	金融信息服务	指向从事金融分析、金融交易、金融决策或者其他金融活动的用户提供可能影响金融市场的信息（或者金融数据）的服务，包括征信机构服务	6940
		0445	金融资产管理公司	指经批准成立的，以从事收购、管理和处置不良资产业务为主，同时通过全资或控股金融类子公司提供银行、信托、证券、租赁、保险等综合化金融服务的金融企业	6950
		0446	其他未列明金融业	指货币经纪公司服务、其他未包括金融业；不包括为居民提供的其他金融服务	6991 6999*
05			**节能与环保服务**		
	051		**节能服务**		
		0511	节能技术和产品推广服务	指节能技术和产品的开发、交流、转让、推广服务，以及“一站式”合同能源管理综合服务	7514*
		0512	节能咨询服务	指节能技术咨询、节能评估、能源审计、节能量审核服务	7514*
	052		**环境与污染治理服务**		
		0521	生产性环境保护监测	指对生产活动产生的各类污染排放物的测试和监测服务	7461*
		0522	环保技术推广服务	指为解决环保技术工程的研究与试验发展活动产生的新技术、新工艺、新产品能投入生产或在实际应用中存在的技术问题而进行的系统性活动，先进环保技术推广服务，绿色低碳技术咨询服务，脱硫、脱硝除尘一体化技术推广服务，清洁生产技术咨询服务	7516

代码			名称	说明	国民经济行业分类代码（2017）
大类	中类	小类			
		0523	生产性污水处理和水污染治理	指对生产活动产生的污水进行处理和水污染治理	4620* 7721*
		0524	生产性大气污染治理	指对生产活动产生的废气进行的污染治理	7722*
		0525	生产性固体废物治理	指除城乡居民生活垃圾以外的，对生产活动产生的固体废物治理及其他非危险废物的治理	7723*
		0526	生产性危险废物治理	指对制造、维修、医疗等活动产生的危险废物进行收集、贮存、利用、处理和处置等活动	7724
		0527	生产性放射性废物治理	指对生产过程中产生的放射性废物的治理	7725*
		0528	生产性其他污染治理	指为生产活动提供的土壤污染治理与修复服务、噪声与振动控制服务、其他污染治理	7726* 7727* 7729*
	053		**回收与利用服务**	废弃物回收与资源化处理，再制造旧件回收等包含在此中类	
		0530	再生物资回收与批发	指将可再生的废旧物资回收，并批发给制造企业作初级原料的活动	5191
06			**生产性租赁服务**		
	061		**融资租赁服务**		
		0610	融资租赁服务	指经中国银行保险监督管理委员会批准的金融租赁公司及经地方金融监管部门批准的融资租赁公司的活动	6631
	062		**实物租赁服务**		
		0621	生产性汽车租赁	指为生产活动提供的汽车租赁活动	7111*
		0622	农业机械经营租赁	指拖拉机、播种机、收割机、脱谷机等机械设备出租活动	7112
		0623	建筑工程机械与设备经营租赁	指推土机、压路机、自卸运土车、混泥土搅拌机、塔吊、脚锁架等机械和设备的出租活动	7113
		0624	计算机及通讯设备经营租赁	指计算机及辅助设备（打印机、扫描仪等）租赁、通信设备租赁服务	7114
		0625	医疗设备经营租赁	指医用X射线设备、医用超声诊断、医用电气诊断、医用激光诊断等治疗仪器及设备的租赁服务	7115
		0626	其他机械与设备经营租赁	指铁路运输设备、水上运输设备、空中运输设备、集装箱、办公设备及其他未列明机械设备租赁服务，环保设备租赁包含在此类	7119
07			**商务服务**	不包括人力资源服务	
	071		**组织管理和综合管理服务**		
		0711	企业总部管理	指不具体从事对外经营业务，只负责企业的重大决策、资产管理，协调管理下属各机构和内部日常工作的企业总部的活动，其对外经营业务由下属的独立核算单位或单独核算单位承担，还包括派出机构的活动（如办事处等）	7211

代码			名称	说明	国民经济行业分类代码（2017）
大类	中类	小类			
		0712	投资与资产管理	指政府主管部门转变职能后成立的国有资产管理机构和行业管理机构的活动，其他投资管理活动；不包括资本投资服务	7212
		0713	资源与产权交易服务	指除货物、资本市场、黄金、外汇、房地产、土地、知识产权交易以外的所有资源与产权交易活动，产权交易、废弃物交易、碳排放交易包含在此类	7213
		0714	单位后勤管理服务	指为企事业、机关提供综合后勤服务的活动	7214
		0715	农村集体经济组织管理	指以土地等生产资料劳动群众集体所有制为基础，承担管理集体资产、开发集体资源、发展集体经济、服务集体成员的基层经济组织	7215
		0716	其他组织管理服务	指为生产活动提供的其他各类企业、行业管理机构和未列明的综合跨界管理的活动	7219*
		0717	园区和商业综合体管理服务	指非政府部门的各类园区管理服务，商业综合体管理服务	7221 7222*
		0718	供应链管理服务	指基于现代信息技术对供应链中的物流、商流、信息流和资金流进行设计、规划、控制和优化，将单一、分散的订单管理、采购执行、报关退税、物流管理、资金融通、数据管理、贸易商务、结算等进行一体化整合的服务	7224
		0719	其他综合性管理服务	指为生产活动提供的其他综合跨界管理的活动	7229*
	072		**咨询与调查服务**		
		0721	会计、审计及税务服务	资产评估、清算服务，以及能源审计服务包含在此类	7241
		0722	市场调查	指市场分析调查服务、统计调查服务、社会及民意调查服务、其他市场调查服务	7242
		0723	商务咨询服务	指为生产活动提供的社会经济咨询、健康咨询、环保咨询、体育咨询和其他专业咨询与调查，包括物流方案策划、物流咨询、发展战略规划、营销策划、管理咨询；不包括全民健身咨询	7243 7244* 7245 7246* 7249*
	073		**其他生产性商务服务**		
		0731	广告业	指在报纸、期刊、路牌、灯箱、橱窗、互联网、通讯设备及广播电影电视等媒介上为客户策划、制作的有偿宣传活动	725
		0732	生产性安全保护服务	指为生产活动提供的保安服务、安全系统监控服务等	727*

代码			名称	说明	国民经济行业分类代码（2017）
大类	中类	小类			
		0733	生产性市场管理服务	指为生产活动提供的各种交易市场的管理活动	7223*
		0734	会议、展览及相关服务	指以会议、展览为主，也可附带其他相关的活动形式，包括项目策划组织、场馆租赁、保障服务等	728
		0735	办公和翻译服务	指为商务、公务提供的各种办公服务和翻译服务	7293* 7294
		0736	信用服务	指专门从事信用信息采集、整理和加工，并提供相关信用产品和信用服务的活动，包括信用评级、商账管理等活动	7295
		0737	其他未列明生产性商务服务	指为生产活动提供的商务代理代办服务，票务代理服务，文化活动服务，体育表演服务和其他未列明商务服务；不包括人力资源服务和为居民提供的包装服务	7297 7298 7299 9051 9052
08			**人力资源管理与职业教育培训服务**		
	081		**人力资源管理**		
		0811	职业中介服务	指为求职者寻找、选择、介绍工作，为用人单位提供劳动力的服务	7262
		0812	劳务派遣服务	指劳务派遣单位招用劳动力后，将其派到用工单位从事劳动的行为	7263
		0813	创业指导服务	指除众创空间、孵化器等创业服务载体外的其他机构为初创企业或创业者提供的创业辅导、创业培训、技术转移、人才引进、金融投资、市场开拓、国际合作等一系列服务	7264
		0814	其他人力资源服务	指其他未列明的人力资源服务	7269
	082		**职业教育和培训**		
		0821	职业初中教育	指为生产活动提供的职业初中教育	8332*
		0822	中等职业学校教育	指为生产活动提供的中等职业学校教育	8336*
		0823	高等职业学校教育	指为生产活动提供的高等职业学校教育	8341*
		0824	职业技能培训	指为生产活动提供的就业前技能培训和其他技能培训活动；不包括社会上办的各类培训班、速成班、讲座等；农业技术培训等包含在此类	8391*
09			**批发与贸易经纪代理服务**		
	091		**产品批发服务**	进出口包含在此中类	
		0911	农、林、牧、渔产品及宠物食品用品批发	指未经过加工的农作物产品（或种植业产品）、林产品及牲畜、畜产品、奶、水产品、鱼苗、宠物食品用品的批发和进出口活动，但不包括蔬菜、水果、肉、禽、蛋的批发和进出口活动，包括以批发为目的的农副产品收购活动	511 5192
		0912	食品、饮料及烟草制品批发	指经过加工和制造的食品、饮料、奶、水产品及烟草制品的批发和进出口活动，以及蔬菜、水果、肉、禽、蛋的批发和进出口活动	512

代码			名称	说明	国民经济行业分类代码（2017）
大类	中类	小类			
		0913	纺织、服装及家庭用品批发	指纺织面料、纺织品、服装、鞋、帽及日杂品、家用电器、家具等生活日用品的批发和进出口活动	513
		0914	文化、体育用品及器材批发	指各类文具用品、体育用品、图书、报刊、音像制品、电子出版物、数字出版物、首饰、工艺美术品、收藏品及其他文化用品、器材的批发和进出口活动	514
		0915	医药及医疗器材批发	指各种化学药品、生物药品、中药及医疗器材的批发和进出口活动，包括兽用药的批发和进出口活动	515
		0916	矿产品、建材及化工产品批发	指煤及煤制品、石油制品、矿产品及矿物制品、金属材料、建筑和装饰装修材料以及化工产品的批发和进出口活动	516
		0917	机械设备、五金产品及电子产品批发	指通用机械、专用设备、交通运输设备、电气机械、五金、交通器材、电料、计算机设备、通讯设备、电子产品、仪器仪表及办公用机械的批发和进出口活动	517
		0918	互联网批发	指通过互联网电子商务平台开展的商品批发活动	5193
		0919	其他未列明批发业	指木炭、薪柴等其他未列明的批发活动	5199
	092		**贸易经纪代理服务**	国内贸易代理和对外贸易代理服务包含在此中类	
		0921	贸易代理	指不拥有货物的所有权，为实现供求双方达成交易，按协议收取佣金的贸易代理	5181
		0922	一般物品拍卖	指大宗物品拍卖服务、行政、司法拍卖服务、其他拍卖服务	5182
		0923	艺术品、收藏品拍卖	指艺（美）术品拍卖服务，文物拍卖服务，古董、字画拍卖服务	5183
		0924	艺术品代理	指艺术品、收藏品销售代理，以及画廊艺术经纪代理	5184
		0925	其他贸易经纪与代理	指寄卖等其他贸易经纪与代理	5189
10			**生产性支持服务**		
	101		**农林牧渔专业及辅助性活动**		
		1011	农业专业及辅助性活动	指对农业提供的各种专业及辅助性生产活动；不包括各种科学技术和专业技术服务	051
		1012	林业专业及辅助性活动	指为林业生产提供的林业有害生物防治、林地防火等各种辅助性活动	052
		1013	畜牧专业及辅助性活动	指提供牲畜繁殖、圈舍清理、畜产品生产、初级加工、动物免疫接种、标识佩戴和动物诊疗等活动	053
		1014	渔业专业及辅助性活动	指对渔业生产提供的各种活动，包括鱼苗及鱼种场、水产良种场和水产增殖场等活动	054
	102		**开采专业及辅助性活动**		

代码			名称	说明	国民经济行业分类代码（2017）
大类	中类	小类			
		1021	煤炭开采和洗选专业及辅助性活动	指煤炭的勘探服务，煤矿的排水和泵吸活动，煤矿的试井与试钻	1110
		1022	石油和天然气开采专业及辅助性活动	指石油和天然气开采相关的勘探活动，定向钻井和再钻，掘进，井架的架设、修复和拆除，油气井套管的胶接，油气井的泵送，油气井的封堵和放弃等，排水和泵吸活动，与石油或天然气开采相关的试钻	1120
		1023	其他开采专业及辅助性活动	指其他矿的勘探服务，在收费或合同基础上进行的其他矿的排水和泵吸活动，其他矿的试井与试钻	1190
	103		**为生产人员提供的支助服务**		
		1031	为生产人员提供的交通服务	指为生产、商务活动提供铁路、公路、水上、民航的旅客运输，以及城市公共交通运输服务	531* 541* 542* 551* 5611*
		1032	为生产人员提供的其他支助服务	指为生产、商务活动提供旅游饭店、一般旅馆的住宿服务和体检服务	6110* 612* 6190* 8491*
	104		**机械设备修理和售后服务**	产品设备的安装调试、以旧换新、远程检测诊断、运营维护、技术支持等售后服务，以及设备监理、维护、修理和运行等全生命周期服务包含在此中类	
		1041	金属制品、机械和设备修理业	指金属制品、通用设备和专用设备的修理活动	43
		1042	生产用汽车修理与维护	指为生产活动提供的汽车维修和维护服务	8111*
		1043	生产用大型车辆装备修理与维护	指为生产活动提供的大型车辆装备维修和维护服务	8112*
		1044	生产用摩托车修理与维护	指为生产活动提供的摩托车修理与维护活动	8113*
		1045	生产用助动车修理与维护	指为生产活动提供的助动车修理与维护活动	8114*
		1046	生产用计算机和办公设备维修	指为生产活动提供的计算机和辅助设备修理，通讯设备修理，其他办公设备维修，电子办公设备的三包等售后服务包含在此类	8121* 8122* 8129
		1047	生产用电器修理	指为生产活动提供的电器维修及其他三包售后服务	813*
	105		**生产性保洁服务**		
		1051	建筑物清洁服务	指对建筑物内外墙、玻璃幕墙、地面、天花板及烟囱的清洗活动	8211
		1052	其他生产性清洁服务	指专业清洗人员为企业的机器、办公设备的清洗活动	8219*

文化及相关产业分类

(2018)

一、目的和作用

（一）为深化文化体制改革和持续推进社会主义文化强国建设提供统计保障，建立科学可行的文化及相关产业统计制度，制定本分类。

（二）本分类为反映我国文化及相关产业生产活动提供标准分类依据，为文化及相关产业统计提供统一的定义和范围，为发展文化产业、推进社会主义文化繁荣兴盛提供统计服务。

二、定义和范围

（一）定义

本分类规定的文化及相关产业是指为社会公众提供文化产品和文化相关产品的生产活动的集合。

（二）范围

根据以上定义，我国文化及相关产业的范围包括：

1.以文化为核心内容，为直接满足人们的精神需要而进行的创作、制造、传播、展示等文化产品（包括货物和服务）的生产活动。具体包括新闻信息服务、内容创作生产、创意设计服务、文化传播渠道、文化投资运营和文化娱乐休闲服务等活动。

2.为实现文化产品的生产活动所需的文化辅助生产和中介服务、文化装备生产和文化消费终端生产（包括制造和销售）等活动。

三、分类原则

（一）以《国民经济行业分类》为基础

本分类以《国民经济行业分类》（GB/T 4754-2017）为基础，根据文化生产活动的特点，将行业分类中相关的类别重新组合，是《国民经济行业分类》的派生分类。

（二）兼顾文化管理需要和可操作性

根据我国文化体制改革和发展的实际，本分类在考虑文化生产活动特点的同时，兼顾文化主管部门管理的需要；同时立足于现行统计制度和方法，充分考虑分类的可操作性。

（三）与国际分类标准相衔接

本分类借鉴了联合国教科文组织的《文化统计框架—2009》的分类方法，在定义和覆盖范围上与其衔接。

四、分类方法

本分类采用线分类法和分层次编码方法，将文化及相关产业划分为三层，分别用阿拉伯数字编码表示。第一层为大类，用 01-09 数字表示，共有 9 个大类；第二层为中类，用 3 位数字表示，共有 43 个中类；第三层为小类，用 4 位数字表示，共有 146 个小类。

五、有关说明

(一)本分类建立了与《国民经济行业分类》（GB/T 4754-2017）的对应关系。在本分类中，如国民经济某行业小类仅部分活动属于文化及相关产业，则在行业代码后加“*”做标识，并对属于文化生产活动的内容进行说明；如国民经济某行业小类全部纳入文化及相关产业，则小类类别名称与行业类别名称完全一致。

（二）本分类全部小类对应或包含在《国民经济行业分类》（GB/T 4754-2017）相应的行业小类中，具体范围和说明可参见《2017 国民经济行业分类注释》。

（三）本分类 01-06 大类为文化核心领域，07-09 大类为文化相关领域。

六、文化及相关产业分类表

表 1　文化及相关产业的类别名称和行业代码

类　别　名　称	国民经济行业代码
第一部分　文化核心领域	
一、新闻信息服务	
（一）新闻服务	
新闻业	8610
（二）报纸信息服务	
报纸出版	8622
（三）广播电视信息服务	
广播	8710
电视	8720
广播电视集成播控	8740
（四）互联网信息服务	
互联网搜索服务	6421
互联网其他信息服务	6429
二、内容创作生产	
（一）出版服务	
图书出版	8621
期刊出版	8623
音像制品出版	8624
电子出版物出版	8625
数字出版	8626

类　别　名　称	国民经济行业代码
其他出版业	8629
（二）广播影视节目制作	
影视节目制作	8730
录音制作	8770
（三）创作表演服务	
文艺创作与表演	8810
群众文体活动	8870
其他文化艺术业	8890
（四）数字内容服务	
动漫、游戏数字内容服务	6572
互联网游戏服务	6422
多媒体、游戏动漫和数字出版软件开发	6513*
增值电信文化服务	6319*
其他文化数字内容服务	6579*
（五）内容保存服务	
图书馆	8831
档案馆	8832
文物及非物质文化遗产保护	8840
博物馆	8850
烈士陵园、纪念馆	8860
（六）工艺美术品制造	
雕塑工艺品制造	2431
金属工艺品制造	2432
漆器工艺品制造	2433
花画工艺品制造	2434
天然植物纤维编织工艺品制造	2435
抽纱刺绣工艺品制造	2436
地毯、挂毯制造	2437
珠宝首饰及有关物品制造	2438
其他工艺美术及礼仪用品制造	2439
（七）艺术陶瓷制造	
陈设艺术陶瓷制造	3075
园艺陶瓷制造	3076
三、创意设计服务	
（一）广告服务	
互联网广告服务	7251
其他广告服务	7259
（二）设计服务	

类　　别　　名　　称	国民经济行业代码
建筑设计服务	7484*
工业设计服务	7491
专业设计服务	7492
四、文化传播渠道	
（一）出版物发行	
图书批发	5143
报刊批发	5144
音像制品、电子和数字出版物批发	5145
图书、报刊零售	5243
音像制品、电子和数字出版物零售	5244
图书出租	7124
音像制品出租	7125
（二）广播电视节目传输	
有线广播电视传输服务	6321
无线广播电视传输服务	6322
广播电视卫星传输服务	6331
（三）广播影视发行放映	
电影和广播电视节目发行	8750
电影放映	8760
（四）艺术表演	
艺术表演场馆	8820
（五）互联网文化娱乐平台	
互联网文化娱乐平台	6432*
（六）艺术品拍卖及代理	
艺术品、收藏品拍卖	5183
艺术品代理	5184
（七）工艺美术品销售	
首饰、工艺品及收藏品批发	5146
珠宝首饰零售	5245
工艺美术品及收藏品零售	5246
五、文化投资运营	
（一）投资与资产管理	
文化投资与资产管理	7212*
（二）运营管理	
文化企业总部管理	7211*
文化产业园区管理	7221*
六、文化娱乐休闲服务	
（一）娱乐服务	

类　别　名　称	国民经济行业代码
歌舞厅娱乐活动	9011
电子游艺厅娱乐活动	9012
网吧活动	9013
其他室内娱乐活动	9019
游乐园	9020
其他娱乐业	9090
（二）景区游览服务	
城市公园管理	7850
名胜风景区管理	7861
森林公园管理	7862
其他游览景区管理	7869
自然遗迹保护管理	7712
动物园、水族馆管理服务	7715
植物园管理服务	7716
（三）休闲观光游览服务	
休闲观光活动	9030
观光游览航空服务	5622
第二部分　文化相关领域	
七、文化辅助生产和中介服务	
（一）文化辅助用品制造	
文化用机制纸及纸板制造	2221*
手工纸制造	2222
油墨及类似产品制造	2642
工艺美术颜料制造	2644
文化用信息化学品制造	2664
（二）印刷复制服务	
书、报刊印刷	2311
本册印制	2312
包装装潢及其他印刷	2319
装订及印刷相关服务	2320
记录媒介复制	2330
摄影扩印服务	8060
（三）版权服务	
版权和文化软件服务	7520*
（四）会议展览服务	
会议、展览及相关服务	7281-7284
	7289
（五）文化经纪代理服务	

类　别　名　称	国民经济行业代码
文化活动服务	9051
文化娱乐经纪人	9053
其他文化艺术经纪代理	9059
婚庆典礼服务	8070*
文化贸易代理服务	5181*
票务代理服务	7298
（六）文化设备（用品）出租服务	
休闲娱乐用品设备出租	7121
文化用品设备出租	7123
（七）文化科研培训服务	
社会人文科学研究	7350
学术理论社会（文化 ）团体	9521*
文化艺术培训	8393
文化艺术辅导	8399*
八、文化装备生产	
（一）印刷设备制造	
印刷专用设备制造	3542
复印和胶印设备制造	3474
（二）广播电视电影设备制造及销售	
广播电视节目制作及发射设备制造	3931
广播电视接收设备制造	3932
广播电视专用配件制造	3933
专业音响设备制造	3934
应用电视设备及其他广播电视设备制造	3939
广播影视设备批发	5178
电影机械制造	3471
（三）摄录设备制造及销售	
影视录放设备制造	3953
娱乐用智能无人飞行器制造	3963*
幻灯及投影设备制造	3472
照相机及器材制造	3473
照相器材零售	5248
（四）演艺设备制造及销售	
舞台及场地用灯制造	3873
舞台照明设备批发	5175*

类　别　名　称	国民经济行业代码
（五）游乐游艺设备制造	
露天游乐场所游乐设备制造	2461
游艺用品及室内游艺器材制造	2462
其他娱乐用品制造	2469
（六）乐器制造及销售	
中乐器制造	2421
西乐器制造	2422
电子乐器制造	2423
其他乐器及零件制造	2429
乐器批发	5147
乐器零售	5247
九、文化消费终端生产	
（一）文具制造及销售	
文具制造	2411
文具用品批发	5141
文具用品零售	5241
（二）笔墨制造	
笔的制造	2412
墨水、墨汁制造	2414
（三）玩具制造	
玩具制造	2451-2456
	2459
（四）节庆用品制造	
焰火、鞭炮产品制造	2672
（五）信息服务终端制造及销售	
电视机制造	3951
音响设备制造	3952
可穿戴智能文化设备制造	3961*
其他智能文化消费设备制造	3969*
家用视听设备批发	5137
家用视听设备零售	5271
其他文化用品批发	5149
其他文化用品零售	5249

表 2　带“*”行业分类文化生产活动内容的说明

序号	国民经济行业分类及代码	文化及相关产业类别名称及小类代码	文化生产活动的内容
1	应用软件开发（6513*）	多媒体、游戏动漫和数字出版软件开发（0243）	包括应用软件开发中的多媒体软件、游戏动漫软件、数字出版软件开发活动。
2	其他电信服务（6319*）	增值电信文化服务（0244）	仅指固定网增值电信、移动网增值电信、其他增值电信中的文化服务，包括手机报、个性化铃音等业务服务。
3	其他数字内容服务（6579*）	其他文化数字内容服务（0245）	仅指文化宣传领域数字内容服务。
4	工程设计活动（7484*）	建筑设计服务（0321）	仅包括房屋建筑工程，体育、休闲娱乐工程，室内装饰和风景园林工程专项设计服务。
5	互联网生活服务平台（6432*）	互联网文化娱乐平台（0450）	仅包括互联网演出购票平台、娱乐应用服务平台、音视频服务平台、读书平台、艺术品鉴定拍卖平台和文化艺术平台。
6	投资与资产管理（7212*）	文化投资与资产管理（0510）	指政府主管部门转变职能后，成立的国有文化资产管理机构和文化行业管理机构的活动；文化投资活动，不包括资本市场的投资。
7	企业总部管理（7211*）	文化企业总部管理（0521）	指不具体从事对外经营业务，只负责文化企业的重大决策、资产管理，协调管理下属各机构和内部日常工作的文化企业总部的活动，其对外经营业务由下属的独立核算单位或单独核算单位承担，还包括派出机构的活动（如办事处等）。
8	园区管理服务（7221*）	文化产业园区管理（0522）	仅指非政府部门的文化产业园区管理服务。
9	机制纸及纸板制造（2221*）	文化用机制纸及纸板制造（0711）	包括未涂布印刷书写用纸制造、涂布类印刷用纸制造、感应纸及纸板制造。
10	知识产权服务（7520*）	版权和文化软件服务（0730）	版权服务包括版权代理服务，版权鉴定服务，版权咨询服务，著作权登记服务，著作权使用报酬收转服务，版权交易、版权贸易服务和其他版权服务。文化软件服务指与文化有关的软件服务，包括软件代理、软件著作权登记、软件鉴定等服务。
11	婚姻服务（8070*）	婚庆典礼服务（0754）	指婚庆礼仪服务。包括婚礼策划、组织服务，婚礼租车服务，婚礼用品出租服务，婚礼摄像服务和其他婚姻服务。
12	贸易代理（5181*）	文化贸易代理服务（0755）	包括文化用品、图书、音像、文化用家用电器和广播电视器材等国际国内贸易代理服务。

序号	国民经济行业分类及代码	文化及相关产业类别名称及小类代码	文化生产活动的内容
13	专业性团体（9521*）	学术理论社会（文化）团体（0772）	学术理论社会团体包括党的理论研究、史学研究、思想工作研究、社会人文科学研究等团体的服务。文化团体包括新闻、图书、报刊、音像、版权、广播、电视、电影、演员、作家、文学艺术、美术家、摄影家、文物、博物馆、图书馆、文化馆、游乐园、公园、文艺理论研究、民族文化等团体的服务。
14	其他未列明教育（8399*）	文化艺术辅导(0774)	包括美术、舞蹈、音乐、书法和武术等辅导服务。
15	智能无人飞行器制造（3963*）	娱乐用智能无人飞行器制造（0832）	指按照国家有关安全规定标准，经允许生产并主要用于娱乐的智能无人飞行器的制造。
16	电气设备批发（5175*）	舞台照明设备批发（0842）	包括各类舞台照明设备的批发。
17	可穿戴智能设备制造（3961*）	可穿戴智能文化设备制造（0953）	指由用户穿戴和控制，并且自然、持续地运行和交互的个人移动计算文化设备产品的制造。
18	其他智能消费设备制造（3969*）	其他智能文化消费设备制造（0954）	仅指虚拟现实设备制造活动。

第3篇

小微企业篇

编表能手

法人单位数：李林（564-642 页）

法人单位从业人员数：王彪　曹文群（566-642 页）

3-1 按地区、开业（成立）时间

地 区	法人单位数（个）	1949年以前	1950-1977年	1978-1991年	1992-2000年	2001年	2002年	2003年	2004年	2005年	2006年
总 计	2801066	54	1400	15230	65356	16971	20110	27019	31813	33888	40368
广州市	713362	12	321	3244	17442	3766	4702	6738	7796	7247	8404
深圳市	839690	3	16	1592	11071	3792	4376	6159	8745	10661	12130
珠海市	93282		8	732	3686	824	992	1263	1396	1539	1874
汕头市	43279	14	184	1630	4549	586	632	734	759	674	811
佛山市	226846		61	869	6479	2544	2866	3180	3623	3432	4003
韶关市	17833		30	348	770	214	253	366	308	283	365
河源市	14995	2	22	255	393	103	120	168	162	206	253
梅州市	23747		52	303	775	176	180	276	281	316	397
惠州市	95715	2	22	568	1998	391	511	816	1073	1176	1580
汕尾市	10358	1	53	219	591	82	60	104	98	100	115
东莞市	356079	7	11	733	3967	958	1508	2047	2599	2909	4133
中山市	108959		19	395	2520	809	921	1168	1215	1218	1507
江门市	55364	5	32	842	2321	691	854	993	1071	1098	1298
阳江市	17902	1	10	150	648	192	208	323	249	290	298
湛江市	43864	2	174	925	2089	429	360	578	517	679	844
茂名市	35318	1	132	647	1530	402	353	462	361	480	467
肇庆市	28670	1	63	364	922	245	303	404	438	515	595
清远市	24655		37	273	601	166	259	342	339	352	500
潮州市	15595	1	69	549	1304	283	260	419	306	267	303
揭阳市	22983	2	53	429	1379	245	298	327	341	307	325
云浮市	12570		31	163	321	73	94	152	136	139	166
按区域分组											
珠三角核心区	2517967	30	553	9339	50406	14020	17033	22768	27956	29795	35524
沿海经济带	189299	22	675	4549	12090	2219	2171	2947	2631	2797	3163
北部生态发展区	93800	2	172	1342	2860	732	906	1304	1226	1296	1681

分组的小微企业法人单位数

2007 年	2008 年	2009 年	2010 年	2011 年	2012 年	2013 年	2014 年	2015 年	2016 年	2017 年	2018 年	无开业年份
42610	42948	59162	79667	102577	110899	161969	228996	279025	385299	488219	564235	3251
9674	10659	14689	19308	23836	23955	30647	51134	63821	88070	139489	177649	759
11675	11634	16732	23402	31828	35943	68661	87864	106578	139130	132351	115182	165
1743	1502	1750	2180	2518	2826	5244	6392	8846	11935	15013	20962	57
853	836	1177	1366	1534	1674	1743	2700	3166	4640	5909	7074	34
4200	3954	5649	6921	8007	9006	11333	18916	20242	27414	38147	45192	808
351	353	456	560	561	720	807	1084	1362	1804	2845	3976	17
252	242	269	446	519	522	654	1063	1343	1890	2888	3212	11
296	344	488	549	659	762	921	1649	1825	2802	4616	6058	22
1785	1468	1773	2427	3001	3226	4067	6422	8202	13164	19105	22730	208
118	134	154	371	371	252	279	488	726	1164	1815	3058	5
5193	5400	7328	10385	12348	12824	17396	26175	32956	51317	69021	86281	583
1693	1658	2170	3113	6151	8261	6982	8526	9510	13176	17583	20294	70
1282	1181	1512	2150	2358	2705	2958	3850	4397	6029	8238	9411	88
263	299	445	723	843	728	953	1253	1511	2247	2743	3468	57
817	943	1167	1383	2227	1778	2336	2643	3571	4485	6055	9827	35
521	543	785	996	2098	1699	1681	2231	2917	4189	5680	7105	38
556	521	653	888	968	1122	1226	1634	2124	3106	4748	7220	54
473	415	593	780	892	860	1039	1581	2063	3035	4286	5719	50
280	323	586	565	590	651	739	938	1173	1502	1892	2582	13
419	354	562	864	881	952	1011	1433	1736	2801	3532	4574	158
166	185	224	290	387	433	1292	1020	956	1399	2263	2661	19
37801	37977	52256	70774	91015	99868	148514	210913	256676	353341	443695	504921	2792
3271	3432	4876	6268	8544	7734	8742	11686	14800	21028	27626	37688	340
1538	1539	2030	2625	3018	3297	4713	6397	7549	10930	16898	21626	119

3-2 按地区、开业（成立）时间分组

地区	从业人员数（人）	1949年以前	1950-1977年	1978-1991年	1992-2000年	2001年	2002年	2003年	2004年	2005年	2006年
总计	24015278	2179	33017	364345	1773145	410200	506643	693391	705883	707955	743044
广州市	4789724	785	5806	72026	350885	72907	77746	106765	148661	100884	114847
深圳市	6621569	124	373	65907	337983	103320	106393	146717	164738	226183	208872
珠海市	651491		22	19064	68937	12600	18931	28658	20381	20271	33365
汕头市	594138	555	2303	33569	121508	14223	19062	21938	18410	15490	17968
佛山市	2494348		2387	20099	197596	59859	68507	99787	93755	79501	83163
韶关市	187901		1446	6526	19448	2733	5489	8841	4721	3518	5559
河源市	180275	6	262	4657	15130	1465	3379	4251	6488	5360	6416
梅州市	214175		2249	7814	22796	4475	7951	7427	7512	6391	5826
惠州市	951269	350	936	14821	59840	10822	17165	40966	26298	26482	28056
汕尾市	130426	6	2074	5941	18550	2229	2607	1789	3331	2291	2244
东莞市	3074097	325	1146	23507	158941	32696	67174	64426	75656	89257	91933
中山市	1078212		736	12899	88302	24910	31980	41724	33586	32786	41708
江门市	621657	5	318	11802	72152	20270	26610	28036	26637	26232	27613
阳江市	188084		448	4299	17834	3329	3994	8756	6794	6037	6107
湛江市	440734	11	3281	15389	44816	5673	7730	15558	9006	16288	13432
茂名市	487265		5302	14017	33750	10131	6668	16214	7005	10409	7918
肇庆市	351833	12	621	6823	25705	8108	11335	17451	15022	15259	17144
清远市	225360		286	3723	15740	3691	6404	11516	9009	6278	7942
潮州市	258022		947	9060	45810	10127	6618	10770	13509	8601	9013
揭阳市	345002		1449	9382	45394	5769	9395	8425	10249	8081	10210
云浮市	129696		625	3020	12028	863	1505	3376	5115	2356	3708
按区域分组											
珠三角核心区	20634200	1601	12345	246948	1360341	345492	425841	574530	604734	616855	646701
沿海经济带	2443671	572	15804	91657	327662	51481	56074	83450	68304	67197	66892
北部生态发展区	937407	6	4868	25740	85142	13227	24728	35411	32845	23903	29451

的小微企业法人单位从业人员数

2007 年	2008 年	2009 年	2010 年	2011 年	2012 年	2013 年	2014 年	2015 年	2016 年	2017 年	2018 年	无开业年份
748517	756794	863431	1015869	1618664	1132558	1380082	2356636	1786617	2208773	2389310	1816347	1878
139886	136025	156388	174273	648902	205632	235637	307715	360870	455116	533167	384601	200
191608	223959	226736	268881	340826	336732	473241	1201329	543254	616151	516435	321701	106
18794	22466	18611	21556	23356	22341	38797	43043	48680	56791	61490	53295	42
16492	19338	20914	21747	19821	21480	21751	27010	32356	43237	44174	40770	22
87372	70077	93100	98868	98957	102072	123329	174556	176293	220947	289592	254069	462
7186	5322	8676	7205	8103	8723	8446	12499	12145	18520	18128	14661	6
5881	6003	8032	8558	11858	8279	8894	12855	14268	14497	19189	14547	
5353	6553	7315	6490	6414	8618	8697	15783	16858	15928	25026	18677	22
29302	27560	28002	35961	42811	46003	52145	65577	72268	107859	126390	91337	318
2581	5682	3209	6493	5143	2549	3517	6035	7840	11257	15504	19552	2
101734	102841	128908	179576	200428	163313	189118	234528	236876	320056	347198	264158	302
40452	32351	39008	52953	72162	66980	61933	70474	74792	92429	97877	68108	62
24543	20622	23385	28968	30309	25848	30737	34915	38048	40958	47038	36563	48
4924	4930	9240	10134	9507	6666	11530	13668	12759	15014	18233	13880	1
9815	15670	16339	15745	21937	23376	22040	26990	29849	34062	43615	50062	50
8728	12570	12796	15110	22293	24590	25916	33788	34800	49944	68981	66254	81
15464	14739	12038	14230	14231	15101	14389	17461	20160	26366	34671	35445	58
8252	9087	12030	9626	10569	11330	11810	16300	15534	17618	20857	17741	17
10432	7066	13108	11181	9704	9341	10939	13246	11999	15609	15915	15015	12
16105	10227	19674	24230	16567	18439	15507	19833	19625	25337	28994	22093	17
3613	3706	5922	4084	4766	5145	11709	9031	7343	11077	16836	13818	50
649155	650640	726176	875266	1471982	984022	1219326	2149598	1571241	1936673	2053858	1509277	1598
69077	75483	95280	104640	104972	106441	111200	140570	149228	194460	235416	227626	185
30285	30671	41975	35963	41710	42095	49556	66468	66148	77640	100036	79444	95

3-3 按地区、登记注册类型

地　区	法人单位数(个)	内资	国有	集体	股份合作	联营	国有联营
总　计	2801066	2730471	6242	11474	3190	790	98
广州市	713362	699103	1392	2631	1755	156	26
深圳市	839690	816895	241	96	670	36	4
珠海市	93282	86859	258	394	97	27	5
汕头市	43279	42758	632	1155	176	47	5
佛山市	226846	223860	219	718	169	43	4
韶关市	17833	17255	218	360	36	32	3
河源市	14995	14405	192	218	12	17	4
梅州市	23747	21134	175	270	27	15	
惠州市	95715	91964	332	427	17	50	15
汕尾市	10358	10066	169	239	12	16	4
东莞市	356079	348609	88	751	30	25	1
中山市	108959	106444	45	411	10	20	
江门市	55364	53199	283	828	14	44	2
阳江市	17902	17678	127	203	2	7	1
湛江市	43864	43591	594	670	35	60	9
茂名市	35318	34791	325	527	26	75	4
肇庆市	28670	27562	240	355	6	32	5
清远市	24655	23772	128	293	19	26	2
潮州市	15595	15401	198	323	65	28	
揭阳市	22983	22724	284	361	5	19	3
云浮市	12570	12401	102	244	7	15	1
按区域分组							
珠三角核心区	2517967	2454495	3098	6611	2768	433	62
沿海经济带	189299	187009	2329	3478	321	252	26
北部生态发展区	93800	88967	815	1385	101	105	10

分组的小微企业法人单位数

集体联营	国有与集体联营	其他联营	有限责任公司	国有独资	其他有限责任公司	股份有限公司	私营	私营独资
357	114	221	338002	3017	334985	17267	2353384	118566
53	43	34	52725	701	52024	3730	636694	16118
10	5	17	111383	327	111056	3609	700854	7995
13	3	6	36397	219	36178	581	49104	1487
23	6	13	7009	81	6928	683	33034	4687
28	3	8	17841	227	17614	969	203897	15944
14	5	10	4137	142	3995	264	12207	1334
6	4	3	2294	81	2213	214	11455	1016
13	1	1	3463	92	3371	415	16768	1590
12	3	20	15403	159	15244	1269	74465	3192
7	3	2	1170	38	1132	153	8302	1853
20	1	3	34899	79	34820	1427	311357	6414
9	4	7	11175	51	11124	456	94325	20751
31	3	8	8863	133	8730	498	42664	5975
4		2	2136	57	2079	164	15039	1946
25	9	17	4054	148	3906	693	37480	8021
44	6	21	8678	109	8569	573	24586	4948
11	2	14	4394	120	4274	464	22069	1962
10	2	12	4889	92	4797	407	18007	2314
13	3	12	1830	29	1801	207	12747	5769
7	6	3	3233	45	3188	304	18513	3044
4	2	8	2029	87	1942	187	9817	2206
187	67	117	293080	2016	291064	13003	2135429	79838
123	33	70	28110	507	27603	2777	149701	30268
47	14	34	16812	494	16318	1487	68254	8460

3-3

地区	私营合伙	私营有限责任公司	私营股份有限公司	其他	港澳台商投资企业	港澳台商合资经营	港澳台商合作经营
总　计	29749	2189844	15225	122	55459	4965	1136
广州市	7447	609862	3267	20	8842	1320	306
深圳市	9951	680201	2707	6	19282	1195	165
珠海市	3949	43307	361	1	5697	461	65
汕头市	253	27732	362	22	384	64	38
佛山市	1548	185358	1047	4	1924	511	46
韶关市	483	10151	239	1	537	36	30
河源市	125	10079	235	3	556	33	24
梅州市	181	14632	365	1	2575	71	24
惠州市	429	69798	1046	1	3271	194	63
汕尾市	110	6177	162	5	280	18	14
东莞市	1598	301665	1680	32	5483	335	60
中山市	818	72340	416	2	1818	179	26
江门市	332	35749	608	5	1764	278	54
阳江市	154	12739	200		194	31	20
湛江市	411	28410	638	5	190	41	27
茂名市	477	18535	626	1	485	39	15
肇庆市	375	19398	334	2	981	49	26
清远市	714	14622	357	3	673	53	51
潮州市	123	6699	156	3	161	28	43
揭阳市	129	15053	287	5	220	16	32
云浮市	142	7337	132		142	13	7
按区域分组							
珠三角核心区	26447	2017678	11466	73	49062	4522	811
沿海经济带	1657	115345	2431	41	1914	237	189
北部生态发展区	1645	56821	1328	8	4483	206	136

续表 1

港澳台商独资	港澳台商投资股份有限公司	其他港澳台商投资	外商投资企业	中外合资经营	中外合作经营	外资企业	外商投资股份有限公司	其他外商投资
48037	557	764	15136	2913	244	10527	407	1045
6983	91	142	5417	973	64	3926	130	324
17531	140	251	3513	771	34	2391	57	260
5091	35	45	726	186	21	442	22	55
266	7	9	137	27	12	86	4	8
1312	25	30	1062	256	24	685	44	53
463	3	5	41	19	1	19	2	
480	16	3	34	7	2	22	2	1
2458	5	17	38	10	2	23	1	2
2920	48	46	480	58	13	351	19	39
244		4	12	3		7		2
4884	79	125	1987	222	16	1546	70	133
1557	27	29	697	129	6	498	26	38
1379	34	19	401	106	9	251	11	24
136	4	3	30	6	2	18	1	3
110	3	9	83	36	2	25	2	18
419	7	5	42	13	1	20	2	6
882	17	7	127	35	11	67	2	12
556	7	6	210	30	4	115	10	51
84	3	3	33	6	11	13	1	2
167	3	2	39	14	4	11		10
115	3	4	27	6	5	11	1	4
42539	496	694	14410	2736	198	10157	381	938
1426	27	35	376	105	32	180	10	49
4072	34	35	350	72	14	190	16	58

3-4 按地区、登记注册类型分组的

地 区	从业人员数（人）	内资	国有	集体	股份合作	联营	国有联营
总 计	24015278	22157865	145790	165859	55158	9936	2651
广州市	4789724	4527559	33961	38426	11274	1840	580
深圳市	6621569	6195932	20080	6119	14425	619	195
珠海市	651491	573264	4748	3885	2839	276	35
汕头市	594138	568375	11523	10305	4449	508	57
佛山市	2494348	2366676	5584	7821	3922	957	94
韶关市	187901	177811	3832	5677	1658	340	10
河源市	180275	163783	3747	3381	85	173	43
梅州市	214175	204187	4677	4911	960	75	
惠州市	951269	831772	7429	5001	199	486	113
汕尾市	130426	121833	4914	4880	1053	158	44
东莞市	3074097	2626266	1579	14312	435	425	
中山市	1078212	961252	1297	6038	246	435	
江门市	621657	525650	3681	8190	1697	117	1
阳江市	188084	180203	4031	5222	316	30	
湛江市	440734	429633	11506	10729	3303	1991	1412
茂名市	487265	470814	7229	9587	3151	742	20
肇庆市	351833	322805	3390	4054	792	217	29
清远市	225360	206081	1745	2163	1205	160	11
潮州市	258022	247721	3013	4593	1664	147	
揭阳市	345002	333566	6026	7715	437	157	3
云浮市	129696	122682	1798	2850	1048	83	4
按区域分组							
珠三角核心区	20634200	18931176	81749	93846	35829	5372	1047
沿海经济带	2443671	2352145	48242	53031	14373	3733	1536
北部生态发展区	937407	874544	15799	18982	4956	831	68

小微企业法人单位从业人员数

集体联营	国有与集体联营	其他联营	有限责任公司	国有独资	其他有限责任公司	股份有限公司	私营	私营独资
3748	1103	2434	4151649	120531	4031118	904864	16713915	866215
589	299	372	999316	34145	965171	138129	3304079	77449
163	32	229	960485	27955	932530	184119	5009683	35161
116	110	15	250134	11684	238450	29474	281896	5866
169	146	136	101984	1676	100308	29267	409209	47139
743	43	77	332226	7257	324969	95533	1917469	162130
162	58	110	57279	2713	54566	16907	92104	8568
50	61	19	37384	2046	35338	15258	103334	7598
75			45787	2950	42837	28175	119602	11332
136	76	161	167534	5399	162135	51146	599817	38043
71	41	2	18239	1206	17033	7819	84624	17875
279	16	130	414956	1711	413245	71172	2121091	41534
33	15	387	144918	1430	143488	38589	769718	115824
85	4	27	121896	4346	117550	32289	357421	35855
25		5	28300	1212	27088	12296	130008	14320
319	34	226	70669	3074	67595	33428	297798	48563
551	52	119	143156	3593	139563	31960	274980	55022
60	10	118	69605	2484	67121	21812	222562	18624
24	5	120	59340	1563	57777	20285	121125	10750
87	21	39	40384	306	40078	14520	182236	73983
6	47	101	57991	1858	56133	20506	240502	28715
5	33	41	30066	1923	28143	12180	74657	11864
2204	605	1516	3461070	96411	3364659	662263	14583736	530486
1228	341	628	460723	12925	447798	149796	1619357	285617
316	157	290	229856	11195	218661	92805	510822	50112

3-4

地 区	私营合伙	私营有限责任公司	私营股份有限公司	其他	港澳台商投资企业	港澳台商合资经营	港澳台商合作经营
总 计	125300	15514880	207520	10694	1285908	162556	30003
广州市	26896	3168233	31501	534	143343	28162	7455
深圳市	23187	4900380	50955	402	323774	31285	3741
珠海市	6984	264483	4563	12	52095	9398	988
汕头市	2426	351574	8070	1130	17353	4281	1639
佛山市	16056	1720842	18441	3164	79987	25712	1438
韶关市	2196	79318	2022	14	6632	977	118
河源市	908	92123	2705	421	13048	1029	203
梅州市	973	102843	4454		7099	1361	525
惠州市	4459	545432	11883	160	92930	8502	1634
汕尾市	1339	63486	1924	146	7900	430	372
东莞市	9113	2044299	26145	2296	312754	14681	2264
中山市	5732	640651	7511	11	76652	8973	243
江门市	2339	313320	5907	359	73585	13936	2117
阳江市	1737	112139	1812		5237	1204	840
湛江市	3292	240821	5122	209	5253	3081	245
茂名市	6975	205528	7455	9	11533	1933	1293
肇庆市	3710	194845	5383	373	20038	2891	357
清远市	4048	102969	3358	58	13861	1450	324
潮州市	1294	103976	2983	1164	7767	1644	2342
揭阳市	892	206660	4235	232	9326	814	1820
云浮市	744	60958	1091		5741	812	45
按区域分组							
珠三角核心区	98476	13792485	162289	7311	1175158	143540	20237
沿海经济带	17955	1284184	31601	2890	64369	13387	8551
北部生态发展区	8869	438211	13630	493	46381	5629	1215

续表 1

港澳台商独资	港澳台商投资股份有限公司	其他港澳台商投资	外商投资企业	中外合资经营	中外合作经营	外资企业	外商投资股份有限公司	其他外商投资
1066841	15788	10720	571505	152417	11171	367234	16977	23706
105583	1226	917	118822	42615	1974	66481	4268	3484
282217	3696	2835	101863	30320	1168	62400	1316	6659
41169	457	83	26132	6159	335	17701	1229	708
11174	54	205	8410	2081	1225	4409	312	383
51290	1231	316	47685	17308	988	25910	1923	1556
5430	13	94	3458	2147	3	1128	180	
11300	274	242	3444	1244	72	2128		
5023	107	83	2889	1989	139	753		8
80175	1979	640	26567	4977	558	18504	1027	1501
6944		154	693	390		296		7
288817	3274	3718	135077	12540	977	110691	3831	7038
65878	966	592	40308	7767	450	29931	1286	874
55999	1093	440	22422	5972	717	14492	1015	226
2888	294	11	2644	656	206	1673	31	78
1806	9	112	5848	4457	140	842	4	405
8034	208	65	4918	4016	5	778	1	118
16502	257	31	8990	3126	842	4701	139	182
11669	380	38	5418	2391	6	2409	360	252
3546	228	7	2534	452	1062	982	19	19
6593	2	97	2110	1388	20	534		168
4804	40	40	1273	422	284	491	36	40
987630	14179	9572	527866	130784	8009	350811	16034	22228
40985	795	651	27157	13440	2658	9514	367	1178
38226	814	497	16482	8193	504	6909	576	300

3-5 按地区、营业状态分组的小微企业法人单位数

地 区	法人单位数(个)	正常运营	停业(歇业)	筹建	当年关闭	当年破产	当年注销	当年吊销	其他
总 计	2801066	2327828	208257	184625	23665	629	27247	1106	27709
广州市	713362	583760	47264	67293	2581	128	7231	298	4807
深圳市	839690	705517	88153	36225	746	48	2164	48	6789
珠海市	93282	69035	8292	9717	120	10	1146	24	4938
汕头市	43279	37043	3126	2172	282	15	343	45	253
佛山市	226846	199208	11068	8367	3913	29	2148	55	2058
韶关市	17833	13579	1470	2095	148	7	319	17	198
河源市	14995	12713	1043	850	120	5	154	2	108
梅州市	23747	19572	1390	2017	149	9	379	10	221
惠州市	95715	73614	7499	9396	1540	29	1096	14	2527
汕尾市	10358	8869	562	461	205	12	142	3	104
东莞市	356079	301481	13287	25241	7743	95	5844	219	2169
中山市	108959	98590	3245	3955	419	14	1558	137	1041
江门市	55364	41408	5685	4239	2511	16	1087	55	363
阳江市	17902	14126	1505	1445	279	6	456	29	56
湛江市	43864	35051	4040	2224	790	83	840	84	752
茂名市	35318	30726	1822	1395	417	20	631	16	291
肇庆市	28670	24097	1975	1413	628	47	333	14	163
清远市	24655	17696	2851	3120	326	8	484	6	164
潮州市	15595	13129	1223	805	126	14	175	9	114
揭阳市	22983	17848	2284	1319	472	21	492	18	529
云浮市	12570	10766	473	876	150	13	225	3	64
按区域分组									
珠三角核心区	2517967	2096710	186468	165846	20201	416	22607	864	24855
沿海经济带	189299	156792	14562	9821	2571	171	3079	204	2099
北部生态发展区	93800	74326	7227	8958	893	42	1561	38	755

3-6 按地区、营业状态分组的小微企业法人单位从业人员数

地 区	从业人员数（人）	正常运营	停业(歇业)	筹建	当年关闭	当年破产	当年注销	当年吊销	其他
总 计	24015278	23464606	234459	191843	34665	1748	33038	1127	53792
广州市	4789724	4704393	23623	51539	2666	96	3397	80	3930
深圳市	6621569	6478673	88846	40310	864	118	1318	77	11363
珠海市	651491	620766	9732	12336	176	6	676	9	7790
汕头市	594138	579395	8237	3604	736	26	988	59	1093
佛山市	2494348	2403642	37401	14094	14963	43	6794	367	17044
韶关市	187901	180815	1527	2560	87	9	2632	8	263
河源市	180275	177406	1016	1556	103		72		122
梅州市	214175	209198	1438	2668	199	24	471	5	172
惠州市	951269	920627	11286	13224	2882	30	1514	3	1703
汕尾市	130426	127062	1466	1451	157	42	153		95
东莞市	3074097	3037812	9632	16711	3734	272	3851	137	1948
中山市	1078212	1065900	3908	4157	500	16	1866	139	1726
江门市	621657	610842	4000	4476	779	16	1102	15	427
阳江市	188084	184274	1163	1422	583	27	321		294
湛江市	440734	420057	10015	4520	1466	367	1565	102	2642
茂名市	487265	469569	6315	5238	1786	73	2667	66	1551
肇庆市	351833	341937	3557	2798	1579	478	916	41	527
清远市	225360	217981	2350	4341	324	3	228	3	130
潮州市	258022	252495	3051	1386	234	39	446	4	367
揭阳市	345002	335738	5125	1622	447	11	1626	10	423
云浮市	129696	126024	771	1830	400	52	435	2	182
按区域分组									
珠三角核心区	20634200	20184592	191985	159645	28143	1075	21434	868	46458
沿海经济带	2443671	2368590	35372	19243	5409	585	7766	241	6465
北部生态发展区	937407	911424	7102	12955	1113	88	3838	18	869

3-7 按行业、地区分组的

行业门类	法人单位数(个)	广州市	深圳市	珠海市	汕头市	佛山市	韶关市	河源市	梅州市
总 计	2801066	713362	839690	93282	43279	226846	17833	14995	23747
农、林、牧、渔业	2847	513	33	67	63	110	81	94	222
采矿业	2389	56	44	30	32	28	163	198	244
制造业	562785	75555	113559	8810	13430	68714	2055	2086	2980
电力、热力、燃气及水生产和供应业	9534	640	356	126	119	254	1094	513	796
建筑业	114625	26922	20119	7598	1371	7670	1428	1788	2660
批发和零售业	952115	257925	334305	24200	14107	81265	4780	3518	6672
交通运输、仓储和邮政业	71706	18822	23718	2423	1335	5503	534	393	572
住宿和餐饮业	51779	15635	11027	2009	1166	5090	410	413	423
信息传输、软件和信息技术服务业	163567	57454	63551	6557	1385	7052	801	634	1675
金融业	29798	5043	14951	6036	158	689	118	68	127
房地产业	111072	28573	23833	5438	1648	8198	1240	1067	1019
租赁和商务服务业	377156	112342	131036	16185	3731	18216	2614	2036	3361
科学研究和技术服务业	187526	67758	56388	7347	1819	11581	1111	884	1273
水利、环境和公共设施管理业	8697	1847	1763	371	168	646	239	131	380
居民服务、修理和其他服务业	59355	15645	16508	2537	1071	5073	466	557	510
教育	30587	8224	11581	1197	373	1653	199	217	262
卫生和社会工作	7903	2038	2626	276	151	452	43	51	70
文化、体育和娱乐业	57625	18370	14292	2075	1152	4652	457	347	501

小微企业法人单位数

惠州市	汕尾市	东莞市	中山市	江门市	阳江市	湛江市	茂名市	肇庆市	清远市	潮州市	揭阳市	云浮市
95715	10358	356079	108959	55364	17902	43864	35318	28670	24655	15595	22983	12570
147	95	102	63	98	55	326	153	128	169	69	54	205
143	12	18	8	81	48	184	252	261	445	23	35	84
21995	1593	142019	46859	20273	4383	5888	4357	5710	3548	7729	7674	3568
493	200	310	130	291	459	225	735	732	1138	230	286	407
10373	736	14868	5599	2951	1055	2406	1967	1648	1549	435	759	723
21254	3009	95680	24220	14272	5389	16952	15381	7972	6011	3617	7914	3672
1984	262	6578	2309	1333	524	1545	885	838	923	349	535	341
2403	456	5274	2086	1172	403	1293	607	514	481	317	406	194
3854	343	8886	2970	1517	618	1489	1299	1302	914	317	655	294
294	36	919	269	189	58	160	111	220	96	79	80	97
10378	933	9610	4701	2952	1235	2582	1784	1885	2253	347	672	724
12227	1313	37589	9307	5530	1823	5247	3560	3561	3692	888	1903	995
4011	402	18132	4598	2130	736	2216	1886	1990	1548	445	701	570
539	62	705	222	237	95	214	245	208	302	73	151	99
2492	365	6096	2706	996	404	1168	735	525	577	266	426	232
947	220	2512	776	364	169	590	355	331	273	94	151	99
235	50	691	341	112	77	247	154	109	81	18	49	32
1946	271	6090	1795	866	371	1132	852	736	655	299	532	234

3-8 按行业（大类）、地区分组的

行业大类	从业人员数(人)	广州市	深圳市	珠海市	汕头市	佛山市	韶关市	河源市	梅州市
总　计	24015278	4789724	6621569	651491	594138	2494348	187901	180275	214175
农、林、牧、渔业	11967	1479	110	193	340	398	259	220	836
农业									
林业									
畜牧业									
渔业									
农、林、牧、渔专业及辅助性活动	11967	1479	110	193	340	398	259	220	836
采矿业	37195	312	939	351	511	333	2445	3306	2370
煤炭开采和洗选业	48								
石油和天然气开采业	534		253	252					
黑色金属矿采选业	2182	8		2	16		94	576	279
有色金属矿采选业	3642	68	23		90		1368	168	113
非金属矿采选业	29399	209	293	90	327	312	980	2551	1870
开采专业及辅助性活动	639	26	367	4	44	16		5	4
其他采矿业	751	1	3	3	34	5	3	6	104
制造业	9399679	970437	1951435	185384	343519	1233886	47173	60528	65151
农副食品加工业	133363	12510	6493	2805	6023	13998	1323	2439	2681
食品制造业	138631	21651	8608	4857	12050	11288	1279	985	1487
酒、饮料和精制茶制造业	40633	3784	2571	784	1594	2281	1283	1669	2269
烟草制品业	1001	39	4		159		343		183
纺织业	260524	23531	15493	1983	35272	60687	1327	1783	1312
纺织服装、服饰业	627050	110832	57588	8141	103721	63348	838	2515	1512
皮革、毛皮、羽毛及其制品和制鞋业	406521	97755	26262	874	2604	29623	439	1512	453
木材加工和木、竹、藤、棕、草制品业	107818	8032	5998	902	593	16912	2301	2268	1470
家具制造业	316795	26980	30309	1556	1331	98826	268	861	4246
造纸和纸制品业	264212	28117	58550	4082	9399	31398	1002	898	651
印刷和记录媒介复制业	233107	19288	50456	5063	14898	28348	374	810	671
文教、工美、体育和娱乐用品制造业	373409	36138	76629	4663	44500	18390	1976	2990	2725
石油、煤炭及其他燃料加工业	12034	1547	786	1060	144	1543	72	23	120
化学原料和化学制品制造业	328349	73082	32565	14280	15610	48077	6367	935	1407
医药制造业	60983	11420	9502	3319	2330	5175	702	1083	1301
化学纤维制造业	8069	972	375	341	343	1020		118	
橡胶和塑料制品业	771450	59624	157732	14525	35951	88323	2167	4827	1139
非金属矿物制品业	450854	28065	36367	7797	4757	66256	6363	6163	13745
黑色金属冶炼和压延加工业	46562	3384	4867	193	169	16540	263	1831	437
有色金属冶炼和压延加工业	89337	5661	13254	1262	455	26468	1105	651	567
金属制品业	1093977	69434	162411	13146	8375	212999	3669	3668	1887
通用设备制造业	490389	59816	125017	12686	7836	84272	4145	2845	2224
专用设备制造业	581308	55438	189276	15027	8862	70321	2867	2088	2245

小微企业法人单位从业人员数

惠州市	汕尾市	东莞市	中山市	江门市	阳江市	湛江市	茂名市	肇庆市	清远市	潮州市	揭阳市	云浮市
951269	130426	3074097	1078212	621657	188084	440734	487265	351833	225360	258022	345002	129696
470	579	323	197	246	174	1842	1155	735	434	598	366	1013
470	579	323	197	246	174	1842	1155	735	434	598	366	1013
2147	84	89	40	1817	743	2735	8554	4970	2987	552	403	1507
				20							28	
							29					
81						40	331	447	242		3	63
200		3		1		337	373	230	413		2	253
1802	74	81	37	1786	719	2165	7627	4193	2196	552	366	1169
22		5				109		28	9			
42	10		3	10	24	84	194	72	127		4	22
466118	41805	1974755	672827	381811	80607	115865	119605	159258	80463	180102	216006	52944
6879	3386	8439	5175	8943	3744	13981	13304	4541	2747	5026	7240	1686
4190	1868	14091	5496	8070	1491	6440	6062	3751	863	11199	11227	1678
2451	735	2293	2437	2070	542	2666	2910	1813	1963	2614	1586	318
		25	1	96	15	33	103					
11329	2127	37765	20177	18589	236	1808	2557	6632	2226	1098	13817	775
16876	10969	119691	51913	22122	4281	1445	4160	3394	2818	9138	29302	2446
42635	576	100090	17235	12046	2046	5240	16877	4341	4959	8774	30945	1235
7248	886	13986	5419	6469	2995	9120	9560	7004	1846	1262	2502	1045
29678	200	73652	24072	10917	838	3083	2595	2451	1093	1009	2439	391
10677	1102	65179	19038	12349	2011	3354	1740	4720	1411	5198	2626	710
10794	218	49367	17667	8408	1911	2793	2111	3104	959	9403	6139	325
24203	8516	91981	21637	7310	1080	1086	3902	6125	4437	2959	10717	1445
319	9	1780	414	404	17	1651	1705	203	13	184	36	4
17599	580	42859	18308	16975	940	3262	7056	12267	7777	3517	2183	2703
1996	77	2733	3851	1458	518	1615	5757	1735	855	1183	3662	711
459		2754	279	798		28	32	51	49		429	21
43686	1760	218313	59062	26821	5905	6070	5428	8648	7030	7070	16058	1311
21670	2782	40636	18495	20295	3725	13811	16805	17092	13187	78458	12656	21729
1715	83	4882	1384	1640	1437	178	659	764	778	249	5081	28
3444	313	14454	5028	3097	268	436	354	6053	3448	974	1313	732
45730	1193	257214	90874	86462	36903	6372	4882	31758	5864	21110	25760	4266
15968	418	108597	31995	12070	2652	1914	1542	7954	3193	1758	2290	1197
19308	692	152699	29859	10587	1257	3349	1149	5663	3035	1451	4999	1136

3-8

行业大类	从业人员数(人)	广州市	深圳市	珠海市	汕头市	佛山市	韶关市	河源市	梅州市
汽车制造业	119218	37241	14122	2997	1415	22567	1021	201	2221
铁路、船舶、航空航天和其他运输设备制造业	58831	10010	11834	3480	454	8026	40	156	58
电气机械和器材制造业	966396	57993	252139	19796	9267	142444	1989	3913	3102
计算机、通信和其他电子设备制造业	1123786	77755	499413	30872	7605	42751	2286	10164	13804
仪器仪表制造业	153936	13510	72515	6393	979	8469	52	1813	55
其他制造业	84496	6558	20867	687	2622	6954	293	1091	411
废弃资源综合利用业	21429	978	521	303	3627	4110	764	140	572
金属制品、机械和设备修理业	35211	9292	8911	1510	574	2472	255	88	196
电力、热力、燃气及水生产和供应业	134152	11453	7993	2724	4224	6691	9745	4754	7764
电力、热力生产和供应业	69607	4613	3159	1262	1098	1529	7868	3196	5801
燃气生产和供应业	15428	2335	621	900	687	724	566	401	491
水的生产和供应业	49117	4505	4213	562	2439	4438	1311	1157	1472
建筑业	1314708	308426	282812	70346	24051	76955	21320	22578	27469
房屋建筑业	389617	67562	65969	17560	12817	19921	10334	7504	13947
土木工程建筑业	204916	39568	43104	16994	3713	14139	2436	5315	5928
建筑安装业	213408	58212	46138	10406	2507	13845	2237	2635	2277
建筑装饰、装修和其他建筑业	506767	143084	127601	25386	5014	29050	6313	7124	5317
批发和零售业	3618854	823691	1145304	85863	81321	480903	19756	15298	24734
批发业	2229704	643349	653565	56863	43788	333391	11230	4877	9500
零售业	1389150	180342	491739	29000	37533	147512	8526	10421	15234
交通运输、仓储和邮政业	693026	162083	225114	24859	17143	54628	6568	5392	6846
铁路运输业	136			136					
道路运输业	343850	77152	95802	12500	8709	28521	4809	3687	4590
水上运输业	31525	5686	6461	2126	947	3472	290	162	48
航空运输业	3247	1176	1277	330	39	79	11	11	21
管道运输业	90	17	21						
多式联运和运输代理业	190053	46982	88165	5058	4747	13205	109	80	287
装卸搬运和仓储业	79720	23281	19775	3514	1627	7247	983	453	741
邮政业	44405	7789	13613	1195	1074	2104	366	999	1159
住宿和餐饮业	515034	119879	116339	19414	13088	53708	8086	6329	6388
住宿业	172765	35465	27290	9112	6285	15645	4211	3655	4037
餐饮业	342269	84414	89049	10302	6803	38063	3875	2674	2351
信息传输、软件和信息技术服务业	822883	281714	335307	28946	8629	50076	2649	2567	4464
电信、广播电视和卫星传输服务	29586	10552	8604	761	494	1723	314	346	196
互联网和相关服务	94151	28605	34999	3043	1098	6043	348	586	881
软件和信息技术服务业	699146	242557	291704	25142	7037	42310	1987	1635	3387
金融业	2333962	656527	1071776	38232	26401	113155	19128	16997	26814
货币金融服务	162315	14899	65279	4562	3323	13289	2306	2189	3640
资本市场服务	160133	29213	111988	7799	367	2273	35	6	84

续表 1

惠州市	汕尾市	东莞市	中山市	江门市	阳江市	湛江市	茂名市	肇庆市	清远市	潮州市	揭阳市	云浮市
5932	99	16192	5318	3571	445	618	79	2303	1864	76	580	356
3011	156	5982	1800	11510	120	561	180	542	212	39	621	39
38295	673	176885	162487	40870	2368	20841	2589	6465	2748	3497	15284	2751
68442	1104	286468	37127	22181	1359	1150	4308	5787	2652	1577	3731	3250
5033	234	32972	8028	1153	69	102	284	1033	275	253	494	220
4033	394	26814	6750	3234	1029	223	339	712	128	317	843	197
1071	180	687	493	426	270	1060	238	2126	1818	561	1343	141
1447	475	5275	1008	870	135	1575	338	226	215	148	103	98
8945	3463	8550	4242	4841	4015	4460	9527	8033	9865	4927	4750	3186
4385	1774	2288	974	1727	2637	1869	6836	5363	7347	1703	2270	1908
350	231	1414	867	382	332	818	535	552	528	2045	421	228
4210	1458	4848	2401	2732	1046	1773	2156	2118	1990	1179	2059	1050
76958	9163	135944	53178	35370	15750	37319	44793	20297	14745	7281	19208	10745
15005	4354	38634	16190	12697	7172	17131	23244	9527	6098	4578	12868	6505
11882	1624	19910	7835	5236	3628	5975	5459	4147	2659	705	3576	1083
12634	1094	25574	12864	5607	1756	3033	5686	1624	2324	995	1089	871
37437	2091	51826	16289	11830	3194	11180	10404	4999	3664	1003	1675	2286
95422	19136	302855	81386	49465	24182	90831	130384	47282	20887	23657	40194	16303
46631	7348	170562	36012	27204	12297	46302	60626	22904	9897	9582	17967	5809
48791	11788	132293	45374	22261	11885	44529	69758	24378	10990	14075	22227	10494
23327	4866	58984	21966	11784	5619	17134	14788	9361	6898	4175	7109	4382
14406	3301	30088	11445	6373	3484	9159	9363	6059	4842	2450	4073	3037
842	69	2225	1319	1481	358	2304	1260	731	443	468	253	580
41		158	25		19	16	6	3	2		3	30
33				9			10					
2908	159	13642	5471	1756	555	2920	1080	965	414	464	882	204
3181	481	7655	2023	1267	900	1658	2037	904	695	293	750	255
1916	856	5216	1683	898	303	1077	1032	699	502	500	1148	276
22410	7489	43769	21870	11290	6287	18684	11710	8319	6867	3790	6014	3304
10627	3864	13320	7339	4222	1549	6625	4221	4212	4335	1687	3090	1974
11783	3625	30449	14531	7068	4738	12059	7489	4107	2532	2103	2924	1330
16185	2412	36324	14137	4612	2479	7649	10185	5123	3256	1599	2960	1610
874	493	1584	450	272	114	993	507	277	445	140	127	320
3462	384	5806	1561	725	710	1268	2452	525	551	188	662	254
11849	1535	28934	12126	3615	1655	5388	7226	4321	2260	1271	2171	1036
47808	9323	56232	40086	36310	13186	38115	30938	24393	22918	14734	18324	12565
4474	1405	10090	3681	5381	1860	6224	3946	4172	3506	2144	3835	2110
1807	15	4984	346	151	32	129	119	572	22	38	81	72

3-8

行业大类	从业人员数(人)	广州市	深圳市	珠海市	汕头市	佛山市	韶关市	河源市	梅州市
保险业	1965280	609938	854661	24253	22625	97183	16727	14788	23022
其他金融业	46234	2477	39848	1618	86	410	60	14	68
房地产业	998154	252976	243475	42660	15664	80646	12037	11553	8824
房地产业	998154	252976	243475	42660	15664	80646	12037	11553	8824
租赁和商务服务业	2198328	647289	665242	88266	25892	165050	24934	17119	17660
租赁业	130692	37786	46172	6872	1134	7974	1159	715	1496
商务服务业	2067636	609503	619070	81394	24758	157076	23775	16404	16164
科学研究和技术服务业	917576	290311	291728	29022	11340	79852	5152	4582	5455
研究和试验发展	189380	71393	53855	8133	1021	19068	356	153	273
专业技术服务业	513086	134933	183315	16612	7527	41214	3548	3515	4082
科技推广和应用服务业	215110	83985	54558	4277	2792	19570	1248	914	1100
水利、环境和公共设施管理业	74506	15233	14567	3841	1888	6728	1598	1377	2370
水利管理业	2812	469	456	173	36	274	33	64	50
生态保护和环境治理业	15733	4089	3136	752	250	1406	235	98	174
公共设施管理业	54229	10362	10710	2852	1585	4891	1324	1178	2128
土地管理业	1732	313	265	64	17	157	6	37	18
居民服务、修理和其他服务业	341208	86333	93389	12838	6972	36689	2658	3308	2270
居民服务业	133966	34508	34168	4431	3345	14945	799	942	673
机动车、电子产品和日用产品修理业	123368	28358	33347	5122	2626	15221	1250	1188	996
其他服务业	83874	23467	25874	3285	1001	6523	609	1178	601
教育	202409	54473	73535	6768	2802	14350	1581	1395	1266
教育	202409	54473	73535	6768	2802	14350	1581	1395	1266
卫生和社会工作	144134	37924	38736	4175	3538	11300	844	1196	1538
卫生	137610	35029	37706	4055	3502	10893	654	1187	1450
社会工作	6524	2895	1030	120	36	407	190	9	88
文化、体育和娱乐业	257503	69184	63768	7609	6815	29000	1968	1776	1956
新闻和出版业	4411	2893	862	66	45	175	2		45
广播、电视、电影和录音制作业	37803	12195	10447	1353	735	3516	337	229	429
文化艺术业	54724	24756	8769	1895	956	4908	172	438	366
体育	32663	9906	9664	1109	510	3998	245	190	177
娱乐业	127902	19434	34026	3186	4569	16403	1212	919	939
公共管理、社会保障和社会组织									
中国共产党机关									
国家机构									
人民政协、民主党派									
社会保障									
群众团体、社会团体和其他成员组织									
基层群众自治组织									
国际组织									
国际组织									

续表 2

惠州市	汕尾市	东莞市	中山市	江门市	阳江市	湛江市	茂名市	肇庆市	清远市	潮州市	揭阳市	云浮市
41369	7889	40481	35957	30688	11279	31642	26801	19535	19333	12431	14377	10301
158	14	677	102	90	15	120	72	114	57	121	31	82
67660	8691	63211	43534	25144	9167	29484	25227	20088	20474	3420	6857	7362
67660	8691	63211	43534	25144	9167	29484	25227	20088	20474	3420	6857	7362
65801	10992	218511	70043	33088	13390	38292	36468	20249	17219	5757	11152	5914
4177	577	7012	2839	1988	964	2571	3844	1114	1281	148	613	256
61624	10415	211499	67204	31100	12426	35721	32624	19135	15938	5609	10539	5658
20893	2986	81907	22131	10349	3683	13618	17559	10312	6870	2594	3688	3544
1142	200	20983	4471	1582	259	2149	1359	1188	594	138	320	743
15705	2091	44154	13360	6805	2779	6947	9840	6583	4658	1291	2256	1871
4046	695	16770	4300	1962	645	4522	6360	2541	1618	1165	1112	930
4060	665	4978	1918	2136	859	1721	3407	1922	2352	809	1140	937
257	35	90	29	171	33	142	71	90	79	46	158	56
776	167	1927	388	365	82	315	248	296	395	114	279	241
2908	462	2949	1425	1564	661	1191	2976	1408	1703	640	698	614
119	1	12	76	36	83	73	112	128	175	9	5	26
12942	2922	33753	13776	5194	2336	6978	7305	3326	2993	1453	2479	1294
5121	1499	14332	5252	1986	1025	3032	3394	1457	1086	491	1164	316
4278	945	10619	6749	2151	736	2440	2794	1065	1339	670	815	659
3543	478	8802	1775	1057	575	1506	1117	804	568	292	500	319
5662	1700	13875	4436	2856	1257	3508	5275	2735	2329	419	1146	1041
5662	1700	13875	4436	2856	1257	3508	5275	2735	2329	419	1146	1041
4962	1880	18179	4642	1420	2410	4488	2389	1921	1070	303	577	642
4863	1757	17898	4409	1331	2158	4357	2159	1797	896	303	569	637
99	123	281	233	89	252	131	230	124	174		8	5
9499	2270	21858	7803	3924	1940	8011	7996	3509	2733	1852	2629	1403
97		83	19	8	3	34	41	21	14		3	
1152	252	2246	920	603	275	959	879	392	293	95	299	197
1572	552	2796	730	525	241	1739	2415	520	361	181	602	230
874	96	2317	1047	467	154	434	444	374	234	166	172	85
5804	1370	14416	5087	2321	1267	4845	4217	2202	1831	1410	1553	891

3-9 按行业、开业（成立）时间

行业门类	法人单位数（个）	1949年以前	1950-1977年	1978-1991年	1992-2000年	2001年	2002年	2003年	2004年	2005年
总 计	2801066	54	1400	15230	65356	16971	20110	27019	31813	33888
农、林、牧、渔业	2847		9	40	81	18	19	20	17	37
采矿业	2389		9	37	118	36	39	51	44	96
制造业	562785	15	340	3802	19723	6010	7230	8885	10183	10531
电力、热力、燃气及水生产和供应业	9534	3	106	542	1195	273	386	467	461	396
建筑业	114625	3	35	624	3136	562	648	820	977	1088
批发和零售业	952115	12	427	4013	16391	4521	5181	7044	8479	9061
交通运输、仓储和邮政业	71706	1	64	772	2192	475	628	880	1189	1423
住宿和餐饮业	51779	4	30	316	1160	213	257	342	420	558
信息传输、软件和信息技术服务业	163567		3	75	1536	607	704	1024	1243	1307
金融业	29798	1	1	50	369	78	132	164	194	165
房地产业	111072	2	182	2486	7381	1232	1434	1855	2101	2176
租赁和商务服务业	377156	9	116	1642	6753	1540	1714	2646	3498	3660
科学研究和技术服务业	187526	2	21	330	2568	749	863	1277	1567	1745
水利、环境和公共设施管理业	8697		1	55	348	65	89	144	134	167
居民服务、修理和其他服务业	59355		19	236	1503	339	425	578	604	693
教育	30587	1	8	52	210	74	85	97	126	230
卫生和社会工作	7903	1	17	49	129	27	34	42	36	66
文化、体育和娱乐业	57625		12	109	563	152	242	683	540	489

分组的小微企业法人单位数

2006 年	2007 年	2008 年	2009 年	2010 年	2011 年	2012 年	2013 年	2014 年	2015 年	2016 年	2017 年	2018 年	无开业年份
40368	42610	42948	59162	79667	102577	110899	161969	228996	279025	385299	488219	564235	3251
26	43	42	76	66	106	108	139	218	270	382	494	629	7
188	109	99	107	103	116	153	180	201	177	161	163	199	3
12581	13276	12910	17732	23109	28163	29661	37356	45981	49543	63781	81034	80363	576
425	330	301	433	406	363	288	375	407	440	616	719	595	7
1439	1421	1387	2018	2800	3441	3793	5747	8705	10585	16475	22776	25998	147
11149	11798	12972	18739	25873	36712	39548	58922	83422	97732	139294	168039	191716	1070
1341	1377	1334	1862	2720	2782	2804	4673	6272	7337	9082	11001	11428	69
625	642	791	875	1181	1491	1954	2397	3821	4918	7275	10084	12361	64
1686	1667	1787	2278	2910	3920	4480	7434	12506	17896	24487	32239	43605	173
216	305	317	406	507	757	937	1590	2867	5683	5179	4989	4873	18
2326	2703	1984	2887	4000	4251	3911	5741	6852	7636	12573	16906	20329	124
4290	4589	4851	6097	8683	10894	12299	20447	31966	41431	55089	70507	84018	417
2089	2133	2253	3134	4154	5451	6007	9697	14085	18321	25642	36005	49064	369
128	121	169	226	285	305	340	443	639	817	1126	1431	1657	7
733	769	866	1163	1319	1821	2175	2958	4429	5837	8555	11229	13048	56
184	202	205	289	383	505	610	1185	2037	3201	5131	7674	8065	33
64	53	88	73	115	165	217	257	357	663	1110	1919	2402	19
878	1072	592	767	1053	1334	1614	2428	4231	6538	9341	11010	13885	92

3-10 按行业(大类）、开业（成立）时间

行业大类	从业人员数（人）	1949 年以前	1950-1977 年	1978-1991 年	1992-2000 年	2001 年	2002 年	2003 年	2004 年	2005 年
总　计	24015278	2179	33017	364345	1773145	410200	506643	693391	705883	707955
农、林、牧、渔业	11967		63	208	536	108	155	154	48	191
农业										
林业										
畜牧业										
渔业										
农、林、牧、渔专业及辅助性活动	11967		63	208	536	108	155	154	48	191
采矿业	37195		316	853	2275	802	1168	1308	1458	1560
煤炭开采和洗选业	48									
石油和天然气开采业	534				133		120	29		
黑色金属矿采选业	2182		3	139	36		84	79	426	165
有色金属矿采选业	3642			30	52	307	318	514	7	230
非金属矿采选业	29399		313	400	1997	486	635	667	992	1119
开采专业及辅助性活动	639			278	3		11		33	5
其他采矿业	751			6	54	9		19		41
制造业	9399679	1205	8234	118150	826565	228250	284979	327686	384213	380439
农副食品加工业	133363		1298	7803	23168	4808	4915	4847	5438	4826
食品制造业	138631		465	5233	30244	4621	4901	4121	5763	4955
酒、饮料和精制茶制造业	40633		111	1246	6256	1962	1746	1320	1845	1228
烟草制品业	1001			147	502					22
纺织业	260524		136	6362	33295	12284	14357	12017	10932	11219
纺织服装、服饰业	627050	346	299	9358	61944	12583	15346	18146	22084	18724
皮革、毛皮、羽毛及其制品和制鞋业	406521		22	5055	28447	4950	10000	9679	11974	16317
木材加工和木、竹、藤、棕、草制品业	107818		138	1113	5812	2430	2453	3924	3123	4328
家具制造业	316795		14	909	21506	4028	4554	6752	12097	10657
造纸和纸制品业	264212	34	70	4050	29168	8755	8757	11234	11919	9706
印刷和记录媒介复制业	233107	66	499	7484	32270	8275	9825	14536	12039	12195
文教、工美、体育和娱乐用品制造业	373409	180	332	6650	39550	7322	12685	11800	15846	14601
石油、煤炭及其他燃料加工业	12034			144	1280	566	792	925	209	446
化学原料和化学制品制造业	328349		613	6929	53815	12979	16374	16995	19547	15840
医药制造业	60983		7	5030	11626	2642	2901	3021	2567	2848
化学纤维制造业	8069			406	1142	142	152	553	780	133
橡胶和塑料制品业	771450	168	586	9539	67262	21922	29915	27944	33744	31922
非金属矿物制品业	450854		519	5118	35943	13469	12531	16228	19280	19615
黑色金属冶炼和压延加工业	46562		10	383	5441	1021	1223	2427	4114	3626
有色金属冶炼和压延加工业	89337		172	973	9099	5617	4014	3556	4060	4887
金属制品业	1093977	93	589	6854	79760	23110	31034	37666	39737	42607
通用设备制造业	490389		817	4762	33613	10842	12544	18829	20518	21057
专用设备制造业	581308		339	3043	36614	10037	15621	17836	25155	23184

分组的小微企业法人单位从业人员数

2006 年	2007 年	2008 年	2009 年	2010 年	2011 年	2012 年	2013 年	2014 年	2015 年	2016 年	2017 年	2018 年	无开业年份
743044	748517	756794	863431	1015869	1618664	1132558	1380082	2356636	1786617	2208773	2389310	1816347	1878
117	188	193	474	362	578	488	693	935	1195	1473	1796	1985	27
117	188	193	474	362	578	488	693	935	1195	1473	1796	1985	27
3621	2372	1683	1531	1589	1866	1990	3251	3577	2014	1531	1388	1037	5
								20	28				
								252					
210	101	75	151	157	152	32	86	147	85	20	28	6	
316	272	523	304	13	154	74	202	127	98	69	32		
3035	1993	1042	1037	1371	1458	1800	2879	2870	1717	1400	1239	944	5
1		14		10	35	19	47	72	18	33	45	15	
59	6	29	39	38	67	65	37	89	68	9	44	72	
397104	391524	351466	454569	537222	608455	516719	566744	594329	590215	679887	699567	451484	673
5665	4589	4179	4622	6804	8592	6141	7659	6232	6539	5953	4958	4318	9
4526	3760	4626	3583	5736	9328	6837	7620	7751	5801	6442	7085	5213	20
1489	1557	1451	1295	1581	1811	2577	2583	2827	2337	2084	2379	945	3
6	54	207		10				23	4	4	19	3	
12832	9933	8802	12011	12032	12372	10990	10582	13101	12976	14863	16890	12512	26
24415	20167	19116	27225	30160	34314	30107	35524	39403	48507	58307	57346	43617	12
12930	14606	12810	21238	27278	31229	25236	24296	26445	29034	34922	36987	23033	33
4995	6199	3552	5354	4639	6393	4912	6951	7241	7603	7907	12026	6722	3
13297	11709	11034	15911	17486	19741	20332	22756	26002	22722	26098	30872	18242	76
12106	13096	8612	14669	16676	16100	14968	13395	13667	13025	15955	17107	11141	2
10587	9459	8136	10027	12939	13259	11772	12112	10227	10473	9247	10903	6777	
13022	12910	13783	17600	20012	24655	22702	21043	21348	20265	28178	27298	21530	97
599	365	178	560	441	639	2134	253	407	291	833	490	482	
16600	15687	12316	15546	14728	15347	13697	14287	15916	15435	13837	13526	8302	33
2309	1814	1911	2507	1800	2944	2506	3149	1814	2981	2629	2713	1264	
106	484	734	266	532	378	305	446	157	286	384	520	163	
36085	36061	31969	38610	47106	50598	44337	45724	43300	42277	52503	49525	30312	41
21224	23586	16026	27806	25635	28813	23429	28856	28212	22817	28290	32007	21416	34
2546	2364	1199	2111	3345	2329	2030	2122	2273	2072	2325	2301	1300	
5011	3899	4441	4024	5504	5205	2948	4239	4709	3873	4997	4815	3294	
44006	42049	41966	51403	56087	67952	56358	62262	73220	75363	93798	100531	67415	117
24837	21778	19060	22616	29441	34658	25877	28630	36592	31125	34963	35444	22377	9
24199	25753	22791	26287	38623	39338	33471	37635	38374	40756	45831	47926	28443	52

3-10

行业大类	从业人员数（人）	1949年以前	1950-1977年	1978-1991年	1992-2000年	2001年	2002年	2003年	2004年	2005年
汽车制造业	119218		533	232	6505	2677	4015	5614	8729	7697
铁路、船舶、航空航天和其他运输设备制造业	58831		115	1603	7495	1887	3207	1907	3281	3039
电气机械和器材制造业	966396	318	108	8186	75726	21188	28055	32263	39266	40355
计算机、通信和其他电子设备制造业	1123786		388	6142	62598	23538	26949	35188	40614	44331
仪器仪表制造业	153936		26	1893	15602	2371	2582	4882	5618	5155
其他制造业	84496		12	829	6785	1273	2263	1691	2358	2950
废弃资源综合利用业	21429			196	1210	325	507	776	970	1376
金属制品、机械和设备修理业	35211		16	478	2887	626	761	1009	606	593
电力、热力、燃气及水生产和供应业	134152	180	2633	16300	26092	4014	4808	6940	8024	5550
电力、热力生产和供应业	69607	179	1540	7048	12215	2066	3188	4250	4015	2841
燃气生产和供应业	15428		98	287	2880	648	399	819	1279	433
水的生产和供应业	49117	1	995	8965	10997	1300	1221	1871	2730	2276
建筑业	1314708	357	7379	48415	114800	16775	19095	18658	20686	20111
房屋建筑业	389617	350	4555	30568	48673	5872	7195	6222	5844	4094
土木工程建筑业	204916	7	79	5199	18949	2862	3479	3910	4155	4358
建筑安装业	213408		2674	5737	28868	5407	5764	4407	4192	5919
建筑装饰、装修和其他建筑业	506767		71	6911	18310	2634	2657	4119	6495	5740
批发和零售业	3618854	47	4043	31218	121873	34874	38448	49816	59213	61696
批发业	2229704	40	2475	19605	80347	25276	26874	35446	42187	44477
零售业	1389150	7	1568	11613	41526	9598	11574	14370	17026	17219
交通运输、仓储和邮政业	693026		2377	21672	57834	12434	16617	19420	27458	23502
铁路运输业	136									
道路运输业	343850		1216	12279	30623	8452	9473	10941	14976	11035
水上运输业	31525		719	4507	6931	513	807	1115	2063	1459
航空运输业	3247			37	139		13	74	26	143
管道运输业	90					12			3	
多式联运和运输代理业	190053		186	1945	10661	1665	4048	4367	7495	7945
装卸搬运和仓储业	79720		256	2654	8902	1718	1920	2502	2521	2489
邮政业	44405			250	578	74	356	421	374	431
住宿和餐饮业	515034	160	981	6335	26335	4840	5255	9817	8944	11144
住宿业	172765	146	421	4515	11514	1855	2218	4909	3926	4474
餐饮业	342269	14	560	1820	14821	2985	3037	4908	5018	6670
信息传输、软件和信息技术服务业	822883		9	1421	21049	7202	8045	11280	13299	12297
电信、广播电视和卫星传输服务	29586		9	84	3472	582	279	345	606	548
互联网和相关服务	94151			19	1460	412	434	970	1039	867
软件和信息技术服务业	699146			1318	16117	6208	7332	9965	11654	10882
金融业	2333962	8	25	22566	247181	41741	56593	135493	68355	77852
货币金融服务	162315	8		4320	14544	68	99	179	290	41369
资本市场服务	160133			10989	54206	7464	2298	2053	320	4674

续表 1

2006年	2007年	2008年	2009年	2010年	2011年	2012年	2013年	2014年	2015年	2016年	2017年	2018年	无开业年份
4861	5901	3932	4237	8153	5465	7051	8844	7362	8029	7960	7511	3909	1
2935	2776	2485	2890	2798	2568	2536	3028	3646	2090	3441	3277	1827	
38807	42355	39683	50876	61097	69017	54954	61504	66195	61877	66962	67720	39838	46
44117	45753	45444	58290	70781	84290	69589	83846	77740	79465	87227	84568	52890	38
7350	6599	6363	7036	8778	12089	10644	10426	10172	10488	11056	9096	5706	4
2747	3541	2455	3671	4374	6333	4646	4468	6142	6493	7843	8277	5329	16
1921	1942	981	966	1233	759	1430	666	1194	1980	892	1341	764	
974	778	1224	1332	1413	1939	2203	1838	2637	3231	4156	4109	2400	1
5598	3623	4957	5155	4722	4590	3844	4423	4579	4960	4819	5362	2970	9
3497	1482	2996	2111	2465	2902	1807	2141	2249	2538	2739	3468	1869	1
779	892	870	415	970	605	677	560	717	893	489	425	293	
1322	1249	1091	2629	1287	1083	1360	1722	1613	1529	1591	1469	808	8
46644	54093	34805	30399	42658	53895	60556	70438	85858	116488	161115	181482	109955	46
13591	7564	13376	7629	9647	14971	23348	20797	24685	27350	40132	44373	28775	6
3925	3834	8932	6285	10101	9611	7390	10213	14709	17872	22269	29943	16822	12
5914	5814	5073	5285	9615	10211	8539	9204	14916	16300	21821	24013	13725	10
23214	36881	7424	11200	13295	19102	21279	30224	31548	54966	76893	83153	50633	18
72696	73172	81224	113114	145325	183145	186435	253238	328183	354283	458046	522140	446309	316
50904	52126	56580	77856	98800	118665	120154	158696	200621	209020	261366	296554	251463	172
21792	21046	24644	35258	46525	64480	66281	94542	127562	145263	196680	225586	194846	144
23146	21878	21162	28745	35090	33423	28699	44519	53315	54839	62076	60471	44292	57
					136								
10207	11060	9955	13173	13902	15809	13973	20917	26032	25427	31081	30919	22369	31
2047	1039	800	1122	1150	659	571	1068	758	967	1325	1340	556	9
61	9	17	59	207	82	138	374	193	666	413	390	205	1
							30		1	3	33	8	
7633	6078	5844	7703	10253	10870	9175	13739	15673	16477	18148	17276	12858	14
2416	2902	3380	3940	3136	3477	2754	3991	6764	6446	5834	6784	4934	
782	790	1166	2748	6442	2390	2088	4400	3895	4855	5272	3729	3362	2
12677	11299	13872	14953	19119	22122	27097	32179	40555	48828	61970	73258	63236	58
5974	5855	7275	7131	8260	8852	9663	12655	14595	14167	17056	15783	11476	45
6703	5444	6597	7822	10859	13270	17434	19524	25960	34661	44914	57475	51760	13
15423	15419	16289	20187	22775	30415	32507	48590	77364	98814	126771	129930	113735	62
521	496	1251	1118	746	1250	1785	1962	3075	3599	3086	3043	1729	
1059	1534	1332	2127	2002	2549	3189	5385	9120	12247	15002	17540	15855	9
13843	13389	13706	16942	20027	26616	27533	41243	65169	82968	108683	109347	96151	53
29390	49228	97709	42845	14978	473648	44346	48168	737516	45979	49564	34136	16629	12
6445	16639	10449	18453	3906	3929	4466	4457	10097	4698	8580	3828	5491	
10638	693	785	850	1447	2447	1902	6034	9211	21836	9792	7598	4890	6

3-10

行业大类	从业人员数（人）	1949年以前	1950-1977年	1978-1991年	1992-2000年	2001年	2002年	2003年	2004年	2005年
保险业	1965280			6941	177660	34067	54140	133079	67577	31597
其他金融业	46234		25	316	771	142	56	182	168	212
房地产业	998154	29	1385	41702	139618	22968	25234	34231	34002	30928
房地产业	998154	29	1385	41702	139618	22968	25234	34231	34002	30928
租赁和商务服务业	2198328	52	1068	41754	105408	18707	25393	49508	46287	38922
租赁业	130692		21	1101	3415	1200	762	1528	1870	2116
商务服务业	2067636	52	1047	40653	101993	17507	24631	47980	44417	36806
科学研究和技术服务业	917576	124	390	5909	36630	9112	10353	14628	17178	17210
研究和试验发展	189380			378	3384	942	1031	2058	2662	2183
专业技术服务业	513086	85	278	4830	29643	6808	8082	10475	12107	12926
科技推广和应用服务业	215110	39	112	701	3603	1362	1240	2095	2409	2101
水利、环境和公共设施管理业	74506		14	901	5950	701	1635	2296	2507	2445
水利管理业	2812			223	347	49	85	116	123	32
生态保护和环境治理业	15733		14	182	823	67	219	558	870	439
公共设施管理业	54229			402	4388	422	1312	1560	1437	1899
土地管理业	1732			94	392	163	19	62	77	75
居民服务、修理和其他服务业	341208		129	2233	15882	4237	4165	6039	5353	6776
居民服务业	133966		22	320	5058	1301	1138	1338	1307	2076
机动车、电子产品和日用产品修理业	123368		103	1502	7066	1656	1693	2589	2183	2666
其他服务业	83874		4	411	3758	1280	1334	2112	1863	2034
教育	202409	12	323	938	11571	1416	1719	1433	2838	6968
教育	202409	12	323	938	11571	1416	1719	1433	2838	6968
卫生和社会工作	144134	5	3503	1935	8092	569	1444	1768	2876	6758
卫生	137610	5	3503	1896	7926	520	1386	1596	2841	6727
社会工作	6524			39	166	49	58	172	35	31
文化、体育和娱乐业	257503		145	1835	5454	1450	1537	2916	3144	3606
新闻和出版业	4411			619	1118	249	37	29	130	81
广播、电视、电影和录音制作业	37803		129	568	419	281	257	130	181	571
文化艺术业	54724		9	369	604	286	127	151	449	463
体育	32663			74	848	72	203	189	346	463
娱乐业	127902		7	205	2465	562	913	2417	2038	2028
公共管理、社会保障和社会组织										
中国共产党机关										
国家机构										
人民政协、民主党派										
社会保障										
群众团体、社会团体和其他成员组织										
基层群众自治组织										
国际组织										
国际组织										

续表 2

2006年	2007年	2008年	2009年	2010年	2011年	2012年	2013年	2014年	2015年	2016年	2017年	2018年	无开业年份
11681	31649	85849	22951	9009	466330	37551	35830	710258	14411	18213	11680	4807	
626	247	626	591	616	942	427	1847	7950	5034	12979	11030	1441	6
33352	36566	28891	34621	43958	43660	39260	54127	55763	56822	77224	93509	70239	65
33352	36566	28891	34621	43958	43660	39260	54127	55763	56822	77224	93509	70239	65
62887	52591	63928	61486	83236	87491	107676	136728	220838	216361	262858	286571	228389	189
2813	2879	2667	3605	4495	5625	6032	8383	10571	15462	17532	21938	16667	10
60074	49712	61261	57881	78741	81866	101644	128345	210267	200899	245326	264633	211722	179
20401	16534	18931	26401	31253	38495	39605	57711	75462	90777	118440	141288	130551	193
3207	3184	3769	5675	5811	7705	8527	10905	16694	20969	28303	32715	29247	31
14308	10043	12358	16457	19759	23402	22284	34481	41989	46350	59775	68553	58002	91
2886	3307	2804	4269	5683	7388	8794	12325	16779	23458	30362	40020	43302	71
2024	1673	2377	3166	3641	2780	3424	4042	5175	6675	8455	8304	6314	7
106	81	100	110	191	71	90	204	157	77	238	185	227	
522	369	545	829	860	380	701	841	960	1341	1911	1943	1358	1
1380	1127	1646	2120	2573	2291	2610	2972	4004	5141	6263	6008	4668	6
16	96	86	107	17	38	23	25	54	116	43	168	61	
7125	6961	7980	10857	10819	14436	15781	18233	26602	33668	45530	53577	44787	38
1863	1885	2476	3693	3930	5200	5744	5573	9836	13418	19833	24941	22994	20
2995	2627	2715	4026	3838	5339	5852	7054	9941	11671	15521	18057	14268	6
2267	2449	2789	3138	3051	3897	4185	5606	6825	8579	10176	10579	7525	12
3880	3169	2268	4035	5787	5676	5448	14732	14124	19086	28983	35272	32716	15
3880	3169	2268	4035	5787	5676	5448	14732	14124	19086	28983	35272	32716	15
2103	2788	4280	5172	6003	5124	7634	7967	9797	15930	19589	19048	11716	33
2059	2784	4206	4980	5958	4830	7481	7832	9505	14882	18367	17674	10634	18
44	4	74	192	45	294	153	135	292	1048	1222	1374	1082	15
4856	5439	4779	5721	7332	8865	11049	14299	22664	29683	40442	42211	40003	73
61	45	86	289	177	94	85	276	133	220	297	220	165	
613	504	599	617	973	1701	2090	2283	3769	4604	6704	5992	4813	5
435	534	886	880	1138	1448	2165	2196	4151	5888	8720	11193	12601	31
460	450	586	673	733	662	922	1234	2240	3745	5516	7169	6069	9
3287	3906	2622	3262	4311	4960	5787	8310	12371	15226	19205	17637	16355	28

3-11 按行业、登记注册类型分组

行业门类	法人单位数(个)	内资	国有	集体	股份合作	联营	国有联营
总　计	2801066	2730471	6242	11474	3190	790	98
农、林、牧、渔业	2847	2784	32	43	3	2	
采矿业	2389	2357	14	38		4	1
制造业	562785	541480	755	1339	590	122	8
电力、热力、燃气及水生产和供应业	9534	9252	294	1011	36	82	10
建筑业	114625	113597	194	427	45	16	3
批发和零售业	952115	933607	1562	3169	1003	238	25
交通运输、仓储和邮政业	71706	70039	369	366	46	30	3
住宿和餐饮业	51779	51006	191	188	178	22	2
信息传输、软件和信息技术服务业	163567	157561	49	52	16	3	1
金融业	29798	28485	166	20	73	3	
房地产业	111072	108207	911	1890	525	77	18
租赁和商务服务业	377156	366449	996	2036	358	97	17
科学研究和技术服务业	187526	182713	347	346	66	35	4
水利、环境和公共设施管理业	8697	8561	83	101	1	8	3
居民服务、修理和其他服务业	59355	58932	72	265	181	25	
教育	30587	30400	56	58	10	5	
卫生和社会工作	7903	7836	23	52	13	12	1
文化、体育和娱乐业	57625	57205	128	73	46	9	2

的小微企业法人单位数

集体联营	国有与集体联营	其他联营	有限责任公司	国有独资	其他有限责任公司	股份有限公司	私营	私营独资
357	114	221	338002	3017	334985	17267	2353384	118566
		2	401	6	395	42	2261	218
3			397	19	378	42	1862	418
68	17	29	53214	164	53050	3063	482384	51235
43	10	19	1590	154	1436	174	6063	2209
6	1	6	15429	130	15299	677	96809	1165
107	31	75	97461	340	97121	4079	826079	33440
14	2	11	9773	216	9557	492	58959	1126
8	8	4	6666	43	6623	412	43338	7026
1		1	23146	53	23093	1121	133173	1172
1	1	1	6807	71	6736	1060	20332	223
30	14	15	21029	417	20612	1075	82698	1072
46	17	17	55440	958	54482	2496	304986	4354
12	7	12	25132	176	24956	1306	155476	1463
2		3	1704	113	1591	114	6550	132
13	3	9	7011	24	6987	384	50992	5640
	1	4	4254	21	4233	251	25765	859
2	1	8	1224	8	1216	81	6431	1409
1	1	5	7324	104	7220	398	49226	5405

3-11

行业门类	私营合伙	私营有限责任公司	私营股份有限公司	其他	港澳台商投资企业	港澳台商合资经营	港澳台商合作经营
总　计	29749	2189844	15225	122	55459	4965	1136
农、林、牧、渔业	27	1960	56		62	5	
采矿业	78	1321	45		23	8	1
制造业	2315	425194	3640	13	16067	1742	322
电力、热力、燃气及水生产和供应业	1264	2508	82	2	186	83	10
建筑业	94	94846	704		921	54	15
批发和零售业	1764	786670	4205	16	14245	683	74
交通运输、仓储和邮政业	119	57341	373	4	1315	152	372
住宿和餐饮业	656	35334	322	11	534	119	24
信息传输、软件和信息技术服务业	1108	130105	788	1	5286	215	27
金融业	6376	13558	175	24	961	382	12
房地产业	323	80534	769	2	2261	389	166
租赁和商务服务业	13132	285492	2008	40	8748	712	44
科学研究和技术服务业	978	151997	1038	5	3918	282	30
水利、环境和公共设施管理业	24	6320	74		107	13	4
居民服务、修理和其他服务业	508	44522	322	2	329	29	11
教育	171	24531	204	1	126	26	6
卫生和社会工作	184	4768	70		45	15	2
文化、体育和娱乐业	628	42843	350	1	325	56	16

续表 1

港澳台商独资	港澳台商投资股份有限公司	其他港澳台商投资	外商投资企业	中外合资经营	中外合作经营	外资企业	外商投资股份有限公司	其他外商投资
48037	557	764	15136	2913	244	10527	407	1045
56		1	1			1		
14			9	3	2	4		
13602	217	184	5238	1026	87	3791	119	215
89	3	1	96	41	10	33	5	7
833	8	11	107	28	1	64	4	10
13198	110	180	4263	451	17	3373	117	305
771	7	13	352	93	44	193	8	14
376	9	6	239	61	7	141	7	23
4948	42	54	720	152	3	499	13	53
528	8	31	352	197		120	14	21
1638	29	39	604	194	27	295	43	45
7758	74	160	1959	283	17	1374	50	235
3506	37	63	895	296	15	487	20	77
90			29	7	2	13		7
276	6	7	94	24	4	54	3	9
89	2	3	61	17	4	31		9
26		2	22	13	1	4		4
239	5	9	95	27	3	50	4	11

3-12 按行业（大类）、登记注册类型分组

行业大类	从业人员数(人)						
		内资					
			国有	集体	股份合作	联营	
							国有联营
总　计	24015278	22157865	145790	165859	55158	9936	2651
农、林、牧、渔业	11967	11813	300	205	16	12	
农业							
林业							
畜牧业							
渔业							
农、林、牧、渔专业及辅助性活动	11967	11813	300	205	16	12	
采矿业	37195	35379	191	555		93	70
煤炭开采和洗选业	48	48					
石油和天然气开采业	534	281					
黑色金属矿采选业	2182	2167	5				
有色金属矿采选业	3642	3386	30	3			
非金属矿采选业	29399	28417	156	530		93	70
开采专业及辅助性活动	639	329					
其他采矿业	751	751		22			
制造业	9399679	7976238	14705	19034	8099	2901	1345
农副食品加工业	133363	118022	6547	1057	28	307	7
食品制造业	138631	116173	724	164	164	109	
酒、饮料和精制茶制造业	40633	34659	267	139	5	2	
烟草制品业	1001	1001		5	98		
纺织业	260524	211249	187	811	665	116	
纺织服装、服饰业	627050	534635	375	1291	540	193	
皮革、毛皮、羽毛及其制品和制鞋业	406521	335493	142	1183	26	86	
木材加工和木、竹、藤、棕、草制品业	107818	96955	173	290	40	18	
家具制造业	316795	280157	2	349	71	63	
造纸和纸制品业	264212	228197	202	658	365	4	
印刷和记录媒介复制业	233107	207470	766	1168	1084	41	35
文教、工美、体育和娱乐用品制造业	373409	282237	504	1185	544	1	
石油、煤炭及其他燃料加工业	12034	9173		18			
化学原料和化学制品制造业	328349	264068	497	452	580	62	
医药制造业	60983	51561	581	151	76	279	
化学纤维制造业	8069	5834	1	7			
橡胶和塑料制品业	771450	626086	118	2039	681	46	
非金属矿物制品业	450854	411545	233	1300	690	1267	1120
黑色金属冶炼和压延加工业	46562	39774	115	27			
有色金属冶炼和压延加工业	89337	76323	18	445	39	15	
金属制品业	1093977	961598	241	1967	784	19	
通用设备制造业	490389	427129	343	451	289	14	
专用设备制造业	581308	504971	544	729	167	18	

的小微企业法人单位从业人员数

集体联营	国有与集体联营	其他联营	有限责任公司	国有独资	其他有限责任公司	股份有限公司	私营	私营独资
3748	1103	2434	4151649	120531	4031118	904864	16713915	866215
		12	1669	146	1523	254	9357	1104
		12	1669	146	1523	254	9357	1104
23			9763	1081	8682	477	24300	4839
			20		20		28	
			252		252		29	
			777	16	761	69	1316	79
			1905	538	1367	47	1401	59
23			6626	526	6100	343	20669	4601
			23	1	22		306	3
			160		160	18	551	97
1004	279	273	1264701	7640	1257061	135670	6530184	539149
142	126	32	34046	453	33593	3178	72815	13159
46		63	24530	468	24062	3598	86884	14800
2			10072	29	10043	1087	23087	3615
			599	319	280		299	4
100	4	12	30320	13	30307	1327	177528	24484
193			57380	45	57335	4373	470419	47530
86			37596	70	37526	5251	291049	33286
18			16000	307	15693	1745	78689	14014
13		50	29899		29899	1260	248513	18956
4			32341	201	32140	1951	192676	24658
		6	27429	151	27278	2470	174512	31533
		1	37708		37708	3744	238551	17971
			3897	330	3567	483	4775	269
10		52	54432	313	54119	8745	199300	9651
183	96		17289	25	17264	4723	28462	684
			667		667	24	5135	272
4	42		95427	72	95355	8162	519470	44350
132	7	8	83875	211	83664	6928	317252	57952
			7811	58	7753	136	31685	2903
15			14894	50	14844	1769	59143	4755
13		6	137006	1258	135748	8003	813498	86754
12		2	70148	307	69841	7795	348089	15987
18			78514	20	78494	12140	412859	13219

行业大类	从业人员数(人)	内资	国有	集体	股份合作	联营	国有联营
汽车制造业	119218	82778	320	49	9		
铁路、船舶、航空航天和其他运输设备制造业	58831	46221	426	167	21		
电气机械和器材制造业	966396	828857	539	1197	621	23	
计算机、通信和其他电子设备制造业	1123786	945470	233	1155	266	178	178
仪器仪表制造业	153936	127740	14	254	138		
其他制造业	84496	66385	136	121	79		
废弃资源综合利用业	21429	20619	52	22		40	5
金属制品、机械和设备修理业	35211	33858	405	183	29		
电力、热力、燃气及水生产和供应业	134152	120508	11273	13994	333	798	74
电力、热力生产和供应业	69607	63046	6123	5729	242	475	32
燃气生产和供应业	15428	10955	56	102	22	48	
水的生产和供应业	49117	46507	5094	8163	69	275	42
建筑业	1314708	1305722	10575	38850	343	675	235
房屋建筑业	389617	388269	4348	32986	1	637	230
土木工程建筑业	204916	204160	5333	3334	23	17	
建筑安装业	213408	210845	419	949	194	7	
建筑装饰、装修和其他建筑业	506767	502448	475	1581	125	14	5
批发和零售业	3618854	3533974	13872	19814	4217	1772	271
批发业	2229704	2160718	9962	10475	2587	1006	136
零售业	1389150	1373256	3910	9339	1630	766	135
交通运输、仓储和邮政业	693026	660215	9119	5499	224	234	20
铁路运输业	136	136					
道路运输业	343850	335277	4820	2491	139	138	20
水上运输业	31525	25099	779	1104			
航空运输业	3247	3156	46				
管道运输业	90	60					
多式联运和运输代理业	190053	178975	299	357	29	57	
装卸搬运和仓储业	79720	73678	2873	1547	56	39	
邮政业	44405	43834	302				
住宿和餐饮业	515034	495834	4851	3164	1817	222	15
住宿业	172765	164403	3691	1970	206	176	
餐饮业	342269	331431	1160	1194	1611	46	15
信息传输、软件和信息技术服务业	822883	793082	1531	184	57	31	
电信、广播电视和卫星传输服务	29586	29144	129	49		4	
互联网和相关服务	94151	92158	24	16	8		
软件和信息技术服务业	699146	671780	1378	119	49	27	
金融业	2333962	2242226	22475	721	20894	14	
货币金融服务	162315	150372	603	662	20410	13	
资本市场服务	160133	153272	5209	21	128	1	

续表 1

集体联营	国有与集体联营	其他联营	有限责任公司			股份有限公司	私营	
				国有独资	其他有限责任公司			私营独资
			20917	326	20591	2292	59191	1573
			8573	293	8280	509	36525	2211
13	4	6	133481	900	132581	15290	677548	32997
			156946	981	155965	22658	764034	15522
			23000	48	22952	4792	99542	1223
			9219	32	9187	777	56053	3043
		35	5394	206	5188	257	14854	753
			5291	154	5137	203	27747	1021
521	42	161	48306	9039	39267	4183	41599	9742
274	24	145	20063	4930	15133	2867	27547	8853
48			7496	475	7021	261	2970	246
199	18	16	20747	3634	17113	1055	11082	643
310	9	121	234705	9323	225382	13222	1007352	6611
295	9	103	66585	967	65618	6375	277337	849
14		3	48810	5758	43052	1409	145234	788
1		6	38353	2346	36007	2498	168425	1284
		9	80957	252	80705	2940	416356	3690
742	211	548	452717	4828	447889	25415	3015948	127988
445	62	363	264140	3481	260659	16254	1856120	39586
297	149	185	188577	1347	187230	9161	1159828	88402
70	5	139	157917	11738	146179	10782	476174	5354
						136		
26		92	86709	5461	81248	5291	235423	2819
			11009	3074	7935	1369	10838	48
			1407	119	1288	3	1700	11
			33	33			27	
12		45	33909	1306	32603	2102	142222	1334
32	5	2	17612	1702	15910	1082	50469	893
			7238	43	7195	799	35495	249
109	89	9	95474	1709	93765	5751	384146	63326
101	67	8	40159	1474	38685	2191	115848	20763
8	22	1	55315	235	55080	3560	268298	42563
27		4	156728	855	155873	30109	604437	4113
		4	4956	57	4899	3073	20933	314
			19121	61	19060	1485	71504	993
27			132651	737	131914	25551	512000	2806
13		1	658285	1648	656637	605215	927684	927
13			8216	125	8091	67284	51649	63
		1	41832	327	41505	60713	45368	281

3-12

行业大类	从业人员数(人)						
		内资	国有	集体	股份合作	联营	国有联营
保险业	1965280	1892565	16489	2	356		
其他金融业	46234	46017	174	36			
房地产业	998154	957782	10933	26252	8866	919	397
房地产业	998154	957782	10933	26252	8866	919	397
租赁和商务服务业	2198328	2131105	32807	28154	7584	778	96
租赁业	130692	128959	256	615	39		
商务服务业	2067636	2002146	32551	27539	7545	778	96
科学研究和技术服务业	917576	889936	6267	2977	449	566	77
研究和试验发展	189380	183215	357	193	34	20	9
专业技术服务业	513086	496503	5194	2516	350	498	59
科技推广和应用服务业	215110	210218	716	268	65	48	9
水利、环境和公共设施管理业	74506	73003	1188	1382	10	53	14
水利管理业	2812	2804	188	284		5	5
生态保护和环境治理业	15733	15289	141	91	10	5	2
公共设施管理业	54229	53178	782	891		43	7
土地管理业	1732	1732	77	116			
居民服务、修理和其他服务业	341208	336800	641	2101	1307	226	
居民服务业	133966	131881	178	758	461	143	
机动车、电子产品和日用产品修理业	123368	122092	312	924	694	81	
其他服务业	83874	82827	151	419	152	2	
教育	202409	199150	1253	1153	264	39	
教育	202409	199150	1253	1153	264	39	
卫生和社会工作	144134	140812	2355	1059	471	483	6
卫生	137610	134522	2326	1049	410	482	6
社会工作	6524	6290	29	10	61	1	
文化、体育和娱乐业	257503	254286	1454	761	207	120	31
新闻和出版业	4411	4395	521	106	4	17	13
广播、电视、电影和录音制作业	37803	36860	654	111	2	18	18
文化艺术业	54724	54167	65	123	75	11	
体育	32663	32152	33	152	54	46	
娱乐业	127902	126712	181	269	72	28	
公共管理、社会保障和社会组织							
中国共产党机关							
国家机构							
人民政协、民主党派							
社会保障							
群众团体、社会团体和其他成员组织							
基层群众自治组织							
国际组织							
国际组织							

续表 2

集体联营	国有与集体联营	其他联营	有限责任公司	国有独资	其他有限责任公司	股份有限公司	私营	私营独资
			601223	587	600636	476720	792372	462
			7014	609	6405	498	38295	121
284	117	121	271310	10702	260608	20293	619171	5084
284	117	121	271310	10702	260608	20293	619171	5084
262	181	239	448706	50865	397841	24484	1587001	17373
			21983	365	21618	1104	104962	1111
262	181	239	426723	50500	376223	23380	1482039	16262
252	118	119	154616	3969	150647	11599	713388	5411
		11	31561	136	31425	2503	148547	1067
229	118	92	87731	3425	84306	6268	393891	3217
23		16	35324	408	34916	2828	170950	1127
31		8	19196	2255	16941	1446	49728	1005
			946	167	779	106	1275	26
		3	4044	301	3743	253	10745	151
31		5	13690	1666	12024	975	36797	800
			516	121	395	112	911	28
86	37	103	47667	465	47202	2634	282222	32265
60	37	46	19329	194	19135	1111	109901	17913
26		55	16347	158	16189	849	102883	12862
		2	11991	113	11878	674	69438	1490
	1	38	44944	682	44262	5292	146057	5381
	1	38	44944	682	44262	5292	146057	5381
11	3	463	41403	1051	40352	5102	89939	13394
11	3	462	40005	985	39020	5007	85243	13017
		1	1398	66	1332	95	4696	377
3	11	75	43542	2535	41007	2936	205228	23149
		4	1867	862	1005	233	1647	45
			9655	465	9190	674	25746	212
	11		9373	1019	8354	498	44022	1442
		46	5942	110	5832	473	25452	1783
3		25	16705	79	16626	1058	108361	19667

3-12

行业大类	私营合伙	私营有限责任公司	私营股份有限公司	其他	港澳台商投资	与港澳台商合资经营	与港澳台商合作经营
总　计	125300	15514880	207520	10694	1285908	162556	30003
农、林、牧、渔业	140	7721	392		152	7	
农业							
林业							
畜牧业							
渔业							
农、林、牧、渔专业及辅助性活动	140	7721	392		152	7	
采矿业	1721	17254	486		944	422	1
煤炭开采和洗选业		28					
石油和天然气开采业		29			120	120	
黑色金属矿采选业	16	1168	53		15	15	
有色金属矿采选业	13	1304	25				
非金属矿采选业	1682	13978	408		798	287	1
开采专业及辅助性活动		303			11		
其他采矿业	10	444					
制造业	30214	5850197	110624	944	1017946	113524	20067
农副食品加工业	764	57312	1580	44	9869	3420	390
食品制造业	1055	69588	1441		15293	2158	348
酒、饮料和精制茶制造业	264	18598	610		3803	1065	110
烟草制品业		295					
纺织业	1427	149230	2387	295	41273	2825	1276
纺织服装、服饰业	1065	417516	4308	64	81484	5267	1499
皮革、毛皮、羽毛及其制品和制鞋业	599	255628	1536	160	55291	2710	2735
木材加工和木、竹、藤、棕、草制品业	652	62911	1112		7779	937	132
家具制造业	872	225901	2784		27598	2087	224
造纸和纸制品业	2374	163400	2244		29156	3655	329
印刷和记录媒介复制业	1497	139250	2232		21373	2049	983
文教、工美、体育和娱乐用品制造业	966	216186	3428		72480	3895	1164
石油、煤炭及其他燃料加工业	27	4455	24		1019	70	
化学原料和化学制品制造业	583	182697	6369		36838	8052	1295
医药制造业	478	24224	3076		5848	1750	124
化学纤维制造业	37	4520	306		1011	253	
橡胶和塑料制品业	2989	464403	7728	143	111022	7988	1955
非金属矿物制品业	3246	250358	5696		27325	6195	2088
黑色金属冶炼和压延加工业	240	28237	305		3941	1431	128
有色金属冶炼和压延加工业	330	53245	813		8773	1751	167
金属制品业	4966	711086	10692	80	97476	14448	1953
通用设备制造业	1808	321642	8652		42776	6262	463
专用设备制造业	1179	389277	9184		50335	3808	739

续表 3

港澳台商独资	港澳台商投资股份有限公司	其他港澳台商投资	外商投资企业	中外合资经营	中外合作经营	外资企业	外商投资股份有限公司	其他外商投资
1066841	15788	10720	571505	152417	11171	367234	16977	23706
142		3	2			2		
142		3	2			2		
521			872	389	325	158		
			133			133		
			256		253	3		
510			184	112	72			
11			299	277		22		
863776	12798	7781	405495	72624	7240	303348	8482	13801
5705	232	122	5472	2271	205	2678	12	306
12368	307	112	7165	1043	139	5731	188	64
2617		11	2171	1142		978		51
36519	533	120	8002	1458		6544		
73850	409	459	10931	997	320	8585	395	634
48727	743	376	15737	1038	79	14193	182	245
6592	8	110	3084	540		2286		258
24986	228	73	9040	1213		7106	174	547
24722	51	399	6859	1208		5553	79	19
17770	395	176	4264	413	349	3351	34	117
65315	1470	636	18692	1227	760	14830	359	1516
949			1842	1485		357		
26448	789	254	27443	6053	156	19661	559	1014
3547	427		3574	2309		1244		21
758			1224	18		811		395
98729	1126	1224	34342	2306	704	28391	1325	1616
18425	342	275	11984	3168	1327	7467		22
2353		29	2847	545		1738	292	272
6842		13	4241	845	193	3094		109
79088	870	1117	34903	5576	1058	26754	655	860
34943	1027	81	20484	6248	330	13253	200	453
44546	765	477	26002	4226	286	19823	1077	590

3-12

行业大类	私营合伙	私营有限责任公司	私营股份有限公司	其他	港澳台商投资	与港澳台商合资经营	与港澳台商合作经营
汽车制造业	61	56391	1166		13636	2880	189
铁路、船舶、航空航天和其他运输设备制造业	39	33045	1230		8660	2530	36
电气机械和器材制造业	1366	630813	12372	158	94934	11683	860
计算机、通信和其他电子设备制造业	950	732495	15067		115725	12300	776
仪器仪表制造业	105	95637	2577		19090	485	63
其他制造业	129	51852	1029		12751	1014	20
废弃资源综合利用业	52	13516	533		671	335	
金属制品、机械和设备修理业	94	26489	143		716	221	21
电力、热力、燃气及水生产和供应业	6317	24522	1018	22	7923	4735	340
电力、热力生产和供应业	6211	11900	583		4642	2755	168
燃气生产和供应业		2613	111		1638	776	136
水的生产和供应业	106	10009	324	22	1643	1204	36
建筑业	658	992256	7827		6984	1250	483
房屋建筑业	376	273541	2571		1215	815	3
土木工程建筑业	22	142927	1497		537	75	118
建筑安装业	150	166102	889		1102	268	119
建筑装饰、装修和其他建筑业	110	409686	2870		4130	92	243
批发和零售业	7182	2859576	21202	219	60509	5586	637
批发业	3427	1800587	12520	174	48577	4279	254
零售业	3755	1058989	8682	45	11932	1307	383
交通运输、仓储和邮政业	1024	464132	5664	266	23250	7391	3220
铁路运输业							
道路运输业	686	229278	2640	266	6172	1448	2692
水上运输业	164	10524	102		3756	3156	66
航空运输业	1	1683	5		11		
管道运输业		27			30	30	
多式联运和运输代理业	92	138880	1916		9368	1135	158
装卸搬运和仓储业	67	48978	531		3361	1451	304
邮政业	14	34762	470		552	171	
住宿和餐饮业	7592	308969	4259	409	13759	3544	729
住宿业	2642	90942	1501	162	6213	1963	465
餐饮业	4950	218027	2758	247	7546	1581	264
信息传输、软件和信息技术服务业	2200	590876	7248	5	21796	2281	192
电信、广播电视和卫星传输服务	58	20382	179		152	103	
互联网和相关服务	384	69072	1055		1708	98	
软件和信息技术服务业	1758	501422	6014	5	19936	2080	192
金融业	9054	911594	6109	6938	29848	2643	15
货币金融服务	11	50545	1030	1535	7089	1606	15
资本市场服务	8170	32952	3965		4699	844	

续表 4

港澳台商独资	港澳台商投资股份有限公司	其他港澳台商投资	外商投资企业	中外合资经营	中外合作经营	外资企业	外商投资股份有限公司	其他外商投资
10334	84	149	22804	4644	47	17135	341	637
6093	1		3950	687		2682	138	443
79628	1880	883	42605	7445	635	32436	902	1187
101106	1001	542	62591	11989	413	46710	1231	2248
18406	82	54	7106	1806	239	4792	262	7
11600	28	89	5360	310		4803	77	170
336			139	91		48		
474			637	323		314		
2710	109	29	5721	2932	760	1760	157	112
1652	67		1919	824	517	441	118	19
697		29	2835	1772	81	933	19	30
361	42		967	336	162	386	20	63
5028	134	89	2002	1199	1	426	133	243
396		1	133	6		11	110	6
282	3	59	219	172		43		4
692	3	20	1461	951		275	10	225
3658	128	9	189	70	1	97	13	8
52692	768	826	24371	4364	128	17468	715	1696
42737	594	713	20409	3302	112	15106	580	1309
9955	174	113	3962	1062	16	2362	135	387
12442	59	138	9561	5296	714	3129	35	387
1948		84	2401	783	557	1018	7	36
534			2670	2428	90	144	8	
11			80	77				3
8003	58	14	1710	384	9	1178	9	130
1565	1	40	2681	1624	40	788	11	218
381			19		18	1		
9185	134	167	5441	1427	358	3188	96	372
3650	57	78	2149	764	312	827	75	171
5535	77	89	3292	663	46	2361	21	201
18507	550	266	8005	2489	7	4727	264	518
49			290			42	140	108
1492	113	5	285	153		129		3
16966	437	261	7430	2336	7	4556	124	407
27004	60	126	61888	48624		4940	5211	3113
5389	51	28	4854	569		4206	33	46
3845	2	8	2162	1966		175	1	20

3-12

行业大类	私营合伙	私营有限责任公司	私营股份有限公司	其他	港澳台商投资	与港澳台商合资经营	与港澳台商合作经营
保险业	94	790919	897	5403	17942	151	
其他金融业	779	37178	217		118	42	
房地产业	1099	605410	7578	38	27737	6680	2118
房地产业	1099	605410	7578	38	27737	6680	2118
租赁和商务服务业	41436	1510939	17253	1591	46013	9128	449
租赁业	164	102932	755		1317	570	24
商务服务业	41272	1408007	16498	1591	44696	8558	425
科学研究和技术服务业	4008	696298	7671	74	18147	1856	278
研究和试验发展	578	145248	1654		3378	625	77
专业技术服务业	1250	385432	3992	55	11111	855	169
科技推广和应用服务业	2180	165618	2025	19	3658	376	32
水利、环境和公共设施管理业	170	47933	620		1000	124	37
水利管理业	37	1199	13				
生态保护和环境治理业	13	10345	236		299	45	
公共设施管理业	110	35531	356		701	79	37
土地管理业	10	858	15				
居民服务、修理和其他服务业	3389	244390	2178	2	3382	503	241
居民服务业	2222	88792	974		1847	286	216
机动车、电子产品和日用产品修理业	1042	88183	796	2	807	148	20
其他服务业	125	67415	408		728	69	5
教育	948	137362	2366	148	1841	106	1051
教育	948	137362	2366	148	1841	106	1051
卫生和社会工作	5502	68097	2946		2365	1939	8
卫生	5184	64194	2848		2263	1921	
社会工作	318	3903	98		102	18	8
文化、体育和娱乐业	2646	177354	2079	38	2312	837	137
新闻和出版业	5	1590	7		13		
广播、电视、电影和录音制作业	45	25057	432		696	388	
文化艺术业	265	41897	418		248	29	2
体育	291	23171	207		317	59	6
娱乐业	2040	85639	1015	38	1038	361	129
公共管理、社会保障和社会组织							
中国共产党机关							
国家机构							
人民政协、民主党派							
社会保障							
群众团体、社会团体和其他成员组织							
基层群众自治组织							
国际组织							
国际组织							

续表 5

港澳台商独资	港澳台商投资股份有限公司	其他港澳台商投资	外商投资企业	中外合资经营	中外合作经营	外资企业	外商投资股份有限公司	其他外商投资
17701		90	54773	46045		504	5177	3047
69	7		99	44		55		
18142	585	212	12635	5042	556	4866	1029	1142
18142	585	212	12635	5042	556	4866	1029	1142
35506	257	673	21210	2726	75	16452	557	1400
654	33	36	416	136		225	17	38
34852	224	637	20794	2590	75	16227	540	1362
15561	226	226	9493	3037	187	5494	208	567
2552	31	93	2787	1099	109	1293	133	153
9857	158	72	5472	1396	68	3569	74	365
3152	37	61	1234	542	10	632	1	49
839			503	168	86	204		45
			8	1		7		
254			145	63	20	35		27
585			350	104	66	162		18
2491	45	102	1026	307	117	553	12	37
1216	36	93	238	46	39	135	3	15
624	9	6	469	101	78	277	9	4
651		3	319	160		141		18
679	2	3	1418	623	567	195		33
679	2	3	1418	623	567	195		33
412		6	957	870	12	57		18
338		4	825	747	12	57		9
74		2	132	123				9
1204	61	73	905	300	38	267	78	222
13			3			3		
266		42	247	105		52	60	30
217			309	100		32		177
243	5	4	194	59	8	127		
465	56	27	152	36	30	53	18	15
17701		90	54773	46045		504	5177	3047

3-13 按行业、营业状态分组的小微企业法人单位数

行业门类	法人单位数（个）	正常运营	停业（歇业）	筹建	当年关闭	当年破产	当年注销	当年吊销	其他
总　计	2801066	2327828	208257	184625	23665	629	27247	1106	27709
农、林、牧、渔业	2847	2114	303	297	40	6	38	2	47
采矿业	2389	1459	574	204	73	4	48	7	20
制造业	562785	497956	24265	22471	8286	232	5584	319	3672
电力、热力、燃气及水生产和供应业	9534	8590	378	416	52	1	57	1	39
建筑业	114625	97644	6329	7244	900	27	1061	40	1380
批发和零售业	952115	774806	82788	66919	7061	155	9208	368	10810
交通运输、仓储和邮政业	71706	63359	3713	2971	464	19	604	21	555
住宿和餐饮业	51779	42472	3680	3704	697	26	707	23	470
信息传输、软件和信息技术服务业	163567	132687	13326	13504	748	13	1727	48	1514
金融业	29798	24553	2787	2048	54		143	1	212
房地产业	111072	91118	8326	8192	787	33	933	29	1654
租赁和商务服务业	377156	300384	37986	28322	2279	55	3708	136	4286
科学研究和技术服务业	187526	153131	12980	16924	1025	28	1703	67	1668
水利、环境和公共设施管理业	8697	7197	566	703	63	1	82	3	82
居民服务、修理和其他服务业	59355	51088	3516	3228	421	11	607	16	468
教育	30587	25534	2067	2226	173		273	12	302
卫生和社会工作	7903	6247	480	960	51	1	64	3	97
文化、体育和娱乐业	57625	47489	4193	4292	491	17	700	10	433

3-14 按行业（大类）、营业状态分组的小微企业法人单位从业人员数

行业大类	从业人员数（人）	正常运营	停业（歇业）	筹建	当年关闭	当年破产	当年注销	当年吊销	其他
总 计	24015278	23464606	234459	191843	34665	1748	33038	1127	53792
农、林、牧、渔业	11967	11127	209	429	28	27	16		131
农业									
林业									
畜牧业									
渔业									
农、林、牧、渔专业及辅助性活动	11967	11127	209	429	28	27	16		131
采矿业	37195	35139	1110	516	280	25	78	5	42
煤炭开采和洗选业	48	48							
石油和天然气开采业	534	534							
黑色金属矿采选业	2182	1923	138	64	32	25			
有色金属矿采选业	3642	3425	198	18	1				
非金属矿采选业	29399	27919	711	399	246		78	5	41
开采专业及辅助性活动	639	623	15	1					
其他采矿业	751	667	48	34	1				1
制造业	9399679	9258959	63262	36159	18605	1182	10697	495	10320
农副食品加工业	133363	130899	1070	785	275	23	133	15	163
食品制造业	138631	136078	1216	915	183	8	127	6	98
酒、饮料和精制茶制造业	40633	39451	370	404	147	96	152		13
烟草制品业	1001	992	2			2			5
纺织业	260524	256397	2071	615	717	178	241	3	302
纺织服装、服饰业	627050	614298	5411	2163	3571	1	845	58	703
皮革、毛皮、羽毛及其制品和制鞋业	406521	398620	4344	728	1351	177	882	6	413
木材加工和木、竹、藤、棕、草制品业	107818	105036	1533	467	306	22	282		172
家具制造业	316795	306341	5372	1443	1551	134	1176	47	731
造纸和纸制品业	264212	261309	1259	573	465	3	125	22	456
印刷和记录媒介复制业	233107	230701	1056	363	660	1	129	7	190
文教、工美、体育和娱乐用品制造业	373409	368371	2288	1421	458	5	614	2	250
石油、煤炭及其他燃料加工业	12034	10553	81	1375	23		1		1

3-14 续表 1

行业大类	从业人员数（人）	正常运营	停业（歇业）	筹建	当年关闭	当年破产	当年注销	当年吊销	其他
化学原料和化学制品制造业	328349	323088	2316	1681	623	176	149	21	295
医药制造业	60983	59866	384	413	81		52	2	185
化学纤维制造业	8069	7953	37	34	34				11
橡胶和塑料制品业	771450	762287	3907	1943	1316	54	1171	47	725
非金属矿物制品业	450854	440589	5163	2841	1146	99	532	43	441
黑色金属冶炼和压延加工业	46562	45919	424	48	33	10	59		69
有色金属冶炼和压延加工业	89337	88113	822	287	71		15		29
金属制品业	1093977	1078268	6427	4866	1813	50	1468	50	1035
通用设备制造业	490389	484483	2968	1536	379	8	274		741
专用设备制造业	581308	574699	2618	2239	542	38	468	10	694
汽车制造业	119218	118013	481	518	15		67		124
铁路、船舶、航空航天和其他运输设备制造业	58831	57797	564	316	71	12	59	1	11
电气机械和器材制造业	966396	956086	4856	2115	1369	27	677	103	1163
计算机、通信和其他电子设备制造业	1123786	1111580	4636	4492	1073	58	855	45	1047
仪器仪表制造业	153936	152489	541	624	154		22		106
其他制造业	84496	83156	497	593	97		88	1	64
废弃资源综合利用业	21429	20863	288	197	48		4	5	24
金属制品、机械和设备修理业	35211	34664	260	164	33		30	1	59
电力、热力、燃气及水生产和供应业	134152	130027	530	3325	74	5	63	4	124
电力、热力生产和供应业	69607	66548	325	2579	27	5	42		81
燃气生产和供应业	15428	14976	43	348	37		3		21
水的生产和供应业	49117	48503	162	398	10		18	4	22
建筑业	1314708	1295246	6103	8219	1212	22	1351	16	2539
房屋建筑业	389617	385629	1202	1868	145	11	285	4	473
土木工程建筑业	204916	201424	1021	1618	208	1	187	1	456
建筑安装业	213408	210740	918	882	300	2	272	4	290
建筑装饰、装修和其他建筑业	506767	497453	2962	3851	559	8	607	7	1320
批发和零售业	3618854	3451267	77612	54829	6881	180	8703	292	19090
批发业	2229704	2138699	41483	30863	3952	85	4629	165	9828

3-14 续表 2

行业大类	从业人员数(人)	正常运营	停业(歇业)	筹建	当年关闭	当年破产	当年注销	当年吊销	其他
零售业	1389150	1312568	36129	23966	2929	95	4074	127	9262
交通运输、仓储和邮政业	693026	681487	4830	3888	623	7	548	7	1636
铁路运输业	136	136							
道路运输业	343850	338392	2066	1708	396	1	280	2	1005
水上运输业	31525	31163	196	78	11		2		75
航空运输业	3247	3175	20	48					4
管道运输业	90	90							
多式联运和运输代理业	190053	186536	1634	1209	160	6	158	3	347
装卸搬运和仓储业	79720	78285	599	557	37		83	2	157
邮政业	44405	43710	315	288	19		25		48
住宿和餐饮业	515034	500853	5173	5757	1241	53	992	13	952
住宿业	172765	168861	1317	2072	140	27	179		169
餐饮业	342269	331992	3856	3685	1101	26	813	13	783
信息传输、软件和信息技术服务业	822883	796439	10680	11347	532	28	1303	52	2502
电信、广播电视和卫星传输服务	29586	29167	179	182	5		9		44
互联网和相关服务	94151	90418	1429	1664	100	13	231		296
软件和信息技术服务业	699146	676854	9072	9501	427	15	1063	52	2162
金融业	2333962	2329601	1997	1790	220		45	3	306
货币金融服务	162315	161344	325	524	55		8		59
资本市场服务	160133	157768	1065	912	158		30	3	197
保险业	1965280	1965220	29	28	1		1		1
其他金融业	46234	45269	578	326	6		6		49
房地产业	998154	973201	10755	9356	790	124	1071	32	2825
房地产业	998154	973201	10755	9356	790	124	1071	32	2825
租赁和商务服务业	2198328	2126693	30921	26420	1755	47	5280	84	7128
租赁业	130692	127013	1438	1556	249	3	143	8	282
商务服务业	2067636	1999680	29483	24864	1506	44	5137	76	6846
科学研究和技术服务业	917576	886331	10234	15274	996	32	1388	90	3231
研究和试验发展	189380	181440	2549	4059	152	4	226	13	937
专业技术服务业	513086	500783	4594	5020	491	12	631	66	1489

3-14 续表3

行业大类	从业人员数(人)	正常运营	停业(歇业)	筹建	当年关闭	当年破产	当年注销	当年吊销	其他
科技推广和应用服务业	215110	204108	3091	6195	353	16	531	11	805
水利、环境和公共设施管理业	74506	71888	693	1490	90		107		238
水利管理业	2812	2738	11	51	7				5
生态保护和环境治理业	15733	15183	142	291	29		6		82
公共设施管理业	54229	52285	497	1147	54		95		151
土地管理业	1732	1682	43	1			6		
居民服务、修理和其他服务业	341208	331682	3912	3413	504	6	648	4	1039
居民服务业	133966	128684	2170	1939	296	1	294	2	580
机动车、电子产品和日用产品修理业	123368	120515	1066	1075	132	5	276	2	297
其他服务业	83874	82483	676	399	76		78		162
教育	202409	196491	2096	2824	165		216	23	594
教育	202409	196491	2096	2824	165		216	23	594
卫生和社会工作	144134	140934	600	2242	57		33	1	267
卫生	137610	134956	501	1828	37		31	1	256
社会工作	6524	5978	99	414	20		2		11
文化、体育和娱乐业	257503	247241	3742	4565	612	10	499	6	828
新闻和出版业	4411	4384	11	14			1		1
广播、电视、电影和录音制作业	37803	36846	380	436	44		33	1	63
文化艺术业	54724	51696	893	1706	57	4	126	1	241
体育	32663	31395	469	586	65		42		106
娱乐业	127902	122920	1989	1823	446	6	297	4	417
公共管理、社会保障和社会组织									
中国共产党机关									
国家机构									
人民政协、民主党派									
社会保障									
群众团体、社会团体和其他成员组织									
基层群众自治组织									
国际组织									
国际组织									

3-15 按行业、从业人员组距分组的小微企业法人单位数

行业门类	法人单位数（个）	7 人及以下	8-19 人	20-49 人	50-99 人	100-299 人	300-499 人	500 人及以上
总　计	2801066	2207240	375902	145758	44605	25664	880	1017
农、林、牧、渔业	2847	2369	387	86	3	2		
采矿业	2389	1386	464	356	104	79		
制造业	562785	331414	119656	66037	26050	19525	66	37
电力、热力、燃气及水生产和供应业	9534	6404	1705	825	309	289	2	
建筑业	114625	87368	16312	6918	2357	1211	263	196
批发和零售业	952115	833818	95924	20319	1674	355	20	5
交通运输、仓储和邮政业	71706	51861	12588	4824	1527	847	39	20
住宿和餐饮业	51779	34156	10860	4820	1600	335	5	3
信息传输、软件和信息技术服务业	163567	137049	18099	6425	1867	117	5	5
金融业	29798	25118	2388	932	399	419	152	390
房地产业	111072	81735	17638	8227	2330	1085	34	23
租赁和商务服务业	377156	325274	36247	11244	2775	1100	226	290
科学研究和技术服务业	187526	156359	21867	7467	1833			
水利、环境和公共设施管理业	8697	6154	1463	802	278			
居民服务、修理和其他服务业	59355	47252	8778	2660	665			
教育	30587	25064	3836	1312	230	113	14	18
卫生和社会工作	7903	5622	1136	597	277	187	54	30
文化、体育和娱乐业	57625	48837	6554	1907	327			

3-16 按登记注册类型、营业状态分组的小微企业法人单位数

登记注册类型	法人单位数(个)	正常运营	停业(歇业)	筹建	当年关闭	当年破产	当年注销	当年吊销	其他
总　计	2801066	2327828	208257	184625	23665	629	27247	1106	27709
内资企业	2730471	2270288	203544	178134	23288	621	26954	1085	26557
国有企业	6242	4706	1175	64	62	33	60	12	130
集体企业	11474	9270	1648	44	160	23	128	29	172
股份合作企业	3190	2980	133	29	17	1	19	1	10
联营企业	790	617	123	7	13	2	15	2	11
国有联营企业	98	73	17	1	1		3		3
集体联营企业	357	283	55	3	6		6	1	3
国有与集体联营企业	114	91	18	1	1	1			2
其他联营企业	221	170	33	2	5	1	6	1	3
有限责任公司	338002	283092	23556	21896	2057	82	2867	145	4307
国有独资公司	3017	2689	154	108	11	3	9	1	42
其他有限责任公司	334985	280403	23402	21788	2046	79	2858	144	4265
股份有限公司	17267	14563	1155	967	220	5	158	14	185
私营企业	2353384	1954946	175749	155126	20757	475	23707	882	21742
私营独资企业	118566	104651	6686	2685	1921	58	1695	103	767
私营合伙企业	29749	22889	3633	2418	196	7	249	7	350
私营有限责任公司	2189844	1814818	164453	148844	18482	398	21588	761	20500
私营股份有限公司	15225	12588	977	1179	158	12	175	11	125
其他企业	122	114	5	1	2				
港、澳、台商投资企业	55459	44320	3964	5586	304	5	209	16	1055
与港澳台商合资经营企业	4965	4022	336	469	37		27	5	69
与港澳台商合作经营企业	1136	976	87	22	18	1	9	3	20
港澳台商独资经营企业	48037	38246	3442	4987	240	4	165	7	946
港澳台商投资股份有限公司	557	457	42	41	4		3		10
其他港澳台投资企业	764	619	57	67	5		5	1	10
外商投资企业	15136	13220	749	905	73	3	84	5	97
中外合资经营企业	2913	2541	148	185	9		11	1	18
中外合作经营企业	244	194	26	10	2	1	3		8
外资企业	10527	9292	486	577	59	2	57	3	51
外商投资股份有限公司	407	341	24	31			5	1	5
其他外商投资企业	1045	852	65	102	3		8		15

3-17 按登记注册类型、营业状态分组的小微企业法人单位从业人员数

登记注册类型	从业人员数(人)	正常运营	停业(歇业)	筹建	当年关闭	当年破产	当年注销	当年吊销	其他
总　计	24015278	23464606	234459	191843	34665	1748	33038	1127	53792
内资企业	22157865	21629690	226796	181187	33526	1741	32483	1116	51326
国有企业	145790	141492	3326	314	74	25	84	10	465
集体企业	165859	162087	2723	24	227	69	257	49	423
股份合作企业	55158	54666	350	70	28	8	3	2	31
联营企业	9936	8548	1335	12		12	12	1	16
国有联营企业	2651	1501	1141				7		2
集体联营企业	3748	3700	41	2			4	1	
国有与集体联营企业	1103	950	133	4		12			4
其他联营企业	2434	2397	20	6			1		10
有限责任公司	4151649	4074679	28148	31103	4404	349	5346	133	7487
国有独资公司	120531	118492	274	1458	103	14	16	1	173
其他有限责任公司	4031118	3956187	27874	29645	4301	335	5330	132	7314
股份有限公司	904864	898035	3208	2433	476		282	7	423
私营	16713915	16279496	187702	147229	28316	1278	26499	914	42481
私营独资企业	866215	839999	13930	2795	3493	71	3567	166	2194
私营合伙企业	125300	119310	2950	1881	251	41	275	4	588
私营有限责任公司	15514880	15116792	169484	140786	24358	966	22338	716	39440
私营股份有限公司	207520	203395	1338	1767	214	200	319	28	259
其他企业	10694	10687	4	2	1				
港、澳、台商投资企业	1285908	1269878	6227	6529	1047	7	486	9	1725
与港澳台商合资经营企业	162556	160499	707	939	57		8	5	341
与港澳台商合作经营企业	30003	29651	129	34	28	5	75		81
港澳台商独资经营企业	1066841	1053519	5261	5427	940	2	400	4	1288
港澳台商投资股份有限公司	15788	15634	70	55	19		1		9
其他港澳台投资企业	10720	10575	60	74	3		2		6
外商投资企业	571505	565038	1436	4127	92		69	2	741
中外合资经营企业	152417	149044	248	2821	9		20		275
中外合作经营企业	11171	11134	17	10					10
外资企业	367234	364694	947	1098	76		33	1	385
外商投资股份有限公司	16977	16798	55	100			9	1	14
其他外商投资企业	23706	23368	169	98	7		7		57

3-18 按行业（大类）文化程度分组的

行业大类	合计				广州市				
	从业人员	研究生	本科	大专	从业人员	研究生	本科	大专	从业人员
总　计	24015278	238664	2310933	3455988	4789724	62540	579472	762727	6621569
农、林、牧、渔业	11967	41	607	1369	1479	16	132	227	110
农业									
林业									
畜牧业									
渔业									
农、林、牧、渔专业及辅助性活动	11967	41	607	1369	1479	16	132	227	110
采矿业	37195	163	1582	2954	312	3	26	28	939
煤炭开采和洗选业	48		2	3					
石油和天然气开采业	534	91	324	65					253
黑色金属矿采选业	2182	2	85	203	8				
有色金属矿采选业	3642	14	189	344	68	1	5	2	23
非金属矿采选业	29399	29	773	2148	209	2	17	21	293
开采专业及辅助性活动	639	23	176	115	26		4	5	367
其他采矿业	751	4	33	76	1				3
制造业	9399679	39900	454982	876326	970437	6792	66423	111097	1951435
农副食品加工业	133363	965	7776	13974	12510	329	1304	1590	6493
食品制造业	138631	847	6893	13265	21651	337	2152	3534	8608
酒、饮料和精制茶制造业	40633	187	2552	4917	3784	28	307	628	2571
烟草制品业	1001	11	155	216	39		9	4	4
纺织业	260524	433	7369	18277	23531	74	816	1810	15493
纺织服装、服饰业	627050	815	13102	36257	110832	166	2336	6839	57588
皮革、毛皮、羽毛及其制品和制鞋业	406521	382	8999	21541	97755	114	1956	5116	26262
木材加工和木、竹、藤、棕、草制品业	107818	270	2499	6904	8032	20	282	723	5998
家具制造业	316795	571	9936	22443	26980	63	1165	2812	30309
造纸和纸制品业	264212	540	7158	17760	28117	28	815	1882	58550
印刷和记录媒介复制业	233107	603	7552	17946	19288	60	878	1929	50456
文教、工美、体育和娱乐用品制造业	373409	769	12507	28233	36138	126	2036	4168	76629
石油、煤炭及其他燃料加工业	12034	134	1677	2097	1547	22	130	156	786
化学原料和化学制品制造业	328349	3765	29555	44912	73082	1154	8344	11497	32565
医药制造业	60983	1490	8973	10757	11420	459	2280	2430	9502
化学纤维制造业	8069	177	368	538	972	31	63	88	375
橡胶和塑料制品业	771450	2122	25923	59718	59624	249	2912	5533	157732
非金属矿物制品业	450854	1018	16664	36190	28065	141	1961	3292	36367
黑色金属冶炼和压延加工业	46562	107	2039	4277	3384	25	340	596	4867
有色金属冶炼和压延加工业	89337	294	4497	8287	5661	25	345	518	13254
金属制品业	1093977	2344	35360	82695	69434	224	3243	6341	162411
通用设备制造业	490389	2625	31454	60354	59816	489	5838	9624	125017
专用设备制造业	581308	3899	39111	71422	55438	695	6058	9160	189276

分地区小微企业法人单位从业人员数

单位：人

深圳市			珠海市				汕头市				佛山市	
研究生	本科	大专	从业人员	研究生	本科	大专	从业人员	研究生	本科	大专	从业人员	研究生
119909	912369	1228781	651491	11056	83338	100008	594138	1708	31180	68481	2494348	11791
	10	10	193		20	17	340		12	24	398	2
	10	10	193		20	17	340		12	24	398	2
70	371	169	351	45	159	55	511		14	32	333	
45	166	24	252	45	155	40						
			2			1	16					
1	10	9					90		5	8		
1	38	57	90		3	14	327		5	16	312	
23	157	78	4		1		44		4	8	16	
		1	3				34				5	
15273	146073	237499	185384	1927	16210	24628	343519	592	10691	26229	1233886	3669
107	563	853	2805	29	279	332	6023	15	218	514	13998	60
55	520	977	4857	117	449	634	12050	21	529	1202	11288	40
15	285	346	784	3	52	109	1594	5	81	204	2281	5
							159	4	42	28		
63	816	1574	1983	10	102	183	35272	35	677	2145	60687	63
204	2444	4717	8141	9	224	513	103721	60	1642	4828	63348	77
41	883	1776	874	1	42	97	2604	3	80	205	29623	19
22	255	467	902	3	27	77	593	1	14	35	16912	43
76	1283	2357	1556	5	47	125	1331	2	26	117	98826	172
290	1900	4467	4082	9	121	289	9399	7	292	721	31398	54
168	2090	4384	5063	25	204	440	14898	56	488	1315	28348	63
194	3547	7315	4663	22	299	478	44500	70	1175	3405	18390	67
14	112	170	1060	11	199	397	144	1	4	28	1543	10
677	3587	4473	14280	322	1914	2593	15610	101	1021	1699	48077	295
463	2086	1998	3319	99	692	733	2330	15	320	546	5175	82
3	22	25	341		28	24	343		10	41	1020	2
766	5823	13171	14525	50	614	1424	35951	59	1225	2974	88323	231
285	2373	3896	7797	52	447	889	4757	5	217	430	66256	135
15	203	462	193		1	8	169		7	15	16540	24
70	638	1217	1262	6	111	160	455	2	14	28	26468	43
581	6564	14306	13146	63	621	1221	8375	12	247	811	212999	437
1030	10004	17169	12686	82	1116	1904	7836	23	493	939	84272	364
1839	15727	26076	15027	198	1725	2457	8862	32	548	1179	70321	372

3-18

行业大类	合计				广州市				
	从业人员	研究生	本科	大专	从业人员	研究生	本科	大专	从业人员
汽车制造业	119218	766	8271	13733	37241	255	3057	4425	14122
铁路、船舶、航空航天和其他运输设备制造业	58831	441	3528	5726	10010	56	653	964	11834
电气机械和器材制造业	966396	4120	54923	103966	57993	370	5185	8527	252139
计算机、通信和其他电子设备制造业	1123786	8022	82511	131920	77755	953	8687	12211	499413
仪器仪表制造业	153936	1564	16490	24200	13510	184	1957	2522	72515
其他制造业	84496	352	3728	7478	6558	49	328	707	20867
废弃资源综合利用业	21429	87	939	1771	978	12	98	124	521
金属制品、机械和设备修理业	35211	180	2473	4552	9292	54	888	1347	8911
电力、热力、燃气及水生产和供应业	134152	1546	18705	23192	11453	422	3039	2460	7993
电力、热力生产和供应业	69607	871	9821	9756	4613	245	1588	1005	3159
燃气生产和供应业	15428	297	3176	3405	2335	114	676	374	621
水的生产和供应业	49117	378	5708	10031	4505	63	775	1081	4213
建筑业	1314708	4875	83563	162568	308426	1126	20288	38378	282812
房屋建筑业	389617	1366	24180	47654	67562	271	3923	7388	65969
土木工程建筑业	204916	1011	17559	28805	39568	311	4608	5806	43104
建筑安装业	213408	1068	16601	32480	58212	258	4809	9294	46138
建筑装饰、装修和其他建筑业	506767	1430	25223	53629	143084	286	6948	15890	127601
批发和零售业	3618854	23164	336754	605047	823691	5665	85238	149754	1145304
批发业	2229704	15140	218947	382783	643349	4477	68110	116337	653565
零售业	1389150	8024	117807	222264	180342	1188	17128	33417	491739
交通运输、仓储和邮政业	693026	3493	55883	102249	162083	947	15355	25591	225114
铁路运输业	136	3	35	72					
道路运输业	343850	1177	17737	38397	77152	451	5534	9013	95802
水上运输业	31525	238	3975	6280	5686	55	936	1049	6461
航空运输业	3247	122	1097	803	1176	49	471	238	1277
管道运输业	90	7	32	17	17		2	2	21
多式联运和运输代理业	190053	1431	25525	42119	46982	280	6391	11453	88165
装卸搬运和仓储业	79720	396	5728	10251	23281	89	1651	3103	19775
邮政业	44405	119	1754	4310	7789	23	370	733	13613
住宿和餐饮业	515034	954	14868	43049	119879	232	3885	11136	116339
住宿业	172765	341	6449	17195	35465	67	1619	4250	27290
餐饮业	342269	613	8419	25854	84414	165	2266	6886	89049
信息传输、软件和信息技术服务业	822883	24878	233657	223109	281714	7609	80359	80409	335307
电信、广播电视和卫星传输服务	29586	1108	5549	6189	10552	779	2223	2048	8604
互联网和相关服务	94151	2207	23295	24649	28605	709	7523	7827	34999
软件和信息技术服务业	699146	21563	204813	192271	242557	6121	70613	70534	291704
金融业	2333962	52467	348785	487615	656527	11596	62252	73315	1071776
货币金融服务	162315	6901	83791	50264	14899	1443	7894	2565	65279
资本市场服务	160133	36120	75587	24922	29213	7405	15449	3638	111988

续表1

单位：人

深圳市			珠海市				汕头市				佛山市	
研究生	本科	大专	从业人员	研究生	本科	大专	从业人员	研究生	本科	大专	从业人员	研究生
101	1215	1693	2997	38	325	415	1415	2	89	157	22567	87
226	894	1274	3480	84	449	609	454		100	34	8026	14
1816	20665	34499	19796	151	2105	3041	9267	40	642	1331	142444	536
4996	49994	71222	30872	384	2629	3898	7605	10	240	700	42751	269
969	9348	12696	6393	123	1201	1291	979		42	78	8469	61
120	1408	2493	687	6	62	58	2622	1	111	282	6954	33
3	53	55	303		28	36	3627	9	76	157	4110	7
64	771	1371	1510	25	97	193	574	1	21	81	2472	4
374	2102	1791	2724	78	978	595	4224	12	534	1066	6691	73
176	1147	721	1262	42	548	272	1098	10	189	384	1529	10
45	133	115	900	25	335	173	687		102	197	724	13
153	822	955	562	11	95	150	2439	2	243	485	4438	50
1527	21021	36839	70346	356	4917	8235	24051	103	1459	3115	76955	332
288	5265	8995	17560	142	1645	2360	12817	55	566	1381	19921	116
292	3779	6674	16994	75	1303	1778	3713	17	261	476	14139	56
429	4510	7203	10406	76	706	1492	2507	6	224	450	13845	68
518	7467	13967	25386	63	1263	2605	5014	25	408	808	29050	92
12154	153221	233025	85863	784	9077	14457	81321	179	3938	11560	480903	1472
7243	89108	136644	56863	518	6138	9604	43788	109	2408	6565	333391	1047
4911	64113	96381	29000	266	2939	4853	37533	70	1530	4995	147512	425
1668	25094	41446	24859	228	2137	3499	17143	127	1048	2176	54628	113
			136	3	35	72						
371	5877	12083	12500	69	640	1288	8709	16	389	732	28521	51
99	1163	1779	2126	23	321	349	947		59	189	3472	13
48	414	374	330	21	160	85	39		2	9	79	1
4	13	2										
892	15397	23083	5058	68	588	944	4747	104	402	899	13205	29
170	1632	2716	3514	44	366	617	1627	6	105	167	7247	18
84	598	1409	1195		27	144	1074	1	91	180	2104	1
295	3784	10075	19414	48	736	1691	13088	68	300	1013	53708	79
88	1184	2973	9112	22	449	1038	6285	14	178	503	15645	52
207	2600	7102	10302	26	287	653	6803	54	122	510	38063	27
13673	115349	95435	28946	1443	8864	7595	8629	62	1098	1837	50076	723
225	1962	2240	761	6	67	100	494	3	61	91	1723	8
1170	11608	10302	3043	133	790	822	1098	3	118	231	6043	73
12278	101779	82893	25142	1304	8007	6673	7037	56	919	1515	42310	642
34795	165410	270062	38232	2309	10692	7521	26401	75	4373	8241	113155	1009
3409	28291	26758	4562	450	2867	690	3323	25	1708	1139	13289	500
26164	52412	18161	7799	1360	2870	989	367	17	111	99	2273	207

3-18

行业大类	合计				广州市				
	从业人员	研究生	本科	大专	从业人员	研究生	本科	大专	从业人员
保险业	1965280	7435	179872	402847	609938	2409	37906	66675	854661
其他金融业	46234	2011	9535	9582	2477	339	1003	437	39848
房地产业	998154	10720	114195	152156	252976	2635	30518	36410	243475
房地产业	998154	10720	114195	152156	252976	2635	30518	36410	243475
租赁和商务服务业	2198328	36618	314886	387452	647289	11846	103736	115274	665242
租赁业	130692	804	8540	16822	37786	212	2668	4975	46172
商务服务业	2067636	35814	306346	370630	609503	11634	101068	110299	619070
科学研究和技术服务业	917576	25805	187109	202717	290311	9194	62021	66172	291728
研究和试验发展	189380	7938	38589	38605	71393	3025	14954	15348	53855
专业技术服务业	513086	10479	107021	120284	134933	3512	30724	33301	183315
科技推广和应用服务业	215110	7388	41499	43828	83985	2657	16343	17523	54558
水利、环境和公共设施管理业	74506	1022	8670	10825	15233	396	2231	2260	14567
水利管理业	2812	52	578	446	469	35	119	75	456
生态保护和环境治理业	15733	369	2534	2908	4089	157	910	784	3136
公共设施管理业	54229	541	5099	6975	10362	168	1106	1345	10710
土地管理业	1732	60	459	496	313	36	96	56	265
居民服务、修理和其他服务业	341208	1337	17932	38407	86333	336	5174	10548	93389
居民服务业	133966	658	8358	16254	34508	183	2353	4583	34168
机动车、电子产品和日用产品修理业	123368	419	6230	15347	28358	82	1839	4110	33347
其他服务业	83874	260	3344	6806	23467	71	982	1855	25874
教育	202409	4707	55172	46471	54473	1304	18244	13628	73535
教育	202409	4707	55172	46471	54473	1304	18244	13628	73535
卫生和社会工作	144134	3615	28107	46144	37924	1057	7698	12122	38736
卫生	137610	3519	27402	45070	35029	1024	7399	11655	37706
社会工作	6524	96	705	1074	2895	33	299	467	1030
文化、体育和娱乐业	257503	3359	35476	44338	69184	1364	12853	13918	63768
新闻和出版业	4411	539	1807	810	2893	427	1319	540	862
广播、电视、电影和录音制作业	37803	558	7065	8740	12195	221	2810	3182	10447
文化艺术业	54724	831	9480	10907	24756	415	4893	5119	8769
体育	32663	404	3916	5718	9906	124	1262	1841	9664
娱乐业	127902	1027	13208	18163	19434	177	2569	3236	34026
公共管理、社会保障和社会组织									
中国共产党机关									
国家机构									
人民政协、民主党派									
社会保障									
群众团体、社会团体和其他成员组织									
基层群众自治组织									
国际组织									
国际组织									

续表 2

单位：人

深圳市			珠海市				汕头市				佛山市	
研究生	本科	大专	从业人员	研究生	本科	大专	从业人员	研究生	本科	大专	从业人员	研究生
3904	77377	216684	24253	269	4356	5637	22625	31	2539	6986	97183	293
1318	7330	8459	1618	230	599	205	86	2	15	17	410	9
4693	34327	40365	42660	630	5901	6697	15664	119	1639	2650	80646	688
4693	34327	40365	42660	630	5901	6697	15664	119	1639	2650	80646	688
18286	119403	130569	88266	1564	12037	13506	25892	137	2376	4990	165050	1367
415	3652	6607	6872	29	303	665	1134	2	39	196	7974	36
17871	115751	123962	81394	1535	11734	12841	24758	135	2337	4794	157076	1331
11192	73200	71160	29022	1077	6371	5668	11340	92	1612	2291	79852	1484
3117	13905	12347	8133	474	1914	1505	1021	7	118	184	19068	488
4794	44576	45745	16612	381	3415	3304	7527	51	1138	1580	41214	593
3281	14719	13068	4277	222	1042	859	2792	34	356	527	19570	403
281	2206	2522	3841	75	552	431	1888	15	151	181	6728	49
7	114	79	173	1	31	17	36			2	274	2
119	673	636	752	14	108	117	250		16	32	1406	23
150	1320	1708	2852	54	394	294	1585	15	125	140	4891	23
5	99	99	64	6	19	3	17		10	7	157	1
589	6736	12391	12838	58	818	1550	6972	11	206	731	36689	122
312	3259	5354	4431	24	419	666	3345	8	125	393	14945	56
168	2281	4793	5122	20	227	635	2626	2	56	263	15221	47
109	1196	2244	3285	14	172	249	1001	1	25	75	6523	19
2469	23477	18042	6768	219	1953	1422	2802	19	452	499	14350	169
2469	23477	18042	6768	219	1953	1422	2802	19	452	499	14350	169
1182	8022	14047	4175	83	662	1148	3538	75	841	871	11300	289
1138	7787	13804	4055	80	646	1134	3502	75	841	870	10893	284
44	235	243	120	3	16	14	36			1	407	5
1388	12563	13334	7609	132	1254	1293	6815	22	436	975	29000	151
97	265	174	66	4	28	10	45	4	9	8	175	3
243	2617	2475	1353	25	276	304	735	7	37	106	3516	23
269	2124	2090	1895	48	463	353	956	1	115	186	4908	33
197	1566	2033	1109	24	193	179	510	3	23	89	3998	14
582	5991	6562	3186	31	294	447	4569	7	252	586	16403	78

行业大类			韶关市				河源市		
	本科	大专	从业人员	研究生	本科	大专	从业人员	研究生	本科
总　计	201008	340705	187901	597	14451	28235	180275	500	10320
农、林、牧、渔业	12	29	259	1	16	32	220		15
农业									
林业									
畜牧业									
渔业									
农、林、牧、渔专业及辅助性活动	12	29	259	1	16	32	220		15
采矿业	16	48	2445	5	100	273	3306	1	58
煤炭开采和洗选业									
石油和天然气开采业									
黑色金属矿采选业			94	1	11	18	576	1	18
有色金属矿采选业			1368	4	67	138	168		11
非金属矿采选业	15	40	980		22	117	2551		29
开采专业及辅助性活动		6					5		
其他采矿业	1	2	3				6		
制造业	60763	127637	47173	190	2283	4710	60528	209	1878
农副食品加工业	844	1648	1323	4	83	195	2439	5	56
食品制造业	542	1096	1279	7	79	147	985	3	37
酒、饮料和精制茶制造业	173	368	1283	2	71	163	1669	7	61
烟草制品业			343	2	44	71			
纺织业	1981	4972	1327		25	78	1783	1	29
纺织服装、服饰业	1999	4779	838		4	24	2515	1	17
皮革、毛皮、羽毛及其制品和制鞋业	669	1699	439		3	14	1512		31
木材加工和木、竹、藤、棕、草制品业	497	1224	2301	2	73	158	2268	1	37
家具制造业	3404	7441	268		3	21	861		21
造纸和纸制品业	1038	2573	1002	6	55	89	898	1	11
印刷和记录媒介复制业	1025	2536	374	1	15	40	810	11	10
文教、工美、体育和娱乐用品制造业	863	1681	1976		55	104	2990	3	25
石油、煤炭及其他燃料加工业	161	184	72		5	6	23		
化学原料和化学制品制造业	3505	6865	6367	55	500	850	935	6	68
医药制造业	609	816	702	10	105	152	1083	21	62
化学纤维制造业	67	90					118		7
橡胶和塑料制品业	3806	8285	2167	7	79	206	4827	12	112
非金属矿物制品业	3267	6673	6363	6	204	485	6163	21	250
黑色金属冶炼和压延加工业	726	1400	263		8	13	1831	12	134
有色金属冶炼和压延加工业	1694	3014	1105	2	31	81	651	4	42
金属制品业	9449	21899	3669	25	115	319	3668	7	169
通用设备制造业	4962	10171	4145	10	245	514	2845	13	147
专用设备制造业	4743	9355	2867	11	176	371	2088	8	64

续表 3

单位：人

	梅州市				惠州市				汕尾市			
大专	从业人员	研究生	本科	大专	从业人员	研究生	本科	大专	从业人员	研究生	本科	大专
24279	214175	566	13567	26857	951269	4019	54579	100965	130426	330	6164	14025
56	836		28	94	470	2	25	46	579	3	9	38
56	836		28	94	470	2	25	46	579	3	9	38
145	2370	7	48	213	2147		88	191	84			6
19	279		3	34	81		2	2				
10	113	1	16	21	200		1	20				
116	1870	3	23	145	1802		81	161	74			6
	4				22		2	7				
	104	3	6	13	42		2	1	10			
5037	65151	174	2156	5118	466118	1271	14444	33332	41805	76	556	2076
212	2681	19	124	265	6879	28	356	621	3386	11	129	325
89	1487	17	77	181	4190	8	101	262	1868	6	45	103
152	2269	14	114	269	2451	7	103	256	735		10	21
	183	5	54	93								
93	1312		21	45	11329	17	301	588	2127		6	43
96	1512		11	46	16876	63	287	668	10969	11	39	434
87	453		4	14	42635	27	349	1720	576	2	5	23
159	1470		19	57	7248	25	159	331	886		12	42
83	4246	4	54	139	29678	55	527	1274	200		3	14
65	651		13	22	10677	7	240	605	1102	1	2	37
74	671	3	21	72	10794	3	143	586	218		5	10
124	2725	1	48	227	24203	39	514	1181	8516	4	71	316
3	120		1	6	319	6	29	20	9			3
102	1407	9	93	175	17599	183	1449	2410	580	1	18	40
150	1301	11	107	146	1996	26	172	230	77	2	8	12
6					459	2	7	29				
387	1139	2	27	78	43686	104	1036	2813	1760	1	17	106
591	13745	21	312	911	21670	40	738	1564	2782		39	204
271	437		16	24	1715	5	36	91	83			2
94	567	1	66	148	3444	9	157	302	313			3
322	1887	1	54	149	45730	56	1075	2952	1193	1	18	38
402	2224	15	78	195	15968	59	732	1672	418	6	8	12
212	2245	13	125	293	19308	79	962	2109	692	9	19	31

3-18

行业大类			韶关市				河源市		
	本科	大专	从业人员	研究生	本科	大专	从业人员	研究生	本科
汽车制造业	1458	2874	1021	3	48	94	201		8
铁路、船舶、航空航天和其他运输设备制造业	416	654	40		3	8	156		2
电气机械和器材制造业	8320	17322	1989	6	78	191	3913	10	130
计算机、通信和其他电子设备制造业	3013	5476	2286	18	87	141	10164	49	253
仪器仪表制造业	808	1196	52		8	10	1813	10	56
其他制造业	360	739	293		8	12	1091	3	30
废弃资源综合利用业	230	351	764	10	60	128	140		7
金属制品、机械和设备修理业	134	256	255	3	13	25	88		2
电力、热力、燃气及水生产和供应业	1047	1496	9745	23	736	1585	4754	20	285
电力、热力生产和供应业	211	411	7868	15	566	1077	3196	15	186
燃气生产和供应业	175	134	566	2	89	235	401		45
水的生产和供应业	661	951	1311	6	81	273	1157	5	54
建筑业	6846	12832	21320	46	1382	2528	22578	35	886
房屋建筑业	1772	3344	10334	26	539	1248	7504	8	263
土木工程建筑业	1494	2509	2436	7	477	441	5315	8	293
建筑安装业	1336	2640	2237	5	86	290	2635	2	99
建筑装饰、装修和其他建筑业	2244	4339	6313	8	280	549	7124	17	231
批发和零售业	35978	68079	19756	54	1101	3360	15298	31	678
批发业	25978	47444	11230	27	663	1837	4877	12	223
零售业	10000	20635	8526	27	438	1523	10421	19	455
交通运输、仓储和邮政业	3168	6533	6568	3	229	513	5392	6	145
铁路运输业									
道路运输业	1386	2991	4809	3	149	369	3687	5	96
水上运输业	346	621	290		15	19	162		1
航空运输业	11	19	11		8	3	11		4
管道运输业									
多式联运和运输代理业	873	1793	109		3	13	80		2
装卸搬运和仓储业	499	925	983		13	43	453	1	22
邮政业	53	184	366		41	66	999		20
住宿和餐饮业	2054	4641	8086	2	153	673	6329	5	106
住宿业	880	1283	4211	2	108	485	3655	5	71
餐饮业	1174	3358	3875		45	188	2674		35
信息传输、软件和信息技术服务业	9704	11872	2649	17	335	640	2567	21	207
电信、广播电视和卫星传输服务	217	331	314	5	59	31	346	3	40
互联网和相关服务	995	1392	348		18	98	586	2	30
软件和信息技术服务业	8492	10149	1987	12	258	511	1635	16	137
金融业	22889	30663	19128	30	3048	4557	16997	28	2931
货币金融服务	8049	3054	2306	13	1336	706	2189	11	1240
资本市场服务	905	490	35	1	11	4	6		1

续表 4

单位：人

	梅州市				惠州市				汕尾市			
大专	从业人员	研究生	本科	大专	从业人员	研究生	本科	大专	从业人员	研究生	本科	大专
8	2221	5	144	352	5932	14	242	624	99	3	9	14
5	58		1	7	3011	3	73	180	156	1	12	14
368	3102	2	106	231	38295	170	1619	3303	673	6	20	76
663	13804	29	459	928	68442	188	2575	5813	1104	10	43	76
143	55		1	2	5033	29	245	629	234		5	33
58	411	2	1	10	4033	5	78	173	394			3
12	572		3	21	1071	6	55	102	180	1	2	12
6	196		2	12	1447	8	84	224	475		11	29
717	7764	12	350	997	8945	92	1357	1443	3463	43	460	538
377	5801	2	232	611	4385	44	940	681	1774	41	386	209
106	491	8	54	150	350	36	67	62	231		16	123
234	1472	2	64	236	4210	12	350	700	1458	2	58	206
3065	27469	61	1480	3716	76958	253	3783	8447	9163	28	315	900
1240	13947	28	635	1812	15005	40	772	1727	4354		86	344
889	5928	11	559	1019	11882	35	851	1625	1624	16	107	172
331	2277	2	123	371	12634	34	1006	2079	1094	11	28	122
605	5317	20	163	514	37437	144	1154	3016	2091	1	94	262
2369	24734	51	1076	3048	95422	234	3999	11123	19136	25	511	2141
690	9500	23	447	1158	46631	138	1868	5168	7348	8	209	767
1679	15234	28	629	1890	48791	96	2131	5955	11788	17	302	1374
474	6846	21	179	615	23327	48	1107	2501	4866	13	133	558
298	4590	19	98	349	14406	31	536	1432	3301	12	91	402
9	48	1	1	4	842	3	79	157	69		6	9
7	21	1	4	13	41		5	13				
					33		11	12				
12	287		5	36	2908	3	210	362	159			23
60	741		32	94	3181	10	226	341	481	1	31	70
88	1159		39	119	1916	1	40	184	856		5	54
473	6388	9	110	437	22410	18	545	1571	7489	5	117	515
330	4037	8	70	311	10627	11	369	942	3864	4	73	325
143	2351	1	40	126	11783	7	176	629	3625	1	44	190
636	4464	17	409	852	16185	169	2099	3427	2412	17	236	500
137	196		6	13	874	2	60	159	493	6	56	42
110	881		82	178	3462	15	255	573	384		34	73
389	3387	17	321	661	11849	152	1784	2695	1535	11	146	385
3406	26814	45	4244	4894	47808	446	8085	9622	9323	18	1846	1818
687	3640	33	1930	1128	4474	87	2641	1130	1405	6	853	349
1	84	1	20	19	1807	301	935	307	15		4	5

3-18

行业大类			韶关市				河源市		
	本科	大专	从业人员	研究生	本科	大专	从业人员	研究生	本科
保险业	13858	27026	16727	16	1682	3820	14788	17	1688
其他金融业	77	93	60		19	27	14		2
房地产业	9760	12371	12037	44	968	1836	11553	30	819
房地产业	9760	12371	12037	44	968	1836	11553	30	819
租赁和商务服务业	23799	31298	24934	108	2412	4930	17119	54	1053
租赁业	656	1093	1159	1	36	111	715		5
商务服务业	23143	30205	23775	107	2376	4819	16404	54	1048
科学研究和技术服务业	13821	16754	5152	45	978	1265	4582	35	734
研究和试验发展	3080	3646	356	11	27	68	153	1	9
专业技术服务业	7664	9232	3548	27	824	990	3515	19	622
科技推广和应用服务业	3077	3876	1248	7	127	207	914	15	103
水利、环境和公共设施管理业	862	1128	1598	4	133	178	1377	1	68
水利管理业	73	46	33		10	6	64		1
生态保护和环境治理业	264	280	235	1	9	24	98		3
公共设施管理业	494	764	1324	3	113	145	1178	1	57
土地管理业	31	38	6		1	3	37		7
居民服务、修理和其他服务业	1843	4110	2658	6	66	289	3308	7	110
居民服务业	875	1771	799	1	36	108	942		38
机动车、电子产品和日用产品修理业	648	1564	1250		19	145	1188	6	52
其他服务业	320	775	609	5	11	36	1178	1	20
教育	2386	2582	1581	5	295	359	1395	9	144
教育	2386	2582	1581	5	295	359	1395	9	144
卫生和社会工作	2894	3894	844	5	85	242	1196	7	142
卫生	2839	3800	654	4	80	223	1187	7	142
社会工作	55	94	190	1	5	19	9		
文化、体育和娱乐业	3166	4738	1968	9	131	265	1776	1	61
新闻和出版业	69	24	2						
广播、电视、电影和录音制作业	487	780	337	1	22	66	229		12
文化艺术业	674	979	172	3	16	36	438	1	26
体育	348	643	245	1	23	34	190		11
娱乐业	1588	2312	1212	4	70	129	919		12
公共管理、社会保障和社会组织									
中国共产党机关									
国家机构									
人民政协、民主党派									
社会保障									
群众团体、社会团体和其他成员组织									
基层群众自治组织									
国际组织									
国际组织									

续表 5

单位：人

大专	梅州市				惠州市				汕尾市			
	从业人员	研究生	本科	大专	从业人员	研究生	本科	大专	从业人员	研究生	本科	大专
2709	23022	11	2290	3724	41369	56	4483	8128	7889	11	987	1455
9	68		4	23	158	2	26	57	14	1	2	9
1844	8824	40	899	1518	67660	467	5909	9822	8691	32	562	1248
1844	8824	40	899	1518	67660	467	5909	9822	8691	32	562	1248
3416	17660	70	1066	2709	65801	449	6731	9581	10992	26	543	1758
59	1496	6	54	131	4177	10	149	356	577	1	7	68
3357	16164	64	1012	2578	61624	439	6582	9225	10415	25	536	1690
1107	5455	31	771	1096	20893	235	2914	4268	2986	16	288	558
22	273	8	46	42	1142	18	120	178	200	2	28	71
906	4082	20	593	889	15705	153	2353	3588	2091	9	223	400
179	1100	3	132	165	4046	64	441	502	695	5	37	87
166	2370	1	169	298	4060	26	374	537	665	8	17	73
1	50		11	12	257		25	28	35			2
17	174		6	25	776	6	61	117	167		14	47
123	2128	1	150	258	2908	19	254	348	462	8	3	23
25	18		2	3	119	1	34	44	1			1
323	2270	7	94	193	12942	28	428	1136	2922		42	220
93	673	7	56	63	5121	11	243	534	1499		15	68
131	996		31	105	4278	9	122	414	945		17	128
99	601		7	25	3543	8	63	188	478		10	24
372	1266	7	179	279	5662	106	893	1153	1700	1	73	274
372	1266	7	179	279	5662	106	893	1153	1700	1	73	274
387	1538	9	171	476	4962	129	1057	1589	1880	17	405	589
384	1450	7	167	467	4863	127	1041	1578	1757	17	403	575
3	88	2	4	9	99	2	16	11	123		2	14
286	1956	4	138	304	9499	46	741	1176	2270	2	51	215
	45		11	15	97		22	4				
65	429		40	97	1152	7	108	195	252		24	60
107	366		38	64	1572	10	207	268	552	1	10	54
22	177	3	12	13	874	7	59	144	96		3	8
92	939	1	37	115	5804	22	345	565	1370	1	14	93

3-18

行业大类	东莞市				中山市				
	从业人员	研究生	本科	大专	从业人员	研究生	本科	大专	从业人员
总　计	3074097	12129	157599	294927	1078212	4249	65688	109427	621657
农、林、牧、渔业	323	1	6	15	197	1	8	12	246
农业									
林业									
畜牧业									
渔业									
农、林、牧、渔专业及辅助性活动	323	1	6	15	197	1	8	12	246
采矿业	89		22	35	40				1817
煤炭开采和洗选业									20
石油和天然气开采业									
黑色金属矿采选业									
有色金属矿采选业	3		1	2					1
非金属矿采选业	81		21	31	37				1786
开采专业及辅助性活动	5			2					
其他采矿业					3				10
制造业	1974755	5005	65744	149784	672827	1880	25202	50249	381811
农副食品加工业	8439	71	605	1038	5175	37	220	431	8943
食品制造业	14091	78	633	1261	5496	22	302	471	8070
酒、饮料和精制茶制造业	2293	15	201	301	2437	6	155	305	2070
烟草制品业	25			1	1				96
纺织业	37765	58	1076	2562	20177	25	580	1361	18589
纺织服装、服饰业	119691	133	2192	7552	51913	55	945	2727	22122
皮革、毛皮、羽毛及其制品和制鞋业	100090	119	3202	6226	17235	25	281	797	12046
木材加工和木、竹、藤、棕、草制品业	13986	46	268	735	5419	13	125	306	6469
家具制造业	73652	93	1854	4501	24072	57	829	1738	10917
造纸和纸制品业	65179	66	1404	3826	19038	31	439	1023	12349
印刷和记录媒介复制业	49367	132	1289	3246	17667	32	502	979	8408
文教、工美、体育和娱乐用品制造业	91981	164	2075	5176	21637	34	821	1566	7310
石油、煤炭及其他燃料加工业	1780	5	95	134	414	3	25	42	404
化学原料和化学制品制造业	42859	385	3276	5091	18308	157	1718	2234	16975
医药制造业	2733	83	486	497	3851	88	814	929	1458
化学纤维制造业	2754	124	69	128	279	1	11	15	798
橡胶和塑料制品业	218313	401	6255	15109	59062	90	1621	3598	26821
非金属矿物制品业	40636	84	1398	3342	18495	30	674	1501	20295
黑色金属冶炼和压延加工业	4882	9	212	521	1384	2	40	170	1640
有色金属冶炼和压延加工业	14454	45	567	1091	5028	16	293	467	3097
金属制品业	257214	416	6444	15876	90874	308	2311	5344	86462
通用设备制造业	108597	380	4771	11088	31995	78	1412	3117	12070
专用设备制造业	152699	364	5753	13973	29859	145	1555	2818	10587

续表 6

单位：人

江门市			阳江市				湛江市				茂名市	
研究生	本科	大专	从业人员	研究生	本科	大专	从业人员	研究生	本科	大专	从业人员	研究生
1887	35638	64644	188084	369	10213	23908	440734	2733	32211	60937	487265	868
1	5	6	174	1	14	15	1842	3	95	270	1155	1
1	5	6	174	1	14	15	1842	3	95	270	1155	1
5	53	114	743		43	89	2735	4	55	151	8554	12
											29	1
							40			1	331	
							337		9	18	373	6
5	53	114	719		41	88	2165	4	34	118	7627	4
							109		8	9		
			24		2	1	84		4	5	194	1
868	12972	29829	80607	86	2107	5893	115865	392	5031	10312	119605	164
76	597	966	3744	9	299	566	13981	52	685	1529	13304	32
34	351	665	1491	4	51	161	6440	27	175	488	6062	3
1	122	331	542	1	23	65	2666	30	252	332	2910	15
		2	15				33			2	103	
22	367	1403	236		2	6	1808	9	71	137	2557	
9	290	813	4281	2	49	188	1445		14	55	4160	
8	278	515	2046		51	107	5240		248	431	16877	3
63	116	413	2995		41	158	9120	14	111	459	9560	4
19	348	747	838		20	69	3083	13	126	280	2595	1
28	425	868	2011	2	51	124	3354	5	112	265	1740	
3	152	457	1911	12	58	119	2793	6	100	293	2111	
5	173	446	1080	1	16	64	1086	4	26	101	3902	2
2	36	79	17			2	1651	23	590	412	1705	35
115	1163	2132	940	5	30	76	3262	33	408	552	7056	40
18	129	196	518	1	45	95	1615	30	208	300	5757	9
8	62	53					28		1		32	
50	904	2135	5905	5	146	411	6070	33	249	586	5428	2
24	714	1324	3725	1	119	441	13811	14	417	1116	16805	7
8	76	116	1437		42	121	178	3		13	659	
5	91	209	268	5	8	13	436		9	28	354	
73	1970	5364	36903	20	675	2277	6372	23	145	389	4882	4
26	627	1338	2652	2	104	164	1914	6	89	232	1542	
58	608	1165	1257	12	41	102	3349	13	206	375	1149	

行业大类	东莞市				中山市				
	从业人员	研究生	本科	大专	从业人员	研究生	本科	大专	从业人员
汽车制造业	16192	194	831	1658	5318	22	324	480	3571
铁路、船舶、航空航天和其他运输设备制造业	5982	32	292	500	1800	1	109	132	11510
电气机械和器材制造业	176885	420	6687	14690	162487	380	6220	12517	40870
计算机、通信和其他电子设备制造业	286468	853	10647	23005	37127	175	1981	3625	22181
仪器仪表制造业	32972	134	2016	4128	8028	33	605	1025	1153
其他制造业	26814	89	903	1983	6750	13	232	417	3234
废弃资源综合利用业	687	11	22	41	493		17	40	426
金属制品、机械和设备修理业	5275	1	221	504	1008	1	41	74	870
电力、热力、燃气及水生产和供应业	8550	64	1533	1831	4242	55	1212	1098	4841
电力、热力生产和供应业	2288	49	547	435	974	16	387	290	1727
燃气生产和供应业	1414	2	141	280	867	19	369	220	382
水的生产和供应业	4848	13	845	1116	2401	20	456	588	2732
建筑业	135944	406	6711	13488	53178	127	2969	5934	35370
房屋建筑业	38634	148	2617	4374	16190	34	820	1750	12697
土木工程建筑业	19910	52	1145	2322	7835	31	536	898	5236
建筑安装业	25574	111	1378	3103	12864	23	718	1494	5607
建筑装饰、装修和其他建筑业	51826	95	1571	3689	16289	39	895	1792	11830
批发和零售业	302855	913	15192	34322	81386	398	4931	10984	49465
批发业	170562	587	9760	22461	36012	207	2505	4916	27204
零售业	132293	326	5432	11861	45374	191	2426	6068	22261
交通运输、仓储和邮政业	58984	117	2388	6580	21966	28	1119	2536	11784
铁路运输业									
道路运输业	30088	48	921	3222	11445	9	334	1088	6373
水上运输业	2225	17	229	529	1319	1	121	222	1481
航空运输业	158	2	12	29	25		1	3	
管道运输业									9
多式联运和运输代理业	13642	20	639	1527	5471	14	357	824	1756
装卸搬运和仓储业	7655	28	462	894	2023	2	159	241	1267
邮政业	5216	2	125	379	1683	2	147	158	898
住宿和餐饮业	43769	65	947	3265	21870	19	448	1381	11290
住宿业	13320	8	306	1026	7339	10	243	637	4222
餐饮业	30449	57	641	2239	14531	9	205	744	7068
信息传输、软件和信息技术服务业	36324	581	6417	7476	14137	176	3287	3771	4612
电信、广播电视和卫星传输服务	1584	18	232	181	450	22	103	104	272
互联网和相关服务	5806	49	857	1117	1561	10	251	451	725
软件和信息技术服务业	28934	514	5328	6178	12126	144	2933	3216	3615
金融业	56232	1123	16772	16407	40086	267	7759	9200	36310
货币金融服务	10090	338	7111	1486	3681	113	2322	735	5381
资本市场服务	4984	575	2492	938	346	39	115	45	151

续表 7

单位：人

江门市			阳江市				湛江市				茂名市	
研究生	本科	大专	从业人员	研究生	本科	大专	从业人员	研究生	本科	大专	从业人员	研究生
12	159	246	445		17	37	618	1	38	55	79	
22	448	1163	120		1	14	561	2	33	71	180	
107	1673	4031	2368	1	98	285	20841	8	434	1280	2589	4
35	875	2140	1359	1	76	104	1150	14	59	115	4308	2
9	77	170	69		1	4	102	1	13	16	284	1
22	91	243	1029		21	71	223	7	10	31	339	
4	30	41	270	2	20	43	1060	4	84	154	238	
2	20	58	135		2	6	1575	17	118	215	338	
43	654	742	4015	28	364	539	4460	47	900	940	9527	34
34	289	167	2637	25	229	217	1869	38	645	345	6836	31
2	87	96	332	1	72	101	818	1	38	95	535	1
7	278	479	1046	2	63	221	1773	8	217	500	2156	2
90	1936	3986	15750	31	771	2106	37319	153	1964	4226	44793	84
47	790	1889	7172	10	275	642	17131	38	661	1577	23244	52
33	424	599	3628	10	211	481	5975	26	421	854	5459	14
5	421	828	1756	3	115	555	3033	20	300	537	5686	3
5	301	670	3194	8	170	428	11180	69	582	1258	10404	15
106	2804	6535	24182	39	1115	4191	90831	612	4615	11346	130384	179
81	1795	3734	12297	29	582	2131	46302	403	2647	5687	60626	104
25	1009	2801	11885	10	533	2060	44529	209	1968	5659	69758	75
21	461	991	5619	7	244	727	17134	52	1062	2303	14788	33
14	193	465	3484	2	87	322	9159	24	397	1092	9363	8
2	79	176	358	2	43	64	2304	2	231	470	1260	11
			19			3	16				6	
											10	3
1	133	246	555		34	92	2920	17	247	435	1080	3
4	40	63	900	2	67	170	1658	8	130	199	2037	7
	16	41	303	1	13	76	1077	1	57	107	1032	1
7	167	579	6287	13	89	405	18684	38	382	1371	11710	11
1	75	280	1549	11	33	109	6625	14	178	636	4221	9
6	92	299	4738	2	56	296	12059	24	204	735	7489	2
46	833	1008	2479	16	281	564	7649	145	1047	1538	10185	52
	27	24	114		16	31	993	15	96	235	507	6
7	116	125	710	1	45	137	1268	16	118	231	2452	11
39	690	859	1655	15	220	396	5388	114	833	1072	7226	35
147	6971	8177	13186	28	2373	2799	38115	207	6423	10551	30938	33
81	3231	1562	1860	13	964	644	6224	167	2842	1941	3946	13
15	61	15	32		3	8	129	10	30	23	119	2

3-18

行业大类	东莞市				中山市				
	从业人员	研究生	本科	大专	从业人员	研究生	本科	大专	从业人员
保险业	40481	125	6923	13885	35957	113	5315	8406	30688
其他金融业	677	85	246	98	102	2	7	14	90
房地产业	63211	431	5155	7640	43534	232	4371	5650	25144
房地产业	63211	431	5155	7640	43534	232	4371	5650	25144
租赁和商务服务业	218511	1187	17288	27549	70043	481	7400	9759	33088
租赁业	7012	51	269	643	2839	10	150	309	1988
商务服务业	211499	1136	17019	26906	67204	471	7250	9450	31100
科学研究和技术服务业	81907	1198	9934	13092	22131	400	3980	4401	10349
研究和试验发展	20983	462	2428	2879	4471	158	734	712	1582
专业技术服务业	44154	394	5295	7681	13360	150	2547	2949	6805
科技推广和应用服务业	16770	342	2211	2532	4300	92	699	740	1962
水利、环境和公共设施管理业	4978	40	388	630	1918	13	212	270	2136
水利管理业	90		12	9	29		2	8	171
生态保护和环境治理业	1927	31	197	353	388	1	21	40	365
公共设施管理业	2949	8	179	268	1425	12	152	195	1564
土地管理业	12	1			76		37	27	36
居民服务、修理和其他服务业	33753	88	853	2198	13776	16	330	949	5194
居民服务业	14332	24	309	818	5252	7	143	317	1986
机动车、电子产品和日用产品修理业	10619	49	301	846	6749	8	137	549	2151
其他服务业	8802	15	243	534	1775	1	50	83	1057
教育	13875	255	3437	2778	4436	40	979	757	2856
教育	13875	255	3437	2778	4436	40	979	757	2856
卫生和社会工作	18179	546	3338	5629	4642	92	939	1478	1420
卫生	17898	543	3315	5582	4409	92	924	1451	1331
社会工作	281	3	23	47	233		15	27	89
文化、体育和娱乐业	21858	109	1474	2208	7803	24	542	998	3924
新闻和出版业	83	2	42	20	19	2	8	1	8
广播、电视、电影和录音制作业	2246	13	235	395	920	2	86	182	603
文化艺术业	2796	17	265	436	730	8	82	98	525
体育	2317	22	155	233	1047	1	73	133	467
娱乐业	14416	55	777	1124	5087	11	293	584	2321
公共管理、社会保障和社会组织									
中国共产党机关									
国家机构									
人民政协、民主党派									
社会保障									
群众团体、社会团体和其他成员组织									
基层群众自治组织									
国际组织									
国际组织									

续表 8

单位：人

江门市			阳江市				湛江市				茂名市	
研究生	本科	大专	从业人员	研究生	本科	大专	从业人员	研究生	本科	大专	从业人员	研究生
50	3653	6594	11279	15	1404	2139	31642	30	3526	8564	26801	16
1	26	6	15		2	8	120		25	23	72	2
120	2347	3357	9167	24	741	1837	29484	201	2566	4875	25227	45
120	2347	3357	9167	24	741	1837	29484	201	2566	4875	25227	45
141	3172	5079	13390	46	1062	2410	38292	467	3698	6222	36468	102
14	113	219	964	1	32	107	2571	6	111	408	3844	2
127	3059	4860	12426	45	1030	2303	35721	461	3587	5814	32624	100
184	2061	2087	3683	21	483	857	13618	254	2071	2689	17559	76
36	212	322	259	4	30	49	2149	58	294	376	1359	13
97	1592	1504	2779	15	370	681	6947	117	1242	1509	9840	35
51	257	261	645	2	83	127	4522	79	535	804	6360	28
54	202	266	859	2	82	137	1721	10	163	266	3407	12
	43	47	33		28	2	142		15	19	71	5
1	52	59	82		5	12	315	1	40	98	248	1
48	94	147	661	2	44	100	1191	7	82	133	2976	6
5	13	13	83		5	23	73	2	26	16	112	
6	225	533	2336	1	54	231	6978	41	258	751	7305	3
2	70	144	1025	1	28	91	3032	12	106	330	3394	
3	118	305	736		14	90	2440	18	100	310	2794	3
1	37	84	575		12	50	1506	11	52	111	1117	
25	326	539	1257	2	123	222	3508	34	680	768	5275	8
25	326	539	1257	2	123	222	3508	34	680	768	5275	8
11	207	378	2410	18	182	594	4488	39	746	1318	2389	2
11	202	362	2158	18	178	561	4357	39	743	1299	2159	2
	5	16	252		4	33	131		3	19	230	
12	242	438	1940	6	85	292	8011	34	455	1040	7996	17
	4		3				34		1		41	
1	57	103	275		13	68	959	7	112	236	879	4
2	49	90	241	3	19	38	1739	8	103	248	2415	
6	48	42	154		3	16	434		35	59	444	
3	84	203	1267	3	50	170	4845	19	204	497	4217	13

3-18

行业大类			肇庆市				清远市		
	本科	大专	从业人员	研究生	本科	大专	从业人员	研究生	本科
总　计	29286	67844	351833	1138	27074	47954	225360	898	16246
农、林、牧、渔业	64	144	735	4	40	81	434	1	15
农业									
林业									
畜牧业									
渔业									
农、林、牧、渔专业及辅助性活动	64	144	735	4	40	81	434	1	15
采矿业	235	637	4970	4	144	385	2987	1	90
煤炭开采和洗选业									
石油和天然气开采业	3	1							
黑色金属矿采选业	14	24	447		35	84	242		2
有色金属矿采选业	26	52	230		10	13	413	1	28
非金属矿采选业	185	529	4193	4	90	277	2196		58
开采专业及辅助性活动			28				9		
其他采矿业	7	31	72		9	11	127		2
制造业	4111	9778	159258	437	6349	14015	80463	315	3288
农副食品加工业	630	1341	4541	30	285	480	2747	21	150
食品制造业	151	413	3751	19	109	325	863	9	43
酒、饮料和精制茶制造业	197	242	1813	2	74	226	1963	7	111
烟草制品业	6	15							
纺织业	51	162	6632	21	180	362	2226	2	55
纺织服装、服饰业	70	207	3394	11	89	337	2818		22
皮革、毛皮、羽毛及其制品和制鞋业	321	871	4341	3	80	276	4959	1	35
木材加工和木、竹、藤、棕、草制品业	173	598	7004	4	223	678	1846	3	31
家具制造业	76	243	2451	1	53	151	1093	7	43
造纸和纸制品业	22	97	4720	1	76	283	1411	2	32
印刷和记录媒介复制业	89	259	3104	2	90	259	959	11	26
文教、工美、体育和娱乐用品制造业	108	345	6125	6	212	605	4437	16	107
石油、煤炭及其他燃料加工业	254	385	203		12	29	13		1
化学原料和化学制品制造业	645	1082	12267	90	836	1370	7777	84	679
医药制造业	245	511	1735	29	130	200	855	30	163
化学纤维制造业	1	5	51	3	3	2	49		3
橡胶和塑料制品业	127	340	8648	37	317	792	7030	9	191
非金属矿物制品业	448	1227	17092	16	606	1297	13187	28	474
黑色金属冶炼和压延加工业	21	79	764		13	47	778		30
有色金属冶炼和压延加工业	14	38	6053	7	169	405	3448	23	181
金属制品业	148	325	31758	26	1023	2317	5864	21	288
通用设备制造业	48	175	7954	29	420	897	3193	5	147
专用设备制造业	70	137	5663	14	299	764	3035	10	125

续表 9

单位：人

	潮州市				揭阳市				云浮市			
大专	从业人员	研究生	本科	大专	从业人员	研究生	本科	大专	从业人员	研究生	本科	大专
29268	258022	429	9215	19435	345002	510	13221	26952	129696	438	8094	15629
43	598		6	17	366		31	104	1013	4	44	89
43	598		6	17	366		31	104	1013	4	44	89
228	552		2	19	403		4	17	1507	6	54	119
					28		2	3				
17					3				63			3
50					2			1	253			
152	552		2	19	366		2	13	1169	6	54	114
9					4				22			2
7229	180102	200	3452	8678	216006	247	4022	9775	52944	133	1227	3421
255	5026	1	65	236	7240	24	228	468	1686	5	56	109
76	11199	32	328	618	11227	7	184	472	1678	1	35	90
258	2614	16	66	132	1586	5	80	171	318	3	14	38
132	1098		16	44	13817	33	186	556	775		11	21
95	9138	7	138	472	29302	7	281	806	2446		9	61
215	8774	1	214	428	30945	15	262	904	1235		5	20
101	1262	1	5	24	2502	4	20	112	1045	1	11	47
77	1009	3	24	65	2439		25	173	391		5	16
158	5198	1	58	237	2626	1	43	103	710		9	26
97	9403	8	265	537	6139	7	99	288	325		3	26
252	2959	5	72	180	10717	5	253	465	1445	1	11	34
2	184	2	22	35	36		1	4	4			
1017	3517	6	88	190	2183	26	108	224	2703	21	105	240
244	1183	2	41	107	3662	10	223	349	711	2	48	116
6					429	2	11	22	21	1	3	4
580	7070	2	144	320	16058	7	268	746	1311	5	50	124
1135	78458	74	1363	3886	12656	16	281	800	21729	18	362	1186
99	249		3	7	5081	4	131	222	28			
283	974		25	73	1313		15	37	732	31	27	78
507	21110	14	214	403	25760	31	514	1214	4266	1	73	321
344	1758	2	58	100	2290	5	95	166	1197	1	60	131
346	1451	13	48	69	4999	10	209	259	1136	4	50	171

行业大类			肇庆市				清远市		
	本科	大专	从业人员	研究生	本科	大专	从业人员	研究生	本科
汽车制造业	10	21	2303	27	232	316	1864	1	24
铁路、船舶、航空航天和其他运输设备制造业	4	14	542		10	31	212		7
电气机械和器材制造业	39	132	6465	31	250	537	2748	12	98
计算机、通信和其他电子设备制造业	93	323	5787	19	409	652	2652	6	136
仪器仪表制造业	10	42	1033	8	68	144	275		2
其他制造业	9	25	712		37	77	128		3
废弃资源综合利用业	9	58	2126	1	31	122	1818	7	79
金属制品、机械和设备修理业	22	66	226		13	34	215		2
电力、热力、燃气及水生产和供应业	535	1098	8033	39	999	1130	9865	44	602
电力、热力生产和供应业	394	677	5363	29	593	584	7347	33	331
燃气生产和供应业	41	118	552	3	226	166	528	4	123
水的生产和供应业	100	303	2118	7	180	380	1990	7	148
建筑业	2591	6117	20297	27	1854	3006	14745	26	841
房屋建筑业	1295	3325	9527	13	1116	1490	6098	3	281
土木工程建筑业	402	752	4147	3	241	546	2659	7	173
建筑安装业	259	525	1624	3	161	283	2324	4	138
建筑装饰、装修和其他建筑业	635	1515	4999	8	336	687	3664	12	249
批发和零售业	6094	18443	47282	102	3310	8210	20887	32	1007
批发业	3082	8613	22904	52	1661	3818	9897	17	516
零售业	3012	9830	24378	50	1649	4392	10990	15	491
交通运输、仓储和邮政业	755	1871	9361	11	446	1055	6898	7	227
铁路运输业									
道路运输业	315	1210	6059	6	255	634	4842	4	135
水上运输业	175	237	731	1	38	80	443	1	39
航空运输业	4	2	3				2		
管道运输业	6	1							
多式联运和运输代理业	106	113	965		59	127	414		9
装卸搬运和仓储业	123	206	904	3	69	111	695	1	16
邮政业	26	102	699	1	25	103	502	1	28
住宿和餐饮业	406	1350	8319	9	224	818	6867	8	126
住宿业	181	514	4212	2	135	461	4335	5	99
餐饮业	225	836	4107	7	89	357	2532	3	27
信息传输、软件和信息技术服务业	1215	2396	5123	40	754	1130	3256	32	404
电信、广播电视和卫星传输服务	84	97	277	3	46	71	445	5	106
互联网和相关服务	254	560	525	3	66	122	551	1	41
软件和信息技术服务业	877	1739	4321	34	642	937	2260	26	257
金融业	3764	6266	24393	101	5398	5611	22918	108	4651
货币金融服务	1097	1351	4172	60	2376	1259	3506	85	2453
资本市场服务	23	23	572	16	94	104	22	1	1

续表 10

单位：人

	潮州市				揭阳市				云浮市			
大专	从业人员	研究生	本科	大专	从业人员	研究生	本科	大专	从业人员	研究生	本科	大专
180	76		1	8	580		23	37	356	1	17	39
11	39		1		621		19	38	39		1	3
275	3497	4	76	274	15284	14	295	740	2751	32	183	316
231	1577	5	75	158	3731	4	117	279	3250	2	63	160
21	253	1	19	16	494		3	21	220	1	5	13
10	317		14	27	843	1	20	46	197	1	2	13
203	561		4	18	1343	9	26	44	141	1	5	9
19	148		5	14	103		2	9	98		4	9
1202	4927	19	341	574	4750	18	377	762	3186	6	300	588
655	1703	7	144	144	2270	5	71	251	1908	4	198	243
184	2045	12	171	272	421	9	173	103	228		43	101
363	1179		26	158	2059	4	133	408	1050	2	59	244
1862	7281	29	308	617	19208	27	864	2127	10745	8	377	1044
600	4578	23	167	351	12868	19	526	1361	6505	5	166	456
315	705	1	31	81	3576	3	162	326	1083	3	81	242
465	995	3	37	93	1089	2	108	243	871		39	82
482	1003	2	73	92	1675	3	68	197	2286		91	264
3061	23657	58	849	2382	40194	42	1275	4346	16303	34	745	2311
1383	9582	31	334	894	17967	15	632	2124	5809	12	281	808
1678	14075	27	515	1488	22227	27	643	2222	10494	22	464	1503
684	4175	9	134	475	7109	5	233	617	4382	29	219	504
499	2450	7	63	239	4073		94	394	3037	27	147	275
62	468	2	15	77	253	3	31	19	580	2	47	159
					3				30		1	5
27	464		19	24	882		41	57	204		10	29
70	293		22	77	750	2	49	62	255		14	22
26	500		15	58	1148		18	85	276			14
561	3790	17	75	305	6014	4	146	538	3304	2	68	251
404	1687	2	48	164	3090	4	94	331	1974	2	56	193
157	2103	15	27	141	2924		52	207	1330		12	58
774	1599	9	181	294	2960	15	286	521	1610	15	292	434
143	140		29	16	127		14	30	320	2	45	65
83	188	4	20	41	662		45	113	254		29	63
548	1271	5	132	237	2171	15	227	378	1036	13	218	306
4319	14734	17	2452	3238	18324	39	3930	4154	12565	46	2522	2794
671	2144	5	983	756	3835	33	2285	1004	2110	16	1318	649
11	38		8	5	81	1	15	24	72	5	27	13

3-18

行业大类			肇庆市				清远市		
	本科	大专	从业人员	研究生	本科	大专	从业人员	研究生	本科
保险业	2628	4877	19535	25	2893	4216	19333	22	2184
其他金融业	16	15	114		35	32	57		13
房地产业	2409	4789	20088	95	2090	3570	20474	83	1559
房地产业	2409	4789	20088	95	2090	3570	20474	83	1559
租赁和商务服务业	3229	6919	20249	115	2405	4269	17219	85	1580
租赁业	153	417	1114	3	55	187	1281		46
商务服务业	3076	6502	19135	112	2350	4082	15938	85	1534
科学研究和技术服务业	2087	3722	10312	74	1646	2246	6870	105	1015
研究和试验发展	234	314	1188	13	241	244	594	23	74
专业技术服务业	1253	2234	6583	33	1103	1518	4658	35	721
科技推广和应用服务业	600	1174	2541	28	302	484	1618	47	220
水利、环境和公共设施管理业	282	546	1922	7	171	289	2352	15	220
水利管理业	10	19	90	1	21	24	79		40
生态保护和环境治理业	16	46	296	2	26	44	395	9	59
公共设施管理业	237	454	1408	3	101	175	1703	4	90
土地管理业	19	27	128	1	23	46	175	2	31
居民服务、修理和其他服务业	260	973	3326	7	182	497	2993	5	85
居民服务业	121	436	1457	2	67	223	1086	2	30
机动车、电子产品和日用产品修理业	92	414	1065	3	62	180	1339	1	44
其他服务业	47	123	804	2	53	94	568	2	11
教育	464	1087	2735	19	565	643	2329	11	232
教育	464	1087	2735	19	565	643	2329	11	232
卫生和社会工作	270	409	1921	33	180	384	1070	7	73
卫生	258	381	1797	31	172	369	896	6	70
社会工作	12	28	124	2	8	15	174	1	3
文化、体育和娱乐业	515	1299	3509	14	317	615	2733	13	231
新闻和出版业	10	5	21		14	5	14		5
广播、电视、电影和录音制作业	57	200	392	4	26	75	293		16
文化艺术业	178	397	520	5	91	104	361	3	59
体育	40	87	374		34	75	234	2	19
娱乐业	230	610	2202	5	152	356	1831	8	132
公共管理、社会保障和社会组织									
中国共产党机关									
国家机构									
人民政协、民主党派									
社会保障									
群众团体、社会团体和其他成员组织									
基层群众自治组织									
国际组织									
国际组织									

续表 11

单位：人

大专	潮州市				揭阳市				云浮市			
	从业人员	研究生	本科	大专	从业人员	研究生	本科	大专	从业人员	研究生	本科	大专
3632	12431	7	1423	2456	14377	5	1620	3114	10301	10	1137	2120
5	121	5	38	21	31		10	12	82	15	40	12
2807	3420	29	310	523	6857	44	634	1014	7362	38	711	1333
2807	3420	29	310	523	6857	44	634	1014	7362	38	711	1333
3146	5757	17	581	1381	11152	27	637	1420	5914	43	678	1267
153	148		6	16	613		15	49	256	5	21	53
2993	5609	17	575	1365	10539	27	622	1371	5658	38	657	1214
1617	2594	17	276	416	3688	22	389	625	3544	53	457	626
112	138		17	28	320	2	26	55	743	18	98	103
1188	1291	10	206	271	2256	9	280	423	1871	25	280	391
317	1165	7	53	117	1112	11	83	147	930	10	79	132
327	809	3	47	82	1140	5	80	135	937	5	60	103
12	46		1	3	158	1	20	32	56		2	3
81	114		18	15	279	3	33	54	241		3	27
179	640	3	24	61	698	1	27	49	614	5	53	66
55	9		4	3	5				26		2	7
347	1453		57	120	2479		66	185	1294	6	45	132
107	491		33	41	1164		27	71	316	6	5	43
168	670		18	53	815		21	74	659		31	70
72	292		6	26	500		18	40	319		9	19
502	419		44	84	1146	3	85	218	1041	2	141	263
502	419		44	84	1146	3	85	218	1041	2	141	263
216	303	2	39	92	577	12	104	151	642		52	130
203	303	2	39	92	569	12	104	150	637		52	130
13					8			1	5			
343	1852	3	61	138	2629		58	243	1403	8	102	220
4					3							
52	95		3	11	299		6	29	197		21	59
74	181	2	19	20	602		19	82	230	2	30	64
28	166		2	10	172			10	85		7	19
185	1410	1	37	97	1553		33	122	891	6	44	78

3-19 按登记注册类型、从业人员组距分组的小微企业法人单位数

登记注册类型	法人单位数（个）	7人及以下	8-19人	20-49人	50-99人	100-299人	300-499人	500人及以上
总　计	2801066	2207240	375902	145758	44605	25664	880	1017
内资企业	2730471	2161521	368330	139231	39841	19788	824	936
国有企业	6242	3729	1160	834	304	155	20	40
集体企业	11474	7988	1880	960	380	201	39	26
股份合作企业	3190	2091	629	281	109	49	16	15
联营企业	790	539	134	85	17	13	1	1
国有联营企业	98	61	20	11	2	3		1
集体联营企业	357	257	49	36	10	5		
国有与集体联营企业	114	73	21	18	1	1		
其他联营企业	221	148	44	20	4	4	1	
有限责任公司	338002	251425	48681	23591	8723	5172	192	218
国有独资公司	3017	1327	602	561	333	167	9	18
其他有限责任公司	334985	250098	48079	23030	8390	5005	183	200
股份有限公司	17267	10798	2798	1675	879	780	101	236
私营企业	2353384	1884914	313031	111779	29403	13407	453	397
私营独资企业	118566	88693	20865	7178	1294	524	5	7
私营合伙企业	29749	26223	2347	863	199	106	10	1
私营有限责任公司	2189844	1759529	287274	102427	27432	12373	429	380
私营股份有限公司	15225	10469	2545	1311	478	404	9	9
其他企业	122	37	17	26	26	11	2	3
港、澳、台商投资企业	55459	37454	5595	4841	3431	4078	31	29
与港澳台商合资经营企业	4965	2752	663	612	388	543	3	4
与港澳台商合作经营企业	1136	671	154	141	86	82	1	1
港澳台商独资经营企业	48037	33172	4634	3942	2856	3384	25	24
港澳台商投资股份有限公司	557	324	56	77	52	48		
其他港澳台投资企业	764	535	88	69	49	21	2	
外商投资企业	15136	8265	1977	1686	1333	1798	25	52
中外合资经营企业	2913	1357	460	392	290	357	17	40
中外合作经营企业	244	119	32	28	23	41	1	
外资企业	10527	5858	1299	1121	937	1301	5	6
外商投资股份有限公司	407	214	59	59	27	42	2	4
其他外商投资企业	1045	717	127	86	56	57		2

第4篇

个体经营户

编表能手

个体经营户：刘伟平（644-657 页）

4-1 按地区、行业（门类）

行 业	合计	广州市	深圳市	珠海市	汕头市	佛山市	韶关市	河源市	梅州市
总 计	5175970	692876	491830	90241	197438	339143	120841	113473	140737
农、林、牧、渔业	7820	169	4	10	21	73	1079	340	193
采矿业	552	21	2		12	12	31	12	51
制造业	519480	63369	19064	3210	39006	46784	6419	6283	10553
电力、热力、燃气及水生产和供应业	4017	98	22	1	9	17	862	361	1156
建筑业	128057	4176	1023	1507	1314	2083	5950	4990	3814
批发和零售业	2825701	426804	289455	50531	114688	183024	64226	69472	81904
交通运输、仓储和邮政业	231761	22995	4166	1509	5612	12596	10582	6047	6582
住宿和餐饮业	636871	93729	104734	16743	22300	46214	12233	12238	14563
信息传输、软件和信息技术服务业	10762	1467	1836	386	290	697	217	194	245
房地产业	113520	2567	1306	506	364	2151	3273	105	738
租赁和商务服务业	182510	10303	6732	1753	760	4823	1551	1117	1134
科学研究和技术服务业	12051	2111	1259	250	303	1179	283	150	309
水利、环境和公共设施管理业	1381	223	113	24	13	59	30	38	78
居民服务、修理和其他服务业	413522	55630	50323	10450	10959	33234	10853	9625	15064
教育	26106	3518	3368	1060	523	3288	467	566	1001
卫生和社会工作	31871	2005	1931	404	943	893	1533	1384	2347
文化、体育和娱乐业	29988	3691	6492	1897	321	2016	1252	551	1005

注：使用清查个体经营户户数

分组的个体经营户数

计量单位：个

惠州市	汕尾市	东莞市	中山市	江门市	阳江市	湛江市	茂名市	肇庆市	清远市	潮州市	揭阳市	云浮市
339197	107583	531301	212613	355632	97696	310011	322656	200401	161367	99495	149560	101879
607	195	7	35	122	6	3109	928	171	467	108	41	135
34	10	6	11	32	13	70	11	103	64	2	2	53
41579	9786	82809	29104	25218	8861	15277	21626	18226	13048	25067	23496	10695
48	44	33	6	32	76	42	121	118	755	16	59	141
5869	3849	1287	2253	4079	6699	10405	45637	6151	12838	499	1104	2530
188881	64795	257426	104838	117569	51809	196163	169355	113510	81317	53282	91289	55363
11303	5768	8357	10319	9547	8472	27520	26524	18821	14952	4194	9093	6802
49624	11675	77863	26167	26485	9075	25123	22289	20504	16118	8326	12388	8480
817	128	525	406	909	141	813	530	386	339	113	198	125
2372	391	52915	15275	20557	302	967	1724	1091	1409	161	163	5183
3422	681	6904	2696	125769	905	3584	3648	1901	2033	429	836	1529
582	137	1319	797	698	187	632	191	513	367	167	280	337
66	65	98	45	121	10	55	31	40	207	16	12	37
28643	7900	36747	17433	20191	8634	21906	23750	15671	13569	5857	8354	8729
1563	436	2117	1456	1106	532	1157	1511	772	725	233	270	437
2094	1393	1493	378	994	1634	2174	3522	1560	1756	861	1703	869
1693	330	1395	1394	2203	340	1014	1258	863	1403	164	272	434

4-2 按地区、行业（门类）分组

行 业	合计	广州市	深圳市	珠海市	汕头市	佛山市	韶关市	河源市	梅州市
总 计	12879852	1535119	1199093	238368	635612	912800	226749	217296	327997
农、林、牧、渔业	20001	836	21	31	48	318	2049	939	502
采矿业	1416	53	5		22	36	56	27	116
制造业	2382642	255346	69681	16362	225363	245196	18691	22361	38365
电力、热力、燃气及水生产和供应业	5925	153	49	2	20	33	971	494	1625
建筑业	475607	9323	2319	14163	9657	6467	12147	7809	10705
批发和零售业	5580518	734101	577817	92852	277005	357858	110772	116656	161067
交通运输、仓储和邮政业	830113	36168	8126	6645	27153	57269	14554	9400	34637
住宿和餐饮业	1957160	277290	350835	65628	64048	143143	35512	36175	40913
信息传输、软件和信息技术服务业	16680	2592	2987	617	407	929	250	211	285
房地产业	127779	2883	1351	514	331	1854	2401	72	546
租赁和商务服务业	215051	18559	11152	2857	1106	6671	1824	1237	1346
科学研究和技术服务业	30085	6182	3387	662	715	2644	541	270	596
水利、环境和公共设施管理业	4562	855	398	83	40	175	75	90	197
居民服务、修理和其他服务业	989566	158581	132209	26950	25234	73089	20202	16863	28289
教育	83452	13368	11838	3644	1607	9629	1159	1322	2506
卫生和社会工作	60440	4941	4471	901	1879	1698	2468	2096	3811
文化、体育和娱乐业	98855	13888	22447	6457	977	5791	3077	1274	2491

的个体经营户从业人员数

计量单位：人

惠州市	汕尾市	东莞市	中山市	江门市	阳江市	湛江市	茂名市	肇庆市	清远市	潮州市	揭阳市	云浮市
734411	316519	1327156	417101	805149	238545	945024	908045	576925	383054	263547	445118	226224
1328	546	60	67	667	11	7989	2117	360	861	366	213	672
123	51	19	20	81	40	175	28	280	165	5	5	109
224688	78526	417665	86230	101946	43927	61178	88650	79305	57535	109390	102162	40075
122	120	64	7	50	146	65	192	198	1288	27	99	200
15787	19747	3518	2515	10404	20075	62933	178036	33692	38503	1215	5145	11447
283990	142952	456794	160945	204567	95085	533520	408998	276514	157508	98789	243187	89541
33003	14669	56668	55173	74487	30801	101211	80584	62242	43369	17636	34603	31715
106776	30067	211184	61171	93635	31982	108435	73631	82309	51943	23947	40912	27624
711	213	845	422	3002	118	1147	732	465	324	110	199	114
1712	423	54179	10094	43159	161	867	1514	835	859	100	104	3820
3579	1178	11336	2857	133144	773	5155	5137	2332	1988	427	859	1534
876	390	3521	1373	3820	260	1478	437	1024	583	270	467	589
129	242	343	102	867	18	168	93	105	431	34	26	91
50602	21435	95488	29236	107413	11673	49866	52923	30436	20992	9228	13576	15281
3831	1527	7333	3255	7848	959	3511	4488	1999	1495	489	585	1059
3544	3235	3354	548	4579	1909	4279	6785	2619	2349	1173	2393	1408
3610	1198	4785	3086	15480	607	3047	3700	2210	2861	341	583	945

4-3 按地区、行业（门类）分组的

行　业	合计	广州市	深圳市	珠海市	汕头市	佛山市	韶关市	河源市	梅州市
总　计	5900961	732398	572574	117541	298892	413702	114935	110778	155359
农、林、牧、渔业	8812	320	9	14	20	131	931	410	201
采矿业	346	13	1		6	8	11	8	32
制造业	1077728	115544	28761	6679	115636	99317	6936	12610	19581
电力、热力、燃气及水生产和供应业	1117	28	8		4	5	144	111	331
建筑业	96062	1922	808	2044	2204	1034	3065	1627	2965
批发和零售业	2737313	376714	281967	51447	128871	177437	62374	62216	83474
交通运输、仓储和邮政业	193056	6790	1663	1400	6069	12640	3106	1891	6489
住宿和餐饮业	962895	127120	162152	32453	29726	70436	20860	19076	22109
信息传输、软件和信息技术服务业	5814	807	1007	223	135	312	93	75	93
房地产业	45359	889	450	184	109	616	880	26	177
租赁和商务服务业	91953	6670	4339	1191	423	2586	779	509	507
科学研究和技术服务业	11521	2143	1271	266	264	988	223	107	217
水利、环境和公共设施管理业	2527	423	213	48	21	94	44	51	102
居民服务、修理和其他服务业	520314	75305	67925	14849	12766	37436	11404	9162	14093
教育	61100	8857	8494	2802	1134	6882	913	1002	1742
卫生和社会工作	34831	2545	2465	538	1031	943	1511	1235	2059
文化、体育和娱乐业	50213	6308	11041	3403	473	2837	1661	662	1187

个体经营户女性从业人员数

计量单位：人

惠州市	汕尾市	东莞市	中山市	江门市	阳江市	湛江市	茂名市	肇庆市	清远市	潮州市	揭阳市	云浮市
334498	136320	644989	180993	366827	117311	414796	380247	249634	177185	102171	174295	105516
508	223	25	30	319	5	3630	960	163	386	144	82	301
27	14	6	4	18	12	39	7	65	43	1	1	30
91212	39171	224429	29719	41166	23097	25124	43018	33881	27571	37515	36855	19906
20	25	14	1	8	31	11	37	34	247	4	14	40
3776	1971	1015	1000	2490	6557	16102	28576	9750	6046	111	760	2239
146636	61765	226105	82902	94869	51946	245373	203614	123066	86630	43445	100843	45619
7034	2753	14655	14577	16703	7135	25440	19841	15387	9323	4276	7660	8224
52834	15025	95877	26453	49207	18860	60224	41431	43785	29368	10706	19075	16118
221	70	285	153	1170	45	425	270	172	118	35	63	42
528	141	18079	3634	16652	61	318	554	306	311	32	33	1379
1287	455	4412	1200	59908	340	2204	2192	996	839	158	312	646
304	145	1321	556	1658	110	609	180	422	237	97	164	239
64	128	184	59	537	11	99	55	61	250	17	13	53
24041	10958	49098	16219	63858	6784	28164	29837	17176	11706	4514	6515	8504
2540	1083	5261	2519	6510	777	2767	3531	1574	1163	334	392	823
1826	1812	1870	330	2952	1203	2621	4149	1603	1421	622	1245	850
1640	581	2353	1637	8802	337	1646	1995	1193	1526	160	268	503

4-4　按地区分组的个体经营户样本数和从业人员数

地　区	个体经营户数（个）	有证照	从业人员数（人）	有证照
总　计	246243	176713	1262187	1035021
广州市	22803	16767	113227	93865
深圳市	15718	12726	111950	101432
珠海市	9028	7261	47017	34454
汕头市	12255	9951	56454	46779
佛山市	10553	9325	78739	72417
韶关市	10435	7550	30766	26035
河源市	8742	5309	26281	20643
梅州市	7694	5769	27269	21645
惠州市	15055	11854	136714	125582
汕尾市	12064	7993	46926	34320
东莞市	11067	9368	112877	102817
中山市	5687	3916	34599	30752
江门市	14513	11013	59829	54235
阳江市	8216	5770	33711	26379
湛江市	17557	11152	77624	52891
茂名市	17639	10018	71665	45206
肇庆市	17418	11690	77505	56965
清远市	9142	6028	40671	31942
潮州市	6462	3580	21131	14524
揭阳市	7118	4489	28847	19533
云浮市	7077	5184	28385	22605
按区域分				
珠三角核心区	121842	93920	772457	672519
沿海经济带	81311	52953	336358	239632
北部生态发展区	43090	29840	153372	122870

4-5 分地区个体经营户从业人员数及营业收入

地 区	个体经营户数（个）	从业人员数（人）	营业收入（亿元）
总 计	5175970	12879852	21822.57
广州市	692876	1535119	2420.36
深圳市	491830	1199093	2292.79
珠海市	90241	238368	323.93
汕头市	197438	635612	1091.70
佛山市	339143	912800	1482.73
韶关市	120841	226749	316.53
河源市	113473	217296	280.12
梅州市	140737	327997	468.59
惠州市	339197	734411	1236.72
汕尾市	107583	316519	489.74
东莞市	531301	1327156	2258.06
中山市	212613	417101	615.42
江门市	355632	805149	1155.98
阳江市	97696	238545	389.14
湛江市	310011	945024	2133.22
茂名市	322656	908045	1894.89
肇庆市	200401	576925	952.93
清远市	161367	383054	547.42
潮州市	99495	263547	491.80
揭阳市	149560	445118	660.24
云浮市	101879	226224	320.25
按区域分			
珠三角核心区	3253234	7746122	12738.93
沿海经济带	1284439	3752410	7150.72
北部生态发展区	638297	1381320	1932.92

4-6 广东省个体经营户情况表

指标名称	全部	工业	建筑业	批发零售业	住宿餐饮业	其他
从业人员期末人数（万人）	1287.99	239.00	47.56	558.05	195.72	247.66
其中:女性	590.10	107.92	9.61	273.73	96.29	102.55
全年雇用雇员的总支出（亿元）	4161.04	940.14	168.86	1611.60	628.36	812.07
全年缴纳的各种税费（亿元）	189.59	45.19	3.10	80.06	25.85	35.38
全年缴纳的房租（亿元）	1795.60	179.26	10.30	971.76	324.26	310.02
全年与经营相关的总支出（亿元）	15331.27	2673.92	369.99	8223.47	1901.09	2162.80
全年的营业收入（亿元）	21822.57	3603.64	543.24	11573.69	2768.57	3333.43
其中，通过网络实现的销售额	387.17	53.78	0.67	213.50	90.00	29.22
全年的用于建造房屋建筑物，购置机器设备、器具工具、役畜、产品畜等的支出（亿元）	362.12	105.24	9.64	102.17	59.65	85.43

4-7 按行业门类分组的有证照个体经营户数和从业人员数

行业门类	有证照个体经营户数(万户)	有证照个体经营户从业人员数
总　计	17.65	1034971
农、林、牧、渔业	0.01	718
采矿业	0.00	242
制造业	3.13	356056
电力、热力、燃气及水生产和供应业	0.07	3055
建筑业	0.09	4064
批发和零售业	9.58	297550
交通运输、仓储和邮政业	0.21	8576.00
住宿和餐饮业	2.32	215361
信息传输、软件和信息技术服务业	0.04	1310
金融业	0.00	2
房地产业	0.06	2331
租赁和商务服务业	0.21	8013
科学研究和技术服务业	0.04	2427
水利、环境和公共设施管理业	0.00	275
居民服务、修理和其他服务业	1.69	116642
教育	0.06	4220
卫生和社会工作	0.05	4452
文化、体育和娱乐业	0.09	9677
公共管理、社会保障和社会组织		
国际组织		

4-8 文化及相关产业个体

分 组	个体经营户数（个）	从业人员期末人数（人）	女性	全年雇员支出（万元）	全年缴纳税费（万元）
总 计	15633	75930	38594	280317.11	21142
一、按产业类型分组					
文化制造业	3271	31962	16055	120566.62	12469.18
文化批发零售业	8855	23936	12139	95549.99	5316.07
文化服务业	3507	20032	10400	64200.5	3356.75
二、按地区分组					
广州市	1931	4458	2073	17845.52	1777.38
韶关市	407	1741	1057	4116.61	256.03
深圳市	826	5530	2850	19794.81	1866.88
珠海市	402	1516	804	3999.35	340.23
汕头市	1252	9276	4605	31703.43	1215.67
佛山市	418	2553	1244	8431.85	1031.36
江门市	612	2452	1190	7358.05	925.56
湛江市	541	2681	1466	8815.35	305.61
茂名市	640	3004	1794	9731.81	676.1
肇庆市	2540	8184	3368	45636.5	646.83
惠州市	662	5156	2527	20127.99	2705.54
梅州市	331	1425	856	2818.86	172.2
汕尾市	2383	9755	4522	36431.36	1622.53
河源市	350	1348	826	2678.61	100.09
阳江市	308	1370	923	3928.28	466.04
清远市	359	3373	2646	8223.74	838.45
东莞市	554	6971	3184	33869.56	4732.79
中山市	310	1553	705	4891.19	830.85
潮州市	247	951	495	2620.45	170.65
揭阳市	206	1146	640	3424.96	106.96
云浮市	354	1487	819	3868.83	354.27
按区域分组					
珠三角核心区	8255	38373	17945	161954.82	14857.42
沿海经济带	5577	28183	14445	96655.64	4563.56
北部生态发展区	1801	9374	6204	21706.65	1721.04

经营户抽样调查基本情况

全年缴纳房租（万元）	全年与经营相关的总支出（万元）	全年营业收入（万元）	其中：通过网络实现的销售额（万元）	全年用于建造房屋建筑物，购置机器设备、器具工具、役畜、产品畜等的支出（万元）
77759.34	1051018.66	1387183.69	117421.9	34276.56
21101.1	403087.18	510396.83	10685.28	14803.9
33762.75	488274.28	654239.04	101143.08	7104.86
22895.49	159657.2	222547.82	5593.54	12367.81
11664.68	46480.78	69596.14	1342.21	1305.6
2157.68	14149.56	17838.78	184.9	666.44
11054.53	63364.18	84671.71	1890.92	1633.95
2489.58	12488.52	14852.91	255.37	851.61
5712.56	129088.11	154194.32	9455.29	10843.45
2738.69	22102.4	33526.59	808.5	784.88
2983.67	28974.18	37874.67	285.22	583.6
3014.19	47310.24	60493.14	552.97	283.39
2487.24	38897.47	61784.97	736.85	578.73
4910.5	238966.66	336965.81	96646.7	5766.46
4748.91	72746.69	94449.85	830.38	2854.55
1539.29	11076.37	15003.03	103.06	192.05
7133.46	155320.28	180448.6	974.02	1497.17
972.18	6711.28	8835.37	300.37	667.53
1168.51	12092.29	18215.85	149.62	162.49
1951.24	15597.59	18635.01	463.54	1055.37
6163.34	91326.98	112981.1	1178.48	3150.36
1722.08	17176.05	23101.42	462.1	482.17
579.77	9112.32	14962.49	219.93	342.62
1000.43	8108.55	12812.97	566.25	136.41
1566.81	9928.16	15938.95	15.22	437.72
48475.98	593626.44	808020.20	103699.88	17413.18
21096.16	399929.26	502912.34	12654.93	13844.26
8187.20	57462.96	76251.14	1067.09	3019.11

4-9　全省建筑业个体经营户抽样样本户基本情况

分　组	个体经营户经数（个）	# 有证照	从业人数（人）	# 有证照
总　计	5440	867	45351	3891
一、按建筑业行业分组				
房屋建筑业				
住宅房屋建筑				
体育场馆建筑				
其他房屋建筑业				
土木工程建筑业	277	58	4098	426
铁路、道路、隧道和桥梁工程建筑	35	4	489	44
水利和水运工程建筑	26	3	230	11
海洋工程建筑				
工矿工程建筑				
架线和管道工程建筑	23	4	429	65
节能环保工程施工				
电力工程施工	5	2	43	8
其他土木工程建筑	188	45	2907	298
建筑安装业	146	43	2253	200
电气安装				
管道和设备安装				
其他建筑安装业	146	43	2253	200
建筑装饰、装修和其他建筑业	1800	655	9929	2727
建筑装饰和装修业	1751	638	9270	2624
建筑物拆除和场地准备活动	49	17	659	103
提供施工设备服务				
其他未列明建筑业				

4-9 续表 1

分 组	个体经营户经数（个）	# 有证照	从业人数（人）	# 有证照
二、按地区分组				
广州市	117	100	427	344
深圳市	15	14	95	65
珠海市	338	78	8287	204
汕头市	98	19	1312	116
佛山市	53	25	824	146
韶关市	311	69	746	250
河源市	272	16	529	86
梅州市	174	38	2008	126
惠州市	158	78	2302	323
汕尾市	431	12	2494	33
东莞市	16	8	440	93
中山市	33	23	188	153
江门市	173	133	833	709
阳江市	381	8	2946	25
湛江市	361	28	4907	147
茂名市	1361	40	9398	176
肇庆市	410	115	2787	614
清远市	516	26	2135	91
潮州市	27	4	88	6
揭阳市	49	7	452	51
云浮市	146	26	2153	133

统计上大中小微型企业划分办法（2017）

一、根据工业和信息化部、国家统计局、国家发展改革委、财政部《关于印发中小企业划型标准规定的通知》（工信部联企业〔2011〕300号），以《国民经济行业分类》（GB/T4754-2017）为基础，结合统计工作的实际情况，制定本办法。

二、本办法适用对象为在中华人民共和国境内依法设立的各种组织形式的法人企业或单位。个体工商户参照本办法进行划分。

三、本办法适用范围包括：农、林、牧、渔业，采矿业，制造业，电力、热力、燃气及水生产和供应业，建筑业，批发和零售业，交通运输、仓储和邮政业，住宿和餐饮业，信息传输、软件和信息技术服务业，房地产业，租赁和商务服务业，科学研究和技术服务业，水利、环境和公共设施管理业，居民服务、修理和其他服务业，文化、体育和娱乐业等15个行业门类以及社会工作行业大类。

四、本办法按照行业门类、大类、中类和组合类别，依据从业人员、营业收入、资产总额等指标或替代指标，将我国的企业划分为大型、中型、小型、微型等四种类型。具体划分标准见附表。

五、企业划分由政府综合统计部门根据统计年报每年确定一次，定报统计原则上不进行调整。

六、本办法自印发之日起执行，国家统计局2011年印发的《统计上大中小微型企业划分办法》（国统字〔2011〕75号）同时废止。

附表：统计上大中小微型企业划分标准

附表

统计上大中小微型企业划分标准

行业名称	指标名称	计量单位	大型	中型	小型	微型
农、林、牧、渔业	营业收入(Y)	万元	Y≥20000	500≤Y<20000	50≤Y<500	Y<50
工业 *	从业人员(X)	人	X≥1000	300≤X<1000	20≤X<300	X<20
	营业收入(Y)	万元	Y≥40000	2000≤Y<40000	300≤Y<2000	Y<300
建筑业	营业收入(Y)	万元	Y≥80000	6000≤Y<80000	300≤Y<6000	Y<300
	资产总额(Z)	万元	Z≥80000	5000≤Z<80000	300≤Z<5000	Z<300
批发业	从业人员(X)	人	X≥200	20≤X<200	5≤X<20	X<5
	营业收入(Y)	万元	Y≥40000	5000≤Y<40000	1000≤Y<5000	Y<1000
零售业	从业人员(X)	人	X≥300	50≤X<300	10≤X<50	X<10
	营业收入(Y)	万元	Y≥20000	500≤Y<20000	100≤Y<500	Y<100
交通运输业 *	从业人员(X)	人	X≥1000	300≤X<1000	20≤X<300	X<20
	营业收入(Y)	万元	Y≥30000	3000≤Y<30000	200≤Y<3000	Y<200
仓储业*	从业人员(X)	人	X≥200	100≤X<200	20≤X<100	X<20
	营业收入(Y)	万元	Y≥30000	1000≤Y<30000	100≤Y<1000	Y<100
邮政业	从业人员(X)	人	X≥1000	300≤X<1000	20≤X<300	X<20
	营业收入(Y)	万元	Y≥30000	2000≤Y<30000	100≤Y<2000	Y<100
住宿业	从业人员(X)	人	X≥300	100≤X<300	10≤X<100	X<10
	营业收入(Y)	万元	Y≥10000	2000≤Y<10000	100≤Y<2000	Y<100
餐饮业	从业人员(X)	人	X≥300	100≤X<300	10≤X<100	X<10
	营业收入(Y)	万元	Y≥10000	2000≤Y<10000	100≤Y<2000	Y<100
信息传输业 *	从业人员(X)	人	X≥2000	100≤X<2000	10≤X<100	X<10
	营业收入(Y)	万元	Y≥100000	1000≤Y<100000	100≤Y<1000	Y<100
软件和信息技术服务业	从业人员(X)	人	X≥300	100≤X<300	10≤X<100	X<10
	营业收入(Y)	万元	Y≥10000	1000≤Y<10000	50≤Y<1000	Y<50
房地产开发经营	营业收入(Y)	万元	Y≥200000	1000≤Y<200000	100≤Y<1000	Y<100
	资产总额(Z)	万元	Z≥10000	5000≤Z<10000	2000≤Z<5000	Z<2000
物业管理	从业人员(X)	人	X≥1000	300≤X<1000	100≤X<300	X<100
	营业收入(Y)	万元	Y≥5000	1000≤Y<5000	500≤Y<1000	Y<500
租赁和商务服务业	从业人员(X)	人	X≥300	100≤X<300	10≤X<100	X<10
	资产总额(Z)	万元	Z≥120000	8000≤Z<120000	100≤Z<8000	Z<100
其他未列明行业 *	从业人员(X)	人	X≥300	100≤X<300	10≤X<100	X<10

说明：

1. 大型、中型和小型企业须同时满足所列指标的下限，否则下划一档；微型企业只须满足所列指标中的一项即可。

2. 附表中各行业的范围以《国民经济行业分类》（GB/T4754-2017）为准。带*的项为行业组合类别，其中，工业包括采矿业，制造业，电力、热力、燃气及水生产和供应业；交通运输业包括道路运输业，水上运输业，航空运输业，管道运输业，多式联运和运输代理业、装卸搬运，不包括铁路运输业；仓储业包括通用仓储，低温仓储，危险品仓储，谷物、棉花等农产品仓储，中药材仓储和其他仓储业;信息传输业包括电信、广播电视和卫星传输服务，互联网和相关服务；其他未列明行业包括科学研究和技术服务业，水利、环境和公共设施管理业，居民服务、修理和其他服务业，社会工作，文化、体育和娱乐业，以及房地产中介服务，其他房地产业等，不包括自有房地产经营活动。

3. 企业划分指标以现行统计制度为准。（1）从业人员，是指期末从业人员数，没有期末从业人员数的，采用全年平均人员数代替。（2）营业收入，工业、建筑业、限额以上批发和零售业、限额以上住宿和餐饮业以及其他设置主营业务收入指标的行业，采用主营业务收入；限额以下批发与零售业企业采用商品销售额代替；限额以下住宿与餐饮业企业采用营业额代替；农、林、牧、渔业企业采用营业总收入代替；其他未设置主营业务收入的行业，采用营业收入指标。（3）资产总额，采用资产总计代替。

附录

留住记忆

——向“编表能手”致敬

广东省第四次全国经济普查领导小组副组长、
省统计局党组书记、局长　杨新洪

广东省第四次全国经济普查在各级党委政府高度重视和正确领导下，全省10万名普查工作者，肩负摸清广东经济家底的重任，以“七个一到底”的坚定决心和毅力，历经2年时间，取得丰硕成果，向中国改革开放40年周年和新中国70华诞献上了一份厚礼。面对海量的二、三产业经济活动单位数据，如何充分综合运用各种统计技术工具和手段，严格遵循国民经济分类编表体系，及时准确、原汁原味，经过分门别类、编表赋能、排列组合、整理归集，将充满温度、充满活力的普查数据，以经济普查年鉴的形式，呈现在数据需求者面前，成为摆在省统计局统计人面前一道十分紧迫的必答题。结果，令人欣喜，从编表动员到结集出版，全局群策群力、加班加点，仅仅用时一个月。社会和科技统计处的吴娱拔得头筹，荣获001号《编表能手》证书。值此《广东经济普查年鉴》出版之际，特向编表能手们表示致敬！

致敬编表能手。所谓“能手”，就是具有某种技能对某项工作、运动特别熟练的人。比如，今年省“五一劳动奖章”获得者王学良，就是省统计局涌现出来的统计专业能手。统计作为一门科学，是人类认识从定量到定性、从个体到总体、从个别到一般的科学过程。统计图表则是统计科学在人类社会发展中发挥作用的应用工具和直观载体，统计人几乎天天、月月、年年，跟各种各样的图表打交道，编表一点都不神秘。编表对于一般统计人来说，说难不难、说不难也难。对于编表能手来说，难能可贵的是能够做到时间上说一不二、格式上推陈出新、内容上一目了然、逻辑上严谨细致、数量上遥遥领先。这次编表，同志们各显其能，涌现出不少编表能手，有的为了在规定的时间内完成任务，针对不同专业特点、不同数据多少、不同难易程度，或利用经济普查平台，或利用一套表联网直报平台，或导出平台数据，运用不同的软件进行汇总、分类、归集，收到事半功倍的效果；有的按行业、分地市，将原来5张表细化为22张表；有的合理安排完成常规报表工作与这次编表任务的时间，利用各自专业优势，加班加点，主动承担编表任务，积极出谋划策，充分展示了能者多劳、主动作为的担当精神。

致敬编表能力。“能力”，就是能胜任某项任务的主观条件。作为专业统计部门，每年都会按时保质出版一本《广东统计年鉴》。翻开年鉴，一张张图表纵横排列，清晰地展示广东国民经济和社会发展状况，一个个数字整齐组合，被赋予无穷的生命力。编表出年鉴，是统计部门统计人规定动作、看家本领。高超的编表能力，非一朝一夕形成，需要久久为功，靠长期刻苦学习、磨练养成。2019 年 1 月 11 日，省统计局党组印发《关于构建经济大省之统计强省开展统计能力提升建设年的通知》，决定在全省开展“构建经济大省之统计强省，全面提升‘统计改革创新、统计法治建设、统计数据质量、统计监测预警、统计服务水平’能力”工作，以 2019 年为“统计能力提升建设年”。其实，这项工作从去年厦门大学培训开始就已展开。在厦门大学，我提出能力建设：“响应能力、时间能力和管理能力”之业务素质能力、履职创新能力、工作协调能力、自我约束能力。在清远“四经普”骨干培训班，我提出强化“走进普查、获得数据、综合专业、专业分类、指标解读、核心专业、质量控制、应急管理、‘两防’能力”等“九种能力”。今年，在中国人民大学省统计局“黄埔一期”开班授课中，我以“三个”之家：“用”趋势是大家，“看”波动是小家，“切”结构是大家，评判透视把握经济能力的高下。在哈尔滨工业大学培训班，我提出“原创力、动手能力和执行力”等。这次编表的丰硕成果，就是对统计能力提升建设成效的一次集中检验和展示，就是将统计能力提升建设进一步推向新的高潮。

致敬创新行动。马克思说过“一个行动胜过一打纲领”。说干就干，立杆见影，取决于一种超常的果断力、创新力和执行力。2016 年以来，我连续三年受邀参加全国统计务虚会，前两次源于在深圳市统计局“9＋n”改革创新模式的成功推出；2018 年 8 月，我受邀参加全国统计务虚会，则主要源于推开“广东智能普查”。如何把广东“四经普”底层资源共享，打破信息孤岛，实现技术突破，形成架立与连接省统计局、省电子政务办和数解广东公司共同数据的平台。“人脸识别、扫码读数”的设想和创意，从提出到在国家统计局务虚会上成功演示，仅用了两个月时间。2019 年 8 月，因“未观测金融”调查研究最新成果，我应邀出席国际统计学会第 62 届世界统计大会并作专题报告，在国际舞台上发出了广东统计的声音，为拓展金融统计领域，

贡献了中国方案。“惟改革者进，惟创新者强，惟改革创新者胜。”近年来，省统计局从一本《广东省第四次全国经济普查入户案例选编》，到构建《广东省高质量发展综合绩效评价体系》，再到持续“敬藏进藏智藏”；从“两防”（防弄虚作假、防少报漏报）到“两求”（求上不如求下、求人不如求己），再到中国统计开放日之广东提出：“普查、思维、方法、结果、目标”“五个开放”等等，精彩纷呈，一个个创新成果和举措，受到国家统计局领导和机关的关注和肯定。广东之所以能开风气之先，先人一步，成为“两个重要窗口”，无不是以突破的锐气、改变的勇气与推开的大气，脚踏实地，敢于创新。事，以干得助；业，以改得力；果，以创得益；实，以落得效。这次编表，同志们以“构建经济大省之统计强省”为己任，以时不我待的敬业精神，不等不靠，主动出击，攻坚克难，力争下好“先手棋”，第一次将新经济业态编表入鉴，提前一个年度将《广东经济普查年鉴》编印出版，其速度可喜可贺，其质量可圈可点，其精神可褒可奖。

致敬无私奉献。习近平总书记强调，“伟大梦想不是等得来、喊得来的，而是拼出来、干出来的。”面对厚重的几大本《广东经济普查年鉴》，无论是数据采集，还是编表成册，无不让人感慨万千。一年多来，我们以“两防”破局，以“两求”助力，以“五个开放”为目标，上下同心，拧成一股绳，闻鸡起舞，日夜兼程，曾经 9 天 13 市的“两防”调研和 4 天 5 市“四经普”督导，无不让人回味无穷。从清远、江门、广州的“四经普”试点，到加持深圳省级综合试点；从“结果、做法、问题、能力、重点、信心”“六个试出”到实现“结果、权重、原因、专业、力量、信心”“六个导向”，冲刺清查单位上千万；从“七个一到底”之后需“五个再出发”，到谋篇布局“力量到位、质量到点、结果到手、逻辑到进、感动到己”“五个到”，努力实现“四经普”有效单位数占全国总数九分之一强，数据质量得到国家事后质量抽查组的肯定，创造了省统计局前所未有的佳绩，受到各级领导高度赞扬。我曾以“是谁，‘两颗牙’失落在‘四经普’里”，抒发自己的真情实感。在这里，我特别为编表者点赞，你们中有的临近退休，还主动承担编表任务；有的家人生病需要陪伴，便牺牲休息时间抽空编表；有的双管齐下两不误，既兼顾日常报表，又承担编表任务等等，正是因为有许许多多无名英雄的默默付出，才成就《广东经济普查年鉴》编印出版任务的如期完成。

致敬开放服务。“不忘初心、牢记使命”主题教育方兴未艾，其题中应有之义就是抓好落实。这次编表就是对主题教育成果的直接检验。普查的初心是开放，普查的本源是服务。《广东经济普查年鉴》编印出版，只是上篇文章，下篇文章就是搞好开放服务。省统计局作为经济普查的专业部门，做好经济普查成果的开发利用，全力以赴为“数据需求者服务”，责无旁贷。习近平总书记在福州工作时，曾大力推动“进万家门、知万家情、解万家忧、办万家事。”“四万”活动。要紧紧围绕省委“1＋1＋9”工作部署，优化“一核一带一区”区域经济布局，适应“双区驱动效应”的要求，集中智慧对“四经普”数据进行解读分析，赋予数据生命力，让历史数据与现时数据、行业数据与行业数据、专业数据与专业数据变得充满生机活力。我们要采取多种途径和方法，让数据与经济社会实现亲密接触、精准对接，尽快让“四经普”的数据落地生根，开花结果。同时，要秉持实事求是的作风，主动倾听和接受社会各界对《广东经济普查年鉴》批评建议，为进一步提高经济普查年鉴的编印质量和水平，打下坚实的基础。

沧海横流，方显英雄本色。如果把“两员”比喻为不惧风吹浪打的赶海拾珠人，那么，“编表能手”就是心灵手巧的缀珠者。一首《春天的故事》，源于40年前一位老人在南海边画了一个圈，注定不朽；一套《广东经济普查年鉴》编印出版，始于新中国70年取得辉煌成就，广东“双区驱动”再出发，注定不凡。让我们留住记忆——向“编表能手”致敬！

广东省统计专业委员会

粤统专要〔2019〕35号

（总第55期）

广东省统计局　　2019年10月17日

省局召开统计专业委员会
部署四经普年鉴编辑工作

10月10日下午，广东省第四次全国经济普查领导小组副组长、省统计局局长杨新洪发起并召开统计专业委员会，强力推动广东省第四次全国经济普查年鉴编辑工作。

杨新洪指出四经普年鉴编辑时间紧迫和年终岁尾工作繁杂。要用科学的方法和思维来破解难题，以绩效考核倒逼责任落实，才能完成四经普年鉴编辑这项光荣和艰巨的任务。杨新洪提出五点要求：

一是以任务为牵引，强化责任担当。四经普在各级党委政府高度重视和正确领导下，经过全省各级普查机构和广大普查工作

者的共同努力，取得了丰硕的成果。经济普查的目的在于运用，而省统计局作为经济普查的牵头部门，做好经济普查成果的开发利用，全力以赴为“数据需求者服务”责无旁贷。按照前三次全国经济普查的工作计划和节奏，编印四经普年鉴要等到明年，普查数据的时效性会随着时间的延长而衰减。因此，要以绩效考核倒逼责任落实，要敢于担当，主动作为，充分发挥个人主观能动性，各司其责，在11月15日前完成编表任务。

二是以创新为导向，增添广东特色。创新需要打破定势，突破传统。发扬广东敢为人先的改革精神，勇于打破常规，向困难挑战。四经普年鉴不拘泥于老旧的模板，要根据广东经济结构的特点，设计具有广东产业、行业、企业特色的表式，发挥引领示范作用。此外，也要把财务绩效表放入年鉴中，将四经普花的每一分钱，明明白白、清清楚楚记录下来。为未来的五经普和后面各种分析研判，做最基础的夯实。

三是以专业为支撑，牢固树立“专业人干专业的事”。四经普作为统计科学的一项周期性工作，具有严谨的专业性和规范性，无论是前阶段的单位清查、入户登记、编码上报等工作，还是编印四经普年鉴，必须严格按照《第四次全国经济普查方案》实施，认真厘清程序方法和经济指标之间的界限，正确处理坚持方案与创新方法之间的关系。在编表过程中，要充分发挥专业骨干的突击作用，鼓励在编表方法手段上创新，在速度质量上同步，在数量上超前。通过这次编表，充分展示专业人才在专业领域的

地位和专业素养，充分展示专业人才在构建经济大省之统计强省中的风采和支撑作用。届时，省四经普领导小组将给优秀编表者颁发“广东省第四次全国经济普查编表能手”证书，并给予通报表彰。

四是以典型为激励，充分发挥“头雁效应”。山高人为峰，数海梦为帆。李良胜、张汉杰、王学良等同志就四经普本专业的编表谈了思路和做法，各有所长，有一定的示范作用。全体编表人员要开阔视野，能者为师，搞好传帮带，根据各专业的实际情况，以科学的思维方法，坚忍的探索精神，各显神通，勇于破冰，尽量把数据挖掘出来，多多益善，争取在规定的时间内拿出逻辑严谨、便于使用的图表。通过这次编表，让更多的人真正成为新时代统计事业的“领头雁”。

五是以开放为目标，着重打造为数据需求者服务的精品力作。朱德同志曾把统计事业称作“万岁”工作。从去年第九届“中国统计开放日之广东”活动提出“五个开放”，到今年第十届“中国统计开放日之广东”活动提出“四个开放”，活动始终围绕“开放”阐述的主题，就是紧贴时代的要求，畅谈统计的意义和使命。这次编印四经普年鉴，从整个四经普工作来看，所占的成份并不大，但要以小见大。年鉴作为精神产品，通过向社会大众公布发行，是以开放的姿态接受社会的审视和检阅。要以文责自负的责任担当，以追求完美的专业境界，凝心聚力，全力打造一部精品力作，更好地为数据需求者服务。

为此，杨新洪自己愿意为此以一名专业工作者的身份写几句，提出四经普年鉴序言可标题为“留住记忆——向编表能手致敬”。以“致敬自觉、致敬能力、致敬无私、致敬创新、致敬开放”向所有参与编表的专业人员表示致敬。

省经普办主任、省统计局副局长刘智华要求：一是按杨局长要求，以绩效考核倒逼责任落实，此项工作要走在全国前面；二是不设篇幅，不设格式限制，大家充分发挥才智，展示我局综合实力；三是要比三经普和国家模板反应的角度多，把比较好的表式提炼出来，加上我们省的特色。

省经普办副主任、省统计局副局长杨骁婷共勉三点意见：一是各处承担编表工作的同志要好好珍惜这一次难得的新洪局长亲自部署的机会，把统计工作和个人能力的提升融合在一起，将四经普丰收的成果从形式到内容展示出来。任务虽繁重，但使命光荣又很神圣；二是要按时间要求按高标准高质量的完成；三是数据中心的同志做好网络安全、工具使用、测试以及技术保障服务。

省统计局党组成员、一级巡视员梁彦要求：一是参与此项工作的同志要充分施展能耐和本事；二是做好经费保障和绩效管理评估，提高保障水平；三是提升财务管理的水平，把绩效表式设计好，既为专业部门服务好，也提高财务管理的水平绩效管理的水平。

省经普办常务副主任、省统计局二级巡视员杨少浪要求：一

是不能脱离基本的模板，要以国家普查方案为基础，在基本反映出国家方案的基础上，再调整修改表式内容；二是专业的需求可以在前期数管中心已设计过一套专业汇总需求表的基础上进行调整；三是根据数据需求，为了提高工作效率，继续保持与国家专业司的沟通联系，减少不必要的重复劳动。

主任：杨新洪

副主任：杨骁婷、刘智华、梁彦、杨少浪

局内委员：李珠桥、邱国祥、杨凡、黄俊彪、李良胜、王彪、张锦平、张汉杰、叶涛

专员：马建强、李华、何婷、罗青兰、王学良、张显华、唐正茂、卢甲戎、丁蓉、何婉虹、刘伟平、谭乐明、周前、陈彦舟、潘宇明、童城、吴凯敏

列席：李国辉、王铭婵、余盛鸿、汤良、邢珍、郭茂成、罗文锋、陈颖、周小兵

记录：陈彦舟